CB063763

Conheça o
Saraiva Conecta

saraiva conecta

Uma plataforma que apoia o leitor em sua jornada de estudos e de atualização.

Estude *online* com conteúdos complementares ao livro e que ampliam a sua compreensão dos temas abordados nesta obra.

Tudo isso com a **qualidade Saraiva Educação** que você já conhece!

Veja como acessar

No seu computador
Acesse o *link*
https://somos.in/CEOABVU10

No seu celular ou tablet
Abra a câmera do seu celular ou aplicativo específico e aponte para o *QR Code* disponível no livro.

Faça seu cadastro

1. Clique em "**Novo por aqui? Criar conta**".

2. Preencha as informações – insira um *e-mail* que você costuma usar, ok?

3. Crie sua senha e clique no botão "**CRIAR CONTA**".

Pronto! Agora é só aproveitar o conteúdo desta obra!*

Qualquer dúvida, entre em contato pelo *e-mail* **suportedigital@saraivaconecta.com.br**

Confira o material do professor
Pedro Lenza
para você:

https://somos.in/CEOABVU10

* Sempre que quiser, acesse todos os conteúdos exclusivos pelo *link* ou pelo *QR Code* indicados. O seu acesso tem validade de 24 meses.

Histórico da Obra

- **1.ª edição:** out./2016; 2.ª tir., mar./2017
- **2.ª edição:** maio/2017; 2.ª tir., dez./2017
- **3.ª edição:** jan./2018; 2.ª tir., mar./2018; 3.ª tir., jun./2018
- **4.ª edição:** ago./2018; 2.ª tir., ago./2018
- **5.ª edição:** jan./2019
- **6.ª edição:** ago./2019
- **7.ª edição:** fev./2020
- **8.ª edição:** jan./2021
- **9.ª edição:** jan./2022
- **10.ª edição:** mar./2023

COORDENADOR PEDRO LENZA

10ª EDIÇÃO

2023

COLEÇÃO ESQUEMATIZADO®

VOLUME ÚNICO

OAB

1ª fase

saraiva jur

saraiva EDUCAÇÃO | saraiva jur

Av. Paulista, 901, Edifício CYK, 4º andar
Bela Vista – São Paulo – SP – CEP 01310-100

SAC | sac.sets@saraivaeducacao.com.br

Diretoria executiva	Flávia Alves Bravin
Diretoria editorial	Ana Paula Santos Matos
Gerência de produção e projetos	Fernando Penteado
Gerência editorial	Thais Cassoli Reato Cézar
Novos projetos	Aline Darcy Flôr de Souza
	Dalila Costa de Oliveira
Edição	Jeferson Costa da Silva (coord.)
	Liana Ganiko Brito
Design e produção	Daniele Debora de Souza (coord.)
	Laudemir Marinho dos Santos
	Camilla Felix Cianelli Chaves
	Deborah Mattos
	Lais Soriano
	Tiago Dela Rosa
Planejamento e projetos	Cintia Aparecida dos Santos
	Daniela Maria Chaves Carvalho
	Emily Larissa Ferreira da Silva
	Kelli Priscila Pinto
Diagramação	Fernanda Matajs
Revisão	Viviane Oshima
Capa	Lais Soriano
Produção gráfica	Marli Rampim
	Sergio Luiz Pereira Lopes
Impressão e acabamento	EGB Editora Gráfica Bernardi Ltda.

DADOS INTERNACIONAIS DE CATALOGAÇÃO NA PUBLICAÇÃO (CIP)
VAGNER RODOLFO DA SILVA – CRB-8/9410

C691   OAB 1ª Fase – Volume Único / coordenado por Pedro Lenza. – 10. ed. – São Paulo: SaraivaJur, 2023.
(Coleção Esquematizado®)

1.392 p.

ISBN: 978-65-5362-556-3 (Impresso)

1. Direito. 2. OAB. 3. Exame de Ordem. I. Lenza, Pedro. II. Título.

2022-3989

CDD 340
CDU 34

Índices para catálogo sistemático:

1. Direito — 340
2. Direito — 34

Data de fechamento da edição: 18-1-2023

Dúvidas? Acesse www.saraivaeducacao.com.br

Nenhuma parte desta publicação poderá ser reproduzida por qualquer meio ou forma sem a prévia autorização da Saraiva Educação. A violação dos direitos autorais é crime estabelecido na Lei n. 9.610/98 e punido pelo art. 184 do Código Penal.

CÓD. OBRA 16283   CL 607858   CAE 819779

Apresentação

Durante o ano de 1999, pensando, naquele primeiro momento, nos alunos que prestariam o exame da OAB, resolvemos criar uma **metodologia** de estudo que tivesse linguagem "fácil" e, ao mesmo tempo, oferecesse o conteúdo necessário à preparação para provas e concursos.

O trabalho, por sugestão de **Ada Pellegrini Grinover**, foi batizado *Direito Constitucional Esquematizado*. Em nosso sentir, surgia ali uma **metodologia pioneira**, idealizada com base em nossa experiência no magistério e buscando, sempre, otimizar a preparação dos alunos.

Depois de muitos anos de **aprimoramento**, o livro passou a atingir tanto os candidatos ao **Exame de Ordem** quanto todos aqueles que enfrentam os concursos em geral, sejam das **áreas jurídica** ou **não jurídica**, de **nível superior** ou mesmo de **nível médio**, assim como os **alunos de graduação** e demais **profissionais**.

Grinover, sem dúvida, anteviu, naquele tempo, a evolução do *Esquematizado*. Segundo a Professora escreveu em 1999, portanto, há 23 anos, "a obra destina-se, declaradamente, aos candidatos às provas de concursos públicos e aos alunos de graduação, e, por isso mesmo, após cada capítulo, o autor insere questões para aplicação da parte teórica. Mas será útil também aos operadores do direito mais experientes, como fonte de consulta rápida e imediata, por oferecer grande número de informações buscadas em diversos autores, apontando as posições predominantes na doutrina, sem eximir-se de criticar algumas delas e de trazer sua própria contribuição. Da leitura amena surge um livro 'fácil', sem ser reducionista, mas que revela, ao contrário, um grande poder de síntese, difícil de encontrar mesmo em obras de autores mais maduros, sobretudo no campo do direito".

Atendendo ao apelo de "concurseiros" de todo o País, sempre com o apoio incondicional da Editora Saraiva, convidamos professores das principais matérias exigidas nos concursos públicos das *áreas jurídica* e *não jurídica* para compor a **Coleção Esquematizado®**.

Metodologia pioneira, vitoriosa, consagrada, testada e aprovada. **Professores** com larga experiência na área dos concursos públicos. Estrutura, apoio, profissionalismo e *know-how* da **Saraiva Educação**. Sem dúvida, ingredientes indispensáveis para o sucesso da nossa empreitada!

O resultado foi tão positivo que a **Coleção** se tornou **preferência nacional**!

Depois de 16 anos de muito trabalho, muitos ajustes (sempre escutando o nosso leitor!), surgiu um novo convite da Saraiva Educação para, agora, pensarmos em um **volume único**, focando o **Exame de Ordem Unificado**, executado pela **FGV**. A aceitação foi **extraordinária**!

Coincidentemente ou não, a ideia retoma as origens do nosso Esquematizado, mas agora, certamente, com um perfil de Exame de Ordem totalmente diferente.

O exame se tornou extremamente exigente, mas **possível de ser superado**, bastando, para isso, um estudo estratégico e focado.

Surgiu, então, a necessidade de **evoluir** a **metodologia esquematizado**, que, partindo de sua estrutura, foi ampliada para atender, de modo específico, o objetivo deste livro, destacando-se os seguintes pilares:

- **esquematizado:** a parte teórica é apresentada de forma objetiva, dividida em vários itens e subitens e em parágrafos curtos. Essa estrutura revolucionária rapidamente ganhou a preferência dos concurseiros;
- **superatualizado:** doutrina, legislação e jurisprudência em sintonia com as grandes tendências da atualidade e na linha dos concursos públicos de todo o País;
- **linguagem clara:** a exposição fácil e direta, a leitura dinâmica e estimulante trazem a sensação de que o autor está "conversando" com o leitor;
- **palavras-chave** (*keywords*)**:** os destaques em negrito possibilitam a leitura "panorâmica" da página, facilitando a fixação dos principais conceitos. O realce recai sobre os termos que o leitor certamente grifaria com a sua caneta marca-texto;
- **recursos gráficos:** esquemas, tabelas e gráficos favorecem a assimilação e a memorização dos principais temas. Há tabelas específicas que organizam os prazos processuais, comparam temas importantes, destacam assuntos relevantes. Resultado: melhor entendimento da matéria e aumento da memorização;
- **ícone gráfico "apontando":** indica ao leitor os institutos que devem ser estudados com atenção porque normalmente são confundidos pelo aluno. Muitos deles são utilizados dentro da mesma questão por terem elementos parecidos que induzem o leitor ao erro;
- **lupa:** chama a atenção do leitor para pontos cuja incidência é certa e recorrente nas provas do *Exame de Ordem/FGV*. Os autores, especialistas na matéria, selecionaram cuidadosamente estes trechos. Então, fique de olho!;
- **conteúdo interdisciplinar:** existem matérias que são comuns a duas ou mais disciplinas, ou que se complementam. Nesse sentido, o estudo interdisciplinar se mostra extremamente rico e, sem dúvida, mais uma importante ferramenta na preparação para o Exame de Ordem;
- **vídeos:** consagram a ideia de livro vivo®, qual seja, a realidade do dinamismo que o material didático exige. Não apenas temas de grande complexidade são explicados pelos professores, como também temas de importante incidência na prova e de grande atualidade. A presença do professor pelo vídeo permite que o estudo do aluno seja menos solitário, tornando a jornada do aprendizado mais agradável;
- **artigos de leis:** em alguns casos, recebem destaque próprio para facilitar a leitura e o estudo. Isso porque muitas questões da prova exigem o conhecimento detalhado da "letra da lei";
- **súmulas e jurisprudência:** em sua literalidade, as súmulas receberam destaque próprio. Há grande recorrência, especialmente das súmulas vinculantes que, sem dúvida, deverão ser lidas para a prova. Em algumas situações, houve destaque para determinado julgado de tribunal que tenha importância para o tema e a preparação do candidato;
- **organogramas e esquemas:** facilitam a memorização do conteúdo, otimizando a fixação da informação;

- **questões resolvidas:** retiradas do *Exame de Ordem Unificado*, executado pela FGV, as alternativas foram comentadas uma a uma. O objetivo é oferecer ao leitor a explicação de cada item, mostrando onde está o erro ou, até mesmo, a "pegadinha". Além disso, essa importante ferramenta, que é maximizada na **poderosa plataforma online**, serve para checar o aprendizado. Conforme se observa, estão no livro impresso as questões dos últimos exames e na plataforma a de outras provas para o **treino**.

A partir da 10ª edição (2023), diante do *Provimento n. 213 do Conselho Federal da OAB*, de 05.04.2022, *DEOAB* de 30.06.2022, que alterou o § 4º, do art. 11, do *Provimento n. 144/2011* (que dispõe sobre o **Exame de Ordem**), inserimos no livro as **novas matérias obrigatórias da primeira fase**, quais sejam, **direito eleitoral**, **direito financeiro** e **direito previdenciário**, que somente serão exigidas a partir do *38º Exame de Ordem Unificado*, **não tendo havido aumento no número de questões de múltipla escolha** (a redação do art. 11, § 1º, do Provimento n. 144/2011, que estabelece o máximo de 80, foi mantida).

Cabe observar que, segundo noticiado, há estudos que estão sendo feitos na OAB para incluir, **no futuro**, essas novas disciplinas também na segunda fase do Exame (*Notícias OAB Nacional*, 05.04.2022 às 18h21).

E agora o mais importante: os **PROFESSORES**! Foram escolhidos com muito critério, após uma impressionante e rigorosa seleção por parte da Editora Saraiva. A avaliação considerou a experiência de cada um na preparação para concursos e exames, a titulação e a formação acadêmica (veja o currículo de cada um na orelha!), a experiência profissional e, ainda, o desempenho em **aula**. Realmente, ficamos muito felizes com o resultado e honrados por ter no projeto pessoas extremamente preparadas e comprometidas com um só objetivo: a aprovação no *Exame de Ordem Unificado*!

O resultado desse nosso projeto foi tão extraordinário que não vamos nos surpreender se, também, os "concurseiros" do Brasil passarem a utilizar o OAB Esquematizado como mais uma ferramenta em sua preparação!

Certamente, **este livro** e a poderosa plataforma **online** contribuirão para "encurtar" o caminho do ilustre e "guerreiro" "OABEIRO" na busca do "sonho dourado"!

Esperamos que, na **Coleção Esquematizado®**, este trabalho cumpra o seu papel. Em constante parceria, estamos juntos e aguardamos as suas críticas e sugestões, sempre em busca do cumprimento da nossa missão de vida: **ajudar a transformar a vida das pessoas pela educação, realizando sonhos e democratizando o ensino!**

Sucesso a todos!

Pedro Lenza
Mestre e Doutor pela USP
Visiting Scholar na Boston College Law School

pedrolenza8@gmail.com
https://twitter.com/pedrolenza
http://instagram.com/pedrolenza
https://www.youtube.com/pedrolenza
https://www.facebook.com/pedrolenza
https://www.editoradodireito.com.br/colecao-esquematizado

Sumário

Apresentação V

Como se preparar para o Exame da OAB 1
Luiza Soalheiro

Direito Constitucional 31
Pedro Lenza

Direito Administrativo 135
Elisa Faria

Direito Civil 197
Bruno Zampier
Carla Carvalho

Direito Processual Civil 339
Luiz Dellore

Direito Penal 439
Alexandre Salim

Legislação Penal Especial 555
Alexandre Salim

Direito Processual Penal 593
Christiano Gonzaga

Direito Tributário 693
Roberto Caparroz

Ética 785
Biela Jr.

Direito do Trabalho 829
Carla Teresa Martins Romar

Sumário

Direito Processual do Trabalho   901
Bruno Klippel

Direito Empresarial   969
Marcelo Sacramone

Direito do Consumidor   1033
Renan Ferraciolli

Direito Ambiental   1061
Erika Bechara

Direito Internacional   1103
Napoleão Casado

Estatuto da Criança e do Adolescente   1141
Maíra Zapater

Direitos Humanos   1175
Maíra Zapater

Filosofia do Direito   1209
Clodomiro Bannwart

Direito Eleitoral   1245
Celso Spitzcovsky

Direito Financeiro   1287
Carlos Alberto de Moraes Ramos Filho

Direito Previdenciário   1311
Marisa Ferreira dos Santos

Como se preparar para o Exame da OAB

Luiza Soalheiro

Mestra e Doutora em Direito Privado pela PUC Minas. Especialista em Direito de Família e Sucessões pela Faculdade Arnaldo Janssen. Líder *Coach* pela Escola de *Coaching Express* da Organização Internacional Condor Blanco. *Coach* pelo Instituto Brasileiro de *Coaching* (IBC). Professora universitária. Mentora do curso Luiza me Aprova. Advogada. Instagram: @soalheiroluiza.

Sumário

1. O que é *coaching*? Como o *coaching* pode apoiar você na aprovação do Exame de Ordem? – 2. Do autoconhecimento à aprovação – 3. O edital do Exame de Ordem: conheça as regras do jogo antes de a partida começar: 3.1. As regras gerais e específicas para 1ª fase do Exame de Ordem; 3.2. As disciplinas da 1ª fase; 3.3 As novas disciplinas de 1ª Fase a partir do 38º Exame de Ordem; 3.4. Por que dar atenção ao ECA e ao CDC na 1ª fase?; 3.5. Ética e legislação profissional podem fazer a diferença na sua aprovação? – **4. O edital do Exame de Ordem: foco na 2ª fase:** 4.1. As regras específicas da 2ª fase do Exame de Ordem; 4.2. Qual disciplina escolher na 2ª fase do Exame de Ordem?; 4.3. Questões discursivas – **5. Os materiais de estudo e os permitidos pelo Exame de Ordem:** 5.1. Os materiais fundamentais; 5.2. Os materiais complementares; 5.3. Materiais permitidos e proibidos pelo Exame de Ordem – **6. Os primeiros passos para a criação de um projeto de estudos:** 6.1. Como montar um cronograma de estudos? – **7. Técnicas de estudo:** 7.1. Muita tarefa para fazer? Limpando a mente para ter um estudo de qualidade; 7.2. Ser multitarefa x ser produtivo; 7.3. A necessidade de fazer simulados e exercícios constantes; 7.4. A importância das revisões; 7.5. As revisões imediatas e periódicas; 7.6. A técnica do pomodoro; 7.7. *Flashcards*; 7.8. Mapas Mentais; 7.9. Método Cornell – **8. Mantendo-se positivo antes, durante e depois da aprovação do Exame de Ordem:** 8.1. Como, então, se manter motivado e positivo nos estudos para atingir a aprovação na OAB?; 8.2. Advogando em causa própria: as principais dicas para fazer recurso para a 2ª fase da OAB; 8.2.1. Prazos importantes para a elaboração do recurso; 8.2.2. Onde protocolizar o recurso?; 8.2.3. Informações básicas que você deve saber antes de recorrer; 8.2.4. Principais erros e modelos de recurso; 8.3. Não passei na OAB, e agora? A psicologia positiva pode apoiar você – **Referências bibliográficas** – **Material digital exclusivo**

1. O QUE É *COACHING*? COMO O *COACHING* PODE APOIAR VOCÊ NA APROVAÇÃO DO EXAME DE ORDEM?

Para o início dessa jornada, parabenizamos você, aluno e/ou examinando, que escolheu iniciar sua preparação para o Exame de Ordem por meio desta obra especializada e adequada para apoiá-lo neste momento tão importante da sua vida acadêmica e profissional. **E por falar em apoio, você sabe o que é o *coaching* e como ele pode ser útil na sua preparação para a prova da OAB?**

O *coaching* é uma metodologia criada para ajudá-lo a atingir seus objetivos. Pode ser usado para "desbloquear o potencial das pessoas para maximizar seu próprio desempenho. É ajudá-las a aprender em vez de ensinar a elas" (WITHMORE, 2012, p. 17).

Em outros termos, "é uma metodologia que proporciona expansão significativa da *performance* profissional e produtividade pessoal. *Coaching* é sobre como sair de um ponto – estado atual – e chegar a outro ponto – estado desejado. Pode-se dizer que Coaching é uma ampliação de percepção sobre o mundo" (MARQUES, 2018, p. 122).

Essa metodologia tem como escopo ajudá-lo a se organizar e planejar seus estudos, bem como gerir seus recursos internos a fim de melhor aproveitar seu potencial. É neste ponto que esta obra pode ajudá-lo porque, além de você ter acesso à parte dogmática das matérias, o *coaching* o ajudará a conhecer as regras do jogo, traçar um planejamento eficaz e desenvolver uma mentalidade fortalecedora, que o convida a ver oportunidades nas adversidades e a estirar o seu potencial para o alcance do resultado desejado.

Em suma, por meio do *coaching* você conhecerá ferramentas que o auxiliarão a criar o melhor caminho para alcançar a aprovação.

2. DO AUTOCONHECIMENTO À APROVAÇÃO

Por falar em potenciais, você sabe quais são as suas fortalezas e oportunidades que podem levá-lo até a aprovação da OAB? E as suas fraquezas e ameaças que podem obstar o caminho da aprovação? É fundamental que antes de iniciar seus estudos você se autoconheça. A jornada até a aprovação pode ser desafiante, e por vezes o é. Por isso, é importante que você saiba quais são as suas forças internas e externas que o apoiarão num eventual momento de desânimo.

Da mesma forma, se você não sabe quais disciplinas domina e em quais precisa melhorar, você pode perder tempo se dedicando ao que não é necessário. Por tal razão, o autoconhecimento o ajudará a entender sua jornada e, tendo esse conhecimento, os passos para a aprovação serão mais assertivos. De fato, conhecer-se e entender onde você se encontra hoje em relação ao objetivo que pretende alcançar lhe permitirá fortalecer seus potenciais e gerir seus pontos de melhoria, o que encurtará seu caminho para a aprovação na OAB.

Para auxiliá-lo, apresenta-se abaixo alguns passos e questionamentos que devem ser levados em consideração nesse processo de autoconhecimento. Tais ferramentas podem ser utilizadas não só para o Exame de Ordem, mas para qualquer ação e objetivo da sua vida.

O primeiro passo é realmente estabelecer um objetivo específico, por exemplo, ser aprovado no Exame de Ordem, mas poderia ser também criar o hábito de leitura diária.

Tendo em mente o objetivo específico de "ser aprovado no Exame de Ordem", o passo seguinte consiste em se autoanalisar. Já pensou no que a aprovação na OAB representa para você? O que o motiva a estudar? Lembre-se de que a motivação é o motivo para a ação. Qual sua maior dificuldade de estudar? Falta de tempo, concentração, ansiedade, procrastinação ou outros motivos? Quais seus pontos de melhoria internos e externos? Quais seus pontos fortes?

Aqui, sugere-se anotar as respostas desses questionamentos ou de outros que você tenha feito, para que, quando necessário, você possa consultar novamente e analisar seus avanços, contribuindo, assim, para os ajustes de estratégias.

Em seguida, o próximo passo é identificar suas fortalezas e fraquezas, oportunidades e ameaças. As **fortalezas ou forças** são os pontos positivos internos que o apoiarão a atingir o seu objetivo específico, que, no exemplo, é passar no Exame de Ordem. Desse modo, quais são os postos positivos internos que o apoiarão na aprovação? Por exemplo, você é uma pessoa focada? Determinada? Corajosa? Sem dúvida, são fortalezas que serão úteis no processo de preparação para a prova da OAB.

Por outro lado, quais são internamente as **fraquezas** que podem ser uma pedra no caminho da aprovação? Você tem medo de não passar no Exame de Ordem? Você desconfia da sua própria capacidade? Então, são fraquezas que precisam ser identificadas e gerenciadas para que não o atrapalhem na preparação nem no dia da prova.

Do outro lado, você também deve analisar as **oportunidades e ameaças** na perspectiva externa, mas sempre com o objetivo específico em mente. Quanto às oportunidades, você deve se autoquestionar sobre quais os pontos externos na sua vida que o apoiarão a conseguir a aprovação na OAB. Por exemplo, você faz algum preparatório para OAB? Você tem aliados, como família que custeia seus estudos? Você tem uma estrutura familiar que o apoia? Se a resposta for sim, essas são oportunidades valiosas que você tem na vida.

Lembre-se também de que você é o seu primeiro **aliado**, o que não quer dizer que seja o único. Pode-se dizer que você é o seu primeiro aliado, porque parte da sua própria vontade o interesse de progredir, de buscar novos aliados, a fim de atingir seus objetivos. Caminhe rumo à aprovação acompanhado de quem quer o seu bem, levando com você suas fortalezas e oportunidades.

De igual modo, visualize suas ameaças externas. O que o impede de alcançar a aprovação na OAB? Normalmente, o aluno identifica a falta de tempo como uma ameaça externa, especialmente quando ele realiza muitas atividades ao mesmo tempo.

Por fim, com todas essas informações em mãos, crie estratégias para atenuar cada uma de suas fraquezas e ameaças. Crie uma espécie de "*airbag*" para diminuir o impacto das suas fraquezas e das suas ameaças. A título de exemplo, se você tem medo de não ser aprovado na OAB, utilize da sua coragem e determinação para acreditar mais no seu próprio potencial e combater o seu medo. **Se você está se preparando para a OAB com determinação e coragem, para que ter medo da reprovação? Crie uma afirmação positiva: "Eu quero e vou passar na OAB, porque estou me preparando com determinação e coragem".** Você pode usar o esquema abaixo para seguir os passos que foram descritos. Observe:

MATRIZ **SWOT** (*Strengths, Weaknesses, Opportunities, Threats*) ou MATRIZ **FOFA**
(Forças/Fortalezas, Oportunidades, Fraquezas, Ameaças)

	Fatores positivos	Fatores negativos
Fatores internos	S F *Strengths* (**forças/fortalezas**)	W F *Weaknesses* (**fraquezas**)
Fatores externos	O O *Opportunities* (**oportunidades**)	T A *Threats* (**ameaças**)

O seu sistema de crenças pessoais, isto é, aquilo em que você acredita, tem impacto em seus resultados: "quando você não acredita que pode fazer alguma coisa, está mandando mensagens coerentes ao seu sistema nervoso, que limitam ou eliminam sua capacidade de conseguir aquele resultado. Se, por outro lado, estiver consistentemente enviando mensagens congruentes ao seu sistema nervoso que dizem que pode fazer alguma coisa, ele então avisa seu cérebro para produzir o resultado que deseja, e isso abre a possibilidade para que aconteça" (ROBBINS, 2019, p. 42).

Se o medo for atrevido e vier à sua mente, afirmação positiva nele.

Para encerrar este papo, é válida a seguinte reflexão: uma pessoa que consegue identificar suas fortalezas e oportunidades e criar "*airbags*" contra as fraquezas e ameaças tem mais ou menos chance de conseguir a aprovação no Exame de Ordem? Acreditamos que você já tenha a resposta, então, já está preparado para conhecer as regras do jogo.

■ 3. O EDITAL DO EXAME DE ORDEM: CONHEÇA AS REGRAS DO JOGO ANTES DE A PARTIDA COMEÇAR

Agora que você já tem consciência dos seus pontos fortes e de melhoria, tanto internos como externos, está na hora de conhecer as regras do jogo, ou seja, partir para o conhecimento do edital em si.

Esta análise do edital é mais uma estratégia de apoio para sua aprovação, já que ela lhe permitirá ter conhecimento sobre as preferências da banca examinadora (no caso, da FGV – Fundação Getulio Vargas), as disciplinas e temas mais cobrados, os materiais permitidos e outras peculiaridades.

Vale destacar que esta análise deve ser feita de maneira casuística. Em outras palavras, o edital a ser analisado deve ser exatamente o correspondente ao Exame que você vai prestar, visto que a cada edital a banca examinadora pode modificar as regras.

Assim, as informações que se passa a expor foram construídas com base nos editais já publicados até 2022 (e informações sobre o edital 2023), no Provimento n. 144/2011 da OAB[1] (atualizado pelo Provimento n. 156/2013) e na Resolução n. 9/2004 do Conselho Nacional de Educação/Câmara de Educação Superior[2], podendo sofrer pequenas alterações a depender dos próximos editais. Que tal falar da 1ª fase da OAB, então?

3.1. As regras gerais e específicas para 1ª fase do Exame de Ordem

Conquanto muitos examinandos já estejam antenados sobre as regras da prova da OAB, em razão dos anos em sala de aula ouvindo os professores da faculdade falarem sobre o assunto, mostra-se necessário reforçar algumas informações sobre a estrutura e pontuação da prova.

Regra geral, nos termos dos arts. 2º, 3º, 7º e 11 do Provimento n. 14/2011 do Conselho Federal da OAB, poderão prestar o Exame de Ordem os estudantes de Direito dos últimos dois semestres ou do último ano do curso, ou seja, pode prestar o Exame de Ordem o bacharel em Direito, ainda que pendente sua colação de grau, desde que formado em instituição regularmente credenciada.

Preenchidos esses requisitos indispensáveis à possibilidade de prestar o Exame de Ordem, o aluno pode se inscrever e começar a entender as regras da 1ª fase da prova, as quais basicamente se resumem em:

Na 1ª fase	■ A prova é objetiva e sem consulta, de caráter eliminatório; ■ A prova objetiva conterá no máximo 80 (oitenta) questões de múltipla escolha; ■ Exige-se o mínimo de 50% (cinquenta por cento) de acertos para habilitação à prova prático-profissional (2ª fase do Exame de Ordem), proibido o aproveitamento do resultado nas provas seguintes; ■ A prova objetiva conterá, no mínimo, 15% (quinze por cento) de questões versando sobre o Estatuto da Advocacia e seu Regulamento Geral, Código de Ética e Disciplina, Filosofia do Direito e Direitos Humanos; ■ No momento da inscrição para o Exame de Ordem, você já deve escolher qual disciplina prestará na 2ª fase.

Quanto ao período de inscrição para o Exame de Ordem, tradicionalmente, inicia-se junto com a publicação do edital. A inscrição ocorre no *site* da FGV (http://oab.fgv.br/), e o aluno e/ou examinando deve se atentar para o fato de que a homologação da sua inscrição só ocorrerá após o pagamento do boleto correspondente. Após o devido pagamento, a própria FGV, em prazo médio de até 5 (cinco) dias úteis, confirmará sua inscrição.

E a banca examinadora? Será que o examinando também precisa buscar informações a seu respeito? É importante conhecer o "perfil da FGV"? Para o aluno que vai prestar o Exame de Ordem, conhecer o perfil da banca pode ser válido, mas não essencial para a sua aprovação. A análise do perfil da banca examinadora pode ser mais interessante para aquele "concurseiro" que inclusive vai ser avaliado por prova oral ou entrevistas.

Para você que vai prestar o Exame da Ordem, é importante entender o edital, fazer muitas provas e questões anteriores (há provas da FGV disponíveis desde 2010), compreender os temas que mais caem na prova e como são cobrados. Tomando essas atitudes, você vai perceber que já está conhecendo o perfil da FGV, a qual não vem cobrando "decoreba de lei", mas sua interpretação analítica de casos concretos. Sem dúvidas, é uma banca examinadora que exige esforço e estudo do examinando.

Entendendo esse perfil, adequado avançar na análise dos principais pontos do edital do Exame de Ordem para compreender também as disciplinas cobradas na 1ª fase.

3.2. As disciplinas da 1ª fase

Como já mencionado, o edital vai trazer as regras do jogo, as principais informações para você se preparar para a prova da OAB. Por essa razão, **a leitura do edital é passo obrigatório para o examinando**.

No que diz respeito às disciplinas objeto da 1ª fase, você vai encontrar no edital capítulo específico sobre o assunto, onde constará que na **1ª fase a prova é objetiva**, seguindo as regras impostas pelo CNE – Conselho Nacional de Educação, e na **2ª fase a prova é composta por uma peça prático-profissional da disciplina escolhida, mais quatro questões sobre situações-problema**.

Se o novo edital da OAB não foi publicado e você já quer iniciar sua preparação (o que é muito adequado),

---

[1] Para saber mais, basta acessar a íntegra do Provimento em <https://www.oab.org.br/leisnormas/legislacao/provimentos/144-2011>.

[2] Da mesma forma, para saber mais, basta acessar a íntegra da Resolução em <http://portal.mec.gov.br/cne/arquivos/pdf/rces09_04.pdf>.

vale ler o último edital disponível no *site* da FGV, pois já servirá de uma boa base para você entender as regras da prova.

Em suma, atualmente, **na 1ª fase da OAB são cobradas 20 disciplinas**, cada uma com um número de questões específicas.

Frisa-se que nem sempre houve esse panorama da prova, pois vale lembrar que anteriormente o Exame de Ordem não era unificado, ou seja, não era a mesma prova para todo o País, da mesma forma que a banca examinadora já foi outra, vindo a FGV assumir a missão a partir de 2010. Portanto, a divisão de número de questões por disciplina pode sofrer alterações. Inclusive, o Conselho Pleno da OAB Nacional confirmou a inclusão de 3 (três) novas disciplinas da 1ª Fase do Exame de Ordem, sendo elas: Direito Eleitoral, Direito Financeiro e Direito Previdenciário. Tais alterações começam a valer a partir do 38º Exame de Ordem, no ano de 2023.

■ 3.3. As novas disciplinas de 1ª Fase a partir do 38º Exame de Ordem

Conforme salientado na apresentação desta obra, a partir da 10ª Edição (2023), diante do *Provimento n. 213 do Conselho Federal da OAB*, de 5-4-2022, que alterou o § 4º do art. 11 do *Provimento n. 144/2011* (que dispõe sobre o **Exame de Ordem**), a prova da OAB passa a contar com 3 (três) novas matérias obrigatórias da primeira fase, quais sejam, **direito eleitoral**, **direito financeiro** e **direito previdenciário**, **não tendo havido aumento no número de questões de múltipla escolha**, conforme prevê a redação do art. 11, § 1º, do Provimento n. 144/2011.

Conquanto os editais do Exame de Ordem não mencionem sobre a ordem das disciplinas na prova, havia um padrão de posicionamento das questões:

	Disciplinas	Número de questões	Posição na prova
1	Ética	8	01 – 08
2	Filosofia do Direito	2	09 – 10
3	Direito Constitucional	7	11 – 17
4	Direitos Humanos	2	18 – 19
5	Direito Internacional	2	20 – 21
6	Direito Tributário	5	22 – 26
7	Direito Administrativo	6	27 – 32
8	Direito Ambiental	2	33 – 34
9	Direito Civil	7	35 – 41
10	Direito da Criança e do Adolescente	2	42 – 43
11	Código de Defesa do Consumidor	2	44 – 45
12	Direito Empresarial	5	46 – 50
13	Processo Civil	7	51 – 57
14	Direito Penal	6	58 – 63
15	Processo Penal	6	64 – 69
16	Direito do Trabalho	6	70 – 75
17	Processo do Trabalho	5	76 – 80
	TOTAL	80 QUESTÕES	

Esse cenário, contudo, será modificado. Diante das novidades do 38º Exame e tendo em vista a ausência de manifestação da OAB/FGV até o momento do fechamento desta edição, acredita-se que essas 3 novas disciplinas serão cobradas cada uma com 2 (duas) questões.

Seja como for, o importante é começar a se preparar, ou seja, já iniciar os estudos dessas disciplinas novas, uma vez que já é certeza a inserção destas no 38º Exame de Ordem.

Nesse sentido, acredita-se que as novas disciplinas irão compor a parte final da prova, o que somente poderá ser confirmado com eventual manifestação da OAB ou com a aplicação do 38º Exame (o que ainda não ocorreu até o fechamento desta edição da obra).

	Disciplinas
1	Ética e legislação profissional
2	Filosofia do Direito
3	Direito Constitucional
4	Direitos Humanos
5	Direito Internacional
6	Direito Tributário
7	Direito Administrativo
8	Direito Ambiental
9	Direito Civil
10	Direito da Criança e do Adolescente – ECA
11	Direito do Consumidor – CDC
12	Direito Empresarial
13	Processo Civil
14	Direito Penal
15	Processo Penal
16	Direito do Trabalho
17	Processo do Trabalho
18	Direito Eleitoral
19	Direito Financeiro
20	Direito Previdenciário

Para que você se mantenha atualizado sobre as novas regras, sugere-se a leitura dos Provimentos n. 144, 212 e 213 da OAB, cujos links de acesso estão nas referências desse estudo, ao final deste capítulo.

Por fim, importante também salientar que eventuais novidades, após o fechamento dessa edição, serão disponibilizados por meio de vídeos explicativos, os quais você poderá ter acesso facilmente pelo QR Code disponibilizado ao final deste capítulo. Estamos atentos para apoiar você com as informações atuais e seguras.

■ 3.4. Por que dar atenção ao ECA e ao CDC na 1ª fase?

Com frequência, o examinando trata o ECA (Estatuto da Criança e do Adolescente) e o CDC (Código de Defesa do Consumidor) como os "patinhos feios" da OAB – 1ª Fase, principalmente pelo fato de serem cobradas na prova apenas 2 questões de cada uma dessas disciplinas. Aqui, vale uma pausa para reflexão: quantas pessoas você conhece que foram reprovadas na prova da OAB por causa de uma a quatro questões? O relatório da FGV, em anos anteriores, identificou que essa era a situação de mais da metade dos candidatos (FGV, 2020).

Então, vale estudar e com atenção o ECA e o CDC, pois são disciplinas que podem encaminhá-lo para a 2ª fase do Exame de Ordem. Além disso, a notícia boa é que ambas as disciplinas possuem um texto de linguagem mais simples, o que facilita a leitura.

Quer mais um incentivo para estudar o ECA e o CDC? Se você analisar as últimas provas, vai perceber que a FGV vem cobrando mais a parte especial do ECA (Livro II) do que a Parte Geral. Da mesma forma, os primeiros artigos do CDC (até o art. 60 aproximadamente) são os queridinhos da FGV, o que não quer dizer que você não deva ler todos os artigos. O que você pode fazer é focar com mais atenção nos que têm incidência maior no Exame de Ordem (ROCHA, 2017).

Por fim, se você escolheu para a 2ª fase Direito Civil, estudar o ECA e o CDC é **"conseguir dois resultados positivos com uma só ação"**, pois, além de serem cobradas na 1ª fase, essas matérias voltarão a cair na prova prático-profissional.

■ 3.5. Ética e legislação profissional podem fazer a diferença na sua aprovação?

A resposta a essa pergunta é sim. Ética e legislação profissional são as disciplinas com o maior número de questões no Exame de Ordem. É possível, com estudo da matéria, gabaritar no dia da prova. Por que com estudo? Porque foi-se o tempo em que essas disciplinas eram cobradas somente com a necessidade de decorar os artigos.

Hoje, é preciso compreender o conteúdo dos artigos, pois eles serão cobrados por meio de situações-problema (casos). Não é regra, mas analisando as provas anteriores, a FGV vem dando preferência aos assuntos relacionados ao Estatuto da OAB, ao Regulamento Geral e ao Código de Ética, nessa ordem (ROCHA, 2017). Fiquem atentos!

Além disso, o combo ECA, CDC, Ética e Legislação Profissional já lhe garante aproximadamente 30% (trinta por cento) do que você precisa para ser aprovado na 1ª Fase da OAB. Gabaritar essas três disciplinas, garantindo 12 pontos dos 40 que você precisa para ser aprovado, é mais do que possível.

Por fim, se você venceu a 1ª fase, está na hora de conversar sobre as regras da 2ª fase do Exame de Ordem.

■ 4. O EDITAL DO EXAME DE ORDEM: FOCO NA 2ª FASE

Superada a 1ª fase, falta pouco para você viver seu momento de celebração final. Logo, logo chegará a aprovação, mas para tanto é necessário respirar, "pegar mais um gás" e focar na 2ª fase. O que acha de começar entendendo as demais regras do jogo?

4.1. As regras específicas da 2ª fase do Exame de Ordem

As regras específicas da 2ª fase do Exame de Ordem, como na 1ª fase, são abordadas pelos editais, pelo Provimento n. 144/2011 da OAB e pela Resolução n. 9/2004 do Conselho Nacional de Educação/Câmara de Educação Superior. Da mesma forma, vale reforçar a necessidade de focar no edital em que você prestará o Exame de Ordem, já que as regras podem ser alteradas. Em suma, listam-se abaixo as principais diretrizes sobre a 2ª fase, a saber:

> **Na 2ª fase**
> - A prova é composta por duas partes diferentes: a) uma redação de peça profissional; b) quatro questões práticas, sob a forma de situações-problema.
> - Ambas as partes (redação de peça profissional e questões práticas) possuem a mesma pontuação, qual seja, 5,0 pontos.
> - A prova prático-profissional permite, exclusivamente, a consulta a legislação, súmulas, enunciados, orientações jurisprudenciais e precedentes normativos sem qualquer anotação ou comentário.
> - Será considerado aprovado o examinando que obtiver, na prova prático-profissional, nota igual ou superior a 6 (seis) inteiros, vedado o arredondamento.
> - Ao examinando que não lograr aprovação na prova prático-profissional será facultado computar o resultado obtido na prova objetiva apenas quando se submeter ao Exame de Ordem imediatamente subsequente (repescagem).

No que diz respeito à **repescagem**, vale tecer mais alguns comentários para que não restem dúvidas sobre esse benefício concedido ao examinando. Segundo o art. 11, § 3º, do Provimento n. 144/2011 (atualizado pelo Provimento n. 156/2013), "ao examinando que não lograr aprovação na prova prático-profissional será facultado computar o resultado obtido na prova objetiva apenas quando se submeter ao Exame de Ordem imediatamente subsequente" (BRASIL, 2013). Em outros termos, a chamada **repescagem é a possibilidade de o examinando que não passou na 2ª fase, repeti-la, imediatamente, sem a necessidade de fazer novamente a 1ª fase, desde que a realize de maneira subsequente ao Exame de Ordem em que foi reprovado na 2ª fase.**

Importante também destacar que, na hipótese de nova reprovação na 2ª fase, isto é, quando o examinando é reprovado pela segunda vez seguida, ele perde temporariamente esse benefício, tendo que recomeçar na 1ª fase (agora, sem dúvidas, mais experiente). Voltando para a 1ª fase e não sendo aprovado novamente na 2ª fase, ele volta a ter o direito de usar do bônus da repescagem.

4.2. Qual disciplina escolher na 2ª fase do Exame de Ordem?

Inicialmente, antes de fazer a escolha da disciplina para você realizar a 2ª fase, vale ficar atento ao edital e verificar quais são as opções de escolha. Atualmente, podendo sofrer alterações, conforme já explicado, podem ser cobradas 7 disciplinas, quais sejam:

Disciplinas que podem ser escolhidas para realizar a 2ª fase do Exame de Ordem	
1	Direito Civil
2	Direito do Trabalho
3	Direito Administrativo
4	Direito Constitucional
5	Direito Empresarial
6	Direito Penal
7	Direito Tributário

Neste cenário, uma das perguntas mais feitas pelos examinandos é qual disciplina da OAB escolher para realizar a 2ª fase. A resposta e a escolha, não raro, são equivocadas, porque não partem de uma escolha individual nem de uma reflexão dos potenciais do próprio aluno e/ou examinando.

Em muitos casos, o aluno escolhe a disciplina "x" porque ouviu dizer que são cobradas menos modalidades de peças prático-profissionais ou porque a matéria tem menos conteúdo para ser estudado. Em outras situações, o aluno escolhe a disciplina tendo por base seus amigos, isto é, se a maioria dos amigos passou em Direito do Trabalho, por exemplo, o examinando escolhe tal disciplina simplesmente por esse motivo. Quem sofre preconceito nesse cenário, normalmente, é a disciplina de Direito Civil, famosa pelo extenso conteúdo programático, mas bem colocada no pódio de melhor aproveitamento médio por disciplina (FGV, 2020).

Outros poderiam ser os exemplos de escolhas que desconsideram as suas particularidades pessoais, mas esses já bastam para entender que esse não é o melhor caminho. A opção mais adequada no momento de escolher a disciplina para realizar a 2ª fase é se autoanalisar. Sim, novamente o autoconhecimento vai ser um aliado, pois por meio dele você conseguirá identificar qual é o seu histórico com as disciplinas. Alguns questionamentos podem ser válidos:

(i) Em quais das disciplinas acima você tem maior facilidade de aprendizado?

(ii) Em quais disciplinas acima você obteve maior nota na graduação de Direito?

(iii) De quais das disciplinas acima você gosta ou qual conseguiria estudar por mais tempo?

(iv) Qual das disciplinas acima você conseguiria estudar, aproximadamente, por 40 dias sem grande sofrimento?

(v) Em qual das disciplinas acima você já teve alguma experiência profissional ou de estágio?

Assim, evite escolher a sua disciplina com base em experiências de terceiros ou porque dizem ser a mais fácil. Escolha com fundamento nos seus potenciais na disciplina e em seu vínculo com ela.

■ 4.3. Questões discursivas

Como já explicado, as questões discursivas da 2ª fase do Exame de Ordem possuem a mesma pontuação da peça prático-profissional. Por essa razão, não corra o risco de focar somente na peça e se esquecer das questões discursivas.

No Exame de Ordem há 4 questões discursivas, cada uma valendo 1,25 pontos, totalizando 5 pontos, metade do valor da prova. Da leitura do edital, você vai constatar que é permitido criar subdivisões dentro de cada questão, ou seja, questão 1, subdividida em A e B, por exemplo.

Assim, se esse for o caso da sua prova, o que tradicionalmente acontece, preste bastante atenção na sua resposta e identifique a letra que você está respondendo. Por exemplo: Resposta da questão 1, Letra A: __. Resposta da questão 1, Letra B__.

Outro ponto importante é que, em nenhum momento, você pode se identificar na prova. Por exemplo, assinando o seu nome como o advogado que fez a peça prático-profissional, pois, nessa situação, você estará sujeito a ser eliminado da prova, haja vista que a identificação, na prova, tem caráter eliminatório.

Nesse contexto, salienta-se que a preparação para as questões discursivas deve seguir os seguintes passos: i. conheça bem o conteúdo programático do edital, pois isso vai evitar que você tenha surpresas no dia da prova, como a cobrança de temas que você não conhece. Atualmente, a FGV/OAB já se manifestaram no sentido de que a prova da OAB adote o perfil interdisciplinar, ou seja, embora você tenha escolhido Direito Civil como disciplina de 2ª fase, por exemplo, nada impede que você encontre conteúdo de Direito Constitucional no mesmo Exame. O diálogo entre os conteúdos das disciplinas é cada vez mais recorrente na prova da OAB; ii. treine fazendo provas e questões discursivas anteriores. Após treinar bastante, analise os temas que mais caíram nas questões discursivas para, então, reforçar o seu estudo; iii. desenvolva a técnica de silogismo jurídico, não esquecendo de empregar as regras da língua portuguesa.

Logo abaixo, apresenta-se de modo sucinto como aplicar a técnica do silogismo jurídico.

■ Técnica do Silogismo Jurídico

A Técnica do Silogismo é de grande utilidade para você que vai fazer a 2ª Fase da OAB, pois lhe permite expor seus pensamentos e raciocínio de forma bem estruturada, o que facilita a compreensão do avaliador que irá corrigir sua prova.

A Técnica do Silogismo é dividida em 3 (três) etapas, quais sejam: a) Premissa Maior; b) Premissa Menor e c) Conclusão.

Para melhor compreensão dessa técnica, imagine a seguinte questão da OAB 2ª Fase Direito Civil, por exemplo. A questão envolve um acidente causado pela queda de um vaso de planta do apartamento 631 do locatário José. O acidente causou danos ao Sr. João, que ajuizou uma Ação de Indenização por Danos Morais e Materiais em face do Condomínio, onde está localizado o apartamento 631 do Sr. José. Diante de tal situação, a FGV poderia lhe questionar se o advogado do Sr. João agiu corretamente ao propor a ação judicial em face do Condomínio. Você poderia responder à questão, utilizando-se da Técnica do Silogismo, conforme se demonstrará a seguir.

Na PREMISSA MAIOR: você deve apresentar ao avaliador o FUNDAMENTO JURÍDICO da sua resposta. Nesse ponto, você pode apresentar leis, artigos, princípios jurídicos, súmulas, todo o fundamento legal relacionado à questão oferecida, sem mencionar as particularidades do caso. Por exemplo: *Nos termos do art. 938 do Código Civil de 2002, "aquele que habitar prédio, ou parte dele, responde pelo dano proveniente das coisas que dele caírem ou forem lançadas em lugar indevido"* (BRASIL, 2002).

Já na PREMISSA MENOR: você deve apresentar, com suas próprias palavras, o CASO CONCRETO, o caso hipotético apresentado no enunciado da questão. Nesse tópico, você deverá utilizar sua capacidade de síntese, apresentando apenas os fatos juridicamente relevantes para a resolução da questão proposta. Por exemplo: *Conforme se verifica no caso em tela, trata-se de acidente causado pela queda do vaso de planta do apartamento 631 do Sr. José. Em razão dos danos sofridos, o Sr. João ajuizou demanda indenizatória em face do Condomínio.*

Por derradeiro, você deve fazer a CONCLUSÃO, a qual corresponde à subsunção da premissa menor à premissa maior, isto é, à subsunção do fato à norma. Por exemplo: *Pelo exposto, pode-se afirmar que o advogado do Sr. João não agiu acertadamente, posto que a ação judicial deveria ter sido proposta em face do locatário José que habita o prédio no apartamento 631, conforme prevê o art. 938 do Código Civil de 2002.*

Na resposta não deve aparecer a menção à "Premissa Maior, Premissa Menor e Conclusão". Foram apresentadas acima apenas como recurso didático para facilitar a sua compreensão. A resposta, então, ficaria da seguinte maneira:

> Nos termos do art. 938 do Código Civil de 2002, "aquele que habitar prédio, ou parte dele, responde pelo dano proveniente das coisas que dele caírem ou forem lançadas em lugar indevido".
>
> Conforme se verifica no caso em tela, trata-se de acidente causado pela queda do vaso de planta do apartamento 631 do Sr. José. Em razão dos danos sofridos, o Sr. João ajuizou demanda indenizatória em face do Condomínio.
>
> Pelo exposto, pode-se afirmar que o advogado do Sr. João não agiu acertadamente, posto que a ação judicial deveria ter sido proposta em face do locatário José que habita o prédio no apartamento 631, conforme prevê o art. 938 do Código Civil de 2002.

Agora é com você. Bora praticar?

Seguindo esses passos, mais as outras dicas da parte dogmática, emocional e organizacional de seus estudos, a aprovação chegará em um caminho muito mais curto e proveitoso.

CHECKLIST DO EDITAL DA OAB:

Informações gerais

- A inscrição no Exame de Ordem ocorre no *site* da FGV – http://oab.fgv.br/.
- No ato da inscrição, o examinando já tem que escolher qual a disciplina que pretende realizar na 2ª fase do Exame de Ordem.
- Em regra, o Exame de Ordem acontece 3 vezes por ano.
- O Exame de Ordem acontece em 2 fases.
- Da publicação do edital até a 1ª fase, o prazo pode variar de menos de 30 dias (normalmente provas do meio do ano) até mais de 50 dias (provas do início e do final do ano).
- Da 1ª fase até a 2ª fase normalmente são cerca de 40 dias.
- Na 1ª fase caem 17 disciplinas, divididas em 80 questões objetivas, cada uma valendo 1,0 ponto, cenário que irá se alterar a partir do 38º Exame de Ordem, conforme explicado acima (passando a ter 20 disciplinas).
- Na 2ª fase a prova é composta por uma peça prático-profissional, valendo 5,0 pontos, e por mais 4 questões, cada uma valendo 1,25 ponto, totalizando 5,0 pontos.

1ª fase	■ A prova é objetiva e sem consulta, de caráter eliminatório. ■ Exige-se o mínimo de 50% (cinquenta por cento) de acertos para que o examinando esteja habilitado a realizar a 2ª fase, proibido o aproveitamento do resultado nas provas seguintes. ■ As 17 disciplinas até então cobradas são: Ética e legislação profissional, Direito Civil, Processo Civil, Direito Constitucional, Direito Penal, Processo Penal, Direito Administrativo, Direito do Trabalho, Processo do Trabalho, Direito Empresarial, Direito Tributário, Direito do Consumidor, Direito da Criança e do Adolescente, Direito Ambiental, Direitos Humanos, Filosofia do Direito, Direito Internacional. Lembrando-se que este cenário foi alterado a partir do 38º Exame de Ordem, momento em que foi acrescentado mais 3 (três) disciplinas na 1ª fase, conforme anteriormente explicado.
2ª fase	■ Somente na 2ª fase é permitida, exclusivamente, a consulta a legislação, súmulas, enunciados e precedentes normativos sem qualquer anotação ou comentário. ■ Será considerado aprovado o examinando que obtiver, na 2ª fase, nota igual ou superior a 6 (seis) inteiros, vedado o arredondamento. ■ É permitida a repescagem. ■ As 7 disciplinas cobradas são: Direito Civil, Direito do Trabalho, Direito Administrativo, Direito Constitucional, Direito Empresarial, Direito Penal, Direito Tributário. ■ A identificação na prova também tem caráter eliminatório.

■ 5. OS MATERIAIS DE ESTUDO E OS PERMITIDOS PELO EXAME DE ORDEM

No mercado envolvendo o mundo do Exame de Ordem, não faltam opções de materiais para apoiar você nos estudos e no dia da prova.

Contudo, importante que o aluno tenha cautela com alguns detalhes, como, por exemplo, se o material escolhido está atualizado. Estudar com materiais desatualizados pode conduzir você a erros nas questões.

Por isso, invista em materiais atualizados, didáticos, bem organizados e de fácil compreensão, elaborados por instituições sérias e por profissionais reconhecidos pela qualidade de seus trabalhos.

A fim de facilitar sua seleção, apresenta-se abaixo os materiais que não podem faltar na sua preparação, os que complementarão os seus estudos e os que são ou não permitidos no Exame de Ordem.

■ 5.1. Os materiais fundamentais

A escolha de estudar pela obra ***OAB Esquematizado – 1ª fase***, coordenada pelo professor Pedro Lenza, é muito assertiva, pois sintetiza todas as disciplinas que caem na 1ª fase do Exame de Ordem, além de ter um conteúdo de *coaching* para apoiá-lo nas estratégias de estudos.

Esta obra, além de ter um conteúdo direcionado para o que você precisa saber para a 1ª fase, apresenta questões das últimas provas e é preparada por professores especialistas nos assuntos que caem no Exame de Ordem.

Vale também ressaltar que o *Vade Mecum Saraiva OAB e Graduação* lança novas edições com bastante frequência, conforme a publicação e atualização dos editais do Exame de Ordem. Um dos diferenciais desse *Vade Mecum*, que é recomendado por professores reconhecidos no mercado, é o uso do "MAPA da Legislação: Guia de localização rápida", para a 2ª fase do Exame de OAB, das principais leis e decretos para cada área escolhida pelos alunos, recursos que são totalmente permitidos pela OAB para uso no dia da prova.

Assim, os materiais fundamentais para sua preparação podem ser divididos em legislação, doutrina e jurisprudência, todos atualizados. Observe:

Legislação	Doutrina
Vade Mecum; Códigos específicos; CLT, Jurisprudência, todos atualizados.	Livro com teoria unificada, livro especializado em questões comentadas e provas anteriores; livros especializados em cada disciplina exigida no Exame de Ordem.

O aluno e/ou examinando tende a complicar ao invés de simplificar seus estudos. Estudar por cadernos e apostilas para preparação ao Exame de Ordem pode não ser suficiente e se tornar um risco, pois não raro se desconhece a fonte das informações. Por exemplo, você pode estar usando uma apostila que não foi atualizada e estudar uma legislação revogada; ou estudar pelo caderno do melhor aluno da sua sala na faculdade, mas em uma determinada aula ele se distraiu e anotou uma informação equivocada da matéria.

Por isso, a sugestão é que para começar você: I) tenha um *Vade Mecum* atualizado e criado por quem tem competência no assunto, para que não se utilize de recursos proibidos pelo Exame de Ordem; II) tenha uma doutrina unificada com questões comentadas, especialmente para a 1ª fase, e uma obra especializada também com questões comentadas, especialmente para a 2ª fase; III) estude o entendimento jurisprudencial atualizado, o que pode ajudá-lo na 2ª fase; e IV) faça simulados, exercícios e provas anteriores da OAB.

■ **5.2. Os materiais complementares**

Além de ter uma boa doutrina, um *Vade Mecum* atualizado e eventual acesso a videoaulas que possam apoiá-lo (**material especializado para ajudar na apro**vação no Exame de Ordem), os materiais complementares fazem a diferença. Sem dúvida, o somatório de bons materiais e recursos fará com que seu aprendizado seja mais efetivo, garantindo sua aprovação. Desse modo, lista-se alguns desses recursos:

- *E-books* e *audiobooks*;
- *Podcasts*;
- *Blogs* especializados em Exame de Ordem ou afins (observar quem é o responsável pela página e a data da postagem);
- **Suas próprias gravações** (*os chamados áudio-resumos*). Você pode, por exemplo, comprar um gravador ou criar um grupo no WhatsApp com algum amigo e, em seguida, excluí-lo. Assim, você terá um grupo no WhatsApp com você mesmo, apenas, para o envio dos seus áudios-resumos. Basicamente, ao terminar o seu estudo, você pode, com as suas palavras, sintetizar o que aprendeu em uma pequena gravação de áudio. Imagine que você esteja explicando o conteúdo para alguém. Depois, nos seus momentos de revisão, você poderá, novamente, ouvir suas próprias gravações e, quem sabe, acrescentar mais algumas informações a elas. Para guiá-lo na construção desse áudio resumo, vale conferir a sugestão de um pequeno questionário a ser respondido para a elaboração de resumos não tradicionais, que será exposto logo adiante no tópico onde se aborda o *Método Cornell*.

Esses materiais podem ser usados no chamado "tempo otimizado". Você pode praticar um exercício físico e ouvir uma videoaula, seus áudio-resumos ou um *podcast* sobre as matérias nas quais você tem mais dificuldade. Da mesma forma, você pode se deslocar lendo uma parte da matéria na qual precisa se aprofundar no *e-book* via *tablet*, por exemplo, ou ouvir o conteúdo por meio de um *audiobook*.

O segredo é não tornar difíceis ou chatos os estudos, mas simplificá-los e torná-los agradáveis. Para tanto, evite iniciar os estudos por livros de alta complexidade. O aprendizado passa por uma agregação cíclica. Aprende-se de forma progressiva. Logo, comece pelos livros de fácil compreensão para depois se aprofundar, se for o caso.

Associado a isso, lembre-se de que o material de estudo adequado deve estar ao seu alcance, próximo de você. A busca por materiais pode fazer você perder a concentração. Você vai buscar o livro que está no seu armário para estudar, por exemplo. Só o fato de você parar seus estudos, levantar, ir até o armário e voltar pode fazer você perder o foco.

Enfim, após a sua preparação com o uso dos materiais adequados, você deve se atentar para o que vai poder levar ou não no dia da prova.

5.3. Materiais permitidos e proibidos pelo Exame de Ordem

Segue abaixo uma lista dos principais materiais permitidos e proibidos pelo Exame de Ordem, conforme a publicação do último edital até o fechamento desta edição. Vale reforçar que o conhecimento desses materiais é importante justamente para a 2ª fase, em que é permitida a consulta ao *Vade Mecum*. Na 1ª fase, em que é aplicada a prova objetiva, a consulta é proibida.

Da mesma forma, importante frisar que as informações abaixo podem se alterar conforme a publicação de novo edital. Assim, o ideal e recomendado é que você leia com bastante atenção o edital do Exame de Ordem que vai prestar, conferindo se essas regras se mantiveram ou não.

Material e procedimentos permitidos	Material e procedimentos proibidos
■ Legislação não comentada, não anotada e não comparada. ■ Códigos, inclusive os organizados que não possuam índices estruturando roteiros de peças processuais, remissão doutrinária, jurisprudência, informativos dos tribunais ou quaisquer comentários, anotações ou comparações. ■ Súmulas, enunciados e orientações jurisprudenciais, inclusive organizados, desde que não estruturem roteiros de peças processuais. ■ Leis de Introdução dos Códigos e instruções normativas. ■ Índices remissivos, em ordem alfabética ou temáticos, desde que não estruturem roteiros de peças processuais. ■ Exposição de Motivos, Regimento Interno, Resoluções dos Tribunais. ■ Simples utilização de marca texto, traço ou simples remissão a artigos ou a lei. ■ Separação de códigos por clipes. ■ Utilização de separadores de códigos fabricados por editoras ou outras instituições ligadas ao mercado gráfico, desde que com impressão que contenha simples remissão a ramos do Direito ou a leis.	■ Códigos comentados, anotados, comparados ou com organização de índices estruturando roteiros de peças processuais. ■ Jurisprudências. ■ Anotações pessoais ou transcrições. ■ Cópias reprográficas (xerox). ■ Utilização de marca texto, traços, símbolos, *post-its* ou remissões a artigos ou a lei de forma a estruturar roteiros de peças processuais e/ou anotações pessoais. ■ Utilização de notas adesivas manuscritas, em branco ou impressas pelo próprio examinando. ■ Utilização de separadores de códigos fabricados por editoras ou outras instituições ligadas ao mercado gráfico em branco. ■ Impressos da internet. ■ Informativos de tribunais, livros de doutrina, revistas, apostilas, calendários e anotações, dicionários ou qualquer outro material de consulta, legislação comentada, anotada ou comparada, súmulas, enunciados e orientações jurisprudenciais comentados, anotados ou comparados.

Para que você realmente entenda a necessidade de ler o edital do Exame de Ordem que vai prestar, vale dizer que o uso de *post-its* já foi permitido e, atualmente, encontra-se na lista dos proibidos. E pode ser que na sua época de fazer a prova volte a ser permitido. Realmente, as regras do jogo podem mudar.

Outro ponto que merece destaque é **a publicação de nova legislação**. Se ela for publicada antes do edital da OAB, poderá ser cobrada, mas possivelmente se manterá a regra de não poder levar impressos da internet. Já houve oportunidade em que a OAB, nessa situação, disponibilizou no *site* da banca examinadora a legislação atualizada, permitindo ao examinando levar o impresso para a prova, com a devida conferência do fiscal. Agora, se a legislação nova for posterior à publicação do edital da OAB, fique tranquilo, porque essa atualização legislativa não poderá ser cobrada na prova.

No que diz respeito às sanções ao descumprimento das regras da utilização dos materiais, o edital é claro ao prever que "quando possível, a critério do fiscal advogado e dos representantes da Seccional da OAB presentes no local, poderá haver o isolamento dos conteúdos proibidos, seja por grampo, fita adesiva, destacamento ou qualquer outro meio. Caso, contudo, seja constatado que a obra possui trechos proibidos de forma aleatória ou partes tais que inviabilizem o procedimento de isolamento retromencionado, o examinando poderá ter seu material recolhido pela fiscalização, sendo impedido seu uso" (BRASIL, 2019).

Destaca-se ainda que "o examinando que, durante a aplicação das provas, estiver portando e/ou utilizando material proibido, ou se utilizar de qualquer expediente que vise burlar as regras deste edital, especialmente as concernentes aos materiais de consulta, terá suas provas anuladas e será automaticamente eliminado do Exame" (BRASIL, 2019).

Diante de tais informações, você quer ainda correr o risco de ter seu *Vade Mecum* grampeado ou isolado por fita adesiva ou, pior, ser eliminado do Exame de Ordem? Acredita-se que não. Por isso, fique atento e coloque a leitura do edital como parte obrigatória da sua preparação.

■ 6. OS PRIMEIROS PASSOS PARA A CRIAÇÃO DE UM PROJETO DE ESTUDOS

> "Ninguém pode caminhar bem se não sabe para onde ir" (SANTOS, 2016, p. 48).

Um projeto de estudos é fundamental para que você não desista no meio do caminho. Ele permitirá que você tenha esforço contínuo e equilibrado para alcançar seus objetivos. Uma das maiores vantagens dessa organização "é a liberdade e a paz de espírito que decorrem de se fazer aquilo que decidiu. Na hora em que você monta seu quadro de horários e seu quadro de estudo, você é absolutamente livre. É quem escolhe o que vai fazer, quando, como e onde" (SANTOS, 2016, p. 207).

Antes de falar da montagem do cronograma em si, você precisa ter em mente alguns aspectos para que ele funcione. Os primeiros passos são:

a) **Estabelecer um objetivo e acreditar nele.** Quando se estabelece um objetivo, é mais fácil definir o caminho para alcançá-lo. E quando vierem as crises e desafios, você terá forças para prosseguir, porque saberá qual é o caminho até a aprovação na OAB.

b) **Motivação.** Você deve ter o "motivo para a ação" definido. Para que você faz o que faz? Para que você deseja prestar o Exame de Ordem? A motivação é o que lhe permitirá seguir mesmo diante dos desafios.

c) **Compromisso e autodisciplina.** É a capacidade de criar as próprias regras e comportamentos que o levarão a alcançar seu objetivo. É assumir um compromisso consigo mesmo, abrindo mão temporariamente de prazeres ou situações em prol do seu propósito maior. Assuma a responsabilidade de construir o seu futuro. Pense no quanto você está disposto a se comprometer com a sua aprovação na OAB. Não adianta ter um cronograma ou um roteiro de estudos adequado e não se comprometer e ter autodisciplina para cumpri-lo.

d) **Organização.** Organizar é estabelecer prioridades, objetivos, metas, tarefas diárias. Se você vai começar a estudar, precisa saber quais as regras do jogo antes de a partida começar, o que inclui conhecer o edital da prova da OAB, quais disciplinas e conteúdos poderão ser cobrados na prova, qual o material necessário para seus estudos, estabelecer horários executáveis de estudo (administração do tempo), conhecer seus potenciais e seus pontos de melhoria.

e) **Flexibilidade ou adaptabilidade.** A flexibilidade é a capacidade de adaptação. Tendo um projeto de estudo, cumpra as metas, mas seja flexível. Em qualquer rotina de estudos, os imprevistos e o não planejado acontecem. Por exemplo, você pode adoecer, e será necessário, primeiramente, se cuidar para seguir com os estudos. Nesse momento, a flexibilidade será necessária e uma boa aliada.

f) **Ação.** Bora agir? Você só colhe o que planta. Comece a estudar e colherá os benefícios.

■ 6.1. Como montar um cronograma de estudos?

A criação de um cronograma trará organização para sua vida e, por consequência, aumentará a qualidade dos seus estudos. Por onde começar, então? O processo da montagem de um **cronograma de estudos** pode ser dividido em duas etapas.

■ 1ª etapa: organização geral

Faça uma lista de todas as suas atividades e determine a média de tempo gasto para cada tarefa. Nessa lista, você deve incluir tudo, tempo de sono, higienização, trabalho, faculdade, almoço, etc. Verifique o exemplo a seguir:

1 semana = 168 horas
Dormir – 8 h por dia – 56 h por semana
Trabalho – 8 h por dia – 40 h por semana
Refeição – 3 h por dia – 21 h por semana
Atividade física – 1 h por dia – 7 h por semana
....
....
....
Restam: 44 horas semanais

Após ter consciência de todas as suas atividades e do tempo gasto em cada uma, separe as atividades que podem ser postergadas, delegadas e eliminadas até a sua aprovação no Exame de Ordem.

Nesse contexto, muitos examinandos ficam em dúvida sobre se **vale sacrificar alguma hora de sono**. Depende, faça um teste. Se você acordar às 5 horas da manhã para estudar e passar o dia todo sonolento, com baixa produtividade, não valeu seu sacrifício. Agora, se você conseguir acordar 30 minutos antes do seu horário habitual e continuar se sentindo bem, esse é um sacrifício que vale a pena, pois você acaba de ganhar 3 horas e meia de estudos semanais.

Além disso, verifique quais **tempos otimizados** (tempo de estudo no horário de almoço e no deslocamento, por exemplo) você consegue inserir na sua rotina. Os curtos espaços de tempo são ótimos para rever um conteúdo já estudado e resolver questões. Recomenda-se que o uso dos "tempos otimizados" seja um bônus, ou seja, não esteja contabilizado nas suas horas líquidas de estudo semanal. Em seguida, você **terá a quantidade de horas semanais disponíveis para o seu estudo**.

■ **2ª etapa: montagem do quadro de estudos**

A partir deste momento, você passa para uma **segunda etapa: a montagem do quadro de estudos em si**. Para iniciar esse processo, vale fazer algumas reflexões: quantas e quais disciplinas caem no Exame de Ordem? Em quais disciplinas eu tenho mais conhecimento, mais facilidade de aprendizado? Quais disciplinas têm ou não maior peso na prova?

Monte seu cronograma de estudos, distribuindo as disciplinas pelo número de horas disponíveis, deixando espaço reservado para a prática de exercícios e revisões. **Lembrando que você deve reservar um tempo maior para as disciplinas em que tem maior dificuldade de aprendizado, ou seja, estude mais o que sabe menos.**

Há diversas formas de montar um cronograma de estudos, mas apenas aquele criado conforme a sua necessidade terá eficácia. Por isso, crie o seu próprio cronograma.

Tendo em vista que na 1ª fase da OAB caem muitas disciplinas em uma única prova, recomenda-se ir treinando o seu cérebro para lidar com mais de um conteúdo ao mesmo tempo. Assim, será produtivo que você estude pelo menos duas disciplinas por dia, **estudando mais e no horário em que você é mais produtivo as disciplinas que sabe menos ou em que tem mais dificuldade de aprendizado**.

Da mesma maneira, comece a semana estudando aquilo em que tem mais dificuldade, a disciplina mais desafiadora para você. Por quê? Porque normalmente, no começo da semana, estamos mais descansados. Claro, todas essas considerações vão depender do seu perfil e da sua rotina. Segue um exemplo:

Dia da semana	Disciplinas	Realização de exercícios diários
Segunda-feira	Penal e Processo Penal	✓
Terça-feira	Civil e Processo Civil	✓
Quarta-feira	Trabalho e Processo do Trabalho	✓
Quinta-feira	Tributário, Administrativo, Ética	✓
Sexta-feira	Constitucional, ECA e Empresarial	✓
Sábado	Internacional, Ambiental, CDC (Manhã) Filosofia, Direitos Humanos (Tarde) **Noite livre.**	✓
Domingo	Revisões ou Simulados **Descanso**	✓

Reforça-se que se trata de um exemplo, pois só você poderá definir o seu cronograma de estudos, conforme sua rotina, necessidades e possibilidades. É válido também destacar que as combinações das disciplinas serão mais eficientes se você conjugar uma disciplina da qual tenha maior domínio com outra em que tenha mais dificuldade (ROCHA, 2017).

Verifique, também, que a sugestão acima engloba o descanso, que deve fazer parte de qualquer planejamento de estudo que você venha a criar. A privação de sono, especialmente, por longo período, será muito prejudicial aos seus rendimentos nos estudos. Os intervalos, as pausas e os momentos de descanso são tão importantes quanto os períodos de estudo. As pausas são necessárias para você recuperar as condições físicas, intelectuais e emocionais para que você tenha maior efetividade nos estudos. "Assim, recomendo que você cuide desde já de sua saúde, pois sua mente é seu grande escritório de progresso pessoal e profissional, e seu corpo, o único lugar onde você sempre vai morar" (SANTOS, 2016, p. 277).

Não caia na cilada, comumente divulgada, "estude enquanto eles dormem". Durante o sono, o cérebro, além de fazer a recuperação física que é tão importante para uma boa rotina de estudos, também realizará um valioso trabalho para que ocorra a retenção dos conteúdos estudados. "O sono regular ajuda a equilibrar você e a aumentar seu rendimento" (SANTOS, 2016, p. 278). Dessa forma, tenha harmonia e construa uma rotina que o deixe bem durante a jornada. Não se descuide de sua alimentação, de suas horas de sono, de um mínimo de atividade física e de momentos de lazer. Esse "combo" deve fazer parte, também, da sua preparação para a OAB.

Destaca-se, também, que seu roteiro ou cronograma de estudo pode ser flexibilizado conforme o seu momento de preparação. O quanto antes da data designada para a prova da OAB você começar os seus estudos, mais condições terá de estudar todas as disciplinas da 1ª Fase (Grupo A, B, C) e os conteúdos cobrados nas duas fases do Exame de Ordem. Se você adota essa estratégia de começar com antecedência seus estudos, terá mais chances de fazer uma preparação sólida que contribuirá para sua aprovação na OAB.

Mais próximo da data da prova, faltando aproximadamente 30 dias para a 1ª Fase, por exemplo, você poderá restringir seu foco de dedicação, isto é, estudar apenas as disciplinas que têm 8, 7 e 6 questões na prova, as quais podem ser chamadas de disciplinas do Grupo A.

DISCIPLINA	N. DE QUESTÕES	GRUPO A
Ética	8	A
Processo Civil	7	A
Direito Constitucional	7	A
Direito Civil	7	A
Processo Penal	6	A
Direito do Trabalho	6	A
Direito Administrativo	6	A
Direito Penal	6	A

DISCIPLINA	N. DE QUESTÕES	GRUPO B
Direito Empresarial	5	B
Processo do Trabalho	5	B
Direito Tributário	5	B

DISCIPLINA	N. DE QUESTÕES	GRUPO C
Filosofia do Direito	2	C
Direitos Humanos	2	C
Direito Internacional	2	C
Direito Ambiental	2	C
ECA	2	C
CDC	2	C

Em suma, a estratégia para a 1ª Fase da OAB é começar com antecedência da data da prova, sua preparação, iniciando com o estudo das 17 disciplinas (até o 38º Exame) e, aproximadamente, faltando 30 dias para a realização do Exame de Ordem, estudar somente as disciplinas do Grupo A, conjuntamente, com a revisão final correspondente ao conteúdo estudado de todas as disciplinas. Para um processo de aprendizado eficiente, é muito importante que você, OABEIRO, não se esqueça de percorrer, pelo menos, 3 etapas durante os seus estudos, quais sejam: **1) Teoria; 2) Prática; 3) Revisão.**

Frisa-se que, diante das novidades do Exame 38 e tendo em vista a ausência de manifestação da OAB/FGV até o momento de fechamento desta edição, acredita-se que as 3 novas disciplinas (**direito eleitoral**, **direito financeiro** e **direito previdenciário**), terão 2 questões cada uma, ou seja, pertencerão ao grupo C.

Basicamente, a etapa da **Teoria** abrange o estudo contextualizado da lei seca; da doutrina especializada em OAB e das eventuais aulas presenciais ou videoaulas. É o momento em que você fortalecerá sua base teórica para conseguir compreender o conteúdo de cada disciplina, ter êxito na feitura dos exercícios e na prova.

Ao se referir ao estudo contextualizado da lei seca, importa dizer que você não deve estudar a legislação de forma isolada, isto é, não se recomenda que abra o *Vade Mecum* e comece a leitura de forma aleatória, haja vista que seu nível de compreensão e assimilação de conteúdos tendem a ser menores. Assim, o mais adequado é que, ao assistir a uma aula, por exemplo, você esteja com a legislação em mãos; pois, à medida que o professor for ensinando, você vai conferindo e estudando os artigos.

Outra maneira de estudar, de modo contextualizado, a lei seca, é conjuntamente com a prática de exercícios. Por exemplo, ao acabar de fazer uma questão para a OAB, identifique qual (ou quais) legislação foi abrangida por esse exercício e, em seguida, realize o estudo da lei seca. Nesse contexto, frisa-se, novamente, a necessidade de avaliação dos seus erros. Tão importante quanto a prática de exercícios é, também, a avaliação dos erros.

No que tange à etapa da **Prática,** sugere-se que você tenha uma meta mínima de quantidade de exercícios que fará por dia. É o que eu chamo de fazer o 1% por dia. Qual é o seu Mínimo Viável Possível (MVP) diário? Qual quantidade de exercícios você pretende fazer por dia? Que tal você começar com 10 exercícios diários?

Ao fazer uma questão da OAB, sugere-se que seja realmente uma questão para a OAB, pois não será eficiente se preparar para o Exame de Ordem fazendo questões de concursos públicos em geral. Faça, primeiramente, a leitura geral do enunciado. Em seguida, ANTES de ler as alternativas, responda, mentalmente, qual seria a resposta correta. Essa atitude contribuirá para aumentar suas chances de acertos. **Ficou em dúvida entre duas alternativas e tem uma que você já sinalizou que acha que é a correta? Então, não mude a alternativa.** Não troque a sua opção, pois, possivelmente, a questão que, mesmo sem saber exatamente o porquê, você marcou, tende a ser a correta. A explicação está associada ao seu sistema límbico.

Sem se aprofundar no assunto, levanta-se aqui uma justificativa para que, na dúvida, você não troque a alternativa que inicialmente marcou como correta. Sucintamente, o cérebro humano é composto, entre outras áreas, pelo neocórtex e pelo sistema límbico. "O neocórtex é responsável pelo pensamento racional e analítico e também pela linguagem" (SINEK, 2018, p. 67). Já o sistema límbico "é responsável por todos os nossos sentimentos, como confiança e lealdade. É responsável, também, por todo o comportamento humano e por nossa tomada de decisão, mas não tem aptidão para linguagem" (SINEK, 2018, p. 68 e 69).

"A parte do cérebro que controla nossos sentimentos não tem capacidade para linguagem. Essa desconexão é que torna tão difícil expressar nossos sentimentos em palavras (SINEK, 2018, p. 68). "Quando se sente que uma decisão é a certa, temos dificuldade para explicar por que fizemos o que fizemos. De novo, a parte do cérebro que controla a tomada de decisões não controla a linguagem, e assim nós racionalizamos [...]. A tomada de decisão e a capacidade de explicar essas decisões estão em partes separadas do cérebro" (SINEK, 2018, p. 69).

Dessa forma, ao marcar, de pronto, uma questão como a correta, mesmo que você esteja na dúvida, permaneça com essa opção, pois tende a ser seu sistema límbico agindo, isto é, você, intuitivamente, tomou a decisão, mas o neocórtex não entrou ainda em cena com o pensamento racional e analítico e nem com a linguagem, o que faz você ainda desconfiar se realmente é a alternativa certa.

"Essa é uma das principais razões pelas quais professores dizerem a seus alunos para seguirem seu primeiro instinto ao fazer um teste de múltipla escolha. Quanto mais tempo passarem pensando sobre a resposta, maior o risco de marcar a alternativa errada. Nosso sistema límbico é esperto e, muitas vezes, sabe o que deve fazer. É nossa inabilidade em verbalizar as razões que pode nos fazer duvidar de nós mesmos ou confiar na evidência empírica, quando nosso coração diz para não fazermos isso" (SINEK, 2018, p. 69 e 70).

Quanto à etapa das **Revisões**, ela é tão importante quanto as anteriores, e elas podem ser efetuadas de diversas formas, as quais serão detalhadas em tópico adiante. O que já pode se alertar é que a efetividade da sua Revisão dependerá do material que você produziu durante seu estudo diário. É exatamente esse material que será útil para que você faça uma boa revisão. Por exemplo, como já dito, ao terminar de estudar, você faz um resumo áudio, uma pequena gravação explicando, com suas próprias palavras, o que aprendeu. Esse resumo, feito em formato de áudio, pode ser utilizado no seu momento de revisão.

Para finalizar, novamente, destaca-se que, quanto antes você iniciar a sua preparação, melhor e mais tranquilo será o cumprimento do seu cronograma. Mas se você tiver que montar um **cronograma SOS ("Save Our Ship" – "Salve nosso navio"),** monte! Se você tem pouco tempo para se preparar, não vá direto aos estudos, pare, respire, monte seu cronograma conforme a sua urgência e mãos à obra. A organização fará diferença na sua aprovação, independentemente de você usar um cronograma ideal ou um cronograma SOS.

■ 7. TÉCNICAS DE ESTUDO

As técnicas de estudo são ferramentas poderosas que poderão apoiá-lo na preparação para o Exame de Ordem. E a primeira premissa sobre as técnicas de estudo que você tem que ter em mente é que não existe técnica certa ou errada, mas a técnica de estudo que funciona para você.

Só você poderá testar e avaliar se determinada técnica é adequada e tem efetividade na sua vida. Por isso, você pode até aprender uma técnica, mas terá que experimentar, fazer um filtro para se certificar de que ela funciona ou não para você.

Ao falar sobre "técnica de estudo", o aluno e/ou examinando pode imaginar ser algo complexo e já criar uma certa resistência quanto ao uso desses mecanismos. Ocorre que técnica nada mais é do que a maneira como se realiza uma ação: "vem do grego *tecné* (= fazer), significando a forma de realizar algo na prática" (SANTOS, 2016, p. 235); é um conjunto de procedimentos que pode ajudá-lo a reduzir esforços em uma determinada ação. Logo, a técnica de estudo trabalha **COMO** você estuda, e apresenta procedimentos que podem melhorar a qualidade do seu estudo, reduzindo seus esforços.

Às vezes, você já até se utiliza de alguma técnica, mas nem imagina que é uma técnica de estudo. A título de exemplo, podem-se citar as revisões, os simulados, os mapas mentais, os resumos, os infográficos, o pomodoro, entre outras.

■ 7.1. Muita tarefa para fazer? Limpando a mente para ter um estudo de qualidade

A princípio, antes de falar de algumas técnicas de estudo em si, importante discutir sobre como a mente humana pode ficar tumultuada e sem foco quando se está diante de muitas tarefas. Não adianta ter técnica de estudo se não se tem a mente limpa para utilizar a ferramenta e absorver os seus benefícios.

Hoje em dia não é raro encontrar pessoas atoladas de atividades. Família, trabalho, estudo e um mundo de tarefas. E esses afazeres têm levado as pessoas a enfrentarem crises de estresse ou ansiedade.

No Brasil, segundo a ISMA, organização internacional voltada à pesquisa e ao desenvolvimento da prevenção e do tratamento de estresse no mundo, 90% (noventa por cento) das pessoas que atuam no mercado de trabalho têm sintomas de ansiedade. E a sobrecarga de atividade mental influencia nesses resultados (SEDIN, 2016).

O problema não é ter muita coisa para fazer, mas ficar pensando no que tem para ser feito. Enquanto a mente fica focada no que não fez, gera ansiedade e você não consegue se conectar com o agora, com a realização das suas atividades. Quanto mais congestionada está sua mente, menos você realiza. Assim, torna-se um ciclo ruim sem fim. Isso é familiar para você?

Se a resposta for sim, não se desespere. Uma das saídas é manter o campo mental limpo, e outra é organizar as ações diárias. **E como manter limpo o campo mental? É interromper temporariamente o fluxo mental, observar e deixar ir pensamentos que naquele momento não te agregarão. Pensamentos como, por exemplo, "não vou dar conta", "eu não vou passar na OAB" ou "não tenho tempo para estudar para a OAB".** O que pode te ajudar é evitar ao máximo distrações; trabalhe sempre que possível focado(a) em uma única atividade.

Já quanto à organização, o ideal é anotar todas as atividades que precisam ser feitas, sejam elas grandes ou pequenas, complexas ou não. E se você, no meio do caminho, lembrar de mais alguma atividade, anote nesta lista, para não ficar tumultuando sua mente com pensamentos do tipo "não posso esquecer de...". Sua mente vai estar sossegada porque aquela pendência já foi anotada em lugar seguro. **A ideia é deixar a mente limpa para fazer, e utilizar recursos externos para nos lembrar de fazer!**

Alguns aplicativos que você pode baixar na versão gratuita podem auxiliá-lo na gestão das atividades e de sua produtividade como, por exemplo, o *Forest*, o *Todoist* e o *Trello*.

O *Forest* é ótimo para lhe apoiar na concentração, no gerenciamento do tempo e no foco durante suas atividades estudantis. Toda vez que você fica concentrado cresce uma plantinha virtual. Quanto mais tempo sem distrações, mais a plantinha vai virando árvore. Quanto mais focado, maior será a sua floresta. Se você abandonar a atividade, a árvore morre. Enquanto o aplicativo estiver ativo, você não conseguirá acessar as redes sociais e aplicativos, o que sem dúvida influenciará no seu bom nível de concentração.

Já o *Todoist* é fácil e simples de usar. É ótimo para gerenciar suas tarefas como, por exemplo, as disciplinas e os conteúdos que você precisa estudar. Você pode colocar prazo para cada atividade, criar prioridades e subtarefas. Ele gera um relatório sensacional para você acompanhar sua evolução de produtividade. Em síntese, o *Todoist* é uma espécie de *checklist* virtual, que você vai alimentar com o passo a passo das suas atividades rotineiras.

Por fim, o *Trello* é um ótimo aplicativo para que você tenha uma visão geral e clara de um projeto. Segue uma lógica de fluxo de tarefas que possibilita que você aplique microtarefas diárias até concluir a atividade integralmente. Basicamente o aplicativo divide as tarefas em 1) *to do*: o que deve ser feito (A FAZER); 2) *doing*: tarefas em execução (FAZENDO); 3) *done*: tarefas concluídas (FEITO). A sistemática desse aplicativo também é adotada no Método *Kanban*. A diferença é que o *Trello* é um aplicativo virtual, e o *Kanban*, um método manuscrito.

Organizar é planejar o que se vai fazer, como e quando. Não basta ter ferramentas: é preciso ter um método de organização pessoal. Qual método? O que funciona para você, mas lembre-se de que nenhuma ferramenta age por você: elas não delegam funções, não priorizam para você. O método é apenas um apoio para que você seja mais produtivo com menos estresse. Cuidado com as múltiplas tarefas simultâneas para não comprometer seu foco e produtividade.

7.2. Ser multitarefa x ser produtivo

Com frequência, as pessoas falam que a vida é bem corrida, e o que normalmente elas fazem para aproveitar o tempo? Executam mais de uma atividade ao mesmo tempo.

O ser humano consegue fazer duas ou mais coisas ao mesmo tempo porque o cérebro tem uma estrutura adequada para isso. Há uma parte dele que raciocina, localizado no córtex pré-frontal, e há outras partes do cérebro que memorizam e executam atividades que **você pode fazer mecanicamente, sem que seja necessário prestar atenção, ou seja, o cérebro tem uma espécie de "piloto automático"** (PEREIRA, 2017).

Contudo, o piloto automático pode te surpreender com alguns inconvenientes. Quem no final de semana já fez o caminho do trabalho ou da faculdade dirigindo e no meio do caminho lembrou que estava errado? Pois bem, você usou o piloto automático.

Como no automático você não precisa prestar atenção, às vezes não lembra do que fez. Daí a **necessidade de tomar cuidado com as multitarefas**, porque alguma coisa pode sair de forma inadequada.

Desse modo, se você vai estudar, lembre-se de que precisa de atenção e raciocínio, vai colocar seu córtex pré-frontal para funcionar. Logo, não é recomendado fazer outras tarefas enquanto estuda.

A dica é destinar o tempo de estudo apenas para estudar. Há uma ideia atualmente de que fazer muitas tarefas simultaneamente é produtivo, mas tome cuidado! A própria neurociência tem estudos que demonstram que a multitarefa, **especialmente aquela ação que envolve atividades pensantes e complexas, tem efeitos contrários se realizada simultaneamente com outras tarefas**.

Se a atividade é complexa, exige alto raciocínio; se você a realizar com atividades da mesma espécie, o que seu cérebro vai fazer é trocar a atenção, ou seja, você ficará em um "pingue-pongue" mental e levará mais tempo para concluir as atividades do que se tivesse feito uma por vez. Além disso, a execução de múltiplas tarefas simultâneas provoca agitação mental, que, por sua vez, pode elevar seu nível de ansiedade (PEREIRA, 2017).

De fato, produtividade não é fazer mais. Produtividade é fazer melhor, utilizando menos recurso de energia possível.

Produtividade não é sobre o TANTO de coisa que você faz, mas sobre COMO faz. Como está sua energia e atenção na execução de suas atividades? "Produzir é você fazer o que é necessário na direção da realização dos seus sonhos. O resto é se ocupar" (THEML, 2016, p. 66). Você está produzindo ou está ocupado?

Resumindo, o que é fundamental é você saber escolher quando ser multitarefa. Como mencionado, se a atividade é mecânica, por exemplo, como correr, você pode associar com outra atividade, como ouvir um *podcast*. A multitarefa, nesse caso, será usada nos chamados tempos otimizados, já referidos acima. Já se a atividade é complexa, como fazer exercícios, simulados ou leituras, o ideal é focar somente nos estudos, ou seja, ser monotarefa.

■ 7.3. A necessidade de fazer simulados e exercícios constantes

Há aquela velha máxima: "treino é treino, jogo é jogo". Contudo, o treino sem dúvida influencia o jogo. É comum, no Exame de Ordem ou em concursos públicos, em que pese os treinos, o rendimento do examinando cair na prova ("dar branco", ficar nervoso, se confundir, entre outras adversidades). Solução? Uma delas é treinar mais, fazer mais exercícios, simulados, provas anteriores, criar situações semelhantes ao dia da prova. **Quanto maior o treino, menor será a queda do seu rendimento na hora da prova.**

Uma pesquisa realizada pela *Revista Científica Psychological Science in the Puclic Interest*, em 2013 (informações também divulgadas nos *sites* Mude.vc e Big Think), constatou que os testes práticos são um dos métodos que a ciência comprovou serem de utilidade alta, ou seja, de maior efetividade para o aprendizado do aluno.

Como já salientado, não basta só ter um cronograma de estudos, é necessário agir para alcançar a aprovação. Sem exercícios, simulados e a feitura de provas anteriores, seus estudos não estarão completos. Você só vai testar seu conhecimento sobre a teoria estudada, se efetivamente aplicar o seu conhecimento. E, neste ponto, a resolução de questões, simulados e provas anteriores é fundamental.

Assim, não deixe de fazer simulados. **Simule o mais próximo possível as condições do dia da aplicação da prova, colocando o mesmo tempo disponível concedido pela OAB.** Neste período da Pandemia da Covid-19, todos os examinandos realizaram as últimas provas da OAB usando máscaras. Dessa maneira, faça os simulados também utilizando máscaras, se essa será sua realidade no dia da prova. Se você sente certo desconforto ao usá-las por horas prolongadas, será uma excelente oportunidade para minimizar tal sensação, a qual pode lhe prejudicar no dia da prova. Simular é reproduzir as condições mais próximas do dia da prova, e utilizando os mesmos recursos que você terá naquela futura ocasião.

Lembre-se de que os simulados não são apenas testes técnicos de conhecimento, mas testam, também, sua preparação física em ficar por, aproximadamente, 5 horas sentado e também seu emocional. Percebe que fazer um simulado é uma experiência diversa de resolver questões diariamente para a OAB? Por isso, quando se fala em PRATICAR ambas as ações (fazer exercícios diários e simulados) não se excluem. Ao revés, devem caminhar juntas.

Nas vésperas do Exame de Ordem, recomenda-se que você reduza o tempo para fazer o simulado, a fim de treinar sob mais pressão. Por essa razão, não se esqueça ao fazer um simulado de sempre deixar rodando um cronômetro com o tempo da prova (5 horas). A missão é que com essa atitude de simular você melhore sua gestão do tempo de prova para que não tenha futuros problemas. Como o próprio nome sugere, esta técnica simula o que você pode encontrar na prova. O time de autores do *OAB Esquematizado* – 1ª fase acredita na metodologia de associar teoria e prática. Por essa razão, esta obra apresenta questões de provas anteriores do Exame de Ordem, bem como o conteúdo teórico.

De igual modo, **analise os seus erros, o motivo pelo qual você errou uma determinada questão.** Já pensou que uma questão semelhante de prova anterior pode cair na sua prova? Lembre-se, **em regra**, são três Exames de Ordem por ano, a possibilidade de o conteúdo se repetir é muito grande. Por exemplo, já foi cobrado na disciplina de Direito Civil, mais de uma vez, o tema "acidente de consumo". Em uma prova, o caso envolvia a explosão de um aparelho de televisão que levou à perda da visão de um dos olhos do consumidor. Em outra prova, uma pessoa usa um produto em um salão de beleza que ocasiona a queda do seu cabelo. Perceba que o tema é o mesmo, só muda a abordagem. Se você treinar de forma dedicada, a situação-problema poderá mudar, mas, como você entende o conteúdo, vai acertar.

Para que não restem dúvidas sobre a importância da **prática** na sua preparação para a OAB, é válido salientar que "um dos mais contundentes resultados de pesquisa é o poder da recuperação ativa de informações – ou seja, de fazer testes – para fortalecer a memória. Quanto mais esforço exige a recuperação de informações, mais forte é o benefício" (BROWN; ROEDIGER III; MCDANIEL, 2018, p. 15).

Outra dica é **estudar pelas questões da OAB da FGV**. Não faz sentido estudar questões da magistratura se neste momento você não vai prestar este concurso. Reforça-se também a importância de **resolver questões de variadas disciplinas simultaneamente**. Lembre-se de que, na 1ª fase da OAB serão muitas disciplinas cobradas na mesma prova. Um bom suporte, neste caso, é **estudar por obras que trabalham com questões comentadas**.

De mais a mais, quando estiver fazendo exercícios e simulados e **não souber a resposta da questão, deixe-a em branco**. Se você está se preparando, não é adequado "chutar", mas entender qual ponto da questão você não sabe. Você não sabe responder porque desconhece o assunto ou porque esqueceu o conteúdo? Após esse mapeamento, deve-se estudar pela primeira vez ou rever o conteúdo e voltar depois para fazer a mesma questão (ROCHA, 2017).

Depois de vencer a sua bateria de exercícios ou passar por um dia cansativo, mas muito produtivo, de aulas, exercícios, trabalho, é chegada a **hora da celebração**. Celebrar as pequenas conquistas com coisas que lhe fazem bem provoca emoções positivas, as quais "inundam o nosso cérebro com dopamina e serotonina, substâncias químicas que não apenas nos fazem sentir bem como também sintonizam os centros de aprendizagem do cérebro em um patamar mais elevado. Elas nos ajudam a organizar informações novas, mantêm essas informações por mais tempo no cérebro e as acessam com mais rapidez no futuro. E nos permitem criar e sustentar mais conexões neurais, o que, por sua vez, nos possibilita pensar com mais rapidez e criatividade, ser mais hábeis em análises complexas e na resolução de problemas e enxergar e inventar novas maneiras de fazer as coisas" (ACHOR, 2012, p. 56).

■ **7.4. A importância das revisões**

Uma descoberta feita em 1885 pelo filósofo alemão Hermann Ebbinghaus revelou que todas as pessoas estão sujeitas à chamada "curva do esquecimento". E o que é isso? É uma curva que demonstra como a nossa mente retém informações com o passar do tempo (VELLEI, 2019).

Curva do esquecimento e da recordação

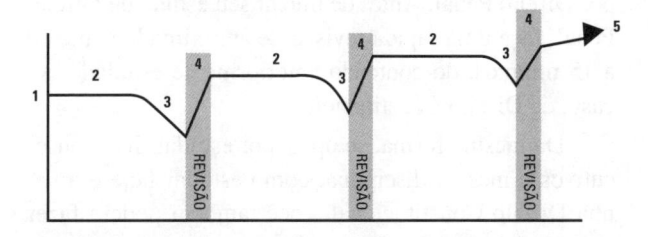

Fonte: Santos, 2016, p. 174.

O ponto 1 da curva considera que a pessoa aprendeu razoavelmente o conteúdo da matéria. No ponto 2, a matéria ainda permanece viva e, em seguida, no ponto 3, há uma queda, em que a pessoa passa a ter dificuldade de lembrar o que foi estudado. Neste momento, se faz necessária a revisão periódica do conteúdo (ponto 4). O ciclo se repete até que, após certo número de revisões, você não mais esquecerá a matéria (ponto 5) (SANTOS, 2016).

Como superar, então, a curva do esquecimento e manter as informações armazenadas e conectadas para a utilização no dia da prova da OAB? Estimulando seu cérebro a reter as informações através das revisões e da prática de exercícios. Conseguiu entender a importância das revisões?

■ **7.5. As revisões imediatas e periódicas**

A **revisão** também é considerada uma boa **técnica de estudo**. Fazer revisões aumenta o nível de fixação e memorização da matéria e, por consequência, facilita o **processo de resgate do conteúdo na memória**, tão necessário no dia da prova (SANTOS, 2016).

Além disso, "o ato de recuperar da memória as informações aprendidas traz dois benefícios profundos. Primeiro: revela o que você sabe e não sabe e, portanto, onde concentrar os estudos adicionais para melhorar nas áreas em que você está fraco. Segundo: recordar o que você aprendeu estimula o seu cérebro a reconsolidar a memória, o que fortalece as conexões com o que você já sabe e torna mais fácil de recordar esse conhecimento no futuro" (BROWN; ROEDIGER III; MCDANIEL, 2018, p. 15 e 16).

Você pode utilizar revisões imediatas ou periódicas. As **revisões imediatas** ocorrem no mesmo dia em que você assistiu à aula. A título de exemplo, se assistiu à videoaula de manhã, no período da tarde você faz a revisão do conteúdo. Você pode identificar dúvidas que no momento da explicação não assimilou. Combine com a revisão a feitura de exercícios, pois tal atitude será de grande valia para fixação do aprendizado.

Além da revisão imediata, você pode testar fazer a **revisão diária do conteúdo anteriormente estudado.** Por exemplo: imagine que você estudou, hoje, Direito Constitucional e, amanhã, comece seu estudo teórico por Direito Penal. Antes de iniciar seu estudo de Direito Penal, faça uma rápida revisão de aproximadamente 10 a 15 minutos, do conteúdo anteriormente estudado, no caso, de Direito Constitucional.

Da mesma forma, se optar por estudar dias consecutivos a mesma disciplina, como estudar hoje e amanhã Direito Constitucional, você também poderá fazer esse tipo de revisão. Bastará que revise o conteúdo do dia anterior estudado, antes de dar sequência ao estudo.

Se você não conseguir fazer a revisão imediata ou diária do conteúdo anteriormente estudado, faça pelo menos três vezes na semana ou reserve uma parte do final de semana para uma **revisão semanal. O importante é fazer as revisões e manter um ritmo de recordação da matéria.**

Uma forma que pode ser prazerosa e solidária de fazer revisões é ensinar a matéria para alguém. Ao ensinar, necessariamente você estará revisando a matéria. Você vai ter que estudar, processar a informação e conseguir transformá-la a fim de transmiti-la para seu interlocutor. Esse trabalho exigirá esforço da sua memória, exatamente como no dia da prova da OAB.

Como dito anteriormente, a qualidade das suas revisões dependerá também dos materiais que você produzir ao estudar, seja resumos, cadernos de erros, gravações próprias, *flashcards* etc. Por essa razão, ao estudar, lembre-se de utilizar bons recursos para criar suas anotações, pois, será por meio deles, que poderá fazer suas revisões.

Exemplificando: se você cria um resumo muito longo, transcrevendo exatamente o que um professor ensina em uma aula, provavelmente não conseguirá tempo suficiente às vésperas da prova da OAB para revisar todos esses resumos. Além disso, se você cria um resumo "cópia de aula", não estará ativamente racionalizando o conteúdo da matéria, o que pode lhe prejudicar muito.

Assim, para apoiá-los na construção de revisões eficientes, a seguir se abordará sobre o estudo ativo e algumas técnicas para o seu melhor desempenho, especialmente, na prova da OAB.

- **7.6. A técnica do pomodoro**

O pomodoro é uma técnica de gerenciamento de tempo desenvolvida por Francesco Cirillo, no final dos anos 1980. Recebeu esse nome em função do fato de seu criador ter se inspirado em um cronômetro de cozinha em forma de tomate (*pomodoro* em italiano).

Essa técnica pode ser de grande valia para os estudos, especialmente naqueles dias em que você se encontra desconcentrado ou sem foco. Por exemplo, você está muito agitado em determinado dia em razão de ter diversas atividades para executar. Você começa fazendo uma atividade, não termina, passa para a próxima e em seguida retoma a primeira atividade. Resultado? No fim do dia você pode ficar totalmente desgastado, inclusive emocionalmente, e dificilmente terá conseguido concluir todas as tarefas ou parte delas.

Nesses casos é que a técnica do pomodoro pode trazer bons resultados, proporcionando mais foco, otimização do tempo e qualidade para seu aprendizado. Basicamente, o método consiste em fazer curtos intervalos de 25 em 25 minutos para relaxar a mente e potencializar seu processo de estudo e aprendizado. Verifique o passo a passo a seguir para melhor compreensão do uso da técnica:

- **1º PASSO: Crie uma lista com todas as atividades daquele dia.** Coloque nessa lista tudo que você tem de fazer e deixe um espaço ao lado para anotar quantos pomodoros (ou pomodori) vocês gasta. **Um pomodoro equivale a 25 minutos.**

Exemplo:

Tarefa do dia	Pomodori
Ver videoaula de Direito de Família – União Estável.	1 pomodoro = 25 minutos
Exercícios 20 questões	2 pomodoros = 50 minutos

- **2º PASSO: Durante um pomodoro você deve focar em apenas uma tarefa por vez.** Por exemplo, assisti a 1 videoaula (20 minutos). Só depois que você terminar essa atividade passe para outra, por exemplo, fazer exercícios. A dica, como já mencionado, é desligar o celular ou qualquer outro aparelho que possa tirar seu foco ou concentração.

Outra consideração importante diz respeito à durabilidade de cada pomodoro. Vale dizer que não existe meio pomodoro ou pomodoro de 15 minutos etc. Se sobrou tempo, revise, faça ajustes ou melhore sua atividade.

- **3º PASSO: PAUSAS – Elas são obrigatórias.** Você não pode pular as pausas. **Sempre que terminar um pomodoro, pare 5 minutos.** Durante esse curto intervalo você pode beber água, ir ao banheiro, descansar etc. Essa pausa de 5 minutos é fundamental, porque serve para descansar sua mente e prepará-lo para continuar ou começar uma nova tarefa. **A cada 4 pomodoros completos, você deve parar de 15 a 30 minutos.**

Assim, faça uma lista das matérias que você precisa estudar naquele dia e anote quantos pomodoros você gastou para cada tópico. No início pode parecer estranho ou desafiador saber o tempo gasto para cada atividade, mas com o tempo você verá os resultados positivos. Além dos ganhos com a concentração, você conseguirá planejar melhor seus estudos, pois terá conhecimento de quanto tempo você gasta para cumprir todo o conteúdo de estudo de uma disciplina.

Resumindo:

1º pomodoro realizado em 25 minutos ----- Em seguida, pausa de 5 minutos

2º pomodoro realizado em 25 minutos ----- Em seguida, pausa de 5 minutos

3º pomodoro realizado em 25 minutos ----- Em seguida, pausa de 5 minutos

4º pomodoro realizado em 25 minutos ----- Em seguida, pausa de 25 a 30 minutos

Técnica do pomodoro

- Selecione uma tarefa de sua lista.
- Dedique-se por 25 minutos à execução da tarefa escolhida.
- Faça uma pausa de 5 minutos.
- Inicie outro pomodoro (25 minutos de dedicação + 5 minutos de pausa).
- Após 4 pomodoros, faça uma pausa de até 30 minutos.
- Inicie outro "ciclo" de pomodori.

Para facilitar a prática da **Técnica do Pomodoro**, você pode usá-la, também, *on-line* por meio do site <https://pomofocus.io/>. Nesse espaço virtual, será possível definir qual tarefa irá executar; o tempo do seu pomodoro, caso decida alterar a duração do intervalo, por exemplo, bem como acompanhar a evolução dos seus dias de concentração, haja vista que o site lhe permite, gratuitamente, ter acesso a um relatório diário sobre seu desempenho, o que é fundamental para criar uma rotina de estudos cada vez mais eficaz.

De fato, é inegável que os seres humanos, normalmente, desempenham muitas atividades cotidianas. Se você estuda e trabalha ou faz estágio, com certeza tem muitas tarefas a serem executadas. Como, então, conseguir tempo para estudar? Um dos segredos, além de criar tempo para estudar, como já mencionado neste livro, é priorizar. Você pode ter muitas atividades importantes, mas quais delas você deve priorizar, neste momento, para ser aprovado na OAB?

Nesse ponto, para que a técnica do pomodoro gere os efeitos desejados é importante ter clareza sobre seu objetivo de passar na OAB, saber exatamente o que você precisa priorizar e quais metas diárias o levarão à aprovação no Exame de Ordem.

Assim, a técnica do pomodoro, se utilizada adequadamente, vai apoiá-lo para trazer foco, concentração e, por consequência, melhor qualidade para o seu aprendizado.

"Se você não estabelecer prioridades, alguém fará isso por você" (MCKEOWN, 2015, posição 193). **Como, então, priorizar?**

1º) É necessário ter clareza. Se você não tem agenda, vira agenda de alguém. Você precisa acordar com um mapa do dia. Quais são suas atividades prioritárias? Quais são suas atividades de rotina? Quais são suas atividades para ser aprovado na OAB? Aqui, você vai fazer uma lista, delineando o mapeamento de sua rotina.

Também é importante, para o processo de priorização que você tenha clareza de quais benefícios temporários você está disposto, naquele momento, a abrir mão para colher um benefício maior (aprovação na OAB) no futuro próximo.

2º) Filtro de priorização: Preciso? Devo? Quero? Entender quanto tempo você leva para cada atividade também lhe apoia a priorizar, pois você começa a ter verdadeiro controle do que realmente cabe no seu dia, evitando a frustração, por exemplo, de delimitar para estudar 3 horas e só conseguir estudar 1 hora.

3º) É muito importante você aprender dizer não e delegar para que não fique sobrecarregado. Quantos "sins" alheios estão lhe impedindo de viver seus "sins" próprios?

Outro aspecto que pode consumir sua priorização é o excesso de informações. Há algumas décadas, ter acesso à informação era uma tarefa mais difícil do que atualmente. Hoje, o desafio é filtrar e organizar um mundo de informações que recebemos diariamente. Nesse cenário, há pessoas que a toda hora pegam o celular. E só de pensar em não o pegar, o cérebro libera uma alta dose de cortisona, hormônio ligado ao estresse. Em situações mais extremas, leva à criação de doenças tecnológicas. O que se recomenda para não chegar a casos extremos como, por exemplo, ao desenvolvimento de uma doença é fazer a chamada **Dieta da Informação**. Comece a controlar o consumo de informações que você faz durante o dia. Sobre o que é essencial nesse momento você tomar conhecimento? Quais dessas informações impactam na sua aprovação na OAB?

7.7. Flashcards

A Técnica dos *Flashcards* é bem simples e pode contribuir para a qualidade dos seus estudos. De fato, o somatório de técnicas e ferramentas faz com que você tenha um projeto de estudo eficiente.

Para colocar essa técnica em prática, você precisa, preferencialmente, de cartolina ou material semelhante, mas nada impede que você também utilize uma folha A4 em branco. Basicamente, você deve criar pequenos cartões com 2 (dois) lados, frente e verso. Na frente, você insere uma pergunta e no verso você escreve a resposta.

Você pode inserir símbolos associados à matéria e cores diferentes, por exemplo, classificando cada cor conforme a disciplina que envolve a pergunta. A título de exemplo, você pode usar cartões azuis para as perguntas de Direito Penal e a cor verde nos cartões com as perguntas sobre Direito Constitucional.

Essa técnica se mostra muito eficiente para praticar a repetição espaçada/intercalada a fim de combater a curva do esquecimento. Você pode misturar os *cards* e fazer a revisão de mais de uma matéria por dia, contribuindo para o seu processo de memorização.

No momento em que você estiver fazendo uma bateria de questões da OAB, aquelas em que errou podem se transformar em *flashcards*, ou seja, você pode identificar o conteúdo da questão que errou e criar um *card*. Essa atitude pode contribuir para que você não venha a errar novamente, em outra questão, a mesma temática.

A técnica é uma forma de tornar a revisão mais fluída e agradável. Além disso, é um material que pode acompanhá-lo para todos os lugares.

Crie suas próprias caixinhas contendo os *cards* e deixe de fácil acesso em sua rotina. Você pode fazer a revisão enquanto está em uma fila, no ônibus, antes de dormir e pode espalhar pela sua casa deixando nas gavetas e na porta da geladeira, por exemplo. Verifique o modelo a seguir:

Frente do *Flashcard*

> Qual é o prazo prescricional para a pretensão de reparação civil?

Verso do *Flashcard*

> 3 anos
> Art. 206, § 3º, V, do CC/2002

Para finalizar, não deixe de avaliar seus erros. Errou a resposta, entenda o motivo do seu erro. Você errou porque desconhece a matéria? Por falta de atenção? Por que não fez nenhum exercício sobre o conteúdo?

É muito importante analisar o motivo do erro e devolver o *card* para a caixinha, para depois responder, novamente, a questão.

7.8. Mapas Mentais

Na década de 1960, o psicólogo Tony Buzan, um pesquisador sobre o funcionamento do cérebro, aprimorou o conceito de Mapas Mentais e disponibilizou estudos sobre como as imagens impactam no processo de memorização dos seres humanos.

Os Mapas Mentais é uma ótima técnica de estudo justamente porque auxiliam no processo de assimilação e memorização dos conteúdos, facilitando a integração do conhecimento. É também uma ótima ferramenta para que você faça revisões do conteúdo, pois ajuda na sintetização das informações, inclusive otimizando seu tempo de estudo, faz com que você não tenha que ler todo o conteúdo novamente, uma vez que você terá acesso às principais informações por meio do mapa mental.

Trata-se de uma técnica de estudo que faz com que você estimule sua criatividade, exerça o poder de simplificação e síntese do conteúdo, apoiando muito sua memória visual.

Os quatro elementos básicos dos Mapas Mentais são os textos, formas e símbolos, linhas e as cores. Basicamente, você precisa entender 4 (quatro) passos principais antes de elaborar seus próprios mapas mentais. São eles:

1. Comece pelo centro, pela ideia central, e expanda depois para as bordas. Escreva no centro de uma folha a palavra-chave;
2. As palavras-chave devem acompanhar os símbolos que você deve criar. Da mesma forma, utilize cores diferentes, pois podem acionar certos setores do cérebro, inclusive da criatividade, os quais impactam na concentração e no aumento do nível de memorização;
3. Use letras grandes e legíveis bem como abreviações. Lembre-se de que o mapa mental é uma técnica visual. A missão é simplificar a informação, mas sem perder o significado;
4. Desenhe. Você vai apoiar sua memória visual na retenção do conteúdo. Você cria um gatilho mental para se lembrar do conteúdo que está estudando.

Com a prática de fazer e revisar seus mapas mentais, você aumenta seu nível de retenção das informações. Se você tem o perfil mais digital, também pode fazer seus mapas mentais de maneira gratuita ou na versão paga em algumas plataformas, como, por exemplo, *Mind Meister* (http://www.mindmeister.com/pt) ou *Xmind* (http://www.xmind.net).

Realmente, os Mapas Mentais é uma eficiente técnica para revisões e para que você tenha uma visão geral do assunto.

Você aceita o desafio de estudar qualquer conteúdo da OAB e criar em seguida um mapa mental sobre o assunto?

7.9. Método Cornell

O Método Cornell é outra técnica de estudo que pode lhe auxiliar na compilação dos conteúdos estudados durante a jornada da OAB, desenvolvido pelo professor Walter Pauk da Universidade Cornell.

Essa técnica consiste em dividir as anotações de uma aula ou de um texto, por exemplo, em 3 (três) seções. No canto, você vai colocar os principais tópicos do livro que você está lendo ou da videoaula a que você está assistindo, por exemplo. Do lado, você puxa uma seta e anota, com suas próprias palavras, o que você entendeu sobre o tópico. Além disso, você pode, também, registrar dicas e perguntas sobre o tópico.

No fim da página, na seção chamada Sumário, você vai anotar o resumo do que foi abordado nos tópicos anteriores.

A vantagem de aprender esse método é que você melhora suas anotações e a qualidade de suas revisões, as quais, por consequência, impactam no seu processo de aprendizagem. Eis um exemplo:

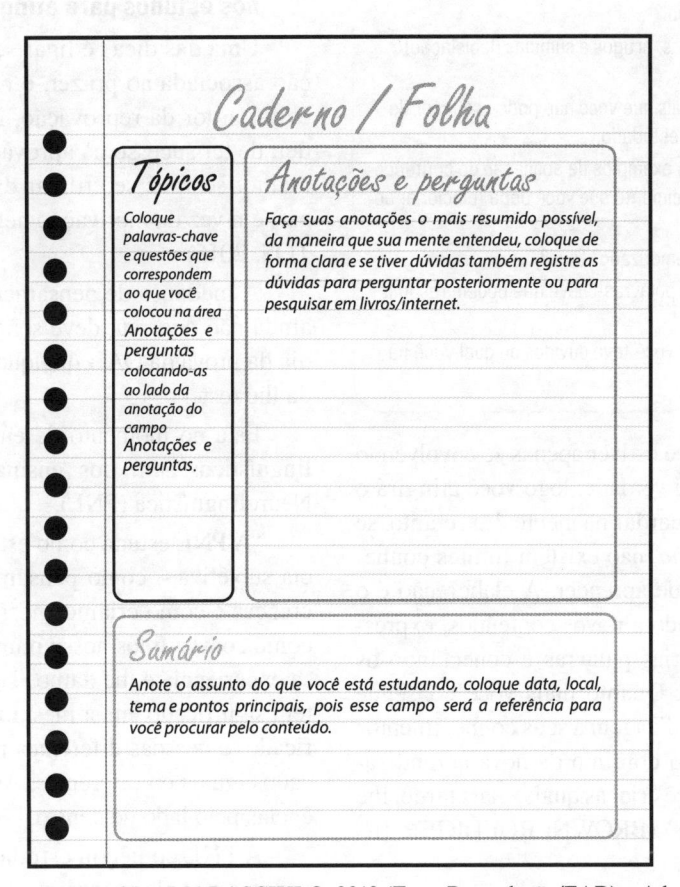

Fonte: *Revista Galileu*, MARASCIULO, 2018 (Foto: Reprodução/EAD) – Adaptada

"O primeiro passo é desenhar uma espécie de I (maiúsculo, com a lateral direita maior do que a esquerda) com o cuidado de deixar espaço o suficiente para escrever, claro. No topo, escreva o assunto e a data. No espaço maior central, faça as anotações ou desenhos que achar pertinentes para a compreensão do tópico. Lembre-se de pular uma linha entre as ideias para facilitar a compreensão e sinta-se à vontade para abreviar o que achar necessário — as anotações são de você para você, (sic) desde que você as entenda, é tudo o que importa" (MARASCIULO, 2018).

Depois dos seus estudos, utilize o canto esquerdo para inserir as informações que você classificar como as mais relevantes para aquele assunto. Já no canto inferior, resuma ainda mais as informações. Pense e escreva como você explicaria de modo mais simples o conteúdo estudado para alguém.

Como já mencionado, por meio dessa técnica, você cria, também, uma boa ferramenta para revisar os conteúdos das disciplinas cobradas na 1ª fase da OAB.

Para muitos OABEIROS, abandonar os resumos tradicionais para adotar o Método Cornell pode ser desafiador. Se você está nessa situação, uma via de transição pode ser começar a fazer seus resumos por meio de alguns questionamentos. Isto é, ao terminar de estudar, responda atentamente às perguntas abaixo, criando o seu próprio resumo. Você pode acrescer outros questionamentos, desde que faça um resumo ativo.

a) Qual o principal conceito que você aprendeu?
b) Existe alguma exceção? Qual?
c) Quais os principais princípios, artigos e súmulas (legislação) abrangidos no conteúdo?
d) Anote cinco pontos principais que você não pode esquecer de se recordar sobre o conteúdo estudado.
e) Descreva, pelo menos, dois exemplos de aplicação do conteúdo na prática. Tem algum acontecimento que você pode relacionar ao conteúdo?
f) Existe algum prazo a ser memorizado? Qual?
g) Escreva, pelo menos, cinco palavras-chave que podem resumir o conteúdo.
h) Em qual ponto do conteúdo você teve dúvidas ou qual você não compreendeu bem?

O fato é que, "se você estiver apenas se envolvendo em repetição mecânica, é verdade: logo você atingirá o limite do que consegue guardar na mente. Entretanto, se você praticar a *elaboração*, não existem limites conhecidos do quanto você pode aprender. A elaboração é o processo de dar significado a novos conteúdos, expressando-os com suas próprias palavras e conectando-os com o que você já sabe. Quanto mais você consegue relacionar sua nova aprendizagem a seus conhecimentos prévios, mais forte será o domínio da nova aprendizagem, e mais conexões você cria, as quais, mais tarde, lhe ajudarão a recordar dela" (BROWN; ROEDIGER III; MCDANIEL, 2018, p. 4).

Todas essas técnicas farão a diferença durante seus estudos desde que você as coloque em prática e se mantenha positivo(a) sobre a colheita dos resultados, conforme se passa a discutir a seguir.

8. MANTENDO-SE POSITIVO ANTES, DURANTE E DEPOIS DA APROVAÇÃO DO EXAME DE ORDEM

De degrau a degrau, a jornada até a prova da OAB vai se encerrando. Primeiro, você tomou a decisão de prestar o Exame de Ordem, em seguida se autoavaliou para identificar suas fortalezas e oportunidades, as quais o apoiaram a traçar estratégias para atenuar suas fraquezas e ameaças. Conheceu a fundo as regras do jogo, colocando o estudo do edital como parte obrigatória da sua preparação. Escolheu os mais adequados materiais e recursos para o seu estudo. Passo adiante, criou um cronograma de estudos que atendeu suas necessidades e colocou as mãos na massa. Estudou, treinou, fez muitos exercícios e simulados. Por tais razões, não desanime agora, mantenha-se positivo, você está prestes a marcar o gol da aprovação.

8.1. Como, então, se manter motivado e positivo nos estudos para atingir a aprovação na OAB?

Uma das dicas é ligar seus estudos a uma motivação associada ao prazer, e não à dor. Não estude para evitar a dor da reprovação, mas pelo prazer de aprender, de ter sucesso na aprovação. Seu desempenho será melhor se você se utilizar da motivação positiva (prazer) em vez da motivação negativa (evitar a dor) (SANTOS, 2016).

A mudança de pensamento para o dia da prova, se ainda não ocorreu, deve ser feita. Não carregue para o dia da prova da OAB qualquer pressão ou peso que ainda lhe reste.

Está no momento de entender sobre os auxiliares linguísticos, um dos ensinamentos da Programação Neurolinguística (PNL).

"A PNL estuda como estruturamos nossa experiência subjetiva – como pensamos sobre nossos valores e crenças e como criamos nossos estados emocionais – e como construímos nosso mundo interno a partir de nossa experiência e lhe damos significado. Nenhum evento tem significado em si mesmo, nós lhe atribuímos significado, e pessoas diferentes podem lhe atribuir significados iguais ou diferentes. Assim a PNL estuda experiências pelo lado de dentro.

A PNL começou estudando os melhores comunicadores e evoluiu para o estudo sistêmico da comunicação humana. Cresceu adicionando ferramentas e métodos práticos gerados pela modelagem de pessoas excelentes ou brilhantes. Essas ferramentas são utilizadas internacionalmente nos esportes, nos negócios, em treinamentos, em vendas, no direito e na educação. No entanto, a PNL é mais do que apenas uma coletânea de técnicas. É também uma forma de pensar, uma mentalidade baseada em curiosidade, exploração e divertimento. O nome programação neurolinguística advém de três áreas que reúne: P Programação: como sequenciamos nossas ações para alcançarmos metas; Neurologia: a mente e como pensamos; Linguística: como usamos a linguagem e como ela nos afeta." (O'CONNOR, 2003, p. 1-2)

"Um dos ensinos da PNL é o uso de auxiliares linguísticos mais adequados para o cérebro. Por incrível que pareça, basta substituirmos algumas palavras por outras 'cerebralmente corretas' que nosso desempenho será aumentado." (SANTOS, 2016, p. 154)

O que acha de substituir no dia da prova o pensamento "Eu tenho que passar na OAB hoje" por "Eu quero e vou fazer a melhor prova da OAB que eu puder hoje"?

A prova da OAB deve ser vista não como um peso ou algo ruim, mas como uma oportunidade maravilhosa de poder exercer a advocacia, de se tornar habilitado para prestar diversos concursos, entre outras vantagens. Troque o pensamento de que "A OAB vai matar você" e crie a mentalidade positiva de que "A OAB vai trazer muitas oportunidades e felicidade para sua vida".

A PNL, junto com a Psicologia Positiva, pode apoiá-lo na mudança de comportamento para obter um maior **controle emocional** durante a prova. A partir do momento em que você começa a controlar suas emoções, as vantagens são diversas. **O treino mental é aprender a fazer a substituição de pensamentos e recordações ruins por bons pensamentos e lembranças. Mas como?**

Trata-se de uma mudança de atitude que exige prática. Toda vez que você tiver uma recordação ou pensamento ruim, traga pelo menos três pensamentos, recordações e imagens positivos (SANTOS, 2016). Por exemplo, se você está com "medo da prova da OAB", porque da última vez você não passou, substitua por "eu identifiquei meus pontos de melhoria, montei um cronograma, estou me dedicando aos estudos e a cada dia sou mais experiente e preparado para passar na próxima prova da OAB".

Uma das pressuposições da PNL é justamente de que "não há erro, só resultado", "não há fracasso, só experiência". Se você não passar na OAB, tudo bem, você se tornou mais experiente e vai passar na próxima prova. "O certo é que precisamos aprender com o passado, mas jamais deixá-lo prejudicar nossa disposição de olhar e pensar para frente, para o futuro e, acresça-se, com otimismo." (SANTOS, 2016, p. 124)

■ 8.2. Advogando em causa própria: as principais dicas para fazer recurso para a 2ª fase da OAB.

Publicado o **resultado preliminar** da prova prático-profissional, o resultado não foi favorável para você? Muita calma nesta hora. Você ainda tem a chance de ser aprovado por meio da interposição de um recurso. Não desanime! Lembre-se de todo o caminho que já percorreu até chegar aqui. Essa vai ser a primeira oportunidade de você advogar em causa própria.

A interposição de recursos para a OAB pode ser mais comum do que você imagina. Lembre-se: quem faz a correção da prova da 2ª fase é um ser humano, logo passível de falhas, as quais podem ser sanadas via recurso.

Por isso, não saia pela internet maldizendo a OAB, pois tal atitude não vai trazer sua aprovação. É o momento de lutar, mais uma vez, pelo seu sonho! Que tal entender mais sobre essa possibilidade que pode te levar à aprovação na OAB?

■ 8.2.1. Prazos importantes para a elaboração do recurso

De acordo com os últimos editais, o que pode se alterar, o "examinando disporá de **três dias** para a interposição de recursos contra o **resultado preliminar** da prova prático-profissional". Lembre-se que é levado em conta o horário, normalmente, do meio-dia de uma data até o meio-dia de outra, observado o horário de Brasília/DF. O prazo inicia no dia seguinte ao da divulgação do padrão de respostas definitivo e do resultado preliminar da 2ª Fase (prova prático-profissional).

■ 8.2.2. Onde protocolizar o recurso?

O recurso para a OAB é realizado totalmente *on-line* no *site* da FGV (**http://oab.fgv.br**), no "Sistema Eletrônico de Interposição de Recursos". As informações e o passo a passo são fáceis de serem compreendidos.

Segundo o edital, "será possível ao examinando, por meio de consulta individual no endereço eletrônico referido, acessar a imagem digitalizada de suas folhas de textos definitivos, assim como o padrão de respostas esperado para as questões discursivas/peça profissional e o espelho de correção de sua prova, especificando a pontuação obtida em cada um dos critérios de correção da prova, de modo a conferir ao examinando todos os elementos necessários para a formulação de seu recurso". Percebe, novamente, como é importante conhecer as regras do edital?

■ 8.2.3. Informações básicas que você deve saber antes de recorrer

O edital traz informações muito importantes que você deve seguir para que seu recurso seja admitido. Inicialmente, ele determina, em regra, que "cada examinando poderá interpor um recurso por questão objetiva, por questão discursiva e acerca da peça profissional, limitado a até 5.000 (cinco mil) caracteres cada um".

Da mesma maneira, o edital é claro ao dispor que o "examinando não deverá identificar-se de qualquer forma nos campos do formulário destinados às razões de seu recurso, sob pena de ter seu recurso liminarmente indeferido". Tal exigência visa garantir a impessoalidade na análise do recurso. Lembra que você precisou ter cuidado ao escrever sua peça para não ser identificado? Na interposição de um recurso você deve ter a mesma cautela.

Por derradeiro, reforça-se a necessidade de você manter o seu lado emocional equilibrado. Não é o momento de agredir a FGV ou a OAB no seu recurso, mas de fazer uma redação clara e objetiva para que a sua manifestação seja acolhida. Veja a seguir alguns modelos que podem apoiá-lo nessa missão.

8.2.4. Principais erros e modelos de recurso

Para elaborar um bom recurso, seja objetivo e tenha tranquilidade. Lembre-se de que o controle emocional nessa hora é muito importante para que sua redação seja coesa e sem violência, possibilitando maior chance de acolhimento de sua defesa.

Importante também destacar que o recurso dos outros examinandos da OAB não pode beneficiar você, pois o recurso é individual, exceto se a própria OAB anular a questão. Nessa hipótese, você poderá se beneficiar.

Para apoiá-lo na elaboração do recurso, apresenta-se a seguir os principais erros com os respectivos modelos de recurso. Veja:

A) Sua resposta está certa, mas o avaliador a ignorou e não pontuou.

Esse é um dos erros mais aceitos/admitidos pela OAB em benefício do examinando. Assim, basta que você **indique o número da linha e da folha** onde sua resposta foi dada e esclareça que o avaliador não fez a correção da questão proposta. Observe o modelo:

> "O examinando, ora recorrente, na linha X (**coloque o número da linha**), respondeu corretamente à questão, estando sua resposta adequada e em conformidade com o gabarito e espelho disponibilizado pela OAB, contudo não teve sua nota atribuída. O texto é bem claro, observe: (**transcreva sua resposta**). Desse modo, o recorrente requer seja admitido este recurso para que seja atribuída a pontuação máxima desta questão".

B) Você fez uma redação diferente da prevista no gabarito, mas sua resposta está correta, ou seja, satisfaz a exigência da questão e tem fundamento em entendimento legislativo, jurisprudencial e/ou doutrinário.

Esse é um tipo de recurso com poucas chances de aceitabilidade pela OAB. Por isso, você deve avaliar bem se é, realmente, o caso de fazer a interposição desse recurso.

Nessa situação, na hipótese em que o examinando/recorrente responde de maneira diversa do gabarito, é fundamental que o recurso seja muito bem fundamentado, isto é, o recorrente precisa expor de forma detalhada suas argumentações, podendo apresentar argumentos legislativos, doutrinários ou jurisprudenciais. Por fim, vale também destacar que o examinando deve **indicar o número da linha e da folha** onde sua resposta foi dada e requerer, ao final, que o recurso seja acolhido e a nota atribuída.

Observe o modelo:

> "O examinando, ora recorrente, na linha X (**coloque o número da linha**), respondeu corretamente à questão, estando sua resposta adequada e em conformidade com (**trazer os argumentos legislativos, doutrinários e/ou jurisprudenciais**). Desse modo, o recorrente requer seja admitido este recurso para que seja atribuída a pontuação máxima desta questão".

C) Peça com nota zero em razão da identificação do examinando.

O examinando terá de demonstrar que houve equívoco da banca quanto à análise desse requisito, ou seja, demonstrar que houve erro quanto à análise da suposta identificação da peça, requerendo, ao final, o reexame da sua prova. Também se trata de recurso com baixo índice de aceitação pela OAB. Observe o modelo:

> "A presente e respeitável banca avaliadora entendeu que ocorreu identificação na redação prático-profissional ou na questão (**coloque a peça ou a questão, indique a página e o número da linha. Descrever o elemento de identificação**). Entretanto, tal avaliação é totalmente inadequada, uma vez que o examinando, ora recorrente, respeitou todas as regras do edital ao dar sua resposta. Assim, para que não seja perpetuado esse erro, requer seja feita a reavaliação da suposta identificação e que a prova seja corrigida de modo integral".

D) Peça diferente do gabarito.

Nesse recurso, também com pouca chance de sucesso, a peça prático-profissional apresentada pelo examinando não é a mesma solução que a banca avaliadora previu. Por essa razão, o candidato foi pontuado com nota zero. Para tentar reverter a situação, o examinando terá de fundamentar muito bem o seu recurso, apresentando fundamentos que justifiquem o cabimento da peça escolhida por ele. Observe o modelo:

"O examinando, ora recorrente, identificou sua peça como (**coloque o nome da peça**), estando sua resposta adequada e em conformidade com (**trazer os argumentos legislativos, doutrinários e/ou jurisprudenciais**). Desse modo, o recorrente requer seja admitido este recurso para que seja considerada cabível a peça prático-profissional apresentada por ele e, por consequência, seja avaliada a prova em sua integralidade".

Em suma, o passo a passo para a elaboração do recurso para a OAB é o seguinte:

1º passo: Identificar se é o caso de realmente fazer o recurso.

2º passo: Identificar os erros de correção.

3º passo: Fazer a redação do recurso.

4º passo: Fazer a revisão da redação do recurso.

5º passo: Protocolar o recurso no prazo adequado.

E se eu errar o recurso, por exemplo, se eu enviar o rascunho da minha redação? O que fazer? A boa notícia é que até o encerramento do prazo recursal você pode editar seu recurso na própria plataforma onde fez a protocolização.

Geralmente, cerca de 10 dias depois do término do prazo recursal o resultado é divulgado no próprio *site* onde você recorreu.

Lembre-se de que, qualquer que seja o resultado, já valeu a experiência adquirida. Você fez tudo que estava ao seu alcance, por isso não tenha dúvidas de que a vitória é certa.

8.3. Não passei na OAB, e agora? A psicologia positiva pode apoiar você

Saiu o resultado preliminar da 2ª fase da OAB, e você não encontrou seu nome na lista dos aprovados. Em seguida, você entendeu que era caso de interposição de recurso e o fez da melhor forma possível, advogando em causa própria. Após o resultado definitivo, veio a notícia de que você não passou dessa vez. E agora, o que fazer? A seguir alguns caminhos que você pode decidir seguir.

Segundo Lilian Graziano, psicóloga e doutora em psicologia pela USP e diretora do Instituto de Psicologia Positiva e Comportamento, "A psicologia positiva é um movimento científico multidisciplinar que é voltado a estudar o lado funcional do ser humano". A psicologia positiva quer estudar os elementos que compõem o funcionamento ótimo do ser humano, bem como seus recursos para a conquista de uma vida feliz (GRAZIANO, 2012).

Muitas obras e autores diversos falam sobre a psicologia positiva, contudo, a escolha da obra *O jeito Harvard de ser feliz*, de Shawn Achor, da editora Saraiva, para trazer mecanismos benéficos para a aprovação no Exame de Ordem se justifica em razão de a pesquisa da obra ser feita em ambiente acadêmico, no caso, com os alunos de Harvard.

A principal mensagem do livro é a de que pesquisas da área da psicologia e da neurociência demonstram que as pessoas têm mais sucesso quando estão felizes e positivas. Em outros termos, **não será o sucesso que lhe trará felicidade, mas ser feliz o levará ao sucesso** (ACHOR, 2012).

A obra é recheada de pesquisas e estudos e apresenta sete princípios (padrões específicos de comportamento) funcionais de sucesso e realização. Entre eles, **o princípio 4 – "Encontre oportunidades na adversidade"** pode ser a chave de ouro para você ter bastante êxito na sua jornada até a aprovação na OAB.

Esse princípio ensina que cada pessoa deve encontrar o caminho mental que não só afasta o fracasso ou o sofrimento, mas também ensina a ser mais feliz e bem-sucedido graças a ele. Para tanto, é necessário conhecer e mapear o caminho do sucesso. Toda vez que se passa por um obstáculo, crise, adversidade, como, por exemplo, a reprovação no Exame de Ordem, três caminhos mentais podem aparecer:

1º caminho: o momento é negativo, não gera mudanças, e você fica estagnado nele. Exemplo: fui reprovado no Exame de Ordem e estou triste.

2º caminho: o momento é negativo, e você gera mais negatividade. Torna a situação pior do que o primeiro evento negativo pelo qual você passou. Exemplo: fui reprovado no Exame de Ordem, estou triste, não sou capaz, não devia ter feito o curso de Direito, não vou tentar a prova da OAB de novo, nem qualquer concurso.

3º caminho: é o que o leva do momento negativo à superação. Você estará mais forte e capaz do que antes da queda (ocorrência do momento negativo). Exemplo: fui reprovado no Exame de Ordem e vou aprender com a reprovação. Vou identificar meus pontos de melhoria e ser aprovado no próximo Exame.

Com efeito, em momentos de estresse, crise, é desafiador chegar ao 3º caminho, encontrar oportunidade na adversidade, mas esse é justamente o caminho que você deve procurar. "Estudo após estudo demonstra que, **se formos capazes de considerar um fracasso como uma oportunidade de crescimento, teremos muito mais chance de crescer. Inversamente, se pensarmos numa queda como a pior coisa do mundo, ela acaba se transformando justamente nisso**" (ACHOR, 2012, p. 119).

Esse raciocínio se alinha muito ao que que a professora de psicologia Carol S. Dweck trabalha em seu livro, *Mindset*: a nova psicologia do sucesso. Ela explica que todos nós temos dois tipos de *mindsets*, um fixo e outro de crescimento.

"Os *mindsets* dão estrutura ao registro que ocorre na cabeça das pessoas. Orientam todo o processo de interpretação. O *mindset* fixo cria um monólogo interno focalizado no julgamento: 'Isso significa que sou um fracassado', 'Isso significa que sou melhor do que eles' [...]. As pessoas de *mindset* de crescimento também observam constantemente o que acontece, mas seu monólogo interno não trata de julgar a si mesmas e aos demais dessa maneira. Sem dúvida são sensíveis a informações positivas e negativas, mas estão afinadas com suas implicações para o aprendizado e a ação construtiva: O que posso aprender com isso? Como posso me aperfeiçoar?" (DWECK, 2017, p. 236)

Quem carrega um *mindset* fixo (uma mentalidade fixa) acredita que sua inteligência e qualidades são imutáveis. Já quem tem um *mindset* de crescimento (mentalidade de crescimento) baseia-se na crença de que é possível, por meio do esforço e da experiência, desenvolver a própria inteligência, as habilidades, novas qualidades pessoais.

Nigel Holmes desenvolveu um gráfico que demonstra de forma clara como o *mindset* fixo e o *mindset* de crescimento atuam na mente humana. Observe:

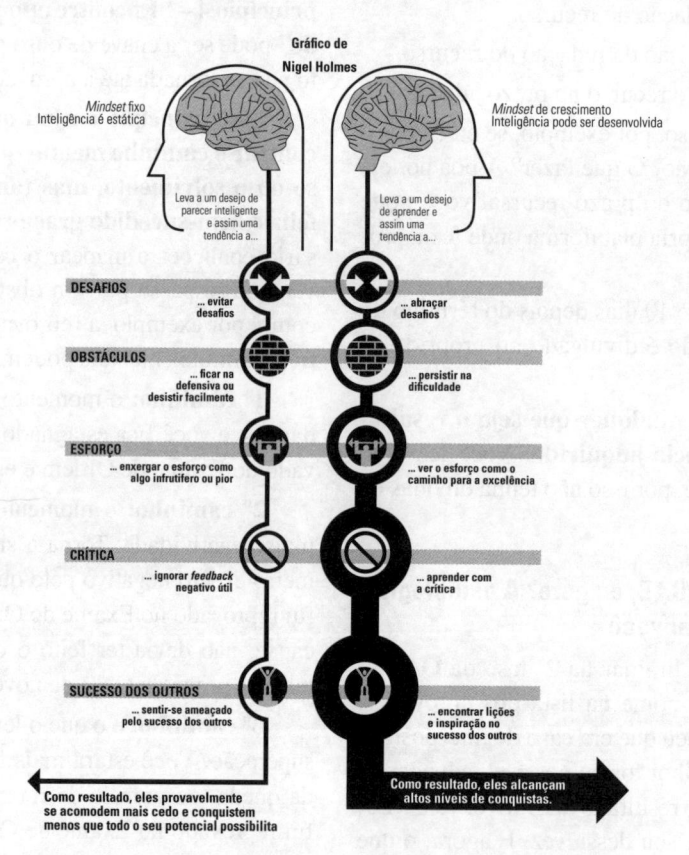

Gráfico de Nigel Holmes

Mindset fixo — Inteligência é estática
Leva a um desejo de parecer inteligente e assim uma tendência a...

Mindset de crescimento — Inteligência pode ser desenvolvida
Leva a um desejo de aprender e assim uma tendência a...

- **DESAFIOS**: ... evitar desafios / ... abraçar desafios
- **OBSTÁCULOS**: ... ficar na defensiva ou desistir facilmente / ... persistir na dificuldade
- **ESFORÇO**: ... enxergar o esforço como algo infrutífero ou pior / ... ver o esforço como o caminho para a excelência
- **CRÍTICA**: ... ignorar *feedback* negativo útil / ... aprender com a crítica
- **SUCESSO DOS OUTROS**: ... sentir-se ameaçado pelo sucesso dos outros / ... encontrar lições e inspiração no sucesso dos outros

Como resultado, eles provavelmente se acomodem mais cedo e conquistem menos que todo o seu potencial possibilita.

Como resultado, eles alcançam altos níveis de conquistas.

Fonte: DWECK, 2017, p. 274.

Nesse cenário, qualquer pessoa que é reprovada na OAB ficará chateada. Quem não ficaria? Mas a forma como você vai lidar com essa situação tem relação direta com o tipo de mentalidade que você decide carregar. Uma pessoa com *mindset* fixo não vislumbraria a possibilidade de superação e aprendizado advindos da reprovação. Reclamar e reafirmar que a situação é péssima e dolorosa seria o caminho mais fácil a ser seguido.

Já as pessoas de *mindset* de crescimento, mesmo que possam estar chateadas, não colocarão rótulos em si mesmas, como, por exemplo, "não sou capaz", "sou um fracassado", "sou burro demais", e não se desesperarão. Elas estarão dispostas a assumir a autorresponsabilidade pela reprovação, enfrentar o desafio, esforçar-se e aprender com as adversidades para continuar no caminho rumo à aprovação na OAB.

Como aprender com a reprovação na OAB? Entenda o motivo pelo qual você não foi aprovado (Quais questões você errou? Quais disciplinas foram mais desafiadoras? Quais disciplinas você mais domina? Seu estado emocional no dia da prova o apoiou ou prejudicou? Etc.). **Não deixe de analisar os seus resultados, reveja e refaça as questões erradas**. Entender seus erros é fundamental para que você não cometa os mesmos deslizes na próxima vez, além de ser uma ótima técnica para facilitar a fixação do aprendizado. Refazer a prova é uma excelente bússola como ponto de partida para você reconhecer quais são seus pontos de melhoria nos estudos.

Em seguida, planeje um novo plano de ação, crie estratégias mais assertivas para desenvolver seus pontos de melhoria. Saia das promessas de que vai fazer, vai melhorar, porque "as promessas, mesmo entusiásticas, são inúteis. O dia seguinte vem e passa. O que dá certo é fazer um plano nítido e concreto. [...]. Esses planos concretos – planos que você é capaz de visualizar – sobre quando, onde e como vai fazer alguma coisa levam a níveis realmente muito elevados de acompanhamento, o que, naturalmente, aumenta a possibilidade de êxito" (DWECK, 2017, p. 249). Assim, aja, execute seu plano de estudos e lembre-se de que a reprovação não é o fim do mundo ou um fracasso, mas apenas uma indicação de que você tem pontos a melhorar na vida.

Se o resultado não foi o que você esperava, não desanime, siga em frente, estudando mais e com técnica para alcançar seus objetivos. É possível se sentir mal com a reprovação, e nesse momento é necessário entender a situação atual e o que o ajudará a se aperfeiçoar para passar na OAB.

O caminho para mudar um *mindset* fixo para um de crescimento passa pela aceitação. Sim, você deve reconhecer que tem um *mindset* fixo para determinada área ou situação. Depois, entender o que o leva a ter esse tipo de mentalidade. E, por fim, educar seu *mindset* fixo, treinar sua mente para aprender com os infortúnios.

Nem sempre será fácil conservar o *mindset* de crescimento, mas o simples fato de saber sobre sua existência já é uma possibilidade para se abrir outro caminho para você enfrentar os desafios, o que Shawn Achor chamou de 3º caminho, conforme destacado acima.

Mudar de *mindset* exige esforço, e "talvez seja preciso muito trabalho para que o mindset de crescimento desabroche onde o *mindset* fixo já se enraizou" (DWECK, 2017, p. 257). Ressalta-se que o esforço por si só não levará ao *mindset* de crescimento; será preciso ligá-lo ao prazer de aprender e não para provar valor a si mesmo ou a perfeição.

Em síntese, você pode ser otimista e encarar a reprovação como um evento pontual e temporário ou ser pessimista e encará-la como uma situação terrível e de difícil resolução. A forma como você vai escolher explicar e enxergar a reprovação terá consequências diretas nas suas ações.

Se você escolheu transformar a adversidade em oportunidade, **seja grato, celebre e relaxe**, isto é, independentemente do resultado, celebre e seja grato pelo fato de você ter sido corajoso, se preparado e ter ido fazer a prova. Premie-se e relaxe um pouco até iniciar os próximos passos. Tenha certeza de que a aprovação é certa, e não há concorrentes na OAB! Vamos que vamos. Já deu certo, boa prova!

■ REFERÊNCIAS BIBLIOGRÁFICAS

ACHOR, Shawn. *O jeito Harvard de ser feliz*: o curso mais concorrido de uma das melhores universidades do mundo. São Paulo: Saraiva, 2012.

ANDRADE, Walmar. As 10 melhores técnicas de estudo, segundo a ciência (a #9 é a minha preferida). *Mude.vc*, 2013. Disponível em: <https://mude.vc/estudo-10-melhores-formas/>. Acesso em: 01 set. 2022.

BRASIL. Notícias Exame de Ordem. *OAB libera escolha do local do exame e insere três disciplinas obrigatórias*. Portal OAB Nacional, abr. 2022. Disponível em:< https://www.oab.org.br/noticia/59558/oab-libera-escolha-do-local-do--exame-e-insere-tres-disciplinas-obrigatorias#:~:text=Novas%20Disciplinas,direito%20financeiro%20e%20direito%20previdenci%C3%A1rio.>. Acesso em: 21 dez. 2022.

BRASIL. Provimento n. 144/2011. Dispõe sobre o Exame de Ordem. Disponível em: <https://www.oab.org.br/leisnormas/legislacao/provimentos/144-2011>. Acesso em: 21 dez. 2022.

BRASIL. Provimento n. 212/2022. Altera o *caput*, altera e renumera o parágrafo único e insere o § 2º ao art. 12 do Provimento n. 144/2011, que "Dispõe sobre o Exame de Ordem". *OAB Nacional*, 2022. Disponível em: <https://www.oab.org.br/leisnormas/legislacao/provimentos/212--2022?search=exame%20de%20ordem&provimentos=True>. Acesso em: 21 dez. 2022.

BRASIL. Provimento n. 213/2022. Altera o § 4º do art. 11 do Provimento n. 144/2011 que "Dispõe sobre o Exame de Ordem". *OAB Nacional*, 2022. Disponível em: <https://www.oab.org.br/leisnormas/legislacao/provimentos/213--2022?search=exame%20de%20ordem&provimentos=True>. Acesso em: 21 dez. 2022.

BRASIL. Provimento n. 156/2013. Altera o art. 2º, o § 3º do art. 7º, o *caput* do art. 8º, acrescido do parágrafo único, o *caput* do art. 9º, acrescido do § 3º, o *caput* do art. 10, acrescido dos §§ 1º e 2º, e os §§ 3º e 4º do art. 11, acrescido do § 5º, do Provimento n. 144/2011, que "Dispõe sobre o Exame de Ordem". *OAB Nacional*, 2013. Disponível em: <https://www.oab.org.br/leisnormas/legislacao/provimentos/156-2013>. Acesso em: 01 set. 2022.

BRASIL. Resolução Conselho Nacional de Educação/Câmara de Educação Superior n. 9/2004. Institui as Diretrizes Curriculares Nacionais do Curso de Graduação em Direito e dá outras providências. *Portal do Ministério da Educação*. Disponível em: <http://portal.mec.gov.br/cne/arquivos/pdf/rces09_04.pdf>. Acesso em: 01 set. 2022.

BROWN, Peter C.; ROEDIGER III, Henry L.; MCDANIEL, Mark A. *Fixe o conhecimento*. Porto Alegre: Penso, 2018.

BUCKINHAM, Marcus. *Descubra seus pontos fortes*. Rio de Janeiro: Sextante, 2015.

CHAMINE, Shirzad. *Inteligência positiva*. Rio de Janeiro: Objetiva, 2013.

DUHIGG, Charles. *O poder do hábito*: por que fazemos o que fazemos na vida e nos negócios. Rio de Janeiro: Objetiva, 2012.

DWECK, Carol S. *Mindset*: a nova psicologia do sucesso. 1. ed. Trad. S. Duarte. São Paulo: Objetiva, 2017.

FGV – FUNDAÇÃO GETULIO VARGAS. *FGV Projetos*: Exame de Ordem em números. v. 4, mar. 2020. Disponível em: <https://conhecimento.fgv.br/sites/default/files/oab_emnumeros.pdf>.

GALLWEY, W. T. O jogo interior de tênis. São Paulo: Textonovo, 1997.

GRAZIANO, Lilian. *Psicologia positiva*. 20 ago. 2012. 12min45s. Disponível em: <https://www.youtube.com/watch?v=i5RtQpSlFoc>. Acesso em: 01 set. 2022.

LIPPI, Flávia. *Coaching in a box*. São Paulo: Matrix, 2010.

MARASCIULO, Marília. *Método Cornell*: a técnica que melhorará suas anotações (e estudos). *Revista Galileu*, nov. 2018. Disponível em: <https://revistagalileu.globo.com/Vestibular-e-Enem/noticia/2018/11/metodo-cornell-tecnica-que-melhorara-suas-anotacoes-e-estudos.html>. Acesso em: 01 set. 2022.

MARQUES, José Roberto. *Curso de Formação em Professional & Self Coaching – PSC*: Módulo I. Goiânia: IBC, 2018.

MCKEOWN, Greg. *Essencialismo*. Recurso Eletrônico/Digital (E-book). Rio de Janeiro: Sextante, 2015.

O'CONNOR, Joseph. *Manual de Programação Neurolinguística*: um guia prático para alcançar os resultados que você quer. Trad. Carlos Henrique Trieschmann. Rio de Janeiro: Qualitymark, 2003.

OXENHAM, Simon. The Lesson You Never Got Taught in School: How to Learn! *Big Think*, 15 fev. 2013. Disponível em: <https://bigthink.com/neurobonkers/assessing-the-evidence-for-the-one-thing-you-never-get-taught-in-school-how-to-learn>. Acesso em: 01 set. 2022.

PEREIRA, Regina Giannetti D. *As armadilhas da multitarefa*. Disponível em: <https://www.autoconscientepodcast.com.br/episodios/no.-02---as-armadilhas-da-multitarefa>. Acesso em: 01 set. 2022.

ROBBINS, Anthony. *Poder sem limites*: a nova ciência do sucesso pessoal. 33. ed. Rio de Janeiro: BestSeller, 2019.

ROCHA, Marcelo Hugo da. *Poder da aprovação*: coaching + mentoring para OAB e concursos. São Paulo: Saraiva, 2017.

SANTOS, William Douglas Resinente dos. *Como passar em provas e concursos*: tudo o que você precisa saber e nunca teve a quem perguntar. 29. ed. Rio de Janeiro: Impetus, 2016.

SEDIN, Tatiana. *Precisamos falar sobre estresse*. Isma Brasil. Revista Você RG. Editora Abril. Maio, 2016. Disponível em: <https://vocerh.abril.com.br/voce-rh/precisamos-falar-sobre-estresse/#:~:text=Segundo%20Ana%20Maria%20Rossi%2C%20da,ninguém%20em%20casa%E2%80%9D%2C%20diz>. Acesso em: 01 set. 2022.

SELIGMAN, Martin E. *Aprenda a ser otimista*. Rio de Janeiro: Nova Era, 2014.

SINEK, Simon. *Comece pelo porquê*. Rio de Janeiro: Sextante, 2018.

SOLAR, Suryavan. *Coaching Express*: as origens de um novo estilo. São Paulo: Gransol Editora, 2013.

STOLZ, Paul Gordon. *As vantagens da adversidade*. São Paulo: WMF Martins Fontes, 2008.

THEML, Geronimo. *Produtividade para quem quer tempo*: aprenda a produzir mais sem ter que trabalhar mais. São Paulo: Editora Gente, 2016.

VELLEI, Carolina. 3 passos para fixar na memória tudo que você estuda. *Guia do Estudante*, mar. 2019. Disponível em: <https://guiadoestudante.abril.com.br/blog/dicas-estudo/3-passos-para-fixar-na-memoria-tudo-que-voce-estuda/>. Acesso em: 01 set. 2022.

WHITMORE, John. Coaching *para aprimorar o desempenho*: os princípios e a prática do *coaching* e da liderança. São Paulo: Clio Editora, 2012.

WOLK, Leonardo. *Coaching*: a arte de soprar brasas em ação. Rio de Janeiro: Qualitymark, 2010.

■ MATERIAL DIGITAL EXCLUSIVO

COMO SE PREPARAR PARA O EXAME DA OAB

Direito Constitucional

Pedro Lenza

Doutor e Mestre pela USP. Graduado na PUC/SP. *Visiting Scholar* na Boston College Law School. Professor e advogado. Autor do consagrado *Direito constitucional esquematizado*, idealizador e coordenador da Coleção Esquematizado® (Saraiva Educação). Chamado pelo jornal *Tribuna do Direito* de "o advogado do *best-seller*", o Autor é membro do IBDP – Instituto Brasileiro de Direito Processual e do IBDC – Instituto Brasileiro de Direito Constitucional. Ex-consultor internacional da UNESCO, prestou serviços para a ANS – Agência Nacional de Saúde Suplementar. Ex-coordenador do Núcleo Pinheiros da Escola Superior de Advocacia – OAB/SP, foi integrante do projeto piloto, professor da Escola Virtual e orientador da pós-graduação. Professor em vários cursos de pós-graduação e em instituições como STF, TST, TRT, TJ/DF, Escolas do MP, PGE/SP etc., é palestrante convidado por todo o País.

Sumário

1. (Neo)Constitucionalismo: 1.1. Alocação do Direito Constitucional; 1.1.1. A classificação em "ramos do direito"; 1.2. Constitucionalismo; 1.2.1. Conceito; 1.3. Neoconstitucionalismo; 1.3.1. Marcos fundamentais para se chegar a um "novo direito constitucional" (neoconstitucionalismo); 1.4. O novo constitucionalismo democrático latino-americano. Constitucionalismo pluralista (andino ou indígena). Estado plurinacional e intercultural; 1.5. Constitucionalismo e soberania popular – **2. Constituição: conceito, constitucionalização simbólica, classificações, elementos e histórico:** 2.1. Conceito; 2.1.1. Sentido sociológico; 2.1.2. Sentido político; 2.1.3. Sentido material e formal; 2.1.4. Sentido jurídico; 2.1.5. Sentido culturalista; 2.1.6. Constituição aberta; 2.1.7. Concepções da Constituição: qual o seu papel no ordenamento jurídico de um país?; 2.2. Constitucionalização simbólica; 2.3. Classificação (tipologia) da Constituição; 2.3.1. Quanto à origem; 2.3.2. Quanto à forma; 2.3.3. Quanto à extensão; 2.3.4. Quanto ao modo de elaboração; 2.3.5. Quanto à alterabilidade; 2.3.6. Quanto à sistemática; 2.3.7. Quanto à dogmática; 2.3.8. Quanto à correspondência com a realidade (critério ontológico – essência); 2.3.9. Quanto ao sistema; 2.3.10. Quanto à função; 2.3.11. Quanto à origem de sua decretação: heterônomas (heteroconstituições) *x* autônomas ("autoconstituições" ou "homoconstituições"); 2.3.12. Constituições garantia, balanço e dirigente (Manoel Gonçalves Ferreira Filho); 2.3.13. Constituições liberais (negativas) e sociais (dirigentes) – conteúdo ideológico das Constituições; 2.3.14. Constituições expansivas; 2.3.15. Classificações da CF/88; 2.4. Elementos das Constituições; 2.5. Histórico das Constituições brasileiras – **3. Hermenêutica e estrutura da Constituição:** 3.1. Mutações constitucionais *x* reformas constitucionais; 3.2. Regras e princípios; 3.3. Métodos de interpretação; 3.3.1. Método jurídico ou hermenêutico clássico; 3.3.2. Método tópico-problemático; 3.3.3. Método hermenêutico-concretizador; 3.3.4. Método científico-espiritual; 3.3.5. Método normativo-estruturante; 3.3.6. Método da comparação constitucional; 3.4. Princípios da interpretação constitucional; 3.4.1. Princípio da unidade da Constituição; 3.4.2. Princípio do efeito integrador; 3.4.3. Princípio da máxima efetividade; 3.4.4. Princípio da justeza ou da conformidade funcional; 3.4.5. Princípio da concordância prática ou harmonização; 3.4.6. Princípio da força normativa; 3.4.7. Princípio da interpretação conforme a Constituição; 3.4.8. Princípio da proporcionalidade ou razoabilidade; 3.5. Críticas ao denominado "pamprincipiologismo"; 3.6. Teoria dos poderes implícitos; 3.7. Hermenêutica constitucional: a sociedade aberta dos intérpretes da Constituição: contribuição para a interpretação pluralista e "procedimental" da Constituição; 3.8. Estrutura da Constituição – **4. Poder constituinte:** 4.1. Poder constituinte originário; 4.1.1. Conceito; 4.1.2. Características; 4.1.3. Formas de expressão; 4.2. Poder constituinte derivado; 4.2.1. Conceito e espécies; 4.2.2. Poder constituinte derivado reformador; 4.2.3. Poder constituinte derivado decorrente; 4.2.4. Poder constituinte derivado revisor; 4.3. Poder constituinte difuso; 4.4. Poder constituinte supranacional; 4.5. Nova Constituição e ordem jurídica anterior; 4.5.1. Recepção; 4.5.2. Repristinação; 4.5.3. Desconstitucionalização; 4.5.4. Recepção material de normas constitucionais – **5. Eficácia e aplicabilidade das normas constitucionais:** 5.1. Eficácia jurídica e eficácia social; 5.2. Normas constitucionais de eficácia plena; 5.3. Normas constitucionais de eficácia contida; 5.4. Normas constitucionais de eficácia limitada; 5.5. Normas constitucionais de eficácia exaurida e aplicabilidade esgotada; 5.6. Normas definidoras dos direitos e garantias fundamentais e o gradualismo eficacial das normas constitucionais – **6. Controle de constitucionalidade:** 6.1. Teoria da nulidade: regra geral; 6.2. Flexibilização da teoria da nulidade no direito brasileiro; 6.3. Histórico do controle de constitucionalidade no direito brasileiro (Constituições); 6.4. Espécies de inconstitucionalidade; 6.4.1. Vícios formal, material e de decoro parlamentar; 6.4.2. "Estado de coisas inconstitucional"; 6.5. Momentos de controle; 6.6. Sistemas e vias de controle judicial; 6.7. Controle difuso; 6.7.1. Origem histórica; 6.7.2. Noções gerais; 6.7.3. Controle difuso nos tribunais; 6.7.4. Efeitos da decisão (visão clássica). Literalidade do art. 52, X; 6.7.5. Teoria da transcendência dos motivos determinantes da sentença no controle difuso: análise crítica – abstrativização do controle difuso? Mutação constitucional do art. 52, X? (ADIs 3.406 e 3.470); 6.7.6. Controle difuso em sede de ação civil pública; 6.8. Controle concentrado; 6.8.1. ADI genérica; 6.8.1.1. ADI genérica – regras gerais; 6.8.1.2. ADI genérica – competência; 6.8.1.3. ADI genérica – legitimidade; 6.8.1.4. ADI genérica – procedimento; 6.8.1.5. ADI genérica – características marcantes do processo objetivo; 6.8.1.6. ADI genérica – efeitos da decisão; 6.8.1.7. ADI genérica – medida cautelar; 6.8.2. ADC – Ação Declaratória de Constitucionalidade; 6.8.2.1. ADC – conceito e objeto; 6.8.2.2. ADC – competência; 6.8.2.3. ADC – legitimidade; 6.8.2.4. ADC – efeitos da decisão; 6.8.2.5. ADC – medida cautelar; 6.8.3. Arguição de descumprimento de preceito fundamental; 6.8.3.1. ADPF – regras de cabimento; 6.8.3.2. ADPF – competência; 6.8.3.3. ADPF – legitimidade; 6.8.3.4. ADPF – princípio da subsidiariedade; 6.8.3.5. ADPF – efeitos da decisão; 6.8.3.6. ADPF – ADI – fungibilidade; 6.8.4. ADO – Ação Direta de Inconstitucionalidade por Omissão; 6.8.4.1. ADO – conceito; 6.8.4.2. ADO – competência; 6.8.4.3. ADO – legitimidade; 6.8.4.4. ADO – procedimento; 6.8.4.5. ADO – medida cautelar; 6.8.4.6. ADO – efeitos da decisão; 6.8.5. IF – representação interventiva; 6.8.5.1. IF – objeto; 6.8.5.2. IF – princípios sensíveis; 6.8.5.3. IF – legitimação ativa; 6.8.5.4. IF – competência; 6.8.5.5. IF – medida liminar; 6.8.5.6. IF – representação interventiva no caso de recusa à execução de lei federal; 6.9. Controle abstrato de constitucionalidade nos Estados-Membros – **7. Divisão espacial do poder – organização do Estado:** 7.1. Noções preliminares; 7.2. Federação; 7.2.1. Características comuns a toda Federação; 7.2.2. Federação brasileira; 7.2.3. Fundamentos da República Federativa do Brasil; 7.2.4. Objetivos fundamentais da República Federativa do Brasil; 7.2.5. Princípios que regem a República Federativa do Brasil nas relações internacionais; 7.2.6. Idioma oficial e símbolos da República Federativa do Brasil; 7.2.7. Vedações constitucionais impostas à União, aos Estados, ao Distrito Federal e aos Municípios; 7.3. União Federal; 7.3.1. Competência não legislativa (administrativa ou material); 7.3.2. Competência legislativa; 7.3.3. Competência para legislar sobre o Sistema Nacional de Ciência, Tecnologia e Inovação – EC n. 85/2015; 7.3.4. Legislação sobre o meio ambiente e competência municipal. O caso particular da queima da palha da cana-de-açúcar (RE 586.224); 7.3.5. Regiões administrativas ou de desenvolvimento; 7.4. Estados-Membros; 7.4.1. Competência não legislativa (administrativa ou material) dos Estados-Membros; 7.4.2. Competência legislativa dos Estados-Membros; 7.5. Municípios; 7.5.1. Formação dos Municípios; 7.5.2. Competências não legislativas (administrativas ou materiais) dos Municípios; 7.5.3. Competências legislativas dos Municípios; 7.6. Distrito Federal; 7.6.1. Competência não legislativa (administrativa ou material) do Distrito Federal; 7.6.2. Competência legislativa do Distrito Federal; 7.7. Covid-19 – medidas tomadas para o enfrentamento da pandemia; 7.8. Territórios Federais; 7.9. Intervenção; 7.9.1. Regras gerais; 7.9.2. Espécies de intervenção federal; 7.9.3. A intervenção federal na vigência da Constituição Federal de 1988: os casos particulares das intervenções federais nos Estados do Rio de Janeiro (2018) e de Roraima (2018) e no Distrito Federal (2023) – **8. Divisão orgânica do poder – "tripartição de Poderes" – teoria geral – 9. Poder Legislativo:** 9.1. Estrutura do Poder Legislativo; 9.2. Das reuniões; 9.2.1. Sessão legislativa ordinária e extraordinária; 9.2.2. Reunião em sessão conjunta; 9.2.3. Sessão preparatória; 9.3. Das comissões parlamentares; 9.3.1. Comissão temática ou em razão da matéria; 9.3.2. Comissão especial ou temporária; 9.3.3. Comissão parlamentar de inquérito (CPI); 9.3.4. Comissão mista; 9.3.5. Comissão representativa; 9.4. Imunidades parlamentares; 9.4.1. Parlamentares federais; 9.4.2. Prerrogativa de foro; 9.4.3. As imunidades parlamentares podem ser renunciadas?; 9.4.4. As imunidades parlamentares se estendem aos suplentes?; 9.4.5. Parlamentares estaduais e do DF; 9.4.6. Parlamentares municipais; 9.5. Incompatibilidades e impedimentos dos parlamentares federais; 9.6. Perda do mandato do Deputado ou Senador; 9.7. Processo legislativo; 9.7.1. Leis ordinárias e complementares; 9.7.1.1. Fase de iniciativa; 9.7.1.2. Fase constitutiva; 9.7.1.3. Fase complementar – promulgação e publicação; 9.7.1.4. Lei complementar e lei ordinária: diferenças; 9.7.2. Emenda constitucional; 9.7.2.1. Limitações formais ou procedimentais (art. 60, I, II, III e §§ 2º, 3º e 5º); 9.7.2.2. Limitações circunstanciais (art. 60, § 1º); 9.7.2.3. Limitações materiais (art. 60, § 4º); 9.7.2.4. Limitações implícitas; 9.7.2.5. Tratados e convenções internacionais sobre direitos humanos e a sua equivalência com as emendas constitucionais – EC n. 45/2004; 9.7.3. Lei delegada; 9.7.4. Medida provisória; 9.7.4.1. MP – Regras gerais; 9.7.4.2. MP – limites materiais; 9.7.4.3. Medidas provisórias editadas em data anterior à EC n. 32/2001; 9.7.5. Decreto legislativo; 9.7.6. Resolução; 9.8. Função fiscalizatória exercida pelo Legislativo e o Tribunal de Contas; 9.8.1. Regras gerais; 9.8.2. Ministros do TCU; 9.8.3. Tribunais de Contas Estaduais; 9.8.4. Tribunais de Contas Municipais – **10. Poder Executivo:** 10.1. O exercício do Poder Executivo no Brasil; 10.2. Condições de elegibilidade; 10.3. Posse e mandato; 10.4. Impedimento e vacância dos cargos; 10.5. Ministros de Estado; 10.6. Conselho da República e Conselho de Defesa Nacional; 10.7. Crimes comum e de responsabilidade; 10.7.1. Regras gerais; 10.7.2. A regra da licença prévia no âmbito dos demais entes federativos; 10.8. Imunidade formal em relação à prisão (art. 86, § 3º) e a cláusula de irresponsabilidade penal relativa (art. 86, § 4º); 10.9. Responsabilidade fiscal e os limites fixados pelo "Novo Regime Fiscal" introduzido pela EC n. 95/2016 – **11. Poder Judiciário:** 11.1. Reforma do Poder Judiciário – EC n. 45/2004; 11.2. Garantias do Judiciário; 11.3. A regra do "quinto constitucional"; 11.4. STF x STJ; 11.5. Justiça de Paz (art. 98, II); 11.6. Súmula vinculante – **12. Funções essenciais à Justiça:** 12.1. Ministério Público; 12.1.1. MP Eleitoral; 12.1.2. Chefe do Ministério Público; 12.1.3. Princípios institucionais; 12.1.4. Garantias do Ministério Público; 12.1.5. Impedimentos imputados aos membros do Ministério Público (vedações); 12.1.6. Funções institucionais do Ministério Público; 12.1.7. A teoria dos "poderes implícitos" e o poder de investigação criminal pelo MP; 12.1.8. Conselho Nacional do Ministério Público; 12.1.9. Ministério Público junto ao Tribunal de Contas; 12.2. Advocacia pública; 12.3. Advocacia; 12.4. Defensoria Pública – **13. Defesa do Estado e das instituições democráticas:** 13.1. Estado de defesa; 13.2. Estado de sítio; 13.3. Forças Armadas e os militares dos Estados, do Distrito Federal e dos Territórios; 13.4. Segurança Pública; 13.4.1. Polícias da União; 13.4.2. Polícias dos Estados; 13.4.3. Polícias do Distrito Federal; 13.4.4. Guardas Municipais; 13.4.5. Segurança viária. Carreira dos agentes de trânsito. EC n. 82/2014; 13.4.6. Aos policiais civis e servidores públicos que atuem diretamente na área de segurança pública está assegurado o direito de greve? – **14. Direitos e garantias fundamentais:** 14.1. Localização; 14.2. Gerações (dimensões) de direitos fundamentais; 14.3. Diferenciação entre direitos e garantias fundamentais; 14.4. Características dos direitos e garantias fundamentais; 14.5. Abrangência dos direitos e garantias fundamentais; 14.6. Aplicabilidade das normas definidoras dos direitos e garantias fundamentais; 14.7. A teoria dos quatro *status* de Jellinek; 14.8. Eficácia horizontal dos direitos fundamentais; 14.9. Direitos individuais e coletivos; 14.10. Remédios constitucionais; 14.10.1. *Habeas corpus*; 14.10.2. *Habeas corpus* coletivo; 14.10.3. Mandado de segurança; 14.10.4. Mandado de segurança coletivo; 14.10.5. Mandado de injunção; 14.10.6. Mandado de injunção coletivo; 14.10.7. *Habeas data*; 14.10.8. Ação popular – **15. Direitos sociais:** 15.1. Aspectos gerais; 15.2. Direitos sociais individuais dos trabalhadores; 15.3. Direitos sociais coletivos dos trabalhadores (arts. 8º a 11); 15.3.1. Direito de associação profissional ou sindical; 15.3.2. Direito de greve; 15.3.3. Direito de substituição processual; 15.3.4. Direito de participação; 15.3.5. Direito de representação classista; 15.4. Princípio do não retrocesso social ou da proibição da evolução reacionária; 15.5. "Judicialização da saúde": fornecimento de medicamentos – **16. Nacionalidade:** 16.1. Conceito; 16.2. Espécies de nacionalidade; 16.3. Brasileiro nato; 16.4. Brasileiro naturalizado; 16.4.1. Naturalização ordinária constitucional em relação aos originários de países de língua portuguesa; 16.4.2. Naturalização ordinária legal; 16.4.3. Naturalização especial; 16.4.4. Naturalização provisória; 16.4.5. Naturalização extraordinária ou quinzenária; 16.5. Quase nacionalidade – reciprocidade; 16.6. A lei poderá estabelecer distinções entre brasileiros natos e naturalizados?; 16.7. Perda da nacionalidade; 16.8. Reaquisição da nacionalidade brasileira perdida – **17. Direitos políticos:** 17.1. Direito político positivo (direito de sufrágio); 17.1.1. Capacidade eleitoral ativa (direito de votar, capacidade de ser eleitor, alistabilidade); 17.1.2. Capacidade eleitoral passiva (direito de ser votado, elegibilidade); 17.2. Direitos políticos negativos; 17.2.1. Inelegibilidades; 17.2.2. Privação dos direitos políticos – perda e suspensão; 17.2.2.1. Perda dos direitos políticos (arts. 15, I e IV, e 12, § 4º, II); 17.2.2.2. Suspensão dos direitos políticos (arts. 15, II, III e V, e 55, II e § 1º, da CF/88; art. 17.3 do Dec. n. 3.927/2001 c/c o art. 1º, I, *b*, da LC n. 64/90); 17.2.2.3. Reaquisição dos direitos políticos perdidos ou suspensos; 17.3. Postulado da anterioridade eleitoral (art. 16) e a EC n. 107/2020; 17.4. Servidor público e exercício do mandato eletivo – **18. Partidos políticos:** 18.1. Conceito; 18.2. Regras constitucionais; 18.3. Federações Partidárias e a ADI 7.021 (STF); 18.4. Cláusula de barreira, proteção constitucional às minorias, "direito de antena" e as regras trazidas pela EC n. 97/2017; 18.5. Fidelidade partidária; 18.5.1. Sistema proporcional; 18.5.2. Sistema majoritário; 18.5.3. EC n. 91/2016 ("Janela Partidária Constitucional"); 18.5.4. EC n. 97/2017 (mais uma exceção à regra da fidelidade partidária); 18.5.5. EC n. 111/2021 (nova "mini" Reforma Eleitoral); 18.6. EC n. 111/2021 – Ação Afirmativa 1; 18.7. EC n. 117/2022 – Ação Afirmativa 2 – **19. Ordem social** – **20. Ordem econômica e financeira:** 20.1. Princípios gerais da atividade econômica; 20.2. Sistema financeiro nacional – **21. Princípios fundamentais** – Referências bibliográficas – Questões – Material digital exclusivo.

1. (NEO)CONSTITUCIONALISMO

1.1. Alocação do Direito Constitucional

1.1.1. A classificação em "ramos do direito"

Admitindo essa divisão em ditos "ramos do direito", podemos afirmar que o Direito Constitucional estaria alocado como direito público e, por tratar diretamente da organização e funcionamento do Estado, bem como das normas estruturais e fundamentais, deveria ser alocado dentro do direito público **fundamental**.

Contudo, devemos alertar que, modernamente, vem sendo dito que o direito é **uno** e **indivisível, indecomponível**. O direito deve ser definido e estudado como um grande **sistema**, em que tudo se harmoniza no conjunto. A divisão em ramos do direito é meramente didática, a fim de facilitar o entendimento da matéria.

Avançando, especialmente em razão da evidenciação de novos direitos e das transformações do Estado (de autoritário/absolutista para liberal e de liberal para social, podendo-se, inclusive, falar em Estado pós-social de direito), cada vez mais se percebe uma forte influência do **direito constitucional** sobre o **direito privado**.

Sob essa perspectiva, especialmente diante da **dignidade da pessoa humana**, fundamento da República Federativa do Brasil e **regra matriz** dos direitos fundamentais (art. 1º, III, da CF/88), parece mais adequado, então, falarmos em um **direito civil-constitucional**, estudando o direito privado à luz das regras constitucionais e podendo, inclusive, em muitos casos, reconhecer a aplicação direta dos direitos fundamentais nas relações privadas (**eficácia horizontal dos direitos fundamentais**).

Dignidade da pessoa humana
■ Direito Civil-Constitucional
■ Eficácia Horizontal dos Direitos Fundamentais
■ Descodificação do Direito Civil
■ Microssistemas
■ Despatrimonialização do Direito Civil

1.2. Constitucionalismo

1.2.1. Conceito

Canotilho define o constitucionalismo como uma "técnica específica de limitação do poder com fins garantísticos" (2003, p. 51).

Avançando, podemos afirmar que os textos constitucionais contêm regras de **limitação ao poder autoritário** e de **prevalência dos direitos fundamentais**, afastando-se da visão autoritária do antigo regime.

Lembramos que o constitucionalismo passou por uma ampla evolução ao longo da história. Para alguns autores, a chamada "Lei do Senhor" entre os hebreus, fixando limites bíblicos, já seria um exemplo. Destacam-se, contudo, outros documentos, a partir da *Magna Carta de 1215* (Idade Média), em constante evolução protetiva, assim identificados:

Momento histórico	Documentos/ características marcantes
Antiguidade	■ "Lei do Senhor" – hebreus – limites bíblicos ■ democracia direta – Cidades-Estados gregas
Idade Média	■ Magna Carta de 1215
Idade Moderna	■ pactos e forais ou cartas de franquia ■ *Petition of Rights* de 1628 ■ *Habeas Corpus Act* de 1679 ■ *Bill of Rights* de 1689 ■ *Act of Settlement* de 1701
Constitucionalismo Norte-Americano	■ contratos de colonização ■ *Compact* (1620) ■ *Fundamental Orders of Connecticut* (1639) ■ Carta outorgada pelo rei Carlos II (1662) ■ *Declaration of Rights* do Estado de Virgínia (1776) ■ Constituição da Confederação dos Estados Americanos (1781)
Constitucionalismo Moderno	■ Constituição norte-americana de 1787 ■ Constituição francesa de 1791
Constitucionalismo Contemporâneo	■ totalitarismo constitucional ■ dirigismo comunitário ■ constitucionalismo globalizado ■ direitos de segunda dimensão ■ direitos de terceira dimensão (fraternidade e solidariedade)
Constitucionalismo do futuro	■ consolidação dos direitos de terceira dimensão: fraternidade e solidariedade ■ segundo Dromi, a verdade, a solidariedade, o consenso, a continuidade, a participação, a integração e a universalidade são perspectivas para o constitucionalismo do futuro

1.3. Neoconstitucionalismo

Não se pode enfrentar qualquer prova de concurso sem conhecer a ideia de **neoconstitucionalismo**, aliás temática expressa nos editais de abertura do exame unificado da OAB (anexo II – conteúdo programático da prova prático-profissional).

Isso porque a doutrina passa a desenvolver, a partir do início do séc. XXI, uma nova perspectiva em relação ao constitucionalismo, denominada **neoconstituciona-**

lismo, ou, segundo alguns, **constitucionalismo pós--moderno**, ou, ainda, **pós-positivismo**.

Busca-se dentro dessa nova realidade **não** mais apenas atrelar o constitucionalismo à ideia de limitação do poder político, mas, acima de tudo, assegurar a eficácia da Constituição, deixando o texto de ter um caráter meramente retórico e passando a ser mais efetivo, especialmente diante da expectativa de **concretização dos direitos fundamentais**.

Podemos, assim, reconhecer uma **hierarquia** entre normas não apenas do ponto de vista formal, mas, especialmente, axiológica e valorativa. Vejamos:

Constitucionalismo Moderno	Neoconstitucionalismo
■ hierarquia entre as normas	■ hierarquia entre normas não apenas formal, mas também axiológica – valor
■ limitação do poder	■ concretização dos direitos fundamentais

Agora, então, vamos destacar alguns **pontos marcantes** desse movimento que se aflora:

- **Estado constitucional de direito**: a Constituição passa a ser o **centro** do sistema, marcada por uma intensa **carga valorativa**;
- **conteúdo axiológico da Constituição**: a Constituição passa a consagrar **valores** e **opções políticas**, destacando-se a **dignidade da pessoa humana** e os **direitos fundamentais**;
- **concretização dos valores constitucionais e garantia de condições dignas mínimas**.

1.3.1. Marcos fundamentais para se chegar a um "novo direito constitucional" (neoconstitucionalismo)

Agora devemos lembrar um interessante trabalho, no qual Barroso aponta 3 **marcos fundamentais** que definem a trajetória do direito constitucional para o atual estágio de "novo": o **histórico**, o **teórico** e o **filosófico**.

Nas palavras do professor, "o neoconstitucionalismo ou novo direito constitucional, na acepção aqui desenvolvida, identifica um conjunto amplo de transformações ocorridas no Estado e no direito constitucional, em meio às quais podem ser assinalados, (i) como *marco histórico*, a formação do Estado constitucional de direito, cuja consolidação se deu ao longo das décadas finais do século XX; (ii) como *marco filosófico*, o pós--positivismo, com a centralidade dos direitos fundamentais e a reaproximação entre Direito e ética; e (iii) como *marco teórico*, o conjunto de mudanças que incluem a força normativa da Constituição, a expansão da jurisdição constitucional e o desenvolvimento de uma nova dogmática da interpretação constitucional. Desse conjunto de fenômenos resultou um processo extenso e profundo de constitucionalização do Direito" (BARROSO, 2006, p. 5).

1.4. O novo constitucionalismo democrático latino-americano. Constitucionalismo pluralista (andino ou indígena). Estado plurinacional e intercultural

O denominado **novo constitucionalismo latino--americano** (por alguns chamado de *constitucionalismo andino* ou *indígena*) culmina com a promulgação das Constituições do **Equador** (2008) e da **Bolívia** (2009) e sedimenta-se na ideia de **Estado plurinacional**, reconhecendo, constitucionalmente, o direito à **diversidade cultural** e à **identidade** e, assim, revendo os conceitos de **legitimidade** e **participação popular**, especialmente de parcela da população historicamente excluída dos processos de decisão, como a população indígena.

1.5. Constitucionalismo e soberania popular

A ideia de que todo Estado deve possuir uma Constituição e que esta conterá **limitações ao poder autoritário**, bem como regras de **prevalência dos direitos fundamentais**, desenvolve-se no sentido de consagração de um **Estado Democrático de Direito** (art. 1º, *caput*, da CF/88) e, portanto, de **soberania popular**.

Assim, de forma expressa, o parágrafo único do art. 1º da CF/88 estabelece que "todo poder emana do povo, que o exerce por meio de seus representantes eleitos ou diretamente, nos termos desta Constituição".

Vale dizer, mencionado artigo distingue **titularidade** de **exercício** do poder. O **titular** do poder é o **povo**. Como regra, o **exercício** desse poder, cujo titular, repita-se, é o povo, dá-se por meio dos **representantes do povo**.

Além de desempenhar o poder de maneira indireta (democracia representativa), por intermédio de seus representantes, o povo também o realiza **diretamente** (democracia direta), concretizando a **soberania popular**, que é exercida por sufrágio universal e pelo voto direto e secreto, com valor igual para todos, nos termos da Lei n. 9.709/98 e das normas constitucionais pertinentes, mediante:

- **plebiscito;**
- **referendo;**
- **iniciativa popular.**

Podemos falar, então, que a Constituição consagra a ideia de **democracia semidireta** ou **participativa**, verdadeiro **sistema híbrido**, ou seja, tanto a democracia direta como a indireta.

A democracia indireta será estudada ao tratarmos sobre o Poder Legislativo.

Desde já, dada a importância, diferenciamos *plebiscito* de *referendo*:

> Ambos são formas de consulta ao povo. A diferença está no **momento da consulta:** *a)* no *plebiscito*, a consulta é prévia; *b)* no *referendo*, primeiro se toma o ato legislativo ou administrativo, para, só então, submetê-lo à apreciação do povo, que o ratifica (confirma) ou o rejeita (afasta), sendo, assim, a consulta posterior.

A competência de **autorizar** referendo e **convocar** plebiscito é **exclusiva** do **Congresso Nacional**, materializada por **decreto legislativo** (art. 49, XV, CF/88).

De acordo com a novidade trazida pela **EC n. 111/2021**, serão realizadas **concomitantemente às eleições municipais** as **consultas populares sobre questões locais** aprovadas pelas Câmaras Municipais e encaminhadas à Justiça Eleitoral até 90 dias antes da data das eleições, observados os limites operacionais relativos ao número de quesitos (art. 14, § 12, CF/88)

As manifestações favoráveis e contrárias às questões submetidas às consultas populares ocorrerão durante as campanhas eleitorais, **sem a utilização de propaganda gratuita no rádio e na televisão** (art. 14, § 13, CF/88).

Trata-se, sem dúvida, de importante mecanismo de consulta popular sobre as questões locais do município e que permite otimizar uma maior participação popular na tomada de decisões.

A **iniciativa popular** será estudada no capítulo sobre o Poder Legislativo.

2. CONSTITUIÇÃO: CONCEITO, CONSTITUCIONALIZAÇÃO SIMBÓLICA, CLASSIFICAÇÕES, ELEMENTOS E HISTÓRICO

Nesta parte do trabalho devemos conceituar e classificar as *Constituições*. Lembramos que ao conceituar ou classificar qualquer instituto surgirão diversos critérios, não sendo um mais certo que outro, talvez, no máximo, mais adequado. Procuramos trazer os que mais aparecem nos concursos e na prova da OAB, dado o objetivo deste trabalho.

2.1. Conceito

Existem várias concepções ou acepções a serem tomadas para definir o termo "Constituição". Vejamo-las.

2.1.1. Sentido sociológico

Valendo-se do sentido sociológico, **Ferdinand Lassalle**, em seu livro *¿Qué es una Constitución?*, defendeu que uma Constituição só seria legítima se representasse o efetivo poder social, refletindo as forças sociais que constituem o poder. Caso isso não ocorresse, ela seria ilegítima, caracterizando-se como uma simples "*folha de papel*". A Constituição, segundo a conceituação de Lassalle, seria, então, a **somatória dos fatores reais do poder dentro de uma sociedade**.

2.1.2. Sentido político

Segundo **Carl Schmitt**, podemos distinguir *Constituição* de *lei constitucional*. Constituição seria a **decisão política fundamental**. Por outro lado, leis constitucionais seriam os dispositivos que estão inseridos na Constituição, mas que não tratam da matéria de decisão política fundamental.

2.1.3. Sentido material e formal

Do ponto de vista **material**, o que vai importar para definirmos se uma norma tem caráter constitucional é o seu **conteúdo**, e não a forma pela qual foi aquela norma introduzida no ordenamento jurídico.

Por outro lado, quando nos valemos do critério **formal** não mais nos interessará o conteúdo da norma, mas sim a **forma** como ela foi introduzida no ordenamento jurídico.

O sistema brasileiro de 1988 é formal, mas, tendo em vista a incorporação de tratados internacionais de direitos humanos com força de emenda, pode ser definido mais adequadamente como misto (art. 5º, § 3º). Vejamos:

> Os tratados e convenções internacionais sobre **direitos humanos** que forem aprovados, em cada Casa do Congresso Nacional, em **2 turnos**, por **3/5** dos votos dos respectivos membros, serão **equivalentes às emendas constitucionais**.

2.1.4. Sentido jurídico

Hans Kelsen é o representante deste sentido conceitual, alocando a Constituição no mundo do **dever ser**, e não no mundo do **ser**, caracterizando-a como fruto da **vontade racional** do homem, e não das leis naturais.

Plano lógico-jurídico
■ norma fundamental hipotética
■ plano do suposto
■ fundamento lógico transcendental da validade da Constituição jurídico-positiva
Plano jurídico-positivo
■ norma posta, positivada
■ norma positivada suprema

2.1.5. Sentido culturalista

Nesse sentido, pode-se dizer que a Constituição é produto de um fato cultural, produzido pela sociedade e que sobre ela pode influir.

Ainda, como destacou Meirelles Teixeira, a concepção culturalista do direito conduz ao conceito de uma **Constituição Total** em uma visão suprema e sintética que "... apresenta na sua complexidade intrínseca aspectos *econômicos, sociológicos, jurídicos e filosóficos*, a fim de abranger o seu conceito em uma *perspectiva unitária*" (1991, p. 58-59).

2.1.6. Constituição aberta

Grande parte dos publicistas vem destacando a ideia de uma Constituição aberta, no sentido de que ela possa permanecer dentro de seu tempo e, assim, evitar risco de desmoronamento de sua "força normativa".

2.1.7. Concepções da Constituição: qual o seu papel no ordenamento jurídico de um país?

Virgílio Afonso da Silva, depois de fazer críticas às classificações (da Constituição) apresentadas pela doutrina brasileira (tipologia), muitas vezes, em sua opinião, sem utilidade prática ou com utilidade teórica limitada, propõe a análise do **papel da Constituição**, ou, ainda, da sua **função no ordenamento jurídico** e a sua **relação com a atividade legislativa ordinária**, analisando a capacidade de conformação atribuída ao legislador, aos cidadãos e à autonomia privada (2005, p. 107-131).

Dentro dessa perspectiva de análise do papel da Constituição ou da sua função, destacamos, também, a concepção proposta no trabalho de Gustavo Zagrebelsky (*Il diritto mite*).

Passamos, então, a analisar as quatro propostas a seguir:

■ **Constituição-lei**: para Virgílio Afonso da Silva, muito embora não mais viável na maioria das democracias constitucionais contemporâneas, a **Constituição-lei** em muito **pouco se distingue da legislação ordinária**. "Talvez a principal defesa desse tipo de Constituição seja aquela formulada por Gerhard Anschütz em fins do século XIX. Segundo ele, **a Constituição 'não está acima do poder legislativo, mas à disposição dele'**. Nesse sentido, a Constituição é, na verdade, *uma lei como qualquer outra*" (2005, p. 111).

■ **Constituição-fundamento (Constituição-total)**: a onipresença (**ubiquidade**) da Constituição é tamanha que a área reservada ao legislador, aos cidadãos e à autonomia privada se torna muito pequena. Assim, esses atos passam a ser encarados como instrumentos da realização da Constituição.

■ **Constituição-moldura (ou quadro)**: proposta intermediária entre os dois conceitos trazidos *supra*, evitando-se a politização excessiva da *Constituição-lei* (já que a sua concretização fica destinada ao legislador, estando ao seu serviço), ou a judicialização excessiva, decorrente do sentido de *Constituição-total* (já que ao legislador não sobraria qualquer espaço de atuação, sobrecarregando-se o Judiciário para verificar se houve ou não abuso).

■ **Constituição dúctil (Constituição maleável, "costituzione mite")**: conforme observa Canotilho, entre as novas avançadas sugestões da moderna teoria da Constituição está a denominada por Zagrebelsky **Constituição dúctil** ou **maleável, suave** (*Costituzione mite*), "para exprimir a necessidade de a Constituição acompanhar a perda do centro ordenador do estado e **refletir o pluralismo social, político e econômico**. Neste sentido, a uma Constituição caberá a tarefa básica de assegurar apenas as condições possibilitadoras de uma vida em comum, mas já não lhe pertence realizar diretamente um projeto predeterminado dessa vida comunitária. As Constituições concebem-se, pois, como **plataformas de partida** para a realização de políticas constitucionais diferenciadas que utilizem em termos inventivos os 'vários materiais de construção' semeados nos textos constitucionais" (CANOTILHO, 2003, p. 1386 e 1387).

2.2. Constitucionalização simbólica

A elaboração de uma ideia de "**constitucionalização simbólica**" deve-se a Marcelo Neves em trabalho apresentado para a obtenção do cargo de Professor Titular da Universidade Federal de Pernambuco realizado em 1992.

O autor procura identificar a discrepância entre a previsão constitucional e a insuficiência de concretização jurídica dos diplomas constitucionais e destaca três formas de manifestações da **constitucionalização simbólica**:

- confirmar valores sociais;
- demonstrar a capacidade de ação do Estado (**constitucionalização-álibi**);
- adiar a solução de conflitos sociais por meio de compromissos dilatórios.

Diante de todo o exposto, percebe-se que a proposta de **constitucionalização simbólica** deve ser o ponto de partida para que, compreendendo a problemática, diante das expectativas colocadas, as normas não sirvam apenas como retórica política, ou álibi dos governantes.

É preciso identificar os mecanismos de sua **concretização** e, nisso, além do papel da sociedade, parece-nos que o **Judiciário** tem uma importante missão, realizando a implementação da efetividade das normas constitucionais.

2.3. Classificação (tipologia) da Constituição

2.3.1. Quanto à origem

De acordo com este critério, as Constituições poderão ser classificadas em **outorgadas, promulgadas, cesaristas** (ou **bonapartistas**) e **pactuadas** (ou **dualistas**).

Outorgadas são as Constituições **impostas**, de maneira unilateral, pelo agente revolucionário, sendo por alguns apelidadas de *Cartas Constitucionais*.

Promulgadas, também chamadas de **democráticas, votadas** ou **populares**, são aquelas Constituições fruto do trabalho de uma Assembleia Nacional Constituinte, eleita diretamente pelo povo.

Cesarista, segundo José Afonso da Silva, "... não é propriamente outorgada, mas tampouco é democrática, ainda que criada com participação popular". E continua o mestre definindo-a como aquela "... formada por plebiscito popular sobre um projeto elaborado por um Imperador (plebiscitos napoleônicos e por esse motivo por alguns autores chamada de **bonapartista**) ou um Ditador (plebiscito de Pinochet, no Chile). A participação popular, nesses casos, não é democrática, pois visa apenas ratificar a **vontade do detentor do poder**. Não destacamos esse tipo no esquema porque bem pode ser considerado um modo de outorga por interposta pessoa" (SILVA, 2013, p. 44). Complementando, cabe acrescentar que a participação popular pode dar-se não apenas por *plebiscito* como, também, na hipótese de ratificação, por **referendo**, já que este se caracteriza como instrumento de confirmação das decisões políticas e governamentais, ou seja, toma-se a decisão para, posteriormente, levar-se a referendo popular.

Pactuadas, segundo Bonavides, seriam aquelas que exprimem "um compromisso instável de duas forças políticas rivais: a realeza absoluta debilitada, de uma parte, e a nobreza e a burguesia, em franco progresso, doutra" (BONAVIDES, 1997).

A Constituição brasileira de 1988 foi promulgada.

2.3.2. Quanto à forma

Quanto à forma, elas podem ser **escritas (instrumentais)** ou **costumeiras (não escritas** ou **consuetudinárias)**.

Escrita seria a Constituição formada por um conjunto de regras sistematizadas e organizadas em um único documento.

Costumeira (não escrita ou **consuetudinária)**, por seu turno, seria aquela Constituição que, ao contrário da escrita, não traz as regras em um único texto solene e codificado, sendo formada por "textos" esparsos, reconhecidos pela sociedade como fundamentais, e baseia-se nos usos, costumes, jurisprudência, convenções. Exemplo clássico é a Constituição da Inglaterra.

Cabe alertar que é possível encontrarmos textos escritos em países consuetudinários.

A brasileira de 1988 tem sido definida como escrita, lembrando que, a partir da EC n. 45/2004 (Reforma do Judiciário), é possível encontrarmos normas de caráter constitucional em outros documentos, como os tratados e convenções internacionais de direitos humanos incorporados com o *quorum* das emendas constitucionais (art. 5º, § 3º).

2.3.3. Quanto à extensão

Quanto à extensão, podem ser **sintéticas** (concisas, breves, sumárias, sucintas, básicas) ou **analíticas** (amplas, extensas, largas, prolixas, longas, desenvolvidas, volumosas, inchadas).

Sintéticas são aquelas enxutas, veiculadoras apenas dos princípios fundamentais e estruturais do Estado.

Analíticas, por outro lado, são aquelas que abordam todos os assuntos que os representantes do povo entenderem fundamentais. Normalmente descem às minúcias, estabelecendo regras que deveriam estar em leis infraconstitucionais.

A Constituição brasileira de 1988 é analítica.

2.3.4. Quanto ao modo de elaboração

Quanto ao modo de elaboração, as Constituições poderão ser **dogmáticas** (chamadas de *sistemáticas* por Meirelles Teixeira) ou **históricas**.

Dogmáticas, sempre escritas, consubstanciam os dogmas estruturais e fundamentais do Estado.

Históricas, constituem-se através de um lento e contínuo processo de formação, ao longo do tempo, reunindo a história e as tradições de um povo. Aproximam-se, assim, da costumeira e têm, como exemplo, a Constituição inglesa.

A Constituição brasileira de 1988 é dogmática.

2.3.5. Quanto à alterabilidade

Quanto à alterabilidade (mutabilidade, estabilidade, consistência), as Constituições podem ser classificadas em **rígidas, flexíveis, semirrígidas** (ou **semiflexíveis**). Alguns autores ainda lembram as **fixas** ou **silenciosas**, as **imutáveis** (**permanentes, graníticas** ou **intocáveis**) e as **super-rígidas**.

Rígidas são aquelas que exigem, para a sua alteração, um processo legislativo mais árduo, mais solene, mais dificultoso do que o processo de alteração das normas não constitucionais.

Flexíveis, por sua vez, seriam aquelas Constituições que não possuem um processo legislativo de alteração mais dificultoso do que o processo legislativo de alteração das normas infraconstitucionais.

Semiflexíveis ou **semirrígidas** seriam aquelas que são tanto rígidas como flexíveis, ou seja, algumas matérias exigem um processo de alteração mais dificultoso do que o exigido para alteração das leis infraconstitucionais, enquanto outras não requerem tal formalidade.

Fixas (ou silenciosas) só podem ser alteradas por um poder de hierarquia igual ao daquele que as criou. Possuem, portanto, valor histórico.

Imutáveis (permanentes, graníticas ou intocáveis) são aquelas inalteráveis, ou seja, verdadeiras relíquias históricas.

A Constituição brasileira de 1988 é rígida.

2.3.6. Quanto à sistemática

Valendo-se do critério sistemático, Pinto Ferreira divide as Constituições em **reduzidas** (ou **unitárias**) e **variadas**.

Reduzidas seriam aquelas que se materializariam em um só código básico e sistemático, dando como exemplo as brasileiras.

Variadas são aquelas que se distribuem em vários textos e documentos esparsos, sendo formadas de distintas leis constitucionais, destacando-se a belga de 1830 e a francesa de 1875.

Nesse mesmo sentido, Bonavides distingue as Constituições **codificadas** das **legais**.

A **brasileira de 1988**, em um primeiro momento, como aponta Pinto Ferreira, seria **reduzida, codificada** ou **unitária**.

Contudo, especialmente diante da ideia de "bloco de constitucionalidade", parece que **caminhamos** (de maneira muito tímida, reconheça-se) para um critério que se aproxima de Constituição **esparsa**, especialmente diante da regra contida no art. 5º, § 3º, que admite a constitucionalização dos tratados ou convenções internacionais de direitos humanos que forem incorporados com o *quorum* e o procedimento das emendas constitucionais.

Como exemplo, lembramos o **Decreto Legislativo n. 186/2008**, que aprova o texto da *Convenção sobre os Direitos das Pessoas com Deficiência* e de seu *Protocolo Facultativo*, assinados em Nova York, em 30 de março de 2007, promulgados pelo **Decreto n. 6.949, de 25-8-2009**, tendo sido, assim, incorporados ao ordenamento jurídico brasileiro com o *status* de norma constitucional.

Nos termos do art. 5º, § 3º, destacamos também o **Decreto Legislativo n. 261/2015**, que "Aprova o texto do *Tratado de Marraqueche* para Facilitar o Acesso a Obras Publicadas às Pessoas Cegas, com Deficiência Visual ou com outras Dificuldades para Ter Acesso ao Texto Impresso, concluído no âmbito da Organização Mundial da Propriedade Intelectual (OMPI), celebrado em Marraqueche, em 28 de junho de 2013" e promulgado pelo Decreto n. 9.522/2018.

Ainda, além de vários dispositivos que estão em artigos de emendas e não foram formalmente incorporados ao texto, com valor constitucional, lembramos a **EC n. 91/2016**, que, sem introduzir qualquer artigo, seja no corpo ou mesmo no ADCT, alterou regra sobre perda do mandato eletivo por infidelidade partidária, estabelecendo a possibilidade, excepcional e em período determinado, de desfiliação, sem prejuízo do mandato. Nesse sentido, confira, ainda, as **ECs n. 106 e 107/2020**, editadas em razão da pandemia da **Covid-19**.

Cabe alertar, contudo, que apesar dessa percepção, de modo geral, as provas de concursos vêm definindo a Constituição brasileira de 1988 como reduzida. **Porém**, devemos ficar atentos, pois o examinador pode estar se referindo a essas novas perspectivas.

2.3.7. Quanto à dogmática

No tocante à **dogmática**, Pinto Ferreira, valendo-se do **critério ideológico** e lembrando as lições de **Paulino Jacques**, identifica tanto a Constituição **ortodoxa** como a **eclética**.

A **ortodoxa** é aquela formada por uma só ideologia, como, por exemplo, a soviética de 1977, hoje extinta, e as diversas Constituições da China marxista.

Por sua vez, **eclética** seria aquela formada por ideologias conciliatórias, como a **Constituição brasileira de 1988** ou a da Índia de 1949.

Nessa linha, alguns autores aproximam a **eclética** da **compromissória**. De fato, parece possível dizer que a **brasileira de 1988 é compromissória**, assim como a portuguesa de 1976.

Nas palavras de Canotilho, "numa sociedade plural e complexa, a Constituição é sempre um produto do 'pacto' entre forças políticas e sociais. Através de 'barganha' e de 'argumentação', de 'convergência' e 'diferenças', de cooperação na deliberação mesmo em caso de desacordos persistentes, foi possível chegar, no procedimento constituinte, a um *compromisso constitucional* ou, se preferirmos, a vários 'compromissos constitucionais'" (CANOTILHO, 2003, p. 218).

2.3.8. Quanto à correspondência com a realidade (critério ontológico – essência)

Karl Loewenstein distinguiu as Constituições **normativas**, **nominalistas** (**nominativas** ou **nominais**) e **semânticas**. Trata-se do **critério ontológico**, que busca identificar a correspondência entre a realidade política do Estado e o texto constitucional.

Segundo Pinto Ferreira, "as *Constituições normativas* são aquelas em que o processo de poder está de tal forma disciplinado que as relações políticas e os agentes do poder subordinam-se às determinações do seu conteúdo e do seu controle procedimental. As *Constituições nominalistas* contêm disposições de limitação e controle de dominação política, sem ressonância na sistemática de processo real de poder, e com insuficiente concretização constitucional. Enfim, as *Constituições semânticas* são simples reflexos da realidade política, servindo como mero instrumento dos donos do poder e das elites políticas, sem limitação do seu conteúdo" (1999, p. 13).

Isso quer dizer que da **normativa** à **semântica** percebemos uma gradação de **democracia e Estado democrático de direito** para o **autoritarismo**.

A Constituição brasileira de 1988 "pretende ser" normativa.

2.3.9. Quanto ao sistema

Quanto ao sistema, podem ser classificadas em **principiológicas** ou **preceituais**.

Nas **principiológicas** predominam os **princípios**.

Por seu turno, nas **preceituais** prevalecem as **regras**.

A Constituição brasileira de 1988 é principiológica.

2.3.10. Quanto à função

Quanto à função, as Constituições podem ser classificadas como **provisórias** ou **definitivas**.

De acordo com Jorge Miranda, "chama-se de *pré--Constituição, Constituição provisória* ou, sob outra ótica, *Constituição revolucionária* ao conjunto de normas com a dupla finalidade de definição do regime de elaboração e aprovação da Constituição formal e de estruturação do poder político no interregno constitucional, a que se acrescenta a função de eliminação ou erradicação de resquícios do antigo regime. Contrapõe-se à Constituição *definitiva* ou de *duração indefinida para o futuro* como pretende ser a Constituição produto final do processo constituinte" (1987, p. 108).

2.3.11. Quanto à origem de sua decretação: heterônomas (heteroconstituições) *x* autônomas ("autoconstituições" ou "homoconstituições")

De modo **incomum**, a doutrina identifica Constituições que foram decretadas de fora do Estado por outro (ou outros) Estado(s) ou por organizações internacionais. Estamos diante daquilo que *Miguel Galvão Teles* denominou **heteroconstituição**. Trata-se de verdadeira raridade.

O normal são as Constituições elaboradas e decretadas dentro do próprio Estado que irão reger. Podemos, assim, denominá-las, nesse sentido, Constituições **autônomas**, ou **autoconstituições**, ou, por que não, **homoconstituições** (fazendo um contraponto à terminologia proposta por Miguel Galvão Teles). É o caso da brasileira de 1988.

2.3.12. Constituições garantia, balanço e dirigente (Manoel Gonçalves Ferreira Filho)

A Constituição **garantia** busca garantir a liberdade, limitando o poder; a **balanço** reflete um degrau de evolução socialista; e a **dirigente** estabelece um projeto de Estado (ex.: a portuguesa).

A Constituição brasileira de 1988 é tanto garantia como dirigente.

2.3.13. Constituições liberais (negativas) e sociais (dirigentes) – conteúdo ideológico das Constituições

André Ramos Tavares propõe outra classificação, levando-se em conta o conteúdo ideológico das Constituições, classificando-as em **liberais** (ou **negativas**) e **sociais** (ou **dirigentes**).

Conforme afirma, "as constituições **liberais** surgem com o triunfo da ideologia burguesa, com os ideais do liberalismo" (2011, p. 98).

Por outro lado, as Constituições **sociais** refletem um momento posterior, de necessidade da atuação estatal, consagrando a igualdade substancial, bem como os direitos sociais, também chamados de direitos de **2ª dimensão**.

A Constituição brasileira de 1988 é social.

2.3.14. Constituições expansivas

Raul Machado Horta inscreve a brasileira de 1988 no grupo das **Constituições expansivas**, já que tanto a sua estrutura como a comparação interna e a externa demonstram uma ampliação dos direitos fundamentais.

2.3.15. Classificações da CF/88

Dentre as várias classificações, podemos assim definir a Constituição brasileira de 1988:

> Promulgada, escrita, analítica, formal (alertando para nova perspectiva classificatória decorrente do art. 5º, § 3º), dogmática, rígida, reduzida, eclética, normativa (pretende ser), principiológica, definitiva ou de duração indefinida para o futuro, autônoma ("autoconstituição" ou "homoconstituição"), garantia, dirigente, social e expansiva.

2.4. Elementos das Constituições

Muito embora encontremos na Constituição um todo orgânico e sistematizado, as normas constitucionais estão agrupadas em títulos, capítulos e seções, com conteúdo, origem e finalidade diversos.

Esses dispositivos, trazendo valores distintos, caracterizam a natureza **polifacética** da Constituição, fazendo com que a doutrina agrupe as diversas normas de acordo com a sua *finalidade*, surgindo, então, o que se denominou **elementos da Constituição**, classificados em **cinco categorias distintas**:

- **elementos orgânicos**: normas que regulam a estrutura do Estado e do Poder. Exemplos: a) Título III (Da Organização do Estado); b) Título IV (Da Organização dos Poderes e do Sistema de Governo); c) Capítulos II e III do Título V (Das Forças Armadas e da Segurança Pública); d) Título VI (Da Tributação e do Orçamento);
- **elementos limitativos**: manifestam-se nas normas que compõem o elenco dos direitos e garantias fundamentais (direitos individuais e suas garantias, direitos de nacionalidade e direitos políticos e democráticos), limitando a atuação dos poderes estatais. Exemplo: Título II (Dos Direitos e Garantias Fundamentais), excetuando-se o Capítulo II do referido Título II (Dos Direitos Sociais), estes últimos definidos como elementos socioideológicos;
- **elementos socioideológicos**: revelam o compromisso da Constituição entre o Estado individualista e o Estado social, intervencionista. Exemplos: a) Capítulo II do Título II (Dos Direitos Sociais); b) Título VII (Da Ordem Econômica e Financeira); c) Título VIII (Da Ordem Social);
- **elementos de estabilização constitucional**: consubstanciados nas normas constitucionais destinadas a assegurar a solução de conflitos constitucionais, a defesa da Constituição, do Estado e das instituições democráticas. Constituem instrumentos de defesa do Estado e buscam garantir a paz social. Exemplos: a) art. 102, I, *a* (ação direta de inconstitucionalidade); b) arts. 34 a 36 (Da intervenção nos Estados e Municípios); c) arts. 59, I, e 60 (processo de emenda à Constituição); d) arts. 102 e 103 (Jurisdição constitucional); e) Título V (Da Defesa do Estado e das Instituições Democráticas, especialmente o Capítulo I, que trata do estado de defesa e do estado de sítio, já que os Capítulos II e III do Título V caracterizam-se como elementos orgânicos);
- **elementos formais de aplicabilidade**: encontram-se nas normas que estabelecem regras de aplicação das Constituições. Exemplos: a) preâmbulo; b) disposições constitucionais transitórias; c) art. 5º, § 1º, quando estabelece que as normas definidoras dos direitos e garantias fundamentais têm aplicação imediata.

2.5. Histórico das Constituições brasileiras

	Características marcantes
1824	■ outorgada em 25 de março de 1824, foi, dentre todas, a que durou mais tempo, tendo sofrido considerável influência da francesa de 1814. Foi marcada por forte centralismo administrativo e político, tendo em vista a figura do Poder Moderador, constitucionalizado, e também por unitarismo e absolutismo; ■ não se adotou a separação tripartida de Montesquieu, mas quadripartida; ■ fez previsão de religião oficial, no caso a Católica Apostólica Romana.
1891	■ teve por Relator o Senador Rui Barbosa e sofreu forte influência da Constituição norte-americana de 1787, consagrando o sistema de governo presidencialista, a forma de Estado federal (abandonando o unitarismo) e a forma de governo republicana (em substituição à monárquica); ■ deixou de ter religião oficial, havendo separação entre Estado e Igreja; ■ o Poder Moderador foi extinto, adotando-se a teoria clássica de Montesquieu da tripartição de "Poderes"; ■ houve expressa previsão, pela primeira vez no constitucionalismo pátrio, do remédio constitucional do *habeas corpus*.

Direito Constitucional

1934	■ a crise econômica de 1929, bem como os diversos movimentos sociais por melhores condições de trabalho, influenciaram a promulgação do texto de 1934, abalando, assim, os ideais do liberalismo econômico e da democracia liberal da Constituição de 1891; ■ sofreu forte influência da Constituição de Weimar da Alemanha de 1919, evidenciando, portanto, os direitos humanos de 2ª geração ou dimensão e a perspectiva de um Estado social de direito (democracia social); ■ houve influência, também, do fascismo, já que o texto estabeleceu, além do voto direto para a escolha dos Deputados, a modalidade indireta, por intermédio da chamada "representação classista" do Parlamento; ■ dentro do constitucionalismo pátrio, o texto de 1934 teve curtíssima duração, sendo abolido pelo golpe de 1937; ■ foram mantidos alguns princípios fundamentais, como a República, a Federação, a tripartição de Poderes, o presidencialismo e o regime representativo.
1937	■ elaborada por Francisco Campos, foi apelidada de "Polaca" em razão da influência exercida pela Constituição polonesa fascista de 1935, imposta pelo Marechal Josef Pilsudski. Deveria ter sido submetida a plebiscito nacional, nos termos de seu art. 187, o que nunca aconteceu; ■ além de fechar o Parlamento, o Governo manteve amplo domínio do Judiciário. A Federação foi abalada pela nomeação dos interventores. Os direitos fundamentais foram enfraquecidos, sobretudo em razão da atividade desenvolvida pela "Polícia Especial" e pelo "DIP – Departamento de Imprensa e Propaganda". Para piorar, pelo Decreto-lei n. 37, de 2-12-1937, os partidos políticos foram dissolvidos; ■ apesar do regime extremamente autoritário, na medida em que o Estado, centralizador, atuava diretamente na economia, não se pode negar o seu importante crescimento nesse setor; ■ buscando atrair o apoio popular, a política desenvolvida foi denominada "populista", consolidando-se as Leis do Trabalho (CLT) e importantes direitos sociais, como o salário mínimo.
1946	■ marca a redemocratização, repudiando o Estado totalitário que vigia desde 1930; ■ inspirou-se nas ideias liberais da Constituição de 1891 e nas ideias sociais da de 1934. Na ordem econômica, procurou harmonizar o princípio da livre-iniciativa com o da justiça social; ■ o regime parlamentarista, já experimentado durante o império, foi adotado em 1961, não referendado pelo povo em 6-1-1963; ■ foi suplantada pelo Golpe Militar de 1964.
1967	■ na mesma linha da Carta de 1937, a de 1967 concentrou, bruscamente, o poder no âmbito federal, esvaziando os Estados e Municípios e conferindo amplos poderes ao Presidente da República. Houve forte preocupação com a segurança nacional.
EC n. 1/1969	■ dado o seu caráter revolucionário, podemos considerar a EC n. 1/69 como a manifestação de um novo poder constituinte originário, outorgando uma nova Carta, que "constitucionalizava" a utilização dos Atos Institucionais. Nos termos de seu art. 182, manteve em vigor o AI-5 e todos os demais atos baixados. O mandato do Presidente foi aumentado para 5 anos, continuando a eleição a ser indireta.
1988	■ democrática e liberal, a Constituição de 1988, que sofreu forte influência da Constituição portuguesa de 1976, foi a que apresentou maior legitimidade popular; ■ adotou a tripartição de funções estatais, a forma federativa de estado e o presidencialismo; ■ rígida, há amplo catálogo de direitos fundamentais; ■ foi a primeira Constituição brasileira a separar a ordem econômica da ordem social.

■ 3. HERMENÊUTICA E ESTRUTURA DA CONSTITUIÇÃO

■ 3.1. Mutações constitucionais x reformas constitucionais

Reforma constitucional seria a modificação do texto da Constituição por meio dos mecanismos definidos pelo poder constituinte originário (emendas), alterando, suprimindo ou acrescentando artigos ao texto original.

Por seu turno, as **mutações** não seriam alterações "físicas", "palpáveis", materialmente perceptíveis, mas, em realidade, alterações no significado e no sentido interpretativo do texto. Como consequência, exteriorizam o caráter dinâmico e de prospecção das normas jurídicas, por meio de processos informais (informais no sentido de não serem previstos dentre aquelas mudanças formalmente estabelecidas no texto constitucional).

■ 3.2. Regras e princípios

A doutrina vem se debruçando sobre a importante e complexa distinção entre **regras** e **princípios**, partindo da premissa de que ambos são espécies de normas e que, como referenciais para o intérprete, não guardam, entre si, hierarquia, especialmente diante da ideia da unidade da Constituição.

De modo geral, podemos esquematizar as distinções essenciais entre regras e princípios:

Regras	Princípios
■ dimensão da **validade**, especificidade e **vigência**	■ dimensão da **importância, peso e valor**
■ **conflito** entre regras (uma das regras em conflito ou será afastada pelo princípio da especialidade, ou será declarada **inválida** – *cláusula de exceção*, que também pode ser entendida como "declaração parcial de invalidade")	■ **colisão** entre princípios (não haverá declaração de invalidade de qualquer dos princípios em colisão. Diante das **condições** do caso concreto, um princípio **prevalecerá** sobre o outro)
■ "tudo ou nada"	■ ponderação, balanceamento, sopesamento entre princípios colidentes
■ mandamentos ou mandados de **definição**	■ mandamentos ou mandados de **otimização**

Devemos alertar que muitos autores, assim como a jurisprudência do STF, começam a reconhecer a **derrotabilidade** (*defeasibility*) das regras, superando-se o modelo "tudo ou nada" de Dworkin.

A ideia de derrotabilidade (Ávila se refere a ela como **superabilidade**), historicamente, vem sendo atribuída a **Hart**, na seguinte passagem: "quando o estudante aprende que na lei inglesa existem condições positivas exigidas para a existência de um contrato válido, ele ainda tem que aprender o que pode derrotar a reivindicação de que há um contrato válido, mesmo quando todas essas condições são satisfeitas", daí por que "o estudante tem ainda que aprender o que pode seguir as palavras 'a menos que', as quais devem acompanhar a indicação dessas condições" (VASCONCELLOS, 2010, p. 54).

3.3. Métodos de interpretação

Conforme anota Canotilho, "a interpretação das normas constitucionais é um conjunto de **métodos**, desenvolvidos pela doutrina e pela jurisprudência com base em critérios ou premissas (filosóficas, metodológicas, epistemológicas) diferentes mas, em geral, reciprocamente complementares" (1993, p. 212-213). Nessa linha, limitar-nos-emos a expor algumas características de cada um dos métodos destacados pelo mestre português.

3.3.1. Método jurídico ou hermenêutico clássico

Para os que se valem desse método, a Constituição deve ser encarada como uma **lei** e, assim, todos os **métodos tradicionais** de hermenêutica deverão ser utilizados na tarefa interpretativa.

3.3.2. Método tópico-problemático

Por meio desse método, parte-se de um problema concreto para a norma, atribuindo-se à interpretação um caráter prático na busca da solução dos problemas concretizados.

A Constituição é, assim, um **sistema aberto de regras e princípios**.

3.3.3. Método hermenêutico-concretizador

Diferentemente do método tópico-problemático, que parte do caso concreto para a norma, o método hermenêutico-concretizador parte da Constituição para o problema.

3.3.4. Método científico-espiritual

A análise da norma constitucional não se fixa na literalidade da norma, mas parte da **realidade social** e dos **valores subjacentes** do texto da Constituição.

Assim, a Constituição deve ser interpretada como algo **dinâmico** e que se **renova constantemente**, no compasso das modificações da vida em sociedade.

3.3.5. Método normativo-estruturante

A doutrina que defende esse método reconhece a inexistência de identidade entre a norma jurídica e o texto normativo.

Isto porque o teor literal da norma (elemento literal da doutrina clássica), que será considerado pelo intérprete, deve ser analisado à luz da concretização da norma em sua realidade social.

3.3.6. Método da comparação constitucional

A interpretação dos institutos se implementa mediante comparação nos vários ordenamentos.

3.4. Princípios da interpretação constitucional

Ao lado dos métodos de interpretação, a doutrina estabelece alguns **princípios específicos de interpretação**.

3.4.1. Princípio da unidade da Constituição

A Constituição deve ser sempre interpretada em sua globalidade, como um todo, e, assim, as aparentes antinomias deverão ser afastadas.

3.4.2. Princípio do efeito integrador

Muitas vezes associado ao princípio da unidade, conforme ensina Canotilho, "... na resolução dos problemas jurídico-constitucionais deve dar-se primazia aos critérios ou pontos de vista que favoreçam a integração política e social e o reforço da unidade política. Como tópico argumentativo, o princípio do efeito integrador não se assenta numa concepção integracionista de Estado e da sociedade (conducente a reducionismos, autoritarismos, fundamentalismos e transpersonalismos políticos), antes arranca da conflitualidade constitucionalmente racionalizada para conduzir a soluções pluralisticamente integradoras" (2003, p. 227).

3.4.3. Princípio da máxima efetividade

Também chamado de princípio da **eficiência** ou da **interpretação efetiva**, o princípio da máxima efetividade das normas constitucionais deve ser entendido no sentido de a norma constitucional ter a mais ampla efetividade social.

3.4.4. Princípio da justeza ou da conformidade funcional

O intérprete máximo da Constituição, no caso brasileiro o STF, ao concretizar a norma constitucional, será responsável por estabelecer a *força normativa* da Constituição, não podendo alterar a repartição de funções constitucionalmente estabelecidas pelo Constituinte Originário.

3.4.5. Princípio da concordância prática ou harmonização

Partindo da ideia de unidade da Constituição, os bens jurídicos constitucionalizados deverão coexistir de forma harmônica na hipótese de eventual conflito ou concorrência entre eles, buscando-se, assim, evitar o sacrifício (total) de um princípio em relação a outro em um choque. O fundamento da concordância decorre da inexistência de hierarquia entre os princípios.

3.4.6. Princípio da força normativa

Os aplicadores da Constituição, ao solucionarem conflitos, devem conferir a máxima efetividade às normas constitucionais.

3.4.7. Princípio da interpretação conforme a Constituição

Diante de **normas plurissignificativas** ou **polissêmicas** (que possuem mais de uma interpretação), deve-se preferir a exegese que mais se aproxime da Constituição e, portanto, não seja contrária ao texto constitucional.

3.4.8. Princípio da proporcionalidade ou razoabilidade

Trata-se de princípio extremamente importante, especialmente na situação de colisão entre valores constitucionalizados.

Como parâmetro, podemos destacar a necessidade de preenchimento de 3 importantes elementos:

- **necessidade** (por alguns denominada exigibilidade): a adoção da medida que possa restringir direitos só se legitima se indispensável para o caso concreto e se não se puder substituí-la por outra menos gravosa;
- **adequação** (também chamada de pertinência ou idoneidade): quer significar que o meio escolhido deve atingir o objetivo perquirido;
- **proporcionalidade em sentido estrito**: sendo a medida necessária e adequada, deve-se investigar se o ato praticado, em termos de realização do objetivo pretendido, supera a restrição a outros valores constitucionalizados. Podemos falar em máxima efetividade e mínima restrição.

3.5. Críticas ao denominado "pamprincipiologismo"

Parte da doutrina vem tecendo (severas) críticas à exacerbação dos (pseudo)princípios, ou seja, a criação de princípios de acordo com o "*sentire*" ou a vontade de cada julgador, de modo arbitrário, em decisão "solipsista" (seguindo a orientação pessoal de cada intérprete) e em violação à Constituição, o que pode levar à discricionariedade e a um inaceitável e antidemocrático decisionismo (julgamento discricionário e sem fundamentação, surgindo decisões contraditórias a fragilizar a isonomia) – tendo sido essa problemática-constatação denominada "**pamprincipiologismo**" (STRECK, 2010, *passim*).

Nesse sentido, Daniel Sarmento deixa um importante e valioso recado: "no Estado Democrático de Direito, não só os princípios, mas também as regras devem ser 'levadas a sério', evitando-se a 'anarquia metodológica' e a 'carnavalização' da Constituição" (2006b, p. 200).

3.6. Teoria dos poderes implícitos

Conforme anotou o Min. Celso de Mello, de acordo com a **teoria dos poderes implícitos**, "...a outorga de competência expressa a determinado órgão estatal importa em deferimento implícito, a esse mesmo órgão, dos *meios* necessários à integral realização dos fins que lhe foram atribuídos" (MS 26.547).

> O Pleno do STF, prescrevendo que os arts. 5º, LIV e LV, 129, III e VIII, e 144, § 1º, IV, da CF/88, **não tornam a investigação criminal exclusividade da polícia, nem afastam os poderes de investigação do MP**, afirmou a seguinte tese: "o Ministério Público dispõe de competência para promover, por autoridade própria, e por prazo razoável, investigações de natureza penal, desde que respeitados os direitos e garantias que assistem a qualquer indiciado ou a qualquer pessoa sob investigação do Estado, observadas, sempre, por seus agentes, as hipóteses de reserva constitucional de jurisdição e, também, as prerrogativas profissionais de que se acham investidos, em nosso País, os Advogados (Lei n. 8.906/94, art. 7º, notadamente os incisos I, II, III, XI, XIII, XIV e XIX), sem prejuízo da possibilidade – sempre presente no Estado Democrático de Direito – do

permanente controle jurisdicional dos atos, necessariamente documentados (Súmula Vinculante n. 14), praticados pelos membros dessa Instituição" (**RE 593.727**, j. 14-5-2015, *DJe* de 4-9-2015).

3.7. Hermenêutica constitucional: a sociedade aberta dos intérpretes da Constituição: contribuição para a interpretação pluralista e "procedimental" da Constituição

Peter Häberle propõe que se supere o modelo de interpretação de uma *sociedade fechada* (nas mãos de juízes e em procedimentos formalizados) para a ideia de uma **sociedade aberta dos intérpretes da Constituição**, vale dizer, uma interpretação **pluralista** e **democrática** e por aqueles que "vivem" a norma.

Como exemplo, podemos lembrar o papel do *amicus curiae* e as **audiências públicas** buscando legitimar as decisões tomadas pelo STF.

3.8. Estrutura da Constituição

Estruturalmente, a Constituição contém um **preâmbulo, nove títulos (corpo)** e o **Ato das Disposições Constitucionais Transitórias (ADCT)**.

O preâmbulo situa-se no domínio da **política**. **Não** tem relevância jurídica, **não** tem força normativa, **não** cria direitos ou obrigações, **não** tem força obrigatória, servindo, apenas, como **norte interpretativo das normas constitucionais**. Por essas características, a invocação à divindade não é de reprodução obrigatória nos preâmbulos das Constituições Estaduais e leis orgânicas do DF e dos Municípios.

O **ADCT**, como o nome já induz (Ato das Disposições **Constitucionais** Transitórias), tem natureza de norma constitucional e poderá, portanto, trazer exceções às regras colocadas no corpo da Constituição.

4. PODER CONSTITUINTE

```
                         ┌── histórico
              ┌ originário ┤
              │          └── revolucionário
              │
              │          ┌── reformador
Poder Constituinte ┤ derivado ─┤
              │          └── decorrente
              │
              │ difuso       revisor
              │
              └ supranacional
```

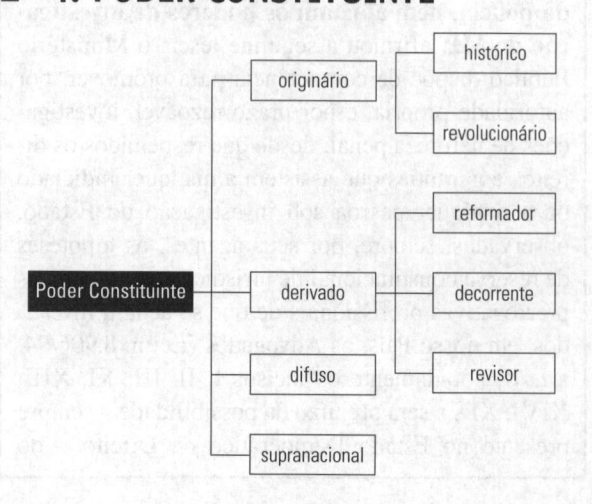

4.1. Poder constituinte originário

4.1.1. Conceito

O **poder constituinte originário** (também denominado **inicial**, **inaugural**, **genuíno** ou de **1º grau**) é aquele que instaura uma nova ordem jurídica, um novo Estado, rompendo por completo com a ordem jurídica precedente.

O poder constituinte originário pode ser subdividido em **histórico** (ou **fundacional**) e **revolucionário**. *Histórico* seria o verdadeiro poder constituinte originário, estruturando, pela primeira vez, o Estado. *Revolucionário* seriam todos os posteriores ao histórico, rompendo por completo com a antiga ordem e instaurando uma nova ordem jurídica, um novo Estado. Como exemplo de histórico, lembramos, no caso brasileiro, a Constituição de 1824. Todas as que se seguiram, inclusive a de 1988, são fruto da manifestação do **Poder Constituinte Originário Revolucionário**.

4.1.2. Características

O Poder Constituinte Originário é **inicial**, **autônomo**, **ilimitado juridicamente**, **incondicionado**, **soberano na tomada de suas decisões**, **poder de fato e poder político** (uma energia ou força social, tendo natureza pré-jurídica), **permanente**.

Conforme anota Meirelles Teixeira, "... esta ausência de vinculação, note-se bem, é apenas de caráter jurídico-positivo, significando apenas que o Poder Constituinte não está ligado, em seu exercício, por normas jurídicas anteriores. Não significa, porém, e nem poderia significar, que o Poder Constituinte seja um poder arbitrário, absoluto, que não conheça quaisquer limitações. Ao contrário, tanto quanto a soberania nacional, da qual é apenas expressão máxima e primeira, está o Poder Constituinte limitado pelos grandes princípios do bem comum, do direito natural, da moral, da razão" (1991, p. 213).

4.1.3. Formas de expressão

Duas são as formas de expressão do poder constituinte originário:

- **outorga**: declaração unilateral do agente revolucionário;
- **assembleia nacional constituinte** (ou **convenção**): nasce da deliberação da representação popular, destacando-se, nesse sentido, a CF de 1988.

4.2. Poder constituinte derivado

4.2.1. Conceito e espécies

Poder Constituinte	
■ Poder constituinte originário ■ Poder de fato[1] ■ Poder político ■ Energia ou força social ■ Natureza pré-jurídica ■ A ordem jurídica começa com o poder constituinte originário e não antes dele	■ Poder constituinte derivado ■ Natureza jurídica

O **poder constituinte** *derivado* é também denominado **instituído, constituído, secundário, de segundo grau** ou **remanescente**.

Como o próprio nome sugere, é criado e instituído pelo *originário*.

Assim, ao contrário de seu "criador", que é inicial, ilimitado e incondicionado juridicamente, o *derivado* deve obedecer às regras colocadas e impostas pelo *originário*, sendo, nesse sentido, **limitado** e **condicionado** aos parâmetros a ele impostos.

Pode ser classificado em derivado **reformador, decorrente** e **revisor**. Vejamos cada um deles.

4.2.2. Poder constituinte derivado reformador

O **poder constituinte derivado reformador**, chamado por alguns de *competência reformadora*, tem a capacidade de modificar a Constituição Federal, por meio de um procedimento específico, estabelecido pelo originário, sem que haja uma verdadeira *revolução*. Implementa-se por meio das **emendas constitucionais**.

O poder de reforma constitucional, assim, tem **natureza jurídica**, ao contrário do originário, que é um *poder de fato*, um poder *político*, ou, segundo alguns, *uma força ou energia social*.

---

[1] O Min. Ayres Britto, no julgamento da **ADI 2.356-MC** (25-11-2010), utilizou como sinônimo de **"poder de fato"** a expressão **"poder suprapositivo"**, que não deve ser confundida, em outro contexto (e os dois sentidos já foram perguntados em concursos públicos), com **"princípios de direito suprapositivo"** (**ADI 815**, Rel. Min. Moreira Alves, j. 28-3-1996), que significou **"princípios de direito natural"**. Nesses termos, o Min. Celso de Mello utilizou a expressão **"direito suprapositivo"** não positivado, ou seja, "**direito natural**, consubstanciado em 'princípios naturais e critérios isonômicos, gerais e coletivos da lei de um estado democrático'" (**ADI 2.062**, j. 11-3-2004).

4.2.3. Poder constituinte derivado decorrente

O **poder constituinte derivado decorrente**, assim como o reformador, por ser derivado do originário e por ele criado, é também jurídico e encontra os seus parâmetros de manifestação nas regras estabelecidas pelo originário.

Sua missão é estruturar a Constituição dos Estados-Membros ou, em momento seguinte, havendo necessidade de adequação e reformulação, modificá-la. Tal competência decorre da capacidade de **auto-organização** estabelecida pelo poder constituinte originário.

Além disso, entendemos que o poder constituinte derivado decorrente se manifesta, também, na elaboração da Lei Orgânica do Distrito Federal, que deverá obedecer aos limites impostos pela Constituição Federal, nos exatos termos do art. 32, *caput*, sendo votada em 2 turnos, com interstício mínimo de 10 dias, e aprovada por 2/3 da Câmara Legislativa do DF, que a promulgará.

O poder constituinte derivado decorrente, por outro lado, não se estende aos Municípios e aos Territórios Federais que eventualmente venham a ser criados, no primeiro caso pelo fato de o Município sofrer uma dupla vinculação (Constituição Estadual e Constituição Federal) e, na situação dos Territórios, por não terem autonomia federativa, já que devem ser considerados como mera extensão da União.

4.2.4. Poder constituinte derivado revisor

O poder constituinte derivado revisor, assim como o reformador e o decorrente, é fruto do trabalho de criação do originário, estando, portanto, a ele vinculado.

O art. 3º do ADCT determinou que a revisão constitucional seria realizada após 5 anos, contados da promulgação da Constituição, pelo voto da **maioria absoluta** dos membros do Congresso Nacional e em **sessão unicameral**.

A revisão foi feita – sendo admitida uma única vez, e dela decorreram 6 emendas de revisão.

4.3. Poder constituinte difuso

O **poder constituinte difuso** pode ser caracterizado como um **poder de fato** e se manifesta por meio das **mutações constitucionais** (tema já estudado), quais sejam, alterações no sentido interpretativo das normas.

4.4. Poder constituinte supranacional

O poder constituinte supranacional busca a sua fonte de validade na **cidadania universal**, no **pluralismo de ordenamentos jurídicos**, na **vontade de integração** e em um **conceito remodelado de soberania**, buscando estabelecer uma **Constituição supranacional** legítima.

4.5. Nova Constituição e ordem jurídica anterior

Após estudarmos o tema do Poder Constituinte, devemos analisar o que acontece com as normas que foram produzidas na vigência da Constituição anterior diante do advento de uma nova Constituição, um novo Estado. Elas são revogadas? Perdem a validade? Devem ser, novamente, editadas?

Estamos diante de um dos temas **mais** fascinantes do direito, qual seja, o do **direito intertemporal** *lato sensu*, podendo ser verificados 4 grandes institutos:

- **recepção;**
- **repristinação;**
- **desconstitucionalização;**
- **recepção material de normas constitucionais.**

4.5.1. Recepção

Todas as normas que forem incompatíveis do ponto de vista material com a nova Constituição serão, por regra, **revogadas**, em razão da **ausência de recepção**. Vale dizer, *a contrario sensu*, a norma infraconstitucional que não contrariar (materialmente) a nova ordem será **recepcionada**, podendo, inclusive, adquirir uma nova "roupagem", ou haver uma mudança de competência federativa para legislar.

O STF, por regra, **não** admite a **teoria da inconstitucionalidade superveniente** de ato normativo produzido antes da nova Constituição e perante o novo paradigma.

Neste caso, ou se fala em **compatibilidade**, e aí haverá **recepção**, ou em **revogação** por **inexistência de recepção**.

Podemos, então, concluir: para se verificar o fenômeno da recepção, é preciso que a lei (ou ato normativo) preencha os seguintes requisitos:

- estar em vigor no momento do advento da nova Constituição;
- não ter sido declarada inconstitucional durante a sua vigência no ordenamento anterior;
- ter compatibilidade **somente material**, pouco importando a compatibilidade formal, com a nova Constituição;
- ter compatibilidade **formal** e **material** perante a Constituição sob cuja regência ela foi editada (no ordenamento anterior).

4.5.2. Repristinação

O fenômeno da repristinação ocorrerá quando uma lei revogada volta a produzir efeitos se a lei que a revogou vier a ser revogada. Para tanto, é necessária previsão **expressa**.

Nesse sentido, imaginemos uma norma produzida na vigência da Constituição de 1946 que tenha sido revogada pela de 1967, pois incompatível do ponto de vista material com ela. Promulgada a Constituição de 1988, que vai revogar a anterior de 1967, verifica-se que aquela lei (editada durante o texto de 1946), em tese, poderia ser recepcionada pela CF/88, visto que totalmente compatível com ela. Nessa situação ela repristina? Ou seja, ela volta a produzir efeitos? Como regra geral, o Brasil adotou a **impossibilidade do fenômeno da repristinação automática**, salvo se a nova ordem jurídica expressamente assim se pronunciar.

Dessa maneira, para a lei ser recebida, o texto de 1988 teria que expressamente determinar.

4.5.3. Desconstitucionalização

Trata-se do fenômeno pelo qual as normas da Constituição anterior, desde que compatíveis com a nova ordem, permanecem em vigor, mas com o *status* de lei infraconstitucional.

O fenômeno **não é automático**, dependendo de expressa manifestação da nova Constituição.

4.5.4. Recepção material de normas constitucionais

A **recepção material das normas constitucionais** ocorre quando uma norma da Constituição anterior é recepcionada com o mesmo *status* de norma constitucional pelo novo ordenamento jurídico.

Como exemplo, lembramos o art. 34, *caput*, e seu § 1º, do ADCT da Constituição de 1988, que assegurou, expressamente, a continuidade da vigência do sistema tributário anterior durante os 5 primeiros meses do novo ordenamento.

Note-se, porém, que referidas normas são recebidas por **prazo certo** e com **caráter precário**.

O fenômeno só será admitido se **houver expressa manifestação da nova Constituição**; caso contrário, as normas da Constituição anterior, como visto, serão **revogadas**.

5. EFICÁCIA E APLICABILIDADE DAS NORMAS CONSTITUCIONAIS

5.1. Eficácia jurídica e eficácia social

Por regra, todas as normas constitucionais apresentam **eficácia**, algumas **jurídica** e **social** e outras apenas **jurídica**.

As normas constitucionais, segundo José Afonso da Silva, podem ser de eficácia:

- **plena;**
- **contida;**
- **limitada.**

Vejamos cada uma delas.

5.2. Normas constitucionais de eficácia plena

Normas constitucionais de **eficácia plena e aplicabilidade direta, imediata e integral** são aquelas que, no momento em que a Constituição entra em vigor, estão aptas a produzir todos os seus efeitos, independentemente de norma integrativa infraconstitucional.

Como exemplo, lembramos os arts. 2º; 5º, III; 14, § 2º; 16; 17, § 4º; 19; 20; 21; 22; 24; 28, *caput*; 30; 37, III; 44, parágrafo único; 45, *caput*; 46, § 1º; 51; 52; 60, § 3º; 69; 70; 76; 145, § 2º; 155; 156; 201, §§ 5º e 6º (cf. AI 396.695-AgR, *DJ* de 6-2-2004); 226, § 1º; 230, § 2º (gratuidade de transporte coletivo urbano para os maiores de 65 anos – cf. ADI 3.768, *DJ* de 26-10-2007), todos da CF/88.

Em relação à jurisprudência do STF, dada a sua importância, devemos lembrar o julgamento do **RE 1.008.166**, cuja tese do *tema 548 da repercussão geral* ficou assim estabelecida:

"1. A educação básica em todas as suas fases – educação infantil, ensino fundamental e ensino médio – constitui **direito fundamental de todas as crianças e jovens, assegurado por normas constitucionais de eficácia plena e aplicabilidade direta e imediata**.

2. A educação infantil compreende creche (de zero a 3 anos) e a pré-escola (de 4 a 5 anos). Sua oferta pelo Poder Público pode ser exigida individualmente, como no caso examinado neste processo.

3. O Poder Público tem o dever jurídico de dar efetividade integral às normas constitucionais sobre acesso à educação básica" (Plenário STF, j. 22-9-2022).

5.3. Normas constitucionais de eficácia contida

As normas constitucionais **eficácia contida** ou **prospectiva** têm **aplicabilidade direta e imediata, mas possivelmente não integral**. Embora tenham condições de, quando da promulgação da nova Constituição, produzir todos os seus efeitos, poderão sofrer uma redução de sua abrangência por uma norma infraconstitucional.

São também denominadas *normas constitucionais de eficácia redutível* ou *restringível*, apesar de sua *aplicabilidade plena*.

A restrição de referidas normas constitucionais pode-se concretizar não só por meio de lei infraconstitucional, mas, também, em outras situações, pela incidência de normas da própria Constituição, desde que ocorram certos pressupostos de fato, por exemplo a decretação do estado de defesa ou de sítio, limitando diversos direitos (arts. 136, § 1º, e 139 da CF/88).

Enquanto não materializado o fator de restrição, a norma tem eficácia plena.

Como exemplo, citamos o art. 5º, XIII, da CF/88, que assegura ser livre o exercício de qualquer trabalho, ofício ou profissão, atendidas as qualificações profissionais que a lei estabelecer. Ou seja, garante-se o direito do livre exercício profissional, mas uma lei, por exemplo o Estatuto da OAB, pode exigir que para nos tornarmos advogados sejamos aprovados em um exame de ordem. Sem essa aprovação, infelizmente, não poderemos exercer a profissão de advogado, sendo apenas bacharéis em direito. O que a lei infraconstitucional fez foi reduzir a amplitude do direito constitucionalmente assegurado, situação essa tida por constitucional pelo STF (RE 603.583).

5.4. Normas constitucionais de eficácia limitada

São aquelas que, de imediato, no momento em que a Constituição é promulgada, não têm o condão de produzir todos os seus efeitos, precisando de uma lei integrativa infraconstitucional. São, portanto, de **aplicabilidade mediata** e **reduzida**, ou, segundo alguns autores, **aplicabilidade diferida**.

> Cuidado: está errado dizer que elas não têm nenhuma eficácia, já que as *normas constitucionais de eficácia limitada*, pelo simples fato de existirem, produzem um mínimo de efeito (jurídico), ou, ao menos, o efeito de vincular o legislador infraconstitucional aos seus vetores.

O mestre José Afonso da Silva, do Largo São Francisco, divide-as em dois grandes grupos: normas de princípio institutivo (ou organizativo) e normas de princípio programático.

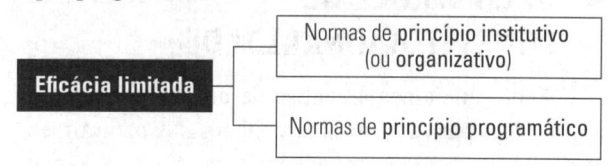

Eficácia limitada
- Normas de princípio institutivo (ou organizativo)
- Normas de princípio programático

As normas de eficácia limitada, declaratórias de princípios institutivos ou organizativos (ou orgânicos) contêm esquemas gerais (iniciais) de estruturação de instituições, órgãos ou entidades. Podemos exemplificar com os arts. 18, § 2º; 22, parágrafo único; 25, § 3º; 33; 37, VII; 37, XI; 88; 90, § 2º; 91, § 2º; 102, § 1º; 107, § 1º; 109, VI; 109, § 3º; 113; 121; 125, § 3º; 128, § 5º; 131; 146; 161, I; 224.

Já as normas de eficácia limitada, declaratórias de princípios programáticos, veiculam programas a serem implementados pelo Estado, visando à realização de fins sociais (arts. 6º – direito à alimentação; 196 – direito à saúde; 205 – direito à educação; 215 – cultura; 218, *caput* – ciência, tecnologia e inovação (EC n. 85/2015); 227 – proteção da criança...).

5.5. Normas constitucionais de eficácia exaurida e aplicabilidade esgotada

São próprias do ADCT, notadamente aquelas normas que já cumpriram o papel, encargo ou tarefa para o qual foram propostas.

5.6. Normas definidoras dos direitos e garantias fundamentais e o gradualismo eficacial das normas constitucionais

As normas definidoras dos direitos e garantias fundamentais, de acordo com o art. 5º, § 1º, da CF/88, têm aplicação imediata.

O termo "aplicação", não se confunde com "aplicabilidade", na teoria de José Afonso da Silva, que classifica, conforme visto, as normas de eficácia plena e contida como tendo aplicabilidade direta e imediata e as de eficácia limitada como possuidoras de aplicabilidade mediata ou indireta.

Conforme anota José Afonso da Silva, ter aplicação imediata significa que as normas constitucionais são "dotadas de todos os meios e elementos necessários à sua pronta incidência aos fatos, situações, condutas ou comportamentos que elas regulam. A regra é que as normas definidoras de direitos e garantias individuais sejam de aplicabilidade imediata. Mas aquelas definidoras de direitos sociais, culturais e econômicos nem sempre o são, porque não raro dependem de providências ulteriores que lhes completem a eficácia e possibilitem sua aplicação" (2007, p. 408).

6. CONTROLE DE CONSTITUCIONALIDADE

Agora iniciamos a análise de um dos temas mais importantes para as provas de concursos e, naturalmente, da OAB, e com maior incidência, qual seja, o do **controle de constitucionalidade**.

6.1. Teoria da nulidade: regra geral

Sistema Austríaco (Kelsen)	Sistema Norte-Americano (Marshall)
■ decisão tem eficácia **constitutiva** (caráter constitutivo-negativo)	■ decisão tem eficácia **declaratória** de situação preexistente
■ por regra, o vício de inconstitucionalidade é aferido no plano da eficácia	■ por regra, o vício de inconstitucionalidade é aferido no plano da validade
■ por regra, decisão que reconhece a inconstitucionalidade produz efeitos *ex nunc* (prospectivos)	■ por regra, decisão que declara a inconstitucionalidade produz efeitos *ex tunc* (retroativos)
■ a lei inconstitucional é ato **anulável** (a anulabilidade pode aparecer em vários graus)	■ a lei inconstitucional é ato **nulo** (*null and void*), ineficaz (nulidade *ab origine*), írrito e, portanto, **desprovido de força vinculativa**
■ lei provisoriamente válida, produzindo efeitos até a sua anulação	■ **invalidação** *ab initio* dos atos praticados com base na lei inconstitucional, atingindo-a no berço
■ o reconhecimento da ineficácia da lei produz efeitos a partir da decisão ou para o futuro (*ex nunc* ou *pro futuro*), sendo *erga omnes*, preservando-se, assim, os efeitos produzidos até então pela lei	■ a lei, por ter nascido morta (natimorta), nunca chegou a produzir efeitos (não chegou a viver), ou seja, apesar de existir, não entrou no plano da eficácia

Pode-se afirmar que a maioria da doutrina brasileira acatou, inclusive por influência do direito norte-americano, a caracterização da **teoria da nulidade** ao se declarar a inconstitucionalidade de lei ou ato normativo (afetando **o plano da validade**).

Trata-se, nesse sentido, de ato **declaratório** que reconhece uma situação pretérita, qual seja, o "vício congênito", de "nascimento" do ato normativo.

Assim, o ato legislativo, por regra, uma vez declarado inconstitucional, deve ser considerado, nos termos da doutrina brasileira majoritária, como "... nulo, írrito, e, portanto, desprovido de força vinculativa".

6.2. Flexibilização da teoria da nulidade no direito brasileiro

A regra geral da nulidade da lei inconstitucional vem sendo, casuisticamente, afastada pela jurisprudência brasileira e repensada pela doutrina.

Ao lado do **princípio da nulidade**, que adquire, certamente, o *status* de **valor constitucionalizado**, tendo em vista o princípio da **supremacia da Constituição**, outros valores, de igual hierarquia, destacam-se, como, por exemplo, o princípio da **segurança jurídica** e o da **boa-fé**.

Nessa linha, de acordo com o **art. 27 da Lei n. 9.868/99**, ao declarar a inconstitucionalidade de lei ou ato normativo, e tendo em vista **razões de segurança jurídica** ou de **excepcional interesse social**, poderá o STF, por maioria de 2/3 de seus membros, **restringir os efeitos daquela declaração ou decidir que ela só tenha eficácia a partir de seu trânsito em julgado ou de outro momento que venha a ser fixado**.

Trata-se da denominada técnica de **modulação dos efeitos da decisão**, a qual o STF também vem aceitando, em algumas situações, para o controle difuso.

6.3. Histórico do controle de constitucionalidade no direito brasileiro (Constituições)

	Características marcantes
1824	■ não se estabeleceu nenhum sistema de controle de constitucionalidade, consagrando o **dogma da soberania do Parlamento**, já que, sob a influência do direito francês (a lei como "expressão da vontade geral") e do inglês (supremacia do Parlamento), somente o Órgão Legislativo poderia saber o verdadeiro sentido da norma. ■ outro elemento a justificar a inexistência de controle de constitucionalidade durante o Império foi a figura do **Poder Moderador**. ■ art. 98: o Poder Moderador é a chave de toda a organização Política e é delegado privativamente ao Imperador, como Chefe Supremo da Nação, cabendo-lhe a manutenção da independência, equilíbrio e harmonia entre os demais Poderes.
1891	■ surgimento do **controle difuso** no direito brasileiro, sob a influência do direito norte-americano. O controle difuso foi mantido em todas as Constituições que se seguiram.
1934	■ manteve o controle difuso e estabeleceu as seguintes novidades: a) representação interventiva (equivalente ao art. 36, III, CF/88); b) cláusula de reserva de plenário (prevista no art. 97, CF/88); c) definiu a atuação do Senado Federal no controle difuso (estabelecida no art. 52, X, CF/88).
1937	■ manteve o controle difuso. ■ hipertrofia do Poder Executivo, enfraquecendo o controle judicial. ■ o art. 96 da Carta de 1937 permitia ao Parlamento tornar sem efeito decisão proferida pelo STF.
1946	■ fim da hipertrofia do Executivo. ■ controle difuso mantido. ■ EC n. 16/1965: prescreveu, pela primeira vez, o **controle concentrado** de constitucionalidade, estabelecendo a legitimação ativa exclusiva do PGR para a propositura da então denominada representação interventiva. Fixou-se a possibilidade de controle concentrado estadual.
1967	■ controle difuso mantido. ■ controle concentrado com a legitimação exclusiva do PGR mantido. ■ controle concentrado estadual: retirado.
EC n. 1/1969	■ controle difuso mantido. ■ controle concentrado com a legitimação exclusiva do PGR mantido. ■ controle concentrado estadual: restabelecido para fins de intervenção.
1988	■ controle difuso mantido. ■ ampliação dos legitimados para a propositura da ADI genérica no STF: rol do art. 103. ■ introdução da ADPF. ■ fixação de controle das omissões normativas (ADO e MI). ■ ampla previsão de controle em âmbito estadual.
EC n. 3/93	■ introdução da **ADC – ação declaratória de constitucionalidade**, fixando, inicialmente, apenas 4 legitimados (Presidente da República, Mesa do SF, Mesa da CD e PGR). ■ deixou claro na Constituição a produção de efeitos vinculantes em razão do julgamento da ADC.
EC n. 45/2004	■ igualou os legitimados da ADC aos da ADI, quais sejam, aqueles fixados no art. 103, CF/88. ■ deixou claro a produção de efeitos vinculantes em razão do julgamento não apenas da ADC, como, também, da ADI (art. 102, § 2º, CF/88).

6.4. Espécies de inconstitucionalidade

6.4.1. Vícios formal, material e de decoro parlamentar

A inconstitucionalidade pode ser por **ação** (positiva ou por atuação) ou por **omissão** (negativa), decorrente da inércia legislativa na regulamentação de normas constitucionais de **eficácia limitada**.

Para Canotilho, enquanto a inconstitucionalidade por **ação** pressupõe a existência de normas inconstitucionais, a inconstitucionalidade por **omissão** pressupõe a "violação da lei constitucional pelo *silêncio legislativo* (violação por omissão)" (2003, p. 982), deixando clara a existência não apenas de omissão total, como, também, de omissão parcial.

A inconstitucionalidade por **ação** pode ser caracterizada pelos seguintes **vícios**:

■ **formal**;
■ **material**; ou
■ de **"decoro parlamentar"**.

Como o próprio nome ajuda a entender, a inconstitucionalidade **formal**, também conhecida como **nomodinâmica**, verifica-se quando a lei ou ato normativo infraconstitucional contém algum vício em seu processo de formação, vale dizer, no processo legislativo de sua elaboração, ou, ainda, em razão de sua elaboração por autoridade incompetente.

Como exemplos, podemos mencionar um projeto de matéria de lei complementar sendo aprovado com *quorum* de lei ordinária, ou um Estado-Membro legislando sobre direito penal, matéria que é de competência da União (no caso de inexistência de autorização na forma do art. 22, parágrafo único), ou, ainda, um projeto de lei que modifique o efetivo do Exército (matéria de iniciativa reservada ao Presidente da República – art. 61, § 1º, I) sendo iniciado por um deputado federal (cabe lembrar aqui que a sanção presidencial não convalida o vício de iniciativa).

Por seu turno, o vício **material** (de conteúdo, substancial, doutrinário ou nomoestático) diz respeito à "matéria", ao conteúdo do ato normativo. Assim, aquele ato normativo que afrontar qualquer preceito ou princípio da Lei Maior deverá ser declarado inconstitucional, por possuir um vício material. Não nos interessa saber aqui o procedimento de elaboração da espécie normativa, mas, de fato, o seu **conteúdo**. Por exemplo, uma lei discriminatória que afronta o princípio da igualdade.

Finalmente, o **vício de decoro parlamentar** foi por nós lançado quando houve a denúncia de compra de votos para obtenção de apoio político no Parlamento (mensalão). Sugerimos a referida expressão já que, nos termos do art. 55, § 1º, CF/88.

Essa questão foi enfrentada pelo STF no julgamento das ADIs 4.887, 4.888 e 4.889 (j. 11.11.2020). Na mesma linha do parecer da PGR, a Corte entendeu que não se demonstrou a "corrupção" no processo legislativo a caracterizar o denominado "vício na formação da vontade no procedimento legislativo", pois o número de condenados não seria suficiente para afetar o resultado da votação, apesar de, em tese, plausível a referida tese.

6.4.2. "Estado de coisas inconstitucional"

A terminologia "**estado de coisas inconstitucional**" foi utilizada pelo Min. Marco Aurélio, no julgamento da cautelar na **ADPF 347** (j. 9-9-2015), a partir de decisão proferida pela Corte Constitucional da Colômbia (mérito pendente).

Segundo esclareceu, "presente quadro de violação massiva e persistente de direitos fundamentais, decorrente de falhas estruturais e falência de políticas públicas e cuja modificação depende de medidas abrangentes de natureza normativa, administrativa e orçamentária, deve o sistema penitenciário nacional ser caracterizado como 'estado de coisas inconstitucional'".

6.5. Momentos de controle

O controle pode ser realizado antes de o projeto de lei virar lei (**controle prévio ou preventivo**), impedindo a inserção no sistema normativo de normas que padeçam de vícios, ou já sobre a lei, geradora de efeitos potenciais ou efetivos (**controle posterior ou repressivo**).

O **controle preventivo** pode ser exercido pelo **Legislativo** quando o projeto é apreciado pela CCJ; ou, ainda, pelo **Executivo**, quando o Presidente da República veta o projeto de lei; ou, ainda, pelo **Judiciário**, quando um parlamentar impetra um mandando de segurança preventivo alegando violação ao devido processo legislativo. **Cuidado**: o controle preventivo, pela impetração de MS, só poderá ser exercido por Parlamentar, que seria o único a demonstrar o direito líquido e certo ao processo legislativo hígido.

> No julgamento do **MS 32.033**, o STF definiu o cabimento do **controle judicial preventivo** em apenas 2 hipóteses: a) PEC manifestamente ofensiva a cláusula pétrea; b) projeto de lei ou PEC em cuja tramitação se verifique manifesta ofensa a cláusula constitucional que disciplinasse o correspondente processo legislativo. Ou seja, em relação a projeto de lei, o STF restringiu o controle preventivo apenas para a hipótese de violação ao devido processo legislativo, não se admitindo a discussão sobre a matéria.

Por seu turno, o **controle posterior** é exercido pelo **Judiciário**. Excepcionalmente, encontramos o controle posterior pelo **Legislativo**, quando, por exemplo, não aprova uma medida provisória por entendê-la inconstitucional.

Ainda, apesar de polêmico o tema, o STF vem admitindo, em situações muito particulares, desde que presentes elementos de razoabilidade, que o **Executivo**, por sua Chefia e no âmbito administrativo, determine aos seus órgãos subordinados que deixem de aplicar administrativamente as leis ou atos com força de lei que considerem inconstitucionais. O risco de abuso poderá ser combatido pela decretação de intervenção ou caracterização do crime de responsabilidade.

Finalmente, devemos lembrar que os **"órgãos administrativos autônomos de controle"**, como, por exemplo, TCU, CNJ e CNMP, **não exercem** nem o controle concentrado, nem mesmo o controle difuso de constitucionalidade, tendo sido esse posicionamento explicitado no julgamento da **Pet 4.656** (Pleno, j. 19-12-2016, *DJe* de 4-12-2017).

Dessa forma, referidos órgãos, com a função constitucional de controlar a validade de atos administrativos, **poderão afastar a aplicação de lei ou ato normativo violador da Constituição**. Mas que fique claro: isso não é controle de constitucionalidade.

Nesse sentido, conforme estabeleceu o Min. Celso de Mello, "a defesa da integridade da ordem constitucional pode resultar, legitimamente, do repúdio, por órgãos administrativos (como o Conselho Nacional de Justiça), de regras incompatíveis com a Lei Fundamental do Estado, valendo observar que os órgãos administrativos, embora não dispondo de competência para declarar a inconstitucionalidade de atos estatais (atribuição cujo exercício sujeita-se à reserva de jurisdição), podem, não obstante, **recusar-se a conferir aplicabilidade a tais normas**, eis que – na linha do entendimento desta Suprema Corte – 'há que distinguir entre declaração de inconstitucionalidade e não aplicação de leis inconstitucionais, pois esta é obrigação de qualquer tribunal ou órgão de qualquer dos Poderes do Estado (RMS 8.372/CE, Rel. Min. Pedro Chaves, Pleno, j. 11-12-1961)'" (medida cautelar no MS 31.923, decisão monocrática, j. 14-4-2013, fls. 9).

6.6. Sistemas e vias de controle judicial

O controle judicial de constitucionalidade poderá ser **difuso** ou **concentrado**.

No sistema **difuso**, qualquer juiz ou tribunal, observadas as regras de competência, realizará o controle de constitucionalidade, sempre de modo **incidental**.

Por seu turno, no sistema **concentrado**, como o nome já diz, o controle se "concentra" ou no STF ou no TJ. Trata-se de **competência originária** dos referidos tribunais e que, por regra, implementa-se pela via **principal**.

6.7. Controle difuso

6.7.1. Origem histórica

Pode-se afirmar que o controle difuso de constitucionalidade encontra o seu fundamento histórico no julgamento em que o Juiz *John Marshall*, da Suprema Corte dos EUA, em 1803, apreciando o caso **Marbury** v. **Madison**, decidiu que, havendo conflito entre a aplicação de uma lei em um caso concreto e a Constituição, deve **prevalecer a Constituição**, por ser hierarquicamente superior.

6.7.2. Noções gerais

O **controle difuso**, repressivo, ou posterior, é também chamado de controle pela via de **exceção** ou **defesa**, ou controle **aberto**, sendo realizado por qualquer juízo ou tribunal do Poder Judiciário, de acordo com as regras de competência.

O controle difuso verifica-se em um caso concreto, e a declaração de inconstitucionalidade implementa-se de forma incidental (*incidenter tantum*), prejudicialmente ao exame do mérito.

6.7.3. Controle difuso nos tribunais

No tribunal competente, distribuído o processo para uma turma, câmara ou seção (órgão fracionário – depende da organização interna do tribunal a ser estabelecida em seu regimento interno), **arguida**, em controle difuso, a **inconstitucionalidade** de lei ou de ato normativo do poder público, o relator, após ouvir o Ministério Público e as partes, submeterá a questão ao referido órgão fracionário ao qual competir o conhecimento do processo, que poderá proferir duas decisões:

- **rejeitar a arguição:** o julgamento prosseguirá;
- **acolher a arguição:** a questão será submetida ao plenário do tribunal ou ao seu órgão especial, onde houver.

Para esta última situação, o art. 97 da CF/88 estabelece que somente pelo voto da **maioria absoluta** de seus membros ou dos membros do respectivo órgão especial poderão os tribunais declarar a inconstitucionalidade de lei ou ato normativo do Poder Público. Temos aqui a chamada **cláusula de reserva de plenário** (*full bench*), reforçada pela **Súmula Vinculante 10**. Vejamos:

> **STF – Súmula Vinculante 10**
> Viola a cláusula de reserva de plenário (CF, artigo 97) a decisão de órgão fracionário de Tribunal que, embora não declare expressamente a inconstitucionalidade de lei ou ato normativo do poder público, afasta sua incidência, no todo ou em parte.

Devemos alertar, contudo, que a **cláusula de reserva de plenário** (art. 97) **não vem sendo exigida nas seguintes hipóteses**:

- art. 949, parágrafo único, CPC/2015;
- se Tribunal mantiver a **constitucionalidade** do ato normativo, ou seja, não afastar a sua presunção de validade (o art. 97 determina a observância do *full bench* para declarar a inconstitucionalidade de lei ou ato normativo do Poder Público);
- nos casos de **normas pré-constitucionais**, porque a análise do direito editado no ordenamento jurídico anterior em relação à nova Constituição não se funda na teoria da inconstitucionalidade, mas, como já estudado, em sua recepção ou revogação;
- quando o Tribunal utilizar a técnica da **interpretação conforme a Constituição**, pois não haverá declaração de inconstitucionalidade;
- nas hipóteses de decisão em sede de **medida cautelar**, já que não se trata de decisão definitiva;

- em relação às turmas recursais dos juizados especiais, por não serem consideradas tribunais;
- ao juízo monocrático de primeira instância, pois o art. 97 é direcionado para os tribunais.

6.7.4. Efeitos da decisão (visão clássica). Literalidade do art. 52, X

De acordo com a visão clássica e a literalidade da Constituição (que, como veremos a seguir, **não é mais a posição do STF**), uma vez declarada a inconstitucionalidade de lei no controle difuso, os efeitos serão (regra):

- *inter partes*: a decisão está limitada às partes do processo (**CUIDADO**: essa regra terá que ser lida a partir da nova visão do STF, que reconhece o efeito *erga omnes* da tese do julgamento a partir de uma perspectiva de **mutação constitucional do art. 52, X**, que discutimos em item seguinte);
- *ex tunc*: consagra-se a regra da **nulidade**. Se a lei ou o ato normativo é inconstitucional, estamos diante de vício congênito, ou seja, vício de "nascimento". Assim, a declaração de inconstitucionalidade produz, em regra, efeito retroativo.

No tocante a essa última regra (nulidade), o STF já entendeu que, mesmo no controle difuso, poder-se-á dar efeito *ex nunc* ou *pro futuro*, tendo em vista razões de **segurança jurídica** ou um **excepcional interesse social** (modulação dos efeitos da decisão, aplicando-se, por analogia, o art. 27 da Lei n. 9.868/99).

E em relação à primeira regra (efeitos *inter partes*), não considerando a atual jurisprudência que será estudada a seguir e que vem sustentando a **mutação constitucional do papel do Senado Federal**, como era o entendimento clássico (superado na jurisprudência do STF), prescrito no art. 52, X, da CF/88?

A regra do art. 52, X, permitia a produção de efeitos *erga omnes* a partir de edição de **resolução do Senado Federal**. Vejamos a redação do dispositivo constitucional e, em seguida, o entendimento clássico da matéria:

> Compete privativamente ao **Senado Federal** suspender a execução, no todo ou em parte, de lei declaradamente inconstitucional por **decisão definitiva** do Supremo Tribunal Federal (art. 52, X, CF/88).

O Senado Federal **não** era obrigado a suspender a execução de lei declarada inconstitucional, tendo, assim, **discricionariedade**.

A suspensão pelo Senado Federal dava-se em relação a leis federais, estaduais, distritais ou mesmo municipais que tivessem sido declaradas inconstitucionais pelo STF, de modo incidental, no controle difuso de constitucionalidade.

A expressão "no todo ou em parte" era interpretada como sendo impossível ao Senado Federal ampliar, interpretar ou restringir a extensão da decisão do STF. Assim, o Senado, na hipótese de edição de resolução suspendendo a execução da lei declarada inconstitucional, deveria fazê-lo exatamente conforme e nos termos do decidido pelo STF.

Essa regra, contudo, está superada diante da nova posição do STF, que reconheceu a mutação constitucional do art. 52, X. Vejamos no item seguinte.

6.7.5. Teoria da transcendência dos motivos determinantes da sentença no controle difuso: análise crítica – abstrativização do controle difuso? Mutação constitucional do art. 52, X? (ADIs 3.406 e 3.470)

Parte da doutrina vem sustentando o fenômeno de **autêntica mutação constitucional do art. 52, X**, da Constituição de 1988 e propondo que, uma vez declarada a inconstitucionalidade de uma lei, mesmo que no controle difuso, no caso concreto, a declaração, quando implementada pelo Pleno do STF, já produza efeitos *erga omnes*, sem a necessidade da edição da resolução do Senado Federal.

Os principais argumentos a justificar esse novo posicionamento podem ser assim resumidos:

- força normativa da Constituição;
- princípio da supremacia da Constituição e a sua aplicação uniforme a todos os destinatários;
- o STF sendo o guardião da Constituição e seu intérprete máximo;
- a dimensão política das decisões do STF.

O STF, em um primeiro momento, no julgamento da **Reclamação 4.335**, não admitiu a tese da mutação constitucional (j. 20-3-2014). Em outras palavras, o efeito *erga omnes* no controle difuso ainda dependeria de resolução do Senado Federal (ou de súmula vinculante do STF).

Esse entendimento, conforme se observa, foi proferido na vigência do revogado CPC/73 e, assim, naquele momento, não houve apreciação explícita das novas regras trazidas pelo CPC/2015 por parte do Plenário do STF.

Tanto no revogado CPC/73 como no de 2015, já se vislumbrava um inegável processo de **expansividade**

das decisões proferidas em casos concretos, bem como a força dada à jurisprudência dos tribunais, destacando-se, no CPC/2015, que esta deve ser estável, íntegra e coerente (art. 926, *caput*), tema a ser estudado em processo civil.

CUIDADO: em julgamento posterior ao da RCL 4.335, já na vigência do CPC/2015, o STF, por 7 x 2, **entendeu ter havido mutação constitucional do art. 52, X**, prescrevendo, então, que o papel do **Senado Federal** é apenas dar **publicidade à decisão**. O efeito *erga omnes* e vinculante decorreria da própria decisão judicial (ADIs 3.406 e 3.470, j. 29-11-2017).

Esse entendimento foi fixado em controle concentrado de lei estadual, como questão prejudicial (caso do amianto). Contudo, apesar das particularidades, entendemos que o STF avançou a matéria e não há mais volta. Para a prova da OAB deve-se analisar a questão e verificar se o examinador está cobrando esse novo entendimento firmado, o que, conforme se disse, é o esperado.

E mais: as regras do CPC deverão ser observadas nas provas, até porque não declaradas inconstitucionais pelo STF, que, inclusive, já havia estabelecido essa tendência de aproximação entre o controle difuso e o controle concentrado (cf. ADI 2.418, j. 4-5-2016, *DJe* de 17-11-2016).

6.7.6. Controle difuso em sede de ação civil pública

Segundo o Ministro Celso de Mello, só será cabível o controle difuso, em sede de ação civil pública, "... como instrumento idôneo de fiscalização incidental de constitucionalidade, pela **via difusa**, de quaisquer leis ou atos do Poder Público, mesmo quando contestados em face da Constituição da República, desde que, nesse processo coletivo, a *controvérsia constitucional, longe de identificar-se como objeto único da demanda, qualifique-se como simples* **questão prejudicial**, *indispensável à resolução do litígio principal*" (RCL 1.733).

> A ação civil pública não pode ser ajuizada como sucedâneo de ação direta de inconstitucionalidade, pois, em caso de produção de efeitos *erga omnes*, estaria provocando verdadeiro controle concentrado de constitucionalidade, usurpando competência do STF (RCL 633-6/STF).

Esse tema, sem dúvida, deverá ser acompanhado tendo em vista a nova perspectiva de **mutação constitucional do art. 52, X**, reconhecida pelo STF no julgamento das **ADIs 3.406** e **3.470** (j. 29-11-2017), acima comentadas.

Essa proposta ganha relevância a partir da **declaração de inconstitucionalidade** da regra trazida pela **Lei n. 9.494/97** ao **art. 16 da Lei da Ação Civil Pública** que, **limitando a eficácia subjetiva da coisa julgada**, estabeleceu que a sentença civil fará coisa julgada *erga omnes* **nos limites da competência territorial do órgão prolator**.

O STF, na linha do que já havia decidido o STJ (**EREsp 1.134.957/SP**, STJ, Corte Especial, j 24-10-2016), declarou **inconstitucional** a **referida limitação**, em julgamento que consideramos um dos mais importantes na história da Suprema Corte e para o futuro da tutela coletiva, tendo sido fixada a seguinte tese de repercussão geral:

"I – É **inconstitucional** a redação do art. 16 da Lei n. 7.347/85, alterada pela Lei n. 9.494/97, sendo repristinada sua redação original.

II – Em se tratando de ação civil pública de efeitos nacionais ou regionais, a competência deve observar o art. 93, II, da Lei n. 8.078/90 (Código de Defesa do Consumidor).

III – Ajuizadas múltiplas ações civis públicas de âmbito nacional ou regional e fixada a competência nos termos do item II, firma-se a prevenção do juízo que primeiro conheceu de uma delas, para o julgamento de todas as demandas conexas" (RE 1.101.937, Pleno, j. 8-4-2021, *DJe* de 14-6-2021).

6.8. Controle concentrado

O controle concentrado de constitucionalidade de lei ou ato normativo recebe tal denominação pelo fato de "concentrar-se" em um único tribunal. Pode ser verificado em cinco situações:

Ação	Fundamento Constitucional	Regulamentação
■ ADI – Ação Direta de Inconstitucionalidade Genérica	■ art. 102, I, *a*	■ Lei n. 9.868/99
■ ADC – Ação Declaratória de Constitucionalidade	■ art. 102, I, *a*	■ Lei n. 9.868/99
■ ADPF – Arguição de Descumprimento de Preceito Fundamental	■ art. 102, § 1º	■ Lei n. 9.882/99
■ ADO – Ação Direta de Inconstitucionalidade por Omissão	■ art. 103, § 2º	■ Lei n. 12.063/2009
■ IF – Representação Interventiva (ADI Interventiva)	■ art. 36, III, c/c art. 34, VII	■ Lei n. 12.562/2011

6.8.1. ADI genérica

6.8.1.1. ADI genérica – regras gerais

O que se busca é o controle de constitucionalidade de lei ou de ato normativo em **tese**, em **abstrato**, marcado pela **generalidade**, **impessoalidade** e **abstração**.

Ao contrário da via de **exceção ou defesa**, na qual o controle difuso se verificava em casos concretos e incidentalmente ao objeto principal da lide, no **controle concentrado** a **representação de inconstitucionalidade**, em virtude de ser em relação a um ato normativo em tese, tem por **objeto principal** a **declaração de inconstitucionalidade** da lei ou ato normativo impugnado.

Entendam-se por **leis** todas as espécies normativas do art. 59 da CF/88, quais sejam: *emendas à Constituição, leis complementares, leis ordinárias, leis delegadas, medidas provisórias, decretos legislativos* e *resoluções*. Isso porque devem ser considerados atos normativos primários que buscam a sua validade diretamente na Constituição.

Por sua vez, **atos normativos** passíveis de controle seriam aqueles de indiscutível caráter normativo, como o regimento interno dos tribunais.

6.8.1.2. ADI genérica – competência

A competência para processar e julgar as ações diretas de inconstitucionalidade será definida em conformidade com a natureza do objeto da ação e o paradigma de confronto de constitucionalidade. Vejamos as hipóteses.

- **Lei ou ato normativo federal ou estadual que violar a Constituição Federal**: competência originária do STF.
- **Lei ou ato normativo estadual ou municipal que violar a Constituição Estadual**: competência originária do **Tribunal de Justiça do Estado**.
- **Lei ou ato normativo municipal que violar a Constituição Federal**: nesse caso, por falta de expressa previsão constitucional, **inexistirá o controle concentrado e originário por ADI no STF**. Estamos diante do denominado **silêncio eloquente**. Contudo, e agora muita atenção, caberá o controle difuso ou, também, o concentrado, mas por outra ação, qual seja, a **ADPF**. E, ainda, a partir do controle concentrado estadual, nas hipóteses de **norma de reprodução obrigatória da CF na CE**, caberá a interposição de recurso extraordinário contra o acórdão do TJ estadual, o que permitirá a análise da constitucionalidade de lei municipal em face da CF pelo STF, **mas não originariamente**. Como se disse, na citada hipótese, a análise dar-se-á em razão da interposição de **recurso extraordinário**.

Isso posto, devemos fazer um destaque: Raul Machado Horta fez importante distinção entre as normas de imitação da CF na CE e as de reprodução obrigatória da CF na CE (HORTA, 2010, p. 45). Vejamos:

Normas de imitação	Normas de reprodução
"exprimem a cópia de técnicas ou de institutos, por **influência** de **sugestão** exercida pelo modelo superior", traduzindo uma "adesão voluntária do constituinte a uma determinada disposição constitucional".	"decorrem do caráter **compulsório** da norma constitucional superior."

Feita essa distinção, devemos esquematizar a atual jurisprudência do STF, com a importante novidade fixada a partir do julgamento do **RE 650.898** (j. 1º-2-2017). Pelo atual entendimento da Corte, é possível a propositura de **ADI no TJ local**, tendo por objeto lei ou ato normativo estadual ou municipal, confrontados em face de três hipóteses de parâmetros:

- norma de reprodução obrigatória da CF expressamente copiada na CE, cabendo RE para o STF;
- norma de reprodução obrigatória da CF mesmo que não tenha sido expressamente reproduzida na CE. Nesse caso, segundo a atual jurisprudência do STF (RE 650.898), os TJs poderão exercer o controle abstrato de constitucionalidade de leis estaduais ou mesmo municipais utilizando como parâmetro as referidas normas da CF de reprodução obrigatória pelos Estados, estando ou não textualmente escritas na CE. Contra o acórdão do TJ também caberá a interposição de RE para o STF;
- normas de imitação, hipótese em que não caberá RE para o STF, devendo a decisão ficar "confinada" no TJ local.

6.8.1.3. ADI genérica – legitimidade

A Constituição de 1988, ampliando o rol, estabeleceu que a ADI poderá ser proposta pelos seguintes legitimados (para as provas preambulares, todos terão que decorar!):

- Presidente da República;
- Mesa do Senado Federal;
- Mesa da Câmara dos Deputados;
- Mesa de Assembleia Legislativa ou da Câmara Legislativa do Distrito Federal;
- Governador de Estado ou do Distrito Federal;
- Procurador-Geral da República;

- Conselho Federal da Ordem dos Advogados do Brasil;
- Partido político com representação no Congresso Nacional;
- Confederação sindical ou entidade de classe de âmbito nacional.

Trata-se de rol taxativo (*numerus clausus*) e, assim, a ampliação dos legitimados depende de alteração do art. 103 da CF por emenda constitucional.

Segundo a jurisprudência do STF, os incisos IV, V e IX devem demonstrar pertinência temática, ou seja, nexo de causalidade entre a propositura da ADI e a sua finalidade institucional. Vejamos:

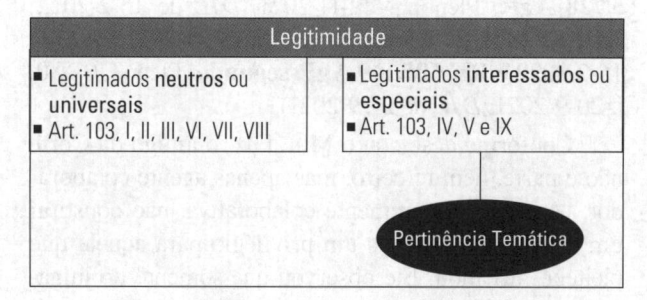

```
                        Legitimidade
 ┌──────────────────────────┬──────────────────────────┐
 │ • Legitimados neutros ou │ • Legitimados interessados ou │
 │   universais             │   especiais              │
 │ • Art. 103, I, II, III,  │ • Art. 103, IV, V e IX   │
 │   VI, VII, VIII          │                          │
 └──────────────────────────┴──────────────────────────┘
                                      │
                              ( Pertinência Temática )
```

E vamos a algumas questões já resolvidas pelo STF:

- **entidade de classe de âmbito nacional**: é aquela organizada em pelo menos **9** Estados da Federação (aplicação analógica do art. 7º, da Lei n. 9.096/95). Em caso específico da **ABERSAL**, o STF afastou essa jurisprudência consolidada em razão da produção de sal se dar em apenas parte dos entes federativos (ADI 2.866);
- **"Entidade de Classe" – a evolução da jurisprudência do STF: revisitação dos requisitos impostos pela jurisprudência defensiva (restritiva e de "autodefesa") da Corte:** a jurisprudência do STF, **em um primeiro momento**, consolidou-se no sentido de se estabelecer o preenchimento de alguns requisitos para se caracterizar **entidade de classe** para o ajuizamento da ADI (art. 103, IX), quais sejam, a necessidade de ser entidade representativa de **categorias de natureza profissional** ou **econômica determinada** e, ainda, **homogênea**, no sentido de representar um único segmento (cf.: **ADI 894** – ao se negar a legitimação ativa da União Nacional dos Estudantes – UNE, por entender tratar-se de **classe estudantil**, e não de classe profissional; e **ADI 386** – ao se exigir a homogeneidade).

CUIDADO: observa-se uma tendência/realidade à revisitação desses requisitos impostos pela jurisprudência defensiva (restritiva e de "autodefesa") da Corte, destacando-se os seguintes julgados em sentido diametralmente oposto aos acima mencionados: **ADPF 527**: o Min. Barroso reconheceu a legitimação ativa da Associação Brasileira de Lésbicas, *Gays*, Bissexuais, Travestis, Transexuais e Intersexos (ABGLT), **mesmo não sendo uma categoria econômica ou profissional**; **ADI 3.413**: o STF reconheceu a legitimação ativa da Associação Brasileira da Indústria de Máquinas e Equipamentos – ABIMAQ: "o fato de a associação requerente congregar diversos seguimentos existentes no mercado não a descredencia para a propositura da ADI – evolução da jurisprudência" (j. 1º-6-2011), **afastando-se a necessidade de homogeneidade**.

A proposta lançada pelo Min. Barroso em julgamento monocrático proferida na ADPF 527 parece trazer importante resumo sobre tudo o que se falou acima e marcar a linha de transformação (mutação) da jurisprudência da Corte: "considera-se classe, para os fins do 103, IX, CF/1988, o conjunto de pessoas ligadas por uma mesma **atividade econômica, profissional** ou pela **defesa de interesses de grupos vulneráveis e/ou minoritários cujos membros as integrem**".

- **confederação sindical**: constituída por, no mínimo, 3 federações sindicais (art. 535, CLT). Ex.: a CNS – Confederação Nacional de Saúde, ou a CNC – Confederação Nacional do Comércio. A CUT não foi admitida como legitimada (trata-se de central sindical e não de confederação, como prescreve a CF);
- **"associação de associações"**: o STF vem admitindo a legitimação ativa, como, no caso, a ADEPOL do Brasil (Associação dos Delegados de Polícia do Brasil);
- **partido político com representação no Congresso Nacional**: basta que o partido tenha um Deputado Federal eleito ou um Senador da República. A aferição da representação deve ser feita no momento da propositura da ação, pouco importando que o partido venha a perder a representação depois do ajuizamento da ação;
- **e a necessidade de advogado?** somente os partidos políticos e as confederações sindicais ou entidades de classe de âmbito nacional é que precisarão contratar advogado para a propositura da ADI (**art. 103, VIII e IX**), devendo, no instrumento de mandato (procuração), haver a outorga de poderes específicos para atacar a norma impugnada, indicando-a. Quanto aos legitimados elencados nos demais incisos do art. 103, a capacidade postulatória decorre da própria Constituição.

6.8.1.4. ADI genérica – procedimento

A **ADI genérica** será proposta por um dos legitimados do art. 103, no **STF** e tendo por objeto lei ou ato normativo **federal** ou **estadual** (ou distrital de natureza estadual) que violar a **Constituição Federal**.

O relator pedirá **informações** aos órgãos ou às autoridades das quais emanou a lei ou o ato normativo impugnado no prazo de 30 dias contado do recebimento do pedido. Decorrido o prazo das informações, serão ouvidos, sucessivamente, o Advogado-Geral da União e o Procurador-Geral da República, que deverão manifestar-se, cada qual, no prazo de 15 dias (arts. 6º e 8º, da Lei n. 9.868/99).

Finalmente, o relator lançará o relatório, com cópia a todos os Ministros, e pedirá dia para o julgamento.

Desde que haja necessidade de esclarecimento de matéria ou circunstância de fato ou de notória insuficiência das informações existentes nos autos, poderá o **relator** requisitar outras, designar perito ou comissão de peritos para que emita parecer sobre a questão, ou fixar data para, em **audiência pública**, ouvir depoimentos de pessoas com experiência e autoridade na matéria.

Ainda, o relator, considerando a relevância da matéria e a representatividade dos postulantes, poderá, por **decisão irrecorrível**, admitir a manifestação de outros órgãos ou entidades (art. 7º, § 2º, da Lei n. 9.868/99 – *amicus curiae*).

O prazo para admissão do *amicus curiae*, de acordo com a jurisprudência do STF, em tese, é **até** a data em que o relator **libera o processo para pauta**. Apesar desse entendimento (inclusive cobrado nos concursos públicos e no Exame de Ordem Unificado), destacamos algumas poucas decisões que permitiram o ingresso do *amicus curiae* em momento seguinte, diante de **situações excepcionalíssimas**, por exemplo, para garantir a paridade de armas em razão da sensibilidade da matéria (cf. RE 841.526, Rel. Min. Fux, j. 28-3-2016) e o primeiro precedente flexibilizando o entendimento: RE 635.659, Rel. Min. Gilmar Mendes, j. 20-8-2015. Há, ainda, alguns precedentes que superaram o marco estabelecido tendo em vista a **relevância da questão discutida** e a **representatividade da entidade postulante** (RE 597.064/RJ – no mesmo sentido, a questão preliminar debatida no julgamento do RE 760.931/DF, Tribunal Pleno).

Trata-se de terceiro, estranho à relação processual e que poderá apresentar memoriais (também nas hipóteses de indeferimento, há decisões admitindo a apresentação de memoriais pelos interessados – RE 597.064) e fazer sustentação oral. Está vedado ao *amicus curiae* interpor recurso impugnando o acórdão proferido nas ações de controle concentrado de constitucionalidade.

Uma pergunta importante: na hipótese de indeferimento do pedido de ingresso, pode haver a interposição de recurso (que, no caso, seria o agravo interno)?

A atual jurisprudência do STF, aplicando a literalidade normativa (art. 7º, § 2º, da Lei n. 9.868/99), entende que, tanto a decisão do relator que **indefere** o pedido de ingresso do *amicus curiae*, como a que **defere** o ingresso, são **irrecorríveis** (**RE 602.584 AgR**, j. 17-10-2018, *DJE* de 20-3-2020), não mais prevalecendo o a interpretação estabelecida na ADI 3.396-ED que, por 6 X 5, admitia a interposição de recurso no caso de indeferimento do pedido de ingresso.

A tese adotada no referido RE 602.584 AgR representa o entendimento da atual composição da Corte (que significou viragem jurisprudencial), **no sentido do não cabimento de recurso**, seja em razão do indeferimento de ingresso, como no de deferimento, cf.: **ADI 5.728 AgR**, Pleno, j. 29-11-2021, *DJE* de 15-2-2022; **ADI 5.728 AgR**, Pleno, 10 X 0, j. 29-11-2021, *DJE* de 15-2-2022 e **RE 607.109 AgR-segundo**, Pleno, 10 X 0, j. 20-9-2021, *DJE* de 27-9-2021).

Conforme destacou o Min. Fux, o amigo da Corte não é parte, nem terceiro, mas apenas agente colaborador. "A razão é meramente colaborativa, não constitui um direito, mas apenas um privilégio para aquele que pleiteia", afirmou. Ele observou que somente no julgamento do Código Florestal foram apresentados 60 pedidos de ingresso de amigos da Corte e que seria impraticável se fossem aceitos agravos contra a decisão dele que inadmitiu 50 pedidos" (Notícias STF, 17.10.2018).

A declaração de inconstitucionalidade será proferida pelo voto da **maioria absoluta** dos membros do STF (art. 97, CF/88, ou seja, pelo menos 6 Ministros), desde que presente o *quorum de instalação da sessão de julgamento*, qual seja, ao menos 8 dos 11 Ministros.

Conforme estudamos no item 6.8.1.6, poderá haver, também, **modulação dos efeitos da decisão** desde que haja a manifestação de **pelo menos 8 Ministros (2/3)**, desde que presentes ao menos 8.

6.8.1.5. ADI genérica – características marcantes do processo objetivo

Por se tratar de **processo objetivo** de controle abstrato de constitucionalidade, algumas regras são muito importantes e particulares, destacando-se:

- inexistência de prazo recursal diferenciado para recorrer ou contestar, mesmo que seja para interposição de recurso extraordinário em processo de fiscalização normativa abstrata. Isso significa que a regra do prazo em dobro para o Ministério Público, a Advocacia Pública e a Defensoria Pública (arts. 180, 183 e 186) não se aplica ao processo objetivo de controle de constitucionalidade (neste caso, a lei específica estabelece de forma expressa prazo próprio – arts.

180, § 2º, 183, § 2º e 186, § 4º, CPC/2015 –, além, é claro, da natureza jurídica do processo objetivo de controle de constitucionalidade –, nesse sentido, a jurisprudência do STF: **ADI 5.814 MC-AgR-AgR, ARE 830.727 AgR**, j. 6-2-2019 e **AI 827.810**, j. 22-3-2019);

- inexistência de prazo prescricional ou decadencial;
- não admissão da assistência jurídica a qualquer das partes, nem intervenção de terceiros, salvo a figura do *amicus curiae* (art. 7º da Lei n. 9.868/99 – apesar de o instituto do *amicus curiae* estar dentro do Título III do Livro III, do CPC/2015, que trata sobre a intervenção de terceiros);
- proposta a ação direta, não se admitirá desistência (art. 5º, *caput*, da Lei n. 9.868/99);
- irrecorribilidade (art. 26, Lei n. 9.868/99): **a) exceção 1**: embargos declaratórios; **b) exceção 2**: agravo interno contra decisão do Relator que indeferir a petição inicial inepta, não fundamentada e a manifestamente improcedente; **c) exceção 3**: recurso extraordinário contra acórdão do TJ em ADI – norma de reprodução obrigatória ou compulsória da CF na CE;
- não cabimento de ação rescisória (art. 26, Lei n. 9.868/99);
- não vinculação à tese jurídica (causa de pedir): o STF, ao julgar a ADI, não está condicionado à *causa petendi*, ou seja, não está vinculado a qualquer tese jurídica apresentada.

Em relação a essa característica, um alerta deve ser feito: a perspectiva de julgamento além do pedido deve ser somente quando admitida e reconhecida a técnica de julgamento da nulificação por arrastamento, havendo conexão com o objeto da ação. Isso porque, "embora no controle abstrato de constitucionalidade a causa de pedir seja aberta, **o pedido da inicial deve ser certo e determinado**. Impossibilidade de o julgador ampliar o objeto da demanda de ofício" (**ADPF 347 TPI-Ref**, j. 18.03.2020)

- **inexistência de impedimento ou suspensão:** "não há impedimento, nem suspeição de Ministro, nos julgamentos de ações de controle concentrado, **exceto** se o próprio Ministro firmar, por razões de **foro íntimo**, a sua não participação" (tese fixada no julgamento da **ADI 6.362**, Rel. Min. Ricardo Lewandowski, j. 02.09.2020", ratificando o posicionamento firmado em questão de ordem quando da apreciação da **ADI 2.238**, j. 24.06.2020. Precedente: **ADI 3.345**).

6.8.1.6. ADI genérica – efeitos da decisão

As decisões definitivas de mérito, proferidas pelo Supremo Tribunal Federal, nas ações diretas de inconstitucionalidade produzirão **eficácia contra todos** (*erga omnes*) e efeito **vinculante**, relativamente aos demais órgãos do Poder Judiciário e à administração pública direta e indireta, nas esferas federal, estadual e municipal, além de ter efeito retroativo, *ex tunc*, retirando do ordenamento jurídico o ato normativo ou lei incompatível com a Constituição (ato nulo).

A decisão **não atingirá o Poder Legislativo na sua função típica de legislar**, sob pena de "fossilização" da Constituição, podendo o parlamento, portanto, editar uma lei com conteúdo idêntico àquela que fora objeto da ADI (Min. Peluso, Rcl 2.617).

Avançando, a Lei n. 9.868/99, em seu art. 27, introduziu a técnica da **modulação dos efeitos da decisão**. Neste sentido, ao declarar a inconstitucionalidade de lei ou ato normativo, e tendo em vista razões de **segurança jurídica ou de excepcional interesse social**, poderá o STF, por maioria qualificada de **2/3** de seus membros (pelo menos 8 dos 11 Ministros), restringir os efeitos daquela declaração ou decidir que ela só tenha eficácia a partir de seu trânsito em julgado ou de outro momento que venha a ser fixado.

Em razão do **efeito vinculante**, em caso de descumprimento pelos demais órgãos do Poder Judiciário ou da Administração Pública, caberá **reclamação constitucional** (art. 102, I, *l* – verdadeiro direito de petição – art. 5º, XXXIV, *a*).

Em regra, estando em curso a ADI e sobrevindo a revogação (total ou parcial) da lei ou ato normativo, assim como a perda de sua vigência (o que acontece com a medida provisória), ocorrerá a prejudicialidade da ação, por "perda do objeto" (ADI 2.049, reafirmando a jurisprudência), salvo na hipótese de fraude processual (ADI 3.232) ou singularidade do caso (ADIs 4.426 e 2.158).

Ainda, a declaração de inconstitucionalidade reconhece a nulidade dos atos inconstitucionais e, por consequência, a inexistência de qualquer carga de eficácia jurídica. Assim, entre tantos efeitos, a declaração de inconstitucionalidade de ato normativo que tenha "revogado" outro ato normativo (nossa análise nesse ponto refere-se à ADI perante o STF, de lei ou ato normativo federal ou estadual, ou distrital, desde que no exercício da competência estadual) provoca o **restabelecimento do ato normativo anterior**, quando a decisão tiver efeito retroativo. Trata-se do denominado **efeito repristinatório** decorrente da declaração de inconstitucionalidade. Por isso é que diante dessa situação o autor da ADI deve indicar toda **cadeia ou complexo normativo** que possam vir a ser atingidos pela declaração de inconstitucionalidade.

6.8.1.7. ADI genérica – medida cautelar

> **Lei n. 9.868/99**
> **Art. 10.** Salvo no período de recesso, a medida cautelar na ação direta será concedida por decisão da **maioria absoluta** dos membros do Tribunal, observado o disposto no art. 22, após a audiência dos órgãos ou autoridades dos quais emanou a lei ou ato normativo impugnado, que deverão pronunciar-se no prazo de cinco dias.
> **§ 1º** O relator, julgando indispensável, ouvirá o Advogado-Geral da União e o Procurador-Geral da República, no prazo de 3 dias.
> **§ 2º** No julgamento do pedido de medida cautelar, será facultada sustentação oral aos representantes judiciais do requerente e das autoridades ou órgãos responsáveis pela expedição do ato, na forma estabelecida no Regimento do Tribunal.

Assim, observa-se que, presentes 8 dos 11 Ministros, o *quorum* necessário será o da maioria absoluta, ou seja, 6 Ministros. Durante o recesso, a apreciação da cautelar se dará pelo Min. Presidente do STF (e não pelo Relator!).

A medida cautelar, dotada de eficácia contra todos (*erga omnes*), será concedida com efeito *ex nunc*, salvo se o Tribunal entender que deva conceder-lhe eficácia retroativa.

A **concessão** da cautelar, portanto, **vincula**. Contudo, a sua *não concessão* não vincula.

Finalmente, havendo pedido de medida cautelar, o relator, em face da **relevância da matéria** e de seu **especial significado para a ordem social e a segurança jurídica**, poderá, após a prestação das informações, no prazo de 10 dias, e a manifestação do Advogado-Geral da União e do Procurador-Geral da República, sucessivamente, no prazo de 5 dias, submeter o processo diretamente ao Tribunal, que terá a faculdade de julgar definitivamente a ação (art. 12, da Lei n. 9.868/99).

6.8.2. ADC – Ação Declaratória de Constitucionalidade

6.8.2.1. ADC – conceito e objeto

A ADC foi introduzida pela EC n. 3/93. Por meio desta ação, busca-se declarar a constitucionalidade de lei ou ato normativo **federal**.

CUIDADO, somente lei ou ato normativo federal, não tendo por objeto lei ou ato normativo estadual, distrital ou municipal. Estamos diante do princípio da reserva constitucional de competência e, por esse motivo, é necessário observar o rol taxativo de atribuições previsto no art. 102 da Constituição para o STF. O silêncio constitucional é eloquente.

ADI e ADC são ações dúplices ou ambivalentes, ou seja, são "ações com sinais trocados". A procedência de uma implica a improcedência da outra		
Ação	ADI (ação direta de inconstitucionalidade)	ADC (ação declaratória de constitucionalidade)
Resultado do julgamento	(+) procedência	(–) improcedência
Consequência em relação à lei	Inconstitucionalidade	Inconstitucionalidade

6.8.2.2. ADC – competência

O órgão competente para apreciar a ADC é o **STF**, de forma originária.

6.8.2.3. ADC – legitimidade

A EC 3/93, ao introduzir a ADC, prescreveu apenas 4 legitimados, quais sejam, o Presidente da República, a Mesa do Senado Federal, a Mesa da Câmara dos Deputados e o Procurador-Geral da República.

A partir da EC n. 45/2004, contudo, **os legitimados para a propositura da ADC passaram a ser os mesmos da ADI genérica**, quais sejam, aqueles elencados no **art. 103** da Constituição.

6.8.2.4. ADC – efeitos da decisão

- *erga omnes* (eficácia contra todos);
- *ex tunc*;
- **vinculante** relativamente aos demais órgãos do Poder Judiciário e à administração pública direta e indireta, nas esferas federal, estadual e municipal.

6.8.2.5. ADC – medida cautelar

> **Art. 21 da Lei n. 9.868/99**
> O Supremo Tribunal Federal, por decisão da **maioria absoluta** de seus membros, poderá deferir pedido de medida cautelar na ADC, consistente na determinação de que os juízes e os Tribunais **suspendam o julgamento dos processos** que envolvam a aplicação da lei ou do ato normativo objeto da ação até seu julgamento definitivo.

A cautelar concedida terá eficácia por **180 dias**. Findo esse prazo, não tendo sido julgada em definitivo a ADC, os juízes e Tribunais voltam a julgar os seus processos.

6.8.3. Arguição de descumprimento de preceito fundamental

6.8.3.1. ADPF – regras de cabimento

O § 1º do art. 102 da CF/88 estabelece que a arguição de descumprimento de preceito fundamental (ADPF) será apreciada pelo STF, na forma da lei.

A Lei n. 9.882/99 regulamentou a matéria e estabeleceu duas modalidades de ADPF:

- **arguição autônoma**;
- **arguição incidental** (por alguns denominada **arguição por equivalência** ou **equiparação**).

ADPF Autônoma
(art. 1º, *caput*, da Lei n. 9.882/99)

A arguição prevista no § 1º do art. 102 da Constituição Federal será proposta perante o STF, e terá por objeto **evitar** ou **reparar** lesão a **preceito fundamental**, resultante de **ato do Poder Público**.

ADPF Incidental
(art. 1º, parágrafo único, I, da Lei n. 9.882/99)

Caberá também arguição de descumprimento de preceito fundamental, quando for relevante o fundamento da **controvérsia constitucional** sobre lei ou ato normativo **federal, estadual ou municipal, incluídos os anteriores à Constituição**.

Nessa última hipótese, deverá ser demonstrada a **divergência jurisdicional (comprovação da controvérsia judicial) relevante** na aplicação do ato normativo, violador do preceito fundamental.

Além disso, conforme argumenta o Min. Gilmar Mendes ao procurar justificar a denominação de ADPF incidental (preferindo-a àquela por equivalência ou equiparação), o art. 6º da Lei n. 9.882/99 prescreve que, se entender necessário, poderá o relator **ouvir as partes nos processos que ensejaram a arguição** (por isso o uso da perspectiva de incidentalidade).

6.8.3.2. ADPF – competência

A ADPF será apreciada pelo **STF** (competência originária), na forma da lei.

6.8.3.3. ADPF – legitimidade

Os legitimados são os **mesmos da ADI genérica**, previstos no art. 103, I a IX, da CF/88. Portanto, não deixem de decorar os referidos incisos!

6.8.3.4. ADPF – princípio da subsidiariedade

De acordo com o art. 4º, § 1º, da Lei n. 9.882/99, não será admitida ADPF quando houver qualquer outro meio eficaz capaz de sanar a lesividade. Trata-se do **princípio da subsidiariedade**, que deverá ser entendido no contexto da ordem constitucional global, devendo, portanto, só ser afastada a ADPF se o outro meio tiver a mesma eficácia.

Assim, acabam sobrando as ações do controle concentrado, como a ADI. Ou seja, se couber ADI, não cabe ADPF.

Por isso que vem ganhando força a proposta de Gilmar Mendes (incidentalidade – art. 6º, da Lei n. 9.882/99), já que a lei federal e a lei estadual são objeto da ADI.

6.8.3.5. ADPF – efeitos da decisão

Julgada a ação, far-se-á comunicação às autoridades ou órgãos responsáveis pela prática dos atos questionados, fixando-se as condições e o modo de interpretação e aplicação do preceito fundamental.

A decisão terá eficácia contra todos (*erga omnes*) e **efeito vinculante** relativamente aos demais órgãos do Poder Público, além de, por regra, efeitos retroativos (*ex tunc*).

No mesmo sentido da ADI, ao declarar a inconstitucionalidade de lei ou ato normativo, no processo de ADPF, e tendo em vista razões de **segurança jurídica** ou de **excepcional interesse social**, poderá o STF, por maioria de 2/3 de seus membros (8 Ministros), restringir os efeitos daquela declaração ou decidir que ela só tenha eficácia a partir de seu trânsito em julgado ou de outro momento que venha a ser fixado (modulação dos efeitos da decisão).

6.8.3.6. ADPF – ADI – fungibilidade

O STF vem admitindo a fungibilidade, inclusive recíproca, entre ADI e ADPF, considerando, contudo, a noção de **dúvida objetiva** e a **proibição da incidência de erro grosseiro**.

6.8.4. ADO – Ação Direta de Inconstitucionalidade por Omissão

6.8.4.1. ADO – conceito

Trata-se de novidade introduzida pela Constituição de 1988, inspirada no art. 283 da Constituição portuguesa. O que se busca é combater uma "doença" chamada pela doutrina de **"síndrome de inefetividade das normas constitucionais"**. Vejamos:

Art. 103, § 2º, da CF/88
Declarada a inconstitucionalidade por omissão de **medida** para tornar efetiva norma constitucional, será dada **ciência** ao **Poder** competente para a adoção das providências necessárias e, em se tratando de **órgão administrativo**, para fazê-lo em **30 dias**.

O que se busca é **tornar efetiva norma constitucional** destituída de efetividade, ou seja, destina-se para as normas constitucionais de **eficácia limitada**.

6.8.4.2. ADO – competência

O **STF** é o tribunal competente para o julgamento, de forma originária, da ADO, quando o responsável para suprir a omissão for o Congresso Nacional ou o Presidente da República, ou, ainda, órgão administrativo que se sujeite à sua competência.

6.8.4.3. ADO – legitimidade

Os legitimados para a propositura da ADO são os mesmos da ADI genérica, ou seja, o rol previsto no **art. 103**. Novamente, insistimos na necessidade de decorarem o referido rol!

6.8.4.4. ADO – procedimento

O procedimento é praticamente o mesmo da ADI genérica, com algumas peculiaridades.

Proposta a ação pelos legitimados do art. 103, o requerido será o responsável para suprir a omissão, ou seja, os órgãos ou as autoridades responsáveis pela omissão inconstitucional.

Modificando o entendimento do STF, a Lei n. 12.063/2009 passou a estabelecer que o relator poderá solicitar a manifestação do AGU, que deverá ser encaminhada no prazo de 15 dias.

O Procurador-Geral da República, por sua vez, nas ações em que não for autor, terá vista do processo, por 15 dias, após o decurso do prazo para informações.

6.8.4.5. ADO – medida cautelar

A Lei n. 12.063/2009 passou a admitir medida cautelar em ADO, pela maioria absoluta (6), presentes 8 (dos 11) Ministros, nos seguintes termos:

- suspensão da aplicação da lei ou do ato normativo questionado, no caso de omissão parcial;
- suspensão de processos judiciais ou de procedimentos administrativos;
- ou ainda em outra providência a ser fixada pelo Tribunal (art. 12-F, § 1º, da Lei n. 9.868/99).

6.8.4.6. ADO – efeitos da decisão

O art. 103, § 2º, estabelece efeitos diversos para o **poder competente** e para o **órgão administrativo**:

- **poder competente:** será dada ciência ao poder competente, não tendo sido fixado qualquer prazo para a elaboração da lei;
- **órgão administrativo:** deverá editar a medida no prazo de 30 dias, sob pena de responsabilidade, ou, nos termos do art. 12-H, § 1º, da Lei n. 9.868/99, em prazo razoável a ser estipulado excepcionalmente pelo Tribunal, tendo em vista as circunstâncias específicas do caso e o interesse público envolvido.

No tocante ao **Poder** competente, a jurisprudência do STF, apesar da crítica doutrinária, estabelecia a mera ciência para constituição formal da mora, adotando um posicionamento tímido sob o argumento da preservação da "separação de poderes".

Por esse motivo, o **mandado de injunção**, regulamentado pela Lei n. 13.300/2016, assumiu uma posição muito mais efetiva, especialmente em razão da possibilidade de se dar, além dos normais – eficácia subjetiva limitada às partes, produzindo efeitos até o advento da norma regulamentadora –, os efeitos *ultra partes* ou até *erga omnes* (art. 9º, § 1º, da Lei n. 13.300/2016).

Devemos, contudo, trazer duas exceções a esse quadro. Em um primeiro momento, destacamos o julgamento da **ADO 25**, discutindo a omissão de edição de lei complementar nacional, na forma do art. 91, ADCT. Em segundo, o julgamento da **ADO 26**, tendo o STF enquadrado a homofobia e a transfobia como crimes de racismo ao se reconhecer omissão legislativa.

No primeiro caso, o STF, de modo inédito, adotou a posição **concretista intermediária**, que é a regra estabelecida pela lei que regulamentou o mandado de injunção (cf. art. 8º da Lei n. 13.300/2016).

Como disse a Min. Cármen Lúcia, "a fixação de um prazo para que o parlamento supra a omissão é um passo adiante na natureza recomendatória que se tinha no julgamento das ADOs" (*Notícias STF* de 30-11-2016).

O Congresso Nacional, em criticável demora, somente em 29 de dezembro de 2020 editou a **LC n. 176** para dispor sobre a compensação das perdas na arrecadação, sendo que a **EC n. 109/2021** revogou o art. 91 do ADCT.

No segundo, a Corte evoluiu o seu entendimento da "mera ciência" na hipótese de "Poder" competente, enquadrando "a homofobia e a transfobia, qualquer que seja a forma de sua manifestação, nos diversos tipos penais definidos na Lei n. 7.716/89, até que sobrevenha legislação autônoma, editada pelo Congresso Nacional" (j. 13-6-2019).

Em nosso entender, trata-se de viragem jurisprudencial, evoluindo o STF a posição tímida da mera ciência.

Naturalmente, acompanharemos a jurisprudência do STF para confirmar esse novo sentido dado à ADO.

6.8.5. IF – representação interventiva

A representação interventiva, que surgiu com a Constituição de 1934, apresenta-se como um dos pressupostos para a decretação da intervenção federal, ou estadual, pelos Chefes do Executivo, nas hipóteses contempladas na CF/88 (arts. 34 e 35).

O procedimento pode ser descrito em 3 fases:

Fase 1	Fase 2	Fase 3
■ **fase jurisdicional**: o STF ou TJ analisam apenas os pressupostos para a intervenção, não nulificando o ato que a ensejou. Julgando procedente o pedido, **requisitam** a intervenção para o Chefe do Executivo	■ **intervenção branda**: o Chefe do Executivo, por meio de decreto, limita-se a suspender a execução do ato impugnado, se essa medida bastar ao restabelecimento da normalidade ■ **controle político? NÃO**. Nesta *fase 2*, está dispensada a apreciação pelo Congresso Nacional ou pela Assembleia Legislativa	■ **intervenção efetiva**: se a medida tomada durante a *fase 2* não foi suficiente, o Chefe do Executivo decretará a efetiva intervenção, devendo especificar a amplitude, o prazo e as condições de execução e que, se couber, nomeará o interventor ■ **controle político? SIM**. Nesta *fase 3*, deverá o decreto do Chefe do Executivo ser submetido à apreciação do Congresso Nacional ou da Assembleia Legislativa do Estado, no prazo de 24 horas, sendo que, estando em recesso, será feita a convocação extraordinária, no mesmo prazo de 24 horas

6.8.5.1. IF – objeto

De acordo com o art. 3º, II, da Lei n. 12.562/2011, podem ser objeto da ação (fase 1: judicial):

- lei ou ato normativo que viole princípios sensíveis;
- omissão ou incapacidade das autoridades locais para assegurar o cumprimento e a preservação dos princípios sensíveis, por exemplo, os direitos da pessoa humana;
- ato governamental estadual que desrespeite os princípios sensíveis;
- ato administrativo que afronte os princípios sensíveis;
- ato concreto que viole os princípios sensíveis.

6.8.5.2. IF – princípios sensíveis

Cabe o pedido de intervenção quando houver violação aos denominados **princípios sensíveis**, que estão expostos no art. 34, VII, *a* a *e*, da CF:

- forma republicana, sistema representativo e regime democrático;
- direitos da pessoa humana;
- autonomia municipal;
- prestação de contas da Administração Pública, direta e indireta;
- aplicação do mínimo exigido da receita resultante de impostos estaduais, compreendida a proveniente de transferências, na manutenção e no desenvolvimento do ensino e nas ações e nos serviços públicos de saúde.

6.8.5.3. IF – legitimação ativa

O único e exclusivo legitimado ativo para a propositura da representação interventiva federal é o **Procurador-Geral da República (PGR)**, que tem total autonomia e discricionariedade para formar o seu convencimento de ajuizamento.

No âmbito estadual, em sendo a ação proposta no TJ como premissa para eventual intervenção estadual em município, o legitimado exclusivo será o Chefe do MP Estadual, qual seja, o **Procurar-Geral de Justiça (PGJ)**.

6.8.5.4. IF – competência

Na hipótese de representação interventiva **federal**, a competência é originária do **STF** (art. 36, III). Por sua vez, em se tratando de representação interventiva estadual, a competência originária será do TJ local.

6.8.5.5. IF – medida liminar

De acordo com o art. 5º, da Lei n. 12.562/2011, o Supremo Tribunal Federal, por decisão da **maioria absoluta** de seus membros, poderá deferir pedido de medida liminar na representação interventiva, que poderá consistir na determinação de que se suspenda o andamento de processo ou os efeitos de decisões judiciais ou administrativas ou de qualquer outra medida que apresente relação com a matéria objeto da representação interventiva.

6.8.5.6. IF – representação interventiva no caso de recusa à execução de lei federal

O art. 36, III, estabelece o cabimento de representação interventiva perante o STF, a ser ajuizada pelo PGR, no caso de recusa à execução de lei federal por parte de Estado-Membro ou do Distrito Federal (art. 34, VI, 1ª parte).

Gilmar Mendes prefere falar em "recusa à execução do direito federal", o que também entendemos mais adequado (2012, p. 1345).

6.9. Controle abstrato de constitucionalidade nos Estados-Membros

Nos termos do art. 125, § 2º, cabe aos Estados a instituição de **representação de inconstitucionalidade** de leis ou atos normativos estaduais ou municipais em face da Constituição **Estadual**, vedada a atribuição da legitimação para agir a um único órgão.

Pelo princípio da **simetria**, muito embora o art. 125, § 2º, tenha fixado somente a possibilidade de instituição de **representação de inconstitucionalidade** (que corresponderia à ADI), parece-nos perfeitamente possível que, desde que respeitadas as regras da Constituição, de modo amplo, se implementem os demais meios de controle.

Explicitando a legitimação ativa, a regra constitucional não especificou os legitimados. Apenas proibiu a atribuição da legitimação para agir a um único órgão.

Assim, cabe às Constituições Estaduais a delimitação da regra, e, nesse sentido, como se trata de manifestação do poder constituinte derivado decorrente, deve-se respeitar, pela simetria, o art. 103 da CF/88, consoante o quadro abaixo:

Art. 103 – CF/88 – legitimados para o controle concentrado perante o STF	Art. 125, § 2º – CF/88 – legitimados para o controle concentrado perante o TJ local – "princípio da simetria"	Art. 125, § 2º – CF/88 – legitimados para o controle concentrado perante o TJ local – "princípio da simetria" – especialmente em relação a leis ou atos municipais
■ Presidente da República	■ Governador de Estado	■ Prefeito
■ Mesa do Senado Federal ■ Mesa da Câmara dos Deputados	■ Mesa de Assembleia Legislativa	■ Mesa de Câmara Municipal
■ Procurador-Geral da República	■ Procurador-Geral de Justiça	
■ Conselho Federal da OAB	■ Conselho Seccional da OAB	
■ Partido político com representação no Congresso Nacional	■ Partido político com representação na Assembleia Legislativa	■ Partido político com representação na Câmara do Município
■ Confederação sindical ■ Entidade de classe de âmbito nacional	■ Federação sindical ■ Entidade de classe de âmbito estadual	

A pergunta que surge é se poderia a Constituição Estadual ampliar para **Deputados Estaduais, Procurador-Geral do Estado** ou do **Município, Defensor Público-Geral do Estado**, ou ainda por **iniciativa popular** (ação popular – *Popularklage*), legitimados que não guardam simetria com o art. 103 (que não fixou legitimação para Deputado Federal ou Senador, ou para o AGU ou Procurador da Fazenda, ou Defensor Público Geral da União etc.). Ou, em outras palavras, pode a Constituição Estadual ampliar além da simetria?

Entendemos que sim e essa foi a posição do STF.

Vejamos o exemplo do art. 162 da Constituição do Estado do Rio de Janeiro, que foi objeto de apreciação pelo STF e a Corte entendeu ser possível a fixação além da simetria, confirmando a liminar que havia sido dada em 16-8-1991: "Art. 162. A representação de inconstitucionalidade de leis ou de atos normativos estaduais ou municipais, em face desta Constituição, pode ser proposta pelo **Governador do Estado**, pela **Mesa**, por **Comissão Permanente** ou pelos **membros da Assembleia Legislativa**, pelo **Procurador-Geral da Justiça**, pelo **Procurador-Geral do Estado**, pelo **Procurador-Geral da Defensoria Pública, Defensor Público Geral do Estado**, por **Prefeito Municipal**, por **Mesa de Câmara de Vereadores**, pelo **Conselho Seccional da Ordem dos Advogados do Brasil**, por **partido político com representação na Assembleia Legislativa** ou em **Câmara de Vereadores**, e por **federação sindical** ou **entidade de classe de âmbito estadual**" (**ADI 558**, Pleno, j. 19-4-2021).

7. DIVISÃO ESPACIAL DO PODER – ORGANIZAÇÃO DO ESTADO

7.1. Noções preliminares

A organização e a estrutura do Estado podem ser analisadas sob três aspectos:

- **forma de governo:** República *ou* Monarquia;
- **sistema de governo:** presidencialismo *ou* parlamentarismo;
- **forma de Estado:** Estado unitário *ou* Federação. Entre um e outro, parte da doutrina (*v.g.*, Juan Ferrando Badía) identifica outras formas de Estado, quais sejam, o Estado regional (Itália) e o autonômico (Espanha).

O Brasil adotou a **forma republicana** e o **sistema presidencialista** de governo, bem como a **forma federativa** de Estado.

7.2. Federação

7.2.1. Características comuns a toda Federação

Apesar de cada Estado federativo apresentar características peculiares, inerentes às suas realidades locais, encontramos alguns pontos em comum, que podem ser assim esquematizados:

- **descentralização política**;
- **Constituição rígida como base jurídica**;
- **inexistência do direito de secessão** (ou o **princípio da indissolubilidade do vínculo federa-**

tivo), lembrando que a forma federativa de Estado é cláusula pétrea (art. 60, § 4º, I, CF/88);

- **soberania do Estado federal**;
- **auto-organização dos Estados-Membros:** por meio da elaboração de suas Constituições estaduais;
- **órgão representativo dos Estados-Membros:** no Brasil, o Senado Federal;
- **guardião da Constituição:** no direito brasileiro, o STF.

7.2.2. Federação brasileira

A Federação no Brasil surgiu com o Decreto n. 1, de 15-11-1889, já que, durante o Império, vigorava a forma unitária de Estado.

As Constituições posteriores mantiveram a forma federativa de Estado, porém, como consta a doutrina, as Constituições de 1937 e de 1967, bem como a EC n. 1/1969, estabeleceram uma Federação de fachada.

Então podemos esquematizar em relação ao texto de 1988:

- **forma de governo:** republicana;
- **forma de Estado:** Federação;
- **característica do Estado brasileiro:** trata-se de Estado Democrático de Direito;
- **entes componentes da Federação:** União, Estados, Distrito Federal e Municípios. Os Territórios Federais não têm autonomia, sendo uma descentralização da União, mera autarquia federal;
- **sistema de governo:** presidencialista.

7.2.3. Fundamentos da República Federativa do Brasil

De acordo com o art. 1º, CF/88, são **fundamentos** da República Federativa do Brasil:

- **soberania:** fundamento da República Federativa do Brasil, e não da União, enquanto ente federativo;
- **cidadania**;
- **dignidade da pessoa humana:** regra matriz dos direitos fundamentais;
- **valores sociais do trabalho e da livre-iniciativa**;
- **pluralismo político**.

7.2.4. Objetivos fundamentais da República Federativa do Brasil

Os objetivos fundamentais (e em concursos já foi necessário conhecê-los, em contraposição aos fundamentos, daí a necessidade de memorizá-los) vêm relacionados no art. 3º. Vamos a eles:

- **construir uma sociedade livre, justa e solidária;**
- **garantir o desenvolvimento nacional;**
- **erradicar a pobreza e a marginalização e reduzir as desigualdades sociais e regionais;**
- **promover o bem de todos, sem preconceitos de origem, raça, sexo, cor, idade e quaisquer outras formas de discriminação.**

7.2.5. Princípios que regem a República Federativa do Brasil nas relações internacionais

O art. 4º da CF/88 dispõe que a República Federativa do Brasil é regida nas suas relações internacionais pelos seguintes princípios:

- **independência nacional;**
- **prevalência dos direitos humanos;**
- **autodeterminação dos povos;**
- **não intervenção;**
- **igualdade entre os Estados;**
- **defesa da paz;**
- **solução pacífica dos conflitos;**
- **repúdio ao terrorismo e ao racismo;**
- **cooperação entre os povos para o progresso da humanidade;**
- **concessão de asilo político.**

7.2.6. Idioma oficial e símbolos da República Federativa do Brasil

O **idioma oficial** da República Federativa do Brasil é a **língua portuguesa**. Dessa forma, o ensino fundamental regular será ministrado em língua portuguesa, assegurada às comunidades indígenas **também** a utilização de suas línguas maternas e processos próprios de aprendizagem (art. 13, *caput*, c/c o art. 210, § 2º, CF/88).

Por sua vez, são **símbolos** da República Federativa do Brasil:

- a **bandeira**;
- o **hino**;
- as **armas**;
- e o **selo nacionais**.

As **cores nacionais** são o **verde** e o **amarelo**, permitindo-se que sejam usadas sem quaisquer restrições, inclusive associadas a azul e branco.

Para ilustrar, passamos a representar graficamente os símbolos da República Federativa do Brasil (todas as imagens estão disponíveis em: <http://www2.planalto.gov.br/acervo/simbolos-nacionais>):

- **Bandeira Nacional**

- **Hino Nacional**

- **Armas Nacionais (Brasão de Armas)**

- **Selo Nacional**

7.2.7. Vedações constitucionais impostas à União, aos Estados, ao Distrito Federal e aos Municípios

Existe expressa vedação constitucional, prevista no art. 19 da CF/88, impossibilitando aos entes federativos (União, Estados, Distrito Federal e Municípios):

- estabelecer cultos religiosos ou igrejas, subvencioná-los, embaraçar-lhes o funcionamento ou manter com eles ou seus representantes relações de dependência ou aliança, ressalvada, na forma da lei, a colaboração de interesse público. O Brasil é, portanto, um **Estado leigo, laico, não confessional**, ou seja, desde o advento da República não adota qualquer religião oficial, havendo separação entre Estado e Igreja;

> **Laicidade** não se confunde com **laicismo**. Laicidade significa neutralidade religiosa por parte do Estado. Laicismo, uma atitude de intolerância e hostilidade estatal em relação às religiões. Portanto, a **laicidade** é marca da República Federativa do Brasil, e não o laicismo, mantendo-se o Estado brasileiro em posição de neutralidade axiológica, mostrando-se indiferente ao conteúdo das ideias religiosas (cf. voto do Min. Celso de Mello na ADPF 54 – anencefalia).

Mas um alerta deve ser feito: conforme sustentou o Min. Gilmar Mendes, "**neutralidade estatal não é o mesmo que indiferença** (...). Ainda que o Estado seja laico, a religião foi e continua sendo importante para a formação da sociedade brasileira (...). A proposta de ensino não confessional retira o sentido da norma constitucional" (*Inf. 878/STF* – ADI 4.439).

> Nesse sentido, o STF, por 6 x 5, entendeu que **o ensino religioso nas escolas públicas de ensino fundamental**, que constituirá disciplina dos horários normais, **pode ter natureza confessional**, na medida em que a sua **matrícula é facultativa** nos termos do art. 210, § 1º, CF/88 (cf. ADI 4.439, Pleno, j. 27-9-2017).

> Em outro julgado, o STF, por maioria, considerou constitucional "a lei de proteção animal que, a fim de resguardar a liberdade religiosa, permite o sacrifício ritual de animais em cultos de religiões de matriz africana" (**RE 494.601**, j. 28-3-2019).

Finalmente, devemos destacar o julgamento da ADO 26, no qual a Corte, por maioria, enquadrou a homofobia e a transfobia como tipo penal definido na Lei do Racismo (Lei n. 7.716/89) até que o Congresso Nacional edite lei sobre a matéria.

> Esse entendimento, contudo, conforme se fixou na tese de julgamento, "**não alcança nem restringe ou limita o exercício da liberdade religiosa**, qualquer que seja a

denominação confessional professada, a cujos fiéis e ministros (sacerdotes, pastores, rabinos, mulás ou clérigos muçulmanos e líderes ou celebrantes das religiões afro-brasileiras, entre outros) é assegurado o direito de pregar e de divulgar, livremente, pela palavra, pela imagem ou por qualquer outro meio, o seu pensamento e de externar suas convicções de acordo com o que se contiver em seus livros e códigos sagrados, bem assim o de ensinar segundo sua orientação doutrinária e/ou teológica, podendo buscar e conquistar prosélitos e praticar os atos de culto e respectiva liturgia, independentemente do espaço, público ou privado, de sua atuação individual ou coletiva, **desde que tais manifestações não configurem discurso de ódio**, assim entendidas aquelas exteriorizações que incitem a discriminação, a hostilidade ou a violência contra pessoas em razão de sua orientação sexual ou de sua identidade de gênero" (**ADO 26**, em conjunto com o **MI 4.733**, j. 13-6-2019).

- recusar fé aos documentos públicos;
- criar distinções entre brasileiros ou preferências entre si, inegável desdobramento do princípio da isonomia.

7.3. União Federal

A União Federal mais os Estados-Membros, o Distrito Federal e os Municípios compõem a República Federativa do Brasil, vale dizer, o Estado Federal, o país Brasil.

De acordo com o art. 18, § 1º, a Capital Federal é **Brasília**.

A União tem tanto competência não legislativa (administrativa ou material) como competência legislativa para fazer leis.

7.3.1. Competência não legislativa (administrativa ou material)

A competência **não legislativa** (administrativa ou material) da União pode ser assim esquematizada:

- **exclusiva da União:** prevista no art. 21 (decorem!), não pode ser atribuída a qualquer outro ente federativo;
- **comum (cumulativa, concorrente, administrativa ou paralela):** prevista no art. 23 (decorem!), é comum aos quatro entes federativos, quais sejam, a União, Estados, Distrito Federal e Municípios.

Em relação à *competência comum*, de maneira bastante interessante, o art. 23, parágrafo único, estabelece que **leis complementares** fixarão normas para a **cooperação** entre a União e os Estados, o Distrito Federal e os Municípios, tendo em vista o equilíbrio do desenvolvimento e do bem-estar em âmbito nacional. Como exemplo, citamos a LC n. 140/2011, que regulamentou os incisos III, VI e VII do art. 23.

Não havendo definição da cooperação nos termos da lei complementar, eventual conflito de políticas governamentais deverá ser dirimido levando-se em consideração o critério da **preponderância de interesses**: os mais amplos devem prevalecer sobre os mais restritos.

7.3.2. Competência legislativa

Por sua vez, a **competência legislativa** da União pode ser assim definida:

- **privativa:** todas as matérias previstas no art. 22 (decorem!). Apesar de ser competência privativa, a União, por meio de **lei complementar**, poderá autorizar os Estados (e o DF) a legislarem sobre questões específicas das matérias previstas no referido art. 22. Deixamos claro: **lei complementar** e somente **questões específicas**;
- **concorrente:** o art. 24 define as matérias de competência concorrente da União, Estados e Distrito Federal. Em relação àquelas matérias, a competência da União limitar-se-á a estabelecer **normas gerais**, cabendo aos Estados editar normas específicas (peço, por favor, que decorem o art. 24). Em caso de inércia da União, inexistindo lei federal sobre norma geral, os Estados e o Distrito Federal poderão suplementar a União e legislar, também, sobre as normas gerais, exercendo a **competência legislativa plena**. Se a União resolver legislar sobre norma geral, a norma geral que o Estado (ou Distrito Federal) havia elaborado terá a sua **eficácia suspensa**, no ponto em que for contrária à nova lei federal sobre norma geral. Caso não seja conflitante, passam a conviver, perfeitamente, a norma geral federal e a estadual (ou distrital). Observe-se que se trata de **suspensão da eficácia e não revogação**, pois, caso a norma geral federal que suspendeu a eficácia da norma geral estadual seja revogada por outra norma geral federal, que, por seu turno, não contrarie a norma geral feita pelo Estado, esta última voltará a produzir efeitos (lembre-se de que a norma geral estadual apenas teve a sua **eficácia suspensa**).

7.3.3. Competência para legislar sobre o Sistema Nacional de Ciência, Tecnologia e Inovação – EC n. 85/2015

> **Art. 24, IX, CF/88**
> Compete à União, aos Estados e ao Distrito Federal legislar **concorrentemente** sobre educação, cultura, ensino, desporto, ciência, tecnologia, pesquisa, desenvolvimento e inovação.

Muito embora a Constituição, ao definir a competência concorrente, fale em União, Estado e DF, a **EC n.**

85/2015, ao disciplinar o assunto, inovou e passou a prescrever competência sobre o assunto também para os Municípios. Vejamos:

- **União (lei federal):** disporá sobre as *normas gerais* do Sistema Nacional de Ciência, Tecnologia e Inovação.
- **Estados, Distrito Federal e Municípios:** legislarão *concorrentemente* sobre suas peculiaridades.

Deixamos claro que a competência dos Municípios se limitará a suplementar a legislação federal e a estadual existentes no que couber e sempre à luz do interesse local.

7.3.4. Legislação sobre o meio ambiente e competência municipal. O caso particular da queima da palha da cana-de-açúcar (RE 586.224)

Art. 24, VI, CF/88
Compete à União, aos Estados e ao Distrito Federal legislar **concorrentemente** sobre florestas, caça, pesca, fauna, conservação da natureza, defesa do solo e dos recursos naturais, **proteção do meio ambiente** e controle da poluição.

O STF, ao julgar o **RE 586.224**, de maneira inovadora, por unanimidade, firmou a seguinte tese:
"O Município é competente para legislar sobre o meio ambiente com a União e Estado, no limite do seu interesse local e desde que tal regramento seja harmônico com a disciplina estabelecida pelos demais entes federados (art. 24, inciso VI, c/c 30, incisos I e II, da Constituição Federal)".

7.3.5. Regiões administrativas ou de desenvolvimento

A Constituição estabelece que, para **efeitos administrativos**, a União poderá articular sua ação em um mesmo complexo geoeconômico e social, visando ao seu **desenvolvimento** e à **redução das desigualdades regionais**. As condições para a integração e a composição dos organismos implementam-se por meio de **lei complementar**, como no caso da criação da SUDAM e SUDENE.

Trata-se, nos dizeres de José Afonso da Silva, de "formas especiais de organização administrativa do território", **destituídas de competência legislativa**, em razão de sua falta de capacidade política no âmbito jurídico-formal (SILVA, 2007).

7.4. Estados-Membros

Os Estados federados são *autônomos* em decorrência de sua capacidade de **auto-organização**, **autogoverno**, **autoadministração** e **autolegislação**. Trata-se de **autonomia**, e não **soberania**, na medida em que a **soberania** é um dos **fundamentos** da República Federativa do Brasil. Vejamos:

- **auto-organização:** de acordo com o art. 25, *caput*, os Estados se **organizarão** e serão **regidos** pelas leis e Constituições que adotarem, observando-se, sempre, as regras e preceitos estabelecidos na CF (trata-se de poder constituinte derivado decorrente);
- **autogoverno:** os arts. 27, 28 e 125 estabelecem regras para a estruturação dos "Poderes": **Legislativo:** Assembleia Legislativa; **Executivo:** Governador do Estado; e **Judiciário:** Tribunais e Juízes;
- **autoadministração e autolegislação:** arts. 18 e 25 a 28 – regras de competências legislativas e não legislativas.

Para a criação de novos Estados-Membros o art. 18, § 3º estabelece a necessidade de **plebiscito** e de **lei complementar** do Congresso Nacional, pelo processo de fusão, cisão ou desmembramento.

Os Estados-Membros têm tanto competência **não legislativa** como **legislativa**.

7.4.1. Competência não legislativa (administrativa ou material) dos Estados-Membros

- **comum (cumulativa, concorrente, administrativa ou paralela):** trata-se de competência não legislativa comum aos quatro entes federativos, quais sejam, a União, Estados, Distrito Federal e Municípios, e descrita no art. 23;
- **residual (remanescente ou reservada):** são reservadas aos Estados as competências administrativas que não lhe sejam vedadas, ou a competência que sobrar (eventual resíduo), após a enumeração dos outros entes federativos (art. 25, § 1º).

7.4.2. Competência legislativa dos Estados-Membros

Como a terminologia indica, trata-se de competências, constitucionalmente definidas, **para elaborar leis**. Elas foram assim definidas para os Estados-Membros:

- **expressa:** art. 25, *caput* → qual seja, como vimos, a capacidade de auto-organização dos Estados-Membros, que se regerão pelas Constituições e leis que adotarem, observados os princípios da CF/88;
- **residual (remanescente ou reservada):** art. 25, § 1º → toda competência que não for vedada está reservada aos Estados-Membros;

- **delegada pela União:** art. 22, parágrafo único → a União poderá autorizar os Estados a legislarem sobre **questões específicas** das matérias de sua competência privativa prevista no art. 22 e incisos. Tal autorização, conforme já alertamos, dar-se-á por meio de **lei complementar**;
- **concorrente:** art. 24 → a concorrência para legislar dar-se-á entre a União, os Estados e o Distrito Federal, cabendo à **União** legislar sobre normas gerais e aos **Estados**, sobre normas específicas;
- **suplementar:** art. 24, §§ 1º ao 4º → no âmbito da legislação concorrente, como vimos, a União limita-se a estabelecer normas gerais, e os Estados, as normas específicas. No entanto, em caso de inércia legislativa da União, os Estados poderão **suplementá-la**, regulamentando as regras gerais sobre o assunto, sendo que, na superveniência de lei federal sobre norma geral, a aludida norma estadual geral (suplementar) terá a sua eficácia suspensa, no que for contrária à lei federal sobre normas gerais editada posteriormente.

7.5. Municípios

Os Municípios têm capacidade de **auto-organização**, **autogoverno**, **autoadministração** e **autolegislação**.

- **auto-organização:** art. 29, *caput* – os Municípios organizam-se por meio de **Lei Orgânica**, votada em **dois turnos**, com o **interstício mínimo de 10 dias**, e aprovada por **2/3** dos membros da Câmara Municipal, que a promulgará, atendidos os princípios estabelecidos na Constituição Federal, na Constituição do respectivo Estado e o preceituado nos incisos I a XIV do art. 29 da CF/88;
- **autogoverno:** elegem, diretamente, o Prefeito, Vice-Prefeito e Vereadores (confira incisos do art. 29);
- **autoadministração e autolegislação:** art. 30 – regras de competência que serão oportunamente estudadas. O STF, ao destacar a essência da autonomia municipal, estabeleceu que a autoadministração implica a capacidade decisória quanto aos interesses locais, sem delegação ou aprovação hierárquica (ADI 1.842, *item 3* da *ementa*).

Como já alertamos, trata-se de **autonomia**, e não de **soberania**, uma vez que a **soberania** é um dos **fundamentos** da República Federativa do Brasil. Internamente, os entes federativos são **autônomos**, na medida de sua competência, constitucionalmente definida, delimitada e assegurada.

7.5.1. Formação dos Municípios

> **Art. 18, § 4º, CF/88**
> A criação, a incorporação, a fusão e o desmembramento de Municípios, far-se-ão por **lei estadual**, dentro do período determinado por **Lei Complementar Federal**, e dependerão de **consulta prévia**, mediante **plebiscito**, às populações dos Municípios envolvidos, após divulgação dos **Estudos de Viabilidade Municipal**, apresentados e publicados na forma da lei.

A referida lei complementar federal ainda não foi editada. Assim, lei estadual que criar Municípios padecerá de vício formal de inconstitucionalidade por violação a um dos pressupostos objetivos do ato.

Devemos alertar, contudo, que, mesmo sem a existência de lei complementar federal definindo critérios e o período de criação de novos Municípios, alguns Municípios foram criados.

Apesar da inegável inconstitucionalidade de referidos atos, buscando regularizar a situação, o Congresso Nacional promulgou a **EC n. 57/2008**, acrescentando um art. 96 ao ADCT com a seguinte redação: "ficam convalidados os atos de criação, fusão, incorporação e desmembramento de Municípios, cuja lei tenha sido publicada até 31-12-2006, atendidos os requisitos estabelecidos na legislação do respectivo Estado à época de sua criação".

7.5.2. Competências não legislativas (administrativas ou materiais) dos Municípios

As competências **não legislativas** (administrativas ou materiais) dos Municípios podem ser assim definidas:

- **comum (cumulativa, concorrente, administrativa ou paralela):** trata-se de competência não legislativa comum aos quatro entes federativos, nos termos do art. 23;
- **privativa (enumerada):** art. 30, III a IX.

7.5.3. Competências legislativas dos Municípios

As **competências legislativas** dos Municípios podem ser assim definidas:

- **expressa:** art. 29, *caput* – o Município auto-organiza-se por meio de **lei orgânica**, votada em 2 turnos, com o interstício mínimo de 10 dias, e aprovada por 2/3 dos membros da Câmara Municipal, que a promulgará, atendidos os princípios estabelecidos na Constituição Federal e na Constituição do respectivo Estado;
- **interesse local:** art. 30, I – o Município pode legislar sobre peculiaridades e necessidades ín-

sitas à localidade, como, por exemplo, ao disciplinar sobre o tempo de fila em bancos;

- **suplementar:** art. 30, II – estabelece competir aos Municípios suplementar a legislação federal e a estadual no que couber e à luz do **interesse local**;
- **plano diretor:** art. 182, § 1º – o plano diretor deverá ser aprovado pela Câmara Municipal, sendo **obrigatório** para cidades com mais de **20.000** habitantes. Serve como instrumento básico da política de desenvolvimento e de expansão urbana.

7.6. Distrito Federal

O Distrito Federal é uma unidade federada **autônoma**, visto que possui capacidade de **auto-organização**, **autogoverno**, **autoadministração** e **autolegislação**:

- **auto-organização:** art. 32, *caput* – estabelece que o Distrito Federal se regerá por **lei orgânica**, votada em **dois turnos** com interstício mínimo de **dez dias** e aprovada por **2/3** da Câmara Legislativa, que a promulgará, atendidos os princípios estabelecidos na Constituição Federal;
- **autogoverno:** art. 32, §§ 2º e 3º – eleição de Governador e Vice-Governador e dos Deputados Distritais;
- **autoadministração e autolegislação:** regras de competências legislativas e não legislativas, que serão a seguir estudadas.

Algumas outras regras devem também ser lembradas:

- **impossibilidade de divisão do Distrito Federal em Municípios;**
- **autonomia parcialmente tutelada pela União:** cf. art. 21, XIII e XIV, e art. 22, XVII.

- o art. 32, § 4º, declara inexistir polícias civil, polícia penal, polícia militar e corpo de bombeiros militar, pertencentes ao Distrito Federal. Tais instituições, embora subordinadas ao Governador do Distrito Federal (art. 144, § 6º), são organizadas e mantidas diretamente pela **União** (art. 21, XIV, na redação dada pela **EC n. 104/2019**, que alterou a Constituição Federal para criar as polícias penais federal, estaduais e distrital), sendo que a referida utilização pelo Distrito Federal será regulada por lei federal (**SV 39/STF**);
- o Poder Judiciário e o Ministério Público do Distrito Federal e dos Territórios são organizados e mantidos pela União (arts. 21, XIII, e 22, XVII).
- **CUIDADO:** na mesma linha da *Reforma do Poder Judiciário* (EC n. 45/2004), que assegurou às *Defensorias Públicas Estaduais* autonomia funcional e administrativa e a iniciativa de sua proposta orçamentária (dentro dos limites constitucionais), com atraso de 8 anos, a **EC n. 69/2012** transferiu da União para o **DF** as atribuições de **organizar e manter a Defensoria Pública do Distrito Federal**, determinando a aplicação dos mesmos princípios e regras que, nos termos da Constituição Federal, regem as Defensorias Públicas dos Estados.

7.6.1. Competência não legislativa (administrativa ou material) do Distrito Federal

- **comum (cumulativa ou paralela):** trata-se de competência **não legislativa** comum aos quatro entes federativos, quais sejam, a União, Estados, Distrito Federal e Municípios, prevista no art. 23 da CF/88.

7.6.2. Competência legislativa do Distrito Federal

No tocante à **competência legislativa**, o art. 32, § 1º, estabelece que ao Distrito Federal são atribuídas as competências legislativas reservadas aos **Estados** e **Municípios**. Assim, tudo o que foi dito a respeito dos Estados aplica-se ao Distrito Federal, bem como o que foi dito sobre os Municípios no tocante à competência para legislar também a ele se aplica.

7.7. Covid-19 – medidas tomadas para o enfrentamento da pandemia

Em razão da complexidade da matéria e a sua constante evolução, convidamos os nossos queridos leitores para a discussão do tema em vídeo na plataforma, destacando-se o fortalecimento da ideia de **federalismo cooperativo** (precedente principal: ADI 6.341).

Destacamos, também, a aprovação da **EC n. 109/2021**, que introduziu ao texto permanente da Constituição Federal a possibilidade de se decretar **estado de calamidade pública de âmbito nacional** para eventuais e futuras novas situações de calamidade pública (de âmbito nacional), como é a **pandemia**. Competência do Presidente da República para **propor** ao Congresso Nacional que decretará, por **decreto legislativo**, o estado de calamidade pública de âmbito nacional. Como não se tem previsão especial, o *quorum* é de maioria simples (arts. 49, XVIII; 84, XXVIII e 167-B a 167-G). Deixando claro, o estado de calamidade pública de âmbito nacional será decretado pelo Congresso Nacional por iniciativa privativa do Presidente da República.

7.8. Territórios Federais

Apesar de terem personalidade, os territórios **não são dotados de autonomia política**. Trata-se de mera **descentralização administrativo-territorial da União**, qual seja, uma **autarquia** que, conforme expressamente previsto no art. 18, § 2º, **integra a União**.

Antes da CF/88 existiam 3 Territórios Federais: a) Roraima e Amapá foram transformados em Estados (art. 14, *caput*, ADCT); b) Fernando de Noronha foi extinto, sendo a sua área reincorporada ao Estado de Pernambuco (art. 15, ADCT).

Apesar de não existirem, podem ser criados Territórios Federais no Brasil, na forma do art. 18, §§ 2º e 3º, CF/88, mediante lei complementar.

7.9. Intervenção

7.9.1. Regras gerais

Retomando o que já tanto falamos, o art. 18, *caput*, preceitua que a organização político-administrativa da República Federativa do Brasil compreende a União, os Estados, o Distrito Federal e os Municípios, **todos autônomos**, nos termos da Constituição Federal.

No entanto, **excepcionalmente**, a CF prevê situações (de anormalidade) em que haverá intervenção, suprimindo-se, temporariamente, a aludida autonomia. As hipóteses, por trazerem regras de anormalidade e exceção, devem ser interpretadas restritivamente, consubstanciando-se um rol taxativo, *numerus clausus*.

A regra da intervenção seguirá o seguinte esquema:

- **intervenção federal:** União → nos Estados, Distrito Federal (hipóteses do art. 34) e nos Municípios localizados em território federal (hipótese do art. 35);
- **intervenção estadual:** Estados → em seus Municípios (art. 35).

Recomendamos a leitura dos arts. 34 e 35 da CF/88, para o conhecimento das hipóteses de intervenção prescritas na Constituição, assim como a do art. 36, que descreve o procedimento.

7.9.2. Espécies de intervenção federal

- **espontânea:** neste caso, o Presidente da República age de ofício → art. 34, I, II, III e V;
- **provocada por solicitação:** art. 34, IV, combinado com o art. 36, I, primeira parte → quando coação ou impedimento recaírem sobre o **Poder Legislativo** ou o **Poder Executivo**, obstruindo o livre exercício dos aludidos Poderes nas unidades da Federação, a decretação da intervenção federal, pelo Presidente da República, dependerá de **solicitação** do Poder Legislativo ou do Poder Executivo coacto ou impedido;
- **provocada por requisição:** a) art. 34, IV, combinado com o art. 36, I, segunda parte → se a coação for exercida contra o **Poder Judiciário**, a decretação da intervenção federal dependerá de **requisição** do Supremo Tribunal Federal; b) art. 34, VI, segunda parte, combinado com o art. 36, II → no caso de desobediência a ordem ou decisão judicial, a decretação dependerá de **requisição** do STF, do STJ ou do TSE, de acordo com a matéria;
- **provocada, dependendo de provimento de representação:** a) art. 34, VII, combinado com o art. 36, III, primeira parte → no caso de ofensa aos princípios constitucionais sensíveis, previstos no art. 34, VII, da CF/88, a intervenção federal dependerá de **provimento**, pelo **STF, de representação do Procurador-Geral da República** (representação interventiva); b) art. 34, VI, primeira parte, combinado com o art. 36, III, segunda parte → para prover a execução de lei federal (pressupondo ter havido recusa à execução de lei federal), a intervenção dependerá de **provimento de representação** do Procurador-Geral da República pelo **STF (EC n. 45/2004)** (trata-se, também, de representação interventiva, regulamentada pela **Lei n. 12.562/2011**).

7.9.3. A intervenção federal na vigência da Constituição Federal de 1988: os casos particulares das intervenções federais nos Estados do Rio de Janeiro (2018) e de Roraima (2018) e no Distrito Federal (2023)

Durante a vigência da Constituição Federal de 1988, tivemos três situações de efetiva decretação de intervenção federal implementadas pelo **Decreto n. 9.288/2018** no Estado do **Rio de Janeiro**, pelo **Decreto n. 9.602/2018** no Estado de **Roraima** e pelo **Decreto n. 11.377/2023** no caso do Distrito Federal.

No **primeiro caso**, o Presidente da República, no uso da atribuição que lhe confere o art. 84, X, da CF/88, decretou a intervenção federal no Estado do Rio de Janeiro, limitanda à área de segurança pública, com o objetivo de pôr termo ao grave comprometimento da ordem pública (art. 34, III, CF/88 e Decreto n. 9.288/2018). Trata-se, portanto, de exemplo de intervenção federal espontânea.

No **segundo caso**, diante da grave crise na segurança pública e no sistema carcerário, acrescentando-se o enorme risco de rebeliões, além da política de acolhida humanitária a imigrantes venezuelanos, o então Presidente da República, Michel Temer, com a aquiescência da Governadora, decretou a "intervenção federal no Estado de Roraima até 31-12-2018, para, nos termos do art. 34, *caput*, inciso III, da Constituição, pôr termo a grave comprometimento da ordem pública".

O **terceiro caso** está relacionado aos gravíssimos atos que atentaram contra a democracia e as instituições brasileiras em **08.01.2023**, com a invasão e destruição violenta do edifício-sede do STF, do Congresso Nacional e do Palácio do Planalto, sede dos Três Poderes, bem como do patrimônio público, em razão de questionamentos e inconformismo dos manifestantes em relação ao resultado das eleições de 2022.

Os referidos atos antidemocráticos de 8 de janeiro sofreram várias medidas de reação e contenção, dentre as quais **a decretação da intervenção federal no Distrito Federal até 31 de janeiro de 2023, limitada à área de segurança pública**, conforme o disposto no art. 117-A da Lei Orgânica do Distrito Federal (art. 34, III).

Enquanto as intervenções no **Rio de Janeiro** e no **Distrito Federal** foram **parciais** (segurança pública), a no Estado de **Roraima** foi **total**, substituindo-se a Governadora pelo interventor, que assumiu todas as suas atribuições.

Devemos lembrar que, nos termos do art. 60, § 1º, da CF/88, a Constituição não poderá ser emendada na vigência de intervenção federal, de estado de defesa ou de estado de sítio (limites circunstanciais ao poder de reforma). Essa regra, então, impediu, no período da decretação da intervenção federal no Estado do Rio de Janeiro, a apreciação da Reforma da Previdência.

8. DIVISÃO ORGÂNICA DO PODER – "TRIPARTIÇÃO DE PODERES" – TEORIA GERAL

> A teoria da "tripartição de Poderes", exposta por Montesquieu, foi adotada por grande parte dos Estados modernos, só que de maneira abrandada.

A teoria da "tripartição de Poderes", exposta por Montesquieu, foi adotada por grande parte dos Estados modernos, só que de maneira abrandada.

Isso porque, diante das realidades sociais e históricas, passou-se a permitir maior interpenetração entre os Poderes, atenuando a teoria que pregava uma separação pura e absoluta entre eles.

Dessa forma, além do exercício de **funções típicas** (*predominantes*), inerentes e ínsitas à sua natureza, cada órgão exerce, também, outras duas funções atípicas (de natureza típica dos outros dois órgãos).

Importante notar que, mesmo no exercício da função atípica, o órgão exercerá uma função que é sua, não havendo aí ferimento ao princípio da separação de Poderes, porque tal competência foi constitucionalmente assegurada pelo Poder Constituinte Originário. Vejamos:

Órgão	Função típica	Função atípica
Legislativo	■ legislar ■ fiscalização contábil, financeira, orçamentária e patrimonial do Executivo	■ **Natureza executiva**: ao dispor sobre sua organização, provendo cargos, concedendo férias, licenças a servidores etc. ■ **Natureza jurisdicional**: o Senado julga o Presidente da República nos crimes de responsabilidade (art. 52, I)
Executivo	■ prática de atos de chefia de Estado, chefia de governo e atos de administração	■ **Natureza legislativa**: o Presidente da República, por exemplo, adota medida provisória, com força de lei (art. 62) ■ **Natureza jurisdicional**: o Executivo julga, apreciando defesas e recursos administrativos
Judiciário	■ julgar (*função jurisdicional*), dizendo o direito no caso concreto e dirimindo os conflitos que lhe são levados, quando da aplicação da lei	■ **Natureza legislativa**: regimento interno de seus tribunais (art. 96, I, *a*) ■ **Natureza executiva**: administra, *v.g.*, ao conceder licenças e férias aos magistrados e serventuários (art. 96, I, *f*)

Por fim, lembre-se de que a Constituição erigiu à categoria de **cláusula pétrea a separação de Poderes**, conforme se observa pelo art. 60, § 4º, III.

9. PODER LEGISLATIVO

9.1. Estrutura do Poder Legislativo

No âmbito federal, vigora o **bicameralismo federativo**, já que, conforme estabelece o art. 44, "o Poder Legislativo é exercido pelo Congresso Nacional, que se compõe da Câmara dos Deputados e do Senado Federal".

Enquanto o Senado representa os Estados e o Distrito Federal, os Deputados Federais representam o povo.

Em relação ao **sistema de eleição**, os Senadores são eleitos pelo **sistema majoritário**, enquanto os Deputados pelo **sistema proporcional** à população de cada

Estado e do DF, sendo que os Territórios, se criados, elegerão um número fixo de 4 deputados federais.

São eleitos 3 Senadores por Estado e pelo DF, cada qual com 2 suplentes.

Por seu turno o número de deputados, proporcional à população de cada Estado e do DF, não poderá ser inferior a 8 nem superior a 70, lembrando, novamente, que os Territórios, se criados, elegerão um número **fixo** de 4 Deputados Federais, pouco importando a sua população.

Cada Senador exerce mandato de 8 anos (ou 2 legislaturas), enquanto para os Deputados o mandato é de 4 anos (ou 1 legislatura).

A eleição de Deputados implementa-se a cada 4 anos, sendo que os Senadores serão também eleitos a cada 4 anos, só que, alternadamente, 1/3 e 2/3, e, retome-se, cada qual cumprindo o mandato de 8 anos.

A idade mínima, enquanto condição de elegibilidade, é de 35 anos para os Senadores e de 21 anos para os Deputados.

9.2. Das reuniões

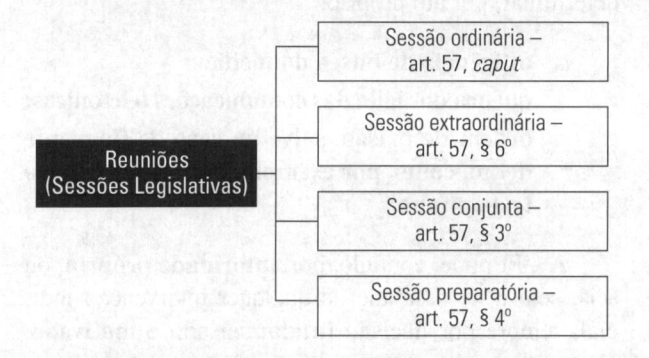

Reuniões (Sessões Legislativas):
- Sessão ordinária – art. 57, *caput*
- Sessão extraordinária – art. 57, § 6º
- Sessão conjunta – art. 57, § 3º
- Sessão preparatória – art. 57, § 4º

9.2.1. Sessão legislativa ordinária e extraordinária

De acordo com o art. 57, *caput*, o Congresso Nacional reunir-se-á, anualmente, na Capital Federal, de **2 de fevereiro a 17 de julho** e de **1º de agosto a 22 de dezembro**. Nesse período, chamado de **sessão legislativa**, os parlamentares se reúnem **ordinariamente**.

Fora desse período, ou seja, de **18 a 31 de julho** e de **23 de dezembro a 1º de fevereiro**, temos o **recesso parlamentar** e, havendo necessidade, os parlamentares serão convocados **extraordinariamente**.

> **Art. 57, CF/88**
> § 6º A **convocação extraordinária** do Congresso Nacional far-se-á:
> I – pelo **Presidente do Senado Federal**, em caso de decretação de estado de defesa ou de intervenção federal, de pedido de autorização para a decretação de estado de sítio e para o compromisso e a posse do Presidente e do Vice-Presidente da República;
> II – pelo **Presidente da República**, pelos **Presidentes da Câmara dos Deputados** e do **Senado Federal** ou a **requerimento da maioria dos membros de ambas as Casas**, em caso de urgência ou interesse público relevante, em todas as hipóteses deste inciso com a aprovação da maioria absoluta de cada uma das Casas do Congresso Nacional.
> § 7º Na sessão legislativa extraordinária, o Congresso Nacional somente deliberará sobre a matéria para a qual foi convocado, ressalvada a hipótese do § 8º deste artigo, **vedado o pagamento de parcela indenizatória**, em razão da convocação.
> § 8º Havendo medidas provisórias em vigor na data de convocação extraordinária do Congresso Nacional, serão elas automaticamente incluídas na pauta da convocação.

9.2.2. Reunião em sessão conjunta

Em determinadas hipóteses, a Câmara dos Deputados e o Senado Federal reunir-se-ão em **sessão conjunta**. Isso se dará, entre outros casos previstos na Constituição, para (art. 57, § 3º):

- inaugurar a sessão legislativa;
- elaborar o regimento comum e regular a criação de serviços comuns às duas Casas;
- receber o compromisso do Presidente e do Vice-Presidente da República;
- conhecer do veto e sobre ele deliberar.

9.2.3. Sessão preparatória

Cada uma das Casas reunir-se-á em sessões preparatórias, a partir de **1º de fevereiro**, no primeiro ano da legislatura, para a posse de seus membros e eleição das respectivas Mesas, para mandato de 2 anos, vedada a recondução para o mesmo cargo na eleição imediatamente subsequente (art. 57, § 4º). O STF, em 06.12.2020, interpretou essa regra no julgamento da ADI 6.524. Cf. discussão na plataforma!

9.3. Das comissões parlamentares

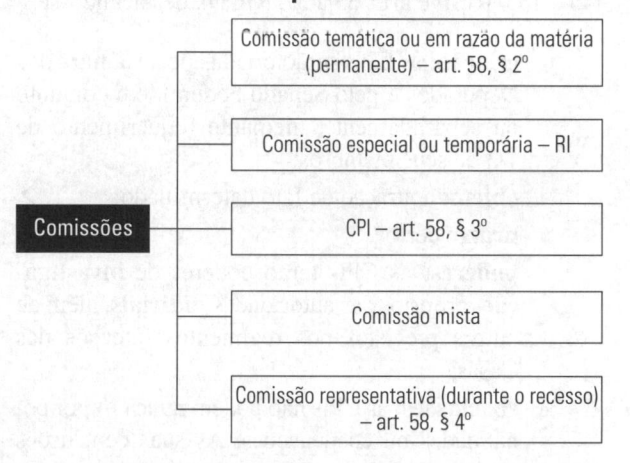

Comissões:
- Comissão temática ou em razão da matéria (permanente) – art. 58, § 2º
- Comissão especial ou temporária – RI
- CPI – art. 58, § 3º
- Comissão mista
- Comissão representativa (durante o recesso) – art. 58, § 4º

9.3.1. Comissão temática ou em razão da matéria

As **comissões temáticas** estabelecem-se em razão da **matéria** (por exemplo, comissão de saúde, orçamento, transporte, constituição e justiça etc.) e são **permanentes**.

> **Art. 58, § 2º, CF/88**
> Às comissões, em razão da **matéria** de sua competência, cabe:
> I – discutir e votar projeto de lei que dispensar, na forma do regimento, a competência do Plenário, salvo se houver recurso de um décimo dos membros da Casa;
> II – realizar audiências públicas com entidades da sociedade civil;
> III – convocar Ministros de Estado para prestar informações sobre assuntos inerentes a suas atribuições;
> IV – receber petições, reclamações, representações ou queixas de qualquer pessoa contra atos ou omissões das autoridades ou entidades públicas;
> V – solicitar depoimento de qualquer autoridade ou cidadão;
> VI – apreciar programas de obras, planos nacionais, regionais e setoriais de desenvolvimento e sobre eles emitir parecer.

9.3.2. Comissão especial ou temporária

As **comissões especiais** ou **temporárias** são criadas para apreciar uma matéria específica, extinguindo-se com o término da legislatura ou cumprida a finalidade para a qual foi criada.

9.3.3. Comissão parlamentar de inquérito (CPI)

As regras sobre as CPIs estão disciplinadas no art. 58, § 3º, da CF/88, na Lei n. 1.579/52 (alterada pelas Leis n. 10.679/2003 e 13.367/2016), na Lei n. 10.001/2000, (na parte em que o STF não nulificou, quais sejam, os arts. 1º e 3º - cf. ADI 5.351, j. 21-6-2021), na LC n. 105/2001 e nos Regimentos Internos das Casas (arts. 145 a 153, RISF e arts. 35 a 37, RICD), destacando-se:

- **criação:** as CPIs serão criadas pela Câmara dos Deputados e pelo Senado Federal, em conjunto ou separadamente, mediante requerimento de 1/3 de seus membros;
- **objeto:** apuração de fato determinado;
- **prazo:** certo;
- **poderes:** as CPIs terão poderes de **investigação**, próprios das autoridades **judiciais**, além de outros previstos nos regimentos internos das Casas;
- **conclusões:** as CPIs não podem nunca impor penalidades ou condenações. As suas conclusões serão encaminhadas ao Ministério Público e outros órgãos responsáveis, como a AGU, a Mesa da Casa Legislativa, Tribunal de Contas, e estes serão os responsáveis para, existindo elementos, promover a responsabilização dos infratores, seja civil, criminal, administrativa, política etc.;
- **direito público subjetivo das minorias:** uma vez autorizada a criação da CPI pelo *quorum* indicado de 1/3, o Plenário das Casas não poderá barrar a instalação da referida comissão, mesmo se essa for a vontade da maioria.

Toda **deliberação da CPI** deverá ser **motivada**, sob pena de padecer do vício de ineficácia, nos termos do art. 93, IX, da Constituição.

A CPI não poderá praticar determinados **atos de jurisdição** atribuídos exclusivamente ao Poder Judiciário, vale dizer, atos **propriamente jurisdicionais**. Trata-se daquilo que a doutrina e a jurisprudência denominaram de **postulado da reserva constitucional de jurisdição**, destacando-se a **impossibilidade** de a CPI determinar, por ato próprio:

- **diligência de busca domiciliar;**
- **quebra do sigilo das comunicações telefônicas;**
- **ordem de prisão, salvo no caso de flagrante delito, como, por exemplo, por crime de falso testemunho.**

A CPI pode, contudo, por **autoridade própria**, ou seja, sem a necessidade de qualquer intervenção judicial, sempre por **decisão fundamentada** e **motivada**, observadas todas as formalidades legais, determinar a **quebra do sigilo fiscal**, **bancário** e de **dados**, neste último caso, destaque-se o sigilo dos dados telefônicos.

Este entendimento abrange também as CPIs estaduais, **mas não as municipais**.

> Um ponto final deve ser destacado em relação ao **sigilo bancário**: o STF tem sustentado que, em se tratando de **contas públicas**, ante os princípios da publicidade e da moralidade (art. 37 da CF), a proteção do direito à intimidade/privacidade tem sido flexibilizada (**MS 33.340**, 1ª T., Rel. Min. Luiz Fux, j. 26-5-2015, *DJe* de 3-8-2015. Cf., também, **MS 21.729**, Pleno, j. 5-10-1995, e **RHC 133.118**, 2ª T., Rel. Min. Dias Toffoli, j. 26-9-2017 — *Inf*. 879/*STF*).

Em relação ao **sigilo bancário** e a reserva de jurisdição, destacamos a evolução da jurisprudência da Corte no tocante à possibilidade de transferência de informações desde que preservado o sigilo.

Em um primeiro momento, o STF admitiu a relativização da regra da reserva de jurisdição na hipótese de contas públicas, em razão dos princípios da publicidade e da moralidade (art. 37, CF/88), flexibilizando a proteção do direito à intimidade/privacidade. Não se tratava da quebra do sigilo em si, mas da transferência de informações, desde que preservado o sigilo: "o sigilo de informações necessário à preservação da intimidade é relativizado quando há interesse da sociedade em conhecer o destino dos recursos públicos". Nesse sentido, o STF admitiu o conhecimento de informações diretamente, tanto por parte do **TCU** (MS 33.340) como pelo **Ministério Público** (RHC 133.118), devendo ser mantido o sigilo.

Em seguida, a Corte evoluiu de modo genérico em relação à possibilidade de transferência do sigilo para os **órgãos de persecução penal** (Ministério Público e Autoridades Policiais). Vejamos:

> "1. É **constitucional** o compartilhamento dos **relatórios de inteligência financeira da UIF** (Unidade de Inteligência Financeira, acrescente-se) e da íntegra do **procedimento fiscalizatório da Receita Federal do Brasil**, que define o lançamento do tributo, com os **órgãos de persecução penal para fins criminais, sem a obrigatoriedade de prévia autorização judicial**, devendo ser resguardado o sigilo das informações em procedimentos formalmente instaurados e sujeitos a posterior controle jurisdicional. 2. O compartilhamento pela UIF e pela RFB, referente ao item anterior, deve ser feito unicamente por meio de **comunicações formais**, com garantia de sigilo, certificação do destinatário e estabelecimento de instrumentos efetivos de apuração e correção de eventuais desvios" (**RE 1.055.941**, Rel. Min. Dias Toffoli, 4-12-2019 – Tema 990 da repercussão geral).

Assim, podemos esquematizar:

- **possibilidade de quebra do sigilo bancário**: o Poder Judiciário e as CPIs (federais, estaduais e distritais), que têm poderes de investigação próprios das autoridades judiciais (não incluindo aqui as CPIs municipais, conforme visto);
- **contas públicas — conhecimento do destino de recursos públicos — relativização da regra geral**: "o sigilo de informações necessário à preservação da intimidade é relativizado quando há interesse da sociedade em conhecer o destino dos recursos públicos". Nesse sentido, o STF admitiu o conhecimento de informações diretamente, tanto por parte do **TCU** (MS 33.340) como pelo **Ministério Público** (RHC 133.118).
- **transferência de sigilo do órbita bancária para a fiscal** (a Administração Tributária, cumprindo o comando previsto no art. 145, § 1º, da CF/88, tem poderes para requisitar, por ato próprio, o envio de informações bancárias, desde que na forma do art. 6º da LC n. 105/2001, o que deve ser entendido como translado do dever de sigilo da esfera bancária para a fiscal): "o art. 6º da LC n. 105/2001 não ofende o direito ao sigilo bancário, pois realiza a igualdade em relação aos cidadãos, por meio do princípio da capacidade contributiva, bem como estabelece requisitos objetivos e o translado do dever de sigilo da esfera bancária para a fiscal" (**RE 601.314**, Pleno, j. 24-2-2016, *DJE* de 16-9-2016). Nessa linha, na mesma data, o julgamento das ADIs 2.390, 2.386, 2.397 e 2.859;
- **transferência de informações para os órgãos de persecução penal para fins criminais, devendo ser mantido o sigilo**: "1. É **constitucional** o compartilhamento dos **relatórios de inteligência financeira da UIF** (Unidade de Inteligência Financeira, acrescente-se) e da íntegra do **procedimento fiscalizatório da Receita Federal do Brasil**, que define o lançamento do tributo, com os **órgãos de persecução penal para fins criminais, sem a obrigatoriedade de prévia autorização judicial**, devendo ser resguardado o sigilo das informações em procedimentos formalmente instaurados e sujeitos a posterior controle jurisdicional. 2. O compartilhamento pela UIF e pela RFB, referente ao item anterior, deve ser feito unicamente por meio de **comunicações formais**, com garantia de sigilo, certificação do destinatário e estabelecimento de instrumentos efetivos de apuração e correção de eventuais desvios" (**RE 1.055.941**, Rel. Min. Dias Toffoli, 4-12-2019 – Tema 990 da repercussão geral).

E como fica a situação do Presidente da República (e dos Governadores de Estado)?

A Constituição prescreve que a Câmara dos Deputados e o Senado Federal, ou qualquer de suas Comissões, poderão **convocar Ministro de Estado** ou **quaisquer titulares de órgãos diretamente subordinados à Presidência da República** para prestarem, pessoalmente, informações sobre assunto previamente determinado, importando crime de responsabilidade a ausência sem justificação adequada (art. 50, *caput*).

Assim, não se estabelece a possibilidade de se convocar o Presidente da República, sendo esse silêncio uma **regra de limitação**. Conforme observou o Min. Gilmar Mendes, essa disposição "procura tornar operacional o exercício do Poder Executivo, que ficaria deveras afetado com seguidas convocações do Presidente da República para prestar esclarecimentos nas várias Comissões existentes na Câmara dos Deputados e Senado Federal" (ADPF 848 MC-REF – fls. 71 do acórdão).

Nesse sentido, conforme estabeleceu o STF, "o Chefe do Poder Executivo da União é titular de prerrogativas institucionais assecuratórias de sua autonomia e independência perante os demais Poderes. Além da imunidade formal (CF, art. 86, § 3º) e da irresponsabilidade penal temporária (CF, art. 86, § 4º), a Constituição Federal isenta-o da obrigatoriedade de depor ou prestar esclarecimentos perante as Casas Legislativas da União e suas comissões, como emerge da dicção dos arts. 50, *caput* e § 2º, e 58, § 2º, III, da Constituição Federal, **aplicáveis, por extensão, aos Governadores de Estado**" (**ADPF 848 MC-REF**, Pleno, j. 28-6-2021, *DJe* de 21-10-2021. Referida ação foi ajuizada por governadores de 18 Estados e do Distrito Federal, contra atos da **CPI da Pandemia**. Tendo em vista o encerramento dos trabalhos da CPI, referida ação restou prejudica, tendo sido extinta em razão da perda superveniente de objeto – 4-7-2022

Por fim, é **competência originária** do **STF** processar e julgar **MS** e **HC** impetrados contra CPIs constituídas no âmbito do **Congresso Nacional ou de quaisquer de suas Casas**.

9.3.4. Comissão mista

As **comissões mistas** são formadas por Deputados e Senadores para apreciar, dentre outros e em especial, os assuntos que devam ser examinados em **sessão conjunta** pelo Congresso Nacional.

9.3.5. Comissão representativa

A comissão representativa será constituída somente durante o **recesso parlamentar** (período fora da **sessão legislativa ordinária**, prevista no art. 57, *caput*) e para representar o Congresso Nacional. É como se fosse um plantão representando o Congresso Nacional no recesso.

9.4. Imunidades parlamentares

9.4.1. Parlamentares federais

Imunidades parlamentares são **prerrogativas** inerentes à função parlamentar, garantidoras do exercício do mandato parlamentar, com plena liberdade.

- **imunidade material**, **real** ou **substantiva** (também denominada **inviolabilidade**): implica a exclusão da prática de crimes, bem como a inviolabilidade civil, pelas opiniões, palavras e votos dos parlamentares (art. 53, *caput*);
- **imunidade processual**, **formal** ou **adjetiva**: regras sobre prisão e processo criminal dos parlamentares (art. 53, §§ 1º ao 5º – decorar!).

Cabe alertar que o STF, no julgamento da **ADI 5.526**, em 11-10-2017, estabeleceu duas importantes teses jurídicas:

- "o Poder Judiciário dispõe de competência para impor, por autoridade própria, as medidas cautelares a que se refere o art. 319 do Código de Processo Penal" (10 x 1);
- "encaminhar-se-á à Casa Legislativa a que pertencer o parlamentar, **para os fins a que se refere o art. 53, § 2º**, da Constituição, a decisão pela qual se aplique medida cautelar, sempre que a execução desta impossibilitar, direta ou indiretamente, **o exercício regular de mandato parlamentar**" (6 x 5).

9.4.2. Prerrogativa de foro

De acordo com o art. 53, § 1º, os Deputados e Senadores, desde a expedição do diploma, serão submetidos a julgamento perante o **STF**, pela prática de **qualquer tipo de crime**, seja de natureza penal comum *stricto sensu*, ou mesmo crimes contra a vida, eleitorais, contravenções penais.

O tema da prerrogativa de foro sofreu marcante viragem jurisprudencial (verdadeira mutação constitucional) ao ser apreciado pelo STF no julgamento da questão de ordem na AP 937, suscitada pelo Min. Barroso, Relator.

No dia 3 de maio de 2018, seis ministros aderiram integralmente às teses propostas pelo Min. Barroso, apresentadas a seguir, estabelecendo que a nova linha interpretativa deve ser **aplicada imediatamente aos processos em curso**, com a ressalva de todos os atos praticados e decisões proferidas pelo STF e pelos demais juízos com base na jurisprudência anterior, conforme precedente firmado na Questão de Ordem no Inquérito 687 (Rel. Min. Sydney Sanches, j. 25-8-1999). Vejamos:

- "o foro por prerrogativa de função aplica-se apenas aos crimes cometidos durante o exercício do cargo e relacionados às funções desempenhadas"; e
- "após o final da instrução processual, com a publicação do despacho de intimação para apresentação de alegações finais, a competência para processar e julgar ações penais não será mais afetada em razão de o agente público vir a ocupar outro cargo ou deixar o cargo que ocupava, qualquer que seja o motivo".

Referida orientação foi estabelecida **apenas para parlamentares federais**, não tendo havido definição de interpretação em relação às demais autoridades, apesar de críticas de ministros para que a definição fosse geral.

Em momento seguinte, a 1ª Turma do STF ampliou o entendimento nos seguintes termos: a 1ª Turma do STF estabeleceu que a *ratio decidendi* do precedente firmado pela Questão de Ordem na AP 937 aplica-se a toda e qualquer autoridade que possua prerrogativa de foro, pois "a discussão acerca da possibilidade de modificação da orientação jurisprudencial foi conduzida objetivamente pelo Plenário em consideração aos parâmetros gerais da sobredita modalidade de competência especial, isto é, sem qualquer valoração especial da condição de parlamentar do réu da AP 937" (Inq 4.703-QO, j. 12-6-2018).

Ainda, a Corte admitiu a (manutenção) da competência do STF na hipótese de parlamentares federais em duas situações, flexibilizando a ideia de necessário nexo de causalidade direto com a função exercida:

- **continuidade do cargo exercido (mesmo cargo):** A 1ª Turma do STF flexibilizou a regra estabelecida na AP 937-QO, para reconhecer a manutenção da prerrogativa de foro na hipótese de continuidade no cargo exercido, sendo exercidas as mesmas funções (RE 1.240.599-AgR e RE 1.253.213-AgR, j. 8-6-2020);
- **mandatos cruzados:** "o Tribunal, por maioria (8 × 3), deu provimento ao agravo regimental, para assentar a **manutenção da competência criminal originária do Supremo Tribunal Federal** em hipóteses como a dos presentes autos, em que verificada a existência de 'mandatos cruzados' **exclusivamente de parlamentar federal**, ou seja, de parlamentar investido, sem solução de continuidade, em mandato em Casa Legislativa diversa daquela que originalmente deu causa à fixação da competência originária (art. 102, I, *b*, da Constituição Federal), nos termos do voto do Ministro Edson Fachin, Redator para o acórdão, vencidos os Ministros Rosa Weber (Relatora), Roberto Barroso e Marco Aurélio. Plenário, Sessão Virtual de 30-4-2021 a 11-5-2021 (PET 9.189, j. 14-5- 2021)".

Apesar desse alargamento, em vários outros precedentes a Corte estabeleceu que "as normas que estabelecem o foro por prerrogativa de função são **excepcionais** e devem ser **interpretadas restritivamente**, não cabendo ao legislador constituinte estadual estabelecer foro por prerrogativa de função a autoridades diversas daquelas listadas na Constituição Federal, a qual não cita defensores públicos nem procuradores" (ADI 6.501, Pleno, j. 23-8-2021, *Informativo* 1.026/STF). Nesse sentido, estabeleceu-se a seguinte tese:

- "É inconstitucional norma de Constituição Estadual que estende o foro por prerrogativa de função a autoridades não contempladas pela Constituição Federal de forma expressa ou por simetria".

9.4.3. As imunidades parlamentares podem ser renunciadas?

Não! As **imunidades parlamentares são irrenunciáveis** na medida em que decorrem da função exercida e não da pessoa do parlamentar.

9.4.4. As imunidades parlamentares se estendem aos suplentes?

As imunidades parlamentares são prerrogativas que decorrem do efetivo exercício da função parlamentar. Não são garantias da pessoa, mas direitos inerentes à função e ao cargo. Assim, as imunidades, inclusive a prerrogativa de foro, **não** se estendem aos suplentes, a não ser que assumam o cargo ou estejam em seu efetivo exercício.

9.4.5. Parlamentares estaduais e do DF

De acordo com o art. 27, § 1º, CF/88, será de 4 anos o mandato dos Deputados Estaduais, aplicando-se-lhes as regras da Constituição Federal sobre sistema eleitoral, inviolabilidade, **imunidades**, remuneração, perda de mandato, licença, impedimentos e incorporação às Forças Armadas, disposição aplicada aos deputados distritais por força do art. 32, § 3º.

Em 8-5-2019, o Plenário do STF, por 6 x 5, negou as medidas cautelares nas ADIs 5.823, 5.824 e 5.825, fixando o entendimento de que as regras da Constituição Federal relativas às imunidades formal e material dos Deputados Federais são aplicáveis aos Deputados Estaduais e do DF (mérito pendente).

9.4.6. Parlamentares municipais

De acordo com o art. 29, VIII, como já visto, os Municípios reger-se-ão por lei orgânica, que deverá obedecer, dentre outras regras, à da inviolabilidade dos Vereadores por suas opiniões, palavras e votos no exercício do mandato e na circunscrição do Município.

> Assim, os Vereadores Municipais, e muito cuidado agora, somente terão **imunidade material** e na **circunscrição municipal**, não lhes tendo sido atribuída a imunidade formal ou processual.

9.5. Incompatibilidades e impedimentos dos parlamentares federais

Em decorrência de sua nobre função, aos parlamentares é vedado o exercício de algumas atividades, bem como determinados comportamentos, desde a expedição do diploma e, posteriormente, após tomarem posse. Os Deputados e Senadores não poderão, conforme enuncia o art. 54, I e II, da CF/88:

I – Desde a expedição do diploma	■ firmar ou manter contrato com pessoa jurídica de direito público, autarquia, empresa pública, sociedade de economia mista ou empresa concessionária de serviço público, salvo quando o contrato obedecer a cláusulas uniformes; ■ aceitar ou exercer cargo, função ou emprego remunerado, inclusive os de que sejam demissíveis *ad nutum*, nas entidades constantes da alínea anterior.
II – Desde a posse	■ ser proprietários, controladores ou diretores de empresa que goze de favor decorrente de contrato com pessoa jurídica de direito público, ou nela exercer função remunerada; ■ ocupar cargo ou função de que sejam demissíveis *ad nutum*, nas entidades referidas no inciso I, *a*; ■ patrocinar causa em que seja interessada qualquer das entidades a que se refere o inciso I, *a*; ■ ser titulares de mais de um cargo ou mandato público eletivo.

9.6. Perda do mandato do Deputado ou Senador

O art. 55 da CF/88 estabelece que **perderá o mandato** o parlamentar federal:

Hipóteses de perda do mandato (art. 55)	Peculiaridades
I – quando o parlamentar infringir qualquer das proibições estabelecidas no art. 54 (quadro anterior);	§ 2º a perda do mandato será **decidida** pela **Câmara dos Deputados ou pelo Senado Federal**, por **maioria absoluta**, mediante provocação da respectiva Mesa ou de partido político representado no Congresso Nacional, assegurada ampla defesa.
II – cujo procedimento for declarado incompatível com o **decoro parlamentar**;	§ 1º É incompatível com o **decoro parlamentar**, além dos casos definidos no regimento interno, o abuso das prerrogativas asseguradas a membro do Congresso Nacional ou a percepção de vantagens indevidas. Nesta hipótese, de acordo com o § 2º do art. 55, a **perda do mandato** será **decidida** pela **Câmara dos Deputados ou pelo Senado Federal**, por **maioria absoluta**, mediante provocação da respectiva Mesa ou de partido político representado no Congresso Nacional, assegurada ampla defesa.
III – que deixar de comparecer, em cada sessão legislativa, à terça parte das sessões ordinárias da Casa a que pertencer, salvo licença ou missão por esta autorizada;	§ 3º a perda do mandato será **declarada** pela **Mesa da Casa respectiva**, de ofício ou mediante provocação de qualquer de seus membros, ou de partido político representado no Congresso Nacional, assegurada ampla defesa.
IV – que **perder** ou tiver **suspensos** os **direitos políticos** (Obs.: sabemos ser, na vigência da CF/88, **vedada a cassação de direitos** políticos. Porém, o art. 15 da CF/88 estabelece hipóteses de **perda** e **suspensão**);	§ 3º a perda do mandato será **declarada** pela **Mesa da Casa respectiva**, de ofício ou mediante provocação de qualquer de seus membros, ou de partido político representado no Congresso Nacional, assegurada ampla defesa.
V – quando o decretar a **Justiça Eleitoral**, nos casos previstos nesta Constituição;	§ 3º a perda do mandato será **declarada** pela **Mesa da Casa respectiva**, de ofício ou mediante provocação de qualquer de seus membros, ou de partido político representado no Congresso Nacional, assegurada ampla defesa.
VI – que sofrer condenação criminal em sentença transitada em julgado.	§ 2º a perda do mandato será **decidida** pela **Câmara dos Deputados ou pelo Senado Federal**, por **maioria absoluta**, mediante provocação da respectiva Mesa ou de partido político representado no Congresso Nacional, assegurada ampla defesa.

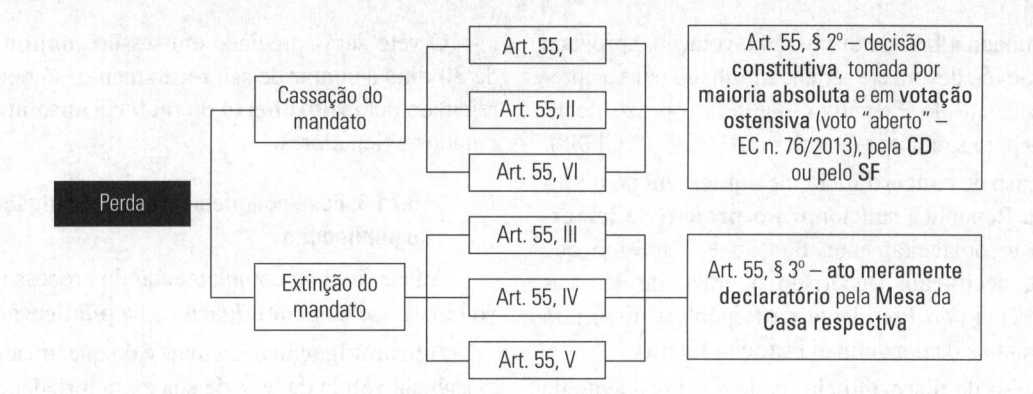

```
                                    ┌── Art. 55, I ──┐
                  ┌─ Cassação do ───┼── Art. 55, II ─┤   Art. 55, § 2º – decisão
                  │   mandato       │                │   constitutiva, tomada por
                  │                 └── Art. 55, VI ─┤   maioria absoluta e em votação
                  │                                  │   ostensiva (voto "aberto" –
    Perda ────────┤                                  │   EC n. 76/2013), pela CD
                  │                 ┌── Art. 55, III ┤   ou pelo SF
                  │                 │                
                  └─ Extinção do ───┼── Art. 55, IV ─┐   Art. 55, § 3º – ato meramente
                      mandato       │                │   declaratório pela Mesa da
                                    └── Art. 55, V ──┘   Casa respectiva
```

9.7. Processo legislativo

O processo legislativo consiste nas regras procedimentais, constitucionalmente previstas, para a elaboração das espécies normativas, previstas no art. 59, a saber:

- emendas à Constituição;
- leis complementares;
- leis ordinárias;
- leis delegadas;
- medidas provisórias;
- decretos legislativos;
- resoluções.

9.7.1. Leis ordinárias e complementares

O processo legislativo de formação das leis ordinárias e complementares compreende 3 fases distintas, a saber: **fase de iniciativa**; **fase constitutiva**; e **fase complementar**.

9.7.1.1. Fase de iniciativa

A primeira fase do processo legislativo é a **fase de iniciativa**, *deflagradora*, *iniciadora*, *instauradora* de um procedimento que deverá culminar, desde que preenchidos todos os requisitos e seguidos todos os trâmites, com a formação da espécie normativa.

Qualquer vício nessa fase de iniciativa vai gerar o denominado vício formal subjetivo de inconstitucionalidade, que se mostra insanável e incurável.

Algumas leis são de **iniciativa privativa** de determinadas pessoas ou órgãos, só podendo o processo legislativo ser deflagrado por eles, sob pena de se configurar vício formal de iniciativa, caracterizador da inconstitucionalidade do referido ato normativo.

Muito embora a Constituição fale em competência privativa, melhor seria dizer, em muitas das hipóteses, **competência exclusiva** (ou **reservada**), em razão da marca de sua indelegabilidade.

Como exemplo, temos o art. 61, § 1º, que descreve leis de iniciativa "privativa" (ou melhor, reservada) do Presidente da República e que devem ser decoradas para a prova da OAB. Nesse rol há uma exceção, qual seja, o **art. 61, § 1º, II, d**, que prevê a organização do MPU. Essa matéria, contudo, é, também, de competência (no caso, então, concorrente) do PGR, na forma do art. 128, § 5º.

> As hipóteses previstas na Constituição Federal de iniciativa reservada do Presidente da República, pelos **princípios da simetria** e da **separação de Poderes**, devem ser observadas em âmbito estadual, distrital e municipal, ou seja, referidas matérias terão de ser iniciadas pelos Chefes do Executivo (Governadores dos Estados e do DF e Prefeitos), sob pena de se configurar inconstitucionalidade formal subjetiva.

9.7.1.2. Fase constitutiva

Nesta segunda fase do processo legislativo, teremos a conjugação de vontades, tanto do **Legislativo** (deliberação parlamentar – discussão e votação) como do **Executivo** (deliberação executiva – sanção ou veto).

Em decorrência do **bicameralismo federativo**, tratando-se de processo legislativo de lei federal, sempre haverá a apreciação de duas casas: a **Casa iniciadora** e a **Casa revisora**. Assim, para que o projeto de lei complementar e ordinária seja apreciado pelo Chefe do Executivo, necessariamente, deverá ter sido, previamente, apreciado e **aprovado** pelas duas Casas, a Câmara dos Deputados e o Senado Federal.

A matéria constante de projeto de lei rejeitado somente poderá constituir objeto de novo projeto, na mesma sessão legislativa, mediante proposta da maioria absoluta dos membros de qualquer das Casas do Congresso Nacional (art. 67, CF/88).

Terminada a fase de discussão e votação, aprovado o projeto de lei, deverá ele ser encaminhado para a apreciação do Chefe do Executivo, que terá o prazo de **15 dias úteis** para sancionar ou vetar (art. 66, § 1º, CF/88).

Em caso de **concordância**, de **aquiescência**, o Presidente da República **sancionará o projeto de lei**, expressamente ou tacitamente. Sanção é o mesmo que **anuência**, **aceitação**. Decorrido o prazo de 15 dias úteis, o silêncio do Presidente da República importará sanção (trata-se da denominada **sanção tácita**).

Em caso de **discordância**, poderá o Presidente da República **vetar** o projeto de lei, total ou parcialmente, devendo ser observadas as seguintes regras:

- **prazo para vetar:** 15 dias úteis, contados da data do recebimento;
- **tipos de veto:** total ou parcial. Ou se veta todo o projeto de lei (veto total), ou somente parte dele. O veto parcial só abrangerá **texto integral de artigo, de parágrafo, de inciso ou de alínea**. Assim, pode-se afirmar que **não** existe **veto de palavras**, o que poderia alterar, profundamente, o sentido do texto. Na hipótese de veto parcial, haverá análise pelo Congresso Nacional apenas da parte vetada, o que significa que a parte não vetada, que será promulgada e publicada, poderá entrar em vigor em momento anterior à referida parte vetada (veto parcial), se este vier a ser derrubado;
- **motivos do veto:** vetando o projeto de lei, total ou parcialmente, o Presidente da República deverá comunicar ao Presidente do Senado Federal os **motivos do veto** no prazo de **48 horas**. Poderá o Presidente da República vetar o projeto de lei se entendê-lo **inconstitucional** (veto jurídico), ou **contrário ao interesse público** (veto político);
- **características do veto:** o veto é sempre **expresso**, conforme visto. Assim, não existe veto tácito, devendo ser **motivado** e por **escrito**. O veto é sempre **supressivo**, não podendo adicionar. Além disso, o veto é **superável** ou **relativo**, pois poderá ser "derrubado" pelo Parlamento. Podemos afirmar, também, que o veto é **irretratável**, pois, vetando e encaminhando os motivos para o Senado Federal, o Presidente da República não poderá retratar-se;
- **veto sem motivação:** se o Presidente da República simplesmente vetar, sem explicar os motivos de seu ato, estaremos diante da **inexistência** do veto; portanto, o veto sem motivação expressa produzirá os mesmos efeitos da sanção (no caso, tácita).

O veto será apreciado em **sessão conjunta**, dentro de **30 dias** a contar de seu recebimento, só podendo ser rejeitado pelo **voto aberto da maioria absoluta** dos Deputados e Senadores.

9.7.1.3. Fase complementar – promulgação e publicação

A fase final ou complementar do processo legislativo biparte-se na **promulgação** e na **publicação** da lei.

A **promulgação** nada mais é do que um atestado da existência válida da lei e de sua executoriedade.

A lei deverá ser promulgada pelo Presidente da República. Se no prazo de 48 horas não houver promulgação, nas hipóteses do art. 66, § 3º (sanção tácita) e § 5º (derrubada do veto pelo Congresso), a lei será promulgada pelo Presidente do Senado Federal e, se este não o fizer em igual prazo, pelo Vice-Presidente do Senado Federal.

Promulgada a lei, ela deverá ser **publicada**, ato pelo qual se levará ao conhecimento de todos o conteúdo da inovação legislativa.

Por meio da **publicação**, tem-se o estabelecimento do momento em que o cumprimento da lei deverá ser exigido.

A lei começa a vigorar em todo o País **45 dias** depois de oficialmente publicada, salvo disposição expressa em contrário.

Nos Estados estrangeiros, a obrigatoriedade da lei brasileira, quando admitida, inicia-se **3 meses** depois de oficialmente publicada.

Algumas exceções à regra geral também foram previstas na Constituição nos arts. 150, III, *b*, e 195, § 6º.

O período que vai da publicação da lei à sua vigência chama-se *vacatio legis*.

9.7.1.4. Lei complementar e lei ordinária: diferenças

Existem duas grandes diferenças entre a lei complementar e a ordinária, uma do ponto de vista **material** e outra do ponto de vista **formal**.

Do ponto de vista **material**, as hipóteses de regulamentação da Constituição por meio de **lei complementar** estão **taxativamente** previstas no texto Maior, enquanto as **leis ordinárias** têm um campo material **residual**, ou seja, tudo o que não for regulamentado por lei complementar, decreto legislativo ou resoluções será regulamentado por lei ordinária.

No tocante ao **aspecto formal**, a grande diferença entre lei complementar e lei ordinária está no *quorum* de **aprovação** do respectivo projeto de lei. Enquanto a **lei** complementar é aprovada por **maioria absoluta**, as **leis ordinárias** o serão por **maioria simples** ou **relativa**.

Finalmente, o STF se posicionou no sentido da **inexistência de hierarquia** entre lei complementar e lei ordinária, tratando-se de campos materiais de atuação.

9.7.2. Emenda constitucional

As **emendas constitucionais** são produto do *Poder Constituinte Derivado Reformador*, alterando o trabalho do Poder Constituinte Originário, pelo acréscimo, modificação ou supressão de normas.

Ao contrário do constituinte originário, que é juridicamente ilimitado, o poder constituinte derivado é condicionado, submetendo-se a algumas limitações, expressamente previstas, ou decorrentes do sistema. Trata-se das limitações **expressas** ou **explícitas** (*formais* ou *procedimentais, circunstanciais* e *materiais*) e das **implícitas**, estando aquelas previstas no art. 60 da Constituição.

9.7.2.1. Limitações formais ou procedimentais (art. 60, I, II, III e §§ 2º, 3º e 5º)

Quanto à iniciativa: trata-se de **iniciativa privativa** e **concorrente**. A Constituição, e vamos decorar, só poderá ser emendada mediante proposta:

- de 1/3, no mínimo, dos membros da Câmara dos Deputados ou do Senado Federal;
- do Presidente da República;
- de mais da metade das Assembleias Legislativas das unidades da Federação, manifestando-se, cada uma delas, pela **maioria relativa** de seus membros.

Quorum **de aprovação:** a proposta de emenda será discutida e votada em cada Casa do Congresso Nacional, em **2 turnos**, considerando-se aprovada se obtiver, em ambos, **3/5** dos votos dos respectivos membros.

Promulgação: pelas **Mesas da Câmara dos Deputados** e do **Senado Federal**, com o seu respectivo **número de ordem**.

Proposta de emenda rejeitada ou havida por prejudicada: não pode ser objeto de nova apresentação na mesma sessão legislativa.

9.7.2.2. Limitações circunstanciais (art. 60, § 1º)

A Constituição não poderá ser emendada na vigência de:

- intervenção federal;
- estado de defesa;
- estado de sítio.

9.7.2.3. Limitações materiais (art. 60, § 4º)

Não será objeto de deliberação a proposta de emenda tendente a abolir:

- a forma federativa de Estado;
- o voto direto, secreto, universal e periódico;
- a separação dos Poderes;
- os direitos e garantias individuais.

> Muito embora haja previsão constitucional do voto obrigatório nas hipóteses previstas na Constituição, **a obrigatoriedade do voto não é cláusula pétrea**, podendo ser aprovada emenda constitucional tornando-o facultativo. Conforme visto acima, a cláusula pétrea é o voto direto, secreto, universal e periódico, e **não o voto obrigatório**.

9.7.2.4. Limitações implícitas

Até agora, estudamos as limitações expressas. Resta verificar quais seriam as limitações implícitas.

A doutrina aponta duas limitações implícitas. São elas:

- as **próprias limitações expressas** já apontadas; e
- a **impossibilidade de se alterar tanto o titular do poder constituinte originário** como o **titular do poder constituinte derivado reformador**.

9.7.2.5. Tratados e convenções internacionais sobre direitos humanos e a sua equivalência com as emendas constitucionais – EC n. 45/2004

> Nos termos do § 3º do art. 5º, introduzido pela **EC n. 45/2004** (**Reforma do Judiciário**), os tratados e convenções internacionais sobre **direitos humanos** que forem aprovados, em cada Casa do Congresso Nacional, em dois turnos, por 3/5 dos votos dos respectivos membros, serão **equivalentes** às **emendas constitucionais** e, assim, terão natureza constitucional.

Como exemplo, destacamos o **Decreto Legislativo n. 186, de 9-7-2008**, que aprova o texto da *Convenção sobre os Direitos das Pessoas com Deficiência* e de seu *Protocolo Facultativo*, assinados em Nova Iorque, em 30 de março de 2007, tendo sido incorporado ao ordenamento jurídico brasileiro com o *status* de norma constitucional.

9.7.3. Lei delegada

A lei delegada caracteriza-se como exceção ao **princípio da indelegabilidade de atribuições**, na medida em que a sua elaboração é antecedida de delegação de atribuição do Poder Legislativo ao Executivo, através da chamada delegação *externa corporis*. Logo, quem elabora a Lei Delegada é o **Presidente da República**.

> **Art. 68, CF/88**
> As leis delegadas serão elaboradas pelo Presidente da República, que deverá solicitar a delegação ao Congresso Nacional.
> § 1º Não serão objeto de delegação os atos de competência exclusiva do Congresso Nacional, os de competência privativa da Câmara dos Deputados ou do Senado Federal, a matéria reservada à lei complementar, nem a legislação sobre:
> I – organização do Poder Judiciário e do Ministério Público, a carreira e a garantia de seus membros;
> II – nacionalidade, cidadania, direitos individuais, políticos e eleitorais;
> III – planos plurianuais, diretrizes orçamentárias e orçamentos.
> § 2º A delegação ao Presidente da República terá a forma de **resolução** do Congresso Nacional, que especificará seu conteúdo e os termos de seu exercício.
> § 3º Se a resolução determinar a apreciação do projeto pelo Congresso Nacional, este a fará em votação única, vedada qualquer emenda.

9.7.4. Medida provisória

9.7.4.1. MP – Regras gerais

- **legitimado para a edição da MP:** exclusivamente por ato unilateral do Presidente da República (competência **exclusiva**, marcada por sua **indelegabilidade**). Os Governadores de Estado e do DF, assim como os Prefeitos, podem editar a medida provisória se prevista esta atribuição nas Constituições estaduais e nas leis orgânicas e seguindo a simetria da Constituição Federal;
- **pressupostos constitucionais:** relevância e urgência. Os requisitos conjugam-se;
- **prazo de duração da MP:** 60 dias, prorrogável, uma vez, por igual período (novos 60 dias);
- **eficácia:** as MPS perderão eficácia, desde a edição, se não forem convertidas em lei no prazo de **60 dias**, prorrogável, uma vez, por igual período (**novos 60 dias**), devendo o Congresso Nacional disciplinar, por **decreto legislativo**, as relações jurídicas delas decorrentes;
- **regime de urgência constitucional:** se a medida provisória não for apreciada em até **45 dias** contados de sua **publicação**, entrará em **regime de urgência**, subsequentemente, em cada uma das Casas do Congresso Nacional, ficando sobrestadas, até que se ultime a votação, todas as demais deliberações legislativas da Casa em que estiver tramitando;

> Cabe alertar que o STF estabeleceu que não haverá travamento de pauta em relação à tramitação de PEC, dos projetos de LC, de decreto legislativo, de resolução e, até mesmo, tratando-se de projetos de lei ordinária, daqueles que veiculem temas pré-excluídos do âmbito de incidência das medidas provisórias (CF, art. 62, § 1º, I, II e IV) (**MS 27.931**, j. 29-6-2017).

- **reedição de medida provisória:** vedada na mesma **sessão legislativa**. Portanto, possível na sessão legislativa seguinte.

Editada a medida provisória, o Congresso Nacional poderá tomar as seguintes atitudes:

- **aprovação sem alteração**;
- **aprovação com alteração**.

Isso significa que o Parlamento poderá apresentar emendas ao texto original. Nesse caso, contudo, as modificações parlamentares deverão guardar pertinência temática com o conteúdo da MP, sob pena de ser caracterizar verdadeiro "**contrabando legislativo**", como denominou o STF (ADI 5.127).

Aprovado **projeto de lei de conversão** alterando o texto original da medida provisória, esta se manterá integralmente em vigor até que seja sancionado ou vetado o projeto (art. 62, § 12).

- **não apreciação (rejeição tácita)**;
- **rejeição expressa**.

9.7.4.2. MP – limites materiais

> **Art. 62, CF/88:**
> § 1º É vedada a edição de medidas provisórias sobre matéria:
> I – relativa a:
> a) nacionalidade, cidadania, direitos políticos, partidos políticos e direito eleitoral;
> b) direito penal, processual penal e processual civil;
> c) organização do Poder Judiciário e do Ministério Público, a carreira e a garantia de seus membros;
> d) planos plurianuais, diretrizes orçamentárias, orçamento e créditos adicionais e suplementares, ressalvado o previsto no art. 167, § 3º;

II – que vise a detenção ou sequestro de bens, de poupança popular ou qualquer outro ativo financeiro;
III – reservada a lei complementar;
IV – já disciplinada em projeto de lei aprovado pelo Congresso Nacional e pendente de sanção ou veto do Presidente da República.

Além desses limites materiais, outros devem ser lembrados:

- **art. 246**: é vedada a adoção de medida provisória na regulamentação de artigo da Constituição cuja redação tenha sido alterada por meio de emenda promulgada entre 1º de janeiro de 1995 e a promulgação da EC n. 32/2001, inclusive;
- **matérias que não podem ser objeto de delegação legislativa**: art. 68, § 1º, pela própria natureza do ato que reforça o princípio da indelegabilidade de atribuições;
- **matérias reservadas às resoluções e aos decretos legislativos**: por serem de competência das Casas ou do próprio Congresso Nacional;
- **art. 25, § 2º, da CF/88**: "Cabe aos Estados explorar diretamente, ou mediante concessão, os serviços locais de gás canalizado, na forma da lei, vedada a edição de medida provisória para a sua regulamentação";
- **art. 73 do ADCT**: acrescentado pela ECR n. 1/94, que já teve a sua eficácia exaurida, vedando a regulação do Fundo Social de Emergência, criado inicialmente para os exercícios financeiros de 1994 e 1995, por medida provisória;
- **art. 2º da EC n. 8/95**: veda a adoção de medida provisória para regulamentar o disposto no inciso XI do art. 21 da CF/88;
- **art. 3º da EC n. 9/95**: veda a adoção de medida provisória na regulamentação da matéria prevista nos incisos I a IV e nos §§ 1º e 2º do art. 177 da CF/88.

9.7.4.3. Medidas provisórias editadas em data anterior à EC n. 32/2001

De acordo com o art. 2º da EC n. 32/2001, as medidas provisórias editadas em data anterior à da publicação dessa emenda **continuam em vigor** até que medida provisória ulterior as revogue explicitamente ou até deliberação definitiva do Congresso Nacional.

9.7.5. Decreto legislativo

O decreto legislativo é o instrumento normativo pelo qual serão materializadas as **competências exclusivas do Congresso Nacional**, previstas no art. 49 (decore!).

Além das matérias do art. 49 da CF/88, o Congresso Nacional deverá regulamentar, por decreto legislativo, os efeitos decorrentes da medida provisória não convertida em lei.

Deflagrado o processo legislativo, ocorrerá discussão no Congresso, e, havendo aprovação do projeto (pela maioria simples, art. 47), passa-se, imediatamente, à promulgação, realizada pelo **Presidente do Senado Federal**, que determinará a sua publicação. Não existe manifestação do Presidente da República, sancionando ou vetando o decreto legislativo, pela própria natureza do ato (pois versa sobre matérias de competência do Congresso), bem como em virtude de expressa previsão constitucional (art. 48, *caput*).

9.7.6. Resolução

Por meio das resoluções regulamentar-se-ão as matérias de competência privativa da Câmara dos Deputados (art. 51), do Senado Federal (art. 52) e algumas de competência do Congresso Nacional, fixadas, além das poucas hipóteses constitucionais, regimentalmente.

Uma vez aprovada (maioria simples – art. 47), passa-se à promulgação, que será realizada pelo Presidente da Casa (Câmara ou Senado) e, no caso de resolução do Congresso, pelo Presidente do Senado Federal. Os mencionados Presidentes determinarão a publicação.

Um alerta: a fixação da **remuneração** dos cargos, empregos e funções dos serviços de cada uma das Casas dar-se-á por **lei ordinária** do Congresso Nacional, de iniciativa reservada da Câmara ou do Senado (arts. 51, IV, e 52, XIII), e não por resolução.

9.8. Função fiscalizatória exercida pelo Legislativo e o Tribunal de Contas

9.8.1. Regras gerais

Além da função típica de legislar, ao Legislativo também foi atribuída função **fiscalizatória**.

De modo geral, todo Poder deverá manter, de forma integrada, sistema de **controle interno fiscalizatório**, conforme estabelece o art. 74, *caput*.

Em relação ao Legislativo, além do controle interno (inerente a todo Poder), também realiza **controle externo**, por meio da fiscalização contábil, financeira, orçamentária, operacional e patrimonial da União e das entidades da administração direta (pertencentes ao Executivo, Legislativo e Judiciário) e indireta, levando-se em consideração a legalidade, legitimidade, economicidade, aplicação das subvenções e renúncia de receitas.

A Constituição consagra, dessa forma, um sistema harmônico, integrado e sistêmico de perfeita convivência entre os **controles internos** de cada Poder e o **controle externo** exercido pelo **Legislativo**, com o auxílio do Tribunal de Contas.

As atribuições do Tribunal de Contas estão previstas no art. 71 e deverão ser lidas para a prova. Fazemos um destaque para os incisos I ("apreciar") e II ("julgar") do art. 71 e passamos a explicar.

O julgamento das contas dos Chefes dos Executivos não é feito pelo Tribunal de Contas, mas pelo respectivo Poder Legislativo. O Tribunal de Contas apenas aprecia as contas, mediante parecer prévio conclusivo, que deverá ser elaborado em 60 dias a contar de seu recebimento.

Nesse sentido, o art. 49, IX, da CF/88 estabelece ser competência exclusiva do Congresso Nacional **julgar** anualmente as contas prestadas pelo Presidente da República e apreciar os relatórios sobre a execução dos planos de governo. Portanto, quem julga as contas é o Poder Legislativo de cada ente federativo.

Por sua vez, o art. 71, II, dá total autonomia para o TCU **julgar** – e agora percebam que o verbo é "**julgar**", e não "apreciar" – as contas dos administradores e demais responsáveis por dinheiros, bens e valores públicos da administração direta e indireta, incluídas as fundações e sociedades instituídas e mantidas pelo Poder Público federal e as contas daqueles que derem causa a perda, extravio ou outra irregularidade de que resulte prejuízo ao erário público.

Finalmente, devemos alertar que o Tribunal de Contas não é órgão do Poder Judiciário (não está elencado no art. 92 e não exerce jurisdição no sentido de definitividade), nem mesmo do Legislativo.

As Cortes de Contas (todas elas em seus âmbitos) gozam das prerrogativas da autonomia e do autogoverno, o que inclui a iniciativa reservada para "instaurar processo legislativo que pretenda alterar sua organização e seu funcionamento, como resulta da interpretação sistemática dos arts. 73, 75 e 96" da CF/88 (ADI 4.418-MC, j. 6-10-2010; e ADI 1.994, j. 24-5-2006, entendimento reiterado no julgamento da ADI 5.323, j. 11-4-2019).

Ainda, assentou-se no julgado anterior, "a jurisprudência do Supremo Tribunal Federal tem se orientado no sentido de reconhecer a inconstitucionalidade formal, por vício de iniciativa, das disposições que, sendo oriundas de proposição parlamentar **ou mesmo de emenda parlamentar**, impliquem alteração na organização, na estrutura interna ou no funcionamento dos tribunais de contas" (precedentes: ADI 3.223; ADI 1.994/ES, Rel. Min. Eros Grau, *DJ* de 8-9-2006; ADI 789/DF).

9.8.2. Ministros do TCU

O Tribunal de Contas da União, integrado por **9 Ministros**, tem sede no Distrito Federal, quadro próprio de pessoal e exerce as suas atribuições em todo o território nacional.

Os Ministros do Tribunal de Contas da União serão nomeados dentre brasileiros que satisfaçam os seguintes **requisitos**:

- mais de 35 e menos de 70 anos de idade (EC n. 122/2022);
- idoneidade moral e reputação ilibada;
- notórios conhecimentos jurídicos, contábeis, econômicos e financeiros ou de administração pública;
- mais de 10 anos de exercício de função ou de efetiva atividade profissional que exija os conhecimentos mencionados no inciso anterior.

Os **Ministros do TCU**, que terão as mesmas garantias, prerrogativas, impedimentos, vencimentos e vantagens dos Ministros do STJ, aplicando-se-lhes, quanto à aposentadoria e pensão, as normas constantes do art. 40, serão **escolhidos**:

- 1/3 pelo Presidente da República, com aprovação do Senado Federal, sendo dois alternadamente dentre auditores e membros do Ministério Público junto ao Tribunal, indicados em lista tríplice pelo Tribunal, segundo os critérios de antiguidade e merecimento;
- 2/3 pelo Congresso Nacional.

9.8.3. Tribunais de Contas Estaduais

As Constituições estaduais disporão sobre os Tribunais de Contas respectivos, que serão integrados por **7 Conselheiros**.

Partindo da regra de escolha fixada para o TCU (9 Ministros nomeados na forma do art. 73, § 2º, I e II), o STF definiu a forma de escolha dos referidos Conselheiros estaduais nos seguintes termos:

STF – Súmula 653
No Tribunal de Contas estadual, composto por sete conselheiros, **quatro** devem ser escolhidos pela **Assembleia Legislativa** e **três** pelo **Chefe do Poder Executivo estadual**, cabendo a este indicar um dentre auditores e outro dentre membros do MP especial, e **um** terceiro à sua livre escolha.

9.8.4. Tribunais de Contas Municipais

A Constituição veda a criação de Tribunais, Conselhos ou órgãos de Contas Municipais (art. 31, § 4º). Contudo, os que já existiam, como os de São Paulo e Rio de Janeiro, permanecem.

Devemos alertar que o STF entendeu ser **possível a extinção de Tribunal de Contas dos Municípios por emenda constitucional estadual**, transferindo-se as suas competências para o Tribunal de Contas do Estado (**ADI 5.763**, Pleno, j. 26-10-2017, *DJE* de 23-10-2019). Conforme informado, "os Estados, considerada a existência de tribunal de contas estadual e de tribunais de contas municipais, podem optar por concentrar o exame de todas as despesas em apenas um órgão, sem prejuízo do efetivo controle externo. O meio adequado para fazê-lo é a promulgação de norma constitucional local" (*Inf. 883/STF*).

A fiscalização do Município será exercida pelo Poder Legislativo Municipal, mediante controle externo, e pelos sistemas de controle interno do Poder Executivo Municipal, na forma da lei.

O controle externo da Câmara Municipal será exercido com o **auxílio** dos Tribunais de Contas dos Estados ou do Município ou dos Conselhos ou Tribunais de Contas dos Municípios, onde houver.

O parecer prévio, emitido pelo órgão competente sobre as contas que o Prefeito deve anualmente prestar só deixará de prevalecer por decisão de **2/3** dos membros da Câmara Municipal.

A Corte, em votação bastante apertada (6 x 5), ao analisar a literalidade do art. 31, § 2º, que estabelece que o parecer prévio emitido pelo Tribunal de Contas "*só deixará de prevalecer*" por decisão de 2/3 do Parlamento, fixou a seguinte **tese** (a partir do que denominou interpretação sistêmica da referida expressão): "o **parecer técnico** elaborado pelo Tribunal de Contas tem **natureza meramente opinativa**, competindo exclusivamente à Câmara de Vereadores o julgamento das contas anuais do Chefe do Poder Executivo local, sendo incabível o julgamento ficto das contas por decurso de prazo" (RE 729.744, Pleno, j. 10-8-2016).

Mas um **ALERTA**: em outro julgado, em momento seguinte, decidiu o STF que, apesar de o parecer técnico elaborado pelo Tribunal de Contas ter natureza meramente opinativa, a sua emissão é **imprescindível** (Inf. 847/STF, ADI 3.077, Plenário, j. 16-11-2016).

As contas dos Municípios ficarão, durante 60 dias, anualmente, à disposição de qualquer contribuinte, para exame e apreciação, o qual poderá questionar-lhes a legitimidade, nos termos da lei.

10. PODER EXECUTIVO

Exercendo funções típicas, o órgão executivo pratica atos de chefia de Estado, chefia de governo e atos de administração. **Atipicamente**, o Executivo *legisla*, por exemplo, por meio de medida provisória e *julga*, no "contencioso administrativo".

O sistema de governo adotado pela Constituição, mantido pelo plebiscito previsto no art. 2º do ADCT, é o **presidencialista**, influenciado, historicamente, pela experiência norte-americana. Trata-se, inclusive, de tradição do direito constitucional pátrio, vivenciada durante toda a República, com exceção do período de 1961/1963.

Podemos afirmar, então, seguindo as lições de Maurice Duverger, que o Brasil adotou o *executivo monocrático*, e não *dual* ou *dualista* como no Parlamentarismo.

10.1. O exercício do Poder Executivo no Brasil

O Poder Executivo no Brasil, conforme estabelece o art. 76 da CF/88, é exercido pelo **Presidente da República**, auxiliado pelos Ministros de Estado.

Em **âmbito estadual**, o Poder Executivo é exercido pelo Governador de Estado; em âmbito do DF, pelo Governador do DF; em âmbito municipal, pelo Prefeito, todos, por regra, eleitos pelo voto direto, secreto, universal e periódico.

Finalmente, devemos destacar que a direção dos Territórios Federais se dará por Governador, **nomeado** pelo Presidente da República, após aprovação pelo Senado Federal. A regra no caso específico de Territórios Federais, então, preste muita atenção, é a da nomeação pelo Presidente da República.

10.2. Condições de elegibilidade

As condições de elegibilidade para o cargo de Presidente e Vice-Presidente da República são:

- ser brasileiro **nato**;
- estar no pleno exercício dos direitos políticos;
- alistamento eleitoral;
- domicílio eleitoral na circunscrição;
- filiação partidária;
- idade mínima de 35 anos;
- não ser inalistável nem analfabeto;
- não ser inelegível, nos termos do art. 14, § 7º.

10.3. Posse e mandato

Eleito o Presidente da República, juntamente com o Vice-Presidente, tomarão **posse** em sessão **conjunta** do Congresso Nacional, prestando o compromisso de manter, defender e cumprir a Constituição, observar as leis, promover o bem geral do povo brasileiro, sustentar a união, a integridade e a independência do Brasil (art. 78).

O **mandato** do Presidente da República é de **4 anos**, tendo início em **5 de janeiro** (**EC n. 111/2021**) do ano seguinte ao da sua eleição, sendo atualmente, em decorrência da EC n. 16/97, **permitida a reeleição**, para um **único período subsequente**, do Presidente da República, dos Governadores de Estado e do Distrito Federal, dos Prefeitos e de quem os houver sucedido ou substituído no curso dos mandatos.

Cabe lembrar que a **EC n. 111/2021** alterou a data da posse de 1º de janeiro para o dia 5 de janeiro, **regra essa a ser aplicada somente a partir das eleições de 2026** (art. 5º da emenda). Por esse motivo, apesar da nova regra, *Luiz Inácio Lula da Silva* e *Geraldo Alckmin*, eleitos em 2022, tomaram posse em 1º de janeiro de 2023, para cumprir o mandato até 5 de janeiro de 2027.

10.4. Impedimento e vacância dos cargos

O Presidente da República será **sucedido** pelo Vice-Presidente no caso de **vaga**, ou **substituído**, no caso de **impedimento** (art. 79). A **vacância** nos dá uma ideia de impossibilidade **definitiva** (cassação, renúncia ou morte), enquanto a **substituição** tem **caráter temporário** (por exemplo: doença, férias).

Assim, tanto na vacância como no impedimento, o Vice-Presidente assumirá o cargo, na primeira hipótese até o final do mandato e, no caso de impedimento, enquanto este durar.

E em caso de **impedimento** do Presidente e do Vice-Presidente, ou vacância de ambos os cargos? Quem deverá assumi-los? Por qual período?

De acordo com o art. 80, serão sucessivamente chamados ao exercício da presidência, nas hipóteses de **impedimento** do Presidente e do Vice e em caso de **vacância** dos cargos, na seguinte ordem:

- o Presidente da Câmara dos Deputados;
- o Presidente do Senado Federal;
- o Presidente do STF.

> E fica um alerta: conforme assentado pelo Min. Celso de Mello, "os substitutos eventuais do Presidente da República a que se refere o art. 80 da Constituição, caso ostentem a posição de réus criminais perante esta Corte Suprema, ficarão unicamente impossibilitados de exercer o ofício de Presidente da República, **embora conservem a titularidade funcional da chefia e direção de suas respectivas Casas**", não se justificando o afastamento cautelar do exercício da presidência (voto do Min. Celso de Mello, **ADPF 402**, fls. 11).

A **assunção do cargo** por referidas pessoas (ao contrário do que ocorre no caso da vacância (do cargo de Presidente) e a sua sucessão pelo Vice, que o assume definitivamente) **será em caráter temporário (substitutos eventuais** ou **legais)**.

- **vacância de AMBOS os cargos (de Presidente e de Vice) nos 2 primeiros anos do mandato:** far-se-á eleição **90 dias** depois de aberta a última vaga. Trata-se de **eleição direta**, pelo sufrágio universal e pelo voto direto e secreto, com valor igual para todos;
- **vacância de AMBOS os cargos nos últimos 2 anos do mandato:** nesta hipótese, a eleição será feita **30 dias** depois da última vaga, pelo **Congresso Nacional**, na forma da lei, ou seja, **eleição indireta**!

Nas duas situações os eleitos (novo Presidente e novo Vice-Presidente da República) deverão apenas completar o período de seus antecessores. Trata-se do denominado **"mandato-tampão"**.

E os Estados, podem legislar na hipótese de eleição indireta, definindo o procedimento, mesmo não havendo lei federal sobre o assunto?

O modelo federal, concluíram os Ministros, **não é de observância compulsória** (**ADI 1.057**, Pleno, j. 17-8-2021, *DJe* de 28-10-2021) e, havendo previsão na Constituição Estadual, poderia a Assembleia Legislativa local disciplinar a matéria, apesar da regra contida no art. 22, I (que fixa a competência da União para legislar sobre direito eleitoral). Isso porque, segundo o STF, não se trata de lei *materialmente eleitoral*, tendo em vista que apenas regula a sucessão "extravagante" do Chefe do Executivo (ADI 2.709).

10.5. Ministros de Estado

Os Ministros de Estado são escolhidos pelo Presidente da República, que os nomeia, podendo ser demitidos (exonerados) a qualquer tempo, *ad nutum*, não tendo qualquer estabilidade (art. 84, I). Os requisitos para assumir o cargo de Ministro de Estado, cargo de provimento em comissão, são, de acordo com o art. 87, *caput*:

- ser brasileiro, nato ou naturalizado (exceto para o cargo de **Ministro de Estado da Defesa**, que deverá ser preenchido por **brasileiro nato** – art. 12, § 3º, VII);
- ter mais de 21 anos de idade;
- estar no exercício dos direitos políticos.

10.6. Conselho da República e Conselho de Defesa Nacional

O Conselho da República e o Conselho de Defesa Nacional são órgãos superiores de consulta do Presidente da República e as suas manifestações **não terão caráter vinculativo** aos atos a serem tomados pelo Presidente da República.

As atribuições (que deverão ser lidas) estão previstas nos arts. 90 e 91, § 1º, tendo sido estabelecida a seguinte composição:

Conselho da República – art. 90	Conselho de Defesa Nacional – art. 91
I – o Vice-Presidente da República; II – o Presidente da Câmara dos Deputados; III – o Presidente do Senado Federal; IV – os líderes da maioria e da minoria na Câmara dos Deputados; V – os líderes da maioria e da minoria no Senado Federal; VI – o Ministro da Justiça; VII – 6 cidadãos brasileiros natos, com mais de 35 anos de idade, sendo 2 nomeados pelo Presidente da República, 2 eleitos pelo Senado Federal e 2 eleitos pela Câmara dos Deputados, todos com mandato de 3 anos, vedada a recondução.	I – o Vice-Presidente da República; II – o Presidente da Câmara dos Deputados; III – o Presidente do Senado Federal; IV – o Ministro da Justiça; V – o Ministro de Estado da Defesa; VI – o Ministro das Relações Exteriores; VII – o Ministro do Planejamento; VIII – os Comandantes da Marinha, do Exército e da Aeronáutica.

10.7. Crimes comum e de responsabilidade

10.7.1. Regras gerais

Os detentores de altos cargos públicos poderão praticar, além dos **crimes comuns**, os **crimes de responsabilidade**, vale dizer, infrações político-administrativas (crimes, portanto, de natureza **política**), submetendo-se ao processo de *impeachment*.

O procedimento é **bifásico**, tendo sido apreciado e delimitado pelo STF no julgamento da **ADPF 378**, que procurou, ao analisar o caso Dilma Rousseff, reafirmar o entendimento adotado para o processo de *impeachment* de Fernando Collor.

Compete à Câmara dos Deputados **autorizar**, por **2/3** de seus membros, a instauração de processo contra o Presidente e o Vice-Presidente da República.

O julgamento do crime comum será realizado pelo **STF** (art. 102, I, *b*), e o de responsabilidade, pelo **Senado Federal**, que é competente, no caso, para **processar e julgar** (art. 52, I).

Em relação ao crime de responsabilidade, isso significa que, havendo autorização da Câmara, o processo se inicia com a decisão do Senado Federal, momento, então, em que haverá o afastamento do Presidente da República pelo prazo de 180 dias.

O procedimento no **Senado Federal** é **trifásico**. Conforme decidiu o STF, "diante da ausência de regras específicas acerca dessas etapas iniciais do rito no Senado, deve-se seguir a mesma solução jurídica encontrada pelo STF no caso Collor, qual seja, a aplicação das regras da Lei n. 1.079/50 relativas a denúncias por crime de responsabilidade contra Ministros do STF ou contra o PGR (também processados e julgados exclusivamente pelo Senado)" (ADPF 378). Vejamos, então, graficamente, as fases no Senado Federal:

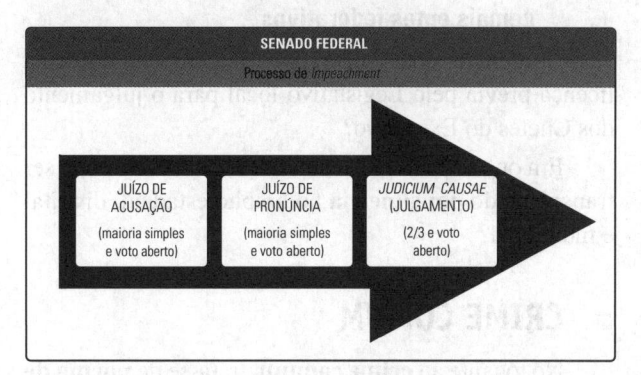

SENADO FEDERAL
Processo de *Impeachment*

JUÍZO DE ACUSAÇÃO (maioria simples e voto aberto) → JUÍZO DE PRONÚNCIA (maioria simples e voto aberto) → *JUDICIUM CAUSAE* (JULGAMENTO) (2/3 e voto aberto)

De acordo com a Constituição, são crimes de responsabilidade os atos do Presidente da República que atentem contra a Constituição Federal, devendo as hipóteses estar definidas em lei especial do Congresso Nacional, no caso a Lei n. 1.079/50.

> **STF – Súmula Vinculante 46**
> A definição dos crimes de responsabilidade e o estabelecimento das respectivas normas de processo e julgamento são da **competência legislativa privativa da União**.

Crime comum é aquele que, não sendo de responsabilidade, foi praticado *in officio* ou *propter officium*. Assim, o Presidente da República, durante a vigência do mandato, não poderá ser responsabilizado por atos estranhos ao exercício de suas funções.

Por sua vez, o **crime de responsabilidade** restará caracterizado quando houver qualquer ato que viole a Constituição, devendo estar definido em lei, no caso a Lei n. 1.079/50.

A pena do crime comum será aquela prevista na lei. No caso de crime de responsabilidade, havendo a necessidade do *quorum* de 2/3 dos Senadores e funcionando o Ministro do STF como Presidente do Julgamento, a Constituição prevê duas penas autônomas:

- perda do cargo;
- inabilitação para o exercício de função pública por 8 anos.

No julgamento do *impeachment* de Dilma Rousseff, o Senado Federal decidiu "fatiar" a votação e, assim, resolveu duas questões, isoladamente: a) houve crime de responsabilidade? Se sim, a pena imposta seria a perda do cargo; b) deve ser imposta a pena de inabilitação por 8 anos?

Em nosso entender, não poderia ter havido o "fatiamento" da Constituição, já que o texto é explícito ao falar em perda do cargo, **com inabilitação**, por oito anos, para o exercício de função pública, sem prejuízo das demais sanções judiciais cabíveis.

■ 10.7.2. A regra da licença prévia no âmbito dos demais entes federativos

Os demais entes federativos podem estabelecer a licença prévia pelo Legislativo local para o julgamento dos Chefes do Executivo?

Em outras palavras, o **art. 51, I, da CF/88** pode ser transplantado por **simetria** no âmbito estadual, distrital e municipal?

■ CRIME COMUM

No tocante ao **crime comum**, trata-se de **norma de reprodução proibida** no âmbito estadual, distrital e municipal, tendo o STF, no julgamento da **ADI 5.540** (j. 3-5-2017), superado o antigo entendimento, segundo o qual se tratava de norma de reprodução facultativa, dentro do âmbito da autonomia federativa.

> O STF, sobre o tema, estabeleceu duas regras importantes: é **inconstitucional** norma da Constituição Estadual que condicione a instauração de ação penal contra o Governador de Estado à autorização prévia da Assembleia Legislativa ou que preveja a suspensão automática do Governador de suas funções pela mera aceitação de denúncia ou queixa-crime. Assim, é **vedado** às unidades federativas instituírem normas que condicionem a instauração de ação penal contra Governador, por crime comum, à prévia autorização da casa legislativa, cabendo ao **STJ** dispor, fundamentadamente, sobre a aplicação de **medidas cautelares penais**, inclusive sobre o afastamento do cargo (**ADIs 5.540, 4.798, 4.764 e 4.797**).

■ CRIME DE RESPONSABILIDADE

No caso do **crime de responsabilidade**, o Governador será julgado por um Tribunal Especial (misto) composto de 5 membros do Legislativo e de 5 desembargadores, sob a presidência do Presidente do Tribunal de Justiça local, que terá direito de voto no caso de empate. A escolha desse Tribunal será feita – a dos membros do Legislativo, mediante eleição pela Assembleia; a dos desembargadores, mediante sorteio (art. 78, § 3º, da Lei n. 1.079/50).

Neste caso do crime de responsabilidade, por outro lado, **haverá a necessidade de autorização pela Assembleia Legislativa**. Ou seja, haverá, nesse caso, controle político pelo Parlamento Estadual, conforme se observa no processo de *impeachment* do Presidente da República (art. 51, I).

O STF decidiu que "a definição das condutas típicas configuradoras do crime de responsabilidade e o estabelecimento de regras que disciplinem o **processo e julgamento** dos agentes políticos federais, estaduais ou municipais envolvidos são da competência legislativa privativa da União e devem ser tratados em **lei nacional especial** (art. 85 da Constituição da República)" (ADI 2.220, Rel. Min. Cármen Lúcia, j. 16-11-2011, Plenário, *DJe* de 7-12-2011 – cf. **SV 46**).

Nesse sentido, recepcionada, em grande parte, pela CF/88 (art. 85, parágrafo único), a Lei n. 1.079/50, aos estabelecer as normas de processo e julgamento do *Impeachment* de Governador, disciplinou a matéria e fez a exigência do controle político (art. 77 da Lei n. 1.079/50).

■ 10.8. Imunidade formal em relação à prisão (art. 86, § 3º) e a cláusula de irresponsabilidade penal relativa (art. 86, § 4º)

Nos termos do art. 86, § 3º, da CF/88, enquanto não sobrevier sentença condenatória, nas infrações comuns, o Presidente da República não estará sujeito a prisão.

Por sua vez, o art. 86, § 4º, também da CF/88, estabelece que o Presidente da República, na vigência de seu mandato, não pode ser responsabilizado por atos estranhos ao exercício de suas funções.

Assim, as infrações penais praticadas antes do início do mandato ou durante a sua vigência, porém sem qualquer relação com a função presidencial (ou seja, não praticadas *in officio* ou *propter officium*), não poderão ser objeto da *persecutio criminis*, que ficará, provisoriamente, inibida, acarretando, logicamente, a suspensão do curso da prescrição. Trata-se da irresponsabilidade penal relativa, pois a imunidade só abrange ilícitos penais praticados antes do mandato, ou durante, sem relação funcional.

As regras sobre a imunidade formal em relação à prisão (art. 86, § 3º), bem como aquelas relacionadas à imunidade penal relativa (art. 86, § 4º), estabelecidas para o Presidente da República, **não podem ser estendidas** aos Governadores de Estado e, no mesmo sentido, ao Governador do DF e Prefeitos **por atos normativos próprios**, na medida em que referidas prerrogativas (que são regras derrogatórias do direito comum) foram fixadas na CF/88 ou estão reservadas à **competência exclusiva da União** para disciplinar, nos termos do art. 22, I (direito processual) (cf. ADI 978).

Nesse importante precedente, também se estabeleceu que "os Estados-membros não podem reproduzir em suas próprias Constituições o conteúdo normativo dos preceitos inscritos no art. 86, §§ 3º e 4º, da Carta Federal, pois as prerrogativas contempladas nesses preceitos da Lei Fundamental – **por serem unicamente compatíveis com a condição institucional de Chefe de Estado – são apenas extensíveis ao Presidente da República**" (ementa da ADI 978).

10.9. Responsabilidade fiscal e os limites fixados pelo "Novo Regime Fiscal" introduzido pela EC n. 95/2016

O tema da **responsabilidade fiscal** vem sendo constantemente discutido, sobretudo diante das regras trazidas pela LC n. 101/2000, bem como as alterações implementadas pela LC n. 148/2014. Não pretendemos, aqui, discutir a referida lei, na medida em que fugiria do propósito deste trabalho.

O objetivo do tema, dentro dessa perspectiva de reequilíbrio das contas públicas, é destacar a **EC n. 95/2016**, que instituiu o **"Novo Regime Fiscal"** no âmbito dos *Orçamentos Fiscal e da Seguridade Social da União* e que vigorará por **20 exercícios financeiros**, nos termos dos arts. 107 a 114 do ADCT. A reforma constitucional define **limites individualizados** para as **despesas primárias** dos Poderes da União, do MPU e CNMP e da DPU (art. 107, § 1º, I e II, ADCT – como se disse, enfatize-se, apenas **no âmbito da União**, não atingindo os demais entes federativos).

A partir do **10º exercício** da vigência do *Novo Regime Fiscal*, contudo, o Presidente da República poderá propor projeto de lei complementar para **alteração** do método de correção dos limites a que se refere o inciso II do § 1º do art. 107 do ADCT, qual seja, a correção pela variação do IPCA.

Finalmente, lembramos que as disposições introduzidas pelo *Novo Regime Fiscal* não revogam, dispensam ou suspendem o cumprimento de dispositivos constitucionais e legais que disponham sobre metas fiscais ou limites máximos de despesas (art. 112, II, ADCT), como é o caso da já comentada *Lei de Responsabilidade Fiscal* (LC n. 101/2000).

11. PODER JUDICIÁRIO

O Poder Judiciário tem por **função típica** a **jurisdicional**, inerente à sua natureza. Exerce, ainda, **funções atípicas** de **natureza executivo-administrativa** (organização de suas secretarias, a concessão de licença e férias a seus membros, juízes e servidores imediatamente vinculados), bem como **funções atípicas** de **natureza legislativa** (elaboração do regimento interno).

11.1. Reforma do Poder Judiciário – EC n. 45/2004

Antes de iniciarmos a análise de algumas regras específicas sobre o Poder Judiciário convém lembrar a importante aprovação da **Reforma do Poder Judiciário**.

Constatamos que, na maioria dos concursos, vem sendo dada ênfase às novidades trazidas pela Reforma do Judiciário, motivo pelo qual iniciamos a nossa análise apontando os seus principais pontos:

- **princípio da efetividade do processo**: "a todos, no âmbito judicial e administrativo, são assegurados a razoável duração do processo e os meios que garantam a celeridade de sua tramitação" (art. 5º, LXXVIII, da CF);
- **acesso à justiça – 1ª "onda renovatória" do processo**: previsão de real cumprimento do princípio do acesso à ordem jurídica justa, estabelecendo-se a Justiça itinerante e a sua descentralização, assim como a autonomia funcional, administrativa e financeira da Defensoria Pública **Estadual**.

É importante notar que, nesse primeiro momento (*EC n. 45/2004*), a novidade de autonomia foi introduzida **apenas** para a Defensoria Pública **Estadual**. Anotamos que a *EC n. 69/2012*, por sua vez, com atraso de quase 8 anos (já que o assunto deveria ter sido introduzido pela Reforma do Judiciário), finalmente transferiu, agora formal e oficialmente, da União para o Distrito Federal, as atribuições de organizar e manter a Defensoria Pública do DF. A *EC n. 74/2013* explicitou a autonomia das Defensorias Públicas do DF, bem como da União. Finalmente, a *EC n. 80/2014* consagrou, de vez, a instituição da Defensoria Pública;

- **justiça especializada**: possibilidade de se criarem varas especializadas para a solução das questões agrárias, no âmbito estadual e por proposta do Tribunal de Justiça;
- **"constitucionalização" dos tratados e convenções internacionais sobre direitos humanos, desde que aprovados pelo *quorum* qualificado das emendas constitucionais**: dessa forma, temos a ampliação do conceito de norma de caráter constitucional, dentro de um contexto de "bloco de constitucionalidade".

Convém lembrar que os tratados e convenções internacionais de direitos humanos que não forem incorporados com o *quorum* de emenda, em razão da matéria veiculada, terão natureza **supralegal**, ou seja, estarão acima da lei e abaixo da Constituição. Por esse motivo e em razão do Pacto de São José da Costa Rica, estabeleceu o STF ser **ilícita** a prisão civil de depositário

infiel, qualquer que seja a modalidade do depósito (SV n. 25/2009);
- **TPI**: o Brasil se submete à jurisdição do Tribunal Penal Internacional a cuja criação tenha manifestado adesão.

O Estatuto de Roma estabelece dois princípios a serem observados: a) **complementaridade**, ou seja, o TPI só vai atuar em caso de incapacidade ou omissão da jurisdição nacional; b) **cooperação**, no sentido de que os Estados-Partes deverão cooperar com o Tribunal durante o inquérito e no procedimento, em relação aos crimes de sua competência, quais sejam, de **genocídio**, **contra a humanidade**, de **guerra** e de **agressão**;
- **federalização de crimes contra direitos humanos**: nas hipóteses de grave violação de direitos humanos, o Procurador-Geral da República, com a finalidade de assegurar o cumprimento de obrigações decorrentes de tratados internacionais de direitos humanos dos quais o Brasil seja parte, poderá suscitar, perante o STJ, em qualquer fase do inquérito ou processo, Incidente de Deslocamento de Competência para a Justiça Federal.

Trata-se do **IDC**, que só será provido se o STJ entender que a Justiça Estadual está sendo inoperante ou incapaz de processar e punir qualquer violação a direitos humanos. O deslocamento, repita-se, dar-se-á da Justiça Estadual para a Justiça Federal. O STJ não julgará a ação, apenas analisará se é o caso de se deslocar a competência.

O primeiro caso no Brasil foi o IDC n. 1, que analisou o julgamento do assassinato da freira Dorothy Stang pela Justiça Estadual da Comarca de Anapu, no Pará;
- **criação do Conselho Nacional de Justiça**: enquanto Órgão do Poder Judiciário, com sede na Capital Federal, não exerce jurisdição.

Compete ao Conselho o controle da atuação **administrativa** e **financeira** do Poder Judiciário e do cumprimento dos deveres funcionais dos juízes. Isso quer dizer que o CNJ não exerce jurisdição, enfatize-se, não podendo, portanto, ser instância recursal das decisões jurisdicionais.

O CNJ compõe-se de 15 membros, com mandato de 2 anos, admitida 1 recondução. Para as provas, o candidato atento deve memorizar os seus componentes, previstos no art. 103-B da Constituição;
- **ampliação de algumas regras mínimas a serem observadas na elaboração do *Estatuto da Magistratura* (art. 93)**, todas no sentido de dar maior produtividade e transparência à prestação jurisdicional, na busca da efetividade do processo, destacando-se:

a) previsão da exigência de 3 anos de atividade jurídica para o bacharel em Direito como requisito para o ingresso na carreira da Magistratura (quarentena de entrada);

b) aferição do merecimento para a promoção conforme o desempenho, levando-se em conta critérios objetivos de produtividade;

c) maior garantia ao magistrado, já que a recusa da promoção por antiguidade somente poderá se implementar pelo voto fundamentado de 2/3 dos membros do Tribunal a que ele estiver vinculado, conforme procedimento próprio e assegurada a ampla defesa;

d) impossibilidade de promoção do magistrado que, injustificadamente, retiver autos em seu poder além do prazo legal;

e) previsão de cursos oficiais de preparação, aperfeiçoamento e promoção de magistrados, constituindo *etapa obrigatória do processo de vitaliciamento*;

f) o ato de remoção ou de disponibilidade do magistrado, por interesse público, fundar-se-á em decisão por voto da **maioria absoluta** do respectivo tribunal ou do Conselho Nacional de Justiça, assegurada ampla defesa (EC n. 103/2019);

g) na hipótese de processo que tramite sob "segredo de justiça", existindo colisão de dois grandes direitos fundamentais, quais sejam, a preservação do direito à intimidade do interessado no sigilo e o interesse público à informação, parece ter o constituinte reformador dado preferência a este último;

h) previsão de serem as decisões administrativas dos tribunais tomadas em *sessão pública*;

i) modificação da sistemática de preenchimento das vagas dos integrantes do Órgão Especial dos Tribunais, sendo metade por antiguidade e a outra metade por eleição pelo Tribunal Pleno;

j) fim das férias coletivas nos juízos e tribunais de segundo grau, tornando a atividade jurisdicional *ininterrupta*;

k) previsão de número de juízes compatível com a demanda judicial e à respectiva população;

l) possibilidade de os servidores receberem delegação para a prática de atos de administração e atos de mero expediente sem caráter decisório;

m) distribuição imediata dos processos em todos os graus de jurisdição.

Para as provas, recomendamos a leitura atenta do art. 93, já que, acima, destacamos apenas as novidades trazidas pela Reforma do Judiciário.

- **ampliação da garantia de imparcialidade dos órgãos jurisdicionais por meio das seguintes proibições**: **a)** vedação aos juízes de receber, a qualquer título ou pretexto, auxílios ou contribuições de pessoas físicas, entidades públicas ou privadas, ressalvadas as exceções previstas em lei; **b)** instituição da denominada *quarentena de saída*, proibindo membros da magistratura de exercer a advocacia no juízo ou tribunal do qual se afastaram por aposentadoria ou exoneração pelo prazo de 3 anos. A *quarentena* também se aplica aos membros do MP;
- **ampliação da fonte de custeio do Judiciário**: previsão de que as custas e emolumentos sejam destinados exclusivamente ao custeio dos serviços afetos às atividades específicas da Justiça, fortalecendo-a, portanto;
- **regulação do procedimento de encaminhamento da proposta orçamentária do Judiciário e solução em caso de inércia**: proibição de realização de despesas ou a assunção de obrigações que extrapolem os limites estabelecidos na lei de diretrizes orçamentárias, exceto se previamente autorizadas, mediante a abertura de créditos suplementares ou especiais;
- **extinção dos Tribunais de Alçada**: passando os seus membros a integrar os TJs dos respectivos Estados e uniformizando, assim, a nossa Justiça;
- **homologação de sentenças estrangeiras e a concessão de *exequatur* às cartas rogatórias**: transferência de competência do STF para o STJ;
- **ampliação da competência do STF**: para o julgamento de recurso extraordinário quando se *julgar válida lei local contestada em face de lei federal*. Muito se questionou sobre essa previsão. Observa-se que ela está **correta**, já que, no fundo, quando se questiona a aplicação de lei, acima de tudo, tem-se conflito de constitucionalidade, pois é a Constituição que fixa as regras sobre competência legislativa federativa;
- **repercussão geral das questões constitucionais discutidas no caso para o conhecimento do recurso extraordinário**: essa importante regra busca evitar que o STF julgue brigas particulares de vizinhos, como algumas discussões sobre "assassinato" de papagaio ou "furto" de galinha já examinadas pela mais alta Corte. Trata-se de verdadeiro "**filtro constitucional**", buscando tornar o STF uma verdadeira Corte Constitucional. Cabe lembrar que, em momento seguinte, a **EC n. 125/2022**, dentro dessa lógica de "filtragem", alterou o art. 105 da Constituição Federal para instituir no **recurso especial** o requisito da **relevância das questões de direito federal infraconstitucional** (art. 105, §§ 2º e 3º, CF/88);
- **controle de constitucionalidade**: houve a constitucionalização do efeito dúplice ou ambivalente da ADI e da ADC, assim como do seu efeito vinculante, além da ampliação da legitimação para agir. Com a EC n. 45/2004, os legitimados da ADC são os mesmos da ADI (e não mais somente os 4 que figuravam no art. 103, § 4º, *revogado*);
- **criação da Súmula Vinculante do STF**: dada a importância, vamos analisar mais adiante, com cuidado, algumas regras sobre este novo instituto;
- **aprovação da nomeação de Ministro do STJ pelo *quorum* de maioria absoluta dos membros do Senado Federal**: equiparando-se ao *quorum* de aprovação para a sabatina dos Ministros do STF, e não mais maioria simples ou relativa, como era antes da Reforma;
- **previsão de funcionamento, junto ao STJ: a)** da Escola Nacional de Formação e Aperfeiçoamento de Magistrados (ENFAM), cabendo-lhe, dentre outras funções, regulamentar os cursos oficiais para o **ingresso** e **promoção** na carreira; **b)** e do Conselho da Justiça Federal como órgão central do sistema e com poderes correicionais, cujas decisões terão caráter vinculante;
- **no âmbito trabalhista, dentre tantas modificações podemos destacar**:

   a) aumento da composição do TST de 17 para 27 Ministros;

   b) em relação ao sistema de composição, reduziram-se as vagas de Ministros do TST oriundos da advocacia e do Ministério Público do Trabalho. Agora eles ocupam somente 1/5, sendo os outros 4/5 preenchidos por juízes dos Tribunais Regionais do Trabalho, oriundos da Magistratura da carreira, indicados pelo próprio Tribunal Superior;

   c) fixação do número mínimo de 7 juízes para os TRTs;

   d) modificação da competência da Justiça do Trabalho (leia o art. 114!). Nesse ponto, destacamos a seguinte jurisprudência:

- A Justiça do Trabalho não é competente para apreciar as causas instauradas entre o Poder Público e seus servidores, a ele vinculados por típica relação de ordem estatutária ou de caráter jurídico-administrativo (ADI 3.395);

- "A Justiça do Trabalho é competente para processar e julgar as ações de indenização por danos morais e patrimoniais decorrentes de acidente de trabalho propostas por empregado contra empregador, inclusive aquelas que ainda não possuíam sentença de mérito em primeiro grau quando da promulgação da Emenda Constitucional n. 45/2004" (SV n. 22/2009);
- A Justiça do Trabalho não tem competência para julgar ações penais (ADI 3.684);
- "A Justiça do Trabalho é competente para processar e julgar ação possessória ajuizada em decorrência do exercício do direito de greve pelos trabalhadores da iniciativa privada" (SV n. 23/2009);
- "A competência da Justiça do Trabalho prevista no art. 114, VIII, da Constituição Federal, alcança a execução de ofício das contribuições previdenciárias relativas ao objeto da condenação constante das sentenças que proferir e acordos por ela homologados" (SV n. 53/2015).

e) previsão de criação da *Escola Nacional de Formação e Aperfeiçoamento de Magistrados do Trabalho* e do *Conselho Superior da Justiça do Trabalho*;

f) a lei criará varas da Justiça do Trabalho, podendo, nas comarcas não abrangidas por sua jurisdição, atribuí-las aos juízes de direito, com recurso para o respectivo Tribunal Regional do Trabalho;

g) previsão de criação, por lei, do Fundo de Garantia das Execuções Trabalhistas, integrado pelas multas decorrentes de condenações trabalhistas e administrativas oriundas da fiscalização do trabalho, além de outras receitas;

- **fixação de novas regras para a Justiça Militar Estadual**: alertamos que apenas a Estadual foi alterada pela Reforma do Judiciário e passou a ter a possibilidade de julgamento monocrático por juiz togado e não somente julgamento colegiado na primeira instância, assim como passou a julgar não somente matéria exclusivamente criminal, como, também, atos disciplinares (art. 125, §§ 3º a 5º);

- **ampliação da garantia de imparcialidade dos membros do MP: a)** vedação do exercício de atividade político-partidária, sem qualquer exceção; **b)** vedação do recebimento, a qualquer título ou pretexto, de auxílios ou contribuições de pessoas físicas, entidades públicas ou privadas, ressalvadas as exceções previstas em lei; **c)** instituição, conforme já vimos e nos mesmos termos da Magistratura, da denominada *quarentena de saída*, proibindo-os de exercer a advocacia no juízo ou tribunal do qual se afastaram por aposentadoria ou exoneração pelo prazo de 3 anos.

11.2. Garantias do Judiciário

As garantias atribuídas ao Judiciário assumem importantíssimo papel no cenário da tripartição de funções, assegurando-se a sua independência e que possa decidir livremente, sem se abalar com qualquer tipo de pressão que venha dos outros Poderes.

José Afonso da Silva divide tais garantias em:

- **institucionais:** protegem o Judiciário como um todo, como instituição: a) garantias de autonomia orgânico-administrativa; e b) garantias de autonomia financeira;
- **garantias funcionais ou de órgãos:** "... asseguram a independência (vitaliciedade, inamovibilidade e irredutibilidade de subsídios) e a imparcialidade dos **membros** do Poder Judiciário (vedações), previstas, aliás, tanto em razão do próprio titular mas em favor ainda da própria instituição".

Destacamos as garantias de independência dos órgãos judiciários.

A **vitaliciedade** significa que o **magistrado** só perderá o cargo (uma vez vitaliciado) por **sentença judicial transitada em julgado**, sendo-lhe asseguradas todas as garantias inerentes ao processo jurisdicional.

A regra da **inamovibilidade** garante ao juiz a impossibilidade de remoção, sem seu consentimento, de um local para outro, de uma comarca para outra, ou mesmo sede, cargo, tribunal, câmara, grau de jurisdição, salvo na hipótese de **interesse público**, fundando-se tal decisão por voto da **maioria absoluta** do respectivo tribunal ou do Conselho Nacional de Justiça, assegurada ampla defesa.

A garantia da inamovibilidade se aplica aos juízes substitutos. Não se pode admitir a remoção indistinta do juiz substituto para circunscrições diversas. O seu papel será o de substituir dentro de sua circunscrição judiciária.

Por fim, de acordo com a **irredutibilidade de subsídios**, o subsídio dos magistrados (forma de remuneração) não poderá ser reduzido, garantindo-se, assim, o livre exercício das atribuições jurisdicionais.

11.3. A regra do "quinto constitucional"

O art. 94 da CF/88 estabelece que **1/5 (20%)** dos lugares dos **TRFs**, dos **Tribunais dos Estados** e do

Distrito Federal e Territórios será composto de membros do Ministério Público, com mais de 10 anos de carreira, e de advogados de notório saber jurídico e de reputação ilibada, com mais de 10 anos de efetiva atividade profissional, indicados em lista sêxtupla pelos órgãos de representação das respectivas classes.

Muito embora o art. 94 só se refira explicitamente aos referidos tribunais, a "regra do quinto" está prevista, também, para os tribunais do trabalho e para o STJ, lembrando a particularidade de que, nesse caso do STJ, os advogados e membros do Ministério Público representam 1/3, e não 1/5, do Tribunal. Explicitando, a indicação é que se dá na forma da "regra do quinto", e não a quantidade de Ministros provenientes da advocacia e do Ministério Público, que, no caso, implementa-se, se é que assim podemos denominar, de acordo com uma particular regra do "terço".

Os órgãos de representação das classes dos advogados e do Ministério Público elaboram lista sêxtupla. Recebidas as indicações, o tribunal para o qual foram indicados forma lista tríplice (escolhe 3 dos 6). Nos 20 dias subsequentes, o Chefe do Executivo (em se tratando de Tribunal Estadual, o Governador de Estado; na hipótese do TJ do DF e Territórios, o Presidente da República; e para indicação ao TRF, também o Presidente da República) escolherá 1 dos 3 para nomeação.

11.4. STF x STJ

STF (art. 101)	STJ (art. 104)	
■ Composição: 11 Ministros	■ Composição: no mínimo 33 Ministros	
	■ 1/3 dentre juízes dos TRFs; ■ 1/3 dentre desembargadores dos TJs	Indicação para escolha: lista tríplice elaborada pelo próprio STJ
	■ 1/3 { ■ 1/6 dentre advogados ■ 1/6 dentre membros do Ministério Público Federal, Estadual, do Distrito Federal e Territórios, alternadamente }	Indicação para escolha: alternadamente, na forma da regra do "quinto constitucional" – art. 94
■ Escolha e nomeação: Presidente da República	■ Escolha e nomeação: Presidente da República	
■ Sabatina: Senado Federal – aprovação da escolha pela maioria absoluta	■ Sabatina: Senado Federal – aprovação da escolha pela maioria absoluta (EC n. 45/2004)	
■ Requisitos para o cargo I: a) ter mais de 35 e menos de 70 anos de idade (EC n. 122/2022); b) ter notável saber jurídico e reputação ilibada	■ Requisitos para o cargo I: a) ter mais de 35 e menos de 70 anos de idade (EC n. 122/2022); b) ter notável saber jurídico e reputação ilibada	
■ Requisitos para o cargo II: ser brasileiro nato (art. 12, § 3º, IV)	■ Requisitos para o cargo II: ser brasileiro nato ou naturalizado	

11.5. Justiça de Paz (art. 98, II)

A "Justiça de Paz" é órgão do Poder Judiciário, integra a organização judiciária local (ADI 954) e tem as seguintes características:

- é remunerada;
- é composta de cidadãos eleitos pelo voto direto, universal e secreto, com idade mínima de 21 anos;
- o juiz de paz exercerá mandato de 4 anos;
- a Justiça de Paz terá competência para, na forma da lei, celebrar casamentos, verificar, de ofício ou em face de impugnação apresentada, o processo de habilitação e exercer atribuições conciliatórias, sem caráter jurisdicional, além de outras previstas na legislação.

11.6. Súmula vinculante

O STF, com exclusividade, de ofício ou mediante provocação, poderá editar, revisar ou cancelar enunciado de súmula vinculante, que terá por objeto a validade, a interpretação e a eficácia de normas determinadas.

Devem existir reiteradas decisões sobre matéria constitucional em relação a normas acerca das quais haja, entre órgãos judiciários ou entre estes e a administração pública, controvérsia atual que acarrete grave insegurança jurídica e relevante multiplicação de processos sobre idêntica questão.

Além de o STF poder, de ofício, editar, rever ou cancelar súmula vinculante, o processo poderá ser, também, iniciado mediante provocação, tanto pelos legitimados autônomos como pelos incidentais (cf. art. 3º, da Lei n. 11.417/2006).

De forma **autônoma**, sem a necessidade de se ter um processo em andamento, são legitimados os mesmos da ADI, quais sejam, os previstos no art. 103 da Constituição, bem como o Defensor Público-Geral da União, os Tribunais Superiores, os TJs dos Estados ou do DF e Territórios, os TRFs, os TRTs, os TREs e os Tribunais Militares.

CUIDADO: Os tribunais indicados são apenas os estabelecidos como órgãos do Poder Judiciário (art. 92, CF/88), não incluindo, naturalmente, os Tribunais de Contas (da União, dos Estados e dos Municípios, esses onde houver, conforme o art. 31, § 1º), já que estes não integram o Poder Judiciário.

Os **Municípios** também passaram a ter legitimação ativa, porém como **legitimados incidentais** em relação aos processos em que sejam parte, o que, contudo, não autoriza a suspensão dos referidos processos.

No processo de edição, revisão ou cancelamento de súmula, seja de ofício, ou mediante provação, sempre haverá a manifestação do Procurador-Geral da República, salvo nas propostas que houver formulado.

Deflagrado o processo, colhida a manifestação do PGR, admitida ou não, por decisão irrecorrível do relator, a manifestação de terceiros na questão (*amicus curiae*), a edição, a revisão e o cancelamento de enunciado de súmula, com efeito vinculante, dependerão de decisão tomada por pelo menos **2/3** dos membros do STF, em sessão plenária, ou seja, mediante manifestação no mesmo sentido de pelo menos 8 dos 11 Ministros do STF.

A partir da publicação do enunciado da súmula na imprensa oficial, ela terá efeito vinculante em relação aos **demais órgãos do Poder Judiciário** e à **administração pública direta e indireta, nas esferas federal, estadual e municipal**, cabendo **reclamação** em caso de seu descumprimento.

A súmula com efeito vinculante tem eficácia imediata, mas o STF, por decisão de 2/3 dos seus membros, poderá restringir os efeitos vinculantes ou decidir que só tenha eficácia a partir de outro momento, tendo em vista razões de **segurança jurídica** ou de **excepcional interesse público**.

Para as provas da OAB, recomendamos a leitura de todas as súmulas vinculantes editadas pelo STF.

12. FUNÇÕES ESSENCIAIS À JUSTIÇA

Com o objetivo de dinamizar a atividade jurisdicional, o poder constituinte originário institucionalizou atividades profissionais (públicas e privadas), atribuindo-lhes o *status* de **funções essenciais à Justiça**, tendo estabelecido suas regras nos arts. 127 a 135 da Constituição, a saber:

- **Ministério Público** (arts. 127 a 130-A);
- **Advocacia Pública** (arts. 131 e 132);
- **Advocacia** (art. 133);
- **Defensoria Pública** (arts. 134 e 135).

12.1. Ministério Público

De acordo com o art. 127, *caput,* o **Ministério Público** é instituição permanente, essencial à função jurisdicional do Estado, incumbindo-lhe a defesa da ordem jurídica, do regime democrático e dos interesses sociais e individuais indisponíveis.

O Ministério Público (MP) abrange tanto o Ministério Público da União (MPU), que compreende o MPF, MP do Trabalho, MP Militar e o MP do DF e Territórios, como os Ministérios Públicos dos Estados. Vejamos:

```
                    Ministério Público
                    /                \
              MP da União         MP dos Estados
           /     |     |     \
       MP       MP do    MP      MP do
       Federal  Trabalho Militar DF e Territórios
```

12.1.1. MP Eleitoral

O **MP Eleitoral** não tem estrutura própria, sendo a sua composição mista (membros do Ministério Público Federal e do Ministério Público Estadual).

12.1.2. Chefe do Ministério Público

O **Ministério Público da União** tem por chefe o **Procurador-Geral da República**, nomeado pelo Presidente da República dentre **integrantes da carreira**, maiores de **35 anos**, após a aprovação de seu nome pela **maioria absoluta** dos membros do Senado Federal, para mandato de **2 anos**, permitida **mais de uma recondução**, sem qualquer limite (art. 128, § 1º).

O Procurador-Geral da República poderá ser **destituído** pelo próprio Presidente da República, dependendo, contudo, de prévia autorização da **maioria absoluta** do Senado Federal (art. 128, § 2º).

Por seu turno, os Procuradores-Gerais nos Estados e no Distrito Federal e Territórios poderão ser destituídos por deliberação da **maioria absoluta** do **Poder Legislativo**, na forma da lei complementar respectiva, e **não** pelo Executivo.

Os **Ministérios Públicos dos Estados** e do **Distrito Federal e Territórios** formarão lista tríplice dentre integrantes da carreira, na forma da lei respectiva, para escolha de seus **Procuradores-Gerais**, que serão nomeados pelo Chefe do Poder Executivo (Governador para os Estados e *Presidente da República* para o Chefe do MP do DF e Territórios) para mandato de 2 anos, permitida **uma única recondução**. O Chefe do Ministério Público, nesta hipótese, designa-se **Procurador-Geral de Justiça (PGJ)**.

Em relação ao **Procurador-Geral de Justiça dos Estados**, a lista tríplice será formada pelo próprio MP, na forma da lei respectiva de cada Estado, mediante voto plurinominal de todos os integrantes da carreira. A destituição do PGJ dos Estados será implementada pela **Assembleia Legislativa local**, por deliberação de sua **maioria absoluta**, na forma da lei orgânica do respectivo Ministério Público.

Já o **Procurador-Geral de Justiça do DF e Territórios** será destituído por deliberação da maioria absoluta **do Senado Federal**, mediante representação do Presidente da República.

> **PGJ do DF e Territórios**
> **Nomeação**: Presidente da República, e não Governador do DF ou de Território
> **Destituição**: pela maioria absoluta do Senado Federal, mediante representação do Presidente da República, e não pela Câmara Legislativa do DF
> **Fundamento**: o MPDFT é organizado e mantido pela União (art. 21, XIII)

Uma pergunta importante: em caso de vacância do cargo, o novo Procurador-Geral assume pelo tempo que restava para acabar os 2 anos (mandato-tampão), ou cumpre um novo "mandato" de 2 anos completos?

O novo Procurador-Geral deve cumprir os 2 anos completos, vale dizer, um novo período de 2 anos, já que, conforme apontou José Afonso da Silva, não se trata de mandato, mas sim de **investidura a tempo certo**.

12.1.3. Princípios institucionais

O art. 127, § 1º, prevê como princípios institucionais do Ministério Público:

- a **unidade**;
- a **indivisibilidade**; e
- a **independência funcional**.

12.1.4. Garantias do Ministério Público

São **garantias institucionais** do Ministério Público:

- **autonomia funcional**: inerente à Instituição como um todo e abrangendo todos os órgãos do Ministério Público, devendo o membro do MP observar, apenas, a Constituição, as leis e a sua própria consciência;
- **autonomia administrativa**: consiste na capacidade de direção de si próprio, autogestão, autoadministração;
- **autonomia financeira**: capacidade de elaborar sua proposta orçamentária dentro dos limites estabelecidos na lei de diretrizes orçamentárias, podendo, autonomamente, administrar os recursos que lhe forem destinados.

São **garantias dos membros do MP**, na mesma linha da magistratura:

- **vitaliciedade**: após 2 anos (estágio probatório) de efetivo exercício do cargo, assegurando ao membro do MP a garantia de que, uma vez vitaliciado, a **perda** do cargo se dê somente por **sentença judicial transitada em julgado**;
- **inamovibilidade**: salvo motivo de **interesse público**, mediante decisão do órgão colegiado competente do Ministério Público (no caso, o **Conselho Superior do Ministério Público**), por voto da **maioria absoluta** de seus membros, desde que lhe seja assegurada ampla defesa;
- **irredutibilidade de subsídios**.

12.1.5. Impedimentos imputados aos membros do Ministério Público (vedações)

Os membros do Ministério Público não poderão:

- receber, a qualquer título e sob qualquer pretexto, honorários, percentagens ou custas processuais;
- exercer a advocacia, salvo os membros do MP da União (exceto os do MP do DF e Territórios) que integravam a carreira na data da promulgação da Constituição e que desde então permanecem regularmente inscritos na OAB (art. 29, § 3º, ADCT);
- participar de sociedade comercial, na forma da lei;
- exercer, ainda que em disponibilidade, qualquer outra função pública, salvo uma de magistério;
- exercer atividade político-partidária; sem qualquer exceção, nos termos da restrição trazida pela **EC n. 45/2004**;
- receber, a qualquer título ou pretexto, auxílios ou contribuições de pessoas físicas, entidades públicas ou privadas, ressalvadas as exceções previstas em lei;
- exercer a advocacia no juízo ou tribunal do qual se afastou, antes de decorridos **3 anos** do afastamento do cargo por aposentadoria ou exoneração (quarentena);
- exercer a representação judicial e a consultoria jurídica de entidades públicas.

12.1.6. Funções institucionais do Ministério Público

As funções institucionais do Ministério Público estão previstas no art. 129 da CF. Trata-se de rol meramente **exemplificativo**, uma vez que seu inciso IX estabelece que compete, ainda, ao Ministério Público, exercer outras funções que lhe forem conferidas, desde que compatíveis com sua finalidade. Assim, suas funções podem ser exemplificadas como segue:

- titularidade e monopólio da ação penal pública, na forma da lei, com a única exceção prevista no art. 5º, LIX, que admite ação privada nos crimes de ação pública, se esta não for intentada no prazo legal (sem, contudo, observe-se, retirar-se a titularidade da ação penal pública do Ministério Público);
- zelar pelo efetivo respeito dos Poderes Públicos e dos serviços de relevância pública aos direitos assegurados na Constituição, promovendo as medidas necessárias a sua garantia;
- promover o inquérito civil e a ação civil pública, para a proteção do patrimônio público e social, do meio ambiente e de outros interesses difusos e coletivos. Lembre-se de que a legitimação acima referida para a ação civil pública não impede a dos outros legitimados (*vide* art. 5º da Lei n. 7.347/85);
- promover a ação de inconstitucionalidade ou representação para fins de intervenção da União e dos Estados, nos casos previstos na Constituição;
- defender judicialmente os direitos e interesses das populações indígenas;
- expedir notificações nos procedimentos administrativos de sua competência, requisitando informações e documentos para instruí-los, na forma da lei complementar respectiva;
- exercer o controle externo da atividade policial, na forma da lei complementar mencionada no art. 128;
- requisitar diligências investigatórias e a instauração de inquérito policial, indicados os fundamentos jurídicos de suas manifestações processuais;
- exercer outras funções que lhe forem conferidas, desde que compatíveis com sua finalidade, sendo-lhe vedada a representação judicial e a consultoria jurídica de entidades públicas.

12.1.7. A teoria dos "poderes implícitos" e o poder de investigação criminal pelo MP

O Ministério Público dispõe de competência para promover, por autoridade própria, e por prazo razoável, investigações de natureza penal, desde que respeitados os direitos e garantias que assistem a qualquer indiciado ou a qualquer pessoa sob investigação do Estado, observadas, sempre, por seus agentes, as hipóteses de reserva constitucional de jurisdição e, também, as prerrogativas profissionais de que se acham investidos, em nosso País, os Advogados (Lei n. 8.906/94, art. 7º, notadamente os incisos I, II, III, XI, XIII, XIV e XIX), sem prejuízo da possibilidade – sempre presente no Estado Democrático de Direito – do permanente controle jurisdicional dos atos, necessariamente documentados (SV n. 14), praticados pelos membros dessa Instituição (**RE 593.727**, j. 14-5-2015, *DJe* de 8-9-2015).

12.1.8. Conselho Nacional do Ministério Público

O art. 130-A, introduzido pela **Reforma do Judiciário**, prevê a criação do **Conselho Nacional do Ministério Público**, composto de 14 membros nomeados pelo Presidente da República, depois de aprovada a escolha pela **maioria absoluta** do Senado Federal, para um mandato de 2 anos, admitida uma recondução, sendo:

- o Procurador-Geral da República, que o preside;
- 4 membros do Ministério Público da União, assegurada a representação de cada uma de suas carreiras;
- 3 membros do Ministério Público dos Estados;
- 2 juízes, indicados um pelo Supremo Tribunal Federal e outro pelo Superior Tribunal de Justiça;
- 2 advogados, indicados pelo Conselho Federal da Ordem dos Advogados do Brasil;
- 2 cidadãos de notável saber jurídico e reputação ilibada, indicados um pela Câmara dos Deputados e outro pelo Senado Federal.

Compete ao Conselho o controle da atuação administrativa e financeira do Ministério Público e do cumprimento dos deveres funcionais de seus membros.

12.1.9. Ministério Público junto ao Tribunal de Contas

De acordo com o art. 130, aos membros do Ministério Público junto aos Tribunais de Contas aplicam-se as disposições pertinentes a **direitos**, **vedações** e **forma de investidura** estabelecidas para o Ministério Público, como instituição, até aqui por nós estudadas.

12.2. Advocacia pública

A **Advocacia-Geral da União** (AGU) caracteriza-se como instituição que, diretamente ou por intermédio de órgão vinculado, representa a União, judicial e extrajudicialmente, cabendo-lhe, nos termos da lei complementar que dispuser sobre sua organização e funcionamento, as atividades de consultoria e assessoramento jurídico do Poder Executivo.

A Constituição estabelece que, na execução da dívida ativa de natureza tributária, a representação da União caberá à **Procuradoria-Geral da Fazenda Nacional**.

Por sua vez, a representação judicial e a consultoria jurídica das respectivas unidades federadas serão exercidas pelos **Procuradores dos Estados e do Distrito Federal**, organizados em **carreira**, na qual o ingresso dependerá de concurso público de provas e títulos, com a **participação da OAB** em todas as suas fases. A esses procuradores, a Constituição expressamente assegura a estabilidade após 3 anos de efetivo exercício, mediante avaliação de desempenho perante os órgãos próprios, após relatório circunstanciado das corregedorias (art. 132, parágrafo único).

A jurisprudência do STF, enaltecendo a regra da **unicidade de representação judicial e consultoria jurídica nos Estados e no Distrito Federal**, explicitou que "o art. 132 da CF atribuiu aos Procuradores dos Estados e do Distrito Federal exclusividade no exercício da atividade jurídica contenciosa e consultiva dos órgãos e entidades das respectivas unidades federadas" (*Inf. 935/ STF*, ADIs 5.262, 5.215 e 4.449, j. 28-3-2019).

12.3. Advocacia

O art. 133 da CF/88 dispõe que o **advogado** é **indispensável à administração da justiça**, sendo inviolável por seus atos e manifestações no exercício da profissão, nos limites da lei (Estatuto da Advocacia e a Ordem dos Advogados do Brasil – Lei n. 8.906/94).

O tema deverá ser aprofundado na matéria específica de ética, destacando-se alguns entendimentos já consolidados pelo STF:

- o advogado é indispensável à administração da Justiça. Sua presença, contudo, pode ser dispensada em certos atos jurisdicionais;
- a imunidade profissional é indispensável para que o advogado possa exercer condigna e amplamente seu múnus público;
- a inviolabilidade do escritório ou do local de trabalho é consectário da inviolabilidade assegurada ao advogado no exercício profissional;
- a presença de representante da OAB em caso de prisão em flagrante de advogado constitui garantia da inviolabilidade da atuação profissional. A cominação de nulidade da prisão, caso não se faça a comunicação, configura sanção para tornar efetiva a norma;
- a prisão do advogado em sala do Estado-Maior é garantia suficiente para que fique provisoriamente detido em condições compatíveis com o seu múnus público;
- a administração de estabelecimentos prisionais e congêneres constitui uma prerrogativa indelegável do Estado;
- a sustentação oral pelo advogado, após o voto do Relator, afronta o devido processo legal, além de poder causar tumulto processual, uma vez que o contraditório se estabelece entre as partes;
- a imunidade profissional do advogado não compreende o desacato, pois conflita com a autoridade do magistrado na condução da atividade jurisdicional (**IMPORTANTE**: o **art. 7º, § 2º, junto com o seu § 3º, da Lei n. 8.906/94**, foi **revogado** pela **Lei n. 14.365/2022**, acabando, em tese, com a imunidade profissional da não caracterização da injúria e da difamação (o desacato já havia sido declarado inconstitucional pelo STF, conforme visto). Referida alteração, contudo, parece-nos **inconstitucional** por fragilizar a atuação do advogado e, assim, violar o art. 133, CF/88. Além disso, a exclusão, de certa forma, acaba sendo inócua, em razão do art. 2º, § 3º, do Estatuto da Advocacia, bem como da regra do art. 142, I, Código Penal. O tema está sendo discutido pelo STF na **ADI 7.231**, ajuizada pelo Conselho Federal da OAB em 22-8-2022, que, inclusive, alega falha técnica durante a tramitação do Projeto de Lei 5.248/2020 (incorreção material), já que a referida exclusão não teria sido votada e aprovada pelo Congresso Nacional (pendente);
- o múnus constitucional exercido pelo advogado justifica a garantia de somente ser preso em flagrante e na hipótese de crime inafiançável;
- o controle das salas especiais para advogados é prerrogativa da Administração forense;
- a incompatibilidade com o exercício da advocacia não alcança os juízes eleitorais e seus suplentes, em face da composição da Justiça eleitoral estabelecida na Constituição;
- a requisição de cópias de peças e documentos a qualquer tribunal, magistrado, cartório ou órgão da Administração Pública direta, indireta ou fundacional pelos Presidentes do Conselho da OAB e das Subseções deve ser motivada, compatível com as finalidades da lei e precedida, ainda, do recolhimento dos respectivos custos, não sendo possível a requisição de documentos cobertos pelo sigilo.

12.4. Defensoria Pública

Cappelletti e Garth produziram interessante ensaio para o Projeto de Florença, buscando "... delinear o surgimento e desenvolvimento de uma abordagem nova e compreensiva dos problemas" de acesso à "ordem jurídica justa" (1988).

No referido estudo, os autores destacam **3 grandes ondas renovatórias** (CAPPELLETTI; GARTH, 1988, p. 8).

A **primeira grande onda** teve início em 1965 e se concentra na assistência judiciária. A **segunda** refere-se às "... reformas tendentes a proporcionar representação jurídica para os interesses 'difusos', especialmente nas áreas da proteção ambiental e do consumidor". O **terceiro movimento ou onda** foi pelos autores chamado de "enfoque de acesso à justiça".

Portanto, podemos afirmar que o estudo da **defensoria pública e da garantia constitucional da assistência jurídica integral e gratuita** encontra fundamento na perspectiva da **primeira onda renovatória** de Cappelletti e Garth.

O art. 5º, LXXIV, da CF dispõe que o Estado prestará **assistência jurídica integral e gratuita** aos que comprovarem insuficiência de recursos.

A "Reforma do Judiciário" (**EC n. 45/2004**) fortaleceu as Defensorias Públicas **Estaduais** ao constitucionalizar a autonomia funcional e administrativa e fixar competência para proposta orçamentária.

A **EC n. 69/2012**, por sua vez, com atraso de quase 8 anos (já que o assunto deveria ter sido introduzido pela Reforma do Judiciário), transferiu, formal e oficialmente, da União para o Distrito Federal, as atribuições de organizar e manter a Defensoria Pública do DF.

A **EC n. 74/2013** explicitou a autonomia das Defensorias Públicas do DF, bem como da União.

Finalmente, a **EC n. 80/2014** consagrou, de vez, a instituição da Defensoria Pública.

Lei complementar organizará a Defensoria Pública da União e do Distrito Federal e dos Territórios e prescreverá normas gerais para sua organização nos Estados, em cargos de carreira, providos, na classe inicial, mediante **concurso público de provas e títulos**, assegurada a seus integrantes a garantia da inamovibilidade e vedado o exercício da advocacia fora das atribuições institucionais.

São princípios institucionais da Defensoria Pública a unidade, a indivisibilidade e a independência funcional, aplicando-se também, no que couber, o disposto no art. 93 e no inciso II do art. 96 da Constituição Federal.

Existe Defensoria Pública municipal?
NÃO!

Contudo, os Municípios podem instituir serviço de prestação de assistência jurídica à população necessitada e de baixa renda, já que não se trata de monopólio dos demais entes federativos.

Conforme a Corte decidiu, "a prestação desse serviço público para auxílio da população economicamente vulnerável não visa a substituir a atividade prestada pela Defensoria Pública. **O serviço municipal atua de forma simultânea**. Trata-se de mais um espaço para garantia de acesso à jurisdição (art. 5º, LXXIV, CF/88)".

Conforme a Corte decidiu, "a prestação desse serviço público para auxílio da população economicamente vulnerável não visa a substituir a atividade prestada pela Defensoria Pública. **O serviço municipal atua de forma simultânea**. Trata-se de mais um espaço para garantia de acesso à jurisdição (art. 5º, LXXIV, CF/88)".

"Os municípios detêm competência para legislar sobre **assuntos de interesse local**, decorrência do poder de autogoverno e de autoadministração. Assim, cabe à administração municipal estar atenta às necessidades da população, organizando e prestando os serviços públicos de interesse local (CF, art. 30, I, II e V).

"Além disso, a competência material para o combate às causas e ao controle das condições dos vulneráveis em razão da pobreza e para a assistência aos desfavorecidos é **comum a todos os entes federados** (CF, art. 23, X)" (**ADPF 279**, j. 3-11-2021, Pleno, 8 1, pendente a publicação do acórdão, *Informativo* 1.036/STF).

O Defensor Público deve estar inscrito nos quadros da OAB para desempenhar as suas funções institucionais?
NÃO!

Conforme a Corte estabeleceu, **"é inconstitucional a exigência de inscrição do Defensor Público nos quadros da Ordem dos Advogados do Brasil"** (RE 1.240.999). "Os Defensores Públicos não são advogados públicos, pois possuem regime disciplinar próprio e têm sua capacidade postulatória decorrente diretamente da Constituição em seção à parte no texto constitucional" (ADI 4.636).

"Não se harmoniza com a Constituição Federal o art. 3º da Lei n. 8.906/94 ao estatuir a dupla sujeição ao regime jurídico da Ordem dos Advogados do Brasil (OAB) e ao da Defensoria Pública, federal ou estadual. O art. 4º, § 6º, da LC 80/94, na redação dada pela LC 132/2009, prevê que **a capacidade postulatória do defensor público decorre exclusivamente de sua nomeação e posse no cargo público**, o que torna irrelevante, sob o prisma jurídico-processual, a sua inscrição nos quadros da OAB.

Os defensores públicos, uma vez devidamente **investidos no cargo público**, ficam **terminantemente proibidos de exercer a advocacia privada à margem de suas atribuições**, encerrando-se, por imposição constitucional, seu vínculo com a OAB (ADI 4.636). Além disso, sujeitam-se exclusivamente ao Estatuto da Defensoria Pública, submetendo-se à fiscalização disciplinar por órgãos próprios no que tange à sua conduta administrativa, embora ocorra inteira liberdade de atuação no exercício da atividade-fim (ADI 3.026) (**RE 1.240.999**, Tema 1.074 RG, STF, Pleno, j. 3-11-2021, pendente a publicação do acórdão, *Informativo* 1.036/STF).

A Defensoria Pública pode prestar assistência jurídica às pessoas jurídicas que preencham os requisitos constitucionais?

SIM!

A Corte, ao analisar o art. 4º, V, da LC n. 80/94, na redação dada pela LC 132/2009, que estabelece ser função institucional da Defensoria Pública, dentre outras, exercer, mediante o recebimento dos autos com vista, a ampla defesa e o contraditório **em favor de pessoas naturais e jurídicas**, em processos administrativos e judiciais, perante todos os órgãos e em todas as instâncias, ordinárias ou extraordinárias, utilizando todas as medidas capazes de propiciar a adequada e efetiva defesa de seus interesses, concluiu pela possibilidade de se prestar assistência jurídica às pessoas jurídicas que preencham os requisitos constitucionais.

Nesse sentido, assentou-se a possibilidade de **pessoas jurídicas hipossuficientes**. "As expressões **insuficiência de recursos** (art. 5º, LXXIV, CF/88) e **necessitados** (art. 134, *caput*, CF/88) podem aplicar-se tanto às pessoas físicas quanto às pessoas jurídicas" (**ADI 4.636**, j. 3-11-2021, *DJE* de 10-2-2022).

O Defensor Público tem poder de requisição?

SIM.

O STF, superando o entendimento firmado na ADI 230, tendo em vista a nova redação dada ao art. 134, pela EC n. 80/2014), reconhece o poder de requisição da Defensoria Pública.

A Corte sustentou que, "ausente qualquer vedação constitucional, aplica-se a **teoria dos poderes implícitos**, de modo que as normas impugnadas se revelam como opção político-normativa razoável e proporcional com o objetivo de viabilizar o efetivo exercício da missão constitucional do órgão". Um alerta, contudo, foi feito: o poder de requisição "não alcança dados cujo acesso dependa de autorização judicial, a exemplo dos protegidos pelo sigilo" (**ADI 6.860/MT**; ADI 6.861/PI e ADI 6.863/PE, j. 14-9-2022, pendente a publicação do acórdão).

■ 13. DEFESA DO ESTADO E DAS INSTITUIÇÕES DEMOCRÁTICAS

Ocorrendo qualquer violação da normalidade constitucional, surge o denominado **sistema constitucional das crises**, definido por Aricê Amaral Santos como "... o conjunto ordenado de normas constitucionais que, informadas pelos princípios da **necessidade** e da **temporariedade**, têm por objeto as situações de crises e por finalidade a **mantença** ou o **restabelecimento da normalidade constitucional**" (1989, p. 32).

■ 13.1. Estado de defesa

As hipóteses em que se poderá decretar o estado de defesa estão, de forma taxativa, previstas no art. 136, *caput*, da CF/88, quais sejam: para preservar ou prontamente restabelecer, em locais **restritos** e **determinados**, a **ordem pública** ou a **paz social ameaçadas** por grave e iminente **instabilidade institucional** ou atingidas por **calamidades de grandes proporções na natureza**.

Destacamos, ainda, alguns procedimentos da decretação do Estado de Defesa:

- **Titularidade:** o Presidente da República, por meio de **decreto**, pode, ouvidos o Conselho da República e o Conselho de Defesa Nacional, decretar estado de defesa (art. 84, IX).
- **Conselho da República e Defesa Nacional:** como órgãos de consulta, são previamente ouvidos, porém suas opiniões não possuem caráter vinculativo. Trata-se de parecer meramente **opinativo**.
- **O decreto que instituir o estado de defesa:** deverá determinar: *a*) o tempo de duração; *b*) a área a ser abrangida (**locais restritos e determinados**); *c*) as medidas coercitivas a vigorar durante a sua vigência.
- **Tempo de duração:** máximo de **30 dias**, podendo ser prorrogado por mais **30 dias**, uma única vez. Havendo necessidade de se prorrogar por mais um período, a decretação deverá ser de estado de sítio, na forma do art. 137, I ("ineficácia de medida tomada durante o estado de defesa").
- **Medidas coercitivas:** restrições (não supressão) a direitos, conforme quadro a seguir.
- **Prisão por crime contra o Estado:** como exceção ao art. 5º, LXI, poderá ser determinada pelo executor da medida (não pela autoridade judicial competente). O juiz competente, imediatamente comunicado, poderá relaxá-la. Referida ordem de prisão não poderá ser superior a **10 dias**, facultando-se ao preso requerer o exame de corpo de delito à autoridade policial.
- **Incomunicabilidade do preso:** é vedada.
- **Controle político:** imediato e logo após a decretação do Estado de Defesa. Isso porque, decretado o estado de defesa ou sua prorrogação, o Presidente da República, dentro de 24 horas, submeterá o ato com a respectiva justificação ao

Congresso Nacional, que decidirá por **maioria absoluta**. Se o Congresso Nacional estiver em recesso, será convocado, **extraordinariamente**, pelo **Presidente do Senado Federal** (art. 57, § 6º, I), no prazo de **5 dias**. O Congresso Nacional apreciará o decreto dentro de 10 dias contados de seu recebimento, devendo continuar funcionando enquanto vigorar o estado de defesa. Rejeitado o decreto, cessa imediatamente o estado de defesa.

- **Demais formas de controle:** haverá controle político concomitante (art. 140), bem como sucessivo ou *a posteriori* (art. 141, parágrafo único). Haverá, também, controle judicial imediato, concomitante e sucessivo.
- **Imunidades parlamentares:** subsistirão, não havendo previsão de suspensão (art. 53, § 8º).

> **Estado de defesa**
> **Possibilidade das seguintes medidas coercitivas:**
> I – restrições aos direitos de:
> *a)* reunião, ainda que exercida no seio das associações;
> *b)* sigilo de correspondência;
> *c)* sigilo de comunicação telegráfica e telefônica;
> II – ocupação e uso temporário de bens e serviços públicos, na hipótese de calamidade pública, respondendo a União pelos danos e custos decorrentes.

13.2. Estado de sítio

As hipóteses em que poderá ser decretado o estado de sítio estão, de forma taxativa, previstas no art. 137, *caput*, da CF/88:

- comoção grave de repercussão **nacional** (se fosse de repercussão **restrita** e em **local determinado**, seria hipótese, primeiramente, de decretação de estado de defesa);
- ocorrência de fatos que comprovem a ineficácia de medida tomada durante o estado de defesa (portanto, pressupõe-se situação de maior gravidade);
- declaração de estado de guerra ou resposta a agressão armada estrangeira.

Assim como no estado de defesa, quem **decreta** o estado de sítio é o **Presidente da República**, após prévia oitiva do Conselho da República e de Defesa Nacional (pareceres não vinculativos).

No entanto, para a decretação do estado de sítio, ao contrário do que ocorre com o estado de defesa, deverá haver **prévia** solicitação pelo Presidente da República de **autorização** do **Congresso Nacional**, que se manifestará pela **maioria absoluta** de seus membros.

O **decreto do estado de sítio** indicará sua **duração**, as **normas necessárias a sua execução** e as **garantias constitucionais que ficarão suspensas**, e, depois de publicado, o Presidente da República designará o **executor das medidas específicas** e as **áreas abrangidas** (art. 138, *caput*).

A **duração** do estado de sítio, no caso de comoção grave de repercussão nacional ou da ineficácia das medidas tomadas durante o estado de defesa (art. 137, I), não poderá ser superior a **30 dias**, podendo ser prorrogada, sucessivamente (não há limites), enquanto perdurar a situação de anormalidade, sendo que cada prorrogação também não poderá ser superior a **30 dias**.

No caso de declaração de estado de guerra ou resposta a agressão armada estrangeira (art. 137, II), o estado de excepcionalidade permanecerá enquanto perdurar a guerra ou a agressão armada estrangeira.

Devemos ainda lembrar que as **imunidades** de Deputados ou Senadores subsistirão durante o estado de sítio, só podendo ser **suspensas** mediante o voto de **2/3** dos membros da Casa respectiva, nos casos de atos praticados **fora do recinto do Congresso Nacional** que sejam incompatíveis com a execução da medida (art. 53, § 8º).

> **Estado de sítio com fundamento no art. 137, I**
> (comoção grave de repercussão nacional ou ocorrência de fatos que comprovem a ineficácia de medida tomada durante o estado de defesa)
> **Só poderão ser tomadas contra as pessoas as seguintes medidas:**
> I – obrigação de permanência em localidade determinada;
> II – detenção em edifício não destinado a acusados ou condenados por crimes comuns;
> III – restrições relativas à inviolabilidade da correspondência, ao sigilo das comunicações, à prestação de informações e à liberdade de imprensa, radiodifusão e televisão, na forma da lei (obs.: **não se inclui** nessas restrições a difusão de pronunciamentos de parlamentares efetuados em suas Casas Legislativas, desde que liberada pela respectiva Mesa);
> IV – suspensão da liberdade de reunião;
> V – busca e apreensão em domicílio;
> VI – intervenção nas empresas de serviços públicos;
> VII – requisição de bens.

13.3. Forças Armadas e os militares dos Estados, do Distrito Federal e dos Territórios

A **Marinha**, o **Exército** e a **Aeronáutica** constituem as **Forças Armadas**, sendo consideradas instituições nacionais permanentes e regulares, destinadas à defesa da Pátria, à garantia dos poderes constitucionais e, por iniciativa de qualquer destes, da lei e da ordem.

As Forças Armadas organizam-se com base na **hierarquia** e na **disciplina**, sob a autoridade e comando supremos do **Presidente da República**, que tem por atribuições nomear os comandantes da Marinha, do Exército e da Aeronáutica, promover seus oficiais-generais e nomeá-los para os cargos que lhes são privativos.

Os membros das Forças Armadas, conforme estabelece o art. 142, § 3º, são denominados **militares**, aplicando-se-lhes, além das regras que vierem previstas em lei, as diversas disposições dos incisos I a X, dentre as quais a **proibição** da **sindicalização** e da **greve** (para as provas, ler os referidos dispositivos!).

Essa proibição deve ser estendida aos militares dos Estados, do Distrito Federal e dos Territórios (membros das Polícias Militares e Corpos de Bombeiros Militares — art. 42, § 1º, que determina a aplicação do art. 142, § 3º), confirmando, então, que referido direito fundamental não é absoluto.

Caracterizando-se exceção expressa ao art. 5º, LXVIII, com base no princípio da hierarquia, não caberá *habeas corpus* em relação a eventuais punições disciplinares militares (cf. art. 5º, LXI, CF/88), salvo eventual violação aos **pressupostos de legalidade** (hierarquia, poder disciplinar, ato ligado à função e pena suscetível de ser aplicada disciplinarmente), excluídas as questões do mérito da sanção administrativa.

Devemos lembrar que a Lei n. 13.967/2019, que extinguiu a pena de prisão disciplinar para as polícias militares e os corpos de bombeiros militares dos Estados, dos Territórios e do Distrito Federal, foi declarada **inconstitucional** pelo STF no julgamento da **ADI 6.595**, tendo sido reconhecido tanto vício formal (a iniciativa do projeto de lei tem que ser do Chefe do Poder Executivo), como material, que fazemos o seguinte destaque:

- **vício material:** como se sabe, as polícias militares e os corpos de bombeiros militares, que se subordinam, com as polícias civis e as polícias penais estaduais e distrital, aos Governadores dos Estados, do Distrito Federal e dos Territórios, são **forças auxiliares e reserva do Exército** (art. 144, § 6º). Por esse motivo, os militares estaduais e distritais, assim como os integrantes das Forças Armadas, "submetem-se a um **regime jurídico diferenciado**, o qual se distingue daquele concernente aos servidores civis, 'desde a forma de investidura, até as formas de inatividade', segundo José Afonso da Silva". Os militares, portanto, "têm como v**alores estruturantes** de sua atividade a **hierarquia e a disciplina**" ("submissão disciplinar aos respectivos comandantes"), e, nesse sentido, no "exercício da sensível função de 'braço armado' estatal", a **prisão disciplinar**, prevista constitucionalmente, **se justifica e encontra fundamento** (Min. Lewandowski, fls. 6 a 8 de seu voto na ADI 6.515). Tanto é que, de acordo com o art. 142, § 2º, CF/88, aplicável aos militares estaduais, do DF e dos Territórios (art. 42, § 1º), a regra estabelece o não cabimento de *habeas corpus* em relação a punições disciplinares militares.

Ainda nesse estudo comparativo entre os militares das Forças Armadas e os dos Estados, do DF e dos Territórios, devemos apontar a distinção constitucional em relação à acumulação de cargos. Vejamos a tabela comparativa:

Militares das Forças Armadas	Militares dos Estados, do DF e dos Territórios
Art. 142, § 3º, III – "o militar da ativa que, de acordo com a lei, tomar posse em cargo, emprego ou função pública civil temporária, não eletiva, ainda que da administração indireta, ressalvada a hipótese prevista no **art. 37, inciso XVI, alínea c,** ficará agregado ao respectivo quadro e somente poderá, enquanto permanecer nessa situação, ser promovido por antiguidade, contando-se-lhe o tempo de serviço apenas para aquela promoção e transferência para a reserva, sendo depois de dois anos de afastamento, contínuos ou não, transferido para a reserva, nos termos da lei" (redação dada pela EC n. 77/2014).	Art. 42, § 3º – "Aplica-se aos militares dos Estados, do Distrito Federal e dos Territórios o disposto no **art. 37, inciso XVI,** com prevalência da atividade militar" (incluído pela EC n. 101/2019).

Outro ponto importante é lembrarmos a **Súmula Vinculante 6/2008**, segundo a qual "não viola a Constituição o estabelecimento de remuneração inferior ao salário mínimo para as praças prestadoras de serviço militar inicial".

Finalmente, a prestação do serviço militar é **obrigatória**, ficando as mulheres e os eclesiásticos isentos de tal compulsoriedade em tempos de **paz**, sujeitando-se, porém, a outros encargos que a lei lhes atribuir.

Apesar de obrigatória, alegando-se imperativo de consciência, decorrente de crença religiosa, convicção filosófica ou política (direito de escusa de consciência), às Forças Armadas competirá, na forma da lei, atribuir serviço alternativo em tempo de paz (art. 5º, VIII, c/c o art. 143, §§ 1º e 2º).

Havendo recusa da prestação alternativa nos termos da Lei n. 8.239/91, caracterizada estará a hipótese do art. 15, IV, da CF/88.

13.4. Segurança Pública

Podemos dividir a **polícia de segurança** em polícia **administrativa** (preventiva ou ostensiva) e polícia **judiciária** (ou de investigação).

A **polícia administrativa** atua preventivamente, evitando que o crime aconteça, na área do ilícito administrativo. Já a **polícia judiciária** atua repressivamente, depois de ocorrido o ilícito penal.

13.4.1. Polícias da União

Os órgãos que compõem a polícia no âmbito federal são: **polícia federal, polícia rodoviária federal, polícia ferroviária federal** e **polícia penal federal** (EC n. 104/2019).

A polícia federal atua tanto preventivamente como repressivamente, enquanto as polícias rodoviária federal e ferroviária federal atuam somente preventivamente, buscando evitar o crime. Às polícias penais, vinculadas ao órgão administrador do sistema penal da unidade federativa a que pertencem, cabe a segurança dos estabelecimentos penais (art. 144, § 5º-A).

13.4.2. Polícias dos Estados

A segurança pública em nível estadual foi atribuída às **polícias civis**, às **polícias militares** e ao **corpo de bombeiros** e à **polícia penal estadual** (EC n. 104/2019).

A investigação e a apuração de infrações penais (exceto militares e aquelas de competência da polícia federal), ou seja, o exercício da **polícia judiciária**, em âmbito estadual, coube às **polícias civis**, dirigidas por **delegados de polícia de carreira**.

Já a polícia ostensiva e a preservação da ordem pública (**polícia administrativa**) ficaram a cargo das **polícias militares** e do **corpo de bombeiros**, forças auxiliares e reserva do Exército.

Conforme vimos, às **polícias penais**, vinculadas ao órgão administrador do sistema penal da unidade federativa a que pertencem, cabe a **segurança dos estabelecimentos penais** (art. 144, § 5º-A), ou seja, não possuem papel de polícia de investigação de crime.

A polícia militar e o corpo de bombeiro militar, forças auxiliares e reserva do Exército **subordinam-se**, juntamente com a polícia civil e as polícias penais estaduais, aos **Governadores dos Estados** (art. 144, § 6º, na redação dada pela EC n. 104/2019).

13.4.3. Polícias do Distrito Federal

As polícias civil, penal, militar e o corpo de bombeiros militar pertencentes ao Distrito Federal, embora do ponto de vista hierárquico subordinados ao Governador do Distrito Federal, são **organizados** e **mantidos** diretamente pela União, consagrando, assim, um regime **jurídico híbrido**. Nesse sentido, confira a SV n. 39, que deverá ser adequada à EC n. 104/2019, para ali fazer constar, também, a polícia penal:

> **STF – Súmula Vinculante 39**
> Compete privativamente à União legislar sobre vencimentos dos membros das polícias civil e militar e do corpo de bombeiros militar do Distrito Federal.

13.4.4. Guardas Municipais

Os Municípios poderão constituir guardas municipais destinadas à proteção de seus bens, serviços e instalações, conforme dispuser a lei. Regulamentando a Constituição, a Lei n. 13.022/2014 dispôs sobre o Estatuto das Guardas Municipais e está sendo questionada no STF (RE 608.588, pendente).

Uma questão bastante polêmica já foi, contudo, resolvida pela Corte, que firmou a seguinte tese: "é constitucional a atribuição às guardas municipais do exercício de poder de polícia de trânsito, inclusive para imposição de sanções administrativas legalmente previstas" (**RE 658.570**, Rel. orig. Min. Marco Aurélio, red. p/ o acórdão Min. Roberto Barroso, j. 6-8-2015, *DJe* de 30-9-2015).

13.4.5. Segurança viária. Carreira dos agentes de trânsito. EC n. 82/2014

A segurança viária, exercida para a preservação da ordem pública e da incolumidade das pessoas e do seu patrimônio nas vias públicas, compreende a educação, engenharia e fiscalização de trânsito, além de outras atividades previstas em lei que assegurem ao cidadão o direito à mobilidade urbana eficiente, e compete, no âmbito dos Estados, do Distrito Federal e dos Municípios, aos respectivos órgãos ou entidades executivos e seus agentes de trânsito, **estruturados em Carreira**, na forma da lei.

13.4.6. Aos policiais civis e servidores públicos que atuem diretamente na área de segurança pública está assegurado o direito de greve?

Não.

Superando o entendimento inicial firmado nos MIs 670, 708 e 712, o STF entendeu que o direito de greve não pode ser exercido por policiais civis, apesar de servidores civis e não militares, já que as atividades desenvolvidas são análogas às dos militares (**Rcl 6.568**, Rel. Min. Eros Grau, j. 20-5-2009).

> A Corte, por 6 x 3, reafirmou esse entendimento ao apreciar o *tema 541* da repercussão geral:
> - "o exercício do direito de greve, sob qualquer forma ou modalidade, é vedado aos policiais civis e a todos os servidores públicos que atuem diretamente na área de segurança pública";
> - "é obrigatória a participação do Poder Público em mediação instaurada pelos órgãos classistas das carreiras de segurança pública, nos termos do art. 165 do CPC, para vocalização dos interesses da categoria" (**ARE 654.432**, Pleno, Rel. Min. Alexandre de Moraes, j. 5-4-2017).

A vedação ao direito de greve acima exposta atinge, também, as **Guardas Municipais**, já que executam atividade de segurança pública (art. 144, § 8º, da CF), "essencial ao atendimento de necessidades inadiáveis da comunidade (art. 9º, § 1º, CF)" (**RE 846.854**, Pleno, j. 1º-8-2017).

Lei poderá conceder anistia a policiais civis ou militares (PM e Corpo de Bombeiros) em relação a eventuais crimes praticados e infrações disciplinares conexas decorrentes de participação em movimentos reivindicatórios?

- **Lei Federal:** SIM, mas apenas em relação a **crimes** e não às infrações disciplinares conexas (ADI 4.377, Pleno, 10 × 0, j. 3-11-2021);
- **Lei Estadual:** SIM, mas somente a **infrações disciplinares conexas** e não em relação aos crimes. Nesse caso, a lei estadual deverá ser de **iniciativa reservada do Governador de Estado** (ADI 4.928, Pleno, 10 × 1, j. 8-10-2021).

14. DIREITOS E GARANTIAS FUNDAMENTAIS

14.1. Localização

A Constituição, em seu Título II, classifica o gênero **direitos e garantias fundamentais** em importantes grupos, a saber:

- direitos e deveres individuais e coletivos (art. 5º);
- direitos sociais (art. 6º a 11);
- direitos de nacionalidade (arts. 12 e 13);
- direitos políticos (arts. 14 a 16);
- partidos políticos (art. 17).

14.2. Gerações (dimensões) de direitos fundamentais

A doutrina, dentre vários critérios, costuma classificar os direitos fundamentais em "gerações" de direitos (lembrando a preferência da doutrina mais atual pela expressão "dimensões" dos direitos fundamentais), nos seguintes termos:

- **Direitos fundamentais de primeira dimensão:** dizem respeito às **liberdades públicas e aos direitos políticos**, ou seja, direitos civis e políticos a traduzirem o valor de **liberdade**.
- **Direitos fundamentais de segunda dimensão:** privilegiam os **direitos sociais, culturais e econômicos**, correspondendo aos direitos de **igualdade**.
- **Direitos fundamentais de terceira dimensão:** consagram os **direitos de solidariedade** e de **fraternidade**.
- **Direitos fundamentais de quarta dimensão:** segundo orientação de Norberto Bobbio, referida geração de direitos decorreria dos avanços no campo da **engenharia genética**, ao colocarem em risco a própria existência humana, por meio da manipulação do patrimônio genético. Para Bonavides, como direitos de quarta dimensão destacam-se a democracia (direta), a informação e o pluralismo; decorrem da globalização dos direitos fundamentais.
- **Direitos fundamentais de quinta dimensão:** segundo Bonavides, o direito à paz, que é entendido como de terceira dimensão por Karel Vasak.

14.3. Diferenciação entre direitos e garantias fundamentais

Os **direitos** são bens e vantagens prescritos na norma constitucional, enquanto as **garantias** são os instrumentos por meio dos quais se assegura o exercício dos aludidos direitos (preventivamente) ou prontamente os repara, caso violados.

Por sua vez, os **remédios constitucionais** são espécie do gênero garantia.

14.4. Características dos direitos e garantias fundamentais

Os direitos fundamentais têm as seguintes características:

- **historicidade:** decorrem de uma evolução histórica;
- **universalidade:** destinam-se, de modo indiscriminado, a todos os seres humanos;

- **limitabilidade:** os direitos fundamentais não são absolutos (**relatividade**), havendo, muitas vezes, no caso concreto, confrontos, conflitos de interesses. Nesse hipótese, deve ser levada em consideração a regra da **máxima observância dos direitos fundamentais envolvidos**, conjugada com a sua **mínima restrição**;
- **concorrência:** podem ser exercidos cumulativamente;
- **irrenunciabilidade:** o que pode ser observado é o seu não exercício, mas nunca a sua renúncia;
- **inalienabilidade:** por não terem conteúdo econômico-patrimonial;
- **imprescritibilidade**.

14.5. Abrangência dos direitos e garantias fundamentais

O art. 5º, *caput,* da CF/88 estabelece que **todos** são iguais perante a lei, sem distinção de qualquer natureza, garantindo-se aos **brasileiros** e aos **estrangeiros residentes no País** a inviolabilidade do direito à vida, à liberdade, à igualdade, à segurança e à propriedade, nos termos dos seus 78 incisos e parágrafos.

Trata-se de rol meramente **exemplificativo**, na medida em que os direitos e garantias expressos na Constituição não excluem outros decorrentes do regime e dos princípios por ela adotados, ou dos tratados internacionais em que a República Federativa do Brasil seja parte.

Este tema ganha relevância com o art. 5º, § 3º, ao estabelecer que os tratados e convenções internacionais sobre direitos humanos que forem aprovados, em cada Casa do Congresso Nacional, em dois turnos, por 3/5 dos votos dos respectivos membros, serão equivalentes às emendas constitucionais.

O *caput* do art. 5º faz referência expressa somente a brasileiros (natos ou naturalizados, já que não os diferencia) e estrangeiros residentes no País. Contudo, a estes destinatários expressos, a doutrina e o STF vêm acrescentando, por meio da interpretação sistemática, os estrangeiros não residentes (por exemplo, a turismo), os apátridas e as pessoas jurídicas.

14.6. Aplicabilidade das normas definidoras dos direitos e garantias fundamentais

Nos termos do art. 5º, § 1º, as normas definidoras dos direitos e garantias fundamentais têm **aplicação imediata**.

14.7. A teoria dos quatro *status* de Jellinek

Várias teorias tentam explicar o papel desempenhado pelos direitos fundamentais. Dentre outros estudos, destacamos a **teoria dos quatro *status* de Jellinek** que, apesar de elaborada no final do séc. XIX, ainda se mostra muito atual.

- *Status* **passivo** ou *subjectionis* – o indivíduo aparece como detentor de **deveres** perante o Estado.
- *Status* **negativo** – o indivíduo, por possuir personalidade, goza de um espaço de **liberdade** diante das ingerências dos Poderes Públicos.
- *Status* **positivo** ou *status civitatis* – o indivíduo tem o direito de exigir que o Estado atue **positivamente**, realizando uma prestação a seu favor.
- *Status* **ativo** – o indivíduo possui competências para influenciar a formação da vontade do Estado, como, por exemplo, pelo exercício do direito do voto (exercício de **direitos políticos**).

14.8. Eficácia horizontal dos direitos fundamentais

O tema da **eficácia horizontal dos direitos fundamentais**, também denominado eficácia **privada** ou **externa**, surge como importante contraponto à ideia de eficácia **vertical** dos direitos fundamentais.

A aplicação dos direitos fundamentais nas relações entre o particular e o Poder Público não se discute (eficácia vertical).

Agora, por outro lado, será que nas relações privadas devem os direitos fundamentais ser observados?

O STF consagrou a teoria da **eficácia direta ou imediata**, ou seja, alguns direitos fundamentais podem ser aplicados às relações privadas sem que haja a necessidade de "intermediação legislativa" para a sua concretização.

Nessa linha, poderá o magistrado deparar-se com inevitável colisão de direitos fundamentais, quais sejam, o princípio da **autonomia da vontade privada** e da **livre-iniciativa** de um lado (arts. 1º, IV, e 170, *caput*) e o da **dignidade da pessoa humana** e da **máxima efetividade dos direitos fundamentais** (art. 1º, III) de outro.

Diante dessa "colisão", indispensável será a **"ponderação de interesses"** à luz da **razoabilidade** e da **concordância prática ou harmonização**. Não sendo possível a harmonização, o Judiciário terá de avaliar qual dos interesses deverá prevalecer.

14.9. Direitos individuais e coletivos

Dado o objetivo principal deste trabalho, qual seja, ferramenta a ajudar o candidato em concursos públicos, focando a prova da OAB, após uma brevíssima exposição de uma teoria geral dos direitos fundamentais, remetemos o nosso ilustre leitor para uma leitura atenta do art. 5º da Constituição, sendo indagada nas provas, muitas vezes, a letra da lei.

Assim, o estudo deve ser feito com muito cuidado, analisando-se cada um dos incisos do art. 5º. Insistimos, não deixem de ler os incisos do art. 5º. Para tanto, destacamos os principais pontos:

Dispositivo Constitucional	Direito Fundamental
art. 5º, *caput*	direito à vida
art. 5º, *caput*, I	princípio da igualdade
art. 5º, II	princípio da legalidade
art. 5º, III	proibição da tortura
art. 5º, IV e V	liberdade de manifestação do pensamento
art. 5º, VI a VIII	liberdade de consciência, crença e culto
art. 5º, IX e X	liberdade de atividade intelectual, artística, científica ou de comunicação. Indenização em caso de dano
art. 5º, X	inviolabilidade da intimidade, vida privada, honra e imagem das pessoas
art. 5º, XI	inviolabilidade domiciliar
art. 5º, XII	sigilo de correspondência e comunicações
art. 5º, XIII	liberdade de profissão
art. 5º, XIV e XXXIII	liberdade de informação
art. 5º, XV e LXI	liberdade de locomoção
art. 5º, XVI	direito de reunião
art. 5º, XVII, XVIII, XIX, XX e XXI	direito de associação
art. 5º, XXII, XXIII, XXIV, XXV e XXVI	direito de propriedade
art. 5º, XXX e XXXI	direito de herança e estatuto sucessório
art. 5º, XXVII, XXVIII e XXIX	propriedade intelectual
art. 5º, XXXII	defesa do consumidor
art. 5º, XXXIV	direito de petição e obtenção de certidões
art. 5º, XXXV	princípio da inafastabilidade da jurisdição
art. 5º, XXXVI	limites à retroatividade da lei
art. 5º, LIII	princípio do promotor natural
art. 5º, XXXVII e LIII	princípio do juiz natural ou legal
art. 5º, § 4º	tribunal penal internacional – TPI
art. 109, V-A e § 5º	federalização dos crimes contra direitos humanos – Incidente de deslocamento de competência – IDC
art. 5º, XXXVIII	tribunal do júri
art. 5º, XXXIX a LXVII	segurança jurídica em matéria criminal
art. 5º, LIV e LV	devido processo legal, contraditório e ampla defesa
arts. 5º, LV, e 3º, I	devido processo legal substantivo ou material
art. 5º, LVI	provas ilícitas
art. 5º, LX	publicidade dos atos processuais e dever de motivação das decisões judiciais
art. 5º, LXXIV	assistência jurídica integral e gratuita
art. 5º, LXXV	erro judiciário
art. 5º, LXXVI	gratuidade das certidões de nascimento e de óbito
art. 5º, LXXVII	gratuidade nas ações de *habeas corpus* e *habeas data*
art. 5º, LXXVIII	celeridade processual
art. 5º, LXXIX	direito à proteção dos dados pessoais, inclusive nos meios digitais (EC n. 115/2022)

14.10. Remédios constitucionais

A primeira Constituição a estabelecer expressamente o remédio do *habeas corpus* foi a de 1891 (muito embora previsto durante o Império). À época não havia previsão do mandado de segurança, que apareceu somente no texto de 1934.

Por esse motivo, no Brasil, desenvolveu-se a teoria brasileira do *habeas corpus*, vindo a ser restringida apenas pela reforma de 1926, quando, de vez, atrelou-se o *habeas corpus* à liberdade de **locomoção**.

O mandado de segurança coletivo, o mandando de injunção e o *habeas data* vão surgir apenas a partir do texto de 1988.

Por fim, a ação popular foi prevista, nos moldes atuais, pela primeira vez, no texto de 1934.

14.10.1. *Habeas corpus*

> **Art. 5º, LXVIII, CF/88**
> Conceder-se-á *habeas corpus* sempre que alguém sofrer ou se achar ameaçado de sofrer violência ou coação em sua **liberdade de locomoção**, por ilegalidade ou abuso de poder;

O autor da ação constitucional de *habeas corpus* recebe o nome de **impetrante**; o indivíduo em favor do qual se impetra, **paciente** (podendo ser o próprio impetrante); e a autoridade que pratica a ilegalidade ou abuso de poder, **autoridade coatora** ou **impetrado**.

O impetrante, portanto, poderá ser qualquer pessoa física (nacional ou estrangeira) em sua própria defesa, em favor de terceiro, podendo ser o Ministério Público ou mesmo pessoa jurídica (mas, é claro, em favor de pessoa física). Já o magistrado, na qualidade de Juiz de Direito, no exercício da atividade jurisdicional, a Turma Recursal e o Tribunal poderão **concedê-lo de ofício**, em exceção ao *princípio da inércia do órgão jurisdicional*. Mas **cuidado**: o Juiz de Direito, o Desembargador, Ministros, quando não estiverem exercendo a atividade jurisdicional, **impetrarão**, e não concederão de ofício, naturalmente, o *habeas corpus*, já que atuando como pessoa comum.

Referida ação pode ser formulada **sem advogado**, não tendo de obedecer a qualquer formalidade processual ou instrumental, sendo **gratuita**.

Pode ser impetrado para trancar ação penal ou inquérito policial, bem como em face de particular, como no clássico exemplo de hospital psiquiátrico que priva o paciente de sua liberdade de ir e vir, ilegalmente.

O *habeas corpus* será **preventivo** quando alguém se achar **ameaçado** de sofrer violência ou coação em sua liberdade de locomoção, por ilegalidade ou abuso de poder (a restrição à locomoção ainda não se consumou). Nesta situação poderá obter um **salvo-conduto**, para garantir o direito de ir e vir.

Quando a constrição ao direito de locomoção já se consumou, estaremos diante do *habeas corpus* **liberatório** ou **repressivo**, para cessar a violência ou coação.

Por fim, destacamos a decisão do STF que entendeu por **superada** a Súmula 690, definindo a competência **originária** do **TJ local** para o julgamento de *habeas corpus* contra decisão de turma recursal de juizados especiais criminais.

14.10.2. *Habeas corpus* coletivo

O instituto do *habeas corpus* coletivo não está previsto em nosso ordenamento jurídico.

Em 20 de fevereiro de 2018, contudo, a 2ª Turma do STF, no julgamento do **HC 143.641**, por votação unânime, entendeu cabível a **impetração coletiva de habeas corpus** e, por maioria, concedeu a ordem para determinar a **substituição da prisão preventiva pela domiciliar** – sem prejuízo da aplicação concomitante das medidas alternativas previstas no art. 319 do CPP – de **todas as mulheres presas, gestantes, puérperas, ou mães de crianças e deficientes sob sua guarda**, nos termos do art. 2º do ECA e da Convenção sobre Direitos das Pessoas com Deficiências (Decreto Legislativo n. 186/2008 e Lei n. 13.146/2015), relacionadas no processo pelo DEPEN e outras autoridades estaduais, enquanto perdurar tal condição, **excetuados os casos de crimes praticados por elas mediante violência ou grave ameaça, contra seus descendentes ou, ainda, em situações excepcionalíssimas, as quais deverão ser devidamente fundamentadas pelos juízes que denegarem o benefício**.

A Turma, ainda, **estendeu** a ordem, **de ofício**, às **demais mulheres** presas, gestantes, puérperas ou mães de crianças e de pessoas com deficiência, bem assim às adolescentes sujeitas a medidas socioeducativas em idêntica situação no território nacional, observadas as restrições previstas acima.

Em sendo a detida tecnicamente reincidente, explicitou a Corte, "o juiz deverá proceder em atenção às circunstâncias do caso concreto, mas sempre tendo por norte os princípios e as regras acima enunciadas, observando, ademais, a diretriz de excepcionalidade da prisão. Se o juiz entender que a prisão domiciliar se mostra inviável ou inadequada em determinadas situações, poderá substituí-la por medidas alternativas arroladas no já mencionado art. 319 do CPP".

A Corte estabeleceu que a legitimidade ativa do *habeas corpus* coletivo deve ser entendida a partir da aplicação analógica do art. 12 da Lei n. 13.300/2016 (Lei do Mandado de Injunção), que deverá ser lida.

Esperamos que a decisão da Corte no **HC 143.641** sirva de estímulo para que o legislador regulamente de vez esse instrumento, fundamental para a efetiva proteção de direitos da sociedade de massa.

Nessa linha de movimentação política para a aprovação de ato normativo estimulado por decisão judicial, remetemos o leitor à **Lei n. 13.769/2018**, que estabeleceu regras específicas e condições para a substituição de prisão preventiva por prisão domiciliar imposta à mulher gestante ou que for mãe ou responsável por crianças ou pessoas com deficiência.

14.10.3. Mandado de segurança

> **Art. 5º, LXIX, CF/88**
> Conceder-se-á mandado de segurança para proteger **direito líquido e certo**, não amparado por *habeas corpus* ou *habeas data*, quando o responsável pela ilegalidade ou abuso de poder for autoridade pública ou agente de pessoa jurídica no exercício de atribuições do Poder Público;

Restringido o alcance da "teoria brasileira do *habeas corpus*" pela reforma constitucional de 1926, sob forte influência da doutrina e jurisprudência da época, que buscavam nas ações possessórias instrumentos para suprir a lacuna deixada pela aludida reforma, o mandado de segurança é constitucionalizado em 1934, sendo introduzido na Carta Maior e permanecendo nas posteriores, com exceção da de 1937. Suas regras gerais foram regulamentadas pela Lei n. 1.533, de 31-12-1951 e outros tantos dispositivos, estando, atualmente, disciplinado na **Lei n. 12.016, de 7-8-2009**, objeto de vários questionamentos nas **ADIs 4.296** e 4.403, esta última julgada improcedente e a primeira declarando inconstitucionais os seus arts. 7º, § 2º, e 22, § 2º.

A Corte estabeleceu que "a cautelaridade do mandado de segurança é ínsita à proteção constitucional ao direito líquido e certo e encontra assento na própria Constituição Federal. Em vista disso, não será possível a edição de lei ou ato normativo que vede a concessão de medida liminar na via mandamental, sob pena de violação à garantia de pleno acesso à jurisdição e à própria defesa do direito líquido e certo protegida pela Constituição. Proibições legais que representam óbices absolutos ao poder geral de cautela" (ADI 4.296, Pleno, j. 9-6-2021).

Conforme ensina Hely Lopes Meirelles, **direito líquido e certo** é aquele "manifesto na sua existência, delimitado na sua extensão e apto a ser exercitado no momento da impetração" (1998, p. 34-35).

O mandado de segurança pode ser **repressivo** de ilegalidade ou abuso de poder já praticados, ou **preventivo**, quando estivermos diante de ameaça a violação de direito líquido e certo do impetrante. Muitas vezes, para evitar o perecimento do objeto, o impetrante poderá solicitar concessão de liminar, desde que, é claro, demonstre o *fumus boni iuris* e o *periculum in mora*.

O prazo para impetração do mandado de segurança, já reconhecido como constitucional pelo STF (S. 632), é de **120 dias**, contado da ciência, pelo interessado, do ato a ser impugnado.

14.10.4. Mandado de segurança coletivo

> **Art. 5º, LXX, *a* e *b*, CF/88**
> O mandado de segurança coletivo pode ser impetrado por: *a)* partido político com representação no Congresso Nacional; *b)* organização sindical, entidade de classe ou associação legalmente constituída e em funcionamento há pelo menos um ano, em defesa dos interesses de seus membros ou associados;

A grande diferença entre o mandado de segurança individual e o coletivo (este último criado pela Constituição de 1988) reside em seu **objeto** e na **legitimação ativa**.

Com o mandado de segurança coletivo busca-se a proteção de direito líquido e certo, não amparado por *habeas corpus* ou *habeas data* (campo residual), contra atos ou omissões ilegais ou com abuso de poder de autoridade, buscando a preservação (preventivo) ou a reparação (repressivo) de interesses transindividuais, sejam **individuais homogêneos**, sejam **coletivos** (art. 21, da Lei n. 12.016/2009).

Já em relação à legitimidade ativa, o mandado de segurança coletivo poderá ser impetrado por:

- partido político com representação no Congresso Nacional, na defesa de seus interesses legítimos relativos a seus integrantes ou à finalidade partidária;
- organização sindical, entidade de classe ou associação legalmente constituída e em funcionamento há, pelo menos, 1 ano, em defesa de direitos líquidos e certos da totalidade, ou de parte, dos seus membros ou associados, na forma dos seus estatutos e desde que pertinentes às suas finalidades, dispensada, para tanto, autorização especial.

Já entendeu o STF que essa pré-constituição ânua é exclusiva das associações.

Para as provas, recomendamos a leitura da **Lei n. 12.016/2009**, que disciplinou o mandado de segurança individual e coletivo e deu outras providências.

14.10.5. Mandado de injunção

> **Art. 5º, LXXI, CF/88**
> Conceder-se-á mandado de injunção sempre que a falta de norma regulamentadora torne inviável o exercício dos direitos e liberdades constitucionais e das prerrogativas inerentes à nacionalidade, à soberania e à cidadania;

Trata-se, juntamente com o mandado de segurança coletivo e o *habeas data*, de remédio constitucional introduzido pelo constituinte originário de 1988.

Os dois requisitos constitucionais para o mandado de injunção são:

- norma constitucional de **eficácia limitada**, prescrevendo **direitos, liberdades constitucionais** e **prerrogativas** inerentes à nacionalidade, à soberania e à cidadania;
- falta de norma regulamentadora, tornando inviável o exercício dos direitos, liberdades e prerrogativas acima mencionados (omissão do Poder Público).

Dessa forma, assim como a *ação direta de inconstitucionalidade por omissão*, o mandado de injunção surge para "curar" uma "doença" denominada **síndrome de inefetividade das normas constitucionais**, vale dizer, normas constitucionais que, de imediato, no momento em que a Constituição é promulgada, não têm o condão de produzir todos os seus efeitos, precisando de uma lei integrativa infraconstitucional.

No tocante aos efeitos da decisão, várias teorias surgiram: **a)** posição não concretista; **b)** posição concretista.

A posição **não concretista**, por muito tempo, foi a dominante no STF e tinha por entendimento a impossibilidade de o Judiciário assegurar o exercício do direito no caso de omissão normativa, limitando-se a declarar e reconhecer a mora.

Este posicionamento sofreu as nossas críticas, na medida em que se tornaria inviável o exercício de direitos fundamentais na persistência da inércia legislativa, ou mesmo na não deliberação de projeto já encaminhado.

Evoluindo, o STF adotou, em alguns casos, a **posição concretista individual intermediária**, fixando um prazo ao órgão omisso para que elaborasse a norma naquele período. Decorrido *in albis* o prazo fixado, o autor passaria a ter o direito pleiteado (efeitos *inter partes*).

Avançando, no julgamento dos **MIs 670, 708 e 712**, ajuizados por Sindicatos com o objetivo de se assegurar o direito de greve para os seus filiados, tendo em vista a inexistência de lei regulamentando o art. 37, VII, o STF declarou omissão legislativa e, por maioria, determinou a aplicação, no que couber, da lei de greve vigente no setor privado, Lei n. 7.783/89.

A aplicação da lei não se restringiu aos impetrantes, mas se estendeu a todo o funcionalismo público, consagrando, assim, o STF, nesse caso específico, a **teoria concretista geral**.

Finalmente, com quase 30 anos de atraso!, a **Lei n. 13.300/2016** (Lei do Mandado de Injunção – LMI, que deve ser lida para a prova) disciplinou o processo e o julgamento dos **mandados de injunção individual** e **coletivo** e deu outras providências.

O art. 8º da LMI estabelece que, reconhecido o estado de mora legislativa, será deferida a injunção para: a) determinar prazo razoável para que o impetrado promova a edição da norma regulamentadora; b) estabelecer as condições em que se dará o exercício dos direitos, das liberdades ou das prerrogativas reclamados ou, se for o caso, as condições em que poderá o interessado promover ação própria visando a exercê-los, caso não seja suprida a mora legislativa no prazo determinado. Esse prazo será dispensado quando comprovado que o impetrado deixou de atender, em mandado de injunção anterior, ao prazo estabelecido para a edição da norma.

O legislador, portanto, optou pela **posição concretista intermediária**, sendo, então, mais conservador do que vinham sendo as decisões do STF.

Lei n. 13.300/2016
Art. 9º A decisão terá **eficácia subjetiva limitada às partes** e produzirá efeitos até o advento da norma regulamentadora.
§ 1º Poderá ser conferida **eficácia *ultra partes*** ou ***erga omnes*** à decisão, quando isso for inerente ou indispensável ao exercício do direito, da liberdade ou da prerrogativa objeto da impetração.

14.10.6. Mandado de injunção coletivo

As regras expostas acima aqui se aplicam. Destacamos, na forma do art. 12 da Lei n. 13.300/2016, os legitimados para a impetração do MI coletivo, como impetrantes:

- **Ministério Público**, quando a tutela requerida for especialmente relevante para a defesa da ordem jurídica, do regime democrático ou dos interesses sociais ou individuais indisponíveis;
- **partido político com representação no Congresso Nacional**, para assegurar o exercício de direitos, liberdades e prerrogativas de seus integrantes ou relacionados com a finalidade partidária;
- **organização sindical, entidade de classe ou associação legalmente constituída e em funcionamento há pelo menos 1 ano**, para assegurar o exercício de direitos, liberdades e prerrogativas em favor da totalidade ou de parte de seus membros ou associados, na forma de seus estatutos e desde que pertinentes a suas finalidades, dispensada, para tanto, autorização especial;
- **Defensoria Pública**, quando a tutela requerida for especialmente relevante para a promoção dos direitos humanos e a defesa dos direitos individuais e coletivos dos necessitados, na forma do inciso LXXIV do art. 5º da Constituição Federal.

Os direitos, as liberdades e as prerrogativas protegidos por mandado de injunção coletivo são os pertencentes, indistintamente, a uma coletividade indeterminada de pessoas ou determinada por grupo, classe ou categoria.

14.10.7. Habeas data

Art. 5º, LXXII, *a* e *b*, CF/88
Conceder-se-á *habeas data: a)* para assegurar o conhecimento de informações relativas à pessoa do impetrante, constantes de registros ou bancos de dados de entidades governamentais ou de caráter público; *b)* para a retificação de dados, quando não se prefira fazê-lo por processo sigiloso, judicial ou administrativo;

Introduzido pela Constituição de 1988, a garantia constitucional do *habeas data* não se confunde com o direito de obter certidões (art. 5º, XXXIV, *b*), ou informações de interesse particular, coletivo ou geral (art. 5º, XXXIII). Havendo recusa no fornecimento de certidões (para a defesa de direitos ou esclarecimento de situações de interesse pessoal, próprio ou de terceiros), ou informações de terceiros o remédio próprio é o **mandado de segurança**, e não o *habeas data*. Se o pedido for para assegurar o conhecimento de informações relativas à **pessoa do impetrante**, como visto, o remédio será o *habeas data*.

O art. 8º da lei regulamentadora (Lei n. 9.507/97), estabelece a necessária recusa de informações pela autoridade, sob pena de, inexistindo pretensão resistida, a parte ser julgada carecedora da ação, por falta de interesse processual.

O art. 21 da lei do *habeas data*, em cumprimento ao dispositivo constitucional constante do art. 5º, LXXVII, estabeleceu serem **gratuitos** o procedimento administrativo para acesso a informações e retificação de dados e para anotações de justificação, bem como a ação de *habeas data*.

14.10.8. Ação popular

> **Art. 5º, LXXIII, CF/88**
> Qualquer **cidadão** é parte legítima para propor ação popular que vise a anular ato lesivo ao patrimônio público ou de entidade de que o Estado participe, à moralidade administrativa, ao meio ambiente e ao patrimônio histórico e cultural, ficando o autor, salvo comprovada má-fé, isento de custas judiciais e do ônus da sucumbência;

Muito embora o texto de 1824 falasse em ação popular, parece que esta se referia a certo caráter disciplinar ou mesmo penal. Desse modo, concordamos com Mancuso, ao sustentar que o texto de 1934 foi "o primeiro texto constitucional que lhe deu guarida" (2001, p. 52).

Elevada ao nível constitucional em **1934**, retirada da Constituição de 1937, retornou na de 1946 e permanece até os dias atuais, estando prevista no art. 5º, LXIII, conforme visto.

Somente poderá ser autor da ação popular o **cidadão**, assim considerado o brasileiro nato ou naturalizado, desde que esteja no pleno gozo de seus direitos políticos, provada tal situação (e como requisito essencial da inicial) por meio do título de eleitor, ou documento que a ele corresponda.

Assim, excluem-se do polo ativo os estrangeiros, os apátridas, as pessoas jurídicas (*vide* Súmula 365 do STF) e mesmo os brasileiros que estiverem com os seus direitos políticos suspensos ou perdidos (art. 15 da CF/88).

Entendemos que aquele entre 16 e 18 anos, que tem título de eleitor, pode ajuizar a ação popular sem a necessidade de assistência, porém sempre por advogado (capacidade postulatória).

Cabe alertar que "a competência para julgar ação popular contra ato de qualquer autoridade, até mesmo do Presidente da República, é, **em regra**, do juízo competente de primeiro grau" (AO 859-QO, STF).

O autor da ação popular é isento de custas judiciais e do ônus da sucumbência, salvo comprovada má-fé.

15. DIREITOS SOCIAIS

15.1. Aspectos gerais

Nos termos do art. 6º, na redação dada pelas ECs n. 26/2000, 64/2010 e 90/2015, são **direitos sociais** a educação, a saúde, a alimentação, o trabalho, a moradia, o transporte, o lazer, a segurança, a previdência social, a proteção à maternidade e à infância, a assistência aos desamparados, na forma da Constituição.

Trata-se de desdobramento da perspectiva de um **Estado Social de Direito**, tendo como documentos marcantes a Constituição Mexicana de 1917, a de Weimar, na Alemanha, de 1919, e, no Brasil, a de 1934.

Os **direitos sociais**, direitos de **segunda dimensão**, apresentam-se como **prestações positivas** a serem implementadas pelo Estado (Social de Direito) e tendem a concretizar a perspectiva de uma **isonomia substancial** e **social** na busca de melhores e adequadas condições de vida, estando, ainda, consagrados como **fundamentos** da República Federativa do Brasil (art. 1º, IV, CF/88).

15.2. Direitos sociais individuais dos trabalhadores

> O art. 7º estabelece um rol de direitos sociais dos **trabalhadores urbanos** e **rurais**, assim como dos **avulsos**, tendo sido, para os **domésticos**, assegurados apenas alguns direitos (art. 7º, parágrafo único).

Cabe lembrar, ainda, que, nos termos do art. 39, § 3º, aplica-se aos **servidores ocupantes de cargo público** o disposto no art. 7º, IV, VII, VIII, IX, XII, XIII, XV, XVI, XVII, XVIII, XIX, XX, XXII e XXX, podendo a lei estabelecer requisitos diferenciados de admissão quando a natureza do cargo o exigir.

Assim, para as provas, recomendamos a leitura atenta dos incisos do art. 7º, devendo o assunto ser aprofundado na parte de direito do trabalho deste livro!

15.3. Direitos sociais coletivos dos trabalhadores (arts. 8º a 11)

Os **direitos sociais coletivos** são aqueles exercidos pelos trabalhadores coletivamente, ou no interesse de uma coletividade, e podem ser classificados em:

- **direito de associação profissional ou sindical;**
- **direito de greve;**
- **direito de substituição processual;**
- **direito de participação;**
- **direito de representação classista.**

Traremos breves explicações, mas, naturalmente, o assunto deverá ser aprofundado na parte de direito do trabalho deste livro.

15.3.1. Direito de associação profissional ou sindical

Nos termos do art. 8º, *caput*, é livre a associação profissional ou sindical, observando-se as regras previstas nos incisos.

Cabe lembrar que o art. 8º, parágrafo único, estabelece que as disposições fixadas nos incisos desse artigo se aplicam à organização de **sindicatos rurais** e de **colônias de pescadores**, atendidas as condições que a lei estabelecer.

15.3.2. Direito de greve

Nos termos do art. 9º, é assegurado o **direito de greve**, competindo aos trabalhadores decidir sobre a oportunidade de exercê-lo e sobre os interesses que devam por meio dele defender.

A lei definirá os serviços ou atividades essenciais e disporá sobre o atendimento das necessidades inadiáveis da comunidade, sendo que os abusos cometidos sujeitam os responsáveis às penas da lei (cf. **Lei n. 7.783/89**).

Muito embora seja um tema a ser desenvolvido em Direito Administrativo, em relação ao **direito de greve no funcionalismo público**, assegurado no art. 37, VII, e ainda não regulamentado por lei (mas admitido o seu exercício em razão de decisão proferida em mandado de injunção que adotou a posição concretista geral – cf. *item 14.10.4*), importante deixar registrada a tese firmada pelo STF ao apreciar o *tema 531* da repercussão geral: "a administração pública deve proceder ao desconto dos dias de paralisação decorrentes do exercício do direito de greve pelos servidores públicos, em virtude da suspensão do vínculo funcional que dela decorre, permitida a compensação em caso de acordo. O desconto será, contudo, incabível se ficar demonstrado que a greve foi provocada por conduta ilícita do Poder Público" (RE 693.456, Plenário, j. 27-10-2016).

15.3.3. Direito de substituição processual

Nos termos do art. 8º, III, ao sindicato cabe a defesa dos direitos e interesses coletivos ou individuais da categoria, inclusive em questões judiciais ou administrativas.

Nesse particular, o STF "decidiu que os sindicatos têm **legitimidade processual para atuar na defesa de todos e quaisquer direitos subjetivos individuais e coletivos dos integrantes da categoria por ele representada**" (RE 210.029/STF).

15.3.4. Direito de participação

Nos termos do art. 10, é assegurada a participação dos trabalhadores e empregadores nos colegiados dos órgãos públicos em que seus interesses profissionais ou previdenciários sejam objeto de discussão e deliberação.

15.3.5. Direito de representação classista

Nos termos do art. 11, nas empresas de mais de **200 empregados**, é assegurada a eleição de um representante destes com a finalidade exclusiva de promover-lhes o entendimento direto com os empregadores, tendo sido a matéria regulamentada nos arts. 510-A a 510-D da CLT (introduzidos pela **Reforma Trabalhista**, Lei n. 13.467/2017).

15.4. Princípio do não retrocesso social ou da proibição da evolução reacionária

De acordo com o **princípio da vedação ao retrocesso**, uma vez concretizado o direito ele não pode ser diminuído ou esvaziado, consagrando aquilo que a doutrina francesa chamou de *effet cliquet*.

Entendemos que nem a lei poderá retroceder, como, em igual medida, o poder de reforma, já que a emenda à constituição deve resguardar os direitos sociais já consagrados.

15.5. "Judicialização da saúde": fornecimento de medicamentos

Em relação ao tema da **judicialização da saúde e o fornecimento de medicamentos**, quatro recursos extraordinários com repercussão geral reconhecida (RG) devem ser destacados, estando, ainda, no fechamento desta edição, um deles pendente de fixação da tese de repercussão geral. Vejamos:

- **RE 855.178** (tema 793 da RG): à luz dos arts. 2º e 198 da Constituição Federal, há **responsabilidade solidária** entre os entes federados pela promoção dos atos necessários à concretização do direito à saúde, tais como o fornecimento de medicamentos e o custeio de tratamento médico adequado aos necessitados? **SIM**;

- **RE 657.718** (tema 500 da RG): à luz dos arts. 1º, III; 6º; 23, II; 196; 198, II e § 2º; e 204 da Constituição Federal, deve o Estado ser obrigado a fornecer **medicamento não registrado** na Agência Nacional de Vigilância Sanitária – ANVISA? Como regra geral não. Contudo, o STF estabeleceu 3 situações nas quais se reconhece essa obrigação – *vide* tese descrita a seguir;
- **RE 1.165.959:** fornecimento de medicamento pelo Estado que, apesar de ausente o registro sanitário, a **importação está autorizada** pela Anvisa;
- **RE 566.471** (tema 6 da RG): à luz dos arts. 2º; 5º; 6º; 196; e 198, §§ 1º e 2º, da Constituição Federal, há obrigatoriedade de o Estado fornecer medicamento de alto custo a portador de doença grave que não possui condições financeiras para comprá-lo? Pendente de fixação da tese de repercussão geral, tendo sido negado provimento ao recurso extraordinário interposto contra decisão do tribunal que condenou o Estado no fornecimento de medicamento (j. 11-3-2020, pendente).

Destacamos, a seguir, as teses estabelecidas nos dois primeiros julgamentos:

> "Os entes da federação, em decorrência da **competência comum**, são **solidariamente responsáveis nas demandas prestacionais na área da saúde**, e diante dos critérios constitucionais de descentralização e hierarquização, compete à autoridade judicial direcionar o cumprimento conforme as regras de repartição de competências e determinar o ressarcimento a quem suportou o ônus financeiro" (**RE 855.178**, j. 23-5-2019, *pendente* a publicação do acórdão).

> "1. O Estado não pode ser obrigado a fornecer medicamentos experimentais.
> 2. A ausência de registro na ANVISA impede, como regra geral, o fornecimento de medicamento por decisão judicial.
> 3. É possível, **excepcionalmente**, a concessão judicial de medicamento sem registro sanitário, em caso de mora irrazoável da ANVISA em apreciar o pedido (prazo superior ao previsto na Lei n. 13.411/2016), quando preenchidos três requisitos: (i) a existência de pedido de registro do medicamento no Brasil (salvo no caso de medicamentos órfãos para doenças raras e ultrarraras); (ii) a existência de registro do medicamento em renomadas agências de regulação no exterior; e (iii) a inexistência de substituto terapêutico com registro no Brasil.
> 4. As ações que demandem fornecimento de medicamentos sem registro na ANVISA deverão necessariamente ser propostas em face da União" (**RE 657.718**, j. 22-5-2019, *DJe* 25-10-2019).

E se o medicamento não estiver registrado na ANVISA, mas houver autorização formal da agência para a sua importação?

O STF analisou o caso específico, "em caráter de excepcionalidade, de fornecimento gratuito do Medicamento 'Hemp Oil Paste RSHO', à base de canabidiol, sem registro na ANVISA, mas com importação autorizada por pessoa física, para uso próprio, mediante prescrição de profissional legalmente habilitado, para tratamento de saúde".

Presentes os requisitos apontados pelo Plenário e reproduzidos acima, sob a sistemática da repercussão geral: RE 566.471 (Tema 6) e RE 657.718 (Tema 500), a Corte fixou a seguinte tese para o Tema 1.161:

> "Cabe ao Estado fornecer, em termos excepcionais, medicamento que, embora não possua registro na ANVISA, tem a sua importação autorizada pela agência de vigilância sanitária, desde que comprovada:
> - a incapacidade econômica do paciente;
> - a imprescindibilidade clínica do tratamento, e;
> - a impossibilidade de substituição por outro similar constante das listas oficiais de dispensação de medicamentos e os protocolos de intervenção terapêutica do SUS" (**RE 1.165.959**, Sessão Virtual de 11-6-2021 a 18-6-2021, *DJe* de 22-10-2021).

16. NACIONALIDADE

16.1. Conceito

Nacionalidade pode ser definida como o vínculo jurídico-político que liga um indivíduo a determinado Estado, fazendo com que esse indivíduo passe a integrar o povo daquele Estado e, por consequência, desfrute de direitos e submeta-se a obrigações.

16.2. Espécies de nacionalidade

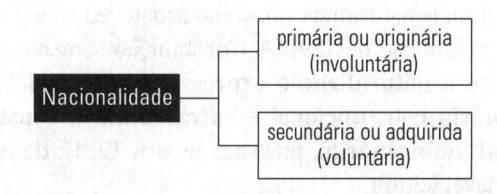

Nacionalidade
- primária ou originária (involuntária)
- secundária ou adquirida (voluntária)

A **nacionalidade primária** é imposta, de maneira unilateral, independentemente da vontade do indivíduo, pelo Estado, no momento do **nascimento**.

Já a **nacionalidade secundária** é aquela que se adquire por vontade própria, depois do nascimento, normalmente pela **naturalização**, que poderá ser requerida tanto pelos **estrangeiros** como pelos *heimatlos* (**apátridas**), ou seja, aqueles indivíduos que não têm pátria alguma.

O estrangeiro, ainda, dependendo das regras de seu país, poderá ser enquadrado na categoria de **polipátrida** (**multinacionalidade** – ex.: filhos de italiano – critério do sangue – nascidos no Brasil – critério da territorialidade).

Surge, então, o chamado **conflito de nacionalidade**: a) **positivo** – polipátrida (multinacionalidade); e b) **negativo** – apátrida, intolerável, especialmente diante do art. XV da Declaração Universal dos Direitos Humanos, que assegura a toda pessoa o direito a uma nacionalidade, proibindo que seja arbitrariamente dela privada, ou impedida de mudá-la.

16.3. Brasileiro nato

Como regra geral prevista no art. 12, I, o Brasil, país de imigração, adotou o critério do *ius solis*. Esta regra, porém, é atenuada em diversas situações, ou "temperada" por outros critérios, indicados no referido inciso (cuja leitura recomendamos) e que podem ser assim identificados:

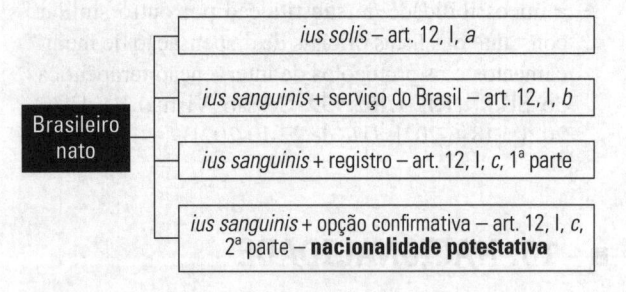

Brasileiro nato:
- *ius solis* – art. 12, I, *a*
- *ius sanguinis* + serviço do Brasil – art. 12, I, *b*
- *ius sanguinis* + registro – art. 12, I, *c*, 1ª parte
- *ius sanguinis* + opção confirmativa – art. 12, I, *c*, 2ª parte – **nacionalidade potestativa**

16.4. Brasileiro naturalizado

Como forma de aquisição da **nacionalidade secundária**, a Constituição prevê o processo de naturalização, que dependerá tanto da manifestação de vontade do interessado como da aquiescência estatal, que, por meio de ato de soberania, de forma discricionária, poderá ou não atender à solicitação do estrangeiro ou apátrida.

Dessa forma, não mais se prevê a naturalização tácita (grande naturalização), como aconteceu na vigência da Constituição de 1891. A Constituição somente estabeleceu a **naturalização expressa**, que se divide em **ordinária constitucional** e **extraordinária constitucional (quinzenária)**, previstas no art. 12, II, de recomendável leitura.

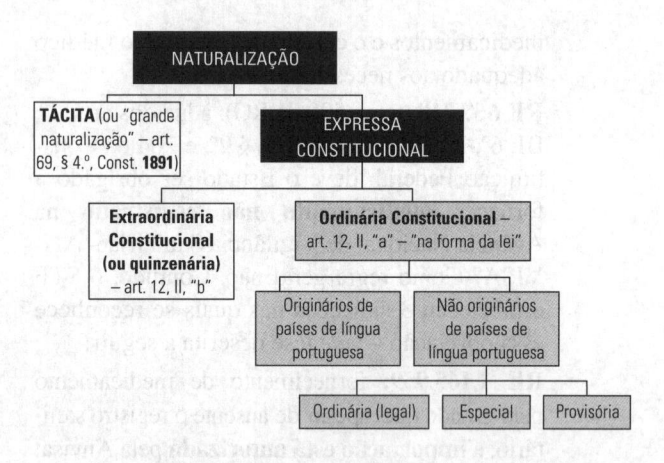

NATURALIZAÇÃO:
- **TÁCITA** (ou "grande naturalização" – art. 69, § 4.º, Const. **1891**)
- **EXPRESSA CONSTITUCIONAL**
  - **Extraordinária Constitucional (ou quinzenária)** – art. 12, II, "b"
  - **Ordinária Constitucional** – art. 12, II, "a" – "na forma da lei"
    - Originários de países de língua portuguesa
      - Ordinária (legal) | Especial | Provisória
    - Não originários de países de língua portuguesa

16.4.1. Naturalização ordinária constitucional em relação aos originários de países de língua portuguesa

De acordo com o art. 12, II, *a*, CF/88, são **brasileiros naturalizados** os que, na forma da lei, adquiram a nacionalidade brasileira, exigidos dos **originários de países de língua portuguesa** apenas dois requisitos:

- **residência por 1 ano ininterrupto**; e
- **idoneidade moral**.

Aos **portugueses**, além dessa possibilidade de naturalização, foi expressamente estabelecida na Constituição a garantia da reciprocidade (art. 12, § 1º), caso não optem pelo processo de naturalização (cf. *item 16.5*).

16.4.2. Naturalização ordinária legal

Conforme visto, são brasileiros naturalizados os que, **na forma da lei**, adquiram a nacionalidade brasileira. A regulamentação desse dispositivo se deu nos termos do art. 65 da **Lei de Migração** – Lei n. 13.445/2017 –, que prevê as seguintes **condições**:

- ter capacidade civil, segundo a lei brasileira;
- ter residência em território nacional, pelo prazo mínimo de 4 anos[2];
- comunicar-se em língua portuguesa, consideradas as condições do naturalizando; e
- não possuir condenação penal ou estar reabilitado, nos termos da lei.

---

[2] Esse prazo será **reduzido** para, no mínimo, **1 ano** se o naturalizando preencher **quaisquer** das seguintes condições: ter filho brasileiro; ter cônjuge ou companheiro brasileiro e não estar dele separado legalmente ou de fato no momento de concessão da naturalização; haver prestado ou poder prestar serviço relevante ao Brasil, avaliado na forma disposta em regulamento; ou recomendar-se por sua capacidade profissional, científica ou artística, também avaliada na forma disposta em regulamento.

16.4.3. Naturalização especial

A **naturalização especial** poderá ser concedida ao estrangeiro que se encontre **em uma** das seguintes situações (art. 68 da Lei n. 13.445/2017):

- ser cônjuge ou companheiro, há mais de 5 anos, de integrante do Serviço Exterior Brasileiro em atividade ou de pessoa a serviço do Estado brasileiro no exterior; **ou**
- ser ou tenha sido empregado em missão diplomática ou em repartição consular do Brasil por mais de 10 anos ininterruptos.

Enquadrando-se em uma das situações acima, o naturalizando deverá preencher os seguintes requisitos para que possa ser concedida a naturalização especial (art. 69 da Lei n. 13.445/2017):

- ter capacidade civil, segundo a lei brasileira;
- comunicar-se em língua portuguesa, consideradas as condições do naturalizando; e
- não possuir condenação penal ou estar reabilitado, nos termos da lei.

16.4.4. Naturalização provisória

A **naturalização provisória** poderá ser concedida ao migrante criança ou adolescente que tenha fixado residência em território nacional **antes de completar 10 anos de idade** e deverá ser requerida por intermédio de seu representante legal, sendo **convertida em definitiva** se o naturalizando expressamente assim o requerer no **prazo de 2 anos após atingir a maioridade**.

Essa hipótese, denominada pela doutrina "**radicação precoce**", era expressamente prevista no art. 140, II, *b*, 1, da Constituição de 1967 e no art. 140, II, *b*, 1, além de estar também descrita no art. 115, § 2º, I, do revogado Estatuto dos Estrangeiros (Lei n. 6.815/80). A única diferença era que a idade de radicação no Brasil era 5 e não 10 anos, como na nova lei.

16.4.5. Naturalização extraordinária ou quinzenária

Prevista no art. 12, II, *b*, da CF/88 e no art. 67 da Lei n. 13.445/2017, a **naturalização extraordinária** ou **quinzenária** dar-se-á quando os estrangeiros, de **qualquer nacionalidade**, residentes na República Federativa do Brasil **há mais de 15 anos ininterruptos e sem condenação penal**, requisitarem a nacionalidade brasileira.

16.5. Quase nacionalidade – reciprocidade

> **Art. 12, § 1º, CF/88**
> Aos portugueses com residência permanente no País, se houver reciprocidade em favor de brasileiros, serão atribuídos os direitos inerentes ao brasileiro, salvo os casos previstos nesta Constituição.

Trata-se da chamada **cláusula de reciprocidade** (*do ut des*), assegurada pelo *Tratado de Amizade, Cooperação e Consulta, entre a República Federativa do Brasil e a República Portuguesa*.

16.6. A lei poderá estabelecer distinções entre brasileiros natos e naturalizados?

De maneira coerente com o **princípio da igualdade** (isonomia), a Constituição vedou qualquer possibilidade de se estabelecer por lei distinção entre brasileiros natos e naturalizados, ressalvados os casos previstos **taxativamente** pela própria Carta, quais sejam:

- **art. 5º, LI** – extradição: nenhum brasileiro será extraditado, salvo o naturalizado, em caso de crime comum, praticado antes da naturalização, ou de comprovado envolvimento em tráfico ilícito de entorpecentes e drogas afins, na forma da lei;
- **art. 12, § 3º** – são privativos de brasileiro nato os cargos (decorem!):
    - de Presidente e Vice-Presidente da República;
    - de Presidente da Câmara dos Deputados;
    - de Presidente do Senado Federal;
    - de Ministro do Supremo Tribunal Federal;
    - da carreira diplomática;
    - de oficial das Forças Armadas;
    - de Ministro de Estado da Defesa;
- **art. 12, § 4º, I** – somente o **brasileiro naturalizado** poderá perder a nacionalidade em virtude de atividade nociva ao interesse nacional;
- **art. 89, VII** – Conselho da República – 6 cidadãos brasileiros natos;
- **art. 222** – a propriedade de empresa jornalística e de radiodifusão sonora e de sons e imagens é privativa: a) de **brasileiros natos**; ou b) de **brasileiros naturalizados há mais de 10 anos**; ou c) de **pessoas jurídicas** constituídas sob as leis brasileiras e que tenham sede no País.

16.7. Perda da nacionalidade

As hipóteses de perda da nacionalidade estão **taxativamente** previstas na Constituição, quais sejam:

- cancelamento da **naturalização** por sentença judicial, em virtude de atividade nociva ao interesse nacional;

- aquisição de outra nacionalidade, salvo em dois casos: **a)** reconhecimento de nacionalidade originária pela lei estrangeira; **b)** imposição de naturalização pela norma estrangeira.

16.8. Reaquisição da nacionalidade brasileira perdida

- **cancelamento da naturalização por sentença judicial transitada em julgado (art. 12, § 4º, I):** não se poderá readquiri-la, a não ser mediante ação rescisória;
- **aquisição de outra nacionalidade (art. 12, § 4º, II):** o revogado art. 36 da Lei n. 818/49 previa a possibilidade de reaquisição por decreto presidencial, se o ex-brasileiro estivesse domiciliado no Brasil. Entendemos, contudo, que tal dispositivo só teria validade se a reaquisição não contrariasse os dispositivos constitucionais e, ainda, se existissem elementos que atribuíssem nacionalidade ao interessado.

Essa nossa preocupação, apresentada ao analisar o agora revogado art. 36 da Lei n. 818/49, ainda persiste, pensamos, com a entrada em vigor da Lei de Migração (Lei n. 13.445/2017, regulamentada pelo Decreto n. 9.199/2017), que traz a seguinte regra em seu art. 27: "o brasileiro que, em razão do previsto no inciso II do § 4º do art. 12 da Constituição Federal, houver perdido a nacionalidade, uma vez cessada a causa, poderá readquiri-la ou ter o ato que declarou a perda revogado, **na forma definida pelo órgão competente do Poder Executivo**".

17. DIREITOS POLÍTICOS

Os **direitos políticos** nada mais são do que instrumentos por meio dos quais a Constituição garante o exercício da **soberania popular**, atribuindo poderes aos cidadãos para interferirem na condução da coisa pública, seja direta seja indiretamente.

17.1. Direito político positivo (direito de sufrágio)

Como núcleo dos direitos políticos, surge o direito de sufrágio, que se caracteriza tanto pela **capacidade eleitoral ativa** (direito de votar, capacidade de ser eleitor, alistabilidade) como pela **capacidade eleitoral passiva** (direito de ser votado, elegibilidade).

17.1.1. Capacidade eleitoral ativa (direito de votar, capacidade de ser eleitor, alistabilidade)

O exercício do sufrágio ativo dá-se pelo **voto**, que pressupõe:

- alistamento eleitoral na forma da lei (título eleitoral);
- nacionalidade brasileira (portanto, não podem alistar-se como eleitores os estrangeiros);
- idade mínima de 16 anos;
- não ser conscrito durante o serviço militar obrigatório.

Assim, o alistamento eleitoral e o voto são:

> **Obrigatórios:** para maiores de 18 e menores de 70 anos de idade;
> **Facultativos:** para maiores de 16 e menores de 18 anos de idade; para os analfabetos; e para os maiores de 70 anos de idade.

Dentre as características do voto, destacamos ser ele **direto**, **secreto**, **universal**, **periódico**, **livre**, **personalíssimo** e com **valor igual para todos**, além de ser **cláusula pétrea**, conforme o art. 60, § 4º, II.

> Ser obrigatório o voto não é cláusula pétrea, podendo emenda torná-lo facultativo. O que é cláusula pétrea é o voto direto, secreto, universal e periódico.

17.1.2. Capacidade eleitoral passiva (direito de ser votado, elegibilidade)

A **capacidade eleitoral passiva**, por seu turno, nada mais é do que a possibilidade de eleger-se, concorrendo a um mandato eletivo. O direito de ser votado, no entanto, só se torna absoluto se o eventual candidato preencher todas as **condições de elegibilidade** para o cargo ao qual se candidata e, ainda, não incidir em nenhum dos impedimentos constitucionalmente previstos, quais sejam, os **direitos políticos negativos**.

São **condições de elegibilidade**, na forma da lei (art. 14, § 3º, I a V):

- nacionalidade brasileira;
- pleno exercício dos direitos políticos;
- alistamento eleitoral;
- domicílio eleitoral na circunscrição;
- filiação partidária;
- idade mínima de acordo com o cargo ao qual se candidata.

No tocante ao requisito da idade, esta condição de elegibilidade inicia-se aos 18 anos, terminando aos 35 anos, conforme se observa pelas regras abaixo transcritas e que apresentam-se com incidência muito grande nas provas:

- **18 anos** para Vereador;

- **21 anos** para Deputado Federal, Deputado Estadual ou Distrital, Prefeito, Vice-Prefeito e Juiz de paz;
- **30 anos** para Governador e Vice-Governador de Estado e do Distrito Federal;
- **35 anos** para Presidente, Vice-Presidente da República e Senador.

17.2. Direitos políticos negativos

Ao contrário dos direitos políticos positivos, os **direitos políticos negativos** individualizam-se ao definirem formulações constitucionais restritivas e impeditivas das atividades político-partidárias, privando o cidadão do exercício de seus direitos políticos, bem como o impedindo de eleger um candidato (capacidade eleitoral ativa) ou de ser eleito (capacidade eleitoral passiva). Comecemos pelas **inelegibilidades** para depois apontarmos as situações em que os **direitos políticos ficam suspensos ou são perdidos** (privação dos direitos políticos).

17.2.1. Inelegibilidades

As inelegibilidades são as circunstâncias (constitucionais ou previstas em **lei complementar**) que impedem o cidadão do exercício total ou parcial da capacidade eleitoral passiva, ou seja, da capacidade de eleger-se. Restringem, portanto, a elegibilidade do cidadão.

As inelegibilidades podem ser **absolutas** (impedimento eleitoral para qualquer cargo eletivo, em situações **taxativamente** previstas na CF/88) ou **relativas** (impedimento eleitoral para algum cargo eletivo ou mandato, em função de situações em que se encontre o cidadão candidato, previstas na CF/88 – art. 14, §§ 5º a 8º, ou em lei complementar – art. 14, § 9º –; leia os referidos artigos!).

O instrumento para o estabelecimento de outros casos de inelegibilidade relativa só poderá ser a **lei complementar**, sob pena de incorrer-se em vício de inconstitucionalidade (formal).

O art. 14, § 9º, da CF/88, foi regulamentado pela LC n. 64/90, com importantes alterações trazidas pela denominada "Lei da Ficha Limpa" (LC n. 135/2010).

17.2.2. Privação dos direitos políticos – perda e suspensão

Em **nenhuma hipótese** será permitida a **cassação de direitos políticos**, mas apenas a perda ou suspensão, que passamos a enumerar.

17.2.2.1. Perda dos direitos políticos (arts. 15, I e IV, e 12, § 4º, II)

- cancelamento da naturalização por sentença transitada em julgado;
- recusa de cumprir obrigação a todos imposta ou prestação alternativa (sobre essa hipótese, alertamos que a maioria dos autores de direito eleitoral vem entendendo como situação de **suspensão**, e não de perda de direitos políticos, nos termos da literalidade do art. 4º, § 2º, da Lei n. 8.239/91);
- perda da nacionalidade brasileira em virtude de aquisição de outra.

17.2.2.2. Suspensão dos direitos políticos (arts. 15, II, III e V, e 55, II e § 1º, da CF/88; art. 17.3 do Dec. n. 3.927/2001 c/c o art. 1º, I, b, da LC n. 64/90)

- incapacidade civil absoluta;
- condenação criminal transitada em julgado;
- improbidade administrativa, nos termos do art. 37, § 4º;
- exercício assegurado pela cláusula de reciprocidade (art. 12, § 1º);
- procedimento do Deputado ou Senador declarado incompatível com o decoro parlamentar – inelegibilidade por 8 anos, nos termos do art. 55, II e § 1º, CF, c/c o art. 1º, I, b, da LC n. 64/90.

17.2.2.3. Reaquisição dos direitos políticos perdidos ou suspensos

Perdido o direito político, na hipótese de cancelamento da naturalização por sentença transitada em julgado, a reaquisição só se dará por meio de ação rescisória. Se a hipótese for a perda por recusa de cumprir obrigação a todos imposta ou prestação alternativa, a reaquisição dar-se-á quando o indivíduo, a qualquer tempo, cumprir a obrigação devida.

No tocante às hipóteses de suspensão, a reaquisição dos direitos políticos dar-se-á quando cessarem os motivos que determinaram a suspensão.

17.3. Postulado da anterioridade eleitoral (art. 16) e a EC n. 107/2020

De acordo com o art. 16, CF/88, a lei que alterar o processo eleitoral entrará em vigor na data de sua publicação, não se aplicando à eleição que ocorra até um ano da data de sua vigência.

Conforme tem estabelecido a jurisprudência do STF, referida regra busca "obstar a deformação do processo eleitoral mediante modificações que, casuisticamente introduzidas pelo Parlamento, culminem por romper a necessária igualdade de participação dos que nele atuam como protagonistas relevantes (partidos políticos e candidatos), vulnerando-lhes, com inovações abruptamente estabelecidas, a garantia básica de igual competitividade que deve sempre prevalecer nas disputas eleitorais" (ADI 3.345, Rel. Min. Celso de Mello, j. 25-8-2005).

A EC n. 107/2020, **em razão da pandemia da Covid-19**, afastou a aplicação do art. 16, adiando as eleições municipais de outubro de 2020 para 15 de novembro, em primeiro turno, e para o dia 29 de novembro de 2020, em segundo turno, onde houver, observado o disposto no § 4º do seu art. 1º, que permitia, ainda, prorrogação.

17.4. Servidor público e exercício do mandato eletivo

Art. 38, I a V, CF/88
Ao servidor público da administração direta, autárquica e fundacional, no exercício de mandato eletivo, aplicam-se as seguintes disposições:
I – tratando-se de mandato eletivo federal, estadual ou distrital, ficará afastado de seu cargo, emprego ou função;
II – investido no mandato de Prefeito, será afastado do cargo, emprego ou função, sendo-lhe facultado optar pela sua remuneração;
III – investido no mandato de Vereador, havendo compatibilidade de horários, perceberá as vantagens de seu cargo, emprego ou função, sem prejuízo da remuneração do cargo eletivo, e, não havendo compatibilidade, será aplicada a norma do inciso anterior;
IV – em qualquer caso que exija o afastamento para o exercício de mandato eletivo, seu tempo de serviço será contado para todos os efeitos legais, exceto para promoção por merecimento;
V – na hipótese de ser segurado de regime próprio de previdência social, permanecerá filiado a esse regime, no ente federativo de origem (EC n. 103/2019).

18. PARTIDOS POLÍTICOS

18.1. Conceito

Segundo a doutrina, partido político pode ser conceituado como uma "... organização de pessoas reunidas em torno de um mesmo programa político com a finalidade de assumir o poder e de mantê-lo ou, ao menos, de influenciar na gestão da coisa pública através de críticas e oposição" (BASTOS, 1997, p. 275).

18.2. Regras constitucionais

A primeira regra refere-se à **liberdade de organização partidária**, visto ser livre a criação, a fusão, a incorporação e a extinção dos partidos políticos.

No entanto, **não se trata de liberdade partidária absoluta**, uma vez que deverão ser resguardados a soberania nacional, o regime democrático, o pluripartidarismo, os direitos fundamentais da pessoa humana, bem como observados os seguintes preceitos:

- caráter nacional;
- proibição de recebimento de recursos financeiros de entidade ou governo estrangeiros ou de subordinação a estes;
- prestação de contas à Justiça Eleitoral;
- funcionamento parlamentar de acordo com a lei;
- vedação da utilização pelos partidos políticos de organização paramilitar.

A **constituição** dos partidos políticos consolida-se na forma da lei civil, perante o **Serviço de Registro Civil de Pessoas Jurídicas** competente (na Capital Federal, Brasília) e, posteriormente, já tendo adquirido a personalidade jurídica, formaliza-se por meio do registro de seus estatutos perante o TSE.

> Os partidos políticos são verdadeiras instituições, pessoas jurídicas de **direito privado**.

A **EC n. 97/2017** alterou a Constituição Federal para **vedar as coligações partidárias nas eleições proporcionais**, admitindo-a para as eleições majoritárias.

De acordo com a nova redação dada ao art. 17, § 1º, é assegurada aos partidos políticos autonomia para definir sua estrutura interna e estabelecer regras sobre escolha, formação e duração de seus órgãos permanentes e provisórios e sobre sua organização e funcionamento e para adotar os critérios de escolha e o regime de suas coligações nas eleições majoritárias, **vedada** a sua celebração nas **eleições proporcionais**, sem obrigatoriedade de vinculação entre as candidaturas em âmbito nacional, estadual, distrital ou municipal, devendo seus estatutos estabelecer normas de disciplina e fidelidade partidária.

Essa **vedação** à celebração de coligações nas **eleições proporcionais**, prevista no § 1º do art. 17 da Constituição Federal, contudo, passou a ser aplicada somente a partir das eleições de 2020 (art. 2º da EC n. 97/2017).

18.3. Federações Partidárias e a ADI 7.021 (STF)

O art. 11-A, §§ 1º e 9º, da Lei n. 9.096/95, introduzidos pela **Lei n. 14.208/2021**, instituiu as **federações de partidos políticos** nos seguintes termos: "dois ou mais partidos políticos poderão reunir-se em federação, a qual, após sua constituição e respectivo registro perante o TSE, atuará como se fosse uma única agremiação partidária".

Dessa forma, pela primeira vez, tivemos a experiência das federações partidárias nas **eleições de 2022**, sendo possível a sua instituição não apenas em relação às eleições majoritárias, como também nas proporcionais (e aqui inovando em relação às coligações, conforme visto).

E qual a diferença entre federação partidária e coligação partidária?

Pedimos vênia para transcrever o voto do Min. Barroso que distingue os dois institutos:

- **coligações partidárias:** "consistiam na reunião puramente circunstancial de partidos, para fins eleitorais, sem qualquer compromisso de alinhamento programático. Tal fato permitia, por exemplo, que o voto do eleitor, dado a um partido que defendia a estatização de empresas, ajudasse a eleger o candidato de um partido ultraliberal. Ou vice-versa. A fraude à vontade do eleitor era evidente" (lembrando que as coligações partidárias, **vedada** a sua celebração nas **eleições proporcionais**, são ainda **permitidas** como **faculdade** nas **eleições majoritárias**;
- **federação partidária:** "embora assegure a identidade e a autonomia dos partidos que a integram (art. 11-A, § 2º), promove entre eles: (i) uma união estável, ainda que transitória, com durabilidade de no mínimo 4 anos (art. 11-A, § 3º, II); (ii) requer afinidade programática, que permita a formulação de estatuto e de um programa comuns à federação (art. 11-A, § 6º, II), e (iii) vincula o funcionamento parlamentar posterior às eleições (art. 11-A, § 1º). Em tais condições, as federações não implicam transferência ilegítima de voto entre partidos com visões ideológicas diversas e, portanto, não geram os impactos negativos sobre o sistema representativo que resultavam das antigas coligações proporcionais" (**ADI 7.021, MC-REF**, j. 09.02.2022, *DJE* de 17.05.2022).

Apenas um ponto foi corrigido pela decisão judicial, qual seja, o **prazo** para o registro da federação perante o TSE. Enquanto a lei existe o registro de partidos até 6 meses antes das eleições (art. 4º, da Lei n. 9.504/97), a nova lei das federações permitiu um prazo menor para sua instituição, qual seja, até a data final do período de realização das convenções partidárias (art. 11-A, III, da Lei n. 9.096/95, introduzido pela Lei n. 14.208/2021).

Nesse ponto, ao menos em sede de liminar, a Corte entendeu haver quebra da isonomia entre a federação e os demais partidos, fixando a seguinte tese de julgamento: "é **constitucional a Lei n. 14.208/2021**, que institui as **federações partidárias**, **salvo quanto ao prazo para seu registro**, que **deverá ser o mesmo aplicável aos partidos políticos**. Excepcionalmente, nas eleições de 2022, o prazo para constituição de federações partidárias fica estendido até 31 de maio do mesmo ano" (**ADI 7.021 MC-REF**, Pleno, j. 9-2-2022, *DJE* de 17-5-2022, pendente o julgamento de mérito).

18.4. Cláusula de barreira, proteção constitucional às minorias, "direito de antena" e as regras trazidas pela EC n. 97/2017

O STF entendeu como inconstitucional a chamada **"cláusula de barreira"** em lei que "restringia o direito ao funcionamento parlamentar, o acesso ao horário gratuito de rádio e televisão e a distribuição dos recursos do Fundo Partidário" (ADI 1.351). Em outras palavras, assegurou-se o **direito de antena**!

A chamada **minirreforma eleitoral** (Lei n. 13.165/2015) alterou os critérios para distribuição dos horários reservados à propaganda eleitoral (art. 47, § 2º, I e II), **restringindo o direito das minorias**.

O STF, por 6 x 3, declarou a **constitucionalidade** dos referidos dispositivos (**ADI 5.491**, j. 25-8-2016), prescrevendo que o direito de **participação em debates eleitorais**, diferentemente da propaganda eleitoral gratuita no rádio e na televisão, não tem assento constitucional e, então, pode sofrer **maior restrição**, em razão do formato e do objetivo desse tipo de programação (*Inf. 836/STF*).

Em seguida, o Parlamento aprovou a **EC n. 97/2017** estabelecendo normas sobre acesso dos partidos políticos aos recursos do fundo partidário e ao tempo de propaganda gratuito no rádio e na televisão.

De acordo com a nova regra constitucional (**art. 17, § 3º**), somente terão direito a recursos do fundo partidário e acesso gratuito ao rádio e à televisão, na forma da lei, os partidos políticos que **alternativamente**:

- obtiverem, nas eleições para a Câmara dos Deputados, no mínimo, 3% dos votos válidos, distribuídos em pelo menos um terço das unidades da Federação, com um mínimo de 2% dos votos válidos em cada uma delas; ou
- tiverem elegido pelo menos 15 Deputados Federais distribuídos em pelo menos 1/3 das unidades da Federação.

> **Art. 3º** O disposto no § 3º do art. 17 da Constituição Federal quanto ao acesso dos partidos políticos aos recursos do fundo partidário e à propaganda gratuita no rádio e na televisão aplicar-se-á a partir das eleições de 2030.
> Parágrafo único. Terão acesso aos recursos do fundo partidário e à propaganda gratuita no rádio e na televisão os partidos políticos que:
> I – na legislatura seguinte às eleições de 2018:
> a) obtiverem, nas eleições para a Câmara dos Deputados, no mínimo, 1,5% (um e meio por cento) dos votos válidos, distribuídos em pelo menos um terço das unidades da Federação, com um mínimo de 1% (um por cento) dos votos válidos em cada uma delas; ou

b) tiverem elegido pelo menos nove Deputados Federais distribuídos em pelo menos um terço das unidades da Federação;

III – na legislatura seguinte às eleições de 2026:

a) obtiverem, nas eleições para a Câmara dos Deputados, no mínimo, 2,5% (dois e meio por cento) dos votos válidos, distribuídos em pelo menos um terço das unidades da Federação, com um mínimo de 1,5% (um e meio por cento) dos votos válidos em cada uma delas; ou

b) tiverem elegido pelo menos treze Deputados Federais distribuídos em pelo menos um terço das unidades da Federação.

18.5. Fidelidade partidária

18.5.1. Sistema proporcional

Em relação ao **sistema proporcional** (eleição de deputados federais, estaduais, distritais e vereadores), o STF, em 3 e 4-10-2007, julgando os **MS 26.602, 26.603** e **26.604,** resolveu a matéria e estabeleceu que a fidelidade partidária deve ser respeitada pelos candidatos eleitos.

Dessa forma, teoricamente, aquele que mudar de partido **(transferência de legenda)** sem motivo justificado **perderá o cargo eletivo.** Mudar de partido, sem justa causa, é **fraude contra a vontade do povo.**

Isso porque reconheceu o STF o caráter eminentemente partidário do sistema proporcional e as inter-relações entre o eleitor, o partido político e o representante eleito.

A **Lei n. 13.165/2015,** ao introduzir o art. 22-A na Lei n. 9.096/95, passou a prever, expressamente, regras sobre **"fidelidade partidária",** prescrevendo que perderá o mandato o detentor de cargo eletivo que se desfiliar, **sem justa causa,** do partido pelo qual foi eleito, inclusive de partido que integra **federação** (art. 11-A, §§ 1º e 9º, introduzidos pela Lei n. 14.208/2021 que instituiu as **federações de partidos políticos** nos seguintes termos: "Dois ou mais partidos políticos poderão reunir-se em federação, a qual, após sua constituição e respectivo registro perante o TSE, atuará como se fosse uma única agremiação partidária").

Pela **regra** (art. 22-A, parágrafo único, da Lei n. 9.096/95), consideram-se **justa causa** para a desfiliação partidária **somente** as seguintes hipóteses:

- mudança substancial ou desvio reiterado do programa partidário;
- grave discriminação política pessoal; e
- mudança de partido efetuada durante o período de 30 dias que antecede o prazo de filiação exigido em lei para concorrer à eleição, **majoritária** ou **proporcional,** ao término do mandato vigente.

18.5.2. Sistema majoritário

Em relação ao **sistema majoritário** (eleição de Chefes do Executivo e Senadores da República), o TSE, seguindo o entendimento firmado no STF, confirmou a **não aplicação** da regra da perda do mandato acima exposta, nos seguintes termos:

> **TSE – Súmula 67**
> A perda do mandato em razão da desfiliação partidária **não** se aplica aos candidatos eleitos pelo sistema majoritário (j. 10-5-2016, *DJe* de 24, 27 e 28-6-2016).

Esse entendimento foi fixado pela Suprema Corte no julgamento da **ADI 5.081** (Pleno, *DJe* de 19-8-2015). De acordo com o item 3 da ementa do voto do Min. Relator Roberto Barroso, "o sistema majoritário, adotado para a eleição de Presidente, Governador, Prefeito e Senador, tem lógica e dinâmica diversas da do sistema proporcional. **As características do sistema majoritário, com sua ênfase na figura do candidato, fazem com que a perda do mandato, no caso de mudança de partido, frustre a vontade do eleitor e vulnere a soberania popular** (CF, art. 1º, par. ún., e art. 14, *caput*)". Assim, conforme destacamos, **a perda de mandato por troca de partido não se aplica ao sistema majoritário.** Nesse sentido, também a regra introduzida pela **EC n. 111/2021,** ao tratar do instituto da fidelidade partidária apenas em relação aos Deputados Federais, Estaduais e Distritais, bem como aos Vereadores.

18.5.3. EC n. 91/2016 ("Janela Partidária Constitucional")

A **EC n. 91/2016** não altera formalmente nenhum artigo da Constituição, nem introduz disposição na Carta. No caso, estamos diante de uma norma constitucional que está fora do texto, mas, que, naturalmente, pelo conceito de "bloco de constitucionalidade", tem, inegavelmente, caráter constitucional.

Pois bem, referida reforma constitucional passou a admitir, expressamente, mais uma "janela" a permitir a mudança de partido, sem a perda do mandato. Vejamos:

> **Art. 1º da EC n. 91/2016**
> É facultado ao detentor de mandato eletivo desligar-se do partido pelo qual foi eleito nos **30 dias seguintes à promulgação desta Emenda Constitucional,** sem prejuízo do mandato, não sendo essa desfiliação considerada para fins de distribuição dos recursos do Fundo Partidário e de acesso gratuito ao tempo de rádio e televisão.

18.5.4. EC n. 97/2017 (mais uma exceção à regra da fidelidade partidária)

A **EC n. 97/2017**, conforme visto, estabeleceu normas sobre acesso dos partidos políticos aos recursos do fundo partidário e ao tempo de propaganda gratuito no rádio e na televisão (art. 17, § 3º).

Ao eleito por partido que não preencher os requisitos previstos no § 3º do citado art. 17 ficou assegurado o mandato e facultada a filiação, **sem perda do mandato**, a outro partido que os tenha atingido, não sendo essa filiação considerada para fins de distribuição dos recursos do fundo partidário e de acesso gratuito ao tempo de rádio e de televisão.

18.5.5. EC n. 111/2021 (nova "mini" Reforma Eleitoral)

De acordo com o art. 17, § 6º, CF/88, introduzido pela **EC n. 111/2021**, os Deputados Federais, os Deputados Estaduais, os Deputados Distritais e os Vereadores que se desligarem do partido pelo qual tenham sido eleitos perderão o mandato, **salvo nos casos de anuência do partido** ou de **outras hipóteses de justa causa estabelecidas em lei**, não computada, em qualquer caso, a migração de partido para fins de distribuição de recursos do fundo partidário ou de outros fundos públicos e de acesso gratuito ao rádio e à televisão.

Além das hipóteses de justa causa estudadas nos itens anteriores, inclusive as previstas na lei, a EC n. 111/2021 sedimentou como justa causa os casos de anuência do partido. Essa nova regra constitucional segue o entendimento que já vinha sendo adotado pelo TSE (cf. TSE Pet n. 0601117-75, rel. Min. Rosa Weber, *DJe* de 17-4-2018).

18.6. EC n. 111/2021 — Ação Afirmativa 1

De acordo com o art. 2º da **EC n. 111/2021**, para fins de distribuição entre os partidos políticos dos recursos do fundo partidário e do Fundo Especial de Financiamento de Campanha (FEFC), os votos dados a **candidatas mulheres** ou a **candidatos negros** para a Câmara dos Deputados nas eleições realizadas de **2022 a 2030** serão contados em dobro. Essa contagem em dobro de votos somente se aplica uma única vez, ou seja, se uma candidata negra mulher receber votos, estes serão contados, nesse caso, em dobro.

Na prática, apesar da regra legal que já impulsionava o número de candidatas mulheres em 30% (art. 10, § 3º, da Lei n. 9.504/97 — Lei das Eleições), busca-se, através de incentivo financeiro, estimular a maior participação de candidatas mulheres e candidatos negros.

18.7. EC n. 117/2022 — Ação Afirmativa 2

De acordo com a regra introduzida pela **EC n. 117/2022**, os partidos políticos devem aplicar no mínimo **5%** dos recursos do fundo partidário na **criação e na manutenção de programas de promoção e difusão da participação política das mulheres**, de acordo com os interesses intrapartidários.

O montante do Fundo Especial de Financiamento de Campanha e da parcela do fundo partidário destinada a campanhas eleitorais, bem como o tempo de propaganda gratuita no rádio e na televisão a ser distribuído pelos partidos às respectivas candidatas, deverão ser de no mínimo **30%**, proporcional ao número de candidatas, e a distribuição deverá ser realizada conforme critérios definidos pelos respectivos órgãos de direção e pelas normas estatutárias, considerados a autonomia e o interesse partidário.

19. ORDEM SOCIAL

A ideia de **constituição social** está materializada no Título VIII da Constituição, que trata da **ordem social**.

Para o enfrentamento das provas da OAB, recomendamos a leitura atenta de todo esse título, pois a análise das questões sinaliza perguntas que reproduzem a "letra da lei".

Nos termos do art. 193, a ordem social tem como **base o primado do trabalho** e, como **objetivo, o bem-estar** e a **justiça sociais**, estabelecendo perfeita harmonia com a *ordem econômica,* que se funda, também, nos termos do art. 170, *caput*, na valorização do trabalho humano e na livre-iniciativa. A ordem econômica tem por fim (objetivo), em igual medida, assegurar a todos a existência digna, conforme os ditames da justiça social.

Segundo José Afonso da Silva, "ter como *objetivo* o bem-estar e a justiça sociais quer dizer que as relações econômicas e sociais do país, para gerarem o bem-estar, hão de propiciar trabalho e condição de vida, material, espiritual e intelectual, adequada ao trabalhador e sua família, e que a riqueza produzida no país, para gerar justiça social, há de ser equanimemente distribuída" (2007, p. 758).

Nesse contexto, com razão, anota José Afonso da Silva que, juntamente com o título dos direitos fundamentais, a ordem social forma o **núcleo substancial do regime democrático**, apresentando o seguinte conteúdo, que deve ser lido como preparação para a prova da OAB, completando-se com os breves comentários em seguida expostos:

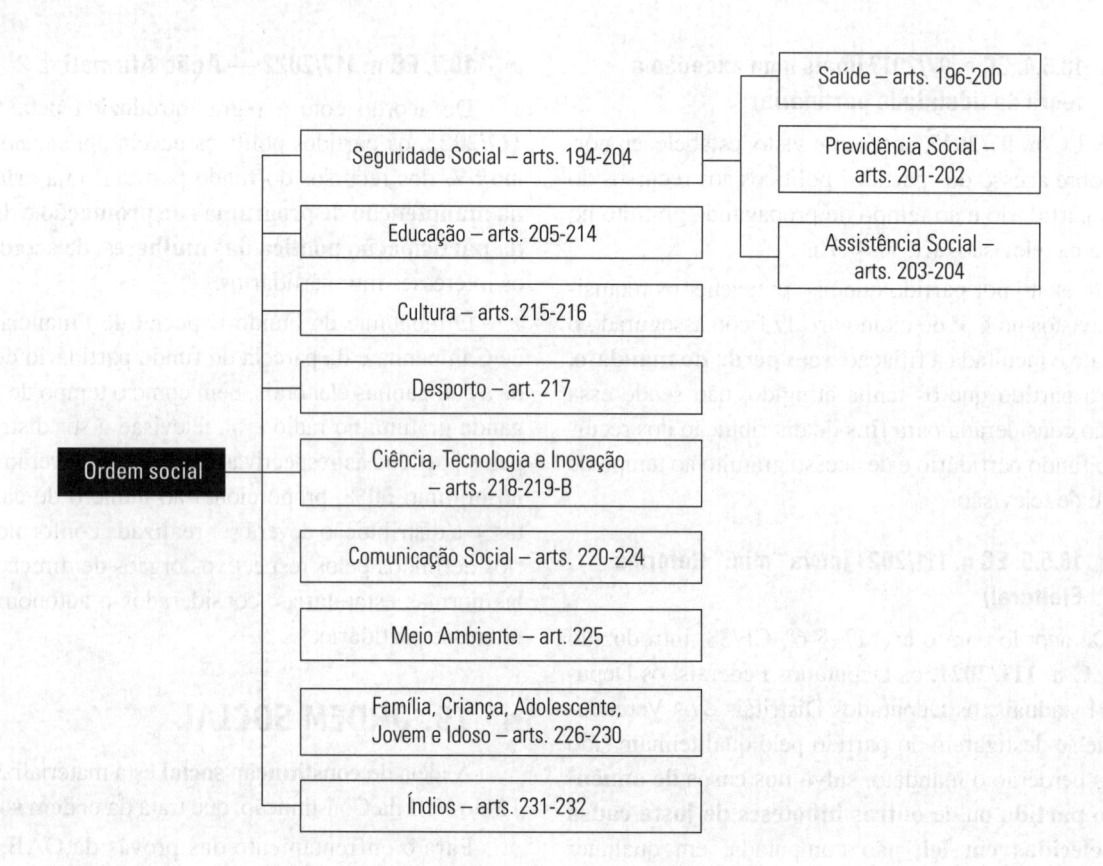

```
                                                                    ┌── Saúde – arts. 196-200
                                                                    │
                        ┌── Seguridade Social – arts. 194-204 ──────┼── Previdência Social –
                        │                                           │    arts. 201-202
                        │                                           │
                        ├── Educação – arts. 205-214                └── Assistência Social –
                        │                                                arts. 203-204
                        ├── Cultura – arts. 215-216
                        │
                        ├── Desporto – art. 217
                        │
        Ordem social ───┼── Ciência, Tecnologia e Inovação
                        │    – arts. 218-219-B
                        │
                        ├── Comunicação Social – arts. 220-224
                        │
                        ├── Meio Ambiente – art. 225
                        │
                        ├── Família, Criança, Adolescente,
                        │    Jovem e Idoso – arts. 226-230
                        │
                        └── Índios – arts. 231-232
```

- **seguridade social**: compreende um conjunto integrado de ações de iniciativa dos Poderes Públicos e da sociedade, destinadas a assegurar os direitos relativos à **saúde**, à **previdência** e à **assistência social**;
- **educação**;
- **cultura**: o art. 215 consagra como direito fundamental o princípio da cidadania cultural ao estabelecer que o Estado garantirá a todos o pleno exercício dos direitos culturais e o acesso às fontes da cultura nacional, bem como apoiará e incentivará a valorização e a difusão das manifestações culturais;
- **desporto**: previsto em sentido amplo no texto de 1988, não se restringindo somente ao esporte, mas englobando também a ideia de recreação, lazer, divertimento, uma vez que, nos termos do art. 217, § 3º, o Poder Público incentivará o lazer como forma de promoção social.

De acordo com o art. 217, I a III, CF/88, é dever do Estado fomentar práticas desportivas formais e não formais, como direito de cada um, observados: a autonomia das entidades desportivas dirigentes e associações, quanto a sua organização e funcionamento; a destinação de recursos públicos para a **promoção prioritária do desporto educa-** cional e, em casos específicos, para a do desporto de alto rendimento; o tratamento diferenciado para o desporto profissional e o não profissional.

Ligado ao desporto, lembramos que a **Justiça Desportiva não integra o Poder Judiciário**, portanto não está arrolada entre os órgãos do art. 92 da CF/88. Trata-se de órgão administrativo, tendo a atribuição de julgar, exclusivamente, as questões relacionadas à disciplina e às competições desportivas.

A Constituição estabeleceu verdadeira condição de procedibilidade para a apreciação jurisdicional das questões relativas à disciplina e às competições desportivas, uma vez que o Poder Judiciário só admitirá ações de tal natureza após esgotarem-se as instâncias da Justiça Desportiva, que terá prazo máximo de **60 dias**, contados da instauração do processo administrativo, para proferir decisão final.

Trata-se da instauração da denominada **instância administrativa de curso forçado**. Findo tal prazo, "abrem-se as portas" para o Poder Judiciário, mesmo que o julgamento pela Justiça Desportiva ainda não tenha terminado. Naturalmente, havendo ilegalidade durante o referido período, caberá alguma medida para o Judiciário;

- **ciência, tecnologia e inovação**: o art. 218, *caput*, estabelece que o Estado promoverá e incentivará o desenvolvimento científico, a pesquisa, a capacitação científica e tecnológica e a inovação (EC n. 85/2015).

  Na linha do que Norberto Bobbio chamou de direitos fundamentais de 4ª dimensão, destacamos o julgamento da ADI 3.510, declarando o STF a constitucionalidade do art. 5º da Lei de Biossegurança no tocante à pesquisa com as células-tronco embrionárias;

- **comunicação social**: o capítulo da comunicação social aparece com destaque no texto de 1988 (regulação, pela primeira vez, em capítulo específico e autônomo), marcando o momento histórico, qual seja, a redemocratização do País após mais de 20 anos de ditadura, com fortes restrições às liberdades democráticas e de imprensa.

  Resgatamos a redação dada ao art. 399 do Anteprojeto da Comissão Afonso Arinos, que, embora não aprovado, parece colaborar para o conceito de **comunicação social**: "o sistema de comunicação social compreende a imprensa, o rádio e a televisão e será regulado por lei, atendendo à sua função social e ao respeito à verdade, à livre circulação e à difusão universal da informação, à compreensão mútua entre os indivíduos e aos fundamentos éticos da sociedade";

- **meio ambiente**: o preservacionismo ambiental caracteriza-se como direito humano de **terceira dimensão**, estando o ser humano inserido na coletividade e, assim, sendo titular dos direitos de **solidariedade**.

  Nesse contexto, a **sustentabilidade** apresenta-se como a chave mestra para a solução de aparente conflito de valores constitucionalizados (direitos humanos, direito ao desenvolvimento e direito a um meio ambiente sadio e ecologicamente equilibrado para as presentes e futuras gerações), seja mediante a garantia do direito ao desenvolvimento, seja prestigiando a preservação do ser humano e seus direitos fundamentais.

  Por esse fundamento, o art. 225, *caput*, estabelece que todos têm direito ao meio ambiente ecologicamente equilibrado, bem de uso comum do povo e essencial à sadia qualidade de vida, impondo-se ao Poder Público e à coletividade o dever de defendê-lo e preservá-lo para as presentes e futuras gerações;

- **família, criança, adolescente, jovem e idoso**: nos termos do art. 226, a **família** é a **base da sociedade** e terá **especial proteção** do Estado.

  O conceito de família foi ampliado pelo texto de 1988, visto que, para efeito de proteção pelo Estado, foi reconhecida como **entidade familiar** também a **união estável** entre o homem e a mulher, devendo a lei facilitar sua conversão em casamento.

  Com base no princípio da **dignidade da pessoa humana** e da **proibição de qualquer tipo de discriminação**, admitiu o STF o reconhecimento da união homoafetiva;

- **índios**.

> **Arts. 231 e 232 da CF/88**
>
> **Art. 231.** São reconhecidos aos índios sua organização social, costumes, línguas, crenças e tradições, e os direitos originários sobre as terras que tradicionalmente ocupam, competindo à União demarcá-las, proteger e fazer respeitar todos os seus bens.
>
> § 1º São terras tradicionalmente ocupadas pelos índios as por eles habitadas em caráter permanente, as utilizadas para suas atividades produtivas, as imprescindíveis à preservação dos recursos ambientais necessários a seu bem-estar e as necessárias a sua reprodução física e cultural, segundo seus usos, costumes e tradições.
>
> § 2º As terras tradicionalmente ocupadas pelos índios destinam-se a sua posse permanente, cabendo-lhes o usufruto exclusivo das riquezas do solo, dos rios e dos lagos nelas existentes.
>
> § 3º O aproveitamento dos recursos hídricos, incluídos os potenciais energéticos, a pesquisa e a lavra das riquezas minerais em terras indígenas só podem ser efetivados com autorização do Congresso Nacional, ouvidas as comunidades afetadas, ficando-lhes assegurada participação nos resultados da lavra, na forma da lei.
>
> § 4º As terras de que trata este artigo são inalienáveis e indisponíveis, e os direitos sobre elas, imprescritíveis.
>
> § 5º É vedada a remoção dos grupos indígenas de suas terras, salvo, *ad referendum* do Congresso Nacional, em caso de catástrofe ou epidemia que ponha em risco sua população, ou no interesse da soberania do País, após deliberação do Congresso Nacional, garantido, em qualquer hipótese, o retorno imediato logo que cesse o risco.
>
> § 6º São nulos e extintos, não produzindo efeitos jurídicos, os atos que tenham por objeto a ocupação, o domínio e a posse das terras a que se refere este artigo, ou a exploração das riquezas naturais do solo, dos rios e dos lagos nelas existentes, ressalvado relevante interesse público da União, segundo o que dispuser lei complementar, não gerando a nulidade e a extinção direito a indenização ou a ações contra a União, salvo, na forma da lei, quanto às benfeitorias derivadas da ocupação de boa-fé.
>
> § 7º Não se aplica às terras indígenas o disposto no art. 174, § 3º e § 4º.
>
> **Art. 232.** Os índios, suas comunidades e organizações são partes legítimas para ingressar em juízo em defesa de seus direitos e interesses, intervindo o Ministério Público em todos os atos do processo.

A terra, conforme bem anota Daniel Sarmento, em comunidades como a dos índios, caracteriza-se como importante mecanismo para manter a união do grupo, permitindo, assim, a sua continuidade ao longo do tempo, assim como a preservação da cultura, dos valores e de seu modo particular de vida dentro da comunidade. Consequentemente, anota o professor, "privado da terra, o grupo tende a se dispersar e a desaparecer, tragado pela sociedade envolvente..." (SARMENTO, 2006, *passim*).

20. ORDEM ECONÔMICA E FINANCEIRA

A primeira Constituição brasileira a separar a *ordem econômica* da *ordem social* foi a de **1988**.

A ordem econômica recebeu tratamento sistemático, pioneiramente, na Constituição do México de 1917. No Brasil, sob a influência da *Constituição de Weimar*, de 1919, a primeira a tratar da ordem econômica e da ordem social em título único (Título IV) foi a de **1934**.

A Constituição de 1937, embora mantendo as matérias sobre a ordem econômica e social, aboliu a utilização de títulos e passou a destacar, de modo simplificado, a ordem econômica.

As Constituições de 1946, 1967 e a EC n. 1/69 seguiram a mesma estrutura da de 1934, agregando a ordem econômica e a ordem social em um único título.

A Constituição de 1988 inova e passa a tratar da ordem social em título próprio, **desvinculando-a** da ordem econômica, que, por sua vez, recebe matérias sobre o sistema financeiro nacional (Título VII). Alguns temas da ordem social que eram assegurados nas Constituições anteriores, como os *direitos dos trabalhadores*, foram deslocados para o Título II, que trata dos direitos e garantias fundamentais (direitos sociais).

20.1. Princípios gerais da atividade econômica

Para o enfrentamento das provas da OAB, recomendamos a leitura dos arts. 170 a 192, pois as questões que são cobradas sobre esse assunto (com uma incidência não muito alta), exigem basicamente conhecimento da "letra" da lei.

Limitamo-nos a indicar, então, os princípios gerais da atividade econômica:

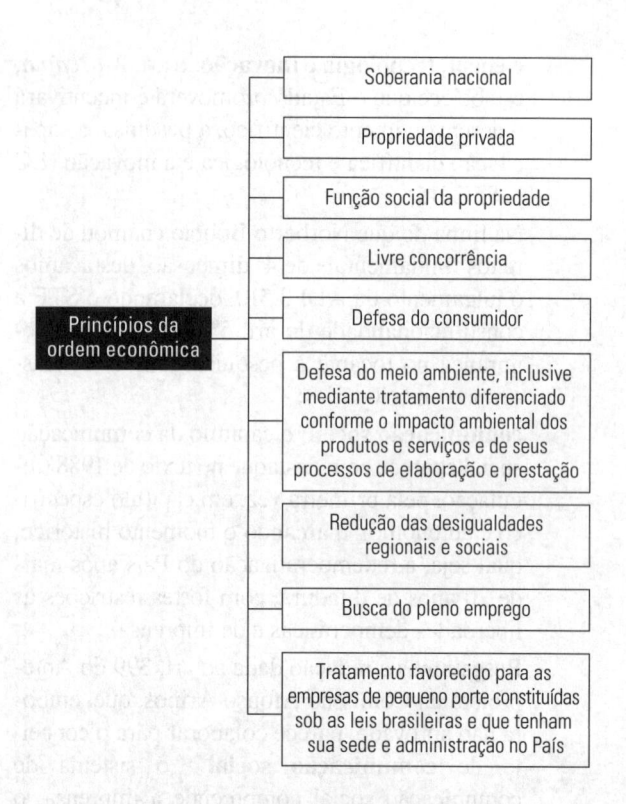

Princípios da ordem econômica:
- Soberania nacional
- Propriedade privada
- Função social da propriedade
- Livre concorrência
- Defesa do consumidor
- Defesa do meio ambiente, inclusive mediante tratamento diferenciado conforme o impacto ambiental dos produtos e serviços e de seus processos de elaboração e prestação
- Redução das desigualdades regionais e sociais
- Busca do pleno emprego
- Tratamento favorecido para as empresas de pequeno porte constituídas sob as leis brasileiras e que tenham sua sede e administração no País

20.2. Sistema financeiro nacional

O **sistema financeiro nacional**, estruturado de forma a promover o desenvolvimento equilibrado do País e a servir aos interesses da coletividade, em todas as partes que o compõem, abrangendo as cooperativas de crédito, será **regulado por leis complementares** que disporão, inclusive, sobre a participação do capital estrangeiro nas instituições que o integram (art. 192).

Alertamos, nos termos da **Súmula Vinculante 7/2008/STF**, que "a norma do § 3º do artigo 192 da Constituição, revogada pela Emenda Constitucional n. 40/2003, que limitava a taxa de juros reais a 12% ao ano, tinha sua aplicação condicionada à edição de lei complementar".

21. PRINCÍPIOS FUNDAMENTAIS

Os **princípios fundamentais** encontram-se no início da Constituição, mais precisamente no *Título I*, arts. 1º a 4º.

Para a prova da OAB, referidos artigos deverão ser lidos de modo específico e com muito cuidado.

Os temas ali previstos já foram abordados, direta ou indiretamente, no presente trabalho, motivo pelo qual, agora, limitamo-nos a indicar os dispositivos.

- **art. 1º, caput**: estabelece que a *República Federativa* do Brasil, formada pela *união indissolúvel dos Estados e Municípios e do Distrito Federal*, constitui-se em *Estado Democrático de Direito*;

- **art. 1º, I a V:** consagram os *fundamentos* da República Federativa do Brasil;
- **art. 1º, parágrafo único:** trata da *democracia semidireta* ou *participativa*;
- **art. 2º:** estatui a *separação de "Poderes"*;
- **art. 3º:** trata dos *objetivos fundamentais* da República Federativa do Brasil;
- **art. 4º:** estatui os *princípios* que regem a República Federativa do Brasil em suas *relações internacionais*.

REFERÊNCIAS BIBLIOGRÁFICAS

Uma explicação: a estrutura básica, inclusive várias passagens deste texto, foram elaboradas a partir da obra de nossa autoria **Direito constitucional esquematizado**, 27. ed. São Paulo: Saraiva, 2023, havendo, naturalmente, adaptações para o objetivo deste livro.

ALEXY, Robert; SILVA, Luís Virgílio Afonso da (Trad.). *Teoria dos direitos fundamentais*. São Paulo: Malheiros, 2008.

ÁVILA, Humberto. *Teoria dos princípios:* da definição à aplicação dos princípios jurídicos. 7. ed. rev. e atual. São Paulo: Malheiros, 2007.

BARROSO, Luís Roberto. *Curso de direito constitucional contemporâneo:* os conceitos fundamentais e a construção do novo modelo. 2. ed. São Paulo: Saraiva, 2010.

_____. Neoconstitucionalismo e constitucionalização do direito (o triunfo tardio do direito constitucional no Brasil). *Revista Forense*, Rio de Janeiro, v. 102, n. 384, p. 71-104, mar./abr. 2006.

BASTOS, Celso Ribeiro. *Curso de direito constitucional*. 18. ed. São Paulo: Saraiva, 1997.

BONAVIDES, Paulo. *Curso de direito constitucional*. 7. ed. rev., atual. e ampl. São Paulo: Malheiros, 1997.

CANOTILHO, J. J. Gomes. *Direito constitucional e teoria da Constituição*. 6. ed. rev. Coimbra: Almedina, 1993 (7. ed., 2003).

CAPPELLETTI, Mauro; GARTH, Bryant. *Acesso à justiça*. Trad. Ellen Gracie Northfleet. Porto Alegre: Sérgio A. Fabris, 1988.

DROMI, José Roberto. La reforma constitucional: el constitucionalismo del "por-venir". In: ENTERRÍA, Eduardo García de; ARÉVALO, Manuel Clavero (Coord.). *El derecho público de finales de siglo*: una perspectiva iberoamericana. Madrid: Fundación Banco Bilbao Vizcaya/Civitas, 1997.

FERREIRA, Luiz Pinto. *Curso de direito constitucional*. São Paulo: Saraiva, 1999.

HORTA, Raul Machado. *Direito constitucional*. 5. ed. rev. e atual. por Juliana Campos Horta. Belo Horizonte: Del Rey, 2010.

LENZA, Pedro. *Direito constitucional esquematizado*. 24. ed. São Paulo: Saraiva, 2020.

MANCUSO, Rodolfo de Camargo. *Ação popular:* proteção do erário, do patrimônio público, da moralidade administrativa e do meio ambiente. 4. ed. rev., atual. e ampl. São Paulo: Revista dos Tribunais, 2001 (Coleção Controle Jurisdicional dos Atos do Estado).

MEIRELLES, Hely Lopes. *Mandado de segurança, ação popular, ação civil pública, mandado de injunção, "habeas corpus"*. 19. ed. atual. por Arnoldo Wald. São Paulo: Malheiros, 1998.

MENDES, Gilmar Ferreira; BRANCO, Paulo Gustavo Gonet. *Curso de direito constitucional*. 7. ed. São Paulo: Saraiva, 2012.

MIRANDA, Jorge. *Manual de direito constitucional*. 2. ed. Coimbra: [s.n.], 1987. t. 2.

SANTOS, Aricê Moacyr Amaral. *O estado de emergência*. São Paulo: Revista dos Tribunais, 1989 (originalmente defendida como dissertação de mestrado na PUC-SP).

SANTOS, Boaventura de Sousa. *La reinvención del Estado y el Estado plurinacional*. Santa Cruz de la Sierra/Bolívia: Alianza Interinstitucional CENDA/CEJIS/CEBID, 2007.

SARLET, Ingo Wolfgang. *A eficácia dos direitos fundamentais*. 7. ed. rev., atual. e ampl. Porto Alegre: Livraria do Advogado, 2007.

SARMENTO, Daniel. *A ponderação de interesses na Constituição Federal*. Rio de Janeiro: Lumen Juris, 2002.

_____. *Direitos fundamentais e relações privadas*. 2. ed. Rio de Janeiro: Lumen Juris, 2006a.

_____. *Livres e iguais:* estudos de direito constitucional. Rio de Janeiro: Lumen Juris, 2006b.

_____. *A garantia do direito à posse dos remanescentes de quilombos antes da desapropriação*. Parecer de 9-10-2006. Disponível em: <http://www.cpisp.org.br/acoes/upload/arquivos/AGarantiadoDireitoaPosse_DanielSarmento.pdf>.

SILVA, José Afonso da. *Comentário contextual à Constituição*. 4. ed. São Paulo: Malheiros, 2007 (8. ed., 2012).

_____. *Aplicabilidade das normas constitucionais*. 3. ed. rev. e ampl. São Paulo: Malheiros, 1998.

_____. *Curso de direito constitucional positivo*. 36. ed. rev. São Paulo: Malheiros, 2013.

_____. *Processo constitucional de formação das leis*. 2. ed. São Paulo: Malheiros, 2006.

SILVA, Luís Virgílio Afonso da. *A constitucionalização do direito:* os direitos fundamentais nas relações entre particulares. São Paulo: Malheiros, 2005 (originalmente apresentada como tese de livre-docência à Faculdade de Direito da USP).

STRECK, Lenio Luiz. Aplicar a "letra da lei" é uma atitude positivista?. *Novos Estudos Jurídicos*, v. 15, n. 1, 2010. Disponível em: <http://siaiap32.univali.br/seer/index.php/nej/article/view/2308>. Acesso em: 19 set. 2016.

_____. *Hermenêutica jurídica e(m) crise:* uma exploração hermenêutica da construção do direito. 5. ed. rev. e atual. Porto Alegre: Livraria do Advogado, 2004.

_____; NUNES, Dierle; CUNHA, Leonardo Carneiro da (Orgs.). *Comentários ao Código de Processo Civil*. São Paulo: Saraiva, 2016.

TAVARES, André Ramos. *Curso de direito constitucional*. 9. ed. São Paulo: Saraiva, 2011.

TEIXEIRA, J. H. Meirelles. *Curso de direito constitucional*. Rio de Janeiro: Forense, 1991.

VASCONCELLOS, Fernando Andreoni. *Hermenêutica jurídica e derrotabilidade*. Curitiba: Juruá, 2010.

YRIGOYEN FAJARDO, Raquel. Hitos del reconocimiento del pluralismo jurídico y el derecho indígena en las políticas indigenistas y el constitucionalismo andino, em BERRAONDO, Mikel (coord.). *Pueblos indígenas y derechos humanos*. Bilbao: Universidad de Deusto, 2006.

QUESTÕES

(XXXIV Exame de Ordem Unificado/FGV) O governador do Estado Alfa, como represália às críticas oriundas dos professores das redes públicas de ensino, determinou cortes na educação básica do referido ente, bem como instituiu a necessidade de pagamento de mensalidades pelos alunos de estabelecimentos oficiais de ensino que não comprovassem ser oriundos de famílias de baixa renda. Sobre a conduta do governador, com base na CRFB/88, assinale a afirmativa correta.

A) Está errada, pois a gratuidade do ensino público em estabelecimentos oficiais está prevista na ordem constitucional, de modo que o seu não oferecimento ou o oferecimento irregular pode ensejar, inclusive, a responsabilização do governador do Estado Alfa.

B) Está errada, pois o Estado deve garantir a educação básica obrigatória e gratuita dos 4 aos 17 anos de idade, de modo que ele apenas poderia restringir sua oferta gratuita em relação àqueles que a ela não tiveram acesso na idade própria.

C) Está certa, pois a gratuidade do ensino público, com a promulgação da Constituição de 1988, deixou de ser obrigatória, sendo facultado o exercício das atividades de ensino pela iniciativa privada.

D) Está errada, pois os Estados e o Distrito Federal devem atuar, exclusivamente, no ensino médio e fundamental, de sorte que o governador do Estado Alfa não poderia adotar medida que viesse a atingir, indistintamente, todos os alunos da educação básica.

RESPOSTA

☑ De acordo com a Constituição, o ensino será ministrado com base nos seguintes princípios, dentre os quais o da gratuidade do ensino público em estabelecimentos oficiais, independentemente da renda familiar (art. 206, IV). Nesse sentido, o não oferecimento do ensino obrigatório pelo Poder Público, ou sua oferta irregular, importa responsabilidade da autoridade competente (art. 208, § 2º), lembrando que o acesso ao ensino obrigatório e gratuito é direito público subjetivo (art. 208, § 2º).

B) De acordo com o art. 208, I, CF/88, o dever do Estado com a educação será efetivado mediante a garantia de educação básica obrigatória e gratuita dos 4 (quatro) aos 17 (dezessete) anos de idade, assegurada **inclusive sua oferta gratuita para todos os que a ela não tiveram acesso na idade própria**.

C) O ensino é livre à iniciativa privada desde que atendidas as qualificações descritas no art. 209, I e II, CF/88. Contudo, está errado dizer que a gratuidade do ensino público, com a promulgação da Constituição de 1988, deixou de ser obrigatória, conforme vimos (art. 206, IV).

D) De acordo com o art. 211, § 3º, os Estados e o Distrito Federal atuarão **prioritariamente** (e não exclusivamente) no ensino fundamental e médio. A Constituição reforça essa ideia de não exclusividade ao prescrever que a União, os Estados, o Distrito Federal e os Municípios organizarão **em regime de colaboração** seus sistemas de ensino (art. 211, *caput*).

(XXXIV Exame de Ordem Unificado/FGV) O governador do Estado Alfa propôs, perante o Supremo Tribunal Federal, Ação Declaratória de Constitucionalidade (ADC), com pedido de tutela cautelar de urgência, para ver confirmada a legitimidade jurídico-constitucional de dispositivos da Constituição estadual, isto em razão da recalcitrância de alguns órgãos jurisdicionais na sua observância. Foi requerida medida cautelar. A partir do caso narrado, assinale a afirmativa correta.

A) A ADC pode ser conhecida e provida pelo STF, para que venha a ser declarada a constitucionalidade dos dispositivos da Constituição do Estado Alfa indicados pelo governador.

B) Embora a ADC proposta pelo governador do Estado Alfa possa ser conhecida e julgada pelo STF, revela-se incabível o deferimento de tutela cautelar de urgência nessa modalidade de ação de controle abstrato de constitucionalidade.

C) A admissibilidade da ADC prescinde da existência do requisito da controvérsia judicial relevante, uma vez que a norma sobre a qual se funda o pedido de declaração de constitucionalidade tem natureza supralegal.

D) A ADC não consubstancia a via adequada à análise da pretensão formulada, uma vez que a Constituição do Estado Alfa não pode ser objeto de controle em tal modalidade de ação abstrata de constitucionalidade.

RESPOSTA

A) De fato, em tese, dispositivos da Constituição Estadual podem ser declarados constitucionais ou inconstitucionais perante da Constituição Federal, por se tratar de normas produzidas pelo poder constituinte derivado decorrente que é **limitado juridicamente**. O ponto aqui está relacionado ao objeto da ADC. Enquanto a ADI pode ter por objeto lei ou ato normativo federal e estadual, na **ADC** o único objeto é a **lei federal**. Por esse motivo, no caso da questão, a ADC não pode ser conhecida, pois lei estadual (no caso a Constituição Estadual) não pode ser objetivo de ADC perante o STF e tendo como parâmetro ou paradigma de confronto a Constituição Federal (cf. art. 102, I, "a", CF/88).

B) De acordo com o art. 102, I, "a", CF/88, compete ao Supremo Tribunal Federal, precipuamente, a guarda da Constituição, cabendo-lhe processar e julgar, originariamente a ação direta de inconstitucionalidade de lei ou ato normativo federal ou estadual e a ação declaratória de constitucionalidade de lei ou ato normativo federal. Dessa forma e conforme explicamos acima, a Constituição Estadual não pode ser objetivo de ADC perante o STF, muito embora, na ADC seja previsto o requerimento de medida cautelar (art. 10 da Lei n. 9.868/99).

C) Dois erros são vistos na alternativa: a) o primeiro em relação ao requisito para o conhecimento da ADC; b) o segundo sobre a natureza jurídica da norma sobre a qual se funda o pedido de declaração de constitucionalidade. De acordo com o art. 14, III, da Lei n. 9.868/99, a petição inicial da ADC indicará a existência de controvérsia judicial relevante sobre a aplicação da disposição objeto da ação declaratória. Por sua vez, devemos destacar que a Constituição Estadual tem natureza constitucional no âmbito estadual. A previsão de supralegalidade foi definida pelo STF em relação aos tratados ou convenções internacionais de direitos humanos que não foram incorporados na forma do art. 5º, § 3º, CF/88.

☑ De fato, conforme expressamente previsto no art. 102, I, "a", CF/88. A ação que poderia ter por objeto a Constituição Estadual perante a Constituição Federal, originariamente, perente o STF seria a ADI e não a ADC.

(XXXIV Exame de Ordem Unificado/FGV) O perfil de proteção jurídica dos direitos fundamentais já passou e vem passando por momentos de avanços e involuções atrelados aos diferentes paradigmas constitucionais. Formam uma categoria aberta e dinâmica, que se encontra em constante mutação, em razão do art. 5º, § 2º, da CRFB/88. Nessa perspectiva, em 2017, foi editada a Lei X que regulamentou diversos direitos sociais do rol constante do seu art. 6º. Com isso, incorporou vários direitos sociais ao patrimônio jurídico do povo. No entanto, em 2019, foi aprovada a Lei Y, que revogou completamente a Lei X, desconstituindo pura e simplesmente o grau de concretização que o legislador democrático já havia dado ao art. 6º da CRFB/88, sem apresentar nenhum outro instrumento protetivo no seu lugar. Diante de tal situação e de acordo com o direito constitucional contemporâneo, a Lei Y deve ser considerada

A) inconstitucional, pois a revogação total da Lei X, sem apresentação de lei regulamentadora alternativa, viola o princípio da "reserva do possível".
B) inconstitucional, pois a revogação total da Lei X, sem apresentação de lei regulamentadora alternativa, viola o princípio da "proibição de retrocesso social".
C) constitucional, pois predomina no direito brasileiro o princípio da "reserva do possível", cuja interpretação garante a onipotência do Poder Legislativo na concretização dos direitos sociais.
D) constitucional, pois predomina no direito brasileiro o princípio da "proibição do retrocesso social", de modo que os direitos sociais não têm imperatividade, podendo ser livremente regulamentados.

RESPOSTA

A) A questão não trata da "reserva do possível", mas, ao contrário de modificação normativa que acabou acarretando retrocesso. Não se falou em dificuldade financeira em se implementar as políticas públicas, mas, por outro lado, de inovação legislativa que revogou conquistas anteriores.

☑ De fato, a proibição do retrocesso social busca **impedir** que direitos já incorporados sejam eliminados das conquistas sociais. Devemos alertar, contudo, conforme vem decidindo o STF, que "o princípio da vedação do retrocesso social não se presta à finalidade de embaraçar toda e qualquer inovação legislativa que se mostre indesejável ou inconveniente sob a perspectiva unilateral de quem o invoca. Sua função é **obstar políticas públicas capazes de por em risco o núcleo fundamental das garantias sociais estabelecidas e o patamar civilizatório mínimo assegurado pela Constituição**. Aspectos marginais e acessórios da legislação infraconstitucional não podem ser elevados à condição de valores constitucionais fundamentais, pena de se constitucionalizar as leis ordinárias" (ADI 5.224, Pleno, j. 9-3-2022, *DJE* de 17-3-2022).

C) A reserva do possível, diferente do apresentado na alternada, não quer significar um "cheque em branco" nas mãos do Poder Público.
D) Está errado dizer que "os direitos sociais não têm imperatividade, podendo ser livremente regulamentados".

(XXXIV Exame de Ordem Unificado/FGV) Faltando um ano e meio para a eleição dos cargos políticos federais e estaduais, é promulgada pelo Presidente da República uma lei que estabelece diversas alterações no processo eleitoral. Alguns partidos políticos se insurgem, alegando ser inconstitucional que essa lei produza efeitos já na próxima eleição. Afirmam que uma nova lei eleitoral não pode ser aplicada na eleição imediata, pois isso contrariaria o princípio da anterioridade. No que tange à discussão referida, a possibilidade de a referida lei produzir efeitos já nas próximas eleições é:

A) constitucional, já que o lapso temporal, entre a data de entrada em vigor da lei e a data da realização da próxima eleição, não afronta a regra temporal imposta pela Constituição Federal.
B) inconstitucional, por violação expressa ao princípio da anterioridade da legislação eleitoral, nos limites que a Constituição Federal de 1988 a ele concedeu.
C) inconstitucional, porque qualquer alteração do processo eleitoral somente poderia vir a ocorrer por via do poder constituinte derivado reformador.
D) constitucional, pois a Constituição Federal não impõe ao legislador qualquer limite temporal para a realização de alteração no processo eleitoral.

RESPOSTA

☑ O art. 16, CF/88, estabelece que a lei que alterar o processo eleitoral entrará em vigor na data de sua publicação, **não se aplicando à eleição que ocorra até um ano da data de sua vigência**. Trata-se do **postulado da anualidade eleitoral**, ou seja, o lapso de tempo de 1 ano durante o qual as regras das eleições não podem ser alteradas, buscando-se, assim, a segurança jurídica durante o pleito eleitoral. Ou seja, as regras do jogo não podem ser alteradas durante o jogo! Dessa forma, como o lapso temporal na questão é superior a 1 ano, não há violação ao art. 16 da Constituição.

B) A alternativa "b" está errada, conforme explicamos na resposta acima.

C) A manifestação do "poder constituinte derivado reformador" significa a manifestação do poder de reforma constitucional para alteração da Constituição por emendas constitucionais. As regras eleitorais, além da previsão constitucional, estão também nas leis infraconstitucionais, como o Código Eleitoral, a Lei dos Partidos Políticos, a Lei da Ficha Limpa etc.
D) Conforme vimos, o art. 16 faz a previsão do prazo de 1 ano.

(XXXIV Exame de Ordem Unificado/FGV) A zona oeste do Estado Delta foi atingida por chuvas de grande intensidade por duas semanas, levando os especialistas a classificar tal situação como de calamidade de grandes proporções na natureza, em virtude dos estragos observados. O governador de Delta, ao decidir pela decretação do estado de defesa, convoca os procuradores do Estado para que estes se manifestem acerca da constitucionalidade da medida. Os procuradores informam ao governador que, segundo o sistema jurídico-constitucional brasileiro, a decretação do estado de defesa:

A) é um meio institucional adequado para o enfrentamento da crise, mas depende de prévia consulta à Assembleia Legislativa do Estado Delta.
B) pode ser promovida pelo governador do Estado Delta, caso o Presidente da República delegue tais poderes ao Chefe do Poder Executivo estadual.
C) não pode se concretizar, pois a ocorrência de calamidade de grandes proporções na natureza não configura hipótese justificadora da referida medida.
D) é competência indelegável do Presidente da República, não sendo constitucionalmente prevista sua extensão aos chefes do poder executivo estadual.

RESPOSTA
A) De acordo com as regras constitucionais, o **Presidente da República** (art. 84, IX, c/c o art. 136), mediante decreto, é quem pode, ouvidos o Conselho da República e o Conselho de Defesa Nacional, decretar estado de defesa. Portanto, não se trata de medida que se implementa pelos entes estaduais, tanto é que o controle político posterior da decretação do estado de defesa é feito pelo Congresso Nacional (art. 136, §§ 4º a 7º).
B) As atribuições do Presidente da República previstas no art. 84 que podem ser delegadas estão previstas no parágrafo único. No caso, não há possibilidade de delegação da atribuição para a decretação de estado de defesa. E, ainda, cabe lembrar que, se houvesse a previsão, a delegação seria para Ministros de Estado, o Procurador-Geral da República ou para o Advogado-Geral da União e não para Governadores de Estado (art. 84, parágrafo único).
C) Conforme estabelece o art. 136, *caput*, o Presidente da República pode, ouvidos o Conselho da República e o Conselho de Defesa Nacional, decretar estado de defesa para preservar ou prontamente restabelecer, em locais restritos e determinados, a ordem pública ou a paz social ameaçadas por grave e iminente instabilidade institucional ou atingidas por **calamidades de grandes proporções na natureza**.
☑ De fato, a competência para decretação do estado de defesa é indelegável do Presidente da República (art. 84, IX), não havendo previsão de delegação (art. 84, parágrafo único).

(XXXIV Exame de Ordem Unificado/FGV) Clarisse, em razão da deficiência severa, não possui quaisquer meios de prover sua própria manutenção. Como sua deficiência foi adquirida ainda na infância, jamais exerceu qualquer atividade laborativa, e por essa razão não contribuiu para a previdência social no decorrer de sua vida. Alguns vizinhos, consternados com o quadro de grandes dificuldades por que passa Clarisse e interessados em auxiliá-la, procuram aconselhamento jurídico junto a competente advogado. Este, ao tomar ciência detalhada da situação, informa que, segundo o sistema jurídico-constitucional brasileiro, comprovada sua deficiência, Clarisse:

A) possuirá a garantia de receber um salário-mínimo de benefício mensal, independentemente de qualquer contribuição à seguridade social, nos termos da lei.
B) poderá acessar o sistema previdenciário para que este lhe conceda uma pensão por invalidez, cujo valor, nos termos da lei, não ultrapassará dois salários-mínimos.
C) possuirá direito a um benefício de metade do salário-mínimo vigente, mensalmente, se vier a comprovar, nos termos da lei, sua filiação ao sistema previdenciário.
D) terá que contribuir com ao menos uma parcela, a fim de ser considerada filiada ao sistema previdenciário e, só assim, terá direito a benefício no valor estabelecido em lei.

RESPOSTA
☑ A Constituição estabelece que a assistência social será prestada a quem dela necessitar, **independentemente de contribuição à seguridade social**, e tem por objetivos, dentre outros, a garantia de um salário mínimo de benefício mensal à pessoa **portadora de deficiência** e ao idoso que comprovem **não possuir meios de prover à própria manutenção** ou de tê-la provida por sua família, conforme dispuser a lei (art. 203, V).
B) Não se trata de pensão por invalidez.
C) Conforme visto, a assistência social será prestada a quem dela necessitar, **independentemente de contribuição à seguridade social** (art. 203, V).
D) A assistência social será prestada a quem dela necessitar, **independentemente de contribuição à seguridade social** (art. 203, V).

(XXXIV Exame de Ordem Unificado/FGV) João Santos, eleito para o cargo de governador do Estado Delta, em cumprimento de uma promessa de campanha, resolve realizar severa reforma administrativa, de modo a melhorar as condições econômico-financeiras do Estado Delta. Para tanto, entre várias propostas, sugere a extinção da Defensoria Pública do Estado, sendo que a Procuradoria Geral do Estado passaria a ter, então, a incumbência de exercer as atribuições da instituição a ser extinta. Segundo a ordem jurídico-constitucional brasileira, o governador está:

A) correto, pois os interesses público primários e secundários são coincidentes, não havendo motivos para que mais de um órgão venha a ter a competência concorrente de tutelar a ambos.
B) equivocado, pois a extinção da Defensoria Pública teria, por consequência automática, o repasse das atribuições do órgão a ser extinto para o Ministério Público do Estado Delta.
C) correto, pois a organização da estrutura administrativa do Estado Delta é atribuição do Governador do Estado, como decorrência natural do princípio federativo.
D) equivocado, sendo que sua proposta viola a Constituição Federal, já que a Defensoria Pública, como instituição permanente, é essencial à função jurisdicional do Estado.

RESPOSTA
A) Os interesses público primários e secundários das instituições são, naturalmente, **distintos**. Enquanto a **Defensoria Pública** como instituição **permanente** e essencial à função jurisdicional do Estado, como expressão e instrumento do regime democrático, tem por incumbência, fundamentalmente, a orientação jurídica, a promoção dos direitos humanos e a defesa, em todos os graus, judicial e extrajudicial, dos direitos individuais e coletivos, de forma integral e gratuita, aos necessitados, na forma do inciso LXXIV do art. 5º desta Constituição Federal (art. 134, *caput*), os **Procuradores dos Estados e do Distrito Federal**, organizados em carreira, exercerão a **representação judicial e a consultoria jurídica das respectivas unidades federadas** (art. 132).
B) Além da proibição de extinção da Defensoria Pública, a Constituição não admite essa atuação por parte do Ministério Público.
C) A autonomia federativa não admitiria a extinção da Defensoria Pública.
✓ Entendemos a Defensoria Pública como **cláusula pétrea**. Conforme escrevemos, "as disposições previstas no art. 134, CF/88, devem ser reconhecidas como normas de reprodução obrigatória ou compulsória no âmbito estadual e distrital e, assim, não poderá haver nenhum desvirtuamento por parte do constituinte estadual da previsão constitucional da Defensoria Pública como instituição **permanente**, essencial à função jurisdicional do Estado, incumbindo-lhe, como expressão e instrumento do regime democrático, fundamentalmente, a orientação jurídica, a promoção dos direitos humanos e a defesa, em todos os graus, judicial e extrajudicial, dos direitos individuais e coletivos, de forma integral e gratuita, aos necessitados, na forma do inciso LXXIV do art. 5º da Constituição Federal" (cf. item 12.5.7, *Direito Constitucional Esquematizado*, 27 ed., 2023).

(35º Exame de Ordem Unificado/FGV) Diante do desafio de promover maior proteção às florestas, à fauna e à flora, reiteradamente atingidas por incêndios e desmatamentos, organizações não governamentais resolvem provocar o Poder Público, a fim de que sejam adotadas providências concretas para manutenção do equilíbrio climático. Porém, sem saber quais os entes federativos que seriam constitucionalmente competentes para agir na direção almejada, buscam maiores esclarecimentos com competente advogado(a). No âmbito da competência comum estabelecida pela Constituição Federal de 1988, assinale a opção que apresenta a orientação recebida.

A) A União deve atuar legislando privativamente a respeito da referida proteção, sendo que, aos demais entes federativos, restará tão somente cumprir as normas editadas pela União, sem que possam suplementá-la.
B) A União, os Estados, o Distrito Federal e os Municípios são todos competentes para promover a referida proteção, sendo os termos dessa cooperação fixados em legislação primária produzida pelo Congresso Nacional, com quórum de aprovação de maioria absoluta.
C) A União e os Estados dividirão, com exclusividade, as responsabilidades inerentes à produção das normas e à atuação administrativa, tendo por pressuposto o fato de ter o constituinte originário brasileiro, na Constituição de 1988, adotado uma típica federação de 2º grau.
D) A referida proteção é uma tarefa precípua da União, podendo o Presidente da República, no uso de suas atribuições constitucionais, se considerar conveniente, delegar tarefas específicas aos Estados, ao Distrito Federal e aos Municípios.

RESPOSTA
A) O final da questão sinaliza a resposta, pois fala em "competência comum". Dessa forma, não se poderia falar em exclusividade da União, já que, seguindo a constituição, a competência comum, não legislativa ou administrativa é de todos os entes federativos, especialmente em relação a tema tão sensível como é o da proteção de florestas, fauna e flora e, nesse sentido, em proteção do meio ambiente (art. 23, VI e VII).
✓ De acordo com a Constituição, é **competência comum da União, dos Estados, do Distrito Federal e dos Municípios**, preservar as florestas, a fauna e a flora (art. 23, VII). Como todos podem atuar, o parágrafo único estabelece o modo de atuação dos entes federativos: leis **complementares** fixarão normas para a cooperação entre a União e os Estados, o Distrito Federal e os Municípios, tendo em vista o equilíbrio do desenvolvimento e do bem-estar em âmbito nacional. De acordo com o art. 69, o quórum de **aprovação** da **lei complementar** é o da **maioria absoluta**.
C) Conforme vimos, a proteção ambiental deve se dar por todos os entes federativa e, portanto, também pelo DF e pelos Municípios.
D) A proteção de florestas, fauna e flora é atribuição de todos os entes federativos.

(35º Exame de Ordem Unificado/FGV) Um agente público federal, em entrevista a jornal de grande circulação, expressou sua insatisfação com o baixo índice de desenvolvimento econômico e social de aproximadamente 25 por cento do amplo território ocupado pelo Estado Alfa, mais precisamente da parte sul do Estado. Por entender que a autoridade estadual não possui os recursos necessários para implementar políticas que desenvolvam essa região, afirma que faz parte da agenda do governo federal transformar a referida área em território federal. O Governador de Alfa, preocupado com o teor do pronunciamento, solicita que os procuradores do Estado informem se tal medida é possível, segundos os parâmetros estabelecidos na Constituição Federal de 1988. O corpo jurídico, então, responde que:

A) embora na atual configuração da República Federativa do Brasil não conste nenhum território federal, caso venha a ser criado, constituirá um ente dotado de autonomia política plena.
B) embora não exista território federal na atual configuração da República Federativa do Brasil, a Constituição Federal de 1988 prevê, expressamente, a possibilidade de sua criação.
C) em respeito ao princípio da autonomia estadual, somente seria possível a criação de território pelo Governador de Alfa, a quem caberia a responsabilidade pela gestão.
D) ainda que o Brasil já tenha tido territórios federais, a Constituição Federal não prevê tal modalidade, o que afasta a possibilidade de sua criação.

RESPOSTA

A) De fato, o Poder Constituinte de 1988 transformou dois territórios em Estados e extinguiu o terceiro, ainda existentes em 1988. Apesar disso, é perfeitamente possível a criação de novos territórios federais, que, contudo, não terão autonomia capaz de lhes atribuir a característica de entes federados. Apesar de ter personalidade, o território não é dotado de autonomia política. Trata-se de mera descentralização administrativo-territorial da União, qual seja, uma autarquia que, consoante expressamente previsto no art. 18, § 2º, integra a União.

☑ De acordo com o art. 18, § 3º, os Estados podem incorporar-se entre si, subdividir-se ou desmembrar-se para se anexarem a outros, ou formarem novos Estados **ou Territórios Federais**, mediante aprovação da população diretamente interessada, através de plebiscito, e do Congresso Nacional, por lei complementar.

C) A criação de eventuais territórios se implementa no âmbito do Congresso Nacional, por lei complementar, conforme visto.

D) O art. 18, § 2º, fala expressamente em possibilidade de criação de territórios federais, apesar de extintos em 1988.

(35º Exame de Ordem Unificado/FGV) Doralice, brasileira, funcionária de uma empresa italiana situada em Roma (Itália), conheceu Rocco, italiano, e com ele se casa. Em Milão, em 1998, nasceu Giuseppe, filho do casal, sendo registrado unicamente em repartição pública italiana. Porém, recentemente, Giuseppe, que sempre demonstrou grande afinidade com a cultura brasileira, externou a seus pais e amigos duas ambições: adquirir a nacionalidade brasileira e integrar os quadros do Itamarati, na condição de diplomata brasileiro. Ele procura, então, um escritório de advocacia no Brasil para conhecer as condições necessárias para atingir seus objetivos. De acordo com o sistema jurídico-constitucional brasileiro, Giuseppe:

A) poderá exercer qualquer cargo público no âmbito da República Federativa do Brasil, uma vez que, por ser filho de pessoa detentora da nacionalidade brasileira, já possui a condição de brasileiro nato.
B) poderá atingir o seu objetivo de ser um diplomata brasileiro caso lhe seja reconhecida a condição de brasileiro nato, status que somente será alcançado se vier a residir no Brasil e optar pela nacionalidade brasileira.
C) poderá adquirir a nacionalidade brasileira na condição de brasileiro naturalizado e, assim, seguir a carreira diplomática, pois a Constituição veda qualquer distinção entre brasileiros natos e naturalizados.
D) não poderá seguir a carreira diplomática pela República Federativa do Brasil, já que sua situação concreta apenas lhe oferece a possibilidade de adquirir a nacionalidade brasileira pela via da naturalização.

RESPOSTA

A) O fato de alguém ser filho de brasileiro nato não necessariamente, como regra, lhe assegura a posição de também ser brasileiro nato. A condição de brasileiro nato dependerá do preenchimento das regras do art. 12, I.

☑ De fato, existem cargos que são privativos de brasileiros natos e estão previstos em rol taxativo do art. 12, § 3º, dentre os quais o da carreira diplomática (art. 12, § 3º, V). No caso narrado, como Giuseppe foi registrado apenas na repartição pública italiana, **e não na brasileira**, ele terá que vir a residir na República Federativa do Brasil e optar, em qualquer tempo, depois de atingida a maioridade, pela nacionalidade brasileira. Trata-se da denominada **nacionalidade potestativa** (art. 12, I, "c", segunda parte).

C) De maneira coerente com o princípio da igualdade (isonomia), a CF vedou qualquer possibilidade de se estabelecer por lei distinção entre brasileiros natos e naturalizados, ressalvados os casos previstos pela própria Constituição (art. 12, § 2º), quais sejam: arts. 5º, LI; 12, § 3º; 12, § 4º, I; 89, VII; e 222. Dentre essas exceções à regra geral está a prescrição da necessidade de ser brasileiro nato para as carreiras diplomáticas.

D) A Constituição também prevê a possibilidade de haver Giuseppe ser reconhecido como brasileiro nato.

(35º Exame de Ordem Unificado/FGV) Lei ordinária do município Alfa dispôs que os benefícios de assistência social voltados à reabilitação das pessoas com deficiência passariam a ser condicionados ao pagamento de contribuição à seguridade social pelos beneficiários. Sobre a questão em comento, com base no texto constitucional, assinale a afirmativa correta:

A) Embora a lei seja materialmente compatível com o texto da Constituição de 1988, a competência legislativa para

dispor sobre a defesa e reabilitação de pessoas com deficiência é privativa do Estado.
B) A lei ordinária do município Alfa apresenta vício material, já que a reabilitação das pessoas com deficiência é matéria estranha à assistência social.
C) A lei em comento, embora materialmente adequada ao texto constitucional, apresenta vício de forma, já que apenas lei complementar pode dispor sobre matérias afetas à assistência social.
D) Trata-se de lei inconstitucional, uma vez que a Constituição de 1988 estabelece que os benefícios da assistência social serão prestados a quem deles necessitar, independentemente de contribuição à seguridade social.

RESPOSTA
A) A lei municipal viola frontalmente a Constituição, pois faz a previsão de necessidade de contribuição à seguridade social.
B) De acordo com a Constituição, a assistência social será prestada a quem dela necessitar, independentemente de contribuição à seguridade social, e tem por objetivos, dentre outros, a habilitação e reabilitação das pessoas portadoras de deficiência e a promoção de sua integração à vida comunitária (art. 203, IV).
C) A lei municipal é materialmente inconstitucional.
☑ De fato, a assistência social será prestada a quem dela necessitar, **independentemente de contribuição** à seguridade social (art. 203, *caput*).

(35º Exame de Ordem Unificado/FGV) No Preâmbulo da Constituição do Estado Alfa consta:

"Nós, Deputados Estaduais Constituintes, no pleno exercício dos poderes outorgados pelo artigo 11 do Ato das Disposições Transitórias da Constituição da República Federativa do Brasil, promulgada em 5 de outubro de 1988, reunidos em Assembleia, no pleno exercício do mandato, de acordo com a vontade política dos cidadãos deste Estado, dentro dos limites autorizados pelos princípios constitucionais que disciplinam a Federação Brasileira, promulgamos, sob a proteção de Deus, a presente Constituição do Estado Alfa."

Diante de tal fragmento e de acordo com a teoria do poder constituinte, o ato em tela deve ser corretamente enquadrado como forma de expressão legítima do poder constituinte:
A) originário.
B) derivado difuso.
C) derivado decorrente.
D) derivado reformador.

RESPOSTA
A) Essa questão existe o conhecimento do tema "poder constituinte". E, assim, como se trata de pleno exercício dos poderes **outorgados** pelo artigo 11 do Ato das Disposições Transitórias da Constituição da República Federativa do Brasil, promulgada em 5 de outubro de 1988, não se poderia falar em poder constituinte originário.
B) O poder constituinte difuso pode ser caracterizado como um poder de fato e que serve de fundamento para os mecanismos de atuação da mutação constitucional.
☑ O poder constituinte derivado decorrente tem por missão estruturar a Constituição dos Estados-Membros ou, em momento seguinte, havendo necessidade de adequação e reformulação, modificá-la. Tal competência decorre da capacidade de auto-organização estabelecida pelo poder constituinte originário.
D) O poder constituinte derivado reformador, chamado por alguns de competência reformadora, tem a capacidade de modificar a Constituição, por meio de um procedimento específico, estabelecido pelo originário, sem que haja uma verdadeira revolução, qual seja, pelas **emendas constitucionais**.

(35º Exame de Ordem Unificado/FGV) O Juízo da 10ª Vara Criminal do Estado Alfa, com base nos elementos probatórios dos autos, defere medida de busca e apreensão a ser realizada na residência de João. Devido à intensa movimentação de pessoas durante o período diurno, bem como para evitar a destruição deliberada de provas, o delegado de polícia determina que as diligências necessárias ao cumprimento da ordem sejam realizadas à noite, quando João estaria dormindo, aumentando as chances de sucesso da incursão. Sobre o caso hipotético narrado, com base no texto constitucional, assinale a afirmativa correta:
A) A inviolabilidade de domicílio, embora possa ser relativizada em casos pontuais, não autoriza que as diligências necessárias ao cumprimento do mandado de busca e apreensão na residência de João sejam efetivadas durante o período noturno.
B) A incursão policial na residência de João se justificaria apenas em caso de flagrante delito, mas, inexistindo a situação de flagrância, o mandado de busca e apreensão expedido pelo Juízo da 10ª Vara Criminal do Estado Alfa é nulo.
C) O cumprimento da medida de busca e apreensão durante o período noturno é justificado pelas razões invocadas pelo Delegado, de modo que a inviolabilidade de domicílio cede espaço à efetividade e à imperatividade dos atos estatais.
D) A inviolabidade de domicílio não é uma garantia absoluta e, estando a ordem expedida pelo Juízo da 10ª Vara Criminal devidamente fundamentada, o seu cumprimento pode ser realizado a qualquer hora do dia ou da noite.

RESPOSTA
☑ De acordo com a Constituição, a casa é asilo inviolável do indivíduo, ninguém nela podendo penetrar sem consentimento do morador, salvo em caso de flagrante delito ou desastre, ou para prestar socorro, ou, **durante o dia**, por determinação judicial (art. 5º, XI).
B) A Constituição faz a previsão de possibilidade de cumprimento de mandado judicial durante o dia.
C) Durante o período noturno, somente se pode entrar na casa se houver consentimento do morador, ou nos casos de flagrante delito ou desastre, ou para prestar socorro.

D) Conforme vimos, o cumprimento da ordem judicial somente pode ser realizado durante o dia.

(35º Exame de Ordem Unificado/FGV) Em decisão de mérito proferida em sede de ação direta de inconstitucionalidade (ADI), os Ministros do Supremo Tribunal Federal declararam inconstitucional o art. 3º da Lei X. Na oportunidade, não houve discussão acerca da possibilidade de modulação dos efeitos temporais da referida decisão. Sobre a hipótese, segundo o sistema jurídico-constitucional brasileiro, assinale a afirmativa correta.
A) A decisão está eivada de vício, pois é obrigatória a discussão acerca da extensão dos efeitos temporais concedidos à decisão que declara a inconstitucionalidade.
B) A decisão possui eficácia temporal *ex tunc*, já que, no caso apresentado, esse é o natural efeito a ela concedido.
C) Nesta específica ação de controle concentrado, é terminantemente proibida a modulação dos efeitos temporais da decisão.
D) A decisão em tela possui eficácia temporal *ex nunc*, já que, no caso acima apresentado, esse é o efeito obrigatório.

RESPOSTA
A) A modulação dos efeitos da decisão em ADI é facultativa e somente será implementada se forem observadas as regras do art. 27, da Lei n. 9.868/99: "ao declarar a inconstitucionalidade de lei ou ato normativo, e tendo em vista **razões de segurança jurídica** ou de **excepcional interesse social**, poderá o Supremo Tribunal Federal, por **maioria de dois terços** de seus membros, restringir os efeitos daquela declaração ou decidir que ela só tenha eficácia a partir de seu trânsito em julgado ou de outro momento que venha a ser fixado".

☑ De fato, o efeito *ex tunc* é o efeito normal da declaração de inconstitucionalidade. Pode-se afirmar que a maioria da doutrina brasileira acatou, inclusive por influência do direito norte-americano, a caracterização da **teoria da nulidade** ao se declarar a inconstitucionalidade de lei ou ato normativo (afetando o plano da validade). Trata-se, nesse sentido, de ato declaratório que reconhece uma situação pretérita, qual seja, o "vício congênito", de "nascimento", de "origem" do ato normativo.
C) A ADI admite a modulação dos efeitos conforme visto.
D) O efeito normal da declaração de inconstitucionalidade é o retroativo. Poderá haver modulação dos efeitos da decisão.

(36º Exame de Ordem Unificado/FGV) Dois Estados de determinada região do Brasil foram atingidos por chuvas de tal magnitude que o fenômeno foi identificado como calamidade de grandes proporções na natureza. A ocorrência gerou graves ameaças à ordem pública, e o Presidente da República, após ouvir o Conselho da República e o de Defesa Nacional, decretou o estado de defesa, a fim de reestabelecer a paz social. No decreto instituidor, indicou, como medida coercitiva, a ocupação e o uso temporário de bens e serviços públicos dos Estados atingidos, sem direito a qualquer ressarcimento ou indenização por danos e custos decorrentes. Segundo o sistema jurídico-constitucional brasileiro, no caso em análise:
A) houve violação ao princípio federativo, já que o uso e a ocupação em tela importam em violação à autonomia dos Estados atingidos pela calamidade natural de grandes proporções.
B) a medida coercitiva é constitucional, pois a decretação de estado de defesa confere à União poderes amplos para combater, durante um prazo máximo de noventa dias, as causas geradoras da crise.
C) a medida coercitiva em tela viola a ordem constitucional, pois a União deve ser responsabilizada pelos danos e custos decorrentes da ocupação e uso temporário de bens e serviços de outros entes.
D) a medida coercitiva, nos termos acima apresentados, somente será constitucional se houver prévia e expressa autorização de ambas as casas do Congresso Nacional.

RESPOSTA
A) A hipótese é sim de decretação de estado de defesa. Conforme prescrito no art. 136, *caput*, o Presidente da República pode, ouvidos o Conselho da República e o Conselho de Defesa Nacional, decretar estado de defesa para preservar ou prontamente restabelecer, em locais restritos e determinados, a ordem pública ou a paz social ameaçadas por grave e iminente instabilidade institucional ou **atingidas por calamidades de grandes proporções na natureza**. O decreto que instituir o estado de defesa determinará o tempo de sua duração, especificará as áreas a serem abrangidas e indicará, nos termos e limites da lei, as **medidas coercitivas a vigorarem**, dentre as seguintes: **ocupação e uso temporário de bens e serviços públicos**, na hipótese de calamidade pública, respondendo a União pelos danos e custos decorrentes (art. 136, § 1º, II).
B) De acordo com o art. 136, § 2º, o tempo de duração do estado de defesa não será superior a **30 dias**, podendo ser prorrogado **uma vez**, por **igual período**, se persistirem as razões que justificaram a sua decretação.

☑ De fato, a União responderá pelos danos e custos decorrentes da ocupação e uso temporário de bens e serviços públicos, na hipótese de calamidade pública (art. 136, § 1º, II).
D) A medida coercitiva já poderá ser determinada no decreto instituidor. O controle político pelo Congresso Nacional, no caso, será posterior (art. 136, §§ 4º a 7º).

(36º Exame de Ordem Unificado/FGV) Martinez, cidadão espanhol, foi convidado por XYZ, universidade privada de Direito, situada no Brasil, para ministrar a disciplina Direito Constitucional. Para tanto, ele estabeleceu residência em solo brasileiro. Após 2 (dois) anos lecionando na referida instituição de ensino, apesar de possuir qualificação adequada para o exercício do magistério, Martinez é surpreendido em suas redes sociais com graves alegações de exercício ilegal da profissão. Sobre a questão em comento, com base no texto constitucional, assinale a afirmativa correta:

A) Martinez, na condição de estrangeiro residente no Brasil, goza de todos os direitos fundamentais e políticos assegurados pela Constituição de 1988 aos brasileiros natos e naturalizados, podendo, em consequência, lecionar na universidade de Direito XYZ.
B) Apesar de restringir o exercício de determinados direitos por parte dos estrangeiros, a Constituição de 1988 assegura a Martinez o livre exercício de sua profissão, desde que preencha os requisitos legais exigidos.
C) A Constituição de 1988, ainda que assegure a autonomia didático-científica das universidades, exige prévia naturalização do estrangeiro Martinez para que possa atuar no ensino superior de ensino.
D) A ordem constitucional permite que Martinez, na condição de estrangeiro residente no Brasil, desempenhe livremente sua profissão, mas condiciona tal direito à prova de residência em solo brasileiro por, no mínimo, 04 (quatro) anos.

RESPOSTA

A) De fato, todos são iguais perante a lei, sem distinção de qualquer natureza, garantindo-se aos brasileiros e aos **estrangeiros residentes no País** a inviolabilidade do direito à vida, à liberdade, à igualdade, à segurança e à propriedade (art. 5º, *caput*). Contudo, em relação aos direitos político, a Constituição estabelece: "não podem alistar-se como eleitores os **estrangeiros** e, durante o período do serviço militar obrigatório, os conscritos" (art. 14, § 2º).

☑ De acordo com o art. 207, § 1º, é facultado às universidades admitir **professores**, técnicos e cientistas **estrangeiros**, na forma da lei.

C) De fato, a Constituição assegura às universidades autonomia didático-científica, administrativa e de gestão financeira e patrimonial, devendo obedecer o princípio de indissociabilidade entre ensino, pesquisa e extensão. Nesse sentido, a lógica é, de fato, facultar a admissão de professores estrangeiros conforme prescreve o art. 207, § 1º.
D) Não há essa previsão na Constituição.

(36º Exame de Ordem Unificado/FGV) Antônio foi condenado em definitivo pela prática de diversos crimes em concurso material. Além da privação da liberdade, também foi condenado, cumulativamente, à pena de multa e à obrigação de ressarcir os danos causados às vítimas das práticas criminosas. Em caso de falecimento de Antônio, com base no texto constitucional, é correto afirmar que:
A) à exceção das penas privativas de liberdade, todas as demais podem ser estendidas aos sucessores de Antônio até o limite do valor do patrimônio transferido.
B) pelo princípio da intransmissibilidade da pena, nenhuma das obrigações ou penas decorrentes da prática criminosa pode ser transferida aos sucessores de Antônio.
C) apenas a pena de multa e obrigações de cunho patrimonial podem ser estendidas aos sucessores de Antônio até o limite do valor do patrimônio transferido.
D) a obrigação de reparar os danos causados às vítimas pode ser estendida aos sucessores de Antônio e contra eles executada até o limite do valor do patrimônio transferido.

RESPOSTA

A) De acordo com o art. 5º, XLV, CF/88, **nenhuma pena passará da pessoa do condenado**, podendo a **obrigação de reparar o dano e a decretação do perdimento de bens** ser, nos termos da lei, estendidas aos sucessores e contra eles executadas, até o limite do valor do patrimônio transferido.
B) A **obrigação de reparar o dano e a decretação do perdimento de bens** poderá ser, nos termos da lei, estendidas aos sucessores e contra eles executadas, até o limite do valor do patrimônio transferido.
C) Essa afirmação viola, conforme vimos, o art. 5º, XLV, CF/88.

☑ "Letra da Constituição" e, por isso, recomendamos, sempre, a leitura de todos os artigos da CF!

(36º Exame de Ordem Unificado/FGV) O governador do Estado Alfa pretendia criar um novo município no âmbito do seu estado. No entanto, tinha conhecimento de que o art. 18, § 4º, da CRFB/88, que trata dessa temática, é classificado como norma de eficácia limitada, que ainda está pendente de regulamentação por lei complementar a ser editada pela União. Em razão dessa constatação, resolve ajuizar Ação Direta de Inconstitucionalidade por Omissão (ADO), perante o Supremo Tribunal Federal (STF), com o intuito de sanar a omissão legislativa. Ao analisar a referida ADO, o STF, por maioria absoluta de seus membros, reconhece a omissão legislativa. Diante dessa narrativa, assinale a opção que está de acordo com o sistema brasileiro de controle de constitucionalidade:
A) O STF, com o objetivo de combater a síndrome da ineficácia das normas constitucionais, deverá dar ciência ao Poder Legislativo para a adoção das providências necessárias à concretização do texto constitucional, obrigando-o a editar a norma faltante em trinta dias.
B) O STF, em atenção ao princípio da separação de poderes, deverá dar ciência ao Poder Legislativo para a adoção das providências necessárias à concretização da norma constitucional.
C) O STF, a exemplo do que se verifica no mandado de injunção, atuando como legislador positivo, deverá suprir a omissão inconstitucional do legislador democrático, criando a norma inexistente que regula a constituição de novos municípios, o que obsta a atuação legislativa superveniente.
D) A referida ação deveria ter sido julgada inepta, na medida em que somente as normas constitucionais de eficácia contida podem ser objeto de Ação Direta de Inconstitucionalidade por Omissão.

RESPOSTA

A) De acordo com o art. 103, § 2º, CF/88, declarada a inconstitucionalidade por omissão de medida para tornar efetiva norma constitucional, **será dada ciência ao Poder competente para a adoção das providências necessárias** e, em se tratando de órgão administrativo, para fazê-lo em trinta dias. A previsão de suprir a omissão no prazo de 30 dias, portanto, foi direcionada para o órgão administrativo e não para o Poder Legislativo.

☑ De fato, segundo a jurisprudência do STF, impor o dever de normatizar violaria o princípio da separação de poderes. Esse entendimento, contudo, vem sendo revisto pelo STF, especialmente diante da regra do mandando de injunção que implementa um mecanismo de controle muito mais eficaz do que a previsão para a ADO.
C) Conforme vimos na alternativa anterior, há, de fato, um movimento de se aproximar os efeitos do MI para o julgamento da ADO. Contudo, se o STF suprir a omissão como o fez no julgamento da ADO 26 (reconhecimento da homofobia e da transfobia como crime de racismo), essa atuação não impedirá o Legislativo de legislar. Já pudemos estabelecer que o eventual efeito vinculante decorrente de decisão do STF no controle de constitucionalidade não vincula o Poder Legislativo na sua função típica de legislar sob pena de fossilização da Constituição.
D) O pressuposto da ADO é a norma constitucional de eficácia limitada ("síndrome de inefetividade da norma constitucional"). A norma de eficácia contida tem eficácia plena, apesar de se permitir a sua redução ou constrição por norma posterior.

(36º Exame de Ordem Unificado/FGV) O atual governador do Estado Delta entende que, de acordo com a CRFB/88, a matéria enfrentada pela Lei X, de 15 de agosto de 2017, aprovada pela Assembleia Legislativa de Delta, seria de iniciativa privativa do Chefe do Poder Executivo estadual. Porém, na oportunidade, o projeto de lei foi proposto por um deputado estadual. Sem saber como proceder, o atual Chefe do Poder Executivo buscou auxílio junto ao Procurador-geral do Estado Delta, que, com base no sistema jurídico-constitucional brasileiro, afirmou que o Governador:
A) poderá tão somente ajuizar uma ação pela via difusa de controle de constitucionalidade, pois, no caso em tela, não possui legitimidade para propor ação pela via concentrada.
B) poderá, pela via política, requisitar ao Poder Legislativo do Estado Delta que suspenda a eficácia da referida Lei X, porque, no âmbito jurídico, nada pode ser feito.
C) poderá propor uma ação direta de inconstitucionalidade perante o Supremo Tribunal Federal, alegando vício de iniciativa, já que possui legitimidade para tanto.
D) não poderá ajuizar qualquer ação pela via concentrada, já que apenas a Mesa da Assembleia Legislativa de Delta possuiria legitimidade constitucional para tanto.

RESPOSTA
A) De acordo com o art. 103, V, o Governador de Estado é, sim, legitimado para o ajuizamento de ADI perante o STF. Terá que demonstrar pertinência temática já que não é legitimado universal, mas esse requisito está bem claro na questão já que a lei do Estado Delta seria em tese de iniciativa reservada ao próprio Governador do referido Estado Delta.
B) Conforme vimos, no âmbito jurídico poderá ser ajuizada a ADI genérica, tendo por fundamento o vício formal.

☑ De fato, conforme vimos, o Governador é legitimado para o ajuizamento da ADI (art. 102, I, V).
D) De fato, a Mesa da Assembleia Legislativa está listada no rol do art. 103.

(36º Exame de Ordem Unificado/FGV) Um órgão público, detentor de banco de dados com informações passíveis de serem transmitidas a terceiros, possuía informações inexatas a respeito de João. Em razão disso, ele dirige petição ao referido órgão solicitando que providenciasse a devida retificação. A petição seguiu acompanhada dos documentos que informavam os dados corretos sobre a pessoa de João. Como o órgão público indeferiu tanto o pedido inicial quanto o recurso administrativo interposto, João contratou você, como advogado(a), para ajuizar a medida judicial cabível. Agindo em conformidade com o sistema jurídico-constitucional brasileiro, você:
A) ajuizou um *Habeas Data*, esclarecendo que o Mandado de Segurança, por ser um remédio de caráter residual, não seria o instrumento adequado para aquela situação específica, em que se almejava retificar informações pessoais.
B) ajuizou uma Ação Ordinária, informando a João ser esta a única solução processual passível de atingir os objetivos pretendidos, já que a comprovação do direito líquido e certo pressupõe a dilação probatória.
C) impetrou Mandado de Segurança, tendo o cuidado de observar que a impetração se desse dentro do prazo decadencial de 120 dias do conhecimento, por João, do improvimento do recurso.
D) informou a João que a situação em tela é uma exceção à possibilidade de resolução no âmbito da esfera judicial, sendo que sua solução obrigatoriamente se esgota na esfera administrativa.

RESPOSTA
☑ De acordo com a regra constitucional, conceder-se-á *habeas data* não somente para assegurar o conhecimento de informações relativas à pessoa do impetrante, constantes de registros ou bancos de dados de entidades governamentais ou de caráter público, como também para a a retificação de dados, quando não se prefira fazê-lo por processo sigiloso, judicial ou administrativo (art. 5º, LXXII, "a" e "b"). O caráter residual do MS está expresso na Constituição ao estabelecer que será concedido o mandado de segurança para proteger direito líquido e certo, **não amparado por** *habeas corpus* ou *habeas data*.
B) Conforme vimos acima, é cabível o ajuizamento do HD.
C) O caráter residual do MS não permitiria o conhecimento da ação, já que previsto o cabimento do HD.
D) De acordo com o art. 5º, XXXV, CF/88, a lei não excluirá da apreciação do Poder Judiciário lesão ou ameaça a direito. No caso específico, a lei do *habeas data* fez a previsão de um prévio esgotamento das vias administrativas, no sentido de se demonstrar a recusa em se fazer a retificação. Esse requisito de admissibilidade não viola a Constituição, segundo já decidiu o STF.

(36º Exame de Ordem Unificado/FGV) Roberto, cidadão brasileiro, toma conhecimento que um órgão público federal está contratando uma conhecida empreiteira do Estado Delta para a realização de obras sem promover o regular procedimento licitatório. A fim de proteger o interesse público, busca obter maiores informações junto aos setores competentes do próprio órgão. Sem sucesso, passa a considerar a hipótese de ajuizar uma Ação Popular a fim de anular os atos de contratação, bem como buscar o ressarcimento dos cofres públicos por eventuais danos patrimoniais. Antes de fazê-lo, no entanto, quer saber as consequências referentes ao pagamento de custas judiciais e do ônus de sucumbência, caso não obtenha sucesso na causa. Você, como advogado(a), então, explica-lhe que, segundo o sistema jurídico-constitucional brasileiro, caso não obtenha sucesso na causa:

A) não terá que arcar com as custas judiciais e com o ônus de sucumbência, posto que o interesse que o move na causa é revestido de inequívoca boa-fé, em defesa do interesse público.

B) somente terá que arcar com as custas judiciais, mas não com os ônus sucumbenciais, posto se tratar de um processo de natureza constitucional que visa a salvaguardar o interesse social.

C) terá que arcar com as custas judiciais e com o ônus de sucumbência, como ocorre ordinariamente no âmbito do sistema processual brasileiro.

D) não terá que arcar com qualquer custo, considerando que a Constituição Federal de 1988 concede aos brasileiros isenção de custas em todos os chamados remédios constitucionais.

RESPOSTA

☑ De acordo com o art. 5º, LXXIII, qualquer cidadão é parte legítima para propor ação popular que vise a anular ato lesivo ao patrimônio público ou de entidade de que o Estado participe, à moralidade administrativa, ao meio ambiente e ao patrimônio histórico e cultural, **ficando o autor, salvo comprovada má-fé, isento de custas judiciais e do ônus da sucumbência**.

B) Conforme vimos acima, o autor da ação popular fica isentdo de custas judiciais e do ônus da sucumbência.

C) Essa afirmação está errada, conforme transcrição acima do art. 5º, LXXIII, CF/88.

D) De acordo com o art. 5º, LXXVII, são **gratuitas** as ações de *habeas corpus* e *habeas data*, e, na forma da lei, os atos necessários ao exercício da cidadania.

■ **MATERIAL DIGITAL EXCLUSIVO**

DIREITO CONSTITUCIONAL — Material Complementar

somos.in/CEOABVU10

Direito Administrativo

Elisa Faria

Mestre em Administração Pública pela Escola de Governo da Fundação João Pinheiro – Governo do Estado de Minas Gerais. Especialista em Direito e Instituições Políticas pela FUMEC. Especialista em Direito Público Municipal pelo IDM/UNIFENAS. Graduada em Direito pela FUMEC. Professora de Direito Administrativo I, II e III e Prática Simulada IV da Graduação em Direito da PUC Minas. Professora de Direito Administrativo – ênfase em servidores públicos – da Pós-graduação em Advocacia Pública da Escola Superior da Advocacia/OAB-MG. Professora de Regimes especiais na Pós-graduação de Direito Previdenciário e Trabalhista na PUC Minas Virtual. Professora de Direito Administrativo na Pós-graduação em RPPS da ESMAFE-PR. Professora de Direito Administrativo em cursos preparatórios para concurso e Exame de Ordem há mais de 20 anos. Consultora em Direito Público. Palestrante. Consultora Jurídica. Membro do Instituto Mineiro de Direito Administrativo – IMDA.

Sumário

Orientações iniciais – **1. Atividade e estrutura administrativa. Organização Administrativa Brasileira. Terceiro Setor:** 1.1. Administração Pública; 1.2. Administração pública direta e indireta; 1.2.1. Administração pública direta; 1.2.2. Administração pública indireta; 1.3. Concentração e desconcentração; 1.4. Centralização e descentralização; 1.5. Terceiro setor – **2. Agentes públicos: espécies, regime jurídico, direitos, deveres e responsabilidades. teto remuneratório:** 2.1. Espécies e regime jurídico; 2.2. Direitos, deveres e responsabilidades; 2.3. Lei n. 8.112/90 em pontos-chave; 2.4. Teto remuneratório; 2.5. Aposentadoria dos servidores públicos – **3. Atos administrativos: conceito, atributos, classificação, espécies, extinção:** 3.1. Conceito e distinção de ato e fato administrativo; 3.2. Requisitos ou elementos de validade; 3.3. Atributos ou características; 3.4. Classificações do ato administrativo; 3.5. Espécies de atos administrativos; 3.6. Tipos de atos administrativos; 3.7. Extinção do ato administrativo – **4. Poderes Administrativos: poderes e deveres do administrador público, uso e abuso do poder, vinculação e discricionariedade:** 4.1. Poderes em espécie; 4.2. Abuso de poder: desvio de poder, excesso de poder e omissão; 4.3. Poderes do administrador público – **5. Responsabilidade Civil do Estado: previsão, elementos, excludentes, direito de regresso:** 5.1. Previsão; 5.2. Evolução; 5.3. Responsabilidade objetiva do Estado; 5.4. Entendimentos jurisprudenciais – **6. Improbidade Administrativa – Lei n. 8.429/92:** 6.1. Atos de improbidade administrativa; 6.2. Lei n. 8.429/92 em pontos-chave; 6.3. Entendimentos jurisprudenciais; 6.4. Abuso de autoridade – Lei n. 13.869/2019 – **7. Licitações e contratos:** 7.1. Licitações – Lei n. 8.666/93; 7.2. Licitação por pregão – Lei n. 10.520/2002; 7.3. Contratos administrativos na Lei n. 8.666/93; 7.4. Nova Lei de Licitações em pontos-chave – **8. Serviços públicos:** 8.1. Serviços públicos delegados; 8.2. Convênios e consórcios ; 8.3. Parcerias público-privadas – **9. Domínio público: afetação e desafetação, regime** jurídico, aquisição e alienação, utilização dos bens públicos pelos particulares: 9.1. Afetação e desafetação de bens públicos; 9.2. Características gerais dos bens públicos; 9.3. Uso privado do bem público; 9.4. Alienação de bens públicos – **10. Intervenção estatal na propriedade: desapropriação, requisição, servidão administrativa, ocupação, tombamento. Fundamento. Intervenção no domínio econômico:** 10.1. Intervenções supressivas; 10.2. Intervenções restritivas; 10.3. Intervenção no domínio econômico – **11. Controle da Administração Pública: controle administrativo, controle legislativo, controle externo a cargo do Tribunal de Contas, controle judiciário:** 11.1. Classificação quanto ao momento; 11.2. Controle administrativo; 11.3. Controle legislativo; 11.4. Controle judicial – **12. Direito Administrativo: fontes e princípios:** 12.1. Surgimento do Direito Administrativo; 12.2. Conceitos de Direito Administrativo; 12.3. Fontes do Direito Administrativo; 12.4. Princípios do Direito Administrativo – **13. Lei Anticorrupção:** 13.1. Aspectos favoráveis; 13.2. Pontos controversos; 13.3. Atos lesivos; 13.4. Sanções – **14. Lei de responsabilidade das estatais:** 14.1. Requisitos de transparência; 14.2. Gestão de riscos e controle interno; 14.3. Diretrizes de constituição das estatais; 14.4. Função social das estatais; 14.5. Regras específicas de licitações; 14.6. Fiscalização das estatais – **15. Segurança jurídica e eficiência na aplicação do direito público** – Referências bibliográficas – Questões – Material digital exclusivo.

ORIENTAÇÕES INICIAIS

Os **temas expressos** do conteúdo programático de Direito Administrativo do **Exame de Ordem** – e outros temas implícitos – estão aqui esquematizados. Os capítulos foram organizados em sequência didática, diferentemente da ordem apresentada no edital: não se preocupe, isso foi pensado para garantir a **compreensão estratégica** da matéria. Os temas mais cobrados estão dispostos com maior detalhamento. Os temas menos frequentes são abordados por pontos principais.

Na primeira fase, verifica-se uma nítida predominância do tema **agentes públicos**, seguido dos temas **improbidade administrativa** e **serviços públicos**. Também é de se destacar os temas: **organização administrativa, responsabilidade civil do Estado, processo administrativo** e **intervenção na propriedade**.

Os capítulos 1 e 2 formam a base conceitual do Direito Administrativo e devem ser estudados na sequência. Os demais capítulos podem ser estudados em qualquer ordem.

1. ATIVIDADE E ESTRUTURA ADMINISTRATIVA. ORGANIZAÇÃO ADMINISTRATIVA BRASILEIRA. TERCEIRO SETOR

O foco deste tema é compreender: administração pública **direta** e **indireta**; centralização e **descentralização**; delegação e outorga de serviços; concentração e **desconcentração**; noções de terceiro setor.

A Constituição Federal estabeleceu que são **entes políticos**: a União, os Estados, o Distrito Federal e os Municípios. A cada uma dessas pessoas jurídicas foram atribuídas **competências**: prestar serviços públicos, gerir bens públicos, administrar bens públicos, fomentar atividades de interesse da sociedade, regular o mercado, dentre outras.

Quando o ente político realiza a atividade administrativa por meio de seus próprios **órgãos públicos**, chamamos a administração de **direta**. A atividade realizada por meio de **outras pessoas jurídicas** (entidades administrativas), criadas pelo próprio ente político, denomina-se administração **indireta**.

> Em regra, o termo **União** – grafado com letra maiúscula – representa a pessoa jurídica criada para governar e realizar atividades de administração pública federal. Quando o termo é grafado em minúscula, refere-se ao verbo **unir**. Exemplo: "A República Federativa do Brasil é formada pela **união** (junção) dos Estados, do Distrito Federal e dos Municípios".

No Direito Administrativo, quase não se usa o sentido de *espaço geográfico* para o termo *estado*. Quando se usa **Estado**, em sentido genérico, o significado é de **Poder Público**. Quando se usa em sentido específico, Estado é poder público estadual; Município é poder público municipal; União é poder público federal. Note a diferença nos exemplos seguintes: 1) O município Alpha é bastante arborizado; 2) O estado de São Paulo é banhado pelo mar; 3) O Município Alpha ganhou uma ação na Justiça; 4) O Estado de São Paulo abriu concurso público. Nos casos 3 e 4, os termos "município" e "estado" referem-se à pessoa jurídica de direito público, diferentemente do sentido usado em 1 e 2, em que os termos representam a localidade.

Embora possa parecer uma distinção trivial, grande parte dos candidatos ao Exame de Ordem confundem esses sentidos, errando questões simples de Direito Administrativo. Concluindo o raciocínio: **nem toda lei aprovada no Congresso Nacional vale para a União, os Estados, o Distrito Federal e os Municípios**. Por exemplo, a Lei n. 8.492/92 é *nacional*, já a Lei n. 8.112/90 é *federal*.

1.1. Administração Pública

O termo *administração pública* pode ser usado para se referir a dois aspectos: a) a **estrutura organizacional** do Estado e b) o conjunto das funções e **atividades administrativas** desenvolvidas pelo Estado.

A doutrina classifica esses dois aspectos por meio da designação de sentido orgânico (para o primeiro aspecto) e sentido funcional (para o segundo). Os autores variam a designação, podendo usar os termos subjetivo/objetivo ou formal/material, na mesma ordem. Vamos ver essa divisão no quadro abaixo:

Administração Pública (organização administrativa)	Administração pública (atividade de administrar)
Orgânico (lembre de órgão)	Funcional (lembro do função)
Formal (lembre de forma, estrutura)	Material (lembre de matéria, conteúdo)
Subjetivo (lembre de sujeito – quem administra)	Objetivo (lembre de objeto – o que se administra)

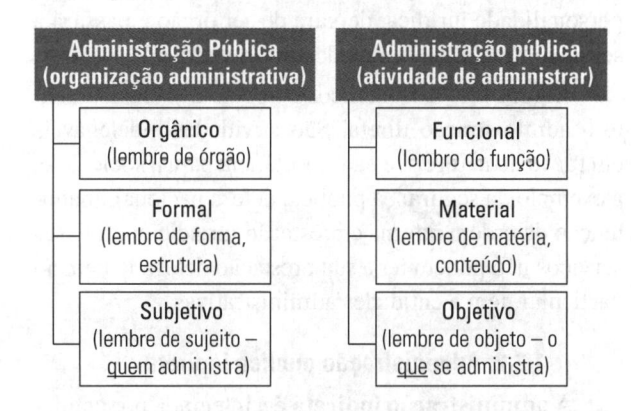

Agora que você compreendeu que o termo *administração pública* tem dois sentidos, vamos nos concentrar na compreensão do sentido orgânico, isto é, entender como se compõe a organização administrativa estatal.

1.2. Administração pública direta e indireta

1.2.1. Administração pública direta

A **administração** direta ou **centralizada** é aquela exercida pelos entes políticos (União, Estados, Distrito Federal e Municípios) por meio de departamentos internos. Esses departamentos denominam-se órgãos públicos.

Os **órgãos públicos** são centros de competências, unidades administrativas **sem personalidade jurídica** que integram a estrutura interna de uma pessoa jurídica pública. Os órgãos públicos atuam estabelecendo, entre si, relações de **coordenação** e **subordinação**, o que constitui a **hierarquia** organizacional da Administração Pública.

No âmbito federal, por exemplo, a administração direta compreende o Poder Legislativo (Congresso Nacional e suas subdivisões etc.); o Poder Judiciário (Supremo Tribunal Federal, Superior Tribunal de Justiça, Tribunais superiores, TRT, TRF, TRE etc.); e o Poder Executivo (Presidência da República, Ministérios de Estado, Secretarias, Subsecretarias e demais divisões em unidades administrativas).

> Órgãos públicos são unidades administrativas, sempre sem personalidade jurídica, que compõem, internamente, o ente político ou uma entidade administrativa.

Você pode estar pensando: os órgãos nunca têm personalidade jurídica? Mas como, então, eles possuem CNPJ? Todos os órgãos públicos são identificados por uma sequência numérica. Para facilitar, escolheu-se adotar uma numeração de CNPJ. Se um órgão "ganhar" personalidade jurídica, deixará de ser órgão e passará a ser denominado de "entidade administrativa".

Alguns serviços públicos competem exclusivamente à administração direta. São atividades indelegáveis em razão da natureza e da importância para a sociedade, a exemplo da segurança pública, defesa nacional, manutenção da ordem interna e prestação jurisdicional. Esses serviços não podem ter a sua prestação delegada nem ao particular nem a entidades administrativas.

1.2.2. Administração pública indireta

A **administração indireta** é a integrada por entidades administrativas dotadas de personalidade jurídica própria, criadas ou mantidas pelo ente político para prestação de serviços públicos ou, em certos casos, para exploração de atividade econômica. As **entidades administrativas** podem ser: autarquias, fundações públicas de direito público, empresas públicas, sociedades de economia mista ou fundações públicas de direito privado.

As entidades administrativas **não possuem relação de subordinação** com o ente político, isto é, não integram sua estrutura hierarquizada. Essas pessoas jurídicas vinculam-se à União, aos Estados-membros, ao Distrito Federal ou aos Municípios, estando sujeitas a um poder de tutela ou controle finalístico pelo ente que as instituiu. Essa relação é denominada **vinculação** e liga-se ao **princípio da especialidade**. O surgimento ou instituição das entidades administrativas decorre do estabelecimento de atribuições específicas, definidas pela lei de criação ou pela lei autorizativa da criação. A **instituição** e a **extinção** dessas entidades **dependem** sempre **de lei**. Naquelas que são de direito público, o chefe do Poder Executivo regulamenta sua organização por meio de decreto. Veja algumas características das entidades administrativas:

■ Autarquias

A **autarquia** é pessoa jurídica de **direito público**, **criada por lei** específica, nos termos do art. 37, XIX, da Constituição Federal. Aprovada a lei, está criada a entidade. Independe de qualquer registro. O seu funcionamento dependerá apenas da sua organização, regulamentação, nomeação e posse dos respectivos dirigentes e agentes públicos.

Nos termos do Decreto-lei n. 200/67, autarquia é o:

> "Serviço autônomo, criado por lei, com personalidade jurídica, patrimônio e receita próprios, para executar atividades da Administração Pública que requeiram, para o seu melhor funcionamento, gestão administrativa e financeira descentralizadas".

Sendo pessoa jurídica distinta do Estado, a autarquia atua por conta própria e goza de **autonomia** administrativa e financeira, **sujeita**, claro, ao **controle finalístico** e poder de tutela.

> A personalidade jurídica da autarquia surge com a com a publicação da lei criadora. Não se aplica, portanto, a regra do registro em cartório.

O capital da autarquia é formado integralmente por bens do Estado e por capital público. Nela, não há a participação de capital privado. O Estado estabelece, na lei de criação da entidade, as fontes de recursos financeiros e patrimoniais que serão destacados para integrar o capital do novo ente. As receitas indispensáveis ao funcionamento da autarquia são oriundas das receitas que arrecadam e de transferência orçamentária feita periodicamente pelo ente político criador. No âmbito da União, servem de exemplo o INSS e as agências reguladoras.

■ Fundações públicas

A Administração Pública pode instituir **fundação pública** de **direito público** e fundação pública de **direito privado**, de acordo com a conveniência ao interesse público. A instituição de fundação pública com personalidade de direito privado terá por fundamento o disposto no inciso XIX do art. 37 da Constituição Federal com a redação introduzida pela EC n. 19/98.

As fundações públicas de direito privado, instituídas em virtude de **lei autorizativa**, somente adquirem personalidade com o registro dos instrumentos constitutivos em cartório. Já as fundações públicas de direito público independem de registro para adquirirem personalidade jurídica. Esta surge com a publicação da lei instituidora. As características da autarquia se aplicam às fundações públicas de direito público. Parte da doutrina, inclusive, denomina-as fundações autárquicas.

■ Empresas públicas

A **empresa pública** é outra espécie de pessoa jurídica, integrante da administração indireta, criada pelo Estado para prestar serviços públicos remunerados ou atuar no campo da exploração de atividade econômica nos limites estabelecidos pela **lei autorizativa** e pela Constituição Federal. Essa modalidade de empresa surgiu no Direito brasileiro com a edição do Decreto-lei n. 200/67 (art. 5º, II), e sua principal característica é a exclusividade do **capital público**.

Esse modelo de entidade pode revestir-se de qualquer das formas previstas no Direito. Assim, o capital social da empresa pode ser representado por quotas ou por ações. A forma de participação dos instituidores ou criadores pode ser contratual ou estatutária, de acordo com o Direito Civil. Na prática, tem-se valido mais do contrato social e do capital representado por quotas de responsabilidade limitada. No âmbito da União, servem de exemplo a Caixa Econômica Federal (explora atividade econômica) e os Correios (prestam serviços remunerados). Tanto as empresas públicas quanto as empresas estatais podem ter subsidiárias, e, para criá-las, é necessário, também, autorizativa legislativa (art. 37, XXII, da CF), isto é, lei autorizativa de sua criação.

■ Sociedades de economia mista

A **sociedade de economia mista** é instituída mediante **lei autorizativa**. A lei, normalmente de iniciativa do Executivo, autoriza o Estado a associar-se com particulares e instituir determinada empresa estatal para exercer certa atividade, geralmente, de natureza econômica (o nome da empresa e o seu objeto são previstos na lei autorizativa).

Editada a lei, o Chefe do Executivo, por intermédio de comissão especial ou de agente designado, providencia os convites às pessoas privadas (físicas ou jurídicas) para a criação da empresa; elabora os estatutos de acordo com a lei autorizativa e as normas da Lei das Sociedades Anônimas; e convoca a Assembleia Geral para aprovação dos instrumentos constitutivos. Em seguida, leva tais documentos a registro na Junta Comercial. Com a efetivação do registro nasce a sociedade de economia mista, com seus direitos e deveres previstos no estatuto.

A sociedade de economia mista deve ter por objeto a **atividade econômica**, nas condições e limites contidos no art. 173 da Constituição Federal. Entretanto, admite-se a sua criação para **prestação de serviços públicos** ou de utilidade pública. Referido artigo estabelece que, ressalvados os casos previstos na Constituição Federal, ao Estado é permitido atuar no campo econômico direta ou indiretamente, se a atividade for necessária aos imperativos da segurança nacional ou de relevante interesse coletivo.

Os §§ 1º e 2º do mesmo artigo dispõem que as sociedades de economia mista e as empresas públicas se sujeitarão às mesmas **regras de direito civil** a que se submetem as empresas particulares, inclusive quanto ao regime jurídico tributário e de pessoal. Na sociedade de economia mista, o capital votante pertence, majoritariamente, ao Estado (sentido amplo). No âmbito da União, servem de exemplo o Banco do Brasil e a Petrobras.

■ Prerrogativas e sujeições

As **empresas estatais** (empresa pública e sociedade de economia mista) não têm as prerrogativas inerentes ao regime de direito público, mas estão sujeitas às **limitações** impostas pelos **princípios constitucionais**, elencados no art. 37, *caput*, da CF. Por isso, sujeitam-se aos princípios da legalidade, impessoalidade, moralidade, publicidade e eficiência.

■ Regime de trabalho nas estatais

As pessoas admitidas para o desempenho de atividade de natureza permanente, nas **empresas públicas** e nas **sociedades de economia mistas**, são consideradas

empregados públicos, regidos pela Consolidação das Leis do Trabalho – CLT. Mesmo nas estatais, é obrigatório respeitar algumas limitações públicas, como a obrigatoriedade de licitar, fazer **concurso público** e prestar contas ao Tribunal de Contas. Já o regime estatutário destina-se aos servidores da administração direta, das autarquias e fundações públicas de direito público. As entidades de direito público sujeitam-se às limitações e possuem prerrogativas específicas.

Por fim, quanto ao tema, é necessário conhecer os pontos mais relevantes da Lei n. 13.303/2016, que estabelece regras de responsabilidade para as empresas estatais. A lei, em pontos-chave, encontra-se no tópico 14 deste capítulo.

■ Resumindo o tema

Resumindo, as entidades da administração indireta se dividem em direito público e direito privado.

Direito Público
■ Criadas por lei
■ Não lucrativas
■ Regime jurídico único (o regime de trabalho adotado na administração direta tem que ser adotado nas entidades de direito público)
Direito Privado
■ Autorizadas por lei (registro em cartório)
■ Lucrativas (exceto fundações)
■ Regime jurídico celetista

Para compreender como essas entidades compõem a organização administrativa da União, de qualquer dos Estados e Municípios ou do Distrito Federal, basta acompanhar o esquema seguinte e a explicação logo adiante.

Administração Pública

- DIRETA – SERVIÇOS NÃO LUCRATIVOS prestados pelo próprio ente político
- INDIRETA – Entidades administrativas instituídas pelo ente político
  - Entidades de direito público – criadas por lei – SEM FINS LUCRATIVOS
    - AUTARQUIA
    - FUNDAÇÃO PÚBLICA
  - Entidades de direito privado – autorizadas por lei – FINALIDADE LUCRATIVA (exceto a Fundação)
    - EMPRESA PÚBLICA
    - SOCIEDADE DE ECONOMIA MISTA
    - FUNDAÇÃO PÚBLICA

A estrutura destacada na primeira chave compreende a **administração direta, autárquica e fundacional**.

A fundação pública que aparece lá é a *fundação autárquica*, isto é, a fundação pública de direito público. Destacadas na segunda chave estão as **empresas estatais** e as fundações públicas constituídas nos moldes das fundações privadas, isto é, **fundações públicas de direito privado**.

> As pessoas jurídicas de direito público são sempre criadas por lei, enquanto as de direito privado são instituídas mediante registro em cartório, não sem antes haver uma lei autorizativa da criação.

A Emenda Constitucional n. 19/98 introduziu outras nomenclaturas no Direito Administrativo brasileiro. Não se trata da criação de novas entidades, mas da formação de novos arranjos organizacionais, visando a eficiência.

■ Agências reguladoras e agências executivas

Agências reguladoras

As **agências reguladoras** podem ser órgãos ou entidades. No Brasil, no entanto, todas, até o momento, foram criadas como **autarquias**. Estas autarquias especiais são dotadas de maior autonomia normativa, destinam-se à **regulação** e **fiscalização** de determinados **setores econômicos** ou **serviços públicos** e integram a estrutura administrativa indireta do Estado. Em linhas gerais, pode-se afirmar que as agências reguladoras surgem, no Direito Administrativo brasileiro, a partir do modelo de **administração pública gerencial**, introduzido pela Emenda da Reforma do Estado (EC n. 19/98).

A máquina pública vinha apresentando indícios de **colapso financeiro**, desde a ampliação dos direitos sociais nos textos constitucionais. A solução proposta na ocasião foi a alteração do **papel do Estado**, que passaria de **prestador** de serviços públicos a **fomentador** de serviços públicos, num claro processo de privatização das atividades antes desempenhadas pelo Estado. A finalidade, então, das agências reguladoras é a fiscalização, a regulação e a normatização, no âmbito de suas competências técnicas, da prestação de serviços públicos transferidos aos particulares.

Claro que as atividades estratégicas e os **serviços próprios ou exclusivos** (emissão de moedas, tributação, segurança nacional) foram mantidas no **núcleo duro** do Estado, transferindo-se para a **iniciativa privada** as **atividades não exclusivas** e a produção complementar de bens para o mercado. Daí são criadas as agências reguladoras disciplinadas em leis próprias, a exemplo: ANEEL – Agência Nacional de Energia Elétrica, criada pela

Lei n. 9.427/96, e a ANATEL – Agência Nacional de Telecomunicações, Lei n. 9.472/97, a ANP – Agência Nacional do Petróleo, Lei n. 9.478/97, a ANS – Agência Nacional de Saúde Suplementar, Lei n. 9.961/2000, a ANA – Agência Nacional de Águas, Lei n. 9.984/2000.

Agências executivas

A **agência executiva** não é uma entidade nova, no cenário das entidades administrativas. O termo é um *apelido* legalmente atribuído a um órgão ou entidade administrativa que celebra **acordo de resultados** com o Poder Público, com metas negociadas entre o administrador (do órgão ou entidade) e o ente federativo. São definidos, em **protocolo de intenções** o prazo, as responsabilidades, o plano de ações, com definição de prazos e recursos, elaboração e revisão de **planejamento estratégico** e, finalmente, o plano operacional de reestruturação de processos de trabalho.

Na Constituição Federal, a possibilidade de celebrar esse acordo de resultados (**contrato de gestão**) está prevista no art. 37, § 8º, com redação dada pela Emenda da Reforma do Estado (EC n. 19/98).

1.3. Concentração e desconcentração

Outro ponto a saber é que a Administração Pública pode atuar de forma **concentrada** ou **desconcentrada**. A desconcentração consiste na retirada de competências do órgão máximo da hierarquia administrativa para outros órgãos da mesma entidade governamental de acordo com a sua estrutura organizacional (ocorre por meio das relações de subordinação e coordenação).

Na **desconcentração**, não há a criação de pessoas jurídicas, mas a mera **repartição de competências** ou poderes entre **órgãos** da mesma pessoa jurídica. Há várias formas para a adoção de estrutura desconcentrada: a) por área de atuação da Administração Pública. Exemplo: Ministério da Fazenda, Ministério da Saúde, Ministério da Educação; b) territorial ou geográfica. Nessa hipótese, são criadas representações regionais da Administração, para atuarem com certa autonomia nos limites de suas competências. São exemplos as Superintendências Regionais; c) desconcentração vertical, observando-se a rigidez da linha hierárquica da Administração Pública.

A **desconcentração** é um fenômeno da **hierarquia organizacional**, por isso, pode ocorrer dentro da administração direta ou internamente em uma entidade administrativa.

1.4. Centralização e descentralização

A **descentralização** pressupõe a existência de, pelo menos, duas pessoas: a entidade jurídica centralizada e a pessoa à qual se transfere a prestação de certo serviço público ou o desempenho de certa atividade.

Perceba que a **descentralização** administrativa comporta duas possibilidades: a) a **delegação**, quando a execução do serviço é transferida ao particular, a exemplo das concessões, permissões e autorizações; e b) a **outorga**, quando tanto a **titularidade** quanto a **execução** do serviço são transferidas para uma entidade administrativa integrante da administração pública **indireta**.

Para guardar os dois conceitos e não os confundir na prova, este quadro pode ajudar:

```
DescOncentração
    Órgão

DescEntralização
    Entidade
```

1.5. Terceiro setor

O **terceiro setor** não é uma administração pública, e sim uma administração privada. São **entidades privadas** filantrópicas que **atuam paralelas** ao Estado (daí o apelido: paraestatais).

> Observação: até 1998, o termo paraestatal era usado na legislação para designar a empresa pública e a sociedade de economia mista, hoje chamadas de estatais.

Entre as organizações que fazem parte do terceiro setor, podemos citar principalmente as Organizações Não Governamentais – ONGs, associações, fundações privadas ligadas à realização de atividades de interesse social.

Para **receber recursos públicos**, essas entidades firmam com o Poder Público um **termo de parceria**, após atenderem a critérios previstos na legislação e se credenciarem junto ao governo como **Organização da Sociedade Civil de Interesse Público – OSCIP**. Outra forma de atuação denomina-se **Organização Social – OS**: aqui, o objetivo é que uma entidade privada assuma, por sua conta e risco, a gestão de um serviço público não lucrativo (a exemplo de hospitais, creches, bibliotecas públicas etc.).

OSCIP
- Entidade privada
- Sem fins lucrativos
- Termo de parceria

OS
- Entidade privada
- Sem fins lucrativos
- Contrato de gestão

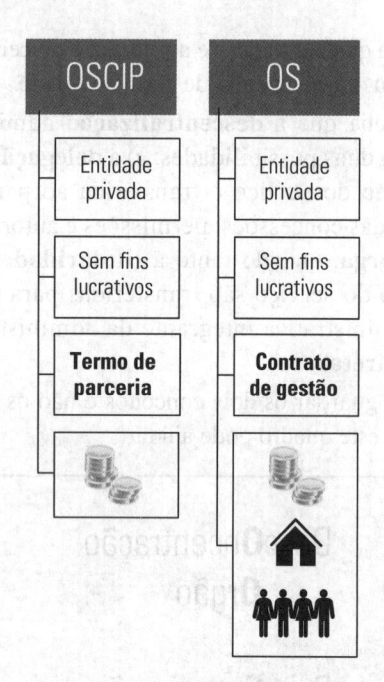

As Organizações Sociais firmam com o Poder Público um **contrato de gestão** e passam a administrar recursos e bens públicos, além de gerenciar pessoas do serviço público que forem prestar.

> Atenção, não confundir o contrato de gestão firmado com as Organizações Sociais com o contrato de gestão previsto no art. 37, § 8º, da CF, que é um instrumento para ampliar a autonomia de órgãos e entidades da própria administração.

Atente-se para o fato de que também não integram a Administração Pública: sindicatos, partidos políticos, entidades religiosas, serviços sociais autônomos (Sesi, Sesc, Senai...), conselhos profissionais (OAB, CREA, CRM etc.), entidades de apoio às universidades federais, federações, confederações.

Caso esteja pensando agora que a "OAB é uma autarquia", lembre-se de que as palavras podem ter mais de um significado. No caso, o termo *autarquia*, quando usado para designar o conselho de classe, está a significar sua autonomia para regular a profissão.

2. AGENTES PÚBLICOS: ESPÉCIES, REGIME JURÍDICO, DIREITOS, DEVERES E RESPONSABILIDADES. TETO REMUNERATÓRIO

Agente público é a expressão mais ampla para significar o conjunto de pessoas físicas que trabalham para o Poder Público por **vínculo direto**, isto é, sem estar intermediadas por empresas. Os autores **classificam** os agentes públicos de **diversas formas**. Aqui, apresenta-se uma classificação que facilita o entendimento do texto constitucional e é essencial para diversos outros pontos na matéria do Direito Administrativo.

2.1. Espécies e regime jurídico

Podemos dividir os **agentes públicos** em cinco grupos bem delimitados: agentes políticos; **membros de carreiras especiais**; agentes administrativos; particulares em colaboração com a Administração; e **agentes militares**.

- Agentes políticos

O primeiro grupo corresponde aos agentes políticos, que são aqueles que exercem a função governamental e estão no topo da hierarquia organizacional. São os **membros de Poder**, isto é, os **representantes dos Poderes Legislativo, Executivo e Judiciário** na União, nos Estados, no Distrito Federal e nos Municípios: senadores, deputados federais, deputados estaduais e vereadores; presidente, governador e prefeito; ministros do Supremo Tribunal Federal, Superior Tribunal de Justiça, Tribunais Superiores; e desembargadores dos Tribunais de Justiça. São remunerados por subsídio (veremos esse conceito no art. 37, § 4º, da CF/88).

- Membros de carreiras especiais

No segundo grupo, encontram-se os **membros de carreiras especiais**, que são **carreiras com independência funcional** que não se sujeitam à hierarquia comum da Administração Pública, decidem conforme sua livre convicção, em regra, e também são remunerados por subsídio. Exercem funções "judiciais e quase judiciais" (MEIRELLES, 2016, p. 81). São exemplos: magistrados, membros do Ministério Público, Defensoria Pública, Advocacia Geral, Tribunal de Contas.

> Para Meirelles (2016), essa categoria não existe. Os membros de carreiras especiais integrariam o grupo de agentes políticos – aqueles que exercem função "governamental, judicial e quase judicial".

A categoria de membros de carreiras especiais, separada dos agentes políticos, passa a ser adotada a partir de 1998, com as reformas constitucionais do Estado.

- Agentes administrativos

Os **agentes administrativos** são os que nos interessam mais de perto. Exercem a função operacional da

Administração Pública, e são aqueles que *fazem a máquina pública funcionar*:

> Os agentes administrativos são todos aqueles que se vinculam ao Estado ou às suas entidades autárquicas e fundacionais por relações profissionais, sujeitos à hierarquia funcional e ao regime jurídico determinado pela entidade estatal a que servem. (MEIRELLES, 2016, p. 83)

Esta categoria de agentes se subdivide em três grupos muito bem definidos e distintos: os servidores públicos, os empregados públicos e os contratados temporários.

Servidores públicos

Servidor público é o termo jurídico que a Constituição utiliza para se referir aos agentes administrativos que estão sujeitos ao regime de trabalho **estatutário**. O vínculo desses agentes com a Administração é o **cargo público** (que pode ser tanto o cargo **efetivo** quanto o **em comissão**).

> Não confunda o termo *estatutário* com o termo *concursado*.

O **ingresso** no cargo **efetivo** depende sempre de **concurso público** de provas ou provas e títulos. Já o cargo **em comissão** (sinônimos: cargo comissionado, cargo de confiança) é provido mediante **livre nomeação** da autoridade competente. Até a aprovação da Emenda Constitucional n. 18/98 (dezoito mesmo), os servidores públicos compreendiam os civis e os militares. A partir de então, o termo servidor público abrange apenas os civis. O regime estatutário só pode ser adotado nas pessoas jurídicas de Direito Público.

Empregados públicos

Empregado público é o termo jurídico adotado no texto constitucional para referenciar os agentes administrativos que se sujeitam ao regime de **trabalho celetista** – o mesmo adotado na iniciativa privada. Todos os empregados públicos ingressam no emprego público mediante **concurso público** de provas ou provas e títulos. O vínculo dos empregados públicos com a Administração Pública é o emprego público. Os empregados públicos não existem apenas nas estatais. A maioria dos Municípios brasileiros nunca instituiu regime estatutário. Assim, adotam como regime jurídico na *administração direta, autárquica e fundacional* o regime celetista.

Contratados temporários

Os **contratados temporários** não são celetistas nem estatutários. Não ocupam cargo público nem emprego público. O **regime administrativo especial** de contratação temporária está previsto no art. 37, IX, da CF/88 e é regulamentado por lei de cada ente da federação. Os contratados temporários exercem função pública. O termo função pública é genérico, significa a atividade desempenhada na Administração.

Exemplo: quem tem cargo de professor exerce função de magistério; quem tem emprego de gerente exerce função de coordenação. O contratado temporário não tem cargo nem emprego, mas exerce uma função na Administração Pública.

A **Administração Pública** não pode admitir contratados para realizar a atividade pertinente a cargos efetivos vagos. Contudo, quando o servidor efetivo se encontra afastado ou em licença, a Administração Pública pode realizar a **contratação a título precário** para responder por aquelas funções até o retorno do titular do cargo efetivo.

Outra situação em que os contratados temporários são admitidos são: nas situações de calamidade e emergência; no combate a epidemias; nas atividades sazonais (recenseamentos, por exemplo) nos programas decorrentes de verbas orçamentárias não permanentes (exemplo: o Programa de Saúde da Família – PSF, que, na década de 1990, foi criado com caráter transitório. Atualmente é conhecido como Estratégia de Saúde da Família); dentre outros.

> Atenção: para Pietro (2018), o termo "servidores públicos" tem sentido amplo ou restrito. Em sentido amplo, compreende servidores públicos (sentido estrito), empregados públicos e contratados temporários.

- Particulares em colaboração com a Administração Pública

Nessa categoria encontramos **honoríficos**, **delegados** e **credenciados**. O nome "honorífico" é antigo, deriva de honra (honra de servir à Pátria). Aqui, são exemplos os mesários e os jurados no Tribunal do Júri. Os "delegados" correspondem a particulares que recebem a delegação direta de um serviço público, como os notários e registradores. Já os "credenciados", como o próprio nome diz, são aqueles particulares que se credenciam junto à Administração Pública para determinadas funções, a exemplo dos peritos, administradores judiciais, advogados dativos, tradutores juramentados, leiloeiros, dentre outros.

A razão da inclusão do particular em colaboração no quadro de agentes públicos é mais para fins de sua responsabilização, que, em alguns casos, equipara-se à de um servidor público comum.

Agentes militares

Os **agentes militares** (**Polícia Militar e Bombeiro Militar nos Estados; Forças Armadas no âmbito federal**) estão em uma seção separada no texto constitucional, por isso, é incorreto afirmar que sejam servidores públicos. A Emenda Constitucional n. 18/98 renomeou as seções para estabelecer uma diferença entre as classes de servidores e de militares.

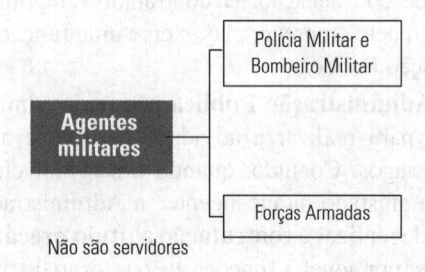

```
                    ┌─ Polícia Militar e
                    │  Bombeiro Militar
   Agentes ─────────┤
   militares        │
                    └─ Forças Armadas
   Não são servidores
```

Nos termos da Constituição Federal, art. 42, temos que:

> **Art. 42.** Os membros das Polícias Militares e Corpos de Bombeiros Militares, instituições organizadas com base na hierarquia e disciplina, são militares dos Estados, do Distrito Federal e dos Territórios.

Já os militares federais estão tratados no art. 142, como segue:

> **Art. 142.** As Forças Armadas, constituídas pela Marinha, pelo Exército e pela Aeronáutica, são instituições nacionais permanentes e regulares, organizadas com base na hierarquia e na disciplina, sob a autoridade suprema do Presidente da República, e destinam-se à defesa da Pátria, à garantia dos poderes constitucionais e, por iniciativa de qualquer destes, da lei e da ordem.

Resumindo, então, a partir das alterações introduzidas pela EC n. 18/98, a Constituição Federal estabeleceu, de modo inequívoco, **a distinção do regime jurídico entre os servidores públicos e os militares** dos Estados, do Distrito Federal e dos Territórios (existentes à época). Os primeiros estão previstos na Seção II, Capítulo VII, e são regulados pelas disposições dos arts. 39 a 41; já os militares dos Estados e do Distrito Federal são regidos, de forma distinta, na Seção III, art. 42.

Os **militares federais** integrantes das **Forças Armadas** foram deslocados para o art. 142, Capítulo II, destinado especificamente às Forças Armadas. A ligação entre os militares estaduais e federais decorre da aplicação expressa dos §§ 2º e 3º, do art. 142, aos militares estaduais mediante a imposição do § 1º, do art. 42, da Constituição Federal.

Neste ponto, atente-se para a aprovação da Emenda Constitucional n. 101/2019, que estende as possibilidades de acumulação de cargo públicos, previstas no art. 37, XVI, da Constituição Federal. Apesar de a redação do texto constitucional ter ficado confusa com a introdução do § 3º no art. 42, deve-se interpretar a norma conforme a vontade do legislador. Antes da referida emenda, apenas o militar detentor de cargo privativo de profissional da saúde podia acumular cargo, também da saúde, sem ser transferido para a reserva. Na atual redação o militar poderá cumular seu cargo, também, com um cargo de professor ou com um cargo técnico ou com um cargo científico.

2.2. Direitos, deveres e responsabilidades

Neste tópico, estuda-se o **regime estatutário dos servidores públicos em sentido estrito**, isto é, aqueles que ocupam cargo público. O regime jurídico dos servidores federais está previsto na Lei n. 8.112/90, que é, sem dúvida, o tema mais cobrado no Exame de Ordem. Por isso, reservei o próximo tópico só para estudarmos a estrutura da norma. É fortemente recomendável ler a lei na íntegra.

2.3. Lei n. 8.112/90 em pontos-chave

Cargo, provimento e vacância

- Servidor público ocupa cargo público;
- Os **cargos** públicos podem ser **efetivos** ou **comissionados**;
- A **nomeação** é forma de **provimento**, enquanto a **posse** é forma de **investidura**;
- São formas de provimento: nomeação, promoção, reversão, readaptação, reintegração, recondução e aproveitamento;
- O servidor público federal tem **30 dias** para tomar **posse** e **15 dias** para entrar em **exercício**;
- Após a entrada em exercício, o servidor fica **3 anos** em **estágio probatório**, sendo declarado estável por meio de avaliação especial de desempenho;
- A **vacância** ocorre com a: exoneração, demissão, promoção, readaptação, aposentadoria, posse em outro cargo inacumulável, falecimento;
- **Exoneração** é o desligamento sem sanção disciplinar, e **demissão** é a punição pela prática de infração disciplinar grave;
- Readaptação e promoção são formas simultâneas de **provimento** e **vacância**;

- **Remoção** e **redistribuição** são formas de movimentação de pessoal, por isso **não** geram vacância nem provimento.

Direitos e vantagens

- **Vencimento** é o padrão básico de retribuição pecuniária, enquanto **remuneração** é a soma do vencimento básico com as vantagens;
- **Vantagens** podem ser indenizações ou gratificações adicionais;
- **Indenizações não são incorporáveis**. São elas: ajuda de custo, diária, transporte e auxílio moradia;
- As **vantagens** se **incorporam** quando expressamente previsto em lei. São elas, dentre outras: gratificação natalina, adicional noturno, adicional de férias;
- O **servidor em débito** com a Administração tem 30 dias para quitar, salvo se já exonerado ou aposentado, quando o prazo é de 60 dias;
- As **férias** do servidor são de **30 dias** corridos. Podem ser parceladas em **3 etapas** e acumuladas em **2 períodos**;
- Os operadores de raio-X têm **20 dias** de férias corridas e é vedada a acumulação;
- São **licenças**, dentre outras: doença na família, acompanhar cônjuge, serviço militar, atividade política, interesse particular, mandato classista;
- São **afastamentos**: serviço em outro órgão, exercício de mandato eletivo, estudo no exterior, serviço em organismo internacional, mestrado e doutorado no Brasil;
- São **concessões**: 1 dia para doar sangue, até 2 dias para cadastramento eleitoral, 8 dias para casamento e falecimento de certos parentes;
- **Tempo de serviço** é contado em dias. Para aposentadoria conta-se o tempo de contribuição.

Direito de petição

- **Direito de petição**: pedido encaminhado por intermédio da chefia;
- **Reconsideração**: a mesma autoridade julga o recurso;
- **Recurso hierárquico**: apreciado pela autoridade superior à que manifestou o ato ou decisão;
- O direto de requerer **prescreve em 5 anos**, salvo quando não afeta questões remuneratórias em que o prazo é de 120 dias.

Regime disciplinar

- São **deveres** do servidor, dentre outros: exercer a atividade com zelo, zelar pelo material, observar as leis, ser leal, guardar sigilo, ser assíduo e pontual, manter conduta ética, ter urbanidade;
- São **proibições**, dentre outras: ausentar-se sem avisar, retirar documento ou objeto sem autorização, recusar fé a documentos públicos, coagir e aliciar subordinados, praticar o nepotismo, valer-se de cargo para proveito pessoal, praticar usura;
- **Descumprimento de dever é diferente de proibição**;
- A regra é a **vedação de acumulação** de cargos públicos. Na exceção tem que haver compatibilidade de horários, observância de teto remuneratório, e enquadramento em: 2 de professor; 1 de professor com um cargo técnico ou científico; 2 de profissional da saúde;
- O **servidor** tem **responsabilidade** administrativa, civil, civil-administrativa e penal;
- Administrativa: infração ao regime disciplinar – advertência, suspensão, demissão;
- Civil: dano ao erário – ressarcimento;
- Civil-administrativa: ato de improbidade – suspensão dos direitos políticos, multa civil;
- Penal: crimes e contravenções – penas de detenção e reclusão;
- As **sanções são acumuláveis** e independentes, salvo a condenação penal e a absolvição penal com provas de inocência, que implicam reflexos nas responsabilidades administrativa e civil;
- São **penalidades disciplinares**: advertência, suspensão, demissão, cassação de aposentadoria ou disponibilidade, destituição de função comissionada;
- **Advertência**: sempre escrita, infrações leves a moderadas;
- **Suspensão**: reincidência de infração punível com a advertência, máximo de 90 dias, sendo 15 dias quando recusar inspeção médica;
- **Demissão**: infrações graves: crime contra a administração, improbidade, lesão aos cofres públicos, dilapidação do patrimônio público e corrupção são as mais graves;
- **Cassação**: aplicável nos casos em que o aposentado seria demitido se estivesse na ativa;
- **Destituição**: aplicável nos casos em que o servidor seria punido com suspensão ou demissão;
- **Abandono de cargo**: mais de 30 faltas injustificadas;

- **Inassiduidade habitual**: 60 faltas intercaladas em 12 meses.

Processo Administrativo Disciplinar

- **Processo Administrativo Disciplinar – PAD** – sumário: acumulação ilícita de cargos, abandono e inassiduidade, comissão formada por 2 servidores ao menos e prazos reduzidos. Prazo – 30 dias, mais 15 dias, mais 5 do julgamento: 50 dias;
- Ação disciplinar **prescreve** em 5 anos para demissão, 2 anos para suspensão e 180 dias para advertência;
- **Não confundir prescrição com cancelamento** do registro da penalidade, que ocorre após 3 anos para a advertência e 5 anos para a suspensão;
- **Processamento disciplinar**: a autoridade que tiver ciência da irregularidade tem que apurar ou fazer apurar;
- **Sindicância**: híbrido de investigação, para elucidar fatos e circunstâncias, e processo administrativo simplificado, se houver aplicação de sanção de advertência ou suspensão de até 30 dias. Prazo: 30 dias mais 30;
- **PAD comum**: necessário para as sanções de suspensão de mais de 30 dias, demissão e correlatas da demissão;
- **Fases do PAD**: instauração (comissão de 3 estáveis, ao menos), inquérito (instrução, defesa e relatório), julgamento;
- **Prazo do PAD** – 60 dias, mais 60 dias, mais 20 dias do julgamento: 140 dias;
- **Afastamento preventivo** do servidor é possível, mantida a remuneração. Prazo de 60 dias mais 60 dias;
- **Revisão do PAD**: fatos novos, nova comissão, prazo de 60 dias mais 20 para julgamento, vedação de *reformatio in pejus*.

Seguridade do servidor

- **Seguridade do servidor**: abrange benefícios previdenciários (aposentadoria, pensão por morte, salário-família e auxílio-reclusão); assistenciais (auxílio-natalidade e funeral); e assistência à saúde pelo SUS. Atente-se para as novas regras de aposentadoria dos servidores públicos, advindas da EC n. 103/2019
- **Licença-saúde** é remunerada e depende de perícia médica; se mais de 120 dias, é necessário avaliação por junta médica;
- **Os prazos da lei são contados em dias**, excluindo o do começo e incluindo o do vencimento, devendo recair em dia útil.

Esses são os pontos mais **importantes** da lei. Reforçando: como essa lei possui alta incidência no Exame de Ordem, é recomendável lê-la integralmente, acompanhando os pontos que foram destacados.

2.4. Teto remuneratório

O **teto remuneratório** nacional dos servidores públicos é o **subsídio dos ministros do Supremo Tribunal Federal**, havendo ainda os subtetos ou limites estadual e municipal. Para entender o tema, é preciso conhecer ainda os §§ 9º, 11 e 12 do art. 37 da Constituição Federal.

```
                        Teto nacional
                  Deputado Federal  Ministro   Até
                  Até 75%           do STF     90,25%*

  Teto
  municipal  Prefeito    Deputados  Governador  Desembargador   Teto
                                                TJ              estadual

             PE    PL    PL         PE          PJ         Aplica-se também a
                   Vereador                                Magistrados, Membros
                                                           do MP, DP, TC e AG

  * Atualmente suspenso liminar STF
```

No § 9º do art. 37 da CF, temos que o **teto** não se aplica às **estatais**, salvo se estas receberem recursos públicos para pagamento das **despesas de pessoal** ou do custeio em geral.

O texto do § 11 do art. 37 da CF ressalva as **verbas de natureza indenizatória**, e o § 12 do art. 37 da CF dispõe sobre a possibilidade de instituição de **teto único** no âmbito dos três poderes do Estado.

Quanto ao teto remuneratório, o Supremo Tribunal Federal discutiu, à luz dos arts. 5º, XXXVI; 37, XI e XV; e 60, § 4º, IV, da Constituição Federal, na redação anterior e na posterior à Emenda Constitucional n. 41/2003, se, no caso de acumulação de cargos públicos, o teto remuneratório deve incidir sobre cada remuneração considerada isoladamente ou sobre a somatória dos valores percebidos. A tese firmada é no sentido de que:

■ Teto e acumulação de cargos

> **TEMA 377 – Tese Firmada**
> Nos casos autorizados constitucionalmente de acumulação de cargos, empregos e funções, a incidência do art. 37, inciso XI, da Constituição Federal pressupõe consideração de cada um dos vínculos formalizados, afastada a observância do teto remuneratório quanto ao somatório dos ganhos do agente público. (A mesma tese foi fixada para o Tema 384.)

■ Teto e função comissionada

> A acumulação de função comissionada com vencimento de cargo efetivo no âmbito de um mesmo órgão público deve estar em conformidade com o teto constitucional, consoante dispõe o art. 37, XI, da Carta Magna. (MS 32.492 AgR, rel. min. Dias Toffoli, j. 17-11-2017, 2ª T, *DJe* de 1º-12-2017.)

■ Teto e desconto do RPPS e o IR

> A base de cálculo sobre a qual incidirão os descontos previdenciários e o imposto de renda é a remuneração/subsídios/proventos/pensões ou outras espécies remuneratórias dos servidores públicos (valor bruto) fixada após a definição do valor a ser recebido por força da observância do teto/subteto constitucional, definidos em lei. (RE 675.978, voto da rel. min. Cármen Lúcia, j. 15-4-2015, P, *DJe* de 29-6-2015, Tema 639.) *Vide* SS 5.011 AgR, rel. min. Ricardo Lewandowski, j. 17-6-2015, P, *DJe* de 1º-10-2015.

Atente-se ainda ao texto do art. 37, XII, da CF, que estabelece que **os vencimentos dos Poderes Legislativo e Judiciário não serão superiores aos do Poder Executivo**. Este dispositivo não está relacionado ao inciso XI. Aqui, o assunto não é teto, e sim o limite inferior da remuneração.

Ao se referir a **vencimentos**, o termo **não** é usado como sinônimo de **somatório**. Refere-se ao valor base definido em lei. O Supremo Tribunal Federal decidiu que é inconstitucional a vinculação do reajuste de vencimentos dos servidores estaduais e municipais a índices federais de correção monetária.

■ **2.5. Aposentadoria dos servidores públicos**

A Constituição da República, nos termos vigentes, assegurou ao servidor público detentor de cargo efetivo em qualquer Ente da Federação o direito ao equilíbrio financeiro e atuarial do respectivo Regime Próprio de Previdência Social – RPPS. A noção tripartite de seguridade social – que se integra aos conceitos de previdência, assistência e saúde – não deve ser confundida com o conceito estritamente previdenciário do RPPS. Este visa assegurar o direito a benefício futuro, decorrente de custeio específico do servidor público e do ente estatal, não sendo, portanto, benesse da Administração Pública para com os seus colaboradores. Já o Regime Geral de Previdência Social, a despeito da denominação de previdência, abarca benefícios de natureza assistencial e possui outras fontes de custeio que não apenas a contribuição de seus partícipes.

A título de esclarecimento inicial, cumpre ressaltar que o equilíbrio financeiro do RPPS corresponde à equivalência entre as receitas auferidas pelo Ente Estatal – por intermédio, ou não, de fundo especial – e as despesas com o pagamento de benefícios de aposentadoria e pensão, ao menos. Significa dizer que, na insuficiência de arrecadação, deve o Estado arcar com recursos do Tesouro para fazer face às obrigações previdenciárias do RPPS. O equilíbrio atuarial, por seu turno, é a garantia de equivalência, a valor presente, entre o fluxo das receitas estimadas e das obrigações projetadas em longo prazo no sistema de capitalização dos recursos previdenciários.

Em função do dever do Estado de arcar com os benefícios previdenciários de seus servidores efetivos e em razão da insuficiência de recursos públicos para fazer face às demais obrigações estatais, o tema da previdência pública toma assento na agenda da responsabilidade fiscal, muito mais que na agenda do direito futuro dos assegurados pelo RPPS. Esse enfoque financeiro, a despeito de necessário, por vezes pode camuflar o tema central da previdência pública, que é a garantia do direito de dignidade futura dos servidores públicos.

Não se pode olvidar que a questão previdenciária abarca também o problema do envelhecimento populacional, posto que os regimes de previdência pública são, em regra, estruturados em sistema de repartição simples, isto é, num modelo em que a atual geração economicamente ativa custeie os benefícios da geração inativa. Esse pacto intergeracional depende do equilíbrio da pirâmide etária populacional. O reflexo do envelhecimento populacional nos sistemas previdenciários é, portanto, fator preponderante para a sustentabilidade dos sistemas públicos de previdência.

No cenário das estratégias governamentais para desonerar o Tesouro, no que tange às despesas com o RPPS, uma das medidas governamentais mais utilizadas é a reforma paramétrica, isto é, a alteração dos requisitos de aposentação.

A Emenda Constitucional n. 103/2019 altera substancialmente o Regime Próprio de Previdência Social, destacando-se os seguintes pontos:

■ **Readaptação** – condiciona a aposentadoria por invalidez à prévia tentativa de readaptação do servidor público em cargo de atribuições compatíveis com a limitação que tenha sofrido em sua capacidade física ou mental, respeitados a habilitação e o nível de escolaridade exigidos.

- **Fim do apostilamento** – a possibilidade, prevista ainda em diversos regimes estatutários dos servidores públicos de estabilização financeira relativa ao exercício prolongado de cargo de confiança, deixa de ter amparo constitucional.
- **Aumento da idade** – a idade para aposentadoria dos servidores públicos, que era de 55 anos para a mulher e 60 anos para o homem, passa a ser de 62 anos e 65 anos, respectivamente. Para os servidores em exercício, o limite será alcançado gradativamente, aumentando 1 ano a partir da reforma, até alcançar a idade estabelecida.
- **Pensão por morte** – alteração nos critérios de cumulação, tempo de gozo do benefício e valor proporcional ao número de dependentes.
- **Previdência complementar** – obrigatoriedade de instituição de teto de benefício no Regime Próprio de Previdência Social com a previsão de criação de Previdência complementar, mediante adesão ou instituição de entidade fechada de previdência.
- **Aumento da alíquota de contribuição** – aumento do valor da contribuição dos servidores para o RPPS, podendo o ente adotar modelo de contribuição progressiva ou única.
- **Limites para parcelamento de contribuições sociais** – vedação de moratória e parcelamento em prazo superior a 60 meses e vedação de remissão e anistia das contribuições sociais.
- **Rol de benefícios** – O rol de benefícios dos regimes próprios de previdência social fica limitado às aposentadorias e à pensão por morte. Os demais benefícios devem ser custeados pelo Tesouro.

A Emenda Constitucional n. 103/2019 também condicionou várias alterações ao disposto na lei de iniciativa privativa de cada ente da Federação, a ser aprovada nas respectivas esferas legislativas.

3. ATOS ADMINISTRATIVOS: CONCEITO, ATRIBUTOS, CLASSIFICAÇÃO, ESPÉCIES, EXTINÇÃO

3.1. Conceito e distinção de ato e fato administrativo

Atos administrativos são as manifestações de vontade da Administração Pública que geram reflexos no mundo jurídico, criando, modificando, extinguindo ou declarando direitos.

Embora o **ato administrativo** seja um ato jurídico, o **fato administrativo** não é um fato jurídico. Lembre-se de que o fato jurídico é o acontecimento que independe da vontade humana e que produz reflexos no Direito. O fato administrativo é um acontecimento decorrente da vontade humana. Por exemplo: o *ato administrativo* de nomeação gera o fato administrativo exercício do cargo.

3.2. Requisitos ou elementos de validade

O ato administrativo, para ser válido, deve preencher requisitos ou atributos de validade. Veja:

Requisitos:
- QUEM? Competência/Sujeito
- O QUÊ? Conteúdo/Objeto
- COMO? Forma
- QUAL O PORQUÊ? Motivo/Fundamento
- PARA QUÊ? Finalidade

Um **ato administrativo** pode ser inválido por ter sido praticado por servidor sem atribuições para tanto (vício de competência); ou porque o ato deveria ser escrito e foi verbal (vício de forma); ou pela falta de previsão legal da conduta (vício de objeto); ou as razões de fato e de direito que autorizaram o ato são falsas ou inexistentes (vício de motivo); ou, ainda, porque não busca alcançar um interesse público (vício de objeto).

Os requisitos ou elementos de validade são:

Agente competente/competência/sujeito: diz respeito a *quem pratica o ato administrativo*. É o agente público com atribuições para a prática do ato. A lei pode estabelecer que a competência é delegável ou indelegável. No âmbito federal, a Lei n. 9.784/99 trata da competência nos arts. 11 a 17. Especialmente no art. 13, dispõe sobre as hipóteses de competência indelegável:

> **Art. 13.** Não podem ser objeto de delegação:
> I – a edição de atos de caráter normativo;
> II – a decisão de recursos administrativos;
> III – as matérias de competência exclusiva do órgão ou autoridade.

- **Objeto/conteúdo**: diz respeito ao **efeito imediato** que o ato produz. Um vício de objeto significa que o ato não tem previsão legal, seu conteúdo não é previsto no Direito.

- **Forma**: diz respeito à externalização do ato, a como o ato é produzido. A forma pode ser essencial ou não essencial. São formas: decreto, portaria, resolução, alvará etc. É como o ato se materializa.
- **Motivo/fundamento**: diz respeito à causa do ato, ao seu fundamento, às razões de fato e de direito que autorizam a prática do ato administrativo.
- **Finalidade**: diz respeito ao objetivo do ato, o fim que se pretende alcançar. A finalidade é sempre o interesse público que a lei determina. Trata-se do **efeito mediato** que o ato produz.

- Atos nulos e anuláveis

Chamamos de ato administrativo nulo aquele que possui vício grave (insanável, absoluto). Os vícios são: objeto, motivo, finalidade, competência indelegável (ver art. 13 da Lei n. 9.784/99) e forma essencial.

Embora sejam chamados de nulos, esses atos produzem efeitos como se válidos fossem. Isso ocorre por força do atributo de presunção de legitimidade dos atos da Administração Pública. Já os atos administrativos com vício leve (sanável, relativo) são passíveis de convalidação e denominam-se anuláveis. São os casos de vício de competência delegável e forma não essencial. Nesses casos, a Administração Pública pode decidir se mantém o ato ou se promove a sua anulação.

- Motivo *versus* motivação

Tome cuidado para não confundir motivo com motivação. Motivo é a causa do ato, o fundamento. Motivação é a explicitação do motivo, a fundamentação. Assim, a falta de motivação é um vício quanto à forma do ato administrativo. Todo ato tem motivo, mas nem todo ato tem que ser motivado. A motivação é obrigatória quando o ato administrativo é restritivo de direito, quando impõe obrigações, quando invalida outros atos, dentre outros casos. O art. 50 da Lei n. 9.784/99 dispõe sobre os casos em que a **motivação é requisito** essencial **quanto à forma**.

Art. 50. Os atos administrativos deverão ser motivados, com indicação dos fatos e dos fundamentos jurídicos, quando:
I – **neguem, limitem** ou afetem direitos ou interesses;
II – **imponham ou agravem deveres**, encargos ou sanções;
III – decidam processos administrativos de concurso ou seleção pública;
IV – **dispensem** ou declarem a **inexigibilidade** de processo licitatório;
V – decidam **recursos administrativos**;
VI – decorram de **reexame de ofício**;
VII – **deixem de aplicar jurisprudência firmada** sobre a questão ou discrepem de pareceres, laudos, propostas e relatórios oficiais;
VIII – importem **anulação, revogação, suspensão ou convalidação** de ato administrativo.

- Motivação *aliunde*

A motivação deve ser explícita, clara e congruente. Porém, há casos em que o ato faz referência à fundamentação de um outro ato, consistindo em uma declaração de concordância com os fundamentos daquele. A esse fenômeno denomina-se **motivação** *aliunde*.

- Teoria dos motivos determinantes

O **motivo falso ou inexistente invalida o ato administrativo**. Do contrário, quando o **motivo** é **existente** e verdadeiro, ele **condiciona** (vincula) **o agente público** na prática de atos semelhantes. Exemplo: se um diretor indefere férias de um subordinado A, motivando o ato na alegação de falta de pessoal no setor, para o pedido de férias do subordinado B, ficará obrigado a também indeferir.

- Anulação e revogação de atos administrativos

Sempre que um **ato possui vício**, seja leve ou grave, o ato de sua retirada do mundo jurídico denomina-se **anulação**. A anulação desfaz o ato administrativo desde sua origem. Equivale a dizer que a anulação opera efeitos retroativos *ex tunc*. Já a **revogação** é a retirada de ato administrativo **válido**, mas que não atende mais a interesse público. Nesse caso, o efeito não retroage à data da prática do ato revogado *ex nunc*.

A possibilidade de a **Administração Pública rever seus próprios atos** está prevista nas **Súmulas 473** e 346 do Supremo Tribunal Federal:

Súmula 473 do STF
A administração pode anular seus próprios atos, quando eivados de vícios que os tornem ilegais, porque deles não se originam direitos, ou revogá-los, por motivo de conveniência ou oportunidade, respeitados os direitos adquiridos e ressalvada, em todos os casos, a apreciação judicial.

> **Súmula 346 do STF**
> A administração pública pode declarar a nulidade dos seus próprios atos.

- Efeito repristinatório

> **Importante:** quando o ato administrativo 1 é revogado pelo ato administrativo 2 e, posteriormente, um ato 3 revoga o segundo, o primeiro não volta a ter vigência. O chamado efeito repristinatório só pode existir se expressamente o ato revogador determinar.

- Efeitos atípicos do ato administrativo

Os **atos administrativos**, além de seus efeitos regulares (típicos), podem gerar efeitos secundários (atípicos). O **efeito atípico** pode acontecer antes ou depois da eficácia do ato. Se antes, chama-se **prodrômico** (preliminar). Se posterior, chama-se **reflexo**.

Efeito prodrômico

Pródromo é sinônimo de **prenúncio**. Um céu carregado de nuvens escuras é prodrômico em relação a uma tempestade, prenuncia que vai chover. No Direito Administrativo, quando a prática de um ato administrativo prenuncia a prática de outro, temos o chamado efeito prodrômico do primeiro em relação ao segundo. Este efeito pode ser observado nos **atos administrativos compostos**: isto é, quando um ato, para ter eficácia, depende da prática de um outro ato que lhe é posterior.

Exemplo: quando a expedição de um parecer jurídico depende, para sua eficácia, do ato de aprovação da autoridade superior – assim que o parecer for emitido, surge para a autoridade superior o **dever de também se manifestar**. Dizemos, então, que o parecer teve como **efeito preliminar** (efeito prodrômico) **determinar a prática do ato de aprovação**. Note que os **efeitos típicos** do parecer (sua aplicabilidade) só começam a surtir efeitos depois do ato de aprovação. Então, o **efeito atípico**, nesse caso, antecedeu a produção de efeitos do ato administrativo (parecer).

Também é possível observar o fenômeno no **ato administrativo complexo**, que é quando duas ou mais vontades públicas se juntam para a formação de um único ato administrativo. Por exemplo: o Ministério da Saúde e o Ministério da Educação vão expedir uma Portaria *Interministerial* sobre combate à dengue nas escolas. Se somente o Ministro da Saúde assinar, a Portaria não se aperfeiçoa, gerando o dever de o Ministro da Educação também assinar o ato. Se não houver a **manifestação de ambos**, a Portaria não cumpre seu **ciclo de formação**, ou seja, não **produzirá seus efeitos típicos**.

Efeito reflexo

Outro possível **efeito atípico** do ato administrativo se dá quando, ao surtir seus efeitos regulares, gera **reflexos** na esfera de direito de outras pessoas, além do destinatário do ato. Exemplo: quando a Administração Pública constitui o tombamento do imóvel A, por suas características históricas, pode surgir para o dono do imóvel lindeiro (ao lado) a proibição de construir. A prática do ato de tombamento **gera reflexos além** da **esfera de direito do destinatário do ato**.

- Atos vinculados e discricionários

A lei define os elementos de validade do ato administrativo. Quando os elementos estão todos regrados, o ato administrativo é chamado **vinculado**. Porém, se a lei deixar margem de escolha ao administrador, referente ao objeto e ao motivo, o ato é denominado **discricionário**.

> A escolha de oportunidade e conveniência atribuída ao administrador denomina-se mérito do ato administrativo.

Quando o **Poder Judiciário** examina o **ato administrativo discricionário**, não pode adentrar o **mérito do ato administrativo**. O controle ocorre apenas para verificar se a escolha de **oportunidade e conveniência** fere interesses públicos. Se não ferir, o Poder Judiciário não poderá desfazer o ato. Caso o ato desvie de sua finalidade de interesse público – **desvio de poder** –, o Poder Judiciário tem o dever de anular o ato administrativo, já que o **vício de finalidade** é vício grave do ato administrativo.

3.3. Atributos ou características

Os atributos ou características são aspectos que distinguem os atos administrativos dos atos privados. São eles:

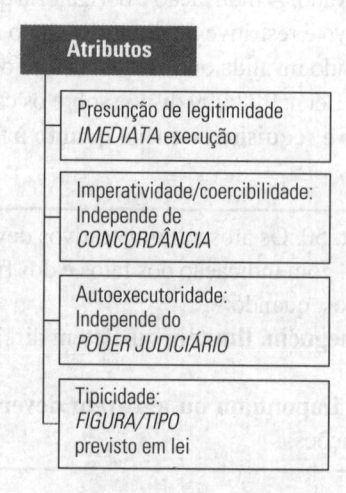

Atributos

- Presunção de legitimidade
  IMEDIATA execução

- Imperatividade/coercibilidade:
  Independe de
  CONCORDÂNCIA

- Autoexecutoridade:
  Independe do
  PODER JUDICIÁRIO

- Tipicidade:
  FIGURA/TIPO
  previsto em lei

- Presunção de legitimidade

Todo ato administrativo possui essa característica. É **inerente à própria natureza do ato**. Todo ato administrativo nasce pronto para surtir efeitos. É o atributo **que autoriza a imediata operatividade** (execução) do ato. Para alguns autores (MELLO, 2009), **divide-se em presunção de legalidade** (que diz respeito à certeza do Direito) **e presunção de verdade** (que diz respeito à certeza dos fatos). Esta presunção **é relativa** e admite prova em contrário. O particular tem, nesse caso, que provar o alegado.

- Imperatividade e coercibilidade

A **imperatividade** é o atributo que permite à Administração Pública executar o ato administrativo **independentemente da concordância do particular**. A **coercibilidade** é uma consequência da imperatividade, que autoriza o uso da **força legítima do Estado** em caso de resistência do destinatário do ato. Esse atributo é também chamado de poder extroverso do Estado.

Nem todos os atos possuem essas características. Os **atos não obrigacionais**, a exemplo dos que são requeridos pelo próprio cidadão e dos atos meramente declaratórios, **não podem ser impostos ao particular**, necessitando de sua concordância.

- Autoexecutoriedade

A Administração Pública **não precisa de ordem judicial** para fazer valer sua vontade. Esta característica acompanha os atos administrativos quando expressamente prevista em lei. Do contrário, a Administração precisará requerer ao Poder Judiciário a execução do ato. A **desapropriação** e a **dívida ativa**, por exemplo, não são autoexecutáveis.

Alguns autores subdividem o conceito em **executoriedade** (quando a Administração demonstra de forma direta a sua vontade) e **exigibilidade** (quando a Administração demonstra de forma indireta a sua vontade). Na hipótese de um carro estacionado em local proibido, a apreensão é exemplo de executoriedade, e a multa é exemplo de exigibilidade.

- Tipicidade

Os **atos administrativos** são previstos em lei. É a lei que define seu conceito e elementos de validade. Assim, todo ato são "**figuras definidas previamente pela lei como aptas a produzir determinados resultados**" (DI PIETRO, 2018, p. 282).

3.4. Classificações do ato administrativo

Os **atos administrativos são classificados** por diversos critérios, sendo os mais usuais:

Quanto ao alcance

- **Interno** – possuem validade no âmbito da própria Administração. **Externo** – sua vigência alcança também os administrados.

Quanto aos destinatários

- **Individuais** – quando possuem destinatários determináveis. **Gerais** – quando possuem destinatários indetermináveis.

Quanto aos efeitos

- **Constitutivos** – criam condições jurídicas novas. **Declaratórios** – atestam, certificam, enunciam situação já constituída.

Quanto ao grau de liberdade

- **Vinculados** – não deixam margem de escolha ao administrador. **Discricionários** – permitem a escolha de oportunidade e conveniência quanto ao objeto e ao motivo do ato.

Quanto à posição jurídica

- **Império** – atos decorrentes da supremacia do interesse público sobre o particular. **Gestão** – atos praticados sem o uso das prerrogativas de poder público.

> A classificação de atos como "de expediente" refere-se àqueles que são praticados pelos subordinados na estrutura da Administração e servem à mera movimentação processual.

Quanto à formação

- **Simples** – decorrem de uma única manifestação de vontade da Administração para a formação de ato único. **Complexos** – decorrem da conjugação de duas ou mais vontades da Administração Pública para a formação de ato único.

> A classificação de atos como "compostos" significa a relação de dois ou mais atos entre si.

Quanto à validade, perfeição e eficácia

- **Válido/inválido** – diz respeito aos elementos de validade do ato administrativo.
- **Perfeito/imperfeito** – diz respeito ao ciclo de formação do ato administrativo.

- **Eficaz/ineficaz** – diz respeito à produção de efeitos do ato administrativo.

Outras classificações

Existem classificações que podem ser compreendidas pelos conceitos já apresentados: nulos e anuláveis; anuláveis e revogáveis; vinculados e discricionários, revogáveis e irrevogáveis; ampliativos e restritivos; dentre outras.

3.5. Espécies de atos administrativos

As **espécies de ato administrativo** foram definidas por Hely Lopes Meirelles. Para o autor, os atos se dividem em normativos, ordinatórios, negociais, enunciativos e punitivos.

- Normativos

Decorrem do **poder regulamentar** da Administração Pública. São os atos regulamentares praticados pelo Chefe do Executivo (decreto regulamentar) ou por outros servidores (orientação normativa, instrução, portaria etc.) com o intuito de explicitar a aplicação das leis.

- Ordinatórios

Decorrem do **poder hierárquico**. Estabelecem as relações de subordinação e coordenação entre os órgãos, delegação e avocação de competência, e dever de obediência dos servidores.

- Negociais

Não confundir com contratos. São chamados de atos administrativos **negociais** aqueles que **dependem de requerimento do particular** para serem praticados.

- Enunciativos

São os **atos declaratórios**, aqueles que não constituem situação jurídica nova, tais quais os atestados, certidões, declarações.

- Punitivos

São as **sanções** decorrentes do **poder disciplinar** ou do **poder de polícia** da Administração Pública.

3.6. Tipos de atos administrativos

Este tópico também é chamado de **atos administrativos em espécie** (diferentemente de espécies de atos administrativos). **Todos os atos administrativos são unilaterais**. Se o ato for bilateral, deixa de ser ato e passa a ser designado "contrato". São os tipos mais comuns de atos administrativos:

- Licença

É ato administrativo **vinculado** pelo qual a administração faculta ao particular que cumpre os requisitos legais o exercício de uma atividade ou direito ou o uso de bens.

- Autorização

É o ato **discricionário** pelo qual a Administração faculta o exercício da atividade material. Mesmo que o particular cumpra os requisitos legais, a Administração pode negar o pedido.

> Cuidado: alvará é o nome da externalização do ato administrativo. É somente a forma e pode conter uma autorização ou uma licença.

- Aprovação

É o ato **discricionário** pelo qual a Administração manifesta sua concordância com algum ato administrativo como requisito de usa eficácia.

- Homologação

É ato **vinculado** pelo qual a Administração confirma a validade de outro que cumpre com os requisitos legais.

- Admissão

Não se confunde com provimento de cargo público. É a designação do ato **vinculado** pelo qual a Administração aceita o particular na prestação de algum serviço público.

3.7. Extinção do ato administrativo

O ato administrativo **para de produzir efeitos** por diversas razões. Assim, podemos definir as formas de **extinção do ato administrativo** como:

- **Anulação** – retirada do ato administrativo inválido.
- **Revogação** – retirada do ato administrativo válido, porém inoportuno ou inconveniente.
- **Contraposição** – extinção dos efeitos de um ato pela prática de outro com efeitos inversos ao primeiro.
- **Caducidade** – extinção do ato quando norma superveniente se torna incompatível com a manutenção do ato administrativo.
- **Cassação** – retirada do ato quando o particular descumpre condição essencial de sua manutenção.
- **Advento do tempo** – quando o ato expira seu prazo de validade.

- **Renúncia** – ato do particular pelo qual manifesta seu desinteresse pela produção dos efeitos do ato administrativo.

Podemos considerar que esses são os pontos mais importantes da matéria **atos administrativos**. Para completar seus estudos, recomenda-se a leitura dos arts. 11 a 17, 50, 53, 54 e 55 da Lei n. 9.784/99.

4. PODERES ADMINISTRATIVOS: PODERES E DEVERES DO ADMINISTRADOR PÚBLICO, USO E ABUSO DO PODER, VINCULAÇÃO E DISCRICIONARIEDADE

Os **poderes administrativos**, também denominados **poderes da Administração**, são: **regulamentar, hierárquico, disciplinar** e de **polícia**.

> O poder é sempre discricionário. Já os atos decorrentes dos poderes podem ser vinculados ou discricionários, conforme estudamos no capítulo anterior.

Os poderes administrativos serão apresentados aqui em pontos-chave.

4.1. Poderes em espécie

Poder regulamentar

- **Poder de explicitar as leis** por meio de atos administrativos normativos
- O **decreto** é **ato privativo** do chefe do executivo e é **indelegável**
- Os atos **normativos derivados** ou secundários são **delegáveis**
- Em regra, **não pode inovar** no ordenamento jurídico
- Exceção: **decreto autônomo**, art. 84, VI, da CF – competência do chefe do executivo para extinguir cargos vagos e estruturar a administração pública desde que isso não implique a criação e extinção de órgãos públicos e entidades

Poder hierárquico

- Poder de estruturar as relações de **subordinação** e **coordenação** entre os **órgãos públicos**
- Cria o dever de obediência e permite dar ordens aos subordinados
- Não se aplica na relação entre a administração direta e indireta (regida pelo princípio da especialidade)
- Permite a **delegação** e **avocação** de competências

Poder disciplinar

- Aplicação de sanções em três situações:
  - **Agentes públicos**
  - **Particulares** sob a disciplina interna da Administração Pública
  - **Contratados administrativos** em licitações

Poder de polícia

- Aplica **sanções ao administrado**
- **Limita as liberdades individuais** em prol do interesse da coletividade
- Atua sobre **bens, direitos, atividades e liberdades**
- **Não** atua sobre **pessoas** como no *ius puniendi* estatal
- É **indelegável** em suas atividades essenciais. Somente podem ser delegadas as **atividades de suporte** ao poder de polícia
- São exemplos as sanções aplicáveis em razão do exercício de fiscalização da: **vigilância sanitária**, polícia de edificações, polícia de posturas, polícia de **trânsito**, uso do solo, zoneamento urbano, agências reguladoras, Bacen, dentre outras formas de fiscalização administrativa
- **Características**: discricionariedade, coercibilidade e autoexecutoriedade
- **Limites**: razoabilidade/proporcionalidade, necessidade e eficácia
- É chamada de **atividade negativa** do Estado porque impõe um dever de abstenção

4.2. Abuso de poder: desvio de poder, excesso de poder e omissão

Abuso de poder é gênero, de que são espécies o **desvio de poder**, o **excesso de poder** e a **omissão**.

- Desvio de poder

Também chamado de **desvio de finalidade**, ocorre sempre que o administrador pratica ato de **sua competência**, mas visando a fim diverso do pretendido na lei.

- Excesso de poder

Ocorre quando o agente público pratica ato para o qual não tem competência, **extrapolando a competência** que lhe foi atribuída.

- Omissão

Quando o agente público tem o **dever de agir** e não age.

Assim, podemos resumir o abuso de poder em três espécies:

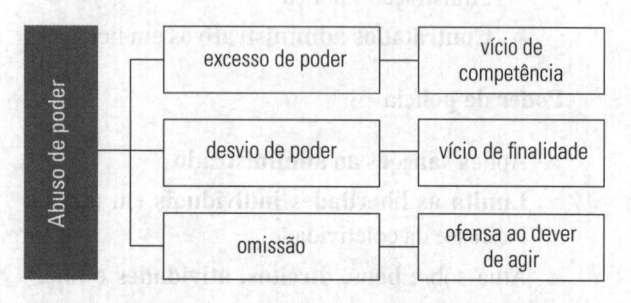

Abuso de poder		
excesso de poder	→	vício de competência
desvio de poder	→	vício de finalidade
omissão	→	ofensa ao dever de agir

4.3. Poderes do administrador público

Esta matéria não tem nenhuma relação com os poderes administrativos. Trata-se de um tópico abordado por Meirelles (2016) que descreve que todo agente público tem o **dever de agir** – poder-dever de agir, com **probidade, eficiência** e **prestação de contas**.

5. RESPONSABILIDADE CIVIL DO ESTADO: PREVISÃO, ELEMENTOS, EXCLUDENTES, DIREITO DE REGRESSO

5.1. Previsão

A Constituição Federal, nos termos do art. 37, § 6º, estabelece que o **Estado responde pelos danos que causar ao particular**, inclusive quando decorrentes de conduta dos **agentes públicos**, no **exercício de suas funções**, ou quando agirem a **pretexto de exercê-las**. Estende-se, excepcionalmente, aos casos de culpa *in vigilando* de armas e veículos da Administração Pública.

5.2. Evolução

Até o século XVIII, o Estado não respondia pelos danos causados ao particular – teoria da **irresponsabilidade** estatal. **Até meados do século XIX**, prevaleceu a teoria da **responsabilidade subjetiva** do Estado, pela qual a administração só indenizaria se comprovado o dolo ou a culpa do agente público. **No final do século XIX**, nasce a teoria da **responsabilidade objetiva**, pela qual a responsabilidade do Estado independe de comprovação de dolo ou culpa do agente, bastando a comprovação de nexo causal entre o fato e o dano.

No Brasil, o **Código Civil de 1916** adotava a tese da responsabilidade subjetiva, e a Constituição Federal de 1988 adotou a tese da responsabilidade objetiva.

5.3. Responsabilidade objetiva do Estado

- Elementos

Para se caracterizar a responsabilidade extracontratual do Estado são necessários três elementos: **fato** (decorrente de ação ou omissão específica), **dano** (decorrente da ofensa injusta causada ao particular) e **nexo de causalidade** entre o fato e o dano. O particular deve alegar e demonstrar o nexo causal. O ônus da prova é transferido para a Administração Pública.

- Teorias sobre a responsabilidade objetiva

Teoria do risco administrativo

Decorre do risco que a Administração Pública corre ao assumir determinado serviço público. Resulta de condutas **tanto lícitas quanto ilícitas, culposas ou dolosas**, podendo o fato ser **comissivo ou omissivo**. Admite que o Estado alegue excludentes de responsabilidade: culpa da vítima, caso fortuito e força maior. Essas **excludentes** podem minimizar a responsabilidade estatal ou mesmo demonstrar uma ausência de nexo causal, afastando o dever de indenizar.

Teoria do risco integral

No Brasil, adota-se a teoria do **risco integral** excepcionalmente. São hipóteses em que a legislação afasta as excludentes de responsabilidade. São elas: **terrorismo e dano nuclear**, independentemente de culpa exclusiva de terceiros. O Estado também responde de forma objetiva pelos danos ambientais que causar por sua própria atuação. Nesse caso, se um terceiro causar um dano ambiental, a responsabilidade não é do Estado.

Teoria da culpa

Não é adotada no Brasil. Pressupõe que o Estado só responde quando o dano decorre de ato **ilícito**.

- Alcance da responsabilidade do Estado

Na expressão "**responsabilidade civil do Estado**", a palavra "Estado" comparece num sentido mais amplo de "**poder público**". Assim, a tese do art. 37, § 6º, da CF se aplica a todas as pessoas jurídicas de direito público.

Aplica-se, ainda, às pessoas jurídicas de direito privado, se forem prestadoras de serviço público.

> Lembre-se de que as empresas estatais podem ser prestadoras de serviço público ou meras exploradoras de atividade econômica. Neste último caso, não respondem por seus atos pelas regras do Direito Administrativo, e sim pelas regras do Direito Civil.

■ Qualidade de agente público

A Constituição estabelece a responsabilidade estatal pelos danos que seus agentes "**nessa qualidade**" causarem a terceiros. O termo "qualidade" refere-se tanto ao servidor, no exercício de suas funções, como aos casos em que ele atua a pretexto de exercer suas funções. Exemplo: policial fora do horário de trabalho impede situação de assalto e causa dano injusto a um cidadão que passava pelo local.

A responsabilidade do Estado também se estende ao uso de armas das corporações policiais e aos veículos da administração.

■ Direito de regresso

Quando o Estado é processado para indenizar um particular que sofreu o dano decorrente de sua atuação, **não pode denunciar à lide** o servidor responsável. O servidor somente é acionado após o processo de responsabilização estatal. A **ação regressiva** de ressarcimento ao erário é imprescritível, nos termos do art. 37, § 5º, da CF.

A **responsabilidade do agente público é sempre subjetiva**, devendo o Estado comprovar a conduta culposa (negligência, imperícia e imprudência) ou a conduta dolosa (má-fé) do agente.

■ Omissão: genérica *versus* fato omissivo

A **omissão genérica**, hipótese em que se aplica a "teoria da culpa anônima" ou a "teoria da falta do serviço", decorre da alegação de "**reserva do possível**" pelo Estado. Se o Estado sequer presta o serviço, não há como aplicar a tese da responsabilidade objetiva estatal. Por seu turno, quando ocorre o fato omissivo, isto é, o serviço foi prestado, mas mal prestado, a responsabilidade estatal é objetiva. Exemplo: cidadão falece por supressão da garantia do seu direito à saúde: a) se a morte decorreu da falta de postos de saúde, temos que a omissão é genérica (falta Estado) – aplica-se a **responsabilidade subjetiva**; b) se a morte decorreu da má prestação do serviço no posto de saúde, temos o **fato omissivo** (Estado falha) – aplica-se a **responsabilidade objetiva**.

Omissão genérica	Fato omisso
Ocorre a ausência da prestação do serviço público	Ocorre a má prestação do serviço público, o serviço é ruim
"FALTA ESTADO"	"ESTADO FALHA"
RESPONSABILIDADE SUBJETIVA	RESPONSABILIDADE OBJETIVA

■ **5.4. Entendimentos jurisprudenciais**

Existem alguns entendimentos manifestados pelos tribunais pátrios que são relevantes para a compreensão da responsabilidade civil do Estado. São os principais:

■ O direito de indenização alcança tanto **os usuários quanto os não usuários** do serviço público.
■ A responsabilidade por **morte em presídio** é objetiva.
■ A responsabilidade por **suicídio em presídio** é objetiva se o Estado faltar com dever de zelo e guarda.
■ A responsabilidade do Estado nas **omissões genéricas**, isto é, quando ocorre a falta do serviço, é subjetiva.

6. IMPROBIDADE ADMINISTRATIVA – LEI N. 8.429/92

■ **6.1. Atos de improbidade administrativa**

A Lei n. 14.230, de 25-10-2021, alterou profundamente a Lei n. 8.429/92, então, fique atento às mudanças. A prática de atos de improbidade administrativa é vedada, e as sanções encontram-se previstas no art. 37, § 4º, da Constituição Federal.

> § 4º Os atos de improbidade administrativa importarão a suspensão dos direitos políticos, a perda da função pública, a indisponibilidade dos bens e o ressarcimento ao erário, na forma e gradação previstas em lei, sem prejuízo da ação penal cabível.

O primeiro ponto que deve ser estudado para a compreensão da matéria é a definição e a caracterização dos **atos de improbidade**.

■ Tipos de improbidade

Os atos de improbidade administrativa dividem-se em três espécies, que estão escalonadas por gravidade do ilícito, iniciando pelo mais grave: enriquecimento ilícito; prejuízo ao erário; atentado aos princípios da Administração Pública.

Não existe ato de improbidade administrativa caracterizado em mais de uma espécie por vez: ou é enriquecimento ilícito, ou é prejuízo ao erário, ou é atentado aos princípios. Isso porque a lei estabeleceu uma tipologia para esses atos definindo-os conforme a descrição legal. Atos de enriquecimento traduzem a ideia de "**ter para si**", enquanto os de prejuízo ao erário traduzem a ideia de "**favorecer**". Já os casos de atentado aos princípios traduzem a ideia de **neutralidade**, nem ter para si, nem favorecer. Essa distinção é perceptível na utilização dos verbos ao descrever os ilícitos.

- **Enriquecimento ilícito:** perceber, receber, adquirir, usar.
- **Prejuízo ao erário:** permitir, conceder, doar, facilitar.
- **Atentado aos princípios:** deixar de, descumprir, revelar.

- Improbidade não é crime

Não existe na lei qualquer sanção penal para a prática do ato de improbidade administrativa. **O objetivo da lei é estabelecer uma sanção civil-administrativa.**

> Improbidade NÃO é crime.

Quando um fato configura, ao mesmo tempo, improbidade e crime – corrupção, por exemplo –, a pena restritiva de liberdade decorre do enquadramento da conduta como crime ou contravenção, e não do enquadramento como improbidade administrativa.

- **6.2. Lei n. 8.429/92 em pontos-chave**
  - O sistema de responsabilização por atos de improbidade administrativa visa a assegurar a **integridade** do **patrimônio público e social**, não se aplicando a atos sujeitos à lei anticorrupção;
  - O ato de improbidade administrativa somente admite a modalidade de **conduta dolosa**, definida com a vontade livre e consciente de alcançar o resultado ilícito;
  - Aplicam-se ao sistema da improbidade os princípios constitucionais do **Direito Administrativo sancionador**, dentre eles: devido processo legal, ampla defesa e contraditório, motivação, razoabilidade, proporcionalidade, culpabilidade, legalidade, tipicidade;
  - Alcança os três Poderes, abrange a administração direta e indireta, no âmbito da União, dos Estados, dos Municípios e do Distrito Federal e alcança o patrimônio de entidade privada que receba recursos públicos;
  - **Agente público** em sentido amplo: agente político, servidor público e todo aquele que exerce, ainda que transitoriamente ou sem remuneração, por eleição, nomeação, designação, contratação ou **qualquer** outra **forma de investidura ou vínculo**;
  - **Atinge o particular** que, de forma **dolosa,** se beneficie do ato de improbidade administrativa;
  - A obrigação de reparar o dano alcança o herdeiro e o sucessor nos limites do patrimônio recebido.
  - **Tipologia dos atos de improbidade administrativa**: enriquecimento ilícito, prejuízo ao erário, atentado aos princípios da Administração Pública. Proibição de *bis in idem* na aplicação de sanções.
    - **Enriquecimento ilícito** – auferir, mediante a prática de ato doloso, qualquer tipo de vantagem patrimonial indevida e notadamente: receber, perceber, utilizar, adquirir, aceitar, incorporar, usar. *Penas* – perda dos bens, perda da função pública, suspensão dos direitos políticos até 14 (catorze) anos, pagamento de multa civil equivalente ao valor do acréscimo patrimonial, proibição de contratar com o poder público até 14 (catorze) anos.
    - **Prejuízo (lesão) ao erário** – qualquer ação ou omissão dolosa, que enseje, efetiva e comprovadamente, perda patrimonial, desvio, apropriação, malbaratamento ou dilapidação e notadamente: facilitar, permitir, doar, conceder, liberar. *Penas* – perda dos bens, perda da função pública, suspensão dos direitos políticos até 12 (doze) anos, pagamento de multa civil equivalente ao valor do dano, proibição de contratar com o poder público até 12 (doze) anos.
    - **Atentado contra os princípios da Administração Pública** – a ação ou omissão dolosa que viole os deveres de honestidade, de imparcialidade e de legalidade: revelar fato, negar publicidade, deixar de prestar contas, nepotismo. *Penas* – multa civil de até 24 vezes a remuneração, proibição de contratar com o Poder Público até 4 (quatro) anos.
  - **Declaração de bens**: a posse e o exercício de agente público ficam condicionados à apresentação de declaração de imposto de renda, atua-

- lizada anualmente, sob pena de demissão.
- Possibilidade de **indisponibilidade de bens** dos réus em caráter antecedente ou incidente na ação de improbidade administrativa.
- Recebida a petição, o réu será citado para **contestar** no prazo comum de **30 (trinta) dias.**
- Possibilidade de **solução consensual**, podendo as partes requerer ao juiz a interrupção do prazo para a contestação, por período não superior a 90 (noventa) dias.
- **Dosimetria da sanção**: proporcionalidade e razoabilidade, a gravidade e impacto da infração cometida, extensão do dano causado, proveito patrimonial obtido pelo agente; circunstâncias agravantes ou atenuantes, atuação do agente em minorar os prejuízos e as consequências advindas de sua conduta omissiva ou comissiva, antecedentes do agente.
- A **representação** por ato de improbidade contra agente público ou terceiro beneficiário, **quando o autor da denúncia o sabe inocente** constitui crime. *Penas* – detenção de seis a dez meses e multa.
- A perda da função pública e a suspensão dos direitos políticos só se efetivam com o **trânsito em julgado** da sentença condenatória.
- A aplicação das **sanções independe** da efetiva ocorrência de dano ao patrimônio público (salvo quanto à pena de ressarcimento e as condutas de prejuízo ao erário) ou da aprovação ou rejeição das contas do gestor.
- Prescrição: **8 (oito) anos**, contados a partir da ocorrência do fato ou, no caso de infrações permanentes, do dia em que cessou a permanência.

- **6.3. Entendimentos jurisprudenciais**

   As principais decisões a respeito do tema são:

   - Legitimidade ativa

   Julgado parcialmente procedente: a) declarar a inconstitucionalidade parcial, sem redução de texto, do *caput* e dos §§ 6º-A e 10-C do art. 17, e do *caput* e dos §§ 5º e 7º do art. 17-B, da Lei para restabelecer a legitimidade ativa concorrente e disjuntiva entre o MP e as pessoas jurídicas interessadas para a propositura da ação ou celebração de acordos de não persecução civil; b) declarar a inconstitucionalidade parcial, com redução de texto, do § 20 do art. 17 da Lei, no sentido de que não existe "obrigatoriedade de defesa judicial" (STF – ADI 7043 e 7042).

- Nepotismo – atentado aos princípios

   A **nomeação de cônjuge, companheiro, ou parente, em linha reta, colateral ou por afinidade, até o terceiro grau**, inclusive, da autoridade nomeante ou de servidor da mesma pessoa jurídica investido **em cargo de direção, chefia ou assessoramento,** para o exercício de cargo em comissão ou de confiança, ou, ainda, de função gratificada na administração pública direta e indireta em qualquer dos Poderes da União, dos Estados, do Distrito Federal e dos Municípios, compreendido o ajuste mediante designações recíprocas, **viola a Constituição Federal**. (Súmula Vinculante 13)

- **6.4. Abuso de autoridade – Lei n. 13.869/2019**

   A nova lei dispõe sobre os crimes de abuso de autoridade; altera a Lei n. 7.960, de 21 de dezembro de 1989, a Lei n. 9.296, de 24 de julho de 1996, a Lei n. 8.069, de 13 de julho de 1990, e a Lei n. 8.906, de 4 de julho de 1994; e revoga a Lei n. 4.898, de 9 de dezembro de 1965, e dispositivos do Decreto-lei n. 2.848, de 7 de dezembro de 1940 (Código Penal).

   A revogada Lei n. 4.898/65 tinha ocorrência nula nos últimos Exames de Ordem. Todavia, pode-se esperar que a nova legislação venha a ser cobrada nos próximos Exames, já que tem sido tendência da Banca exigir o conhecimento das alterações legislativas recentes. O objetivo da lei de abuso de autoridade não é a proteção do interesse do Estado em sentido amplo, e sim da esfera dos direitos privados do cidadão. **Se um ato de abuso de autoridade atinge proporções além da esfera dos interesses individuais, aplica-se a Lei n. 8.429/92.**

- **7. LICITAÇÕES E CONTRATOS**

   As compras, a contratação de serviços, a realização de obras e as alienações de bens pela Administração Pública estão sujeitas a procedimento que assegure igualdade de condições a todos os concorrentes e propicie a escolha mais vantajosa para a Administração Pública, conforme previsto no art. 37, XXI, da Constituição Federal, regulamentado, principalmente, pela Lei n. 8.666/93.

   Em 1º-4-2021 foi editada a nova Lei de Licitações, que manteve a vigência das normas anteriores até 1º-4-2023. Nesse lapso temporal, a Lei n. 14.133/2021 e as demais coexistem, de modo que a Administração Pública poderá decidir qual ordenamento jurídico usar em seus procedimentos de contratações públicas. Confira no tópico 7.4 os pontos-chave do novo regramento. Embora o tema seja assustador, nos dez últimos Exames da Ordem, só tivemos uma questão de licitação e duas de contratos administrativos na primeira fase. Vamos para os pontos mais relevantes da matéria.

7.1. Licitações – Lei n. 8.666/93

Finalidade e princípios

A **finalidade da licitação** é garantir a **isonomia** entre os licitantes, a **escolha mais vantajosa** e a promoção de **desenvolvimento nacional sustentável**. O procedimento é regido pelos princípios básicos da Administração Pública e, ainda, pelos princípios da vinculação ao instrumento convocatório e do julgamento objetivo.

> **Vinculação ao instrumento convocatório:** obediência aos comandos do edital de licitação ou instrumento que lhe faça as vezes.
> **Julgamento objetivo:** julgamento conforme regras que garantam a escolha impessoal.

Modalidades licitatórias

A **licitação é uma competição**. Esta competição pode se dar por diversas modalidades. As **modalidades de concorrência, tomada de preços e convite** estão estruturadas conforme a **estimativa do valor** da contratação, que é distinto para obras e compras. Os valores previstos no texto original da lei de licitações foram relativizados pelo Decreto n. 9.412/2018, a constar do seguinte modo:

Modalidade	Obras e serviços de engenharia (em R$)	Compras e outros serviços (em R$)
Concorrência	Acima de 3.300.000,00	Acima de 1.430.000,00
Tomada de preços	Até 3.300.000,00	Até 1.430.000,00
Convite	Até 330.000,00	Até 176.000,00

Vale ressaltar que o art. 23, § 4º, da lei de licitações estabelece que, sempre que cabível a modalidade mais simples, é cabível a mais complexa.

Para entender as modalidades licitatórias básicas, vamos a um resumo de cada uma delas.

Concorrência

A principal característica dessa modalidade é permitir a participação de **quaisquer interessados**, ampliando, em tese, a possibilidade de escolha mais vantajosa. Os documentos dos licitantes são apresentados à própria comissão licitante e examinados na **fase de habilitação**. Para fins de habilitação dos fornecedores, são exigidos documentos relativos a: qualificação jurídica, qualificação técnica, qualificação econômico-financeira, regularidade fiscal e trabalhista e comprovação de não emprego de mão de obra infantil nas atividades. Além dessas comprovações, é vedado exigir qualquer outro documento dos licitantes, conforme prevê o art. 27 da Lei de Licitações.

Os licitantes podem ser, portanto, inabilitados ou habilitados. Cabe **recurso administrativo**, no prazo de 5 dias úteis contados da data em que o licitante tomar conhecimento da decisão. O **recurso tem efeito suspensivo**, é encaminhado por meio da comissão de licitação e é apreciado e julgado pela autoridade administrativa imediatamente superior à referida comissão.

Os inabilitados são excluídos do procedimento e não participam da fase seguinte. Os habilitados seguem para a fase de julgamento das propostas, quando podem ser desclassificados ou classificados. O licitante classificado em melhor posição é declarado vencedor, e o processo segue para a homologação e adjudicação pela autoridade competente.

> Adjudicação é o termo de compromisso de expectativa de contrato firmado entre a Administração e o licitante vencedor. Não confundir com o verbo "adjudicar", que é usado na lei como sinônimo de contratação propriamente.

O **edital**, na concorrência, deve ser publicado com **antecedência** de, pelo menos, **30 dias** nas licitações pelo critério "menor preço" e **45 dias** nos demais casos.

Tomada de preços

Na **tomada de preços**, os licitantes já estão previamente **cadastrados** pela Administração ou podem apresentar os documentos diretamente para a comissão, desde que o façam **até o terceiro dia anterior** ao da apresentação das propostas. O **edital** deve ser publicado com antecedência de, pelo menos, **15 dias** nas licitações pelo critério "menor preço" e **30 dias** nos demais casos.

Convite

Na modalidade de **convite**, a Administração Pública escolhe e convida pelo menos **3 interessados** que possam apresentar propostas válidas e realiza a disputa entre eles. **Os convidados não precisam ser cadastrados**. O convite é extensível aos licitantes cadastrados que manifestem intenção de participar com antecedência mínima de **24 horas** em relação à data marcada para apresentação das propostas. Não há edital. O instrumento convocatório denomina-se **carta-convite** e deve ser divulgado com antecedência mínima de **5 dias úteis** quanto ao prazo marcado para abertura das propostas.

Concurso

Aqui, não se trata de procedimento para provimento de cargos, como pensam alguns. A licitação por concurso destina-se a escolher um trabalho técnico, científico ou artístico. Não se realiza uma contratação, e sim uma premiação, em dinheiro ou bem, para o vencedor. O edital tem que ter antecedência mínima de 45 dias.

Leilão

A modalidade de leilão destina-se à alienação de bens. Em regra, serve à venda de bens inservíveis e produtos lícitos apreendidos. A alienação de bens imóveis depende de concorrência, porém, se estes bens eram oriundos de dação em pagamento ou decisão judicial, podem ser vendidos também por leilão.

Bens públicos imóveis, propriamente ditos, quando **desafetados**, podem ser vendidos, observado o interesse público, a avaliação do bem, a autorização legislativa (se pertencentes a pessoa jurídica de direito público), e a realização da licitação pela **modalidade de concorrência**.

- Modalidades licitatórias não competitivas

Além das modalidades competitivas, previstas na lei de licitações, existem as **modalidades não competitivas** denominadas: a) licitação dispensada; b) **licitação dispensável**; e c) **licitação inexigível**.

A **licitação dispensada** não está na mesma categoria das demais. Prevista no art. 17 da Lei de Licitações, esta modalidade refere-se à alienação de **bens públicos** e será tratada no capítulo próprio.

Inexigibilidade de licitação

Os casos de **inexigibilidade** estão previstos no art. 25 da Lei n. 8.666/93. São hipóteses **exemplificativas**, diferentemente dos casos previstos para a dispensa, que são sempre taxativos. Não se deve confundir inexigibilidade e dispensa de licitação: são modalidades separadas e aplicáveis em hipóteses distintas. Nos casos previstos no art. 25 da norma, a **competição é impossível**, e a Administração deve proceder à contratação pela modalidade de inexigibilidade. Já nas hipóteses do art. 24, o administrador pode decidir se é conveniente e oportuno realizar a contratação por dispensa ou por meio de modalidade competitiva, dando sempre preferência a esta em detrimento daquela.

- Inexigibilidade de licitação é ato vinculado.
- Dispensa de licitação é ato discricionário.

Os casos de **inexigibilidade** são: a) **aquisição de materiais, equipamentos ou gêneros que possam ser fornecidos por produtor ou representante exclusivo**; b) **contratação de serviços técnicos** previstos no art. 13 da Lei n. 8.666/93, desde que o profissional tenha notória especialização e o serviço seja de natureza singular, isto é, não seja atividade cotidiana da Administração para a qual já existam agentes públicos competentes; c) **contratação de profissional de qualquer setor artístico**, desde que o escolhido seja consagrado pela crítica especializada ou pela opinião pública.

Os **serviços técnicos** listados no art. 13 da norma são os seguintes:

- estudos técnicos, planejamentos e projetos básicos ou executivos;
- pareceres, perícias e avaliações em geral;
- assessorias ou consultorias técnicas e auditorias financeiras ou tributárias;
- fiscalização, supervisão ou gerenciamento de obras ou serviços;
- patrocínio ou defesa de causas judiciais ou administrativas;
- treinamento e aperfeiçoamento de pessoal;
- restauração de obras de arte e bens de valor histórico.

Especificamente quanto à restauração de bens de valor histórico, quando o serviço for inerente à finalidade do próprio órgão (IPHAN, por exemplo), a lei de licitações dispõe que é cabível a modalidade de dispensa.

Dispensa de licitação

As hipóteses de **dispensa** de licitação ultrapassam 30 casos, e não é estratégico sabê-las todas para fins de aprovação na primeira fase do Exame de Ordem. Conhecendo as três hipóteses de inexigibilidade e sabendo que elas **não** são hipóteses de dispensa, provavelmente já se resolvem as questões da primeira fase.

Para fins apenas de perceber as diferenças entre os **casos de dispensa**, acompanhe os **mais corriqueiros**, nos termos do art. 24 da Lei de Licitações:

- licitação de **pequeno valor**;
- casos de **guerra ou grave perturbação da ordem**;
- casos de **emergência ou de calamidade** pública;
- licitação **deserta** (não aparecem licitantes);
- **intervenção** da União no domínio econômico;
- licitação **fracassada** (todas as propostas são desclassificadas);
- nas compras de **hortifrutigranjeiros**, pão e outros gêneros perecíveis;
- para a aquisição **ou restauração de obras** de arte e objetos históricos, de autenticidade certificada, desde que compatíveis ou inerentes às finalidades do órgão ou entidade;
- nas compras de material de uso pelas **Forças Armadas**, com exceção de materiais de uso pessoal e administrativo;
- na contratação realizada por **empresa pública** ou **sociedade de economia mista** com suas **subsidiárias** e controladas;
- na contratação da **coleta**, processamento e comercialização de **resíduos sólidos** urbanos **recicláveis** ou reutilizáveis;
- para a **construção, a ampliação, a reforma** e o aprimoramento de **estabelecimentos penais**, desde que configurada situação de grave e iminente risco à **segurança pública**.

Atente-se para o fato de que, na hipótese de licitação fracassada, a Administração precisa, primeiro, conceder prazo aos licitantes para retificarem suas propostas, na forma do art. 48 da Lei de Licitações. Persistindo a hipótese de desclassificação de todas as propostas é que se pode considerar a dispensa de licitação.

- Modalidades *versus* tipos de licitação

Enquanto o termo **modalidade** refere-se ao procedimento licitatório, o termo **tipos** refere-se aos critérios de julgamento, que podem ser: menor preço, melhor técnica, técnica e preço e maior lance ou oferta, conforme previsto no art. 45 da norma.

7.2. Licitação por pregão – Lei n. 10.520/2002

- Inversão das fases de habilitação e julgamento

A licitação por **pregão** surgiu com o intuito de desburocratizar as contratações públicas. Nesta modalidade ocorre uma **inversão das fases de habilitação e julgamento**, de tal modo que somente após a classificação das propostas é que se procede à análise dos documentos de habilitação da licitante classificada em melhor posição. Apenas na hipótese de inabilitação desta é que a proposta do próximo classificado será analisada, e assim sucessivamente até a declaração do vencedor.

Esse procedimento de disputa, associado ao fato de que o **recurso só é permitido ao final** do pregão, garante celeridade às contratações.

O pregão somente pode ser utilizado para a compra de **bens e serviços comuns**, pelo critério de menor preço, após a realização de uma **etapa de lances**. O prazo mínimo de divulgação do edital é de **8 dias úteis**. Os serviços de engenharia de especificação usual no mercado podem ser contratados mediante pregão, porém a modalidade é **vedada para a contratação de obras**.

Para não confundir os conceitos de compras, serviços e obras, vale conhecer o art. 6º da Lei de Licitações, que apresenta as seguintes definições:

- **Obra** – "toda construção, reforma, fabricação, recuperação ou ampliação, realizada por execução direta ou indireta";
- **Serviço** – "toda atividade destinada a obter determinada utilidade de interesse para a Administração, tais como: demolição, conserto, instalação, montagem, operação, conservação, reparação, adaptação, manutenção, transporte, locação de bens, publicidade, seguro ou trabalhos técnico-profissionais";
- **Compra** – "toda aquisição remunerada de bens para fornecimento de uma só vez ou parceladamente";
- **Alienação** – "toda transferência de domínio de bens a terceiros".

- Lei n. 10.520/2002 em pontos-chave

Bens e serviços comuns

- A modalidade é cabível para aquisição de **bens e serviços comuns**
- Bens e serviços comuns são aqueles com **especificações usuais no mercado**

Fase preparatória

- a primeira fase denomina-se **preparatória** e corresponde aos **passos antes** da publicação do **edital**
- a autoridade competente justificará a necessidade de contratação e definirá o objeto do certame, as exigências de habilitação, os critérios de

aceitação das propostas, as sanções por inadimplemento e as cláusulas do contrato, inclusive com fixação dos prazos para fornecimento
- a **definição do objeto** deverá ser precisa, suficiente e clara

Atribuições do pregoeiro

- ao **pregoeiro compete**, dentre outras funções: o recebimento das propostas e lances, a análise de sua aceitabilidade e sua classificação, bem como a habilitação e a adjudicação do objeto do certame ao licitante vencedor

Fase externa

- a **fase externa** do pregão se inicia com a convocação dos interessados
- o prazo fixado para a apresentação das propostas não pode ser inferior a **8 dias úteis**
- na fase de classificação, o autor da oferta de valor mais baixo e os das ofertas **com preços até 10%** (dez por cento) superiores àquela poderão fazer **novos lances verbais e sucessivos**, até a proclamação do vencedor
- não havendo pelo menos **3 (três) ofertas** nas condições definidas no inciso anterior, poderão os autores das melhores propostas, **até o máximo de 3 (três)**, oferecer novos lances verbais e sucessivos, quaisquer que sejam os preços oferecidos
- para julgamento e classificação das propostas, o critério é o de menor preço
- o **pregoeiro** decide motivadamente sobre a **aceitabilidade das propostas**

Habilitação

- a **habilitação** compreende: situação regular perante a Fazenda Nacional, a Seguridade Social e o Fundo de Garantia do Tempo de Serviço – FGTS, e as Fazendas Estaduais e Municipais, quando for o caso, com a comprovação de que atende às exigências do edital quanto à habilitação jurídica e qualificações técnica e econômico-financeira
- declarado o vencedor, qualquer licitante poderá manifestar imediata e motivadamente a intenção de recorrer

Recurso

- será concedido o prazo de **3 (três) dias** para apresentação das razões do recurso, ficando os demais licitantes desde logo intimados para apresentar **contrarrazões em igual número de dias**, que começarão a correr do término do prazo do recorrente, sendo-lhes assegurada vista imediata dos autos
- a falta de **manifestação imediata e motivada** do licitante importará a decadência do direito de recurso e a adjudicação do objeto da licitação pelo pregoeiro ao vencedor
- após a **decisão dos recursos**, a autoridade competente fará a **adjudicação do objeto** da licitação ao licitante vencedor

Vedações

- no **pregão é vedada** a exigência de: garantia de proposta; aquisição do edital pelos licitantes, como condição para participação no certame; pagamento de taxas e emolumentos, salvo os referentes a fornecimento do edital

7.3. Contratos administrativos na Lei n. 8.666/93

O resultado da licitação é a **contratação pública**. Diferentemente dos contratos privados em que as partes livremente estabelecem as condições de contratação, no contrato administrativo todas as cláusulas são previamente definidas pela Administração. A **minuta do contrato**, inclusive, **integra o edital** da licitação.

Nos contratos administrativos **prevalecem as regras de Direito Público**, e aplica-se de maneira **subsidiária a teoria geral dos contratos**.

A pessoa física ou jurídica vencedora da licitação, com quem a Administração Pública vai contratar, não pode transferir o contrato para terceiros, a não ser em casos excepcionais previstos em lei e no contrato, mediante prévia autorização expressa do contratante.

Os contratos administrativos **devem ser escritos**. São considerados nulos e de nenhum efeito os ajustes verbais estabelecidos pela Administração Pública, **salvo** quando se tratar de pequenas compras de pronto pagamento.

Os contratos devem ser numerados em ordem cronológica e arquivados no setor competente. A formação do contrato se dá com o estabelecimento das cláusulas necessárias e exorbitantes.

- Cláusulas necessárias

As **cláusulas necessárias** são aquelas inerentes à própria existência do contrato. Além das cláusulas de vigência, obrigações e responsabilidades das partes, casos excepcionais de prorrogação, hipóteses de rescisão, ainda são previstas:

- A que dispõe sobre o **objeto** da contratação, estabelecendo seus elementos e características. A especificação do objeto do contrato deve observar a especificação constante do edital da licitação que deu origem ao contrato.
- A que dispõe sobre as **condições e forma de execução** ou prestação do objeto contratado.
- A que fixa o **valor** do objeto contratado e estabelece a forma e as condições de pagamento, periodicidade de majoração do preço, os critérios a serem utilizados para chegar ao percentual de correção.
- A que estipula a **data de início** da execução ou suas etapas, a data da conclusão e as condições de recebimento do objeto contratual pela Administração.
- A que consigna **a fonte orçamentária dos recursos financeiros**, pela qual correrão as despesas do contrato.
- A que estipula a **garantia** para execução do contrato, quando for exigida.
- Cláusulas exorbitantes

As **cláusulas exorbitantes** asseguram a supremacia do interesse público sobre o interesse particular. A Administração Pública pode **alterar o contrato unilateralmente; rescindir o contrato de forma unilateral, fiscalizar e aplicar sanções**; exigir garantias; e realizar a **ocupação temporária** em caso de serviços essenciais, conforme previsto no art. 58 da Lei de Licitações:

> **Art. 58.** O regime jurídico dos contratos administrativos instituído por esta Lei confere à Administração, em relação a eles, a prerrogativa de:
> I – modificá-los, unilateralmente, para melhor adequação às finalidades de interesse público, respeitados os direitos do contratado;
> II – rescindi-los, unilateralmente, nos casos especificados no inciso I do art. 79 desta Lei;
> III – fiscalizar-lhes a execução;
> IV – aplicar sanções motivadas pela inexecução total ou parcial do ajuste;
> V – nos casos de serviços essenciais, ocupar provisoriamente bens móveis, imóveis, pessoal e serviços vinculados ao objeto do contrato, na hipótese da necessidade de acautelar apuração administrativa de faltas contratuais pelo contratado, bem como na hipótese de rescisão do contrato administrativo.

Alterações unilaterais

Os **contratos administrativos podem ser alterados**, unilateralmente, pela Administração em duas hipóteses:

a) **alterações qualitativas**: os contratos administrativos podem ser alterados, unilateralmente, pela Administração. Alteram o projeto.

b) **alterações quantitativas**: quando for necessária a modificação do valor do contrato em virtude de alteração do quantitativo de objeto. A lei estabelece os limites quantitativos da supressão e majoração do objeto.

> Qualitativas: alteram o projeto.
> Quantitativas: alteram o objeto.

A Lei de Licitações estabelece, no § 1º do art. 65, que o contratado fica obrigado a aceitar o acréscimo ou o decréscimo do objeto contratado, seja ele obra, serviço ou compra, nas mesmas condições pactuadas, inclusive quanto ao preço atualizado. **A alteração do objeto está limitada** a 25% do valor do contrato atualizado. Tratando-se de reforma de prédio e de equipamento, o limite é de 50% do valor do contrato. O § 1º do art. 65 prescreve que o contratado fica obrigado a aceitar o acréscimo ou o decréscimo do objeto contratado, seja ele obra, serviço ou compra, quando necessário, nas mesmas condições avençadas, inclusive quanto ao preço atualizado. A alteração do objeto está limitada a 25% do valor do contrato atualizado. Tratando-se de **reforma de prédio** e de equipamento, **o limite é de 50% do valor do contrato para os acréscimos**.

Alterações bilaterais

O acréscimo não poderá exceder os limites previstos na lei, porém, a supressão poderá ocorrer em percentual superior ao limite estabelecido, desde que as partes tenham pactuado o ajuste.

Nos casos de supressão de obra nos termos previstos no § 1º do art. 65 da Lei de Licitações, se o contratado já havia adquirido materiais destinados à realização da obra, a Administração fica no dever de reembolsá-lo pelo valor de custo do material.

Existem outras condições em que **a alteração é bilateral**:

- **para a substituição da garantia**. O particular pode escolher a modalidade de garantia, que deve ser aceita pela Administração. As modalidades são: caução em dinheiro ou em título da dívida pública, seguro-garantia e fiança bancária;
- quando **necessária a modificação do regime de execução** da obra, da prestação do serviço ou do fornecimento, em virtude de constatação técnica incompatível com os termos inicialmente ajustados;
- quando necessária a **modificação na forma de pagamento**;
- **para restabelecer a relação econômica** inicial.

O reequilíbrio econômico-financeiro do contrato é um direito do contratado que se opõe, inclusive, às cláusulas exorbitantes e encontra-se previsto no art. 58, §§ 1º e 2º, da Lei.

Rescisão unilateral

A **inexecução total ou parcial** do contrato enseja a sua rescisão, gerando para o contratado sanções previstas na lei e nas cláusulas contratuais.

Os **motivos para a rescisão unilateral** do contrato estão previstos no art. 78 da Lei de Licitações. São eles: a) o não cumprimento de cláusulas contratuais, especificações, projetos ou prazos; b) o cumprimento irregular de cláusulas contratuais, especificações, projetos e prazos; c) a lentidão do seu cumprimento, levando a Administração a comprovar a impossibilidade da conclusão da obra, do serviço ou do fornecimento, nos prazos estipulados; d) o atraso injustificado no início da obra, serviço ou fornecimento; e) a paralisação da obra, do serviço ou do fornecimento, sem justa causa e prévia comunicação à Administração; f) a subcontratação total ou parcial do seu objeto, a associação do contratado com outrem, a cessão ou transferência, total ou parcial, bem como a fusão, cisão ou incorporação, não admitidas no edital e no contrato; g) o desatendimento das determinações regulares da autoridade designada para acompanhar e fiscalizar a sua execução, assim como as de seus superiores; h) o cometimento reiterado de faltas na sua execução, anotadas na forma do § 1º do art. 67 da Lei; i) a decretação de falência ou a instauração de insolvência civil; j) a dissolução da sociedade ou o falecimento do contratado; k) a alteração social ou a modificação da finalidade ou da estrutura da empresa, que prejudique a execução do contrato; e l) o descumprimento da proibição de uso de mão de obra infantil, sem prejuízo das sanções penais cabíveis.

Fiscalização e aplicação de sanções

A **execução do contrato é fiscalizada** por um representante da Administração Pública. Quando necessário, é permitida a contratação de assistente técnico para auxiliar na atividade de fiscalização. O fiscal anota todas as ocorrências relacionadas com a execução do contrato e determina o que for necessário à regularização das faltas ou defeitos observados.

Se as decisões ultrapassarem a competência do fiscal, é feita a comunicação das irregularidades para que sejam tomadas as providências pela autoridade superior. Assim, o contratado fica obrigado a reparar, corrigir, remover, reconstruir ou substituir, por sua conta, o objeto do contrato no caso de tais ocorrências.

As **sanções** ao contratado decorrem do poder disciplinar da Administração Pública. Podem ser administrativas ou penais, no caso em que se configura crime licitatório. São sanções administrativas, conforme previsto no art. 87 da lei: **advertência; multa; suspensão temporária de participação em licitação e impedimento de contratar com a Administração, por prazo não superior a 2 (dois) anos; declaração de inidoneidade** para licitar ou contratar com a Administração Pública enquanto perdurarem os motivos determinantes da punição.

No caso de inidoneidade, pode ser promovida a reabilitação do contratado, após 2 anos, devendo ocorrer o integral ressarcimento aos cofres públicos.

Ocupação temporária

Quando os **serviços prestados forem de natureza essencial**, a Administração poderá assumir a sua prestação, mediante ocupação e utilização do local, instalações, equipamentos, material e pessoal empregados na execução do contrato, necessários à sua **continuidade**.

7.4. Nova Lei de Licitações em pontos-chave

A Lei n. 14.133/2021 aplica-se em âmbito nacional e alcança toda a Administração direta e indireta, **aplicando-se** à alienação e concessão de direito real de uso de bens, compras, locação, concessão e permissão de uso de bens públicos, prestação de serviços, obras e serviços de engenharia e arquitetura e contratações de tecnologia da informação e de comunicação.

- São conceitos importantes para a compreensão da lei:
  - **projeto básico:** "conjunto de elementos necessários e suficientes, com nível de precisão adequado para definir e dimensionar a obra ou o serviço, ou o complexo de obras ou de serviços objeto da licitação, elaborado com base nas indicações dos estudos técnicos preliminares, que assegure a viabilidade técnica e o adequado tratamento do impacto ambiental do empreendimento e que possibilite a avaliação do custo da obra e a definição dos métodos e do prazo de execução";
  - **projeto executivo:** "conjunto de elementos necessários e suficientes à execução completa da obra, com o detalhamento das soluções previstas no projeto básico, a identificação de serviços, de materiais e de equipamentos a serem incorporados à obra, bem como suas especificações técnicas, de acordo com as normas técnicas pertinentes";
  - **matriz de riscos:** "cláusula contratual definidora de riscos e de responsabilidades entre as partes e caracterizadora do equilíbrio econômico-financeiro inicial do contrato,

em termos de ônus financeiro decorrente de eventos supervenientes à contratação, contendo, no mínimo, as seguintes informações":

- **contratação integrada:** "regime de contratação de obras e serviços de engenharia em que o contratado é responsável por elaborar e desenvolver os projetos básico e executivo, executar obras e serviços de engenharia, fornecer bens ou prestar serviços especiais e realizar montagem, teste, pré-operação e as demais operações necessárias e suficientes para a entrega final do objeto";

- **contrato de eficiência:** "contrato cujo objeto é a prestação de serviços, que pode incluir a realização de obras e o fornecimento de bens, com o objetivo de proporcionar economia ao contratante, na forma de redução de despesas correntes, remunerado o contratado com base em percentual da economia gerada";

- **sobrepreço:** preço orçado para licitação ou contratado em valor expressivamente superior aos preços referenciais de mercado, seja de apenas 1 (um) item, se a licitação ou a contratação for por preços unitários de serviço, seja do valor global do objeto, se a licitação ou a contratação for por tarefa, empreitada por preço global ou empreitada integral, semi-integrada ou integrada;

- **agente de contratação:** pessoa designada pela autoridade competente, entre servidores efetivos ou empregados públicos dos quadros permanentes da Administração Pública, para tomar decisões, acompanhar o trâmite da licitação, dar impulso ao procedimento licitatório e executar quaisquer outras atividades necessárias ao bom andamento do certame até a homologação.

- O processo de licitação observa as **seguintes fases**: I – preparatória; II – de divulgação do edital de licitação; III – de apresentação de propostas e lances, quando for o caso; IV – de julgamento; V – de habilitação; VI – recursal; VII – de homologação;

- Na nova Lei de Licitações não existem mais o convite e a tomada de preços, assim as modalidades são:

  - **concorrência:** modalidade de licitação para contratação de bens e serviços especiais e de obras e serviços comuns e especiais de engenharia;

  - **concurso:** modalidade de licitação para escolha de trabalho técnico, científico ou artístico, cujo critério de julgamento será o de melhor técnica ou conteúdo artístico, e para concessão de prêmio ou remuneração ao vencedor;

  - **leilão:** modalidade de licitação para alienação de bens imóveis ou de bens móveis inservíveis ou legalmente apreendidos a quem oferecer o maior lance;

  - **pregão:** modalidade de licitação obrigatória para aquisição de bens e serviços comuns, cujo critério de julgamento poderá ser o de menor preço ou o de maior desconto;

  - **diálogo competitivo:** modalidade de licitação para contratação de obras, serviços e compras em que a Administração Pública realiza diálogos com licitantes previamente selecionados mediante critérios objetivos, com o intuito de desenvolver uma ou mais alternativas capazes de atender às suas necessidades, devendo os licitantes apresentar proposta final após o encerramento dos diálogos.

- A lei também estabelece um conjunto de **instrumentos e procedimentos auxiliares** ao processo licitatório a exemplo do credenciamento, pré-qualificação, procedimento de manifestação de interesse, sistema de registro de preços, registro cadastral, catálogo eletrônico de padronização.

- A lei admite os modos de disputa aberto ou fechado.

- Os **prazos mínimos** para a apresentação de propostas e lances é dividido por tipo de objeto licitatório:

  - **aquisição de bens:** a) 8 (oito) dias úteis, quando adotados os critérios de julgamento de menor preço ou de maior desconto; b) 15 (quinze) dias úteis, nas hipóteses não abrangidas pela alínea "a" deste inciso;

  - **serviços e obras:** a) 10 (dez) dias úteis, quando adotados os critérios de julgamento de menor preço ou de maior desconto, no caso de serviços comuns e de obras e serviços comuns de engenharia; b) 25 (vinte e cinco) dias úteis, quando adotados os critérios de julgamento de menor preço ou de maior desconto, no caso de serviços especiais e de obras e serviços especiais de engenharia; c) 60 (sessenta) dias úteis, quando

o regime de execução for de contratação integrada; d) 35 (trinta e cinco) dias úteis, quando o regime de execução for o de contratação semi-integrada ou nas hipóteses não abrangidas pelas alíneas "a", "b" e "c" deste inciso;
- licitação em que se adote o critério de julgamento de **maior lance**, 15 (quinze) dias úteis;
- licitação em que se adote o critério de julgamento de **técnica e preço** ou de **melhor técnica** ou **conteúdo artístico**, 35 (trinta e cinco) dias úteis.

- O processo de **contratação direta**, que compreende os casos de **inexigibilidade**, quando há inviabilidade de competição, e de **dispensa** de licitação, quando a competição é possível mas, no caso concreto não é oportuna ou conveniente ao interesse público.

- No que tange aos **contratos administrativos**, destacam-se alguns pontos relevantes:
  - a divulgação no **Portal Nacional de Contratações Públicas** (PNCP) é condição indispensável para a eficácia do contrato e de seus aditamentos;
  - o **contrato verbal** com a Administração, salvo o de pequenas compras ou o de prestação de serviços de pronto pagamento, assim entendidos aqueles de valor não superior a **R$ 10.000,00 (dez mil reais)**;
  - são **prerrogativas da Administração**: modificar unilateralmente o contrato, extinguir unilateralmente, fiscalizar a execução, aplicar sanções e realizar a ocupação provisória em caso de serviços essenciais ou para acautelar o contrato;
  - a **duração dos contratos** pode ser de até 5 (cinco) anos observada, a cada exercício financeiro, a disponibilidade de créditos orçamentários, bem como a previsão no plano plurianual, quando ultrapassar 1 (um) exercício financeiro;
  - a Administração poderá estabelecer a vigência por **prazo indeterminado** nos contratos em que seja usuária de serviço público oferecido em regime de monopólio, desde que comprovada, a cada exercício financeiro, a existência de créditos orçamentários vinculados à contratação;
  - na contratação que gere receita e no contrato de eficiência que gere economia para a Administração, os prazos serão de: até 10 (dez) anos, nos contratos sem investimento; até 35 (trinta e cinco) anos, nos contratos com investimento, assim considerados aqueles que impliquem a elaboração de benfeitorias;
  - a lei prevê que podem ser utilizados meios alternativos de prevenção e resolução de controvérsias: conciliação, mediação, comitê de resolução de disputas e arbitragem.

São sanções previstas na lei: advertência; multa; impedimento de licitar e contratar; declaração de inidoneidade para licitar ou contratar.

- A lei altera a definição de crimes licitatórios apresentando nova redação ao Título XI da Parte Especial do Decreto-lei n. 2.848, de 7 de dezembro de 1940 (Código Penal).
- Revoga a Lei n. 8.666/93, a Lei n. 10.520/2002, e os arts. 1º a 47-A da Lei n. 12.462, de 4 de agosto de 2011, após decorridos 2 (dois) anos da publicação oficial.

8. SERVIÇOS PÚBLICOS

As atividades da Administração Pública consistentes em atender às necessidades essenciais da coletividade ou em proporcionar determinadas utilidades públicas são consideradas serviços públicos. **A Administração Pública pode prestá-los diretamente ou de forma descentralizada.**

A prestação descentralizada pode ocorrer por outorga da titularidade e execução desses serviços às entidades administrativas integrantes da administração indireta ou por meio da delegação de sua execução ao particular. Os serviços gerais, também chamados *uti universi*, são aqueles prestados à sociedade sem que se possa individualizar o seu beneficiário.

São **indivisíveis**, tal qual a segurança pública, o saneamento básico e a iluminação pública. São financiados **por meio de impostos**. Já os **serviços individuais** ou *uti singuli* são aqueles que permitem a identificação do consumo de cada indivíduo. São financiados por **tarifa pública**. Alguns serviços são indelegáveis, a exemplo da própria segurança pública, outros são passíveis de delegação por meio de concessão, permissão ou autorização. Tais serviços são regulamentados na Lei n. 8.987/95.

8.1. Serviços públicos delegados

A delegação de serviços ao particular ocorre quando a Administração transfere a execução de atividades para outrem. O destinatário direto dos serviços não é a própria Administração, e sim a sociedade.

■ Serviço adequado

A Lei dos Serviços Púbicos, nos termos do art. 6º, estabelece o conceito de serviço adequado. Veja:

> **Art. 6º** Toda concessão ou permissão pressupõe a prestação de **serviço adequado** ao pleno atendimento dos usuários, conforme estabelecido nesta Lei, nas normas pertinentes e no respectivo contrato.
> **§ 1º** Serviço adequado é o que satisfaz as condições de **regularidade, continuidade, eficiência, segurança, atualidade, generalidade, cortesia na sua prestação e modicidade das tarifas**.
> **§ 2º** A **atualidade** compreende a modernidade das técnicas, do equipamento e das instalações e a sua conservação, bem como a melhoria e expansão do serviço.
> **§ 3º Não** se caracteriza como **descontinuidade** do serviço a sua interrupção em situação de emergência ou após prévio aviso, quando:
> I – motivada por razões de ordem técnica ou de segurança das instalações; e,
> II – por inadimplemento do usuário, considerado o interesse da coletividade.

Os serviços públicos devem ser prestados pelo Estado **continuamente, com qualidade, segurança e atendendo-se ao critério de modicidade da tarifa cobrada do usuário**.

> Serviço adequado é o que satisfaz as condições de **regularidade, continuidade, eficiência, segurança, atualidade, generalidade, cortesia na sua prestação e modicidade das tarifas**.

Quando a tarifa é insuficiente para garantir a prestação do serviço, a Administração pode patrocinar parte do seu custo. O dever de prestar serviços públicos de qualidade é transferido ao concessionário quando este recebe a delegação de sua execução. As **agências reguladoras**, em cada área de competência, estabelecem os padrões técnicos para a prestação dos serviços pelo particular.

■ Direitos e obrigações dos usuários

Usuário é o termo técnico usado para designar o cidadão **que recebe a prestação dos serviços públicos**. Os direitos e obrigações do usuário previstos na Lei n. 8.987/95 são:

Direitos

Os usuários **têm direito à prestação de serviço adequado**; têm direito de reclamar contra a má qualidade da prestação dos serviços; e têm direito de obter, do poder concedente e da concessionária, informações que solicitar, desde que não estejam protegidas por sigilo. Também foi acrescentado, na Lei de Serviços Públicos, que usuário tem direito de escolha quanto à utilização do serviço, podendo decidir entre vários prestadores do serviço, quando existir concorrência. O Poder Público deve desestimular a formação de monopólios.

Obrigações

Dentre as **obrigações** impostas ao usuário de serviços públicos destacam-se: o dever de comunicar ao agente público competente as **irregularidades** de que tenha conhecimento e que sejam imputáveis à concessionária; o dever de **comunicar à autoridade** administrativa competente a prática de atos ilícitos praticados pela concessionária na prestação do serviço público; e, ainda, a obrigação de colaborar para a boa **conservação e manutenção das máquinas**, equipamentos e outros bens públicos ou privados utilizados na prestação dos serviços.

Fique atento, também, ao regramento trazido pela Lei n. 13.460/2017, que dispõe sobre participação, proteção e defesa dos direitos do usuário dos serviços públicos da administração pública.

■ Modalidades de delegação

As modalidades de delegação de serviços públicos estão previstas na Lei n. 8.987/95. São elas: **concessão, permissão e autorização**.

Concessão

Concessão é a transferência da prestação de serviços públicos ao particular, mediante licitação na modalidade **concorrência** e formalização via **contrato administrativo**. A concessionária pode ser **pessoa jurídica** ou consórcio de empresas que tenham competência para a realização do objeto da concessão. Os **riscos** da prestação do serviço são **integralmente** assumidos pelo particular delegatário. Veja as definições legais de poder concedente, concessão de serviços públicos e concessão de serviços públicos precedida de obras, previstas no art. 2º da lei regente:

> **Art. 2º** Para os fins do disposto nesta Lei, considera-se:
> I – **poder concedente**: a União, o Estado, o Distrito Federal ou o Município, em cuja competência se encontre o serviço público, precedido ou não da execução de obra pública, objeto de concessão ou permissão;
> II – **concessão de serviço público**: a delegação de sua prestação, feita pelo poder concedente, mediante licitação, na modalidade de concorrência, à pessoa jurídica ou consórcio de empresas que demonstre capacidade para seu desempenho, por sua conta e risco e por prazo determinado;

III – concessão de serviço público precedida da execução de obra pública: a construção, total ou parcial, conservação, reforma, ampliação ou melhoramento de quaisquer obras de interesse público, delegada pelo poder concedente, mediante licitação, na modalidade de concorrência, à pessoa jurídica ou consórcio de empresas que demonstre capacidade para a sua realização, por sua conta e risco, de forma que o investimento da concessionária seja remunerado e amortizado mediante a exploração do serviço ou da obra por prazo determinado;

Percebem-se, então, algumas características importantes da concessão de serviço público:

É precedida de licitação na modalidade concorrência; formaliza-se por contrato administrativo típico, celebrado por prazo determinado; o concessionário é sempre uma pessoa jurídica; o risco da atividade de prestação dos serviços é integralmente assumido pela prestadora do serviço público.

Permissão e autorização

A **permissão** e a **autorização** são formas **precárias** de delegação de serviços públicos. O delegatário pode ser **pessoa física ou jurídica**, e o **prazo de contração é indeterminado**, por isso se diz que a contratação é a título precário, já que a Administração Pública pode revogar a delegação a qualquer tempo. Veja a definição legal de permissão:

Art. 2º, IV – permissão de serviço público: a delegação, a título precário, mediante licitação, da prestação de serviços públicos, feita pelo poder concedente à pessoa física ou jurídica que demonstre capacidade para seu desempenho, por sua conta e risco.

A Lei n. 8.987/95 não traz expressamente o conceito de autorização. Para a doutrina, a distinção básica está na natureza do serviço público. Na **permissão, pode-se dizer que o serviço é mais de interesse da coletividade** que do permissionário. Os serviços de transporte suplementar por micro-ônibus ou por táxi são, geralmente, delegados por permissão, e a Administração Pública preocupa-se com a quantidade de oferta dos referidos serviços para atender adequadamente à mobilidade urbana. **Na autorização**, o serviço tende a ser de menor relevância para a sociedade e **mais de interesse do autorizatário**. Como exemplo, cite-se a autorização para a exploração de bancas de revista ou bancas em feiras públicas.

Extinção da concessão

As **concessões** de serviço público podem ser **extintas** por diversas razões. Pode ser o decurso da vigência da concessão; uma **anulação** em face da ocorrência de ilegalidade na celebração do contrato; **uma rescisão**, por força de descumprimento do contrato por parte do poder concedente. Todavia, as hipóteses mais comuns de extinção contratual denominam-se **encampação** e **caducidade**. Veja o conceito legal:

Art. 37. Considera-se encampação a retomada do serviço pelo poder concedente durante o prazo da concessão, por motivo de interesse público, mediante lei autorizativa específica e após prévio pagamento da indenização, na forma do artigo anterior.
Art. 38. A inexecução total ou parcial do contrato acarretará, a critério do poder concedente, a declaração de caducidade da concessão ou a aplicação das sanções contratuais, respeitadas as disposições deste artigo, do art. 27, e as normas convencionadas entre as partes.

A **encampação**, então, é a retomada do serviço público por meras razões de interesse público, sem que o concessionário tenha incorrido em qualquer ofensa ao contrato. A **caducidade** é a extinção punitiva do contrato, quando os motivos de descumprimento são imputáveis ao concessionário.

Não confundir o conceito de caducidade da concessão com o conceito de caducidade do ato administrativo.

Como hipótese de **extinção do contrato administrativo, a caducidade significa que houve descumprimento das condições de concessão por culpa do concessionário**. Quando referente à extinção do ato administrativo, significa que uma norma legal superveniente à edição do ato tornou-se incompatível com sua manutenção.

8.2. Convênios e consórcios

Tanto os **convênios** quanto os **consórcios** têm previsão constitucional:

Art. 241. A União, os Estados, o Distrito Federal e os Municípios disciplinarão por meio de lei os consórcios públicos e os convênios de cooperação entre os entes federados, autorizando a gestão associada de serviços públicos, bem como a transferência total ou parcial de encargos, serviços, pessoal e bens essenciais à continuidade de serviços transferidos.

Uma diferença simples, que facilita a compreensão da distinção entre os contratos administrativos e os convênios e consórcios, é a formação dos interesses. **Nos contratos, os interesses são contrapostos**, por exemplo: uma parte quer comprar, a outra quer vender. **Nos consórcios e convênios, os partícipes estão do mesmo lado em prol de um interesse comum.** São exemplos os consórcios intermunicipais de saúde, ou um convênio do Município com uma fundação estadual para capacitação de servidores públicos, prestação de serviços públicos, dentre outros. Outro ponto que se pode destacar é que, no **contrato, as partes assumem obrigações** recíprocas. **Nos convênios e nos consórcios são estabelecidos compromissos pelos partícipes.**

■ Convênios

Pode-se definir o **convênio** como um **acordo**, um ajuste ou outro instrumento jurídico estabelecendo **interesse público recíproco**, em que o concedente ou o convenente, ou ambos, integram a Administração Pública. **Não** existe convênio celebrado com **pessoa física, nem** com entidade cujos **fins sejam lucrativos**. Não há intuito lucrativo dos participantes. Há um objetivo em comum, que pode ser a efetivação de programa, projeto, atividade; realização de obra ou serviço; aquisição de bens; dentre outros. Os participantes podem realizar a transferência de recursos financeiros de dotações do orçamento público. **Quem transfere o recurso é o concedente, e quem recebe é o convenente.**

> Pode ser objeto do convênio qualquer programa, projeto, atividade, inclusive reforma ou obra, serviço, evento ou aquisição de bens, desde que objetive a promoção de interesse público em comum dos participantes.

Em regra, as entidades da Administração Pública realizam **chamamento público** para a escolha de propostas de trabalho. Após escolhidas as propostas, elabora-se o **plano de trabalho**, que define os compromissos de cada participante, as metas, o modo de aferição de resultados, a forma de prestação de contas dos recursos públicos transferidos, a **contrapartida do convenente**, o **cronograma de execução**, dentre outros. Os convênios **são fiscalizados pelo Tribunal de Contas**.

■ Consórcios

Os consórcios públicos estão definidos e regulamentados na Lei n. 11.107/2005. **Consistem na associação entre dois ou mais entes da federação** – Municípios, Estados, Distrito Federal e União – com a finalidade de prestar serviços ou desenvolver ações conjuntas que visem à realização de interesse público em comum.

Os entes podem se associar em arranjos horizontais (exemplo: Município A e Município B) ou em arranjos verticais (exemplo: Município e Estado; Estado e União). Guarde que a União só participa de consórcios públicos com Município se o Estado também participar.

> Consórcio público horizontal: Município + Município; Estado + Estado.
> Consórcio público vertical: Município + Estado; Município + Estado + União; ou Estado + União.

Para constituir o consórcio, a lei regente estabelece a obrigatoriedade da criação de uma nova pessoa jurídica, para que possa assumir direitos e obrigações. Essa pessoa jurídica pode ser de direito público ou de direito privado. Quando for **pública**, o **consórcio integra a administração indireta dos entes envolvidos**. Quando for de **direito privado**, adota a forma de **associação ou de fundação**.

Os entes elaboram um **protocolo de intenções** que, após ratificado (confirmado), dá origem ao estatuto constitutivo do consórcio público. Daí surgem dois outros documentos: o **contrato de rateio** e o contrato de programa. No primeiro, são estabelecidas as obrigações financeiras e, no segundo, **os compromissos** de cada ente para a consecução do objeto consorciado.

■ **8.3. Parcerias público-privadas**

Até o advento da Lei n. 11.079/2004, as concessões de serviços públicos eram regidas pela Lei n. 8.987/95. A partir de então, as concessões de serviços públicos que têm como usuário final a própria Administração Pública – **exemplo, a concessão de sistemas prisionais** – e aquelas que dependem de um patrocínio público para complementar o retorno financeiro do concessionário – muitas vezes a concessão de rodovias – passaram a ter a denominação de Parceria Público-Privada (PPP).

■ Entendendo o escopo da lei

Enquanto nos contratos administrativos típicos e, por consequência, nas concessões de serviço público comuns, percebe-se, claramente, a **supremacia do interesse público** sobre o interesse particular – **cláusulas exorbitantes**, risco da atividade integralmente assumido pelo concessionário, remuneração exclusivamente por tarifas cobradas do usuário, projeto básico elaborado pela Administração Pública para fins de direcionamento e fiscalização dos serviços prestados pelo particular –, nas PPPs, **o escopo principal é trazer recursos privados para a consecução de atividades** em que, a princípio, o particular detém maior experiência. Considerando que os projetos demandariam que o particular dispendesse considerável soma de recursos durante a fase de implantação dos serviços e que o retorno do capital investido poderia ocorrer em até 35 anos, fez-se necessário que **a Administração Pública assegurasse inúmeras formas de garantia ao particular**.

Um dos pontos mais relevantes na distinção das concessões comuns e das concessões de PPP é que, nestas, o risco da atividade é compartilhado com o Poder Público. Assim, o **contrato prevê penalidades não só para o parceiro privado**, mas também para a Administração Pública. Outra diferença em relação ao modelo tradicional de concessão é que nas PPPs é **permitido pagar ao parceiro privado uma renda variável** proporcional ao cumprimento de metas e ao melhor desempenho do concessionário.

Também foram criadas estratégias de **garantia de recebimento de retorno financeiro** e de fundos garantidores que cobririam os prejuízos de uma eventual insuficiência de recursos durante a fase de fruição dos serviços. Importante notar que a lei, em sua redação original, era mais benevolente com o concessionário. Com o passar dos anos e com as experiências de PPPs se alastrando pelo Brasil, **tornou-se perceptível um fechamento de cerco para evitar abusos por parte dos parceiros privados**. Há muito o que se debater sobre o tema, contudo, não é o propósito desta obra esquematizada. Vamos, então, aos pontos mais relevantes da norma.

- Lei n. 11.079/2004 em pontos-chave

Aplicabilidade

- O modelo de PPPs aplica-se à **Administração direta dos Poderes Legislativo e Executivo e a toda a administração indireta de qualquer dos entes políticos**

Modelos: patrocinada e administrativa

- Pode constituir-se em dois modelos: patrocinada ou administrativa
- **Concessão patrocinada** é a que envolve contraprestação pecuniária do parceiro público ao parceiro privado, adicionalmente à tarifa cobrada dos usuários
- **Concessão administrativa** é a que tem a Administração Pública como usuária direta ou indireta

Características da PPP

- **Não pode ser a concessão comum** (sem patrocínio ou cujo usuário direto é o cidadão)
- Valor **superior a R$ 10.000.000,00** (eram R$ 20.000.000,00 no texto original da lei)
- Prestação do serviço **superior a 5 (cinco) anos**
- **Não pode ser mero fornecimento de mão de obra** ou fornecimento e instalação de equipamentos ou mera execução de obra pública

Diretrizes

- **eficiência**
- respeito aos interesses e direitos dos destinatários dos serviços e dos parceiros privados
- **indelegabilidade** das funções de regulação, jurisdicional, do exercício do poder de polícia e de outras atividades exclusivas do Estado
- **responsabilidade fiscal** na celebração e execução das parcerias
- **transparência** dos procedimentos e das decisões
- **repartição** objetiva de **riscos** entre as partes
- **sustentabilidade financeira** e vantagens socioeconômicas dos projetos de parceria

Características do contrato de PPP

- prazo de vigência do contrato compatível com a amortização dos investimentos realizados, **não inferior a 5 (cinco), nem superior a 35 (trinta e cinco) anos**, incluindo eventual prorrogação
- as **penalidades aplicáveis** à **Administração Pública** e **ao parceiro privado** proporcionais à gravidade da falta
- **repartição de riscos** entre as partes, inclusive os referentes a caso fortuito, força maior, fato do príncipe e álea econômica extraordinária
- formas de remuneração e de atualização dos valores contratuais
- mecanismos para a preservação da atualidade da prestação dos serviços
- fatos que caracterizem a **inadimplência pecuniária do parceiro público** e a forma de acionamento da garantia
- **critérios objetivos** de **avaliação** do desempenho do **parceiro privado**
- prestação, pelo parceiro privado, de garantias de execução suficientes e compatíveis com os ônus e riscos envolvidos

- **compartilhamento com a Administração Pública de ganhos econômicos** efetivos do parceiro privado decorrentes da redução do risco de crédito dos financiamentos utilizados pelo parceiro privado
- realização de **vistoria dos bens reversíveis**, podendo o parceiro público reter os pagamentos ao parceiro privado, no valor necessário para reparar as irregularidades eventualmente detectadas
- **cronograma** e os marcos para o repasse ao parceiro privado das parcelas do **aporte de recursos**, na fase **de investimentos do projeto** e/ou **após a disponibilização dos serviços**

Sociedade de Propósito Específico – SPE

- criação de **sociedade de propósito específico** incumbida de implantar e gerir o objeto da parceria para a proteção do patrimônio da concessão de PPP
- a sociedade de propósito específico deverá obedecer **a padrões de governança corporativa** e adotar contabilidade e demonstrações financeiras padronizadas, conforme regulamento

Contraprestação da Administração Pública

- **ordem bancária**
- **cessão de créditos** não tributários
- **outorga de direitos** em face da Administração Pública
- outorga de direitos sobre **bens públicos dominicais**
- outros meios admitidos em lei

O contrato poderá prever

- o pagamento ao parceiro privado de **remuneração variável** vinculada ao seu desempenho
- o **aporte de recursos** em favor do parceiro privado para a realização de obras e aquisição de bens reversíveis

Garantias das obrigações pecuniárias contraídas pela Administração Pública

- **vinculação de receitas**, observado o disposto no inciso IV do art. 167 da Constituição Federal
- **instituição ou utilização de fundos especiais** previstos em lei
- **contratação de seguro-garantia** com as companhias seguradoras que não sejam controladas pelo Poder Público
- **garantia prestada por organismos internacionais** ou instituições financeiras que não sejam controladas pelo Poder Público
- **garantias prestadas por fundo garantidor** ou empresa estatal criada para essa finalidade
- **outros mecanismos** admitidos em lei

Fundo Garantidor de PPP

- **Constituído no âmbito da União**
- O FGP tem **natureza privada** e patrimônio próprio separado do patrimônio dos cotistas, e será sujeito a direitos e obrigações próprios
- O patrimônio do Fundo é **formado pelo aporte de bens e direitos realizado pelos cotistas**, por meio da integralização de cotas e pelos rendimentos obtidos com sua administração
- O **aporte de bens de uso especial ou de uso comum** no FGP será condicionado a sua **desafetação** de forma individualizada

Casos de acionamento do FGP

- **crédito líquido e certo**, constante de título exigível aceito e não pago pelo parceiro público **após 15 (quinze) dias contados da data de vencimento**
- **débitos constantes de faturas** emitidas e não aceitas pelo parceiro público **após 45** (quarenta e cinco) dias
- **o FGP é obrigado a honrar faturas aceitas e não pagas pelo parceiro público**

Por fim, o Fundo Garantidor de Parcerias Público-Privadas não pode pagar faturas que tenham sido expressa e motivadamente rejeitadas pelo Poder Público.

Apesar de o tema só ter sido cobrado uma vez nos últimos dez Exames de Ordem, o assunto é instigante e provoca a necessidade de pesquisas e aprofundamentos. Pode ser o tema ideal para sua dissertação de Mestrado.

9. DOMÍNIO PÚBLICO: AFETAÇÃO E DESAFETAÇÃO, REGIME JURÍDICO, AQUISIÇÃO E ALIENAÇÃO, UTILIZAÇÃO DOS BENS PÚBLICOS PELOS PARTICULARES

O tema domínio público refere-se à regulação dos bens públicos. No Direito Administrativo, denominam-se **bens públicos** aqueles pertencentes às pessoas jurídicas de direito público e aqueles que, embora pertencentes às pessoas de direito privado, estejam afetados à prestação de um serviço público.

> O tema bens públicos na disciplina Economia do Setor Público tem outro sentido bastante diverso, correspondendo aos bens insusceptíveis de serem precificados pelo valor de mercado. São bens não rivais e não excludentes. Mas este é um assunto para outro momento.

De acordo com o Código Civil brasileiro, **bens públicos são aqueles pertencentes às pessoas jurídicas de direito público interno**, quais sejam: União, Estados, Distrito Federal e Municípios, Autarquias e Fundações Públicas de Direito Público. Todos os demais são bens particulares, seja qual for a pessoa a que pertencerem.

Veja os termos do Código Civil quanto à normatização dos bens públicos:

> **Art. 98.** São públicos os bens do domínio nacional pertencentes às pessoas jurídicas de direito público interno; todos os outros são particulares, seja qual for a pessoa a que pertencerem.
> **Art. 99.** São bens públicos:
> I – os de **uso comum do povo**, tais como rios, mares, estradas, ruas e praças;
> II – os de **uso especial**, tais como edifícios ou terrenos destinados a serviço ou estabelecimento da administração federal, estadual, territorial ou municipal, inclusive os de suas autarquias;
> III – os **dominicais**, que constituem o patrimônio das pessoas jurídicas de direito público, como objeto de direito pessoal, ou real, de cada uma dessas entidades.
> **Parágrafo único.** Não dispondo a lei em contrário, consideram-se dominicais os bens pertencentes às pessoas jurídicas de direito público a que se tenha dado estrutura de direito privado.
> **Art. 100.** Os bens públicos de uso comum do povo e os de uso especial são **inalienáveis**, enquanto conservarem a sua qualificação, **na forma que a lei determinar**.
> **Art. 101.** Os bens públicos dominicais **podem ser alienados, observadas as exigências da lei**.
> **Art. 102.** Os bens públicos não estão sujeitos a usucapião.
> **Art. 103.** O uso comum dos bens públicos pode **ser gratuito ou retribuído**, conforme for estabelecido legalmente pela entidade a cuja administração pertencerem.

Essa visão limitada de bem público não é a que melhor se aplica à compreensão do regime de afetação dos bens públicos.

9.1. Afetação e desafetação de bens públicos

Os bens públicos podem ser divididos em três espécies, conforme sua destinação:

1) **Bens de uso comum do povo**, que são todos aqueles destinados ao uso do povo, sem nenhuma restrição específica, salvo as decorrentes da própria preservação e manutenção desses bens, nos termos do ordenamento jurídico vigente. O uso é gratuito, em regra, mas admite-se a cobrança de tarifa para a manutenção desses bens, como a cobrança de entrada em parques públicos e zoológicos, pedágios em rodovias, e outras formas de delegação ao particular. Os bens de uso comum podem ser providos pelo Poder Público, como as **ruas, praças, rodovias**; ou podem ser naturais, a exemplo das praias, rios, grutas.

2) **Bens de uso especial**, que são aqueles destinados a instalações físicas dos órgãos públicos e dos equipamentos públicos, tais quais, **escolas públicas, hospitais, postos de saúde**, penitenciárias, bibliotecas públicas, dentre outros. Os bens de uso especial podem ter acesso controlado, seja em razão do horário, seja em função de restrição de público, seja por motivo de segurança, dentro outros.

3) **Bens patrimoniais**, também chamados dominiais ou dominicais, são os bens públicos que não estão afetados a uso comum nem a uso especial. Portanto, **não possuem uma destinação pública imediata**, podendo sofrer afetação, conforme o interesse público.

A **afetação** do bem público patrimonial é uma consequência lógica de sua destinação como bem de uso comum ou bem de uso especial. O efeito contrário – **desafetação** – pode decorrer da mera transferência de um equipamento público para outra edificação, como pode resultar de **lei** que, expressamente, retire a afetação de bem de uso comum do povo. Caso, por exemplo, em que uma rua deixará de existir por razões de reformulação da política urbana.

9.2. Características gerais dos bens públicos

Em regra, os bens públicos são recobertos pelas características: imprescritibilidade, impenhorabilidade, não onerosidade, inalienabilidade.

- **Imprescritibilidade** – os bens públicos não são passíveis de aquisição por usucapião. Em outras palavras, ainda que alguém mantenha, por muitos anos, posse mansa e pacífica sobre o bem público, não haverá prescrição da propriedade. A Constituição de 1988, nos termos do art. 183, § 3º, diz expressamente que os imóveis públicos não serão adquiridos por usucapião.

Como assevera MEIRELLES (2016, p. 660):

> Se os bens públicos são originariamente inalienáveis, segue-se que ninguém os pode adquirir enquanto guardarem essa condição. Daí não ser possível a invocação de usucapião sobre eles. É princípio jurídico, de aceitação universal, que não há direito contra Direito,

ou, por outras palavras, não se adquire direito em desconformidade com o Direito.

- **Impenhorabilidade** – quando um particular se encontra devedor, o Poder Judiciário pode determinar a penhora de bens de seu patrimônio com o intuito de saldar a dívida com os credores. No caso do Poder Público, não se procede desse modo. As dívidas do Estado para com seus credores são saldadas mediante regime de precatório, previsto no art. 100 da Constituição Federal, ou mediante emissão de RPV em caso de requisição de pequenos valores.
- **Não onerabilidade** – não se pode gravar, em regra, um bem público com ônus. Exemplo, não se constitui hipoteca sobre o bem público. Essa regra vem sendo flexibilizada, como é o caso da penhora via sistema BACENJUD de verbas públicas para casos de descumprimento de ordem judicial de fornecimento de medicamentos, por exemplo, e, de modo ainda mais severo, nos casos de bens públicos dados em garantia nos fundos garantidores de parceria público-privada.
- **Inalienabilidade** – em regra, os bens públicos não são alienáveis, visto que recai sobre eles a proteção da indisponibilidade dos bens e interesses públicos. Todavia, desde que identificado o interesse público, realizada a avaliação prévia do bem e observados os critérios legais quanto ao procedimento, é possível a alienação dos bens públicos desafetados.

■ **9.3. Uso privado do bem público**

O uso dos bens públicos pelo particular não depende de autorização específica, salvo quando a utilização é feita de modo privado. Por exemplo, não é necessário autorização para transitar na via pública, mas, para instalar uma banca de revista sobre a calçada, sim. **A autorização geralmente é temporária e transitória e deve existir sempre que o uso privado impedir a utilização por outros particulares.** O fechamento de uma rua ou praça para realização de evento particular, por exemplo, depende de autorização.

- Espécies de uso particular de bem público

1) **Autorização de uso:** trata-se de ato administrativo discricionário e precário, mediante o qual ocorre a anuência do Poder Público para o uso transitório do bem público por particulares.

2) **Permissão de uso:** cuida-se de ato administrativo discricionário e precário, pelo qual ocorre a anuência do Poder Público para o uso por tempo determinado de um bem público por particular.

3) **Concessão de uso:** é entendida pela doutrina balizada como um contrato administrativo, como se extrai do trecho seguinte:

> A concessão de uso, que pode ser remunerada ou não, apresenta duas modalidades, a saber: a concessão administrativa de uso e a concessão de direito real de uso. A primeira, também denominada concessão comum de uso, apenas confere ao concessionário um direito pessoal, intransferível a terceiros. Já, a concessão de direito real de uso, instituída pelo Dec.-lei 271, de 28.2.67 (arts. 72 e 82), como o próprio nome indica, atribui o uso do bem público como direito real, transferível a terceiros por ato *inter vivos* ou por sucessão legítima ou testamentária. (MEIRELLES, 2016, p. 296)

Por fim, vale ressaltar que também é possível **o uso de bem público** pelo particular por meio de **instrumentos do Direito Civil**, como a locação do bem, o arrendamento ou o comodato.

■ **9.4. Alienação de bens públicos**

A **alienação de bens públicos está regulamentada pela Lei n. 8.666/93**. Em regra, a alienação do bem público depende da comprovação de **interesse público**, da **avaliação prévia do bem**, de **procedimento licitatório** – salvo as exceções previstas na própria lei de licitações – e de **autorização legislativa**, quando se tratar de alienação de bem público imóvel de titularidade das pessoas jurídicas de direito público.

O art. 17 da Lei de Licitações descreve os casos em que a alienação do bem público ocorre sem competição, hipótese denominada **licitação dispensada**.

> **Art. 17.** A alienação de bens da Administração Pública, subordinada à existência de interesse público devidamente justificado, será precedida de avaliação e obedecerá às seguintes normas:
> **I** – quando imóveis, dependerá de autorização legislativa para órgãos da administração direta e entidades autárquicas e fundacionais, e, para todos, inclusive as entidades paraestatais, dependerá de avaliação prévia e de licitação na modalidade de concorrência, dispensada esta nos seguintes casos: [...]
> **II** – quando móveis, dependerá de avaliação prévia e de licitação, dispensada esta nos seguintes casos:

Atente-se para o seguinte: embora a alienação de bem público deva formalizar-se por meio de licitação na modalidade de concorrência, quando o **bem público tiver se originado de procedimentos judiciais ou de dação em pagamento**, a alienação poderá se efetivar, também, por meio de licitação pela **modalidade de leilão**.

Também se alienam, por leilão, os bens móveis inservíveis e os produtos legalmente apreendidos ou penhorados pela Administração Pública.

Atente-se, por fim, que as regras da Lei n. 8.666/93 perderão a vigência em 1º-4-2023. Na nova Lei de Licitações, as alienações de bens imóveis desafetados passam a ser por leilão e não mais por concorrência.

10. INTERVENÇÃO ESTATAL NA PROPRIEDADE: DESAPROPRIAÇÃO, REQUISIÇÃO, SERVIDÃO ADMINISTRATIVA, OCUPAÇÃO, TOMBAMENTO. FUNDAMENTO. INTERVENÇÃO NO DOMÍNIO ECONÔMICO

A Constituição Federal assegura o **direito de propriedade**, porém o condiciona ao cumprimento de sua **função social**. Para FARIA (2008), a propriedade privada é uma concessão do interesse coletivo, pois "sobre ela subjaz uma hipoteca social. Vale dizer que a propriedade e o seu uso e fruição se sujeitam aos limites determinados pelo interesse geral". Assim, o fundamento básico para a **intervenção do Estado** na propriedade é o próprio princípio da **supremacia do interesse público** sobre o interesse privado.

As **formas** de intervenção na propriedade podem ser **supressivas** – desapropriação comum, desapropriação sancionatória urbana, desapropriação para fins de reforma agrária e desapropriação confisco – ou podem ser **restritivas** – servidão administrativa, ocupação temporária, requisição administrativa, limitações administrativas e tombamento.

10.1. Intervenções supressivas

- Desapropriação comum

A Constituição Federal prevê algumas espécies de desapropriação. A desapropriação comum ou ordinária está prevista no inciso XXIV do art. 5º:

> Art. 5º, XXIV – a lei estabelecerá o procedimento para desapropriação por necessidade ou utilidade pública ou por interesse social, mediante prévia e justa indenização em dinheiro, ressalvados os casos previstos nesta Constituição.

A norma que regulamenta as desapropriações é um antigo decreto-lei recepcionado pela Constituição de 1988 com lei em sentido estrito. Trata-se do Decreto-lei n. 3.365/41. Os principais pontos da norma são:

- Decreto-lei n. 3.365/41 em pontos-chave

Declaração de utilidade pública

- ocorre **mediante decreto** do Chefe do Poder Executivo contendo a **declaração de utilidade pública**
- todos os bens, materiais ou imateriais, móveis ou imóveis, poderão ser desapropriados pela União, pelos Estados, pelo Distrito Federal ou pelos Municípios
- **é vedado desapropriar bem da União**. O Ente Maior pode desapropriar o menor, sempre mediante autorização legislativa
- os **concessionários de serviços públicos podem promover desapropriações** mediante autorização expressa, constante de lei ou contrato

Desapropriação por zona

- **desapropriação por zona**: a desapropriação poderá abranger a área contígua necessária ao desenvolvimento da obra a que se destina
- na **desapropriação destinada à urbanização ou à reurbanização** (mediante concessão ou parceria público-privada), o edital de licitação poderá prever que a receita decorrente da revenda ou utilização imobiliária integre projeto associado por conta e risco do concessionário

Hipóteses de utilidade pública

Configura **utilidade pública**:

- a segurança nacional;
- a **defesa do Estado**;
- o socorro público em caso de calamidade;
- a salubridade pública;
- a criação e o **melhoramento de centros de população**, seu abastecimento regular de meios de subsistência;
- o **aproveitamento industrial das minas e das jazidas minerais, das águas e da energia hidráulica**;
- a **assistência pública**, as obras de higiene e decoração, casas de saúde, clínicas, estações de clima e fontes medicinais;
- a exploração ou a conservação dos **serviços públicos**;
- **a abertura, conservação e melhoramento de vias ou logradouros públicos**; a execução de planos de urbanização; o parcelamento do solo, com ou sem edificação, para sua melhor utilização econômica, higiênica ou estética; a construção ou ampliação de distritos industriais;

- o funcionamento dos meios de **transporte coletivo**;
- a **preservação e conservação dos monumentos históricos e artísticos**, isolados ou integrados em conjuntos urbanos ou rurais, bem como as medidas necessárias a manter-lhes e realçar-lhes os aspectos mais valiosos ou característicos e, ainda, a proteção de paisagens e locais particularmente dotados pela natureza;
- a preservação e a conservação adequada de arquivos, documentos e outros bens móveis de valor histórico ou artístico;
- a **construção de edifícios públicos**, monumentos comemorativos e cemitérios;
- a **criação de estádios, aeródromos ou campos de pouso para aeronaves**;
- a reedição ou divulgação de obra ou invento de natureza científica, artística ou literária;
- os demais casos previstos por leis especiais.

Fixação do *status* do bem

- Declarada a utilidade pública, **ficam as autoridades administrativas autorizadas a penetrar nos prédios compreendidos na declaração**, podendo recorrer, em caso de oposição, ao auxílio de força policial.
- O Poder Legislativo pode declarar a utilidade pública para fins de desapropriação.

> Essa hipótese se dá por meio de lei de efeito concreto. É lei em sentido formal, mas é ato administrativo em sentido material.

- Na ação judicial **somente se discute o valor indenizatório**. Outros argumentos, tal qual ilegalidade da licitação, devem ser aduzidos em ação ordinária distribuída por dependência.

Caducidade

- A desapropriação deverá efetivar-se mediante acordo ou intentar-se judicialmente, dentro de **cinco anos**, contados da data da expedição do respectivo decreto, e findos os quais este caducará.

Força expropriatória – suspensão

- Somente depois de **decorrido um ano** da caducidade do decreto é que poderá ser o mesmo bem objeto de **nova declaração**.

Procedimento judicial

- Quem propõe a ação de desapropriação é o Poder Público. **O proprietário do bem é o réu**.
- Na petição inicial, é ofertado um preço pela desapropriação.
- O juiz **nomeia perito** para proceder à avaliação do bem.
- Feito o depósito do valor incontroverso, se alegada urgência, o Juiz **imite o Poder Público na posse do bem**.
- O desapropriado, ainda que discorde do preço oferecido, do arbitrado ou do fixado pela sentença, **poderá levantar até 80%** (oitenta por cento) do depósito feito.
- O **prazo para imissão provisória é de 120 dias** e é improrrogável.
- Os **juros compensatórios são de 12%** ao ano e incidem sobre o valor não levantado até a imissão na posse (Súmula 618 do STF). Atente-se para o teor da ADI 2.332: "É constitucional o percentual de juros compensatórios de 6% (seis por cento) ao ano para a remuneração do proprietário pela imissão provisória do ente público na posse do seu bem, na medida em que consiste em ponderação legislativa proporcional entre o direito constitucional do proprietário à justa indenização (art. 5º, XXIV, CF/88) e os princípios constitucionais da eficiência e da economicidade (art. 37, *caput*, CF/88).
- Os **juros moratórios são de 6%** ao ano e são devidos a partir do atraso do pagamento do precatório, sobre o valor incontroverso.
- Havendo concordância com o valor ofertado, será ele homologado pelo Juiz.
- Não havendo concordância, o perito apresentará o laudo antes da audiência de instrução e julgamento.
- Na audiência, ou após, o juiz proferirá sentença fixando o preço da indenização.
- Os **honorários advocatícios são fixados entre 0,5% a 5%** do valor a que sucumbiu o Estado.
- A sentença que condenar a Fazenda Pública em quantia superior ao dobro da oferecida fica sujeita ao **duplo grau de jurisdição**.
- A **sentença é título hábil para a transcrição no registro de imóveis**.

> A desapropriação é ato administrativo não dotado do atributo da autoexecutoriedade, pois depende de ordem judicial para a efetivação da transferência de titularidade do bem.

- Aplicam-se **subsidiariamente** as normas do **CPC**.

- Desapropriação indireta

Denomina-se **desapropriação indireta** quando o Poder Público **esbulha a propriedade** do particular sem o prévio acordo ou sem a devida ação de desapropriação. Na ação de desapropriação indireta **o Estado é o réu**.

- Direito de extensão

Surge quando o particular desapropriado em **somente parte do seu imóvel** promove ação de desapropriação indireta alegando que o uso da parte restante do bem tornou-se inviável e requer indenização também pelo restante da área.

- Adestinação e tredestinação

A **adestinação** – quando o Poder Público não dá destinação ao bem – e **a tredestinação ilícita** – quando é dada uma destinação que não a de interesse público – geram para o proprietário o direito de reaver o bem. Este instituto denomina-se **retrocessão**.

A **tredestinação é considerada lícita** quando, a despeito de alcançar interesse específico diverso, mantém a finalidade de interesse público. Neste caso, não cabe falar de retrocessão.

- Desapropriação sancionatória urbana

Está prevista no art. 182 da Constituição Federal como instrumento sancionatório:

> **Art. 182**, § 4º É facultado ao Poder Público municipal, mediante lei específica para área incluída no plano diretor, exigir, nos termos da lei federal, do proprietário do solo urbano não edificado, subutilizado ou não utilizado, que promova seu adequado aproveitamento, sob pena sucessivamente de: [...] III – desapropriação com pagamento mediante títulos da dívida pública de emissão previamente aprovada pelo Senado Federal, com prazo de resgate de até dez anos, em parcelas anuais iguais e sucessivas, assegurados o valor real da indenização e os juros legais.

Para área incluída no **plano diretor** do Município, após a notificação para **apresentar projeto (1 ano)**, a notificação para **iniciar a construção (2 anos)**, aplicação do **IPTU progressivo no tempo** – não superior a 15% e que não ultrapasse o dobro de um ano para o outro – **(5 anos)**, o proprietário permanecer inerte quanto ao dever de atribuir função social ao bem, será ele **desapropriado**, com **indenização** paga em **títulos da dívida pública** resgatáveis em **10 anos**.

- Desapropriação para fins de reforma agrária

Prevista no art. 184 da Constituição Federal, a desapropriação para a reforma agrária está assim disposta:

> **Art. 184.** Compete à União desapropriar por interesse social, para fins de reforma agrária, o imóvel rural que não esteja cumprindo sua função social, mediante prévia e justa indenização em títulos da dívida agrária, com cláusula de preservação do valor real, resgatáveis no prazo de até vinte anos, a partir do segundo ano de sua emissão, e cuja utilização será definida em lei.

As **benfeitorias são indenizadas em dinheiro**, e o restante, em **títulos da dívida agrária** resgatáveis **em 20 anos** a partir do **2º ano**. A condição essencial para a caracterização da desapropriação para a reforma agrária é a **grande propriedade improdutiva**.

- Desapropriação confisco

Promovida em casos de **cultivo de plantas psicotrópicas e em casos de constatada exploração de mão de obra escrava**, a desapropriação, neste caso, **não é indenizada**. Esta modalidade está prevista no art. 243 da Constituição e está assim redigida:

> **Art. 243.** As propriedades rurais e urbanas de qualquer região do País onde forem localizadas culturas ilegais de plantas psicotrópicas ou a exploração de trabalho escravo na forma da lei serão expropriadas e destinadas à reforma agrária e a programas de habitação popular, sem qualquer indenização ao proprietário e sem prejuízo de outras sanções previstas em lei, observado, no que couber, o disposto no art. 5º.

Os **bens de valor econômico** apreendidos em decorrência do tráfico ilícito de entorpecentes e drogas afins e da exploração de trabalho escravo **serão confiscados e reverterão a fundo especial** com destinação específica, na forma da lei.

10.2. Intervenções restritivas

Como o nome mesmo já diz, estas formas de restrição da propriedade não retiram o bem da propriedade de seu titular, apenas afetam ora a **característica exclusiva** da propriedade, ora sua **característica absoluta**.

- Servidão administrativa

A **servidão administrativa** tem procedimento semelhante ao da desapropriação, porém não ocorre a expropriação do bem. É registrada na matrícula do imóvel uma faixa ou parte do bem em que o particular terá que **tolerar, simultaneamente ao uso, a presença do Estado. Pode ser indenizada**, se a servidão afetar o valor ou a serventia do bem.

MEIRELLES (2016) define a servidão como:

> (...) ônus real de uso, imposto pela Administração à propriedade particular, para assegurar a realização e

conservação de obras e serviços públicos ou de utilidade pública, mediante indenização dos prejuízos efetivamente suportados pelo proprietário.

A servidão administrativa constitui-se mediante acordo ou decisão judicial, precedidos de ato declaratório de utilidade pública para fins de servidão, baixado pelo Chefe do Executivo, nos termos do art. 6º do Decreto-lei n. 3.365/41, e **afeta a característica exclusiva da propriedade**.

- Ocupação temporária

À semelhança da servidão administrativa, a ocupação temporária **afeta a característica exclusiva da propriedade**, porém, em vez de um interesse público de caráter perene, a necessidade que se impõe é de **natureza transitória**. Um exemplo é a ocupação de escolas para a realização de concursos públicos ou de eleições. A indenização só é cabível ao final da ocupação, se verificado dano ao imóvel.

- Requisição administrativa

Esta intervenção pressupõe iminente perigo público. Está prevista no art. 22, III, da Constituição Federal, que confere competência privativa à União para legislar, dentre outros, sobre "**requisições civis e militares, em caso de iminente perigo e em tempo de guerra**". Também está tratada no art. 5º do texto constitucional: "No caso de **iminente perigo público**, a autoridade competente poderá usar de propriedade particular, assegurada ao proprietário **indenização ulterior, se houver dano**". A distinção, então, em relação à ocupação é a configuração do perigo público, a exemplo da ocupação de um imóvel para prestar socorro em imóvel vizinho. Afeta a característica absoluta do bem.

- Limitações administrativas

As **limitações administrativas** são de **caráter geral**, são as normas relativas à **convivência urbana**. As limitações reguladas pelo Direito Administrativo visam ao interesse coletivo e, principalmente, à boa qualidade de vida nos centros urbanos. São de natureza geral, e não destinadas a pessoa ou imóvel específico. Neste caso, **não se fala em indenização**, em regra. Afetam a característica absoluta da propriedade, como a proibição de colocar cadeiras na calçada de um restaurante, dentre outras.

- Tombamento

O **tombamento** é meio de intervenção restritiva **para a preservação do patrimônio cultural, histórico e artístico** de um povo ou comunidade. Pode ser declarado pela União, pelos Estados, Distrito Federal e Municípios, **impondo** aos proprietários de bens **restrições ao uso** e fruição. Afeta a característica absoluta da propriedade **e não é indenizável**.

O art. 216 da Constituição Federal dispõe sobre o patrimônio cultural brasileiro, que abrange:

- as **formas de expressão**;
- os **modos de criar, fazer** e viver;
- as **criações científicas, artísticas e tecnológicas**;
- as **obras, objetos, documentos, edificações** e demais espaços destinados às manifestações artístico-culturais;
- os **conjuntos urbanos e sítios de valor histórico, paisagístico, artístico, arqueológico, paleontológico, ecológico e científico**.

O Decreto-lei n. 25/37 prevê, nos arts. 5º e 9º, três espécies de tombamento:

a) **de ofício**, pela autoridade competente, quando o bem, objeto da proteção pretendida, pertencer a um dos entes federativos;

b) **voluntário**, quando o proprietário do bem, pessoa natural ou jurídica, pedir ao órgão competente para promover o tombamento ou aquiescer com a iniciativa estatal;

c) **compulsório**, quando o particular se opuser à pretensão de tombar o seu bem e for compelido mediante ato da Administração Pública.

O tombamento não impede a alienação do bem, mas transfere ao novo proprietário as obrigações do alienante.

10.3. Intervenção no domínio econômico

A Constituição Federal estabelece, nos moldes do art. 170, que a ordem econômica se funda na valorização do trabalho humano e na livre iniciativa e tem por fim precípuo assegurar a todos a existência digna, baseada na justiça social.

Para garantir a livre iniciativa em equilíbrio com os valores sociais, elencados principalmente no art. 7º do texto constitucional, e também para garantir a estabilidade do mercado, o Poder Público dispõe de três instrumentos básicos: o poder de polícia; o fomento; e a exploração direta da atividade econômica.

O poder de polícia foi estudado no capítulo de poderes administrativos, e a exploração de atividade econômica, no capítulo de serviços públicos. O fomento ocorre por meio dos termos de parceria, convênios e instrumentos congêneres.

11. CONTROLE DA ADMINISTRAÇÃO PÚBLICA: CONTROLE ADMINISTRATIVO, CONTROLE LEGISLATIVO, CONTROLE EXTERNO A CARGO DO TRIBUNAL DE CONTAS, CONTROLE JUDICIÁRIO

As atividades de controle da Administração Pública perpassam todos os demais temas do Direito Administrativo: controle dos atos administrativos, poder de tutela e autotutela, fiscalização em licitações e contratos, controle da execução orçamentária, processo disciplinar, dentre outros.

A **Administração Pública é gestora de coisas alheias**, coisas públicas. Por essa razão, o seu controle torna-se obrigatório. A ordem jurídica instituiu três espécies de controle: um pela **própria Administração**, denominado controle administrativo; outro **pelo Poder Legislativo**; e o último **pelo Poder Judiciário**. Meirelles (2016) define controle assim:

> Controle, em tema de administração pública, é a faculdade de vigilância, orientação e correção que um Poder, órgão ou autoridade exerce sobre a conduta funcional de outro.

Para Di Pietro (2018), controle é:

> O poder de fiscalização e correção que sobre ela exercem os órgãos dos Poderes Judiciário, Legislativo e Executivo, com o objetivo de garantir a conformidade de sua atuação com os princípios que lhe são impostos pelo ordenamento jurídico.

Sendo o controle da Administração Pública exercido pelos três Poderes, deve-se concluir, de plano, que ele **pode ser interno e externo**. É **interno quando procedido pelos órgãos da própria Administração**, e é **externo, obviamente, quando exercido por órgãos alheios à Administração**. Enquadra-se nessa espécie o controle exercido pelo Legislativo e pelo Judiciário. O controle pode ainda ser prévio, concomitante e posterior.

11.1. Classificação quanto ao momento

■ Controle prévio

Diz-se **prévio** o controle realizado antes do comportamento fático da Administração. O ato a ser editado dependerá de formalidades para que possa produzir efeitos jurídicos válidos. Exemplo: a nomeação do Presidente do Banco Central pelo Presidente da República depende de prévia aprovação do Senado Federal. A não aprovação inviabiliza o ato de nomeação, isto é, se editado sem a obediência dessa formalidade, o ato será plenamente nulo.

■ Controle concomitante

Controle **concomitante** é aquele que acontece simultaneamente ao comportamento ordinário da Administração. É o atuar *pari passu* do órgão de execução e do órgão de controle. Exemplo: o acompanhamento da execução orçamentária e financeira que é feito junto com a realização da despesa.

■ Controle posterior

Controle **posterior** é o que se verifica depois da prática do ato administrativo. Nesse caso, a Administração atua livremente nos limites legais e, posteriormente, submete o seu ato ao órgão controlador. Exemplos: o ato de aposentadoria de servidor público, o contrato e o convênio firmados por pessoa jurídica pública. Esses instrumentos sujeitam-se à homologação do Tribunal de Contas pertinente. A rejeição de qualquer um desses atos por vício ou inadequação com a ordem jurídica e o regulamento pertinente implica a sua nulidade.

11.2. Controle administrativo

O **controle administrativo é exercido pela administração sobre seus próprios atos**. Uma de suas principais expressões é o **poder de autotutela**, expresso na Súmula 473 do Supremo Tribunal Federal e na Lei n. 9.784/99. A Lei do **Processo Administrativo** também elenca vários instrumentos do controle administrativo, como o poder geral de rever seus atos que abrange a reconsideração, o recurso hierárquico e a revisão.

■ Aplicabilidade das leis de processo administrativo: direito de petição, recursos administrativos, pareceres

Legitimidade para pedir em face da Administração

Têm **legitimidade para pedir** em face da Administração, nos termos da Lei do Processo Administrativo:

a) pessoas físicas ou jurídicas que iniciem um processo administrativo como titulares de direitos ou interesses individuais ou no exercício do direito de representação;

b) aqueles que, sem terem iniciado o processo, têm direitos ou interesses que possam ser afetados pela decisão a ser adotada;

c) as organizações e associações representativas, no tocante a direitos e interesses coletivos;

d) as pessoas ou as associações legalmente constituídas quanto a direitos ou interesses difusos.

Recurso administrativo

Cabe **recurso** das decisões administrativas, tanto por razões de legalidade quanto de mérito. O recurso deve ser dirigido à autoridade que proferiu a decisão, a qual, se não a reconsiderar no prazo de cinco dias, o encaminhará à autoridade superior.

Quando o recorrente alegar que a decisão administrativa contraria enunciado da súmula vinculante, caberá à autoridade prolatora da decisão impugnada, se não a reconsiderar, explicitar, antes de encaminhar o recurso à autoridade superior, as razões da aplicabilidade ou inaplicabilidade da súmula, conforme o caso.

Em regra, o **recurso administrativo** tramitará por, no **máximo, três instâncias administrativas**.

> O órgão competente para decidir o **recurso** poderá confirmar, modificar, anular ou revogar, total ou parcialmente, a decisão recorrida, se a matéria for de sua competência, o que se denomina **poder de** *reformatio in pejus*.

Revisão do processo administrativo

Os processos administrativos de que resultem sanções poderão ser, também, **revistos a qualquer tempo**, a pedido ou de ofício, quando surgirem **fatos novos** ou circunstâncias relevantes suscetíveis de justificar a inadequação da sanção aplicada.

> Na revisão do processo não poderá haver agravamento da sanção. **Proibição de** *reformatio in pejus*.

Prazos no processo administrativo

Nos termos da Lei n. 9.784/99, os **prazos** começam a correr a partir da data da cientificação oficial, **excluindo-se da contagem o dia do começo e incluindo-se o do vencimento**. Considera-se **prorrogado** o prazo até o **primeiro dia útil** seguinte se o vencimento cair em dia em que não houver expediente ou este for encerrado antes da hora normal.

Os prazos expressos em dias contam-se de **modo contínuo**. Os prazos fixados em **meses ou anos** contam-se de **data a data**.

> Atenção: se no mês do vencimento não houver o dia equivalente àquele do início do prazo, tem-se como termo o último dia do mês.

Salvo motivo de força maior devidamente comprovado, os prazos processuais não se suspendem.

Pareceres vinculantes e não vinculantes

A Lei do Processo Administrativo dispõe sobre os casos em que se deva obrigatoriamente **ouvir um órgão consultivo**. Nesses casos, o **parecer** deverá ser emitido no prazo **máximo de quinze dias**, salvo norma especial ou comprovada necessidade de maior prazo.

Se um **parecer obrigatório e vinculante** deixar de ser emitido no prazo fixado, o processo não terá seguimento até a respectiva apresentação, responsabilizando-se quem der causa ao atraso.

Se um **parecer obrigatório e não vinculante** deixar de ser emitido no prazo fixado, o processo poderá ter prosseguimento e ser decidido com sua dispensa, sem prejuízo da responsabilidade de quem se omitiu no atendimento.

Diz a lei, ainda, que: "Art. 43 – Quando por disposição de ato normativo devam ser previamente obtidos laudos técnicos de órgãos administrativos e estes não cumprirem o encargo no prazo assinalado, o órgão responsável pela instrução deverá solicitar laudo técnico de outro órgão dotado de qualificação e capacidade técnica equivalentes".

Após **encerrada a instrução**, o interessado terá o direito de manifestar-se no **prazo máximo de dez dias**, salvo se outro prazo for legalmente fixado.

Prescrição administrativa

Em regra, a prescrição administrativa é **quinquenal** e é regulada pelo Decreto n. 20.910/32, pelo qual tem-se que:

> As dívidas passivas da União, dos Estados e dos Municípios, bem assim todo e qualquer direito ou ação contra a Fazenda federal, estadual ou municipal, seja qual for a sua natureza, prescrevem em cinco anos contados da data do ato ou fato do qual se originarem.

Atente-se para **outros prazos previstos em lei**, como, por exemplo, os da Lei de Improbidade, os da Lei do Estatuto dos Servidores e da Lei do Processo Administrativo.

11.3. Controle legislativo

O controle exercido pelo **Poder Legislativo, com o auxílio do Tribunal de Contas**, é cobrado em prova pela literalidade dos arts. **70 a 75 da Constituição Federal**, por isso adotamos o critério de legislação grifada para este tópico.

- Fiscalização contábil, financeira, orçamentária

Art. 70. A **fiscalização contábil, financeira, orçamentária, operacional e patrimonial** da União e das entidades da administração direta e indireta, quanto à **legalidade, legitimidade, economicidade**, aplicação das subvenções e renúncia de receitas, será exercida pelo Congresso Nacional, mediante **controle externo**, e pelo **sistema de controle interno de cada Poder**.

Espécies de controle
Legalidade = conformidade com o ordenamento jurídico em sentido formal
Legitimidade = conformidade com os princípios, com os valores da sociedade
Economicidade = equilíbrio entre custo e benefício

Parágrafo único. **Prestará contas qualquer pessoa física ou jurídica, pública ou privada, que utilize, arrecade, guarde, gerencie ou administre dinheiros, bens e valores públicos** ou pelos quais a União responda, ou que, em nome desta, assuma obrigações de natureza pecuniária.

- Competências do Tribunal de Contas

Art. 71. O **controle externo**, a cargo do Congresso Nacional, será exercido com o auxílio do **Tribunal de Contas** da União, ao qual compete:

Apreciar

- Apreciar as **contas prestadas anualmente pelo Presidente da República**, mediante **parecer prévio** que deverá ser elaborado em sessenta dias a contar de seu recebimento;
- Apreciar, para fins de **registro**, a **legalidade dos atos de admissão de pessoal**, a qualquer título, na administração **direta e indireta**, incluídas as fundações instituídas e mantidas pelo Poder Público, **excetuadas** as nomeações para **cargo de provimento em comissão**, bem como a das **concessões de aposentadorias**, reformas e pensões, ressalvadas as melhorias posteriores que não alterem o fundamento legal do ato concessório;

Julgar

- Julgar as **contas dos administradores e demais responsáveis por dinheiros, bens e valores públicos da administração direta e indireta**, incluídas as fundações e sociedades instituídas e mantidas pelo Poder Público federal, e as contas daqueles que derem causa a perda, extravio ou outra irregularidade de que resulte prejuízo ao erário público;

Fiscalizar

- **Fiscalizar as contas nacionais das empresas supranacionais** de cujo capital social a União participe, de forma direta ou indireta, nos termos do tratado constitutivo;
- Fiscalizar a **aplicação de quaisquer recursos repassados pela União mediante convênio, acordo, ajuste** ou outros instrumentos congêneres, a Estado, ao Distrito Federal ou a Município;

Realizar inspeções

- Realizar, por iniciativa própria, da Câmara dos Deputados, do Senado Federal, de Comissão técnica ou de inquérito, **inspeções e auditorias de natureza contábil, financeira, orçamentária, operacional e patrimonial**, nas unidades administrativas dos Poderes Legislativo, Executivo e Judiciário;

Prestar informações

- Prestar as **informações solicitadas pelo Congresso Nacional**, por qualquer de suas Casas, ou por qualquer das respectivas Comissões, sobre a fiscalização contábil, financeira, orçamentária, operacional e patrimonial e sobre resultados de auditorias e inspeções realizadas;

Aplicar sanções

- Aplicar aos responsáveis, **em caso de ilegalidade de despesa ou irregularidade de contas**, as **sanções previstas em lei**, que estabelecerá, entre outras cominações, multa proporcional ao dano causado ao erário;

Sustar atos

- Assinar **prazo** para que o órgão ou entidade adote as **providências necessárias** ao exato **cumprimento da lei**, se verificada ilegalidade;
- **Sustar**, se não atendido, a **execução do ato impugnado**, comunicando a decisão à Câmara dos Deputados e ao Senado Federal;
- **Representar ao Poder competente sobre irregularidades ou abusos apurados**;

- As decisões do Tribunal de que resulte imputação de débito ou multa terão eficácia de título executivo;
- O **Tribunal encaminhará ao Congresso Nacional, trimestral e anualmente, relatório de suas atividades**.

- Controle interno

Os **Poderes Legislativo, Executivo e Judiciário** manterão, de forma integrada, sistema de **controle interno** com a finalidade de (art. 74 da CF):

Finalidades

- **avaliar o cumprimento das metas previstas no plano plurianual**, a execução dos programas de governo e dos orçamentos da União;
- **comprovar a legalidade e avaliar os resultados**, quanto à **eficácia e eficiência**, da gestão orçamentária, financeira e patrimonial nos órgãos e entidades da administração federal, bem como da aplicação de recursos públicos por entidades de direito privado;
- **exercer o controle das operações de crédito, avais e garantias**, bem como dos direitos e haveres da União;
- **apoiar o controle externo** no exercício de sua missão institucional.

Responsabilidade solidária do controlador

Ao tomarem conhecimento de qualquer irregularidade ou ilegalidade, os **responsáveis pelo controle interno** dela darão ciência ao Tribunal de Contas da União, sob pena de **responsabilidade solidária**.

Qualquer cidadão, partido político, associação ou sindicato é parte legítima para, na forma da lei, denunciar irregularidades ou ilegalidades perante o Tribunal de Contas da União.

As normas estabelecidas nesta seção aplicam-se, no que couber, à organização, composição e fiscalização dos Tribunais de Contas dos Estados e do Distrito Federal, bem como dos Tribunais e Conselhos de Contas dos Municípios.

11.4. Controle judicial

A maior parte do conteúdo sobre controle judicial você verá em Processo Civil, e sobre as ações e os remédios constitucionais, no capítulo de Direito Constitucional. Desse modo, aqui se apresenta apenas uma referência aos temas.

- Meios de controle

Habeas Corpus

Art. 5º, LXVIII – conceder-se-á *habeas corpus* sempre que alguém sofrer ou se achar ameaçado de sofrer **violência ou coação em sua liberdade de locomoção**, por ilegalidade ou abuso de poder;

Habeas Data

Art. 5º, LXXII, e Lei n. 9.507/97: *a*) para assegurar o **conhecimento de informações** relativas à pessoa do impetrante, constantes de registros ou **bancos de dados** de entidades governamentais ou **de caráter público**; *b*) para a retificação de dados, quando não se prefira fazê-lo por processo sigiloso, judicial ou administrativo;

Mandado de Segurança

Art. 5º, LXIX e LXX, e Lei n. 12.016/2009: conceder-se-á mandado de segurança para proteger **direito líquido e certo**, não amparado por *habeas corpus* ou *habeas data*, quando o responsável pela **ilegalidade ou abuso de poder** for **autoridade pública** ou agente de pessoa jurídica no exercício de atribuições do Poder Público;

Mandado de Segurança coletivo

Pode ser impetrado por: a) **partido político** com representação no Congresso Nacional; b) **organização sindical**, **entidade de classe** ou **associação** legalmente constituída e em funcionamento há pelo menos um ano, em defesa dos interesses de seus membros ou associados;

Mandado de Injunção

Art. 5º, LXXI – conceder-se-á **mandado de injunção** sempre que a **falta de norma regulamentadora** torne inviável o exercício dos direitos e liberdades constitucionais e das prerrogativas inerentes à nacionalidade, à soberania e à cidadania (regulamentado pela Lei n. 13.300/2016);

Ação Popular

Art. 5º, LXXIII, e Lei n. 4.717, de 29-6-65: qualquer **cidadão** é parte legítima para propor ação popular que vise a anular **ato lesivo ao patrimônio público** ou de entidade de que o Estado participe, à moralidade administrativa, ao meio ambiente e ao patrimônio histórico e cultural, ficando o autor, salvo comprovada má-fé, **isento de custas judiciais e do ônus da sucumbência**;

Ação Civil Pública

Objetiva impedir ou reprimir **danos ao meio ambiente, ao consumidor, à ordem urbanística, a bens e** direitos de valor artístico, estético, histórico, turístico e paisagístico e a qualquer outro interesse difuso ou coletivo, por infração de ordem econômica e da economia popular. (Art. 129, III, da CF/88, e Lei n. 7.347/85.)

Podem propor a Ação Civil Pública (art. 5º da Lei n. 7.347/85):

- o **Ministério Público** e a **Defensoria Pública**;
- a **União, os Estados, o Distrito Federal e os Municípios e suas entidades administrativas**;
- a **associação** que, concomitantemente: a) esteja constituída há pelo menos 1 (um) ano nos termos da lei civil; b) inclua, entre suas finalidades institucionais, a proteção ao meio ambiente, ao consumidor, à ordem econômica, à livre concorrência ou ao patrimônio artístico, estético, histórico, turístico e paisagístico.

- Limites do controle judicial

O Poder Judiciário tem competência para **apreciar a legalidade e a legitimidade** dos atos administrativos. Portanto, verifica se o ato está em conformidade com o ordenamento jurídico vigente (normas e princípios da Administração Pública).

> Não é possível a análise de mérito: oportunidade e conveniência.

- Atos sujeitos a controle especial

Atos políticos

São **atos praticados por agentes do Governo** que possuem liberdade de apreciação da conveniência e/ou oportunidade de sua realização. São exemplos de atos políticos o veto de projeto de lei pelo Poder Executivo; a rejeição do veto pelo Poder Legislativo.

Atos legislativos

Os **atos legislativos propriamente ditos** – leis no sentido estrito – são atacáveis por instrumentos específicos: Ação Direta de Inconstitucionalidade, dentre outros.

Atos *interna corporis*

Aqueles que **dizem respeito à economia interna da corporação legislativa** e, portanto, afastam o controle judicial. Entretanto, se existir inconstitucionalidade, ilegalidade ou infringência regimental nesses atos, poderá ocorrer a sua apreciação pelo Poder Judiciário.

12. DIREITO ADMINISTRATIVO: FONTES E PRINCÍPIOS

12.1. Surgimento do Direito Administrativo

O **Direito Administrativo** surgiu por volta de 1819, na França, impulsionado pela **Revolução Francesa** de 1789, ápice do movimento cultural contra o absolutismo que imperava em quase todo o mundo.

Com a adoção da **teoria da divisão dos poderes**, idealizada por Montesquieu, o Estado francês teve as suas principais funções tripartidas entre os Poderes Legislativo, Executivo e Judiciário: poderes harmônicos entre si, controlados uns pelos outros, **conforme sistema de freios e contrapesos**.

Com essa nova estrutura de poderes, nasceu o Estado de Direito, assim caracterizado, principalmente, por **submeter-se às leis por ele próprio criadas**. Antes, as leis destinavam-se apenas à iniciativa privada e aos súditos em geral.

O **marco definitivo do Direito Administrativo**, para alguns autores, foi o denominado **caso Blanco**, ocorrido na França em 1873. No julgamento desse caso, o Tribunal de Conflitos decidiu pela **responsabilidade civil extracontratual do Estado**, sem se cogitar da culpa do agente público (FARIA, 2015).

12.2. Conceitos de Direito Administrativo

Desde o surgimento na França até os dias atuais, vários pensadores do direito, no Brasil e no mundo, passaram a desenvolver suas teorias sobre a conceituação do Direito Administrativo. Veja a transcrição de alguns autores consultados (apud FARIA, 2015):

a) **Jean Rivero**: "O direito administrativo é o conjunto das regras jurídicas distintas das do direito privado que regem a atividade administrativa das pessoas públicas".

b) **Carlos García Oviedo**: "Ramo do Direito Público que regula a atividade do Estado e dos organismos públicos para o cumprimento dos fins administrativos".

c) **Hely Lopes Meirelles**: "Conjunto harmônico de princípios jurídicos que regem os órgãos, os agentes e as atividades públicas tendentes a realizar concreta, direta e imediatamente os fins desejados pelo Estado".

d) **Maria Sylvia Zanella Di Pietro**: "O ramo do direito público que tem por objeto os órgãos, agentes e pessoas jurídicas que integram a Administração Pública, a atividade jurídica não contenciosa que exerce e os bens de que se utiliza para a consecução de seus fins, de natureza pública".

e) **Celso Antônio Bandeira de Melo**: "O Direito Administrativo é o ramo do Direito Público que disciplina o exercício da função administrativa, bem como pessoas e órgãos que a desempenham".

f) **Edimur Ferreira de Faria**: "O Direito Administrativo é o conjunto de normas jurídicas pertencentes ao Direito Público, tendo por finalidade disciplinar e harmonizar as relações das entidades e órgãos públicos entre si, e desses com os agentes públicos e com os cidadãos, com os prestadores de serviços públicos e fornecedores ao Estado, realizando atividades estatais relativas à prestação do bem-social, excluídas as atividades legislativa e judiciária".

Como se pode constatar, cada autor, a seu modo, definiu o Direito Administrativo, sendo certo que alguns elementos conceituais estão presentes em todas as definições, ainda que implicitamente: **a presença do Poder Público, a realização do interesse público e a execução de atividade não contenciosa ou legislativa**.

12.3. Fontes do Direito Administrativo

Fonte, no dicionário, é definida como o nascedouro de um curso de água. Fonte do Direito tem o mesmo sentido: é a origem do Direito. O Direito Administrativo, de acordo com a doutrina dominante, fundamenta-se nas seguintes fontes: a) a lei; b) a jurisprudência; c) a; doutrina; e d) os costumes.

- Lei

A **Lei aqui é tomada no sentido amplo e genérico**, compreendendo todo o conjunto de normas escritas, desde a Constituição até o mais simples regulamento, no que for pertinente à Administração Pública.

- Jurisprudência

A **jurisprudência**, como é sabido, forma-se **em decorrência de reiterados julgados**, no mesmo sentido, sobre fatos idênticos ou semelhantes. Os tribunais, nesses casos, editam as súmulas, que são entendimentos pacificados sobre determinadas matérias.

- Doutrina

A **doutrina** resulta de trabalho de pesquisas e elaboração de estudos, realizados por juristas e pensadores do Direito. Por isso, ela **costuma estar na vanguarda da legislação**, principalmente nos casos de Direito novo. É comum a lei incorporar, em seu texto, normas extraídas da doutrina inovadora.

A Constituição da República de 1988 é exemplo disso. Vários de seus dispositivos constantes do Capítulo VII, que cuida da Administração Pública, são extratos de alentados estudos doutrinários elaborados por autores brasileiros.

- Costumes

Os **costumes** são fontes de Direito supletivamente ao Direito Positivo. No sistema jurídico brasileiro, essa fonte é admitida, mas de maneira restritiva. Na ausência de norma escrita é que se admitem os costumes. No caso, tem-se como costume a **disciplina interna da própria Administração**. No caso de divergência entre as normas costumeiras e a norma positivada, prevalece a última.

Fontes primárias	A lei e os costumes
Fontes secundárias	A doutrina e a jurisprudência

12.4. Princípios do Direito Administrativo

Também chamados de **princípios da Administração Pública**, podem estar **expressos** na Constituição Federal, caso em que costumam ser designados como "princípios básicos"; e aqueles expressos na legislação infraconstitucional, denominados princípios **implícitos** ou reconhecidos.

- Ponderação de princípios

Os princípios não são hierarquizados. Não existe um mais importante que o outro. Portanto, devemos pensar em ponderação de princípios: todos possuem a mesma hierarquia, podendo ter mais peso ou menos peso no caso concreto para atenderem aos valores democráticos e da dignidade humana.

- Princípios estruturais

Os autores do Direito Administrativo concordam – com uma ou outra variação terminológica – que os princípios da supremacia e da indisponibilidade do interesse público formam a estrutura básica do **Direito Público**. São comumente designados como **regime jurídico-administrativo** e fundamentam as **prerrogativas** e as **sujeições** da Administração Pública.

- Regime jurídico-administrativo:
  - Supremacia do interesse público – prerrogativas
  - Indisponibilidade do interesse público – sujeições

Supremacia do interesse público

A **posição privilegiada que a Administração Pública** possui em relação aos administrados está pautada neste princípio: o interesse público em superioridade ao interesse privado (finalidade pública).

A supremacia está presente tanto no momento de criação da lei como no momento de sua execução. As **normas de direito público** têm o objetivo de **atender ao interesse público**, ao bem comum da coletividade. Por isso, são traçadas **prerrogativas** públicas. Exemplos claros de sua aplicabilidade são: a presunção de legitimidade que caracteriza os atos administrativos; o poder de polícia, a intervenção na propriedade, as cláusulas exorbitantes nos contratos administrativos.

Nesse sentido, estamos nos referindo ao **interesse público primário** – ou seja, que interessa à coletividade. Os interesses públicos secundários – interesses do Estado enquanto pessoa jurídica, ou seja, compras públicas, gestão dos servidores, cobrança de dívidas – não são caracterizadores desse princípio, embora, claro, estejam amparados por outros fundamentos: legalidade, moralidade, indisponibilidade.

Indisponibilidade do interesse público

O Administrador Público não pode fazer o que quiser com o interesse público. Não deve atender à sua vontade pessoal na gestão dos bens e interesses públicos. Por isso, suas ações são limitadas e sujeitas à previsão orçamentária, realização de concurso público e licitações, prestação de contas, transparência, por exemplo.

- Princípios básicos

Os princípios basilares da Administração Pública são aqueles elencados no art. 37, *caput*, da Constituição Federal:

> **Art. 37.** A administração pública direta e indireta de qualquer dos Poderes da União, dos Estados, do Distrito Federal e dos Municípios obedecerá aos princípios de legalidade, impessoalidade, moralidade, publicidade e eficiência e, também, ao seguinte: (Redação dada pela Emenda Constitucional n. 19, de 1998)

Legalidade, impessoalidade, moralidade e publicidade são princípios oriundos do texto original da Constituição de 1988, e o princípio da eficiência foi acrescentado posteriormente pela emenda constitucional da reforma do Estado: EC n. 19/98.

Legalidade

No Direito Privado prevalece a autonomia da vontade, agindo a lei como um limite à atuação do particular. No Direito Público não existe autonomia da vontade, **a lei é o próprio e único fundamento da ação do Estado**. A Administração só pode fazer o que a lei permite.

Impessoalidade

Significa que o administrador público **não** pode agir pautado em seus **interesses pessoais**. As realizações governamentais não são do agente ou autoridade pública. Traduz-se também como **igualdade e isonomia**. É sinônimo de **interesse público**, sendo, portanto, a própria **finalidade** pública.

Moralidade

É um princípio extraído dos **costumes**. Exige a conduta proba, honesta, de **boa-fé** do administrador público. Embora não precise estar previsto em lei, é protegido por diversas normativas: Lei de **Improbidade Administrativa**, Código de **Ética** dos Servidores Públicos, Código de Ética da Alta Administração Pública, Lei do Conflito de Interesses.

Publicidade

Representa o dever de **transparência** das ações da Administração Pública, preservados os casos de **sigilo**. Pode significar a **necessidade de publicação de certos** atos da Administração Pública em Diário Oficial, como condição para a perfeição dos atos (conclusão do ciclo de formação). É protegido por diversas normas, em especial a **Lei de Acesso à Informação**, o dever de prestar contas, o dever de emitir certidões, dentre outros.

Eficiência

Princípio **acrescentado pela Emenda Constitucional n. 19/98**, consolida o movimento por uma Administração Pública menos sujeita aos efeitos colaterais da burocracia. Inaugura o que se denominou **Administração Pública Gerencial**. Representa a busca de **resultados** satisfatórios na prestação dos serviços públicos e, também, o respeito ao princípio da **economicidade** – equilíbrio entre custo e benefício. Introduz vários instrumentos no Direito Administrativo: avaliação de desempenho, parcerias público-privadas, agências reguladoras, agências executivas, prêmio de produtividade, dentre outros.

- Outros princípios

Ao longo do estudo deste capítulo foram apresentados vários outros princípios, cujos conceitos se encontram traçados no tema correspondente. Para recordar, vimos: autotutela, tutela, especialidade, razoabilidade, proporcionalidade, formalismo moderado, motivação, continuidade do serviço público, atualidade, julgamento objetivo, vinculação ao instrumento convocatório, probidade, dentre outros.

Não se preocupe em decorar princípios. Basta entender sua aplicabilidade no contexto dos temas em Direito Administrativo.

Encerramos aqui o estudo dos conteúdos mais cobrados nessa área do Direito. Faça os exercícios com atenção e aprenda os pontos complementares disponibilizados nos comentários das questões.

13. LEI ANTICORRUPÇÃO

Em 2013, foi sancionada a Lei n. 12.846, que dispõe sobre a **responsabilização administrativa e civil de pessoas jurídicas pela prática de atos ilícitos contra a Administração Pública**, nacional ou estrangeira.

A novidade da lei foi a **mudança de perspectiva** dada pelo legislador no combate aos crimes contra a Administração Pública, substituindo o Direito Penal e a persecução do agente pessoa física pelo **Direito Administrativo sancionador**.

13.1. Aspectos favoráveis

A **responsabilidade objetiva** permite que a pessoa jurídica seja punida mesmo que o agente, a pessoa física, não seja identificado ou responsabilizado. A simples ocorrência do fato e o **nexo causal** entre a sua ocorrência e o ato praticado pela pessoa jurídica já são suficientes para que haja a responsabilização.

A punição ataca o **patrimônio da pessoa jurídica**, permitindo que seja punida em percentual sobre o faturamento bruto da empresa. Além disso, a lei prevê a **publicidade da condenação em órgão de grande circulação** e a criação de um Cadastro Nacional de Empresas Punidas.

13.2. Pontos controversos

- Risco moral

O **processo punitivo** é **conduzido pelo próprio ente federativo que também se envolveu no ato de corrupção**. Num primeiro momento, o ente aceita a corrupção e, em seguida, pune a empresa por ato ilícito do qual participou. Esse jogo de poder pode criar situações de conflito de interesses.

- Reputação

Com a expansão da internet e a proliferação das redes sociais, o valor dos bens e mercadorias não é mais construído apenas pelas milionárias campanhas publicitárias, mas também pela **reputação** que as empresas conquistam a partir da **percepção coletiva** que o efeito das redes sociais proporciona. A penalidade sobre a reputação da empresa pode ter **valor incalculável**, o que faz com que **a sanção** possa se mostrar **desproporcional** em relação **ao ilícito praticado**.

13.3. Atos lesivos

Constituem **atos lesivos** à administração pública, nacional ou estrangeira, para fins da Lei Anticorrupção:

- **prometer, oferecer** ou dar, direta ou indiretamente, **vantagem indevida** a agente público, ou a terceira pessoa a ele relacionada;
- comprovadamente, **financiar**, custear, patrocinar ou de qualquer modo subvencionar a **prática dos atos ilícitos** previstos nesta Lei;
- comprovadamente, utilizar-se de interposta pessoa física ou jurídica para ocultar ou **dissimular seus reais interesses** ou a identidade dos beneficiários dos atos praticados;
- no tocante a **licitações e contratos**:
    - **frustrar ou fraudar**, mediante ajuste, combinação ou qualquer outro expediente, o caráter competitivo de procedimento licitatório público;
    - **impedir, perturbar ou fraudar** a realização de qualquer ato de procedimento licitatório público;
    - **afastar ou procurar afastar licitante**, por meio de fraude ou oferecimento de vantagem de qualquer tipo;
    - **fraudar** licitação pública ou contrato dela decorrente;
    - **criar, de modo fraudulento ou irregular**, pessoa jurídica para participar de licitação pública ou celebrar contrato administrativo;
    - **obter vantagem** ou benefício indevido, de modo fraudulento, de modificações ou prorrogações de contratos celebrados com a administração pública, sem autorização em lei, no ato convocatório da licitação pública ou nos respectivos instrumentos contratuais; ou
    - **manipular ou fraudar** o equilíbrio econômico-financeiro dos contratos celebrados com a administração pública;
- **dificultar atividade de investigação ou fiscalização** de órgãos, entidades ou agentes públicos, ou intervir em sua atuação, inclusive no âmbito das agências reguladoras e dos órgãos de fiscalização do sistema financeiro nacional.

13.4. Sanções

Na esfera administrativa, serão aplicadas às pessoas jurídicas consideradas responsáveis pelos atos lesivos, além da **obrigação da reparação integral** do dano causado: a) **multa**, no valor de 0,1% a 20% do faturamento bruto do último exercício anterior ao da instauração do processo administrativo, excluídos os tributos, a qual nunca será inferior à vantagem auferida, quando for possível sua estimação; e b) **publicação extraordinária da decisão condenatória**.

▪ Gradação das sanções

Será levada em consideração na aplicação das sanções a gradação do ilícito conforme:

- gravidade da infração;
- vantagem auferida ou pretendida pelo infrator;
- consumação ou não da infração;
- grau de lesão ou perigo de lesão;
- efeito negativo produzido pela infração;
- situação econômica do infrator;
- cooperação da pessoa jurídica para a apuração das infrações (acordo de leniência);
- existência de mecanismos e procedimentos internos de integridade, auditoria e incentivo à denúncia de irregularidades e a aplicação efetiva de códigos de ética e de conduta no âmbito da pessoa jurídica;
- valor dos contratos mantidos pela pessoa jurídica com o órgão ou entidade pública lesados.

▪ Processo administrativo sancionador

A instauração e o julgamento de processo administrativo para apuração da responsabilidade de pessoa jurídica cabem à autoridade máxima de cada órgão ou entidade dos Poderes Executivo, Legislativo e Judiciário, que devem agir de ofício ou mediante provocação, observados o contraditório e a ampla defesa.

O **processo administrativo** para apuração da responsabilidade de pessoa jurídica será conduzido por comissão designada pela autoridade instauradora (composta por **2 ou mais servidores estáveis**), sendo de **180 (cento e oitenta)** dias o prazo para apresentação do relatório final. O prazo pode ser prorrogado, mediante ato fundamentado da autoridade instauradora.

A pessoa jurídica terá o prazo de **30 (trinta) dias para defesa**, contados a partir da intimação. Concluído o processo e não havendo pagamento, o crédito apurado é inscrito em dívida ativa da Fazenda Pública.

▪ Acordo de leniência

A autoridade máxima de cada órgão ou entidade pública poderá celebrar **acordo de leniência** com as pessoas jurídicas responsáveis pela prática dos atos previstos na lei, desde que colaborem efetivamente com as investigações e o processo administrativo, e se dessa colaboração resultar: a) **a identificação dos demais envolvidos na infração**, quando couber; e b) **a obtenção célere de informações e documentos** que comprovem o ilícito sob apuração.

São **requisitos para a celebração do acordo**:

§ 1º O acordo de que trata o *caput* somente poderá ser celebrado se preenchidos, cumulativamente, os seguintes requisitos: 1) **a pessoa jurídica seja a primeira a se manifestar** sobre seu interesse em cooperar para a apuração do ato ilícito; 2) a pessoa jurídica **cesse completamente seu envolvimento** na infração investigada; 3) a pessoa jurídica admita sua participação no ilícito e coopere plena e permanentemente com as investigações e o processo administrativo.

A celebração do **acordo de leniência** isenta a pessoa jurídica da publicização do ilícito, da proibição de receber incentivos públicos, e pode reduzir o valor da multa em até 2/3. Em caso de descumprimento do acordo de leniência, a pessoa jurídica ficará impedida de celebrar novo acordo pelo prazo de 3 anos.

▪ Processo judicial

A responsabilidade administrativa da pessoa jurídica não afasta a possibilidade de sua **responsabilização na esfera judicial**. Poderão ser ajuizadas ações com vistas à aplicação das seguintes sanções, que podem ser aplicadas de forma isolada ou cumulativa:

- **perdimento dos bens**, direitos ou valores que representem vantagem ou proveito direta ou indiretamente obtidos da infração, ressalvado o direito do lesado ou de terceiro de boa-fé;
- **suspensão ou interdição parcial de suas atividades**;
- **dissolução compulsória da pessoa jurídica**;
- **proibição de receber incentivos**, subsídios, subvenções, doações ou empréstimos de órgãos ou entidades públicas e de instituições financeiras públicas ou controladas pelo Poder Público, pelo prazo mínimo de 1 (um) e máximo de 5 (cinco) anos.

A aplicação das sanções previstas na Lei Anticorrupção não afeta os processos de responsabilização e aplicação de penalidades decorrentes da Lei de **Improbidade Administrativa** ou da **Lei de Licitações**.

■ 14. LEI DE RESPONSABILIDADE DAS ESTATAIS

O art. 173, § 1º, da CF menciona uma regulamentação que só veio a ser aprovada em 30-6-2016, por meio da Lei n. 13.303/2016. Para as empresas estatais já existentes na data de aprovação da lei, a exigibilidade de suas regras contou a partir de 30-6-2018. A lei dispõe, dentre outros assuntos, sobre o controle das empresas públicas e sociedades de economia mista, estabelecendo regras sobre **transparência** (art. 8º), **governança** (arts. 14 a 26), **licitações e contratos** (arts. 28 a 81) e **fiscalização** pela sociedade e pelo ente político instituidor, abrangendo um controle exercido pelo Tribunal de Contas (arts. 85 a 90). O objetivo central da norma é criar um **comprometimento** das empresas estatais com **os critérios mundiais de governança corporativa**, abrangendo as informações sobre controle, fatores de risco, dados econômico-financeiros, distribuição de dividendos, desempenho, políticas e práticas de governança, descrição da composição e da remuneração da administração, em conformidade com a legislação em vigor e com as **melhores práticas de mercado**.

14.1. Requisitos de transparência

As empresas públicas e as sociedades de economia, para garantir a gestão transparente, devem:

- elaborar **carta anual**, dando ampla divulgação ao público em geral, com a explicitação dos compromissos de consecução de objetivos de políticas públicas, em atendimento ao interesse coletivo ou ao imperativo de segurança nacional;
- adequar seu **estatuto social** à autorização legislativa de sua criação;
- divulgar, de forma tempestiva e atualizada, informações relevantes;
- elaborar e divulgar a **política de divulgação de informações**;
- elaborar **política de distribuição de dividendos**, à luz do interesse público;
- divulgar os **dados operacionais e financeiros** das atividades relacionadas à consecução dos fins de interesse coletivo ou de segurança nacional;
- elaborar e divulgar a **política de transações com partes relacionadas**, em conformidade com os requisitos de **competitividade, conformidade, transparência, equidade e comutatividade**;
- divulgar anualmente de **relatório integrado ou de sustentabilidade**.

14.2. Gestão de riscos e controle interno

As estatais devem instituir **práticas cotidianas de controle interno**, mantendo setor responsável pelo cumprimento de obrigações e de **gestão de risco**, além de implementar auditoria interna e Comitê de Auditoria Estatutário. Além disso, devem elaborar um Código de Conduta e Integridade que disponha sobre:

- **princípios, valores e missão**, bem como orientações sobre a prevenção de conflito de interesses e vedação de atos de corrupção e fraude;
- **instâncias internas responsáveis** pela atualização e aplicação do **Código de Conduta e Integridade**;
- **canal de denúncias** que possibilite o recebimento de denúncias internas e externas relativas ao descumprimento do Código de Conduta e Integridade e das demais normas internas obrigacionais e de ética;
- **mecanismos de proteção** que impeçam qualquer espécie de retaliação a pessoa que utilize o **canal de denúncias**;
- **sanções aplicáveis** em caso de violação às regras do Código de Conduta e Integridade;
- **previsão de treinamento periódico**, no mínimo anual, sobre Código de Conduta e Integridade, a empregados e administradores, e sobre a política de gestão de riscos, a administradores.

14.3. Diretrizes de constituição das estatais

- constituição e funcionamento do **Conselho de Administração**, observados o número mínimo de 7 (sete) e o número máximo de 11 (onze) membros;
- requisitos específicos para o exercício do **cargo de diretor**, observado o número mínimo de 3 (três) diretores;
- **avaliação de desempenho**, individual e coletiva, de periodicidade anual, dos administradores e dos membros de comitês, observados os seguintes quesitos mínimos de: exposição dos atos de gestão praticados, quanto à licitude e à eficácia da ação administrativa; contribuição para o resultado do exercício; e consecução dos objetivos estabelecidos no plano de negócios e atendimento à estratégia de longo prazo;
- constituição e funcionamento do **Conselho Fiscal**, que exercerá suas atribuições de modo permanente;
- constituição e funcionamento do **Comitê de Auditoria Estatutário**;
- prazo de gestão dos membros do Conselho de Administração e dos indicados para o cargo de diretor, que será unificado e não superior a 2 (dois) anos, sendo permitidas, no máximo, 3 (três) reconduções consecutivas;

prazo de gestão dos membros do Conselho Fiscal não superior a 2 (dois) anos, permitidas 2 (duas) reconduções consecutivas.

14.4. Função social das estatais

A realização do interesse coletivo pelas estatais deverá ser orientada para o **alcance do bem-estar econômico e para a alocação socialmente eficiente dos recursos geridos**; além da ampliação economicamente sustentada do **acesso de consumidores aos produtos e serviços** e do desenvolvimento ou emprego, preferencial, de **tecnologia brasileira** para produção e oferta de produtos e serviços; e adoção de práticas de sustentabilidade ambiental e de responsabilidade social corporativa compatíveis com o mercado em que atuam.

14.5. Regras específicas de licitações

Além de estabelecer regras específicas para os procedimentos licitatórios das estatais, a lei também dispões sobre **procedimentos auxiliares das licitações**.

- Pré-qualificação permanente

Pré-qualificação permanente de fornecedores que reúnam condições de habilitação exigidas para o fornecimento de bem ou a execução de serviço ou obra nos prazos, locais e condições previamente estabelecidos e de bens que atendam às exigências técnicas e de qualidade da administração pública.

- Cadastramento

Manutenção de **registros cadastrais** para efeito de habilitação dos inscritos em procedimentos licitatórios, válidos por, no máximo, 1 ano.

- Sistema de registro de preços

Adoção de **sistema de registro de preços** que deve observar, entre outras, as seguintes condições: efetivação prévia de ampla pesquisa de mercado; seleção de acordo com os procedimentos previstos em regulamento; desenvolvimento obrigatório de rotina de controle e atualização periódicos dos preços registrados; definição da validade do registro; inclusão, na respectiva ata, do registro dos licitantes que aceitarem cotar os bens ou serviços com preços iguais ao do licitante vencedor na sequência da classificação do certame, assim como dos licitantes que mantiverem suas propostas originais.

- Catálogo eletrônico de padronização

O **catálogo eletrônico de padronização** de compras, serviços e obras consiste em sistema informatizado, de gerenciamento centralizado, destinado a permitir a padronização dos itens a serem adquiridos. O catálogo poderá ser utilizado em licitações cujo critério de julgamento seja o menor preço ou o maior desconto.

14.6. Fiscalização das estatais

Os órgãos públicos de **controle externo e interno** fiscalizarão as empresas públicas e as sociedades de economia mista quanto à legitimidade, à economicidade e à eficácia da aplicação de seus recursos, sob o **ponto de vista contábil, financeiro, operacional e patrimonial**. Para a realização da atividade fiscalizatória, os órgãos de controle deverão ter **acesso irrestrito aos documentos** e às informações necessários à realização dos trabalhos, inclusive aqueles classificados como sigilosos nos termos da lei de acesso à informação. Neste caso, o órgão de controle com o qual foi compartilhada a informação sigilosa tornar-se-á corresponsável pela **manutenção do sigilo de tais informações**.

15. SEGURANÇA JURÍDICA E EFICIÊNCIA NA APLICAÇÃO DO DIREITO PÚBLICO

A Lei n. 13.655/2018 acrescentou algumas regras à Lei de Introdução às Normas do Direito Brasileiro. A partir da ampliação do conceito de legalidade, o princípio da juridicidade passa a limitar mais a tomada de decisões do administrador público.

- Princípio da juridicidade

Pelo **princípio da juridicidade** entende-se que o administrador público deve limitar-se não só ao comando da lei positivada em regras (legalidade clássica), mas também à **força cogente dos princípios constitucionais e infraconstitucionais** que norteiam a atuação da Administração Pública. Assim, há **uma ampliação das possibilidades de controle da Administração Pública**, reduzindo, portanto, o grau de atuação discricionária: isto é, a **escolha de oportunidade e conveniência está muito mais limitada**, pois sujeita-se a um controle maior.

As normas acrescentadas visam tornar mais transparentes os processos decisórios, destacando:

- Dever de motivação

As **decisões da Administração Pública** que sejam baseadas em **valores jurídicos abstratos** (interesse público, notório saber, boa-fé, reputação ilibada) devem considerar as **consequências práticas** que delas podem advir.

Os atos decisórios, portanto, devem ser motivados, demonstrando a **necessidade, as consequências jurídicas e administrativas** e a adequação da medida imposta ou as razões que motivaram a invalidação de ato, contrato, ajuste, processo ou norma administrativa.

- Modulação de efeitos

As decisões devem ter seus **efeitos modulados**, não se podendo impor aos sujeitos atingidos ônus ou perdas que, em função das peculiaridades do caso, sejam anormais ou excessivos.

Devem-se considerar, também, **os obstáculos e as dificuldades reais do gestor e as exigências das políticas públicas** a seu cargo, sem prejuízo dos direitos dos administrados.

- Gradação das sanções

As sanções eventualmente aplicadas devem considerar a **natureza e a gravidade da infração cometida**, os danos que dela provierem para a administração pública, as circunstâncias agravantes ou atenuantes e os antecedentes do agente, além da dosimetria em caso de reincidência.

- Confiança legítima

A **decisão administrativa, controladora ou judicial** que estabelecer interpretação ou orientação nova sobre norma de conteúdo indeterminado, impondo novo dever ou novo condicionamento de direito, deverá prever **regime de transição de modo proporcional**, equânime e eficiente e sem prejuízo aos interesses gerais.

- Segurança jurídica

A **revisão**, nas esferas administrativa, controladora ou judicial, quanto à validade de ato, contrato, ajuste, processo ou norma administrativa cuja produção já se houver completado levará em conta as orientações gerais da época, **sendo vedado** que, com base em mudança posterior de orientação geral, **se declarem inválidas situações plenamente constituídas.**

- Compromissos e ajustamento de conduta

Para eliminar irregularidade, incerteza jurídica ou situação contenciosa na aplicação do direito público, inclusive no caso de expedição de licença, a autoridade administrativa poderá, após oitiva do órgão jurídico e, quando for o caso, após realização de consulta pública, e presentes razões de relevante interesse geral, celebrar compromisso com os interessados, observada a legislação aplicável.

- Compensações

A decisão do processo, nas esferas administrativa, controladora ou judicial, poderá impor **compensação por benefícios indevidos ou prejuízos anormais ou injustos** resultantes do processo ou da conduta dos envolvidos.

- Responsabilização pessoal

O agente público **responderá pessoalmente** por suas decisões ou **opiniões técnicas em caso de dolo ou erro grosseiro**.

Como se vê, não há grande novidade em relação às práticas de responsabilização previstas no Direito Administrativo, mas a previsão normativa concentrada dessas regras fortalece a ideia de **controle sobre os atos discricionários e restringe a possibilidade de tomadas de decisão arbitrárias** e desconexas com os interesses públicos e o bem comum.

■ REFERÊNCIAS BIBLIOGRÁFICAS

CARVALHO FILHO, José dos Santos. *Manual de Direito Administrativo*. 27. ed. rev. ampl. e atual. até 31-12-2013. São Paulo: Atlas, 2014.

DI PIETRO, Maria Sylvia Zanella. *Direito Administrativo*. 31. ed. rev. atual e ampl. Rio de Janeiro: Forense, 2018.

_____. *Parcerias na administração pública*: concessão, permissão, franquia, terceirização, parceria público-privada e outras formas. 10 ed. São Paulo. Atlas. 2015.

FARIA, Edimur Ferreira de. *Curso de Direito Administrativo Positivo*. 8. ed. rev. e ampl. Belo Horizonte: Fórum, 2015.

MEDAUAR, Odete. *Direito Administrativo Moderno*. 17. ed. São Paulo: RT, 2013.

MEIRELLES, Hely Lopes. *Direito Administrativo Brasileiro*. 42. ed. atual. até a Emenda Constitucional 90, de 15-9-2015. São Paulo: Malheiros, 2016.

MELLO, Celso Antônio Bandeira de. *Curso de Direito Administrativo*. 26. ed. rev. e atual. até a Emenda Constitucional 57, de 18-12-2008. São Paulo: Malheiros, 2009.

MOREIRA NETO, Diogo de Figueiredo. *Curso de Direito Administrativo*: parte introdutória, parte geral e parte especial. 16. ed. rev. e atual. Rio de Janeiro: Forense, 2014.

■ QUESTÕES

(XXXIV Exame de Ordem unificado/FGV) Márcio é policial militar do Estado Ômega e, ao longo de suas férias, em movimentada praia no litoral do Estado Alfa, durante festa em que se encontrava à paisana, envolveu-se em uma briga, durante a qual sacou a arma da corporação, que sempre portava, e desferiu tiros contra Bernardo, que veio a óbito imediato. Mirtes, mãe de Bernardo, pretende ajuizar ação indenizatória em decorrência de tal evento. Sobre a situação narrada, assinale a afirmativa correta.

A) A ação indenizatória não poderá ser ajuizada em face do Estado Ômega, na medida em que o fato ocorreu no território do Estado Alfa.

B) A ação deverá ser ajuizada em face da União, que é competente para promover a segurança pública.
C) Há legitimidade passiva do Estado Ômega, considerando que Márcio tinha a posse de uma arma da corporação, em decorrência da qualidade de agente público.
D) O Estado Ômega deve responder civilmente pela conduta de Márcio, já que o ordenamento jurídico pátrio adotou a teoria do risco integral.

RESPOSTA
A) Falsa. A responsabilidade objetiva do Estado, enquanto pessoa jurídica, não se limita ao estado, enquanto território.
B) Falsa. A segurança pública é atribuída ao ente federativo estadual, sendo a União competente apenas nas questões de segurança nacional, no limite de suas atribuições previstas no art. 21 da Constituição Federal.
☑ Verdadeira. A responsabilidade do Estado por atos de seus agentes, que causem prejuízo a terceiros se estende às situações de culpa *in vigilando*, mesmo que o agente não estivesse no exercício de suas funções ou agindo a pretexto de exercê-las.
D) Falsa. O Estado Ômega de fato deve responder civilmente pela conduta de Márcio, todavia, o ordenamento jurídico pátrio adota a teoria do risco administrativo, que admite excludentes de responsabilidade.

(XXXIV Exame de Ordem unificado/FGV) Em determinado hospital municipal ocorreu grave incêndio, iniciado por pane elétrica no sistema de refrigeração. Todos os pacientes foram imediatamente retirados do hospital e, diante do iminente perigo público, a autoridade competente determinou que, até que fosse providenciada a remoção dos pacientes para outras unidades de saúde, os enfermos fossem abrigados no pátio de uma grande escola particular situada em frente ao nosocômio. Buscando obter informações sobre seu eventual direito à indenização, o proprietário da escola particular procurou você, como advogado(a), para obter a orientação jurídica correta. Segundo sua orientação, no caso em tela, o agente público fez uso da
A) ocupação administrativa temporária, e o proprietário da escola particular não faz jus à indenização, em razão da supremacia do interesse público.
B) limitação administrativa, que assegura ao proprietário da escola particular o direito à indenização imediata e ao poder público o direito de preempção.
C) servidão administrativa, que assegura ao proprietário da escola particular o direito à prévia indenização, em razão do uso temporário de seu bem imóvel.
D) requisição administrativa, que assegura ao proprietário da escola particular o direito à indenização ulterior, caso haja dano.

RESPOSTA
A) Falsa. Tanto a ocupação temporária quanto a requisição administrativa podem ser indenizadas, posteriormente à medida de intervenção na propriedade, se comprovado dano ao bem do particular. O que distingue a ocupação da requisição é que nesta se afigura a questão do iminente perigo público.
B) Falsa. A limitação administrativa é forma de intervenção geral que não afeta um particular de forma individual. São exemplos as regras de uso e ocupação do solo e as regras de zoneamento urbano. Preempção é um direito de preferência na aquisição de determinado bem e não tem pertinência com a questão proposta.
C) Falsa. A servidão administrativa é forma de intervenção na propriedade que, em regra, assegura direito à prévia indenização, todavia, afigura-se em situações planejadas pelo órgão público, como a necessidade de passagem de um oleoduto sob um terreno. Neste caso, nota-se que a servidão tem características de perenidade da intervenção.
☑ Verdadeira. A requisição administrativa, forma de intervenção na propriedade que se caracteriza pela urgência e temporalidade característica das situações de iminente perigo público. A indenização é posterior e ocorre em caso de dano ao bem.

(XXXIV Exame de Ordem unificado/FGV) Ataulfo é servidor público estável de um pequeno Município, ocupante de cargo administrativo de carreira junto ao Poder Executivo, cuja remuneração era composta pelas seguintes rubricas, determinadas por lei do mencionado ente federativo: (I) vencimento base, de valor inferior ao salário-mínimo; (II) abono salarial, utilizado para alcançar o salário-mínimo; (III) adicional de tempo de serviço. O Município editou, recentemente, a Lei XYZ, que conferiu à carreira de Ataulfo nova gratificação, estipulada em 10% (dez por cento) sobre o total da remuneração até então percebida pelo mencionado servidor (somatório das rubricas (I), (II) e (III)). Acerca da remuneração de Ataulfo, com base na situação hipotética narrada, assinale a afirmativa correta.
A) A remuneração de Ataulfo é inconstitucional porque seu vencimento-base não poderia ser inferior ao salário-mínimo.
B) O Município não precisava ter editado lei para instituir a nova gratificação, na medida em que a alteração da remuneração de Ataulfo poderia ser efetuada por decreto.
C) A gratificação instituída pela Lei XYZ é inconstitucional, porque o seu cálculo incidiu sobre verbas que não podem ser computadas para a concessão de acréscimos ulteriores.
D) A remuneração de Ataulfo é inconstitucional, pois é obrigatório que sua remuneração seja realizada, exclusivamente, por subsídio, que é parcela única, vedado o acréscimo de qualquer parcela remuneratória.

RESPOSTA
A) Falsa. A garantia do salário mínimo, prevista no art. 7º, inciso IV, conjugada com o § 3º do art. 39 da Constituição Federal, refere-se ao total da remuneração do servidor, conforme Súmula Vinculante n. 16 do STF.
B) Falsa. Todo gasto público depende de previsão legal orçamentária, além do que, o vencimento e as demais parcelas remuneratórias só podem ser previstas por lei, conforme dispõe o art. 37, X, da Constituição Federal.

☑ Verdadeira. Os acréscimos pecuniários somente podem ser calculados sobre o valor do vencimento básico, não sendo permitido o chamado efeito cascata, conforme art. 37, XIV, da Constituição Federal.

D) Falsa. A remuneração por subsídio é obrigatória para certas classes, tais quais os agentes políticos, militares e membros de carreiras especiais. Para os agentes de carreiras comuns é possível fixar a contraprestação por subsídio, nos termos do art. 37, § 8º, da Constituição Federal.

(XXXIV Exame de Ordem unificado/FGV) Com vistas a atender a relevante interesse social e coletivo, o Estado Alfa decidiu criar uma sociedade de economia mista para o desempenho de atividade econômica de sua competência. Após os devidos trâmites para a criação de tal pessoa jurídica, designada de *Empreendere*, verificou-se a necessidade da contratação de pessoal para que a entidade administrativa pudesse desempenhar suas atividades. Considerando a situação delimitada, assinale a afirmativa correta.

A) Por desempenhar atividade econômica, não há necessidade de *Empreendere* realizar concurso público para a contratação de pessoal.
B) Por se tratar de pessoa jurídica de direito privado, a criação de *Empreendere* não depende de autorização legislativa.
C) O regime de pessoal a ser adotado por *Empreendere* será o de emprego público, ou seja, o regime celetista.
D) *Empreendere* é uma pessoa jurídica de direito público, cuja criação decorre diretamente da lei, independentemente do registro dos atos constitutivos.

RESPOSTA

A) Falsa. A exigência de concurso público para admissão de pessoal é exigida para o provimento de cargo públicos, quando efetivos, e para o preenchimento de empregos públicos, nos moldes do art. 37, II, da Constituição Federal.
B) Falsa. As empresas públicas e sociedades de economia mista são instituídas mediante registro de seus atos constitutivos em cartório, após prévia aprovação de lei autorizativa de sua criação, conforme art. 37, XIX.
☑ Verdadeira. O regime estatutário é privativo das autarquias e fundações públicas de direito público. Assim, às empresas estatais é reservado o mesmo regime de trabalho das empresas privadas, sem qualquer privilégio decorrente do regime jurídico de direito público.
D) Falsa. As pessoas jurídicas de direito público, cuja criação decorre diretamente da lei, independentemente do registro dos atos constitutivos, são as autarquias e as fundações autárquicas, isto é, as fundações públicas de direito público.

(XXXIV Exame de Ordem unificado/FGV) Carlos, conhecido advogado de notório saber jurídico e de reputação ilibada, com 30 (trinta) anos de efetiva atividade profissional, acaba de ser nomeado Desembargador junto ao Tribunal de Justiça do Estado Alfa. Em razão da natureza do cargo que passará a ocupar e do grau de responsabilidade de suas novas funções, Carlos gozará da prerrogativa da vitaliciedade, que garante que a perda de seu cargo apenas pode ocorrer mediante sentença judicial transitada em julgado. A vitaliciedade no cargo do Carlos será adquirida

A) imediatamente, no momento de sua posse e exercício, não sendo necessária a observância de qualquer prazo ou a prática de qualquer ato administrativo específico.
B) após 2 (dois) anos de efetivo exercício, período no qual desempenhará estágio probatório supervisionado pelo Tribunal de Justiça estadual.
C) após 3 (três) anos de efetivo exercício, durante os quais cumprirá estágio probatório supervisionado, em conjunto, pela seccional da Ordem dos Advogados do Brasil e pelo Tribunal de Justiça estadual.
D) no prazo de 30 (trinta) dias após sua posse, por meio de ato administrativo complexo a ser praticado pela seccional da Ordem dos Advogados do Brasil e pelo Tribunal de Justiça estadual.

RESPOSTA

☑ Verdadeira. A vitaliciedade é uma característica do cargo, assim, a posse já assegura o regime do vitaliciamento. No primeiro grau, nos termos do art. 95, I, da Constituição Federal, exigem-se dois anos de efetivo exercício. Saliente-se, apenas, que a temática não é comum em questões de Direito Administrativo e sim de Direito Constitucional.
B) Falsa. A exigência de período de 2 anos está associada à aquisição da vitaliciedade no primeiro grau, conforme art. 95 da Constituição Federal.
C) Falsa. O prazo de 3 anos de estágio probatório refere-se à aquisição de estabilidade nos termos do art. 40 da Constituição Federal.
D) Falsa. A vitaliciedade é uma característica do cargo, assim, a posse já assegura o regime do vitaliciamento. A exigência de período de 2 anos está associada à aquisição da vitaliciedade no primeiro grau, conforme art. 95 da Constituição Federal.

(XXXIV Exame de Ordem unificado/FGV) O Parque de Diversões Alegrias ABC obteve legalmente autorização do Município Alfa para uso de bem público, de maneira a montar suas instalações e exercer suas atividades em determinada praça pública, pelo período de três meses. Um mês após a edição do ato de autorização de uso, sobreveio legislação municipal, alterando o plano diretor da cidade, tornando aquela área residencial e proibindo expressamente sua autorização de uso para fins recreativos, como a instalação de parques de diversão. No caso em tela, houve extinção do ato administrativo de autorização de uso inicialmente válido por meio da

A) cassação, devendo a autoridade municipal que emitiu o ato revogá-lo expressamente para o fiel cumprimento da lei e o Parque de Diversões Alegrias ABC não tem direito à indenização.
B) caducidade, por força de ilegalidade superveniente causada pela alteração legislativa, sem culpa do beneficiário do ato Parque de Diversões Alegrias ABC.

C) anulação, que ocorre de forma tácita, em razão de fato do príncipe superveniente, consistente na alteração do plano diretor da cidade, com direito de indenização ao Parque de Diversões Alegrias ABC.
D) contraposição, por força de ilegalidade superveniente decorrente da nova lei municipal editada, devendo ser perquirida eventual culpa do Parque de Diversões Alegrias ABC.

RESPOSTA

A) Falsa. A cassação é a forma de extinção do ato administrativo em razão de descumprimento, pelo destinatário do ato, de condição essencial de sua manutenção.

☑ Verdadeira. A caducidade, enquanto forma de extinção do ato administrativo, ocorre pelo cessamento de seus efeitos em função da superveniência de norma incompatível com sua manutenção.

C) Falsa. A anulação é a forma de extinção do ato administrativo que provoca sua retirada em razão de vício de legalidade.

D) Falsa. Na contraposição, os efeitos do ato administrativo se encerram pela prática de outro ato cujo efeito é contrário ao primeiro.

(35º Exame de Ordem unificado/FGV) Em decorrência das queimadas que têm assolado certo bioma, os municípios vizinhos Alfa, Beta e Gama, nacionalmente conhecidos pelo turismo ambiental promovido na localidade e drasticamente afetados pelo fogo, decidiram formalizar um consórcio público com vistas a promover a proteção ao meio ambiente. No respectivo protocolo de intenções, os entes federativos estabeleceram a denominação – Protetivus –, a finalidade, o prazo de duração, a sede do consórcio e a previsão de que o consórcio é associação pública, dentre outras cláusulas necessárias. Diante dessa situação hipotética, em consonância com a legislação de regência, assinale a afirmativa correta.

A) A associação pública Protetivus não poderá integrar a Administração Indireta dos municípios Alfa, Beta e Gama.
B) Os municípios Alfa, Beta e Gama somente entregarão recursos financeiros ao consórcio público mediante contrato de rateio.
C) Os municípios Alfa, Beta e Gama não poderiam formalizar o consórcio público em questão sem a participação da União.
D) A edição de Decreto por cada um dos municípios envolvidos é suficiente para que a associação pública Protetivus adquira personalidade jurídica.

RESPOSTA

A) Falsa. A Lei n. 11.107 de 2005 estabelece que, para fins de controle, os consórcios públicos com natureza de direito público integram a administração indireta de cada um dos entes federativos consorciados.

☑ Verdadeira. A Lei n. 11.107 de 2005 prevê a figura do contrato de rateio, nos moldes do art. 8º que é o instrumento jurídico adequado para o estabelecimento das obrigações financeiras de cada um dos entes consorciados.

C) Falsa. A Lei n. 11.107 de 2005 prevê que a participação da União somente pode ocorrer nos casos em que o ente federativo estadual também esteja integrando o consórcio público.

D) Falsa. No caso de personalidade jurídica de direito público, é necessária a ratificação do protocolo de intenções por lei de cada um dos entes consorciados envolvidos. No caso da personalidade jurídica de direito privado, há a necessidade de registro do ato constitutivo em cartório.

(35º Exame de Ordem unificado/FGV) João é servidor público federal, ocupando o cargo efetivo de Analista Judiciário em determinado Tribunal. A autoridade competente do Tribunal recebeu uma denúncia anônima, devidamente circunstanciada, narrando que João revelou segredo, do qual se apropriou em razão do cargo, consistente no conteúdo de uma interceptação telefônica determinada judicialmente e ainda mantida em sigilo, a terceiro. O Tribunal instaurou preliminarmente sindicância, a qual, após a obtenção de elementos suficientes, resultou na instauração de processo administrativo disciplinar (PAD), iniciado por portaria devidamente motivada. O PAD, atualmente, está em fase de inquérito administrativo. No caso em tela, em razão de ter o PAD se iniciado por meio de notícia apócrifa, eventual alegação de sua nulidade pela defesa técnica de João

A) não merece prosperar, pois é permitida a instauração de processo administrativo disciplinar com base em denúncia anônima, face ao poder-dever de autotutela imposto à Administração.
B) merece prosperar, por violação ao princípio administrativo da publicidade, e a alegação deve ser feita até a apresentação de relatório pela comissão do PAD, que é composta por três servidores estáveis.
C) não merece prosperar, pois já houve preclusão, eis que tal argumento deveria ter sido apresentado na fase de instauração do PAD, até cento e vinte dias após a publicação do ato que constituiu a comissão.
D) merece prosperar, por violação aos princípios constitucionais do contraditório e de ampla defesa, pois o servidor público representado tem o direito subjetivo de conhecer e contraditar o autor da representação.

RESPOSTA

☑ Verdadeira. De acordo com a Súmula 611, editada pelo Superior Tribunal de Justiça em 2018, desde que devidamente motivada e com amparo em investigação ou sindicância, é permitida a instauração do processo com base em denúncia anônima.

B) Falsa. A denúncia anônima não ofende o princípio da publicidade que se inicia a partir da instauração do PAD até sua conclusão final.

C) Falsa. A alegação de nulidade do PAD pode ser feita a qualquer momento, inclusive após sua conclusão, respeitado o prazo prescricional de 5 anos para revisão dos atos da Administração.

D) Falsa. O contraditório e ampla defesa serão assegurados em face da Administração Pública e não em face do eventual denunciante.

(35º Exame de Ordem unificado/FGV) O município Gama almeja realizar licitação para a escolha de um projeto urbanístico, de cunho técnico especializado, de natureza preponderantemente cultural, para a revitalização de seu centro histórico. Para tanto, fez publicar o respectivo edital com as especificações determinadas por lei. Sobre a hipótese, segundo a nova de Lei de Licitações (Lei n. 14.133/2021), assinale a afirmativa correta.
A) O vencedor da licitação deverá ceder ao município Gama os direitos patrimoniais relativos ao projeto e autorizar sua execução conforme juízo de conveniência e oportunidade das autoridades competentes.
B) A elaboração do projeto técnico mencionado corresponde a serviço comum, de modo que a modalidade de licitação aplicável pelo município Gama é o pregão.
C) A modalidade de licitação a ser utilizada pelo município Gama é o diálogo competitivo, porque a Nova Lei de Licitações não prevê o concurso.
D) A licitação deverá ser realizada como concurso público de provas e títulos, tal como ocorre com a admissão de pessoal, para fins de remunerar o projeto vencedor.

RESPOSTA
☑ Verdadeira. A modalidade cabível é o concurso e, conforme parágrafo único do art. 30 da Lei, o vencedor deverá ceder à Administração Pública todos os direitos patrimoniais relativos ao projeto e autorizar sua execução conforme juízo de conveniência e oportunidade das autoridades competentes.
B) Falsa. A modalidade cabível é o concurso, pois não se trata de aquisição de serviços ou bens e sim da escolha de trabalho técnico, científico ou artístico.
C) Falsa. A modalidade cabível é o concurso, pois não se trata de aquisição de serviços ou bens e sim da escolha de trabalho técnico, científico ou artístico.
D) Falsa. A modalidade cabível é o concurso, pois não se trata de aquisição de serviços ou bens e sim da escolha de trabalho técnico, científico ou artístico.

(35º Exame de Ordem unificado/FGV) A Associação Gama é uma instituição religiosa que se dedica à promoção da assistência social e almeja obter recursos financeiros junto ao governo federal a fim de fomentar suas atividades. Para tanto, seus representantes acreditam que a melhor alternativa é a qualificação como Organização da Sociedade Civil de Interesse Público – OSCIP, razão pela qual procuram você, como advogado(a), a fim de esclarecer as peculiaridades relacionadas à legislação de regência (Lei n. 9.790/99). Acerca da situação hipotética apresentada, assinale a afirmativa correta.
A) A qualificação da Associação Gama como OSCIP é ato discricionário, que deve ser pleiteado junto ao Ministério da Justiça.
B) Após a sua qualificação como OSCIP, a Associação Gama deverá formalizar contrato de gestão com a Administração Pública para a transferência de recursos financeiros.
C) A Associação Gama não poderá ser qualificada como OSCIP, pois as instituições religiosas não são passíveis de tal qualificação.
D) O estatuto social da Associação Gama precisa vedar a participação de servidores públicos na composição de conselho ou diretoria, a fim de que ela possa ser qualificada como OSCIP.

RESPOSTA
A) Falsa. A outorga da qualificação como OSCIP, prevista no art. 1º da Lei, é ato vinculado ao cumprimento dos requisitos instituídos pela norma legal.
B) Falsa. Após a sua qualificação como OSCIP, a formalização de contrato de gestão com a Administração Pública é instrumento hábil a configurar o vínculo com organizações sociais. Para a OSCIP, o instrumento adequado é o termo de parceria.
☑ Verdadeira. Nos termos do art. 2º da lei, não podem se qualificar como OSCIP: as sociedades comerciais, sindicatos, instituições religiosas, partidos políticos, dentre outros.
D) Falsa. É permitida a participação de servidores públicos na composição de conselho ou diretoria de Organização da Sociedade Civil de Interesse Público, conforme prevê o parágrafo único do art. 4º da lei.

(35º Exame de Ordem unificado/FGV) O Estado Alfa pretende firmar com sociedade empresária ou consórcio privado contrato de concessão patrocinada de serviços públicos para manutenção de uma rodovia estadual, precedida de obra pública, sob o regime jurídico da chamada parceria público-privada. O Estado Alfa iniciou os trâmites legais para a contratação, e a sociedade empresária Delta está interessada em ser contratada. Visando calcular os riscos, em especial tirar dúvidas sobre o pedágio que será cobrado dos usuários e as providências administrativas que deve adotar previamente para ser contratada, a sociedade empresária Delta buscou orientação em escritório de advocacia especializado na matéria. Na qualidade de advogado(a) que compareceu à reunião para prestar esclarecimentos à sociedade empresária Delta, você informou ao sócio-administrador, com base na Lei n. 11.079/2004, que a concessionária prestará o serviço cobrando
A) dos usuários determinado valor pela tarifa e percebendo uma remuneração adicional paga pelo poder público concedente, e, antes da celebração do contrato, deverá ser constituída sociedade de propósito específico, incumbida de implantar e gerir o objeto da parceria.
B) do Estado Alfa, na qualidade de usuário direto ou indireto dos serviços, o valor total da tarifa, e, antes da celebração do contrato, deverá ser constituída sociedade empresária subsidiária, incumbida de planejar o objeto da parceria.
C) dos usuários valor como tarifa que seja suficiente para, de forma integral, arcar com e manter o equilíbrio econômi-

co e financeiro do contrato, sem contribuição do poder público concedente, e a contratação será precedida de licitação na modalidade concorrência.
D) do Estado Alfa, na qualidade de usuário indireto dos serviços, o valor da metade da tarifa, e a contratação será precedida de licitação na modalidade concorrência ou pregão, de acordo com o valor estimado do contrato.

RESPOSTA

☑ Verdadeira. A concessão patrocinada é a concessão de serviços públicos ou de obras públicas de que trata a Lei n. 8.987/95, quando envolver, adicionalmente à tarifa cobrada dos usuários contraprestação pecuniária do parceiro público ao parceiro privado, nos termos da Lei n. 11.079/2004.

B) Falsa. A cobrança direta do Estado Alfa, na qualidade de usuário direto ou indireto dos serviços, seria hipótese de concessão administrativa, nos moldes do § 2º do art. 2º da lei.

C) Falsa. Quando a tarifa é suficiente para manter o equilíbrio econômico e financeiro do contrato, sem contribuição do poder público concedente, a concessão será a comum, nos moldes da Lei n. 8.987/95.

D) Falsa. Na concessão patrocinada, é cobrada a tarifa do usuário e o complemento de aporte do Estado, ressaltando-se que toda concessão de serviços públicos deve ser precedida de licitação na modalidade de concorrência.

(35º Exame de Ordem unificado/FGV) Em janeiro de 2022, João, na qualidade de Secretário de Educação do município Alfa, de forma culposa, praticou ato que causou lesão ao erário municipal, na medida em que permitiu, por negligência, a aquisição de bem consistente em material escolar por preço superior ao de mercado. O Ministério Público ajuizou ação civil pública por ato de improbidade administrativa em face de João, imputando-lhe a prática de ato omisso e culposo que ensejou superfaturamento em prejuízo ao Município, bem como requereu a condenação do Secretário Municipal a todas as sanções previstas na Lei de Improbidade Administrativa. Após ser citado, João procurou você, como advogado(a), para defendê-lo. Com base na Lei n. 8.429/92 (com as alterações introduzidas pela Lei n. 14.230/2021), você redigiu a contestação, alegando que, atualmente, não mais existe ato de improbidade administrativa

A) omissivo, pois a nova legislação exige conduta comissiva, livre e consciente do agente, caracterizada por um atuar positivo por parte do sujeito ativo do ato de improbidade, para fins de caracterização de ato ímprobo.

B) culposo, pois a nova legislação exige conduta dolosa para todos os tipos previstos na Lei de Improbidade e considera dolo a vontade livre e consciente de alcançar o resultado ilícito tipificado na lei, não bastando a voluntariedade do agente.

C) que cause simplesmente prejuízo ao erário, pois é imprescindível que o sujeito ativo do ato de improbidade tenha se enriquecido ilicitamente com o ato praticado, direta ou indiretamente.

D) que enseje mero dano ao erário, pois é imprescindível que o sujeito ativo do ato de improbidade tenha também atentado contra os princípios da administração pública, direta ou indiretamente.

RESPOSTA

A) Falsa. Os atos de improbidade podem ser praticados tanto por ato comissivo como por ato omissivo, desde que caracterizado por conduta dolosa.

☑ Verdadeira. A Lei n. 14.230/2021 suprimiu a modalidade de improbidade administrativa culposa. Os ilícitos dos arts. 9º, 10 e 11 exigem a intencionalidade, ou seja, a conduta dolosa do agente público.

C) Falsa. Os atos de improbidade administrativa dividem-se em três tipos: enriquecimento ilícito, prejuízo ao erário e atentado aos princípios da administração pública.

D) Falsa. Os três tipos de ato de improbidade são autônomos e não se confundem. Assim, cada ato de improbidade configura apenas uma das tipologias da lei.

(36º Exame de Ordem unificado/FGV) A Agência Reguladora federal Alfa, criada no ano corrente, tem a intenção de formalizar um acordo de cooperação com a Agência Reguladora estadual Beta. O acordo visa à descentralização das atividades normativas, fiscalizatórias, sancionatórias e arbitrais, com o intuito de conferir maior eficiência à atuação das duas entidades. Nesse contexto, à luz do disposto na CRFB/88 e na Lei n. 13.848/2018, assinale a afirmativa correta.

A) O acordo de cooperação poderia ter por objeto a delegação de competência normativa da Agência Alfa.

B) A execução da fiscalização do objeto da delegação pela Agência Beta, por ser estadual, não precisa observar as normas federais pertinentes.

C) A execução de competência delegada pelo acordo de cooperação à Agência Beta independe do acompanhamento e da avaliação pela Agência Alfa.

D) A Agência Alfa, havendo delegação de competência, permanecerá como instância superior e recursal das decisões tomadas no exercício da competência delegada à Agência Beta.

RESPOSTA

A) Falsa. Nos termos do § 1º do art. 34 da lei, é vedada a delegação de competências normativas.

B) Falsa. Nos termos do § 4º do art. 34 da lei, na execução das atividades de fiscalização objeto de delegação, a agência reguladora ou o órgão regulador estadual, distrital ou municipal que receber a delegação observará as normas legais e regulamentares federais pertinentes.

C) Falsa. Um dos objetivos dos planos estratégicos e de gestão anual, é aperfeiçoar o acompanhamento das ações da agência reguladora, inclusive de sua gestão, promovendo maior transparência e controle social.

☑ Verdadeira. Nos termos do § 7º do art. 35, havendo delegação de competência, a agência reguladora delegante permanecerá como instância superior e recursal das decisões tomadas no exercício da competência delegada.

(36º Exame de Ordem unificado/FGV) José é proprietário de imóvel rural de enorme dimensão, mas totalmente improdutivo, que vem sendo objeto de constantes desmatamentos à revelia da legislação ambiental. O imóvel está localizado no Município Alfa do Estado Gama, sendo certo que os órgãos ambientais de ambos os entes federativos já vêm atuando em razão da supressão vegetal ilegal. Em seu imóvel, José não promove a utilização adequada dos recursos naturais disponíveis e a preservação do meio ambiente, nem mesmo realiza seu aproveitamento racional e adequado. Por estar descumprindo sua função social, nos termos da CRFB/88, o imóvel de José pode ser objeto de desapropriação

A) por interesse social, para fins de reforma agrária, mediante prévia e justa indenização em títulos da dívida agrária, cuja competência é da União.
B) sanção, que consiste em punição ao particular por sua conduta imobiliária inconstitucional, mediante justa e prévia indenização, cuja competência é do Estado Gama.
C) confisco, que consiste na retirada do bem do patrimônio do particular com sua incorporação ao patrimônio público, mediante justa e ulterior indenização, cuja competência é da União.
D) por utilidade social e com caráter sancionador, mediante ulterior e justa indenização a ser paga por meio de precatório, cuja competência é do Município Alfa.

RESPOSTA

☑ Verdadeira. A modalidade de desapropriação por interesse social, para fins de reforma agrária, mediante prévia e justa indenização em títulos da dívida agrária, cuja competência é da União, está prevista no art. 184 da Constituição Federal.
B) Falsa. A modalidade de desapropriação sancionatória urbana está prevista no art. 182 da Constituição Federal e destina-se a garantir o cumprimento da função social da propriedade.
C) Falsa. A desapropriação confisco tem amparo no art. 243 da Constituição Federal que dispõe que: As propriedades rurais e urbanas de qualquer região do País onde forem localizadas culturas ilegais de plantas psicotrópicas ou a exploração de trabalho escravo na forma da lei serão expropriadas e destinadas à reforma agrária e a programas de habitação popular, sem qualquer indenização ao proprietário e sem prejuízo de outras sanções previstas em lei, observado, no que couber, o disposto no art. 5º.
D) Falsa. A modalidade de desapropriação por utilidade pública não tem caráter sancionatório e sua indenização é justa, prévia e em dinheiro, nos moldes do art. 5º, XXIV, da Constituição Federal.

(36º Exame de Ordem unificado/FGV) A sociedade empresária Alfa praticou um ato lesivo à Administração Pública de um país estrangeiro, atentando contra os compromissos internacionais assumidos pelo Brasil no âmbito do combate à corrupção. Em razão disso, as autoridades brasileiras querem tomar as providências cabíveis a fim de promover a responsabilização administrativa e/ou judicial da pessoa jurídica por tais atos lesivos, em território nacional. Considerando os fatos narrados, à luz da Lei n. 12.846/2013 (Lei Anticorrupção), assinale a afirmativa correta.

A) Não é possível a responsabilização administrativa no caso, considerando que o ilícito foi cometido contra Administração Pública estrangeira.
B) Não é possível a responsabilização administrativa e/ou judicial da sociedade empresária Alfa, mas apenas a de seus sócios administradores.
C) Na esfera administrativa, após o devido processo administrativo, é cabível a dissolução compulsória da sociedade empresária Alfa.
D) A responsabilização administrativa da sociedade empresária Alfa não afasta a possibilidade de sancioná-la na esfera judicial, com base na legislação específica.

RESPOSTA

A) Falsa. A Lei n. 12.846/2013 dispõe sobre a responsabilização objetiva administrativa e civil de pessoas jurídicas pela prática de atos contra a administração pública, nacional ou estrangeira.
B) Falsa. A responsabilização administrativa e ou judicial da sociedade empresária é a regra, embora a personalidade jurídica possa ser desconsiderada sempre que utilizada com abuso do direito para facilitar, encobrir ou dissimular a prática dos atos ilícitos.
C) Falsa. Em razão da prática de atos previstos no art. 5º da lei, a União, os Estados, o Distrito Federal e os Municípios, por meio das respectivas Advocacias Públicas ou órgãos de representação judicial, ou equivalentes, e o Ministério Público, poderão ajuizar ação com vistas à aplicação de sanções às pessoas jurídicas infratoras, dentre elas, a dissolução compulsória.
☑ Verdadeira. Conforme art. 18 da lei, na esfera administrativa, a responsabilidade da pessoa jurídica não afasta a possibilidade de sua responsabilização na esfera judicial.

(36º Exame de Ordem unificado/FGV) Túlio era servidor público federal e falsificou documentos para, de má-fé, obter a sua aposentadoria por tempo de contribuição junto ao Regime Próprio de Previdência Social – RPPS. Por não ter sido verificado o problema dos documentos, o pedido foi deferido pelo órgão competente de origem e, pouco depois, registrado perante o Tribunal de Contas da União – TCU, que não verificou o embuste e não conferiu oportunidade de manifestação para Túlio. Ocorre que, seis anos após o aludido registro, a Corte de Contas tomou conhecimento do ardil de Túlio e da nulidade dos documentos apresentados, razão pela qual instaurou processo administrativo para fins de anular o registro promovido em dissonância com o ordenamento jurídico. Diante dessa situação hipotética, aponte a assertiva correta.

A) A conduta do TCU foi irregular, na medida em que a aposentadoria de Túlio é ato administrativo simples, que não deveria ter sido submetido a registro perante a Corte de Contas.

B) O exercício da autotutela, para fins de anular a aposentadoria de Túlio, não está fulminado pela decadência, diante de sua má-fé.
C) O registro da aposentadoria de Túlio foi irregular, pois dependia da garantia da ampla defesa e contraditório perante o TCU.
D) A anulação da aposentadoria não é mais viável, considerando que transcorrido o prazo prescricional de cinco anos para o exercício da pretensão.

RESPOSTA
A) Falsa. Os atos de aposentadoria são considerados atos administrativos complexos, isto é, que somente se aperfeiçoam após a manifestação de dois ou mais órgãos.
☑ Verdadeira. A Lei n. 9.784/99 permite a revisão de atos, a qualquer tempo, salvos atos que tenham gerado efeitos favoráveis para terceiros de boa-fé, observado o prazo decadencial de 5 anos.
C) Falsa. O direito de contraditório não se exerce durante o período do análise do ato, pois considera-se que o nascimento do ato decorre do registro, conforme súmula vinculante 3 do Supremo Tribunal Federal.
D) Falsa. A má-fé impede a ocorrência do prazo decadencial para revisão dos atos da Administração Pública.

(36º Exame de Ordem unificado/FGV) A administração do Município Alfa está construindo uma ponte para facilitar o acesso dos produtores rurais ao seu centro urbano. Para a realização da construção, o ente necessita utilizar a propriedade privada de Fernando, um terreno não edificado, vizinho à obra, enquanto perdurar a atividade de interesse público, para a qual não há perigo iminente. Considerando as modalidades de intervenção do Estado na propriedade, a administração do Município Alfa deve
A) realizar o tombamento do bem de Fernando, mediante prévia e justa indenização em dinheiro, diante da relevância da obra a ser realizada.
B) determinar a requisição administrativa do bem de Fernando, mediante indenização ulterior, em caso de dano.
C) efetuar a ocupação temporária do bem de Fernando, passível de indenização pela utilização do terreno em ação própria.
D) implementar uma servidão administrativa no bem de Fernando, mediante prévia e justa indenização em dinheiro, pelo sacrifício da propriedade.

RESPOSTA
A) Falsa. O tombamento é modalidade de intervenção na propriedade que se destina à preservação do patrimônio artístico, cultural e histórico.
B) Falsa. A requisição administrativa é modalidade de intervenção nos casos de configuração de perigo público, o que não e o caso apontado no enunciado.
☑ Verdadeira. A ocupação temporária é a modalidade de intervenção cabível para o caso e será indenizada, a posteriori, se comprovada a existência de dano pela utilização do terreno.
D) Falsa. A servidão administrativa, mediante prévia e justa indenização em dinheiro, decorre de previsibilidade da intervenção na propriedade e do caráter não provisório da ocupação do imóvel.

(36º Exame de Ordem unificado/FGV) Na semana passada, o Ministério Público ajuizou ação em desfavor de Odorico, prefeito do Município Delta, em decorrência da prática de ato doloso de improbidade que causou enriquecimento ilícito. Após os devidos trâmites processuais, o Juízo de primeiro grau verificou a configuração dos elementos caracterizadores da improbidade, incluindo o dolo específico, razão pela qual aplicou as penalidades cominadas na legislação. Sobre as penalidades aplicadas ao prefeito Odorico, assinale a afirmativa correta.
A) É cabível a execução provisória da penalidade de perda da função pública, com seu imediato afastamento do cargo.
B) Poderia ser aplicada a penalidade de suspensão de direitos políticos por prazo superior a quinze anos, em razão da presença de dolo específico.
C) O Juízo de primeiro grau não poderia cumular as penalidades de suspensão dos direitos políticos e de proibição de contratar com a Administração, sob pena de *bis in idem*.
D) O Juízo de primeiro grau poderia cumular a determinação de ressarcimento integral ao erário com a aplicação da penalidade de multa equivalente ao valor do acréscimo patrimonial.

RESPOSTA
A) Falsa. A penalidade de perda da função pública só é possível após o trânsito em julgado da ação de improbidade administrativa.
B) Falsa. A suspensão de direitos políticos é prazo não superior a quatorze anos nos casos de enriquecimento ilícito, conforme art. 12 da lei de improbidade administrativa.
C) Falsa. As penalidades de perda do vínculo, suspensão de direitos políticos e multa são cumulativas.
☑ Verdadeira. O ressarcimento ao erário independe da aplicação de multa que tem caráter sancionatório, nos termos do art. 12 da lei.

■ MATERIAL DIGITAL EXCLUSIVO

DIREITO ADMINISTRATIVO

Direito Civil

Bruno Zampier

Mestre e Doutor em Direito Privado pela PUC Minas. Professor de Direito Civil da Faculdade Supremo. Coordenador do Supremo Concursos. Delegado de Polícia Federal.

Carla Carvalho

Professora adjunta da Faculdade de Direito da UFMG. Doutora em Direito pela UFMG. Mestre em Direito pela UFMG. Pesquisadora visitante na Université Libre de Bruxelles, Bélgica (2013-2014). Advogada.

Sumário

PARTE GERAL – 1. Introdução ao Estudo do Direito – IED: 1.1. Norma jurídica; 1.2. Direito objetivo; 1.3. Direito subjetivo; 1.3.1. Elementos do direito subjetivo; 1.3.1.1. Sujeito; 1.3.1.2. Objeto; 1.3.1.3. Relação jurídica; 1.4. Abuso do direito; 1.5. Direito potestativo; 1.6. Lei de Introdução às Normas do Direito Brasileiro (LINDB); 1.6.1. Eficácia da lei; 1.6.2. Interpretação e integração; 1.6.3. Lei no tempo; 1.6.4. Lei no espaço; 1.6.5. Lei n. 13.655, de 25 de abril de 2018 – **2. Da Pessoa Natural:** 2.1. Conceito. Personalidade; 2.2. Início da personalidade; 2.3. Capacidade; 2.4. Teoria das incapacidades; 2.4.1. Necessidade de representante ou assistente para a prática dos atos da vida civil; 2.4.2. Invalidade dos atos praticados pelo incapaz, sem a presença do representante ou assistente; 2.5. Emancipação – **3. Morte:** 3.1. Modalidades de morte; 3.1.1. Real; 3.1.2. Presumida; 3.1.2.1. Fases da declaração de ausência; 3.2. Comoriência – **4. Direitos da personalidade:** 4.1. Perspectiva histórica; 4.2. Características; 4.2.1. Prevalência em caso de conflito com outros direitos; 4.2.2. São direitos subjetivos de caráter absoluto; 4.2.3. São direitos inatos e vitalícios; 4.2.4. São direitos absolutos e limitados; 4.2.5. São direitos relativamente indisponíveis; 4.2.6. Atipicidade – **5. Pessoa Jurídica:** 5.1. Noções gerais e características; 5.2. Classificação; 5.2.1. Associações; 5.2.2. Fundações; 5.2.3. Sociedades; 5.2.4. Partidos políticos; 5.2.5. Organizações religiosas; 5.3. Desconsideração da personalidade jurídica – **6. Domicílio:** 6.1. Conceito; 6.2. Domicílio da pessoa jurídica; 6.3. Pessoa natural – **7. Dos bens:** 7.1. Conceito; 7.2. Bens considerados em si mesmos; 7.3. Bens reciprocamente considerados – **8. Fatos jurídicos:** 8.1. Conceito de fato jurídico; 8.2. Classificação dos fatos jurídicos; 8.2.1. Quanto à licitude; 8.2.1.1. Fatos ilícitos; 8.2.1.1.1. Atos ilícitos subjetivos; 8.2.1.1.2. Atos ilícitos objetivos; 8.2.1.2. Fatos lícitos; 8.2.1.2.1. Atos jurídicos; 8.2.1.2.2. Atos-fatos; 8.2.1.2.3. Fato jurídico em sentido estrito – **9. Negócio jurídico** – **10. Prescrição e decadência:** 10.1. Resumo inicial sobre os conceitos de prescrição e decadência – **PARTE ESPECIAL – DIREITO DAS OBRIGAÇÕES – 11. Introdução ao estudo das obrigações – 12. Modalidades das obrigações (classificação):** 12.1. Obrigação de dar; 12.2. Obrigação de fazer; 12.3. Obrigação de não fazer; 12.4. Demais modalidades de obrigações; 12.5. Obrigação alternativa (arts. 252 a 256 do CC); 12.6. Obrigação cumulativa;

12.7. Obrigação facultativa; 12.8. Obrigações divisíveis ou fracionárias; 12.9. Obrigações indivisíveis; 12.10. Obrigações solidárias – **13. Transmissão das obrigações** – **14. Adimplemento e extinção das obrigações** – **15. Inadimplemento:** 15.1. Mora; 15.1.1. Espécies de mora; 15.1.1.1. Mora *solvendi*; 15.1.1.1.1. Efeitos da mora do devedor; 15.1.1.2. Mora *accipiendi*; 15.1.1.2.1. Efeitos da mora do credor – art. 440 do CC; 15.2. Inadimplemento absoluto; 15.3. Violação positiva do contrato; 15.4. Outras figuras relacionadas ao inadimplemento; 15.5. Cláusula penal e arras – **TEORIA GERAL DOS CONTRATOS** – **16. Introdução aos contratos** – **17. Autonomia privada** – **18. Novos princípios contratuais** – **19. Princípio da boa-fé objetiva** – **20. Função social dos contratos** – **21. Princípio da justiça contratual (ou do equilíbrio econômico)** – **22. Principais regras da teoria geral dos contratos:** 22.1. Contrato de adesão; 22.2. Pacto sucessório (ou pacto corvina); 22.3. Formação dos contratos; 22.4. Vícios redibitórios; 22.5. Evicção – **23. Contratos em espécie:** 23.1. Da compra e venda; 23.2. Da fiança; 23.3. Da doação; 23.4. Do empréstimo; 23.4.1. Comodato; 23.4.2. Mútuo; 23.5. Do transporte; 23.6. Do seguro; 23.7. Da locação de coisas – **RESPONSABILIDADE CIVIL** – **24. Introdução à responsabilidade civil** – **25. Ato ilícito** – **26. Evolução da responsabilidade civil quanto ao elemento culpa** – **27. Elementos da responsabilidade civil:** 27.1. Conduta; 27.2. Culpa; 27.3. Nexo causal; 27.3.1. Excludentes do nexo de causalidade; 27.4. Dano (ou prejuízo); 27.4.1. Espécies de dano – **DIREITO DAS COISAS** – **28. Introdução** – **29. Características:** 29.1. Absolutismo; 29.2. O atributo da sequela; 29.3. Preferência; 29.4. Taxatividade; 29.5. Perpétuo ou temporário – **30. Obrigações *propter rem*** – **31. Obrigações com eficácia real** – **32. Propriedade:** 32.1. Conceito; 32.2. Características; 32.3. Faculdades jurídicas inerentes à propriedade; 32.4. Função social da propriedade; 32.5. Formas de aquisição da propriedade; 32.5.1. Registro; 32.5.1.1. Características do sistema registral brasileiro; 32.5.1.2. Princípios do registro imobiliário; 32.5.2. Tradição; 32.5.3. Usucapião; 32.5.3.1. Requisitos da usucapião; 32.5.3.2. Requisitos pessoais da usucapião; 32.5.3.3. Requisitos reais da usucapião; 32.5.3.4. Requisitos formais da usucapião; 32.5.4. Acessão; 32.5.5. Ocupação; 32.6. Propriedade superficiária (arts. 1.369 e s. do CC) – **33. Posse:** 33.1. Introdução; 33.2. Classificação da posse; 33.3. Efeitos da posse – **34. Direitos reais sobre coisas alheias:** 34.1. Introdução; 34.2. Direitos reais de gozo (ou fruição); 34.3. Servidão (ver arts. 1.378 e s. do CC); 34.4. Quanto à classificação, as servidões se dividem em; 34.5. Usufruto (ver arts. 1.390 e s. do CC); 34.6. Uso (ver arts. 1.412 e 1.413 do CC); 34.7. Direito real de habitação (ver arts. 1.414 a 1.416 do CC); 34.8. Direitos reais de garantia; 34.9. Direito real de laje; 34.10. Condomínio em multipropriedade – **35. A Lei da Liberdade Econômica e o direito civil** – **DIREITO DE FAMÍLIA** – **36. Direito de família** – **37. Direito pessoal no direito de família:** 37.1. Casamento; 37.1.1. Causas suspensivas e impeditivas do casamento; 37.1.2. Habilitação para o casamento; 37.1.3. Celebração do casamento; 37.1.4. Provas do casamento; 37.1.5. Espécies de casamento válido; 37.1.6. Invalidade do casamento; 37.1.7. Eficácia do casamento; 37.1.8. Dissolução da sociedade e do vínculo conjugal; 37.1.9. Proteção dos filhos; 37.2. Relações de parentesco; 37.3. Filiação; 37.4. Reconhecimento dos filhos; 37.5. Adoção; 37.6. Poder familiar – **38. Direito patrimonial no direito de família:** 38.1. Regime de bens entre os cônjuges; 38.1.1. Comunhão parcial de bens; 38.1.2. Comunhão universal de bens; 38.1.3. Participação final nos aquestos; 38.1.4. Separação de bens; 38.2. Usufruto e administração dos bens de filhos menores; 38.3. Alimentos; 38.3.1. Espécies de alimentos; 38.4. Bem de família – **39. União estável** – **40. Tutela e curatela:** 40.1. Tutela; 40.2. Curatela; 40.3. Tomada de decisão apoiada – **DIREITO DAS SUCESSÕES** – **41. Sucessão em geral:** 41.1. Herança; 41.2. Vocação hereditária; 41.3. Aceitação e renúncia da herança; 41.4. Excluídos da sucessão; 41.5. Herança jacente; 41.6. Petição de herança – **42. Sucessão legítima:** 42.1. Ordem de vocação hereditária; 42.2. Arrecadação pelo Poder Público; 42.3. Sucessão do companheiro; 42.4. Herdeiros necessários; 42.5. Direito de representação – **43. Sucessão testamentária:** 43.1. Testamento em geral; 43.2. Capacidade de testar; 43.3. Formas ordinárias do testamento; 43.4. Formas especiais de testamento; 43.5. Codicilos; 43.6. Disposições testamentárias; 43.7. Legados; 43.7.1. Modalidades de legado; 43.7.2. Caducidade do legado; 43.8. Direito de acrescer entre herdeiros e legatários; 43.9. Substituições testamentárias; 43.10. Deserdação; 43.11. Redução das disposições testamentárias; 43.12. Revogação do testamento; 43.13. Rompimento do testamento; 43.14. Testamenteiro – **44. Inventário e partilha:** 44.1. Bens sonegados na herança; 44.2. Pagamento das dívidas do falecido; 44.3. Colação; 44.4. Partilha; 44.5. Garantia dos quinhões hereditários; 44.6. Anulação da partilha; 44.7. Sobrepartilha – **Referências bibliográficas** – **Questões** – **Material digital exclusivo**.

PARTE GERAL

1. INTRODUÇÃO AO ESTUDO DO DIREITO – IED

1.1. Norma jurídica

Norma é um preceito que determina certo comportamento. Quando o comportamento adotado por um sujeito equivale àquele expresso pela norma, diz-se que esta foi respeitada. Por outro lado, quando ocorrer transgressão a tal preceito, haverá a imposição de uma sanção pelo Estado, de maneira coercitiva. Nestes casos, a norma passa a ser qualificada como norma jurídica. **Portanto, norma jurídica é aquela em que a transgressão ao preceito conduzirá à aplicação de uma sanção coercitiva pelo Estado.**

A diferença entre **norma jurídica e norma moral** reside exatamente na aplicação de sanção coercitiva, quando de seus descumprimentos. Nesse sentido, a norma jurídica, quando desrespeitada, conduzirá, como dito, à aplicação de sanção coercitiva pelo Estado. Já na norma moral, em que pese ser possível a aplicação de sanção, não é feita pelo Estado e sim pela sociedade ou por entes desta. Assim, poderá haver sanção nas normas morais, contudo esta não será adjetivada pela coercitividade.

Cabe ressaltar que as normas jurídicas têm suas origens nas **vontades do Estado** (norma estatal) ou **das partes** (norma convencional). Ou seja, o preceito que indica certo comportamento passível de reprimenda pelo Estado emerge das leis ou do negócio jurídico criado pelas partes.

1.2. Direito objetivo

Direito objetivo é o conjunto das normas jurídicas que, quando transgredidas pelo homem, desencadearão a aplicação de sanções coercitivas pelo Estado. É conhecido também como *norma agendi*.

O direito objetivo não se confunde com a usual expressão "ordenamento jurídico". Quando se fala em ordenamento jurídico, refere-se, em verdade, ao conjunto das normas **positivadas** pelo Estado. O conceito de direito objetivo é mais amplo, englobando inclusive o conceito de ordenamento jurídico. Assim, ordenamento jurídico é o conjunto de normas positivadas que esteja em vigor, em um Estado, em determinado momento histórico.

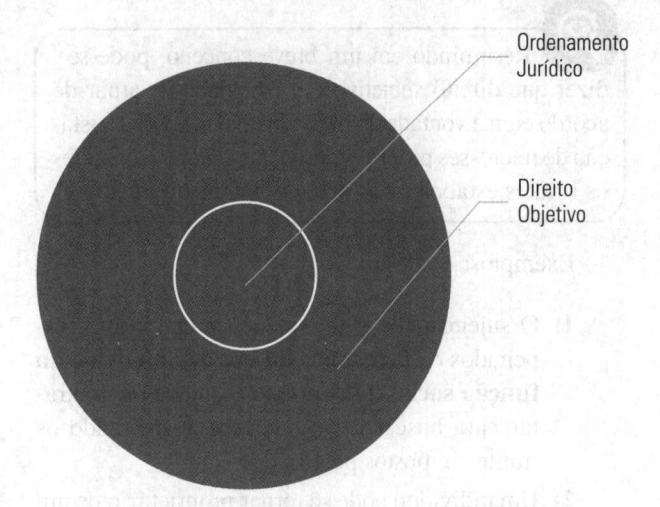

Em relação ao ordenamento jurídico, vale ressaltar que este não contempla todos os fatos da vida em sociedade, ocasionando a existência de espaços não preenchidos por normas, que são reconhecidamente denominados lacunas. Estas são observadas no ordenamento jurídico. Diferentemente do direito objetivo, que jamais será lacunoso.

O art. 4º da Lei de Introdução às Normas do Direito Brasileiro estabelece que, havendo **lacuna no ordenamento jurídico**, esta deverá ser preenchida por meio do método da **colmatação**, que se concretizará por meio da aplicação de alguma das formas expressas no rol exemplificativo constante do sobredito artigo, quais sejam: **analogia, princípios gerais de direito, costumes, equidade, direito comparado** etc. Nesse contexto, tais formas são utilizadas pelo juiz quando presente alguma lacuna no ordenamento jurídico. É correto, então, dizer que a lei brasileira traz expressamente um método para preencher as eventuais lacunas existentes.

1.3. Direito subjetivo

A norma concede a cada indivíduo a faculdade de agir ou não. A tal poder dá-se o nome de *facultas agendi*. Ao agir, o sujeito atuará conforme sua vontade, na busca da satisfação de um interesse próprio. Para a doutrina majoritária, o direito subjetivo é a expressão da vontade individual que se concretizará através da busca de um resultado, da realização de um interesse, já que não há manifestação de vontade sem um objetivo.

Entretanto, ao atuar de acordo com sua vontade, visando alcançar interesse próprio, o sujeito deverá se submeter a **limites** impostos pelo Estado. A observância desses limites é pressuposto do Estado Democrático de Direito. Por exemplo, o indivíduo que decide contratar um serviço o faz porque quer, com a intenção de satisfazer dado interesse. Ao celebrar esse negócio jurídico, tem-se claramente o exercício de um direito subjetivo.

> Resumindo em um breve conceito, pode-se dizer que direito subjetivo é a faculdade de atuar de acordo com a vontade do indivíduo na busca da satisfação de interesses próprios, desde que sejam respeitados os limites estabelecidos pelo ordenamento jurídico.

Exemplos:

1) O sujeito pode contratar desde que sejam respeitados os **princípios da boa-fé objetiva e da função social do contrato** (vontade de contratar para buscar certo interesse, respeitando os limites impostos pela lei).
2) Um indivíduo pode se tornar proprietário de um bem, devendo para tanto cumprir a **função social da propriedade**.
3) Um indivíduo pode se casar, mas para isso deverá atender aos requisitos estabelecidos pelo Estado para o casamento, bem como observar os **deveres matrimoniais**.

1.3.1. Elementos do direito subjetivo

1.3.1.1. Sujeito

Se o direito subjetivo é uma expressão da vontade, é fundamental que esta provenha de um sujeito a quem a ordem jurídica concede aquela faculdade de agir.

Não há como trabalhar o conceito de direito subjetivo sem que haja um titular. Assim, todo direito subjetivo será titularizado por alguém. Não há direitos sem sujeitos. Eventualmente, pode-se ter um direito com indeterminação temporária de sua titularidade. Por exemplo, título ao portador, a herança deixada a uma prole eventual (prole eventual = concepturos, que são os seres que nem sequer foram concebidos).

1.3.1.2. Objeto

É o bem sobre o qual o sujeito exerce o poder que o ordenamento lhe defere. A vontade, necessariamente, deverá ser exteriorizada sobre algo que não o próprio sujeito.

Não há direito subjetivo sem a presença de bens sobre os quais a vontade recairá. Esse objeto poderá ou não ter apreciação econômica. Uma das classificações dos direitos subjetivos leva em conta o objeto sobre o qual a vontade recairá; se o objeto tiver apreciação econômica, teremos direitos subjetivos patrimoniais (direitos reais e obrigacionais), e se não houver apreciação econômica têm-se os direitos existenciais (direitos da personalidade).

Bens da personalidade: os atributos inerentes à condição de ser humano, por terem a possibilidade de sofrerem os influxos da vontade de seu titular, são denominados bens da personalidade. Por isso, pode-se deliberar sobre o seu nome, imagem e privacidade.

> Em regra, o ser humano será apenas titular de direitos. Entretanto, alguns bens da sua personalidade podem pontualmente vir a ser objeto de direito (p. ex.: cessão de direito de imagem).

1.3.1.3. Relação jurídica

É o elemento de ligação entre dois ou mais sujeitos, integrando-se a vontade destes. Consiste então no elo que se forma a partir da manifestação de vontade.

Interessante observar que a Parte Geral do Código Civil divide seus três Livros de acordo com os elementos do direito subjetivo. Vejamos:

Código Civil – Parte Geral		
Livro I – Das Pessoas	Livro II – Dos Bens	Livro III – Dos Fatos Jurídicos
1º elemento → Sujeito	2º elemento → Objeto	3º elemento → Relação jurídica

1.4. Abuso do direito

O abuso do direito se configura quando o exercício de um direito subjetivo persegue apenas o interesse próprio, esquecendo-se do interesse social. O legítimo exercício de direito subjetivo deve atender a interesses próprios (individuais) e aos da coletividade. Caso contrário, tem-se a figura do abuso do direito. A verificação do cumprimento do atendimento de uma função social e dos demais limites impostos pela lei será realizada por um juiz, diante das circunstâncias de um caso concreto que lhe seja apresentado.

Portanto, quando se fala em abuso de direito, o primeiro conceito que deve ser lembrado é o de direito subjetivo. A lei, exemplificativamente, elenca os **limites** que devem ser respeitados, sob pena de se caracterizar o abuso de direito: bons costumes, **boa-fé objetiva, função social e função econômica**.

> **Art. 187.** Também comete ato ilícito o titular de um direito que, ao exercê-lo, excede manifestamente os limites impostos pelo seu fim econômico ou social, pela boa-fé ou pelos bens e costumes.

O legislador brasileiro optou por considerar **o abuso do direito** como **ato ilícito**, o que traz como via de consequência a possibilidade de responsabilização civil do titular que exerce o direito subjetivo de forma indevida. Assim, o art. 187 deve ser lido da seguinte maneira:

também comete ato ilícito o titular de um direito (**subjetivo**) que, ao exercê-lo, excede manifestamente os limites impostos pelo seu fim econômico ou social, pela boa-fé ou pelos bons costumes (limites estes que serão analisados no caso concreto pelo magistrado).

Deve-se recordar que a figura do abuso do direito foi inserida pelo legislador no Código Civil de 2002 como verdadeira "cláusula geral", ou seja, ao se elaborar a norma, deixou-se uma janela proposital por onde o juiz fará penetrar os valores consagrados pela Constituição. A norma é vaga, cabendo ao juiz concretizá-la.

> Hoje o direito subjetivo não é uma expressão ilimitada do poder individual, devendo haver então uma conjugação dos interesses particulares com os da coletividade.

1.5. Direito potestativo

Direito potestativo é o poder concedido pela lei ou pelo contrato para que seu titular possa atuar, unilateralmente, criando, modificando ou extinguindo direitos na esfera alheia. Este outro sujeito ficará submetido a tal poder, não tendo qualquer conduta exigível a não ser suportar o exercício dessa potestade. Encontrando-se em **estado de sujeição**, não tem qualquer prestação a ser adimplida. Por esse motivo, os direitos potestativos são denominados direitos sem prestações ou invioláveis.

Não se há que confundir direito subjetivo com direito potestativo. A título exemplificativo, o direito potestativo se expressaria, dentre outras hipóteses, naquelas situações em que se permite a um contratante resilir o negócio unilateralmente, ou reclamar os vícios redibitórios encontrados na coisa adquirida.

Nesse contexto, por razões de segurança jurídica, a lei ou o contrato que criam um direito potestativo estabelecerá, via de regra, prazos para o exercício desse poder, sob pena de extinção desse direito. Tais prazos de exercício de um direito potestativo são denominados prazos decadenciais ou de caducidade.

1.6. Lei de Introdução às Normas do Direito Brasileiro (LINDB)

A Lei de Introdução às Normas do Direito Brasileiro é o Decreto-lei n. 4.657/42, sendo composta de 19 artigos[1], aplicáveis a todos os ramos da ciência jurídica. É uma norma de introdução às leis, prevendo como estas devem ser elaboradas, interpretadas, complementadas. Por isto, o próprio nome desta norma foi alterado em 2010: de Lei de Introdução ao Código Civil (LICC) passou-se a Lei de Introdução às Normas do Direito Brasileiro (LINDB).

Os arts. 1º a 6º tratam do processo de enfrentamento da lei em si: eficácia, obrigatoriedade, lacunas, interpretação e direito intertemporal. Já os arts. 7º a 17 traçam normas relativas ao direito internacional privado. Por fim, os arts. 18 e 19 tratam dos atos civis praticados por autoridades consulares brasileiras no estrangeiro.

Importante registrar que a Lei Complementar n. 95/98 (alterada posteriormente pela Lei Complementar n. 107/2001) também trata da elaboração, redação, alteração e consolidação das leis. Ou seja, esta lei deve ser lida em conjunto com a LINDB.

1.6.1. Eficácia da lei

É possível dizer que, assim como as pessoas naturais, as leis também têm sua vida, ou seja, nascem, existem e morrem. A este processo vital dá-se o nome de **vigência**.

Antes de obter esta vigência, a lei passará pelo processo legislativo, que nada mais é que seu período de concepção e gestação, normalmente nas casas legislativas. Este processo legislativo é objeto de estudo do Direito Constitucional. Ao final deste processo, ter-se-á dois atos marcantes: a promulgação e a publicação.

A **promulgação** é a autenticação da lei por quem de direito. É, por assim dizer, o ato que afirma que está tudo certo e que aquela norma está pronta para nascer e produzir seus regulares efeitos, ou seja, é uma chancela pela autoridade constitucionalmente competente.

Contudo, a lei só será um comando geral a partir do momento em que a sociedade possa dela tomar conhecimento. Então, para a difusão de seu texto, tem-se a publicação, que no Brasil será feita através de **publicação** no Diário Oficial. Com este ato, a lei nasce e estará apta a produzir seus regulares efeitos após o início de sua vigência.

Como regra geral, é possível dizer que o início de vigência de uma lei deve ser buscada em seu próprio texto. Segundo a LC n. 95/98:

> Art. 8º A vigência da lei será indicada de forma expressa e de modo a contemplar prazo razoável para que dela se tenha amplo conhecimento, reservada a cláusula "entra em vigor na data de sua publicação" para as leis de pequena repercussão.

O início da vigência, portanto, atende a um critério de conveniência do próprio legislador. Se este entende que a lei não necessita de um tempo de maturação pela sociedade, sendo de interesse público, sua vigência será imediata. Ao revés, se o legislador percebe que a nova

---

[1] A LINDB agora possui 30 artigos, tendo os arts. 20 a 30 sido acrescentados pela Lei n. 13.655/2018, como se verá mais adiante.

lei, por sua relevância, quer em virtude do rompimento com a cultura jurídica anterior ou mesmo pelo impacto que irá proporcionar, necessita de mais estudos e ampla divulgação, é interessante que seja dado um tempo maior de espaço entre a publicação e a vigência. Tal fato ocorreu com o Código Civil de 2002 e com o Código de Processo Civil de 2015, ambos com período de um ano para início da vigência.

Convém recordar que este período que medeia a publicação e a efetiva vigência recebe o nome de *vacatio legis*. Neste interregno, a lei já existe, está perfeita e completa. Todavia, como não está em vigor, não obriga, não pode ser invocada e consequentemente não cria direitos ou deveres.

Na ausência de disposição expressa na própria lei a respeito de sua vigência, a Lei de Introdução optou por estabelecer o princípio do prazo único ou simultâneo, estipulando que o início se dará em todo o país 45 dias após a publicação (art. 1º da LINDB).

Se porventura a lei brasileira for aplicável no estrangeiro (p. ex.; atos praticados por servidores das representações diplomáticas), o início da vigência ocorrerá três meses após a publicação (art. 1º, § 1º, da LINDB).

Questão que traz bastante polêmica é a que diz respeito à contagem destes prazos. A fim de solucionar tal questão, o art. 8º, § 1º, da LC n. 95/98 trouxe a seguinte redação:

"A contagem do prazo para entrada em vigor das leis que estabeleçam período de vacância far-se-á com a inclusão da data da publicação e do último dia do prazo, entrando em vigor no dia subsequente à sua consumação integral".

Por tal razão, o CPC com *vacatio* de um ano, sendo publicado em 17 de março de 2015, entrou em vigor no dia 18 de março de 2016 (um dia após a consumação integral do prazo).

Logo, aqui há que se ter um cuidado. Os prazos no Direito Civil obedecem a regra diversa, estampada no art. 132 do CC:

"Salvo disposição legal ou convencional em contrário, computam-se os prazos, excluído o dia do começo, e incluído o do vencimento".

Os prazos referidos neste artigo são aqueles estipulados pelo Código Civil ou por atos de autonomia privada, tais como prazos de prescrição ou decadência, de vigência de contratos e assim por diante.

A lei publicada pode conter erros ou incorreções que venham a exigir nova publicação de seu texto para que essas falhas sejam supridas. Se esta republicação ocorrer durante o período de *vacatio legis*, inicia-se nova contagem para que o texto correto seja conhecido por todos, sem qualquer necessidade de novo processo legislativo. Esta previsão está no art. 1º, § 3º, da LINDB.

Porém, se as emendas ou correções vierem a ocorrer depois da entrada em vigor da lei, estas serão consideradas leis novas. Assim, eventuais direitos que se adquirirem no período de vigência da lei reformada devem ser resguardados, não podendo então serem atingidos pela publicação do texto corrigido. Esta é a interpretação que se colhe do art. 1º, § 4º, da LINDB.

De todo modo, estas disposições servem para marcar hipóteses nas quais se tenha correções de falhas materiais. Caso haja alteração do próprio conteúdo da lei, somente respeitando o devido processo legislativo será possível alterá-la.

Havendo necessidade de regulamentação, pelo Poder Executivo, da lei publicada, enquanto não for editado o decreto correspondente, a eficácia da norma será considerada suspensa. Esta necessidade de regulamentação será considerada verdadeira condição suspensiva à obrigatoriedade da lei.

Abordando a questão da **obrigatoriedade**, há um verdadeiro princípio que estabelece que a lei a todos se dirige, sendo inescusável seu descumprimento, mesmo diante da alegação de desconhecimento. Isto é o que se extrai do art. 3º da LINDB.

Um cuidado: este princípio não significa que presumidamente todos conheçam a lei. Mesmo os juristas não têm possibilidade de conhecerem todas as leis, ante o fenômeno da hiperinflação legislativa. O que se quer instituir é a possibilidade de conhecimento de todas as leis. Há aqui uma distinção entre efetivo conhecimento e possibilidade deste. A lei então é obrigatória por uma necessidade de convivência e organização social.

A teoria do erro, seja este de fato ou de direito, seria uma hipótese excepcional ao princípio da obrigatoriedade, desde que provado que o agente agiu justificadamente em situação de erro ou ignorância. Vale lembrar que conforme os arts. 138 e s., no Direito Civil, tanto o erro de fato quanto o de direito podem, respeitados certos requisitos, gerar a invalidação da vontade manifestada.

Outra questão interessante: as partes necessitam provar a vigência de uma norma? Com base neste princípio da obrigatoriedade é que se construiu a regra de que as partes não necessitam provar em juízo qual seria a norma aplicável ao caso *sub judice* e se ela estaria em vigor. *Iura novit curia* – o juiz deve aplicar a norma correta ao caso sob sua análise. Entretanto, esta obrigatoriedade que se dirige ao magistrado é relativa ao Direito Nacional, ou seja, às normas que estão em vigor no País. Logo, quando se trata de direito costumeiro ou estrangeiro, estadual ou municipal, as partes teriam este dever de produzir prova, nos termos do art. 376 do CPC:

"A parte que alegar direito municipal, estadual, estrangeiro ou consuetudinário provar-lhe-á o teor e a vigência, se assim o juiz determinar".

Este é o mesmo sentido do art. 14 da LINDB:

"Não conhecendo a lei estrangeira, poderá o juiz exigir de quem a invoca prova do texto e da vigência".

Quanto à **continuidade**, é possível afirmar que via de regra as leis nascem para vigorar por tempo indeterminado. Isto não significa dizer que as leis seriam eternas, o que seria contraditório com a própria função do Direito de regulamentar a vida em sociedade, algo extremamente dinâmico.

Assim, deve-se entender que uma lei terá vigor até que uma força contrária possa lhe retirar a eficácia. Este é o sentido do art. 2º da LINDB.

Esta **cessação da eficácia** pode decorrer, basicamente, de três fatores: a) revogação; b) temporariedade da lei; c) declaração de inconstitucionalidade.

A respeito da revogação, esta é sem dúvida a principal força contrária que fará com que a lei venha a ter interrompida sua produção de efeitos. Pode ser classificada em: revogação total (ab-rogação) – quando todos seus dispositivos são atingidos; revogação parcial (derrogação) – quando apenas uma parcela de seus dispositivos perde eficácia.

A revogação pode ainda ser classificada conforme a sua forma em: expressa ou direta – quando o próprio legislador estabelece qual lei ou dispositivos desta estão revogados; tácita ou indireta – presente quando se apresentar uma incompatibilidade entre a nova norma e a anterior. Como o ordenamento deve ser um todo único e harmônico, a incompatibilidade entre normas deverá ser revolvida a partir de critérios hermenêuticos, tais como o cronológico, hierárquico e a especialidade da norma para tratar de certas situações. As antinomias porventura constatadas serão, portanto, aparentes.

Tais hipóteses de revogação estão estampadas no art. 2º, § 1º, da LINDB. Há que se destacar que a LC n. 95/98 estabeleceu expressamente, por razões de segurança jurídica, que a revogação deve ser preferencialmente expressa, nos termos do art. 9º:

"A cláusula de revogação deverá enumerar, expressamente, as leis ou disposições legais revogadas".

Havendo compatibilidade entre a lei velha e a lei nova, não há razão para suscitar qualquer conflito que afete a eficácia de qualquer delas. Isto também irá ocorrer quando o legislador vier a estabelecer disposições especiais ou gerais a par das já existentes. Nestes casos, ter-se-ão retas paralelas que não se cruzam. Isto não significa dizer, contudo, que uma norma geral não possa revogar uma norma especial e vice-versa. Este é o sentido do art. 2º, § 2º, da LINDB.

Sobre as leis temporárias, é possível que se tenham normas que nascem com data para morrer. Isto poderá decorrer de sua própria natureza, como no caso daquelas que se destinam a regular certo fato (como, p. ex., Lei Geral da Copa, Lei Orçamentária Anual) ou por conveniência do legislador (como, p. ex., uma lei que fixa determinada isenção tributária). Salvo a possibilidade de sua prorrogação, as leis temporárias perdem vigência com o advento do termo designado ou extinção dos fatos que a ensejaram.

Quanto à declaração de inconstitucionalidade, não se trata tecnicamente de uma revogação da lei assim reconhecida. O mais correto é dizer que o Poder Judiciário nega aplicação em virtude da constatada ofensa à Constituição. Após o reconhecimento da incompatibilidade com a Carta Maior, o Senado poderá suspender a execução da norma, nos termos do art. 52, X, da CRFB/88.

Questiona-se: esta força contrária que gera a cessação da eficácia poderia ser o desuso da lei? Duas correntes se formaram para responder a este questionamento; a primeira prevê que o costume contrário, resultante no não uso prolongado denota a inutilidade da norma, atentando-se então contra sua obrigatoriedade e continuidade. No Direito Penal, os autores costumam se referir a este ponto abordando o princípio da adequação social de uma figura típica (p. ex., casas de prostituição). Já para uma segunda corrente, um costume (mesmo que de ordem negativa ou omissiva no cumprimento de uma norma) não pode servir para retirar a eficácia vinculante de uma norma jurídica como a lei. Isto seria o denominado "princípio da supremacia da lei sobre os costumes", majoritariamente adotado no Brasil.

Finalizando a eficácia da lei, é importante ainda abordar o denominado efeito repristinatório. Tal efeito consiste na possibilidade de ressuscitar uma lei que havia sido morta, em virtude da aniquilação da lei revogadora. Em outros termos; uma lei revogada poderia voltar a ter eficácia caso a norma que cassara esta viesse a ser também revogada por uma terceira? No Brasil, a lei revogadora de outra lei revogadora não possui efeito repristinatório automático, conforme estabelecido no art. 2º, § 3º, da LINDB. Apenas se o legislador optar expressamente é que será possível a incidência deste efeito.

1.6.2. Interpretação e integração

O ordenamento jurídico é composto pelo conjunto de normas vigentes, num determinado espaço territorial. Este ordenamento não pode ser lacunoso, a ponto de não resolver questões conflituosas existentes entre os sujeitos que integram a sociedade para a qual aquele fora construído. Entretanto, a lei em si pode não regular algumas situações, quer seja pela incapacidade do legislador em prevê-las quando de sua formulação ou mesmo pela inexistência daquela realidade à época.

Estas eventuais lacunas devem ser objeto de preenchimento por parte do magistrado que se depara com tais situações inusitadas, sendo indevida a atuação que simplesmente declare a inexistência de norma em abstrato. Há que se construir uma norma em concreto.

Para tanto, a LINDB prevê em seu art. 4º métodos de preenchimento das eventuais lacunas existentes, determinando que o juiz se valha da analogia, dos costumes e dos princípios gerais de direito. Assim, haverá integração entre as normas, preservando-se a unidade e completude do ordenamento jurídico.

No que tange à interpretação das leis, pode-se dizer que esta é um processo mental de pesquisa do conteúdo e alcance de uma norma, que deverá ser empreendido tanto em abstrato (tarefa muitas vezes deixada a cargo da Doutrina), quanto em concreto (papel do Poder Judiciário).

A fim de não construir um direito eminentemente egoístico e individualista, a LINDB estabeleceu norma de interpretação que determina a busca do fim social e do bem comum, tal como descrito em seu art. 5º.

O Código Civil, especialmente na seara dos negócios jurídicos, também estabelece normas interpretativas, conforme se vê nos seus arts. 111 a 114.

1.6.3. Lei no tempo

Sendo a sociedade dinâmica e a lei algo que visa regulamentar a própria convivência social, é instintivo que em algum momento as necessidades mudem e, assim, as respectivas regras. Via de regra, a entrada em vigor de uma nova lei se projeta para o presente e futuro, devendo, ao menos do ponto de vista ideal, permanecerem intactas situações ocorridas e consolidadas no passado. Logo, o desafio enfrentado pela lei no tempo é: harmonizar a necessidade de progresso social ditada pela aprovação de novas leis e a segurança jurídica e paz social de situações que foram criadas e consolidadas no passado, e que podem ter efeitos contínuos no presente.

Para resolver esta questão, dois paradigmas foram construídos dentro daquilo que majoritariamente optou-se por denominar direito intertemporal: a) irretroatividade da nova lei; b) efeito imediato da lei nova.

No Brasil, desde a primeira Constituição Republicana (1891), estabeleceu-se o *status* de norma constitucional ao princípio da irretroatividade, hoje assentado no art. 5º, XXXVI, da CRFB/88.

Sob a rubrica de princípio da irretroatividade, há um primeiro comando dirigido ao legislador, no sentido de ser vedado se construir normas que se voltem para situações passadas.

Esta irretroatividade também se dirige ao magistrado que, como regra, não deverá aplicar a nova lei a situações que se consolidaram antes desta. Para regular estas últimas, o juiz pode e deve aplicar a lei anterior, mesmo que esta esteja revogada, naquilo que se convencionou denominar ultratividade da lei revogada. Por exemplo, o CC/1916 ainda continua sendo aplicável a situações que se consolidaram sob sua vigência, mesmo após sua revogação expressa pelo CC/2002.

Quanto ao efeito imediato, todas as novas situações surgidas devem ser regulamentadas pela novel legislação, sendo vedado ao juiz aplicar a lei revogada a estes fatos. Ou seja: a lei nova se aplica a todos os fatos que ocorrerem durante a sua vigência. Esta previsão está no art. 6º, *caput*, da LINDB.

Porém, o fato de ser conveniente que a lei não se volte para o passado, não tem o condão de impedir que vez por outra ela efetivamente mire o tempo que se foi. Desta maneira, excepcionalmente a lei poderá ter efeito retroativo, se assim expressamente for previsto. Mas mesmo nestas situações, há que se respeitar três pontos: o ato jurídico perfeito, o direito adquirido e a coisa julgada, proteção esta que, como dito, encontra-se prevista na própria CRFB/88.

Haverá direito adquirido quando o fato que o enseja tiver ocorrido por inteiro na vigência da lei antiga. Por exemplo; o sujeito já completou o tempo previsto pela lei revogada para se aposentar. Nesta situação, a completude do fato faz com que este direito passe a se integrar no patrimônio do titular, não podendo a lei nova mudar este cenário.

Logo, não há que se confundir direito adquirido com expectativa de direito. Nesta, tem-se um fato aquisitivo incompleto. No mesmo exemplo, sujeito está cumprindo tempo de serviço na esperança de vir a se aposentar em X anos. Se a nova lei aumenta este tempo, não há que se falar em violação a direito adquirido. Por isto se diz que não há direito adquirido a um determinado regime jurídico, sendo legítima a sua alteração por uma nova lei.

A LINDB optou por conceituar direito adquirido como aquele que o seu titular, ou alguém por ele, possa exercer, como aquele cujo começo do exercício tenha termo prefixado, ou condição preestabelecida inalterável, a arbítrio de outrem (art. 6º, § 2º).

Já o ato jurídico perfeito seria aquele plenamente constituído, ou seja, que cumpriu todos os requisitos previstos na lei anterior, como, por exemplo, um contrato que atendeu a todos seus requisitos de validade previsto na lei da época. Encontra-se também conceituado na LINDB, desta feita no art. 6º, § 1º.

A coisa julgada, por sua vez, conceituada no § 3º do mesmo dispositivo, é aquela decisão judicial da qual não se possa mais interpor recursos. Tal conceito é comumente criticado pela doutrina, uma vez que não atenta ao que há de principal: a característica de imutabilidade da decisão sobre a qual incide o fenômeno temporal do trânsito em julgado. Esta proteção à coisa julgada alcançaria tanto a coisa julgada formal quanto a coisa julgada material.

Vale recordar que atualmente muito se tem afirmado a respeito da denominada coisa julgada inconstitucional (espécie), que admitiria a relativização da coisa julgada (gênero), quando por exemplo a decisão soberanamente julgada é repugnante por razões de moralidade ou dignidade. É o famoso caso da sentença que apreciou a investigação de paternidade sem que se fizesse uso de exame de DNA. Contudo, o CPC reforça a coisa julgada, restringindo a sua relativização. O único método possível para desconstituir a coisa julgada seria a ação rescisória, não sendo mais cabível a relativização em sede de primeiro grau com propositura de nova demanda, segundo entendimento de alguns autores.

Para finalizar a temática da lei no tempo, é possível sistematizar algumas regras quanto:

a) À capacidade – a alteração de critérios legais acerca da capacidade de fato produz efeitos imediatos. Assim, se a lei estabelece um novo limite etário, diminuindo a idade, todos aqueles que se encontram na faixa delimitada serão reputados capazes (p. ex.: diminuição da maioridade civil no novo Código). Ao contrário, se uma nova lei aumenta este limite, aqueles que eram considerados já capazes pelo regime da lei vigente, não serão reputados como incapazes.

b) À forma dos atos – prevalece a regra do momento em que foram realizados. Assim, se uma nova lei estabelece que um contrato agora deve se revestir da forma pública, o contrato anteriormente realizado por instrumento particular não será inválido.

c) Ao estado da pessoa – a nova lei aplica-se imediatamente. Assim, se alguém está casado e uma nova lei permite o fim do casamento por mera declaração de vontade perante um tabelião, esta regra de dissolução terá efeito imediato.

d) Aos direitos reais – os direitos reais também terão eficácia imediata. Sendo criado o novo direito real *de laje*, é possível que o sujeito estabeleça imediatamente novos negócios jurídicos que estabeleçam tal direito.

e) Aos direitos obrigacionais – também terão eficácia imediata tal qual os direitos reais.

f) À responsabilidade civil – deve ser regida pela lei do tempo do ato ilícito praticado. Se nova hipótese mais gravosa vier a ser construída após a consumação do dano, o autor deste não poderá ser alcançado.

g) Aos direitos sucessórios – tais direitos são regulados pela lei do momento da abertura da sucessão, ou seja, do tempo da morte do sujeito.

1.6.4. Lei no espaço

A soberania estatal é preconizada no art. 1º da CRFB/88 como um princípio fundamental da República Federativa do Brasil. Assim, a lei brasileira deve ser aplicada, como regra, apenas nos limites territoriais do País. Contudo, os interesses individuais numa sociedade globalizada, mais do que nunca, projetam-se para além desses limites, sendo comuns situações nas quais o sujeito se vê diante de contingências ou desejos que envolvem a soberania de outras nações.

Para tanto surge o princípio da extraterritorialidade da lei, permitindo que em situações excepcionais ocorra a aplicação da lei nacional, mesmo diante de outro sistema jurídico estrangeiro. Para resolver problemas ou atender demandas individuais, um Estado cede à aplicação das normas de outro, evitando o conflito de leis no espaço. Ao invés deste propalado conflito de normas, o melhor é que se entenda este ponto como uma forma de conciliação de sistemas distintos, na busca da satisfação de demandas individuais.

A escolha de qual direito deve ser aplicado num determinado caso concreto é denominada Direito Internacional Privado, regulado pela LINDB entre os arts. 7º e 17. Através de vários tratados internacionais, são estabelecidos critérios para a definição do efeito extraterritorial da lei.

O Direito brasileiro optou pelo princípio do domicílio, ou seja, para reger as regras sobre começo e fim da personalidade, o direito ao nome, a capacidade jurídica, os direitos de família, aplica-se as leis do País no qual a pessoa for domiciliada. Para tanto, devem-se aplicar as regras de domicílio previstas nos arts. 70 e s. do Código Civil. Aplicações deste princípio estão espalhadas pelos parágrafos do art. 7º da LINDB.

Todavia, este princípio não tem caráter absoluto. Como exceção, o art. 8º da LINDB prevê a lei do lugar em que se localizem os bens, para situações a eles relacionadas. De igual modo, no campo das obrigações, estas serão regidas pelo local em que se constituírem, nos termos do art. 9º da LINDB. Também seguirá a lei do local quanto à prova de fato ocorrido em país estrangeiro (art. 13 da LINDB). A sucessão por morte ou ausência será regida pelas leis do país onde o morto era domiciliado, qualquer que seja a localização dos bens deixados (art. 10 da LINDB). E, por fim, nenhuma lei, ato jurídico ou sentença de outro país terão eficácia no Brasil se ofenderem a soberania nacional, a ordem pública ou os bons costumes (art. 17 da LINDB).

Sobre eventual antinomia entre os arts. 9º e 17 da LINDB, no que toca às dívidas de jogo ou aposta contraídas em outro país por brasileiros, o STJ entendeu que, se no exterior a lei estabelece ser esta uma obrigação civil (ao contrário da lei brasileira, que a reputa como mera obrigação natural; *vide* arts. 814 e s. do CC), o brasileiro pode sofrer a execução em território nacional de sentença estrangeira que o condena ao pagamento. Ou seja, optou-se pela regra contida no art. 9º da LINDB (para reger as obrigações, aplica-se a lei do país onde se constituíram).

1.6.5. Lei n. 13.655, de 25 de abril de 2018

Publicada em 26 de abril de 2018, a Lei n. 13.655 introduz onze novos artigos à Lei de Introdução às Normas do Direito Brasileiro (LINDB), trazendo assim disposições sobre segurança jurídica e eficiência na criação e na aplicação do direito público. Como se vê logo de início, estas mudanças promovidas na LINDB têm um conteúdo direcionado aos agentes públicos, no exercício de suas funções, não guardando ligação direta com o Direito Civil propriamente dito.

Já no primeiro artigo acrescentado, o art. 20, extrai-se que a grande preocupação do legislador foi reduzir o âmbito de discricionariedade do aplicador da norma (Judiciário e Executivo), aumentando-se assim a previsibilidade, quando da tomada de decisões. A redação do artigo estabelece que "nas esferas administrativa, controladora e judicial, não se decidirá com base em valores jurídicos abstratos, sem que sejam consideradas as consequências práticas da decisão". E no parágrafo único arremata dizendo que "a motivação demonstrará a necessidade e a adequação da medida imposta ou da invalidação de ato, contrato, ajuste, processo ou norma administrativa, inclusive em face das possíveis alternativas".

Cabe destacar que parcela da doutrina tem denominado esta previsão legal de princípio do consequencialismo judicial. Por meio deste princípio, os juízes podem e devem atuar com discricionariedade na interpretação de uma norma, porém não devem descuidar das consequências práticas a que aquela determinada forma de interpretar poderá conduzir. Ou seja, há agora mais um comando ao julgador: deverá ponderar sobre os efeitos que a sua decisão poderá produzir na sociedade. Não basta construir e externar uma decisão no plano abstrato; é preciso ir além e checar se ela será realizável no plano concreto.

Fica claro que agora há, por parte do gestor público, nas esferas administrativas ou de controladorias (Tribunais de Contas e Controladorias, como por exemplo a CGU – Controladoria-Geral da União) e os juízes em geral, um dever de análise das consequências práticas resultantes de suas atuações, dentro do âmbito de suas atribuições. A intenção, ao que parece, é reduzir o abstracionismo, com decisões puramente principiológicas e que muitas vezes se afastam das necessidades e imperativos do caso concreto.

Nos artigos que se seguem, há regras que impõem a necessidade de motivação das decisões, até para que se permita o controle meritório em cada circunstância. Igualmente, impõe-se a proporcionalidade, obrigatória para aquelas situações nas quais alguém será onerado com um comportamento estatal.

Uma bela novidade trazida é aquela constante do art. 26, através da qual se possibilita o denominado controle consensual da administração pública, ao autorizar explicitamente a celebração de compromissos com os interessados, com o objetivo de colocar fim a controvérsias jurídicas e interpretativas, mediante solução jurídica proporcional, equânime, eficiente e compatível com os interesses gerais. Assim, a redação do artigo estabelece que "para eliminar irregularidade, incerteza jurídica ou situação contenciosa na aplicação do direito público, inclusive no caso de expedição de licença, a autoridade administrativa poderá, após oitiva do órgão jurídico e, quando for o caso, após realização de consulta pública, e presentes razões de relevante interesse geral, celebrar compromisso com os interessados, observada a legislação aplicável, o qual só produzirá efeitos a partir de sua publicação oficial".

Ou seja, por tudo o que se expõe, os artigos inseridos na LINDB trazem novas possibilidades no âmbito do direito público nacional, razão pela **qual se recomenda** atenta leitura a tais dispositivos.

2. DA PESSOA NATURAL

2.1. Conceito. Personalidade

Pessoa é o ser dotado de personalidade. E a personalidade, no Código Civil, apresenta dois sentidos técnicos: a **personalidade jurídica** e os **direitos da personalidade**, previstos nos capítulos inaugurais do diploma legal, respectivamente. É possível:

Personalidade jurídica	Direitos da personalidade
Prevista no Código Civil de 1916 e no Código Civil de 2002.	Presente apenas no Código Civil de 2002.
Tradicional/Clássica Arts. 1º e 2º – Capítulo I	Moderna Arts. 11 a 21 – Capítulo II
Liga-se à possibilidade de o sujeito vir a titularizar **direitos subjetivos patrimoniais**, ou seja, seria uma aptidão genérica para ser titular de direitos e obrigações na ordem civil. Liga-se à ideia de subjetividade (possibilidade de o sujeito vir a ser titular de direitos subjetivos patrimoniais)	Aqui a personalidade significa um conjunto de **direitos subjetivos existenciais** inerentes à própria condição de ser humano. A personalidade como categoria de direitos reuniria atributos essenciais da pessoa humana, tais como a vida, a integridade física e psíquica, a imagem, a honra, a privacidade, o direito ao corpo, o direito ao nome, o direito à intimidade etc.
Denomina-se personalidade jurídica ou personalidade civil	Denomina-se direito da personalidade

A pessoa jurídica seria titular de direitos da personalidade? É fato que a pessoa jurídica tem nome, imagem e reputação, contudo isso não significa que esta tenha titularidade de direito da personalidade. A doutrina majoritária entende que **as pessoas jurídicas não são titulares de direitos da personalidade**. O que há, no art. 52 do CC, é um empréstimo da tutela dos direitos da personalidade da pessoa natural à pessoa jurídica, *no que couber*. Assim, as pessoas jurídicas ofendidas em sua reputação, ou que tiverem seu nome utilizado indevidamente, poderão se socorrer de medidas de proteção semelhantes às previstas para a pessoa natural, tais como a tutela inibitória ou a tutela reparatória.

> **Art. 52.** Aplica-se às pessoas jurídicas, **no que couber**, a proteção dos direitos da personalidade.

Vale lembrar que o dano moral é aquele oriundo da violação aos direitos da personalidade (dano moral é uma técnica de que o legislador se vale para proteger a pessoa natural, compensando-se o titular que sofreu uma lesão em seus direitos da personalidade). Nesse sentido, há construção jurisprudencial que prevê a possibilidade de a pessoa jurídica ser reparada por eventuais danos que afetem sua imagem, reputação e nome. O STJ sumulou há mais de uma década esse entendimento.

> **STJ – Súmula 227**
> A pessoa jurídica pode sofrer dano moral.

2.2. Início da personalidade

Quanto à pessoa jurídica, o art. 45 do CC é claro no sentido de que a personalidade jurídica desta se inicia com o **registro dos atos constitutivos**. Já quanto à pessoa natural, sempre houve certa polêmica, com divergências entre três correntes.

Em resumo, pode-se dizer que:

Teoria	Entendimento acerca do início da personalidade da pessoa natural
Natalista	Aquisição da personalidade a partir do nascimento com vida
Da personalidade condicionada	O nascimento com vida (evento futuro e incerto) faz com que o início da personalidade retroaja desde a concepção
Concepcionista	A aquisição da personalidade se dá desde a concepção

Observações:

1) **Nascer** é ser separado do corpo da mãe. Nascer com vida é ser separado do corpo da mãe e respirar autonomamente.

2) **Nascer com vida** é pressuposto para a aquisição da personalidade civil.

3) **Nascituro** é o ser já concebido, mas ainda não nascido.

4) **Natimorto** é o ser que nasce sem vida e, portanto, não chega a adquirir personalidade civil.

5) **Concepturo** é o possível ser, já que ainda nem sequer foi concebido (conhecido em direito de família e direitos das sucessões como prole eventual. Vale lembrar que o concepturo pode ser beneficiado em testamento, desde que seja concebido no prazo decadencial de 2 anos – art. 1.800, § 4º, do CC).

O entendimento das expressões acima é importante para melhor compreensão do art. 2º do CC e, consequentemente, da polêmica entre as correntes retromencionadas.

> **Art. 2º** A personalidade civil da pessoa começa do nascimento com vida; mas a lei põe a salvo, desde a concepção, os direitos do nascituro.

Este artigo pode ser lido da seguinte forma: a personalidade civil da pessoa começa do nascimento com vida (teoria natalista); mas a lei põe a salvo, desde a concepção, os direitos (na verdade, as expectativas de direitos patrimoniais) do nascituro. Ou seja, deve-se entender que, como a personalidade civil só se inicia com o nascimento com vida, até esse momento o nascituro não pode adquirir direitos de cunho patrimonial, o que conduz, quanto a estes, a existir apenas uma expectativa. Com o nascimento com vida, a expectativa se transforma em verdadeiro direito subjetivo.

Nesse contexto, entretanto, deve-se entender que **o nascituro é titular de direitos da personalidade**, estes protegidos desde a concepção. Tanto é verdade que pode haver condenação por danos morais em benefício do nascituro, se seus direitos da personalidade vierem a ser violados.

> O nascituro tem direitos da personalidade, mas como ainda não nasceu com vida, não adquire até esse momento a personalidade jurídica.

As três teorias clássicas a respeito do início da personalidade foram elaboradas com foco na aquisição da personalidade jurídica. Assim, tradicionalmente, com base no art. 2º do CC, entende-se dominante a **teoria natalista** (aquisição da personalidade a partir do nascimento com vida). Porém, deve-se recordar que, quanto aos direitos da personalidade, estes são protegidos desde a concepção, devendo, nesse caso, prevalecer a **teoria concepcionista**.

> Direitos patrimoniais (personalidade jurídica) → prevalece a teoria natalista
> Direitos da personalidade → prevalece a teoria concepcionista

Dessa maneira, é correto dizer que o natimorto, apesar de não adquirir personalidade jurídica, será titular de direitos da personalidade.

2.3. Capacidade

A capacidade é comumente conceituada como a medida da personalidade jurídica (ou personalidade civil).

Essa capacidade se dividiria em duas espécies:

Capacidade de direito	Capacidade de fato
Também denominada capacidade de gozo	Também denominada capacidade de exercício
Para parte da doutrina, seria sinônimo de personalidade jurídica (aptidão genérica para o sujeito ser titular de direitos e deveres)	É a possibilidade de praticar os atos da vida civil diretamente, por si só, sem necessidade do auxílio de terceiros
Art. 1º Toda pessoa é capaz (liga-se à capacidade de direitos) de direitos e deveres na ordem civil	Arts. 3º a 5º do CC
A **capacidade de direito** não admite graduações, expressando critério qualitativo (estático). Ou seja, é ou não é capaz (de direito)	A **capacidade de fato** expressa critério quantitativo. Assim, pode ser mais ou menos capaz, comportando gradação. É exatamente sobre essa capacidade de fato que incide a teoria das incapacidades

Indo à capacidade de fato, nota-se que esta consiste na possibilidade de o sujeito praticar atos da vida civil pessoalmente (por si só), ou seja, sem a necessidade da presença de terceiros para representá-lo ou assisti-lo. Como dito no quadro acima, é sobre essa capacidade de fato que incidirá a importante teoria das incapacidades.

2.4. Teoria das incapacidades

O legislador trabalha as hipóteses de incapacidade com a **finalidade de proteger as pessoas que não têm o necessário discernimento para a prática dos atos da vida civil** por si sós. A proteção recai precipuamente sobre o patrimônio desses sujeitos, denominados incapazes. Essa proteção, trazida pela teoria das incapacidades, manifestar-se-á basicamente de duas maneiras. Vejamos a seguir:

2.4.1. Necessidade de representante ou assistente para a prática dos atos da vida civil

Para que um incapaz possa praticar atos da vida civil, será importante a presença de um **representante** para o absolutamente incapaz ou de um **assistente** para o relativamente incapaz. O representante manifestará vontade própria na persecução do interesse do absolutamente incapaz. Já o assistente manifestará a sua, coadjuvando com a vontade do relativamente incapaz (vontade do assistente + vontade do relativamente incapaz) na persecução de um único interesse. No caso dos **menores**, os titulares do poder familiar (pais) irão assumir a condição de representante e assistente. Na hipótese de **ausência** (ou morte, por exemplo) dos pais, os tutores designados pelos juízes irão exercer o poder familiar. Já na hipótese de **insanidade**, o curador, nomeado no bojo de um procedimento de interdição, assumirá o papel ou de representante (se o incapaz não tiver discernimento) ou de assistente (no caso de incapaz com discernimento reduzido), a depender do grau de insanidade.

2.4.2. Invalidade dos atos praticados pelo incapaz, sem a presença do representante ou assistente

Os atos praticados pelos incapazes pessoalmente serão inválidos, se não contarem com a presença de representantes ou assistentes, nos termos dos arts. 166, I (atos nulos), e 171, I (atos anuláveis).

> **Art. 166.** É nulo o negócio jurídico quando:
> I – celebrado por pessoa absolutamente incapaz;
> **Art. 171.** Além dos casos expressamente declarados na lei, é anulável o negócio jurídico:
> I – por incapacidade relativa do agente;

Os arts. 3º a 5º do CC fixam os critérios legais para a definição das hipóteses de incapacidade, ou seja, as razões que justificariam que alguém viesse a ser considerado incapaz.

Pode-se resumir em dois critérios:

a) **Fator etário (critério objetivo):** são absolutamente incapazes os menores de 16 anos (art. 3º, *caput*, do CC), e, ainda, são relativamente incapazes os maiores de 16 e menores de 18 anos (art. 4º, I, do CC). São plenamente capazes os maiores de 18 anos (art. 5º, *caput*, do CC). Vale recordar que, quando da concretização de direitos existenciais relativos ao menor, sempre que possível a vontade deste deve ser levada em consideração, desde que demonstre discernimento para tanto. Exemplos: adoção, guarda, cessão de direitos da imagem – o menor deve ter sua vontade respeitada nesses casos, se tiver discernimento. Há alguns atos que podem ser praticados pelo relativamente incapaz sem a necessidade de manifestação de vontade do assistente. São atos personalíssimos, que podem ser praticados validamente, quais sejam: ser testemunha (art. 228, I, do CC), ser mandatário (art. 666 do CC), fazer testamento (art. 1.860 do CC).

b) **Fator sanidade (critério subjetivo):** esse fator se fazia fortemente presente nos arts. 3º, II e III, e 4º, II a IV, do CC até ocorrer uma substancial mudança nesse regime com o advento do **Estatuto da Pessoa com Deficiência**, a Lei n. 13.146/2016. A nova norma alterou o sistema de incapacidades do Código Civil, partindo da premissa de que **uma pessoa deficiente não deve ser considerada a princípio como um incapaz**. Pela lógica do Estatuto, a deficiência física, mental, intelectual ou sensorial não deve ser tida como causa de incapacidade, preservando-se dessa maneira a autonomia do indivíduo portador de tais deficiências. Assim, foram eliminadas do Código as hipóteses nas quais o deficiente mental era tido como incapaz.

De qualquer modo, o Direito não quer com a novel legislação alterar a realidade dos fatos. Evidentemente, em algumas situações o deficiente não terá condições de manifestar adequadamente sua vontade, por exemplo, naquelas circunstâncias em que o indivíduo tem uma doença degenerativa em estágio avançado, ou mesmo uma síndrome que afeta seu perfeito juízo, razão pela qual fica ainda permitida a instituição da curatela para tais casos.

Todavia, há que registrar que a nomeação de um curador é medida excepcional, só sendo possível a partir de adequada fundamentação judicial, em um processo no qual seja garantido ao deficiente o contraditório e a ampla defesa. Tal medida será ancorada no art. 4º, III, do CC, que diz serem relativamente incapazes aqueles que, por causa transitória ou permanente, não puderem exprimir sua vontade. O curador será, então, assistente desse deficiente, que será, assim, considerado apenas um relativamente incapaz.

Inovando ainda no sistema, o Estatuto em comento criou a figura da tomada de decisão apoiada, agora prevista no art. 1.783-A do CC, permitindo que o deficiente que tenha alguma dificuldade para se expressar possa nomear duas pessoas de sua confiança para auxiliá-lo no exercício de sua capacidade. O juiz, analisando o caso, verificará se aceita ou não a instituição desse novo modelo protetivo.

Em **resumo**, hoje **a pessoa portadora de deficiência poderá se enquadrar em três situações** relativas à sua capacidade:

- **Regra geral:** será considerada plenamente capaz.
- **Primeira exceção:** será submetida ao regime da curatela, sendo então relativamente incapaz.
- **Segunda exceção:** será submetida ao regime da tomada de decisão apoiada, preservando-se assim sua plena capacidade.

O deficiente jamais será considerado absolutamente incapaz. **Atualmente, a única hipótese de absoluta incapacidade, nos termos do art. 3º do CC, é a do menor de 16 anos.**

2.5. Emancipação

A emancipação é a aquisição antecipada da plena capacidade de fato, ou seja, o sujeito, antes de completar a maioridade civil, acaba por alcançar a situação jurídica de plenamente capaz. O emancipado continua sendo menor, e em razão disso permanece sob a proteção do Estatuto da Criança e do Adolescente. Dessa maneira, o menor emancipado não poderá praticar atos reservados por lei aos maiores de 18 anos, por exemplo, adoção, frequência a certos locais e obtenção da Carteira Nacional de Habilitação.

A emancipação foi disciplinada pelo Código Civil em seu art. 5º, parágrafo único, e comportaria três espécies: (a) voluntária; (b) judicial; e (c) legal.

a) **Emancipação voluntária (art. 5º, parágrafo único, I, do CC):** apresenta os seguintes **requisitos**:
- O emancipando ser maior de 16 anos.
- A vontade ser manifestada pelos pais, titulares do poder familiar. A manifestação será realizada pelos dois em conjunto ou apenas de um deles na ausência do outro.
- Manifestação devidamente realizada através de instrumento público.
- O ato é extrajudicial, não havendo necessidade de homologação pelo juiz.

Importante recordar que não há previsão legal expressa para que haja o consentimento do menor quando de sua emancipação voluntária. Porém, vários doutrinadores recomendam que se colha o consentimento do menor a fim de preservar os interesses deste.

> A emancipação voluntária é incondicionada e não admite qualquer encargo ou termo.

Há que se recordar que a emancipação voluntária é um ato não negocial, ou seja, os efeitos são impostos pela lei (efeitos *ex legis*), não podendo ser estabelecidos pelas partes. A prática do ato deflagra os efeitos previamente previstos pela lei.

A emancipação voluntária é **irrevogável** por ato de vontade dos pais, contudo esse ato de emancipação, por ser um ato de vontade, poderá ser invalidado se estiver presente, por exemplo, algum vício do consentimento. Por exemplo, menor que coage moralmente seus pais a emancipá-lo.

Por fim, há que ter em conta que os pais respondem pelos atos do incapaz (art. 932, I, do CC). **A emancipação voluntária não exonerará os pais da responsabilidade civil pelos atos ilícitos praticados pelos incapazes.** Ou seja, a emancipação é ineficaz em relação à vítima do ato ilícito praticado pelo menor. Isso evita a simulação e a fraude contra credores, sendo esse o posicionamento da doutrina majoritária e do Superior Tribunal de Justiça, o STJ.

b) **Emancipação judicial (art. 5º, parágrafo único, I, do CC):** essa modalidade emancipatória terá os seguintes requisitos:

- O emancipando ser maior de 16 anos.
- Sentença de emancipação (procedimento de jurisdição voluntária).
- Presença de menores que estão sob o pálio da tutela. Os menores que são colocados sob regime de tutela são aqueles cujos pais estão mortos, ausentes ou destituídos do poder familiar (art. 1.728 do CC).
- Oitiva do tutor.

c) **Emancipação legal (art. 5º, parágrafo único, II a V, do CC):** o Código Civil prevê quatro hipóteses de emancipação legal:

- A primeira delas é o **casamento**. A idade núbil, segundo o art. 1.517 do CC, se dá aos 16 anos. Com a reforma promovida pela Lei n. 13.811/2019, alterando a redação do art. 1.520 do CC, fica proibida qualquer forma de casamento aos menores de 16 anos, ainda que se esteja diante de uma situação de gravidez. Assim, é possível dizer que a emancipação pelo casamento, agora, ocorrerá necessariamente a partir dos 16 anos.

O casamento emancipa por ser um dos negócios jurídicos mais formais, impondo uma série de deveres aos cônjuges. Logo, o legislador entende que, se já há maturidade para casar, há também maturidade para a prática dos demais atos da vida civil.

Destaque-se que a separação, o divórcio ou a viuvez não farão o emancipado retornar à condição de incapaz. Porém, se o casamento for invalidado por alguma razão, os efeitos produzidos serão cassados, dentre eles a eventual emancipação do menor. Para a lei só o casamento emancipa, não sendo prevista a hipótese de emancipação no caso de constituição de uma união estável.

- A segunda hipótese de emancipação legal ocorre com o **exercício de emprego público efetivo**, conforme previsto no art. 5º, parágrafo único, III, do CC. Registre-se que o Código Civil não foi técnico a ponto de excluir tal hipótese em caso de cargo ou função pública, devendo a expressão "emprego público efetivo" ser interpretada extensivamente.
- A terceira hipótese refere-se à **colação de grau em curso de ensino superior**, uma hipótese extremamente difícil na prática, já que o menor deveria se graduar numa universidade antes dos 18 anos.
- A última situação que conduziria à emancipação *ex lege* seria o desenvolvimento de **estabelecimento civil ou comercial, ou a existência de relação de emprego, desde que, em função deles, o menor com 16 anos completos tenha economia própria**. Essa hipótese de emancipação deve ser avaliada pelo juiz diante de algum caso concreto, especialmente quando o assistente discordar do ato praticado isoladamente pelo relativamente incapaz e ingressar com ação anulatória. O juiz avaliará *a posteriori* se o menor, ao tempo do ato, era ou não emancipado com base em tal hipótese.

Economia própria é um **conceito jurídico indeterminado** que serve ao juiz para aplicar a regra, de acordo com o que demandar o caso concreto. Ou seja, o juiz dirá no caso concreto o que é economia própria, fundamentando seu entendimento. É comum a utilização de conceitos indeterminados pelo legislador civilista.

3. MORTE

Juridicamente, a morte pode ser conceituada como o fim da personalidade (tanto da personalidade civil quanto dos direitos da personalidade). A morte, antes de ser um fato jurídico, é um fato natural que desencadeia efeitos jurídicos. Dentro da classificação dos fatos jurídicos, a morte será considerada fato jurídico em sentido estrito, ou seja, é um evento da natureza que deflagrará uma série de efeitos na esfera do Direito. Dentre tais efeitos, vale destacar os seguintes:

Art. 1.784 do CC (princípio da *saisine*) – o patrimônio deixado pelo morto transfere-se desde logo aos herdeiros, sejam estes legítimos ou testamentários.

Extinção de vínculos personalíssimos, como o poder familiar, o casamento e os deveres alimentares.

Extinção do contrato de prestação de serviço, nos termos do art. 607 do CC.

Extinção do contrato de mandato, nos termos do art. 682 do CC.

A morte deflagra o **pagamento do capital estipulado no caso de seguro de vida**.

A morte do credor ou do devedor **extingue a solidariedade em relação a seus herdeiros**, nos termos dos arts. 270 e 276 do CC.

A morte do possuidor pode fazer com que o seu sucessor permaneça na posse, continuando a posse exercida, nos termos do art. 1.207 do CC.

A morte do usufrutuário gera a **extinção do usufruto** se este não foi feito por prazo certo nem condição resolutiva, nos termos do art. 1.410 do CC.

O que é morte civil? Seria a extinção da personalidade jurídica em vida. Atualmente não é admitida no Brasil. No passado era uma forma de penalizar a pessoa que atentava contra a ordem jurídica. A morte civil era uma forma de extinguir a personalidade jurídica. Apesar disso, alguns autores entendem que no Brasil ainda existe morte civil no caso da declaração de indignidade de herdeiro (art. 1.816 do CC), como naquelas situações em que o filho atenta contra a vida dos pais.

3.1. Modalidades de morte

Para fins de melhor compreensão do tema, é comum na doutrina ser feita a distinção entre a morte real e a morte presumida, conforme o quadro abaixo:

Morte real	Morte presumida
Morte real é aquela em que há cadáver, sendo então constada a ocorrência da morte e suas eventuais causas por um médico. O marco legal é a morte encefálica – paralisação das atividades do tronco encefálico, comandante das funções vitais.	A morte presumida poderá ocorrer de duas maneiras: sem declaração de ausência ou com declaração de ausência. Há o desaparecimento de uma pessoa natural e uma incerteza quanto à sua morte.

3.1.1. Real

O médico, diante da presença de um cadáver, atesta a morte e suas possíveis causas. O atestado deverá conter as possíveis causas da morte, que constarão da certidão de óbito. A certidão de óbito autoriza o sepultamento.

> No Brasil, o marco legal da morte é a ocorrência da **morte encefálica**, nos termos do art. 3º da Lei n. 9.434, de 1997, que estabelece que o transplante de órgãos só pode ser autorizado após a constatação por dois médicos, não integrantes da equipe que irá realizar o transplante, da morte encefálica.

3.1.2. Presumida

A morte presumida ocorre quando uma pessoa natural desaparece, havendo incerteza quanto à sua morte ou não. A morte presumida poderá se dar com ou sem declaração de ausência.

- **Sem declaração de ausência:** ocorrerá quando o desaparecido estiver em situação de perigo de vida ou de risco de morte. Art. 7º do CC. Exemplos: desaparecimento em situações de incêndio, terremoto, inundação, acidentes de avião, sequestro, guerra.
- **Com declaração de ausência:** arts. 22 a 39 do CC, combinados com os arts. 744 e 745 do CPC. Ausente é aquele que desaparece de seu domicílio sem deixar notícias ou representante constituído. Para entender o procedimento relativo aos ausentes é importante observar que a **finalidade** deste é **proteger o ausente e seu patrimônio**. O procedimento sucessório é mera consequência da declaração de ausência.

Ao contrário do que se passava no Código Civil anterior, no Código atual **o ausente não é incapaz**. A nomeação de um curador não se liga à incapacidade, mas sim à necessidade de ter alguém que administre o patrimônio deixado pelo ausente. Prova disto é que, se o indivíduo desaparece, mas deixa alguém que o represente (procurador), em princípio não será considerado ausente. Ultrapassados 3 anos do desaparecimento sem o indivíduo reaparecer, o mandato caduca e os herdeiros poderão solicitar a declaração de ausência juntamente com a sucessão provisória, conforme previsto no art. 26 do CC.

3.1.2.1. Fases da declaração de ausência

A ausência é dividida em três fases, que ocorrerão após o evento inicial, qual seja, o desaparecimento do indivíduo.

- **1ª fase – Declaração de ausência:** nesta fase haverá a nomeação de um curador, que, preferencialmente, será a esposa ou companheiro. Tal curador terá como dever primário realizar um inventário dos bens deixados pelo ausente, passando então a administrar esses bens. A ideia é tutelar o patrimônio do ausente, sendo função do curador arrecadar todos os bens, zelando pela sua conservação e administração.

Ultrapassado 1 ano da primeira fase

- **2ª fase – Sucessão provisória:** os herdeiros necessários serão imitidos na posse dos bens deixados pelo ausente, sendo desnecessária a prestação de caução. Os demais herdeiros só se imitirão na posse se prestada a caução, nos termos dos arts. 26 e s. do CC. Não há ainda sucessão definitiva dos bens. O Ministério Público é parte interessada para requerer a declaração de ausência (art. 22 do CC).

  Como se dará a declaração de ausência? Dependerá da existência ou não de procurador. Se não foi deixado procurador, a declaração de ausência se dará com base no art. 22 do CC. Por outro lado, se foi deixado procurador passa-se direto para a segunda fase, pois já há alguém para administrar os bens deixados. Nesse caso, a declaração de ausência se dará com fundamento no art. 26 do CC, concomitantemente com a sucessão provisória.

Ultrapassados 10 anos

- **3ª fase – Sucessão definitiva:** via de regra, ultrapassados 10 anos da declaração da sucessão provisória (contados do trânsito em julgado da sentença), poderá ser requerida a sucessão definitiva. Ocorrerá a transmissão da propriedade, que, por sua vez, tem como pressuposto a consideração do ausente como presumidamente morto (art. 6º, c/c os arts. 37 e s. do CC).

> **Art. 6º** A existência da pessoa natural termina com a morte; presume-se esta, **quanto aos ausentes, nos casos em que a lei autoriza a abertura de sucessão definitiva**.

No caso de idoso com mais de 80 anos, a lei autoriza procedimento diferente, dispensando-se a 1ª e a 2ª fases.

> **Art. 38.** Pode-se requerer a sucessão definitiva, também, provando-se que o ausente conta 80 anos de idade, e que de 5 datam as últimas notícias dele.

A propriedade transmitida aos herdeiros do ausente, nos 10 anos seguintes à sucessão definitiva, será uma propriedade resolúvel, pois se submete a uma condição resolutiva, qual seja, o reaparecimento do ausente. Nesse caso, o ausente terá direito aos bens no estado em que se encontrarem (art. 39 do CC).

> **Art. 39.** Regressando o ausente nos 10 anos seguintes à abertura da sucessão definitiva, ou algum de seus descendentes ou ascendentes, aquele ou estes haverão só os bens existentes no estado em que se acharem, os sub-rogados em seu lugar, ou o preço que os herdeiros e demais interessados houverem recebido pelos bens alienados depois daquele tempo.

Se o ausente reaparecer até a sucessão definitiva, irá reaver os bens no estado em que se encontrarem e somente terá de indenizar por benfeitorias e frutos se a ausência for voluntária. Se for involuntária, não terá de indenizar os acessórios ao possuidor.

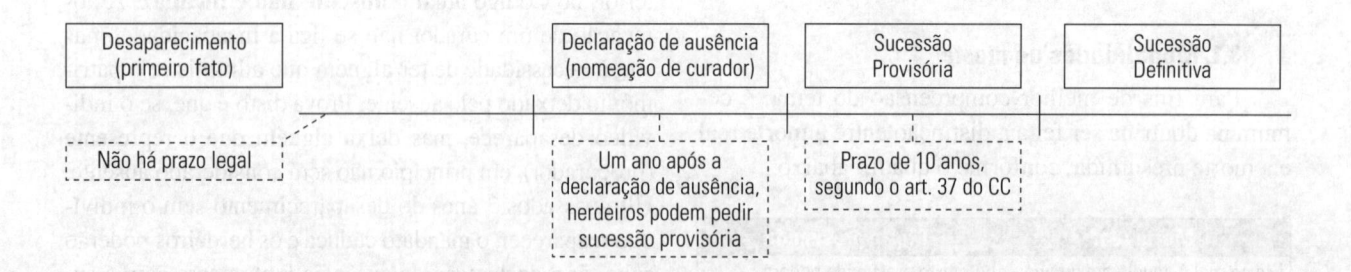

Desaparecimento (primeiro fato)	Declaração de ausência (nomeação de curador)	Sucessão Provisória	Sucessão Definitiva
Não há prazo legal	Um ano após a declaração de ausência, herdeiros podem pedir sucessão provisória	Prazo de 10 anos, segundo o art. 37 do CC	

3.2. Comoriência

Comoriência é a presunção de **morte simultânea de duas ou mais pessoas** (art. 8º do CC). Se não for possível averiguar qual indivíduo morreu primeiro, por exemplo, num acidente aéreo ou de trânsito, para efeito de sucessão, ambos serão considerados presumidamente mortos no mesmo momento. Só faz sentido falar em comoriência se as pessoas simultaneamente mortas forem herdeiras entre si. Caso contrário, a comoriência carece de qualquer efeito prático.

4. DIREITOS DA PERSONALIDADE

Os direitos da personalidade são direitos subjetivos existenciais. Em sede de direitos subjetivos, poder-se-ia propor a seguinte divisão:

Direitos subjetivos	
Direitos subjetivos patrimoniais	Direitos subjetivos existenciais
Obrigações	Reais	Direitos da personalidade

E são direitos subjetivos ligados à própria existência da pessoa humana. O ordenamento concede a toda pessoa natural o poder de agir para tutelar os bens da sua personalidade. Os direitos subjetivos podem ser violados, e essa violação faz nascer uma pretensão, que nada mais é que um poder de exigibilidade. Esse poder será dirigido contra quem ofendeu os direitos da personalidade, com a devida intervenção estatal, que emprestará sua coercibilidade. Dano moral é aquele oriundo da violação dos direitos da personalidade. É um dano imaterial decorrente de uma lesão ao direito da personalidade.

4.1. Perspectiva histórica

A partir da Segunda Guerra Mundial, a comunidade internacional passou a entender que a proteção dos direitos inerentes à condição humana não poderia ser fundamentada apenas no direito natural. Houve necessidade de construir normas positivadas com a previsão de sanções para aqueles que, de alguma forma, viessem a lesar tais direitos existenciais.

Nesse sentido, em 1948, foi elaborada a **Declaração Universal dos Direitos do Homem**, por meio da qual os Estados signatários se comprometeram a internalizar em seus ordenamentos tais normas protetivas. A maioria dos Estados, ao proceder a essa incorporação, criou título próprio dentro de suas Constituições (Título dos Direitos e Garantias Fundamentais). Tal proteção em princípio defenderia as pessoas naturais em face das atuações estatais.

No Brasil o legislador infraconstitucional, especialmente no CC de 2002, optou por traçar um capítulo específico para que essa proteção pudesse também ser exigida dos demais particulares (Capítulo II – Dos Direitos da Personalidade). Logo, **todo direito da personalidade é também direito fundamental** (mas nem todo direito fundamental será considerado direito da personalidade).

Conclusão: quando a relação se der entre Estado e particular, havendo eventual restrição a direitos inerentes à condição de ser humano deste, a proteção se dará com base nos direitos fundamentais previstos na **Constituição** (eficácia vertical dos direitos fundamentais). Quando a restrição ou lesão a tais direitos for oriunda de ato de particular, a proteção ocorrerá com base no **Código Civil**, ou seja, com base no direito da personalidade, podendo também ser invocada a proteção da própria Constituição, por evidente. Por isso é comum julgados que tratam da lesão a direitos da personalidade utilizarem como fundamentação tanto o Código Civil quanto a CRFB/88.

Quando houver conflito entre particulares que envolvam direitos fundamentais que não se enquadrem na categoria de direitos da personalidade, será resolvido com base na Constituição, falando-se, então, em eficácia horizontal dos direitos fundamentais.

Exemplo: conflito entre associação e associado. Para ocorrer a expulsão do último deverá haver respeito ao contraditório e à ampla defesa, ainda que não haja tal previsão no estatuto da associação.

4.2. Características

4.2.1. Prevalência em caso de conflito com outros direitos

O fundamento dos direitos da personalidade é o princípio da dignidade da pessoa humana. Logo, quando os direitos da personalidade entrarem em conflito com direitos subjetivos patrimoniais, a dignidade da pessoa humana que fundamenta a existência do primeiro fará com que o sopesamento ocorra em prol dos direitos existenciais.

Quais são os possíveis conflitos entre direitos?

- **Direito existencial x direito patrimonial:** sopesamento pelo julgador em prol do direito existencial. Por exemplo, direito do credor x liberdade do devedor (como decidido pelo STF no caso da prisão do depositário infiel, que redundou na edição da Súmula Vinculante 25, vedando tal prisão).
- **Direito existencial x direito existencial:** o juiz deverá analisar no caso concreto qual direito existencial deverá prevalecer. Por exemplo, imagem e honra de um sujeito *versus* liberdade de expressão de outro (situação muito comum, especialmente quando há manifestação do pensamento por um jornalista sobre determinada pessoa).
- **Direito patrimonial x direito patrimonial:** dependerá do caso concreto, verificando-se quem foi o responsável pela violação ao direito subjetivo patrimonial alheio. Por exemplo, inadimplemento por parte do devedor, violando os direitos de crédito do credor.

4.2.2. São direitos subjetivos de caráter absoluto

Ou seja, toda a coletividade deverá se abster de condutas que possam lesar direito da personalidade alheio (os direitos da personalidade são oponíveis *erga omnes*).

4.2.3. São direitos inatos e vitalícios

O início da proteção legal dos direitos da personalidade ocorrerá **a partir da concepção**, como visto acima. Nesse sentido, os direitos são inatos porque são alvo de tutela desde que surge a vida e não desde o momento do nascimento.

Quando se pensa em direito vitalício, lembra-se de usufruto (morre o usufrutuário se extingue o instituto do usufruto, quando não houver prazo específico para tal extinção). Os direitos da personalidade existirão até o momento em que a pessoa natural falecer. Por isso, a morte é a extinção das duas concepções de personalidade (personalidade civil e direitos da personalidade).

Contudo, algumas observações devem ser feitas. Os direitos da personalidade da pessoa falecida podem ser tutelados pelos parentes próximos. Os arts. 12, parágrafo único, e 20, parágrafo único, do Código Civil facultam que certos direitos da personalidade possam ser protegidos pelos parentes, por exemplo: violação ao nome e à honra do morto. Por via reflexa, a imagem e a honra dos parentes vivos são violados.

Exemplo: no livro biográfico de Garrincha foram descritas passagens íntimas da vida do jogador. As filhas de Garrincha não concordaram e se sentiram ofendidas por tais passagens. Ingressaram com ação solicitando a supressão dessas partes e solicitando indenização pelo dano moral reflexo (ou por ricochete). V. STJ, REsp 521.697.

A **legitimidade** *post mortem*, como dito, encontra-se descrita no Código Civil. Observe que esse dispositivo se esqueceu do companheiro. Porém, a doutrina entende que tal direito, por isonomia, deve ser estendido ao companheiro.

O prazo para que os parentes ingressem com essa ação de proteção ao morto não existe, uma vez que a ação para que os parentes próximos solicitem a proteção dos direitos da personalidade da pessoa falecida é imprescritível. Porém, para buscar a devida reparação civil decorrente da violação dos direitos da personalidade, tem-se o prazo prescricional de 3 anos, nos termos do art. 206, § 3º, V, do CC. Logo, não se deve confundir essas duas pretensões: a primeira não se sujeita a prazo prescricional; a segunda terá o prazo trienal.

4.2.4. São direitos absolutos e limitados

Como podem os direitos da personalidade ao mesmo tempo ser absolutos e limitados? São absolutos quanto a sua oponibilidade *erga omnes* e limitados em relação a seu exercício. Se todo direito da personalidade é também um direito fundamental, não existe direito fundamental ilimitado; logo, em caso de conflito entre dois ou mais direitos da personalidade, resolve-se por meio da técnica da ponderação de interesses ou outra teoria da argumentação. A resposta será dada de acordo com o caso concreto. Não há como dizer de antemão qual direito da personalidade prevalecerá. O que prevalece: o nome, a honra ou a liberdade de expressão? Só o caso concreto poderá trazer essa resposta.

4.2.5. São direitos relativamente indisponíveis

Os direitos da personalidade são relativamente indisponíveis, porque alguns desses direitos podem ser transmitidos para outra pessoa. Por exemplo, no caso de transmissão de parte do corpo humano, nos termos do art. 199, § 4º, da CRFB/88.

> **Art. 199.** A assistência à saúde é livre à iniciativa privada.
> (...)
> **§ 4º** A lei disporá sobre as condições e os requisitos que facilitem a remoção de órgãos, tecidos e substâncias humanas para fins de transplante, pesquisa e tratamento, bem como a coleta, processamento e transfusão de sangue e seus derivados, sendo vedado todo tipo de comercialização.

A regra constitucional acima estabelece dois requisitos acerca da transmissão de parcela dos direitos da personalidade: (a) não pode prejudicar a saúde do cedente e (b) não pode ser remunerada.

Já outros direitos da personalidade comportam apenas a cessão de seu exercício (e não do direito em si), caso do direito de imagem e do uso do nome. Nessa hipótese, a doutrina aponta os seguintes requisitos:

- **Cessão específica:** deve-se ceder pontualmente algum de seus direitos. Por exemplo: se um jogador de futebol cede sua imagem para ser feito um *outdoor*, a empresa contratante não poderá usar a voz para nova propaganda. Assim, a cessão deve ser interpretada restritivamente, já que se trata de uma exceção.
- **Temporária:** não existe cessão perpétua do exercício de direitos da personalidade. Ninguém pode ter seu direito da personalidade restrito pelo resto da vida.
- **Dignidade da pessoa humana respeitada:** a dignidade do cedente deve ser respeitada.

4.2.6. Atipicidade

Os direitos da personalidade são colocados em nosso Código Civil por meio de um rol exemplificativo, pois o legislador entendeu que a melhor forma de tutelar tais direitos seria por meio de uma cláusula geral prevista no art. 12, *caput*, do CC. Portanto, **nem todos os direitos da personalidade são previstos no Código Civil**, podendo o juiz reconhecer diante do caso concreto a proteção de outros que não estejam taxativamente arrolados na lei.

No Código Civil, os arts. 13, 14 e 15 trazem normas sobre **disposições acerca do corpo**, asseverando, no primeiro deles, que, "salvo por exigência médica, é defeso o ato de disposição do próprio corpo, quando importar diminuição permanente da integridade física, ou contraria os bons costumes". Ou seja, a regra é a vedação à disposição do próprio corpo, salvo quando houver questões de ordem médica que demandem tal ato, tal como ocorre no caso de transplante de órgãos e tecidos. No art. 14 se afirma ser "válida, com objetivo científico, ou altruístico, a disposição gratuita do próprio corpo, no todo ou em parte, para depois da morte". Nesse sentido, será válida a manifestação de vontade de um sujeito que deseje deixar seu corpo para uma instituição de pesquisa, uma universidade por exemplo. Por evidente, tal manifestação pode ser revogada antes da morte do declarante. Por fim, o art. 15 afirma que "ninguém pode ser constrangido a submeter-se, com risco de vida, a tratamento médico ou a intervenção cirúrgica". Um sujeito que doente, portanto, pode escolher se deseja ou não ser submetido a tratamento ou cirurgia, estando tal escolha em sua esfera individual de decisão.

Vários julgados nos últimos anos têm abordado o direito ao corpo, tanto no STJ quanto no STF. Merece destaque especial aqueles relativos aos transgêneros. Segundo a tese firmada no Supremo Tribunal Federal, no âmbito da ADIn 4.275, a pessoa transgênero: "i) O transgênero tem direito fundamental subjetivo à alteração de seu prenome e de sua classificação de gênero no registro civil, não se exigindo, para tanto, nada além da manifestação de vontade do indivíduo, o qual poderá exercer tal faculdade tanto pela via judicial como diretamente pela via administrativa; ii) Essa alteração deve ser averbada à margem do assento de nascimento, vedada a inclusão do termo 'transgênero'; iii) Nas certidões do registro não constará nenhuma observação sobre a origem do ato, vedada a expedição de certidão de inteiro teor, salvo a requerimento do próprio interessado ou por determinação judicial; iv) efetuando-se o procedimento pela via judicial, caberá ao magistrado determinar de ofício ou a requerimento do interessado a expedição de mandados específicos para a alteração dos demais registros nos órgãos públicos ou privados pertinentes, os quais deverão preservar o sigilo sobre a origem dos atos".

Já nos arts. 16 a 19, o Código Civil traz normas a respeito do **direito ao nome**. Importante lembrar que o nome compreende o prenome e o sobrenome (também denominado patronímico ou nome de família). O nome não pode ser empregado por outrem em publicações que exponham o titular a desprezo público, ainda que não haja a intenção de difamar o sujeito, ou seja, há proteção contra a utilização indevida do nome alheio. Por isso, o nome alheio também não pode ser usado, sem autorização, em propaganda comercial. Cabe lembrar que o apelido (pseudônimo) adotado para atividades lícitas goza da mesma proteção concedida ao nome. Por fim, vale o registro de que o nome obedece ao princípio da imutabilidade, ou seja, via de regra não pode ser alterado. Todavia, diversas normas preveem a possibilidade de modificação do nome, tais como: em virtude do casamento ou divórcio, homonímia prejudicial, nomes vexatórios ou com erros de grafia, naturalização, proteção a testemunhas, transexuais, dentre outras hipóteses.

Interessante pontuar que em 2022 a Lei n. 14.382 alterou a Lei de Registros Públicos (Lei n. 6.015/73) em vários aspectos. Um destes foi exatamente o direito ao nome. Segundo os dispositivos modificados, em especial os arts. 55 a 57, é possível que em até 15 (quinze) dias após o registro, qualquer dos genitores apresente, perante o registro civil onde foi lavrado o assento de nascimento, oposição fundamentada ao prenome e sobrenomes indicados pelo declarante, observado que, se houver manifestação consensual dos genitores, será realizado o procedimento de retificação administrativa do registro, mas, se não houver consenso, a oposição será encaminhada ao juiz competente para decisão.

Além disso, consagrou-se a possibilidade de qualquer pessoa trocar uma vez seu prenome, a qualquer tempo, desde que seja maior e capaz. Para tanto, não há necessidade de qualquer justificativa, sendo tal procedimento feito diretamente no registro civil das pessoas naturais (extrajudicialmente).

O art. 20 do CC, protege o **direito à imagem e à honra**, dizendo serem estas invioláveis, salvo se necessárias à manutenção da ordem pública e à administração da justiça.

No que tange à necessidade de autorização prévia por parte do titular para o uso da imagem e honra, o STF, em 2015, no bojo da ADIn 4.815, promoveu interpretação conforme a Constituição desse artigo, para entender que no caso de produções biográficas, como livros, peças de teatro, documentários, filmes, entre outros, não se faz necessária a autorização prévia do retratado. Preservou-se assim, como regra, a não restrição à liberdade de expressão (ver a parte relativa à interpretação constitucional e ao controle de constitucionalidade em Direito Constitucional). Todavia, se houver exercício abusivo da liberdade de expressão, a pessoa biografada poderá se valer de todas as tutelas permitidas pelo art. 12 do CC, ou seja, ingressar com ações de reparação de danos materiais, compensação de danos morais, solicitar direito de resposta, exigir retratação, pedir imposição de multa cominatória para evitar a reiteração do dano, entre outros que o caso demandar.

Ainda no que toca à liberdade de expressão, vale igualmente relembrar que o Supremo Tribunal Federal quanto ao direito ao esquecimento, firmou a seguinte tese, no âmbito do RE 1.010.606, em 2021: "é incompatível com a Constituição Federal a ideia de um direito ao esquecimento, assim entendido como o poder de obstar, em razão da passagem do tempo, a divulgação de fatos ou dados verídicos e licitamente obtidos e publicados em meios de comunicação social – analógicos ou digitais. Eventuais excessos ou abusos no exercício da liberdade de expressão e de informação devem ser analisados caso a caso, a partir dos parâmetros constitucionais, especialmente os relativos à proteção da honra, da imagem, da privacidade e da personalidade em geral, e as expressas e específicas previsões legais nos âmbitos penal e cível".

> **Art. 20.** Salvo se autorizadas, ou se necessárias à administração da justiça, ou à manutenção da ordem pública, a divulgação de escritos, a transmissão da palavra, ou a publicação, a exposição ou a utilização da imagem de uma pessoa poderão ser proibidas, a seu requerimento e sem prejuízo da indenização que couber, se lhe atingirem a honra, a boa fama ou a respeitabilidade, ou se destinarem a fins comerciais.

Por sua vez o art. 21 do CC, afirma que a vida privada da pessoa é inviolável, devendo o juiz, a requerimento da parte interessada, adotar as providências necessária para impedir ou fazer cessar qualquer ato contrário a tal mandamento. Ou seja, a norma em comento protege o direito à privacidade e à intimidade, o direito de ser deixado só, refutando qualquer intervenção indevida de outrem em seu círculo mais restrito. O intuito da norma é não apenas resguardar a vida privada como dar ao titular desse direito o poder de controlar as informações existentes a seu respeito.

5. PESSOA JURÍDICA

5.1. Noções gerais e características

As pessoas jurídicas, ente moral criado a partir da manifestação de vontade de pessoas naturais, possuem personalidade jurídica, como dito linhas atrás. Assim, por meio de seus representantes, são capazes de adquirir direitos e contrair obrigações na órbita civil. **A pessoa jurídica é uma entidade de pessoas** (individual ou coletiva) **ou de bens objetivando fins específicos**, conforme delimitado em seus atos constitutivos.

Podem ser citadas as seguintes características para esse ente moral:

a) **Personalidade jurídica autônoma**, não se confundindo com a personalidade das pessoas naturais que a constituíram.
b) **Estrutura organizacional própria.**
c) **Patrimônio igualmente distinto das pessoas que a constituíram.**
d) **Necessidade de concessão de publicidade aos atos constitutivos.**

5.2. Classificação

As pessoas jurídicas podem ser classificadas em dois grupos: pessoas jurídicas **de direito público** (interno ou externo) e **de direito privado**.

São consideradas pessoas jurídicas de direito público interno: a União, os Estados-membros, os Municípios, o Distrito Federal. Também pertencem a esse grupo as autarquias, as fundações públicas e as demais entidades de caráter público, criadas por lei, com personalidade jurídica própria, tais como as associações públicas.

Nesse sentido, importante recordar que as pessoas jurídicas de direito público a que se tenha dado estrutura de direito privado regem-se, no que couber, quanto a seu funcionamento, pelas normas desse Código, nos termos do art. 41, parágrafo único, do CC.

Note-se que as empresas públicas e as sociedades de economia mista são regidas pelo regime jurídico de direito privado (ver a parte referente à Administração Indireta em Direito Administrativo).

Nos termos do art. 42 do CC, são pessoas jurídicas de direito público externo os Estados estrangeiros e todas as pessoas que forem regidas pelo direito internacional público.

Por fim, são consideradas pessoas jurídicas de direito privado, além das já citadas empresas públicas e sociedades de economia mista, nos termos do art. 44 do CC, as associações, as sociedades, as fundações, as organizações religiosas e os partidos políticos. Os dois últimos submetem-se a regras específicas, que serão oportunamente estudadas.

Importante acentuar mudança promovida em 2022, por força da Lei n. 14.382, que na linha já aceita durante a pandemia do coronavírus, promoveu mudanças nas deliberações das pessoas jurídicas, permitindo o uso de meios eletrônicos. Nestes termos, o art. 48-A estabeleceu que:

Art. 48-A. As pessoas jurídicas de direito privado, sem prejuízo do previsto em legislação especial e em seus atos constitutivos, poderão realizar suas assembleias gerais por meio eletrônico, inclusive para os fins do disposto no art. 59 deste Código, respeitados os direitos previstos de participação e de manifestação.

Em breve análise sobre as várias espécies de pessoa jurídica de direito privado, tem-se:

5.2.1. Associações

Segundo definição corrente, as associações são **sociedades civis sem finalidade lucrativa** em que há um somatório de esforços e/ou recursos dos associados para a obtenção de fins comuns. As associações são criadas, geralmente, com finalidades filantrópicas, literárias, religiosas, morais, culturais, educacionais, científicas, profissionais, esportivas, entre outras. Embora não possuam fins lucrativos, as associações podem realizar atividades que produzam rendimentos, desde que estes sejam empregados na própria associação, ou seja, que não sejam revertidos lucros para seus associados ou diretores. Pode, portanto, haver resultado positivo oriundo de determinada atividade, por exemplo, um clube recreativo que promove uma festa e arrecada fundos, porém o que se veda é a repartição desses valores entre seus associados. O dinheiro arrecadado deve ser aplicado no próprio clube, reformando quadras, vestiários, piscinas, saldando dívidas ou outra atividade do gênero.

Entre os associados, não haverá obrigações recíprocas, ou seja, um associado não terá deveres em relação ao outro. As obrigações serão estabelecidas dos associados perante a pessoa jurídica que integram, nos termos do art. 53, parágrafo único, do CC.

As associações são constituídas por documento escrito, normalmente um estatuto ou contrato, em que devem estar presentes ao menos os seguintes requisitos: I – a denominação, os fins e a sede da associação; II – os requisitos para a admissão, demissão e exclusão dos associados; III – os direitos e deveres dos associados; IV – as fontes de recursos para sua manutenção; V – o modo de constituição e de funcionamento dos órgãos deliberativos; VI – as condições para a alteração das disposições estatutárias e para a dissolução; VII – a forma de gestão administrativa e de aprovação das respectivas contas.

Nos termos do art. 55 do CC, convém destacar que dentro de uma mesma associação poderá haver categorias diferentes de associados (por exemplo, os sócios fundadores, que ficam dispensados de adimplir mensalidades e obtêm outros privilégios). Contudo, dentro de uma mesma categoria, não poderá existir tratamento diferenciado entre os associados.

5.2.2. Fundações

De acordo com definição comumente estabelecida, as fundações são na verdade um **conjunto de bens arrecadados e personificados, tendentes a alcançar determinado fim**. A lei estabelecerá uma unidade entre esses bens, ainda que tal unidade seja parcial. Nos termos do art. 62 do CC, as fundações são criadas a partir de escritura pública ou testamento, e para essa criação se pressupõe a presença dos seguintes elementos: (a) afetação de bens livres e desembaraçados; (b) especificação dos fins visados; (c) previsão da maneira pela qual a fundação será administrada; (d) elaboração de estatutos com base em seus objetivos, que serão submetidos à apreciação do Ministério Público, a quem caberá o dever de fiscalizá-la. É comum dizer que o Ministério Público é o curador das fundações.

Assim como ocorre com as associações, as fundações também não terão finalidade lucrativa. Os fins buscados devem ser morais, culturais, assistenciais ou outro de natureza similar, conforme definido no ato constitutivo.

Quando os bens destinados à constituição da fundação forem insuficientes, se não houver disposição em contrário pelo instituidor, tais bens serão incorporados em outra fundação que se proponha a fim idêntico ou semelhante, nos termos do art. 63 do CC.

É possível que seja alterado o estatuto da fundação, mas tal reforma só será viável se estiverem presentes os requisitos trazidos pelo art. 67 do CC, quais sejam: (a) seja deliberada por dois terços dos incumbidos por gerir e representar a fundação; (b) não contrarie ou desvirtue o fim desta; (c) a alteração seja aprovada pelo órgão do Ministério Público no prazo máximo de 45 dias. **Importante este último requisito, uma vez que foi alterado pela Lei n. 13.151/2015**. Se o prazo acima decorrer sem manifestação do Ministério Público, ou no caso de este órgão denegar a alteração, poderá o juiz suprir tal manifestação, a requerimento do interessado.

Nos termos do art. 68 do CC, quando a alteração não houver sido aprovada por votação unânime, os administradores da fundação, ao submeterem o estatuto ao órgão do Ministério Público, requererão que se dê ciência à minoria vencida para impugná-la, se quiser, em 10 dias.

Quanto à extinção da fundação, o art. 68 do CC prevê: tornando-se ilícita, impossível ou inútil a finalidade a que visa a fundação, ou vencido o prazo de sua existência, o órgão do Ministério Público, ou qualquer interessado, lhe promoverá a extinção, incorporando-se o seu patrimônio, salvo disposição em contrário no ato constitutivo, ou no estatuto, em outra fundação, designada pelo juiz, que se proponha a fim igual ou semelhante.

5.2.3. Sociedades

Nos termos do art. 981 do CC, celebram contrato de sociedade **as pessoas que reciprocamente se obrigam a contribuir, com bens ou serviços, para o exercício de uma atividade econômica e a partilha, entre si, dos resultados**. Tal atividade "pode restringir-se à realização de um ou mais negócios determinados". Em doutrina, conceitua-se sociedade como uma espécie de corporação, dotada de personalidade jurídica própria, e instituída por meio de um contrato social, podendo ser simples ou empresária (sobre sociedade, empresária ver mais em Direito Empresarial).

Importante asseverar que as **sociedades simples** visam ao lucro através do exercício de atividades não empresárias. Significa dizer que as atividades não são realizadas por empresários. Exemplos clássicos são as sociedades de profissionais liberais, como os médicos e advogados. As cooperativas são sociedades simples, sujeitas à inscrição na Junta Comercial, nos termos designados no art. 982, parágrafo único, do CC.

Quanto às sociedades de advogado, cabe ressaltar que elas adquirem personalidade com o registro na Ordem dos Advogados do Brasil, conforme os arts. 15 e 16, § 3º, da Lei n. 8.906/94.

As **sociedades empresárias**, por sua vez, são organizações econômicas dotadas de personalidade jurídica e patrimônio, sendo normalmente constituídas por vários sujeitos, tendo por fim a produção de bens, sua circulação ou a prestação de serviços, sempre com fins lucrativos.

As sociedades, como dito, são trabalhadas na parte relativa ao Direito Empresarial.

5.2.4. Partidos políticos

São entidades integradas por **pessoas que possuem, em tese, uma ideologia em comum, visando à conquista de parcelas de poder estatal, cumprindo assim um programa governamental**. São associações civis que buscam assegurar, no interesse do regime democrático, a autenticidade do sistema representativo e defender os direitos fundamentais estabelecidos na Constituição.

Além do registro civil na Capital Federal, devem possuir registro junto ao Tribunal Superior Eleitoral.

Sobre partidos políticos, ver também a parte relativa a direitos políticos em Direito Constitucional.

5.2.5. Organizações religiosas

São **entidades de direito privado, estabelecidas por meio de doutrinas, cultos e outros rituais que lhes são próprios**.

O art. 44 do CC, estabelece que é livre a criação, a organização, a estruturação interna e o funcionamento das organizações religiosas, sendo vedado ao Poder Público negar-lhes reconhecimento ou registro dos atos constitutivos e necessários a seu funcionamento. Sendo o Estado brasileiro um estado laico, ou seja, não possuindo uma religião oficial, não cabe ao Poder Público a análise do tipo de doutrina ou ritual traçado pela organização religiosa, salvo nos casos em que houver evidente prejuízo a seres ou bens dignos de tutela.

A liberdade de organização religiosa é uma garantia constitucional, que permite a liberdade de expressão religiosa, coexistindo com a liberdade de crença e de culto. Assim, a liberdade de funcionamento das organizações religiosas não afasta o controle de legalidade e legitimidade constitucional de seu registro, nem a possibilidade de avaliação da compatibilidade de seus atos com a lei e seus estatutos, realizada pelo Poder Judiciário.

5.3. Desconsideração da personalidade jurídica

Prevista no Código Civil e no Código de Defesa do Consumidor, pretende a desconsideração permitir o **afastamento temporário da personalidade da pessoa jurídica**, a fim de que o credor possa ver satisfeita sua pretensão de cobrança, a partir da invasão do patrimônio pessoal do sócio ou do administrador que cometeu um ato abusivo ou com desvio de poder. A teoria da desconsideração, do ponto de vista prático, é mais comum quando se está diante de uma sociedade empresária. Entretanto, nada impede seja ela utilizada diante de qualquer pessoa jurídica.

O art. 50 do Código Civil estabelece que, em caso de **abuso da personalidade jurídica**, caracterizado pelo desvio de finalidade, ou pela confusão patrimonial, pode o juiz decidir, a requerimento da parte, ou do Ministério Público, quando lhe couber intervir no processo, que os efeitos de certas e determinadas relações de obrigações sejam estendidos aos bens particulares dos administradores ou sócios da pessoa jurídica. Deve então haver requerimento, não podendo ser decretada de ofício pelo juiz. Ainda, cabe destacar que a desconsideração só alcançará certas e determinadas relações jurídicas, não sendo geral e irrestrita.

A doutrina entende que só se aplica a desconsideração da personalidade da pessoa jurídica quando houver a prática de ato irregular e, limitadamente, aos administradores ou sócios que nela hajam incorrido, evitando-se assim que coadministradores inocentes possam vir a sofrer invasões em seu patrimônio pessoal.

Ainda sobre a desconsideração, importante perceber que duas teorias foram construídas:

a) **Teoria maior:** exige o abuso da personalidade (desvio de finalidade ou confusão patrimonial) e o prejuízo do credor. Foi a teoria adotada no Código Civil.

b) **Teoria menor:** é a teoria adotada nas relações de consumo, consagrada no art. 28 do CDC. Exige apenas o prejuízo do credor para a responsabilização pessoal do sócio ou administrador.

Quanto às alterações promovidas no regime das pessoas jurídicas pela Lei da Liberdade Econômica (Lei n. 13.874/2019), verificar o item 35, no qual são condensados os princípios regentes dessa nova legislação, bem como seus impactos no Direito Civil.

6. DOMICÍLIO

6.1. Conceito

É a sede jurídica da pessoa. É o local onde o sujeito ordinariamente (com habitualidade) pratica os atos da vida civil. O domicílio terá uma série de utilidades no âmbito do Direito, tais como: definir o local de competência para julgamento, o foro da abertura da sucessão, o local de pagamento das obrigações etc.

6.2. Domicílio da pessoa jurídica

Inicialmente, o art. 75, I a III, do CC regula o domicílio da União (como sendo o Distrito Federal), dos Estados (suas capitais) e dos Municípios (lugar onde funcione a administração municipal). Para as demais pessoas jurídicas (excluídos a União, Estados, Distrito Federal e Municípios), o domicílio será via de regra o local onde funcionar a sua diretoria ou a sua administração, salvo se elegerem domicílio especial nos seus atos constitutivos (estatuto ou contrato social).

De toda forma, duas observações são pertinentes: (a) se a pessoa jurídica tiver diversos estabelecimentos em lugares diferentes, cada um deles será considerado seu domicílio para os atos nele praticados, nos termos do art. 75, § 1º, do CC; (b) se a pessoa jurídica tiver sua sede no estrangeiro, o domicílio desta no Brasil será o lugar onde ela vier a funcionar, conforme previsto no art. 75, § 1º, do CC.

6.3. Pessoa natural

Primeiramente, há que se afirmar que **residência não se confunde com moradia ou habitação**. Moradia ou habitação pode ter caráter transitório, enquanto o vocábulo "residência" traz consigo a intenção de permanência, *animus manendi*, que é o caráter de definitividade.
O art. 70 do CC utiliza-se de residência para definição do domicílio da pessoa natural.

Art. 70. O domicílio da pessoa natural é o lugar onde ela estabelece a sua residência com ânimo definitivo.

Algumas observações são importantes em termos de domicílio da pessoa natural. Vejamos:

1) *É possível que a pessoa natural tenha mais de uma residência?* Sim, é o chamado domicílio múltiplo. Se o sujeito tiver duas residências onde viva alternadamente, qualquer delas será considerada seu domicílio.

Art. 71. Se, porém, a pessoa natural tiver **diversas** residências, onde, **alternadamente**, viva, considerar-se-á domicílio seu qualquer delas.

2) Para a lei, mesmo aquele que não tem residência terá um domicílio fictício, que será o local onde esse sujeito for encontrado, conforme o art. 73 do CC (ter-se-á por domicílio da pessoa natural, que não tenha residência habitual, o lugar onde for encontrada). Pense-se no exemplo de um mendigo ou andarilho.

3) Todos os locais em que a profissão for exercida serão considerados domicílios profissionais quanto às **relações concernentes à profissão**.

Art. 72. É também domicílio a pessoa natural, quanto às relações concernentes à profissão, o lugar onde for encontrada.

4) **Domicílio necessário ou legal:** algumas pessoas, quando inseridas em situações especiais, não terão a liberdade de escolher seu domicílio, já que a lei imporá o domicílio. Todas as hipóteses de domicílio legal se encontram no art. 76 do CC:

Art. 76. Têm domicílio necessário o incapaz, o servidor público, o militar, o marítimo e o preso.
Parágrafo único. O domicílio do incapaz é o do seu representante ou assistente; o do servidor público, o lugar em que exercer permanentemente suas funções; o do militar, onde servir e, sendo da Marinha ou Aeronáutica, a sede do comando a que se encontrar imediatamente subordinado; o do marítimo, onde o navio estiver matriculado; e o do preso, o lugar em que cumprir a sentença.

5) **Domicílio de eleição:** as partes, com base na autonomia privada, poderão designar local específico, em contrato escrito, para que ali sejam cumpridas as obrigações resultantes daquele instrumento. Quando isso ocorrer, estaremos diante do domicílio de eleição. **Art. 78 do CC: nos contratos escritos**, poderão os contratantes especificar o domicílio onde se exercitem e cumpram os direitos e obrigações deles resultantes. Não confunda foro de eleição com domicílio de eleição. O domicílio de eleição se liga ao local de pagamento (art. 327

do CC), e o foro de eleição se liga à modificação da competência territorial (art. 63 do CPC). Um tem efeito material (domicílio de eleição); o outro, processual (foro de eleição).

7. DOS BENS

7.1. Conceito

Os bens são o objeto de uma relação jurídica, constituindo-se em **valores materiais ou imateriais**. Toda relação jurídica travada entre sujeitos terá seu objeto. Assim, por exemplo, em um contrato de compra e venda o preço a ser pago e o bem a ser transferido são o objeto dessa relação jurídica de natureza contratual.

No Código Civil, a partir do art. 79, são previstos três capítulos para disciplinar os bens: bens considerados em si mesmos, bens reciprocamente considerados e bens públicos. Essas divisões nada mais são que classificações dos bens.

7.2. Bens considerados em si mesmos

Móvel	Imóvel
a) Os bens suscetíveis de movimento próprio, ou de remoção por força alheia, sem alteração da substância ou da destinação econômico-social. b) As energias que tenham valor econômico. c) Os direitos reais sobre objetos móveis e as ações correspondentes. d) Os direitos pessoais de caráter patrimonial e respectivas ações. e) Os materiais destinados a alguma construção, enquanto não forem empregados, conservam sua qualidade de móveis; readquirem essa qualidade os provenientes da demolição de algum prédio.	a) O solo e tudo quanto se lhe incorporar natural ou artificialmente. b) Os direitos reais sobre imóveis e as ações que os asseguram. c) O direito à sucessão aberta. d) As edificações que, separadas do solo, mas conservando a sua unidade, forem removidas para outro local. e) Os materiais provisoriamente separados de um prédio, para nele se reempregarem.
Fungível Os móveis que podem substituir-se por outros da mesma espécie, qualidade e quantidade.	Infungível Conceito por exclusão.
Consumíveis Os bens móveis cujo uso importa destruição imediata da própria substância, sendo também considerados tais os destinados à alienação.	Inconsumível ou duráveis Conceito por exclusão.
Divisíveis a) Os que se podem fracionar sem alteração na sua substância, diminuição considerável de valor, ou prejuízo do uso a que se destinam. b) Os bens naturalmente divisíveis podem tornar-se indivisíveis por determinação da lei ou por vontade das partes.	Indivisíveis Conceito por exclusão.
Singulares São singulares os bens que, embora reunidos, se consideram de per si, independentemente dos demais.	Coletivos Têm-se as universalidades de fato e de direito. Universalidade de fato: pluralidade de bens singulares, pertinentes à mesma pessoa e que tenham destinação única. Por exemplo, coleções, rebanho de gado, biblioteca. ■ Universalidade de direito: complexo de relações jurídicas de uma pessoa, dotadas de conteúdo econômico. Por exemplo, o patrimônio de alguém.

7.3. Bens reciprocamente considerados

O tratamento pelo Código Civil dos bens reciprocamente considerados se inicia no art. 92, que conceitua bem principal como aquele que existe sobre si, abstrata ou concretamente, e como acessório, aquela cuja existência supõe a do principal.

Do artigo acima se pode extrair implicitamente o **princípio da gravitação jurídica**, popularmente conhecido como princípio do "acessório que segue o principal". Esse princípio traz três implicações:

■ A **natureza jurídica** do bem acessório será a mesma do bem principal. Assim sendo, se o bem principal for um bem imóvel, o seu acessório terá igual natureza jurídica. Por exemplo, o fruto pendente em árvore tem natureza jurídica de bem imóvel (após colhido, será bem móvel).

■ Será **proprietário** do bem acessório aquele que for proprietário do bem principal. Por exemplo, as crias de um animal irão pertencer ao proprietário desse animal.

- Quanto à **destinação**, prevalece o brocardo jurídico *acessorium sectum principale*. Assim, o acessório terá o mesmo destino do bem principal:
  a) Sendo alienado o bem principal, consequentemente os bens acessórios também serão alienados.
  b) Se for oposta cláusula de inalienabilidade ao principal, os acessórios também se sujeitarão ao ônus real instituído.
  c) Se houver decreto expropriatório sob bem imóvel, os acessórios a esse também serão desapropriados.

O princípio da gravitação jurídica não é um princípio de caráter absoluto. Assim, as regras jurídicas oriundas desse princípio poderão ser alteradas pelas circunstâncias do caso concreto, pela vontade das partes ou pela própria lei. Por exemplo, o art. 233 do CC.

> **Art. 233.** A obrigação de dar coisa certa abrange os acessórios dela embora não mencionados, salvo se o contrário resultar do título ou das circunstâncias do caso.

Ainda dentro do estudo dos bens reciprocamente considerados se encontra o conceito de **pertenças**. A própria lei estabelece esse conceito, ressaltando que, não sendo partes integrantes, elas existem de modo duradouro, destinando-se ao uso, serviço e aformoseamento de outro. O conceito de pertença está no art. 93 do CC:

> **Art. 93.** São pertenças os bens que, não constituindo partes integrantes, se destinam, de modo duradouro, ao uso, ao serviço ou ao aformoseamento de outro.

O art. 94 do CC, estabelece que **às pertenças, via de regra, não será aplicado o princípio da gravitação jurídica**, salvo disposição em contrário pelas partes, por determinação legal ou por decorrência das circunstâncias do caso. Ou seja, a alienação do bem principal não significa que as pertenças terão o mesmo destino, já que **pertença não é bem acessório**. Exemplos de pertenças: os tratores em relação à fazenda; os quadros decorativos de um apartamento; os aparelhos de ar-condicionado de uma escola.

8. FATOS JURÍDICOS

8.1. Conceito de fato jurídico

É um acontecimento, um evento que deriva de um comportamento humano ou de um fato da natureza. Este se torna um fato jurídico quando repercute na ciência jurídica, ou seja, quando o Direito passa a valorá-lo.

Quando o fato se enquadrar nas espécies previstas abstratamente pelo ordenamento jurídico, desencadeando-se assim efeitos regulamentados pelo Direito, teremos aí o fato jurídico. Já quando o fato não repercute juridicamente, a doutrina o denomina fato material ou ajurídico. A classificação de um fato como jurídico ou material depende das circunstâncias do caso concreto e dos efeitos produzidos.

8.2. Classificação dos fatos jurídicos

Várias são as classificações trazidas pela doutrina. Opta-se por expor aquela que mais comumente é apresentada.

8.2.1. Quanto à licitude

8.2.1.1. Fatos ilícitos

São aqueles fatos que de alguma forma violarão a ordem jurídica, desencadeando a aplicação de sanções. Sempre que se falar em fato ilícito, haverá um comportamento humano (ato) transgressor da norma, que poderá ser analisado sob duplo aspecto:

8.2.1.1.1. Atos ilícitos subjetivos

Refere-se à conduta permeada pelo elemento culpa. Para gerar indenização, deve-se caracterizar o dano (sem dano não há ilícito subjetivo, e, assim, não há responsabilidade). O dano é elemento do ato ilícito de natureza subjetiva no Direito Civil, conforme o art. 186 do CC.

> **Art. 186 do CC.** Aquele que, por ação ou omissão voluntária, negligência ou imprudência, violar direito e causar dano a outrem, ainda que exclusivamente moral, comete ato ilícito.

8.2.1.1.2. Atos ilícitos objetivos

Aqui não se analisa a culpa, mas sim o comportamento do titular quando do exercício de seu direito subjetivo. Esse ilícito objetivo nada mais é que a figura do abuso do direito, que se configura quando um titular, no exercício de seu direito subjetivo, adota um comportamento que excede os limites impostos pela função social, função econômica, boa-fé objetiva e bons costumes.

> Também comete ato ilícito o titular de um direito que, ao exercê-lo, excede manifestamente os limites impostos pelo seu fim econômico ou social, pela boa-fé ou pelos bons costumes.

8.2.1.2. Fatos lícitos

Nestes, os efeitos oriundos do evento são tutelados pela ordem jurídica. A ocorrência de tais fatos não gera qualquer tipo de sanção. Os fatos lícitos que produzem efeitos válidos podem ser de três ordens: atos jurídicos, atos-fatos jurídicos e fatos jurídicos em sentido estrito. Essa classificação leva em conta a presença ou não de uma conduta humana volitiva.

8.2.1.2.1. Atos jurídicos

Ocorre sempre que houver a presença de um comportamento humano voluntário. Dos atos jurídicos decorrem:

Negócios jurídicos	Atos não negociais (ou atos jurídicos em sentido estrito)
Arts. 104 a 184	Art. 185
Nascem da vontade	Nascem da vontade
Os efeitos serão definidos pelas partes, respeitados os limites impostos pela lei	Os efeitos decorrem da lei (*ex lege*). Os efeitos já estão previstos pela lei. É uma adesão volitiva aos efeitos estabelecidos previamente pela lei
Exemplos: contrato, casamento e testamento	Exemplos: adoção, reconhecimento voluntário de paternidade e emancipação voluntária

8.2.1.2.2. Atos-fatos

Ocorrem sempre que há um comportamento humano, independentemente da presença da vontade humana, desencadeando-se os efeitos previstos em lei. A diferença do ato não negocial é que no ato-fato não há necessariamente uma conduta volitiva. A lei não se importa com a voluntariedade da conduta. Exemplos: descoberta (art. 1.233 do CC), prescrição e decadência (arts. 189 e s. do CC).

8.2.1.2.3. Fato jurídico em sentido estrito

É qualquer evento da natureza que desperte consequências jurídicas. Por exemplo, morte, nascimento com vida, eventos de força maior, terremotos, enchentes, simples decurso do tempo etc.

Seguindo a ordem estabelecida pelo próprio Código Civil, é importante ingressar nos pontos nodais de cada um dos fatos jurídicos retrodescritos.

9. NEGÓCIO JURÍDICO

Segundo a teoria estrutural, teoria que melhor explica o instituto, negócio jurídico seria todo fato jurídico consistente em uma declaração de vontade à qual o ordenamento jurídico atribuirá os efeitos designados como desejados, desde que sejam respeitados os pressupostos de existência, os requisitos de validade e os fatores de eficácia (impostos pela norma jurídica). Portanto, o negócio jurídico seria **a expressão máxima do princípio da autonomia privada**, permitindo a cada indivíduo definir, a partir de sua manifestação de vontade, quais são as normas particulares que irão reger sua vida. Para tal fim, a vontade do Estado, inserida nas mais diversas leis, deve ser igualmente respeitada. Assim, a celebração de um negócio jurídico atualmente é a soma da vontade do particular e da vontade do Estado.

Negócio jurídico = Vontade do particular + Vontade do Estado

No negócio jurídico se pode observar que o ato que partiu da vontade humana terá efeitos indicados por quem o praticou, gerando a criação, a modificação ou a extinção de direitos. Ao contrário do ato não negocial, em que o resultado (efeito) do exercício da vontade deriva da lei, no negócio jurídico a exteriorização consciente da vontade se dirige à obtenção do resultado eleito das partes (desde que respeitados os limites impostos pela ordem jurídica).

A fim de melhor compreender o negócio jurídico, a doutrina construiu ao longo dos anos os planos de análise do negócio jurídico, quais sejam: **plano da existência, da validade e da eficácia**. Esse esquema de planos foi trazido para o Brasil por Pontes de Miranda, sendo então chamada de **escada ponteana**.

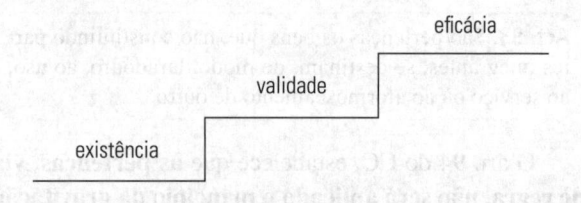

```
                          eficácia
               validade
  existência
```

(Pressupostos de) existência: são os elementos sem os quais não há sequer negócio jurídico.	(Requisitos de) validade: são as exigências que a lei estabelece para que um negócio existente possa receber a chancela do ordenamento jurídico.	(Fatores de) eficácia: são os que afetarão de alguma maneira a produção de efeitos do negócio existente.
Agente (pessoa): somente uma pessoa pode declarar e recepcionar a vontade. Assim, por exemplo, não pode ser beneficiário de testamento algo que não seja pessoa.	Agente capaz (arts. 3º a 5º do CC): deve-se ter um agente com plena capacidade de fato.	Eficácia simples: se inserida uma condição ou um termo (arts. 121 a 137 do CC), pode ser que os efeitos a serem produzidos pelo negócio fiquem submetidos ao advento de certos fatos. Assim, diz-se que há ineficácia simples.

Vontade: a vontade é fundamental para a criação do negócio jurídico. Assim, atos de extorsão da vontade não induzem o nascimento de negócio, tais como aqueles obtidos através de coação *vis absoluta* (violência física).	**Vontade livre e consciente** (arts. 138 a 157 do CC): se presente algum vício do consentimento, como o erro, dolo, coação, estado de perigo e lesão, haverá invalidade do negócio.	**Eficácia relativa:** por vezes o negócio existe, é válido, produz efeitos. Porém, se tais efeitos não se produzem em face de um sujeito determinado, diz-se que o negócio é a este inoponível (ineficaz relativamente a...). Têm-se bons exemplos dessa ineficácia nos arts. 290 e 662 do CC.
Objeto: há que se ter um objeto, sobre o qual a vontade das partes recairá. Dessa maneira, o serviço ou o produto serão comumente o objeto no âmbito de contratos de consumo, a título de exemplo.	**Objeto lícito, possível, determinado ou determinável:** a licitude do objeto é fundamental para a validade do negócio, assim como a possibilidade física e jurídica e a determinabilidade.	
Forma: se o negócio não tem forma, significa que a vontade ainda está no âmbito interno do agente. Por esse motivo, a vontade precisa ser exteriorizada para que tenhamos o negócio jurídico. A forma poderá ser verbal, gestual, escrita.	**Forma prescrita ou não defesa em lei:** a regra é o princípio da liberdade das formas, nos termos dos arts. 107 e 108 do CC. Porém, por vezes a lei exigirá alguma formalidade, como instrumento público ou forma escrita. Nesses casos, a forma é prescrita e deve ser seguida, sob pena de se afetar a validade do negócio.	
Caráter substantivo	**Caráter adjetivo**	

Observações sobre os requisitos de validade:

1) Os requisitos estabelecidos nos arts. 104 e s. do CC são denominados **requisitos gerais de validade**, ou seja, aplicam-se indistintamente a qualquer negócio jurídico (contrato, testamento, casamento etc.). Além destes, a lei, ao regulamentar cada negócio, poderá instituir requisitos especiais de validade, estabelecendo-se assim novas hipóteses de nulidade ou anulabilidade, tal como acontece nos seguintes artigos, a título de exemplo:

> **Art. 489.** Nulo é o contrato de compra e venda, quando se deixa ao arbítrio exclusivo de uma das partes a fixação do preço.
> **Art. 496.** É anulável a venda de ascendente a descendente, salvo se os outros descendentes e o cônjuge do alienante expressamente houverem consentido.
> **Parágrafo único.** Em ambos os casos, dispensa-se o consentimento do cônjuge se o regime de bens for o da separação obrigatória.
> **Art. 548.** É nula a doação de todos os bens sem reserva de parte, ou renda suficiente para a subsistência do doador.
> **Art. 549.** Nula é também a doação quanto à parte que exceder à de que o doador, no momento da liberalidade, poderia dispor em testamento. (Doação inoficiosa.)

2) O não atendimento aos requisitos gerais ou especiais acarretará a **invalidade do negócio jurídico**. Há que se destacar que essa invalidade é um gênero que comporta duas espécies: **nulidade** e **anulabilidade**. Alguns autores mais antigos denominavam tais espécies, respectivamente, nulidade absoluta e nulidade relativa.

Nulidade – art. 166 (nulidade absoluta)	Anulabilidade – art. 171 (nulidade relativa)
Viola interesses públicos.	Viola interesses privados.
Alegada por qualquer interessado, MP e juiz *ex officio* (art. 168 do CC).	Somente a parte interessada pode suscitar (art. 177, 2ª parte).
Não convalescem pelo decurso do tempo, não podendo ser confirmadas ou ratificadas (art. 169 do CC).	Admite-se o convalescimento pelo decurso do tempo (decadência do direito potestativo de anular). Ademais, admite confirmação (ato de a própria parte confirmar, podendo ser expressa ou tácita) ou ratificação (é a confirmação feita pelo assistente) – arts. 172 a 174 do CC.
Ação declaratória para pedir o reconhecimento do não preenchimento dos requisitos de validade (**ação declaratória de nulidade**). Essas ações de nulidade são imprescritíveis (perpétuas).	Ação desconstitutiva ou constitutiva negativa (**ação anulatória**). Os prazos para anular estão nos arts. 178 (4 anos – relativamente incapaz, erro, dolo, coação, estado de perigo, lesão) e 179 (2 anos – prazo genérico).
Eficácia *ex tunc*. O que é nulo o é desde sua origem. Logo, os efeitos retroagirão à data do ato praticado.	Quantos aos efeitos, temos duas correntes: *ex nunc* ou *ex tunc*. A **corrente tradicional** coloca que a eficácia seria *ex nunc*, preservando os efeitos pretéritos. A **doutrina moderna** entende que a questão é de qualificação, e desde a origem o negócio jurídico não atendeu a essa qualificação estabelecida pela lei. Assim, o negócio jurídico seria anulável desde a origem – eficácia *ex tunc*, art. 182 (retorno ao *status quo ante*).

3) **Princípio da conservação dos negócios jurídicos (da preservação ou da continuidade dos negócios jurídicos):** a lei estabelecerá uma sé-

rie de regras para que o juiz possa, diante do caso concreto, ao verificar o não atendimento de um requisito de validade, evitar a aplicação da sanção de invalidade, preservando-se assim a vontade declarada. Dessa forma, a invalidação de um negócio jurídico é atualmente a *ultima ratio*, ou seja, a invalidade só deve ser decretada quando não se tiver como "salvar" o ato praticado. Têm-se algumas hipóteses de conservação estabelecidas expressamente pelo Código Civil:

a) **Confirmação ou ratificação:** tanto quanto possível, a própria parte ou seu assistente podem confirmar o negócio a fim de afastar a anulabilidade. A confirmação é ato da própria parte, e a ratificação é ato do seu assistente. Após a prática do negócio com uma causa de anulabilidade, a parte ou o seu assistente, de maneira expressa ou tácita, podem manifestar concordância com aquilo que foi praticado.

> **Art. 172.** O negócio anulável pode ser confirmado pelas partes, salvo direito de terceiro.
> **Art. 173.** O ato de confirmação deve conter a substância do negócio celebrado e a vontade expressa de mantê-lo.
> **Art. 174.** É escusada a confirmação expressa, quando o negócio já foi cumprido em parte pelo devedor, ciente do vício que o inquinava.

b) **Redução (art. 184 do CC):** o negócio eivado de invalidade é como um paciente doente. A melhor forma de tratá-lo certamente não é a morte. Assim, a redução permite a realização de uma cirurgia no negócio jurídico, para que a parte ruim seja retirada, mantendo-se o restante. Logo, há declaração de nulidade apenas da cláusula que tiver maculada, ocorrendo então uma declaração parcial de invalidade do negócio, como no exemplo de uma multa abusiva dentro do contrato de consumo – declara-se a nulidade apenas da cláusula específica que traz a previsão dessa multa. Todavia, se a cláusula invalidante for essencial (p. ex.: o próprio objeto), não poderá haver a redução, sob pena de inexistência (haveria uma desfiguração do negócio jurídico).

c) **Revisão:** é uma forma de conservar o negócio jurídico sem declarar a nulidade deste, a partir da releitura das cláusulas contratuais estabelecidas inicialmente. Normalmente, a revisão terá lugar quando as prestações estabelecidas forem desproporcionais, como ocorre por exemplo nas hipóteses de contra-tação por inexperiência ou premente necessidade (lesão, art. 157 do CC) ou para salvar-se ou salvar pessoa próxima de perigo iminente conhecido pela outra parte (estado de perigo, art. 156 do CC). Tais cláusulas serão alteradas para que o negócio se mantenha, preservando assim o equilíbrio das prestações ajustadas. Por exemplo, art. 157, § 2º, do CC.

d) **Conversão substancial (recategorização ou transinterpretação):** está prevista no art. 170 do CC. As partes, por vezes, ao emitirem suas vontades, ignoram que a lei exige certos requisitos. Se o juiz entender que se a parte soubesse do requisito iria preenchê-lo, a lei permite que ele possa recategorizar o negócio jurídico a fim de que a vontade manifestada venha a se amoldar à exigência legal (considera a manifestação de vontade de celebrar contrato principal como mera vontade de celebrar contrato preliminar, já que este, por exemplo, possui a forma livre). É uma *tarefa construtiva* do juiz para converter o negócio jurídico inicial, evitando-se assim sua invalidade. O juiz deve atentar para não alterar a vontade real das partes.

> **Art. 170.** Se, porém, o negócio jurídico nulo contiver os requisitos de outro, subsistirá este quando o fim a que visavam as partes permitir supor que o teriam querido, se houvessem previsto a nulidade.

4) **Simulação:** configura-se quando um sujeito, ao manifestar a sua vontade, tem a intenção de prejudicar terceiros ou fraudar lei imperativa, nos termos do art. 167 do CC. A doutrina aponta para algumas espécies de simulação:

a) **Simulação absoluta:** as partes não chegam a celebrar qualquer negócio jurídico; há apenas aparência, com a finalidade de iludir terceiros. Por exemplo, o locador simula um contrato de compra e venda com terceiro, com a finalidade de despejar o locatário.

b) **Simulação relativa/dissimulação:** haverá a celebração de dois negócios jurídicos; um que aparece e outro denominado dissimulado (o que fica escondido). A intenção da parte é a celebração do negócio dissimulado, porém este ocorrerá com fraude a lei ou violação a interesse de terceiros. Assim, celebra-se um negócio aparente para ocultar a verdadeira intenção. O Código Civil, visando preservar a vontade verdadeiramente emitida, entende que o negócio dissimulado ***não*** será nulo se válido for na substância e na forma (art. 167, *caput*, do CC). Por exemplo, o pai supostamente celebra uma doação de imóvel para um de seus filhos; entretanto, o real negócio celebrado é uma compra e venda; ao contrato fora dado o nome de doação apenas para burlar a norma do art. 496 do CC, que exige o consentimento dos demais descendentes para a realização da compra e venda. A doação é o negócio aparente; a compra e venda, o negócio efetivamente realizado.

> **Art. 167.** É nulo o negócio jurídico simulado, mas subsistirá o que se dissimulou, se válido for na substância e na forma.

c) **Simulação inocente/tolerável:** é aquele negócio jurídico em que não há a presença da intenção de fraudar a lei ou prejudicar terceiros. Ou seja, não há finalidade ilícita, contudo, a pessoa declara a sua vontade de outra forma, por acreditar que assim evitará a imposição de uma sanção legal. Por exemplo, sujeito que, acreditando que a namorada teria direito a seus bens em face do longo tempo de namoro, simula doação destes para um amigo. Esse tipo de ato simulado não prejudica direitos de terceiros nem frauda lei imperativa. Essa doação, por ser ato simulado, acarretará a anulação do ato? Mesmo esse tipo de simulação tida como "inocente" acarretará a nulidade do negócio jurídico, conforme a doutrina majoritária.

d) **Reserva mental:** a reserva mental não é propriamente um tipo de simulação, mas poderá ter efeitos equiparados. Configurará o ato em reserva mental quando uma das partes oculta secretamente a sua verdadeira intenção ao praticar o negócio jurídico, conforme o art. 110 do CC. Ou seja, há um descompasso entre aquilo que se declarou e o que efetivamente se quer. Se a outra parte não tiver conhecimento da reserva mental, o ato subsistirá. Entretanto, se a parte tinha conhecimento da reserva mental, o ato não subsistirá. Contudo, o Código não trouxe a consequência, dizendo apenas que não subsiste o negócio. A doutrina abre duas possibilidades:

- **1ª corrente:** trata-se de ato simulado porque frauda a lei imperativa, e o negócio será nulo (como se houvesse um conluio entre as partes para fraudar a lei).

- **2ª corrente:** não houve vontade qualificada para o negócio jurídico, sendo este inexistente.

> **Art. 110.** A manifestação de vontade subsiste ainda que o seu autor haja feito a reserva mental de não querer o que manifestou, salvo se dela o destinatário tinha conhecimento.

5) **Vícios do consentimento:**

a) **Erro ou ignorância** (arts. 138 a 144 do CC): configura-se o erro quando a pessoa que declara a sua vontade se engana a respeito de um dos elementos essenciais do negócio jurídico, tais como a outra pessoa com quem se relaciona, o objeto da contratação, ou quanto à própria natureza do negócio que celebra. Não há indução por parte de terceiros; quem erra, erra sozinho. O erro deve ser substancial/essencial para gerar a nulidade do negócio (arts. 138 e 139 do CC). Se o erro for acidental, o negócio não será anulado, cabendo apenas a única consequência de pagar perdas e danos. Num exemplo tradicional, configura-se o erro quando alguém compra um anel dourado acreditando ser de ouro, quando na verdade se trata de bijuteria (erro essencial quanto ao objeto). Se a outra parte percebe que o declarante está em erro, há o dever de esclarecer a situação (princípio da boa-fé objetiva).

> **Art. 138.** São anuláveis os negócios jurídicos, quando as declarações de vontade emanarem de erro substancial que poderia ser percebido por pessoa de diligência normal, em face das circunstâncias do negócio.
> **Art. 139.** O erro é substancial quando:
> I – interessa à natureza do negócio, ao objeto principal da declaração, ou a alguma das qualidades a ele essenciais;
> II – concerne à identidade ou à qualidade essencial da pessoa a quem se refira a declaração de vontade, desde que tenha influído nesta de modo relevante;
> III – sendo de direito e não implicando recusa à aplicação da lei, for o motivo único ou principal do negócio jurídico.
> **Art. 140.** O falso motivo só vicia a declaração de vontade quando expresso como razão determinante.
> **Art. 141.** A transmissão errônea da vontade por meios interpostos é anulável nos mesmos casos em que o é a declaração direta.
> **Art. 142.** O erro de indicação da pessoa ou da coisa, a que se referir a declaração de vontade, não viciará o negócio quando, por seu contexto e pelas circunstâncias, se puder identificar a coisa ou pessoa cogitada.
> **Art. 143.** O erro de cálculo apenas autoriza a retificação da declaração de vontade.

> **Art. 144.** O erro não prejudica a validade do negócio jurídico quando a pessoa, a quem a manifestação de vontade se dirige, se oferecer para executá-la na conformidade da vontade real do manifestante.

b) **Dolo:** configura-se o dolo quando uma terceira pessoa, utilizando-se de fraude ou ardil, faz com que o declarante se engane (induz o declarante a erro), ou seja, em suma *é o erro provocado*, estando previsto nos arts. 145 a 150 do CC. O dolo acidental não enseja a anulação do negócio, sendo a questão resolvida no âmbito das perdas e danos.

> **Art. 145.** São os negócios jurídicos anuláveis por dolo, quando este for a sua causa.
> **Art. 146.** O dolo acidental só obriga à satisfação das perdas e danos, e é acidental quando, a seu despeito, o negócio seria realizado, embora por outro modo.
> **Art. 147.** Nos negócios jurídicos bilaterais, o silêncio intencional de uma das partes a respeito de fato ou qualidade que a outra parte haja ignorado, constitui omissão dolosa, provando-se que sem ela o negócio não se teria celebrado.
> **Art. 148.** Pode também ser anulado o negócio jurídico por dolo de terceiro, se a parte a quem aproveite dele tivesse ou devesse ter conhecimento; em caso contrário, ainda que subsista o negócio jurídico, o terceiro responderá por todas as perdas e danos da parte a quem ludibriou.
> **Art. 149.** O dolo do representante legal de uma das partes só obriga o representado a responder civilmente até a importância do proveito que teve; se, porém, o dolo for do representante convencional, o representado responderá solidariamente com ele por perdas e danos.
> **Art. 150.** Se ambas as partes procederem com dolo, nenhuma pode alegá-lo para anular o negócio, ou reclamar indenização.

6) **Coação:** configura-se a coação quando alguém, seja por ato de violência ou ato de constrição moral, ameaçar terceiro de *dano iminente considerável à sua pessoa, à sua família ou aos seus bens*, nos termos expostos no art. 151 do CC. Para configuração da coação, esta deve ser a causa do negócio jurídico (há nexo de causalidade entre a ameaça feita e o negócio jurídico). Além disso, o juiz, ao apreciar a coação, deve levar em conta as circunstâncias do caso concreto, dispensando-se figuras hipotéticas como a do "homem médio". O art. 152 apela para a concretude dos fatos, exigindo seja verificado o coator e o coacto, a personalidade, circunstâncias etc.

> **Art. 151.** A coação, para viciar a declaração da vontade, há de ser tal que incuta ao paciente fundado temor de dano iminente e considerável à sua pessoa, à sua família, ou aos seus bens.
> **Parágrafo único.** Se disser respeito a pessoa não pertencente à família do paciente, o juiz, com base nas circunstâncias, decidirá se houve coação.

a) **Coação exercida por terceiro:** na coação exercida por terceiro deve-se analisar se a parte beneficiada tinha ou não conhecimento daquela. Se não tinha conhecimento da coação feita, o negócio celebrado subsiste, contudo o terceiro coator responderá por perdas e danos perante o coacto (art. 155 do CC). Já se a parte que aproveita a coação tivesse (ou devesse ter) conhecimento desta, o negócio poderá ser anulado (negócio viciado), e, quanto à responsabilidade civil, o terceiro e o beneficiado serão solidariamente responsáveis (art. 154 do CC).

> **Art. 154.** Vicia o negócio jurídico a coação exercida por terceiro, se dela tivesse ou devesse ter conhecimento a parte a que aproveite, e esta responderá solidariamente com aquele por perdas e danos.
> **Art. 155.** Subsistirá o negócio jurídico, se a coação decorrer de terceiro, sem que a parte a que aproveite dela tivesse ou devesse ter conhecimento; mas o autor da coação responderá por todas as perdas e danos que houver causado ao coacto.

Quanto às alterações promovidas pela Lei da Liberdade Econômica (Lei n. 13.874/2019) no regime da interpretação do negócio jurídico, em especial no art. 113 do Código Civil, verificar o item 35, no qual são condensados os princípios regentes dessa nova legislação, bem como seus impactos diretos no Direito Civil.

10. PRESCRIÇÃO E DECADÊNCIA

A distinção entre **prescrição** e **decadência** é feita corretamente pelo Código Civil. Porém, antes de proceder à diferenciação, é importante elencar os elementos comuns entre os institutos, quais sejam:

a) **Conduta omissiva** (comportamento humano, que poderá ser voluntário ou não).
b) **Decurso do tempo:** fato na natureza.
c) **Necessidade de pacificação social** (conceder segurança jurídica).

Assim, pode-se afirmar que a prescrição e a decadência são classificadas como ATOS-FATOS jurídicos, conforme dito no capítulo anterior.

Para a correta compreensão da prescrição, deve-se voltar ao conceito de **direito subjetivo**, a faculdade de agir por meio da qual o sujeito poderá manifestar a sua vontade na busca da realização/satisfação de um interesse próprio, desde que respeitados os limites estabelecidos pelo ordenamento jurídico. Para cada titularidade de um direito subjetivo se contrapõe um dever. Se o sujeito passivo não cumprir esse dever, ocorre uma violação ao direito subjetivo da outra parte, nascendo, então, para o titular violado um **poder de exigibilidade** relativo à prestação não cumprida. A esse poder dá-se o nome de **pretensão**.

A **pretensão** será conduzida ao Estado, que detém o monopólio da jurisdição, por meio do direito processual de ação. Logo, pretensão é instituto de direito material, enquanto ação é instituto de direito processual.

A partir daí o Estado adotará atos constritivos sobre o patrimônio daquele que não cumpriu o dever que lhe cabia. Por razões de segurança jurídica, o Código Civil estabeleceu prazos para que a pretensão seja exercida, sob pena de esta não poder ser mais viabilizada pelo titular violado, visto que o decurso do prazo conduz à extinção da pretensão. **A essa extinção da pretensão pelo decurso do tempo dá-se o nome de prescrição.** O art. 189 do CC assevera que, uma vez violado o direito, nasce para o titular a pretensão, que se extingue pela prescrição nos prazos a que aludem os arts. 205 e 206, dentre outros casos previstos em lei especial.

Já para a compreensão da decadência, deve-se regressar ao conceito de **direito potestativo**. A lei ou o contrato poderão conceder a um sujeito um poder para que este possa, unilateralmente, influenciar a esfera jurídica de outrem, quer seja criando, modificando ou extinguindo direitos. A outra parte não poderá resistir ao exercício desse poder, permanecendo em verdadeiro estado de sujeição.

O direito potestativo se contrapõe ao **estado de sujeição**, nessa relação jurídica vertical. A lei ou o contrato vão outorgar a um sujeito um poder. O sujeito titular desse poder, para agir, não depende de nenhuma violação de seu direito. O exercício do poder é unilateral, e a outra parte, como dito, ficará em estado de submissão. Logo, direito potestativo é o poder conferido pela lei ou pelo contrato para que um sujeito possa, unilateralmente, criar, modificar ou extinguir direitos na esfera alheia; a outra parte não poderá se opor ao exercício desse poder. No direito potestativo, portanto, não há prestação a ser cumprida, sendo assim chamados também de "direitos sem prestação". Se não há prestação a ser cumprida, não há como tal direito ser violado por outrem. Por essa razão, os direitos potestativos são invioláveis, não se falando em nascimento de pretensão.

10.1. Resumo inicial sobre os conceitos de prescrição e decadência

O Estado estabelece prazo legal (nunca contratual) para que o sujeito possa exercer sua pretensão, sob pena de extinção desta.

> Em resumo: a prescrição é a extinção do poder de exigibilidade de uma prestação (pretensão) pelo seu não exercício no prazo estipulado pela lei.

Veja o art. 189 do CC:

> **Código Civil, art. 189**
> Violado o direito (subjetivo), nasce para o titular a pretensão, a qual se extingue, pela prescrição, nos prazos a que aludem os arts. 205 e 206 (dentre outros previstos em lei especial).

Logo, **o direito subjetivo não se extingue. O que se extingue é a pretensão**. O direito de ação não prescreve, pois é um direito público, abstrato e indisponível. O que prescreve é o poder de exigir a prestação não cumprida.

Na decadência (também conhecida como caducidade), o direito potestativo, na maior parte dos casos, irá se submeter a prazos legais ou contratuais, dependendo de sua origem, para ser exercido. Quando o titular desse direito não o exercer dentro desses prazos, haverá a extinção desse poder (do próprio direito potestativo). A essa extinção se dá o nome de decadência ou caducidade. Decadência é, portanto, a extinção do direito potestativo pelo seu não exercício nos prazos legais ou contratuais.

Continuando no tema, quanto aos prazos prescricionais, há que se destacar que diante de uma pretensão se deve analisar se será submetida a prazos especiais de prescrição expressos no art. 206 do CC (gravitando as hipóteses entre 1 e 5 anos). Caso contrário, a regra geral é a prescrição ocorrer em 10 anos, nos termos do art. 205 do CC. Nada impede, entretanto, que existam prazos prescricionais previstos em leis especiais, por exemplo, o prazo de 5 anos para a pretensão reparatória prevista no art. 27 do CDC, ou ainda o Decreto n. 20.910/32, que estabelece também o prazo quinquenal para pretensões deduzidas contra a Fazenda Pública.

Ainda quanto aos prazos, o art. 205 estabelece o **prazo geral de prescrição (10 anos)**, não fazendo diferença se se trata de ação pessoal ou real. Já o art. 206 trata dos **prazos especiais (1, 2, 3, 4 ou 5 anos)**. O prazo previsto no Código Civil que não estiver previsto nesses dois artigos será decadencial (como ocorre, por exemplo, no caso de anulação do negócio jurídico – prazo decadencial de 4 ou 2 anos, conforme os arts. 178 e 179 do CC; o art. 1.649 trata da ausência de outorga conjugal, dispondo do prazo decadencial de 2 anos; o art. 445 trata dos prazos decadenciais para reclamar os vícios redibitórios).

Interessante observar que a Lei n. 14.195/2021 inovou ao estabelecer no Código Civil uma regra específica no art. 206-A, sobre a denominada prescrição intercorrente. Já prevista no CPC e consagrada também na jurisprudência, a prescrição intercorrente é a perda da pretensão no curso de uma ação de execução.

Esta prescrição intercorrente ocorrerá quando, por exemplo, o credor promove a ação executiva, mas não são encontrados bens no patrimônio do devedor. Nos termos do art. 921, CPC, esta hipótese acarreta a suspensão da ação por um ano, com a consequente suspensão da prescrição. Retomando o processo após este prazo de um ano, começa a contagem do prazo da prescrição intercorrente.

E é exatamente aqui que se tem a nova regra do art. 206-A do Código Civil, ao pontuar que o prazo da prescrição intercorrente será o mesmo da prescrição da pretensão, ou seja, se for uma pretensão genérica o prazo será de 10 anos (art. 205, CC). Se uma pretensão específica, o prazo gravitará entre 1 e 5 anos (art. 206, CC). Caso trate de uma pretensão com prescrição prevista em Lei Especial, será aplicado o prazo previsto nesta.

Perceba-se que os prazos prescricionais serão sempre normas de ordem pública, não podendo ser alterados por iniciativa das partes. A lei estabelece qual será o prazo prescricional. Portanto, nessa linha de raciocínio, as partes só podem renunciar à prescrição que lhes beneficia após o decurso do prazo legal previsto (caso contrário, haveria alteração de véspera do prazo, pelas partes). Ver arts. 191 e 192 do CC.

> Cumpre observar ainda que os prazos prescricionais são dados em anos; por exclusão, quaisquer prazos dados em dias, meses ou em ano e dia serão decadenciais.

Quanto ao início da contagem dos prazos, a regra geral para a prescrição determina que os prazos começam a correr da **data da violação do direito subjetivo**. A prescrição, na prática, conta-se a partir do dia seguinte à violação ao direito subjetivo (exclui-se o dia do início e se inclui o dia do final. Por exemplo, o sujeito foi atropelado no dia 1º-8-2017, sofrendo lesões corporais; o prazo de 3 anos para exercício da pretensão de reparação civil se inicia do dia seguinte, ou seja, 2-8-2017). As exceções a esse início da contagem ocorrerão em certos casos nos quais a lei ou a jurisprudência estabeleçam outros termos iniciais para esses prazos, como forma de beneficiar o titular lesado. Há uma postergação do prazo prescricional para proteger pessoas vulneráveis, senão vejamos:

- **Exceção 1 – Súmula 278 do STJ:** o termo inicial do prazo prescricional, na ação de indenização, é a data em que o segurado **teve ciência inequívoca da incapacidade laboral** (essa teoria se denomina *actio nata*).

- **Exceção 2 – Art. 27 do CDC:** prescreve em **5 anos** a pretensão à reparação pelos danos causados por fato do produto ou do serviço prevista na Seção II deste Capítulo, iniciando-se a contagem do prazo **a partir do conhecimento do dano e de sua autoria**. Teoria da *actio nata*; enquanto não se souber quem é o responsável pelo dano ocasionado pelo acidente de consumo, não se inicia o prazo da prescrição.

- **Exceção 3 – STJ:** em recente posicionamento, o STJ afirmou que, se houver uma lesão inicial e esta se conduzir para outra mais grave, o prazo prescricional para exercício da pretensão de reparação começará a correr da data do segundo evento mais grave. Por exemplo, o sujeito é atropelado no dia 1º-5-2017, sendo levado ao hospital com vários danos à sua integridade. No dia 15-5-2017 vem a falecer em decorrência daquele atropelamento. O início do prazo prescricional será a data do segundo evento.

Quanto à contagem dos prazos decadenciais, estes se iniciam no momento em que houve o **nascimento do próprio direito potestativo**, exceto nos seguintes casos:

- **Exceção 1 –** no vício redibitório o prazo é contado da entrega da coisa no caso de móvel (30 dias) **ou** da imissão na posse no caso de imóvel (1 ano) – ver art. 445 do CC.

- **Exceção 2 –** na coação o prazo inicia-se quando a coação cessa – ver art. 178 do CC.

Quanto às **causas impeditivas, suspensivas e interruptivas**, o Código Civil prevê que via de regra apenas os prazos prescricionais podem ser afetados por estas. Dessa forma, os arts. 197 a 204 estabelecem normas para a ocorrência do impedimento, suspensão e interrupção.

Nas **causas impeditivas**, o prazo nem começa a correr. Já nas **causas suspensivas**, o prazo começa a correr e para, voltando em dado momento a correr pelo restante. Nas **causas de interrupção**, o prazo começa a correr, é interrompido (zerado) e volta a correr por inteiro. As causas impeditivas e suspensivas (arts. 197 a 201) são geralmente ligadas a critérios subjetivos (relacionados aos sujeitos envolvidos na relação jurídica), ao passo que, na interrupção (arts. 202 a 204), o critério costuma ser objetivo (prática de atos jurídicos).

A regra geral é que, tanto na **prescrição** quanto na **decadência**, uma vez iniciado o prazo, este não se interrompe nem se suspende. Ocorre que na prescrição há exceções a essa regra, consoante os arts. 197 a 204.

As hipóteses de impedimento se confundem com as de suspensão. A diferença entre elas é que no impedimento o prazo nem começa a correr. Agora, quando o prazo se inicia e há a presença dessas causas, este será suspenso. As causas que acarretam a suspensão são basicamente subjetivas, por exemplo, "ser absolutamente incapaz", "entre marido e mulher" etc. Quanto às causas de interrupção (arts. 202 a 204), estas se interrompem apenas uma vez e traduzem critério objetivo (prática de atos jurídicos). Por exemplo, despacho que ordena a citação, protesto, confissão de dívida.

> Em caráter didático, podem ser traçados quatro passos para o raciocínio da prescrição:
> 1. Se houve o nascimento de uma pretensão (se houve violação direito subjetivo).
> 2. O prazo é especial, geral ou não tem prazo (ação perpétua ou imprescritível).
> 3. Início da contagem: regra geral ou exceção.
> 4. Presença de causas impeditivas, interruptivas ou suspensivas.

Em relação à regra geral, à decadência **não se aplicam as causas impeditivas, interruptivas ou suspensivas da prescrição**.

As exceções são:

1) **Art. 208.** *Não corre decadência contra os absolutamente incapazes.* Começa a correr a prescrição e decadência quando eles fizerem 16 anos.

2) **Art. 26, §§ 2º e 3º, do CDC**, quando o consumidor reclama de um vício e fica no aguardo da resposta do fornecedor, não corre os prazos de 30 e 90 dias.

Quanto à arguição, a prescrição em tese deveria ser suscitada pela parte a quem aproveita. A prescrição historicamente foi tida como exceção de mérito (defesa de mérito). A partir da Lei n. 11.280/2006, que promoveu a reforma do art. 219, § 5º, do CPC revogado, existe hoje a possibilidade de o juiz levantar essa questão da **prescrição *ex officio***. Se a prescrição tiver ocorrido, o juiz vai proferir decisão com resolução de mérito (lide), mas deve antes ouvir a manifestação das partes. Esse foi o sentido inserido no Novo CPC nos arts. 332, § 1º, e 487, parágrafo único. Se o juiz perceber a possibilidade de a pretensão estar prescrita, deverá convocar as partes envolvidas para se manifestarem sobre tal fato. Após a manifestação das partes, ele proferirá a decisão de mérito reconhecendo a prescrição ou, caso contrário, dará continuidade ao processo.

No que tange à decadência, se o direito potestativo nascer da lei, teremos a *decadência legal*, e esta será uma objeção, podendo ser conhecida de ofício pelo juiz, nos termos do art. 210 do CC:

> **Art. 210.** Deve o juiz, de ofício, conhecer da decadência, quando estabelecida por lei.

O juiz não precisará citar a parte contrária, porque direito potestativo é um direito sem prestação (art. 209 do CC). Essa decadência legal é, inclusive, irrenunciável.

> **Art. 209.** É nula a renúncia à decadência fixada em lei.

Quanto à *decadência convencional*, poderá haver renúncia, que não poderá ser reconhecida *ex officio* pelo juiz. Logo, ao revés, seria uma exceção (deve ser trazida aos autos pela parte a quem aproveita).

> **Art. 211.** Se a decadência for convencional, a parte a quem aproveita pode alegá-la em qualquer grau de jurisdição, mas o juiz não pode suprir a alegação.

Tanto a prescrição quanto a decadência (legal ou convencional) poderão ser arguidas em qualquer grau de jurisdição (arts. 193 e 211 do CC) pela parte a quem aproveitem. A prescrição é matéria fática, uma vez que deverão ser contados prazos e o *STF e STJ podem reconhecer a prescrição, desde que preenchido o pré-questionamento*. Logo, as instâncias inferiores precisam ter se manifestado de forma expressa a respeito dessas causas extintivas.

Uma importante alteração foi promovida em 2022 com o advento da Lei n. 14.382. Por meio desta norma, foi inserido o art. 206-A no Código Civil, tratando da **prescrição intercorrente**, também denominada de **prescrição no curso do processo**. Para o entendimento desta prescrição é fundamental conjugar o Direito Civil e o Processo Civil. Isto porque este novel artigo está diretamente conectado ao art. 921 do CPC. Conforme este dispositivo da lei processual, o juiz poderá suspender a execução, quando por exemplo não forem localizados o executado ou bens penhoráveis. Esta suspensão da execução poderá se estender por um ano, durante o qual também ficará suspensa a prescrição da pretensão de cobrança da dívida.

Todavia, o termo inicial da prescrição no curso do processo será a ciência da primeira tentativa infrutífera de localização do devedor ou de bens penhoráveis, e será suspensa, por uma única vez, pelo prazo máximo de um ano. A efetiva citação, intimação do devedor ou constrição de bens penhoráveis interrompe o prazo de prescrição, que não corre pelo tempo necessário à citação e à intimação do devedor, bem como para as formalidades da constrição patrimonial, se necessária, desde que o credor cumpra os prazos previstos na lei processual ou fixados pelo juiz. O juiz, depois de ouvidas as partes, no prazo de 15 (quinze) dias, poderá, de ofício, reconhecer a prescrição no curso do processo e extingui-lo, sem ônus para as partes.

> **Art. 206-A.** A prescrição intercorrente observará o mesmo prazo de prescrição da pretensão, observadas as causas de impedimento, de suspensão e de interrupção da prescrição previstas neste Código e observado o disposto no art. 921 da Lei n. 13.105, de 16 de março de 2015 (Código de Processo Civil).

PARTE ESPECIAL
DIREITO DAS OBRIGAÇÕES

■ 11. INTRODUÇÃO AO ESTUDO DAS OBRIGAÇÕES

A Parte Especial do Código Civil é inaugurada com o Livro do Direito das Obrigações, dado seu extremado grau de importância. Este livro, por sua vez, englobará dez títulos, dentre os quais aqueles referentes à teoria geral das obrigações (modalidades, transmissão, extinção e inadimplemento), à teoria geral dos contratos, aos contratos em espécie, aos atos unilaterais, à responsabilidade civil e até mesmo aos títulos de crédito.

De início mostra-se adequado esboçar um conceito tradicional do direito das obrigações. Assim, **obrigação é a relação jurídica que, unindo dois ou mais sujeitos, faz com que um tenha o dever de adimplir uma prestação em benefício do outro**. Essa prestação consistirá na entrega ou restituição de bens (prestação de dar), na realização de uma atividade ou serviço (prestação de fazer) ou ainda na abstenção de uma conduta que em tese seria lícito ao devedor realizar (prestação de não fazer).

```
                    Prestação
     [A] ─────────────────────────→ [B]
   Devedor ←─────                      Credor
                │
                ▼
         Dar – Fazer – Não Fazer
```

A preocupação imediata do direito obrigacional são as relações jurídicas criadas a partir de uma declaração de vontade efetivada por dois ou mais sujeitos. Os deveres de prestar e receber serão aqueles que especificamente caracterizam tal relação.

Com a intenção de melhor compreender o fenômeno obrigacional, repartiu-se essa relação jurídica para pudéssemos enxergar dois momentos diferentes ou duas sub-relações distintas. Os dois momentos criados ficaram conhecidos como:

- *Schuld* – **débito:** dever jurídico específico titularizado pelo devedor no sentido de ter de cumprir a prestação entre eles ajustada. O não cumprimento desse dever específico gera o inadimplemento. A fase da responsabilidade somente será alcançada quando ocorrer o inadimplemento.
- *Haftung* – **responsabilidade:** responsabilizar é imputar efeitos a uma conduta que transgrediu um dever jurídico. No direito somente podemos falar em responsabilização a partir do momento em que algum dever jurídico seja descumprido. Assim, ao se descumprir a prestação ajustada em uma obrigação (não cumprimento voluntário do débito), irão surgir os efeitos do inadimplemento, tais como: perdas e danos, correção monetária, juros, honorários advocatícios. Essa responsabilidade será via de regra patrimonial, ou seja, o patrimônio do devedor responderá pelo não cumprimento do débito, conforme a previsão do art. 391 do CC.

Quando o débito e a responsabilidade estão presentes em uma obrigação, recaindo ambos sobre a pessoa do devedor, diz-se que essa obrigação é **perfeita**. Ao revés, se numa relação obrigacional houver a presença de um dos elementos sem a do outro (p. ex.: débito sem a consequente responsabilidade), a obrigação será considerada **imperfeita**.

Um caso clássico de obrigação imperfeita pode ser observado nas **obrigações naturais**, também denominadas obrigações judicialmente inexigíveis. O dever de pagamento não é jurídico, sendo apenas moral, como nas dívidas prescritas ou naquelas derivadas do contrato de jogo ou aposta (arts. 814 e s. do CC). Um detalhe: se as obrigações naturais forem voluntariamente pagas não há que se falar em pretensão à repetição, uma vez que a quantia era devida, em que pese inexigível judicialmente, nos termos do art. 882 do CC.

Para sistematizar o estudo do Direito das Obrigações, o atual Código Civil adotou a visão da **obrigação como um processo**. Segundo essa teoria, a relação obrigacional seria composta de uma série de atos cuja finalidade é a **busca do adimplemento**. As partes dessa relação devem durante o seu transcurso adotar condutas honestas, que não violem direitos de terceiros, para que a busca desse adimplemento se dê com respeito aos princípios da função social do contrato e da boa-fé objetiva.

> Em resumo, enxergar a obrigação como um processo é percebê-la como uma linha do tempo, com início, meio e fim, onde estarão respectivamente os títulos iniciais: modalidades obrigacionais, transmissão das obrigações, adimplemento e inadimplemento. E o fim almejado, apto a satisfazer os interesses tanto do credor quanto do devedor, certamente será o adimplemento pelo pagamento.

12. MODALIDADES DAS OBRIGAÇÕES (CLASSIFICAÇÃO)

Estudar as modalidades obrigacionais significa avançar em direção às mais diversas possibilidades que envolvem uma relação obrigacional, os sujeitos e prestações existentes. É entender a natureza do pacto celebrado, com os respectivos deveres específicos previstos pelas partes com base em sua autonomia negocial.

12.1. Obrigação de dar

Consiste no compromisso de entrega ou restituição de coisas pelo devedor ao credor. Esse compromisso se divide em:

- **Dar coisa certa (ou obrigação específica):** nesta hipótese, a prestação estará definida pelo gênero, quantidade e qualidade da coisa a ser entregue. As obrigações de dar quantia certa, assim como a obrigação de restituir, são subespécies da obrigação de dar coisa certa.

Detalhe importante: quando se está diante da obrigação de restituir, não há transmissão do direito de propriedade. Há apenas uma devolução da posse direta obtida a partir de um contrato ou direito real sobre coisa alheia. Por exemplo, contrato de locação, comodato, arrendamento, depósito, direito de superfície.

- **Dar coisa incerta (ou obrigação genérica, ou ainda "dívida de gênero"):** nesta espécie faltará ao objeto designado como prestação o atributo da qualidade. A prestação será apenas definida pelo gênero e pela quantidade. O adimplemento somente será possível a partir do momento em que as partes definirem a qualidade do objeto a ser prestado. A obrigação de dar coisa incerta nasce incerta, mas para ser cumprida precisa ser especificada.

A regra que está no art. 244 do CC é a de que **a escolha da qualidade na obrigação genérica caberá ao devedor** porque facilita o adimplemento da obrigação. O art. 244 é uma norma dispositiva, e as partes podem acordar de outra forma, estabelecendo que caberá, por exemplo, ao credor escolher.

Um dos temas mais relevantes no direito obrigacional diz respeito à perda do objeto antes do adimplemento. Portanto, passa-se ao estudo da **perda do objeto na obrigação de dar.**

- **Obrigação de dar coisa certa:** a análise da perda da coisa na obrigação de dar coisa certa será feita a partir da ocorrência ou não da tradição (entrega do bem). Como regra geral, pode-se dizer que, se houver conduta culposa no Direito Civil, o responsável terá de efetuar o pagamento de perdas e danos. Ao revés, se não houver culpa, não haverá reparação com perdas e danos. Esse raciocínio será aplicado no estudo da perda do objeto.

Antes da tradição	Depois da tradição
Perda total (ou perecimento): ■ **Sem culpa do devedor:** o contrato resolve-se para ambas as partes. Devolve-se o que já foi pago pelo credor, regressando as partes ao *status quo ante* (art. 234, 1ª parte, do CC). ■ **Com culpa do devedor:** resolve-se a obrigação, devolve-se o que já foi pago e há pagamento de perdas e danos pelo culpado (art. 234, 2ª parte, do CC). Perda parcial (ou deterioração): ■ **Sem culpa do devedor:** o credor terá o direito potestativo de escolher se fica com o bem, abatido do preço o valor que perdeu, ou se resolve a obrigação (art. 235 do CC). ■ **Com culpa do devedor:** o mesmo direito potestativo, acrescido em qualquer escolha das devidas perdas e danos (art. 236 do CC).	Se já houve a tradição, a coisa perece para o dono (*res perit domino*), ou seja, para o atual proprietário. São exceções ao *res perit domino*, por um princípio geral de garantia concedido ao adquirente: ■ Vícios ocultos (vícios redibitórios – art. 441 do CC). ■ Vícios jurídicos (evicção – art. 447 do CC).

- **Obrigação de dar coisa incerta:** será analisada a partir da concentração (escolha da qualidade do objeto) e também da ocorrência da tradição.

Antes da tradição	Depois da tradição
Genus non perit: o gênero não perece. Mesmo em caso de caso fortuito ou força maior, não poderá o devedor alegar a perda do bem (art. 246 do CC), já que ao menos o gênero existirá, sendo impensável a sua perda por completo. Por exemplo, o devedor se compromete a entregar 10 cães para o credor. Não poderá alegar perda do objeto antes da tradição, pois o gênero cão não pereceu.	Após a escolha da qualidade e respectiva tradição da coisa, o tratamento será idêntico ao fornecido à obrigação de dar coisa certa. Ou seja, perece para o dono (*res perit domino*).

- **Obrigação de restituir:** apesar de ser subespécie da obrigação de dar, ela terá um regramento próprio no que diz respeito à perda da coisa, conforme os arts. 238 a 240 do CC. Lembre-se de que não haverá transmissão de propriedade, mas somente uma devolução da posse direta do bem. Antes ou depois da restituição, quem sofre a perda é sempre o credor, já que ele nunca deixou de ser o proprietário da coisa (*res perit domino*).

Antes da restituição	Depois da restituição
Perda total: ■ **Sem culpa do devedor:** o credor sofrerá a perda e a obrigação se resolverá (art. 238 do CC). ■ **Com culpa do devedor:** o credor sofrerá a perda, mas o devedor responderá pelo equivalente, mais perdas e danos (art. 239 do CC). Perda parcial (art. 240 do CC): ■ **Sem culpa do devedor:** o credor receberá a coisa tal qual se ache, sem direito a indenização. ■ **Com culpa do devedor:** o devedor responderá pelo equivalente, acrescido das perdas e danos.	Após a devolução da coisa ao credor, o tratamento será idêntico ao fornecido à obrigação de dar coisa certa.

- **12.2. Obrigação de fazer**

Consiste no compromisso do devedor de realizar uma atividade ou serviço em prol do credor. O melhor exemplo é o contrato de prestação de serviço; a contratação de um pedreiro, marceneiro, jardineiro etc.

As obrigações de fazer se classificam em:

- **Obrigação de fazer fungível:** aquela em que a atividade ou serviço pode ser realizado por qualquer devedor. Não se exige qualquer qualidade especial do devedor.

- **Obrigação de fazer infungível:** também chamada de obrigação *intuitu personae* ou personalíssima, porque aqui há uma demanda de qualidades especiais do devedor. Ou seja, essa obrigação somente poderá ser adimplida por determinado devedor. A infungibilidade pode decorrer da natureza do devedor (p. ex.: cantor famoso) ou de disposição em cláusula contratual (p. ex.: contrato de mandato em que se proíbe o substabelecimento).

Na execução das **obrigações de fazer infungíveis** não poderá haver adimplemento por parte de terceiro. Já nas **fungíveis**, é possível ocorrer a execução da tarefa por um terceiro estranho ao contrato. Certo é que a contratação desse terceiro se dará à custa do devedor inadimplente, nos termos do art. 249 do CC.

O atual CPC prevê nos arts. 536 e 537 o cumprimento de sentença que reconhece a exigibilidade de obrigações de fazer, trazendo novidades interessantes no que toca à multa cominatória e a deveres de fazer de natureza não obrigacional (não convencional, como aqueles deveres impostos diretamente pela lei).

- **12.3. Obrigação de não fazer**

Consiste no compromisso de **abstenção por parte do devedor de realizar alguma atividade** que em tese seria lícito a ele realizar. Nesse tipo de obrigação, a inércia do devedor conduz ao adimplemento. Daí ser chamada também de obrigação negativa.

Ao contrário do que ocorre com as obrigações de fazer (em que se pode ter obrigação fungível e infungível), as obrigações de não fazer serão sempre infungíveis, pois em tese seria lícito ao devedor realizar a atividade, logo somente poderá exigir o cumprimento da abstenção daquele devedor determinado. Essa infungibilidade, inclusive, será contratual, partindo da livre manifestação de vontade do devedor, que decide se abster da atividade.

Vale salientar que, quanto ao inadimplemento, esse tipo de obrigação **não comporta a figura da mora**. Isso porque essa figura intermediária relativa ao cumprimento imperfeito da obrigação não coadunaria com a abstenção exigida na obrigação de não fazer. Ou se permanece inerte, adimplindo assim a obrigação negativa, ou se age minimamente, inadimplindo a obrigação. Por essa razão, o art. 391 do CC estabelece que, nas obrigações negativas, o devedor é havido por inadimplente desde o dia em que executou o ato de que se devia abster.

12.4. Demais modalidades de obrigações

Para o estudo das demais modalidades obrigacionais, deve-se recordar a classificação que divide as obrigações em simples e compostas.

- **Obrigação simples:** aquela na qual há um sujeito ativo, um sujeito passivo e um objeto. Haverá unicidade em relação aos elementos objetivos e subjetivos da obrigação.
- **Obrigação composta (múltipla, plúrima ou complexa):** aquela em que se tem uma multiplicidade de sujeitos ou de objetos. Assim, pode ser objetivamente composta (mais de um objeto) ou subjetivamente composta (mais de um sujeito).

Objetivamente compostas:

- Obrigação alternativa (arts. 252 a 256 do CC).
- Obrigação cumulativa (sem previsão legal expressa, mas aceita pela doutrina).
- Obrigação facultativa (sem previsão legal expressa, mas aceita pela doutrina).

Subjetivamente compostas:

- Obrigações divisíveis ou fracionárias (art. 257 do CC).
- Obrigações indivisíveis (arts. 258 a 263 do CC).
- Obrigações solidárias (arts. 264 a 285 do CC).

12.5. Obrigação alternativa (arts. 252 a 256 do CC)

Também chamadas de obrigações disjuntivas, são caracterizadas pela conjunção "ou", quando da previsão de duas ou mais prestações. O devedor se liberará pagando qualquer das prestações ajustadas.

Para facilitar o adimplemento, o Código Civil estabelece no art. 252, *caput*, que **a escolha entre as prestações alternativas será do devedor**, se o contrário não dispuserem as partes no instrumento contratual. De todo modo, as partes podem designar um terceiro para a efetivação dessa escolha. Se esse terceiro eleito pelas partes para efetivar a escolha não quiser ou não puder escolher, a decisão voltará para as partes decidirem em conjunto. Apenas se não houver acordo entre elas o juiz decidirá, nos termos do art. 252, § 4º, do CC.

A lei civil, com base na autonomia das partes, permite também que se faça a designação de um colegiado para efetivar a escolha da prestação a ser cumprida pelo devedor. Se houver pluralidade de optantes na obrigação alternativa, a escolha deverá ser feita por unanimidade. Se não houver unanimidade, o juiz assinará um prazo para que as partes cheguem a um acordo, conforme a previsão do art. 252, § 3º, do CC. A atuação do juiz será igualmente subsidiária, só intervindo ele se não houver o mencionado acordo.

Aqui nas obrigações alternativas também é importante a análise das regras sobre a perda do objeto. Para tanto, será útil analisar não apenas a culpa do devedor, mas igualmente a quem cabia a escolha entre as prestações previstas alternativamente. Para facilitar o estudo, pode-se traçar quatro regras sobre essa perda:

1ª) **Ocorrendo a perda de um dos objetos**, a obrigação se concentra no objeto restante – art. 253 do CC.
2ª) **Se ambas as prestações se perderem sem culpa do devedor**, extinguir-se-á a obrigação – art. 256 do CC.
3ª) **Se a escolha cabe ao devedor** e somente uma das prestações se impossibilitou com culpa deste, segue-se a regra do art. 253, ou seja, concentra-se no objeto restante. Se ambas as prestações se perderem por culpa do devedor, cabendo a ele a escolha, dever-se-á analisar qual a prestação que por último se perdeu, sendo obrigado o devedor a pagar o equivalente mais perdas e danos quanto a esta – art. 254 do CC.
4ª) **Se a escolha for do credor** e uma das prestações se perder por culpa do devedor, o credor poderá escolher entre a prestação restante ou o equivalente mais perdas e danos em relação àquela que se perdeu – art. 255, 1ª parte, do CC. Se ambas se perderem por culpa do devedor, o credor escolherá qualquer delas (equivalente mais perdas e danos) – art. 255, 2ª parte, do CC.

12.6. Obrigação cumulativa

O devedor será obrigado a pagar **todos os objetos determinados** e somente se desobrigará quando adimplir todas as prestações que estiverem pactuadas. Essas obrigações são caracterizadas pela conjunção "e". Se o devedor entregar uma das prestações e não entregar as restantes, configurar-se-á o inadimplemento parcial.

Se uma das prestações se perder sem culpa do devedor, a obrigação se extinguirá parcialmente e se tornará uma obrigação simples. Se ambos os objetos se perderem sem culpa do devedor, extinguir-se-á a obrigação para ambas as partes.

Entretanto, se um dos objetos se perder com culpa do devedor, este deverá pagar o equivalente mais perdas e danos em relação ao objeto que se perdeu e, ainda, adimplir a prestação restante.

Se ambos os objetos se perderem com culpa do devedor, este deverá pagar o equivalente mais perdas e danos em relação a todos os objetos que se perderam.

12.7. Obrigação facultativa

Também denominada obrigação com faculdade alternativa de cumprimento, na obrigação facultativa haverá a fixação de duas prestações, uma principal e uma subsidiária. **Eventualmente o devedor pode se valer da prestação secundária (subsidiária) para adimplir a obrigação.** Isso facilita o adimplemento da obrigação, colocando mais uma opção para o devedor se liberar.

O devedor se desobrigará entregando qualquer uma delas, porém o credor somente terá direito à prestação principal. Logo, o devedor é titular de um direito potestativo, e para ele a prestação será composta. Já para o credor a prestação será simples, jamais tendo ele direito ao objeto secundário.

Um excelente exemplo de obrigação facultativa pode ser visto no contrato estimatório (também chamado de contrato de consignação), previsto a partir do art. 534 do CC. Nesse contrato, o consignante entrega ao consignatário um bem para que este possa vendê-lo a terceiro. Ao final do prazo ajustado, o consignatário (devedor) tem o dever de pagar o preço ajustado, salvo se preferir restituir o bem entregue em consignação. O preço é a prestação principal; a restituição do bem, a prestação secundária. O credor consignante somente poderá exigir o preço ajustado. Esse contrato é muito comum no comércio de veículos, quando se entrega o bem para que uma loja especializada possa tentar a alienação à sua clientela.

Assim como nas demais modalidades, a perda do objeto nas obrigações facultativas merece a devida atenção. Dessa maneira, se o objeto secundário vier a se perder com culpa ou sem culpa do devedor, haverá apenas a extinção de seu direito potestativo de optar entre quaisquer das prestações.

Entretanto, se a perda for do objeto principal, deve-se analisar a responsabilidade do devedor por tal evento. Ocorrendo a perda sem culpa do devedor, extingue-se a obrigação, já que ele, por evidente, não terá interesse em adimplir o objeto secundário e nem poderá ser constrangido a tanto. Já se a perda do objeto principal for culposa, o devedor poderá escolher entre pagar o equivalente mais perdas e danos referentes a este ou entregar o objeto subsidiário. O credor, mesmo nesse caso, jamais terá direito ao objeto secundário, podendo apenas cobrar o equivalente mais perdas e danos relativo ao objeto principal.

12.8. Obrigações divisíveis ou fracionárias

A obrigação composta, via de regra, será divisível (também chamada de fracionária). Isso **porque terá seu objeto dividido de acordo com o número de credores ou devedores que se fizerem presentes**. Por exemplo, numa dívida de 900 reais, com três devedores, cada um deles só será obrigado a pagar a sua parte na dívida, ou seja, 300 reais, conforme previsto no art. 257 do CC. Dessa forma, as obrigações indivisíveis e solidárias são exceções, e como tais devem ser compreendidas. Logo, não há como presumir indivisibilidade ou solidariedade. Para a configuração destas, há que se ter uma causa. Caso contrário, aplica-se a regra geral da divisibilidade de uma obrigação.

12.9. Obrigações indivisíveis

Nessa modalidade obrigacional, **a prestação poderá ser exigida em sua integralidade, pela impossibilidade de fracionamento do objeto**. A obrigação indivisível, portanto, terá como objeto um bem indivisível. Tais bens estão previstos nos arts. 87 e 88 do CC e terão relevância jurídica exatamente no momento em que constituírem objeto de relações obrigacionais, quando então serão regulamentados entre os arts. 258 a 263 do CC.

> Pode-se afirmar que a indivisibilidade é um fenômeno jurídico que leva em conta quatro fatores: (a) natureza do bem; (b) contrato; (c) lei; (d) razões econômicas.

O bem poderá ser indivisível em razão da natureza, por exemplo, um animal ou um veículo novo. As partes podem estabelecer que um objeto que em tese seria divisível poderá se tornar indivisível. Se as partes disserem que aquele contrato não comporta pagamento parcial, será uma forma de estabelecer a indivisibilidade da prestação. A indivisibilidade também pode se impor por força de lei, como na entrega de lote urbano, que possui metragem mínima pela lei de ocupação do solo, ou na herança (nos termos do art. 1.791 do CC). Por fim, existem certos objetos que, apesar de materialmente admitirem o fracionamento, se o forem, perderão o valor econômico.

As obrigações indivisíveis se tornam muito importantes em dois momentos:

- **Pluralidade de devedores na obrigação indivisível (art. 259, c/c os arts. 346 e 263 do CC):**

quando se fazem presentes vários devedores em uma obrigação indivisível, qualquer deles poderá ser demandado a pagar a dívida por inteiro, já que o objeto não admite fracionamento. Por essa razão, o devedor da obrigação indivisível que paga se sub-rogará no direito de crédito, passando a ocupar então o lugar do credor originário. A sub-rogação, nessa hipótese, será parcial, podendo o devedor que pagou cobrar dos codevedores a cota da dívida referente a seus quinhões, nos termos do art. 259 do CC.

Se o objeto da obrigação indivisível se perder sem culpa do devedor, extinguir-se-á a obrigação. Se a perda se der com culpa do devedor, dever-se-á pagar o equivalente mais perdas e danos. Todavia, há que se pontuar que, ao se converter em perdas e danos, a obrigação se tornará divisível. Havendo mais de um devedor, apenas o culpado pagará a verba referente às perdas e danos – art. 263 do CC.

- **Pluralidade de credores na obrigação indivisível (arts. 260 a 262 do CC):** se a pluralidade na obrigação indivisível for dos credores, poderá cada um destes exigir a dívida inteira.

O devedor, por sua vez, pode se desobrigar pagando aos credores conjuntamente ou somente a um deles, exigindo uma quitação especial como garantia quanto ao outro credor. Essa quitação especial recebe o nome de **caução de ratificação**. A caução de ratificação não tem forma especial, somente exigindo que esteja escrita no documento de quitação – art. 260 do CC.

O credor que nada recebeu do devedor exigirá do cocredor a cota que lhe caiba no total – art. 261 do CC.

Se na dívida concorrerem vários credores, poderá um deles, isoladamente, perdoar o devedor quanto à dívida inteira? Poderá, mas isso não vai impedir que o outro credor exija do devedor a prestação. O devedor poderá exercer o direito de retenção e somente entregar a prestação ao outro credor se for descontada a cota do remitente, conforme a previsão do art. 262 do CC.

- **12.10. Obrigações solidárias**

Nesse tipo de obrigação haverá uma ampliação da regra geral, ou seja, no polo passivo, aquele que somente seria responsável por pagar a sua parte poderá ser responsável pela dívida inteira. No campo ativo, aquele que deveria receber a sua parte poderá exigir a dívida como um todo.

Para facilitar o estudo, é possível traçar algumas regras que são comuns à **solidariedade ativa (polo dos credores)** e **passiva (polo dos devedores)**:

a) A solidariedade é um fenômeno que só se manifesta nas relações externas, um polo em relação ao outro. Internamente, a obrigação solidária continua a ser divisível. Assim, quem pagar a dívida toda, ou recebê-la por inteiro, terá de ajustar suas contas com os codevedores ou cocredores.

b) A relação jurídica que se forma na obrigação solidária é única, ou seja, independentemente do número de credores ou devedores, qualquer deles que receber ou pagar acarretará a extinção da solidariedade.

c) A solidariedade não se presume, já que as exceções não podem ser presumidas. Somente a regra geral pode ser presumida. Assim, a solidariedade sempre decorrerá da lei ou da vontade das partes – art. 265 do CC.

d) A morte de um dos devedores ou credores solidários extingue a solidariedade em relação aos herdeiros desse falecido. Assim, só se poderá cobrar do herdeiro ou este só poderá exigir a sua cota parte na dívida – arts. 270 e 276 do CC. Entretanto, se além de solidária a obrigação for também indivisível, permanecerá para os herdeiros a possibilidade de cobrar a dívida por inteiro ou a responsabilidade pela dívida integral, nos termos da parte final dos artigos retrocitados.

Passe-se agora ao estudo das principais **regras relativas à solidariedade ativa** (vários credores com direito à dívida por inteiro).

- **1ª regra:** na data do vencimento, qualquer dos credores poderá cobrar a dívida toda. Em princípio o devedor poderá pagar a qualquer dos credores solidários. Porém, essa liberdade cessará no momento que um dos credores acionar esse devedor comum – prevenção judicial: art. 268 do CC.

- **2ª regra:** é possível que um dos credores solidários promova a remissão da dívida inteira. Isso porque, se um credor pode cobrar o todo, ele também pode perdoar o todo. Pode novar o todo, compensar o todo, pode perdoar e cobrar o todo – art. 272 do CC. Recebendo ou remitindo, o credor deverá se acertar com os demais cocredores.

- **3ª regra:** quanto ao regime das exceções (defesas opostas pelo devedor, diante da pretensão de cobrança do credor), há uma divisão entre exceção pessoal e exceção comum. Pessoal será aquela que o devedor pode opor perante apenas um credor específico. Exceção comum é aquela defesa oponível pelo devedor em face de qualquer credor.

- **Exceção pessoal:** a compensação é o principal exemplo.
- **Exceção comum:** o pagamento, a remição, a novação e a prescrição são bons exemplos.

Assim, nos termos do art. 273 do CC, o devedor não poderá opor a outros credores a exceção pessoal que porventura tiver contra um credor específico. As comuns, a toda a evidência, podem ser arguidas.

- **4ª regra:** quanto aos limites subjetivos da coisa julgada, em se tratando de demanda proposta por um credor solidário contra o devedor comum, poderá ocorrer a denominada coisa julgada *secundum eventum litis* (segundo o resultado da demanda). Se o credor sair vitorioso, os demais cocredores solidários serão beneficiados com essa procedência do pedido, já que poderão cobrar do autor suas respectivas cotas na dívida. Assim, a coisa julgada será *ultra partes* (por beneficiar terceiros que não foram parte na lide). Ao revés, se o credor for derrotado, os demais cocredores solidários não serão prejudicados, sendo então a coisa julgada apenas *inter partes*. Em resumo: os efeitos da coisa julgada dependerão do resultado da demanda.

Por sua redação truncada, o art. 274 do CC, que prevê a regra acima descrita, foi alterado pelo CPC, sendo agora então mais inteligível em seus termos:

> **Código Civil, art. 274**
> O julgamento contrário a um dos credores solidários não atinge os demais, mas o julgamento favorável aproveita-lhes, sem prejuízo de exceção pessoal que o devedor tenha direito de invocar em relação a qualquer deles.

Por fim, a análise das principais **regras relativas à solidariedade passiva** (vários devedores obrigados a pagar a dívida por inteiro):

- **1ª regra:** quando houver a **exoneração ou renúncia da solidariedade** do devedor solidário pelo credor, esse devedor continuará como sujeito passivo, porém apenas como devedor fracionário (de sua cota-parte). Segundo doutrina majoritária, mantida a solidariedade quanto aos demais, deve-se abater a cota daquele que foi exonerado.

Ao contrário, quando houver a **remissão** de um dos devedores solidários, este perderá a condição de devedor, ou seja, implicará sua completa liberação do vínculo obrigacional. Mantendo-se a solidariedade quanto aos demais, deve-se abater a cota do remitido – art. 388 do CC.

Ou seja: não se deve confundir **exoneração** (ou renúncia) com **remissão**.

- **2ª regra:** se um dos devedores tiver sua insolvência declarada, a cota deste será repartida igualmente entre os demais codevedores – art. 283 do CC.

Nesse caso, o exonerado participa da cota do rateio do insolvente, pois a exoneração se deu apenas em relação à solidariedade e não à condição de devedor – art. 284 do CC.

O remitido participa desse rateio da cota do insolvente? Não. O remitido estará integralmente liberado, não tendo nem mesmo a responsabilidade pelo rateio da cota do insolvente.

- **3ª regra:** o devedor solidário demandado integralmente pela dívida poderá chamar ao processo os demais devedores solidários para exercer seus direitos de credor sub-rogado – art. 130 do CPC, c/c o art. 346 do CC. Isso gera economia processual, permitindo-se que o regresso seja viabilizado com mais agilidade por quem pagou.

■ 13. TRANSMISSÃO DAS OBRIGAÇÕES

A transmissão das obrigações é um ato facultativo, ou seja, pode ocorrer em algumas relações obrigacionais, gerando a **substituição dos personagens originais**. Ou seja, através de um novo negócio jurídico, o credor ou o devedor podem transmitir suas posições ativas ou passivas a terceiros que até então eram estranhos ao negócio original. Têm-se, assim, duas espécies de transmissão: (a) cessão de crédito – arts. 286 a 298 do CC; (b) assunção de dívida – arts. 299 a 303 do CC.

1) **Cessão de crédito:** é um verdadeiro negócio jurídico, admitindo a forma gratuita ou onerosa. O credor originário será o cedente, ao passo que o novo credor será o cessionário. O negócio é celebrado entre esses dois personagens. O devedor não é parte na cessão de crédito. Contudo, é importante saber para quem deverá pagar na data do vencimento. Por essa razão, o devedor tem de ser notificado a respeito da ocorrência da cessão.

O que acontece se o devedor não for notificado? A cessão de crédito não terá eficácia perante o devedor, ou seja, será inoponível – art. 290 do CC.

Em regra, todo o crédito poderia ser cedido. Porém, há três situações em que a cessão estaria vedada:

- Pela natureza de determinado crédito: por exemplo, crédito alimentar, crédito trabalhista, por serem personalíssimos.
- Por uma proibição legal: por exemplo, a lei proíbe a cessão de crédito que já tiver sido penhorado, combatendo-se assim eventual fraude à execução – art. 298 do CC. Importante também lembrar que o insolvente não pode fazer a cessão gratuita de um crédito, sob pena de fraude contra credores – art. 158 do CC.
- Em virtude de disposição expressa no contrato originário: nada impede que as partes incluam uma cláusula contratual que impeça a cessão de crédito.

Como forma de evitar a simulação, a lei civil permite que o devedor possa arguir exceções comuns ou pessoais que tinha contra o cedente também contra o cessionário – art. 294 do CC. Isso previne a má utilização da cessão pelos credores, que poderiam enxergar nesse instituto uma maneira de burlar o sistema de arguição de exceções.

Para preservar a boa-fé, o devedor poderá arguir as exceções, desde que notifique o novo credor, no momento em que veio a ter conhecimento da cessão. Nessa notificação o devedor informará quais são as exceções que detinha em face do antigo credor (cedente).

A cessão de crédito poderá ocorrer ainda de duas formas:

- **Cessão *pro soluto* (regra geral):** é aquela em que o cedente deve garantir ao cessionário ao menos a **existência** do crédito cedido – art. 295 do CC.
- **Cessão *pro solvendo* (exceção):** é aquela em que o cedente, além da existência do crédito, garante também a **solvência** do devedor – arts. 296 e 297 do CC. Na cessão *pro solvendo* não há caráter especulativo. Ao se voltar contra o cedente, o cessionário somente poderá cobrar o valor que houver pago pelo crédito, acrescido de juros moratórios e eventuais despesas que houver tido com a cobrança.

2) **Assunção de dívida (cessão de débito):** assim como na cessão de crédito, a assunção de dívida será um negócio jurídico. Através deste, um terceiro estranho ao contrato assume obrigação do devedor originário, seja liberando este ou coadjuvando. Quem assume a dívida é chamado de assuntor.

Espécies de assunção:

- **Assunção liberatória:** o assuntor vai substituir o devedor originário, que, por sua vez, preenchidos alguns requisitos, ficará isento de responsabilidade. Ou seja, se forem preenchidos os requisitos, o devedor será completamente liberado. Essa é a espécie prevista no Código Civil, nos arts. 299 a 303 do CC. Assim, são requisitos da assunção liberatória:
  - **Consentimento do credor:** esse consentimento deve ser expresso, como regra geral – art. 299 do CC. O silêncio nesse caso significa recusa (art. 299, parágrafo único, c/c o art. 111 do CC), uma vez que a lei exigiu manifestação expressa. O silêncio poderá valer como aceitação na hipótese veiculada pelo art. 303, c/c o art. 111 do CC, ou seja, quando a dívida for garantida por uma hipoteca (já que o credor estaria minimamente resguardado com essa garantia real).
  - **Validade da assunção:** o negócio jurídico assunção deve passar pelo exame de sua validade. Caso seja reputado como inválido, o devedor liberado volta a ter responsabilidade, nos termos do art. 301 do CC. Invalidada a assunção, retornam as garantias prestadas pelo devedor, como consequência do próprio retorno da responsabilidade deste. As garantias prestadas por terceiros (como a fiança, por exemplo) não retornarão com a invalidação da assunção. Entretanto, se ficar comprovado que esse terceiro garantidor tinha ciência da causa da invalidade, este voltará a ter responsabilidade juntamente com o devedor.
  - **Solvência do assuntor no momento da assunção:** conforme previsão da parte final do art. 299 do CC, se o assuntor era insolvente ao tempo da assunção, o devedor não restará liberado, pois isso seria uma frustração dos interesses do credor que consentiu com sua saída.

Algumas observações finais sobre a assunção liberatória são necessárias:

a) A assunção de dívida libera o fiador, como regra geral.

b) Será que a assunção de dívida pode ocorrer sem a participação do devedor primário? Sim. Chama-se **assunção de dívida por expromissão**, ou seja, ocorre sem que haja a participação do devedor originário. É também denominada assunção com efeitos expromissórios.

c) É possível ao assuntor arguir em face do credor as exceções pessoais que competiam ao devedor originário? Não, pois se trata de uma proteção do art. 302 do CC, ao credor que consentiu.

d) Qual a diferença entre a novação subjetiva e a cessão de crédito e a assunção de dívida? Novação é a criação de uma obrigação substancialmente nova com personagens diversos, com a finalidade de substituir e extinguir uma obrigação anterior que não seja nula (arts. 360 e s. do CC). Cessão de crédito e assunção de dívida não são formas de extinção da obrigação, e sim de transmissão da obrigação com substituição dos personagens dentro da mesma relação jurídica obrigacional. Já na novação, cria-se uma nova obrigação, extinguindo a anterior; nasce um novo processo obrigacional (é muito comum na renegociação de dívidas bancárias).

- **Assunção cumulativa:** é admitida pela doutrina com base na autonomia da vontade, não possuindo expressa previsão legislativa. Haverá solidariedade entre os devedores, desde que haja uma cláusula no contrato estabelecendo a solidariedade, pois não se pode presumir a solidariedade. O assuntor ingressará para se tornar codevedor, não havendo exoneração do devedor primitivo.

14. ADIMPLEMENTO E EXTINÇÃO DAS OBRIGAÇÕES

Previsto no Título III, arts. 304 a 388 do CC, didaticamente é possível dividir tal título em três grandes partes.

- **Pagamento direto** – chamado por muitos de teoria do pagamento, é a forma de extinção das obrigações com satisfação imediata dos interesses do credor, sendo a melhor e mais eficaz maneira de se extinguir uma dívida – arts. 304 a 333 do CC. Nessas regras inclui-se a análise dos sujeitos do pagamento, objeto, prova, local e tempo do pagamento.
- **Pagamento indireto** – é a forma de extinção das obrigações com satisfação mediata dos interesses do credor. Esse sujeito ativo receberá o pagamento; entretanto, há um ato intermediário antes da efetivação – arts. 334 a 359 do CC. Têm-se quatro institutos vinculados ao pagamento indireto. São eles:

- **Consignação em pagamento:** diante da recusa injustificada do credor em receber, da dúvida do devedor quanto a quem deve se pagar ou da dificuldade em realizar esse pagamento, a lei permite que o sujeito passivo se utilize do procedimento de consignação (arts. 334 a 345 do CC e arts. 539 a 549 do CPC).
- **Sub-rogação:** ocorre o pagamento satisfazendo-se os interesses do credor. Contudo, aquele que pagou será transferido para a posição do credor originário, para que possa exercer seu direito de sub-rogado contra o devedor que nada desembolsou. Ou seja, na sub-rogação há a transmissão da qualidade de credor para aquele que efetua o adimplemento da prestação (arts. 346 a 351 do CC).
- **Imputação:** quando houver mais de uma dívida, de igual natureza, estabelecida entre os mesmos credores e os mesmos devedores, será necessário que este último, ao oferecer a prestação em pagamento, indique qual dívida está a saldar naquele momento. Esse direito de imputar pertence ao devedor. Todavia, se não o exercer, tal direito passará ao credor, que o exercerá por declaração na quitação (arts. 352 a 355 do CC).
- **Dação em pagamento:** o credor não é obrigado a receber objeto diverso daquele que fora pactuado (art. 313 do CC). Entretanto, se consente em receber coisa diversa daquela que fora pactuada, ocorre a denominada dação em pagamento (arts. 356 a 359 do CC).
- **Formas especiais de extinção:** por fim, a terceira parte do título em estudo compreende as formas especiais de extinção das obrigações, assim apelidadas pela doutrina em virtude de não haver satisfação do interesse patrimonial do credor, em que pese a extinção da dívida.
- **Novação:** a partir da criação de uma nova obrigação, substancialmente diversa da anterior, com a finalidade de extinguir a primeira (*animus novandi*), tem-se a novação. Importante lembrar que obrigações nulas não são passíveis de serem novadas. E, ainda, que a novação passiva pode ocorrer por expromissão – extinção da obrigação anterior, com a substituição do devedor, sem que este consinta com sua própria saída (arts. 360 a 367 do CC).
- **Compensação:** nesse instituto há a extinção da obrigação por ocorrer uma atração de direitos opostos, ou seja, credor e devedor têm

ao mesmo tempo créditos e débitos um para com o outro. Logo, sendo as dívidas de mesma natureza, haverá compensação como forma de extinção (arts. 368 a 380 do CC).

- **Confusão:** seja por ato *inter vivos* ou *mortis causa*, configura-se a confusão quando há uma reunião, na mesma pessoa, das figuras de credor e devedor. Sendo impossível a cobrança, a obrigação restará extinta (arts. 381 a 384 do CC).
- **Remissão:** do verbo "remitir", a remissão é um ato de renúncia ao crédito, pelo perdão que se concede ao devedor. Para ter eficácia, a remissão deve ser aceita pelo devedor. Não se deve confundir remissão com remição. A segunda acepção vem do verbo "remir", que significa resgatar. Tal remição é comum no âmbito de processos executivos, quando se efetiva o resgate de bens que já estejam submetidos a um ato constritivo como a penhora (arts. 385 a 388 do CC).

Visualizada essa distinção do título em três partes, como forma de fixação do conteúdo, volte-se agora ao estudo específico das principais regras relativas ao pagamento. A análise da teoria do pagamento envolve este instituto:

- **Quanto aos sujeitos:** procede-se à análise de quem paga e quem recebe. Na teoria do pagamento, aquele que efetua o adimplemento é chamado de **solvens** (figura que ordinariamente será assumida pelo devedor).

Excepcionalmente, é possível que terceiros assumam a condição de pagadores (*solvens*). Nessa situação, será importante analisar qual conduta fora adotada pelo terceiro no momento em que realizou o pagamento. Para tanto, observa-se se o terceiro tinha ou não interesse jurídico no pagamento feito.

Terceiro interessado	Terceiro não interessado
Tem interesse jurídico: se o devedor principal não pagar, o terceiro poderá vir a sofrer responsabilização patrimonial (exemplo de terceiro interessado: fiador, avalista etc.).	Tem interesse moral: se o devedor principal não pagar, o terceiro não sofrerá responsabilidade patrimonial. Logo, esse terceiro é não interessado do ponto de vista jurídico (exemplo de terceiro desinteressado: pai que paga a dívida contraída por seu filho).
Efeito: o terceiro interessado que paga irá se sub-rogar no direito do credor originário.	Efeito: há que se analisar se o terceiro desinteressado pagou em nome próprio ou em nome do devedor. Se o pagamento foi em nome próprio, o terceiro terá direito de reembolso, mas não se sub-rogará nos direitos do credor – art. 305 do CC. **Se o pagamento for feito em nome do devedor:** considera-se que o terceiro fez uma doação indireta (e o devedor pode recusar a doação). Somente se pagar em nome do devedor e se o devedor se recusar é que ele poderá ingressar com a consignação em pagamento.
Possibilidade de consignar: o terceiro interessado, por ter interesse jurídico, é legitimado ativo para a consignação em pagamento (art. 304, parágrafo único, do CC).	Possibilidade de consignar: se o terceiro pagar em nome do devedor, terá legitimidade para eventual pretensão de consignar em pagamento (art. 304, parágrafo único, do CC).

Já aquele que recebe, na teoria do pagamento, é denominado *accipiens*. Geralmente o *accipiens* é o credor, mas pode ser que um terceiro venha a ser representante do credor. O representante pode ser legal, contratual ou ainda judicial.

- **No pagamento feito a credor putativo:** tem-se o pagamento feito àquele que aparenta ser o credor, mas no fundo não o é. Se o *solven*s realizou esse pagamento estando de boa-fé (ignorando se tratar de pessoa diversa do credor verdadeiro), tal ato é válido (art. 309 do CC).
- **Quanto ao objeto:** aqui vigora a regra da especificidade, ou seja, o credor não é obrigado a receber objeto diverso daquele que fora pactuado, nos termos do art. 313 do CC. Se o credor aceitar receber objeto diverso, configura-se a dação em pagamento, prevista no art. 356 do CC.

Sobre o quanto deve ser pago, o credor não é obrigado a receber pagamento parcial se assim não foi convencionado. Não haverá possibilidade de consignação em pagamento de um pagamento parcial se assim não foi estipulado no contrato. Essa regra é chamada de indivisibilidade do pagamento e está prevista no art. 314 do CC.

No que toca à possibilidade de serem inseridos indexadores, o valor das prestações em uma obrigação poderá ser estabelecido a partir de uma cláusula de escala móvel. Assim, pode-se ter como indexador de um contrato: o preço do grama do ouro, o dólar, o valor da saca de soja etc. No dia do pagamento haverá a conversão desse indexador em moeda corrente, nos termos do art. 318 do CC.

> Em regra, cabe lembrar que as prestações pecuniárias no Brasil deverão ser adimplidas na moeda de curso forçado, que desde 1994 é o real. Se houver uma cláusula estipulando o pagamento em moeda estrangeira, será nula. Excepcionalmente, alguns contratos admitem, por expressa autorização legal, que o próprio pagamento ocorra em moeda estrangeira. O melhor exemplo disso são os contratos internacionais.

> Não confunda: o dólar pode ser indexador do valor de uma prestação. Isso ajudará a fixar o valor da prestação, o que não se confunde com o pagamento dessa prestação. Logo, o contrato não pode, como regra, estabelecer que a prestação será paga em dólar.

- **Prova do pagamento:** o pagamento se prova pela quitação. A quitação não tem forma especial, e sempre poderá ser efetivada por instrumento particular, conforme o art. 319 do CC. A quitação deve conter quem paga, quem recebe, o objeto do pagamento e o local do pagamento, nos termos do art. 320 do CC.

Em se tratando de prova do pagamento, há algumas presunções relativas de pagamento traçadas pelo Código Civil. Todas essas presunções admitem prova em contrário, ou seja, são presunções relativas:

a) Quando o contrato comportar prestações periódicas, a quitação da última prestação presume a quitação das anteriores – art. 322 do CC.
b) Se o capital (principal da dívida) foi pago, presumem-se que os juros que sobre ele se vencem também estejam quitados – art. 323 do CC. Essa presunção é uma clara derivação do princípio da gravitação jurídica.
c) Se o credor entrega o título representativo da obrigação ao devedor (por exemplo, uma nota promissória), presume-se que houve o pagamento da obrigação – art. 324 do CC.

- **Lugar do pagamento:** a fim de facilitar o pagamento, a lei estabelece que a regra geral quanto ao local de pagamento é a de que este seja feito no domicílio do devedor. Essas dívidas que são pagas no domicílio do devedor são denominadas quesíveis (ou *quérable*). Todavia, essa regra é dispositiva, e as partes poderão determinar que o pagamento seja feito no domicílio do credor. Nesse caso, a dívida será denominada de portável (ou *portable*). Essas são as disposições do art. 327 do CC.

> Atenção: se as partes estabelecerem dois locais para o pagamento, a escolha entre eles ficará a cargo do credor, nos termos do parágrafo único do art. 327 do CC. É uma rara hipótese na qual a escolha cabe ao credor.

É possível ainda haver a renúncia quanto ao local de pagamento, nos termos do art. 330 do CC. Se o credor é omisso ao exigir o cumprimento de uma cláusula contratual (pagamento portável) e a omissão é reiterada, tal comportamento pode induzir legítimas expectativas no devedor, no sentido de que o credor jamais exigiria que o pagamento fosse feito em seu domicílio. Em sua defesa, o devedor poderá alegar o instituto da ***supressio*** (quando a omissão reiterada enseja expectativas, estas devem ser respeitadas, como forma de respeitar o princípio da boa-fé objetiva).

- **Tempo do pagamento:** quanto ao tempo do pagamento, a regra geral é o contrato dizer quando a dívida será paga. Se nada foi dito no contrato a respeito do termo de vencimento da obrigação, a dívida considera-se à vista, podendo o credor exigi-la imediatamente, conforme o art. 331 do CC.

O devedor, mesmo tendo sido ajustado termo de vencimento da obrigação, poderá quitar antecipadamente a dívida, pois, segundo o art. 133 do CC, os prazos estabelecidos em um contrato são presumidamente estipulados em benefício do devedor. Logo, ele poderá abdicar desse prazo e pagar antecipadamente a obrigação. Havendo a quitação antecipada da dívida, terá o devedor direito ao abatimento proporcional dos juros remuneratórios programados (já que o credor não ficará privado do seu capital pelo período mais longo).

É possível também que ocorra o vencimento antecipado da dívida, nos termos do art. 333 do CC. Quando houver risco ao direito de crédito, o legislador protege o credor, permitindo cobrar a dívida desde logo. Isso ocorrerá quando, por exemplo, se configurar a falência ou insolvência do devedor com a consequente abertura de concurso de credores; no caso de a garantia real (penhor, hipoteca e anticrese) perecer e o devedor intimado não a substituir; ou ainda quando os bens, hipotecados ou empenhados, forem penhorados em execução por outro credor.

15. INADIMPLEMENTO

O Título IV do Livro das Obrigações prevê regras acerca do inadimplemento obrigacional (arts. 389 a 420 do CC).

O não cumprimento da prestação deve derivar de uma conduta imputável (com culpa) ao devedor, para que os efeitos do inadimplemento sejam deflagrados. Esse é o verdadeiro inadimplemento, e por isso desencadeia maior preocupação do legislador. A impossibilidade do cumprimento da prestação seria aquele evento não imputável ao devedor. Como não haveria a culpa, os efeitos do inadimplemento ficariam retidos. Portanto, a primeira distinção importante em termos de inadimplemento se liga à verificação da presença ou não de uma conduta culposa do devedor.

Nos dois casos citados acima, podemos falar em **resolução** da obrigação. No caso de impossibilidade da prestação (não há fato ou omissão imputável ao devedor), a resolução não terá efeitos – art. 396 do CC. No caso de não cumprimento da prestação, a resolução vem acompanhada dos efeitos maléficos do inadimplemento, quais sejam: perdas e danos, juros moratórios, correção monetária e honorários advocatícios. Esses efeitos estão previstos no arts. 389 e 395 do CC.

Se possível for, a parte prejudicada pelo inadimplemento culposo poderá exigir o cumprimento específico da obrigação (ver art. 475 do CC, c/c os arts. 497 a 501 do CPC). Essa é uma forma de conceder ao credor a tutela específica, entregando-se então a este aquilo que efetivamente lhe é devido. Se não for possível por alguma razão a concessão dessa tutela específica, pode ainda o credor exigir um resultado prático equivalente ao adimplemento (tutela inespecífica), ou ainda a reparação dos danos que o inadimplemento lhe causou (tutela reparatória).

> O inadimplemento culposo é a fonte da chamada responsabilidade civil contratual.

As espécies de inadimplemento podem ser **mora** (ou inadimplemento relativo), **inadimplemento absoluto** (ou total) e **violação positiva do contrato** (ou adimplemento ruim).

15.1. Mora

É o **cumprimento imperfeito da prestação em razão do tempo, lugar e forma** inicialmente ajustados pelas partes (art. 394 do CC), desde que ainda esteja presente a viabilidade e utilidade daquela prestação para o credor.

Não se deve identificar a mora como o mero atraso no cumprimento da prestação. A mora se configura com o atraso certamente, mas vai além disso. Se as partes elegeram um local para o cumprimento da prestação, mas esta acaba sendo adimplida em local diverso, configura-se também a mora. De igual maneira, se a partes ajustaram que o pagamento seria feito de uma certa forma, por exemplo, através da entrega de quantia em dinheiro, a tentativa de pagar com a entrega de um cheque igualmente configuraria a mora. Então, a mora relaciona-se com o tempo, lugar e forma.

Outro detalhe importante: para a configuração da mora, há que se ter a utilidade da prestação para o credor. Se a prestação não é mais útil para o credor, passamos a ter inadimplemento absoluto. Por exemplo, *buffet* contratado para uma festa de casamento chega às 23h, quando tal evento estava marcado para as 18h. Em tese seriam apenas 5 horas de atraso; entretanto, certamente a festa não se realizou e os convidados já foram embora. Ou seja, não há mais utilidade na prestação dos serviços contratados. Assim, não há mais a mora, configurando-se então a segunda modalidade, o inadimplemento absoluto.

Para a preservação da boa-fé objetiva, a inutilidade da prestação que autoriza a recusa da prestação por parte do credor deverá ser aferida objetivamente, e não de acordo com o mero interesse subjetivo do credor.

Por fim, não há mora nas obrigações negativas, sendo o devedor considerado inadimplente absolutamente desde o momento em que venha a praticar o ato pelo qual tinha obrigado a se abster – art. 390 do CC.

15.1.1. Espécies de mora

15.1.1.1. Mora *solvendi*

É a mora do devedor. Têm-se dois requisitos para a configuração da mora *solvendi*.

- **Requisito objetivo:** haver um cumprimento imperfeito da obrigação.
- **Requisito subjetivo:** presença de culpa do devedor. A lei presume esse requisito subjetivo, tanto que, se o devedor não for culpado, caberá a ele o ônus da prova quanto à demonstração de inexistência de culpa.

15.1.1.1.1. Efeitos da mora do devedor

- **Responsabilidade patrimonial:** art. 395 do CC – o devedor deverá reparar todos os prejuízos a que sua mora deu causa, além de juros moratórios, correção monetária e honorários advocatícios.
- **Ampliação da responsabilidade:** art. 399 do CC – o devedor em mora responde até mesmo pelo fortuito ou força maior, caso esses eventos venham a ocorrer durante o período da mora (após a data de vencimento e antes do efetivo cumprimento da prestação). Todavia, não haverá ampliação da responsabilidade se ficar comprovado que aquele evento ocorreria de qualquer forma, ou seja, independentemente da atuação pontual do devedor.

Observação 1:

Mora *ex re* x mora *ex personae* – art. 397 do CC. Na mora *ex re*, o dia interpela pelo homem, ou seja, há um dia de vencimento convencionado. Não cumprindo o devedor a prestação naquela data estipulada, não há necessidade de qualquer notificação para constituí-lo em mora; esta se dá de maneira automática. A mora *ex personae*, por sua vez, ocorre quando a obrigação não trouxer uma data para seu vencimento (p. ex.: contrato de locação por prazo indeterminado). Ou, ainda, quando em certos contratos a lei ou o próprio instrumento negocial exigem que seja feita uma notificação ao devedor para purgar a mora (p. ex.: contrato de *leasing*, alienação fiduciária, compromisso de compra e venda de imóveis). Nesse caso, somente após a notificação o devedor está constituído em mora.

Observação 2:

Mora presumida – art. 398 do CC e Súmula 54 do STJ. Nas obrigações provenientes de ato ilícito, considera-se o devedor em mora desde o momento em que praticou esse ilícito. Esse artigo deveria estar localizado junto aos arts. 927 e s. do CC, já que se refere à responsabilidade civil extracontratual. Desde a data em que o ato fora praticado, o autor do dano já está em mora quanto à sua reparação.

15.1.1.2. Mora *accipiendi*

É a **mora do credor**. Aqui, tem-se apenas o requisito objetivo, qual seja, a recusa injustificada do credor em receber a prestação no tempo, lugar e forma estabelecidos. Caberá ao juiz verificar se a mora do credor foi motivada ou imotivada.

15.1.1.2.1. Efeitos da mora do credor – art. 440 do CC

- A mora do credor isenta o devedor da responsabilidade pela conservação da coisa, desde que este não tenha dolo.
- Obriga, ainda, o credor a ressarcir o devedor pelas despesas empregadas na eventual conservação do bem.
- Sujeitará o credor a receber a coisa pelo valor mais favorável ao devedor se houver oscilação deste no período (entre a data da recusa e o efetivo recebimento).

Observações finais em relação à mora:

- **Purgação ou emenda da mora – art. 401 do CC:** purgar é fazer desaparecer a imperfeição daquela situação desencadeada pela mora. O devedor purga a sua mora oferecendo a prestação que não foi adimplida acrescida dos efeitos patrimoniais retrocitados (arts. 395 e 399 do CC). O credor purga a mora se oferecendo a receber a prestação e se submetendo aos efeitos do art. 400 do CC.

    Podem as partes, por meio de um contrato, excluir a possibilidade de purga da mora? A purgação da mora é hoje uma manifestação da função social dos contratos, princípio de ordem pública, logo inderrogável. É um direito das partes purgar a sua mora, desde que a prestação ainda se mantenha útil à outra parte, como dito. A purgação da mora somente será possível se ainda houver objetivamente a presença da utilidade daquela prestação.

- **Cessação da mora:** é a remissão dos efeitos deletérios provocados pela mora. É admitida pela doutrina como forma de remissão (perdão).

15.2. Inadimplemento absoluto

O inadimplemento absoluto, segunda espécie de inadimplemento, decorre principalmente de três fatores:

1) Recusa voluntária do devedor em cumprir a prestação ajustada.
2) Perda total do objeto por culpa do devedor.
3) Caráter transformista da mora – uma situação que em princípio seria de mora, pela perpetuação desta, poderá gerar a perda da utilidade da prestação para o credor, convertendo-se assim a situação inicial de mora em inadimplemento absoluto.

Ocorrendo qualquer dessas causas, haverá resolução da obrigação com pagamento de perdas e danos, juros moratórios, correção monetária e honorários advocatícios (art. 389 do CC). Desses três fatores apresentados, apenas a recusa voluntária do devedor em cumprir a obrigação autoriza a utilização da tutela especifica da obrigação. Nessa situação, o devedor poderá se valer das medidas de coerção trazidas pelo CPC a fim de ver efetivamente cumprida a prestação à qual faz jus. O art. 475 do CC, prevê a extinção do contrato (resolução) quando se fizer presente tal modalidade de inadimplemento, podendo a parte prejudicada exigir a devida reparação e, se possível for, exigir o cumprimento específico da prestação.

> Destaque-se que o inadimplemento parcial não se confunde com a mora, sendo uma modalidade de inadimplemento absoluto, já que o cumprimento imperfeito da obrigação se relaciona com a quantidade inadimplida. Por exemplo, se o devedor se obriga a entregar 10 objetos mas entrega apenas 6, há inadimplemento parcial.

15.3. Violação positiva do contrato

Além das prestações principais (dar, fazer e não fazer), as partes devem cumprir os deveres anexos ou laterais que são criados pela lei a partir da incidência do princípio da boa-fé objetiva. Esses deveres, se não cumpridos, desencadeiam uma nova modalidade de inadimplemento, denominada "violação positiva do contrato", conhecida também pelo nome de "adimplemento ruim". Pontue-se que esses deveres são impostos pelo art. 422 do CC, especificamente pela função integrativa da boa-fé objetiva (ver capítulo relativo aos princípios contratuais). Portanto, se a parte cumpre a prestação principal, mas não cumpre os deveres anexos, configura-se essa nova hipótese de inadimplemento.

Tais deveres podem ser resumidos em: (a) deveres de cooperação; (b) deveres de proteção; (c) deveres de cuidado. Para saber mais sobre esses deveres e seu significado, verificar a parte relativa aos princípios contratuais.

15.4. Outras figuras relacionadas ao inadimplemento

- **Inadimplemento antecipado:** se, mesmo antes do advento da data prevista para o cumprimento da prestação, já se constata que há uma grande probabilidade de o inadimplemento vir a ocorrer, a lei permite ao possível prejudicado ingressar com ação de **resolução antecipada do contrato**, pedido este que poderá ser cumulado com perdas e danos, provando-se os prejuízos efetivamente sofridos. Essa pretensão ancora-se nos arts. 477 e 495 do CC (este, específico para o contrato de compra e venda). Em verdade, aqui haveria uma forma de utilização da *exceptio non adimpleti contractus* (exceção do contrato não cumprido) de maneira antecipada. Por exemplo, antes mesmo da data de vencimento, o credor percebe que o devedor não entregará a obra em imóvel, por não haver tempo para seu início e finalização. Nesse caso, é possível valer-se da resolução antecipada.

- **Inadimplemento mínimo:** também chamado de "adimplemento substancial", essa modalidade se configura quando, em um contrato de trato sucessivo ou execução diferida, a maior parte do contrato já houver sido adimplida pelo devedor. Diante de eventual inadimplemento mínimo, o credor não poderá pretender a resolução do contrato, pois tal conduta contrariaria a boa-fé objetiva. Nesse aspecto, resolver o contrato por um mínimo inadimplemento seria considerado uma conduta abusiva por parte do credor, por ser medida absolutamente desproporcional (verdadeiro exercício abusivo de direito, nos termos do art. 187 do CC). Caberá ao credor nesses casos cobrar as prestações faltantes, acrescidas dos efeitos patrimoniais. A finalidade dessa figura é inibir a utilização indevida da resolução contratual.

15.5. Cláusula penal e arras

Tanto a cláusula penal quanto as arras (ou sinal), previstas nos arts. 408 a 420 do CC, têm por finalidade **resguardar as partes quanto a eventual inadimplemento por parte da outra**, seja a mora ou mesmo o inadimplemento absoluto. Sendo cláusulas acessórias (presença não obrigatória), só irão despertar seus efeitos no momento em que o inadimplemento vier a ocorrer.

A cláusula penal (chamada também de penalidade ou multa contratual) pode ser de duas naturezas:

- **Moratória:** visa resguardar as partes em face de eventual ocorrência da mora, sendo calculada então, normalmente, como um percentual da prestação inadimplida. Por exemplo, nas obrigações regidas pelo Código de Defesa do Consumidor, essa multa não poderá ser superior a 2% do valor da prestação em atraso (ver art. 52, § 1º, do CDC). Essa multa tem natureza complementar à própria obrigação, ou seja, o credor continua tendo interesse em cobrar a prestação principal, agora acrescida da cláusula penal moratória.

- **Compensatória:** visa resguardar as partes da ocorrência do inadimplemento absoluto. Portanto, essa multa será substitutiva da própria obrigação inadimplida, razão pela qual seu teto equivale ao valor da própria prestação, nos termos do art. 412 do CC. O credor pode buscar: (a) a tutela específica da obrigação, ou; (b) a reparação dos danos através de ação própria, ou; (c) a execução da cláusula penal compensatória prevista no contrato.

Então, é possível perceber que a cláusula penal tem a função de auxiliar as partes na prefixação daquele valor devido a título de perdas e danos. Para tanto, não é necessário que o credor demonstre a presença de qualquer prejuízo efetivo (art. 416 do CC). Para exigir uma indenização suplementar, entretanto, o credor terá de contar com dois requisitos: (a) previsão no próprio corpo do contrato; (b) prova do prejuízo excedente.

Se num caso concreto o juiz entender que o valor fixado a título de cláusula penal é excessivo, deverá reduzir a penalidade, sem, contudo, descartá-la. É o que está previsto no art. 413 do CC, verdadeira norma de ordem pública. O STJ entende que tal artigo também poderia ser aplicável às arras ou ao sinal.

TEORIA GERAL DOS CONTRATOS

16. INTRODUÇÃO AOS CONTRATOS

Após a Revolução Francesa, a burguesia, classe ascendente, calcada na ideologia liberal, necessitava de um instrumento legal para resguardar seus interesses econômicos, especialmente no sentido da livre acumulação de riquezas. Assim, em 1804 o chamado Código Civil Napoleônico resguardou à propriedade o papel de principal instituto jurídico no âmbito privado.

Esse papel central dado ao direito de propriedade, aliado à perspectiva marcadamente individual e liberal, eram as características mais acentuadas do diploma francês (patrimonialismo, individualismo e liberalismo).

Os particulares poderiam manifestar livremente a sua vontade a fim de alcançar a situação de proprietários, restando ao Estado uma mínima intervenção. Logo, os contratos, como instrumento de condução à aquisição da propriedade, eram fruto da chamada autonomia da vontade (poder dado aos particulares para livremente criar a sua norma individual, contando com uma restrita intervenção estatal).

Ocorre que esse ambiente oitocentista de extrema liberdade acabou por gerar uma situação de opressão, pois aqueles que eram política ou economicamente mais fortes subjugavam os mais fracos. A pretensa igualdade oriunda da livre manifestação de vontade era apenas formal. Do ponto de vista material, havia uma grande desigualdade.

Para garantir uma verdadeira isonomia (igualdade material ou substancial), os mais fracos passaram a exigir do Estado uma intervenção no ambiente privado, como forma de impor limites à atuação do contratante mais forte. O Estado, então, passou a realizar intervenções no âmbito contratual para que fosse alcançada tal isonomia. O Estado seria o fiel dessa balança, entre as partes contratantes. A esta intervenção do Estado deu-se o nome de "dirigismo contratual".

Tendo a **autonomia da vontade** como grande centro, a teoria contratual foi construída com base em três princípios:

a) **Princípio da liberdade contratual:** as partes poderiam escolher se contratavam ou não, qual seria o conteúdo dessa contratação e quem seria seu parceiro.

b) **Princípio da força obrigatória dos contratos/obrigatoriedade dos contratos:** conhecido como *pacta sunt servanda*. Os contratos constituem uma lei entre as partes, nascendo para serem cumpridos. Assim, não haveria possibilidade de alteração unilateral do contrato, nem por determinação do juiz. Só se admitiria a revisão contratual por novo acordo entre as partes contratantes.

c) **Princípio da relatividade dos efeitos contratuais:** os contratos não atingem terceiros, gerando efeitos apenas entre as partes contratantes (eficácia *inter partes*).

Essa principiologia contratual nascida na Europa veio para o Brasil com a promulgação do Código Civil de 1916 (um Código inspirado nos diplomas do velho mundo, tendo, portanto, as mesmas características do patrimonialismo, liberalismo e individualismo).

Entretanto, da mesma forma como ocorreu em solo europeu, ao longo do século XX sentiu-se a necessidade de maior intervencionismo do Estado nos contratos. A sociedade urbanizada e de massa não enxergava mais o Código Civil com o protagonismo de outrora. Iniciou-se um progressivo processo de esvaziamento normativo daquele diploma, fenômeno que se fez conhecido como "descodificação". Vários microssistemas paralelos foram surgindo, regulamentando-se temas que agora não mais integravam o Código, graças à complexidade da sociedade que se descortinava àquela altura. A principiologia clássica era insuficiente para o novo momento sociojurídico.

17. AUTONOMIA PRIVADA

A velha autonomia da vontade gerava desigualdade, conduzindo à necessária intervenção do Estado. Em verdade, a necessidade de atualização dos dispositivos do Código se fez presente não apenas na seara contratual, mas também em outros ramos, como o Direito de Família, o Direito das Coisas, o Direito Sucessório, razão pela qual, a partir da década de 1960 do século passado, iniciaram-se projetos para a elaboração de uma nova codificação civil, fato esse que resultou na promulgação, em 2002, de nosso novo diploma.

Voltando especificamente aos contratos, a doutrina acaba por elaborar um conceito mais bem adaptado à fase atual: **autonomia privada** – em substituição à autonomia da vontade. O poder concedido aos particulares para elaborar a sua norma própria, que regularia seus interesses individuais, iria até o ponto em que o Estado viesse a impor limites. Não há mais a ideia de um poder ilimitado, mas sim de uma liberdade regrada. Haveria um espaço dentro do qual essa autonomia seria concedida aos particulares. O contrato estaria inserido no âmbito desta.

> Dito isso, pode-se conceituar a autonomia privada como o poder que o Estado concede aos particulares para que estes possam regulamentar seus interesses privados, respeitados os limites impostos pelo ordenamento jurídico.

Todos os atos jurídicos que o Estado permite ao sujeito praticar são manifestações da autonomia privada, por exemplo, casamento, testamento, contrato, constituição de direitos reais, emissão de título de crédito, constituição de uma associação ou uma sociedade, cessão de direitos de imagem, dentre outros. Registre-se que a prática de um ato ilícito não é exercício de autonomia privada, pois o Estado não lhe concede esse tipo de liberdade.

18. NOVOS PRINCÍPIOS CONTRATUAIS

Verificado esse panorama inicial, com a perspectiva histórica aliada à caminhada para chegar ao conceito de autonomia privada, importante agora compreender que o contrato começa a ser encarado não mais pela sua estrutura, mas sim pelas funções que ele, como instrumento negocial, passa a desempenhar. Quais seriam as funções que o contrato cumprirá? Na perspectiva de um Direito Civil constitucionalizado, os institutos privados, dentre eles o contrato, devem ser analisados com base nos princípios do solidarismo e da socialidade.

Logo, entende-se que o contrato possuiria tríplice função, cada uma delas desencadeando a formulação de um novo princípio:

Função ética	Busca da construção de uma sociedade solidária (art. 3º, I, da CRFB/88). Além disso, é a maior expressão da diretriz da eticidade, estabelecida pela comissão formuladora do Código Civil de 2002.	Princípio da boa-fé objetiva
Função social	Busca da superação do individualismo, marcante na codificação anterior (em atendimento ainda ao art. 5º, XXIII, da CRFB/88). Além disso, é mais uma expressão da diretriz da socialidade, estabelecida pela comissão formuladora do Código Civil de 2002.	Princípio da função social dos contratos
Função econômica	Busca da construção de uma sociedade justa (art. 3º, I, da CRFB/88). Além disso, enaltece a função primordial do contrato, como instrumento que permite a circulação de riquezas.	Princípio do equilíbrio econômico

O atual Código Civil preocupa-se com a superação daquele exacerbado liberalismo, individualismo e patrimonialismo de seu predecessor. Dessa maneira, os novos princípios contratuais, carregados com esse viés intervencionista, serão considerados princípios de ordem pública. Por isso podem ser aplicados pelo juiz independentemente de provocação de qualquer parte. Porém, ao aplicá-los, o magistrado não poderá desconfigurar a vontade das partes, pois se assim atuar haverá um esvaziamento do contrato como norma jurídica.

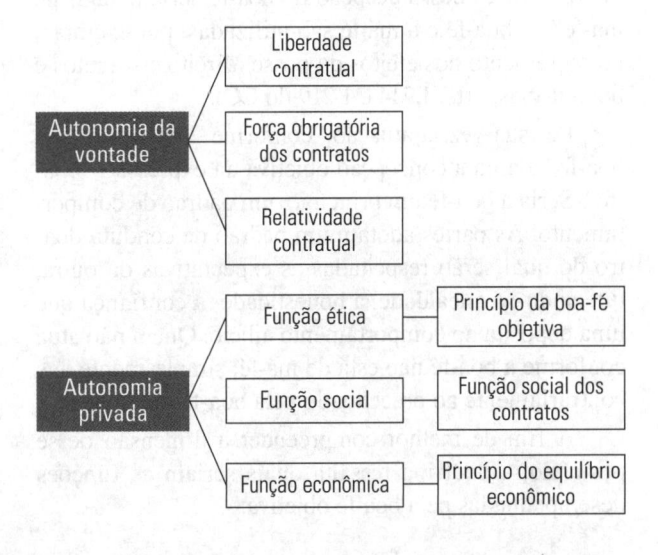

```
Autonomia da vontade ─┬─ Liberdade contratual
                      ├─ Força obrigatória dos contratos
                      └─ Relatividade contratual

Autonomia privada ─┬─ Função ética ──── Princípio da boa-fé objetiva
                   ├─ Função social ─── Função social dos contratos
                   └─ Função econômica ─ Princípio do equilíbrio econômico
```

Há que se recordar ainda que os novos princípios contratuais foram inseridos no Código de 2002 por meio da técnica legislativa das **cláusulas gerais**. Através dessas cláusulas gerais, o legislador, de forma proposital, estabelece uma **norma com conteúdo aberto**, com a finalidade de o magistrado poder, diante do caso concreto, aplicar os valores vigentes na sociedade no momento de exarar a sentença. Importante asseverar que, ao concretizar uma cláusula geral, o juiz buscará esses valores sociais na Constituição, seja diretamente ou a partir de interpretação desta.

O sistema com a presença de cláusulas gerais é um sistema aberto, poroso aos novos valores vigentes na sociedade. Para evitar uma possível insegurança jurídica ao se concretizar uma cláusula geral, o juiz deverá se utilizar de uma extensa fundamentação. Esse ativismo judicial é permitido pelo próprio legislador.

> Em conclusão, é possível afirmar que os novos princípios contratuais são verdadeiras cláusulas gerais, que irão demandar a atuação do magistrado para que, ao longo do tempo, possam apresentar seu verdadeiro conteúdo.

■ 19. PRINCÍPIO DA BOA-FÉ OBJETIVA

Antes de avançarmos no estudo do princípio da boa-fé objetiva, importante se mostra a distinção em relação à boa-fé *subjetiva*, também denominada boa-fé regra, ou boa-fé psicológica.

Agir "de boa-fé" sempre foi considerado pela lei uma atitude digna de merecimento de um tratamento diferenciado. Ou seja, aquele que age ignorando certas circunstâncias deve ser tutelado pelo Direito e não reprimido. O revés dessa acepção de boa-fé seria o "agir de má-fé". A boa-fé e a má-fé são utilizadas, por exemplo, no regramento dos efeitos da posse (direito aos frutos e benfeitorias, arts. 1.214 e 1.219 do CC).

Por sua vez, a atuação "conforme" ou "segundo a boa-fé" avulta a concepção objetiva da expressão "boa-fé". Seria a boa-fé um princípio, um padrão de comportamento. As partes adotam um padrão de conduta dentro do qual serão respeitadas as expectativas da outra, tutelando-se a lealdade, a honestidade, a confiança que uma deposita no comportamento alheio. Quem não atua conforme a boa-fé não está de má-fé; simplesmente age contrariamente ao preceituado pela boa-fé objetiva.

A fim de melhor compreender a dimensão desse princípio, a doutrina ressalta quais seriam as funções desempenhadas pela boa-fé objetiva:

a) **Função interpretativa ou hermenêutica (art. 113):** encontra-se no capítulo das Disposições Gerais acerca do negócio jurídico.

> **Art. 113.** Os negócios jurídicos devem ser interpretados conforme a boa-fé e os usos do lugar de sua celebração.

> Em sede de interpretação dos negócios jurídicos, o Código passado adotava a teoria da vontade, no art. 85. Por meio desta, o juiz deveria buscar na mente das partes quais eram suas reais intenções, afastando-se de uma interpretação puramente gramatical.

Já no Código atual, numa tentativa de conceder maior segurança jurídica à interpretação do negócio jurídico, adotou-se a teoria da declaração (art. 112). Por meio dela, o juiz verificará a intenção das partes a partir do que por elas foi declarado. Assim, a busca da real intenção será objetivada por intermédio da análise das declarações feitas (manifestação da diretriz da operabilidade ou concretude). O juiz não necessitará ir à mente das partes, devendo, portanto, buscar a vontade contratual por meio das declarações realizadas.

Em sua função interpretativa, o princípio da boa-fé atuará como norma auxiliar à teoria da declaração, ou seja, quando o juiz entender que a interpretação de um negócio jurídico não será bem conduzida apenas a partir da análise das declarações emitidas, poderá verificar também quais eram as expectativas que uma parte depositava no comportamento da outra, para que assim possa alcançar uma interpretação que retrate a real intenção, preservando-se os interesses em jogo.

b) **Função integrativa, supletiva ou criadora (art. 422):** essa função está disposta no título referente à teoria geral dos contratos.

> **Art. 422.** Os contratantes são obrigados a guardar, assim na conclusão do contrato, quanto em sua execução, os princípios de probidade e boa-fé.

Antigamente, as obrigações eram denominadas simples, em virtude da necessidade de adimplemento apenas das prestações principais ajustadas a partir do acordo de vontades (dar, fazer e não fazer). Entretanto, agora, as partes deverão cumprir, por força de lei, os chamados deveres anexos ou laterais (acessórios, instrumentais, paralelos ou deveres de conduta). Tais deveres são oriundos do princípio da boa-fé objetiva.

Os deveres anexos podem ser subdivididos, segundo a doutrina em:

- **b.1) Dever de cooperação (colaboração ou lealdade):** as partes devem colaborar para a consecução dos fins do contrato, buscando-se o atendimento do interesse demonstrado pela outra. O contrato deverá ser uma relação de intensa parceria a fim de que seja obtido o sucesso, ou seja, a satisfação dos interesses (o êxito do negócio jurídico). Cooperar nesse sentido é fazer com que o contrato chegue ao seu final da maneira mais proveitosa ao credor e menos onerosa ao devedor. Exemplos: dever de sigilo/cláusulas de confidencialidade: independentemente de haver uma cláusula contratual impondo o dever de sigilo, este poderá ser exigido com base na boa-fé objetiva. Mesmo porque, se houvesse cláusula contratual nesse sentido, seria uma cláusula principal e não dever anexo. Dever de não concorrência após o término do contrato. *Recall* de veículos, comum no mercado automotivo.
- **b.2) Dever de proteção (segurança ou cuidado):** as partes devem proteger o patrimônio e os direitos da personalidade de seu parceiro contratual. Deve haver acautelamento físico e patrimonial da contraparte. Exemplos: furto de veículo em estabelecimento comercial; instruções para uso seguro de determinado produto ou serviço.
- **b.3) Dever de informação (esclarecimento ou transparência ou aviso):** tudo aquilo que puder influir na vontade da parte de contratar, especialmente em relação ao objeto da contratação, deve ser informado ao parceiro contratual. A ideia é ampliar o conhecimento acerca do objeto da avença. Exemplos: omissão de informações importantes quando da compra e venda de apartamento ou veículo.

Ainda quanto aos deveres anexos, vale registrar que, em determinado caso concreto, o comportamento do contratante poderá violar um ou mais deveres ao mesmo tempo. Logo, a categorização possui um caráter mais didático que prático.

Conforme foi dito no tópico relativo ao inadimplemento, ao se descumprir um dever lateral haverá o desencadeamento de uma terceira via de responsabilidade contratual. Além do inadimplemento absoluto e da mora (previstos nos art. 389 e s. do CC), tem-se agora a "violação positiva do contrato" (ou "adimplemento ruim") como mais uma forma moderna de inadimplemento. Diante dessa nova figura de incumprimento, a parte prejudicada poderá pedir a resolução do contrato cumulada com tutela ressarcitória, se for o caso, baseando-se esse pedido no art. 475 do CC.

Observação: a extinção do contrato como gênero poderá ocorrer por meio de uma das seguintes espécies: **resolução** (presente alguma modalidade de inadimplemento – art. 475 do CC), **rescisão** (presente algum vício sobre o objeto – art. 455 do CC) e **resilição** (quando a vontade for o fator de término do contrato). No caso da resilição, há que se distinguir se a vontade extintiva foi declarada de forma unilateral (recebendo o nome de **denúncia** – art. 473 do CC) ou bilateral (quando será denominada de **distrato** – art. 472 do CC).

c) **Função controle/limitativa (art. 187):** a boa-fé objetiva é um dos elementos de controle do exercício de direitos subjetivos. Assim, um sujeito, ao exercer um direito do qual é titular, deverá atuar dentro dos limites impostos pela boa-fé, sob pena de praticar abuso do direito. Para facilitar a compreensão da boa-fé e sua função de controle, a doutrina criou categorias de exercícios abusivos de direito por violação à boa-fé (figuras parcelares da boa-fé), quais sejam:

> **Art. 187.** Também comete ato ilícito o titular de um direito que, ao exercê-lo, excede manifestamente os limites impostos pelo seu fim econômico ou social, pela boa-fé ou pelos bons costumes.

- **c.1) Adimplemento substancial ou inadimplemento mínimo ou *substancial performance*:** quando um contrato já tiver sido cumprido em sua maior parte, restando parcela mínima a ser adimplida, a utilização de medidas como a resolução ou a exceção do contrato não cumprido (arts. 475 e 476) devem ser inibidas como forma de preservação da boa-fé objetiva, evitando que a adoção dessas providências se configure como abusivas do direito do credor. Em situações como essa, o credor deverá adotar medidas menos drásticas para resguardar seu direito subjetivo, até mesmo como forma de preservação do contrato.
- **c.2) *Nemo potest venire contra factum proprium* (a ninguém é dado vir contra os seus próprios atos):** essa teoria, também denominada "teoria dos atos próprios", tem por finalidade reprimir a adoção de comportamentos contraditórios quando estes violarem a confiança depositada pela outra parte. Ressalte-se que a expectativa digna de tutela surge exatamente a partir

do primeiro comportamento. Essa teoria ultrapassou o Direito Civil e pode hoje ser observada no Direito Processual Civil, no Direito Administrativo, no Direito Tributário, dentre outros ramos.

Antes de seguir até as teorias da *supressio, surrectio* e *tu quoque,* vale consignar que, segundo nosso humilde entendimento, elas seriam subespécies da *venire contra factum proprium,* visto que se baseiam igualmente na ocorrência de atos contraditórios e quebra da confiança.

- **c.3)** *Supressio***:** para a aplicação da *supressio,* faz-se necessária a titularidade de um direito subjetivo qualquer, conjugada à omissão do titular prolongada no tempo. Ao se resolver por exercer esse direito, o titular acabará por quebrar a confiança da contraparte que acreditava na manutenção da situação de inércia.

Através da alegação da *supressio* em defesa, a parte que viu suas expectativas se quebrarem pelo comportamento ativo daquele que estava inerte poderá conseguir o esvaziamento do direito subjetivo. O titular continua no gozo de sua situação jurídica, porém sem a possibilidade de exercer esse seu direito. A inércia continuada suprimiria a possibilidade de atuação, gerando como consequência a manutenção da confiança da outra parte.

Exemplo: convenção de condomínio autoriza um condômino a usar a área comum para fazer ali sua área de serviço. O condômino é mero detentor (atos de mera permissão ou tolerância não induzem posse, nos termos do art. 1208 do CC). O condômino, se ocupar por 20 anos essa área comum, não vai usucapi-la, porque o primeiro requisito para que tenhamos a usucapião é a posse (o mero detentor jamais irá usucapir). O condomínio, por sua vez, durante aquele período, sendo titular do direito de propriedade, está sendo omisso na retomada daquela área. Quando decidir retomá-la, o condômino poderá arguir a *supressio* como argumento de defesa. Esse exemplo foi retirado do REsp 214.680/SP – STJ.

Resumindo os requisitos para configuração da *supressio*:

1) Titular de um direito subjetivo, omisso em relação ao exercício deste.
2) Omissão perpetuada por um período relevante (dependerá do caso concreto).
3) Atuação repentina do titular do direito, até então omisso, ocasionando a quebra das expectativas da outra parte, que confiara na manutenção da omissão.
4) Uma desproporção entre o benefício que será auferido pelo titular do direito e o prejuízo suportado pela contraparte.

Vale dizer que alguns autores exemplificam dizendo que a *supressio* foi colocada na nossa lei no art. 330 do CC, ao tratar do local de pagamento.

> **Art. 330.** O pagamento reiteradamente feito em outro local faz presumir renúncia do credor relativamente ao previsto no contrato.

Exemplo: no contrato de locação ficou ajustado que a dívida seria portável (paga no domicílio do credor). Entretanto, o reiterado comportamento do credor faz com que a dívida seja quesível (o credor, mensalmente, vai até o domicílio do devedor para receber o aluguel). Com isso, a disposição contratual foi renunciada pelo comportamento reiterado.

- **c.4)** *Surrectio***:** é a outra face da moeda da *supressio.* Quando uma das partes adota um comportamento positivo reiterado, induzindo assim expectativas na outra, a interrupção abrupta daquela sequência poderia gerar a quebra da confiança alheia. Logo, a contraparte teria o direito, baseado na preservação das expectativas, de exigir a continuidade daquela relação, nos moldes perpetuados.

Logo, a *surrectio,* ao contrário da *supressio,* não deveria ser aplicada como simples instrumento de defesa, mas verdadeiramente como pretensão à continuidade. Nasceria para a parte um direito subjetivo à continuação da situação vivenciada por longo período.

São requisitos configuradores da *surrectio*:

1) Comportamento positivo adotado no âmbito de relação jurídica (contratual ou não contratual).
2) Comportamento continuado durante um período relevante.
3) Interrupção desse comportamento, acarretando a quebra das expectativas.
4) Direito subjetivo à continuidade da situação anterior.

Exemplo: plano de saúde ou seguradores aceitam seus segurados por vários anos, sem qualquer questionamento. Os planos ou seguros se renovam automaticamente. De repente, a contratada informa ao contratante, sem qualquer justificativa relevante, que não irá mais renovar aquele produto ou serviço. Nasce o direito subjetivo à continuidade (*surrectio*).

- **c.5)** ***Tu quoque***: a expressão seria proveniente de Roma, após o Imperador Júlio César ter dito *Tu quoque, Brute, fili mi*, ao ver que entre seus algozes estava seu filho adotivo Brutus.

"Não faça aos outros aquilo que você não quer que os outros façam a você." "Você só poderá exigir seus direitos a partir do momento em que cumprir seus deveres." Essas seriam significações juridicamente adaptadas para o *tu quoque*.

Em síntese, se o titular deseja exercer um direito, deve igualmente respeitar as expectativas da outra parte. A maior manifestação do *tu quoque* em nosso ordenamento estaria no art. 476 do CC: exceção do contrato não cumprido (*exceptio non adimpleti contractus*).

> **Art. 476.** Nos contratos bilaterais, nenhum dos contratantes, antes de cumprida a sua obrigação, pode exigir o implemento da do outro.

■ 20. FUNÇÃO SOCIAL DOS CONTRATOS

Fundamento constitucional: art. 5º, XXIII, e art. 170, III, da CRFB/88 – a função precípua do contrato seria promover a circulação de riquezas, da propriedade. Logo, para muitos autores, a função social do contrato estaria, do ponto de vista constitucional, inserida na função social da propriedade.

Já quanto ao fundamento infraconstitucional: art. 421 do CC. Foi inserido no CC/2002 como grande cláusula geral a balizar o exercício da liberdade contratual.

> **Art. 421.** A liberdade de contratar será exercida em razão e nos limites da função social do contrato.

Interpretando-se o vago conteúdo do art. 421 do CC, chegamos à conclusão de que, ao contratar, o sujeito não poderá atender apenas a seus interesses individuais, egoísticos. Devem igualmente ser respeitados os interesses de toda a coletividade.

A função social dos contratos é fruto da diretriz teórica da socialidade. Dessa forma, ao se celebrar um contrato, os interesses individuais estariam no mesmo patamar dos interesses da coletividade. É errado dizer que os interesses da sociedade superaram os interesses individuais, pois, se isso fosse verdadeiro, o Brasil ter-se-ia tornado um país socialista.

Pelo exposto, essa função social dos contratos mitigará o velho princípio da relatividade dos efeitos contratuais, já que é perfeitamente possível que um contrato gere efeitos, tanto diretos quanto indiretos, contra terceiros estranhos à avença.

Para o reconhecimento e aplicação desse princípio, o juiz também poderá atuar de ofício, visto que possui nítido caráter de ordem pública. Importante também registrar que a função social não aniquila a autonomia privada, mas apenas conforma, sempre que possível. Na aplicação do princípio em tela, o juiz deverá ajustar a vontade das partes àquilo que for exigido pela função social, não suprimindo das partes o poder de regular volitivamente seus interesses.

Partindo para a doutrina, é muito comum visualizarmos a seguinte distinção, acerca da eficácia ou grau de aplicabilidade dessa norma: o princípio da função social dos contratos possui eficácia interna e externa. Porém, ao conceituarem a eficácia interna, os autores acabam confundindo tal perspectiva com o próprio princípio da boa-fé objetiva.

Alguns autores apontam que haveria incidência dessa eficácia interna quando as partes possuíssem o dever de respeitar os interesses umas das outras, colaborando para os fins da segurança jurídica (mas isso nada mais é que a boa-fé objetiva). Por isso, para alguns autores, a função social teria apenas e tão somente a eficácia externa.

Dessa maneira, a função social deveria ser encarada como verdadeiro manto protetor do contrato. O contrato não poderá gerar efeitos maléficos para terceiros estranhos ao pacto, bem como não poderá ser prejudicado pela conduta da coletividade em geral ou de um terceiro determinado. Esse princípio blindaria o contrato contra efeitos indevidos, quer vindos de fora, quer vindos do comportamento das próprias partes e alcançando sujeitos estranhos.

Seguindo-se ainda a linha desse esforço doutrinário, no sentido de dar concretude à redação quase simplista do art. 421 do CC, entende-se que o princípio em estudo poderia alcançar uma manifestação tríplice (no sentido de possíveis violações à função social):

- **1ª manifestação:** Contrato que prejudica a coletividade não atenderá à função social dos contratos.
    - Exemplo: duas empresas que se unem a fim de monopolizar o mercado em que atuam (o CADE – Conselho Administrativo de Defesa Econômica – terá de analisar se o contrato viola ou não a função social e a função econômica). Em resumo, qualquer contrato que venha a violar direitos e interesses difusos desrespeita a função social.
- **2ª manifestação:** Contrato que prejudica um terceiro determinado.
    - Exemplo 1: acidente de consumo – a pessoa atingida pelo acidente (como fato do produto ou do serviço) é equiparada a consumidor (art. 17 do CDC), sendo chamada de *bystan-*

der. Apesar de não ser parte do contrato, será equiparada à parte mais vulnerável.

- Exemplo 2: direito de imagem – um *paparazzi* contratado por revista para violar o direito de privacidade, captando indevidamente a imagem de uma celebridade. O contrato entre a revista e o *paparazzi* viola interesses de terceiros (direitos da personalidade).

3ª manifestação: Terceiro que prejudica um contrato em curso.

- Exemplo: a Ambev contratou Zeca Pagodinho para fazer propaganda da Brahma quando ainda estava em curso seu contrato com a Nova Schin. A Ambev pagou indenização para a Nova Schin correspondente a 2 anos de contrato de Zeca Pagodinho. Zeca Pagodinho adimpliu cláusula penal compensatória para a Nova Schin.

> **Art. 608.** Aquele que aliciar pessoas obrigadas em contrato escrito a prestar serviço a outrem pagará a este a importância que ao prestador de serviço, pelo ajuste desfeito, houvesse de caber durante 2 anos.

Louvável a tentativa da doutrina de explicar as possíveis manifestações do princípio da função social. Mais ainda ao questionar: quais são as consequências estipuladas para o descumprimento da função social dos contratos?

A Constituição de 1988 prevê sanções no caso de descumprimento da função social da propriedade. Na propriedade urbana, teremos: parcelamento, edificação e utilização compulsória do solo, IPTU progressivo e, por fim, a possibilidade de desapropriação como sanção. Já em se tratando de propriedade rural, desapropriação como sanção, para fins de reforma agrária.

O Estado, como visto, tem medidas de coerção, punição ao proprietário inerte, sanções estas que, além de estarem na Constituição, estão também na legislação infraconstitucional. Essa discussão no campo da propriedade chegou também aos contratos. Repita-se: qual é a consequência se a um contrato não for dada a função social?

A CRFB/88 não prevê medidas de punição no âmbito contratual para tal descumprimento. A legislação ordinária, igualmente, não trouxe uma sanção direta e específica. Sendo assim, ficou a cargo da doutrina tal previsão. A doutrina tenta achar uma série de soluções e não há unanimidade. As melhores respostas, a nosso sentir, são as seguintes:

1) Se o contrato for de prestação de serviços, teremos a possibilidade de aplicação da sanção prevista no art. 608 do CC, culminando-se então em uma indenização ao contratante prejudicado pelo aliciamento indevido da contraparte.

2) Aplicação da sanção de nulidade ao contrato. Isso porque o art. 2.035, parágrafo único, do CC estabelece que nenhuma convenção prevalecerá se desrespeitar preceitos de ordem pública, como a função social. Logo, o que não prevalece é porque será reputado como inválido, na espécie nulidade.

> **Art. 2.035.** A validade dos negócios e demais atos jurídicos, constituídos antes da entrada em vigor do Código, obedece ao disposto nas leis anteriores, referidas no art. 2.045, mas os seus efeitos, produzidos após a vigência do Código, aos preceitos dele se subordinam, salvo se houver sido prevista pelas partes determinada forma de execução.
> **Parágrafo único.** Nenhuma convenção prevalecerá se contrariar preceitos de ordem pública, tais como os estabelecidos por este Código para assegurar a função social da propriedade e dos contratos.

A disposição desse parágrafo único poderia ser encarada como sanção genérica inserida em nosso ordenamento, cabendo ao juiz pronunciá-la de ofício, nos termos do art. 169 do CC.

Contudo, vale lembrar que, ao falarmos do art. 187 do CC, aprendemos que, ao exercer um direito subjetivo, devem ser atendidos limites impostos pela boa-fé objetiva, pela função econômica e pela função social. Ou seja, se alguém contrata sem atendimento da função social, acabou por exercer sua liberdade de contratar de maneira abusiva, sendo qualificado como ato ilícito pelo nosso legislador e se desencadeando como consequência o dever de indenizar (art. 927 do CC). Logo, à sanção de nulidade deve ser agregado o dever de reparação, quando o caso comportar, por ser o exercício da liberdade contratual um verdadeiro ato abusivo do direito.

> Conclusão: quando a liberdade de contratar for exercida sem atendimento dos limites impostos pela função social, deve-se considerar o exercício desse direito como abusivo (art. 187 do CC). Como no Brasil o abuso do direito foi qualificado como ato ilícito (opção legislativa), deve-se concluir que, quando a liberdade de contratar for exercida de forma a não atender à função social, haveria um dever de reparação por aquele que não respeitou esse princípio (art. 187, c/c o art. 927).

Quanto às alterações promovidas pela Lei da Liberdade Econômica (Lei n. 13.874/2019) no princípio da função social do contrato, em especial a inserção de um parágrafo único no art. 421 e a criação do art. 421-A do Código Civil, verificar o item 35, no qual são condensados os princípios regentes dessa nova legislação, bem como seus impactos diretos no Direito Civil.

21. PRINCÍPIO DA JUSTIÇA CONTRATUAL (OU DO EQUILÍBRIO ECONÔMICO)

Esse princípio estabelece que as prestações de um contrato devem guardar uma relação de equilíbrio, equivalência, do início até o final. Para tanto, deve haver correspondência entre o que se presta e o que se recebe. Note-se que seria um princípio instituidor da isonomia material no âmbito dos contratos, tidos então como sinalagmáticos.

Quando em um contrato houver desequilíbrio quanto às prestações, esse princípio será aplicado para fazer com que o contrato recupere a equivalência entre as prestações. Desse modo, vale lembrar que o desequilíbrio contratual poderá se manifestar no início do contrato, ou durante sua execução.

Ocorrerá a "quebra *genética do sinalagma*" quando o contrato nascer desequilibrado. Essa quebra *genética* poderá ocorrer em qualquer dos tipos contratuais abaixo (classificação dos contratos quanto ao tempo de execução):

1) Contrato de execução imediata.
2) Contrato de execução continuada (também denominados "cativos de longa duração", "relacionais" ou "de trato sucessivo").
3) Contrato de execução diferida (a execução se dará em momento certo, no futuro).

Os institutos do estado de perigo (art. 156 do CC) e lesão (art. 157 do CC) são formas de cultivar o equilíbrio contratual quando o contrato nasce desequilibrado. No caso desses dois institutos, até mesmo como forma de preservar o equilíbrio contratual, a consequência da aplicação destes deve ser a revisão dos contratos (art. 157, § 2º). Apenas excepcionalmente é que deve se pensar em sua anulação (art. 171, II).

De idêntica maneira, a previsão da sanção de nulidade no caso de um contrato repleto de cláusulas abusivas é forma de manifestação do princípio do equilíbrio econômico. É evidente que um contrato recheado com cláusulas fruto de abuso de direito de estipular prejudica a isonomia entre os contratantes.

O desequilíbrio contratual também poderá se apresentar no curso da execução de dado contrato. Logo, não há como trabalhar a quebra do sinalagma durante a execução em contratos nos quais esta seja *imediata*. Durante o curso dos contratos de *execução sucessiva ou diferida,* aí sim, o contrato poderá se desequilibrar em razão de fatores internos e/ou externos.

Todo contrato se forma a partir de uma equação econômico-financeira, denominada pela doutrina "base do contrato". Se ocorrer algum fato durante a execução dessa avença que configure o concreto rompimento da base, deve-se aplicar o princípio do equilíbrio econômico (da justiça contratual), objetivando, como dito, o reequilíbrio das prestações outrora ajustadas.

Após as grandes guerras do século XX na Europa, os juristas do velho continente resgataram teorias do direito romano para fins de solucionar problemas contratuais, em uma economia arrasada naquele momento. Desse modo, três teorias foram construídas (ver teorias abaixo).

A primeira premissa teórica seria a de que em todo contrato de trato *sucessivo* ou de execução diferida, existiria uma cláusula implícita denominada *rebus sic stantibus* (numa tradução simples, "enquanto se mantiverem as condições"). Essa cláusula permitiria que, em caso de alterações das condições iniciais, as cláusulas contratuais originariamente estabelecidas também poderiam ser modificadas. Esse é o fundamento jurídico para a aplicação das teorias. O fundamento fático, por sua vez, seria a ocorrência de um evento extraordinário que acarrete a onerosidade excessiva de uma ou mais prestações ajustadas. A imprevisibilidade desse evento que alcança o contrato autorizaria a aplicação da cláusula *rebus sic stantibus*:

1) **Teoria da imprevisão.**
2) **Teoria da base do negócio jurídico.**
3) **Teoria da excessiva onerosidade.**

> **CC**
> **Art. 478.** Nos contratos de execução continuada ou diferida, se a prestação de uma das partes se tornar excessivamente onerosa, com extrema vantagem para a outra, em virtude de acontecimentos extraordinários e imprevisíveis, poderá o devedor pedir a resolução do contrato. Os efeitos da sentença que a decretar retroagirão à data da citação.
> **Art. 479.** A resolução poderá ser evitada, oferecendo-se o réu a modificar equitativamente as condições do contrato. **(Revisão)**
> **Art. 317.** Quando, por motivos imprevisíveis, sobrevier desproporção manifesta entre o valor da prestação devida e o do momento de sua execução, poderá o juiz corrigi-lo, a pedido da parte, de modo que assegure, quanto possível, o valor real da prestação.
>
> **CDC**
> **Art. 6º** São direitos básicos do consumidor: (...)
> **V** – a modificação das cláusulas contratuais que estabeleçam prestações desproporcionais ou sua revisão em razão de fatos supervenientes que as tornem excessivamente onerosas;

Teoria da imprevisão

1) A doutrina entende que a extrema vantagem para uma das partes não necessita estar presente para que se aplique a teoria da imprevisão. Ou seja, a doutrina trabalha esse requisito como meramente acidental.

2) Frustração dos fins do contrato (*frustration*): nesse caso, ocorrerá algum evento ou fato que fará com que o contrato perca sua finalidade. Assim, se o contrato perder sua utilidade, não podendo alcançar mais qualquer finalidade (p. ex.: o noivo fugiu na véspera do casamento – não há mais por que contratar o *buffet*), a doutrina entende que, diante da frustração dos fins do negócio, pode-se aplicar a *teoria da imprevisão*, solicitando-se a resolução do contrato.

Teoria da base do negócio jurídico

1) Essa teoria só poderia ser aplicada, segundo a doutrina, quando a relação contratual for de consumo. Isso porque sua previsão estaria no Código de Defesa do Consumidor (CDC).

2) Evento não esperado *versus* evento imprevisível: nessa teoria, basta o evento ser "não esperado". As partes poderiam até prever a ocorrência do evento, mas não acreditavam na sua ocorrência (p. ex.: desvalorização abrupta da moeda – ocorrida no Brasil em 1999, quando o governo adotou o regime de câmbio flutuante, acarretando a desvalorização do real em face do dólar americano).

Teoria da excessiva onerosidade

O art. 317 se encontra no capítulo relativo ao pagamento, no âmbito da teoria geral do Direito das Obrigações. Isso quer dizer que tal teoria se aplica a relações contratuais ou extracontratuais. Poderia ter sua aplicação solicitada por qualquer das partes e não apenas pelo devedor (como diz a literalidade do art. 478 do CC, ao trazer a teoria da imprevisão). Melhor exemplo é o fenômeno inflacionário. O art. 317 será, normalmente, utilizado pelo credor, que se depara com a corrosão econômica da prestação à qual tem direito. Ele não solicitará a extinção da prestação, mas sim a revisão de seu valor.

22. PRINCIPAIS REGRAS DA TEORIA GERAL DOS CONTRATOS

Após a análise da principiologia contratual, é chegada a hora de abordar as principais regras dispostas entre os arts. 421 e 480 do CC.

22.1. Contrato de adesão

Inicialmente, é importante registrar que não se deve fazer uma associação imediata entre contrato de adesão e Código de Defesa do Consumidor. Há uma forte tendência nesse sentido, já que a norma consumerista traz um conceito legal de contrato de adesão, em seu art. 54. De qualquer forma, há que se consignar que também existem contratos de adesão na órbita das relações entre sujeitos iguais, regidos então pelo Código Civil. Nada impede que um dos contratantes redija unilateralmente as cláusulas de certo contrato, cabendo à outra parte apenas aderir ou não.

> **CDC**
> **Art. 54.** Contrato de adesão é aquele cujas cláusulas tenham sido aprovadas pela autoridade competente ou estabelecidas unilateralmente pelo fornecedor de produtos ou serviços, sem que o consumidor possa discutir ou modificar substancialmente seu conteúdo.

O conceito doutrinário do contrato de adesão poderia ser indicado como: forma contemporânea de contratação, peculiar à sociedade de massas, tendo como principais características: (1) a ausência ou redução da fase das tratativas, sendo as cláusulas preestabelecidas pela parte estipulante e (2) presença de cláusulas uniformes. Ou seja, o contrato será idêntico, independentemente de quem for o aderente.

O grande problema dos contratos de adesão é que, ao exercer o direito de redigir unilateralmente as cláusulas, o estipulante poderá eventualmente *abusar* desse poder, nascendo então as chamadas **cláusulas abusivas**.

O legislador, visando reprimir esse abuso de direito, trouxe a sanção de nulidade para tais cláusulas, conforme disposto no art. 424 do CC, que, valendo-se de uma espécie de cláusula geral das cláusulas abusivas, assim dispôs:

> **Art. 424.** Nos contratos de adesão, são nulas as cláusulas que estipulem a renúncia antecipada do aderente a direito resultante da natureza do negócio.

Toda renúncia antecipada de direitos que a lei concede ao aderente será considerada nula, quando inserida em um contrato de adesão. Por exemplo, contrato de compra e venda no qual o adquirente renuncia o direito de reclamar os vícios redibitórios.

Outra regra sobre contratos de adesão é aquela prevista no art. 423 do CC. Como se vê, trata-se de regra interpretativa: *in dubio pro aderente*. Na dúvida interpretativa, deve-se dar preferência àquela que mais proteja aquele que aderiu ao contrato. Em tempo, se houver uma cláusula dizendo que a interpretação, naquele contrato específico, será contra o aderente (*pro estipulante*) esta será nula (por ser abusiva – art. 423, c/c o art. 424 do CC).

> **Art. 423.** Quando houver no contrato de adesão cláusulas ambíguas ou contraditórias, dever-se-á adotar a interpretação mais favorável ao aderente.

22.2. Pacto sucessório (ou pacto corvina)

Trata-se da proibição da **herança de pessoa viva** constar como objeto de um contrato. O art. 426 do CC traz essa vedação, cuja sanção prevista será a de nulidade. Segundo as doutrinas existentes, o que fundamenta o pacto corvina ser considerado nulo seria: a ilicitude do objeto (pela sua imoralidade) ou a impossibilidade jurídica daquele. De qualquer forma, estaria no art. 104, II, do CC.

> **Art. 426.** Não pode ser objeto de contrato a herança de pessoa viva.

A intenção do legislador é a vedação a que terceiras pessoas estranhas ao titular negociem sua herança, que ainda será deixada (*post mortem*). Assim, a partilha em vida é permitida, porque tem como pressuposto a participação das partes legitimadas, ou seja, os titulares dos patrimônios, conforme os arts. 548 e 2.018 do CC.

22.3. Formação dos contratos

As fases da formação do contrato seriam:

a) Contato inicial entre as partes: é a única fase obrigatória.
b) Tratativas (também conhecidas como negociações preliminares ou fase da pontuação).
c) Minuta contratual.
d) Contrato preliminar.
e) Celebração do contrato principal.

Essas fases poderão ser deflagradas a partir do momento em que a parte interessada realizar uma proposta (ou policitação, ou oblação). A proposta, para valer como tal, deverá ser firme e completa, contendo todos os elementos do negócio jurídico a ser celebrado, de modo que um simples "sim" da outra parte possa gerar a formação do contrato. Ostentando tais requisitos, a proposta obriga o proponente, sendo, portanto, via de regra, irrevogável, nos termos do art. 427 do CC.

> **Art. 427.** A proposta de contrato obriga o proponente, se o contrário não resultar dos termos dela, da natureza do negócio, ou das circunstâncias do caso.

Porém, excepcionalmente a proposta deixará de ser obrigatória. Para tanto, deve-se observar:

a) Primeiro: se a proposta foi feita entre **presentes** ou **ausentes**. Proposta feita entre **presentes** é aquela na qual o *oblato* – pessoa a quem se dirige a proposta – tem condições de imediatamente aceitar ou não. Por exemplo, por telefone ou serviço de mensagem instantânea, estando a pessoa *on-line*. Se aceitar a proposta, passa a ser um *aceitante*. Proposta feita entre **ausentes** é aquela que o *oblato* não possui meios de responder prontamente ao proponente, por exemplo, por *e-mail*.
b) Segundo: se o proponente forneceu ou não prazo para a aceitação da proposta pelo *oblato*. Nesta hipótese, o prazo é decadencial, pois o *oblato* será titular do direito potestativo de aceitar ou não.

O artigo abaixo é literal quanto às hipóteses em que a proposta deixa de ser obrigatória:

> **Art. 428.** Deixa de ser obrigatória a proposta:
> I – se, feita **sem prazo a pessoa presente**, não foi imediatamente aceita. Considera-se também presente a pessoa que contrata por telefone ou por meio de comunicação semelhante;
> II – se, feita **sem prazo a pessoa ausente,** tiver decorrido **tempo suficiente (= conceito jurídico indeterminado)** para chegar a resposta ao conhecimento do proponente;
> III – se, **feita a pessoa ausente**, não tiver sido *expedida* a resposta dentro do prazo dado; *(No Brasil, adota-se a teoria da expedição)*
> IV – se, antes dela, ou simultaneamente, chegar ao conhecimento da outra parte a retratação do proponente. **(Essa regra é uma forma de preservar a confiança.)**

O art. 434, por sua vez, trata das três posturas que o oblato poderá adotar após o recebimento da proposta:

1) **Recusar:** situação na qual o contrato não se aperfeiçoará e a proposta cederá.
2) **Aceitar:** gerará a vinculação das partes nos termos estabelecidos na proposta. Essa aceitação admite retratação (da mesma forma que a proposta admite simetria). No art. 433 do CC, em vez de ter sido usado o termo "inexistência", deveria ter sido utilizado o termo "ineficácia".
3) **Fazer uma contraproposta:** situação na qual haverá uma troca das posições iniciais. O proponente passa a ser oblato e, este, proponente.

Para o Código Civil, a oferta se diferencia da proposta. A oferta é a proposta feita a um número indefinido de pessoas, enquanto a proposta tem destinatário certo (art. 429 do CC).

> **Art. 429.** A oferta ao público equivale a proposta quando encerra os requisitos essenciais ao contrato, salvo se o contrário resultar das circunstâncias ou dos usos.
> **Parágrafo único.** Pode revogar-se a oferta pela mesma via de sua divulgação, desde que ressalvada esta faculdade na oferta realizada.
> **Art. 433.** Considera-se inexistente a aceitação, se antes dela ou com ela chegar ao proponente a retratação do aceitante.
> **Art. 434.** Os contratos entre ausentes tornam-se perfeitos desde que a aceitação é expedida, exceto:
> I – no caso do artigo antecedente;
> II – se o proponente se houver comprometido a esperar resposta;
> III – se ela não chegar no prazo convencionado.

22.4. Vícios redibitórios

Vícios redibitórios são os **defeitos ocultos existentes na coisa**, transferida em virtude de contrato comutativo, que prejudicarão sua normal utilização ou reduzir seu valor. No momento em que se constata a presença do vício, nasce para o adquirente um direito potestativo, digno de exercício por meio das denominadas ações edilícias.

Essas ações seriam:

- *Ação redibitória*: ação para extinguir o negócio jurídico, nos termos do art. 441 do CC.

> **Art. 441.** A coisa recebida em virtude de contrato comutativo pode ser enjeitada por vícios ou defeitos ocultos, que a tornem imprópria ao uso a que é destinada, ou lhe diminuam o valor.
> **Parágrafo único.** É aplicável a disposição deste artigo às doações onerosas.

- *Ação estimatória (ou quanti minoris):* tem a finalidade de conservar o negócio jurídico celebrado, ficando o adquirente com a coisa viciada, merecendo assim um abatimento no preço.

> **Art. 442.** Em vez de rejeitar a coisa, redibindo o contrato (art. 441), pode o adquirente reclamar abatimento no preço.

Essas ações terão prazos decadenciais para o seu exercício, conforme o art. 445 do CC. Vale observar que o Código Civil tanto estabeleceu os prazos quanto os termos iniciais para sua contagem.

> **Art. 445.** O adquirente decai do direito de obter a redibição ou abatimento no preço no prazo de 30 dias se a coisa for móvel, e de 1 ano se for imóvel, **contado da entrega efetiva (a contagem inicial se dará com o efetivo contato com a coisa adquirida)**; se já estava na posse, o prazo conta-se da alienação, reduzido à metade.

No CDC (art. 18) há regramento específico acerca dos vícios dos produtos e dos serviços, ou seja, há regramento próprio para uma situação bastante semelhante. O CDC não poderá ser utilizado em caráter subsidiário ao Código Civil, pois elaborado para proteger uma parte vulnerável. Entretanto, eventualmente e como forma de ampliar a proteção ao consumidor, o CC poderá ser aplicado ao CDC, pela disposição do art. 7º, parágrafo único, da lei especial.

Retomando-se a regra de contagem de prazo, trazida pelo art. 445 do CC:

| 30 dias | Bens móveis | O termo *a quo* é a entrega efetiva do bem |
| 1 ano | Bens imóveis | Posse |

Em alguns casos, quando ocorrer a denominada *traditio brevi manu* – hipótese em que o adquirente já estava na posse do bem antes de sua alienação, e por isso a tradição ocorrerá "mãos breves" –, haverá disposição especial ao final do *caput* do art. 445 do CC. Os prazos serão diferentes (contados pela metade), bem como o termo *a quo* será a data da alienação (e não a data da entrega efetiva).

Note-se que os prazos do *caput* da comentada norma são, a um só tempo, para o adquirente constatar o vício oculto e propor a ação edilícia de sua predileção. O prazo é único.

Outra regra digna de registro e atenção é a prevista no § 1º do art. 445 do CC. Trouxe o Código o denominado "vício que por sua natureza só puder ser conhecido mais tarde", ou simplesmente, segundo a doutrina, "vício de difícil constatação". Mais uma vez, temos a utilização de conceitos jurídicos indeterminados, cabendo então ao juiz definir, na concretude dos fatos, se o vício merece essa qualificação especial do § 1º. Aqui o legislador estabeleceu dois prazos distintos: um para que o vício seja constatado pelo adquirente (180 dias para móvel e 1 ano para imóvel); e outro para se adotar uma das ações edilícias em consonância com os prazos do *caput* (30 dias para móvel e 1 ano para imóvel). Quanto ao termo inicial, os prazos correrão da data da constatação do vício (desde que constatados em 180 dias ou 1 ano).

> Art. 445 (...)
> § 1º Quando o vício, por sua natureza, só puder ser conhecido mais tarde, o prazo contar-se-á do momento em que dele tiver ciência, até o prazo máximo de 180 dias, em se tratando de bens móveis; e de 1 ano, para os imóveis.

Relevante questionamento: o conhecimento de vício redibitório, pela parte alienante, interferirá no manejamento e ações edilícias? Ainda que o alienante esteja de boa-fé, isso não interfere no manejamento das ações edilícias. Não fará diferença a presença de má-fé ou boa-fé para fins de ingresso das ações redibitória ou estimatória. Entretanto, a lei não trata a má-fé da mesma forma que a boa-fé. Por isso, quando o alienante sabia que o bem transferido possuía vícios, terá de indenizar perdas e danos, conforme art. 443 do CC.

Por fim, convém recordar ser extremamente comum que ofertantes de bens estipulem cláusulas de garantia contratual, como forma de atrair maior clientela, além, é claro, de ser uma forma interessante de atestar a qualidade do que se oferece. Assim, se, além dos prazos de *"garantia legal"*, previstos no art. 445, o alienante conceder ao adquirente uma *garantia contratual*, enquanto não findar este último, aqueles não correrão (o termo inicial para contagem dos prazos do art. 445 será o término do prazo de **garantia contratual**). Esse é o posicionamento que decorre da leitura do art. 446 do CC.

■ **22.5. Evicção**

Para melhor compreensão inicial, fornece-se um conceito para a evicção: consiste na **garantia** que se dá ao adquirente de um bem, adquirido em virtude de um contrato oneroso, quando este vier a se perder, como efeito de uma decisão judicial ou administrativa, que conceda o direito a esse bem a um terceiro estranho à relação contratual originária. O direito deste precede ao do adquirente.

Pelo conceito, nota-se que a evicção não é a perda do bem, mas sim a garantia despertada por essa perda. Logo, provém a evicção do mesmo princípio geral de garantia que o regramento dos vícios redibitórios. A evicção seria um vício jurídico incidente sobre a coisa, normalmente pelo fato de que quem figurou como alienante não poderá ostentar essa condição.

Segundo o art. 447, a evicção só ocorrerá em contratos onerosos. Assim, a evicção não se manifesta em contratos gratuitos, por exemplo, na doação pura. Porém, se as partes quiserem, poderão incluir cláusula (expressa) relativa à evicção em contratos gratuitos. As regras sobre a evicção são regras dispositivas, ou seja, caso as partes desejem é possível ampliar, reduzir ou excluir a responsabilidade pela evicção (art. 448). Lembrando, uma vez mais, que isso só não será permitido no contrato de adesão, porque configuraria cláusula abusiva (renúncia antecipada a direito resultante do negócio).

Uma decisão administrativa hoje, segundo o STJ e a doutrina, poderá também desencadear a garantia da evicção. A decisão da autoridade fazendária e da policial são decisões administrativas que podem desencadear os efeitos da evicção. Por exemplo, apreensão do veículo por um Delegado de Polícia.

Mas qual o direito que resultaria para o adquirente quando verificada a perda do bem pela evicção? Primeiro, ressalte-se que o adquirente que sofre a evicção será denominado "evicto". Quanto ao direito, este nada mais é que o de cobrar as verbas reparatórias, nos termos do art. 450 do CC, tais como perdas e danos, frutos que teve de restituir ao verdadeiro dono da coisa (chamado *evictor*), despesas do contrato, dentre outras.

Quando se fala em restituição do valor pago, deve-se considerar o valor do bem no momento em que ocorreu a evicção (art. 450, parágrafo único, do CC) e não necessariamente aquele que fora pago pelo evicto. Isso permite a atualização monetária do bem, evitando-se também o enriquecimento sem causa.

Tradicionalmente, a denunciação da lide era apontada como o instrumento por meio do qual o adquirente iria regredir contra o alienante, para solicitar os direitos que da evicção lhe resultam, previstos no art. 450 do CC, conforme a previsão do art. 70, I, do CPC revogado.

Os processualistas entendiam que a denunciação da lide nesse caso seria obrigatória, já que esta, além de resguardar o regresso, fará o alienante denunciado se tornar um assistente litisconsorcial do adquirente denunciante, auxiliando-o na defesa na ação movida pelo terceiro reivindicante (ver o art. 74, c/c o art. 54 do CPC revogado).

> **Art. 54.** Considera-se litisconsorte da parte principal o assistente, toda vez que a sentença houver de influir na relação jurídica entre ele e o adversário do assistido.
> **Parágrafo único.** Aplica-se ao assistente litisconsorcial, quanto ao pedido de intervenção, sua impugnação e julgamento do incidente, o disposto no art. 51.
> **Art. 70.** A denunciação da lide é obrigatória:
> I – ao alienante, na ação em que terceiro reivindica a coisa, cujo domínio foi transferido à parte, a fim de que esta possa exercer o direito que da evicção lhe resulta;
> **Art. 74.** Feita a denunciação pelo autor, o denunciado, comparecendo, assumirá a posição de litisconsorte do denunciante e poderá aditar a petição inicial, procedendo-se em seguida à citação do réu.

Modernamente, entretanto, entende-se que o evicto pode ingressar com ação direta contra o alienante para cobrar os direitos que da evicção lhe resultam, sendo, portanto, a denunciação da lide facultativa. O STJ vem entendendo assim. E esse foi o posicionamento adotado expressamente pelo CPC, nos arts. 125 e s.

Ainda nessa linha da efetivação do direito do evicto, surge a contestada "denunciação direta" ou *"per saltum"*. O Código Civil permitiu que, em caso de evicção, ocorra a denunciação direta daquele que efetivamente gerou a evicção, conforme o art. 456 do CC. Seria uma tremenda forma de economia processual, pois desde o início é possível que o evicto já saiba quem é o responsável efetivo pela ocorrência da evicção. Contudo, esse artigo foi revogado pelo Código de Processo Civil (CPC), que além disso vetou expressamente a denunciação por saltos no art. 125, § 2º.

Outra questão igualmente intrigante é a que se refere à possibilidade de ocorrência de evicção sobre bens adquiridos em hasta pública. O art. 447 do CC deixou bem claro que essa hipótese é plenamente possível, superando a dúvida até então existente em nosso ordenamento jurídico. Entretanto, a grande dúvida seria: o*correndo a evicção de um bem adquirido em hasta pública, quem será o responsável pelo pagamento das verbas do art. 450 do CC?* O Código não responde a essa indagação.

Assim, a doutrina e a jurisprudência procuram encontrar uma resposta, podendo-se afirmar que, majoritariamente, o entendimento é o de que quem deveria pagar seria o credor, pois ele teria recebido o dinheiro proveniente da arrematação em hasta pública (o STJ ratificou essa corrente por meio do REsp 1.237.703).

23. CONTRATOS EM ESPÉCIE

Dispostas em vinte capítulos, as regras estampadas nos arts. 481 a 854 do CC (contratos em espécie) deverão ser interpretadas com base nos princípios contratuais e normas da teoria geral, retroestudados.

Interessante notar que os contratos estipulados em nosso Código retratam aqueles que, na opinião do legislador, mais teriam incidência na vida social brasileira. De qualquer modo, há que recordar que existem outros contratos típicos que ali não estão regulamentados, ficando tal tarefa a cargo do legislador extraordinário. Da mesma forma, sempre conveniente retomar a possibilidade de as partes formularem contratos atípicos, como fruto da autonomia privada, desde que sejam respeitados os requisitos gerais de validade dos negócios jurídicos em geral (art. 425 do CC).

O Código Civil, no título das "Várias Espécies de Contratos", normalmente inicia o regramento apontando um conceito, mais ou menos unânime na doutrina, que passa então a ser o conceito normativo daquela modalidade contratual. Tal tomada de posição é fator de auxílio, se bem lido, na interpretação e compreensão das normas que seguem em cada um dos capítulos.

Neste tópico serão delineadas as principais regras dos mais importantes contratos, sem qualquer pretensão de esgotamento dos temas.

23.1. Da compra e venda

A partir do conceito legal contido no art. 481 do CC, verifica-se que compra e venda nada mais é do que **a troca de uma coisa por dinheiro**. Nesse sentido, cumpre observar que a troca de uma coisa por outra coisa não configura contrato de compra e venda, mas sim contrato de troca ou permuta, disciplinado pelo art. 533 do CC.

A compra e venda institui uma obrigação de transferência de domínio. A transferência do bem ocorrerá com a tradição (móveis) ou com o registro (imóveis). A compra e venda não tem força translatícia, o que está expressamente consignado no art. 481 do CC.

Tem como **características**:

a) **Contrato oneroso:** a partir do contrato de compra e venda, ambas as partes obtêm vantagem econômica.

b) **Contrato bilateral:** estabelece prestações para ambas as partes.

c) **Contrato comutativo ou aleatório:** será comutativo quando desde o início se verificar uma certeza acerca do objeto e do preço a ser pago. Por outro lado, *contrato aleatório* é aquele caracterizado por uma incerteza quanto à existência ou quantidade de uma das prestações, que estará subordinada a determinada álea ou risco. Por exemplo, compra e venda de safra futura (ver arts. 458 e 459 do CC).

d) **Quanto à execução:** a compra e venda pode ser um contrato de execução instantânea, de execução diferida ou mesmo de execução continuada (ou de trato sucessivo). A importância dessa classificação, como visto, residirá na aplicação da *teoria da imprevisão* (ver arts. 479 e 479 do CC). Os contratos de execução diferida e os de execução continuada possibilitam essa aplicação, desde que preenchidos os demais requisitos legais.

e) **Contrato consensual (ver art. 482 do CC):** no que tange à produção dos efeitos, contrato consensual é aquele que se aperfeiçoa a partir do simples acordo de vontades. Já o contrato real, por outro lado, exige a efetiva transferência do bem para produção de seus efeitos (p. ex.: contrato de mútuo e contrato de comodato).

Quanto ao **objeto**, vale pontuar que somente bens corpóreos podem ser objeto de contrato de compra e venda, pois, diante de objetos incorpóreos, o negócio jurídico receberá a denominação de *cessão*. Por exemplo, cessão de crédito, cessão de débito, cessão de direitos hereditários, cessão de direitos autorais, cessão de direitos da personalidade etc.

O contrato de compra e venda deverá ter como objeto bens alienáveis (ver arts. 1.848 e 1.911 do CC).

De outro lado, pode ter por objeto bens atuais ou bens futuros; nesse caso, por vezes teremos contratos aleatórios (ver art. 483 do CC), caracterizados pela incerteza de uma das prestações.

Quanto ao **preço**, via de regra, deverá ser estabelecido em dinheiro. Contudo, o Código Civil permite que o preço seja determinado ou determinável, ou seja, o preço não necessariamente estará expresso nominalmente no contrato, sendo permitido às partes se valerem de parâmetros ou índices para a fixação futura do preço, afastada qualquer possibilidade de fixação puramente subjetiva (ver art. 487 do CC).

Nessa linha, o art. 489 do CC comina a sanção de nulidade para a compra e venda celebrada com *condição puramente potestativa* (quando apenas uma das partes define o preço a ser pago no contrato).

O preço, portanto, deve derivar de um acordo entre as partes. Concluindo-se pela nulidade do preço, a conclusão lógica será a nulidade de todo o contrato, uma vez que o preço é requisito especial de existência da compra e venda, como visto.

Ainda quanto ao preço, terceiro estranho ao contrato poderá ficar encarregado de defini-lo. Diante da recusa ou impossibilidade do terceiro designado, em princípio, o contrato restará ineficaz; contudo, diante dessa situação, as partes podem se resguardar o direito de nomear outra pessoa (ver art. 485 do CC).

Por vezes, o preço estará traduzido em um título de crédito quando, em regra, o pagamento será considerado definitivo no momento da entrega do título (obrigação *pro soluto*), desgarrando-se assim o título da obrigação principal (autonomia e abstração do título de crédito).

Porém, nada impede que excepcionalmente as partes estipulem que a entrega do título de crédito se dê em caráter *pro solvendo*, o que deverá estar expressamente pactuado. Nesse caso, o preço só será considerado pago (quitação) no momento da efetiva satisfação daquele título de crédito, que restará vinculado àquela obrigação adjacente. O não pagamento do título ensejará a resolução do negócio principal.

Além disso, a doutrina aponta que, em respeito ao princípio da justiça contratual, o preço deverá ser justo. Caso o preço se apresente ínfimo ou exagerado, possibilitar-se-á a revisão do negócio jurídico. No âmbito do Código de Defesa do Consumidor, o preço injusto do produto poderá resultar em nulidade (ver art. 51, IV e § 1º, III, do CDC).

No Brasil, via de regra, não se permite que o pagamento ocorra em moeda estrangeira ou metal precioso, já que o real (nossa atual moeda) tem curso legal e forçado. Assim, cláusula contratual com esse teor será reputada nula. Todavia, nada impede que o preço seja fixado em moeda estrangeira, sendo este um índice ou parâmetro objetivamente aferível na data convencionada para o pagamento, nos termos do art. 487 do CC, como já comentado. Nessa linha, arts. 315 e 318 do CC. Logo, não se pode confundir cláusula de pagamento com cláusula de preço.

No que tange às **despesas** oriundas do contrato de compra e venda, aquelas atinentes à escrituração, tributos e eventualmente com o registro caberão ao comprador. Já as despesas com comissões, embalagem e transporte da mercadoria serão assumidas pelo vendedor (ver art. 490 do CC). Contudo, essa regra é comumente superada pelas partes. Trata-se, portanto, de uma regra geral, com caráter dispositivo, que mediante cláusula expressa poderá ser flexibilizada.

Além disso, todos os débitos que pesem sobre a coisa até o momento da tradição ficarão a cargo do vendedor, salvo estipulação em contrário (ver art. 502 do CC). Com a tradição se transfere a responsabilidade por esses pagamentos.

Já sobre a questão dos **riscos** na compra e venda, como visto na parte relativa ao direito das obrigações, o marco para a análise desses riscos é a data de transferência do bem, seja a data da tradição (bens móveis), seja a data do registro (bens imóveis). *Res perit domino* (a coisa se perde para seu dono), ou seja, o risco da coisa corre por conta do vendedor e o risco do preço corre por conta do comprador (ver art. 492 do CC).

Quanto ao **tempo**, a regra geral determina que deve haver concomitância quanto ao adimplemento das prestações, ou seja, o vendedor não está obrigado a entregar a coisa antes de receber o preço (ver art. 491 do CC). Nessa linha, por óbvio, o primeiro passo será dado pelo comprador, mediante a entrega do preço estipulado.

> Exceção a essa regra geral ocorrerá nas vendas a crédito, quando o vendedor poderá entregar a coisa antes de receber o preço. Nessa linha, a parte terá direito de retenção de sua prestação caso a outra se recuse a cumprir aquela que lhe cabe, sem que isso configure hipótese de inadimplemento (ver art. 476 do CC – *exceptio non adimpleti contractus*).

Note-se que a exceção do contrato não cumprido é regra concernente à teoria geral dos contratos, aplicando-se não apenas à compra e venda, mas a todo e qualquer contrato, desde que *bilateral*. O termo *"exceção"*, tanto no âmbito do Direito Civil quanto no âmbito do Direito Processual Civil, genericamente significa uma forma de defesa. Desse modo, a arguição da exceção do contrato não cumprido cumprirá à parte prejudicada.

No fundo, a *exceptio non adimpleti contractus* é um modo de oposição temporária à exigibilidade do cumprimento das prestações ajustadas. A função da *exceptio* não é gerar a extinção do contrato. A parte que a argui não busca a extinção do contrato, mas sim evitar que a parte contrária lhe exija o cumprimento da prestação ou, eventualmente, alegue que ele estaria em mora. A *exceptio* evita que o quem a arguiu sofra os efeitos do inadimplemento.

Assim, como instrumento de defesa, a *exceptio non adimpleti contractus* busca um limite à atuação da contraparte, ou seja, significa colocar *freios* no exercício dos direitos subjetivos da outra parte contratante. Para muitos autores, a *exceptio* é inclusive forma de defesa derivada da boa-fé objetiva, uma vez que as partes devem ser parceiras em prol do adimplemento das obrigações. O exercício de direitos subjetivos extraídos do contrato deve ser de certa forma controlado ou limitado (art. 187 do CC). Conclui-se, assim, que a *exceptio non adimpleti contractus* será a máxima manifestação da denominada *tu quoque* (não faça aos outros aquilo que você não deseja que os outros façam contra você – aquele que não cumpre a norma não pode pretender suscitar em seu favor os benefícios advindos daquela mesma norma).

É possível que as partes proíbam expressamente no contrato a utilização da *exceptio non adimpleti contractus*. Trata-se da denominada **cláusula solve et repete**. Mesmo diante do inadimplemento por parte de uma das contratantes, a outra estará obrigada ao cumprimento da contraprestação. Observe-se que a previsão dessa cláusula não impede a incidência dos demais efeitos advindos do inadimplemento (ver arts. 389 e 395 do CC), impedindo-se apenas a arguição da *exceptio non adimpleti contractus*.

Acerca da **insolvência** no âmbito da compra e venda, este somente gerará maiores preocupações quando a venda se der a crédito, não repercutindo, por evidente, na compra e venda à vista. Diante disso, o legislador elaborou uma regra (ver art. 495 do CC) que visa proteger o vendedor do não pagamento do preço pelo comprador insolvente (ainda que apenas no campo das hipóteses). Possibilita-se com essa regra que o vendedor suspenda a entrega da coisa, até que lhe seja prestada alguma garantia, sem que com isso ele esteja em mora – impossibilitando à outra parte a arguição de *exceptio non adimpleti contractus*.

O art. 495 do CC repete, de certa maneira, o disposto no art. 477 do CC, que trata do chamado **inadimplemento antecipado**, e não por coincidência está localizado topograficamente em seguida ao dispositivo legal que prevê a *exceptio non adimpleti contractus*. A arguição do *inadimplemento antecipado* é uma forma de proteção daquele contratante que verifica a possibilidade de descumprimento da prestação ajustada pela outra parte. Os dispositivos, portanto, devem ser lidos em conjunto, e a medida mais correta diante dessa situação será o manejamento de uma **ação de resolução antecipada do contrato**, aplicável não somente ao contrato de compra e venda, mas a qualquer tipo de contrato bilateral. O pedido da ação será sempre alternativo: (1) resolução do contrato em face do efetivo estado de insolvência verificado pelo juiz; ou (2) prestação de garantias reais ou fidejussórias por parte do devedor.

Acerca da **compra e venda de ascendente a descendente**, registre-se que não se trata apenas de compra e venda entre pai e filho. A questão envolve a compra e venda de *ascendente* para *descendente* (pai para filho, avô para neto etc.).

A regra geral é prevista no art. 496 do CC – para que o ascendente possa vender um bem para seu descendente será necessário colher o consentimento de todos os demais descendentes e também do cônjuge (erigido à condição de herdeiro necessário no Código Civil de 2002) –, sob pena do negócio ser **anulável**.

Sendo, então anulável se não houver o consentimento dos demais, pode-se concluir que: (a) poderá haver posterior ratificação do ato pelos familiares que não consentiram, que não foram consultados ou que foram omissos em um primeiro momento, de modo que o ato que seria anulável tornar-se-á convalidado (ver art. 176 do CC); (b) a anulabilidade somente poderá ser arguida pelos interessados (demais descendentes ou cônjuge), não se permitindo declaração de ofício por parte do juiz (ver art. 168 do CC *a contrario sensu*); (c) a ação de anulação está sujeita a prazo decadencial de 2 anos, contando-se da data da conclusão do ato, aplicando-se o disposto no art. 179 do CC.

> Indaga-se se seria possível o suprimento judicial do consentimento do descendente e do cônjuge. Para a corrente doutrinária majoritária, seria, sim, possível, especialmente quando a recusa se comprovar imotivada, emulativa ou com fins egoísticos, surgindo o suprimento exatamente como forma de controle dessa modalidade de abuso do direito (recusar é um direito, e esse direito deve ser exercido moderada e justificadamente). Fundamento: art. 1.648 do CC.

Considerando a **possibilidade de conflito de interesses**, a lei estabelece a impossibilidade de certas pessoas adquirirem bens de outras. Nessa linha, confira-se o disposto no art. 497 do CC, que comina sanção de **nulidade** para a compra e venda efetivada por tutores, curadores, testamenteiros e administradores, os bens confiados à sua guarda ou administração; pelos servidores públicos, em geral, os bens ou direitos da pessoa jurídica a que servirem, ou que estejam sob sua administração direta ou indireta; pelos juízes, secretários de tribunais, arbitradores, peritos e outros serventuários ou auxiliares da justiça, os bens ou direitos sobre que se litigar em tribunal, juízo ou conselho, no lugar onde servirem, ou a que se estender a sua autoridade; pelos leiloeiros e seus prepostos, os bens de cuja venda estejam encarregados.

Em relação à **compra e venda entre cônjuges**, o Código Civil estabelece como regra geral que marido e mulher podem licitamente celebrar contrato de compra e venda em relação àqueles bens que estiverem excluídos da comunhão patrimonial (ver art. 499 do CC).

Sobre a venda conforme a medida, também denominada **compra e venda *ad mensuram*** (conforme a medida), há que se recordar que nessa situação o imóvel será representado por certa medida (p. ex.: compra de mil metros quadrados de área urbana). Nessa hipótese, o preço será estipulado a partir da proporção entre o valor do metro quadrado e a metragem da área adquirida. Logo, se o bem entregue tiver metragem inferior à enunciada, o comprador poderá exigir o **complemento de área**, por meio da propositura de uma ação de rito real denominada **ação *ex empto*** ou **ação *ex vendito***. Sendo impossível esse complemento, adota-se tratamento semelhante ao dos vícios redibitórios (com nascimento de direito potestativo para o adquirente): (a) pode pedir a rescisão do negócio jurídico viciado, devolvendo-se as quantias adiantadas, acrescidas inclusive de perdas e danos; ou (b) abatimento no preço (**ação estimatória ou *"quanti minoris"***). Nesse sentido, confira-se o disposto no art. 500, *caput*, do CC.

O comprador fará a opção (verdadeiro direito potestativo), submetendo-se a prazo decadencial, nesse caso, de 1 ano a partir da data do registro do título (ver art. 501 do CC). Porém, há uma possibilidade excepcional de impedimento do início desse prazo de decadência: quando o atraso na imissão na posse do bem for imputável ao alienante.

A lei traça uma interessante hipótese de **inadimplemento mínimo na venda *ad mensuram***: se a diferença entre a área negociada e a área efetivamente entregue for inferior a 1/20 (ou 5%), o Código Civil presumirá que a menção à metragem foi meramente enunciativa. Logo, o comprador não terá direito a exigir o complemento de área, a redibição ou o abatimento no preço, ou seja, as providências previstas no art. 500, *caput*, do CC.

Ainda no que toca à compra e venda *ad mensuram*, o que ocorre se a área entregue for maior do que aquela prevista no contrato? Agora, com amparo no princípio da boa-fé objetiva, o comprador deverá adotar uma das seguintes providências: (a) devolver a área excedente; ou (b) oferecer complemento proporcional do preço. Nessa linha, o § 2º do art. 500 do CC, que busca impedir o enriquecimento sem causa. Não seria ético permitir a exigência de complemento e não impor a devolução do excesso.

Relativamente à **compra e venda *ad corpus***, convém lembrar que nesta há um imóvel perfeitamente especificado, em relação ao qual as medidas serão apenas mais uma de suas características (p. ex.: compra e venda de apartamento). Sendo assim, em se tratando de compra e venda *ad corpus*, não há que se falar em complemento ou devolução de área. De qualquer forma, o comprador prejudicado poderá pleitear as eventuais perdas e danos, oriundas da metragem divergente (ver art. 500, § 3º, do CC).

Sobre a **compra entre condôminos**, o legislador estipula regras com a intenção de prevenir conflitos, mas também buscando sempre a extinção do condomínio. Não obstante, por vezes a extinção do condomínio se apresenta dificultada, mormente em se tratando de coisa indivisível. Sendo assim, se um condômino pretender alienar a sua parcela no condomínio, deverá oferecê-lo em primeiro lugar aos demais condôminos (direito de preferência), nos termos do art. 504 do CC. Tal regra, como dito, visa facilitar a extinção do condomínio. Não observado o direito de preferência, qualquer dos condôminos preteridos poderá haver a coisa para si depositando o preço pago pelo comprador, no prazo decadencial de 180 dias. Todavia, essa norma somente se aplica às alienações onerosas. Não se fala em regra de preferência caso se trate de alienação gratuita (doação, testamento). Evidentemente, tal regra também não se aplica em relação ao denominado *condomínio edilício*.

Se mais de um condômino pretender exercer seu direito de preferência, devem-se considerar alguns critérios legais: I – terá preferência aquele que tiver benfeitorias de maior valor; II – não havendo benfeitorias, prefere-se o condômino de quinhão maior; III – verificando-se ausência de benfeitorias e quinhões igualitários, a aquisição será equitativa, partilhando-se igualmente o quinhão que está sendo alienado.

O contrato de compra e venda é regulamentado no Código Civil com a presença de algumas cláusulas especiais, expressas a partir do art. 505 do CC.

- **Retrovenda (ver arts. 505 a 508 do CC)**: a retrovenda, somente aplicável a bens *imóveis*, e nada mais é do que a cláusula expressamente prevista no contrato que faculta ao vendedor recomprar o bem no prazo decadencial estipulado na avença (limitado ao teto de 3 anos). Nesse sentido, verificando-se pacto de retrovenda, em verdade haverá propriedade resolúvel, que somente se aperfeiçoará ao final do prazo estipulado, caso o vendedor não exerça referido direito potestativo. A cláusula é vantajosa, porque possibilita ao vendedor devolver o preço recebido, que será de todo modo acrescido de correção monetária, despesas do contrato e indenização por eventuais benfeitorias necessárias.

- **Venda a contento (cláusula *ad gustum* – ver arts. 509 a 512 do CC)**: a previsão dessa cláusula institui direito potestativo em prol do comprador, uma vez que o negócio jurídico só se reputará concluído no momento em que o adquirente manifestar seu agrado. Portanto, a manifestação do agrado atuará como verdadeira condição suspensiva para a completa eficácia da compra e venda. Tanto isso é verdade que, enquanto não manifestar seu agrado, o comprador se comportará como mero comodatário do bem (deveres de guarda e conservação da coisa – ver art. 511 do CC). *Detalhe*: a lei não estipula prazo máximo para que o comprador externe seu agrado, prazo este que será, portanto, contratual. Diante da omissão do contrato, competirá ao juiz decidi-lo (ver art. 512 do CC).

- **Preempção ou preferência (ver arts. 513 a 520 do CC)**: prevista essa cláusula, o comprador que pretenda alienar onerosamente o bem que lhe foi vendido deverá oferecê-lo em primeiro lugar ao vendedor, facultando-lhe o direito de preferência (semelhante previsão se encontra nos arts. 25, 26 e 27 da Lei n. 10.257/2001 – Estatuto das Cidades). Para que tal direito não se estenda *ad aeternum*, prejudicando a segurança jurídica, o Código Civil previu prazos máximos: 180 dias para bens móveis e 2 anos para bens imóveis (ver parágrafo único do art. 513). Tais patamares máximos são criticados pela doutrina, ao entendimento de que deveriam ficar ao arbítrio da autonomia da vontade.

- **Venda com reserva de domínio (ver arts. 521 a 528 do CC)**: nas vendas a crédito de bens móveis, é possível que as partes prevejam a cláusula de reserva de domínio. O vendedor conservará consigo a propriedade sobre o **bem móvel** até que seja integralmente satisfeito o preço ajustado. Cumpre destacar que, para valer, a cláusula de reserva de domínio deverá vir estipulada em **contrato escrito** e **levado a registro** no Ofício de Títulos e Documentos.

23.2. Da fiança

O contrato de fiança é acessório e estabelece uma **garantia pessoal (fidejussória) em prol do credor de um contrato principal**. Portanto, como espécie de garantia pessoal ou fidejussória, a fiança implica colocar o patrimônio do fiador integralmente à disposição do credor do afiançado, para a hipótese de ocorrência de inadimplemento por parte do devedor afiançado.

Assim, é possível dizer que o contrato de fiança é aquele em que um terceiro se apresenta para garantir com o seu patrimônio a eventual inadimplência de um devedor, obrigado em um contrato principal.

Quanto aos **sujeitos**, o contrato de fiança é celebrado entre o credor e o fiador. Tal conclusão se comprova quando se verifica que o fiador intervém no contrato para garantir interesses patrimoniais do credor. O consentimento do devedor é irrelevante para a celebração do contrato de fiança (ver art. 820 do CC).

Como dito, o contrato de fiança é **acessório**, portanto se submete ao princípio da gravitação jurídica, daí advindo algumas consequências importantes:

a) **Invalidade do contrato principal**: declarado nulo o contrato principal ou desconstituído em razão da anulabilidade, a fiança terá o mesmo destino. Exceção a essa regra pode ser encontrada no art. 824 do CC: a incapacidade de uma das partes, seja absoluta (ver art. 166, I, do CC), seja relativa (ver art. 171, I, do CC), implica a invalidade do negócio jurídico. Contudo, verificada a incapacidade pessoal do devedor, a fiança perderá o seu caráter acessório, ou seja, persistirá a fiança quando o fiador prestar garantia em prol de um devedor incapaz (ver arts. 3º e 4º, do CC). Retorna-se à regra geral se a incapacidade pessoal do devedor ocorrer no âmbito do contrato de mútuo (**"mútuo feito a menor"**). Pessoa maior que empresta quantia em dinheiro a pessoa menor sabe que, via de regra, não poderá reaver a quantia (ver art. 588 do CC).

b) **Novação:** a novação (forma de extinção da obrigação originária pela constituição de uma nova substancialmente diversa) feita sem consentimento do fiador implica a exoneração deste (extinto o principal, extinto estará o acessório – ver art. 366 do CC). Dito de outra forma, o fiador que não anui com a novação estará automaticamente liberado.

c) **Valor da fiança:** é plenamente possível que a fiança seja celebrada em valor inferior ao da obrigação principal. Mas, de toda forma, tal valor deve ser observado como limite máximo para a fiança, por ser obrigação acessória. Eventualmente celebrada com valor superior ao da obrigação principal, a fiança será válida, mas ineficaz em relação ao valor que sobejar (aplicação do *princípio da conservação dos negócios jurídicos*). Nesse sentido, conferir o art. 823 do CC.

d) **Exceções comuns e pessoais:** *exceções comuns* são aquelas oponíveis a quaisquer credores (p. ex.: prescrição), ao passo que *exceções pessoais* são aquelas oponíveis apenas a um credor específico (p. ex.: compensação). Assim, o fiador demandado pelo credor poderá alegar tanto as exceções comuns quanto as pessoais que lhe favoreçam perante aquele. Destaque-se, contudo, que, em razão do caráter acessório da fiança, inclusive as exceções pessoais que competiriam ao devedor afiançado poderão ser alegadas pelo fiador quando demandado pelo credor (ver art. 837 do CC). Por óbvio, o devedor principal demandado pelo credor não poderá se valer de exceções pessoais, que competiriam somente ao fiador (ver art. 371 do CC).

e) **Obrigação natural:** obrigação natural pode ser objeto de fiança? O contrato de jogo ou aposta, plenamente lícito em nosso ordenamento jurídico (ver arts. 814 e s. do CC), é exemplo de obrigação judicialmente inexigível (obrigação natural), de modo que o pagamento não pode ser exigido, mas se feito voluntariamente não ensejará repetição. Considerando isso, se a obrigação natural é inexigível, não faz sentido que se fale em prestação de fiança, que seria igualmente inexigível.

O contrato de fiança é caracterizado ainda pela **subsidiariedade**, ou seja, regra geral, a responsabilidade do fiador é de caráter subsidiário em relação à responsabilidade do devedor. Dessa maneira, diante da inadimplência por parte do devedor principal, deverá o credor primeiro cobrar a dívida em face daquele; somente diante da insuficiência patrimonial do devedor, poderá o credor voltar-se contra o fiador.

O fiador goza do denominado **benefício de ordem**, verdadeira defesa legalmente estabelecida em seu favor. Assim, ao ser demandado, o fiador poderá exigir que o credor demonstre que restaram frustradas as tentativas de solver a dívida por meio da constrição ao patrimônio do devedor principal (ver art. 827 do CC).

Considerando o disposto no parágrafo único do dispositivo acima colacionado, alguns autores apontam um **dever de colaboração imposto ao fiador**, que, ao se valer do benefício de ordem, estará obrigado a indicar bens do devedor.

Em três situações descritas pelo art. 828 do CC, o fiador deixa de ser devedor subsidiário, podendo então ser cobrado diretamente pelo credor: I – renúncia expressa ao benefício de ordem, deixando de ser coobrigado subsidiário para se tornar coobrigado solidário; II – expressamente assume a condição de coobrigado solidário (art. 828, II, c/c o art. 265 do CC); III – abertura de concurso de credores em razão da decretação de insolvência ou falência do devedor principal, restando o credor dispensado de habilitar seu crédito no concurso e podendo cobrá-lo diretamente do fiador.

A fiança é um **contrato solene**; assim, necessariamente deverá observar a forma escrita, não existindo contrato de fiança verbal (ver art. 819 do CC).

Via de regra, a fiança é **contrato gratuito e unilateral**, uma vez que, regra geral, a posição de fiador não será remunerada, e apenas uma das partes aferirá vantagens. Tais características geram algumas consequências:

a) **Interpretação restritiva (ver art. 114, c/c o art. 819 do CC):** como qualquer negócio jurídico benéfico, o contrato de fiança não admite interpretação extensiva.

b) **Aditamento:** o fiador não responderá por aditamentos ao contrato principal em relação aos quais não tiver anuído expressamente. Esse é um posicionamento clássico do STJ, iniciado a partir dos contratos de locação (ver Enunciado n. 214 da Súmula do STJ), mas que atualmente é estendido a qualquer tipo de contrato.

c) **Fiança e casamento:** como o contrato de fiança estabelece, em regra, vantagens apenas para o credor, a lei estabelece que, se casado, o fiador deverá colher a anuência de seu cônjuge, salvo se casados pelo regime da separação de bens (ver art. 1.647, III, do CC).

Nesse passo, prestada a fiança por um dos cônjuges sem autorização do outro, poderá este pleitear a *anulação* da garantia no prazo decadencial de 2 anos (ver art. 1.649 do CC). O termo inicial para o exercício de tal direito potestativo não será a data da celebração da fiança, mas sim a data em que for extinta a sociedade conjugal.

A fiança é ainda um **contrato personalíssimo,** prestada em razão de uma relação de confiança entre o fiador e o devedor afiançado, de modo que a morte de um ou de outro gerará a automática extinção da garantia prestada.

Os herdeiros do fiador não suportarão os efeitos ocorridos após a morte deste. Todavia, serão responsáveis pelos débitos constituídos até a data da morte, desde que respeitada as forças da herança (ver arts. 836 e 1.792 do CC).

Acerca da **exoneração do fiador**, caso o credor concorde, a exoneração voluntária do fiador é possível a qualquer momento. Entretanto, a exoneração voluntária poderá ocorrer ainda que sem o consenso do credor, bastando a observância de alguns requisitos (ver art. 835 do CC): I – fiança prestada por prazo indeterminado; II – permanecer responsável pelos débitos existentes até a data da exoneração; e III – permanecer responsável por eventuais débitos constituídos nos 60 dias posteriores à data da exoneração (notificação do credor acerca dessa vontade).

> Conclusões:
> 1) tratando-se de fiança prestada por prazo determinado, não será possível a exoneração do fiador;
> 2) o fiador exonerado não será responsável por qualquer débito surgido após os 60 dias posteriores à notificação encaminhada ao credor;

Ressalte-se que a exoneração da fiança no bojo de um contrato de locação de imóveis urbanos possui regramento especial (ver art. 40, X, da Lei n. 8.245/91). Do mesmo modo, no âmbito da locação, o fiador somente poderá se exonerar se prestada a fiança por prazo indeterminado. O prazo de carência, contudo, será de 120 dias, respondendo ainda o fiador exonerado pelas dívidas constituídas durante esse prazo.

Vale lembrar que, se alguém presta fiança no bojo de um contrato de locação de imóveis urbanos, estará, automaticamente, abdicando da proteção conferida pela lei quanto à impenhorabilidade do único imóvel residencial, prevista na Lei n. 8.009/90, conhecida como Lei do Bem de Família. O art. 3º, VII, prevê essa renúncia, que já foi confirmada tanto pelo STJ quanto pelo STF. Logo, o fiador pode ver seu único imóvel residencial ser penhorado caso o devedor afiançado venha a ser inadimplente.

Em 2022, o STJ consolidou seu entendimento relativo à exoneração do fiador. A Súmula 656 trouxe o seguinte enunciado:

> **STJ – Súmula 656**
> É válida a cláusula de prorrogação automática de fiança na renovação do contrato principal. A exoneração do fiador depende da notificação prevista no art. 835 do Código Civil.

23.3. Da doação

O art. 538 do CC traz um conceito legal para o contrato de doação, afirmando que ocorrerá tal tipo contratual quando uma pessoa, por **liberalidade**, transfere do seu patrimônio bens ou vantagens para o de outra.

O doador realiza uma liberalidade em prol do donatário. A prestação entre eles ajustada normalmente será uma prestação de dar coisa certa e, como expresso no dispositivo mencionado, terá caráter patrimonial. Portanto, trata-se de relação jurídica patrimonial em que se convenciona uma obrigação de entregar coisa certa.

Para que o contrato de doação reste efetivamente configurado, necessário que se verifiquem dois elementos; um subjetivo e outro objetivo. O **elemento subjetivo**, denominado *animus donandi*, é a intenção do doador de fazer uma liberalidade em prol do donatário. Portanto, a transferência do bem deverá estar qualificada pelo *animus donandi*, do contrário não estará configurado o contrato de doação (p. ex.: no contrato de comodato não há essa intenção).

> Importante destacar que, assim como na compra e venda – contrato já estudado –, a doação também não transfere a propriedade. Após a liberalidade qualificada pelo *animus donandi*, necessariamente dever-se-á verificar um ato translatício do domínio: tradição, para bens móveis, ou registro, para bens imóveis. Os contratos no Brasil não têm força translatícia de domínio, insista-se. Os contratos instituem a obrigação de transferir o bem.

Já o **elemento objetivo** é a transferência de patrimônio. O *animus donandi* é exercido com a intenção de transferir patrimônio. Necessária, portanto, uma prestação patrimonial envolvida para que esteja configurado o contrato de doação.

Quanto às características:

a) **Bifronte:** via de regra, o contrato de doação é **gratuito**, na modalidade doação pura e simples; não obstante, poderá assumir caráter **oneroso** no caso de doação com encargo. Trata-se, portanto, de modalidade *bifronte* de contrato (bifrontes são aqueles negócios que admitem tanto a forma onerosa quanto a gratuita).

b) **Unilateral ou bilateral:** quando a doação for pura e simples, será contrato *unilateral*, gerando prestação apenas para o doador. Já na doação onerosa, verifica-se um contrato **bilateral**, uma vez que podem ser estabelecidas prestações para ambas as partes.

c) **Consensual:** para a maioria da doutrina, a doação é contrato **consensual**, ou seja, efetiva-se com o mero acordo de vontades, independentemente da efetiva transmissão do bem.

d) **Formal:** a doação é contrato **formal**, pois demanda instrumento escrito, seja público, seja particular (ver art. 541 do CC). Necessariamente, deverá assumir a forma pública quando se tratar, por exemplo, de doação de bem imóvel cujo valor supere 30 salários mínimos (ver art. 108 do CC).

Excepcionalmente a lei autoriza a doação verbal, conforme se verifica no parágrafo único do art. 541 do CC. Requisitos para essa doação verbal: I – trate de bens móveis; II – bens de pequeno valor (conceito jurídico indeterminado); III – que a tradição ocorra de imediato.

Quanto à **aceitação** dos objetos doados, em qualquer hipótese, mesmo em se tratando de doação pura e simples, a manifestação de vontade do donatário será necessária. Isto porque, como negócio jurídico que é, o contrato de doação se aperfeiçoa pela manifestação de vontade de ambas as partes. Não se pode confundir: o fato de, por vezes, a doação gerar prestação apenas para uma das partes não significa que prescinde de manifestação da outra.

Portanto, a doação só se aperfeiçoa com a aceitação por parte do donatário.

Sobre a aceitação, regra geral, deve ser manifestada pelo donatário de maneira **expressa**. Porém, excepcionalmente, o Código Civil admite a aceitação **presumida**, nas seguintes hipóteses: (a) quando, na doação pura e simples, o doador estipula prazo para que o donatário aceite a liberalidade, o silêncio deste equivalerá à aceitação (ver arts. 539 e 111 do CC); (b) quando, na doação pura e simples, o donatário for pessoa absolutamente incapaz (ver art. 543 do CC); (c) quando a doação for celebrada em contemplação de casamento futuro com certa e determinada pessoa, a efetivação do matrimônio servirá como aceitação (ver art. 546 do CC).

O **nascituro** é um ser ainda não dotado de personalidade jurídica (personalidade civil – aptidão genérica para titularizar direitos e obrigações na ordem civil). Nesse sentido, a teoria natalista estabelece que o nascimento com vida marca o início da personalidade jurídica de uma pessoa (ver art. 2º do CC). Portanto, obviamente o nascituro não pode ser doador, uma vez que nem sequer titulariza bens; não possui ainda aptidão para titularizar relações jurídicas de caráter patrimonial. De outro lado, **a lei autoriza o nascituro a ser donatário**. A doação feita em favor do nascituro será aceita por seu representante legal. Porém, o negócio jurídico somente terá eficácia após a aquisição da personalidade civil, ou seja, do nascimento com vida (ver art. 542 do CC).

Se o donatário falecer antes do doador, havendo **cláusula de reversão** na doação celebrada, o bem objeto daquela liberalidade retornará ao acervo patrimonial do doador em vez de ir para os herdeiros do donatário (ver art. 547 do CC). Obviamente a cláusula de reversão deverá decorrer de manifestação de vontade expressamente consignada pelo doador no contrato de doação. Entretanto, a cláusula de reversão não poderá favorecer terceiros, somente beneficiando o próprio doador (caso isso fosse permitido, estar-se-ia permitindo o fideicomisso em vida). Vê-se que a cláusula de reversão é personalíssima. Logo, se o doador vier a falecer anteriormente ao donatário, a cláusula de reversão perderá sua eficácia, consolidando-se em favor do donatário a propriedade do bem doado.

O patrimônio não se presta tão somente à satisfação dos interesses econômicos de seu titular. O patrimônio hoje deve ser encarado também como forma de garantir proteção aos interesses existenciais do titular. A preservação de um mínimo existencial garantirá a existência digna do ser humano. Exemplo disso é a proteção garantida ao bem de família, preservando-se de eventuais constrições judiciais o único bem imóvel no qual reside a família (ver Lei n. 8.009/90), bem como as hipóteses de impenhorabilidade de certos bens, traçadas no CPC. Contudo, esse mínimo existencial também se manifesta no âmbito do contrato de doação, quando a lei proíbe, sob pena de **nulidade**, a doação de todos os bens componentes do patrimônio do doador, sem que este reserve para si parte, ou no mínimo uma renda suficiente para a sua subsistência. Nesse sentido, art. 548 do Código Civil.

Havendo herdeiros necessários, o doador somente poderá praticar uma liberalidade, seja mediante testamento, seja sob a forma de um contrato de doação, se observar a denominada **legítima** (parte indisponível do patrimônio, em virtude da existência de herdeiros necessários). A doação que vier a ultrapassar o valor da legítima, que é denominada **doação inoficiosa**, recebe da lei a sanção de nulidade (ver art. 549 do CC).

Porém, em nome do princípio da conservação dos negócios jurídicos, apenas a parte da doação que exceder o limite da legítima deverá ser considerada inválida. Os interessados, ao ingressarem com ação declaratória de nulidade da parte inoficiosa, deverão também atentar para a divisibilidade ou indivisibilidade do bem objeto da liberalidade. Isso porque, caso o bem se verifique indivisível, deverá a doação ser desfeita para que retorne integralmente ao patrimônio do doador e possibilite o resguardo à legítima dos herdeiros necessários.

Tal ação, denominada pela doutrina **ação de redução**, terá o objetivo de fazer retornar ao patrimônio do doador a parte excedente doada.

Destaque-se ainda que o montante que pode ser objeto de doação será apurado no momento em que se pratica a liberalidade, e não no momento da abertura da sucessão do doador (ver art. 549 do CC, prestigiado reiteradamente pela jurisprudência do STJ).

A doação pode envolver não só bens presentes como também **bens futuros**. Não há, em princípio, qualquer irregularidade caso o bem doado ainda não exista ao tempo da celebração. Nessa hipótese, o negócio jurídico estará sujeito a uma condição suspensiva (condicionado a um evento futuro e incerto).

É possível ao menor doar os bens integrantes de seu patrimônio? Sendo ele absolutamente incapaz, será impossível que seus bens sejam doados. Entretanto, tratando-se de pessoa relativamente incapaz, havendo participação de seu assistente, será possível ao menor ser doador.

Se o menor for autorizado por seus representantes legais a se casar, caso queira doar um de seus bens para o futuro cônjuge ainda no pacto antenupcial, deverá contar com a aprovação de seus representantes também para esse ato (ver art. 1.654 do CC).

Sobre a **doação onerosa** (também chamada de modal ou com encargo), vale registrar que o encargo, disciplinado pelos arts. 136 e 137 do CC, não suspende a aquisição do direito, e também não suspende seu exercício. Consequentemente, o donatário não precisa em um primeiro momento cumprir o encargo para que faça jus ao objeto da doação.

Além disso, o encargo será estipulado em benefício do próprio doador, de um terceiro ou de uma coletividade em geral (ver art. 553 do CC). *A contrario sensu*, conclui-se que a doação feita com encargo instituído em benefício do próprio donatário deve ser encarada como mero conselho ou recomendação (p. ex.: doa um apartamento para que o donatário ali resida).

Questiona-se o que ocorrerá se o donatário não cumprir o encargo imposto ou se mantiver em mora a respeito do cumprimento. Se o encargo não for cumprido, verificar-se-á inadimplemento, podendo o doador exigir o cumprimento específico, se possível, ou resolver aquela doação (ver art. 475 do CC). Porém, o legislador optou por utilizar no art. 562 do CC a expressão "revogação da doação" (o que nada mais é do que uma resolução ante o inadimplemento).

Às obrigações onerosas aplica-se o regramento pertinente aos vícios redibitórios, ou seja, o donatário com encargo pode se valer das ações edilícias (ação redibitória ou ação *quanti minoris*). O regramento dos vícios redibitórios é incompatível somente com a doação pura e simples. É o que está disposto no art. 441, parágrafo único, do CC.

Quanto à **doação remuneratória**, convém asseverar que será aquela doação feita como forma de retribuição aos serviços prestados pelo donatário, quando este por qualquer razão não puder exigir os valores correspondentes. Por exemplo, doação feita em favor de pessoa que salva a vida do doador, como um médico de um hospital público.

Cumpre destacar que, se o valor doado ultrapassa em tese o valor do serviço prestado, ainda assim a doação feita não perderá o caráter de liberalidade (ver art. 540 do CC).

Quando a doação for feita em favor de várias pessoas simultaneamente (multiplicidade de donatários), tem-se a denominada **doação conjuntiva**. Como já destacado, a doação somente se aperfeiçoa com a aceitação do donatário. Em uma situação hipotética, o que ocorreria se na doação conjuntiva um dos donatários recusasse receber a liberalidade e o outro a aceitasse? Havendo vários donatários, exige-se a aceitação por todos. Porém, se apenas um deles aceitar, terá este direito ao objeto por inteiro (regra). Posto isso, nada impede que o doador estipule cláusula exigindo a aceitação da liberalidade por todos os donatários, para que a doação possa produzir efeitos.

De outro lado, observa-se que o objeto da doação conjuntiva em regra será divisível, sendo partilhado igualmente entre os donatários (ver art. 551 do CC). Salvo se tal divisibilidade se opuser à natureza do bem (p. ex.: apartamento, carro etc. – bem naturalmente indivisível, ver art. 87 do CC) ou à vontade manifestada pelo doador (indivisibilidade convencional, ver art. 88 do CC).

Quanto à **revogação da doação**, o art. 555 do CC prevê que ela pode ser revogada por ingratidão do donatário, ou por inexecução do encargo.

Relativamente à **ingratidão** (ver art. 557 do CC), a lei prevê hipóteses nas quais o doador poderá revogar a liberalidade em razão de um comportamento nocivo praticado pelo donatário, ainda que a ofensa seja perpetrada em face não do doador pessoalmente, mas de um parente próximo (ver art. 558 do CC).

Importante notar que, para a maioria da doutrina, a condenação no âmbito criminal é requisito para a revogação da doação por ingratidão, exigindo-se uma certeza jurídica acerca daquele comportamento nocivo.

De outro lado, o direito do doador de exigir a revogação da doação por ingratidão enseja um direito potestativo, sujeitando-se, portanto, ao prazo decadencial de 1 ano (ver art. 559 do CC).

Por fim, a revogação por ingratidão pode ser pleiteada também pelos herdeiros do doador (ver art. 561 do CC).

Contudo, o art. 564 do CC prevê que **algumas doações não podem ser revogadas**, quais sejam: 1ª) as doações puramente remuneratórias; 2ª) as doações onerosas em que o encargo já foi cumprido; 3ª) as realizadas em contemplação de casamento com pessoa determinada; 4ª) as doações estipuladas em cumprimento de dever moral.

23.4. Do empréstimo

O contrato de empréstimo é um gênero que comporta duas espécies: (a) comodato; (b) mútuo.

23.4.1. Comodato

Em sua origem, a palavra "comodato" significa **empréstimo para uso**. O conceito legal está previsto no art. 579 do CC, mas, de forma mais ampla, pode-se dizer que o comodato é o contrato por meio do qual o proprietário ou possuidor de um bem infungível transfere a posse direta deste para um terceiro, que poderá usá-lo por prazo determinado ou não, devendo restituir a coisa ao final do prazo ou quando requisitado. Verifica-se que o comodato é uma forma de operar o desdobramento da posse, nesse caso por direito pessoal (ver art. 1.197 do CC).

O proprietário do bem, em um primeiro momento, concentra em si todos os poderes inerentes a seu direito (uso, gozo, disposição e reivindicação). Celebrado o contrato de comodato, aquele se tornará **comodante**, resguardando somente a posse indireta do bem, passando a posse direta a ser titularizada pelo **comodatário**.

Em razão do desdobramento, tanto comodante como comodatário são considerados possuidores do bem, o que se mostra muito vantajoso, visto que ambos farão jus aos efeitos da posse, sobremaneira à proteção possessória (pelos atos de autotutela ou por meio das ações possessórias – ver art. 1.210 do CC).

Quanto às características, tem-se o comodato:

a) **Gratuito:** o comodato sempre será um contrato gratuito. Se oneroso, confundir-se-ia com a locação.

b) **Unilateral:** tal contrato somente gera prestação para o comodante, sendo classificado como *unilateral*. Em que pese a lei impor ao comodatário certos deveres em relação à coisa, não se verifica qualquer contraprestação a ser cumprida por este.

c) **Real:** o comodato é um contrato **real**, uma vez que, enquanto não ocorrer a efetiva entrega do bem, o comodato não produz efeitos (ver art. 579 do CC).

d) **Não solene:** não se exige a forma escrita, admitindo-se o comodato verbal; *não solene*, portanto.

e) **Caráter personalíssimo:** a partir do caráter personalíssimo extrai-se a regra geral de proibição ao *subcomodato*. Não obstante essa regra, nada impede que o comodante autorize o subcomodato expressamente, o que decorre da autonomia privada.

f) **Temporário:** o contrato de comodato sempre será temporário. Estipulado por prazo determinado, ao final daquele prazo não haverá necessidade de interpelação por parte do comodante (*dies interpellat pro homine* – ver art. 397, *caput*, do CC), devendo o comodatário restituir o bem, sob pena de restar em mora (mora *ex re*). Já se estipulado por prazo indeterminado, para reaver a coisa, o comodante deverá interpelar o comodatário para que este restitua o bem em prazo razoável (mora *ex personae* – ver art. 397, parágrafo único, do CC).

Seja no comodato celebrado por prazo determinado, seja naquele celebrado por prazo indeterminado, o comodatário será considerado possuidor justo, já que a posse é decorrente do contrato. Nesse sentido, a não devolução do bem no prazo estipulado ou após a interpelação do comodante implicará uma posse injusta, maculada pela precariedade decorrente do abuso da confiança (ver art. 1.200 do CC). Nessa perspectiva, o comodatário, possuidor injusto pela precariedade, estará praticando um esbulho e poderá ser apontado como réu na ação possessória (na modalidade reintegração de posse) movida pelo comodante, possuidor indireto.

Quanto à **legitimidade** para celebração desse contrato, registre-se que o bem pode ser dado em comodato pelo proprietário. Para dar em comodato, contudo, necessário que o proprietário esteja na prerrogativa de usar a coisa (p. ex.: proprietário que concedeu seu imóvel em usufruto para terceiro não poderá concedê-lo em comodato).

Nessa linha, terceiros que sejam titulares de direitos reais sobre coisas alheias também podem dar o bem titularizado em comodato. Exemplos: usufrutuário; enfiteuta ou foreiro; superficiário; usuário.

E o locatário, pode dar o bem em comodato? Se o locatário tem o direito de usar a coisa, em tese, teria também o direito de dar esta em comodato, desde que o comodatário respeite todos os deveres inerentes ao locatário (ver art. 569 do CC). O locador, de todo modo, poderá proibir o comodato (ver art. 13 da Lei n. 8.245/91).

É legítimo ao administrador, tutor ou curador dar em comodato os bens de seu pupilo em comodato? Como regra, o art. 580 do CC estabelece que os tutores, curadores e administradores de bens em geral não podem dar em comodato os bens que lhe forem confiados. Porém, é possível que isso seja autorizado judicialmente.

Em relação à **mora do comodatário**, além da possibilidade de manejamento da reintegração de posse pelo comodante, a lei estabelece uma sanção para o atraso relativo à restituição do bem. Trata-se do chamado *"aluguel-pena"*, previsto na segunda parte do art. 582 do CC.

Obviamente, essa sanção é passível de controle judicial relativamente ao arbitramento do aluguel-pena, vedando-se o abuso de direito.

Quanto às **obrigações do comodatário**, a lei detalha as seguintes: 1) obrigação de restituir o bem; 2) dever de cuidado e conservação da coisa emprestada (ver art. 582 do CC). Não poderá o comodatário utilizar a coisa emprestada para finalidade diversa daquela convencionada; 3) dever de salvar em primeiro lugar a coisa dada em comodato diante de risco de deterioração (ver art. 583 do CC); 4) solidariedade quando houver vários comodatários (ver art. 585 do CC).

23.4.2. Mútuo

Previsto no art. 586 e s. do Código Civil, o mútuo consiste no **empréstimo de coisas fungíveis**, sendo dever do mutuário (devedor) restituir ao mutuante (credor) coisa do mesmo gênero, qualidade e quantidade (obrigação de dar coisa certa).

> No mútuo, ao contrário do que se passa no comodato, há a efetiva transferência da propriedade da coisa emprestada ao mutuário, razão pela qual correm por conta deste os eventuais riscos de perda do objeto, desde a tradição deste. Assim, por exemplo, se uma pessoa recebe dinheiro da outra por terem celebrado esse contrato, sendo minutos depois assaltada, o risco é do mutuário que, portanto, arcará com a perda.

Como fora abordado no contrato de fiança, o mútuo feito a menor, sem que haja autorização daquele sob cuja guarda estiver, não pode ser reavido nem do mutuário nem de seus eventuais fiadores, nos termos dos arts. 588 e 589 do CC.

Se o mútuo se destinar a fins econômicos, é lícito às partes a pactuação de juros, nos termos do art. 591 do CC.

Se não for estipulado um prazo expresso para que ocorra a restituição por parte do mutuário, o art. 592 do CC determina que esse prazo será: I – até a próxima colheita, se o mútuo for de produtos agrícolas, assim para o consumo como para a semeadura; II – de 30 dias, pelo menos, se for de dinheiro; III – do espaço de tempo que declarar o mutuante, se for de qualquer outra coisa fungível.

23.5. Do transporte

Com a entrada em vigor do Código Civil, o contrato de transporte foi regulamentado com profundidade pelos arts. 730 e s.

Contudo, se estivermos diante de uma relação travada entre fornecedor e consumidor, nos moldes definidos pelos arts. 2° e 3° do CDC, o regramento consumerista terá aplicabilidade porque trará equilíbrio e isonomia àquela relação pautada pela discrepância de forças. De outro lado, as normas do Código Civil incidirão naquelas relações igualitárias ou equânimes, de modo a garantir a manutenção dessa paridade.

O art. 732 do CC, portanto deve ser conjugado com o art. 7°, *caput*, do CDC. De toda forma, como o Código Civil disciplinou com profundidade o contrato de transporte, por vezes, seu regramento será mais vantajoso inclusive em relação ao CDC. Tal conclusão fica evidente quando se observa, por exemplo, que o fato de terceiro é causa admitida como excludente da responsabilidade no âmbito do CDC (ver art. 14, § 3°, II), mas não o é no âmbito da disciplina do contrato de transporte no Código Civil (ver art. 735).

Mais uma vez, nosso legislador optou por delinear um conceito legal, relatando assim no art. 730 do CC que pelo contrato de transporte alguém se obriga, mediante retribuição, a transportar, de um lugar para outro, pessoas ou coisas.

Ainda nesse ponto, observe-se que a disciplina do contrato de transporte no Código Civil foi dividida em três seções: disposições gerais; transporte de pessoas; transporte de coisas.

Quanto às características do contrato em estudo:

a) **Bilateral:** no contrato de transporte estabelecem-se prestações e contraprestações.

b) **Consensual:** contrato que se aperfeiçoa pelo mero consentimento das partes, não se exigindo a entrega de bens.

c) **Não formal:** o contrato de transporte poderá observar tanto a forma escrita como a verbal, sendo esta inclusive a mais comum.

d) **Por adesão ou paritário:** modernamente, é muito mais comum que o contrato de transporte seja celebrado por adesão, permeado por cláusulas uniformes, preestabelecidas pelo estipulante, nesse caso, o transportador. Plenamente possível, no entanto, a celebração de um contrato de transporte paritário, aquele no qual as partes discutem as cláusulas que irão reger a relação.

e) **Bifronte:** em princípio, à luz do conceito trazido pelo art. 730 do CC, o contrato de transporte somente admite a forma onerosa. Mais à frente, contudo, faremos observações sobre o transporte gratuito.

O contrato de transporte se aperfeiçoa independentemente do pagamento do valor da retribuição. A doutrina considera tal pagamento uma fase de execução do contrato, não uma fase de formação do contrato.

A principal cláusula desse contrato, no entanto, é a **cláusula de incolumidade**. Por esta há um regramento estabelecendo para o transportador o dever jurídico de transportar a pessoa ou a coisa até o destino final sem qualquer violação à sua integridade (dever de transportar "são e salvo").

A primeira consequência advinda dessa cláusula é que o transportador não assume obrigação de meio. Compromete-se a cumprir uma *obrigação de resultado*.

Além do mais, a violação por qualquer forma, desse dever jurídico, ou seja, o transporte incompleto, com violação da integridade do passageiro ou da encomenda, importará responsabilização civil por inadimplemento contratual. Como já adiantado, a hipótese inclusive será de **responsabilização civil objetiva, fundada na teoria do risco**; independe da comprovação de culpa do transportador. Tomando-se como exemplo o contrato de transporte aéreo de passageiros, o cancelamento do voo, independentemente do motivo, faz nascer para o transportador o dever de realocar imediatamente o passageiro em outro voo, mesmo que de outra companhia e sem gerar qualquer custo adicional. Caso contrário, surgirá dever de indenizar pelos prejuízos causados.

Ainda sobre a cláusula de incolumidade, importante observar que não se afigura possível a renúncia ou a sua mitigação (ver art. 734 do CC, parte final, inspirado no Enunciado n. 161 da Súmula do STF). Assim, será nula qualquer cláusula excludente da responsabilidade objetiva do transportador. Claramente, esse regramento deriva também do disposto no art. 424 do CC (nulidade de renúncia antecipada de direitos).

Quanto ao transporte gratuito, há que se fazer uma distinção: **transporte aparentemente gratuito x puramente gratuito**. O *transporte aparentemente gratuito* é aquele em que se observa algum interesse patrimonial (p. ex.: transporte de empregados realizado por seu empregador; corretor de imóveis que leva o interessado até o bem; transporte de pessoa idosa e, em alguns locais, de estudantes – o custo desse transporte é suportado pelos demais passageiros na composição tarifária). Esse transporte aparentemente gratuito deve ser tratado como verdadeiro contrato de transporte, aplicando-se todo o regramento pertinente sem qualquer ressalva, inclusive a responsabilização civil objetiva (ver art. 736, *caput*, do CC).

De outro lado, no *contrato puramente gratuito* o transporte é prestado no exclusivo interesse do transportado, sem que haja qualquer interesse patrimonial por parte do transportador. Como já adiantado, esse contrato puramente gratuito não se enquadra no conceito legal previsto no art. 730, *caput*, do CC, no que conclui a doutrina pela inaplicabilidade do regramento pertinente ao contrato de transporte. Nesse caso, o risco seria suportado não pelo transportador, mas pela pessoa transportada (ver art. 736 do CC). Para alguns autores, essa modalidade de transporte nem sequer configuraria contrato.

Entretanto, tratando-se de contrato puramente gratuito, pode-se cogitar da responsabilização civil aquiliana (extracontratual), fundada na prática de ato ilícito (ver arts. 186 e 927 do CC). Por exemplo, motorista de veículo automotor que ingere bebida alcoólica ou imprime velocidade incompatível com a via e causa a morte ou sérios danos às pessoas que estavam com ele no veículo na qualidade de carona. Por se tratar de transporte puramente gratuito, não será possível a responsabilização objetiva com base no regramento do contrato de transporte, mas será plenamente possível a responsabilização civil extracontratual, bastando comprovar que o motorista agiu culposamente.

No que toca à **exclusão de responsabilidade**, deve-se primeiro relembrar os elementos ou pressupostos da responsabilidade civil. Temos a *conduta* (culposa), o *nexo de causalidade* e o *dano ou prejuízo*. Portanto, o elemento que faz a ligação entre a conduta e o resultado danoso é o nexo de causalidade; na tentativa de explicá-lo, várias teorias foram desenvolvidas.

Observando-se a inexistência de qualquer desses três elementos, não haverá falar em responsabilização civil. Assim, não havendo dano, apesar da conduta ilícita, não se fala em responsabilidade. Do mesmo modo, o dano produzido por fato de terceiro, por evento fortuito ou força da natureza afasta a responsabilização civil. Além disso, em Direito Civil também se admite a exclusão da responsabilidade por ausência comprovada de nexo de causalidade.

Considerando esse raciocínio, especificamente no que tange ao contrato ora em estudo, excluindo-se o nexo de causalidade, o resultado danoso não poderá ser imputado à conduta do transportador, que, apesar de desenvolver atividade de risco, não é daquelas pautadas pelo risco integral. Dessa forma, o transportador poderá alegar em sua defesa as causas excludentes do nexo causal.

a) **Caso fortuito:** abstendo-se da distinção entre caso fortuito ou de força maior, o Código Civil atual está mais preocupado com a inevitabilidade do evento danoso. Contudo, importante distinguir:

- **Fortuito interno:** evento inevitável que se vincula à atividade desempenhada pelo causador do dano (transportador nesse caso); como está na linha de desdobramento da atividade desenvolvida, não excluirá a responsabilidade do transportador (*exemplos*: quebra da barra de direção de um ônibus, mal súbito do motorista, estouro de pneu, desprendimento de turbina de avião, abertura da porta do avião em pleno voo).

- **Fortuito externo:** evento inevitável e imprevisível que não se liga à atividade do transportador (evento de força maior); logo, haverá exclusão da responsabilidade civil do transportador (*exemplos*: tumulto no aeroporto, acidente na estrada que provoca o atraso no transporte rodoviário).

b) **Fato exclusivo da vítima:** o fato imputado à vítima somente excluirá a responsabilidade se comprovadamente tiver sido a **causa única e determinante** daquele evento danoso. Logo, necessário observar se no curso do transporte o passageiro respeitou as regras preestabelecidas no contrato (ver art. 738 do CC).

O parágrafo único do art. 738, que deve ser conjugado com o art. 945 do CC trabalha a denominada **culpa concorrente da vítima**, hipótese em que não haverá exclusão do dever do transportador de indenizar, mas haverá uma redução equitativa em razão da desobediência de normas por parte do transportado. Cuidado: a redução da indenização equitativamente em razão da culpa concorrente pode ser aplicada inclusive em casos de responsabilidade civil objetiva, a exemplo do contrato de transporte. Importante notar ainda que o grau da culpa, em regra, não influenciará no valor da indenização, que será arbitrada de acordo com a extensão do dano (ver art. 944, *caput*, do CC). Contudo, essa regra é excepcionada no caso de culpa concorrente da vítima, pois o grau de culpa será considerado pelo juiz no momento de fixar a indenização.

c) **Fato de terceiro:** no âmbito do contrato de transporte, terceiro é aquela pessoa que não o integra; não é passageiro, não é transportadora e nem preposto desta. Em geral, o fato de terceiro é causa excludente da responsabilidade civil. Contudo, como já adiantado, no contrato de transporte *não* se admite tal excludente (ver art. 735 do CC, inspirado no Enunciado n. 187 da Súmula do STF).

O fato doloso imputável a terceiro é equiparado a fortuito externo (evento de força maior), ou seja, totalmente estranho à atividade do transportador. Exemplos: arremesso de pedra, bala perdida e assalto a ônibus.

Acerca da possibilidade de **recusar passageiros**, via de regra, o transportador não pode recusar a realização do transporte de passageiros, ressalvadas hipóteses excepcionais, a exemplo de recusa por questões de higiene e saúde (ver art. 739 do CC).

Em hipótese de autotutela, o Código Civil consagra a possibilidade de **retenção das bagagens** do passageiro. Feito o transporte, o transportador tem direito de retenção das bagagens do transportado, nos termos do art. 742 do CC, uma espécie de penhor legal sobre as bagagens (ver art. 1.647, I, do CC).

23.6. Do seguro

O Código Civil de 2002 optou por disciplinar essa modalidade contratual tão importante na vida moderna. Além disso, o Decreto-lei n. 73/66 traz farto regramento acerca do contrato de seguro, assim como outras várias leis específicas.

O contrato de seguro é celebrado porque **proteção** e **segurança** são necessidades vitais para todo ser humano. Dessa forma, o seguro é um negócio jurídico que fornece um acautelamento econômico em face dos riscos inerentes à vida em sociedade.

Assim, o objeto do contrato de seguro é um bem imaterial ou intangível, qual seja, *a segurança*.

O seguro é uma operação coletiva de poupança. Várias pessoas, contratantes de seguros, depositam dinheiro em um fundo determinado (pagam o denominado **prêmio**). Por conseguinte, apenas algumas delas observarão a concretização do risco coberto pelo seguro, ou seja, o denominado **sinistro** ocorrerá para poucos segurados, de modo que será possível ao fundo reparar os danos sofridos mediante pagamento da **indenização**.

Observa-se que algumas pessoas não receberão qualquer contraprestação econômica, por não terem sido vítimas de sinistros. Ainda assim, estas receberão uma contraprestação imaterial e intangível: *a segurança*.

O segurado é titular de um interesse legítimo, que pode se ligar tanto a questões patrimoniais (*seguro de dano*) como a questões existenciais (*seguro de pessoa*). Pretendendo resguardar esse interesse legítimo em face de certos riscos predeterminados (p. ex.: furto, roubo, incêndio e colisão para o seguro de dano; ou morte, no seguro de vida), contrata-se seguro. Nesse sentido, o segurado paga à seguradora determinada quantia para que esta resguarde o seu interesse legítimo contra tais riscos. Essa quantia em dinheiro é denominada *prêmio*. O valor do prêmio leva em conta a possibilidade de concretização do risco coberto, o que é feito por meio de cálculos atuariais, de modo que, quanto maior a probabilidade, mais elevado será o prêmio.

Pago o prêmio pelo segurado, ele terá uma contraprestação certa, a segurança, e outra incerta, a indenização. Esta última somente aparecerá quando ocorrer eventual sinistro.

Quanto às características do contrato de seguro:

a) **Bilateral:** implica prestações recíprocas para os contratantes.

b) **Oneroso:** sempre envolverá pagamento do prêmio; não existe seguro gratuito.

c) **Consensual:** aperfeiçoa-se com o acordo de vontades, sem necessidade de entrega de bens.

d) **Adesão:** regra geral, o contrato de seguro será celebrado por adesão, sendo difícil vislumbrar celebração paritária nesse tipo contratual.

e) **Consumo:** as seguradoras são equiparadas a instituições financeiras e, portanto, abarcadas pelo conceito de fornecedor, como disciplina o art. 3º, § 2º, do CDC. Nessa linha, à semelhança daquilo que visualizamos para o contrato de transporte, a proteção ao segurado se dará da forma que lhe for mais benéfica, ou seja, deve-se aplicar tanto o regramento consumerista quanto o Código Civil.

f) **Trato sucessivo:** quase sempre o contrato de seguro será de prestações continuadas.

g) **Aleatório ou comutativo:** contrato comutativo é aquele em que há uma certeza a respeito das prestações e contraprestações desde a celebração; já no contrato aleatório, haverá incerteza quanto à existência ou à quantidade de uma das prestações. Considerando esse conceito, segundo a doutrina tradicional, o contrato de seguro seria aleatório, pois a contrapartida da indenização a ser paga pela seguradora é incerta. Contudo, a doutrina mais moderna considera o contrato de seguro comutativo, uma vez que a contraprestação da segurança é certa e sempre estará presente. A melhor conclusão: o contrato de seguro é aleatório quanto à indenização e comutativo quanto à segurança.

O contrato de seguro sofre forte intervencionismo por parte do Estado. Assim, somente estão autorizadas a ofertar seguros as pessoas jurídicas constituídas para esse fim específico, mediante a forma de sociedade anônima ou cooperativa e que contem com a devida autorização estatal específica (ver art. 757, parágrafo único, do CC).

Os elementos do contrato de seguro são: **risco, mutualidade e boa-fé**.

- **Risco:** é o perigo; é a probabilidade de ocorrência de um dano. É justamente a existência dessa probabilidade de dano que leva as pessoas a pretenderem a celebração dos contratos de seguro.

Os riscos devem ser sempre **predeterminados** (ver art. 757 do CC). A apólice ou bilhete de seguro (provas da existência do contrato de seguro) irão mencionar quais são os riscos cobertos por aquele contrato de seguro. Nessa linha, o risco que não está predeterminado não será coberto quando concretizado (p. ex.: chuva de granizo, inundação).

Posto isso, se os riscos não vierem **predeterminados** na apólice ou bilhete de seguro, o juiz deverá realizar interpretação constitutiva, que levará em conta os princípios gerais dos contratos e a boa-fé objetiva (ver art. 760 do CC).

- **Agravamento do risco:** regra geral, o agravamento intencional do risco contratado importará na perda da cobertura (ver art. 768 do CC). *Por exemplo,* após celebrar seguro de danos à sua residência, o segurado instala nesta uma fábrica de fogos de artifício.

Contudo, interpretando esse dispositivo legal, a doutrina conclui que eventual situação que gere agravamento pontual do risco não deve ser suficiente para afastar o direito à indenização a ser paga pela seguradora. *Por exemplo,* o segurado intencionalmente imprime velocidade excessiva a seu veículo objeto do seguro, mas o faz para tentar salvar a vida de pessoa gravemente ferida, vindo a sofrer um acidente no percurso até o hospital. Não seria justo que ele perdesse o direito à indenização. Essa conclusão resulta da conjugação dos arts. 768, 799 e 422 do CC.

Quanto à **mutualidade**, esse elemento está diretamente ligado à prestação do segurado, ou seja, ao prêmio. Desse modo, os riscos elencados e a sua probabilidade de concretização irão gerar uma correspondência direta e imediata com o valor do prêmio, ou seja, quanto mais interesses resguardados e, quanto mais provável a ocorrência do sinistro, maior será o valor do prêmio a ser pago pelo segurado.

Preservar tal equilíbrio é uma questão de mutualidade. Portanto, a mutualidade se liga diretamente ao *princípio do equilíbrio contratual.*

No que toca à **boa-fé**, esse elemento jurídico do contrato de seguro corresponde tanto à ausência de má-fé (boa-fé subjetiva) quanto à adoção de comportamentos que respeitem padrões de honestidade e transparência (boa-fé objetiva). Aqui, portanto, ingressam as duas concepções de boa-fé (subjetiva e objetiva).

Havendo dolo do segurado quanto à ocorrência do sinistro, não terá este direito a perceber a indenização (ver art. 762 do CC, c/c o art. 171 do CP).

Segunda questão interessante no que se refere à boa-fé está prevista no art. 763 do CC, segundo o qual a mora do segurado quanto ao pagamento do prêmio ocasionaria perda do direito de perceber a indenização.

Ainda a respeito da boa-fé, o fato de não se concretizar o risco coberto não exime o segurado de quitar integralmente o valor estipulado para o prêmio (ver art. 764 do CC).

Por fim, manifestação máxima da boa-fé objetiva nos contratos de seguro está no art. 765 do CC (que repete o art. 422 do CC).

Na questão da boa-fé ingressa também o **dever de informação**. O art. 766 do CC trata das informações a serem prestadas pelo segurado, extremamente importantes para a fixação do prêmio. O dever de informação, que para os contratos em geral é tido como dever anexo, nos contratos de seguro é verdadeiro dever principal. Nesse sentido, o segurado que presta declarações falsas ou omite certas circunstâncias, regra geral, perderá o direito à garantia. Sobre o tema, conferir o julgado colacionado no *Informativo STJ* n. 482, segundo o qual as informações falsamente prestadas devem implicar necessariamente o agravamento do risco, sob pena de não afastarem a cobertura.

> Tema interessante relativo ao seguro de pessoas é **o suicídio**. Para o Código Civil, o suicídio ocorrido nos 2 anos seguintes à celebração do contrato de seguro de vida seria presumidamente premeditado (ver art. 798). Essa disposição, contudo, vem sendo interpretada pelo STJ com base no princípio da boa-fé objetiva (ver art. 113 do CC). Por conseguinte, o prazo de 2 anos seria referência para permitir à seguradora a prova de que o suicídio foi premeditado; caso não logre êxito em produzir tal prova, o segurado terá direito ao capital estipulado ainda que o suicídio ocorra no prazo de 2 anos. Esse posicionamento ainda não está pacificado naquele Tribunal.

23.7. Da locação de coisas

Trata-se de contrato por meio do qual um dos contratantes, mediante percepção de remuneração, assume a obrigação de ceder uma coisa para uso e gozo do outro contratante. Se a obrigação avençada é de ceder coisa, diz-se de contrato de locação propriamente dito.

Quanto às características, pode-se dizer que a locação de coisas será:

a) **Bilateral:** o locador tem o dever de permitir o uso da coisa, ao passo que o locatário tem como dever principal pagar os aluguéis ajustados;

b) **Oneroso:** uma vez que os aluguéis correspondem a uma quantia em dinheiro pactuada entre as partes;

c) **Consensual:** não depende da entrega da coisa para se aperfeiçoar, produzindo efeitos regulares desde o momento em que há o encontro de vontades das partes;

d) **Não formal:** é um contrato não solene, ou seja, pode ser celebrado por qualquer forma, mesmo verbal;

e) Quanto ao tempo: no que tange às obrigações assumidas, diz-se que o contrato de locação é de trato sucessivo, pois as partes se manterão vinculadas por determinado período.

No contrato de locação não há necessidade que o locador seja o proprietário da coisa, pois, assim como se passa no comodato, haverá o desdobramento da posse (art. 1.197 do CC), de tal modo que o locador transfere ao locatário poderes inerentes à propriedade – prerrogativas de uso e gozo – mas não a propriedade em si. O locador, então, passa a figurar como possuidor indireto, ao passo que o locatário assume a posição de possuidor direto. Dessa forma, ainda que o locador não seja proprietário, será considerado possuidor indireto por força do contrato de locação. Assim, pode assumir a condição de locador quem for usufrutuário, usuário, superficiário, ou mesmo comodatário do bem (salvo se este contrato não permitir a locação).

No tocante às coisas passíveis de locação, podem ser elas bens móveis ou imóveis, infungíveis, em regra, uma vez que o locatário tem a obrigação de restituir, ao fim do contrato, a coisa locada.

Os elementos do contrato de locação de coisas seriam o **objeto, o preço e o consentimento**.

A **coisa** objeto da locação, por sua vez, é aquela que o locador assumiu restituir ao locatário, podendo ser bem fungível ou infungível.

O **preço** diz respeito à remuneração pelo uso e gozo da coisa pelo locatário, trata-se do aluguel, que é a contrapartida da cessão da coisa pelo locador. O aluguel deve este ser certo, determinado ou, ao menos, determinável, bem como deve ser sério. Do contrário, o contrato de locação é **simulação do contrato de comodato**, no qual a cessão da coisa para uso e gozo do comodatário se dá de modo gratuito.

Em geral, o locatário não é obrigado a pagar os aluguéis de modo antecipado, mas há duas **exceções** a tal regra. São elas: (1) o contrato de locação por temporada; (2) quando o locatário não fornecer garantia ao pagamento, hipótese em que ficará obrigado a pagar os aluguéis até o sexto dia do mês vincendo.

Nos contratos de locação de imóveis urbanos não pode o aluguel ser fixado em moeda estrangeira, nem vinculado ao salário mínimo, tampouco podem variar de acordo com a taxa cambial. Tal vedação cinge-se aos contratos de locação que tenham por objeto imóveis urbanos.

O **consentimento** deve ser livre, esclarecido e ponderado para que seja válido o contrato de locação. Se há vício de consentimento na celebração do contrato, este é anulável, como qualquer outro contrato. O consentimento pode ser expresso ou tácito, podendo, ser, ainda, direto ou indireto, isto é, pode ser dado pelo próprio locador ou por pessoa a que tenha ele conferido poderes para tanto, como seu advogado ou uma imobiliária.

Quanto às obrigações das partes, a primeira das obrigações atinentes ao locador é a entrega da coisa, acompanhada de todos os acessórios, salvo disposição contratual em contrário.

O locador deve, também, manter a coisa em seu normal estado. Durante a execução contratual, deve ser a coisa locada objeto de manutenção, para que bem possa o locatário dela usar e gozar, consoante se interpreta da disposição do art. 566, I, c/c o art. 567 do CC. Se a coisa não é mantida em seu estado, poderá o locatário requerer o abatimento do preço dos aluguéis ou, ainda, rescisão contratual.

Deve o locador também **garantir ao locatário o uso pacífico da coisa**, consoante o art. 566, II, do CC, tanto que poderá ele **ajuizar ação possessória** para afastar eventual esbulho ou turbação na posse direta pelo locatário, *vide*, também, art. 568 do CC.

As **obrigações do locatário** estão estabelecidas no art. 569 do CC: I – servir-se da coisa alugada para os usos convencionados ou presumidos, conforme a natureza dela e as circunstâncias, bem como tratá-la com o mesmo cuidado como se sua fosse; II – pagar pontualmente o aluguel nos prazos ajustados, e, em falta de ajuste, segundo o costume do lugar; III – levar ao conhecimento do locador as turbações de terceiros, que se pretendam fundadas em direito; IV – restituir a coisa, finda a locação, no estado em que a recebeu, salvas as deteriorações naturais ao uso regular.

Se antes do termo final do contrato o locador requerer a restituição da coisa, deverá pagar indenização ao locatário pela quebra antecipada do contrato. De outro modo, se o locatário devolver a coisa antes do termo final, deverá pagar a multa contratual para tanto imposta, que poderá ser reduzida em juízo caso seja excessiva.

Se o locatário não restituir a coisa no prazo devido e o locador não se opuser contra tal conduta, o contrato será considerado renovado por tempo indeterminado.

De outro modo, se o locatário for notificado para a entrega da coisa (isto é, se houver oposição do locador à não entrega da coisa) e deixar de **restituí-la**, deverá pagar aluguéis então arbitrados pelo locador pelo período além do avençado que ficar com a coisa. Além disso, será responsável por todas as deteriorações sofridas pela coisa, mesmo aquelas advindas de caso fortuito ou força maior.

Ao locatário cabe, também, direito de retenção pelas benfeitorias necessárias e úteis, conquanto tenham sido estas últimas autorizadas pelo locador. O direito de retenção é compreendido, então, como exceção à obrigação de restituição pelo locatário. É o que se extrai do art. 578 do CC:

> Sobre a locação de imóveis urbanos, remete-se à Lei n. 8.245/91 (Lei do Inquilinato), a qual estabelecerá regras especiais para esse tipo contratual, que viabiliza não apenas o direito fundamental à moradia, mas também a livre-iniciativa, especialmente quando se está diante de locações não residenciais (comerciais).

RESPONSABILIDADE CIVIL

24. INTRODUÇÃO À RESPONSABILIDADE CIVIL

O titular de um direito se relacionará juridicamente com toda a coletividade. A lei imporá a essa coletividade um **dever jurídico de abstenção**, ou seja, ninguém poderá praticar atos que venham a causar lesões a direitos (patrimoniais ou extrapatrimoniais) desse titular.

A esse dever de abstenção (imposto por lei) deu-se o nome de ***neminem laedere***, que teria a natureza de um dever jurídico primário. Descumprido tal dever, com a lesão aos direitos daquele titular, nascerá para este a pretensão de se recompor aqueles direitos lesados. Tal pretensão seria uma espécie de dever jurídico secundário ou sucessivo e consistirá principalmente na reparação do dano que foi causado. Essa é a estrutura da denominada **responsabilidade civil extracontratual**, que ainda hoje, apesar de algumas críticas, é denominada responsabilidade civil aquiliana. Quando este *neminem laedere* é violado haverá transgressão à norma e, assim, pode-se falar na ocorrência de um ato ilícito.

Outro tipo de relação jurídica que poderá existir é aquela que vincula dois sujeitos determinados, na qual um deles terá um dever jurídico específico a ser cumprido. Este consistirá em uma prestação de dar, fazer ou não fazer, e tal dever nascerá a partir da manifestação de vontade das partes envolvidas. Não cumprindo esse dever, haverá violação do direito subjetivo da outra parte, que por sua vez poderá exercer sua pretensão no sentido de ver satisfeita a prestação que fora ajustada. Tal fato conduzirá à ocorrência do inadimplemento (violação do dever primário de prestar), fundamentando, em consequência, o exercício de sua pretensão na forma de um dever jurídico secundário ou sucessivo. Esta é a estrutura da chamada responsabilidade civil contratual.

Tanto na responsabilidade contratual quanto na extracontratual a violação a esses deveres primários (genéricos ou específicos) gerará a possibilidade de reparação dos danos causados, e em ambos os casos essa reparação recairá, como regra, sobre o patrimônio do agressor (responsabilidade patrimonial nos dois casos).

> **Responsabilidade civil:** consiste no dever de indenizar o dano suportado por outrem.

A função da responsabilidade civil, calcada em um ideal de justiça, seria fazer com que as partes envolvidas pudessem retornar à situação vivenciada anteriormente à ocorrência da lesão. Essa intenção no plano ideal é normalmente denominada *restitutio in integrum*. Tal ideal será mais facilmente atingido quando a violação for direitos patrimoniais, sendo mais difícil em se tratando de danos extrapatrimoniais (direitos de caráter existencial).

Sob o ponto de vista de um Direito Civil Constitucional, a função da responsabilidade civil seria dar concretude às normas constitucionais, tais como a dignidade da pessoa humana (art. 1º, III, da CRFB/88) e o solidarismo constitucional (art. 3º, I, da CRFB/88). Nesta linha, exsurge a **vítima como o principal personagem** da responsabilidade civil atual. As regras relativas a essa matéria devem ser lidas e interpretadas focando-se na preservação do interesse da vítima. Daí se falar hoje no **princípio da reparação integral**, norma que representa a necessidade de se indenizar todos os danos suportados pela vítima, sejam eles materiais, morais, estéticos, vinculados à perda de uma chance, reflexos etc.

25. ATO ILÍCITO

Conforme fora dito na introdução ao estudo do Direito neste livro, a norma jurídica é caracterizada pela imposição de um comportamento. Caso este não seja adotado, haverá a possibilidade da aplicação de uma sanção coercitiva pelo Estado. Logo, quando alguém atua contrariamente ao previsto na norma jurídica teremos uma conduta denominada antijurídica ou ilícita (ato ilícito *lato sensu*). Numa concepção mais restrita, que interessa diretamente ao Direito Civil, o ato ilícito seria aquele comportamento que além de transgredir a norma jurídica geraria um resultado danoso para alguém (ato ilícito absoluto ou *stricto sensu* ou delito civil).

Logo, há que se ter uma violação de direitos que venha a produzir o resultado danoso para que se possa falar no art. 186 (ato ilícito em sentido estrito) e consequentemente no dever de reparação, conforme art. 186 c/c art. 927.

> **Ato ilícito:** é aquela conduta humana que ao transgredir a ordem jurídica, acaba por violar direitos alheios, causando danos pessoais e/ou patrimoniais a uma vítima.

Assim, **se não houver dano não se configura o ato ilícito** e, consequentemente, não há que se falar em dever de reparação. O que vai se reparar é o dano causado. No Direito Penal e no Direito Administrativo a ilicitude não se ligará necessariamente à produção de um evento danoso. Por exemplo, dirigir alcoolizado não necessariamente gerará reparação civil, mas é ilícito penal e administrativo.

O comportamento contrário à norma, produtor de um resultado danoso, poderá vir a não ser imputado naquele que praticou a conduta, por expressa disposição legal. Nestes casos, teremos as excludentes de ilicitude daquele determinado comportamento (art. 188 do CC). O legislador, ao analisar a causa produtora da conduta, opta por não considerar essa conduta como sendo ilícita (são as causas excludentes da ilicitude). O juiz analisará a teoria geral das excludentes da ilicitude de acordo com o caso concreto.

No art. 188, I, tem-se a legítima defesa e o exercício regular de direito como excludentes de ilicitude. Desta maneira, se por exemplo, alguém reage proporcionalmente, com os meios à disposição, logo após injusta agressão de outrem, não há a prática de ilícito pela configuração da legítima defesa (que também é excludente de ilicitude no âmbito do Direito Penal). De igual forma, se alguém exerce regularmente um direito do qual é titular, sem que com isto esteja a ofender injustificadamente direitos alheios, está configurada a excludente do exercício regular de um direito. Se, por exemplo, a imprensa divulga um fato criminoso e o seu autor, baseando-se em investigações feitas, não terá, via de regra, que indenizar o envolvido, mesmo se ele vier a ser absolvido no futuro, já que está no exercício do direito à liberdade de expressão. Entretanto, o exercício abusivo desse direito de informar poderá gerar dever de indenizar.

O estado de necessidade no âmbito do Direito Civil também é uma excludente de ilicitude, prevista no art. 188, II, do CC. Portanto, quem age numa situação, sacrificando certos bens para salvaguardar outros, não comete ato ilícito. A toda evidência, a regra é: se não há ilicitude não há responsabilização. Entretanto, excepcionalmente, o Código Civil, nos arts. 929 e 930, estabeleceu o dever de reparação para aquele que pratica um ato lesivo em estado de necessidade (exemplo clássico do motorista que desvia para não atropelar uma criança e bate em outro carro). Apesar de praticar um ato lícito, aqui haverá o dever de indenizar. Sendo paga a indenização à vítima, assegura-se o direito de regresso face ao verdadeiro causador da situação de perigo (no exemplo dado, quem desvia o carro e colide no outro veículo parado deve pagar os reparos neste último, tendo depois ação de regresso contra o pai da criança que não a custodiou adequadamente).

26. EVOLUÇÃO DA RESPONSABILIDADE CIVIL QUANTO AO ELEMENTO CULPA

Tradicionalmente no Direito Civil a responsabilidade detinha um caráter subjetivo, ou seja, deveria se provar que a conduta comissiva ou omissiva produtora do dano decorreu de um comportamento culposo por parte do agressor. E a culpa aqui referida é aquela em sentido amplo que engloba tanto o dolo (intenção deliberada de causar um dano a outrem) e a culpa estrito senso (dano oriundo da inobservância de um dever objetivo de cuidado, pela adoção de conduta negligente, imprudente e imperita).

Na perspectiva da responsabilidade subjetiva, o ônus da prova dessa culpa seria da vítima que suportou aquele prejuízo (deveria se provar a ocorrência de um ato ilícito fundado na ideia de culpa). Este momento da responsabilidade ficou conhecido como **responsabilidade subjetiva por culpa provada**.

No final do século XIX, a partir de ideias socializantes, começou-se a perceber que exigir da vítima a prova de que o agente causador do dano agiu com culpa seria equivalente a não o responsabilizar, face à dificuldade na produção dessa prova. Assim, em alguns casos, a legislação começou a ser alterada (acidente do trabalho, por exemplo) ao se perceber que certas atividades de risco eram potencialmente produtoras de resultados danosos. Dessa maneira, a lei operou uma inversão do ônus da prova a respeito da culpa. O agressor só não seria responsabilizado se conseguisse comprovar a sua isenção de culpa. A responsabilidade continua sendo subjetiva, porém por culpa presumida. O grande salto da responsabilidade civil é esta inversão do ônus da prova. A esta responsabilidade dá-se usualmente o nome de **responsabilidade civil subjetiva por culpa presumida**.

Pouco a pouco no Brasil, a jurisprudência, acompanhada posteriormente pela legislação, foi traçando hipóteses de responsabilidade objetiva evitando-se a eterna discussão de culpa, beneficiando-se consequentemente a vítima.

Logo, **responsabilidade objetiva** é aquela em que a lei dispensa a produção de prova a respeito da culpa. Porém, na origem é normal que se tenha um ato culposo. A lei apenas estabelecerá não ser necessária a produção de prova acerca dessa culpa. Desta forma, é errado dizer que responsabilidade objetiva é aquela em que não há culpa. Em verdade, responsabilidade objetiva é aquela em que não há necessidade de discussão do elemento culpa.

E qual desses três sistemas de responsabilidade constituiria a regra no Brasil? O melhor posicionamento é o de que não há uma regra geral, pois o sistema de responsabilidade no Brasil hoje se baseia em uma convivência harmônica entre a responsabilidade civil subjetiva e objetiva cabendo ao juiz verificar caso a caso qual será a aplicável, mesmo porque o art. 927, parágrafo único, do CC, traz com base na teoria do risco, uma cláusula geral de responsabilização objetiva, ou seja, o julgador poderá entender que a atividade normalmente desempenhada pelo agressor implica na exposição de bens a risco, gerando a condenação desse sujeito independentemente da discussão de culpa no bojo do processo.

27. ELEMENTOS DA RESPONSABILIDADE CIVIL

A doutrina entende que elemento é o mesmo que pressuposto. Caso não esteja presente um dos elementos, não há que se falar em responsabilidade civil. Seriam eles: a) conduta; b) culpa; c) nexo de causalidade; d) dano ou prejuízo.

- **1º elemento:** conduta
- **2º elemento:** culpa
- **3º elemento:** nexo de causalidade
- **4º elemento:** dano ou prejuízo

A doutrina tradicional entende que é necessária a presença dos quatro elementos para se caracterizar a responsabilidade civil, enquanto a doutrina moderna entende que devem estar presentes os elementos 1, 3 e 4, ou seja, a culpa é elemento dispensável (pois viveria seu ocaso, diante do crescente número de hipóteses de responsabilidade objetiva).

27.1. Conduta

Conduta é aquele comportamento humano voluntário, exteriorizado através de atos comissivos ou omissivos. Mesmo nas hipóteses em que se tenha responsabilidade por fato da coisa ou do animal (arts. 936 a 938), haverá uma conduta humana, que seria ao menos omissiva em relação à guarda e custódia do animal, ou ainda relativa à conservação de determinado bem. Se não houver conduta humana, não haverá responsabilidade, ou seja, se o fato for apenas da natureza, não haverá responsabilidade civil por haver excludente do nexo de causalidade.

- **Conduta:** é o comportamento humano voluntário que se exterioriza através de uma ação ou de omissão.

Indo mais a fundo no estudo da conduta, tem-se que ela deveria ser:

- **Voluntária:** a ação ou omissão deve ser controlável pela vontade, ou seja, deve haver um querer íntimo a ser manifestado livremente. Conclusão: somente condutas que são fruto do querer livre manifestado pelo sujeito são passíveis de responsabilização. Logo, o indivíduo não pode ser responsabilizado por condutas involuntárias. Nada impede, porém, que uma disposição contratual estabeleça a responsabilização civil por atos involuntários, por exemplo, no contrato de seguro, quando haverá responsabilidade da seguradora mesmo diante de atos de terceiros ou ocasionados por eventos naturais.

Dessa forma, se o evento danoso deriva de uma conduta humana voluntária, a **responsabilidade civil será como regra geral direta (ou por fato próprio)**. Significa dizer que o sujeito só poderá responder pelas suas próprias condutas, em regra, insista-se.

Excepcionalmente, contudo, a responsabilidade civil pode ser **indireta ou por fato de outrem**. A lei, focada no princípio da reparação integral, por vezes prevê a possibilidade de responsabilização a partir do comportamento alheio (de terceira pessoa). O art. 932 do CC traz em seus incisos hipóteses de responsabilização por fatos de terceiro, tais como: pai em relação aos filhos, empregador em relação ao empregado, curador em relação ao curatelado e tutor em relação ao pupilo, donos de escolas em relação aos alunos, dentre outras. Essas hipóteses hoje são de responsabilização objetiva, nos termos do art. 933 do CC, e necessitam de uma relação jurídica anterior, seja essa relação contratual (empregado e empregador) ou baseada no exercício do poder familiar ou do poder de representação.

A toda evidência, aquele que for responsabilizado pela conduta alheia e tiver de pagar uma indenização à vítima terá direito de regresso em face do verdadeiro causador do dano, exceto quando este for seu descendente, nos termos do art. 934 do CC.

- **Imputável:** a imputabilidade no campo da responsabilidade civil se liga à plena capacidade de fato, delineada nos arts. 3º a 5º do CC, conforme estudado. Segundo o art. 5º, *caput*, essa capacidade será adquirida com a maioridade. Recorde-se que é possível ter aquisição da capacidade de fato antes da maioridade, com a emancipação.

Assim, quem é capaz responderá, e quem é incapaz, via de regra, não responderá. Conclusão: o menor emancipado já pode sofrer a imputação de responsabilidade civil.

Entretanto, há que se frisar que a responsabilidade civil aqui tratada é a do incapaz, quer seja este absolutamente ou relativamente incapaz. Quando o Código Civil estabelece uma regra citando apenas "incapaz", está a se referir a duas modalidades incapacitantes.

Pensando mais uma vez nos interesses da vítima (personagem principal da responsabilidade civil), a norma estabeleceu que o próprio incapaz pode ser responsabilizado pelos seus atos (ele mesmo; não seus pais, tutores ou curadores). A regra é a inserida no art. 932, I e II, do CC, no sentido de que os responsáveis por estes é quem devem responder em um primeiro momento.

Em que pese a redação do art. 932, I, do CC, ambos os pais respondem pelos atos do menor, independentemente de a guarda estar apenas com um deles, em regra. Porém, o STJ tem entendido que, se ficar provado que houve culpa exclusiva de um dos pais para o evento danoso, só este deverá responder. Por exemplo, pai que empresta o carro para o filho menor com total desconhecimento da mãe.

Assim, o art. 928 do CC estabeleceu que a **responsabilidade civil do incapaz**, quando cabível, será **subsidiária**. Para sua incidência, devem estar presentes os seguintes requisitos:

I – as pessoas responsáveis pelo incapaz não devem dispor de recursos para efetuar a reparação; ou

II – as pessoas responsáveis não devem ter obrigação de reparar o dano;

III – a indenização fixada não poderá privar o incapaz ou pessoas que dele necessitem do indispensável a sua subsistência;

IV – a indenização deverá ser fixada equitativamente pelo juiz, ou seja, com proporcionalidade, evitando o enriquecimento sem causa da vítima e o empobrecimento exagerado por parte do incapaz.

- **Comissiva:** é aquela conduta que envolverá um agir, uma ação do sujeito. Porém, essa ação acaba por violar um dever jurídico imposto pela lei ou pelo contrato, gerando danos que devem ser indenizados.

- **Omissiva:** para que possa haver a imputação de responsabilidade a um sujeito pela sua omissão, é fundamental que antes exista um *dever de agir* imposto pela norma. Sem dever de agir não há que se falar em conduta omissiva. Esse dever de agir pode ser oriundo:

  a) **da lei:** por exemplo, policial diante de um crime no qual tenha a possibilidade de agir; bombeiro em uma situação de perigo; pai em relação aos filhos etc.;

  b) **do contrato:** o guia da montanha é obrigado a agir em razão de sua custódia; instrutor de mergulho; babá etc.;

  c) **dever de ingerência:** quando uma conduta anterior expõe a perigo bens de outrem (bem patrimonial ou da personalidade). Por exemplo, jogar amigo na piscina: quem jogou tem o dever de agir no sentido de salvar o amigo.

Se não há anteriormente a fixação de um dever de agir, não há responsabilidade por omissão. O agente, ao não impedir o resultado, através da adoção de comportamento positivo de cumprimento desse dever de agir, acaba por permitir que a causa se opere, ou seja, que o dano ocorra.

27.2. Culpa

É um elemento bastante comum na origem das condutas que ensejam responsabilização civil. Entretanto, hoje, em face do crescimento das hipóteses de responsabilização objetiva, cada vez mais a discussão probatória desse elemento fica esvaziada.

O elemento culpa na responsabilidade civil é mais abrangente, como dito linhas atrás, englobando tanto o dolo quanto a culpa *stricto sensu*. O dolo aqui não tem ligação com o vício do consentimento (art. 145 do CC). Esse dolo é a violação intencional de um dever jurídico com a intenção deliberada de causar prejuízo a outrem, ou seja, o agente quer adotar aquela conduta a fim de alcançar determinado resultado prejudicial para a vítima. No Direito Civil não é importante aquela divisão clássica do Direito Penal entre dolo direto e dolo eventual, porque no Direito Civil o grau de culpa raramente será discutido. Há hipóteses em que o grau de culpa é importante de forma excepcional. O que é relevante para a indenização é a extensão do dano, e não o elemento subjetivo.

Não haverá na culpa *stricto sensu* intenção deliberada de violar um dever jurídico preestabelecido, porém o dever acaba sendo violado em razão do fato de o agente não observar um **dever objetivo de cuidado** (o agente quer a conduta, mas não quer a ocorrência do resultado). O resultado acaba advindo em virtude de a conduta ter sido imprudente, imperita, negligente.

- **Imprudência:** o sujeito, ao adotar um comportamento positivo, deixa de observar o cuidado necessário. Por exemplo, indivíduo bêbado não observa que está na contramão e bate o carro.
- **Imperícia:** falta de qualificação ou treinamento de determinado profissional para o exercício de sua função. Por exemplo, erro médico.
- **Negligência:** ao contrário da imprudência, na negligência existe a não observância de um dever de cuidado quando o sujeito é omisso. Há omissão na observância dos deveres impostos.

O art. 951 do CC trabalha essas três categorias. O disposto nos arts. 948, 949 e 950 aplica-se ainda no caso de indenização devida por aquele que, no exercício de atividade profissional, por negligência, imprudência ou imperícia, causar a morte do paciente, agravar-lhe o mal, causar-lhe lesão ou inabilitá-lo para o trabalho.

Ao analisar um caso concreto, é difícil afirmar que a conduta foi culposa em virtude de uma única modalidade. Haverá a mescla de duas ou mais categorias, por exemplo, no caso acima, do sujeito embriagado, que a um só tempo é imprudente e negligente. Na prática é comum se verificar a presença de duas ou mais modalidades culposas.

A classificação da culpa como consciente e inconsciente, própria da teoria do crime, também não é importante para o Direito Civil. Porém, no Direito Privado, tradicionalmente se faz a distinção entre culpa grave, leve, levíssima e gravíssima. Essa classificação era importante quando a culpa era o grande personagem da responsabilidade civil, especialmente quando a maioria das hipóteses concretas era de responsabilidade subjetiva. Naquela época a indenização se baseava na análise da culpa, se grave ou leve (relevante para mensurar a própria indenização). Hoje, como a indenização se mede pela extensão do dano (art. 944 do CC), tal classificação faz pouco sentido.

Vale registrar que, **excepcionalmente**, o **grau de culpa** poderá ter importância na fixação do valor da indenização em duas situações:

- **1ª hipótese: desproporção excessiva entre o grau de culpa e a extensão do dano**. Se houver uma culpa levíssima e um dano extenso, o art. 944, parágrafo único, do CC concede ao juiz o poder de reduzir equitativamente o valor da indenização. Ex.: ao sair com o carro lentamente de sua garagem, um indivíduo se distrai com seu celular e esbarra com seu veículo em uma senhora que passa pela calçada; ela se desequilibra, cai, bate a cabeça no chão e vem a falecer. Culpa levíssima e dano extenso – a indenização será reduzida equitativamente.
- **2ª hipótese:** quando houver **culpa concorrente**. Nestes casos a verificação do grau de culpa será importante para a fixação do *quantum* indenizatório (a indenização será reduzida). A culpa de ambas as partes não é causa de exclusão do dever de indenizar, mas sim de redução do *quantum*. Ver o art. 945 do CC: se a vítima tiver concorrido culposamente para o evento danoso, sua indenização será fixada tendo em conta a **gravidade de sua culpa** em confronto com a do autor do dano.

27.3. Nexo causal

Nexo causal é a relação de causa e efeito entre a conduta do agente e o dano sofrido pela vítima. Constitui um elemento imaterial (abstrato) da responsabilidade civil. O nexo causal é a ponte que conduzirá a conduta ao dano. É o caminho que levará a conduta à produção daquele resultado.

Deve ser feita a seguinte pergunta para saber se houve o nexo causal: qual foi a causa que produziu o resultado?

Para fornecer uma resposta a tal questionamento, sobremaneira quando várias causas se acumulam concomitantemente para a produção de determinado resultado, algumas teorias são criadas. As principais seriam:

- **1ª – Teoria da equivalência dos antecedentes causais ou teoria da equivalência das condições (*conditio sine qua non*):** por essa teoria, todas as causas e condições que antecedem determinado resultado se equivalem, sendo o resultado uno e indivisível, ou seja, todos os fatos relativos ao evento danoso, sejam eles diretos ou indiretos, equiparam-se para fins de responsabilidade civil.

    Crítica: ao se igualarem todas as causas e condições, permite-se uma regressão infinita, o que poderia acarretar responsabilidade para sujeitos que não se ligam diretamente àquele dano. Por isso ela não foi aceita no Direito Civil: porque reavivaria o elemento culpa.

> No Direito Penal, a teoria da equivalência dos antecedentes causais é adotada de maneira mitigada, ou seja, haverá uma regressão, e esta será interrompida a partir do momento em que não houver dolo ou culpa por parte das pessoas que de alguma forma contribuíram para o resultado (ver art. 13 do CP). Esse tema é tratado neste livro na parte referente ao Direito Penal.

- **2ª – Teoria da causalidade adequada:** causa para essa teoria é o antecedente adequado, na perspectiva de um juízo de probabilidade, à produção do resultado danoso. Essa teoria será importante quando várias causas concorrerem para um resultado, por exemplo, chuva, trânsito, sono e alta velocidade. O juiz deverá, ao se debruçar sobre as provas produzidas, verificar qual das causas provavelmente teve interferência decisiva para o resultado danoso.
- **3ª – Teoria do dano direto ou imediato (teoria da interrupção do nexo causal):** para essa teoria, deve-se buscar a causa que se vincula de maneira direta e imediata ao dano produzido. Nesse sentido, seriam desconsideradas causas sucessivas e/ou indiretas. Essa teoria é prevista pelo nosso Código Civil no art. 403 (dentro da responsabilidade contratual, mas se aplica indistintamente à responsabilidade contratual e extracontratual).

Qual dessas três teorias é adotada no Brasil para fins de responsabilidade civil? No STJ, há julgados que expressamente adotam a teoria da causalidade adequada. Já em outros, o mesmo Tribunal Superior aplica a teoria da causalidade direta e imediata. Há ainda julgados em que o STJ utiliza a causalidade adequada e o dano direto e imediato de forma conjunta. Em linha de conclusão, é possível dizer que não há unanimidade na doutrina nem na jurisprudência acerca da teoria adotada pelo sistema jurídico brasileiro. Certo é que se gravita entre a causalidade adequada e o dano direto e imediato, sendo totalmente impensável a aplicação da equivalência dos antecedentes.

Para finalizar o estudo do nexo de causalidade, importante analisar as causas que o excluem.

27.3.1. Excludentes do nexo de causalidade

Excluirão o nexo e consequentemente o próprio dever de indenizar. Isso porque, se o agente não cumpriu o dever jurídico que lhe era cabível, tal ocorreu por um fato que não lhe pode ser imputado (o dano ocorre, porém sem que se possa imputá-lo ao agente que adotou determinada conduta).

> A ausência de dano não é excludente do nexo causal, apesar de acarretar a mesma consequência prática – isenção do dever de indenizar.

As excludentes do nexo seriam:

- **Fato exclusivo da vítima:** fato tem o sentido de comportamento. Nesses casos o agente é apenas um instrumento para a produção daquele dano, sendo a conduta da vítima a única adequada e decisiva para sua ocorrência. Por exemplo, a vítima, querendo se suicidar, atira-se na frente de um veículo em avenida movimentada. O motorista que a atropela não será responsabilizado, uma vez que o fato se deu exclusivamente em virtude do comportamento da própria pessoa vitimada.
- **Caso fortuito ou de força maior:** o melhor entendimento é o de que essas expressões são equivalentes, independentemente do fato de derivarem de eventos naturais ou do homem. O art. 393 do CC, ao que parece, realmente equipara essas duas expressões sob uma denominação maior que seria a "inevitabilidade do evento". Ocorrendo esse evento inevitável, a conclusão é a de que o nexo estaria rompido, não havendo falar em responsabilidade civil. Por exemplo, enchentes, furacões, greves, dentre outros.
- **Fato de terceiro:** terceiro seria aquele sujeito que em princípio não tem aparentemente qualquer ligação com o agente causador do dano ou com a vítima. Dessa forma, então, o agente causador do dano não poderia ser responsabilizado, já que este se deu em virtude da conduta do terceiro. Por exemplo, um terceiro empurra a vítima naquela mesma avenida, vindo ela a ser atropelada. O motorista do veículo não será responsabilizado civilmente. Para o dano ser ressarcido, a pretensão da vítima deve ser direcionada contra o terceiro (e não contra o agente diretamente causador do dano).

27.4. Dano (ou prejuízo)

Dano ou prejuízo é a redução ou a subtração de um bem jurídico, podendo afetar o patrimônio ou os direitos da personalidade do indivíduo. Dano é a lesão a bem jurídico, seja patrimonial (material) ou extrapatrimonial (imaterial ou moral).

Alguns autores entendem que o dano é um pressuposto objetivo para responsabilidade civil, ou seja, para que possa configurar o dever de indenizar. Sem dano, não há que se falar em pagamento de indenização.

27.4.1. Espécies de dano

- **Patrimoniais (materiais):** esse tipo de dano corresponde ao desfalque sofrido no patrimônio da vítima, podendo sempre ser avaliado por critérios pecuniários. Divide-se em:
  - **Danos positivos (danos emergentes):** serão verificados por meio de avaliação feita no patrimônio da vítima antes da lesão e depois desta. A diferença apurada corresponde ao dano emergente, sendo então aquilo que a vítima efetivamente perdeu em termos patrimoniais.
  - **Danos negativos (lucros cessantes):** o dano causado ao patrimônio do sujeito poderá acarretar consequências futuras, por exemplo, um impedimento à percepção de ganhos, de lucros. Porém, somente se fala em lucros cessantes quando houver uma quase certeza da obtenção efetiva dos ganhos. Não se trata de mera possibilidade de ganho. O exemplo é o da colisão com veículo de um taxista; este ficará vários dias sem trabalhar, aguardando o conserto do automóvel, razão pela qual faria jus ao recebimento dos lucros que deixou de auferir.

Lucros hipotéticos ou remotos não são indenizáveis até como forma de se aplicar a teoria do dano direto e imediato (prevista no art. 403 do CC).

Três observações são importantes no que se refere aos danos materiais:

Primeira: o art. 402, ao mencionar o lucro cessante, exige que o juiz o fixe com razoabilidade.

> **Art. 402.** Salvo as exceções expressamente previstas em lei, as perdas e danos devidas ao credor abrangem, além do que ele efetivamente perdeu (dano emergente), o que razoavelmente deixou de lucrar (lucro cessante).

Assim, evita-se que o lucro cessante seja uma fonte de enriquecimento sem causa.

Segunda: o art. 948 apresenta, no título referente à responsabilidade civil, hipóteses de dano emergente e de lucro cessante:

> **Art. 948.** No caso de homicídio, a indenização consiste, sem excluir outras reparações:
> I – no pagamento das despesas com o tratamento da vítima, seu funeral e o luto da família (**dano emergente**);
> II – na prestação de alimentos às pessoas a quem o morto os devia, levando em conta a duração provável da vida da vítima (**lucro cessante**).

Terceira: os alimentos indenizatórios, para maioria da doutrina, têm natureza de lucros cessantes.

- **Existenciais (morais ou imateriais):** é o dano injusto oriundo de uma violação a direitos da personalidade.

Ocorre que nem toda violação a direito da personalidade acarreta dano moral, sendo necessário, assim, que no caso concreto fique demonstrado que o dano foi injustificado. Por exemplo, a utilização da imagem sem autorização do titular – se houve fins jornalísticos, em um contexto de veracidade da informação e interesse público, pode não gerar qualquer dano moral.

Atualmente não mais se discute a possibilidade de reparação do dano moral puro (aquele dano que não se liga ao dano material): art. 5º, V e X, da CRFB/88; Súmula 37 do STJ; art. 186 do CC.

Parte da doutrina entende que somente se configuraria o dano moral quando a lesão à personalidade viesse a interferir de alguma forma no psicológico do indivíduo, causando-lhe aflições, angústias e desequilíbrio em seu bem-estar. Meros aborrecimentos da sociedade moderna não ensejariam dano moral.

O dano moral seria consequência da responsabilidade civil extracontratual (aquiliana), ou seja, o inadimplemento, via de regra, não acarretaria dano moral. Excepcionalmente, entretanto, a doutrina e o STJ aceitam que o inadimplemento venha a ensejar dano moral, desde que comprovado que aquele inadimplemento tenha causado desequilíbrio no bem-estar do credor. Por exemplo, negativa de cobertura em plano de saúde, compra e venda de imóvel na planta, sendo que este não vem a ser construído.

O STJ há muito entende que hoje, na maioria dos casos, o dano moral ocorreria *in re ipsa*, o que significa que o dano seria presumido, sem necessidade, portanto, de cumprimento, por parte da vítima, do ônus da prova. Exemplos: morte de parente próximo, perda de um membro do corpo, inscrição indevida no cadastro de inadimplentes, devolução indevida de cheque, utilização de imagem sem autorização do titular com fins comerciais. Ver Súmulas 385, 388 e 403 do STJ.

- **Danos estéticos:** seriam os que causam à vítima desgosto ou algum tipo de complexo de inferioridade, constituindo alteração da formação corporal que venha a agredir a visão alheia. Tem-se dano estético quando há transformação ou alteração da normalidade corporal. Por exemplo, perda de um membro, cicatrizes profundas, deformações etc. Tradicionalmente, o dano estético era tido como modalidade de dano moral, porém hoje o STJ entende que o dano estético não se confunde com o dano moral, sendo ambos, inclusive, cumuláveis (Súmula 387). Assim, atualmente, pode-se cumular o dano patrimonial, moral e estético em uma mesma demanda reparatória.

- **Dano moral coletivo:** muito se discutiu sobre a possibilidade ou não da fixação do dano moral coletivamente. A grande fundamentação, segundo os defensores dessa possibilidade, seria o art. 6º, VI, do CDC. A doutrina entende cabível o dano moral coletivo quando forem afetados consumidores determinados ou determináveis, afetando direitos individuais homogêneos ou coletivos em sentido estrito, devendo a indenização fixada ser revertida aos próprios prejudicados. Esse seria também o fundamento para tal modalidade quando se estivesse diante de grandes lesões ao meio ambiente. A jurisprudência não é pacífica, mas se pode afirmar que o STJ vem caminhando na direção da permissão da fixação desse tipo de dano moral.

Outro tipo de dano que merece ser estudado é o oriundo da **perda de uma chance**. Essa possibilidade nasceu na França na década de 1960, entendendo que chance seria a probabilidade de obter um lucro ou de evitar uma perda, quando um ato (ou uma conduta) vier a suprimir da vítima a oportunidade de esta vir a obter uma situação futura melhor. Diante dessa supressão da oportunidade, dever-se-ia condenar o responsável ao pagamento de uma reparação pela chance perdida. A teoria se situaria em uma perspectiva de probabilidades, em patamar inferior ao do lucro cessante. Hipóteses remotas de a chance se concretizar não merecem ser indenizadas. A verificação estatística seria feita pelo juiz, no caso concreto. O grande alerta é que não podem ser indenizadas chances improváveis de sucesso. O fundamento legal apontado para a perda de uma chance seriam os arts. 186, 927, 948 e 949 do CC. Há vários julgados do STJ que aceitam a perda de uma chance, por exemplo, o famoso caso do "Show do Milhão" (programa de TV do apresentador Silvio Santos), quando uma participante foi indenizada por não ter respondido corretamente à pergunta final que lhe fora feita, ou no caso do paciente que veio a falecer sem que o médico lhe ofertasse a possibilidade de se tratar de outra forma.

Em linha de conclusão, para completo atendimento ao princípio da reparação integral, deve-se indenizar o dano emergente, o lucro cessante, o dano moral, o dano estético e a perda de uma chance.

DIREITO DAS COISAS

■ 28. INTRODUÇÃO

Para entendermos o Direitos das Coisas, devemos analisar mais uma vez o conceito de *direito subjetivo*. Trata-se da faculdade concedida pelo ordenamento jurídico para que o sujeito possa agir conforme a sua vontade na busca da satisfação de um interesse próprio (faculdade de agir/vontade + interesse próprio).

Esse interesse próprio ao qual se busca satisfazer poderá ser um interesse *existencial* ou *patrimonial*. Portanto no âmbito do Direito Civil, a atuação do indivíduo estará sempre pautada pelo atendimento de interesses próprios, sejam eles existenciais, patrimoniais ou mesmo ambos.

Por exemplo, ao exercer a faculdade de testar, o sujeito poderá atender a interesses patrimoniais e/ou existenciais. Outro exemplo: ao se casar, o sujeito atenderá a interesses pessoais (existenciais) e/ou patrimoniais. Ao adquirir a propriedade de um imóvel para sua moradia, o sujeito atenderá ao mesmo tempo interesses existenciais e patrimoniais.

Considerando isso, falar em direitos reais remete à busca de interesses patrimoniais. Contudo, essa concepção clássica que atrela os direitos reais a interesses patrimoniais está ultrapassada, uma vez que hoje em dia muitos direitos reais irão atender também a interesses existenciais. Tradicionalmente, os direitos reais eram apontados como a categoria de direitos subjetivos que buscavam atender aos interesses patrimoniais do sujeito titular. Entretanto, atualmente eles buscam muitas vezes atender também a interesses existenciais, como ocorre, por exemplo, na hipótese da propriedade utilizada como moradia por seu titular.

Por conseguinte, a concepção de propriedade como interesse meramente patrimonial está superada. A propriedade possui uma função extrapatrimonial, o que significa que o conceito deve passar por uma releitura, a fim de realçar sua **função promotora da dignidade da pessoa humana**; a propriedade surge como um dos meios para a concessão de efetividade a tal princípio regente de nosso ordenamento.

Nessa linha, destaque-se a **teoria do patrimônio mínimo** ou do **mínimo existencial**. Tal teoria preleciona que a Constituição assegura a propriedade como direito fundamental, mas impõe a leitura desse direito à luz dos demais valores constantes em seu texto. Significa dizer: para que cada indivíduo tenha sua dignidade respeitada, deverá fazer jus a um mínimo de propriedade, para que a partir daí outros direitos fundamentais possam ser resguardados. O acesso à propriedade garantiria ao sujeito a preservação de seu direito à privacidade e à intimidade, o direito à saúde, o direito à vida, entre outros.

■ 29. CARACTERÍSTICAS

■ 29.1. Absolutismo

Os direitos reais são direitos de caráter absoluto. Significa dizer que toda a coletividade possui um dever jurídico genérico de abstenção em face do titular do direito de propriedade (ou outro direito real), ou seja, todas as pessoas devem se abster da prática de atos que possam violar de alguma forma a titularidade de um direito real.

Daí se falar que os direitos reais são **oponíveis *erga omnes***. O direito subjetivo real fará com que a coletividade tenha uma prestação a ser adimplida, e, caso essa prestação não seja cumprida, haverá uma violação ao direito subjetivo, fazendo nascer uma pretensão para seu titular. Essa pretensão variará conforme o tipo de lesão ao direito real (p. ex.: pretensão de reparação dos danos causados; pretensão inibitória; pretensão reivindicatória).

■ 29.2. O atributo da sequela

O direito real adere ao seu titular, trazendo para ele a prerrogativa de perseguir o bem aonde quer que ele esteja e independentemente de quem venha a ser o seu possuidor ou detentor. Portanto, a sequela é uma manifestação do tipo de pretensão que nascerá a partir da violação do direito real.

■ 29.3. Preferência

A preferência se faz presente no âmbito dos direitos reais de garantia (penhor, hipoteca e anticrese), determinando que o credor (titular dessas garantias reais) preferirá a outros credores em caso de concurso, uma vez que terá um bem afetado ao pagamento de seu crédito.

Contudo, *preferência* não pode ser confundida com *privilégios legais*; a preferência normalmente nasce da manifestação de vontade das partes e recai sobre um bem específico, jamais sobre uma universalidade de bens. Por outro lado, o privilégio legal decorre da lei, incidindo sobre o patrimônio como um todo. Conferir os arts. 958 e 1.422 do CC e, ainda, os arts. 83 e 84 da Lei n. 11.101/2005.

■ 29.4. Taxatividade

Só a lei cria novos direitos reais, ou seja, o particular não pode exercer sua autonomia privada no sentido de criar novos direitos reais (**rol** "*numerus clausus*" **de direitos reais**).

O rol exaustivo de direitos reais está expresso no art. 1.225 do CC. Importante observar que a grande maioria dos institutos está regulamentada no próprio Código Civil. Entretanto, alguns deles estão regulamentados em legislação extravagante, quais sejam, *a concessão de uso especial para fins de moradia* (regulamentada pela MP n. 2.220/2001) e *a concessão de direito real de uso* (regulamentada pelo Decreto-lei n. 271/69).

> **Art. 1.225.** São direitos reais:
> I – a propriedade;
> II – a superfície;
> III – as servidões;
> IV – o usufruto;
> V – o uso;
> VI – a habitação;
> VII – o direito do promitente comprador do imóvel;
> VIII – o penhor;
> IX – a hipoteca;
> X – a anticrese;
> XI – a concessão de uso especial para fins de moradia;
> XII – a concessão de direito real de uso;
> XIII – a laje.

Anote-se que o contrato de **alienação fiduciária em garantia** institui a chamada **propriedade fiduciária**, regulamentada pelos arts. 1.361 e s. do CC e considerada por vários autores também um verdadeiro direito real de garantia, pois tem a finalidade de dotar o credor fiduciário de instrumentos para fazer valer com mais força o seu direito de crédito. Como espécie de direito real, a propriedade fiduciária estaria abarcada pelo inciso I do art. 1.225 do CC, sendo assim uma forma especial de propriedade. A regulamentação específica da alienação fiduciária está no Decreto-lei n. 911/69 (móveis) e na Lei n. 9.514/97 (imóveis).

Ao estabelecer os direitos do promitente comprador no inciso VII do art. 1.225, o Código Civil confirmou que, quando inscrita no registro imobiliário, a **promessa de compra e venda** se torna direito real oponível *erga omnes*. Entretanto, o promitente comprador terá direito à adjudicação compulsória ou à outorga de escritura contra o devedor, independentemente de registro (relação obrigacional – eficácia *inter partes*). Logo, o registro será importante apenas para obter tais tutelas (adjudicação compulsória ou outorga de escritura) em face de terceiros estranhos àquele contrato, quando os direitos do promitente vendedor houverem sido transferidos (ver arts. 1.225, VII, 1.417 e 1.418 do CC; e Súmula 239 do STJ).

29.5. Perpétuo ou temporário

A propriedade, como principal direito real, terá caráter **perpétuo**, visto que o simples não uso não é capaz de gerar a perda dessa propriedade. Contudo, todos os demais direitos reais, denominados direitos reais sobre coisas alheias (nascidos a partir do desmembramento das faculdades inerentes à propriedade), serão **transitórios**, característica que deriva de sua essência, uma vez que em algum momento as faculdades transferidas para o terceiro regressarão para o domínio do proprietário.

Em conclusão, considerando que tanto os direitos reais quanto os direitos obrigacionais derivam de um mesmo tronco, o tronco dos interesses patrimoniais, a doutrina costuma apresentar o seguinte quadro comparativo para resumir as características das duas categorias de direitos:

Reais	Obrigacionais
Absolutos	Relativos
Sequela	Sem sequela
Preferência	Sem preferência
Taxatividade	Sem taxatividade (ver art. 425 do CC)
Perpétuos/temporários	Sempre temporários

30. OBRIGAÇÕES *PROPTER REM*

As obrigações *propter rem* (também denominadas obrigações *ob rem*, obrigações mistas, obrigações ambulatoriais, obrigações reais, obrigações reipersecutórias) são aquelas derivadas da titularidade de um direito real, independentemente de quem seja o seu atual titular. Ou seja, o titular deverá adimpli-las em virtude de um mandamento legal. Exemplos: pagamento das despesas condominiais; direitos de vizinhança; pagamento dos tributos reais (IPTU, ITR e IPVA); obrigação de edificar, parcelar solo urbano (ver art. 5º da Lei n. 10.257/2001 – Estatuto da Cidade).

Há que se recordar que, via de regra, o adquirente de um imóvel responde pelos débitos condominiais inadimplidos pelo alienante (ver art. 1.345 do CC); adimplidas tais despesas, o adquirente teria uma ação de regresso contra o alienante, nos termos do art. 884 do CC (cláusula geral de vedação ao enriquecimento sem causa).

31. OBRIGAÇÕES COM EFICÁCIA REAL

Certos direitos obrigacionais são levados a registro com a finalidade de conferir-lhes oponibilidade *erga omnes* (**obrigação com eficácia real** – obrigação que valerá contra todos). Por exemplo, (a) o fato de o proprietário dar o imóvel em locação não retira seu direito de dispor daquele bem; mas é possível que o contrato de locação preveja essa situação, garantindo sua continuidade ainda que o imóvel seja alienado pelo proprietário (**cláusula de vigência em caso de alienação** – ver art. 8º da Lei n. 8.245/91). Será necessário, contudo, que esse contrato de locação seja averbado junto à matrícula do imóvel para que tenha oponibilidade perante o terceiro adquirente; e (b) para exercer o direito de preferência em face do terceiro adquirente do imóvel, o locatário deve comprovar ter promovido a prévia averbação do contrato de locação junto à matrícula do imóvel (ver art. 33 da Lei n. 8.245/91).

32. PROPRIEDADE

32.1. Conceito

Tradicionalmente, a propriedade é conceituada a partir das faculdades jurídicas contidas em tal direito subjetivo. Assim, a propriedade seria o direito de usar, gozar, dispor e reivindicar um bem, nos termos do art. 1.228 do CC.

Em conceituação mais moderna, define-se a propriedade como uma relação jurídica complexa, que se forma entre seu titular e a coletividade, tendo como objeto um dever jurídico genérico de abstenção. A propriedade deve ser encarada não apenas com base em suas faculdades jurídicas, mas sim fundada em uma relação jurídica genérica. A proteção ao direito de propriedade somente passa a ter importância quando inserida em uma relação intersubjetiva, ainda que de um lado só contenha sujeitos indeterminados. A propriedade não traz para o proprietário apenas faculdades; traz também limitações de ordem pública ou privada; impõe o cumprimento de sua função social; impõe obrigações *propter rem*, dentre outras.

32.2. Características

a) **Presença obrigatória, caráter genético ou caráter originário:** sem a presença da propriedade é impossível haver qualquer outro direito real. Isso porque os demais direitos reais (*direitos reais sobre coisas alheias*) nascem a partir da decomposição das faculdades inerentes ao direito de propriedade.

b) **Elasticidade:** a propriedade pode se distender e se contrair, ou seja, a propriedade poderá ser mantida com seu titular de maneira plena, quando este conservará todas as faculdades inerentes ao domínio (propriedade plena ou *alodial*). Poderá, contudo, ser limitada, o que ocorrerá quando estiver decomposta pelos chamados *direitos reais sobre coisa alheia*. Observe-se que, havendo direitos reais sobre coisa alheia, sempre haverá a possibilidade de retorno para o proprietário daquelas faculdades transferidas a terceiros, retornando à propriedade plena.

c) **Exclusividade:** ainda que em condomínio, a propriedade mantém seu caráter exclusivo, de modo que cada condômino proprietário poderá isoladamente exercer suas faculdades jurídicas.

d) **Perpetuidade:** a propriedade não se perde pelo simples não uso; a falta de utilização da propriedade não é causa de perda.

32.3. Faculdades jurídicas inerentes à propriedade

a) **Usar (*jus utendi*):** traduz a possibilidade conferida ao proprietário de se servir da coisa e tê-la à disposição. Segundo preleciona a doutrina mais moderna, tal faculdade também traria para o proprietário a possibilidade de extrair os frutos naturais (ver art. 1.412 do CC, que prevê os direitos do usuário).

b) **Gozar (*jus fruendi*):** é a faculdade que possibilita ao proprietário, enquanto titular do principal, extrair os acessórios da coisa, principalmente os denominados frutos e produtos (ver art. 95 do CC).

> A diferença entre frutos e produtos deriva de sua capacidade renovatória. Os **frutos** são acessórios retirados da coisa principal com periodicidade, ou seja, capacidade renovatória. Exemplos: manga (fruto natural); doce de manga (fruto industrial); os aluguéis e os juros remuneratórios (frutos civis – aqueles extraídos quando alguém se utiliza da coisa de outrem). Os **produtos**, quando extraídos, esgotam o bem principal, não havendo, portanto, capacidade renovatória. Por exemplo, minerais em geral.

c) **Dispor (*jus disponendi*):** é a faculdade conferida ao proprietário de alterar a substância da coisa por meio dos atos de disposição. A alteração da substância pode ocorrer por meio de atos jurídicos ou de atos materiais. Os atos materiais são aqueles que não necessitam da participação de terceiros, como ocorre no **abandono** e na **destruição**, ao passo que, nos atos de disposição jurídica, fala-se em **alienação**, que poderá ser total (gratuita ou onerosa) ou parcial (ônus reais – penhor, hipoteca e anticrese), sempre com a participação de um terceiro.

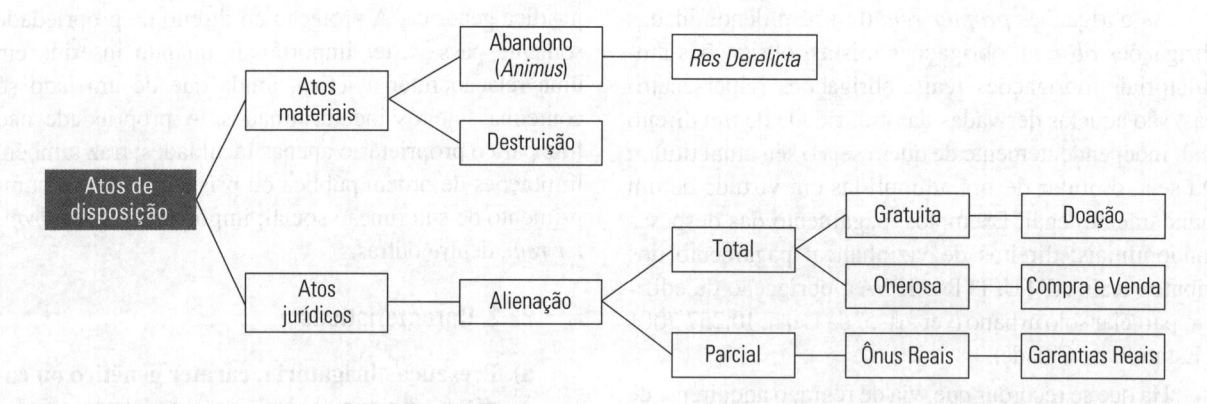

```
Atos de disposição
├── Atos materiais
│   ├── Abandono (Animus) ── Res Derelicta
│   └── Destruição
└── Atos jurídicos ── Alienação
    ├── Total
    │   ├── Gratuita ── Doação
    │   └── Onerosa ── Compra e Venda
    └── Parcial ── Ônus Reais ── Garantias Reais
```

d) **Reivindicar (*jus persequendi*):** é a possibilidade conferida ao proprietário de reaver a posse da coisa, exercendo essa faculdade diante de quem injustamente a possua ou detenha. A violação ao dever genérico de abstenção imposto a toda a coletividade faz nascer uma pretensão para o titular do direito real, que terá a faculdade de reivindicar sua coisa de quem quer que a injustamente possua ou detenha, o que fará pela submissão de sua pretensão à apreciação do Estado, por meio do exercício do direito de ação; trata-se da chamada *ação reivindicatória* (a principal espécie dentre as denominadas **ações petitórias**).

Na ação reivindicatória, a causa de pedir (fundamento fático e jurídico do pedido) será o *direito de propriedade* e a *violação* a esse direito. O pedido na ação reivindicatória será a *posse* (direito que decorre do direito de propriedade e que foi retirado do proprietário).

Importante que não se confundam **ações petitórias** (*jus possidendi*) com **ações possessórias** (*jus possessionis*). Tanto o possuidor natural quanto o possuidor civil têm o direito de pleitear a reintegração de sua posse, mediante o ajuizamento das chamadas ações possessórias. A causa de pedir dessa ação será a *posse* e a *violação* dessa posse (esbulho ou turbação); o pedido será a proteção da *posse*. Em um primeiro momento não há caráter excludente entre tais espécies de ações.

Petitórias (*ius possidendi*)		Possessórias (*ius possessionis*)	
Causa de pedir	PROPRIEDADE VIOLAÇÃO	Causa de pedir	POSSE VIOLAÇÃO
Pedido	POSSE	Pedido	POSSE

O possuidor será aquele que exercer, de maneira plena ou não, uma das faculdades concernentes ao domínio – usar, gozar e dispor, nos termos do conceito estampado no art. 1.196 do CC.

Importante destacar ainda que se deve avaliar corretamente qual a ação a ser movida, já que não há fungibilidade entre as ações possessórias e as petitórias. Existe fungibilidade somente entre as ações possessórias (art. 554 do CPC).

> Por fim, relembre-se que o que é decidido no juízo possessório não faz coisa julgada material perante o juízo petitório, em virtude da diversidade entre as causas de pedir. Logo, a finalidade da ação possessória é gerar uma pacificação social imediata e não estabelecer um juízo definitivo acerca da posse sobre o bem.

São requisitos da ação reivindicatória:

1º) **Comprovação da condição de proprietário (apresentação de um título de propriedade):** para a comprovação de propriedade de um bem imóvel será imprescindível a apresentação da certidão do registro imobiliário em nome do reivindicante.

2º) **Individualização do bem reivindicado (o bem reivindicado deve ser perfeitamente especificado):** não se admite reivindicação de universalidade de bens (p. ex.: herança); o bem deve estar plenamente individualizado na petição inicial da ação reivindicatória.

3º) **Demonstração da posse injusta do réu:** o proprietário deve demonstrar no bojo da ação reivindicatória a injustiça da posse do réu (ver art. 1.228, *caput*, do CC). Posse injusta, como disposto no art. 1.200 do CC, é a posse *violenta* (violência contra a pessoa), *clandestina* (desconhecimento do proprietário) ou *precária* (abuso de confiança). Contudo, esse conceito de posse injusta destina-se às ações possessórias. Tal conceito não deve ser confundido com o terceiro requisito para a ação petitória (posse injusta do art. 1200 $\neq$ de posse injusta do art. 1.228). Posse injusta, nos termos do art. 1.228 do CC, é conceito mais amplo; trata-se daquela posse desprovida de título (posse sem fundamento jurídico).

4º) **Demonstração de cumprimento da função social da propriedade:** conforme prelecionam doutrina e jurisprudência, a partir de uma interpretação civil constitucional, somente mereceria resguardo aquela propriedade que cumprisse sua devida função social. Por conseguinte, conclui-se que, para fazer jus à reivindicação, o proprietário deverá comprovar que vinha cumprindo o mandamento constitucional pelo cumprimento da função social no momento da violação.

5º) **Não estar em curso uma ação possessória (pressuposto processual negativo – ver art. 557 do CPC):** quanto ao prazo para a propositura, a doutrina e jurisprudência majoritárias entendem que a ação reivindicatória veicula uma **pretensão perpétua**, já que visa proteger o direito de propriedade, direito **imprescritível** e que não se extingue pelo não uso.

Em se tratando de condomínio (titularidade de duas ou mais pessoas sobre o mesmo bem), é possível que cada um dos condôminos ingresse sozinho com a ação reivindicatória.

Vale lembrar que se tem o **condomínio *pro indiviso*** e o **condomínio *pro diviso***. No condomínio *pro indiviso* há uma indivisibilidade tanto jurídica quanto fática, ou seja, as duas pessoas constam no registro como proprietárias e, na prática, não há delimitação da área de atuação de cada uma delas. No condomínio pró-diviso, temos uma indivisibilidade jurídica, mas, faticamente, já houve uma delimitação da área de atuação de cada um dos indivíduos (condôminos).

32.4. Função social da propriedade

Ao analisarmos a função do direito de propriedade, devemos nos perguntar para que serve aquele instituto. A função tradicional do direito de propriedade é a satisfação dos interesses econômicos pessoais de seu titular. Até o final do século XIX, essa era a verdadeira e única função visualizada no direito de propriedade (**concepção liberal**), uma vez que não se falava em função transindividual da propriedade. A ideia de bem comum à época estava ligada a uma **concepção individualista**, ou seja, o bem comum seria alcançado quando cada sujeito tivesse resguardada sua liberdade de atuar egoisticamente (essa é a ideia de bem comum presente no art. 5º da LINDB).

Diante da possibilidade de atuar egoisticamente, as faculdades inerentes ao direito de propriedade sempre estiveram condicionadas apenas ao interesse individual do proprietário. No entanto, de tão egoístas, algumas atuações passaram a ser concebidas como abusivas, no que foi introduzido o conceito de **abuso de direito**.

Ao exercer as faculdades inerentes à propriedade, o titular poderá eventualmente abusar desse direito, violando interesses alheios. Para evitar tal abuso, há que ter elementos de controle; é nesse ponto que se tem a função social da propriedade.

A noção de **função social** ganhou força e evoluiu ao longo dos anos, passando a figurar nos ordenamentos jurídicos das diversas nações pelo mundo. No Brasil, o ponto alto do conceito de função social foi atingido com a Constituição de 1988 e, mais recentemente, com o Código Civil de 2002. Em nosso país a propriedade privada é resguardada, desde que cumpra sua devida função social (ver art. 5º, *caput* e XXII e XXIII, e art. 170, III, da Constituição).

Diante do descumprimento da função social da propriedade, surgirão algumas sanções a serem aplicadas ao proprietário. Os efeitos do não atendimento da função social da propriedade estão dispostos na Constituição, principalmente no que tange aos bens imóveis. Por opção, o Poder Constituinte trouxe sanções para tal descumprimento em relação aos bens imóveis, o que não quer dizer que somente os bens imóveis tenham de cumprir sua função social. Tratando-se de imóveis urbanos, verifique-se o art. 182, § 4º, da CRFB/88 (regulamentado pelos arts. 5º a 8º da Lei n. 10.257/2001 – Estatuto da Cidade). Já se o descumprimento se der no âmbito de imóveis rurais, o regramento estará no art. 184 da CRFB/88 (regulamentado pelas leis relativas ao procedimento de reforma agrária).

■ **32.5. Formas de aquisição da propriedade**

As formas de aquisição da propriedade podem ser classificadas em **originárias** e **derivadas**. A aquisição será originária quando não houver relação jurídica entre o atual proprietário e seu antecessor. Consequentemente, os vícios eventualmente existentes naquela propriedade pretérita não serão transmitidos aos novos proprietários (recebe-se uma propriedade isenta de vícios). Usucapião é exemplo de aquisição originária da propriedade.

Já na aquisição derivada da propriedade, teremos a presença de uma relação jurídica entre o atual proprietário e seu antecessor. Consequentemente, se há relação jurídica, os eventuais vícios existentes na propriedade serão transmitidos para o restante da cadeia dominial (cadeia de proprietários). Assim, por exemplo, diante de uma compra e venda *a non domino* (celebrada por quem não era proprietário do bem), vício de legitimidade que contaminará toda a cadeia dominial, o verdadeiro proprietário prejudicado poderá impugnar todas as alienações posteriores. A tradição e o registro são modos de aquisição derivados.

As **principais** (mas não as únicas) **formas de aquisição da propriedade**, reguladas no Livro do Direito das Coisas, são (ver art. 1.238 e s. do CC):

Imóveis	Móveis
Registro	Tradição
Usucapião	Usucapião
Acessão	Ocupação

■ **32.5.1. Registro**

No Brasil, como é sabido, a compra e venda não é forma de aquisição da propriedade. No *Sistema Brasileiro*, o negócio jurídico celebrado entre as partes, quando apresentar imóvel de valor superior a 30 salários mínimos, deverá observar a forma pública, sendo necessário que esse título (contrato) seja levado a registro perante o órgão público encarregado, momento no qual o adquirente se tornará proprietário do bem. Além disso, o registro no Brasil gera **presunção relativa de propriedade**.

■ **32.5.1.1. Características do sistema registral brasileiro**

1º) Modo vinculado ao título que o fundamenta, ou seja, o registro não tem autonomia e terá sua validade condicionada à perfeição do título que o fundamenta. A doutrina afirma que o registro no Brasil não tem caráter sanatório de vícios. Logo, conclui-se que o registro deve ser classificado como uma forma derivada de aquisição de propriedade.

2º) O registro gerará apenas presunção relativa de domínio, pois terceiros eventualmente prejudicados poderão impugnar o registro imobiliário. Nesse sentido, aquele proprietário que tem o imóvel em seu nome nada terá que provar, sendo o ônus probatório de quem contesta a propriedade.

Excepcionalmente, é possível ter a presença do denominado **Registro Torrens** (ver arts. 277 e s. da Lei n. 6.015/73) – esse é um procedimento de jurisdição voluntária que tem como finalidade gerar uma presunção absoluta de propriedade, mas somente terá cabimento em face de imóveis rurais.

32.5.1.2. Princípios do registro imobiliário

1º) Princípio da constitutividade: o registro imobiliário instituirá uma nova situação jurídica, qual seja a situação de proprietário, ou, ainda, de titular de novos direitos reais (ver os arts. 1.277 e 1.245, § 1º, do CC). Daí se falar em seu caráter constitutivo. Contudo, em alguns casos o registro terá caráter meramente declaratório, por exemplo, na ação de usucapião (o registro apenas declara uma questão já decidida em juízo, uma vez que o sujeito se torna proprietário pelo preenchimento dos requisitos legais) e na sucessão (o registro do formal de partilha não constitui o direito de propriedade, que já se constituiu pela *saisine* – ver art. 1.784 do CC).

2º) Prioridade ou preferência do registro: é a proteção concedida àquele que, ao apresentar um título, o prenota em primeiro lugar. Com isso se garante que a análise da legalidade daquele título será feita em primeiro lugar; caso esteja regular, proceder-se-á ao seu registro. Efetivado o registro, o ato retroagirá à data da prenotação (ver art. 1.246 do CC e arts. 188, 191 e 192 da Lei n. 6.015/73).

3º) Continuidade: pelo princípio da continuidade, o registro deve trazer um encadeamento perfeito dos vários proprietários, ou seja, no título apresentado, o alienante deve ser a pessoa em nome de quem consta o registro do imóvel (ver art. 222 da Lei n. 6.015/73). Não obstante, há que destacar que nas hipóteses de usucapião e desapropriação haverá uma quebra dessa cadeia dominial, pois são exemplos de aquisição originária do direito de propriedade.

4º) Princípio da especialidade: só será levado a registro o imóvel perfeitamente especificado; não se admite registro de universalidade de bens (ver art. 225 da Lei n. 6.015/73).

5º) Princípio da veracidade: o registro deve retratar com perfeição a realidade fática. Logo, havendo algum erro ou omissão no registro imobiliário, o interessado poderá solicitar a retificação ou anulação deste (ver art. 1.247, *caput*, do CC). O procedimento de retificação do registro foi trabalhado pela Lei n. 6.015/73 nos arts. 212 a 214, podendo-se optar entre a via administrativa e a judicial; quando o erro disser respeito ao registro em si, o procedimento de retificação será administrativo; a retificação será, por outro lado, judicial quando disser respeito ao título translativo da propriedade, hipótese em que o contraditório deverá ser respeitado.

6º) Publicidade do registro imobiliário: a publicidade do registro se justifica pelo caráter *erga omnes* dos direitos reais.

7º) Princípio da unitariedade: cada imóvel deverá ter sua própria matrícula, e cada matrícula não pode ter como objeto mais de um imóvel.

8º) Princípio da legalidade: todo título passará pelo exame de legalidade, incumbência esta do oficial do registro de imóveis, quando deverá ser observado, por exemplo, se foi respeitada ou não a forma pública; se há ou não outorga uxória etc. Observada a legalidade, proceder-se-á ao registro. Por outro lado, caso o oficial observe alguma irregularidade, chamará o particular para suprir o vício alegado. Se o particular não concordar com a exigência feita, poderá solicitar que o Oficial Registrador suscite dúvida ao juiz (art. 198 da Lei n. 6.015/73).

32.5.2. Tradição

Assim como ocorre com os bens imóveis, em relação aos bens móveis o contrato celebrado relativo a sua alienação também não terá força translativa (conferir o art. 481 do CC). Dessa forma, a compra e venda não transfere o domínio sobre o bem, mas cria a obrigação de transferir. Quanto aos bens móveis, então, a transferência da propriedade dar-se-á pela tradição.

Quanto às espécies, a tradição pode ser **real**, **presumida** ou **ficta**. A **tradição real** ocorre com a entrega efetiva do bem. Já a **tradição presumida** (ou **simbólica**) ocorre quando há a entrega de algo que simboliza o bem móvel (p. ex.: a entrega das chaves de um carro). Por fim, na **tradição ficta** (ou **jurídica**) haverá transmissão do direito de propriedade do bem sem que haja alteração da posse, ou seja, há apenas uma cláusula contratual alterando a propriedade do bem, sem modificação no âmbito da posse da coisa. São subespécies da **tradição ficta** o **constituto-possessório** e a *traditio brevi manu*.

No **constituto-possessório**, aquele que detinha a coisa em nome próprio passa a possuí-la em nome alheio (o sujeito continua sendo possuidor, mas deixa de ser proprietário do bem). Já a *traditio brevi manu* ocorre quando aquele que era possuidor em nome alheio passa a possuir em nome próprio, porque passa a ser proprietário (o possuidor passa a ser também proprietário).

Exemplo dessas subespécies de tradição ocorre na alienação fiduciária em garantia, na qual a **cláusula constituti** será inserida no contrato para garantir que o bem móvel adquirido passe a ser de propriedade da instituição financeira durante o prazo estipulado para o pagamento do empréstimo. Após a quitação integral do contrato, o bem móvel passará novamente para a propriedade do adquirente, momento em que ocorrerá a chamada *traditio brevi manu*, ou seja, para aquele adquirente que jamais deixou de ser possuidor do bem. Porém, realizada a quitação de todas as parcelas devidas à instituição financeira no bojo daquele contrato, o devedor volta a ser proprietário do bem móvel.

32.5.3. Usucapião

O vocábulo "usucapião" significa "*tomar pelo uso*". Usucapião é a forma originária de aquisição da propriedade e de outros direitos reais, em decorrência do exercício manso, pacífico e contínuo da posse pelos prazos estabelecidos em lei, respeitados os demais requisitos específicos de cada uma das modalidades. Aplica-se tanto aos móveis quanto aos imóveis, sendo a única modalidade de aquisição de propriedade que tem essa dupla incidência.

O primeiro detalhe importante é que, como forma de aquisição originária, o usucapiente adquire a propriedade contra o anterior proprietário, não havendo entre eles qualquer tipo de relação jurídica. Conclui-se, então, que não haverá fato gerador tributário (ITBI).

A usucapião é, ao mesmo tempo, um prêmio e uma sanção. Prêmio àquele que exerceu a posse por prolongado período de tempo, verdadeira "ponte" que elevará o mero possuidor à condição de proprietário (a usucapião é um efeito da posse); daí por que meros detentores não poderão usucapir. Simultaneamente, a usucapião incide como sanção pelo não exercício da posse pelo proprietário do bem, sanção que implicará a perda da propriedade.

Importa ressaltar que, ao preencher os requisitos legais para a usucapião, o possuidor se tornará proprietário independentemente de qualquer manifestação por parte do Estado. Logo, a ação de usucapião, prevista no art. 1.241 do CC, tem natureza **declaratória** do direito de propriedade; não se presta a constituir o direito de propriedade, mas meramente a declará-lo. A finalidade da ação de usucapião é trazer ao novo proprietário segurança jurídica, mediante a obtenção de uma chancela do Estado acerca do preenchimento dos requisitos legais para a aquisição da propriedade, além de permitir a circulação de riquezas, uma vez que o novo proprietário poderá alienar o bem após a regularização do registro.

A ação de usucapião era de rito especial no CPC revogado. No atual CPC, o legislador consagrou o rito ordinário para essa ação, com uma diferença no âmbito da citação, nos termos do art. 246, § 3º, quando se diz que os confinantes devem ser citados pessoalmente.

32.5.3.1. Requisitos da usucapião

A fim de facilitar o estudo, a doutrina costuma dividir os requisitos da usucapião em três categorias: **pessoais**, **reais** e **formais**.

32.5.3.2. Requisitos pessoais da usucapião

1º) Para que ocorra essa aquisição originária, é necessária a presença de um possuidor que exerça sobre aquele bem a chamada **posse *ad usucapionem***, ou seja, uma posse qualificada para fins de usucapião, que nada mais é que uma posse exercida com *animus domini* (intenção de se tornar proprietário do bem). O que importará para tanto será a intenção do possuidor. Este pode até saber que não é proprietário, bastando que se verifique existir a intenção de algum dia vir a se tornar proprietário.

2º) **União de posses:** possibilidade conferida pela lei ao atual possuidor de somar seu tempo de posse ao tempo exercido por seu antecessor, para fins de contagem de prazo para aquisição da propriedade pela usucapião. A união de posses é dividida em duas modalidades: *acessio possessionis* e *sucessio possessionis* (ver arts. 1.207 e 1.243 do CC). Na *acessio possessionis* a transmissão da posse se dará a título singular e o novo possuidor terá a faculdade de unir sua posse à posse do anterior possuidor. Já na *sucessio possessionis,* a transmissão se dá em caráter universal (decorrente da *saisine*), e o novo possuidor deve obrigatoriamente unir sua posse à posse do antecessor.

3º) **Prescrição aquisitiva:** essa nomenclatura surge em razão de serem aplicadas também à usucapião as causas impeditivas, suspensivas e interruptivas da prescrição (ver arts. 197 a 204, c/c o art. 1.244 do CC).

32.5.3.3. Requisitos reais da usucapião

1º) Primeiramente, importa destacar que somente os bens que estejam **no comércio** podem ser usucapidos, e que os bens **fora do comércio**, como ocorre com os bens públicos de qualquer natureza, não podem ser usucapidos; essa inclusive é uma proibição expressa (ver arts. 183, § 3º, e 191, parágrafo único, da CRFB/88, art. 102 do CC e Súmula 340 do STF).

Sobre os bens públicos, em que pese não poderem ser usucapidos, podem ser objeto de outro direito real, a chamada **concessão de uso especial para fins de moradia** (ver art. 1.225, XI, do CC, regulamentado pela MP n. 2.220/2001). Essa nova modalidade de direito real possui os mesmos requisitos que a usucapião urbana individual (ver art. 1.240 do CC), com apenas uma diferença: *a usucapião incide sobre imóveis particulares, enquanto a concessão de uso especial para fins de moradia incide sobre imóveis públicos.*

A finalidade do novo instituto foi regularizar a ocupação de terras públicas, trazendo aos possuidores maior segurança jurídica. Ao preencher os requisitos previstos na medida provisória, o possuidor terá direito à declaração da concessão de uso, seja administrativa, seja judicialmente (**obriga o poder público**). Tal direito de concessão é transmissível, *causa mortis* ou *inter vivos*. Importante destacar, por fim, que esse direito poderá ser concedido coletivamente (ver art. 2º da MP n. 2.220/2001).

2º) **Bem de família:** no Brasil o bem de família submete-se a duplo regime: **bem de família voluntário** (ver art. 1.711 do CC) e **bem de família legal** (ver Lei n. 8.008/90). De toda forma, afigura-se como possível a usucapião do bem de família em qualquer de suas modalidades, já que o proprietário foi tão desidioso a ponto de permitir que alguém viesse a possuir o seu bem, preenchendo os demais requisitos.

3º) **Usucapião em condomínio:** duas espécies de condomínio: *pro indiviso* e *pro diviso* (conforme haja ou não divisão de área exclusiva de atuação de cada um dos condôminos). No condomínio *pro indiviso* será possível a usucapião, desde que um dos condôminos exerça posse exclusiva, excluindo o outro. Já no condomínio *pro diviso*, bastará que um dos condôminos ocupe a área delimitada para a atuação do outro condômino.

Já no condomínio edilício (arts. 1.331 e s. do CC), questiona-se: é possível a usucapião de vaga de garagem? Segundo o STJ, somente será possível se esta possuir registro e matrícula própria e individualizada. Noutra hipótese, quem ocupa área comum de condomínio é considerado mero detentor e nunca poderá usucapir. Evidentemente que unidade autônoma do condomínio edilício, como um apartamento, pode ser usucapida.

32.5.3.4. Requisitos formais da usucapião

Analisar os requisitos formais da usucapião significa estudar cada modalidade delineada pelo Código Civil e pela legislação extravagante, enxergando assim pontos comuns a todas elas, tais como a posse mansa, pacífica e contínua e outros pontos distintos, tal qual o fator temporal, metragem ou localização do bem, entre outros.

É possível dizer que o Código Civil trouxe cinco modalidades de usucapião: extraordinária (art. 1.238), ordinária (art. 1.242), rural (art. 1.239), urbana individual (art. 1.240) e urbana familiar (art. 1.240-A). O Estatuto das Cidades (Lei n. 10.257/2001) trouxe ainda a hipótese de usucapião urbana coletiva em seu art. 10.

Todas essas modalidades devem ser declaradas por meio de ação ordinária de usucapião, ação declaratória, como dito. Entretanto, o atual CPC trouxe a possiblidade de todas essas modalidades virem a ser declaradas **extrajudicialmente**, a partir de procedimento realizado junto ao Cartório de Registro de Imóveis no qual o bem esteja matriculado. A nova lei processual incluiu o art. 216-A na Lei de Registro Público – Lei n. 6.015/73. Esse artigo elenca os requisitos e estabelece o procedimento cartorário para tal pedido.

Hipóteses de usucapião					
Extraordinária	**Ordinária**	**Rural**	**Urbana individual**	**Urbana coletiva**	**Família**
Art. 1.238 do CC	Art. 1.242 do CC	Art. 1.239 do CC Lei n. 6.969/81 Art. 191 da Constituição	Art. 1.240 do CC Lei n. 10.257/2001, art. 9º Art. 183 da Constituição	Arts. 10 a 14 da Lei n. 10.257/2001 (Estatuto das Cidades)	Art. 1.240-A do CC
■ *Animus domini* ■ 15 anos (*caput*)	■ Justo título e boa-fé (subjetiva) ■ 10 anos (*caput*)	■ Moradia ou trabalho ■ Área rural	■ Moradia ■ Urbana ■ Até 250 m²	■ Moradia ■ Urbana ■ Mais de 250 m²	■ Moradia ■ Imóvel urbano ■ Até 250 m²
■ Função Social ■ 10 anos (parágrafo único)	■ Função social ■ Aquisição onerosa ■ 5 anos (parágrafo único)	■ Até 50 ha ■ Não ser proprietário de outro bem imóvel urbano ou rural ■ 5 anos	■ Não ser proprietário de outro bem imóvel urbano ou rural ■ 5 anos	■ Não ser proprietário de outro bem imóvel urbano ou rural ■ 5 anos ■ Não ser possível a individualização ■ Ocupação por famílias de baixa renda (CJI)	■ Não ser proprietário de outro bem imóvel urbano ou rural ■ 2 anos de posse ■ Posse exclusiva ■ Proprietário em regime de condomínio ■ Abandono do lar pelo ex-cônjuge

32.5.4. Acessão

A acessão é a forma de aquisição da propriedade imóvel por aplicação direta do princípio da gravitação jurídica, ou seja, tudo que adere ao imóvel já pertencente a alguém será da propriedade deste. Assim, os acrescidos ou surgidos em terrenos rurais que margeiam um rio, por exemplo, serão considerados **acessões naturais** (álveo abandonado, formação de ilhas, aluvião e avulsão), nos termos dos arts. 1.248 a 1.252 do CC.

Já as construções ou plantações feitas em um terreno presumem-se pertencer ao proprietário desse bem, constituindo-se assim **acessões artificiais**, conforme os arts. 1.253 a 1.259 do CC.

As regras da acessão serão importantes para regular a quem pertencerão esses acrescidos, bem como estabelecer regras indenizatórias a partir da constatação da boa ou má-fé da posse exercida sobre aquele bem, metragens envolvidas, possibilidade do retorno à situação anterior etc.

32.5.5. Ocupação

Relativamente à ocupação, pode-se dizer que é a modalidade de aquisição de bens móveis, pela apropriação de bens abandonados (*res derelicta*) ou de bens que nunca pertenceram a ninguém (*res nullius*), nos termos do art. 1.263 do CC. Pelo fato de não terem um dono, essa forma de aquisição da propriedade móvel é considerada uma aquisição originária. O ocupante só não será considerado dono do bem se alguma lei especial proibir o assenhoreamento deste, por exemplo, a apropriação de um animal de espécie em extinção (vedações das leis ambientais).

32.6. Propriedade superficiária (arts. 1.369 e s. do CC)

É o direito real temporário e autônomo em que o proprietário do bem transfere para um terceiro, chamado de superficiário, a propriedade das construções e plantações que se fizerem sobre seu terreno, ou seja, de tudo aquilo que existir ou vier a ser criado na superfície do bem.

Pela incidência do já estudado princípio da gravitação jurídica, em regra, o proprietário do bem principal é o proprietário do bem acessório, sendo essa inclusive a lógica que rege o instituto da acessão. Essa lógica é quebrada em se tratando de **direito real de superfície**, uma vez que o proprietário do bem imóvel (*concedente ou nu-proprietário*) desmembra sua propriedade, mantendo consigo a propriedade do solo e transferindo ao terceiro (*superficiário* ou *concessionário*) a propriedade das plantações e construções sobre a superfície.

Desse modo, o proprietário do solo poderá exercer todas as faculdades inerentes ao domínio, transferindo ao superficiário apenas o **domínio útil** sobre o solo. Não há, portanto, transferência de poderes dominiais; daí por que a doutrina não considera que o direito real de superfície seja uma espécie de direito real de gozo ou fruição. Ou seja, a superfície é uma nova propriedade, instituída pelo proprietário originário. Daí o nome de **propriedade superficiária**.

Verifica-se que o direito real de superfície se apresenta como importante mecanismo para dar cumprimento à função social da propriedade. O direito real de superfície permite que terceira pessoa munida de capital confira uma destinação econômica à propriedade, o que talvez o proprietário não tivesse condições de fazer sozinho.

Quanto à sua concessão, o direito real de superfície traz a possibilidade da modalidade de negócio jurídico gratuito ou oneroso. Se previsto, o concedente poderá exigir o pagamento do chamado *solarium*, conforme a periodicidade de pagamento, ajustada livremente pelas partes (ver art. 1.370 do CC).

Outra característica é que a propriedade superficiária apresenta-se como propriedade resolúvel (ver art. 1.359 do CC), ou seja, uma propriedade sujeita a termo final, que, uma vez alcançado, produz sua extinção. Assim, com o advento do termo final do direito real de superfície, a propriedade superficiária será extinta, concentrando-se novamente nas mãos do proprietário do solo a propriedade plena, com todos os seus acrescidos, sem que se fale em indenização ao superficiário (como regra).

Verifica-se ainda que a propriedade superficiária pode perfeitamente ser transmitida a terceiros, como preleciona o art. 1.372 do CC. Por outro lado, mesmo não havendo previsão expressa no Código Civil, a transmissibilidade também da propriedade do solo é consequência lógica do instituto, sendo plenamente permitido ao proprietário concedente a alienação de seu direito a terceiros, uma vez que mantém consigo o direito de dispor da coisa.

Se ocorrer transmissibilidade do direito real de superfície, há vedação imposta ao proprietário do solo de cobrar do superficiário qualquer valor decorrente do ato de transmissão (ver o parágrafo único do art. 1.372 do CC). Isso ocorre porque o direito real de superfície veio para substituir a enfiteuse, que implicava o pagamento do chamado laudêmio pelo enfiteuta ao senhorio direto.

Em caso de alienação, deve-se recordar também que o superficiário deverá dar preferência ao proprietário do solo (concedente) na aquisição do direito real de superfície; e, do mesmo modo, o nu-proprietário deverá dar preferência ao superficiário, caso pretenda alienar seu direito (ver art. 1.373 do CC). Essa regra é bem semelhante à compra e venda entre condôminos (art. 504 do CC) e à preferência existente no contrato de locação de bens (art. 28 da Lei n. 8.245/91).

Ainda diante da característica da transmissibilidade do direito real de superfície, conclui-se pela possibilidade de instituição de direitos reais de garantia com base na propriedade superficiária. Poderá ocorrer, por exemplo, que o proprietário superficiário necessite buscar um financiamento junto a determinada instituição financeira, quando poderá oferecer em garantia ao adimplemento desse contato o próprio direito real de superfície. Por isso o art. 1.473 do CC autoriza que a superfície seja objeto da hipoteca.

Por fim, as obrigações *propter rem* incidentes sobre a propriedade superficiária, tais como os tributos reais ou despesas condominiais, recaem sobre o superficiário se as partes não decidirem de maneira diversa no contrato, nos termos do art. 1.371 do CC.

■ 33. POSSE

■ 33.1. Introdução

Historicamente, duas teorias foram construídas para designar quem seria considerado possuidor.

- **Teoria subjetiva da posse (*Savigny*):** aponta que, para ser possuidor, o sujeito deveria ter poder sobre a coisa (*corpus*) juntamente com o *animus*, ou seja, a intenção de um dia se tornar proprietário daquele bem. Portanto, para *Savigny*, a posse seria uma situação fática verificada a partir do momento em que o sujeito viesse a exercer o controle sobre o bem, tendo ao mesmo tempo a intenção de vir a se tornar proprietário de tal bem.
- **Teoria objetiva da posse (*Ihering*):** segundo essa teoria, para ser considerado possuidor, o sujeito necessitaria apresentar apenas o *corpus*, ou seja, exige-se somente a visibilidade do domínio, o que é atingido ao ser dada uma destinação econômica ao bem, restando assim dispensado o elemento anímico.

Tanto o Código Civil de 1916 quanto o atual valeram-se da teoria objetiva de *Ihering* para a conceituação da figura do possuidor. Contudo, ao elaborar sua teoria, *Ihering* entendeu que a posse decorreria como simples consequência do exercício do direito de propriedade. Logo, o fundamento da proteção possessória, segundo *Ihering*, seria permitir uma defesa imediata da propriedade. Atualmente essa concepção é bastante criticada, uma vez que a proteção da posse independe do exercício do direito de propriedade.

Sob o ponto de vista de um Direito Civil constitucionalizado, alguns autores apontam que as duas teorias são insuficientes para explicar o fenômeno possessório. Isso porque a análise estanque de cada uma delas não justificaria a proteção possessória em algumas hipóteses, como ocorreria, por exemplo, em relação ao invasor da propriedade imobiliária alheia. Não obstante, o Código Civil adotou a teoria de Ihering, conforme se verifica pelo disposto no art. 1.196:

> **Art. 1.196.** Considera-se possuidor todo aquele que tem de fato o exercício, pleno ou não, **de algum dos poderes inerentes à propriedade**.

Posse seria, portanto, a exteriorização da propriedade por meio do exercício fático de uma de suas faculdades. Em princípio, aquele que apresenta exercício pleno de alguma das faculdades de uso, gozo ou disposição sobre o bem é possuidor desse bem. Portanto, todo aquele que ocupa um bem é, presumidamente, seu possuidor.

A vantagem dessa presunção de posse surge quando são analisados os efeitos desse instituto. O possuidor é considerado como tal para que faça jus aos efeitos da posse. Assim, podem ser listados como principais efeitos da posse: **o direito de perceber frutos** (ver art. 1.214 do CC); **o direito de ser indenizado pelas benfeitorias e acessões realizadas na coisa** (ver art. 1.219 do CC); **o direito à usucapião** (ver art. 1.238 do CC); **a proteção possessória** (ver art. 1.210 do CC), via autotutela (legítima defesa ou desforço imediato) ou por meio dos chamados interditos possessórios (ações possessórias).

Contudo, por vezes, a presunção não militará em favor do ocupante do bem, hipóteses em que se apresentará a chamada **detenção**. Um sujeito poderá vir a ocupar um bem sem que essa ocupação seja considerada posse. Nessas hipóteses, configurar-se-á a detenção (também denominada de *tença*).

Para Savigny, detentor seria aquele que não tivesse o elemento anímico (*animus domini*). Consequentemente, conforme essa teoria, o detentor não teria direito aos efeitos da posse. O locatário, o comodatário e o arrendatário seriam meros detentores, que não teriam direito aos efeitos possessórios.

Por outro lado, segundo a teoria de Ihering, do mesmo modo que aponta quem é possuidor, a lei também deveria ditar quem não o é detentor, ou seja, o conceito de detentor deveria ser normativo. Portanto, conforme a lição de Ihering, o detentor seria aquele a quem a lei não confere a qualidade de possuidor; aquele para quem a lei desqualifica a posse. Alguns autores assim definem: **detenção é a posse juridicamente desqualificada**. Detentor é o ocupante de um bem a quem a lei recusa a concessão de efeitos possessórios.

Dessa forma, seria possível apontar algumas **hipóteses legais de detenção**:

a) **Servidor da posse (fâmulo da posse – ver art. 1.198 do CC):** nessa hipótese, os ocupantes são meros instrumentos da vontade alheia, praticando atos de posse em nome do verdadeiro proprietário ou possuidor. Haverá vínculo de subordinação, uma vez que a atuação do fâmulo da posse é subordinada a terceiro. São exemplos dessa espécie de detentor os empregados do possuidor ou proprietário, cabendo destacar, contudo, a desnecessidade de haver contrato formal de trabalho ou mesmo remuneração.

Observa-se que essa modalidade de detenção permite a conversão em posse se houver rompimento do vínculo de subordinação, quando a ocupação que era desinteressada e em nome alheio passa a ser interessada e em nome próprio. Esse entendimento está no parágrafo único do art. 1.198 do CC.

b) **Atos de violência e clandestinidade (ver art. 1.208 do CC):** num primeiro momento, a ocupação de um bem com atos de violência ou clandestinidade não induzirá a posse, ou seja, os ocupantes serão meros detentores. Porém, cessada a violência ou clandestinidade, haverá posse. Será considerada posse injusta em virtude da presença desses vícios objetivos, nos termos do art. 1.200 do CC. A doutrina denomina esse tipo **detenção independente**.

c) **Atos de mera permissão ou tolerância (ver art. 1.208 do CC):** há permissão quando o ocupante do bem obtém do legítimo possuidor ou proprietário a autorização expressa para o exercício do *corpus*. Já a tolerância derivará de autorização tácita. Nessas hipóteses, não se fala em posse, porque não há negócio jurídico subjacente entre as partes, ou seja, o legítimo possuidor ou proprietário é titular de um direito potestativo, podendo revogar a qualquer tempo a autorização de ocupação que fora dada.

d) **Ocupação de bens insuscetíveis de posse:** o sujeito que ocupa bens insuscetíveis de posse (por exemplo, os bens públicos) será considerado mero detentor. Nossos Tribunais Superiores possuem uma visão conservadora acerca do tema, sendo refratários à ideia de exercício de atos de posse por particulares sobre bens públicos de qualquer natureza sem que estejam preenchidos os requisitos estabelecidos pelas leis específicas. Logo, para o STJ e o STF o ocupante de bem público é mero detentor e não faz jus aos efeitos da posse.

Além dessa distinção normativa entre posse e detenção, a adoção pelo nosso Código da teoria de Ihering traz as seguintes vantagens:

1º) Permite o **desdobramento da posse** – exercício de posses paralelas (ver art. 1.197 do CC). A partir de uma relação jurídica de direito real ou obrigacional, uma ou mais faculdades inerentes ao domínio poderão ser transmitidas a um terceiro. Ao obter a atuação imediata sobre a coisa, o terceiro será considerado **possuidor direto**, e aquele que transferiu será considerado **possuidor indireto**. Logo, sendo ambos considerados possuidores, farão jus aos efeitos da posse, seja em face de terceiros, seja entre si. A posse direta terá duas características: (a) será temporária, pois somente existirá enquanto se mantiver hígido o negócio jurídico que a fundamenta; e (b) a posse direta será subordinada, pois quem delimitará os poderes a serem conferidos ao possuidor direto será o possuidor indireto (normalmente o próprio proprietário da coisa).

> **Art. 1.197.** A posse direta, de pessoa que tem a coisa em seu poder, temporariamente, em virtude de direito pessoal, ou real, não anula a indireta, de quem aquela foi havida, podendo o possuidor direto defender a sua posse contra o indireto.

2º) Outra vantagem advinda da adoção da teoria de Ihering é a possibilidade de composses (ver art. 1.199 do CC), ou seja, é possível que duas ou mais pessoas exerçam simultaneamente a posse sobre a coisa. Mas cuidado: a composse não se confunde com o condomínio (propriedade pertencente ao mesmo tempo a dois ou mais sujeitos).

> **Art. 1.199.** Se duas ou mais pessoas possuírem coisa indivisa, poderá cada uma exercer sobre ela atos possessórios, contanto que não excluam os dos outros compossuidores.

33.2. Classificação da posse

A posse é um instituto que se classifica quanto aos seus vícios, que podem ser **subjetivos** (estado anímico frente à coisa que se possui – boa-fé ou má-fé) ou **objetivos** (forma pela qual a posse foi adquirida – justa ou injusta).

A classificação da posse é importante para traçar regras quanto a seus efeitos, ou seja, para que sejam modulados os efeitos da posse.

Assim, a posse será:

- **Quanto aos vícios objetivos:** posse **justa ou injusta**, a depender da forma como veio a ser adquirida. Será justa quando não for adquirida pela violência, clandestinidade ou precariedade, nos termos do art. 1.200 do CC. Violenta é a posse adquirida com atos de agressão à pessoa do antigo possuidor. Clandestina, a adquirida às escondidas do verdadeiro possuidor. Por fim, precária será a posse derivada do abuso de confiança, ou seja, o possuidor deveria ter restituído o bem, mas indevidamente nele permanece.

- **Quanto aos vícios subjetivos:** posse de **boa-fé** ou de **má-fé**. Será de boa-fé a posse quando o possuidor ignorar os vícios que lhe impedem a aquisição da coisa. Ao revés, quando tiver ciência da presença desses vícios, a posse será considerada de má-fé, nos termos do art. 1.201 do CC. Vale lembrar que quem tem para si um justo título (título formalmente perfeito, mas materialmente viciado) guarda consigo a presunção relativa de boa-fé de sua posse.

33.3. Efeitos da posse

Para fins didáticos, os efeitos da posse podem ser divididos em quatro hipóteses:

- **Proteção possessória:** sem sombra de dúvida, o principal efeito da posse. A posse, se lesada, ensejará o nascimento de pretensão a seu titular, no sentido de retomá-la, inibir indevidas intervenções ou ameaças. Assim, diante de um esbulho, turbação ou ameaça de ocorrência dos dois primeiros, pode o possuidor reagir contra as indevidas lesões, preservando assim seu direito de possuir o bem.

Configura-se o esbulho quando o possuidor vem a ser privado do bem, total ou parcialmente. A proteção possessória correta será a ação de reintegração de posse ou a autotutela através do desforço imediato, nos termos do art. 1.210 do CC.

Há turbação quando terceiro prejudica a normal utilização do bem por seu possuidor. A proteção possessória se faz por meio da ação de manutenção de posse ou a autotutela a partir de atos de legítima defesa.

Se houver mera ameaça, pode-se buscar a proteção via Judiciário, inibindo-se a concretização do ilícito por meio da ação de interdito proibitório, na qual pode inclusive haver fixação de multa cominatória.

As ações possessórias foram regulamentadas no CPC, a partir do art. 554. Normalmente, será réu em ação possessória aquele que se qualificar como possuidor injusto (art. 1.200 do CC).

- **Direito aos frutos:** os arts. 1.214 e s. do CC estabelecem que o possuidor poderá ter direito aos frutos colhidos enquanto ocupar a coisa. Tal regramento será variável quanto ao estágio em que os frutos se encontrarem (percebidos, pendentes, colhidos por antecipação) e também de acordo com a boa-fé ou má-fé do possuidor.

- **Direito às benfeitorias:** os arts. 1.219 e s. do CC regulamentam a possibilidade de o possuidor vir a ser indenizado, ou não, pelas benfeitorias que tiver realizado na coisa. Para tanto, o Código se utiliza da boa-fé ou má-fé, bem como da natureza da benfeitoria realizada no bem (útil, necessária ou voluptuária). Há que registrar a possibilidade conferida ao possuidor de boa-fé de reter consigo o bem até que lhe sejam pagas as benfeitorias úteis e necessárias. Denomina-se essa possibilidade **direito de retenção**.

- **Direito à usucapião:** tratado no capítulo anterior, vale registrar que apenas possuidores podem vir a se tornar proprietários do bem ocupado pelo implemento da usucapião.

34. DIREITOS REAIS SOBRE COISAS ALHEIAS

34.1. Introdução

Como dito no capítulo referente à propriedade, esta é elástica, ou seja, o proprietário tem o poder de desmembrar as faculdades inerentes ao domínio e transferi-las para terceiros de forma temporária, sem nunca perder a condição de proprietário. Sendo assim, fala-se em **propriedade plena**, quando o proprietário reúne todas as faculdades inerentes ao domínio, e em **propriedade limitada**, quando o proprietário transfere para terceiros alguma das faculdades dominiais.

A partir das limitações ao direito de propriedade é que surgem os direitos reais sobre coisa alheia, quando se observará um terceiro exercendo poderes dominiais sem ser o proprietário do bem. O Código Civil traz três espécies de direitos reais sobre coisa alheia, segundo classificação usualmente estabelecida em doutrina: **direitos reais de gozo ou de fruição** (usufruto, uso, habitação); **direitos reais de garantia** (penhor, hipoteca, anticrese); e o **direito real de aquisição** (promessa de compra e venda).

34.2. Direitos reais de gozo (ou fruição)

Nos direitos reais de gozo, o proprietário transfere a terceiro as faculdades de **usar** e **gozar** do bem. Como estudado no capítulo referente à propriedade, a faculdade de usar permite ao indivíduo se servir da coisa de acordo com sua destinação. Permite que o titular perceba os frutos naturais advindos da coisa, ou seja, aqueles acessórios que advêm independentemente da intervenção humana.

Já a faculdade de gozar permite que o indivíduo frua do bem de acordo com a destinação econômica. O indivíduo pode extrair do bem todas as suas utilidades, ou seja, seus acessórios (frutos e produtos).

A partir do momento em que é instituído um dos direitos reais de gozo ou fruição, passam a subsistir duas relações jurídicas em torno do bem: uma formada entre o proprietário e o titular do direito real de fruição e outra entre o titular do direito real de fruição e a coletividade (que assume um dever genérico de abstenção).

> É importante lembrar quais são os direitos reais de gozo hoje previstos no Código Civil. São eles: usufruto, servidão, uso e habitação.

A enfiteuse era um direito de gozo previsto no Código Civil de 1916 e que foi abolido pelo Código atual, nos termos do art. 2.038 do CC. Hoje não se permite a criação de novas enfiteuses, estando as antigas submetidas ao Código revogado (pela ultratividade da lei civil).

34.3. Servidão (ver arts. 1.378 e s. do CC)

Servidão é o direito real incidente sobre bem imóvel que grava um prédio, dito serviente, para que o proprietário de outro prédio, chamado de dominante, possa extrair daquele algumas de suas utilidades. Assim como ocorre com a superfície, a servidão é interessante instrumento de adimplemento da função social da propriedade, a partir da utilização do bem por outrem.

Na servidão sempre existirá uma dicotomia, consistente em uma vantagem para o prédio dominante e um ônus para o prédio serviente. Necessariamente, os prédios devem pertencer a proprietários distintos (ver art. 1.378 do CC).

As servidões caracterizam-se por serem **acessórias, perpétuas e indivisíveis**. A servidão é instituída para que o prédio dominante tenha utilidade, de modo que, enquanto existir o prédio dominante, existirá a servidão; daí seu caráter acessório, seguindo o destino do bem principal. Assim, as servidões são perpétuas; enquanto durar a necessidade do prédio dominante, existirá a servidão.

Por fim, terão caráter indivisível, não se admitindo sejam fracionadas no curso de sua duração.

Falar em indivisibilidade significa dizer que a servidão atinge a totalidade do bem. Todos os proprietários do prédio serviente terão de suportar o ônus da servidão. Do mesmo modo, todos os proprietários do prédio dominante se beneficiarão com a servidão instituída em seu favor, nos termos do art. 1.386 do CC.

Nos termos do art. 1.388, II, do CC, uma vez extinta a utilidade da servidão, extinta estará a servidão. Deve-se ainda mencionar duas outras hipóteses importantes em que a servidão restará extinta: (1) quando forem suprimidas as obras realizadas (ver art. 1.389, II, do CC); e (2) se a servidão não for utilizada pelo prazo de 10 anos contínuos (ver art. 1.389, III, do CC).

Contudo, em relação a esta última hipótese, o legislador não apontou o termo inicial do prazo. A doutrina aponta que, se a servidão for *positiva*, o prazo de 10 anos começará a ser computado a partir do momento em que for praticado o último ato da servidão. Se a servidão for *negativa*, o prazo de 10 anos fluirá a partir da prática do ato abstido, como ocorre, por exemplo, na servidão de vista, a partir do momento em que o proprietário do prédio serviente construir acima da altura determinada.

34.4. Quanto à classificação, as servidões se dividem em

1º) Servidão convencional x servidão legal: a *servidão convencional* decorre da manifestação de vontade das partes, conforme explicado acima. Já a *servidão legal* é aquela posta de forma abstrata pela lei, imperativa para todos aqueles que se encontrem na situação legal descrita. A *servidão legal* não é propriamente servidão, compreende na verdade os direitos de vizinhança (arts. 1.277 e s. do CC) impostos a todos aqueles que se encontrem em uma relação de proximidade, que terão de suportar ônus para possibilitar a convivência harmônica em sociedade. Direito de vizinhança, portanto, não se confunde com direito real de servidão.

2º) Servidão positiva x servidão negativa: a *servidão positiva* é aquela que permite ao titular do prédio dominante praticar determinada conduta (p. ex.: servidão de passagem). Já a *servidão negativa* não exigirá do proprietário do prédio dominante a prática de qualquer conduta; competirá ao proprietário do prédio serviente apenas o dever de não praticar certa conduta (p. ex.: servidão de vista).

Aqui vale um registro: a conduta a ser realizada em sede de *servidão positiva* envolve, via de regra, a realização de obras no prédio serviente. Nesse sentido, cumpre destacar que tais obras serão custeadas pelo titular do prédio dominante (ver art. 1.380 do CC), interessado direto. Nada impede, entretanto, que a obra seja custeada pelo proprietário do prédio serviente (ver art. 1.381 do CC). Nessa hipótese, verificado pelo proprietário do prédio serviente que o custo da obra supera o valor do imóvel, poderá ele abandoná-lo em favor do proprietário do prédio dominante (ver art. 1.382 do CC).

3º) Servidão aparente x servidão não aparente: aparente é aquela servidão que se exterioriza por meio de obras, não havendo dúvidas visuais de que existe ali uma servidão (p. ex.: servidão de escoamento de água). Será, por outro lado, não aparente aquela servidão que não se exterioriza por meio de obras, ou seja, sem quaisquer indícios claros acerca de sua existência (p. ex.: servidão de vista). Esta última depende ainda mais fortemente do registro imobiliário para produzir seus regulares efeitos.

Destaque-se que a defesa da posse da servidão somente será possível diante das chamadas servidões aparentes. As servidões não aparentes não comportam ações possessórias (ver art. 1.213 do CC). Do mesmo modo, só poderá ser adquirida pela usucapião a servidão aparente (ver art. 1.379 do CC – aqui se fala em aquisição por usucapião do direito real de servidão e não do prédio sobre o qual esta recai). Sem visibilidade não há como a posse produzir efeitos como proteção e usucapião.

34.5. Usufruto (ver arts. 1.390 e s. do CC)

É o direito real temporário concedido a uma pessoa (usufrutuário) para que possa usar e gozar de bem alheio (móvel ou imóvel), retirando-lhe todas as utilidades, sendo vedada a alteração de sua substância. Logo, o usufrutuário terá consigo as faculdades de usar e gozar, enquanto o nu-proprietário manterá as faculdades de dispor e reivindicar.

Quanto às características, o usufruto será **temporário e intransmissível (ou personalíssimo)**.

Assim, o usufruto é instituído para vigorar por tempo determinado. Quando concedido por um prazo certo é denominado *usufruto temporário* (ver art. 1.410, II, do CC); quando não for estabelecido um prazo determinado, sendo o usufrutuário uma pessoa natural, restará vigente pelo período de vida deste, sendo denominado *usufruto vitalício* (ver art. 1.410, I, do CC). Já se o usufruto for instituído, sem prazo determinado, em favor de pessoa jurídica, poderá vigorar pelo prazo máximo de 30 anos (ver o inciso III do art. 1.410 do CC).

Ser intransmissível significa dizer que o direito real de usufruto não se transmite por ato *inter vivos* ou *causa mortis*, uma vez que é instituído para beneficiar pessoas determinadas. Daí seu caráter personalíssimo (*intuitu personae*).

Em que pese ser intransmissível, os frutos e produtos extraídos do direito real de usufruto são plenamente alienáveis, até porque têm caráter econômico, enquanto acessórios do bem principal. Tanto é assim que se admite que a penhora recaia sobre os frutos e produtos extraídos do direito real de usufruto.

Justamente em razão da distinção entre o direito real de usufruto e o exercício do usufruto, fala-se que o exercício do usufruto pode ser transferido para terceiros (ver art. 1.393 c/c o art. 1.399 do CC); o exercício do usufruto pode ser objeto de locação e de arrendamento. A transferência para terceiros é exatamente a forma pela qual o usufrutuário extrairá da coisa os chamados frutos civis.

Por conseguinte, é vedada a instituição de *usufruto sucessivo*, uma vez que a morte do usufrutuário gera a extinção do usufruto, não se transmitindo o usufruto para terceiros.

Não obstante, admite-se o *usufruto simultâneo* (ou usufruto conjuntivo), concedido a mais de um usufrutuário. O falecimento de um usufrutuário no *usufruto simultâneo* extinguirá a parcela que lhe competia, transferindo-a para o nu-proprietário (ver art. 1.411 do CC). É, portanto, vedado o direito de acrescer; o Código Civil impede aos demais usufrutuários seja acrescida a parcela do usufruto extinto pela morte do usufrutuário no *usufruto simultâneo*, ressalvada a estipulação em contrário. Em resumo: é vedado o direito de acrescer; excepcionalmente, pode ser estabelecido no instrumento que institui o usufruto.

Quanto às espécies, o usufruto poderá ser **legal ou convencional**.

O usufruto convencional é instituído mediante a celebração de um negócio jurídico bilateral (contrato) ou por meio de um negócio jurídico unilateral (testamento). Dessa espécie de usufruto retiram-se duas subespécies: o *usufruto por alienação* e o *usufruto por retenção* (ou *deducto*).

Já no *usufruto por alienação*, o proprietário do bem permanece com a nua propriedade e transfere para terceiro o usufruto; o proprietário reserva para si as faculdades de dispor e reivindicar o bem de terceiro, e o usufrutuário terá as faculdades de usar e gozar.

No *usufruto por retenção*, o proprietário transfere a terceiros a nua propriedade, mas mantém para si o usufruto do bem, fato este muito comum entre pais que resolvem doar o bem para seus filhos e reservam o usufruto para si, pois, nos termos do art. 548 do CC, é vedado ao proprietário doar a integralidade de seus bens sem reserva ou renda suficiente para sua subsistência ou sustento.

Por fim, o Código Civil prevê uma hipótese de usufruto legal, usufruto imposto independentemente de manifestação de vontade das partes: os pais têm o usufruto legal sobre os bens pertencentes a seus filhos menores de idade (ver art. 1.689 do CC). Parcela da doutrina aponta que essa não é propriamente uma forma de usufruto; seria meramente uma forma de remunerar os pais que estão na administração dos bens de seus filhos menores.

34.6. Uso (ver arts. 1.412 e 1.413 do CC)

O direito real de uso confere ao usuário apenas a faculdade de utilização do bem, permitindo-lhe servir-se da coisa e dela extrair apenas os frutos naturais, para o atendimento de suas necessidades e de sua família. No que for cabível, o regramento existente para o usufruto aplica-se ao direito real de uso.

34.7. Direito real de habitação (ver arts. 1.414 a 1.416 do CC)

O direito real de habitação estabelece uma hipótese mais restrita de gozo e fruição do bem, quando comparado às demais espécies de direitos reais de gozo, pois o habitante somente terá direito de habitar o bem, sem qualquer direito à extração de frutos, sequer dos naturais. Não poderá, assim, o habitante transferir o direito de habitação a terceiros. O direito real de habitação é restrito ao habitante, permitindo-lhe constituir a residência de sua família.

Esse direito é também previsto ao cônjuge sobrevivente, nos termos do art. 1.831 do CC, que traz hipótese de direito real de habitação legal, o qual recairá sobre o imóvel em que o cônjuge sobrevivente residia com o falecido, desde que não existam outros bens a inventariar. Esse direito, segundo a doutrina e jurisprudência, estende-se ao companheiro sobrevivente.

34.8. Direitos reais de garantia

Esses direitos existem como forma de amplificar a eficácia de um direito obrigacional, ou seja, o credor que tem como sua garantia geral o patrimônio do devedor, quando da instituição de uma garantia real, passa a contar preferencial com um bem integrante desse patrimônio, para ver seu direito de crédito assegurado mais fortemente.

Os bens dados em garantia real ficarão afetados ao cumprimento da obrigação principal. Caso ocorra o inadimplemento, o credor titular dessa garantia irá executar o bem, levando-o a hasta pública e obtendo-se, assim, seu crédito correspondente. Ou seja, **a garantia real é a melhor forma de proteção dos interesses de um credor**.

São garantias reais o penhor, a hipoteca e a anticrese.

- **Penhor:** nessa modalidade há a afetação de um **bem móvel** (em regra) que será colocado à disposição do credor com o escopo de lhe servir como garantia real. Pode, excepcionalmente, envolver um imóvel no caso de penhor rural. No penhor a coisa será entregue ao credor, que terá a posse para fins de futura obtenção do pagamento, ainda que o devedor não o faça voluntariamente, mediante a alienação do bem em hasta pública.

- **Hipoteca:** nesta, ocorrerá a afetação de um **bem imóvel** (em regra) que será colocado à disposição do credor com a intenção de lhe servir como garantia real. Exceção ocorre na hipoteca de navios e aeronaves, quando se possibilita o oferecimento de bens móveis em garantia hipotecária. Na hipoteca, o bem dado em garantia não será entregue ao credor, permanecendo na posse do devedor.

- **Anticrese:** nessa modalidade, pouco usada no Brasil, a coisa dada em garantia (sempre um imóvel) será efetivamente entregue ao credor, para que este possa perceber os frutos dela provenientes, para abatimento progressivo do valor que emprestou, caso o devedor não opte por pagar voluntariamente.

É possível delinear características comuns às três modalidades de garantias reais:

- **São acessórias:** como qualquer garantia, as reais só têm razão de ser em virtude da existência da obrigação principal, ou seja, de um vínculo obrigacional anterior. Assim, após a extinção da obrigação principal, quer pela forma normal (pagamento), quer pelas formas especiais (consignação em pagamento, dação em pagamento, sub-rogação), também serão extintas as garantias reais. Contudo, a recíproca não é verdadeira, uma vez que por vezes as garantias reais serão extintas e a obrigação principal subsistirá. Aplicação, uma vez mais, do princípio da gravitação jurídica.

- **Geram preferência ou retenção (ver arts. 1.422 e 1.423 do CC):** o credor que for titular de uma garantia hipotecária ou pignoratícia terá a **preferência** na satisfação de seu crédito. Isso significa que, em caso de alienação em hasta pública do bem, o valor obtido será dirigido preferencialmente ao titular da garantia real. Todavia, em se tratando de credor anticrético, verifica-se que o imóvel afetado ao cumprimento de seu crédito não será levado a hasta pública; tal credor, portanto não terá **preferência** em face da alienação da coisa, mas sim um direito de retenção sobre o bem, para que possa dela extrair frutos e dar cumprimento à obrigação principal.
- **São indivisíveis (ver art. 1.421 do CC):** enquanto o devedor não efetuar o pagamento integral da dívida ao credor, a coisa dada em garantia continuará à disposição deste, pois não se possibilita a exoneração parcial da garantia real concedida, mesmo que o objeto da garantia compreenda vários bens. Há uma indivisibilidade legal do bem dado em garantia, como forma de beneficiar o credor. Se um real ainda for devido, a garantia recairá sobre o bem como um todo.
- **Especialização:** para que a garantia real tenha eficácia perante terceiros, será necessária a sua especialização, consoante exigência feita pelo art. 1.424 do CC. A especialização é a descrição pormenorizada da obrigação principal e da coisa afetada, que assim será mantida até a satisfação integral do credor.
- **Publicidade:** assim como acontece com todo direito real, para a eficácia em relação a terceiros será necessário que se dê publicidade ao contrato celebrado entre credor e devedor, no qual fica estabelecida a garantia real. Isso ocorre por meio do registro junto ao registro de imóveis ou no Ofício de Títulos e Documentos, a depender da natureza do bem afetado, se bem imóvel ou móvel, respectivamente. Somente assim a garantia real será dotada dos efeitos da sequela e de eficácia *erga omnes*.

Quanto à capacidade para instituir as garantias reais, tal capacidade está intimamente ligada ao exercício da faculdade de dispor do bem (ver art. 1.420 do CC). Assim, apenas titulares de direitos reais nos quais haja transferência do direito de dispor poderão dar bens em garantia.

Se a instituição de garantias reais for efetivada por mandatário, há que se recordar que somente poderá gravar ou hipotecar bens do mandante se tiver recebido poderes especiais para tanto, pois os poderes gerais concedidos no contrato de mandato somente lhe conferem poderes de disposição (ver art. 661 do CC).

Pessoas casadas dependem de outorga uxória ou marital para alienar e gravar bens imóveis, nos termos do art. 1.647 do CC, ressalvado o regime da separação absoluta de bens. De todo modo, sempre será possível que o cônjuge busque o suprimento judicial da autorização, conforme prevê o art. 1.648 do CC.

Importante observar que, em relação aos bens móveis, a pessoa casada poderá livremente constituir garantias reais, uma vez que não há previsão legal acerca da necessidade de autorização do cônjuge nesse sentido.

Há que recordar ainda que a Lei veda o denominado **pacto comissório**, convenção por meio da qual credor e devedor deliberariam que, em caso de inadimplemento, o bem concedido em garantia passaria diretamente à propriedade do credor. Essa proibição encontra-se no art. 1.428 do CC, sendo nula a cláusula que eventualmente o preveja.

Não há que se confundir, todavia, a possibilidade de, após o inadimplemento, o devedor ofertar voluntariamente o bem dado em garantia, como forma de quitação da dívida. Se o credor aceitar, estará configurada a dação em pagamento, plenamente possível nos termos dos arts. 356 e 1.428, parágrafo único, do CC.

Por fim, ressaltem-se as hipóteses nas quais a lei civil admite o vencimento antecipado da dívida, nos termos do art. 1425 do CC: I – se, deteriorando-se, ou depreciando-se o bem dado em segurança, desfalcar a garantia, e o devedor, intimado, não a reforçar ou substituir; II – se o devedor cair em insolvência ou falir; III – se as prestações não forem pontualmente pagas, toda vez que desse modo se achar estipulado o pagamento; IV – se perecer o bem dado em garantia, e não for substituído; V – se se desapropriar o bem dado em garantia, hipótese na qual se depositará a parte do preço que for necessária para o pagamento integral do credor.

- ### 34.9. Direito real de laje

O Direito Real de Laje surgiu no Brasil no final do ano de 2016, quando fora publicada a Medida Provisória n. 759. Posteriormente, após acolher algumas manifestações doutrinárias a respeito do tema, foi publicada a Lei n. 13.465/2017, que fez constar este Direito de Laje no rol dos direitos reais, ou seja, no art. 1.225, XIII, do CC.

A laje era há muito uma realidade na arquitetura urbana brasileira, sendo que sua expressa normatização atende a uma necessidade social de regularização da ocupação do solo, permitindo assim que pessoas que investiram seus recursos na construção de pavimentos sobre ou sob a propriedade de outrem, possam ver sua situação abarcada pela legislação.

Antes de se tornar um direito real, a construção de lajes era, quando muito, regulamentada apenas pela vontade das partes, no exercício de sua autonomia privada. Ou seja, estava apenas no âmbito do Direito Obrigacional. Contratos eram celebrados, sem que fossem levados a registro imobiliário. Agora, estes contratos serão registráveis e, a partir daí, constituído o novo direito real.

Para muitos autores, no entanto, a laje poderia ser encarada como um Direito de Superfície, este sim regulamentado no Brasil desde a entrada em vigor do Estatuto da Cidade, em 2001, sendo repetido no Código Civil de 2002. A laje para esta parcela da doutrina seria reconhecida como uma Superfície em segundo grau ou Direito de Sobrelevação.

Desta maneira, a laje está hoje nos arts. 1.510-A a 1.510-E do Código Civil, num título próprio. Estes dispositivos vão incluir uma série de regras, essenciais para a compreensão do novel instituto.

Inicialmente, o art. 1.510-A do CC concede ao proprietário de uma construção-base o poder de ceder a terceiro a superfície superior ou inferior desta construção. Assim, este terceiro será titular da laje, mantendo unidade proprietária distinta da originalmente construída sobre o solo. Aqui avulta a ideia de duas ou mais propriedades superpostas: a propriedade originária do imóvel-base; a propriedade do próprio direito de laje. Vê-se então que este novo direito real pode contemplar o espaço aéreo ou o subsolo de terrenos, sejam estes públicos ou privados, analisados na projeção vertical.

Questão tormentosa seria a relativa ao cumprimento das obrigações *propter rem*, ou seja, as obrigações que derivam da titularidade de um direito real, tais como o pagamento de tributos e outros encargos relativos ao bem. O art. 1.510-A, § 2º, resolveu esta questão, impondo ao titular do direito de laje a responsabilidade pelo adimplemento destas obrigações.

Como qualquer direito real sobre imóveis, a constituição da laje como tal dependerá do registro junto ao cartório de registro imobiliário, possuindo inclusive matrícula própria (art. 1.227 c/c o art. 1.510-A, § 3º, do CC). Contudo, há que se destacar que a instituição do direito real de laje não atribui a este titular qualquer fração ideal do terreno, ou mesmo participação proporcional em áreas já edificadas (art. 1.510-A, § 4º, do CC).

Indaga-se se seria possível a instituição de um direito de laje sucessivo, ou seja, o titular da laje ceder a superfície desta para a constituição de nova laje. O art. 1.510-A, § 6º, do CC resolveu este ponto, ao permitir expressamente que tal situação ocorra, desde que autorizada expressamente pelos titulares da construção-base, das demais lajes e das normas de posturas edilícias e urbanísticas em vigor.

O Código Civil, em seu art. 1.510-B, estabeleceu que é expressamente vedado ao titular da laje prejudicar com obras novas, ou mesmo com falta de reparação, a segurança, a linha arquitetônica ou o arranjo estético do edifício. Tal norma busca à toda evidência evitar que a titularidade da laje conceda um direito de se fazer o que bem entender, desconfigurando-se a própria construção sobre a qual será feita. Isto inclusive atende às necessidades de segurança e estética que orientam toda e qualquer construção.

A instituição deste novo direito real, por vezes, fará com que o titular da construção-base e o titular da própria laje compartilhem despesas e serviços, ofertados por concessionárias de serviços públicos, por exemplo, como luz, água e esgoto. Logo, é justo que haja entre eles o rateio destas despesas, se não houver possibilidade de especificação do serviço de maneira individual. De igual maneira, os custos com manutenção, conservação ou mesmo fruição das partes que sirvam a todo o edifício deverão ser objeto de divisão, tal qual ocorre nos condomínios edilícios. Esta é a regra que se extrai do art. 1.510-C do CC. Havendo urgência nestas reparações, como, por exemplo, um reparo no telhado em época de chuvas, ou o conserto de um encanamento, uma das partes poderá fazê-la sem consentimento da outra, cobrando-se depois as respectivas cotas na dívida, conforme o § 2º deste artigo citado.

Aos moldes do que ocorre no direito de superfície, no condomínio e mesmo quando estabelecida uma locação, se uma das partes se interessar em alienar seu direito, deverá primeiro ofertá-la à outra, naquilo que se denomina direito de preferência. Para tanto, deve-se cientificar por escrito a parte contrária, para que se manifeste em trinta dias. Logo, se frustrada a preferência, a parte prejudicada poderá, mediante depósito do respectivo preço pago por terceiro, haver para si a parte alienada, desde que o faça no prazo decadencial de 180 (cento e oitenta) dias, contados da alienação. Veja-se, a contagem é da alienação e não do conhecimento desta pela parte prejudicada. Esta preferência está prevista no art. 1.510-D do CC.

Diferentemente do que ocorreu no direito de superfície, no qual o art. 1.369 do CC, exigiu prazo determinado, o direito de laje não sofreu esta restrição, razão pela qual é possível a instituição por prazo indeterminado. Porém, podem as partes estipular prazo, sendo a laje instituída extinta com o advento do termo final previsto no contrato.

A laje também será extinta se ocorrer a ruína da construção-base. Contudo, esta extinção não ocorrerá se a laje tiver sido instituída sobre o subsolo da construção, desde que a ruína desta não prejudique aquela. De igual modo, a laje não será extinta caso a construção-base venha a ser reconstruída num prazo de cinco anos a contar da ruína. Esta extinção, de qualquer modo, não afeta a eventual responsabilidade civil que possa haver contra o causador da ruína da construção-base. Estes são os termos do art. 1.510-E do CC.

34.10. Do condomínio em multipropriedade

O final do ano de 2018 trouxe ao ordenamento brasileiro uma importante alteração no Código Civil. Com o advento da Lei n. 13.777/2018, regulamentou-se o instituto do condomínio em multipropriedade, também denominado de propriedade por tempo compartilhado ou *"time sharing"*, trazendo, assim, a devida segurança normativa para o estabelecimento desse tipo de condomínio no Brasil. Dessa forma, ao tratar do condomínio, o Código Civil passa a contar com três capítulos: i) condomínio geral; ii) condomínio edilício; iii) condomínio em multipropriedade, este último regulamentado nos novos arts. 1.358-B a 1.358-U.

Certo é que, por força de instrumentos contratuais, há algumas décadas esse modelo de negócios já vem sendo utilizado no Brasil, como forma de fomentar o empreendedorismo, especialmente em regiões turísticas. Com o advento da nova lei, há uma forte tendência para que ocorra a ampliação desse modelo de uso compartilhado de um mesmo imóvel, em frações temporais.

Numa visão mais antiga e conservadora, havia o sonho de ter uma casa na praia, nas montanhas ou numa estância hidromineral. Porém, o momento é outro e, ao que parece, as pessoas estão mais interessadas em ter fluidez, liquidez e não mobilizar mais tanto seu patrimônio. Portanto, faz total sentido a proposta de se ter um período durante o qual se possa usar e gozar de uma propriedade com exclusividade, além, é claro, da possibilidade de eventualmente dela dispor.

E a esse cenário de mudança de anseios o Direito, como regulador da vida em sociedade, deve se adaptar, ofertando aos particulares novos modelos jurídicos que possam resguardar seus interesses próprios, sejam estes existenciais ou puramente patrimoniais.

Historicamente, a multipropriedade é instituto relativamente recente. Teria nascido na década de 1970 na Europa, gerando, como dito, uma fragmentação das faculdades jurídicas inerentes ao domínio, assegurando o exercício destas pelo condômino num lapso temporal definido. Indubitavelmente, essa nova modalidade incrementa a função social da propriedade, evitando algo muito comum em regiões turísticas: a existência de imóveis que ficam fechados durante vários meses, à espera da chegada do seu proprietário em férias.

No segundo artigo do novo Capítulo VII-A, do Título relativo à Propriedade, o legislador afirma que a multipropriedade é o regime de condomínio em que cada um dos proprietários de um mesmo imóvel é titular de uma fração de tempo, à qual corresponde a faculdade de uso e gozo, com exclusividade, da totalidade do imóvel, a ser exercida pelos proprietários de forma alternada.

Se é indubitável então hoje a possibilidade de instituição de uma multipropriedade, a questão que há muito se impõe é discutir acerca da natureza jurídica desse instituto. Seria um direito real ou obrigacional? A respeito dessa questão, algumas correntes se formaram na doutrina.

Para uma primeira, a multipropriedade poderia ser considerada uma situação jurídica que se enquadraria exatamente como um condomínio, ante a cotitularidade de direitos, por pessoas diversas, sobre o mesmo bem.

Num segundo viés, se classificaria como uma forma especial de propriedade, com pluralidade de titulares, os quais teriam, do ponto de vista temporal, um exercício intervalado e diverso das faculdades jurídicas que compõem o direito de propriedade.

Conforme uma terceira linha de pensamento, a multipropriedade seria um direito real atípico, que teria como causa um contrato de compra e venda, doação, permuta (contratos que visam transferir domínio) ou outra forma de aquisição da propriedade, configurando verdadeira situação jurídica complexa por reunir a característica central da propriedade (direito real) e uma série de obrigações que vinculam os diferentes coproprietários e os administradores que realizam a gestão do bem imóvel.

Por fim, há aqueles que defendem que tal instituto é uma hipótese de propriedade temporal ou intermitente, através da qual os proprietários, titulares, portanto, de direitos reais sobre o bem, podem exercitar seus poderes sobre a coisa, por período de tempo determinado durante um ano.

Fato é que a propriedade se apresenta de variadas formas e vem se transformando ao longo do processo histórico desde o Direito Romano. Não há uma única e exclusiva dimensão para o instituto da propriedade na contemporaneidade.

Por tal razão, defendemos que o condomínio em multipropriedade, que tem como causa habitual a celebração de um negócio jurídico, nada mais é do que direito de propriedade, em mais uma nova modelagem. Logo, não há, a nosso sentir, qualquer razão na instauração de polêmica relativa à ausência de previsão do instituto trazido pela Lei n. 13.777/2018, no rol dos direitos reais trazido no art. 1.225 do CC. Andou bem o novel legislador ao não estabelecer a reforma do citado artigo do diploma civil, uma vez que, sendo propriedade, a disciplina se adequa ao inciso I.

Poder-se-ia argumentar ainda que outras manifestações da propriedade foram expressamente previstas no art. 1.225 do CC, tais como a propriedade superficiária (direito de superfície) e a propriedade da laje (direito de laje). Assim, o melhor caminho para o regramento do condomínio em multipropriedade seria também sua inserção no citado rol. Todavia, ousamos discordar, já que tal argumento deveria ter o condão de atrair também outros tipos condominiais e figuras como a propriedade fiduciária. Esta última, em que pese estar prevista no Código Civil em capítulo próprio, não consta dos incisos do debatido artigo, e a maioria da doutrina a classifica como uma modalidade de direito real de garantia, regulamentado especificamente na legislação extravagante (Decreto-lei n. 911/69 e Lei n. 9.514/98).

Há que se alertar que antes mesmo da regulamentação pela presente Lei n. 13.777/2018, o Superior Tribunal de Justiça, em 2016, através de sua Terceira Turma, no julgamento do REsp 1.546.165, por maioria e a partir da relatoria do Ministro João Otávio de Noronha, reconheceu a natureza de direito real à multipropriedade e, por conseguinte, afirmou ser inválida a penhora da integralidade de imóvel submetido ao regime de *time sharing*, em virtude de dívida de condomínio de responsabilidade do organizador do compartilhamento.

Recorde-se, ainda, que o regime de multipropriedade também é interessante e permitido para bens móveis, tais como aviões, helicópteros e barcos. Considere-se que os custos para a manutenção e utilização dos objetos são de grande monta, razão pela qual se mostra razoável a implantação desse tipo de condomínio com espaço de tempo pré-fixado entre os vários titulares.

Sendo um novo direito real, independentemente da previsão no art. 1.225 do CC, como dito, o condomínio em multipropriedade trará ao seu titular características próprias dessa categoria de direitos subjetivos patrimoniais.

Assim, a multipropriedade será oponível *erga omnes*, havendo um dever jurídico genérico negativo que impediria injustas agressões ao direito patrimonial temporal do condômino. A eventual violação a essa oponibilidade possibilitaria ao titular reivindicar o bem, ante a posse injusta de um possuidor ou detentor, nos termos do art. 1.228 do CC. A título de exemplo, havendo a invasão do bem objeto do condomínio em multipropriedade, seria viável, a nosso juízo, o manejamento da ação de retomada do bem (petitória ou possessória), pelos respectivos condôminos. De todo modo, é importante assinalar que essa pretensão de recuperação da posse do bem não foi contemplada no novo regramento inserido no Código Civil. O art. 1.358-I, no qual são previstos os direitos do titular, nada prevê acerca do direito de recuperar o bem, diante de injustificada lesão.

A multipropriedade outorgaria também a seu titular o poder de usar, gozar e dispor do bem, nos termos do art. 1.228 do CC. Essas faculdades inerentes ao domínio poderiam ser exercidas pelo próprio condômino ou por pessoas a quem este viesse a transmiti-las. Por exemplo, tendo direito ao uso do bem por uma semana no ano, em vez de usá-lo pessoalmente, poderia o condômino do *time sharing* alugar a um amigo, ceder o tempo a um parente, ou mesmo conceder tal espaço temporal a um banco em garantia hipotecária de um empréstimo tomado. Tais prerrogativas estão inclusive resguardadas no art. 1.358-I, I, II e III, do CC.

Destaque-se que, em caso de alienação, não haverá direito de preferência de aquisição da fração de tempo por outro condômino, salvo se houver previsão no instrumento de instituição ou na convenção de condomínio. Esta é a regra expressa no art. 1.358-L, § 1º, do CC.

A instituição do condomínio em multipropriedade ocorrerá por ato *inter vivos* (contrato) ou *mortis causa* (testamento), devendo ser registrada no Cartório de Registro de Imóveis da circunscrição na qual o imóvel se localiza. Nesse ato constitutivo deverá constar de modo expresso a duração dos períodos correspondentes a cada fração de tempo, nos termos do art. 1.358-F do CC. Nesses casos, além da matrícula do imóvel em si, haverá uma matrícula específica para cada fração de tempo, na qual se averbarão e registrarão os atos referentes a essa fração, conforme o art. 176, § 10, da Lei de Registros Públicos (Lei n. 6.015/73). A registrabilidade da multipropriedade denota ainda mais seu caráter de direito real, nos termos do art. 1.227 do CC.

Esse instrumento instituidor do condomínio em multipropriedade poderá ainda estabelecer o limite máximo de frações de tempo no mesmo imóvel que poderão ser detidas pelo mesmo sujeito, seja esta pessoa natural ou jurídica.

Outro ponto que avulta destacar é o caráter indivisível da fração de tempo. Trata-se de indivisibilidade imposta por lei, uma vez que o art. 1.358-E foi incisivo ao dizer que cada fração de tempo é indivisível. E, nesse sentido, estabeleceu-se como fração mínima o período de sete dias, seguidos ou intercalados, conforme instrumento constitutivo do condomínio. Esses dias poderão ser estipulados de forma fixa e determinada, no mesmo período de cada ano, como por exemplo, na semana do mês de janeiro. Ou, pode-se estabelecer de forma flutuante, quando cada titular da fração poderá optar pelo período que melhor lhe atender. Neste último caso, o administrador da multipropriedade deverá velar pela construção de um procedimento objetivo que permita a todos participarem da escolha dos períodos de forma isonômica e com divulgação prévia. Há, por fim, a possibilidade de um sistema misto, cominando-se os sistemas fixos e flutuante.

Importante assinalar que, no caso de regime fixo, o instituidor da multipropriedade terá total legitimidade para cobrar preços diferenciados de acordo com cada fração de tempo no ano. Portanto, é de se supor que semanas de feriados nacionais, como carnaval, Semana Santa, Natal e *Réveillon* possam alcançar valores muito mais altos que semanas localizadas em intertemporadas, como os meses de abril, maio, setembro, novembro etc.

Da mesma forma que a fração de tempo é indivisível, o imóvel sobre o qual ela é instituída também o será, razão pela qual não se subordinará a ação de divisão ou extinção de condomínio. Essa indivisibilidade alcança também as instalações, os equipamentos e o mobiliário destinados ao seu uso e gozo (art. 1.358-D).

Para fins de gestão da multipropriedade, a nova lei alteradora do Código Civil prevê a possiblidade de o negócio instituidor ser complementado por uma convenção de condomínio (art. 1.358-G do CC). Nesse instrumento, serão previstos os poderes e deveres dos multiproprietários, especialmente em matéria de instalações, equipamentos e mobiliário do imóvel, de manutenção ordinária e extraordinária, de conservação e limpeza e de pagamento da contribuição condominial. Ou seja, aos moldes do que se passa num condomínio edilício, é possível que haja o rateio das despesas mensais geradas pela propriedade comum. Há aqui clara natureza *propter rem* desta obrigação. Dessa forma, em caso de alienação da fração de tempo, o adquirente poderá ter que arcar com as despesas eventualmente inadimplidas pelo alienante, sendo ambos devedores solidários perante o condomínio, nos termos do art. 1.358-L, § 2º. Ressalva-se, contudo, a isenção de responsabilidade do adquirente, caso venha a obter uma declaração de inexistência de débitos relativos à fração, no momento em que veio a adquiri-la.

Uma vez abordada a questão das obrigações *propter rem*, especialmente quanto ao rateio, vale destacar também os deveres em relação ao pagamento das taxas e tributos que incidem sobre a propriedade, tais como o IPTU ou o ITR (já que é perfeitamente defensável a multipropriedade rural). Tendo a multipropriedade matrícula própria e sendo unidade autônoma, cada titular deverá arcar com suas respectivas obrigações, não fazendo sentido que o condomínio venha a adimplir tais ônus.

Voltando à convenção, esta também poderá estipular o número máximo de pessoas que podem ocupar simultaneamente o imóvel no período correspondente a cada fração de tempo, evitando, assim, uma ocupação desmedida que a toda evidência poderia não apenas elevar o desgaste do bem comum, como também prejudicar os demais titulares que estivessem usufruindo de suas frações na mesma temporada.

As regras de acesso do administrador condominial ao imóvel para cumprimento do dever de manutenção, conservação e limpeza também farão parte da citada convenção, assim como a criação de fundo de reserva para reposição e manutenção dos equipamentos, instalações e mobiliário. Para casos de perda ou destruição parcial ou total do imóvel, inclusive para efeitos de participação no risco ou no valor do seguro, da indenização ou da parte restante, esse instrumento convencional também deverá prever regramento. E, por fim, poderá se prever quais seriam as multas aplicáveis ao multiproprietário nas hipóteses de descumprimento de todos esses deveres.

A possibilidade de estipulação de multa como sanção pecuniária está expressamente resguardada no art. 1.358-J, § 1º, do CC, que inclusive vai além: no inciso II desse artigo, é dito expressamente que pode haver perda temporária do direito de utilização do imóvel no período correspondente à fração de tempo, no caso de descumprimento reiterado dos deveres. Ou seja, nesse ponto, está se prevendo a cassação do direito de uso, pela reiteração de violação às regras previamente estipuladas. Entendemos que aqui não há qualquer ilegalidade, uma vez que a autonomia privada das partes é que estabelecerá o procedimento para essa cassação, que de todo modo há de ser temporária e terá que obedecer ao devido processo legal e ampla defesa (eficácia horizontal dos direitos fundamentais).

Quanto à administração do imóvel objeto do condomínio em multipropriedade e de suas instalações, nos termos do art. 1.358-M do CC, será feita por pessoa indicada no instrumento de instituição ou na convenção de condomínio em multipropriedade, ou, na falta de indicação, de pessoa escolhida em assembleia geral dos condôminos. O administrador terá as atribuições de coordenar a utilização do imóvel pelos multiproprietários durante o período correspondente a suas respectivas frações de tempo. No caso de sistema flutuante ou misto, deverá determinar os períodos concretos de uso e gozo exclusivos de cada multiproprietário em cada ano. Além disso, terá que zelar pela manutenção, conservação e limpeza do imóvel, troca ou substituição de instalações, equipamentos ou mobiliário. Terá ainda que elaborar o orçamento anual, com previsão das receitas e despesas, cobrar as quotas de custeio de responsabilidade dos multiproprietários e pagar, perante terceiros fornecedores, todas as despesas comuns com os recursos arrecadados.

Seguindo, há que se enfrentar uma questão interessante trazida pelo novo regramento da multipropriedade: a possibilidade de adjudicação ao condomínio da fração de tempo correspondente, em caso de inadimplemento da obrigação de custeio das despesas ordinárias e extraordinárias.

Primeiramente, a nosso juízo, tal possibilidade só teria sido conferida àquelas situações nas quais um condomínio edilício opta, após sua instituição, por se converter em condomínio especial, sob o regime da multipropriedade. Justificamos esse entendimento em virtude da localização topográfica do artigo que permitiria essa hipótese excepcional. O art. 1.358-S do CC, prevê essa situação na Seção VI do Capítulo do Condomínio em Multipropriedade, que trata justamente de Disposições Específicas Relativas às Unidades Autônomas de Condomínios Edilícios.

Nesse tipo de condomínio especial haverá, por deliberação da maioria absoluta dos condôminos ou por previsão no instrumento de instituição, a adoção do regime de multipropriedade em parte ou na totalidade de suas unidades autônomas, tal qual previsto pelo art. 1.358-O do CC.

Voltando à adjudicação acima citada, a convenção deverá estabelecer qual o quórum exigido para a deliberação de adjudicação da fração de tempo na hipótese de inadimplemento do respectivo multiproprietário e, como consequência, o quórum exigido para a deliberação de alienação, pelo condomínio edilício, da fração de tempo adjudicada em virtude do inadimplemento do respectivo multiproprietário, nos termos do art. 1.358-P do CC.

Ou seja, se houver regulamentação convencional, a administração do condomínio poderá reter consigo a respectiva unidade, explorando-a até que haja a quitação da dívida. Essa medida temporária, nas palavras de Tepedino, seria uma espécie de anticrese legal, proibindo-se ao multiproprietário a utilização do imóvel enquanto perdurar a situação de inadimplência.

Outra questão tormentosa seria aquela prevista no art. 1.358-T do CC. Através dessa norma, o multiproprietário somente poderá renunciar de forma translativa a seu direito de multipropriedade em favor do condomínio edilício. A princípio, a norma é de difícil compreensão, uma vez que, em se tratando de um direito real autônomo, o titular poderia dispor da forma como bem lhe aprouvesse da sua fração de tempo, desde que não desse destinação diversa ao bem. Ao que parece, essa norma também só seria aplicável em se tratando de condomínio especial, convertido em multipropriedade. Ainda assim, a crítica ao dispositivo parece pertinente e possivelmente fruto de interesses dos incorporadores ávidos por retransmitir esse direito posteriormente a terceiros adquirentes.

Por fim, caso o imóvel sobre o qual incide o condomínio em multipropriedade venha a ser desapropriado pelo poder público, ante a ausência de regramento específico, entendemos ser possível a aplicação analógica do art. 1.376 do CC, ao estipular as consequências desse ato de alienação forçada de um imóvel sobre o qual esteja em vigor um direito de superfície. Segundo a norma, no caso de extinção do direito de superfície em consequência de desapropriação, a indenização cabe ao proprietário e ao superficiário, no valor correspondente ao direito real de cada um. Ocorrendo esse ato sobre a multipropriedade, a indenização caberia a todos os condôminos, na medida do direito de cada um.

35. A LEI DA LIBERDADE ECONÔMICA E O DIREITO CIVIL

Em setembro de 2019 foi publicada a denominada Lei da Liberdade Econômica (Lei n. 13.874), fruto da conversão da Medida Provisória n. 881, do mesmo ano. Tem-se uma norma com intenção de regular a intervenção do Estado no domínio privado, afrouxando-se certos marcos em busca de proteger a livre-iniciativa e o livre exercício de atividade econômica.

Dessa maneira, busca-se uma nova forma de aplicar e interpretar o direito civil, empresarial, laboral, econômico e urbanístico, de modo a favorecer a liberdade econômica. Ou seja, se houver duas ou mais interpretações possíveis, o Poder Executivo e o Poder Judiciário deverão optar por aquela que favoreça o investimento privado, evitando-se que o Estado seja um elemento complicador do ambiente de negócios.

Essa lei pretende assim, promover e efetivar as ideias do grupo político que alcançou legitimamente o Poder Executivo Federal em 2019 após as eleições do ano anterior. Segundo a visão adotada, o Estado não pode ser um entrave à economia nacional, mas deve ser, antes de mais nada, um propulsionador desta, não por investimentos diretos, mas especialmente através da promoção de marcos regulatórios que atraiam o capital privado nacional ou estrangeiro.

Para tal fim, o art. 2º da lei em comento estabelece os princípios norteadores, tais como: a liberdade como uma garantia no exercício de atividades econômicas; a boa-fé do particular perante o poder público; a intervenção excepcional e subsidiária do Estado sobre o exercício de atividades econômicas; o reconhecimento da vulnerabilidade do particular perante o Estado.

Após a previsão dessas normas-princípio, a lei estipula ainda uma declaração de direitos de liberdade econômica em seu art. 3º, garantias de livre-iniciativa no art. 4º e a análise de impacto regulatório no art. 5º.

O art. 7º é o mais interessante para os fins que aqui se propõem. Afinal, é nesse artigo que estão estipuladas as alterações promovidas no Código Civil. Foram onze artigos alterados ou introduzidos e que merecem atenção e reflexão, uma vez que promoveram mudanças na parte relativa à pessoa jurídica, ao negócio jurídico, aos princípios contratuais, ao direito de empresa e à propriedade.

Relegando ao direito empresarial as alterações promovidas no regime das sociedades, passa-se ao estudo das demais inovações promovidas no Código Civil:

a) **Quanto às pessoas jurídicas:** no que toca ao regime das pessoas jurídicas, a nova legislação introduz no Código Civil o art. 49-A, estabelecendo algo que já estava assente na doutrina, era previsto no Código Civil de 1916 e não havia sido reproduzido até então no Código Civil de 2002: "a pessoa jurídica não se confunde com seus sócios, associados, instituidores ou administradores". No parágrafo único é ressaltada a autonomia patrimonial destas pessoas abstratas: "A autonomia patrimonial das pessoas jurídicas é um instrumento lícito de alocação e segregação de riscos, estabelecido pela lei com a finalidade de estimular empreendimentos, para a geração de empregos, tributo, renda e inovação em benefício de todos".

Vale destacar que a pessoa jurídica é mesmo uma realidade técnica e orgânica, sendo, portanto, a eventual desconsideração da personalidade jurídica uma exceção dentro do sistema jurídico atual. A regra geral é a autonomia e independência entre as personalidades civis dos integrantes e a da pessoa jurídica; a exceção, a desconsideração para se alcançar o patrimônio dos integrantes em casos pontuais e devidamente fundamentados.

Registrado isto, é importante observar que o próprio art. 50 do CC (regulador da desconsideração no Código Civil) também fora objeto de modificações, com a introdução de cinco novos parágrafos. Nesse sentido, a primeira alteração diz respeito à possibilidade da desconsideração da personalidade da pessoa jurídica apenas quando o sócio ou administrador for beneficiado pelo abuso, direta ou indiretamente, conforme informa a parte final do *caput*. Essa já era inclusive a posição de parcela da doutrina.

Além disso, buscando-se maior grau de segurança jurídica na desconsideração, os requisitos passam a ser mais objetivos: desvio de finalidade ou confusão patrimonial (requisitos alternativos), consagrando-se assim a denominada teoria maior da desconsideração.

No § 1º tem-se o conceito de desvio de finalidade, sem exigência de dolo dos sócios ou administradores: "utilização da pessoa jurídica com o propósito de lesar credores e para a prática de atos ilícitos de qualquer natureza". Em complemento à definição ora traçada, o § 5º esclarece que "não constitui desvio de finalidade a mera expansão ou a alteração da finalidade original da atividade econômica específica da pessoa jurídica". Por evidente, é lícita a alteração do objeto social, e tal fato não poderia ser tido como desvio da finalidade, desde que sejam cumpridos os requisitos formais para tanto.

Já no § 2º definiu-se o que seria confusão patrimonial: "ausência de separação de fato entre os patrimônios, caracterizada por: cumprimento repetitivo de obrigações do sócio ou administrador ou vice-versa; transferência de ativos ou de passivos sem efetivas contraprestações, exceto os de valor proporcionalmente insignificante; outros atos de descumprimento da autonomia patrimonial".

Por sua vez, o § 3º tratou da desconsideração inversa, aceita pela jurisprudência dos tribunais superiores e também pelo Código de Processo Civil de 2015, ao asseverar que: "O disposto no *caput* e nos §§ 1º e 2º deste artigo também se aplica à extensão das obrigações de sócios ou administradores à pessoa jurídica"

Nos termos do § 4º, ficou assentado que "a mera existência de grupo econômico sem a presença dos requisitos de que trata o *caput* não autoriza a desconsideração da personalidade jurídica", ou seja, o Código agora admite a denominada desconsideração econômica ou indireta, também chamada de sucessão entre empresas, desde que presentes os requisitos do *caput*. O simples fato de haver grupo econômico não autoriza a desconsideração.

b) **Quanto aos negócios jurídicos:** houve mudanças em especial no art. 113, que, em complemento à teoria da declaração prevista no art. 112 do CC, consagra a função interpretativa do princípio da boa-fé objetiva. Como está localizado na Parte Geral do Código, esse artigo tem incidência em todo e qualquer negócio jurídico e não apenas nos contratos.

Assim, foram introduzidos dois parágrafos no citado art. 113, especificando-se ainda mais a forma como os negócios jurídicos em geral devem ser interpretados. No § 1º, a nova lei estabelece que "a interpretação do negócio jurídico deve lhe atribuir o sentido que for confirmado pelo comportamento das partes posterior à celebração do negócio". Como já era previsto pela doutrina, mais importante que aquilo que está escrito no contrato é o comportamento das partes na execução deste. Ora, é possível e comum que o contrato diga uma coisa, mas a prática constatada no transcurso de seu cumprimento diga outra completamente distinta. Mais uma vez se está a valorizar o comportamento que gera expectativas na parte contrária. E essas expectativas, por força do princípio da boa-fé objetiva e de sua função limitativa, devem ser compreendidas e tuteladas pelo Direito. Tal previsão afasta a incidência de comportamentos contraditórios violadores da confiança alheia, numa espécie de *nemo potest venire contra factum proprium*.

No inciso seguinte desse mesmo parágrafo, há novamente uma valorização dos usos e costumes do local da celebração do negócio. De nada adianta uma previsão normativa que se enclausura em relação à vivência cotidiana das partes. Logo, o juiz deve, uma vez mais, atentar para esses dados de realidade quando da interpretação do negócio.

No inciso III, simplesmente se repete a necessidade de respeito à boa-fé, algo já feito no próprio *caput*. Já no inciso IV, tem-se importante regra no que toca à interpretação favorável à parte que não redigiu a cláusula ou dispositivo contratual, se for possível identificar. De todo modo, essa regra já era prevista para contratos de adesão, no art. 423 do CC, quando houvesse ambiguidade ou contradição. Ao que parece, a regra do art. 113, § 1º, IV, do CC destina-se agora também aos contratos paritários, ou seja, àqueles contratos nos quais as partes em conjunto constroem suas disposições, bem como aos de adesão, quando não necessariamente houver aquela ambiguidade ou contradição citada no art. 423 do CC.

Por fim, o inciso V consagra mais uma vez o princípio da justiça contratual, dessa feita sob outra roupagem; a da razoabilidade e racionalidade econômica. A toda evidência, parece que o dispositivo acrescentado quer estabelecer a possibilidade de retomada do equilíbrio do negócio jurídico, a qualquer tempo, em face da possibilidade de mudança de cenário quando comparada a execução dos negócios às informações disponíveis no momento da celebração. Dessa forma, há uma valorização da fase pré-negocial (tratativas), possibilitando que aquilo que ali fora tratado se estenda por toda a execução do negócio. A base econômico-financeira formada inicialmente deve ser mantida, tanto quanto possível.

O § 2º do art. 113 inova ao trazer a possibilidade de as partes negociarem livremente acerca de regras de interpretação, preenchimento de lacunas e de integração dos negócios jurídicos diversas daquelas previstas em lei. Há uma franca ampliação da autonomia privada das partes, a permitir que elas possam já de antemão prever como será interpretado, integrado ou suprido o negócio jurídico que no curso de sua execução se apresentar com determinado problema hermenêutico. Um bom exemplo seria aquele contrato que, ao prever determinados conceitos, já traz em seu próprio corpo como deve ser interpretado tal conceito. Isso evitaria que um juiz, estranho portanto ao contrato, viesse no futuro a dar interpretação à cláusula totalmente diversa ao desejado pelos contratantes. Imagine-se em negócios que envolvam o desenvolvimento de novas tecnologias, nos quais na grande maioria dos casos juízes são completamente leigos a respeito inclusive da terminologia empregada no segmento.

c) **Quanto aos princípios contratuais:** o principal artigo objeto de alteração foi o artigo inaugural da teoria geral dos contratos: art. 421 do CC. Vale recordar que esse dispositivo consagra a função social dos contratos, como cláusula geral a ser observada na concretização das normas contratuais. Segundo sua nova redação, no *caput* suprimiu-se a expressão "em razão" e trocou-se liberdade de contratar por "liberdade contratual", ficando agora assim: "a liberdade contratual será exercida nos limites da função social do contrato".

Logo, a grande novidade fica mesmo por conta do parágrafo único: "Nas relações contratuais privadas, prevalecerão o princípio da intervenção mínima e a excepcionalidade da revisão contratual". Trata-se de importante norma, deixando claro o papel da autonomia privada e a necessidade de reduzido dirigismo contratual por parte do Estado. De todo modo, a revisão contratual sempre foi tratada como medida excepcional no Código Civil, sendo possível apenas em situações específicas, como aquelas retratadas nos arts. 157, § 2º, 317, 478 e 479 do

CC. Quanto à intervenção mínima, melhor seria que o legislador tivesse adotado a expressão "intervenção necessária", uma vez que em várias situações a presença do Estado no cenário privado é extremamente relevante para assegurar a verdadeira isonomia entre as partes. Soa como argumento ideológico ou de mera retórica a introdução de um princípio da intervenção mínima no campo contratual.

Outra novidade fica por conta da introdução do art. 421-A no Código Civil. Segundo esse novel dispositivo: "Os contratos civis e empresariais presumem-se paritários e simétricos até a presença de elementos concretos que justifiquem o afastamento dessa presunção, ressalvados os regimes jurídicos previstos em leis especiais, garantido também que: I – as partes negociantes poderão estabelecer parâmetros objetivos para a interpretação das cláusulas negociais e de seus pressupostos de revisão ou de resolução; II – a alocação de riscos definida pelas partes deve ser respeitada e observada; III – a revisão contratual somente ocorrerá de maneira excepcional e limitada".

Vê-se de início que foi traçada uma presunção relativa de simetria no âmbito de contratos paritários, sejam eles cíveis ou empresariais. Para ser quebrada essa presunção, o juiz deverá verificar as circunstâncias de cada caso concreto.

No inciso I, há certa repetição da norma do art. 113, § 2º, do CC, já debatido.

O inciso II, por seu turno, traz a possibilidade de as partes preverem no contrato qual tipo de risco, bem como a extensão, estão dispostas a assumir. Essa conduta é típica em especial no âmbito de contratos aleatórios (art. 458 do CC) e alinha-se à ideia de racionalidade econômica, ou seja, as partes podem e devem prever qual tipo de álea estão dispostas a assumir para levar adiante aquela determinada contratação.

Por derradeiro, o inciso III apenas repete a excepcionalidade da revisão contratual, como de resto já é o sistema vigente desde a entrada em vigor do Código atual e fora discutido no art. 421, parágrafo único, do CC.

d) **Quanto ao direito de propriedade:** a grande inovação na parte relativa aos direitos reais foi a introdução de mais um capítulo no título do Direito de Propriedade. Trata-se do fundo de investimento, uma espécie de condomínio especial, assim definida pelo art. 1.368-C: "O fundo de investimento é uma comunhão de recursos, constituído sob a forma de condomínio de natureza especial, destinado à aplicação em ativos financeiros, bens e direitos de qualquer natureza".

Na verdade, não se trata de uma novidade em termos práticos, uma vez que já existiam no Brasil milhares de fundos de investimento, constituídos por meio de contratos, com finalidades específicas, como construção civil, aquisição de empresas, no agronegócio, entre outros. A novidade é a regulamentação específica, como maneira de fomentar a constituição de novos fundos, ao trazer para essa espécie um marco legal. Mais uma vez, o Estado está a propiciar o ambiente de negócios adequado para que os particulares possam com segurança e tranquilidade buscar a satisfação de seus interesses e, por via de consequência, incrementar a economia nacional.

As regras existentes no Código Civil para os condomínios em geral e para os condomínios edilícios não se aplicam aos fundos de investimento, conforme expressa disposição do art. 1.368-C, § 1º, do CC.

Esses fundos serão regulamentados pela Comissão de Valores Mobiliários (CVM), onde também deverão ser registrados. Cada fundo disporá de um regulamento próprio, por meio do qual será possível estabelecer a limitação de responsabilidade de cada investidor, classes de cotas com direitos e obrigações distintos, entre outros pontos específicos trazidos nos art. 1.368-D a 1.368-F do CC. Há aqui, sem sombra de dúvida, uma interdisciplinaridade entre Direito Civil e Direito Empresarial.

DIREITO DE FAMÍLIA

■ 36. DIREITO DE FAMÍLIA

A **família** é tradicionalmente definida como um grupo de pessoas unidas entre si por laços fundados sobre o casamento ou a filiação, com a formação de vínculos conjugal, de parentesco e de afinidade, compreendendo cônjuges, companheiros, filhos, parentes etc. Modernamente, assiste-se ao reconhecimento de outras formas de entidades familiares, abandonando-se o sistema da unicidade de modelo pelo casamento, para reconhecer a família como o *locus* do desenvolvimento da personalidade. Nas palavras de Frédérique Granet (2006):

> Hoje, coexistem diferentes modelos familiares, fortemente marcados pelas ideias de liberdade, igualdade e solidariedade. Não existe mais uma família, mas

famílias fundadas no casamento ou fora do casamento, famílias monoparentais ou ainda as famílias recompostas (...). O estudo destes diferentes modelos familiares constitui o domínio do direito de família.

O direito de família tem, assim, por objeto o complexo de **normas de caráter pessoal e patrimonial** destinadas ao tratamento das relações estabelecidas nas **entidades familiares**. Constituem princípios básicos aplicáveis à matéria, segundo Carlos Roberto Gonçalves (2019, v. 3):

- princípio da **dignidade da pessoa humana**;
- princípio da **igualdade** jurídica dos **cônjuges e companheiros**;
- princípio da **igualdade** jurídica entre os **filhos**, independentemente de origem;
- princípio da **paternidade responsável** e do **planejamento familiar**;
- princípio da **comunhão plena de vida**, com base no **afeto**;
- princípio da **liberdade de constituir** uma união de vida familiar, a envolver a escolha do modelo de entidade familiar[2], bem como o momento de sua criação e extinção.

A família, tendo em vista especialmente o interesse de crianças e adolescentes, classifica-se em natural, extensa e substituta. A **família natural** é a formada por pelo menos um dos pais e seus descendentes, nos termos do art. 25, *caput*, do ECA. **Extensa ou ampliada** é a família formada pela criança ou adolescente e parentes próximos com quem conviva, para além dos pais, estabelecendo vínculos de afinidade e afetividade (art. 25, parágrafo único, do ECA). A **família substituta** é reconhecida de forma excepcional, nas situações em que se afigure inviável a manutenção do menor junto à família natural ou original, por meio dos institutos da guarda, tutela ou adoção (art. 28 do ECA).

37. DIREITO PESSOAL NO DIREITO DE FAMÍLIA

37.1. Casamento

O **casamento** consiste em **negócio jurídico público e solene**, celebrado entre **duas pessoas** que estabelecem na forma da lei uma comunhão plena de vida, com base na igualdade de direitos e deveres, constituindo uma família (art. 1.511). Sua celebração é conduzida por um juiz, autoridade competente, no Cartório de Registro de Pessoas Naturais, devendo ser **gratuita** (art. 1.512). Admite-se a realização de casamento religioso com efeitos civis (arts. 1.515 e 1.516).

Legalmente, possuem **capacidade para o casamento** homens e mulheres em **idade núbil**, isto é, a partir dos **16 anos**. No caso dos jovens entre 16 e 18 anos, será necessária **autorização** dos responsáveis legais (art. 1.517). Tal autorização é revogável até a celebração do casamento (art. 1.518). Não há limite etário máximo para a capacidade núbil, mas apenas limitação ao regime de separação de bens a partir dos 70 anos (art. 1.641, II). Não mais se admite a **suplementação de idade**, com o casamento dos menores de 16 anos, em qualquer hipótese (art. 1.520). Admite-se o **suprimento do consentimento** de um ou ambos os representantes, em caso de recusa injustificada, igualmente por decisão judicial (arts. 1.517 e 1.519).

37.1.1. Causas suspensivas e impeditivas do casamento

A lei elenca causas **impeditivas** e **suspensivas** do casamento. Há **impedimento** da realização de casamentos nas hipóteses do art. 1.521, entre: I – ascendentes e descendentes, seja o parentesco natural ou civil; II – afins – parentes do cônjuge ou companheiro – em linha reta; III – adotante com quem foi cônjuge do adotado e o adotado com quem o foi do adotante; IV – irmãos, unilaterais ou bilaterais, e demais colaterais, até o terceiro grau inclusive – tios e sobrinhos[3]; V – adotado e filho do adotante (irmãos); VI – pessoas casadas – proteção da família monogâmica; VII – o cônjuge sobrevivente com o condenado por homicídio ou tentativa de homicídio contra o seu consorte, independentemente de conluio. O casamento nestas hipóteses será **nulo**, diante da verificação de **dirimentes absolutos**, que não se podem suprir.

Suspende-se a realização do casamento, nas hipóteses do art. 1.523, enquanto verificadas: I – o viúvo ou a viúva que tiver filho do cônjuge falecido, enquanto não fizer inventário dos bens do casal e der partilha aos herdeiros; II – a viúva, ou a mulher cujo casamento se desfez por ser nulo ou ter sido anulado, até 10 meses depois do começo da viuvez, ou da dissolução da sociedade conjugal; III – o divorciado, enquanto não houver sido homologada ou decidida a partilha dos bens do casal; IV – o tutor ou o curador e os seus descendentes, ascendentes, irmãos, cunhados ou sobrinhos, com a pessoa tutelada ou curatelada, enquanto não cessar a tutela ou curatela, e não estiverem saldadas as respectivas contas. As causas dos inci-

---

[2] Em junho de 2018, o CNJ determinou que as Corregedorias-Gerais de Justiça proíbam os cartórios de seus respectivos estados de lavrar escrituras públicas para registrar uniões poliafetivas.

[3] No caso de casamento entre tios e sobrinhos, o Decreto-lei n. 3.200/41 prevê a admissibilidade após submissão de ambos os nubentes a perícia médica pré-nupcial que ateste sanidade mental e inexistência de inconvenientes para a saúde, do casal e da prole.

sos I e III visam evitar **confusão patrimonial**, a do inciso II evita **confusão sanguínea** e a do inciso IV busca impedir o casamento de **pessoas que se encontrem sob poder de outrem**. O casamento nestas hipóteses será **válido**, porém **irregular**, impondo-se o regime obrigatório da **separação de bens**. Permite-se, contudo, ao juiz, suprir as causas suspensivas, provada a inexistência de prejuízo para os nubentes e terceiros (art. 1.523, parágrafo único).

> O casamento nessas hipóteses torna-se **irregular, mas não nulo**, impondo-se o regime obrigatório da **separação de bens** (art. 1.641, I).

Os **impedimentos** podem ser opostos até o momento da celebração do casamento, por qualquer pessoa capaz, admitindo-se a declaração de ofício (art. 1.522), tendo por consequência a suspensão da habilitação ou celebração. Apenas os parentes em linha reta dos nubentes e seus colaterais em segundo grau podem arguir as **causas suspensivas**, referentes a interesse da família (art. 1.524). Ambos devem ser opostos em **declaração escrita e assinada**, instruída com as **provas** do fato alegado, ou com a indicação do lugar onde possam ser obtidas (art. 1.529).

37.1.2. Habilitação para o casamento

Os noivos devem requerer a **habilitação para o casamento** no Cartório de Registro Civil das Pessoas Naturais do seu domicílio, se comum, ou de qualquer deles, se diverso, instruindo o pedido com: I – certidão de nascimento ou documento equivalente; II – autorização por escrito das pessoas sob cuja dependência legal estiverem, ou ato judicial que a supra; III – declaração de duas testemunhas maiores, parentes ou não, que atestem conhecê-los e afirmem não existir impedimento que os iniba de casar; IV – declaração do estado civil, do domicílio e da residência atual dos contraentes e de seus pais, se forem conhecidos; V – certidão de óbito do cônjuge falecido, de sentença declaratória de nulidade ou de anulação de casamento, transitada em julgado, ou do registro da sentença de divórcio (art. 1.525).

Se estiver em ordem a documentação, o oficial de registro dará publicidade, em meio eletrônico, à habilitação e extrairá, no prazo de até 5 (cinco) dias, o certificado de habilitação (§ 1º, do art. 67, da Lei n. 6.015/73 – entende-se que o dispositivo do art. 1.527, do CC, ficou revogado por incompatibilidade, após a alteração legislativa promovida pela Lei n. 14.382/2022). Apenas se submeterá o processo de habilitação ao juiz em caso de impugnação pelo oficial, Ministério Público ou terceiro (art. 1.526, parágrafo único). Nesse caso, os nubentes terão prazo para se opor à oposição (art. 1.530). Após o prazo do edital, sem oposição de impedimentos (art. 1.531) ou superado o embaraço, será expedido o **certificado de habilitação**, que tem eficácia por **90 dias** (art. 1.532). Dispensam-se as formalidades em caso de manifesto risco de vida para um dos contraentes (art. 1.540), com a realização posterior das formalidades do art. 1.541.

37.1.3. Celebração do casamento

A lei estabelece formalidades essenciais *(ad solemnitatem)* e probatórias *(ad probationem tantum)*. Constituem **formalidades essenciais** para a celebração do casamento, cuja ausência importa **nulidade**:

- Petição dos contraentes habilitados à autoridade competente para designação de dia, hora e local para celebração (art. 1.533).
- Publicidade da celebração, em local público ou particular, a portas abertas (art. 1.534).
- Presença dos contraentes, em pessoa ou por procurador especial, de duas testemunhas, do oficial do registro e do juiz do casamento (art. 1.535).
    - Em caso de casamento em edifício particular ou de nubente que não saiba ler ou escrever, o número de testemunhas será ampliado para quatro.
- Afirmação dos nubentes de que pretendem casar por livre e espontânea vontade (art. 1.535), suspendendo-se a celebração em caso de recusa ou hesitação (art. 1.538).
- Declaração de aperfeiçoamento do casamento pelo presidente do ato, conforme os termos estabelecidos no art. 1.535, momento em que se considera o casamento realizado (art. 1.514).

A lavratura do assento do casamento no livro de registro, assinado pelo presidente do ato, pelos cônjuges, as testemunhas, e o oficial do registro constitui formalidade **probatória** (art. 1.536), cuja falta não implica invalidade.

Admite-se a celebração de casamento por meio de **procuração por instrumento público**, com **poderes especiais** para o ato. Os mandatários devem ser diversos, valendo o instrumento pelo prazo de **90 dias**, ressalvada sua revogação por instrumento público (art. 1.542).

Habilitação para o casamento → Publicação de editais (15 dias) → Certificado de habilitação (90 dias) → Celebração do casamento

37.1.4. Provas do casamento

Prova-se o casamento celebrado **no Brasil** por meio da **certidão do registro** (art. 1.543). Caso celebrado **no exterior**, a prova far-se-á pelo documento emitido conforme a lei do local e autenticado pela autoridade consular brasileira, ou pela certidão de assento no registro do consulado, devendo tais documentos ser registrados no Brasil no prazo de **180 dias** do retorno de um ou ambos os cônjuges ao País (art. 1.544). De forma **supletória**, diante da justificada falta ou perda do registro civil, o casamento poderá ser provado por outros meios (art. 1.543, parágrafo único).

Considera-se provado também o casamento, na impossibilidade de apresentação do registro, em caso de **posse do estado de casados**, quando os sujeitos vivem publicamente e são reconhecidos socialmente como casados. Caracteriza-se pelos elementos *nomen*, usando a mulher o nome do marido; *tractatus*, ambos se tratam publicamente como casados; e *fama*, gozando de reputação de pessoas casadas perante a sociedade.

> A posse do estado de casados diferencia-se da união estável pelo fato de ter havido naquela efetiva celebração do matrimônio, servindo sua prova ao suprimento de falhas ou falta do assento respectivo.

Serve à prova do casamento de **pessoas falecidas ou que não possam manifestar vontade**, em benefício da prole, na impossibilidade de produção de prova direta (art. 1.545). Serve ainda para fundamentar o julgamento contrário à impugnação do casamento, havendo dúvida entre provas favoráveis e contrárias, caso em que o registro da sentença produzirá os efeitos civis desde a data do casamento (arts. 1.546 e 1.547).

37.1.5. Espécies de casamento válido

Além do casamento civil, com o cumprimento das formalidades acima, considera-se válido o casamento putativo, o casamento em caso de moléstia grave, o casamento nuncupativo, o casamento religioso com fins civis, o casamento consular e a conversão da união estável em casamento, respeitados os requisitos legais respectivos.

Casamento putativo	▪ contraído de boa-fé por um ou ambos os cônjuges, embora nulo ou anulável (art. 1.561) ▪ produz os efeitos de um casamento válido em relação ao **cônjuge** de boa-fé, inclusive no tocante a **alimentos**, até a data da sentença anulatória ▪ produz efeitos civis em relação aos **filhos**, independentemente de boa-fé
Casamento em caso de moléstia grave	▪ dispensa as formalidades para a validade do casamento quando, após a expedição de certificado de habilitação, um dos nubentes recai em grave estado de saúde, celebrando o juiz, acompanhado do oficial o casamento no local onde estiver, perante duas testemunhas (art. 1.539)
Casamento nuncupativo	▪ casamento em caso de iminente risco de vida, dispensando inclusive o processo de habilitação e a celebração por autoridade competente ▪ realizar-se-á de viva voz, na presença de seis testemunhas sem parentesco com os nubentes, requerendo posterior homologação judicial (arts. 1.540 e 1.541)
Casamento religioso com efeitos civis	▪ em caso de **prévia habilitação**, deve ser promovido o registro civil no prazo de 90 dias da celebração do casamento religioso (art. 1.516, § 1º) ▪ em caso de **habilitação posterior**, os nubentes poderão requerer o registro a qualquer tempo, com a apresentação da certidão do ato religioso e dos documentos previstos no art. 1.525. Após a homologação da habilitação, lavrar-se-á o assento civil, com efeitos a partir da celebração religiosa (art. 1.515)
Casamento consular	▪ celebrado por brasileiro no estrangeiro, perante a autoridade consular ▪ deve ser registrado em cartório do domicílio dos cônjuges no Brasil, no prazo de 180 dias contados do retorno de um ou ambos ao país (art. 1.544)
Conversão da união estável em casamento	▪ opera-se mediante requerimento dos companheiros perante o oficial de registro civil de pessoas naturais de sua residência, dispensando-se a autorização judicial (art. 70-A da Lei n. 6.015/73)

37.1.6. Invalidade do casamento

A existência do casamento pressupõe **consentimento** e **celebração** na forma da lei, não se exigindo hodiernamente o requisito da **diversidade de sexo**. A ação para verificação de casamento inexistente é a de **cancelamento do registro**.

Uma vez existente, pode o casamento ser analisado do ponto de vista da sua **validade**, enumerando o legislador **defeitos** que a comprometem, tornando o casamento **nulo** ou **anulável**. A aplicação da teoria das nulidades em sede de casamento apresenta duas peculiaridades: I – resguardo dos efeitos civis produzidos pelo casamento putativo em relação ao cônjuge de boa-fé e aos filhos (art. 1.561); II – decretação mediante ação direta, em caráter ordinário (art. 1.549).

Constitui hipótese de **nulidade** do casamento a infringência dos impedimentos elencados no art. 1.521. Com a vigência do Estatuto da Pessoa com Deficiência (Lei n. 13.146/2015), a ausência de discernimento por enfermidade mental deixa de ser causa de nulidade do casamento. A nulidade será reconhecida por meio de **ação declaratória de nulidade**, com efeitos *ex tunc*, podendo ser ajuizada por qualquer interessado ou pelo Ministério Público (art. 1.549).

Dá-se a **anulabilidade** do casamento pelas causas estabelecidas no art. 1.550:

Hipótese	Legitimidade[4]	Prazo	Termo *a quo*
I) menor de 16 anos (art. 1.520)	cônjuge menor, representantes legais, ascendentes (art. 1.552)	180 dias	■ menor: data em que completou 16 anos ■ outros legitimados: data da celebração (art. 1.560, § 1º)
II) menor em idade núbil sem autorização	incapaz, representantes legais, herdeiros necessários (art. 1.555)	180 dias	■ incapaz: data em que completou 18 anos ■ representante legal: data da celebração ■ herdeiros: data do óbito, se antes dos 18 anos (art. 1.555)
III) vícios da vontade ■ erro: arts. 1.556, 1.557 ■ coação moral: art. 1.558 Obs.: coabitação convalida o vício (art. 1.559)	apenas o cônjuge que incorreu no vício (art. 1.559)	■ 3 anos: erro ■ 4 anos: coação	data da celebração (art. 1.560, III e IV)
IV) incapaz de consentir (art. 4º)		180 dias	data da celebração (art. 1.560, II)
V) realizado pelo mandatário com desconhecimento da revogação do mandato / invalidade judicial do mandato (art. 1.550, § 1º) Obs.: a coabitação convalida o vício	mandante	180 dias	data em que o mandante tem conhecimento da celebração (art. 1.560, § 2º)
VI) incompetência da autoridade celebrante (*ratione loci* ou *ratione personarum*)		2 anos	data da celebração (art. 1.560, II)

Constituem hipóteses de **erro essencial sobre a pessoa** do outro cônjuge (art. 1.557):

> I – o que diz respeito à sua identidade, sua honra e boa fama, tornando insuportável a vida em comum;
> II – a ignorância de crime, anterior ao casamento, que, por sua natureza, torne insuportável a vida conjugal;
> III – a ignorância, anterior ao casamento, de defeito físico irremediável que não caracterize deficiência ou de moléstia grave e transmissível, por contágio ou por herança, capaz de pôr em risco a saúde do outro cônjuge ou de sua descendência.

A redação do art. 1.557 foi alterada com a Lei n. 13.146/2015 (EPD) para que a verificação de deficiência, de ordem física e mental, deixasse de ser considerada hipótese de erro essencial sobre a pessoa. O legislador ressalvou expressamente a possibilidade de o deficiente casar:

> **Art. 1.550, § 2º:** A pessoa com deficiência mental ou intelectual em idade núbia poderá contrair matrimônio, expressando sua vontade diretamente ou por meio de seu responsável ou curador.

A anulabilidade será decretada via **ação anulatória**, a partir de cuja procedência cessa a produção de efeitos do casamento. A **nulidade** é **insanável**, enquanto o casamento **anulável** pode ser **convalidado**, tendo os prazos para que se requeira a anulação natureza **decadencial**.

---

[4] Nas hipóteses dos incisos IV e VI do art. 1.550, o legislador não faz referência específica à legitimidade para a ação. Entendemos pela aplicação da previsão geral do art. 177, ou seja, os interessados terão legitimidade.

Prevê o legislador que não se anulará por motivo de idade o casamento de que resultou gravidez (art. 1.551), bem como que o menor de 16 anos poderá, ao completar a idade núbil, confirmar seu casamento, com autorização dos representantes ou suprimento judicial (art. 1.553).

O casamento irregular não padece de nulidade, apenas se impondo o regime da separação obrigatória de bens (art. 1.641, I).

37.1.7. Eficácia do casamento

O casamento produz uma série de **efeitos** concretos, sendo os principais a **constituição de família** (art. 226 da CF), alterando o **estado** civil dos membros do casal, que assumem mutuamente a condição de consortes, companheiros e responsáveis pelos encargos da família (art. 1.565). Tem por efeito ainda o estabelecimento do **regime de bens**, de caráter irrevogável, somente **podendo ser modificado mediante autorização judicial em pedido motivado de ambos os cônjuges, apurada a procedência das razões invocadas e ressalvados os direitos de terceiros** (art. 1.639, § 2º).

> Não há no Brasil atual imutabilidade do regime de bens, ainda que a alteração dependa de motivação e autorização judicial.

Faz surgir uma série de **deveres comuns** entre os cônjuges, estabelecendo-se expressamente o de fidelidade, vida comum, mútua assistência, sustento, guarda e educação dos filhos, respeito e consideração mútuos (art. 1.566). O dever de **coabitação não** é **absoluto**, admitindo limitações em razão de profissão, doenças, entre outras (art. 1.569), casos em que a ausência do cônjuge da residência comum não importará **abandono do lar**. Estabelece-se também o dever de **concorrer** para o sustento da família e educação dos filhos, na proporção do patrimônio e rendimentos de cada um (art. 1.568).

O casamento determina o surgimento de **direitos comuns** entre os cônjuges, permitindo-se aos cônjuges o acréscimo ao seu do patronímico do outro, bem como a livre **decisão sobre o planejamento familiar**, com amparo do Estado (art. 1.565, §§ 1º e 2º). É igualmente comum o direito à **direção da sociedade conjugal** (art. 1.567), não se admitindo mais a chefia exclusiva do varão – poder marital. Apenas será conferida a um só dos cônjuges a exclusividade da direção da família, em caso de desaparecimento, interdição, privação de consciência ou prisão por mais de 180 dias do outro (art. 1.570).

37.1.8. Dissolução da sociedade e do vínculo conjugal

O casamento estabelece a um só tempo a **sociedade conjugal** e o **vínculo conjugal**. Aquela, que cessa pelas causas previstas no art. 1.571, refere-se ao conjunto de direitos e deveres que formam a **vida comum do casal**. O **vínculo conjugal** se dissolve pelo divórcio ou pela morte de um dos cônjuges, momento em que os cônjuges tornam-se aptos a contrair novas núpcias (art. 1.571, § 1º).

Causas terminativas da sociedade conjugal (art. 1.571):
- Morte – real ou presumida → Dissolve o vínculo conjugal (§ 1º)
- Nulidade ou anulação do casamento → Desfazimento do vínculo
- Separação judicial
- Divórcio → Dissolve o vínculo conjugal (§ 1º)

> Com o advento da EC n. 66/2010 – que suprimiu a necessidade de prévia separação judicial por mais de 1 ano ou prévia separação de fato por mais de 2 anos para a realização do divórcio –, a separação deixa de ser requisito *sine qua non* da realização do divórcio, de modo que, na prática, diante do seu desuso, as rupturas da sociedade e do vínculo conjugal operam simultaneamente.

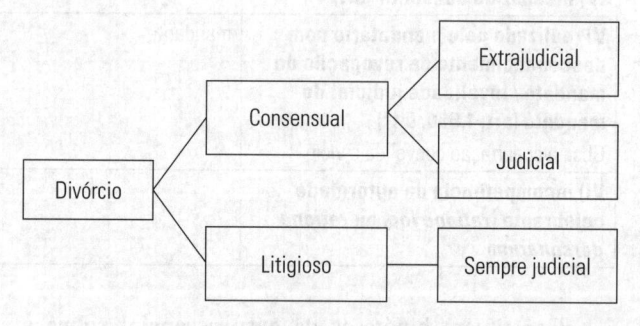

Divórcio:
- Consensual → Extrajudicial / Judicial
- Litigioso → Sempre judicial

A **separação e o divórcio judiciais** podem se dar de forma **consensual** ou por mútuo consentimento, e **litigiosa** ou a pedido de um dos cônjuges, independentemente do transcurso de prazos mínimos. O procedimento de separação ou divórcio consensual (art. 1.574) tem natureza de jurisdição voluntária, buscando a homologação judicial do acordo formulado, conforme as regras dos arts. 731 e s. do CPC. Pode ser feito pela via administrativa, **extrajudicialmente**, mediante escritura pública lavrada em cartório de notas, com a assistência de advogado, desde que não haja filhos menores ou incapazes e haja consenso sobre todas as questões emergentes da separação ou do divórcio (art. 733 do CPC).

O **divórcio litigioso**, na via contenciosa, segue o rito dos arts. 693 e s. do CPC.

A Lei n. 13.894/2019 estabeleceu regras especiais para os procedimentos de separação, divórcio, anulação de casamento e reconhecimento cumulado com dissolução estável, diante da verificação de violência doméstica e familiar. Além das regras especiais de competência já previstas no art. 53, I, do CPC, incluiu a lei nova hipótese, na alínea *d* do dispositivo, pelo qual se torna competente o foro domiciliar da vítima de violência doméstica e familiar. Além disso, reforça o direito das vítimas à informação e acesso à assistência judiciária para auxílio no ajuizamento das ações. Finalmente, determina a intervenção obrigatória do Ministério Público nas ações de família em que figure como parte vítima de violência doméstica e familiar (art. 698 do CPC), estabelecendo-se ainda prioridade de tramitação (art. 1.048, III, do CPC).

Com a separação judicial, extinguem-se os deveres de coabitação e fidelidade recíproca e o regime de bens (arts. 1.575 e 1.576), promovendo-se a partilha de bens, sob a forma consensual ou judicial. Mantêm-se ainda os deveres de mútua assistência, sustento, guarda e educação dos filhos, respeito e consideração mútuos. O divórcio posterior não afeta os deveres dos pais em relação aos filhos (art. 1.579). Após a separação e antes do divórcio, podem os cônjuges **restabelecer a sociedade conjugal**, por ato regular em juízo (art. 1.577).

Pode-se requerer a **conversão da separação em divórcio** ou o **divórcio direto**, a qualquer tempo (EC n. 66/2010), de forma **consensual** ou **litigiosa**. Admite-se a concessão de divórcio sem prévia partilha de bens (art. 1.581), caso em que novo casamento apenas poderá ser realizado pelo regime da separação de bens. Tanto a ação de separação quanto a de divórcio têm caráter **personalíssimo**, devendo ser manejadas por um ou ambos os cônjuges, admitindo-se, todavia, no caso de incapacidade, a representação pelo curador, pelo ascendente ou pelo irmão (arts. 1.576 e 1.582).

Atualmente, não mais se discute a **culpa** dos cônjuges para a **término da relação conjugal**, ressalvadas as hipóteses previstas na lei de perda do direito a alimentos (art. 1.704), perda do direito de uso do sobrenome do outro (art. 1.578) e exclusão da sucessão em caso de separação de fato há mais de 2 anos (art. 1.830). A doutrina vem entendendo que nem nestas hipóteses a culpa produzirá tais efeitos (DIAS, 2017; GONÇALVES, 2017, v. 3).

Reconhece-se a possibilidade de **desconsideração inversa da personalidade jurídica** no divórcio, com aplicação do incidente de desconsideração da personalidade jurídica previsto nos arts. 133 a 137 do CPC, permitindo-se que a partilha dos bens do casal alcance o patrimônio societário, formado em virtude de confusão patrimonial e desvio de finalidade.

37.1.9. Proteção dos filhos

Em regra, podem os cônjuges regular por acordo a guarda dos filhos, nos procedimentos de separação e divórcio consensuais, devendo o juiz recusar a homologação caso não se atendam adequadamente os interesses dos filhos incapazes (arts. 1.574, parágrafo único e 1.590).

A guarda dos filhos poderá será **unilateral** ou **compartilhada**, devendo ser estipulada conforme o princípio do "melhor interesse da criança", ou seja, em favor daquele que apresente melhores condições para exercê-la. Poderá ser requerida por qualquer dos pais, por consenso ou decretada judicialmente, em ação de separação, de divórcio ou de dissolução de união estável ou por meio de ação autônoma (art. 1.584).

Filhos maiores de 12 anos devem ser ouvidos na tomada de decisão sobre a guarda, conforme interpretação do ECA.

A **guarda unilateral** é atribuída a **um só dos genitores** ou alguém que o substitua, ao passo que a **guarda compartilhada** implica **responsabilização conjunta** e o exercício de direitos e deveres do pai e da mãe que não vivam sob o mesmo teto, concernentes ao poder familiar dos filhos comuns (art. 1.583, § 1º). O pai que não detenha a guarda unilateral tem o dever de supervisionar os interesses dos filhos (art. 1.583, § 5º). O estabelecimento de novas núpcias por si só não afeta o direito de guarda do pai ou da mãe (art. 1.588). Excepcionalmente, a **guarda** pode ser deferida **a terceiro**, caso o juiz considere inadequado o deferimento ao pai ou à mãe, tendo em conta preferencialmente para a escolha o grau de parentesco e as relações de afinidade e afetividade (art. 1.584, § 5º).

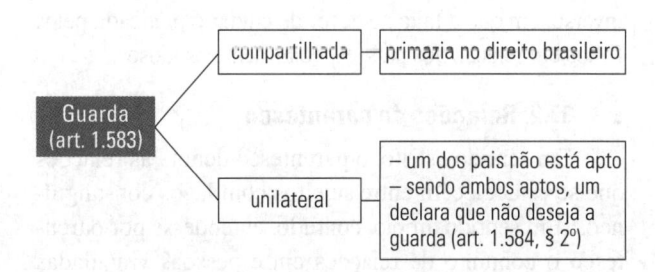

Guarda (art. 1.583)
- compartilhada — primazia no direito brasileiro
- unilateral — – um dos pais não está apto / – sendo ambos aptos, um declara que não deseja a guarda (art. 1.584, § 2º)

Atualmente, a lei confere *primazia* à fixação de *guarda compartilhada*, quando ambos os pais estiverem aptos ao exercício do poder familiar, salvo quando um deles declara que não deseja a guarda do menor (art. 1.584, § 2º). Nela, o tempo de convívio com os filhos deve ser distribuído de forma equilibrada entre a mãe e o pai, estabelecendo-se as respectivas atribuições e períodos de convivência, podendo-se fazer recurso a orientação técnico-profissional para a fixação da adequada divisão (arts. 1.583, § 2º, e 1.584, § 3º). Em caso de pais habitando locais distintos, deve ser considerada como base de moradia dos filhos a cidade que melhor atender aos seus interesses.

As sanções para a prática podem variar desde a advertência ao alienador até a fixação cautelar do domicílio da criança ou adolescente e a alteração da guarda, sem prejuízo da responsabilidade civil e criminal (art. 6º).

> Nos termos do art. 2º da Lei n. 12.318/2010, "considera-se ato de **alienação parental** a interferência na formação psicológica da criança ou do adolescente promovida ou induzida por um dos genitores, pelos avós ou pelos que tenham a criança ou adolescente sob a sua autoridade, guarda ou vigilância para que repudie genitor ou que cause prejuízo ao estabelecimento ou à manutenção de vínculos com este".

As sanções para a prática podem variar desde a advertência ao alienador até a suspensão da autoridade parental do mesmo, passando pela alteração da guarda e outras medidas, sem prejuízo da responsabilidade civil e criminal (art. 6º).

A responsabilidade civil por **abandono afetivo** ou **abandono paterno-filial** consiste em criação jurisprudencial, a partir da qual pessoas que sofreram consequências psíquicas em razão de omissão dos pais em sua criação, cuidado e auxílio ao desenvolvimento são contempladas com indenização pelos danos morais sofridos. Em julgado paradigmático sobre o tema, a Min. Nancy Andrighi fundamenta a condenação a partir da ideia de cuidado como valor jurídico (arts. 1º, III, 227 e 229 da CF/88): "Amar é faculdade, cuidar é dever" (STJ, REsp 1.159.242, *DJ* 10-5-2012).

Mais recentemente, surge na jurisprudência o reconhecimento da possibilidade de ocorrência de abandono afetivo inverso, em que a falta ao dever de cuidar é praticada pelos filhos em relação aos pais, especialmente os idosos.

■ 37.2. Relações de parentesco

Em sentido estrito, o parentesco denota as relações que se estabelecem entre sujeitos com laços consanguíneos. Em sentido amplo, contudo, entende-se por parentesco o conjunto de relações entre pessoas vinculadas entre si por **consanguinidade, afinidade, adoção** ou **outras origens**, com relevância para o Direito a partir da atribuição de direitos e deveres entre os parentes, de ordem pessoal e patrimonial.

O parentesco pode ser **natural** ou **civil**, conforme resulte da consanguinidade ou de outras origens, como a adoção e a reprodução humana assistida (art. 1.593). Pode ser biológico ou socioafetivo. A jurisprudência do STF consagrou a possibilidade de reconhecimento da dupla parentalidade ou multiparentalidade (RE 898.060).

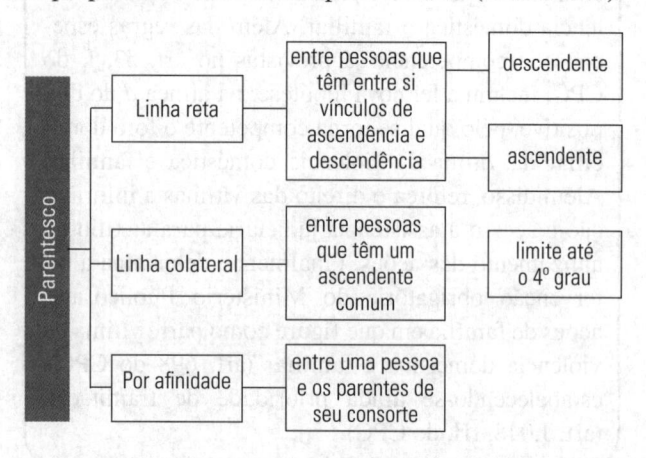

```
Parentesco ─┬─ Linha reta ─── entre pessoas que têm entre si vínculos de ascendência e descendência ─┬─ descendente
            │                                                                                        └─ ascendente
            ├─ Linha colateral ─ entre pessoas que têm um ascendente comum ─── limite até o 4º grau
            └─ Por afinidade ─── entre uma pessoa e os parentes de seu consorte
```

Os vínculos de parentesco estabelecem-se nas **linhas reta** e **colateral**, contando-se em cada linha por **graus**. Constitui um grau a distância de uma geração entre um parente e outro.

São parentes em linha reta as pessoas que estabelecem entre si vínculos de ascendência e descendência, sem limitação de grau (art. 1.591). Na **linha reta ascendente**, buscam-se os antepassados de um sujeito (pais, avós etc.), ao passo que na **linha reta descendente** se buscam aqueles que procedem do sujeito, em geração futura (filhos, netos etc.). A linha reta ascendente divide-se em materna ou paterna, conforme se cogite das relações do sujeito com os ascendentes de seu pai ou mãe. Na linha colateral, transversal ou oblíqua, encontram-se os parentes que provêm de um **tronco comum, sem** relação de **descendência**, no limite do **quarto grau**, como irmãos, tios, sobrinhos, primos etc. (art. 1.592).

Na linha reta, assim como na colateral, os graus de parentesco contam-se pelo **número de gerações**. Na **linha colateral**, contudo, contam-se os graus **subindo** de um dos parentes até o ascendente ou **tronco comum** e **descendo** pela outra linha até encontrar o outro parente (art. 1.594).

Parentesco em linha reta

```
Avô paterno   Avó paterna    Avô materno   Avó materna
       \     /                      \     /
        Pai                          Mãe
           _____   _____/
                    Filho
```

Direito Civil

Parentesco em linha colateral

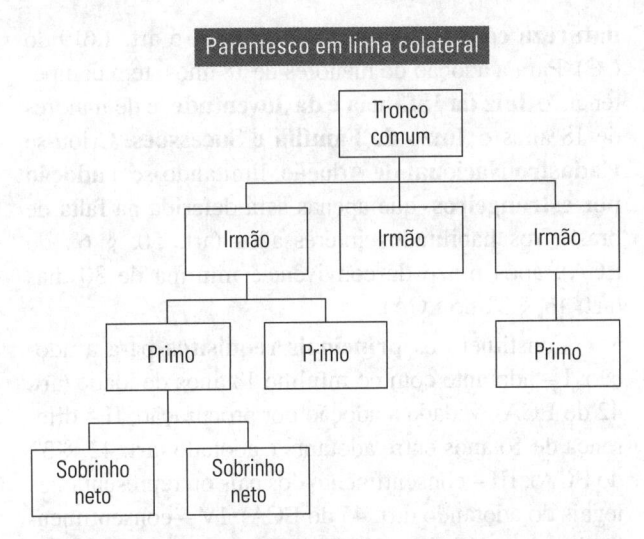

```
        Tronco
        comum
       /   |   \
   Irmão Irmão Irmão
   /  \         |
 Primo Primo  Primo
  / \
Sobrinho Sobrinho
 neto    neto
```

Há parentesco **por afinidade** nas relações originadas no casamento ou união estável. Entende-se por **afinidade** o vínculo de um dos cônjuges ou companheiros em relação aos parentes de seu consorte, limitado a seus ascendentes, descendentes e irmãos. O parentesco por afinidade em linha reta não se extingue pela dissolução do casamento ou união estável (art. 1.595).

O **grau no parentesco por afinidade**, entre uma pessoa e os parentes de seu cônjuge ou companheiro, será o mesmo estabelecido entre este diretamente com seus parentes. Exemplificativamente, o padrasto é parente por afinidade na linha reta ascendente, em primeiro grau, em relação ao enteado.

37.3. Filiação

Filiação é a relação que se estabelece, em linha reta, entre uma pessoa e seu ascendente em primeiro grau, que a gerou ou recebeu por filho. **Não se admite discriminação entre filhos de origens distintas** (arts. 1.596 do CC e 227, § 6º, da CF).

Há presunção legal da paternidade nas hipóteses do art. 1.597, em relação à família constituída pelo casamento, dos:

- filhos nascidos 180 dias, pelo menos, depois de estabelecida a convivência conjugal;
- filhos nascidos nos 300 dias subsequentes à dissolução da sociedade conjugal, por morte, separação judicial, nulidade e anulação do casamento;
- filhos havidos por fecundação artificial homóloga, mesmo que falecido o marido;
- filhos havidos, a qualquer tempo, quando se tratar de embriões excedentários, decorrentes de concepção artificial homóloga;
- filhos havidos por inseminação artificial heteróloga, desde que tenha prévia autorização do marido.

A jurisprudência do STJ reconhece a existência de **presunção de paternidade** em relação aos filhos concebidos na constância de união estável, por analogia à previsão em relação ao casamento, em face da equiparação constitucional das entidades familiares.

Trata-se de **presunção relativa**, que admite prova em contrário, por meio de **ação negatória de paternidade**, em caráter imprescritível e de iniciativa privativa do marido (art. 1.601). São legitimados passivos o filho e a mãe. Ilide a presunção da paternidade a prova da impotência do cônjuge para gerar, à época da concepção (art. 1.599), mas não a mera prova de adultério da mulher, nem a mera confissão materna (arts. 1.600 e 1.602). Não será desconstituída a paternidade caso se demonstre que, apesar da inexistência de vínculo biológico entre os sujeitos, construiu-se **vínculo socioafetivo**. Reconhece-se ao filho a legitimidade para intentar **ação de impugnação da paternidade** a fim de demonstrar erro ou falsidade no registro. Atualmente, a jurisprudência do STF (RE 898.060, Luiz Fux) estabelece a possibilidade da chamada multiparentalidade, podendo-se reconhecer de forma concomitante vínculos de paternidade socioafetiva e paternidade biológica, com os efeitos jurídicos próprios.

A **prova da filiação** é feita pela **certidão de nascimento** expedida pelo Registro Civil (art. 1.603), presumindo-se sua veracidade, salvo prova de erro ou falsidade (art. 1.604). Em caso de falta ou defeito do registro, provar-se-á a filiação por qualquer meio de prova admissível em direito (art. 1.605), notadamente o documental, pericial e testemunhal.

37.4. Reconhecimento dos filhos

Reconhecimento de filho é o ato jurídico em sentido estrito, de caráter personalíssimo, pelo qual se declara a filiação, estabelecendo-se vínculo jurídico de parentesco entre o pai ou a mãe e seu filho. Comporta duas espécies: a perfilhação ou reconhecimento **voluntário**, e o reconhecimento **judicial**, coativo ou forçado.

Pode haver **reconhecimento voluntário**, nas **formas** previstas pelo art. 1.609: I – no registro do nascimento; II – por escritura pública ou escrito particular, a ser arquivado em cartório; III – por testamento, ainda que incidentalmente manifestado; IV – por manifestação direta e expressa perante o juiz, ainda que o reconhecimento não haja sido o objeto único e principal do ato que o contém. A declaração é irrevogável, mesmo quando manifestado em testamento (art. 1.610). **Judicialmente**, o reconhecimento de filho realiza-se via **ação de investigação de paternidade**.

> **Judicialmente**, o reconhecimento de filho realiza-se via **ação de investigação de paternidade**.

O reconhecimento do filho, de natureza declaratória, produz efeitos retroativos à data do nascimento, não se admitindo a aposição de condição e termo (art. 1.613). Em sendo o filho maior, o reconhecimento depende do seu consentimento, podendo o filho menor impugnar o reconhecimento feito, no prazo de 4 anos, contados da aquisição de capacidade (art. 1.614). Desconstitui-se o reconhecimento feito mediante **ação anulatória de reconhecimento**, demonstrando a desconformidade com a verdadeira filiação. A **contestação da maternidade** constante do termo do nascimento do filho depende de prova da falsidade do termo ou das declarações nele contidas (art. 1.608).

A ação de investigação de paternidade tem **natureza declaratória** e é **imprescritível**, tratando-se de direito personalíssimo e indisponível. Possui **legitimidade ativa** o filho (art. 1.606), representado pela mãe ou tutor, se incapaz. A **legitimidade passiva** é do suposto pai, ou seus herdeiros, em caso de pai falecido. Qualquer interessado pode contestar a ação (art. 1.615). Pode haver **ação de investigação de maternidade**, nos mesmos termos.

37.5. Adoção

Entende-se por **adoção** o negócio jurídico **bilateral** e **solene**, por meio do qual alguém estabelece para com outrem, de maneira **irrevogável**, vínculo jurídico de filiação, independentemente de consanguinidade ou afinidade. É medida excepcional, apenas se admitindo quando esgotados os recursos de manutenção da criança ou adolescente na família natural ou extensa (art. 39, § 1º, do ECA). Além do ato de vontade, exige-se **sentença judicial**, traduzindo um **ato complexo**, de caráter institucional (art. 227, § 5º, da CF).

> A **adoção à brasileira**, operada pelo registro de filho alheio recém-nascido, como se próprio fosse, não tem respaldo legal.

> A adoção é disciplinada pelo Estatuto da Criança e do Adolescente (Lei n. 8.069/90), com redação modificada pela Lei n. 12.010/2009 (Lei Nacional de Adoção).

Independentemente da idade, a adoção depende de **procedimento judicial**, culminando em sentença de **natureza constitutiva** (art. 47 do ECA e art. 1.619 do CC). Para a adoção de menores de 18 anos, tem competência o **Juiz da Infância e da Juventude**, e de maiores de 18 anos o **Juízo de Família e Sucessões**. Criou-se **Cadastro Nacional de Adoção**, limitando-se a **adoção por estrangeiros**, que apenas será deferida na falta de brasileiros habilitados interessados (art. 50, § 6º, do ECA), após prazo de convivência mínima de 30 dias (art. 46, § 3º, do ECA).

Constituem os **principais requisitos** para a adoção: I – adotante com no mínimo 18 anos de idade (art. 42 do ECA), vedada a adoção por procuração; II – diferença de 16 anos entre adotante e adotado (art. 42, § 3º, do ECA); III – consentimento dos pais ou representantes legais do adotando (art. 45 do ECA); IV – consentimento do adotando que contar mais de 12 anos de idade, colhido em audiência (art. 45, § 2º, do ECA); V – efetivo benefício para o adotando (art. 43 do ECA).

Em regra, não podem adotar os ascendentes e os irmãos do adotando. Em caso de **adoção conjunta**, exige-se a comprovação de estabilidade da família, formada pelo casamento civil ou união estável, *não importando se hétero ou homoafetiva*. Podem adotar conjuntamente, ainda, os divorciados, os judicialmente separados e os ex-companheiros (art. 42, §§ 1º, 2º e 4º, do ECA). Pode haver adoção pelos tutores e curadores em relação aos pupilos e curatelados, após prestação de contas (art. 44 do ECA). Em caso de grupos de irmãos, devem ser adotados preferencialmente pela mesma família substituta.

> Não se admitem restrições à adoção por motivo de deficiência dos adotantes.

A adoção produz efeitos de ordem pessoal e patrimonial após o trânsito em julgado da sentença. Na **ordem pessoal**, a adoção constitui relação de parentesco, transferindo o poder familiar ao adotante. A alteração do sobrenome é obrigatória e do prenome facultativa, desde que não cause transtornos ao adotando, o qual será ouvido se maior de 12 anos (art. 47, §§ 5º e 6º, do ECA). Na **ordem patrimonial**, a adoção gera direito a alimentos entre adotante e adotado, em virtude do parentesco (art. 1.694), bem como direitos sucessórios em igualdade de condições com os demais filhos.

37.6. Poder familiar

O **poder familiar** é composto dos direitos e deveres atribuídos aos pais, em conjunto, ou a um só deles na falta ou impedimento do outro, em relação à pessoa e ao patrimônio dos filhos menores (arts. 1.630 e 1.631).

Caracteriza-se por constituir um **múnus público**, de caráter **irrenunciável, indelegável** e **imprescritível**, implicando uma **relação de autoridade, incompatível com a tutela**.

O **conteúdo** do poder familiar comporta competências de ordem pessoal e patrimonial. Quanto à **pessoa dos filhos**, compete aos pais as prerrogativas estabelecidas no art. 1.634: I – dirigir-lhes a criação e a educação; II – exercer a guarda unilateral ou compartilhada nos termos do art. 1.584; III – conceder-lhes ou negar-lhes consentimento para casarem; IV – conceder-lhes ou negar-lhes consentimento para viajarem ao exterior; V – conceder-lhes ou negar-lhes consentimento para mudarem sua residência permanente para outro Município; VI – nomear-lhes tutor por testamento ou documento autêntico, se o outro dos pais não lhe sobreviver, ou o sobrevivo não puder exercer o poder familiar; VII – representá-los judicial e extrajudicialmente até os 16 anos, nos atos da vida civil, e assisti-los, após essa idade, nos atos em que forem partes, suprindo-lhes o consentimento; VIII – reclamá-los de quem ilegalmente os detenha; IX – exigir que lhes prestem obediência, respeito e os serviços próprios de sua idade e condição. Quanto aos **bens dos filhos**, incumbe aos pais, em igualdade de condições, a administração dos bens, apenas se admitindo atos de disposição mediante autorização judicial, e o usufruto legal dos bens dos filhos menores (art. 1.689).

Extingue-se o poder familiar (art. 1.635): pela morte dos pais ou do filho, pela emancipação, pela maioridade, pela adoção e por decisão judicial que importe **perda do poder familiar**, e pelas causas previstas no art. 1.638. O dispositivo traz em seus incisos **cinco causas de perda**: I – castigo imoderado do filho; II – abandono; III – prática de atos contrários à moral e aos bons costumes; IV – reiteração das causas de suspensão do poder familiar, do art. 1.637; V – entregar de forma irregular o filho a terceiros para fins de adoção. A Lei n. 13.715/2018 acresceu o parágrafo único ao art. 1.638, a fim de trazer novas hipóteses de perda do poder familiar, em virtude da prática, **contra outrem igualmente titular do mesmo poder familiar ou contra filho, filha ou outro descendente**, dos crimes de:

"*a*) homicídio, feminicídio ou lesão corporal de natureza grave ou seguida de morte, quando se tratar de crime doloso envolvendo violência doméstica e familiar ou menosprezo ou discriminação à condição de mulher;

b) estupro, estupro de vulnerável ou outro crime contra a dignidade sexual sujeito à pena de reclusão."

A perda, que sempre decorre de **ato judicial**, é **permanente, imperativa**, abrangendo **toda a prole**, decorrendo de faltas graves apuradas em procedimento estabelecido no art. 155 do ECA.

Diante de infrações menos graves, **suspende-se** o poder familiar, a fim de proteger o menor. A suspensão é **temporária, facultativa**, podendo referir-se apenas a **determinado filho**, ocorrendo em caso de abuso de poder, falta aos deveres paternos, dilapidação do patrimônio do filho, condenação por sentença irrecorrível a mais de 2 anos de prisão, prática de maus exemplos e atos atentatórios à moral, segurança e saúde do filho (art. 1.637).

38. DIREITO PATRIMONIAL NO DIREITO DE FAMÍLIA

Os direitos patrimoniais nas relações familiares compreendem o regime de bens, a obrigação de alimentos e os direitos sucessórios.

38.1. Regime de bens entre os cônjuges

O **regime de bens** disciplina as relações patrimoniais estabelecidas entre os cônjuges ou entre estes e terceiros, durante o casamento. Constituem princípios básicos do regime de bens a **liberdade de estipulação**, a **variedade dos regimes** e a **irrevogabilidade** ou **imutabilidade**. Não há, contudo, uma imutabilidade absoluta do regime, admitindo-se a alteração motivada, mediante autorização judicial, com resguardo dos direitos de terceiros (art. 1.639, § 2º).

São quatro as espécies de regime de bens disciplinadas pelo Código Civil – comunhão parcial, comunhão universal, participação final nos aquestos, separação –, admitindo-se a criação de regime diverso pelos cônjuges (art. 1.639). A fixação de regime diverso do regime legal, da comunhão parcial, depende de convenção entre os cônjuges, sob a forma de **pacto antenupcial**, documento **solene**, realizado por escritura pública, cuja eficácia fica **condicionada** à realização do casamento (arts. 1.640 e 1.653). Exige-se ainda a inscrição do pacto no registro de imóveis do domicílio dos cônjuges para que tenha eficácia contra terceiros (art. 1.657).

Independentemente do regime de bens, qualquer dos cônjuges pode: I – praticar todos os atos de disposição e de administração necessários ao desempenho de sua profissão, com as limitações estabelecida no inciso I do art. 1.647; II – administrar os bens próprios; III – desobrigar ou reivindicar os imóveis que tenham sido gravados ou alienados sem o seu consentimento ou sem suprimento judicial; IV – demandar a rescisão dos contratos de fiança e doação, ou a invalidação do aval, realizados pelo outro cônjuge com infração do disposto nos incisos III e IV do art. 1.647; V – reivindicar os bens comuns transferidos pelo outro cônjuge ao concubino; VI – praticar todos os atos que não lhes forem vedados expressamente (art. 1.642). Podem, ainda, **mesmo sem autorização do outro**, comprar as coisas necessárias à economia doméstica e obter, por empréstimo, as quantias que a aquisição dessas coisas possa exigir (art. 1.643), caso em que as dívidas obrigam **solidariamente** os membros do casal (art. 1.644).

Dependem de autorização do outro cônjuge, porém, exceto no regime da separação absoluta, I – a alienação de bens imóveis; II – o manejo de ações, que versem direitos reais imobiliários, bem como a defesa respectiva; III – a constituição de fiança ou aval; IV – a doação de bens comuns, salvo em caráter remuneratório, ou, ainda, em favor dos filhos por razão de casamento ou estabelecimento de economia separada (art. 1.647). A falta de outorga pode ser **suprida** pelo juiz quando injustificada ou na impossibilidade da sua concessão por um dos cônjuges (art. 1.648). Praticado o ato sem a autorização ou suprimento judicial, este será **anulável**, a pedido do cônjuge preterido ou seus herdeiros, no prazo de **2 anos** contados do término da sociedade conjugal (arts. 1.649 e 1.650).

38.1.1. Comunhão parcial de bens

Trata-se do **regime legal** ou **supletivo**, aplicando-se na ausência ou invalidade de pacto antenupcial (art. 1.640). Nesse regime, os bens que cada cônjuge possuía antes do casamento constituirão patrimônio particular de cada um, estabelecendo-se comunhão quanto aos bens adquiridos na constância do casamento (art. 1.658).

Constituem **patrimônio particular** ou pessoal de cada cônjuge, **incomunicável**, os bens listados nos arts. 1.659 e 1.661: I – os bens que cada cônjuge possuir ao casar, os recebidos a título de doação ou sucessão e os sub-rogados em seu lugar; II – os bens adquiridos com valores exclusivamente pertencentes a um dos cônjuges em sub-rogação dos bens particulares; III – as obrigações anteriores ao casamento; IV – as obrigações provenientes de atos ilícitos, que não reverteram em proveito do casal; V – os bens de uso pessoal, os livros e instrumentos de profissão; VI – os proventos do trabalho pessoal de cada cônjuge; VII – as pensões, meios-soldos, montepios e outras rendas semelhantes; VIII – os bens cuja aquisição tiver por título uma causa anterior ao casamento.

> De forma contrária, são comunicáveis, integrando o patrimônio comum do casal, I – os bens onerosamente adquiridos na constância do casamento; II – os bens adquiridos por fato eventual, com ou sem o concurso de trabalho ou despesa anterior; III – os bens adquiridos por doação, herança ou legado, em favor de ambos os cônjuges; IV – as benfeitorias em bens particulares de cada cônjuge; V – os frutos dos bens comuns, ou dos particulares de cada cônjuge (art. 1.660). Presumem-se adquiridos na constância do casamento os bens móveis, salvo prova em contrário (art. 1.662).

Quanto às **dívidas**, os **bens comuns** respondem pelos débitos contraídos no exercício da administração do patrimônio comum (art. 1.663), pelas obrigações contraídas pelo marido ou pela mulher para atender aos encargos da família, às despesas de administração e às decorrentes de imposição legal (art. 1.664). No entendimento dos tribunais, as dívidas contraídas por um dos cônjuges beneficiam presumidamente à família, cabendo, no entanto, prova em contrário. Os **bens particulares** respondem pelos débitos contraídos por qualquer dos cônjuges na administração de seus bens particulares (art. 1.665). Os bens particulares do cônjuge administrador também respondem pelos débitos contraídos no exercício da administração do patrimônio comum, e os do outro na razão do proveito que houver auferido (art. 1.663).

38.1.2. Comunhão universal de bens

Sob o regime da **comunhão universal**, todos os bens e dívidas, presentes e futuros, dos cônjuges, se comunicam, integrando o **patrimônio comum** (art. 1.667). Apenas se **excluem da comunhão** os bens elencados no art. 1.668, quais sejam I – os bens doados ou herdados com a cláusula de incomunicabilidade e os sub-rogados em seu lugar; II – os bens gravados de fideicomisso e o direito do herdeiro fideicomissário, antes de realizada a condição suspensiva; III – as dívidas anteriores ao casamento, salvo as contraídas em seus preparativos ou revertidas em proveito comum; IV – as doações antenupciais feitas por um dos cônjuges ao outro com a cláusula de incomunicabilidade; V – os bens de uso pessoal, os livros e instrumentos de profissão; VI – os proventos do trabalho pessoal, pensões, meios-soldos, montepios e outras rendas semelhantes. **Os frutos dos bens incomunicáveis, percebidos na constância do casamento, integram o patrimônio comum** (art. 1.669).

38.1.3. Participação final nos aquestos

A **participação final nos aquestos** constitui **regime misto**, pelo qual durante o casamento se aplicam as regras da separação total, deferindo-se a cada cônjuge patrimônio próprio, aplicando-se as regras da comunhão parcial no momento da dissolução da sociedade conjugal, quando cada cônjuge fará jus à meação dos bens adquiridos onerosamente pelo casal, na constância do casamento (art. 1.672). Bens e direitos adquiridos pelo trabalho conjunto serão divididos em quotas iguais entre os cônjuges (art. 1.679). Durante o casamento, cada cônjuge tem **exclusiva administração** dos bens que compõem seu patrimônio pessoal, podendo alienar os bens móveis independentemente de autorização do outro (art. 1.673). Além disso, cada um responde pelas **dívidas** por si contraídas, salvo prova de que reverteram em favor do outro (art. 1.677). As dívidas de um dos cônjuges, quando superiores à sua meação, não obrigam ao outro, ou a seus herdeiros (art. 1.686).

A **apuração** dos aquestos faz-se no momento da dissolução da sociedade conjugal, na data em que cessou a convivência (art. 1.683), quando se excluem da soma dos patrimônios pessoais I – os bens anteriores ao casamento e os que em seu lugar se sub-rogaram; II – os recebidos por sucessão ou liberalidade; III – as dívidas relativas a esses bens (art. 1.674). Somam-se ainda o valor dos bens alienados em detrimento da meação (art. 1.676). Em caso de indivisibilidade de bens, serão os respectivos valores repostos em dinheiro ao cônjuge não proprietário, à metade (art. 1.684).

38.1.4. Separação de bens

No regime da **separação de bens** não há comunicação entre os patrimônios dos cônjuges, conservando cada qual a plena propriedade, a administração exclusiva e a fruição dos bens, os quais podem ser livremente alienados ou gravados de ônus reais (art. 1.687). Pode ser **legal**, também chamado de **obrigatório**, ou **convencional**, conforme decorra de imposição da lei nas hipóteses do art. 1.641 ou de escolha dos cônjuges manifestada em pacto antenupcial, lavrado por escritura pública.

É **obrigatório** o regime da separação de bens no casamento I – das pessoas que o contraírem com inobservância das causas suspensivas da celebração do casamento; II – *em que um ou ambos os nubentes têm mais de 70 anos*; III – dos que dependerem de suprimento judicial para casar, seja de idade ou de consentimento. A separação **convencional** pode ser **absoluta** ou **relativa**, atingindo aquela todos os bens e frutos, anteriores e posteriores ao casamento, enquanto esta se limita à parte dos bens dos cônjuges, admitindo-se a comunicação de outros. O STF firmou jurisprudência, à luz do CC/1916, pela comunicabilidade dos bens adquiridos na constância do casamento, frutos de esforço comum do casal, em caso de separação obrigatória, sob pena de enriquecimento sem causa (Súmula 377). À luz do CC/2002, o STJ firmou a moderna compreensão da **Súmula 377 do STF**, no sentido de que no regime de separação legal de bens, comunicam-se os bens adquiridos na constância do casamento, desde que comprovado o **esforço comum** para sua aquisição. A presunção de esforço comum, presente na jurisprudência que originou a súmula, revela-se incompatível com o atual código, por conduzir à ineficácia do regime da separação legal de bens. Em relação ao regime de separação convencional, os julgados já exigiam a prova do esforço comum para que se caracterizasse a formação de sociedade de fato (Informativo n. 628 do STJ). A doutrina defende, contudo, a possibilidade de afastamento da Súmula 377 por pacto antenupcial, não se tratando de matéria de ordem pública.

As despesas do casal serão repartidas entre os cônjuges, na proporção dos rendimentos de seu trabalho e de seus bens, salvo estipulação em contrário no pacto antenupcial (art. 1.688).

38.2. Usufruto e administração dos bens de filhos menores

O tema se refere ao exercício do poder familiar quanto a aspectos patrimoniais.

> Atualmente, ambos os pais são, em igualdade de condições, coadministradores e cousufrutuários legais dos bens dos filhos menores, sob a sua autoridade (art. 1.689).

Na falta de um dos pais, o outro representará e assistirá o filho com exclusividade. Em caso de divergência, os pais poderão submeter a questão à **análise judicial** (art. 1.690), o que também deve ser feito para a realização de atos que ultrapassem a simples administração patrimonial, implicando disposição de bens imóveis ou assunção de dívidas. A falta de autorização judicial para os atos de disposição gera a sua nulidade, que pode ser arguida pelos filhos, seus herdeiros ou seu representante legal (art. 1.691).

Havendo conflitos de interesse entre pais e filho, o juiz nomeará **curador especial** para o ato, **a requerimento do próprio filho ou do Ministério Público** (art. 1.692). Por fim, **não** são submetidos ao **usufruto e administração** dos pais: I – os bens adquiridos pelo filho havido fora do casamento, antes do reconhecimento; II – os valores auferidos pelo filho maior de 16 anos, no exercício de atividade profissional e os bens com tais recursos adquiridos; III – os bens deixados ou doados ao filho, sob a condição de não serem usufruídos, ou administrados, pelos pais; IV – os bens que aos filhos couberem na herança, quando os pais forem excluídos da sucessão (art. 1.693).

38.3. Alimentos

Alimentos consistem em prestações devidas a fim de satisfazer as **necessidades de subsistência**, com a manutenção das condições sociais do cônjuge, parente ou companheiro que não consegue provê-las por si mesmo (art. 1.694). Tem, no direito de família, caráter **assistencial** e não indenizatório, marcando-se pela **reciprocidade**. São regulados por **normas de ordem pública**, inderrogáveis por convenção.

O **conteúdo** do direito a alimentos abrange tudo o que é indispensável ao **sustento**, além de vestuário, habitação, assistência médica e instrução, por analogia às disposições sobre legado de alimentos (art. 1.920).

A obrigação alimentar fundamenta-se no binômio **necessidade-possibilidade**, entre pessoas ligadas entre si por **relação de parentesco**, buscando-se uma fixação que guarde a **proporcionalidade** entre as necessidades do alimentado e possibilidade econômica do alimentante (arts. 1.694, § 1º, e 1.695). Trata-se de obrigação **transmissível** aos herdeiros do devedor (art. 1.700), **divisível** e **não solidária**, respondendo cada devedor apenas por sua quota-parte (art. 1.698).

O direito a alimentos tem caráter **personalíssimo, irrenunciável, incessível, impenhorável e incompensável** (art. 1.707). É **imprescritível**, não se operando a perda ou enfraquecimento do direito a alimentos quando o sujeito deixa de exercê-lo, o mesmo não se podendo dizer em relação às prestações já fixadas, cuja pretensão de cobrança prescreve no prazo de 2 anos contados do vencimento (art. 206, § 2º). É ainda **intransacionável**, por traduzir norma de ordem pública, **atual** e **irrepetível**. O Ministério Público tem legitimidade ativa para pleitear alimentos em favor de crianças e adolescentes (Súmula 594, STJ).

O **sujeito passivo** da obrigação de alimentos, em razão da união conjugal, é o **cônjuge ou companheiro**, cessando o dever caso o credor se case, estabeleça união estável ou concubinato, ou se proceda com indignidade (art. 1.708). O pedido pode ser feito após o término da sociedade conjugal (art. 1.704), mas não após o divórcio, que põe fim ao vínculo conjugal.

Na obrigação de alimentos em razão de parentesco, serão devedores, **sucessivamente**, o **pai e a mãe**; os demais **ascendentes**, na ordem de sua proximidade; os **descendentes**, na ordem da sucessão; os **irmãos** (arts. 1.696 e 1.697). Nos termos da Súmula 596, do STJ: "A obrigação alimentar dos avós tem natureza complementar e subsidiária, somente se configurando no caso de impossibilidade total ou parcial de seu cumprimento pelos pais".

A lei estabelece **mecanismos especiais de cobrança** dos alimentos, dentre os quais se destacam a possibilidade de determinação de **desconto em folha** de pagamento do devedor em proporção de até 50% de seus ganhos líquidos, de **protesto do pronunciamento judicial** e da decretação de **prisão civil** deste, pelo prazo de 1 a 3 meses, a fim de compeli-lo ao pagamento (arts. 528 e 529 do CPC). Com o advento no CPC de 2015, também se passou a admitir a determinação de **desconto em folha** e **prisão civil** do devedor de **alimentos fixados por título executivo extrajudicial** (art. 911 do CPC).

De acordo com a Súmula 309 do STJ, "o débito alimentar que autoriza a prisão civil do alimentante é o que compreende as três prestações anteriores ao ajuizamento da execução e as que se vencerem no curso do processo". Súmula trazida à redação do novo CPC, no § 7º do art. 528.

Ação de alimentos é o procedimento manejado para ver reconhecido e fixado o direito a alimentos pelo sujeito que a eles faz jus, em razão de parentesco ou relação conjugal (Lei n. 5.478/68). Cabe a fixação liminar de alimentos, constituindo os **alimentos provisórios**. Utiliza-se da **ação revisional de alimentos** a parte que pretenda revisão em seu valor, em virtude de modificação da situação econômica, com majoração ou redução do *quantum*. A **ação de exoneração** serve para que o alimentante pleiteie a extinção da obrigação de alimentos, diante do desaparecimento de seus requisitos (art. 1.699).

38.3.1. Espécies de alimentos

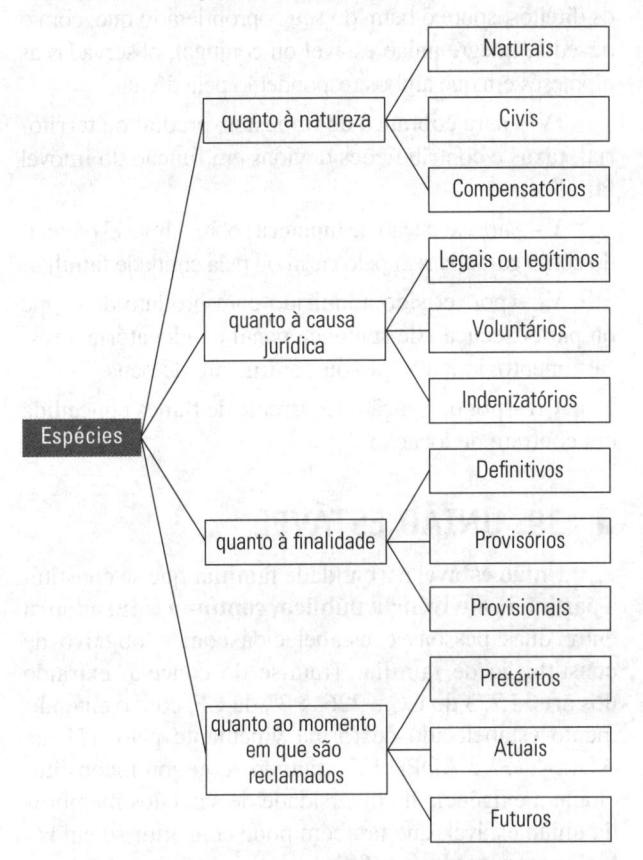

Espécies:
- quanto à natureza
  - Naturais
  - Civis
  - Compensatórios
- quanto à causa jurídica
  - Legais ou legítimos
  - Voluntários
  - Indenizatórios
- quanto à finalidade
  - Definitivos
  - Provisórios
  - Provisionais
- quanto ao momento em que são reclamados
  - Pretéritos
  - Atuais
  - Futuros

Quanto à **natureza**, os alimentos classificam-se em naturais, civis e compensatórios. São **naturais** ou necessários os alimentos destinados ao custeio do indispensável para a satisfação das necessidades primárias da vida. São **civis** ou **côngruos** os relativos às parcelas destinadas à manutenção da condição social. Alimentos **compensatórios** são aqueles fixados com o objetivo de evitar o brusco desequilíbrio econômico do consorte dependente, pela queda dos rendimentos operada a partir da ruptura da comunhão de bens. Estes últimos são em geral fixados de forma temporária.

Quanto à **causa jurídica**, os alimentos podem ser legítimos, voluntários e indenizatórios. Alimentos **legítimos** são devidos por determinação legal, em virtude de parentesco, casamento ou união estável (art. 1.694). **Voluntários** são aqueles assumidos por manifestação de vontade pelo sujeito, podendo ser **obrigacionais** ou *inter vivos* e **testamentários** ou *causa mortis*. Os alimentos voluntários podem tomar a forma jurídica de **renda vitalícia, usufruto** ou **capital vinculado**. Alimentos **indenizatórios** ou ressarcitórios consistem em parcelas devidas a título de indenização pela prática de ato ilícito. Não é cabível a determinação de prisão civil para assegurar o pagamento de alimentos indenizatórios, conforme entendimento do STJ (processo em segredo de justiça).

Quanto à **finalidade**, os alimentos dividem-se em definitivos, provisórios e provisionais. Alimentos **definitivos** são fixados em caráter permanente, podendo ser revistos judicialmente (art. 1.699), enquanto os **provisórios** são determinados liminarmente no despacho inicial da ação de alimentos. **Provisionais** ou *ad litem* são os alimentos fixados por meio de tutelas de urgência, em caráter preparatório ou incidental, em ações de divórcio, anulação ou nulidade do casamento, de investigação de paternidade, entre outras, destinando-se a manter o suplicante durante a tramitação da lide e permitir-lhe o pagamento das despesas judiciais.

> Basicamente, pedem-se **alimentos provisórios**, com fundamento no art. 4º da Lei n. 5.478/68, quando a relação de parentesco entre os sujeitos, e o consequente direito a alimentos, já se encontram pré-constituídos. Nas demandas em que se busca, como requisito para o reconhecimento do direito de alimentos, a constituição da relação (ex.: investigação de paternidade) ou desconstituição do vínculo conjugal, os alimentos terão **caráter provisional**, sendo baseados nos requisitos do art. 300 do CPC.

A jurisprudência do STJ vem admitindo os chamados alimentos **transitórios**, em favor especialmente de ex-cônjuges e ex-companheiros, por prazo razoável para que recuperem a autonomia financeira após o término do vínculo.

Quanto ao **momento em que são reclamados**, admitem-se alimentos **pretéritos, atuais** e **futuros**, conforme se estabeleça o pagamento retroativo a período anterior, a partir do ajuizamento tão somente, ou a partir da sentença, respectivamente. **Não são devidos, no ordenamento brasileiro, alimentos pretéritos.**

São devidos **alimentos gravídicos** pelo pretenso pai para ajudar a gestante a custear as despesas adicionais do período de gravidez, convertendo-se após o nascimento com vida em pensão alimentícia em favor do menor (Lei n. 11.804/2008).

38.4. Bem de família

A proteção do **bem de família** destina-se à garantia do **direito de moradia** dos entes familiares, durante a vida dos cônjuges e menoridade dos filhos, por meio da afetação do bem residencial a tal destinação, com o estabelecimento de impenhorabilidade pelas dívidas contraídas após sua aquisição (arts. 1.715 e 1.716). A disciplina da impenhorabilidade e suas exceções é relegada para lei especial, a Lei n. 8.009/90.

O bem de família pode ser **voluntário**, quando instituído voluntariamente mediante **escritura pública** ou **testamento**, em valor não superior à terça parte do patrimônio líquido do instituidor (art. 1.711). Sua instituição torna-se necessária quando o casal quer gravar um de seus diversos imóveis, utilizados como residência, sem ficar restrito ao de menor valor (art. 5º, parágrafo único, da Lei n. 8.009/90).

O bem de família consistirá em **prédio residencial urbano ou rural**, com suas **pertenças e acessórios**, destinando-se em ambos os casos a domicílio familiar, e poderá abranger valores mobiliários, cuja renda será aplicada na conservação do imóvel e no sustento da família (art. 1.712). No caso das **vagas de garagem**, entende o STJ que a acessoriedade existe quando não forem registrados sob matrícula própria, caso em que serão impenhoráveis (Súmula 449 do STJ). Além disso, entende o STJ ser "impenhorável o único imóvel residencial do devedor que esteja locado a terceiros, desde que a renda obtida com a locação seja revertida para a subsistência ou a moradia da sua família" (Súmula 486 do STJ).

Extingue-se o bem de família com a morte de ambos os cônjuges e a aquisição de capacidade pelos filhos, perdurando, todavia, caso algum dos filhos seja submetido a curatela (art. 1.722). Os valores do bem de família podem ser sub-rogados em outros bens diante da impossibilidade da manutenção do bem de família original (art. 1.719).

É **involuntário** ou legal, nos termos do art. 1º da Lei n. 8.009/90, o bem de família cuja proteção (impenhorabilidade) decorre diretamente da lei, de ordem pública, independentemente de manifestação de vontade e formalidades legais, ressalvadas as cobranças previstas nos arts. 2º e 3º.

A **impenhorabilidade** refere-se a qualquer tipo de dívida civil, comercial, fiscal, previdenciária ou de outra natureza, contraída pelos cônjuges ou pelos pais ou filhos que sejam seus proprietários e nele residam (art. 1º). Ressalva-se, contudo, a possibilidade de penhora no caso dos bens e dívidas previstos nos arts. 2º e 3º:

"**Art. 2º** Excluem-se da impenhorabilidade os veículos de transporte, obras de arte e adornos suntuosos.

Parágrafo único. No caso de imóvel locado, a impenhorabilidade aplica-se aos bens móveis quitados que guarneçam a residência e que sejam de propriedade do locatário, observado o disposto neste artigo.

Art. 3º A impenhorabilidade é oponível em qualquer processo de execução civil, fiscal, previdenciária, trabalhista ou de outra natureza, salvo se movido:

II – pelo titular do crédito decorrente do financiamento destinado à construção ou à aquisição do imóvel, no limite dos créditos e acréscimos constituídos em função do respectivo contrato;

III – pelo credor da pensão alimentícia, resguardados os direitos, sobre o bem, do seu coproprietário que, com o devedor, integre união estável ou conjugal, observadas as hipóteses em que ambos responderão pela dívida;

IV – para cobrança de impostos, predial ou territorial, taxas e contribuições devidas em função do imóvel familiar;

V – para execução de hipoteca sobre o imóvel oferecido como garantia real pelo casal ou pela entidade familiar;

VI – por ter sido adquirido com produto de crime ou para execução de sentença penal condenatória a ressarcimento, indenização ou perdimento de bens.

VII – por obrigação decorrente de fiança concedida em contrato de locação".

39. UNIÃO ESTÁVEL

União estável é a entidade familiar que se constitui a partir da **convivência pública, contínua e duradoura** entre duas pessoas e estabelecida com o objetivo de constituição de família. Trata-se do conceito extraído dos arts. 1.723 do CC e 226, § 3º, da CF, com o entendimento estabelecido de forma vinculante pelo STF na ADIn 4.277 e ADPF 132, quando se julgou inconstitucional a exigência de diversidade de sexo dos membros da união estável, que também pode constituir-se em **relacionamentos homoafetivos**.

A Constituição equipara a união estável ao casamento, o que se reafirmou no julgamento dos REs 646.721 e 878.694, pelo STF. Defende-se o caráter monogâmico da relação, sendo em princípio vedada a constituição de uniões estáveis simultâneas. Haverá, no entanto, **união estável putativa**, quando um dos companheiros ignore que o outro é casado, estabelecendo-se os efeitos da união estável em relação ao companheiro de boa-fé e os filhos.

A existência de **causas impeditivas do casamento** (art. 1.521) afasta a possibilidade de constituição de união estável, salvo em relação à causa correspondente ao inciso VI, pois o legislador admite expressamente a união estável no caso de **pessoa casada que se encontre separada de fato**. Verificadas causas impeditivas, a relação não eventual entre sujeitos impedidos de casar configura **concubinato** (art. 1.727), o qual é tratado juridicamente como uma espécie de sociedade de fato, especialmente no que concerne aos efeitos patrimoniais. A constatação de causas suspensivas do casamento não impede o reconhecimento de união estável (art. 1.723, §§ 1º e 2º).

Segundo o art. 1.724, as relações pessoais entre os companheiros obedecerão aos **deveres de lealdade, respeito e assistência, e de guarda, sustento e educação dos filhos**, entendendo-se que o dever de lealdade e respeito implica dever de **fidelidade**. Conforme a doutrina majoritária, com destaque para Carlos Roberto Gonçalves (2018, v. 6) e Nelson Rosenvald (2018), não se exige **coabitação** entre os sujeitos para a configuração de união estável, o que se extrai da interpretação da Súmula 382 do STF. Não estabelece o legislador **presunção de paternidade** em relação aos filhos concebidos na constância de união estável, podendo-se extrair tal presunção a partir da equiparação constitucional entre união estável e casamento.

O regime de bens estabelecido entre os companheiros, ressalvada a existência de contrato escrito com disciplina diversa, corresponde ao da **comunhão parcial de bens** (art. 1.725), de modo que são comuns os bens adquiridos onerosamente na constância da união estável, bem como a respectiva administração. Com efeito, é possível que os companheiros estabeleçam, por meio de contrato escrito, independentemente de maiores formalidades, regulação especial dos reflexos patrimoniais da união estável, com a limitação estabelecida na Súmula 655, do STJ:

> **STJ – Súmula 655**
> "Aplica-se à união estável contraída por septuagenário o regime da separação obrigatória de bens, comunicando-se os adquiridos na constância, quando comprovado o esforço comum".

Estabelece o legislador, em obediência ao disposto no § 3º do art. 226 da CF, a facilitação da conversão da união estável em casamento, por meio de pedido dos companheiros ao oficial de registro civil de pessoas naturais de sua residência, dispensando-se a autorização judicial, bem como a realização de ato de celebração do matrimônio (art. 70-A, § 3º, da Lei n. 6.015/73, que revogou tacitamente o art. 1.726 do CC).

■ 40. TUTELA E CURATELA

Segundo Nelson Rosenvald (2018), "tutela e curatela são instituições protetivas da pessoa e dos bens dos que detêm limitada capacidade de agir – seja pela idade ou pela submissão a prévio processo de incapacitação –, evitando os riscos que essa carência possa impor aos exercícios das situações jurídicas por parte de indivíduos juridicamente vulneráveis".

■ 40.1. Tutela

A **tutela** consiste na representação do menor incapaz, em caso de ausência, falecimento ou perda do poder familiar pelos pais (art. 1.728). Trata-se de **múnus público**, de **caráter assistencial**, delegado pela lei a agente capaz, para a proteção do tutelado ou pupilo.

São estabelecidas formas ordinárias e extraordinárias de tutela.

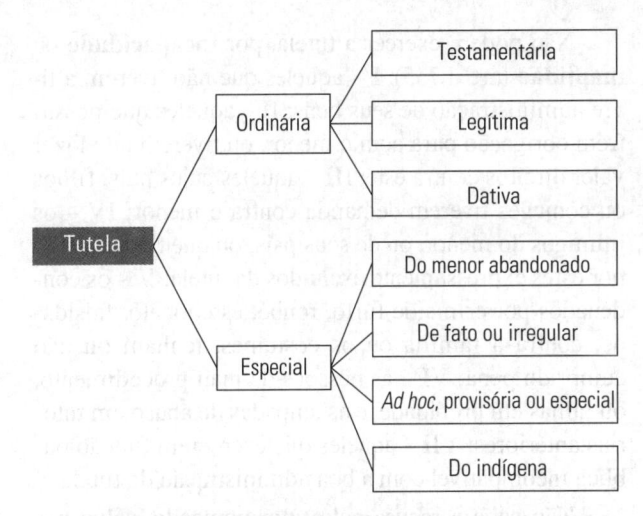

```
Tutela
├── Ordinária
│   ├── Testamentária
│   ├── Legítima
│   └── Dativa
└── Especial
    ├── Do menor abandonado
    ├── De fato ou irregular
    ├── Ad hoc, provisória ou especial
    └── Do indígena
```

A **tutela testamentária** decorre da nomeação de tutor **pelos pais**, em conjunto, ou por um só deles, na falta do outro, por meio de **testamento** ou outro **documento autêntico**, como escritura pública ou codicilo (art. 1.729). Apenas os pais detentores de poder familiar podem fazer a nomeação (art. 1.730). A **tutela legítima** é a determinada **pelo juiz**, conforme a **ordem legal** dos tutores estabelecida no art. 1.731, em caráter preferencial, sendo todos parentes consanguíneos do menor: I – ascendentes, preferindo o de grau mais próximo ao mais remoto; II – colaterais até o terceiro grau, preferindo os mais próximos aos mais remotos, e, no mesmo grau, os mais velhos aos mais moços. Em que pese ser preferencial, não se trata de ordem absoluta, devendo o juiz nomear o representante segundo o **melhor interesse do incapaz**. A **tutela dativa** é a que se constitui, em caráter subsidiário, na falta ou impedimento dos tutores testamentários ou legítimos, recaindo sobre pessoa estranha à família (art. 1.732).

Em caso de irmãos órfãos deve ser nomeado preferencialmente um só tutor, entendendo-se, em caso de nomeação de vários no testamento, que serão chamados sucessivamente. Quem institui herdeiro ou legatário menor, pode nomear curador especial para os bens deixados (art. 1.733).

A **tutela do menor abandonado** será exercida por pessoa nomeada pelo juiz, devendo o jovem ser incluído em programa de colocação familiar (art. 1.734). A **tutela de fato** ou **irregular** ocorre quando um sujeito, não tendo sido nomeado tutor, passa a cuidar do menor e de seus bens, não produzindo efeitos jurídicos. A **tutela *ad hoc*, provisória** ou **especial** consiste na nomeação de tutor para a prática de ato específico, em paralelo ao poder familiar dos pais. A **tutela do índio**, quando não plenamente integrado à comunhão nacional, é disciplinada na legislação especial (Lei n. 6.001/73), sendo exercida pela União, por meio do competente órgão federal de assistência aos silvícolas, qual seja a FUNAI.

Não podem exercer a tutela, por **incapacidade** ou **inaptidão** (art. 1.735): I – aqueles que não tiverem a livre administração de seus bens; II – aqueles que possuírem obrigação para com o menor, ou tiverem que fazer valer direitos contra este; III – aqueles cujos pais, filhos ou cônjuges tiverem demanda contra o menor; IV – os inimigos do menor, ou de seus pais, ou que tiverem sido por estes expressamente excluídos da tutela; V – os condenados por crime de furto, roubo, estelionato, falsidade, contra a família ou os costumes, tenham ou não cumprido pena; VI – as pessoas de mau procedimento, ou falhas em probidade, e as culpadas de abuso em tutorias anteriores; VII – aqueles que exercerem função pública incompatível com a boa administração da tutela.

Não cabe a recusa pelo tutor nomeado, salvo nas **hipóteses de escusa** previstas no art. 1.736: I – mulheres casadas; II – maiores de 60 anos; III – aqueles que tiverem sob sua autoridade mais de três filhos; IV – os impossibilitados por enfermidade; V – aqueles que habitarem longe do lugar onde se haja de exercer a tutela; VI – aqueles que já exercerem tutela ou curatela; VII – militares em serviço. A escusa, que consiste em faculdade conferida a certos sujeitos que ostentam capacidade para exercer a tutela, deve ser submetida à **apreciação judicial** (arts. 1.738 e 1.739).

O exercício da tutela aproxima-se de um poder familiar limitado e fiscalizado pelo juiz (art. 1.742). Constituem as principais **obrigações do tutor**: dirigir a educação, defender e prestar alimentos ao menor; reclamar ao juiz que aplique medidas corretivas ao menor; adimplir os demais deveres que normalmente cabem aos pais, ouvida a opinião do menor, se este já contar 12 anos de idade (art. 1.740). Deve, ainda, **administrar os bens** do tutelado, em proveito deste (art. 1.741). Eventual **alienação de bem imóvel** do menor sob tutela deve ser precedida de avaliação judicial e aprovação do juiz, quando se verificar manifesta vantagem (art. 1.750). Para a **garantia da tutela**, pode o juiz exigir do tutor a prestação de caução, real ou fidejussória (art. 1.745, parágrafo único). Estabelece também o legislador a **responsabilidade do juiz**, em caráter direto e pessoal, pela falta ou inoportunidade da nomeação do tutor, ou subsidiário, diante da dispensa de garantia legal ou não remoção de tutor suspeito (art. 1.744).

> Os tutores devem apresentar balanços anuais (art. 1.756) e prestar contas de sua administração em juízo, bianualmente, quando solicitados ou ao deixar o exercício do múnus (art. 1.757). É inválida qualquer dispensa manifestada pelos pais em relação aos deveres de prestar contas (art. 1.755).

A obrigação de prestar contas transmite-se aos herdeiros e representantes do tutor, em caso de morte, ausência ou interdição (art. 1.759). A responsabilidade do tutor, com o término da tutela, subsiste até que as contas sejam aprovadas pelo juiz (art. 1.758).

Cessa a tutela pela morte, maioridade, emancipação ou superveniência do poder familiar, em relação ao menor (art. 1.763). **Cessa a função do tutor** ao expirar o termo em que era obrigado a servir, sobrevir escusa legítima ou ser removido (art. 1.764). Será **destituído o tutor**, quando negligente, prevaricador ou incurso em incapacidade (art. 1.766).

40.2. Curatela

Entende-se por **curatela** o encargo conferido a sujeito capaz para a representação de maiores incapazes, na forma da lei. Eventualmente, a lei fixa curadoria em relação a menores, e mesmo o nascituro. Trata-se, assim como a tutela, **de múnus público**, de caráter **assistencial**, destinado à proteção de incapazes, razão pela qual se aplicam subsidiariamente à curatela as disposições concernentes à tutela (art. 1.774). Diferenciam-se, contudo, os institutos:

Tutela	Curatela
destina-se em regra à proteção de menores de 18 anos	destina-se em regra à proteção de maiores incapazes
pode haver nomeação de tutor pelos pais (testamento) ou pelo juiz (legítima e dativa)	depende sempre de nomeação pelo juiz
abrange necessariamente poderes em relação à pessoa e ao patrimônio do pupilo	pode dirigir-se apenas à administração do patrimônio
o tutor tem poderes amplos, que se aproximam do poder familiar, com limitações	os poderes do curador restringem-se àqueles definidos pelo juiz

A disciplina da curatela foi profundamente alterada pelo Estatuto da Pessoa com Deficiência (Lei n. 13.146/2015), com o objetivo de reconhecer a autonomia do deficiente, reforçando o caráter residual da incapacidade. O estabelecimento da curatela, em sua forma **ordinária**, deve ser feito por meio de **ação judicial** para a declaração da incapacidade e definição dos termos da curatela, diante da constatação de existência de hipótese de incapacidade relativa do **art. 4º**, com exceção da incapacidade por idade (art. 1.767). Observa-se que *a deficiência em si deixa de ser considerada causa ou razão de incapacidade*, transferindo-se o foco da análise para a verificação de limitações na **aptidão para exprimir vontade**. Ademais, no novo regime protetivo, *a incapacidade, salvo por idade, será sempre relativa*, criando-se para o juiz o encargo de detalhar para quais atos o incapaz precisa de representação, assistência ou pode atuar de maneira autônoma.

Prevê a lei a possibilidade de estabelecimento de **curatela do nascituro**, quando se nomeia um curador ao ventre para a defesa dos interesses daquele que já foi concebido, mas ainda não nasceu, caso o pai tenha falecido e a mãe não tenha poder familiar (art. 1.779). A Lei n. 13.146/2015 revogou a segunda modalidade especial de curatela prevista: **curatela do enfermo ou portador de deficiência física**.

A **ação de curatela** ou **interdição** consiste em procedimento especial de jurisdição voluntária, regulado entre os arts. 747 a 758 do CPC. São **legitimados ativos** para sua propositura: I – o cônjuge ou companheiro; II – os parentes ou tutores; III – o representante da entidade em que se encontra abrigado o interditando; e IV – o Ministério Público (art. 747 do CPC).

> Em regra, será nomeado curador o cônjuge ou companheiro, não separado judicialmente ou de fato. Na falta destes, a curatela incumbirá a qualquer dos pais. Não podendo os pais exercer o múnus, será nomeado o descendente que se mostrar mais apto, os mais próximos precedendo os mais remotos (art. 1.775).

Pode haver a constituição de **curatela dativa**, quando o juiz nomeia pessoa idônea, na falta dos indicados pela lei, podendo inclusive ser estranha à família (art. 1.775). Pode o juiz estabelecer, ainda, **curatela compartilhada** (art. 1.775-A).

Sobre o **exercício da curatela**, aplicam-se no que couber as normas da tutela, com as limitações dos arts. 1.782 e 1.783, que estabelecem que a interdição do pródigo só afetará o exercício dos atos de disposição patrimonial e que fica dispensado da prestação de contas o cônjuge casado com o curatelado pelo regime da comunhão universal.

Em caso de recuperação da capacidade, deverá ser ajuizada **ação para levantamento da interdição ou curatela**, podendo o pedido ser manejado pelo incapaz, seu curador ou o Ministério Público (art. 756 do CPC).

40.3. Tomada de decisão apoiada

A **tomada de decisão apoiada** constitui nova modalidade de auxílio no exercício dos direitos por pessoas em situação de vulnerabilidade, somando-se aos tradicionais institutos da tutela e curatela, ressignificados com o advento do Estatuto da Pessoa com Deficiência. Destina-se a promover o auxílio ao adequado exercício dos direitos por pessoas com deficiência sem, no entanto, restringir-lhes a capacidade civil.

Constitui-se mediante **procedimento judicial** por meio do qual a **pessoa com deficiência** elege **pelo menos 2 pessoas idôneas**, com as quais mantenha vínculos e que gozem de sua confiança, para prestar-lhe **apoio** na tomada de decisão sobre atos da vida civil, fornecendo-lhes os elementos e informações necessários para que possa exercer sua capacidade (art. 1.783-A). Em caso de divergência entre apoiado e apoiadores, a questão será submetida a apreciação judicial, ouvido o Ministério Público (art. 1.783-A, § 6º).

DIREITO DAS SUCESSÕES

41. SUCESSÃO EM GERAL

De forma ampla, **sucessão** representa a continuação de uma relação jurídica em outro sujeito, implicando a ideia de transmissão de direitos e deveres. A sucessão pode dar-se *inter vivos*, quando se opera durante a vida dos sujeitos envolvidos, ou *causa mortis*, em razão da transmissão hereditária do patrimônio do *de cujus*.

O **direito das sucessões** é o ramo do direito civil que disciplina especificamente a sucessão decorrente do falecimento da pessoa.

Com a morte do sujeito, ocorre a imediata transferência de seu patrimônio aos herdeiros que, em conjunto, exercem a titularidade da herança até que se ultime a partilha. O **princípio da *saisine*** representa, no direito brasileiro, a ficção de transferência direta e imediata, independentemente de formalidades, da propriedade e da posse da herança aos herdeiros, com a abertura da sucessão (art. 1.784 do CC). A **legislação aplicável** à sucessão é a vigente ao tempo da respectiva abertura (art. 1.787). O testamento é regido pela lei vigente ao tempo de sua elaboração.

> Para estar apto a suceder, o sucessor deve sobreviver ao autor da herança. Dessa forma, em caso de **comoriência**, assunto detalhado no estudo da parte geral, não ocorre sucessão entre os comorientes, ante a presunção de morte simultânea.

Quanto às suas espécies, a sucessão divide-se em:

- Sucessão **legítima** (*ab intestato*): deferida em virtude da lei, na ausência de testamento válido ou em caso de bens não contemplados em testamento.
- Sucessão **testamentária**: por disposição de última vontade (testamento).
- Sucessão **a título universal**: o(s) herdeiro(s) sucede(m) na totalidade ou partes ideais da herança.
- Sucessão **a título singular**: o beneficiário recebe bem certo e determinado, o **legado**.

> A sucessão legítima sempre se dá a título universal. A sucessão testamentária pode se dar a título universal ou singular.

```
Sucessão ─┬─ Legítima (ab intestato)
          └─ Testamentária

Sucessão ─┬─ A título universal
          └─ A título singular
```

A **herança** é constituída pela universalidade ou totalidade do patrimônio do *de cujus*, ao passo que o **legado** refere-se a bens certos e determinados, integrantes da herança, deferidos a sucessor pela via testamentária. Os **herdeiros** sucedem a título universal, podendo ser **legítimos** (indicados por lei) ou **testamentários** (contemplados em testamento, também conhecidos como instituídos). **Legatários** são sucessores a título singular, sendo contemplados com legados no testamento.

Herdeiro **único** ou **universal** é aquele que recebe a totalidade da herança, por ato de adjudicação.

Herdeiros **necessários**, legitimários ou reservatários são aqueles que, em virtude do vínculo familiar, recebem especial proteção pela lei, não podendo ser excluídos da sucessão pela vontade do *de cujus*. São, nos termos do art. 1.845, **os descendentes, os ascendentes e o cônjuge**. Ante a sua existência, o autor da herança **apenas poderá dispor pela via testamentária de metade da herança**, sendo a metade resguardada de pleno direito aos herdeiros necessários constitui a **legítima** (art. 1.789).

> Nem todo herdeiro legítimo é herdeiro necessário. Os colaterais são herdeiros legítimos mas não necessários.

> O **local de abertura da sucessão** é o último domicílio do autor da herança (art. 1.785), onde em regra deverá ser processado o inventário (art. 48 do CPC). O inventário deve ser instaurado no prazo de **2 meses** da abertura da sucessão, devendo ser ultimado em 12 meses (art. 611 do CPC). Até a nomeação e compromisso do inventariante (art. 1.911), os bens permanecerão sob a posse administrador provisório, conforme a ordem do art. 1.797 (art. 613 do CPC). O juízo do inventário é **universal**.

41.1. Herança

A herança compõe-se de um todo **unitário** e **indivisível**, de titularidade dos herdeiros em condomínio, até o momento da partilha. É considerada **imóvel**, para efeitos legais (art. 80, III, do CC). A transmissão patrimonial, que envolve ativo e passivo, opera-se nos limites das forças da herança (art. 1.792).

Qualquer disposição sobre direitos sucessórios, antes da abertura da sucessão, é eivada de nulidade. **Pendente a indivisibilidade, o herdeiro apenas pode ceder seu quinhão hereditário ou o direito à sucessão aberta**, em caráter aleatório, por meio de **escritura pública**, sendo ineficaz a alienação de bens singularmente considerados pertencentes ao acervo. Na cessão por um herdeiro, têm **preferência** na aquisição os demais coerdeiros. Em caso de preterimento, pode o herdeiro fazer valer seu direito por meio de ação de preempção, no prazo de 180 dias da transmissão, mediante depósito judicial do preço.

41.2. Vocação hereditária

A **vocação hereditária** denota a legitimação para invocar a titularidade da herança, indicando os sujeitos aptos a suceder. Como regra, abrange **pessoas naturais**, já **nascidas ou concebidas** ao tempo da abertura da sucessão, de onde se extrai a legitimidade sucessória do **nascituro**, consolidando-se a aquisição no momento do nascimento com vida.

As **pessoas jurídicas**, já constituídas ou por constituir, no caso de fundações com instituição *post mortem*, podem ser contempladas via sucessão testamentária. Pela mesma via, admite-se ainda seja contemplada a **prole ainda não concebida** de pessoas indicadas pelo testador, desde que vivas estas ao abrir-se a sucessão (art. 1.799). Neste último caso, estabelece o legislador o prazo de **2 anos**, contados da abertura da sucessão, para que ocorra a concepção, sob pena de os bens reservados serem distribuídos entre os herdeiros legítimos. Os bens correspondentes à quota dos filhos eventuais serão reservados sob a guarda de curador nomeado pelo juiz, aplicando-se as disposições concernentes à curatela dos incapazes.

Há **falta de legitimação para suceder**, vedando-se a nomeação como herdeiros testamentários ou legatários, sob pena de **nulidade** (art. 1.801): I – da pessoa que escreveu o testamento a rogo do autor da herança, cônjuge, companheiro, ascendentes ou irmãos da mesma; II – das testemunhas do testamento; III – do concubino do testador casado, salvo se este, sem culpa sua, estiver separado de fato do cônjuge há mais de 5 anos; IV – do tabelião, civil ou militar, ou o comandante ou escrivão, perante quem se fizer, assim como o que fizer ou aprovar o testamento. A nulidade se estende às disposições simuladas sob a forma de contrato oneroso, bem como aquelas feitas mediante interposta pessoa, como se presume expressamente nos casos de ascendentes, descendentes, irmãos e cônjuge ou companheiro do não legitimado a suceder (art. 1.802). É permitida, contudo, deixa ao filho do concubino, quando descendente comum com o testador.

41.3. Aceitação e renúncia da herança

De acordo com o **princípio da *saisine*** a transferência da herança ocorre automaticamente com o falecimento do *de cujus*. Em momento posterior, contudo, dá-se ao herdeiro a possibilidade de aceitar ou recusar a herança, de maneira irrevogável (art. 1.812), confirmando ou repudiando a transferência anteriormente realizada.

Aceitação ou adição da herança é o ato de vontade pela qual o beneficiário manifesta anuência em receber a herança, tornando definitiva a transmissão (art. 1.804). A aceitação pode ser (arts. 1.805 e 1.807):

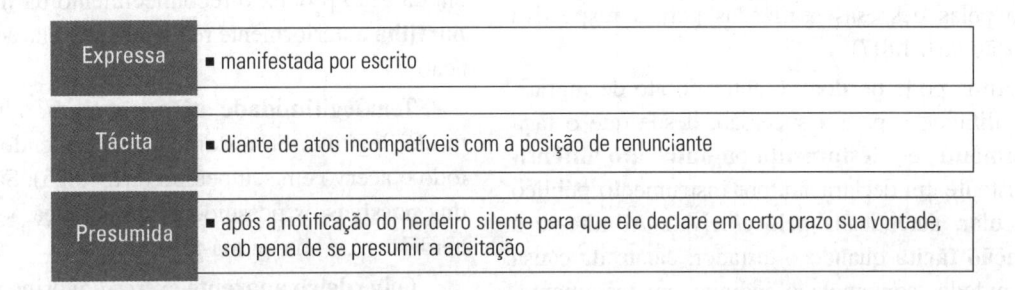

Expressa	manifestada por escrito
Tácita	diante de atos incompatíveis com a posição de renunciante
Presumida	após a notificação do herdeiro silente para que ele declare em certo prazo sua vontade, sob pena de se presumir a aceitação

Não se admite **aceitação parcial, condicional ou a termo**, devendo a aceitação ser **pura e simples**. Excepcionalmente, quando o sujeito sucede a dois títulos diversos (p. ex., a título universal e a título singular; como herdeiro testamentário e herdeiro legítimo), pode ele aceitar ou renunciar à herança recebida a cada um título de forma independente. Em caso de falecimento do herdeiro antes da declaração do aceite, a faculdade passa aos seus herdeiros (art. 1.809), os quais poderão aceitar ou renunciar a primeira herança, separadamente, desde que tenham concordado em receber a segunda. Diferente é a previsão do art. 1.856, que, tratando de hipótese de direito de representação, e não de sucessão por direito próprio como no art. 1.809, estabelece que o renunciante à herança de uma pessoa poderá representá-la na sucessão de outra.

A **renúncia** constitui ato **formal** ou **solene** (por instrumento público ou termo judicial) pelo qual o herdeiro declara não aceitar a herança para a qual fora chamado a suceder. Deve ser, tal como a aceitação, **pura** e **simples**, não se admitindo seja manifestada de forma parcial, condicional ou a termo. O Código Civil de 2002 não contempla a possibilidade de manifestação de **renúncia translativa** ou em favor de determinada pessoa. A renúncia só se admite na forma **abdicativa** ou em favor do monte mor (art. 1.805, § 2º). **Tendo o herdeiro renunciado, seus sucessores não receberão sua quota por representação** (arts. 1.810 e 1.811).

Por fim, quando a renúncia por um herdeiro importar prejuízo a seus credores, prevê o art. 1.813, a possibilidade de estes aceitarem em nome do renunciante, mediante autorização judicial nos próprios autos do inventário, desde que se habilitem no prazo de 30 dias do conhecimento do fato.

41.4. Excluídos da sucessão

A **exclusão da sucessão** ou exclusão por indignidade constitui penalidade aplicada a sucessores, legítimos ou testamentários, que tenham praticado **atos de ingratidão** contra o *de cujus*, previstos entre as hipóteses legais (art. 1.814). Constituem **hipóteses taxativas** de exclusão da sucessão: I – autoria ou participação em homicídio doloso, consumado ou tentado, contra o hereditando, seu cônjuge, companheiro, ascendente ou descendente; II – acusação caluniosa do *de cujus* em juízo (crime contra a administração da justiça) e crimes contra sua honra, de seu cônjuge ou companheiro; III – prática de atentado contra a liberdade de testar do hereditando.

A exclusão não opera de pleno direito, dependendo do trânsito em julgado de **sentença** proferida em ação declaratória intentada com a finalidade de se reconhecer a ocorrência de hipótese de indignidade (art. 1.815). A ação poderá ser proposta por qualquer interessado, isto é, favorecidos com a exclusão, salvo na hipótese do inciso I do art. 1.814, em que se prevê também a legitimidade do Ministério Público, conforme alteração pela Lei 13.532, de 7 de dezembro de 2017. O prazo para pleitear a exclusão é de **4 anos**, contados da abertura da sucessão, tendo natureza decadencial. Os efeitos da exclusão são **pessoais**, atingindo apenas o indigno, havendo direito de representação para seus sucessores, **como se morto fosse** aquele ao tempo da abertura da sucessão (art. 1.816). Veda-se o benefício indireto para o indigno, na forma de direito de usufruto ou à administração dos bens destinados a seus sucessores, bem como a partir da sucessão eventual nesses bens. Em respeito à boa-fé de possíveis adquirentes, reputam-se válidos os atos de administração e alienação onerosa praticados pelo indigno, como herdeiro aparente, antes da sentença de exclusão, caso em que os prejudicados poderão demandar do excluído indenização dos prejuízos sofridos. O excluído deve restituir os frutos e rendimentos produzidos pelos bens antes da exclusão, assistindo-lhe o direito a ser indenizado pelas despesas realizadas para a respectiva conservação (art. 1.817).

A vítima pode **perdoar** o autor do ato de ingratidão, reabilitando-o para a sucessão, desde que o faça **expressamente**, em **testamento ou outro ato autêntico**, consistente em declaração, por instrumento público ou particular, autenticada pelo escrivão. Admite-se a **reabilitação tácita** quando o testador, ciente da causa da indignidade, contempla o indigno em testamento, permitindo que este compareça à sucessão no limite da disposição testamentária (art. 1.818).

41.5. Herança jacente

Herança jacente é aquela de cujos herdeiros não se tem conhecimento. Diante da aparente falta de titular, os bens da herança serão arrecadados e entregues para serem guardados por um **curador**, até que se dê a habilitação de sucessor ou, na sua falta, a declaração da vacância (art. 1.819).

À arrecadação seguir-se-á o inventário dos bens e a publicação de **editais** para a convocação de herdeiros à habilitação. Durante a jacência, podem os credores exigir o pagamento das dívidas, nos limites das forças da herança (art. 1.821). Passado **1 ano** da primeira publicação sem que se verifique pedido de habilitação de herdeiro, será a herança declarada **vacante** (art. 1.820), sendo proclamada de ninguém. A declaração de vacância será, todavia, imediata caso todos os herdeiros, conhecidos, renunciem à herança (art. 1.823). Constitui efeito da declaração de vacância a exclusão dos colaterais, que não mais poderão se habilitar na sucessão.

Se nos **5 anos** após a abertura da sucessão não se habilitarem herdeiros, os bens arrecadados passarão ao domínio do poder público: do Município ou do Distrito Federal, se localizados nas respectivas circunscrições; da União, quando situados em território federal (art. 1.822).

> Na sistemática do CC/2002, o Estado arrecada os bens vacantes, não sendo herdeiro destes.

41.6. Petição de herança

A **ação de petição de herança**, do latim *petitio hereditatis*, é manejada pelo herdeiro preterido com a finalidade de ver reconhecido o seu título sucessório, assim como obter a restituição da herança pelos seus possuidores (art. 1.824). Trata-se de ação de natureza cognitiva, com pretensão declaratória e condenatória, constituindo **ação real imobiliária e universal**, por discutir direito à sucessão aberta, imóvel para efeitos legais. A procedência da ação produz o reconhecimento da **ineficácia de partilha** anteriormente realizada em relação ao autor da ação.

Tem **legitimidade ativa**, em regra, o herdeiro preterido, legítimo ou testamentário, podendo contemplar todo o acervo em seu pedido (art. 1.825). São **legitimados passivos** os possuidores da herança, sejam ou não herdeiros, de boa ou má-fé.

O **herdeiro aparente** exerce em princípio posse de boa-fé. Nessas condições, reconhece o legislador a **eficácia das alienações** de bens do monte por ele feitas, a título **oneroso**, a terceiros de boa-fé, cabendo àquele apenas a restituição do valor dos bens, esteja ou não de boa-fé (art. 1.827). Fica o herdeiro aparente também dispensado de responder por **legados** que de boa-fé pagou, em cumprimento do testamento, devendo o herdeiro verdadeiro agir diretamente contra o legatário (art. 1.828).

O legislador não estabelece regra específica sobre a **prescrição** da ação de petição de herança. Com base na Súmula 149 do STF, entende-se que a pretensão de reconhecimento de estado é imprescritível, ao passo que à pretensão relativa aos direitos patrimoniais decorrentes de tal reconhecimento aplica-se o prazo prescricional geral de **10 anos** (art. 205), contados da abertura da sucessão, no entendimento do STJ (EAREsp 1.260.418/MG).

42. SUCESSÃO LEGÍTIMA

A **sucessão legítima** opera por força de lei, em caso de falecimento sem que se tenha deixado testamento válido, ou quando o testamento não contempla a integralidade do patrimônio. Nesse caso, a herança será deferida conforme a **ordem de vocação hereditária** estabelecida no art. 1.829.

42.1. Ordem de vocação hereditária

A ordem de vocação aplicável deve ser buscada na lei em vigor no momento da abertura da sucessão. O CC/2002 estabelece a seguinte ordem, que se entende representar a vontade presumida do sujeito:

Ordem de vocação hereditária:
- Descendentes — Em concorrência com o cônjuge
- Ascendentes — Em concorrência com o cônjuge
- Cônjuge
- Colaterais

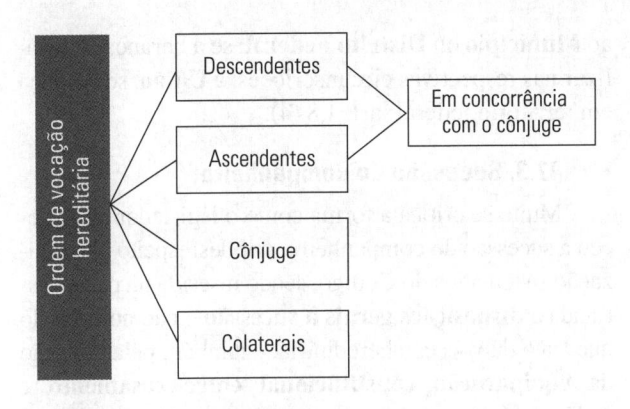

> Na sucessão, o cônjuge pode receber bens como **meeiro e herdeiro**, e tem, independentemente do regime de bens do casamento, **direito real de habitação** sobre o imóvel destinado à residência da família, desde que seja o único daquela natureza a inventariar (art. 1.831).

I. A **sucessão do descendente**, em concorrência com o **cônjuge**, varia conforme o regime matrimonial de bens (art. 1.829, I).

(O cônjuge pode receber bens como meeiro e herdeiro.)

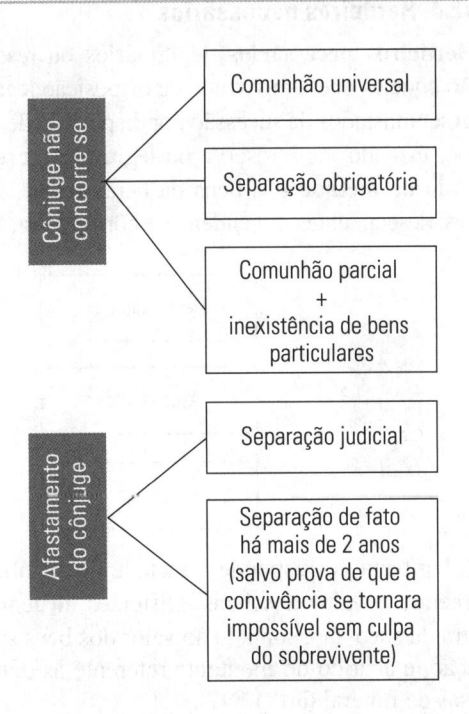

Cônjuge não concorre se:
- Comunhão universal
- Separação obrigatória
- Comunhão parcial + inexistência de bens particulares

Afastamento do cônjuge:
- Separação judicial
- Separação de fato há mais de 2 anos (salvo prova de que a convivência se tornara impossível sem culpa do sobrevivente)

O legislador estabelece regras para a divisão das quotas hereditárias entre descendentes e cônjuge (art. 1.832):

- O **cônjuge** herdará **quinhão igual** aos que sucedem por cabeça;

- Resguarda-se ao cônjuge a **fração mínima de ¼ da herança** se for ascendente dos herdeiros com quem concorrer.

De acordo com o Enunciado n. 527 do CJF, não haverá o resguardo da quarta parte em caso de concorrência do cônjuge com filiação híbrida. Resguarda-se ao cônjuge supérstite, ainda, independentemente do regime de bens, direito real de habitação sobre o imóvel destinado à residência da família (art. 1.831).

Na sucessão dos descendentes:

- A existência de descendentes em grau mais próximo afasta a sucessão dos mais remotos, salvo direito de representação (art. 1.833);
- Sendo os **descendentes de mesmo grau**, herdando por direito próprio, sucedem **por cabeça**, dividindo-se a herança em partes iguais conforme o número de herdeiros (art. 1.834);
- Havendo descendentes em **graus diversos**, haverá herdeiros que herdam por direito próprio (por cabeça), e outros que herdam **por representação** de herdeiro premorto, sucedendo por estirpe. Nesse caso, cada estirpe fará o rateio por cabeça da quota que caberia ao representado, se vivo fosse (art. 1.835).

> À luz da Constituição de 1988, não se admite diferenciação entre os filhos, em virtude da origem ou natureza da filiação (art. 227, § 6º).

II. A **sucessão do ascendente** dá-se em concorrência com o **cônjuge**, independentemente do regime matrimonial de bens (art. 1.829, II). Ocorre na falta de descendentes na linha sucessória.

Na sucessão dos ascendentes (art. 1.836):

- Não há direito de representação (art. 1.852).
- Os ascendentes de grau mais próximo excluem os de grau mais remoto, sem distinção de linhas (paterna e materna).
- No cálculo das quotas, a herança divide-se primeiramente **por linha** – e não por cabeça – à fração de ½ para cada, dividindo-se o acervo de cada linha entre os componentes de mesmo grau.

> Assim, ascendentes de mesmo grau podem ser contemplados com quinhões diferentes, pertencendo a linhas diversas.

No que tange à concorrência do **cônjuge** (art. 1.837):

- Se concorrer com **ascendentes em 1º grau**, a herança será dividida em **partes iguais** conforme o número de pessoas – 1/2 para cônjuge e 1/2 para único ascendente; 1/3 para cada se houver dois ascendentes;
- Se concorrer com **ascendentes em 2º ou maior grau**, caberá ao cônjuge a **metade** da herança.

III. O **cônjuge** sobrevivente receberá a **totalidade da herança**, na falta de descendentes e ascendentes.

Para que faça jus à herança, exige-se:

- que não esteja separado nem divorciado, judicial ou administrativamente;
- que não esteja separado de fato há mais de 2 anos ou, em estando, que a convivência se tenha impossibilitado sem culpa sua.

IV. Os **colaterais** em **até o 4º grau**, sucederão o *de cujus*, na falta de herdeiros das classes superiores (art. 1.839).

Os colaterais são herdeiros legítimos, mas não necessários. Na sucessão colateral (art. 1.840):

- os mais próximos excluem os mais remotos, não havendo em regra direito de representação;
- **admite-se direito de representação excepcionalmente em favor dos filhos de irmãos, em concorrência com tios.**

Para o cálculo dos quinhões, estabelece o legislador diferenciação entre **irmãos bilaterais ou germanos**, isto é, filhos de mesmo pai e mesma mãe, e **irmãos unilaterais**, com apenas um ascendente comum. A herança do irmão unilateral corresponderá à **metade** da herança dos irmãos bilaterais (art. 1.841). Na falta dos irmãos, defere-se a herança na linha colateral na seguinte ordem, sucessiva: sobrinhos e tios (art. 1.843).

Em caso de **sucessão apenas por sobrinhos** (filhos de irmãos falecidos), estes herdarão por cabeça. Também releva observar tratar-se de **filhos de irmãos unilaterais** ou **filhos de irmãos bilaterais**, pois o quinhão deferido a cada um dos primeiros equivalerá à metade do quinhão entregue a cada um dos segundos.

42.2. Arrecadação pelo Poder Público

Na **falta de parentes sucessíveis**, ou tendo todos renunciado à herança, o acervo será deferido ao Estado: ao **Município** ou **Distrito Federal**, se a herança se localizar nas respectivas circunscrições; à **União**, se herança em território federal (art. 1.844).

42.3. Sucessão do companheiro

Muito se critica a forma como o legislador estabeleceu a sucessão do companheiro, por desrespeito à organização sistemática do Código, sendo inserida na parte destinada à **disposições gerais à sucessão** e não no capítulo que trata da vocação hereditária, e também pela violação da **equiparação constitucional entre casamento e união estável**, como formas de constituição de família.

> Na decisão do **RE 878.694/MG**, o STF entendeu pela **inconstitucionalidade do art. 1.790 do CC**, por violação aos princípios da dignidade da pessoa humana, da igualdade e da proteção da família, estabelecendo a tese de que "no sistema constitucional vigente, é inconstitucional a distinção de regimes sucessórios entre cônjuges e companheiros devendo ser aplicado, em ambos os casos, o regime estabelecido no art. 1.829 do CC/2002"[5]. **Deve-se aplicar à sucessão do companheiro o regime previsto para a sucessão do cônjuge**, conforme os arts. 1.829 e s.

42.4. Herdeiros necessários

Herdeiros necessários, legitimários ou reservatários são aqueles que, em virtude de disposição legal, não podem ser afastados da sucessão por disposição de última vontade, fazendo jus à reserva ou **legítima**, ou seja, ao resguardo de **metade** dos bens da herança (art. 1.846). São eles: descendentes, ascendentes e cônjuge (art. 1.845).

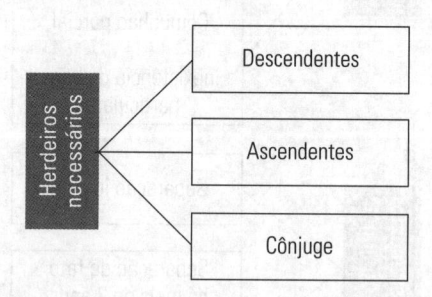

```
                    ┌─ Descendentes
Herdeiros
necessários  ───────┼─ Ascendentes
                    └─ Cônjuge
```

A **legítima** corresponde à metade do espólio, que compreende o valor dos bens existentes ao tempo da abertura da sucessão, somado ao valor dos bens sujeitos à colação, e abatido do montante referente às dívidas e despesas de funeral (art. 1.847).

---

[5] Voto do Ministro Luís Roberto Barroso, relator no RE 878.694/MG, julgado em 31-8-2016.

Legítima = Valor dos bens − Valor das dívidas − Despesas do funeral + Valor dos bens sujeitos a colação

Limita o legislador a possibilidade de o autor da herança estabelecer **cláusulas limitativas** aos direitos dos titulares dos bens da legítima, apenas admitindo a imposição de cláusulas de **inalienabilidade, impenhorabilidade** e **incomunicabilidade**, diante da existência de **justa causa** declarada em testamento (art. 1.848).

> Não há necessidade de justa causa para a clausulação da parte disponível da herança.

Incomunicabilidade	▪ estabelece que a legítima do herdeiro necessário não fará parte da comunhão de bens estabelecida em virtude do casamento
Impenhorabilidade	▪ impede que os bens da legítima sejam executados e penhorados para o pagamento de dívidas do herdeiro ▪ não atinge os frutos e rendimentos dos bens
Inalienabilidade	▪ determina que o bem transmitido não pode ser alienado ou transferido a outrem ▪ pode ser temporária ou vitalícia ▪ pode ser absoluta ou relativa ▪ não pode exceder a vida do herdeiro

Não se admite a imposição de cláusula de conversão dos bens da legítima em outros de espécie diversa (art. 1.848, § 1º). Permite-se excepcionalmente a alienação dos bens gravados, mediante autorização judicial e verificação de justa causa, mas os bens adquiridos com o produto da alienação ficarão sub-rogados nos ônus dos primeiros (art. 1.848, § 2º). Conforme entendimento do STJ, os efeitos da cláusula de incomunicabilidade somente se produzem enquanto viver o beneficiário, de modo que, após sua morte, o cônjuge sobrevivente poderá se habilitar como herdeiro do referido bem, observada a ordem de vocação hereditária.

42.5. Direito de representação

O herdeiro pode suceder **por direito próprio** ou **por direito de representação**.

Sucessão

Por **direito próprio**:
▪ sucessão por cabeça
▪ relação direta de parentesco ou conjugalidade
▪ descendentes em mesmo grau

Por **direito de representação** (art. 1.851)
▪ sucessão por estirpe
▪ sucessor representa ascendente premorto
▪ descendentes em graus distintos

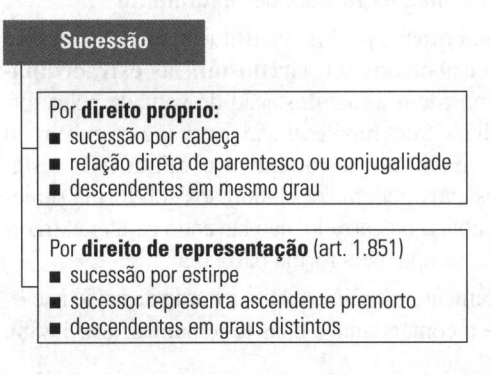

Na primeira situação o sujeito é chamado a suceder em virtude de sua relação direta de parentesco, casamento ou união estável com o *de cujus*. Na segunda, o representante comparece à sucessão em substituição de ascendente premorto, que sucederia por direito próprio caso fosse vivo (art. 1.851). O quinhão correspondente à estirpe do herdeiro representado será partilhado em partes iguais entre os diversos representantes (art. 1.855).

O direito de representação, presente apenas no âmbito da sucessão legítima, configura-se na linha descendente e, excepcionalmente, na linha colateral, em relação aos filhos de irmãos em concorrência com tios (art. 1.853). **O fato de ter o sujeito renunciado à herança de uma pessoa não a impede de representá-la na sucessão de outra** (art. 1.856).

43. SUCESSÃO TESTAMENTÁRIA

Sucessão testamentária é a que deriva da manifestação de última vontade do *de cujus*, expressa em **testamento** ou **codicilo**. Por meio dela, podem ser instituídos herdeiros e legatários.

43.1. Testamento em geral

O **testamento** constitui um **negócio jurídico unilateral**, de caráter **personalíssimo, solene, gratuito,** *causa mortis* e eminentemente **revogável**, pelo qual alguém pode dispor de **bens do seu patrimônio** – na totalidade ou parte – para depois de sua morte, admitindo-se também outras disposições de conteúdo **não patrimonial**, como o reconhecimento de filho, indicação de tutor aos filhos menores e perdão do indigno, entre outras. Pode ter por conteúdo a **parte disponível** da herança, sendo vedada a ofensa à legítima (arts. 1.857 e 1.858).

43.2. Capacidade de testar

Para estar apto a dispor de bens por testamento, deve o **agente** ser **capaz** (art. 1.857), ou **maior de 16 anos** (art. 1.860, parágrafo único). São **impedidos de testar** os juridicamente incapazes, bem como aqueles que não tiverem pleno discernimento no momento da elaboração do testamento (art. 1.860). A capacidade é aferida no **momento da elaboração** do testamento, não sendo afetada caso sobrevenha ao testador incapacidade superveniente (art. 1.861). Eventual **impugnação do testamento** por invalidade deve ser manifestada no prazo decadencial de **5 anos** do seu registro em juízo, após a abertura da sucessão (art. 1.859).

Tratando-se o testamento de negócio jurídico solene, não há liberdade de forma para a sua confecção, estabelecendo a lei três **formas ordinárias** (art. 1.862) e três **formas especiais** (art. 1.886).

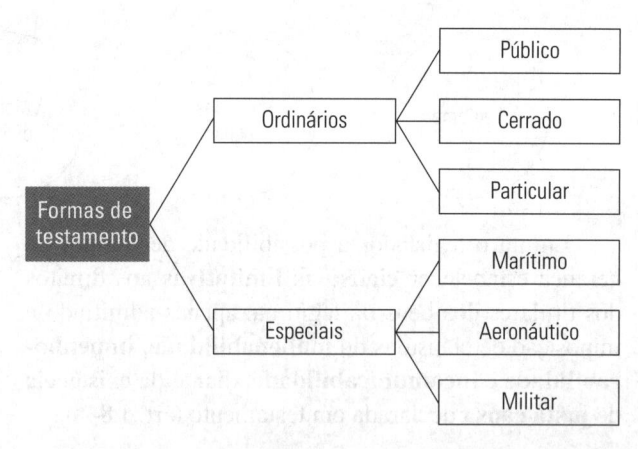

Formas de testamento:
- Ordinários
  - Público
  - Cerrado
  - Particular
- Especiais
  - Marítimo
  - Aeronáutico
  - Militar

Proíbe-se a elaboração de **testamento conjuntivo** ou de mão comum, entendido como aquele cujo conteúdo envolve a vontade de dois ou mais testadores no mesmo instrumento, seja ele:

- **Simultâneo:** os testadores dispõem conjuntamente em favor de terceiro;
- **Recíproco:** os testadores instituem-se mutuamente herdeiros um do outro; ou
- **Correspectivo:** os testadores efetuam disposições em retribuição de outras correspondentes.

43.3. Formas ordinárias do testamento

Os testamentos ordinários podem ser **públicos**, **cerrados** ou **particulares**.

Público	• elaborado pelo tabelião a partir das declarações do testador, em ato acompanhado e assinado por duas testemunhas • uso de minutas • escrita manual ou mecânica; língua nacional • é a única forma de testamento admitida ao cego; admite-se para surdos e analfabetos • cabe assinatura a rogo
Cerrado	• escrito pelo testador e entregue para registro e guarda perante o tabelião e duas testemunhas • seu conteúdo fica resguardado até a abertura em juízo, após a morte • língua nacional ou estrangeira • proibição a quem não saiba ou possa ler; possibilidade ao surdo-mudo, nos termos do art. 1.873
Particular	• feito por escrito particular assinado pelo testador e três testemunhas • escrito (hológrafo) pelo próprio testador (autógrafo) – demógrafo ou não; língua nacional ou estrangeira • após a morte, as testemunhas são chamadas para confirmar seu conteúdo • em circunstâncias especiais declaradas no testamento, este pode ser confirmado sem que tenha contato com testemunhas (art. 1.879)

Em atenção ao disposto no art. 170, que determina o aproveitamento de negócios nulos que contenham os requisitos de outros negócios (**princípio da conservação dos negócios jurídicos**), bem como do art. 1.899, que determina que na aplicação e interpretação do testamento deve-se buscar a máxima observância da declaração de última vontade do testador, entende-se ser possível que se aproveite testamento reputado nulo por vícios de forma como testamento ou codicilo eficaz, se cumprir as formalidades de uma outra modalidade.

43.4. Formas especiais de testamento

Testamentos especiais constituem modalidades de testamento elaborados sob **circunstâncias extraordinárias**, que impedem a manifestação de vontade pelas formas ordinárias. Suas hipóteses são restritas às previstas no art. 1.886: **marítimo, aeronáutico** e **militar**. Os testamentos especiais podem ser elaborados sob forma semelhante ao público ou cerrado, não havendo caráter extraordinário caso se opte pela forma particular.

O testamento marítimo é feito a bordo de navio nacional perante o comandante e duas testemunhas (art. 1.888).

O aeronáutico é elaborado a bordo de aeronave perante pessoa designada pelo comandante, também diante de duas testemunhas (art. 1.889). É militar o testamento elaborado por pessoa a serviço das Forças Armadas, em situação de campanha, estado de sítio ou comunicações interrompidas (art. 1.893). Em todas as hipóteses, superadas as circunstâncias extraordinárias, tem o sujeito prazo decadencial de 90 dias para elaboração de testamento ordinário.

Prevê, ainda, o legislador a possibilidade de elaboração do chamado **testamento nuncupativo**, nos termos do art. 1.896, quando pessoas envolvidas em contextos de guerra e conflitos, "estando empenhadas em combate, ou feridas, podem testar **oralmente**, confiando a sua última vontade a duas testemunhas". Neste caso, o testamento perde a eficácia caso o testador não morra na guerra ou convalesça do ferimento (art. 1.896, parágrafo único).

43.5. Codicilos

Entende-se por **codicilo** a manifestação de última vontade, realizada por escrito pelo próprio autor da herança, datada e assinada, que estabelece disposições extrapatrimoniais e patrimoniais de **pequena monta** (art. 1.881). Pode dispor sobre a nomeação ou substituição de testamenteiros (art. 1.883).

O codicilo **revoga-se** pela apresentação de novo codicilo ou testamento, se este não confirmar ou modificar aquele (art. 1.885). Pode ser elaborado de forma **cerrada**, aplicando-se as normas da abertura do testamento cerrado (art. 1.885).

43.6. Disposições testamentárias

Quanto ao conteúdo, o testamento pode incluir disposições de caráter **patrimonial** e **não patrimonial**. Em relação à nomeação de herdeiros, as disposições podem ser **pura e simples, condicional, modal** e em **razão de certo motivo**. Não se admite, em regra, nomeação **a termo**, a qual será tida por **não escrita**, salvo nas disposições fideicomissárias ou em relação a legatários (art. 1.898).

Admite-se sejam feitas disposições em favor de **pessoa incerta**, mas determinável, ou de caráter **remuneratório** dos serviços prestados ao testador antes do falecimento (art. 1.901). Ainda, na metade **patrimonial disponível** por testamento, admite-se a aposição de cláusulas de **inalienabilidade, impenhorabilidade** e **incomunicabilidade**, em caráter temporário ou vitalício, total ou parcial, absoluto ou relativo. Eventual alienação dos bens implicará na sub-rogação dos bens adquiridos com o produto da venda nas limitações impostas (art. 1.911).

São **nulas** (art. 1.900) as disposições que I – importem instituição de herdeiro sob condição captatória, isto é, de que este disponha via testamento em favor do testador ou terceiro; II – se refiram a pessoa incerta, indeterminável; III – favoreçam pessoa incerta, a ser identificada por terceiro; IV – deleguem ao herdeiro ou terceiro a prerrogativa de fixar o valor do legado; V – favoreçam as pessoas referidas nos arts. 1.801 e 1.802, que estabelecem respectivamente pessoas que não podem ser nomeadas herdeiros nem legatários e a nulidade da disposição simulada de modo a favorecer os que não podem ser nomeados.

São **anuláveis** as disposições viciadas por erro, dolo e coação, contando-se da ciência do vício o prazo decadencial de **4 anos** para que o interessado demande a anulação (art. 1.909).

No que tange à **interpretação** das disposições testamentárias, estabelece o legislador:

- A interpretação deve buscar o sentido que **melhor** assegure a **observância da vontade** do testador (art. 1.899).
- Em caso de disposições genéricas em favor dos pobres ou de estabelecimentos de caridade ou de assistência pública, considerar-se-ão os do lugar do domicílio do testador (art. 1.902).
- Em caso de indicação de pluralidade de herdeiros sem discriminação das quotas, a partilha será feita **por igual** (art. 1.904).
- Eventuais bens remanescentes da metade disponível serão distribuídos entre os herdeiros legítimos (art. 1.906).
- Se determinado bem for expressamente afastado de herdeiro instituído, será encaminhado aos herdeiros legítimos (art. 1.908).

43.7. Legados

O **legado** implica uma atribuição de certo ou certos bens ou direitos a outrem por meio de declaração de última vontade, a **título singular**.

> Diferencia-se da herança pois nesta não há referência a bens específicos, e sim à totalidade ou quota do patrimônio do falecido.

Legatário ou honrado é a denominação atribuída ao beneficiário de um legado, podendo ser contemplado como tal qualquer **pessoa**, sujeito de direitos. **Prelegatário** ou legatário precípuo é o sujeito que recebe simultaneamente bens a título universal, como herdeiro legítimo, e a título individual, na forma de legados. Nesse caso, o legado será chamado de **prelegado** ou legado precípuo. O herdeiro encarregado de cumprir o legado é o **onerado** ou gravado. O testador pode indicar determinado herdeiro. Se não indicar, atribui-se o dever de fazer cumprir o legado a todos. **Colegatários** são os beneficiários conjuntos de um mesmo legado.

Pelo **princípio da** *saisine*, adotado no direito sucessório brasileiro, o legatário recebe a **propriedade** da coisa legada, com seus acessórios, imediatamente ao abrir-se a sucessão, salvo a existência de condição suspensiva. A transferência da **posse**, contudo, se dará posteriormente, a partir do cumprimento pelo onerado, não podendo o legatário entrar na posse por autoridade própria (art. 1.923).

43.7.1. Modalidades de legado

O legado pode ser: I – **puro e simples**; II – **condicional**, quando a aquisição do direito fica subordinada a evento futuro e incerto; III – **a termo**, quando a eficácia fica subordinada a evento futuro e certo; IV – **modal** ou com encargo, quando se estabelece obrigação acessória para o legatário, caso em que a aceitação do legado importa assunção do ônus (arts. 1.924 e 1.938); V – *sub causa* ou por certa causa, quando o testador declara o motivo que o levou a instituir o legado.

Quanto ao objeto, o legado pode ser: a) de coisas; b) de crédito; c) de alimentos; d) de usufruto; e) de imóvel; f) de dinheiro; g) de renda ou pensão periódica; h) alternativo. Admite-se o estabelecimento de legado **determinado pelo gênero** ou de coisa incerta, caso em o cumprimento poderá envolver bens não pertencentes ao patrimônio do *de cujus* (art. 1.915).

Sendo a **coisa legada comum**, ou apenas **parcialmente** da titularidade do testador, apenas quanto a essa parte valerá o legado, sendo a disposição ineficaz quanto ao restante (art. 1.914).

43.7.2. Caducidade do legado

Opera-se a **caducidade do legado** pela superveniência das causas, elencadas no art. 1.939, não existentes à época da instituição da deixa, a qual se torna ineficaz. Constituem causas da caducidade: I – a modificação substancial do bem legado; II – a alienação da coisa legada; III – o perecimento ou evicção da coisa, sem culpa do onerado; IV – a declaração da exclusão do legatário por indignidade, nas hipóteses do art. 1.815; V – o falecimento do legatário antes da abertura da sucessão. Perecendo a coisa legada, em legado alternativo, ou parte da coisa legada, subsistirá a deixa quanto à coisa restante ou à parte remanescente, respectivamente (art. 1.940).

43.8. Direito de acrescer entre herdeiros e legatários

A questão do **direito de acrescer** surge quando, na falta de algum herdeiro ou legatário, por impedimento ou recusa em receber a deixa testamentária, sua porção tiver de ser dividida entre os demais sucessores testamentários, instituídos **conjuntamente** via **disposição idêntica** ou **distinta**. Ocorre direito de acrescer nas hipóteses em que parte da herança ou legado se torna vaga em virtude de: I – pré-morte do nomeado; II – sua exclusão por indignidade; III – falta de sua legitimação; IV – não implemento de condição suspensiva de sua instituição; V – sua renúncia (art. 1.943).

A **conjunção** ou disposição conjunta pode ser real, mista ou verbal, só ocorrendo direito de acrescer nas duas primeiras, isto é, quando o testador não tiver estabelecido a quota-parte de coerdeiro ou colegatário.

Real	por meio de **disposições** testamentárias **distintas**, instituem-se herdeiros e legatários para receber a mesma herança ou legado, **sem estabelecimento das frações de cada um**
Mista	por meio da **mesma disposição** testamentária, instituem-se herdeiros e legatários para receber a mesma herança ou legado, **sem estabelecimento das frações de cada um**
Verbal	por meio da **mesma disposição** testamentária, instituem-se herdeiros e legatários para receber a mesma herança ou legado, **estabelecendo-se as frações de cada um**

Não havendo direito de acrescer, o quinhão vago será distribuído entre os herdeiros legítimos. Em caso de colegatários sem direito de acrescer, a quota do que faltar será destinada ao herdeiro ou ao legatário incumbido de satisfazer o legado, ou a todos os herdeiros, na proporção dos seus quinhões, se o legado se deduziu da herança (art. 1.944).

Não é possível ao beneficiário **recusar ao acréscimo**, aceitando a parte original que lhe cabe no legado ou herança, exceto se o acréscimo comportar encargos especiais impostos pelo testador. Nesse caso o acréscimo será revertido ao beneficiário dos encargos (art. 1.945).

43.9. Substituições testamentárias

O fenômeno da **substituição** refere-se à possibilidade de o testador indicar por declaração de última vontade, além de herdeiros e legatários para lhe suceder, substitutos para receber a herança na falta daqueles ou ao fim de certo termo. A substituição pode ser **vulgar** e **fideicomissária**.

A **substituição vulgar** ou ordinária ocorre quando o testador designa substitutos para receber caso o herdeiro ou o legatário recuse ou não possa aceitar (art. 1.947). Ela pode ser **simples** ou singular (designação de apenas um substituto), **coletiva** ou plural (nomeiam-se dois ou mais substitutos a serem chamados simultaneamente), e **recíproca** (nomeiam-se dois ou mais beneficiários para reciprocamente se substituírem).

Na **substituição fideicomissária** (art. 1.951), o *de cujus* (**fideicomitente**) realiza uma dupla vocação, nomeando herdeiro ou legatário (**fiduciário** ou gravado), e desde logo um substituto (**fideicomissário**) que receberá depois daquele. Apenas pode ser instituída sobre a metade disponível e limitada ao segundo grau (art. 1.959).

O fideicomisso pode ser **vitalício, a termo** e **condicional**.

Vitalício	substituição com a morte do fiduciário
A termo	substituição com o advento de acontecimento futuro e certo
Condicional	substituição com o implemento de condição resolutiva dos direitos do fiduciário

Atualmente, só se admite a substituição fideicomissária em favor de pessoas **não concebidas** ao tempo da morte do testador, ou seja, da **prole eventual**.

43.10. Deserdação

A **deserdação** consiste na manifestação de vontade pelo testador, a partir do qual este exclui de sua sucessão herdeiros necessários, diante da verificação e expressa declaração de **causas legais** (arts. 1.961 e 1.964). Os efeitos da deserdação são **pessoais**, de modo que os herdeiros do deserdado comparecerão à sucessão por **direito de representação**. O direito de provar a causa da deserdação incumbe ao herdeiro instituído ou beneficiado com a deserdação, extinguindo-se no prazo de 4 anos, contados da abertura da sucessão (art. 1.965).

43.11. Redução das disposições testamentárias

A **redução das disposições testamentárias** consiste em prerrogativa conferida aos herdeiros necessários, prejudicados na parte que lhes toca por lei (legítima), de requerer a diminuição das liberalidades do finado que excedam a quota disponível. Faz-se por meio de **ação de redução**, para a qual é legitimado o herdeiro necessário preterido ou seus sucessores.

Caso haja acordo entre os interessados, ou, independentemente de acordo, se o excesso se mostrar evidente, a redução será feita nos próprios autos do inventário. Do contrário, deve ser intentada ação de redução, para a qual é legitimado o herdeiro necessário preterido ou seus sucessores.

43.12. Revogação do testamento

Constituindo o testamento negócio jurídico unilateral, pode o testador revogá-lo, independentemente de motivação, retirando sua eficácia, pelos mesmos modos e formas como pode ser elaborado (art. 1.969), exceto quanto à disposição que importa reconhecimento de filhos. Considera-se não escrita qualquer cláusula de irrevogabilidade.

A revogação pode ser **total** ou **parcial**, conforme se refira à integralidade do testamento ou cláusulas específicas (art. 1.970). Pode ainda ser **expressa**, por declaração em novo testamento, ou **tácita**, quando há incompatibilidade das disposições de um novo testamento com as do anterior, ou em caso de dilaceração ou abertura do testamento cerrado pelo testador ou pessoa por ele autorizada (art. 1.972). **Não** se reconhece **efeito repristinatório** sobre as disposições revogadas em caso de revogação do testamento posterior, salvo declaração expressa.

43.13. Rompimento do testamento

Dá-se o rompimento do testamento quando, após sua elaboração, o testador venha a ter conhecimento da existência de descendente sucessível, contanto que este sobreviva àquele (art. 1.973). Também se reputa rompido o testamento feito na ignorância de existirem **outros herdeiros necessários** (art. 1.974). Não haverá a ruptura caso o testamento posterior seja feito sabendo-se da existência dos herdeiros necessários, respeitada a legítima (art. 1.975).

43.14. Testamenteiro

Testamenteiro é a pessoa encarregada da execução do testamento, facultando-se ao autor da herança a sua nomeação, por meio de testamento ou codicilo. Pode haver a nomeação de um ou mais testamenteiros, para atuação conjunta ou separada (art. 1.976), solidária ou sucessiva. Na falta da nomeação, o múnus será conferido sucessivamente ao cônjuge sobrevivente ou outro herdeiro indicado pelo juiz (art. 1.984). A função, intransferível ou de cunho *intuitu personae,* pode ser exercida por qualquer pessoa capaz, não se admitindo a nomeação de pessoa jurídica.

O testamenteiro pode ser **instituído**, **dativo**, **universal** e **particular**.

Instituído	▪ nomeado pelo testador
Dativo	▪ nomeado pelo juiz, observando-se a preferência legal (art. 1.984)
Universal	▪ testamenteiro que recebe a posse e a administração da herança ou parte dela, na falta do cônjuge, descendentes e ascendentes (art. 1.977)
Particular	▪ testamenteiro que não tem posse e administração da herança

Ao testamenteiro incumbe promover a **execução do testamento**, apresentando-o ou requerendo que se apresente em juízo, para registro e promoção do inventário (arts. 1.978 e 1.979). O cumprimento das disposições e prestação de contas deve dar-se no prazo máximo de 180 dias da aceitação do encargo, salvo disposição diversa do testador ou motivação relevante (art. 1.983). Cabe também ao testamenteiro a defesa da validade do testamento e da posse dos bens da herança, reconhecendo-se-lhe legitimidade ativa e passiva nas ações que tenham estes objetos (art. 1.981).

Será cabível a **remuneração do testamenteiro** que não for herdeiro ou legatário pelos serviços prestados, por meio da chamada **vintena**, fixada livremente pelo testador ou deixada ao arbitramento do juiz, em importe entre 1% e 5% do valor líquido da herança. A remuneração será deduzida da metade disponível da herança (art. 1.987).

44. INVENTÁRIO E PARTILHA

Inventário é a ação pela qual se alistam, descrevem, avaliam e liquidam os bens do patrimônio do *de cujus,* a fim de que sejam entregues a seus herdeiros. No procedimento, realiza-se o ativo e o passivo do *de cujus,* pagando-se também os legados e o imposto *causa mortis.*

> *Sua abertura deve ser requerida no prazo de **2 meses** contados da abertura da sucessão,* devendo ser encerrado nos **12** meses subsequentes, salvo extensão do prazo pelo juiz (art. 611 do CPC).

O inventário e partilha pode ser feito por meio de quatro procedimentos distintos, regulados pelo Código de Processo Civil: **inventário judicial, arrolamento sumário, arrolamento comum** e **inventário administrativo**[6].

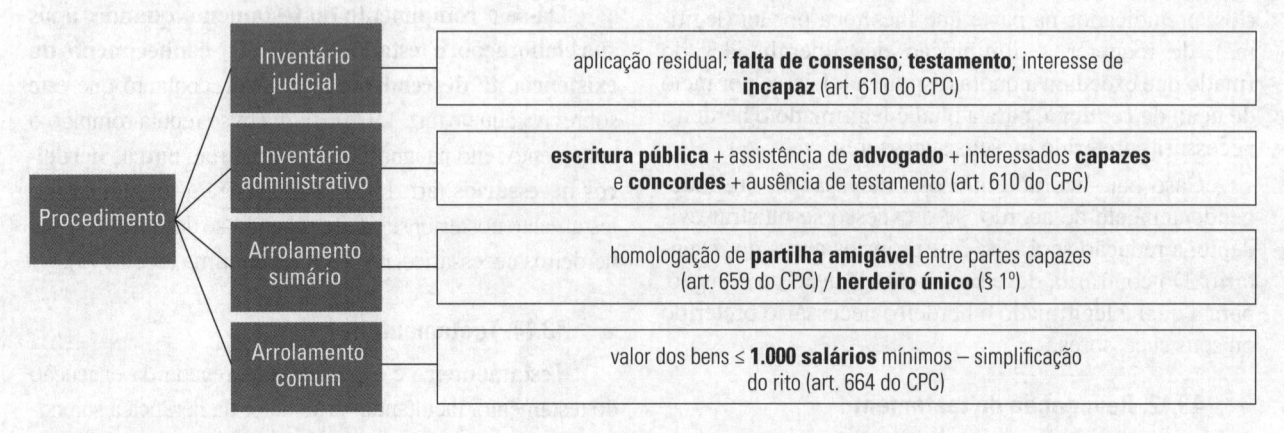

Procedimento		
	Inventário judicial	aplicação residual; **falta de consenso**; **testamento**; interesse de **incapaz** (art. 610 do CPC)
	Inventário administrativo	**escritura pública** + assistência de **advogado** + interessados **capazes** e **concordes** + ausência de testamento (art. 610 do CPC)
	Arrolamento sumário	homologação de **partilha amigável** entre partes capazes (art. 659 do CPC) / **herdeiro único** (§ 1º)
	Arrolamento comum	valor dos bens ≤ **1.000 salários** mínimos – simplificação do rito (art. 664 do CPC)

---

[6] A jurisprudência vem permitindo a realização de inventário administrativo quando existe testamento homologado judicialmente, sendo as partes capazes, concordes e assistidas por advogado (STJ, REsp 1.808.767, 4ª Turma, j. 19-10-2019).

44.1. Bens sonegados na herança

A **sonegação** consiste no ocultamento intencional, pelo inventariante, herdeiro ou testamenteiro, de bens que deveriam ser inventariados ou colacionados. A **pena** para a sonegação varia conforme o agente que a praticou:

- se **herdeiro**, este perderá o direito sobre o bem sonegado (art. 1.992) ou responderá pelo respectivo valor acrescido de perdas e danos, caso já o tenha alienado (art. 1.995);
- se **inventariante**, será removido da inventariança (art. 1.993), e perderá o direito sobre o bem sonegado, se for também herdeiro ou meeiro. Neste caso, apenas se configura a sonegação após a prestação das primeiras e últimas declarações, com omissão intencional de bens e a afirmação de não existirem outros a inventariar (art. 621 do CPC; art. 1.996 do CC);
- se **testamenteiro**, perderá a inventariança e o direito à remuneração ou vintena (art. 625, VI, do CPC).

Para a imposição da pena, deve o herdeiro ou credor interessado propor **ação de sonegados** (art. 1.994), no foro do inventário, aplicando-se o prazo prescricional geral de 10 anos.

44.2. Pagamento das dívidas do falecido

As dívidas do falecido transmitem-se aos herdeiros, nos **limites das forças da herança**, isto é, até o limite do quinhão por cada um recebido (art. 1.997), presumindo-se a **aceitação em benefício do inventário**. Antes da partilha, os credores devem requerer o pagamento das dívidas diretamente nos autos do inventário, caso em que, havendo impugnação dos débitos, o juiz determinará a reserva em poder do inventariante de bens suficientes para seu pagamento, desde que o credor inicie a cobrança no prazo de 30 dias (art. 1.997, §§ 1º e 2º).

Após a partilha, cada herdeiro continua responsável pelos débitos, proporcionalmente à respectiva parte na herança (art. 1.997).

44.3. Colação

A fim de que não se beneficie em vida um herdeiro em detrimento dos demais, fraudando-se a legítima dos herdeiros necessários, estatui o legislador que a doação importará adiantamento do que cabe ao beneficiário na herança (art. 544). Considera-se **inoficiosa** a doação que excede a parte disponível do patrimônio do sujeito (art. 549).

Colação é o ato pelo qual os descendentes e cônjuge do *de cujus* beneficiados em vida com liberalidades declaram no inventário as doações que receberam a fim de que se confiram e igualem as legítimas, sob pena de sonegação (arts. 2.002 e 2.003). A declaração deve ser feita no prazo conferido às partes, nos autos do inventário, para manifestar-se sobre as primeiras declarações (art. 639 do CPC). O valor atribuído ao bem para igualação da legítima será aquele do **momento da abertura da sucessão** (art. 639, parágrafo único, do CPC).

Dispensa-se da colação as doações realizadas pelo *de cujus* com indicação, via contrato ou testamento, de que devam ser deduzidas da parte disponível, desde que não ultrapassem os limites desta (arts. 2.005 a 2.007). Também não se colaciona o valor dos gastos ordinários do ascendente com o descendente, enquanto este for menor (art. 2.010), bem como as doações remuneratórias de serviços feitos ao ascendente (art. 2.011). **Não há dispensa** de colação em favor do herdeiro excluído ou renunciante (art. 2.008).

44.4. Partilha

A **partilha** consiste na divisão do espólio, apurado durante o inventário, entre os herdeiros e cessionários da herança, após a dedução de eventual meação do cônjuge. Em caso de herdeiro único, opera-se simples **adjudicação**. Pode ser feita de forma **judicial** ou **amigável**, **em vida** ou *post mortem*.

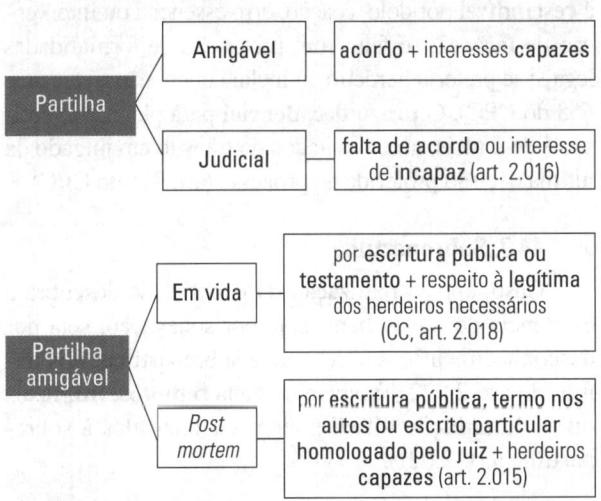

Partilha		
	Amigável	acordo + interesses capazes
	Judicial	falta de acordo ou interesse de incapaz (art. 2.016)

Partilha amigável		
	Em vida	por escritura pública ou testamento + respeito à legítima dos herdeiros necessários (CC, art. 2.018)
	Post mortem	por escritura pública, termo nos autos ou escrito particular homologado pelo juiz + herdeiros capazes (art. 2.015)

A **partilha judicial** é exigível sempre que entre os herdeiros conste menor ou incapaz, ou quando divergirem sobre as respectivas quotas-parte, caso em que as partes formularão seus pedidos de quinhão, o juiz deliberará sobre as pretensões e o partidor organizará a partilha a partir de tais deliberações (arts. 647 e 651 do CPC).

44.5. Garantia dos quinhões hereditários

Após o julgamento da partilha, em decisão de caráter declaratório, extingue-se o espólio, desfazendo-se a comunhão indivisível de bens, ficando o direito de cada herdeiro limitado aos bens do seu quinhão (art. 2.023). Os coerdeiros são reciprocamente obrigados a indenizar-se, na proporção de seus quinhões, no caso de **evicção** dos bens aquinhoados, **cessando tal obrigação** caso se convencione distintamente, na hipótese de evicção por culpa do evicto ou por fato posterior à partilha (arts. 2.024 a 2.026). O evicto será indenizado pelos demais herdeiros na proporção de suas quotas hereditárias, determinando o legislador o rateio da quota do insolvente (art. 2.026).

44.6. Anulação da partilha

Dispõe o art. 657 do CPC que a partilha amigável, lavrada em instrumento público, reduzida a termo nos autos do inventário ou constante de escrito particular homologado pelo juiz, pode ser **anulada** por dolo, coação, erro essencial ou intervenção de incapaz. O **prazo decadencial** para anulação é de um (1) ano, contado: (i) no caso de coação, do dia em que ela cessou; (ii) no caso de erro ou dolo, do dia em que se realizou o ato; (iii) quanto ao incapaz, do dia em que cessar a incapacidade (art. 2.027, parágrafo único).

Por sua vez, a partilha judicial, julgada por sentença, é **rescindível** por dolo, coação, erro essencial ou intervenção de incapaz; se feita com preterição de formalidades legais; se preteriu herdeiro ou incluiu quem não o seja (art. 658 do CPC). O **prazo decadencial** para pleitear a rescisão é de 2 (dois) anos, contados do trânsito em julgado da última decisão proferida no processo (art. 975 do CPC).

44.7. Sobrepartilha

Caso, após a realização da partilha, se descubra a existência de **novos bens**, seja por sonegação, seja por desconhecimento, será realizada sobrepartilha, nos termos do art. 2.022. Também os **bens remotos, litigiosos ou de liquidação difícil** podem ser relegados à sobrepartilha (art. 2.021).

■ REFERÊNCIAS BIBLIOGRÁFICAS

CATEB, Salomão de Araújo. *Direito das sucessões*. São Paulo: Atlas, 2015.

DIAS, Maria Berenice. *Manual das sucessões*. São Paulo: Revista dos Tribunais, 2018.

_____. *Manual de direito das famílias*. São Paulo: Revista dos Tribunais, 2018.

GONÇALVES, Carlos Roberto. *Direito civil brasileiro*. São Paulo: Saraiva, 2021. v. 6 e 7.

_____. *Direito civil esquematizado*. Coord. Pedro Lenza. São Paulo: Saraiva, 2021. v. 3.

GRANET, Frédérique; HILT, Patrice. *Droit de la famille*. Paris: PUF, 2006.

HIRONAKA, Giselda Maria Fernandes Novaes; CAHALI, Francisco José. *Direito das sucessões*. São Paulo: Revista dos Tribunais, 2014.

MADALENO, Rolf. *Curso de direito de família*. Rio de Janeiro: Forense, 2019.

MORAIS, Valter. *Programa de direito das sucessões*. São Paulo: Revista dos Tribunais, 1980.

ROSENVALD, Nelson. A tomada de decisão apoiada: primeiras linhas sobre um novo modelo jurídico promocional da pessoa com deficiência. *Revista IBDFAM: família e sucessões*, n. 10, p. 11-20, jul./ago. 2015.

ROSENVALD, Nelson; FARIAS, Cristiano Chaves de. *Curso de direito civil*. Salvador: JusPodivm, 2019. v. 6.

■ QUESTÕES

(XXXIV Exame de Ordem Unificado/FGV) Luiz, sem filhos, é casado com Aline sob o regime da comunhão universal. No ano de 2018, Luiz perdeu o pai, Mário. Como seu irmão, Rogério, morava em outra cidade e sua mãe, Catarina, precisava de cuidados diários, Luiz levou-a para morar junto dele e de Aline.

Durante à pandemia de Covid-19, tanto Luiz, quanto Catarina contraíram a doença e foram internados. Ambos não resistiram e no dia 30 de junho Luiz faleceu, sem deixar testamento. Catarina morreu no dia 15 de agosto, também sem deixar testamento.

Tendo em vista a hipótese apresentada, assinale a afirmativa correta.

A) A herança de Catarina deve dividir-se entre Luiz (seu herdeiro de direito receberá o quinhão) e Rogério.

B) Rogério será herdeiro de Catarina e, na sucessão de Luiz, serão chamadas Aline e Catarina (seu herdeiro, Rogério, receberá o quinhão como parte da herança deixada pela mãe).

C) Aline não será herdeira de Rogério, em razão do casamento reger-se pela comunhão universal de bens.

D) Rogério será herdeiro de Catarina e apenas Aline será herdeira de Luiz.

RESPOSTA

A) A herança de Catarina será entregue a Rogério, tendo em vista que Luiz não lhe sobreviveu e não deixou descendentes para representá-lo na sucessão da mãe.

☑ Rogério será herdeiro de Catarina, tendo em vista que não há direito de representação em favor de Aline. Na sucessão de Luiz, a mãe, Catarina, herdará em concorrência com a viúva, Aline, tendo em vista o art. 1.829, II, do CC. Com a morte de Catarina, sua parte na sucessão de Luiz será destinada ao herdeiro Rogério.

C) O cônjuge casado por comunhão universal de bens não herda em concorrência com descendentes, mas na falta destes, herda em concorrência com os ascendentes, ou sozinho, conforme o art. 1.829, do CC.

D) Rogério será herdeiro de Catarina, e Catarina e Aline concorrerão na sucessão de Luiz.

(XXXIV Exame de Ordem Unificado/FGV) Clóvis, funcionário público aposentado, divorciado, falecido em março de 2020 com 75 anos, era pai de Leonora, 40 anos, e Luciana, 16 anos. Faleceu sem deixar dívidas e sem realizar doações aos seus herdeiros necessários. Titular de um patrimônio razoável, foi vítima de um câncer descoberto no estágio terminal, 6 (seis) meses antes de sua morte. Desde o nascimento de Luciana, sempre foi uma preocupação de Clóvis proporcionar para ela as mesmas oportunidades desfrutadas por Leonora, quais sejam, cursar o ensino superior com auxílio paterno e, assim, conseguir o subsídio necessário para buscar uma carreira de sucesso profissional.

Por este motivo, Clóvis vendeu os 3 (três) imóveis – que compõem 70% do seu patrimônio – de que era proprietário quando Luciana ainda era criança – e depositou este dinheiro em conta bancária, juntamente com todas as suas economias, no intuito de deixar, quando de sua morte, somente patrimônio em dinheiro.

No ano de 2019, ao saber de sua doença, Clóvis, em pleno exercício de suas faculdades mentais, elaborou um testamento público, destinando toda a parte disponível de sua herança à Luciana.

Diante de seu falecimento, é possível afirmar que

A) Clóvis não poderia vender seus imóveis ao longo de sua vida, pois lhe era vedado determinar a conversão dos bens da legítima em outros de espécie diversa.

B) caberá à Luciana 75% da herança de Clóvis. Já Leonora receberá 25% da mesma herança.

C) Clóvis perdeu a capacidade de dispor do seu patrimônio por testamento a partir do momento em que descobriu o diagnóstico de câncer.

D) a herança deve ser dividia em partes iguais entre as filhas de Clóvis, ou seja, 50% para Luciana e 50% para Leonora.

RESPOSTA

A) Clovis não poderia determinar a conversão dos bens da legítima em outros, após a sua morte, por meio de testamento (art. 1.848, § 1º, do CC), mas poderia fazê-lo ele próprio em vida. Ademais, não houve doação, o que violaria os arts. 548 e 549, do CC.

☑ Luciana fará jus a 50% do patrimônio deixado, pela disposição testamentária, e 25% do patrimônio, em face da sucessão legítima, de modo que o seu quinhão corresponderá a 75% da herança de Clovis. Leonora receberá os 25% restantes, na qualidade de herdeira legítima.

C) O diagnóstico de câncer em nada afeta a capacidade do sujeito, não sendo previsto entre as hipóteses de incapacidade do art. 3º, do CC.

D) A herança será dividida em 75% para Luciana e 25% para Leonora.

(35º Exame de Ordem Unificado/FGV) Maurício, ator, 23 anos, e Fernanda, atriz, 25 anos, diagnosticados com Síndrome de Down, não curatelados, namoram há 3 anos.

Em 2019, enquanto procuravam uma atividade laborativa em sua área, tanto Maurício quanto Fernanda buscaram, em processos diferentes, a fixação de tomada de decisão apoiada para o auxílio nas decisões relativas à celebração de diversas espécies de contratos, a qual se processou seguindo todos os trâmites adequados deferidos pelo Poder Judiciário. Assim, os pais de Maurício tornaram-se seus apoiadores e os pais de Fernanda, os apoiadores dela.

Em 2021, Fernanda e Maurício assinaram contratos com uma emissora de TV, também assinados por seus respectivos apoiadores. Como precisarão morar próximo à emissora, o casal terá de mudar-se de sua cidade e, por isso, está buscando alugar um apartamento. Nesta conjuntura, Maurício e Fernanda conheceram Miguel, proprietário do imóvel que o casal pretende locar.

Sobre a situação apresentada, conforme a legislação brasileira, assinale a afirmativa correta.

A) Maurício e Fernanda são incapazes em razão do diagnóstico de Síndrome de Down.

B) Maurício e Fernanda são capazes por serem pessoas com deficiência apoiadas, ou seja, caso não fossem apoiados, seriam incapazes.

C) Maurício e Fernanda são capazes, independentemente do apoio, mas Miguel poderá exigir que os apoiadores contra-assinem o contrato de locação, caso ele seja realmente celebrado.

D) Miguel, em razão da capacidade civil de Maurício e de Fernanda, fica proibido de exigir que os apoiadores de ambos contraassinem o contrato de locação, caso ele seja realmente celebrado.

RESPOSTA

A) A deficiência – diagnóstico de Síndrome de Down – não constitui hipótese de incapacidade, no art. 4º, do CC.

B) A tomada de decisão apoiada só é cabível em casos de pessoas com deficiência e capazes. Mesmo que não fossem apoiados, Maurício e Fernanda seriam considerados capazes, à luz da legislação, pois a deficiência por si só não é causa de incapacidade.

☑ Apesar de serem capazes, a fixação judicial de regime de tomada de decisão apoiada para o auxílio em decisões relativas à celebração de contratos faz com que a realização de tais atos dependa de contra-assinatura dos apoiadores (art. 1.783-A, § 5º, do CC).

D) Miguel pode exigir a contra-assinatura dos apoiadores, nos termos do art. 1.783-A, § 5º, do CC.

(35º Exame de Ordem Unificado/FGV) Sônia e Theodoro estavam casados há 7 anos, sobre o regime da comunhão parcial de bens, quando o último veio a óbito. Desde o casamento, o casal residia em uma belíssima cobertura na praia de Copacabana, que Theodoro havia comprado há mais de 20 anos, ou seja, muito antes do casamento.

Após o falecimento de Theodoro, seus filhos do primeiro casamento procuraram Sônia e pediram a ela que entregasse o imóvel, alegando que, como ele não foi adquirido na constância do casamento, a viúva não teria direito sucessório sobre o bem.

Diante do caso narrado, assinale a afirmativa correta.

A) Como Sônia era casada com Theodoro pelo regime da comunhão parcial de bens, ela herda apenas os bens adquiridos na constância do casamento.
B) Como Sônia era casada com Theodoro, ela possui o direito de preferência para alugar o imóvel, em valor de mercado, que será apurado pela média de 3 avaliações diferentes.
C) Os filhos do Theodoro não têm razão, pois, ao cônjuge sobrevivente, é assegurado o direito real de habitação, desde que casado sobre o regime da comunhão parcial de bens, ou comunhão universal de bens, e inexistindo descendentes.
D) Os filhos do Theodoro não têm razão, pois, ao cônjuge sobrevivente, qualquer que seja o regime de bens, será assegurado, sem prejuízo da participação que lhe caiba na herança, o direito real de habitação do imóvel destinado à residência da família, desde que seja o único daquela natureza a inventariar.

RESPOSTA

A) O cônjuge casado por comunhão parcial apenas herda dos bens componentes do patrimônio particular do consorte, como aqueles que ele já possuía ao casar (art. 1.659, I, c/c art. 1.829, I, do CC).
B) Não há direito de preferência no aluguel do imóvel, mas direito real de habitação, independentemente de pagamento de remuneração.
C) O direito real de habitação é assegurado ao cônjuge supérstite, qualquer que seja o regime de bens (art. 1.831, do CC).
☑ De acordo com o art. 1.831, do CC, ao cônjuge sobrevivente, qualquer que seja o regime de bens, será assegurado, sem prejuízo da participação que lhe caiba na herança, o direito real de habitação relativamente ao imóvel destinado à residência da família, desde que seja o único daquela natureza a inventariar.

(35º Exame de Ordem Unificado/FGV) Renatinho, conhecido influencer digital, conquistou, ao longo dos anos, muitos seguidores e amealhou vultoso patrimônio. Renatinho é o único filho de Carla e Júlio, que se divorciaram quando Renatinho tinha três anos de idade. Carla nunca concordou com as atividades de influencer digital desenvolvidas pelo filho, pois achava que ele deveria se dedicar aos estudos. Júlio, por outro lado, sempre incentivou bastante o filho e, inclusive, sempre atuou como gestor da carreira e do patrimônio de Renatinho.

Aos 15 de março de 2022, Renatinho completou 16 anos e, na semana seguinte, realizou seu testamento sob a forma pública, sem mencionar tal fato para nenhum dos seus pais. Em maio de 2022, Carla e Júlio, em comum acordo e atendendo ao pedido de Renatinho, emancipam seu único filho. E, para tristeza de todos, em julho de 2022, Renatinho vem a óbito em acidente de carro, que também levou o motorista à morte.

Com a abertura da sucessão, seus pais foram surpreendidos com a existência do testamento e, mais ainda, com o fato de Renatinho ter destinado toda a parte disponível para a constituição de uma fundação.

Diante da situação hipoteticamente narrada, assinale a afirmativa correta.

A) O testamento de Renatinho é válido, pois em que pese a incapacidade civil relativa no momento da sua feitura, a emancipação concedida por seus pais retroage e tem o efeito de convalidar o ato.
B) O testamento de Renatinho é válido em razão dos efeitos da emancipação concedida por seus pais, no entanto, a destinação patrimonial é ineficaz, visto que só podem ser chamadas a suceder na sucessão testamentária pessoas jurídicas já previamente constituídas.
C) O testamento de Renatinho é válido, pois a lei civil assegura aos maiores de 16 anos a possibilidade de testar, bem como a possibilidade de serem chamados a suceder, na sucessão testamentária, as pessoas jurídicas cuja organização for determinada pelo testador sob a forma de fundação.
D) A deixa testamentária para a constituição de uma fundação seria válida, no entanto, em razão de o testamento ter sido realizado quando Renatinho tinha apenas 16 anos e não emancipado, o testamento todo será invalidado.

RESPOSTA

A) O testamento é válido porque o legislador conferiu ao menor, a partir de 16 anos, capacidade para testar (art. 1.860, parágrafo único, do CC), e não por ter a emancipação efeitos retroativos.
B) A emancipação em nada influencia a validade do testamento, garantida por força do art. 1.860, parágrafo único, do CC). Além disso, a constituição de fundação por meio de testamento é plenamente válida, nos termos do art. 62, do CC.
☑ Conforme o art. 1.860, parágrafo único, do CC, podem testar os maiores de 16 anos, sendo o testamento de Renatinho válido. Além disso, a lei prevê a possibilidade de que se institua uma fundação por meio de testamento (art. 62, do CC).
D) O testamento elaborado pelo maior de 16 anos é válido.

(35º Exame de Ordem Unificado/FGV) Raquel resolve sair para comemorar sua efetivação como advogada no escritório em que estagiava e se encontra com seus amigos em um bar. Logo ao entrar no local, o garçom a convida para realizar um breve cadastro a fim de lhe fornecer um cartão que a habilitaria a consumir no local. Ao realizar o cadastro, Raquel se surpreende com as inúmeras informações requeridas pelo garçom, a saber: nome completo, data de nascimento, CPF, identidade, nome dos pais, endereço, e-mail e estado civil. Inconformada, Raquel se recusa a fornecer os dados, alegando haver clara violação à Lei Geral de Proteção de Dados Pessoais, ao que o garçom responde que, sem o fornecimento de todas as informações, o cartão não seria gerado e, por consequência, ela não poderia consumir no local. Com base nessas informações, assinale a afirmativa correta.

A) É válida a coleta de tais dados pelo bar, haja vista que foi requerido o consentimento expresso e destacado da consumidora.

B) A coleta de tais dados pelo bar é regular, uma vez que não constituem dados pessoais sensíveis, o que inviabilizaria o seu tratamento.

C) É válida a exigência de tais dados, pois trata-se de política da empresa, no caso do bar, não cabendo à consumidora questionar a forma de utilização dos mesmos.

D) A exigência de tais dados viola o princípio da necessidade, pois os dados requeridos não são proporcionais às finalidades do tratamento de dados relativos ao funcionamento de um bar.

RESPOSTA

A) A coleta destes dados, nos termos da Lei 13.709/2019, foi imposta como requisito para o consumo no estabelecimento, o que fere a ideia contida nas normas de proteção de dados.

B) O fato de não serem dados sensíveis (tais como tipo sanguíneo, natureza sexual, origem racial ou étnica, opções religiosas ou políticas etc.) não legitima a exigência de fornecimento de dados feita pelo estabelecimento comercial.

C) O consumidor pode sim questionar a exigência, com base na LGPD e CDC.

☑ CORRETA A coleta de dados se submete ao princípio da necessidade, devendo haver uma correlação entre a atividade ou serviço prestado e os dados coletados, com consentimento do titular.

(35º Exame de Ordem Unificado/FGV) João da Silva, buscando acomodar os quatro filhos, conforme cada um ia se casando, construiu casas sucessivas em cima de seu imóvel, localizado no Morro Santa Marta, na cidade do Rio de Janeiro. Cada uma das casas é uma unidade distinta da original, construídas como unidades autônomas. Com o casamento de Carlos, seu filho mais novo, ele já havia erguido quatro unidades imobiliárias autônomas, constituídas em matrícula própria, além do pavimento original, onde João reside com sua esposa, Sirlene. No entanto, pouco tempo depois, João assume que tivera uma filha fora do casamento e resolve construir mais uma casa, em cima do pavimento de Carlos, a fim de que sua filha possa residir com seu marido. Sobre a hipótese apresentada, assinale a afirmativa correta.

A) João poderá construir nova laje, desde que tal construção não seja feita no subsolo, pois o direito real de laje só abrange a cessão de superfícies superiores em relação à construção-base.

B) João poderá construir a casa para sua filha, tendo em vista se tratar de direito real de superfície e por ser ele o proprietário da construção-base.

C) João não poderá construir a casa para sua filha, uma vez que o direito real de laje se limita a apenas quatro pavimentos adicionais à construção-base.

D) João só poderá construir a casa para sua filha mediante autorização expressa dos titulares das demais lajes, respeitadas as posturas edilícias e urbanísticas vigentes.

RESPOSTA

A) O direito de laje, conforme art. 1.510-A a 1.510-E do Código Civil, autoriza construções tanto no espaço aéreo como no subsolo.

B) Em que pese serem direitos reais próximos, a laje não se confunde com a superfície.

C) Não existe limitação de pavimentos na regulamentação da laje.

☑ CORRETA. A lei exige que os demais titulares das lajes autorizem a obra, bem como sejam respeitadas as posturas públicas existentes.

(36º Exame de Ordem Unificado/FGV) Rodolfo e Marília estão casados desde 2005. Em 2010, nasceu Lorenzo, único filho do casal. No ano de 2020, eles resolveram se divorciar, após um período turbulento de discussões e mútuas relações extraconjugais. A única divergência entre o casal envolvia a guarda do filho, Lorenzo.

Neste sentido, sublinhando-se que o pai e a mãe apresentam condições de exercício de tal função, relacionando-se bem com o filho e conseguindo separar seus problemas conjugais de seus deveres paternos e maternos – à luz do Código Civil, assinale a afirmativa correta.

A) Segundo a lei, o juiz, diante do conflito, deverá aplicar a guarda alternada entre Rodolfo e Marília.

B) Como os pais desejam a guarda do menor e estão aptos a exercer o poder familiar, a lei determina a aplicação da guarda compartilhada, mesmo que não haja acordo entre eles.

C) A lei determina a fixação da guarda compartilhada, mas, tendo em vista cuidar-se de divergência sobre a guarda, ela deve ser atribuída a Rodolfo ou a Marília, mas, diante do conflito, a guarda não deve ser atribuída a eles, em nenhuma hipótese.

D) Caso Rodolfo e Marília não consigam decidir de modo consensual a quem caberá a guarda de Lorenzo, o juiz será obrigado a atribui-la ou a um genitor ou ao outro, uma vez que inexiste hipótese de guarda compartilhada na lei brasileira.

RESPOSTA
A) Não há previsão de guarda alternada na legislação brasileira.
☑ Na falta de acordo entre os pais, e encontrando-se ambos os genitores aptos a exercer o poder familiar, além de interessados no mesmo, será aplicada a guarda compartilhada, conforme o art. 1.584, § 2º, do CC.
C) A guarda deve ser estabelecida na modalidade compartilhada (art. 1.584, § 2º, do CC).
D) Diante da falta de acordo, determina a lei brasileira a fixação de guarda compartilhada, se ambos os genitores são aptos ao exercício da guarda.

(36º Exame de Ordem Unificado/FGV) João dirigia seu carro, respeitando todas as regras de trânsito, quando foi surpreendido por uma criança que atravessava a pista. Sendo a única forma de evitar o atropelamento da criança, João desviou seu veículo e acabou por abalroar um outro carro, que estava regularmente estacionado. Passado o susto e com a criança em segurança, João tomou conhecimento de que o carro com o qual ele havia colidido era dos pais daquela mesma criança. Diante das circunstâncias, João acreditou que não seria responsabilizado pelo dano material causado ao veículo dos pais. No entanto, para sua surpresa, os pais ingressaram com uma ação indenizatória, requerendo o ressarcimento pelos danos materiais. Diante da situação hipotética narrada, nos termos da legislação civil vigente, assinale a opção correta.
A) João cometeu um ato ilícito e, como consequência, deverá indenizar pelos danos materiais causados, visto inexistir causa excludente de ilicitude da sua conduta.
B) A ação de João é lícita, pois agiu em estado de necessidade, evitando um mal maior e, sendo assim, não deverá indenizar os pais da criança.
C) A ação de João é lícita, pois agiu em estado de necessidade, evitando um mal maior, porém subsiste o seu dever de indenizar os pais da criança.
D) João cometeu um ato ilícito, porém o prejuízo deverá ser suportado pelos pais da criança.

RESPOSTA
A) A conduta de João se amolda perfeitamente à figura do Estado de Necessidade, previsto no art. 188, II, CC, como excludente de ilicitude. Logo, o ato é lícito. Todavia, subsiste o dever de indenizar o dono do veículo estacionado (art. 929, CC), podendo regredir contra os pais da criança (art. 930, CC).
☑ CORRETA. A ação de João é lícita, pois agiu sob uma excludente de ilicitude, o estado de necessidade. Porém, não terá que indenizar os pais da criança, coincidentemente donos do veículo, já que eles provocaram a situação de perigo (art. 930, CC).
C) Não há dever de indenizar os pais da criança, em que pese serem os donos do veículo atingido, uma vez que eles eram os responsáveis pela custódia adequada do menor.
D) A conduta de João não é ilícita, nos termos do art. 188, CC.

■ MATERIAL DIGITAL EXCLUSIVO

DIREITO CIVIL

Direito Processual Civil

Luiz Dellore

Doutor e Mestre em Direito Processual pela USP. Mestre em Direito Constitucional pela PUC-SP. Visiting Scholar na Syracuse University e na Cornell University (EUA). Professor de Direito Processual Civil na Universidade Presbiteriana Mackenzie, no IBMEC e na Escola Paulista de Direito. Advogado concursado da Caixa Econômica Federal. Consultor jurídico. Ex-assessor de Ministro do STJ. Membro do Instituto Brasileiro de Direito Processual (IBDP) e do Centro de Estudos Avançados de Processo (Ceapro).

Sumário

1. Introdução: CPC em vigor em 2016 e posteriores alterações – **2. Parte geral:** 2.1. Princípios processuais; 2.1.1. Princípio do acesso à justiça; 2.1.2. Princípio do contraditório; 2.1.3. Princípio da publicidade; 2.1.4. Princípio da motivação; 2.1.5. Princípio da duração razoável do processo; 2.1.6. Princípio da inércia; 2.1.7. Princípio da cooperação; 2.1.8. Princípio da proibição de provas ilícitas; 2.1.9. Princípio do devido processo legal; 2.1.10. Princípio da ampla defesa; 2.1.11. Princípio do juiz natural; 2.1.12. Julgamento em ordem cronológica; 2.2. Jurisdição e competência; 2.2.1. Jurisdição; 2.2.2. Competência; 2.2.2.1. Tipos e espécies de competência; 2.2.2.2. Critérios para fixação da competência territorial; 2.2.2.3. Alterações da competência; 2.3. Dos sujeitos do processo; 2.3.1. Partes e capacidades; 2.3.2. Sucessão processual; 2.3.3. Procuração; 2.3.4. Honorários sucumbenciais; 2.3.5. Justiça gratuita; 2.3.6. Juiz; 2.3.7. Conciliador e mediador; 2.3.8. Ministério Público; 2.3.9. Defensoria Pública; 2.4. Litisconsórcio e intervenção de terceiros; 2.4.1. Litisconsórcio; 2.4.2. Intervenção de terceiros; 2.4.2.1. Assistência; 2.4.2.2. Denunciação da lide; 2.4.2.3. Chamamento ao processo; 2.4.2.4. Incidente de desconsideração da personalidade jurídica; 2.4.2.5. *Amicus curiae*; 2.5. Ato processual; 2.5.1. Da forma dos atos processuais; 2.5.2. Negócio Jurídico Processual (NJP); 2.5.3. Dos atos do juiz; 2.5.4. Dos prazos; 2.5.5. Da comunicação dos atos processuais; 2.6. Valor da causa; 2.7. Tutela provisória; 2.7.1. Visão geral; 2.7.2. Da tutela de urgência; 2.7.2.1. Do procedimento da tutela antecipada antecedente; 2.7.2.2. Do procedimento da tutela cautelar antecedente; 2.7.3. Da tutela da evidência; 2.8. Suspensão do processo – **3. Processo de conhecimento:** 3.1. Procedimento comum; 3.1.1. Visão geral; 3.1.2. Petição inicial e seus requisitos; 3.1.2.1. Causa de pedir; 3.1.2.2. Pedido; 3.1.2.3. Provas; 3.1.2.3.1. Meios de provas; 3.1.3. Audiência de conciliação ou de mediação; 3.1.4. Contestação; 3.1.5. Revelia; 3.1.6. Providências preliminares; 3.1.7. Julgamento conforme o estado do processo; 3.1.8. Audiência de instrução; 3.2. Sentença e coisa julgada; 3.2.1. Sentença; 3.2.1.1. Decisão sem resolução do mérito; 3.2.1.2. Decisão com resolução do mérito; 3.2.2. Coisa julgada – **4. Cumprimento de sentença:** 4.1. Liquidação de sentença; 4.2. Cumprimento de sentença; 4.2.1. Dos requisitos necessários para o cumprimento de sentença; 4.2.2. Do título executivo judicial; 4.2.3. Das diversas espécies de cumprimento de sentença; 4.2.3.1. Do cumprimento de sentença de obrigação de pagar quantia pela Fazenda Pública; 4.2.3.2. Do cumprimento de sentença para obrigação de pagar; 4.2.3.3. Da impugnação ao cumprimento de sentença; 4.2.3.4. Da execução e cumprimento de sentença de alimentos; 4.2.3.4.1. Cumprimento de sentença de alimentos; 4.2.3.4.2. Execução de alimentos – **5. Procedimentos especiais:** 5.1. Jurisdição contenciosa e voluntária; 5.2. Procedimentos especiais; 5.2.1. Ações possessórias; 5.2.2. Ação monitória; 5.2.3. Ações de família; 5.2.4. Ação de alimentos (processo de conhecimento); 5.2.5. Ação de exigir contas; 5.2.6. Ação de dissolução parcial de sociedade; 5.2.7. Da oposição; 5.2.8. Divórcio, separação e extinção de união estável consensuais (jurisdição voluntária); 5.2.9. Ação de usucapião; 5.2.10. Mandado de segurança individual; 5.2.11. Ação de despejo por falta de pagamento; 5.2.12. Juizados Especiais; 5.2.13. Processo coletivo; 5.2.13.1. Instrumentos para a tutela coletiva; 5.2.13.2. Coisa julgada no processo coletivo; 5.2.13.3. Cumprimento de sentença coletiva – **6. Processo de execução:** 6.1. Dos requisitos necessários para qualquer execução; 6.1.1. Do título executivo extrajudicial; 6.1.2. Das diversas espécies de execução; 6.1.2.1. Da prescrição intercorrente; 6.1.3. Da execução para entrega de coisa; 6.1.4. Da execução de obrigação de fazer e de não fazer; 6.1.5. Da execução contra a Fazenda Pública; 6.1.6. Da execução de quantia certa; 6.1.6.1. Penhora; 6.1.6.2. Impenhorabilidades; 6.1.6.3. Procedimento da execução por quantia certa; 6.1.7. Da defesa do executado: embargos – **7. Recursos e processos nos tribunais:** 7.1. Ordem dos processos nos tribunais; 7.2. Recursos; 7.2.1. Introdução; 7.2.2. Recursos e cabimento; 7.2.2.1. Cabimento de cada recurso; 7.2.3. Cabimento do recurso adesivo; 7.2.4. Juízo de admissibilidade e juízo de mérito; 7.2.4.1. Requisitos de admissibilidade recursal; 7.2.5. Sucumbência recursal; 7.2.6. Precedentes; 7.2.7. Recursos em espécie; 7.2.7.1. Apelação; 7.2.7.2. Agravo de instrumento; 7.2.7.3. Embargos de declaração; 7.2.7.4. Recurso ordinário (recurso ordinário constitucional); 7.2.7.5. Agravo interno; 7.2.7.6. Agravo em recurso especial e em recurso extraordinário; 7.2.7.7. Recurso especial (REsp); 7.2.7.8. Recurso extraordinário (RE); 7.2.7.9. REsp e RE repetitivos; 7.2.7.10. Embargos de divergência – **Referências bibliográficas** – **Questões** – **Material digital exclusivo**.

1. INTRODUÇÃO: CPC EM VIGOR EM 2016 E POSTERIORES ALTERAÇÕES

Em março de 2016 entrou em vigor o Código de Processo Civil (CPC – Lei n. 13.105/2015). O Código **já foi alterado diversas vezes, praticamente em todos os anos (desde a Lei n. 13.256/2016 até a Lei n. 14.365/2022)**, além de existirem outras leis que alteram o sistema processual (como as Lei n. 13.728/2018 e 13.994/2020, que tratam dos Juizados Especiais). O candidato deve estar bastante atento a essas mudanças, pois são frequentes perguntas a respeito de dispositivos já modificados.

Apesar do tempo de vigência, muitas questões polêmicas ainda estão em aberto. De qualquer forma, alguns temas polêmicos **já foram definidos pela jurisprudência do STJ**, e – o que é ruim para o candidato da OAB – em sentido distinto da interpretação gramatical do Código (como no caso da "taxatividade mitigada" do agravo de instrumento), e isso **pode ser pedido na prova**. Em regra, em uma 1ª fase de OAB, a resposta deve ser de acordo com a letra seca da lei; contudo, no caso de já existir uma decisão de Tribunal Superior, é isso que prevalecerá.

O Código é dividido em duas partes (parte geral e parte especial), ao passo que a parte especial é dividida em três livros (processo de conhecimento e cumprimento de sentença, execução e recursos). Para facilitar a compreensão do sistema trazido pelo Código, a exposição da disciplina seguirá exatamente a ordem da legislação.

2. PARTE GERAL

2.1. Princípios processuais

O CPC, além de trazer novos princípios processuais, positivou na legislação infraconstitucional diversos princípios que antes eram somente constitucionais.

Os 12 artigos iniciais do Código trazem a **base principiológica** do CPC.

2.1.1. Princípio do acesso à justiça

O acesso à justiça garante que o jurisdicionado, diante de uma lide, poderá buscar a solução via jurisdição, sendo **indevidas quaisquer limitações** à possibilidade de se acionar o Judiciário.

> É previsto na Constituição Federal (CF) **(art. 5º, XXXV:** "a lei não excluirá da apreciação do Poder Judiciário lesão ou ameaça a direito") e no CPC (art. 3º: "não se excluirá da apreciação jurisdicional ameaça ou lesão a direito").

Um exemplo de limitação do acesso à justiça seria a dificuldade da parte pobre arcar com as custas do processo. Para tanto, de modo a garantir o acesso à justiça, há a **previsão da assistência jurídica**.

Houve discussão se a **arbitragem violaria o acesso à justiça**, já que veda a possibilidade de discussão da lide perante o Judiciário. Prevalece a posição de que, diante da opção das partes pela arbitragem, não há violação ao princípio (STF, SE 5.206 AgRg, Tribunal Pleno, j. 12-12-2001, *DJ* 30-4-2004).

2.1.2. Princípio do contraditório

O princípio do contraditório pode ser assim definido: quando uma parte se manifesta, a outra também deve ter a oportunidade de se manifestar no processo.

Trata-se de um binômio: **informação e possibilidade de manifestação**. O primeiro é indispensável; o segundo não necessariamente precisa ocorrer. Assim, não haverá violação ao princípio se a parte, ciente (informada), não se manifestar.

É positivado no art. 5º, LV, da CF, e no CPC.

O art. 9º traz a visão clássica de o juiz não decidir sem ouvir a parte contrária, salvo exceções, como no caso de tutela de urgência (art. 9º, parágrafo único).

Há ainda, no art. 10, a **vedação às decisões surpresa**. Trata-se do contraditório sob outro ângulo: a impossibilidade de o juiz decidir sem que tenha **dado às partes oportunidade de se manifestar**, mesmo que se trate de matéria que possa ser apreciada de ofício. Assim, o binômio passa a ser um trinômio: **informação, possibilidade de manifestação e resposta do Judiciário**. Trata-se do **contraditório efetivo**.

Como exemplo, se o juiz for reconhecer a prescrição, ainda que possa fazer isso de ofício, terá antes de ouvir a parte a respeito desse tema. Se assim não proceder, haverá uma decisão surpresa.

> **Contraditório** e **vedação de decisão surpresa** seriam sinônimos? Sem dúvidas há inter-relação entre ambos os princípios. Mas, como o legislador os tratou em artigos separados, é de se entender que há distinção. E a ideia central da vedação de prolação de decisão surpresa é permitir o contraditório *efetivo*: oportunidade de convencer o magistrado, antes da prolação da decisão.

2.1.3. Princípio da publicidade

O princípio da publicidade prevê que os **atos processuais e a tramitação do processo devem ser públicos**. Está no art. 93, IX, da CF ("todos os julgamentos dos órgãos do Poder Judiciário serão públicos (...)") e no CPC, no art. 11 e no art. 8º.

Porém, **não se trata de um princípio absoluto**, já que há situações em que o processo pode ser sigiloso. E isso é previsto na própria CF, no art. 5º, LX: "a lei só poderá restringir a publicidade dos atos processuais quando a defesa da intimidade ou o interesse social o exigirem".

Assim, em certos casos – como nas discussões envolvendo direito de família –, tendo em vista a defesa da intimidade, o processo não será público para terceiros, em virtude do **segredo de justiça** (CPC, arts. 11 e 189).

2.1.4. Princípio da motivação

Pelo princípio da motivação **toda decisão proferida pelo Poder Judiciário deverá ser fundamentada** pelo magistrado que a profere. É positivado na CF, art. 93, IX ("todos os julgamentos dos órgãos do Poder Judiciário serão públicos, e fundamentadas todas as decisões (...)") e repetido no art. 11 do CPC.

A finalidade é que as partes saibam a razão pela qual seus argumentos foram aceitos ou, principalmente, negados. Inclusive de modo a se ter condições de impugnar a decisão, via recurso. Caso não haja motivação, a decisão será nula.

Merece destaque, no CPC, a forma pela qual a motivação das decisões judiciais é tratada. O art. 489, § 1º, aponta quando não há uma adequada motivação.

2.1.5. Princípio da duração razoável do processo

O princípio da duração razoável do processo está na CF (art. 5º, LXXVIII: "a todos, no âmbito judicial e administrativo, são assegurados a **razoável duração do processo** e os meios que garantam a celeridade de sua tramitação") e no CPC. O art. 4º faz também **menção específica à satisfação da parte**, o que demonstra que o princípio **não se restringe apenas à fase de conhecimento**, mas também ao cumprimento de sentença e execução.

Em alguns casos, busca o legislador que haja o julgamento do processo de forma mais rápida para determinados litigantes, considerando uma situação de **dificuldade ou hipossuficiência para tais partes**. Para tanto, o Código prevê a **prioridade de tramitação** (CPC, art. 1.048) dos procedimentos judiciais:

- em que figure como parte ou interessado pessoa **idosa** (acima de 60 anos), e há **prioridade especial** para o **"superidoso"**, ou seja, a pessoa acima de 80 anos (Estatuto do Idoso, art. 71, § 5º);
- pessoa **portadora de doença grave** (conforme art. 6º, XIV, da Lei n. 7.713/88);
- demandas cíveis envolvendo **criança e adolescente** reguladas pelo ECA (Lei n. 8.069/90);
- em que figure como parte a vítima de **violência doméstica e familiar**, em ações cíveis fundadas na Lei Maria da Penha (**inovação da Lei n. 13.894/2019**).
- em que se discuta questões relativas à **licitação** e contratação pública (inclusão pela Lei n. 14.133/2021).

2.1.6. Princípio da inércia

O princípio da inércia determina que, para a atuação do Judiciário, há necessidade de **provocação pela parte interessada**. O princípio está previsto no art. 2º do CPC e tem por objetivo garantir a imparcialidade do juiz. Mas o mesmo artigo preceitua que, uma vez retirado o Judiciário da inércia, aí o processo tramita por **impulso oficial**.

Apesar de a regra ser o Judiciário inerte, existem algumas exceções no sistema, em que a própria legislação afirma que o **juiz poderá agir de ofício**. Por exemplo, ao apreciar matérias de ordem pública, como vícios processuais, pode o juiz agir de ofício (CPC, art. 485, § 3º).

2.1.7. Princípio da cooperação

O art. 6º do CPC prevê o princípio da cooperação, destacando que **todos os sujeitos do processo devem cooperar entre si** "para que se obtenha, em tempo razoável, decisão de mérito justa e efetiva".

Como exemplos, do ponto de vista das **partes**, a possibilidade de perícia consensual. Do ponto de vista do **juiz**, o dever de o magistrado indicar qual ponto da inicial deve ser emendado (CPC, art. 321). Do ponto de vista das **partes e do juiz**, de saneamento compartilhado, em que as partes apontam, em conjunto com o juiz, quais são os pontos controvertidos (CPC, art. 357, § 3º).

> Há debate doutrinário a respeito do efetivo alcance do princípio da cooperação. É certo que cooperar não pode significar que um advogado tenha de abrir mão da estratégia de atuar em prol de seu cliente. Nem que o juiz tenha de ajudar uma das partes, ainda que seja hipossuficiente.

2.1.8. Princípio da proibição de provas ilícitas

O princípio da proibição da prova ilícita aponta que "são inadmissíveis, no processo, as provas obtidas por meios ilícitos" (CF, art. 5º, LVI). O que se busca **proteger é a intimidade das pessoas** (também protegida na CF, art. 5º, X).

Se uma prova ilícita for levada ao processo, esta não deverá ser considerada pelo magistrado no momento do julgamento.

2.1.9. Princípio do devido processo legal

Este é chamado princípio-síntese, do qual outros decorrem. É previsto na CF, art. 5º, LIV: "ninguém será privado (...) de seus bens sem o devido processo legal".

O princípio se aplica a diversas situações e indica as condições mínimas para o trâmite do processo, ou seja, o **trâmite do processo deve seguir uma forma prevista em lei** (regras previamente estabelecidas).

2.1.10. Princípio da ampla defesa

O princípio da ampla defesa é a garantia de qualquer réu de ter **plenas condições de apresentar seus argumentos de defesa**. É positivado no art. 5º, LV, da CF: "aos litigantes (...) são assegurados o contraditório e ampla defesa, com os meios e recursos a ela inerentes".

Porém, a ampla defesa não significa que tudo aquilo que o réu pretende alegar ou provar deve ser levado em consideração. O juiz deve analisar a pertinência e a conveniência das provas e das alegações.

2.1.11. Princípio do juiz natural

O princípio do juiz natural preceitua que o **órgão julgador competente para determinada causa deve existir e ser conhecido antes de ocorrido o fato a ser julgado**.

É previsto na CF: "art. 5º, XXXVII – não haverá juízo ou tribunal de exceção" e "art. 5º, LIII – ninguém será processado nem sentenciado senão pela autoridade competente".

O juiz natural é o juiz competente previsto em lei (Constituição e Códigos) para julgar a lide em abstrato, antes mesmo de sua ocorrência.

O objetivo do princípio é **garantir a imparcialidade do julgador**, a qual é usualmente deixada de lado quando se cria um tribunal para determinado ato, após a sua ocorrência.

2.1.12. Julgamento em ordem cronológica

Finalizando a parte inicial do CPC, há a previsão de **julgamento das demandas em ordem cronológica de conclusão** (art. 12). Este é um dos dispositivos já alterados no Código (Lei n. 13.256/2016).

O que se tem hoje é o seguinte: "Art. 12. Os juízes e os tribunais atenderão, **preferencialmente**, à ordem cronológica de conclusão para proferir sentença ou acórdão".

Tem-se, portanto, uma mera sugestão ao magistrado (atenderão, *preferencialmente*).

Pelo Código, em cada uma das varas de juízes ou gabinetes de desembargadores ou de ministros, deverá ser elaborada uma **lista com a ordem dos processos que estão conclusos** para decisão final (CPC, art. 12, § 1º). Essa lista deverá estar disponível não só na vara ou gabinete, mas também na internet. Do ponto de vista prático, poucas são as varas e tribunais que adotam essa lista.

Além disso, vale destacar que o próprio CPC traz diversas **exceções à ordem cronológica** (há 9 incisos no art. 12, § 2º, dentre os quais homologação de acordo e julgamento de causas massificadas). Contudo, como o julgamento em ordem cronológica é opcional, esses incisos acabam tendo pouca relevância prática (e, também, com baixa incidência nas provas da OAB).

2.2. Jurisdição e competência

2.2.1. Jurisdição

A jurisdição, de forma ampla, é o poder estatal de **decidir um caso concreto**.

Apesar de a jurisdição ser una e indivisível como função estatal, existem algumas classificações.

Por questões de conveniência e melhor divisão do trabalho, não é todo juiz do Brasil que julgará toda e qualquer causa.

Desta forma, há uma **especialização conforme a matéria debatida em juízo**. No atual sistema constitucional brasileiro, a divisão existente é a seguinte:

Justiça especializada	Eleitoral (CF, art. 118)
	Trabalhista (CF, art. 111)
	Penal Militar (CF, art. 122)
Justiça comum	Federal (CF, art. 109, I)
	Estadual (CF, art. 125)

> Para compreender as regras de competência no sistema processual brasileiro, necessário conhecer como a Constituição regula o Poder Judiciário. Assim, nesse ponto, conferir a configuração do Judiciário em Direito Constitucional.

A partir da **natureza da lide debatida**, deve-se analisar se a questão é da competência de uma das três Justiças Especializadas (Eleitoral, Trabalhista ou Penal Militar). Se não for, conclui-se se tratar de causa de competência da Justiça Comum (Federal ou Estadual).

Na Justiça Comum, deve-se analisar se algum **ente federal é parte do processo** (CF, art. 109, I: União, autarquias ou empresas públicas federais): se for, a competência será da Justiça Federal; se não for, a competência será da Justiça Estadual.

Há uma exceção que merece destaque: quando se tratar de ação contra o INSS (ou seja, para fins previdenciários) que se referir a benefícios de natureza pecuniária e não houver vara federal na cidade, será possível o **ajuizamento da ação na Justiça Estadual (competência delegada da Justiça Estadual**, conforme art. 109, §§ 3º e 4º, da CF). Contudo, por força da Lei n. 13.876/2019 (que alterou o art. 15 da Lei n. 5.010/66), isso somente ocorrerá quando **a Comarca de domicílio do segurado estiver localizada a mais de 70 km do município sede de vara Federal**.

2.2.2. Competência

Competência é a **medida ou parcela da jurisdição.** Assim, apesar de todo juiz ser investido na jurisdição, cada magistrado tem uma parcela da jurisdição, para julgar determinadas causas – que é, exatamente, a competência.

> Assim, tem-se que a **jurisdição** é o poder de dizer (aplicar) o direito a uma lide, ao passo que a **competência** é a divisão desse poder, entre diversos juízos.

Existem diversos critérios para a classificação da competência.

Em relação ao **juiz brasileiro ou juiz estrangeiro**, há **competência concorrente** quando o juiz brasileiro e o juiz de outro país podem tratar da matéria (CPC, arts. 21 e 22). Isso ocorre nas seguintes situações: (i) réu, qualquer que seja a sua nacionalidade, domiciliado no Brasil; (ii) obrigação tiver de ser cumprida no Brasil; (iii) o fundamento da demanda seja fato ocorrido ou de ato praticado no Brasil; (iv) ação de alimentos, se o autor for domiciliado ou residente no Brasil ou se o réu tiver algum vínculo no Brasil (bens, renda ou benefícios econômicos); (v) ação envolvendo relação de consumo, e o consumidor for domiciliado ou residente no Brasil; e (vi) ação em que as partes se submetem à jurisdição nacional (ou seja, quando há o processo no Brasil e não há impugnação pelo réu, ainda que não se esteja diante de uma das hipóteses anteriores).

Nestes casos, a decisão estrangeira, para ser executada no Brasil, deve inicialmente passar pelo procedimento de **homologação de decisão estrangeira** (CPC, arts. 960 e s.), procedimento de competência exclusiva do STJ (CPC, art. 960, § 2º, e CF, art. 105, I, *i*).

> É certo que, ao se referir a uma decisão proferida por juiz estrangeiro, é possível que a pergunta envolva algum aspecto de direito internacional – como, aliás, já ocorreu em exame anterior. Assim, deve-se estar atento para a possibilidade de questões que tratem dos temas em conjunto.

Além disso, fala-se em **competência exclusiva** quando somente o juiz brasileiro pode tratar da matéria (CPC, art. 23). Verifica-se nas seguintes hipóteses: (i) ações relativas a imóveis situados no Brasil; (ii) ações relativas à sucessão hereditária, para proceder à confirmação de testamento particular e ao inventário e à partilha de bens situados no Brasil, ainda que o autor da herança seja de nacionalidade estrangeira ou tenha domicílio fora do território nacional. Nesses casos, sempre terá de existir um processo perante um juiz brasileiro; e (iii) em divórcio, separação judicial ou dissolução de união estável, para proceder à partilha de bens situados no Brasil, ainda que o titular seja de nacionalidade estrangeira ou tenha domicílio fora do território nacional. Nesses casos, tal qual no anterior, sempre terá de existir um processo perante um juiz brasileiro.

2.2.2.1. Tipos e espécies de competência

Os dois tipos são a **competência absoluta**, fundada em interesse público, que não pode ser alterada por vontade das partes, e a **competência relativa**, fundada no interesse das partes, e que pode ser alterada se estas assim quiserem.

Como espécies da competência absoluta há:

(i) competência em **razão da matéria:** Justiça Federal, Estadual ou Trabalhista. Vara Cível, Criminal ou Família.

(ii) competência em **razão da pessoa:** o fato de ente federal participar do processo influencia na fixação da competência (União, empresa pública federal, autarquia federal, fundação federal e ainda conselhos de fiscalização profissional, como a OAB).

(iii) competência em **razão da função** ou **competência hierárquica:** competência originária em 1º grau (regra) ou em grau superior.

No caso das três espécies de competência absoluta, ainda que haja contrato entre as partes escolhendo que a lide seja solucionada por outro órgão judiciário, isso não será aceito pelo juiz (exatamente porque se trata da competência absoluta, em que não há liberdade das partes para alterá-la).

Como espécies da competência relativa há:

(i) competência **territorial:** São Paulo ou Rio de Janeiro.
(ii) competência **em razão do valor:** Juizado Especial ou Vara tradicional.

Nestes casos, diferentemente do que se expôs em relação à competência absoluta, é possível se falar em **foro de eleição:** podem as partes optar, em contrato, por um órgão judiciário situado em comarca distinta daquela prevista em lei como a territorialmente competente. Exatamente porque esta competência se funda no interesse das partes.

Das espécies acima indicadas, as mais debatidas em exames de ordem são a competência absoluta em razão da matéria e da pessoa e a competência relativa territorial.

> Portanto, a **competência absoluta**, fundada em razões de ordem pública, é dividida em razão da matéria, pessoa e hierarquia ou função. Já a **competência relativa**, fundada no interesse das partes, é dividida em razão do território e do valor.

Conforme o tipo de competência (absoluta ou relativa), há distinções em relação às consequências para o processo. E isso é importante especialmente em relação às **situações de incompetência**.

No quadro a seguir, verificam-se as distinções entre os tipos de competência (absoluta e relativa) em relação a três situações: (i) se o juiz pode se reconhecer como incompetente de ofício, (ii) como a parte pode alegar a incompetência e (iii) caso a parte não alegue a incompetência no momento esperado, qual a consequência para o processo.

Tipo de competência/ Distinções	Conhecimento de ofício pelo juiz (ou a parte precisa provocar?)	Forma de arguição pelo réu	Consequências da não arguição
Absoluta	Sim, de ofício (CPC, art. 64, § 1º)	Preliminar de contestação (CPC, art. 64)	Pode ser alegada/conhecida a qualquer tempo e grau de jurisdição (CPC, art. 64, § 1º) Após coisa julgada, cabe rescisória (CPC, art. 966, II)
Relativa	Não, a parte precisa provocar* (CPC, art. 65)	Preliminar de contestação (CPC, art. 64)	Prorrogação da competência (CPC, art. 65)

Em relação ao **conhecimento de ofício da incompetência relativa** pelo juiz (assinalado com * no quadro acima), há uma **exceção** (CPC, art. 63, § 3º). Tratando-se de situação em que há eleição de foro, com cláusula abusiva, poderá o juiz de ofício declarar que a cláusula é ineficaz, remetendo os autos ao juízo do foro do domicílio do réu. Como exemplo (mas não a única situação), em relação de consumo, cláusula de eleição de foro em prejuízo do consumidor.

> Como pode se perceber do quadro acima, uma importante modificação em relação ao sistema anterior se refere à forma de impugnar a incompetência: seja qual for o tipo de incompetência, ela deve ser alegada via **preliminar de contestação**, não mais existindo a figura da exceção de incompetência relativa.

2.2.2.2. Critérios para fixação da competência territorial

No tocante à competência territorial, existem **duas regras gerais:**

(i) na hipótese de **direito pessoal** ou **direito real sobre móveis**, a competência para o julgamento da causa será o foro do domicílio do réu (CPC, art. 46).

(ii) tratando-se de **direito real sobre imóveis**, competente para julgar a lide será o foro do local da coisa (CPC, art. 47).

Ademais, além destas duas regras gerais, existem diversas **exceções**.

No CPC, o tema é tratado nos arts. 48 e 53:

- no **inventário, partilha, arrecadação, cumprimento de disposições de última vontade ou impugnação de partilha extrajudicial:** foro do último domicílio do falecido – mesmo foro competente para todas as ações em que o espólio for réu (CPC, art. 48);
- quando o **réu for incapaz:** foro do domicílio de seu representante ou assistente (CPC, art. 50);
- no **divórcio (e ações correlatas):** a) foro do domicílio do guardião do filho incapaz (ou seja, do domicílio de quem tiver a guarda do inca-

paz); b) se não houver filho incapaz, do último domicílio do casal; c) se nenhum dos cônjuges morar no antigo domicílio do casal, no domicílio do réu (CPC, art. 53, I). Assim, **não** existe mais a previsão de que o divórcio será no domicílio da mulher;

- no caso de ações cíveis decorrentes de **violência doméstica e familiar**, o domicílio da vítima, com base em demandas ligadas à Lei n. 11.340/2006, a "Lei Maria da Penha" (CPC, art. 53, I, *d*, **inserido pela Lei n. 13.894/2019**);
- na **ação de alimentos:** foro do domicílio de quem pleiteia alimentos (CPC, art. 53, II);
- na ação envolvendo **estatuto do idoso** (Lei n. 10.741/2003), na residência do idoso (CPC, art. 53, III, *e*);
- nas ações de **reparação de danos**, no lugar do ato ou fato (CPC, art. 53, IV, *a*);
- nas indenizações decorrentes de **acidente de veículo (inclusive aeronave) ou dano decorrente de delito:** foro do local do fato ou do domicílio do autor (CPC, art. 53, V);
- nas lides envolvendo **relações de consumo:** foro do domicílio do consumidor (CDC, art. 101, I);
- nas **ações de despejo**, se não houver foro de eleição: foro do local do imóvel (Lei n. 8.245/91, art. 58, II).

2.2.2.3. Alterações da competência

Em regra, tem-se a *perpetuatio jurisdictionis*, ou seja, a **competência é fixada no momento do registro ou distribuição da inicial**, sendo irrelevantes as posteriores alterações que porventura ocorram (CPC, art. 43). Contudo, por questões de celeridade e conveniência, algumas vezes é possível que haja a modificação da competência.

> Porém, o próprio art. 43 do CPC, que prevê a *perpetuatio*, traz exceções: haverá a redistribuição se (i) houver supressão do órgão judiciário perante o qual tramitava a causa ou (ii) houver alteração da competência absoluta (matéria, pessoa ou hierarquia/função).

Por sua vez, a competência pode ser alterada se houver **conexão** (duas ou mais demandas que têm a mesma causa de pedir ou o pedido – CPC, art. 55) ou **continência** (duas ou mais demandas em que há identidade de partes e de causa de pedir, mas o pedido de uma é mais amplo que o das demais – CPC, art. 56).

A consequência da conexão é a **reunião dos processos**, para que haja julgamento conjunto. Porém, **só haverá a reunião** de processos se ambos estiverem no mesmo grau de jurisdição (CPC, art. 55, § 1º).

O CPC traz situações concretas em que há conexão (**conexão legal** – CPC, art. 55, § 2º): (i) execução de título executivo extrajudicial e processo de conhecimento relativo à mesma dívida e (ii) execuções fundadas no mesmo título executivo.

Prevê também o Código a possibilidade de **reunião de processos semelhantes**, mesmo que não haja conexão (CPC, art. 55, § 3º).

Como **consequência da continência** (CPC, art. 57), pode haver (i) a reunião dos processos ou (ii) a extinção de um deles.

Se a situação de conexão ou continência determinar a reunião das demandas, a **prevenção** é que determinará qual o juízo responsável pelo julgamento de ambas as demandas, ou seja, o **juiz que primeiro tiver tido contato com a lide**, pela distribuição ou registro (CPC, art. 59).

Utiliza-se o **conflito de competência** se um ou mais juízes entenderem que são competentes ou incompetentes para julgar a mesma causa (CPC, art. 66). O conflito será usado se houver dúvida entre dois ou mais juízes a respeito de quem deverá julgar a causa (por força de conexão, continência, prevenção, acessoriedade).

O conflito pode ser suscitado pelo juiz, MP ou pelas partes (CPC, art. 951), e será **negativo** (os dois juízes entendem que são incompetentes para julgar a causa) ou **positivo** (os dois juízes entendem que são competentes para julgar a causa).

2.3. Dos sujeitos do processo

2.3.1. Partes e capacidades

Para que se saiba quem pode figurar como parte no âmbito do Poder Judiciário, é necessário que se conheça as diversas capacidades existentes:

a) **capacidade de ser parte:** pode ser parte em um processo judicial quem tem a possibilidade de ser titular de direitos – assim, trata-se de conceito ligado à personalidade jurídica (CC, art. 1º).

Apesar disso, para resolver questões de ordem prática, a legislação processual por vezes concede capacidade de ser parte a entes despersonalizados. É, por exemplo, o caso do espólio, que é representado pelo inventariante (cf. CPC, art. 75, V, VI, VII e XI).

Como se percebe, ou há ou não há capacidade de ser parte, não sendo possível falar em correção dos polos da relação processual no caso de incapacidade de ser parte – o processo será extinto.

b) **capacidade processual (*legitimatio ad processum*):** é a capacidade de figurar no processo judicial por si mesmo, sem o auxílio de outrem.

A regra do CPC (art. 71) é que os absolutamente incapazes (CC, art. 3º) devem ser representados, ao passo que os relativamente incapazes (CC, art. 4º) devem ser assistidos.

> Para que se saiba corretamente como funcionam as capacidades no âmbito processual, fundamental compreender as regras de (in)capacidade previstas na legislação civil, especialmente após as alterações decorrentes do Estatuto da Pessoa com Deficiência (Lei n. 13.146/2015), tema tratado em Direito Civil.

Por sua vez, há algumas pessoas que, apesar de não serem incapazes à luz da legislação civil, têm restrições em sua capacidade processual. É a hipótese dos **litigantes casados**. Em regra, não há qualquer distinção entre solteiros e casados. A exceção envolve as **ações reais imobiliárias**, salvo no caso do regime de separação total de bens (CPC, art. 73). Neste caso, ou há litisconsórcio ou há autorização do cônjuge para se ingressar em juízo – via outorga uxória (prestada pela esposa ao marido) ou outorga marital (prestada pelo marido à esposa).

c) **capacidade postulatória:** é a capacidade plena de representar as partes em juízo; a capacidade de falar, de postular perante os órgãos do Poder Judiciário. Em regra, o advogado é o titular da capacidade postulatória (CPC, art. 103).

> É certo que, neste ponto, há grande contato entre o Direito Processual e a Ética Profissional, no tocante à atuação do advogado em juízo – e também em relação à outorga e revogação do mandato (tema tratado mais adiante). Historicamente o tema é perguntado tanto em Processo Civil quanto em Ética.

Porém, há casos em que a lei concede capacidade postulatória à própria parte – mas isso não impede a postulação por meio de um advogado. As situações são as seguintes:

- Juizados Especiais Cíveis, nas causas de até 20 salários mínimos (Lei n. 9.099/95, art. 9º) – e, também, Juizado Especial Federal e Juizado da Fazenda Pública Estadual, nos quais não há menção à limitação da atuação da parte com base no valor da causa (para mais informações acerca dos Juizados, *vide* item 5.2.12);
- ação de alimentos (Lei n. 5.478/68, art. 2º);
- *habeas corpus*;
- reclamações trabalhistas (CLT, art. 791).

Existindo **vício de capacidade que possa ser sanado**, inicialmente o juiz deverá determinar a correção da falha (CPC, art. 76, *caput*).

> Assim, há três capacidades que não podem ser confundidas: (i) capacidade de ser parte, que é a capacidade de alguém ser parte em processo judicial; (ii) capacidade processual, que é a capacidade de alguém figurar, por si só, como autor ou réu em processo judicial; e (iii) capacidade postulatória, que é a capacidade de pleitear perante o Poder Judiciário.

Em regra, o advogado somente irá atuar após receber os poderes do cliente, ou seja, após a procuração ser outorgada. Porém, é **direito do advogado consultar qualquer processo** (salvo casos de segredo de justiça), em qualquer órgão do Judiciário, **mesmo sem ter procuração** (CPC, art. 107, I), no qual houve alteração legislativa para deixar claro que esse direito também se refere aos processos eletrônicos (CPC, art. 107, § 5º, com a redação da **Lei n. 13.793/2019**).

2.3.2. Sucessão processual

Dá-se o nome sucessão processual à **alteração das partes em um processo judicial** (CPC, art. 108).

Um exemplo de sucessão processual é a hipótese de falecimento de uma das partes (CPC, art. 110) quando – após a suspensão do processo (CPC, art. 313, I) – o sucessor ingressará nos autos para assumir a posição processual do falecido. Isso ocorrerá mediante um procedimento especial denominado habilitação (CPC, art. 687).

Outro exemplo em que pode ocorrer a sucessão é a alienação de objeto litigioso. Neste caso, quem adquire o bem poderá ingressar no processo no lugar da parte que alienou o bem – desde que haja consentimento da parte contrária (CPC, art. 109, § 1º). Se não houver o consentimento, o adquirente poderá intervir no processo como assistente litisconsorcial do alienante (CPC, art. 109, § 2º).

> A **sucessão processual**, que é a modificação das partes em um processo judicial (como no caso de óbito de uma das partes), não deve ser confundida com a **substituição processual**, que importa em pleitear direito alheio em nome próprio (CPC, art. 18).

2.3.3. Procuração

O contrato que regula a relação entre cliente e advogado é o **mandato**. A **procuração** é o instrumento do mandato e prova que a parte é representada pelo advogado.

Em regra, ao apresentar qualquer manifestação, o advogado junta ao processo a procuração. Contudo, em **situações de urgência**, é possível que o advogado pleiteie alguma providência jurisdicional sem a apresentação da procuração, requerendo prazo para tanto – de 15 dias, prorrogáveis por mais 15 dias (CPC, art. 104).

Determina o CPC que na procuração conste o nome, número de inscrição e endereço da sociedade de advogados (CPC, art. 105, § 3º). Além disso, a procuração, salvo previsão em sentido contrário constante do próprio instrumento, é eficaz por toda a tramitação do processo, inclusive o cumprimento de sentença (CPC, art. 105, § 4º).

A legislação civil prevê o **término do mandato** nas seguintes hipóteses (CC, art. 682): **(i)** renúncia ou revogação; **(ii)** morte ou interdição das partes (seja cliente ou advogado); **(iii)** mudança de estado que inabilite o mandante a conferir poderes (como uma alteração societária que altere quem, na empresa, possa outorgar mandato) ou o mandatário para exercê-los (perda da capacidade postulatória pelo advogado, que pode ocorrer por força de uma suspensão perante a OAB, dentre outras razões); e **(iv)** pelo término do prazo ou pela conclusão do negócio.

A **renúncia** é o ato pelo qual o advogado deixa de representar o cliente. Pode o advogado "renunciar ao mandato a qualquer tempo, provando (...) que comunicou a renúncia ao mandante, a fim de que este nomeie substituto" (CPC, art. 112), ou seja, se não houver a comprovação no processo de que houve a ciência ao cliente, a renúncia não será válida. Mas, mesmo que comprovada a ciência da renúncia, o advogado continuará a representar o mandante nos autos por 10 dias, de modo a não lhe causar prejuízo (CPC, art. 112, § 1º). Porém, se houver mais de um advogado com poderes e só houver a renúncia de um dos advogados, não há necessidade processual de comunicar a renúncia.

Por outro lado, a **revogação** é o ato pelo qual o cliente desconstitui o advogado da sua função de mandatário. Pela lei processual, a parte que revoga o mandato deve, no mesmo ato, constituir novo advogado (CPC, art. 111). Contudo, à luz da ética profissional, o novo mandatário deve dar ciência ao anterior de que está assumindo a causa.

Havendo **morte do advogado**, sua **interdição** ou a **perda de sua capacidade postulatória**, haverá um defeito de representação, já que o cliente não terá quem o represente dotado de capacidade postulatória. Nesse caso, o processo será suspenso (CPC, art. 313, I) e o juiz concederá prazo de 15 dias para que seja nomeado novo advogado pelo cliente, sob pena de extinção (se a morte envolver o patrono do autor) ou revelia (se em relação ao advogado do réu). É o que prevê o CPC, art. 313, § 3º.

2.3.4. Honorários sucumbenciais

> Quando o advogado atua, em regra existem dois tipos de honorários que ele pode receber: (i) **honorários contratuais**, que são aqueles definidos entre cliente e advogado, com ampla liberdade de contratação (observados os limites mínimos da tabela de honorários da OAB) e (ii) **honorários sucumbenciais**, que decorrem da perda no processo judicial (sucumbência) e são pagos ao patrono da parte contrária. É destes últimos que trata o Código.

O **ônus da sucumbência** é a condenação ao pagamento das despesas (custas processuais, honorários periciais entre outras). Os honorários são especificamente previstos no art. 85 e s. do CPC.

O CPC traz diversas regras quanto aos honorários (o art. 85 é o que mais tem parágrafos no CPC: são mais de 20, e a reforma legislativa de 2022 inseriu mais parágrafos).

São devidos **honorários não só na ação principal**, mas também (CPC, art. 85, § 1º):

- na reconvenção;
- no cumprimento de sentença, provisório ou definitivo;
- na execução, resistida ou não, e
- nos recursos, cumulativamente ao fixado em 1º grau.

Os honorários serão fixados, em 1º grau, entre 10 e 20%. A **base de cálculo** será (i) o valor da condenação ou (ii) do proveito econômico ou (iii) do valor atualizado da causa (art. 85, § 2º). Esse critério se aplica mesmo ao caso de improcedência de pedido. Se o valor da causa for muito baixo ou o proveito econômico irrisório, o juiz fixará os honorários de forma equitativa (CPC, art. 85, § 8º) – ou seja, fixará os honorários em quantia superior, considerando as especificidades do caso concreto.

Lei n. 14.365/2022, que modificou a parte dos honorários. De acordo com a nova redação do art. 85, § 6º-A, é proibida a apreciação equitativa (ou seja, fixação sem ter como base um critério objetivo, mas sim o entendimento do juiz) de honorários advocatícios quanto ao valor da condenação, do proveito econômico ou do valor da causa for líquido ou liquidável, salvo nas hipóteses previstas do § 8º do art. 85.

Essa alteração está em linha com o entendimento firmado pelo STJ no âmbito do tema repetitivo 1.076: a fixação dos honorários por apreciação equitativa não é permitida quando os valores da condenação, da causa ou o proveito econômico da demanda forem elevados. Isso significa dizer que, se uma causa tiver o valor de R$ 1 milhão e for julgada improcedente ou extinta sem mérito, deve haver a fixação dos honorários em no mínimo 10% (e não em quantia inferior, como muitos juízes faziam).

Para a hipótese de fixação equitativa dos honorários sucumbenciais, o § 8º-A do art. 85 estabelece que o magistrado deverá observar os valores recomendados pelo Conselho Seccional da Ordem dos Advogados do Brasil ou o limite mínimo de 10% previsto no § 2º, aplicando o que for maior.

Nas causas em que a **Fazenda Pública for parte**, a fixação dos honorários observará critérios legais e percentuais de modo escalonado, entre 10% e 20% até 1% e 3%. Quanto maior a base de cálculo, menor o percentual.

O CPC inovou ao prever a **fixação de honorários em grau recursal**. O tribunal, ao julgar o recurso, majorará os honorários fixados anteriormente, levando em conta o trabalho adicional realizado em grau recursal. Assim, se em primeiro grau foi fixado o montante de 10% da condenação a título de honorários, o tribunal poderá fixar mais 5% quando do julgamento do recurso. Contudo, será vedado, no cômputo geral da fixação de honorários devidos ao advogado do vencedor, ultrapassar os limites estabelecidos para a fase de conhecimento, ou seja, o teto de 20%, quando esse for o critério a ser aplicado (art. 85, § 11).

A lei é omissa em apontar **quais recursos admitirão a sucumbência recursal**. É, sem dúvidas, cabível na maior parte dos recursos, como a apelação, o recurso especial e o recurso extraordinário. Contudo, há algumas dúvidas que precisam ser solucionadas pela jurisprudência.

Em síntese, no momento a situação é a seguinte:

- o STJ vem dizendo que NÃO cabe sucumbência recursal em (i) embargos de declaração, (ii) agravo interno e (iii) recurso em que na origem não houve fixação de honorários (EDcl no AgInt no REsp 1.573.573/RJ).

Os honorários fixados em grau recursal são **cumuláveis com multas e outras sanções processuais** (§ 12).

O CPC reafirma que os honorários constituem **direito do advogado e têm natureza alimentar**, sendo titulares dos mesmos privilégios de créditos oriundos da legislação trabalhista (art. 85, § 14).

O § 14 do art. 85 do CPC **veda a compensação dos honorários** advocatícios em caso de sucumbência parcial, promovendo a *superação* da Súmula 306 do STJ: Os honorários advocatícios devem ser compensados quando houver sucumbência recíproca, assegurado o direito autônomo do advogado à execução do saldo sem excluir a legitimidade da própria parte.

Se a decisão transitada em julgado for omissa quanto ao direito aos honorários ou seu valor, será cabível **ação autônoma para sua definição** e cobrança (art. 85, § 18); a previsão gera a *superação* da parte final da Súmula 453 do STJ: Os honorários sucumbenciais, quando omitidos em decisão transitada em julgado, não podem ser cobrados em execução ou em ação própria.

Atenção! Vale frisar que as Súmulas 306 e 453 ainda **não foram canceladas** pelo STJ, mas não são mais aplicadas.

Advogados públicos perceberão honorários sucumbenciais nos termos da lei (art. 85, § 19).

No caso de **sucumbência mínima**, a responsabilidade pela sucumbência será na íntegra do outro litigante (art. 86, parágrafo único).

Se houver **litisconsórcio**, haverá o pagamento dos honorários pelos vencidos, devendo a sentença distribuir expressamente quanto cada parte arcará. Contudo, se a sentença for omissa – e não houver embargos de declaração quanto ao ponto – então haverá solidariedade entre todos os vencidos (CPC, § 2º do art. 87).

2.3.5. Justiça gratuita

O CPC regula a **concessão e revogação da gratuidade de justiça**, que é a isenção de custas e despesas para os que têm insuficiência de recursos.

> Por **assistência judiciária** entende-se a prestação de serviços jurídicos ao hipossuficiente (o que, em regra, é realizado pela Defensoria Pública), ao passo que a **justiça gratuita** é o não pagamento dos custos do processo com despesas.

Nada impede que uma parte que contrata **advogado particular** pleiteie e receba a gratuidade de justiça (CPC, art. 99, § 3º).

O CPC afirma que a gratuidade de justiça engloba não só as taxas e custas, mas também (i) honorários do perito, (ii) exame de DNA e outros exames necessários no caso concreto, (iii) depósito para interposição de recurso ou propositura de ação rescisória e (iv) valores devidos a cartórios extrajudiciais em decorrência de registros ou averbações necessários à efetivação da decisão judicial (art. 98, § 1º).

Contudo, não estão incluídas na gratuidade eventuais multas processuais impostas ao beneficiário da justiça gratuita (art. 98, § 4º).

Se o beneficiário da justiça gratuita **não tiver êxito na causa** (seja figurando do lado ativo ou passivo da demanda), deverá ser condenado a arcar com os honorários advocatícios da parte contrária (art. 98, § 2º). Mas somente será possível executar os honorários se, no prazo de 5 anos, o credor demonstrar que o beneficiário está com condições financeiras aptas a responder pelo débito (art. 98, § 3º).

A gratuidade de justiça é **direito da parte**, seja pessoa física ou jurídica (art. 98). Porém, só a pessoa física tem presunção na afirmação da hipossuficiência econômica (art. 99, § 3º), devendo a pessoa jurídica provar sua situação econômica – exatamente como previsto na Súmula 481 do STJ, editada à luz do Código anterior:

> Faz jus ao benefício da justiça gratuita a pessoa jurídica com ou sem fins lucrativos que demonstrar sua impossibilidade de arcar com os encargos processuais.

A justiça gratuita pode ser **requerida a qualquer momento** (CPC, art. 99): (i) na petição inicial; (ii) na contestação; (iii) na petição de ingresso de terceiro e (iv) no recurso. Quer dizer, cabe pleitear a gratuidade em qualquer momento do processo – mesmo durante a tramitação da causa em primeiro grau, após a inicial e antes do recurso.

Se o requerimento de gratuidade for formulado quando da interposição do recurso, o recorrente não terá de recolher o preparo – não sendo possível se falar em deserção até eventual decisão do relator que indeferir e determinar o recolhimento das custas (CPC, art. 99, § 7º).

Quanto ao **critério para a concessão da gratuidade**, a lei não traz critérios objetivos, tratando-se de decisão que ficará a cargo do magistrado, conforme o caso concreto. O CPC apenas traz o direito à gratuidade no caso de "insuficiência de recursos para pagar as custas, despesas processuais e honorários advocatícios" (CPC, art. 98).

Não é possível ao juiz indeferir de plano a gratuidade (CPC, art. 99, § 2º). Se o magistrado não estiver convencido da presença dos requisitos, deverá determinar que a **parte comprove** sua situação de hipossuficiência econômica.

Prevê o CPC a concessão de **justiça gratuita parcial**, que pode se configurar de duas formas distintas: (i) reconhecimento da gratuidade para alguns dos atos do processo ou apenas a redução de parte das despesas (CPC, art. 98, § 5º) e (ii) parcelamento de despesas, "se for o caso" (CPC, art. 98, § 6º).

Concedida a gratuidade, pode a parte contrária **impugnar a concessão da justiça gratuita**. Assim, deferido o pedido, a parte contrária poderá oferecer impugnação na contestação, na réplica, nas contrarrazões de recurso ou, nos casos de pedido superveniente ou formulado por terceiro, por meio de petição simples, a ser apresentada no prazo de 15 dias (CPC, art. 100).

2.3.6. Juiz

O CPC, em relação aos **poderes do juiz**, prevê que o juiz deve assegurar igualdade de tratamento às partes, velar pela duração razoável do processo, reprimir ato contrário à dignidade da justiça e tentar a autocomposição entre as partes.

Destacam-se as seguintes situações (CPC, art. 139):

(i) possibilidade de (a) dilação dos prazos processuais e (b) alteração da ordem de produção das provas, considerando o caso concreto (a dilação de prazos só pode ser determinada antes de encerrado o prazo regular);

(ii) possibilidade de determinar medidas coercitivas para assegurar o cumprimento de ordem judicial, inclusive nas ações que tenham por objeto prestação pecuniária (ou seja, é possível se cogitar de multa-diária para uma obrigação de pagar);

(iii) possibilidade de o juiz determinar o suprimento de pressupostos processuais e o saneamento de outros vícios processuais;

(iv) quando diante de diversas demandas individuais repetitivas, pode o juiz oficiar o MP, a Defensoria Pública e outros legitimados para que se promova a ação coletiva.

> O inciso IV do art. 139 traz a chamada *atipicidade das medidas executivas*. No Código anterior isso já existia para as obrigações de fazer, sendo que a principal medida coercitiva antes utilizada era a fixação de multa diária (ou *astreintes*).
> No CPC, há uma potencialização das medidas coercitivas e mandamentais que buscam o cumprimento de ordem judicial, sendo cabíveis agora inclusive para as *obrigações de pagar*.
> Já há grande debate, doutrinário e jurisprudencial, a respeito de *até onde* o magistrado pode ir. Algumas decisões determinam (i) suspensão do direito de dirigir e apreensão da carteira de motorista (CNH), (ii) apreensão de passaporte e (iii) determinação de can-

celamento de cartões de crédito. E, igualmente, há decisões cassando tais determinações.

O STJ decidiu que a "adoção de meios executivos atípicos é cabível desde que, verificando-se a existência de (i) indícios de que o devedor possua *patrimônio expropriável*; (ii) tais medidas sejam adotadas de modo *subsidiário*; (iii) por meio de decisão que contenha *fundamentação adequada* às especificidades da hipótese concreta; (iv) com observância do *contraditório substancial* e do *postulado da proporcionalidade*" (REsp n. 1.788.950-MT, Rel. Min. Nancy Andrighi, 3ª T., *DJe* 26-4-2019).

O magistrado deve ser imparcial – bem como seus auxiliares (CPC, art. 148). Assim, há as figuras do impedimento e suspeição.

São hipóteses de **impedimento** do juiz (CPC, art. 144):

I – atuar em processo que antes interveio como mandatário da parte, perito, MP ou prestou depoimento como testemunha;

II – atuar em processo em outro grau de jurisdição, se antes proferiu decisão;

III – atuar em processo no qual estiver postulando (como defensor, advogado ou MP) cônjuge, companheiro ou parente até o terceiro grau;

IV – atuar em processo quando ele próprio, cônjuge ou companheiro, ou parente (consanguíneo ou afim) até o terceiro grau for parte;

V – atuar em processo quando for sócio ou membro da direção de pessoa jurídica que for parte no processo;

VI – atuar em processo quando for herdeiro presuntivo, donatário ou empregador de qualquer das partes;

VII – atuar em processo que for parte instituição de ensino com a qual tenha relação de emprego ou decorrente de contrato de prestação de serviços;

VIII – quando for parte cliente do escritório de advocacia de seu cônjuge, companheiro ou parente, consanguíneo ou afim, em linha reta ou colateral, até o terceiro grau inclusive, mesmo que patrocinado por advogado de outro escritório;

IX – quando o magistrado for autor de demanda contra a parte ou seu advogado.

São hipóteses de **suspeição** do juiz (CPC, art. 145):

I – o magistrado que for amigo íntimo ou inimigo das partes ou de seus advogados;

II – o magistrado que receber presentes de pessoas que tiverem interesse na causa, que aconselhar alguma das partes acerca do objeto da causa ou que subministrar meios para atender às despesas do litígio;

III – quando qualquer das partes for sua credora ou devedora, de seu cônjuge ou companheiro ou de parentes destes, em linha reta até o terceiro grau, inclusive;

IV – se for interessado no julgamento do processo em favor de qualquer das partes.

Cabe, ainda, a suspeição por **motivo de foro íntimo** (CPC, art. 145, § 1º).

A **suspeição** e o **impedimento** são hipóteses de parcialidade do juiz. Enquanto o impedimento tem por base situações objetivas, a suspeição decorre de questões mais subjetivas. No tocante às consequências, apenas o impedimento permite o uso da ação rescisória (CPC, art. 966, II).

2.3.7. Conciliador e mediador

Nos últimos anos há um estímulo no Brasil aos métodos alternativos de solução da lide (**MASCs** – Métodos Alternativos de Solução de Conflitos – ou, na sigla em inglês, **ADRs** – *alternative dispute resolution*), dentre os quais se destacam:

a) **conciliação:** o conciliador busca o consenso entre os litigantes e tem uma postura propositiva, sugerindo soluções para as partes. Tem previsão no CPC.

b) **mediação:** o mediador busca o consenso entre os litigantes e tem uma postura de induzir que as próprias partes encontrem a solução. Após longo período sem regulamentação legal, passou a ser previsto no CPC e, também, na Lei n. 13.140/2015 (diploma aprovado após o CPC, mas com vigência anterior – e que tem alguns conflitos com o Código).

c) **arbitragem:** as partes estabelecem que a decisão da lide será proferida por um árbitro privado, que conheça a matéria em debate, e não por um juiz do Poder Judiciário. Uma vez que haja a opção pela arbitragem, não é possível a utilização da jurisdição. É prevista pela Lei n. 9.307/96, que sofreu importantes reformas com a Lei n. 13.129/2015.

Um ponto comum aos MASCs/ADRs é que não há decisão judicial. Uma forma de **distinguir as três figuras** é a seguinte:

- o mediador é terceiro que busca o acordo entre as partes, mas sem sugerir a solução (CPC, art. 165, § 3º), sendo a mediação destinada a situações em que há prévio contato entre as partes (como questões de família ou vizinhança);

- o conciliador é terceiro que busca o acordo entre as partes, sugerindo a solução (CPC, art. 165, § 2º), sendo a conciliação mais adequada para situações em que não havia prévio contato entre as partes (como nas indenizações, tal qual um acidente de veículo);

- o árbitro é terceiro que decidirá a lide, cuja decisão independerá da vontade das partes em acolhê-la (Lei n. 9.307/96, art. 31).

Os métodos alternativos de solução da lide têm sido muito estimulados. Nesse sentido, o CNJ editou a Resolução n. 125, cuja ementa é a seguinte "Dispõe sobre a Política Judiciária Nacional de tratamento adequado dos conflitos de interesses no âmbito do Poder Judiciário e dá outras providências". E, com o CPC (que prevê uma audiência de conciliação e mediação praticamente obrigatória), a Lei n. 13.140/2015 (Lei da Mediação) e a Lei n. 13.129/2015 (que alterou a Lei de Arbitragem), o panorama é que haverá ainda mais estímulo a esses métodos de solução, inclusive para desafogar a jurisdição que está absolutamente abarrotada.

Vale destacar ainda que, em virtude do uso da tecnologia, começa-se a falar, ao lado de ADR, de **ODR** (*Online Dispute Resolution*), ou seja, **as soluções alternativas realizadas por meio virtual**, com o auxílio da internet. É o que se tem, por exemplo, com o site consumidor.gov, mantido pelo Ministério da Justiça que, por certo, ganhou força com a pandemia.

Por fim, ainda que a nomenclatura consagrada mencione o termo **alternativo** para essa forma de solução de conflitos, há quem prefira falar que esses seriam os métodos **preferenciais**, ao passo que a solução do litígio pela *jurisdição* é que deveria ser considerada *alternativa*.

2.3.8. Ministério Público

O **Ministério Público**, **MP** ou *Parquet* é instituição permanente, essencial à função jurisdicional e destinada à preservação dos valores fundamentais do Estado (defesa da ordem jurídica, regime democrático e interesses sociais – CF, art. 127).

A Constituição Federal (art. 128) divide o MP em MPE (Ministério Público Estadual – atua perante a Justiça Estadual) e MPU (Ministério Público da União). O MPU compreende o MP Federal (atua perante o STF, o STJ e a Justiça Federal) e, também, MP do Trabalho (Justiça do Trabalho), MP Militar (Justiça Militar da União) e MPDFT (Distrito Federal e Territórios).

A atuação do MP em um processo judicial pode se dar de duas formas:

(i) **parte** em que o MP postula como qualquer autor, principalmente no âmbito coletivo, mediante a ação civil pública (defesa do consumidor, meio ambiente, educação, criança, idoso, patrimônio público etc.);

(ii) **fiscal da ordem jurídica** (*custos legis*), em que o MP se manifesta opinando e verificando se o interesse da coletividade em debate está sendo adequadamente analisado pelo Judiciário.

O MP atuará "na defesa da ordem jurídica, do regime democrático e dos interesses e direitos sociais e individuais indisponíveis" (CPC, art. 176) e, especificamente como fiscal da ordem jurídica, manifestar-se-á nas seguintes hipóteses (CPC, art. 178):

I – em demandas que envolvam interesse público ou social (ou seja, basicamente as que envolvam a participação de um ente estatal ou em que a lide interesse à coletividade);

II – em demandas que envolvam interesses de incapazes;

III – em litígios coletivos pela posse de terra rural ou urbana.

Importante destacar que não é em qualquer caso de direito de família que o MP se manifesta, mas somente quando houver incapaz (conforme o inciso II do art. 178 – CPC, art. 698). Porém – **inovação legislativa da Lei n. 13.894/2019** –, deve o MP ser ouvido sempre em ações de família em que figure como parte **vítima de violência doméstica e familiar**, com base em ações cíveis fundadas na "Lei Maria da Penha".

A não manifestação do MP quando ele deveria ter sido ouvido acarreta a nulidade do processo, salvo se o próprio MP aponta que não há prejuízo (CPC, art. 279).

Em relação às **prerrogativas processuais** do MP, há o direito de ser intimado pessoalmente e a existência de prazos em dobro (CPC, art. 180) – salvo se a legislação trouxer prazo específico para o MP (CPC, art. 180, § 2º).

Apesar da existência de prazo diferenciado, se após o decurso do prazo fixado pelo juiz não houver a manifestação do MP quando estiver atuando como fiscal da ordem jurídica, o juiz **determinará o prosseguimento do processo** mesmo sem a manifestação ministerial (CPC, art. 180, § 1º).

2.3.9. Defensoria Pública

A **Defensoria Pública** é instituição destinada para a "orientação jurídica, a promoção dos direitos humanos e a defesa dos direitos individuais e coletivos dos necessitados, em todos os graus, de forma integral e gratuita" (CPC, art. 185 – *vide*, também, CF, art. 134).

Trata-se, assim, da instituição encarregada de prestar assistência jurídica integral e gratuita aos cidadãos financeiramente hipossuficientes.

A Defensoria, para realizar sua função institucional de maneira adequada, goza de vantagens (prerrogativas) processuais, as quais devem ser observadas em qualquer processo e grau de jurisdição.

Dentre as principais **prerrogativas processuais**, destacam-se as seguintes:

(i) intimação pessoal do defensor (CPC, art. 186, § 1º). Pela lei específica da Defensoria, a **intimação pessoal** para o próprio defensor, por entrega dos autos com vista (LC n. 80/94, art. 44, I).

(ii) **prazo em dobro** para manifestação nos processos judiciais (CPC, art. 186, e LC n. 80/94: art. 44, I). Essa regra diz respeito a todos os prazos processuais (cuja inobservância poderia ensejar na preclusão) – inclusive para escritórios de prática de faculdades ou outras entidades que prestem assistência jurídica mediante convênio com a Defensoria (CPC, art. 186, § 2º).

Porém, não se aplica o prazo em dobro às situações de direito material (prescrição e decadência). Também não se aplica a hipóteses em que houver previsão legal expressa de prazo para a Defensoria (CPC, art. 186, § 4º).

Além disso, **a Defensoria é responsável pelo** exercício da **curadoria especial** (CPC, art. 72, parágrafo único, e LC n. 80/94, art. 4º, XVI).

No âmbito do processo civil, o juiz dará curador especial (i) ao incapaz, se não tiver representante legal, ou se os interesses deste colidirem com os daquele, enquanto durar a incapacidade; (ii) ao réu preso, bem como ao revel citado por edital ou com hora certa, enquanto não for constituído advogado (CPC, art. 72). Ressalte-se que, nesses casos, não é necessária a comprovação da incapacidade econômica para que haja a atuação da Defensoria Pública.

2.4. Litisconsórcio e intervenção de terceiros

2.4.1. Litisconsórcio

Entende-se por litisconsórcio a situação em que há **pluralidade de partes** na relação jurídica processual, em qualquer dos polos.

Existem diversas classificações envolvendo o litisconsórcio, sendo que em Exame de Ordem usualmente indagam exatamente a respeito de tais divisões.

a) quanto ao **polo** da relação processual (CPC, art. 113, *caput*):

(i) **litisconsórcio passivo:** aquele em que existem, no mesmo processo, dois ou mais réus;

(ii) **litisconsórcio ativo:** verifica-se quando há, no mesmo processo, dois ou mais autores;

(iii) **litisconsórcio misto** ou **recíproco:** situação na qual, ao mesmo tempo, há mais de um autor e mais de um réu.

b) quanto ao **momento** de formação do litisconsórcio:

(iv) **litisconsórcio originário** ou **inicial:** aquele formado desde o início da demanda, já indicado na petição inicial;

(v) **litisconsórcio superveniente, incidental** ou **ulterior:** o qual é formado em momento posterior ao início da demanda.

c) quanto à **necessidade de existência** do litisconsórcio:

(vi) **litisconsórcio facultativo:** situação na qual há pluralidade de litigantes por opção das partes (ou seja, apesar de existir, o litisconsórcio não é obrigatório para a validade do processo);

(vii) **litisconsórcio necessário:** situação na qual há pluralidade de litigantes porque a lei ou a relação jurídica objeto do litígio assim determinam (ou seja, o litisconsórcio é obrigatório sob pena de extinção do processo sem resolução do mérito);

(viii) **litisconsórcio multitudinário, plúrimo** ou **múltiplo:** situação na qual há grande número de litisconsortes ativos facultativos em um processo judicial. Neste caso, o Código permite que o juiz desmembre o processo, criando vários outros com um número menor de autores (CPC, art. 113, § 1º).

d) quanto à **necessidade de mesma decisão** para os litisconsortes:

(ix) **litisconsórcio comum** ou **simples:** situação na qual a decisão de mérito não necessariamente será a mesma para os litisconsortes;

(x) **litisconsórcio unitário:** situação na qual a decisão de mérito deverá ser a mesma para os litisconsortes, invariavelmente (CPC, art. 116).

> Usualmente, o **litisconsórcio necessário** é unitário e, da mesma forma, em regra o **litisconsórcio facultativo** é comum. Contudo, necessariedade e unitariedade não são sinônimos, e facultatividade e simplicidade também não, de modo que – ainda que não seja o mais usual – é possível um litisconsórcio facultativo e unitário ou necessário e comum.

Os litisconsortes serão considerados como **litigantes distintos**. Porém, afirma o CPC que isso não se aplica no litisconsórcio unitário, momento em que os "atos e as omissões de um não prejudicarão os outros, mas os poderão beneficiar" (CPC, art. 117).

2.4.2. Intervenção de terceiros

A intervenção de terceiro permite que **terceiro (ou seja, alguém que não é o autor ou o réu) passe a participar da relação processual**.

Existem duas modalidades de intervenção no sistema processual:

- **intervenção espontânea:** aquela em que o terceiro, que está fora do processo, espontaneamente busca seu ingresso em uma determinada demanda;
- **intervenção provocada:** aquela na qual uma das partes litigantes (autor ou réu) busca trazer o terceiro para o processo.

> **No CPC:**
> a) são intervenções espontâneas: (i) assistência; e (ii) *amicus curiae*.
> b) são intervenções provocadas: (i) denunciação; (ii) chamamento; (iii) incidente de desconsideração da personalidade jurídica e (iv) *amicus curiae*.

Além das cinco figuras de intervenção de terceiro previstas especificamente no Código no capítulo destinado a esse tema, existem também outras situações em que o terceiro pode participar, como no caso de embargos de terceiro (art. 674) e oposição (art. 682 – e, vale destacar, no CPC anterior a oposição estava inserida exatamente no capítulo das intervenções, estando agora no capítulo dos procedimentos especiais). Além disso, pode o réu buscar a substituição do polo passivo, buscando ser excluído com o ingresso de outro réu (CPC, arts. 338 e 339).

2.4.2.1. Assistência

Na **assistência**, terceiro busca seu ingresso no processo para auxiliar o assistido (seja o autor, seja o réu).

Contudo, para que a assistência seja possível, é necessário existir **interesse jurídico**, e não meramente interesse econômico ou moral (CPC, art. 119).

Quanto ao **cabimento**, a assistência cabe em qualquer procedimento e em todos os graus de jurisdição, mas o assistente receberá o processo no estado em que ele se encontra, ou seja, não se voltará a uma fase anterior para que o assistente possa realizar algum ato (CPC, art. 119, parágrafo único). Como a assistência está inserida na parte geral do Código, é de concluir que, a partir do CPC, também será admitida no processo de execução.

Quanto ao **procedimento**, o terceiro atravessará uma petição pleiteando seu ingresso no feito. Se a parte contrária do assistido ou mesmo o assistido não concordarem com o pedido de ingresso do assistente, caberá impugnação, sem suspender o processo – a ser ofertada em 15 dias (prazo agora é maior – CPC, art. 120). Além disso, pode o juiz, de plano, rejeitar o ingresso do assistente, especialmente se clara a ausência de interesse jurídico (CPC, art. 120, parte final).

Da decisão quanto ao ingresso do assistente, é cabível o **recurso** de agravo de instrumento (CPC, art. 1.015, IX).

Existem duas modalidades de assistência:

1) **assistência simples ou adesiva** (CPC, arts. 121 a 123): o assistente não dispõe da lide, ou seja, o assistente não pode ir além do que fizer o assistido. Assim, se o assistido não recorrer, não pode o assistente fazê-lo; não pode o assistente se opor à desistência ou reconhecimento do pedido assistido.

A decisão a ser proferida influenciará a relação jurídica existente entre assistente e assistido. É o exemplo do sublocatário.

O assistente simples não é parte, por isso não é coberto pela coisa julgada, mas por uma estabilização distinta denominada justiça da decisão, que eventualmente poderá ser afastada (CPC, art. 123).

2) **assistência litisconsorcial** (CPC, art. 124): o assistente dispõe da lide, ou seja, o assistente pode ir além do que fizer o assistido. Logo, se não houver recurso do assistido, poderá o assistente recorrer; se o assistido desistir do processo, pode prosseguir o assistente.

A decisão a ser proferida influenciará a relação jurídica entre o assistente e a parte contrária do assistido. Como exemplo, uma ação possessória envolvendo um imóvel que é um condomínio; se houver o ajuizamento por parte de apenas um dos condôminos, o outro poderá ingressar no feito como assistente litisconsorcial.

O art. 124 afirma expressamente que o assistente litisconsorcial é "litisconsorte da parte principal". Assim, diferentemente do assistente simples, o assistente litisconsorcial é parte (litisconsórcio superveniente). Poderia ter sido desde o início, mas não o foi.

2.4.2.2. Denunciação da lide

A denunciação da lide tem por finalidade fazer com que terceiro venha a litigar em conjunto com o denunciante e, se houver a condenação deste, o denunciado ressarcirá o prejuízo do denunciante.

Ou seja, como se pode perceber é, na realidade, uma **ação de regresso** – a qual tramita em conjunto com a ação principal.

No CPC, diferentemente do Código anterior, a denunciação **é admissível** (art. 125, *caput*). Assim, se a denunciação for indeferida, não for proposta ou não for permitida, não há qualquer problema: sempre será possível utilizar ação autônoma (CPC, art. 125, § 1º).

Pela legislação (CPC, art. 125), duas são as hipóteses em que é cabível a denunciação:

(i) o comprador pode denunciar o vendedor na hipótese de evicção (CC, art. 447 – ou seja, se "A" vende para "B" um imóvel e, posteriormente, "C" ingressa em juízo contra "B" afirmando que o imóvel é seu, "B" pode denunciar "A" – que terá de indenizar "B" se o pedido de "C" for procedente e a denunciação for acolhida).

(ii) o réu pode denunciar aquele que tem obrigação de indenizar, por força de lei ou contrato (o exemplo típico é o réu em uma ação indenizatória acionar sua seguradora).

Cabe a **denunciação pelo autor**, realizada na petição inicial, hipótese em que o denunciado pode passar a ser litisconsorte ativo do denunciante e aditar a inicial (CPC, art. 127).

A **denunciação pelo réu** (a mais comum) é realizada na contestação. E o CPC prevê três possibilidades (art. 128):

(i) denunciado contesta o pedido do autor (nesse caso, a demanda principal terá, de um lado, o autor e, do outro, em litisconsórcio, o denunciante [réu original] e o denunciado);

(ii) denunciado revel em relação à denunciação, ou seja, o denunciado se abstém de contestar a denunciação (nessa hipótese, para o denunciado, há revelia em relação à denunciação e o denunciante, réu na ação principal, poderá (a) prosseguir normalmente com a sua defesa apresentada na ação principal ou (b) abrir mão dessa defesa na ação principal e prosseguir apenas com a busca da procedência da denunciação, de modo a transferir para o denunciado a provável condenação da ação principal);

(iii) denunciado confessa o alegado na ação principal, ou seja, o denunciado admite como verdadeiros os fatos narrados pelo autor na petição inicial da ação principal (nesse caso, surge a possibilidade de o denunciante (a) prosseguir normalmente com a sua defesa apresentada na ação principal ou (b) abrir mão dessa defesa na ação principal, para prosseguir apenas com a busca da procedência na ação de regresso).

A **sentença**, ao final, julgará o pedido e a denunciação ao mesmo tempo. Se o denunciante for vencido na ação principal, passa o juiz à análise da denunciação (CPC, art. 129). Se o denunciante for vencedor na ação principal, então a denunciação não será analisada, por falta de interesse de agir – mas haverá custas e honorários em favor do denunciado (CPC, art. 129, parágrafo único).

Assim, no caso de procedência da ação e da denunciação do réu, tem-se que a sentença condena o réu a ressarcir o autor e também condena o denunciado a ressarcir o denunciante. Nessa situação, pode o autor requerer o **cumprimento da sentença contra o denunciado**, nos limites da condenação na ação de regresso (art. 128, parágrafo único).

2.4.2.3. Chamamento ao processo

O chamamento ao processo tem por finalidade fazer com que **terceiros (outros devedores solidários) venham a litigar em conjunto com o chamante**. A principal distinção entre o chamamento e a denunciação é que neste não há a necessidade de se provar que o terceiro também é responsável pelo débito (diferentemente da denunciação, em que há uma verdadeira ação de regresso). Ou seja, aceito o chamamento, já é certo que haverá responsabilização do chamado.

As hipóteses de cabimento do chamamento são as seguintes (CPC, art. 130):

(i) do devedor principal (afiançado), quando apenas o fiador tiver sido colocado no polo passivo (situação frequente, na qual o fiador chama o locatário que não pagou o aluguel);

(ii) dos demais fiadores, quando apenas um fiador tiver sido colocado no polo passivo (basta pensar, também, dois fiadores no contrato de locação, mas apenas um é acionado);

(iii) dos demais devedores solidários, quando apenas um tiver sido colocado no polo passivo.

Como se pode perceber das três hipóteses, o chamante é responsável pelo débito, mas também existem outros responsáveis (devedores **solidários**, fiadores, devedor principal).

Só cabe o **chamamento pelo réu**, e a intervenção deverá ser apresentada pelo réu na contestação (CPC, art. 131).

A sentença que julgar procedente o pedido em face do réu-chamante também será **título executivo para que aquele que pagar o débito possa exigi-lo** do devedor principal ou dos demais codevedores, na proporção que couber a quem pagou (CPC, art. 132).

2.4.2.4. Incidente de desconsideração da personalidade jurídica

Trata-se do procedimento necessário para que **permita a desconsideração da personalidade jurídica**. É cabível em todas as fases do processo de conhecimento, no cumprimento de sentença e na execução de título executivo extrajudicial (CPC, art. 134). O incidente é usado tanto na desconsideração da personalidade da pessoa jurídica, para se chegar aos bens do sócio, como também na desconsideração da personalidade do sócio, para se chegar nos bens da pessoa jurídica (a chamada **desconsideração inversa** – CPC, art. 133, § 2°).

O requerimento do incidente de desconsideração deverá demonstrar o preenchimento dos requisitos legais para a desconsideração (a saber: CDC, art. 28, ou CC, art. 50). Considerando que o CPC se aplica subsidiariamente ao processo do trabalho, a rigor técnico o incidente deveria ser também aplicado na Justiça do Trabalho.

A instauração do incidente suspenderá o processo (CPC, art. 134, § 2°).

O CPC prevê que, instaurado o incidente, o sócio ou a pessoa jurídica serão citados para se manifestar e requerer as provas cabíveis em até 15 dias (CPC, art. 135).

Concluída a instrução, se necessária, o incidente de desconsideração da personalidade jurídica será resolvido por decisão interlocutória, de modo que cabível agravo de instrumento (CPC, art. 1.015, IV); se a decisão for proferida pelo relator, caberá agravo interno (CPC, art. 136).

É possível que, desde a petição inicial do processo de conhecimento já se pleiteie a desconsideração da personalidade jurídica. Nesse caso, não haverá necessidade de incidente, pois o tema será debatido no próprio processo principal. Assim, portanto, não será o caso de suspensão do processo (CPC, art. 134, § 3°).

Acolhido o pedido de desconsideração, eventual alienação ou oneração de bens será considerada **fraude de execução**, será ineficaz em relação ao requerente (CPC, art. 137).

2.4.2.5. Amicus curiae

O CPC passa a regular a figura do *amicus curiae* ou **"amigo da Corte"**. A proposta é que este terceiro, **defendendo uma posição institucional**, intervenha para apresentar argumentos e informações proveitosas à apreciação da demanda.

O magistrado, considerando a relevância da matéria, a especificidade do tema objeto da demanda ou a repercussão social da controvérsia, poderá, por decisão irrecorrível, de ofício ou a requerimento das partes – ou de quem pretenda ser o *amicus curiae* – solicitar ou admitir a participação de pessoa natural ou jurídica, órgão ou entidade especializada, com representatividade adequada, no prazo de 15 dias de sua intimação (CPC, art. 138).

Vale destacar que o **interesse do amigo da Corte não é jurídico**, mas institucional, moral, político, acadêmico, intelectual ou outro.

O grande objetivo do *amicus curiae* é **qualificar o contraditório**.

Admitido o amigo da Corte, o juiz definirá quais são seus **poderes** (CPC, art. 138, § 2°). A lei apenas prevê que o *amicus curiae* não poderá recorrer, salvo para embargar de declaração e no caso de julgamento do incidente de resolução de demandas repetitivas, quando, portanto, admissíveis outros recursos (CPC, art. 138, §§ 1° e 3°).

2.5. Ato processual

2.5.1. Da forma dos atos processuais

Forma é aquilo que dá eficácia e validade ao ato processual, o que se consegue com a observância do **tempo, lugar e modo** referente a tal ato (ou seja, onde, quando e como é realizado o ato processual). Não observada a forma prevista em lei, haverá a nulidade do ato processual.

O CPC prevê o **princípio da liberdade das formas** (art. 188: os atos processuais independem de forma determinada, salvo quando a lei a exigir) e **instrumentalidade das formas** (art. 188, parte final: são válidos os atos que, realizados de outro modo, preencham a finalidade essencial; e, também, art. 276). Assim, só há nulidade se houver prejuízo, conforme brocardo *pas de nullité sans grief* (não há nulidade sem prejuízo – art. 282, § 1°).

Em linha com a instrumentalidade, o CPC prevê que, caso o MP não seja ouvido em processo que deveria intervir, **somente após** a manifestação do MP quanto à existência ou à inexistência de prejuízo é que decretara a nulidade.

Tem-se, portanto, no Código, a chamada **primazia do mérito:** a nulidade somente será reconhecida em último caso; sempre que possível, a causa será julgada no mérito (CPC, art. 282, § 2°). Quando puder decidir o mérito a favor da parte a quem aproveite a decretação da nulidade, o juiz não a pronunciará nem mandará repetir o ato ou suprir-lhe a falta). Isso se verifica tanto em 1° grau quanto na parte recursal, como oportunamente se verá.

Reafirmando o princípio da publicidade (CPC, art. 8°), o art. 189 destaca que os atos processuais são públicos, mas há processos que tramitam em **segredo de justiça:**

(i) quando o "interesse público ou social" assim exigirem;

(ii) nas causas de direito de família (casamento, separação de corpos, divórcio, separação, união estável, filiação, alimentos e guarda de crianças e adolescentes);

(iii) em processos nos quais constem dados protegidos pelo direito constitucional à intimidade;

(iv) relativos à arbitragem e cumprimento de carta arbitral – desde que haja confidencialidade comprovada em juízo.

Prevê o Código que, mesmo nos processos que tramitam em segredo de justiça, o terceiro que demonstra interesse jurídico na causa pode requerer ao juiz "certidão do dispositivo da sentença", e da partilha de bens decorrentes de divórcio ou separação (art. 189, § 2º).

Os atos processuais devem ser realizados nos **dias úteis, das 6h às 20h** (CPC, art. 212). São **feriados**, além dos declarados em lei, "os sábados, os domingos e os dias em que não haja expediente forense" (CPC, art. 216).

Se o processo não for eletrônico, a petição deverá "ser protocolada no horário de funcionamento do fórum ou tribunal" (CPC, art. 212, § 3º). Sendo processo eletrônico, o ato pode ser realizado a qualquer hora do dia (CPC, art. 213).

2.5.2. Negócio Jurídico Processual (NJP)

Se o processo debater direitos que admitam autocomposição, é lícito às partes plenamente capazes **estipular mudanças no procedimento** para ajustá-lo às especificidades da causa e convencionar sobre seus ônus, poderes, faculdades e deveres processuais (CPC, art. 190). Isso pode ser definido antes (em cláusula contratual que tratar da solução de eventuais conflitos) ou durante o processo (por contrato ou petição conjunta nos autos).

O **juiz controlará a validade** das convenções sobre procedimento, de ofício ou a requerimento. E recusará a aplicação em casos de nulidade, inserção abusiva em contrato de adesão ou situações em que uma parte se encontre em manifesta situação de vulnerabilidade (CPC, art. 190, parágrafo único).

Como **exemplos** de NJP: escolha de foro de eleição, definição do ônus da prova e não realização da audiência de conciliação ou mediação (art. 334).

Existe ainda um grande debate acerca dos limites do NJP (até onde as partes podem pactuar mudanças no procedimento?), tema ainda não definido na jurisprudência do STJ.

2.5.3. Dos atos do juiz

A **sentença** é definida como o pronunciamento pelo qual o juiz, com ou sem resolução de mérito, finda a fase cognitiva do procedimento comum ou extingue a execução (CPC, art. 203, § 1º).

A **decisão interlocutória** é considerada todo pronunciamento judicial de natureza decisória que não se enquadra na definição de sentença (CPC, art. 203, § 2º), ou seja, um critério por exclusão, em relação à sentença.

Os **despachos** são os demais pronunciamentos do juiz praticados no processo, de ofício ou a requerimento (CPC, art. 203, § 3º), ou seja, um critério por exclusão, em relação à sentença e interlocutória.

O **acórdão** é o julgamento colegiado proferido pelo tribunal (CPC, art. 204).

O CPC também prevê **a decisão monocrática do relator** (CPC, art. 932, III, IV e V), que é a decisão proferida por desembargador ou ministro (membro de tribunal, portanto), mas de forma individual, apenas pelo relator.

2.5.4. Dos prazos

O CPC prevê que o **ato praticado antes do início do prazo será tempestivo** (art. 218, § 4º).

A **contagem de prazos** segue as seguintes regras:

(i) na contagem de prazo em dias, estabelecido por lei ou pelo juiz, **apenas os dias úteis** serão computados (CPC, art. 219) – sendo que essa previsão somente se aplica a **prazos processuais** e não prazos de direito material, como os prescricionais (CPC, art. 219, parágrafo único).

A dúvida é saber quais são os prazos processuais, pois existem algumas situações polêmicas, como o prazo para pagar (no cumprimento de sentença e na execução). A respeito desse tema, houve a edição do Enunciado 89 das Jornadas do Conselho da Justiça Federal: "Conta-se em dias úteis o prazo do *caput* do art. 523 do CPC" (ou seja, no cumprimento de sentença o prazo para pagamento deve ser contado em dias úteis – nesse sentido, também já há um precedente do STJ: REsp 1.693.784).

Outro debate é se nos Juizados Especiais, no processo penal e processo do trabalho também terão a contagem de prazos dessa forma.

No CPP, há expressa previsão de contagem de prazo em dias corridos, assim se aplica essa forma de prazo.

Na CLT, há previsão expressa de contagem de prazos processuais também em dias úteis (art. 775 da CLT, com a alteração da Lei n. 13.467/2017).

No âmbito dos Juizados, após muita polêmica, foi aprovada lei apontando que o prazo também é em dias úteis (Lei n. 13.728/2018, que inclui artigo na Lei n. 9.099/95: "Art. 12-A. Na contagem de prazo em dias, estabelecido por lei ou pelo juiz, *para a prática de qualquer ato processual*, inclusive para a interposição de recursos, computar-se-ão somente os dias úteis").

Assim, a regra é termos prazos em **dias úteis**, salvo quando houver **expressa previsão em sentido inverso**, como no CPP e nos procedimentos relativos ao ECA (Lei n. 8.069/90, art. 152, § 2º, com a redação dada pela Lei n. 13.509/2017). Para a *recuperação judicial e falência* também há previsão de contagem de prazos em dias corridos, mas o assunto ainda é objeto de polêmica e indefinição pela jurisprudência, quanto aos prazos processuais (*vide* art. 189, § 1º, I, da Lei n. 11.101/2005, com a redação da Lei n. 14.112/2020).

(ii) haverá **suspensão de curso do prazo** entre 20 de dezembro e 20 de janeiro, período no qual não poderão ocorrer audiências – exatamente para que o advogado possa usufruir alguns dias de descanso e férias (CPC, art. 220). Apesar de prazos suspensos nesse período, pela lei o Poder Judiciário deverá seguir em funcionamento (CPC, art. 220, § 1º).

A **forma de contagem de prazo** é a seguinte: inicialmente disponibilização no diário oficial, depois publicação no próximo dia útil, com a exclusão do dia do início e inclusão do dia do término (art. 219).

Também há previsão de **prazos para magistrados e auxiliares**. O juiz proferirá: despachos em até 5 dias; decisões interlocutórias em 10 dias e sentenças em 30 dias (CPC, art. 226). Em qualquer grau de jurisdição, havendo motivo justificado, o juiz pode exceder, por igual tempo, os prazos a que está submetido (CPC, art. 227).

É mantida a previsão de **prazo em dobro para litisconsortes com advogados distintos** (art. 229), aplicando-se para todas as manifestações e "em qualquer juízo ou tribunal, independentemente de requerimento". Contudo, não se aplica a regra do prazo em dobro nos processos eletrônicos (CPC, art. 229, § 2º).

Porém, quando houver **lei expressa** apontando que os prazos são em dias corridos, não haverá a aplicação da contagem de prazos em dias úteis do CPC. É o que acontece no **processo penal** e, também, nos **procedimentos cíveis relativos ao ECA** (Lei n. 8.036/90, art. 152, § 2º, com a redação dada pela Lei n. 13.509/2017).

A contagem dos prazos processuais somente em dias úteis é das grandes inovações do atual CPC, objeto de luta da OAB. Contudo, a regulamentação (apenas o parágrafo único no art. 219) foi falha: isso porque o legislador afirmou que apenas os prazos processuais seriam contados em dias úteis. Mas há divergências quanto ao que seja um prazo processual.

Não há dúvidas de que os prazos para **contestar e recorrer são em dias úteis**. Porém, há divergência sobre se o **prazo para pagar ou cumprir uma obrigação de fazer é processual ou material** (pois não se verifica apenas dentro do processo). A respeito do tema, as Jornadas de Direito Processual do CJF (Conselho da Justiça Federal) aprovaram o seguinte enunciado:
Enunciado 89 – Conta-se em dias úteis o prazo do *caput* do art. 523 do CPC (um 1º julgado do STJ decidiu nessa linha, apontando que o prazo para pagar é em dias úteis: REsp 1.693.784).
Também houve muito debate quanto à contagem de prazos em dias úteis nos Juizados, com muita divergência no país. Mas, a respeito disso, felizmente, a questão agora está resolvida: foi editada lei apontando que os **prazos, em todos os Juizados Especiais, são contados em dias úteis (art. 12-A da Lei n. 9.099/95**, incluído pela Lei n. 13.728/2018).

2.5.5. Da comunicação dos atos processuais

O CPC prevê a existência de quatro cartas (art. 237): **carta precatória** (realização de atos entre comarcas distintas), **carta rogatória** (realização de atos entre países distintos), **carta de ordem** (realização de atos entre graus de jurisdição distintos – do tribunal para o 1º grau, por exemplo) e **carta arbitral** (realização de atos entre órgão do Poder Judiciário e juízo arbitral).

Caso exista sentença de mérito favorável ao réu que transitar em julgado antes da citação, deverá o escrivão comunicar o resultado do julgamento ao réu (CPC, art. 241).

Citação é o ato pelo qual o réu, executado ou interessado é convocado para integrar a relação processual (CPC, art. 238).

A citação poderá ser feita por **cinco formas:** correio, oficial de justiça, escrivão, edital ou meio eletrônico (CPC, art. 246, *caput* e § 1º-A).

Até 2021, *a regra era a citação por correio*. Porém, com a Lei n. 14.195/2021, estipulou-se que: "A citação *será feita preferencialmente por meio eletrônico*, no prazo de até 2 (dois) dias úteis, contado da decisão que a determinar". A nova previsão legal tem uma série de polêmicas, inclusive relativas à sua constitucionalidade (formal e material).

O art. 246 prevê que mais detalhes acerca do tema serão previstos em "regulamento do Conselho Nacional de Justiça" (CNJ).

De qualquer forma, realizada a citação por meio eletrônico (seja por correio eletrônico ou outros aplicativos de celular), **o citando** (réu no processo de conhecimento ou executado no processo de execução) deverá **confirmar o recebimento** da citação eletrônica, em 3 dias úteis – ou seja, mandar um e-mail ou responder no aplicativo que foi citado. **Somente nesse caso a** *citação será válida*.

Se o citando não confirmar o recebimento do ato citatório, então *haverá a citação por algum dos outros quatro meios* – especialmente por correio ou oficial justiça (CPC, art. 246, § 1º-A).

Se realizada a citação por outro meio que não o eletrônico, deverá o citando "apresentar *justa causa para a ausência de confirmação do recebimento da citação enviada eletronicamente*" (CPC, art. 246, § 1º-B).

Além disso, caso o citando deixe "*de confirmar no prazo legal, sem justa causa*, o recebimento da citação recebida por meio eletrônico", estaremos diante de "*ato atentatório à dignidade da justiça*, passível de **multa de até 5%** (cinco por cento) do valor da causa" (CPC, art. 246, § 1º-C). Todas as *empresas (públicas ou privadas)*, bem como *entes públicos (administração direta e indireta), são obrigadas a manter **cadastro** nos sistemas de processo eletrônico*, para fins de recebimento de citações e intimações (CPC, art. 246, §§ 1º e 2º).

Não confirmada a citação por meio eletrônico, em regra será realizada a citação por correio.

Não será feita a citação por *meio eletrônico* nem *por correio* nas ações de estado, quando o citando for incapaz, pessoa de direito público ou residir em local não atingido pelo serviço postal (CPC, art. 247, I, II, III e IV). Também não se realizará a citação por correio se o autor, desde a petição inicial, requerer, de forma justificada, que ela seja feita de outra forma (CPC, art. 247, V).

A citação por escrivão ou chefe de secretaria ocorrerá se o citando comparecer em cartório (CPC, art. 246, III).

Se a **citação for para pessoa jurídica**, e não for por meio eletrônico, será válido o ato se a carta for entregue (i) a pessoa com poderes de gerência ou (ii) a funcionário responsável pelo recebimento de correspondências. Ou seja, a entrega para o porteiro (art. 248, § 2º).

Com regras distintas do decidido pela jurisprudência do STJ à luz do sistema anterior, o CPC prevê especificamente a **citação de pessoas físicas em condomínios** edilícios ou loteamentos com controle de acesso. Nesses casos, será válida a citação entregue a funcionário da portaria responsável pelo recebimento de correspondência; porém, o próprio porteiro poderá negar-se a recebê-la se declarar, por escrito e sob as penas da lei, que o destinatário da correspondência está ausente (CPC, art. 248, § 4º).

> Importante previsão do CPC é a possibilidade de que a citação da pessoa física que resida em um condomínio seja recebida pelo porteiro.
> Quando a carta de citação for entregue, o carteiro colherá a assinatura do porteiro no aviso de recebimento – e isso irá aos autos. Existindo a entrega e assinatura do porteiro, o ato citatório será válido.

A **citação por oficial de justiça** (ou mandado) será realizada quando não for possível a citação por meio eletrônico ou correio (os casos do art. 247 do CPC, já acima analisados) ou quando for infrutífera a citação por correio (CPC, art. 249).

O oficial de justiça é quem faz a **citação por hora certa**: quando, por duas vezes, o oficial de justiça tiver procurado o citando em seu domicílio ou residência sem o encontrar, deverá, havendo suspeita de ocultação, intimar qualquer pessoa da família ou, em sua falta, qualquer vizinho de que, no dia útil imediato, voltará a fim de efetuar a citação na hora que designar (CPC, art. 252).

Por sua vez, na citação por hora certa referente a moradores de condomínios edilícios ou loteamentos com controle de acesso, será válida a intimação feita a funcionário da portaria responsável pelo recebimento de correspondência (CPC, art. 252, parágrafo único).

A **citação por edital** será feita (CPC, art. 256): (i) quando desconhecido ou incerto o citando; (ii) quando ignorado, incerto ou inacessível o lugar em que se encontrar o citando e (iii) nos demais casos expressos em lei (por exemplo, se o país recusar o cumprimento de carta rogatória – CPC, art. 256, § 1º).

Para fins de citação por edital, o citando será considerado em local ignorado ou incerto quando infrutíferas as tentativas de localização do réu. E isso ocorre inclusive mediante requisição pelo juízo de informações sobre seu endereço nos cadastros de órgãos públicos ou de concessionárias de serviços públicos (CPC, art. 256, § 3º).

Destaque-se que a **publicação do edital na internet e não mais em jornal**. Tanto na página do próprio tribunal, quanto na plataforma de editais do CNJ (CPC, art. 257, II).

Apesar dessa previsão de publicação do edital na internet, poderá o juiz, conforme as peculiaridades da comarca, determinar a publicação do edital também em "jornal local de ampla circulação" ou "outros meios" (CPC, art. 257, parágrafo único).

A parte que requerer citação por edital, alegando dolosamente a ocorrência das circunstâncias autorizadoras para sua realização, incorrerá em multa de 5 salários mínimos (CPC, art. 258).

Afirma o Código ser necessária a publicação de editais em três hipóteses (art. 259): I – na ação de usucapião de imóvel; II – nas ações de recuperação ou substituição de título ao portador; III – em qualquer ação em que seja necessária, por determinação legal, a provocação, para participação no processo, de interessados incertos ou desconhecidos.

Intimação é o ato pelo qual se dá ciência a alguém dos atos do processo (CPC, art. 269).

Pode o **próprio advogado promover a intimação do advogado da parte contrária**, por meio do correio, juntando aos autos cópia do ofício de intimação e do aviso de recebimento; o ofício de intimação deverá ser instruído com cópia do despacho, da decisão ou da sentença (CPC, art. 269, §§ 1º e 2º). Cabe também a intimação da Fazenda Pública dessa forma – devendo a intimação ser enviada para o órgão de Advocacia Pública responsável pela representação judicial do respectivo ente (CPC, art. 269, § 3º).

Sempre que possível (ou seja, se já houver tecnologia nesse sentido), as intimações serão realizadas por meio eletrônico (CPC, art. 270).

Além de seguir existindo a intimação em nome do advogado, será possível requerer a **intimação em nome da sociedade de advogados** inscrita na OAB – seja em conjunto com o nome do advogado, seja apenas em nome da sociedade (CPC, art. 272, §§ 1º e 2º).

Conforme jurisprudência sedimentada do STJ no sistema anterior, se houver **requerimento expresso para publicação em nome de determinado profissional**, as intimações deverão trazer o nome desse patrono, sob pena de nulidade (CPC, art. 272, § 5º).

Assim, quanto à comunicação de atos processuais, no direito processual civil, tem-se o seguinte:
(i) **citação** é o ato pelo qual se dá ciência ao réu ou executado de que há processo judicial contra ele, sendo convocado a integrar a relação processual;
(ii) **intimação** é a ato pelo qual se dá ciência a alguém dos atos do processo, para fazer ou deixar de fazer algo;
(iii) **notificação** – que não é forma de comunicação de ato processual – é medida judicial (procedimento especial de jurisdição voluntária) pelo qual alguém pode expressar de modo formal sua vontade (CPC, art. 726).

■ **2.6. Valor da causa**

Toda demanda cível, seja de jurisdição contenciosa ou voluntária, ação ou reconvenção, terá valor certo da causa (CPC, art. 291).

A fixação do valor da causa é realizada por dois critérios:

- **fixação legal ou obrigatória:** a atribuição do valor já foi previamente definida pelo legislador.
- **fixação voluntária:** como não há previsão legal para fixar o valor da causa, este será livremente fixado a partir de uma estimativa do autor.

As hipóteses de fixação legal estão no CPC, art. 292:

(i) na ação de cobrança de dívida, a soma monetariamente corrigida do principal, dos juros e de eventuais outras penalidades, até a propositura da ação;
(ii) na ação que tiver por objeto a existência, validade, cumprimento, modificação, resolução, resilição ou rescisão de ato jurídico, o valor do ato ou de sua parte controvertida (hipótese de discussão relativa a contrato);
(iii) na ação de alimentos, a soma de 12 prestações mensais pedidas pelo autor;
(iv) na ação de divisão, de demarcação e de reivindicação, o valor de avaliação da área ou do bem objeto do pedido;
(v) na ação indenizatória, inclusive a de **dano moral**, o valor pretendido (portanto, não mais cabe dano moral como pedido genérico, sem se especificar, na inicial, o valor que se quer receber);
(vi) havendo cumulação de pedidos, a quantia correspondente à soma dos valores de todos eles;
(vii) sendo alternativos os pedidos, o de maior valor;
(viii) se houver também pedido subsidiário, o valor do pedido principal.

Também há hipótese de fixação legal em legislação extravagante. O principal exemplo é a Lei do Inquilinato (Lei n. 8.245/91), que prevê, na ação de despejo, o valor da causa em 12 vezes o valor mensal do aluguel (art. 58, III).

Se o **valor da causa estiver errado**, o juiz poderá corrigi-lo de ofício (não mais determinando que o autor emende a inicial), inclusive intimando o autor para que recolha as custas faltantes (CPC, art. 292, § 3º).

Para **impugnar o valor da causa**, há simplificação: deixa de existir a peça específica para isso e passa a ser cabível a discussão do tema em preliminar de contestação (CPC, art. 293).

■ **2.7. Tutela provisória**

■ **2.7.1. Visão geral**

Como se sabe, a resposta do Poder Judiciário a um pedido formulado pelo autor não é imediata. Contudo, há situações nas quais não é necessário aguardar o término do processo para que o Judiciário conceda o pleiteado pela parte. É para isso que se pleiteia uma **"liminar"**, ou seja, uma decisão no início do processo.

No CPC, o tema é tratado sob o título **tutela provisória**.

> **Tutela provisória** é gênero, dentro do qual existem duas espécies: **tutela de urgência** e **tutela da evidência**. De seu turno, a espécie tutela de urgência se divide em duas subespécies: tutela de urgência cautelar e tutela de urgência antecipada (art. 294, parágrafo único).

O tema é perguntado com frequência em exames da OAB.

Vejamos como o assunto é regulado no seguinte quadro:

Gênero	Espécies	Subespécies
Tutela provisória	Tutela de urgência	Tutela cautelar
		Tutela antecipada
	Tutela da evidência	–

A tutela provisória pode ser concedida com base na **urgência**: antecipação de tutela e cautelar. Do ponto de vista formal, ambas são pleiteadas da mesma forma: ou durante o processo de conhecimento que já tramita (**incidentalmente**) ou mesmo antes de se debater o pedido principal (tutela de urgência **antecedente**). É possível, também, pedi-las junto com o pedido principal, na mesma petição inicial. Não se pede em **processo apartado**. Se a tutela de urgência for pleiteada de forma antecedente, há necessidade de se **aditar a petição inicial**, para se formular o pedido principal, sob pena de extinção.

Mas qual a **distinção entre antecipação de tutela e cautelar**?

> A **finalidade da cautelar** é resguardar o pedido principal (caráter conservativo – visa evitar o perecimento do direito).
> A **finalidade da antecipação de tutela** é, desde logo, antecipar os efeitos de uma futura decisão de mérito (caráter satisfativo – já se quer a fruição do direito).

Apesar de na teoria ser simples diferenciar o cabimento de cada uma (distinção entre assegurar e satisfazer), na prática há dificuldades. Tanto porque cada juiz pode ter um entendimento como porque há situações que podem ser enquadradas nas duas hipóteses.

Diante disso, haveria **fungibilidade entre as tutelas de urgência**, ou seja, entre cautelar e antecipação de tutela? O CPC apenas prevê que o pedido cautelar possa ser apreciado, pelo juiz, como de tutela antecipada (CPC, art. 305, parágrafo único). Mas, diante de somente essa previsão, pode existir também o contrário, ou seja, o juiz receber um pedido cautelar como se fosse tutela antecipada? No CPC/73, a jurisprudência entendia que a fungibilidade era de mão dupla (ou seja, fungibilidade nos dois sentidos). No CPC atual, o tema ainda está em aberto. De qualquer forma, é certo que **apenas a tutela antecipada pode ser estabilizada**, e não o pedido cautelar (art. 304). Por essa razão, se a parte pleitear uma tutela antecipada e o juiz a receber como tutela cautelar, não será possível sua estabilização. Mas, novamente, resta verificar como será a jurisprudência quanto ao tema.

Por fim, além da tutela provisória fundada na urgência, o CPC também prevê a tutela provisória (antes da sentença, em cognição sumária) fundada no direito evidente: **tutela da evidência**. Há 4 hipóteses em que isso é cabível, sendo que em duas delas é possível a concessão liminar. A **finalidade da tutela da evidência** é inverter o ônus do tempo do processo: se já existe direito razoavelmente plausível em favor do autor, por que haveria necessidade de se aguardar a sentença para sua fruição? Essa é a ideia da tutela da evidência.

2.7.2. Da tutela de urgência

São **requisitos da tutela de urgência:** a) elementos que evidenciem a probabilidade do direito; b) perigo de dano ou risco ao resultado útil do processo (CPC, art. 300). Assim, tem-se uma coincidência de requisitos entre a cautelar e a antecipação de tutela (subespécies da espécie tutela de urgência, como já visto). Não há mais menção aos termos *fumus bonis iuris* (fumaça do bom direito) e *periculum in mora* (perigo da demora); de qualquer forma, pela tradição, esses termos continuam a ser utilizados no cotidiano forense.

Para deferir a tutela de urgência o juiz poderá, conforme o caso, exigir **caução** real ou fidejussória idônea para ressarcir danos que a outra parte possa vir a sofrer, podendo a caução ser dispensada se a parte economicamente hipossuficiente não puder oferecê-la (CPC, art. 300, § 1º), ou seja, ficará a critério do juiz, caso a caso, determinar a prestação de caução ou não.

A **concessão** da tutela de urgência poderá se verificar liminarmente ou após audiência de justificação prévia, quando se poderá fazer prova dos requisitos para sua concessão (CPC, art. 300, § 2º), ou seja, ficará a critério do juiz, caso a caso, designar essa audiência ou não.

Tal qual no sistema anterior, há dispositivo **vedando a concessão de tutela antecipada** ("tutela de urgência de natureza antecipada") se **houver perigo de irreversibilidade** (CPC, art. 300, § 3º), isto é, não se concede a tutela de urgência antecipada se a situação não puder voltar ao que era antes (ao *status quo ante*).

A **tutela de urgência cautelar** pode ser efetivada mediante arresto, sequestro, arrolamento de bens, registro de protesto contra alienação de bem e qualquer outra medida idônea para asseguração do direito (CPC, art. 301).

Temos, aqui, uma grande dificuldade: qual o **requisito e procedimento para essas medidas cautelares**? A lei é absolutamente omissa. Frise-se que essa é a **única menção** às antigas cautelares nominadas do CPC/73. Assim, há total ausência de regulamentação dessas medidas – que, mencionadas expressamente, poderão seguir sendo utilizadas (especialmente arresto e sequestro, as mais frequentes no cotidiano forense).

Diante da ausência de regulamentação legal, o procedimento será bem aberto, cabendo ao juiz decidir não só o mérito (requisitos para sua concessão), mas também a forma de tramitação (efetivamente, o procedimento).

Efetivada a tutela de urgência (cautelar ou antecipatória) e **posteriormente reformada**, deverá o autor reparar o dano processual causado ao réu (CPC, art. 302), com a indenização fixada preferencialmente nos mesmos autos (CPC, art. 302, parágrafo único).

2.7.2.1. Do procedimento da tutela antecipada antecedente

A **tutela antecipada antecedente** vem prevista para os casos em que a urgência for anterior ou contemporânea (conjunta) à propositura da ação. Nessas hipóteses, a petição inicial pode limitar-se ao requerimento da tutela antecipada e à indicação do pedido de tutela final com a exposição da lide, do direito que se busca realizar e do perigo de dano ou risco ao resultado útil do processo (CPC, art. 303). Sendo essa a escolha do autor, haverá recolhimento de custas e o valor da causa deverá levar em consideração o pedido de tutela final, e não apenas o valor relativo à antecipação de tutela (CPC, art. 303, § 4º).

Ou seja, **pode-se pedir somente a tutela antecipada,** indicando a petição qual será o pedido principal – que não mais será uma "ação principal", pois o pedido será elaborado posteriormente, nos mesmos autos. Haverá, posteriormente, um complemento da petição inicial.

Se concedida a tutela antecipada antecedente, o autor deverá **aditar a petição inicial** para complementar sua argumentação, juntar novos documentos e confirmar o pedido de tutela final, em 15 dias ou em outro prazo maior que o juiz fixar (CPC, art. 303, § 1º, I). No aditamento não haverá a necessidade de recolhimento de novas custas (CPC, art. 303, § 3º). Feito o aditamento, o réu será citado para comparecer à audiência de conciliação ou de mediação (CPC, art. 303, § 1º, II); não havendo acordo, somente aí haverá o início do prazo para contestação (CPC, art. 303, § 1º, III).

Se o autor não aditar a petição inicial para elaborar o pedido principal, haverá a extinção do processo sem resolução do mérito (CPC, art. 303, § 2º).

Se a **tutela antecipada for indeferida**, o juiz determinará a emenda da inicial, em 5 dias, sob pena de extinção do processo sem resolução do mérito (art. 303, § 6º). Atenção para esse prazo de 5 dias, que é um dos poucos prazos do CPC de poucos dias – e, inclusive, bem inferior ao prazo de aditamento no caso de concessão da liminar (15 dias ou mais, como exposto acima).

Prevê ainda o CPC a **estabilização da tutela antecipada:** a tutela antecipada concedida se tornará estável se da decisão que a conceder não for interposto recurso (CPC, art. 304). Debate a doutrina se a menção a "recurso" deve ser entendida como o uso do agravo ou se é possível se interpretar que seria qualquer impugnação à decisão judicial concessiva da antecipação de tutela – inclusive a própria contestação. A questão ainda não foi definida pelo STJ, existindo decisões divergentes naquele tribunal. Até que haja efetiva definição pela jurisprudência, pensando em prova de OAB 1ª fase, o mais seguro é interpretar "recursos" exatamente da forma que consta no CPC (ou seja, embargos de declaração e/ou agravo de instrumento).

Uma vez estabilizada a antecipação de tutela, o processo será extinto e qualquer das partes poderá **ingressar com novo processo judicial** para rever, reformar ou invalidar a tutela antecipada estabilizada em até 2 anos contados da ciência da decisão extintiva (CPC, art. 304, §§ 1º, 2º e 5º). Assim, se não houver essa ação para afastar a estabilidade da tutela antecipada, estaríamos diante de **coisa julgada**? Pelo Código, não, pois se afirma que a decisão que concede a tutela não fará coisa julgada (CPC, art. 304, § 6º), mas sim que há **estabilidade dos efeitos da tutela antecipada**, que só será afastada por decisão na demanda que buscar alterar a tutela estabilizada.

Do cotejo dos arts. 303 e 304 percebe-se uma **incongruência quanto à estabilização da antecipação de tutela**. De um lado, o CPC afirma que, não realizado o aditamento, o processo será extinto (art. 303, § 2º). Do outro, afirma o Código que só há estabilização se não houver recurso do réu e aditamento do autor (art. 304, § 1º). O tema já é polêmico.

Uma possível interpretação é entender que, **não havendo recurso do réu** contra a decisão que concede a tutela antecipada, há **duas opções ao autor**: (i) aditar a inicial – e, assim, não haverá a estabilização da tutela antecipada, mas o prosseguimento do processo – ou (ii) não aditar a inicial – hipótese em que não haverá a extinção, mas sim a estabilização da tutela antecipada (e, eventualmente, poderá o autor ingressar com nova medida judicial para pleitear o pedido principal).

Para melhor compreensão, vale exemplificar. Pensemos uma inscrição indevida em cadastro restritivo de crédito. Tutela provisória de urgência antecipada requerida de forma antecedente (apenas a exclusão de cadastro restritiva), apontando como futuro pedido principal indenização por danos morais. **Tutela antecipada deferida para excluir o nome do cadastro restritivo de crédito**. Possibilidades:

(i) réu agrava e autor não adita a inicial: não há estabilização da tutela antecipada e o processo será extinto sem resolução do mérito;

(ii) réu agrava e autor adita a inicial, pleiteando danos morais: não há estabilização da tutela antecipada e o processo prosseguirá;

(iii) réu não agrava e autor não adita a inicial: estabilização da tutela antecipada (no sentido de a inscrição ser indevida) e extinção do processo, com mérito (procedência do pedido de tutela antecipada). Se o autor quiser pleitear danos morais, poderá, mas por meio de nova demanda.

A tutela antecipada **conservará seus efeitos** enquanto não revista, reformada ou invalidada por decisão de mérito (art. 304, § 3º).

2.7.2.2. Do procedimento da tutela cautelar antecedente

No tópico anterior, houve a análise da tutela antecipada antecedente. Neste tópico, analisa-se a outra tutela de urgência que pode ser requerida de forma antecedente: a **tutela cautelar antecedente**.

Neste caso, a petição inicial da ação que buscar tal tutela indicará a lide e seu fundamento, a exposição sumária do direito que visa assegurar e o perigo de dano ou risco ao resultado útil do processo (CPC, art. 305). São requisitos semelhantes ao do antigo processo cautelar, existente no CPC/73. Também deverá existir valor da causa e recolhimento de custas (interpretação que decorre do CPC, art. 308, *caput*, parte final).

Se o autor assim quiser, o pedido principal pode ser formulado juntamente com o pedido de tutela cautelar (CPC, art. 308, § 1º). Exatamente como previsto para a tutela antecipada antecedente.

Se o juiz entender que o **pedido tem natureza antecipada**, deverá observar o regramento relativo à tutela antecipada (CPC, art. 305, parágrafo único), ou seja, é a **fungibilidade entre as tutelas de urgência**. Contudo, não há artigo específico no sentido inverso, quanto à antecipação de tutela. Assim, não há previsão legal de possibilidade de o juiz receber a antecipação de tutela como cautelar. Mas resta verificar como será a jurisprudência em relação ao tema (no sistema anterior, da mesma forma só existia previsão de fungibilidade da antecipada para a cautelar, mas a jurisprudência admitia a fungibilidade de mão dupla). De qualquer forma, é certo que **somente há estabilização da tutela antecipada** (que tem natureza satisfativa) e **não da tutela cautelar** (que busca apenas resguardar o direito debatido) – afinal, incongruência falar que algo acautelatório se estabilize.

No caso da tutela cautelar antecedente, o réu será **citado para contestar** em 5 dias (CPC, art. 306). Trata-se de um prazo curto, que não é a regra no CPC. Se não houver contestação, haverá **revelia**, com a presunção de veracidade dos fatos narrados, afirmando o Código que o juiz deverá decidir em 5 dias (CPC, art. 307). Se houver contestação, o trâmite da demanda será pelo **procedimento comum** do processo de conhecimento (CPC, art. 307, parágrafo único).

Efetivada a tutela cautelar, o pedido principal terá de ser formulado pelo autor no prazo de 30 dias, caso em que será apresentado nos mesmos autos em que já deduzido o pedido cautelar (CPC, art. 308). O complemento da demanda, em relação ao pedido principal, não demandará novas custas processuais (CPC, art. 308) e será possível aditar a causa de pedir (CPC, art. 308, *caput* e § 2º).

Apresentado o pedido principal, as partes serão intimadas para comparecer à audiência de conciliação ou mediação; não havendo autocomposição, o prazo para contestação terá fluência a partir desse momento (CPC, art. 308, §§ 3º e 4º).

Cessa a eficácia da tutela cautelar antecedente se (CPC, art. 309):

I – não houver a apresentação do pedido principal em 30 dias;

II – a tutela cautelar não for efetivada em 30 dias;

III – o pedido principal for improcedente ou o processo for extinto sem mérito.

Se isso ocorrer, somente será possível formular novo pedido se houver novo fundamento (nova causa de pedir).

Em regra, o **indeferimento do pedido cautelar não obsta a formulação do pedido principal**. A exceção se refere à hipótese em que reconhecida a prescrição e decadência na análise do pedido cautelar (CPC, art. 310), ou seja, nesse caso a coisa julgada do processo cautelar terá de ser observada no processo principal.

2.7.3. Da tutela da evidência

A **tutela da evidência** busca resguardar um direito evidente; ou seja, é uma tutela provisória que não depende de urgência (exatamente por isso não é denominada de tutela de urgência, a outra espécie de tutela provisória).

A **tutela da evidência será concedida**, independentemente da demonstração de perigo de dano ou de risco ao resultado útil do processo. O Código a prevê em **quatro situações** (art. 311):

I – ficar caracterizado abuso do direito de defesa ou manifesto propósito protelatório da parte (tutela da evidência **penalizadora da má-fé**);

II – as alegações de fato puderem ser comprovadas apenas documentalmente e houver tese firmada em julgamento de casos repetitivos ou súmula vinculante (tutela da evidência fundada em **tese firmada em tribunal superior**);

III – se tratar de pedido reipersecutório fundado em prova documental adequada do contrato de depósito, caso em que será decretada a ordem de entrega do objeto custodiado sob cominação de multa (tutela da evidência em **contrato de depósito**);

IV – a petição inicial for instruída com prova documental suficiente dos fatos constitutivos do direito do autor, a que o réu não oponha prova capaz de gerar dúvida razoável (tutela da evidência **fundada em prova incontroversa**).

Afirma o Código que nos casos dos incisos II e III será possível a **concessão liminar** da tutela da evidência (art. 311, parágrafo único).

2.8. Suspensão do processo

Apesar de os princípios da celeridade e da duração razoável do processo permearem todo o sistema processual, por vezes se faz necessária a suspensão do processo, ou seja, a **paralisação do trâmite processual**.

Não obstante, qualquer que seja a hipótese de suspensão, atos urgentes podem ser praticados durante o período em que o processo está suspenso – salvo se houver alegação de impedimento ou suspeição do juiz (CPC, art. 314).

É importante esclarecer que suspensão do processo é algo distinto da suspensão ou interrupção do prazo processual.

É necessária previsão legal para que haja a suspensão do processo, sendo que o Código prevê diversas situações para tanto.

O principal dispositivo que trata do tema é o art. 313 do CPC, que traz as seguintes **hipóteses de suspensão**:

(i) Pela morte ou perda da capacidade processual de qualquer das partes, de seu representante legal ou de seu procurador.

O autor, quando falece, deixa de deter capacidade de ser parte. Um idoso que é interditado perde sua capacidade processual. Um advogado que é desligado dos quadros da OAB não é mais dotado de capacidade postulatória. Nestes três exemplos, o processo não pode prosseguir. Mas preferível à extinção de plano é a suspensão, até que a incapacidade seja solucionada.

Contudo, se a falha não for suprida, sendo em relação ao autor, o processo será extinto sem mérito; sendo em relação ao réu, será decretada a revelia (CPC, art. 313, § 3º). Aponta o CPC que, no caso de óbito da parte, se não houver habilitação, o juiz determinará a suspensão de ofício e buscará que haja o ingresso dos herdeiros (CPC, art. 313, § 2º).

(ii) Por convenção das partes.

Se as partes estão em vias de celebrar um acordo para pôr fim ao processo, o prosseguimento do feito pode dificultar as negociações. Daí a conveniência de suspender o processo.

Contudo, o prazo máximo para que o processo fique suspenso é de seis meses (CPC, art. 313, § 4º). Após tal período, o processo deverá retomar seu curso;

(iii) Quando houver arguição de impedimento ou suspeição.

Lembrando que não há mais a figura da exceção, se a parte impugnar a imparcialidade do juiz (ou de outro auxiliar do juízo), é conveniente que se aguarde a decisão dessa questão com a suspensão do processo.

(iv) Quando for admitido o incidente de resolução de demandas repetitivas.

O IRDR (art. 976) é uma das grandes novidades do CPC. Quando ele for admitido, para que se decida a questão repetitiva, impõe-se a suspensão de todos os outros processos que discutam a mesma tese jurídica. A rigor, o prazo máximo de suspensão é de 1 ano, mas eventualmente poderá esse prazo ser majorado (CPC, art. 980, parágrafo único).

(v) Quando a sentença de mérito depender do julgamento de outra causa ou de prova requisitada a outro juízo, ou seja, quando houver prejudicialidade externa.

Ao se falar em prejudicialidade, significa dizer que antes da solução da questão principal (o pedido, aquilo que deverá ser apreciado pelo juiz), deve ser solucionada a questão prejudicial em debate em outro processo. O objetivo da suspensão pela prejudicialidade externa é evitar que haja a prolação de decisões conflitantes.

No que diz respeito à suspensão decorrente de prova a ser produzida em outro juízo, o exemplo é a expedição de carta precatória para oitiva de testemunha, ou seja, o processo "principal" fica sobrestado até que a prova em questão seja produzida.

Considerando a morosidade que isso acarreta, houve alteração legislativa: apenas quando se tratar de prova "imprescindível" é que a carta terá o condão de suspender o processo (CPC, art. 377).

Por fim, o processo só poderá ficar suspenso pelo inciso V pelo prazo máximo de 1 ano (CPC, art. 313, § 4º).

(vi) Por motivo de força maior.

Para fins deste inciso, deve-se entender por força maior a situação imprevisível, alheia à vontade das partes e do juiz que torne impossível a realização de determinado ato processual. Se isso ocorrer, o processo estará suspenso e, consequentemente, prorrogados os prazos para realização daquele ato processual. Como exemplo, na segunda década do século XXI, as fortes chuvas que destruíram diversos fóruns em cidades do Sudeste do Brasil.

(vii) Quando se discutir em juízo questão decorrente de acidentes e fatos da navegação de competência do Tribunal Marítimo.

O Tribunal Marítimo é órgão administrativo que aprecia questões relativas ao Direito Marítimo (tema que ganhou prestígio no CPC). Assim, se houver o debate de acidente marítimo em apreciação perante o Tribunal Marítimo, eventual processo judicial sobre esse tema deverá ser suspenso. Trata-se, portanto, de mais uma situação de prejudicialidade externa (como no inciso V). Não há previsão legal de prazo máximo de suspensão, mas por uma interpretação teleológica, também deve ser aplicado o prazo máximo de 1 ano (CPC, art. 313, § 4º).

(viii) Quando do nascimento ou adoção de filho, sendo a mãe ou o pai a única advogada ou advogado da causa. Trata-se de **inovação decorrente da Lei n. 13.363/2016**, que não constava da redação original do CPC atual.

É o previsto nos incisos IX e X do art. 313 do CPC, dispositivo que determina a suspensão do processo por ocasião do parto ou adoção. Para que haja a suspensão do processo, (i) deve ser apresentada nos autos a certidão de nascimento para comprovar o parto ou o termo judicial que tenha concedido a adoção e (ii) deve o patrono ter notificado o cliente a respeito do tema.

O prazo de suspensão é diferenciado entre pai e mãe: 30 dias para a mulher e 8 dias para o homem.

3. PROCESSO DE CONHECIMENTO

3.1. Procedimento comum

3.1.1. Visão geral

Procedimento é a **forma pela qual o processo se desenvolve**. Cada processo tem seus próprios procedimentos.

No CPC, o panorama é o seguinte:

a) No processo de conhecimento, há os seguintes procedimentos:

(i) **comum**, que é o procedimento padrão, a ser utilizado na maior parte das causas (CPC, art. 318);

(ii) **especial**, que apresenta distinções em relação ao procedimento comum, de modo a decidir a lide de forma mais adequada (CPC, Título III do Livro I da Parte Especial, art. 539 e s., além de leis extravagantes);

O procedimento comum (que é o procedimento padrão, o mais amplo e usual), é aplicado de forma subsidiária aos procedimentos especiais e também ao processo de execução (art. 318, parágrafo único).

b) No processo de execução, não há um procedimento comum e outros especiais. O que existem são **diversos tipos de procedimentos**, cada um correspondente a cada uma das diversas espécies de execução (alimentos, entrega de coisa, contra a Fazenda etc.).

No tocante ao **procedimento comum do processo de conhecimento**, há importante mudança em relação ao que existia no CPC/73. No Código anterior, o procedimento comum se dividia no rito ordinário e sumário.

> No CPC/2015, houve a **extinção do rito sumário**; sendo assim, **não mais se justifica a existência de um rito ordinário**. Logo, no CPC somente existe, no processo de conhecimento, procedimento comum (art. 318 e s.) e especial (art. 539 e s.).

Diante do exposto, é possível apresentar o seguinte quadro-síntese em relação ao CPC:

Processo	Procedimento
1) Conhecimento	1.1) Comum
	1.2) Especial
2) Execução	2.1) pagar quantia
	2.2) fazer ou não fazer
	2.3) alimentos etc.
	(Diversos, conforme a espécie de obrigação)

Considerando o panorama geral exposto, é possível analisar os procedimentos no processo de conhecimento:

(i) **procedimento comum:** é a base, a norma que se aplica de forma subsidiária aos demais.

É o procedimento regulado com mais vagar pelo CPC, é o mais completo, com maior número de atos (inicial, contestação, réplica etc.) e fases mais facilmente distinguíveis (postulatória, saneadora, instrutória, decisória e cumprimento de sentença).

(ii) **procedimentos especiais:** surgem diante da impossibilidade de solução a determinados problemas pelo procedimento comum. A finalidade é adequar o procedimento ao direito material debatido.

As diferenças, em relação ao procedimento paradigma (comum), são previstas em lei e podem estar nos prazos, na previsão de liminar, na modificação/concentração das fases processuais etc.

Será utilizado o procedimento comum por exclusão: se não for hipótese de algum procedimento especial (previsto no CPC ou em lei extravagante), então este será o utilizado.

Trata-se, portanto, do procedimento residual – e é o mais utilizado e o mais pedido na prova da OAB.

3.1.2. Petição inicial e seus requisitos

Os **requisitos da petição inicial** estão previstos no CPC, art. 319. Vale reproduzir o artigo:

> **Art. 319.** A petição inicial indicará:
> I – o juízo a que é dirigida (endereçamento);
> II – os nomes, os prenomes, o estado civil, a existência de união estável, a profissão, o número de inscrição no Cadastro de Pessoas Físicas ou no Cadastro Nacional da Pessoa Jurídica, o endereço eletrônico, o domicílio e a residência do autor e do réu (qualificação);
> III – o fato e os fundamentos jurídicos do pedido (causa de pedir);
> IV – o pedido com as suas especificações (pedido);
> V – o valor da causa;
> VI – as provas com que o autor pretende demonstrar a verdade dos fatos alegados (provas);
> VII – a opção do autor pela realização ou não de audiência de conciliação ou de mediação (interesse na audiência inaugural).

O Código originariamente aprovado pelo Congresso previa a possibilidade de **conversão de ação individual em coletiva**, quando se estivesse diante de uma demanda que pudesse ter um potencial de repetição. Porém, o dispositivo foi vetado (art. 333).

Ainda que vetado, pode ser objeto de alguma pergunta em provas de OAB, por isso vale a menção ao tema. Apesar do veto à conversão da ação individual em coletiva, permaneceu no sistema a previsão de o **juiz poder oficiar algum ente legitimado para ajuizar ação coletiva**, quando vislumbrar multiplicidade de causas. A previsão está no art. 139, X, destacando ser **poder do juiz**, quando se deparar com diversas demandas individuais repetitivas, oficiar o Ministério Público, a Defensoria Pública e outros legitimados para, se for o caso, promover a propositura da ação coletiva respectiva.

Os requisitos ora analisados são previstos para a inicial do procedimento comum. Mas, como já dito, também se aplicam aos demais processos e procedimentos, com algumas diferenças.

Se a **petição inicial não trouxer algum dos requisitos**, o juiz determinará a **emenda da inicial** (CPC, arts. 317 e 321). Contudo, se o autor não proceder à emenda, haverá o indeferimento da inicial, com a extinção do processo sem resolução do mérito (CPC, art. 485, I).

Por sua vez, **se o vício da inicial for grave** e sequer permitir a emenda, poderá o magistrado desde logo extinguir o processo (CPC, art. 330). Nessas situações, fala-se em **indeferimento liminar da inicial**, hipóteses em que o processo é extinto sem resolução do mérito e sem haver a citação do réu.

Também é possível se falar em **improcedência liminar da inicial**, situação na qual o pedido é julgado improcedente (portanto, decisão de mérito), sem a citação do réu (acerca do assunto, *vide* item 3.2.1.2).

Descabe a procedência liminar do pedido, pois é necessário o contraditório e ampla defesa do réu (porém, o sistema prevê a figura da tutela da evidência, como já enfrentado).

Considerando os diversos **requisitos da petição inicial**, na sequência será feita a análise de alguns dos requisitos com mais vagar (daqueles que não foram analisados em outros momentos).

3.1.2.1. Causa de pedir

Causa de pedir: na terminologia do Código, são os fatos e fundamentos jurídicos do pedido (Por que o autor pede em juízo determinada providência?).

Observemos que não se deve confundir **fundamentos jurídicos** (consequência jurídica pretendida pelo autor, decorrente dos fatos narrados) com **fundamentos legais** (base legal, artigos de lei).

A causa de pedir é integrada apenas pelos fundamentos jurídicos. Assim, ainda que a parte mencione determinados artigos na inicial, poderá o juiz julgar com base em outros dispositivos – desde que não altere os fatos ou fundamentos jurídicos levados aos autos pelo autor.

Para que haja a **alteração da causa de pedir** após o ajuizamento da inicial, deve ser observado o seguinte (CPC, art. 329):

(i) **até a citação:** permitido, sem qualquer restrição, bastando uma petição do autor;

(ii) **após a citação:** permitido, desde que o réu concorde (hipótese em que haverá possibilidade de manifestação do réu, no prazo mínimo de 15 dias, sendo possível requerimento de prova suplementar);

(iii) **após o saneamento** do processo: inadmissível.

Essa é exatamente a **mesma regra em relação à alteração do pedido** após o ajuizamento.

3.1.2.2. Pedido

Pedido é aquilo que o autor pede quando aciona o Judiciário.

O CPC deixa claro que o **pedido deve ser certo** (art. 322) **e determinado** (art. 324).

Ainda que a parte não peça, compreendem-se no pedido (CPC, art. 322, § 1º – o que por alguns é chamado de pedido implícito):

(i) juros legais;

(ii) correção monetária;

(iii) verbas de sucumbência, ou seja, custas e honorários;

(iv) prestações sucessivas que se vencerem durante o processo, enquanto durar a obrigação (CPC, art. 323);

(v) multa diária (*astreintes*), na tutela específica das obrigações de fazer, não fazer ou entregar coisa (CPC, art. 536, *caput* e § 1º).

Interpretação do pedido: o CPC prevê que o pedido vai ser interpretado conforme "o conjunto da postulação e observará o princípio da boa-fé" (art. 322, § 2º), ou seja, o juiz terá mais margem para interpretar o pedido: não só com base naquilo que estiver ao final da petição inicial, no tópico "do pedido", mas também a peça como um todo.

A **determinação do pedido** diz respeito ao complemento, ao bem da vida. Ou seja, ao se pedir a condenação (certeza do pedido), indicar de quanto se quer a condenação.

Apesar de a regra ser a determinação do pedido, o CPC admite a formulação de **pedido genérico**, em hipóteses específicas (art. 324, § 1º):

I – nas ações universais, se o autor não puder individuar os bens demandados (ações que envolvem um conjunto de bens, uma universalidade, tais como o espólio, uma biblioteca, a massa falida. Basta imaginar um filho buscando o patrimônio de um pai falecido. O autor ingressará com uma petição de herança [réus condenados a entregar ao autor seu quinhão – pedido certo], mas não conseguirá delimitar o valor exato dos bens correspondentes ao seu quinhão, pois não se sabe o *quantum debeatur*);

II – quando não for possível determinar, desde logo, as consequências do ato ou do fato (como exemplo, um acidente envolvendo a explosão de um botijão de gás em um restaurante. O cliente poderá ter de ficar meses em tratamento médico. Mesmo antes de ficar totalmente recuperado, o cliente já poderá ingressar em juízo contra o restaurante. E os danos, porém, ainda não podem ser determinados de modo definitivo);

III – quando a determinação do objeto ou do valor da condenação depender de ato que deva ser praticado pelo réu (O exemplo típico para esta situação é a prestação de contas: conforme as contas prestadas, será possível verificar se há e quanto é o valor a ser pago).

Tomando posição em relação a uma polêmica doutrinária, o CPC deixa clara a **impossibilidade de indenização por dano moral como pedido genérico**, o que era admitido pela jurisprudência do STJ no Código anterior (considerando ser uma situação em que "não era possível determinar, desde logo, as consequências" do ato ou fato, inciso II). O CPC aponta que, na demanda indenizatória, inclusive a fundada em dano moral, o valor da causa será a quantia pretendida (art. 292, V); com isso, não se mostra mais possível pleitear o dano moral sem indicar, na inicial, o valor pretendido.

O sistema admite a **cumulação de pedidos**, ou seja, a elaboração de mais de um pedido, mesmo que não conexos, em face do mesmo réu. Será possível a **cumulação** quando (CPC, art. 327, § 1º):

1) os pedidos forem compatíveis;
2) competente o mesmo juízo;
3) adequado o mesmo procedimento (ou utilização do procedimento comum, sem prejuízo do uso de "técnicas processuais diferenciadas previstas nos procedimentos especiais" para um dos pedidos cumulados, desde que não haja incompatibilidade com o procedimento comum).

A legislação permite o **pedido alternativo**, que é aquele em que o autor formula dois pedidos para ver acolhido um, indistintamente. Pede-se a entrega do bem comprado ou o dinheiro de volta (CPC, art. 325 – o devedor pode cumprir a prestação de mais de um modo), sem preferência por parte do autor. Se qualquer dos pedidos for acolhido, estará satisfeito o autor.

O **pedido subsidiário** se verifica quando o autor formula um pedido principal e, somente se este não puder ser acolhido, formula um pedido subsidiário/eventual. Pede-se o cumprimento do contrato como pedido principal e, somente se isso não for possível, pleiteia-se indenização por perdas e danos (CPC, art. 326). Aqui há, portanto, preferência por parte do autor – que somente estará totalmente satisfeito se for acolhido o pedido principal.

A doutrina também fala em **pedido sucessivo** (não previsto na legislação), quando há cumulação de pedidos, mas o segundo pedido depende, do ponto de vista lógico, do acolhimento do primeiro. Assim, numa investigação de paternidade cumulada com alimentos, somente após o acolhimento do pedido de reconhecimento da paternidade é que se pode cogitar de concessão do pedido de alimentos.

Em relação à **modificação do pedido**, repete-se o acima exposto quanto à causa de pedir (CPC, art. 329):

(i) **até a citação:** permitido, sem qualquer restrição, bastando uma petição do autor;

(ii) **após a citação:** permitido, desde que o réu concorde (hipótese em que haverá possibilidade de manifestação do réu, no prazo mínimo de 15 dias, sendo possível requerimento de prova suplementar);

(iii) **após o saneamento** do processo: inadmissível.

3.1.2.3. Provas

O objetivo da prova é **influir no convencimento do juiz** quanto aos fatos trazidos pelas partes (CPC, art. 369).

Cabe relembrar que, pela Constituição, provas ilícitas são inadmissíveis (CF, art. 5º, LVI).

O **momento principal de produção de prova oral** é a audiência de instrução (CPC, art. 361). Tratando-se de documentos, já na inicial e contestação devem ser juntados.

A regra é que somente os fatos devem ser provados, mas não o direito (há exceção prevista no CPC, art. 376: o juiz poderá determinar que a parte prove "direito municipal, estadual, estrangeiro ou consuetudinário").

Fato incontroverso (aquele que não é objeto de impugnação pela parte contrária) e **fato notório** (aquele que é de conhecimento comum dos litigantes) independem de prova (CPC, art. 374).

Da mesma forma, aquilo que ordinariamente ocorre – as chamadas **máximas de experiência** – também não precisa ser provado (CPC, art. 375). Como exemplo, a culpa num acidente de veículo, com base no que ordinariamente ocorre, é do veículo que está atrás.

O **momento de requerer a produção das provas** é na inicial e na contestação. O **juiz decidirá a respeito de qual prova será produzida** no saneamento (CPC, art. 357, II: fixação dos pontos controvertidos a respeito dos quais haverá prova). Além disso, cabe ao juiz deferir provas de ofício (CPC, art. 370).

O CPC contempla previsão sobre a **prova emprestada**: o juiz poderá admitir o uso de prova produzida em outro processo, atribuindo-lhe o valor que considerar adequado, observado o contraditório (art. 372).

No Código anterior, havia o princípio do livre convencimento motivado do juiz. No CPC atual, há o **princípio do convencimento motivado**, pois fala-se em "razões da formação" do convencimento, mas sem a menção a "livre".

> **CPC, art. 371**
> O juiz apreciará a prova constante dos autos, independentemente do sujeito que a tiver promovido, e indicará na decisão as razões da formação de seu convencimento.

Quanto ao **ônus da prova**, em regra, é de quem alega. Assim, compete:

- **ao autor**, provar o fato constitutivo do seu direito (CPC, art. 373, I);
- **ao réu**, provar o fato impeditivo, modificativo ou extintivo do direito do autor (CPC, art. 373, II).

Prevê o Código a **distribuição dinâmica do ônus da prova** (ou carga dinâmica do ônus da prova), mecanismo que já vinha sendo aplicado pela jurisprudência e debatido pela doutrina mesmo antes do CPC.

Em casos previstos em lei ou diante de peculiaridades da causa relacionadas: (i) à impossibilidade ou excessiva dificuldade de cumprir o encargo de provar ou (ii) à maior facilidade de obtenção da prova do fato contrário, poderá o juiz atribuir o ônus da prova de modo diverso por meio de decisão fundamentada, caso em que deverá dar à parte a oportunidade de se desincumbir do ônus que lhe foi atribuído (CPC, art. 373, § 1º).

Em linha com a carga dinâmica, vale destacar, como exemplos, nas **relações de consumo**, em que é possível a inversão do ônus da prova, desde que presente a hipossuficiência do consumidor ou verossimilhança da alegação (CDC, art. 6º, VIII).

Se o autor não se desvencilhar de seu ônus: improcedência do pedido, sendo vedada a repropositura, diante da coisa julgada que se forma (CPC, art. 487, I).

> Uma das principais inovações do CPC é a carga dinâmica do ônus da prova ou ônus dinâmico da prova. No Código anterior, havia o ônus estático da prova (sempre o mesmo), sendo que havia algumas exceções em legislação extravagante, como a inversão do ônus da prova no Código do Consumidor.
> No CPC, o *caput* do art. 373 ainda prevê a regra geral (ônus da prova é de quem alega). Contudo, agora o Código prevê que, caso a caso, poderá o juiz dizer de quem é o ônus da prova. Porém, isso deve ser informado à parte, antes da fase instrutória (inclusive por força do princípio da vedação de decisão surpresa).

3.1.2.3.1. Meios de provas

No tocante aos **meios de prova**, o Código traz os seguintes:

(i) ata notarial (CPC, art. 384);
(ii) depoimento pessoal (CPC, art. 385);
(iii) confissão (CPC, art. 389);
(iv) exibição de documento ou coisa (CPC, art. 396);
(v) documental (CPC, art. 405);
(vi) testemunhal (CPC, art. 442);
(vii) pericial (CPC, art. 464); e
(viii) inspeção judicial (CPC, art. 481).

A seguir, segue análise dos principais aspectos de cada um dos meios de prova.

(i) Ata notarial

Realizada em cartório extrajudicial (e, por isso, dotada de fé pública), a ata notarial serve para a produção de prova em uma situação em que a prova possa desaparecer (como para provar o conteúdo de páginas da internet, que podem ser alteradas ou excluídas posteriormente; a ata certifica o que foi visualizado naquele momento em que se acessou determinada página).

A ata notarial poderá atestar ou documentar a existência e o modo de existir de algum fato. É possível que imagem ou som gravados em arquivos eletrônicos constem da ata notarial (CPC, art. 384, parágrafo único).

(ii) Depoimento pessoal

É o interrogatório das partes, seja o autor ou o réu (CPC, art. 385).

Existem limitações ao dever de depor em juízo, como em situações de sigilo ou autoincriminação (CPC, art. 388) – que **não se aplicam** em causas de estado e de direito de família (CPC, art. 388, parágrafo único).

O depoimento pessoal é requerido pelo juiz ou pela parte contrária (CPC, art. 385, *caput*). Assim, não é requerido pelo próprio depoente.

Pode ocorrer, no depoimento pessoal, a **pena de confesso:** se a parte não comparecer ou, comparecendo, recusar-se a responder o que lhe for perguntado, presumir-se-ão confessados os fatos contra ela alegados (CPC, art. 385, § 1º).

No momento da colheita da prova, quem ainda não depôs não pode ficar na sala de audiência ouvindo o outro depoimento pessoal (CPC, art. 385, § 2º).

A parte depoente não pode ler suas respostas, mas é permitido levar breves anotações (CPC, art. 387). A parte não presta compromisso de dizer a verdade.

O depoimento pessoal da parte que residir em comarca, seção ou subseção judiciária diversa daquela onde tramita o processo poderá ser **colhido por meio de videoconferência** ou outro recurso tecnológico de transmissão de sons e imagens em tempo real, o que poderá ocorrer, inclusive, durante a realização da audiência de instrução e julgamento (CPC, art. 385, § 3º).

Dúvida que surgirá é se o depoimento pessoal das partes será feito **mediante reperguntas** (como no Código anterior) **ou mediante perguntas dos próprios advogados** – como é a novidade em relação à prova testemunhal (CPC, art. 459). Como não há previsão do tema na seção própria do depoimento pessoal, é de se concluir que a forma de inquirição será a mesma da prova testemunhal – ou seja, perguntas formuladas pelos advogados e não pelo juiz.

(iii) Confissão

Entende-se por **confissão** a situação na qual a parte admite a verdade de um fato contrário ao seu interesse (CPC, art. 389).

A confissão pode ser judicial ou extrajudicial.

A **confissão judicial** pode ser:

- real, ou seja, efetivamente aconteceu; ou
- ficta, quando resulta de sanção por alguma recusa da parte.

A **confissão judicial real** pode ser:

- espontânea, quando realizada pelo próprio confitente, sem provocação; ou
- provocada, quando obtida mediante interrogatório.

Assim, percebe-se que a confissão pode ocorrer por meio documental ou no depoimento pessoal.

(iv) Exibição de documento ou coisa

Pode o juiz determinar que seja exibido determinado documento ou coisa (CPC, arts. 396 e 401).

O destinatário da ordem pode ser:

- o réu (CPC, art. 396). Se o réu estiver com o documento/coisa e não o exibir, admitem-se como verdadeiros os fatos que o requerente queria provar com o que seria exibido (CPC, art. 400).
- terceiro (CPC, art. 401). Se terceiro estiver com o documento/coisa e não o exibir, o juiz poderá determinar apreensão, inclusive com força policial, sendo que o terceiro incorrerá no crime de desobediência (CPC, art. 403, parágrafo único).

Permite o Código que o juiz adote medidas coercitivas (tais como multa diária) para que se obtenha o documento ou coisa (CPC, art. 400, parágrafo único) – diferentemente da jurisprudência quanto ao tema à luz do CPC/73 (Súmula 372 do STJ).

(v) Prova documental

O **momento de produção** da prova documental é na inicial e na contestação (CPC, art. 434).

Fora estes momentos, só podem ser juntados (CPC, art. 435):

a) documentos novos (prova de fatos posteriores aos narrados à inicial);

b) documentos para rebater documentos produzidos pela parte contrária.

Toda vez que um documento for juntado, a parte contrária deverá ter a oportunidade de se manifestar, em 15 dias (CPC, art. 437, § 1º).

Se uma das partes entender que o documento é falso, deverá **arguir a falsidade** – na contestação, réplica ou em petição simples, 15 dias após a juntada do documento (CPC, art. 430).

Apresentado o documento por uma das partes, se a outra não o impugnar no momento seguinte (arguição de falsidade na contestação, réplica ou simples petição, como visto acima), há preclusão e considera-se autêntico o documento (CPC, art. 411, III).

Em relação à reprodução realizada por **foto, vídeo ou áudio**, o CPC afirma que isso é válido (art. 422). Mas trata-se de presunção relativa, pois é certo que a parte contrária pode impugnar esse documento.

Tratando-se de **foto digital ou obtida na internet**, deverá ser apresentada a "autenticação mecânica", que deve ser interpretada como (i) o arquivo digital que traz a foto ou (ii) o arquivo e as informações da página na internet de onde essa foto foi retirada. Tratando-se de foto obtida na internet, ainda é possível se realizar a ata notarial (art. 384).

Se a foto estiver em **jornal ou revista impressa**, deverá ser juntado aos autos o original onde apareceu essa foto. Contudo, muitas vezes isso pode ser insuficiente para eventual perícia – e talvez seja necessária a apresentação do próprio arquivo eletrônico (existente junto à imprensa), conforme o caso concreto. E o juiz, por certo, terá poderes para isso.

O § 3º do art. 422 destaca que o **e-mail**, para fins de prova, equipara-se à fotografia. Assim, deverá ser juntada a "autenticação eletrônica" (arquivo eletrônico, e não só a mensagem impressa, para fins de eventual perícia). Mas o dispositivo não trata da força probante do e-mail (como o CPC fez com o telegrama), mas sim dos aspectos formais para aceitação da prova. E cabe sempre lembrar que o juiz tem o convencimento motivado (art. 371).

(vi) Prova testemunhal

É o interrogatório de terceiros, que não são parte no processo (CPC, art. 442).

A parte deve apresentar rol de testemunhas no saneamento (CPC, art. 357, §§ 4º e 5º).

Há a apresentação do rol de testemunhas para (i) permitir que haja a intimação das testemunhas se as partes assim requererem e (ii) para que a parte contrária saiba, antes da audiência, quem são as testemunhas.

Cada parte poderá apresentar até 10 testemunhas, mas o juiz pode dispensar mais do que 3 sobre o mesmo fato (CPC, art. 357, § 6º), sendo possível, conforme a complexidade da causa, limitar o número de testemunhas (CPC, art. 357, § 7º).

Após a apresentação do rol, só cabe a **substituição da testemunha** que (CPC, art. 451):

- falecer;
- por enfermidade não tiver condições de depor; ou
- que mudou de endereço e não foi encontrada pelo oficial de justiça.

Em regra, a **testemunha será ouvida em juízo**, perante o juiz da causa, na audiência de instrução. Porém, pode haver (i) produção antecipada de prova (art. 381), (ii) oitiva por carta (precatória, rogatória ou de ordem – art. 453, II) ou, ainda, (iii) oitiva por videoconferência (que passou a ser muito comum com a pandemia) – que pode até mesmo ocorrer durante a própria audiência de instrução (art. 453, § 1º).

O art. 455 do CPC aponta que compete ao **próprio advogado intimar a testemunha** para que compareça em juízo, e isso será feito via carta com aviso de recebimento, pelos correios. Se não houver o envio do AR pelo advogado e a testemunha não comparecer, presume-se sua desistência. Se o advogado preferir, pode apenas comunicar a testemunha por outros meios – mas, se a testemunha se ausentar, também se presume a desistência.

Contudo, ainda permanece a possibilidade de **intimação da testemunha pelo Judiciário** (CPC, art. 455, § 4º): (i) se frustrada a intimação via AR (ou se, desde logo, o juiz assim determinar), (ii) quando a testemunha for servidor público, (iii) quando a testemunha for arrolada pelo MP ou pela Defensoria Pública ou (iv) quando a testemunha for autoridade.

A testemunha, no início do depoimento, presta o **compromisso de dizer a verdade** (CPC, art. 458).

Quanto ao **procedimento da oitiva**, serão ouvidas primeiro as testemunhas que foram arroladas pelo autor, depois pelo réu. E uma testemunha não ouve o depoimento da outra. Porém, é possível que o juiz, em comum acordo com as partes, altere a ordem de oitiva das testemunhas, qualquer que seja a ordem (CPC, art. 456, parágrafo único).

Quanto à **indagação das testemunhas**, deixa de existir o modelo das reperguntas (em que o advogado pergunta ao juiz, que então formula a repergunta para a testemunha) e passa o advogado a formular as perguntas diretamente para o depoente (CPC, art. 459). Isso já consta do art. 212 do CPP, por força de reforma de 2008.

As perguntas são inicialmente formuladas pelo advogado que arrolou a testemunha e, posteriormente, pelo outro advogado. Pode o juiz (i) formular perguntas, antes ou depois das partes e (ii) indeferir as perguntas que forem impertinentes, repetição de outra ou quiserem induzir a resposta.

Pode o juiz determinar a oitiva da **testemunha referida** (mencionada por uma das testemunhas ouvidas) ou realização de acareação entre testemunhas ou entre testemunha e parte. O CPC esclarece que a acareação poderá ser feita por videoconferência e ao regular como a acareação será realizada – por reperguntas do juiz e não por perguntas diretas dos advogados (art. 461).

Não podem ser testemunhas as pessoas (CPC, art. 447):

a) **incapazes**, ou seja:
- o interdito por enfermidade mental;
- o que, acometido por retardamento mental, ao tempo em que ocorreram os fatos, não podia discerni-los; ou não está habilitado a transmitir as percepções[1];
- o menor de 16 anos;
- o cego e o surdo, quando a ciência do fato depender dos sentidos que lhes faltam;

b) **impedidas**, a saber:
- o cônjuge, o companheiro, o ascendente e o descendente em qualquer grau, ou colateral, até o terceiro grau;
- o que é parte na causa;
- o que intervém em nome de uma parte (tutor, representante legal da pessoa jurídica ou o advogado que assista ou tenha assistido as partes);

c) **suspeitas**, que são:
- o inimigo da parte, ou o seu amigo íntimo;
- o que tiver interesse no litígio.

Se necessário, pode o juiz ouvir essas pessoas, mas não como testemunhas e sim como informantes, que não prestam compromisso (CPC, art. 447, §§ 4º e 5º).

Se o juiz aceitar ouvir uma testemunha que não deveria ser ouvida, o advogado da parte contrária poderá apresentar a **contradita**, que é exatamente a alegação de que a testemunha é incapaz, suspeita ou impedida (CPC, art. 457, § 1º).

---

[1] Em relação às duas situações inicialmente mencionadas, atentar para o fato de o Estatuto da Pessoa com Deficiência (Lei n. 13.146/2015) não tratar o portador de deficiência mental automaticamente como incapaz.

(vii) Prova pericial

A **prova pericial** consiste em exame, vistoria ou avaliação (CPC, art. 464) e é utilizada quando há a necessidade de conhecimentos técnicos a respeito de qualquer disciplina – salvo direito (CPC, art. 464, § 1º, I).

> Há três possibilidades de perícia no CPC: (i) prova técnica simplificada (art. 464, § 2º), (ii) perícia comum (arts. 465 e s.) e (iii) perícia consensual (art. 471).

Como já visto, houve importante **alteração quanto à escolha do perito**. Deverá o juiz escolher os peritos a partir de um cadastro mantido pelo tribunal (CPC, art. 156, § 1º). Somente se não houver profissional cadastrado para o local onde está a vara é que haverá livre escolha pelo juiz (§ 5º) – sempre devendo ser escolhido profissional que tenha conhecimento técnico para a perícia.

Permite o CPC a possibilidade de substituição da perícia por **prova técnica simplificada**, quando o "ponto controvertido for de menor complexidade" (art. 464, § 2º). Contudo, o Código não especifica o que seja esse ponto de menor complexidade, de modo que isso terá de ser verificado no caso concreto. Como exemplo, podemos cogitar o de um *tablet* com um problema e a verificação do que causou esse problema (defeito ou mau uso); isso, em tese, seria algo mais simples que permitiria a substituição.

A prova técnica simplificada é uma perícia mais informal que conta apenas com o depoimento verbal do especialista (esse é o termo utilizado pelo CPC, e não perito), sem a necessidade de formalizar quesitos, assistente técnico ou apresentação de laudo escrito (art. 464, § 3º). O especialista poderá realizar apresentação ao prestar os esclarecimentos ao juiz (art. 464, § 4º), sendo que sua oitiva ocorrerá na audiência de instrução ou em outra audiência designada pelo juiz especificamente para ouvi-lo.

Em situação complexa que demande conhecimentos técnicos de mais de uma área do conhecimento, pode o juiz nomear **mais de um perito** e podem as partes indicar mais de um assistente técnico (art. 475 do CPC).

Quanto ao **procedimento da perícia**, vale destacar alguns pontos.

De início, diante da necessidade de prova pericial, deverá o juiz nomear um perito especialista no objeto da perícia, fixando prazo para apresentação do laudo (CPC, art. 465).

Após a **nomeação do perito**, as partes terão o prazo de 15 dias para se manifestarem, quanto (i) impedimento ou suspeição do perito, (ii) indicação de assistente técnico e (iii) apresentação de quesitos.

Após essa manifestação, será a vez do perito falar nos autos, em 5 dias, momento em que (i) formulará proposta de honorários, (ii) apresentará seu currículo, principalmente demonstrando sua especialização na área objeto da perícia e (iii) indicará seus contatos profissionais, inclusive correio eletrônico, para ser intimado.

A seguir, nova manifestação das partes, no prazo de 5 dias, para que digam a respeito dos honorários sugeridos pelo perito.

Com essas informações, o **juiz fixará os honorários periciais** e determinará o pagamento da quantia. A responsabilidade pelo pagamento é de quem requereu a perícia ou de ambas as partes (metade para cada), se (a) a prova for determinada de ofício ou (b) a perícia foi requerida pelo autor e pelo réu. Em regra, apenas após o pagamento integral dos honorários é que terá início a confecção do laudo. O CPC permite o **pagamento de metade antes da perícia** e a outra metade somente após a apresentação do laudo e prestados os esclarecimentos (art. 465, § 4º). Isso será requerido pelas partes *e* decidido pelo juiz.

Quanto aos honorários periciais, há previsão de sua redução, pelo juiz, caso a perícia seja inconclusiva ou deficiente (art. 465, § 5º).

Se a perícia for realizada por carta precatória, é possível que o perito e assistentes técnicos sejam definidos apenas no juízo de destino (art. 465, § 6º). Como exemplo, a situação em que será realizada a perícia para avaliar um imóvel em Comarca distante 500 km do juízo de origem. Muito melhor, por certo, a nomeação de perito no juízo deprecado.

O **perito deve ser imparcial**, mas não os assistentes técnicos, que são de confiança das partes (CPC, art. 466). Assim, há impedimento e suspeição para o perito, mas não para os assistentes. Porém, isso não significa que os assistentes podem agir de má-fé, podendo ser penalizados se isso ocorrer.

Caso requerido pelas partes, admite-se que o perito ou assistente técnico preste esclarecimentos em audiência. Para isso, as perguntas a serem respondidas pelo perito devem ser formuladas na forma de quesitos (CPC, art. 477, § 3º).

Considerando o princípio do convencimento motivado, o juiz não está vinculado ao laudo pericial (CPC, art. 479) e pode, quando entender que a questão não está bem esclarecida, determinar a realização de nova perícia (CPC, art. 480).

Fundada na maior liberdade que o Código dá às partes de definirem o procedimento, existe a **perícia consensual** (CPC, art. 471).

Somente é possível o uso da perícia consensual se: (i) as partes forem capazes e (ii) o litígio puder ser revolvido por acordo entre as partes. Ao requererem essa modalidade de perícia, as partes já deverão indicar: (a) o perito (escolhido de comum acordo pelas partes, sem interferência do juiz), (b) os assistentes técnicos, (c) data e local da realização da perícia e (d) quesitos que deverão ser respondidos pelo perito. Uma vez apresentado o requerimento de perícia consensual, o juiz poderá deferir ou indeferir o pleito.

O Código é expresso ao destacar que a perícia consensual é efetiva prova pericial (art. 471, § 3º), não sendo caso de uma perícia consensual e perícia usual ao mesmo tempo.

O CPC traz os **requisitos do laudo pericial** (art. 473):

(i) relatório, que é a exposição do objeto da perícia;

(ii) fundamentação, que é composta da análise técnica do perito somada à indicação do método utilizado e justificativa de sua escolha (inclusive em relação a ser um método usualmente utilizado nessa área do conhecimento);

(iii) conclusão, com a resposta a todos os quesitos deferidos pelo juiz.

Concluído o laudo, o perito deverá protocolá-lo em juízo. A seguir, as partes e assistentes técnicos poderão se manifestar no prazo comum de 15 dias. Existindo alguma dúvida, terá o perito mais 15 dias para esclarecer os pontos levantados nas manifestações. Após os esclarecimentos periciais, se ainda existir alguma dúvida, as partes poderão requerer novos esclarecimentos (formulando novos quesitos), que serão prestados na audiência de instrução (art. 477).

(viii) Inspeção judicial

A **inspeção** é meio de prova no qual o juiz vai ao local dos fatos inspecionar pessoas ou coisas, a fim de se esclarecer sobre determinada questão que interesse à decisão da causa (CPC, art. 481).

A lei parte da premissa que, em determinadas hipóteses, somente a observação pessoal é que poderá subsidiar a tomada de decisão (CPC, art. 483). Assim, o juiz irá até onde se encontra a pessoa ou coisa.

É possível que o juiz seja acompanhado por peritos (CPC, art. 482) e pelas partes (CPC, art. 483, parágrafo único).

3.1.3. Audiência de conciliação ou de mediação

O CPC prevê a designação de uma **audiência inaugural de conciliação ou mediação**, a ser conduzida, onde houver, por conciliador ou mediador (CPC, art. 334, § 1º). A respeito de quem é o conciliador ou mediador (e informações adicionais quanto à mediação e conciliação), *vide* item 2.3.7.

As previsões do Código quanto ao tema, **no tocante à mediação**, devem ser compatibilizadas com a Lei da Mediação (Lei n. 13.140/2015, lei posterior ao CPC, mas que entrou antes em vigor).

Estando em termos a petição inicial (observância dos requisitos acima expostos) e não sendo caso de improcedência liminar, o **juiz designará audiência de conciliação ou mediação** com antecedência mínima de 30 dias, devendo ser citado o réu pelo menos 20 dias antes (CPC, art. 334), ou seja, pelo Código, é uma audiência que ocorrerá na maior parte das vezes.

É possível, se o caso concreto assim demandar, **mais de uma audiência consensual** que terá de ser realizada, no máximo, até 2 meses da data de realização da primeira (CPC, art. 334, § 2º).

Pelo CPC, **somente não haverá a audiência de conciliação ou mediação** nas seguintes hipóteses (art. 334, § 4º):

I – se ambas as partes manifestarem, expressamente, desinteresse na composição consensual;

O autor deixará clara essa vontade na petição inicial (CPC, art. 319, VII), e o réu, em petição própria para isso, 10 dias antes da audiência (CPC, art. 334, § 5º).

II – quando não se admitir a autocomposição – como, por exemplo, nos casos envolvendo a Fazenda Pública em que não for possível acordo, tratando-se de direito indisponível (como uma discussão tributária ainda não pacificada na jurisprudência).

A Lei de Mediação **não prevê** hipótese em que a audiência de mediação não ocorra. Porém, na Lei n. 13.140/2015, há previsão do princípio da autonomia (art. 2º, V) – de modo que, eventualmente, será possível sustentar a não realização da audiência com base nesse princípio.

Do ponto de vista prático, diversos juízes, no Brasil inteiro, não estão designando essa audiência, muitas vezes afirmando a falta de estrutura para sua realização. Mas, frise-se, não há base legal para isso.

Em polêmica previsão, o **não comparecimento injustificado da parte à audiência conciliatória** é considerado ato atentatório à dignidade da justiça e sancionado com multa de até 2% da vantagem econômica pretendida ou do valor da causa, revertida em favor da União ou do Estado (CPC, art. 334, § 8º).

Vale destacar que essa previsão somente faz menção à conciliação. Além disso, na Lei de Mediação não há previsão de multa para a ausência. Resta verificar se a jurisprudência fará a distinção entre as duas figuras (audiência de conciliação e de mediação) e, especialmente, como será a interpretação relativa à multa.

As partes deverão comparecer à audiência de conciliação ou mediação **acompanhadas por advogado** (CPC, art. 334, § 9º), sendo possível a **constituição de representante**, desde que com poderes para negociar (CPC, art. 334, § 10).

Pelo Código, a **pauta das audiências de conciliação e mediação** será organizada de modo a respeitar o intervalo mínimo de 20 minutos entre o início de cada audiência (CPC, art. 334, § 12).

Será possível a realização da **audiência de conciliação ou mediação por meio eletrônico** (CPC, art. 334, § 7º).

Se houver acordo nessa audiência, será reduzido a termo e homologado por sentença (CPC, art. 334, § 11). A Lei de Mediação prevê que, se o **conflito for solucionado pela mediação antes da citação do réu**, não serão devidas custas judiciais finais (art. 29).

Não realizado o acordo, terá início o prazo para contestação.

> Importante novidade do CPC é a criação de uma audiência de "conciliação e mediação", a ser, em regra, realizada, e que deverá ocorrer no início do procedimento, antes mesmo da contestação.
> Apesar de, pelo Código, ser uma audiência quase obrigatória, na prática, a realidade mostra que muitos juízes, de diversos locais do Brasil, não a estão realizando. De qualquer forma, pensando em prova da OAB, a resposta a ser dada é com base na legislação, especialmente em prova teste.

3.1.4. Contestação

A **contestação** é a resistência do réu ao pedido do autor.

O réu poderá oferecer **contestação**, no **prazo de 15 dias**, contado a partir (CPC, art. 335):

I – da audiência de conciliação/mediação, ou da última sessão de conciliação, quando qualquer parte não comparecer ou, comparecendo, não houver autocomposição;

II – do protocolo do pedido de cancelamento da audiência de conciliação/mediação apresentado pelo réu, quando ambas as partes tiverem manifestado desinteresse na via consensual;

III – da juntada aos autos do mandado ou carta de citação, nos demais casos.

Pelo **princípio da eventualidade**, toda matéria de defesa, ainda que contraditória, deve ser alegada na contestação, sob pena de preclusão (CPC, art. 336).

Contudo, há exceções. Tratando-se de matéria de ordem pública (como condições da ação e pressupostos processuais), cabe a alegação em momento posterior (portanto, não há preclusão – CPC, art. 485, § 3º).

Decorrente do princípio da eventualidade, há o **ônus da impugnação específica** (CPC, art. 341), ou seja, se determinado fato não for especificamente impugnado, presume-se que seja verdadeiro.

Portanto, em regra, não cabe a **contestação por negativa geral** (situação em que o réu simplesmente afirma que "tudo que está na inicial não é verdadeiro", sem trazer sua versão aos fatos). A exceção é a contestação apresentada pelo defensor público, advogado dativo e curador especial (CPC, art. 341, parágrafo único).

A **defesa do réu**, na contestação, pode ser de mérito ou processual.

A **defesa de mérito** (CPC, arts. 336 e 341) impugna os fatos e é baseada na relação jurídica de direito material.

Pode tanto ser a resistência às alegações da inicial (negam-se os fatos) quanto a apresentação de fato impeditivo, modificativo ou extintivo do direito do autor (apresenta-se um fato que afasta a pretensão do autor – CPC, art. 350).

Como exemplo de **fato impeditivo**, a incapacidade do contratante; como exemplo de **fato modificativo**, a compensação; e como exemplo de **fato extintivo**, o pagamento.

A apresentação de defesa de mérito busca a improcedência do pedido (prolação de sentença em que há resolução do mérito – CPC, art. 487, I).

Já a **defesa processual** (CPC, arts. 337, 485 e 330) impugna a relação de direito processual, ou seja, aspectos formais-burocráticos da causa (pressupostos processuais e condições de ação). Como é anterior ao mérito, costuma também ser denominada **preliminar**.

A alegação de uma defesa processual pode acarretar:

- a extinção do processo sem resolução de mérito, desde que haja a respectiva previsão no CPC, art. 485 (litispendência: art. 337, V, c/c art. 485, V);
- a possibilidade de correção da falha (emenda) sob pena de extinção (ausência de recolhimento de custas: art. 337, XII, c/c art. 330, I);
- a alteração do juízo que julgará a causa (incompetência absoluta: art. 337, II).

Defesas processuais trazidas pelo Código, que o réu irá alegar antes de discutir o mérito (preliminarmente – CPC, art. 337):

I – vício de citação;

II – incompetência absoluta e relativa (**novidade** no CPC, quanto à relativa);

III – incorreção do valor da causa (**novidade** no CPC);

IV – inépcia da inicial (CPC, art. 330, § 1º);

V – perempção;

VI – litispendência;

VII – coisa julgada;

VIII – conexão (apesar da ausência de menção na lei, também a continência – curioso que o CPC não corrigiu essa omissão);

IX – incapacidade de parte, defeito de representação, falta de autorização (incapacidade: criança sem representação; defeito de representação: falta de procuração do advogado nos autos; falta de autorização: há casos em que o cônjuge precisa de autorização para litigar – CPC, art. 73);

X – convenção de arbitragem;

XI – ausência de legitimidade de parte ou interesse processual (no sistema anterior, falava-se em **carência de ação** – termo que segue sendo utilizado e pedido em provas da OAB);

XII – falta de caução ou prestação prevista em lei (como principal exemplo de prestação prevista em lei, a ausência de recolhimento de custas);

XIII – indevida concessão de gratuidade de justiça (**novidade** no CPC).

Como se percebe, diversos argumentos de defesa já foram analisados em momentos anteriores. Seja ao se discutir condições da ação e pressupostos processuais, seja ao se tratar das hipóteses de extinção do processo sem mérito. Isso demonstra que o processo civil é um sistema, em que inicial, contestação e decisão estão conectadas.

O atual Código muda o sistema anterior em relação à **reconvenção**. Antes, em peça apartada; agora, na própria contestação. A reconvenção é o pedido formulado pelo réu, contra o autor, nos próprios autos do processo.

Assim, no CPC, o réu deverá formular, na própria contestação, pedido contra o autor (CPC, art. 343) – bastando abrir um tópico específico para isso na peça de defesa (preliminar, mérito e reconvenção).

Oferecida a reconvenção pelo réu, o autor será intimado, na pessoa do seu advogado, para apresentar resposta (contestar) em 15 dias (CPC, art. 343, § 1º).

Uma vez apresentada, a reconvenção passa a ser **autônoma** em relação à ação; assim, a desistência ou extinção da ação não obsta o prosseguimento da reconvenção (CPC, art. 343, § 2º).

A reconvenção pode ser proposta com litisconsórcio passivo – contra o autor e terceiro; ou em litisconsórcio ativo – pelo réu e terceiro (CPC, art. 343, §§ 3º e 4º).

Apresentada a reconvenção, haverá a **anotação no distribuidor**, de modo que se saiba que o autor é réu na reconvenção, para fins de expedição de certidão negativa de feitos judiciais (CPC, art. 286, parágrafo único).

> O réu, ao se defender, pode se valer de **(i)** contestação (com diversas preliminares) e **(ii)** se for o caso, uma petição específica para alegar impedimento ou suspeição.

3.1.5. Revelia

Como já visto, o princípio do contraditório pode ser traduzido em um binômio: informação e possibilidade de manifestação. Assim, é obrigatório que o réu seja citado para, querendo, contestar.

Mas, o que é obrigatório é a oportunidade de contestar. Portanto, para a validade do processo, não é obrigatória a existência de contestação.

Nesse contexto, há a **revelia**, que é a ausência de contestação (CPC, art. 344).

As **consequências** ou **efeitos** da revelia são:

(i) a presunção de veracidade dos fatos alegados pelo autor (CPC, art. 344); e

(ii) os prazos contra o revel sem advogado nos autos fluirão da data de publicação da decisão no diário oficial (CPC, art. 346).

Assim, numa investigação de paternidade, se o réu for revel, por se tratar de direito indisponível, ainda assim haverá necessidade de dilação probatória (DNA). E, diante de dois réus, se um contestar, em relação à matéria que for comum à defesa dos dois, o fato será controvertido e, portanto, haverá necessidade de prova.

Contudo, há exceções em relação aos dois efeitos da revelia:

Assim, **não haverá presunção de veracidade**, mesmo que haja ausência de contestação, se (CPC, art. 345):

I – houver litisconsórcio passivo e algum dos réus contestar;

II – o litígio versar sobre direitos indisponíveis;

III – a petição inicial não trouxer instrumento que a lei considere indispensável à prova do ato;

IV – as alegações de fato do autor forem inverossímeis ou forem contraditórias com a prova dos autos.

A partir do momento em que o revel constituir advogado, então seu patrono será normalmente **intimado das decisões pelo diário oficial**. Pode, a qualquer tempo, o revel nomear advogado – mas isso não importará em qualquer repetição de ato, pois o processo é recebido "no estado em que se encontrar" (CPC, art. 346, parágrafo único).

Além disso, o Código aponta que será **lícita a produção de provas pelo revel**, desde que o réu nomeie advogado a tempo de praticar os "atos processuais indispensáveis" à produção da prova (CPC, art. 349).

3.1.6. Providências preliminares

São duas as providências preliminares:

a) **especificação de provas** (CPC, arts. 348 e 349). É cabível em duas hipóteses:

   (i) o juiz deve determinar a produção de provas pelo autor quando, apenas da ausência de contestação, não houver a presunção de veracidade e o autor ainda não tiver requerido as provas;

   (ii) o juiz aceitará a produção de provas pelo réu que, mesmo revel, ingresse nos autos com advogado a tempo de realizar os atos relativos à produção de provas (como, por exemplo, apresentar rol de testemunhas tempestivamente).

   Como já visto, há casos em que a ausência de contestação não acarreta a presunção de veracidade – como nos casos de direito indisponível (CPC, art. 345).

b) **réplica** (CPC, arts. 350 e 351): de modo a garantir o contraditório, o autor apresentará sua manifestação em relação aos argumentos e documentos apresentados pelo réu na contestação.

O prazo para réplica foi ampliado. Se o réu alegar fato impeditivo, modificativo ou extintivo do direito do autor, este será ouvido no prazo de 15 dias, permitindo-lhe o juiz a produção de prova.

Do mesmo modo, caso o réu alegue qualquer das matérias preliminares (previstas no art. 337), o juiz determinará a oitiva do autor no prazo de 15 dias, permitindo-lhe a produção de prova.

Vale destacar que o termo "réplica" não consta nos artigos ora analisados, apesar de aparecer em 3 dispositivos do CPC (arts. 100, 430 e 437).

Verificando a existência de **irregularidades ou de vícios sanáveis**, o juiz determinará sua correção em prazo não superior a 30 dias (CPC, art. 352).

3.1.7. Julgamento conforme o estado do processo

Findas as providências preliminares, o juiz deverá apreciar se o processo tem condições de prosseguir ou se já é possível a prolação de sentença. É o julgamento de que ora se trata.

São **quatro**: (i) extinção do processo, (ii) julgamento antecipado do mérito, (iii) julgamento antecipado parcial do mérito e (iv) saneamento e organização do processo.

a) **extinção do processo (CPC, art. 354)**

Se presente uma das hipóteses do art. 485 do CPC (ou seja, defesa processual), o magistrado proferirá sentença terminativa (extinção sem resolução do mérito).

Se não ocorrer nenhuma das hipóteses de sentença terminativa (CPC, art. 485), deverá o juiz analisar se está presente alguma das hipóteses previstas no art. 487, II e III. Se isso ocorrer, também o feito já será sentenciado – mas sentença com resolução de mérito.

Relembrando, as hipóteses do art. 487 em questão são as seguintes:

- prescrição e decadência;
- transação;
- renúncia à pretensão formulada na ação;
- reconhecimento da procedência do pedido.

b) **julgamento antecipado do mérito ou do pedido (CPC, art. 355)**

Se não for o caso de extinção (art. 354), passa o magistrado a analisar a possibilidade de **julgamento antecipado do mérito** (art. 355), que é a decisão de mérito em que o juiz acolhe ou rejeita o pedido (CPC, art. 487, I), sem dilação probatória (daí o "antecipado" do julgamento).

O **julgamento antecipado é permitido** nas seguintes hipóteses (CPC, art. 355):

   (i) quando não houver a necessidade de produção de outras provas além das já constantes nos autos – ou seja, (a) a questão de mérito for unicamente de direito, ou, (b) sendo de direito e de fato, não houver necessidade de outra prova além da documental;

   (ii) quando ocorrer à revelia e houver presunção de veracidade.

Assim, nessas hipóteses, sinaliza a lei que a causa já reúne elementos suficientes para o seu julgamento, sendo desnecessária a produção de provas.

c) **julgamento antecipado parcial do mérito (CPC, art. 356 – novidade do CPC)**

O CPC contempla a possibilidade de serem proferidas decisões parciais quanto aos pedidos formulados pelo autor, ao prever o **julgamento antecipado parcial do mérito**.

O juiz decidirá parcialmente o mérito quando um ou mais dos pedidos formulados ou parcela deles (art. 355):

I – mostrar-se incontroverso;

II – estiver em condições de imediato julgamento (julgamento antecipado do mérito, como acima analisado).

Ou seja, se houver um pedido de dano moral cumulado com dano material, e o juiz entender que o dano moral já tem os seus requisitos previstos sem a necessidade de prova oral, mas que o dano material demanda perícia, o juiz deverá: (i) proferir **decisão parcial quanto ao dano moral**, já julgando procedente o pedido e (ii) determinar a **instrução quanto ao dano material**.

Para evitar dúvidas, afirma o CPC que o **recurso** cabível da decisão que julga parcialmente o mérito é o agravo de instrumento (CPC, art. 356, § 5º).

A parte poderá **liquidar ou executar**, desde logo, a obrigação reconhecida na decisão que julgar parcialmente o mérito, independentemente de caução, ainda que haja recurso interposto contra ela (art. 356, § 2º). Com o trânsito em julgado da decisão, a execução será definitiva (art. 356, § 3º).

d) saneamento e organização do processo (CPC, art. 357)

O CPC busca reforçar o **saneamento do processo**, ou seja, o momento em que o juiz "limpa" o processo das questões formais burocráticas, de modo a partir para a instrução do feito.

Assim, não sendo o caso de extinção do processo ou julgamento antecipado da lide (total ou parcial), o juiz proferirá decisão de saneamento e de organização do processo para (CPC, art. 357):

> I – resolver as questões processuais pendentes, se houver;
> II – delimitar as questões de fato sobre as quais recairá a atividade probatória, especificando os meios de prova admitidos;
> III – definir a distribuição do ônus da prova, **observado o art. 373;**
> IV – delimitar as questões de direito relevantes para a decisão do mérito;
> V – designar, se necessário, audiência de instrução e julgamento.

Realizado o saneamento do processo, as partes terão o direito de pedir **esclarecimentos** ou solicitar ajustes no prazo comum de 5 dias, findo o qual a decisão se torna estável (CPC, art. 357, § 1º).

Prevê o CPC que as partes poderão apresentar ao juiz, para homologação, a **delimitação consensual** sobre as questões de fato das quais recairá a prova e as questões de direito relevantes para a decisão de mérito. Esse acordo, uma vez homologado, vinculará as partes e o juiz (CPC, art. 357, § 2º).

Quanto ao **saneamento compartilhado**, se a causa apresentar complexidade em matéria de fato ou de direito, o juiz deverá designar audiência para que o saneamento seja feito em cooperação com as partes. Nesse caso, o juiz convidará as partes a esclarecer suas alegações (CPC, art. 357, § 3º). Se essa audiência for designada, esse será o momento para se apresentar o **rol de testemunhas** (CPC, art. 357, § 5º).

Se não houver a audiência de saneamento compartilhado, mas tiver sido determinada a produção de **prova testemunhal**, o juiz fixará prazo comum não superior a 15 dias para que as partes apresentem **rol de testemunhas** (CPC, art. 357, § 4º). O número máximo de testemunhas será 10, sendo 3, no máximo, para a prova de cada fato (CPC, art. 357, § 6º). Apesar disso, será possível a **limitação do número de testemunhas pelo juiz** levando em conta a complexidade da causa e dos fatos individualmente considerados (CPC, art. 357, § 7º).

Caso determine a produção de **prova pericial**, o juiz deverá nomear perito especializado no objeto da perícia, e, se possível, estabelecer, desde logo, calendário para sua realização (CPC, art. 357, § 8º).

Pelo CPC, as **pautas de audiência** deverão ser preparadas com intervalo mínimo de 1 hora entre as audiências (CPC, art. 357, § 9º).

3.1.8. Audiência de instrução

Não sendo hipótese de julgamento antecipado do mérito e se houver prova a ser produzida em audiência, será designada **audiência de instrução e julgamento** (CPC, art. 358 e s.).

No início da audiência (antes da efetiva instrução), o juiz tentará a conciliação, mesmo que antes tenha se utilizado algum método de solução consensual (CPC, art. 359).

Quanto ao **poder de polícia** do juiz para organizar a audiência, cabe ao magistrado (CPC, art. 360):

> I – manter a ordem e o decoro na audiência;
> II – ordenar que se retirem da sala de audiência os que se comportarem inconvenientemente;
> III – requisitar, quando necessário, força policial;
> IV – tratar com urbanidade as partes, os advogados, os membros do Ministério Público e da Defensoria Pública e qualquer pessoa que participe do processo;
> V – registrar em ata, com exatidão, todos os requerimentos apresentados em audiência.

A **ordem das provas**, na audiência de instrução, é, preferencialmente (portanto, pode ser alterada), a seguinte (CPC, art. 361):

(i) oitiva do perito e dos assistentes técnicos para esclarecimentos, a partir de quesitos antes formulados (destaque-se que o laudo já terá sido elaborado previamente);

(ii) depoimento pessoal das partes; primeiro do autor, depois do réu (é proibido, a quem ainda não depôs, assistir ao interrogatório da outra parte – CPC, art. 385, § 2º);

(iii) oitiva de testemunhas; primeiro do autor, depois do réu.

Enquanto **estiverem ocorrendo os depoimentos** (do perito, assistentes técnicos, partes ou testemunhas), não poderão os advogados e o Ministério Público intervir ou apartear, sem licença do juiz (CPC, art. 361, parágrafo único).

Pode ocorrer o **adiamento da audiência** nas seguintes situações (CPC, art. 362):

(i) convenção das partes;
(ii) impossibilidade de comparecer, por motivo justificado, relativa a qualquer pessoa que dela deva necessariamente participar;
(iii) atraso injustificado do início da audiência, em tempo superior a 30 minutos do horário marcado.

Havendo **antecipação ou adiamento da audiência**, o juiz, de ofício ou a requerimento da parte, determinará a intimação dos advogados ou da sociedade de advogados para ciência da nova designação (CPC, art. 363).

Ao **final da audiência**, as partes apresentam alegações finais orais, ou por escrito (memoriais), em prazo sucessivo de 15 dias, sendo garantido o acesso aos autos (CPC, art. 364, *caput* e § 2º).

O **prazo para a prolação de decisão** é ao final da audiência ou em 30 dias (CPC, art. 366).

A **audiência poderá ser integralmente gravada** em imagem e em áudio, em meio digital ou analógico, desde que assegure o rápido acesso das partes e dos órgãos julgadores, observada a legislação específica. A gravação também poderá ser realizada diretamente por qualquer das partes, independentemente de autorização judicial (CPC, art. 367, §§ 5º e 6º).

Dispõe ainda o Código que a **audiência será pública**, ressalvadas as exceções legais de segredo de justiça (CPC, art. 368).

Por fim, vale destacar que, apesar da inexistência de previsão legal expressa (salvo em relação aos Juizados Especiais, conforme art. 22, § 2º, da Lei n. 9.099/95), é possível a realização da audiência totalmente por meio eletrônico (juiz, partes, advogados e testemunhas remotamente), como se viu a partir da pandemia.

3.2. Sentença e coisa julgada

3.2.1. Sentença

A sentença pode ser entendida como o **ato em que juiz aprecia o pedido em 1º grau de jurisdição**. A sentença pode ser com ou sem resolução de mérito (CPC, arts. 485 e 487).

Pela redação do Código (art. 203, § 1º), sentença é "o pronunciamento por meio do qual o juiz, com fundamento nos arts. 485 e 487, põe fim à fase cognitiva do procedimento comum, bem como extingue a execução".

Porém, nos arts. 485 e 487, o CPC não faz menção à sentença, pois o novo sistema permite que uma decisão interlocutória também aprecie o mérito.

São **elementos para a sentença:** relatório, fundamentação e dispositivo (CPC, art. 489).

Prevê o CPC uma **profunda motivação das decisões**. Trata-se de tema ligado ao princípio da fundamentação das decisões (*vide* item 2.1.4, acima).

Assim, prevê o Código que **não será considerada fundamentada** a decisão (seja interlocutória, sentença ou acórdão – e, ainda que não haja menção expressa na lei, deve-se incluir nessa relação também a decisão monocrática) que (CPC, art. 489, § 1º):

I – se limitar a indicar, reproduzir ou parafrasear ato normativo, sem explicar sua relação com a causa ou a questão decidida;

II – empregar conceitos jurídicos indeterminados sem explicar a causa concreta de sua incidência;

III – invocar motivos que se prestariam a justificar qualquer outra decisão;

IV – não enfrentar todos os argumentos deduzidos no processo capazes de, em tese, infirmar a conclusão adotada;

V – se limitar a invocar precedente ou enunciado de súmula, sem identificar seus fundamentos determinantes nem demonstrar que o caso se ajusta àqueles fundamentos;

VI – deixar de seguir enunciado de súmula, jurisprudência ou precedente invocado pela parte, sem demonstrar a existência de distinção no caso ou a superação do entendimento.

Além disso, no caso de **colisão entre normas**, "o juiz deve justificar o objeto e os critérios gerais da ponderação efetuada, enunciando as razões que autorizam a interferência na norma afastada e as premissas fáticas que fundamentam a conclusão" (CPC, art. 489, § 2º).

> Em mudança festejada pela OAB, trouxe o CPC novas obrigações quanto à *fundamentação da sentença*, impondo ao magistrado que aprecie todos os argumentos pertinentes levantados pelas partes, sob pena de nulidade da decisão.

Se essa nova fundamentação da decisão **não for observada**, cabíveis embargos de declaração (CPC, art. 1.022, parágrafo único, II). Contudo, ainda que a sentença esteja com vício de fundamentação, se o processo estiver em **condições de imediato julgamento**, deverá o tribunal desde logo decidir o mérito – em vez de anular a decisão e determinar a prolação de nova por parte do juiz de origem (CPC, art. 1.013, § 3º, IV).

A sentença deve refletir o pedido formulado pela parte na inicial sob pena de ser viciada (CPC, arts. 141 e 492):

- se o juiz conceder além do que foi pedido (foi pleiteado R$ 10 mil de danos e o juiz concedeu R$ 15 mil), haverá julgamento *ultra petita*;
- se o juiz conceder algo diferente do que foi pedido (a parte pediu dano moral, o juiz concedeu dano material), haverá julgamento *extra petita*;
- se o juiz conceder aquém do que foi pedido (a parte formulou pedidos cumulados: danos materiais e danos morais, mas o juiz somente aprecia o dano material pleiteado), haverá julgamento *infra petita* (ou *citra petita*).

A decisão condenatória produz **hipoteca judiciária** (CPC, art. 495, § 1º), ou seja, a possibilidade de averbar a sentença na matrícula do imóvel – para que terceiros tenham ciência dessa situação ao eventualmente cogitar de adquirir o bem. Feita constituição da hipoteca, que não depende de ordem expressa do juiz, garante ao credor "o direito de preferência, quanto ao pagamento, em relação a outros credores, observada a prioridade no registro" (CPC, art. 495, § 4º). Porém, se houver reforma ou invalidação dessa decisão, o autor responderá, independentemente de culpa, pelos danos decorrentes da constituição da garantia (CPC, art. 495, § 5º).

Em relação à **tutela específica**, o CPC atual (art. 497 e s.) em grande parte repete o Código anterior (art. 461 e s.).

Assim, na ação que tenha por objeto a **prestação de fazer ou de não fazer**, o juiz concederá a tutela específica ou determinará providências que assegurem a obtenção de tutela pelo resultado prático equivalente (CPC, art. 497).

Na concessão da tutela específica destinada a inibir a prática, a reiteração ou a continuação de um ilícito, ou a sua remoção, é irrelevante a demonstração da ocorrência de dano ou da existência de culpa ou dolo (CPC, art. 497, parágrafo único), ou seja, o réu não pode apontar a inexistência de culpa para não ser compelido a cumprir uma determinada prática.

Somente haverá **conversão da obrigação em perdas e danos** (CPC, art. 499) se:

(i) o autor assim requerer;
(ii) for impossível a tutela específica ou a obtenção de tutela pelo resultado prático equivalente.

Caberá **indenização por perdas e danos** independentemente da multa fixada para compelir o réu ao cumprimento específico da obrigação (CPC, art. 500). Logo, não há *bis in idem* na *astreinte* e na indenização, pois as naturezas são distintas.

A multa periódica (*astreinte*) independe de requerimento da parte e poderá ser aplicada em qualquer momento (na tutela provisória ou na sentença no processo de conhecimento, ou na fase de execução). A multa deve ser suficiente e compatível com a obrigação e que se determine prazo razoável para cumprimento do preceito (CPC, art. 537).

A multa poderá, de ofício ou a requerimento da parte, ser alterada pelo juiz, seja quanto ao valor ou periodicidade – e inclusive ser excluída (CPC, art. 537, § 1º), ou seja, **não há preclusão quanto à multa**, conforme já definido pela jurisprudência do STJ.

E essa **modificação da multa** poderá ocorrer quando (CPC, art. 537, § 1º):

> I – se tornou insuficiente ou excessiva;
> II – o obrigado demonstrou cumprimento parcial superveniente da obrigação ou justa causa para o descumprimento.

De modo a evitar debates jurisprudenciais, o CPC expressamente define que o **beneficiário da multa** é o credor/exequente (CPC, art. 537, § 2º), e não o Estado.

3.2.1.1. Decisão sem resolução do mérito

A decisão sem resolução do mérito (CPC, art. 485) em regra, **extinguirá o processo**. Porém, se houver mais de um pedido ou litisconsorte, e houver decisão sem mérito em relação a tal pedido ou parte, então não haverá extinção do processo, pois prosseguirá a relação processual em relação ao outro pedido ou parte. Por isso é que o CPC não se refere à extinção no *caput* do artigo que trata da hipótese em que o juiz não resolve o mérito.

São **hipóteses de decisão sem resolução do mérito:**

(i) indeferimento da inicial (CPC, art. 330; o § 1º traz casos de inépcia da inicial).

Nas hipóteses em que o vício da petição inicial for sanável, deverá o juiz determinar sua emenda (CPC, arts. 317 e 321). Contudo, (i) se, mesmo após a determinação, não houver a emenda ou (ii) se o vício for grave e não admitir correção, então haverá o indeferimento da inicial e o magistrado extinguirá o processo, sem resolução do mérito.

(ii) o processo ficar parado por mais de um ano por negligência das partes.

Este inciso retrata o abandono do processo por ambos os litigantes;

(iii) autor abandona a causa por mais de 30 dias.

Já este inciso retrata o abandono do autor.

Nos 2 casos de abandono (incisos II e III), as partes devem ser intimadas pessoalmente, antes da decisão sem mérito (CPC, art. 485, § 1º). A providência se justifica por força de hipóteses como, por exemplo, a morte do advogado sem ciência do cliente. Se houver a decisão sem mérito por abandono de ambas as partes, as custas do processo serão pagas proporcionalmente pelas partes; se for abandono do autor, o autor arcará integralmente com custas e honorários (CPC, art. 485, § 2º).

Se o réu já tiver apresentado a contestação, a extinção pelo abandono do autor depende de requerimento do réu (CPC, art. 485, § 6º).

(iv) falta de requisitos de constituição ou validade do processo.

Haverá extinção do processo se não estiverem presentes os pressupostos processuais de existência e validade.

(v) perempção, litispendência e coisa julgada.

A litispendência e a coisa julgada (CPC, art. 337, §§ 1º a 4º) se referem a situações de demandas idênticas. A perempção é a situação na qual, se o autor provocar a extinção do processo por 3 vezes por força do abandono, o juiz, no 4º ajuizamento, extinguirá o processo sem resolução do mérito – nesse caso, porém, será possível à parte alegar em defesa seu direito (CPC, art. 486, § 3º).

(vi) falta de legitimidade ou interesse processual (carência de ação).

A falta de uma das condições da ação leva à extinção do processo. No CPC/73 havia também a possibilidade jurídica do pedido, excluída no CPC atual;

(vii) convenção de arbitragem ou reconhecimento de competência pelo juízo arbitral.

Se as partes celebraram contrato no qual estipulam que, diante da lide, a solução será pela via da arbitragem, a causa não pode ser decidida pelo Poder Judiciário, mas sim por um árbitro (Lei n. 9.307/96). Daí a extinção sem resolução de mérito. O CPC menciona a possibilidade de reconhecimento da competência pelo juiz arbitral; ou seja, o árbitro, ao reconhecer sua competência para apreciar determinada lide, acaba por esvaziar a competência do Poder Judiciário.

(viii) autor desiste da ação.

A desistência é distinta da renúncia (CPC, art. 487, III, *c*). A primeira, por ser sem mérito, admite a repropositura da mesma ação. A segunda, por ser com mérito, forma coisa julgada e impede a repropositura. Assim, o autor desiste do processo, ao passo que renuncia ao direito.

A partir do momento em que é oferecida a contestação pelo réu, a desistência do autor depende da concordância do réu (CPC, art. 485, § 4º). Além disso, define o CPC que a desistência só é admitida até a sentença – afinal, com a sentença, ou a parte recorre ou se submete à decisão, não mais sendo possível a desistência do processo (CPC, art. 485, § 5º).

(ix) ação for intransmissível.

Se o direito discutido em juízo for intransmissível (basicamente as hipóteses de direito personalíssimo), o falecimento da parte (o suposto titular do direito) não permite que haja a sucessão da posição jurídica processual. O grande exemplo é o divórcio; assim, com a morte de uma das partes, extingue-se o processo de divórcio e passa a parte sobrevivente a ser viúva.

Em todos os incisos do art. 485 do CPC ora apresentados, a sentença é terminativa, ou seja, processual, não decide a lide. Assim, em regra, admite-se a repropositura da ação. Porém, se a extinção se deu por litispendência, indeferimento, falta de pressupostos ou condição da ação ou convenção de arbitragem, a propositura da nova ação depende da correção do vício que causou a extinção anteriormente (CPC, art. 486, § 1º). Contudo, para a repropositura ou nova propositura, é necessário o recolhimento das custas e honorários do processo anterior (CPC, art. 486, § 2º).

A relação do art. 486, § 1º, leva à confirmação de que não cabe a repropositura no caso de coisa julgada e perempção.

Se for possível ao juiz apreciar o mérito a favor do réu (item seguinte), mas também houver um argumento capaz de levar o processo à extinção sem mérito, deverá o juiz apreciar o mérito (CPC, art. 488). Trata-se de uma opção do Código que prestigia a decisão do mérito – pois essa resolve a lide e é coberta pela coisa julgada.

3.2.1.2. Decisão com resolução do mérito

O art. 487 do CPC contém 3 incisos e 5 situações de decisão de mérito. Apesar disso, apenas na hipótese prevista no **inciso I é que há efetivamente decisão do juiz**, aceitando ou não o pedido apresentado pelas partes. Nas demais hipóteses, o magistrado simplesmente se manifesta a respeito de uma situação que, pelo Código, também tem o condão de resolver o mérito.

Não se trata de extinção do processo, pois, a rigor, após a sentença haverá o prosseguimento do feito, com a fase de cumprimento de sentença. Além disso, na nova sistemática do Código, cabe também a decisão parcial de mérito (CPC, art. 356).

São hipóteses em que há resolução do mérito (CPC, art. 487):

(i) juiz julga procedente ou improcedente o pedido do autor na inicial ou pelo réu, na reconvenção.

É a conclusão esperada – e mais frequente – de um processo judicial.

Além disso, o sistema prevê a **improcedência liminar do pedido**, ou seja, a hipótese em que, sem a citação do réu, o pedido já é julgado improcedente. Isso já existia no Código anterior, mas passou por modificações no CPC. Cabe a improcedência liminar nos seguintes casos (CPC, art. 332):

a) quando o pedido contrariar súmula do STJ, STF – e também do Tribunal de Justiça, quanto a direito local;

b) decisão proferida em recurso repetitivo (STF ou STJ), incidente de resolução de demandas repetitivas ou incidente de assunção de competência;

c) quando o juiz verificar, desde logo, prescrição ou decadência (CPC, art. 332, § 1º).

Apelando o autor contra a sentença de improcedência liminar, o juiz poderá se retratar em 5 dias; caso o faça, o processo seguirá; se não, determinará a citação do réu para apresentar contrarrazões em 15 dias (CPC, art. 332, §§ 3º e 4º). Não interposta apelação contra a sentença de improcedência liminar, o réu será intimado do trânsito em julgado da sentença (CPC, art. 332, § 2º).

(ii) juiz reconhece a decadência ou a prescrição.

Transcorrido determinado lapso temporal, não será mais lícito à parte buscar o Judiciário para satisfazer sua pretensão – com isso ocorre a consumação da prescrição e decadência. Vale destacar que o juiz pode conhecer de ofício da prescrição, antes mesmo da contestação do réu (como visto no item "c" logo acima); mas, fora esse caso, por força do princípio da vedação de decisões surpresa, deverá o juiz ouvir as partes antes de reconhecer a prescrição ou decadência (CPC, art. 487, parágrafo único).

Este tema é usualmente objeto de questões de provas da OAB, com respostas erradas: prescrição e decadência importam em extinção com resolução do mérito. Foi uma opção legislativa para que a sentença fosse coberta pela coisa julgada;

(iii) réu reconhece a procedência do pedido (seja na ação ou reconvenção).

Reconhecimento do pedido é a concordância do réu com o pedido formulado pelo autor. É importante destacar que não se trata de revelia (ausência de contestação), mas sim de submissão à pretensão do autor;

(iv) as partes transigem.

É a hipótese de acordo entre as partes. Como se sabe, a transação envolve concessões recíprocas para encerrar o litígio, ou seja, cada parte cede um pouco de sua pretensão e resistência;

(v) autor renuncia ao direito sobre o que se funda a ação.

Como já exposto em relação ao art. 485, é fundamental que se diferencie a desistência (CPC, art. 485, VIII) da renúncia (CPC, art. 487, III, c). A desistência atinge o direito processual, acarreta a extinção sem mérito e assim permite uma nova propositura da mesma ação. Já na renúncia o autor abre mão de sua pretensão, o ato atinge o direito material. E isso acarreta a extinção com mérito, a sentença é coberta pela coisa julgada e assim não cabe a repropositura.

As três últimas hipóteses estão inseridas no art. 487, III, dispositivo que se refere à homologação por parte do juiz. Assim, não há propriamente decisão (como no inciso I), mas sim homologação de uma solução decorrente da atuação das partes.

As hipóteses ora enfrentadas, em que há análise do mérito, importam em decisão definitiva (CPC, art. 487). Com o trânsito em julgado de uma decisão definitiva, tem-se a coisa julgada material (CPC, art. 502).

3.2.2. Coisa julgada

Coisa julgada é definida, no CPC, como a **imutabilidade e indiscutibilidade da decisão de mérito não mais sujeita a recurso** (CPC, art. 502).

Imutabilidade e indiscutibilidade não são sinônimos, tampouco são definidos pela lei, de modo que seus conceitos são objeto de divergência doutrinária.

Imutabilidade é a impossibilidade de nova análise de uma lide já antes julgada e com trânsito em julgado, o que se atinge com a extinção do segundo processo, sem mérito.

Já a **indiscutibilidade** é a impossibilidade de se rediscutir, em 2ª demanda semelhante à primeira (não idêntica, pois aí seria imutabilidade) aquilo que foi decidido com força de coisa julgada na 1ª demanda (algo que se verifica com mais frequência em relações jurídicas continuativas ou sucessivas).

Divide-se a coisa julgada em duas espécies:

- **coisa julgada formal:** é a imutabilidade da sentença, no próprio processo em que foi prolatada, não admitindo mais reforma (atinge qualquer sentença – inclusive as sentenças terminativas, processuais). Uma vez transitada em julgado a decisão, cabe a repropositura (CPC, art. 486). Contudo, se a extinção for por litispendência, inépcia da inicial, arbitragem, falta de pressupostos processuais ou condições da ação, somente será admitida a repropositura se houver a correção do vício (CPC, art. 486, § 1º);
- **coisa julgada material:** é a verdadeira coisa julgada, a imutabilidade e indiscutibilidade da sentença não só no processo em que foi proferida – mas também para qualquer outro processo (atinge somente as sentenças com julgamento de mérito).

Assim, o **trânsito em julgado** é a impossibilidade de interpor recursos, qualquer que seja a razão; a **coisa julgada formal** é a imutabilidade dentro do processo em que a decisão foi proferida (atinge decisões com ou sem mérito) e, por fim, a **coisa julgada material** é a imutabilidade e indiscutibilidade da decisão, não só no mesmo mas também em outros processos.

Em relação aos **limites objetivos da coisa julgada** (qual parte da decisão é coberta pela coisa julgada), há coisa julgada na questão principal (o pedido formulado pelo autor na inicial) e, também, quanto à questão prejudicial (questão de mérito que, do ponto de vista lógico, é de solução necessária para se analisar a questão principal), desde que decidida expressa e incidentemente no processo e se:

I – dessa resolução depender o julgamento do mérito;

II – a seu respeito tiver havido contraditório prévio e efetivo, não se aplicando no caso de revelia;

III – o juízo tiver competência em razão da matéria e da pessoa para resolvê-la como questão principal (CPC, art. 503, § 1º).

Por isso, não há, no CPC, a previsão da ação declaratória incidental, que existia no sistema anterior. Mas nada impede que se formule uma ação declaratória para pleitear que a questão prejudicial seja apreciada, de modo que não existirá dúvidas quanto à formação da coisa julgada. Nesse sentido, o Enunciado 35/CJF: *Considerando os princípios do acesso à justiça e da segurança jurídica, persiste o interesse de agir na propositura de ação declaratória a respeito da questão prejudicial incidental, a ser distribuída por dependência da ação preexistente, inexistindo litispendência entre ambas as demandas (arts. 329 e 503, § 1º, do CPC).*

Mas não haverá a extensão da coisa julgada se no processo houver restrições probatórias ou limitações à cognição que impeçam o aprofundamento da análise da questão prejudicial (art. 503, § 2º).

Com isso, no Código, a questão prejudicial será coberta pela coisa julgada independentemente de pedido das partes, desde que observados determinados requisitos.

Em relação aos **limites subjetivos da coisa julgada** (quem é atingido pela coisa julgada), afirma o art. 506 que a sentença **não prejudica** terceiros. Contudo, a parte inicial deste dispositivo destaca que a sentença "faz coisa julgada às partes entre as quais é dada".

A doutrina debate o real alcance dessa modificação – mesmo se houve alguma modificação. Resta aguardar a jurisprudência. Acerca do tema, o Enunciado 36/CJF: *O disposto no art. 506 do CPC não permite que se incluam, dentre os beneficiados pela coisa julgada, litigantes de outras demandas em que se discuta a mesma tese jurídica.*

O art. 508 do CPC traz a previsão da **eficácia preclusiva da coisa julgada** (princípio do deduzido e dedutível): com o trânsito em julgado "considerar-se-ão deduzidas e repelidas todas as alegações e as defesas que a parte poderia opor assim ao acolhimento como à rejeição do pedido".

Uma vez transitada em julgado a decisão e tendo esta sido coberta pela coisa julgada, há ainda possibilidade de impugnação. Trata-se da ação rescisória (CPC, art. 966).

4. CUMPRIMENTO DE SENTENÇA

4.1. Liquidação de sentença

A liquidação se insere no processo de conhecimento e é a última atividade antes que tenha início a fase de cumprimento de sentença. É **principalmente utilizada para título executivo judicial**, mas também é possível sua utilização para o título executivo extrajudicial.

Pelo CPC, somente há **2 modalidades de liquidação**: por **arbitramento** e pelo **procedimento comum** (denominada, no sistema anterior, de liquidação por artigos).

A liquidação por cálculo deixou de ser tratada como modalidade de liquidação no sistema atual. Contudo, é necessária a indicação do valor exato a ser executado (apresentação da memória de cálculo atualizada) para o início do cumprimento de sentença (CPC, art. 509, § 2º).

A **liquidação por arbitramento** será utilizada quando "determinado pela sentença, convencionado pelas partes ou exigido pela natureza do objeto da liquidação" (CPC, art. 509, I). Será realizada por documentos juntados pelas partes (produzidos fora dos autos e submetidos posteriormente ao contraditório) ou, se o juiz entender insuficiente para chegar ao valor do dano, por perícia (CPC, art. 510).

A **liquidação pelo procedimento comum** ocorrerá quando "houver necessidade de alegar e provar fato novo" (CPC, art. 509, II), ou seja, será possível ampla produção probatória (por documentos, testemunhas ou perícia). Nessa hipótese, discute-se um fato novo nunca debatido no processo.

Para diferenciar as duas liquidações: na liquidação pelo procedimento comum, como visto, o fato novo não foi debatido no processo, ao passo que na liquidação por arbitramento discute-se fato já antes debatido no processo de conhecimento – porém, à época, não houve necessidade ou conveniência de se apurar o prejuízo decorrente de tal fato.

> No Código anterior, havia a liquidação por cálculo, liquidação por arbitramento e liquidação pelo procedimento comum. No CPC atual, há a **liquidação por arbitramento** e a **liquidação pelo procedimento comum**.

4.2. Cumprimento de sentença

4.2.1. Dos requisitos necessários para o cumprimento de sentença

São requisitos necessários para o cumprimento de sentença:

(i) **inadimplemento/exigibilidade:** o não cumprimento espontâneo da obrigação fixada na sentença (CPC, art. 786);

(ii) **título executivo judicial:** documento que traduz uma obrigação e permite o início da fase de cumprimento de sentença (CPC, art. 515).

Somente cabe o cumprimento de sentença quando existirem ambos os requisitos.

4.2.2. Do título executivo judicial

Os **títulos executivos judiciais** estão previstos no CPC, art. 515:

(i) as decisões proferidas no processo civil (obrigação de pagar quantia, obrigação de fazer, não fazer, entregar coisa – destaque para a menção à **decisão** e não mais sentença, considerando a nova sistemática do CPC, com a possibilidade de diversas decisões de mérito ao longo do procedimento);

(ii) a decisão homologatória de autocomposição judicial;

(iii) a decisão homologatória de autocomposição extrajudicial de qualquer natureza;

Os incisos II e III são iguais? Não. No inciso II, há demanda na qual se formula pedido e, depois, há o acordo. No inciso III, não há demanda prévia, e as partes apenas celebram o acordo e o submetem à homologação do juiz (e o acordo pode, eventualmente, não passar pelo Judiciário e poderá ser título executivo extrajudicial).

(iv) o formal e a certidão de partilha, quanto aos participantes do processo de inventário (inventariante, herdeiros e sucessores);

(v) o crédito do auxiliar da justiça (custas, emolumentos ou honorários aprovados por decisão judicial;

(vi) a sentença penal condenatória transitada em julgado;

(vii) a sentença arbitral; é a decisão proferida por um árbitro no bojo da arbitragem, apesar de não ter a intervenção do Judiciário (se há arbitragem, não se manifesta o Judiciário) é considerada título judicial;

(viii) a sentença estrangeira homologada pelo STJ;

(ix) a decisão interlocutória estrangeira, após *exequatur* do STJ.

> Apesar de não ser proferida por um magistrado togado, por opção legislativa **a sentença arbitral é um título executivo judicial** (isso tem consequências relevantes no tocante à defesa).

4.2.3. Das diversas espécies de cumprimento de sentença

Conforme o CPC:

- tratando-se de obrigação de fazer, não fazer e entregar coisa, devem ser observados os arts. 536 e s. (análogo à execução de título extrajudicial);
- tratando-se de obrigação de pagar alimentos, devem ser observados os arts. 538 e s.;
- tratando-se de obrigação de pagar quantia pela Fazenda, devem ser observados os arts. 534 e s., que serão analisados abaixo;
- tratando-se de obrigação de pagar, devem ser observados os arts. 523 e s., que serão analisados abaixo.

4.2.3.1. Do cumprimento de sentença de obrigação de pagar quantia pela Fazenda Pública

O CPC regula o procedimento do **cumprimento de sentença contra a Fazenda**. No sistema anterior, apenas havia a execução contra a Fazenda, mesmo em relação a título judicial.

Contudo, apesar de se aplicar o cumprimento de sentença, **não se aplica à Fazenda a multa** para o não pagamento em 15 dias, considerando a própria sistemática do regime de precatórios e requisição de pequeno valor, ou RPV (art. 534, § 2º).

O art. 534 do CPC regula a petição que dá início ao cumprimento, que deverá trazer um **completo demonstrativo de débito**, que conterá: (i) o nome completo e o número de inscrição no Cadastro de Pessoas Físicas ou no Cadastro Nacional da Pessoa Jurídica do exequente; (ii) o índice de correção monetária adotado; (iii) os juros aplicados e as respectivas taxas; (iv) o termo inicial e o termo final dos juros e da correção monetária utilizados; (v) a periodicidade da capitalização dos juros, se for o caso; (vi) a especificação dos eventuais descontos obrigatórios realizados. Trata-se de demonstrativo igual ao que deve ser apresentado na execução e no cumprimento de sentença.

Se houver mais de um exequente, cada um deverá apresentar seu próprio demonstrativo (CPC, art. 534, § 1º).

Em relação à defesa pela Fazenda, o ente estatal será intimado, na pessoa do seu representante judicial, por carga, remessa ou meio eletrônico, para, querendo, **impugnar o cumprimento de sentença**, no prazo de 30 dias (CPC, art. 535).

Podem ser alegadas as seguintes matérias (CPC, art. 535):

> I – falta ou nulidade da citação se, na fase de conhecimento, o processo correu à revelia;
> II – ilegitimidade de parte;
> III – inexequibilidade do título ou inexigibilidade da obrigação;
> IV – excesso de execução ou cumulação indevida de execuções;
> V – incompetência absoluta ou relativa do juízo da execução;
> VI – qualquer causa modificativa ou extintiva da obrigação, como pagamento, novação, compensação, transação ou prescrição, desde que supervenientes ao trânsito em julgado da sentença.

Existe **restrição para a matéria de defesa** a ser alegada considerando a coisa julgada que se formou no processo de conhecimento. Por isso, somente matéria posterior ao trânsito.

Se não houver impugnação ou for rejeitada a impugnação (CPC, art. 535, § 3º):

> I – expedir-se-á, por intermédio do presidente do tribunal competente, precatório em favor do exequente, observando-se o disposto na Constituição Federal;
> II – por ordem do juiz, dirigida à autoridade na pessoa de quem o ente público foi citado para o processo, o pagamento de obrigação de pequeno valor será realizado no prazo de 2 (dois) meses contado da entrega da requisição, mediante depósito na agência de banco oficial mais próxima da residência do exequente.

Se houver impugnação parcial, caberá execução da parte não impugnada (CPC, art. 535, § 4º).

4.2.3.2. Do cumprimento de sentença para obrigação de pagar

A **competência para a fase de cumprimento de sentença** é prevista no CPC, art. 516:

(i) tribunais, nas causas de sua competência originária;

(ii) juízo que processou a causa no primeiro grau;

(iii) juízo cível competente, no caso de sentença penal condenatória, arbitral ou estrangeira (a rigor, o domicílio do executado).

Poderá o exequente, em II e III, optar pelo juízo do local onde se encontram bens sujeitos à expropriação OU pelo do atual domicílio do executado – casos em que o credor requererá a remessa dos autos ao novo juízo competente (CPC, art. 516, parágrafo único).

Em relação à **natureza do cumprimento**, conforme a estabilidade do título executivo, é possível que o cumprimento de sentença seja provisório ou definitivo.

Utiliza-se o **cumprimento definitivo** quando se tratar de decisão transitada em julgado ou não mais passível de impugnação, como a sentença arbitral.

Já a **execução provisória** é utilizada quando (i) a decisão ainda não transitou em julgado, e o recurso interposto não foi recebido no efeito suspensivo, ou seja, somente é dotado de efeito devolutivo, e (ii) na tutela provisória.

Nesse sentido, o art. 520: "O cumprimento provisório da sentença impugnada por recurso desprovido de efeito suspensivo será realizado da mesma forma que o cumprimento definitivo, sujeitando-se ao seguinte regime: (...)".

E não se refere apenas à sentença, nos termos do art. 519: "Aplicam-se as disposições relativas ao cumprimento da sentença, provisório ou definitivo, e à liquidação, no que couber, às decisões que concederem tutela provisória".

Como no cumprimento provisório há possibilidade de alteração da decisão exequenda, há regras especiais para seu prosseguimento (CPC, art. 520):

(i) corre por iniciativa e responsabilidade do exequente, que se obriga, se a sentença for reformada, a reparar os danos que o executado haja sofrido;

(ii) exigência de caução para: a) levantamento de dinheiro e b) atos que importem transferência de posse ou alienação de propriedade.

É possível que a **caução seja dispensada** (CPC, art. 521) desde que:

(i) o crédito seja alimentar, qualquer que seja sua origem;

(ii) o exequente demonstrar estado de necessidade;

(iii) pender o agravo contra decisão de inadmissão do REsp ou RE (CPC, art. 1.042);

(iv) a decisão a ser provisoriamente cumprida estiver em consonância com firme decisão de tribunal (súmula ou repetitivo).

Como são situações distintas (não complementares), é de se concluir que os **requisitos não são cumulativos**.

Ainda que presente alguma das situações que dispensem a caução, ela poderá ser mantida, se sua dispensa puder resultar "manifesto risco de grave dano de difícil ou incerta reparação" (CPC, art. 521, parágrafo único).

O **procedimento** do cumprimento de sentença para pagamento de quantia está previsto nos arts. 523 e s. do CPC.

1) Proferida decisão condenatória e não havendo pagamento espontâneo pelo réu, o autor requererá o início do cumprimento de sentença (art. 523).
1.1) Esse requerimento deverá ser instruído com completa memória do débito, bem como já indicar bens (art. 524) – sendo possível requerer a penhora *online*.
2) Intimado o réu, se não houver pagamento no prazo de 15 dias, incidirá multa e honorários, no valor de 10% cada (art. 523, § 1º).
2.1) Na falta de pagamento, haverá penhora e avaliação de bens necessários à satisfação do débito (art. 523).
3) Poderá o executado apresentar impugnação (art. 525).
4) Se a impugnação não suspender o cumprimento de sentença ou, ao final, for rejeitada, ocorrerá a alienação do bem penhorado.
5) Expropriação de bens segue as regras da execução de título extrajudicial: ■ adjudicação pelo credor; ■ alienação por iniciativa particular; ■ leilão.
6) A seguir, a extinção da fase de cumprimento de sentença. Aplicação subsidiária: ■ destas regras para o cumprimento provisório (Art. 527. Aplicam-se as disposições deste Capítulo ao cumprimento provisório da sentença, no que couber); ■ das regras do processo de execução para o cumprimento de sentença (art. 513).

Uma questão que foi objeto de grande polêmica é **termo inicial do prazo de 15 dias para pagamento, sob pena de multa de 10%:** a partir da intimação do executado ou do trânsito em julgado da decisão? A lei anterior era omissa.

O *caput* do art. 523 do CPC é claro: o início do prazo depende da intimação do executado. Porém, não especificou o legislador se esse prazo seria em dias úteis ou corridos, e a solução passa por ser o prazo processual ou não (CPC, art. 219, parágrafo único). Há divergência, mas caminha-se para a pacificação em *dias úteis*. Nesse sentido, o Enunciado 89 do CJF ("Conta-se em dias úteis o prazo do *caput* do art. 523 do CPC") e precedentes do STJ (REsp 1.693.784 e REsp 1.708.348).

> I – expedir-se-á, por intermédio do presidente do tribunal competente, precatório em favor do exequente, observando-se o disposto na Constituição Federal;
> II – por ordem do juiz, dirigida à autoridade na pessoa de quem o ente público foi citado para o processo, o pagamento de obrigação de pequeno valor será realizado no prazo de 2 (dois) meses contado da entrega da requisição, mediante depósito na agência de banco oficial mais próxima da residência do exequente.

Prevê o CPC a possibilidade de protesto de decisão judicial.

Com o objetivo de tornar mais desconfortável a situação do executado e buscando maior efetividade às decisões judiciais, permite o CPC a publicidade de débitos para incentivar sua satisfação: ou seja, prevê o Código o *protesto das decisões judiciais*.

> **Art. 517.** A decisão judicial transitada em julgado poderá ser levada a protesto, nos termos da lei, depois de transcorrido o prazo para pagamento voluntário previsto no art. 523.
> **§ 1º** Para efetivar o protesto, incumbe ao exequente apresentar certidão de teor da decisão.

> Portanto, a decisão judicial transitada em julgado poderá ser levada a protesto, após transcorrido o prazo para pagamento voluntário. No caso de débito alimentar, sequer é necessário o trânsito em julgado para o protesto.

4.2.3.3. Da impugnação ao cumprimento de sentença

A **impugnação** é a defesa do executado prevista no CPC para a fase de cumprimento de sentença.

O **prazo** para impugnar é de 15 dias, contados a partir do término do prazo de 15 dias para pagamento voluntário (item acima).

A regra está prevista no art. 525 do CPC:

> Transcorrido o prazo previsto no art. 523 sem o pagamento voluntário, inicia-se o prazo de 15 (quinze) dias para que o executado (...) apresente, nos próprios autos, sua impugnação.

Há **prazo em dobro** no caso de litisconsortes com advogados distintos (CPC, art. 525, § 3º).

A impugnação será sempre nos **mesmos autos**, e não há **desnecessidade de penhora para impugnar** (CPC, art. 525, *caput*).

Considerando que o cumprimento de sentença tem por base um título executivo judicial e, assim, já houve prévia manifestação do Poder Judiciário, há **restrição quanto à matéria** a ser alegada na impugnação. Não se pode discutir novamente o mérito (se a quantia a ser paga é ou não devida), pois aí haveria violação à coisa julgada.

Assim, **somente as seguintes matérias podem ser alegadas na impugnação** (CPC, art. 525, § 1º):

(i) falta ou nulidade da citação, se na fase de conhecimento o processo correu à revelia;
(ii) ilegitimidade **de parte**;
(iii) inexigibilidade do título ou inexigibilidade da obrigação;
(iv) penhora incorreta ou avaliação errônea;
(v) excesso de execução ou cumulação indevida de execuções (aqui se aplica tudo quanto será exposto a respeito do tema nos embargos à execução; inclusive deverá o impugnante declarar de imediato o valor que entende correto, sob pena de rejeição liminar da impugnação – CPC, art. 525, §§ 4º e 5º);
(vi) incompetência absoluta ou relativa do juízo da execução;
(vii) qualquer causa impeditiva, modificativa ou extintiva da obrigação (pagamento, compensação, transação etc.), desde que superveniente à sentença (porque se anterior à sentença, isso já está protegido pela coisa julgada).

Considera-se também **inexigível** o título judicial fundado em lei declarada inconstitucional pelo STF, seja em controle difuso ou concentrado (CPC, art. 525, § 12), sendo que a decisão do STF deve ser anterior ao trânsito em julgado da decisão exequenda (§ 14) – se a decisão for posterior, deverá ser utilizada a rescisória, cujo prazo será contado a partir do trânsito em julgado da decisão do STF (§ 15).

O **procedimento** da impugnação é o seguinte:

1) Findo o prazo de 15 dias para pagar, o executado pode impugnar (CPC, art. 525).
2) Somente algumas matérias podem ser alegadas na impugnação (CPC, art. 525, § 1º).
2.1) Cabe rejeição liminar se impugnação (i) intempestiva ou (ii) se no excesso de execução não houver indicação do valor.

3) Em regra, a impugnação **não suspende** o cumprimento de sentença (CPC, art. 525, § 6º).

Contudo, poderá ser **concedido o efeito suspensivo**, desde que presentes, ao mesmo tempo:

(i) fundamentos **da impugnação forem** relevantes; e

(ii) prosseguimento do cumprimento possa causar ao executado grave dano de difícil ou incerta reparação.

4) A impugnação será autuada nos mesmos autos (CPC, art. 525, *caput*).

5) Recebida a impugnação, deve ser aberta vista ao impugnado, para exercer o contraditório, no prazo de 15 dias (não há previsão legal nesse sentido).

6) Se necessário, dilação probatória.

7) Após instrução ou se esta for desnecessária: decisão do juiz, que poderá colocar fim ao cumprimento (se acolher integralmente a impugnação que entender nada ser devido) ou não (se rejeitada, total ou parcialmente, ou se for impugnação parcial – pois aí prossegue a fase de cumprimento).

7.1) Sendo assim, variável o recurso cabível, conforme a extinção do cumprimento ou não (apelação ou agravo de instrumento).

4.2.3.4. Da execução e cumprimento de sentença de alimentos

Existem diversos **pontos em comum quanto à execução e cumprimento de alimentos**. Por isso, o tema será tratado em conjunto, neste momento.

O **crédito alimentar** é diferenciado, pois dele decorre a sobrevivência do alimentando (dever de prover do alimentante).

Por isso, há a consequência de **prisão civil** do devedor de alimentos, no caso de "inadimplemento voluntário e inescusável de obrigação alimentar" (CF, art. 5º, LXVII).

A respeito da **prisão**, indaga-se:

1) Em qual **regime** ocorre a prisão?

Art. 528 (...) § 4º A prisão será cumprida em regime fechado, devendo o preso ficar separado dos presos comuns.

2) A prisão **afasta o débito**?

Art. 528 (...) § 5º O cumprimento da pena não exime o executado do pagamento das prestações vencidas e vincendas.

3) Qual **período de débito** permite a prisão?

Foi inserido no CPC o que já constava da Súmula 309 do STJ (prisão civil somente em relação às últimas três parcelas).

Art. 528 (...) § 7º O débito alimentar que autoriza a prisão civil do alimentante é o que compreende até as 3 (três) prestações anteriores ao ajuizamento da execução e as que se vencerem no curso do processo.

Portanto, somente é possível executar os **alimentos sob pena de prisão** em relação às últimas três prestações mensais. Quanto às demais parcelas vencidas, executam-se os **alimentos sob pena de penhora.**

E vale lembrar que, apesar da previsão constitucional de prisão civil em duas hipóteses (dívida alimentar e depositário infiel – CF, art. 5º, LXVII), o STF pacificou que **não cabe a prisão do depositário infiel** (Súmula Vinculante 25: é ilícita a prisão civil de depositário infiel, qualquer que seja a modalidade do depósito).

Prevê o CPC o **protesto** da decisão que fixa os alimentos:

Art. 528, § 1º Caso o executado, no prazo referido no *caput*, não efetue o pagamento, não prove que o efetuou ou não apresente justificativa da impossibilidade de efetuá-lo, o juiz mandará protestar o pronunciamento judicial, aplicando-se, no que couber, o disposto no art. 517.

Assim, antes mesmo da prisão civil, o juiz determinará o protesto da decisão que fixou os alimentos.

O CPC já prevê o protesto de qualquer decisão (art. 517).

Porém, há distinções entre o protesto da decisão de alimentos e das demais:

(i) nas outras decisões condenatórias, há necessidade de trânsito em julgado;

(ii) nas demais decisões condenatórias, o protesto é feito a requerimento da parte; no caso dos alimentos, *é* determinado de ofício pelo juiz.

Outra novidade é a possibilidade de **desconto de até 50% dos vencimentos** do executado:

Art. 529, § 3º Sem prejuízo do pagamento dos alimentos vincendos, o débito objeto de execução pode ser descontado dos rendimentos ou rendas do executado, de forma parcelada, nos termos do *caput* deste artigo, contanto que, somado à parcela devida, não ultrapasse cinquenta por cento de seus ganhos líquidos.

Assim, se um devedor de alimentos passa a receber salário, poderá haver, além do desconto em folha das parcelas mensais, um desconto adicional em relação às parcelas devidas.

Quanto ao **procedimento**, no CPC há quatro possibilidades. A distinção se dá em relação ao **tipo de título** (judicial ou extrajudicial) e **tempo de débito** (pretérito ou recente):

4.2.3.4.1. Cumprimento de sentença de alimentos

Tratando-se de título executivo judicial (sentença de alimentos), é possível que existam dois procedimentos:

(i) **cumprimento de sentença, sob pena de prisão** (CPC, arts. 528 a 533): para débitos recentes, executado intimado pessoalmente para pagar, em 3 dias.

(ii) **cumprimento de sentença, sob pena de penhora** (CPC, art. 528, § 8º): para débitos pretéritos, executado intimado para pagar, em 15 dias, sob pena de multa de 10% (art. 523).

Em relação à **defesa no cumprimento de sentença:**

(i) sendo procedimento **sob pena de prisão**, o executado deverá pagar, provar que pagou ou apresentar justificativa de alimentos, apontando motivos que justifiquem o inadimplemento (CPC, art. 528, § 1º). Porém, somente o fato "que gere a impossibilidade absoluta de pagar justificará o inadimplemento" (§ 2º).

(ii) sendo procedimento **sob pena de penhora**, cabível será a impugnação, sem qualquer especificidade.

4.2.3.4.2. Execução de alimentos

Tratando-se de **título executivo extrajudicial** (escritura pública ou outro título extrajudicial de alimentos), também é possível que existam dois procedimentos:

(i) **execução de alimentos**, fundada em título executivo extrajudicial, **sob pena de prisão**, para débitos recentes (CPC, arts. 911 e 912): executado será citado para pagar, em 3 dias (CPC, art. 528);

(ii) **execução de alimentos**, fundada em título executivo extrajudicial, **sob pena de penhora**, para débitos pretéritos (CPC, art. 913): executado será citado para pagar, em 3 dias (CPC, art. 829).

Em relação à **defesa na execução** de alimentos:

- quanto ao exposto em (i) acima (sendo o procedimento **sob pena de prisão**), cabível também a justificativa de alimentos, tal qual no cumprimento de sentença (CPC, art. 911, parágrafo único. Aplicam-se, no que couber, os §§ 2º a 7º do art. 528).

- quanto ao exposto em (ii) acima (sendo o procedimento **sob pena de penhora**): cabíveis os embargos, sem qualquer especificidade.

5. PROCEDIMENTOS ESPECIAIS

5.1. Jurisdição contenciosa e voluntária

Em regra, quando há algum debate perante o Judiciário, **existe um conflito** entre as partes litigantes. Isso é o que se denomina **jurisdição contenciosa**.

Contudo, há situações nas quais, **mesmo sem a lide**, há necessidade de se acionar o Judiciário. Nestes casos, fala-se em **jurisdição voluntária**.

Assim:
Jurisdição contenciosa: existe conflito entre as partes, o Judiciário atuará para compor a lide (refere-se a tudo o quanto já foi exposto ao longo dos capítulos);
Jurisdição voluntária ou **graciosa:** não há lide, trata-se de verdadeira administração pública, via Judiciário, de interesses privados.

A respeito das distinções entre jurisdição voluntária e contenciosa, cabe apresentar o seguinte quadro:

Jurisdição contenciosa	Jurisdição voluntária (CPC, art. 719)
Existe lide	Inexiste lide
Existem partes (CPC, art. 77)	Existem interessados (CPC, art. 720)
Juízo de legalidade estrita (CPC, art. 140, parágrafo único)	Juízo de equidade (CPC, art. 723, parágrafo único)

5.2. Procedimentos especiais

Há **novidades nos procedimentos especiais**, em relação ao sistema anterior.

De início, apresenta-se um panorama geral de como o tema é tratado no CPC:

Título III – Dos Procedimentos Especiais

Capítulo I – Da Ação de Consignação em Pagamento

Capítulo II – Da Ação de Exigir Contas

Capítulo III – Das Ações Possessórias

Capítulo IV – Da Ação de Divisão e da Demarcação de Terras Particulares

Capítulo V – Da Ação de Dissolução Parcial de Sociedade

Capítulo VI – Do Inventário e da Partilha

Capítulo VII – Dos Embargos de Terceiro

Capítulo VIII – Da Oposição

Capítulo IX – Da Habilitação

Capítulo X – Das Ações de Família

Capítulo XI – Da Ação Monitória

Capítulo XII – Da Homologação do Penhor Legal

Capítulo XIII – Da Regulação de Avaria Grossa

Capítulo XIV – Da Restauração de Autos

Capítulo XV – Dos Procedimentos de Jurisdição Voluntária

Seção I – Disposições Gerais
Seção II – Da Notificação e da Interpelação
Seção III – Da Alienação Judicial
Seção IV – Do Divórcio e da Separação Consensuais, da Extinção Consensual de União Estável e da Alteração do Regime de Bens do Matrimônio
Seção V – Dos Testamentos e dos Codicilos
Seção VI – Da Herança Jacente
Seção VII – Dos Bens dos Ausentes
Seção VIII – Das Coisas Vagas
Seção IX – Da Interdição
Seção X – Disposições Comuns à Tutela e à Curatela
Seção XI – Da Organização e da Fiscalização das Fundações
Seção XII – Da Ratificação dos Protestos Marítimos e dos Processos Testemunháveis Formados a Bordo

No mais, além dos procedimentos especiais previstos no Código, há outros previstos em **legislação extravagante**, ou seja, diplomas legais que não o CPC (como exemplo, o procedimento especial de alimentos, mandado de segurança ou ação civil pública).

> É certo que **inviável** a análise, nesta obra, considerando sua finalidade e por limitações de espaço, de **todos os procedimentos especiais** existentes no sistema processual brasileiro.
> Assim, opta-se por apresentar aqui os **procedimentos especiais mais utilizados** e aqueles que têm a **maior probabilidade de estarem na prova da OAB** – considerando as provas anteriores e o momento de transição entre Códigos que vivemos.
> Mas a **sugestão ao leitor** é que se faça a leitura do texto seco do CPC, entre os arts. 539 a 770 (artigos que tratam dos procedimentos especiais no Código).

Assim, a seguir, passa-se à análise de **alguns** procedimentos especiais em espécie – levando-se em consideração aqueles que têm a maior probabilidade de serem pedidos nas provas da OAB.

5.2.1. Ações possessórias

Na legislação civil, o **possuidor** é definido como quem "tem de fato o exercício (...) de algum dos poderes inerentes à propriedade" (CC, art. 1.196).

Quando a causa de pedir de uma demanda **tiver por base a posse**, estaremos diante de uma ação possessória.

Quando a causa de pedir de uma demanda **tiver por base a propriedade**, estaremos diante de uma ação petitória. Dentre as petitórias, há a ação de imissão na posse e a reivindicatória (que buscam a obtenção da posse a partir de sua propriedade), que seguem o procedimento comum, pois não há previsão específica dessas demandas no CPC.

Assim, somente as possessórias é que têm um procedimento especial.

> O CPC prevê **três ações possessórias:**
> (i) **reintegração** de posse, no caso de esbulho (perda da posse);
> (ii) **manutenção** de posse, no caso de turbação (perturbação da posse, sem perdê-la);
> (iii) **interdito proibitório** (ameaça de ser molestado na posse).

O **procedimento das possessórias é** distinto porque:

a) **possibilidade de liminar:**

Cabe liminar na possessória (CPC, arts. 558 e 562) na hipótese de posse nova (ou seja, de menos de ano e um dia). Não se trata de uma tutela provisória (CPC, art. 294), mas sim de uma liminar com requisitos distintos: prova da posse e tempo da moléstia.

b) **fungibilidade das ações possessórias:**

Em virtude do dinamismo dos fatos em relação à posse, mesmo se o autor ajuizar uma determinada ação e a situação for (ou se transformar) em outra, desde que provados os fatos, deverá o juiz conceder a proteção possessória (CPC, art. 554).

c) **audiência de justificação:**

Se o juiz não se convencer, pelos documentos, a respeito da concessão ou não da liminar, deverá ser **designada audiência de justificação** para formar a convicção (CPC, art. 562).

A **petição inicial** da possessória deve trazer a (i) posse do autor, (ii) moléstia ocorrida em relação à posse e (iii) data da turbação ou esbulho (CPC, art. 561). A inicial pode **cumular pedidos**, além da proteção da posse, (i) condenação em perdas e danos, (ii) indenização dos frutos, (iii), imposição de medida de apoio (tal como multa) para (a) evitar nova violação à posse e (b) para que haja cumprimento da tutela provisória ou final (CPC, art. 555).

Na **contestação**, pode o réu formular pedido em face do autor, em relação a: (i) perdas e danos; e (ii) própria proteção possessória (CPC, art. 556 – o que será feito pela reconvenção, na própria contestação).

Traz o CPC novidades quanto às possessórias envolvendo **litígio coletivo pela posse** ou propriedade de imóvel.

Na possessória em que figure no **polo passivo grande número de pessoas**, serão feitas a citação pessoal dos ocupantes encontrados no local e a citação por edital dos demais, determinando-se a intimação do MP e, se envolver pessoas em situação de hipossuficiência econômica, da Defensoria Pública. Para tal citação pessoal, o oficial de justiça procurará os ocupantes no local por uma vez, citando-se por edital os que não forem encontrados (CPC, art. 554, § 2º). O juiz deverá determinar que se dê **ampla publicidade** da existência dessa ação e dos prazos processuais, podendo, para tanto, valer-se de anúncios em jornal ou rádio locais, da publicação de cartazes na região do conflito e de outros meios (CPC, art. 554, § 3º).

Além disso, quando o esbulho ou a turbação afirmado tiver ocorrido há mais de ano e dia, o juiz, antes de apreciar o pedido de liminar, deverá designar audiência de mediação a realizar-se em até 30 dias (CPC, art. 565).

Se **concedida mas não executada a liminar** possessória no prazo de 1 ano a contar da data de distribuição, caberá ao juiz designar audiência de mediação com a presença do Ministério Público (CPC, art. 565, §§ 1º e 2º).

O juiz poderá comparecer à área objeto do litígio **(inspeção judicial)** quando sua presença se fizer necessária à efetivação da tutela jurisdicional (CPC, art. 565, § 3º). Essa prova pode ser realizada de ofício, mas também, por certo, requerida pelas partes (CPC, art. 481).

Os **órgãos responsáveis pela política agrária e pela política urbana** da União, do Estado e do Município onde se situe a área objeto do litígio, poderão ser intimados para a audiência, a fim de se manifestarem sobre seu interesse no processo e sobre a existência de possibilidade de solução para o conflito possessório (CPC, art. 565, § 4º).

5.2.2. Ação monitória

> A **ação monitória** é procedimento mais célere para os casos em que o autor dispõe de prova escrita sem eficácia de título executivo, que traduza obrigação de (i) pagar quantia, (ii) entregar coisa móvel ou imóvel ou (iii) adimplir obrigação de fazer ou não fazer (CPC, art. 700).

Assim, no CPC há ampliação do cabimento da monitória, para incluir a entrega de coisa imóvel e obrigação de fazer e não fazer.

Não é possível a utilização do processo de execução, por falta de título executivo, mas já há prova escrita de onde decorre o dever de pagar, de entregar coisa ou de obrigação de fazer.

Por **prova escrita sem eficácia de título** deve-se entender:

(i) aquela produzida pelo réu ou que tenha sua participação; mas "o que interessa, na monitória, é a possibilidade de formação da convicção do julgador a respeito de um crédito, e não a adequação formal da prova apresentada a um modelo predefinido" (STJ, REsp 925.584/SE, 4ª T., j. 9-10-2012, *DJe* 7-11-2002, **Informativo 506**);

(ii) também a prova oral documentada, produzida de forma antecipada (CPC, art. 700, § 1º).

Havendo **dúvida quanto à idoneidade de prova** documental apresentada na inicial, o juiz intimará o autor para, querendo, emendar a petição inicial, adaptando-a ao procedimento comum (CPC, art. 700, § 5º).

Na **petição inicial** da monitória, incumbe ao autor indicar, conforme o caso (CPC, art. 700, § 2º), sob pena de indeferimento (CPC, art. 700, § 4º):

I – a importância devida (com memória de cálculo);

II – o valor atual da coisa reclamada;

III – o conteúdo patrimonial em discussão ou o proveito econômico perseguido.

Cabe **monitória contra a Fazenda Pública** (CPC, art. 700, § 6º e Súmula 339 do STJ). Sendo ré a Fazenda Pública, não apresentada defesa, serão aplicadas as regras do reexame necessário, observando-se a seguir, no que couber, o cumprimento de sentença (CPC, art. 701, § 4º).

Na monitória, admite-se a **citação por qualquer meio** permitido para o procedimento comum (CPC, art. 700, § 7º, e Súmula 282 do STJ, especificamente quanto à permissão de citação por edital).

Na monitória **cabe a reconvenção**, mas é vedado o oferecimento de reconvenção à reconvenção (CPC, art. 702, § 6º, e Súmula 292 do STJ).

Além disso, com base na jurisprudência do STJ (formada no sistema anterior), não é necessário, na **monitória fundada em cheque prescrito**, tratar do negócio que deu origem ao débito. Nesse sentido, a Súmula 531 do STJ:

> Em ação monitória fundada em cheque prescrito ajuizada contra o emitente, é dispensável a menção ao negócio jurídico subjacente à emissão da cártula.

Sendo evidente o direito do autor, o juiz deferirá a **expedição de mandado** de pagamento, de entrega de coisa ou para execução de obrigação de fazer ou de não fazer, concedendo ao réu prazo de 15 dias para o cumprimento e o pagamento de honorários advocatícios de 5% do valor atribuído à causa (CPC, art. 701).

Haverá a **constituição do título executivo judicial**, independentemente de qualquer formalidade, se não realizado o pagamento e não apresentados embargos, observando-se, no que couber, o procedimento do cumprimento de sentença (CPC, art. 701, § 2º); verificada tal hipótese, **cabe ação rescisória** da decisão de deferimento da expedição do mandado de pagamento (CPC, art. 701, § 3º).

Admite-se, na ação monitória, o pedido de **parcelamento da dívida** previsto no art. 916 do CPC (art. 701, § 5º).

Os **embargos à ação monitória** (contestação da monitória) podem se fundar em matéria passível de alegação como defesa no procedimento comum (CPC, art. 702, § 1º).

Quando o réu alegar que o autor pleiteia quantia superior à devida, deverá declarar de imediato o valor que entende correto, apresentando demonstrativo discriminado e atualizado da dívida. Se não o fizer, os embargos serão liminarmente rejeitados, se esse for o seu único fundamento, e, se houver outro fundamento, os embargos serão processados, mas o juiz deixará de examinar a alegação de excesso (CPC, art. 702, §§ 2º e 3º).

O autor será **intimado para responder aos embargos** no prazo de 15 dias (CPC, art. 702, § 5º).

A critério do juiz, os **embargos serão autuados** em apartado, se parciais, constituindo-se de pleno direito o título executivo judicial em relação à parcela incontroversa (CPC, art. 702, § 7º).

Cabe **apelação** contra a sentença que acolhe ou rejeita os embargos (CPC, art. 702, § 9º).

Os embargos monitórios **somente suspendem a ação monitória até o julgamento de primeiro grau** (CPC, art. 702, § 4º).

O juiz condenará ao pagamento de **multa de até 10% sobre o valor da causa** nos seguintes casos (CPC, art. 702, § 10):

a) se o autor propuser, indevidamente e de má-fé, a monitória; multa em favor do réu;

b) se o réu opuser embargos de má-fé; multa em favor do autor.

5.2.3. Ações de família

O CPC cria um capítulo próprio para regular o procedimento das **ações do direito de família**, para as demandas contenciosas de divórcio, separação, reconhecimento e extinção de união estável, guarda, visitação e filiação.

Em linha com o novo sistema processual, o CPC afirma que nessas ações "todos os esforços serão empregados para a solução consensual da controvérsia, devendo o juiz dispor do auxílio de profissionais de outras áreas de conhecimento para a mediação e a conciliação" (CPC, art. 694).

Cabe a **suspensão do processo** enquanto os litigantes se submetem a mediação extrajudicial ou atendimento multidisciplinar (CPC, art. 694, parágrafo único).

Além disso, a **citação do réu**, para comparecer à audiência de conciliação ou mediação, será realizada **sem cópia da petição inicial** (a chamada "contrafé"). O mandado conterá apenas os dados necessários à audiência, sendo assegurado ao réu o direito de examinar o conteúdo da inicial a qualquer tempo, em cartório (CPC, art. 695, § 1º).

A **citação** para a ação de família será feita na pessoa do réu e deve ocorrer com antecedência mínima de 15 dias da data da audiência de mediação ou conciliação (CPC, art. 695, §§ 2º e 3º).

Na **audiência**, as partes devem estar acompanhadas de advogado (CPC, art. 695, § 4º). Na **mediação extrajudicial**, não há essa obrigatoriedade, mas é mera opção (Lei n. 13.140/2015, art. 10).

O **MP** somente intervirá quando houver interesse de incapaz, e deverá ser ouvido previamente à homologação de eventual acordo (CPC, art. 698).

Quando houver, no processo, discussão sobre fato relacionado a **abuso ou a alienação parental**, o juiz, ao tomar o depoimento do incapaz, deverá estar acompanhado por especialista (CPC, art. 699).

> Em inovação polêmica, prevê o CPC que, nas ações de família, a citação do réu será desacompanhada da contrafé. O objetivo do legislador foi evitar que o réu soubesse os detalhes da causa, para que, na data da audiência de conciliação ou mediação, estivesse mais propenso a realizar um acordo.

5.2.4. Ação de alimentos (processo de conhecimento)

Considerando a **urgência na prestação de alimentos**, para a sobrevivência de quem deles necessita, o procedimento comum não seria adequado para tutelar adequadamente o direito da parte.

E essa distinção procedimental relativa aos alimentos não se verifica apenas para o processo de conhecimento. Por isso que, para fixar os alimentos (fase de conhecimento), existe o procedimento especial, previsto na Lei n. 5.478/68, e, no que se refere à fase executiva, há procedimento próprio para se executar os alimentos devidos – CPC, art. 538, para o cumprimento de sentença, e art. 911, para o processo de execução (a respeito da execução de alimentos, *vide* item 4.2.3.4.2.).

Trata-se, portanto, de um procedimento mais concentrado e rápido que o comum, que tem a seguinte tramitação:

1) inicial;
2) alimentos provisórios (art. 4º);
3) audiência de conciliação, instrução e julgamento (art. 9º): ■ tentativa de conciliação; ■ apresentação de contestação; ■ produção de provas; ■ alegações finais.
4) sentença – que inclusive poderá ser proferida na própria audiência (art. 11, parágrafo único).

O art. 4º da Lei n. 5.478/68 prevê a figura dos alimentos provisórios, que serão concedidos pelo juiz até mesmo de ofício no momento em que determina a citação do réu.

Cabe esclarecer que a lei em questão somente pode ser utilizada quando se estiver diante de dever alimentar pré-constituído (ou seja, paternidade, cônjuge, companheiro). Se não se tratar dessa hipótese, não cabe o uso do procedimento especial previsto na Lei n. 5.478/68. Então terá de ser utilizado o procedimento comum. É, por exemplo, o que ocorre com a investigação de paternidade.

Portanto, não cabe, na investigação de paternidade, a figura dos alimentos provisórios. Mas, para resguardar a parte, cabe tutela de urgência para os alimentos, desde que presentes os requisitos (CPC, art. 300 – elementos que evidenciem a probabilidade do direito e o perigo de dano ou ao resultado útil do processo).

É certo que é mais fácil obter os alimentos provisórios (pois decorrem de prova pré-constituída) do que alimentos via tutela de urgência (pois dependem de prova).

5.2.5. Ação de exigir contas

No Código anterior havia a "ação de prestação de contas", que poderia ser proposta tanto por quem poderia exigir como por quem deveria prestar as contas. No CPC, **deixa de existir procedimento especial para quem pretende prestar as contas**. Por isso, a nova legislação altera o nome para "ação de exigir contas".

Portanto, o procedimento especial só se aplica para quem quiser que a parte contrária preste contas. Se alguém quiser prestar contas, o procedimento será o comum.

Quem afirmar ser titular do **direito de exigir contas** requererá a citação do réu para que as preste ou ofereça contestação no prazo de 15 dias (CPC, art. 550).

Se as **contas forem prestadas**, o autor terá também 15 dias para se manifestar (CPC, art. 550, § 2º).

Na petição inicial, o autor especificará as razões pelas quais exige as contas, instruindo a peça com documentos comprobatórios dessa necessidade, se existirem.

A **impugnação das contas** apresentadas pelo réu deverá ser fundamentada e especificar o lançamento questionado (CPC, art. 550, *caput* e § 3º).

A decisão que julgar **procedente o pedido condenará o réu a prestar as contas** no prazo de 15 dias, sob pena de não lhe ser lícito impugnar as que o autor apresentar (CPC, art. 550, § 5º).

Apresentando o réu as contas, o feito terá prosseguimento. Se o réu não fizer isso, o autor as apresentará no prazo de 15 dias, podendo o juiz determinar a realização de exame pericial, se necessário (CPC, art. 550, § 6º).

As contas do réu serão apresentadas na forma adequada, especificando-se as receitas, a aplicação das despesas e os investimentos, se houver (CPC, art. 551).

Se o autor apresentar impugnação específica e fundamentada, o juiz estabelecerá prazo razoável para que o réu apresente os documentos justificativos dos lançamentos individualmente impugnados (CPC, art. 550, § 1º).

Da decisão que julgar procedente a primeira fase da ação de exigir contas, caberá agravo de instrumento (decisão parcial de mérito). Se julgada improcedente, caberá apelação (sentença) – STJ, REsp 1.746.337.

Assim, é uma ação que pode ter **duas fases**: a primeira, na qual se debate se há necessidade ou não de o réu prestar as contas; a segunda, se as contas prestadas são boas, ou se há necessidade de se realizar algum pagamento, pois as contas não foram consideradas boas.

5.2.6. Ação de dissolução parcial de sociedade

Regula o CPC o procedimento para dissolução parcial de sociedade.

A ação de dissolução parcial de sociedade **pode ter por pedido** (CPC, art. 599):

> I – a resolução da sociedade empresária contratual ou simples em relação ao sócio falecido, excluído ou que exerceu direito de retirada ou recesso; e
> II – a apuração de haveres do sócio falecido, excluído ou que exerceu direito de retirada ou recesso; ou
> III – somente a resolução ou a apuração de haveres.

A ação pode ter por objeto também a sociedade anônima de capital fechado quando demonstrado, por acionista(s) que represente(m) 5% ou mais do capital social, que não pode preencher o seu fim (CPC, art. 599, § 2º).

Em relação à **legitimidade**, a ação de dissolução parcial de sociedade pode ser proposta (CPC, art. 600):

> I – pelo espólio do sócio falecido, quando a totalidade dos sucessores não ingressar na sociedade;
> II – pelos sucessores, após concluída a partilha do sócio falecido;
> III – pela sociedade, se os sócios sobreviventes não admitirem o ingresso do espólio ou dos sucessores do falecido na sociedade, quando esse direito decorrer do contrato social;
> IV – pelo sócio que exerceu o direito de retirada ou recesso, se não tiver sido providenciada, pelos demais sócios, a alteração contratual consensual formalizando o desligamento, depois de transcorridos 10 dias do exercício do direito;
> V – pela sociedade, nos casos em que a lei não autoriza a exclusão extrajudicial;
> VI – pelo sócio excluído.

Também o cônjuge ou companheiro do sócio cujo casamento, união estável ou convivência terminou poderá requerer a apuração de seus haveres na sociedade, que serão pagos à conta da quota social titulada por este sócio (CPC, art. 600, parágrafo único).

Quanto ao **procedimento**, os sócios e a sociedade serão citados para, no prazo de 15 dias, concordar com o pedido ou apresentar contestação (CPC, art. 601).

> A sociedade não precisa ser citada se todos os seus sócios forem citados; mas, ainda assim, ficará sujeita aos efeitos da decisão e à coisa julgada (CPC, art. 601, parágrafo único).

Em síntese, o pedido da ação poderá compreender (i) dissolução parcial da sociedade, (ii) apuração de haveres e (iii) pedido de indenização compensável com o valor dos haveres a apurar (CPC, art. 602).

Se houver manifestação expressa e unânime pela concordância da dissolução, o juiz a decretará, passando-se imediatamente à fase de liquidação (CPC, art. 603). Nesse caso, não haverá condenação em honorários advocatícios de nenhuma das partes, e as custas serão rateadas segundo a participação das partes no capital social (CPC, art. 603, § 1º).

Se houver contestação, observar-se-á o procedimento comum, mas a liquidação da sentença seguirá o procedimento especial ora em análise (CPC, art. 603, § 2º).

Em relação à **apuração dos haveres** (ou seja, o valor que terá de ser recebido pelo sócio que deixa a sociedade), o juiz (CPC, art. 604):

> I – fixará a data da resolução da sociedade;
> II – definirá o critério de apuração dos haveres, a partir do disposto no contrato social;
> III – nomeará o perito.

O juiz determinará à sociedade ou aos sócios que nela permanecerem que deposite em juízo a parte incontroversa dos haveres devidos, sendo que o depósito poderá ser desde logo levantado pelo ex-sócio, espólio ou sucessores (CPC, art. 604, §§ 1º e 2º).

Quanto à **data da resolução da sociedade**, esta será (CPC, art. 605):

> I – no caso de falecimento do sócio, a do óbito;
> II – na retirada imotivada, o sexagésimo dia seguinte ao do recebimento, pela sociedade, da notificação do sócio retirante;
> III – no recesso, o dia do recebimento, pela sociedade, da notificação do sócio dissidente;
> IV – na retirada por justa causa de sociedade por prazo determinado e na exclusão judicial de sócio, a do trânsito em julgado da decisão que dissolver a sociedade; e
> V – na exclusão extrajudicial, a data da assembleia ou da reunião de sócios que a tiver deliberado.

Se o contrato social for omisso, o juiz definirá, como critério de apuração de haveres, o valor patrimonial apurado em balanço de determinação, tomando-se por referência a data da resolução e avaliando-se bens e direitos do ativo, tangíveis e intangíveis, a preço de saída, além do passivo também a ser apurado de igual forma (CPC, art. 606). Em todos os casos em que seja necessária a realização de perícia, a nomeação do perito recairá preferencialmente sobre especialista em avaliação de sociedades (CPC, art. 606, parágrafo único).

A data da resolução e o critério de apuração de haveres podem ser revistos pelo juiz, a pedido da parte, a qualquer tempo antes do início da perícia (CPC, art. 607).

Até a data da resolução, integram o valor devido ao ex-sócio, ao espólio ou aos sucessores a participação nos lucros ou os juros sobre o capital próprio declarados pela sociedade e, se for o caso, a remuneração como administrador (CPC, art. 608), porém, após a data da resolução, o ex-sócio, o espólio ou os sucessores terão direito apenas à correção monetária dos valores apurados e aos juros contratuais ou legais (CPC, art. 608, parágrafo único).

Uma vez apurados, os haveres do sócio retirante serão pagos conforme disciplinar o contrato social e, no caso de omissão do contrato social, conforme § 2º do art. 1.031 do CC (CPC, art. 609).

5.2.7. Da oposição

No CPC/1973 a oposição era intervenção de terceiro. Inova o CPC ao retirar essa medida judicial do rol das intervenções, para classificá-la como **procedimento especial**. Contudo, é certo que a oposição **envolve a participação de terceiro**.

Apesar dessa modificação, seu cabimento segue o mesmo previsto no sistema anterior: quem pretender, no todo ou em parte, a coisa ou o direito sobre que controvertem autor e réu poderá, até ser proferida a sentença, oferecer oposição contra ambos (CPC, art. 682).

Como **típico exemplo do uso da oposição**, uma situação em que A e B litigam afirmando que são titulares de determino bem imóvel; se C entende que ele é o efetivo titular, ingressa com a oposição contra A e B, em litisconsórcio passivo necessário. Assim, o oponente litiga contra todos.

O **procedimento** também não sofreu alterações em relação ao sistema anterior:

- a oposição deve seguir os requisitos de uma petição inicial – que é, pois se trata de ação (CPC, art. 683);
- a oposição será distribuída por dependência;
- os opostos serão citados na pessoa de seus advogados, para contestar em 15 dias (CPC, art. 683, parágrafo único);
- a oposição será apensada aos autos e tramitará simultaneamente à ação originária, sendo ambas julgadas pela mesma sentença (CPC, art. 685);
- se a oposição for proposta após o início da audiência de instrução, o juiz suspenderá o curso do processo ao fim da produção das provas,

salvo se concluir que a unidade da instrução atende melhor ao princípio da duração razoável do processo (CPC, art. 685, parágrafo único).

O juiz, ao sentenciar, se for o caso de julgar ambas as ações ao mesmo tempo, apreciará inicialmente a oposição – que é prejudicial em relação ao pedido original, constante da ação (CPC, art. 686). Afinal, retomando o exemplo anterior, se o juiz reconhecer que o opoente C é o titular do bem imóvel, por óbvio que prejudicado o pedido de A contra B quanto à titularidade do mesmo bem.

No âmbito do CPC/1973, a oposição era objeto de diversas questões da OAB, no contexto das intervenções de terceiros. Isso também se verifica atualmente, quando a menção à oposição segue sendo feita em diversas questões. Importante entender que a oposição não deixou de existir, mas não é mais uma típica figura de intervenção de terceiros, e sim um procedimento especial em que terceiro busca pleitear para si o bem objeto do litígio, contra autor e réu de uma ação anteriormente ajuizada.

5.2.8. Divórcio, separação e extinção de união estável consensuais (jurisdição voluntária)

Como exemplo de jurisdição voluntária, há o **divórcio consensual**. De início, cabe recordar que, desde a EC n. 66/2010, a rigor, não haveria mais a necessidade de se falar em separação, visto que é possível desde logo partir para o divórcio. Contudo, o CPC optou por seguir utilizando o termo **separação consensual**.

Assim, se marido e mulher não mais querem continuar casados, se estão de acordo a respeito de bens e alimentos, ou seja, se não há nenhuma pendência, inexiste lide. Contudo, ainda assim há necessidade de participação estatal no divórcio.

Se não houver filhos menores (ou nascituro), será inclusive possível que se vá a um cartório extrajudicial para se proceder ao divórcio via escritura pública, devendo os cônjuges estar assistidos por advogado (CPC, art. 733). A escritura independe de homologação judicial e é título hábil para qualquer ato de registro, bem como para levantamento de importância depositada em instituições financeiras (CPC, art. 733, § 1º).

Não obstante, se assim preferirem ou **se houver filhos menores**, será realizado um divórcio consensual perante o Judiciário (CPC, art. 731).

A legislação prevê requisitos mínimos para a petição do divórcio e separação consensuais, que será instruída com certidão de casamento e eventual pacto antenupcial, bem como assinada por ambos os cônjuges (CPC, art. 731):

(i) a descrição e partilha dos bens comuns;

(ii) a pensão alimentícia entre os cônjuges;

(iii) o acordo relativo à guarda dos filhos incapazes e visita;

(iv) a contribuição para criar e educar os filhos (alimentos).

Diante da inexistência de lide, é possível que um único advogado postule em favor de ambos os cônjuges.

Assim, mediante a verificação dos requisitos previstos em lei, o juiz **homologará o divórcio** e a sentença será levada aos registros civis (CPC, art. 733), não havendo sequer necessidade de audiência dos interessados com o juiz.

O **mesmo procedimento** se aplica para a extinção de união estável consensual (CPC, art. 732) e para mudança de regime de bens de casamento (CPC, art. 734).

Quanto à **alteração do regime de bens do casamento**, o juiz, ao receber a petição inicial, determinará a intimação do Ministério Público e a publicação de edital que divulgue a pretendida alteração de bens, somente podendo decidir depois de 30 dias da publicação do edital (CPC, art. 734, § 1º). Os cônjuges podem propor ao juiz meio alternativo de divulgação da alteração do regime de bens, a fim de resguardar direitos de terceiros (CPC, art. 734, § 2º).

5.2.9. Ação de usucapião

A **usucapião** é uma das formas de aquisição originária da propriedade, quando há o exercício da posse por determinado tempo (CC, arts. 1.238 a 1.244).

Para que seja reconhecida a usucapião, é necessária a conjugação de quatro elementos:

(i) posse ininterrupta, isto é, a posse vem sendo exercida ao longo dos anos sem que tenha ocorrido sua perda em algum momento (admite-se a soma das posses dos antecessores com a finalidade de obter o tempo exigido pela lei);

(ii) posse incontestada, que implica o exercício pacífico da posse, sem oposição;

(iii) o possuidor esteja com ânimo de dono, exteriorizando atos condizentes à figura do proprietário;

(iv) o decurso do tempo exigido em lei.

Espécies de usucapião:

(i) **extraordinária** (CC, art. 1.238): independe de título ou de boa-fé, basta o exercício manso, pacífico e ininterrupto da posse por 15 (quinze) anos (CC, art. 1.238, parágrafo único. O prazo será de dez anos se o possuidor houver estabelecido no imóvel a sua moradia habitual, ou nele realizado obras ou serviços de caráter produtivo);

(ii) **ordinária** (CC, art. 1.242): depende de justo título e boa-fé, quando o possuidor estabeleceu sua moradia habitual ou realize serviços de caráter produtivo, pelo prazo de 10 (dez) anos (CC, art. 1.242, parágrafo único. O prazo para a aquisição será de cinco anos quando o imóvel for adquirido onerosamente, com base no registro em cartório, cancelado posteriormente, desde que o possuidor tenha estabelecido moradia);

(iii) **especial rural** (CC, art. 1.239): o prazo é de 5 (cinco) anos quando o possuidor morar no imóvel rural ou o utilizar para a produção de seu trabalho, não possuir outro imóvel em seu nome e a área não exceder a 50 hectares;

(iv) **especial urbana** (CC, art. 1.240): o prazo é de 5 (cinco) anos, para área de até 250 metros quadrados, desde que o possuidor não seja proprietário de outro imóvel e o utilize para moradia;

(v) **coletivo** (Lei n. 10.257/2001, art. 10 – Estatuto da Cidade): o prazo para aquisição da propriedade coletiva é de 5 (cinco) nos casos em que a área, com mais de 250 metros quadrados, esteja ocupada por população de baixa renda com destinação para moradia, não sendo possível identificar os terrenos ocupados por cada família e não havendo proprietários de outros imóveis;

(vi) **familiar** (CC, art. 1.240-A): o prazo para o ex-cônjuge ou companheiro adquirir a propriedade do imóvel urbano, de até 250 metros quadrados, que dividia com o parceiro até o abandono, é de 2 (dois) anos, desde que permaneça utilizando o imóvel para moradia, ininterruptamente e sem oposição.

> Havia previsão de procedimento especial no CPC/73 para a ação de usucapião. Porém, isso não foi repetido no CPC atual. Logo, o procedimento passa a ser o comum.

Porém, ainda que o procedimento seja o comum, há algumas especificidades no procedimento da ação de usucapião, por exemplo, a publicação de edital, para que terceiros eventualmente tenham ciência da existência desse processo (CPC, art. 259, I) – exatamente como o procedimento especial antes existente previa.

Merece mais atenção a usucapião no âmbito extrajudicial.

O art. 1.071 do CPC **alterou a Lei de Registros Públicos** (Lei n. 6.015/73), para inserir o art. 216-A, que trata da **usucapião extrajudicial** (a Lei n. 11.977/2009 já trazia a possibilidade de usucapião reconhecida em cartório, no caso do art. 183 da CF). Por sua vez, a Lei n. 13.465/2017 já procedeu a **nova modificação** no referido art. 216-A da Lei n. 6.015/73.

Assim, agora há **opção** entre o pedido extrajudicial de usucapião e via jurisdicional. Pode a parte optar por formular o pedido **diretamente no cartório do registro de imóveis da comarca em que se situa o imóvel** usucapiendo. Não há menção a tamanho ou utilização do imóvel.

O interessado deverá apresentar **requerimento** ao cartório competente, instruindo-o com diversos documentos: (i) ata notarial atestando o tempo de posse, (ii) planta e memorial descritivo assinado por profissional legalmente habilitado, (iii) certidões negativas dos distribuidores da comarca da situação do imóvel e do domicílio do requerente, (iv) justo título ou outros documentos que demonstrem origem da posse, continuidade, natureza e tempo, tais como o pagamento dos impostos e taxas incidentes sobre o imóvel.

Se a planta (item ii acima) não tiver a assinatura de qualquer um dos titulares de direitos registrados ou averbados na matrícula do imóvel usucapiendo ou na matrícula dos imóveis confinantes, o titular será notificado pelo registrador competente, pessoalmente ou pelo correio com aviso de recebimento. Feita a notificação, o titular terá o prazo de 15 dias para manifestar consentimento expresso, interpretado o **silêncio como concordância** (art. 216-A, § 2º – **novidade** inserida pela Lei n. 13.465/2017).

O oficial de registro de imóveis dará **ciência** à União, ao Estado e ao Município, para que se manifestem, em 15 dias, sobre o pedido; tal comunicação será feita pessoalmente, pelo oficial de registro de títulos e documentos, ou por correio, com aviso de recebimento (art. 216-A, § 3º).

Para que **terceiros interessados tenham ciência** e possam se manifestar em até 15 dias, o oficial de registro de imóveis promoverá a publicação de edital em jornal de grande circulação, onde houver (art. 216-A, § 4º).

Se não houver impugnações, estando a documentação em ordem, não havendo pendência de diligências e no **silêncio dos titulares** (*vide* § 2º acima), o oficial de registro de imóveis registrará a **aquisição do imóvel** com as descrições apresentadas, sendo permitida a abertura de matrícula, se for o caso (art. 216-A, § 6º).

Se o **pedido extrajudicial for rejeitado**, isso não impedirá o ajuizamento de ação de usucapião (art. 216-A, § 9º).

5.2.10. Mandado de segurança individual

> O mandado de segurança é o instrumento adequado para **proteger direito líquido e certo** não amparado por *habeas corpus* ou *habeas data*, quando o responsável pela ilegalidade ou abuso de poder for **autoridade pública** ou agente de pessoa jurídica no exercício de atribuições do Poder Público (Lei n. 12.016/2009, art. 1º).

O **direito líquido e certo** é aquele que independe de outra prova que não a documental.

O **prazo** para impetração do mandado de segurança é decadencial de 120 (cento e vinte) dias contados da ciência do ato impugnado (Lei n. 12.016/2009, art. 23). A decadência se refere ao uso do instrumento, sendo possível o ajuizamento da demanda pelas vias ordinárias até a prescrição da pretensão.

Quanto ao **procedimento**, tem-se o seguinte:

1) **Petição inicial**: deverá demonstrar a ofensa ao direito líquido e certo, indicando a autoridade coatora do ato;
2) **Liminar**: é possível a concessão de liminar (Lei n. 12.016/2009, art. 7º, III) – sendo que existem restrições à concessão de liminares contra a Fazenda Pública (Lei n. 9.494/97);
3) Após prestadas as informações pela autoridade coatora, o MP será ouvido (Lei n. 12.016/2009, art. 12);
4) Se a sentença for **concessiva** da ordem, há reexame necessário (Lei n. 12.016/2009, art. 14, § 1º).

Vale destacar que a Lei n. 13.676/2018 alterou a Lei n. 12.016/2009, para permitir **sustentação oral na apreciação do pedido liminar** em MS. Trata-se do art. 16, que na nova redação prevê o seguinte:

> Art. 16. **Nos casos de competência originária dos tribunais, caberá ao relator a instrução do processo, sendo assegurada a defesa oral na sessão do julgamento do mérito ou do pedido liminar.**

5.2.11. Ação de despejo por falta de pagamento

O inadimplemento do inquilino quanto à obrigação de pagar os aluguéis autoriza o ajuizamento da **ação de despejo**. Essa ação pode ainda ser cumulada com a cobrança dos aluguéis e acessórios da locação (Lei n. 8.245/91, art. 62, I).

Portanto, a **legitimidade ativa** é do locador, enquanto a **legitimidade passiva** recai sobre o inquilino e seus fiadores (quanto a esses, em relação à cobrança, não quanto ao despejo em si).

O foro competente para o ajuizamento da ação é da situação do imóvel, salvo se houver cláusula de foro de eleição no contrato (Lei n. 8.245/91, art. 58, II).

Procedimento:

1) Petição inicial: deverá fazer prova do contrato de locação e das parcelas vencidas e não pagas pelo locatário, através de demonstrativo de débito.
2) Citação do réu: o réu pode contestar (negando o direito constitutivo do autor) ou purgar a mora (com o objetivo de evitar a rescisão do contrato) no prazo de 15 dias contados da citação.
2.a) o depósito efetuado como purgação da mora admite complementação, em caso de insuficiência (Lei n. 8.245/91, art. 62, III).
3) Sentença: com o julgamento de procedência da ação será expedido mandado de despejo, que conterá o prazo de 30 (trinta) dias para a desocupação voluntária. Se após a notificação do decurso do prazo o inquilino permanecer no imóvel, na realização do despejo poderá ser utilizada a força (Lei n. 8.245/91, art. 65).

5.2.12. Juizados Especiais

Atualmente existem três Juizados, que compõem um sistema.

No âmbito da Justiça Estadual existe o **Juizado Especial Cível** (Lei n. 9.099/95), uma opção (em relação à Justiça Comum Estadual) para os litigantes com causas de até 40 salários mínimos.

De seu turno, na área federal, há o **Juizado Especial Federal** (Lei n. 10.259/2001), que tem caráter obrigatório para o julgamento das demandas com valor até 60 salários mínimos, bem como a aplicação subsidiária da Lei n. 9.099/95.

E, também na esfera estadual, há o **Juizado da Fazenda Pública Estadual** (Lei n. 12.153/2009), para o julgamento de causas com valor de até 60 salários mínimos – sendo que, onde estiver instalado, terá caráter obrigatório.

Mas, afinal, **o que são os Juizados?**

Trata-se tanto de (i) um procedimento distinto do comum previsto no CPC, como também (ii) a criação de uma estrutura paralela em relação à usual formatação da Justiça (em 2º grau, Colégio Recursal e não um Tribunal).

Assim, é certo que haverá distinção em relação ao procedimento de causas perante os Juizados e causas perante a Justiça tradicional. Tanto é assim que no capítulo de recursos foi aberto um tópico específico para recursos nos Juizados.

Analisando sob a perspectiva do JEC (Lei n. 9.099/95), tem-se que os Juizados buscam **a simplificação e a desburocratização do processo** (art. 2º).

Nesta linha, a inicial será mais simples que o CPC, art. 319. São **requisitos da inicial** (art. 14, § 1º):

(i) qualificação das partes;
(ii) fatos e fundamentos de forma sucinta;
(iii) pedido e valor.

Podem ser **autores no JEC** (art. 8º, § 1º):

- pessoas físicas capazes;
- ME, EPP e microempreendedores individuais;
- Organização da Sociedade Civil de Interesse Público (OSCIP);
- sociedades de crédito ao microempreendedor.

No tocante à capacidade postulatória, a própria parte é dotada nas causas de até 20 salários mínimos, não havendo necessidade de advogado (art. 9º).

Não podem ser réus (art. 8º, *caput*):

- incapaz;
- preso;
- pessoas jurídicas de direito público;
- massa falida;
- insolvente civil.

Causas que **não são admitidas no JEC** (art. 3º, § 2º):

- família (alimentos e estado);
- fiscal;
- falência;
- interesse do Estado.

Visando à simplificação, há **institutos do CPC vedados no JEC:**

- intervenção de terceiros (art. 10 – porém, admite-se o incidente de desconsideração da personalidade jurídica);
- citação por edital (art. 18, § 2º);
- reconvenção (art. 31 – admite-se pedido contraposto);
- ação rescisória (art. 59).

O **procedimento do JEC** é:

1) inicial
2) audiência de conciliação (que pode ser por meio eletrônico)
3) audiência de instrução (apresentação de contestação/oitiva de testemunhas e depoimento pessoal, se for o caso/alegações finais)
4) sentença (passível de recurso para o Colégio Recursal) que não poderá ser ilíquida (art. 38, parágrafo único)
5) após o trânsito em julgado: formação do título – cumprimento de sentença perante o próprio JEC (art. 52)

Atenção! Como já exposto quando se tratou dos prazos, havia polêmica quanto à contagem do prazo nos

Juizados. Mas a questão agora está resolvida, diante da edição de lei determinando que **os prazos, em todos os Juizados Especiais, devem ser contados em dias úteis**. É o que consta do **art. 12-A da Lei n. 9.099/95**, incluído pela Lei n. 13.728/2018 ("Art. 12-A. Na contagem de prazo em dias, estabelecido por lei ou pelo juiz, para a prática de qualquer ato processual, inclusive para a interposição de recursos, computar-se-ão somente os dias úteis.").

Além disso, agora há a previsão expressa de realização de audiências por meio eletrônico nos Juizados (Art. 22, § 2º da Lei 9.099/1995, incluído pela Lei 13.994/2020: "É cabível a conciliação não presencial conduzida pelo Juizado mediante o emprego dos recursos tecnológicos disponíveis de transmissão de sons e imagens em tempo real, devendo o resultado da tentativa de conciliação ser reduzido a escrito com os anexos pertinentes").

5.2.13. Processo coletivo

O processo coletivo **não é enfrentado no CPC**, mas em legislação extravagante.

O CPC trata a lide do ponto de vista do **indivíduo *versus* indivíduo** (ou, eventualmente, vários autores contra vários réus, em litisconsórcio). Na sociedade massificada atual, muitos conflitos passaram a ocorrer em grande quantidade, de forma análoga (consumidor, meio ambiente, idoso, criança etc.).

Assim, a solução clássica do CPC não mais se mostra a adequada: surge a necessidade de **solução desses litígios de uma única vez, em uma demanda coletiva** (tanto pela economia processual como de modo a evitar decisões contraditórias). Nesse contexto surge a tutela coletiva.

> A partir do CDC, é possível diferenciar as **três categorias de direitos coletivos** em sentido amplo:
> **(i)** os **direitos difusos** são dotados de natureza transindividual, em que há a **indivisibilidade** do bem jurídico em litígio (CDC, art. 81, parágrafo único, I). Os titulares são pessoas **indeterminadas e indetermináveis**, ligadas por circunstâncias de fato (não idênticas circunstâncias). Se houver solução para um, haverá solução para todos.
> Ex.: publicidade enganosa na internet e direito a beber água limpa.
> **(ii)** os **direitos coletivos** (*stricto sensu* – em sentido estrito) também têm natureza transindividual e também há a **indivisibilidade** do bem jurídico em litígio (CDC, art. 81, parágrafo único, II). Mas há um **número determinável** de titulares, ligados entre si ou com a parte contrária, por uma relação jurídica base (há um grupo, categoria ou classe de pessoas). Essa relação entre as pessoas não nasce com a lesão, mas é anterior. Ao se atender o interesse de um dos titulares, por ser indivisível, atenderá a todos.
> Ex.: membros de determinado sindicato em relação a um problema de segurança do trabalho; universitários de uma mesma faculdade em relação à carga horária do curso.
> **(iii)** os direitos **individuais homogêneos** têm natureza individual, há homogeneidade e o dano decorre de origem comum (CDC, art. 81, parágrafo único, III). O titular é perfeitamente **individualizado e determinado**, trata-se de um **direito divisível**. Assim, a defesa coletiva é por conveniência.
> Ex.: consumidores que adquiriram o mesmo carro com defeito; pessoas que sofreram danos com a queda de um avião.

5.2.13.1. Instrumentos para a tutela coletiva

1) Ação popular (Lei n. 4.717/65).

A **legitimidade ativa** é do cidadão (prova da cidadania é feita com título de eleitor).

Presta-se à **defesa do patrimônio público** (declaração de nulidade dos atos lesivos a qualquer ente ligado ao Estado).

É um **procedimento especial** por apresentar diversas distinções em relação ao procedimento comum ordinário:

- prazo para contestar de 20 dias, prorrogáveis por mais 20 (art. 7º, § 2º, IV);
- coisa julgada com características distintas (art. 18);
- duplo grau no caso de improcedência ou carência (art. 19).

A decisão que reconhecer a lesividade de um ato ao patrimônio público **beneficiará a toda a coletividade**.

2) Ação civil pública (Lei n. 7.347/85 – LACP).

Pode ser **utilizada para a defesa** do seguinte:

(i) meio ambiente;
(ii) consumidor;
(iii) bens e direitos de valor artístico, estético, histórico, turístico e paisagístico;
(iv) qualquer outro interesse difuso ou coletivo;
(v) infração da ordem econômica;
(vi) ordem urbanística;
(vii) honra e dignidade de grupos raciais, étnicos ou religiosos;
(viii) patrimônio público e social.

A **legitimidade** para a ACP não é do indivíduo, mas de um **ente que representa a coletividade**. Está prevista no art. 5º da Lei n. 7.347/85:

(i) o MP;
(ii) a Defensoria Pública;
(iii) os entes federados (União, Estados, Distrito Federal e Municípios);
(iv) autarquia, empresa pública, fundação ou sociedade de economia mista;
(v) a associação que, concomitantemente: (a) estiver constituída há pelo menos 1 ano (porém, pode o juiz afastar o requisito da pré-constituição se houver "manifesto interesse social evidenciado pela dimensão ou característica do dano, ou pela relevância do bem jurídico a ser protegido", conforme o § 4º do art. 5º da LACP) e (b) que inclua entre suas finalidades institucionais a proteção ao patrimônio público e social, ao meio ambiente, ao consumidor, à ordem econômica, à livre concorrência, aos direitos de grupos raciais, étnicos ou religiosos ou ao patrimônio artístico, estético, histórico, turístico e paisagístico;
(vi) a cooperativa, em defesa dos direitos coletivos dos seus associados, quando a causa de pedir versar sobre atos de interesse direto dos associados que tenham relação com as operações de mercado da cooperativa (art. 88-A da Lei n. 5.764/71, com a redação da **Lei n. 13.806/2019**).

5.2.13.2. Coisa julgada no processo coletivo

A coisa julgada no processo coletivo é *secundum eventum litis*, ou seja, depende do resultado da demanda (CDC, art. 103).

(i) Tratando-se de **direitos difusos**, a coisa julgada será *erga omnes* no caso de procedência, ou seja, a coisa julgada só terá **eficácia em relação a todos** (entes coletivos e indivíduos) se o pedido for julgado **procedente**.

Se for **improcedente** por insuficiência de provas, qualquer legitimado poderá intentar outra ação, mediante nova prova.

Se for improcedente, mas não por falta de provas, outro legitimado não poderá ingressar em juízo, mas será possível o ajuizamento da ação individual (CDC, art. 103, § 1º).

(ii) Tratando-se de **direitos coletivos**, a situação é semelhante aos direitos difusos.

A coisa julgada será *ultra partes*, mas limitada ao grupo, categoria ou classe. Assim:

- se **procedente**, atinge os entes legitimados para a ação coletiva e os indivíduos pertencentes ao grupo;
- se **improcedente** por falta de provas, é possível a propositura de nova ação coletiva por qualquer legitimado;
- se **improcedente (desde que não por falta de provas)** atinge os legitimados coletivos, mas não impede a propositura de demandas individuais.

(iii) Tratando-se de **direitos individuais homogêneos**, haverá coisa julgada *erga omnes* na hipótese de **procedência**.

No caso de **improcedência** (qualquer que seja a causa), o indivíduo, salvo se não tiver se habilitado como litisconsorte, poderá propor ação individual.

Outro ponto de relevo é a **abrangência territorial** da decisão coletiva. Apesar de o art. 16 da LACP afirmar que o limite é a competência do órgão jurisdicional prolator da decisão, a jurisprudência do STJ, apesar de ainda não sedimentada, vem afastando essa regra, dizendo que a abrangência é conforme o dano (ou seja, pode ser nacional).

5.2.13.3. Cumprimento de sentença coletiva

Diante da condenação em processo coletivo, cada um dos indivíduos (vítima ou sucessores) pode, com base na sentença coletiva, **habilitar-se para buscar a execução da quantia que lhe beneficia** (CDC, art. 97).

Também cabe a **liquidação e a execução pelos legitimados coletivos**, mas a jurisprudência, em regra, restringe-a para uma atuação subsidiária, caso não haja efetiva execução dos legitimados (CDC, art. 98).

Caso não existam habilitados em número suficiente em comparação com o tamanho do dano, pode existir a **execução em favor de um fundo** (fundo federal de direitos difusos ou fundos em cada um dos Estados) cujos recursos serão aplicados em favor da coletividade. É a denominada *fluid recovery* (recuperação fluida), prevista no art. 100 do CDC.

6. PROCESSO DE EXECUÇÃO

6.1. Dos requisitos necessários para qualquer execução

São requisitos necessários para se realizar qualquer execução autônoma:

(i) **inadimplemento/exigibilidade:** devedor não satisfaz a obrigação certa, líquida e exigível prevista no título executivo (CPC, art. 786);

(ii) **título executivo extrajudicial:** documento que traduz uma obrigação e permite a propositura do processo de execução (CPC, art. 784).

Somente cabe o processo de execução autônomo quando existirem ambos os requisitos. Mas, vale destacar, permite o CPC que, mesmo diante da existência de título executivo extrajudicial, o **exequente opte pelo processo de conhecimento**, se assim entender mais conveniente (CPC, art. 785). Isso é válido em algumas situações, como por exemplo quando existe uma rasura ou informação truncada no título executivo extrajudicial.

Além disso, a execução deve estar fundada em **título de obrigação líquida, certa e exigível** (CPC, art. 783).

O processo de execução busca a satisfação do crédito do exequente. Mas essa satisfação deve respeitar o executado. Daí a legislação prever expressamente o **princípio da menor onerosidade** (*vide* CPC, art. 805).

6.1.1. Do título executivo extrajudicial

Os títulos executivos extrajudiciais estão previstos no CPC, art. 784:

(i) títulos de crédito (letra de câmbio, nota promissória, duplicata, debênture e cheque);

> Para bem compreender o inciso I do art. 784, necessário conhecer as principais características a respeito dos títulos de crédito, tema tratado em Direito Empresarial.

(ii) escritura pública ou outro documento público assinado pelo devedor;

(iii) documento particular assinado pelo devedor e por 2 testemunhas (um dos mais usuais no cotidiano forense);

> Se o documento é assinado pelo devedor ou pelo devedor e apenas 1 testemunha, não se trata de título executivo, mas sim prova escrita sem força de título executivo (que deverá ser cobrada via processo de conhecimento; seja cobrança pelo procedimento comum ou pelo procedimento especial da monitória); apenas se devedor e 2 testemunhas assinarem é que haverá título e, portanto, possibilidade de uso do processo executivo.

(iv) instrumento de transação referendado pelo MP, Defensoria Pública, advocacia pública, advogado das partes ou conciliador/mediador credenciado por tribunal;

(v) os contratos com garantia real (hipoteca, penhor, anticrese) e contratos garantidos com caução;

(vi) contrato de seguro de vida em caso de morte;

(vii) o crédito decorrente da enfiteuse, ou seja, foro (pensão anual paga ao senhorio – CC/1916, art. 678) e laudêmio (compensação dada ao senhorio quando da alienação do domínio útil do imóvel – CC/1916, art. 683);

(viii) o crédito, documentalmente comprovado, decorrente de aluguel de imóvel, e acessórios (taxas e despesas de condomínio);

Este inciso (que não prevê a necessidade de duas testemunhas, como no inciso II) permite a execução de crédito de aluguel de imóvel não pago, bem como de encargos, tais como IPTU, luz, condomínio – desde que comprovados documentalmente e com os acessórios previstos em contrato;

(ix) a CDA (certidão de dívida ativa), ou seja, os créditos tributários devidos à União, aos Estados, ao Distrito Federal e Territórios e aos Municípios;

(x) o crédito referente ao condomínio (contribuições ordinárias ou extraordinárias de condomínio edilício), previsto na respectiva convenção ou aprovado em assembleia, desde que documentalmente comprovado;

> Cabe destacar que, em relação ao condomínio, trata-se de título executivo. No sistema anterior isso demandava processo de conhecimento do condomínio contra o condômino inadimplente (e era uma das hipóteses de utilização do sumário).

(xi) a certidão expedida por cartório extrajudicial (serventia notarial ou de registro), relativa a emolumentos e despesas devidas pelos atos cartoriais, conforme tabelas estabelecidas em lei.

São também executivos outros títulos mencionados em leis esparsas (CPC, art. 784, XII). Como exemplos:

- TAC – termo de ajustamento de conduta (Lei n. 7.347/85, art. 5º, § 6º);
- decisão do TCU que determine pagamento de quantia (CF, art. 71, § 3º);

- cédula de crédito bancário (CCB – Lei n. 10.931/2004, art. 28: "seja pela soma nela indicada, seja pelo saldo devedor demonstrado em planilha de cálculo, ou nos extratos da conta-corrente").

Como se percebe da leitura do rol acima, os títulos executivos extrajudiciais são criados sem a participação do Poder Judiciário.

A origem é a vontade das partes, desde que observados os requisitos previstos na legislação. Assim, uma confissão de dívida assinada somente pelo devedor, apesar de ser prova documental, não é título executivo. Já uma confissão de dívida assinada pelo devedor e por duas testemunhas é título executivo (CPC, art. 784, III).

A legislação admite a **cumulação de execuções**, ou seja, é lícito ao exequente, sendo o mesmo executado, cumular várias execuções, mesmo que em títulos diferentes, desde que o juiz seja competente e o procedimento seja o mesmo (CPC, art. 780).

É conveniente destacar que a sentença arbitral não é título executivo extrajudicial, visto que não se encontra nos incisos do mencionado art. 784 (*vide* item 4.2.2).

6.1.2. Das diversas espécies de execução

Conforme o **tipo de obrigação inadimplida**, a execução terá um trâmite diferenciado. Assim, não há uma única, mas sim diversas espécies de execução, sendo que cada uma dessas espécies terá um procedimento próprio.

Abaixo, indicamos as **espécies de execução previstas no CPC**, destacando como se dá seu início, visto que é exatamente neste momento da tramitação que se percebe a distinção entre elas. Além disso, há execuções previstas em leis extravagantes, como a execução fiscal (Lei n. 6.830/80).

É certo que a espécie mais relevante é a execução de quantia certa (obrigação de pagar), em que o executado é citado para pagar, sob pena de penhora; por isso, esta modalidade de execução será tratada com maior atenção.

Mas, antes de analisar as diversas execuções, vejamos os pontos comuns a todas as execuções.

Porém, o CPC aponta alguns **requisitos que se referem a qualquer execução**.

A petição inicial deve ser **instruída** com (CPC, art. 798, I):

(i) o título executivo extrajudicial;
(ii) o demonstrativo do débito atualizado até a data de propositura da ação (no caso de execução por quantia certa);

O **demonstrativo de débito** tem novos requisitos (CPC, art. 798, parágrafo único): o índice de correção monetária adotado; a taxa de juros aplicada; os termos inicial e final de incidência do índice de correção monetária e da taxa de juros utilizados; a periodicidade da capitalização dos juros, se for o caso; a especificação de desconto obrigatório realizado.

(iii) a prova de que se verificou a condição ou ocorreu o termo, se for o caso;
(iv) a prova, se for o caso, de que adimpliu a contraprestação que lhe corresponde ou que lhe assegura o cumprimento.

No mais, a petição inicial deve **indicar** (CPC, art. 798, II):

> *a)* a espécie de execução de sua preferência, quando por mais de um modo puder ser realizada;
> *b)* os nomes completos do exequente e do executado e seus números de inscrição no Cadastro de Pessoas Físicas ou no Cadastro Nacional da Pessoa Jurídica;
> *c)* os bens suscetíveis de penhora, sempre que possível.

Deve ainda o exequente requerer a **intimação de terceiros** que possam ter alguma relação com o bem penhorado (CPC, art. 799, que menciona o credor hipotecário, titular do usufruto, promitente comprador ou vendedor, superficiário, sociedade em caso de penhora de quota etc.). Ainda, se o exequente assim requerer, deverá a petição inicial trazer o pedido de **tutela de urgência** (CPC, art. 799, VIII).

Existindo **falha na inicial** (incompleta ou sem documentos indispensáveis, como o demonstrativo de débito), o juiz determinará a emenda, no prazo de 15 dias, sob pena de indeferimento (CPC, art. 801).

Se a inicial estiver em termos, o juiz determinará a **citação** (CPC, art. 802), o que interrompe a prescrição (que retroage à data da propositura da ação – CPC, art. 802, parágrafo único). Vale relembrar que a citação na execução poderá ser realizada pelo correio ou por meio eletrônico, considerando a alteração da Lei n. 14.195/2021.

6.1.2.1. Da prescrição intercorrente

O CPC prevê expressamente a **prescrição intercorrente**. E houve alteração no tema com a Lei n. 14.195/2021.

A premissa para o instituto é a seguinte: **se o executado ou seus bens não forem encontrados, o processo, após determinado período, deve ser extinto**. Caso contrário, os processos ficariam tramitando sem fim. Para isso, inicialmente há a suspensão do processo e, depois, sua extinção. Isto se aplica tanto ao processo de execução, quanto ao cumprimento de sentença no processo de conhecimento (CPC, art. 921, § 7º).

A citação do executado (no processo de execução) ou sua intimação (no cumprimento de sentença) ou constrição de bens **interrompe a prescrição** (CPC, art. 921, § 4º-A).

Prevê o CPC que a execução *será suspensa se não for localizado o executado ou não forem localizados bens penhoráveis* (CPC, art. 921, III). Nesse caso, o processo ficará suspenso pelo prazo de 1 ano, durante o qual se suspenderá a prescrição (CPC, art. 921, § 1º).

Após esse prazo, se ainda não existirem bens penhoráveis, o processo será arquivado (CPC, art. 921, § 2º). Se forem encontrados bens, haverá o desarquivamento (CPC, art. 921, § 3º). *Passado o prazo de 1 ano* de suspensão (CPC, art. 921, § 1º), então **começa a correr o prazo da prescrição intercorrente** – sendo que o *termo inicial da prescrição* será a ciência da primeira tentativa infrutífera de localização do devedor ou de bens penhoráveis (CPC, art. 921, § 4º).

Ocorrido o prazo da prescrição, após oitiva das partes, o juiz poderá, mesmo de ofício, reconhecer a prescrição intercorrente e extinguir o processo, sendo que não haverá ônus (custas e honorários) para qualquer das partes (art. 921, § 5º, e 924, V).

Existem diversas questões ainda em aberto na jurisprudência quanto à prescrição intercorrente no CPC, especialmente após a Lei n. 14.195/2021, que alterou o CPC.

O STJ, em recurso repetitivo, definiu uma série de questões relativas à prescrição intercorrente envolvendo a Fazenda Pública, à luz da Lei de Execução Fiscal (Lei n. 6.830/80). Esse julgado inspirou a referida alteração do CPC. No REsp 1.340.553 foram fixadas as seguintes teses:

"1) O prazo de um ano de suspensão previsto no art. 40, §§ 1º e 2º, da Lei n. 6.830 tem início automaticamente na data da ciência da Fazenda a respeito da não localização do devedor ou da inexistência de bens penhoráveis no endereço fornecido;

2) Havendo ou não petição da Fazenda Pública e havendo ou não decisão judicial nesse sentido, findo o prazo de um ano, inicia-se automaticamente o prazo prescricional aplicável, durante o qual o processo deveria estar arquivado sem baixa na distribuição, na forma do art. 40, §§ 2º, 3º e 4º, da Lei n. 6.830, findo o qual estará prescrita a execução fiscal;

3) A efetiva penhora é apta a afastar o curso da prescrição intercorrente, mas não basta para tal o mero peticionamento em juízo requerendo a feitura da penhora sobre ativos financeiros ou sobre outros bens;

4) A Fazenda Pública, em sua primeira oportunidade de falar nos autos (art. 245 do Código de Processo Civil), ao alegar a nulidade pela falta de qualquer intimação dentro do procedimento do art. 40 da LEF, deverá demonstrar o prejuízo que sofreu (por exemplo, deverá demonstrar a ocorrência de qualquer causa interruptiva ou suspensiva da prescrição)".

6.1.3. Da execução para entrega de coisa

Prevista no CPC, arts. 806 e s., é utilizada diante do inadimplemento de uma obrigação de entregar, conforme previsto no título executivo extrajudicial. É também denominada de **tutela específica das obrigações**, exatamente porque se busca que o executado cumpra especificamente a obrigação de entregar a que se comprometeu.

O executado é citado para, dentro de 15 dias, entregar a coisa. Cabe a fixação de multa diária *(astreinte)* para o caso de não haver a entrega (CPC, art. 806, § 1º), ou seja, a forma de se compelir o executado a entregar a coisa é a *astreinte*.

Se a coisa já tiver sido alienada, será expedido mandado contra o terceiro adquirente, que somente será ouvido após o depósito da coisa (CPC, art. 808).

6.1.4. Da execução de obrigação de fazer e de não fazer

Prevista no CPC, arts. 814 e s., é utilizada diante do inadimplemento de uma obrigação de fazer ou não fazer, prevista em título executivo extrajudicial. É também denominada de **tutela específica das obrigações**, exatamente porque se busca que o executado cumpra especificamente a obrigação de fazer a que se comprometeu.

O executado é citado para fazer ou não fazer algo, no prazo que o juiz fixar, se não houver previsão no título (CPC, art. 815).

O juiz, ao despachar a inicial, fixará **multa** por período de atraso e data a partir do qual será devida (CPC, art. 814), ou seja, a forma de se compelir o executado a fazer ou deixar de fazer algo é a *astreinte*. Se o título já tiver previsão do valor da multa, o juiz poderá reduzi-lo, se for excessivo (CPC, art. 814, parágrafo único).

Se no prazo fixado o executado não satisfizer a obrigação, poderá o exequente requerer que (i) seja a obrigação realizada por terceiro à custa do executado ou (ii) converta a obrigação de fazer em indenização (CPC, arts. 816 e 817). E isso nos próprios autos da execução, sem a necessidade de um novo processo.

Já ao executado cabe cumprir a obrigação ou apresentar embargos à execução, que não dependem de penhora (CPC, art. 914).

6.1.5. Da execução contra a Fazenda Pública

Prevista no CPC, art. 910, é utilizada diante do inadimplemento de uma obrigação de pagar, em que o devedor é a Fazenda Pública (União, Estados, Municípios e suas autarquias e fundações – ou seja, pessoas jurídicas de direito público).

Assim, entes estatais com personalidade jurídica de direito privado não se inserem no conceito. Portanto, empresas públicas e sociedades de economia mista são executadas pelo regime geral, possuindo patrimônio próprio e penhorável.

A execução poderá ser fundada em título executivo judicial ou extrajudicial. No sistema anterior, havia alguma dúvida quanto à possibilidade de execução de título extrajudicial contra a Fazenda, afastada pela Súmula 279 do STJ:

> É cabível execução por título extrajudicial contra a Fazenda Pública.

Quanto ao título extrajudicial, há apenas o art. 910, cujo § 3º remete aos arts. 534 e 535 do CPC (*vide* item 4.2.3.1, acima). Além disso, aplica-se o art. 100 da CF.

O ente estatal é citado para apresentar embargos, no prazo de 30 dias (CPC, art. 910, *caput*). Nos embargos, poderá a Fazenda apresentar **qualquer matéria de defesa**, que poderia ser alegada no processo de conhecimento (CPC, art. 910, § 2º). Assim, os embargos da Fazenda não apresentam distinção procedimental quanto aos embargos em geral (CPC, arts. 914 e s.).

Não há penhora, já que bens públicos são impenhoráveis (CPC, art. 833, I, e CC, art. 100).

Não opostos embargos ou transitada em julgado a decisão que os rejeitar, o pagamento se dará mediante **precatório** (CF, art. 100), que é a requisição de pagamento de dívida judicial que o Tribunal encaminha ao órgão estatal devedor.

A depender da natureza do débito (se dívida alimentícia ou não – CF, art. 100, § 1º), este será ou não pago com preferência sobre os demais, destacando-se que as **obrigações ou requisições de pequeno valor** (OPV ou RPV) não se submetem ao regime dos precatórios.

Assim, os precatórios se classificam em:

1) **Comuns:** são expedidos por ordem própria e decorrem de verbas que não são diferenciadas.
2) **De natureza alimentícia** (CF, art. 100, § 1º): compreendem aqueles decorrentes de salários, vencimentos, proventos, pensões e suas complementações, benefícios previdenciários e indenizações por morte ou por invalidez, fundadas em responsabilidade civil, em virtude de sentença judicial transitada em julgado.
3) **Alimentícios de pessoas idosas** (60 anos ou mais) **ou que possuem doença grave** (CF, art. 100, § 2º): além de alimentícios tais quais os anteriores, há a característica específica do credor.
4) **RPV ou OPV:** nesse caso, o pagamento deve ser prontamente realizado pela Fazenda, sem necessidade de precatório.

6.1.6. Da execução de quantia certa

Suas regras aplicam-se **de forma subsidiária às demais espécies de execução** (especialmente no tocante à expropriação de bens) e, também, esta é a mais pedida em provas de OAB. Assim, será a execução analisada com mais vagar.

No CPC/73 havia a execução de quantia certa contra devedor solvente (a que agora é analisada) e a execução de quantia contra devedor insolvente (a "falência civil"), que **não é regulada pelo atual CPC**. O art. 1.052 do CPC destaca que, até edição de lei específica, as execuções contra devedor insolvente serão reguladas pelas regras do CPC/73 (ou seja, ainda estão em vigor alguns dispositivos do CPC/73). Além disso, ligado ao tema de pessoa física sem condições de pagamento das dívidas, há ainda a "Lei do Superendividamento" (Lei n. 14.181/2021).

Diante do inadimplemento e de um título executivo extrajudicial que traga obrigação de pagar, será utilizada a **execução por quantia certa** (CPC, art. 829).

A petição inicial do processo de execução segue a lógica da inicial do processo de conhecimento, com os seguintes requisitos:

(i) endereçamento (CPC, art. 319, I);

A **competência para ajuizar a execução** (CPC, art. 781) é ampla, sendo possível a propositura no foro do domicílio do executado, foro de eleição constante do título ou foro da situação dos bens que serão penhorados.

(ii) qualificação das partes (CPC, art. 319, II);

A **legitimidade para a execução** é apurada a partir da análise do título executivo extrajudicial;

(iii) demonstração do inadimplemento/exigibilidade da obrigação e da existência de título (CPC, art. 319, III);

São **documentos essenciais** à propositura da execução o título executivo e o demonstrativo de débito;

(iv) valor da causa (CPC, art. 319, V).

Nos termos do CPC, art. 292, I, o valor da causa será a quantia pleiteada na execução.

Quando admitida a execução, é permitido ao credor **dar publicidade a respeito da existência da execução**. Para tanto, o exequente poderá obter certidão, com identificação das partes e valor da causa, "para fins de averbação no registro de imóveis, de veículos ou de outros bens sujeitos a penhora, arresto ou disponibilidade" (CPC, art. 828). Essa averbação não impede a alienação do bem, mas dá ciência a terceiros, os quais não poderão alegar desconhecimento a respeito da execução.

Estando em termos a petição inicial, o juiz determinará a citação do executado, que poderá ser feita por correio.

Se o executado não for encontrado, será realizada nova diligência pelo oficial de justiça e, se o caso, haverá citação por hora certa ou por edital.

Há uma situação específica: se o oficial de justiça não encontrar o executado, mas encontrar bens passíveis de penhora, será possível a constrição de bens. Contudo, não se trata de penhora, que somente pode ser realizada após a citação (*vide* tópico abaixo).

Essa constrição é o **arresto executivo ou pré-penhora** (não confundir com a cautelar de arresto), previsto no art. 830 do CPC: A jurisprudência admite que esse arresto seja feito por meio eletrônico (*online* – STJ, REsp 1.370.687-MG, *Informativo 519 do STJ*).

6.1.6.1. Penhora

No caso de execução de quantia, se não houver o pagamento do débito, haverá a **penhora**, que é a constrição judicial de bem do executado, capaz de garantir o pagamento do débito exequendo. Uma vez efetivada a penhora, a avaliação do bem será realizada pelo oficial de justiça (CPC, art. 870).

O devedor responde pela execução com seus bens presentes e futuros (CPC, art. 789), ou seja, se durante a tramitação do processo o devedor adquirir algum bem, será possível a penhora.

Pode o exequente, já na inicial do processo de execução, indicar os bens do executado que devem ser penhorados (CPC, art. 829, § 1º), salvo se outros forem indicados pelo executado e aceitos pelo juiz, diante da demonstração de que a constrição será menos onerosa e não trará prejuízo ao exequente.

Poderá o juiz determinar que o executado indique quais são, onde estão e quanto valem os bens passíveis de penhora, sob pena de ato atentatório à dignidade da justiça, que acarreta a imposição de multa (CPC, art. 774, V).

Efetivada a penhora, será nomeado um **depositário** (e, como já exposto, não há mais a prisão do depositário infiel). E o depositário só será o executado se o exequente concordar ou nos casos de difícil remoção do bem (CPC, art. 840, § 2º).

Se o oficial, ao tentar citar o devedor, não o encontrar, mas encontrar bens penhoráveis, poderá **arrestar tais bens** (CPC, art. 830). Não se trata de penhora, visto que esta somente pode ocorrer após a citação e se não houver o pagamento do débito. Uma vez efetivado o arresto e não encontrado o devedor, o credor deverá providenciar sua citação por edital. Após tal ato, o arresto será convertido em penhora (CPC, art. 830, § 3º). Não se deve confundir esse arresto do processo executivo com o arresto cautelar, pois são figuras distintas.

Pode o exequente requerer a **penhora *online* de bens do executado** (CPC, arts. 854 e s.).

Inicialmente, após requerimento do exequente, o juiz, sem dar ciência ao executado, determinará às instituições financeiras que tornem indisponíveis ativos financeiros do executado (CPC, art. 854). O juiz deverá cancelar, em 24 horas, eventual indisponibilidade excessiva (CPC, art. 854, § 1º).

Efetivada a indisponibilidade, o executado será intimado e terá prazo de 5 dias para comprovar que (§ 2º e 3º):

> I – as quantias tornadas indisponíveis são impenhoráveis;
> II – ainda remanesce indisponibilidade excessiva de ativos financeiros.

Somente após essa manifestação é que haverá **efetivamente a penhora**, e então a instituição financeira deverá transferir o montante penhorado para conta à disposição do juízo (§ 5º).

> Assim, a penhora *online* somente ocorrerá **após a citação**; já o arresto executivo do art. 830 (inclusive *online*), ocorrerá **antes da citação** (REsp 1.370.687-MG, *Informativo 519 do STJ*).

No mais, o CPC ainda prevê expressamente a **penhora** de:

- créditos (art. 855);
- quotas ou ações de sociedades (art. 861);
- empresa, outros estabelecimentos e semoventes (art. 862);
- percentual de faturamento de empresa (art. 866);
- frutos e rendimentos de coisa móvel ou imóvel (art. 867 – o que era denominado "usufruto de bem móvel ou imóvel" no sistema anterior).

6.1.6.2. Impenhorabilidades

O sistema brasileiro tem diversas **impenhorabilidades**, situações nas quais, por força de lei, a penhora não é permitida, com o fim de proteger o executado e a sociedade.

A Lei n. 8.009/90 trata da impenhorabilidade do bem de família, apontando ser impenhorável o imóvel destinado à residência, bem como os móveis que o guarnecem (art. 1º e parágrafo único).

Mas há exceções à impenhorabilidade, previstas na própria lei. Dentre outras, merecem destaque as seguintes situações nas quais se admite a penhora (Lei n. 8.009/90, art. 3º):

> III – pelo credor de pensão alimentícia, resguardados os direitos, sobre o bem, do coproprietário que, com o devedor, integre união estável ou conjugal (inclusão da ressalva quanto ao cônjuge pela Lei n. 13.144/2015);
> IV – para cobrança de impostos, predial ou territorial, taxas e contribuições devidas em função do imóvel familiar; (...)
> VII – por obrigação decorrente de fiança concedida em contrato de locação.

> Vale destacar que o inciso I do art. 3º da Lei n. 8.009/90, que previa a **possibilidade de penhora do bem de família em virtude de créditos de trabalhadores** da própria residência, foi revogado pela LC n. 150/2015 (Lei do Trabalho Doméstico).

De seu turno, o CPC trata do tema no art. 833, trazendo **diversas impenhorabilidades:**

(i) os bens inalienáveis e os declarados, por ato voluntário, não sujeitos à execução (exemplo dos bens públicos);

(ii) os móveis, pertences e utilidades domésticas que guarnecem a residência do executado – salvo os de elevado valor e os supérfluos (os não utilizados para as necessidades de um médio padrão de vida);

(iii) os vestuários e os bens de uso pessoal do executado – salvo se de elevado valor;

(iv) os salários, remunerações, aposentadorias e pensões de uma forma geral – salvo para pagamento de pensão alimentícia e quando o valor mensal percebido for **superior a 50 salários mínimos** (CPC, art. 883, § 2º – inovação relevante que afasta o paradigma da total impenhorabilidade do salário); apesar da expressa previsão de penhora de salário apenas acima desse valor, existem **decisões do STJ no sentido de que é possível a penhora de salário mesmo abaixo dessa quantia** (como no EREsp 1.582.475, em que se decidiu caber a penhora de salário desde que a quantia que sobrar seja suficiente para um "confortável nível de vida"); atenção pois esse julgado pode ser objeto de prova;

(v) os instrumentos necessários ao exercício da profissão (livros, ferramentas etc. – salvo se tais bens tenham sido objeto de financiamento e estejam vinculados em garantia a negócio jurídico ou quando respondam por dívida de natureza alimentar, trabalhista ou previdenciária – § 3º);

(vi) o seguro de vida;

(vii) os materiais necessários para obras em andamento, salvo se essas forem penhoradas;

(viii) a pequena propriedade rural, desde que trabalhada pela família;

(ix) os recursos públicos recebidos por instituições privadas para aplicação compulsória em educação, saúde ou assistência social;

(x) até o limite de 40 salários mínimos, a quantia depositada em caderneta de poupança (para o STJ, qualquer aplicação e não só a poupança – REsp 1.230.060-PR, informativo 547 do STJ; incidindo as mesmas acima mencionadas em relação ao salário, visto acima);

(xi) os recursos do fundo partidário, recebidos por partido político;

(xii) os créditos oriundos de alienação de unidades imobiliárias sob regime de incorporação, vinculados à execução da obra.

> A regra, no processo civil brasileiro, sempre foi a absoluta impenhorabilidade do salário, independentemente do valor recebido. O CPC quebra esse paradigma, permitindo a penhora de salário, mas apenas para valores mensais acima de 50 salários mínimos (art. 833, § 2º).

A regra da impenhorabilidade do salário tem sido relativizada também para créditos de natureza não alimentar – embora a questão esteja longe de ser pacificada nos Tribunais. O STJ tem admitido a penhora de salário em situações excepcionais, quando for possível preservar verba suficiente para a subsistência digna do devedor e de sua família (EREsp 1.582.475 e AREsp 1.336.881).

6.1.6.3. Procedimento da execução por quantia certa

Na sequência, é apresentado o **procedimento** desta modalidade de execução:

1) Inicial é instruída com: ■ título executivo extrajudicial (CPC, art. 798, I, *a*); e ■ demonstrativo do débito atualizado (CPC, art. 798, I, *b*).
2) Estando em termos a inicial, o juiz: ■ fixa, no despacho inicial, honorários de 10% sobre o valor da causa. Se houver o pagamento em 3 dias, os honorários serão reduzidos à metade (art. 827, § 1º). Se houver embargos protelatórios, honorários majorados para 20% (§ 2º); ■ determina a citação do executado, para pagar o débito em 3 dias, contados da citação (CPC, art. 829). ■ A lei não prevê se são dias úteis ou corridos, e há divergência; mas há precedente do STJ pela contagem de prazos em dias úteis no cumprimento de sentença (*vide* item 4.2.3.2. acima); ■ Se não houver pagamento, haverá a penhora e avaliação, por oficial de justiça (CPC, art. 870), dos bens indicados pelo exequente, salvo se o executado indicar bens que configurem situação menos onerosa a ele e que não traga prejuízo ao exequente (CPC, art. 829, §§ 1º e 2º). **2.1)** Recebida a petição inicial executiva, poderá o exequente obter certidão da execução (identificadas as partes e valor da causa), para "averbação no registro de imóveis, de veículos ou de outros bens sujeitos a penhora, arresto ou indisponibilidade" (CPC, art. 828). Quando isso for efetivado, deverá ser comunicado ao juízo (§ 1º). Se for realizada penhora no valor total da dívida, o exequente deverá providenciar, em 10 dias, o cancelamento das averbações dos bens não penhorados (§ 2º). Se o exequente assim não fizer, o juiz fará de ofício (§ 3º). No caso de averbação indevida ou não cancelada, caberá indenização por perdas e danos (§ 5º). **2.2)** Além disso, cabe a inscrição do devedor em cadastro restritivo de crédito. A previsão está no art. 782 do CPC. ■ § 3º A requerimento da parte, o juiz pode determinar a inclusão do nome do executado em cadastros de inadimplentes; ■ § 4º A inscrição será cancelada imediatamente se for efetuado o pagamento, se for garantida a execução ou se a execução for extinta por qualquer outro motivo. Além disso, prevê o CPC que o mesmo se aplica ao cumprimento de sentença definitivo de título judicial (CPC, art. 782, § 5º).
3) Se o oficial de justiça não encontrar o executado: arresto executivo dos bens (art. 830) que, segundo jurisprudência do STJ, poderá ser *online*. A citação pode ser feita por correio (CPC, art. 247 e Enunciado 85 CJF: *Na execução de título extrajudicial ou judicial (art. 515, § 1º, do CPC) é cabível a citação postal*). E há menção específica à citação por hora certa e edital (CPC, art. 830, §§ 1º e 2º). O executado, reconhecendo o crédito do exequente e comprovando o depósito de 30% do valor devido, pode requerer o parcelamento do restante em 6 vezes (com juros e correção). Com isso, renuncia ao direito de embargar (CPC, art. 916).

4) Após a citação, cabem embargos.
5) Não suspensa a execução ou rejeitados os embargos: tentativa de alienação do bem penhorado (CPC, art. 875).
6) Prosseguindo a execução, haverá a tentativa de expropriação do bem penhorado, que poderá ocorrer de três maneiras, na seguinte ordem: **(i) adjudicação ao exequente**, em que o próprio exequente receberá o bem como forma de pagamento, pelo valor da avaliação (CPC, art. 876); **(ii) alienação por iniciativa particular**, em que o exequente tentará alienar o bem para quem não é parte no processo (CPC, art. 880); ou **(iii) leilão judicial eletrônico ou presencial**, alienação realizada no bojo do processo judicial (CPC, art. 881).
7) A primeira opção é a adjudicação por parte do exequente, pelo preço da avaliação. Se não houver êxito nessa, passa-se às demais. Se, ao final, não houver êxito, há nova oportunidade para adjudicar, podendo ser requerida nova avaliação (CPC, art. 878).
8) A segunda opção é a alienação por iniciativa particular, mediante requerimento do exequente, também pelo valor da avaliação, por conta própria ou corretor ou leiloeiro credenciados perante o Judiciário (CPC, art.880).
9) Se não houver êxito nas hipóteses anteriores, haverá leilão, preferencialmente presencial (CPC, art. 882). A definição do preço mínimo do bem no leilão, condições de pagamento e garantia serão definidas pelo juiz (CPC, 885). Será **preço vil** (e, portanto, não poderá ser aceito) o preço inferior ao mínimo estipulado pelo juiz ou, não tendo sido fixado preço mínimo, o preço inferir a 50% do valor da avaliação (CPC, art. 891, parágrafo único). Será publicado edital com todas as informações do bem, inclusive data do 1º e 2º leilões – o 2º para o caso de não haver interessados no 1º (CPC, art. 886, V). Não podem oferecer lance algumas pessoas, dentre as quais o juiz e demais servidores na localidade onde servirem, leiloeiros e advogados (CPC, art. 890). Portanto, o próprio exequente pode oferecer lance.
10) Expropriado o bem (seja pela adjudicação, alienação ou arrematação), é possível ao executado impugnar a expropriação, via ação autônoma (CPC, art. 903, § 4º). Portanto, **deixam de existir os embargos de 2ª fase (embargos à arrematação/adjudicação)** e passa a ser cabível uma ação autônoma par desconstituir a expropriação, em que o arrematante será litisconsorte necessário.
11) Ao final, **extinção** da execução. CPC, art. 924. Extingue-se a execução quando: I – a petição inicial for indeferida; II – a obrigação for satisfeita; III – o executado obtiver, por qualquer outro meio, a extinção total da dívida; IV – o exequente renunciar ao crédito; V – ocorrer a prescrição intercorrente.

6.1.7. Da defesa do executado: embargos

A defesa do executado, na execução de título executivo extrajudicial, dá-se via **embargos do devedor** ou **embargos à execução**.

Os embargos correspondem a um processo de conhecimento, com trâmite por um procedimento especial

(CPC, arts. 914 e s.). Na execução, em regra, não se discute defesa. Assim, a defesa é por petição inicial, em processo autônomo – distribuído por dependência.

Não há necessidade de **garantir o juízo** para embargar (CPC, art. 914).

Matérias que podem ser alegadas nos embargos (CPC, art. 917):

(i) inexequibilidade do título ou inexigibilidade da obrigação;
(ii) penhora incorreta ou avaliação errônea;
(iii) excesso de execução ou cumulação indevida de execuções;
(iv) retenção por benfeitorias necessárias ou úteis, nos casos de entrega de coisa certa;
(v) incompetência absoluta ou relativa do juízo da execução;
(vi) qualquer matéria de defesa, visto que **ainda não houve prévia manifestação do Poder Judiciário**.

Há **excesso de execução** quando (CPC, art. 917, § 2º):

(i) o exequente pleiteia quantia superior à do título;
(ii) recai sobre coisa diversa daquela declarada no título;
(iii) processa-se de modo diferente do que foi determinado na sentença;
(iv) o exequente, sem cumprir a prestação que lhe corresponde, exige o adimplemento da prestação do devedor;
(v) o exequente não prova que a condição se realizou.

Caso se alegue **excesso de execução com base em quantia superior à devida**, o embargante deverá indicar o valor que entende correto, com demonstrativo de cálculo, sob pena de rejeição liminar dos embargos ou não consideração desse argumento (CPC, art. 917, § 4º).

O **prazo para embargar** é de 15 dias, contado da juntada aos autos do mandado de citação da execução ou da juntada do AR (CPC, arts. 915 e 231, I e II).

Diferentemente do que ocorre no processo de conhecimento:

- se houver mais de um executado, o prazo será contado individualmente, salvo na hipótese de cônjuges ou companheiros, quando o prazo será contado a partir da juntada do comprovante de citação do último (CPC, art. 915, § 1º);
- ainda que existam litisconsortes com advogados distintos, não haverá aplicação do prazo em dobro do art. 229 do CPC (CPC, art. 915, § 3º).

Como já mencionado, no prazo para embargar pode o executado reconhecer que deve depositar 30% do valor devido e requerer o parcelamento do restante em 6 parcelas mensais (CPC, art. 916).

Em regra, **os embargos não terão efeito suspensivo**, ou seja, mesmo quando apresentados os embargos, prossegue normalmente a execução (CPC, art. 919).

Contudo, poderá o juiz, a requerimento do embargante, conceder **efeito suspensivo aos embargos** quando (CPC, art. 919, § 1º):

- presentes os requisitos para a tutela provisória;
- garantida a execução por penhora, depósito ou caução.

Ou seja, os embargos não dependem de penhora, mas o efeito suspensivo depende.

No mais, ainda que concedido o efeito suspensivo, isso não impedirá a penhora ou avaliação dos bens (CPC, art. 919, § 5º).

Trata-se de processo de conhecimento que tramita por **procedimento especial** (CPC, arts. 914 e s.):

1) Citado, o executado pode (a) parcelar a dívida, (b) permanecer silente ou (c) embargar, em 15 dias.
2) Inicial: ■ é **distribuída** por dependência à execução e será autuada em apartado (CPC, art. 914, § 1º); ■ será instruída com cópias das peças relevantes presentes na execução (CPC, art. 914, § 1º); ■ independe de penhora (CPC, art. 914). 2.1) O juiz **rejeitará liminarmente** os embargos quando (CPC, art. 918): ■ intempestivos; ■ no indeferimento ou improcedência liminar; ■ se protelatórios (ato atentatório à dignidade justiça).
3) Em regra, os embargos não são recebidos no efeito suspensivo (CPC, art. 919). 3.1) Somente será atribuído efeito suspensivo (com a suspensão de quaisquer atos executivos) se estiverem presentes, ao mesmo tempo, os seguintes requisitos (CPC, art. 919, § 1º): (i) garantia do juízo (penhora, depósito ou caução); (ii) requisitos da tutela de urgência (relevantes alegações e perigo de dano). A concessão do efeito suspensivo não impede a penhora nem avaliação dos bens (CPC, art. 919, § 5º).
4) Recebidos os embargos, réu nos embargos (embargado) **poderá se** manifestar em 15 dias (CPC, art. 920).
5) Se necessário, haverá **dilação probatória**. Caso contrário, julgamento antecipado do mérito (CPC, art. 920, II).
6) Decisão mediante **sentença** da qual caberá apelação. Embargos protelatórios são penalizados com multa por ato atentatório à dignidade da justiça (CPC, art. 918, parágrafo único).

7. RECURSOS E PROCESSOS NOS TRIBUNAIS

7.1. Ordem dos processos nos tribunais

Perante os tribunais, há a previsão de trâmite de alguns incidentes e ações, sem natureza recursal – que são ora analisados.

(i) **incidente de arguição de inconstitucionalidade** (CPC, art. 948): considerando o sistema difuso-concreto brasileiro, qualquer juiz pode declarar a inconstitucionalidade de um diploma legal, incidentalmente no processo (como questão prejudicial).

Mas, quando isso ocorrer no âmbito dos tribunais, há necessidade de decisão da maioria dos membros do tribunal, em obediência à "cláusula de reserva de plenário" (CF, art. 97, e Súmula Vinculante 10).

(ii) **conflito de competência** (CPC, art. 951): quando dois ou mais juízes se considerarem competentes ou incompetentes para julgar uma mesma causa, cabe o conflito de competência.

O conflito será suscitado no Tribunal, e o relator determinará a manifestação dos juízos envolvidos. Se um juiz for o suscitante, poderá somente ser ouvido o suscitado (art. 954).

Pode o relator designar um dos juízes para decidir, em caráter provisório, as questões urgentes.

Se já houver jurisprudência dominante, cabe o julgamento do conflito de forma monocrática (art. 955, parágrafo único).

(iii) **homologação de decisão estrangeira** (CPC, art. 960): a decisão estrangeira, para ingressar no sistema processual brasileiro, depende de prévia homologação perante o STJ. Isso porque é necessário verificar se a decisão estrangeira pode ser aqui aplicada, considerando as regras de competência internacional concorrente e exclusiva, não se admitindo a homologação de decisão em caso de competência exclusiva do juiz brasileiro (CPC, art. 964). Por isso, eventualmente cabe decisão homologatória parcial (CPC, art. 961, § 2º).

Também a **decisão interlocutória estrangeira** pode ser homologada, via carga rogatória (CPC, art. 960, § 1º) – inclusive a que concede medida de urgência (CPC, art. 962). Também há previsão de homologação de **decisão arbitral estrangeira** (CPC, art. 960, § 3º).

A decisão estrangeira de **divórcio consensual não precisa ser homologada no STJ**, cabendo a qualquer juiz apreciar a validade da decisão estrangeira, quando o tema por submetido ao Judiciário brasileiro (CPC, art. 961, §§ 5º e 6º).

São **requisitos** para a homologação da decisão estrangeira (CPC, art. 963):

> I – ser proferida por autoridade competente;
> II – ser precedida de citação regular, ainda que verificada a revelia;
> III – ser eficaz no país em que foi proferida;
> IV – não ofender a coisa julgada brasileira;
> V – estar acompanhada de tradução oficial, salvo disposição que a dispense prevista em tratado;
> VI – não conter manifesta ofensa à ordem pública.

(iv) **incidente de resolução de demandas repetitivas** (IRDR – CPC, art. 976): busca a racionalidade e igualdade na apreciação de processos de massa, em que se debata o mesmo tema repetitivo. Assim, busca maior agilidade e rapidez em causas repetitivas.

O **IRDR será instaurado** quando houver, simultaneamente (CPC, art. 976): I – efetiva repetição de processos que contenham controvérsia sobre a mesma questão unicamente de direito; II – risco de ofensa à isonomia e à segurança jurídica.

Não será cabível o IRDR quando um dos tribunais superiores (STF ou STJ), no âmbito de sua respectiva competência, já tiver afetado recurso repetitivo para definição de tese sobre questão de direito material ou processual repetitiva (CPC, art. 976, § 4º).

Admitido o incidente, o relator (CPC, art. 982):

> I – suspenderá os processos pendentes, individuais ou coletivos, que tramitam no Estado ou na região, conforme o caso;
> I – poderá requisitar informações a órgãos em cujo juízo tramita processo no qual se discute o objeto do incidente, que as prestarão no prazo de 15 (quinze) dias; (...)
> III – intimará o Ministério Público para, querendo, manifestar-se no prazo de 15 (quinze) dias.

O relator ouvirá partes e interessados, que no prazo comum de 15 dias, poderão requerer juntada de documentos e diligências necessárias para a elucidação da questão de direito controvertida (CPC, art. 983).

O julgamento, realizado perante o órgão previsto no regimento interno como responsável pela uniformização de jurisprudência do tribunal, deverá **ocorrer em até 1 ano** (CPC, arts. 978 a 980). **Se não for julgado em até 1 ano**, cessa a suspensão dos demais processos – salvo se o relator decidir em sentido contrário (CPC, art. 980, parágrafo único).

Julgado o incidente, a tese jurídica será aplicada (CPC, art. 985):

I – a todos os processos individuais ou coletivos que versem sobre idêntica questão de direito e que tramitem na área de jurisdição do tribunal, inclusive àqueles que tramitem nos juizados especiais do respectivo Estado ou região;

II – aos casos futuros que versem idêntica questão de direito e que venham a tramitar no território de competência do tribunal, salvo hipótese de revisão.

Não observada a tese adotada no IRDR, além do recurso cabível, será possível o uso de reclamação (CPC, art. 985, § 1º).

Do julgamento do mérito do incidente caberá recurso extraordinário ou especial (CPC, art. 987), que será recebido no efeito suspensivo, sendo presumida a repercussão geral para o RE (CPC, art. 987, § 1º). Da decisão do IRDR será admitido recurso do *amicus curiae* (CPC, art. 138, § 3º).

Apreciado o **mérito do recurso por tribunal superior**, a tese jurídica adotada será aplicada em todo o território nacional a todos os processos individuais ou coletivos que versem sobre idêntica questão de direito (CPC, art. 987, § 2º).

> Em linha com a valorização dos precedentes, o CPC cria o incidente de resolução de demandas repetitivas (IRDR), para que causas massificadas sejam julgadas pelos tribunais e, a partir daí, sirvam como precedente para os demais casos.
> Há previsão de suspensão dos processos (individuais e coletivos) enquanto se discute o IRDR, de modo a evitar a prolação de decisões divergentes em relação a casos semelhantes.
> O IRDR é julgado pelos tribunais de 2º grau, de modo que em tese cada tribunal do país pode ter seu próprio IRDR.

(v) **incidente de assunção de competência** (IAC – CPC, art. 947): novidade no sistema, este incidente é cabível quando o julgamento de recurso, de remessa necessária ou de processo de competência originária envolver relevante questão de direito, com grande repercussão social, sem repetição em múltiplos processos (art. 947).

Ou seja, o órgão para fixação de jurisprudência do tribunal avocará o julgamento de determinado recurso, tal qual ocorre com o IRDR, mas *sem se tratar de questão de massa*. Vale pensar em uma situação que cause grande repercussão e que seria originariamente julgada por uma câmara ou turma, mas que se entenda conveniente já ser julgada por um órgão do tribunal composto por mais magistrados. Como exemplo, a discussão relativa ao cabimento de agravo de instrumento em recuperação judicial é algo relevante e com repercussão, mas sem a quantidade necessária para que se tenha o uso do IRDR.

O relator proporá, de ofício ou a requerimento, que seja o recurso, a remessa necessária ou o processo de competência originária julgado pelo órgão colegiado que o regimento indicar. Reconhecido o interesse público, o órgão colegiado apreciará o incidente e o acórdão proferido vinculará todos os juízes e órgãos fracionários (§ 3º). Aplica-se o IAC quando ocorrer relevante questão de direito a respeito da qual seja conveniente a prevenção ou a composição de divergência entre câmaras ou turmas do tribunal (§ 4º).

(vi) **reclamação** (CPC, art. 988): trata-se de ação, não de recurso, que ganha relevo no âmbito do CPC. Já era prevista em outros diplomas (como na Constituição, art. 102, I, *l*), com a finalidade de preservar a autoridade de tribunal, mas não era prevista no Código anterior.

> A reclamação é inovação no CPC (não era prevista no CPC anterior), mas não é inovação no sistema (pois, como dito, tem previsão constitucional). Portanto, o estudo a respeito da reclamação passa, também, por sua análise sob a perspectiva constitucional.

O CPC, a reclamação é o meio cabível para (art. 988):

I – preservar a competência do tribunal;

II – garantir a autoridade das decisões do tribunal;

III – garantir a observância de decisão do STF em controle concentrado de constitucionalidade e súmula vinculante;

IV – garantir a observância de acórdão proferido em julgamento de IRDR ou em incidente de assunção de competência.

Por sua vez, **não será admitida a reclamação** (CPC, art. 988, § 5º):

a) proposta após o trânsito em julgado da decisão reclamada (de modo que, além da reclamação, deverá ser utilizado o recurso cabível);

b) proposta para garantir a observância de acórdão de recurso extraordinário com repercussão geral reconhecida ou de acórdão proferido em RE ou REsp repetitivos, quando **não esgotadas as instâncias ordinárias**.

Apesar da previsão legal (quanto ao cabimento de reclamação após esgotadas as instâncias ordinárias), o STJ decidiu, em fevereiro de 2020, que **NÃO cabe reclamação para discutir a aplicação de repetitivo** (Rcl 36.476. j. fev./2020). Ou seja, o STJ restringiu o alcance do uso de reclamação (com o objetivo de evitar um grande número de novos processos), em sentido inverso ao que está escrito no CPC. Como se trata de uma decisão vinculante, o candidato deve se atentar para isso, pois pode ser pedido na prova da OAB.

Em síntese: pelo CPC, se a tese fixada em um repetitivo não fosse observada por um acórdão do Tribunal intermediário, seria possível interpor o REsp e, em conjunto, a reclamação. Com essa decisão do STJ, **isso não é possível**.

No que se refere ao procedimento, ao **despachar a reclamação**, o relator (CPC, art. 989):

> I – requisitará informações da autoridade a quem for imputada a prática do ato impugnado, que as prestará em 10 (dez) dias;
> II – se necessário, ordenará a suspensão do processo ou do ato impugnado para evitar dano irreparável;
> III – determinará a citação do beneficiário da decisão impugnada, que terá prazo de 15 (quinze) dias para apresentar sua contestação.

Ao final, julgando **procedente a reclamação**, o tribunal cassará a decisão exorbitante de seu julgado ou determinará medida adequada à solução da controvérsia (CPC, art. 992).

(vii) **ação rescisória (CPC, art. 966):** a finalidade da AR é **rescindir decisão de mérito transitada em julgado**. Assim, trata-se de uma revisão da coisa julgada em hipóteses expressamente previstas na legislação.

É possível, conforme o caso, não só a rescisão do julgado (**juízo rescindente**), mas também que seja proferida uma nova decisão (**juízo rescisório**).

O *caput* do art. 966 destaca que a **decisão de mérito**, transitada em julgado, pode ser rescindida (no sistema anterior, falava-se em sentença e acórdão).

Cabimento da AR. As decisões que admitem o **uso da rescisória** estão especificamente previstas em lei (CPC, art. 966):

I – proferidas por juiz corrupto (prevaricação, concussão ou corrupção);

II – proferidas por juiz impedido ou juízo absolutamente incompetente;

III – resultarem de dolo ou coação da parte vencedora ou de colusão entre as partes;

IV – que ofenderem coisa julgada anteriormente formada;

V – que violem manifestação norma jurídica (literal disposição de lei, no CPC/73);

VI – fundadas em prova falsa – seja apurada em processo crime, seja demonstrada na própria rescisória;

VII – quando o autor, após o trânsito em julgado, obtiver prova nova;

VIII – fundadas em erro de fato verificável do exame dos autos.

Quanto às hipóteses de cabimento, merece destaque o seguinte:

(i) **deixa de ser cabível** AR fundada na invalidação de confissão, desistência ou transação (art. 485, VIII, do CPC/73). Para tentar diminuir os debates quanto ao cabimento da AR ou da ação anulatória, o CPC estipula que os "atos de disposição de direitos, praticados pelas partes ou por outros participantes do processo e homologados pelo juízo, bem como os atos homologatórios praticados no curso da execução, estão sujeitos à anulação, nos termos da lei" (art. 966, § 4º), ou seja, utiliza-se, nesse caso, a anulatória (ajuizada em 1º grau) e não a rescisória.

(ii) admite-se **AR para impugnar decisão processual** (não de mérito) que impeça nova propositura da demanda ou a admissibilidade de recurso (CPC, art. 966, § 2º);

(iii) é possível a **AR fundada em um capítulo da decisão** (CPC, art. 966, § 3º).

Há **prazo decadencial** para o ajuizamento da AR: 2 anos, contados do trânsito em julgado da última decisão proferida no processo (CPC, art. 975).

> O **termo inicial de AR fundada em prova nova** (CPC, art. 966, VII) não será o trânsito em julgado, mas sim a data de "descoberta da prova nova". Porém, nesse caso, será observado o prazo máximo de 5 anos, contado do trânsito em julgado da última decisão proferida no processo (CPC, art. 975, § 2º). Portanto, o próprio Código traz uma situação de prova nova com prazo superior a 2 anos do trânsito.

Os defensores da tese da **relativização da coisa julgada** (ou coisa julgada inconstitucional) buscam desconstituir a coisa julgada mesmo após o prazo de 2 anos. Para esses, em casos graves, situações repugnantes, quando em jogo a dignidade da pessoa humana, deveria ser aceita a AR mesmo após o prazo previsto em lei.

Como exemplos:

(i) a situação em que se decidiu a investigação de paternidade quando ainda não existia o DNA. E, hoje, com esse exame, percebe-se que a decisão judicial não refletiu a realidade (a tese já foi acolhida pelo STJ e STF – neste último, com julgado com repercussão geral, RE 363.889);

(ii) os casos em que há decisão condenando a Fazenda Pública a indenizar alguém em valores elevados e, posteriormente, descobre-se que a condenação era indevida (como numa desapropriação milionária em que, depois do prazo da AR, descobre-se que a área já era do ente expropriante). Neste aspecto, segue a divergência jurisprudencial, mas há precedentes favoráveis à relativização.

Trata-se de ação de **competência originária** dos Tribunais. Tratando-se de acórdao a ser rescindido, a competência é do último Tribunal que apreciou o mérito da causa.

Prevê o CPC que, se for **reconhecida a incompetência de determinado tribunal** para o julgamento da AR, o autor será intimado para emendar a inicial, adequando ao outro tribunal que se entender competente (art. 968, § 5º). A previsão é relevante para evitar que haja extinção e, assim, decadência na repropositura (o que muito ocorria no sistema anterior).

A AR tem **procedimento especial** (CPC, arts. 966 e s.) e tem o seguinte trâmite:

Procedimento especial da AR (ressalvadas as distinções, o CPC determina a observância do procedimento comum – art. 970, parte final)
1) inicial diretamente no Tribunal;
2) citação;
■ cabe tutela provisória para obstar o cumprimento de sentença (CPC, art. 969).
3) contestação (prazo: 15 a 30 dias – CPC, art. 970);
4) instrução (pode ser realizada por carta de ordem para o órgão que proferiu a decisão rescindenda – CPC, art. 972);
5) após a instrução, memoriais no prazo de 10 dias, sucessivamente às partes (CPC, art. 973);
6) decisão (acórdão);
■ cabe, conforme o resultado da ação, embargos de declaração, REsp e RE do acórdão que julga a AR.

7.2. Recursos

7.2.1. Introdução

> **Recurso** é ato voluntário da parte, capaz de ensejar, dentro do mesmo processo, a reforma, a invalidação, o esclarecimento ou a integração da decisão judicial impugnada.

A existência dos recursos decorre dos princípios processuais da ampla defesa, do contraditório e do duplo grau de jurisdição.

Pelo **princípio da taxatividade**, somente a lei pode prever quais são os recursos – que são os previstos no CPC, art. 994.

Da soma do conceito de recurso e do princípio da taxatividade, é possível concluir que:

a) a remessa necessária não é recurso.

A **remessa necessária (reexame necessário no Código anterior)** é a situação na qual a sentença é contrária à Fazenda Pública (União, Estados, Municípios e suas autarquias e fundações) e, mesmo sem recurso, a decisão de 1º grau tem de ser confirmada pelo Tribunal (CPC, art. 496).

Só não haverá a remessa necessária se (CPC, art. 496, §§ 3º e 4º):

(i) quando a condenação ou proveito econômico for de valor certo e líquido inferior a (a) 1.000 salários mínimos para a União, autarquias e fundações federais; (b) 500 salários mínimos para os Estados, o Distrito Federal, autarquias e fundações de direito público estaduais e os Municípios que forem capitais dos Estados; (c)

100 salários mínimos para todos os demais Municípios e autarquias e fundações de direito público municipais;

(ii) quando a sentença estiver fundada em (a) súmula de tribunal superior; (b) acórdão proferido pelo STF ou pelo STJ em julgamento de recursos repetitivos; (c) entendimento firmado em incidente de resolução de demandas repetitivas ou de assunção de competência; (d) entendimento coincidente com orientação vinculante firmada no âmbito administrativo do próprio ente público, consolidada em manifestação, parecer ou súmula administrativa.

b) ações de impugnação autônomas não são recursos.

As **ações de impugnação autônomas**, apesar de impugnarem decisões judiciais, assim o fazem mediante a instauração de uma nova relação processual, ou seja, não se trata da mesma relação processual na qual a decisão foi proferida.

Como exemplos, a ação rescisória (que busca desconstituir a coisa julgada – CPC, art. 966), o mandado de segurança e o *habeas corpus* contra decisão judicial. Nessas três situações, há a instauração de uma nova relação processual;

c) pedido de reconsideração não é recurso.

O **pedido de reconsideração** é a petição na qual a parte, uma vez que um pleito seu não foi atendido, busca a reconsideração por parte do juiz. No cotidiano forense é utilizado com frequência pelos advogados, mas, como não está previsto no art. 994, não é recurso.

Assim, não modifica em nada o prazo para interposição do recurso cabível. Ou seja, se o juiz indeferir a tutela de urgência e a parte apresentar pedido de reconsideração, esta peça não alterará o prazo para interposição do agravo de instrumento.

7.2.2. Recursos e cabimento

São recursos no processo civil (CPC, art. 994):

I – apelação (CPC, art. 1.009);

II – agravo de instrumento (CPC, art. 1.015);

III – agravo interno (CPC, art. 1.021);

IV – embargos de declaração (CPC, art. 1.022);

V – recurso ordinário constitucional (ROC – CPC, art. 1.027, e CF, art. 102, II, e 105, II);

VI – recurso especial (REsp – CPC, art. 1.029, e CF, art. 105, III);

VII – recurso extraordinário (RE – CPC, art. 1.029, e CF, art. 102, III);

VIII – agravo em recurso especial ou extraordinário (CPC, art. 1.042);

IX – embargos de divergência (CPC, art. 1.043).

Além destes, há ainda a modalidade de **recurso adesivo** para alguns dos acima arrolados (CPC, art. 997, § 1º):

- apelação adesiva;
- RE adesivo;
- REsp adesivo.

> Como já visto, (i) ações de impugnação autônoma não se configuram recursos (como ação rescisória, MS, HC e reclamação) e (ii) se não houver vontade, não se trata de recurso (remessa necessária é julgamento estendido do art. 942).

Já em relação ao sistema anterior, houve a supressão de dois recursos: embargos infringentes e agravo retido.

> Quanto aos infringentes, agora existe a técnica de julgamento estendido previsto no art. 942, para a hipótese de voto vencido; em relação ao agravo retido, se a interlocutória não for agravável de instrumento (art. 1.015), deverá ser impugnada em preliminar de apelação (art. 1.009, § 1º).

7.2.2.1. Cabimento de cada recurso

Para cada espécie de decisão judicial a lei processual prevê um determinado recurso. E apenas um recurso. Este é **princípio da unirrecorribilidade, singularidade ou unicidade:** para cada decisão só cabe um tipo de recurso.

> Assim, pelo princípio da unirrecorribilidade não é possível, por exemplo, ao mesmo tempo, para uma mesma decisão, utilizar-se de apelação e agravo.

Para saber o cabimento de cada recurso, a regra mais fácil é analisar a natureza da decisão: conforme a natureza da decisão impugnada, determina-se o recurso cabível.

Para tanto, é necessário que se saiba quais são as possíveis decisões que o Poder Judiciário pode proferir. E isso é variável conforme o grau de jurisdição.

O sistema processual diferencia as decisões proferidas por um juiz de 1º grau das decisões proferidas no âmbito dos Tribunais intermediários – seja Tribunal de Justiça (TJ – Justiça Estadual), Tribunal Regional Federal (TRF – Justiça Federal) ou Tribunais Superiores (STJ e STF).

Em 1º grau de jurisdição, três são as possíveis decisões de um juiz (CPC, art. 203):

a) **sentença** (§ 1º): decisão que põe fim à fase de conhecimento em 1º grau de jurisdição, resolvendo o mérito (CPC, art. 487) ou não (CPC, art. 485);

b) **decisão interlocutória** (§ 2º): decisão que soluciona questão incidente, mas não põe fim ao processo – ou seja, que não é sentença; e

c) **despacho** (§ 3º): decisão que simplesmente dá andamento ao processo, sem ser dotada de efetivo caráter decisório por não resolver qualquer ponto controvertido – ou seja, o que não é sentença nem interlocutória.

A partir da identificação das decisões, fica mais simples compreender o cabimento dos recursos:
Da sentença cabe apelação (CPC, art. 1.009);
Da decisão interlocutória, cabe agravo de instrumento (CPC, art. 1.015 – agravo retido deixa de existir);
Do despacho não cabe recurso, trata-se, portanto, de decisão irrecorrível (CPC, art. 1.001).

Destaca-se que esta apresentação é apenas uma visão geral, já que o estudo de cada recurso, individualmente, será feito adiante.

No âmbito dos Tribunais, duas são as possíveis decisões de um desembargador (TJ ou TRF) ou Ministro (STJ ou STF):

d) **acórdão:** decisão colegiada, proferida por três ou mais julgadores (CPC, art. 204);

e) **decisão monocrática:** decisão proferida por apenas um julgador (relator), possível em hipóteses específicas (CPC, art. 932, III, IV e V).

É certo que o relator poderá proferir decisões monocráticas sem efetiva carga decisória ("despacho"). Porém, a lei não traz essa previsão legal em relação aos atos proferidos nos Tribunais. Assim, a rigor técnico, temos apenas decisão monocrática e acórdão no âmbito dos Tribunais.

Quando um recurso é distribuído ao Tribunal, é sorteado um **relator**, julgador que será o responsável pela elaboração do relatório e, na sessão de julgamento, lerá aos demais julgadores o seu relatório e voto. Assim, é a figura central no julgamento colegiado.

Deixa de existir o revisor, magistrado que, no sistema anterior, após o estudo do caso pelo relator, também analisava o processo. Assim, além do relator, em um tribunal intermediário, outros dois magistrados também votarão, mas sem acesso prévio aos autos (salvo pedido de vista): o **segundo** e o **terceiro** magistrados.

Quando o recurso tiver clara falha processual ou quando a matéria já estiver pacificada, poderá o relator julgar sem a participação dos pares: esta é a **decisão monocrática**. Três são os possíveis resultados do julgamento monocrático:

- **não conhecer** do recurso inadmissível, prejudicado ou que não tenha impugnado os fundamentos da decisão recorrida (CPC, art. 932, III);
- **conhecer e negar provimento** ao recurso que for contrário à jurisprudência dominante (CPC, art. 932, IV);
- **conhecer e dar provimento** ao recurso, após a possibilidade de contrarrazões, se a decisão recorrida for contrária à jurisprudência dominante (CPC, art. 932, V).

Considerando a primazia do mérito no CPC, há a possibilidade de emenda dos recursos antes de seu indeferimento. Assim, antes de não conhecer monocraticamente (art. 932, III), deverá o relator permitir a correção da falha (art. 932, parágrafo único). Mas isso somente pode ocorrer em relação a vícios *sanáveis* (como ausência de cópias, falta de assinatura, não juntada de procuração e não recolhimento de custas), de modo que não se aplica, por exemplo, à intempestividade.

Pela redação do art. 932, IV e V, somente será possível o julgamento monocrático de mérito se houver (i) súmula do STF, STF ou tribunal local (portanto, seja súmula vinculante do STF ou não), (ii) acórdão dos tribunais superiores em RE ou REsp repetitivos e (iii) decisão em incidente de resolução de demandas repetitivas ou incidente de assunção de competência (IRDR ou IAC). No sistema anterior, para o julgamento monocrático bastava jurisprudência dominante, a critério do relator. Assim, pelo texto legal, houve **diminuição da possibilidade de julgamento monocrático** – mas, na prática, isso não ocorreu (*vide*, por exemplo, a Súmula 568/STJ).

> Diferenciado um acórdão de uma decisão monocrática, novamente fica mais simples a compreensão dos recursos cabíveis:
> (i) de decisões monocráticas cabe:
> Agravo interno – no sistema anterior também conhecido por "legal" ou "regimental" (CPC, art. 1.021);
> Agravo em recurso especial e em recurso extraordinário (CPC, art. 1.042, com cabimento restrito).
> Lembrando que, no caso de decisão monocrática sem carga decisória ("despacho"), não haverá interesse recursal para impugnar essa decisão;
> (ii) de acórdãos cabem os demais recursos (ou seja, que não são cabíveis de decisão de 1º grau ou de monocrática):
> Recurso ordinário (ROC – CPC, art. 1.027);
> Recurso especial (REsp – CPC, art. 1.029);
> Recurso extraordinário (RE – CPC, art. 1.029); e
> Embargos de divergência (CPC, art. 1.043).

Reitera-se que aqui apenas se traz uma visão geral, já que o estudo de cada recurso, individualmente, será feito adiante.

Além disso, há recurso **cabível de qualquer ato judicial com carga decisória:** embargos de declaração (CPC, art. 1.022 – obscuridade, omissão, contradição e erro material).

O que foi exposto ao longo deste tópico pode ser assim sintetizado:

Decisão Judicial	Recurso Cabível
Sentença	Apelação
Decisão interlocutória	Agravo de instrumento
Despacho	Irrecorrível
Decisão monocrática	Agravo interno / AREsp e ARE
Acórdão	Demais recursos (REsp, RE, ROC, Divergência)

* Cabível de qualquer ato judicial com carga decisória: embargos de declaração.

7.2.3. Cabimento do recurso adesivo

O recurso pode ser interposto na sua modalidade principal ou, quando cabível, na sua modalidade adesiva. Nos termos do art. 997, § 2º, II, do CPC, cabe o recurso adesivo para a apelação, REsp e RE.

O recurso principal é aquele interposto pela parte no prazo previsto, sem se preocupar com a conduta da parte contrária. Não havendo o total acolhimento do que foi pleiteado (ou seja, sucumbência), cada parte pode interpor seu recurso de forma independente.

Já o recurso adesivo é aquele interposto fora do prazo originalmente previsto; se "A" recorreu de forma principal, mas "B" não, este terá uma segunda chance: no prazo das contrarrazões poderá interpor recurso adesivo. Só cabe em caso de sucumbência recíproca (ou seja, cada parte perdeu um pouco).

Para bem entender o recurso adesivo, é necessária a compreensão do princípio da vedação da *reformatio in pejus*, ou seja, vedação da reforma para pior em desfavor do recorrente, no âmbito de apenas um recurso por ele interposto. Assim, em regra, o Tribunal não pode, ao apreciar o recurso interposto por "A" (sendo que "B" não recorreu), piorar sua situação. Assim, se apenas uma das partes recorreu, sua situação ou é melhorada ou é mantida. A vedação da *reformatio in pejus* decorre do princípio da inércia. Contudo, a jurisprudência afirma que, caso se trate de matéria de ordem pública, será possível ao Tribunal analisar a questão, sem que isso importe em *reformatio in pejus* (STJ, EDcl nos EDcl no REsp 998.935/DF, 3ª T., *DJe* 4-3-2011).

Para ilustrar o exposto, vale um exemplo: "A" ingressa em juízo pleiteando indenização por danos materiais de R$ 10 mil. O juiz concede R$ 5 mil a título de danos. Podem autor e réu apelar de forma autônoma (porque ambos sucumbiram, ainda que parcialmente – CPC, art. 997). Mas, se somente "A" apelar pleiteando a majoração da indenização, o Tribunal somente poderá manter em R$ 5 mil ou aumentar a condenação – nunca diminuir (*reformatio in pejus*). Contudo, se no prazo de resposta da apelação "B" apresentar apelação adesiva (em peça apartada à das contrarrazões – CPC, art. 997, § 1º), poderá o Tribunal também diminuir a indenização.

É importante destacar que a admissibilidade do recurso adesivo vincula-se à do recurso principal, ou seja, se o principal não for conhecido por intempestividade ou houver a desistência do recurso, também não será conhecido o recurso adesivo (CPC, art. 997, § 2º, III).

7.2.4. Juízo de admissibilidade e juízo de mérito

O recurso pode ser objeto de **duas análises:** inicialmente, uma análise da **admissibilidade recursal** e, se esta for positiva, passa-se à análise do **mérito recursal**.

No juízo de admissibilidade será verificado se estão presentes os requisitos formais para que o recurso seja analisado (requisitos de admissibilidade, semelhante à verificação das condições da ação e pressupostos processuais em 1º grau).

Se tais requisitos estiverem ausentes, o recurso não será conhecido ou não será admitido.

Por outro lado, uma vez presentes os requisitos, então o recurso será conhecido ou admitido.

Somente se conhecido o recurso passa-se à próxima fase, que é o juízo de mérito, ou seja, a efetiva análise da impugnação realizada pelo recorrente em seu recurso.

No mérito recursal é que haverá a análise dos erros da decisão impugnada, isto é, do *error in procedendo* (erro no processamento) e/ou do *error in judicando* (erro no julgamento).

O resultado do juízo de **mérito pode ser pelo provimento ou não provimento do recurso**.

Em síntese: inicialmente há o conhecimento (admissão) do recurso para que depois seja analisado o mérito (objeto) recursal, com o provimento ou não provimento. Assim, a ausência dos pressupostos ou requisitos de admissibilidade leva ao não conhecimento ou à não admissão do recurso – e, se isso ocorrer, não se fala em provimento ou desprovimento.

> Se houver vício formal (relativo aos requisitos de admissibilidade), o recurso não será conhecido. Somente se conhecido o recurso é que se passa à análise do mérito recursal, momento em que o recurso será provido ou não provido.

7.2.4.1. Requisitos de admissibilidade recursal

São **sete os requisitos de admissibilidade**. Na sequência, haverá a análise de cada um deles.

(i) **cabimento:** o recurso interposto deverá ser aquele previsto na lei para a impugnação do tipo de decisão atacada.

Se for interposto agravo de uma sentença, o recurso não será conhecido por não ser o cabível.

O tema foi acima enfrentado (item 7.2.2.1), e pode ser sintetizado no seguinte quadro:

Cabimento dos Recursos	
Decisão Judicial	Recurso Cabível
Sentença	Apelação
Decisão interlocutória	Agravo de instrumento
Despacho	Irrecorrível
Decisão monocrática	Agravo interno / AREsp e ARE
Acórdão	Demais recursos (REsp, RE, ROC, Divergência)

* Cabível de qualquer ato judicial com carga decisória: embargos de declaração.

(ii) **legitimidade** para recorrer: o recurso somente poderá ser interposto por quem tem legitimidade recursal, ou seja, partes, MP e terceiro prejudicado (CPC, art. 996).

O MP pode recorrer seja na condição de parte, seja como fiscal da lei. O terceiro prejudicado, quando afetado por uma decisão, pode recorrer: trata-se de intervenção de terceiros na fase recursal.

Se o filho do autor ingressar com recurso para impugnar uma decisão, o recurso não será conhecido por ausência de legitimidade para recorrer.

Traçando um paralelo com as condições da ação, este requisito pode ser entendido como a legitimidade de parte na esfera recursal.

(iii) **interesse** em recorrer: o recorrente só tem necessidade na interposição do recurso quando houver pedido (ou seja, quando houver sucumbência).

Há sucumbência ainda que a parte tenha decaído de mínima parte do pedido. Assim, se o autor pediu 100 e recebeu 99,99, há sucumbência e, portanto, interesse recursal.

Logo, se o pedido foi julgado totalmente improcedente e o réu recorrer, o recurso não será conhecido por falta de interesse recursal – já que não houve qualquer sucumbência de sua parte, salvo se não tiver ocorrido condenação dos honorários e custas em favor do réu (mas aí haverá sucumbência).

Traçando um paralelo com as condições da ação, este requisito pode ser entendido como o interesse de agir na esfera recursal.

(iv) **tempestividade:** interposição do recurso no prazo fixado em lei. Será considerado intempestivo o recurso interposto fora do prazo previsto na legislação processual.

Há situações em que o prazo recursal é em dobro:

- para o MP, Fazenda Pública e Defensoria Pública (CPC, arts. 180, 183 e 186);
- para os litisconsortes com advogados distintos (CPC, art. 229), o que não se verifica no caso de processos eletrônicos (CPC, art. 229, § 2º), portanto só existe esse prazo diferenciado no caso de autos físicos.

Se houver interposição de agravo no prazo de 20 dias, o recurso não será conhecido pela intempestividade – salvo se estivermos diante de alguma das hipóteses acima indicadas.

Em regra, os recursos no CPC terão prazo de 15 dias; como exceção, os embargos de declaração, cujo prazo é de 5 dias (CPC, art. 1.003, § 5º).

Quanto ao recurso remetido pelo correio, será considerada como data de interposição a data da postagem (CPC, art. 1.003, § 4º).

Compete ao recorrente demonstrar, no ato da interposição do recurso, a ocorrência de feriado local (CPC, art. 1.003, § 6º – **não** sendo possível essa comprovação em momento posterior, como já pacificou o STJ no AREsp 957.821, bem como sendo necessário comprovar na interposição o dia em que, apesar de não feriado, é notório que não haja expediente forense, como a segunda-feira de carnaval, no REsp 1.813.684).

É tempestivo o recurso interposto antes da publicação da decisão judicial impugnada (CPC, art. 218, § 4º).

A síntese do que se expôs pode ser vista na seguinte tabela:

Recurso	Prazo
Embargos de declaração	5 dias
Outros recursos (apelação, agravo de instrumento, recurso ordinário, recurso especial, recurso extraordinário, agravo interno, agravo em recurso especial / agravo em recurso extraordinário, embargos de divergência)	15 dias
Contrarrazões recursais	Mesmo prazo que o recurso

Atenção: prazo em dobro para MP, Defensoria Pública, Fazenda Pública e litisconsortes com advogados distintos (só em autos físicos) – inclusive para responder ao recurso.

(v) **preparo:** a interposição de alguns recursos depende do pagamento de custas e porte de remessa e retorno (custo do correio), sob pena de deserção.

Em processo eletrônico, não há porte de remessa e retorno (CPC, art. 1.007, § 3º).

Se houver recolhimento a menor, cabe a complementação do preparo, no prazo de 5 dias; se mesmo após a concessão de prazo não houver o complemento, então o recurso será deserto (CPC, art. 1.007, § 2º).

Se não houver nenhum recolhimento, haverá a possibilidade de pagamento do preparo e porte, em dobro, sob pena de não ser conhecido pela deserção (CPC, art. 1.007, § 4º). Contudo, nesse caso do pagamento em dobro, não será possível a complementação do preparo (CPC, art. 1.007, § 5º).

Caso haja erro no preenchimento da guia de custas, não poderá se falar em deserção, devendo o relator intimar o recorrente para sanar o vício, em 5 dias (CPC, art. 1.007, § 7º).

(vi) **inexistência de fato impeditivo ao direito de recorrer:** este requisito, diferentemente dos demais, é negativo – assim, se houver algum fato impeditivo, o recurso não será conhecido.

Existem três fatos impeditivos:

a) **desistência:** uma vez interposto, pode a parte, a qualquer momento e sem a concordância da parte contrária, desistir do recurso (CPC, art. 998). Havendo a desistência, prevalecerá a decisão que foi impugnada pelo recurso que posteriormente foi objeto da desistência.

Contudo, a desistência não impede a análise da questão que já tenha sido reconhecida para julgamento via REsp ou RE repetitivos (CPC, art. 998, parágrafo único).

b) **renúncia:** antes da interposição do recurso, podem as partes (ou uma das partes) renunciar ao direito de recorrer, também sem a necessidade de concordância da parte contrária (CPC, art. 999).

A diferença entre a renúncia e a desistência é que, na primeira, ainda não houve a interposição do recurso; na segunda, isso já ocorreu.

c) **aquiescência** (concordância): a concordância decorre de um ato incompatível com a vontade de recorrer (CPC, art. 1.000). Pode ser expressa ou tácita.

Se, ao ser prolatada uma sentença condenatória, o réu prontamente realizar o pagamento, isso significa concordância com a decisão. Assim, se posteriormente vier a ser interposto recurso, não será conhecido pela aquiescência.

Se, após a prolação de uma sentença, o autor apresentar petição afirmando que abre mão do direito de recorrer e, posteriormente, interpuser apelação, o recurso não será conhecido pela renúncia.

Se, após a prolação de uma sentença e interposição da apelação, a parte recorrente peticionar afirmando que não mais quer a análise do recurso, este não será conhecido pela desistência.

(vii) **regularidade formal:** este é um requisito de admissibilidade que não se insere em nenhum dos outros antes expostos e que se refere a aspectos formais envolvendo os recursos. Existem requisitos gerais, iguais para todos os recursos, bem como requisitos específicos, variando conforme os recursos.

Como exemplos de requisitos gerais, a apresentação do recurso em petição escrita, em português, assinada pelo advogado, além da existência de impugnação que tenha relação com a decisão recorrida. Como exemplo de requisitos específicos, a juntada das cópias necessárias para instruir o agravo de instrumento.

Assim, se um agravo de instrumento for interposto sem as peças necessárias, o recurso não será conhecido por falta de regularidade formal.

A regularidade formal diz respeito aos requisitos formais que não se inserem em nenhum dos outros requisitos de admissibilidade acima expostos.

Pelo art. 938, § 1º, do CPC, constatada a **ocorrência de vício sanável**, inclusive que possa ser conhecido de ofício, o relator **determinará a correção da falha**, no próprio tribunal ou em 1º grau. O CPC não explicita o que seria o vício sanável, mas uma interpretação sistemática e pautada no acesso à justiça leva à conclusão de que, considerando os sete requisitos de admissibilidade acima expostos, somente a intempestividade e existência de fato impeditivo ao direito de recorrer não poderiam ser sanados.

7.2.5. Sucumbência recursal

> Inova o CPC ao prever a criação de honorários de sucumbência recursal, ou seja, se a parte perde o recurso, haverá a majoração dos honorários fixados em 1º grau.

Trata-se de um desestímulo aos recursos (pois ficará mais caro recorrer). Mas há de atentar que há o teto de 20% na fixação desses honorários.

Assim, por exemplo, se a sentença de procedência fixar os honorários em 10% e houver apelação, se esse recurso não for provido, com a sucumbência recursal haverá majoração para 15% e, em eventual recurso especial, haverá majoração para 20%.

O tema vem assim regulamentada: Art. 85. A sentença condenará o vencido a pagar honorários ao advogado do vencedor. (...) § 11. O tribunal, ao julgar recurso, majorará os honorários fixados anteriormente levando em conta o trabalho adicional realizado em grau recursal, observando, conforme o caso, o disposto nos §§ 2º a 6º, sendo vedado ao tribunal, no cômputo geral da fixação de honorários devidos ao advogado do vencedor, ultrapassar os respectivos limites estabelecidos nos §§ 2º e 3º para a fase de conhecimento.

O CPC é omisso em apontar **quais recursos** admitirão a sucumbência recursal. É cabível na maior parte dos recursos, como a apelação, o recurso especial e o recurso extraordinário. Contudo, há algumas dúvidas que estão sendo solucionadas pela jurisprudência. O STJ vem dizendo que que **não cabe sucumbência recursal** em (i) embargos de declaração, (ii) agravo interno e (iii) recurso em que na origem não houve fixação de honorários (EDcl no AgInt no REsp 1.573.573/RJ).

Assim, se houver recurso de uma decisão interlocutória em que não tenha havido fixação de honorários (como a que defere ou indefere uma tutela de urgência), no respectivo agravo de instrumento **não haverá sucumbência recursal**. Mas, se houver recurso de uma decisão interlocutória que fixe honorários (como a que exclui um litisconsorte do processo), então no respectivo agravo de instrumento **haverá sucumbência recursal**.

7.2.6. Precedentes

> Em uma das novidades mais relevantes do novo sistema, o CPC busca a estabilização da jurisprudência, de modo que haja maior respeito aos precedentes, de modo a acabar com a variação de entendimentos a respeito da mesma tese jurídica, buscando um mínimo de segurança jurídica.

E caso o precedente vinculante não seja observado, o Código prevê o uso não só dos recursos, mas também da *reclamação*.

A previsão de maior respeito aos precedentes pode ser vista nos arts. 926 e 927 do CPC.

> **Art. 926.** Os tribunais devem uniformizar sua jurisprudência e mantê-la estável, íntegra e coerente.
> **Art. 927.** Os juízes e os tribunais observarão:
> I – as decisões do Supremo Tribunal Federal em controle concentrado de constitucionalidade;
> II – os enunciados de súmula vinculante;
> III – os acórdãos em incidente de assunção de competência ou de resolução de demandas repetitivas e em julgamento de recursos extraordinário e especial repetitivos;
> IV – os enunciados das súmulas do Supremo Tribunal Federal em matéria constitucional e do Superior Tribunal de Justiça em matéria infraconstitucional;
> V – a orientação do plenário ou do órgão especial aos quais estiverem vinculados.

7.2.7. Recursos em espécie

7.2.7.1. Apelação

Cabe apelação de **sentença**, qualquer que seja o procedimento, seja sentença definitiva (mérito – CPC, art. 487) ou sentença terminativa (sem resolução de mérito – CPC, art. 485).

Portanto, só cabe de decisão proferida por juiz de 1º grau.

Da sentença proferida no JEC cabe **recurso inominado** (Lei n. 9.099/95, art. 41).

O **prazo para apelar é de 15 dias** (CPC, art. 1.003, § 5º). Da mesma forma, é de 15 dias o prazo para responder ao recurso (contrarrazões de apelação – CPC, art. 1.010, § 1º).

Há **custas**.

Há, como em todos os recursos, **efeito devolutivo**.

Em **regra, há o efeito suspensivo** (CPC, art. 1.012).

As exceções, nas quais não há o efeito suspensivo, estão previstas em lei – tanto no CPC (art. 1.012, § 1º, incisos) como em legislação extravagante:

(i) sentença que homologa divisão ou demarcação;
(ii) sentença que condena a pagar alimentos;
(iii) sentença que extingue sem resolução de mérito ou julga improcedente os embargos à execução;
(iv) sentença que julga procedente o pedido de instituição de arbitragem;
(v) sentença que confirma, concede ou revoga a tutela provisória;
(vi) sentença que decreta a interdição;
(vii) sentenças previstas na Lei de Locação, como a que decreta o despejo (Lei n. 8.245/91, art. 58, V).

Nesses casos, publicada a sentença, poderá a parte interessada pleitear o cumprimento provisório depois da publicação da sentença (CPC, art. 1.012, § 2º), sendo que o apelante poderá formular eventual pedido de concessão de efeito suspensivo, diretamente no tribunal (§ 3º).

A seguir será apresentada a tramitação de uma apelação, desde sua interposição em 1º grau até a conclusão do julgamento, no Tribunal. Vale esclarecer que o processamento da apelação é a base do processamento dos demais recursos.

A apelação é **interposta em 1º grau** (juízo *a quo*), em petição que deverá trazer (CPC, art. 1.010) o nome e a qualificação das partes, exposição do fato e do direito, razões do pedido de reforma ou de decretação de nulidade (*error in judicando* e *error in procedendo*) e pedido de nova decisão.

O juiz intimará o apelado para apresentar contrarrazões e, se houver apelação adesiva, também intimará o apelante para as contrarrazões (CPC, art. 1.010, §§ 1º e 2º).

Não haverá juízo de admissibilidade e o juiz remeterá o processo ao tribunal. Portanto, não cabe o não conhecimento pelo juiz de origem nem a indicação de quais são os efeitos do recurso de apelação.

Em regra, ao receber a apelação, o juiz não pode reconsiderar a sentença. Contudo, há exceções:

(i) tratando-se de indeferimento da inicial (CPC, art. 331), ou seja, quando houver grave vício processual na inicial, que sequer permita a emenda;
(ii) tratando-se de qualquer extinção sem resolução de mérito (CPC, art. 485, § 7º), portanto, a hipótese mencionada no item anterior (art. 485, I), também está inserida nesta previsão; e
(iii) tratando-se de improcedência liminar (CPC, art. 332, § 3º), ou seja, quando já houver jurisprudência pacífica contrária ao pedido do autor.

Somente nestes casos, poderá o juiz reconsiderar a sentença, determinando a citação do réu e o normal prosseguimento da causa. Caso não haja a reconsideração por parte do juiz, os autos serão encaminhados ao Tribunal. Se ainda não tiver havido a citação do réu (sempre nos casos i e iii e às vezes no caso ii), apenas após a citação do réu, para apresentar contrarrazões do recurso, é que os autos irão ao Tribunal (CPC, arts. 331, § 1º, e 332, § 4º).

Uma vez remetida a apelação ao Tribunal, será **distribuída a um relator** (desembargador que ficará responsável pela principal análise do recurso). Essa distribuição será realizada imediatamente (CPC, art. 1.011) – ou seja, ainda que não venha a ser julgada desde logo, já se saberá quem é o relator responsável pela causa (CF, art. 93, XV).

Como já exposto, sendo a hipótese de vício processual ou de jurisprudência dominante (CPC, art. 932), **poderá o relator decidir a apelação monocraticamente**, seja para não conhecer, seja para conhecer e dar ou negar provimento. Não sendo a hipótese de julgamento monocrático, o relator elaborará relatório e voto, para julgamento pelo órgão colegiado (CPC, art. 1.011). Reitere-se que não mais há a necessidade de envio prévio para outro desembargador (o revisor, no sistema anterior).

Quando o recurso estiver em condições de julgamento (afirma o CPC que será em 30 dias – art. 931), o relator enviará os autos, já com relatório, para a secretaria do tribunal. O presidente do órgão julgador designará dia para julgamento, devendo ser a pauta publicada no diário oficial, para ciência das partes e interessados (CPC, art. 934). Deve haver prazo mínimo de 5 dias entre a publicação da pauta e a sessão de julgamento (CPC, art. 935).

No dia da sessão de julgamento, a ordem será a seguinte (CPC, art. 937):

- leitura do relatório pelo relator;
- se assim quiserem, sustentação oral dos advogados das partes, cabível na apelação, ROC, REsp, RE, embargos de divergência, ação rescisória, MS (inclusive na apreciação colegiada liminar – inovação da Lei n. 13.676/2018) reclamação e

agravo de instrumento interposto contra interlocutórias que versem sobre tutela provisória – sustentação essa que poderá ser feita via videoconferência (§ 4º); portanto, **não cabe sustentação oral** no agravo interno, embargos de declaração e parte dos agravos de instrumento (vale destacar que, na versão aprovada no congresso, era **admissível** a sustentação em agravo interno interposto de decisão monocrática que julgou apelação, recurso ordinário, REsp ou RE – porém, o dispositivo foi **vetado**);

- leitura do voto do relator;
- voto do segundo e terceiro magistrados.

Se algum dos magistrados não estiver em condições de proferir o voto (dúvida quanto ao julgamento), poderá **pedir vista** – ou seja, retirar de julgamento o recurso para estudo, retomando-o futuramente.

Pelo Código, o prazo de vista é de 10 dias, após o qual o recurso será reincluído em pauta na sessão seguinte à data da inclusão (CPC, art. 940). Poderá o relator pedir prorrogação de prazo por mais 10 dias (§ 1º). Passado esse prazo, o presidente do órgão julgador requisitará o processo para julgamento na próxima sessão. Se o magistrado que pediu vista ainda não se sentir habilitado a votar, o presidente convocará substituto para proferir voto (§ 2º). Resta verificar se, na prática forense, esse procedimento será observado ou se será ignorado nos tribunais (como ocorreu com qualquer outra tentativa de limitar prazo de vista).

Se houver voto vencido, deverá necessariamente ser declarado e considerado parte do acórdão, inclusive para fins de prequestionamento (CPC, art. 941, § 3º). E, nesse caso, ainda que não mais existam embargos infringentes, deverá haver o prosseguimento do julgamento, pelo chamado julgamento estendido (CPC, art. 942).

Se o acórdão não for publicado no prazo de 30 dias contados da data da sessão do julgamento (e isso pode ocorrer com a demora na revisão e liberação do voto pelo relator), as notas taquigráficas do julgamento serão publicadas, independentemente de revisão, e substituirão o acórdão (CPC, art. 944). Competira ao presidente do órgão julgador (turma, câmara, seção ou pleno/órgão especial) lavrar as "conclusões e a ementa" e mandar publicar o acórdão (CPC, art. 944, parágrafo único).

O tribunal apreciará a matéria impugnada pela parte, na apelação (efeito devolutivo – CPC, art. 1.013). Porém, poderá o tribunal julgar todas as questões suscitadas e discutidas no processo, ainda que não tenham sido solucionadas, desde que relativas ao capítulo impugnado (CPC, art. 1.013, § 1º).

A **teoria da causa madura** é ampliada no Código, ou seja, se o processo estiver em condições de imediato julgamento, o tribunal deve decidir desde logo o mérito quando (CPC, art. 1.013, §§ 3º e 4º):

I – reformar sentença sem resolução de mérito;

II – decretar a nulidade da sentença por não ser ela congruente com os limites do pedido ou da causa de pedir (ou seja, decisão *extra* ou *ultra petita)*;

III – constatar a omissão no exame de um dos pedidos, hipótese em que poderá julgá-lo (ou seja, decisão *infra petita)*;

IV – decretar a nulidade de sentença por falta de fundamentação (portanto, se a sentença não observar a exaustiva fundamentação, a rigor, não haverá a volta ao 1º grau para nova fundamentação, mas sim o julgamento de mérito perito pelo tribunal).

V – se reformada sentença que reconheça a decadência ou a prescrição, o tribunal, se possível, julgará desde logo o mérito, sem determinar o retorno do processo ao juízo de primeiro grau.

Em relação à teoria da causa madura, a dúvida que se coloca é se essa previsão viola o princípio do duplo grau. A jurisprudência responde de forma negativa, sempre lembrando que (i) cabe recurso dessa decisão e (ii) que o princípio do duplo grau, em algumas situações, pode ser afastado.

7.2.7.2. Agravo de instrumento

Cabe agravo de instrumento de **decisão interlocutória** (CPC, art. 203, § 2º), proferida por magistrado de 1º grau.

Contudo, inovou o CPC ao apresentar um **rol taxativo** de hipóteses de cabimento do agravo de instrumento. Assim, pela letra da lei, cabível agravo somente de decisões que versem sobre (CPC, art. 1.015):

I – tutelas provisórias;
II – mérito do processo;
III – rejeição da alegação de convenção de arbitragem;
IV – incidente de desconsideração da personalidade jurídica;
V – rejeição do pedido de gratuidade da justiça ou acolhimento do pedido de sua revogação;
VI – exibição ou posse de documento ou coisa;
VII – exclusão de litisconsorte;
VIII – rejeição do pedido de limitação do litisconsórcio;
IX – admissão ou inadmissão de intervenção de terceiros;
X – concessão, modificação ou revogação do efeito suspensivo aos embargos à execução;
XI – redistribuição do ônus da prova nos termos do art. 373, § 1º;
XII – inciso vetado;
XIII – outros casos expressamente referidos em lei.

Como exemplos para os "outros casos", a decisão que extingue apenas parte do processo e a decisão de julgamento antecipado parcial do mérito – respectivamente, CPC, arts. 354, parágrafo único, e 356, § 5º.

Também cabe AI contra decisões interlocutórias proferidas na liquidação de sentença, no cumprimento de sentença, na execução e no procedimento especial do inventário (CPC, art. 1.015, **parágrafo único**).

Assim, pelo CPC, somente nessas hipóteses caberia o agravo de instrumento. Porém, existem **outras situações relevantes** (como a incompetência) que ficaram de fora do rol de cabimento do AI. Para esses casos, há grande debate na doutrina e na jurisprudência, a respeito de ser cabível *agravo de instrumento* mesmo (portanto, o rol não seria taxativo) ou se seria adequado o uso de *mandado de segurança*.

> A questão foi decidida pelo STJ em recurso repetitivo (tema 988 repetitivo do STJ), no sentido de permitir o agravo em **outras hipóteses além das previstas em lei**, no seguinte sentido: "O rol do art. 1.015 do CPC/2015 é de **taxatividade mitigada**, por isso admite a interposição de agravo de instrumento quando *verificada a urgência decorrente da inutilidade do julgamento da questão no recurso de apelação*".

Ou seja, decidiu o STJ que estamos diante da "taxatividade mitigada" – mas isso não resolve o problema, e há dúvidas, em diversos casos concretos, se a hipótese seria de agravo de instrumento ou não.

O **prazo** para interposição do agravo de instrumento é de **15 dias** (CPC, art. 1.003, § 5º). Da mesma forma, é de 15 dias o prazo para responder ao recurso (contraminuta ou contrarrazões de agravo de instrumento – CPC, art. 1.019, II).

Há possibilidade de cobrança de **custas e porte de retorno** (CPC, art. 1.017, § 1º), sendo que isso é regulamentado no âmbito de cada Tribunal (no âmbito da Justiça Federal, é cobrado em todas as regiões; na Justiça Estadual, a maioria dos Estados cobra). Para fins de Exame da OAB, a posição mais segura é entender pela existência de custas de preparo.

Há, como em todos os recursos, **efeito devolutivo**.

Em regra, não há o efeito suspensivo. Mas, poderá o relator, se presentes os requisitos, atribuir efeito suspensivo ou antecipação de tutela recursal. Apesar da omissão da lei (CPC, art. 1.019, I) é de se entender que são os requisitos usuais da tutela provisória (boa fundamentação e perigo da demora).

Cabe o **efeito suspensivo** se a decisão de 1º grau for positiva, ou seja, se o juiz conceder a liminar pleiteada pelo autor, o réu agrava de instrumento pleiteando a suspensão dos efeitos daquela decisão.

Por sua vez, cabe a **antecipação de tutela recursal** se a decisão de 1º grau for negativa, ou seja, se o juiz negar a liminar pleiteada pelo autor, este agrava de instrumento pleiteando a concessão da antecipação de tutela recursal. Seria o denominado "efeito suspensivo ativo", terminologia não técnica, que por vezes é utilizada no cotidiano forense e em provas de concursos jurídicos e OAB (ainda que o termo possa aparecer em alguma prova, mas deve ser evitado pelo candidato na prova discursiva de 2ª fase).

O agravo de instrumento é **interposto diretamente no Tribunal**. Trata-se do único recurso interposto diretamente no juízo *ad quem* (CPC, art. 1.016).

A petição do agravo deve trazer (CPC, art. 1.016):

> I – os nomes das partes;
> II – a exposição do fato e do direito;
> III – as razões do pedido de reforma ou de invalidação da decisão e o próprio pedido;
> IV – o nome e o endereço completo dos advogados constantes do processo.

O agravante desde logo se dirige ao Tribunal. Assim, para que se saiba qual a discussão, o recurso deverá trazer cópias do processo. Exatamente essas cópias é que formam o instrumento, que dá nome ao recurso (ainda que os autos sejam eletrônicos).

Existem **cópias necessárias ou obrigatórias** e **cópias facultativas**. São as seguintes (CPC, art. 1.017):

I – obrigatoriamente, com cópias da petição inicial, da contestação, da petição que ensejou a decisão agravada, da própria decisão agravada (para que se saiba qual a decisão recorrida), da certidão da respectiva intimação ou outro documento oficial que comprove a tempestividade e das procurações outorgadas aos advogados do agravante e do agravado (para que se saiba se o advogado do agravante tem poderes e quem é o advogado do agravado que deverá ser intimado para responder ao agravo);

II – com declaração de inexistência de qualquer dos documentos referidos no inciso I, feita pelo advogado do agravante, sob pena de sua responsabilidade pessoal;

III – facultativamente, com outras peças que o agravante reputar úteis.

Se faltar alguma cópia obrigatória – ou existir outro vício sanável – o relator deverá intimar o agravante para que corrija o recurso (CPC, arts. 932, parágrafo único, e 1.017, § 3º). Vale destacar que *se os autos forem eletrônicos*, **não há a necessidade de juntada das cópias** (CPC, art. 1.017, § 5º).

O agravo é interposto diretamente no Tribunal, de modo que o juiz de origem não tem ciência da interposição do recurso. Por isso, **poderá** o agravante requerer a

juntada, no juízo de origem, da petição do agravo interposto e da relação de documentos que o instruíram (CPC, art. 1.018). Quando o juiz de 1º grau receber essa petição, poderá reconsiderar a decisão agravada (juízo de retratação), caso em que o agravo de instrumento será considerado prejudicado (CPC, art. 1.018, § 1º).

Frise-se que a juntada do agravo na origem é uma **opção** do agravante, tratando-se de processo eletrônico.

Se os autos forem físicos, a juntada do agravo na origem é um **dever**, cabendo ao agravante providenciar a juntada do recurso na origem, no prazo de 3 dias (CPC, art. 1.018, § 2º). Caso o agravante não cumpra essa providência, desde que alegado e provado pelo agravado, o recurso não será conhecido (CPC, art. 1.018, § 3º). Assim, não poderá o agravo não ser conhecido pela falta da observância pelo relator, de ofício – isso depende da provocação do agravado. A lógica dessa previsão é que o agravado tem de ter ciência do agravo de instrumento perante o juízo de origem, não sendo obrigado a se locomover ao tribunal para ter ciência de qual o teor do recurso (ou seja, se o processo for eletrônico, não há essa necessidade – daí a distinção proposta pelo legislador entre autos físicos e eletrônicos).

O agravo de instrumento será distribuído a um relator, que poderá proceder da seguinte forma (CPC, art. 1.019):

- **julgar de forma monocrática**, não conhecendo ou conhecendo e negando provimento ao recurso (CPC, art. 932, III e IV) – se houver grave vício processual ou jurisprudência pacífica contra o agravante;
- conceder, liminarmente, **efeito suspensivo ou antecipação de tutela recursal**;
- intimar o agravado para apresentar resposta, em 15 dias;
- determinar a intimação do MP, para se manifestar em 15 dias.

Não há mais a previsão de pedir informações ao juiz de origem ou conversão do agravo de instrumento em retido (exatamente porque não mais existe o agravo retido).

Após a manifestação do agravado, poderá o relator: (i) julgar monocraticamente, para dar provimento ao recurso (CPC, art. 932, V) ou (ii) elaborar voto para julgamento colegiado, pautando o recurso. Pelo Código, o agravo deve ser julgado em até 1 mês contado da intimação do agravado (CPC, art. 1.020).

7.2.7.3. Embargos de declaração

Cabem embargos de declaração (CPC, art. 1.022) de qualquer pronunciamento judicial com caráter decisório (sentença, decisão interlocutória, decisão monocrática e acórdão). Apenas não há, pela jurisprudência, o cabimento de declaratórios da decisão que inadmite recurso especial ou extraordinário (cf. AgRg nos EDcl no AREsp 1.866.941, *DJe* 16-8-2021).

O recurso se presta a **complementar uma decisão judicial** que contenha **obscuridade, omissão, contradição ou erro material**.

Decisão **obscura** é aquela que não é clara, que não permite a correta compreensão de seus termos.

Decisão **omissa** é aquela na qual o juiz não se manifesta a respeito de questão ou pedido que ele deveria se manifestar.

Decisão **contraditória** é aquela que apresenta em seu bojo duas afirmações inconciliáveis.

Erro material é a situação na qual haja alguma informação impertinente à lide em análise (como o nome errado na parte).

Nestes casos, há vício na decisão, a qual precisa ser aclarada, complementada e esclarecida. E isso deve ser realizado pelo próprio órgão que prolatou a decisão.

O CPC traz algumas situações que, por força de lei, já são consideradas como de **omissão** (CPC, art. 1.022, parágrafo único):

I – deixe de se manifestar sobre tese firmada em julgamento de casos repetitivos ou em incidente de assunção de competência aplicável ao caso sob julgamento;

II – incorra em qualquer das condutas descritas no art. 489, § 1º (fundamentação exaustiva da sentença).

Os embargos de declaração serão opostos em **5 dias** (CPC, art. 1.023). Trata-se do único recurso cujo prazo não é de 15 dias. Caso existam litisconsortes com advogados distintos, há prazo em dobro (CPC, arts. 229 e 1.023, § 1º).

Se houver necessidade de contraditório nos embargos, o prazo também será de 5 dias (CPC, art. 1.023, § 2º).

Não há preparo (CPC, art. 1.023, parte final).

Há, como em todos os recursos, **efeito devolutivo**. E, neste caso, haverá a devolução não só ao Judiciário como ao próprio órgão prolator da decisão embargada.

Quanto ao efeito suspensivo, o CPC afastou polêmica antes existente: **não há efeito suspensivo** (CPC, art. 1.026).

Além disso, opostos os declaratórios, haverá a **interrupção do prazo para interposição do outro recurso** cabível para impugnar a decisão, para ambas as partes (CPC, art. 1.026). A interrupção do prazo significa que há novo prazo para recorrer, na íntegra.

Os embargos de declaração são **opostos perante o órgão prolator da decisão embargada** (juiz ou relator no âmbito dos Tribunais). O recurso será julgado exatamente por tal órgão (CPC, art. 1.024, *caput* e § 1º), ou seja, tratando-se de embargos de declaração, os juízos *a quo* e *ad quem* são o mesmo.

Pelo CPC, os embargos devem ser julgados pelo juiz em 5 dias (art. 1.024) e devem ser apresentados em mesa pelo relator, na sessão subsequente (art. 1.024, § 1º).

Tratando-se de declaratórios opostos de decisão monocrática, os embargos deverão ser julgados apenas pelo relator, novamente de forma unipessoal. Contudo, caso se entenda que os embargos buscam reformar a decisão embargada, será possível ao relator converter os declaratórios em agravo interno, mas intimando previamente o recorrente para complementar as razões recursais (CPC, art. 1.024, §§ 2º e 3º), para julgamento colegiado.

Não cabe a utilização, ao mesmo tempo, de embargos de declaração e de outro recurso. Portanto, diante de uma sentença, inicialmente a parte deve opor embargos declaratórios para, somente após a decisão dos embargos, interpor a apelação. Assim é, pois (i) não se sabe se haverá ou não a modificação da sentença (o que pode alterar o interesse recursal); e (ii) por força do princípio da unirrecorribilidade recursal.

7.2.7.4. Recurso ordinário (recurso ordinário constitucional)

O recurso ordinário tem um cabimento bem específico (CPC, art. 1.027): é apenas cabível de **acórdão denegatório de ação constitucional** (mandado de segurança, *habeas corpus*, *habeas data*, mandado de injunção) **originária de Tribunal**.

Cabe, portanto, de decisão não concessiva da ordem de ações propostas diretamente nos Tribunais, e será julgado pelo STJ ou STF. Como tem previsão constitucional (CF, art. 102, II, e 105, II), é também denominado recurso ordinário constitucional. Caso a decisão seja concessiva, não caberá ROC, mas sim outro recurso para Tribunal Superior (REsp ou RE).

A hipótese mais comum de cabimento de ROC para o STJ é a de decisão denegatória de HC ou MS de competência originária do TJ ou TRF (CF, art. 105, II, *a* e *b*). Já a hipótese mais frequente de ROC para o STF ocorre no momento em que é denegado HC ou MS de competência originária dos Tribunais Superiores (CF, art. 102, II, *a*).

Há, ainda, outra hipótese, pouco frequente, de cabimento de ROC (CPC, art. 1.027, II, *b*): causas em que forem partes, de um lado, Estado estrangeiro ou organismo internacional e, do outro, Município ou pessoa residente ou domiciliada no País. Tais causas tramitam, em 1º grau, perante a Justiça Federal (CF, art. 109, II) e o ROC será julgado pelo STJ. Assim, da sentença proferida nesse processo, caberá ROC, a ser julgado pelo STJ. E da interlocutória, caberá agravo de instrumento, igualmente julgado pelo STJ (CPC, art. 1.027, § 1º), ou seja, excepcionalmente, não haverá julgamento por Tribunal de 2º grau, mas somente pelo de 1º grau da Justiça Federal, e o recurso ordinário ou agravo, pelo STJ.

No âmbito cível, o prazo para interposição do recurso ordinário é de **15 dias** (CPC, art. 1.003, § 5º). Da mesma forma, é de 15 dias o prazo para responder ao recurso (contrarrazões de recurso ordinário – CPC, art. 1.028, § 2º).

Há necessidade de **custas** (STJ, RMS 29.228/SE, 2ª T., j. 26-5-2009, *DJe* 4-6-2009).

Tratando-se de recurso ordinário de decisão denegatória de HC (ainda que interposto de hipótese de prisão civil, como no caso de alimentos não pagos), o prazo de interposição é de 5 dias (Lei n. 8.038/90, art. 30), não havendo custas de preparo. Resta verificar, com a edição do CPC, qual será o entendimento jurisprudencial – se 5 dias ou 15 dias (regra geral do CPC).

Há, como em todos os recursos, efeito devolutivo.
Não há efeito suspensivo.

A tramitação do ROC **tem por modelo a tramitação da apelação**, inclusive em relação à teoria da causa madura (CPC, art. 1.027, § 2º).

O recurso ordinário será **interposto na origem** (CPC, art. 1.028, § 2º) e, após as contrarrazões, será remetido para o Tribunal de destino (juízo *ad quem* – STJ ou STF), independentemente de juízo de admissibilidade (CPC, art. 1.028, § 3º).

> A **competência** para julgamento será:
> Do STJ, no caso de acórdão denegatório proferido nos TJs ou TRFs;
> Do STF, no caso de acórdão denegatório proferido por Tribunais Superiores.

O ROC garante o **duplo grau de jurisdição** de decisão denegatória de ações constitucionais.

7.2.7.5. Agravo interno

Cabe agravo interno para **impugnar decisão monocrática proferida por relator** (CPC, art. 1.021). No sistema anterior, por ausência de nomenclatura específica, era também chamado de agravo regimental.

Já se apontou que é possível ao relator, diante de erro processual ou jurisprudência pacífica, decidir monocraticamente o recurso (CPC, art. 932, III a V). Também é possível ao relator apreciar, de forma unipessoal, uma tutela de urgência. Contra essas decisões monocráticas é que cabe o agravo interno.

Com a interposição do agravo, provido ou não o recurso, a **decisão monocrática se transformará em decisão colegiada** (acórdão).

O prazo para interposição do agravo interno é de **15 dias** (CPC, art. 1.003, § 5º). Há **contrarrazões**, a ser apresentada também em 15 dias (CPC, art. 1.021, § 2º).

Não há custas na maioria dos Estados e no âmbito da Justiça Federal (mas, em alguns tribunais estaduais, há previsão de custas).

Há, como em todos os recursos, efeito devolutivo.

Não há o efeito suspensivo.

A interposição do recurso é bem simples e segue o procedimento previsto no regimento interno dos Tribunais (CPC, art. 1.021). Não há necessidade de cópias (instrumento) ou qualquer outra formalidade.

O recurso é **interposto nos próprios autos** (por isso agravo interno, pois dentro dos autos), dirigido ao relator que proferiu a decisão monocraticamente. Deverá o argumento impugnar especificadamente os fundamentos da decisão agravada, sob pena de não conhecimento do recurso (CPC, art. 1.021, § 1º).

Deverá ser aberta **vista ao agravado**, para apresentar contrarrazões, no prazo de 15 dias (CPC, art. 1.021, § 2º), sendo que no sistema anterior, não havia previsão (no Código ou nos regimentos internos dos tribunais) nesse sentido.

Se o relator reconsiderar (revogando a decisão monocrática), o recurso antes interposto volta a ter sua tramitação normal (CPC, art. 1.021, § 2º). Assim, se uma apelação foi julgada monocraticamente e o relator reconsiderar, haverá o processamento normal da apelação para um julgamento colegiado.

Caso o relator não reconsidere, o recurso será pautado, para julgamento colegiado e prolação de acórdão.

Ainda prevê o CPC, quanto ao agravo interno:

- **vedar que o relator**, ao julgar o agravo interno, **apenas se limite a reproduzir os fundamentos** da decisão agravada (CPC, art. 1.021, § 3º);
- se o agravo interno for declarado inadmissível ou improcedente em votação unânime, **deverá** ser imposta multa, em decisão fundamentada, entre 1% e 5% do valor atualizado da causa; a interposição de qualquer outro recurso fica condicionado ao depósito prévio da multa – salvo para a Fazenda e beneficiário da justiça gratuita, que recolherão a multa ao final do processo (CPC, art. 1.021, §§ 4º e 5º).

7.2.7.6. Agravo em recurso especial e em recurso extraordinário

Com a Lei n. 13.256/2016, confirmada a admissibilidade no Tribunal de origem para o REsp e RE. Caberá o agravo para **impugnar decisão do tribunal de origem que**, por seu presidente ou vice-presidente, **inadmitir recurso extraordinário ou recurso especial**, salvo quando fundada na aplicação de entendimento firmado em regime de repercussão geral ou em julgamento de recursos repetitivos (CPC, art. 1.042).

Também é utilizado no âmbito processual penal e no processo do trabalho (em relação ao recurso de revista).

O prazo para interposição do agravo em REsp ou RE é de **15 dias** (CPC, art. 1.003, § 5º). Da mesma forma, é de 15 dias o prazo para responder ao recurso (contraminuta ou contrarrazões de agravo – CPC, art. 1.042, § 3º).

Não há custas (CPC, art. 1.042, § 2º).

Há, como em todos os recursos, efeito devolutivo.

Não há o efeito suspensivo. Eventualmente, em casos de urgência, é possível a concessão de efeito suspensivo ao REsp e RE, mas não ao agravo.

O agravo será interposto no Tribunal de origem, endereçado ao órgão responsável pelo processamento do recurso especial e extraordinário (presidência ou vice-presidência, conforme o regimento interno de cada tribunal) e que prolatou a decisão agravada (CPC, art. 1.042, § 2º).

Não há necessidade de qualquer documento, porque se está recorrendo nos próprios autos, que já traz todas as peças do processo.

O agravado será **intimado para apresentar resposta** e – **caso não haja retratação** (ou seja, a admissibilidade que antes foi negativa passe a ser positiva) – os **autos serão remetidos ao Tribunal Superior**, para apreciação do agravo (CPC, art. 1.042, § 4º). Se houver retratação, os autos serão remetidos para o Tribunal Superior, para apreciação do REsp ou RE (e não do agravo).

Se forem dois recursos concomitantes (REsp e RE) e ambos não forem admitidos, deverá o recorrente interpor **dois agravos** (CPC, art. 1.042, § 6º). Nesse caso, os autos primeiro irão para o STJ (§ 7º) e, depois, se ainda for o caso de julgamento do agravo em RE, para o STF (§ 8º).

No Tribunal Superior, será possível o julgamento do agravo em conjunto com o próprio REsp e RE – hipótese em que será possível sustentação oral (CPC, art. 1.042, § 5º).

Quanto ao julgamento do agravo, será observado tanto o CPC (que permite até mesmo o julgamento monocrático – art. 932, III, IV e V), bem como o regimento interno do STJ e do STF.

Há situação específica – e complexa – que pode trazer dúvida quanto ao cabimento do agravo em REsp/RE ou do agravo interno: se a decisão de não admissão se referir à **aplicação de recurso repetitivo ou repercussão geral**, será cabível o agravo interno e não o agravo em REsp/RE (CPC, art. 1.030, § 2º).

De seu turno, se a decisão de admissão apreciar dois capítulos dos recursos e (i) não admitir um capítulo com base em requisitos de admissibilidades regulares e (ii) não admitir outro capítulo com base em repetitivo ou repercussão geral, então serão cabíveis, **ao mesmo tempo**, agravo em REsp/RE (do item i) e agravo interno (do item ii). Nesse sentido, o Enunciado 77/CJF: "Para impugnar decisão que obsta trânsito a recurso excepcional e que contenha simultaneamente fundamento relacionado à sistemática dos recursos repetitivos ou da repercussão geral (art. 1.030, I, do CPC) e fundamento relacionado à análise dos pressupostos de admissibilidade recursais (art. 1.030, V, do CPC), a parte sucumbente deve interpor, simultaneamente, agravo interno (art. 1.021 do CPC) caso queira impugnar a parte relativa aos recursos repetitivos ou repercussão geral e agravo em recurso especial/extraordinário (art. 1.042 do CPC) caso queira impugnar a parte relativa aos fundamentos de inadmissão por ausência dos pressupostos recursais".

7.2.7.7. Recurso especial (REsp)

Cabe recurso especial de acórdão que **violar legislação infraconstitucional** ou quando Tribunais diversos derem interpretação distinta a um mesmo dispositivo legal infraconstitucional (CF, art. 105, III e CPC, art. 1.029).

Destaca-se que é cabível o REsp pela **divergência externa** e não pela divergência interna, ou seja, deve-se apontar o dissenso jurisprudencial em relação a outro Tribunal e não no próprio Tribunal. Nesse sentido, caso se ingresse com o REsp de um julgado do TJSP, não cabe apontar que o próprio TJSP tem posição divergente ao do acórdão recorrido (Súmula 13 do STJ: A divergência entre julgados do mesmo tribunal não enseja recurso especial) – mas sim que a decisão do TJSP diverge da de qualquer outro Tribunal do País, inclusive o próprio STJ ou mesmo o TRF da 3ª Região (Tribunal Regional Federal situado em São Paulo).

Para o cabimento do REsp, o acórdão não deve admitir outros recursos, ou seja, não cabe REsp de decisão monocrática (será cabível o REsp após o agravo regimental). Portanto, só cabe REsp quando **esgotados os demais recursos**.

Na hipótese de o acórdão violar, ao mesmo tempo, dispositivo do CPC e da CF, serão **cabíveis, simultaneamente, recurso especial e recurso extraordinário**. Porém, cada recurso atacará matérias distintas: REsp, a violação à legislação infraconstitucional; RE, a violação à Constituição.

Nesse caso de interposição conjunta, os autos serão remetidos ao STJ; se o relator do recurso especial considerar prejudicial o recurso extraordinário, em decisão irrecorrível sobrestará o julgamento e remeterá os autos ao STF. Se o relator do recurso extraordinário, em decisão irrecorrível, rejeitar a prejudicialidade, devolverá os autos ao STJ para o julgamento do recurso especial (CPC, art. 1.031, §§ 2º e 3º).

O prazo para interposição do REsp é de **15 dias** (CPC, art. 1.003, § 5º). Da mesma forma, é de 15 dias o prazo para responder ao recurso (contrarrazões de REsp – CPC, art. 1.030).

Há **custas** (Lei n. 11.636/2007).

Além dos requisitos de admissibilidade usualmente existentes, o REsp tem também outros requisitos. E isso se justifica porque se trata de um recurso cuja finalidade não é simplesmente rediscutir a causa (como ocorre na apelação), mas discutir a unidade da interpretação da legislação infraconstitucional.

Assim, com o REsp, o STJ busca evitar a regionalização do direito. Exatamente por isso **não se discute matéria fática** em tal recurso, mas apenas matéria de direito (Súmula 5 do STJ: A simples interpretação de cláusula contratual não enseja recurso especial; Súmula 7 do STJ: A pretensão de simples reexame de prova não enseja recurso especial).

Ou seja, não será conhecido REsp que discuta se determinado fato ocorreu ou não. Debate-se no REsp, à luz de determinados fatos já fixados no Tribunal de origem, qual o direito aplicável.

Apesar de não ser possível discutir fato, o REsp permite a **discussão de matéria de mérito ou processual**. Cabe, portanto, o recurso tanto por violação ao CC (ou CDC ou Lei de Locação etc.) como por violação ao CPC.

Para que bem se delimite a discussão da matéria de direito, é também requisito do REsp o **prequestionamento**, que é a apreciação do artigo de lei pelo Tribunal *a quo* durante o julgamento do acórdão recorrido, ou seja, é o debate, pelos julgadores de origem, dos dispositivos apontados como violados no REsp.

> **Súmula 282 do STF**
> É inadmissível o recurso extraordinário, quando não ventilada, na decisão recorrida, a questão federal suscitada.

Assim, se o Tribunal de origem não tiver se manifestado sobre determinado dispositivo legal apontado como violado no REsp, não terá ocorrido o prequestionamento.

Afirma o art. 1.029, § 3º, que o STJ poderá "desconsiderar vício formal de recurso tempestivo ou determinar sua correção, desde que não o repute grave", ou seja, é uma oportunidade que se dá para que o mérito recursal seja apreciado – resta verificar qual a amplitude que a jurisprudência dará à expressão **vício formal grave**.

Em 2022 houve a edição da Emenda Constitucional n. 125, que alterou o art. 105 da CF e trouxe mais um requisito de admissibilidade para o Recurso Especial, a existência de "relevância das questões de direito feral infraconstitucional" (relevância da questão federal).

Nos termos do previsto na EC – e já confirmado administrativamente pelo STJ –, há necessidade de uma lei regulamentadora sobre o assunto (seja alteração no CPC ou outra lei infraconstitucional). Assim, somente após a edição essa lei é que será exigida, como preliminar de REsp, a indicação da existência da relevância da questão federal.

De qualquer forma, é certo que essa alteração pode ser cobrada pela OAB.

O art. 105, § 3º, da CF passa a reconhecer hipóteses que existe a relevância. Ou seja: nessas situações, a relevância é presumida.

Essas situações podem ser divididas em três blocos: a) relevância pela natureza da discussão (matéria); b) relevância pela expressão econômica (valor da causa); e c) relevância pelo teor da decisão recorrida (discrepante da jurisprudência dominante).

Vejamos, com base nos incisos do art. 105, § 3º:

a) relevância presumida pela matéria:

Inciso I – ações penais;

Inciso II – ações de improbidade administrativa; e

Inciso IV – ações que possam gerar inelegibilidade;

Importante pontuar que têm presunção de relevância as ações penais. E, como não há nenhuma restrição da EC, falamos de relevância presumida em qualquer ação penal – seja relativa a crimes de "colarinho branco", seja crimes famélicos.

b) relevância presumida pelo valor da causa:

Inciso III – Ações cujo valor da causa ultrapasse 500 (quinhentos) salários-mínimos;

A EC menciona exclusivamente o critério valor da causa, existindo apenas a previsão de possibilidade de sua atualização monetária, nos termos do art. 2º da EC.

c) relevância presumida considerando a jurisprudência do STJ:

Inciso V – Hipótese em que o acórdão recorrido contrariar jurisprudência dominante do Superior Tribunal de Justiça.

Prosseguindo na análise do REsp, vejamos como se dá a questão dos efeitos.

Há, como em todos os recursos, efeito devolutivo.

Não há, em regra, o efeito suspensivo.

Contudo, é possível que se **tente atribuir efeito suspensivo ao REsp**. A previsão está no CPC, art. 1.029, § 5º – dispositivo cuja redação original foi alterada pela Lei n. 13.256/2016). A petição requerendo o efeito suspensivo será dirigida:

I – ao STJ, no período compreendido entre a publicação da decisão de admissão do recurso e sua distribuição, ficando o relator designado para seu exame prevento para julgá-lo;

II – ao relator no STJ, se já distribuído o recurso;

III – ao presidente ou ao vice-presidente do tribunal recorrido, no período compreendido entre a interposição do recurso e a publicação da decisão de admissão do recurso, assim como no caso de o recurso ter sido sobrestado, por força de recurso repetitivo.

O REsp é **interposto no Tribunal de origem**, endereçado à presidência ou vice-presidência, conforme o regimento interno próprio de cada tribunal (CPC, art. 1.029). Deve a petição recursal indicar (i) exposição do fato e do direito, (ii) demonstração do cabimento e (iii) razões do pedido de reforma ou invalidação da decisão recorrida.

Tratando-se de REsp fundado em dissídio jurisprudencial (divergência em relação a julgado de outro Tribunal – CF, art. 105, III, *c*), obrigatoriamente terá de ser instruído com o acórdão paradigma (a decisão do outro Tribunal). A divergência é comprovada mediante certidão, cópia ou citação do repositório de jurisprudência oficial (inclusive em mídia eletrônica), ou ainda via reprodução do julgado disponível na internet, com indicação da fonte (art. 1.029, § 1º). Deverá o recorrente mencionar as circunstâncias que identifiquem ou assemelhem os casos confrontados (o chamado **"cotejo analítico"** entre o acórdão recorrido e paradigma).

Nesse REsp fundado em dissídio jurisprudencial, é muito comum o recurso não ser admitido ao argumento de "situações fáticas distintas" entre os acórdãos. Por causa disso, inicialmente foi incluído o § 2º ao art. 1.029 do CPC ("Quando o recurso estiver fundado em dissídio jurisprudencial, é vedado ao tribunal inadmiti-lo com base em fundamento genérico de que as circunstâncias fáticas são diferentes, sem demonstrar a existência da distinção"). Contudo, com a Lei n. 13.256/2016, **esse parágrafo foi revogado**.

Interposto o REsp, a parte contrária é intimada para apresentar as contrarrazões, em 15 dias (CPC, art. 1.030). Em tal peça é possível impugnar não só o mérito, mas também a admissibilidade do recurso. Com as razões e contrarrazões do REsp, o recurso estará pronto para sua admissibilidade.

A **admissibilidade do REsp** se dá no Tribunal de origem, sendo que, no caso de inadmissão do REsp, **cabível o agravo em recurso especial** para tentar que o REsp seja admitido (como exposto no item 7.2.7.6).

Ao proceder à admissibilidade, existem **diversas possibilidades** ao desembargador que a realiza (inovações da Lei n. 13.256/2016), a saber (art. 1.030):

I – **negar seguimento** a recurso especial interposto contra acórdão que esteja em conformidade com entendimento do STJ, proferido com base em julgamento de recursos repetitivos;

II – **encaminhar o processo ao órgão julgador** (a turma ou câmara que proferiu o acórdão), para realização do juízo de retratação, se o acórdão recorrido divergir do entendimento do STJ proferido com base em julgamento de recursos repetitivos (ou seja, depois da prolação do acórdão, houve a decisão do repetitivo no STJ);

III – **sobrestar o recurso** que versar sobre controvérsia de caráter repetitivo ainda não decidida pelo STJ;

IV – **selecionar o recurso como representativo de controvérsia**, para que venha a ser julgado como repetitivo pelo STJ;

V – proceder à **admissibilidade do REsp**, e, no caso de **admissão**, remeter o recurso ao STJ, desde que: a) o recurso ainda não tenha sido submetido ao regime de julgamento de recursos repetitivos; b) o recurso tenha sido selecionado como representativo da controvérsia; ou c) o tribunal recorrido tenha refutado o juízo de retratação.

Dessas **decisões monocráticas** acima arroladas, é possível **recorrer** (art. 1.030, §§ 1º e 2º):

(i) tratando-se de **inadmissão** por ausência de requisito de admissibilidade (inciso V), cabe agravo em recurso especial (art. 1.042, já exposto no item 7.2.7.6);

(ii) tratando-se de decisão relativa a recurso repetitivo (**negar seguimento**, inciso I ou **sobrestar**, inciso III), cabe agravo interno (art. 1.021), a ser julgado perante o próprio tribunal de origem, sem que haja possibilidade – pela legislação – de se chegar ao tribunal superior.

Como se percebe, é um sistema complexo, com diversas possibilidades de julgamento e variação quanto aos recursos (e, pelo Código, somente recorríveis as decisões acima indicadas).

No mais, uma vez o REsp no STJ, se o ministro relator entender que o recurso especial versa sobre questão constitucional, concederá prazo de 15 dias para que o recorrente demonstre a repercussão geral e se manifeste sobre a questão constitucional; cumprida a diligência, o relator remeterá o recurso ao STF que, em juízo de admissibilidade, poderá devolvê-lo ao STJ (CPC, art. 1.032), ou seja, tem-se uma situação de conversão do recurso especial em recurso extraordinário (e existe também a previsão no sentido inverso.

7.2.7.8. Recurso extraordinário (RE)

O RE apresenta uma série de similitudes em relação ao REsp.

Cabe **recurso extraordinário** de acórdão que violar a Constituição (CF, art. 102, III, e CPC, art. 1.029).

Há uma situação posterior à EC 45/2004 à qual se deve atentar: nos termos do art. 102, III, *d*, da CF, cabe RE de acórdão que julgar válida **lei local contestada em face de lei federal**.

Para o cabimento do RE, o acórdão não deve admitir outros recursos, ou seja, não cabe RE de acórdão que admita infringentes ou de decisão monocrática. Portanto, tal qual ocorre quanto ao REsp, só cabe RE quando **esgotados os demais recursos**.

Na hipótese de o acórdão violar, ao mesmo tempo, dispositivo do CPC e da CF, serão **cabíveis, simultaneamente, recurso especial e recurso extraordinário**. Porém, cada recurso atacará matérias distintas: REsp, a violação à legislação infraconstitucional; RE, a violação à Constituição.

Nesse caso de interposição conjunta, os autos serão remetidos ao STJ; se o relator do recurso especial considerar prejudicial o recurso extraordinário, em decisão irrecorrível sobrestará o julgamento e remeterá os autos ao STF. Se o relator do recurso extraordinário, em decisão irrecorrível, rejeitar a prejudicialidade, devolverá os autos ao STJ para o julgamento do recurso especial (CPC, art. 1.031, §§ 2º e 3º).

O prazo para interposição do RE é de **15 dias** (CPC, art. 1.003, § 5º). Da mesma forma, é de 15 dias o prazo para responder ao recurso (contrarrazões de RE – CPC, art. 1.030).

Há custas (tabela divulgada pelo STF).

Tal qual o REsp, também o RE tem distinções quanto à admissibilidade. Assim, além dos requisitos de admissibilidade usualmente existentes, o RE tem também outros requisitos. E isso se justifica porque se trata de um recurso cuja finalidade não é simplesmente rediscutir a causa (como ocorre, por exemplo, na apelação), mas sim buscar o respeito e a unidade na interpretação da Constituição.

Ou seja, com o RE, busca o STF zelar pela supremacia da Constituição, por isso **não se discute matéria fática** em tal recurso, mas apenas matéria de direito. Mas o RE permite a **discussão de matéria de mérito ou processual**, isto é, cabe o recurso tanto por violação a norma processual ou norma material contida na Constituição.

Também há a necessidade de **prequestionamento**, nos moldes do já debatido quando se tratou do tema no REsp.

Igualmente ao já exposto para o REsp, o art. 1.029, § 3º, prevê que o STF poderá "desconsiderar vício formal de recurso tempestivo ou determinar sua correção, desde que não o repute grave", ou seja, é uma oportunidade que se dá para que o mérito recursal seja apreciado – resta verificar qual a amplitude que a jurisprudência dará à expressão **vício formal grave**.

Por fim, a partir da EC 45/2004 (CF, art. 102, § 3º), também passou a ser requisito de admissibilidade específico para o RE: a **repercussão geral da questão constitucional**. Por esse requisito, o STF somente conhecerá um RE que seja relevante não só para as partes, mas para a sociedade como um todo (ou seja, a existência de questões relevantes do ponto de vista econômico, político, social ou jurídico, que ultrapassem os interesses subjetivos da causa).

Isso significa que o STF não se manifestará a respeito de uma "briga de vizinhos". O tema está regulado, do ponto de vista infraconstitucional, no CPC, pelo art. 1.035.

A **competência** para apreciar a existência da repercussão geral é exclusiva do STF. O recurso não será conhecido se 2/3 (dois terços) dos Ministros do STF (8 dos 11) entenderem pela ausência da repercussão geral. A decisão sobre a presença da repercussão é irrecorrível (CPC, art. 1.035, *caput*).

O recorrente deverá demonstrar, em preliminar do RE, a existência da repercussão geral (CPC, art. 1.035, § 2º).

A repercussão geral decorre de lei (ou seja, há repercussão geral presumida) se o acórdão recorrido (CPC, art. 1.035, § 3º):

I – contrariar súmula ou jurisprudência dominante do STF;

II – tenha reconhecido a inconstitucionalidade de tratado ou de lei federal, nos termos do art. 97 da Constituição Federal.

Reconhecida a repercussão geral, o relator determinará a suspensão de todos os processos, individuais ou coletivos, que tratem daquele tema, em todo o País (CPC, art. 1.035, § 5º). Prevê o Código que o recurso que tiver a repercussão geral reconhecida deverá ser "julgado no **prazo de 1 ano**" (§ 9º). Contudo, se não ocorrer o julgamento do RE com repercussão geral em 1 ano, não há qualquer consequência prevista na lei (na versão original do CPC, o § 10º previa que cessaria a suspensão dos processos passado esse prazo de 1 ano – porém, o dispositivo foi **revogado** pela Lei n. 13.256/2016).

Negada a repercussão geral, a presidência do tribunal intermediário negará seguimento aos recursos extraordinários sobrestados na origem que versem sobre matéria idêntica (art. 1.035, § 8º).

Há, como em todos os recursos, efeito devolutivo.

Não há, em regra, o efeito suspensivo.

Quanto à concessão de efeito suspensivo, a regra é a mesma do REsp: é possível que haja a atribuição de efeito suspensivo ao RE, sendo a competência variável (*vide* item acima).

O processamento do RE é igual ao do REsp.

Ao proceder à admissibilidade, existem **diversas possibilidades** ao desembargador que a realiza (inovações da Lei n. 13.256/2016), a saber (art. 1.030):

I – **negar seguimento** a RE que discuta questão à qual o STF não tenha reconhecido a existência de repercussão geral, ou a RE interposto contra acórdão que esteja em conformidade com entendimento do STF proferido no regime de repercussão geral, ou, ainda, a RE interposto contra acórdão que esteja em conformidade com entendimento do STF proferido no julgamento de recursos repetitivos;

II – **encaminhar o processo ao órgão julgador** (a turma ou câmara que proferiu o acórdão), para realização do juízo de retratação, se o acórdão recorrido divergir do entendimento do STF proferido nos regimes de repercussão geral ou de recursos repetitivos (ou seja, depois da prolação do acórdão, houve a decisão do repetitivo no STJ);

III – **sobrestar o recurso** que versar sobre controvérsia de caráter repetitivo ainda não decidida pelo STF;

IV – **selecionar o recurso como representativo de controvérsia** constitucional, para julgamento como repetitivo;

V – proceder à **admissibilidade do RE**, e, no caso de **admissão,** remeter o recurso ao STF, desde que: a) o recurso ainda não tenha sido submetido ao regime de repercussão geral ou de recursos repetitivos; b) o recurso tenha sido selecionado como representativo da controvérsia; ou c) o tribunal recorrido tenha refutado o juízo de retratação.

Dessas **decisões monocráticas** acima arroladas, é possível **recorrer** (art. 1.030, §§ 1º e 2º):

(i) tratando-se de **inadmissão** por ausência de requisito de admissibilidade (inciso V), cabe agravo em recurso especial (art. 1.042, já exposto no item 7.2.7.6);

(ii) tratando-se de decisão relativa a recurso repetitivo (**negar seguimento**, inciso I, ou **sobrestar**, inciso III), cabe agravo interno (art. 1.021), a ser julgado perante o próprio tribunal de origem, sem que haja possibilidade – pela legislação – de se chegar ao tribunal superior.

Como se percebe, é um sistema complexo, com diversas possibilidades de julgamento e variação quanto aos recursos (e, pelo Código, somente recorríveis as decisões acima indicadas).

No mais, uma vez o RE no STF, se o relator considerar como **reflexa a ofensa à Constituição** afirmada no recurso extraordinário, por pressupor a revisão da interpretação de lei federal ou de tratado, o tribunal remeterá o recurso ao STJ para julgamento como recurso especial (CPC, art. 1.033). Trata-se da conversão do RE em REsp. Nesse caso, não há necessidade de se intimar o recorrente para emendar seu recurso (o que existe no caso de conversão do REsp para o RE).

Deixou de existir o RE retido.

7.2.7.9. REsp e RE repetitivos

Considerando a **massificação das causas** e a necessidade de **segurança jurídica** e isonomia, foram buscadas alternativas para a racionalidade do sistema processual. Assim, antes do atual Código, surgiu o REsp repetitivo. No CPC, isso passou a ser previsto também para o RE.

REsp repetitivo e **RE repetitivo** (CPC, arts. 1.036 a 1.041) se prestam a tutelar situações em que houver multiplicidade de recursos com fundamento em idêntica questão de direito. Sendo este o caso, os recursos mais representativos serão **afetados para julgamento como repetitivo**, ficando os demais suspensos. A decisão a ser proferida pelo tribunal superior nesse recurso repetitivo servirá como base para os demais recursos que estavam suspensos.

E, como já visto, essa decisão deverá ser **observada pelos demais magistrados** (CPC, art. 927, III); caso não seja, será possível a utilização da reclamação (CPC, art. 988, II, e § 5º, II).

> De forma simplificada, a tramitação de um repetitivo observa a seguinte ordem:
> (i) escolha dos recursos representativos (somente recursos com a presença de todos os requisitos de admissibilidade);
> (ii) decisão de afetação, com suspensão de outros processos análogos (que discutam a mesma tese jurídica);
> (iii) julgamento do repetitivo;
> (iv) aplicação e observância do procedente em relação aos demais processos que envolvam a mesma tese jurídica.

Se, dentre os **recursos sobrestados**, houver algum que seja intempestivo, o interessado pode requerer que esse recurso seja inadmitido. Diante disso, o recorrente será ouvido, em 5 dias e, a seguir, haverá decisão do presidente. Se a decisão não afastar a afetação, cabe o agravo interno, para o próprio tribunal (CPC, art. 1.036, § 3º, com a redação da Lei n. 13.256/2016).

Feita a escolha dos recursos, o relator, no tribunal superior, (i) identificará qual a questão a ser submetida, (ii) sobrestará todos os processos que versem sobre a questão, em todo o País (não só recursos, mas qualquer demanda, individual ou coletiva), (iii) poderá requisitar o envio, pelos tribunais, de um recurso representativo da controvérsia (ou, ele mesmo, escolher outros recursos, já existentes no Tribunal Superior, independentemente da escolha pelo tribunal de origem).

Prevê o Código que o recurso repetitivo deverá ser "julgado no **prazo de 1 ano**" (CPC, art. 1.037, § 4º). Contudo, se não ocorrer o julgamento do repetitivo em 1 ano, não há qualquer consequência prevista na lei (na versão original do CPC, o § 5º previa que cessaria a suspensão dos processos passado esse prazo de 1 ano – porém, o dispositivo foi **revogado** pela Lei n. 13.256/2016).

Após a **decisão de afetação**, o relator poderá (CPC, art. 1.038):

I – solicitar ou admitir *amicus curiae*;

II – designar audiência pública;

III – requisitar informações aos tribunais.

Em relação aos **processos sobrestados** (CPC, art. 1.037, §§ 8º a 13):

a) haverá a intimação das partes;

b) as partes podem pedir prosseguimento de seu recurso com fundamento em distinção;

c) se indeferido esse pedido de afastar o sobrestamento, caberá agravo de instrumento (se processo estiver em 1º grau) ou agravo interno (se o processo estiver no Tribunal).

Julgado o recurso repetitivo, ocorrerá o seguinte em relação aos recursos sobrestados (CPC, arts. 1.039 a 1.041):

I – se o recurso sobrestado for REsp ou RE e estiver na origem: (a) inadmissão dos recursos (se a tese for contrária à fixada no repetitivo) ou reexame pela Câmara ou Turma (se a tese fixada for no sentido do pleiteado pelo recorrente);

II – se a causa for sobrestada antes desse momento processual, o juiz ou relator deverão aplicar a tese definida, sob pena de reclamação;

III – haverá, ainda, a comunicação a órgãos, entes ou agências com atribuição para fiscalizar o cumprimento da decisão proferida no repetitivo. Assim, por exemplo, se houver um repetitivo contra banco, o BACEN será oficiado para fiscalizar a obrigação imposta pela decisão judicial.

Por fim, o **julgamento do repetitivo ainda permite:**

(i) a desistência nos sobrestados em 1º grau, sem concordância do réu (só haverá isenção de custas e honorários se a desistência ocorrer antes da citação); e

(ii) autoriza julgamento liminar de improcedência, dispensa remessa necessária e permite o julgamento monocrático pelo relator.

7.2.7.10. Embargos de divergência

Os embargos de divergência são utilizados somente no âmbito do STJ e STF, após o julgamento do REsp ou do RE. Assim, são cabíveis quando o **acórdão proferido no julgamento do REsp/RE divergir do julgamento proferido por outro órgão colegiado do próprio Tribunal** (CPC, art. 1.043).

Portanto, a finalidade é pacificar internamente as divergências de entendimento.

Assim, quando do julgamento de algum REsp, se o STJ já tiver julgado de alguma outra maneira a questão, por algum outro órgão interno do Tribunal, serão cabíveis os embargos de divergência. O mesmo se diga quando do julgamento de um RE pelo STF.

Cabem embargos de divergência quando o acórdão (CPC, art. 1.043, I e III):

a) em recurso extraordinário ou em recurso especial, divergir do julgamento de qualquer outro órgão do mesmo tribunal, sendo os acórdãos, embargado e paradigma, de mérito;

b) em recurso extraordinário ou em recurso especial, divergir do julgamento de qualquer outro órgão do mesmo tribunal, sendo um acórdão de mérito e outro que não tenha conhecido do recurso, embora tenha apreciado a controvérsia.

Cabe o recurso para discutir teses firmadas entre dois recursos, de órgão internos distintos – seja de matéria processual ou material (CPC, art. 1.043, § 2º). Cabe, ainda, o recurso de julgado da mesma turma, se tiver havido mudança na composição (CPC, art. 1.043, § 3º).

O recurso é previsto em um único artigo no CPC, comparado com os demais recursos, e não é muito frequente, seja no cotidiano forense ou em provas da OAB – na maior parte das vezes, a banca coloca este recurso como uma resposta errada, para confundir o candidato em relação a outros recursos.

O prazo para interposição dos embargos de divergência é de **15 dias** (CPC, art. 1.003, § 5º). Da mesma forma, é de 15 dias o prazo para responder ao recurso (contrarrazões de embargos de divergência) – o CPC não prevê tal prazo, mas essa é a praxe nos regimentos internos e, ainda, é o prazo por força do princípio da isonomia entre os litigantes.

Há necessidade de **custas** (STJ, Lei n. 11.636/2007 e STF, RISTF, art. 57 e Tabela B de custas).

Há, como em todos os recursos, efeito devolutivo.

Não há efeito suspensivo, tal qual ocorre com o REsp e o RE.

Além disso, a **interposição do recurso no STJ interrompe o prazo para interposição do RE**, por qualquer das partes (CPC, art. 1.044, § 1º).

Os embargos de divergência são endereçados ao próprio relator do recurso. Após a vista à parte contrária para contrarrazões, haverá o julgamento.

O art. 1.044 do CPC dispõe que o procedimento dos embargos de divergência seguirá o previsto nos regimentos internos dos Tribunais (RISTJ, arts. 266 e 267; RISTF, arts. 330 a 336).

■ REFERÊNCIAS BIBLIOGRÁFICAS

ASSIS, Araken et alii (org.). *Comentários ao Código de Processo Civil*. 2. ed. São Paulo: Saraiva, 2017.

GAJARDONI, Fernando; DELLORE, Luiz; ROQUE, Andre; DUARTE, Zulmar. *Comentários ao CPC/2015*. 5. ed. São Paulo: Método, 2022.

_____; *et alii. CPC na jurisprudência*. 2. ed. Indaiatuba: Foco Jurídico, 2021.

QUESTÕES

(XXXIV Exame de Ordem Unificado/FGV) Adriana ajuizou ação de cobrança em face de Ricardo, para buscar o pagamento de diversos serviços de arquitetura por ela prestados e não pagos. Saneado o feito, o juízo de primeiro grau determinou a produção de prova testemunhal, requerida como indispensável pela autora, intimando-a para apresentar o seu rol de testemunhas, com nome e endereço. Transcorrido mais de 1 (um) mês, Adriana, embora regularmente intimada daquela decisão, manteve-se inerte, não tendo fornecido o rol contendo a identificação de suas testemunhas. Diante disso, o juízo determinou a derradeira intimação da autora para dar andamento ao feito, no prazo de 5 (cinco) dias, sob pena de extinção. Essa intimação foi feita pelo Diário da Justiça, na pessoa de seu advogado constituído nos autos. Findo o prazo sem manifestação, foi proferida, a requerimento de Ricardo, sentença de extinção do processo sem resolução de mérito, tendo em vista o abandono da causa pela autora por mais de 30 (trinta) dias, condenando Adriana ao pagamento das despesas processuais e dos honorários advocatícios.

Na qualidade de advogado de Adriana, sobre essa sentença assinale a afirmativa correta.

A) Está incorreta, pois, para que o processo seja extinto por abandono, o CPC exige prévia intimação pessoal da parte autora para promover os atos e as diligências que lhe incumbir, no prazo de 5 (cinco) dias.

B) Está correta, pois, para que o processo seja extinto por abandono, o CPC exige, como único requisito, o decurso de mais de 30 (trinta) dias sem que haja manifestação da parte autora.

C) Está incorreta, pois, para que o processo seja extinto por abandono, o CPC exige, como único requisito, o decurso de mais de 60 (sessenta) dias sem que haja manifestação da parte autora.

D) Está incorreta, pois o CPC não prevê hipótese de extinção do processo por abandono da causa pela parte autora.

RESPOSTA

☑ A extinção por abandono depende de intimação prévia da parte (CPC, art. 485, § 1º) – e não só do advogado, pela imprensa. Isso porque pode ter acontecido algo com o advogado (como uma doença) e o cliente não está sabendo e não pode ser prejudicado por isso.

B) Há necessidade de intimação da própria parte (vide alternativa "A").

C) O prazo para abandono é, de fato, 30 dias (CPC, art. 485, III) – mas depende de intimação pessoal (vide alternativa "A").

D) A extinção por abandono é expressamente prevista no Código (art. 485, III).

(XXXIV Exame de Ordem Unificado/FGV) João Eustáquio, após passar por situação vexatória promovida por Lucia Helena, decide procurar um advogado. Após narrar os fatos, o advogado de João Eustáquio promove uma ação indenizatória em face de Lucia Helena, no Juizado Especial Cível de Sousa/PB.

Lucia Helena, devidamente representada por seu advogado, apresenta contestação de forma oral, bem como apresenta uma reconvenção contra João Eustáquio.

João Eustáquio, indignado com tal situação, questiona se é válida a defesa processual promovida por Lucia Helena.

Como advogado de João Eustáquio, nos termos da Lei n. 9.099/95, assinale a afirmativa correta.

A) A contestação pode ser apresentada de forma oral, porém não se admitirá a apresentação de reconvenção.

B) A contestação não pode ser apresentada de forma oral, sendo somente permitida de forma escrita. Além disso, não se admitirá a apresentação de reconvenção.

C) A reconvenção pode ser apresentada, prezando pelo princípio da eventualidade, porém a contestação deve ser feita de forma escrita.

D) A contestação pode ser apresentada de forma oral, bem como é cabível a apresentação de reconvenção.

RESPOSTA

☑ Acerca da defesa do réu nos Juizados, a Lei n. 9.099/95 prevê o seguinte:
– "Art. 30. A contestação, que será oral ou escrita (...)"
– "Art. 31. Não se admitirá a reconvenção. É lícito ao réu, na contestação, formular pedido em seu favor (...)"

B) É possível a contestação de forma oral (Lei n. 9.099/95, art. 30).

C) Não há previsão de reconvenção, mas de pedido contraposto (ainda que sejam situações semelhantes de o réu formular pedido contra o autor, a Lei n. 9.099 as trata de forma distinta – art. 31).

D) Incorreta, pois não é possível a reconvenção (Lei n. 9.099/95, art. 31).

(XXXIV Exame de Ordem Unificado/FGV) Fernando é inventariante do espólio de Marcos, seu irmão mais velho. A irmã de ambos, Maria, requereu a remoção de Fernando do cargo de inventariante ao juízo de sucessões, sustentando que Fernando está se apropriando de verbas pertencentes ao espólio, e instruiu seu pedido com extratos bancários de conta corrente de titularidade de Fernando, com registro de vultosos depósitos.

O juiz, entendendo relevante a alegação de Maria, sem a oitiva de Fernando, nos próprios autos do processo de inventário, determinou sua remoção e nomeou Maria como nova inventariante.

A este respeito, assinale a afirmativa correta.

A) O magistrado agiu corretamente, pois, comprovado o desvio de bens do espólio em favor do inventariante, cabe sua imediata remoção, independentemente de oitiva prévia.

B) A remoção de Fernando depende, cumulativamente, da instauração de incidente de remoção, apenso aos autos do inventário, e da outorga do direito de defesa e produção de provas.

C) Maria não pode requerer a remoção de Fernando do cargo de inventariante, pois somente o cônjuge supérstite possui legitimidade para requerer a remoção de inventariante.

D) O desvio de bens em favor do inventariante não é causa que dê ensejo à sua remoção.

RESPOSTA

A) Ainda que seja possível a concessão de uma liminar – em situação de urgência – a regra é o exercício do contraditório.

☑ Essa é a previsão legal. Para a remoção do inventariante – medida grave – fundamental o exercício do contraditório, princípio que permeia todo o sistema. E, acerca do tema, o CPC prevê o seguinte: "Art. 623. Requerida a remoção (...), será intimado o inventariante para, no prazo de 15 (quinze) dias, defender-se e produzir provas. Parágrafo único. O incidente da remoção correrá em apenso aos autos do inventário".

C) Maria é herdeira e, portanto, interessada, de modo que pode pleitear a remoção – que é feita de ofício ou a requerimento (CPC, art. 622, *caput*).

D) Essa é uma das hipóteses de remoção do inventariante (CPC, art. 622, VI).

(XXXIV Exame de Ordem Unificado/FGV) Pedro possui uma fazenda contígua à de Vitório. Certo dia, Pedro identificou que funcionários de Vitório estavam retirando parte da cerca divisória entre as fazendas, de modo a aumentar a área da fazenda de Vitório e reduzir a sua.

Inconformado, Pedro ajuizou ação de interdito proibitório, pelo procedimento especial das ações possessórias, com pedido para que Vitório se abstenha de ocupar a área de sua fazenda, bem como indenização pelos gastos com a colocação de nova cerca divisória, de modo a retomar a linha divisória antes existente entre as fazendas.

O juiz, entendendo que a pretensão de Pedro é de reintegração de posse, julga procedente o pedido, determinando que Vitório retire a cerca divisória que seus funcionários colocaram, bem como indenize Pedro em relação ao valor gasto com a colocação de nova cerca divisória.

Você, como advogada(o) de Vitório, analisou a sentença proferida. Assinale a opção que indica corretamente sua análise.

A) O juiz violou o princípio da congruência, pois não é dado ao juiz conceder prestação diversa da pretendida pelo autor da demanda.

B) O pedido de condenação do réu ao pagamento de indenização deveria ser extinto sem resolução do mérito, pois não é lícita a cumulação de pedidos em sede de ações possessórias.

C) Na hipótese, houve aplicação da fungibilidade das ações possessórias.

D) Houve inadequação da via eleita, pois a ação cabível seria a ação de demarcação de terras particulares.

RESPOSTA

A) No caso do procedimento especial envolvendo posse, existe a previsão de fungibilidade entre as 3 ações possessórias (CPC, art. 554).

B) Nas possessórias é possível cumular a proteção possessória com pedido de perdas e danos (CPC, art. 555, I).

☑ Essa a previsão legal: fungibilidade entre as possessórias (CPC, art. 554).

D) A questão envolve violação da posse pelo vizinho – o que justifica, exatamente, o uso das possessórias (CPC, arts. 560 e 567).

(XXXIV Exame de Ordem Unificado/FGV) Paulo é possuidor com *animus domini*, há 35 (trinta e cinco) anos, de apartamento situado no Município X. O referido imóvel foi adquirido da construtora do edifício mediante escritura pública, a qual não foi levada a registro, tendo havido pagamento integral do preço.

Em processo movido por credor da construtora do edifício, a qual é proprietária do bem perante o Registro de Imóveis, foi deferida a penhora do apartamento em fase de cumprimento de sentença, a qual foi averbada junto à matrícula do imóvel 6 (seis) meses após a publicação da decisão que determinou tal penhora no órgão oficial de publicações.

Na hipótese, assinale a opção que indica a medida processual cabível para a defesa dos interesses de Paulo.

A) Propositura de ação de oposição, buscando se opor ao credor da construtora e à medida por ele requerida.

B) Ajuizamento de embargos de terceiro, buscando atacar a medida constritiva em face do imóvel adquirido.

C) Formular pedido de habilitação nos autos do processo movido pelo credor da construtora, para a defesa de seus interesses.

D) Interposição de agravo de instrumento em face da decisão que determinou a penhora do bem, buscando reformá-la.

RESPOSTA

A) A oposição é utilizada quando há ação entre autor e réu, ambos se afirmando proprietários, e terceiro afirma ser ele o proprietário (CPC, art. 682). Não é a hipótese, pois a construtora não afirma ser a proprietária.

☑ Cabem embargos de terceiro quando possuidor (e/ou proprietário), não sendo parte no processo, sofrer constrição sobre bens que possua (CPC, art. 674).

C) A hipótese não é de habilitação, utilizada para ingresso no processo quando a parte falece (CPC, art. 687).

D) Existe meio específico para essa defesa da posse – os embargos de terceiro, conforme exposto em "B".

(XXXIV Exame de Ordem Unificado/FGV) Diante da multiplicidade de recursos especiais fundados em idêntica questão de direito, o Desembargador 3º Vice-Presidente do Tribunal de Justiça do Estado do Rio de Janeiro seleciona dois dos recursos e os remete ao Superior Tribunal de Justiça para fins de afetação, determinando a suspensão de todos os processos pendentes que tramitam no respectivo Estado que versem sobre a mesma matéria.

Uma vez recebido o recurso representativo da controvérsia, o Ministro Relator resolve proferir decisão de afetação. Após seu trâmite, o recurso é julgado pela Corte Especial do Superior Tribunal de Justiça, que fixa a tese jurídica.

Diante da situação hipotética acima descrita, assinale a afirmativa correta.

A) A tese jurídica fixada pelo Superior Tribunal de Justiça por ocasião do julgamento dos recursos especiais representativos da controvérsia não poderá ser alterada ou superada no futuro, em qualquer hipótese, nem mesmo pelo próprio Superior Tribunal de Justiça.
B) Para a formação de seu convencimento acerca da controvérsia objeto do recursos especiais repetitivos, o Ministro Relator não poderá admitir a participação de terceiros, na qualidade de *amicus curiae*, e tampouco realizar audiências públicas para a qualificação do contraditório.
C) A controvérsia objeto dos recursos especiais submetidos ao rito dos repetitivos não poderá ter natureza de direito processual, mas apenas de direito material.
D) A escolha dos recursos feita pelo 3º Vice-Presidente do Tribunal de Justiça do Estado do Rio de Janeiro não possuía o efeito de vincular o Ministro Relator no Superior Tribunal de Justiça, que, se entendesse pertinente, poderia ter selecionado outros recursos representativos da controvérsia.

RESPOSTA

A) É possível a alteração ou superação da tese no futuro – devendo ser observados requisitos para garantir a segurança jurídica (CPC, art. 927, §§ 2º, 3º e 4º).
B) É possível tanto a participação de pessoas ou entidades (como *amicus curiae*), quanto a realização de audiências públicas (CPC, art. 1.038, I e II).
C) O art. 1.036 não faz essa restrição, de modo que cabe repetitivo em questões de direito material e processual.
☑ Essa é a previsão legal: o ministro relator, no STJ, poderá selecionar outros recursos representativos (CPC, art. 1.036, § 4º) ou mesmo não aceitar a afetação.

(XXXIV Exame de Ordem Unificado/FGV) Em ação coletiva ajuizada pela Associação Brasileira XYZ, foi proferida sentença que julgou improcedentes os pedidos formulados na petição inicial. Em segunda instância, o tribunal negou provimento à apelação interposta pela Associação Brasileira XYZ e manteve a sentença proferida.

A Associação, contudo, notou que um outro tribunal do país, em específico, decidiu sobre questão de direito similar de forma distinta, tendo atribuído interpretação diversa à mesma norma infraconstitucional federal.

A respeito da hipótese narrada, assinale a opção que apresenta a medida judicial a ser adotada pela Associação Brasileira XYZ.

A) Interposição de recurso especial fundado em dissídio jurisprudencial, devendo a Associação recorrente comprovar no recurso a divergência entre o acórdão recorrido e o julgado do outro tribunal, além de mencionar as circunstâncias que identifiquem ou assemelhem os casos confrontados.
B) Interposição de embargos de divergência direcionados ao Superior Tribunal de Justiça, no intuito de uniformizar o entendimento divergente dos tribunais.
C) Pedido de instauração de incidente de assunção de competência, ainda que se trate de divergência entre tribunais sobre questão de direito sem relevância e repercussão social.
D) Pedido de instauração de incidente de resolução de demandas repetitivas direcionado a relator de turma do Superior Tribunal de Justiça, com o objetivo de uniformizar o entendimento divergente dos tribunais.

RESPOSTA

☑ Uma das principais hipóteses de cabimento de REsp é na situação em que há divergência externa – ou seja, entre tribunais distintos (CF, art. 105, III, "c"), como na situação narrada no enunciado.
B) Somente cabem embargos de divergência de acórdão proferido no STJ ou no STF (CPC, art. 1.043), sendo que nesse caso ainda estamos no 2º grau.
C) Somente cabe IAC se houver "relevante questão de direito, com grande repercussão social" (CPC, art. 947).
D) O IRDR cabe quando houver questão repetitiva (o que o enunciado não menciona) e seria endereçado ao 2º grau (pois o acórdão a se atacar foi lá proferido), e não ao STJ (CPC, arts. 976 e 977).

(35º Exame de Ordem Unificado/FGV) Pedro, representado por sua genitora, propõe ação de alimentos em face de João, seu genitor, que residia em Recife. Após desconstituir o advogado que atuou na fase de conhecimento, em Belo Horizonte, onde o autor morava quando do início da demanda, a genitora de Pedro procura você, na qualidade de advogado(a), indagando sobre a possibilidade de que o cumprimento de sentença tramite no município de São Paulo, onde, atualmente, ela e o filho residem, ressalvado que o genitor não mudou de endereço.

Diante de tal quadro, é correto afirmar que

A) o cumprimento de sentença pode ser realizado em São Paulo, embora também pudesse ocorrer em Belo Horizonte, perante o juízo que decidiu a causa no primeiro grau de jurisdição.
B) o cumprimento não pode ser realizado em São Paulo, tendo em vista que a competência é determinada no momento do registro ou da distribuição da petição inicial, razão pela qual são irrelevantes as modificações do estado de fato ou de direito ocorridas posteriormente.
C) o cumprimento de sentença somente pode ser realizado São Paulo, uma vez que a mudança de endereço altera critério de natureza absoluta, de forma que não há opção.
D) o cumprimento de sentença somente pode ocorrer em Recife, onde o genitor reside.

RESPOSTA

☑ Essa é a previsão a legal: em regra, o cumprimento ocorre no mesmo local onde tramitou (CPC, art. 516, II); mas, nos casos de alimentos, é possível o cumprimento no novo domicílio do autor (CPC, art. 528, § 9º).

B) A *perpetuatio jurisdictionis* (não mudança da competência após a distribuição – CPC, art. 43) é a regra no processo de conhecimento, mas não no cumprimento de sentença (CPC, art. 516).

C) A mudança de endereço não altera, em regra, a competência, por força da *perpetuatio jurisdictionis* (CPC, art. 43 e explicação acima).

D) O cumprimento de sentença pode ocorrer no domicílio atual do executado – mas não apenas nesse local (CPC, art. 43 e art. 528, § 9º).

(35º Exame de Ordem Unificado/FGV) Paulo Filho pretende ajuizar uma ação de cobrança em face de Arnaldo José, tendo em vista um contrato de compra e venda firmado entre ambos.

As alegações de fato propostas por Paulo podem ser comprovadas apenas documentalmente, e existe uma tese firmada em julgamento de casos repetitivos.

Ao questionar seu advogado sobre sua pretensão, Paulo Filho buscou saber se existia a possibilidade de que lhe fosse concedida uma tutela de evidência, com o intuito de sanar o problema da forma mais célere.

Como advogado(a) de Paulo, assinale a afirmativa correta.

A) A tutela da evidência será concedida, caso seja demonstrado o perigo de dano ou o risco ao resultado útil do processo, quando as alegações de fato puderem ser comprovadas apenas documentalmente e houver tese firmada em julgamento de casos repetitivos ou em súmula vinculante.

B) A tutela da evidência será concedida, independentemente da demonstração de perigo de dano ou de risco ao resultado útil do processo, somente quando ficar caracterizado o abuso do direito de defesa ou o manifesto propósito protelatório da parte.

C) A tutela da evidência será concedida, independentemente da demonstração de perigo de dano ou de risco ao resultado útil do processo, quando as alegações de fato puderem ser comprovadas apenas documentalmente e houver tese firmada em julgamento de casos repetitivos ou em súmula vinculante.

D) A tutela da evidência será concedida, independentemente da demonstração de perigo de dano ou de risco ao resultado útil do processo, somente quando a petição inicial for instruída com prova documental suficiente dos fatos constitutivos do direito do autor, a que o réu não oponha prova capaz de gerar dúvida razoável.

RESPOSTA

A) A tutela de evidência é a medida liminar sem o requisito da urgência (CPC, art. 311). Se houver uma situação de urgência, a medida a ser pleiteada é a tutela de urgência (CPC, art. 300).

B) A concessão de tutela de evidência fundada no abuso do direito de defesa é apenas uma das hipóteses de tutela provisória (CPC, art. 311, I).

☑ A tutela de evidência não depende de situação de perigo (art. 311, *caput*) e pode ser concedida quando as alegações de fato puderem ser comprovadas por documento (sem dilação probatória) e houver tese repetitiva (CPC, art. 311, II).

D) A concessão de tutela de evidência fundada na resposta genérica do réu é apenas uma das hipóteses de tutela provisória (CPC, art. 311, IV).

(35º Exame de Ordem Unificado/FGV) Com o objetivo de obter tratamento médico adequado e internação em hospital particular, Pedro propõe uma demanda judicial em face do Plano de Saúde X, com pedido de tutela provisória de urgência incidental. Concedida a tutela provisória, devidamente cumprida pelo réu, é proferida sentença pela improcedência do pedido apresentado por Pedro, a qual transita em julgado diante da ausência de interposição de qualquer recurso. O réu, então, apresenta, em juízo, requerimento para que Pedro repare os prejuízos decorrentes da efetivação da tutela provisória anteriormente deferida, com o pagamento de indenização referente a todo o tratamento médico dispensado. Diante de tal situação, é correto afirmar que, de acordo com o Código de Processo Civil,

A) o autor responde pelo prejuízo que a efetivação da tutela provisória de urgência causar ao réu, dentre outras hipóteses, se a sentença lhe for desfavorável.

B) por se contrapor aos princípios do acesso à justiça e da inafastabilidade do controle jurisdicional, não há previsão legal de indenização pelos prejuízos eventualmente causados pelo autor com a efetivação da tutela provisória.

C) a liquidação e a cobrança da indenização referentes ao prejuízo sofrido pelo réu pela efetivação da tutela de urgência, seguindo a regra geral, devem ser objeto de ação própria, descabendo a apresentação do requerimento nos próprios autos em que a medida foi concedida.

D) a indenização pretendida pelo réu afasta a possibilidade de reparação por eventual dano processual, sendo inacumuláveis os potenciais prejuízos alegados pelas partes.

RESPOSTA

☑ O tema é expressamente regulado pelo CPC, no art. 302, I: "(...) a parte responde pelo prejuízo que a efetivação da tutela de urgência causar à parte adversa, se: I – a sentença lhe for desfavorável".

B) Ainda que exista, em nosso sistema, o princípio do acesso à justiça, existem consequências por se litigar – e previsão legal expressa de indenização, nesses casos (vide alternativa "A").

C) É possível pleitear essa indenização nos próprios autos em que foi deferida a tutela de urgência (CPC, art. 302, p.u.)

D) A parte inicial do art. 302 do CPC aponta expressamente o seguinte: "Independentemente da reparação por dano processual, a parte responde pelo prejuízo (...)". Ou seja, além de ter de indenizar pela tutela de urgência revogada, a parte também arcará com eventual litigância de má-fé imposta pelo juiz no processo.

(35º Exame de Ordem Unificado/FGV) Proposta uma demanda judicial com a presença de 150 autores no polo ativo, a parte ré, regularmente citada, peticiona nos autos apenas e exclusivamente no sentido de que seja limitado o número de litigantes, informando, ainda, que sua contestação será apresentada no momento oportuno. A parte autora, então, se antecipando à conclusão dos autos ao magistrado competente, requer que o réu seja considerado revel, por não ter apresentado sua contestação no momento oportuno.

Com base no Código de Processo Civil, é correto afirmar que

A) o juiz pode limitar o litisconsórcio facultativo quanto ao número de litigantes nas fases de conhecimento ou de liquidação de sentença, sendo vedada tal limitação na execução, por esta pressupor a formação de litisconsórcio necessário.

B) o requerimento de limitação do litisconsórcio facultativo quanto ao número de litigantes interrompe o prazo para manifestação ou resposta, que recomeçará da intimação da decisão que solucionar a questão.

C) o fato de o réu não ter apresentado sua contestação no prazo regular tem como consequência a incidência de pleno direito da revelia material, que pode ser revertida caso acolhido o requerimento de limitação do litisconsórcio.

D) apresentado requerimento de limitação do número de litigantes com base apenas no potencial prejuízo ao direito de defesa do réu, deve o magistrado limitar sua análise a tal argumento, sendo vedado decidir com base em fundamento diverso, ainda que oportunizada a manifestação prévia das partes.

RESPOSTA

A) A limitação do litisconsórcio múltiplo multitudinário, múltiplo ou plúrimo (muitos autores em litisconsórcio ativo facultativo) pode se dar também na execução e cumprimento de sentença (CPC, art. 113, § 1º).

✅ O CPC prevê expressamente a interrupção do prazo quando houver o requerimento de limitação e desmembramento do litisconsórcio plúrimo (art. 113, § 2º).

C) Como visto na alternativa anterior, existe a interrupção de prazo nesse caso, de modo que não há revelia.

D) A limitação do litisconsórcio pode ocorrer quando "comprometer a rápida solução do litígio *ou* dificultar a defesa" (CPC, art. 113, § 1º, parte final).

(35º Exame de Ordem Unificado/FGV) João ajuizou ação de indenização por danos materiais e morais contra Carla. Ao examinar a petição inicial, o juiz competente entendeu que a causa dispensava fase instrutória e, independentemente da citação de Carla, julgou liminarmente improcedente o pedido de João, visto que contrário a enunciado de súmula do Superior Tribunal de Justiça. Nessa situação hipotética, assinale a opção que indica o recurso que João deverá interpor.

A) Agravo de instrumento, uma vez que o julgamento de improcedência liminar do pedido ocorre por meio da prolação de decisão interlocutória agravável.

B) Agravo de instrumento, tendo em vista há urgência decorrente da inutilidade do julgamento da questão em recurso de apelação.

C) Apelação, sendo facultado ao juiz retratar-se, no prazo de cinco dias, do julgamento liminar de improcedente do pedido.

D) Apelação, sendo o recurso distribuído diretamente a um relator do tribunal, que será responsável por intimar a parte contrária a apresentar resposta à apelação em quinze dias.

RESPOSTA

A) A decisão que julga liminarmente improcedente o pedido é sentença (CPC, art. 332), de modo que incabível agravo de instrumento, que é cabível de decisão interlocutória (CPC, art. 1.015).

B) Conferir a explicação de "A".

✅ A decisão de improcedência liminar do pedido é sentença, da qual cabível apelação (CPC, art. 332, § 2º). E, uma vez interposto o recurso, é possível ao juiz se retratar, em 5 dias (CPC, art. 332, § 2º) – e determinar a citação do réu.

D) Ainda que o recurso seja a apelação (alternativa "C"), será interposto no 1º grau, perante juiz, e não perante o Tribunal.

(35º Exame de Ordem Unificado/FGV) No âmbito de um contrato de prestação de serviços celebrado entre as sociedades empresárias *Infraestrutura S.A.* e *Campo Lindo S.A.*, foi prevista cláusula compromissória arbitral, na qual as partes acordaram que qualquer litígio de natureza patrimonial decorrente do contrato seria submetido a um tribunal arbitral.

Surgido o conflito, e havendo resistência de *Infraestrutura S.A.* quanto à instituição da arbitragem, assinale a opção que representa a conduta que pode ser adotada por *Campo Lindo S.A.*

A) *Campo Lindo S.A.* pode adotar medida coercitiva, mediante autorização do tribunal arbitral, para que *Infraestrutura S.A.* se submeta forçosamente ao procedimento arbitral, em respeito à cláusula compromissória firmada no contrato de prestação de serviço.

B) *Campo Lindo S.A.* pode submeter o conflito à jurisdição arbitral, ainda que sem participação de *Infraestrutura S.A.*, o qual será considerado revel e contra si presumir-se-ão verdadeiras todas as alegações de fato formuladas pelo requerente *Campo Lindo S.A.*

C) *Campo Lindo S.A.* pode requerer a citação de *Infraestrutura S.A.* para comparecer em juízo no intuito de lavrar compromisso arbitral, designando o juiz audiência especial com esse fim.

D) *Campo Lindo S.A.* pode ajuizar ação judicial contra *Infraestrutura S.A.*, para que o Poder Judiciário resolva o mérito do conflito decorrente do contrato de prestação de serviço celebrado entre as partes.

RESPOSTA
A) Essa não é a previsão legal (vide alternativa "C").
B) A arbitragem só tem início com a participação das duas partes.
☑ Essa é a previsão legal. Lei n. 9.307/96, art. 7º: Existindo cláusula compromissória e havendo resistência quanto à instituição da arbitragem, poderá a parte interessada requerer a citação da outra parte para comparecer em juízo a fim de lavrar-se o compromisso, designando o juiz audiência especial para tal fim.
D) Se há a cláusula arbitral e interesse da parte um usar a arbitragem, a solução não deve vir pela via judicial.

(35º Exame de Ordem Unificado/FGV) Paolo e Ana Sávia, casados há mais de 10 anos, sob o regime de comunhão parcial de bens, constituíram, ao longo do casamento, um enorme patrimônio que contava com carros de luxo, mansões, fazendas, dentre outros bens.

Certo dia, por conta de uma compra e venda realizada 5 anos após o casamento, Paolo é citado em uma ação que versa sobre direito real imobiliário.

Ana Sávia, ao saber do fato, vai até seu advogado e questiona se ela deveria ser citada, pois envolve patrimônio familiar.

Sobre o assunto, o advogado responde corretamente que, no caso em apreço,

A) Ana Sávia deve ser citada, pois existe litisconsórcio passivo necessário entre os cônjuges em ação que verse sobre direito real imobiliário, mesmo que casados sob o regime de separação absoluta de bens.
B) Ana Sávia não deve ser citada, pois existe litisconsórcio passivo facultativo entre os cônjuges em ação que verse sobre direito real imobiliário, salvo quando casados sob o regime de separação absoluta de bens.
C) Ana Sávia não deve ser citada, pois não existe litisconsórcio passivo necessário entre os cônjuges em ação que verse sobre direito real imobiliário.
D) Ana Sávia deve ser citada, pois existe litisconsórcio passivo necessário entre os cônjuges em ação que verse sobre direito real imobiliário, salvo quando casados sob o regime de separação absoluta de bens.

RESPOSTA
A) A lei afasta a necessidade de citação do cônjuge na hipótese de separação absoluta de bens (CPC, art. 73, § 1º).
B) A hipótese é de litisconsórcio necessário, pois a legislação determina a citação do cônjuge, no caso de direito real imobiliário (CPC, art. 73, § 1º).
C) Nos casos de direito real imobiliário, de modo a proteger o casal/família, há necessidade de citação (CPC, art. 73).
☑ Essa é a previsão do CPC, art. 73, § 1º, I. A participação do cônjuge em processos judiciais é regulada pelo art. 73 do CPC. Prevê o § 1º desse artigo o seguinte: "ambos os cônjuges serão necessariamente citados para a ação: I – que verse sobre direito real imobiliário, salvo quando casados sob o regime de separação absoluta de bens".

(36º Exame de Ordem Unificado/FGV) Olívia e José foram casados por 15 anos e tiveram duas filhas, Maria Eduarda, com 9 anos, e Maria Luiza, com 6. A manutenção do casamento não é mais da vontade do casal, razão pela qual decidiram se divorciar, propondo Olívia ação judicial para tanto. Porém, preocupados em manter a harmonia da família, o casal entendeu que o melhor caminho para resolver as questões legais atinentes à guarda, à visitação e aos alimentos das filhas seria a mediação. Sobre a mediação judicial a ser realizada no presente caso, assinale a afirmativa correta.

A) Os mediadores que atuarão no caso deverão estar inscritos em cadastro de tribunal de justiça ou de tribunal regional federal, que manterá o registro dos profissionais habilitados.
B) A mediação, meio de solução da controvérsia escolhido por Olívia e José, deverá seguir exclusivamente as regras procedimentais previstas em lei.
C) O mediador que atuar no caso fica impedido pelo prazo de 2 anos, contados do término da última audiência em que atuou, de assessorar, representar ou patrocinar qualquer das partes.
D) A escolha da mediação por Olívia e José é correta, pois o mediador atuará nos casos em que não houver vínculo anterior entre as partes.

RESPOSTA
☑ O Código prevê a existência de cadastro de mediadores (CPC, art. 167).
B) O Código não prevê quais serão as regras procedimentais para a mediação, deixando isso para a livre autonomia dos interessados (CPC, art. 166, § 4º).
C) O mediador ficará impedido de atuar, mas pelo prazo de *1 ano* (CPC, art. 172).
D) O conciliador atua em casos nos quais não houver vínculo anterior; o mediador atua, preferencialmente, nos casos em que houver vínculo anterior entre as partes – como é a situação de direito de família (CPC, art. 165, § 3º)

(36º Exame de Ordem Unificado/FGV) Por mais de 10 anos, Leandro foi locatário de uma sala comercial de propriedade de Paula, na qual instalou o seu consultório para atendimentos médicos. Decidido a se aposentar, Leandro notificou Paula, informando a rescisão contratual e colocando-se à disposição para entregar o imóvel. Ultrapassados 4 (quatro) meses sem o retorno da locadora, Leandro ajuizou ação declaratória de rescisão contratual com pedido de consignação das chaves. Diante disso, Paula apresentou contestação e reconvenção, na qual pleiteia a cobrança de danos materiais por diversos problemas encontrados no imóvel. Diante desse imbróglio, e reconsiderando sua aposentadoria, Leandro consulta advogado(a) para avaliar a possibilidade de desistir da ação.

Sobre o caso narrado, assinale a afirmativa correta.

A) Por ter sido apresentada contestação, Leandro poderá desistir da ação até a sentença, o que ficará sujeito à concordância de Paula.
B) Como foi oferecida a contestação, Leandro não poderá mais desistir da ação.
C) Caso apresentada desistência da ação por Leandro, sua conduta implicará a desistência implícita da reconvenção.
D) Caso Leandro desista da ação, isso acarretará a extinção do processo sem resolução de mérito, obstando a propositura de nova ação com o mesmo objeto

RESPOSTA

☑ A desistência (hipótese de extinção sem mérito) pode ocorrer somente até a sentença (CPC, art. 485, § 5º). E, uma vez apresentada a contestação, a desistência depende da concordância do réu (CPC, art. 485, § 4º).
B) Uma vez que já foi oferecida a contestação, Leandro poderá desistir desde que haja o consentimento do réu (CPC, art. 485, § 4º).
C) A desistência da ação não impede o prosseguimento do processo quanto à reconvenção (CPC, art. 343, 2º).
D) A extinção pela desistência é sem mérito (CPC, art. 485, VIII); sendo assim, não impede a repropositura da ação (CPC, art. 486).

(36º Exame de Ordem Unificado/FGV) O Condomínio do Edifício Residências, tendo observado o surgimento de diversos vícios ocultos nas áreas de uso comum do prédio construído pela Mestre de Obras Engenharia S/A, ajuizou ação de produção antecipada de provas, na qual requereu a produção de prova pericial. Para tanto, argumentou que o prévio conhecimento dos fatos, sob o ângulo técnico, poderá evitar ou justificar uma ação futura, a depender do resultado da perícia. Devidamente citada, a Mestre de Obras Engenharia S/A apresentou manifestação, na qual alega que não há qualquer risco de perecimento da prova, pois os vícios eventualmente constatados permaneceriam no local, sendo impertinente, portanto, o ajuizamento da produção antecipada de provas. Considerando o caso narrado, assinale a afirmativa correta.

A) A pretensão de prévio conhecimento dos fatos para justificar ou evitar o ajuizamento de ação futura em face da Mestre de Obras Engenharia S/A não é suficiente para a admissibilidade da produção antecipada de provas proposta pelo condomínio do Edifício Residências, faltando interesse de agir.
B) A produção antecipada de provas proposta pelo Condomínio do Edifício Residências previne a competência para a ação principal, eventualmente proposta em face da Mestre de Obras Engenharia S/A.
C) Na produção antecipada de provas, o juiz não se pronunciará sobre a ocorrência ou inocorrência dos fatos alegados pelo Condomínio do Edifício Residências, nem sobre suas respectivas consequências jurídicas.
D) No procedimento de produção antecipada de provas, não se admitirá defesa ou recurso, salvo contra decisão que defira a produção da prova pleiteada pelo Condomínio do Edifício Residências.

RESPOSTA

A) Conforme art. 381, III do CPC, admite-se a produção antecipada da prova nos casos em que o prévio conhecimento dos fatos possa justificar ou evitar o ajuizamento de ação.
B) O art. 381, § 3º, do CPC estabelece que a produção antecipada de prova não previne a competência do juízo (ou seja, haverá a livre distribuição, podendo a causa principal ser julgada por outro juiz).
☑ Não há, na produção antecipada de provas, análise de mérito pelo juiz – mas sim a produção de prova em contraditório, a ser eventualmente utilizada em futuro processo (CPC, art. 382, § 2º).
D) Pela previsão da lei, "não se admitirá defesa ou recurso, salvo contra decisão que indeferir totalmente a produção da prova pleiteada pelo requerente originário" (CPC, art. 382, § 4º – dispositivo esse objeto de diversas polêmicas).

(36º Exame de Ordem Unificado/FGV) Ainda no início da fase de conhecimento de determinado processo, as partes e o magistrado, de comum acordo, resolvem fixar calendário para a prática de atos processuais. Estipulado que a realização da audiência ocorreria em determinada data, a parte ré não comparece e alega que não foi devidamente intimada para o ato, requerendo a designação de nova data. Nesse contexto você, como advogado(a), é procurado(a) pela parte ré, que busca avaliar as consequências de seu não comparecimento. Nesse sentido, é correto afirmar que

A) o calendário não vincula o juiz, apenas as partes, as quais só podem requerer a modificação de datas se apresentada justa causa.
B) o calendário processual pode ser imposto pelo magistrado em casos excepcionais, sem a necessidade de prévio acordo com as partes, com fundamento na importância do objeto dos autos.
C) com exceção da audiência, dispensa-se a intimação das partes para a prática dos demais atos processuais cujas datas tiverem sido designadas no calendário.
D) a ré não poderia deixar de comparecer à audiência, pois a modificação do calendário pelo juiz ou pelas partes somente é possível em casos excepcionais, devidamente justificados.

RESPOSTA

A) A calendarização (espécie de negócio jurídico processual), ainda que não comum no cotidiano forense, vincula as partes e o juiz (CPC, art. 191, § 1º).
B) Conforme previsão do art. 191 do CPC, o calendário processual deverá ser fixado de comum acordo.
C) Realizado o calendário, dispensa-se a intimação das partes para os atos, inclusive para a audiência (CPC, art. 191, § 2º).

☑ Uma vez realizado o calendário, só se altera em casos excepcionais – o que não é o caso narrado no enunciado (CPC, 191, § 1º).

(36º Exame de Ordem Unificado/FGV) A livraria Sabedoria sofreu ação de execução por título extrajudicial movida pelo Banco Carvalho em virtude da inadimplência de contrato de empréstimo. Citada, a executada não realizou o pagamento da dívida, tendo sofrido o bloqueio de dinheiro depositado em instituição financeira. Com o objetivo de liberar o valor bloqueado, ofereceu, em substituição à penhora, fiança bancária ou o percentual de 10% de seu faturamento. Intimada, a exequente não concordou com a substituição, sob o fundamento de que a penhora em dinheiro é preferencial e não pode ser substituída por qualquer outra, fundamento que foi acolhido pela juíza da causa.

Diante desses fatos, assinale a afirmativa correta.

A) A decisão judicial está errada, pois a penhora do faturamento é equivalente a dinheiro, sendo cabível a substituição.
B) A decisão judicial está correta, pois a penhora em dinheiro é prioritária e somente poderia ser substituída com a concordância da exequente.
C) A decisão judicial está errada, pois a fiança bancária equipara-se a dinheiro, desde que em valor não inferior ao débito constante da inicial, acrescido de trinta por cento.
D) a decisão judicial está correta, pois dinheiro, fiança bancária e penhora do faturamento são substituíveis entre si para fins de penhora.

RESPOSTA
A) Apenas a fiança bancária e o seguro garantia judicial equiparam-se a dinheiro para fins de substituição da penhora. O art. 835, § 2º, do CPC não faz menção a penhora do faturamento como equivalente a dinheiro.
B) Poderá ocorrer a substituição da penhora, a pedido do executado, desde que comprove que lhe será menos onerosa e não trará prejuízo ao exequente (CPC, art. 847).
☑ Conforme previsão do art. 835, § 2º, do CPC, para fins de substituição da penhora, a fiança bancária equipara-se a dinheiro, desde que em valor não inferior ao débito constante da inicial, acrescido de trinta por cento.
D) Conferir justificativa exposta na alternativa "A".

(36º Exame de Ordem Unificado/FGV) Maria promoveu uma ação de divórcio em face de seu ex-marido João, sendo que o réu foi inicialmente dado como residente na casa de sua ex-mulher, embora ali já não mais residisse. Quando da tentativa de citação, foi lavrada certidão negativa esclarecendo que a autora informou que o réu tinha regressado a Portugal. Diante disso, João veio a ser citado por edital, a requerimento da autora. João, após transitada em julgada a sentença da ação de divórcio, teve conhecimento da ação. Diante do fato de que a autora necessariamente sabia o endereço dos familiares do requerido na cidade onde por último residiu com ele em Portugal e de onde era contactada telefonicamente com frequência por ele, procurou você para esclarecê-lo sobre os aspectos e efeitos da citação no processo brasileiro.

Sobre o caso narrado, assinale a afirmativa correta.

A) Maria não poderá ser apenada por requerer a citação por edital, uma vez que houve a ocorrência de uma das circunstâncias autorizadoras para sua realização.
B) A citação de João é válida, porque, quando ignorado, incerto ou inacessível o lugar em que se encontrar o citando, é autorizada a citação por edital.
C) A citação por edital é nula, porque não foram efetuadas as diligências necessárias, tendo em vista a existência de elementos sobre o paradeiro do réu.
D) Já houve a sanatória do vício na citação de João, porque a sentença da ação de divórcio já transitou em julgado.

RESPOSTA
A) O art. 258 do CPC prevê a aplicação de multa de 5 vezes o salário mínimo para parte que requerer a citação por edital, alegando dolosamente a ocorrência das circunstâncias autorizadoras para sua realização.
B) A autora possuía informações acerca do paradeiro do réu e não houve tentativa de expedição de carta rogatória para citação do réu (CPC, art. 256, § 1º) – ou mesmo outros meios possíveis, como *e-mail* (CPC, art. 246). Sendo assim, não se trata de citação válida.
☑ Considerando que a autora possuía informações acerca do paradeiro do réu e não promoveu todas as tentativas possíveis para sua localização, é de se reconhecer a nulidade da citação (art. 256, § 3º).
D) A citação é requisito fundamental para a validade (ou mesmo existência) do processo. Assim, considerando que a citação foi realizada sem observância das prescrições legais (CPC, art. 280), não há se falar em vício sanável.

(36º Exame de Ordem Unificado/FGV) Valdemar move, em face de Felício, ação de despejo, cujos pedidos são julgados procedentes. Considerando-se que o juiz sentenciante não determinou a expedição de mandado de despejo, seria correto afirmar, na qualidade de advogado(a) do autor, que

A) o requerimento de expedição do correspondente mandado de despejo pode ser dirigido ao juízo a quo, pois o recurso cabível contra a sentença tem efeito meramente devolutivo.
B) a fim de que a sentença seja executada, deve ser requerida a chamada "tutela antecipada recursal", tendo em vista que o recurso cabível tem duplo efeito, devolutivo e suspensivo.
C) após a prolação da sentença, está exaurida a jurisdição do juízo a quo, razão pela qual apenas o Tribunal pode determinar a expedição do mandado de despejo.
D) devem ser opostos embargos de declaração contra a sentença, a fim de que o magistrado antecipe os efeitos da tutela e, consequentemente, o despejo possa ser objeto de execução provisória.

RESPOSTA

☑ A apelação do despejo não tem efeito suspensivo (Lei n. 8245/1991, art. 58, V), de maneira que é possível o cumprimento de sentença na origem.
B) Como só há efeito devolutivo, não há necessidade de liminar no recurso, para o despejo.
C) O cumprimento de sentença é realizado perante a origem, e não no tribunal.
D) Considerando o exposto em "A", não há necessidade de liminar para o cumprimento de sentença (despejo) ser realizado.

■ **MATERIAL DIGITAL EXCLUSIVO**

DIREITO PROCESSUAL CIVIL

somos.in/CEOABVU10

Direito Penal

Alexandre Salim

Promotor de Justiça no Rio Grande do Sul. Doutor em Direito pela Universidade de Roma Tre. Mestre em Direito pela Universidade do Oeste de Santa Catarina. Especialista em Teoria Geral do Processo pela Universidade de Caxias do Sul. Coordenador da equipe de Penal do Curso Preparatório para o Exame de Ordem no CERS. Instagram: @profalexandresalim @oabpenalsa

Sumário

PARTE GERAL – 1. Princípios penais fundamentais: 1.1. Princípio da legalidade ou da reserva legal; 1.2. Princípio da exclusiva proteção de bens jurídicos; 1.3. Princípio da intervenção mínima; 1.3.1. O caráter fragmentário do Direito Penal ou princípio da fragmentariedade; 1.3.2. O caráter subsidiário do Direito Penal ou princípio da subsidiariedade; 1.4. Princípio da ofensividade ou lesividade; 1.5. Princípio da alteridade ou transcendência; 1.6. Princípio da culpabilidade; 1.7. Princípio da responsabilidade subjetiva; 1.8. Princípio da responsabilidade pessoal ou individual; 1.9. Princípio da materialização ou exteriorização do fato; 1.10. Princípio da adequação social; 1.11. Princípio da proporcionalidade; 1.12. Princípio da insignificância ou bagatela – **2. Teoria da norma penal:** 2.1. Normas penais em branco; 2.2. Analogia; 2.3. Lei penal no tempo; 2.4. Lei penal no espaço; 2.5. Conflito aparente de normas penais; 2.5.1. Princípio da especialidade; 2.5.2. Princípio da subsidiariedade; 2.5.3. Princípio da consunção ou absorção; 2.5.4. Princípio da alternatividade – **3. Teoria geral do crime:** 3.1. Conceitos de crime; 3.2. Crime, delito e contravenção penal; 3.3. Classificação doutrinária dos crimes; 3.4. Sujeitos do crime; 3.5. Fato típico; 3.5.1. Conduta; 3.5.2. Resultado; 3.5.3. Nexo causal ou relação de causalidade; 3.5.4. Tipicidade; 3.6. Crime doloso; 3.7. Crime culposo; 3.8. Crime preterdoloso ou preterintencional; 3.9. Erro de tipo; 3.9.1. Erro de tipo essencial; 3.9.2. Erro de tipo acidental; 3.10. *Iter criminis*; 3.11. Consumação; 3.12. Tentativa ou *conatus*; 3.13. Desistência voluntária e arrependimento eficaz; 3.14. Arrependimento posterior; 3.15. Crime impossível; 3.16. Ilicitude ou antijuridicidade; 3.16.1. Estado de necessidade (art. 24 do CP); 3.16.2. Legítima defesa (art. 25 do CP); 3.16.3. Estrito cumprimento de dever legal (art. 23, III, do CP); 3.16.4. Exercício regular de direito (art. 23, III, do CP); 3.16.5. Excesso; 3.17. Culpabilidade; 3.17.1. Imputabilidade; 3.17.2. Potencial consciência da ilicitude; 3.17.3. Exigibilidade de conduta diversa – **4. Concurso de pessoas:** 4.1. Requisitos; 4.2. Teorias; 4.2.1. Exceções à teoria monista; 4.3. Autoria; 4.4. Participação; 4.5. Crimes culposos; 4.6. Comunicabilidade de elementares e circunstâncias; 4.7. Casos de impunibilidade – **5. Teoria da sanção penal:** 5.1. Sanção penal; 5.2. Medidas de segurança; 5.3. Penas; 5.3.1. Penas privativas de liberdade; 5.3.1.1. Aplicação das penas privativas de liberdade; 5.3.2. Penas restritivas de direitos; 5.3.2.1. Penas restritivas de direitos em espécie; 5.3.2.2. Legislação especial; 5.3.3. Pena de multa – **6. Concurso de crimes:** 6.1. Concurso material ou real (art. 69 do CP); 6.2. Concurso formal ou ideal (art. 70 do CP); 6.3. Crime continuado (art. 71 do CP); 6.4. Erro na execução – *aberratio ictus* (art. 73 do CP); 6.5. Resultado diverso do pretendido – *aberratio criminis* ou *delicti* (art. 74 do CP) – **7. Limite das penas:** 7.1. Previsão constitucional; 7.2. Limite previsto no Código Penal; 7.3. Condenação por fato posterior; 7.4. Concessão de benefícios – **8. Suspensão condicional da pena (*sursis*):** 8.1. Compreensão; 8.2. Requisitos; 8.3. Condições; 8.3.1. Condições legais (art. 78 do CP); 8.3.2. Condições judiciais (art. 79 do CP); 8.4. Período de prova; 8.5. Revogação; 8.5.1. Revogação obrigatória (art. 81, I a III, do CP); 8.5.2. Revogação facultativa (art. 81, § 1º, do CP); 8.6. Prorrogação do período de prova (art. 81, § 2º, do CP); 8.7. Extinção da pena (art. 82 do CP) – **9. Livramento condicional:** 9.1. Compreensão; 9.2. Requisitos (art. 83 do CP); 9.3. Falta grave; 9.4. Condições; 9.4.1. Condições obrigatórias (art. 132, § 1º, da LEP); 9.4.2. Condições facultativas (art. 132, § 2º, da LEP); 9.5. Revogação; 9.5.1. Revogação obrigatória (art. 86 do CP); 9.5.2. Revogação facultativa (art. 87 do CP); 9.6. Efeitos da revogação (art. 88 do CP); 9.7. Extinção da pena (art. 89 do CP) – **10. Efeitos da condenação:** 10.1. Efeito principal da condenação; 10.2. Efeitos secundários – **11. Reabilitação:** 11.1. Compreensão; 11.2. Finalidade; 11.3. Requisitos (art. 94 do CP) – **12. Extinção da punibilidade:** 12.1. Art. 107 do CP; 12.2. Morte do agente; 12.3. Anistia, graça e indulto; 12.4. *Abolitio criminis*; 12.5. Decadência; 12.6. Perempção; 12.7. Renúncia; 12.8. Perdão aceito; 12.9. Retratação; 12.10. Perdão judicial – **13. Prescrição:** 13.1. Crimes imprescritíveis; 13.2. Prescrição do crime pressuposto; 13.3. Espécies de prescrição e seus efeitos; 13.4. PPP propriamente dita; 13.5. PPP superveniente, subsequente ou intercorrente; 13.6. PPP retroativa; 13.7. Prescrição da pretensão executória (PPE); 13.8. Situações especiais – **PARTE ESPECIAL** – **Capítulo I** – **Crimes contra a pessoa** – **1. Crimes contra a vida:** 1.1. Homicídio (art. 121 do CP); 1.2. Induzimento, instigação ou auxílio a suicídio ou a automutilação (art. 122 do CP); 1.3. Infanticídio (art. 123 do CP); 1.4. Aborto (arts. 124 a 128 do CP) – **2. Lesões corporais:** 2.1. Lesão corporal (art. 129 do CP) – **3. Periclitação da vida e da saúde:** 3.1. Perigo de contágio venéreo (art. 130 do CP); 3.2. Perigo de contágio de moléstia grave (art. 131 do CP); 3.3. Perigo para a vida ou saúde de outrem (art. 132 do CP); 3.4. Abandono de incapaz (art. 133 do CP); 3.5. Exposição ou abandono de recém-nascido (art. 134 do CP); 3.6. Omissão de socorro (art. 135 do CP); 3.7. Condicionamento de atendimento médico-hospitalar emergencial (art. 135-A do CP); 3.8. Maus-tratos (art. 136 do CP) – **4. Rixa:** 4.1. Rixa (art. 137 do CP) – **5. Crimes contra a honra:** 5.1. Calúnia (art. 138 do CP); 5.2. Difamação (art. 139 do CP); 5.3. Injúria (art. 140 do CP); 5.4. Formas majoradas (art. 141 do CP); 5.5. Retratação (art. 143 do CP); 5.6. Ação penal (art. 145 do CP) – **6. Crimes contra a liberdade individual:** 6.1. Crimes contra a liberdade pessoal; 6.1.1. Constrangimento ilegal (art. 146 do CP); 6.1.2. Ameaça (art. 147 do CP); 6.1.3. Perseguição ou *Stalking* (art. 147-A do CP); 6.1.4. Violência psicológica contra a mulher (art. 147-B do CP); 6.1.5. Sequestro e cárcere privado (art. 148 do CP); 6.1.6. Redução a condição análoga à de escravo (art. 149 do CP); 6.1.7. Tráfico de pessoas (art. 149-A do CP); 6.2. Crimes contra a inviolabilidade do domicílio; 6.2.1. Violação de domicílio (art. 150 do CP); 6.3. Crimes contra a inviolabilidade de correspondência; 6.3.1. Violação de correspondência (art. 151 do CP); 6.3.2. Correspondência comercial (art. 152 do CP); 6.4. Crimes contra a inviolabilidade dos segredos; 6.4.1. Divulgação de segredo (art. 153 do CP); 6.4.2. Violação do segredo profissional (art. 154 do CP); 6.4.3. Invasão de dispositivo informático (art. 154-A do CP) – **Capítulo II** – **Crimes contra o patrimônio** – **1. Furto:** 1.1. Furto (art. 155 do CP); 1.2. Furto de coisa comum (art. 156 do CP) – **2. Roubo e extorsão:** 2.1. Roubo (art. 157 do CP); 2.2. Extorsão (art. 158 do CP); 2.3. Extorsão mediante sequestro (art. 159 do CP); 2.4. Extorsão indireta (art. 160 do CP) – **3. Usurpação:** 3.1. Alteração de limites (art. 161 do CP); 3.2. Supressão ou alteração de marca em animais (art. 162 do CP) – **4. Dano:** 4.1. Dano (art. 163 do CP); 4.2. Introdução ou abandono de animais em propriedade alheia (art. 164 do CP); 4.3. Dano em coisa de valor artístico, arqueológico ou histórico (art. 165 do CP); 4.4. Alteração de local especialmente protegido (art. 166 do CP); 4.5. Ação penal (art. 167 do CP) – **5. Apropriação indébita:** 5.1. Apropriação indébita (art. 168 do CP); 5.2. Apropriação indébita previdenciária (art. 168-A do CP); 5.3. Apropriação de coisa havida por erro, caso fortuito ou força da natureza (art. 169 do CP) – **6. Estelionato e outras

fraudes: 6.1. Estelionato (art. 171 do CP); 6.2. Fraude com a utilização de ativos virtuais, valores mobiliários ou ativos financeiros (art. 171-A do CP); 6.3. Duplicata simulada (art. 172 do CP); 6.4. Abuso de incapazes (art. 173 do CP); 6.5. Induzimento à especulação (art. 174 do CP); 6.6. Fraude no comércio (art. 175 do CP); 6.7. Outras fraudes (art. 176 do CP); 6.8. Fraudes e abusos na fundação ou administração de sociedade por ações (art. 177 do CP); 6.9. Emissão irregular de conhecimento de depósito ou *warrant* (art. 178 do CP); 6.10. Fraude à execução (art. 179 do CP) – **7. Receptação:** 7.1. Receptação (art. 180 do CP); 7.2. Receptação de animal (art. 180-A do CP) – **8. Imunidade penal:** 8.1. Imunidade absoluta ou escusa absolutória (art. 181 do CP); 8.2. Imunidade relativa (art. 182 do CP); 8.3. Exclusão das imunidades (art. 183 do CP) – **Capítulo III – Crimes contra a propriedade imaterial – 1. Crimes contra a propriedade intelectual:** 1.1. Violação de direito autoral (art. 184 do CP) – **Capítulo IV – Crimes contra a organização do trabalho – 1. Competência – 2. Crimes em espécie:** 2.1. Atentado contra a liberdade de trabalho (art. 197 do CP); 2.2. Atentado contra a liberdade de contrato de trabalho e boicotagem violenta (art. 198 do CP); 2.3. Atentado contra a liberdade de associação (art. 199 do CP); 2.4. Paralisação de trabalho, seguida de violência ou perturbação da ordem (art. 200 do CP); 2.5. Paralisação de trabalho de interesse coletivo (art. 201 do CP); 2.6. Invasão de estabelecimento industrial, comercial ou agrícola. Sabotagem (art. 202 do CP); 2.7. Frustração de direito assegurado por lei trabalhista (art. 203 do CP); 2.8. Frustração de lei sobre a nacionalização do trabalho (art. 204 do CP); 2.9. Exercício de atividade com infração de decisão administrativa (art. 205 do CP); 2.10. Aliciamento para o fim de emigração (art. 206 do CP); 2.11. Aliciamento de trabalhadores de um local para outro do território nacional (art. 207 do CP) – **Capítulo V – Crimes contra o sentimento religioso e contra o respeito aos mortos – 1. Crimes contra o sentimento religioso:** 1.1. Ultraje a culto e impedimento ou perturbação de ato a ele relativo (art. 208 do CP) – **2. Crimes contra o respeito aos mortos:** 2.1. Impedimento ou perturbação de cerimônia funerária (art. 209 do CP); 2.2. Violação de sepultura (art. 210 do CP); 2.3. Destruição, subtração ou ocultação de cadáver (art. 211 do CP); 2.4. Vilipêndio a cadáver (art. 212 do CP) – **Capítulo VI – Crimes contra a dignidade sexual – 1. Crimes contra a liberdade sexual:** 1.1. Estupro (art. 213 do CP); 1.2. Violação sexual mediante fraude (art. 215 do CP); 1.3. Importunação sexual (art. 215-A do CP); 1.4. Assédio sexual (art. 216-A do CP) – **2. Exposição da intimidade sexual:** 2.1. Registro não autorizado da intimidade sexual (art. 216-B do CP) – **3. Crimes sexuais contra vulnerável:** 3.1. Estupro de vulnerável (art. 217-A do CP); 3.2. Corrupção de menores (art. 218 do CP); 3.3. Satisfação de lascívia mediante presença de criança ou adolescente (art. 218-A do CP); 3.4. Favorecimento da prostituição ou outra forma de exploração sexual de criança ou adolescente ou de vulnerável (art. 218-B do CP); 3.5. Divulgação de cena de estupro ou de cena de estupro de vulnerável, de cena de sexo ou de pornografia (art. 218-C do CP) – **4. Lenocínio e tráfico de pessoa para fim de prostituição ou outra forma de exploração sexual:** 4.1. Mediação para servir a lascívia de outrem (art. 227 do CP); 4.2. Favorecimento da prostituição ou outra forma de exploração sexual (art. 228 do CP); 4.3. Casa de prostituição (art. 229 do CP); 4.4. Rufianismo (art. 230 do CP); 4.5. Promoção de migração ilegal (art. 232-A do CP) – **5. Ultraje público ao pudor:** 5.1. Ato obsceno (art. 233 do CP); 5.2. Escrito ou objeto obsceno (art. 234 do CP) – **6. Causas de aumento de pena:** 6.1. Majorantes do art. 226 do CP; 6.2. Majorantes do art. 234-A do CP – **Capítulo VII – Crimes contra a família – 1. Crimes contra o casamento:** 1.1. Bigamia (art. 235 do CP); 1.2. Induzimento a erro essencial e ocultação de impedimento (art. 236 do CP); 1.3. Conhecimento prévio de impedimento (art. 237 do CP); 1.4. Simulação de autoridade para celebração de casamento (art. 238 do CP); 1.5. Simulação de casamento (art. 239 do CP) – **2. Crimes contra o estado de filiação:** 2.1. Registro de nascimento inexistente (art. 241 do CP); 2.2. Parto suposto. Supressão ou alteração de direito inerente ao estado civil de recém-nascido (art. 242 do CP); 2.3. Sonegação de estado de filiação (art. 243 do CP) – **3. Crimes contra a assistência familiar:** 3.1. Abandono material (art. 244 do CP); 3.2. Entrega de filho menor a pessoa inidônea (art. 245 do CP); 3.3. Abandono intelectual (art. 246 do CP); 3.4. Abandono moral (art. 247 do CP) – **4. Crimes contra o pátrio**

poder, tutela ou curatela: 4.1. Induzimento a fuga, entrega arbitrária ou sonegação de incapazes (art. 248 do CP); 4.2. Subtração de incapazes (art. 249 do CP) – **Capítulo VIII – Crimes contra a incolumidade pública – 1. Crimes de perigo comum:** 1.1. Incêndio (art. 250 do CP); 1.2. Explosão (art. 251 do CP); 1.3. Uso de gás tóxico ou asfixiante (art. 252 do CP); 1.4. Fabrico, fornecimento, aquisição, posse ou transporte de explosivos ou gás tóxico, ou asfixiante (art. 253 do CP); 1.5. Inundação (art. 254 do CP); 1.6. Perigo de inundação (art. 255 do CP); 1.7. Desabamento ou desmoronamento (art. 256 do CP); 1.8. Subtração, ocultação ou inutilização de material de salvamento (art. 257 do CP); 1.9. Difusão de doença ou praga (art. 259 do CP) – **2. Crimes contra a segurança dos meios de comunicação e transporte e outros serviços públicos:** 2.1. Perigo de desastre ferroviário (art. 260 do CP); 2.2. Atentado contra a segurança de transporte marítimo, fluvial ou aéreo (art. 261 do CP); 2.3. Atentado contra a segurança de outro meio de transporte (art. 262 do CP); 2.4. Arremesso de projétil (art. 264 do CP); 2.5. Atentado contra a segurança de serviço de utilidade pública (art. 265 do CP); 2.6. Interrupção ou perturbação de serviço telegráfico, telefônico, informático, telemático ou de informação de utilidade pública (art. 266 do CP) – **3. Crimes contra a saúde pública:** 3.1. Epidemia (art. 267 do CP); 3.2. Infração de medida sanitária preventiva (art. 268 do CP); 3.3. Omissão de notificação de doença (art. 269 do CP); 3.4. Envenenamento de água potável ou de substância alimentícia ou medicinal (art. 270 do CP); 3.5. Corrupção ou poluição de água potável (art. 271 do CP); 3.6. Falsificação, corrupção, adulteração ou alteração de substância ou produtos alimentícios (art. 272 do CP); 3.7. Falsificação, corrupção, adulteração ou alteração de produto destinado a fins terapêuticos ou medicinais (art. 273 do CP); 3.8. Emprego de processo proibido ou de substância não permitida (art. 274 do CP); 3.9. Invólucro ou recipiente com falsa indicação (art. 275 do CP); 3.10. Produto ou substância nas condições dos dois artigos anteriores (art. 276 do CP); 3.11. Substância destinada à falsificação (art. 277 do CP); 3.12. Outras substâncias nocivas à saúde pública (art. 278 do CP); 3.13. Medicamento em desacordo com receita médica (art. 280 do CP); 3.14. Exercício ilegal da medicina, arte dentária ou farmacêutica (art. 282 do CP); 3.15. Charlatanismo (art. 283 do CP); 3.16. Curandeirismo (art. 284 do CP) – **Capítulo IX – Crimes contra a paz pública – 1. Incitação ao crime (art. 286 do CP) – 2. Apologia de crime ou criminoso (art. 287 do CP) – 3. Associação criminosa (art. 288 do CP) – 4. Constituição de milícia privada (art. 288-A do CP) – Capítulo X – Crimes contra a fé pública – 1. Moeda falsa:** 1.1. Moeda falsa (art. 289 do CP); 1.2. Crimes assimilados ao de moeda falsa (art. 290 do CP); 1.3. Petrechos para falsificação de moeda (art. 291 do CP); 1.4. Emissão de título ao portador sem permissão legal (art. 292 do CP) – **2. Falsidade de títulos e outros papéis públicos:** 2.1. Falsificação de papéis públicos (art. 293 do CP); 2.2. Petrechos de falsificação (art. 294 do CP) – **3. Falsidade documental:** 3.1. Falsificação do selo ou sinal público (art. 296 do CP); 3.2. Falsificação de documento público (art. 297 do CP); 3.3. Falsificação de documento particular (art. 298 do CP); 3.4. Falsidade ideológica ou intelectual (art. 299 do CP); 3.5. Falso reconhecimento de firma ou letra (art. 300 do CP); 3.6. Certidão ou atestado ideologicamente falso (art. 301 do CP); 3.7. Falsidade de atestado médico (art. 302 do CP); 3.8. Reprodução ou adulteração de selo ou peça filatélica (art. 303 do CP); 3.9. Uso de documento falso (art. 304 do CP); 3.10. Supressão de documento (art. 305 do CP) – **4. Outras falsidades:** 4.1. Falsificação do sinal empregado no contraste de metal precioso ou na fiscalização alfandegária, ou para outros fins (art. 306 do CP); 4.2. Falsa identidade (art. 307 do CP); 4.3. Uso de documento de identidade (art. 308 do CP); 4.4. Fraude de lei sobre estrangeiro (art. 309 do CP); 4.5. Falsidade em prejuízo da nacionalização de sociedade (art. 310 do CP); 4.6. Adulteração de sinal identificador de veículo automotor (art. 311 do CP) – **5. Fraudes em certames de interesse público:** 5.1. Fraudes em certames de interesse público (art. 311-A do CP) – **Capítulo XI – Crimes contra a administração pública – 1. Crimes praticados por funcionário público contra a administração em geral:** 1.1. Introdução; 1.2. Peculato (art. 312 do CP); 1.3. Peculato mediante erro de outrem (art. 313 do CP); 1.4. Inserção de dados falsos em sistema de informações (art. 313-A do CP); 1.5. Modificação ou alteração não autorizada de sistema de informações (art. 313-B do CP); 1.6. Extravio, sonegação ou inutilização de livro ou documento (art. 314 do CP); 1.7. Emprego irregular de verbas ou rendas públicas (art. 315 do CP); 1.8. Concussão (art. 316 do CP); 1.9. Corrupção passiva (art. 317 do CP); 1.10. Facilitação de contrabando ou descaminho (art. 318 do CP); 1.11. Prevaricação (art. 319 do CP); 1.12. Prevaricação imprópria (art. 319-A do CP); 1.13. Condescendência criminosa (art. 320 do CP); 1.14. Advocacia administrativa (art. 321 do CP); 1.15. Violência arbitrária (art. 322 do CP); 1.16. Abandono de função (art. 323 do CP); 1.17. Exercício funcional ilegalmente antecipado ou prolongado (art. 324 do CP); 1.18. Violação de sigilo funcional (art. 325 do CP); 1.19. Violação do sigilo de proposta de concorrência (art. 326 do CP) – **2. Crimes praticados por particular contra a administração em geral:** 2.1. Usurpação de função pública (art. 328 do CP); 2.2. Resistência (art. 329 do CP); 2.3. Desobediência (art. 330 do CP); 2.4. Desacato (art. 331 do CP); 2.5. Tráfico de influência (art. 332 do CP); 2.6. Corrupção ativa (art. 333 do CP); 2.7. Descaminho (art. 334 do CP); 2.8. Contrabando (art. 334-A do CP); 2.9. Impedimento, perturbação ou fraude de concorrência (art. 335 do CP); 2.10. Inutilização de edital ou de sinal (art. 336 do CP); 2.11. Subtração ou inutilização de livro ou documento (art. 337 do CP); 2.12. Sonegação de contribuição previdenciária (art. 337-A do CP) – **3. Crimes em licitações e contratos administrativos:** 3.1. Contratação direta ilegal (art. 337-E do CP); 3.2. Frustração do caráter competitivo de licitação (art. 337-F do CP); 3.3. Patrocínio de contratação indevida (art. 337-G do CP); 3.4. Modificação ou pagamento irregular em contrato administrativo (art. 337-H do CP); 3.5. Perturbação de processo licitatório (art. 337-I do CP); 3.6. Violação de sigilo em licitação (art. 337-J do CP); 3.7. Afastamento de licitante (art. 337-K do CP); 3.8. Fraude em licitação ou contrato (art. 337-L do CP); 3.9. Contratação inidônea (art. 337-M do CP); 3.10. Impedimento indevido (art. 337-N do CP); 3.11. Omissão grave de dado ou de informação por projetista (art. 337-O do CP) – **4. Crimes contra a administração da justiça:** 4.1. Reingresso de estrangeiro expulso (art. 338 do CP); 4.2. Denunciação caluniosa (art. 339 do CP); 4.3. Comunicação falsa de crime ou de contravenção (art. 340 do CP); 4.4. Autoacusação falsa (art. 341 do CP); 4.5. Falso testemunho ou falsa perícia (art. 342 do CP); 4.6. Corrupção ativa de testemunha, perito, contador, tradutor ou intérprete (art. 343 do CP); 4.7. Coação no curso do processo (art. 344 do CP); 4.8. Exercício arbitrário das próprias razões (art. 345 do CP); 4.9. Subtração ou dano de coisa própria em poder de terceiro (art. 346 do CP); 4.10. Fraude processual (art. 347 do CP); 4.11. Favorecimento pessoal (art. 348 do CP); 4.12. Favorecimento real (art. 349 do CP); 4.13. Favorecimento real impróprio (art. 349-A do CP); 4.14. Fuga de pessoa presa ou submetida a medida de segurança (art. 351 do CP); 4.15. Evasão mediante violência contra a pessoa (art. 352 do CP); 4.16. Arrebatamento de preso (art. 353 do CP); 4.17. Motim de presos (art. 354 do CP); 4.18. Patrocínio infiel (art. 355, *caput*, do CP); 4.19. Patrocínio simultâneo ou tergiversação (art. 355, parágrafo único, do CP); 4.20. Sonegação de papel ou objeto de valor probatório (art. 356 do CP); 4.21. Exploração de prestígio (art. 357 do CP); 4.22. Violência ou fraude em arrematação judicial (art. 358 do CP); 4.23. Desobediência a decisão judicial sobre perda ou suspensão de direito (art. 359 do CP) – **5. Crimes contra as finanças públicas:** 5.1. Contratação de operação de crédito (art. 359-A do CP); 5.2. Inscrição de despesas não empenhadas em restos a pagar (art. 359-B do CP); 5.3. Assunção de obrigação no último ano do mandato ou legislatura (art. 359-C do CP); 5.4. Ordenação de despesa não autorizada (art. 359-D do CP); 5.5. Prestação de garantia graciosa (art. 359-E do CP); 5.6. Não cancelamento de restos a pagar (art. 359-F do CP); 5.7. Aumento de despesa total com pessoal no último ano do mandato ou legislatura (art. 359-G do CP); 5.8. Oferta pública ou colocação de títulos no mercado (art. 359-H do CP) – **Capítulo XII – Crimes contra o Estado Democrático de Direito: 1. Crimes contra a Soberania Nacional: 1.1.** Atentado à soberania (art. 359-I do CP); 1.2. Atentado à integridade nacional (art. 359-J do CP); 1.3. Espionagem (art. 359-K do CP) – **2. Crimes contra as Instituições Democráticas:** 2.1. Abolição violenta do Estado Democrático de Direito (art. 359-L do CP); 2.2. Golpe de Estado (art. 359-M do CP) – **3. Crimes contra o Funcionamento das Instituições Democráticas no Processo Eleitoral:** 3.1. Interrupção do processo eleitoral (art. 359-N do CP); 3.2. Violência política (art. 359-P do CP) – **4. Crimes contra o Funcionamento dos Serviços Essenciais:** 4.1. Sabotagem (art. 359-R do CP) – **Referências bibliográficas – Questões – Material digital exclusivo.**

PARTE GERAL

1. PRINCÍPIOS PENAIS FUNDAMENTAIS

1.1. Princípio da legalidade ou da reserva legal

Uma das garantias decorrentes do princípio da legalidade é dar segurança jurídica aos cidadãos, a fim de que estes saibam antecipadamente quais são as condutas que configuram crimes e, portanto, possam evitá-las. Em face disso, é proibida a criminalização de condutas por meio de outras espécies normativas que não a lei em sentido estrito, bem como é excluída a punição de fatos que não estão previstos em lei.

Tanto o Código Penal (art. 1º) quanto a Constituição Federal (art. 5º, XXXIX) prescrevem que não há crime sem lei anterior que o defina, nem pena sem prévia cominação legal.

O princípio da legalidade manifesta-se a partir de quatro postulados:

a) *Lex Praevia (princípio da anterioridade penal):* necessidade de lei anterior ao fato que se quer punir. Com isso, resta proibida a retroatividade da lei penal para criminalizar ou agravar a pena de fato anterior.

Importante:
- Em se tratando de norma penal em branco, somente serão consideradas criminosas as condutas praticadas depois da entrada em vigor da norma complementar (STF, Inq. 1.915, j. 5-8-2004).
- A irretroatividade é igualmente aplicada às normas de execução penal (STF, HC 68.416, j. 8-9-1992). Por exemplo, se o fato foi praticado antes da lei nova mais gravosa, não se pode negar indulto ao delito incluído no rol dos crimes hediondos pela Lei n. 8.930/94, ainda que o respectivo Decreto exclua os crimes hediondos (STF, HC 101.238, j. 2-2-2010).

b) *Lex Scripta:* proibição do costume incriminador. Tanto o costume quanto atos normativos distintos da lei estrita não podem ser utilizados para criminalizar ou agravar penas.

Importante:
- Tratados e convenções internacionais podem conter mandados de criminalização, entretanto, a concreta existência do crime no âmbito interno depende sempre da criação da tipificação da conduta por meio de lei formal.

c) *Lex Stricta:* proibição da analogia *in malam partem*. A analogia não pode ser utilizada para tornar puníveis condutas que não estão criminalizadas por leis ou agravar as penas de crimes.

Importante:
- A analogia *in bonam partem* é permitida no Direito Penal.

d) *Lex Certa:* proibição de penas ou tipos penais indeterminados. O tipo penal deve ser claro e preciso, possibilitando a compreensão de todas as pessoas.

Importante:
- O **terrorismo** estava previsto no art. 20 da Lei n. 7.170/83 como a conduta consistente em devastar, saquear, extorquir, roubar, sequestrar, manter em cárcere privado, incendiar, depredar, provocar explosão, praticar atentado pessoal ou **atos de terrorismo**, por inconformismo político ou para obtenção de fundos destinados à manutenção de organizações políticas clandestinas ou subversivas. Como a Lei n. 7.170/83 não definia o que são "atos de terrorismo", parte da doutrina considerava o dispositivo inconstitucional, por ofensa ao postulado *lex certa*. **Obs.:** a Lei n. 7.170/83 foi expressamente revogada pela Lei n. 14.197/2021.
- Com o advento da Lei n. 13.260/2016, a discussão perdeu sentido, já que se trouxe expressa definição de "terrorismo" no art. 2º: consiste na prática por um ou mais indivíduos dos atos previstos no art. 2º, por razões de xenofobia, discriminação ou preconceito de raça, cor, etnia e religião, quando cometidos com a finalidade de provocar terror social ou generalizado, expondo a perigo pessoa, patrimônio, a paz pública ou a incolumidade pública.

```
             Princípio da legalidade
    ┌────────────┬────────────┬────────────┐
Lex praevia  Lex scripta  Lex stricta  Lex certa
```

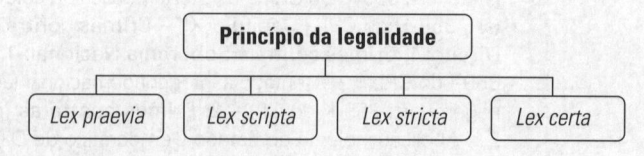

1.2. Princípio da exclusiva proteção de bens jurídicos

A principal função do Direito Penal é a tutela de bens jurídicos, ou seja, de interesses ou valores jurídicos dignos de proteção penal. Com o princípio, resta proibida a criminalização de meras imoralidades, ideologias, crenças pessoais ou religiosas, pois a norma penal somente pode ser criada para proteger valores que interessam ao Direito Penal.

O princípio da exclusiva proteção de bens jurídicos também tem a tarefa de limitar a atividade legislativa, de forma a evitar a criminalização de comportamentos que não causam lesão ou perigo de lesão a qualquer valor ou interesse jurídico socialmente relevante.

1.3. Princípio da intervenção mínima

Nenhuma forma de intervenção do Estado na vida das pessoas é tão drástica quanto a penal, já que somente esta pode culminar com o cerceamento da liberdade. Assim, o Direito Penal deve ser guardado para situações de extrema gravidade, quando estejam em jogo bens jurídicos fundamentais para a comunidade e que não possam ser protegidos por meio de outros ramos do Direito.

A intervenção mínima dá ensejo aos princípios da fragmentariedade e da subsidiariedade.

1.3.1. O caráter fragmentário do Direito Penal ou princípio da fragmentariedade

Fragmento é parte de um todo. Assim, pelo princípio da fragmentariedade, o Direito Penal somente deve intervir quando houver ataques intoleráveis a bens jurídicos relevantes.

1.3.2. O caráter subsidiário do Direito Penal ou princípio da subsidiariedade

O Direito Penal é a *ultima ratio*. Assim, pelo princípio da subsidiariedade, o Direito Penal somente deve intervir quando outros ramos do Direito – notadamente o Civil e o Administrativo – não conseguirem resolver de forma satisfatória o conflito social.

1.4. Princípio da ofensividade ou lesividade

Não há crime sem ofensa ou exposição a perigo de um bem jurídico. De acordo com Nilo Batista (2001, p. 92-95), o princípio da ofensividade possui quatro **funções**:

a) *Proibir a incriminação de uma atitude interna, como ideias, convicções, aspirações e desejos dos homens*. Por esse fundamento não se punem a cogitação e os atos preparatórios do crime.

b) *Proibir a incriminação de uma conduta que não exceda o âmbito do próprio autor*. Por esse fundamento não se punem a autolesão e a tentativa de suicídio. Trata-se do princípio da alteridade.

c) *Proibir a incriminação de simples estados ou condições existenciais*. A pessoa deve ser punida pela prática de uma conduta ofensiva a bem jurídico de terceiro. Com isso, afasta-se o Direito Penal do autor, em que o agente é punido pelo que é, e não pelo que fez.

d) *Proibir a incriminação de condutas desviadas que não causem dano ou perigo de dano a qualquer bem jurídico*. O Direito Penal não deve tutelar a moral, mas sim os bens jurídicos mais relevantes para a sociedade. Trata-se do princípio da exclusiva proteção dos bens jurídicos.

1.5. Princípio da alteridade ou transcendência

É consequência do princípio da ofensividade. A lesão ou exposição a perigo deve ser dirigida a bem jurídico de terceiro, e não a bem jurídico do próprio agente. Por isso a autolesão e a tentativa de suicídio são impuníveis no Brasil.

Se a autolesão for cometida para fraudar seguro, estará caracterizado o delito de estelionato (art. 171, § 2º, V, do CP).

1.6. Princípio da culpabilidade

De acordo com o princípio da culpabilidade, a responsabilização criminal somente ocorrerá quando a conduta do agente for reprovável, ou seja, subjetivamente desvalorosa. Decorrem três **consequências**:

a) *Não se admite a responsabilidade penal objetiva*, ou seja, somente poderá ser punido o agente que tenha atuado com dolo ou culpa.

b) *O comportamento do agente deve ser reprovável nas circunstâncias em que ocorreu*, o que é verificado pela (i) imputabilidade, pela (ii) potencial consciência da ilicitude e pela (iii) exigibilidade de conduta diversa.

c) *A culpabilidade do agente serve como limite material para a imposição da pena*. É por isso que a culpabilidade aparece como uma das circunstâncias judiciais do art. 59 do CP.

> O fundamento constitucional para o princípio da culpabilidade está no art. 5º, LVII, CF: "ninguém será considerado culpado até o trânsito em julgado da sentença penal condenatória".

1.7. Princípio da responsabilidade subjetiva

Decorre do princípio da culpabilidade. Para que o agente seja punido penalmente, não basta a mera prática material do fato, já que se exige, também, a presença de dolo ou culpa. Afasta-se, com isso, a odiosa responsabilidade penal objetiva.

1.8. Princípio da responsabilidade pessoal ou individual

Não pode haver responsabilização criminal por fato alheio. Com isso se veda, em Direito Penal, a responsabilidade coletiva, familiar ou societária.

> De acordo com a **teoria da dupla imputação**, a pessoa jurídica somente poderá ser responsabilizada por crimes ambientais se houver a simultânea persecução penal da pessoa física em tese responsável no âmbito da empresa. No entanto, **o STF afastou a necessidade de dupla imputação** (RE 548.181, j. 6-8-2013). No mesmo sentido: STJ, 5ª T., RMS 56073, j. 25-9-2018.

1.9. Princípio da materialização ou exteriorização do fato

Decorre do princípio da ofensividade, determinando que não podem ser punidas penalmente condutas internas do agente, ou seja, meros pensamentos que não chegam a sair do âmbito da consciência. Para que se possa falar em crime, é necessária uma exteriorização na forma de condutas concretas que ofendam ou exponham a perigo bens jurídicos tutelados pela norma penal. O princípio da materialização do fato relaciona-se com o Direito Penal do fato (pune-se o agente pelo que fez), e se opõe ao Direito Penal do autor (pune-se o agente pelo que é).

1.10. Princípio da adequação social

Um fato que é aceito como normal pela generalidade da sociedade não pode ser crime. Assim, apesar de se adequar à descrição legal (tipicidade formal), uma conduta não pode ser considerada materialmente típica quando estiver de acordo com as práticas comuns da sociedade. Por exemplo, colocação de brincos em menina recém-nascida.

De acordo com os Tribunais Superiores, o **princípio da adequação social não incide** nos crimes de casa de prostituição (art. 229 do CP) e de exposição à venda de DVDs piratas (art. 184, § 2º, do CP). A propósito:

> **STJ – Súmula 502**
> Presentes a materialidade e a autoria, afigura-se típica, em relação ao crime previsto no art. 184, § 2º, do CP, a conduta de expor à venda CDs e DVDs piratas.

1.11. Princípio da proporcionalidade

O objetivo do princípio da proporcionalidade é regular a relação entre meios e fins, especialmente no que se refere a conflitos entre direitos fundamentais. Surgem três *subprincípios* (CANOTILHO, 1993, p. 268-269):

a) *Adequação ou idoneidade:* a medida adotada para a realização do interesse público deve ser apropriada para alcançar o fim pretendido. Trata-se de controlar a relação de adequação meio-fim.

b) *Necessidade ou exigibilidade:* a medida somente pode ser admitida quando necessária. Trata-se do direito à menor desvantagem possível.

c) *Proporcionalidade em sentido estrito:* o resultado obtido é proporcional à carga coativa, ou seja, os meios utilizados para a realização dos fins não devem ultrapassar os limites do tolerável.

Consequências do princípio da proporcionalidade:

1) Proibição do abuso ou excesso do Estado (garantismo negativo): a proporcionalidade é utilizada como proteção contra os excessos ou abusos do poder estatal de punir (proibição da pena de morte, por exemplo).

2) Proibição da proteção deficiente (garantismo positivo): a proporcionalidade é utilizada como proteção contra a omissão estatal diante dos direitos fundamentais. Se o homicídio fosse punido com prestação de serviços à comunidade, estaria sendo violada a tutela do bem **vida**.

Foi com fundamento na desproporcionalidade que o Plenário do STF decretou a seguinte tese: "É inconstitucional a aplicação do preceito secundário do art. 273 do Código Penal à hipótese prevista no seu § 1º-B, I, que versa sobre a importação de medicamento sem registro no órgão de vigilância sanitária. Para esta situação específica, fica repristinado o preceito secundário do art. 273, na sua redação originária" (STF, Pleno, RE 979962, j. 24-3-2021).

3) Deve-se analisar a necessidade concreta da pena. Por exemplo, perdão judicial. Por vezes, mesmo diante da culpabilidade do réu, o juiz pode deixar de aplicar a pena no caso concreto (art. 121, § 5º, do CP).

4) Deve-se analisar a suficiência da pena alternativa. Por exemplo, substituição da pena privativa de liberdade por restritiva de direitos (art. 44 do CP).

1.12. Princípio da insignificância ou bagatela

a) **Compreensão.** Determinados fatos que causam ofensas irrelevantes ao bem jurídico tutelado pela norma penal não devem ser considerados crimes. Isso significa que, não obstante a conduta do agente se amolde à descrição legal (tipicidade formal), ela não será considerada materialmente típica nos casos em que a lesão ou a exposição a perigo do bem jurídico for irrelevante a ponto de não justificar a intervenção do Direito Penal.

b) **Natureza jurídica.** O princípio da insignificância é uma causa de exclusão da tipicidade material.

c) **Requisitos objetivos.** O STF, desde o HC 84.412 (j. 19-10-2004), passou a exigir **quatro condições objetivas** para a incidência do princípio: (1) a mínima ofensividade da conduta do agente; (2) ausência ou nenhuma periculosidade social da ação; (3) o reduzido ou reduzidíssimo grau de reprovabilidade do comportamento; e (4) a inexpressividade da lesão jurídica provocada.

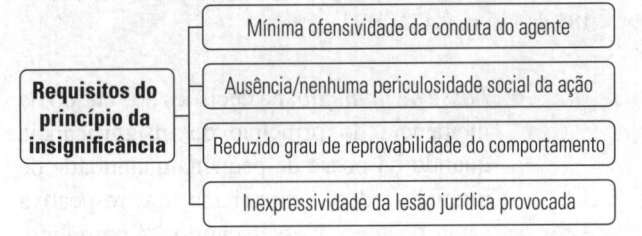

```
Requisitos do         ┌─ Mínima ofensividade da conduta do agente
princípio da          ├─ Ausência/nenhuma periculosidade social da ação
insignificância       ├─ Reduzido grau de reprovabilidade do comportamento
                      └─ Inexpressividade da lesão jurídica provocada
```

d) **Requisito subjetivo.** Discute-se se, além das condições objetivas acima citadas, é também necessário um aspecto subjetivo, ligado ao mérito do autor. O Plenário do STF decidiu que a reincidência, por si só, não impede o reconhecimento do princípio da insignificância, devendo ser analisado o caso concreto.

STF – HC 137.425, j. 11-9-2018
O Plenário do STF, no julgamento do HC 123.734, Rel. Min. Luís Roberto Barroso, explicitou as seguintes **teses**: **(i)** a reincidência não impede, por si só, que o juiz da causa reconheça a insignificância penal da conduta, à luz dos elementos do caso concreto; e **(ii)** na hipótese de o juiz da causa considerar penal ou socialmente indesejável a aplicação do princípio da insignificância por furto, em situações em que tal enquadramento seja cogitável, eventual sanção privativa de liberdade deverá ser fixada, como regra geral, em regime inicial aberto, paralisando-se a incidência do art. 33, § 2º, *c*, do CP no caso concreto, com base no princípio da proporcionalidade.

STF – 1ª T., RHC 205910 AgR, j. 9-5-2022
O Tribunal Pleno, ao denegar o HC n. 123.108/MG, o HC n. 123.533/SP e o HC n. 123.734/MG, Rel. Min. Roberto Barroso, consolidou o entendimento de que a habitualidade delitiva específica ou a reincidência obstam a aplicação do princípio da insignificância (Informativo n. 793/STF).

e) **Bagatela própria *versus* bagatela imprópria.** Na **bagatela própria**, o fato já nasce irrelevante para o Direito Penal, incidindo o princípio da insignificância (causa de exclusão da tipicidade material). Na **bagatela imprópria**, o fato não nasce irrelevante para o Direito Penal, mas posteriormente se verifica que não é necessária a aplicação concreta da pena. Incidirá o princípio da desnecessidade de aplicação da pena ou da irrelevância penal do fato (causa de dispensa de pena). Por exemplo, perdão judicial. Imaginemos que, em um acidente de trânsito, o pai dê causa à morte do próprio filho. O fato é relevante, mas, diante das circunstâncias concretas do ocorrido, o agente poderá ser beneficiado com o perdão judicial (art. 121, § 5º, do CP).

f) **Princípio da insignificância na jurisprudência dos Tribunais Superiores:**

- *Crimes praticados com violência ou grave ameaça à pessoa*: não incide no crime de roubo, por exemplo (STJ, AgRg no HC 739630, j. 17-5-2022).

- *Crimes ou contravenções praticados contra mulher no âmbito das relações domésticas*: não incide, conforme jurisprudência pacificada do STJ (Súmula 589).

STJ – Súmula 589
É **inaplicável** o princípio da insignificância nos crimes ou contravenções penais praticados contra a mulher no âmbito das relações domésticas.

- *Moeda falsa* (art. 289 do CP): não incide (STF, HC 108.193, j. 19-8-2014; STJ, 3ª Seção, AgRg no CC 176.929, j. 24-3-2021; STJ, AgRg no REsp 1969774, j. 15-3-2022).

- *Tráfico de drogas* (art. 33 da Lei n. 11.343/2006): não incide (STJ, AgRg no AREsp 2091852, j. 27-9-2022).

- *Posse de drogas para consumo* (art. 28 da Lei n. 11.343/2006): prevalece que não incide (STJ, AgRg no RHC 165570, j. 14-6-2022). No entanto, o STF já reconheceu (HC 110.475, j. 14-2-2012; HC 127.573, j. 11-11-2019).

- *Furto qualificado pela escalada, arrombamento ou concurso de agentes* (art. 155, § 4º, do CP): prevalece que não incide. Nesse sentido: "Como é cediço, este Superior Tribunal possui entendimento consolidado no sentido de que a prática do delito de furto em sua modalidade qualificada – por escalada, arrombamento ou rompimento de obstáculo ou concurso de agentes –, indica a especial reprovabilidade do comportamento, a obstar o reconhecimento de crime bagatelar" (STJ, AgRg no AgRg no AREsp 2146806, j. 27-9-2022).

- *Contrabando* (art. 334-A do CP): prevalece que não incide (STJ, AgRg nos EDcl no RHC 164524, j. 16-8-2022).

- *Descaminho* (art. 334 do CP) e *crimes tributários federais*: incide, desde que o valor sonegado não ultrapasse **R$ 20.000,00** e não se trate de criminoso habitual. Nesse sentido: "(...) Assim, a tese fixada passa a ser a seguinte: incide o princípio da insignificância aos crimes tributários federais e de descaminho quando o débito tributário verificado não ultrapassar o limite de R$ 20.000,00 (vinte mil reais), a teor do disposto no art. 20 da Lei n. 10.522/2002, com as atualizações efetivadas pelas Portarias n. 75 e 130, ambas do Ministério da Fazenda" (STJ, AgRg no REsp 1.877.935, j. 23-2-2021); "1. 'A habitualidade na prática do crime do art. 334 do CP denota o elevado grau de reprovabilidade da conduta, obstando à aplicação do princípio da insignificância. Precedentes'. (...) 2. Apesar de não configurar reincidência, a existência de outras ações penais, inquéritos policiais em curso ou procedimentos administrativos fiscais, é suficiente para caracterizar a habitualidade delitiva e, consequentemente, afastar a incidência do princípio da insignificância. Precedentes" (STJ, AgRg no REsp 1.907.574, j. 24-8-2021). Ainda: "1. O Superior Tribunal de Justiça, ao julgar o Recurso Especial n. 1.688.878/SP, sob o rito dos repetitivos, fixou a seguinte tese, a saber, "incide o princípio da insignificância aos crimes tributários federais e de descaminho quando o débito tributário verificado não ultrapassar o limite de R$ 20.000,00 (vinte mil reais), a teor do disposto no art. 20 da Lei n. 10.522/2002, com as atualizações efetivadas pelas Portarias n. 75 e 130, ambas do Ministério da Fazenda" (REsp n. 1.688.878/SP, relator Ministro Sebastião Reis Júnior, Terceira Seção, julgado em 28-2-2018, *DJe* de 4-4-2018). 2. Contudo, a reiteração delitiva no crime de descaminho impede a aplicação do princípio da insignificância. Precedentes" (STJ, RHC 124393, j. 27-9-2022).

- *Crimes funcionais contra a Administração Pública* (ex.: peculato): conforme a Súmula 599 do STJ, não incide. No entanto, os Tribunais Superiores já reconheceram: STF, HC 112.388, j. 21-8-2012; STJ, RHC 85272, j. 14-8-2018.

> **STJ – Súmula 599**
> O princípio da insignificância é **inaplicável** aos crimes contra a Administração Pública.

- *Transmissão clandestina de sinal de internet via radiofrequência*: não incide, conforme a Súmula 606 do STJ.

> **STJ – Súmula 606**
> Não se aplica o princípio da insignificância a casos de transmissão clandestina de sinal de internet via radiofrequência, que caracteriza o fato típico previsto no art. 183 da Lei n. 9.472/1997.

- *Posse de munição*: há decisões no sentido da incidência do princípio da insignificância quando há posse de pequena quantidade de munição, desacompanhada da respectiva arma de fogo. Nesse sentido: "Com efeito, este Superior Tribunal de Justiça se alinhou ao entendimento da Segunda Turma do Supremo Tribunal Federal e passou a reconhecer a atipicidade material da conduta, em situações específicas de ínfima quantidade de munição, aliada à ausência do artefato capaz de disparar o projétil" (STJ, AgRg no HC 688.054, j. 19-10-2021). Ainda: "(...) 2. Não há se falar em atipicidade em virtude da apreensão da munição desacompanhada de arma de fogo, porquanto a conduta narrada preenche não apenas a tipicidade formal mas também a material, uma vez que "o tipo penal visa à proteção da incolumidade pública, não sendo suficiente a mera proteção à incolumidade pessoal" (AgRg no REsp n. 1.434.940/GO, Sexta Turma, Relator Ministro ROGERIO SCHIETTI CRUZ, *DJe* de 4-2-2016). 3. Nada obstante, tem-se admitido a aplicação do princípio da insignificância na hipótese de posse de pequena quantidade de munição, desacompanhada de armamento capaz de deflagrá-la, em situação que denote a inexpressividade da lesão jurídica provocada, desde que não se trate de contexto que envolva a prática de outros delitos. De fato, "não se reconhece a incidência excepcional do princípio da insignificância ao crime de posse ou porte ilegal de munição, quando acompanhado de outros delitos, tais como o tráfico de drogas". (HC n. 206977 AgR, Relator ROBERTO BARROSO, Primeira Turma, julgado em 18-12-2021, *DJe* 7-2-2022 PUBLIC 8-2-2022). 4. Na hipótese dos autos, os recorrentes foram presos com 4 munições calibre .40, no mesmo contexto em que presos em flagrante pelo delito de roubo tentado, não havendo que se falar em insignificância da conduta" (STJ, AgRg no HC 770592, j. 27-9-2022).

2. TEORIA DA NORMA PENAL

2.1. Normas penais em branco

Normas penais em branco são leis que necessitam de complementação por meio de outras normas. Dividem-se em:

a) *Homogêneas, impróprias ou em sentido amplo:* o complemento advém de lei. Podem ser: (a) *Homovitelíneas, homovitelinas ou homólogas:* a lei penal é complementada por outra lei penal. Por exemplo, art. 304 do CP; e (b) *Heterovitelíneas, heterovitelinas ou heterólogas:* a lei penal é complementada por lei extrapenal. Por exemplo, o art. 237 do CP é complementado pelo Código Civil.

b) *Heterogêneas, próprias ou em sentido estrito:* o complemento advém de ato administrativo. Por exemplo, art. 33 da Lei n. 11.343/2006 (tráfico de drogas), que é complementado pela Portaria SVS-MS n. 344/98.

De acordo com o art. 66 da Lei de Drogas:

> **Lei n. 11.343/2006**
> **Art. 66.** Para fins do disposto no parágrafo único do art. 1º desta Lei, até que seja atualizada a terminologia da lista mencionada no preceito, denominam-se **drogas** substâncias entorpecentes, psicotrópicas, precursoras e outras sob controle especial, da Portaria SVS/MS n. 344, de 12 de maio de 1998.

c) *Invertidas, ao avesso ou ao revés:* a incompletude está no preceito secundário (pena). Por exemplo, Lei n. 2.889/56 (genocídio). O complemento requerido relaciona-se com a pena.

2.2. Analogia

A analogia é modo de integração (e não de interpretação), ou seja, na ausência de lei específica, busca-se outra lei, que regulamenta caso semelhante.

Espécies: a) analogia *in bonam partem*: aplica-se ao caso omisso lei benéfica ao réu. É permitida no Direito Penal; e b) analogia *in malam partem*: aplica-se ao caso omisso lei prejudicial ao réu. É vedada no Direito Penal.

> **STJ – Súmula 174**
> No crime de roubo, a intimidação feita com arma de brinquedo autoriza o aumento da pena.

A **Súmula 174 do STJ foi cancelada**, já que representava a aplicação de analogia *in malam partem*.

2.3. Lei penal no tempo

a) **Conflitos de leis penais no tempo.** Aplica-se, regra geral, a lei penal que está vigendo ao tempo do fato (*tempus regit actum*). A exceção está na lei penal posterior mais benéfica, conforme dispõe o art. 5º, XL, da CF: a lei penal não retroagirá, salvo para beneficiar o réu. Aplica-se à lei mais benéfica ao réu a regra da **extra-atividade**, que se constitui dos princípios: (i) *retroatividade:* aplicação da lei a fatos ocorridos antes da sua vigência; e (ii) *ultra-atividade:* extensão dos efeitos da lei penal para além da sua revogação.

b) *Abolitio criminis.* A lei nova descriminaliza fatos até então considerados criminosos. De acordo com o art. 2º do CP, ninguém pode ser punido por fato que lei posterior deixe de considerar crime, cessando em virtude dessa lei a execução e os efeitos penais da sentença condenatória.

> Cessam apenas os **efeitos penais**, de forma que o réu continua obrigado a reparar o dano.

Além disso, a lei posterior que de qualquer modo favorecer o agente aplica-se aos fatos anteriores, ainda que decididos por sentença condenatória transitada em julgado (art. 2º, parágrafo único, do CP). Se a sentença condenatória transitou em julgado, compete ao juízo das execuções a aplicação de lei mais benigna (STF, Súmula 611).

> **STJ – Súmula 513**
> A *abolitio criminis* **temporária** prevista na Lei n. 10.826/2003 aplica-se ao crime de posse de arma de fogo de uso permitido com numeração, marca ou qualquer outro sinal de identificação raspado, suprimido ou adulterado, praticado somente até 23-10-2005.

c) **Princípio da continuidade normativo-típica.** A mera revogação formal da lei não dá ensejo à *abolitio criminis*. Foi o que ocorreu com o art. 214 do CP (antigo crime de atentado violento ao pudor), revogado pela Lei n. 12.015/2009. Veja-se que a mesma Lei n. 12.015/2009 deu nova redação ao art. 213 do CP (estupro), que passou a abranger aquilo que antes estava no art. 214 do CP. Como não houve uma descontinuidade normativo-típica, ou seja, o fato não deixou de ser considerado crime, não se fala em *abolitio criminis*.

d) **Combinação de leis (*lex tertia*).** O juiz toma pontos favoráveis de duas ou mais leis, combinando-os no caso concreto. Há duas posições: (i) é possível a combinação de leis penais. O fundamento está em um princípio de hermenêutica penal: se o juiz pode o mais (aplicar toda a lei mais benéfica), poderia também o menos (aplicar apenas um artigo da lei mais benéfica); (ii) não é possível a combinação de leis penais. O fundamento é que o juiz, se assim fizesse, estaria legislando. A segunda posição, contrária à *lex tertia*, é majoritária na doutrina e na jurisprudência.

No caso específico do **tráfico de drogas**, STF (RE 600.817, j. 7-11-2013) e STJ (Súmula 501) decidiram que não é possível a combinação das leis.

STJ – Súmula 501
É cabível a aplicação retroativa da Lei n. 11.343/2006, desde que o resultado da incidência das suas disposições, na íntegra, seja mais favorável ao réu do que o advindo da aplicação da Lei n. 6.368/76, sendo **vedada a combinação de leis**.

e) **Leis penais temporárias e excepcionais.** *Leis temporárias* são aquelas que possuem prazo de vigência previamente determinado. *Leis excepcionais* são aquelas que vigem durante uma situação emergencial, como a guerra ou a calamidade pública.

Ambas possuem duas características: (i) *autorrevogação:* não há necessidade de lei posterior para revogar lei anterior; e (ii) *ultra-atividade gravosa:* a lei excepcional ou temporária, ainda que decorrido o período de sua duração ou cessadas as circunstâncias que a determinaram, aplica-se ao fato praticado durante sua vigência (art. 3º do CP).

f) **Tempo do crime.** Considera-se praticado o crime no momento da ação ou omissão, ainda que outro seja o momento do resultado. *O art. 4º do CP adota a teoria da atividade*.

g) **STF, Súmula 711.** A lei penal mais grave aplica-se ao crime continuado ou ao permanente, se a sua vigência é anterior à cessação da continuidade ou da permanência.

Observações:

- Crimes continuados são delitos da mesma espécie, praticados em condições de tempo, lugar, maneira de execução e outras semelhantes, de tal forma que os subsequentes são tomados como continuação do primeiro (art. 71 do CP).
- Crimes permanentes são aqueles cuja consumação se prolonga no tempo (ex.: sequestro).

Adolescente com 17 anos dispara (atividade) contra a vítima, que é levada ao hospital. Dias depois, no momento da morte (resultado), o autor do disparo já completou 18 anos. Aplica-se o ECA, com fundamento na teoria da atividade (art. 4º do CP).

Adolescente com 17 anos coloca a vítima no cativeiro (atividade). Dias depois, quando a vítima é finalmente localizada e resgatada pela polícia, o autor do sequestro já completou 18 anos. Aplica-se o CP, com fundamento na Súmula 711 do STF.

2.4. Lei penal no espaço

a) **Territorialidade temperada.** É o princípio adotado no art. 5º, *caput*, do CP: aplica-se a lei brasileira, sem prejuízo de convenções, tratados e regras de direito internacional, ao delito cometido no território nacional. Por permitir a incidência de regras do direito internacional, o Código Penal brasileiro adotou o princípio da territorialidade mitigada ou temperada.

b) **Conceitos de território nacional.** (i) *conceito jurídico:* espaço sujeito à soberania do Estado; (ii) *conceito real ou material:* o território abrange a superfície terrestre (solo e subsolo), as águas territoriais (marítimas, lacustres e fluviais) e o espaço aéreo correspondente; (iii) *conceito flutuante ou por extensão:* para efeitos penais, consideram-se extensão do território nacional as embarcações e aeronaves brasileiras, de natureza pública ou a serviço do governo brasileiro onde quer que se encontrem, bem como as aeronaves e as embarcações brasileiras, mercantes ou de propriedade privada, que se achem, respectivamente, no espaço aéreo correspondente ou em alto-mar (art. 5º, § 1º, do CP).

c) **Lugar do crime (*locus commissi delicti*).** Considera-se praticado o crime no lugar em que ocorreu a ação ou omissão, no todo ou em parte, bem como onde se produziu ou deveria produzir-se o resultado. *O art. 6º do CP adota a teoria da ubiquidade*.

> **Tempo do crime** (art. 4º do CP): teoria da atividade.
> **Lugar do crime** (art. 6º do CP): teoria da ubiquidade.

O art. 6º do Código Penal é aplicável aos chamados **crimes à distância ou de espaço máximo**, que são aqueles em que a conduta é praticada em um país e o resultado se produz em outro país.

d) **Extraterritorialidade.** É a aplicação da lei penal brasileira a crimes praticados fora do Brasil.

> A extraterritorialidade não se estende às contravenções penais (art. 2º da LCP).

> *Extraterritorialidade incondicionada* (art. 7º, I, do CP). Independentemente de qualquer condição, aplica-se a lei brasileira aos seguintes crimes cometidos no estrangeiro: (1) contra a vida ou a liberdade do Presidente da República; (2) contra o patrimônio ou a fé pública da União, do Distrito Federal, de Estado, de Território, de Município, de empresa pública, sociedade de economia mista, autarquia ou fundação estatuída pelo Poder Público; (3) contra a administração pública, por quem está a seu serviço; e (4) de genocídio, quando o agente for brasileiro ou domiciliado no Brasil.
> *Extraterritorialidade condicionada* (art. 7º, II, do CP). Aplica-se a lei nacional a determinados crimes cometidos fora do território, desde que haja o concurso de algumas condições. São os crimes: (1) que, por tratado ou convenção, o Brasil se obrigou a reprimir; (2) praticados por brasileiros;

> *Extraterritorialidade hipercondicionada* (art. 7º, § 3º, do CP). Hipótese de crime cometido por estrangeiro contra brasileiro fora do Brasil. Nesta situação, além das condições previstas no § 2º, deve-se ainda observar: (1) se não foi pedida ou foi negada a extradição; (2) se houve requisição do Ministro da Justiça.
> *Lei de Tortura*: o disposto na Lei n. 9.455/97 aplica-se ainda quando o crime não tenha sido cometido em território nacional, sendo a vítima brasileira ou encontrando-se o agente em local sob jurisdição brasileira (art. 2º).

e) **Princípios relativos à extraterritorialidade:** (1) *Nacionalidade ou personalidade:* aplica-se a lei da nacionalidade do agente; (2) *Defesa, real ou de proteção:* aplica-se a lei do bem jurídico ofendido; (3) *Justiça penal universal ou universalidade:* aplica-se a lei do local em que se encontrar o agente e (4) *Representação, bandeira ou pavilhão:* aplica-se a lei do meio de transporte privado em que for praticado o crime.

f) **Pena cumprida no estrangeiro.** Na hipótese de o agente ter sido condenado pelo mesmo crime no Brasil e no estrangeiro, deve-se evitar o *bis in idem* (dupla punição). Para tanto, estabelece o art. 8º do CP: que a pena cumprida no estrangeiro atenua a imposta no Brasil pelo mesmo crime, quando diversas, ou nela é computada, quando idênticas.

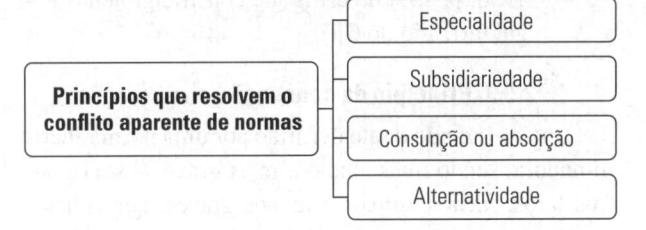

Princípios que resolvem o conflito aparente de normas
- Especialidade
- Subsidiariedade
- Consunção ou absorção
- Alternatividade

2.5. Conflito aparente de normas penais

Ocorre quando duas ou mais leis colidem entre si em relação a determinado fato. A solução é conferida pelos seguintes princípios: especialidade, subsidiariedade, consunção e alternatividade.

2.5.1. Princípio da especialidade

Aplica-se quando uma norma é considerada especial em relação a outra. Lei especial é a que contém todos os elementos da lei geral e ainda acrescenta outros, chamados de elementos especializantes. Assim, havendo lei especial regulando o fato, fica excluída a aplicação da norma geral.

Exemplos dessa especialidade são as relações existentes entre delitos simples, qualificados e privilegiados: o tipo fundamental (ex.: art. 155, *caput*, do CP) será excluído pelo qualificado (ex.: art. 155, § 4º, do CP) ou privilegiado (ex.: art. 155, § 2º, do CP), que deriva do primeiro. Da mesma forma, o infanticídio (crime específico) exclui a aplicação do homicídio (crime genérico).

Prevalece sempre o critério da lei especial, ainda que a lei geral seja mais grave. Essa comparação é feita em abstrato.

2.5.2. Princípio da subsidiariedade

Incide quando a norma que prevê uma ofensa maior a determinado bem jurídico exclui a aplicação de outra norma que prevê uma ofensa menor ao mesmo bem jurídico. O delito descrito pela lei subsidiária, por ser de menor gravidade que o da lei primária, é absorvido por esta.

A subsidiariedade pode ser:

a) *Expressa ou explícita:* a própria lei declara formalmente que somente será aplicada se o fato não constituir crime mais grave. Por exemplo, art. 132 do CP (expor a vida ou a saúde de outrem a perigo direto e iminente: "*Pena* – detenção, de três meses a um ano, *se o fato não constitui crime mais grave*").

b) *Tácita ou implícita:* a norma subsidiária é elementar ou circunstância da norma mais grave. Por exemplo, a ameaça (art. 147 do CP) funciona como "soldado de reserva" (HUNGRIA, 1958, p. 139) do crime de constrangimento ilegal (art. 146 do CP).

2.5.3. Princípio da consunção ou absorção

Incide quando o fato definido por uma norma incriminadora, sendo mais amplo e mais grave, absorve outros fatos, menos amplos e menos graves, que funcionam como fase normal de preparação ou de execução ou como mero exaurimento.

> No conflito, o crime consuntivo é o que absorve o de menor gravidade; o crime consunto é o absorvido.

O princípio da consunção apresenta-se nas seguintes hipóteses:

a) *Crime complexo puro ou em sentido estrito:* existe quando a lei considera como elemento ou circunstâncias do tipo legal fatos que, por si mesmos, constituem crimes (art. 101 do CP). Por exemplo, o latrocínio, que resulta da soma entre roubo e homicídio.

> Parte da doutrina refere-se a outra espécie de crime complexo, chamado de *crime complexo impuro ou em sentido amplo*, que é o que resulta da soma entre fato típico e fato atípico. Por exemplo, o estupro, que advém da fusão entre constrangimento ilegal + relação sexual.

b) *Crime progressivo:* ocorre quando o agente, para atingir determinado resultado, necessariamente passa por uma conduta inicial que produz um evento menos grave que o primeiro. Por exemplo, para atingir-se o homicídio (art. 121 do CP), passa-se antes pela lesão corporal (art. 129 do CP).

c) *Progressão criminosa:* ocorre quando o dolo do agente, no mesmo contexto fático, sofre mutação. O agente que, após envolver-se em discussão de bar, começa a injuriar a vítima, resolvendo depois agredi-la e terminando por matá-la, deve responder apenas pelo homicídio.

> **Crime progressivo:** pressupõe **um único** ato, e o dolo inicial do agente está voltado ao crime **mais** grave.
> **Progressão criminosa:** pressupõe **uma pluralidade** de atos cometidos em continuidade, e o dolo inicial do agente está voltado ao crime **menos** grave.

d) *Fato anterior não punível:* ocorre o *ante factum* impunível quando um fato anterior menos grave precede outro mais grave, funcionando como meio necessário ou normal de realização. Por exemplo, o porte ilegal de arma de fogo ficará absorvido pelo homicídio, a menos que a arma não seja utilizada pelo agente ou não se trate do mesmo contexto fático.

STJ – Súmula 17
Quando o falso se exaure no estelionato, sem mais potencialidade lesiva, é por este absorvido.

Obs.: "Quando o falso se exaure no descaminho, sem mais potencialidade lesiva, é por este absorvido, como crime-fim, condição que não se altera por ser menor a pena a este cominada" (tese jurídica fixada pelo STJ no julgamento do REsp 1.378.053, *DJe* 15-8-2016).

e) *Fato posterior não punível:* ocorre o *postfactum* impunível quando o agente, depois de realizar a conduta, torna a atacar o mesmo bem jurídico, desta vez visando a obter vantagem em relação à prática anterior. Por exemplo, após o furto, o agente destrói a *res furtiva*. O fato posterior deverá ser considerado mero exaurimento.

2.5.4. Princípio da alternatividade

Resolve conflitos entre verbos nucleares dos chamados tipos mistos alternativos, que descrevem crimes de ação múltipla ou de conteúdo variado. Quando a norma penal prevê várias formas de realização da figura típica, todas modalidades de um mesmo delito, a realização de um ou de vários verbos nucleares configura infração penal única. Por exemplo, se o agente, no mesmo contexto fático, transporta, prepara, guarda e depois vende a droga, responderá por um só crime de tráfico (art. 33 da Lei n. 11.343/2006).

3. TEORIA GERAL DO CRIME

3.1. Conceitos de crime

a) *Legal:* é a infração penal punida com reclusão ou detenção.

> **Lei de Introdução do Código Penal**
> **Art. 1º** Considera-se **crime** a infração penal que a lei comina pena de reclusão ou de detenção, quer isoladamente, quer alternativa ou cumulativamente com a pena de multa; **contravenção**, a infração penal a que a lei comina, isoladamente, pena de prisão simples ou de multa, ou ambas, alternativa ou cumulativamente.

b) *Formal:* é a mera violação da norma penal.
c) *Material:* é o comportamento humano que ofende ou expõe a perigo bens jurídicos tutelados pela lei penal.
d) *Analítico:* depende da teoria adotada.

> **Teoria causalista ou naturalística:** crime é fato típico, ilícito e culpável.
> **Teoria finalista tripartida:** crime é fato típico, ilícito e culpável.
> **Teoria finalista bipartida:** crime é somente fato típico e ilícito, sendo a culpabilidade um mero pressuposto para a aplicação da pena.

3.2. Crime, delito e contravenção penal

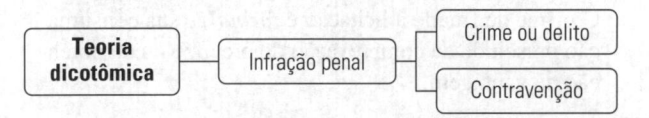

Teoria dicotômica → Infração penal → Crime ou delito / Contravenção

No Brasil foi adotada a ***teoria dicotômica***, para a qual o gênero é a infração penal, tendo como espécies o crime e a contravenção penal.

Crime e delito são sinônimos no Brasil.

Entre crime e contravenção penal não há qualquer diferença ontológica, tanto que uma contravenção pode se tornar crime (como ocorreu com o porte ilegal de arma de fogo).

No entanto, no que se refere às consequências penais (pena), bem como a determinados institutos jurídicos (tentativa, extraterritorialidade, ação penal), existem algumas diferenças.

> **Crime ou delito:** (1) punido com **reclusão** ou **detenção**; (2) cumprimento **máximo de 40 anos** (art. 75 do CP); (3) a tentativa é punível como regra; (4) **aplica-se** a extraterritorialidade e (5) ação penal **pública ou privada**.
> **Contravenção penal:** (1) punida com **prisão simples**; (2) cumprimento **máximo de 5 anos** (art. 10 da LCP); (3) a tentativa é impunível (art. 4º da LCP); (4) **não se aplica** a extraterritorialidade (art. 2º da LCP) e (5) ação penal **pública incondicionada** (art. 17 da LCP).

3.3. Classificação doutrinária dos crimes

a) **Crimes materiais, formais e de mera conduta**
   - *Materiais:* o tipo descreve a conduta e o resultado naturalístico, sendo este necessário para a consumação (ex.: homicídio, roubo, furto).
   - *Formais:* o tipo descreve uma conduta que possibilita a produção de um resultado naturalístico, mas não exige a realização deste para a consumação (ex.: extorsão).

> **STJ – Súmula 96**
> O crime de extorsão consuma-se *independentemente da obtenção da vantagem indevida*.
> **STJ – Súmula 500**
> A configuração do crime do art. 244-B do ECA independe da prova da efetiva corrupção do menor, por se tratar de ***delito formal***.

> **STJ – Súmula 645**
> O crime de fraude à licitação é *formal*, e sua consumação prescinde da comprovação do prejuízo ou da obtenção de vantagem.

- *Mera conduta:* o tipo descreve apenas a conduta, da qual não decorre nenhum resultado naturalístico externo a ela (ex.: porte ilegal de arma de fogo).

b) **Crimes comuns, próprios e de mão própria**
- *Comuns:* podem ser praticados por qualquer pessoa (ex.: furto).
- *Próprios:* somente podem ser praticados pelo sujeito ativo descrito no tipo (ex.: peculato, que exige a qualidade de funcionário público do autor).
- *De mão própria:* além de exigir determinada condição especial do sujeito ativo, requer que este pessoalmente pratique a conduta (ex.: falso testemunho).

c) **Crimes instantâneos, permanentes e de efeitos permanentes**
- *Instantâneos:* a consumação ocorre em momento determinado, não se prolongando no tempo (ex.: homicídio).
- *Permanentes:* a consumação se protrai no tempo (ex.: cárcere privado).
- *Instantâneos de efeitos permanentes:* são crimes instantâneos que se caracterizam pela índole duradoura de suas consequências (ex.: confecção de certidão falsa, fazendo uso dela por período prolongado no tempo).

d) **Crimes habituais**
Consumam-se com a reiteração de atos que denotam um estilo ou modo de vida do agente (ex.: curandeirismo).

e) **Crimes unissubsistentes e plurissubsistentes**
- *Unissubsistentes:* consumam-se com a prática de um só ato (ex.: injúria verbal).
- *Plurissubsistentes:* consumam-se com a prática de um ou vários atos (ex.: injúria por escrito).

f) **Crimes monossubjetivos e plurissubjetivos**
- *Monossubjetivos ou de concurso eventual:* o crime pode ser praticado por uma ou várias pessoas em concurso (ex.: homicídio).
- *Plurissubjetivos ou de concurso necessário:* o crime somente pode ser praticado por uma pluralidade de agentes em concurso (ex.: associação criminosa).

g) **Crimes comissivos e omissivos**
- *Comissivos:* são aqueles praticados por ação.
- *Omissivos:* são aqueles praticados por omissão. Dividem-se em: (1) *Omissivos puros ou próprios:* o tipo penal descreve uma conduta omissiva, ou seja, um não fazer proibido (ex.: omissão de socorro); e (2) *Omissivos impuros, impróprios ou comissivos por omissão:* o tipo penal descreve uma conduta positiva, mas sua execução se dá por omissão nas hipóteses em que o agente podia e devia agir para evitar o resultado (ex.: art. 121, c/c art. 13, § 2º, do CP).

h) **Crimes de dano e de perigo**
- *De dano:* consumam-se com a efetiva lesão ao bem jurídico (ex.: roubo).
- *De perigo:* consumam-se com a possibilidade de lesão ao bem jurídico (ex.: perigo para a vida ou saúde de outrem). Dividem-se em: (1) *de perigo concreto:* são os que exigem a comprovação do perigo para a consumação (ex.: art. 309 do CTB); e (2) *de perigo abstrato ou presumido:* são os que dispensam a comprovação do perigo para a consumação (ex.: art. 310 do CTB).

> **STJ – Súmula 575**
> Constitui crime a conduta de permitir, confiar ou entregar a direção de veículo automotor a pessoa que não seja habilitada, ou que se encontre em qualquer das situações previstas no art. 310 do CTB, independentemente da ocorrência de lesão ou de perigo de dano concreto na condução do veículo.

i) **Crimes simples, privilegiados e qualificados**
- *Simples:* é o tipo penal em sua forma básica (ex.: art. 121, *caput*, do CP).
- *Qualificados:* há circunstâncias previstas na sequência do tipo penal (normalmente parágrafos) que aumentam as penas mínima e máxima previstas (ex.: art. 121, § 2º, do CP).
- *Privilegiados:* há circunstâncias previstas na sequência do tipo penal (normalmente parágrafos) que diminuem as penas mínima e máxima previstas (ex.: art. 121, § 1º, do CP).

j) **Crimes qualificados pelo resultado**
Aqueles em que vem prevista pena mais grave para a hipótese de produção de determinado resultado (ex.: lesão corporal seguida de morte).

k) **Crimes preterdolosos ou preterintencionais**

Aqueles tipos em que há dolo na conduta antecedente e culpa no resultado consequente.

l) Crimes de ação única e de ação múltipla

- *De ação única:* o tipo penal possui apenas um verbo nuclear (ex.: homicídio).
- *De ação múltipla:* o tipo penal possui mais de um verbo nuclear, de forma que a realização de qualquer deles configura o crime (ex.: receptação simples).

m) Crimes cumulativos ou de acumulação

Há casos em que uma única conduta do agente não ofende o bem jurídico tutelado. Isso ocorre sobretudo nos crimes em que o bem protegido é supraindividual, como o meio ambiente. Assim, em vez de um comportamento isolado, leva-se em conta o acúmulo dos resultados advindos das condutas para a configuração da infração penal.

n) Crimes a distância e plurilocais

- *Crimes a distância ou de intervalo máximo:* a conduta é praticada em um país e o resultado se produz em outro país.
- *Crimes plurilocais:* a conduta é praticada em uma comarca e o resultado se produz em outra comarca, ambas no mesmo país.

o) Crime de alucinação

Trata-se da hipótese de erro de proibição invertido, ou delito putativo por erro de proibição. O agente acredita estar praticando um crime, mas na verdade o fato é atípico. Por exemplo, o autor comete adultério supondo que ainda seja crime (na verdade o art. 240 do CP está revogado desde 2005).

p) Crime putativo por obra do agente provocador, crime de ensaio, delito de laboratório, flagrante preparado ou flagrante provocado

Ocorre quando alguém, de forma insidiosa, provoca o agente à prática de um crime, ao mesmo tempo que toma providências para que ele não se consuma (JESUS, 2009, p. 196). Trata-se, portanto, de hipótese em que o agente é induzido a delinquir.

> **STF – Súmula 145**
> Não há crime, quando a preparação do flagrante pela polícia torna impossível a sua consumação.

3.4. Sujeitos do crime

a) **Sujeito ativo:** pode ser tanto quem realiza o verbo nuclear do tipo (autor executor) ou possui o domínio finalista do fato (autor funcional) como quem, de qualquer outra forma, concorre para o crime (partícipe).

> **Teoria da Dupla Imputação.** De acordo com a Constituição Federal (art. 225, § 3º), a pessoa jurídica pode ser responsabilizada criminalmente por delitos ambientais. No entanto, até pouco tempo, a jurisprudência do STJ exigia uma dupla imputação na hipótese, ou seja, a pessoa jurídica somente poderia ser processada se houvesse, também, uma imputação dirigida contra a pessoa física responsável pelo comportamento previsto como crime ambiental. A orientação mudou com o julgamento do RE 548.181 (j. 6-8-2013), caso em que o STF decidiu: "O art. 225, § 3º, da Constituição Federal não condiciona a responsabilização penal da pessoa jurídica por crimes ambientais à simultânea persecução penal da pessoa física em tese responsável no âmbito da empresa. *A norma constitucional não impõe a necessária dupla imputação*".

b) **Sujeito passivo:** a vítima pode ser: (1) material ou eventual: titular do bem jurídico violado ou ameaçado; (2) formal ou constante: titular do mandamento proibitivo, ou seja, o Estado.

Importante:

- *Morto:* não pode ser sujeito passivo, pois não é titular de direitos. Poderá figurar como vítima a família do morto.
- *Maus-tratos a animais:* a vítima é a coletividade.
- *Pessoa jurídica e crimes contra a honra:* a pessoa jurídica pode ser vítima de difamação e de calúnia (neste último caso somente quando a ofensa versar sobre crime ambiental). No entanto, como não possui honra subjetiva, a PJ não pode ser vítima de injúria.
- *Autolesão:* em regra é impunível no Brasil. Exceção: fraude para recebimento de seguro (art. 171, § 2º, V, do CP).
- *Crimes vagos:* são aqueles em que o sujeito passivo é indeterminado. Por exemplo, porte ilegal de arma de fogo.

3.5. Fato típico

Fato típico é o comportamento humano previsto em lei como crime ou contravenção penal.

Nos crimes materiais, o fato típico é formado por: (1) conduta; (2) resultado; (3) nexo causal; e (4) tipicidade.

Já nos crimes formais e de mera conduta, o fato típico é formado por: (1) conduta e (2) tipicidade.

3.5.1. Conduta

Conduta é o gênero, para as espécies **ação** e **omissão**.

a) **Teorias da ação**

1) *Teoria causalista ou naturalística (Von Liszt):* conduta é um comportamento voluntário que produz uma modificação do mundo exterior.

2) *Teoria finalista (Welzel):* conduta é um comportamento humano voluntário e consciente, dirigido a determinada finalidade. *É a teoria mais aceita no Brasil.*

> **Teoria causalista:** dolo e culpa estão na culpabilidade.
> **Teoria finalista:** dolo e culpa estão no tipo.

3) *Teoria social (Jescheck e Wessels):* a conduta é considerada a partir da sua relevância social, ou seja, o que importa é a ação com relevância para a sociedade.

4) *Teorias funcionalistas:* ao contrário das demais teorias, que enfatizam a ação, o funcionalismo prioriza o próprio tipo. Destacam-se duas vertentes funcionalistas: (a) a de *Roxin*, para quem ação é a exteriorização da personalidade (teoria personalista da ação); (b) a de *Jakobs*, para quem a ação é vista numa perspectiva negativa, como a não evitação de um resultado evitável pelo sujeito (teoria da evitabilidade individual).

> Para o **finalismo tripartite**, o crime é formado por três elementos (fato típico, ilicitude e culpabilidade).
> Para o **finalismo bipartite**, o crime é formado por dois elementos (fato típico e ilicitude). A culpabilidade é mero pressuposto para a aplicação da pena.

b) **Teorias da omissão**

1) *Teoria naturalística da omissão:* a omissão é considerada análoga ao fazer, ou seja, é perceptível no mundo natural como algo que muda o estado das coisas. Assim, quem se omite dá causa ao resultado.

2) *Teoria normativa da omissão:* quem se omite não faz nada e o nada não causa coisa alguma, ou seja, não há relevância causal em sentido físico. No entanto, a lei impõe um dever jurídico de agir em determinadas circunstâncias. *É a teoria adotada pelo art. 13, § 2º, do CP.*

■ **Omissão própria e omissão imprópria:**

a) *Crime omissivo próprio ou puro:* a omissão vem descrita no tipo penal. Nesse caso, o omitente responderá pela simples conduta, e não pelo resultado naturalístico (ex.: omissão de socorro – art. 135 do CP).

b) *Crime omissivo impróprio, impuro, espúrio ou comissivo por omissão:* é a ampliação mediata de um tipo penal que descreve conduta positiva (ex.: homicídio), com a imposição de um dever jurídico de agir para evitar o resultado. Está previsto no art. 13, § 2º, do CP.

De acordo com o Código Penal (art. 13, § 2º), a omissão é penalmente relevante quando o omitente devia e podia agir para evitar o resultado. O dever de agir pode se dar de três formas: (a) *dever legal:* o agente, por lei, tem obrigação de cuidado, proteção ou vigilância. O policial que, vendo o estupro, nada faz para evitar o resultado, responde por estupro; (b) *dever contratual*: o agente, de outra forma, assumiu a responsabilidade de impedir o resultado. Se a criança de tenra idade cair do berço, a babá contratada para cuidá-la responderá pelas lesões; e (c) *ingerência:* o agente, com seu comportamento anterior, criou o risco da ocorrência do resultado. O autor que convida pessoa que não sabe nadar para fazer a travessia do rio responderá pelo resultado se esta vier a se afogar.

> **Crimes omissivos próprios:** (1) são **unissubsistentes**; (2) **não admitem** tentativa e (3) são sempre **dolosos**.
> **Crimes omissivos impróprios:** (1) são **plurissubsistentes**; (2) **admitem** tentativa e (3) podem ser **dolosos** ou **culposos**.

c) **Ausência de conduta**

Conforme a teoria finalista, a conduta pressupõe um comportamento humano voluntário e consciente. Assim, ausente a vontade ou a consciência, não se pode falar em conduta (o fato será atípico).

Hipóteses: (1) *coação física irresistível:* o coator vale-se do coagido como se este fosse um instrumento. Por exemplo, o coagido é amarrado e jogado sobre a vítima, matando-a. Só responderá o coator, pois o coagido pratica fato atípico; e (2) *estados de inconsciência:* trata-se da falta de capacidade psíquica de vontade, que faz desaparecer a conduta (ex.: comportamentos praticados durante estados de sonambulismo ou hipnose).

> **Coação física irresistível:** exclui a **conduta** do coagido.
> **Coação moral irresistível:** exclui a **culpabilidade** do coagido.

3.5.2. Resultado

O resultado é explicado por duas teorias: (1) *teoria normativa ou jurídica:* resultado é a ofensa ou a exposição a risco de bens ou interesses tutelados pela norma penal. Para a teoria normativa ou jurídica, todos os crimes possuem resultado; e (2) *teoria naturalística:* resultado é a efetiva modificação do mundo exterior. Para a teoria naturalística, há crimes sem resultado.

> **Crimes quanto ao resultado naturalístico:** (1) *materiais:* somente se consumam com a produção do resultado naturalístico (ex.: homicídio); (2) *formais ou de consumação antecipada:* a ocorrência do resultado naturalístico, apesar de admitida, não é relevante, já que a consumação ocorre antes e independentemente da sua produção (ex.: extorsão); (3) *de mera conduta:* o tipo não prevê a ocorrência de resultado naturalístico (ex.: violação de domicílio).

3.5.3. Nexo causal ou relação de causalidade

a) **Compreensão.** Relação de causalidade é o vínculo entre conduta e resultado naturalístico. O nexo causal é necessário apenas nos **crimes materiais**, pois estes exigem, para a sua consumação, a produção do resultado naturalístico (modificação do mundo exterior).

b) **Teoria adotada.** O Código Penal adota a **teoria da equivalência dos antecedentes causais ou da conditio** *sine qua non*. De acordo com o art. 13, *caput*, do CP considera-se *causa* a ação ou omissão sem a qual o resultado não teria ocorrido.

c) **Crítica à teoria da equivalência dos antecedentes causais.** Regresso ao infinito. Por exemplo, o agente mata a vítima com emprego de arma de fogo. Pela teoria da conditio *sine qua non*, estaria autorizada a punição do fabricante do armamento, já que sem a arma de fogo o crime não teria ocorrido como ocorreu.

d) **Limites ao regresso ao infinito.** Diante do rigor da teoria da equivalência dos antecedentes causais, são estabelecidos alguns limites à sua atuação:

I) *Art. 13, § 1º, do CP.* A superveniência de causa relativamente independente exclui a imputação quando, por si só, produziu o resultado; entretanto, os fatos anteriores, imputam-se a quem os praticou. Por exemplo, a vítima é alvejada com um tiro de raspão no ombro, dirigindo-se ao hospital para fazer um simples curativo, local em que morre em virtude de um incêndio (causa superveniente que, por si só, produziu o resultado). Em face do disposto no art. 13, § 1º, do CP o atirador responderá por tentativa de homicídio, e não por homicídio consumado.

II) *Critérios de imputação objetiva.* A teoria da imputação objetiva procura estabelecer critérios objetivos para a imputação de um resultado a alguém (ROXIN, 1997, p. 362): (a) *criação ou incremento de um risco não permitido para o objeto da ação:* para que haja imputação do resultado à conduta, ela deve criar um risco não permitido ao bem jurídico; (b) *realização do risco no resultado concreto:* ainda que criado um risco não permitido, caso ele não se realize no resultado concreto, este não pode ser imputado objetivamente ao agente. Por exemplo, motorista imprudente atropela o ciclista, causando-lhe lesões. No hospital, a vítima acaba morrendo porque o teto desaba sobre sua cabeça. O motorista não responderá pela morte; (c) *resultado dentro do alcance do tipo*: caso seja criado um risco não permitido, que venha a se realizar no resultado concreto, ainda assim será possível excluir a imputação objetiva da conduta ao agente no caso de o resultado não estar abarcado pelo tipo penal. Por exemplo, motorista imprudente trafega em velocidade incompatível, parando a centímetros de pedestre que atravessava a via na faixa de segurança. Em face do susto sofrido, o pedestre tem um ataque fulminante do coração e morre. O homicídio não poderá ser imputado ao motorista, já que a lei regulatória do limite de velocidade pune a morte em face de atropelamento, e não em face de susto.

III) *Análise de dolo e culpa (imputação subjetiva)*. Os institutos serão vistos a seguir, logo após a "tipicidade".

3.5.4. Tipicidade

a) **Compreensão.** O tipo penal descreve uma conduta (ação ou omissão) proibida. No entanto, quando o agente pratica um comportamento real que realiza o tipo penal (conduta descrita em lei), ocorre a tipicidade, também chamada de adequação típica.

b) **Tipicidade objetiva e tipicidade subjetiva.** A tipicidade penal é formada pela tipicidade objetiva e pela tipicidade subjetiva.

> Na *tipicidade objetiva* estão abrangidas a tipicidade formal e a tipicidade material: (1) *tipicidade formal ou legal:* mero juízo de adequação (subsunção do fato à norma penal); (2) *tipicidade material:* desvalor da conduta e do resultado. Verifica-se se o comportamento do autor ofendeu o bem jurídico tutelado de forma grave, de modo a justificar a intervenção do Direito Penal.

> O princípio da insignificância é causa de exclusão da tipicidade material.

Na *tipicidade subjetiva* estão abrangidos o dolo e, quando exigido, o elemento subjetivo especial (também chamado de dolo específico).

Exemplo de elemento subjetivo especial: a **Lei de Abuso de Autoridade (Lei n. 13.869/2019)** refere que "As condutas descritas nesta Lei constituem crime de abuso de autoridade quando praticadas pelo agente **com a finalidade específica de prejudicar outrem ou beneficiar a si mesmo ou a terceiro, ou, ainda, por mero capricho ou satisfação pessoal**" (§ 1º do art. 1º).

> **Tipicidade objetiva:** tipicidade formal + tipicidade material.
> **Tipicidade subjetiva:** dolo + elemento subjetivo especial.

c) **Adequação típica.** Pode ser: (1) *Adequação típica direta ou imediata:* o fato se ajusta perfeitamente à lei penal, sem que se exija o concurso de qualquer outra norma; (2) *Adequação típica indireta ou mediata:* o fato não se ajusta perfeitamente à lei penal, sendo necessário o concurso de outra norma, chamada de **norma de extensão ou ampliação da figura típica**. É o que ocorre na omissão imprópria (art. 13, § 2º, do CP), na tentativa (art. 14, II, do CP) e na participação (art. 29 do CP).

3.6. Crime doloso

a) **Teorias sobre o dolo**

- *Teoria da representação ou previsão do resultado:* para a configuração do dolo basta o sujeito agir após ter previsto o resultado, ainda que não o aceite. Não foi adotada no Brasil, pois confunde dolo com culpa consciente.

- *Teoria da vontade:* para a configuração do dolo basta a vontade livre e consciente de querer o resultado. Foi adotada no Brasil em relação ao **dolo direto** (art. 18, I, 1ª parte, do CP).

- *Teoria do consentimento ou assentimento:* atua com dolo quem, mesmo prevendo o resultado lesivo e não o querendo de forma direta, assume o risco de produzi-lo. Foi adotada no Brasil em relação ao **dolo eventual** (art. 18, I, 2ª parte, do CP).

> **Dolo direto:** teoria da vontade (art. 18, I, 1ª parte, do CP).
> **Dolo eventual:** teoria do consentimento (art. 18, I, 2ª parte, do CP).

b) **Espécies de dolo**

- *Dolo direto:* é aquele em que o agente quer praticar a conduta descrita no tipo penal, dirigindo-se finalisticamente para o resultado. Divide-se em: (1) *Dolo direto de primeiro grau:* o fim é diretamente desejado pelo agente; (2) *Dolo direto de segundo grau:* o resultado é obtido como consequência necessária à produção do fim. É conhecido como ***dolo de consequências necessárias*** (BUSATO, 2015, p. 419).

- *Dolo indireto:* ocorre quando o agente não quer produzir resultado certo e determinado. Divide-se em: (1) *Dolo eventual:* o agente não quer produzir o resultado, mas o prevê e o aceita como possível, assumindo o risco que ele ocorra. Recorde-se da célebre fórmula de Frank: "Seja como for, dê no que der, em qualquer caso não deixo de agir". (2) *Dolo alternativo:* o agente, com igual intensidade, deseja produzir um ou outro resultado. Por exemplo, o autor dispara para matar ou ferir.

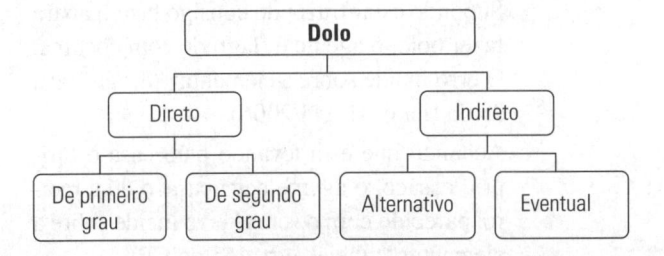

```
                    Dolo
            ┌─────────┴─────────┐
          Direto              Indireto
        ┌───┴───┐           ┌────┴────┐
    De primeiro De segundo  Alternativo Eventual
       grau       grau
```

- *Dolo de dano:* é a vontade de produzir uma efetiva lesão ao bem jurídico. Por exemplo, art. 121 do CP.
- *Dolo de perigo:* é a vontade de expor o bem jurídico a uma situação de perigo de dano. Por exemplo, art. 132 do CP.
- *"Dolus generalis" ou erro sucessivo:* supondo ter produzido o resultado desejado, o autor pratica uma nova conduta, com nova finalidade, sendo que é esta a causadora do resultado pretendido na origem. Por exemplo, querendo matar "B", "A" o agride na cabeça com um instrumento contundente. Na sequência, imaginando ter matado a vítima, "A" joga o corpo desta no mar. Quando o corpo é encontrado e periciado, constata-se que a morte se deu, na verdade, por afogamento. De acordo com os postulados do *dolus generalis*, o agente responderá por homicídio doloso consumado, já que o erro do curso causal é irrelevante.

3.7. Crime culposo

a) **Culpa no Código Penal.** De acordo com o art. 18, II, do CP, diz-se o crime culposo quando o agente dá causa ao resultado por imprudência, negligência ou imperícia.

> **Imprudência** é o agir culposo.
> **Negligência** é a omissão culposa.
> **Imperícia** é a culpa profissional.

b) **Princípio da excepcionalidade.** O art. 18, parágrafo único, do CP prevê o princípio da excepcionalidade do crime culposo. Em regra os tipos penais são dolosos. Portanto, os tipos culposos, que são exceção, devem ser previstos expressamente.

c) **Elementos do crime culposo**
- *Conduta voluntária:* nos crimes culposos a finalidade da conduta é normalmente lícita.
- *Violação do dever objetivo de cuidado:* trata-se da não observância de deveres impostos a todos, com consequente provocação de danos a bens jurídicos de terceiros. Tal inobservância do dever objetivo de cuidado é provocada por imprudência, negligência ou imperícia.
- *Resultado naturalístico involuntário:* se o resultado fosse desejado, haveria dolo.
- *Nexo causal:* os crimes culposos são materiais.
- *Previsibilidade objetiva do resultado:* deve ser possível ao *homo medius* (representante hipotético do homem comum) prever o resultado nas circunstâncias em que ocorreu.
- *Ausência de previsão:* no caso concreto, o agente não prevê o resultado. Há uma exceção: culpa consciente, que é uma espécie de culpa com previsão.
- *Tipicidade:* os crimes culposos, regra geral, são tipos penais abertos, ou seja, incompletos, devendo ser complementados pelo juiz.

d) **Espécies de culpa**
- *Culpa inconsciente:* o agente não prevê o resultado previsível.
- *Culpa consciente:* o agente representa a possibilidade de ocorrer o resultado, mas não assume o risco de produzi-lo, pois confia sinceramente que não ocorrerá.
- *Culpa própria:* o agente não quer o resultado e nem assume o risco de produzi-lo.
- *Culpa imprópria:* é a que decorre do erro inescusável (art. 20, § 1º, do CP).

e) **Compensação e concorrência de culpas**
Diversamente do campo civil, na esfera penal não é cabível a compensação de culpas. No entanto, é possível a concorrência de crimes culposos, como ocorre na hipótese de acidente automobilístico decorrente da culpa de dois motoristas que não observaram os sinais de

trânsito, acarretando lesão corporal em cada condutor.

f) **Culpa consciente *versus* dolo eventual.** Os dois institutos possuem o traço comum da previsão do resultado proibido. Mas, enquanto no *dolo eventual* o agente anui ao advento desse resultado, assumindo o risco de produzi-lo, em vez de renunciar à ação, na *culpa consciente*, ao contrário, repele a hipótese de superveniência do resultado, e, na esperança convicta de que este não ocorrerá, avalia mal e age (BITENCOURT, 2012, p. 377).

> **Culpa consciente:** (1) **há previsão** do resultado; (2) **o agente confia nas suas habilidades pessoais**, acreditando que poderá evitar o resultado.
> **Dolo eventual:** (1) **há previsão** do resultado; (2) **o agente atua com descaso** em relação ao bem jurídico tutelado, assumindo o risco de produzir o resultado.

3.8. Crime preterdoloso ou preterintencional

É aquele em que há **dolo** na conduta antecedente e **culpa** no resultado consequente. Por exemplo, lesão corporal seguida de morte (art. 129, § 3º, do CP).

> Não cabe tentativa de crime preterdoloso, pois parcela do delito (resultado consequente) foi causada por culpa. Não se pode tentar praticar algo que não se quer.

3.9. Erro de tipo

Erro é a falsa percepção da realidade. No Direito Penal há duas espécies de erro: o *erro de tipo* (será analisado neste tópico) e o *erro de proibição* (será analisado dentro da culpabilidade).

Por sua vez, o erro de tipo pode ser **essencial**, quando incide sobre dado elementar do crime (ex.: "droga" no tráfico de entorpecentes), ou **acidental**, quando incide sobre dado acessório do crime (ex.: objeto material do crime no *error in objecto*).

O erro de tipo essencial, conforme veremos abaixo, produz efeitos sobre o dolo e a culpa.

3.9.1. Erro de tipo essencial

a) **Previsão legal:** de acordo com o art. 20, *caput*, do CP o erro sobre elemento constitutivo do tipo legal de crime exclui o dolo, mas permite a punição por crime culposo, se previsto em lei.

Exemplos:

- Vendo a moita se mexer, o caçador dispara, supondo ser o animal que procura. Ao aproximar-se, nota que matou um ser humano que estava atrás das folhagens, e não um animal. O erro incide sobre a elementar "alguém" (art. 121 do CP).
- Supondo estar trazendo consigo farinha para fazer bolo, o agente é flagrado com cocaína. O erro incide sobre a elementar "droga" (art. 33 da Lei n. 11.343/2006).
- Achando que está levando para casa o próprio casaco, o agente pega casaco de terceiro, parecido com o seu. O erro incide sobre a elementar "alheia" (art. 155 do CP).

b) **Espécies e efeitos:** (i) *Erro de tipo escusável ou inevitável:* não podia ter sido evitado, ainda que o agente utilizasse o grau de atenção do homem médio. A consequência será a exclusão do dolo e da culpa; (ii) *Erro de tipo inescusável ou evitável:* podia ter sido evitado, desde que o agente fosse mais cauteloso. A consequência será apenas a exclusão do dolo, permitindo-se a punição do autor a título de culpa, desde que exista forma culposa prevista em lei.

3.9.2. Erro de tipo acidental

Como referido, o erro de tipo acidental é aquele que incide sobre dados acessórios ou secundários do crime. ***Esta espécie de erro de tipo não exclui dolo e culpa nem isenta o agente de pena.***

Hipóteses:

- *Erro sobre a pessoa ("error in persona"):* o agente confunde a sua vítima com outra. De acordo com o art. 20, § 3º, do CP o erro quanto à pessoa contra a qual o crime é praticado não isenta de pena. Não se consideram, neste caso, as condições ou qualidades da vítima, senão as da pessoa contra quem o agente queria praticar o crime. Por exemplo, desejando matar o próprio pai, o agente dispara contra a vítima, supondo ser o seu ascendente, mas mata uma pessoa que era muito parecida com o seu pai. Responderá pelo homicídio, inclusive com a agravante de crime contra ascendente (art. 61, II, *e*, do CP).
- *Erro sobre o objeto ("error in objecto"):* o agente supõe que sua conduta recai sobre uma

coisa, quando na verdade recai sobre outra. Por exemplo, supondo ser um relógio Rolex, o agente pratica a subtração, posteriormente descobrindo se tratar de imitação barata.

> Conforme dito, o erro de tipo acidental não isenta de pena. No entanto, se estiverem presentes os requisitos, poderá ser aplicado o princípio da insignificância (causa de exclusão da tipicidade material).

- *Erro sobre o nexo causal ("aberratio causae"):* o resultado pretendido pelo agente se produz, porém de outro modo. Por exemplo, o agente dispara contra a vítima para matá-la. Na fuga, o ofendido escorrega e cai da ponte, morrendo em virtude da queda. O autor responderá pelo homicídio.
- *Erro na execução ("aberratio ictus"):* conforme o art. 73 do CP, quando, por acidente ou erro no uso dos meios de execução, o agente, ao invés de atingir a pessoa que pretendia ofender, atinge pessoa diversa, responde como se tivesse praticado o crime contra aquela, atendendo ao disposto no § 3º do art. 20 do CP. Sendo também atingida a pessoa que o agente pretendia ofender, aplica-se a regra do art. 70. Por exemplo, o agente dispara para matar o próprio irmão, mas erra a pontaria e atinge terceira pessoa. Responderá pelo homicídio, inclusive com a agravante de crime contra irmão (art. 61, II, *e*, do CP).

> *Error in persona* (art. 20, § 3º, do CP): não há erro de pontaria e o **agente confunde** a sua vítima com outra.
> *Aberratio ictus* (art. 73 do CP): **há erro** de pontaria e o **agente não confunde** a sua vítima com outra.

- *Resultado diverso do pretendido ("aberratio criminis" ou "delicti"):* de acordo com o art. 74 do CP, fora dos casos do art. 73, quando, por acidente ou erro na execução do crime, sobrevém resultado diverso do pretendido, o agente responde por culpa, se o fato é previsto como crime culposo; se ocorre também o resultado pretendido, aplica-se a regra do art. 70. Por exemplo, o agente atira a pedra para quebrar a vidraça, mas erra a pontaria e acerta a cabeça da vítima. Responderá por lesão culposa ou homicídio culposo, conforme o caso.

> *Aberratio ictus* (art. 73 do CP): o erro ocorre **de pessoa para pessoa**.
> *Aberratio criminis* ou *delicti* (art. 74 do CP): o erro ocorre **de pessoa para coisa** ou **de coisa para pessoa**.

3.10. *Iter criminis*

a) **Fases do crime**
   1ª) *Cogitação:* intenção de praticar o delito (fase interna ou subjetiva).
   2ª) *Preparação:* atos necessários para o agente iniciar a execução do delito. Os atos preparatórios são em regra impuníveis, salvo quando caracterizarem crime autônomo (ex.: porte de arma) ou houver expressa previsão legal (ex.: art. 5º da Lei de Terrorismo).

> **Lei n. 13.260/2016**
> **Art. 5º** Realizar **atos preparatórios de terrorismo** com o propósito inequívoco de consumar tal delito: *Pena* – a correspondente ao delito consumado, diminuída de um quarto até a metade.

   3ª) *Execução:* somente com os atos executórios o agente pode ser punido.
   4ª) *Consumação:* diz-se o crime consumado quando nele se reúnem todos os elementos de sua definição legal (art. 14, I, do CP).

b) **Passagem dos atos preparatórios para os atos executórios.** Destacam-se duas teorias: (i) *Teoria objetivo-formal:* há início de ato executório quando o agente praticar o verbo nuclear do tipo; (ii) *Teoria objetivo-individual:* há início da execução quando é colocado em prática o plano delitivo do agente, ainda que imediatamente anterior à prática do verbo nuclear do tipo.

3.11. Consumação

De acordo com o **art. 14, I, do CP**, diz-se o crime consumado quando nele se reúnem todos os elementos de sua definição legal.

Vejamos o momento da consumação nos seguintes crimes: (1) *materiais:* com a produção do resultado naturalístico; (2) *formais:* com a prática da conduta; (3) *de mera conduta:* com a prática da conduta; (4) *permanentes:* a consumação se prolonga no tempo; (5) *de perigo:* com a exposição do bem jurídico a perigo; (6) *habituais:* com a reiteração de atos que revelam um estilo ou modo de vida do agente; (7) *omissivos próprios ou puros:* com a abstenção do comportamento devido; (8) *omissivos impróprio, impuros ou comissivos por omissão:* com a produção do resultado naturalístico; (9) *culposos:* com a produção do resultado naturalístico; (10) *qualificados pelo resultado:* com a produção do resultado agravador.

■ 3.12. Tentativa ou *conatus*

a) **Conceito:** de acordo com o **art. 14, II, do CP**, diz-se o crime tentado quando, iniciada a execução, não se consuma por circunstâncias alheias à vontade do agente.

b) **Elementos da tentativa:** (1) início da execução de um crime; (2) a sua não consumação; (3) interferência de circunstâncias alheias à vontade do agente; (4) dolo.

c) **Punição da tentativa:** conforme o **art. 14, parágrafo único, do CP,** salvo disposição em contrário, pune-se a tentativa com a pena correspondente ao crime consumado, diminuída de um a dois terços. Como regra, o Código Penal adotou uma **teoria objetiva**, ou seja, a punição do crime tentado justifica-se pela maior ou menor exposição a perigo do bem jurídico ofendido.

d) **Espécies de tentativa:** (1) *Tentativa imperfeita ou inacabada:* sem esgotar o processo executório, o agente não consegue consumar o crime por circunstâncias alheias à sua vontade (ex.: antes de disparar todos os projéteis na vítima, o autor é desarmado); (2) *Tentativa perfeita, acabada ou crime falho:* depois de esgotar o processo executório, o agente não consegue consumar o crime por circunstâncias alheias à sua vontade. Por exemplo, o autor descarrega a arma na vítima, mas esta é salva pelo pronto e eficaz atendimento médico; (3) *Tentativa branca ou incruenta:* o objeto material não é atingido. Por exemplo, erro de pontaria; (4) *Tentativa vermelha ou cruenta:* o objeto material é atingido (ex.: a vítima sofre disparos de arma de fogo).

e) **Infrações que não admitem a tentativa:** (1) *Contravenção penais:* não se pune a tentativa por expressa disposição legal (art. 4º da LCP); (2) *Crimes culposos:* não se pode tentar produzir um resultado que não é desejado; (3) *Crimes preterdolosos:* não cabe a tentativa, já que o resultado agravador é culposo; (4) *Crimes unissubsistentes:* não admitem o fracionamento dos atos executórios (ex.: ameaça verbal); (5) *Crimes omissivos próprios:* não aceitam a tentativa por serem unissubsistentes; (6) *Crimes habituais:* é necessária a reiteração de atos descritos no tipo para que ocorra a consumação. Assim, um único ato é atípico; quando há a reiteração, o crime resta consumado; (7) *Crimes de atentado ou empreendimento:* são aqueles que punem as formas consumada e tentada com a mesma pena em abstrato (ex.: art. 352 do CP – não se pode imaginar tentativa de tentativa).

■ 3.13. Desistência voluntária e arrependimento eficaz

a) **Tentativa abandonada:** é o gênero para as espécies "desistência voluntária" e "arrependimento eficaz". Conforme o **art. 15 do CP**, o agente que, voluntariamente, desiste de prosseguir na execução ou impede que o resultado se produza só responde pelos atos já praticados.

b) **Natureza jurídica:** não há unanimidade na doutrina. Orientações: 1ª) são causas de extinção da punibilidade ou de isenção de pena (Hungria, Noronha, Zaffaroni); 2ª) são causas de exclusão da tipicidade (Damásio, Mirabete, Rogério Greco).

c) **Hipóteses:** (1) *Desistência voluntária:* pressupõe uma conduta negativa (um não fazer), já que o agente desiste voluntariamente de prosseguir nos atos executórios. Por exemplo, "A" ingressa na residência de "B" para a prática de um furto. Verificando a situação de miserabilidade da vítima, "A" desiste de seu intento criminoso (observação: a desistência voluntária se satisfaz com a voluntariedade, não havendo necessidade da espontaneidade); (2) *Arrependimento eficaz:* pressupõe uma conduta positiva (um fazer), já que o agente, depois de realizar os atos executórios, toma uma providência para impedir a produção do resultado (ex.: depois de disparar contra "B", "A" é tocado pelas súplicas da vítima e resolve levá-la ao hospital, conseguindo salvar sua vida).

> **Ato voluntário:** é ato livre (sem coação).
> **Ato espontâneo:** além de livre, é ato que surgiu da **ideia do próprio agente**.

> Se o arrependimento for "ineficaz", ou seja, se o agente não conseguir evitar a produção do resultado, responderá pelo crime praticado.

d) **Tentativa qualificada:** nas duas hipóteses o autor responde pelos atos já praticados, conforme disposição final do art. 15 do CP. No primeiro exemplo acima (desistência voluntária), o agente responderia por violação de domicílio; no segundo (arrependimento eficaz), por lesão corporal (leve, grave ou gravíssima, conforme o resultado).

3.14. Arrependimento posterior

a) **Natureza jurídica:** causa obrigatória de redução de pena.

b) **Previsão legal:** de acordo com o **art. 16 do CP**, nos crimes cometidos sem violência ou grave ameaça à pessoa, se reparado o dano ou restituída a coisa, até o recebimento da denúncia ou da queixa, por ato voluntário do agente, a pena será reduzida de um a dois terços.

c) **Requisitos:** (1) *Crime cometido sem violência ou grave ameaça à pessoa:* aplica-se aos crimes dolosos, tentados e consumados, simples, privilegiados e qualificados. A violência **culposa** não impede o reconhecimento do benefício (ex.: homicídio culposo na direção de veículo automotor); (2) *Reparação do dano ou restituição do objeto material:* deve, como regra, ser total, salvo se houver concordância da vítima; (3) *Reparação até o recebimento da denúncia ou da queixa:* caso seja posterior, será considerada circunstância atenuante genérica (art. 65, III, *b*, do CP); e (4) *Ato voluntário do agente:* a reparação ou restituição não precisa ser espontânea (ato que tenha surgido da ideia do próprio agente), bastando que seja **voluntária** (ato livre, ainda que sugerido por terceiros). Isso significa que o autor pode ter reparado o dano por orientação do seu advogado.

> **Arrependimento eficaz (art. 15 do CP):** causa de extinção da punibilidade ou de exclusão da tipicidade. **Ocorre antes** da consumação.
> **Arrependimento posterior (art. 16 do CP):** causa obrigatória de redução da pena. **Ocorre depois** da consumação.

STJ – AgRg no HC 510.052, *DJe* 4-2-2020
1. Esta Corte possui firme entendimento de que, para que seja possível aplicar a causa de diminuição de pena prevista no art. 16 do Código Penal, **faz-se necessário que o crime praticado seja patrimonial ou possua efeitos patrimoniais**. Precedentes.
2. Inviável o reconhecimento do arrependimento posterior na hipótese de homicídio culposo na direção de veículo automotor, uma vez que o delito do art. 302 do Código de Trânsito Brasileiro não pode ser encarado como crime patrimonial ou de efeito patrimonial. Na espécie, a tutela penal abrange o bem jurídico mais importante do ordenamento jurídico, a vida, que, uma vez ceifada, jamais poderá ser restituída, reparada. Precedente.

No mesmo sentido: STJ, AgRg no REsp 1976946, j. 21-6-2022.

3.15. Crime impossível

a) **Várias denominações do instituto:** crime impossível, tentativa impossível, tentativa inidônea, tentativa inadequada, quase crime, crime oco.

b) **Natureza jurídica:** causa de exclusão da tipicidade.

c) **Teorias do crime impossível:** (1) *Teoria subjetiva:* o agente deve ser punido porque demonstrou intenção de praticar o crime; (2) *Teoria sintomática:* o agente deve ser punido porque demonstrou periculosidade; (3) *Teoria objetiva pura:* o agente não deve ser punido, seja absoluta ou relativa a inidoneidade do meio ou do objeto; e (4) *Teoria objetiva temperada:* o agente só não será punido se a inidoneidade do meio ou do objeto for absoluta; caso seja relativa, haverá crime tentado ou consumado. *O CP adota a teoria objetiva temperada (art. 17).*

d) **Hipóteses:** (1) *Ineficácia absoluta do meio (art. 17, 1ª parte, do CP):* o meio de execução escolhido pelo agente não é idôneo para produzir qualquer resultado lesivo (ex.: arma defeituosa, falsificação grosseira). **STJ, Súmula 73:** "A utilização de papel-moeda grosseiramente falsificado configura, em tese, o crime de estelionato, da competência da Justiça Estadual"; (2) *Impropriedade absoluta do objeto (art. 17, 2ª parte, do CP):* inexiste o objeto material do crime. Por exemplo, "matar o morto" (não se pode matar quem já está morto); manobra abortiva realizada por mulher que não está grávida; (3) *Flagrante preparado, flagrante provocado, crime putativo por obra do agente provocador, crime de ensaio ou delito de laboratório:* caso em que o agente é induzido, pela polícia ou por um terceiro, a praticar o crime. Trata-se de crime impossível segundo o STF.

> **STF – Súmula 145**
> Não há crime, quando a preparação do flagrante pela polícia torna impossível a sua consumação.

🔍 Se o policial, com o objetivo de prender o traficante, se fizer passar por comprador de droga, não haverá flagrante preparado, já que o crime do art. 33 da Lei de Drogas (Lei n. 11.343/2006) é um tipo misto alternativo, ou seja, antes da "venda", o agente já estava praticando o crime, pois **tinha em depósito e guardava** o entorpecente para futura mercancia.

Obs.: no caso do **agente policial disfarçado**, o Pacote Anticrime (Lei n. 13.964/2019) incluiu o seguinte crime: "vende ou entrega drogas ou matéria-prima, insumo ou produto químico destinado à preparação de drogas, sem autorização ou em desacordo com a determinação legal ou regulamentar, a agente policial disfarçado, quando presentes elementos probatórios razoáveis de conduta criminal preexistente" (art. 33, § 1º, IV, da Lei n. 11.343/2006).

e) **Monitoramento eletrônico:** no caso de furtos em estabelecimentos comerciais que possuem vigias e câmeras de segurança, a jurisprudência dos Tribunais Superiores pacificou-se no sentido de que *não há crime impossível*. O monitoramento eletrônico dificulta o furto, mas não o impossibilita.

> **STJ – Súmula 567**
> Sistema de vigilância realizado por monitoramento eletrônico ou por existência de segurança no interior de estabelecimento comercial, por si só, não torna impossível a configuração do crime de furto.

3.16. Ilicitude ou antijuridicidade

a) **Conceito:** é a contrariedade do fato ao ordenamento jurídico.

b) **Consentimento do ofendido:** *requisitos:* (1) Bem jurídico disponível; (2) Momento do consentimento: até a consumação do crime; e (3) Capacidade para consentir: em regra aos 18 anos. *Consequências:* (i) se o dissenso da vítima for elemento do tipo (ex.: art. 150 do CP), haverá a exclusão da tipicidade; (ii) se o dissenso da vítima não for elemento do tipo (ex.: art. 163 do CP), haverá a exclusão da ilicitude.

> **IRRELEVÂNCIA DO CONSENTIMENTO NO CASO DE VÍTIMA VULNERÁVEL**
> • **Súmula 593 do STJ:** "O crime de estupro de vulnerável se configura com a conjunção carnal ou prática de ato libidinoso com menor de 14 anos, sendo irrelevante eventual consentimento da vítima para a prática do ato, sua experiência sexual anterior ou existência de relacionamento amoroso com o agente".
> • **Art. 217-A, § 5º, do CP (incluído pela Lei n. 13.718/2018):** "As penas previstas no *caput* e nos §§ 1º, 3º e 4º deste artigo aplicam-se independentemente do consentimento da vítima ou do fato de ela ter mantido relações sexuais anteriormente ao crime".

c) **Causas de exclusão da ilicitude:** (1) *Previstas na Parte Geral do CP:* não há crime quando o agente pratica o fato: em estado de necessidade; em legítima defesa; em estrito cumprimento de dever legal ou no exercício regular de direito (art. 23 do CP); (2) *Exemplo previsto na Parte Especial do CP:* não constituem injúria ou difamação punível: a ofensa irrogada em juízo, na discussão da causa, pela parte ou por seu procurador; a opinião desfavorável da crítica literária, artística ou científica, salvo quando inequívoca a intenção de injuriar ou difamar; o conceito desfavorável emitido por funcionário público, em apreciação ou informação que preste no cumprimento de dever do ofício (art. 142 do CP); (3) *Exemplo previsto na Legislação Especial:* não é crime o abate de animal, quando realizado: em estado de necessidade, para saciar a fome do agente ou de sua família; para proteger lavouras, pomares e rebanhos da ação predatória ou destruidora de animais, desde que legal e expressamente autorizado pela autoridade competente; por ser nocivo o animal, desde que assim caracterizado pelo órgão competente (art. 37 da Lei dos Crimes Ambientais – Lei n. 9.605/98).

3.16.1. Estado de necessidade (art. 24 do CP)

a) **Requisitos:** (1) *Situação de perigo:* (a) Perigo atual: é o perigo presente, que está ocorrendo. O perigo pode ser oriundo de ato humano, força da natureza ou ataque de animais; (b) Ameaça a direito próprio ou alheio: todos os bens jurídicos podem ser defendidos pelo estado de necessidade; (c) Situação não causada voluntariamente pelo sujeito: se o agente provocar dolosamente o perigo, não poderá se valer do estado de necessidade; e (d) Inexistência de dever legal de enfrentar o perigo: quem tem o dever legal de enfrentar o perigo, como os bombeiros e os policiais, não pode invocar o estado de necessidade. (2) *Fato lesivo:* (a) Inevitabilidade da prática do fato lesivo: deve-se verificar se o agente tinha a possibilidade de salvaguardar o direito sem praticar a conduta lesiva; e (b) Proporcionalidade: bem de maior valor prefere a bem de menor valor.

b) **Espécies:** (1) *Estado de necessidade próprio e de terceiro.* EN próprio: proteção de direito do próprio agente. EN de terceiro: proteção de direito de terceiro. (2) *Estado de necessidade real e putativo.* EN real: existe uma real situação de perigo. EN putativo: o agente, por erro, supõe a situação de perigo. (3) *Estado de necessidade agressivo e defensivo.* EN agressivo: a conduta lesiva recai sobre bem jurídico de terceiro inocente. EN defensivo: a conduta lesiva recai sobre bem jurídico do próprio causador do perigo.

c) **Teorias:** (1) *Unitária (adotada pelo CP):* o estado de necessidade sempre será causa de exclusão da ilicitude (EN justificante). (2) *Diferenciadora (adotada pelo CPM):* o estado de necessidade poderá ser causa de exclusão da ilicitude (EN justificante) ou de exclusão da culpabilidade (EN exculpante).

d) **Redução da pena:** de acordo com o art. 24, § 2º, do CP, embora seja razoável exigir o sacrifício do direito ameaçado, a pena poderá ser reduzida de um a dois terços.

3.16.2. Legítima defesa (art. 25 do CP)

a) **Requisitos**

1) *Agressão injusta, atual ou iminente:* trata-se de conduta humana que ofende ou expõe a perigo direitos, podendo ser dolosa ou culposa, ativa ou omissiva. **Atual** é a agressão que já começou a ofender o bem jurídico mas ainda não cessou. **Iminente** é a agressão que está prestes a se tornar atual.

> Matar animais para se proteger não configura legítima defesa, mas pode caracterizar estado de necessidade. Entretanto, se o animal for atiçado por alguém, pode configurar legítima defesa, pois nesse caso existe uma agressão humana.

2) *Defesa de direito próprio ou alheio:* a expressão "direito" abrange qualquer bem tutelado pelo ordenamento jurídico.

Obs.: o Pleno do STF **proibiu o uso da tese de legítima defesa da honra em crimes de feminicídio**. Em decisão unânime, o Plenário entendeu que a tese contribui para a naturalização e a perpetuação da cultura de violência contra a mulher (ADPF 779).

3) *Reação com os meios necessários:* meio necessário é aquele que estava à disposição do agredido e que menor dano causará.

4) *Uso moderado dos meios necessários:* uma vez escolhido o meio necessário, seu uso deve ser moderado, ou seja, suficiente para repelir a agressão. Moderação significa proporção entre agressão e reação.

b) **Espécies**

- *Legítima defesa sucessiva:* é a reação do agressor contra a repulsa excessiva da vítima.
- *Legítima defesa real e putativa.* LD real: realmente existe a agressão injusta. LD putativa ou imaginária: o agente, por erro, supõe a existência da agressão injusta.
- *Legítima defesa subjetiva:* é o excesso na repulsa de uma agressão decorrente de erro de apreciação da situação fática.

> **Legítima defesa (art. 25 do CP):** (1) repulsa contra uma agressão injusta; (2) o bem jurídico sofre uma agressão; (3) a agressão deve ser humana; e (4) o comportamento deve ser dirigido contra o agressor.
>
> **Estado de necessidade (art. 24 do CP):** (1) conflito entre bens jurídicos; (2) o bem jurídico é exposto a perigo; (3) o perigo pode decorrer de ato humano, força da natureza ou ataque de animais; e (4) o comportamento pode ser dirigido contra terceiro inocente.

c) **Legítima defesa e erro na execução (*aberratio ictus*)**

De acordo com o art. 73 do CP, quando, por acidente ou erro no uso dos meios de execução, o agente, ao invés de atingir a pessoa que pretendia ofender, atinge pessoa diversa, responde como se tivesse praticado o crime contra aquela, atendendo-se ao disposto no § 3º do art. 20 do Código Penal.

Imaginemos que "A" está disparando contra "B". Para se defender, "B" reage mas erra a pontaria, atingindo "C". "B" terá agido em legítima defesa real, já que, de acordo com o instituto da *aberratio ictus*, responderá como se tivesse atingido "A".

d) Legítima defesa do agente de segurança pública

A Lei n. 13.964/2019 (Pacote Anticrime) acrescentou ao art. 25 do Código Penal o seguinte **parágrafo único**: "Observados os requisitos previstos no *caput* deste artigo, considera-se também em legítima defesa o agente de segurança pública que repele agressão ou risco de agressão a vítima mantida refém durante a prática de crimes".

De acordo com o **art. 14-A do CPP**, também incluído pela Lei n. 13.964/2019, nas hipóteses em que servidores vinculados às instituições dispostas no art. 144 da Constituição Federal figurarem como investigados em inquéritos policiais, inquéritos policiais militares e demais procedimentos extrajudiciais, cujo objeto for a investigação de fatos relacionados ao uso da força letal praticados no exercício profissional, de forma consumada ou tentada, incluindo as situações dispostas no art. 23 do Código Penal, o indiciado poderá constituir defensor. Neste caso, o investigado deverá ser citado da instauração do procedimento investigatório, podendo constituir defensor no prazo de até 48 horas a contar do recebimento da citação. Esgotado o prazo com ausência de nomeação de defensor pelo investigado, a autoridade responsável pela investigação deverá intimar a instituição a que estava vinculado o investigado à época da ocorrência dos fatos, para que esta, no prazo de 48 horas, indique defensor para a representação do investigado. Havendo necessidade de indicação de defensor, a defesa caberá preferencialmente à Defensoria Pública, e, nos locais em que ela não estiver instalada, a União ou a Unidade da Federação correspondente à respectiva competência territorial do procedimento instaurado deverá disponibilizar profissional para acompanhamento e realização de todos os atos relacionados à defesa administrativa do investigado. A indicação do aludido profissional deverá ser precedida de manifestação de que não existe defensor público lotado na área territorial onde tramita o inquérito e com atribuição para nele atuar, hipótese em que poderá ser indicado profissional que não integre os quadros próprios da Administração. Na hipótese de não atuação da Defensoria Pública, os custos com o patrocínio dos interesses dos investigados nos procedimentos de que trata esse artigo correrão por conta do orçamento próprio da instituição a que este esteja vinculado à época da ocorrência dos fatos investigados. Essas disposições aplicam-se aos servidores militares vinculados às instituições dispostas no art. 142 da Constituição Federal, desde que os fatos investigados digam respeito a missões para a Garantia da Lei e da Ordem.

3.16.3. Estrito cumprimento de dever legal (art. 23, III, do CP)

a) **Compreensão:** muitas vezes os agentes do Estado, no cumprimento de suas funções públicas, interferem na vida privada das pessoas. Ainda que exista ofensa ou exposição a risco de determinados bens jurídicos (vida, integridade corporal, liberdade), essa interferência, se visar ao cumprimento da lei e não se pautar pelo excesso, estará justificada pelo estrito cumprimento do dever legal.

b) **Dever legal:** é o emanado de normas jurídicas (leis, decretos, regulamentos etc.). Assim, a excludente não se aplica às obrigações sociais, morais ou religiosas.

c) **Agentes públicos ou particulares:** a justificativa pode ser aplicada a servidores do Estado (ex.: policiais efetuando prisões) ou a particulares que exercerem funções públicas (ex.: jurados).

3.16.4. Exercício regular de direito (art. 23, III, do CP)

a) **Compreensão.** Conforme o art. 5º, II, da CF, ninguém será obrigado a fazer ou deixar de fazer alguma coisa senão em virtude de lei. Isso significa que, se determinado comportamento é legitimado por norma extrapenal (é lícito para o Direito Civil, por exemplo), o Direito Penal não poderá considerá-lo criminoso.

b) **Exercício regular.** É o que obedece a condições objetivas estabelecidas, não podendo ser abusivo, sob pena de excesso.

c) **Hipóteses.** Intervenções médicas, ofendículos (ex.: cerca elétrica), violência esportiva (ex.: boxe).

3.16.5. Excesso

a) **Compreensão.** Excesso significa uma intensificação desnecessária a uma conduta inicialmente justificada.

b) **Excesso punível.** De acordo com o art. 23, parágrafo único, do CP, o agente responderá por excesso doloso ou culposo em todas as hipóteses daquele dispositivo (estado de necessidade, legítima defesa, estrito cumprimento de dever legal e exercício regular de direito). Ocorre *excesso doloso* quando o agente se excede voluntariamente no meio utilizado ou no uso desse meio. Ocorre *excesso culposo* quando o agente se excede por imprudência, negligência ou imperícia.

c) **Excesso impunível.** Pode ser acidental ou exculpante. Ocorre *excesso acidental* quando a intensificação desnecessária se dá em virtude de caso fortuito ou força maior. Ocorre *excesso exculpante* quando a intensificação desnecessária se dá em virtude de perturbação de ânimo, medo ou susto. Nos dois casos o agente não responde pelo excesso por ausência de culpabilidade (inexigibilidade de conduta diversa).

3.17. Culpabilidade

a) **Compreensão.** Culpabilidade é o juízo de reprovação que incide sobre o agente que pratica um fato típico e ilícito.

b) **Coculpabilidade.** Os indivíduos praticam condutas diante de determinada circunstância e de acordo com sua capacidade de autodeterminação, a qual é moldada durante a vida e sofre interferências sociais. Como a sociedade organizada não consegue garantir a todos os homens as mesmas oportunidades, acaba por gerar aos menos favorecidos um menor âmbito de autodeterminação, condicionado por causas sociais. Assim, contribuindo para o delito, a sociedade deverá arcar com parcela da culpa do agente (ZAFFARONI; PIERANGELI, 1999, p. 611).

Obs.: os Tribunais Superiores **não têm reconhecido** a tese da coculpabilidade para atenuar a pena do agente (art. 66 do CP).

c) **Teorias.** (1) *Teoria psicológica*. Culpabilidade é o nexo psicológico entre o sujeito e o fato. O seu pressuposto é a imputabilidade, e dolo e culpa são as suas espécies. (2) *Teoria psicológico-normativa*. A culpabilidade passa a ser estruturada da seguinte forma: (a) imputabilidade, (b) dolo e culpa e (c) exigibilidade de conduta diversa. (3) *Teoria normativa pura*. A culpabilidade passa a ser estruturada da seguinte forma: (a) imputabilidade, (b) potencial consciência da ilicitude e (c) exigibilidade de conduta diversa. *A teoria normativa pura é aquela atualmente adotada no Brasil.*

■ **Teorias extremada e limitada.** Da teoria normativa pura decorrem as teorias extremada e limitada da culpabilidade. O **ponto em comum** é que ambas possuem os mesmos três elementos estruturantes da culpabilidade: (1) imputabilidade; (2) potencial consciência da ilicitude; e (3) exigibilidade de conduta diversa.

Já a **diferença** entre as teorias extremada e limitada está no tratamento dispensado às descriminantes putativas: *teoria extremada da culpabilidade:* o art. 20, § 1º, do CP traz hipótese de erro de proibição. *Teoria limitada da culpabilidade:* o art. 20, § 1º, do CP traz hipótese de erro de tipo permissivo.

> De acordo com a exposição de motivos da nova parte geral do CP (itens 17 e 19), o Código Penal brasileiro adota a teoria limitada da culpabilidade.

Passemos à análise de cada um dos três elementos da culpabilidade.

3.17.1. Imputabilidade

a) **Conceito:** é a capacidade de entender o caráter ilícito do fato e de se autodeterminar conforme esse entendimento.

b) **Causas de exclusão:** (1) Doença mental: art. 26, *caput*, do CP; (2) Desenvolvimento mental incompleto: art. 26, *caput*, do CP; (3) Desenvolvimento mental retardado: art. 26, *caput*, do CP; (4) Menores de 18 anos: art. 27 do CP; e (5) Embriaguez completa acidental (oriunda de caso fortuito ou força maior): art. 28, § 1º, do CP.

c) **Sistemas de aferição da inimputabilidade:** (1) *Sistema biológico:* preocupa-se apenas com a causa, ou seja, basta que o agente seja portador de alguma causa de inimputabilidade. *É adotado, por exceção, para os menores de 18 anos (art. 27 do CP).* (2) *Sistema psicológico:* preocupa-se apenas com a consequência, ou seja, basta que o agente, no momento do crime, esteja afetado com alguma causa de inimputabilidade. Não é adotado no Brasil. (3) *Sistema biopsicológico:* agrega os dois sistemas anteriores, exigindo a presença de três requisitos: (a) **Causal:** a causa de inimputabilidade deve estar prevista em lei; (b) **Cronológico:** a causa de inimputabilidade deve influenciar o agente no momento do crime; e (c) **Consequencial:** a causa de inimputabilidade deve retirar totalmente a capacidade do agente. *É adotado, como regra, no art. 26, caput, do CP.*

d) **Semi-imputabilidade:** caso a perícia constate a semi-imputabilidade do réu, o juiz possui duas opções: (i) **Reduzir a pena** (art. 26, parágrafo único, do CP): a pena pode ser reduzida de um a dois terços, se o agente, em virtude de perturbação de saúde mental ou por desenvolvimento mental incompleto ou retardado, não era inteiramente capaz de entender o caráter ilícito do fato ou de determinar-se de acordo com esse entendimento. (ii) **Substituir a pena por medida de segurança** (art. 98 do CP): na hipótese do parágrafo único do art. 26 do CP e necessitando o condenado de especial tratamento curativo, a pena privativa de liberdade pode ser substituída pela internação, ou tratamento ambulatorial, pelo prazo mínimo de 1 a 3 anos, nos termos do art. 97 e respectivos §§ 1º a 4º.

> Com a reforma penal de 1984, o CP passou a adotar o **sistema vicariante ou unitário**, pelo qual o réu semi-imputável receberá pena diminuída **ou** medida de segurança substitutiva. Atualmente não é mais possível cumular as duas espécies de sanção penal para o semi-imputável.

e) **Emoção e paixão.** *Emoção* é o transtorno psíquico provisório. *Paixão* é o transtorno psíquico duradouro. Conforme o art. 28, I, do CP a emoção e a paixão **não excluem** a imputabilidade penal.

f) **Embriaguez não acidental.** A embriaguez não acidental pode ser *voluntária* (o agente consome a substância com a intenção de ficar embriagado) ou *culposa* (o agente quer consumir a substância, mas não quer ficar embriagado, o que acaba ocorrendo por imprudência). De acordo com o art. 28, II, do CP *não haverá a exclusão* da imputabilidade do agente.

A **embriaguez preordenada**, que ocorre quando o agente se embriaga para praticar crimes, é prevista como agravante genérica no art. 61, II, *l*, do CP.

3.17.2. Potencial consciência da ilicitude

a) **Compreensão.** Para que haja o juízo de reprovação é necessário que o agente possua a consciência da ilicitude do fato, ou que, nas circunstâncias, tenha ao menos a possibilidade de conhecê-la.

b) **Valoração paralela na esfera do profano.** Deve ser avaliado se o agente possuía o conhecimento do profano, ou seja, do homem leigo na sociedade. A expressão "valoração paralela na esfera do profano" se deve a Mezger (1957, p. 148). Welzel, por sua vez, refere-se ao instituto como "juízo paralelo na consciência do autor" (WELZEL, 1956, p. 82).

c) **Causa de exclusão da potencial consciência da ilicitude:** erro de proibição inevitável ou escusável.

De acordo com o art. 21, *caput*, do CP o desconhecimento da lei é inescusável.

d) **Conceito de erro de proibição:** é o erro que incide sobre o caráter proibitivo da norma, ou seja, o agente supõe que seu comportamento é permitido. Por exemplo, imaginemos o turista holandês que, durante a Copa do Mundo de 2014 no Brasil, é flagrado fumando maconha em Copacabana. Levado à autoridade policial, o cidadão holandês afirma, com convicção, que acreditava estar praticando uma conduta lícita, já que o uso de maconha é permitido em determinados lugares do seu país.

Atenção:

- O agente **supõe estar transportando chá** e é flagrado com maconha: trata-se de **erro de tipo** (art. 20, *caput*, do CP).
- O agente **sabe que está transportando maconha**, mas supõe que, no caso de uso pessoal, não há crime: trata-se de **erro de proibição** (art. 21 do CP).

e) **Espécies de erro de proibição:** (1) *Erro de proibição direto:* o agente desconhece o caráter ilícito do fato, ou o interpreta mal. (2) *Erro de proibição indireto ou erro de permissão:* o agente conhece o caráter ilícito do fato, mas supõe estar ao abrigo de causa excludente da ilicitude, ou se equivoca em relação aos limites de causa excludente da ilicitude.

f) **Consequências do erro de proibição.** Deve-se verificar se o erro de proibição é inevitável ou evitável. Conforme o art. 21, parágrafo único, do CP considera-se *evitável* o erro se o agente atua ou se omite sem a consciência da ilicitude do fato, quando lhe era possível, nas circunstâncias, ter ou atingir essa consciência. Hipóteses (art. 21, *caput*, do CP): (1) *Erro de proibição inevitável ou escusável:* haverá a exclusão da culpabilidade, e o agente restará isento de pena. (2) *Erro de proibição evitável ou inescusável:* o fato é típico, ilícito e culpável, mas haverá a diminuição da pena de 1/6 a 1/3.

> **Erro de tipo (art. 20, *caput*, do CP):** (1) o agente **não possui** a consciência do fato praticado; (2) se for escusável ou inevitável, **exclui dolo e culpa**; (3) se for inescusável ou evitável, **exclui apenas o dolo**, permitindo a punição do agente por crime culposo, se previsto em lei.
> **Erro de proibição (art. 21 do CP):** (1) o agente **possui** a consciência do fato praticado, mas não da ilicitude desse fato; (2) se for escusável ou inevitável, **exclui a culpabilidade** (isenta de pena); (3) se for inescusável ou evitável, **somente diminui a pena**.

3.17.3. Exigibilidade de conduta diversa

a) **Compreensão**

Para que o comportamento seja reprovável, além dos elementos acima, deve-se verificar se o agente poderia ter praticado a conduta, em situação de normalidade, conforme o ordenamento jurídico.

b) **Causas legais de exclusão da exigibilidade de conduta diversa**

1) *Coação moral irresistível:* conforme o art. 22, 1ª parte, do CP se o fato for praticado sob coação irresistível, só é punível o autor da **coação**. A coação é **moral** quando há emprego de grave ameaça contra o coagido, a fim de que ele faça ou deixe de fazer alguma coisa. Consequência: somente é punido o coator, já que o coagido age sem culpabilidade (inexigibilidade de conduta diversa).

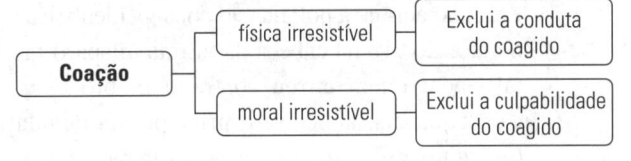

```
Coação ─┬─ física irresistível ──── Exclui a conduta do coagido
        └─ moral irresistível ───── Exclui a culpabilidade do coagido
```

2) *Obediência hierárquica a ordem não manifestamente ilegal:* conforme o art. 22, 2ª parte, do CP só é punível o autor da ordem. A tese somente é possível em relações de direito público, ou seja, há dois funcionários públicos envolvidos, sendo um superior hierárquico e outro subordinado. Consequência: somente é punido o autor da ordem (superior hierárquico), já que o subordinado age sem culpabilidade (inexigibilidade de conduta diversa).

c) **Causas supralegais de exclusão da exigibilidade de conduta diversa**

Hipóteses: (1) *Cláusula de consciência:* trata-se da liberdade de consciência e de crença prevista no art. 5º, VI, da CF. Por exemplo, testemunhas de Jeová que se recusam a fazer transfusão de sangue. (2) *Desobediência civil:* trata-se de forma particular de rebeldia, na medida em que é praticada com o fim imediato de mostrar publicamente a injustiça da lei e com o fim mediato de induzir o legislador a modificá-la (DOTTI, 2012, p. 524-525). Ocorre, por exemplo, com a ocupação de prédios púbicos e o bloqueio de estradas. (3) *Conflito de deveres:* trata-se da escolha pelo mal menor. Por exemplo, trem desgovernado, no qual se encontram centenas de pessoas, está prestes a colidir. O operador de trilhos tem uma chance de desviar o trem para uma estrada secundária, na qual ele poderá ser freado, e deve decidir em segundos. No entanto, na estrada secundária trabalham cinco operários. O operador decide sacrificar os cinco operários e salvar as centenas de passageiros. (4) *Inexigibilidade de conduta diversa em sentido estrito.* Por exemplo, empresário que se encontra em situação financeira grave decide deixar de recolher os impostos para conseguir pagar os empregados.

4. CONCURSO DE PESSOAS

4.1. Requisitos

a) **Pluralidade de condutas e agentes.** São necessárias duas ou mais pessoas realizando a conduta típica ou concorrendo de algum modo para que outro a realize.

b) **Relevância causal das condutas.** Trata-se da relação de causa e efeito entre cada conduta com o resultado (teoria da equivalência dos antecedentes causais).

c) **Liame subjetivo entre os agentes.** Vontade de colaborar para o mesmo crime (princípio da convergência). Exige-se homogeneidade de elemento subjetivo (participação dolosa em crime doloso ou concorrência culposa em crime culposo).

> Não é necessário o acordo prévio entre os agentes (*pactum sceleris*), bastando que um venha a aderir à vontade do outro.

d) **Identidade de fato.** Todos os concorrentes devem responder pelo mesmo crime (teoria monista).

4.2. Teorias

a) **Teoria monista, monística, unitária ou igualitária:** todos – autores, coautores e partícipes – respondem pelo mesmo crime.

b) **Teoria dualista ou dualística:** há um crime para autores e coautores e outro crime para partícipes.

c) **Teoria pluralista ou pluralística:** para uma pluralidade de agentes haverá uma pluralidade de crimes.

4.2.1. Exceções à teoria monista

O Código Penal adota, como regra, a teoria monista. No entanto, há exceções dualistas e pluralistas à teoria monista. Exemplos: (1) Cooperação dolosamente distinta ou desvio subjetivo de conduta (art. 29, § 2º, do CP): se algum dos concorrentes quis participar de crime menos grave, a ele será aplicada a pena deste; essa pena será aumentada até metade, na hipótese de ter sido previsível o resultado mais grave. (2) Aborto praticado com o consentimento da gestante (art. 126 do CP). Ao invés de a gestante também responder pelo crime do art. 126 (como partícipe), será autora do delito previsto no art. 124, 2ª figura, do CP.

4.3. Autoria

a) **Conceitos de autor:** (1) *conceito unitário:* não faz diferença entre autor e partícipe, de modo que todos são autores ou coautores; (2) *conceito restritivo:* faz diferença entre autor e partícipe. No conceito restritivo destacam-se três teorias: (1) *teoria objetivo-formal:* autor é quem pratica o verbo nuclear do tipo. Por sua vez, partícipe é quem concorre para o crime sem praticar o núcleo do tipo; (2) *teoria objetivo-material:* autor é quem dá a contribuição objetiva mais importante. Por sua vez, partícipe é quem contribui de forma menos importante para o resultado; (3) *teoria objetivo-subjetiva ou teoria do domínio do fato:* autor é quem possui o domínio do fato. O partícipe, por sua vez, concorre para o crime sem possuir o domínio finalístico do fato (ROXIN, 2000, p. 151 e s.).

A *teoria do domínio do fato* foi desenvolvida por Roxin a partir de três possibilidades: domínio da ação, domínio da vontade e domínio funcional do fato.

Vejamos:

- *Domínio da ação:* é autor quem possui domínio sobre a sua própria ação, realizando pessoalmente os elementos do tipo. Explica o **autor imediato**.

- *Domínio da vontade:* é autor quem domina a vontade de um terceiro, que é utilizado como instrumento. Ocorre nas hipóteses de erro, coação ou por aparatos organizados de poder. Explica o **autor mediato**.

- *Domínio funcional do fato:* em uma atuação conjunta, é autor quem pratica um ato relevante durante a execução do plano delitivo global. Explica o **autor funcional**.

b) **Autoria colateral ou paralela:** ocorre quando duas ou mais pessoas, uma ignorando a intenção da outra, realizam condutas convergentes à execução de um crime. Por exemplo, "A" e "B" querem matar a mesma vítima, mas um não sabe da intenção homicida do outro. Disparam ao mesmo tempo. A vítima recebe dois disparos, um na cabeça e outro no ombro, e acaba morrendo. "A" e "B" são presos e suas armas apreendidas, conseguindo-se saber que o disparo letal (na cabeça) partiu da arma de "A".

> Na autoria colateral não há concurso de pessoas pela ausência de liame subjetivo entre os agentes. Assim, cada um responderá por aquilo que praticou. No exemplo acima, "A" responderá por homicídio consumado, e "B" por homicídio tentado.

c) **Autoria colateral incerta:** ocorre quando, na autoria colateral, não se consegue identificar a conduta de cada agente. Imaginemos que, no exemplo acima, a polícia não consiga identificar o autor do tiro na cabeça da vítima (disparo fatal), nem quem atirou contra o ombro dela. Consequência: aplica-se o princípio da dúvida (*in dubio pro reo*). Ainda no exemplo acima, "A" e "B" deveriam responder por tentativa de homicídio.

Teoria do domínio do fato		
	Domínio da ação	Autor imediato
	Domínio da vontade	Autor mediato
	Domínio funcional do fato	Autor funcional

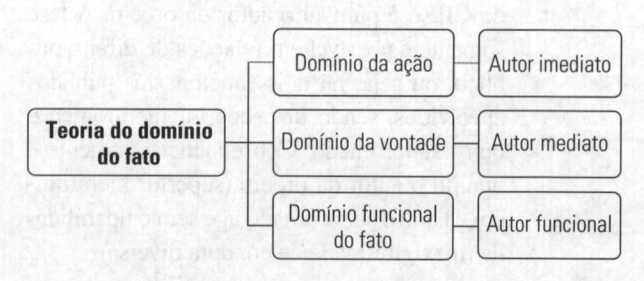

4.4. Participação

O partícipe não realiza diretamente a conduta típica, mas concorre induzindo, instigando ou auxiliando o autor.

a) **Formas de participação:** (1) *moral:* induzimento e instigação. **Induzir** é fazer nascer a ideia na cabeça de alguém. **Instigar** é reforçar uma ideia que já existe; (2) *material:* auxílio. **Auxiliar** é, em regra, fornecer meios materiais para a prática do crime.
b) **Natureza jurídica:** a participação é uma conduta **acessória** à conduta principal (do autor), operando-se uma regra de adequação típica indireta ou mediata. Como a conduta do partícipe não está descrita expressamente na lei (no homicídio o crime é "matar alguém", e não "ajudar a matar alguém"), busca-se uma **norma de extensão ou ampliação da figura típica**, que é o art. 29 do CP.

> **Art. 29 do CP**
> Quem, de qualquer modo, concorre para o crime incide nas penas a este cominadas, na medida de sua culpabilidade.

c) **Espécies de acessoriedade:** (1) *Mínima:* o partícipe pode ser punido desde que o autor pratique um fato típico; (2) *Limitada:* o partícipe pode ser punido desde que o autor pratique um fato típico e ilícito. ***A acessoriedade média ou limitada é majoritária na doutrina***; (3) *Extremada:* o partícipe pode ser punido desde que o autor pratique um fato típico, ilícito e culpável e (4) *Hiperacessoriedade:* o partícipe pode ser punido desde que o autor pratique um fato típico, ilícito, culpável e punível.
d) **Participação de menor importância:** conforme dispõe o art. 29, § 1º, do CP, se a participação for de menor importância a pena pode ser diminuída de um sexto a um terço.

4.5. Crimes culposos

Prevalece que os crimes culposos admitem coautoria, mas não participação. Nesse sentido: GRECO, 2009, p. 480-484.

- Exemplo 1: duas pessoas apanham uma cadeira e a jogam para um terceiro. Como não imprimem força suficiente, a cadeira cai no meio do caminho, machucando uma pessoa. Os agentes responderão, como coautores, por lesão culposa.
- Exemplo 2: alegando estar atrasado, o passageiro pede para o taxista imprimir alta velocidade no veículo. Durante o trajeto há um atropelamento com morte. Como não se admite participação em crimes culposos, cada um dos agentes deverá responder pelo seu delito de homicídio culposo.

4.6. Comunicabilidade de elementares e circunstâncias

a) **Elementares:** são dados essenciais do crime, sem os quais ele desaparece ou se transforma. Por exemplo, "funcionário público" no delito de peculato (art. 312 do CP).
b) **Circunstâncias:** são dados acessórios que se agregam à figura típica, possuindo a função de aumentar ou diminuir a pena. Dividem-se em: (1) *Circunstâncias objetivas ou reais:* dizem respeito ao aspecto externo do crime, como os meios de execução e as qualidades da vítima. Por exemplo, fogo, emboscada, criança; e (2) *Circunstâncias subjetivas ou pessoais:* dizem respeito ao aspecto interno do crime, como os motivos e as relações pessoais entre autor e vítima. Por exemplo, motivo torpe, reincidência, cônjuge.
c) **Regras do art. 30 do Código Penal:** de acordo com o art. 30 do CP não se comunicam as circunstâncias e as condições de caráter pessoal, salvo quando elementares do crime. Depreendem-se **três regras** do dispositivo: (1) As circunstâncias subjetivas ou pessoais nunca se comunicam no concurso de pessoas. (2) As circunstâncias objetivas comunicam-se, desde que conhecidas por todos os agentes. (3) As elementares comunicam-se, desde que conhecidas por todos os agentes.

> Como as elementares se comunicam, desde que conhecidas, um particular pode concorrer com um funcionário público, praticando, igualmente, crime funcional.

4.7. Casos de impunibilidade

De acordo com o art. 31 do CP, o ajuste, a determinação ou instigação e o auxílio, salvo disposição expressa em contrário, não são puníveis, se o crime não chega, pelo menos, a ser tentado.

5. TEORIA DA SANÇÃO PENAL

5.1. Sanção penal

Sanção penal é o gênero para as espécies (a) *medidas de segurança* e (b) *penas*. As medidas de segurança têm como pressuposto a **periculosidade** do agente. As penas têm como pressuposto a **culpabilidade** do agente.

5.2. Medidas de segurança

a) **Espécies (art. 96 do CP):** as medidas de segurança são: (i) internação em hospital de custódia e tratamento psiquiátrico ou, à falta, em outro estabelecimento adequado; (ii) sujeição a tratamento ambulatorial.

> Regra geral, se o crime é punido com reclusão, o juiz determinará a internação do agente; se é punido com detenção, o juiz poderá submeter o agente a tratamento ambulatorial (art. 97 do CP).

b) **Prazos:** de acordo com o art. 97, § 1º, do CP a medida de segurança será por tempo indeterminado, perdurando enquanto não for averiguada, mediante perícia médica, a cessação da periculosidade. O **prazo mínimo** deverá ser de 1 a 3 anos. No que se refere ao **prazo máximo**, a matéria foi sumulada pelo STJ: o tempo de duração da medida de segurança não deve ultrapassar o limite máximo da pena abstratamente cominada ao crime praticado.

STJ – Súmula 527
O tempo de duração da medida de segurança não deve ultrapassar o **limite máximo da pena** abstratamente cominada ao delito praticado.

c) **Desinternação condicional (art. 97, § 3º, do CP):** a desinternação será sempre condicional, devendo ser restabelecida a situação anterior se o agente, antes do decurso de um ano, pratica fato indicativo de persistência de sua periculosidade. *Atenção:*

Em qualquer fase do tratamento ambulatorial poderá o juiz determinar a internação do agente, se essa providência for necessária para fins curativos (art. 97, § 4º, do CP).

d) **Superveniência de doença mental (art. 183 da LEP):** pode ocorrer que, durante a execução da pena, o condenado passe a sofrer de doença mental. Nesse caso, o juiz poderá substituir a pena por medida de segurança. Havendo recuperação de sua saúde mental, deverá voltar a cumprir a pena.

e) **Natureza da sentença:** a sentença relativa ao inimputável é absolutória imprópria.

5.3. Penas

As penas podem ser privativas de liberdade, restritivas de direitos e de multa.

Art. 32 do CP
I – privativas de liberdade;
II – restritivas de direitos;
III – de multa.

5.3.1. Penas privativas de liberdade

a) **Espécies.** São três as espécies de penas privativas de liberdade: (1) reclusão, (2) detenção e (3) prisão simples. As duas primeiras são aplicáveis aos crimes. A última é aplicável às contravenções penais.

b) **Regimes.** O art. 33, § 1º, do CP prevê três espécies de regimes: (1) *Fechado:* a pena é cumprida em estabelecimento de segurança máxima ou média. (2) *Semiaberto:* a pena é cumprida em colônia agrícola, industrial ou estabelecimento similar. (3) *Aberto:* a pena é cumprida em casa de albergado ou estabelecimento adequado.

c) **Fixação do regime inicial.** A determinação do regime inicial de cumprimento da pena far-se-á com observância dos critérios previstos no art. 59 do CP (art. 33, § 3º, do CP). De acordo com o art. 33, § 2º, do CP o regime será: (1) **Fechado** quando a pena for superior a 8 anos. (2) **Semiaberto** quando o condenado não for reincidente e a pena for superior a 4 e não ultrapassar 8 anos. (3) **Aberto** quando o condenado não for reincidente e a pena não ultrapassar 4 anos.

STJ – Súmula 269
É admissível a adoção do regime prisional semiaberto aos reincidentes condenados a pena igual ou inferior a quatro anos se favoráveis as circunstâncias judiciais.

A Lei dos Crimes Hediondos (Lei n. 8.072/90, art. 2º, § 1º) estabelece que a pena por crime previsto neste artigo será cumprida inicialmente em regime fechado. No entanto, o STF decidiu que o dispositivo é **inconstitucional** (Pleno, HC 111.840, j. 27-6-2012).

d) **Progressão de regime.** A Lei n. 13.964/2019 (Pacote Anticrime) deu nova redação ao art. 112 da LEP (Lei n. 7.210/84), referindo que a pena privativa de liberdade será executada em forma progressiva com a transferência para regime menos rigoroso, a ser determinada pelo juiz, quando o preso tiver cumprido ao menos:

I – **16%** da pena, se o apenado for primário e o crime tiver sido cometido sem violência à pessoa ou grave ameaça;

II – **20%** da pena, se o apenado for reincidente em crime cometido sem violência à pessoa ou grave ameaça;

III – **25%** da pena, se o apenado for primário e o crime tiver sido cometido com violência à pessoa ou grave ameaça;

IV – **30%** da pena, se o apenado for reincidente em crime cometido com violência à pessoa ou grave ameaça;

V – **40%** da pena, se o apenado for condenado pela prática de crime hediondo ou equiparado, se for primário;

VI – **50%** da pena, se o apenado for:

    a) condenado pela prática de crime hediondo ou equiparado, com resultado morte, se for primário, vedado o livramento condicional;

    b) condenado por exercer o comando, individual ou coletivo, de organização criminosa estruturada para a prática de crime hediondo ou equiparado; ou

    c) condenado pela prática do crime de constituição de milícia privada;

VII – **60%** da pena, se o apenado for reincidente na prática de crime hediondo ou equiparado;

VIII – **70%** da pena, se o apenado for reincidente em crime hediondo ou equiparado com resultado morte, vedado o livramento condicional.

Em todos os casos, o apenado só terá direito à progressão de regime se ostentar **boa conduta carcerária**, comprovada pelo diretor do estabelecimento, respeitadas as normas que vedam a progressão. A decisão do juiz que determinar a progressão de regime será sempre motivada e precedida de manifestação do Ministério Público e do defensor, procedimento que também será adotado na concessão de livramento condicional, indulto e comutação de penas, respeitados os prazos previstos nas normas vigentes.

STJ – AgRg no HC 727501, j. 23-8-2022
"(...) 2. A alteração promovida pelo Pacote Anticrime no art. 112 da LEP não autoriza a aplicação do percentual de 60%, relativo aos reincidentes em crime hediondo ou equiparado, aos reincidentes não específicos. Isso porque, ante a omissão legislativa, impõe-se o uso da analogia in bonam partem, para se aplicar, na hipótese, o inciso V do art. 112, que prevê o lapso temporal de 40% ao primário e ao condenado por crime hediondo ou equiparado. 3. Esse posicionamento foi referendado pela Terceira Seção, em 26-5-2021, no julgamento do REsp 1.910.240/MG, afetado como recurso representativo da controvérsia, ocasião em que se fixou a seguinte tese – **Tema n. 1.084: "É reconhecida a retroatividade do patamar estabelecido no art. 112, V, da Lei n. 13.964/2019, àqueles apenados que, embora tenham cometido crime hediondo ou equiparado sem resultado morte, não sejam reincidentes em delito de natureza semelhante**" (Rel. Min. ROGERIO SCHIETTI CRUZ, *DJe* de 31-5-2021). 4. Em se tratando de reincidente genérico em crime hediondo, com resultado morte, ambas as Turmas integrantes da Terceira Seção deste STJ têm aplicado o **Tema n. 1.084**, para entender que incide a alínea "a" do inciso VI do art. 112, da LEP, que prevê o percentual de 50% (cinquenta por cento), para progressão de regime".

e) **Tráfico minorado ou privilegiado (§ 4º do art. 33 da Lei n. 11.343/2006)**. Não é considerado hediondo ou equiparado para fins de progressão de regime. Nesse sentido o art. 112, § 5º, da LEP.

f) **Mulher gestante ou mãe ou responsável por crianças ou pessoas com deficiência.** A Lei n. 13.769/2018 incluiu ao art. 112 da LEP (Lei n. 7.210/84) o seguinte § 3º: "No caso de mulher gestante ou que for mãe ou responsável por crianças ou pessoas com deficiência, os requisitos para progressão de regime são, cumulativamente: I – não ter cometido crime com violência ou grave ameaça a pessoa; II – não ter cometido o crime contra seu filho ou dependente; III – ter cumprido ao menos 1/8 (um oitavo) da pena no regime anterior; IV – ser primária e ter bom comportamento carcerário, comprovado pelo diretor do estabelecimento; V – não ter integrado organização criminosa.

STJ – Súmula 439
Admite-se o exame criminológico pelas peculiaridades do caso, desde que em decisão motivada.

STJ – Súmula 491
É inadmissível a chamada progressão *per saltum* de regime prisional.

STF – Súmula Vinculante 26
Para efeito de progressão de regime no cumprimento de pena por crime hediondo, ou equiparado, o juízo da execução observará a inconstitucionalidade do art. 2º da Lei n. 8.072, de 25 de julho de 1990, sem prejuízo de avaliar se o condenado preenche, ou não, os requisitos objetivos e subjetivos do benefício, podendo determinar, para tal fim, de modo fundamentado, a realização de exame criminológico.

g) **Progressão de regime para o preso provisório.** É admitida para o STF.

> **STF – Súmula 716**
> Admite-se a progressão de regime de cumprimento da pena ou a aplicação imediata de regime menos severo nela determinada, antes do trânsito em julgado da sentença condenatória.
>
> **STF – Súmula 717**
> Não impede a progressão de regime de execução da pena, fixada em sentença não transitada em julgado, o fato de o réu se encontrar em prisão especial.

h) **Remição.** A Lei n. 12.433/2011 alterou de forma significativa o instituto da remição, dando nova redação ao art. 126 da LEP. Atualmente, o condenado que cumpre a pena em regime fechado ou semiaberto poderá remir, pelo trabalho ou por estudo, parte do tempo de execução da pena. Observe-se a regra: 1 dia de pena a cada 12 horas de **frequência escolar** (atividade de ensino fundamental, médio, inclusive profissionalizante, ou superior, ou ainda de requalificação profissional), divididas, no mínimo, em 3 dias; 1 dia de pena a cada 3 dias de **trabalho**.

> **Trabalho fora do estabelecimento penitenciário:**
> É possível a remição de parte do tempo de execução da pena quando o condenado, em regime fechado ou semiaberto, desempenha atividade laborativa, ainda que extramuros" (**Súmula 562 do STJ**).

i) **Detração.** Nos termos do art. 42 do CP deve ser abatido na pena privativa de liberdade e na medida de segurança o tempo de prisão provisória, no Brasil ou no estrangeiro, e o de internação em hospital de custódia e tratamento psiquiátrico ou, à falta, a outro estabelecimento adequado.

j) **Falta de vagas.** "A falta de estabelecimento penal adequado não autoriza a manutenção do condenado em regime prisional mais gravoso, devendo-se observar, nessa hipótese, os parâmetros fixados no RE 641.320/RS" (**Súmula Vinculante 56 do STF**).

k) **Início do cumprimento da pena: somente após o esgotamento de todos os recursos.** Por maioria, o Plenário do STF decidiu que é constitucional a regra do CPP que prevê o esgotamento de todas as possibilidades de recurso (trânsito em julgado da condenação) para o início do cumprimento da pena. No dia 7-11-2019 a Corte concluiu o julgamento das ADCs 43, 44 e 54, que foram julgadas procedentes.

5.3.1.1. Aplicação das penas privativas de liberdade

O Código Penal adotou o **modelo trifásico** (de Nélson Hungria) na aplicação da pena privativa de liberdade. A pena-base será fixada atendendo-se ao critério do art. 59 do CP; em seguida serão consideradas as circunstâncias atenuantes e agravantes; por último, as causas de diminuição e de aumento (art. 68 do CP).

a) **Primeira fase:** é fixada a *pena-base*, considerando as oito circunstâncias judiciais do art. 59 do CP: o juiz, atendendo à culpabilidade, aos antecedentes, à conduta social, à personalidade do agente, aos motivos, às circunstâncias e consequências do crime, bem como ao comportamento da vítima, estabelecerá, conforme seja necessário e suficiente para reprovação e prevenção do crime: as penas aplicáveis dentre as cominadas; a quantidade de pena aplicável, dentro dos limites previstos. Na primeira fase o juiz não pode reduzir a pena aquém do mínimo ou aumentá-la além do máximo. **Antecedentes** são condenações definitivas que não geram reincidência. Nesse sentido: é vedada a utilização de inquéritos policiais e ações penais em curso para agravar a pena-base (**STJ, Súmula 444**). Ademais, "A folha de antecedentes criminais é documento suficiente a comprovar os maus antecedentes e a reincidência" (**STJ, Súmula 636**).

b) **Segunda fase:** é fixada a *pena-provisória*, considerando as agravantes (arts. 61 e 62 do CP) e as atenuantes (arts. 65 e 66 do CP). De acordo com a **Súmula 231 do STJ**, a incidência da circunstância atenuante não pode conduzir à redução da pena abaixo do mínimo legal.

Importante:

- A pena poderá ser atenuada em razão de circunstância relevante, anterior ou posterior ao crime, embora não prevista expressamente em lei (art. 66 do CP).

- Quando a confissão for utilizada para a formação do convencimento do julgador, o réu fará jus à atenuante prevista no art. 65, III, *d*, do CP (**STJ, Súmula 545**).

- A incidência da atenuante da confissão espontânea no crime de tráfico ilícito de entorpecentes exige o reconhecimento da traficância pelo acusado, não bastando a mera admissão da posse ou propriedade para uso próprio (**STJ, Súmula 630**).

- De acordo com o art. 67 do CP, são circunstâncias preponderantes: (1) motivos determinantes do crime (ex.: relevante valor moral ou social), (2) personalidade do agente (ex.: menor de 21 anos na data do fato) e (3) reincidência.

- A agravante da **reincidência** (art. 61, I, do CP) ocorre quando o agente comete novo crime, depois de transitar em julgado a sentença que, no País ou no estrangeiro, o tenha condenado por crime anterior (art. 63 do CP). No entanto, para efeito de reincidência, não prevalece a condenação anterior se entre a data do cumprimento ou extinção da pena e a infração posterior tiver decorrido período de tempo superior a 5 anos, computado o período de prova da suspensão ou do livramento condicional, se não ocorrer revogação (art. 64, I, do CP). Ademais, "A folha de antecedentes criminais é documento suficiente a comprovar os maus antecedentes e a reincidência" (**STJ, Súmula 636**).

c) **Terceira fase:** é fixada a *pena definitiva*, considerando as majorantes (ou causas de aumento) e as minorantes (ou causas de diminuição). Atenção: as majorantes não se confundem com as qualificadoras, já que naquelas o aumento é fracionário (ex.: um terço, metade, dobro), e nestas há um novo mínimo e um novo máximo (ex.: furto qualificado – art. 155, § 4º, do CP).

Importante:
No concurso de causas de aumento ou de diminuição previstas na *parte especial*, pode o juiz limitar-se a um só aumento ou a uma só diminuição, prevalecendo, todavia, a causa que mais aumente ou diminua (art. 68, parágrafo único, do CP).

> **STJ – Súmula 443**
> O aumento na terceira fase de aplicação da pena no crime de roubo circunstanciado exige fundamentação concreta, não sendo suficiente para a sua exasperação a mera indicação do número de majorantes.

5.3.2. Penas restritivas de direitos

a) **Espécies.** As penas restritivas de direitos são: prestação pecuniária; perda de bens e valores; prestação de serviço à comunidade ou a entidades públicas; interdição temporária de direitos; limitação de fim de semana (art. 43 do CP).

b) **Prazo.** As penas restritivas de direitos (PSC, ITD e LFS) terão a mesma duração das penas privativas de liberdade, segundo o art. 55 do CP, ressalvado o disposto no § 4º do art. 46.

c) **Requisitos para a substituição** (art. 44 do CP). As penas restritivas de direitos são autônomas e substituem as privativas de liberdade, quando: (i) aplicada pena privativa de liberdade não superior a quatro anos e o crime não for cometido com violência ou grave ameaça à pessoa ou, qualquer que seja a pena aplicada, se o crime for culposo; (ii) o réu não for reincidente em crime doloso; (iii) a culpabilidade, os antecedentes, a conduta social e a personalidade do condenado, bem como os motivos e as circunstâncias indicarem que essa substituição seja suficiente.

> **Art. 44 do CP**
> **§ 3º** Se o condenado for reincidente, o juiz poderá aplicar a substituição, desde que, em face de condenação anterior, a medida seja socialmente recomendável e a reincidência não se tenha operado em virtude da prática do mesmo crime.

d) **Regras para a substituição** (art. 44, § 2º, do CP). Na condenação igual ou inferior a um ano, a substituição pode ser feita por multa ou por uma pena restritiva de direitos; se superior a um ano, a pena privativa de liberdade pode ser substituída por uma pena restritiva de direitos e multa ou por duas restritivas de direitos.

e) **Conversão obrigatória** (art. 44, § 4º, do CP). A pena restritiva de direitos converte-se em privativa de liberdade quando ocorrer o descumprimento injustificado da restrição imposta. No cálculo da pena privativa de liberdade a executar será deduzido o tempo cumprido da pena restritiva de direitos, respeitado o saldo mínimo de trinta dias de detenção ou reclusão.

f) **Conversão facultativa** (art. 44, § 5º, do CP). Sobrevindo condenação a pena privativa de liberdade, por outro crime, o juiz da execução penal decidirá sobre a conversão, podendo deixar de aplicá-la se for possível ao condenado cumprir a pena substitutiva anterior.

> **STJ – Súmula 588**
> A prática de **crime ou contravenção penal contra a mulher** com violência ou grave ameaça no ambiente doméstico impossibilita a substituição da pena privativa de liberdade por restritiva de direitos.

5.3.2.1. Penas restritivas de direitos em espécie

- **Prestação pecuniária (art. 45, § 1º, do CP).** Consiste no pagamento em dinheiro à vítima, a seus dependentes ou a entidade pública ou privada com destinação social, de importância fixada pelo juiz, não inferior a 1 salário mínimo nem superior a 360 salários mínimos. O valor pago será deduzido do montante de eventual condenação em ação de reparação civil, se coincidentes os beneficiários.

- **Perda de bens e valores (art. 45, § 3º, do CP).** A perda de bens e valores pertencentes aos condenados dar-se-á, ressalvada a legislação especial, em favor do Fundo Penitenciário Nacional, e seu valor terá como teto – o que for maior – o montante do prejuízo causado ou do provento obtido pelo agente ou por terceiro, em consequência da prática do crime.

- **Prestação de serviços à comunidade ou a entidades públicas (art. 46 do CP).** Consiste na atribuição de tarefas gratuitas ao condenado, sendo aplicável às condenações **superiores a seis meses** de privação da liberdade. As tarefas devem ser cumpridas à razão de uma hora de tarefa por dia de condenação, fixadas de modo a não prejudicar a jornada normal de trabalho.

- **Interdição temporária de direitos (art. 47 do CP).** As penas de interdição temporária de direitos são: proibição do exercício de cargo, função ou atividade pública, bem como de mandato eletivo; proibição do exercício de profissão, atividade ou ofício que dependam de habilitação especial, de licença ou autorização do poder público; suspensão de autorização ou de habilitação para dirigir veículo; proibição de frequentar determinados lugares; proibição de inscrever-se em concurso, avaliação ou exame públicos.

- **Limitação de fim de semana (art. 48 do CP).** Consiste na obrigação de permanecer, aos sábados e domingos, por 5 horas diárias, em casa de albergado ou outro estabelecimento adequado. Durante a permanência poderão ser ministrados ao condenado cursos e palestras ou atribuídas atividades educativas.

5.3.2.2. Legislação especial

- *Maria da Penha.* Nos termos do art. 17 da Lei n. 11.340/2006, é vedada a aplicação, nos casos de violência doméstica e familiar contra a mulher, de penas de cesta básica ou outras de prestação pecuniária, bem como a substituição de pena que implique o pagamento isolado de multa.

- *Tráfico de drogas.* O art. 33, § 4º, da Lei de Drogas (Lei n. 11.343/2006), que trata do tráfico privilegiado, na sua redação original vedava a conversão da pena privativa de liberdade em penas restritivas de direitos. Ocorre que, conforme a **Resolução n. 5/2012 do Senado Federal**, "É suspensa a execução da expressão 'vedada a conversão em penas restritivas de direitos' do § 4º do art. 33 da Lei n. 11.343/2006, declarada inconstitucional por decisão definitiva do Supremo Tribunal Federal nos autos do *Habeas-corpus* 97.256/RS". Assim, atualmente um condenado por tráfico de drogas poderá ser beneficiado com penas alternativas, desde que cumpridos os requisitos legais e haja fundamentação judicial nesse sentido.

- *Abuso de autoridade.* Conforme o art. 5º da **nova Lei de Abuso de Autoridade (Lei n. 13.869/2019)**, "As penas restritivas de direitos substitutivas das privativas de liberdade previstas nesta Lei são: I – prestação de serviços à comunidade ou a entidades públicas; II – suspensão do exercício do cargo, da função ou do mandato, pelo prazo de 1 (um) a 6 (seis) meses, com a perda dos vencimentos e das vantagens; III – (vetado). Parágrafo único. As penas restritivas de direitos podem ser aplicadas autônoma ou cumulativamente".

5.3.3. Pena de multa

a) **Conceito.** Consiste no pagamento ao Fundo Penitenciário de certa quantia em dinheiro. A quantia é fixada na sentença e calculada em dias-multas. Será no mínimo de 10, e no máximo de 360 dias-multa.

b) **Aplicação.** Segue um critério bifásico. Na primeira fase, o juiz fixa a quantidade de dias-multa. Na segunda fase, o magistrado estabelece o valor de cada dia-multa.

c) **Legitimidade para execução da multa não paga.** Conforme a Súmula 521 do STJ, "a legitimidade para a execução fiscal de multa pendente de pagamento imposta em sentença condenatória é exclusiva da Procuradoria da Fazenda Pública". No entanto, por maioria de votos, o STF decidiu que o Ministério Público é o principal legitimado para executar a cobrança das multas pecuniárias fixadas em sentenças penais condenatórias (STF, Pleno, ADI 3150, j. 13-12-2018).

A Lei n. 13.964/2019 (Pacote Anticrime) deu nova redação ao art. 51 do Código Penal: "Transitada em julgado a sentença condenatória, a multa será executada perante o juiz da execução penal e será considerada dívida de valor, aplicáveis as normas relativas à dívida ativa da Fazenda Pública, inclusive no que concerne às causas interruptivas e suspensivas da prescrição". Portanto, a competência para a execução será do **juiz da execução penal**.

d) **Súmula 171 do STJ.** Cominadas cumulativamente, em lei especial, penas privativa de liberdade e pecuniária, é defeso a substituição da prisão por multa.

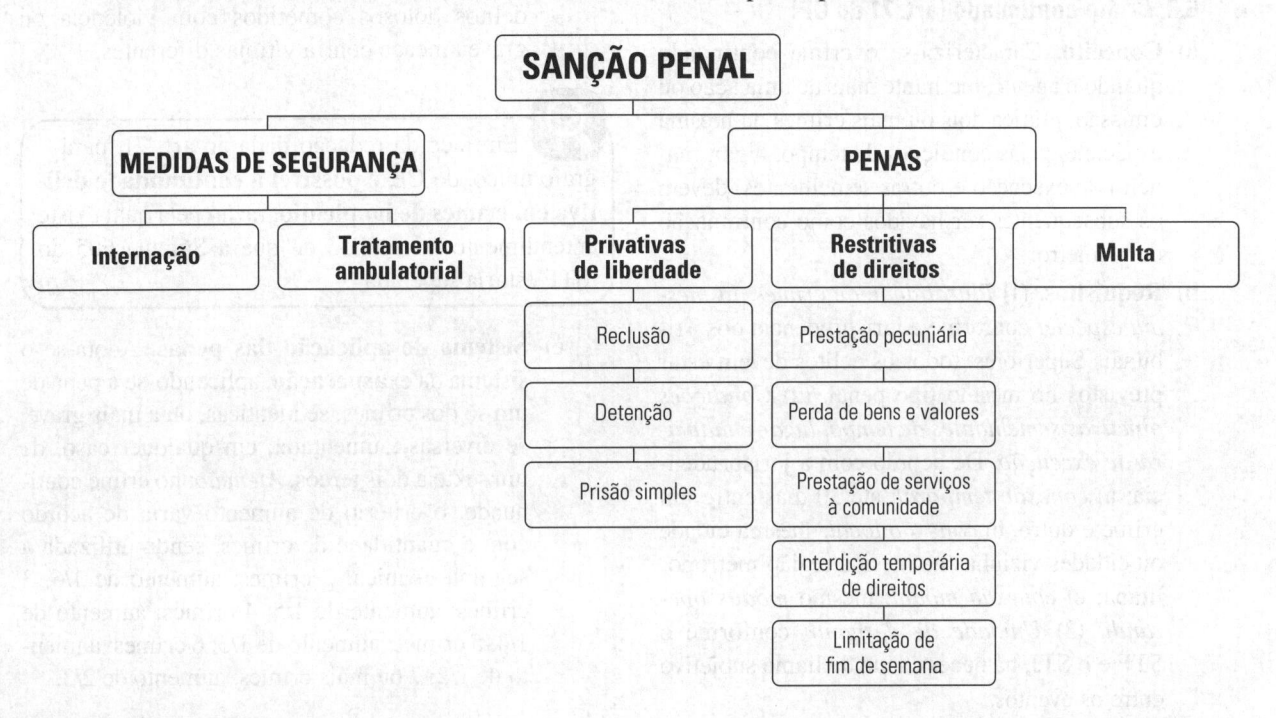

```
                           SANÇÃO PENAL
                                |
             ┌──────────────────┴──────────────────┐
     MEDIDAS DE SEGURANÇA                       PENAS
         │                                         │
    ┌────┴────┐                   ┌────────────────┼────────────────┐
 Internação  Tratamento      Privativas      Restritivas         Multa
             ambulatorial   de liberdade     de direitos
                                 │                │
                             Reclusão      Prestação pecuniária
                                 │                │
                             Detenção      Perda de bens e valores
                                 │                │
                          Prisão simples   Prestação de serviços
                                                à comunidade
                                                  │
                                           Interdição temporária
                                              de direitos
                                                  │
                                             Limitação de
                                             fim de semana
```

6. CONCURSO DE CRIMES

6.1. Concurso material ou real (art. 69 do CP)

a) **Conceito.** Caracteriza-se o concurso material quando o agente, mediante mais de uma ação ou omissão, pratica dois ou mais crimes, idênticos ou não. Por exemplo, durante o assalto, o agente estupra a vítima. São duas condutas distintas, que geram dois resultados.

b) **Espécies.** Concurso material homogêneo: os crimes são idênticos. Concurso material heterogêneo: os crimes são distintos.

c) **Sistema de aplicação das penas.** Adota-se o sistema do **cúmulo material**, ou seja, as penas devem ser somadas.

6.2. Concurso formal ou ideal (art. 70 do CP)

a) **Conceito.** Caracteriza-se o concurso formal quando o agente, mediante uma só ação ou omissão, pratica dois ou mais crimes, idênticos ou não.

b) **Espécies.** Concurso formal homogêneo: os crimes são idênticos. Concurso formal heterogêneo: os crimes são distintos. Há, ainda, outra classificação: concurso formal perfeito *versus* concurso formal imperfeito.

c) **Concurso formal perfeito ou próprio** (art. 70, *caput*, 1ª parte, do CP). O agente não atua com desígnios autônomos. Por exemplo, em um acidente de trânsito, um motorista causa, culposamente, a morte de três pessoas. Adota-se o sistema da **exasperação**, aplicando-se a mais grave das penas cabíveis ou, se iguais, somente uma delas, mas aumentada, em qualquer caso, de um sexto até metade.

Atenção:

No concurso formal perfeito, o critério de aumento varia de acordo com a quantidade de crimes, sendo utilizada a seguinte técnica: 2 crimes: aumento de 1/6; 3 crimes: aumento de 1/5; 4 crimes: aumento de 1/4; 5 crimes: aumento de 1/3; 6 ou mais crimes: aumento de 1/2.

d) **Concurso formal imperfeito ou impróprio** (art. 70, *caput*, 2ª parte, do CP). O agente atua com desígnios autônomos. Por exemplo, o agente explode uma granada com a intenção de matar cinco pessoas, o que acaba ocorrendo. Adota-se o sistema do **cúmulo material**, ou seja, as penas são somadas.

> **Concurso material benéfico ou favorável:** conforme o art. 70, parágrafo único, do CP não poderá a pena exceder a que seria cabível pela regra do art. 69 do Código Penal.

6.3. Crime continuado (art. 71 do CP)

a) **Conceito.** Caracteriza-se o crime continuado quando o agente, mediante mais de uma ação ou omissão, pratica dois ou mais crimes da mesma espécie e, pelas condições de tempo, lugar, maneira de execução e outras semelhantes, devem os subsequentes ser havidos como continuação do primeiro.

b) **Requisitos.** (1) *Pluralidade de crimes da mesma espécie:* conforme a jurisprudência dos Tribunais Superiores, todos os delitos devem estar previstos no mesmo tipo penal. (2) *Condições objetivas semelhantes de tempo, lugar e maneira de execução.* De acordo com a jurisprudência: a) *conexão temporal*: até 30 dias entre um crime e outro; b) *conexão local:* mesma cidade ou cidades vizinhas na mesma região metropolitana; c) *conexão modal*: mesmo *modus operandi*. (3) *Unidade de desígnio:* conforme o STF e o STJ, há necessidade de liame subjetivo entre os eventos.

> **STJ – AgRg no HC 770221, j. 27-9-2022**
> "O crime continuado é benefício penal, modalidade de concurso de crimes, que, por ficção legal, consagra unidade incindível entre os crimes parcelares que o formam, para fins específicos de aplicação da pena. Para a sua aplicação, a norma extraída do art. 71, *caput*, do Código Penal exige, concomitantemente, três requisitos objetivos: I) pluralidade de condutas; II) pluralidade de crime da mesma espécie; III) condições semelhantes de tempo, lugar, maneira de execução e outras semelhantes (conexão temporal, espacial, modal e ocasional); IV) e, por fim, adotando a **teoria objetivo-subjetiva ou mista**, a doutrina e jurisprudência inferiram implicitamente da norma um requisito da unidade de desígnios na prática dos crimes em continuidade delitiva, exigindo-se, pois, que haja um liame entre os crimes, apto a evidenciar de imediato terem sido esses delitos subsequentes continuação do primeiro, isto é, os crimes parcelares devem resultar de um plano previamente elaborado pelo agente".

c) **Natureza jurídica.** Segundo a **teoria da ficção jurídica** (adotada pelo CP), há na verdade vários crimes, mas a lei, por ficção legal, os reúne em um só para o fim de aplicação da pena.

d) **Espécies.** (1) *Crime continuado comum (caput)*: delitos cometidos sem violência ou grave ameaça contra a pessoa, ou com violência ou grave ameaça contra a mesma vítima. (2) *Crime continuado específico* (parágrafo único): delitos dolosos cometidos com violência ou grave ameaça contra vítimas diferentes.

> Em face da redação dada ao art. 71, parágrafo único, do CP, **é possível a continuidade delitiva em crimes de homicídio,** razão pela qual existe entendimento no sentido de que a Súmula 605 do STF estaria superada.

e) **Sistema de aplicação das penas.** Adota-se o sistema da **exasperação**, aplicando-se a pena de um só dos crimes, se idênticas, ou a mais grave, se diversas, aumentada, em qualquer caso, de um sexto a dois terços. *Atenção*: no crime continuado, o critério de aumento varia de acordo com a quantidade de crimes, sendo utilizada a seguinte técnica: 2 crimes: aumento de 1/6; 3 crimes: aumento de 1/5; 4 crimes: aumento de 1/4; 5 crimes: aumento de 1/3; 6 crimes: aumento de 1/2; 7 ou mais crimes: aumento de 2/3.

6.4. Erro na execução – *aberratio ictus* (art. 73 do CP)

a) **Conceito.** Ocorre a *aberratio ictus* quando, por acidente ou erro no uso dos meios de execução, o agente, ao invés de atingir a pessoa que pretendia ofender, atinge pessoa diversa (por culpa). Exemplo: "A", pretendendo matar "B", por erro de pontaria vem a atingir e matar "C" (culposamente), que estava nas proximidades.

b) **Consequência.** Conforme o art. 73 do CP, "A" responde como se tivesse praticado o crime contra "B", sendo consideradas as condições ou qualidades pessoais da vítima pretendida. Assim, "A" responderá apenas por homicídio doloso consumado, apesar de ter praticado dois delitos: tentativa de homicídio e homicídio culposo.

c) **Resultado único ou resultado duplo.** Pode ocorrer *aberratio ictus* com resultado único (art. 73, 1ª parte) ou duplo (art. 73, 2ª parte). Assim, além da vítima efetiva, caso seja atingida também a pessoa que o agente pretendia ofender, será aplicada a mais grave das penas cabíveis ou, se idênticas, somente uma delas, mas com o aumento, em qualquer caso, de um sexto até metade (concurso formal, primeira parte). Por exemplo, "A", com intenção de matar "B", efetua um disparo de arma de fogo. Além de atingir e matar "B", atinge culposamente o motorista de um carro, provocando acidente em que morrem 5 pessoas. "A" responde pelo crime de homicídio doloso consumado, aplicando-se o aumento de 1/6 a 1/2 em relação aos demais delitos.

6.5. Resultado diverso do pretendido – *aberratio criminis* ou *delicti* (art. 74 do CP)

a) **Conceito.** Ocorre a *aberratio criminis* ou *delicti* quando, por acidente ou erro na execução do crime, sobrevém resultado diverso do pretendido.

b) **Consequência.** O agente responde por culpa, se o fato é previsto como crime culposo. Por exemplo, se "A", desejando quebrar uma janela, por erro de pontaria, acaba provocando lesões corporais em "B", responderá pelo delito de lesão corporal culposa, ficando excluída a tentativa de dano. Caso ocorra também o resultado pretendido, aplica-se a regra do art. 70 do Código Penal (no exemplo anterior, se "A" quebrasse a janela e lesionasse "B", responderia pelos dois crimes em concurso formal).

> *Aberratio ictus* (art. 73 do CP): o erro ocorre de **pessoa para pessoa**.
> *Aberratio criminis* ou *delicti* (art. 74 do CP): o erro ocorre de **pessoa para coisa** ou de **coisa para pessoa**.

7. LIMITE DAS PENAS

7.1. Previsão constitucional

Conforme o art. 5º, XLVII, da CF não haverá pena de caráter perpétuo. Por outro lado, se um dos fins da pena é a ressocialização, tal finalidade seria inócua se não houvesse um limite para o cumprimento da pena privativa de liberdade.

7.2. Limite previsto no Código Penal

O art. 75 do CP, com redação dada pela Lei Anticrime (Lei n. 13.964/2019), dispõe que o tempo de cumprimento das penas privativas de liberdade **não pode ser superior a 40 anos**. Quando o agente for condenado a penas privativas de liberdade cuja soma seja superior a 40 anos, devem elas ser unificadas para atender ao limite máximo deste artigo.

7.3. Condenação por fato posterior

Sobrevindo condenação por fato posterior ao início do cumprimento da pena, far-se-á nova unificação, desprezando-se, para esse fim, o período de pena já cumprido (art. 75, § 2º, do CP).

7.4. Concessão de benefícios

Conforme o STF, os benefícios são calculados com base na pena total aplicada, e não com base na pena unificada. Nesse sentido: a pena unificada para atender ao limite de trinta anos de cumprimento, determinado pelo art. 75 do CP, não é considerada para a concessão de outros benefícios, como o livramento condicional ou regime mais favorável de execução (**STF, Súmula 715**).

8. SUSPENSÃO CONDICIONAL DA PENA (*SURSIS*)

8.1. Compreensão

A suspensão condicional da pena, ou *sursis*, diz respeito à possibilidade de o juiz liberar o condenado do cumprimento da pena privativa de liberdade, desde que preenchidos certos requisitos.

> *Sursis* da pena (art. 77 do CP): **suspende-se a pena** mediante condições.
> *Sursis* do processo (art. 89 da Lei n. 9.099/95): **suspende-se o processo** mediante condições.

8.2. Requisitos

1) Pena privativa de liberdade aplicada não superior a 2 anos (art. 77, *caput*, do CP). **Há exceções:** 1ª) art. 77, § 2º, do CP: pena não superior a 4 anos, no caso de ser o condenado maior de setenta anos de idade (*sursis* etário), ou por razões de saúde que justifiquem a suspensão (*sursis* humanitário); 2ª) art. 16 da Lei n. 9.605/98 (Lei dos Crimes Ambientais): a pena aplicada não pode ser superior a 3 anos.

2) Não ser o réu reincidente em crime doloso, salvo se na condenação anterior foi aplicada somente a pena de multa (art. 77, I e § 1º, do CP). Assim, a reincidência em crime culposo não impede a aplicação da suspensão da pena, desde que presentes os demais requisitos legais.

3) A culpabilidade, os antecedentes, a conduta social e a personalidade do agente, bem como os motivos e as circunstâncias, autorizem a concessão do benefício (art. 77, II, do CP).

4) Não ser indicada ou cabível a substituição da pena privativa de liberdade por restritiva de direitos (art. 77, III, do CP).

5) Reparação do dano no *sursis* especial, salvo impossibilidade de fazê-lo.

8.3. Condições

As condições são legais e judiciais e devem ser observadas durante o período de prova, sob pena de revogação do *sursis*.

8.3.1. Condições legais (art. 78 do CP)

1) No primeiro ano do prazo, deverá o condenado prestar serviços à comunidade ou submeter-se à limitação de fim de semana (art. 78, § 1º, do CP). **Trata-se do *sursis* simples**.

2) Se o condenado houver reparado o dano, salvo impossibilidade de fazê-lo, e se as circunstâncias do art. 59 do CP lhe forem inteiramente favoráveis, o juiz poderá substituir a exigência do parágrafo anterior pelas seguintes condições, aplicadas cumulativamente: (a) proibição de frequentar determinados lugares; (b) proibição de ausentar-se da comarca onde reside sem autorização do juiz; (c) comparecimento pessoal e obrigatório ao juízo, mensalmente, para informar e justificar suas atividades (art. 78, § 2º, do CP). **Trata-se do *sursis* especial**.

8.3.2. Condições judiciais (art. 79 do CP)

A sentença poderá especificar outras condições a que fica subordinada a suspensão, desde que adequadas ao fato e à situação pessoal do condenado.

8.4. Período de prova

É o tempo em que o condenado deverá observar as condições estabelecidas. Inicia-se com a audiência admonitória ou de advertência, realizada após o trânsito em julgado. No caso de crime, o período de prova é de 2 a 4 anos (salvo no *sursis* etário e humanitário, em que o período de prova será de 4 a 6 anos, conforme o art. 77, § 2º, do CP). Se a condenação for pela prática de contravenção, o período será de 1 a 3 anos (art. 11 da LCP).

8.5. Revogação

A revogação poderá ser obrigatória ou facultativa.

8.5.1. Revogação obrigatória (art. 81, I a III, do CP)

A suspensão será revogada se, no curso do prazo, o beneficiário: I – é condenado, em sentença irrecorrível, por crime doloso; II – frustra, embora solvente, a execução de pena de multa ou não efetua, sem motivo justificado, a reparação do dano; III – descumpre a condição do § 1º do art. 78 do Código (na hipótese de *sursis* especial, deve o condenado prestar serviços à comunidade ou sujeitar-se à limitação de fim de semana).

8.5.2. Revogação facultativa (art. 81, § 1º, do CP)

A suspensão poderá ser revogada se o condenado descumpre qualquer outra condição imposta ou é irrecorrivelmente condenado, por crime culposo ou por contravenção, a pena privativa de liberdade ou restritiva de direitos.

8.6. Prorrogação do período de prova (art. 81, § 2º, do CP)

Se o beneficiário está sendo processado por outro crime ou contravenção, considera-se prorrogado o prazo da suspensão até o julgamento definitivo.

8.7. Extinção da pena (art. 82 do CP)

Expirado o prazo sem que tenha havido revogação, considera-se extinta a pena privativa de liberdade.

Atenção: nos delitos sujeitos ao rito da Lei Maria da Penha, não se aplicam a suspensão condicional do processo e a transação penal (Súmula 536 do STJ). No entanto, é possível o *sursis* da pena (art. 77 do CP).

9. LIVRAMENTO CONDICIONAL

9.1. Compreensão

O livramento condicional é uma forma de antecipação da liberdade do condenado antes do término do cumprimento da pena.

9.2. Requisitos (art. 83 do CP)

a) A pena privativa de liberdade fixada na sentença deve ser igual ou superior a 2 anos. As penas que correspondem a infrações diversas devem somar-se para efeito do livramento (art. 84 do CP).

b) Cumprimento de mais de um terço da pena se o condenado não for reincidente em crime doloso e tiver bons antecedentes.

c) Cumprimento de mais da metade se o condenado for reincidente em crime doloso.

d) Cumprimento de mais de dois terços da pena, nos casos de condenação por crime hediondo, prática de tortura, tráfico ilícito de entorpecentes e drogas afins, tráfico de pessoas e terrorismo, se o apenado não for reincidente específico em crimes dessa natureza. Obs.: o crime de "tráfico de pessoas" foi incluído pela Lei n. 13.344/2016.

e) Reparação do dano causado pela infração, salvo efetiva impossibilidade de fazê-lo.

f) Ostentar (a) bom comportamento durante a execução da pena, (b) não cometimento de falta grave nos últimos 12 meses, (c) bom desempenho no trabalho que lhe foi atribuído e (d) aptidão para prover à própria subsistência mediante trabalho honesto. Esses requisitos passaram a ser exigidos pelo **Pacote Anticrime** (Lei n. 13.964/2019), que deu nova redação ao inciso III do art. 83 do Código Penal.

g) Para o condenado por crime doloso, cometido com violência ou grave ameaça à pessoa, a concessão do livramento ficará também subordinada à constatação de condições pessoais que façam presumir que o liberado não voltará a delinquir (art. 83, parágrafo único, do CP).

> **Tráfico de drogas (art. 44 da Lei n. 11.343/2006)**
> Os crimes previstos nos arts. 33, *caput* e § 1º, e 34 a 37 desta Lei são inafiançáveis e insuscetíveis de *sursis*, graça, indulto, anistia e liberdade provisória, vedada a conversão de suas penas em restritivas de direitos.
> **Parágrafo único.** Nos crimes previstos no *caput* deste artigo, dar-se-á o **livramento condicional após o cumprimento de dois terços da pena, vedada sua concessão ao reincidente específico.**

9.3. Falta grave

Não interrompe o prazo para obtenção de livramento condicional (**Súmula 441 do STJ**).

9.4. Condições

Podem ser obrigatórias ou facultativas:

9.4.1. Condições obrigatórias (art. 132, § 1º, da LEP)

Obter ocupação lícita, dentro de prazo razoável se for apto para o trabalho; comunicar periodicamente ao juiz sua ocupação; não mudar do território da comarca do Juízo da Execução sem prévia autorização deste.

9.4.2. Condições facultativas (art. 132, § 2º, da LEP)

Não mudar de residência sem comunicação ao juiz e à autoridade incumbida da observação cautelar e de proteção; recolher-se à habitação em hora fixada; não frequentar determinados lugares.

9.5. Revogação

Pode ser obrigatória ou facultativa.

9.5.1. Revogação obrigatória (art. 86 do CP)

Revoga-se o livramento se o liberado vem a ser condenado a pena privativa de liberdade, em sentença irrecorrível: I – por crime cometido durante a vigência do benefício; II – por crime anterior, observado o disposto no art. 84 do Código.

9.5.2. Revogação facultativa (art. 87 do CP)

O juiz poderá, também, revogar o livramento, se o liberado deixar de cumprir qualquer das obrigações constantes da sentença, ou for irrecorrivelmente condenado, por crime ou contravenção, a pena que não seja privativa de liberdade.

9.6. Efeitos da revogação (art. 88 do CP)

Revogado o livramento, não poderá ser novamente concedido, e, salvo quando a revogação resulta de condenação por outro crime anterior àquele benefício, não se desconta na pena o tempo em que esteve solto o condenado.

9.7. Extinção da pena (art. 89 do CP)

O juiz não poderá declarar extinta a pena enquanto não passar em julgado a sentença em processo a que responde o liberado, por crime cometido na vigência do livramento. Se até o seu término o livramento não é revogado, considera-se extinta a pena privativa de liberdade (art. 90 do CP).

> **STJ – Súmula 617**
> A ausência de suspensão ou revogação do livramento condicional antes do término do período de prova enseja a extinção da punibilidade pelo integral cumprimento da pena.

Atenção: é vedado o livramento condicional ao condenado pela prática de crime hediondo ou equiparado, com resultado morte, seja ele primário ou reincidente (art. 112, VI, 'a', e VIII, da LEP).

10. EFEITOS DA CONDENAÇÃO

10.1. Efeito principal da condenação

Imposição da sanção penal (pena ou medida de segurança).

10.2. Efeitos secundários

- **Efeitos secundários de natureza penal:** (1) enseja reincidência; (2) revogação do *sursis*; (3) revogação do livramento condicional; (4) inclusão do nome do réu no rol dos culpados *etc*.
- **Efeitos secundários de natureza extrapenal.** Podem ser genéricos e específicos:

- *Genéricos* (art. 91 do CP): I – tornar certa a obrigação de indenizar o dano causado pelo crime; II – a perda em favor da União, ressalvado o direito do lesado ou de terceiro de boa-fé: a) dos instrumentos do crime, desde que consistam em coisas cujo fabrico, alienação, uso, porte ou detenção constitua fato ilícito; b) do produto do crime ou de qualquer bem ou valor que constitua proveito auferido pelo agente com a prática do fato criminoso.

  A Lei Anticrime (Lei n. 13.964/2019) incluiu no Código Penal o **art. 91-A**, que trata do **confisco alargado**: "Na hipótese de condenação por infrações às quais a lei comine pena máxima superior a 6 (seis) anos de reclusão, poderá ser decretada a perda, como produto ou proveito do crime, dos bens correspondentes à diferença entre o valor do patrimônio do condenado e aquele que seja compatível com o seu rendimento lícito. § 1º Para efeito da perda prevista no *caput* deste artigo, entende-se por patrimônio do condenado todos os bens: **I** – de sua titularidade, ou em relação aos quais ele tenha o domínio e o benefício direto ou indireto, na data da infração penal ou recebidos posteriormente; e **II** – transferidos a terceiros a título gratuito ou mediante contraprestação irrisória, a partir do início da atividade criminal. § 2º O condenado poderá demonstrar a inexistência da incompatibilidade ou a procedência lícita do patrimônio. § 3º A perda prevista neste artigo deverá ser requerida expressamente pelo Ministério Público, por ocasião do oferecimento da denúncia, com indicação da diferença apurada. § 4º Na sentença condenatória, o juiz deve declarar o valor da diferença apurada e especificar os bens cuja perda for decretada. § 5º Os instrumentos utilizados para a prática de crimes por organizações criminosas e milícias deverão ser declarados perdidos em favor da União ou do Estado, dependendo da Justiça onde tramita a ação penal, ainda que não ponham em perigo a segurança das pessoas, a moral ou a ordem pública, nem ofereçam sério risco de ser utilizados para o cometimento de novos crimes".

- *Específicos* (art. 92 do CP): I – a perda de cargo, função pública ou mandato eletivo: (a) quando aplicada pena privativa de liberdade por tempo igual ou superior a um ano, nos crimes praticados com abuso de poder ou violação de dever para com a Administração Pública; (b) quando for aplicada pena privativa de liberdade por tempo superior a 4 anos nos demais casos; II – a incapacidade para o exercício do poder familiar, da tutela ou da curatela nos crimes dolosos sujeitos à pena de reclusão cometidos contra outrem igualmente titular do mesmo poder familiar, contra filho, filha ou outro descendente ou contra tutelado ou curatelado (redação dada pela Lei n. 13.715/2018); III – a inabilitação para dirigir veículo, quando utilizado como meio para a prática de crime doloso.

- Os efeitos do art. 92 do CP **não são automáticos**, devendo ser motivadamente declarados na sentença.
- Excepcionalmente, no caso de **tortura** (art. 1º, § 5º, da Lei n. 9.455/97) e de **organização criminosa** (art. 2º, § 6º, da Lei n. 12.850/2013), os efeitos (ex.: perda do cargo público) serão automáticos.
- A Lei n. 13.804, de 10-1-2019, incluiu no CTB o art. 278-A, estabelecendo o seguinte: "O condutor que se utilize de veículo para a prática do crime de receptação, descaminho, contrabando, previstos nos arts. 180, 334 e 334-A do Decreto-lei n. 2.848, de 7 de dezembro de 1940 (Código Penal), condenado por um desses crimes em decisão judicial transitada em julgado, terá cassado seu documento de habilitação ou será proibido de obter a habilitação para dirigir veículo automotor pelo prazo de 5 (cinco) anos".
- **Súmula 631 do STJ:** "O indulto extingue os efeitos primários da condenação (pretensão executória), mas não atinge os efeitos secundários, penais ou extrapenais".
- **Lei de Abuso de Autoridade (art. 4º da Lei n. 13.869/2019):** "São efeitos da condenação: I – tornar certa a obrigação de indenizar o dano causado pelo crime, devendo o juiz, a requerimento do ofendido, fixar na sentença o valor mínimo para reparação dos danos causados pela infração, considerando os prejuízos por ele sofridos; II – a inabilitação para o exercício de cargo, mandato ou função pública, pelo período de 1 (um) a 5 (cinco) anos; III – a perda do cargo, do mandato ou da função pública. Parágrafo único. Os efeitos previstos nos incisos II e III do *caput* deste artigo são condicionados à ocorrência de reincidência em crime de abuso de autoridade e não são automáticos, devendo ser declarados motivadamente na sentença".

11. REABILITAÇÃO

11.1. Compreensão

Trata-se de medida político-criminal cujo escopo primordial reside na reinserção social do condenado, garantindo o sigilo de seus antecedentes e suspendendo condicionalmente certos efeitos específicos da condenação (PRADO, 2006, p. 679).

11.2. Finalidade

São finalidades da reabilitação: (a) assegurar ao condenado o sigilo dos registros sobre seu processo e condenação (art. 93 do CP); (b) extinguir os efeitos secundários extrapenais específicos da sentença penal condenatória, vedada reintegração na situação anterior, nos casos dos incisos I e II do mesmo artigo (art. 93, parágrafo único, do CP).

11.3. Requisitos (art. 94 do CP)

São requisitos para a reabilitação: (a) decurso de 2 anos do dia em que for extinta, de qualquer modo, a pena ou terminar sua execução, computando-se o período de prova da suspensão e o do livramento condicional, se não sobrevier revogação; (b) tenha tido o condenado domicílio no País no prazo acima referido; (c) tenha dado o condenado, durante esse tempo, demonstração efetiva e constante de bom comportamento público e privado; (d) tenha ressarcido o dano causado pelo crime ou demonstrado a absoluta impossibilidade de fazê-lo, até o dia do pedido, ou exiba documento que comprove a renúncia da vítima ou novação da dívida.

12. EXTINÇÃO DA PUNIBILIDADE

12.1. Art. 107 do CP

O art. 107 do CP traz as seguintes causas de extinção da punibilidade: I – morte do agente; II – anistia, graça ou indulto; III – retroatividade de lei que não mais considera o fato como criminoso; IV – prescrição, decadência ou perempção; V – renúncia do direito de queixa ou pelo perdão aceito, nos crimes de ação privada; VI – retratação do agente, nos casos em que a lei a admite; (...) IX – perdão judicial, nos casos previstos em lei.

> O rol do art. 107 do CP **não é taxativo**, existindo outras causas extintivas da punibilidade dentro e fora do Código Penal. Exemplos: reparação do dano no peculato culposo antes da sentença irrecorrível (art. 312, § 3º, CP); término do período de suspensão condicional do processo (Lei n. 9.099/95, art. 89, § 5º); cumprimento integral do ANPP (art. 28-A, § 13, do CPP).

12.2. Morte do agente

Deve ser comprovada pela certidão de óbito, conforme determinação do art. 62 do CPP.

12.3. Anistia, graça e indulto

a) *Anistia:* diz respeito a fatos e não a pessoas, consistindo no esquecimento jurídico da infração. É de competência do Congresso Nacional (arts. 48, VIII, e 21, XVII, da CF).

b) *Indulto:* diz respeito a pessoas, e não a fatos, consistindo em uma forma de clemência. É de competência do Presidente da República, embora admita a delegação (art. 84, XII, e parágrafo único, da CF). Pode ser: (1) coletivo: **indulto propriamente dito**; (2) individual: **graça**.

c) *Inaplicabilidade:* crimes hediondos, tortura, tráfico ilícito de entorpecentes e drogas afins e terrorismo (art. 5º, XLIII, da CF e art. 2º, I, da Lei n. 8.072/90).

> **STJ – Súmula 631**
> O indulto extingue os efeitos primários da condenação (pretensão executória), mas não atinge os efeitos secundários, penais ou extrapenais.

12.4. *Abolitio criminis*

Extingue-se a punibilidade pela retroatividade de lei que não mais considera o fato como criminoso (art. 107, III, do CP). Nos termos do art. 2º, *caput*, do CP, ninguém pode ser punido por fato que lei posterior deixa de considerar crime, cessando em virtude dela a execução e os efeitos penais da sentença condenatória. *Os efeitos civis não cessam, razão pela qual o réu continua obrigado a reparar o dano.*

12.5. Decadência

Consiste na perda do direito de queixa (ação penal privada) ou de representação (ação penal pública condicionada). Em regra, o prazo será de 6 meses, contado do dia em que o ofendido veio a saber quem é o autor do crime (art. 103 do CP).

12.6. Perempção

Trata-se de sanção processual imposta ao querelante omisso na ação penal exclusivamente privada. Conforme o art. 60 do CPP, a perempção ocorre nas seguintes hipóteses: I – quando, iniciada a ação penal, o querelante deixar de promover o andamento do processo durante 30 dias seguidos; II – quando, falecendo o querelante, ou sobrevindo sua incapacidade, não comparecer em juízo, para prosseguir no processo, dentro do prazo de 60 dias, qualquer das pessoas a quem couber fazê-lo, ressalvado o disposto no art. 36; III – quando o querelante deixar de comparecer, sem motivo justificado, a qualquer ato do processo a que deva estar presente, ou deixar de formular o pedido de condenação nas alegações finais; IV – quando, sendo o querelante pessoa jurídica, esta se extinguir sem deixar sucessor.

12.7. Renúncia

É ato voluntário do ofendido desistindo do direito de propor ação penal privada (art. 104 do CP). Pode ser expressa ou tácita. Havendo concurso de pessoas, a renúncia em relação a um dos autores do crime a todos se estenderá (art. 49 do CPP).

> Juizado Especial Criminal. Antes da Lei n. 9.099/95, a renúncia era aplicada apenas à ação penal privada. Porém, nos Juizados Especiais Criminais, tratando-se de ação penal de iniciativa privada ou de ação penal pública condicionada à representação, o acordo homologado acarreta a renúncia ao direito de queixa ou de representação (art. 74, parágrafo único, da Lei n. 9.099/95).

12.8. Perdão aceito

É ato voluntário do ofendido que visa a obstar o prosseguimento da ação penal privada (art. 105 do CP). Pode ser expresso ou tácito, e concedido dentro ou fora do processo. Perdão tácito é o que resulta da prática de ato incompatível com a vontade de prosseguir na ação (art. 106, § 1º, do CP). Pode haver recusa do querelado, tratando-se, portanto, de **ato bilateral**. O perdão deve ser exercido após a propositura da ação penal privada, mas antes do trânsito em julgado da sentença condenatória (art. 106, § 2º, do CP).

Importante:
- No caso de concurso de pessoas, se o ofendido concedê-lo a qualquer um dos autores (querelados), a todos os outros se estenderá (art. 106, I, do CP).
- No caso de haver ofensa a mais de uma pessoa, se um dos ofendidos concedê-lo, não prejudica o direito dos outros (art. 106, II, do CP).

12.9. Retratação

Retratar-se significa desdizer-se, ou seja, retirar o que foi dito. O Código Penal prevê a retratação nos crimes de calúnia e difamação (art. 143) e no crime de falso testemunho ou falsa perícia (art. 342, § 2º).

12.10. Perdão judicial

Ocorre quando o juiz deixa de aplicar a pena ao autor do crime em face de certas circunstâncias. Exemplos: homicídio culposo, quando as consequências da infração atingirem o próprio agente de forma tão grave que a sanção penal se torne desnecessária (art. 121, § 5º, do CP); injúria, quando o ofendido, de forma reprovável, provocou diretamente a injúria (art. 140, § 1º, I, do CP).

> **STJ – Súmula 18**
> A sentença concessiva do perdão judicial é declaratória da extinção da punibilidade, não subsistindo qualquer efeito condenatório.

13. PRESCRIÇÃO

13.1. Crimes imprescritíveis

A Constituição Federal traz dois crimes imprescritíveis:

a) **Racismo** (art. 5º, XLII); e
b) **Ação de grupos armados, civis ou militares, contra a ordem constitucional e o Estado Democrático** (art. 5º, XLIV).

Além das hipóteses constitucionais, o Plenário do STF equiparou a **injúria racial** ao delito de racismo, considerando-a, igualmente, imprescritível (HC 154.248, j. 28-10-2021).

13.2. Prescrição do crime pressuposto

Nos termos do art. 108 do CP, a extinção da punibilidade de crime que é pressuposto, elemento constitutivo ou circunstância agravante de outro crime não se estende a ele. Nesse sentido o art. 2º, § 1º, da Lei de Lavagem de Dinheiro (Lei n. 9.613/98): "A denúncia será instruída com indícios suficientes da existência da infração penal antecedente, sendo puníveis os fatos previstos nesta Lei, ainda que desconhecido ou isento de pena o autor, ou extinta a punibilidade da infração penal antecedente". Digamos, por exemplo, que seja lavado dinheiro oriundo do tráfico de drogas. O fato de o tráfico já estar prescrito não irá prejudicar a apuração autônoma do delito de lavagem.

13.3. Espécies de prescrição e seus efeitos

- **PPP** – *prescrição da pretensão punitiva (ocorre antes do trânsito em julgado)*. Pode ser: 1) propriamente dita; 2) retroativa; 3) superveniente ou intercorrente ou subsequente. **Efeitos:** (1) obsta ao início da ação penal; (2) apaga todos os efeitos de eventual sentença condenatória proferida; (3) eventual condenação proferida não serve como pressuposto da reincidência.

- **PPE** – *prescrição da pretensão executória (ocorre depois do trânsito em julgado).* **Efeitos:** (1) apaga apenas o principal efeito da condenação, que é imposição da pena; (2) todos os demais efeitos da condenação permanecem intactos; (3) a condenação proferida serve como pressuposto da reincidência.

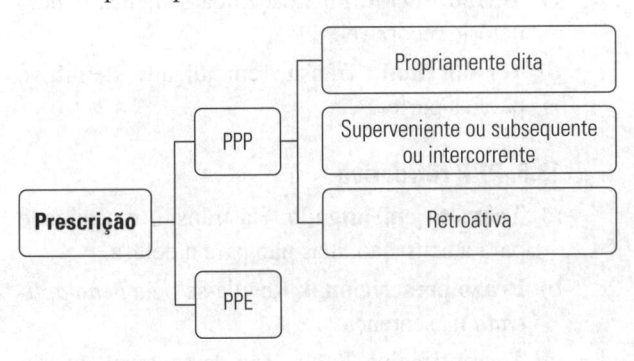

Prescrição
- PPP
  - Propriamente dita
  - Superveniente ou subsequente ou intercorrente
  - Retroativa
- PPE

- **13.4. PPP propriamente dita**

  a) **Trânsito em julgado.** Na PPP propriamente dita **não há** trânsito em julgado para nenhuma das partes.

  b) **Prazo prescricional.** Regula-se pela *pena máxima* cominada ao delito, nos termos do art. 109, do CP:

Prazo prescricional	Pena
20 anos	+ 12 anos
16 anos	+ 8 anos até 12 anos
12 anos	+ 4 anos até 8 anos
8 anos	+ 2 anos até 4 anos
4 anos	= 1 ano até 2 anos
3 anos	– 1 ano

O inciso VI do art. 109 do CP teve nova redação pela Lei n. 12.234/2010. Antes da alteração, a prescrição ocorria em 2 anos se o máximo da pena fosse inferior a 1 ano. Agora, a prescrição ocorre em 3 anos. Por se tratar de lei penal mais severa, não se aplica aos fatos praticados antes da sua vigência.

  c) **Regras para o cálculo do prazo prescricional:** (1) *Qualificadoras:* incidem na contagem do prazo. (2) *Majorantes e minorantes:* incidem na contagem do prazo. (3) *Tentativa:* incide na contagem do prazo (incide o percentual de menor redução). (4) *Agravantes e atenuantes:* não incidem na contagem do prazo. (5) *Concurso de crimes:* a extinção da punibilidade incidirá sobre a pena de cada um, isoladamente (art. 119 do CP). (6) *Menoridade relativa e senilidade:* são reduzidos de metade os prazos de prescrição quando o criminoso era, ao tempo do crime, menor de 21 anos, ou, na data da sentença, maior de 70 anos (art. 115 do CP). (7) *Reincidência:* não influi no prazo da PPP (STJ, Súmula 220). **Atenção**: a reincidência influencia o prazo da PPE, aumentando-o de um terço (art. 110, *caput*, do CP). (8) *Penas restritivas de direitos:* aplicam-se os mesmos prazos previstos para as penas privativas de liberdade (art. 109, parágrafo único, do CP). (9) *Pena de multa:* prescreve em 2 anos quando a multa for a única pena cominada ou aplicada, ou no mesmo prazo estabelecido para prescrição da pena privativa de liberdade, quando a multa for alternativa ou cumulativamente cominada ou cumulativamente aplicada (arts. 114 e 118 do CP).

  d) **Termo inicial (art. 111, do CP).** A prescrição, antes de transitar em julgado a sentença final, começa a correr: I – do dia em que o crime se consumou; II – no caso de tentativa, do dia em que cessou a atividade criminosa; III – nos crimes permanentes, do dia em que cessou a permanência; IV – nos de bigamia e nos de falsificação ou alteração de assentamento do registro civil, da data em que o fato se tornou conhecido; V – nos crimes contra a dignidade sexual ou que envolvam violência contra a criança e o adolescente, previstos neste Código ou em legislação especial, da data em que a vítima completar 18 (dezoito) anos, salvo se a esse tempo já houver sido proposta a ação penal (redação dada pela Lei n. 14.344/2022)..

  Obs.: conforme a Súmula Vinculante 24 do STF, "Não se tipifica crime material contra a ordem tributária, previsto no art. 1º, incisos I a IV, da Lei n. 8.137/90, antes do lançamento definitivo do tributo". Assim, neste caso, a contagem do prazo prescricional começa após o encerramento do processo administrativo de lançamento previsto no art. 142 do CTN. Nesse sentido: STJ, AgRg no REsp 1.699.768, *DJe* 20-4-2018.

  e) **Causas suspensivas ou impeditivas:** suspendem o curso do lapso prescricional. Cessado o motivo da suspensão, o prazo retoma o seu curso, computando-se o período anterior. Conforme o art. 116 do CP, a prescrição não corre: I –

enquanto não resolvida, em outro processo, questão de que dependa o reconhecimento da existência do crime; II – enquanto o agente cumpre pena no exterior. Existem outras causas suspensivas da prescrição, como, por exemplo: quando for suspenso o processo contra senador ou deputado federal, enquanto durar o mandato (art. 53, § 5º, da CF); réu citado por edital que não comparece nem constitui advogado (art. 366 do CPP).

A Lei Anticrime (Lei n. 13.964/2019) incluiu no art. 116 do Código Penal **outras causas suspensivas da prescrição**: **(i)** na pendência de embargos de declaração ou de recursos aos Tribunais Superiores, quando inadmissíveis, e **(ii)** enquanto não cumprido ou não rescindido o acordo de não persecução penal.

> **STJ – Súmula 415**
> O período de suspensão do prazo prescricional é regulado pelo máximo da pena cominada.

f) **Causas interruptivas da PPP:** incidindo uma causa de interrupção da prescrição, o lapso prescricional recomeça a correr integralmente, desde a data da interrupção. Conforme o art. 117 do CP, o curso da prescrição interrompe-se: I – pelo recebimento da denúncia ou da queixa; II – pela pronúncia; III – pela decisão confirmatória da pronúncia; IV – pela publicação da sentença ou acórdão condenatórios recorríveis.

Importante: o Plenário do STF fixou o entendimento de que o CP não faz distinção entre acórdão condenatório inicial ou confirmatório da decisão para fins de interrupção da prescrição. Por isso, o acórdão (decisão colegiada do Tribunal) que confirma a sentença condenatória, por revelar pleno exercício da jurisdição penal, interrompe o prazo prescricional, nos termos do art. 117, IV, do CP. A decisão, por maioria, foi tomada no julgamento do HC 176473, tendo sido fixada a seguinte **tese**: "Nos termos do inciso IV do artigo 117 do Código Penal, o acórdão condenatório sempre interrompe a prescrição, inclusive quando confirmatório da sentença de 1º grau, seja mantendo, reduzindo ou aumentando a pena anteriormente imposta".

> **STJ – Súmula 191**
> A pronúncia é causa interruptiva da prescrição, ainda que o Tribunal do Júri venha a desclassificar o crime.

■ **13.5. PPP superveniente, subsequente ou intercorrente**

a) **Trânsito em julgado.** Há trânsito em julgado para a acusação, mas não para a defesa.
b) **Prazo prescricional.** Regula-se pela *pena aplicada* na sentença.
c) **Termo inicial.** Publicação da sentença condenatória recorrível.
d) **Termo final.** Trânsito em julgado definitivo para as partes.

■ **13.6. PPP retroativa**

a) **Trânsito em julgado.** Há trânsito em julgado para a acusação, mas não para a defesa.
b) **Prazo prescricional.** Regula-se pela *pena aplicada* na sentença.
c) **Termo inicial.** Publicação da sentença condenatória recorrível.
d) **Termo final.** Recebimento da denúncia ou queixa.

> A Lei n. 12.234/2010 alterou a redação do art. 110, § 1º, do CP, excluindo a possibilidade da prescrição retroativa em período anterior ao recebimento da denúncia ou da queixa. Como se trata de lei penal mais severa, não retroage para alcançar fatos anteriores.

Importante: para o STF (Pleno, HC 122.694, j. 10-12-2014), é **constitucional** o art. 110, § 1º, do CP, com a redação dada pela Lei n. 12.234/2010.

■ **13.7. Prescrição da pretensão executória (PPE)**

a) **Trânsito em julgado.** Pressupõe o trânsito em julgado da sentença condenatória para as duas partes.
b) **Prazo prescricional.** Regula-se pela *pena aplicada*.
c) **Reincidência.** O prazo prescricional é aumentado de um terço se o condenado é reincidente.
d) **Termo inicial (art. 112 do CP).** A prescrição começa a correr: I – do dia em que transita em julgado a sentença condenatória, para a acusação, ou a que revoga a suspensão condicional

da pena ou o livramento condicional; II – do dia em que se interrompe a execução, salvo quando o tempo da interrupção deva computar-se na pena.

> No julgamento do HC 126.292 (17-2-2016), o Plenário do STF decidiu que o início da execução da pena condenatória após a confirmação da sentença em segundo grau não ofende o princípio constitucional da presunção de inocência. Desse modo, a referida decisão refletirá no início do prazo da prescrição da pretensão executória, que começará a ser contado na data da confirmação da sentença em segundo grau.

e) **Causas interruptivas (art. 117, V e VI).** O curso da prescrição interrompe-se: (...) V – pelo início ou continuação do cumprimento da pena; VI – pela reincidência.

13.8. Situações especiais

a) **Prescrição pela pena hipotética ou projetada.** Trata-se de uma prescrição antecipada, fazendo-se uma análise para o futuro. Verifica-se qual seria a possível pena concreta a ser aplicada no caso de condenação, de acordo com as circunstâncias apresentadas. A jurisprudência dos Tribunais Superiores manifesta-se **contrariamente** à prescrição pela pena projetada, conforme a **Súmula 438 do STJ**: é inadmissível a extinção da punibilidade pela prescrição da pretensão punitiva com fundamento em pena hipotética, independentemente da existência ou sorte do processo penal.

b) **Falta grave.** Conforme o STJ, em razão da ausência de legislação específica, a prescrição da pretensão de se apurar falta disciplinar, cometida no curso da execução penal, deve ser regulada, por analogia, pelo prazo do art. 109 do Código Penal, com a incidência do menor lapso previsto, atualmente de **três anos** (art. 109, VI, do CP).

c) **Medida de segurança.** De acordo com o STF, as medidas de segurança se submetem ao regime ordinariamente normado da prescrição penal. Prescrição a ser calculada com base na pena máxima cominada ao tipo penal debitado ao agente (no caso da **prescrição da pretensão punitiva**) ou com base na duração máxima da medida de segurança, trinta anos (no caso da **prescrição da pretensão executória**). Prazos prescricionais, esses, aos quais se aplicam, por lógico, os termos iniciais e marcos interruptivos e suspensivos dispostos no Código Penal (STF, HC 107.777, j. 7-2-2012).

d) **Medida socioeducativa.** As medidas socioeducativas aplicadas aos adolescentes infratores prescrevem, conforme a **Súmula 338 do STJ**: "A prescrição penal é aplicável nas medidas socioeducativas". Incide, inclusive, a norma do art. 115 do CP, que dispõe sobre a redução de metade do prazo prescricional (STF, HC 107.200 MC, j. 28-6-2011).

Obs.: tratando-se de medida socioeducativa aplicada sem termo, o prazo prescricional deve ter como parâmetro a duração máxima da internação (três anos). Após, deve-se considerar o lapso prescricional de 8 anos previsto no art. 109, IV, do CP, posteriormente reduzido pela metade em razão do disposto no art. 115 do mesmo diploma legal. A prescrição, portanto, é fixada em 4 anos. Nesse sentido: STJ, AgRg no HC 386.708, *DJe* 21-11-2017.

PARTE ESPECIAL

CAPÍTULO I
CRIMES CONTRA A PESSOA

1. CRIMES CONTRA A VIDA

1.1. Homicídio (art. 121 do CP)

1) **Bem jurídico tutelado:** vida humana extrauterina.

2) **Sujeitos:** (a) ativo: qualquer pessoa (crime comum); (b) passivo: qualquer pessoa.

3) **Descrição típica:** matar alguém: *Pena* – reclusão, de seis a vinte anos.

4) **Consumação e tentativa:** o crime se consuma com a morte da vítima. De acordo com o art. 3º da Lei n. 9.434/97, considera-se o momento da *morte encefálica*. A tentativa é possível, já que o crime é plurissubsistente.

5) **Forma privilegiada (§ 1º):** haverá diminuição da pena de 1/6 a 1/3 nas seguintes situações:

   I) *Motivo de relevante valor social:* o interesse é da coletividade;

   II) *Motivo de relevante valor moral:* o interesse é particular do agente;

   III) *Homicídio emocional:* domínio de violenta emoção, logo em seguida a injusta provocação da vítima.

> **Domínio** de violenta emoção: é privilegiadora (art. 121, § 1º, do CP).
> **Influência** de violenta emoção: é atenuante (art. 65, III, *c*, do CP).

6) **Forma qualificada (§ 2º):** se o homicídio é cometido:

   I) *Mediante paga ou promessa de recompensa, ou por outro motivo torpe.* Motivo torpe é o que causa repulsa à sociedade. Por exemplo, matar por racismo.

   II) *Por motivo fútil.* Motivo fútil é o desproporcional, insignificante. Por exemplo, matar o cobrador porque este deu o troco errado.

   III) *Com emprego de veneno, fogo, explosivo, asfixia, tortura ou outro meio insidioso ou cruel, ou de que possa resultar perigo comum.* Meio insidioso é aquele falso, desleal, como o emprego de veneno. Meio cruel é o doloroso, como o emprego de tortura. Meio de que possa resultar perigo comum é o que expõe a perigo um número indeterminado de pessoas, como a utilização de explosivo.

> No homicídio qualificado pela tortura (art. 121, § 2º, III, do CP), a morte da vítima é provocada a título de **dolo**. Já na tortura qualificada pela morte (art. 1º, § 3º, Lei 9.455/97), a morte da vítima é provocada a título de **culpa**.

   IV) *À traição, de emboscada, ou mediante dissimulação ou outro recurso que dificulte ou torne impossível a defesa do ofendido.* Traição é a agressão súbita da vítima, que é atingida quando está desprevenida. Emboscada é a tocaia. Dissimulação é a ocultação da intenção hostil, como o uso de disfarce.

> **Traição:** há agressão súbita e inesperada e **existe** relação de confiança e lealdade entre o autor e a vítima.
> **Surpresa:** há agressão súbita e inesperada e **não existe** relação de confiança e lealdade entre o autor e a vítima.

   V) *Para assegurar a execução, a ocultação, a impunidade ou vantagem de outro crime.* Trata-se da conexão teleológica (execução) ou consequencial (ocultação, impunidade, vantagem). Por exemplo, o agente mata o segurança para sequestrar a criança, de cujos pais irá exigir dinheiro.

   VI) *Contra a mulher por razões da condição de sexo feminino.* Trata-se da **qualificadora do feminicídio**, incluída ao Código Penal pela Lei n. 13.104/2015. De acordo com o art. 121, § 2º-A, considera-se que há **razões de condição de sexo feminino** quando o crime envolve: I – violência doméstica e familiar; II – menosprezo ou discriminação à condição de mulher.

   Obs.: (i) o Pleno do STF **proibiu o uso da tese de legítima defesa da honra em crimes de feminicídio**. Em decisão unânime, o Plenário entendeu que a tese contribui para a naturalização e a perpetuação da cultura de violência contra a mulher (ADPF 779); (ii) a 6ª Turma do STJ decidiu que **a Lei Maria da Penha é aplicável à violência contra mulher trans** (REsp 1977124, j. 5-4-2022).

> **Majorantes no caso de FEMINICÍDIO (art. 121, § 7º, do CP):**
> A pena do feminicídio é aumentada de 1/3 até a metade se o crime for praticado: **I –** durante a gestação ou nos 3 meses posteriores ao parto; **II –** contra pessoa maior de 60 anos, com deficiência ou com doenças degenerativas que acarretem condição limitante ou de vulnerabilidade física ou mental (redação dada pela Lei n. 14.344/2022); **III –** na presença física ou virtual de descendente ou de ascendente da vítima; **IV –** em descumprimento das medidas protetivas de urgência previstas nos incisos I, II e III do *caput* do art. 22 da Lei n. 11.340/06 (Lei Maria da Penha).

   VII) *Contra autoridade ou agente descrito nos arts. 142 e 144 da Constituição Federal, integrantes do sistema prisional e da Força Nacional de Segurança Pública, no exercício da função ou em decorrência dela, ou contra seu cônjuge, companheiro ou parente consanguíneo até o terceiro grau, em razão dessa condição.* Trata-se da **qualificadora do homicídio funcional**, incluída pela Lei n. 13.142/2015. A função pública desempenhada pelos servidores públicos referidos envolve riscos, a justificar uma pena mais elevada, principalmente por razões de prevenção geral.

   VIII) *Com emprego de arma de fogo de uso restrito ou proibido.* Trata-se de qualificadora instituída pelo Pacote Anticrime e vetada pelo Presidente da República, e que passou a valer a partir da derrubada do veto pelo Congresso Nacional.

IX) *Contra menor de 14 (quatorze) anos*. Trata-se de qualificadora incluída ao Código Penal pela Lei n. 14.344/2022, conhecida como Lei Henry Borel. Tal legislação foi publicada em 25-5-2022 e ficou 45 dias em *vacatio legis*.

A mesma Lei Henry Borel criou as majorantes do **novo § 2º-B**, incluído ao art. 121 do CP: a pena do homicídio contra menor de 14 (quatorze) anos é aumentada de: **I** – 1/3 até a metade se a vítima é pessoa com deficiência ou com doença que implique o aumento de sua vulnerabilidade; **II** – 2/3 se o autor é ascendente, padrasto ou madrasta, tio, irmão, cônjuge, companheiro, tutor, curador, preceptor ou empregador da vítima ou por qualquer outro título tiver autoridade sobre ela.

7) **Hediondez:** nos termos do art. 1º, I, da Lei n. 8.072/90, são hediondos (a) o homicídio (art. 121), quando praticado em atividade típica de grupo de extermínio, ainda que cometido por um só agente, e (b) o homicídio qualificado (art. 121, § 2º, I, II, III, IV, V, VI e VII), consumados ou tentados.

A figura do homicídio qualificado-privilegiado somente é possível quando a qualificadora for **objetiva**. Nesse caso **não haverá hediondez**.

Obs.: o STJ decidiu que **a qualificadora do feminicídio, no caso do inciso I, "violência doméstica e familiar", possui natureza objetiva**. Nesse sentido: STJ, AgRg no AREsp 1454781, *DJe* 19-12-2019; STJ, AgRg no AgRg no AREsp 1830776, *DJe* 30-08-2021.

8) **Forma culposa (§ 3º):** ocorre quando o agente dá causa à morte da vítima por imprudência, negligência ou imperícia. Se o crime for praticado na direção de veículo automotor, incidirá o art. 302 do CTB (Lei n. 9.503/97). É possível a incidência do *perdão judicial* (art. 121, § 5º, do CP) se as consequências da infração atingirem o próprio agente de forma tão grave que a sanção penal se torne desnecessária.

■ **1.2. Induzimento, instigação ou auxílio a suicídio ou a automutilação (art. 122 do CP)**

1) **Alteração legislativa:** a Lei n. 13.968, de 26-12-2019 (vigência a partir de 27-12-2019), alterou o Código Penal para modificar o crime de incitação ao suicídio, incluindo as condutas de induzir ou instigar a **automutilação**, bem como a de prestar auxílio a quem a pratique. De acordo com a Lei n. 13.819/19, a violência autoprovocada decorre: "I – do suicídio consumado; II – da tentativa de suicídio; e III – do ato de automutilação, com ou sem ideação suicida" (art. 6º, § 1º).

2) **Bens jurídicos tutelados:** vida humana extrauterina e incolumidade pessoal.

3) **Sujeitos:** (a) ativo: qualquer pessoa (crime comum); (b) passivo: qualquer pessoa, exceto nas hipóteses dos §§ 6º e 7º do art. 122.

4) **Descrição típica:** induzir ou instigar alguém a suicidar-se ou a praticar automutilação ou prestar-lhe auxílio material para que o faça: Pena: reclusão, de 6 meses a 2 anos. Trata-se de **tipo misto alternativo**, razão pela qual a prática de dois ou mais verbos nucleares no mesmo contexto fático caracteriza um só crime.

5) **Formas qualificadas:** se da automutilação ou da tentativa de suicídio resulta lesão corporal de natureza grave ou gravíssima, nos termos dos §§ 1º e 2º do art. 129 deste Código: pena – reclusão, de 1 a 3 anos (art. 122, § 1º); se o suicídio se consuma ou se da automutilação resulta morte: pena – reclusão, de 2 a 6 anos (art. 122, § 2º).

6) **Consumação e tentativa:** o crime é formal, consumando-se com a prática de uma das condutas previstas no tipo penal (induzir, instigar ou prestar auxílio), **independentemente de a vítima efetivamente vir a cometer o suicídio ou a automutilar-se**. Caso ocorram os resultados *lesão grave, lesão gravíssima ou morte*, o delito estará qualificado (§ 1º ou § 2º, conforme o caso).

No caso de resultar na vítima lesão leve, o agente responde pela forma básica do tipo (art. 122, *caput*).

A **tentativa** é possível na hipótese do art. 122, *caput*: o agente começa a induzir a vítima a tirar a própria vida e, antes de ela convencer-se da ideia suicida, ele é impedido de prosseguir por um terceiro. Por outro lado, não cabe tentativa nas hipóteses dos §§ 1º e 2º do art. 122, as quais caracterizam *crime condicionado*: assim, ou advém o resultado previsto em lei (lesão grave, lesão gravíssima ou morte) e o crime estará consumado e qualificado, ou não advém esse resultado e estará consumada a situação do *caput* do art. 122.

Antes da Lei n. 13.968/2019	Depois da Lei n. 13.968/2019
Art. 122 do CP – Induzir ou instigar alguém a suicidar-se ou prestar-lhe auxílio para que o faça: Pena – reclusão, de dois a seis anos, se o suicídio se consuma; ou reclusão, de um a três anos, se da tentativa de suicídio resulta lesão corporal de natureza grave.	Art. 122 – Induzir ou instigar alguém a suicidar-se ou a praticar automutilação ou prestar-lhe auxílio material para que o faça: Pena – reclusão, de 6 meses a 2 anos. § 1º – Se da automutilação ou da tentativa de suicídio resulta lesão corporal de natureza grave ou gravíssima, nos termos dos §§ 1º e 2º do art. 129 deste Código: Pena – reclusão, de 1 a 3 anos. § 2º – Se o suicídio se consuma ou se da automutilação resulta morte: Pena – reclusão, de 2 a 6 anos.
Resultado lesão leve: fato atípico (ou não punível).	Resultado lesão leve: crime consumado (art. 122, *caput*).
Resultado lesão grave: crime consumado (art. 122, *caput*).	Resultado lesão grave ou gravíssima: crime consumado (art. 122, § 1º).
Resultado morte: crime consumado (art. 122, *caput*).	Resultado morte: crime consumado (art. 122, § 2º).
Conforme entendimento majoritário, não admitia a tentativa.	Admite-se a tentativa na forma simples (art. 122, *caput*).

7) **Formas majoradas:** de acordo com o § 3º, a pena é duplicada (I) se o crime é praticado por motivo egoístico, torpe ou fútil, e (II) se a vítima é menor ou tem diminuída, por qualquer causa, a capacidade de resistência. O **§ 4º** determina o aumento de pena até o dobro se a conduta é realizada por meio da rede de computadores, de rede social ou transmitida em tempo real. E o **§ 5º** traz o aumento de pena de metade se o agente é líder ou coordenador de grupo ou de rede virtual.

Exemplo de incidência dos §§ 4º e 5º ocorre no jogo suicida conhecido como *baleia azul*. O termo remonta às baleias encalhadas, supostamente suicidas. Conforme a Wikipédia, "O jogo é baseado na relação entre os desafiantes (também chamados jogadores, ou participantes) e os curadores (ou chamados de administradores). O jogo envolverá uma série de tarefas dadas pelos curadores que os jogadores deverão completar, normalmente uma por dia, algumas das quais envolvem automutilação. Algumas tarefas poderão ser dadas com antecedência, outras poderão ser repassadas pelos curadores no dia, sendo para última tarefa o suicídio".

8) **Vítima vulnerável (§§ 6º e 7º):** se o crime de que trata o § 1º (da automutilação ou da tentativa de suicídio resulta lesão corporal de natureza grave ou gravíssima) resulta em *lesão corporal de natureza gravíssima* e é cometido contra menor de 14 anos ou contra quem, por enfermidade ou deficiência mental, não tem o necessário discernimento para a prática do ato, ou que, por qualquer outra causa, não pode oferecer resistência, responde o agente pelo crime de **lesão corporal gravíssima** (art. 129, § 2º, do CP). Por outro lado, se o crime de que trata o § 2º (o suicídio se consuma ou da automutilação resulta morte) é cometido contra menor de 14 anos ou contra quem não tem o necessário discernimento para a prática do ato, ou que, por qualquer outra causa, não pode oferecer resistência, responde o agente pelo crime de **homicídio** (art. 121 do CP).

9) **Competência do Tribunal do Júri:** somente no caso de induzimento, instigação ou auxílio ao *suicídio* da vítima. Na hipótese da incitação à *automutilação*, sem a intenção do resultado morte do ofendido, não se aplica o procedimento especial do Júri, já que não se trata de crime doloso contra vida.

1.3. Infanticídio (art. 123 do CP)

1) **Bem jurídico tutelado:** vida humana.
2) **Sujeitos:** (a) ativo: mãe (crime próprio); (b) passivo: é o filho que está nascendo ou acabou de nascer. Pode haver concurso de pessoas, na forma do art. 30 do CP.
3) **Descrição típica:** matar, sob a influência do estado puerperal, o próprio filho, durante o parto ou logo após: *Pena* – detenção, de dois a seis anos.
4) **Erro sobre a pessoa (art. 20, § 3º, do CP):** se a mãe mata outra criança imaginando que é o próprio filho, responde também por infanticídio, uma vez que não se consideram, neste caso, as condições ou qualidades da vítima ofendida, senão as da pessoa contra quem o agente queria praticar o crime (vítima visada).

1.4. Aborto (arts. 124 a 128 do CP)

1) **Bem jurídico tutelado:** vida humana intrauterina.
2) **Sujeitos:** (a) ativo: no art. 124 é a própria gestante (crime próprio); nos demais, é qualquer pessoa (crime comum); (b) passivo: é o produto da concepção (ovo, embrião ou feto).
3) **Descrição típica:**
   (i) *Aborto provocado pela gestante ou com seu consentimento.*

> **Art. 124.** Provocar aborto em si mesma ou consentir que outrem lho provoque: *Pena* – detenção, de um a três anos.

   (ii) *Aborto provocado por terceiro:*

> **Art. 125.** Provocar aborto, sem o consentimento da gestante:
> **Pena** – reclusão, de três a dez anos.
> **Art. 126.** Provocar aborto com o consentimento da gestante:
> **Pena** – reclusão, de um a quatro anos.
> **Parágrafo único.** Aplica-se a pena do artigo anterior, se a gestante não é maior de quatorze anos, ou é alienada ou débil mental, ou se o consentimento é obtido mediante fraude, grave ameaça ou violência.

4) **Crime doloso:** o delito de aborto somente pode ser praticado a título de dolo, direto ou eventual, não havendo previsão de forma culposa.
5) **Forma majorada (art. 127 do CP):** as penas cominadas nos arts. 125 e 126 são aumentadas de um terço se, em consequência do aborto ou dos meios empregados para provocá-lo, a gestante sofre lesão corporal de natureza grave e são duplicadas se, por qualquer dessas causas, lhe sobrevém a morte.
6) **Aborto legal ou permissivo:** de acordo com o art. 128 do CP, não se pune o aborto praticado por médico:
   I) se não há outro meio de salvar a vida da gestante (aborto necessário ou terapêutico);
   II) se a gravidez resulta de estupro e o aborto é precedido de consentimento da gestante ou, quando incapaz, de seu representante legal (aborto sentimental, humanitário, ético ou piedoso).

   Além das duas hipóteses legais de aborto permissivo, uma terceira foi assentada pelo Pleno do STF quando do julgamento da ADPF n. 54/2012: a antecipação terapêutica de parto nos casos de *feto anencéfalo* não caracteriza o crime de aborto. A Resolução CFM n. 1.989/2012 dispõe sobre o diagnóstico de anencefalia para a antecipação terapêutica do parto e dá outras providências.

- **Aborto no 1º trimestre de gestação.** No HC n. 124.306, julgado em 29-11-2016, a 1ª Turma do STF conferiu "interpretação conforme a Constituição aos arts. 124 e 126 do Código Penal, para excluir do seu âmbito de incidência a interrupção voluntária da gestação efetivada no primeiro trimestre". Isso porque "a criminalização, nessa hipótese, viola diversos direitos fundamentais da mulher, bem como o princípio da proporcionalidade".

2. LESÕES CORPORAIS

2.1. Lesão corporal (art. 129 do CP)

1) **Bem jurídico tutelado:** integridade corporal e saúde da vítima.
2) **Sujeitos:** (a) ativo: qualquer pessoa (crime comum); (b) passivo: qualquer pessoa. No caso das qualificadoras *aceleração de parto* (§ 1º) e *aborto* (§ 2º), a vítima é somente mulher grávida.
3) **Descrição típica:** ofender a integridade corporal ou a saúde de outrem: *Pena* – detenção, de três meses a um ano. No caso da **lesão leve** há necessidade de **representação** da vítima (art. 88 da Lei n. 9.099/95).
4) **Forma qualificada:**

   Lesão grave (§ 1º): *Pena* – reclusão, de um a cinco anos.

   I) *Incapacidade para as ocupações habituais, por mais de 30 dias.* Não há necessidade que seja trabalho. De acordo com o art. 168, § 2º, do CPP: se o exame tiver por fim precisar a classificação do delito no art. 129, § 1º, I, do CP, deverá ser feito logo que decorra o prazo de 30 dias, contado da data do crime.

   II) *Perigo de vida.* Prevalece que só pode ser causado a título de culpa. Havendo dolo, teríamos homicídio tentado.

III) *Debilidade permanente de membro, sentido ou função.* Trata-se da redução ou do enfraquecimento da capacidade funcional de forma duradoura. De acordo com o STJ, a **perda de dois dentes**, muito embora possa reduzir a capacidade funcional da mastigação, não enseja a deformidade permanente prevista no art. 129, § 2º, IV, do CP, mas, sim, a debilidade permanente de membro, sentido ou função, prevista no art. 129, § 1º, III, do CP (STJ, 6ª T., REsp 1.620.158, j. 13-9-2016).

IV) *Aceleração de parto.* A gravidez deve ser conhecida pelo agente.

Lesão gravíssima (§ 2º): *Pena* – reclusão, de dois a oito anos.

I) *Incapacidade permanente para o trabalho.* Prevalece que se trata da hipótese de ser impossível a fixação do retorno a qualquer tipo de atividade lucrativa.

II) *Enfermidade incurável.* De acordo com o STJ, a **transmissão dolosa do vírus HIV** é enquadrada neste dispositivo (STJ, HC 160.982, j. 17-5-2012).

III) *Perda ou inutilização de membro, sentido ou função.* O resultado agravador pode ser causado a título de dolo ou culpa.

IV) *Deformidade permanente.* Deve haver um dano estético irreparável na vítima, não necessariamente na região do rosto. **Cirurgia estética**: a vítima não está obrigada a se submeter à cirurgia plástica, mas se a fizer e reparar o dano não haverá a qualificadora (posição majoritária na doutrina). Em sentido contrário: "A realização de cirurgia estética posteriormente à prática do delito não afeta a caracterização, no momento do crime constatada, de lesão geradora de deformidade permanente, seja porque providência não usual (tratamento cirúrgico custoso e de risco), seja porque ao critério exclusivo da vítima" (STJ, 6ª T., HC 306.677, j. 19-5-2015).

V) *Aborto.* A gravidez deve ser conhecida do agente. Trata-se de crime preterdoloso (dolo na conduta + culpa no resultado).

5) **Lesão corporal seguida de morte (§ 3º).** Quando resulta morte e as circunstâncias evidenciam que o agente não quis o resultado, nem assumiu o risco de produzi-lo: *Pena* – reclusão, de quatro a doze anos. Trata-se de **crime preterdoloso:** há dolo na conduta antecedente e culpa no resultado consequente.

6) **Forma culposa (§ 6º):** ocorre quando a lesão corporal é causada por imprudência, negligência ou imperícia. No caso dos crimes de trânsito, aplica-se o art. 303 do CTB (Lei n. 9.503/97). A ação penal é pública condicionada à **representação** da vítima (art. 88 da Lei n. 9.099/95). É possível o **perdão judicial** (art. 129, § 8º, do CP).

7) **Violência doméstica e familiar (§ 9º):** trata-se de qualificadora em relação às lesões corporais leves. A vítima não é necessariamente mulher, ou seja, o sujeito passivo pode ser homem ou mulher. Sendo mulher, também incidirão as regras específicas da Lei Maria da Penha (Lei n. 11.340/2006). A Lei 14.188/2021 incluiu o § 13: "Se a lesão for praticada **contra a mulher, por razões da condição do sexo feminino**, nos termos do § 2º-A do art. 121 deste Código: Pena – reclusão, de 1 a 4 anos".

STJ – Súmula 536
A suspensão condicional do processo e a transação penal não se aplicam na hipótese de delitos sujeitos ao rito da Lei Maria da Penha.

STJ – Súmula 542
A ação penal relativa ao crime de lesão corporal resultante de violência doméstica contra a mulher é pública incondicionada.

STJ – Súmula 588
A prática de crime ou contravenção penal contra a mulher com violência ou grave ameaça no ambiente doméstico impossibilita a substituição da pena privativa de liberdade por restritiva de direitos.

STJ – Súmula 589
É inaplicável o princípio da insignificância nos crimes ou contravenções penais praticados contra a mulher no âmbito das relações domésticas.

STJ – Súmula 600
Para a configuração da violência doméstica e familiar prevista no artigo 5º da Lei n. 11.340/2006 (Lei Maria da Penha) não se exige a coabitação entre autor e vítima.

8) **Lesão corporal em face da função desempenhada pela vítima ou contra familiar desta (§ 12):** a Lei n. 13.142/2015 incluiu o § 12 no art. 129, do CP quando a lesão é praticada contra autoridade ou agente descrito nos arts. 142 e 144 da Constituição Federal, integrantes do sistema

prisional e da Força Nacional de Segurança Pública, no exercício da função ou em decorrência dela, ou contra seu cônjuge, companheiro ou parente consanguíneo até o terceiro grau, em razão dessa condição. A pena é aumentada de um a dois terços (forma majorada).

9) **Forma qualificada (§ 13):** a Lei n. 14.188/2021 incluiu o § 13 no art. 219 do CP quando a lesão é praticada contra a mulher, por razões da condição do sexo feminino, nos termos do § 2º-A do art. 121 do Código Penal. A pena passa a ser de reclusão de 1 a 4 anos.

10) **Hediondez:** de acordo com o art. 1º, I-A, da Lei n. 8.072/90, haverá crime hediondo nas hipóteses de lesão corporal dolosa de natureza gravíssima (art. 129, § 2º) e lesão corporal seguida de morte (art. 129, § 3º), quando praticadas contra autoridade ou agente descrito nos arts. 142 e 144 da Constituição Federal, integrantes do sistema prisional e da Força Nacional de Segurança Pública, no exercício da função ou em decorrência dela, ou contra seu cônjuge, companheiro ou parente consanguíneo até o terceiro grau, em razão dessa condição.

3. PERICLITAÇÃO DA VIDA E DA SAÚDE

3.1. Perigo de contágio venéreo (art. 130 do CP)

1) **Descrição típica:** expor alguém, por meio de relações sexuais ou qualquer ato libidinoso, a contágio de moléstia venérea, de que sabe ou deve saber que está contaminado: *Pena* – detenção, de três meses a um ano, ou multa.

2) **Forma qualificada (§ 1º):** se é intenção do agente transmitir a moléstia: *Pena* – reclusão, de um a quatro anos, e multa.

3) **Ação penal (§ 2º):** somente se procede mediante representação.

3.2. Perigo de contágio de moléstia grave (art. 131 do CP)

1) **Descrição típica:** praticar, com o fim de transmitir a outrem moléstia grave de que está contaminado, ato capaz de produzir o contágio: *Pena* – reclusão, de um a quatro anos, e multa.

2) **Consumação:** o crime do art. 131 é formal, consumando-se independentemente do contágio da vítima.

3) **Ação penal:** é pública incondicionada.

3.3. Perigo para a vida ou saúde de outrem (art. 132 do CP)

1) **Descrição típica:** expor a vida ou a saúde de outrem a perigo direto e iminente: *Pena* – detenção, de três meses a um ano, se o fato não constitui crime mais grave.

2) **Subsidiariedade expressa:** somente haverá a caracterização do crime previsto no art. 132 "se o fato não constitui crime mais grave".

3) **Forma majorada (parágrafo único):** a pena é aumentada de um sexto a um terço se a exposição da vida ou da saúde de outrem a perigo decorre do transporte de pessoas para a prestação de serviços em estabelecimentos de qualquer natureza, em desacordo com as normas legais.

3.4. Abandono de incapaz (art. 133 do CP)

1) **Descrição típica:** abandonar pessoa que está sob seu cuidado, guarda, vigilância ou autoridade, e, por qualquer motivo, incapaz de defender-se dos riscos resultantes do abandono: *Pena* – detenção, de seis meses a três anos.

2) **Forma qualificada (§§ 1º e 2º):** se do abandono resulta lesão corporal de natureza grave: *Pena* – reclusão, de um a cinco anos (§ 1º); se resulta a morte: *Pena* – reclusão, de quatro a doze anos (§ 2º).

3) **Forma majorada (§ 3º):** as penas aumentam-se de um terço: I – se o abandono ocorre em lugar ermo; II – se o agente é ascendente ou descendente, cônjuge, irmão, tutor ou curador da vítima; III – se a vítima é maior de 60 anos.

3.5. Exposição ou abandono de recém-nascido (art. 134 do CP)

1) **Descrição típica:** expor ou abandonar recém-nascido, para ocultar desonra própria: *Pena* – detenção, de seis meses a dois anos.

2) **Forma qualificada (§§ 1º e 2º):** se do fato resulta lesão corporal de natureza grave: *Pena* – detenção, de um a três anos (§ 1º); se resulta a morte: *Pena* – detenção, de dois a seis anos (§ 2º).

3) **Consumação:** o crime se consuma no momento em que a exposição ou o abandono resultar em perigo concreto para a vida ou saúde do neonato.

3.6. Omissão de socorro (art. 135 do CP)

1) **Descrição típica:** deixar de prestar assistência, quando possível fazê-lo sem risco pessoal, à criança abandonada ou extraviada, ou à pessoa inválida ou ferida, ao desamparo ou em grave e iminente perigo; ou não pedir, nesses casos, o socorro da autoridade pública: *Pena* – detenção, de um a seis meses, ou multa.

2) **Forma majorada (parágrafo único):** a pena é aumentada de metade, se da omissão resulta lesão corporal de natureza grave, e triplicada, se resulta a morte.

3) **Consumação e tentativa:** o crime se consuma no momento em que o sujeito ativo omite a prestação de socorro. Não cabe tentativa, já que o delito é omissivo puro (unissubsistente).

3.7. Condicionamento de atendimento médico-hospitalar emergencial (art. 135-A do CP)

1) **Descrição típica:** exigir cheque-caução, nota promissória ou qualquer garantia, bem como o preenchimento prévio de formulários administrativos, como condição para o atendimento médico-hospitalar emergencial: *Pena* – detenção, de 3 meses a 1 ano, e multa.

2) **Forma majorada (parágrafo único):** a pena é aumentada até o dobro se da negativa de atendimento resulta lesão corporal de natureza grave, e até o triplo se resulta a morte.

3) **Consumação:** ocorre com a mera exigência da garantia ou do preenchimento dos formulários. Não há necessidade de que a vítima deixe de ser atendida ou que sua situação se agrave.

3.8. Maus-tratos (art. 136 do CP)

1) **Descrição típica:** expor a perigo a vida ou a saúde de pessoa sob sua autoridade, guarda ou vigilância, para fim de educação, ensino, tratamento ou custódia, quer privando-a de alimentação ou cuidados indispensáveis, quer sujeitando-a a trabalho excessivo ou inadequado, quer abusando de meios de correção ou disciplina: *Pena* – detenção, de dois meses a um ano, ou multa.

2) **Forma qualificada (§§ 1º e 2º):** se do fato resulta lesão corporal de natureza grave: *Pena* – reclusão, de um a quatro anos (§ 1º); se resulta a morte: *Pena* – reclusão, de quatro a doze anos (§ 2º).

3) **Forma majorada (§ 3º):** aumenta-se a pena de um terço, se o crime é praticado contra pessoa menor de 14 anos.

> **Maus-tratos (art. 136 do CP):** ânimo de correção ou disciplina; **não exige** intenso sofrimento físico ou mental da vítima.
> **Tortura (Lei n. 9.455/97):** ânimo de torturar; **exige intenso** sofrimento físico ou mental da vítima.

4. RIXA

4.1. Rixa (art. 137 do CP)

1) **Bens jurídicos protegidos:** vida e saúde.

2) **Sujeitos:** trata-se de crime plurissubjetivo, em que os participantes da rixa são, ao mesmo tempo, sujeitos ativos e passivos uns dos outros.

> Há necessidade de pelo menos **três pessoas** para a caracterização do crime de rixa.

3) **Descrição típica:** participar de rixa, salvo para separar os contendores: *Pena* – detenção, de quinze dias a dois meses, ou multa.

4) **Forma qualificada (parágrafo único):** se ocorre morte ou lesão corporal de natureza grave, aplica-se, pelo fato da participação na rixa, a pena de detenção, de seis meses a dois anos.

5. CRIMES CONTRA A HONRA

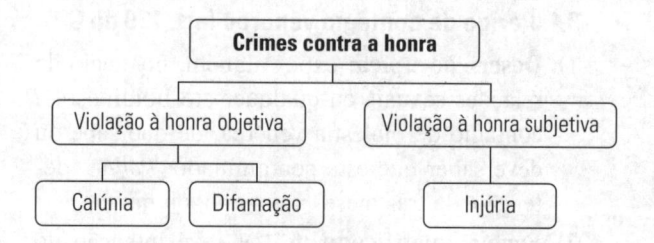

```
                Crimes contra a honra
                 /              \
    Violação à honra objetiva    Violação à honra subjetiva
        /         \                       |
    Calúnia    Difamação                Injúria
```

5.1. Calúnia (art. 138 do CP)

1) **Bem jurídico protegido:** honra objetiva ou externa (conceito que o indivíduo possui na sociedade).

2) **Sujeitos:** (a) ativo: qualquer pessoa (crime comum); (b) passivo: qualquer pessoa. A vítima deve ser determinada.

3) **Descrição típica:** caluniar alguém, imputando-lhe falsamente fato definido como crime: *Pena* – detenção, de seis meses a dois anos, e multa.

4) **Forma equiparada (§ 1º):** na mesma pena incorre quem, sabendo falsa a imputação, a propala ou divulga. Exige-se o dolo direto.

5) **Mortos (§ 2º):** é punível a calúnia contra os mortos.

> A analogia *in malam partem* é proibida em Direito Penal, razão pela qual não são puníveis a difamação e a injúria contra os mortos.

6) **Exceção da verdade (§ 3º):** admite-se a prova da verdade, salvo: I – se, constituindo o fato imputado crime de ação privada, o ofendido não foi condenado por sentença irrecorrível; II – se o fato é imputado a qualquer das pessoas indicadas no n. I do art. 141; III – se do crime imputado, embora de ação pública, o ofendido foi absolvido por sentença irrecorrível.

7) **Consumação e tentativa:** o crime se consuma no momento em que a ofensa chega ao conhecimento de um terceiro, independentemente de qualquer outro resultado (crime formal). A tentativa é possível na forma plurissubsistente (ex.: calúnia por escrito).

8) **Ofensas publicadas em *site* na internet:** de acordo com o STJ, é competente para julgamento de crimes cometidos pela internet o juízo do local onde as informações são alimentadas, sendo irrelevante o local do provedor. Nesse sentido: STJ, 3ª Seção, CC 145.424, *DJe* 26-4-2016.

Obs.: o Pacote Anticrime (Lei n. 13.964/2019) incluiu a seguinte majorante: "Se o crime é cometido ou divulgado em **quaisquer modalidades das redes sociais da rede mundial de computadores,** aplica-se em triplo a pena" (art. 141, § 2º, do CP).

5.2. Difamação (art. 139 do CP)

1) **Bem jurídico protegido:** honra objetiva ou externa (conceito que o indivíduo possui na sociedade).
2) **Sujeitos:** (a) ativo: qualquer pessoa (crime comum); (b) passivo: qualquer pessoa. A vítima deve ser determinada.
3) **Descrição típica:** difamar alguém, imputando-lhe fato ofensivo à sua reputação: *Pena* – detenção, de três meses a um ano, e multa.
4) **Exceção da verdade:** a exceção da verdade somente se admite se o ofendido é funcionário público e a ofensa é relativa ao exercício de suas funções (art. 139, parágrafo único, do CP).
5) **Consumação e tentativa:** o crime se consuma no momento em que a ofensa chega ao conhecimento de um terceiro, independentemente de qualquer outro resultado (crime formal). A tentativa é possível na forma plurissubsistente (ex.: difamação por escrito).

5.3. Injúria (art. 140 do CP)

1) **Bem jurídico protegido:** honra subjetiva ou interna (conceito que o indivíduo possui de si mesmo).
2) **Sujeitos:** (a) ativo: qualquer pessoa (crime comum); (b) passivo: qualquer pessoa. A vítima deve ser determinada.
3) **Descrição típica:** injuriar alguém, ofendendo-lhe a dignidade ou o decoro: *Pena* – detenção, de um a seis meses, ou multa.
4) **Exceção da verdade:** não cabe no crime de injúria.
5) **Consumação e tentativa:** o crime se consuma no momento em que a ofensa chega ao conhecimento da vítima, independentemente de qualquer outro resultado (crime formal). A tentativa é possível na forma plurissubsistente (ex.: injúria por escrito).
6) **Perdão judicial (§ 1º):** o juiz pode deixar de aplicar a pena: I – quando o ofendido, de forma reprovável, provocou diretamente a injúria; II – no caso de retorsão imediata, que consista em outra injúria.
7) **Injúria real (§ 2º):** se a injúria consiste em violência ou vias de fato, que, por sua natureza ou pelo meio empregado, se considerem aviltantes: *Pena* – detenção, de três meses a um ano, e multa, além da pena correspondente à violência.
8) **Injúria preconceituosa (§ 3º):** se a injúria consiste na utilização de elementos referentes a raça, cor, etnia, religião, origem ou a condição de pessoa idosa ou portadora de deficiência: *Pena* – reclusão de um a três anos e multa.

Atenção: o Plenário do STF equiparou a injúria racial ao crime de racismo, considerando-a, igualmente, imprescritível (HC 154.248, j. 28/10/2021).

5.4. Formas majoradas (art. 141 do CP)

Haverá aumento de um terço se os crimes contra a honra são cometidos: I – contra o Presidente da República, ou contra chefe de governo estrangeiro; II – contra funcionário público, em razão de suas funções, ou contra os Presidentes do Senado Federal, da Câmara dos Deputados ou do Supremo Tribunal Federal (redação dada pela Lei n. 14.197/2021); III – na presença de várias pessoas, ou por meio que facilite a divulgação da calúnia, da difamação ou da injúria; IV – contra criança, adolescente, pessoa maior de 60 anos ou pessoa com deficiência, exceto na hipótese prevista no § 3º do art. 140 deste Código (redação dada pela Lei n. 14.344/2022).

Se o crime é cometido mediante paga ou promessa de recompensa, aplica-se a pena em dobro (§ 1º). Se o crime é cometido ou divulgado em quaisquer modalidades das redes sociais da rede mundial de computadores, aplica-se em triplo a pena (§ 2º).

5.5. Retratação (art. 143 do CP)

O querelado que, antes da sentença, se retrata cabalmente da calúnia ou da difamação fica isento de pena.

A Lei n. 13.188/2015 acrescentou um parágrafo único ao art. 143, com a seguinte redação: nos casos em que o querelado tenha praticado a calúnia ou a difamação utilizando-se de meios de comunicação, a retratação dar-se-á, se assim desejar o ofendido, pelos mesmos meios em que se praticou a ofensa.

5.6. Ação penal (art. 145 do CP)

Regra geral, os crimes contra a honra são processados por ação penal privada (queixa). Exceções: (a) ação penal pública incondicionada: quando, no caso da injúria real, da violência resulta lesão corporal; (b) ação penal pública condicionada à requisição do Ministro da Justiça: se qualquer dos crimes é cometido contra o Presidente da República, ou contra chefe de governo estrangeiro; (c) ação penal pública condicionada à representação do ofendido: no caso de crime de injúria preconceituosa; (d) ação penal pública condicionada à representação do ofendido: no caso de crime cometido contra funcionário público, em razão de suas funções.

> **STF – Súmula 714**
> É concorrente a legitimidade do ofendido, mediante queixa, e do Ministério Público, condicionada à representação do ofendido, para a ação penal por crime contra a honra de servidor público em razão do exercício de suas funções.

6. CRIMES CONTRA A LIBERDADE INDIVIDUAL

6.1. Crimes contra a liberdade pessoal

6.1.1. Constrangimento ilegal (art. 146 do CP)

1) **Bem jurídico protegido:** liberdade pessoal.
2) **Sujeitos:** (a) ativo: qualquer pessoa (crime comum); (b) passivo: qualquer pessoa.
3) **Descrição típica:** constranger alguém, mediante violência ou grave ameaça, ou depois de lhe haver reduzido, por qualquer outro meio, a capacidade de resistência, a não fazer o que a lei permite, ou a fazer o que ela não manda: *Pena* – detenção, de três meses a um ano, ou multa.
4) **Forma majorada (§ 1º):** as penas aplicam-se cumulativamente e em dobro quando, para a execução do crime, se reúnem mais de três pessoas, ou há emprego de armas.
5) **Exclusão do crime (§ 3º):** não se compreendem na disposição deste artigo: I – a intervenção médica ou cirúrgica, sem o consentimento do paciente ou de seu representante legal, se justificada por iminente perigo de vida; II – a coação exercida para impedir suicídio.

6.1.2. Ameaça (art. 147 do CP)

1) **Bem jurídico protegido:** liberdade pessoal.
2) **Sujeitos:** (a) ativo: qualquer pessoa (crime comum); (b) passivo: qualquer pessoa.
3) **Descrição típica:** ameaçar alguém, por palavra, escrito ou gesto, ou qualquer outro meio simbólico, de causar-lhe mal injusto e grave: *Pena* – detenção, de um a seis meses, ou multa.
4) **Consumação e tentativa:** o delito se consuma no momento da conduta do autor, independentemente de qualquer outro resultado (crime formal). A tentativa é possível na modalidade plurissubsistente (ex.: ameaça por escrito).
5) **Ação penal:** de acordo com o parágrafo único, somente se procede mediante representação.

6.1.3. Perseguição ou Stalking (art. 147-A do CP)

1) **Descrição típica:** perseguir alguém, reiteradamente e por qualquer meio, ameaçando-lhe a integridade física ou psicológica, restringindo-lhe a capacidade de locomoção ou, de qualquer forma, invadindo ou perturbando sua esfera de liberdade ou privacidade: *Pena* – reclusão, de 6 meses a 2 anos, e multa. As penas deste artigo são aplicáveis sem prejuízo das correspondentes à violência. O delito de *stalking* foi incluído pela Lei n. 14.132/2021.
2) **Consumação:** tratando-se de crime habitual, a consumação ocorre quando o agente reitera a perseguição.
3) **Causas de aumento de pena:** a pena é aumentada de metade se o crime é cometido: I – contra criança, adolescente ou idoso; II – contra mulher por razões da condição de sexo feminino, nos termos do § 2º-A do art. 121 deste Código; III – mediante concurso de 2 (duas) ou mais pessoas ou com o emprego de arma.
4) **Ação penal:** somente se procede mediante representação.

5) **Revogação do art. 65 da LCP:** a contravenção penal do art. 65 da LCP ("Molestar alguém ou perturbar-lhe a tranquilidade, por acinte ou por motivo reprovável") foi revogada pela Lei n. 14.132/2021.

6.1.4. Violência psicológica contra a mulher (art. 147-B do CP)

1) **Descrição típica:** causar dano emocional à mulher que a prejudique e perturbe seu pleno desenvolvimento ou que vise a degradar ou a controlar suas ações, comportamentos, crenças e decisões, mediante ameaça, constrangimento, humilhação, manipulação, isolamento, chantagem, ridicularização, limitação do direito de ir e vir ou qualquer outro meio que cause prejuízo à sua saúde psicológica e autodeterminação: *Pena* – reclusão, de 6 meses a 2 anos, e multa, se a conduta não constitui crime mais grave. O delito do art. 147-B foi incluído pela Lei n. 14.188/2021.

2) **Lei Maria da Penha:** de acordo com a Lei n. 11.340/2006, uma das formas de formas de violência doméstica e familiar contra a mulher é a **violência psicológica**, entendida como qualquer conduta que lhe cause dano emocional e diminuição da autoestima ou que lhe prejudique e perturbe o pleno desenvolvimento ou que vise degradar ou controlar suas ações, comportamentos, crenças e decisões, mediante ameaça, constrangimento, humilhação, manipulação, isolamento, vigilância constante, perseguição contumaz, insulto, chantagem, violação de sua intimidade, ridicularização, exploração e limitação do direito de ir e vir ou qualquer outro meio que lhe cause prejuízo à saúde psicológica e à autodeterminação (art. 7º, II, da Lei n. 11.340/2006).

6.1.5. Sequestro e cárcere privado (art. 148 do CP)

1) **Bem jurídico protegido:** liberdade pessoal.
2) **Sujeitos:** (a) ativo: qualquer pessoa (crime comum); (b) passivo: qualquer pessoa.
3) **Descrição típica:** privar alguém de sua liberdade, mediante sequestro ou cárcere privado: *Pena* – reclusão, de um a três anos.

Sequestro é gênero (a vítima não é confinada), ao passo que **cárcere privado** é espécie (a vítima é confinada).

4) **Forma qualificada (§§ 1º e 2º):**

§ 1º A pena é de reclusão, de dois a cinco anos: I – se a vítima é ascendente, descendente, cônjuge ou companheiro do agente ou maior de 60 anos; II – se o crime é praticado mediante internação da vítima em casa de saúde ou hospital; III – se a privação da liberdade dura mais de quinze dias; IV – se o crime é praticado contra menor de 18 anos; V – se o crime é praticado com fins libidinosos.

§ 2º Se resulta à vítima, em razão de maus-tratos ou da natureza da detenção, grave sofrimento físico ou moral: *Pena* – reclusão, de dois a oito anos.

5) **Consumação e tentativa:** como o crime é permanente, a consumação se prolonga no tempo. A tentativa é possível, pois o delito é plurissubsistente.

6.1.6. Redução a condição análoga à de escravo (art. 149 do CP)

1) **Bens jurídicos protegidos:** liberdade pessoal, organização do trabalho e dignidade da pessoa humana.
2) **Sujeitos:** (a) ativo: qualquer pessoa (crime comum); (b) passivo: qualquer pessoa.
3) **Descrição típica:** reduzir alguém a condição análoga à de escravo, quer submetendo-o a trabalhos forçados ou a jornada exaustiva, quer sujeitando-o a condições degradantes de trabalho, quer restringindo, por qualquer meio, sua locomoção em razão de dívida contraída com o empregador ou preposto: Pena – reclusão, de dois a oito anos, e multa, além da pena correspondente à violência.
4) **Formas equiparadas (§ 1º):** nas mesmas penas incorre quem: I – cerceia o uso de qualquer meio de transporte por parte do trabalhador, com o fim de retê-lo no local de trabalho; II – mantém vigilância ostensiva no local de trabalho ou se apodera de documentos ou objetos pessoais do trabalhador, com o fim de retê-lo no local de trabalho.
5) **Forma majorada (§ 2º):** a pena é aumentada de metade, se o crime é cometido: I – contra criança ou adolescente; II – por motivo de preconceito de raça, cor, etnia, religião ou origem.
6) **Competência:** de acordo com o Pleno do STF (RE 459.510, j. 26-11-2015), a competência para processar e julgar o crime do art. 149, CP é da **Justiça Federal**.

6.1.7. Tráfico de pessoas (art. 149-A do CP)

1) **Alteração:** a Lei n. 13.344/2016 revogou os crimes de tráfico internacional de pessoa para fim de exploração sexual (art. 231, do CP) e tráfico interno de pessoa para fim de exploração sexual (art. 231-A do CP) e criou o delito de tráfico de pessoas (art. 149-A do CP). Além disso, o novo crime foi acrescentado ao inciso V do art. 83 do Código Penal ("cumpridos mais de dois terços da pena, nos casos de condenação por crime hediondo, prática de tortura, tráfico ilícito de entorpecentes e drogas afins, tráfico de pessoas e terrorismo, se o apenado não for reincidente específico em crimes dessa natureza").

2) **Descrição típica:** agenciar, aliciar, recrutar, transportar, transferir, comprar, alojar ou acolher pessoa, mediante grave ameaça, violência, coação, fraude ou abuso, com a finalidade de: I – remover-lhe órgãos, tecidos ou partes do corpo; II – submetê-la a trabalho em condições análogas à de escravo; III – submetê-la a qualquer tipo de servidão; IV – adoção ilegal; ou V – exploração sexual. *Pena* – reclusão, de quatro a oito anos, e multa.

3) **Elemento subjetivo do tipo (dolo específico):** o tráfico de pessoas pode ter a finalidade de: a) remoção de órgãos, tecidos ou partes do corpo; b) submissão a trabalho em condições análogas à de escravo; c) submissão a qualquer tipo de servidão; d) adoção ilegal; e) exploração sexual.

4) **Consumação:** trata-se de crime formal, razão pela qual a consumação ocorre no momento em que o agente, mediante um dos meios de execução (grave ameaça, violência, coação, fraude ou abuso), praticar qualquer das condutas típicas (agenciar, aliciar, recrutar, transportar, transferir, comprar, alojar ou acolher), ainda que não atinja a finalidade pretendida (dolo específico).

5) **Forma majorada (§ 1º):** a pena é aumentada de um terço até a metade se: I – o crime for cometido por funcionário público no exercício de suas funções ou a pretexto de exercê-las; II – o crime for cometido contra criança, adolescente ou pessoa idosa ou com deficiência; III – o agente se prevalecer de relações de parentesco, domésticas, de coabitação, de hospitalidade, de dependência econômica, de autoridade ou de superioridade hierárquica inerente ao exercício de emprego, cargo ou função; ou IV – a vítima do tráfico de pessoas for retirada do território nacional.

6) **Forma minorada (§ 2º):** a pena é reduzida de um a dois terços se o agente for primário e não integrar organização criminosa.

6.2. Crimes contra a inviolabilidade do domicílio

6.2.1. Violação de domicílio (art. 150 do CP)

1) **Bem jurídico protegido:** inviolabilidade domiciliar.

> Entrar em casa desabitada não configura o delito.

2) **Sujeitos:** (a) ativo: qualquer pessoa (crime comum); (b) passivo: qualquer pessoa.

3) **Descrição típica:** entrar ou permanecer, clandestina ou astuciosamente, ou contra a vontade expressa ou tácita de quem de direito, em casa alheia ou em suas dependências: *Pena* – detenção, de um a três meses, ou multa.

4) **Forma qualificada (§ 1º):** se o crime é cometido durante a noite, ou em lugar ermo, ou com o emprego de violência ou de arma, ou por duas ou mais pessoas: *Pena* – detenção, de seis meses a dois anos, além da pena correspondente à violência.

5) **Exclusão do crime (§ 3º):** não constitui crime a entrada ou permanência em casa alheia ou em suas dependências: I – durante o dia, com observância das formalidades legais, para efetuar prisão ou outra diligência; II – a qualquer hora do dia ou da noite, quando algum crime está sendo ali praticado ou na iminência de o ser.

6) **Casa (§§ 4º e 5º).** (1) A expressão "casa" compreende: I – qualquer compartimento habitado; II – aposento ocupado de habitação coletiva; III – compartimento não aberto ao público, onde alguém exerce profissão ou atividade. (2) Não se compreendem na expressão "casa": I – hospedaria, estalagem ou qualquer outra habitação coletiva, enquanto aberta, salvo a restrição do n. II do parágrafo anterior; II – taverna, casa de jogo e outras do mesmo gênero.

7) **Limites para entrada da polícia em domicílio sem autorização judicial:** o Plenário do STF, no julgamento do RE 603.616, com repercussão geral reconhecida, firmou a tese de que "a entrada forçada em domicílio sem mandado judicial só é lícita, mesmo em período noturno, quando amparada em fundadas razões, devidamente justificadas *a posteriori*, que indiquem que dentro da casa ocorre situação de flagrante delito, sob pena de responsabilidade disciplinar, civil e penal do agente ou da autoridade e de nulidade dos atos praticados".

6.3. Crimes contra a inviolabilidade de correspondência

6.3.1. Violação de correspondência (art. 151 do CP)

1) **Descrição típica:** devassar indevidamente o conteúdo de correspondência fechada, dirigida a outrem: *Pena* – detenção, de um a seis meses, ou multa.

2) **Sonegação ou destruição de correspondência (§ 1º, I):** na mesma pena incorre: I – quem se apossa indevidamente de correspondência alheia, embora não fechada e, no todo ou em parte, a sonega ou destrói.

3) **Violação de comunicação telegráfica, radioelétrica ou telefônica (§ 1º, II a IV):** na mesma pena incorre: (...) II – quem indevidamente divulga, transmite a outrem ou utiliza abusivamente comunicação telegráfica ou radioelétrica dirigida a terceiro, ou conversação telefônica entre outras pessoas; III – quem impede a comunicação ou a conversação referidas no número anterior; IV – quem instala ou utiliza estação ou aparelho radioelétrico, sem observância de disposição legal.

4) **Forma majorada (§ 2º):** as penas aumentam-se de metade, se há dano para outrem.

5) **Abuso de função (§ 3º):** se o agente comete o crime, com abuso de função em serviço postal, telegráfico, radioelétrico ou telefônico: *Pena* – detenção, de um a três anos.

6) **Ação penal (§ 4º):** somente se procede mediante representação, salvo nos casos do § 1º, IV, e do § 3º.

6.3.2. Correspondência comercial (art. 152 do CP)

1) **Descrição típica:** abusar da condição de sócio ou empregado de estabelecimento comercial ou industrial para, no todo ou em parte, desviar, sonegar, subtrair ou suprimir correspondência, ou revelar a estranho seu conteúdo: *Pena* – detenção, de três meses a dois anos.

2) **Sujeito ativo:** crime próprio (somente pode ser praticado por sócio ou empregado do estabelecimento comercial ou industrial).

3) **Ação penal (parágrafo único):** somente se procede mediante representação.

6.4. Crimes contra a inviolabilidade dos segredos

6.4.1. Divulgação de segredo (art. 153 do CP)

1) **Descrição típica:** divulgar alguém, sem justa causa, conteúdo de documento particular ou de correspondência confidencial, de que é destinatário ou detentor, e cuja divulgação possa produzir dano a outrem: *Pena* – detenção, de um a seis meses, ou multa.

2) **Forma qualificada (§ 1º-A):** divulgar, sem justa causa, informações sigilosas ou reservadas, assim definidas em lei, contidas ou não nos sistemas de informações ou bancos de dados da Administração Pública: *Pena* – detenção, de 1 a 4 anos, e multa.

3) **Ação penal (§§ 1º e 2º):** somente se procede mediante representação (§ 1º). Quando resultar prejuízo para a Administração Pública, a ação penal será incondicionada (§ 2º).

6.4.2. Violação do segredo profissional (art. 154 do CP)

1) **Descrição típica:** revelar alguém, sem justa causa, segredo, de que tem ciência em razão de função, ministério, ofício ou profissão, e cuja revelação possa produzir dano a outrem: *Pena* – detenção, de três meses a um ano, ou multa.

2) **Consumação:** o delito se consuma com a simples revelação do segredo a alguém, independentemente de qualquer outro resultado (crime formal).

3) **Ação penal (parágrafo único):** somente se procede mediante representação.

6.4.3. Invasão de dispositivo informático (art. 154-A do CP)

1) **Bem jurídico protegido:** inviolabilidade dos segredos. Protege-se a intimidade, a vida privada, a honra e a imagem da vítima. O crime foi incluído ao Código Penal pela Lei n. 12.737/2012, conhecida como "Lei Carolina Dieckmann".

2) **Sujeitos:** (a) ativo: qualquer pessoa (crime comum); (b) passivo: proprietário ou possuidor do dispositivo informático.

3) **Descrição típica:** invadir dispositivo informático de uso alheio, conectado ou não à rede de computadores, com o fim de obter, adulterar ou destruir dados ou informações sem autorização expressa ou tácita do usuário do dispositivo ou de instalar vulnerabilidades para obter vantagem ilícita: *Pena* – reclusão, de 1 a 4 anos, e multa. O *caput* do art. 154-A tem redação dada pela Lei n. 14.155/2021.

4) **Formas equiparadas (§ 1º):** na mesma pena incorre quem produz, oferece, distribui, vende ou difunde dispositivo ou programa de computador

com o intuito de permitir a prática da conduta definida no *caput*.

5) **Formas majoradas (§§ 2º, 4º e 5º):** aumenta-se a pena de 1/3 a 2/3 se da invasão resulta prejuízo econômico (§ 2º – redação dada pela Lei n. 14.155/2021). Na hipótese do § 3º, aumenta-se a pena de um a dois terços se houver divulgação, comercialização ou transmissão a terceiro, a qualquer título, dos dados ou informações obtidos (§ 4º). Aumenta-se a pena de um terço à metade se o crime for praticado contra: I – Presidente da República, governadores e prefeitos; II – Presidente do Supremo Tribunal Federal; III – Presidente da Câmara dos Deputados, do Senado Federal, de Assembleia Legislativa de Estado, da Câmara Legislativa do Distrito Federal ou de Câmara Municipal; ou IV – dirigente máximo da administração direta e indireta federal, estadual, municipal ou do Distrito Federal (§ 5º).

6) **Forma qualificada (§ 3º):** se da invasão resultar a obtenção de conteúdo de comunicações eletrônicas privadas, segredos comerciais ou industriais, informações sigilosas, assim definidas em lei, ou o controle remoto não autorizado do dispositivo invadido: *Pena* – reclusão, de 2 a 5 anos, e multa (pena estabelecida pela Lei n. 14.155/2021).

7) **Ação penal (art. 154-B do CP):** somente se procede mediante representação, salvo se o crime é cometido contra a administração pública direta ou indireta de qualquer dos Poderes da União, Estados, Distrito Federal ou Municípios ou contra empresas concessionárias de serviços públicos.

CAPÍTULO II
CRIMES CONTRA O PATRIMÔNIO

1. FURTO

1.1. Furto (art. 155 do CP)

1) **Bem jurídico protegido:** propriedade e posse legítima.

2) **Sujeitos:** (a) ativo: qualquer pessoa (crime comum); (b) passivo: proprietário ou possuidor legítimo da coisa.

3) **Descrição típica:** subtrair, para si ou para outrem, coisa alheia móvel: *Pena* – reclusão, de um a quatro anos, e multa.

4) **Elementares do crime:** (a) *Subtrair:* significa retirar a coisa da posse da vítima, passando-a para a posse do agente; (b) *Para si ou para outrem:* é o elemento subjetivo especial (dolo específico) do crime. (c) *Coisa:* é o que possui existência de natureza corpórea; (d) *Alheia:* é a coisa que pertence a outrem. A coisa sem dono (*res nullius*) e a coisa abandonada (*res derelicta*) não podem ser furtadas, pois não integram o patrimônio de ninguém; (e) *Móvel:* é a coisa que pode ser removida ou deslocada. De acordo com o § 3º, equipara-se à coisa móvel a energia elétrica ou qualquer outra que tenha valor econômico.

No **furto de uso** – quando o agente não possui a intenção de ter a coisa para si de forma definitiva –, o fato será atípico.

5) **Forma majorada (§ 1º):** a pena aumenta-se de um terço, se o crime é praticado durante o repouso noturno. A propósito: "A jurisprudência desta Corte é firme no sentido de que a causa especial de aumento de pena do furto cometido durante o repouso noturno pode se configurar mesmo quando o crime é cometido em **estabelecimento comercial ou residência desabitada**, sendo **indiferente o fato de a vítima estar, ou não, efetivamente repousando**" (STJ, AgRg no HC 671.453, *DJe* 10-8-2021).

6) **Forma privilegiada (§ 2º):** se o criminoso é primário, e é de pequeno valor a coisa furtada, o juiz pode substituir a pena de reclusão pela de detenção, diminuí-la de um a dois terços, ou aplicar somente a pena de multa.

STJ – Súmula 511
É possível o reconhecimento do privilégio previsto no § 2º do art. 155 do CP nos casos de crime de furto qualificado, se estiverem presentes a primariedade do agente, o pequeno valor da coisa e a qualificadora for de ordem **objetiva**.

7) **Forma qualificada (§§ 4º a 7º):** § 4º – A pena é de reclusão, de dois a oito anos, e multa, se o crime é cometido:

a) *Com destruição ou rompimento de obstáculo à subtração da coisa.* A violência deve ser empregada antes da consumação do furto. Se depois, pode configurar crime autônomo de dano (art. 163 do CP).

b) *Com abuso de confiança, ou mediante fraude, escalada ou destreza.* **Abuso de confian-**

ça é a única qualificadora do furto de natureza subjetiva. A **fraude** pressupõe o emprego de artifício ou ardil. **Escalada** significa adentrar o local do furto por meio anormal (telhado ou túnel, por exemplo). **Destreza** é a especial capacidade do agente de subtrair a coisa sem ser notado.

> **Furto qualificado pela fraude (art. 155, § 4º, II, do CP):** a fraude é utilizada para distrair a vítima, a fim de que ela não perceba a subtração.
> **Estelionato (art. 171 do CP):** a fraude é utilizada para iludir a vítima, a fim de que ela, espontaneamente, entregue o bem ao agente.

c) *Com emprego de chave falsa*. Chave falsa é qualquer instrumento que tenha, ou não, forma de chave, e seja utilizado para abrir fechaduras.

d) *Mediante concurso de duas ou mais pessoas*. Predomina que os inimputáveis são computados para o reconhecimento da qualificadora.

> **STJ – Súmula 442**
> É inadmissível aplicar, no furto qualificado, pelo concurso de agentes, a majorante do roubo.

§ 4º-A. A pena é de reclusão de 4 a 10 anos e multa, se houver emprego de explosivo ou de artefato análogo que cause perigo comum.

O § 4º-A foi incluído no art. 155 do Código Penal pela Lei n. 13.654/2018. Assim, caso o agente exploda o caixa eletrônico para subtrair valores, haverá crime único (furto qualificado), e não concurso de crimes (furto + explosão). A Lei n. 13.964/2019 (Pacote Anticrime), deu nova redação ao art. 1º da Lei dos Crimes Hediondos (Lei n. 8.072/90), referindo que o furto qualificado na forma do art. 155, § 4º-A, do CP passa a ser **delito hediondo**. A alteração não pode retroagir em prejuízo do réu.

§ 4º-B. Fraude eletrônica

A pena é de reclusão, de 4 a 8 anos, e multa, se o furto mediante fraude é cometido por meio de dispositivo eletrônico ou informático, conectado ou não à rede de computadores, com ou sem a violação de mecanismo de segurança ou a utilização de programa malicioso, ou por qualquer outro meio fraudulento análogo.

Esta pena, considerada a relevância do resultado gravoso: I – aumenta-se de 1/3 a 2/3 se o crime é praticado mediante a utilização de servidor mantido fora do território nacional; II – aumenta-se de 1/3 ao dobro se o crime é praticado contra idoso ou vulnerável (§ 4º-C).

Tais alterações foram incluídas pela Lei n. 14.155/2021.

§ 5º A pena é de reclusão de três a oito anos, se a subtração for de veículo automotor que venha a ser transportado para outro Estado ou para o exterior. Se o automóvel for transportado para outro município não incide a qualificadora.

§ 6º A pena é de reclusão de 2 (dois) a 5 (cinco) anos se a subtração for de semovente domesticável de produção, ainda que abatido ou dividido em partes no local da subtração. Trata-se do "furto-abigeato". Aquele que *compra* o semovente domesticável de produção pratica **receptação de animal** (art. 180-A do CP): "Adquirir, receber, transportar, conduzir, ocultar, ter em depósito ou vender, com a finalidade de produção ou de comercialização, semovente domesticável de produção, ainda que abatido ou dividido em partes, que deve saber ser produto de crime: Pena – reclusão, de 2 (dois) a 5 (cinco) anos, e multa".

§ 7º A pena é de reclusão de 4 (quatro) a 10 (dez) anos e multa, se a subtração for de substâncias explosivas ou de acessórios que, conjunta ou isoladamente, possibilitem sua fabricação, montagem ou emprego. Também foi incluído ao Código Penal pela Lei n. 13.654/2018.

8) **Consumação:** "Consuma-se o crime de furto com a posse de fato da *res furtiva*, ainda que por breve espaço de tempo e seguida de perseguição ao agente, sendo prescindível a posse mansa e pacífica ou desvigiada" (tese em Recurso Repetitivo, STJ, 3ª Seção, REsp 1.524.450, j. 14-10-2015). **Foi adotada a teoria da *apprehensio* ou *amotio*.**

9) **Monitoramento eletrônico:** não há crime impossível. Nesse sentido: "Sistema de vigilância realizado por monitoramento eletrônico ou por existência de segurança no interior de estabelecimento comercial, por si só, não torna impossível a configuração do crime de furto" (**Súmula 567 do STJ**).

1.2. Furto de coisa comum (art. 156 do CP)

1) **Descrição típica:** subtrair o condômino, coerdeiro ou sócio, para si ou para outrem, a quem legitimamente a detém, a coisa comum: *Pena – detenção, de seis meses a dois anos, ou multa.*

2) **Ação penal (§ 1º):** somente se procede mediante representação.

3) **Exclusão da punibilidade (§ 2º):** não é punível a subtração de coisa comum fungível, cujo valor não excede a quota a que tem direito o agente.

2. ROUBO E EXTORSÃO

2.1. Roubo (art. 157 do CP)

1) **Bens jurídicos protegidos:** propriedade, posse e integridade física e psíquica da vítima.
2) **Princípio da insignificância:** não incide, pois o crime de roubo é praticado mediante violência ou grave ameaça à pessoa.
3) **Consumação:** tal qual ocorre com o crime de furto, o fundamento teórico da consumação do roubo está na teoria da *apprehensio* ou *amotio* (basta a inversão da posse do bem mediante emprego de violência ou grave ameaça contra a vítima).

> **STJ – Súmula 582**
> Consuma-se o crime de roubo com a inversão da posse do bem mediante emprego de violência ou grave ameaça, ainda que por breve tempo e em seguida à perseguição imediata ao agente e recuperação da coisa roubada, sendo prescindível a posse mansa e pacífica ou desvigiada.

4) **Roubo próprio (*caput*):** subtrair coisa móvel alheia, para si ou para outrem, mediante grave ameaça ou violência a pessoa, ou depois de havê-la, por qualquer meio, reduzido à impossibilidade de resistência: *Pena* – reclusão, de quatro a dez anos, e multa.
5) **Roubo impróprio ou por aproximação (§ 1º):** na mesma pena incorre quem, logo depois de subtraída a coisa, emprega violência contra pessoa ou grave ameaça, a fim de assegurar a impunidade do crime ou a detenção da coisa para si ou para terceiro.

> **Roubo próprio (art. 157, *caput*, do CP):** praticado mediante violência, grave ameaça ou após redução, por qualquer meio, da capacidade de resistência da vítima. A violência é empregada **antes ou durante** a subtração.
> **Roubo impróprio (art. 157, § 1º, do CP):** praticado mediante violência ou grave ameaça. A violência é empregada **após** a subtração.

6) **Roubo majorado ou circunstanciado (§§ 2º, 2º-A e 2º-B):** de acordo com o § 2º, a pena será aumentada de um terço até metade: I – (revogado pela Lei n. 13.654/2018); II – se há o concurso de duas ou mais pessoas; III – se a vítima está em serviço de transporte de valores e o agente conhece tal circunstância; IV – se a subtração for de veículo automotor que venha a ser transportado para outro Estado ou para o exterior; V – se o agente mantém a vítima em seu poder, restringindo sua liberdade; VI – se a subtração for de substâncias explosivas ou de acessórios que, conjunta ou isoladamente, possibilitem sua fabricação, montagem ou emprego; VII – se a violência ou grave ameaça é exercida com emprego de arma branca (inciso incluído pela Lei n. 13.964/2019 – Pacote Anticrime).

Atenção:

- Assalto praticado com emprego de arma branca (ex.: faca) antes da vigência da Lei n. 13.964/2019: o instrumento do crime é utilizado como **circunstância judicial negativa na primeira fase** do critério trifásico de fixação da pena.
- Assalto praticado com emprego de arma branca (ex.: faca) depois da vigência da Lei n. 13.964/2019: o instrumento do crime é utilizado como **majorante na terceira fase** do critério trifásico de fixação da pena.

> **STJ – Súmula 443**
> O aumento na terceira fase de aplicação da pena no crime de roubo circunstanciado exige fundamentação concreta, não sendo suficiente para a sua exasperação a mera indicação do número de majorantes.

O § 2º-A, incluído pela Lei n. 13.654/2018, refere que a pena é aumentada de 2/3: I – se a violência ou ameaça é exercida com emprego de arma de fogo; e II – se há destruição ou rompimento de obstáculo mediante o emprego de explosivo ou de artefato análogo que cause perigo comum.

A Lei Anticrime (Lei n. 13.964/2019) acrescentou ao art. 157 do CP um § 2º-B: "Se a violência ou grave ameaça é exercida com emprego de arma de fogo de uso restrito ou proibido, aplica-se em dobro a pena prevista no *caput* deste artigo".

O conceito de armas de fogo de uso PERMITIDO, RESTRITO e PROIBIDO está no Decreto n. 10.030/2019, Anexo I, art. 3º, parágrafo único.

Atenção:

- **Houve o cancelamento da Súmula 174 do STJ:** "No crime de roubo, a intimidação feita com arma de brinquedo autoriza o aumento da pena". Assim, no caso de assalto com arma de brinquedo, haverá roubo simples (art. 157, *caput*, do CP).
- **Não há necessidade de apreensão e perícia da arma de fogo, desde que presente prova indireta:** "A Terceira Seção desta Corte, quando do julgamento do EREsp n. 961.863/RS, submetido à sistemática dos recursos repetitivos, firmou o entendimento no sentido de que, para a incidência da causa especial de aumento prevista no art. 157, § 2°, I, do Código Penal, mostra-se prescindível a apreensão e realização de perícia na arma utilizada na prática do crime de roubo, desde que seja comprovada a sua utilização na prática delituosa por outros meios de prova" (STJ, AgRg no AREsp 2067455, j. 14-9-2022).
- **Se a arma estiver desmuniciada, não incidirá a causa de aumento:** "A jurisprudência desta Corte é assente no sentido de que a utilização de arma desmuniciada, como forma de intimidar a vítima do delito de roubo, caracteriza o emprego de violência, porém não permite o reconhecimento da majorante de pena, uma vez que está vinculada ao potencial lesivo do instrumento, dada a sua ineficácia para a realização de disparos. Todavia, 'se o acusado sustentar a ausência de potencial lesivo da arma empregada para intimidar a vítima, será dele o ônus de produzir tal prova, nos termos do art. 156 do Código de Processo Penal' (HC n. 96.099/RS, Rel. Min. Ricardo Lewandowski, Tribunal Pleno, *DJe* de 5-6-2009)" (STJ, AgRg no HC 665.770, *DJe* 24-9-2021).
- **Se o roubo for praticado com arma de fogo de uso permitido (após a Lei n. 13.964/2019):** a tipificação se dá no art. 157, § 2°-A, I, do CP.
- **Se o roubo for praticado com arma de fogo de uso restrito ou proibido (após a Lei n. 13.964/2019):** a tipificação se dá no art. 157, § 2°-B, do CP.

7) **Roubo qualificado (§ 3°):** se da violência resulta: I – **lesão corporal grave**, a pena é de reclusão de 7 (sete) a 18 (dezoito) anos, e multa; II – **morte**, a pena é de reclusão de 20 (vinte) a 30 (trinta) anos, e multa. A Lei n. 13.654/2018 aumentou a pena máxima do roubo qualificado com resultado lesão grave (antes era de 7 a 15 anos; agora é de 7 a 18 anos).

O roubo com morte é chamado de *latrocínio*. Observações:

- A morte da vítima pode ser causada por dolo ou culpa.
- **Competência:** a competência para o processo e julgamento de latrocínio é do juiz singular e não do Tribunal do Júri (**Súmula 603 do STF**).
- **Consumação:** com a morte da vítima. Nesse sentido: há crime de latrocínio, quando o homicídio se consuma, ainda que não realize o agente a subtração de bens da vítima (**Súmula 610 do STF**).

8) **Hediondez:** a Lei n. 13.964/2019 (Pacote Anticrime) alterou a Lei dos Crimes Hediondos (Lei n. 8.072/90) e passou a considerar de natureza hedionda as seguintes hipóteses: **(a)** roubo circunstanciado pela restrição de liberdade da vítima (art. 157, § 2°, V); **(b)** roubo circunstanciado pelo emprego de arma de fogo (art. 157, § 2°-A, I); **(c)** roubo circunstanciado pelo emprego de arma de fogo de uso proibido ou restrito (art. 157, § 2°-B); e **(d)** roubo qualificado pelo resultado lesão corporal grave ou morte (art. 157, § 3°). Antes da alteração, apenas o latrocínio (roubo com morte) era considerado delito hediondo. A nova lei não pode retroagir em prejuízo do réu.

2.2. Extorsão (art. 158 do CP)

1) **Descrição típica:** constranger alguém, mediante violência ou grave ameaça, e com o intuito de obter para si ou para outrem indevida vantagem econômica, a fazer, tolerar que se faça ou deixar de fazer alguma coisa: *Pena* – reclusão, de quatro a dez anos, e multa.

Roubo (art. 157 do CP): o comportamento da vítima é **prescindível** e o agente **conseguirá** subtrair a coisa ainda que o ofendido não realize qualquer conduta.
Extorsão (art. 158 do CP): o comportamento da vítima é **imprescindível** e o agente **não conseguirá** a indevida vantagem econômica se o ofendido não realizar a conduta.

2) **Elemento subjetivo especial:** além do dolo (dolo genérico), o crime de extorsão também

exige o elemento subjetivo especial (dolo específico), consistente na finalidade de obtenção de indevida vantagem econômica.

3) **Crime formal:** o delito de extorsão se consuma ainda que o agente não obtenha o resultado naturalístico (obtenção da indevida vantagem patrimonial).

> **STJ – Súmula 96**
> O crime de extorsão consuma-se independentemente da obtenção da vantagem indevida.

4) **Forma majorada (§ 1º):** se o crime é cometido por duas ou mais pessoas, ou com emprego de arma, aumenta-se a pena de um terço até metade.

5) **Forma qualificada (§ 2º):** aplica-se à extorsão praticada mediante violência o disposto no § 3º do art. 157.

6) **"Sequestro relâmpago" (§ 3º):** se o crime é cometido mediante a restrição da liberdade da vítima, e essa condição é necessária para a obtenção da vantagem econômica, a pena é de reclusão, de 6 a 12 anos, além da multa; se resulta lesão corporal grave ou morte, aplicam-se as penas previstas no art. 159, §§ 2º e 3º, respectivamente.

7) **Hediondez:** a Lei n. 13.964/2019 (pacote anticrime), alterou a Lei dos Crimes Hediondos (Lei n. 8.072/90) e passou a considerar de natureza hedionda a extorsão qualificada pela restrição da liberdade da vítima, ocorrência de lesão corporal ou morte (art. 158, § 3º, do CP). Antes da alteração, a Lei dos Crimes Hediondos fazia referência ao art. 158, § 2º, do Código Penal. Agora surgirá a discussão se o aludido § 2º (extorsão qualificada pela morte) também é crime hediondo: uma posição dirá *não*, pois a Lei n. 13.964/2019 somente faz referência ao § 3º; outra posição dirá *sim*, pois o Código Penal, no art. 158, § 2º, faz remissão ao § 3º do art. 157 (que é crime hediondo).

2.3. Extorsão mediante sequestro (art. 159 do CP)

1) **Descrição típica:** sequestrar pessoa com o fim de obter, para si ou para outrem, qualquer vantagem, como condição ou preço do resgate: *Pena* – reclusão, de oito a quinze anos.

2) **Elemento subjetivo especial:** além do dolo (dolo genérico), o crime do art. 159 do CP também exige o elemento subjetivo especial (dolo específico), consistente no "fim de obter, para si ou para outrem, qualquer vantagem, como condição ou preço do resgate".

3) **Forma qualificada (§§ 1º a 3º):** se o sequestro dura mais de 24 horas, se o sequestrado é menor de 18 ou maior de 60 anos, ou se o crime é cometido por bando ou quadrilha (§ 1º); se do fato resulta lesão corporal de natureza grave (§ 2º); se resulta a morte (§ 3º).

4) **Hediondez:** de acordo com o art. 1º, IV, da Lei n. 8.072/90, a extorsão mediante sequestro é sempre crime hediondo, nas formas simples e qualificada, ainda que não haja a morte da vítima.

5) **Delação premiada (§ 4º):** se o crime é cometido em concurso, o concorrente que o denunciar à autoridade, facilitando a libertação do sequestrado, terá sua pena reduzida de um a dois terços.

2.4. Extorsão indireta (art. 160 do CP)

1) **Descrição típica:** exigir ou receber, como garantia de dívida, abusando da situação de alguém, documento que pode dar causa a procedimento criminal contra a vítima ou contra terceiro: *Pena* – reclusão, de um a três anos, e multa.

> Verbo "exigir": trata-se de **crime formal**, que se consuma com a **mera exigência**.
> Verbo "receber": trata-se de **crime material**, que se consuma com a **efetiva entrega do documento**.

3. USURPAÇÃO

3.1. Alteração de limites (art. 161 do CP)

1) **Descrição típica:** suprimir ou deslocar tapume, marco, ou qualquer outro sinal indicativo de linha divisória, para apropriar-se, no todo ou em parte, de coisa imóvel alheia: *Pena* – detenção, de um a seis meses, e multa.

2) **Usurpação de águas (§ 1º, I):** na mesma pena incorre quem: I – desvia ou represa, em proveito próprio ou de outrem, águas alheias.

3) **Esbulho possessório (§ 1º, II):** na mesma pena incorre quem: (...) II – invade, com violência a pessoa ou grave ameaça, ou mediante concurso de mais de duas pessoas, terreno ou edifício alheio, para o fim de esbulho possessório.

4) **Ação penal (§ 3º):** se a propriedade é particular, e não há emprego de violência, somente se procede mediante queixa.

3.2. Supressão ou alteração de marca em animais (art. 162 do CP)

1) **Descrição típica:** suprimir ou alterar, indevidamente, em gado ou rebanho alheio, marca ou sinal indicativo de propriedade: *Pena* – detenção, de seis meses a três anos, e multa.

2) **Sujeitos:** (a) ativo: qualquer pessoa (crime comum); (b) passivo: é o dono do gado ou rebanho que teve suprimido ou alterado sua marca ou sinal indicativo de propriedade.

4. DANO

4.1. Dano (art. 163 do CP)

1) **Descrição típica:** destruir, inutilizar ou deteriorar coisa alheia: *Pena* – detenção, de um a seis meses, ou multa.

> O Código Penal somente pune o dano praticado dolosamente. Assim, **regra geral, o dano culposo é fato atípico no Brasil**, com exceção de dois casos: (a) crime militar (art. 266 do CPM); (b) crime ambiental (art. 62, parágrafo único, da Lei n. 9.605/98).

2) **Forma qualificada (parágrafo único):** a pena será de detenção de 6 meses a 3 anos, e multa, além da pena correspondente à violência, se o crime é cometido: I – com violência à pessoa ou grave ameaça; II – com emprego de substância inflamável ou explosiva, se o fato não constitui crime mais grave; III – contra o patrimônio da União, de Estado, do Distrito Federal, de Município ou de autarquia, fundação pública, empresa pública, sociedade de economia mista ou empresa concessionária de serviços públicos (redação dada pela Lei n. 13.531/2017); IV – por motivo egoístico ou com prejuízo considerável para a vítima.

3) **Ação penal (art. 167 do CP):** nos casos do art. 163, do inciso IV do seu parágrafo e do art. 164, somente se procede mediante queixa.

4.2. Introdução ou abandono de animais em propriedade alheia (art. 164 do CP)

1) **Descrição típica:** introduzir ou deixar animais em propriedade alheia, sem consentimento de quem de direito, desde que o fato resulte prejuízo: *Pena* – detenção, de quinze dias a seis meses, ou multa.

2) **Consumação:** o crime se consuma com o prejuízo ao patrimônio da vítima, isto é, quando há o dano total ou parcial da propriedade alheia.

4.3. Dano em coisa de valor artístico, arqueológico ou histórico (art. 165 do CP)

1) **Descrição típica:** destruir, inutilizar ou deteriorar coisa tombada pela autoridade competente em virtude de valor artístico, arqueológico ou histórico: *Pena* – detenção, de seis meses a dois anos, e multa.

2) **Revogação:** o crime do art. 165 do CP foi revogado tacitamente pela Lei dos Crimes Ambientais (art. 62 da Lei n. 9.605/98).

> **Lei n. 9.605/98**
> **Art. 62.** Destruir, inutilizar ou deteriorar:
> I – bem especialmente protegido por lei, ato administrativo ou decisão judicial;
> II – arquivo, registro, museu, biblioteca, pinacoteca, instalação científica ou similar protegido por lei, ato administrativo ou decisão judicial: *Pena* – reclusão, de um a três anos, e multa.

4.4. Alteração de local especialmente protegido (art. 166 do CP)

1) **Descrição típica:** alterar, sem licença da autoridade competente, o aspecto de local especialmente protegido por lei: *Pena* – detenção, de um mês a um ano, ou multa.

2) **Revogação:** o crime do art. 166 do CP foi revogado tacitamente pela Lei dos Crimes Ambientais (art. 63 da Lei n. 9.605/98).

> **Lei n. 9.605/98**
> **Art. 63.** Alterar o aspecto ou estrutura de edificação ou local especialmente protegido por lei, ato administrativo ou decisão judicial, em razão de seu valor paisagístico, ecológico, turístico, artístico, histórico, cultural, religioso, arqueológico, etnográfico ou monumental, sem autorização da autoridade competente ou em desacordo com a concedida: *Pena* – reclusão, de um a três anos, e multa.

4.5. Ação penal (art. 167 do CP)

Nos casos do art. 163 do inciso IV do seu parágrafo e do art. 164, somente se procede mediante **queixa**.

5. APROPRIAÇÃO INDÉBITA

5.1. Apropriação indébita (art. 168 do CP)

1) **Descrição típica:** apropriar-se de coisa alheia móvel, de que tem a posse ou a detenção: *Pena* – reclusão, de um a quatro anos, e multa.

2) **Elemento subjetivo especial:** além do dolo (dolo genérico), o crime do art. 168 do CP também exige o elemento subjetivo especial (dolo específico), consistente na intenção de ter a coisa para si de forma definitiva (*animus rem sibi habendi*).

> Este fim especial deve surgir depois de o agente ter a posse ou a detenção do bem, pois caso contrário poderá configurar estelionato.

3) **Forma majorada (§ 1º):** a pena é aumentada de um terço, quando o agente recebeu a coisa: I – em depósito necessário; II – na qualidade de tutor, curador, síndico, liquidatário, inventariante, testamenteiro ou depositário judicial; III – em razão de ofício, emprego ou profissão.

4) **Consumação:** o crime do art. 168 do CP se consuma no momento em que o autor passa a se comportar como se dono fosse, ou seja, quando inverte seu ânimo em relação à coisa alheia móvel. A consumação pode se dar por *ação*, na hipótese de o autor dispor do bem, ou por *omissão*, quando o autor se nega a restituí-lo.

5) **Forma privilegiada:** de acordo com o art. 170 do CP, aplica-se o disposto no art. 155, § 2º, do CP (furto privilegiado) ao crime de apropriação indébita.

5.2. Apropriação indébita previdenciária (art. 168-A do CP)

> 1) **Descrição típica:** deixar de repassar à previdência social as contribuições recolhidas dos contribuintes, no prazo e forma legal ou convencional: *Pena* – reclusão, de 2 a 5 anos, e multa.
>
> 2) **Dolo genérico:** ao contrário do crime anterior (art. 168 do CP), o delito de apropriação indébita previdenciária (art. 168-A do CP) somente exige a presença do dolo genérico, consistente na omissão voluntária do recolhimento, no prazo legal, dos valores devidos.
>
> 3) **Extinção da punibilidade (§ 2º):** é extinta a punibilidade se o agente, espontaneamente, declara, confessa e efetua o pagamento das contribuições, importâncias ou valores e presta as informações devidas à previdência social, na forma definida em lei ou regulamento, antes do início da ação fiscal.
>
> 4) **Perdão judicial ou aplicação da pena de multa (§ 3º):** é facultado ao juiz deixar de aplicar a pena ou aplicar somente a de multa se o agente for primário e de bons antecedentes, desde que: I – tenha promovido, após o início da ação fiscal e antes de oferecida a denúncia, o pagamento da contribuição social previdenciária, inclusive acessórios; ou II – o valor das contribuições devidas, inclusive acessórios, seja igual ou inferior àquele estabelecido pela previdência social, administrativamente, como sendo o mínimo para o ajuizamento de suas execuções fiscais.

Obs.: a faculdade prevista no § 3º deste artigo não se aplica aos casos de parcelamento de contribuições cujo valor, inclusive dos acessórios, seja superior àquele estabelecido, administrativamente, como sendo o mínimo para o ajuizamento de suas execuções fiscais (**§ 4º do art. 168-A do CP**, incluído pela Lei n. 13.606/2018).

5.3. Apropriação de coisa havida por erro, caso fortuito ou força da natureza (art. 169 do CP)

1) **Descrição típica:** apropriar-se alguém de coisa alheia vinda ao seu poder por erro, caso fortuito ou força da natureza: *Pena* – detenção, de um mês a um ano, ou multa.

2) **Apropriação de tesouro (art. 169, parágrafo único, I, do CP):** na mesma pena incorre: I – quem acha tesouro em prédio alheio e se apropria, no todo ou em parte, da quota a que tem direito o proprietário do prédio.

3) **Apropriação de coisa achada (art. 169, parágrafo único, II, do CP):** na mesma pena incorre: (...) II – quem acha coisa alheia perdida e dela se apropria, total ou parcialmente, deixando de restituí-la ao dono ou legítimo possuidor ou de entregá-la à autoridade competente, dentro no prazo de quinze dias.

6. ESTELIONATO E OUTRAS FRAUDES

6.1. Estelionato (art. 171 do CP)

1) **Descrição típica:** obter, para si ou para outrem, vantagem ilícita, em prejuízo alheio, induzindo ou mantendo alguém em erro, mediante artifício, ardil, ou qualquer outro meio fraudulento: *Pena* – reclusão, de um a cinco anos, e multa, de quinhentos mil réis a dez contos de réis.

2) **Crime de duplo resultado:** no estelionato, exige-se um duplo resultado: além da obtenção da vantagem ilícita, deve ocorrer o prejuízo alheio.

3) **Consumação:** o crime se consuma no momento em que o sujeito ativo obtém a vantagem ilícita em prejuízo alheio.

4) **Fraude:** o emprego da fraude deve ocorrer antes ou durante a obtenção da vantagem ilícita.

> **Estelionato (art. 171 do CP):** a fraude é utilizada para **iludir a vítima**, a fim de que ela, **espontaneamente**, entregue o bem ao agente.
> **Furto qualificado pela fraude (art. 155, § 4º, II, do CP):** a fraude é utilizada para **distrair a vítima**, a fim de que ela **não perceba a subtração**.

5) **Forma privilegiada (§ 1º):** se o criminoso é primário, e é de pequeno valor o prejuízo, o juiz pode aplicar a pena conforme o disposto no art. 155, § 2º, do CP (furto privilegiado).

6) **Figuras equiparadas (§ 2º):** nas mesmas penas incorre quem: I – vende, permuta, dá em pagamento, em locação ou em garantia coisa alheia como própria; II – vende, permuta, dá em pagamento ou em garantia coisa própria inalienável, gravada de ônus ou litigiosa, ou imóvel que prometeu vender a terceiro, mediante pagamento em prestações, silenciando sobre qualquer dessas circunstâncias; III – defrauda, mediante alienação não consentida pelo credor ou por outro modo, a garantia pignoratícia, quando tem a posse do objeto empenhado; IV – defrauda substância, qualidade ou quantidade de coisa que deve entregar a alguém; V – destrói, total ou parcialmente, ou oculta coisa própria, ou lesa o próprio corpo ou a saúde, ou agrava as consequências da lesão ou doença, com o intuito de haver indenização ou valor de seguro; VI – emite cheque, sem suficiente provisão de fundos em poder do sacado, ou lhe frustra o pagamento.

7) **Fraude no pagamento por meio de cheque (§ 2º, VI)** Observações:
   - *Emissão de cheque "pós-datado" ou "pré-datado" sem fundos:* prevalece que não configura o crime, uma vez que o cheque deixa de ser uma ordem de pagamento à vista.
   - *Competência:* nos crimes previstos no art. 171 do Código Penal, quando praticados mediante depósito, mediante emissão de cheques sem suficiente provisão de fundos em poder do sacado ou com o pagamento frustrado ou mediante transferência de valores, a competência será definida pelo **local do domicílio da vítima**, e, em caso de pluralidade de vítimas, a competência firmar-se-á pela **prevenção** (§ 4º do art. 70 do CPP, incluído pela Lei n. 14.155/2021). Dessa forma, não têm mais aplicação as Súmulas 521 do STF e 244 do STJ, que estabeleciam como competente o local da "recusa" do pagamento pelo sacado.
   - *Reparação do dano antes do recebimento da denúncia:* falta justa causa para a ação penal. Nesse sentido a **Súmula 554 do STF**: "O pagamento de cheque emitido sem provisão de fundos, após o recebimento da denúncia, não obsta ao prosseguimento da ação penal".

8) **Fraude eletrônica (§ 2ª-A):** a pena é de reclusão, de 4 a 8 anos, e multa, se a fraude é cometida com a utilização de informações fornecidas pela vítima ou por terceiro induzido a erro por meio de redes sociais, contatos telefônicos ou envio de correio eletrônico fraudulento, ou por qualquer outro meio fraudulento análogo.

   Esta pena, considerada a relevância do resultado gravoso, aumenta-se de 1/3 a 2/3 se o crime é praticado mediante a utilização de servidor mantido fora do território nacional (§ 2º-B).

   Tais alterações foram incluídas pela Lei n. 14.155/2021.

9) **Forma majorada (§§ 3º e 4º):** a pena aumenta-se de um terço, se o crime é cometido em detrimento de entidade de direito público ou de instituto de economia popular, assistência social ou beneficência (§ 3º); a pena aumenta-se de 1/3 ao dobro se o crime é cometido contra idoso ou vulnerável, considerada a relevância do resultado gravoso (§ 4º – redação dada pela Lei n. 14.155/2021).

10) **Ação penal:** com a Lei Anticrime (Lei n. 13.964/2019), a ação penal passou a ser **pública condicionada à representação do ofendido**, salvo se a vítima for: I – a Administração Pública, direta ou indireta; II – criança ou adolescente; III – pessoa com deficiência mental; ou IV – maior de 70 anos de idade ou incapaz.

6.2. Fraude com a utilização de ativos virtuais, valores mobiliários ou ativos financeiros (art. 171-A do CP)

> **Art. 171-A.** Organizar, gerir, ofertar ou distribuir carteiras ou intermediar operações que envolvam ativos virtuais, valores mobiliários ou quaisquer ativos financeiros com o fim de obter vantagem ilícita, em prejuízo alheio, induzindo ou mantendo alguém em erro, mediante artifício, ardil ou qualquer outro meio fraudulento: *Pena* – reclusão, de 4 a 8 anos, e multa.

1) **Compreensão e bem jurídico:** visando a regulamentar o mercado de **criptomoedas**, foi editada a Lei n. 14.478, de 21-12-2022, publicada em 22-12-2022 e com prazo de *vacatio legis* de 180 dias. A nova legislação dispõe sobre diretrizes a serem observadas na prestação de serviços de ativos virtuais e na regulamentação das prestadoras de serviços de ativos virtuais. Ademais, além de incluir ao Código Penal o crime do art. 171-A, a Lei n. 14.478/2022 altera (i) a Lei dos Crimes contra o Sistema Financeiro Nacional (Lei n. 7.492/86), equiparando à *instituição financeira* "a pessoa jurídica que ofereça serviços referentes a operações com ativos virtuais, inclusive intermediação, negociação ou custódia", e (ii) a Lei de Lavagem de Dinheiro (Lei n. 9.613/98), dando nova redação à majorante do § 4º do art. 1º: "A pena será aumentada de 1/3 (um terço) a 2/3 (dois terços) se os crimes definidos nesta Lei forem cometidos de forma reiterada, por intermédio de organização criminosa *ou por meio da utilização de ativo virtual*".

Conforme o art. 2º da Lei n. 14.478/2022, as prestadoras de serviços de ativos virtuais somente poderão funcionar no País mediante prévia autorização de órgão ou entidade da Administração Pública federal.

O bem jurídico tutelado é o **patrimônio**.

2) **Elementos do tipo:** o crime de **fraude com a utilização de ativos virtuais, valores mobiliários ou ativos financeiros** vem descrito da seguinte forma: "Organizar, gerir, ofertar ou distribuir carteiras ou intermediar operações que envolvam ativos virtuais, valores mobiliários ou quaisquer ativos financeiros com o fim de obter vantagem ilícita, em prejuízo alheio, induzindo ou mantendo alguém em erro, mediante artifício, ardil ou qualquer outro meio fraudulento".

Trata-se de **tipo especial de estelionato**.

A fraude pode se dar pelo emprego do *artifício* (aparato material, como o disfarce), do *ardil* (elemento intelectual, como a conversa enganosa) ou de *qualquer outro meio fraudulento*, desde que idôneo (apto a enganar).

De acordo com o art. 3º da Lei n. 14.478/2022, considera-se **ativo virtual** a representação digital de valor que pode ser negociada ou transferida por meios eletrônicos e utilizada para realização de pagamentos ou com propósito de investimento. Não estão incluídos no conceito de ativo virtual: I – moeda nacional e moedas estrangeiras; II – moeda eletrônica, nos termos da Lei n. 12.865, de 9 de outubro de 2013; III – instrumentos que provejam ao seu titular acesso a produtos ou serviços especificados ou a benefício proveniente desses produtos ou serviços, a exemplo de pontos e recompensas de programas de fidelidade; e IV – representações de ativos cuja emissão, escrituração, negociação ou liquidação esteja prevista em lei ou regulamento, a exemplo de valores mobiliários e de ativos financeiros. Nos termos do parágrafo único do art. 3º, competirá a órgão ou entidade da Administração Pública federal definido em ato do Poder Executivo estabelecer **quais serão os ativos financeiros regulados**, para fins da lei. Trata-se de **norma penal em branco**.

Por outro lado, considera-se **prestadora de serviços de ativos virtuais** a pessoa jurídica que executa, em nome de terceiros, pelo menos um dos serviços de ativos virtuais, entendidos como: I – troca entre ativos virtuais e moeda nacional ou moeda estrangeira; II – troca entre um ou mais ativos virtuais; III – transferência de ativos virtuais; IV – custódia ou administração de ativos virtuais ou de instrumentos que possibilitem controle sobre ativos virtuais; ou V – participação em serviços financeiros e prestação de serviços relacionados à oferta por um emissor ou venda de ativos virtuais (art. 5º da Lei n. 14.478/2022).

Além do dolo (dolo genérico), o tipo penal também exige um elemento subjetivo especial (**dolo específico**) consistente no "fim de obter vantagem ilícita".

3) **Consumação e tentativa:** consuma-se o crime independentemente de o agente obter a vanta-

gem ilícita, em prejuízo alheio. Como o delito é plurissubsistente, admitindo o fracionamento dos atos executórios, é possível a tentativa.

4) **Pena e ação penal:** o crime de fraude com a utilização de ativos virtuais, valores mobiliários ou ativos financeiros é punido com pena de reclusão de 4 a 8 anos, e multa. Dessa forma, **não são aplicáveis os institutos despenalizadores** da *transação penal* (crime com pena máxima até 2 anos), do *acordo de não persecução penal* (crime com pena mínima inferior a 4 anos) e da *suspensão condicional do processo* (crime com pena mínima até 1 ano).

A ação penal é pública incondicionada.

6.3. Duplicata simulada (art. 172 do CP)

1) **Descrição típica:** emitir fatura, duplicata ou nota de venda que não corresponda à mercadoria vendida, em quantidade ou qualidade, ou ao serviço prestado: *Pena* – detenção, de 2 a 4 anos, e multa.

2) **Forma equiparada (parágrafo único):** nas mesmas penas incorrerá aquele que falsificar ou adulterar a escrituração do Livro de Registro de Duplicatas.

6.4. Abuso de incapazes (art. 173 do CP)

1) **Descrição típica:** abusar, em proveito próprio ou alheio, de necessidade, paixão ou inexperiência de menor, ou da alienação ou debilidade mental de outrem, induzindo qualquer deles à prática de ato suscetível de produzir efeito jurídico, em prejuízo próprio ou de terceiro: *Pena* – reclusão, de dois a seis anos, e multa.

2) **Sujeito passivo:** são vítimas do delito de abuso de incapazes o menor de idade, o alienado e o débil mental.

O menor emancipado não poderá ser sujeito passivo do crime do art. 173 do CP.

6.5. Induzimento à especulação (art. 174 do CP)

1) **Descrição típica:** abusar, em proveito próprio ou alheio, da inexperiência ou da simplicidade ou inferioridade mental de outrem, induzindo-o à prática de jogo ou aposta, ou à especulação com títulos ou mercadorias, sabendo ou devendo saber que a operação é ruinosa: *Pena* – reclusão, de um a três anos, e multa.

2) **Sujeito passivo:** somente poderá ser vítima do crime do art. 174 do CP a pessoa inexperiente (principiante), simples (ingênua) ou com inferioridade mental.

6.6. Fraude no comércio (art. 175 do CP)

1) **Descrição típica:** enganar, no exercício de atividade comercial, o adquirente ou consumidor: I – vendendo, como verdadeira ou perfeita, mercadoria falsificada ou deteriorada; II – entregando uma mercadoria por outra: *Pena* – detenção, de seis meses a dois anos, ou multa.

2) **Forma qualificada (§ 1º):** alterar em obra que lhe é encomendada a qualidade ou o peso de metal ou substituir, no mesmo caso, pedra verdadeira por falsa ou por outra de menor valor; vender pedra falsa por verdadeira; vender, como precioso, metal de ou outra qualidade: *Pena* – reclusão, de um a cinco anos, e multa.

3) **Forma privilegiada (§ 2º):** é aplicável o disposto no art. 155, § 2º, do CP (furto privilegiado).

6.7. Outras fraudes (art. 176 do CP)

1) **Descrição típica:** tomar refeição em restaurante, alojar-se em hotel ou utilizar-se de meio de transporte sem dispor de recursos para efetuar o pagamento: *Pena* – detenção, de quinze dias a dois meses, ou multa.

2) **Ação penal (parágrafo único):** somente se procede mediante representação, e o juiz pode, conforme as circunstâncias, deixar de aplicar a pena.

6.8. Fraudes e abusos na fundação ou administração de sociedade por ações (art. 177 do CP)

1) **Descrição típica:** promover a fundação de sociedade por ações, fazendo, em prospecto ou em comunicação ao público ou à assembleia, afirmação falsa sobre a constituição da sociedade, ou ocultando fraudulentamente fato a ela relativo: *Pena* – reclusão, de um a quatro anos, e multa, se o fato não constitui crime contra a economia popular.

2) **Forma privilegiada (§ 2º):** incorre na pena de detenção, de seis meses a dois anos, e multa, o acionista que, a fim de obter vantagem para si ou para outrem, negocia o voto nas deliberações de assembleia geral.

6.9. Emissão irregular de conhecimento de depósito ou *warrant* (art. 178 do CP)

1) **Descrição típica:** emitir conhecimento de depósito ou *warrant*, em desacordo com disposição legal: *Pena* – reclusão, de um a quatro anos, e multa.

2) **Objeto material do crime:** o conhecimento de depósito e o *warrant*, títulos de crédito disciplinados pelo Decreto n. 1.102, de 21-11-1903, em parte modificado pela Lei Delegada n. 3, de 26-9-1962, que regulam os armazéns gerais e os títulos de sua emissão relacionados às mercadorias neles depositadas. Esses armazéns gerais têm por fim a guarda e conservação das mercadorias que podem ser negociadas por meio dos títulos. O conhecimento de depósito incorpora o direito de propriedade sobre mercadoria que representa; o *warrant* refere-se à posse, a título de penhor, sobre a mesma mercadoria. A posse de ambos garante ao possuidor a propriedade da mercadoria (MIRABETE; FABBRINI, p. 1.388).

6.10. Fraude à execução (art. 179 do CP)

1) **Descrição típica:** fraudar execução, alienando, desviando, destruindo ou danificando bens, ou simulando dívidas: *Pena* – detenção, de seis meses a dois anos, ou multa.

2) **Ação penal (parágrafo único):** somente se procede mediante *queixa*.

7. RECEPTAÇÃO

7.1. Receptação (art. 180 do CP)

1) **Descrição típica:** adquirir, receber, transportar, conduzir ou ocultar, em proveito próprio ou alheio, coisa que sabe ser produto de crime, ou influir para que terceiro, de boa-fé, a adquira, receba ou oculte: *Pena* – reclusão, de um a quatro anos, e multa.

2) **Receptação própria (*caput*, 1ª parte):** adquirir, receber, transportar, conduzir ou ocultar, em proveito próprio ou alheio, coisa que sabe ser produto de crime. É delito material e admite a tentativa.

3) **Receptação imprópria (*caput*, 2ª parte):** influir para que terceiro de boa-fé a adquira, receba ou oculte. É delito formal e, em tese, não admite a tentativa.

4) **Crime parasitário:** a receptação é um crime parasitário ou acessório, também conhecido como delito de fusão, pois depende de um crime anterior. Obs.: se a infração anterior for contravenção, não haverá receptação.

5) **Forma qualificada (§ 1º):** adquirir, receber, transportar, conduzir, ocultar, ter em depósito, desmontar, montar, remontar, vender, expor à venda, ou de qualquer forma utilizar, em proveito próprio ou alheio, no exercício de atividade comercial ou industrial, coisa que deve saber ser produto de crime: *Pena* – reclusão, de três a oito anos, e multa.

Conforme o § 2º, **equipara-se à atividade comercial**, para efeito do parágrafo anterior, qualquer forma de comércio irregular ou clandestino, inclusive o exercido em residência.

> **Receptação simples (art. 180, *caput*, do CP):** só pode ser praticada com **dolo direto** ("coisa que sabe ser produto de crime").
> **Receptação qualificada (art. 180, § 1º, do CP):** pode ser praticada com **dolo direto ou dolo eventual** ("coisa que deve saber ser produto de crime").

6) **Receptação culposa (§ 3º):** adquirir ou receber coisa que, por sua natureza ou pela desproporção entre o valor e o preço, ou pela condição de quem a oferece, deve presumir-se obtida por meio criminoso: *Pena* – detenção, de um mês a um ano, ou multa, ou ambas as penas.

7) **Autonomia da receptação (§ 4º):** a receptação é punível, ainda que desconhecido ou isento de pena o autor do crime de que proveio a coisa. Dispensa instauração de inquérito policial, ação penal ou sentença condenatória em relação ao crime anterior.

8) **Perdão judicial e privilégio (§ 5º):** na receptação **culposa**, se o criminoso é primário, pode o juiz, tendo em consideração as circunstâncias, deixar de aplicar a pena; na receptação **dolosa** aplica-se o disposto no § 2º do art. 155 (furto privilegiado).

9) **Forma majorada (§ 6º):** tratando-se de bens do patrimônio da União, de Estado, do Distrito Federal, de Município ou de autarquia, fundação pública, empresa pública, sociedade de economia mista ou empresa concessionária de serviços públicos, aplica-se em dobro a pena prevista no *caput* deste artigo. A redação do § 6º do art. 180 do CP foi dada pela Lei n. 13.531, de 7 de dezembro de 2017.

7.2. Receptação de animal (art. 180-A do CP)

Descrição típica: adquirir, receber, transportar, conduzir, ocultar, ter em depósito ou vender, com a finalidade de produção ou de comercialização, semovente domesticável de produção, ainda que abatido ou dividido em partes, que deve saber ser produto de crime: *Pena* – reclusão, de dois a cinco anos, e multa. O crime do art. 180-A foi incluído pela Lei n. 13.330/2016.

8. IMUNIDADE PENAL

8.1. Imunidade absoluta ou escusa absolutória (art. 181 do CP)

É isento de pena quem comete qualquer dos crimes patrimoniais em prejuízo: I – do cônjuge, na constância da sociedade conjugal; II – de ascendente ou descendente, seja o parentesco legítimo ou ilegítimo, seja civil ou natural.

8.2. Imunidade relativa (art. 182 do CP)

Somente se procede mediante representação, se o crime previsto neste título é cometido em prejuízo: I – do cônjuge desquitado ou judicialmente separado; II – de irmão, legítimo ou ilegítimo; III – de tio ou sobrinho, com quem o agente coabita.

8.3. Exclusão das imunidades (art. 183 do CP)

Não se aplica o disposto nos dois artigos anteriores: I – se o crime é de roubo ou de extorsão, ou, em geral, quando haja emprego de grave ameaça ou violência à pessoa; II – ao estranho que participa do crime; III – se o crime é praticado contra pessoa com idade igual ou superior a 60 anos.

Crimes patrimoniais hediondos:
- Furto qualificado pelo emprego de explosivo ou de artefato análogo que cause perigo comum – Art. 155, § 4º-A
- Roubo circunstanciado pela restrição de liberdade da vítima – Art. 157, § 2º, V
- Roubo circunstanciado pelo emprego de arma de fogo – Art. 157, § 2º-A, I
- Roubo circunstanciado pelo emprego de arma de fogo de uso proibido ou restrito – Art. 157, § 2º-B
- Roubo qualificado pelo resultado lesão corporal grave ou morte – Art. 157, § 3º
- Extorsão qualificada pela restrição da liberdade da vítima, ocorrência de lesão corporal ou morte – Art. 158, § 3º
- Extorsão mediante sequestro e na forma qualificada – Art. 159, *caput* e §§ 1º, 2º e 3º

CAPÍTULO III
CRIMES CONTRA A PROPRIEDADE IMATERIAL

1. CRIMES CONTRA A PROPRIEDADE INTELECTUAL

1.1. Violação de direito autoral (art. 184 do CP)

1) **Descrição típica:** violar direitos de autor e os que lhe são conexos: *Pena* – detenção, de 3 meses a 1 ano, ou multa.

2) **Formas qualificadas (§§ 1º, 2º e 3º):** se a violação consistir em reprodução total ou parcial, com intuito de lucro direto ou indireto, por qualquer meio ou processo, de obra intelectual, interpretação, execução ou fonograma, sem autorização expressa do autor, do artista intérprete ou executante, do produtor, conforme o caso, ou de quem os represente: *Pena* – reclusão, de 2 a 4 anos, e multa (§ 1º); na mesma pena do § 1º incorre quem, com o intuito de lucro direto ou indireto, distribui, vende, expõe à venda, aluga, introduz no País, adquire, oculta, tem em depósito, original ou cópia de obra intelectual ou fonograma reproduzido com violação do direito de autor, do direito de artista intérprete ou executante ou do direito do produtor de fonograma, ou, ainda, aluga original ou cópia de obra intelectual ou fonograma, sem a expressa autorização dos titulares dos direitos ou de quem os represente (§ 2º); se a violação consistir no oferecimento ao público, mediante cabo, fibra ótica, satélite, ondas ou qualquer outro sistema que permita ao usuário realizar a seleção da obra ou produção para recebê-la em um tempo e lugar previamente determinados por quem formula a demanda, com intuito de lucro, direto ou indireto, sem autorização expressa, conforme o caso, do autor, do artista intérprete ou executante, do produtor de fonograma, ou de quem os represente: *Pena* – reclusão, de 2 a 4 anos, e multa (§ 3º).

3) **Princípios da insignificância e adequação social:** a 3ª Seção do STJ, no julgamento do REsp 1.193.196, firmou posição no sentido da ***inaplicabilidade*** dos princípios da adequação social e da insignificância ao delito previsto no art. 184, § 2º, do CP.

> **STJ – Súmula 502**
> Presentes a materialidade e a autoria, afigura-se típica, em relação ao crime previsto no art. 184, § 2º, do CP, a conduta de expor à venda CDs e DVDs piratas.

4) **Perícia por amostragem:** "Para a configuração do delito de violação de direito autoral e a comprovação de sua materialidade, é suficiente a perícia realizada por amostragem do produto apreendido, nos aspectos externos do material, e é desnecessária a identificação dos titulares dos direitos autorais violados ou daqueles que os representem" (**Súmula 574 do STJ**).

5) **Ação penal (art. 186 do CP):** procede-se mediante: I – queixa, nos crimes previstos no *caput* do art. 184; II – ação penal pública incondicionada, nos crimes previstos nos §§ 1º e 2º do art. 184; III – ação penal pública incondicionada, nos crimes cometidos em desfavor de entidades de direito público, autarquia, empresa pública, sociedade de economia mista ou fundação instituída pelo Poder Público; IV – ação penal pública condicionada à representação, nos crimes previstos no § 3º do art. 184.

CAPÍTULO IV
CRIMES CONTRA A ORGANIZAÇÃO DO TRABALHO

1. COMPETÊNCIA

De acordo com o art. 109, VI, da CF compete aos **juízes federais** processar e julgar os crimes contra a organização do trabalho. No mesmo sentido decidiu o STF em relação ao crime de redução a condição análoga à de escravo, previsto no art. 149 do CP (STF, Pleno, RE 459.510, j. 26-11-2015).

No entanto, as Cortes Superiores vêm entendendo que, não havendo lesão ao direito dos trabalhadores de forma coletiva ou ofensa aos órgãos e institutos que os preservam, apurando-se somente a frustração de direitos trabalhistas de trabalhadores específicos, e, portanto, em âmbito individual, não há falar em competência da Justiça Federal. Nesse sentido: STF, 2ª Turma, ARE 706.368 AgR/SP, j. 30-10-2012; STJ, 3ª Seção, CC 137.045, j. 24-2-2016.

Ainda: "1. A previsão constitucional de competência da Justiça Federal, para o processo relativo aos crimes contra a organização do trabalho (art. 109, VI, da CF), deve abranger apenas aqueles casos nos quais fique patente a ofensa aos princípios básicos nos quais se assenta a estrutura do trabalho em todo o país, conforme dicção do STF. Precedentes desta Corte. 2. Eventual paralisação na sede de apenas uma empresa de transporte, por parte de alguns sindicalistas que haveriam tentado impedir a saída de ônibus da garagem, não incorre em questão que afete princípios essenciais trabalhistas de âmbito nacional, o que afasta o interesse da União no feito e, por consequência, a competência da Justiça Federal" (STJ, 3ª Seção, AgRg no CC 166918, j. 11-9-2019).

2. CRIMES EM ESPÉCIE

2.1. Atentado contra a liberdade de trabalho (art. 197 do CP)

1) **Descrição típica:** constranger alguém, mediante violência ou grave ameaça: I – a exercer ou não exercer arte, ofício, profissão ou indústria, ou a trabalhar ou não trabalhar durante certo período ou em determinados dias: *Pena* – detenção, de um mês a um ano, e multa, além da pena correspondente à violência; II – a abrir ou fechar o seu estabelecimento de trabalho, ou a participar de parede ou paralisação de atividade econômica: *Pena* – detenção, de três meses a um ano, e multa, além da pena correspondente à violência.

2) **Consumação:** na hipótese do inciso I, o crime se consuma no momento em que alguém exerce ou deixa de exercer arte, ofício, profissão ou indústria, ou quando trabalha ou deixa de trabalhar em certo período ou em determinados dias. Na hipótese do inciso II, a consumação ocorre com a abertura ou o fechamento do estabelecimento de trabalho, ou com a participação de parede (greve) ou paralisação de atividade econômica.

3) **Violência ou grave ameaça:** são elementares do crime. O grevista, por exemplo, deve induzir o seu colega a participar da greve de modo pacífico e não mediante constrangimento.

2.2. Atentado contra a liberdade de contrato de trabalho e boicotagem violenta (art. 198 do CP)

1) **Descrição típica:** constranger alguém, mediante violência ou grave ameaça, a celebrar contrato de trabalho, ou a não fornecer a outrem ou não adquirir de outrem matéria-prima ou produto industrial ou agrícola: *Pena* – detenção, de

um mês a um ano, e multa, além da pena correspondente à violência.

2) **Atentado contra a liberdade de contrato de trabalho (art. 198, 1ª parte):** constranger alguém, mediante violência ou grave ameaça, a celebrar contrato de trabalho.

   - **Consumação:** o crime se consuma com a celebração do contrato, ou seja, com a assinatura (contrato escrito), ou com a aquiescência (contrato verbal).
   - **Constrangimento para *que não se celebre o contrato de trabalho*:** não haverá o crime do art. 198 do CP, podendo, no entanto, caracterizar constrangimento ilegal (art. 146 do CP).

3) **Boicotagem violenta (art. 198, 2ª parte):** constranger alguém, mediante violência ou grave ameaça, a não fornecer a outrem ou não adquirir de outrem matéria-prima ou produto industrial ou agrícola.

   - **Consumação:** o crime se consuma no momento em que a pessoa constrangida não fornece a outrem ou não adquire de outrem matéria-prima ou produto industrial ou agrícola.

2.3. Atentado contra a liberdade de associação (art. 199 do CP)

1) **Descrição típica:** constranger alguém, mediante violência ou grave ameaça, a participar ou deixar de participar de determinado sindicato ou associação profissional: *Pena* – detenção, de um mês a um ano, e multa, além da pena correspondente à violência.
2) **Bem jurídico tutelado:** liberdade de associação.
3) **Violência ou grave ameaça:** para a caracterização do crime deve haver o emprego de violência ou grave ameaça, a fim de que a vítima participe de sindicato ou associação sindical determinada.
4) **Sindicato ou associação profissional específico:** não haverá o crime do art. 199 do CP se o constrangimento visar a que a vítima participe ou não de sindicato ou associação profissional **indeterminado**, podendo configurar, no entanto, constrangimento ilegal (art. 146 do CP).

2.4. Paralisação de trabalho, seguida de violência ou perturbação da ordem (art. 200 do CP)

1) **Descrição típica:** participar de suspensão ou abandono coletivo de trabalho, praticando violência contra pessoa ou contra coisa: *Pena* – detenção, de um mês a um ano, e multa, além da pena correspondente à violência.
2) **Suspensão coletiva de trabalho:** é a greve dos empregadores (*lock-out*).
3) **Abandono coletivo de trabalho:** é a greve dos empregados.
4) **Consumação:** o crime se consuma com a prática da violência durante o *lock-out* ou a greve.
5) **Concurso de pessoas:** no abandono coletivo do trabalho exige-se o concurso de, no mínimo, três empregados (parágrafo único). Já na suspensão coletiva de trabalho causada pelos empregadores, exige-se o concurso de mais de uma pessoa, mesmo se componentes de uma mesma pessoa jurídica empregadora.

2.5. Paralisação de trabalho de interesse coletivo (art. 201 do CP)

1) **Descrição típica:** participar de suspensão ou abandono coletivo de trabalho, provocando a interrupção de obra pública ou serviço de interesse coletivo: *Pena* – detenção, de seis meses a dois anos, e multa.
2) **Serviço de interesse coletivo:** há posição no sentido de ser aquele considerado **essencial**, conforme o art. 10 da Lei da Greve (Lei n. 7.783/89): I – tratamento e abastecimento de água; produção e distribuição de energia elétrica, gás e combustíveis; II – assistência médica e hospitalar; III – distribuição e comercialização de medicamentos e alimentos; IV – funerários; V – transporte coletivo; VI – captação e tratamento de esgoto e lixo; VII – telecomunicações; VIII – guarda, uso e controle de substâncias radioativas, equipamentos e materiais nucleares; IX – processamento de dados ligados a serviços essenciais; X – controle de tráfego aéreo; XI – compensação bancária.

2.6. Invasão de estabelecimento industrial, comercial ou agrícola. Sabotagem (art. 202 do CP)

1) **Descrição típica:** invadir ou ocupar estabelecimento industrial, comercial ou agrícola, com o intuito de impedir ou embaraçar o curso normal do trabalho, ou com o mesmo fim danificar o estabelecimento ou as coisas nele existentes ou delas dispor: *Pena* – reclusão, de um a três anos, e multa.

2) **Invasão de estabelecimento industrial, comercial ou agrícola:** invadir ou ocupar estabelecimento industrial, comercial ou agrícola, com o intuito de impedir ou embaraçar o curso normal do trabalho.
   - **Consumação:** o delito de invasão de estabelecimento industrial, comercial ou agrícola consuma-se com a invasão ou ocupação, independentemente de o agente obter o fim especial desejado (crime formal).
3) **Sabotagem:** danificar o estabelecimento ou as coisas nele existentes ou delas dispor com o intuito de impedir ou embaraçar o curso normal do trabalho.
   - **Consumação:** o crime de sabotagem consuma-se com a danificação, independentemente de o agente obter o fim especial desejado (crime formal).
4) **Elemento subjetivo especial:** nos dois crimes do art. 202 do CP, além do dolo (dolo genérico), exige-se também o elemento subjetivo especial (dolo específico), ou seja, o fim especial de impedir ou embaraçar o curso normal do trabalho.

■ **2.7. Frustração de direito assegurado por lei trabalhista (art. 203 do CP)**

O Código Penal prevê como crime "Frustrar, mediante fraude ou violência, direito assegurado pela legislação do trabalho" (art. 203). Trata-se de evidente norma penal em branco, já que o conteúdo da proibição deverá ser complementado pela CF e pela CLT. Vamos imaginar que o empregador, mediante fraude ou violência, frustra o pagamento das férias a que tinha direito o empregado. Enquanto a Constituição Federal assegura aos trabalhadores urbanos, rurais e domésticos "gozo de férias anuais remuneradas com, pelo menos, um terço a mais do que o salário normal" (art. 7º, XVII), a CLT (arts. 129 e s.) e o Decreto n. 3.197/99 (que promulgou a Convenção 132 da OIT sobre férias) disciplinam o assunto. Como se vê, a interdisciplinaridade com o **Direito Constitucional** e com o **Direito do Trabalho**, aqui, é total.

1) **Descrição típica:** frustrar, mediante fraude ou violência, direito assegurado pela legislação do trabalho: *Pena* – detenção de um ano a dois anos, e multa, além da pena correspondente à violência.
2) **Formas equiparadas (§ 1º):** na mesma pena incorre quem: I – obriga ou coage alguém a usar mercadorias de determinado estabelecimento, para impossibilitar o desligamento do serviço em virtude de dívida. Para a consumação, basta a prática da conduta, independentemente de o empregador conseguir o fim visado (crime formal); II – impede alguém de se desligar de serviços de qualquer natureza, mediante coação ou por meio da retenção de seus documentos pessoais ou contratuais. O delito se consuma no momento em que o trabalhador é impedido de se desligar do serviço.
3) **Conflito aparente de normas penais:** em algumas situações – como no caso da dívida contraída com o empregador ou preposto, ou da apreensão de documentos ou objetos pessoais do trabalhador – surge o conflito entre os crimes dos arts. 149 do CP (redução a condição análoga à de escravo) e 203 do CP (frustração de direito assegurado por lei trabalhista).

Art. 149 do CP: há restrição da liberdade pessoal da vítima.
Art. 203, CP: não há restrição da liberdade pessoal da vítima.

■ **2.8. Frustração de lei sobre a nacionalização do trabalho (art. 204 do CP)**

1) **Descrição típica:** frustrar, mediante fraude ou violência, obrigação legal relativa à nacionalização do trabalho: *Pena* – detenção, de um mês a um ano, e multa, além da pena correspondente à violência.
2) **Norma penal em branco:** o tipo deve ser complementado por normas trabalhistas para especificar as obrigações relativas à nacionalização do trabalho (proteção da mão de obra nacional).
3) **Consumação:** o crime se consuma com a frustração da obrigação legal (crime material).
4) **Não recepção constitucional:** há posição no sentido de que o crime do art. 204 do CP não foi recepcionado pela Constituição Federal, a qual garante de forma expressa a igualdade de direitos entre brasileiros e estrangeiros residentes no País (art. 5º, *caput*, da CF).

■ **2.9. Exercício de atividade com infração de decisão administrativa (art. 205 do CP)**

1) **Descrição típica:** exercer atividade, de que está impedido por decisão administrativa: *Pena* – detenção, de três meses a dois anos, ou multa.
2) **Sujeito ativo:** é quem está impedido, por decisão administrativa, de exercer atividade. Por exemplo, o autor é impedido de advogar por decisão da OAB.

3) **Decisão judicial:** se a decisão for judicial, poderá configurar o delito do art. 359 do CP (desobediência a decisão judicial sobre perda ou suspensão de direito).

2.10. Aliciamento para o fim de emigração (art. 206 do CP)

1) **Descrição típica:** recrutar trabalhadores, mediante fraude, com o fim de levá-los para território estrangeiro: *Pena* – detenção, de 1 a 3 anos, e multa.
2) **Bem jurídico tutelado:** é a permanência de trabalhadores no País.
3) **Consumação:** trata-se de crime formal, que se consuma com o aliciamento, independentemente da obtenção do resultado (emigração).

2.11. Aliciamento de trabalhadores de um local para outro do território nacional (art. 207 do CP)

1) **Descrição típica:** aliciar trabalhadores, com o fim de levá-los de uma para outra localidade do território nacional: *Pena* – detenção de um a três anos, e multa.
2) **Bem jurídico tutelado:** protege-se o interesse de evitar a migração dos trabalhadores, já que o êxodo provoca prejuízo na região onde o aliciamento ocorre.
3) **Consumação:** o crime se consuma no momento em que o agente pratica o aliciamento, independentemente de conseguir levar os trabalhadores para outra localidade (crime formal).
4) **Forma equiparada (§ 1º):** incorre na mesma pena quem recrutar trabalhadores fora da localidade de execução do trabalho, dentro do território nacional, mediante fraude ou cobrança de qualquer quantia do trabalhador, ou, ainda, não assegurar condições do seu retorno ao local de origem.
5) **Forma majorada (§ 2º):** a pena é aumentada de um sexto a um terço se a vítima é menor de dezoito anos, idosa, gestante, indígena ou portadora de deficiência física ou mental.

CAPÍTULO V
CRIMES CONTRA O SENTIMENTO RELIGIOSO E CONTRA O RESPEITO AOS MORTOS

1. CRIMES CONTRA O SENTIMENTO RELIGIOSO

1.1. Ultraje a culto e impedimento ou perturbação de ato a ele relativo (art. 208 do CP)

1) **Descrição típica:** escarnecer de alguém publicamente, por motivo de crença ou função religiosa; impedir ou perturbar cerimônia ou prática de culto religioso; vilipendiar publicamente ato ou objeto de culto religioso: *Pena* – detenção, de um mês a um ano, ou multa. **Escarnecer** significa zombar, humilhar.
2) **Consumação:** o crime do art. 208 do CP se consuma com o escárnio.
3) **Emprego de violência (parágrafo único):** se há emprego de violência, a pena é aumentada de um terço, sem prejuízo da correspondente à violência.

2. CRIMES CONTRA O RESPEITO AOS MORTOS

2.1. Impedimento ou perturbação de cerimônia funerária (art. 209 do CP)

1) **Descrição típica:** impedir ou perturbar enterro ou cerimônia funerária: *Pena* – detenção, de um mês a um ano, ou multa.
2) **Consumação:** o crime do art. 209 do CP se consuma com o efetivo impedimento ou perturbação.
3) **Emprego de violência (parágrafo único):** se há emprego de violência, a pena é aumentada de um terço, sem prejuízo da correspondente à violência.

2.2. Violação de sepultura (art. 210 do CP)

1) **Descrição típica:** violar ou profanar sepultura ou urna funerária: *Pena* – reclusão, de um a três anos, e multa.
2) **Sujeito passivo:** trata-se de crime vago, razão pela qual o sujeito passivo é a coletividade. De forma mediata, também a família do morto pode ser vitimada pela conduta do autor.

2.3. Destruição, subtração ou ocultação de cadáver (art. 211 do CP)

1) **Descrição típica:** destruir, subtrair ou ocultar cadáver ou parte dele: *Pena* – reclusão, de um a três anos, e multa.
2) **Distinção com o crime de furto (art. 155 do CP):** se o cadáver for disponibilizado e passar a integrar o patrimônio de um museu ou de uma faculdade de Medicina, a sua subtração poderá caracterizar o delito de furto.

2.4. Vilipêndio a cadáver (art. 212 do CP)

1) **Descrição típica:** vilipendiar cadáver ou suas cinzas: *Pena* – detenção, de um a três anos, e multa.

2) **Parte do cadáver:** embora não esteja expresso no tipo, o art. 212 do CP também tutela *partes do cadáver*, já que protege as "cinzas".

CAPÍTULO VI
CRIMES CONTRA A DIGNIDADE SEXUAL

1. CRIMES CONTRA A LIBERDADE SEXUAL

1.1. Estupro (art. 213 do CP)

1) **Descrição típica:** constranger alguém, mediante violência ou grave ameaça, a ter conjunção carnal ou a praticar ou permitir que com ele se pratique outro ato libidinoso: *Pena* – reclusão, de 6 a 10 anos.

2) **Princípio da continuidade normativo-típica:** apesar da revogação formal do art. 214 do CP, **não houve *abolitio criminis* do delito de atentado violento ao pudor**, uma vez que inexistiu descontinuidade normativo-típica, ou seja, a conduta descrita como proibida no revogado art. 214 permanece proibida no ordenamento jurídico, mas agora no art. 213 do CP, com nova denominação.

3) **Conjunção carnal *versus* ato libidinoso:** *conjunção carnal* é o coito vagínico, ou seja, a introdução do pênis na vagina, ainda que incompleta; *ato libidinoso*, por sua vez, é o que visa à satisfação da lascívia (critério subjetivo) e atenta contra o sentimento médio de moralidade sexual (critério objetivo), como o coito anal.

4) **Desnecessidade de contato físico com a vítima:** o STJ decidiu que a **contemplação lasciva** configura o ato libidinoso constitutivo dos tipos dos arts. 213 e 217-A do Código Penal, sendo irrelevante, para a consumação dos delitos, que haja contato físico entre ofensor e ofendido. Nesse sentido: STJ, REsp 1.640.087, *DJe* 1º-2-2017; STJ, HC 611.511, *DJe* 15-10-2020. Ainda: "O ato libidinoso, atualmente descrito nos arts. 213 e 217-A do Código Penal, não é só o coito anal ou o sexo oral, mas podem ser caracterizados mediante toques, beijo lascivo, contatos voluptuosos, contemplação lasciva, dentre outros. Isto porque, o legislador, com a alteração trazida pela Lei n. 12.015/2009, optou por consagrar que no delito de estupro a pratica de conjunção carnal ou outro ato libidinoso, não havendo rol taxativo ou exemplificativo acerca de quais atos seria considerados libidinosos" (STJ, AgRg no REsp 1995795, j. 23-8-2022).

5) **Conjunção carnal + outro ato libidinoso contra a mesma vítima e no mesmo contexto fático:** *há crime único*, sendo que as diversas formas de violência deverão ser levadas em conta pelo juiz na fixação da pena-base (art. 59 do CP).

6) **Forma qualificada (§§ 1º e 2º):** se da conduta resulta lesão corporal de natureza grave ou se a vítima é menor de 18 ou maior de 14 anos: *Pena* – reclusão, de 8 a 12 anos (§ 1º). Se da conduta resulta morte: *Pena* – reclusão, de 12 a 30 anos (§ 2º).

7) **Hediondez:** conforme o art. 1º, V, da Lei n. 8.072/90, o estupro é crime hediondo.

8) **Ação penal (art. 225 do CP):** procede-se mediante ação penal pública incondicionada (redação dada pela Lei n. 13.718/2018). Como a ação penal passa a ser sempre pública incondicionada, está superado o debate a respeito da aplicação, ou não, da **Súmula 608 do STF** ("No crime de estupro, praticado mediante violência real, a ação penal é pública incondicionada").

1.2. Violação sexual mediante fraude (art. 215 do CP)

1) **Descrição típica:** ter conjunção carnal ou praticar outro ato libidinoso com alguém, mediante fraude ou outro meio que impeça ou dificulte a livre manifestação de vontade da vítima: *Pena* – reclusão, de 2 a 6 anos.

2) **Estelionato sexual:** o crime do art. 215 do CP é conhecido como "estelionato sexual", já que praticado mediante fraude ou outro meio que impeça ou dificulte a livre manifestação de vontade da vítima. Por exemplo, o autor simula casamento apenas para ter conjunção carnal com a vítima.

3) **Fim de lucro (parágrafo único):** se o crime é cometido com o fim de obter vantagem econômica, aplica-se também multa.

1.3. Importunação sexual (art. 215-A do CP)

1) **Descrição típica:** praticar contra alguém e sem a sua anuência ato libidinoso com o objetivo de satisfazer a própria lascívia ou a de terceiro: *Pena* – reclusão, de 1 a 5 anos, se o ato não constitui crime mais grave. O art. 215-A foi incluído ao Código Penal pela Lei n. 13.718/2018.

2) **Revogação do art. 61 da LCP:** a contravenção penal de importunação ofensiva ao pudor ("Importunar alguém, em lugar público ou acessível ao público, de modo ofensivo ao pudor") foi revogada pela Lei n. 13.718/2018. No entanto, não se pode falar em *abolitio criminis*, já que a conduta continua punida no novo dispositivo legal, fenômeno conhecido como **princípio da continuidade normativo-típica**.

3) **Sujeitos:** o sujeito ativo pode ser qualquer pessoa, homem ou mulher (crime comum). O sujeito passivo tem que ser específico ("alguém"), ou seja, a vítima é pessoa determinada ou um grupo determinado de pessoas. A prática de ato libidinoso sem vítima específica e em lugar público ou aberto ou exposto ao público (ex.: automasturbação em praça pública) configura o delito de ato obsceno, previsto no art. 233 do Código Penal. Obs.: se a vítima for **menor de 14 anos**, haverá estupro de vulnerável (art. 217-A do CP).

4) **Tipo subjetivo:** além do dolo (vontade livre e consciente dirigida ao resultado), o tipo também exige um elemento subjetivo especial (dolo específico), consistente no "objetivo de satisfazer a própria lascívia ou a de terceiro".

5) **Consumação e tentativa:** a consumação ocorre no momento da prática do ato libidinoso. Como se trata de crime plurissubsistente (aquele que admite o fracionamento dos atos executórios), é possível, em tese, a tentativa.

6) *Sursis* **processual:** a pena mínima é de um ano, razão pela qual se torna possível a suspensão condicional do processo (art. 89 da Lei n. 9.099/95), desde que previstos os demais requisitos legais.

1.4. Assédio sexual (art. 216-A do CP)

1) **Descrição típica:** constranger alguém com o intuito de obter vantagem ou favorecimento sexual, prevalecendo-se o agente da sua condição de superior hierárquico ou ascendência inerentes ao exercício de emprego, cargo ou função: *Pena* – detenção, de 1 a 2 anos.

2) **Relação acadêmica ou liderança espiritual:** embora exista relação de superioridade entre professor e aluno ou entre líder espiritual (padre, pastor etc.) e fiel, entendemos não se caracterizar o crime do art. 216-A do CP por ausência de vínculo de emprego, cargo ou função entre as partes. Há posição em contrário do STJ: 5ª T., AgRg no REsp 1.832.392, j. 7-11-2019.

3) **Crime formal:** o delito de assédio sexual se consuma com o constrangimento da vítima, ainda que o autor não consiga a vantagem ou o favorecimento sexual.

4) **Forma majorada (§ 2º):** a pena é aumentada em até um terço se a vítima é menor de 18 anos.

2. EXPOSIÇÃO DA INTIMIDADE SEXUAL

2.1. Registro não autorizado da intimidade sexual (art. 216-B do CP)

1) **Descrição típica:** a Lei n. 13.772, de 19-12-2018 (vigência a partir de 20-12-2018), incluiu no Código Penal o delito de *registro não autorizado da intimidade sexual*, nos seguintes termos: "Produzir, fotografar, filmar ou registrar, por qualquer meio, conteúdo com cena de nudez ou ato sexual ou libidinoso de caráter íntimo e privado sem autorização dos participantes". Com a nova lei, o legislador passou a punir aquele que produz a cena sexual, sem autorização dos envolvidos, com pena inferior à daquele que a divulga (art. 218-C: pena de reclusão de 1 a 5 anos).

2) **Crime de menor potencial ofensivo:** a pena é de detenção, de 6 meses a 1 ano, além de multa, razão pela qual devem ser aplicados os institutos despenalizadores da Lei n. 9.099/95, desde que presentes os demais requisitos legais.

3) **Forma equiparada:** de acordo com o parágrafo único, na mesma pena incorre quem realiza **montagem** em fotografia, vídeo, áudio ou qualquer outro registro com o fim de incluir pessoa em cena de nudez ou ato sexual ou libidinoso de caráter íntimo.

3. CRIMES SEXUAIS CONTRA VULNERÁVEL

3.1. Estupro de vulnerável (art. 217-A do CP)

1) **Descrição típica:** ter conjunção carnal ou praticar outro ato libidinoso com menor de 14 anos: *Pena* – reclusão, de 8 a 15 anos.

2) **Vulneráveis:** (a) menor de 14 anos; (b) quem, por enfermidade ou deficiência mental, não tem o necessário discernimento para a prática do

ato; (c) quem, por qualquer outra causa, não pode oferecer resistência.

> **IRRELEVÂNCIA DO CONSENTIMENTO E DA EXPERIÊNCIA SEXUAL ANTERIOR**
> **STJ – Súmula 593:**
> O crime de estupro de vulnerável se configura com a conjunção carnal ou prática de ato libidinoso com menor de 14 anos, sendo irrelevante eventual consentimento da vítima para a prática do ato, sua experiência sexual anterior ou existência de relacionamento amoroso com o agente.

- **§ 5º do art. 217-A do Código Penal (incluído pela Lei n. 13.718/2018):** As penas previstas no *caput* e nos §§ 1º, 3º e 4º deste artigo aplicam-se independentemente do consentimento da vítima ou do fato de ela ter mantido relações sexuais anteriormente ao crime.

3) **Desnecessidade de contato físico com a vítima:** o STJ decidiu que a **contemplação lasciva** configura o ato libidinoso constitutivo dos tipos dos arts. 213 e 217-A do Código Penal, sendo irrelevante, para a consumação dos delitos, que haja contato físico entre ofensor e ofendido. Nesse sentido: STJ, REsp 1.640.087, *DJe* 1º-2-2017; STJ, AgRg no RHC 145.235, *DJe* 25-6-2021.

4) **Forma qualificada (§§ 3º e 4º):** se da conduta resulta lesão corporal de natureza grave: *Pena* – reclusão, de 10 a 20 anos (§ 3º); se da conduta resulta morte: *Pena* – reclusão, de 12 a 30 anos (§ 4º).

5) **Hediondez:** conforme o art. 1º, VI, da Lei n. 8.072/90, o estupro de vulnerável é crime hediondo.

6) **Ação penal (art. 225 do CP):** pública incondicionada.

7) "A Terceira Seção do Superior Tribunal de Justiça, no julgamento do **Tema Repetitivo 1121**, fixou a tese de que 'Presente o dolo específico de satisfazer à lascívia, própria ou de terceiro, a prática de ato libidinoso com menor de 14 anos configura o crime de estupro de vulnerável (art. 217-A do CP), independentemente da ligeireza ou da superficialidade da conduta, **não sendo possível a desclassificação para o delito de importunação sexual (art. 215-A do CP)**', tese aplicável por analogia também ao caso, em que se busca o reconhecimento da modalidade tentada" (STJ, AgRg no REsp 2012036, j. 13-9-2022).

3.2. Corrupção de menores (art. 218 do CP)

1) **Descrição típica:** induzir alguém menor de 14 anos a satisfazer a lascívia de outrem: *Pena* – reclusão, de 2 a 5 anos.

2) **Induzir maior de 14 anos a satisfazer a lascívia de outrem:** caracteriza o crime de lenocínio (art. 227 do CP).

> 3) **Crime do ECA:** há outro crime de "corrupção de menores", previsto no Estatuto da Criança e do Adolescente (art. 244-B) nos seguintes termos: corromper ou facilitar a corrupção de menor de 18 anos, com ele praticando infração penal ou induzindo-o a praticá-la: *Pena* – reclusão, de 1 a 4 anos.

3.3. Satisfação de lascívia mediante presença de criança ou adolescente (art. 218-A do CP)

1) **Descrição típica:** praticar, na presença de alguém menor de 14 anos, ou induzi-lo a presenciar, conjunção carnal ou outro ato libidinoso, a fim de satisfazer lascívia própria ou de outrem: *Pena* – reclusão, de 2 a 4 anos.

2) **Elemento subjetivo especial:** além do dolo (dolo genérico), o crime do art. 218-A do CP também exige o elemento subjetivo especial (dolo específico), consistente na finalidade "de satisfazer lascívia própria ou de outrem".

3) **Obrigar criança (menor de 12 anos) a assistir a filme pornográfico:** pode configurar o crime do art. 241-D, parágrafo único, I, do ECA: nas mesmas penas incorre quem: I – facilita ou induz o acesso à criança de material contendo cena de sexo explícito ou pornográfica com o fim de com ela praticar ato libidinoso.

3.4. Favorecimento da prostituição ou outra forma de exploração sexual de criança ou adolescente ou de vulnerável (art. 218-B do CP)

1) **Descrição típica:** submeter, induzir ou atrair à prostituição ou outra forma de exploração sexual alguém menor de 18 anos ou que, por enfermidade ou deficiência mental, não tem o necessário discernimento para a prática do ato, facilitá-la, impedir ou dificultar que a abandone: *Pena* – reclusão, de 4 a 10 anos.

2) **Formas equiparadas (§ 2º):** incorre nas mesmas penas: I – quem pratica conjunção carnal ou outro ato libidinoso com alguém menor de 18 e maior de 14 anos na situação descrita no *caput* deste artigo; II – o proprietário, o gerente ou o responsável pelo local em que se verifiquem as práticas referidas no *caput* deste artigo.

3) **Efeito da condenação (§ 3º):** na hipótese do inciso II do § 2º, constitui efeito obrigatório da

condenação a cassação da licença de localização e de funcionamento do estabelecimento.

4) **Hediondez:** conforme o art. 1º, VIII, da Lei n. 8.072/90, o art. 218-B do CP é crime hediondo.

3.5. Divulgação de cena de estupro ou de cena de estupro de vulnerável, de cena de sexo ou de pornografia (art. 218-C do CP)

1) **Descrição típica:** oferecer, trocar, disponibilizar, transmitir, vender ou expor à venda, distribuir, publicar ou divulgar, por qualquer meio – inclusive por meio de comunicação de massa ou sistema de informática ou telemática –, fotografia, vídeo ou outro registro audiovisual que contenha cena de estupro ou de estupro de vulnerável ou que faça apologia ou induza à sua prática, ou, sem o consentimento da vítima, cena de sexo, nudez ou pornografia: *Pena* – reclusão, de 1 (um) a 5 (cinco) anos, se o fato não constitui crime mais grave. O art. 218-C foi incluído ao Código Penal pela Lei n. 13.718/2018.

2) **Objeto material:** é a fotografia, o vídeo ou outro registro audiovisual que contenha as cenas descritas no tipo.

3) **Divulgação de cena de estupro ou de estupro de vulnerável:** a violência sexual é registrada e depois difundida. Caso se trate de vulnerável menor de 14 anos, a propagação de imagens com conteúdo sexual caracteriza crime previsto no ECA (art. 241 ou art. 241-A).

4) **Divulgação de imagem que faça apologia ou induza à prática de estupro:** trata-se de tipo especial em relação àquele do art. 287 do Código Penal ("Fazer, publicamente, apologia de fato criminoso ou de autor de crime"). Aqui é tutelada a paz pública.

5) **Divulgação de cenas de sexo, nudez ou pornografia sem o consentimento da vítima:** trata-se da exposição sexual não autorizada, conhecida na língua inglesa por *revenge porn*. No Brasil, a prática é chamada de "pornografia de revanche", "pornografia da vingança" ou "pornografia não consensual". Aqui é tutelada a intimidade da vítima.

6) **Forma majorada (§ 1º):** a pena é aumentada de 1/3 a 2/3 se o crime é praticado por agente que mantém ou tenha mantido relação íntima de afeto com a vítima ou com o fim de vingança ou humilhação.

7) **Exclusão de ilicitude (§ 2º):** não há crime quando o agente pratica as condutas descritas no *caput* deste artigo em publicação de natureza jornalística, científica, cultural ou acadêmica com a adoção de recurso que impossibilite a identificação da vítima, ressalvada sua prévia autorização, caso seja maior de 18 anos.

4. LENOCÍNIO E TRÁFICO DE PESSOA PARA FIM DE PROSTITUIÇÃO OU OUTRA FORMA DE EXPLORAÇÃO SEXUAL

4.1. Mediação para servir a lascívia de outrem (art. 227 do CP)

1) **Descrição típica:** induzir alguém a satisfazer a lascívia de outrem: *Pena* – reclusão, de um a três anos.

2) **Forma qualificada (§§ 1º e 2º):** se a vítima é maior de 14 e menor de 18 anos, ou se o agente é seu ascendente, descendente, cônjuge ou companheiro, irmão, tutor ou curador ou pessoa a quem esteja confiada para fins de educação, de tratamento ou de guarda: *Pena* – reclusão, de dois a cinco anos (§ 1º); se o crime é cometido com emprego de violência, grave ameaça ou fraude: *Pena* – reclusão, de dois a oito anos, além da pena correspondente à violência (§ 2º).

3) **Fim de lucro (§ 3º):** se o crime é cometido com o fim de lucro, aplica-se também multa. Trata-se do lenocínio mercenário ou questuário.

4.2. Favorecimento da prostituição ou outra forma de exploração sexual (art. 228 do CP)

1) **Descrição típica:** induzir ou atrair alguém à prostituição ou outra forma de exploração sexual, facilitá-la, impedir ou dificultar que alguém a abandone: *Pena* – reclusão, de 2 a 5 anos, e multa.

2) **Forma qualificada (§§ 1º e 2º):** se o agente é ascendente, padrasto, madrasta, irmão, enteado, cônjuge, companheiro, tutor ou curador, preceptor ou empregador da vítima, ou se assumiu, por lei ou outra forma, obrigação de cuidado, proteção ou vigilância: *Pena* – reclusão, de 3 a 8 anos (§ 1º); se o crime, é cometido com emprego de violência, grave ameaça ou fraude: *Pena* – reclusão, de quatro a dez anos, além da pena correspondente à violência (§ 2º).

3) **Fim de lucro (§ 3º):** se o crime é cometido com o fim de lucro, aplica-se também multa.

4.3. Casa de prostituição (art. 229 do CP)

1) **Descrição típica:** manter, por conta própria ou de terceiro, estabelecimento em que ocorra exploração sexual, haja, ou não, intuito de lucro ou mediação direta do proprietário ou gerente: *Pena* – reclusão, de dois a cinco anos, e multa.

2) **Exploração sexual:** "Ao editar o art. 229 do Código Penal, o legislador pretendeu abarcar todo e qualquer local onde se pratique a exploração sexual, e não apenas 'em casa de prostituição ou lugar destinado a encontros para fim libidinoso'. A vontade da nova lei é tornar mais amplas as hipóteses de incidência do dispositivo penal, pois nada mais faz do que trazer a prática inerente a quem detém a propriedade ou a gerência dos locais antes descritos. O novo dispositivo agrava a situação daqueles que, a partir da vigência da Lei n. 12.015/2009, levarem a efeito atos de exploração sexual em qualquer estabelecimento que seja, e não só naqueles outrora taxativamente descritos" (STJ, AgRg nos EDcl no AgRg no AREsp 1536522, j. 26-5-2020).

3) **Sujeito passivo:** é a coletividade. A pessoa prostituída, homem ou mulher, será vítima indireta ou mediata.

4) **Princípio da adequação social (não aplicação):** de acordo com os Tribunais Superiores, eventual tolerância de parte da sociedade e de algumas autoridades públicas não implica atipicidade material do crime de casa de prostituição. Nesse sentido: STJ, AgRg no REsp 1.508.423, j. 1º-9-2015.

4.4. Rufianismo (art. 230 do CP)

1) **Descrição típica:** tirar proveito da prostituição alheia, participando diretamente de seus lucros ou se fazendo sustentar, no todo ou em parte, por quem a exerça: *Pena* – reclusão, de um a quatro anos, e multa.

2) **Forma qualificada (§§ 1º e 2º):** se a vítima é menor de 18 e maior de 14 anos ou se o crime é cometido por ascendente, padrasto, madrasta, irmão, enteado, cônjuge, companheiro, tutor ou curador, preceptor ou empregador da vítima, ou por quem assumiu, por lei ou outra forma, obrigação de cuidado, proteção ou vigilância: *Pena* – reclusão, de 3 a 6 anos, e multa (§ 1º); se o crime é cometido mediante violência, grave ameaça, fraude ou outro meio que impeça ou dificulte a livre manifestação da vontade da vítima: *Pena* – reclusão, de 2 a 8 anos, sem prejuízo da pena correspondente à violência (§ 2º).

Atenção:
Os crimes de tráfico internacional de pessoa para fim de exploração sexual (art. 231 do CP) e tráfico interno de pessoa para fim de exploração sexual (art. 231-A do CP) foram revogados pela Lei n. 13.344/2016, que criou o delito de tráfico de pessoas (art. 149-A do CP).

4.5. Promoção de migração ilegal (art. 232-A do CP)

1) **Descrição típica:** promover, por qualquer meio, com o fim de obter vantagem econômica, a entrada ilegal de estrangeiro em território nacional ou de brasileiro em país estrangeiro: *Pena* – reclusão, de 2 a 5 anos, e multa.

2) **Forma equiparada (§ 1º):** na mesma pena incorre quem promover, por qualquer meio, com o fim de obter vantagem econômica, a saída de estrangeiro do território nacional para ingressar ilegalmente em país estrangeiro (art. 232-A, § 1º, do CP).

3) **Forma majorada (§ 2º):** a pena é aumentada de 1/6 a 1/3 se: I – o crime é cometido com violência; ou II – a vítima é submetida a condição desumana ou degradante.

4) **Concurso de crimes (§ 3º):** a pena prevista para o crime será aplicada sem prejuízo das correspondentes às infrações conexas.

5) **Vigência:** o crime do art. 232-A foi introduzido ao Código Penal pela Lei n. 13.445, de 24 de maio de 2017, a qual instituiu a Lei de Migração e revogou o Estatuto do Estrangeiro (Lei n. 6.815/80). Houve *vacatio legis* de 180 dias.

5. ULTRAJE PÚBLICO AO PUDOR

5.1. Ato obsceno (art. 233 do CP)

1) **Descrição típica:** praticar ato obsceno em lugar público, ou aberto ou exposto ao público: *Pena* – detenção, de três meses a um ano, ou multa.

2) **Ato obsceno:** é aquele que, possuindo um mínimo de conotação sexual, atenta contra o sentimento médio de pudor da sociedade. Por exemplo, masturbação em via pública.

3) **Consumação:** o crime do art. 233 do CP se consuma no momento da prática do ato obsceno. Não é necessário que o ato seja presenciado por outras pessoas, bastando a possibilidade de que isso ocorra.

5.2. Escrito ou objeto obsceno (art. 234 do CP)

1) **Descrição típica:** fazer, importar, exportar, adquirir ou ter sob sua guarda, para fim de comércio, de distribuição ou de exposição pública, escrito, desenho, pintura, estampa ou qualquer

objeto obsceno: *Pena* – detenção, de seis meses a dois anos, ou multa.

2) **Forma equiparada (parágrafo único):** incorre na mesma pena quem: I – vende, distribui ou expõe à venda ou ao público qualquer dos objetos referidos neste artigo; II – realiza, em lugar público ou acessível ao público, representação teatral, ou exibição cinematográfica de caráter obsceno, ou qualquer outro espetáculo, que tenha o mesmo caráter; III – realiza, em lugar público ou acessível ao público, ou pelo rádio, audição ou recitação de caráter obsceno.

3) **Elemento subjetivo especial:** além do dolo (dolo geral), o crime do art. 234 do CP também exige o elemento subjetivo especial (dolo específico), consistente no "fim de comércio, de distribuição ou de exposição pública".

6. CAUSAS DE AUMENTO DE PENA

6.1. Majorantes do art. 226 do CP

1) **Aumento de pena:** a pena é aumentada: I – de quarta parte, se o crime é cometido com o concurso de 2 ou mais pessoas; II – de metade, se o agente é ascendente, padrasto ou madrasta, tio, irmão, cônjuge, companheiro, tutor, curador, preceptor ou empregador da vítima ou por qualquer outro título tiver autoridade sobre ela (redação dada pela Lei n. 13.718/2018); III – *(revogado)*; IV – de 1/3 a 2/3 se o crime é praticado: a) mediante concurso de 2 ou mais agentes (trata-se do **estupro coletivo**, incluído pela Lei n. 13.718/2018); b) para controlar o comportamento social ou sexual da vítima (trata-se do **estupro corretivo**, incluído pela Lei n. 13.718/2018).

2) **Estupro coletivo:** entendemos que não há incompatibilidade entre os incisos I e IV (alínea *a*). Isso porque o inciso I se refere a todos os crimes dos Capítulos I e II do Título VI (Crimes contra a Dignidade Sexual), enquanto o inciso IV se refere somente aos delitos de estupro e estupro de vulnerável.

6.2. Majorantes do art. 234-A do CP

1) **Aumento de pena:** nos crimes previstos neste Título, a pena é aumentada: I – *(vetado)*; II – *(vetado)*; III – de metade a 2/3, se do crime resulta gravidez (redação dada pela Lei n. 13.718/2018); IV – de 1/3 a 2/3 se o agente transmite à vítima doença sexualmente transmissível de que sabe ou deveria saber ser portador, ou se a vítima é idosa ou pessoa com deficiência (redação dada pela Lei n. 13.718/2018).

Crimes sexuais hediondos:
- Estupro – art. 213 do CP
- Estupro de vulnerável – art. 217-A do CP
- Favorecimento da prostituição ou outra forma de exploração sexual de criança ou adolescente ou de vulnerável – art. 218-B do CP

CAPÍTULO VII
CRIMES CONTRA A FAMÍLIA

1. CRIMES CONTRA O CASAMENTO

1.1. Bigamia (art. 235 do CP)

1) **Descrição típica:** contrair alguém, sendo casado, novo casamento: *Pena* – reclusão, de dois a seis anos.

2) **Exceção à teoria monista do concurso de pessoas (§ 1º):** aquele que, não sendo casado, contrai casamento com pessoa casada, conhecendo essa circunstância, é punido com reclusão ou detenção, de um a três anos. Trata-se da **única hipótese de ação privada personalíssima** do ordenamento jurídico brasileiro.

3) **Exclusão da tipicidade (§ 2º):** anulado por qualquer motivo o primeiro casamento, ou o outro por motivo que não a bigamia, considera-se inexistente o crime.

1.2. Induzimento a erro essencial e ocultação de impedimento (art. 236 do CP)

1) **Descrição típica:** contrair casamento, induzindo em erro essencial o outro contraente, ou ocultando-lhe impedimento que não seja casamento anterior: *Pena* – detenção, de seis meses a dois anos.

2) **Ação penal (parágrafo único):** a ação penal depende de queixa do contraente enganado e não pode ser intentada senão depois de transitar em julgado a sentença que, por motivo de erro ou impedimento, anule o casamento. Trata-se da **única hipótese de ação privada personalíssima** do ordenamento jurídico brasileiro.

1.3. Conhecimento prévio de impedimento (art. 237 do CP)

Descrição típica: contrair casamento, conhecendo a existência de impedimento que lhe cause a nulidade absoluta: *Pena* – detenção, de três meses a um ano.

> De acordo com o art. 237 do Código Penal, é crime "Contrair casamento, conhecendo a existência de impedimento que lhe cause a nulidade absoluta". O Direito Penal, neste ponto, deve dialogar com o **Direito Civil**, já que os impedimentos mencionados no referido tipo penal estão arrolados no art. 1.521 do Código Civil: "Não podem casar: I – os ascendentes com os descendentes, seja o parentesco natural ou civil; II – os afins em linha reta; III – o adotante com quem foi cônjuge do adotado e o adotado com quem o foi do adotante; IV – os irmãos, unilaterais ou bilaterais, e demais colaterais, até o terceiro grau inclusive; V – o adotado com o filho do adotante; VI – as pessoas casadas; VII – o cônjuge sobrevivente com o condenado por homicídio ou tentativa de homicídio contra o seu consorte".

1.4. Simulação de autoridade para celebração de casamento (art. 238 do CP)

Descrição típica: atribuir-se falsamente autoridade para celebração de casamento: *Pena* – detenção, de um a três anos, se o fato não constitui crime mais grave.

1.5. Simulação de casamento (art. 239 do CP)

Descrição típica: simular casamento mediante engano de outra pessoa: *Pena* – detenção, de um a três anos, se o fato não constitui elemento de crime mais grave.

2. CRIMES CONTRA O ESTADO DE FILIAÇÃO

2.1. Registro de nascimento inexistente (art. 241 do CP)

Descrição típica: promover no registro civil a inscrição de nascimento inexistente: *Pena* – reclusão, de dois a seis anos.

2.2. Parto suposto. Supressão ou alteração de direito inerente ao estado civil de recém-nascido (art. 242 do CP)

1) **Descrição típica:** dar parto alheio como próprio; registrar como seu o filho de outrem; ocultar recém-nascido ou substituí-lo, suprimindo ou alterando direito inerente ao estado civil: *Pena* – reclusão, de dois a seis anos.

2) **Forma privilegiada e perdão judicial (parágrafo único):** se o crime é praticado por motivo de reconhecida nobreza: *Pena* – detenção, de um a dois anos, podendo o juiz deixar de aplicar a pena.

2.3. Sonegação de estado de filiação (art. 243 do CP)

Descrição típica: deixar em asilo de expostos ou outra instituição de assistência filho próprio ou alheio, ocultando-lhe a filiação ou atribuindo-lhe outra, com o fim de prejudicar direito inerente ao estado civil: *Pena* – reclusão, de um a cinco anos, e multa.

3. CRIMES CONTRA A ASSISTÊNCIA FAMILIAR

3.1. Abandono material (art. 244 do CP)

1) **Descrição típica:** deixar, sem justa causa, de prover a subsistência do cônjuge, ou de filho menor de 18 anos ou inapto para o trabalho, ou de ascendente inválido ou maior de 60 anos, não lhes proporcionando os recursos necessários ou faltando ao pagamento de pensão alimentícia judicialmente acordada, fixada ou majorada; deixar, sem justa causa, de socorrer descendente ou ascendente, gravemente enfermo: *Pena* – detenção, de 1 a 4 anos e multa, de uma a dez vezes o maior salário mínimo vigente no País.

2) **Forma equiparada (parágrafo único):** nas mesmas penas incide quem, sendo solvente, frustra ou ilide, de qualquer modo, inclusive por abandono injustificado de emprego ou função, o pagamento de pensão alimentícia judicialmente acordada, fixada ou majorada.

3.2. Entrega de filho menor a pessoa inidônea (art. 245 do CP)

1) **Descrição típica:** entregar filho menor de 18 anos a pessoa em cuja companhia saiba ou deva saber que o menor fica moral ou materialmente em perigo: *Pena* – detenção, de 1 a 2 anos.

2) **Forma qualificada (§§ 1º e 2º):** a pena é de 1 a 4 anos de reclusão, se o agente pratica delito para obter lucro, ou se o menor é enviado para o exterior (§ 1º); incorre, também, na pena do parágrafo anterior quem, embora excluído o perigo moral ou material, auxilia a efetivação de ato destinado ao envio de menor para o exterior, com o fito de obter lucro (§ 2º).

3.3. Abandono intelectual (art. 246 do CP)

Descrição típica: deixar, sem justa causa, de prover à instrução primária de filho em idade escolar: *Pena* – detenção, de quinze dias a um mês, ou multa.

3.4. Abandono moral (art. 247 do CP)

Descrição típica: permitir alguém que menor de dezoito anos, sujeito a seu poder ou confiado à sua guarda ou vigilância: I – frequente casa de jogo ou mal-afamada, ou conviva com pessoa viciosa ou de má vida; II – frequente espetáculo capaz de pervertê-lo ou de ofender-lhe o pudor, ou participe de representação de igual natureza; III – resida ou trabalhe em casa de prostituição; IV – mendigue ou sirva a mendigo para excitar a comiseração pública: *Pena* – detenção, de um a três meses, ou multa.

4. CRIMES CONTRA O PÁTRIO PODER, TUTELA OU CURATELA

Obs.: atualmente o Código Civil (art. 1.630) utiliza a expressão "poder familiar", e não "pátrio poder".

4.1. Induzimento a fuga, entrega arbitrária ou sonegação de incapazes (art. 248 do CP)

Descrição típica: induzir menor de dezoito anos, ou interdito, a fugir do lugar em que se acha por determinação de quem sobre ele exerce autoridade, em virtude de lei ou de ordem judicial; confiar a outrem sem ordem do pai, do tutor ou do curador algum menor de dezoito anos ou interdito, ou deixar, sem justa causa, de entregá-lo a quem legitimamente o reclame: *Pena* – detenção, de um mês a um ano, ou multa.

4.2. Subtração de incapazes (art. 249 do CP)

1) **Descrição típica:** subtrair menor de dezoito anos ou interdito ao poder de quem o tem sob sua guarda em virtude de lei ou de ordem judicial: *Pena* – detenção, de dois meses a dois anos, se o fato não constitui elemento de outro crime.

2) **Perdão judicial (§ 2º):** no caso de restituição do menor ou do interdito, se este não sofreu maus-tratos ou privações, o juiz pode deixar de aplicar pena.

CAPÍTULO VIII
CRIMES CONTRA A INCOLUMIDADE PÚBLICA

1. CRIMES DE PERIGO COMUM

1.1. Incêndio (art. 250 do CP)

1) **Descrição típica:** causar incêndio, expondo a perigo a vida, a integridade física ou o patrimônio de outrem: *Pena* – reclusão, de três a seis anos, e multa.

2) **Crime de perigo comum ou coletivo:** expõe a perigo um número indeterminado de pessoas.

3) **Crime de perigo concreto:** a situação de perigo deve ser concretamente demonstrada nos autos.

4) **Forma culposa (§ 2º):** se culposo o incêndio, é pena de detenção, de seis meses a dois anos.

5) **Crime ambiental (art. 41 da Lei n. 9.605/98):** provocar incêndio em mata ou floresta: *Pena* – reclusão, de dois a quatro anos, e multa. Nesse caso não se exige que o incêndio cause perigo à vida, integridade física ou patrimônio de outrem.

1.2. Explosão (art. 251 do CP)

1) **Descrição típica:** expor a perigo a vida, a integridade física ou o patrimônio de outrem, mediante explosão, arremesso ou simples colocação de engenho de dinamite ou de substância de efeitos análogos: *Pena* – reclusão, de três a seis anos, e multa.

2) **Forma culposa (§ 3º):** no caso de culpa, se a explosão é de dinamite ou substância de efeitos análogos, a pena é de detenção, de seis meses a dois anos; nos demais casos, é de detenção, de três meses a um ano.

> **EXPLOSÃO DE CAIXA ELETRÔNICO PARA SUBTRAÇÃO DE VALORES**
> • Haverá apenas furto qualificado (art. 155, § 4º-A, do CP): "A pena é de reclusão de 4 a 10 anos e multa, se houver emprego de explosivo ou de artefato análogo que cause perigo comum" (redação dada pela Lei n. 13.654/2018).
> • O crime-meio (explosão) é absorvido pelo crime-fim (furto).

1.3. Uso de gás tóxico ou asfixiante (art. 252 do CP)

1) **Descrição típica:** expor a perigo a vida, a integridade física ou o patrimônio de outrem, usando de gás tóxico ou asfixiante: *Pena* – reclusão, de um a quatro anos, e multa.

2) **Forma culposa (parágrafo único):** se o crime é culposo: *Pena* – detenção, de três meses a um ano.

1.4. Fabrico, fornecimento, aquisição, posse ou transporte de explosivos ou gás tóxico, ou asfixiante (art. 253 do CP)

Descrição típica: fabricar, fornecer, adquirir, possuir ou transportar, sem licença da autoridade, substância ou engenho explosivo, gás tóxico ou asfixiante, ou material destinado à sua fabricação: *Pena* – detenção, de seis meses a dois anos, e multa.

1.5. Inundação (art. 254 do CP)

Descrição típica: causar inundação, expondo a perigo a vida, a integridade física ou o patrimônio de outrem: *Pena* – reclusão, de três a seis anos, e multa, no caso de **dolo**, ou detenção, de seis meses a dois anos, no caso de **culpa**.

1.6. Perigo de inundação (art. 255 do CP)

Descrição típica: remover, destruir ou inutilizar, em prédio próprio ou alheio, expondo a perigo a vida, a integridade física ou o patrimônio de outrem, obstáculo natural ou obra destinada a impedir inundação: *Pena* – reclusão, de um a três anos, e multa.

1.7. Desabamento ou desmoronamento (art. 256 do CP)

1) **Descrição típica:** causar desabamento ou desmoronamento, expondo a perigo a vida, a integridade física ou o patrimônio de outrem: *Pena* – reclusão, de um a quatro anos, e multa.

2) **Forma culposa (parágrafo único):** se o crime é culposo: *Pena* – detenção, de seis meses a um ano.

1.8. Subtração, ocultação ou inutilização de material de salvamento (art. 257 do CP)

Descrição típica: subtrair, ocultar ou inutilizar, por ocasião de incêndio, inundação, naufrágio, ou outro desastre ou calamidade, aparelho, material ou qualquer meio destinado a serviço de combate ao perigo, de socorro ou salvamento; ou impedir ou dificultar serviço de tal natureza: *Pena* – reclusão, de dois a cinco anos, e multa.

1.9. Difusão de doença ou praga (art. 259 do CP)

1) **Descrição típica:** difundir doença ou praga que possa causar dano a floresta, plantação ou animais de utilidade econômica: *Pena* – reclusão, de dois a cinco anos, e multa.

2) **Forma culposa (parágrafo único):** no caso de culpa, a pena é de detenção, de um a seis meses, ou multa.

3) **Revogação tácita:** há posicionamento no sentido de que o art. 259 do CP foi revogado tacitamente pelo art. 61 da Lei dos Crimes Ambientais (Lei n. 9.605/98): disseminar doença ou praga ou espécies que possam causar dano à agricultura, à pecuária, à fauna, à flora ou aos ecossistemas: *Pena* – reclusão, de um a quatro anos, e multa.

2. CRIMES CONTRA A SEGURANÇA DOS MEIOS DE COMUNICAÇÃO E TRANSPORTE E OUTROS SERVIÇOS PÚBLICOS

2.1. Perigo de desastre ferroviário (art. 260 do CP)

1) **Descrição típica:** impedir ou perturbar serviço de estrada de ferro: I – destruindo, danificando ou desarranjando, total ou parcialmente, linha férrea, material rodante ou de tração, obra-de-arte ou instalação; II – colocando obstáculo na linha; III – transmitindo falso aviso acerca do movimento dos veículos ou interrompendo ou embaraçando o funcionamento de telégrafo, telefone ou radiotelegrafia; IV – praticando outro ato de que possa resultar desastre: *Pena* – reclusão, de dois a cinco anos, e multa.

2) **Desastre ferroviário (§ 1º):** se do fato resulta desastre: *Pena* – reclusão, de quatro a doze anos, e multa.

3) **Forma culposa (§ 2º):** no caso de culpa, ocorrendo desastre: *Pena* – detenção, de seis meses a dois anos.

4) **Norma explicativa (§ 3º):** para os efeitos deste artigo, entende-se por *estrada de ferro* qualquer via de comunicação em que circulem veículos de tração mecânica, em trilhos ou por meio de cabo aéreo.

2.2. Atentado contra a segurança de transporte marítimo, fluvial ou aéreo (art. 261 do CP)

1) **Descrição típica:** expor a perigo embarcação ou aeronave, própria ou alheia, ou praticar qualquer ato tendente a impedir ou dificultar navegação marítima, fluvial ou aérea: *Pena* – reclusão, de dois a cinco anos.

2) **Sinistro em transporte marítimo, fluvial ou aéreo (§ 1º):** se do fato resulta naufrágio, submersão ou encalhe de embarcação ou a queda ou destruição de aeronave: *Pena* – reclusão, de quatro a doze anos.

3) **Fim de lucro (§ 2º):** aplica-se, também, a pena de multa, se o agente pratica o crime com intuito de obter vantagem econômica, para si ou para outrem.

4) **Forma culposa (§ 3º):** no caso de culpa, se ocorre o sinistro: *Pena* – detenção, de seis meses a dois anos.

2.3. Atentado contra a segurança de outro meio de transporte (art. 262 do CP)

1) **Descrição típica:** expor a perigo outro meio de transporte público, impedir-lhe ou dificultar-lhe o funcionamento: *Pena* – detenção, de um a dois anos.
2) **Desastre (§ 1º):** se do fato resulta desastre, a pena é de reclusão, de dois a cinco anos.
3) **Forma culposa (§ 2º):** no caso de culpa, se ocorre desastre: *Pena* – detenção, de três meses a um ano.

2.4. Arremesso de projétil (art. 264 do CP)

1) **Descrição típica:** arremessar projétil contra veículo, em movimento, destinado ao transporte público por terra, por água ou pelo ar: *Pena* – detenção, de um a seis meses. **Projétil** é qualquer objeto sólido apto a causar dano, como uma pedra ou uma garrafa. Assim, o lançamento de ovos ou tomates, ou mesmo de líquidos corrosivos, não configura o crime do art. 264 do CP.
2) **Forma qualificada (parágrafo único):** se do fato resulta lesão corporal, a pena é de detenção, de seis meses a dois anos; se resulta morte, a pena é a do art. 121, § 3º, aumentada de um terço.

2.5. Atentado contra a segurança de serviço de utilidade pública (art. 265 do CP)

1) **Descrição típica:** atentar contra a segurança ou o funcionamento de serviço de água, luz, força ou calor, ou qualquer outro de utilidade pública: *Pena* – reclusão, de um a cinco anos, e multa.
2) **Forma majorada (parágrafo único):** a pena é aumentada de um terço até a metade se o dano ocorrer em virtude de subtração de material essencial ao funcionamento dos serviços.

2.6. Interrupção ou perturbação de serviço telegráfico, telefônico, informático, telemático ou de informação de utilidade pública (art. 266 do CP)

1) **Descrição típica:** interromper ou perturbar serviço telegráfico, radiotelegráfico ou telefônico, impedir ou dificultar-lhe o restabelecimento: *Pena* – detenção, de um a três anos, e multa.
2) **Forma equiparada (§ 1º):** incorre na mesma pena quem interrompe serviço telemático ou de informação de utilidade pública, ou impede ou dificulta-lhe o restabelecimento.
3) **Forma majorada (§ 2º):** aplicam-se as penas em dobro se o crime é cometido por ocasião de calamidade pública.

3. CRIMES CONTRA A SAÚDE PÚBLICA

3.1. Epidemia (art. 267 do CP)

1) **Descrição típica:** causar epidemia, mediante a propagação de germes patogênicos: *Pena* – reclusão, de dez a quinze anos.
2) **Resultado morte (§ 1º):** se do fato resulta morte, a pena é aplicada em dobro.

> O crime de epidemia com resultado morte é **hediondo** (art. 1º, VII, da Lei n. 8.072/90).

3) **Forma culposa (§ 2º):** no caso de culpa, a pena é de detenção, de um a dois anos, ou, se resulta morte, de dois a quatro anos.
4) **Coronavírus:** imaginemos que o autor, ciente de que está infectado pela Covid-19, viaje para local em que o vírus ainda não tenha sido disseminado (uma comunidade que vive em uma ilha, por exemplo), e lá propagasse a doença de forma dolosa ou culposa. Caso o sujeito ativo quisesse (dolo direto) ou assumisse o risco de (dolo eventual) contaminar outras pessoas, e o resultado ocorresse, haveria epidemia na forma dolosa (pena de reclusão de 10 a 15 anos; no caso de morte, o apenamento seria aplicado em dobro). Caso a contaminação ocorresse por culpa (imprudência, negligência ou imperícia), haveria epidemia na forma culposa (pena de detenção de 1 a 2 anos ou, havendo morte, de 2 a 4 anos). Caso a epidemia já estivesse presente naquele local, haveria crime impossível (para o art. 267 do CP), pois não se pode causar algo que já existe.

3.2. Infração de medida sanitária preventiva (art. 268 do CP)

1) **Descrição típica:** infringir determinação do poder público, destinada a impedir a introdução ou propagação de doença contagiosa: *Pena* – detenção, de um mês a um ano, e multa.
2) **Forma majorada (parágrafo único):** a pena é aumentada de um terço, se o agente é funcionário da saúde pública ou exerce a profissão de médico, farmacêutico, dentista ou enfermeiro.

3) **Coronavírus:** no caso da Covid-19, o art. 268 vem complementado pela Lei n. 13.979/2020, que dispõe sobre "as medidas para enfrentamento da emergência de saúde pública de importância internacional decorrente do coronavírus responsável pelo surto de 2019". De acordo com o art. 3º da referida legislação, "Para enfrentamento da emergência de saúde pública de importância internacional de que trata esta Lei, as autoridades poderão adotar, no âmbito de suas competências, entre outras, as seguintes medidas: I – isolamento; II – quarentena; III – determinação de realização compulsória de: a) exames médicos; b) testes laboratoriais; c) coleta de amostras clínicas; d) vacinação e outras medidas profiláticas; ou e) tratamentos médicos específicos; III-A uso obrigatório de máscaras de proteção individual (...)". Por sua vez, a Portaria Interministerial n. 05/2020, que trata da "compulsoriedade das medidas de enfrentamento da emergência de saúde pública previstas na Lei n. 13.979, de 6 de fevereiro de 2020", refere que o descumprimento das medidas previstas no inciso I e nas alíneas 'a', 'b' e 'e' do inciso III do *caput* do art. 3º da Lei n. 13.979/2020 poderá sujeitar os infratores às sanções penais previstas nos art. 268 e art. 330 do Código Penal, se o fato não constituir crime mais grave (art. 4º).

■ **3.3. Omissão de notificação de doença (art. 269 do CP)**

1) **Descrição típica:** deixar o médico de denunciar à autoridade pública doença cuja notificação é compulsória: *Pena* – detenção, de seis meses a dois anos, e multa.

2) **Crime próprio:** somente pode ser praticado por médico.

3) **Norma penal em branco:** o conteúdo do crime necessita ser complementado. O SINAN (Sistema de Informação de Agravos de Notificação) recebe as informações de casos de doenças e agravos que constam da lista nacional de doenças de notificação compulsória.

4) **Coronavírus:** o Boletim Epidemiológico 04 da Secretaria de Vigilância em Saúde, do Ministério da Saúde, publicado em janeiro de 2020, dispõe sobre a notificação compulsória do coronavírus. Conforme o documento, "os casos suspeitos, prováveis e confirmados devem ser notificados de forma imediata (até 24 horas) pelo profissional de saúde responsável pelo atendimento, ao Centro de Informações Estratégicas de Vigilância em Saúde Nacional (CIEVS) pelo telefone (0800 644 6645) ou e-mail (notifica@saude.gov.br). As informações devem ser inseridas na ficha de notificação (http://bit.ly/2019-ncov) e a CID10 que deverá ser utilizada é a: B34.2 – Infecção por coronavírus de localização não especificada".

■ **3.4. Envenenamento de água potável ou de substância alimentícia ou medicinal (art. 270 do CP)**

1) **Descrição típica:** envenenar água potável, de uso comum ou particular, ou substância alimentícia ou medicinal destinada a consumo: *Pena* – reclusão, de dez a quinze anos.

Mesmo que haja resultado morte, o crime do art. 270 do CP *não é hediondo*.

2) **Forma culposa (§ 2º):** se o crime é culposo: *Pena* – detenção, de seis meses a dois anos.

■ **3.5. Corrupção ou poluição de água potável (art. 271 do CP)**

1) **Descrição típica:** corromper ou poluir água potável, de uso comum ou particular, tornando-a imprópria para consumo ou nociva à saúde: *Pena* – reclusão, de dois a cinco anos.

2) **Forma culposa (parágrafo único):** se o crime é culposo: *Pena* – detenção, de dois meses a um ano.

■ **3.6. Falsificação, corrupção, adulteração ou alteração de substância ou produtos alimentícios (art. 272 do CP)**

1) **Descrição típica:** corromper, adulterar, falsificar ou alterar substância ou produto alimentício destinado a consumo, tornando-o nociva à saúde ou reduzindo-lhe o valor nutritivo: *Pena* – reclusão, de 4 a 8 anos, e multa.

2) **Forma equiparada (§§ 1º-A e 1º):** incorre nas penas deste artigo quem fabrica, vende, expõe à venda, importa, tem em depósito para vender ou, de qualquer forma, distribui ou entrega a consumo a substância alimentícia ou o produto falsificado, corrompido ou adulterado (§ 1º-A). Está sujeito às mesmas penas quem pratica as ações previstas neste artigo em relação a bebidas, com ou sem teor alcoólico (§ 1º).

3) **Forma culposa (§ 2º):** se o crime é culposo: *Pena* – detenção, de 1 a 2 anos, e multa.

3.7. Falsificação, corrupção, adulteração ou alteração de produto destinado a fins terapêuticos ou medicinais (art. 273 do CP)

1) **Descrição típica:** falsificar, corromper, adulterar ou alterar produto destinado a fins terapêuticos ou medicinais: *Pena – reclusão, de 10 a 15 anos, e multa.*

2) **Forma equiparada (§ 1º-B):** está sujeito às penas deste artigo quem pratica as ações previstas no § 1º em relação a produtos em qualquer das seguintes condições: I – sem registro, quando exigível, no órgão de vigilância sanitária competente; II – em desacordo com a fórmula constante do registro previsto no inciso anterior; III – sem as características de identidade e qualidade admitidas para a sua comercialização; IV – com redução de seu valor terapêutico ou de sua atividade; V – de procedência ignorada; VI – adquiridos de estabelecimento sem licença da autoridade sanitária competente.

3) **Hediondez:** conforme o art. 1º, VII-B, da Lei n. 8.072/90, o crime do art. 273, *caput* e § 1º, § 1º-A e § 1º-B do CP é hediondo.

4) **Repristinação:** o Plenário do STF exarou a seguinte **tese**: "É inconstitucional a aplicação do preceito secundário do art. 273 do Código Penal à hipótese prevista no seu § 1º-B, I, que versa sobre a importação de medicamento sem registro no órgão de vigilância sanitária. Para esta situação específica, fica repristinado o preceito secundário do art. 273, na sua redação originária" (STF, Pleno, RE 979.962, j. 24-3-2021).

5) **Forma culposa (§ 2º):** se o crime é culposo: *Pena – detenção, de 1 a 3 anos, e multa.*

3.8. Emprego de processo proibido ou de substância não permitida (art. 274 do CP)

Descrição típica: empregar, no fabrico de produto destinado a consumo, revestimento, gaseificação artificial, matéria corante, substância aromática, antisséptica, conservadora ou qualquer outra não expressamente permitida pela legislação sanitária: *Pena – reclusão, de 1 (um) a 5 (cinco) anos, e multa.*

3.9. Invólucro ou recipiente com falsa indicação (art. 275 do CP)

Descrição típica: inculcar, em invólucro ou recipiente de produtos alimentícios, terapêuticos ou medicinais, a existência de substância que não se encontra em seu conteúdo ou que nele existe em quantidade menor que a mencionada: *Pena – reclusão, de 1 a 5 anos, e multa.*

3.10. Produto ou substância nas condições dos dois artigos anteriores (art. 276 do CP)

Descrição típica: vender, expor à venda, ter em depósito para vender ou, de qualquer forma, entregar a consumo produto nas condições dos arts. 274 e 275: *Pena – reclusão, de 1 a 5 anos, e multa.*

3.11. Substância destinada à falsificação (art. 277 do CP)

Descrição típica: vender, expor à venda, ter em depósito ou ceder substância destinada à falsificação de produtos alimentícios, terapêuticos ou medicinais: *Pena – reclusão, de 1 a 5 anos, e multa.*

3.12. Outras substâncias nocivas à saúde pública (art. 278 do CP)

1) **Descrição típica:** fabricar, vender, expor à venda, ter em depósito para vender ou, de qualquer forma, entregar a consumo coisa ou substância nociva à saúde, ainda que não destinada à alimentação ou a fim medicinal: *Pena – detenção, de um a três anos, e multa.*

2) **Forma culposa (parágrafo único):** se o crime é culposo: *Pena – detenção, de dois meses a um ano.*

3.13. Medicamento em desacordo com receita médica (art. 280 do CP)

1) **Descrição típica:** fornecer substância medicinal em desacordo com receita médica: *Pena – detenção, de um a três anos, ou multa.*

2) **Forma culposa (parágrafo único):** se o crime é culposo: *Pena – detenção, de dois meses a um ano.*

3.14. Exercício ilegal da medicina, arte dentária ou farmacêutica (art. 282 do CP)

1) **Descrição típica:** exercer, ainda que a título gratuito, a profissão de médico, dentista ou farmacêutico, sem autorização legal ou excedendo-lhe os limites: *Pena – detenção, de seis meses a dois anos.*

2) **Fim de lucro (parágrafo único):** se o crime é praticado com o fim de lucro, aplica-se também multa.

3.15. Charlatanismo (art. 283 do CP)

1) **Descrição típica:** inculcar ou anunciar cura por meio secreto ou infalível: *Pena* – detenção, de três meses a um ano, e multa.

2) **Crime de perigo comum ou coletivo:** coloca em risco um número indeterminado de pessoas.

3) **Crime de perigo abstrato:** não há necessidade de que o perigo seja demonstrado no caso concreto, pois vem presumido pelo legislador.

3.16. Curandeirismo (art. 284 do CP)

1) **Descrição típica:** exercer o curandeirismo: I – prescrevendo, ministrando ou aplicando, habitualmente, qualquer substância; II – usando gestos, palavras ou qualquer outro meio; III – fazendo diagnósticos: *Pena* – detenção, de seis meses a dois anos.

Como o charlatanismo, também o curandeirismo é um delito de perigo comum e de perigo abstrato.

2) **Crime habitual:** o delito de curandeirismo se consuma com o exercício habitual e reiterado dos atos citados no art. 284 do CP.

Crimes hediondos contra a saúde pública
- Epidemia com resultado morte – art. 267, § 1º, do CP
- Falsificação, corrupção, adulteração ou alteração de produto destinado a fins terapêuticos ou medicinais – art. 273 do CP

CAPÍTULO IX
CRIMES CONTRA A PAZ PÚBLICA

1. INCITAÇÃO AO CRIME (ART. 286 DO CP)

1) **Descrição típica:** incitar, publicamente, a prática de crime: *Pena* – detenção, de três a seis meses, ou multa.

2) **Crime de forma livre:** a incitação pode ser praticada por meio de palavra, escrito ou gesto.

3) **Contravenção penal:** não configura o delito do art. 286 se a incitação for de contravenção penal.

4) **Animosidade entre as Forças Armadas:** a Lei n. 14.197/2021 incluiu um parágrafo único, referindo que aquele que incitar, publicamente, animosidade entre as Forças Armadas, ou delas contra os poderes constitucionais, as instituições civis ou a sociedade, incorrerá nas mesmas penas do *caput*.

2. APOLOGIA DE CRIME OU CRIMINOSO (ART. 287 DO CP)

1) **Descrição típica:** fazer, publicamente, apologia de fato criminoso ou de autor de crime: *Pena* – detenção, de três a seis meses, ou multa.

2) **Contravenção penal:** se o fato é previsto como contravenção não configura o delito.

3) **Defesa da legalização das drogas:** "Por entender que o exercício dos direitos fundamentais de reunião e de livre manifestação do pensamento devem ser garantidos a todas as pessoas, o Plenário julgou procedente pedido formulado em ADPF para dar, ao art. 287 do CP, com efeito vinculante, interpretação conforme a CF, de forma a *excluir qualquer exegese que possa ensejar a criminalização da defesa da legalização das drogas*, ou de qualquer substância entorpecente específica, inclusive através de manifestações e eventos públicos" (STF, Pleno, ADPF 187, j. 15-6-2011). *Informativo* n. 631, STF.

4) **Princípio da especialidade:** se o agente divulgar cena que faça apologia ou induza à prática de estupro ou estupro de vulnerável, irá incidir o crime do **art. 218-C do Código Penal**, incluído pela Lei n. 13.718/2018.

3. ASSOCIAÇÃO CRIMINOSA (ART. 288 DO CP)

1) **Descrição típica:** associarem-se **3 ou mais pessoas**, para o fim específico de cometer crimes: *Pena* – reclusão, de 1 (um) a 3 (três) anos.

Antes da redação atual, conferida pela Lei n. 12.850/2013, o crime do art. 288 do CP era denominado de "quadrilha ou bando".

2) **Elementos do crime:** (a) concurso necessário de três ou mais pessoas; (b) finalidade específica voltada ao cometimento de crimes; e (c) estabilidade e permanência da associação. Obs.: se a associação for para a prática de *contravenções penais*, não incide o art. 288 do CP.

3) **Crime formal:** a consumação ocorrerá independentemente da realização do fim buscado (prática ulterior de qualquer crime). Se ocorrer a

prática de um dos delitos visados, haverá concurso de crimes.

4) **Forma majorada (parágrafo único):** a pena aumenta-se até a metade se a associação é armada ou se houver a participação de criança ou adolescente.

5) **Associação para o tráfico (art. 35 da Lei n. 11.343/2006):** associarem-se **2 ou mais pessoas** para o fim de praticar, reiteradamente ou não, qualquer dos crimes previstos nos arts. 33, *caput* e § 1º, e 34 da Lei n. 11.343/2006.

6) **Organização criminosa:** de acordo com o art. 1º, § 1º, da Lei n. 12.850/2013, considera-se organização criminosa a associação de **4 ou mais pessoas** estruturalmente ordenada e caracterizada pela divisão de tarefas, ainda que informalmente, com objetivo de obter, direta ou indiretamente, vantagem de qualquer natureza, mediante a prática de infrações penais cujas penas máximas sejam superiores a 4 anos, ou que sejam de caráter transnacional.

■ 4. CONSTITUIÇÃO DE MILÍCIA PRIVADA (ART. 288-A DO CP)

1) **Descrição típica:** constituir, organizar, integrar, manter ou custear organização paramilitar, milícia particular, grupo ou esquadrão com a finalidade de praticar qualquer dos crimes previstos no Código Penal: *Pena* – reclusão, de 4 a 8 anos.

2) **Tipo penal aberto:** o art. 288 não definiu o que é "organização paramilitar", "milícia particular", "grupo" e "esquadrão", deixando tal tarefa para o intérprete.

3) **Elemento subjetivo especial:** "com a finalidade de praticar qualquer dos crimes previstos no Código Penal".

CAPÍTULO X
CRIMES CONTRA FÉ PÚBLICA

■ 1. MOEDA FALSA

■ 1.1. Moeda falsa (art. 289 do CP)

1) **Descrição típica:** falsificar, fabricando-a ou alterando-a, moeda metálica ou papel-moeda de curso legal no País ou no estrangeiro: *Pena* – reclusão, de três a doze anos, e multa.

2) **Forma equiparada (§ 1º):** nas mesmas penas incorre quem, por conta própria ou alheia, importa ou exporta, adquire, vende, troca, cede, empresta, guarda ou introduz na circulação moeda falsa.

3) **Forma privilegiada (§ 2º):** quem, tendo recebido de boa-fé, como verdadeira, moeda falsa ou alterada, a restitui à circulação, depois de conhecer a falsidade, é punido com detenção, de seis meses a dois anos, e multa.

4) **Forma qualificada (§ 3º):** é punido com reclusão, de três a quinze anos, e multa, o funcionário público ou diretor, gerente, ou fiscal de banco de emissão que fabrica, emite ou autoriza a fabricação ou emissão: I – de moeda com título ou peso inferior ao determinado em lei; II – de papel-moeda em quantidade superior à autorizada.

5) **Falsificação de várias moedas no mesmo contexto fático:** haverá *crime único*, devendo a quantidade de moedas falsificadas ser valorada como circunstância negativa quando da fixação da pena-base (art. 59 do CP).

6) **Falsificação grosseira:** haverá crime impossível (art. 17 do CP).

7) **Princípio da insignificância:** *não incide* no crime de moeda falsa, pois o bem tutelado de forma imediata é a fé pública.

8) **Competência:** Justiça Federal.

■ 1.2. Crimes assimilados ao de moeda falsa (art. 290 do CP)

Descrição típica: formar cédula, nota ou bilhete representativo de moeda com fragmentos de cédulas, notas ou bilhetes verdadeiros; suprimir, em nota, cédula ou bilhete recolhidos, para o fim de restituí-los à circulação, sinal indicativo de sua inutilização; restituir à circulação cédula, nota ou bilhete em tais condições, ou já recolhidos para o fim de inutilização: *Pena* – reclusão, de dois a oito anos, e multa.

■ 1.3. Petrechos para falsificação de moeda (art. 291 do CP)

Descrição típica: fabricar, adquirir, fornecer, a título oneroso ou gratuito, possuir ou guardar maquinismo, aparelho, instrumento ou qualquer objeto especialmente destinado à falsificação de moeda: *Pena* – reclusão, de dois a seis anos, e multa. Pune-se, excepcionalmente, o **ato preparatório** do crime de moeda falsa (art. 289 do CP).

1.4. Emissão de título ao portador sem permissão legal (art. 292 do CP)

Descrição típica: emitir, sem permissão legal, nota, bilhete, ficha, vale ou título que contenha promessa de pagamento em dinheiro ao portador ou a que falte indicação do nome da pessoa a quem deva ser pago: *Pena* – detenção, de um a seis meses, ou multa.

2. FALSIDADE DE TÍTULOS E OUTROS PAPÉIS PÚBLICOS

2.1. Falsificação de papéis públicos (art. 293 do CP)

Descrição típica: falsificar, fabricando-os ou alterando-os: I – selo destinado a controle tributário, papel selado ou qualquer papel de emissão legal destinado à arrecadação de tributo; II – papel de crédito público que não seja moeda de curso legal; III – vale postal; IV – cautela de penhor, caderneta de depósito de caixa econômica ou de outro estabelecimento mantido por entidade de direito público; V – talão, recibo, guia, alvará ou qualquer outro documento relativo a arrecadação de rendas públicas ou a depósito ou caução por que o poder público seja responsável; VI – bilhete, passe ou conhecimento de empresa de transporte administrada pela União, por Estado ou por Município: *Pena* – reclusão, de dois a oito anos, e multa.

2.2. Petrechos de falsificação (art. 294 do CP)

Descrição típica: fabricar, adquirir, fornecer, possuir ou guardar objeto especialmente destinado à falsificação de qualquer dos papéis referidos no artigo anterior: *Pena* – reclusão, de um a três anos, e multa.

3. FALSIDADE DOCUMENTAL

3.1. Falsificação do selo ou sinal público (art. 296 do CP)

Descrição típica: falsificar, fabricando-os ou alterando-os: I – selo público destinado a autenticar atos oficiais da União, de Estado ou de Município; II – selo ou sinal atribuído por lei a entidade de direito público, ou a autoridade, ou sinal público de tabelião: *Pena* – reclusão, de dois a seis anos, e multa.

3.2. Falsificação de documento público (art. 297 do CP)

1) **Descrição típica:** falsificar, no todo ou em parte, documento público, ou alterar documento público verdadeiro: *Pena* – reclusão, de dois a seis anos, e multa.

2) **Forma majorada (§ 1º):** se o agente é *funcionário público*, e comete o crime prevalecendo-se do cargo, aumenta-se a pena de sexta parte.

3) **Documento público:** é o elaborado por funcionário público competente, no exercício de suas atribuições, com a observância das formalidades legais.

4) **Documento público por equiparação (§ 2º):** para os efeitos penais, equiparam-se a documento público o emanado de entidade paraestatal, o título ao portador ou transmissível por endosso, as ações de sociedade comercial, os livros mercantis e o testamento particular.

5) **Princípio da consunção ou absorção:** de acordo com a **Súmula 17 do STJ**, quando o falso se exaure no estelionato, sem mais potencialidade lesiva, é por este absorvido. Ademais, conforme a **tese jurídica** fixada pelo STJ no julgamento do REsp 1.378.053 (*DJe* 15-8-2016): "Quando o falso se exaure no descaminho, sem mais potencialidade lesiva, é por este absorvido, como crime-fim, condição que não se altera por ser menor a pena a este cominada".

3.3. Falsificação de documento particular (art. 298 do CP)

1) **Descrição típica:** falsificar, no todo ou em parte, documento particular ou alterar documento particular verdadeiro: *Pena* – reclusão, de um a cinco anos, e multa.

2) **Documento particular:** como a lei não o define, o seu conceito é obtido por exclusão. Documento particular é todo aquele que não é público.

> Conforme o art. 298, parágrafo único, do CP equipara-se a documento particular o **cartão de crédito ou débito**.

3.4. Falsidade ideológica ou intelectual (art. 299 do CP)

1) **Descrição típica:** omitir, em documento público ou particular, declaração que dele devia constar, ou nele inserir ou fazer inserir declaração falsa ou diversa da que devia ser escrita, com o fim de prejudicar direito, criar obriga-

ção ou alterar a verdade sobre fato juridicamente relevante: *Pena* – reclusão, de um a cinco anos, e multa, se o documento é público, e reclusão de um a três anos, e multa, se o documento é particular.

2) **Elemento subjetivo especial:** além do dolo (dolo genérico), o crime do art. 299 do CP também exige o elemento subjetivo especial (dolo específico), consistente no "fim de prejudicar direito, criar obrigação ou alterar a verdade sobre fato juridicamente relevante".

3) **Forma majorada (parágrafo único):** se o agente é funcionário público, e comete o crime prevalecendo-se do cargo, ou se a falsificação ou alteração é de assentamento de registro civil, aumenta-se a pena de sexta parte.

> **Falsidade material (arts. 297 e 298 do CP):** o vício se refere **à forma** do documento e a **perícia é imprescindível**.
> **Falsidade ideológica (art. 299 do CP):** o vício se refere **ao conteúdo** do documento e a **perícia, em regra, é desnecessária**.

3.5. Falso reconhecimento de firma ou letra (art. 300 do CP)

Descrição típica: reconhecer, como verdadeira, no exercício de função pública, firma ou letra que o não seja: *Pena* – reclusão, de um a cinco anos, e multa, se o documento é público, e de um a três anos, e multa, se o documento é particular.

3.6. Certidão ou atestado ideologicamente falso (art. 301 do CP)

1) **Descrição típica:** atestar ou certificar falsamente, em razão de função pública, fato ou circunstância que habilite alguém a obter cargo público, isenção de ônus ou de serviço de caráter público, ou qualquer outra vantagem: *Pena* – detenção, de dois meses a um ano.

2) **Falsidade material de atestado ou certidão (§ 1º):** falsificar, no todo ou em parte, atestado ou certidão, ou alterar o teor de certidão ou de atestado verdadeiro, para prova de fato ou circunstância que habilite alguém a obter cargo público, isenção de ônus ou de serviço de caráter público, ou qualquer outra vantagem: *Pena* – detenção, de três meses a dois anos.

3) **Fim de lucro (§ 2º):** se o crime é praticado com o fim de lucro, aplica-se, além da pena privativa de liberdade, a de multa.

3.7. Falsidade de atestado médico (art. 302 do CP)

1) **Descrição típica:** dar o médico, no exercício da sua profissão, atestado falso: *Pena* – detenção, de um mês a um ano.

2) **Crime próprio:** o delito do art. 301 do CP somente pode ser praticado por médico.

3) **Fim de lucro (parágrafo único):** se o crime é cometido com o fim de lucro, aplica-se também multa.

3.8. Reprodução ou adulteração de selo ou peça filatélica (art. 303 do CP)

Descrição típica: reproduzir ou alterar selo ou peça filatélica que tenha valor para coleção, salvo quando a reprodução ou a alteração está visivelmente anotada na face ou no verso do selo ou peça: *Pena* – detenção, de um a três anos, e multa.

3.9. Uso de documento falso (art. 304 do CP)

Descrição típica: fazer uso de qualquer dos papéis falsificados ou alterados, a que se referem os arts. 297 a 302: *Pena* – a cominada à falsificação ou à alteração.

> **STJ – Súmula 104**
> Compete à Justiça Estadual o processo e julgamento dos crimes de falsificação e uso de documento falso relativo a estabelecimento particular de ensino.
>
> **STJ – Súmula 200**
> O Juízo Federal competente para processar e julgar acusado de crime de uso de passaporte falso é o do lugar onde o delito se consumou.
>
> **STJ – Súmula 546**
> A *competência* para processar e julgar o crime de uso de documento falso é firmada em razão da entidade ou órgão ao qual foi apresentado o documento público, não importando a qualificação do órgão expedidor.

3.10. Supressão de documento (art. 305 do CP)

Descrição típica: destruir, suprimir ou ocultar, em benefício próprio ou de outrem, ou em prejuízo alheio, documento público ou particular verdadeiro, de que não podia dispor: *Pena* – reclusão, de dois a seis anos, e multa, se o documento é público, e reclusão, de um a cinco anos, e multa, se o documento é particular.

4. OUTRAS FALSIDADES

4.1. Falsificação do sinal empregado no contraste de metal precioso ou na fiscalização alfandegária, ou para outros fins (art. 306 do CP)

Descrição típica: falsificar, fabricando-o ou alterando-o, marca ou sinal empregado pelo poder público no contraste de metal precioso ou na fiscalização alfandegária, ou usar marca ou sinal dessa natureza, falsificado por outrem: *Pena* – reclusão, de dois a seis anos, e multa.

4.2. Falsa identidade (art. 307 do CP)

1) **Descrição típica:** atribuir-se ou atribuir a terceiro falsa identidade para obter vantagem, em proveito próprio ou alheio, ou para causar dano a outrem: *Pena* – detenção, de três meses a um ano, ou multa, se o fato não constitui elemento de crime mais grave.

2) **Identificação falsa perante a autoridade policial:** o Pleno do STF (RE 640.139) decidiu que o princípio constitucional da autodefesa **não alcança** aquele que se atribui falsa identidade perante autoridade policial com o intento de ocultar maus antecedentes, sendo, portanto, típica a conduta praticada pelo agente. No mesmo sentido a Súmula 522 do STJ.

> **STJ – Súmula 522**
> A conduta de atribuir-se falsa identidade perante autoridade policial é típica, ainda que em situação de alegada autodefesa.

4.3. Uso de documento de identidade (art. 308 do CP)

Descrição típica: usar, como próprio, passaporte, título de eleitor, caderneta de reservista ou qualquer documento de identidade alheia ou ceder a outrem, para que dele se utilize, documento dessa natureza, próprio ou de terceiro: *Pena* – detenção, de quatro meses a dois anos, e multa, se o fato não constitui elemento de crime mais grave.

4.4. Fraude de lei sobre estrangeiro (art. 309 do CP)

Descrição típica: usar o estrangeiro, para entrar ou permanecer no território nacional, nome que não é o seu: *Pena* – detenção, de um a três anos, e multa.

4.5. Falsidade em prejuízo da nacionalização de sociedade (art. 310 do CP)

Descrição típica: prestar-se a figurar como proprietário ou possuidor de ação, título ou valor pertencente a estrangeiro, nos casos em que a este é vedada por lei a propriedade ou a posse de tais bens: *Pena* – detenção, de seis meses a três anos, e multa.

4.6. Adulteração de sinal identificador de veículo automotor (art. 311 do CP)

1) **Descrição típica:** adulterar ou remarcar número de chassi ou qualquer sinal identificador de veículo automotor, de seu componente ou equipamento: *Pena* – reclusão, de três a seis anos, e multa.

2) **Forma majorada (§ 1º):** se o agente comete o crime no exercício da *função pública* ou em razão dela, a pena é aumentada de um terço.

5. FRAUDES EM CERTAMES DE INTERESSE PÚBLICO

5.1. Fraudes em certames de interesse público (art. 311-A do CP)

1) **Descrição típica:** utilizar ou divulgar, indevidamente, com o fim de beneficiar a si ou a outrem, ou de comprometer a credibilidade do certame, conteúdo sigiloso de: I – concurso público; II – avaliação ou exame públicos; III – processo seletivo para ingresso no ensino superior; ou IV – exame ou processo seletivo previstos em lei: *Pena* – reclusão, de 1 a 4 anos, e multa.

2) **Forma qualificada (§ 2º):** se da ação ou omissão resulta dano à administração pública: *Pena* – reclusão, de 2 a 6 anos, e multa.

3) **Forma majorada (§ 3º):** aumenta-se a pena de 1/3 se o fato é cometido por funcionário público.

4) **"Cola eletrônica":** o art. 311-A foi acrescentado ao Código Penal pela Lei n. 12.550/2011. Antes disso, a chamada "cola eletrônica" era conduta *atípica* para STF e STJ. Nesse sentido: STJ, HC 208.969, j. 5-11-2013.

> **STJ – AgRg no AREsp 702.915, DJe 23-10-2017**
> Nos termos do *Informativo* n. 506, período de 4 a 17 de outubro de 2012, a "cola eletrônica", antes do advento da Lei n. 12.550/2011, era uma conduta atípica, não configurando o crime de estelionato.

CAPÍTULO XI
CRIMES CONTRA A ADMINISTRAÇÃO PÚBLICA

A nova Lei de Licitações e Contratos Administrativos define **Administração Pública** como a "administração direta e indireta da União, dos Estados, do Distrito Federal e dos Municípios, inclusive as entidades com personalidade jurídica de direito privado sob controle do poder público e as fundações por ele instituídas ou mantidas" (art. 6º, III, da Lei n. 14.133/2021).

■ 1. CRIMES PRATICADOS POR FUNCIONÁRIO PÚBLICO CONTRA A ADMINISTRAÇÃO EM GERAL

■ 1.1. Introdução

1) **Crimes funcionais:** (a) *próprios:* a condição de funcionário público é essencial para configuração do crime, de forma que, sem ela, o fato será atípico (ex.: prevaricação); (b) *impróprios:* a ausência da condição de funcionário público desclassifica a infração para outro tipo (ex.: peculato-apropriação).

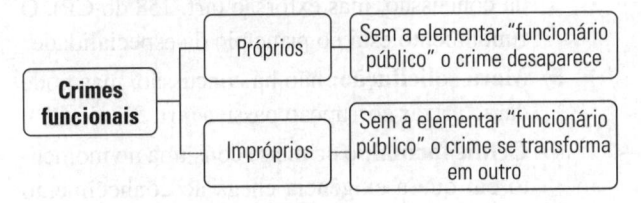

Crimes funcionais		
	Próprios	Sem a elementar "funcionário público" o crime desaparece
	Impróprios	Sem a elementar "funcionário público" o crime se transforma em outro

2) **Conceito de funcionário público (art. 327, do CP):** considera-se funcionário público, para os efeitos penais, quem, embora transitoriamente ou sem remuneração, exerce cargo, emprego ou função pública (*caput*). Equipara-se a funcionário público quem exerce cargo, emprego ou função em entidade paraestatal, e quem trabalha para empresa prestadora de serviço contratada ou conveniada para a execução de atividade típica da Administração Pública (§ 1º).

A **nova Lei de Abuso de Autoridade (Lei n. 13.869/2019)** refere, no seu art. 2º, que é sujeito ativo do crime de abuso de autoridade qualquer **agente público**, servidor ou não, da administração direta, indireta ou fundacional de qualquer dos Poderes da União, dos Estados, do Distrito Federal, dos Municípios e de Território, compreendendo, mas não se limitando a: I – servidores públicos e militares ou pessoas a eles equiparadas; II – membros do Poder Legislativo; III – membros do Poder Executivo; IV – membros do Poder Judiciário; V – membros do Ministério Público; VI – membros dos tribunais ou conselhos de contas. Ademais, reputa-se agente público todo aquele que exerce, ainda que transitoriamente ou sem remuneração, por eleição, nomeação, designação, contratação ou qualquer outra forma de investidura ou vínculo, mandato, cargo, emprego ou função em órgão ou entidade abrangidos pelo *caput* do aludido art. 2º.

> Não se pode confundir o conceito de servidor público do **Direito Administrativo** (quem exerce cargo, emprego ou função pública nas administrações direta e indireta, com vínculo e remuneração paga pelo erário público) com o conceito de *funcionário público* do Direito Penal (quem exerce cargo, emprego ou função pública, mesmo que de forma transitória ou sem remuneração, como os mesários nas eleições e os jurados). Ainda que o termo *funcionário público* esteja desatualizado, já que a própria Constituição Federal utiliza a expressão *servidor público*, o Código Penal o mantém, inclusive para dar uma amplitude maior do que aquela conferida pelo **Direito Administrativo**. O objetivo, aqui, é aumentar a proteção dos interesses da Administração Pública.

3) **Concurso de pessoas:** o particular pode concorrer para o crime funcional, desde que conheça a condição de funcionário público do autor. O fundamento está no art. 30, do CP (a elementar "funcionário público" se comunica, desde que conhecida).

4) **Progressão de regime (art. 33, § 4º, do CP):** o condenado por crime contra a Administração Pública terá a progressão de regime do cumprimento da pena condicionada à reparação do dano que causou, ou à devolução do produto do ilícito praticado, com os acréscimos legais.

5) **Princípio da insignificância nos crimes contra a Administração Pública:** prevalece que não incide, nos termos da Súmula 599 do STJ, uma vez que a moralidade administrativa não pode ser valorada economicamente. No entanto, excepcionalmente e levando em conta as circunstâncias do caso concreto, STF (HC 112.388, j. 21-8-2012) e STJ (RHC 85272, j. 14-8-2018) já admitiram.

> **STJ – Súmula 599**
> O princípio da insignificância é **inaplicável** aos crimes contra a Administração Pública.

1.2. Peculato (art. 312 do CP)

1) **Peculato próprio (*caput*):** apropriar-se o funcionário público de dinheiro, valor ou qualquer outro bem móvel, público ou particular, de que tem a posse em razão do cargo, ou desviá-lo, em proveito próprio ou alheio: *Pena* – reclusão, de dois a doze anos, e multa. *No "caput" estão o peculato-apropriação e o peculato-desvio.*

2) **Peculato impróprio (§ 1º):** aplica-se a mesma pena se o funcionário público, embora não tendo a posse do dinheiro, valor ou bem, o subtrai, ou concorre para que seja subtraído, em proveito próprio ou alheio, valendo-se de facilidade que lhe proporciona a qualidade de funcionário. *No § 1º está o peculato-furto.*

3) **Peculato de uso:** não é crime, com exceção de fatos envolvendo Prefeitos (art. 1º, II, do Decreto-lei n. 201/67).

4) **Peculato culposo (§ 2º):** ocorre quando o funcionário concorre culposamente para o crime de outrem.

5) **Reparação do dano no peculato culposo (§ 3º):** se precede sentença irrecorrível, extingue a punibilidade; se lhe é posterior, reduz de metade a pena imposta.

1.3. Peculato mediante erro de outrem (art. 313 do CP)

Descrição típica: apropriar-se de dinheiro ou qualquer utilidade que, no exercício do cargo, recebeu por erro de outrem: *Pena* – reclusão, de um a quatro anos, e multa. *Trata-se do peculato-estelionato.*

1.4. Inserção de dados falsos em sistema de informações (art. 313-A do CP)

Descrição típica: inserir ou facilitar, o funcionário autorizado, a inserção de dados falsos, alterar ou excluir indevidamente dados corretos nos sistemas informatizados ou bancos de dados da Administração Pública com o fim de obter vantagem indevida para si ou para outrem ou para causar dano: *Pena* – reclusão, de 2 a 12 anos, e multa. *Trata-se do peculato-eletrônico.*

1.5. Modificação ou alteração não autorizada de sistema de informações (art. 313-B do CP)

Descrição típica: modificar ou alterar, o funcionário, sistema de informações ou programa de informática sem autorização ou solicitação de autoridade competente: *Pena* – detenção, de 3 meses a 2 anos, e multa.

1.6. Extravio, sonegação ou inutilização de livro ou documento (art. 314 do CP)

Descrição típica: extraviar livro oficial ou qualquer documento, de que tem a guarda em razão do cargo; sonegá-lo ou inutilizá-lo, total ou parcialmente: *Pena* – reclusão, de um a quatro anos, se o fato não constitui crime mais grave.

1.7. Emprego irregular de verbas ou rendas públicas (art. 315 do CP)

Descrição típica: dar às verbas ou rendas públicas aplicação diversa da estabelecida em lei: *Pena* – detenção, de um a três meses, ou multa.

1.8. Concussão (art. 316 do CP)

1) **Descrição típica:** *exigir*, para si ou para outrem, direta ou indiretamente, ainda que fora da função ou antes de assumi-la, mas em razão dela, vantagem indevida. Com a Lei Anticrime (Lei n. 13.964/2019), a pena de reclusão, que era de 2 a 8 anos e multa, passou a ser de 2 a 12 anos e multa.

2) **Violência ou grave ameaça:** se a exigência de vantagem indevida (ex.: propina) ocorrer mediante violência ou grave ameaça a pessoa, não há concussão, mas extorsão (art. 158 do CP). O fundamento está no princípio da especialidade.

3) **Mera solicitação:** não há concussão, mas pode caracterizar corrupção passiva (art. 317 do CP).

4) **Crime formal:** o crime se consuma no momento em que a exigência chega ao conhecimento da vítima, não havendo necessidade que o autor receba a vantagem indevida.

5) **Excesso de exação (§ 1º):** se o funcionário exige tributo ou contribuição social que sabe ou deveria saber indevido, ou, quando devido, emprega na cobrança meio vexatório ou gravoso, que a lei não autoriza: *Pena* – reclusão, de 3 a 8 anos, e multa.

1.9. Corrupção passiva (art. 317 do CP)

1) **Descrição típica:** *solicitar* ou *receber*, para si ou para outrem, direta ou indiretamente, ainda que fora da função ou antes de assumi-la, em razão dela, vantagem indevida, ou *aceitar* promessa de tal vantagem: *Pena* – reclusão, de 2 a 12 anos, e multa.

2) **Crime formal:** o crime se consuma no momento da prática do núcleo do tipo, ou seja, quando o agente solicita, recebe ou aceita promessa da

vantagem indevida. Como o crime é formal, não há necessidade de efetivo prejuízo para a Administração Pública.

3) **Forma majorada (§ 1º):** a pena é aumentada de um terço se, em consequência da vantagem ou promessa, o funcionário retarda ou deixa de praticar qualquer ato de ofício ou o pratica infringindo dever funcional.

1.10. Facilitação de contrabando ou descaminho (art. 318 do CP)

Descrição típica: facilitar, com infração de dever funcional, a prática de contrabando ou descaminho (art. 334): *Pena* – reclusão, de 3 a 8 anos, e multa.

1.11. Prevaricação (art. 319 do CP)

1) **Descrição típica:** retardar ou deixar de praticar, indevidamente, ato de ofício, ou praticá-lo contra disposição expressa de lei, para satisfazer interesse ou sentimento pessoal: *Pena* – detenção, de três meses a um ano, e multa.

2) **Elemento subjetivo especial:** além do dolo (dolo genérico), o crime do art. 319 do CP também exige o elemento subjetivo especial (dolo específico): "para satisfazer interesse ou sentimento pessoal".

1.12. Prevaricação imprópria (art. 319-A do CP)

Descrição típica: deixar o Diretor de Penitenciária e/ou agente público de cumprir seu dever de vedar ao preso o acesso a aparelho telefônico, de rádio ou similar, que permita a comunicação com outros presos ou com o ambiente externo: *Pena* – detenção, de 3 meses a 1 ano.

1.13. Condescendência criminosa (art. 320 do CP)

Descrição típica: deixar o funcionário, por indulgência, de responsabilizar subordinado que cometeu infração no exercício do cargo ou, quando lhe falte competência, não levar o fato ao conhecimento da autoridade competente: *Pena* – detenção, de quinze dias a um mês, ou multa.

1.14. Advocacia administrativa (art. 321 do CP)

1) **Descrição típica:** patrocinar, direta ou indiretamente, interesse privado perante a administração pública, valendo-se da qualidade de funcionário: *Pena* – detenção, de um a três meses, ou multa.

2) **Forma qualificada (parágrafo único):** se o interesse é ilegítimo: *Pena* – detenção, de três meses a um ano, além da multa.

3) **Interesse legítimo *versus* interesse ilegítimo:** se o interesse é *legítimo*, o sujeito ativo é punido com a pena do *caput*; se o interesse é *ilegítimo*, incide a qualificadora do parágrafo único.

1.15. Violência arbitrária (art. 322 do CP)

Descrição típica: praticar violência, no exercício de função ou a pretexto de exercê-la: *Pena* – detenção, de seis meses a três anos, além da pena correspondente à violência.

1.16. Abandono de função (art. 323 do CP)

1) **Descrição típica:** abandonar cargo público, fora dos casos permitidos em lei: *Pena* – detenção, de quinze dias a um mês, ou multa.

2) **Forma qualificada (§§ 1º e 2º):** se do fato resulta prejuízo público: *Pena* – detenção, de três meses a um ano, e multa (§ 1º); se o fato ocorre em lugar compreendido na faixa de fronteira: *Pena* – detenção, de um a três anos, e multa (§ 2º).

1.17. Exercício funcional ilegalmente antecipado ou prolongado (art. 324 do CP)

Descrição típica: entrar no exercício de função pública antes de satisfeitas as exigências legais, ou continuar a exercê-la, sem autorização, depois de saber oficialmente que foi exonerado, removido, substituído ou suspenso: *Pena* – detenção, de quinze dias a um mês, ou multa.

1.18. Violação de sigilo funcional (art. 325 do CP)

1) **Descrição típica:** revelar fato de que tem ciência em razão do cargo e que deva permanecer em segredo, ou facilitar-lhe a revelação: *Pena* – detenção, de seis meses a dois anos, ou multa, se o fato não constitui crime mais grave.

2) **Lei n. 11.671/2008:** dispõe sobre a transferência e a inclusão de presos em estabelecimentos penais federais de segurança máxima. De acordo com o seu art. 3º, § 2º, "Os estabelecimentos penais federais de segurança máxima deverão dispor de monitoramento de áudio e vídeo no parlatório e nas áreas comuns, para fins de preservação da ordem interna e da segurança pública, vedado seu uso nas celas e no atendimento advocatício, salvo expressa autorização judicial em contrário". A violação desse dispositivo (§ 2º) configura o crime do art. 325 do Código Penal. Nesse sentido o § 5º do art. 3º da Lei n. 11.671/2008, incluído pela Lei n. 13.964/2019.

1.19. Violação do sigilo de proposta de concorrência (art. 326 do CP)

1) **Descrição típica:** devassar o sigilo de proposta de concorrência pública, ou proporcionar a terceiro o ensejo de devassá-lo: *Pena – detenção, de três meses a um ano, e multa.*

2) **Revogação:** o art. 326 do CP foi tacitamente revogado pelo art. 94 da antiga Lei de Licitações (Lei n. 8.666/93). Atualmente o crime está no art. 337-J do Código Penal.

2. CRIMES PRATICADOS POR PARTICULAR CONTRA A ADMINISTRAÇÃO EM GERAL

2.1. Usurpação de função pública (art. 328 do CP)

1) **Descrição típica:** usurpar o exercício de função pública: *Pena – detenção, de três meses a dois anos, e multa.*

2) **Forma qualificada (parágrafo único):** se do fato o agente aufere vantagem: *Pena – reclusão, de dois a cinco anos, e multa.*

2.2. Resistência (art. 329 do CP)

1) **Descrição típica:** opor-se à execução de ato legal, mediante violência ou ameaça a funcionário competente para executá-lo ou a quem lhe esteja prestando auxílio: *Pena – detenção, de dois meses a dois anos.*

2) **Oposição ativa:** o autor deve ameaçar ou investir de forma violenta contra o funcionário público. A resistência meramente passiva, isto é, sem violência ou ameaça, não é crime. Por exemplo, o sujeito agarra-se a um poste e fica gritando para não ser preso, ou foge para evitar a prisão.

3) **Forma qualificada (§ 1º):** se o ato, em razão da resistência, não se executa: *Pena – reclusão, de um a três anos.*

2.3. Desobediência (art. 330 do CP)

1) **Descrição típica:** desobedecer a ordem legal de funcionário público: *Pena – detenção, de quinze dias a seis meses, e multa.*

2) **Ação ou omissão:** a desobediência pode ser crime omissivo ou comissivo, dependendo da ordem. Se a ordem era o cumprimento de um fazer, o crime será *omissivo* (o agente deixa de fazer o que devia); se a ordem era de não fazer, a desobediência será crime *comissivo* (o agente faz o que deveria deixar de fazer).

3) **Lei Maria da Penha:** antes do advento da Lei n. 13.641/2018, o descumprimento de medida protetiva prevista na Lei Maria da Penha não caracterizava, para a jurisprudência dos Tribunais Superiores, o crime de desobediência, considerando-se a existência de medidas próprias na Lei Maria da Penha e no Código de Processo Penal (prisão preventiva – art. 313, III). No entanto, com a entrada em vigor da Lei n. 13.641/2018, foi criado um tipo penal específico na Lei Maria da Penha (art. 24-A da Lei n. 11.340/2006).

> **CRIME DE DESCUMPRIMENTO DE MEDIDAS PROTETIVAS DE URGÊNCIA**
> **Art. 24-A.** Descumprir decisão judicial que defere medidas protetivas de urgência previstas nesta Lei: *Pena – detenção, de 3 (três) meses a 2 (dois) anos.*
> § 1º A configuração do crime independe da competência civil ou criminal do juiz que deferiu as medidas.
> § 2º Na hipótese de prisão em flagrante, apenas a autoridade judicial poderá conceder fiança.
> § 3º O disposto neste artigo não exclui a aplicação de outras sanções cabíveis.

2.4. Desacato (art. 331 do CP)

1) **Descrição típica:** desacatar funcionário público no exercício da função ou em razão dela: *Pena – detenção, de seis meses a dois anos, ou multa.*

2) **Presença do funcionário público vítima:** é necessária a presença física do funcionário no momento da prática do crime, já que ele deve tomar conhecimento direto da ofensa.

> Se a vítima não está presente no momento do delito, não haverá desacato, mas injúria majorada (CP, art. 140, c/c art. 141, II).

3) **Controle de convencionalidade:** a Quinta Turma do STJ, no julgamento do REsp 1.640.084/SP, havia afastado a tipicidade do crime de desacato, ante sua possível incompatibilidade com a Convenção Americana de Direitos Humanos (Pacto de São José da Costa Rica). No entanto, a matéria foi examinada pela Terceira Seção do mesmo STJ, no HC 379.269, sendo entendido que o delito de desacato continua a ser conduta típica no ordenamento jurídico pátrio. Nesse sentido: STJ, AgRg no HC 395.364, 15-8-2017.

2.5. Tráfico de influência (art. 332 do CP)

1) **Descrição típica:** solicitar, exigir, cobrar ou obter, para si ou para outrem, vantagem ou promessa de vantagem, a pretexto de influir em ato praticado por funcionário público no exercício da função: *Pena* – reclusão, de 2 a 5 anos, e multa.

2) **Forma majorada (parágrafo único):** a pena é aumentada da metade, se o agente alega ou insinua que a vantagem é também destinada ao funcionário.

2.6. Corrupção ativa (art. 333 do CP)

1) **Descrição típica:** oferecer ou prometer vantagem indevida a funcionário público, para determiná-lo a praticar, omitir ou retardar ato de ofício: *Pena* – reclusão, de 2 a 12 anos, e multa.

2) **Corrupção ativa subsequente:** se a oferta ou a promessa for posterior à prática, omissão ou retardamento do ato, não configura o crime para o particular, uma vez que a vantagem é dada para que se faça ou deixe de fazer alguma coisa, e não para o que já foi realizado ou omitido.

3) **Crime formal:** o delito se consuma com a simples oferta ou promessa de vantagem, independentemente de o funcionário aceitar a oferta ou promessa, ou, ainda, retardar ou omitir ato de ofício, ou praticá-lo infringindo dever funcional.

2.7. Descaminho (art. 334 do CP)

1) **Descrição típica:** iludir, no todo ou em parte, o pagamento de direito ou imposto devido pela entrada, pela saída ou pelo consumo de mercadoria: *Pena* – reclusão, de 1 a 4 anos.

2) **Consumação:** o crime restará consumado no momento da liberação das mercadorias, sem o recolhimento dos impostos devidos. De acordo com a atual jurisprudência dos Tribunais Superiores, não há necessidade de constituição definitiva do crédito tributário (exigida pela Súmula Vinculante 24 do STF).

3) **Princípio da insignificância:** incide no crime de descaminho, desde que o valor sonegado não ultrapasse **R$ 20.000,00** e o réu não seja criminoso habitual. A propósito:

    - Assim, a tese fixada passa a ser a seguinte: incide o princípio da insignificância aos crimes tributários federais e de descaminho quando o débito tributário verificado não ultrapassar o limite de R$ 20.000,00 (vinte mil reais), a teor do disposto no art. 20 da Lei n. 10.522/2002, com as atualizações efetivadas pelas Portarias n. 75 e 130, ambas do Ministério da Fazenda" (STJ, AgRg no REsp 1.877.935, *DJe* 1º-3-2021).
    - "1. 'A habitualidade na prática do crime do art. 334 do CP denota o elevado grau de reprovabilidade da conduta, obstando à aplicação do princípio da insignificância. Precedentes' (...) 2. Apesar de não configurar reincidência, a existência de outras ações penais, inquéritos policiais em curso ou procedimentos administrativos fiscais, é suficiente para caracterizar a habitualidade delitiva e, consequentemente, afastar a incidência do princípio da insignificância. Precedentes" (STJ, AgRg no REsp 1.907.574, *DJe* 31-8-2021).
    - "1. O Superior Tribunal de Justiça, ao julgar o Recurso Especial n. 1.688.878/SP, sob o rito dos repetitivos, fixou a seguinte tese, a saber, 'incide o princípio da insignificância aos crimes tributários federais e de descaminho quando o débito tributário verificado não ultrapassar o limite de R$ 20.000,00 (vinte mil reais), a teor do disposto no art. 20 da Lei n. 10.522/2002, com as atualizações efetivadas pelas Portarias n. 75 e 130, ambas do Ministério da Fazenda' (REsp n. 1.688.878/SP, relator Ministro Sebastião Reis Júnior, Terceira Seção, julgado em 28-2-2018, *DJe* de 4-4-2018). 2. Contudo, a reiteração delitiva no crime de descaminho impede a aplicação do princípio da insignificância. Precedentes" (STJ, RHC 124393, j. 27-9-2022).

4) **Competência:** a competência para o processo e julgamento por crime de contrabando ou descaminho define-se pela prevenção do Juízo Federal do lugar da apreensão dos bens (**Súmula 151 do STJ**).

5) **Princípio da consunção ou absorção:** "Quando o falso se exaure no descaminho, sem mais potencialidade lesiva, é por este absorvido, como crime-fim, condição que não se altera por ser menor a pena a este cominada" (tese jurídica fixada pelo STJ no julgamento do REsp 1.378.053, *DJe* 15-8-2016).

2.8. Contrabando (art. 334-A do CP)

1) **Descrição típica:** importar ou exportar mercadoria proibida: *Pena* – reclusão, de 2 a 5 anos.

2) **Consumação:** deve-se analisar o local da entrada ou saída da mercadoria: a) se ocorreu via alfândega, a consumação ocorrerá no momento da liberação da mercadoria; b) se ocorreu em local diverso da alfândega, a consumação ocor-

rerá no momento em que a mercadoria ultrapassa as fronteiras nacionais (entra ou sai do País).

3) **Princípio da insignificância:** não incide no crime de contrabando.

4) **Competência:** a competência para o processo e julgamento por crime de contrabando ou descaminho define-se pela prevenção do Juízo Federal do lugar da apreensão dos bens (**Súmula 151 do STJ**).

2.9. Impedimento, perturbação ou fraude de concorrência (art. 335 do CP)

1) **Descrição típica:** impedir, perturbar ou fraudar concorrência pública ou venda em hasta pública, promovida pela administração federal, estadual ou municipal, ou por entidade paraestatal; afastar ou procurar afastar concorrente ou licitante, por meio de violência, grave ameaça, fraude ou oferecimento de vantagem: *Pena* – detenção, de seis meses a dois anos, ou multa, além da pena correspondente à violência.

2) **Revogação:** o art. 335 do CP foi tacitamente revogado pelos arts. 93 e 95 da antiga Lei de Licitações (Lei n. 8.666/93). Atualmente os crimes estão nos arts. 337-I e 337-K do Código Penal.

2.10. Inutilização de edital ou de sinal (art. 336 do CP)

Descrição típica: rasgar ou, de qualquer forma, inutilizar ou conspurcar edital afixado por ordem de funcionário público; violar ou inutilizar selo ou sinal empregado, por determinação legal ou por ordem de funcionário público, para identificar ou cerrar qualquer objeto: *Pena* – detenção, de um mês a um ano, ou multa.

2.11. Subtração ou inutilização de livro ou documento (art. 337 do CP)

Descrição típica: subtrair, ou inutilizar, total ou parcialmente, livro oficial, processo ou documento confiado à custódia de funcionário, em razão de ofício, ou de particular em serviço público: *Pena* – reclusão, de dois a cinco anos, se o fato não constitui crime mais grave.

2.12. Sonegação de contribuição previdenciária (art. 337-A do CP)

1) **Descrição típica:** suprimir ou reduzir contribuição social previdenciária e qualquer acessório, mediante as seguintes condutas: I – omitir de folha de pagamento da empresa ou de documento de informações previsto pela legislação previdenciária segurados empregado, empresário, trabalhador avulso ou trabalhador autônomo ou a este equiparado que lhe prestem serviços; II – deixar de lançar mensalmente nos títulos próprios da contabilidade da empresa as quantias descontadas dos segurados ou as devidas pelo empregador ou pelo tomador de serviços; III – omitir, total ou parcialmente, receitas ou lucros auferidos, remunerações pagas ou creditadas e demais fatos geradores de contribuições sociais previdenciárias: *Pena* – reclusão, de 2 a 5 anos, e multa.

2) **Extinção da punibilidade (§ 1º):** é extinta a punibilidade se o agente, espontaneamente, declara e confessa as contribuições, importâncias ou valores e presta as informações devidas à previdência social, na forma definida em lei ou regulamento, antes do início da ação fiscal.

3) **Perdão judicial ou aplicação de pena de multa (§ 2º):** é facultado ao juiz deixar de aplicar a pena ou aplicar somente a de multa se o agente for primário e de bons antecedentes, desde que o valor das contribuições devidas, inclusive acessórios, seja igual ou inferior àquele estabelecido pela previdência social, administrativamente, como sendo o mínimo para o ajuizamento de suas execuções fiscais.

3. CRIMES EM LICITAÇÕES E CONTRATOS ADMINISTRATIVOS

A nova Lei de Licitações e Contratos Administrativos (Lei n. 14.133/2021) incluiu ao Título XI da Parte Especial do Código Penal o Capítulo II-B. A nova lei só entrará em vigor após dois anos de sua publicação oficial (art. 193). No entanto, a parte criminal (delitos licitatórios) já está vigendo desde a publicação (1º-4-2021).

3.1. Contratação direta ilegal (art. 337-E do CP)

1) **Descrição típica:** admitir, possibilitar ou dar causa à contratação direta fora das hipóteses previstas em lei: *Pena* – reclusão, de 4 a 8 anos, e multa. O crime do art. 337-E do CP substituiu o art. 89 da Lei n. 8.666/93. O processo de contratação direta compreende os casos de *inexigibilidade* e de dispensa de licitação.

2) **Crime próprio:** somente o servidor público com a respectiva atribuição pode admitir, possibilitar ou dar causa a uma contratação direta.

3) **Tipicidade subjetiva:** o tipo penal não prevê, de forma expressa, algum elemento subjetivo especial (dolo específico). Entretanto, a divergência que existia em relação ao art. 89 da Lei n. 8.666/93 certamente persistirá com a nova reda-

ção. A manter-se o entendimento externado pelos Tribunais Superiores em relação ao citado art. 89, também o crime do art. 337-E do CP exigirá o dolo específico para a sua caracterização, consistente **na intenção de causar dano ao Erário**.

4) **Consumação:** consuma-se com a contratação direta. Frise-se que, para STF e STJ, exige-se a ocorrência de **efetivo prejuízo à Administração Pública** (crime material).

5) **Jurisprudência em teses do STJ, Edição 134, 1ª tese:** "Para a configuração do delito tipificado no art. 89 da Lei n. 8.666/93, é indispensável a comprovação do dolo específico do agente em causar dano ao erário, bem como do prejuízo à administração pública".

3.2. Frustração do caráter competitivo de licitação (art. 337-F do CP)

1) **Descrição típica:** frustrar ou fraudar, com o intuito de obter para si ou para outrem vantagem decorrente da adjudicação do objeto da licitação, o caráter competitivo do processo licitatório: *Pena* – reclusão, de 4 anos a 8 anos, e multa. O art. 337-F do CP substituiu o art. 90 da Lei n. 8.666/93.

2) **Crime comum:** o delito pode ser praticado por qualquer pessoa. De acordo com a Jurisprudência em Teses do STJ, Edição 134, 5ª tese: "O crime previsto no art. 90 da Lei n. 8.666/93 classifica-se como comum, não se exigindo do sujeito ativo nenhuma característica específica, podendo ser praticado por qualquer pessoa que participe do certame".

3) **Consumação:** trata-se de crime formal. Nesse sentido a **Súmula 645 do STJ:** "O crime de fraude à licitação é formal, e sua consumação prescinde da comprovação do prejuízo ou da obtenção de vantagem".

3.3. Patrocínio de contratação indevida (art. 337-G do CP)

1) **Descrição típica:** patrocinar, direta ou indiretamente, interesse privado perante a Administração Pública, dando causa à instauração de licitação ou à celebração de contrato cuja invalidação vier a ser decretada pelo Poder Judiciário: *Pena* – reclusão, de 6 meses a 3 anos, e multa. O art. 337-G do CP substituiu o art. 91 da Lei n. 8.666/93.

2) **Crime próprio:** somente pode ser praticado por funcionário público.

3) **Consumação:** o delito se consuma no momento em que o Poder Judiciário invalida a licitação ou o contrato (crime material).

3.4. Modificação ou pagamento irregular em contrato administrativo (art. 337-H do CP)

1) **Descrição típica:** admitir, possibilitar ou dar causa a qualquer modificação ou vantagem, inclusive prorrogação contratual, em favor do contratado, durante a execução dos contratos celebrados com a Administração Pública, sem autorização em lei, no edital da licitação ou nos respectivos instrumentos contratuais, ou, ainda, pagar fatura com preterição da ordem cronológica de sua exigibilidade: *Pena* – reclusão, de 4 anos a 8 anos, e multa. O art. 337-H do CP substituiu o art. 92 da Lei n. 8.666/93.

2) **Crime próprio:** somente pode ser praticado pelo servidor público que tenha atribuição para admitir, possibilitar ou dar causa a modificações, vantagens ou prorrogações contratuais, bem como para pagar fatura com preterição da ordem cronológica de sua exigibilidade.

3.5. Perturbação de processo licitatório (art. 337-I do CP)

1) **Descrição típica:** impedir, perturbar ou fraudar a realização de qualquer ato de processo licitatório: *Pena* – detenção, de 6 meses a 3 anos, e multa. O art. 337-I do CP substituiu o art. 93 da Lei n. 8.666/93.

2) **Revogação tácita do art. 335 do CP:** o Código Penal, no artigo 335, prevê o crime de "Impedir, perturbar ou fraudar concorrência pública ou venda em hasta pública, promovida pela administração federal, estadual ou municipal, ou por entidade paraestatal (...)". Prevalece que o art. 93 da Lei n. 8.666/93 (atualmente o crime do art. 337-I do CP) revogou tacitamente o art. 335, 1ª figura, do CP.

3.6. Violação de sigilo em licitação (art. 337-J do CP)

1) **Descrição típica:** devassar o sigilo de proposta apresentada em processo licitatório ou proporcionar a terceiro o ensejo de devassá-lo: *Pena* – detenção, de 2 anos a 3 anos, e multa. O art. 337-J do CP substituiu o art. 94 da Lei n. 8.666/93.

2) **Crime comum:** o crime é comum, podendo ser praticado por qualquer pessoa. Tanto o servidor público quanto o particular podem ter acesso ao conteúdo das propostas.

3.7. Afastamento de licitante (art. 337-K do CP)

1) **Descrição típica:** afastar ou tentar afastar licitante por meio de violência, grave ameaça, frau-

de ou oferecimento de vantagem de qualquer tipo: *Pena* – reclusão, de 3 anos a 5 anos, e multa, além da pena correspondente à violência. O art. 337-K do CP substituiu o art. 95 da Lei n. 8.666/93.

2) **Sujeito ativo:** no *caput* (afastar ou tentar afastar licitante) o crime é comum, podendo ser praticado por qualquer pessoa. No parágrafo único (se abstém ou desiste de licitar) o crime é **próprio**, pois somente poderá ser praticado pelo licitante.

3.8. Fraude em licitação ou contrato (art. 337-L do CP)

1) **Descrição típica:** fraudar, em prejuízo da Administração Pública, licitação ou contrato dela decorrente, mediante: I – entrega de mercadoria ou prestação de serviços com qualidade ou em quantidade diversas das previstas no edital ou nos instrumentos contratuais; II – fornecimento, como verdadeira ou perfeita, de mercadoria falsificada, deteriorada, inservível para consumo ou com prazo de validade vencido; III – entrega de uma mercadoria por outra; IV – alteração da substância, qualidade ou quantidade da mercadoria ou do serviço fornecido; V – qualquer meio fraudulento que torne injustamente mais onerosa para a Administração Pública a proposta ou a execução do contrato: *Pena* – reclusão, de 4 (quatro) anos a 8 (oito) anos, e multa. O art. 337-L do CP substituiu o art. 96 da Lei n. 8.666/93.

2) **Crime próprio:** somente pode ser cometido por licitante ou contratado.

3) **Tipicidade objetiva:** o art. 96 da Lei n. 8.666/93 somente fazia referência à "aquisição ou venda de bens ou mercadorias", deixando de fora hipóteses de fraudes em licitação cujo objeto fosse a "contratação de serviços". Dessa forma, a última hipótese não tipificava crime licitatório. Agora, com o art. 337-L do CP, o crime envolve **qualquer fraude em certames (aquisição ou venda de bens ou mercadorias + contratação de serviços)**, seja em relação à licitação propriamente dita, seja quanto ao contrato dela decorrente.

3.9. Contratação inidônea (art. 337-M do CP)

1) **Descrição típica:** admitir à licitação empresa ou profissional declarado inidôneo: *Pena* – reclusão, de 1 ano a 3 anos, e multa. O art. 337-M do CP substituiu o art. 97 da Lei n. 8.666/93.

2) **Sujeito ativo:** no *caput* e no § 1º o crime é **próprio**, uma vez que somente o agente público com a respectiva atribuição pode "admitir à licitação" e "celebrar contrato" com empresa ou profissional declarado inidôneo. Já no § 2º (quem, declarado inidôneo, participa de licitação ou celebra contrato com a Administração Pública) o crime é **comum**, podendo ser praticado por qualquer pessoa.

3.10. Impedimento indevido (art. 337-N do CP)

1) **Descrição típica:** obstar, impedir ou dificultar injustamente a inscrição de qualquer interessado nos registros cadastrais ou promover indevidamente a alteração, a suspensão ou o cancelamento de registro do inscrito: *Pena* – reclusão, de 6 (seis) meses a 2 (dois) anos, e multa. O art. 337-N do CP substituiu o art. 98 da Lei n. 8.666/93.

2) **Sujeito ativo:** o crime é próprio, pois somente pode ser praticado pelo servidor público que tem poderes para manipular o registro de interessados nos certames licitatórios.

3.11. Omissão grave de dado ou de informação por projetista (art. 337-O do CP)

1) **Descrição típica:** omitir, modificar ou entregar à Administração Pública levantamento cadastral ou condição de contorno em relevante dissonância com a realidade, em frustração ao caráter competitivo da licitação ou em detrimento da seleção da proposta mais vantajosa para a Administração Pública, em contratação para a elaboração de projeto básico, projeto executivo ou anteprojeto, em diálogo competitivo ou em procedimento de manifestação de interesse: *Pena* – reclusão, de 6 meses a 3 anos, e multa.

2) **Crime próprio:** o crime é próprio, pois somente pode ser praticado pelo servidor público responsável pelo levantamento cadastral ou pela condição de contorno ("projetista").

4. CRIMES CONTRA A ADMINISTRAÇÃO DA JUSTIÇA

4.1. Reingresso de estrangeiro expulso (art. 338 do CP)

Descrição típica: reingressar no território nacional o estrangeiro que dele foi expulso: *Pena* – reclusão, de um a quatro anos, sem prejuízo de nova expulsão após o cumprimento da pena.

4.2. Denunciação caluniosa (art. 339 do CP)

1) **Descrição típica:** dar causa à instauração de inquérito policial, de procedimento investigatório criminal, de processo judicial, de processo administrativo disciplinar, de inquérito civil ou de ação de improbidade administrativa contra alguém, imputando-lhe crime, infração ético-disciplinar ou ato ímprobo de que o sabe inocente: *Pena* – reclusão, de dois a oito anos, e multa (redação dada pela Lei n. 14.110/2020).

2) **Diferenças em relação à calúnia:**

> **Calúnia (art. 138 do CP):** (1) imputação falsa de crime; (2) bem jurídico tutelado: honra objetiva; (3) ação penal privada (regra geral); (4) admite retratação (art. 143, CP).
>
> **Denunciação caluniosa (art. 339 do CP):** (1) imputação falsa de crime (*caput*) ou contravenção (§ 2º); (2) bem jurídico tutelado: Administração da Justiça; (3) ação penal pública incondicionada; (4) não admite retratação.

3) **Dolo direto:** o delito de denunciação caluniosa somente pode ser praticado a título de dolo direto, já que pressupõe certeza ("de que o sabe inocente").

4) **Inquérito policial e procedimento investigatório criminal:** antes da modificação, a lei limitava-se a fazer referência à "investigação policial", ou seja, aquela presidida por Delegado de Polícia. Numa interpretação restritiva, acabava excluindo outras investigações criminais, como o PIC – procedimento investigatório criminal, regulamentado na Resolução n. 181/2017 do CNMP – presidido por membro do Ministério Público. Assim, depois da vigência da Lei n. 14.110/2020, se o agente der causa à instauração de procedimento investigatório criminal no âmbito do MP, imputando crime a pessoa que sabe ser inocente, haverá denunciação caluniosa.

5) **PAD (processo administrativo disciplinar):** antes da modificação, a lei fazia referência à instauração de "investigação administrativa", de forma ampla, ainda que não houvesse abertura de PAD. Com a Lei n. 14.110/2020, o delito pressupõe o processo administrativo disciplinar.

6) **Imputação de crime, contravenção, infração ético-disciplinar ou ato ímprobo:** antes da modificação, o tipo penal se caracterizava quando havia imputação de "crime" (*caput*) ou de "contravenção" (§ 2º) contra pessoa inocente. Com a vigência da Lei n. 14.110/2020, incluiu-se, também, a "infração ético-disciplinar" e o "ato ímprobo". Assim, resta tacitamente revogado o art. 19 da Lei n. 8.429/92 (Lei de Improbidade Administrativa).

7) **Denunciação caluniosa com finalidade eleitoral:** a Lei n. 13.834/2019 incluiu no Código Eleitoral o art. 326-A: "Dar causa à instauração de investigação policial, de processo judicial, de investigação administrativa, de inquérito civil ou ação de improbidade administrativa, atribuindo a alguém a prática de **crime ou ato infracional** de que o sabe inocente, **com finalidade eleitoral**: *Pena* – reclusão, de 2 (dois) a 8 (oito) anos, e multa. § 1º A pena é aumentada de sexta parte, se o agente se serve do anonimato ou de nome suposto. § 2º A pena é diminuída de metade, se a imputação é de prática de contravenção".

4.3. Comunicação falsa de crime ou de contravenção (art. 340 do CP)

Descrição típica: provocar a ação de autoridade, comunicando-lhe a ocorrência de crime ou de contravenção que sabe não se ter verificado: *Pena* – detenção, de um a seis meses, ou multa.

4.4. Autoacusação falsa (art. 341 do CP)

Descrição típica: acusar-se, perante autoridade, de crime inexistente ou praticado por outrem: *Pena* – detenção, de três meses a dois anos, ou multa.

4.5. Falso testemunho ou falsa perícia (art. 342 do CP)

1) **Descrição típica:** fazer afirmação falsa, ou negar ou calar a verdade como testemunha, perito, contador, tradutor ou intérprete em processo judicial, ou administrativo, inquérito policial, ou em juízo arbitral: *Pena* – reclusão, de 2 a 4 anos, e multa.

2) **Crime próprio:** o sujeito ativo somente pode ser testemunha, perito, contador, tradutor ou intérprete.

3) **Crime de mão própria:** exige a atuação pessoal do sujeito ativo. Por exemplo, somente a testemunha que foi notificada para comparecer em Juízo em determinado horário e data poderá fazer afirmação falsa perante o Magistrado.

4) **Desnecessidade de compromisso da testemunha:** de acordo com o entendimento firmado

pelo STJ, mostra-se prescindível o compromisso da testemunha (art. 203 do CPP) para a configuração do delito previsto no art. 342, do CP. Nesse sentido: STJ, AgRg no HC 190.766, j. 25-6-2013.

5) **Forma majorada (§ 1º):** as penas aumentam-se de um sexto a um terço se o crime é praticado mediante suborno ou cometido com o fim de obter prova destinada a produzir efeito em processo penal, ou em processo civil em que for parte entidade da administração pública direta ou indireta.

6) **Retratação (§ 2º):** o fato deixa de ser punível se, antes da sentença no processo em que ocorreu o ilícito, o agente se retrata ou declara a verdade.

7) **Justiça do Trabalho:** compete à *Justiça Federal* processar e julgar crime de falso testemunho cometido no processo trabalhista (**Súmula 165 do STJ**).

4.6. Corrupção ativa de testemunha, perito, contador, tradutor ou intérprete (art. 343 do CP)

1) **Descrição típica:** dar, oferecer ou prometer dinheiro ou qualquer outra vantagem a testemunha, perito, contador, tradutor ou intérprete, para fazer afirmação falsa, negar ou calar a verdade em depoimento, perícia, cálculos, tradução ou interpretação: *Pena* – reclusão, de três a quatro anos, e multa.

2) **Forma majorada (parágrafo único):** as penas aumentam-se de um sexto a um terço se o crime é cometido com o fim de obter prova destinada a produzir efeito em processo penal ou em processo civil em que for parte entidade da administração pública direta ou indireta.

4.7. Coação no curso do processo (art. 344 do CP)

1) **Descrição típica:** usar de violência ou grave ameaça, com o fim de favorecer interesse próprio ou alheio, contra autoridade, parte, ou qualquer outra pessoa que funciona ou é chamada a intervir em processo judicial, policial ou administrativo, ou em juízo arbitral: *Pena* – reclusão, de um a quatro anos, e multa, além da pena correspondente à violência.

2) **Crime formal:** o crime se consuma no momento em que o agente emprega violência ou grave ameaça, não sendo necessário que alcance o fim buscado.

3) **Concurso de crimes:** de acordo com o preceito secundário do art. 344 do CP, haverá concurso material (art. 69 do CP) entre a coação no curso do processo e a violência empregada (homicídio ou lesão corporal, conforme o caso).

4) **Forma majorada:** a Lei n. 14.245/2021, com vigência a partir de 23-11-2021, conhecida como "Lei Mariana Ferrer", incluiu no art. 344 do CP o seguinte parágrafo único: "A pena aumenta-se de 1/3 até a metade se o processo envolver crime contra a dignidade sexual".

4.8. Exercício arbitrário das próprias razões (art. 345 do CP)

1) **Descrição típica:** fazer justiça pelas próprias mãos, para satisfazer pretensão, embora legítima, salvo quando a lei o permite: *Pena* – detenção, de quinze dias a um mês, ou multa, além da pena correspondente à violência.

2) **Pretensão legítima:** a pretensão do agente deve ter a possibilidade de ser apreciada pelo Poder Judiciário (ex.: cobrar o aluguel do inquilino inadimplente). Se a pretensão for **ilegítima** (ex.: cobrança de dívida oriunda da venda de drogas), não haverá o crime do art. 345 do CP, podendo configurar constrangimento ilegal (art. 146 do CP).

3) **Ação penal (art. 345, parágrafo único, do CP):** será pública incondicionada se o agente empregar violência física contra a vítima. Nos demais casos a ação será privada.

4.9. Subtração ou dano de coisa própria em poder de terceiro (art. 346 do CP)

Descrição típica: tirar, suprimir, destruir ou danificar coisa própria, que se acha em poder de terceiro por determinação judicial ou convenção: *Pena* – detenção, de seis meses a dois anos, e multa.

4.10. Fraude processual (art. 347 do CP)

1) **Descrição típica:** inovar artificiosamente, na pendência de processo civil ou administrativo, o estado de lugar, de coisa ou de pessoa, com o fim de induzir a erro o juiz ou o perito: *Pena* – detenção, de três meses a dois anos, e multa.

2) **Forma majorada (parágrafo único):** se a inovação se destina a produzir efeito em processo penal, ainda que não iniciado, as penas aplicam-se em dobro.

4.11. Favorecimento pessoal (art. 348 do CP)

1) **Descrição típica:** auxiliar a subtrair-se à ação de autoridade pública autor de crime a que é cominada pena de reclusão: *Pena* – detenção, de um a seis meses, e multa.

2) **Crime punido com detenção (§ 1º):** se ao crime não é cominada pena de reclusão: *Pena*

– detenção, de quinze dias a três meses, e multa.

3) **Contravenção penal:** não configura o delito o auxílio de autor de contravenção penal.

4) **Isenção de pena (§ 2º):** se quem presta o auxílio é ascendente, descendente, cônjuge ou irmão do criminoso, fica isento de pena.

4.12. Favorecimento real (art. 349 do CP)

1) **Descrição típica:** prestar a criminoso, fora dos casos de coautoria ou de receptação, auxílio destinado a tornar seguro o proveito do crime: *Pena* – detenção, de um a seis meses, e multa.

2) **Diferença em relação ao crime de receptação:**

> **Receptação (art. 180 do CP):** é **crime patrimonial**; o agente busca proveito próprio ou de terceiro (terceiro que não seja autor do crime anterior), ou seja, objetiva uma vantagem econômica para si ou para outrem.
> **Favorecimento real (art. 349 do CP):** é **crime contra a Administração da Justiça**; o agente busca somente beneficiar o autor do delito anterior, tornando seguro o proveito do crime.

3) **Auxílio posterior:** o auxílio deve ocorrer após a consumação do delito anterior, de modo que o agente não pode ter sido coautor ou partícipe do crime antecedente.

4) **Crime formal:** consuma-se com o auxílio, independentemente de qualquer outro resultado.

4.13. Favorecimento real impróprio (art. 349-A do CP)

Descrição típica: ingressar, promover, intermediar, auxiliar ou facilitar a entrada de aparelho telefônico de comunicação móvel, de rádio ou similar, sem autorização legal, em estabelecimento prisional: *Pena* – detenção, de 3 meses a 1 ano.

4.14. Fuga de pessoa presa ou submetida a medida de segurança (art. 351 do CP)

1) **Descrição típica:** promover ou facilitar a fuga de pessoa legalmente presa ou submetida a medida de segurança detentiva: *Pena* – detenção, de seis meses a dois anos.

2) **Forma qualificada (§ 1º):** se o crime é praticado a mão armada, ou por mais de uma pessoa, ou mediante arrombamento, a pena é de reclusão, de dois a seis anos.

4.15. Evasão mediante violência contra a pessoa (art. 352 do CP)

Descrição típica: evadir-se ou tentar evadir-se o preso ou o indivíduo submetido a medida de segurança detentiva, usando de violência contra a pessoa: *Pena* – detenção, de três meses a um ano, além da pena correspondente à violência.

4.16. Arrebatamento de preso (art. 353 do CP)

Descrição típica: arrebatar preso, a fim de maltratá-lo, do poder de quem o tenha sob custódia ou guarda: *Pena* – reclusão, de um a quatro anos, além da pena correspondente à violência.

4.17. Motim de presos (art. 354 do CP)

Descrição típica: amotinarem-se presos, perturbando a ordem ou disciplina da prisão: *Pena* – detenção, de seis meses a dois anos, além da pena correspondente à violência.

4.18. Patrocínio infiel (art. 355, *caput*, do CP)

1) **Descrição típica:** trair, na qualidade de advogado ou procurador, o dever profissional, prejudicando interesse cujo patrocínio, em juízo, lhe é confiado: *Pena* – detenção, de seis meses a três anos, e multa.

2) **Crime próprio:** o sujeito ativo somente pode ser procurador ou advogado regularmente inscrito na OAB. De acordo com o art. 3º, § 1º, do Estatuto da OAB, também podem ser sujeitos ativos deste crime os integrantes da Advocacia-Geral da União, da Procuradoria da Fazenda Nacional, da Defensoria Pública e das Procuradorias e Consultorias Jurídicas dos Estados, do Distrito Federal, dos Municípios e das respectivas entidades de administração indireta e fundacional.

3) **Crime material:** para a configuração do delito é necessário o dano efetivo à vítima.

4.19. Patrocínio simultâneo ou tergiversação (art. 355, parágrafo único, do CP)

1) **Descrição típica:** incorre na pena deste artigo o advogado ou procurador judicial que defende na mesma causa, simultânea ou sucessivamente, partes contrárias. *Patrocínio simultâneo*: defesa simultânea de partes contrárias. *Tergiversação*: defesa sucessiva de partes contrárias.

2) **Crime formal:** ao contrário do delito de patrocínio infiel (art. 355, *caput*, do CP), não há necessidade de que ocorra dano concreto à parte.

4.20. Sonegação de papel ou objeto de valor probatório (art. 356 do CP)

Descrição típica: inutilizar, total ou parcialmente, ou deixar de restituir autos, documento ou objeto de valor probatório que recebeu na qualidade de advogado ou procurador: *Pena* – detenção, de seis meses a três anos, e multa.

4.21. Exploração de prestígio (art. 357 do CP)

Descrição típica: solicitar ou receber dinheiro ou qualquer outra utilidade a pretexto de influir em juiz, jurado, órgão do Ministério Público, funcionário de justiça, perito, tradutor, intérprete ou testemunha: *Pena* – reclusão, de um a cinco anos, e multa.

4.22. Violência ou fraude em arrematação judicial (art. 358 do CP)

1) **Descrição típica:** impedir, perturbar ou fraudar arrematação judicial; afastar ou procurar afastar concorrente ou licitante, por meio de violência, grave ameaça, fraude ou oferecimento de vantagem: *Pena* – detenção, de dois meses a um ano, ou multa, além da pena correspondente à violência.

2) **Revogação tácita:** o tipo penal assemelha-se ao art. 335 do CP, que foi revogado tacitamente pelos arts. 93 e 95 da Lei n. 8.666/93 (atualmente os arts. 337-I e 337-K do Código Penal).

4.23. Desobediência a decisão judicial sobre perda ou suspensão de direito (art. 359 do CP)

Descrição típica: exercer função, atividade, direito, autoridade ou múnus de que foi suspenso ou privado por decisão judicial: *Pena* – detenção, de três meses a dois anos, ou multa.

5. CRIMES CONTRA AS FINANÇAS PÚBLICAS

5.1. Contratação de operação de crédito (art. 359-A do CP)

1) **Descrição típica:** ordenar, autorizar ou realizar operação de crédito, interno ou externo, sem prévia autorização legislativa.

2) **Norma penal em branco:** o termo "operação de crédito" vem descrito no art. 29, III, da Lei de Responsabilidade Fiscal (LC n. 101/2000).

5.2. Inscrição de despesas não empenhadas em restos a pagar (art. 359-B do CP)

1) **Descrição típica:** ordenar ou autorizar a inscrição em restos a pagar, de despesa que não tenha sido previamente empenhada ou que exceda limite estabelecido em lei.

2) **Restos a pagar:** estão definidos no art. 36 da Lei n. 4.320/64.

5.3. Assunção de obrigação no último ano do mandato ou legislatura (art. 359-C do CP)

1) **Descrição típica:** ordenar ou autorizar a assunção de obrigação, nos dois últimos quadrimestres do último ano do mandato ou legislatura, cuja despesa não possa ser paga no mesmo exercício financeiro ou, caso reste parcela a ser paga no exercício seguinte, que não tenha contrapartida suficiente de disponibilidade de caixa.

2) **Crime próprio:** como os tipos penais anteriores, o crime do art. 359-C somente pode ser praticado pelo agente público com poderes para contrair obrigação em nome do ente que representa (ex.: Presidente da República, Governador etc.).

5.4. Ordenação de despesa não autorizada (art. 359-D do CP)

1) **Descrição típica:** ordenar despesa não autorizada por lei.

2) **Norma penal em branco:** o tipo penal deve ser complementado pelo art. 15 da Lei de Responsabilidade Fiscal (LC n. 101/2000).

5.5. Prestação de garantia graciosa (art. 359-E do CP)

1) **Descrição típica:** prestar garantia em operação de crédito sem que tenha sido constituída contragarantia em valor igual ou superior ao valor da garantia prestada, na forma da lei.

2) **Norma penal em branco:** o tipo penal deve ser complementado pelo art. 29, III e IV, da Lei de Responsabilidade Fiscal (LC n. 101/2000).

5.6. Não cancelamento de restos a pagar (art. 359-F do CP)

1) **Descrição típica:** deixar de ordenar, de autorizar ou de promover o cancelamento do montante de restos a pagar inscrito em valor superior ao permitido em lei.

2) **Restos a pagar:** estão definidos no art. 36 da Lei n. 4.320/64.

5.7. Aumento de despesa total com pessoal no último ano do mandato ou legislatura (art. 359-G do CP)

1) **Descrição típica:** ordenar, autorizar ou executar ato que acarrete aumento de despesa total com pessoal, nos cento e oitenta dias anteriores ao final do mandato ou da legislatura.

2) **Norma penal em branco:** o tipo penal deve ser complementado pelos arts. 18 e 21 da Lei de Responsabilidade Fiscal (LC n. 101/2000).

5.8. Oferta pública ou colocação de títulos no mercado (art. 359-H do CP)

1) **Descrição típica:** ordenar, autorizar ou promover a oferta pública ou a colocação no mercado financeiro de títulos da dívida pública sem que tenham sido criados por lei ou sem que estejam registrados em sistema centralizado de liquidação e de custódia.

2) **Crime próprio:** trata-se, uma vez mais, de crime próprio, já que somente pode ser praticado pelo agente público com atribuição para ordenar, autorizar ou promover a oferta pública ou a colocação no mercado financeiro de títulos da dívida pública na forma descrita no tipo.

CAPÍTULO XII
CRIMES CONTRA O ESTADO DEMOCRÁTICO DE DIREITO

Os crimes contra o Estado Democrático de Direito foram incluídos ao Código Penal (Capítulo XII da Parte Especial) pela Lei n. 14.197, de 1º-9-2021, com prazo de *vacatio legis* de 90 dias, a partir da data da publicação (2-9-2021).

Houve a revogação da Lei dos Crimes contra a Segurança Nacional (Lei n. 7.170/83) e da contravenção penal de associação secreta (art. 39 da LCP).

Entendemos que os crimes contra o Estado Democrático de Direito são **delitos políticos** e, como tal, de **competência da Justiça Federal** (art. 109, IV, da CF).

> **STF, RC 1.473**
> "1. Crimes políticos, para os fins do art. 102, II, *b*, da Constituição Federal, são aqueles dirigidos, subjetiva e objetivamente, de modo imediato, contra o Estado como unidade orgânica das instituições políticas e sociais e, por conseguinte, definidos na Lei de Segurança Nacional, presentes as disposições gerais estabelecidas nos arts. 1º e 2º do mesmo diploma legal. 2. 'Da conjugação dos arts. 1º e 2º da Lei n. 7.170/83, extraem-se dois requisitos, de ordem subjetiva e objetiva: i) motivação e objetivos políticos do agente, e ii) lesão real ou potencial à integridade territorial, à soberania nacional, ao regime representativo e democrático, à Federação ou ao Estado de Direito. Precedentes' (RC 1472, Tribunal Pleno, Rel. Min. Dias Toffoli, Rev. Ministro Luiz Fux, unânime, j. 25-5-2016)".

Para atacar a decisão do Juiz Federal, caberá o recurso de **apelação** ao respectivo TRF; já para atacar a decisão do TRF, caberá **recurso ordinário ao STF** (art. 102, II, *b*, da CF).

Atenção: não constitui crime previsto neste Título a manifestação crítica aos poderes constitucionais nem a atividade jornalística ou a reivindicação de direitos e garantias constitucionais por meio de passeatas, de reuniões, de greves, de aglomerações ou de qualquer outra forma de manifestação política com propósitos sociais (art. 359-T do CP).

1. CRIMES CONTRA A SOBERANIA NACIONAL

1.1. Atentado à soberania (art. 359-I do CP)

1) **Descrição típica:** negociar com governo ou grupo estrangeiro, ou seus agentes, com o fim de provocar atos típicos de guerra contra o País ou invadi-lo: *Pena* – reclusão, de 3 a 8 anos.

2) **Forma majorada:** aumenta-se a pena de metade até o dobro, se declarada guerra em decorrência das condutas previstas no caput deste artigo (§ 1º).

3) **Forma qualificada:** se o agente participa de operação bélica com o fim de submeter o território nacional, ou parte dele, ao domínio ou à soberania de outro país: *Pena* – reclusão, de 4 a 12 anos (§ 2º).

1.2. Atentado à integridade nacional (art. 359-J do CP)

1) **Descrição típica:** praticar violência ou grave ameaça com a finalidade de desmembrar parte do território nacional para constituir país independente: *Pena* – reclusão, de 2 a 6 anos, além da pena correspondente à violência.

2) **Tipicidade subjetiva:** além do dolo (dolo genérico), o tipo também exige o elemento subjetivo especial (dolo específico), consistente na expressão "com a finalidade de de desmembrar parte do território nacional para constituir país independente".

1.3. Espionagem (art. 359-K do CP)

1) **Descrição típica:** entregar a governo estrangeiro, a seus agentes, ou a organização criminosa estrangeira, em desacordo com determinação legal ou regulamentar, documento ou informação classificados como secretos ou ultrassecretos nos termos da lei, cuja revelação possa colocar em perigo a preservação da ordem constitucional ou a soberania nacional: *Pena* – reclusão, de 3 a 12 anos.

2) **Conduta equiparada:** incorre na mesma pena quem presta auxílio a espião, conhecendo essa circunstância, para subtraí-lo à ação da autoridade pública (§ 1º). Trata-se de tipo especial de favorecimento pessoal.

3) **Forma qualificada:** se o documento, dado ou informação é transmitido ou revelado com violação do dever de sigilo: *Pena* – reclusão, de 6 a 15 anos (§ 2º). Trata-se de **crime próprio**.

4) **Forma privilegiada:** facilitar a prática de qualquer dos crimes previstos neste artigo mediante atribuição, fornecimento ou empréstimo de senha, ou de qualquer outra forma de acesso de pessoas não autorizadas a sistemas de informações: *Pena* – detenção, de 1 a 4 anos (§ 3º).

Atenção: não constitui crime a comunicação, a entrega ou a publicação de informações ou de documentos com o fim de expor a prática de crime ou a violação de direitos humanos (art. 359-K, § 4º, do CP).

2. CRIMES CONTRA AS INSTITUIÇÕES DEMOCRÁTICAS

2.1. Abolição violenta do Estado Democrático de Direito (art. 359-L do CP)

1) **Descrição típica:** tentar, com emprego de violência ou grave ameaça, abolir o Estado Democrático de Direito, impedindo ou restringindo o exercício dos poderes constitucionais: *Pena* – reclusão, de 4 a 8 anos, além da pena correspondente à violência.

2) **Forma tentada:** fugindo da tradição do Código Penal, o art. 359-L do CP pune exclusivamente a forma tentada. Entendemos que não se trata de crime de atentado ou de empreendimento, já que neste vêm punidas, com a mesma pena em abstrato, as formas consumada e tentada.

2.2. Golpe de Estado (art. 359-M do CP)

1) **Descrição típica:** tentar depor, por meio de violência ou grave ameaça, o governo legitimamente constituído: *Pena* – reclusão, de 4 a 12 anos, além da pena correspondente à violência.

2) **Forma tentada:** aqui também é punida exclusivamente a forma tentada. Conforme defendemos acima, não se trata, doutrinariamente, de crime de atentado ou de empreendimento.

3. CRIMES CONTRA O FUNCIONAMENTO DAS INSTITUIÇÕES DEMOCRÁTICAS NO PROCESSO ELEITORAL

3.1. Interrupção do processo eleitoral (art. 359-N do CP)

1) **Descrição típica:** impedir ou perturbar a eleição ou a aferição de seu resultado, mediante violação indevida de mecanismos de segurança do sistema eletrônico de votação estabelecido pela Justiça Eleitoral: *Pena* – reclusão, de 3 a 6 anos, e multa.

2) **Crime formal:** para a consumação, não há necessidade de obtenção de vantagem ou de causação de prejuízo ao Estado ou a terceiros.

3.2. Violência política (art. 359-P do CP)

1) **Descrição típica:** restringir, impedir ou dificultar, com emprego de violência física, sexual ou psicológica, o exercício de direitos políticos a qualquer pessoa em razão de seu sexo, raça, cor, etnia, religião ou procedência nacional: *Pena* – reclusão, de 3 a 6 anos, e multa, além da pena correspondente à violência.

2) **Elemento subjetivo especial:** entendemos necessária a **motivação política** para a caracterização do crime do art. 359-P do CP. No caso de vítima mulher, se não houver motivação política, poderá caracterizar o crime de violência psicológica contra a mulher (art. 147-B do CP).

4. CRIMES CONTRA O FUNCIONAMENTO DOS SERVIÇOS ESSENCIAIS

4.1. Sabotagem (art. 359-R do CP)

1) **Descrição típica:** destruir ou inutilizar meios de comunicação ao público, estabelecimentos, instalações ou serviços destinados à defe-

sa nacional, com o fim de abolir o Estado Democrático de Direito: *Pena* – reclusão, de 2 a 8 anos.

2) **Tipicidade subjetiva:** além do dolo (dolo genérico), o tipo também exige o elemento subjetivo especial (dolo específico), consistente na expressão "com o fim de abolir o Estado Democrático de Direito".

REFERÊNCIAS BIBLIOGRÁFICAS

BATISTA, Nilo. *Introdução crítica ao direito penal brasileiro*. 4. ed. Rio de Janeiro: Revan, 2001.

BITENCOURT, Cezar Roberto. *Tratado de direito penal; Parte Geral*. 17. ed. São Paulo: Saraiva, 2012.

BUSATO, Paulo César. *Direito penal; Parte Geral*. 2. ed. São Paulo: Atlas, 2015.

CANOTILHO, J. J. Gomes. *Direito constitucional e teoria da Constituição*. 4. ed. Coimbra: Almedina, 1993.

DOTTI, René Ariel. *Curso de direito penal; Parte Geral*. 4. ed. São Paulo: RT, 2012.

GOMES, Luiz Flávio; MOLINA, Antonio García-Pablos de; BIANCHINI, Alice. *Direito Penal*. São Paulo: RT, 2007. v. 1.

GRECO, Rogério. *Curso de direito penal; Parte Geral*. 11. ed. Niterói: Impetus, 2009.

HUNGRIA, Nélson. *Comentários ao Código Penal*. 4. ed. Rio de Janeiro: Forense, 1958. v. I, t. I.

JESUS, Damásio de. *Direito penal; Parte Geral*. 30. ed. São Paulo: Saraiva, 2009.

MEZGER, Edmund. *Tratado de derecho penal*. Tradução de José Arturo Muñoz. Completada e atualizada por Antonio Quintano Ripollés. 3. ed. Madri: Editorial Revista de Derecho Privado, 1957. t. II.

MIRABETE, Julio Fabbrini; FABBRINI, Renato N. *Código Penal interpretado*. 8. ed. São Paulo: Atlas, 2013.

NORONHA, Edgar Magalhães. *Direito penal; Parte Geral*. 27. ed. São Paulo: Saraiva, 1990.

NUCCI, Guilherme de Souza. *Código Penal comentado*. 13. ed. São Paulo: RT, 2013.

PRADO, Luiz Regis. *Curso de direito penal brasileiro*; Parte Geral. 6. ed. São Paulo: RT, 2006.

ROXIN, Claus. *Autoria y domínio del hecho en derecho penal*. 7. ed. Madrid: Marcial Pons, 2000.

_____. *Derecho penal; Parte General*. Madrid: Civitas, 1997. t. I.

SALIM, Alexandre; AZEVEDO, Marcelo André. *Direito Penal*. Salvador: JusPodivm, 2023 (Coleção Sinopses, v. 1, 2 e 3).

WELZEL, Hans. *Derecho penal; Parte General*. Buenos Aires: Depalma, 1956.

ZAFFARONI, Eugenio Raúl; PIERANGELI, José Henrique. *Manual de direito penal brasileiro; Parte geral*. 2. ed. São Paulo: RT, 1999.

QUESTÕES

(XXXIV Exame de Ordem Unificado/FGV) Em um mesmo contexto, por meio de uma ação fracionada, Carlos praticou dois crimes autônomos cujas sanções penais, previstas no Código Penal, são de pena privativa de liberdade e pena de multa cumulativa. No momento de fixar a multa de cada um dos crimes, reconhecido o concurso formal, o magistrado aplicou a pena máxima de 360 dias para ambas as infrações penais, sendo determinado que o valor do dia-multa seria o máximo de 05 salários-mínimos, considerando, em ambos os momentos, a gravidade em concreto do delito. A pena privativa de liberdade aplicada, contudo, por não ultrapassar 04 anos, foi substituída por duas restritivas de direitos. Carlos, intimado da sentença, procura você, como advogado(a), informando não ter condições de arcar com a multa aplicada, já que recebe apenas R$ 2.000,00 (dois mil reais) mensais. Na ocasião, o(a) advogado(a) de Carlos deverá esclarecer ao seu cliente que:

A) poderá ser buscada a redução do valor do dia-multa e da quantidade de dias aplicada, tendo em vista que em ambos os momentos deverá considerar o magistrado a capacidade econômica financeira do réu e não a gravidade em concreto do fato, podendo o próprio juiz do conhecimento deixar de aplicar multa com base na situação de pobreza do acusado.

B) poderá ser buscada a redução do valor do dia-multa, que deverá considerar a capacidade econômica financeira do agente, ainda que a quantidade de dias-multa possa valorizar a gravidade em concreto do fato.

C) poderá haver conversão da pena de multa em privativa de liberdade em caso de não pagamento injustificado da mesma.

D) poderá a pena de multa de um dos delitos ser majorada de 1/6 a 2/3, de acordo com as previsões do Código Penal, diante do concurso formal de crimes, afastada a soma das penas.

RESPOSTA

A) Em relação ao valor do dia-multa, o juiz leva em conta a situação econômica do agente (art. 60, caput, do CP). Já em relação à quantidade de dias-multa, o magistrado considera a gravidade em concreto do fato.

☑ Como o valor do dia-multa é fixado em consideração à situação econômica do réu, e Carlos recebe R$ 2.000,00 (dois mil reais) mensais, é legítima a postulação de redução desta quantia.

C) A multa que não foi paga deve ser executada (art. 51 do CP), e não convertida em prisão.

D) As penas de multa são somadas, conforme previsão do art. 72 do CP: "No concurso de crimes, as penas de multa são aplicadas distinta e integralmente".

(XXXIV Exame de Ordem Unificado/FGV) Após ter sido exonerado do cargo em comissão que ocupava há mais de dez anos, Lúcio, abatido com a perda financeira que iria sofrer, vai a um bar situado na porta da repartição estadual em que trabalhava e começa a beber para tentar esquecer os problemas financeiros que viria a encontrar. Duas horas depois, completamente embriagado, na saída do trabalho, encontra seu chefe Plínio, que fora o responsável por sua exoneração. Assim, com a intenção de causar a morte de Plínio, resolve empurrá-lo na direção de um ônibus que trafegava pela rua, vindo a vítima efetivamente a ser atropelada. Levado para o hospital totalmente consciente, mas com uma lesão significativa na perna a justificar o recebimento de analgésicos, Plinio vem a falecer, reconhecendo o auto de necropsia que a causa da morte foi unicamente envenenamento, decorrente de erro na medicação que lhe fora ministrada ao chegar ao hospital, já que o remédio estaria fora de validade e sequer seria adequado no tratamento da perna da vítima. Lúcio foi denunciado, perante o Tribunal do Júri, pela prática do crime de homicídio consumado, imputando a denúncia a agravante da embriaguez preordenada. Confirmados os fatos, no momento das alegações finais da primeira fase do procedimento do Tribunal do Júri, sob o ponto de vista técnico, a defesa deverá pleitear:

A) o afastamento da agravante da embriaguez, ainda que adequada a pronúncia pelo crime de homicídio consumado.
B) o afastamento, na pronúncia, da forma consumada do crime, bem como o afastamento da agravante da embriaguez.
C) o afastamento, na pronúncia, da forma consumada do crime, ainda que possível a manutenção da agravante da embriaguez.
D) a desclassificação para o crime de lesão corporal seguida de morte, bem como o afastamento da agravante da embriaguez.

RESPOSTA
A) Não é adequada a pronúncia pelo crime de homicídio na forma consumada, já que o resultado morte da vítima Plinio não decorreu do comportamento de Lúcio, mas de erro médico-hospitalar.
☑ Além do afastamento da forma consumada do crime de homicídio, também deve ser postulado o afastamento da agravante da embriaguez (art. 61, II, 'l', do CP).
C) Não é possível a manutenção da agravante da embriaguez preordenada, já que Lúcio não ingeriu bebida alcoólica com o fim de praticar crimes, mas sim "para tentar esquecer os problemas financeiros que viria a encontrar".
D) Não é possível a desclassificação para o crime de lesão corporal seguida de morte, pois Lúcio agiu "com a intenção de causar a morte de Plínio".

(XXXIV Exame de Ordem Unificado/FGV) Gabriel, funcionário há 20 (vinte) dias de uma loja de eletrodomésticos, soube, por terceira pessoa, que Ricardo, seu amigo de longa data, pretendia furtar o estabelecimento em que trabalhava, após o encerramento do expediente daquele dia, apenas não decidindo o autor do fato como faria para ingressar no local sem acionar o alarme. Ciente do plano de Ricardo, Gabriel, pretendendo facilitar o ato de seu amigo, sem que aquele sou-besse, ao sair do trabalho naquele dia, deixou propositalmente aberto o portão de acesso à loja, desligando os alarmes. Ricardo, ao chegar ao local, percebeu o portão de acesso aberto, entrou no estabelecimento e furtou diversos bens de seu interior. Após investigação, todos os fatos são descobertos. Os proprietários do estabelecimento lesado, então, procuraram a assistência de um advogado, esclarecendo que tomaram conhecimento de que Ricardo, após o crime, falecera em razão de doença pré-existente. Considerando apenas as informações expostas, o advogado deverá esclarecer aos lesados que Gabriel poderá ser responsabilizado pelo crime de:

A) furto qualificado pelo concurso de pessoas.
B) furto simples, sem a qualificadora do concurso de pessoas em razão da ausência do elemento subjetivo.
C) furto simples, sem a qualificadora do concurso de pessoas em razão da contribuição ter sido inócua para a consumação delitiva.
D) favorecimento real, mas não poderá ser imputado o crime de furto, simples ou qualificado.

RESPOSTA
☑ Gabriel poderá ser responsabilizado por furto qualificado pelo concurso de pessoas (art. 155, § 4º, IV, do CP). Para a configuração do concurso de agentes, não há necessidade de acordo prévio entre os sujeitos, bastando que um adira à vontade do outro.
B) Trata-se de furto qualificado pelo concurso de pessoas, e não de furto simples.
C) Trata-se de furto qualificado pelo concurso de pessoas, e não de furto simples.
D) Poderá ser imputado o crime de furto qualificado, e não o de favorecimento real. Só há favorecimento real "fora dos casos de coautoria ou de receptação" (art. 349 do CP). Portanto, como no caso narrado há concurso de pessoas, todos respondem pelo mesmo crime (que, como dito, será furto qualificado).

(XXXIV Exame de Ordem Unificado/FGV) Rômulo, 35 anos, José, 28 anos e Guilherme, 15 anos, durante 3 (três) meses, reuniram-se, na casa da mãe do adolescente, para discutirem a prática de crimes considerados de menor potencial ofensivo. Ao descobrir o objetivo das reuniões, a mãe de Guilherme informou os fatos à autoridade policial, que instaurou procedimento investigatório. Concluídas as investigações e confirmados os fatos, o Ministério Público ofereceu denúncia, em face de Rômulo e José, pelo crime de organização criminosa com causa de aumento pelo envolvimento do adolescente. Considerando apenas as informações narradas, a defesa de Rômulo e José poderá pleitear, sob o ponto de vista técnico:

A) a desclassificação para o crime de associação criminosa, apesar de possível a aplicação da causa de aumento pelo envolvimento de adolescente.
B) o afastamento da causa de aumento pelo envolvimento de adolescente, apesar de possível a condenação pelo crime de constituição de organização criminosa.

C) a absolvição dos réus, já que, considerando a inimputabilidade de Guilherme, não poderiam responder nem pela constituição de organização criminosa nem pela associação criminosa.

D) a desclassificação para o crime de associação criminosa, não havendo previsão de causa de aumento pelo envolvimento de adolescente, mas tão só se houvesse emprego de arma de fogo.

RESPOSTA

☑ De acordo com o § 1º do artigo 1º da Lei n. 12.850/13, "Considera-se organização criminosa a associação de 4 (quatro) ou mais pessoas estruturalmente ordenada e caracterizada pela divisão de tarefas, ainda que informalmente, com objetivo de obter, direta ou indiretamente, vantagem de qualquer natureza, mediante a prática de infrações penais cujas penas máximas sejam superiores a 4 (quatro) anos, ou que sejam de caráter transnacional". Há, portanto, necessidade de ao menos 4 pessoas para a configuração da organização criminosa. Dessa forma, deve ser postulada a desclassificação para o delito de associação criminosa (art. 288 do CP), que exige, para a sua configuração, ao menos 3 pessoas. O parágrafo único do artigo 288 do Código Penal prevê as causas de aumento de pena: "A pena aumenta-se até a metade se a associação é armada ou se houver a participação de criança ou adolescente".

B) Como dito, não há organização criminosa.

C) Não há organização criminosa, mas há associação criminosa. Ainda que Guilherme seja adolescente, ele é considerado para fins de constituição do número legal (ao menos três pessoas, conforme art. 288 do CP).

D) Está correta a desclassificação para associação criminosa. No entanto, incidirá a majorante pelo envolvimento do adolescente.

(XXXIV Exame de Ordem Unificado/FGV) Joana, sob influência do estado puerperal, levanta da cama do quarto do hospital, onde estava internada após o parto, com o propósito de matar seu filho recém-nascido, que se encontrava no berçário. Aproveitando-se da distração do segurança que, ao sair para ir ao banheiro, deixara sua arma sobre a mesa no corredor, Joana pega a arma e se dirige até o vidro do berçário. Lá chegando, identifica o berço de seu filho, aponta a arma e efetua o disparo. Ocorre que, devido ao tranco da arma, Joana erra o disparo e atinge o berço onde estava o filho de Maria. Acerca do caso, é correto afirmar que Joana responderá pelo crime de:

A) homicídio, uma vez que acertou o filho de Maria e não o seu próprio filho.

B) infanticídio, em razão da incidência do erro sobre a pessoa.

C) infanticídio, em razão da incidência do erro na execução.

D) infanticídio, em razão da incidência do resultado diverso do pretendido.

RESPOSTA

A) Não se trata de homicídio (art. 121 do CP), mas de infanticídio (art. 123 do CP).

B) Trata-se de infanticídio. No entanto, o crime não se deu em face de erro sobre a pessoa (art. 20, § 3º, do CP). Neste, o agente confunde a sua vítima com outra.

☑ Trata-se de infanticídio, praticado em razão de erro na execução (aberratio ictus), previsto no art. 73 do CP. Neste, há acidente ou erro de pontaria.

D) Trata-se de infanticídio. No entanto, o crime não se deu em face de resultado diverso do pretendido (aberratio criminis ou aberratio delicti), previsto no art. 74 do CP. Neste, há erro de pontaria de pessoa em face de coisa, ou de coisa em face de pessoa.

(35º Exame de Ordem Unificado/FGV) Para satisfazer sentimento pessoal, já que tinha grande relação de amizade com Joana, Alan, na condição de funcionário público, deixou de praticar ato de ofício em benefício da amiga. O supervisor de Alan, todavia, identificou o ocorrido e praticou o ato que Alan havia omitido, informando os fatos em procedimento administrativo próprio. Após a conclusão do procedimento administrativo, o Ministério Público denunciou Alan pelo crime de corrupção passiva consumado, destacando que a vantagem obtida poderia ser de qualquer natureza para tipificação do delito. Confirmados os fatos durante a instrução, caberá à defesa técnica de Alan pleitear sob o ponto de vista técnico, no momento das alegações finais:

A) o reconhecimento da tentativa em relação ao crime de corrupção passiva.

B) a desclassificação para o crime de prevaricação, na forma tentada.

C) a desclassificação para o crime de prevaricação, na forma consumada.

D) o reconhecimento da prática do crime de condescendência criminosa, na forma consumada.

RESPOSTA

A) Não há o crime de corrupção passiva (art. 317 do CP), mas de prevaricação (art. 319 do CP). Para a caracterização do delito de corrupção passiva, o agente deve solicitar, receber ou aceitar promessa de vantagem indevida, condutas não praticadas por Alan.

B) Há prevaricação, mas não na forma tentada. Tal delito é formal, e se consumou no momento em que Alan deixou de praticar o ato de ofício, independentemente de qualquer outro resultado.

☑ Trata-se, conforme demonstrado, de prevaricação na forma consumada.

D) Não há condescendência criminosa, pois não estão presentes as elementares do art. 320 do CP: "Deixar o funcionário, por indulgência, de responsabilizar subordinado que cometeu infração no exercício do cargo ou, quando lhe falte competência, não levar o fato ao conhecimento da autoridade competente".

(35º Exame de Ordem Unificado/FGV) Natan, com 21 anos de idade, praticou, no dia 03 de fevereiro de 2020, crime de apropriação indébita simples. Considerando a pena do delito e a primariedade técnica, já que apenas respondia outra ação penal pela suposta prática de injúria racial, foi oferecida pelo Ministério Público proposta de acordo de não persecução penal, que foi aceita pelo agente e por sua defesa técnica. Natan, 15 dias após o acordo, procura seu(sua) advogado(a) e demonstra intenção de não cumprir as condições acordadas, indagando sobre aspectos relacionadas ao prazo prescricional aplicável ao Ministério Público para oferecimento da denúncia. O(A) advogado(a) de Natan deverá esclarecer, sobre o tema, que:

A) enquanto não cumprido o acordo de não persecução penal, não correrá o prazo da prescrição da pretensão punitiva.

B) será o prazo prescricional da pretensão punitiva pela pena em abstrato reduzido pela metade, em razão da idade de Natan.

C) poderá, ultrapassado o prazo de 03 anos, haver reconhecimento da prescrição da pretensão punitiva com base na pena ideal ou hipotética.

D) poderá, ultrapassado o prazo legal, haver reconhecimento da prescrição da pretensão punitiva entre a data dos fatos e do recebimento da denúncia, considerando pena em concreto aplicada em eventual sentença.

RESPOSTA

☑ De acordo com o art. 116, IV, do Código Penal, "Antes de passar em julgado a sentença final, a prescrição não corre: (...) enquanto não cumprido ou não rescindido o acordo de não persecução penal".

B) O crime de apropriação indébita simples (art. 168, *caput*, do CP) é punido com a pena em abstrato de 1 a 4 anos e multa. Assim, a prescrição da pretensão punitiva pela pena em abstrato seria de 8 anos (art. 109, IV, do CP). Ademais, não há redução pela metade do prazo prescricional, pois Natan não é menor de 21 anos à época do crime.

C) A prescrição virtual, ou pela pena hipotética, não é admitida pelos Tribunais Superiores. Nesse sentido a Súmula 438 do STJ: "É inadmissível a extinção da punibilidade pela prescrição da pretensão punitiva com fundamento em pena hipotética, independentemente da existência ou sorte do processo penal".

D) A prescrição da pretensão punitiva retroativa não pode retroagir à data do crime. Nesse sentido o § 1º do artigo 110 do Código Penal: "A prescrição, depois da sentença condenatória com trânsito em julgado para a acusação ou depois de improvido seu recurso, regula-se pela pena aplicada, não podendo, em nenhuma hipótese, ter por termo inicial data anterior à da denúncia ou queixa".

(35º Exame de Ordem Unificado/FGV) No dia 31-12-2020, na casa da genitora da vítima, Fausto, com 39 anos, enquanto conversava com Ana Vitória, de 12 anos de idade, sem violência ou grave ameaça à pessoa, passava as mãos nos seios e nádegas da adolescente, conduta flagrada pela mãe da menor, que imediatamente acionou a polícia, sendo Fausto preso em flagrante. Preocupada com eventual represália e tendo interesse em ver o autor do fato punido, em especial porque sabe que Fausto cumpre pena em livramento condicional por condenação com trânsito em julgado pelo crime de latrocínio, a família de Ana Vitória procura você, na condição de advogado(a), para esclarecimento sobre a conduta praticada. Por ocasião da consulta jurídica, deverá ser esclarecido que o crime em tese praticado por Fausto é o de:

A) estupro de vulnerável (Art. 217-A do CP), não fazendo jus Fausto, em caso de eventual condenação, a novo livramento condicional.

B) importunação sexual (Art. 215-A do CP), não fazendo jus Fausto, em caso de eventual condenação, a novo livramento condicional.

C) estupro de vulnerável (Art. 217-A do CP), podendo Fausto, em caso de condenação, após cumprimento de determinado tempo de pena e observados os requisitos subjetivos, obter novo livramento condicional.

D) importunação sexual (Art. 215-A do CP), podendo Fausto, em caso de condenação, após cumprimento de determinado tempo de pena e observados os requisitos subjetivos, obter novo livramento condicional.

RESPOSTA

☑ Fausto cometeu estupro de vulnerável (art. 217-A do CP), pois praticou atos libidinosos com menor de 14 anos. Ademais, não fará faz jus a novo livramento condicional, pois o delito de estupro de vulnerável é crime hediondo, e Fausto já cumpre pena em livramento condicional por crime hediondo (latrocínio). Nesse sentido o inciso V do artigo 83 do Código Penal: "O juiz poderá conceder livramento condicional ao condenado a pena privativa de liberdade igual ou superior a 2 (dois) anos, desde que: (...) V – cumpridos mais de dois terços da pena, nos casos de condenação por crime hediondo, prática de tortura, tráfico ilícito de entorpecentes e drogas afins, tráfico de pessoas e terrorismo, se o apenado não for reincidente específico em crimes dessa natureza".

B) Não há o delito de importunação sexual, que vem assim descrito no Código Penal: "Praticar contra alguém e sem a sua anuência ato libidinoso com o objetivo de satisfazer a própria lascívia ou a de terceiro: Pena – reclusão, de 1 a 5 anos, se o ato não constitui crime mais grave".

C) Como dito, Fausto não poderá obter novo livramento condicional.

D) Como dito, não há o crime de importunação sexual.

(35º Exame de Ordem Unificado/FGV) Paulo foi condenado, com trânsito em julgado, pela prática do crime de lesão corporal grave, à pena de 1 ano e oito meses de reclusão, tendo o trânsito ocorrido em 14 de abril de 2016. Uma vez que preenchia os requisitos legais, o magistrado houve, por bem, conceder a ele o benefício da suspensão condicional da pena pelo período de 2 anos. Por ter cumprido todas as condições

impostas, teve sua pena extinta em 18 de abril de 2018. No dia 15 de maio de 2021, Paulo foi preso pela prática do crime de roubo. Diante do caso narrado, caso Paulo venha a ser condenado pela prática do crime de roubo, deverá ser considerado:
A) reincidente, na medida em que, uma vez condenado com trânsito em julgado, o agente não recupera a primariedade.
B) reincidente, em razão de não ter passado o prazo desde a extinção da pena pelo crime anterior.
C) primário, em razão de ter cumprido o prazo para a recuperação de primariedade.
D) primário, em razão de a reincidência exigir a prática do mesmo tipo penal, o que não ocorreu no caso de Paulo.

RESPOSTA
A) De acordo com o art. 63 do CP, "Verifica-se a reincidência quando o agente comete novo crime, depois de transitar em julgado a sentença que, no País ou no estrangeiro, o tenha condenado por crime anterior". Ademais, o art. 64, I, do CP dispõe que "Para efeito de reincidência: I – não prevalece a condenação anterior, se entre a data do cumprimento ou extinção da pena e a infração posterior tiver decorrido período de tempo superior a 5 (cinco) anos, computado o período de prova da suspensão ou do livramento condicional, se não ocorrer revogação". Dessa forma, sendo computado o período do sursis, o prazo de 5 anos (período depurador da reincidência) é contado a partir de 14-4-2016. Isso significa que, na data de 15-5-2021, Paulo já havia retornado à condição de tecnicamente primário.
B) Como dito, Paulo não é reincidente.
☑ Paulo é primário, com fundamento no art. 64, I, do Código Penal.
D) Paulo é primário, mas não em face de inexistência de reincidência específica, e sim porque transcorreu o prazo do art. 64, I, do CP.

(36º Exame de Ordem Unificado/FGV) Robson, diretor-presidente da *Sociedade Empresária RX Empreendimentos*, telefona para sua secretária Camila e solicita que ela compareça à sua sala. Ao ingressar no recinto, Camila é convidada para sentar ao lado de Robson no sofá, pois ele estaria precisando conversar com ela. Apesar de achar estranho o procedimento, Camila se senta ao lado de seu chefe. Durante a conversa, Robson afirma que estaria interessado nela e a convida para ir a um motel. Camila recusa o convite e, ato contínuo, Robson afirma que se ela não aceitar, nem precisa retornar ao trabalho no dia seguinte, pois estaria demitida. Camila, desesperada, sai da sala de seu chefe, pega sua bolsa e vai até a Delegacia Policial do bairro para registrar o fato. Diante das informações apresentadas, é correto afirmar que a conduta praticada por Robson se amolda ao crime de:
A) tentativa de assédio sexual (Art. 216-A), não chegando o crime a ser consumado na medida em que se trata de crime material, exigindo a produção do resultado, o que não ocorreu na hipótese;
B) assédio sexual consumado, uma vez que o delito é formal, ocorrendo a sua consumação independentemente da obtenção da vantagem sexual pretendida;
C) fato atípico, uma vez que a conduta praticada por Robson configura mero ato preparatório do crime de assédio sexual, sendo certo que os atos preparatórios não são puníveis;
D) importunação sexual (Art. 215-A), uma vez que Robson praticou, contra a vontade de Camila, ato visando à satisfação de sua lascívia.

RESPOSTA
A) O crime de assédio sexual, previsto no art. 216-A do Código Penal, não é delito material, mas formal. O crime, portanto, restou consumado.
☑ O crime de assédio sexual está assim descrito no art. 216-A do CP: "Constranger alguém com o intuito de obter vantagem ou favorecimento sexual, prevalecendo-se o agente da sua condição de superior hierárquico ou ascendência inerentes ao exercício de emprego, cargo ou função". Tratando-se de crime formal, não há necessidade de qualquer resultado (exemplo: relação sexual entre as partes) para a sua consumação.
C) Não se trata de fato atípico, já que a conduta de Robson configura assédio sexual.
D) Robson não praticou ato libidinoso contra a vítima, o que seria necessário para a caracterização do crime de importunação sexual.

(36º Exame de Ordem Unificado/FGV) André, primário, e Fábio, reincidente, foram condenados por crime de latrocínio em concurso de pessoas. Durante a execução penal, ambos requereram a progressão de regime, visto que já haviam cumprido parte da pena. André fundamentou seu pedido em "bom comportamento", comprovado pelo diretor do estabelecimento prisional. Fábio, por sua vez, fundamentou seu pedido em razão de ter sido condenado na mesma época de seu comparsa, André. Dessa forma, segundo os princípios que regem a Execução Penal e o Direito Penal, é correto afirmar que:
A) de acordo com o princípio da isonomia, que garante igualdade de tratamento entre os presos, é vedada aplicação de frações de progressão de regime diferenciadas a cada um dos acusados.
B) de acordo com o princípio da individualização da pena, o Juiz da execução penal deverá alterar as penas dos acusados, conforme o comportamento prisional de cada um.
C) é assegurada a progressão de regime aos crimes hediondos, mas a fração de progressão varia para cada indivíduo, ainda que ambos condenados pelo mesmo fato.
D) o princípio do livre convencimento motivado autoriza o Juiz a aplicar a progressão de regime no momento processual que entender adequado, pois não há prazo para o Juiz.

RESPOSTA
A) O art. 112 da LEP (Lei de Execução Penal – Lei n. 7.210/84) estabelece frações de progressão de regime diferenciadas, levando em conta, por exemplo, se o crime

foi praticado com ou sem violência/grave ameaça, bem como se o condenado é primário ou reincidente.

B) O comportamento prisional do condenado não irá determinar a alteração da pena, embora seja considerado para o fim de verificação de certos institutos próprios da execução penal, como o trabalho, a saída temporária e a progressão de regime.

☑ A progressão de regime é assegurada em face de qualquer crime, hediondo ou não. De acordo com o art. 112 da LEP, a fração de progressão irá variar para cada indivíduo (ainda que condenados pelo mesmo fato), devendo o juiz da execução verificar se o apenado é primário (fração mais branda) ou reincidente (fração mais rigorosa).

D) O juiz da execução não poderá aplicar a progressão de regime no momento processual que entender adequado, já que o art. 112 da LEP determina a progressão diante do cumprimento de certos requisitos legais, como o adimplemento de um quantum mínimo de pena.

(36º Exame de Ordem Unificado/FGV) Tainá, legalmente autorizada a pilotar barcos, foi realizar um passeio de veleiro com sua amiga Raquel. Devido a uma mudança climática repentina, o veleiro virou e começou a afundar. Tainá e Raquel nadaram, desesperadamente, em direção a um tronco de árvore que flutuava no mar. Apesar de grande, o tronco não era grande o suficiente para suportar as duas amigas ao mesmo tempo. Percebendo isso, Raquel subiu no tronco e deixou Tainá afundar, como único meio de salvar a própria vida. A perícia concluiu que a morte de Tainá se deu por afogamento. A partir do caso relatado, assinale a opção que indica a natureza da conduta praticada por Raquel.

A) Raquel deverá responder pelo crime de omissão de socorro.
B) Raquel agiu em legítima defesa, causa excludente de ilicitude.
C) Raquel deverá responder pelo crime de homicídio consumado.
D) Raquel agiu em estado de necessidade, causa excludente de ilicitude.

RESPOSTA

A) Raquel não responderá por crime algum, já que agiu em estado de necessidade.
B) Raquel não agiu em legítima defesa, mas, como dito, em estado de necessidade. Veja-se que na origem há uma situação de perigo (o veleiro começa a afundar), e não uma agressão. A palavra-chave do estado de necessidade é "perigo". Já a palavra-chave da legítima defesa é "agressão".
C) Como dito, Raquel não responderá por crime algum, já que agiu em estado de necessidade.
☑ Raquel agiu em estado de necessidade, já que, para salvar a própria vida, subiu no tronco, que não suportou o peso das duas amigas. Trata-se do clássico exemplo da "tábua da salvação", bastante comum na doutrina penal. O estado de necessidade, de acordo com o art. 23 do CP, é causa de exclusão da ilicitude.

(36º Exame de Ordem Unificado/FGV) Túlio e Alfredo combinaram de praticar um roubo contra uma joalheria. Os dois ingressam na loja, e Alfredo, com o emprego de arma de fogo, exige que Fernanda, a vendedora, abra a vitrine e entregue os objetos expostos. Enquanto Alfredo vasculha as gavetas da frente da loja, Túlio ingressa nos fundos do estabelecimento com Fernanda, em busca de joias mais valiosas, momento em que decide levá-la ao banheiro e, então, mantém com Fernanda conjunção carnal. Após, Túlio e Alfredo fogem com as mercadorias. Em relação às condutas praticadas por Túlio e Alfredo, assinale a afirmativa correta.

A) Túlio e Alfredo responderão por roubo duplamente circunstanciado, pelo concurso de pessoas e emprego de arma de fogo, e pelo delito de estupro, em concurso material.
B) Túlio responderá por roubo circunstanciado pelo concurso de pessoas e estupro; Alfredo responderá por roubo duplamente circunstanciado, pelo concurso de pessoas e emprego de arma de fogo.
C) Alfredo e Túlio responderão por roubo circunstanciado pelo concurso de pessoas e emprego de arma de fogo; Túlio também responderá por estupro, em concurso material.
D) Túlio e Alfredo responderão por roubo circunstanciado pelo concurso de pessoas e emprego de arma de fogo; Túlio responderá por estupro, ao passo que Alfredo responderá por participação de menor importância no delito de estupro.

RESPOSTA

A) Está correto afirmar que Túlio e Alfredo responderão por roubo duplamente circunstanciado (concurso de pessoas + emprego de arma de fogo). No entanto, Alfredo não responderá por estupro, crime que foi praticado unicamente por Túlio.
B) A majorante do emprego de arma de fogo comunica-se a Túlio.
☑ Os dois agentes respondem, em concurso de pessoas, por roubo duplamente circunstanciado. Túlio ainda deverá ser responsabilizado por estupro, em concurso material com o delito contra o patrimônio.
D) Alfredo, como dito, não irá responder por estupro.

(36º Exame de Ordem Unificado/FGV) Américo é torcedor fanático de um grande clube brasileiro, que disputa todos os principais campeonatos nacionais e internacionais. Américo recebeu a notícia de que seu clube iria jogar uma partida no estádio de sua cidade, porém, ao tentar adquirir os ingressos, descobriu que estes já haviam se esgotado. André, seu vizinho, torcedor do time rival, sempre incomodado com os gritos de comemoração que Américo soltava em dias de jogo, resolveu se vingar, oferecendo ingressos falsos para Américo. Sem saber da falsidade, Américo aceitou a oferta, porém, no momento da concretização do pagamento, percebeu, por sua acurada expertise no tema ingressos de futebol, que os ingressos eram falsos. Com base na situação hipotética, é correto afirmar que a conduta de André corresponde ao crime de:

A) "cambismo", do Estatuto do Torcedor, na modalidade tentada.
B) falsificação de documento público.
C) estelionato, na modalidade tentada.
D) uso de documento falso.

RESPOSTA

A) O crime de "cambismo" está previsto no art. 41-F do Estatuto do Torcedor (Lei n. 10.671/03) da seguinte forma: "Vender ingressos de evento esportivo, por preço superior ao estampado no bilhete". André tentou vender ingressos falsos, e não ingressos por preço superior.

B) Não há o crime de falsificação de documento público (art. 297 do CP), já que o ingresso para um jogo de futebol não é documento público. Ademais, o enunciado não deixa claro ter sido André o autor da falsificação.

☑ André, valendo-se de fraude (oferecimento de ingressos falsos à vítima), praticou estelionato. O crime não se consumou porque a vítima não sofreu prejuízo (Américo, no momento da concretização do pagamento, percebeu, por sua acurada expertise no tema ingressos de futebol, que os ingressos eram falsos).

D) André não usou o documento falso (exemplo: não o apresentou a alguma autoridade), e sim tentou vendê-lo à vítima.

■ MATERIAL DIGITAL EXCLUSIVO

DIREITO PENAL — Material Complementar

somos.in/CEOABVU10

Legislação Penal Especial

Alexandre Salim

Promotor de Justiça no Rio Grande do Sul. Doutor em Direito pela Universidade de Roma Tre. Mestre em Direito pela Universidade do Oeste de Santa Catarina. Especialista em Teoria Geral do Processo pela Universidade de Caxias do Sul. Coordenador da equipe de Penal do Curso Preparatório para o Exame de Ordem no CERS.
Instagram: @profalexandresalim @oabpenalsa

Sumário

1. Lei dos Crimes Hediondos (Lei n. 8.072/90); 1.1. Fundamento constitucional (art. 5º, XLIII); 1.2. Critério legal; 1.3. Previsão no Código Penal; 1.4. Rol dos crimes hediondos; 1.5. Crimes equiparados a hediondos; 1.6. Vedação de benefícios e tratamento mais rigoroso – **2. Lei de Tortura (Lei n. 9.455/97);** 2.1. Dispositivos constitucionais correlatos; 2.2. Tortura-constrangimento (art. 1º, I); 2.3. Tortura-castigo (art. 1º, II); 2.4. Tortura imprópria (art. 1º, § 2º); 2.5. Forma qualificada (art. 1º, § 3º); 2.6. Forma majorada (art. 1º, § 4º); 2.7. Efeitos da sentença condenatória (art. 1º, § 5º); 2.8. Vedação de benefícios (art. 1º, § 6º); 2.9. Regime inicial; 2.10. Extraterritorialidade (art. 2º) – **3. Lei de Terrorismo (Lei n. 13.260/2016);** 3.1. Conceito de terrorismo (art. 2º, *caput*); 3.2. Atos de terrorismo (art. 2º, § 1º); 3.3. Punição de atos preparatórios (art. 5º); 3.4. Desistência voluntária e arrependimento eficaz (art. 10); 3.5. Forma majorada (art. 7º); 3.6. Competência (art. 11); 3.7. Crime equiparado a hediondo (art. 17) – **4. Lei de Drogas (Lei n. 11.343/2006);** 4.1. Cultivo de plantas psicotrópicas (art. 243 da CF); 4.2. Norma penal em branco heterogênea; 4.3. Droga para consumo pessoal (art. 28); 4.4. Tráfico ilícito de drogas (art. 33, *caput* e § 1º); 4.5. Cessão gratuita para consumo (art. 33, § 3º); 4.6. Tráfico privilegiado (art. 33, § 4º); 4.7. Associação para o tráfico (art. 35); 4.8. Majorantes do tráfico transnacional (art. 40, I) e interestadual (art. 40, V); 4.9. Prazo para conclusão do inquérito policial (art. 51); 4.10. Denúncia e número de testemunhas (art. 54, III); 4.11. Defesa prévia ou resposta preliminar e número de testemunhas (art. 55); 4.12. Audiência de instrução e julgamento (art. 57) – **5. Crime organizado (Lei n. 12.850/2013);** 5.1. Conceito de organização criminosa (art. 1º, § 1º); 5.2. Aplicação da lei (art. 1º, § 2º); 5.3. Crime de integrar organização criminosa (art. 2º); 5.4. Consequências gravosas para agentes que são líderes e/ou mantenham o vínculo associativo (art. 2º, §§ 8º e 9º); 5.5. Meios de obtenção da prova (art. 3º); 5.6. Acordo de colaboração premiada; 5.7. Requisitos da colaboração premiada (art. 4º, *caput*); 5.8. Suspensão do processo e da prescrição na colaboração premiada (art. 4º, § 3º); 5.9. Não oferecimento de denúncia (art. 4º, §§ 4º e 4º-A); 5.10. Partes na colaboração premiada (art. 4º, § 6º); 5.11. Homologação da colaboração premiada (art. 4º, §§ 7º a 8º); 5.12. Retratação da colaboração premiada (art. 4º, § 10); 5.13. Direito do delatado de manifestar-se depois do delator (art. 4º, § 10-A); 5.14. Inadmissibilidade de sentença condenatória ou outras medidas somente com base na delação (art. 4º, § 16); 5.15. Direitos do colaborador (art. 5º); 5.16. Crimes ocorridos na investigação e na obtenção da prova; 5.17. Hediondez – **6. Estatuto do Desarmamento (Lei n. 10.826/2003);** 6.1. Questões comuns a todos os crimes; 6.2. Arma de fogo desmuniciada ou desmontada; 6.3. Posse irregular de arma de fogo de uso permitido; 6.4. Porte ilegal de arma de fogo de uso permitido; 6.5. Disparo de arma de fogo; 6.6. Posse ou porte ilegal de arma de fogo de uso restrito ou proibido; 6.7. Comércio ilegal de arma de fogo; 6.8. Tráfico internacional de arma de fogo, acessório ou munição; 6.9. Majorantes; 6.10. Hediondez – **7. Crimes de trânsito (Lei n. 9.503/97 – CTB);** 7.1. Suspensão ou proibição de se obter a permissão ou a habilitação para dirigir veículo automotor; 7.2. Agravantes (art. 298); 7.3. Prisão em flagrante e fiança (art. 301); 7.4. Homicídio culposo na direção de veículo automotor (art. 302); 7.5. Lesão culposa na direção de veículo automotor (art. 303); 7.6. Fuga do local do acidente (art. 305); 7.7. Embriaguez ao volante (art. 306); 7.8. Participação em competição não autorizada (art. 308); 7.9. Direção de veículo sem permissão ou habilitação (art. 309); 7.10. Entrega de veículo a pessoa não habilitada (art. 310); 7.11. Penas alternativas em caso de condenação (art. 312-A); 7.12. Efeito da condenação (art. 278-A); 7.13. Vedação de penas restritivas de direitos (art. 312-B) – **8. Abuso de autoridade (Lei n. 13.869/2019);** 8.1. Disposições gerais; 8.2. Sujeitos do crime; 8.3. Ação penal; 8.4. Efeitos da condenação; 8.5. Penas restritivas de direitos; 8.6. Sanções de natureza civil e administrativa; 8.7. Crimes em espécie; 8.7.1. Decretação de medida privativa de liberdade em desconformidade com a lei; 8.7.2. Decretação de condução coercitiva de testemunha ou investigado; 8.7.3. Omissão de comunicação de prisão; 8.7.4. Constrangimento do preso a exibição, vexame ou produção de prova contra si ou terceiro; 8.7.5. Constrangimento para depor de pessoa que deva guardar segredo ou resguardar sigilo; 8.7.6. Omissão na identificação, ou identificação falsa, ao preso por ocasião da prisão; 8.7.7. Submissão a interrogatório durante o repouso noturno; 8.7.8. Impedimento ou retardamento do envio de pleito do preso ao juiz competente; 8.7.9. Impedimento de entrevista do preso com seu advogado; 8.7.10. Manter na mesma cela presos de ambos os sexos, ou presos e menores de 18 anos; 8.7.11. Violação de domicílio e condutas análogas; 8.7.12. Fraude processual; 8.7.13. Constrangimento ilegal para admissão de pessoa para tratamento cujo óbito já tenha ocorrido; 8.7.14. Obtenção de prova por meio manifestamente ilícito; 8.7.15. Requisição ou instauração de procedimento investigatório sem indícios; 8.7.16. Divulgação de gravação sem relação com a prova, violando-se o direito à intimidade; 8.7.17. Informação falsa sobre procedimento judicial, policial, fiscal ou administrativo; 8.7.18. Proceder à persecução penal, civil ou administrativa sem justa causa ou contra pessoa inocente; 8.7.19. Procrastinação injustificada da investigação em prejuízo do investigado ou fiscalizado; 8.7.20. Negação de acesso aos autos da investigação; 8.7.21. Exigência indevida de informação ou obrigação; 8.7.22. Decretação de indisponibilidade de ativos financeiros que extrapole o valor da dívida; 8.7.23. Demora injustificada no exame de processo de que tenha requerido vista em órgão colegiado; 8.7.24. Antecipação de atribuição de culpa antes da conclusão da apuração e formalização da acusação; 8.8. Procedimento; 8.9. Crime de violação de direito ou prerrogativa de advogado – **9. Crimes ambientais (Lei n. 9.605/98);** 9.1. Punição da pessoa jurídica; 9.2. Teoria da dupla imputação; 9.3. Penas restritivas de direitos (art. 8º); 9.4. Atenuantes (art. 14); 9.5. Penas aplicáveis às pessoas jurídicas (art. 21); 9.6. Ação penal (art. 26); 9.7. Transação penal (art. 27); 9.8. Suspensão condicional do processo (art. 28); 9.9. Princípio da insignificância; 9.10. Crimes ambientais em espécie – **10. Lavagem de dinheiro (Lei n. 9.613/98);** 10.1. Conceito; 10.2. Crime de lavagem (art. 1º, *caput*); 10.3. Crimes equiparados aos de lavagem (art. 1º, §§ 1º e 2º); 10.4. Colaboração premiada (art. 1º, § 5º); 10.5. Ação controlada e infiltração de agentes (art. 1º, § 6º); 10.6. Independência do crime de lavagem (art. 2º, II); 10.7. Competência; 10.8. Instrução da denúncia e autonomia da lavagem (art. 2º, § 1º) – **11. Crimes contra a ordem tributária (Lei n. 8.137/90);** 11.1. Crimes do art. 1º; 11.2. Crimes do art. 2º; 11.3. Crimes do art. 3º – **12. Crimes contra o Sistema Financeiro Nacional (Lei n. 7.492/86);** 12.1. Fundamento constitucional (art. 192 da CF); 12.2. Conceito de instituição financeira (art. 1º, *caput*); 12.3. Conceito de Sistema Financeiro Nacional; 12.4.

Instituição financeira por equiparação (art. 1º, parágrafo único); 12.5. Crime de divulgação de informação falsa (art. 3º); 12.6. Crimes de gestão fraudulenta e temerária (art. 4º); 12.7. Crime de indução em erro de sócio, investidor ou repartição pública competente (art. 6º); 12.8. Crime de operação de instituição financeira sem autorização (art. 16); 12.9. Crime de obtenção de financiamento mediante fraude (art. 19); 12.10. Crime de evasão de divisas (art. 22); 12.11. Competência (art. 26) – **13. Lei do Crime Racial (Lei n. 7.716/89);** 13.1. Dispositivos constitucionais; 13.2. Lei n. 7.716/89 (art. 1º); 13.3. Injúria racial (art. 2º-A); 13.4. Crime de impedir ou obstar acesso a cargo da Administração Pública (art. 3º); 13.5. Crime de negar ou obstar emprego em empresa privada (art. 4º); 13.6. Crime de recusar ou impedir acesso a estabelecimento comercial (art. 5º); 13.7. Crime de impedir o acesso ou recusar hospedagem em hotel (art. 7º); 13.8. Crime de impedir o acesso ou recusar atendimento em restaurante (art. 8º); 13.9. Crime de impedir o acesso ou recusar atendimento em salão de cabeleireiro (art. 10); 13.10. Crime de impedir o acesso às entradas sociais de edifícios (art. 11); 13.11. Crime de praticar racismo (art. 20); 13.12. Crime de divulgação do nazismo (art. 20, § 1º); 13.13. Efeitos da condenação (arts. 16 e 18) – **Referências bibliográficas – Questões – Material digital exclusivo**

1. LEI DOS CRIMES HEDIONDOS (LEI N. 8.072/90)

1.1. Fundamento constitucional (art. 5º, XLIII)

Para a regulação do dispositivo foi editada a Lei n. 8.072/90.

> XLIII – a lei considerará crimes inafiançáveis e insuscetíveis de graça ou anistia a prática da tortura, o tráfico ilícito de entorpecentes e drogas afins, o terrorismo e os definidos como **crimes hediondos**, por eles respondendo os mandantes, os executores e os que, podendo evitá-los, se omitirem.

1.2. Critério legal

O legislador brasileiro optou pelo critério legislativo, ou seja, é a lei que diz quais crimes são hediondos, e não o juiz.

1.3. Previsão no Código Penal

De acordo com o art. 1º da Lei n. 8.072/90, todos os crimes hediondos estão previstos no Código Penal. As únicas exceções são os delitos dispostos no parágrafo único do referido artigo 1º, os quais estão previstos em leis penais especiais.

> Art. 1º São considerados hediondos os seguintes crimes, **todos tipificados no Decreto-Lei n. 2.848, de 7 de dezembro de 1940 – Código Penal**, consumados ou tentados.
> (...)
> Parágrafo único. Consideram-se também hediondos, tentados ou consumados:
> I – o crime de genocídio, previsto nos arts. 1º, 2º e 3º da Lei n. 2.889, de 1º de outubro de 1956;
> II – o crime de posse ou porte ilegal de arma de fogo de uso proibido, previsto no art. 16 da Lei n. 10.826, de 22 de dezembro de 2003;
> III – o crime de comércio ilegal de armas de fogo, previsto no art. 17 da Lei n. 10.826, de 22 de dezembro de 2003;
> IV – o crime de tráfico internacional de arma de fogo, acessório ou munição, previsto no art. 18 da Lei n. 10.826, de 22 de dezembro de 2003;
> V – o crime de organização criminosa, quando direcionado à prática de crime hediondo ou equiparado.

Ex.: o crime de estupro está arrolado como hediondo (art. 1º, V, da Lei n. 8.072/90). No entanto, o estupro disposto no CPM – Código Penal Militar (art. 232) não será considerado hediondo, já que não está previsto no Código Penal.

1.4. Rol dos crimes hediondos

Há crimes hediondos contra a pessoa, contra o patrimônio, contra a dignidade sexual, contra a saúde pública, contra a incolumidade pública e contra a paz pública:

a) *Crimes hediondos contra a pessoa:* **(I)** homicídio simples (art. 121, *caput*, do CP) somente quando praticado em atividade típica de grupo de extermínio, ainda que cometido por um só agente; **(II)** homicídio qualificado (art. 121, § 2º, do CP); **(III)** lesão corporal dolosa de natureza gravíssima (art. 129, § 2º, do CP) e lesão corporal seguida de morte (art. 129, § 3º, do CP), quando praticadas contra autoridade ou agente descrito nos arts. 142 e 144 da Constituição Federal, integrantes do sistema prisional e da Força Nacional de Segurança Pública, no exercício da função ou em decorrência dela, ou contra seu cônjuge, companheiro ou parente consanguíneo até terceiro grau, em razão dessa condição; e **(IV)** genocídio (arts. 1º, 2º e 3º da Lei n. 2.889/56).

b) *Crimes hediondos contra o patrimônio:* **(I)** roubo: (I.1) circunstanciado pela restrição de liberdade da vítima (art. 157, § 2º, V, do CP); (I.2) circunstanciado pelo emprego de arma de fogo (art. 157, § 2º-A, I, do CP) ou pelo emprego de arma de fogo de uso proibido ou restrito (art. 157, § 2º-B, do CP); (I.3) qualificado pelo resultado lesão corporal grave ou morte (art. 157, § 3º, do CP); **(II)** extorsão qualificada pela restrição da liberdade da vítima, ocorrência de lesão corporal ou morte (art. 158, § 3º, do CP); **(III)** extorsão mediante sequestro e na forma qualificada (art. 159, *caput*, e §§ 1º, 2º e 3º, do CP); **(IV)** furto qualificado pelo emprego de explosivo ou de artefato análogo que cause perigo comum (art. 155, § 4º-A, do CP).

c) *Crimes hediondos contra a dignidade sexual:* **(I)** estupro (art. 213, *caput* e §§ 1º e 2º, do CP); **(II)** estupro de vulnerável (art. 217-A, *caput* e §§ 1º, 2º, 3º e 4º, do CP); e **(III)** favorecimento da prostituição ou de outra forma de exploração sexual de criança ou adolescente ou de vulnerável (art. 218-B, *caput* e §§ 1º e 2º, do CP).

d) *Crimes hediondos contra a saúde pública:* **(I)** epidemia com resultado morte (art. 267, § 1º, do CP); e **(II)** falsificação, corrupção, adulteração ou alteração de produto destinado a fins terapêuticos ou medicinais (art. 273, *caput* e §§ 1º, 1º-A e 1º-B, do CP).

e) *Crimes hediondos contra a incolumidade pública:* **(I)** posse ou porte ilegal de arma de fogo de uso **proibido** (art. 16 da Lei 10.826/2003); **(II)** comércio ilegal de arma de fogo (art. 17 da Lei n. 10.826/2003); **(III)** tráfico internacional de arma de fogo, acessório ou munição (art. 18 da Lei n. 10.826/2003). As alterações legislativas foram promovidas pela Lei Anticrime (Lei n. 13.964/2019, com vigência a partir de 23-1-2020).

f) *Crime hediondo contra a paz pública*: organização criminosa, quando direcionada à prática de crime hediondo ou equiparado. Trata-se de inovação trazida pela Lei n. 13.964/2019.

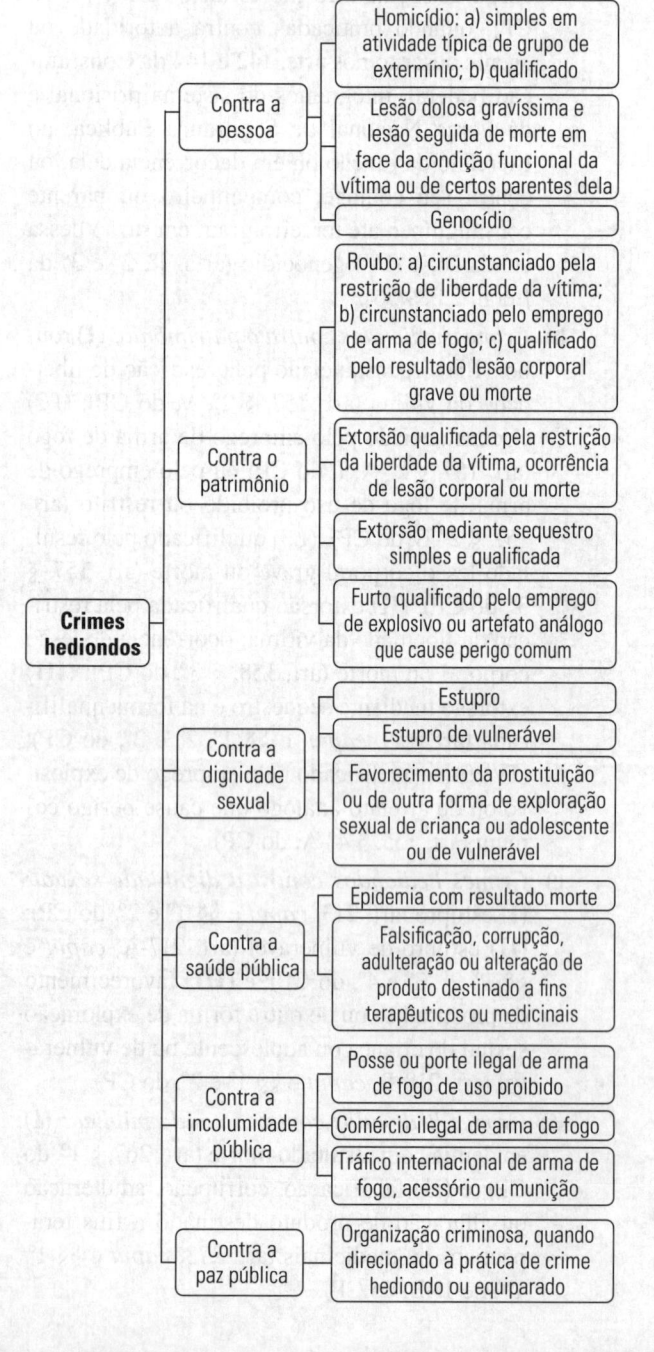

Crimes hediondos

- Contra a pessoa
  - Homicídio: a) simples em atividade típica de grupo de extermínio; b) qualificado
  - Lesão dolosa gravíssima e lesão seguida de morte em face da condição funcional da vítima ou de certos parentes dela
  - Genocídio
- Contra o patrimônio
  - Roubo: a) circunstanciado pela restrição de liberdade da vítima; b) circunstanciado pelo emprego de arma de fogo; c) qualificado pelo resultado lesão corporal grave ou morte
  - Extorsão qualificada pela restrição da liberdade da vítima, ocorrência de lesão corporal ou morte
  - Extorsão mediante sequestro simples e qualificada
  - Furto qualificado pelo emprego de explosivo ou artefato análogo que cause perigo comum
- Contra a dignidade sexual
  - Estupro
  - Estupro de vulnerável
  - Favorecimento da prostituição ou de outra forma de exploração sexual de criança ou adolescente ou de vulnerável
- Contra a saúde pública
  - Epidemia com resultado morte
  - Falsificação, corrupção, adulteração ou alteração de produto destinado a fins terapêuticos ou medicinais
- Contra a incolumidade pública
  - Posse ou porte ilegal de arma de fogo de uso proibido
  - Comércio ilegal de arma de fogo
  - Tráfico internacional de arma de fogo, acessório ou munição
- Contra a paz pública
  - Organização criminosa, quando direcionado à prática de crime hediondo ou equiparado

1.5. Crimes equiparados a hediondos

São equipados (assemelhados, afinados, afins) aos hediondos os delitos de tortura (Lei n. 9.455/97), tráfico de drogas (Lei n. 11.343/2006) e terrorismo (Lei n. 13.260/2016).

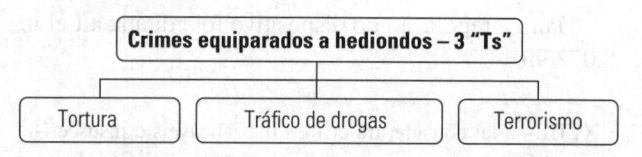

Crimes equiparados a hediondos – 3 "Ts"
- Tortura
- Tráfico de drogas
- Terrorismo

1.6. Vedação de benefícios e tratamento mais rigoroso

O art. 2º da Lei n. 8.072/90 estabelece a vedação de certos benefícios legais, bem como um tratamento penal mais rigoroso aos crimes hediondos e equiparados:

a) *Anistia, graça e indulto:* os benefícios são vedados pelo art. 2º, I, da Lei n. 8.072/90.

b) *Fiança:* o benefício é vedado pelo art. 2º, II, da Lei n. 8.072/90.

c) *Liberdade provisória:* com o advento da Lei n. 11.464/2007, que alterou a redação do art. 2º, II, da Lei 8.072/90, tornou-se **possível a concessão de liberdade provisória** aos crimes hediondos ou equiparados, nas hipóteses em que ausentes os fundamentos previstos no art. 312 do CPP (prisão preventiva). Nesse sentido: Informativo 493 do STF.

d) *Regime inicial:* pode ser fechado, semiaberto ou aberto, conforme o caso. O Plenário do STF, no julgamento do HC 111.840, em 27-6-2012, declarou a **inconstitucionalidade do art. 2º, § 1º, da Lei n. 8.072/90**, que impõe o regime inicial fechado.

e) *Progressão de regime:* o § 2º do art. 2º da Lei dos Crimes Hediondos – que previa o cumprimento de 2/5 da pena no caso de réu primário e 3/5 no caso de réu reincidente para a progressão de regime – foi **revogado** pela Lei n. 13.964/2019 (Lei Anticrime). As regras de progressão, agora, estão todas dispostas no art. 112 da Lei de Execução Penal.

No caso de crime hediondo ou equiparado, o **requisito objetivo** passa a ser o cumprimento de: a) **40%** da pena, se o apenado for condenado pela prática de crime hediondo ou equiparado, se for primário; b) **50%** da pena, se o apenado for condenado pela prática de crime hediondo ou equiparado, com resultado morte, se for primário, vedado o livramento condicional; c) **50%** da pena, se o apenado for condenado por exercer o comando, individual ou coletivo, de organização criminosa estruturada para a prática de crime hediondo ou equiparado; d) **60%** da pena, se o apenado for reincidente na prática de crime hediondo ou equiparado; e) **70%** da pena, se o apenado for reincidente em crime hediondo ou equiparado com resultado morte, vedado o livramento condicional.

O apenado só terá direito à progressão de regime se ostentar boa conduta carcerária (**requisito subjetivo**), comprovada pelo diretor do estabelecimento, respeitadas as normas que vedam a progressão. A decisão do juiz que determinar a progressão de regime será sempre motivada e precedida de manifestação do Ministério Público e do defensor, procedimento que também será adotado na concessão de livramento condicional, indulto e comutação de penas, respeitados os prazos previstos nas normas vigentes.

Obs.: não se considera equiparado a hediondo, para o fim de progressão de regime, o **tráfico de drogas minorado ou privilegiado** (art. 33, § 4º, da Lei n. 11.343/2006).

f) *Prisão temporária:* a prisão temporária, sobre a qual dispõe a Lei n. 7.960/89, no caso dos crimes hediondos e equiparados, terá o prazo de 30 dias, prorrogável por igual período em caso de extrema e comprovada necessidade (art. 2º, § 4º, da Lei n. 8.072/90).

g) *Livramento condicional:* o juiz poderá conceder livramento condicional ao condenado a pena privativa de liberdade igual ou superior a 2 anos, desde que cumpridos mais de dois terços da pena, nos casos de condenação por crime hediondo, prática de tortura, tráfico ilícito de entorpecentes e drogas afins, tráfico de pessoas e terrorismo, se o apenado não for reincidente específico em crimes dessa natureza (art. 83, V, do CP).

Obs.: como visto anteriormente, desde o advento do Pacote Anticrime, não é mais possível o livramento condicional no caso de condenação por crime hediondo ou equiparado com resultado morte.

O crime de tráfico de pessoas (art. 149-A do CP) **não é hediondo** ou equiparado.

2. LEI DE TORTURA (LEI N. 9.455/97)

2.1. Dispositivos constitucionais correlatos

a) dignidade da pessoa humana (art. 1º, III);
b) prevalência dos direitos humanos (art. 4º, II);
c) proibição da tortura e tratamento desumano ou degradante (art. 5º, III);
d) crime equiparado a hediondo (art. 5º, XLIII).

2.2. Tortura-constrangimento (art. 1º, I)

Art. 1º Constitui crime de tortura:
I – **constranger** alguém com emprego de violência ou grave ameaça, causando-lhe sofrimento físico ou mental:
a) com o fim de obter informação, declaração ou confissão da vítima ou de terceira pessoa;
b) para provocar ação ou omissão de natureza criminosa;
c) em razão de discriminação racial ou religiosa.

Observações: i) é crime comum (pode ser praticado por qualquer pessoa); ii) é crime formal (consuma-se independentemente da produção do resultado naturalístico); iii) pressupõe um especial fim de agir (dolo específico).

2.3. Tortura-castigo (art. 1º, II)

Art. 1º Constitui crime de tortura:
(...)
II – submeter alguém, sob sua guarda, poder ou autoridade, com emprego de violência ou grave ameaça, a intenso sofrimento físico ou mental, como forma de aplicar **castigo pessoal** ou medida de caráter preventivo.

Observações: i) é crime próprio (só pode ser cometido por aquele que tem a vítima sob sua guarda, poder ou autoridade); ii) se a intenção do agente for educar, poderá caracterizar maus-tratos (art. 136 do CP).

2.4. Tortura imprópria (art. 1º, § 2º)

Aquele que se *omite* em face dessas condutas, quando tinha o dever de evitá-las ou apurá-las, incorre na pena de detenção de 1 a 4 anos. Conforme Greco (*Leis penais especiais comentadas*, Niterói: Impetus, 2016, v. 1, p. 207), o dispositivo cuida da posição de garantidor, que foi tratada de forma mais branda pela Lei de Tortura, ao contrário do raciocínio que se leva a efeito através da redação constante do § 2º do art. 13 do Código Penal.

2.5. Forma qualificada (art. 1º, § 3º)

Se resulta lesão corporal de natureza grave ou gravíssima, a pena é de reclusão de 4 a 10 anos; se resulta morte, a reclusão é de 8 a 16 anos. Prevalece que se trata de figura preterdolosa (dolo na conduta antecedente + culpa no resultado consequente).

2.6. Forma majorada (art. 1º, § 4º)

Aumenta-se a pena de um sexto até um terço se o crime for cometido (i) por agente público, (ii) contra criança, gestante, portador de deficiência, adolescente ou maior de 60 anos ou (iii) mediante sequestro.

2.7. Efeitos da sentença condenatória (art. 1º, § 5º)

A condenação acarretará a perda do cargo, função ou emprego público e a interdição para seu exercício pelo dobro do prazo da pena aplicada. Trata-se de efeito **automático** da condenação.

> **STJ – AgRg no AREsp 1.807.042, DJe 8-10-2021**
> Nas hipóteses de condenação por crimes previstos no art. 1º da Lei n. 9.455/97, como no caso, conforme dispõe o § 5º do art. 1º do citado diploma legal, a perda do cargo, função ou emprego público é **efeito automático da condenação**, sendo dispensável sua fundamentação concreta. Precedentes do STJ e do STF.

2.8. Vedação de benefícios (art. 1º, § 6º)

O crime de tortura é inafiançável e insuscetível de graça ou anistia.

2.9. Regime inicial

Embora o § 7º do art. 1º da Lei n. 9.455/97 faça referência a regime inicial fechado, o STJ, em analogia ao entendimento do STF que considerou **inconstitucional** dispositivo semelhante na Lei dos Crimes Hediondos (art. 2º, § 1º, da Lei n. 8.072/90), afirma que a fixação do regime inicial do crime de tortura deve seguir a regra geral do Código Penal (art. 33, §§ 2º e 3º). Nesse sentido: STJ, HC 378.456, *DJe* 11-10-2017; STJ, AgRg no HC 664.171, *DJe* 27-9-2021.

2.10. Extraterritorialidade (art. 2º)

O disposto na Lei de Tortura aplica-se ainda quando o crime não tenha sido cometido em território nacional, sendo a vítima brasileira ou encontrando-se o agente em local sob jurisdição brasileira.

3. LEI DE TERRORISMO (LEI N. 13.260/2016)

3.1. Conceito de terrorismo (art. 2º, *caput*)

O **terrorismo** consiste na prática por um ou mais indivíduos dos atos previstos neste artigo, por razões de xenofobia, discriminação ou preconceito de raça, cor, etnia e religião, quando cometidos com a finalidade de provocar terror social ou generalizado, expondo a perigo pessoa, patrimônio, paz pública ou incolumidade pública.

3.2. Atos de terrorismo (art. 2º, § 1º)

São **atos de terrorismo**: I – usar ou ameaçar usar, transportar, guardar, portar ou trazer consigo explosivos, gases tóxicos, venenos, conteúdos biológicos, químicos, nucleares ou outros meios capazes de causar danos ou promover destruição em massa; II – (vetado); III – (vetado); IV – sabotar o funcionamento ou apoderar-se, com violência, grave ameaça a pessoa ou servindo-se de mecanismos cibernéticos, do controle total ou parcial, ainda que de modo temporário, de meio de comunicação ou de transporte, de portos, aeroportos, estações ferroviárias ou rodoviárias, hospitais, casas de saúde, escolas, estádios esportivos, instalações públicas ou locais onde funcionem serviços públicos essenciais, instalações de geração ou transmissão de energia, instalações militares, instalações de exploração, refino e processamento de petróleo e gás e instituições bancárias e sua rede de atendimento; V – atentar contra a vida ou a integridade física de pessoa: Pena – reclusão, de doze a trinta anos, além das sanções correspondentes à ameaça ou à violência.

3.3. Punição de atos preparatórios (art. 5º)

É crime realizar **atos preparatórios** de terrorismo com o propósito inequívoco de consumar tal delito, com pena correspondente ao crime consumado, diminuída de um quarto até a metade. Incorre nas mesmas penas o agente que, com o propósito de praticar atos de terrorismo: I – recrutar, organizar, transportar ou municiar indivíduos que viajem para país distinto daquele de sua residência ou nacionalidade; ou II – fornecer ou receber treinamento em país distinto daquele de sua residência ou nacionalidade.

3.4. Desistência voluntária e arrependimento eficaz (art. 10)

Mesmo antes de iniciada a execução do crime de terrorismo, na hipótese do art. 5º da Lei n. 13.260/2016, aplicam-se as disposições do art. 15 do Código Penal (desistência voluntária e arrependimento eficaz).

3.5. Forma majorada (art. 7º)

Salvo quando for elementar da prática de qualquer crime previsto na Lei n. 13.260/2016, se de algum deles resultar lesão corporal grave, aumenta-se a pena de um terço; se resultar morte, aumenta-se a pena da metade.

3.6. Competência (art. 11)

Para todos os efeitos legais, considera-se que os crimes previstos na Lei de Terrorismo são praticados contra o interesse da União, cabendo à **Polícia Federal** a investigação criminal, em sede de inquérito policial, e à **Justiça Federal** o seu processamento e julgamento, nos termos do inciso IV do art. 109 da Constituição Federal.

3.7. Crime equiparado a hediondo (art. 17)

O delito de terrorismo é equiparado aos crimes hediondos, sendo a ele aplicadas as disposições da Lei n. 8.072/90.

4. LEI DE DROGAS (LEI N. 11.343/2006)

4.1. Cultivo de plantas psicotrópicas (art. 243 da CF)

As propriedades rurais e urbanas de qualquer região do País onde forem localizadas culturas ilegais de plantas psicotrópicas ou a exploração de trabalho escravo na forma da lei serão expropriadas e destinadas à reforma agrária e a programas de habitação popular, sem qualquer indenização ao proprietário e sem prejuízo de outras sanções previstas em lei, observado, no que couber, o disposto no art. 5º.

4.2. Norma penal em branco heterogênea

Para fins da Lei n. 11.343/2006, consideram-se como drogas as substâncias ou os produtos capazes de causar dependência, assim especificados em lei ou relacionados em listas atualizadas periodicamente pelo Poder Executivo da União (art. 1º, parágrafo único, da Lei n. 11.343/2006). Até que seja atualizada a terminologia das referidas listas, denominam-se drogas as substâncias entorpecentes, psicotrópicas, precursoras e outras sob controle especial, da Portaria SVS/MS n. 344/98 (art. 66 da Lei n. 11.343/2006). Assim, **os crimes previstos na Lei de Drogas são complementados pela Portaria n. 344/98 da Anvisa.**

- Norma penal em branco homogênea: o complemento advém de outra lei.
- Norma penal em branco heterogênea: o complemento advém de ato administrativo.

4.3. Droga para consumo pessoal (art. 28)

Art. 28. Quem adquirir, guardar, tiver em depósito, transportar ou trouxer consigo, para consumo pessoal, drogas sem autorização ou em desacordo com determinação legal ou regulamentar será submetido às seguintes penas: I – advertência sobre os efeitos das drogas; II – prestação de serviços à comunidade; III – medida educativa de comparecimento a programa ou curso educativo.

Observações: a) trata-se de tipo congruente assimétrico ou incongruente (além do dolo, exige uma intenção especial do agente – "para consumo pessoal"); b) a prescrição ocorre em 2 anos (art. 30); c) não se imporá prisão em flagrante (art. 48, § 2º); d) a competência é do Juizado Especial Criminal (art. 48, § 1º); e) prevalece que não incide o princípio da insignificância, embora existam decisões em sentido contrário.

STJ – AgRg no RHC 147.158, DJe 1º-6-2021
"1. Em razão da política criminal adotada pela Lei n. 11.343/2006, há de se reconhecer a tipicidade material do porte de substância entorpecente para consumo próprio, ainda que pequena a quantidade de drogas apreendidas, como na espécie.
2. Conforme jurisprudência pacífica desta Corte Superior de Justiça, **não se aplica o princípio da insignificância ao delito descrito no art. 28 da Lei n. 11.343/2006**, em razão de se tratar de crime de perigo abstrato, contra a saúde pública, sendo, pois, irrelevante, para esse fim, a pequena quantidade de substância apreendida. Precedentes".

Atenção: de acordo com a jurisprudência do STJ, **condenações anteriores pela prática do crime previsto no art. 28 da Lei de Drogas não geram reincidência**. A propósito: "(...) as condenações anteriores por contravenções penais não são aptas a gerar reincidência, tendo em vista o que dispõe o art. 63 do Código Penal, que apenas se refere a crimes anteriores. E, se as contravenções penais, puníveis com pena de prisão simples, não geram reincidência, mostra-se desproporcional o delito do art. 28 da Lei n. 11.343/2006 configurar reincidência, tendo em vista que nem é punível com pena privativa de liberdade" (STJ, 6ª T., AgRg no REsp 1778346, j. 23-4-2019).

> **STJ – AgRg no REsp 1.916.629, *DJe* 10-5-2021**
> 1. Ambas as Turmas da Terceira Seção desta Corte, em recentes julgados, têm decidido ser desproporcional o reconhecimento da agravante da reincidência decorrente de condenação anterior pelo delito do art. 28 da Lei n. 11.343/2006, uma vez que a infringência da referida norma legal não acarreta a aplicação de pena privativa de liberdade e sua constitucionalidade está sendo debatida no STF. Precedentes.
> 2. A Quinta Turma deste Tribunal passou a adotar o entendimento de que, com maior razão, por ser o antecedente um instituto penal subsidiário ao da agravante da reincidência, é incabível, também, a utilização de condenação anterior pelo delito de posse de drogas à título de maus antecedentes, para aumentar a pena-base, ou para justificar o afastamento do tráfico privilegiado.

4.4. Tráfico ilícito de drogas (art. 33, *caput* e § 1º)

> **Art. 33, *caput*.** Importar, exportar, remeter, preparar, produzir, fabricar, adquirir, vender, expor à venda, oferecer, ter em depósito, transportar, trazer consigo, guardar, prescrever, ministrar, entregar a consumo ou fornecer drogas, ainda que gratuitamente, sem autorização ou em desacordo com determinação legal ou regulamentar:
> Pena – reclusão de 5 a 15 anos e pagamento de 500 a 1.500 dias-multa.

Observações: a) trata-se de tipo misto alternativo (a prática de dois ou mais verbos, no mesmo contexto fático, caracteriza um só delito); b) a conduta "remeter" consuma-se com o envio, sendo desnecessário que a droga chegue ao destinatário; c) a conduta "adquirir" consuma-se com a avença, sendo desnecessária a entrega (para o STJ, HC 170.950, não é necessário nem mesmo o pagamento do preço ajustado); d) o art. 33, § 1º, traz figuras equiparadas ao tráfico (também de natureza hedionda, portanto): "§ 1º – Nas mesmas penas incorre quem: I – importa, exporta, remete, produz, fabrica, adquire, vende, expõe à venda, oferece, fornece, tem em depósito, transporta, traz consigo ou guarda, ainda que gratuitamente, sem autorização ou em desacordo com determinação legal ou regulamentar, matéria-prima, insumo ou produto químico destinado à preparação de drogas; II – semeia, cultiva ou faz a colheita, sem autorização ou em desacordo com determinação legal ou regulamentar, de plantas que se constituam em matéria-prima para a preparação de drogas; III – utiliza local ou bem de qualquer natureza de que tem a propriedade, posse, administração, guarda ou vigilância, ou consente que outrem dele se utilize, ainda que gratuitamente, sem autorização ou em desacordo com determinação legal ou regulamentar, para o tráfico ilícito de drogas; IV – vende ou entrega drogas ou matéria-prima, insumo ou produto químico destinado à preparação de drogas, sem autorização ou em desacordo com a determinação legal ou regulamentar, a agente policial disfarçado, quando presentes elementos probatórios razoáveis de conduta criminal preexistente". Nos incisos I e II o objeto material do crime não é a droga, mas a matéria-prima, o insumo, o produto químico ou mesmo as plantas que se constituam em matéria-prima para a preparação de drogas. Se o agente usar local (ex.: bar ou comércio) ou bem (ex.: carro, motocicleta, táxi), incidirá o inciso III. O inciso IV foi incluído pela Lei Anticrime.

Atenção: de acordo com a **Súmula 630 do STJ**, "A incidência da atenuante da **confissão espontânea** no crime de tráfico ilícito de entorpecentes exige o reconhecimento da traficância pelo acusado, não bastando a mera admissão da posse ou propriedade para uso próprio".

4.5. Cessão gratuita para consumo (art. 33, § 3º)

> **Art. 33, § 3º** Oferecer droga, eventualmente e sem objetivo de lucro, a pessoa de seu relacionamento, para juntos a consumirem:
> Pena – detenção, de 6 meses a 1 ano, e pagamento de 700 a 1.500 dias-multa, sem prejuízo das penas previstas no art. 28.

Observações: a) trata-se de infração de menor potencial ofensivo; b) a consumação ocorre com o oferecimento, independentemente do uso (crime formal).

> Haverá tráfico (art. 33, *caput*) se (i) a droga for oferecida a desconhecido, (ii) o oferecimento for habitual ou (iii) o oferecimento visar a enriquecimento.

4.6. Tráfico privilegiado (art. 33, § 4º)

> **Art. 33, § 4º** Nos delitos definidos no *caput* e no § 1º deste artigo, as penas poderão ser reduzidas de um sexto a dois terços, vedada a conversão em penas restritivas de direitos, desde que o agente seja primário, de bons antecedentes, não se dedique às atividades criminosas nem integre organização criminosa.

Observações: a) os 4 requisitos são cumulativos; b) **não é crime equiparado a hediondo** (STF, Pleno, HC 118.533, j. 23-6-2016 + cancelamento da Súmula 512 do

STJ). No mesmo sentido o § 5º do art. 112 da LEP, incluído pela Lei Anticrime: "Não se considera hediondo ou equiparado, para os fins deste artigo, o crime de tráfico de drogas previsto no § 4º do art. 33 da Lei n. 11.343, de 23 de agosto de 2006"; c) não pode ser aplicado a condenações com fundamento na Lei n. 6.368/76 (antiga Lei de Drogas), já que os Tribunais Superiores vedam, neste caso, a combinação de leis penais.

> **STJ – Súmula 501**
> É cabível a aplicação retroativa da Lei n. 11.343/2006, desde que o resultado da incidência das suas disposições, na íntegra, seja mais favorável ao réu do que o advindo da aplicação da Lei n. 6.368/76, **sendo vedada a combinação de leis**.

4.7. Associação para o tráfico (art. 35)

> **Art. 35.** Associarem-se duas ou mais pessoas para o fim de praticar, reiteradamente ou não, qualquer dos crimes previstos nos arts. 33, *caput* e § 1º, e 34 desta Lei:
> Pena – reclusão, de 3 a 10 anos, e pagamento de 700 a 1.200 dias-multa.

Observações: a) pressupõe estabilidade e permanência da associação; b) mera reunião ocasional não caracteriza o crime, mas um concurso eventual de pessoas em tráfico de drogas; c) afasta o § 4º (tráfico privilegiado), pois evidencia a dedicação do agente à atividade criminosa.

4.8. Majorantes do tráfico transnacional (art. 40, I) e interestadual (art. 40, V)

> **STJ – Súmula 607**
> A majorante do tráfico transnacional de drogas (art. 40, I, da Lei n. 11.343/2006) configura-se com a prova da destinação internacional das drogas, **ainda que não consumada a transposição de fronteiras**.
>
> **STJ – Súmula 587**
> Para a incidência da majorante prevista no art. 40, V, da Lei n. 11.343/2006, **é desnecessária a efetiva transposição de fronteiras entre estados da Federação**, sendo suficiente a demonstração inequívoca da intenção de realizar o tráfico interestadual.

4.9. Prazo para conclusão do inquérito policial (art. 51)

O inquérito policial será concluído no prazo de **30 dias**, se o indiciado estiver preso, e de **90 dias**, quando solto. Esses prazos podem ser duplicados pelo juiz, ouvido o Ministério Público, mediante pedido justificado da autoridade de polícia judiciária.

4.10. Denúncia e número de testemunhas (art. 54, III)

O Ministério Público tem o prazo de **10 dias** para oferecer denúncia, independentemente de o denunciado estar preso ou solto. Neste caso, poderá arrolar até **5 testemunhas**.

4.11. Defesa prévia ou resposta preliminar e número de testemunhas (art. 55)

Oferecida a denúncia, o juiz ordenará a notificação do acusado para oferecer defesa prévia, por escrito, no prazo de **10 dias**. Na resposta, consistente em defesa preliminar e exceções, o acusado poderá arguir preliminares e invocar todas as razões de defesa, oferecer documentos e justificações, especificar as provas que pretende produzir e, **até o número de 5, arrolar testemunhas**.

4.12. Audiência de instrução e julgamento (art. 57)

Na audiência de instrução e julgamento, após o interrogatório do acusado e a inquirição das testemunhas, será dada a palavra, sucessivamente, ao representante do Ministério Público e ao defensor do acusado, para sustentação oral, pelo prazo de 20 minutos para cada um, prorrogável por mais 10, a critério do juiz. Veja-se que o interrogatório do réu, conforme o procedimento especial disposto na Lei n. 11.343/2006, está previsto como **primeiro ato** da audiência. No entanto, fazendo preponderar o princípio da ampla defesa sobre o princípio interpretativo da especialidade, os Tribunais Superiores estão entendendo que o interrogatório deve ser o **último ato** daquela audiência.

> **STJ – AGRG NO HC 659.696,** *DJe* **10-8-2021**
> "(...) 4. a oitiva do acusado deve ser o último ato da instrução criminal, conforme se extrai da leitura do dispositivo mencionado, entendimento confirmado pelo Supremo Tribunal Federal, no julgamento do HC n. 127.900/AM. 5. A Quinta Turma deste Superior Tribunal de Justiça consolidou entendimento no sentido de que, para se reconhecer nulidade pela inversão da ordem de interrogatório, 'é necessário que o inconformismo da defesa tenha sido manifestado tempestivamente, ou seja, na própria audiência em que realizado o ato, sob pena de preclusão. Além disso, necessária a comprovação do prejuízo que o réu teria sofrido com a citada inversão' (...)".

5. CRIME ORGANIZADO (LEI N. 12.850/2013)

5.1. Conceito de organização criminosa (art. 1º, § 1º)

Considera-se **organização criminosa** a associação de 4 (quatro) ou mais pessoas estruturalmente ordenada e caracterizada pela divisão de tarefas, ainda que informalmente, com objetivo de obter, direta ou indiretamente, vantagem de qualquer natureza, mediante a prática de infrações penais cujas penas máximas sejam superiores a 4 (quatro) anos, ou que sejam de caráter transnacional.

5.2. Aplicação da lei (art. 1º, § 2º)

A Lei n. 12.850/2013 também é aplicada (i) às infrações penais previstas em tratado ou convenção internacional quando, iniciada a execução no País, o resultado tenha ou devesse ter ocorrido no estrangeiro, ou reciprocamente (ex.: tráfico de pessoas); e (ii) às organizações terroristas, entendidas como aquelas voltadas para a prática dos atos de terrorismo legalmente definidos (*vide* Lei n. 13.260/2016).

5.3. Crime de integrar organização criminosa (art. 2º)

Pune-se a conduta de promover, constituir, financiar ou integrar, pessoalmente ou por interposta pessoa, organização criminosa.

A condenação com trânsito em julgado acarretará ao funcionário público a perda do cargo, função, emprego ou mandato eletivo e a interdição para o exercício de função ou cargo público pelo prazo de 8 anos subsequentes ao cumprimento da pena (art. 2º, § 6º). Prevalece que se trata de **efeito automático da condenação**.

5.4. Consequências gravosas para agentes que são líderes e/ou mantenham o vínculo associativo (art. 2º, §§ 8º e 9º)

A Lei Anticrime (Lei n. 13.964/2019) incluiu ao art. 2º da Lei n. 12.850/2013 os §§ 8º e 9º, referindo que as **lideranças** de organizações criminosas armadas ou que tenham armas à disposição deverão iniciar o cumprimento da pena em estabelecimentos penais de segurança máxima.

Ademais, o condenado expressamente em sentença por integrar organização criminosa ou por crime praticado por meio de organização criminosa não poderá progredir de regime de cumprimento de pena ou obter livramento condicional ou outros benefícios prisionais se houver elementos probatórios que indiquem a **manutenção do vínculo associativo**.

5.5. Meios de obtenção da prova (art. 3º)

Em qualquer fase da persecução penal, serão permitidos, sem prejuízo de outros já previstos em lei, os seguintes meios de obtenção da prova: I – colaboração premiada; II – captação ambiental de sinais eletromagnéticos, ópticos ou acústicos; III – ação controlada; IV – acesso a registros de ligações telefônicas e telemáticas, a dados cadastrais constantes de bancos de dados públicos ou privados e a informações eleitorais ou comerciais; V – interceptação de comunicações telefônicas e telemáticas, nos termos da legislação específica; VI – afastamento dos sigilos financeiro, bancário e fiscal, nos termos da legislação específica; VII – infiltração, por policiais, em atividade de investigação, na forma do art. 11; VIII – cooperação entre instituições e órgãos federais, distritais, estaduais e municipais na busca de provas e informações de interesse da investigação ou da instrução criminal.

5.6. Acordo de colaboração premiada

De acordo com o art. 3º-A, incluído pela Lei Anticrime, o acordo de colaboração premiada é negócio jurídico processual e meio de obtenção de prova, que pressupõe utilidade e interesse públicos. O art. 3º-B refere que o recebimento da proposta para formalização de acordo de colaboração demarca o início das negociações e constitui também marco de confidencialidade, configurando violação de sigilo e quebra da confiança e da boa-fé a divulgação de tais tratativas iniciais ou de documento que as formalize, até o levantamento de sigilo por decisão judicial. A proposta de acordo de colaboração premiada poderá ser sumariamente indeferida, com a devida justificativa, cientificando-se o interessado (§ 1º). Caso não haja indeferimento sumário, as partes deverão firmar Termo de Confidencialidade para prosseguimento das tratativas, o que vinculará os órgãos envolvidos na negociação e impedirá o indeferimento posterior sem justa causa (§ 2º). O recebimento de proposta de colaboração para análise ou o Termo de Confidencialidade não implica, por si só, a suspensão da investigação, ressalvado acordo em contrário quanto à propositura de medidas processuais penais cautelares e assecuratórias, bem como medidas processuais cíveis admitidas pela legislação processual civil em vigor (§ 3º). O acordo de colaboração premiada poderá ser precedido de instrução, quando houver necessidade de identificação ou complementação de seu objeto, dos fatos narrados, sua definição jurídica, relevância, utilidade e interesse público (§ 4º). Os termos de recebimento de proposta de colaboração e de confidencialidade serão elaborados pelo celebrante e assinados por ele, pelo colaborador e pelo advogado ou defensor público com poderes específicos (§ 5º). Na hipótese de não ser celebrado o acordo por iniciativa do celebrante, este não poderá se valer de nenhuma das informações ou provas apresentadas pelo colaborador, de boa-fé, para qualquer outra finalidade (§ 6º).

A Lei n. 13.964/2019 também incluiu um art. 3º-C, segundo o qual a proposta de colaboração premiada deve estar instruída com procuração do interessado com poderes específicos para iniciar o procedimento de colaboração e suas tratativas, ou firmada pessoalmente pela parte que pretende a colaboração e seu advogado ou defensor público. Nenhuma tratativa sobre colaboração premiada deve ser realizada sem a presença de advogado constituído ou defensor público (§ 1º). Em caso de eventual conflito de interesses, ou de colaborador hipossuficiente, o celebrante deverá solicitar a presença de outro advogado ou a participação de defensor público (§ 2º). No acordo de colaboração premiada, o colaborador deve narrar todos os fatos ilícitos para os quais concorreu e que tenham relação direta com os fatos investigados (§ 3º). Incumbe à defesa instruir a proposta de colaboração e os anexos com os fatos adequadamente descritos, com todas as suas circunstâncias, indicando as provas e os elementos de corroboração (§ 4º).

5.7. Requisitos da colaboração premiada (art. 4º, *caput*)

O juiz poderá, a requerimento das partes, conceder o perdão judicial, reduzir em até 2/3 (dois terços) a pena privativa de liberdade ou substituí-la por restritiva de direitos daquele que tenha colaborado efetiva e voluntariamente com a investigação e com o processo criminal, desde que dessa colaboração advenha um ou mais dos seguintes resultados: I – a identificação dos demais coautores e partícipes da organização criminosa e das infrações penais por eles praticadas; II – a revelação da estrutura hierárquica e da divisão de tarefas da organização criminosa; III – a prevenção de infrações penais decorrentes das atividades da organização criminosa; IV – a recuperação total ou parcial do produto ou do proveito das infrações penais praticadas pela organização criminosa; V – a localização de eventual vítima com a sua integridade física preservada.

A concessão do benefício levará em conta a personalidade do colaborador, a natureza, as circunstâncias, a gravidade e a repercussão social do fato criminoso e a eficácia da colaboração.

> A concessão do benefício levará em conta a personalidade do colaborador, a natureza, as circunstâncias, a gravidade e a repercussão social do fato criminoso e a eficácia da colaboração. Ademais, **o colaborador não pode ser o líder** da organização criminosa.

5.8. Suspensão do processo e da prescrição na colaboração premiada (art. 4º, § 3º)

O prazo para oferecimento de denúncia ou o processo, relativos ao colaborador, poderá ser suspenso por até 6 meses, prorrogáveis por igual período, até que sejam cumpridas as medidas de colaboração, suspendendo-se o respectivo prazo prescricional.

5.9. Não oferecimento de denúncia (art. 4º, §§ 4º e 4º-A)

O Ministério Público poderá deixar de oferecer denúncia se a proposta de acordo de colaboração referir-se a infração de cuja existência não tenha prévio conhecimento e o colaborador: I – não for o líder da organização criminosa; II – for o primeiro a prestar efetiva colaboração nos termos deste artigo.

Considera-se existente o conhecimento prévio da infração quando o Ministério Público ou a autoridade policial competente tenha instaurado inquérito ou procedimento investigatório para apuração dos fatos apresentados pelo colaborador.

5.10. Partes na colaboração premiada (art. 4º, § 6º)

O juiz não participará das negociações realizadas entre as partes para a formalização do acordo de colaboração, que ocorrerá entre o delegado de polícia, o investigado e o defensor, com a manifestação do Ministério Público, ou, conforme o caso, entre o Ministério Público e o investigado ou acusado e seu defensor.

O Plenário do STF, em 20-6-2018, encerrou o julgamento da ADI 5.508 e considerou constitucional a possibilidade de **Delegados de Polícia** realizarem acordos de colaboração premiada na fase do inquérito policial.

5.11. Homologação da colaboração premiada (art. 4º, §§ 7º a 8º)

Realizado o acordo na forma do § 6º do art. 4º, serão remetidos ao juiz, para análise, o respectivo termo, as declarações do colaborador e cópia da investigação, devendo o juiz ouvir sigilosamente o colaborador, acompanhado de seu defensor, oportunidade em que analisará os seguintes aspectos na homologação: I – regularidade e legalidade; II – adequação dos benefícios pactuados àqueles previstos no *caput* e nos §§ 4º e 5º desse artigo, sendo nulas as cláusulas que violem o critério de definição do regime inicial de cumprimento de pena do art. 33 do Código Penal, as regras de cada um dos regimes previstos no Código Penal e na LEP e os requisitos de progressão de regime não abrangidos pelo § 5º do art. 4º da Lei n. 12.850/2013; III – adequação dos resultados da colaboração aos resultados mínimos exigidos nos incisos I, II, III, IV e V do *caput* desse artigo; IV – voluntariedade da manifestação de vontade, especialmente nos casos em que o colaborador está ou esteve sob efeito de medidas cautelares.

O juiz ou o tribunal deve proceder à análise fundamentada do mérito da denúncia, do perdão judicial e das primeiras etapas de aplicação da pena, nos termos do CP e do CPP, antes de conceder os benefícios pactuados, exceto quando o acordo previr o não oferecimento da denúncia na forma dos §§ 4º e 4º-A do art. 4º ou já tiver sido proferida sentença.

São nulas de pleno direito as previsões de renúncia ao direito de impugnar a decisão homologatória. O juiz poderá recusar a homologação da proposta que não atender aos requisitos legais, devolvendo-a às partes para as adequações necessárias.

5.12. Retratação da colaboração premiada (art. 4º, § 10)

As partes podem retratar-se da proposta, caso em que as provas autoincriminatórias produzidas pelo colaborador não poderão ser utilizadas exclusivamente em seu desfavor.

5.13. Direito do delatado de manifestar-se depois do delator (art. 4º, § 10-A)

Em todas as fases do processo, deve-se garantir ao réu delatado a oportunidade de manifestar-se após o decurso do prazo concedido ao réu que o delatou.

> **Notícias STF de 2-10-2019**
> Por maioria de votos, o Plenário do STF decidiu que, em ações penais com réus colaboradores e não colaboradores, **é direito dos delatados apresentarem as alegações finais depois dos réus que firmaram acordo de colaboração**. Prevaleceu o entendimento de que, como os interesses são conflitantes, a concessão de prazos sucessivos, a fim de possibilitar que o delatado se manifeste por último, assegura o direito fundamental da ampla defesa e do contraditório.

5.14. Inadmissibilidade de sentença condenatória ou outras medidas somente com base na delação (art. 4º, § 16)

Nenhuma das seguintes medidas será decretada ou proferida com fundamento apenas nas declarações do colaborador: I – medidas cautelares reais ou pessoais; II – recebimento de denúncia ou queixa-crime; III – sentença condenatória.

O acordo homologado poderá ser rescindido em caso de omissão dolosa sobre os fatos objeto da colaboração. O acordo de colaboração premiada pressupõe que o colaborador cesse o envolvimento em conduta ilícita relacionada ao objeto da colaboração, sob pena de rescisão.

5.15. Direitos do colaborador (art. 5º)

São os seguintes: I – usufruir das medidas de proteção previstas na legislação específica; II – ter nome, qualificação, imagem e demais informações pessoais preservados; III – ser conduzido, em juízo, separadamente dos demais coautores e partícipes; IV – participar das audiências sem contato visual com os outros acusados; V – não ter sua identidade revelada pelos meios de comunicação nem ser fotografado ou filmado, sem sua prévia autorização por escrito; VI – cumprir pena ou prisão cautelar em estabelecimento penal diverso dos demais corréus ou condenados (o inciso VI teve redação dada pela Lei n. 13.964/2019).

5.16. Crimes ocorridos na investigação e na obtenção da prova

São eles: revelar a identidade, fotografar ou filmar o colaborador, sem sua prévia autorização por escrito (art. 18); imputar falsamente, sob pretexto de colaboração com a Justiça, a prática de infração penal a pessoa que sabe ser inocente, ou revelar informações sobre a estrutura de organização criminosa que sabe inverídicas (art. 19); descumprir determinação de sigilo das investigações que envolvam a ação controlada e a infiltração de agentes (art. 20); recusar ou omitir dados cadastrais, registros, documentos e informações requisitadas pelo juiz, Ministério Público ou delegado de polícia, no curso de investigação ou do processo (art. 21).

5.17. Hediondez

A Lei Anticrime acrescentou ao parágrafo único do art. 1º da Lei n. 8.072/90 (Lei dos Crimes Hediondos) mais um delito hediondo: o crime de organização criminosa, quando direcionado à prática de crime hediondo ou equiparado.

6. ESTATUTO DO DESARMAMENTO (LEI N. 10.826/2003)

6.1. Questões comuns a todos os crimes

a) Natureza jurídica: são delitos de perigo abstrato (presumido) e coletivo (expõem a risco um número indeterminado de pessoas);

b) Bem jurídico tutelado: incolumidade pública;

c) Sujeito passivo: coletividade.

6.2. Arma de fogo desmuniciada ou desmontada

Não descaracteriza o crime.

> **STJ – AgRg no AREsp 1.544.853, DJe 15-3-2021**
> Segundo a jurisprudência deste Superior Tribunal, o simples fato de possuir arma de fogo, mesmo que desacompanhada de munição, acessório ou munição, isoladamente considerada, já é suficiente para caracterizar o delito previsto no art. 14 da Lei n. 10.826/2003, por se tratar de crime de perigo abstrato. Nesse contexto, é irrelevante aferir a eficácia da arma de fogo/acessório/munição para a configuração do tipo penal, que é misto-alternativo, em que se consubstanciam, justamente, as condutas que o legislador entendeu por bem prevenir, seja ela o simples porte de munição, seja o porte de arma desmuniciada.

No entanto, se a perícia revela que a arma não está apta a proferir disparos (não há potencial ofensivo), incidirá a tese do **crime impossível** (art. 17 do CP), e o fato será atípico.

6.3. Posse irregular de arma de fogo de uso permitido

> **Art. 12.** Possuir ou manter sob sua guarda arma de fogo, acessório ou munição, de uso permitido, em desacordo com determinação legal ou regulamentar, no interior de sua residência ou dependência desta, ou, ainda no seu local de trabalho, desde que seja o titular ou o responsável legal do estabelecimento ou empresa:
> Pena – detenção, de 1 (um) a 3 (três) anos, e multa.

Observações: a) a *posse* ocorre intramuros, ou seja, dentro da própria casa, dependências desta (ex.: garagem) ou no local de trabalho quando o agente for o titular ou responsável legal do estabelecimento ou empresa; b) trata-se de crime permanente (a sua consumação se prolonga no tempo); c) aceita a suspensão condicional do processo (art. 89 da Lei n. 9.099/95); d) há decisões do STJ afirmando que o **registro vencido** não caracteriza crime, e sim mera infração administrativa (ex.: STJ, 6ª T., RHC 73.548, *DJe* 18-11-2016); e) de acordo com o Decreto n. 10.030/2019, Anexo I, art. 3º, parágrafo único, inciso I, são de **uso permitido** "as armas de fogo semiautomáticas ou de repetição que sejam: (i) de porte, cujo calibre nominal, com a utilização de munição comum, não atinja, na saída do cano de prova, energia cinética superior a mil e duzentas libras-pé ou mil seiscentos e vinte joules; (ii) portáteis de alma lisa; ou (iii) portáteis de alma raiada, cujo calibre nominal, com a utilização de munição comum, não atinja, na saída do cano de prova, energia cinética superior a mil e duzentas libras-pé ou mil seiscentos e vinte joules".

> *Abolitio criminis* temporária
> **STJ – Súmula 513**
> A *abolitio criminis* temporária prevista na Lei n. 10.826/2003 aplica-se ao crime de posse de arma de fogo de uso permitido com numeração, marca ou qualquer outro sinal de identificação raspado, suprimido ou adulterado, praticado somente até 23-10-2005.

6.4. Porte ilegal de arma de fogo de uso permitido

> **Art. 14.** Portar, deter, adquirir, fornecer, receber, ter em depósito, transportar, ceder, ainda que gratuitamente, emprestar, remeter, empregar, manter sob guarda ou ocultar arma de fogo, acessório ou munição, de uso permitido, sem autorização e em desacordo com determinação legal ou regulamentar:
> Pena – reclusão, de 2 (dois) a 4 (quatro) anos, e multa.

Observações: a) o *porte* ocorre extramuros, ou seja, na via pública ou dentro de uma casa de terceira pessoa; b) trata-se de tipo misto alternativo (a prática de dois ou mais verbos, no mesmo contexto fático, caracteriza um só delito); c) as armas de **uso permitido** estão no Decreto n. n. 10.030/2019 (Anexo I, art. 3º, parágrafo único, inciso I); d) apreensão de duas ou mais armas na mesma ocasião: haverá um só crime (isso será levado em conta pelo juiz na fixação da pena); e) o parágrafo único, que proíbe a fiança, foi considerado inconstitucional pelo STF.

6.5. Disparo de arma de fogo

> **Art. 15.** Disparar arma de fogo ou acionar munição em lugar habitado ou em suas adjacências, em via pública ou em direção a ela, desde que essa conduta não tenha como finalidade a prática de outro crime:
> Pena – reclusão, de 2 (dois) a 4 (quatro) anos, e multa.

Observações: a) lugar habitado: é o que possui moradores, ainda que eventuais; b) vários disparos na mesma ocasião: haverá um só crime (isso será levado em conta pelo juiz na fixação da pena); c) concurso com o porte: prevalece que, dentro do mesmo contexto fático, o porte (crime-meio) será absorvido pelo disparo (crime-fim); em caso de contextos fáticos distintos, haverá concurso material de crimes (art. 69 do CP); d) o parágrafo único, que proíbe a fiança, foi considerado inconstitucional pelo STF.

6.6. Posse ou porte ilegal de arma de fogo de uso restrito ou proibido

Art. 16. Possuir, deter, portar, adquirir, fornecer, receber, ter em depósito, transportar, ceder, ainda que gratuitamente, emprestar, remeter, empregar, manter sob sua guarda ou ocultar arma de fogo, acessório ou munição **de uso restrito**, sem autorização e em desacordo com determinação legal ou regulamentar:
Pena – reclusão, de 3 (três) a 6 (seis) anos, e multa.
§ 1º Nas mesmas penas incorre quem: I – suprimir ou alterar marca, numeração ou qualquer sinal de identificação de arma de fogo ou artefato; II – modificar as características de arma de fogo, de forma a torná-la equivalente a arma de fogo de uso proibido ou restrito ou para fins de dificultar ou de qualquer modo induzir a erro autoridade policial, perito ou juiz; III – possuir, detiver, fabricar ou empregar artefato explosivo ou incendiário, sem autorização ou em desacordo com determinação legal ou regulamentar; IV – portar, possuir, adquirir, transportar ou fornecer arma de fogo com numeração, marca ou qualquer outro sinal de identificação raspado, suprimido ou adulterado; V – vender, entregar ou fornecer, ainda que gratuitamente, arma de fogo, acessório, munição ou explosivo a criança ou adolescente; e VI – produzir, recarregar ou reciclar, sem autorização legal, ou adulterar, de qualquer forma, munição ou explosivo.
§ 2º Se as condutas descritas no *caput* e no § 1º deste artigo envolverem arma de fogo **de uso proibido**, a pena é de reclusão, de 4 (quatro) a 12 (doze) anos.

Observações: a) abrange tanto a *posse* (intramuros) quanto o *porte* (extramuros); b) trata-se de tipo misto alternativo (a prática de dois ou mais verbos, no mesmo contexto fático, caracteriza um só delito); c) posse ou porte de arma de fogo com numeração, marca ou qualquer outro sinal de identificação raspado, suprimido ou adulterado: caracteriza o crime do art. 16, § 1º, IV, da Lei n. 10.826/2003; d) são **de uso restrito** (Decreto n. 10.030/2019, Anexo I, art. 3º, parágrafo único, inciso II) as armas de fogo automáticas, de qualquer tipo ou calibre, semiautomáticas ou de repetição que sejam: (i) não portáteis; (ii) de porte, cujo calibre nominal, com a utilização de munição comum, atinja, na saída do cano de prova, energia cinética superior a mil e duzentas libras-pé ou mil seiscentos e vinte joules; ou (iii) portáteis de alma raiada, cujo calibre nominal, com a utilização de munição comum, atinja, na saída do cano de prova, energia cinética superior a mil e duzentas libras-pé ou mil seiscentos e vinte joules; e) são de **uso proibido** (Decreto n. 10.030, Anexo I, art. 3º, parágrafo único, inciso III) as armas de fogo (i) as armas de fogo classificadas como de uso proibido em acordos ou tratados internacionais dos quais a República Federativa do Brasil seja signatária; e (ii) as armas de fogo dissimuladas, com aparência de objetos inofensivos; f) **é crime hediondo quando se tratar de arma de uso proibido** (Lei n. 13.964/2019 – Pacote Anticrime). Assim, não haverá hediondez quando a arma de fogo for de uso *restrito*.

6.7. Comércio ilegal de arma de fogo

Art. 17. Adquirir, alugar, receber, transportar, conduzir, ocultar, ter em depósito, desmontar, montar, remontar, adulterar, vender, expor à venda, ou de qualquer forma utilizar, em proveito próprio ou alheio, no exercício de atividade comercial ou industrial, arma de fogo, acessório ou munição, sem autorização ou em desacordo com determinação legal ou regulamentar:
Pena – reclusão, de 6 (seis) a 12 (doze) anos, e multa.
§ 1º Equipara-se à atividade comercial ou industrial, para efeito deste artigo, qualquer forma de prestação de serviços, fabricação ou comércio irregular ou clandestino, inclusive o exercido em residência.
§ 2º Incorre na mesma pena quem vende ou entrega arma de fogo, acessório ou munição, sem autorização ou em desacordo com a determinação legal ou regulamentar, a agente policial disfarçado, quando presentes elementos probatórios razoáveis de conduta criminal preexistente.

Observações: a) ao exigir a elementar "exercício de atividade comercial ou industrial", o legislador deixou claro que o crime é **habitual**, ou seja, somente se caracteriza se houver reiteração da prática do comportamento delitivo. Isso significa que a venda da própria arma, uma única vez, não configura o crime em análise, podendo caracterizar outro tipo penal previsto no Estatuto do Desarmamento; b) a Lei n. 13.964/2019 aumentou a pena e incluiu o § 2º; c) é crime **hediondo**.

6.8. Tráfico internacional de arma de fogo, acessório ou munição

Art. 18. Importar, exportar, favorecer a entrada ou saída do território nacional, a qualquer título, de arma de fogo, acessório ou munição, sem autorização da autoridade competente:
Pena – reclusão, de 8 (oito) a 16 (dezesseis) anos, e multa.

> **Parágrafo único.** Incorre na mesma pena quem vende ou entrega arma de fogo, acessório ou munição, em operação de importação, sem autorização da autoridade competente, a agente policial disfarçado, quando presentes elementos probatórios razoáveis de conduta criminal preexistente.

Observações: a) conflito aparente de normas: trata-se de lei especial em relação ao contrabando (art. 334-A do CP); b) competência da **Justiça Federal**; c) a Lei n. 13.964/2019 aumentou a pena e incluiu o parágrafo único; d) é crime **hediondo**.

6.9. Majorantes

Nos crimes previstos nos arts. 17 e 18, a pena é aumentada da metade se a arma de fogo, acessório ou munição forem de uso proibido ou restrito (art. 19 do Estatuto do Desarmamento).

Nos crimes previstos nos arts. 14, 15, 16, 17 e 18, a pena é aumentada da metade se: I – forem praticados por integrante dos órgãos e empresas referidas nos arts. 6º, 7º e 8º desta Lei; ou II – o agente for reincidente específico em crimes dessa natureza (art. 20 do Estatuto do Desarmamento). O art. 20 ganhou nova redação com a Lei Anticrime.

6.10. Hediondez

De acordo com a Lei n. 13.964/2019, são hediondos: a) o crime de posse ou porte ilegal de arma de fogo de uso proibido (art. 16); b) o crime de comércio ilegal de arma de fogo (art. 17); e c) o crime de tráfico internacional de arma de fogo, acessório ou munição (art. 18).

Em relação ao art. 16, deve-se observar que só haverá hediondez se a arma de fogo for de uso **proibido**, e não quando for de uso restrito.

7. CRIMES DE TRÂNSITO (LEI N. 9.503/97 – CTB)

7.1. Suspensão ou proibição de se obter a permissão ou a habilitação para dirigir veículo automotor

a) pode ser imposta isolada ou cumulativamente com outras penalidades (art. 292);

b) a decretação é feita pelo juiz (art. 294);

c) da decisão cabe recurso em sentido estrito (art. 294, parágrafo único);

d) duração de dois meses a cinco anos (art. 293).

7.2. Agravantes (art. 298)

a) aplicáveis aos crimes dolosos ou culposos de trânsito;

b) não incidem quando constituírem elementar, qualificadora ou majorante do crime em espécie. Ex.: a agravante do inciso III (não possuir carteira de habilitação) não se aplica ao delito de direção sem habilitação (art. 309 do CTB).

7.3. Prisão em flagrante e fiança (art. 301)

Ao condutor de veículo, nos casos de acidentes de trânsito de que resulte vítima, não se imporá a prisão em flagrante, nem se exigirá fiança, se prestar pronto e integral socorro àquela.

7.4. Homicídio culposo na direção de veículo automotor (art. 302)

> **Art. 302.** Praticar homicídio culposo na direção de veículo automotor:
> Penas – detenção, de dois a quatro anos, e suspensão ou proibição de se obter a permissão ou a habilitação para dirigir veículo automotor.

Observações: a) é um tipo especial em relação àquele do Código Penal (art. 121, § 3º); b) caso o agente, de forma culposa, mate alguém na direção de veículo que não seja automotor (ex.: bicicleta ou carroça), incidirá o Código Penal (art. 121, § 3º); c) como o crime é culposo, não cabe tentativa; d) formas majoradas (§ 1º): a pena é aumentada de um terço à metade, se o agente: I – não possuir Permissão para Dirigir ou Carteira de Habilitação; II – praticá-lo em faixa de pedestres ou na calçada; III – deixar de prestar socorro, quando possível fazê-lo sem risco pessoal, à vítima do acidente; IV – no exercício de sua profissão ou atividade, estiver conduzindo veículo de transporte de passageiros; e) forma qualificada (§ 3º): se o agente conduz veículo automotor sob a influência de álcool ou de qualquer outra substância psicoativa que determine dependência, a pena é de reclusão, de cinco a oito anos, e suspensão ou proibição do direito de se obter a permissão ou a habilitação para dirigir veículo automotor; f) há decisões do STJ afirmando que não cabe o arrependimento posterior (art. 16 do CP).

> **STJ – AgRg no HC 510.052, *DJe* 4-2-2020**
> 1. Esta Corte possui firme entendimento de que, para que seja possível aplicar a causa de diminuição de pena prevista no art. 16 do Código Penal, faz-se necessário que o crime praticado seja patrimonial ou possua efeitos patrimoniais. Precedentes.

2. Inviável o reconhecimento do arrependimento posterior na hipótese de homicídio culposo na direção de veículo automotor, uma vez que o delito do art. 302 do Código de Trânsito Brasileiro não pode ser encarado como crime patrimonial ou de efeito patrimonial. Na espécie, a tutela penal abrange o bem jurídico mais importante do ordenamento jurídico, a vida, que, uma vez ceifada, jamais poderá ser restituída, reparada. Precedente.

7.5. Lesão culposa na direção de veículo automotor (art. 303)

Art. 303. Praticar lesão corporal culposa na direção de veículo automotor:
Penas – detenção, de seis meses a dois anos, e suspensão ou proibição de se obter a permissão ou a habilitação para dirigir veículo automotor.

Observações: a) é um tipo especial em relação àquele do Código Penal (art. 129, § 6º); b) caso o agente, de forma culposa, lesione alguém na direção de veículo que não seja automotor (ex.: bicicleta ou carroça), incidirá o Código Penal (art. 129, § 6º); c) como o crime é culposo, não cabe tentativa; d) há, em regra, necessidade de **representação da vítima** (art. 88 da Lei n. 9.099/95); e) nas hipóteses excepcionais do art. 291, § 1º (embriaguez, "pega" e velocidade de 50km/h acima da máxima), não haverá composição dos danos civis, transação penal ou representação (arts. 74, 76 e 88 da Lei n. 9.099/95); e) forma majorada (§ 1º): aumenta-se a pena de um terço à metade se ocorrer qualquer das hipóteses do § 1º do art. 302; f) forma qualificada (§ 2º): a pena privativa de liberdade é de reclusão, de dois a cinco anos, sem prejuízo das outras penas previstas neste artigo, se o agente conduz o veículo com capacidade psicomotora alterada em razão da influência de álcool ou de outra substância psicoativa que determine dependência, e se do crime resultar lesão corporal de natureza grave ou gravíssima.

7.6. Fuga do local de acidente (art. 305)

Art. 305. Afastar-se o condutor do veículo do local do acidente, para fugir à responsabilidade penal ou civil que lhe possa ser atribuída:
Penas – detenção, de seis meses a um ano, ou multa.

O Plenário do STF, em 14-11-2018, deu provimento ao Recurso Extraordinário n. 971.959, com repercussão geral reconhecida, e **considerou constitucional o art. 305 do CTB**. A maioria dos ministros entendeu que a norma não viola a garantia de não autoincriminação, prevista no artigo 5º, inciso LXIII, da Constituição Federal.

7.7. Embriaguez ao volante (art. 306)

Art. 306. Conduzir veículo automotor com capacidade psicomotora alterada em razão da influência de álcool ou de outra substância psicoativa que determine dependência:
Penas – detenção, de seis meses a três anos, multa e suspensão ou proibição de se obter a permissão ou a habilitação para dirigir veículo automotor.

Observações: a) é um crime de perigo abstrato (presumido); b) a embriaguez será constatada por: (i) concentração igual ou superior a 6 decigramas de álcool por litro de sangue ou igual ou superior a 0,3 miligrama de álcool por litro de ar alveolar, ou (ii) sinais que indiquem, na forma disciplinada pelo Contran, alteração da capacidade psicomotora (ex.: teste de alcoolemia ou toxicológico, exame clínico, perícia, vídeo, prova testemunhal ou outros meios de prova em direito admitidos); c) poderá ser empregado qualquer aparelho homologado pelo Inmetro para determinar-se o previsto no *caput*.

7.8. Participação em competição não autorizada (art. 308)

Art. 308. Participar, na direção de veículo automotor, em via pública, de corrida, disputa ou competição automobilística ou ainda de exibição ou demonstração de perícia em manobra de veículo automotor, não autorizada pela autoridade competente, gerando situação de risco à incolumidade pública ou privada:
Penas – detenção, de 6 (seis) meses a 3 (três) anos, multa e suspensão ou proibição de se obter a permissão ou a habilitação para dirigir veículo automotor.

Observações: a) trata-se do crime de "racha" ou "pega"; b) é de perigo concreto (deve gerar situação de risco à incolumidade pública ou privada); c) se resultar lesão corporal de natureza grave, e as circunstâncias demonstrarem que o agente não quis o resultado nem assumiu o risco de produzi-lo, a pena privativa de liberdade é de reclusão, de 3 a 6 anos, sem prejuízo das outras penas previstas no artigo; d) se resultar morte, e as circunstâncias demonstrarem que o agente não quis o resultado nem assumiu o risco de produzi-lo, a pena privativa de liberdade é de reclusão de 5 a 10 anos, sem prejuízo das outras penas previstas no artigo.

7.9. Direção de veículo sem permissão ou habilitação (art. 309)

Art. 309. Dirigir veículo automotor, em via pública, sem a devida Permissão para Dirigir ou Habilitação ou, ainda, se cassado o direito de dirigir, **gerando perigo de dano**:
Penas – detenção, de seis meses a um ano, ou multa.

Observações: a) é crime de perigo concreto (deve gerar perigo de dano); b) se o agente não gerar perigo de dano (ex.: o condutor está dirigindo de forma normal e é parado na barreira de fiscalização, sendo constatado que não é habilitado) não haverá crime, mas apenas infração administrativa; c) derrogou (revogou parcialmente) o art. 32 da LCP.

> **STF – Súmula 720**
> O art. 309 do Código de Trânsito Brasileiro, que reclama decorra do fato perigo de dano, **derrogou o art. 32 da Lei das Contravenções Penais** no tocante à direção sem habilitação em vias terrestres.

7.10. Entrega de veículo a pessoa não habilitada (art. 310)

> **Art. 310.** Permitir, confiar ou entregar a direção de veículo automotor a pessoa não habilitada, com habilitação cassada ou com o direito de dirigir suspenso, ou, ainda, a quem, por seu estado de saúde, física ou mental, ou por embriaguez, não esteja em condições de conduzi-lo com segurança:
> Penas – detenção, de seis meses a um ano, ou multa.

Observações: a) é um tipo misto alternativo (a prática de dois ou mais verbos, no mesmo contexto fático, caracteriza um só delito); b) é crime de perigo abstrato (Súmula 575 do STJ).

> **STJ – Súmula 575**
> Constitui crime a conduta de permitir, confiar ou entregar a direção de veículo automotor a pessoa que não seja habilitada, ou que se encontre em qualquer das situações previstas no art. 310 do CTB, **independentemente da ocorrência de lesão ou de perigo de dano concreto** na condução do veículo.

7.11. Penas alternativas em caso de condenação (art. 312-A)

Para os crimes previstos no CTB, nas situações em que o juiz aplicar a substituição da pena privativa de liberdade por pena restritiva de direitos, **esta deverá ser de prestação de serviço à comunidade ou a entidades públicas**, em uma das seguintes atividades: I – trabalho, aos fins de semana, em equipes de resgate dos corpos de bombeiros e em outras unidades móveis especializadas no atendimento a vítimas de trânsito; II – trabalho em unidades de pronto-socorro de hospitais da rede pública que recebem vítimas de acidente de trânsito e politraumatizados; III – trabalho em clínicas ou instituições especializadas na recuperação de acidentados de trânsito; IV – outras atividades relacionadas ao resgate, atendimento e recuperação de vítimas de acidentes de trânsito.

7.12. Efeito da condenação (art. 278-A)

A Lei n. 13.804, de 10-1-2019, incluiu no CTB o art. 278-A: "O condutor que se utilize de veículo para a prática do crime de receptação, descaminho, contrabando, previstos nos arts. 180, 334 e 334-A do Decreto-lei n. 2.848, de 7 de dezembro de 1940 (Código Penal), condenado por um desses crimes em decisão judicial transitada em julgado, terá **cassado** seu documento de habilitação ou será **proibido** de obter a habilitação para dirigir veículo automotor pelo prazo de 5 (cinco) anos".

7.13. Vedação de penas restritivas de direitos (art. 312-B)

A Lei n. 14.071/2020 incluiu ao CTB o art. 312-B: "Aos crimes previstos no § 3º do art. 302 e no § 2º do art. 303 deste Código não se aplica o disposto no inciso I do *caput* do art. 44 do Decreto-lei n. 2.848, de 7 de dezembro de 1940 (Código Penal)".

8. ABUSO DE AUTORIDADE (LEI N. 13.869/2019)

8.1. Disposições gerais

> **Art. 1º** Esta Lei define os crimes de abuso de autoridade, cometidos por agente público, servidor ou não, que, no exercício de suas funções ou a pretexto de exercê-las, abuse do poder que lhe tenha sido atribuído.
> § 1º As condutas descritas nesta Lei constituem crime de abuso de autoridade quando praticadas pelo agente com a finalidade específica de prejudicar outrem ou beneficiar a si mesmo ou a terceiro, ou, ainda, por mero capricho ou satisfação pessoal.
> § 2º A divergência na interpretaçao de lei ou na avaliaçao de fatos e provas não configura abuso de autoridade.

Todos os crimes de abuso de autoridade descritos na Lei n. 13.869/2019 são **dolosos**. Eventual conduta culposa do agente público poderá caracterizar ilícito administrativo ou civil, mas não infração penal. Além do dolo, os delitos de abuso de autoridade exigem o **elemento subjetivo especial (dolo específico)** consistente na "finalidade específica de prejudicar outrem ou beneficiar a si mesmo ou a terceiro, ou, ainda, por mero capricho ou satisfação pessoal". *Capricho* é birra, teimosia, vontade repentina e sem justificativa. *Satisfação* *pessoal*, ao contrário, significa qualquer conduta que venha a contentar interesse do servidor público (ajudar ou prejudicar alguém, humilhar a vítima etc.).

A Lei n. 13.869 entrou em vigor no dia 03/01/2020.

8.2. Sujeitos do crime

> **Art. 2º** É sujeito ativo do crime de abuso de autoridade qualquer agente público, servidor ou não, da administração direta, indireta ou fundacional de qualquer dos Poderes da União, dos Estados, do Distrito Federal, dos Municípios e de Território, compreendendo, mas não se limitando a: I – servidores públicos e militares ou pessoas a eles equiparadas; II – membros do Poder Legislativo; III – membros do Poder Executivo; IV – membros do Poder Judiciário; V – membros do Ministério Público; VI – membros dos tribunais ou conselhos de contas.
> **Parágrafo único.** Reputa-se agente público, para os efeitos desta Lei, todo aquele que exerce, ainda que transitoriamente ou sem remuneração, por eleição, nomeação, designação, contratação ou qualquer outra forma de investidura ou vínculo, mandato, cargo, emprego ou função em órgão ou entidade abrangidos pelo *caput* deste artigo.

O crime de abuso de autoridade é **próprio**, pois somente pode ser praticado por agente público, servidor ou não, da administração direta, indireta ou fundacional de qualquer dos Poderes da União, dos Estados, do Distrito Federal, dos Municípios e de Território. O **particular** poderá concorrer para o delito se conhecer a condição funcional do autor, uma vez que a elementar "agente público" se comunica, na forma do art. 30 do Código Penal. O rol inserido no art. 2º é meramente exemplificativo. Em face das alterações provocadas pela Lei n. 13.491/2017 ao art. 9º do Código Penal Militar, os militares acusados de abuso de autoridade serão julgados pela Justiça Militar, da União ou dos Estados, conforme o caso, restando **superado o entendimento registrado na Súmula 172 do STJ**: "Compete à Justiça Comum processar e julgar militar por crime de abuso de autoridade, ainda que praticado em serviço".

8.3. Ação penal

> **Art. 3º** Os crimes previstos nesta Lei são de ação penal pública incondicionada.
> § 1º Será admitida ação privada se a ação penal pública não for intentada no prazo legal, cabendo ao Ministério Público aditar a queixa, repudiá-la e oferecer denúncia substitutiva, intervir em todos os termos do processo, fornecer elementos de prova, interpor recurso e, a todo tempo, no caso de negligência do querelante, retomar a ação como parte principal.
> § 2º A ação privada subsidiária será exercida no prazo de 6 (seis) meses, contado da data em que se esgotar o prazo para oferecimento da denúncia.

Todos os crimes de abuso de autoridade são processados por **ação penal pública incondicionada**, ou seja, de ofício, independentemente de solicitação ou provocação da vítima. Caso o Ministério Público reste inerte ou omisso no prazo legal (não ofereceu denúncia, não requisitou diligências e nem promoveu o arquivamento dos autos), é possível o oferecimento de ação penal privada subsidiária da pública.

8.4. Efeitos da condenação

> **Art. 4º** São efeitos da condenação: I – tornar certa a obrigação de indenizar o dano causado pelo crime, devendo o juiz, a requerimento do ofendido, fixar na sentença o valor mínimo para reparação dos danos causados pela infração, considerando os prejuízos por ele sofridos; II – a inabilitação para o exercício de cargo, mandato ou função pública, pelo período de 1 (um) a 5 (cinco) anos; III – a perda do cargo, do mandato ou da função pública.
> **Parágrafo único.** Os efeitos previstos nos incisos II e III do *caput* deste artigo são condicionados à ocorrência de reincidência em crime de abuso de autoridade e não são automáticos, devendo ser declarados motivadamente na sentença.

O legislador dispôs sobre questões de direito material (efeitos secundários de natureza extrapenal genéricos e específicos previstos nos arts. 91 e 92 do CP) e processual (fixação de valor para reparação dos danos causados pelo crime, conforme o art. 387, IV, do CPP). De acordo com o STJ, "a fixação de valor mínimo para reparação dos danos materiais causados pela infração **exige, além de pedido expresso na inicial, a indicação de valor e instrução probatória específica**, de modo a possibilitar ao réu o direito de defesa com a comprovação de inexistência de prejuízo a ser reparado ou a indicação de *quantum* diverso" (6ª T., AgRg no REsp 1745628, j. 19-3-2019).

Tal qual está previsto no Código Penal (parágrafo único do art. 92), os efeitos referidos no art. 4º **não são automáticos**, devendo ser motivadamente declarados na sentença.

8.5. Penas restritivas de direitos

> **Art. 5º** As penas restritivas de direitos substitutivas das privativas de liberdade previstas nesta Lei são: I – prestação de serviços à comunidade ou a entidades públicas;

II – suspensão do exercício do cargo, da função ou do mandato, pelo prazo de 1 (um) a 6 (seis) meses, com a perda dos vencimentos e das vantagens; III – (vetado).
Parágrafo único. As penas restritivas de direitos podem ser aplicadas autônoma ou cumulativamente.

A Lei n. 13.869/2019 silenciou em relação às condições necessárias para a substituição da pena privativa de liberdade por penas restritivas de direitos, razão pela qual devem **ser observados os requisitos gerais do art. 44 do Código Penal**.

Em relação à *prestação de serviços à comunidade ou a entidades públicas*, como já ocorre em outras leis penais especiais (ex.: Lei dos Crimes Ambientais), discute-se se há necessidade que a condenação seja superior a 6 meses de privação de liberdade, conforme previsão do art. 46, *caput*, do Código Penal, havendo duas posições.

Quanto à *suspensão do exercício do cargo, da função ou do mandato*, com a perda dos vencimentos e das vantagens, ao contrário do previsto no Código Penal, a pena alternativa não tem a mesma duração da pena privativa de liberdade (art. 55 do CP), mas sim um prazo de 1 a 6 meses.

8.6. Sanções de natureza civil e administrativa

Art. 6º As penas previstas nesta Lei serão aplicadas independentemente das sanções de natureza civil ou administrativa cabíveis.
Parágrafo único. As notícias de crimes previstos nesta Lei que descreverem falta funcional serão informadas à autoridade competente com vistas à apuração.
Art. 7º As responsabilidades civil e administrativa são independentes da criminal, não se podendo mais questionar sobre a existência ou a autoria do fato quando essas questões tenham sido decididas no juízo criminal.
Art. 8º Faz coisa julgada em âmbito cível, assim como no administrativo-disciplinar, a sentença penal que reconhecer ter sido o ato praticado em estado de necessidade, em legítima defesa, em estrito cumprimento de dever legal ou no exercício regular de direito.

Embora não seja absoluta, a independência entre as instâncias criminal, civil e administrativa **permite que o mesmo fato seja considerado um delito e também uma infração disciplinar**, sem prejuízo de possíveis consequências atinentes à reparação do dano. Havendo decisão definitiva no juízo criminal, tornam-se indiscutíveis a existência e a autoria do fato nas demais esferas. Seguindo a lógica do art. 65 do CPP, o reconhecimento de eventuais causas de exclusão da ilicitude (art. 23 do CP) fará coisa julgada no âmbito cível e administrativo.

8.7. Crimes em espécie

8.7.1. Decretação de medida privativa de liberdade em desconformidade com a lei

Art. 9º Decretar medida de privação da liberdade em manifesta desconformidade com as hipóteses legais:
Pena – detenção, de 1 (um) a 4 (quatro) anos, e multa.
Parágrafo único. Incorre na mesma pena a autoridade judiciária que, dentro de prazo razoável, deixar de: I – relaxar a prisão manifestamente ilegal; II – substituir a prisão preventiva por medida cautelar diversa ou de conceder liberdade provisória, quando manifestamente cabível; III – deferir liminar ou ordem de *habeas corpus*, quando manifestamente cabível.

O sujeito ativo somente pode ser o agente público que tem competência ou atribuição para determinar medida de privação da liberdade em manifesta desconformidade com as hipóteses legais. Ex.: Delegado de Polícia, com a finalidade específica de prejudicar alguém, determina sua autuação em flagrante fora das hipóteses de flagrância previstas no art. 302 do CPP.

O parágrafo único do art. 9º exige que o sujeito ativo seja necessariamente o juiz. A lei não esclarece o que seria o "prazo razoável" (elemento normativo do tipo), o que traz insegurança jurídica e abre a possibilidade de infindáveis discussões jurídicas sobre o tema.

8.7.2. Decretação de condução coercitiva de testemunha ou investigado

Art. 10. Decretar a condução coercitiva de testemunha ou investigado manifestamente descabida ou sem prévia intimação de comparecimento ao juízo:
Pena – detenção, de 1 (um) a 4 (quatro) anos, e multa.

Por maioria de votos, o Plenário do STF já havia declarado que a condução coercitiva de **réu ou investigado** para interrogatório, constante do art. 260 do CPP, **não foi recepcionada pela Constituição de 1988**. A decisão foi tomada em 14-6-2018 no julgamento das ADPFs 395 e 444. O emprego da medida, segundo o entendimento majoritário, representa restrição à liberdade de locomoção e viola a presunção de não culpabilidade, sendo, portanto, incompatível com a Constituição Federal.

O sujeito ativo somente pode ser o agente público com competência ou atribuição para determinar a condução coercitiva de testemunha ou investigado.

A existência do crime pressupõe que a medida decretada seja manifestamente descabida (ou seja, desnecessária) ou que tenha ocorrido sem prévia intimação de comparecimento ao juízo. No que tange à última hipótese, a exigência de prévia intimação decorre do disposto no art. 218 do CPP: "Se, regularmente intimada, a testemunha deixar de comparecer sem motivo justificado, o juiz poderá requisitar à autoridade policial a sua apresentação ou determinar seja conduzida por oficial de justiça, que poderá solicitar o auxílio da força pública".

8.7.3. Omissão de comunicação de prisão

> **Art. 12.** Deixar injustificadamente de comunicar prisão em flagrante à autoridade judiciária no prazo legal:
> Pena – detenção, de 6 (seis) meses a 2 (dois) anos, e multa.
> **Parágrafo único.** Incorre na mesma pena quem: I – deixa de comunicar, imediatamente, a execução de prisão temporária ou preventiva à autoridade judiciária que a decretou; II – deixa de comunicar, imediatamente, a prisão de qualquer pessoa e o local onde se encontra à sua família ou à pessoa por ela indicada; III – deixa de entregar ao preso, no prazo de 24 (vinte e quatro) horas, a nota de culpa, assinada pela autoridade, com o motivo da prisão e os nomes do condutor e das testemunhas; IV – prolonga a execução de pena privativa de liberdade, de prisão temporária, de prisão preventiva, de medida de segurança ou de internação, deixando, sem motivo justo e excepcionalíssimo, de executar o alvará de soltura imediatamente após recebido ou de promover a soltura do preso quando esgotado o prazo judicial ou legal.

De acordo com o **art. 306 do CPP**, a prisão de qualquer pessoa e o local onde se encontre serão comunicados imediatamente ao juiz competente, ao Ministério Público e à família do preso ou à pessoa por ele indicada. Em até 24 horas após a realização da prisão, será encaminhado ao juiz competente o auto de prisão em flagrante e, caso o autuado não informe o nome de seu advogado, cópia integral para a Defensoria Pública. Ademais, no mesmo prazo, será entregue ao preso, mediante recibo, a nota de culpa, assinada pela autoridade, com o motivo da prisão, o nome do condutor e os das testemunhas.

Embora não esteja expresso no *caput* do art. 12, o **"prazo legal" é de 24 horas**, oportunidade em que o Delegado de Polícia deve encaminhar o APF (auto de prisão em flagrante) ao Juiz. A existência do crime exige que haja atraso *injustificado* na comunicação, ou seja, sem motivo escusável por parte da autoridade policial.

O sujeito ativo somente pode ser o agente público que possui a obrigação legal de comunicar prisões à autoridade judiciária, à família ou à pessoa indicada pelo preso, bem como de entregar-lhe, no prazo legal, a nota de culpa. No caso do inciso IV do parágrafo único, é autor aquele que prolonga a execução da pena, da prisão ou da medida de segurança, deixando de executar a soltura determinada pelo Juiz.

A lei não especifica as elementares "imediatamente", "motivo justo" e "motivo excepcionalíssimo", o que traz insegurança jurídica e abre a possibilidade de infindáveis discussões jurídicas sobre o tema.

8.7.4. Constrangimento do preso a exibição, vexame ou produção de prova contra si ou terceiro

> **Art. 13.** Constranger o preso ou o detento, mediante violência, grave ameaça ou redução de sua capacidade de resistência, a: I – exibir-se ou ter seu corpo ou parte dele exibido à curiosidade pública; II – submeter-se a situação vexatória ou a constrangimento não autorizado em lei; III – produzir prova contra si mesmo ou contra terceiro:
> Pena – detenção, de 1 (um) a 4 (quatro) anos, e multa, sem prejuízo da pena cominada à violência.

Não existe a diferença entre *preso* e *detento* pretendida pelo legislador. O crime deve ser praticado mediante violência própria (agressão física), violência moral (grave ameaça) ou violência imprópria (redução da capacidade de resistência da vítima). Exemplos: a pessoa presa é obrigada a mostrar seu rosto à imprensa ou aos curiosos em geral (inciso I); é colocada uma coleira no indivíduo preso em flagrante, o qual é puxado pela cidade para servir de exemplo aos demais (inciso II); o preso é agredido para confessar algum crime (inciso III).

Obs.: se o autor, para obter a confissão da vítima, quer causar-lhe sofrimento físico ou mental, poderá configurar **crime de tortura** (art. 1º, I, *a*, da Lei n. 9.455/97).

8.7.5. Constrangimento para depor de pessoa que deva guardar segredo ou resguardar sigilo

> **Art. 15.** Constranger a depor, sob ameaça de prisão, pessoa que, em razão de função, ministério, ofício ou profissão, deva guardar segredo ou resguardar sigilo:
> Pena – detenção, de 1 (um) a 4 (quatro) anos, e multa.
> **Parágrafo único.** Incorre na mesma pena quem prossegue com o interrogatório: I – de pessoa que tenha decidido exercer o direito ao silêncio; ou II – de pessoa que tenha optado por ser assistida por advogado ou defensor público, sem a presença de seu patrono.

Trata-se de **crime de forma vinculada**, pois só pode ser praticado mediante ameaça de prisão de pessoa que, em razão de função (ex.: servidor público), ministério (ex.: padre), ofício (ex.: secretária de escritório de advocacia) ou profissão (ex.: advogado), deva guardar segredo ou resguardar sigilo.

No que tange ao advogado, importante lembrar que o **Estatuto da OAB** (*Art. 7º, XIX – recusar-se a depor* *como testemunha em processo no qual funcionou ou deva funcionar, ou sobre fato relacionado com pessoa de quem seja ou foi advogado, mesmo quando autorizado ou solicitado pelo constituinte, bem como sobre fato que constitua sigilo profissional)* e o **Código de Ética** *(Art. 26 – O advogado deve guardar sigilo, mesmo em depoimento judicial, sobre o que saiba em razão de seu ofício, cabendo-lhe recusar-se a depor como testemunha em processo no qual funcionou ou deva funcionar, ou sobre fato relacionado com pessoa de quem seja ou tenha sido advogado, mesmo que autorizado ou solicitado pelo constituinte)* **asseguram a sua recusa em depor**, desde que se trate de fato atrelado à sua atuação. Em relação a fatos estranhos (ex.: o advogado simplesmente presencia uma agressão no estádio de futebol), há obrigação de depor.

O parágrafo único pune o descumprimento de certas garantias constitucionais e legais asseguradas a todo e qualquer investigado. O art. 5º, LXIII, da Constituição Federal prevê que "o preso será informado de seus direitos, entre os quais o de permanecer calado, sendo-lhe assegurada a assistência da família e de advogado". O Código de Processo Penal também dispõe sobre a necessidade de presença do defensor durante o interrogatório do réu (art. 185) e o direito deste ao silêncio (art. 186).

8.7.6. Omissão na identificação, ou identificação falsa, ao preso por ocasião da prisão

Art. 16. Deixar de identificar-se ou identificar-se falsamente ao preso por ocasião de sua captura ou quando deva fazê-lo durante sua detenção ou prisão:
Pena – detenção, de 6 (seis) meses a 2 (dois) anos, e multa.
Parágrafo único. Incorre na mesma pena quem, como responsável por interrogatório em sede de procedimento investigatório de infração penal, deixa de identificar-se ao preso ou atribui a si mesmo falsa identidade, cargo ou função.

Trata-se de **tipo especial de falsa identidade** (art. 307 do CP). Conforme o art. 5º, LXIV, da Constituição Federal, "o preso tem direito à identificação dos responsáveis por sua prisão ou por seu interrogatório policial". O *caput* pune quem não se identifica, ou se identifica falsamente, ao preso durante sua captura, detenção ou prisão. Já o parágrafo único tem maior alcance, pois também pune quem atribui a si mesmo falsa identidade, cargo ou função (ex.: o responsável pela prisão diz ser capitão da Polícia Militar, quando na verdade é soldado).

8.7.7. Submissão a interrogatório durante o repouso noturno

Art. 18. Submeter o preso a interrogatório policial durante o período de repouso noturno, salvo se capturado em flagrante delito ou se ele, devidamente assistido, consentir em prestar declarações:
Pena – detenção, de 6 (seis) meses a 2 (dois) anos, e multa.

A partir de uma interpretação sistemática da Lei n. 13.869/2019, pode-se afirmar que **repouso noturno** é o horário compreendido entre 21 e 5 horas. Isso porque, de acordo com o art. 22, § 1º, III, da nova Lei de Abuso de Autoridade, configura crime "cumprir mandado de busca e apreensão domiciliar após as 21h ou antes das 5h". Excepcionalmente poderá haver o interrogatório policial durante o repouso noturno na hipótese de flagrante ou se o preso, assistido por defensor, consentir em prestar declarações.

8.7.8. Impedimento ou retardamento do envio de pleito do preso ao juiz competente

Art. 19. Impedir ou retardar, injustificadamente, o envio de pleito de preso à autoridade judiciária competente para a apreciação da legalidade de sua prisão ou das circunstâncias de sua custódia:
Pena – detenção, de 1 (um) a 4 (quatro) anos, e multa.
Parágrafo único. Incorre na mesma pena o magistrado que, ciente do impedimento ou da demora, deixa de tomar as providências tendentes a saná-lo ou, não sendo competente para decidir sobre a prisão, deixa de enviar o pedido à autoridade judiciária que o seja.

Um dos direitos do preso, segundo a LEP (art. 41, XIV, da Lei n. 7.210/84), é o de **representação e petição a qualquer autoridade**, em defesa de direito. Como a lei não exige maiores formalidade, essa representação pode ser escrita ou verbal. No caso do parágrafo único, o crime somente pode ser praticado por juiz que tenha competência para decidir sobre a prisão ou, não havendo competência, por juiz que deixa de enviar o pleito do preso ao magistrado competente.

8.7.9. Impedimento de entrevista do preso com seu advogado

Art. 20. Impedir, sem justa causa, a entrevista pessoal e reservada do preso com seu advogado:
Pena – detenção, de 6 (seis) meses a 2 (dois) anos, e multa.
Parágrafo único. Incorre na mesma pena quem impede o preso, o réu solto ou o investigado de entrevistar-se pessoal e reservadamente com seu advogado ou defensor, por

prazo razoável, antes de audiência judicial, e de sentar-se ao seu lado e com ele comunicar-se durante a audiência, salvo no curso de interrogatório ou no caso de audiência realizada por videoconferência.

O Pacto de São José da Costa Rica prevê o "**direito do acusado** de defender-se pessoalmente ou de ser assistido por um defensor de sua escolha e de comunicar-se, livremente e em particular, com seu defensor" (art. 8º, item 2, *d*). Há semelhante previsão no art. 41, IX, da LEP e no art. 185, § 5º, do CPP.

Trata-se, também, de **direito do advogado**, conforme disposição do art. 7º, III, do Estatuto da OAB: "comunicar-se com seus clientes, pessoal e reservadamente, mesmo sem procuração, quando estes se acharem presos, detidos ou recolhidos em estabelecimentos civis ou militares, ainda que considerados incomunicáveis".

O parágrafo único refere-se à *audiência judicial*, podendo ela ocorrer antes do início do processo, como na audiência de custódia, ou durante o curso da ação penal. A lei não especifica a elementar "por prazo razoável", o que traz insegurança jurídica e abre a possibilidade de infindáveis discussões jurídicas sobre o tema.

8.7.10. Manter na mesma cela presos de ambos os sexos, ou presos e menores de 18 anos

Art. 21. Manter presos de ambos os sexos na mesma cela ou espaço de confinamento:
Pena – detenção, de 1 (um) a 4 (quatro) anos, e multa.
Parágrafo único. Incorre na mesma pena quem mantém, na mesma cela, criança ou adolescente na companhia de maior de idade ou em ambiente inadequado, observado o disposto na Lei n. 8.069, de 13 de julho de 1990 (Estatuto da Criança e do Adolescente).

O art. 82, § 1º, da LEP refere que a mulher e o maior de 60 anos, separadamente, serão recolhidos a estabelecimento próprio e adequado à sua condição pessoal. Já o art. 123 do ECA dispõe que "A internação deverá ser cumprida em entidade exclusiva para adolescentes, em local distinto daquele destinado ao abrigo, obedecida rigorosa separação por critérios de idade, compleição física e gravidade da infração".

Caso o dolo do agente seja causar na vítima sofrimento físico ou mental, a conduta poderá configurar **crime de tortura**: "Na mesma pena incorre quem submete pessoa presa ou sujeita a medida de segurança a sofrimento físico ou mental, por intermédio da prática de ato não previsto em lei ou não resultante de medida legal" (art. 1º, § 1º, da Lei n. 9.455/97).

8.7.11. Violação de domicílio e condutas análogas

Art. 22. Invadir ou adentrar, clandestina ou astuciosamente, ou à revelia da vontade do ocupante, imóvel alheio ou suas dependências, ou nele permanecer nas mesmas condições, sem determinação judicial ou fora das condições estabelecidas em lei:
Pena – detenção, de 1 (um) a 4 (quatro) anos, e multa.
§ 1º Incorre na mesma pena, na forma prevista no *caput* deste artigo, quem: I – coage alguém, mediante violência ou grave ameaça, a franquear-lhe o acesso a imóvel ou suas dependências; II – (vetado); III – cumpre mandado de busca e apreensão domiciliar após as 21h (vinte e uma horas) ou antes das 5h (cinco horas).
§ 2º Não haverá crime se o ingresso for para prestar socorro, ou quando houver fundados indícios que indiquem a necessidade do ingresso em razão de situação de flagrante delito ou de desastre.

Trata-se de **tipo especial de violação de domicílio** (art. 150 do CP). O crime somente existirá se praticado *sem determinação judicial* ou *fora das condições estabelecidas em lei*. A **inviolabilidade do domicílio** está disposta no art. 5º, XI, da Constituição Federal: "a casa é asilo inviolável do indivíduo, ninguém nela podendo penetrar sem consentimento do morador, salvo em caso de flagrante delito ou desastre, ou para prestar socorro, ou, durante o dia, por determinação judicial". Por sua vez, o Código de Processo Penal estabelece certas **condições para as buscas domiciliares**: "Art. 245. As buscas domiciliares serão executadas de dia, salvo se o morador consentir que se realizem à noite, e, antes de penetrarem na casa, os executores mostrarão e lerão o mandado ao morador, ou a quem o represente, intimando-o, em seguida, a abrir a porta. § 1º Se a própria autoridade der a busca, declarará previamente sua qualidade e o objeto da diligência. § 2º Em caso de desobediência, será arrombada a porta e forçada a entrada. § 3º Recalcitrando o morador, será permitido o emprego de força contra coisas existentes no interior da casa, para o descobrimento do que se procura. § 4º Observar-se-á o disposto nos §§ 2º e 3º, quando ausentes os moradores, devendo, neste caso, ser intimado a assistir à diligência qualquer vizinho, se houver e estiver presente. § 5º Se é determinada a pessoa ou coisa que se vai procurar, o morador será intimado a mostrá-la. § 6º Descoberta a pessoa ou coisa que se procura, será imediatamente apreendida e posta sob custódia da autoridade ou de seus agentes. § 7º Finda a diligência, os executores lavrarão auto circunstanciado, assinando-o com duas testemunhas presenciais, sem prejuízo do disposto no § 4º".

Como a Constituição se refere ao cumprimento da diligência *durante o dia*, haverá crime se o mandado de busca e apreensão for cumprido **após as 21h e antes das**

5h (art. 22, § 1º, III, da Lei n. 13.869/2019), salvo se o ingresso for para prestar socorro, ou quando houver fundados indícios que indiquem a necessidade do ingresso em razão de situação de flagrante delito ou de desastre (respectivo § 2º).

8.7.12. Fraude processual

> **Art. 23.** Inovar artificiosamente, no curso de diligência, de investigação ou de processo, o estado de lugar, de coisa ou de pessoa, com o fim de eximir-se de responsabilidade ou de responsabilizar criminalmente alguém ou agravar-lhe a responsabilidade:
> Pena – detenção, de 1 (um) a 4 (quatro) anos, e multa.
> **Parágrafo único.** Incorre na mesma pena quem pratica a conduta com o intuito de: I – eximir-se de responsabilidade civil ou administrativa por excesso praticado no curso de diligência; II – omitir dados ou informações ou divulgar dados ou informações incompletos para desviar o curso da investigação, da diligência ou do processo.

Trata-se de **tipo especial de fraude processual** (art. 347 do CP). Ocorre a inovação artificiosa quando o agente se vale de meio fraudulento. Há previsão de **elemento subjetivo especial (dolo específico)** consistente no "fim de eximir-se de responsabilidade ou de responsabilizar criminalmente alguém ou agravar-lhe a responsabilidade".

O parágrafo único considera abuso de autoridade a fraude processual praticada (a) para eximir-se de responsabilidade civil ou administrativa por excesso praticado no curso de diligência, ou (b) para omitir dados ou informações ou divulgar dados ou informações incompletos para desviar o curso da investigação, da diligência ou do processo.

8.7.13. Constrangimento ilegal para admissão de pessoa para tratamento cujo óbito já tenha ocorrido

> **Art. 24.** Constranger, sob violência ou grave ameaça, funcionário ou empregado de instituição hospitalar pública ou privada a admitir para tratamento pessoa cujo óbito já tenha ocorrido, com o fim de alterar local ou momento de crime, prejudicando sua apuração:
> Pena – detenção, de 1 (um) a 4 (quatro) anos, e multa, além da pena correspondente à violência.

De acordo com o **art. 169 do CPP**, "Para o efeito de exame do local onde houver sido praticada a infração, a autoridade providenciará imediatamente para que não se altere o estado das coisas até a chegada dos peritos, que poderão instruir seus laudos com fotografias, desenhos ou esquemas elucidativos".

Isso significa que a preservação do local do crime é fundamental para o completo esclarecimento do ocorrido. É por isso que os peritos deverão registrar no laudo eventual alteração do estado das coisas, discutindo no relatório as consequências de tais alterações na dinâmica dos fatos (parágrafo único do art. 169 do CPP).

Trata-se de **crime formal**, que se consuma independentemente da alteração do local ou momento do crime, ou mesmo de efetivo prejuízo na sua apuração.

8.7.14. Obtenção de prova por meio manifestamente ilícito

> **Art. 25.** Proceder à obtenção de prova, em procedimento de investigação ou fiscalização, por meio manifestamente ilícito:
> Pena – detenção, de 1 (um) a 4 (quatro) anos, e multa.
> **Parágrafo único.** Incorre na mesma pena quem faz uso de prova, em desfavor do investigado ou fiscalizado, com prévio conhecimento de sua ilicitude.

A Constituição Federal prevê que são inadmissíveis, no processo, as provas obtidas por meios ilícitos (art. 5º, LVI, da CF). No mesmo sentido dispõe o art. 157 do CPP, aduzindo serem "inadmissíveis, devendo ser desentranhadas do processo, as **provas ilícitas**, assim entendidas as obtidas em violação a normas constitucionais ou legais".

Pune-se tanto aquele que obtém a prova ilícita quanto o que a usa, desde que tenha ciência prévia de sua ilicitude. Como consequência lógica, isso vale também para a chamada **teoria dos frutos da árvore envenenada**: caso o agente público tenha prévio conhecimento da ilicitude da *prova derivada da ilícita*, e mesmo assim utilizá-la em desfavor do investigado, o crime estará caracterizado.

8.7.15. Requisição ou instauração de procedimento investigatório sem indícios

> **Art. 27.** Requisitar instauração ou instaurar procedimento investigatório de infração penal ou administrativa, em desfavor de alguém, à falta de qualquer indício da prática de crime, de ilícito funcional ou de infração administrativa:
> Pena – detenção, de 6 (seis) meses a 2 (dois) anos, e multa.
> Parágrafo único. Não há crime quando se tratar de sindicância ou investigação preliminar sumária, devidamente justificada.

De acordo com o Código de Processo Penal, **indício** é a circunstância conhecida e provada que, tendo relação com o fato, autorize, por indução, concluir-se a existência de outra ou outras circunstâncias (art. 239). Indício, portanto, é um **sinal de que houve o crime**.

Por outro lado, membros do Ministério Público e Delegados de Polícia são movidos pelo **princípio da obrigatoriedade**, ou seja, diante da notícia de crime de ação penal pública incondicionada são obrigados a agir.

Isso significa que, diante do mínimo indício da prática de um delito, os responsáveis pela persecução penal devem instaurar os respectivos procedimentos investigatórios ou requisitá-los à autoridade com atribuição para a investigação. O delito de abuso de autoridade somente existirá no caso de **completa ausência de indícios** da prática de crime, de ilícito funcional ou de infração administrativa. E mesmo assim quando estiver presente "finalidade específica de prejudicar outrem ou beneficiar a si mesmo ou a terceiro, ou, ainda, por mero capricho ou satisfação pessoal" (§ 1º do art. 1º da Lei n. 13.869/2019).

8.7.16. Divulgação de gravação sem relação com a prova, violando-se o direito à intimidade

Art. 28. Divulgar gravação ou trecho de gravação sem relação com a prova que se pretenda produzir, expondo a intimidade ou a vida privada ou ferindo a honra ou a imagem do investigado ou acusado:
Pena – detenção, de 1 (um) a 4 (quatro) anos, e multa.

O **direito à intimidade** e o **sigilo das comunicações** são garantias dispostas no art. 5º da Constituição Federal: "são invioláveis a intimidade, a vida privada, a honra e a imagem das pessoas, assegurado o direito a indenização pelo dano material ou moral decorrente de sua violação" (inc. X); "é inviolável o sigilo da correspondência e das comunicações telegráficas, de dados e das comunicações telefônicas, salvo, no último caso, por ordem judicial, nas hipóteses e na forma que a lei estabelecer para fins de investigação criminal ou instrução processual penal" (inc. XII).

A Lei n. 9.296/96, no art. 10, prevê o crime de realizar interceptação de comunicações telefônicas, de informática ou telemática, ou quebrar segredo da Justiça, sem autorização judicial ou com objetivos não autorizados em lei.

No entanto, no caso do abuso de autoridade, a ilicitude não está na interceptação em si, e sim na divulgação de gravações que não têm relação com a prova dos autos, em clara violação ao inciso X do art. 5º da Constituição.

8.7.17. Informação falsa sobre procedimento judicial, policial, fiscal ou administrativo

Art. 29. Prestar informação falsa sobre procedimento judicial, policial, fiscal ou administrativo com o fim de prejudicar interesse de investigado:
Pena – detenção, de 6 (seis) meses a 2 (dois) anos, e multa.

Trata-se de **tipo especial de falsidade ideológica**. O sujeito ativo é qualquer agente público que tenha o dever de prestar a informação nos procedimentos elencados no tipo.

O crime exige a **finalidade especial (dolo específico)** de querer "prejudicar interesse do investigado".

8.7.18. Proceder à persecução penal, civil ou administrativa sem justa causa ou contra pessoa inocente

Art. 30. Dar início ou proceder à persecução penal, civil ou administrativa sem justa causa fundamentada ou contra quem sabe inocente:
Pena – detenção, de 1 (um) a 4 (quatro) anos, e multa.

Trata-se de **tipo especial de denunciação caluniosa**. *Justa causa* é o lastro probatório mínimo que exige elementos de Direito Penal (fato típico, ilicitude e culpabilidade) e Processo Penal (prova da materialidade e indícios de autoria/participação); com ela filtra-se a acusação leviana ou temerária.

A expressão "contra quem sabe inocente" exige **dolo direto** (certeza do agente), não sendo admitido, aqui, o dolo eventual.

8.7.19. Procrastinação injustificada da investigação em prejuízo do investigado ou fiscalizado

Art. 31. Estender injustificadamente a investigação, procrastinando-a em prejuízo do investigado ou fiscalizado:
Pena – detenção, de 6 (seis) meses a 2 (dois) anos, e multa.
Parágrafo único. Incorre na mesma pena quem, inexistindo prazo para execução ou conclusão de procedimento, o estende de forma imotivada, procrastinando-o em prejuízo do investigado ou do fiscalizado.

O art. 5º, LXXVIII, da Constituição Federal garante a todos, no âmbito judicial e administrativo, a **razoável duração do processo** e os meios que garantam a celeridade de sua tramitação.

O Delegado de Polícia, regra geral, tem o prazo de 10 dias para concluir o inquérito policial no caso de investigado preso, e 30 dias no caso de investigado solto (art. 10 do CPP). Quando a investigação é presidida por membro do Ministério Público, o procedimento investigatório criminal deverá ser concluído no prazo de 90 dias, permitidas, por igual período, prorrogações sucessivas, por decisão fundamentada do membro do Ministério Público responsável pela sua condução (art. 13 da Resolução n. 181 do CNMP).

Se a autoridade investigante, de forma injustificada, ultrapassa os prazos legais e procrastina a investigação em desfavor do investigado, configura-se o crime de abuso de autoridade. Também haverá o delito quando, não existindo prazo para a conclusão da investigação, ela é estendida sem qualquer justificativa, em prejuízo do fiscalizado ou investigado.

Atenção: o **simples decurso do prazo não caracteriza o crime**, uma vez que somente haverá abuso de autoridade quando presente a "finalidade específica de prejudicar outrem ou beneficiar a si mesmo ou a terceiro, ou, ainda, por mero capricho ou satisfação pessoal" (§ 1º do art. 1º da Lei n. 13.869/2019).

8.7.20. Negação de acesso aos autos da investigação

> **Art. 32.** Negar ao interessado, seu defensor ou advogado acesso aos autos de investigação preliminar, ao termo circunstanciado, ao inquérito ou a qualquer outro procedimento investigatório de infração penal, civil ou administrativa, assim como impedir a obtenção de cópias, ressalvado o acesso a peças relativas a diligências em curso, ou que indiquem a realização de diligências futuras, cujo sigilo seja imprescindível:
> Pena – detenção, de 6 (seis) meses a 2 (dois) anos, e multa.

A **Súmula Vinculante 14 do STF** prevê que "É direito do defensor, no interesse do representado, ter acesso amplo aos elementos de prova que, já documentados em procedimento investigatório realizado por órgão com competência de polícia judiciária, digam respeito ao exercício do direito de defesa".

Na mesma esteira, o **Estatuto da OAB** dispõe que é direito do advogado "examinar, em qualquer instituição responsável por conduzir investigação, mesmo sem procuração, autos de flagrante e de investigações de qualquer natureza, findos ou em andamento, ainda que conclusos à autoridade, podendo copiar peças e tomar apontamentos, em meio físico ou digital" (art. 7º, XIV).

Não haverá o crime quando a negativa de acesso ocorra em relação a peças atinentes a diligências em curso ou que indiquem a realização de diligências futuras, **cujo sigilo seja imprescindível** (ex.: interceptação telefônica autorizada judicialmente).

8.7.21. Exigência indevida de informação ou obrigação

> **Art. 33.** Exigir informação ou cumprimento de obrigação, inclusive o dever de fazer ou de não fazer, sem expresso amparo legal:
> Pena – detenção, de 6 (seis) meses a 2 (dois) anos, e multa.
> **Parágrafo único.** Incorre na mesma pena quem se utiliza de cargo ou função pública ou invoca a condição de agente público para se eximir de obrigação legal ou para obter vantagem ou privilégio indevido.

Ninguém será obrigado a fazer ou deixar de fazer alguma coisa senão em virtude de lei (art. 5º, II, da CF). Isso significa que o agente público, valendo-se dessa condição, não pode buscar benefício, vantagem ou tratamento especial que não é dado às demais pessoas. Se o policial exige o ingresso em uma boate sem o devido pagamento pelo simples fato de ser agente público, poderá restar caracterizado o crime de abuso de autoridade. Como o **crime é formal**, a consumação ocorre no instante em que a exigência ilegal chega ao conhecimento da vítima, independentemente da obtenção da informação ou do cumprimento da obrigação. No caso do parágrafo único, o crime estará consumado quando o sujeito ativo se valer do cargo ou função pública, ou invocar a condição de servidor público, para eximir-se de obrigação legal ou para obter vantagem ou privilégio indevido, ainda que ele não venha a receber qualquer vantagem ou privilégio.

8.7.22. Decretação de indisponibilidade de ativos financeiros que extrapole o valor da dívida

> **Art. 36.** Decretar, em processo judicial, a indisponibilidade de ativos financeiros em quantia que extrapole exacerbadamente o valor estimado para a satisfação da dívida da parte e, ante a demonstração, pela parte, da excessividade da medida, deixar de corrigi-la:
> Pena – detenção, de 1 (um) a 4 (quatro) anos, e multa.

Para possibilitar a penhora de dinheiro em depósito ou em aplicação financeira, o juiz, a requerimento do exequente, sem dar ciência prévia do ato ao executado, determinará às instituições financeiras, por meio de sistema eletrônico gerido pela autoridade supervisora do sistema financeiro nacional, que torne indisponíveis ativos financeiros existentes em nome do executado, limitando-se a indisponibilidade ao valor indicado na execução (art. 854 do CPC).

Pune-se a *ação* do juiz que decreta a indisponibilidade de ativos financeiros em quantia que extrapole exacerbadamente o valor estimado para a satisfação da dívida da parte, bem como a sua *omissão* em deixar de corrigir eventual excessividade da medida.

A tentativa somente é possível na forma comissiva.

A lei não especifica a elementar "exacerbadamente", o que traz insegurança jurídica e abre a possibilidade de infindáveis discussões jurídicas sobre o tema.

8.7.23. Demora injustificada no exame de processo de que tenha requerido vista em órgão colegiado

> Art. 37. Demorar demasiada e injustificadamente no exame de processo de que tenha requerido vista em órgão colegiado, com o intuito de procrastinar seu andamento ou retardar o julgamento:
> Pena – detenção, de 6 (seis) meses a 2 (dois) anos, e multa.

Tutela-se o regular andamento da Administração Pública. Assim, se um integrante de órgão colegiado de julgamento solicita vista dos autos com a intenção de procrastinar o andamento do feito, ou mesmo de retardar o seu julgamento, poderá restar caracterizado o crime do art. 37.

A lei não especifica a elementar "demasiada", o que traz insegurança jurídica e abre a possibilidade de infindáveis discussões jurídicas sobre o tema.

8.7.24. Antecipação de atribuição de culpa antes da conclusão da apuração e formalização da acusação

> Art. 38. Antecipar o responsável pelas investigações, por meio de comunicação, inclusive rede social, atribuição de culpa, antes de concluídas as apurações e formalizada a acusação:
> Pena – detenção, de 6 (seis) meses a 2 (dois) anos, e multa.

O **princípio da publicidade** não impede que haja informação sobre a investigação ou mesmo acerca do investigado. O que se proíbe é a antecipação irresponsável da atribuição de culpa, inclusive por meio de publicação em rede social, antes da conclusão da investigação e oferecimento da denúncia.

O crime estará consumado quando o agente público responsável pelas investigações publicar notícia antecipando atribuição de culpa de pessoa que ainda está sendo investigada.

8.8. Procedimento

O art. 39 da Lei n. 13.869/2019 refere que são aplicadas aos crimes de abuso de autoridade as disposições do CPP e da Lei n. 9.099/95.

No que tange às penas privativas de liberdade, os delitos de abuso de autoridade são punidos com penas que variam de **6 meses a 2 anos ou de 1 a 4 anos**.

No primeiro caso (6 meses a 2 anos), se está diante de infração penal de menor potencial ofensivo, devendo ser oferecido ao agente o benefício da **transação penal**. Segue-se, aqui, o **procedimento sumaríssimo** previsto na Lei n. 9.099/95.

No segundo caso (1 a 4 anos), se está diante de infração penal de médio potencial ofensivo, devendo ser oferecido ao agente o benefício da **suspensão condicional do processo** (art. 89 da Lei n. 9.099/95). Segue-se, aqui, o **procedimento especial dos crimes de responsabilidade dos funcionários públicos** (arts. 513 a 518 do CPP), o qual prevê uma resposta preliminar escrita no prazo de 15 dias, antes mesmo de o juiz receber a denúncia. Essa resposta não será necessária quando a ação penal for instruída por inquérito policial, nos termos da **Súmula 330 do STJ**.

8.9. Crime de violação de direito ou prerrogativa de advogado

A Lei n. 13.869/2019 acresce ao Estatuto da OAB o **crime do art. 7º-B**: "*Constitui crime violar direito ou prerrogativa de advogado previstos nos incisos II, III, IV e V do caput do art. 7º desta Lei: Pena – detenção, de 3 (três) meses a 1 (um) ano, e multa*".

O art. 7º da Lei n. 8.906/94 (Estatuto da OAB) estabelece, em um rol exemplificativo, inúmeros **direitos do advogado**, sendo que o novo crime do art. 7º-B faz referência expressa aos incisos II, III, IV e V.

> Art. 7º São direitos do advogado: (...)
> II – a inviolabilidade de seu escritório ou local de trabalho, bem como de seus instrumentos de trabalho, de sua correspondência escrita, eletrônica, telefônica e telemática, desde que relativas ao exercício da advocacia;
> III – comunicar-se com seus clientes, pessoal e reservadamente, mesmo sem procuração, quando estes se acharem presos, detidos ou recolhidos em estabelecimentos civis ou militares, ainda que considerados incomunicáveis;

> IV – ter a presença de representante da OAB, quando preso em flagrante, por motivo ligado ao exercício da advocacia, para lavratura do auto respectivo, sob pena de nulidade e, nos demais casos, a comunicação expressa à seccional da OAB;
> V – não ser recolhido preso, antes de sentença transitada em julgado, senão em sala de Estado-Maior, com instalações e comodidades condignas, assim reconhecidas pela OAB, e, na sua falta, em prisão domiciliar;

Trata-se de infração penal de menor potencial ofensivo, devendo seguir o procedimento sumaríssimo previsto na Lei n. 9.099/95.

9. CRIMES AMBIENTAIS (LEI N. 9.605/98)

9.1. Punição da pessoa jurídica

De acordo com o art. 225, § 3º, da Constituição Federal, as condutas e atividades consideradas lesivas ao meio ambiente sujeitarão os infratores, **pessoas físicas ou jurídicas**, a sanções penais e administrativas, independentemente da obrigação de reparar os danos causados. Assim, de acordo com o art. 3º da Lei n. 9.605/98, as **pessoas jurídicas** serão responsabilizadas administrativa, civil e penalmente conforme o disposto na referida lei, nos casos em que a infração seja cometida por decisão de seu representante legal ou contratual, ou de seu órgão colegiado, no interesse ou benefício da sua entidade.

9.2. Teoria da dupla imputação

Ocorre quando, para a punição da pessoa jurídica por um crime ambiental, se condiciona também a punição da pessoa física responsável pela conduta delituosa. **O STF afastou a necessidade de dupla imputação**.

> STF – RE 548.181, j. 6-8-2013
> O art. 225, § 3º, da Constituição Federal **não condiciona** a responsabilização penal da pessoa jurídica por crimes ambientais à simultânea persecução penal da pessoa física em tese responsável no âmbito da empresa. A norma constitucional **não impõe a necessária dupla imputação**.

9.3. Penas restritivas de direitos (art. 8º)

São as seguintes: I – prestação de serviços à comunidade; II – interdição temporária de direitos; III – suspensão parcial ou total de atividades; IV – prestação pecuniária; V – recolhimento domiciliar.

9.4. Atenuantes (art. 14)

As atenuantes são: I – baixo grau de instrução ou escolaridade do agente; II – arrependimento do infrator, manifestado pela espontânea reparação do dano, ou limitação significativa da degradação ambiental causada; III – comunicação prévia pelo agente do perigo iminente de degradação ambiental; IV – colaboração com os agentes encarregados da vigilância e do controle ambiental.

9.5. Penas aplicáveis às pessoas jurídicas (art. 21)

São as seguintes: I – multa; II – restritivas de direitos; III – prestação de serviços à comunidade.

9.6. Ação penal (art. 26)

Nas infrações penais previstas na Lei n. 9.605/98, a ação penal é pública incondicionada.

9.7. Transação penal (art. 27)

Nos crimes ambientais de menor potencial ofensivo (pena máxima não superior a 2 anos), a transação penal (art. 76 da Lei n. 9.099/95) somente poderá ser formulada desde que tenha havido a **prévia composição do dano ambiental**, de que trata o art. 74 da mesma lei, salvo em caso de comprovada impossibilidade.

9.8. Suspensão condicional do processo (art. 28)

As disposições do art. 89 da Lei n. 9.099/95 aplicam-se aos crimes ambientais com algumas modificações, ficando a declaração de extinção da punibilidade condicionada a um **laudo de constatação de reparação do dano ambiental**.

9.9. Princípio da insignificância

É possível a sua incidência nos crimes ambientais quando demonstrada a ínfima ofensividade ao bem ambiental tutelado (equilíbrio ecológico que faz possíveis as condições de vida no planeta).

> STJ – AgRg no REsp 1847810, *DJe* 25-5-2020
> 1. Somente se admite a aplicação do princípio da insignificância aos crimes ambientais quando demonstrada a ínfima ofensividade ao bem ambiental tutelado, conceito no qual se inserem não apenas questões jurídicas ou a dimensão econômica da conduta, mas o equilíbrio ecológico que faz possíveis as condições de vida no planeta.
> 2. A extração de 150 cabeças de palmitos *in natura* da espécie *Euterpe edulis Martius*, vulgarmente conhecida como palmito-juçara, ameaçada de extinção e relacionada na Lista Oficial das Espécies da Flora Brasileira Ameaçadas de Extinção (Portaria MMA n. 443/2014), afasta a incidência do princípio da insignificância.

9.10. Crimes ambientais em espécie

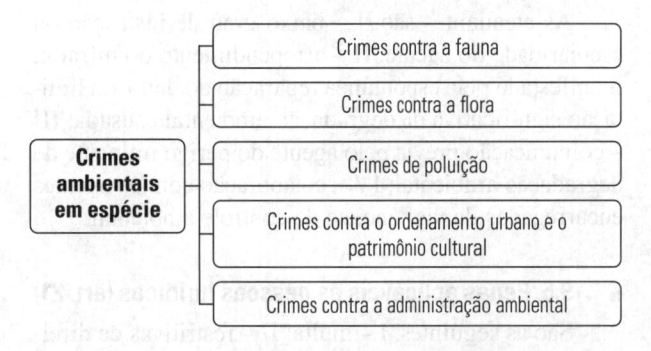

Crimes ambientais em espécie:
- Crimes contra a fauna
- Crimes contra a flora
- Crimes de poluição
- Crimes contra o ordenamento urbano e o patrimônio cultural
- Crimes contra a administração ambiental

I. Crimes contra a fauna (arts. 29 a 37)

a) a Súmula 91 do STJ ("Compete à Justiça Federal processar e julgar os crimes praticados contra a fauna") foi **cancelada**;

b) o delito de caça proibida está no art. 29;

c) o crime de maus-tratos a animais está no art. 32. A Lei 14.064, de 29/09/2020, incluiu o seguinte § 1º-A: "Quando se tratar de **cão ou gato**, a pena para as condutas descritas no *caput* deste artigo será de reclusão, de 2 (dois) a 5 (cinco) anos, multa e proibição da guarda";

d) o delito de pesca proibida está no art. 34;

e) o art. 36 define "pesca";

f) o art. 37 traz causas especiais de exclusão da ilicitude, afirmando, por exemplo, não ser crime o abate de animal quando realizado em estado de necessidade, para saciar a fome do agente ou de sua família (inciso I).

II. Crimes contra a flora (arts. 38 a 53)

a) pune-se a conduta de destruir ou danificar floresta considerada de preservação permanente (art. 38), inclusive na forma culposa;

b) é crime causar dano direto ou indireto às Unidades de Conservação (art. 40), que são as Estações Ecológicas, as Reservas Biológicas, os Parques Nacionais, os Monumentos Naturais e os Refúgios de Vida Silvestre;

c) pune-se a conduta de soltar balões que possam provocar incêndios nas florestas e demais formas de vegetação, em áreas urbanas ou qualquer tipo de assentamento humano (art. 42).

III. Crimes de poluição (arts. 54 a 61)

a) pune-se a conduta de causar poluição de qualquer natureza em níveis tais que resultem ou possam resultar em danos à saúde humana, ou que provoquem a mortandade de animais ou a destruição significativa da flora (art. 54), inclusive na forma culposa;

b) quando o delito é doloso, as penas são aumentadas: I – de um sexto a um terço, se resulta dano irreversível à flora ou ao meio ambiente em geral; II – de um terço até a metade, se resulta lesão corporal de natureza grave em outrem; III – até o dobro, se resultar a morte de outrem (art. 58);

c) as majorantes previstas no item anterior somente serão aplicadas se do fato não resultar crime mais grave.

IV. Crimes contra o ordenamento urbano e o patrimônio cultural (arts. 62 a 65)

a) pune-se a conduta de pichar ou por outro meio conspurcar edificação ou monumento urbano (art. 65);

b) não constitui crime a prática de grafite realizada com o objetivo de valorizar o patrimônio público ou privado mediante manifestação artística, desde que consentida pelo proprietário e, quando couber, pelo locatário ou arrendatário do bem privado e, no caso de bem público, com a autorização do órgão competente e a observância das posturas municipais e das normas editadas pelos órgãos governamentais responsáveis pela preservação e conservação do patrimônio histórico e artístico nacional (art. 65, § 2º).

V. Crimes contra a Administração Ambiental (arts. 66 a 69-A)

a) fazer o funcionário público afirmação falsa ou enganosa, omitir a verdade, sonegar informações ou dados técnico-científicos em procedimentos de autorização ou de licenciamento ambiental constitui crime com pena reclusiva de 1 a 3 anos e multa;

b) pune-se a conduta de obstar ou dificultar a ação fiscalizadora do Poder Público no trato de questões ambientais (art. 69);

c) é crime elaborar ou apresentar, no licenciamento, concessão florestal ou qualquer outro procedimento administrativo, estudo, laudo ou relatório ambiental total ou parcialmente falso ou enganoso, inclusive por omissão (art. 69-A).

10. LAVAGEM DE DINHEIRO (LEI N. 9.613/98)

10.1. Conceito

A lavagem de dinheiro é a atividade de desvincular o dinheiro da sua origem ilícita. O agente busca dar uma aparência de licitude ao proveito do crime.

10.2. Crime de lavagem (art. 1º, *caput*)

Ocultar ou dissimular a natureza, origem, localização, disposição, movimentação ou propriedade de bens, direitos ou valores provenientes, direta ou indiretamente, de infração penal.

> A Lei n. 9.613/98 trazia uma lista de crimes antecedentes (tráfico de drogas, terrorismo, contrabando de armas etc.). Com a alteração sofrida pela Lei n. 12.683/12, **não há mais rol taxativo de crimes antecedentes**, podendo haver a "lavagem" de bens, direitos e valores de qualquer infração penal (crime ou contravenção). Ex.: atualmente pode ser "lavado" dinheiro oriundo do jogo do bicho, que é contravenção penal.

10.3. Crimes equiparados aos de lavagem (art. 1º, §§ 1º e 2º)

Incorre na mesma pena quem, para ocultar ou dissimular a utilização de bens, direitos ou valores provenientes de infração penal (§ 1º) quem: I – os converte em ativos lícitos; II – os adquire, recebe, troca, negocia, dá ou recebe em garantia, guarda, tem em depósito, movimenta ou transfere; III – importa ou exporta bens com valores não correspondentes aos verdadeiros. Também responde por lavagem quem (§ 2º): I – utiliza, na atividade econômica ou financeira, bens, direitos ou valores provenientes de infração penal; II – participa de grupo, associação ou escritório tendo conhecimento de que sua atividade principal ou secundária é dirigida à prática de crimes previstos nesta Lei.

10.4. Colaboração premiada (art. 1º, § 5º)

A pena poderá ser reduzida de um a dois terços e ser cumprida em regime aberto ou semiaberto, facultando-se ao juiz deixar de aplicá-la ou substituí-la, a qualquer tempo, por pena restritiva de direitos, se o autor, coautor ou partícipe colaborar espontaneamente com as autoridades, prestando esclarecimentos que conduzam à apuração das infrações penais, à identificação dos autores, coautores e partícipes, ou à localização dos bens, direitos ou valores objeto do crime.

10.5. Ação controlada e infiltração de agentes (art. 1º, § 6º)

A Lei Anticrime incluiu um § 6º no art. 1º da Lei n. 9.613/98: "Para a apuração do crime de que trata este artigo, admite-se a utilização da ação controlada e da infiltração de agentes".

10.6. Independência do crime de lavagem (art. 2º, II)

O processo e o julgamento dos delitos de lavagem de dinheiro independem do processo e julgamento das infrações penais antecedentes, ainda que praticados em outro país, cabendo ao juiz competente para os crimes previstos nesta Lei a decisão sobre a unidade de processo e julgamento.

10.7. Competência

Em regra, a competência para processar e julgar os crimes de lavagem é da **Justiça Estadual**. A competência somente será da **Justiça Federal** em dois casos (art. 2º, III): a) quando os delitos de lavagem forem praticados contra o sistema financeiro e a ordem econômico-financeira, ou em detrimento de bens, serviços ou interesses da União, ou de suas entidades autárquicas ou empresas públicas; b) quando a infração penal antecedente for de competência da Justiça Federal.

10.8. Instrução da denúncia e autonomia da lavagem (art. 2º, § 1º)

A denúncia será instruída com indícios suficientes da existência da infração penal antecedente, sendo puníveis os fatos previstos na Lei n. 9.613/98, ainda que desconhecido ou isento de pena o autor, ou extinta a punibilidade da infração penal antecedente.

Dessa forma, ainda que o crime antecedente (ex.: tráfico de drogas) esteja prescrito, o delito de lavagem poderá ser punido.

> **STJ – AgRg no HC 497.486, j. 6-8-2019**
> "O processo e julgamento dos crimes de lavagem de dinheiro independem do processo e julgamento das infrações penais antecedentes, nos termos do art. 2º, inciso II, da Lei n. 9.613/1998. Dessa forma, **a prescrição das contravenções de jogo do bicho não repercute na apuração do crime de branqueamento**. Com efeito, 'o reconhecimento da extinção da punibilidade pela superveniência da prescrição da pretensão punitiva do Estado, relativamente ao crime funcional antecedente, não implica atipia ao delito de lavagem de dinheiro (art. 1º da Lei n. 9.613/98), que, como delito autônomo, independe de persecução criminal ou condenação pelo crime antecedente'".

11. CRIMES CONTRA A ORDEM TRIBUTÁRIA (LEI N. 8.137/90)

11.1. Crimes do art. 1º

Art. 1º Constitui crime contra a ordem tributária suprimir ou reduzir tributo, ou contribuição social e qualquer acessório, mediante as seguintes condutas: I – omitir informação, ou prestar declaração falsa às autoridades fazendárias; II – fraudar a fiscalização tributária, inserindo elementos inexatos, ou omitindo operação de qualquer natureza, em documento ou livro exigido pela lei fiscal; III – falsificar ou alterar nota fiscal, fatura,

duplicata, nota de venda, ou qualquer outro documento relativo à operação tributável; IV – elaborar, distribuir, fornecer, emitir ou utilizar documento que saiba ou deva saber falso ou inexato; V – negar ou deixar de fornecer, quando obrigatório, nota fiscal ou documento equivalente, relativa a venda de mercadoria ou prestação de serviço, efetivamente realizada, ou fornecê-la em desacordo com a legislação:
Pena – reclusão de 2 a 5 anos, e multa.

Observações: a) trata-se de delito praticado por particular contra a ordem tributária; b) o art. 1º, incisos I a IV, prevê crimes materiais; c) é aplicada a **Súmula Vinculante 24 do STF**: "Não se tipifica crime material contra a ordem tributária, previsto no art. 1º, incisos I a IV, da Lei n. 8.137/90, antes do lançamento definitivo do tributo"; d) **a contagem do prazo prescricional** tem início com a constituição definitiva do crédito, após o encerramento do processo administrativo de lançamento previsto no art. 142 do CTN (STJ, AgRg no REsp 1.699.768, *DJe* 20-4-2018; AgRg nos EREsp 1524528, 23-10-2019); e) **o princípio da insignificância** incide quando a sonegação não ultrapassar vinte mil reais e o agente não for criminoso habitual.

> **STJ – AgRg no REsp 1.877.935, *DJe* 1º-3-2021**
> Assim, a tese fixada passa a ser a seguinte: incide o princípio da insignificância aos crimes tributários federais e de descaminho quando o débito tributário verificado não ultrapassar o limite de R$ 20.000,00 (vinte mil reais), a teor do disposto no art. 20 da Lei n. 10.522/2002, com as atualizações efetivadas pelas Portarias n. 75 e 130, ambas do Ministério da Fazenda.
>
> **STJ – HC 564.208, *DJe* 18-8-2021**
> É certo que a reiteração criminosa obsta a aplicação do princípio da insignificância nos crimes tributários. Na hipótese, todavia, o entendimento adotado pela Corte de origem destoa da jurisprudência do Superior Tribunal de Justiça, fixada no sentido de que tal condição somente se caracteriza ante a multiplicidade de procedimentos administrativos, ações penais ou inquéritos policiais em curso. No caso, fora considerada apenas uma autuação fiscal. Portanto, não está demonstrada a habitualidade delitiva.

■ **11.2. Crimes do art. 2º**

> **Art. 2º** Constitui crime da mesma natureza: I – fazer declaração falsa ou omitir declaração sobre rendas, bens ou fatos, ou empregar outra fraude, para eximir-se, total ou parcialmente, de pagamento de tributo; II – deixar de recolher, no prazo legal, valor de tributo ou de contribuição social, descontado ou cobrado, na qualidade de sujeito passivo de obrigação e que deveria recolher aos cofres públicos; III – exigir, pagar ou receber, para si ou para o contribuinte beneficiário, qualquer percentagem sobre a parcela dedutível ou deduzida de imposto ou de contribuição como incentivo fiscal; IV – deixar de aplicar, ou aplicar em desacordo com o estatuído, incentivo fiscal ou parcelas de imposto liberadas por órgão ou entidade de desenvolvimento; V – utilizar ou divulgar programa de processamento de dados que permita ao sujeito passivo da obrigação tributária possuir informação contábil diversa daquela que é, por lei, fornecida à Fazenda Pública:
> Pena – detenção, de 6 meses a 2 anos, e multa.

Observações: a) trata-se de delito praticado por particular contra a ordem tributária; b) o art. 2º prevê crimes formais; c) não é aplicada a Súmula Vinculante 24 do STF; d) a forma tentada dos crimes do art. 1º constitui tipo autônomo do art. 2º.

■ **11.3. Crimes do art. 3º**

> **Art. 3º** Constitui crime funcional contra a ordem tributária, além dos previstos no Decreto-Lei n. 2.848, de 7 de dezembro de 1940 – Código Penal (Título XI, Capítulo I): I – extraviar livro oficial, processo fiscal ou qualquer documento, de que tenha a guarda em razão da função; sonegá-lo, ou inutilizá-lo, total ou parcialmente, acarretando pagamento indevido ou inexato de tributo ou contribuição social; II – exigir, solicitar ou receber, para si ou para outrem, direta ou indiretamente, ainda que fora da função ou antes de iniciar seu exercício, mas em razão dela, vantagem indevida; ou aceitar promessa de tal vantagem, para deixar de lançar ou cobrar tributo ou contribuição social, ou cobrá-los parcialmente. Pena – reclusão, de 3 (três) a 8 (oito) anos, e multa; III – patrocinar, direta ou indiretamente, interesse privado perante a administração fazendária, valendo-se da qualidade de funcionário público. Pena – reclusão, de 1 (um) a 4 (quatro) anos, e multa.

Observações: a) trata-se de delito praticado por funcionário público contra a ordem tributária (crime próprio); b) o inciso II traz tipos especiais de corrupção passiva e concussão; c) o inciso III traz tipo especial de advocacia administrativa.

■ 12. CRIMES CONTRA O SISTEMA FINANCEIRO NACIONAL (LEI N. 7.492/86)

■ **12.1. Fundamento constitucional (art. 192 da CF)**

O Sistema Financeiro Nacional, estruturado de forma a promover o desenvolvimento equilibrado do País e a servir aos interesses da coletividade, em todas as partes que o compõem, abrangendo as cooperativas de crédito, será regulado por leis complementares que disporão, inclusive, sobre a participação do capital estrangeiro nas instituições que o integram.

12.2. Conceito de instituição financeira (art. 1º, *caput*)

Considera-se instituição financeira, para efeito dessa lei, a pessoa jurídica de direito público ou privado, que tenha como atividade principal ou acessória, cumulativamente ou não, a captação, intermediação ou aplicação de recursos financeiros de terceiros, em moeda nacional ou estrangeira, ou a custódia, emissão, distribuição, negociação, intermediação ou administração de valores mobiliários.

12.3. Conceito de Sistema Financeiro Nacional

Significa, conforme o magistério de Nucci (NUCCI, Guilherme de Souza. *Leis penais e processuais penais comentadas*, 9. ed., São Paulo: Gen, 2016, v. 2), o conjunto de operações, medidas e transações, inclusive atividades fiscalizatórias de agentes específicos, que diz respeito ao emprego dos recursos econômicos disponíveis pelo Estado para sua atuação eficiente na busca de seus objetivos constitucionais, voltados, em suma, ao bem-estar da comunidade em geral.

12.4. Instituição financeira por equiparação (art. 1º, parágrafo único)

Equipara-se a instituição financeira: I – pessoa jurídica que capte ou administre seguros, câmbio, consórcio, capitalização ou qualquer tipo de poupança, ou recursos de terceiros; II – pessoa natural que exerça quaisquer das atividades referidas neste artigo, ainda que de forma eventual.

12.5. Crime de divulgação de informação falsa (art. 3º)

Pune-se a conduta de divulgar informação falsa ou prejudicialmente incompleta sobre instituição financeira. O crime é comum, podendo ser praticado por qualquer pessoa. O sujeito passivo é o Estado.

12.6. Crimes de gestão fraudulenta e temerária (art. 4º)

A Lei n. 7.492/86 pune a conduta de gerir fraudulentamente instituição financeira com pena de reclusão de 3 a 12 anos e multa (art. 4º, *caput*). Se a gestão é temerária, a pena é de reclusão de 2 a 8 anos e multa (art. 4º, parágrafo único).

> - **Gestão fraudulenta:** o agente atua com fraude (ex.: presta informação falsa, produz documento falso etc.).
> - **Gestão temerária:** o agente descumpre uma norma de cautela (ex.: empresta mais dinheiro do que deveria a um cliente que já é inadimplente).

12.7. Crime de indução em erro de sócio, investidor ou repartição pública competente (art. 6º)

Pune-se a conduta de induzir ou manter em erro, sócio, investidor ou repartição pública competente, relativamente a operação ou situação financeira, sonegando-lhe informação ou prestando-a falsamente.

12.8. Crime de operação de instituição financeira sem autorização (art. 16)

Pune-se a conduta de fazer operar, sem a devida autorização, ou com autorização obtida mediante declaração falsa, instituição financeira, inclusive de distribuição de valores mobiliários ou de câmbio.

12.9. Crime de obtenção de financiamento mediante fraude (art. 19)

Pune-se a conduta de obter, mediante fraude, financiamento em instituição financeira. O objeto material do delito é o financiamento. Objetos jurídicos são a credibilidade do mercado financeiro e a proteção ao investidor.

12.10. Crime de evasão de divisas (art. 22)

Pune-se a conduta de efetuar operação de câmbio não autorizada, com o fim de promover evasão de divisas do País. A tipicidade subjetiva é formada por dolo e pelo elemento subjetivo especial (fim específico de promover a evasão de divisas do País).

12.11. Competência (art. 26)

A ação penal é promovida pelo Ministério Público Federal, perante a **Justiça Federal**.

13. LEI DO CRIME RACIAL (LEI N. 7.716/89)

13.1. Dispositivos constitucionais

Promover o bem de todos, sem preconceitos de origem, raça, sexo, cor, idade e quaisquer outras formas de discriminação (art. 3º, IV); repúdio ao terrorismo e ao racismo (art. 4º, VIII); todos são iguais perante a lei, sem distinção de qualquer natureza (art. 5º, *caput*); a lei punirá qualquer discriminação atentatória dos direitos e liberdades fundamentais (art. 5º, XLI); a prática do racismo constitui **crime inafiançável e imprescritível**, sujeito à pena de reclusão, nos termos da lei (art. 5º, XLII).

13.2. Lei n. 7.716/89 (art. 1º)

Pune crimes resultantes de discriminação ou preconceito de raça, cor, etnia, religião ou procedência nacional.

> **HOMOFOBIA:**
> - A maioria dos ministros do STF (ADO 26 e MI 4.733) decidiu que a discriminação por orientação sexual e identidade de gênero deve ser considerada um tipo de racismo. Diante da omissão do Poder Legislativo em tratar do tema, a homofobia deve ser abrangida pela Lei de Racismo (Lei n. 7.716/89).
>
> **OUTRAS DISCRIMINAÇÕES:**
> - Discriminação contra pessoas com deficiência: os crimes estão previstos nas Leis n. 7.853/89 e 13.146/2015.
> - Discriminação contra portador de Aids ou de vírus HIV: os crimes estão previstos na Lei n. 12.984/2014.
> - Discriminação em face da orientação sexual da vítima: configura crime contra a honra (arts. 138, 139 e 140 do CP).

13.3. Injúria racial (art. 2º-A)

A Lei n. 14.532, de 11/01/2023, publicada nesta mesma data e com vigência a partir da publicação, deu nova redação ao § 3º do art. 140 do Código Penal. A nova legislação ainda alterou a **Lei do Crime Racial (Lei n. 7.716/89)**, para tipificar como delito de racismo a injúria racial, além de prever pena de suspensão de direito em caso de racismo praticado no contexto de atividade esportiva ou artística, bem como prever pena para o racismo religioso e recreativo e para o praticado por funcionário público.

Antes da Lei n. 14.532/2023	Após a Lei n. 14.532/2023
Art. 140, § 3º, CP - Se a injúria consiste na utilização de elementos referentes a **raça, cor, etnia**, religião, **origem** ou a condição de pessoa idosa ou portadora de deficiência: Pena - reclusão de 1 a 3 anos, e multa.	Art. 140, § 3º, CP - Se a injúria consiste na utilização de elementos referentes a religião ou à condição de pessoa idosa ou com deficiência: Pena - reclusão, de 1 a 3 anos, e multa.

A chamada **injúria racial**, com o advento da Lei n. 14.532/2023, **passou a ser tipificada como crime de racismo** na Lei do Crime Racial (Lei nº 7.716/89), sendo acrescentado o seguinte dispositivo: "Art. 2º-A. Injuriar alguém, ofendendo-lhe a dignidade ou o decoro, em razão de raça, cor, etnia ou procedência nacional - Pena: reclusão, de 2 a 5 anos, e multa. **Parágrafo único**. A pena é aumentada de metade se o crime for cometido mediante concurso de 2 (duas) ou mais pessoas".

Além disso, ainda na Lei n 7.716/89, foi prevista pena de suspensão de direito em caso de racismo praticado no contexto de atividade esportiva ou artística, e pena para o racismo religioso e recreativo e para o praticado por funcionário público.

> **Outras alterações promovidas pela Lei n. 14.532/23 na Lei do Crime Racial**
> Art. 20 (...)
> § 2º. Se qualquer dos crimes previstos neste artigo for cometido por intermédio dos meios de comunicação social, de publicação em redes sociais, da rede mundial de computadores ou de publicação de qualquer natureza:
> (...)
> § 2º-A. Se qualquer dos crimes previstos neste artigo for cometido no contexto de atividades esportivas, religiosas, artísticas ou culturais destinadas ao público: Pena: reclusão, de 2 a 5 anos, e proibição de frequência, por 3 anos, a locais destinados a práticas esportivas, artísticas ou culturais destinadas ao público, conforme o caso.
> § 2º-B. Sem prejuízo da pena correspondente à violência, incorre nas mesmas penas previstas no caput deste artigo quem obstar, impedir ou empregar violência contra quaisquer manifestações ou práticas religiosas.
> § 3º. No caso do § 2º deste artigo, o juiz poderá determinar, ouvido o Ministério Público ou a pedido deste, ainda antes do inquérito policial, sob pena de desobediência: (...)
> Art. 20-A. Os crimes previstos nesta Lei terão as penas aumentadas de 1/3 (um terço) até a metade, quando ocorrerem em contexto ou com intuito de descontração, diversão ou recreação.
> Art. 20-B. Os crimes previstos nos arts. 2º-A e 20 desta Lei terão as penas aumentadas de 1/3 (um terço) até a metade, quando praticados por funcionário público, conforme definição prevista no Decreto-Lei nº 2.848, de 7 de dezembro de 1940 (Código Penal), no exercício de suas funções ou a pretexto de exercê-las.
> Art. 20-C. Na interpretação desta Lei, o juiz deve considerar como discriminatória qualquer atitude ou tratamento dado à pessoa ou a grupos minoritários que cause constrangimento, humilhação, vergonha, medo ou exposição indevida, e que usualmente não se dispensaria a outros grupos em razão da cor, etnia, religião ou procedência.
> Art. 20-D. Em todos os atos processuais, cíveis e criminais, a vítima dos crimes de racismo deverá estar acompanhada de advogado ou defensor público.

Em relação à **injúria racial**, a alteração caracteriza-se como *lex gravior*, já que a pena, antes de 1 a 3 anos, passou a ser de 2 a 5 anos, não podendo retroagir. Ademais, na esteira do que já havia sido decidido pelo Plenário do STF (HC 154.248, j. 28/10/2021), a injúria racial, agora tipificada como racismo na Lei n. 7.716/89, é **crime imprescritível e inafiançável**.

Outra importante modificação diz respeito à **ação penal**: antes da Lei n. 14.532/23, o delito de injúria racial era processado mediante ação penal pública condicionada à representação do ofendido; agora, passa a ser processado por ação penal pública **incondicionada**.

13.4. Crime de impedir ou obstar acesso a cargo da Administração Pública (art. 3º)

Pune-se a conduta de impedir ou obstar o acesso de alguém, devidamente habilitado, a qualquer cargo da Administração Direta ou Indireta, bem como das concessionárias de serviços públicos. O sujeito ativo é a pessoa que detém poder para praticar uma das condutas descritas no tipo. O sujeito passivo é a pessoa discriminada.

13.5. Crime de negar ou obstar emprego em empresa privada (art. 4º)

Pune-se a conduta de negar ou obstar emprego em empresa privada. Incorre na mesma pena quem, por motivo de discriminação de raça ou de cor ou práticas resultantes do preconceito de descendência ou origem nacional ou étnica: I – deixar de conceder os equipamentos necessários ao empregado em igualdade de condições com os demais trabalhadores; II – impedir a ascensão funcional do empregado ou obstar outra forma de benefício profissional; III – proporcionar ao empregado tratamento diferenciado no ambiente de trabalho, especialmente quanto ao salário.

13.6. Crime de recusar ou impedir acesso a estabelecimento comercial (art. 5º)

Pune-se a conduta de recusar ou impedir acesso a estabelecimento comercial, negando-se a servir, atender ou receber cliente ou comprador. O sujeito passivo é o cliente ou comprador discriminado.

13.7. Crime de impedir o acesso ou recusar hospedagem em hotel (art. 7º)

Pune-se a conduta de impedir o acesso ou recusar hospedagem em hotel, pensão, estalagem ou qualquer estabelecimento similar. O crime é próprio, pois o sujeito ativo será o proprietário ou responsável pelo hotel, pensão, estalagem ou estabelecimento similar.

13.8. Crime de impedir o acesso ou recusar atendimento em restaurante (art. 8º)

Pune-se a conduta de impedir o acesso ou recusar atendimento em restaurantes, bares, confeitarias ou locais semelhantes abertos ao público. O tipo fala em "locais semelhantes", razão pela qual o crime poderá ocorrer em cafeterias ou padarias, por exemplo.

13.9. Crime de impedir o acesso ou recusar atendimento em salão de cabeleireiro (art. 10)

Pune-se a conduta de impedir o acesso ou recusar atendimento em salões de cabeleireiros, barbearias, termas ou casas de massagem ou estabelecimento com as mesmas finalidades. O crime é próprio, pois somente pode ser praticado pelo proprietário ou responsável pelo atendimento nos locais referidos no tipo.

13.10. Crime de impedir o acesso às entradas sociais de edifícios (art. 11)

Pune-se a conduta de impedir o acesso às entradas sociais em edifícios públicos ou residenciais e elevadores ou escada de acesso aos mesmos. A vítima é a pessoa que sofre o ato discriminatório.

13.11. Crime de praticar racismo (art. 20)

A Lei n. 7.716/89 prevê como delito praticar, induzir ou incitar a discriminação ou preconceito de raça, cor, etnia, religião ou procedência nacional. O crime do art. 20 dirige-se a toda uma categoria de pessoas, ou seja, a vítima é a coletividade. Não se pode confundir com o delito de injúria racial (art. 140, § 3º, do CP), o qual tem vítima determinada.

13.12. Crime de divulgação do nazismo (art. 20, § 1º)

Pune-se a conduta de fabricar, comercializar, distribuir ou veicular símbolos, emblemas, ornamentos, distintivos ou propaganda que utilizem a cruz suástica ou gamada, para fins de divulgação do nazismo. Além do dolo genérico, também há necessidade do especial fim de agir do sujeito ativo (dolo específico de querer divulgar o nazismo).

13.13. Efeitos da condenação (arts. 16 e 18)

Constitui efeito da condenação a perda do cargo ou função pública, para o servidor público, e a suspensão do funcionamento do estabelecimento particular por prazo não superior a três meses. Os efeitos **não são automáticos**, devendo ser motivadamente declarados na sentença.

REFERÊNCIAS BIBLIOGRÁFICAS

GONÇALVES, Victor Eduardo Rios; JUNIOR, José Paulo Baltazar. *Legislação penal especial esquematizado*. 2. ed. São Paulo: Saraiva, 2016.

GRECO, Rogério. *Leis penais especiais comentadas*. Niterói: Impetus, 2016. v. 1.

GRECO, Rogério; CUNHA, Rogério Sanches. *Abuso de autoridade*. Salvador: JusPodivm, 2019.

HABIB, Gabriel. *Leis Penais Especiais*. Volume único. Salvador: JusPodivm, 2019.

LIMA, Renato Brasileiro de. *Legislação criminal especial comentada*. 5. ed. Salvador: JusPodivm, 2016.

NUCCI, Guilherme de Souza. *Leis penais e processuais penais comentadas*. 10. ed. São Paulo: Gen, 2017. v. 1.

_____. *Leis penais e processuais penais comentadas*. 9. ed. São Paulo: Gen, 2016. v. 2.

QUESTÕES

(XXXIV Exame de Ordem Unificado/FGV) Durante uma festa de confraternização entre amigos da faculdade, em 1º de junho de 2020, começou uma discussão entre Plinio e Carlos, tendo a mãe de Plinio procurado intervir para colocar fim à briga. Nesse momento, Carlos passou a ofender a mãe de Plinio, chamando-a de "macumbeira", que "deveria estar em um terreiro". Revoltadas, pessoas que presenciaram o ocorrido compareceram ao Ministério Público e narraram os fatos. A mãe de Plinio disse, em sua residência, que não pretendia manter discórdia com colegas do filho, não tendo comparecido à Delegacia e nem ao órgão ministerial para tratar do evento. O Ministério Público, em 2 de dezembro de 2020, denunciou Carlos pelo crime de racismo, trazido pela Lei n. 7.716/89. Você, como advogado(a) de Carlos, deverá alegar, em sua defesa, que deverá:

A) ocorrer extinção da punibilidade, pois não houve a indispensável representação da vítima, apesar de, efetivamente, o crime praticado ter sido de racismo.

B) haver desclassificação para o crime de injúria simples, que é de ação penal privada, não tendo o Ministério Público legitimidade para oferecimento da denúncia.

C) haver desclassificação para o crime de injúria qualificada pela utilização de elementos referentes à religião, que é de ação penal privada, não tendo o Ministério Público legitimidade para oferecimento de denúncia.

D) haver desclassificação para o crime de injúria qualificada pela utilização de elementos referentes à religião, que é de ação penal pública condicionada, justificando extinção da punibilidade por não ter havido representação por parte da vítima.

RESPOSTA

A) O crime praticado não é racismo (Lei n. 7.716/89), mas injúria racial ou preconceituosa (art. 140, § 3º, do CP).

B) A desclassificação não é para injúria simples (art. 140, *caput*, do CP), mas para injúria qualificada (art. 140, § 3º, do CP), conhecida como injúria racial ou preconceituosa.

C) Está correta a desclassificação para o crime de injúria qualificada pela utilização de elementos referentes à religião. No entanto, este delito é processado por ação penal pública condicionada à representação da vítima (art. 145, parágrafo único, do CP), e não por ação penal privada.

☑ De acordo com o § 3º do art. 140 do Código Penal, "Se a injúria consiste na utilização de elementos referentes a raça, cor, etnia, religião, origem ou a condição de pessoa idosa ou portadora de deficiência: Pena – reclusão de um a três anos e multa". Assim, deveria haver a desclassificação para o crime de injúria qualificada pela utilização de elementos referentes à religião. Como tal delito é processado por ação penal pública condicionada à representação do ofendido, e esta somente ocorreu em 2-12-2020, portanto mais de seis meses após o conhecimento da autoria (art. 38 do CPP), deveria ocorrer a extinção da punibilidade em face da decadência (art. 107, IV, do CP).

(35º Exame de Ordem Unificado/FGV) Breno, policial civil, estressado em razão do trabalho, resolveu acampar em local deserto, no meio de uma trilha cercada apenas por vegetação. Após dois dias, já sentindo o tédio do local deserto, longe de qualquer residência, para distrair a mente, pegou sua arma de fogo, calibre permitido, devidamente registrada e cujo porte era autorizado, e efetuou um disparo para o alto para testar a capacidade da sua mão esquerda, já que, a princípio, seria destro. Ocorre que, em razão do disparo, policiais militares realizaram diligência e localizaram o imputado, sendo apreendida sua arma de fogo e verificado que um dos números do registro havia naturalmente se apagado em razão do desgaste do tempo. Confirmados os fatos, Breno foi denunciado pelos crimes de porte de arma de fogo com numeração suprimida e disparo de arma de fogo (Art. 15 e Art. 16, § 1º, inciso IV, ambos da Lei n. 10.826/03, em concurso material). Após a instrução, provados todos os fatos acima narrados, você, como advogado(a) de Breno, deverá requerer, sob o ponto de vista técnico, em sede de alegações finais:

A) a absolvição em relação ao crime de porte de arma com numeração suprimida, restando apenas o crime de disparo de arma de fogo, menos grave, que é expressamente subsidiário.

B) a absorção do crime de disparo de arma de fogo pelo de porte de arma de fogo com numeração suprimida, considerando que é expressamente subsidiário.

C) o reconhecimento do concurso formal de delitos, afastando-se o concurso material.

D) a absolvição em relação a ambos os delitos.

RESPOSTA

A) Não há o crime de disparo de arma de fogo, já que Breno não atirou "em lugar habitado ou em suas adjacências, em via pública ou em direção a ela", elementares exigidas

pelo art. 15 do Estatuto do Desarmamento (Lei n. 10.826/2003).
B) Breno não será responsabilizado por quaisquer dos crimes. Também não há o delito de porte de arma de fogo com numeração suprimida, pois a supressão ocorreu "naturalmente", em face de "desgaste do tempo", não havendo conduta de Breno neste sentido.
C) Não há concurso de crimes, já que Breno deverá ser absolvido pelos dois delitos.
☑ Como dito acima, Breno deverá ser absolvido pelos dois delitos.

(36º Exame de Ordem Unificado/FGV) Policiais militares em patrulhamento de rotina, ao passarem próximos a um conhecido ponto de venda de drogas, flagraram Elias, reincidente específico no crime de tráfico ilícito de entorpecentes, vendendo um "pino" contendo cocaína a um usuário local. Ao perceber que os policiais dirigiam-se para a abordagem, o aludido usuário, de modo perspicaz, jogou ao chão o entorpecente adquirido e conseguiu se evadir, mas Elias acabou sendo preso em flagrante. Ato contínuo, em revista pessoal, nos bolsos de Elias foram encontrados mais 119 (cento e dezenove) pinos de material branco pulverulento, que se comprovou, *a posteriori*, tratar-se de um total de 600g de substância entorpecente capaz de causar dependência, conhecida como cocaína.

Diante de tal situação e após cumpridos todos os trâmites legais, o Ministério Público denunciou Elias pela prática do crime de tráfico ilícito de entorpecentes, duas vezes, nas modalidades "vender" e "trazer consigo", em concurso material de crimes. A capitulação feita pelo parquet está:

A) incorreta, tendo em vista que a norma do Art. 33 da Lei n. 11.343/06 é de ação múltipla, devendo Elias responder pela prática de um único crime de tráfico ilícito de entorpecentes.
B) incorreta, porque, embora os verbos – vender e trazer consigo – integrem o tipo penal do Art. 33 da Lei n. 11.343/06, a hipótese é de concurso formal de crimes, pois Elias, mediante uma só ação, praticou dois crimes.
C) correta, uma vez que ambos os verbos – vender e trazer consigo – constam no tipo penal do Art. 33 da Lei n. 11343/06, indicando-se a pluralidade de condutas.
D) incorreta, pois Elias faz jus à causa de redução prevista no Art. 33, § 4º, da Lei n. 11.343/06, por não se comprovar ser dedicado a atividades criminosas.

RESPOSTAS

☑ O art. 33, *caput*, da Lei n. 11.343/2006 (crime de tráfico de drogas) caracteriza-se como tipo misto alternativo. Assim, mesmo que praticados dois ou mais verbos nucleares no mesmo contexto fático, haverá crime único. O número de verbos violados servirá para a exasperação da sanção penal, quando o juiz fixar a pena-base (art. 59 do CP).
B) A hipótese não é de concurso formal de crimes, mas de delito único.
C) A capitulação feita pelo Ministério Público não está correta, pois há um único delito.
D) Elias não faz jus ao tráfico privilegiado (art. 33, § 4º, da Lei n. 11.343/2006), já que é reincidente.

■ **MATERIAL DIGITAL EXCLUSIVO**

LEGISLAÇÃO PENAL ESPECIAL

Direito Processual Penal

Christiano Gonzaga

Mestre em Direito. Professor de Direito Penal, Direito Processual Penal e Criminologia em diversos cursos jurídicos. Professor da Fundação Escola Superior do Ministério Público de Minas Gerais. Ex-Defensor Público do Estado de Minas Gerais. Promotor de Justiça do Estado de Minas Gerais.
Redes sociais: 1) Instagram: @chrisgonzaga; 2) Facebook (página): @professorgonzagagomes; 3) Twitter e Periscope: @ChristianoProf; 4) YouTube (canal): Christiano Gonzaga.

Sumário

1. Princípios processuais penais: 1.1. Princípios constitucionais no âmbito do processo penal; 1.1.1. Princípio do juiz natural no processo penal; 1.1.2. Princípio do devido processo legal; 1.1.3. Princípio do contraditório; 1.1.4. Princípio da ampla defesa; 1.1.5. Princípio da presunção de inocência ou da não culpabilidade; 1.1.6. Princípio da duração razoável do processo penal; 1.1.7. Princípio do *in dubio pro reo* (*favor rei*); 1.2. Princípio da verdade real no processo penal; 1.3. Princípio da identidade física do juiz no processo penal; 1.4. Princípio do duplo grau de jurisdição no processo penal; 1.5. Princípio do Garantismo Penal (Juiz das Garantias) – **2. Direito processual penal:** 2.1. Autonomia do direito processual penal – **3. Aplicação da lei processual penal:** 3.1. Lei processual penal no tempo; 3.2. Lei processual no espaço; 3.2.1. Princípio da territorialidade da lei processual penal – **4. Investigação criminal:** 4.1. Inquérito policial; 4.1.1. Características do inquérito policial; 4.1.2. Instauração do inquérito policial; 4.1.3. Diligências no inquérito policial; 4.1.4. Incomunicabilidade do indiciado no processo penal; 4.1.5. Prazo para encerramento do inquérito policial; 4.1.6. Arquivamento do inquérito policial; 4.1.7. Desarquivamento do inquérito policial; 4.1.8. Acordo de não persecução penal – **5. Ação penal:** 5.1. Condições da ação no processo penal; 5.2. Ação penal pública; 5.2.1. Princípios da ação penal pública; 5.2.2. Prazo para oferecimento da denúncia; 5.2.3. Titularidade da ação penal pública; 5.2.4. Ação penal pública condicionada à representação; 5.2.5. Ação penal pública incondicionada; 5.3. Ação de iniciativa privada; 5.3.1. Princípios da ação penal privada; 5.3.2. Prazo para oferecimento da queixa-crime; 5.3.3. Titularidade da ação penal de iniciativa privada; 5.3.4. Aditamento da queixa-crime; 5.3.5. Extinção da punibilidade na ação penal de iniciativa privada; 5.4. Ação penal privada subsidiária da pública – **6. Ação civil *ex delicto*** – **7. Jurisdição e competência no processo penal:** 7.1. Competência em razão da matéria no processo penal; 7.1.1. Competência do Tribunal do Júri; 7.2. Competência pelo lugar da infração no processo penal; 7.3. Competência pelo domicílio ou residência do réu no processo penal; 7.4. Competência por conexão ou continência no processo penal; 7.4.1. Concurso de jurisdições no processo penal; 7.5. Competência por prevenção no processo penal; 7.6. Competência por prerrogativa de função no processo penal – **8. Questões e processos incidentes:** 8.1. Questões prejudiciais no processo penal; 8.2. Exceções no processo penal; 8.3. Processos incidentes; 8.3.1. Restituição de coisas apreendidas; 8.3.2. Medidas assecuratórias; 8.3.3. Incidente de insanidade mental do acusado – **9. Teoria da prova:** 9.1. Inadmissibilidade das provas obtidas por meios ilícitos; 9.2. Provas em espécie no processo penal; 9.2.1. Exame de corpo de delito, da cadeia de custódia e das perícias em geral; 9.2.2. Interrogatório do acusado; 9.2.3. Confissão do acusado; 9.2.4. Prova testemunhal; 9.2.5. Busca e apreensão – **10. Sujeitos do processo penal:** 10.1. Acusado e seu defensor – **11. Prisões, medidas cautelares e liberdade provisória:** 11.1. Prisão em flagrante; 11.2. Prisão temporária; 11.2.1. Prazo de duração da prisão temporária; 11.2.2. Cabimento da prisão temporária; 11.3. Prisão preventiva; 11.3.1. Pressupostos e requisitos da prisão preventiva; 11.3.2. Cabimento da prisão preventiva; 11.3.3. Prisão preventiva domiciliar; 11.4. Relaxamento de prisão; 11.5. Liberdade provisória com ou sem fiança – **12. Atos de comunicação no processo penal:** 12.1. Citação e intimação no processo penal – **13. Atos judiciais no processo penal:** 13.1. Espécies de atos judiciais no processo penal; 13.1.1. Decisões interlocutórias no processo penal; 13.1.2. Sentença penal – **14. Procedimentos penais:** 14.1. Procedimento comum ordinário no Código de Processo Penal; 14.1.1. Resposta à acusação no procedimento comum ordinário no CPP; 14.1.2. Absolvição sumária no procedimento comum ordinário do CPP; 14.1.3. Instrução criminal no procedimento comum ordinário do CPP; 14.1.4. Procedimento comum sumário no CPP; 14.2. Tribunal do Júri; 14.2.1. Desaforamento no Tribunal do Júri; 14.2.2. Reunião e sessões do Tribunal do Júri; 14.2.3. Debates orais em plenário no Tribunal do Júri; 14.3. Procedimento comum sumaríssimo (Juizados Especiais Criminais); 14.3.1. Competência e atos processuais no Juizado Especial Criminal; 14.3.2. Institutos despenalizadores; 14.4. Procedimentos processuais penais na legislação extravagante; 14.4.1. Procedimento especial da Lei de Drogas – **15. Recursos no processo penal:** 15.1. Princípios recursais penais; 15.1.1. Princípio da fungibilidade recursal; 15.1.2. Princípio da vedação da *reformatio in pejus* no processo penal; 15.2. Efeitos dos recursos no processo penal; 15.2.1. Efeito extensivo (expansivo) dos recursos no processo penal; 15.2.2. Efeito devolutivo dos recursos no processo penal; 15.2.3. Efeito suspensivo dos recursos no processo penal; 15.3. Recurso em sentido estrito; 15.3.1. Hipóteses de cabimento do recurso em sentido estrito; 15.3.2. Prazo e interposição do recurso em sentido estrito no processo penal; 15.4. Apelação; 15.4.1. Hipóteses de cabimento da apelação; 15.4.2. Prazo e interposição da apelação; 15.5. Embargos infringentes e de nulidade; 15.6. Embargos de declaração; 15.7. Agravo em execução; 15.8. Carta testemunhável; 15.9. Recurso especial no processo penal; 15.10. Recurso extraordinário no processo penal – **16. Ações autônomas de impugnação:** 16.1. *Habeas corpus;* 16.1.1. Hipóteses de cabimento; 16.1.2. Recursos em *habeas corpus;* 16.2. Revisão criminal – **17. Nulidades no processo penal:** 17.1. Princípios informativos das nulidades no processo penal; 17.1.1. Princípio do prejuízo ou *pas de nullité sans grief;* 17.1.2. Princípio da permanência da eficácia dos atos processuais penais; 17.1.3. Princípio da causalidade no processo penal; 17.1.4. Princípio da convalidação dos atos processuais penais; 17.1.5. Princípio da tipicidade das formas no processo penal; 17.1.6. Princípio da instrumentalidade das formas no processo penal; 17.1.7. Princípio do interesse no processo penal; 17.2. Nulidades absolutas no processo penal; 17.3. Nulidades relativas no processo penal; 17.4. Hipóteses de nulidades no processo penal – **Referências bibliográficas** – **Questões** – **Material digital exclusivo**

1. PRINCÍPIOS PROCESSUAIS PENAIS

Este é o tema inaugural de todas as áreas do Direito, devendo o candidato ao exame da Ordem dos Advogados do Brasil (OAB) deter uma atenção especial nele, uma vez que o bom entendimento dos princípios facilita a compreensão geral de qualquer matéria.

O conceito de princípio deve ser buscado no entendimento de que ele constitui a base ou fundamento do ordenamento jurídico como um todo, isto é, ele orienta a aplicação de todas as normas previstas nos mais variados diplomas legais, sendo um farol para o entendimento daquilo que existe no arcabouço jurídico.

1.1. Princípios constitucionais no âmbito do processo penal

> Como tema à parte do Direito Processual Penal, os princípios constitucionais são aqueles previstos na Constituição Federal, especificamente no art. 5º, cujo teor será analisado pormenorizadamente nos itens a seguir.

1.1.1. Princípio do juiz natural no processo penal

Princípio com forte incidência na prova da Ordem, ele encontra fundamentação no art. 5º, LIII, da Constituição Federal, a seguir transcrito em virtude da sua importância e para efeito de memorização por parte do candidato, *verbis*:

> Art. 5º, LIII – ninguém será processado nem sentenciado senão pela autoridade competente.

Tal assertiva demonstra que somente o **Juiz Natural** poderá julgar alguém pelo cometimento de infração penal, sendo a competência importante instituto para fixar a jurisdição. Em outras palavras, quis a Constituição da República que a competência seja sempre observada para que ocorra o correto julgamento de uma pessoa. Para melhor elucidação do tema, exemplificando-se a questão, um Juiz Federal não poderá julgar um crime que seja de competência do Juiz Estadual, como um crime de estelionato praticado contra uma pessoa comum, pois violaria o princípio em apreço. Assim, deve ser observada sempre a competência fixada em lei (competência relativa) ou na Constituição Federal (competência absoluta) para fins de satisfazer o mandamento constitucional, sendo que a sua infringência ocasiona a grave pecha da **nulidade absoluta**, que será vista no item 17.2.

Assim, Juiz naturalmente competente é aquele escolhido com base nas **normas previstas no ordenamento jurídico**, não sendo possível escolher, discricionariamente, um Magistrado com base em interesses privados ou de forma excepcional, uma vez que é a própria Constituição Federal, no art. 5º, XXXVII, que veda o chamado "tribunal de exceção".

1.1.2. Princípio do devido processo legal

No Direito Processual Penal, para que alguém seja criminalmente processado, **todas as formalidades legais** devem ser satisfeitas. Caso exista qualquer violação a um procedimento, como por exemplo a inexistência de citação pessoal a réu que esteja preso (art. 360 do CPP), o processo estará fulminado de nulidade absoluta. O embasamento do aludido princípio encontra-se na Constituição Federal no art. 5º, LIV.

Logo, para cada tipo de procedimento (comum ordinário, comum sumário ou comum sumaríssimo e os especiais) existe uma forma legal de se praticar os atos processuais. Caso haja **inversão de rito** ou sua supressão, violado está o devido processo legal, ensejando a **nulidade processual**.

1.1.3. Princípio do contraditório

Um dos princípios mais atinentes ao **direito de defesa**, a sua aplicação permite que o advogado refute as acusações feitas pelo Ministério Público. A cada ação corresponde uma reação. O advogado deve ter a oportunidade de poder contrapor ao que a acusação alega, sendo tal ocorrência o que a doutrina chama de **paridade de armas**. Para ilustrar a questão, caso o Promotor de Justiça junte algum documento aos autos, é imprescindível que a Defesa tenha a oportunidade de poder conhecê-lo e, ainda, tecer considerações a respeito dele, sob pena de se violar o aludido princípio. Por ser princípio constitucional, a sua previsão não poderia estar em outro local que não na Constituição Federal, art. 5º, LV.

Com base no princípio em epígrafe que resta impossível um processo penal sem a **defesa técnica**, por meio de advogado devidamente inscrito nos quadros da OAB.

1.1.4. Princípio da ampla defesa

Por estar sendo acusado de um crime e poder ter a sua liberdade cerceada, o acusado deve ter ao seu dispor todos os mecanismos defensivos existentes no ordenamento jurídico. Por sua aplicação que o réu sempre deverá **manifestar** ao **final do processo**, haja vista o seu interrogatório no procedimento comum ser realizado como ato último. Caso exista a inversão dessa ordem, trata-se de uma questão prejudicial à defesa, violando-se o princípio em testilha. Da mesma forma que as testemunhas de defesa devem ser ouvidas após as testemunhas de acusação, pois assim a defesa terá chances maiores de encontrar questões probatórias que possam absolver o acusado. Qualquer violação dessa encontrará a pecha de nulidade. Tal princípio repousa o seu fundamento no art. 5º, XXXVIII, *a*, LV e LXXIV, da Constituição Federal.

> Muito comum nas provas da OAB ocorrer alguma questão envolvendo o aludido princípio, notadamente quando ocorre a inversão da oitiva das testemunhas em audiência de instrução e julgamento, em que se ouvem primeiro as testemunhas de defesa e depois as da acusação. Isso gera a violação ao princípio em comento.

1.1.5. Princípio da presunção de inocência ou da não culpabilidade

Todo acusado deve ser tido como inocente até que ocorra o **trânsito em julgado da sentença condenatória**, ou seja, para que alguém seja declarado culpado, todas as instâncias recursais devem ter sido percorridas. Isso é o que está escrito no art. 5º, LVII, da Constituição Federal.

Trata-se de princípio que merece uma atenção especial por parte dos candidatos, tendo em vista que o Supremo Tribunal Federal, em decisão inédita, no HC 126.292/SP, passou a admitir a possibilidade de execução provisória de sentença de primeiro grau confirmada por Tribunal de Justiça ou Tribunal Regional Federal. Em outras palavras, se o réu for condenado pelo Conselho de Sentença por um crime de homicídio qualificado a uma pena de 12 (doze) anos de reclusão, sendo tal sentença confirmada pelo Tribunal de Justiça, não se necessita esperar a condenação definitiva em última instância (Supremo Tribunal Federal), já podendo ele ser recolhido ao cárcere provisoriamente.

Essa decisão do STF entendeu que não há violação ao princípio da presunção de inocência a possibilidade de execução provisória em segunda instância. Questão um tanto curiosa, tendo em vista que não foram exauridas todas as instâncias recursais e o acusado já pode ser recolhido ao cárcere de forma definitiva.

Todavia, após o julgamento do HC 126.292/SP, o próprio Pretório Excelso voltou atrás em seu posicionamento e decidiu contrariamente nas **Ações Declaratórias de Constitucionalidade (ADC) de números 43, 44 e 54, ao interpretar a redação do art. 283 do CPP**. Nessas ações, o Supremo Tribunal Federal decidiu pela constitucionalidade, ou seja, julgou procedentes as ações para declarar que o art. 283 do CPP está em consonância com a Carta Maior ao tratar da presunção de inocência, que somente pode ser afastada após o trânsito em julgado da sentença penal condenatória.

Para facilitar o entendimento, transcreve-se o art. 283 do CPP, com sua atual redação dada pela **Lei n. 13.964/2019 (Pacote Anticrime)**, que foi considerado constitucional e deve orientar todos os casos em que ainda não existe o trânsito em julgado definitivo, *in verbis*:

> **Art. 283.** Ninguém poderá ser preso senão em flagrante delito ou por ordem escrita e fundamentada da autoridade judiciária competente, em decorrência de prisão cautelar ou em virtude de condenação criminal transitada em julgado.

Pelo que se percebe da redação acima citada, não se está impedindo genericamente toda e qualquer forma de prisão, mas apenas que se aplique como efeito automático da confirmação da sentença condenatória em segunda instância a execução da pena. As demais prisões subsistem, tais como as prisões provisórias mencionadas no dispositivo legal (prisão preventiva e prisão temporária), desde que fundamentadas no caso concreto. Não haverá, como equivocadamente tem sido afirmado sem qualquer embasamento técnico, a liberação de milhares de presos provisórios. Ora, aqueles que forem enquadrados nos requisitos da prisão preventiva do art. 312 do CPP, por exemplo, continuarão cumprindo provisoriamente a sua reprimenda, isto é, os presos realmente perigosos socialmente permanecerão recolhidos. O que não se admite mais, com o julgamento das ADCs, é tratar como efeito automático da condenação em segunda instância a imposição de prisão, sem qualquer **fundamentação fática ou jurídica**.

Coloca-se o trânsito em julgado como **marco seguro** para a severa limitação da liberdade, ante a possibilidade de reversão ou atenuação da condenação nas instâncias superiores. Em cenário de profundo desrespeito ao princípio da não culpabilidade, sobretudo quando autorizada normativamente a prisão cautelar, não cabe antecipar, com contornos definitivos, a supressão da liberdade. Deve-se buscar, caso se queira decretar a prisão provisória, a solução consagrada pelo legislador nos arts. 312 e 319 do CPP, em consonância com a CF e ante outra garantia maior – a do inciso LXVI do art. 5º: "ninguém será levado à prisão ou nela mantido, quando a lei admitir a liberdade provisória, com ou sem fiança".

Ademais, com razão a Excelsa Corte ao julgar pela constitucionalidade da norma processual em comento, uma vez que é totalmente desproporcional admitir-se a prisão provisória para alguém que ainda é presumido inocente. Seria uma total inversão de valores, pois, se o acusado é considerado inocente até o trânsito em julgado, gera perplexidade antecipar-se a ele o efeito de eventual condenação, consubstanciada na prisão. Se ele é inocente, não pode perder o seu bem mais importante depois da vida, que é a liberdade. Trata-se de uma conclusão lógica e aliada à proteção dos direitos e garantias fundamentais.

Ainda que se questionasse a mudança de posicionamento do Supremo Tribunal Federal feita nas ADCs em detrimento do já julgado HC 126.292/SP, apontando eventual incongruência, o que se tem a afirmar é que no remédio heroico (HC) estava sendo julgado um caso concreto e não se levou em conta o mérito da constitucionalidade do art. 283 do CPP. Julgou-se um caso específico, a ordem foi indeferida e permitiu-se a execução provisória da pena, estendendo-se os seus efeitos para todas as situações similares, impedindo-se a libertação de presos provisórios que tiveram as sentenças confirmadas em nível de Tribunal de Justiça ou Tribunal Regional Federal, a depender da competência, se estadual ou federal, respectivamente.

Já nas ADCs, o julgamento foi em abstrato, acerca de um dispositivo legal específico, sendo que a procedência do pedido acabou por afetar todos aqueles que se encontravam cumprindo pena de forma provisória. Os instrumentos manejados para tanto são diferentes, daí ser mais facilmente compreensível a mudança de posicionamento da Suprema Corte.

Em suma, o que importa é que, daqui em diante, **para efeito de provas da OAB**, deve ser levado em consideração o teor do art. 283 do CPP como sendo constitucional, **não se podendo mais atestar a execução provisória da pena** senão depois do trânsito em julgado da sentença condenatória. Trata-se da validade integral do que consta na Constituição Federal, art. 5º, LVII, ao dispor que o princípio da presunção de inocência ou da não culpabilidade somente será esvaziado após o esgotamento total de todas as vias recursais.

1.1.6. Princípio da duração razoável do processo penal

Os processos não podem durar uma eternidade para o seu julgamento, uma vez que a vida de uma pessoa está em perigo ou até mesmo presa. Em razão disso, a Constituição Federal exige que haja uma **duração razoável de seu tempo**, conforme a disposição prevista no art. 5º, LXXVIII, a seguir transcrito:

> A todos, no âmbito judicial e administrativo, são assegurados a razoável duração do processo e os meios que garantam a celeridade de sua tramitação.

Em eventual questão de prova da OAB, tal princípio poderá ser utilizado quando ocorrer **excesso de prazo** em prisão provisória. Estando alguém preso por tempo bem superior à soma de todos os prazos processuais necessários para a prolação da sentença, patente está o chamado excesso de prazo, devendo o acusado ser posto em liberdade, caso esteja preso. Eis uma aplicação prática do aludido princípio.

1.1.7. Princípio do *in dubio pro reo* (*favor rei*)

Esse é um princípio considerado **recorrente nas provas da OAB**, já tendo sido cobrado em mais de uma ocasião. Com fundamento na própria Constituição Federal, tendo em vista tratar-se de princípio implícito e decorrente da presunção de inocência, sempre que forem possíveis duas interpretações antagônicas, uma favorável ao réu e outra contra, deve pender-se para aquela, sacramentando-se a máxima de que na dúvida deve o réu ser absolvido ou beneficiado. Algumas normas processuais penais definem bem o princípio em análise, como se depreende do art. 386, VII, CPP, nestes termos:

> **Art. 386.** O juiz absolverá o réu, mencionando a causa na parte dispositiva, desde que reconheça: (...)
> **VII** – não existir prova suficiente para a condenação.

Trata-se da aplicação explícita do princípio *in dubio pro reo* (na dúvida, favorável ao réu).

> Na prova da OAB, já se cobrou questão atinente ao princípio em epígrafe que merece destaque, quando se trata da famosa Revisão Criminal, prevista no art. 621, CPP, em que não se pode, em hipótese alguma, haver a possibilidade de o membro do Ministério Público requerer a Revisão Criminal *Pro Societate*, ou seja, buscando a condenação de alguém que fora injustamente absolvido por sentença criminal transitada em julgado.

Na mesma linha, não cabe a chamada *reformatio in pejus,* em que somente a defesa recorre e o Tribunal de Justiça reforma a decisão de primeiro grau de forma a piorar a situação do acusado, o que também é vedado na forma do art. 617, CPP, a ser visto oportunamente.

1.2. Princípio da verdade real no processo penal

Diferentemente dos demais ramos do Direito, em que o Estado-Juiz se satisfaz com a verdade trazida pelas partes no processo, isto é, com a instrução probatória realizada por requerente e requerido, ao contrário, no Processo Penal, como está em jogo a liberdade, a verdade deve ser a mais próxima da realidade fática, **não** sendo **possível provas frágeis** para a condenação.

Tal princípio obriga o Ministério Público a trazer um arsenal de **provas robustas** para a condenação do réu, não sendo suficientes meros indícios. Em tempos de delação premiada, deve ser lembrada a redação da Lei n. 12.850/2013, no seu art. 4º, § 16, que prevê o seguinte:

> Nenhuma sentença condenatória será proferida com fundamento apenas nas declarações de agente colaborador.

Esta disposição da Lei n. 12.850/2013, muito utilizada para combater as acusações na famosa **Operação Lava-Jato**, é a preferida dos advogados de defesa, uma vez que a delação premiada por si só, sem outros elementos probatórios, não serve para a condenação do delatado. Eis uma ótima questão para ser motivo de cobrança em Exames da OAB, na forma do art. 4º, § 16, acima transcrito.

Na mesma linha do exposto, o princípio da verdade real tem espeque no art. 155, *caput*, CPP, em que se afirma que a **prova produzida exclusivamente** em **inquérito policial não** poderá ser utilizada para fins de **condenação criminal**, uma vez que ela é frágil, tendo em vista a ausência de contraditório e produção de outras provas sob o pálio da Autoridade Judicial.

■ 1.3. Princípio da identidade física do juiz no processo penal

O princípio foi inserido em 2008 no art. 399, § 2º, do CPP, com a seguinte redação:

> O juiz que presidiu a instrução deverá proferir a sentença.

Em sendo assim, o Juiz que **coletou as provas** em audiência de instrução e julgamento é o mais adequado para prolatar a **sentença criminal**, pois teve contato direto com todo o material probatório. Somente deve tomar cuidado o candidato para não aplicar o princípio de forma absoluta, pois há casos em que a sua aplicação não se tornará possível, como ocorre em situações de férias e promoção do Magistrado. Nessas hipóteses, a inobservância do princípio não gerará qualquer nulidade.

■ 1.4. Princípio do duplo grau de jurisdição no processo penal

Por tal princípio, toda questão criminal merece ser **reexaminada** pela segunda instância de jurisdição, com o fim de impedir-se julgamento feito por um único Juiz, que, em não raras vezes, pode estar equivocado.

Como é cediço, o citado princípio encontra-se fundamentado no art. 5º, LV, Constituição Federal, ao dispor que aos litigantes são assegurados os "recursos" inerentes ao contraditório e à ampla defesa. A palavra "recursos" aponta a existência do ventilado princípio.

■ 1.5. Princípio do Garantismo Penal (Juiz das Garantias)

De forma inédita, oriundo do famoso **Pacote Anticrime**, os Congressistas aprovaram a figura do chamado **Juiz das Garantias**, em que se concretizam os pilares do Garantismo Penal. Num momento de acirramento entre os Poderes Constituídos e as demais Instituições Republicanas, trata-se de uma conquista para aqueles que atuam no campo da Advocacia.

Para aclarar a questão, o **Garantismo Penal** é a aplicação integral e sem ressalvas de todos os princípios constitucionais para efetivar a acusação de qualquer cidadão. A **observância total do contraditório, ampla defesa, devido processo legal**, dentre outros não menos importantes princípios, é salutar para viver num Estado Democrático de Direito. Falhar com qualquer princípio constitucional é eivar o Processo Penal de uma nulidade absoluta. Foi com esse cariz que se criou a figura do Juiz das Garantias, sendo aquele responsável por fazer valer, desde o início, todos os já vistos princípios constitucionais.

Veja-se a redação do art. 3º-A do CPP, *in verbis*:

> **Juiz das Garantias**
> **Art. 3º-A.** O processo penal terá estrutura acusatória, vedadas a iniciativa do juiz na fase de investigação e a substituição da atuação probatória do órgão de acusação.

Pelo artigo em comento, o **Juiz das Garantias** é o personagem que **primeiro** tomará **frente** ao Processo Penal para impedir qualquer ataque aos princípios constitucionais, bem como velará pelo sistema acusatório, em que se distinguem claramente as figuras da persecução penal, devendo o Juiz julgar, o membro do Ministério Público acusar e, claro, pedir a absolvição nos casos devidos, o Advogado defender e a Autoridade Policial investigar. Não se devem misturar tais personagens, sendo que cada um tem o seu papel bem delineado no Processo Penal.

Além disso, o Juiz das Garantias não poderá mais agir de ofício em questões de investigação, reservando-se esse papel exclusivamente para o membro do Ministério Público e demais Autoridades Policiais. Em outras palavras, ao **Juiz será vedado orientar ou determinar a produção de qualquer prova na fase de investigação**, pois neste momento não existe, pelo menos de forma integral, o contraditório e a ampla defesa. Ainda que se perceba uma atuação deficiente do Ministério Público, chamado pelo artigo em testilha de órgão de acusação, o Juiz nada poderá fazer, pois, do contrário, estaria atuando com violação integral ao sistema acusatório. Assim, caberá ao Juiz no Processo Penal a figura de julgar com imparcialidade e atento ao que foi produzido pelos personagens da persecução penal.

Muito além de instituir a figura do Juiz das Garantias, o legislador atribuiu a ele algumas competências que serão observadas no início do Processo Penal, tudo no afã de **zelar pela legalidade da investigação criminal** e pela **proteção dos direitos individuais**, que comumente são colocados em xeque no início de uma persecução penal. Ao que se parece, os idealizadores do Pacote Anticrime estudaram a fundo todos os problemas que assolam uma investigação criminal, momento em que as liberdades e garantias individuais são testadas a todo o tempo, necessitando-se da figura de um personagem que se posicione de **forma equidistante das partes**, sem qualquer tendência para acusar ou defender.

A figura do Juiz no Processo Penal não pode ser tendenciosa, ainda que esteja do outro lado da balança um réu confesso de inúmeras atrocidades. Necessita-se de uma figura sem emoção e atenta apenas à legalidade dos atos praticados e com observância dos princípios constitucionais já estudados nos capítulos anteriores.

Daqui em diante, todo Juiz responsável por zelar pelas garantias processuais deverá observar atentamente o que dispõe o art. 3º-B do CPP, que tem a seguinte redação:

> **Art. 3º-B.** O juiz das garantias é responsável pelo controle da legalidade da investigação criminal e pela salvaguarda dos direitos individuais cuja franquia tenha sido reservada à autorização prévia do Poder Judiciário, competindo-lhe especialmente:
> I – receber a comunicação imediata da prisão, nos termos do inciso LXII do *caput* do art. 5º da Constituição Federal;
> II – receber o auto da prisão em flagrante para o controle da legalidade da prisão, observado o disposto no art. 310 deste Código;
> III – zelar pela observância dos direitos do preso, podendo determinar que este seja conduzido à sua presença, a qualquer tempo;
> IV – ser informado sobre a instauração de qualquer investigação criminal;
> V – decidir sobre o requerimento de prisão provisória ou outra medida cautelar, observado o disposto no § 1º deste artigo;
> VI – prorrogar a prisão provisória ou outra medida cautelar, bem como substituí-las ou revogá-las, assegurado, no primeiro caso, o exercício do contraditório em audiência pública e oral, na forma do disposto neste Código ou em legislação especial pertinente;
> VII – decidir sobre o requerimento de produção antecipada de provas consideradas urgentes e não repetíveis, assegurados o contraditório e a ampla defesa em audiência pública e oral;
> VIII – prorrogar o prazo de duração do inquérito, estando o investigado preso, em vista das razões apresentadas pela autoridade policial e observado o disposto no § 2º deste artigo;
> IX – determinar o trancamento do inquérito policial quando não houver fundamento razoável para sua instauração ou prosseguimento;
> X – requisitar documentos, laudos e informações ao delegado de polícia sobre o andamento da investigação;
> XI – decidir sobre os requerimentos de:
> a) interceptação telefônica, do fluxo de comunicações em sistemas de informática e telemática ou de outras formas de comunicação;
> b) afastamento dos sigilos fiscal, bancário, de dados e telefônico;
> c) busca e apreensão domiciliar;
> d) acesso a informações sigilosas;
> e) outros meios de obtenção da prova que restrinjam direitos fundamentais do investigado;
> XII – julgar o *habeas corpus* impetrado antes do oferecimento da denúncia;
> XIII – determinar a instauração de incidente de insanidade mental;
> XIV – decidir sobre o recebimento da denúncia ou queixa, nos termos do art. 399 deste Código;
> XV – assegurar prontamente, quando se fizer necessário, o direito outorgado ao investigado e ao seu defensor de acesso a todos os elementos informativos e provas produzidos no âmbito da investigação criminal, salvo no que concerne, estritamente, às diligências em andamento;
> XVI – deferir pedido de admissão de assistente técnico para acompanhar a produção da perícia;
> XVII – decidir sobre a homologação de acordo de não persecução penal ou os de colaboração premiada, quando formalizados durante a investigação;
> XVIII – outras matérias inerentes às atribuições definidas no *caput* deste artigo.
> § 1º (vetado)
> § 2º Se o investigado estiver preso, o juiz das garantias poderá, mediante representação da autoridade policial e ouvido o Ministério Público, prorrogar, uma única vez, a duração do inquérito por até 15 (quinze) dias, após o que, se ainda assim a investigação não for concluída, a prisão será imediatamente relaxada.

Pelo que se visualiza da leitura acima, foram determinadas as diligências que todo e qualquer Juiz das Garantias deverá observar logo no início da persecução penal, sob pena de nulidade absoluta do Processo Penal, eis que a sua desobediência violará frontalmente a Constituição Federal, local em que repousam todos os princípios constitucionais que orientam o bom andamento da marcha processual, pelos quais o Juiz de Garantias deverá zelar.

Para o bom entendimento do tema, serão enfrentados todos os incisos do mencionado artigo para a compreensão fácil e didática do leitor. No primeiro deles (inciso I), caberá ao Juiz das Garantias receber a comunicação da prisão de qualquer pessoa, com o fim de **analisar a sua legalidade ou não**, determinando-se o seu **relaxamento em caso de ilegalidade**, bem como a **concessão de liberdade provisória**, caso estejam **ausentes os requisitos da prisão preventiva**, ou, por fim, **decretar a prisão preventiva**, caso estejam presentes os requisitos do art. 312 do CPP, sendo que essas situações foram contempladas no **inciso II**.

No inciso III, caberá ao Juiz das Garantias zelar pela observância de todos os direitos do preso, podendo determinar que ele seja conduzido à sua presença para ver de perto se há algum tipo de violação mais clara (lesões corporais, tortura e etc.). Em tempos de operações midiáticas, deve-se lembrar que muitos presos são expostos a casos de sensacionalismo, violando-se a sua dignidade, devendo ser lembrado que o preso perde apenas o direito à liberdade, restando intactos todos os demais direitos. Todavia, isso não é o comum no Brasil, daí a figura do aclamado Juiz das Garantias ser fundamental nesse início processual. Assim, espera-se que menos operações pirotécnicas sejam feitas, devendo o investigador primar pela funcionalidade do sistema penal.

Na sequência, **no inciso IV**, o Juiz das Garantias deve ser informado de toda e qualquer instauração de investigação criminal, isso em razão de ser vedada a investigação nos moldes kafkianos (expressão que ficou famosa no livro *O Processo*, de Franz Kafka), em que os órgãos acusadores atuavam de forma totalitária e sem qualquer espécie de fiscalização. **Tudo** deve ser **comunicado** ao **Juiz de Garantias**, para que ele zele pela legalidade do ato investigativo, bem como autorize a violação de certos direitos constitucionais, tais como domicílio, comunicações telemáticas e telefônicas, dados financeiros e bancários e decrete prisões provisórias.

No inciso V, tinha-se uma positivação da famosa audiência de custódia, em que o preso oriundo de mandado de prisão provisória ou prisão em flagrante deveria ser apresentado ao Juiz das Garantias, no prazo de 24 horas, para decidir sobre sua liberdade com restrições (medida cautelar), liberdade plena ou prisão provisória. Isso é o que constava do § 1º do citado artigo em comento, mas que fora vetado pelo Presidente da República.

Todavia, tal disposição foi mantida no art. 310, *caput*[1], do CPP, devendo a ele ser remetido o eleitor para compreender que o prazo de 24 (vinte e quatro) horas para o Juiz tomar alguma providência, após a oitiva das partes, ainda deve ser observado. Assim, o Juiz das Garantias deverá analisar se, em virtude do requerimento de prisão provisória ou outra medida cautelar restritiva, feita pela Autoridade Policial ou membro do Ministério Público, haverá ou não necessidade de deferir tal requerimento.

Uma novidade legal consta do **inciso VI**, em que o Juiz das Garantias somente poderá **prorrogar a prisão provisória ou outra medida cautelar** se houver uma **audiência pública e oral** onde será franqueado o **exercício do contraditório** por parte da Defesa. Trata de algo bem na linha do Garantismo Penal, em que a regra é a liberdade, somente podendo ser tolhida após o amplo exercício das garantias constitucionais, que no caso é representada pelo contraditório. Anteriormente, a prorrogação de uma prisão provisória ou qualquer outra medida cautelar era feita de plano pelo Juiz, sem qualquer manifestação da Defesa, ainda que houvesse algum fator relevante para impedi-la, que seria feito posteriormente nas vias ordinárias (pedido de liberdade provisória, revogação de prisão preventiva, *habeas corpus*). Hoje, somente poderá haver a continuidade da prisão com a **audiência pública e oral, sendo vedado o emprego de videoconferência**, de forma a tornar mais humano e presencial o contato com o preso.

Na sequência, o **inciso VII**, o legislador permite ao Juiz das Garantias deferir o pedido de **produção antecipada de provas** consideradas urgentes e não repetíveis. Isso é salutar em situações em que a prova precisa ser produzida desde logo, sob pena de perecer. Vejam-se, como exemplo, situações em que uma testemunha ocular do crime está hospitalizada e prestes a morrer, devendo o seu depoimento ser tomado imediatamente, pois, caso contrário, tal prova não poderá ser produzida posteriormente.

No **inciso VIII**, a prorrogação do inquérito policial, em caso de **acusado preso**, deverá ficar a cargo do Juiz das Garantias, devendo ser observado o § 2º do mencionado artigo em comento, em que tal **prorrogação somente** poderá ser **feita uma única vez**. Caso após a citada prorrogação o inquérito policial não tenha sido

---

[1] Art. 310. Após receber o auto de prisão em flagrante, no prazo máximo de até 24 horas após a realização da prisão, o juiz deverá promover audiência de custódia com a presença do acusado, seu advogado constituído ou membro da Defensoria Pública e o membro do Ministério Público, e, nessa audiência, o juiz deverá, fundamentadamente:

concluído, estando o réu preso, a sua prisão deverá ser imediatamente relaxada. Tem-se aqui outra conquista do Garantismo Penal, em que prisões devem ser exceções e a liberdade a regra, pois, se o Estado não conseguiu concluir as investigações dentro do prazo legal, o acusado não pode sofrer tal ineficiência estatal e permanecer preso, devendo ser colocado fora das amarras dos presídios. Cumpre ressaltar que o inquérito policial não será arquivado, mas apenas a prisão do acusado é que não será mantida.

No **inciso IX**, tem-se uma consolidação daquilo que já era tema de vários *habeas corpus*, pois muitos inquéritos policiais eram instaurados e assim permaneciam sem qualquer medida útil ou sem autoria e materialidade bem delineadas. Agora, caberá ao **Juiz das Garantias decidir**, desde logo, sobre a **instauração de inquérito policial ou o seu prosseguimento**, quando constatar que inexiste fundamento fático para tanto, determinando o seu arquivamento neste último caso. Com essa medida, não existirão mais inquéritos policiais com prazos indeterminados que pairam como verdadeira espada de Dâmocles na cabeça dos acusados, pois pior que uma condenação é a incerteza constante de um procedimento ou processo indefinido em cima de alguém, sem qualquer diligência útil.

Na linha do inciso anterior, o **inciso X** permite ao Juiz das Garantias requisitar qualquer informação (laudos, documentos e etc.) sobre o andamento das investigações para, se entender não haver mais fundamento para o seu prosseguimento, determinar o seu arquivamento. Tudo na linha do pensamento garantista já exposto até o presente momento.

No **inciso XI**, também caberá ao Juiz das Garantias **decidir** sobre toda **restrição de direitos fundamentais**, como sigilos das comunicações telefônicas, telemáticas, fiscal, bancário e dados. Assim, tornam-se verdadeiras **cláusulas de reserva de jurisdição** tais sigilos, que ficarão ao cargo do Juiz de Garantias, podendo ser a ele requerido pela Autoridade Policial ou membro do Ministério Público. Claro que algumas exceções ainda existem, como aquela em que o membro do Ministério Público troca informação direta com a Receita Federal em situações **inequívocas de crimes tributários, não sendo necessária a autorização judicial**, tudo isso já julgado pelo Supremo Tribunal Federal no **RE 1.055.941**, em que se permitiu o **compartilhamento de dados** entre as duas Instituições quando estiver bem claro o cometimento de um crime de sonegação fiscal. Assim, nesse caso específico, não se imporá a cláusula de reserva de jurisdição, mas frise-se que é um caso excepcionalíssimo e autorizado pela Corte Suprema, **o que pode ser motivo para cobrança em provas da OAB**.

Ainda no inciso XI, cabe ao Juiz das Garantias **decidir** sobre **requerimentos de busca e apreensão domiciliar, acesso a demais informações sigilosas e outras provas que restrinjam direitos fundamentais do acusado**, o que deixa claro que toda e qualquer produção de provas que limite algum tipo de bem jurídico do acusado deverá passar pelo crivo do aludido Juiz, sob pena de nulidade absoluta. Agora, não poderá mais a persecução penal ser feita sem limites determinados pelo próprio Juiz das Garantias. Anteriormente, muitas provas eram produzidas pelos investigadores estatais sem qualquer análise mais pormenorizada por parte do Poder Judiciário, violando-se muitos direitos fundamentais sem qualquer fiscalização. Agora, podendo haver algum tipo de restrição a direito fundamental, o Juiz de Garantias deverá autorizar ou não a medida pugnada.

No **inciso XII**, o Juiz das Garantias será o competente para julgar *habeas corpus* impetrado antes do oferecimento da denúncia, o que facilita a atuação da Advocacia, pois antes havia uma dúvida para qual Juiz direcionar o remédio heroico. Uma vez que ainda não se concretizou a relação processual, que ocorre após o recebimento da denúncia, caberá ao Juiz das Garantias decidir sobre toda matéria objeto de *habeas corpus*. Trata-se da **concentração de decisões** na figura do Juiz das Garantias, que terá **papel fundamental na salvaguarda de todos os direitos e garantias fundamentais** previstos na Constituição Federal.

A seguir, **no inciso XIII**, foi reservado ao Juiz das Garantias decidir sobre a instauração do incidente de insanidade mental, quando houver dúvidas acerca da imputabilidade penal do acusado. Uma medida realmente funcional, pois, se o acusado for considerado inimputável, toda a marcha processual será modificada e direcionada para a aplicação de uma medida de segurança, devendo isso ser resolvido desde logo, em vez de postergar a sua análise para o Juiz da instrução processual e gerar um atraso considerável para a correta imputação penal do agente.

Outra alteração de fato relevante é a que consta do **inciso XIV**, reservando-se ao Juiz das Garantias a **decisão** sobre o **recebimento da denúncia ou queixa-crime**, nos termos do art. 399 do CPP. Isso se faz razoável porque a citada Autoridade Judicial é quem decidirá sobre produção de prova considerada urgente, limitações de direitos e garantias fundamentais e toda e qualquer questão ocorrida na fase pré-processual, o que legitima e torna sua decisão mais segura e conhecedora dos pormenores ocorridos antes da ação penal deflagrar a fase genuinamente processual. Nesse diapasão, caberá ao Juiz das Garantias avaliar o recebimento ou não da denúncia e queixa-crime, atento ao que consta do art. 395 do CPP, devendo rejeitar a ação penal manifestamente inepta, ausente pressuposto processual ou condição para o exercício da ação penal e quando faltar justa causa para o seu prosseguimento. Em suma, ficou ao cargo do Juiz das Garantias analisar os requisitos da ação penal proposta pelo Ministério Público, no caso de denúncia, e pela Advocacia ou Defensoria Pública, no caso de queixa-crime, uma vez que será o profundo conhecedor de todas as sensíveis situações ocorridas antes da instauração da fase processual.

O **inciso XV** nada mais é que a positivação legal da súmula vinculante de número 14 da Suprema Corte[2], em que o acusado e seu defensor poderão ter acesso a todos os **elementos informativos e provas produzidos no âmbito da investigação criminal**, de forma a poder exercer o direito ao contraditório, ampla defesa e devido processo legal. Não obstante, quando se referir a diligência em andamento, como mandados de busca e apreensão e interceptações telefônicas em andamento, tal acesso não poderá, por óbvio, ser franqueado, devendo ser lembrado que, se tais medidas já tiverem sido cumpridas e documentadas no procedimento investigatório, o óbice será retirado e o acesso deverá ser o mais amplo possível.

No **inciso XVI**, deverá o Juiz das Garantias decidir pelo deferimento ou não da admissão do assistente técnico da parte para acompanhar a produção da perícia a ser realizada pelo perito estatal. Por tratar-se de prova produzida na fase pré-processual, com razão deixar ao cargo do Juiz em testilha.

A última importante competência do Juiz das Garantias está no **inciso XVII**, consubstanciada em **decidir sobre a homologação de acordo de não persecução penal ou os de colaboração premiada**, quando formalizados durante a investigação. De fato, o acordo de não persecução penal e a colaboração premiada são institutos comumente produzidos na fase pré-processual, não havendo a participação do Juiz da instrução criminal, de forma a não macular a sua imparcialidade. Assim sendo, ninguém melhor que o Juiz das Garantias, que atua nessa fase anterior à inauguração do processo, para decidir sobre a homologação ou não dos aludidos mecanismos de produção de prova. O **acordo de não persecução penal** também foi previsto no Pacote Anticrime e está contemplado no **art. 28-A do CPP**, com seus requisitos e condições a ele inerentes, que serão analisados em tópico próprio. Quanto à **colaboração premiada**, sua previsão encontra-se na **Lei n. 12.850/2013, art. 4º**, devendo, agora, o Juiz das Garantias atentar para ambas as disposições legais (art. 28-A do CPP e Lei n. 12.850/2013) com o fim de decidir sobre a homologação ou não.

No **inciso XVIII**, o legislador **amplia a competência** do Juiz das Garantias para outras situações não previstas nos demais incisos, mas que possam ter relação com a sua atuação, ou seja, permite uma interpretação analógica e extensiva para outros casos inerentes e que podem ter passado ao largo da imaginação dos Congressistas.

Após tratar de forma pormenorizada da competência específica do Juiz das Garantias, o legislador determina que a competência processual dele abrange todas as infrações penais, exceto as de menor potencial ofensivo, e cessa com o recebimento da denúncia ou queixa na forma do art. 399 deste Código, **na forma do art. 3º-C do CPP**. Para explicitar essa competência, deve-se afirmar que o Juiz das Garantias atuará em todas as infrações penais, **exceto naquelas relativas à Lei n. 9.099/95 (Juizado Especial Criminal)**, cuja pena seja igual ou inferior a 2 anos, **bem como depois que houver o recebimento da denúncia ou queixa-crime**, visto que, a partir daqui o Juiz da instrução e julgamento é que passará a ter competência processual.

Outra importante consideração prevista no art. 3º-C do CPP, é aquela consubstanciada no § 2º, em que as decisões proferidas pelo Juiz das Garantias não vinculam o Juiz da instrução e julgamento, podendo este reexaminar a necessidade das medidas cautelares em curso, ou seja, poderá pensar diferentemente e revogar tais medidas. Veja-se que o conteúdo da lei é garantista, pois autoriza ele a revogar as medidas, mas nada fala sobre a decretação de novas medidas ou de prisão provisória. Claro que isso será possível, pois o Juiz da instrução e julgamento é livre para assim decidir, apenas sendo feita uma consideração acerca do viés garantista do legislador.

Por fim, de forma a não se avolumar inutilmente o processo a cargo do Juiz da instrução e julgamento, tem-se o § 3º, que assim dispõe, *in verbis*:

> **§ 3º** Os autos que compõem as matérias de competência do juiz das garantias ficarão acautelados na secretaria desse juízo, à disposição do Ministério Público e da defesa, e não serão apensados aos autos do processo enviados ao juiz da instrução e julgamento, ressalvados os documentos relativos às provas irrepetíveis, medidas de obtenção de provas ou de antecipação de provas, que deverão ser remetidos para apensamento em apartado.

---

[2] É direito do defensor, no interesse do representado, ter acesso amplo aos elementos de prova que, já documentados em procedimento investigatório realizado por órgão com competência de polícia judiciária, digam respeito ao exercício do direito de defesa.

Tal medida é salutar, outrossim, para **impedir** que as decisões proferidas pelo Juiz das Garantias possam **influenciar no ânimo do Juiz de instrução e julgamento**, que terá contato apenas com as provas consideradas relevantes para o deslinde da questão processual, as quais, inclusive, serão apensadas em apartado.

Ademais, na linha de obstaculizar-se que o Juiz das Garantias seja o Juiz da instrução e julgamento, posto que teve contato com medidas probatórias relevantes e que deverão ser conflitadas sob o crivo do contraditório judicial, na fase de instrução e julgamento, o legislador criou o **art. 3º-D do CPP**, de forma a não permitir que a mesma pessoa que foi o Juiz das Garantias seja o Juiz da instrução e julgamento. Se houvesse a permissão para que o Juiz que atuou na fase da investigação fosse o mesmo da fase de instrução e julgamento, ter-se-ia um conflito ideológico, pois seria humanamente impossível que ele mudasse de opinião quanto ao que decidira anteriormente, e, caso mudasse, seriam colocadas em xeque as medidas adotadas na fase pré-processual. Assim, com essa disposição, evitam-se possíveis decisões contraditórias.

Uma das disposições mais festejadas pela Advocacia, e com razão, foi a prescrita no **art. 3º-F do CPP**, que será transcrita a seguir pela sua claridade solar e tamanha importância nos dias de hoje, em tempos de operações midiáticas e desprovidas de qualquer atenção ao **princípio da dignidade da pessoa humana**, nestes termos:

> **Art. 3º-F.** O juiz das garantias deverá assegurar o cumprimento das regras para o tratamento dos presos, impedindo o acordo ou ajuste de qualquer autoridade com órgãos da imprensa para explorar a imagem da pessoa submetida à prisão, sob pena de responsabilidade civil, administrativa e penal.
> **Parágrafo único.** Por meio de regulamento, as autoridades deverão disciplinar, em 180 (cento e oitenta) dias, o modo pelo qual as informações sobre a realização da prisão e a identidade do preso serão, de modo padronizado e respeitada a programação normativa aludida no *caput* deste artigo, transmitidas à imprensa, assegurados a efetividade da persecução penal, o direito à informação e a dignidade da pessoa submetida à prisão.

Pelo que se percebe, a ideia do legislador é a de conferir proteção à pessoa do preso, que é sistematicamente explorado pela mídia sensacionalista em conluio com certos agentes públicos que buscam apenas holofotes nas suas famigeradas operações. Com a referida alteração, o legislador atenta para as consequências civis, administrativas e penais para aqueles que violarem o mencionado dispositivo.

Deve ser lembrado que o preso provisório ou definitivo perde apenas a direito à liberdade, restando intocáveis todos os demais, notadamente a sua imagem e honra, que são facetas do princípio da dignidade da pessoa humana. Aquele que almejar tripudiar em cima de tais direitos, principalmente para ter o falso reconhecimento público, deverá ser responsabilizado, portanto. O servidor público deve atuar dentro das premissas legais, e a imprensa deve informar sem fazer julgamentos preconcebidos, de forma a contaminar a opinião pública, orientações difíceis nos dias de hoje, mas que agora estão previstas na nova lei processual penal e que deverão ser zeladas pela novel figura do Juiz das Garantias.

Com esse tópico específico acerca do personagem Juiz das Garantias, percebe-se que o intuito do legislador foi tornar o Processo Penal mais humano e atento para as questões que passavam longe da legalidade e que violavam claramente o Garantismo Penal. Daqui para a frente, espera-se que o sistema penal seja mais preocupado com os direitos e garantias fundamentais para realizar-se a persecução penal de forma funcional. Com a regulamentação de situações sensíveis, o legislador criou um norte a ser seguido em toda a investigação criminal, devendo os agentes públicos atentar para as novas situações legais, que poderão ser facilmente questionadas, em caso de violação, pela Advocacia.

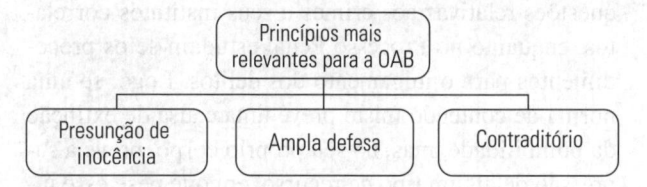

```
              Princípios mais
           relevantes para a OAB
           /         |         \
Presunção de    Ampla defesa   Contraditório
 inocência
```

2. DIREITO PROCESSUAL PENAL

2.1. Autonomia do direito processual penal

O Direito Processual Penal é um ramo autônomo do Direito, uma vez que tem objeto próprio de estudo, consubstanciado no Código de Processo Penal, princípios próprios, como foi visto no item anterior, métodos de interpretação específicos, como se verá a seguir e, por fim, não é submisso ao Direito Penal, pois possui regras próprias.

3. APLICAÇÃO DA LEI PROCESSUAL PENAL

3.1. Lei processual penal no tempo

O Código de Processo Penal deve ser aplicado de forma imediata, assim como todas as disposições atinentes a questões processuais. Isso é o que prescreve o art. 2º, CPP, na forma a seguir transcrita:

> A lei processual penal aplicar-se-á desde logo, sem prejuízo da validade dos atos realizados sob a vigência da lei anterior.

Em outras palavras, aplica-se o brocardo latino *tempus regit actum* (o tempo rege o ato).

> Já foi motivo de cobrança em prova da OAB questão relativa ao artigo em epígrafe, em que se perguntou se alteração processual feita no Código de Processo Penal, mas que era prejudicial ao réu, deveria ou não ser aplicada de forma imediata, sendo a resposta positiva a correta, uma vez que **o princípio da irretroatividade da lei maléfica é específico do Direito Penal**, não tendo aplicabilidade ao Processo Penal.

Por fim, deve ser lembrado que existem **leis de natureza mista** (penal e processual penal); em sendo assim, deverá preponderar o pensamento da **lei mais benéfica do Direito Penal**, ainda que a regra do Direito Processual Penal seja pior. Esse pensamento é assim pelo simples fato de que no Direito Penal são tratadas questões relativas aos crimes e seus institutos correlatos, enquanto no Processo Penal estudam-se os procedimentos para o julgamento dos delitos. Logo, se uma norma de conteúdo misto prevê uma causa de extinção da punibilidade, mas, no seu próprio corpo, prevê a supressão de algum tipo de recurso, em que pese esse último fato seja pior, a extinção da punibilidade, de longe, é questão favorável ao acusado, devendo a lei de conteúdo misto ser aplicada ao caso de forma imediata, ainda que em parte prejudicial ao réu (supressão de alguma via recursal).

3.2. Lei processual no espaço

3.2.1. Princípio da territorialidade da lei processual penal

Diferentemente do Código Penal, em que se permite a chamada Extraterritorialidade, prevista no art. 7º, CP, onde a Lei Penal pode ser aplicada para fatos ocorridos fora do território brasileiro, no Código de Processo Penal vigora o **Princípio da Territorialidade**, devendo as suas normas ser aplicadas aos fatos ocorridos apenas no **território brasileiro**. Para uma fácil percepção desse Princípio, basta uma leitura do art. 1º, CPP, a seguir transcrito:

> O processo penal reger-se-á, em todo o território brasileiro, por este Código, ressalvados:
> I – os tratados, as convenções e regras de direito internacional;
> II – as prerrogativas constitucionais do Presidente da República, dos ministros de Estado, nos crimes conexos com os do Presidente da República, e dos ministros do Supremo Tribunal Federal, nos crimes de responsabilidade (Constituição, arts. 86, 89, § 2º, e 100);
> III – os processos da competência da Justiça Militar;
> IV – os processos da competência do tribunal especial (Constituição, art. 122, n. 17);
> V – os processos por crimes de imprensa.

As demais questões tratadas como excepcionais no art. 1º, CPP devem ser analisadas de forma cuidadosa. Os tratados e demais instrumentos de Direito Internacional possuem regramento próprio, não se aplicando o Código de Processo Penal. As prerrogativas por função, previstas no inciso II, são também tratadas de forma específica na Constituição Federal ou em Lei Própria, também não se aplicando o Código de Processo Penal. Aos processos de competência da Justiça Militar, por existir Código de Processo Penal Militar, regência própria, não se aplica o Código de Processo Penal.

Por fim, quanto aos chamados "crimes de imprensa", cumpre ressaltar que o Supremo Tribunal Federal julgou inconstitucional a Lei n. 5.250/67, que tratava o procedimento atinente aos delitos em apreço, restando sem aplicação o referido inciso V (ADPF 130/DF), pois os aludidos **crimes não existem** mais no ordenamento jurídico brasileiro.

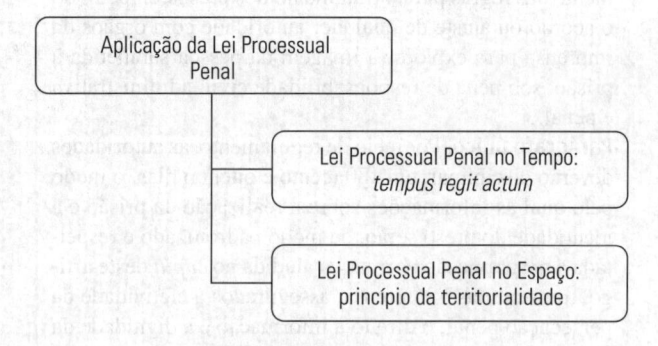

```
Aplicação da Lei Processual Penal
├── Lei Processual Penal no Tempo: tempus regit actum
└── Lei Processual Penal no Espaço: princípio da territorialidade
```

4. INVESTIGAÇÃO CRIMINAL

4.1. Inquérito policial

Um dos tópicos mais cobrados na prova da OAB, o inquérito policial deve ser estudado com suas principais nuances. Ele é o mecanismo utilizado pela autoridade policial para elucidar a prática de infrações penais e sua autoria, na forma disposta no art. 4º, CPP.

> Lembrar que a expressão "infrações penais" engloba tanto os crimes como as contravenções penais, tendo em vista a ideia bipartida de "infrações penais". Não confundir a visão tripartida de crime ou delito com o que fora dito anteriormente (visão bipartida). A visão tripartida de crime, também chamada de analítica, pressupõe a existência de um fato típico, antijurídico e culpável, não sendo esta a análise feita por ocasião do estudo do art. 4º, CPP.

4.1.1. Características do inquérito policial

O inquérito policial deve ser analisado tendo em vista as suas caraterísticas, de forma a entender o conjunto de procedimentos que rege a matéria. Vamos analisar cada uma das principais características voltadas para a prova da OAB.

a) **Procedimento escrito:** na forma do art. 9º, CPP, todas as suas peças devem estar escritas.

b) **Procedimento sigiloso:** na forma do art. 20, CPP, é natural que qualquer investigação seja feita de forma sigilosa para o sucesso da elucidação dos crimes. Todavia, um ponto importante para a prova da OAB é a **súmula vinculante de número 14 do Supremo Tribunal Federal**, que já foi bem cobrada e tem a seguinte redação:

> É direito do defensor, no interesse do representado, ter acesso amplo aos elementos de prova que, já documentados em procedimento investigatório realizado por órgão com competência de polícia judiciária, digam respeito ao exercício do direito de defesa.

Pela súmula em questão, **não** se pode **opor o sigilo do inquérito policial aos advogados**, uma vez que eles devem conhecer o que pesa contra o seu cliente numa investigação criminal. Não obstante, só poderão os advogados acessar aquilo que já estiver documentado no inquérito policial, sendo que medidas de busca e apreensão ou mandado de prisão ainda não cumprido, e por isso não juntado, não podem ser acessados, sob pena de ruir a eficácia das investigações.

c) **Oficialidade:** o inquérito policial é conduzido pelo Estado, na pessoa do Delegado de Polícia, não podendo pessoa comum proceder a investigações.

d) **Oficiosidade:** o Delegado de Polícia atua de ofício diante da ocorrência de uma infração penal, na forma do art. 5º, I, CPP. As exceções ocorrem nos casos de ação penal privada, que é conduzida por meio da queixa-crime (advogado) e ação penal pública condicionada, em que a Autoridade Policial deverá aguardar a representação para iniciar as investigações.

e) **Autoritariedade:** cabe ao Delegado de Polícia conduzir as investigações, sendo assim chamado de Autoridade Policial, na forma do art. 4º, *caput*, CPP.

f) **Indisponibilidade:** importante característica do inquérito policial, pois a Autoridade Policial não poderá arquivar os autos investigativos, somente podendo pedir o seu arquivamento para a Autoridade Judicial, na forma do art. 17, CPP.

g) **Inquisitivo:** o inquérito policial é feito pela Autoridade Policial de forma discricionária, cabendo a ela determinar as diligências que reputar necessárias. Conforme prescrito no art. 14, CPP, compete ao Delegado de Polícia deferir ou não as diligências requeridas pelas partes.

h) **Dispensável:** não é indispensável que a investigação criminal seja feita por meio de inquérito policial, podendo as provas do crime ser encontradas por outras peças informativas. Nessa linha, é o que dispõe o art. 39, § 5º, CPP, em que se afirma o seguinte:

> O órgão do Ministério Público **dispensará o inquérito**, se com a representação forem oferecidos elementos que o habilitem a promover a ação penal, e, neste caso, oferecerá a denúncia no prazo de quinze dias.

4.1.2. Instauração do inquérito policial

O início dessa importante etapa investigativa somente deve ser feito quando ocorrer a chamada *notitia criminis* (notícia do crime).

> Cuidado para não confundir a ***notitia criminis*** com a **queixa-crime**, pois muitas pessoas afirmam que irão dar "queixa" na Delegacia de Polícia sobre algum fato criminoso, estando isso equivocado, uma vez que o certo é fazer a *notitia criminis*.

A notícia do crime, e consequente inauguração do inquérito policial, pode ser feita de algumas formas, a saber:

a) **Na ação penal pública incondicionada:** de ofício; mediante requisição da autoridade judiciária ou do Ministério Público; ou a requerimento do ofendido ou de quem tenha a qualidade de representá-lo (art. 5º, I e II, CPP).

b) **Na ação penal pública condicionada:** por meio da representação do ofendido ou seu representante legal; por meio da requisição do Ministro da Justiça.

c) **Na ação penal privada:** somente pode ser feita a requerimento de quem tenha a qualidade de intentá-la, na forma prescrita no art. 5º, § 5º, CPP.

Quanto à chamada notícia do crime, não há legitimidade específica para a sua deflagração, podendo qualquer pessoa do povo que tiver conhecimento de alguma infração penal levar o fato para a Autoridade Policial, na forma do art. 5º, § 3º, CPP.

> Questão recorrente em provas da OAB cinge-se ao indeferimento de instauração de inquérito policial pela Autoridade de Polícia. Em tal caso, a parte insatisfeita deve recorrer, administrativamente, para o Chefe de Polícia, na forma do art. 5º, § 2º, CPP. Lembrar que tal recurso não é direcionado para o Poder Judiciário.

4.1.3. Diligências no inquérito policial

As diligências que deverão ser feitas pela Autoridade Policial estão todas no art. 6º, CPP, constituindo uma espécie de roteiro investigativo a ser seguido. Em razão da importância de cada uma das diligências, bem como pela larga incidência em provas da OAB, a seguir transcrevemos o artigo em comento:

> **Art. 6º** Logo que tiver conhecimento da prática da infração penal, a autoridade policial deverá:
> I – dirigir-se ao local, providenciando para que não se alterem o estado e conservação das coisas, até a chegada dos peritos criminais; (Redação dada pela Lei n. 8.862, de 28-3-1994.) (*Vide* Lei n. 5.970, de 1973.)
> II – apreender os objetos que tiverem relação com o fato, após liberados pelos peritos criminais; (Redação dada pela Lei n. 8.862, de 28-3-1994.)
> III – colher todas as provas que servirem para o esclarecimento do fato e suas circunstâncias;
> IV – ouvir o ofendido;
> V – ouvir o indiciado, com observância, no que for aplicável, do disposto no Capítulo III do Título VII, deste Livro, devendo o respectivo termo ser assinado por duas testemunhas que lhe tenham ouvido a leitura;
> VI – proceder a reconhecimento de pessoas e coisas e a acareações;
> VII – determinar, se for caso, que se proceda a exame de corpo de delito e a quaisquer outras perícias;
> VIII – ordenar a identificação do indiciado pelo processo datiloscópico, se possível, e fazer juntar aos autos sua folha de antecedentes;
> IX – averiguar a vida pregressa do indiciado, sob o ponto de vista individual, familiar e social, sua condição econômica, sua atitude e estado de ânimo antes e depois do crime e durante ele, e quaisquer outros elementos que contribuírem para a apreciação do seu temperamento e caráter.
> **X – colher informações sobre a existência de filhos, respectivas idades e se possuem alguma deficiência e o nome e o contato de eventual responsável pelos cuidados dos filhos, indicado pela pessoa presa.** (Incluído pela Lei n. 13.257, de 2016.)

Além disso, também constitui providência a ser tomada pela Autoridade Policial a feitura de reprodução simulada dos fatos, caso isso não contrarie a moralidade ou a ordem pública, na forma do art. 7º, CPP.

Tema que deve ser cobrado nos próximos certames da OAB é a alteração feita pela Lei n. 13.344/2016, ao acrescentar os arts. 13-A e 13-B ao Código de Processo Penal. Para facilitar o seu entendimento, tais artigos serão transcritos a seguir, nestes termos:

> **Art. 13-A.** Nos crimes previstos nos arts. 148, 149 e 149-A, no § 3º do art. 158 e no art. 159 do Decreto-Lei n. 2.848, de 7 de dezembro de 1940 (Código Penal), e no art. 239 da Lei n. 8.069, de 13 de julho de 1990 (Estatuto da Criança e do Adolescente), o membro do Ministério Público ou o delegado de polícia poderá requisitar, de quaisquer órgãos do poder público ou de empresas da iniciativa privada, dados e informações cadastrais da vítima ou de suspeitos. *(Incluído pela Lei n. 13.344, de 2016.)*
> **Parágrafo único.** A requisição, que será atendida no prazo de 24 (vinte e quatro) horas, conterá: *(Incluído pela Lei n. 13.344, de 2016.)*
> I – o nome da autoridade requisitante; *(Incluído pela Lei n. 13.344, de 2016.)*
> II – o número do inquérito policial; e *(Incluído pela Lei n. 13.344, de 2016.*
> III – a identificação da unidade de polícia judiciária responsável pela investigação. *(Incluído pela Lei n. 13.344, de 2016.*
> **Art. 13-B.** Se necessário à prevenção e à repressão dos crimes relacionados ao tráfico de pessoas, o membro do Ministério Público ou o delegado de polícia poderão re-

quisitar, mediante autorização judicial, às empresas prestadoras de serviço de telecomunicações e/ou telemática que disponibilizem imediatamente os meios técnicos adequados – como sinais, informações e outros – que permitam a localização da vítima ou dos suspeitos do delito em curso. *(Incluído pela Lei n. 13.344, de 2016.)*

§ 1º Para os efeitos deste artigo, sinal significa posicionamento da estação de cobertura, setorização e intensidade de radiofrequência. *(Incluído pela Lei n. 13.344, de 2016.)*

§ 2º Na hipótese de que trata o *caput*, o sinal: *(Incluído pela Lei n. 13.344, de 2016.)*

I – não permitirá acesso ao conteúdo da comunicação de qualquer natureza, que dependerá de autorização judicial, conforme disposto em lei; *(Incluído pela Lei n. 13.344, de 2016.)*

II – deverá ser fornecido pela prestadora de telefonia móvel celular por período não superior a 30 (trinta) dias, renovável por uma única vez, por igual período; *(Incluído pela Lei n. 13.344, de 2016.)*

III – para períodos superiores àquele de que trata o inciso II, será necessária a apresentação de ordem judicial. *(Incluído pela Lei n. 13.344, de 2016.)*

§ 3º Na hipótese prevista neste artigo, o inquérito policial deverá ser instaurado no prazo máximo de 72 (setenta e duas) horas, contado do registro da respectiva ocorrência policial. *(Incluído pela Lei n. 13.344, de 2016.)*

§ 4º Não havendo manifestação judicial no prazo de 12 (doze) horas, a autoridade competente requisitará às empresas prestadoras de serviço de telecomunicações e/ou telemática que disponibilizem imediatamente os meios técnicos adequados – como sinais, informações e outros – que permitam a localização da vítima ou dos suspeitos do delito em curso, com imediata comunicação ao juiz. *(Incluído pela Lei n. 13.344, de 2016.)*

Para que fique clara a alteração, é bom que se destaque que o legislador criou **duas hipóteses de diligências** cabíveis pela Autoridade Policial, bem como pelo membro do Ministério Público. A primeira, prevista no art. 13-A Código de Processo Penal, é a requisição direta, **sem autorização judicial,** dirigida a quaisquer órgãos do poder público ou de empresas de iniciativa privada, **de dados e informações cadastrais de vítima de suspeitos** dos crimes previstos nos arts. 148, 149, 149-A, no art. 158, § 3º, e art. 159, todos do Código Penal, além do crime previsto no art. 239 do Estatuto da Criança e do Adolescente (Lei n. 8.069/90). Importante ressaltar que os crimes em que se permite tal diligência envolvem a restrição da liberdade da vítima, uma vez que a Lei n. 13.344/2016, que alterou o Código de Processo Penal, trata dos crimes de tráfico de pessoas, em que tal restrição de liberdade é o meio para alcançar êxito em referidos crimes. A requisição de dados cadastrais sem autorização judicial se fundamenta pelo fato de que não estão as autoridades citadas (Delegado de Polícia e membro do Ministério Público) acessando informações protegidas pela cláusula de reserva de jurisdição, em que somente se permite o acesso por meio de autorização judicial. O acesso é de apenas dados cadastrais, tais como entrada e saída de hotéis, passagens aéreas compradas e seu destino, endereços cadastrados em empresas de telefonia etc. Isso tudo visando descobrir o paradeiro da vítima ou do suspeito dos crimes assinalados acima.

A segunda hipótese possível, prevista no art. 13-B do Código de Processo Penal, já necessita de **autorização judicial**, uma vez que se trata de diligência tendente a localizar a vítima de um dos crimes citados em que há a restrição da sua liberdade. Por meio dessa diligência, a autoridade requisitante (membro do Ministério Público ou Delegado de Polícia) terá a localização precisa da vítima ou do suspeito de estar com ela por meio dos aparelhos telefônicos ou similares que elas possuam. Nos dias de hoje, todos os aparelhos eletrônicos utilizados para comunicação possuem o sistema de *Global Positioning System*, que em português significa **Sistema de Posicionamento Global**, e consiste numa tecnologia de localização por satélite. Ora, por meio da aludida tecnologia a autoridade requisitante consegue uma localização precisa, com latitude e longitude, de onde se encontra o aparelho eletrônico, que não raras vezes está no bolso do sequestrador ou da vítima. Muitos casos de sequestro de pessoas são resolvidos com base na localização dos aparelhos eletrônicos utilizados pelos acusados, uma vez que eles se comunicam entre si e com os pais da vítima, almejando o resgate. Nesses simples contatos é possível localizar onde foi feita a última conversa e, consequentemente, encontrar a vítima junto com o sequestrador. Tal tecnologia é disponibilizada pelas empresas de telefonia celular, mediante autorização judicial. Após o registro policial de que houve um dos crimes citados no *caput*, o inquérito policial deve ser instaurado em até **72 (setenta e duas) horas**, isso com o fim de dar celeridade às investigações, **não se submetendo** aos prazos tradicionais previstos no **art. 10, Código de Processo Penal.**

Uma observação importante atinente ao art. 13-B, Código de Processo Penal é que a autorização judicial feita com o intuito de localizar a vítima, por meio da localização do aparelho eletrônico, não se estende para as comunicações telefônicas feitas pelos acusados. Isso deve ficar bem claro, pois o próprio **art. 13-B, § 2º, CPP** ressalta que o acesso à localização **não compreenderá as conversas telefônicas feitas entre os acusados**. As conversas telefônicas somente podem ser acessadas por meio de autorização judicial específica para esse fim, nos moldes da Lei n. 9.296/96, uma vez que estão protegidas pela cláusula de reserva de jurisdição. Assim, caso o Delegado de Polícia ou membro do Ministério Público queira saber a localização exata da vítima, bem como acessar as conversas telefônicas, **serão necessárias duas autorizações judiciais**, sendo uma para a localização e outra para a interceptação telefônica.

A **última disposição** da referida alteração, qual seja, a de permitir a **localização da vítima sem autorização judicial**, prevista no § 4º, art. 13-B, CPP, é facilmente entendida pelo simples fato de o Juiz ter sido omisso quanto ao pedido no prazo de 12 (doze) horas e isso pode trazer prejuízos irreversíveis para a investigação, como o desaparecimento da vítima ou até mesmo a sua morte. Uma vez requerida a medida de localização da vítima por meio de indícios de que os acusados estão na posse de telefones celulares, a autorização judicial deve ser a mais rápida possível, sob pena de num momento posterior os acusados já terem transferido a vítima do cativeiro ou do local onde a esconderam. Daí a disposição legal permitir o acesso direto sem autorização judicial quando esta última for morosa.

Na linha das alterações feitas pelo Pacote Anticrime, tem-se o **art. 14-A**, que determina a citação do investigado, em **casos de excludentes de ilicitude (art. 23, do CP), bem como uso de força letal no exercício profissional**, para que constitua **Defensor** com o escopo de acompanhar o procedimento investigativo instaurado naquelas situações. Trata-se da realização dos princípios do contraditório e ampla defesa na própria fase inquisitiva, de forma a permitir que o Defensor lute pelos direitos do acusado desde então. Em muitas situações de legítima defesa, estrito cumprimento do dever legal, estado de necessidade e exercício regular do direito, o acusado atuou em situações extremas e que não necessitam de um processo penal, sendo a figura do Defensor imprescindível para demonstrar isso de plano e evitar uma ação penal, culminando-se com o seu arquivamento.

Inúmeros casos claros de atuação profissional, por exemplo, policial que mata traficante num conflito em comunidade carente, visualizando-se a excludente de ilicitude da legítima defesa, não necessitam de um processo penal mais amplo para chegar-se à óbvia conclusão de que inexistiu crime na sua concepção analítica (fato típico, antijurídico e culpável). Em sendo assim, **não** se necessita esperar que o Poder Judiciário, por ocasião do **art. 397, do CPP**, determine a **absolvição sumária** após o recebimento da denúncia. No caso da nova disposição legal, com a atuação profissional de um Defensor na fase inquisitiva, **facilita-se o arquivamento do inquérito antes mesmo de ser convolado numa ação penal**, sendo uma ótima inovação processual para frear-se a multiplicação inútil de processos que fatalmente serão extintos numa fase posterior (absolvição sumária).

Com o escopo de facilitar o entendimento do que fora exposto, transcreve-se a nova norma processual penal:

> **Art. 14-A.** Nos casos em que servidores vinculados às instituições dispostas no art. 144 da Constituição Federal figurarem como investigados em inquéritos policiais, inquéritos policiais militares e demais procedimentos extrajudiciais, cujo objeto for a investigação de fatos relacionados ao uso da força letal praticados no exercício profissional, de forma consumada ou tentada, incluindo as situações dispostas no art. 23 do Decreto-lei n. 2.848, de 7 de dezembro de 1940 (Código Penal), o indiciado poderá constituir defensor.
> § 1º Para os casos previstos no *caput* deste artigo, o investigado deverá ser citado da instauração do procedimento investigatório, podendo constituir defensor no prazo de até 48 (quarenta e oito) horas a contar do recebimento da citação.
> § 2º Esgotado o prazo disposto no § 1º deste artigo com ausência de nomeação de defensor pelo investigado, a autoridade responsável pela investigação deverá intimar a instituição a que estava vinculado o investigado à época da ocorrência dos fatos, para que essa, no prazo de 48 (quarenta e oito) horas, indique defensor para a representação do investigado.
> § 3º (*Vetado*).
> § 4º (*Vetado*).
> § 5º (*Vetado*).
> § 6º As disposições constantes deste artigo se aplicam aos servidores militares vinculados às instituições dispostas no art. 142 da Constituição Federal, desde que os fatos investigados digam respeito a missões para a Garantia da Lei e da Ordem.

A única crítica que se faz ao novo dispositivo legal é que se usa o termo **"citação"** do acusado da instauração do procedimento investigativo para que ele constitua Defensor. Ora, tal termo é reservado para que o acusado compareça à relação processual penal e **faça a sua defesa por meio de Defensor**, após o membro do Ministério Público oferecer a denúncia. A citação está intimamente ligada à defesa do réu, a qual **não se confunde** com a **intimação**, que deveria ser o termo correto no artigo em testilha, uma vez que é o mecanismo utilizado para que alguém tome ciência de algum ato processual ou se manifeste sobre alguma questão incidental. Afora esse pequeno equívoco processual penal, de resto, a inserção legal vem realizando os princípios processuais penais previstos na Constituição Federal.

4.1.4. Incomunicabilidade do indiciado no processo penal

Essa medida prevista no **art. 21 do Código de Processo Penal** está totalmente **revogada** pela nova sistemática constitucional, uma vez que o art. 136, § 3º, IV, não aceita nem mesmo em Estado de Defesa a incomunicabilidade do preso, o que dizer, então, em situações de normalidade. Nessa linha de pensamento, estão os ensinamentos de Eugênio Pacelli e Douglas Fischer no sentido de tal norma violar frontalmente a Constituição Federal, devendo, então, ser considerada não recepcionada (PACELLI, FISCHER, 2014, p. 55).

Assim, a norma em epígrafe deve ser desconsiderada pelo candidato, **não tendo mais aplicação prática**.

4.1.5. Prazo para encerramento do inquérito policial

Importante ressaltar que existem prazos variados para a conclusão do inquérito policial, a depender do procedimento adotado. Em razão disso, será feita abaixo uma tabela com os possíveis prazos cobrados em provas da OAB:

Procedimento	Prazos
Justiça Estadual	10 dias (indiciado preso)
	30 dias (indiciado solto)
Justiça Federal	15 dias (indiciado preso)
	30 dias (indiciado solto)
Lei n. 11.343/2006 (Drogas)	30 dias (indiciado preso)
	90 dias (indiciado solto)

Atenção para os prazos acima, pois são comumente cobrados em provas da OAB.

4.1.6. Arquivamento do inquérito policial

O art. 17, CPP inaugura a sistemática do arquivamento, asseverando que a Autoridade Policial não poderá arquivar os autos de inquérito policial, o que satisfaz a característica da obrigatoriedade acima citada. Em relação a esse artigo, importante anotar a existência da Súmula 524 do Supremo Tribunal Federal, nesses termos:

> Arquivado o inquérito policial, por despacho do juiz, a requerimento do promotor de justiça, não pode a ação penal ser iniciada, sem novas provas.

Na mesma linha da súmula acima transcrita tem-se a redação do art. 18, CPP.

Cumpre salientar que os **casos mais comuns de arquivamento** de inquérito policial são os de **ausência de tipicidade penal e extinção da punibilidade**. Esta última situação está prevista no art. 107, CP, tendo como as mais tradicionais a morte do agente, prescrição e decadência.

Uma derradeira observação deve ser feita no sentido de que **não** existe **arquivamento implícito** no ordenamento jurídico brasileiro quando se trata de ação penal pública incondicionada. O arquivamento implícito ocorre, nos países que o adotam, quando o Ministério Público deixa de denunciar algum dos autores do crime em concurso de pessoas. No Brasil, caso não seja feita a denúncia em relação a algum dos autores, não enseja o arquivamento implícito, podendo posteriormente a denúncia ser proposta, caso não tenha ocorrido a prescrição.

No afã de explicitar e comentar as novas disposições legais advindas do Pacote Anticrime, ressalta-se uma de ordem estrutural e prevista no art. 28, acerca do **arquivamento do inquérito policial ou de outro procedimento investigativo**, a seguir transcrita:

> **Art. 28.** Ordenado o arquivamento do inquérito policial ou de quaisquer elementos informativos da mesma natureza, o órgão do Ministério Público comunicará à vítima, ao investigado e à autoridade policial e encaminhará os autos para a instância de revisão ministerial para fins de homologação, na forma da lei.
> § 1º Se a vítima, ou seu representante legal, não concordar com o arquivamento do inquérito policial, poderá, no prazo de 30 (trinta) dias do recebimento da comunicação, submeter a matéria à revisão da instância competente do órgão ministerial, conforme dispuser a respectiva lei orgânica.
> § 2º Nas ações penais relativas a crimes praticados em detrimento da União, Estados e Municípios, a revisão do arquivamento do inquérito policial poderá ser provocada pela chefia do órgão a quem couber a sua representação judicial.

O que se percebe da nova disposição legal é o protagonismo centrado na figura do **membro do Ministério Público**, após ter sido determinado o arquivamento do inquérito policial ou de outro procedimento investigativo pelo Poder Judiciário, pois ele terá a **função de informar, acerca do arquivamento, para a vítima, investigado e autoridade policial**, bem como encaminhará os autos para a instância de revisão ministerial homologar ou não o arquivamento feito pelo Poder Judiciário.

Esse tipo de novidade legal é que chama a atenção, pois o **órgão de revisão do Ministério Público** (Conselho Superior, no caso de Ministério Público Estadual) é que **tomará a decisão final** sobre a continuidade ou não da ação penal. Caso entenda que os fundamentos ofertados pelo membro do Ministério Público são insuficientes, apesar de o Juiz ter acatado e arquivado, o órgão de revisão ministerial poderá, na forma da lei orgânica específica, determinar que a ação penal seja deflagrada pelo membro do Ministério Público recalcitrante ou, caso ele não concorde e insista no arquivamento, provocar o chefe da Instituição para nomear outro membro com a função de persistir na persecução penal.

Além disso, o § 1º permite que a **vítima** ou seu representante legal **provoque o órgão de revisão ministerial** para que não acate o arquivamento do inquérito policial já determinado pelo Poder Judiciário, bem na linha do § 2º, que ressalta a mesma função, nos crimes contra o patrimônio público (União, Estados e Municípios), para os respectivos **chefes dos órgãos vinculados à União, Estados e Municípios**, de forma a provocar a análise do arquivamento pelo órgão de revisão ministerial.

Tais novidades, na prática, irão gerar a necessidade de melhor adaptação do Ministério Público para esses casos novos de revisão, pois, anteriormente, uma vez determinado o arquivamento pelo Poder Judiciário, nada mais era necessário.

4.1.7. Desarquivamento do inquérito policial

O desarquivamento de inquérito policial somente pode ser feito se surgirem **novas provas** acerca da infração penal, lembrando que isso é possível porque o despacho judicial que procede ao arquivamento não faz coisa julgada material. Essa é a previsão do art. 18, CPP, já mencionado acima. Em outras palavras, surgindo provas novas, o Delegado de Polícia poderá reabrir as investigações arquivadas anteriormente.

4.1.8. Acordo de não persecução penal

Uma das grandes novidades do Pacote Anticrime é o famoso **acordo de não persecução penal** ofertado **exclusivamente** pelo **membro do Ministério Público** na forma das condicionantes legais. Trata-se de uma conquista legal, uma vez que já havia previsão de tal instituto na Resolução n. 181/2017 do Conselho Nacional do Ministério Público descrevendo todos os requisitos legais para obter-se o acordo de não persecução penal. O legislador agora torna a regulamentação de forma legal, dissolvendo quaisquer dúvidas sobre a forma de tratar um assunto tão relevante por meio de simples resolução.

Analisando-se o novo art. 28-A do Código de Processo Penal, percebe-se que ele tece todas as considerações importantes acerca do **novo mecanismo de suspensão da persecução penal**, o qual será colacionado, *in verbis*:

Art. 28-A. Não sendo caso de arquivamento e tendo o investigado confessado formal e circunstancialmente a prática de infração penal sem violência ou grave ameaça e com pena mínima inferior a 4 (quatro) anos, o Ministério Público poderá propor acordo de não persecução penal, desde que necessário e suficiente para reprovação e prevenção do crime, mediante as seguintes condições ajustadas cumulativa e alternativamente:

I – reparar o dano ou restituir a coisa à vítima, exceto na impossibilidade de fazê-lo;

II – renunciar voluntariamente a bens e direitos indicados pelo Ministério Público como instrumentos, produto ou proveito do crime;

III – prestar serviço à comunidade ou a entidades públicas por período correspondente à pena mínima cominada ao delito diminuída de um a dois terços, em local a ser indicado pelo juízo da execução, na forma do art. 46 do Decreto-lei n. 2.848, de 7 de dezembro de 1940 (Código Penal);

IV – pagar prestação pecuniária, a ser estipulada nos termos do art. 45 do Decreto-lei n. 2.848, de 7 de dezembro de 1940 (Código Penal), a entidade pública ou de interesse social, a ser indicada pelo juízo da execução, que tenha, preferencialmente, como função proteger bens jurídicos iguais ou semelhantes aos aparentemente lesados pelo delito; ou

V – cumprir, por prazo determinado, outra condição indicada pelo Ministério Público, desde que proporcional e compatível com a infração penal imputada.

§ 1º Para aferição da pena mínima cominada ao delito a que se refere o *caput* deste artigo, serão consideradas as causas de aumento e diminuição aplicáveis ao caso concreto.

§ 2º O disposto no *caput* deste artigo não se aplica nas seguintes hipóteses:

I – se for cabível transação penal de competência dos Juizados Especiais Criminais, nos termos da lei;

II – se o investigado for reincidente ou se houver elementos probatórios que indiquem conduta criminal habitual, reiterada ou profissional, exceto se insignificantes as infrações penais pretéritas;

III – ter sido o agente beneficiado nos 5 (cinco) anos anteriores ao cometimento da infração, em acordo de não persecução penal, transação penal ou suspensão condicional do processo; e

IV – nos crimes praticados no âmbito de violência doméstica ou familiar, ou praticados contra a mulher por razões da condição de sexo feminino, em favor do agressor.

§ 3º O acordo de não persecução penal será formalizado por escrito e será firmado pelo membro do Ministério Público, pelo investigado e por seu defensor.

§ 4º Para a homologação do acordo de não persecução penal, será realizada audiência na qual o juiz deverá verificar a sua voluntariedade, por meio da oitiva do investigado na presença do seu defensor, e sua legalidade.

§ 5º Se o juiz considerar inadequadas, insuficientes ou abusivas as condições dispostas no acordo de não persecução penal, devolverá os autos ao Ministério Público para que seja reformulada a proposta de acordo, com concordância do investigado e seu defensor.

§ 6º Homologado judicialmente o acordo de não persecução penal, o juiz devolverá os autos ao Ministério Público para que inicie sua execução perante o juízo de execução penal.
§ 7º O juiz poderá recusar homologação à proposta que não atender aos requisitos legais ou quando não for realizada a adequação a que se refere o § 5º deste artigo.
§ 8º Recusada a homologação, o juiz devolverá os autos ao Ministério Público para a análise da necessidade de complementação das investigações ou o oferecimento da denúncia.
§ 9º A vítima será intimada da homologação do acordo de não persecução penal e de seu descumprimento.
§ 10. Descumpridas quaisquer das condições estipuladas no acordo de não persecução penal, o Ministério Público deverá comunicar ao juízo, para fins de sua rescisão e posterior oferecimento de denúncia.
§ 11. O descumprimento do acordo de não persecução penal pelo investigado também poderá ser utilizado pelo Ministério Público como justificativa para o eventual não oferecimento de suspensão condicional do processo.
§ 12. A celebração e o cumprimento do acordo de não persecução penal não constarão de certidão de antecedentes criminais, exceto para os fins previstos no inciso III do § 2º deste artigo.
§ 13. Cumprido integralmente o acordo de não persecução penal, o juízo competente decretará a extinção de punibilidade.
§ 14. No caso de recusa, por parte do Ministério Público, em propor o acordo de não persecução penal, o investigado poderá requerer a remessa dos autos a órgão superior, na forma do art. 28 deste Código.

Fator importante da nova disposição legal é a **atribuição exclusiva** do membro do **Ministério Público** para compor a não persecução penal com o Defensor e o investigado, não havendo previsão para tanto quanto aos Delegados de Polícia e Delegados Federais. Trata-se de ponto importante e que certamente será cobrado em provas da OAB, uma vez que a escolha do legislador pela figura do Ministério Público para entabular o acordo com a Defesa foi claro.

Para fins de prova, outrossim, reputam-se relevantes os requisitos cumulativos previstos no *caput* do art. 28-A, quais sejam, **confissão** formal e circunstanciada da prática da infração penal; infração penal **sem violência ou grave ameaça à pessoa**; e infração penal cuja **pena mínima seja inferior a 4 anos**.

Além dos requisitos cumulativos citados acima, destacam-se os de **natureza alternativa ou cumulativa**, que estão presentes nos incisos, podendo o membro do Ministério Público optar por todos os requisitos em conjunto ou alternadamente, uma vez que o legislador utilizou-se da expressão "cumulativa e alternativamente". Três incisos são de **ordem pecuniária** (reparação do dano, renúncia de bens e direitos e prestação pecuniária) e um de **natureza laboral** (prestação de serviços à comunidade ou entidades públicas), além de o membro do Ministério Público poder indicar outra condição não prevista em lei, o que torna o **rol meramente exemplificativo**.

Há, ainda, que se observar os **casos impeditivos** de ofertar-se o acordo de não persecução penal, estando eles previstos no § 2º, tornando o **acordo residual** (se for possível o benefício despenalizador da transação penal, este será aplicado em detrimento dele), **vedado** em casos de criminosos **reincidentes, habituais, reiterados e profissionais**, já ter sido beneficiado, nos últimos 5 anos, com **acordo de não persecução penal, transação penal ou suspensão condicional do processo** e nos crimes praticados no **âmbito de violência doméstica ou familiar**, ou praticados contra a mulher por razões da **condição de sexo feminino**, em favor do agressor.

Outras questões de ordem prática que devem ser levadas em consideração são a **presença indispensável do Defensor** para realizar o acordo, juntamente com o investigado; o acordo ser sempre na **forma escrita**; a execução do acordo ser feita perante o **Juízo da Execução Penal**; a **homologação** ser de competência da novel figura do **Juízo das Garantias**, na forma do já citado art. 3º-B, XVII, do CPP; e, **após** o **cumprimento** de todas as **condições estipuladas**, ser declarada a **extinção da punibilidade** da infração penal objeto do acordo de não persecução penal.

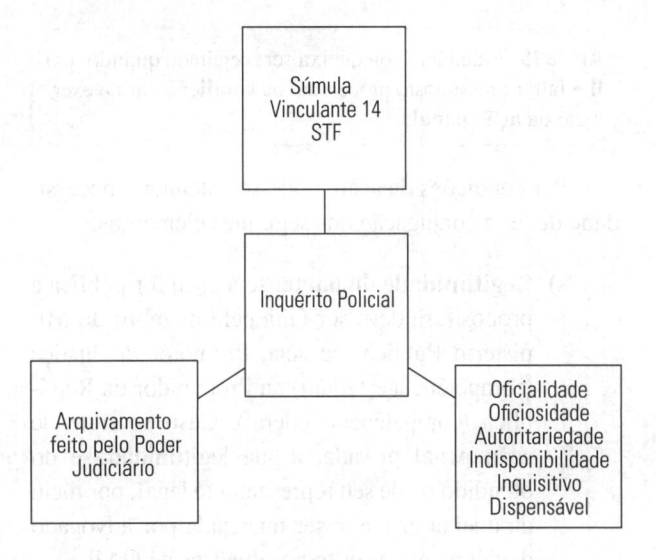

5. AÇÃO PENAL

Trata-se de meio de deflagrar o processo penal quando existem indícios de autoria e de materialidade.

No Processo Penal, a ação penal pode ser **pública ou privada**. Sendo pública, a propositura deverá ser feita pelo Ministério Público, por meio da denúncia. A ação penal pública pode ser incondicionada, quando o Ministério Público não tiver que se submeter a qualquer condição para o seu oferecimento; condicionada, quando houver necessidade de existir a representação do ofendido ou de seu representante legal, ou quando for necessária a requisição do Ministro da Justiça. Por outro lado, a ação penal privada será intentada pelo ofendido ou pelo seu representante legal, sendo ela feita por meio da queixa-crime. São essas as situações descritas nos arts. 24 e 30, Código de Processo Penal, a seguir transcritas para facilitação do estudo:

> **Art. 24.** Nos crimes de ação pública, esta será promovida por denúncia do Ministério Público, mas dependerá, quando a lei o exigir, de requisição do Ministro da Justiça, ou de representação do ofendido ou de quem tiver qualidade para representá-lo.
> **Art. 30.** Ao ofendido ou a quem tenha qualidade para representá-lo caberá intentar a ação privada.

5.1. Condições da ação no processo penal

Para melhor compreensão deste importante capítulo do Direito Processual Penal, deve ser transcrito o art. 395, II, CPP, que traz expressamente a necessidade de serem cumpridas as condições da ação para que a denúncia ou queixa seja recebida pelo Poder Judiciário, nestes termos:

> **Art. 395.** A denúncia ou queixa será rejeitada quando: (...)
> II – faltar pressuposto processual ou **condição** para o exercício da **ação penal**;

Por condições da ação, pode-se entender a necessidade de ter a conjugação dos seguintes elementos:

a) **Legitimidade de parte:** se a ação for pública a propositura deve ser feita pelo membro do Ministério Público, ou seja, Promotor de Justiça (competência estadual) ou Procurador da República (competência federal). Caso se trate de ação penal privada, a sua legitimidade é do ofendido ou de seu representante legal, por meio da queixa-crime, a ser manejada por advogado devidamente inscrito nos quadros da OAB.

b) **Interesse de agir:** o interesse de agir ocorre quando não houver extinção da punibilidade e estiverem presentes os indícios de autoria e materialidade da infração penal.

c) **Possibilidade jurídica do pedido:** para que alguém seja processado por uma infração penal, o fato descrito na ação penal deve ser típico, isto é, existir previsão legal. No Processo Penal, a ação penal deve ser motivada para a aplicação de uma pena ou medida de segurança, pois são as únicas possibilidades de execução penal.

5.2. Ação penal pública

A ação penal será pública quando proposta pelo Ministério Público, podendo ser incondicionada ou condicionada, tendo o seu fundamento na Constituição Federal, art. 129, I, a seguir transcrito:

> **Art. 129.** São funções institucionais do Ministério Público:
> I – promover, privativamente, a ação penal pública, na forma da lei.

Por fim, lembrar a existência da regra prevista no art. 24, § 2º, CPP, que torna de ação penal pública todo o crime praticado em detrimento de patrimônio ou interesse de União, Estado ou Município.

5.2.1. Princípios da ação penal pública

A ação penal pública possui princípios próprios, os quais serão estudados de per si.

a) **Obrigatoriedade:** o Ministério Público, diante do cometimento de uma infração penal, **não poderá transigir** acerca da propositura ou não de uma ação penal. Trata-se de dever imposto ao titular exclusivo da ação penal. Lembrar que o Ministério Público poderá deixar de intentar a ação penal quando o crime tiver pena máxima abstrata não superior a dois anos, pois aqui caberá a aplicação do instituto da transação penal, previsto na Lei n. 9.099/95, art. 76, dessa forma transcrito:

> **Art. 76.** Havendo representação ou tratando-se de crime de ação penal pública incondicionada, não sendo caso de arquivamento, o Ministério Público poderá propor a aplicação imediata de pena restritiva de direitos ou multas, a ser especificada na proposta.

Tal instituto é permitido pelo ordenamento jurídico, constituindo apenas uma exceção à obrigatoriedade.

b) **Indisponibilidade:** tendo sido proposta a ação penal pública, **impossível que se desista dela**, pois o membro do Ministério Público não possui mais a discricionariedade de propor ou não a denúncia. Agora, a ação penal deverá ser analisada pelo Juiz, podendo este condenar ou absolver. Fazendo jus ao princípio em epígrafe, a letra da lei prevista no art. 42, CPP:

> O Ministério Público não poderá desistir da ação penal.

Uma exceção ao referido requisito da indisponibilidade pode ser encontrada na já citada Lei n. 9.099/95, art. 89, em que se permite a suspensão condicional do processo (ação) quando o acusado estiver respondendo por crime cuja pena mínima abstratamente cominada for igual ou inferior a um ano. Nesse diapasão, caso o acusado aceite as condições ofertadas pelo Ministério Público, o processo ficará suspenso por um prazo determinado, sendo que, se forem cumpridas todas as condições impostas, ao final será extinta a sua punibilidade.

c) **Oficialidade:** assim como existe no inquérito policial tal princípio, a sua aplicação exige que o titular da ação penal pública seja um **integrante dos quadros estatais**. Destarte, somente o membro do Ministério Público poderá intentar a ação penal.

5.2.2. Prazo para oferecimento da denúncia

Nos crimes de ação penal pública, o Código de Processo Penal tratou a matéria de forma específica, havendo diferença de prazo apenas se o réu estiver preso ou não. Esta é a redação da lei:

> **Art. 46.** O prazo para oferecimento da denúncia, estando o réu preso, será de 5 dias, contado da data em que o órgão do Ministério Público receber os autos do inquérito policial, e de 15 dias, se o réu estiver solto ou afiançado. No último caso, se houver devolução do inquérito à autoridade policial (art. 16), contar-se-á o prazo da data em que o órgão do Ministério Público receber novamente os autos.

Importante ressaltar que existe outro prazo específico para os crimes previstos na Lei n. 11.343/2006 (Lei de Drogas), sendo que aqui não existe diferença para o caso de o réu estar preso ou não, sendo ele comum de dez dias. Eis a redação do dispositivo:

> **Art. 54.** Recebidos em juízo os autos do inquérito policial, de Comissão Parlamentar de Inquérito ou peças de informação, dar-se-á vista ao Ministério Público para, **no prazo de 10 (dez) dias**, adotar uma das seguintes providências:
> I – requerer o arquivamento;
> II – requisitar as diligências que entender necessárias;
> III – oferecer denúncia, arrolar até 5 (cinco) testemunhas e requerer as demais provas que entender pertinentes.

Desta forma, podemos fazer a seguinte tabela de prazos processuais a que o Ministério Público deve obediência, sendo eles os **mais comuns de cobrança em provas da OAB**.

Código de Processo Penal	Lei n. 11.343/2006 (Lei de Drogas)
5 dias (réu preso)	10 dias (réu preso ou solto)
15 dias (réu solto)	

5.2.3. Titularidade da ação penal pública

Conforme já visto acima, o Ministério Público é o titular exclusivo da ação penal pública, tanto na forma incondicionada quanto na condicionada, na esteira do art. 129, I, Constituição Federal.

> Lembrar apenas de uma questão recorrente em provas da OAB quando o Ministério Público for inerte na propositura da ação penal, ou seja, não cumprir os prazos assinalados no item anterior. Nesse caso, caberá a chamada ação penal privada subsidiária da pública, em que o ofendido, por meio de advogado, irá intentar a ação penal privada, por meio da queixa-crime, diante da inércia ministerial. Esta é a disposição que rege a matéria:

> **Art. 29.** Será admitida ação privada nos crimes de ação pública, se esta não for intentada no prazo legal, cabendo ao Ministério Público aditar a queixa, repudiá-la e oferecer denúncia substitutiva, intervir em todos os termos do processo, fornecer elementos de prova, interpor recurso e, a todo tempo, no caso de negligência do querelante, retomar a ação como parte principal.

Seria o único caso em que o Ministério Público perde a titularidade exclusiva de propor a ação penal pública, em virtude de sua inércia.

5.2.4. Ação penal pública condicionada à representação

Essa é uma das espécies de ação penal pública, sendo que a representação é condição de procedibilidade para a sua deflagração por parte do Ministério Público. Ela está prevista no Código de Processo Penal, em seu art. 24, *caput*. A representação deve ser feita pelo ofendido ou por seu representante legal. Todavia, caso o ofendido tenha falecido, a representação passará para seus familiares, ou seja, cônjuge, ascendente, descendente ou irmão, na forma do art. 24, § 1º, CPP.

Uma vez ofertada a representação para o Ministério Público, o ofendido não mais poderá voltar atrás, pois sai da sua alçada o controle da ação penal, aplicando-se, a partir de então, o princípio da indisponibilidade. O Código de Processo Penal previu expressamente essa questão:

> **Art. 25.** A representação será irretratável, depois de oferecida a denúncia.

A representação possui uma importante consideração a ser feita, muito em razão de ser questão recorrente em provas da OAB, que é atinente ao seu prazo. Pela redação do art. 38, CPP, o prazo para o seu oferecimento é de seis meses, conforme se vê abaixo:

> **Art. 38.** Salvo disposição em contrário, o ofendido, ou seu representante legal, decairá no direito de queixa ou de representação, se não o exercer **dentro do prazo de seis meses, contado do dia em que vier a saber quem é o autor do crime, ou, no caso do art. 29, do dia em que se esgotar o prazo para o oferecimento da denúncia**.

Lembrar que o Código Penal possui redação com o mesmo teor no art. 103, também alertando para o prazo de seis meses para o oferecimento da representação.

Se houver o descumprimento do aludido prazo de seis meses, opera-se a decadência, o que traz para o caso a extinção da punibilidade, na forma do art. 107, IV, Código Penal, não podendo mais nada ser feito contra o acusado, ainda que se trate de réu confesso.

A forma de ofertar a representação pode ser oral ou escrita, sendo que ela deverá ser apresentada para o Ministério Público, Autoridade Policial ou Juiz, sempre pessoalmente ou por procurador com poderes especiais, tudo isso na forma do art. 39, *caput*, CPP.

O conteúdo da representação refere-se a informações que possam servir à apuração do fato e da autoria, na forma do art. 39, § 2º, CPP. Caso a representação contenha elementos suficientes para a propositura da ação penal, importante anotar que o Ministério Público dispensará o inquérito policial e irá impetrar a denúncia no prazo de quinze dias, na forma do art. 39, § 5º, CPP.

Como forma ilustrativa e atual de crimes em que se exige a representação como condição de procedibilidade, cita-se o tipo penal de injúria racial, previsto no art. 140, § 3º, CP. Nessa situação típica, o legislador exige a representação na norma insculpida no art. 145, parágrafo único, devendo ela ser ofertada pela vítima ou ofendido no prazo decadencial de seis meses, sob pena de extinção da punibilidade.

Até aqui, tudo dentro da regularidade, mas um ponto de destaque deve ser feito em razão da nova decisão tomada pela Suprema Corte no HC 154.248, em que o colegiado decidiu ser o crime imprescritível, nos mesmos moldes dos delitos de racismo previstos na Lei n. 7.716/89, por equiparação constitucional. Assim, em que pese exista a imprescritibilidade dos referidos crimes, a necessidade de representação, nos moldes tratados neste tópico, ainda persiste, devendo atentar-se para o prazo decadencial de seis meses, que pode ensejar a extinção da punibilidade.

5.2.5. Ação penal pública incondicionada

A ação penal pública incondicionada é a regra, ou seja, quando o crime nada dispuser acerca de como se deve processá-lo, a forma é a incondicionada. Essa é a orientação do art. 100, *caput*, Código Penal, que merece ser transcrita dada a sua importância:

> A ação penal é pública, salvo quando a lei expressamente a declara privativa do ofendido.

Dessa forma, quando a ação for pública condicionada ou movida mediante queixa-crime, a lei expressamente demonstrará qual será a forma utilizada. Por exemplo, tem-se o crime de ameaça, previsto no art. 147, CP, com a seguinte redação:

> **Art. 147.** Ameaçar alguém, por palavra, escrito ou gesto, ou qualquer outro meio simbólico, de causar-lhe mal injusto e grave:
> **Pena** – detenção, de um a seis meses, ou multa.
> **Parágrafo único. Somente se procede mediante representação.**

De forma oposta, importante novidade legal é a nova disposição do art. 225, do CP, com alteração recente, em que passa a tratar os crimes dos capítulos I e II do título "Dos crimes contra a dignidade sexual" como sendo de ação penal pública **INCONDICIONADA. Isso certamente será objeto de cobrança em provas da OAB.** Para facilitar a compreensão, destaca-se abaixo a novidade legal mencionada.

> **Art. 225.** Nos crimes definidos nos Capítulos I e II deste Título, procede-se mediante ação penal pública incondicionada. (*Redação dada pela Lei n. 13.718/2018.*)

Por fim, demonstrando-se que a regra é a ação penal pública incondicionada, quando for o caso de ação penal privada, o Código Penal expressamente o diz também, conforme se destaca da redação do artigo a seguir transcrito:

> **Art. 145.** Nos crimes previstos neste Capítulo somente se procede mediante queixa, salvo quando, no caso do art. 140, § 2º, da violência resulta lesão corporal.

Assim, os crimes contra a honra são processados por meio da ação penal privada, quais sejam, calúnia (art. 138), difamação (art. 139) e injúria (art. 140), todos do Código Penal, sendo que existem algumas exceções que serão tratadas na sequência quanto a esses delitos.

Em relação à injúria, tem-se a situação prevista no art. 140, § 2º, CP, em que o legislador trata tal delito como sendo de **ação penal pública incondicionada**, na forma do disposto no art. 145, *caput*, CP, em razão da ocorrência de violência contra a pessoa. Nesses casos, a nomenclatura para tal tipo penal é **injúria real**, uma vez que o ato de injuriar alguém é praticado por meio de lesão corporal, *exempli gratia*, quando o agente desfere um tapa na cara da vítima com o intuito de menosprezar ou humilhar (meios aviltantes).

A outra questão excepcional em que não se aplica a regra geral da ação penal privada está no art. 140, § 3º, CP, em que a **ação penal é pública condicionada à representação**, nos chamados crimes de **injúria racial**. Em tais situações típicas, aplica-se a exceção prevista no art. 145, parágrafo único, CP, necessitando-se da representação da vítima para que se deflagre a ação penal. A aludida representação deve ser dada no prazo decadencial de seis meses, sob pena de ocorrer a extinção da punibilidade, nos exatos termos dos arts. 103 e 107, IV, CP.

Outro ponto relevante de que não se deve olvidar é quanto à novíssima decisão tomada no bojo do **HC 154.248 pelo Supremo Tribunal Federal**, quanto ao crime de injúria racial e sua **imprescritibilidade**, equiparando-se aos delitos de racismo previstos na Lei n. 7.7716/89. O citado Tribunal Supremo entendeu que o crime de injúria racial, em razão da sua gravidade social elevada, deve ter o mesmo tratamento do crime de racismo, equiparando-se ambos quanto ao quesito da impres-

critibilidade. Em suma, entendeu-se que o crime de injúria racial é espécie do gênero racismo, portanto é imprescritível, conforme o art. 5º, XLII, da Constituição Federal, entendimento esse firmado pelo Plenário da Corte Suprema, por oito votos a um, restando vencido o Ministro Nunes Marques.

Ora, isso é importante para a prova da OAB, uma vez que, apesar de imprescritível, nos exatos termos da decisão, exige-se a necessidade de representação da vítima para que se deflagre a ação penal, sob pena de ocorrência de decadência, caso seja ultrapassado o prazo legal de seis meses, nos moldes do art. 145, parágrafo único, CP.

5.3. Ação de iniciativa privada

Essa forma de provocar a jurisdição penal é própria do ofendido ou de seu representante legal, sendo o Código de Processo Penal claro nesse sentido:

> **Art. 30.** Ao ofendido ou a quem tenha qualidade para representá-lo caberá intentar a ação privada.

Importante assinalar que se o ofendido falecer ou for declarado ausente, isso por si só não impedirá a propositura da ação penal privada, pois tal direito passará para os seus sucessores, na forma do art. 31, CPP:

> No caso de morte do ofendido ou quando declarado ausente por decisão judicial, o direito de oferecer queixa ou prosseguir na ação passará ao cônjuge, ascendente, descendente ou irmão.

Cumpre ressaltar que a forma de propositura dessa ação penal privada é a **queixa-crime**, instrumento processual que é **assinado por advogado ou defensor público**, neste último caso se o ofendido for pobre no sentido legal e não tiver condições de contratar advogado particular.

Outra questão relevante é quando o ofendido for pessoa menor de 18 (dezoito) anos ou doente mental e não tiver representante legal ou, de outra feita, quando os interesses daquele (ofendido) colidirem com os do último (representante legal). Neste caso, surge a figura do **curador especial**, que zelará pelo direito do ofendido para a propositura da ação penal privada. Veja-se o que contém o art. 33, CPP:

> Se o ofendido for menor de 18 (dezoito) anos, ou mentalmente enfermo, ou retardado mental, e não tiver representante legal, ou colidirem os interesses deste com os daquele, o direito de queixa poderá ser exercido por curador especial, nomeado, de ofício ou a requerimento do Ministério Público, pelo juiz competente para o processo penal.

O candidato deve tomar cuidado com a **regra do art. 34, CPP, que perdeu eficácia diante da nova sistemática processual**, pois o maior de 18 (dezoito) anos não necessita mais de curador para reger os seus direitos, posto que com a capacidade plena ele exercerá de forma autônoma o direito de propor queixa-crime, por meio de advogado constituído.

5.3.1. Princípios da ação penal privada

Assim como na ação penal pública, a ação penal privada tem princípios próprios de regência, como se verá a seguir.

a) **Oportunidade:** o ofendido terá o direito de escolher entre processar ou não o autor de uma infração penal, ainda que existam provas suficientes para a condenação. Também é conhecido como **princípio da conveniência**.

b) **Disponibilidade:** uma vez intentada a queixa-crime, o ofendido **poderá desistir** de prosseguir no processo, notadamente por meio dos institutos do perdão e da renúncia. Os dois institutos citados encontram-se nos arts. 49 e 51, a seguir transcritos:

> **Art. 49.** A renúncia ao exercício do direito de queixa, em relação a um dos autores do crime, a todos se estenderá.
> **Art. 51.** O perdão concedido a um dos querelados aproveitará a todos, sem que produza, todavia, efeito em relação ao que o recusar.

Por fim, deve ser lembrado que ambos os institutos constituem causas de extinção da punibilidade, na forma do art. 107, V, Código Penal.

c) **Indivisibilidade:** este é o princípio mais comum de ser visto na prova da OAB, quanto ao tema da ação penal privada, uma vez que impede a chamada vingança privada por parte do ofendido. Caso o autor da queixa-crime esteja diante de uma situação que envolva mais de um réu, ele deverá propor a **ação penal contra todos**, não podendo escolher contra quem impetrará a ação. Esta é a redação do art. 48, CPP, *in verbis*:

> A queixa contra qualquer dos autores do crime obrigará ao processo de todos, e o Ministério Público velará pela sua indivisibilidade.

Dessa forma, caso o ofendido entre com a queixa-crime apenas contra um dos réus, o Ministério Público deverá oficiar no processo penal para zelar pela ação contra todos ou contra nenhum, **operando-se a renúncia** como causa extintiva da punibilidade se o **autor insistir** em acionar **apenas alguns dos réus**.

5.3.2. Prazo para oferecimento da queixa-crime

Da mesma forma que a representação, existe prazo para o ofendido impetrar a ação penal privada, sob pena de, uma vez desrespeitado, ocorrer a **decadência**. Isso consta do art. 38, CPP, já citado, mas tamanha a sua importância vem novamente transcrito:

> **Art. 38.** Salvo disposição em contrário, o ofendido, ou seu representante legal, **decairá no direito de queixa** ou de representação, **se não o exercer dentro do prazo de seis meses**, contado do dia em que vier a saber quem é o autor do crime, ou, no caso do art. 29, do dia em que se esgotar o prazo para o oferecimento da denúncia.

Sendo assim, caso violado o **prazo de seis meses**, ocorrerá o fenômeno da **decadência**, sob a qual incidirá a **extinção da punibilidade** prevista no art. 107, IV, Código Penal.

5.3.3. Titularidade da ação penal de iniciativa privada

Conforme já visto acima, cabe ao ofendido ou quem tiver a sua representação legal a propositura de tal ação penal, por meio da queixa-crime.

Para fins técnicos, o autor da queixa-crime é chamado de querelante, enquanto o réu é chamado de querelado.

Tema importante é conhecer a exata letra do art. 44, CPP, que é motivo de muitos indeferimentos de queixa-crime que não atende o seu conteúdo:

> **Art. 44.** A queixa poderá ser dada por procurador com poderes especiais, devendo constar do instrumento do mandato o nome do querelante e a menção do fato criminoso, salvo quando tais esclarecimentos dependerem de diligências que devem ser previamente requeridas no juízo criminal.

Assim, a **queixa-crime** deve ser precedida de uma **procuração** com **poderes especiais**, devendo conter nesta última o nome do querelante e querelado, **bem como a menção ao fato criminoso. Sem esse último requisito, o Juiz não conhecerá da queixa-crime.**

Não se deve confundir a aludida **procuração com poderes especiais** com a **procuração normalmente outorgada ao advogado** para fazer a sua defesa no processo penal. Esta última não menciona o fato penal em relação ao qual será feita a defesa, mas apenas concede os poderes para o foro em comum (*ad judicia*) para o seu defensor.

5.3.4. Aditamento da queixa-crime

Como o advogado é quem irá propor a queixa-crime, sem que o **Ministério Público** interfira em seu conteúdo, a lei obriga que ao menos este último atue como fiscal da lei, podendo aditá-la caso exista alguma falha processual. Na forma ensinada, o CPP:

> **Art. 45.** A queixa, ainda quando a ação penal for privativa do ofendido, poderá ser aditada pelo Ministério Público, a quem caberá intervir em todos os termos subsequentes do processo.

Assim, o Promotor de Justiça ou Procurador da República irá atuar como *custos legis*, devendo ao final posicionar-se pela condenação ou absolvição do querelado.

5.3.5. Extinção da punibilidade na ação penal de iniciativa privada

O querelante deve ficar atento para os casos que extinguem a ação penal privada, pois estão todos previstos na lei e geram consequente extinção da punibilidade.

Os casos legais são a decadência, renúncia, perdão do ofendido e perempção.

A **decadência** já foi estudada anteriormente e fulmina fatalmente o direito de ação quando o autor não observa o **prazo de 6 (seis) meses** para ofertar a queixa-crime. Tal prazo está previsto no art. 38, *caput*, CPP, contado do dia em que veio a saber quem é o autor do crime. Uma vez transcorrido o prazo, ocorre a **extinção da punibilidade**, na forma do já citado art. 107, IV, Código Penal.

A **renúncia** ocorre quando o querelante de forma expressa ou tácita desiste de processar o autor do fato. Como se pode observar dos artigos a seguir mencionados, ela pode ser expressa ou tácita, nesses termos:

> **Art. 50.** A **renúncia expressa** constará de declaração assinada pelo ofendido, por seu representante legal ou procurador com poderes especiais.
> **Art. 57.** A **renúncia tácita** e o perdão tácito admitirão todos os meios de prova.

Também é forma de extinção da punibilidade, na forma do art. 107, V, CP.

O **perdão do ofendido** é ato do querelante, mas que depende da aceitação expressa do querelado, sem o qual não será válido. Esta é a disposição legal:

> **Art. 51.** O perdão concedido a um dos querelados aproveitará a todos, sem que produza, todavia, efeito em relação ao que o recusar.

Caso não seja aceito diretamente pelo querelante, será válido se for feito por **procurador** deste com **poderes especiais** para tanto, na forma do art. 55, CPP.

A forma de aceitar o perdão judicial segue a linha da renúncia, devendo ser aceito de forma expressa nos autos pelo querelado, dentro do prazo de três dias. Caso tal prazo escoe sem que haja qualquer manifestação do querelado, entende-se que houve a sua aceitação tácita.

Se o perdão foi dado fora do processo, o querelado deverá dizer expressamente se o aceita, podendo tal manifestação ser dada por procurador com poderes especiais ou por seu representante legal, na forma do art. 59, CPP.

Por fim, o **perdão** aceito também é **causa de extinção da punibilidade**, na forma do art. 107, V, CP, bem como pelo art. 58, parágrafo único, CPP.

A derradeira forma de extinguir a ação penal é a **perempção**, conforme disposto no art. 60, CPP, a seguir transcrito:

> **Art. 60.** Nos casos em que somente se procede mediante queixa, considerar-se-á perempta a ação penal:
> I – quando, iniciada esta, o querelante deixar de promover o andamento do processo durante 30 dias seguidos;
> II – quando, falecendo o querelante, ou sobrevindo sua incapacidade, não comparecer em juízo, para prosseguir no processo, dentro do prazo de 60 (sessenta) dias, qualquer das pessoas a quem couber fazê-lo, ressalvado o disposto no art. 36;
> III – quando o querelante deixar de comparecer, sem motivo justificado, a qualquer ato do processo a que deva estar presente, ou deixar de formular o pedido de condenação nas alegações finais;
> IV – quando, sendo o querelante pessoa jurídica, esta se extinguir sem deixar sucessor.

Essa forma extintiva da punibilidade somente pode ser aplicada para as **ações penais privadas**, conforme *caput* do art. 60, CPP. Todavia, é muito comum ser questionado se o referido instituto aplica-se aos casos de ação penal privada subsidiária da pública, sendo a resposta **não** a correta. Isso porque se houver a desídia do querelante, nas formas dos incisos I a IV, o Ministério Público retomará a ação penal, não havendo a sua extinção. Logo, muito cuidado com essa observação.

Dentre as causas de perempção, deve ser lembrada a constante do inciso III, parte final, em que o querelante deve expressamente fazer o pedido de condenação por ocasião das alegações finais, que via de regra são feitas na forma oral, salvo quando o Juiz concede prazo para a forma escrita. O pedido de condenação deve ser expresso e claro.

Todas as causas extintivas da punibilidade trabalhadas acima podem ser reconhecidas pelo **Juiz de ofício**, a qualquer tempo, pois são tidas como **matéria de ordem pública**, na forma do art. 61, *caput*, CPP.

Por fim, uma última causa extintiva da punibilidade, mas que é aplicada para qualquer tipo de ação penal, pública ou privada, é a **morte**, podendo ela ser reconhecida pelo Juiz após a juntada de **certidão de óbito** e manifestação do Ministério Público, conforme art. 62, CPP.

5.4. Ação penal privada subsidiária da pública

Cumpre ressaltar que tal espécie de ação penal já fora trabalhada acima no item 5.2.3, todavia deve ser feita a observação de que ela somente pode ser proposta em casos de **inércia do Ministério Público**, não sendo possível a sua propositura quando o membro do Ministério Público requerer o arquivamento do feito, pois nesse caso ele está sendo ativo, mas pedindo o encerramento do inquérito policial.

Ela possui natureza jurídica de ação penal privada, devendo ser proposta pelo querelante, mas, a qualquer tempo, o Ministério Público poderá retomar a ação penal em caso de desídia do querelante, não se aplicando, como já foi dito acima, os casos de perempção do art. 60, CPP.

Uma última observação é que o legislador constitucional previu expressamente esta possibilidade, conforme o art. 5º:

> **LIX** – será admitida ação privada nos crimes de ação pública, se esta não for intentada no prazo legal.

Assim, de suma importância a ação penal privada subsidiária da pública, uma vez que possui previsão legal (CPP) e constitucional.

```
                    Ação Penal
                        |
  ┌─────────────────────┼─────────────────────┐
  Ação Penal Pública Incondicionada
  Ação Penal Pública Condicionada
  Ação Penal Privada
  Ação Penal Privada Subsidiária
```

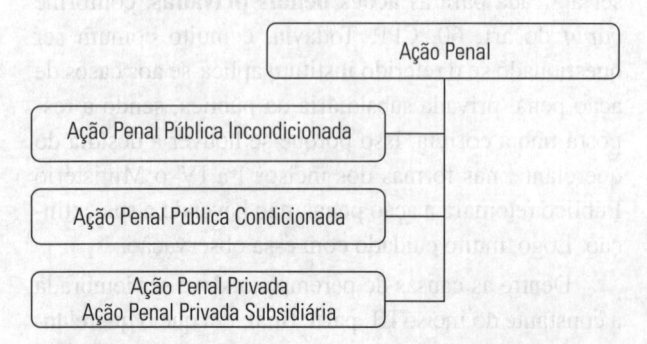

6. AÇÃO CIVIL *EX DELICTO*

Esse tipo de ação é proposta no **Juízo Cível** para que o ofendido possa ser **ressarcido do prejuízo** auferido com a prática criminosa. Tal ação pode ser movida pelo ofendido, seu representante legal ou, no caso de morte, pelos herdeiros.

São duas as possibilidades de ingressar pedindo a reparação do dano causado pela infração penal. A primeira, quando ainda pendente de decisão na ação penal, caso em que o Juízo Cível irá suspender a ação civil até o julgamento definitivo daquela. A segunda hipótese ocorrerá na forma da nova disposição prevista no art. 387, IV, CPP, a seguir transcrita:

> **Art. 387.** O juiz, ao proferir sentença condenatória: (...)
> **IV** – fixará valor mínimo para reparação dos danos causados pela infração, considerando os prejuízos sofridos pelo ofendido.

Nesse caso, caberá ao ofendido apenas requerer a execução da sentença criminal no Juízo Cível, pelo valor fixado pelo Juízo Criminal.

O réu nesse tipo de ação civil será o autor do crime ou o seu responsável civil, na forma do art. 64, CPP.

Fato importante a ser lembrado é quando a sentença criminal **fará coisa julgada no cível**, não podendo ela ser questionada novamente. Abaixo as hipóteses que fazem coisa julgada no cível:

a) **Sentença condenatória** (art. 63, *caput*, CPP).

b) **Sentença absolutória que reconhece a inexistência do fato** (art. 66, CPP).

c) **Sentença absolutória que reconhece estar provado que o réu não concorreu para a infração penal** (art. 386, IV, CPP).

d) **Sentença absolutória que reconhece a existência de causa excludente de ilicitude** (art. 65, CPP).

Por outro lado, **não farão coisa julgada no cível** as hipóteses dos arts. 66 e 67, CPP, a seguir transcritas para facilitar a visualização:

> **Art. 66.** Não obstante a sentença absolutória no juízo criminal, a ação civil poderá ser proposta quando não tiver sido, categoricamente, reconhecida a inexistência material do fato.
> **Art. 67.** Não impedirão igualmente a propositura da ação civil:
> I – o despacho de arquivamento do inquérito ou das peças de informação;
> II – a decisão que julgar extinta a punibilidade;
> III – a sentença absolutória que decidir que o fato imputado não constitui crime.

7. JURISDIÇÃO E COMPETÊNCIA NO PROCESSO PENAL

Um dos temas mais cobrados na prova da OAB, por tal motivo merece atenção especial por parte dos candidatos. A jurisdição é a competência que o Juiz tem de dizer o Direito, ou seja, aplicar a lei ao caso concreto. A competência é essa característica conferida ao Juiz pela lei ou pela Constituição Federal para tomar conhecimento de alguma questão criminal.

Para fins de prova da OAB, tudo que se refere à competência, para tranquilidade dos candidatos, encontra-se na lei, fato este que será explorado e detalhado na sequência.

> Antes de passar propriamente para a fixação da competência, importante diferenciar algo que é comum de o candidato confundir: **competência absoluta** e **competência relativa**. A chamada competência absoluta é aquela imutável, sendo que, se o Juiz absolutamente incompetente proferir alguma decisão, ela estará eivada de nulidade absoluta. Como exemplo, podem ser citadas as competências em razão da matéria (Justiça Federal e Justiça Estadual) e por prerrogativa de função (Juiz e Promotor devem ser julgados pelo Tribunal de Justiça). Lembrar que, excepcionalmente, por não caber Revisão Criminal contrária ao réu, caso um Juiz incompetente absolva alguém, tal decisão não poderá ser revista. Trata-se de questão excepcionalíssima.

Por outro lado, a **competência relativa** pode ser **flexibilizada**, sendo os casos mais comuns de tal competência a territorial, por **distribuição e prevenção**, todas elas previstas no art. 69, Código de Processo Penal. Caso uma delas seja violada, isso não gerará automaticamente a nulidade do processo, devendo o seu prejuízo ser comprovado para ela ser declarada. Ademais, há súmula do Supremo Tribunal Federal nesse sentido, conforme se vê a seguir:

> **STF – Súmula 706**
> É relativa a nulidade decorrente da inobservância da competência penal por prevenção.

7.1. Competência em razão da matéria no processo penal

> O artigo que é considerado um norte pela doutrina para fixar a atuação do Juiz competente, em razão da matéria, é o disposto na Constituição Federal, a seguir transcrito, tamanha a sua importância e incidência nas provas da OAB:

> **Art. 109. Aos juízes federais compete processar e julgar:**
> I – as causas em que a União, entidade autárquica ou empresa pública federal forem interessadas na condição de autoras, rés, assistentes ou oponentes, exceto as de falência, as de acidentes de trabalho e as sujeitas à Justiça Eleitoral e à Justiça do Trabalho;
> II – as causas entre Estado estrangeiro ou organismo internacional e Município ou pessoa domiciliada ou residente no País;
> III – as causas fundadas em tratado ou contrato da União com Estado estrangeiro ou organismo internacional;
> **IV – os crimes políticos e as infrações penais praticadas em detrimento de bens, serviços ou interesse da União ou de suas entidades autárquicas ou empresas públicas, excluídas as contravenções e ressalvada a competência da Justiça Militar e da Justiça Eleitoral;**
> **V – os crimes previstos em tratado ou convenção internacional, quando, iniciada a execução no País, o resultado tenha ou devesse ter ocorrido no estrangeiro, ou reciprocamente;**
> **V-A – as causas relativas a direitos humanos a que se refere o § 5º deste artigo;**
> **VI – os crimes contra a organização do trabalho e, nos casos determinados por lei, contra o sistema financeiro e a ordem econômico-financeira;**
> **VII – os *habeas corpus*, em matéria criminal de sua competência ou quando o constrangimento provier de autoridade cujos atos não estejam diretamente sujeitos a outra jurisdição;**
> **VIII –** os mandados de segurança e os *habeas data* contra ato de autoridade federal, excetuados os casos de competência dos tribunais federais;
> **IX – os crimes cometidos a bordo de navios ou aeronaves, ressalvada a competência da Justiça Militar;**
> **X – os crimes de ingresso ou permanência irregular de estrangeiro, a execução de carta rogatória, após o *exequatur*, e de sentença estrangeira, após a homologação, as causas referentes à nacionalidade, inclusive a respectiva opção, e à naturalização;**
> **XI – a disputa sobre direitos indígenas.**

Dentre as situações acima descritas, aquelas que possuem interesse para o Processo Penal são as dos incisos IV, V, V-A, VI, VII, IX, X e XI, acima negritados. Algumas observações acerca dessas competências serão feitas a seguir.

Em relação aos **crimes políticos**, de difícil ocorrência, tem que haver violação ao art. 1º da Lei de Segurança Nacional (Lei n. 7.170/83), a seguir transcrito:

> **Art. 1º** Esta Lei prevê os crimes que lesam ou expõem a perigo de lesão:
> I – a integridade territorial e a soberania nacional;
> II – o regime representativo e democrático, a Federação e o Estado de Direito;
> III – a pessoa dos chefes dos Poderes da União.

Atualmente, em tempos de intolerância política muito grande, poderia pensar-se em algum tipo de ataque ao Presidente da República, chefe de Poder Executivo Federal, o que atrairia a competência da Justiça Federal.

A **segunda parte do inciso IV**, em que se prevê a violação criminal a **bens, serviços ou interesse da União ou de suas entidades autárquicas ou empresas públicas,** cumpre ressaltar que é o ponto mais comum de cobrança em provas da OAB. Caso haja a violação a uma dessas situações, a competência será de algum Juiz Federal, dependendo apenas de aferir, posteriormente, o local da infração penal. Assim, caso ocorra a sonegação fiscal de um tributo federal, caberá ao Juiz Federal analisar a questão. Da mesma forma, numa situação em que algum funcionário público federal praticar um crime de peculato, por exemplo, apropriando-se algum bem que tem em razão da função. O Juiz Federal será o competente para julgá-lo pelo crime do art. 312, *caput,* CP.

Uma observação importante feita em tal artigo é a de que todas as **contravenções penais** são julgadas na **Justiça Estadual**, sem exceção, conforme se vê da segunda parte do inciso, ainda que haja lesão a bens, serviços ou interesse da União.

Continuando o inciso IV, há importante súmula que gera dúvida para o candidato, a seguir transcrita e explicada:

> **STJ – Súmula 107**
> Compete à **Justiça Comum Estadual** processar e julgar crime de estelionato praticado mediante falsificação das guias de recolhimento das contribuições previdenciárias, **quando não ocorrente lesão à autarquia federal**.

Veja-se que o simples fato de ser a guia emitida por órgão federal (INSS) não atrai a competência para a Justiça Federal, se não houve lesão a autarquia federal. Seria exemplo de aplicação de tal súmula quando o agente falsifica uma guia do INSS para usar perante uma empresa privada qualquer. Ora, nesse caso a competência será da Justiça Estadual, pois inexistiu lesão à autarquia federal.

Além dessas questões acima destacadas, por ser de incidência corriqueira na prova da OAB, será feita a transcrição de outras súmulas dominantes dos Tribunais Superiores, nesses termos:

> **STJ – Súmula 62**
> Compete à **Justiça Estadual** processar e julgar o crime de falsa anotação na Carteira de Trabalho e Previdência Social, **atribuído à empresa privada**.
>
> **STJ – Súmula 104**
> Compete à **Justiça Estadual** o processo e julgamento dos crimes de **falsificação e uso de documento falso relativo a estabelecimento particular de ensino**.
>
> **STJ – Súmula 165**
> Compete à **Justiça Federal** processar e julgar crime de **falso testemunho cometido no processo trabalhista**.
>
> **STJ – Súmula 208**
> Compete à **Justiça Federal** processar e julgar Prefeito Municipal por desvio de verba **sujeita a prestação de contas perante órgão federal**.
>
> **STJ – Súmula 209**
> Compete à **Justiça Estadual** processar e julgar Prefeito por desvio de verba transferida e **incorporada ao patrimônio municipal**.

O **inciso V** é bem fácil de entender, uma vez que elenca crimes previstos em **tratado ou convenção internacional**, o que torna fácil o entendimento de que o julgamento deve ser mesmo da **Justiça Federal**.

Na sequência, o **inciso V-A** é novidade constitucional, devendo o fato ensejar **grave violação aos direitos humanos**, não bastando uma simples violação, tendo em vista a exigência constitucional da expressão "grave".

O **inciso VI, 1ª parte**, elenca a necessidade de o crime ser contra a organização do trabalho, devendo entender-se tal ideia como sendo uma **violação genérica a vários trabalhadores**, não sendo de competência federal quando a violação for de apenas um único trabalhador.

Dentro do **inciso VI, 1ª parte**, deve ser citada a polêmica questão envolvendo o crime do **art. 149, CP (Redução a condição análoga à de escravo)**, em que o Supremo Tribunal Federal finalmente colocou uma pá de cal na questão e frisou ser tal delito de **competência federal**, conforme se vê do julgado no RE 459.510/MT, Relator Dias Toffoli, na forma do inciso em comento.

Ainda dentro do **inciso VI, mas na 2ª parte**, há importante anotação de competência federal para os crimes envolvendo o **sistema financeiro e a ordem econômica**. Para facilitar tal aferição de competência, a própria Lei n. 7.492/86, em seu art. 26, *caput*, dispõe claramente que:

> A ação penal, nos crimes previstos nesta lei, será promovida pelo Ministério Público Federal, perante a Justiça Federal.

Assim, não resta dúvida de que tais crimes da **Lei n. 7.492/86 (Crimes Contra o Sistema Financeiro Nacional)** serão todos de **competência federal**.

Em relação aos crimes contra a **ordem econômica**, a **maioria dos crimes será de competência federal**, mas isso não é uma constante. Por exemplo, os crimes de sonegação fiscal, previstos na Lei n. 8.137/90, quando o tributo sonegado for estadual ou municipal, a competência será, naturalmente, da Justiça Estadual. Já se for algum tributo federal (imposto de renda), a competência será federal.

A leitura do **inciso VII** não oferece maiores problemas, eis que a competência também será federal se o remédio heroico (*habeas corpus*) for proposto em virtude de **ato de constrangimento** cometido por **agente da área federal**.

Na sequência, os crimes cometidos a **bordo de navio ou aeronave, com espeque no inciso IX**, sem qualquer exceção, será de **competência federal**. Trata-se de uma escolha constitucional, não havendo maiores digressões dentro desse tema.

De forma lógica, os crimes de **ingresso ou permanência de estrangeiro irregular, previstos no inciso X**. Por uma questão que envolve a Polícia Federal que faz a aludida fiscalização e **a imanente lesão à União**, tais crimes também serão de competência federal.

Por derradeiro, estão os crimes envolvendo **direitos indígenas**, na forma do **inciso XI**. Cumpre ressaltar que o crime será de **competência federal** quando envolver a condição de índio da vítima, ou seja, matar um indígena numa questão envolvendo conflito de áreas de reservas indígenas, sendo esta a visão dos Professores Eugênio Pacelli e Douglas Fischer (2014, p. 151). Assim, a morte de apenas um indígena já seria competência federal. Caso ocorra a morte de mais de um indígena, a situação fica mais clara ainda, pois ínsita a ideia envolvendo direitos indígenas.

Pelo que se pode observar da exposição acima, envolvendo a art. 109, Constituição Federal, orientador da competência federal, todos os demais casos que não estejam ali previstos, de forma taxativa, serão de **competência estadual**, o que torna esta última de **natureza residual**.

7.1.1. Competência do Tribunal do Júri

Dada a sua importância por ter a Constituição Federal previsto tal competência em razão da matéria (crimes dolosos contra a vida), segue transcrição do art. 5º:

> **XXXVIII** – é reconhecida a instituição do júri, com a organização que lhe der a lei, assegurados:
> *a)* a plenitude de defesa;
> *b)* o sigilo das votações;
> *c)* a soberania dos veredictos;
> *d)* a competência para o julgamento dos crimes dolosos contra a vida;

Questão das mais relevantes é saber quais seriam esses "crimes dolosos contra a vida". Para facilitar a compreensão, basta lembrar que o Código Penal previu um capítulo para tais crimes, com o título "Crimes contra a Vida", devendo acrescentar que **apenas a forma dolosa** é que torna o Tribunal do Júri competente para tais delitos. **Assim, são os crimes previstos nos arts. 121, 122, 123, 124, 125 e 126, CP, todos na forma dolosa**, lembrando que o crime contra a vida culposo não é julgado no Tribunal do Júri.

Por ter previsão constitucional, a competência em razão da **matéria** afetada ao **Tribunal do Júri** terá **preponderância** em relação às demais formas de competência previstas no Código de Processo Penal, ou seja, trata-se de competência absoluta. Havendo algum tipo de conflito, o Tribunal do Júri será o foro competente para julgar a questão. Por exemplo, as hipóteses de conexão e continência previstas nos arts. 76 a 82, CPP, caso conflitem com a competência do Tribunal do Júri, o fato será julgado neste último. Ademais, se for praticado mais de um crime (estupro e homicídio doloso), **todos** eles serão **julgados no Tribunal do Júri**, por ter preponderância e atrair os demais crimes para julgamento conjunto com o crime doloso contra a vida. Tal incidência preferencial do Tribunal do Júri é tão forte que o próprio Código de Processo Penal previu essa ressalva no art. 74, *caput*, parte final.

7.2. Competência pelo lugar da infração no processo penal

Após ser trabalhada a competência em razão da matéria, que se trata de competência absoluta, pois prevista na Constituição Federal, a próxima competência é chamada de territorial, prevista no Código de Processo Penal, sendo espécie de competência relativa.

A primeira a ser estudada é a competência em razão do lugar, prevista no art. 70, CPP. Neste artigo está escrito o seguinte no seu *caput*:

> **Art. 70.** A competência será, de regra, determinada pelo lugar em que se consumar a infração, ou, no caso de tentativa, pelo lugar em que for praticado o último ato de execução.

Pela leitura do artigo acima, percebe-se, claramente, conforme também ensina Denilson Feitoza (2010, p. 353), que foi **adotada a teoria do resultado** para aferir a competência em razão do lugar, devendo ser conhecido pelo operador do direito o que vem a ser a consumação do delito. Cuidado para não confundir a fixação de competência territorial interna, a qual está sendo abordada no presente momento, com a competência internacional quando o crime é cometido entre dois países. Neste último caso, tem-se a aplicação do Código Penal em seu art. 6º, sendo transcrito para facilitar o estudo:

> **Art. 6º** Considera-se praticado o crime no lugar em que ocorreu a ação ou omissão, no todo ou em parte, bem como onde se produziu ou deveria produzir-se o resultado.

Perceba-se, de forma notória, que o Código Penal tratou da competência internacional no artigo acima, uma vez que a competência territorial interna já fora contemplada no art. 70, *caput*, CPP. Ademais, não confundir a **teoria** adotada no art. 6º, CP, que é a **mista ou da ubiquidade**, com aquela vista no parágrafo anterior, que é a **teoria do resultado**. Para aquela o Brasil será competente para julgar os crimes que tiveram a conduta praticada em seu território, bem como o resultado, daí o nome mista. Já para o Código de Processo Penal, a competência territorial interna leva em consideração apenas o local do resultado.

Outra importante anotação acerca do art. 70, CPP está em seu **§ 3º**, em que se prevê a competência pela **prevenção**, quando existir **dúvida** entre os **limites territoriais** de duas ou mais jurisdições ou quando incerta a jurisdição. Nesse caso, o primeiro Juiz competente que tomar conhecimento da causa torna-se prevento para o julgamento. Por primeiro a tomar conhecimento da causa entenda-se aquele Juiz que precedeu a outro na análise de um processo, tendo proferido algum tipo de decisão.

Ainda na linha da competência firmada pela **prevenção**, quando se tratar de **crime continuado ou permanente**, a mesma regra também será aplicada. Muito comum a hipótese de crimes continuados terem sido praticados em diversos locais, sob a jurisdição de diferentes Juízes, mas que, em razão do art. 71, Código Penal, considera-se praticado apenas um delito, incidindo o critério da exasperação (aumento de pena). Nesse caso, o primeiro dos Juízes igualmente competente que tomar conhecimento da causa será tido como prevento. Da mesma forma quando se tratar de **crime permanente**, em que a consumação perdura no tempo. Exemplo desse último é o **tráfico de drogas** (art. 33, *caput*, Lei n. 11.343/2006), por ser crime permanente, enquanto o traficante estiver trazendo consigo aquela droga, ainda que por diversos locais, quaisquer dos Juízes que primeiro se manifestar acerca desse fato tornar-se-á prevento, pois a consumação perpassou por todos aqueles Magistrados.

Uma novidade legal que merece destaque é aquela disposição que trata acerca da competência quanto aos crimes de estelionato (art. 171, CP). De forma a perlustrar o que consta na novel disposição legal, cita-se a seguir:

> **§ 4º** Nos crimes previstos no art. 171 do Decreto-Lei n. 2.848, de 7 de dezembro de 1940 (Código Penal), quando praticados mediante depósito, mediante emissão de cheques sem suficiente provisão de fundos em poder do sacado ou com o pagamento frustrado ou mediante transferência de valores, a competência será definida pelo local do domicílio da vítima, e, em caso de pluralidade de vítimas, a competência firmar-se-á pela prevenção. (Incluído pela Lei n. 14.155, de 2021.)

Pelo que consta, o intuito do legislador foi facilitar a produção probatória nos crimes de estelionato, em que a vítima é lesada em seu patrimônio, por ato próprio, uma vez que a fraude nesses delitos é praticada de forma a fazer com que a própria vítima iludida faça a entrega da vantagem para o autor dos fatos.

Assim, natural que a produção das provas seja feita no domicílio da vítima, tendo em vista que foi o local onde se deu o prejuízo. Em caso de pluralidade de vítimas, segue a regra geral de competência firmada pela prevenção, ou seja, o primeiro juízo que tomar conhecimento da causa será o prevento para julgar todos os crimes de estelionato praticados.

Trata-se de questão nova que possivelmente será cobrada nas provas futuras da OAB, pois é matéria recorrente em temas de competência, merecendo toda a atenção dos candidatos.

7.3. Competência pelo domicílio ou residência do réu no processo penal

Competência meramente residual, caso não seja conhecido o lugar da infração penal, ela será regulada pelo domicílio ou residência do réu. Veja-se um aspecto interessante que é a previsão pelo legislador de novamente a competência ser fixada pela **prevenção** se o réu tiver mais de uma residência. **Assim, pode ser concluído que sempre que houver dúvida em relação ao Juízo competente, o legislador elegeu o critério da prevenção para solução da questão.**

Observação importante para a prova da OAB, visto tratar-se de ação penal privada, é a disposição prevista no art. 73, CPP, a seguir transcrito:

> Nos casos de exclusiva ação privada, o querelante poderá preferir o foro de domicílio ou da residência do réu, ainda quando conhecido o lugar da infração.

Pelo que se percebe, trata-se de uma **opção possível** apenas nos crimes de **ação penal privada**, em que o querelante pode escolher o Juízo para o julgamento da queixa-crime proposta, se o **domicílio** ou **residência do réu** ou o **lugar da infração**.

7.4. Competência por conexão ou continência no processo penal

Esses dois critérios previstos no Código de Processo Penal são para facilitar a produção probatória (**conexão**) ou para evitar decisões contraditórias (**continência**).

Para facilitar o estudo, serão divididas as duas hipóteses de competência, abordando-se, primeiramente, a conexão e suas espécies.

a) **Conexão intersubjetiva:** ocorre entre sujeitos, exigindo-se a pluralidade de agentes (duas ou mais pessoas), mas que **não** estão em concurso de pessoas na forma do art. 29, *caput*, CP. Está prevista no art. 76, I, CPP:

a.1) **intersubjetiva ocasional ou por simultaneidade**, que não se confunde com concurso de agentes, uma vez que a reunião das pessoas é totalmente por acaso. Exemplo mais comum seria aquele envolvendo uma briga de torcedores, num estádio de futebol, que invadem o campo e agridem o árbitro, mas sem qualquer ajuste prévio entre os invasores, pois estão inconformados com um pênalti erroneamente marcado pelo árbitro;

a.2) **intersubjetiva por concurso**, quando duas ou mais infrações são praticadas por pessoas em concurso, ou seja, previamente ajustadas, ainda que diversos o tempo e o lugar. Todavia, é bom que se constate que esse **concurso é o chamado necessário**, em que, por exemplo, integrantes de uma **organização criminosa** cometem crimes em vários pontos da cidade, de forma a aterrorizar a população. Veja-se que o liame existe apenas por integrarem a mesma facção criminosa, por exemplo, Comando Vermelho (CV) ou Primeiro Comando da Capital (PCC). Esta modalidade **não se confunde com a do art. 29, *caput*, CP**, chamada de **concurso eventual de pessoas**, em que se aplica a teoria monista ou unitária (adotada no ordenamento jurídico brasileiro), que se encontra na **continência prevista no art. 77, I, CPP**;

a.3) **intersubjetiva por reciprocidade**, quando as infrações são praticadas por várias pessoas, umas contra as outras. Seria o caso de lesões corporais recíprocas, sem qualquer liame subjetivo entre os agressores.

b) **Conexão teleológica:** ocorre entre condutas criminosas praticadas pela **mesma pessoa** para uma finalidade comum. Exemplo clássico é o art. 121, § 2º, V, Código Penal. Está prevista no art. 76, II, CPP.

c) **Conexão instrumental ou probatória:** essa é a mais fácil das três, pois tem como norte exclusivo a **produção probatória** entre os crimes. Está prevista no art. 76, III, CPP.

Em relação à continência, da mesma forma que a conexão, também existem espécies a seguir citadas.

a) **Continência por cumulação subjetiva:** ocorre quando duas ou mais pessoas forem acusadas da mesma infração, estando elas em **concurso de pessoas** (art. 29, *caput*, CP), diferentemente da conexão intersubjetiva. Está prevista no art. 77, I, CPP.

b) **Continência por cumulação objetiva:** ocorre nos casos de concurso formal (art. 70, CP), erro na execução (art. 73, CP) e resultado diverso do pretendido (art. 74, CP), em situações que exigem o **duplo resultado**. Está prevista no art. 77, CPP. Está prevista no art. 77, II, CPP.

7.4.1. Concurso de jurisdições no processo penal

Dentro dos casos de conexão e continência, o tema concurso de jurisdições, previsto no art. 78, CPP, é de incidência corriqueira nas provas da OAB, devendo ser dada uma atenção especial a ele. Para facilitar o estudo e a visualização, será explicado cada inciso de per si, a saber:

> **I – no concurso entre a competência do júri e a de outro órgão da jurisdição comum, prevalecerá a competência do júri.** Conforme já visto acima, a competência para os crimes dolosos contra a vida foi fixada pela própria Constituição Federal, em seu art. 5º, XXXVIII, *d*, o

o que torna até dispensável o aludido inciso, uma vez que se trata de competência em razão da matéria e de ordem absoluta;

II – no concurso de jurisdições da mesma categoria: nesse ponto, todas as jurisdições são iguais, devendo ser seguida a ordem a seguir disposta para analisar qual será o foro prevalente.

a) preponderará a do lugar da infração, à qual for cominada a pena mais grave: trata-se do tipo penal que possui a pena abstratamente prevista no tipo como a mais grave.

b) prevalecerá a do lugar em que houver ocorrido o maior número de infrações, se as respectivas penas forem de igual gravidade: segundo critério na ordem traçada, trata-se de analisar onde foi praticado o maior número de infrações penais, tendo em vista que as penas são idênticas e tal critério não servirá para a análise.

c) firmar-se-á a competência pela prevenção, nos outros casos: como é de costume, nos casos em que nenhum tipo de critério ajuda para a fixação da competência, havendo a famosa dúvida, o legislador se socorre da **prevenção**, que é o primeiro Juiz que decidiu alguma questão em relação à infração penal.

III – no concurso de jurisdições de diversas categorias, predominará a de maior graduação: está totalmente superada tal disposição, pois se houver concurso entre Juiz de 1ª instância e Tribunal de Justiça (2ª instância), por previsão constitucional, a competência será da 2ª instância.

IV – no concurso entre a jurisdição comum e a especial, prevalecerá esta: essa regra deve ser aplicada para os casos envolvendo **crimes eleitorais**, que deverão ser julgados na Justiça Eleitoral, pois a única jurisdição especial que prepondera sobre as demais, por previsão constitucional, é a da Justiça Eleitoral. Entre as jurisdições federal e estadual não existe a divisão de comum e especial, uma vez que ambas são comuns. O que atrai a competência para a Justiça Federal é a fixação prevista no rol taxativo do art. 109, Constituição Federal, que torna a Justiça Estadual meramente residual. Para essa última hipótese, importante destacar que existe a **Súmula 122 do Superior Tribunal de Justiça** tratando da questão (Compete à Justiça Federal o processo e julgamento unificado dos crimes conexos de competência federal e estadual, não se aplicando a regra do art. 78, II, *a*, CPP). Por fim, apesar de ser jurisdição especial, a militar não prevalecerá em relação à comum, uma vez que existe a regra do art. 79, I, CPP, que manda separar os processos.

Como espécie de exceção à não aplicação da conexão e continência, tem-se o art. 79, CPP, o qual não carece de maiores digressões, uma vez que, se houver concurso entre jurisdição comum e a militar, prevalece esta, tendo em vista que a **Justiça Militar não julga civis**. O outro caso seria entre o concurso de jurisdição comum e o **Juízo de Menores** (Lei n. 8.069/90), uma vez que este último é exclusivamente competente para julgar atos infracionais, enquanto aquele outro para julgar infrações penais, havendo a natural **separação de processos**.

Outra disposição que merece análise é a constante do art. 81, CPP, visto que trata da conexão e continência. A regra é simples de entender, devendo ser analisada por partes (*caput* e parágrafo único).

O *caput* do artigo afirma que:

> **Art. 81.** Verificada a reunião dos processos por conexão ou continência, ainda que no processo da sua competência própria venha o juiz ou tribunal a proferir sentença absolutória ou que desclassifique a infração para outra que não se inclua na sua competência, continuará competente em relação aos demais processos.

Essa disposição tem um cunho lógico, ao dispor que o Juiz ou Tribunal, que decidir pela absolvição ou desclassificação de um dos crimes conexos ou em virtude da continência, deva continuar competente para as demais infrações. Ora, tais decisões de absolvição e desclassificação são feitas após larga instrução probatória presidida por uma autoridade judiciária, não sendo crível que outro Juiz ou Tribunal torne-se competente para o julgamento, uma vez que seria ferir de morte o **princípio da identidade física do Juiz** (art. 399, § 2º, CPP), sendo que se este presidiu toda a instrução probatória, com certeza estará em condições melhores de julgar o feito, tendo em vista o seu contato direto com as provas produzidas.

Noutro giro, a previsão do parágrafo único, nesses termos:

> **Parágrafo único.** Reconhecida inicialmente ao júri a competência por conexão ou continência, o juiz, se vier a desclassificar a infração ou impronunciar ou absolver o acusado, de maneira que exclua a competência do júri, remeterá o processo ao juízo competente.

Nesses três casos (**desclassificação, impronúncia ou absolvição**), entendendo o Juiz Sumariante que a competência não é do Tribunal do Júri, a questão também é de fácil resolução, uma vez que o parágrafo único em comento ordena que o processo seja **remetido ao Juízo competente**. Seria o exemplo em que o Juiz Sumariante entenda que o crime é o de latrocínio (crime contra o patrimônio), não sendo o Tribunal do Júri o competente para o seu julgamento. Nesse caso, deverá ser remetido o feito para o Juiz Singular. Essa também é a disposição do art. 419, CPP.

Nas mesmas situações de impronúncia e absolvição em relação a uma das infrações reunidas por conexão ou continência, o Juiz Sumariante remeterá o feito para o Juízo Competente, para que este julgue a **infração remanescente**.

Já quanto às infrações penais julgadas pelo **próprio Tribunal do Júri (Jurados)**, em que houver a desclassificação do suposto crime contra a vida, as demais infrações penais passarão para a competência do **Juiz-Presidente**, na forma do art. 492, § 2º, CPP. De outra feita, se o Tribunal do Júri absolveu o acusado por uma das infrações penais, ele permanece com a competência para o julgamento pelo crime conexo, uma vez que, se os Jurados entenderam que eram competentes para o crime doloso contra a vida e proferiram a absolvição, deverão continuar competentes para a outra infração. Por fim, se o Tribunal do Júri desclassificou o crime tido como doloso contra a vida, o julgamento será feito pelo Juiz-Presidente, conforme art. 492, § 1º, CPP. Todas essas situações satisfazem o **princípio da identidade física do Juiz** já citado acima, devendo o **candidato memorizar bem esse princípio** que é um farol para a resolução de várias questões.

Para facilitar o entendimento, abaixo o quadro envolvendo **todas as possibilidades de desclassificação** que podem ocorrer nos dois tipos de ritos e que geram dúvidas. Importante ressaltar que o quadro abaixo é a conjugação das interpretações feitas entre os arts. 81 e 492, ambos do Código de Processo Penal, sendo tais ideias sintetizadas pelos autores Victor Gonçalves e Alexandre Reis na forma do quadro abaixo (2016, p. 235).

	Rito comum	Juiz sumariante	Jurados
Crime único	Autos remetidos ao Juízo competente	Autos remetidos ao Juízo competente	Autos remetidos ao Juiz-Presidente
Crimes conexos	Juiz continua competente	Autos remetidos ao Juízo competente	Crime conexo é julgado pelo Juiz-Presidente

7.5. Competência por prevenção no processo penal

A prevenção, que já foi anteriormente estudada em mais de uma oportunidade acima, é aquela em que um Juiz **emite ato decisório anteriormente a outro igualmente competente**. Para facilitar o entendimento, o exemplo do Juiz que decide alguma questão anterior à denúncia ou queixa, como nos casos de liberdade provisória. Ora, se o Magistrado decidiu pela concessão ou não da liberdade provisória, ele tornou-se conhecedor daquela situação primeiramente, devendo **continuar competente** para todos os **demais atos processuais**. Isso tudo é feito sob o pálio da **otimização da atividade jurisdicional**, evitando-se que outro Juiz tenha que conhecer todo o processo novamente, sendo mais eficiente e célere que o Juiz que decidiu na referida **liberdade provisória** continue analisando as fases ulteriores do processo, ocorrendo, assim, o fenômeno da prevenção, insculpido no art. 83, CPP.

7.6. Competência por prerrogativa de função no processo penal

Tema dos mais atuais, tendo em vista as notícias diárias acerca de políticos presos e/ou processados por crimes contra a Administração Pública, a competência por **prerrogativa de função** foi tratada na **Constituição Federal**, sendo totalmente dispensável a disposição prevista no art. 84, CPP.

Com o fim de facilitar o estudo e a compreensão acerca dos crimes e dos detentores de foro por prerrogativa de função, veja-se o quadro a seguir para análise da questão constitucional.

Jurisdição competente	Executivo	Judiciário	Legislativo	Outros
STF	Presidente, Vice-Presidente, Ministros e Advogado-Geral da União	Ministros do STJ e STF	Deputados Federais e Senadores	Procurador-Geral da República, Comandantes das Forças Armadas, membros do Tribunal de Contas da União e Chefes de Missão Diplomática
STJ	Governadores	Desembargadores dos TRF, TJ, TRE e TRT	–	Membros dos Tribunais de Contas dos Estados, DF e Municípios e membros do MP que atuam perante Tribunais
TRF, TJ E TRE (APENAS CRIMES ELEITORAIS)	Prefeitos	Juízes de Direito, Juízes Federais, Juízes do Trabalho e Juízes Militares da União	Deputados Estaduais e Vereadores (se houver previsão na Constituição Estadual)	Membros do MP da União (MPF, MPT, MPM, MP/DF) e do MP Estadual

Observação importante que deve ser feita acerca do quadro acima é no que tange à competência por prerrogativa de função de **Prefeito** que venha a cometer crimes. Se o crime praticado for comum, o julgamento deve ser feito pelo **Tribunal de Justiça**. Todavia, se o crime praticado pelo Prefeito for federal, por exemplo a apropriação de verbas públicas pertencentes à União, o Tribunal de Justiça não terá competência, visto que ele apenas julga crimes estaduais. Nesse caso, o julgamento será feito pelo **Tribunal Regional Federal** da região pertencente àquele Estado onde o Prefeito exerce suas funções. Isso é o que prescreve a orientação jurisprudencial do Pretório Excelso, nesse sentido:

> **STF – Súmula 702**
> A competência do **Tribunal de Justiça** para julgar **Prefeitos** restringe-se aos crimes de competência da **Justiça comum estadual**; nos **demais casos**, a **competência originária** caberá ao **respectivo tribunal de segundo grau**.

Uma questão jurisprudencial, inclusive sumulada, que chama a atenção, é quando a competência por prerrogativa de função é determinada por meio de Constituição Estadual, mas o crime praticado foi o doloso contra a vida. Como o Tribunal do Júri tem competência fixada na própria Constituição Federal, resta a dúvida de onde seria o agente julgado se ele tivesse algum cargo público com foro privativo no Tribunal de Justiça. Como exemplo, seria o caso de um **Vereador** que teria praticado **homicídio** contra uma pessoa qualquer, tendo a Constituição de seu Estado previsto o seu julgamento no Tribunal de Justiça pertinente. O seu julgamento ocorreria por causa da redação da súmula abaixo transcrita, perante o **Tribunal do Júri**, pois este prepondera em relação a foros privativos fixados por Constituições Estaduais, nesses termos:

> **STF – Súmula 721**
> A **competência constitucional do Tribunal do Júri prevalece** sobre o foro por prerrogativa de função estabelecido exclusivamente pela Constituição estadual.

Importante acrescentar que a citada Súmula 721/STF foi convolada em **Súmula Vinculante de número 45**, com a mesma redação acima transcrita. Assim, as duas súmulas possuem o mesmo teor, sendo que a partir da redação daquela de ordem vinculante não há que se permitir o seu descumprimento por nenhum integrante do Poder Judiciário, eis que possui *efeito erga omnes*.

Outra questão pertinente ao tema da prerrogativa de função está presente quando há concurso de agentes, sendo que um deles tem foro privativo fixado pela Constituição Federal, enquanto o outro é cidadão comum.

Para ilustrar, seria a situação de um **Deputado Federal** que praticara crime de peculato (art. 312, CP) em comunhão de vontades com sua **esposa**, esta sem qualquer foro por prerrogativa de função. Nessa hipótese, a jurisdição competente seria a do **Supremo Tribunal Federal** para julgar ambos os coautores, **sem que haja separação de processos**. Essa é a linha da súmula abaixo transcrita e de incidência recorrente nas provas da OAB:

> **STF – Súmula 704**
> Não viola as garantias do juiz natural, da ampla defesa e do devido processo legal **a atração por continência ou conexão do processo do corréu ao foro por prerrogativa de função de um dos denunciados**.

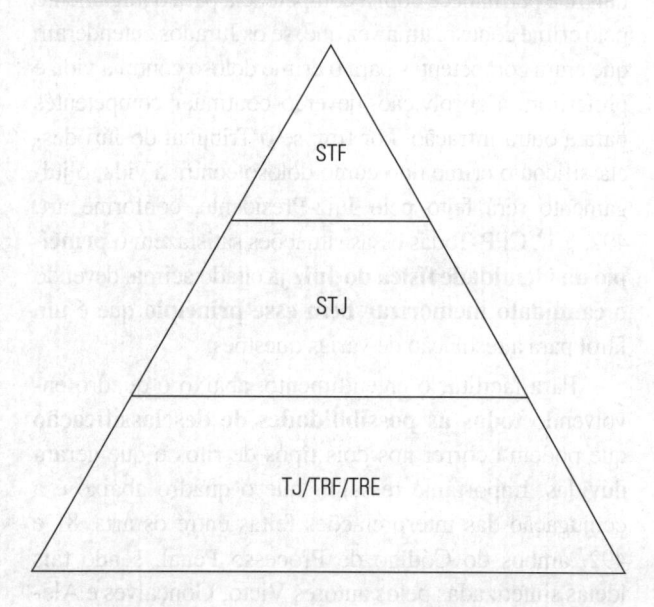

```
        STF
       STJ
     TJ/TRF/TRE
```

8. QUESTÕES E PROCESSOS INCIDENTES

8.1. Questões prejudiciais no processo penal

Acerca do tema, a teoria geral do processo elenca que todo ato processual que depende de um esclarecimento de outra questão antecedente, trata-se de uma **questão prejudicial**. Assim, caso seja necessário conhecer o parentesco ou não entre autor e vítima, para fins de incidir alguma agravante (exemplo da ascendência, art. 61, II, *e*, CP), o processo criminal terá uma questão prejudicial que deverá ser resolvida na seara cível. Veja-se o caso em que há celeuma sobre a paternidade do autor em relação à vítima. Assim, deverá ser decidida essa questão prejudicial na área cível para depois o Juízo criminal prolatar eventual sentença condenatória com incidência da agravante em epígrafe. Essa é a letra da lei prevista no art. 92, *caput*, CPP.

Lembrar que a **suspensão do processo penal** ocorrerá, **sem prejuízo da produção de provas consideradas** de caráter urgente, como é o caso de testemunha ocular de um homicídio que está em estado terminal e não pode esperar muito tempo para a realização de seu depoimento.

Diferentemente da questão acima tratada, haverá uma **facultatividade** conferida ao Juiz criminal para suspender ou não o processo quando a **questão prejudicial for outra** que não a atinente ao estado civil das pessoas. Essa é a disposição do art. 93, CPP, que permite ao Juiz escolher se irá ou não suspender o processo penal quando o reconhecimento da existência da infração penal depender de alguma questão no Juízo cível, questão essa já proposta, mas ainda pendente de julgamento. Nesse caso, será feita, obrigatoriamente, a antecipação de provas urgentes no Juízo criminal, aguardando-se a solução no Juízo cível. Um exemplo ilustrativo seria quando houvesse uma discussão no Juízo cível acerca da coisa ser pertencente a A ou B. Tal discussão, no âmbito do processo penal, será relevante e o Juiz criminal poderá determinar a **suspensão do processo** para que se resolva acerca da posse, com o fim de entender se houve ou não subtração de coisa "alheia" móvel. Assim, se a coisa subtraída fosse daquele que a subtraiu, inexistiria, assim, a ideia de furto, pois inexiste crime de furto em relação à coisa própria.

■ 8.2. Exceções no processo penal

O tema exceção no Processo Penal é um meio de defesa de que a parte pode valer-se para recusar a jurisdição de algum Juiz.

Conforme o art. 95, CPP, as **exceções** podem ser relacionadas à **suspeição, incompetência do juízo, litispendência, ilegitimidade de parte** e **coisa julgada**.

Importante destacar, tendo em vista que o objeto do presente livro é a prova da OAB, qual é o **momento processual adequado** de alegar alguma exceção. Tal solução é encontrada no art. **396-A, CPP**, nesses termos:

> Art. 396-A. Na resposta, o acusado poderá arguir preliminares e alegar tudo o que interesse à sua defesa, oferecer documentos e justificações, especificar as provas pretendidas e arrolar testemunhas, qualificando-as e requerendo sua intimação, quando necessário.
> § 1º A exceção será processada em apartado, nos termos dos arts. 95 a 112 deste Código.

Pelo que se vê do artigo acima, as **exceções** do art. 95, CPP devem ser oferecidas **junto com a resposta à acusação,** mas em **autos apartados**.

A **exceção de suspeição** está embasada no art. 254, CPP, sendo uma questão de cunho pessoal que impossibilita ao Magistrado proferir uma sentença baseada no **princípio da imparcialidade**. Em virtude da necessidade de observância absoluta do princípio da imparcialidade, tal exceção deve ser analisada antes de qualquer outra, na forma do art. 96, CPP. Por fim, tal exceção não é possível em relação aos Delegados de Polícia, na forma do art. 107, CPP, dado que eles atuam com parcialidade natural do cargo para investigar provas contra determinada pessoa.

A **exceção de incompetência** pode ocorrer em virtude de ser **relativa ou absoluta**. Tal tema foi visto no tópico anterior, lembrando que a incompetência absoluta ocorre quando há a inobservância de algum preceito constitucional, enquanto a incompetência relativa se dará quando o descumprimento for de algum dispositivo da lei processual penal.

A **exceção de litispendência** ocorrerá quando a imputação penal acerca de um determinado fato tiver sido repetida em mais de um processo, ou seja, há **idêntico objeto** já proposto **em outra ação penal**, devendo um dos processos ser extinto.

A **exceção por ilegitimidade de parte** refere-se ao **autor da ação penal**, como é o caso de um Promotor de Justiça entrar com uma denúncia em crimes que são manejados por meio de queixa-crime.

A **exceção de coisa julgada**, na mesma linha da litispendência, ocorre quando já existir idêntica imputação penal ao acusado em outro processo, mas com **decisão já transitada em julgado** acerca da questão. Assim, deverá ser extinto o processo, uma vez que tal matéria já fora decidida anteriormente.

■ 8.3. Processos incidentes

Este tópico destina-se aos casos em que ocorrem alguns incidentes processuais durante o exercício da jurisdição, merecendo uma decisão judicial acerca deles para o correto pronunciamento final via sentença judicial.

■ 8.3.1. Restituição de coisas apreendidas

As coisas podem ser apreendidas por ocasião da prisão em flagrante de alguém, quando o agente estiver na posse de objetos criminosos, como drogas, armas etc. Também podem ser apreendidas em virtude do cumprimento de mandado de busca e apreensão, situação esta que depende de ordem judicial para sua validade.

A restituição a ser analisada ocorrerá, por motivos óbvios, apenas quando a coisa apreendida for lícita, não constituindo a sua posse algo criminoso. Todavia, somente poderá a **coisa lícita** ser devolvida se não mais interessar ao processo, conforme se vê da redação do art. 118, CPP.

> Em relação a **coisas ilícitas**, cumpre observar que elas poderão ser devolvidas tão somente se forem pertencentes a **terceiros de boa-fé**, nos casos do art. 91, II, Código Penal, que prevê o perdimento de instrumentos e produtos do crime. Nesse caso, como o terceiro de boa-fé comprovou que, por exemplo, o carro roubado pertence a ele, apesar de ser produto do crime, será devolvido a ele, não se aplicando a regra do art. 91, II, *a*, CP. Cuidado que no Código de Processo Penal, em seu art. 119, que trata da questão em tela, estão citados artigos já revogados (arts. 74 e 100), devendo-se levar em consideração o art. 91, II, *a*, CP.

Importante observar o **art. 120, CPP**, que foi **cobrado na prova da OAB** e merece por isso destaque, a seguir citado:

> **Art. 120.** A restituição, quando cabível, poderá ser ordenada pela autoridade policial ou juiz, mediante termo nos autos, desde que não exista dúvida quanto ao direito do reclamante.
> § 1º Se duvidoso esse direito, o pedido de restituição autuar-se-á em apartado, assinando-se ao requerente o prazo de 5 (cinco) dias para a prova. Em tal caso, só o juiz criminal poderá decidir o incidente.
> § 2º O incidente autuar-se-á também em apartado e só a autoridade judicial o resolverá, se as coisas forem apreendidas em poder de terceiro de boa-fé, que será intimado para alegar e provar o seu direito, em prazo igual e sucessivo ao do reclamante, tendo um e outro dois dias para arrazoar.
> § 3º Sobre o pedido de restituição será sempre ouvido o Ministério Público.
> § 4º Em caso de dúvida sobre quem seja o verdadeiro dono, o juiz remeterá as partes para o juízo cível, ordenando o depósito das coisas em mãos de depositário ou do próprio terceiro que as detinha, se for pessoa idônea.
> § 5º Tratando-se de coisas facilmente deterioráveis, serão avaliadas e levadas a leilão público, depositando-se o dinheiro apurado, ou entregues ao terceiro que as detinha, se este for pessoa idônea e assinar termo de responsabilidade.

Algumas considerações merecem relevância, como exemplo o fato de que tanto o **Delegado de Polícia quanto o Juiz de Direito** poderão **ordenar a restituição** de coisa apreendida, caso o direito do reclamante seja cristalino e sem qualquer aspecto duvidoso. Tal assertiva somente não ocorrerá quando houver **dúvida** quanto ao direito do reclamante. Nesse caso, **somente o Juiz criminal** poderá decidir sobre a questão, devendo abrir prazo de 5 (cinco) dias para o requerente provar o seu direito. Igual procedimento deverá ser observado se houver dúvida se a coisa apreendida pertence ao reclamante ou a terceiro de boa-fé, sendo que nesse caso o prazo será de 2 (dois) dias para ambos arrazoarem os pedidos. Ainda persistindo a dúvida, o Juiz criminal remeterá a questão ao Juiz cível para que este resolva a pendenga.

Em última análise, o membro do Ministério Público sempre deverá ser ouvido acerca do pedido de restituição.

Em importante alteração legal, o tópico da restituição de coisas apreendidas foi inovado pelo Pacote Anticrime, como se pode ver da redação do art. 122, abaixo transcrita:

> **Art. 122.** Sem prejuízo do disposto no art. 120, as coisas apreendidas serão alienadas nos termos do disposto no art. 133 deste Código.
> **Parágrafo único.** (Revogado).

Na sequência, o art. 133 mencionado acima relata a **venda em leilão público** dos bens cujo perdimento tenha sido decretado, devendo o valor apurado ser recolhido ao **Fundo Penitenciário Nacional**. Antes da alteração, o que se tinha era o perdimento em favor da União, sendo que o valor apurado era recolhido ao Tesouro Nacional. Trata-se de alteração muito importante e que muda totalmente a destinação do numerário arrecadado. Para fins de fixar a novidade legal, colaciona-se abaixo a alteração:

> **Art. 133.** Transitada em julgado a sentença condenatória, o juiz, de ofício ou a requerimento do interessado ou do Ministério Público, determinará a avaliação e a venda dos bens em leilão público cujo perdimento tenha sido decretado.
> § 1º Do dinheiro apurado, será recolhido aos cofres públicos o que não couber ao lesado ou a terceiro de boa-fé.
> § 2º O valor apurado deverá ser recolhido ao Fundo Penitenciário Nacional, exceto se houver previsão diversa em lei especial.

Assim, concluindo a novidade legal, os bens serão vendidos em leilão público, o dinheiro apurado recolhido aos cofres públicos, que no caso é representado pelo **Fundo Penitenciário Nacional**.

Em continuidade, o legislador também ressalvou a possibilidade de destinar-se a museus públicos obras de arte ou outros bens de relevante valor cultural ou artístico, que tenham sido decretados como perdidos, em razão do cometimento de infração penal, na forma do art. 124-A do CPP.

Por fim, tem-se a possibilidade legal de utilizar-se o bem sequestrado, apreendido ou sujeito a qualquer medida assecuratória pelos órgãos de segurança pública previstos no art. 144 da Constituição Federal, conforme consta da redação do art. 133-A, a seguir transcrito:

> **Art. 133-A.** O juiz poderá autorizar, constatado o interesse público, a utilização de bem sequestrado, apreendido ou sujeito a qualquer medida assecuratória pelos órgãos de segurança pública previstos no art. 144 da Constituição Federal, do sistema prisional, do sistema socioeducativo, da Força Nacional de Segurança Pública e do Instituto Geral de Perícia, para o desempenho de suas atividades.
> § 1º O órgão de segurança pública participante das ações de investigação ou repressão da infração penal que ensejou a constrição do bem terá prioridade na sua utilização.
> § 2º Fora das hipóteses anteriores, demonstrado o interesse público, o juiz poderá autorizar o uso do bem pelos demais órgãos públicos.
> § 3º Se o bem a que se refere o *caput* deste artigo for veículo, embarcação ou aeronave, o juiz ordenará à autoridade de trânsito ou ao órgão de registro e controle a expedição de certificado provisório de registro e licenciamento em favor do órgão público beneficiário, o qual estará isento do pagamento de multas, encargos e tributos anteriores à disponibilização do bem para a sua utilização, que deverão ser cobrados de seu responsável.
> § 4º Transitada em julgado a sentença penal condenatória com a decretação de perdimento dos bens, ressalvado o direito do lesado ou terceiro de boa-fé, o juiz poderá determinar a transferência definitiva da propriedade ao órgão público beneficiário ao qual foi custodiado o bem.

Pela redação acima, fica claro o intuito do legislador de permitir a utilização de bens apreendidos por integrantes da segurança pública, em situações atuais de escassez de estrutura para servir, por exemplo, a sucateada Polícia Civil, que não possui veículos automotores próprios para fazer frente ao maquinário moderno utilizado pelos traficantes para empreender fugas, sendo uma ótima inovação para realizar-se o combate ao crime.

8.3.2. Medidas assecuratórias

Tais medidas serão feitas pelo Juiz criminal para assegurar o direito de eventual vítima da infração, de modo a buscar-se a recomposição patrimonial do dano causado pelo crime, bem como dar efetividade ao processo penal, impedindo que o agente continue usufruindo do bem obtido ilicitamente.

A medida assecuratória mais comum de cobrança em **provas da OAB** é o **sequestro de bem imóvel**. Tal medida se faz quando o bem imóvel foi adquirido com proventos da infração penal, cumprindo ressaltar que ela pode ser oposta ainda que o bem tenha sido transferido a terceiros. Isso porque o que se persegue é o bem adquirido ilicitamente, não importando com quem quer que ele esteja. Persegue-se a coisa, e não a pessoa. Essa é a exata redação do art. 125, CPP.

O **sequestro** poderá ser decretado pelo Juiz desde que existam indícios veementes da **proveniência ilícita** do delito. Importante ressaltar que não são meros indícios que autorizam tal medida assecuratória, sendo indispensável que os indícios sejam fortes de que a coisa foi obtida de forma criminosa.

> Quanto à decisão que julga o incidente do sequestro, pondo fim a ele, caberá a apelação, uma vez que se trata de questão não prevista no rol taxativo do recurso em sentido estrito (art. 581, CPP), aplicando-se a regra do art. 593, II, CPP. Não confundir a decisão que coloca fim no incidente, passível de **apelação**, com aquela outra que decreta o sequestro, sendo que esta última poderá ser questionada por meio dos **embargos de terceiro**, na forma do art. 129, CPP.

Conforme se disse acima, o **sequestro é medida assecuratória** que deve ser **determinada por Juiz**. O requerimento pode ser feito pelo Ministério Público, pelo ofendido ou pela autoridade policial, sendo que até mesmo o Juiz pode decretar a medida de ofício, cabendo a sua incidência em **qualquer fase do processo ou até mesmo antes de oferecida a denúncia ou queixa**. Tudo isso na forma do art. 127, CPP.

O procedimento do sequestro deverá ser feito em autos apartados, de forma a não tumultuar o processo principal, podendo ser questionado, caso tenha sido deferido, por meio dos embargos de terceiro. A forma de assegurar a efetividade do sequestro é fazendo a sua inscrição no Registro de Imóveis, uma vez que se trata de bem imóvel.

Por fim, o sequestro de bem imóvel será levantado nas situações do art. 131, CPP, que, por sua clareza, merece transcrição:

> **Art. 131.** O sequestro será levantado:
> I – se a ação penal não for intentada no prazo de sessenta dias, contado da data em que ficar concluída a diligência;
> II – se o terceiro, a quem tiverem sido transferidos os bens, prestar caução que assegure a aplicação do disposto no art. 74, II, *b*, segunda parte, do Código Penal;
> III – se for julgada extinta a punibilidade ou absolvido o réu, por sentença transitada em julgado.

Para fechar a questão do sequestro, importante anotação deve ser feita em relação à **possibilidade** de ser também **sequestrado bem móvel**, desde que este tenha sido obtido por meio ilícito, na forma do art. 132, CPP. Todavia, por se tratar de bem móvel, após a sentença condenatória transitada em julgado, o Juiz determinará a sua venda por meio de leilão público.

> Questão bastante confundida pelos candidatos da prova da OAB é aquela em que se diferencia o **sequestro** e o **arresto**. O sequestro é feito em relação a bens imóveis ou móveis obtidos com os proventos da infração penal. Já o arresto é uma medida que incide sobre bens imóveis ou móveis para poder assegurar ao ofendido/vítima a reparação dos danos causados pela infração penal.

8.3.3. Incidente de insanidade mental do acusado

Tal incidente ocorre quando existe questionamento acerca da **sanidade mental** do acusado. Como se sabe, o acusado somente pode responder por crime e, por consequência, ser submetido a pena, quando tiver os três requisitos: fato típico, antijurídico e **culpável**. A culpabilidade é elemento que permite a aplicação de pena, sendo que sua ausência permitirá a aplicação de **medida de segurança**.

O importante nesse ponto é analisar se existe a culpabilidade por meio da imputabilidade. Caso o agente seja **inimputável**, ocorrerá a aplicação da medida de segurança, servindo o incidente de insanidade para analisar sua integridade mental.

O pedido de tal incidente pode ser feito pelo Ministério Público, defensor, curador, ascendente, descendente, irmão ou cônjuge do acusado. Ademais, o próprio Juiz poderá determinar de ofício o incidente. Não se deve esquecer, por fim, que a Autoridade Policial poderá requerer o incidente ao Juiz se o feito estiver ainda na fase de inquérito policial.

> Algumas questões processuais merecem destaque, uma vez que foram **objeto de cobrança em exame da OAB**, em relação ao tempo em que o acusado tornou-se inimputável. Caso já fosse **inimputável ao tempo do crime**, na forma do art. 26, *caput*, Código Penal, o processo criminal prosseguirá, com a presença do curador, aplicando-se, ao final, a **medida de segurança**. Todavia, se a **doença mental sobreveio à infração**, o processo deverá ser **suspenso** até que o acusado se restabeleça. Isso tudo tem uma razão simples de ser, pois, se ao tempo do crime ele era inimputável, não se pode, em hipótese alguma, aplicar pena, devendo ser submetido à medida de segurança. Agora, se ele ficou inimputável depois do crime, ele era responsável quando da prática criminosa, podendo ser perfeitamente responsabilizado e aplicada pena para ele, mas isso apenas quando houver o seu pronto restabelecimento. Essa é conclusão que se chega ao analisar os **arts. 151 e 152, CPP, que foram recentemente cobrados na OAB**.

Por fim, o incidente de insanidade mental deverá ser processado em **autos apartados**, na forma do art. 153, CPP.

9. TEORIA DA PROVA

Tendo em vista que o acusado está respondendo por uma infração penal, podendo ao final ser restringida a sua liberdade, necessário que existam **provas suficientes** para que ocorra a sua condenação, não servindo meras ilações de ter sido ele o autor dos fatos. Caso exista pouca prova sobre o fato, bem como dúvida acerca da participação do acusado, a regra é a absolvição. O que se busca, portanto, com a produção da prova, é o convencimento do Juiz acerca da existência ou não de um fato criminoso.

Como ponto inicial de análise, importante a disposição que inaugura o título "Da Prova", qual seja, aquela presente no art. 155, CPP, nesses termos:

> **Art. 155.** O juiz formará sua convicção pela livre apreciação da prova produzida em contraditório judicial, não podendo fundamentar sua decisão exclusivamente nos elementos informativos colhidos na investigação, ressalvadas as provas cautelares, não repetíveis e antecipadas.

Pelo artigo, o Juiz poderá apenas condenar o réu se as provas forem produzidas em **contraditório**, ou seja, com a necessária refutação delas por parte da defesa. Caso o Juiz fundamente a condenação **apenas** com base naquilo que foi produzido em **inquérito policial**, ocorrerá a **absolvição** do acusado em grau de recurso (Tribunal de Justiça), visto que ausente o contraditório na fase administrativa (inquérito policial). A única possibilidade de inexistir o contraditório em cima das provas ocorre quando for feita alguma **medida cautelar** em sede de inquérito policial que **não puder ser repetida**, como é o caso de alguma interceptação telefônica feita pelos policiais na fase administrativa ou até mesmo a oitiva de alguma testemunha que esteja em estado terminal. Ora, nesses casos, impossível repetir a aludida prova, uma vez que o acusado já vai saber que está sendo investigado e a medida não teria eficácia nenhuma ou, na hipótese da testemunha terminal falecer, impossível colher o seu tardio depoimento.

Por esse artigo tem-se o famoso **sistema do livre convencimento motivado** no processo penal, também chamado de **persuasão racional**, em que o Magistrado somente poderá formar o seu convencimento **apontando de forma fundamentada** os **elementos probatórios** de convicção. Não pode o Juiz prolatar uma sentença apenas com base na sua íntima convicção, sem qualquer fundamentação nas provas produzidas no processo. Tal prática violaria de morte o princípio de que todas as decisões judiciais devem ser motivadas, na forma do **art. 93, IX, CF**.

9.1. Inadmissibilidade das provas obtidas por meios ilícitos

De suma importância o efeito de inadmissibilidade das provas tidas como ilícitas, inclusive existe mandamento constitucional nesse sentido, na forma do art. 5º, LVI, CF. Por provas ilícitas entendem-se aquelas que violaram a Constituição Federal ou alguma Lei, consoante dispõe o art. 157, *caput*, CPP.

Toda prova obtida dessa forma deve ser excluída (desentranhada) do processo, aplicando-se o chamado **princípio da exclusão**, proveniente do Direito Norte-Americano, como bem ensina Denilson Feitoza na sua obra (2010, p. 723), em que provas ilícitas não podem ser valoradas para a condenação do acusado, ainda que se obtenha algum tipo de elemento probatório para tanto.

Assim, se um policial adentrar no domicílio alheio sem o correspondente mandado de busca e apreensão ou sem que esteja ali acontecendo um crime, mas ali dentro descobrir algum tipo de prova que incrimine o acusado, tal prova não poderá ser utilizada, pois feita com clara violação à Constituição Federal. Trata-se de prova ilícita.

Ainda dentro do tema da produção de provas, cumpre ressaltar algumas questões corriqueiras no dia a dia e que podem ser desafiadas em provas da OAB.

A primeira delas envolve a **gravação telefônica ou ambiental** feita por **um dos interlocutores da conversa**, sem que o outro tome conhecimento de tal fato. Trata-se de **prova lícita**, uma vez que a necessidade de **autorização judicial** somente é necessária em casos de **interceptação telefônica**, consubstanciada no fato de que neste último caso **ambos os interlocutores não sabem** que estão sendo interceptados. A Constituição Federal claramente distinguiu a gravação da interceptação, exigindo apenas neste último a citada autorização judicial (art. 5º, XII, CF).

A segunda envolve a possibilidade de **filmagens feitas em locais públicos** que flagram alguma infração penal. Ora, em se tratando de local público ou acessível ao público, não havendo direito à intimidade a ser resguardado, a **prova** obtida dessa forma é tida como **lícita**. Como exemplo, tem-se a situação de uma câmera de segurança da Polícia Militar que capta algum crime de homicídio praticado no meio da rua. Nesse caso, não haveria possibilidade de o acusado alegar o seu direito à intimidade, uma vez que ele está em local público.

No tema em análise é importante estudar a chamada **teoria dos frutos da árvore envenenada, consubstanciada no art. 157, § 1º, CPP**, nesses termos:

> § 1º São também inadmissíveis as provas derivadas das ilícitas, salvo quando não evidenciado o nexo de causalidade entre umas e outras, ou quando as derivadas puderem ser obtidas por uma fonte independente das primeiras.

Tal teoria também imputa como **ilícita** a prova obtida por **derivação de outra ilícita**, ou seja, se uma interceptação telefônica foi feita de forma ilícita, todas as provas obtidas por meio dela serão tidas também como ilícitas. Da mesma forma, se uma busca domiciliar foi obtida de forma ilegal, todas as provas legalmente encontradas dentro desse domicílio serão tidas como ilícitas, uma vez que foram **contaminadas** em virtude da busca domiciliar inicial ser ilícita.

Como limitação dessa teoria dos frutos da árvore envenenada, tem-se a disposição final do art. 157, § 1º, CPP, em que se afirma a licitude das provas derivadas quando forem obtidas por uma fonte independente. Em outras palavras, aqui se está aplicando a teoria também norte-americana da chamada **fonte independente**. Por fonte independente deve-se entender aquilo que consta do art. 157, § 2º, CPP, a seguir transcrito, tendo em vista a sua clareza conceitual:

> Considera-se fonte independente aquela que, **por si só**, seguindo os trâmites típicos e de praxe, próprios da investigação ou instrução criminal, seria capaz de conduzir ao fato objeto da prova.

Assim, ainda que exista alguma prova inicial ilícita, a prova posteriormente obtida **sem** que haja qualquer **relação de causalidade** com a primeira será tida como lícita. Seria o caso em que o acusado confessa, mediante tortura, onde escondeu o corpo da vítima, sendo o local de fácil acesso, como uma movimentada rodoviária no centro de uma cidade, dentro de uma lixeira. Como é cediço, mais cedo ou mais tarde alguma pessoa encontraria o aludido corpo, o que retira a ilicitude da prova obtida por derivação da confissão sob tortura. Essa é a aplicação do § 2º acima transcrito. A fonte independente foi conceituada no Direito brasileiro como se fosse a chamada descoberta inevitável do Direito norte-americano, mas isso não oferece maiores problemas, pois ela é aceita em ambos os ordenamentos jurídicos.

Outro aspecto prático relevante é a destinação da prova tida como ilícita, em que será feito o seu **desentranhamento e a sua destruição**, tudo isso por meio de ordem judicial, na forma do art. 157, § 3º, do CPP.

Por fim, na linha das alterações perpetradas pelo **Pacote Anticrime**, forte no conceito já estudado de **Garantismo Penal**, ressalta-se a inserção do § 5º, a seguir transcrito:

> § 5º O juiz que conhecer do conteúdo da prova declarada inadmissível não poderá proferir a sentença ou acórdão.

Ora, de forma a não contaminar o Juiz que conheceu da prova ilícita para fazer o julgamento da infração penal, o legislador impede que ele realize tal análise, numa ideia perfeita de que o Processo Penal tem de ser o mais imparcial possível e despido de qualquer conceito já preconcebido. É natural que o Juiz responsável pela declaração de inadmissibilidade faça um **prejulgamento mental** acerca dos fatos, ainda que a prova produzida seja imprestável para tanto. Todavia, por ocasião da instrução e julgamento, ele irá recordar-se do conteúdo da prova tida como inadmissível, ainda que não se reporte formalmente a ele, o que por si só já macula toda a ideia de um Processo Penal guiado pelo **sistema acusatório, paridade de armas e imparcialidade**, conforme exige a Constituição Federal ao prever os princípios constitucionais no art. 5º. Nada mais é do que a faceta clara do Garantismo Penal, em que se destacam todos os direitos e garantias fundamentais para a persecução penal do acusado.

Assim, em boa hora veio a inserção legal acima sobre a produção probatória e os limites a que estão submetidos os julgadores no complexo universo da seara penal.

9.2. Provas em espécie no processo penal

9.2.1. Exame de corpo de delito, da cadeia de custódia e das perícias em geral

A primeira espécie de prova que o Código de Processo Penal trabalha é a pericial, mais conhecida como exame de corpo de delito. Não é porque a perícia inaugura o capítulo das provas que ela pode ser considerada como a mais importante delas. **Inexiste** a chamada **hierarquia das provas ou prova tarifada**. Todas devem ser analisadas de acordo com o já citado livre convencimento motivado do Juiz. Sob esse aspecto que serão estudas as provas existentes no Código de Processo Penal.

O **exame de corpo de delito será indispensável** nos crimes que deixam **vestígios** (art. 158, CPP), podendo tal exame ser feito de forma direta ou indireta. Para esclarecer, os crimes que deixam vestígios, como o homicídio, devem ser submetidos ao exame pericial para constatar, por exemplo, a causa da morte. Os peritos devem examinar o corpo de delito (cadáver) para saber se a causa da morte foi envenenamento, por exemplo. Aferindo-se o corpo de delito, encontra-se a materialidade do crime. Caso não seja feito o exame de corpo de delito, apesar de possível, tem-se espécie de nulidade prevista no art. 564, III, *b*, CPP, o que torna tal exame imprescindível. Essa **análise direta** feita pelos peritos é o que se chama de **exame de corpo de delito direto**.

Noutro giro, o **exame de corpo de delito indireto** ocorre quando o perito examina **elementos paralelos** do crime para aferir qual foi a causa da morte. Por exemplo, no homicídio, seria a situação em que o perito analisa fichas de internação hospitalar, medicação prescrita e demais dados médicos para saber qual foi a causa da morte.

Assim, nos crimes chamados de **não transeuntes** (que deixam vestígios) é imprescindível um dos dois **exames de corpo de delito** (direto ou indireto), sob pena da já constatada nulidade.

Não confundir o exame de corpo de delito indireto acima explicado com a disposição do art. 167, CPP, que tem a seguinte redação:

> Não sendo possível o exame de corpo de delito, por haverem desaparecido os vestígios, a prova testemunhal poderá suprir-lhe a falta.

Esse artigo trata de **espécie de prova testemunhal** que irá suprir a falta do exame de corpo de delito, em virtude de os vestígios terem desaparecido. O assassinato de Eliza Samudio, ex-namorada do jogador de futebol Bruno, seria um exemplo clássico ocorrido no Brasil.

Nesse caso, houve a sua condenação, em que pese não tenha sido descoberto o corpo de delito (cadáver), mas existiu prova testemunhal que asseverou que presenciou pedaços do corpo serem dados para alimentar alguns cachorros. Sem querer entrar no mérito da questão, tal prova utilizada foi a testemunhal prevista no art. 167, CPP, embasando a condenação dos jurados.

> Para que não reste qualquer dúvida, não confundir o **exame de corpo de delito indireto**, em que os peritos analisam a causa da morte com base em elementos periféricos do crime (fichas hospitalares e etc.), **com o art. 167, CPP**, em que a prova do corpo de delito é feita com base em **depoimentos testemunhais, mas sem a participação de peritos**.

Importante analisar que, seja na forma do art. 167, CPP, seja na redação do art. 158, CPP, a **confissão** em **nenhuma** situação poderá ser utilizada de **forma isolada** para a **condenação**. Além disso, a utilização do art. 167, CPP é excepcionalíssima, pois, se o exame de corpo de delito (direto ou indireto) puder ser feito, tal prova testemunhal não poderá suprir-lhe a falta. Seria o exemplo de um cadáver que existe, mas que fora já enterrado sem fazer o exame de corpo de delito direto. Nesse caso, deve ser feita a sua exumação e consequente perícia, ainda que isso cause bastante transtorno para os familiares da vítima, pois a regra do art. 158, CPP é clara no sentido de que crimes não transeuntes são comprovados por meio de perícia. A exumação citada está prevista no art. 163, CPP.

Acerca da legitimidade para fazer a perícia, tem-se o art. 159, CPP, que se satisfaz com a realização do **laudo pericial** por apenas um **perito**, desde que **oficial**. Caso não exista perito oficial, o laudo pode ser feito por **dois peritos** que possuam diploma de curso superior. Ademais, não existe horário para ser feita a perícia, podendo ela ser realizada a qualquer hora do dia e da noite (art. 161, CPP), sendo razoável tal disposição, pois, em caso de homicídio, os vestígios do crime podem desaparecer com o passar das horas, devendo o exame cadavérico ser feito o quanto antes, ainda que seja de madrugada.

Uma importante novidade a ser destacada nesse tópico é a alteração feita no art. 158, parágrafo único, I e II, do CPP, em que o legislador (Lei n. 13.721/2018) acrescentou a prioridade na realização do exame pericial quando a vítima for uma das pessoas ali elencadas, sendo que, para facilitar a compreensão, transcreve-se aqui o dispositivo:

> **Art. 158.**
> [...]
> **Parágrafo único.** Dar-se-á prioridade à realização do exame de corpo de delito quando se tratar de crime que envolva:
> I – violência doméstica e familiar contra mulher;
> II – violência contra criança, adolescente, idoso ou pessoa com deficiência.

Pelo que se percebe do rol de pessoas descritas, trata-se de uma proteção cada vez maior quando envolve situações de hipossuficiência, sendo imprescindível que a perícia seja feita em tempo hábil e rapidamente, de forma a impedir que os vestígios de uma violência desapareçam com o tempo. Além disso, é extremamente temerário que uma criança, adolescente, idoso, pessoa com deficiência e mulher em situação de violência doméstica e familiar fiquem esperando para a realização de uma perícia. O atendimento tem que ser prioritário para cessar logo todo o ambiente de constrangimento e dor causado pelo crime.

Esse ambiente hostil e constrangedor deve ser evitado ao máximo, pois o sofrimento causado pelo crime já é por demais devastador na vida dessas pessoas. Estar numa Delegacia de Polícia ou no Instituto de Perícias para fazer o exame de corpo de delito faz com que a vítima relembre todo o momento delitivo, sendo por isso que várias disposições legais estão vindo com esse viés protetivo para ela, naquilo que se chama de vedar a sobrevitimização, revitimização ou vitimização secundária, em que o próprio sistema penal, com seu espaço nada receptivo, faz com que a vítima sofra novamente os efeitos deletérios daquela conduta criminosa.

Esse tema da **vitimização secundária**, após inúmeras alterações legais nesse sentido, sendo a citada acima apenas mais um exemplo, vai passar a ser constante no ordenamento jurídico que busca sempre pela proteção do tradicionalmente hipossuficiente, conforme é citado no nosso *Manual de Criminologia* (**Editora Saraiva Educação, citado ao final nas referências bibliográficas**), em que se permitem várias análises de defesa contra um sistema penal totalmente pernicioso.

De forma a regulamentar os mecanismos de proteção à colheita de provas, o legislador do Pacote Anticrime criou a figura da **Cadeia de Custódia** para impedir que os vestígios obtidos no início da investigação fossem perdidos ao longo da persecução penal, pois não existia um sistema eficaz de preservação do material probatório.

Importante ressaltar que a Cadeia de Custódia **compreende** desde o momento do **reconhecimento do vestígio** na cena do crime até o seu **descarte**, quando não for mais importante para o processo. A inovação legal é bem clara e merece ser citada para o seu entendimento com a leitura dos novos artigos de lei, havendo a descrição cronológica do momento da colheita do vestígio até o seu descarte, sendo tudo regulamentado pela nova Lei Processual Penal, a seguir mencionada:

> **Art. 158-A.** Considera-se cadeia de custódia o conjunto de todos os procedimentos utilizados para manter e documentar a história cronológica do vestígio coletado em locais ou em vítimas de crimes, para rastrear sua posse e manuseio a partir de seu reconhecimento até o descarte.
> § 1º O início da cadeia de custódia dá-se com a preservação do local de crime ou com procedimentos policiais ou periciais nos quais seja detectada a existência de vestígio.
> § 2º O agente público que reconhecer um elemento como de potencial interesse para a produção da prova pericial fica responsável por sua preservação.
> § 3º Vestígio é todo objeto ou material bruto, visível ou latente, constatado ou recolhido, que se relaciona à infração penal.

> **Art. 158-B.** A cadeia de custódia compreende o rastreamento do vestígio nas seguintes etapas:
> I – reconhecimento: ato de distinguir um elemento como de potencial interesse para a produção da prova pericial;
> II – isolamento: ato de evitar que se altere o estado das coisas, devendo isolar e preservar o ambiente imediato, mediato e relacionado aos vestígios e local de crime;
> III – fixação: descrição detalhada do vestígio conforme se encontra no local de crime ou no corpo de delito, e a sua posição na área de exames, podendo ser ilustrada por fotografias, filmagens ou croqui, sendo indispensável a sua descrição no laudo pericial produzido pelo perito responsável pelo atendimento;

IV – coleta: ato de recolher o vestígio que será submetido à análise pericial, respeitando suas características e natureza;
V – acondicionamento: procedimento por meio do qual cada vestígio coletado é embalado de forma individualizada, de acordo com suas características físicas, químicas e biológicas, para posterior análise, com anotação da data, hora e nome de quem realizou a coleta e o acondicionamento;
VI – transporte: ato de transferir o vestígio de um local para o outro, utilizando as condições adequadas (embalagens, veículos, temperatura, entre outras), de modo a garantir a manutenção de suas características originais, bem como o controle de sua posse;
VII – recebimento: ato formal de transferência da posse do vestígio, que deve ser documentado com, no mínimo, informações referentes ao número de procedimento e unidade de polícia judiciária relacionada, local de origem, nome de quem transportou o vestígio, código de rastreamento, natureza do exame, tipo do vestígio, protocolo, assinatura e identificação de quem o recebeu;
VIII – processamento: exame pericial em si, manipulação do vestígio de acordo com a metodologia adequada às suas características biológicas, físicas e químicas, a fim de se obter o resultado desejado, que deverá ser formalizado em laudo produzido por perito;
IX – armazenamento: procedimento referente à guarda, em condições adequadas, do material a ser processado, guardado para realização de contraperícia, descartado ou transportado, com vinculação ao número do laudo correspondente;
X – descarte: procedimento referente à liberação do vestígio, respeitando a legislação vigente e, quando pertinente, mediante autorização judicial.

Art. 158-C. A coleta dos vestígios deverá ser realizada preferencialmente por perito oficial, que dará o encaminhamento necessário para a central de custódia, mesmo quando for necessária a realização de exames complementares.
§ 1º Todos vestígios coletados no decurso do inquérito ou processo devem ser tratados como descrito nesta Lei, ficando órgão central de perícia oficial de natureza criminal responsável por detalhar a forma do seu cumprimento.
§ 2º É proibida a entrada em locais isolados bem como a remoção de quaisquer vestígios de locais de crime antes da liberação por parte do perito responsável, sendo tipificada como fraude processual a sua realização.

Art. 158-D. O recipiente para acondicionamento do vestígio será determinado pela natureza do material.
§ 1º Todos os recipientes deverão ser selados com lacres, com numeração individualizada, de forma a garantir a inviolabilidade e a idoneidade do vestígio durante o transporte.

§ 2º O recipiente deverá individualizar o vestígio, preservar suas características, impedir contaminação e vazamento, ter grau de resistência adequado e espaço para registro de informações sobre seu conteúdo.
§ 3º O recipiente só poderá ser aberto pelo perito que vai proceder à análise e, motivadamente, por pessoa autorizada.
§ 4º Após cada rompimento de lacre, deve se fazer constar na ficha de acompanhamento de vestígio o nome e a matrícula do responsável, a data, o local, a finalidade, bem como as informações referentes ao novo lacre utilizado.
§ 5º O lacre rompido deverá ser acondicionado no interior do novo recipiente.

Art. 158-E. Todos os Institutos de Criminalística deverão ter uma central de custódia destinada à guarda e controle dos vestígios, e sua gestão deve ser vinculada diretamente ao órgão central de perícia oficial de natureza criminal.
§ 1º Toda central de custódia deve possuir os serviços de protocolo, com local para conferência, recepção, devolução de materiais e documentos, possibilitando a seleção, a classificação e a distribuição de materiais, devendo ser um espaço seguro e apresentar condições ambientais que não interfiram nas características do vestígio.
§ 2º Na central de custódia, a entrada e a saída de vestígio deverão ser protocoladas, consignando-se informações sobre a ocorrência no inquérito que a eles se relacionam.
§ 3º Todas as pessoas que tiverem acesso ao vestígio armazenado deverão ser identificadas e deverão ser registradas a data e a hora do acesso.
§ 4º Por ocasião da tramitação do vestígio armazenado, todas as ações deverão ser registradas, consignando-se a identificação do responsável pela tramitação, a destinação, a data e horário da ação.

Art. 158-F. Após a realização da perícia, o material deverá ser devolvido à central de custódia, devendo nela permanecer.
Parágrafo único. Caso a central de custódia não possua espaço ou condições de armazenar determinado material, deverá a autoridade policial ou judiciária determinar as condições de depósito do referido material em local diverso, mediante requerimento do diretor do órgão central de perícia oficial de natureza criminal.

Um destaque importante e que pode ser objeto de cobrança em provas é o que consta do art. 158-B, X, ao exigir **autorização judicial** nos casos em que o descarte deverá ser feito, sendo que nas demais etapas anteriores não se exige a participação do Poder Judiciário para decidir sobre reconhecimento, coleta, transporte etc. Além disso, deve ser lembrado que passa a ser tipificado como crime de fraude processual[3], previsto no art. 347 do CP, a figura daquele que ingressar em local isolado, bem como remover quaisquer vestígios de locais de crime, antes da sua liberação pelo perito responsável, tamanha a importância de preservar-se a cena do crime, o que agora torna possível por haver regulamentação legal. Anteriormente, os peritos, investigadores e demais autoridades policiais faziam a preservação dos vestígios com base na praxe, não existindo uma padronização na forma de coletar, armazenar e descartar o vestígio obtido, o que foi possível graças ao Pacote Anticrime e deverá ser seguido por todos aqueles que militam nessa fase inicial da investigação criminal.

Por fim, criou-se a figura da **Central de Custódia** (art.158-E, do CPP), que será destinada à **guarda** e **controle dos vestígios**, e sua gestão deve ser vinculada diretamente ao órgão central de perícia oficial de natureza criminal. Também se trata de um mecanismo criado pelo legislador para evitar-se a praxe procedimental sem qualquer padronização, em que cada Estado ou Departamento da Polícia Federal (União) tinha a sua própria forma de armazenar os vestígios. Agora, seja na área estadual ou federal, deverá existir a aludida Central de Custódia, devendo os Institutos de Criminalística movimentarem-se para a sua efetiva criação.

Apenas para que o leitor não se confunda, uma última observação final é a diferença entre **Cadeia de Custódia** e **Central de Custódia**. A primeira compreende os diversos momentos entre o **reconhecimento do vestígio na cena ou na vítima do crime até o seu descarte**, ou seja, é de fato uma cadeia de acontecimentos. Já a **Central de Custódia** é o **local destinado para armazenamento e controle dos vestígios coletados** na Cadeia de Custódia.

9.2.2. Interrogatório do acusado

Trata-se de **meio de prova**, em virtude de estar dentro do Título "Das Provas", não havendo mais discussão se ele pode ou não ser utilizado para o livre convencimento motivado do Juiz. Todavia, trata-se, também, de **meio de defesa**, uma vez que o acusado irá apresentar a sua versão dos fatos ou até mesmo que não estava presente no dia do crime no local assinalado, bem como podendo ficar em silêncio, sem que isso seja interpretado desfavoravelmente a ele. Para ficar claro que tal ato é meio de defesa, o art. 187, § 2º, VIII, contém a expressão "se tem algo mais a alegar em sua defesa", o que torna vazio de dúvidas a natureza defensiva do interrogatório.

Como **regra**, o interrogatório deve ser feito na **presença do Juiz**, na forma do art. 185, *caput*, CPP. Todavia, **excepcionalmente**, pode ser feito sem que o Juiz esteja presente, conforme questão da **prova da OAB**, em que se questionou o interrogatório feito por meio de **videoconferência**. Para a realização excepcional do interrogatório por esse meio tecnológico, há necessidade de **decisão fundamentada do Juiz** para tanto, sendo que a fundamentação deve ser feita em uma das hipóteses abaixo transcritas:

> I – prevenir risco à segurança pública, quando exista fundada suspeita de que o preso integre organização criminosa ou de que, por outra razão, possa fugir durante o deslocamento;
> II – viabilizar a participação do réu no referido ato processual, quando haja relevante dificuldade para seu comparecimento em juízo, por enfermidade ou outra circunstância pessoal;
> III – impedir a influência do réu no ânimo de testemunha ou da vítima, desde que não seja possível colher o depoimento destas por videoconferência, nos termos do art. 217 deste Código;
> IV – responder à gravíssima questão de ordem pública.

Lembrar que as hipóteses acima transcritas **não são cumulativas**, ou seja, dispensa a concorrência de todas elas para a realização do ato por videoconferência. Caso um inciso esteja presente, justifica-se a realização excepcional. Ademais, ainda que feito por esse sistema eletrônico, o acusado deve ter todos os direitos imanentes ao seu interrogatório, por exemplo a **entrevista prévia com seu advogado**, que será garantida por meio telefônico reservado para combinação entre os dois da melhor forma de responder ou não às perguntas a serem feitas pelo Juiz e pelas partes, bem como da comunicação de eventual advogado que também esteja com ele no presídio e aquele que está na sala de audiência. Além disso, o acusado terá o direito de presenciar, apesar de **virtualmente**, todos os atos realizados na audiência de instrução e julgamento, como oitivas de testemunhas e depoimento da vítima.

Não sendo o caso de realização do ato por **videoconferência**, a **presença** do **acusado preso** perante a **Autoridade Judicial é imprescindível**, devendo ele ser requisitado e devidamente escoltado para tanto, sob pena de nulidade do ato por violação aos princípios do contraditório e ampla defesa. Tal exigência de requisição da presença do acusado está no art. 185, § 7º, CPP. Cumpre ressaltar que, se o acusado e o seu defensor dispensaram a presença daquele em audiência de instrução

---

[3] Art. 158-C. A coleta dos vestígios deverá ser realizada preferencialmente por perito oficial, que dará o encaminhamento necessário para a central de custódia, mesmo quando for necessária a realização de exames complementares.
§ 1º (*omissis*).
§ 2º É proibida a entrada em locais isolados bem como a remoção de quaisquer vestígios de locais de crime antes da liberação por parte do perito responsável, sendo tipificada como **fraude processual** a sua realização (grifos nossos).

e julgamento, bem como da realização de seu interrogatório, não ocorrerá qualquer nulidade, pois, como se trata de meio de defesa e há o correlato direito ao silêncio, o seu não comparecimento não poderá ser interpretado em seu prejuízo. Em outras palavras, se ele pode até mesmo comparecer ao ato e ficar em silêncio e isso não lhe será prejudicial, inexiste razão para obrigar o acusado a comparecer ao devido ato processual.

Por fim, caso seja possível e inexistindo ameaça à segurança do Juiz, membro do Ministério Público e auxiliares da justiça, estando presente o defensor do acusado, o interrogatório poderá ser realizado no presídio onde o acusado esteja recolhido, na forma do art. 185, § 1º, CPP. Trata-se de norma pouco utilizada na prática, dada a pouca estrutura existente no sistema penal para o transporte e a garantia da segurança dos Magistrados e membros do Ministério Público. **Lembrar que se tal ato for feito em presídio, a presença do advogado é indispensável.**

Ao iniciar o interrogatório, o Juiz deverá garantir ao acusado o constitucional **direito ao silêncio**, sem que essa opção possa gerar-lhe qualquer prejuízo. Essa é a máxima prevista no art. 186, CPP. O direito ao silêncio é uma das manifestações do conhecido brocardo latino *nemo tenetur se detegere*, mais conhecido como **ninguém é obrigado a se descobrir**, ou seja, não é dado a ninguém produzir provas contra si mesmo.

Assim, caso o acusado compareça perante a Autoridade Judicial e fique em silêncio acerca dos fatos, isso não poderá, em hipótese alguma, ser valorado de forma negativamente, usando-se aquele velho ditado superado de que "quem cala consente". Como exemplo da aplicação do brocardo *nemo tenetur se detegere,* citam-se os casos de embriaguez ao volante (art. 306, Lei n. 9.503/97) em que não foi feita a prova pericial pelo bafômetro ou exame de sangue por recusa do acusado. Tal recusa, que impossibilitou o exame pericial, não pode ser interpretada desfavoravelmente ao acusado.

O ato do interrogatório em si está regulamentado no art. 187, CPP e pode ser dividido em duas fases: acerca da sua pessoa e sobre os fatos. Importante anotar que na **primeira fase** o acusado **não poderá mentir** sobre a sua **qualificação pessoal**, por exemplo, dando nome de outra pessoa para si, com o fim de evitar a acusação criminal ou até mesmo de ser preso em situações em que existe mandado de prisão em aberto contra ele. Essa é a orientação jurisprudencial pátria, como se vê da **Súmula 522, Superior Tribunal de Justiça:**

> A conduta de atribuir-se falsa identidade perante autoridade policial é típica, ainda que em situação de alegada autodefesa.

Tendo em vista o pensamento pretoriano acima, caso o acusado atribua a si falsa identidade ele será responsabilizado pelo **art. 307, Código Penal.**

Já na **segunda fase** de seu interrogatório, **quanto aos fatos**, ele **não será obrigado a produzir provas contra si mesmo**, tendo que dizer, por exemplo, onde estava no dia dos fatos ou se é verdadeira a imputação que lhe é feita. Aqui se insere o famoso "direito a mentir" que vasta parcela da doutrina entende possível. Todavia, tal "direito" deve ser visto com ressalvas, pois ele poderá mentir sobre se estava ou não presente no dia dos fatos; se é verdadeira ou não a imputação que lhe é feita, mas **não poderá imputar** o crime a **terceiros** como forma de defender-se, visto que isso constitui o **crime de denunciação caluniosa** previsto no Código Penal, em seu art. 339.

Num último ponto, deve ser destacado que o interrogatório é **ato processual imprescindível**, somente sendo dispensado se o acusado foi citado para tal ato e, voluntariamente, não quiser comparecer. Do contrário, não tendo sido oportunizado o seu direito de defesa consubstanciado no interrogatório, trata-se de **nulidade** prevista no **art. 564, III, *e*, CPP.**

9.2.3. Confissão do acusado

Como meio de prova que é deve ser valorada pelo Juiz com base nas demais provas produzidas no processo, não podendo ser utilizada de forma isolada, conforme prescreve o art. 197, CPP.

Outro ponto necessário de conhecimento acerca da **confissão** é a possibilidade de ela ser **divisível e retratável**, ou seja, o Juiz pode considerar apenas parte dela e reputar inverídica a outra parte. Exemplo disso é quando o acusado alega que de fato matou, mas o fez em legítima defesa, sendo que o Juiz considerará que ele é o autor do crime, mas não há elementos para aferir a sua pretensa legítima defesa. A retratação é a possibilidade de voltar atrás naquilo que foi dito anteriormente, sendo perfeitamente possível para o acusado essa possibilidade antes da sentença condenatória.

> Tema de suma importância e que não pode ser confundido com a **confissão** é a **delação premiada**. Esta última ocorre quando o acusado aponta outro comparsa como sendo participante do crime que fez junto com o confesso, dando elementos probatórios de sua participação e, como prêmio, recebe diminuição de pena, substituição de pena ou, até mesmo, a extinção da punibilidade, como é o caso da Lei n. 12.850/2013, art. 4º, que previu o perdão judicial.

9.2.4. Prova testemunhal

Diferentemente do processo civil, em que há certa limitação para quem pode funcionar como testemunha, o Código de Processo Penal não faz restrição para tal meio de prova, asseverando que **toda pessoa pode ser testemunha** (art. 202, CPP).

Questão recorrente nas **provas da OAB** é aquela em que se analisa a inexistência do dever de depor por parte das pessoas enumeradas no art. 206, CPP, a saber:

> A testemunha não poderá eximir-se da obrigação de depor. Poderão, entretanto, recusar-se a fazê-lo o ascendente ou descendente, o afim em linha reta, o cônjuge, ainda que desquitado, o irmão e o pai, a mãe, ou o filho adotivo do acusado, salvo quando não for possível, por outro modo, obter-se ou integrar-se a prova do fato e de suas circunstâncias.

Via de regra, toda testemunha deverá depor sobre infração penal que ela tenha presenciado, tendo em vista que no processo penal a busca é pela verdade real, conforme já se viu no item dos princípios (item 1.2).

> Tais pessoas não serão obrigadas a depor porque possuem laços íntimos com o acusado, o que torna o seu depoimento passível de suspeição. Todavia, caso não seja possível obter a prova por outro meio, elas deverão depor, mas, nesse caso, não será tomado o compromisso legal de dizer a verdade, na forma do art. 208, CPP, ou seja, serão ouvidas na condição de meros informantes.

Outra importante anotação é a disposição prevista no art. 207, CPP, em que se proíbe o depoimento de certas pessoas por **motivo profissional ou função**. Trata-se de vedação fundamentada no sigilo legal de tais atividades, como é o caso de padres, médicos e demais profissionais que devem ter assegurado o sigilo das informações recebidas de terceiros em razão desse exercício. Cumpre ressaltar que somente estão desobrigados de dizer a verdade em função dos fatos que tiverem conhecimento exclusivamente por causa da sua profissão ou função, **não estando desobrigados** quando ficarem sabendo de algum fato criminoso como **pessoa comum**. Ademais, caso a parte interessada no processo (acusado) desobrigue essas pessoas de guardarem o sigilo, o depoimento também poderá ser dado.

Por ter uma incidência grande nas provas da OAB, abaixo segue quadro da conclusão conjunta dos **arts. 206 e 207, CPP**.

Isentos de testemunhar	Proibidos de testemunhar
Ascendente ou descendente, o afim em linha reta, o cônjuge, ainda que desquitado, o irmão e o pai, a mãe, ou o filho adotivo do acusado.	Pessoas que, em razão de função, ministério, ofício ou profissão, devam guardar segredo.

Novidade interessante prevista no art. 212, CPP é a forma de inquirir as testemunhas, pois foi adotado agora o chamado **sistema de inquirição direta** (*cross-examination*), como prescrevem Eugênio Pacelli e Douglas Fischer (2014, p. 441). Assim, as partes poderão **perguntar diretamente** para as testemunhas **sem a intervenção do Juiz**. O Magistrado somente irá intervir nos depoimentos das testemunhas quando houver algum ponto que não restou esclarecido, na redação do art. 212, parágrafo único, CPP.

> Caso uma das partes não queira o depoimento de alguma testemunha por motivo de parcialidade (arts. 207 e 208, CPP), o mecanismo correto para tanto é a contradita. Todavia, o prazo para exercer tal instituto é preclusivo e somente pode ser feito antes de iniciado o depoimento, precluindo se feito posteriormente. Foi questão recente de prova da OAB quanto ao prazo de exercício de tal mecanismo.

Importante ressaltar que o instituto da **acareação** não deve ser confundido com a **contradita**, uma vez que o art. 229, *caput*, CPP é claro ao afirmar que a acareação deverá ser utilizada quando houver contradição de ponto relevante entre testemunhas, bem como nas demais hipóteses narradas no citado artigo. Todavia, o mais importante e que já foi objeto de cobrança em prova da OAB cinge-se ao fato de entre testemunhas poder ter a contradita, nos casos de parcialidade, e acareação, nos casos de contradição de ponto relevante.

Quanto ao **momento** de arrolar as testemunhas, deve ser observado que isso é feito por ocasião da **peça de ingresso**, que é a ação penal (denúncia ou queixa). Em relação ao número de testemunhas que podem ser ouvidas, a resposta depende de qual procedimento está sendo tratado. Para facilitar, segue quadro acerca do número de testemunhas por procedimento e sua respectiva fundamentação, sendo questão recorrente em provas da OAB.

Procedimento Comum Ordinário (art. 401, *caput*, CPP)	8 testemunhas
Procedimento Comum Sumário (art. 532, CPP)	5 testemunhas
Procedimento Sumaríssimo (art. 34, Lei n. 9.099/95)	3 testemunhas
Procedimento do Júri em Plenário (art. 422, CPP)	5 testemunhas

> Em relação a testemunhas que residam fora do local em que o Juiz exerce a sua jurisdição, proceder-se-á por meio de carta precatória ou rogatória. A **carta precatória** é para quando a testemunha mora no Brasil, mas em comarca diversa daquela onde tramita o processo. Já a **carta rogatória** é para ouvir testemunha que reside fora do país. Atenção para não confundir!

No que tange às cartas precatórias, algumas questões devem ser dirimidas. Primeiramente, a expedição de carta precatória **não suspende a instrução criminal**, devendo o feito continuar normalmente (art. 222, § 1º, CPP). Outra questão relevante é sobre a necessidade apenas de o Juiz deprecante (o que expede a precatória) intimar as partes de que ela fora expedida, **não tendo a obrigação de informar a data da audiência no Juízo deprecado** (onde a testemunha será ouvida).

Esse, inclusive, é o teor da **Súmula 273, Superior Tribunal de Justiça**, cobrada em prova da OAB, nesses termos:

> Intimada a defesa da expedição da carta precatória, torna-se desnecessária intimação da data da audiência no juízo deprecado.

Para fechar o assunto acerca das testemunhas, cumpre observar que a **carta rogatória** somente será expedida se for demonstrada a sua **imprescindibilidade**, na forma do art. 222-A, CPP, devendo a parte interessada arcar com as despesas de envio.

9.2.5. Busca e apreensão

Tema de suma importância prática, a busca e apreensão deve ser analisada sob dois aspectos: **busca domiciliar e busca pessoal**. Na forma preconizada no art. 240, CPP.

Quanto à **busca domiciliar**, importante trabalhar-se a ideia da necessidade de **mandado judicial** para tanto, uma vez que se trata de uma **cláusula de reserva de jurisdição** prevista na Constituição Federal, ou seja, somente poderá ser autorizada por **ordem fundamentada** de **autoridade judiciária**. O tema envolvendo a cláusula de reserva de jurisdição é tão recorrente nas provas da OAB, que se fará uma análise abaixo de todos os **três casos possíveis** em que tal cláusula faz-se presente, apenas com o intuito de relembrar o candidato dessas hipóteses.

Todavia, antes de prosseguir, tendo em vista a pertinência temática com as provas da OAB, cumpre analisar importante dispositivo legal previsto na Lei n. 8.906/94, art. 7º, II, sobre **buscas** feitas em **escritórios de advocacia**, a seguir transcrito em virtude de sua importância:

> II – a inviolabilidade de seu escritório ou local de trabalho, bem como de seus instrumentos de trabalho, de sua correspondência escrita, eletrônica, telefônica e telemática, desde que relativas ao exercício da advocacia.

Pelo que se percebe acima, a busca feita em **escritório de advocacia** tem que se fundamentar em **fundada suspeita** de encontrar o advogado na posse de elemento de corpo de delito ou quando for ele próprio o investigado, como suposto autor de delitos, conforme os requisitos do art. 240, § 1º, CPP. Assim, o escritório de advocacia também é protegido pela cláusula de reserva de jurisdição, por analogia à expressão domicílio, devendo ser utilizada a mesma cautela para a sua realização.

As outras duas cláusulas de reserva de jurisdição estão previstas na **interceptação telefônica e telemática e nas prisões provisórias.** Quanto às interceptações telefônica/telemática, somente o Juiz poderá autorizá-las, pois se trata de direito à intimidade tutelado na própria Constituição Federal, não sendo possível à Autoridade Policial ou Ministério Público quebrar o sigilo telefônico de alguém sem a intervenção do Magistrado.

Em relação às **prisões provisórias**, duas são as hipóteses legais: prisão preventiva e prisão temporária. Em ambos os casos, também por expressa previsão constitucional, não será possível a nenhuma outra autoridade, senão a judicial, decretar a prisão de alguém. Somente o Juiz pode mandar recolher algum acusado ao cárcere, em se tratando de prisão provisória. Quanto à **prisão em flagrante**, cabe lembrar que ela não se confunde com a prisão provisória, podendo **qualquer do povo prender alguém** que esteja praticando algum crime, na forma do **art. 301, CPP**. Isso apenas para a prisão em flagrante, pois para as prisões provisórias vale a disposição constitucional de reserva de jurisdição.

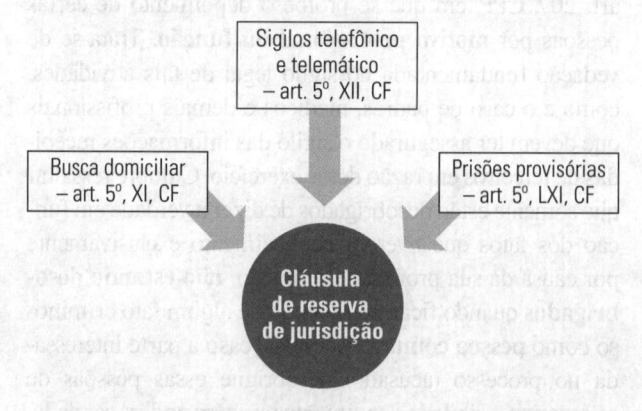

Busca domiciliar – art. 5º, XI, CF

Sigilos telefônico e telemático – art. 5º, XII, CF

Prisões provisórias – art. 5º, LXI, CF

→ Cláusula de reserva de jurisdição

Acerca da **busca pessoal**, a natureza jurídica é a mesma, pois se busca colher **elementos probatórios** que possam incriminar alguém. Todavia, quanto à necessidade ou não de mandado judicial para a sua realização, cumpre destacar que, atualmente, os agentes de segurança pública têm se valido do **art. 244, CPP**, para a sua realização, situação esta que **dispensa** a **ordem judicial** para a sua efetivação. São os casos de blitz policial, revista em presídios e em locais de grande aglomeração de pessoas (estádios de futebol). Assim, em que pese a busca pessoal também depender de mandado judicial, na forma do art. 243, I, 2ª parte, CPP, o mais comum é a sua realização feita **sem a ordem judicial**, com base na assertiva de ser caso de prisão ou quando houver **fundada suspeita** de que a pessoa esteja na **posse de arma proibida ou de objetos ou papéis que constituam corpo de delito**, ou quando a medida for determinada no **curso de busca domiciliar.**

Quanto ao **momento** em que a **busca domiciliar** pode ser feita, tem-se a disposição do art. 245, CPP, que autoriza as buscas no **período de dia**, sem descrever o que se entende por "dia". Não obstante, é de praxe que o dia começa às **6h** (seis horas) e vai até as **18h** (dezoito horas), sendo esse o período considerado para o cumprimento dos mandados de busca e apreensão, sendo também esse o pensamento de Pacelli e Fischer na já citada obra (2014, p. 495). Essa, inclusive, é a redação do citado art. 5º, XI, CF, em que somente permite a entrada em domicílio alheio se lá dentro estiver ocorrendo um crime, não havendo nesse caso limite de horário, ou, durante o dia, para o cumprimento de mandado judicial (prisão ou busca e apreensão).

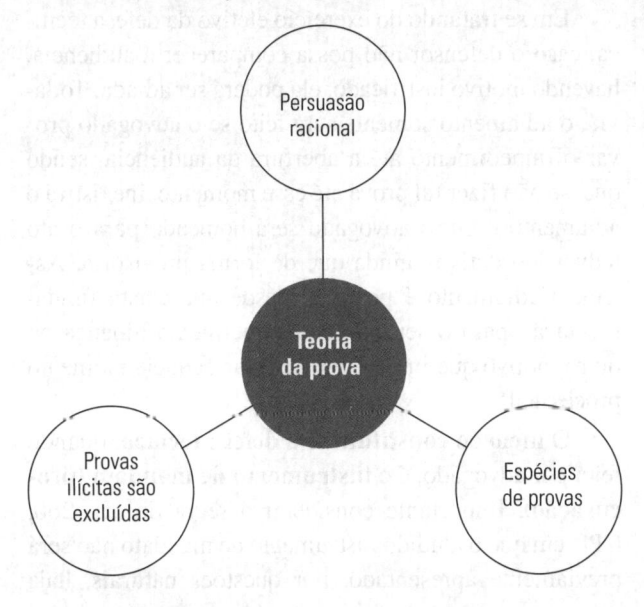

```
        Persuasão
         racional
            |
        Teoria
        da prova
       /        \
  Provas         Espécies
  ilícitas são   de provas
  excluídas
```

■ 10. SUJEITOS DO PROCESSO PENAL

Dentro do tema em epígrafe, deve ser destacado que para a prova da OAB os mais cobrados dos sujeitos processuais são, como não podia deixar de ser diferente, o **acusado e seu defensor**. Tendo em vista essa importância, serão analisados os artigos pertinentes a eles.

■ 10.1. Acusado e seu defensor

A primeira análise a ser feita é a de que o acusado pode ser processado ainda que não se conheça a sua identidade pessoal (carteira de identidade, CPF etc.), mas é certa a sua identidade física. A descoberta superveniente de sua verdadeira qualificação pessoal autorizará a retificação, mesmo que o processo esteja em fase de execução penal. Em outras palavras, a **retificação** pode ser feita a **qualquer tempo**. Isso é o que consta do art. 259, CPP.

Dispositivo que está muito na moda, nos dias atuais de "**Operação Lava-Jato**", é o que consta do **art. 260, CPP**, em que se autoriza a chamada **condução coercitiva** do **acusado** para seu interrogatório, reconhecimento ou qualquer outro ato que sem ele não possa ser autorizado. Como se tornou público, ex-Presidente da República foi submetido à condução coercitiva, o que gerou polêmica da sua validade ou não, apesar de expedida por meio de ordem judicial. Pela análise do art. 260, CPP, **não** haveria nenhum óbice à realização do famigerado ato, uma vez que nesse dispositivo consta que o acusado poderá ser conduzido "para o interrogatório". Todavia, tal pensamento não pode mais prosperar com a **nova interpretação que o Supremo Tribunal Federal conferiu para tal artigo de lei, nas ADPF's 395 e 444**, em que se constatou a impossibilidade de novas conduções coercitivas a partir do julgamento mencionado.

O Supremo Tribunal Federal entendeu que a **condução coercitiva** é uma **restrição à liberdade de locomoção e viola a presunção de não culpabilidade**, sendo, portanto, incompatível com a Constituição Federal, que assegura esses dois princípios constitucionais. Além disso, lastreado no direito ao silêncio, caso o acusado compareça ao seu interrogatório e exerça o seu direito constitucional de calar-se, isso também seria possível pela opção em não comparecer ao citado ato. A obrigação de comparecer seria, muitas vezes, para constranger o acusado perante todo o sistema penal e até mesmo visando ao clamor público em certas situações midiáticas. Ora, o Processo Penal não pode ser um meio de exposição desnecessária de quem quer que seja, sendo mais importante que se cumpram as regras do jogo para eventual sentença condenatória, sendo mais devastador ainda para o acusado se ao final ele for absolvido.

Por fim, com base na proibição de **autoincriminação**, como não é dado a ninguém produzir prova contra si mesmo, também não teria sentido obrigar o acusado a comparecer ao seu interrogatório de forma coercitiva para falar algo a respeito dos fatos, uma vez que ele não é obrigado a manifestar-se e tem direito ao silêncio.

Em razão do exposto acima, o **art. 260 do CPP** deve ser lido sem a expressão **"para o interrogatório"**, não sendo possível a sua convocação para esse ato que é, inclusive, o momento de exercer a sua defesa, caso queira fazê-lo. Fique atento para questões futuras nas provas da OAB com essa nova interpretação conferida pelo Supremo Tribunal Federal.

Outro artigo de relevância para o tema em estudo é o descrito abaixo:

> **Art. 261.** Nenhum acusado, ainda que ausente ou foragido, será processado ou julgado sem defensor.

A necessidade da **presença de defensor** é de suma importância, inexistindo qualquer possibilidade de alguém responder a processo criminal sem a presença de advogado ou defensor público. A ideia de defesa indispensável para o acusado consubstancia-se na aplicação dos princípios da ampla defesa e do contraditório.

Tamanha é a importância da presença do advogado que o **Supremo Tribunal Federal** elaborou a **Súmula Vinculante n. 14** acerca do tema e com grande incidência nas provas da OAB:

> É direito do defensor, no interesse do representado, ter acesso amplo aos elementos de prova que, já documentados em procedimento investigatório realizado por órgão com competência de polícia judiciária, digam respeito ao exercício do direito de defesa.

Ainda no tema da presença do advogado como sendo algo imprescindível, outro pensamento pretoriano importante do mesmo Supremo Tribunal Federal, na redação da **Súmula 523**, nesses termos:

> No processo penal, a **falta de defesa** constitui **nulidade absoluta**, mas a sua deficiência só o anulará se houver prova do prejuízo para o réu.

Importante consideração acerca da **ampla defesa** (direito de defesa) é a sua subdivisão entre **autodefesa e defesa técnica**, sendo que aquela é exercida pelo próprio acusado, por meio do interrogatório e da sua presença nos atos processuais. Já a última (**defesa técnica**) é exercida por meio de **advogado devidamente inscrito nos quadros da Ordem dos Advogados do Brasil (OAB)**, bem como por meio de Defensor Público, sendo que este é o funcionário público que fora aprovado em provas de concurso público para exercer a aludida função, sendo remunerado pelos cofres públicos, atuando na defesa de pessoas que não possuem condições financeiras de contratar advogado particular, encaixando-se no conceito de pobre no sentido legal (hipossuficiente). Em relação ao chamado defensor dativo, não há considerações mais relevantes, pois ele será o advogado nomeado pelo Juiz para aquele que também não possui condições econômicas de contratar advogado, mas que pertence aos quadros da OAB, em casos que inexista na comarca daquele Juiz a instituição Defensoria Pública devidamente instalada e em funcionamento. Além disso, o defensor dativo também pode ser nomeado apenas para algum ato processual (oitiva de testemunhas, quando o advogado constituído não tiver comparecido sem motivo justificado).

Para a correta visualização do que foi dito acima, pode ser feita a seguinte correlação:

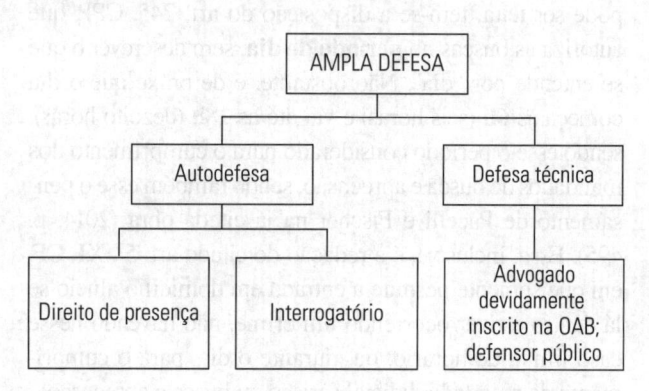

```
                    AMPLA DEFESA
                   /            \
            Autodefesa         Defesa técnica
           /         \                \
   Direito de    Interrogatório    Advogado
   presença                        devidamente
                                   inscrito na OAB;
                                   defensor público
```

Em se tratando do exercício efetivo da defesa técnica, caso o defensor não possa comparecer à audiência, havendo motivo justificado, ela poderá ser adiada. Todavia, o adiamento somente será feito se o advogado provar o impedimento até a abertura da audiência, sendo que, se não fizer tal prova até esse momento, inexistirá o adiamento e outro advogado será nomeado para o ato (advogado dativo), ainda que de forma provisória. Assim, o adiamento é possível, desde que exista fundamentação para o seu não comparecimento (doença ou outro motivo que impeça ele de estar naquele momento processual).

O **meio** de **constituir-se a defesa técnica**, quando feita por advogado, é o **instrumento de mandato (procuração)**. Importante considerar a regra do art. 266, CPP, em que o aludido instrumento de mandato não será previamente apresentado, por questões naturais, haja vista que o advogado foi constituído por ocasião do interrogatório do acusado, não tendo tido a oportunidade prévia de entabular um contrato de honorários e consequente procuração. Assim, o advogado será nomeado pelo Juiz para acompanhar o interrogatório e isso constará da ata de audiência, justificando a ausência de procuração.

11. PRISÕES, MEDIDAS CAUTELARES E LIBERDADE PROVISÓRIA

Trata-se de capítulo importantíssimo e de recorrência constante nas provas da OAB, o que demanda uma incursão mais pormenorizada, sendo que ele foi substancialmente alterado em virtude do Pacote Anticrime, forte na ideia de **impossibilitar-se a atuação judicial com parcialidade**, suprimindo-se, como se verá na sequência, a figura do Juiz que atuava **de ofício** e determinava prisões e medidas cautelares.

Foi nesse compasso de pensamento que o legislador modificou sobremaneira o art. 282, § 2º, do CPP, **suprimindo** a expressão "de ofício" pelo Juiz, **restringindo** qualquer forma de prisão ou medida cautelar determinado por ele **sem requerimento** das partes. Destaca-se, na sequência, o parágrafo em testilha:

> § 2º As medidas cautelares serão decretadas pelo juiz a requerimento das partes ou, quando no curso da investigação criminal, por representação da autoridade policial ou mediante requerimento do Ministério Público.

Fato interessante é que, para a **revogação da prisão preventiva**, o legislador manteve a possibilidade de atuação *ex officio* do Magistrado, pois se trata de concessão da liberdade, que é a regra e não precisa de requerimentos em casos claros de patente desnecessidade da sua perpetuação. Como se vê, o Pacote Anticrime veio em consonância com os pensamentos já sedimentados na doutrina pátria de restringir a atuação estatal no sentido de superlotar presídios sem maiores necessidades, devendo ser observado tal norte pelos operadores do direito. Mais uma vez, por amor à claridade solar, segue o parágrafo mencionado:

> § 5º O juiz poderá, **de ofício** ou a pedido das partes, revogar a medida cautelar ou substituí-la quando verificar a falta de motivo para que subsista, bem como voltar a decretá-la, se sobrevierem razões que a justifiquem (grifos nossos).

Outra importante novidade trazida pela Lei n. 13.964/2019 (Pacote Anticrime) foi o § 3º do art. 282, a seguir transcrito e comentado:

> § 3º Ressalvados os casos de urgência ou de perigo de ineficácia da medida, o juiz, ao receber o pedido de medida cautelar, determinará a intimação da parte contrária, para se manifestar no prazo de 5 (cinco) dias, acompanhada de cópia do requerimento e das peças necessárias, permanecendo os autos em juízo, e os casos de urgência ou de perigo deverão ser justificados e fundamentados em decisão que contenha elementos do caso concreto que justifiquem essa medida excepcional.

De acordo com nova disposição processual penal, o Juiz, ao receber o pedido de medida cautelar, incluindo-se aqui a prisão preventiva, deverá intimar a parte contrária (Defesa) para que se manifeste em 5 dias sobre ele. Trata-se de um **contraditório inédito** para a decretação de medidas mais drásticas que afetem a liberdade do acusado. No passado, o Magistrado decretava toda e qualquer medida cautelar, ainda que com poucos fundamentos, somente porque o membro do Ministério Público ou a Autoridade Policial tinha requerido, de forma a não criar um impasse com essas Instituições e sem uma leitura mais pormenorizada dos autos. Agora, deverá ouvir a parte contrária, formalmente, sobre a necessidade ou não da medida, sendo tal alteração uma conquista relevante para a Advocacia, que poderá lutar, eficazmente, pelos direitos de seus clientes nesse momento complexo que é a decretação de prisões e medidas cautelares.

Além disso, o legislador deixa claro que, nos casos **de urgência ou de perigo de ineficácia da medida**, o Juiz poderá decretar tais **medidas cautelares sem ouvir a parte contrária**, mas isso apenas em último caso e com **fundamentos concretos pinçados nos autos** que justifiquem essa medida excepcional, conforme consta do parágrafo acima citado. Isso atesta a excepcionalidade de decretar-se qualquer medida cautelar sem a oitiva da parte contrária, realizando-se aqui, por mais uma vez, os princípios constitucionais do Garantismo Penal, tais como contraditório, ampla defesa e devido processo legal.

Nessa mesma linha de raciocínio, quanto à **excepcionalidade da prisão preventiva**, tem-se o § 6º[4], que bem demonstra a **subsidiariedade** de tal restrição da liberdade, devendo o Juiz preferir qualquer medida cautelar mais branda à prisão preventiva. O não cabimento daquela deverá ser fundamentado nos elementos presentes no caso concreto, restando inadmissível a mera fundamentação com base na gravidade abstrata do delito ou qualquer outro elemento mais genérico para decretar-se essa espécie de prisão provisória.

---

[4] Art. 282, § 6º, A prisão preventiva somente será determinada quando não for cabível a sua substituição por outra medida cautelar, observado o art. 319 deste Código, e o não cabimento da substituição por outra medida cautelar deverá ser justificado de forma fundamentada nos elementos presentes do caso concreto, de forma individualizada.

No que se refere ao tema prisões, cumpre destacar que existem duas espécies no processo penal: **prisão em flagrante** e **prisão provisória**. A prisão em flagrante ocorre quando o acusado está praticando o crime ou acabou de praticá-lo, podendo ser efetuada por qualquer pessoa, enquanto a **prisão provisória** pode ser feita por ordem escrita e fundamentada de autoridade judiciária, sendo subdividida em **prisão preventiva** e **prisão temporária**. Essa é a letra da lei processual penal prevista no art. 283, CPP, sendo que as duas espécies de prisões previstas no Código de Processo Penal serão analisadas em tópicos diversos a seguir.

Quanto ao **preso**, a **prisão** pode ser **definitiva** quando ele já fora condenado por sentença criminal transitada em julgado. Será **provisória** quando o preso ainda responde ao processo criminal **sem** que tenha tido o seu **trânsito em julgado**. Para o preso provisório é assegurada sua permanência em **cela especial**, caso ele tenha curso superior, por exemplo, ou se encaixe no rol do art. 295, CPP (Magistrados, Deputados, Senadores etc.). Ademais, as pessoas presas provisoriamente deverão ficar separadas daquelas que já foram condenadas definitivamente.

> Questão bem relevante e que pode vir a ser cobrada em possíveis provas da OAB é a alteração legal prevista no art. 292, parágrafo único, CPP, a seguir transcrito, quanto ao **uso de algemas em mulheres grávidas**, *in verbis*:
> **Art. 292.** Se houver, ainda que por parte de terceiros, resistência à prisão em flagrante ou à determinada por autoridade competente, o executor e as pessoas que o auxiliarem poderão usar dos meios necessários para defender-se ou para vencer a resistência, do que tudo se lavrará auto subscrito também por duas testemunhas.
> **Parágrafo único. É vedado o uso de algemas em mulheres grávidas durante os atos médico-hospitalares preparatórios para a realização do parto e durante o trabalho de parto, bem como em mulheres durante o período de puerpério imediato.** (Redação dada pela Lei nº 13.434, de 2017).

Nessa toada, a prisão de **mulheres grávidas** não poderá ser efetuada por meio de **uso de algemas**, estendendo-se tal proibição para o período posterior ao nascimento do bebê, chamado de puerpério imediato.

Por fim, tema relevante para ser cobrado em prova da OAB é sobre o **uso de algemas** e as prisões, uma vez que, em muitos casos, será necessário o seu uso para evitar fugas e outras situações desagradáveis. Para isso, o Supremo Tribunal Federal elaborou a **Súmula Vinculante** de número 11, a seguir transcrita e de incidência comum nas provas da OAB:

> Só é lícito o uso de algemas em casos de resistência e de fundado receio de fuga ou de perigo à integridade física própria ou alheia, por parte do preso ou de terceiros, justificada a excepcionalidade por escrito, sob pena de responsabilidade disciplinar, civil e penal do agente ou da autoridade e de nulidade da prisão ou do ato processual a que se refere, sem prejuízo da responsabilidade civil do Estado.

11.1. Prisão em flagrante

A chamada prisão em flagrante acontece quando o agente está praticando a infração penal ou acabou de praticá-la. Ela pode ser efetuada por **qualquer pessoa do povo**, sendo que as autoridades policiais e seus agentes deverão, por obrigação legal, efetuar a prisão em flagrante (art. 301, CPP).

Quanto às hipóteses de prisão em flagrante, devem ser classificados os incisos do art. 302, CPP, para o melhor entendimento da matéria, o que será feito a seguir:

a) **Flagrante próprio ou real:** art. 302, I e II, CPP. Ocorre quando a pessoa está **praticando a infração penal**, como, por exemplo, aquele que está efetuando os disparos na vítima; ou quando o agente acaba de praticar a infração penal, sendo encontrado ainda no local dos fatos, por exemplo, o agente que é encontrado no local dos fatos com a arma do crime nas mãos.

b) **Flagrante impróprio ou quase flagrante:** art. 302, III, CPP. Ocorre quando o agente é perseguido, logo após a prática da infração penal, em situação que se faça presumir ser ele o autor dos fatos. São os casos comuns de **perseguição policial** contra alguém que acabara de cometer a infração penal, sendo a Polícia acionada em seguida e iniciada a caça ao autor dos fatos.

c) **Flagrante presumido ou ficto:** art. 302, IV, CPP. Dá-se quando o agente é encontrado, logo depois, com instrumentos, armas, objetos ou papéis que façam presumir ser ele o autor dos fatos. Nesse caso, o agente não é perseguido, mas **localizado com os objetos mencionados no referido inciso**. Exemplo disso é quando o agente subtrai um carro, mas é parado numa barreira policial, momentos depois de ter efetuado o roubo. A descoberta pelos policiais de que se trata de carro roubado, momentos antes, torna possível a sua prisão em flagrante na modalidade presumida ou ficta.

Essas são as três **modalidades legais** decorrentes da prisão em flagrante. Não obstante, **outras denominações** existem acerca do flagrante, devendo ser feito o estudo e a legalidade de cada uma delas, em que pese não estarem previstas no art. 302, CPP.

A primeira delas é chamada de **flagrante provocado ou preparado**. Nessa espécie flagrancial, o autor é induzido a praticar uma infração penal, ao mesmo tempo que aquele que o induziu toma todas as precauções para que o crime não se consume e ocorra a sua prisão. Trata-se de **flagrante inválido**, conforme já decidido na **Súmula 145**, Supremo Tribunal Federal, nestes termos: **não há crime** quando a preparação do flagrante pela polícia torna impossível a sua consumação.

A segunda situação é chamada de **flagrante esperado**, recorrente em operações policiais que já estavam investigando o acusado e ficam à espreita aguardando ele consumar a infração penal para fazer a sua prisão. Trata-se de **flagrante válido**, pois os policiais não o provocaram para a prática do crime, mas apenas esperaram a sua atuação para efetuar a prisão concomitantemente com a execução do fato.

A terceira hipótese de **flagrante** é chamada de **forjado**, como o próprio nome supõe, é algo **ilícito** e até mesmo **criminoso**. Por esse flagrante denominado forjado o agente é vítima de um abuso de autoridade, visto que os funcionários da lei criam uma situação probatória totalmente em descompasso com a legalidade, uma vez que estão praticando um crime. Seria o exemplo de policiais que "plantam" droga na casa de conhecido traficante para ensejar a sua prisão em flagrante por esse motivo.

A quarta e última hipótese de **flagrante** é chamada de **retardado**. Nessa situação, o agente quer efetuar a prisão no **momento mais adequado** para a produção probatória, como são os casos envolvendo organizações criminosas e tráfico de drogas. Nesse tipo de empreitada criminosa, o intuito é identificar o maior número de criminosos, protelando-se um pouco o flagrante para o momento tido como ideal. Como exemplo, tem-se a não atuação de agentes policiais em relação a pequenos traficantes que estão vendendo algumas porções de drogas, aguardando-se o momento em que eles irão encontrar-se com os chefões do tráfico para passar o dinheiro amealhado com a mercancia ilícita, efetuando-se, nesse momento, a prisão de todos os envolvidos e a apreensão das drogas. Tal tipo de flagrante está previsto no art. 53, II, Lei n. 11.343/2006, bem como no art. 8º, Lei n. 12.850/2013, sendo perfeitamente possível e **válido**.

Em relação ao procedimento e formalidade do auto de prisão em flagrante, deve ser destacada a **novidade legal (2016)** prevista no art. 304, § 4º, CPP, que afirma o seguinte:

> Da lavratura do auto de prisão em flagrante deverá constar a informação sobre a existência de filhos, respectivas idades e se possuem alguma deficiência e o nome e o contato de eventual responsável pelos cuidados dos filhos, indicado pela pessoa presa.

De suma importância tal alteração, pois em muitos casos aquele que foi preso em flagrante possui filhos que estão sob sua guarda, sendo que com a prisão não terá como continuar cuidando deles. Assim, deve ser indicado eventual responsável para cuidar dos mesmos enquanto o agente estiver preso.

Outra consideração quando ocorrer a prisão em flagrante de alguém é a sua **comunicação imediata** para as pessoas apontadas no art. 306, CPP, bem como o local onde ele se encontra. Atentar para o **prazo de 24h** (vinte e quatro horas) que é o entendimento da expressão **"imediatamente"** prevista no artigo em tela para comunicar a prisão ao Juiz. Tal prazo leva em consideração o art. 306, § 1º, CPP, que afirma ser também de **24h (vinte e quatro horas)** o tempo em que o Delegado de Polícia deverá encaminhar o auto de prisão em flagrante, sendo essa a visão de Pacelli e Fischer (2014, p. 628) aqui nesta obra também defendida.

> Não confundir a **comunicação da prisão em flagrante** com o **auto de prisão em flagrante**. Este é o procedimento completo contendo desde as oitivas das testemunhas, condutor, interrogatório e até a nota de culpa. A comunicação é um ato simples por ofício.

Após recebido o auto de prisão em flagrante, o Juiz poderá adotar uma das três medidas citadas no art. 310, CPP, fundamentando a decisão escolhida. As **três possíveis decisões** depois que recebe o **auto de prisão em flagrante** são: (1) **relaxar a prisão ilegal**; (2) **converter** a prisão em flagrante **em prisão preventiva**; 3) **conceder a liberdade provisória**, com ou sem fiança.

Todavia, para tomar as decisões acima assinaladas, o Juiz deverá atentar à novidade inserida no art. 310, *caput*, do CPP[5], atinente às **audiências de custódia, que deverão ser realizadas no prazo máximo de 24**

---

[5] Art. 310. Após receber o auto de prisão em flagrante, **no prazo máximo de até 24 (vinte e quatro) horas após a realização da prisão**, o juiz deverá promover **audiência de custódia** com a presença do acusado, seu advogado constituído ou membro da Defensoria Pública e o membro do Ministério Público, e, nessa audiência, o juiz deverá, fundamentadamente: (grifos nossos)

horas. Em suma, para que seja tomada qualquer decisão após o recebimento do auto de prisão em flagrante, o Juiz deverá ouvir o preso na presença do seu Defensor e do membro do Ministério Público.

Tal novidade é fundamental para que não se alastrem de forma indeterminada as prisões cautelares, devendo o Magistrado decidir se o acusado permanecerá preso ou será solto, bem como aferindo se durante a realização da prisão houve algum tipo de abuso de autoridade, o que justificaria por si só o relaxamento da prisão considerada ilegal.

Além disso, o já citado art. 310, CPP, recebeu mais algumas novidades provenientes do Pacote Anticrime, que serão a seguir transcritas apenas nos seus parágrafos para fácil compreensão, *in verbis*:

> **Art. 310.** Após receber o auto de prisão em flagrante, no prazo máximo de até 24 (vinte e quatro) horas após a realização da prisão, o juiz deverá promover audiência de custódia com a presença do acusado, seu advogado constituído ou membro da Defensoria Pública e o membro do Ministério Público, e, nessa audiência, o juiz deverá, fundamentadamente:
> ....
> § 1º Se o juiz verificar, pelo auto de prisão em flagrante, que o agente praticou o fato em qualquer das condições constantes dos incisos I, II ou III do *caput* do art. 23 do Decreto-lei n. 2.848, de 7 de dezembro de 1940 (Código Penal), poderá, fundamentadamente, conceder ao acusado liberdade provisória, mediante termo de comparecimento obrigatório a todos os atos processuais, sob pena de revogação.
> § 2º Se o juiz verificar que o agente é reincidente ou que integra organização criminosa armada ou milícia, ou que porta arma de fogo de uso restrito, deverá denegar a liberdade provisória, com ou sem medidas cautelares.
> § 3º A autoridade que deu causa, sem motivação idônea, à não realização da audiência de custódia no prazo estabelecido no *caput* deste artigo responderá administrativa, civil e penalmente pela omissão.
> § 4º Transcorridas 24 (vinte e quatro) horas após o decurso do prazo estabelecido no *caput* deste artigo, a não realização de audiência de custódia sem motivação idônea ensejará também a ilegalidade da prisão, a ser relaxada pela autoridade competente, sem prejuízo da possibilidade de imediata decretação de prisão preventiva.

Naquilo que é relevante, tem-se a possibilidade de **conceder-se liberdade provisória nos casos do art. 23, CP** (legítima defesa, estado de necessidade, exercício regular do direito e estrito cumprimento do dever legal), logo após a lavratura do auto de prisão em flagrante. Destaca-se uma escolha sábia por parte do legislador, de forma a impedir que alguém que atuou nos casos de excludentes de ilicitude fique recolhido ao cárcere em situações claras de inexistência de crime na concepção tripartida ou analítica (fato típico, antijurídico e culpável).

Ademais, o legislador **vedou** a possibilidade de **liberdade provisórias** nos casos de reincidência, integrante de organização criminosa armada ou milícia e portador de arma de fogo de uso restrito, forte na linha de que são casos de periculosidade real para que o autuado continue livre em sociedade.

Importante observação para fechar o raciocínio deste tópico é quanto à **obrigatoriedade** de ser realizada a audiência de custódia no **prazo máximo de 24 horas**, sob pena de **responsabilizar-se** o Magistrado nas searas **administrativa, civil e penal**, bem como de ser a **prisão considerada ilegal** e devendo ser relaxada imediatamente, somente podendo deixar de fazer a audiência de custódia no prazo legal se houver algum tipo de justificativa idônea para tanto, por exemplo, nas comarcas de difícil provimento, onde não exista Juiz titular para decidir no prazo assinalado em lei. São as novidades inseridas nos §§ 3º e 4º, acima transcritos, e que deverão ser observadas daqui para a frente por todos os operadores do direito.

11.2. Prisão temporária

Trata-se de **espécie de prisão provisória** destinada a acautelar as **investigações policiais**, tendo prazo estabelecido em lei, com o escopo de obter informações sobre a autoria e materialidade das infrações penais previstas no art. 1º, III, Lei n. 7.960/89, bem como em relação aos crimes hediondos e equiparados (art. 2º, § 4º, Lei n. 8.072/90).

Importante anotar que tal modalidade de prisão provisória somente é cabível durante a **fase de investigação policial** (inquérito policial), na forma do que consta do art. 1º, I, Lei n. 7.960/89.

11.2.1. Prazo de duração da prisão temporária

Conforme prescrito no art. 2º, *caput*, Lei n. 7.960/89, o **prazo** é de **5 (cinco) dias**, podendo haver a prorrogação por igual prazo, em caso de extrema e comprovada necessidade. Cuidado para quando a questão da OAB mencionar que o **crime** é **hediondo** ou equiparado, pois neste caso o **prazo** será de **30** (trinta) dias, podendo haver prorrogação por igual prazo, na forma da Lei n. 8.072/90, art. 2º, § 4º.

> Acerca do prazo deve ser lembrado que se trata de contagem penal, ou seja, na forma do **Códi-**

go Penal, art. 10, pois se trata de liberdade de alguém. Assim, se alguém foi preso às 23h (vinte e três horas) do dia 1º-1-2016, sua liberdade deve ocorrer no dia 6-1-2016, às 00h, pois se **conta o dia do início da prisão**, apesar de ele ter ficado apenas 1h (uma hora) preso no primeiro dia. Além disso, **não** é necessária a **expedição de alvará** de soltura após o término do prazo legal, por uma razão simples, já há prazo pre-estabelecido pelo Juiz para o preso ser colocado em liberdade, liberando-se ele imediatamente.

11.2.2. Cabimento da prisão temporária

Na forma do art. 2º, *caput*, Lei n. 7.960/89, a prisão temporária somente pode ser requerida pela **Autoridade Policial ou pelo Ministério Público**, não sendo possível ao Juiz fazer de ofício.

Sendo ela requerida pelo Ministério Público ou pela Autoridade Policial, devem ser analisados os seus requisitos, de acordo com o art. 1º Lei n. 7.960/89. Para a doutrina majoritária, citando-se, por todos, o mestre Denilson Feitoza (2010, p. 919), o art. 1º deve ser analisado da seguinte forma para que seja decretada essa medida cautelar extrema:

I – quando imprescindível para as investigações do inquérito policial; **OU**
II – quando o indicado não tiver residência fixa ou não fornecer elementos necessários ao esclarecimento de sua identidade;
E
III – quando houver fundadas razões, de acordo com qualquer prova admitida na legislação penal, de autoria ou participação do indiciado nos seguintes crimes:
a) homicídio doloso (art. 121, *caput* e seu § 2º);
b) sequestro ou cárcere privado (art. 148, *caput* e seus §§ 1º e 2º);
c) roubo (art. 157, *caput* e seus §§ 1º, 2º e 3º);
d) extorsão (art. 158, *caput* e seus §§ 1º e 2º);
e) extorsão mediante sequestro (art. 159, *caput* e seus §§ 1º, 2º e 3º);
f) estupro (art. 213, *caput* e sua combinação com o art. 223, *caput* e parágrafo único);
g) atentado violento ao pudor (art. 214, *caput* e sua combinação com o art. 223, *caput* e parágrafo único);
h) rapto violento (art. 219, e sua combinação com o art. 223 *caput* e parágrafo único);
i) epidemia com resultado de morte (art. 267, § 1º);
j) envenenamento de água potável ou substância alimentícia ou medicinal qualificado pela morte (art. 270, *caput*, combinado com art. 285);
l) quadrilha ou bando (art. 288), todos do Código Penal;

m) genocídio (arts. 1º, 2º e 3º da Lei n. 2.889, de 1º-10-1956), em qualquer de suas formas típicas;
n) tráfico de drogas (art. 12 da Lei n. 6.368, de 21-10-1976);
o) crimes contra o sistema financeiro (Lei n. 7.492, de 16-6-1986).
p) crimes previstos na Lei de Terrorismo.

Assim, para o referido autor, os incisos não são todos cumulativos, ou seja, dispensa-se que ocorra a conjugação simultânea dos incisos I, II e III.

Pelo que se percebe da análise feita no próprio dispositivo legal acima, o Juiz poderá decretar a prisão temporária se ocorrer o inciso I **OU** (alternativo) o inciso II **E** (cumulativo) um dos crimes elencados no inciso III. Para exemplificar, o Delegado de Polícia pode requerer a prisão temporária porque ela é imprescindível para as investigações do inquérito policial (inciso I) e desde que tenha sido praticado um dos crimes previstos no inciso III (rol taxativo). Também poderá requerer a prisão temporária quando o indiciado não tiver residência fixa e tiver praticado um dos crimes do inciso III.

Importante anotação que deve ser feita quanto ao **rol taxativo** dos crimes previstos no inciso III descrito acima é que não se pode estender tal modalidade de prisão para outros que não estejam ali elencados, sob pena de ocorrer uma prisão ilegal que deverá ser imediatamente relaxada. Por exemplo, não se pode decretar a prisão temporária para os crimes de estelionato, furto, homicídio culposo e etc. Além disso, os crimes podem ser praticados na forma consumada ou tentada, uma vez que o artigo em tela não fez restrição apenas aos crimes consumados.

Além disso, importante ressaltar as alterações feitas pela Lei n. 13.869/2019 na sistemática da lei de regência da prisão temporária (Lei n. 7.960/89), notadamente no art. 2º, §§ 4º-A, 7º e 8º, acerca do período de duração da prisão temporária, sua forma de contagem de prazo e o que deve constar do mandado de prisão. Para facilitar o entendimento, segue transcrição da novidade mencionada:

Art. 2º A prisão temporária será decretada pelo Juiz, em face da representação da autoridade policial ou de requerimento do Ministério Público, e terá o prazo de 5 (cinco) dias, prorrogável por igual período em caso de extrema e comprovada necessidade.
§ 1º Na hipótese de representação da autoridade policial, o Juiz, antes de decidir, ouvirá o Ministério Público.

§ 2º O despacho que decretar a prisão temporária deverá ser fundamentado e prolatado dentro do prazo de 24 (vinte e quatro) horas, contadas a partir do recebimento da representação ou do requerimento.
§ 3º O Juiz poderá, de ofício, ou a requerimento do Ministério Público e do Advogado, determinar que o preso lhe seja apresentado, solicitar informações e esclarecimentos da autoridade policial e submetê-lo a exame de corpo de delito.
§ 4º Decretada a prisão temporária, expedir-se-á mandado de prisão, em duas vias, uma das quais será entregue ao indiciado e servirá como nota de culpa.
§ 4º-A. O mandado de prisão conterá necessariamente o período de duração da prisão temporária estabelecido no *caput* deste artigo, bem como o dia em que o preso deverá ser libertado. (Incluído pela Lei n. 13.869, de 2019.)
§ 5º A prisão somente poderá ser executada depois da expedição de mandado judicial.
§ 6º Efetuada a prisão, a autoridade policial informará o preso dos direitos previstos no art. 5º da Constituição Federal.
**§ 7º Decorrido o prazo contido no mandado de prisão, a autoridade responsável pela custódia deverá, independentemente de nova ordem da autoridade judicial, pôr imediatamente o preso em liberdade, salvo se já tiver sido comunicada da prorrogação da prisão temporária ou da decretação da prisão preventiva.(Incluído pela Lei n. 13.869, de 2019.)
§ 8º Inclui-se o dia do cumprimento do mandado de prisão no cômputo do prazo de prisão temporária. (Redação dada pela Lei n. 13.869, de 2019.)** (grifos nossos)

Logo, relevante e que pode ser **cobrado em provas** é a determinação de colocar-se **imediatamente** em liberdade o **preso temporário**, sendo **dispensável** nova ordem da **autoridade judicial** para tanto.

11.3. Prisão preventiva

Trata-se de prisão provisória decretada pela Autoridade Judiciária, mediante requerimento do Delegado de Polícia ou do Ministério Público, em qualquer fase da persecução criminal (inquérito policial e ação penal), desde que não sejam cabíveis as medidas cautelares previstas no art. 319, CPP. Em outras palavras, a **prisão preventiva**, atualmente, é **subsidiária**, uma vez que somente será decretada em **última hipótese**, na forma preconizada no art. 282, § 6º, CPP.

Quanto à legitimidade para o seu requerimento, importante destacar que o **Juiz** não poderá decretá-la mais **de ofício**, assim como nos casos de prisão temporária, já analisados no tópico anterior, bem como na forma da nova redação do art. 311, CPP[6], alterado pelo Pacote Anticrime (Lei n. 13.964/2019).

Quanto ao prazo, cumpre ressaltar que não há nada disposto na lei processual penal acerca dele, diferentemente da prisão temporária, mas, de qualquer forma, o Juiz deverá utilizar-se da **razoabilidade** para que ninguém fique preso indefinidamente, devendo-se atentar para a nova redação do art. 316, parágrafo único, CPP, de o Juiz rever, a cada 90 dias, a necessidade de sua manutenção, fundamentando-se a sua decisão nos **elementos concretos** constantes dos autos, conforme será explicitado melhor no item 11.3.2.

11.3.1. Pressupostos e requisitos da prisão preventiva

Tal capítulo está claramente delineado no art. 312, CPP. Como **pressupostos** da prisão preventiva tem-se o que se convencionou chamar de *fumus commissi delicti* e *periculum libertatis*. O primeiro é a possibilidade de o agente ter cometido a infração penal, consubstanciado na **prova da existência do crime (PEC)** e nos **indícios suficientes de autoria (ISA)**. Assim, devem concorrer os pressupostos do art. 312, parte final, CPP, que são memorizados como PEC + ISA.

Além dos pressupostos acima descritos, faz-se necessária também a conjugação do *periculum libertatis*, devendo ele ser definido como um dos **requisitos** previstos no já citado art. 312, CPP, a saber: a) **garantia da ordem pública;** b) **garantia da ordem econômica;** c) **garantia de aplicação da lei penal;** d) **conveniência da instrução criminal.** Tendo em vista a nova redação do art. 312, parágrafo único, CPP, também poderá ser decretada a prisão preventiva em virtude do descumprimento de qualquer medida cautelar anteriormente imposta.

Cabe fazer uma análise do requisito *periculum libertatis*, pois muito candidato equivoca-se ao supor que todas as quatro hipóteses descritas acima devem ocorrer de forma conjugada. Caso tenha **PEC + ISA**, basta a concorrência, por exemplo, da **garantia da ordem pública** para serem satisfeitos os pressupostos do art. 312, CPP.

Apenas para ilustrar os casos citados nas letras "a" a "d" acima, faz-se abaixo uma rápida exemplificação dos casos mais comuns.

a) **Garantia da ordem pública:** quando o acusado é **reincidente** ou pessoa propensa à prática de crimes, sendo a prisão meio de impedir que ele volte a delinquir.

---

[6] Art. 311. Em qualquer fase da investigação policial ou do processo penal, caberá a prisão preventiva decretada pelo juiz, a requerimento do Ministério Público, do querelante ou do assistente, ou por representação da autoridade policial.

b) **Garantia da ordem econômica:** requer a já citada reiteração criminosa destacada no item anterior, mas pressupõe a prática de crimes que ensejam a **violação de bens jurídicos difusos**, como aqueles previstos na Lei n. 7.492/86 (Crimes contra o Sistema Financeiro Nacional).

c) **Garantia da aplicação da lei penal:** ocorre quando o agente demonstra que pretende **fugir**, inviabilizando a futura execução da pena.

d) **Conveniência da instrução criminal:** tem por fim impedir que o agente perturbe ou **impeça a produção de provas**, como por exemplo quando ele está ameaçando testemunhas.

Com o escopo de atualizar a obra na leitura do Pacote Anticrime, que praticamente recriou vários conceitos do Direito Processual Penal, tem-se uma nova possibilidade de decretar-se a prisão preventiva, além das quatro hipóteses já vistas acima, conforme se visualiza da nova redação do art. 312, *caput*, **parte final**, a seguir transcrito:

> **Art. 312.** A prisão preventiva poderá ser decretada como garantia da ordem pública, da ordem econômica, por conveniência da instrução criminal ou para assegurar a aplicação da lei penal, quando houver prova da existência do crime e indício suficiente de autoria **e de perigo gerado pelo estado de liberdade do imputado**. (grifos nossos)

Percebe-se que o intuito do legislador foi positivar uma situação que os Juízes comumente utilizavam como "garantia da ordem pública" para justificar a prisão preventiva de pessoas consideradas **perigosas**. Com a nova redação, acaba-se a celeuma jurídica, e os casos de acusados considerados socialmente perigosos poderão ser encaixados na parte final do artigo em comento. Muitos investigados que cometem crimes sem violência ou grave ameaça, como corrupção, estelionato e outros crimes menos violentos, apesar de tudo, são considerados perigosos se continuarem soltos, daí, com a nova inserção legal, ser possível decretar-se a sua prisão preventiva. Claro que tal disposição também serve para crimes de maior violência como o tráfico de drogas cometido por chefes de organizações criminosas, sendo que a sua liberdade por si só já seria suficiente para intimidar, de forma difusa, toda uma comunidade local, ensejando também a sua prisão preventiva.

Todavia, apesar de tudo o que foi escrito acima, é imprescindível, ainda, atentar para a novidade legal inserida no § 2º do art. 312, CPP, *in verbis*:

> § 2º A decisão que decretar a prisão preventiva deve ser motivada e fundamentada em receio de perigo e existência concreta de fatos novos ou contemporâneos que justifiquem a aplicação da medida adotada.

Somente será cabível a prisão preventiva quando o Magistrado fundamentar a sua decisão **de forma concreta** nos elementos constantes dos autos, devendo, inclusive, eles serem **contemporâneos à decisão**. Isso é de uma importância sem precedentes, pois muitos pedidos de prisão preventiva eram deferidos com base em fatos pretéritos, mas que foram descobertos bem depois. Com a nova determinação legal, torna-se impossível decretar-se a prisão preventiva com base em situações ocorridas num passado remoto, mas que, com a ajuda da mídia, ganhavam a opinião pública e pressionavam o Magistrado a posicionar-se contra a liberdade e a decretar a prisão preventiva. Em boa hora veio a modificação legal, e a conjugação do **"receio de perigo e existência concreta de fatos novos ou contemporâneos"** deverá ser atentamente observada pelo Juiz para decretar eventual prisão preventiva.

11.3.2. Cabimento da prisão preventiva

Satisfeitos os pressupostos e requisitos acima delineados, deve ser analisado o art. 313, CPP, onde estão as **hipóteses de admissibilidade ou cabimento** da prisão preventiva, podendo ocorrer um dos incisos apenas, sem necessidade de conjugação, para que ela seja decretada. Como o artigo é claro e dispensa qualquer digressão maior, segue ele na íntegra para conhecimento:

> **Art. 313.** Nos termos do art. 312 deste Código, será admitida a decretação da prisão preventiva:
> I – nos **crimes dolosos** punidos com pena privativa de liberdade máxima **superior a 4 (quatro) anos**;
> II – se tiver sido **condenado** por outro **crime doloso**, em **sentença transitada em julgado**, ressalvado o disposto no inciso I do *caput* do art. 64 do Decreto-Lei n. 2.848, de 7 de dezembro de 1940 – Código Penal;
> III – se o **crime** envolver **violência doméstica e familiar** contra a mulher, criança, adolescente, idoso, enfermo ou pessoa com deficiência, para garantir a execução das medidas protetivas de urgência.
> **Parágrafo único.** Também será admitida a prisão preventiva quando houver **dúvida** sobre a **identidade civil** da pessoa ou quando esta não fornecer elementos suficientes para esclarecê-la, devendo o preso ser colocado imediatamente em liberdade após a identificação, salvo se outra hipótese recomendar a manutenção da medida.

Pelo que se percebe do artigo transcrito, somente caberá a prisão preventiva para **crimes**, **não** sendo possível para a **contravenção penal**, uma vez que esta não foi mencionada. Ademais, lembrar que infração penal é gênero, do qual são espécies o crime/delito e a contravenção penal. Lembrar que os incisos não devem ocorrer de forma cumulativa, bastando um deles para que a prisão preventiva seja decretada.

Na linha de atualização do Código de Processo Penal com as inovações trazidas pelo Pacote Anticrime, destaca-se a inserção do § 2º no art. 313 acima já colacionado, que tem a seguinte redação:

> § 2º Não será admitida a decretação da prisão preventiva com a finalidade de antecipação de cumprimento de pena ou como decorrência imediata de investigação criminal ou da apresentação ou recebimento de denúncia.

As hipóteses narradas no novel § 2º são situações que comumente os Juízes usavam no cotidiano para decretar a prisão preventiva sem maiores fundamentações, mas apenas com base em certas situações processuais. Era muito comum o Magistrado prender preventivamente alguém pelo simples fato de estar sendo investigado ou de ter contra ele uma ação penal em andamento, o que seria justificativa por si só suficiente para que alguém ficasse recolhido ao cárcere. Ora, era uma faceta escura e cara de um Estado Totalitário e sem observância ao Estado Democrático de Direito, que deve nortear todas as decisões do Poder Judiciário, com espeque naquilo que consta da Carta Fundamental de 1988.

Com a nova inserção legal, será necessário que o Magistrado fundamente de **forma concreta nos autos** o motivo pelo qual está decretando a prisão preventiva de alguém, não sendo suficientes situações genéricas de **investigação criminal ou deflagração de ação penal**.

Foi também nessa linha de pensamento que o legislador alterou a redação do art. 315, CPP, acrescentando situações a serem observadas pelo Magistrado quanto à decretação da prisão preventiva, nestes termos:

> **Art. 315.** A decisão que decretar, substituir ou denegar a prisão preventiva será sempre motivada e fundamentada.
> § 1º Na motivação da decretação da prisão preventiva ou de qualquer outra cautelar, o juiz deverá indicar concretamente a existência de fatos novos ou contemporâneos que justifiquem a aplicação da medida adotada.
> § 2º Não se considera fundamentada qualquer decisão judicial, seja ela interlocutória, sentença ou acórdão, que:
> I – limitar-se à indicação, à reprodução ou à paráfrase de ato normativo, sem explicar sua relação com a causa ou a questão decidida;
> II – empregar conceitos jurídicos indeterminados, sem explicar o motivo concreto de sua incidência no caso;
> III – invocar motivos que se prestariam a justificar qualquer outra decisão;
> IV – não enfrentar todos os argumentos deduzidos no processo capazes de, em tese, infirmar a conclusão adotada pelo julgador;
> V – limitar-se a invocar precedente ou enunciado de súmula, sem identificar seus fundamentos determinantes nem demonstrar que o caso sob julgamento se ajusta àqueles fundamentos;
> VI – deixar de seguir enunciado de súmula, jurisprudência ou precedente invocado pela parte, sem demonstrar a existência de distinção no caso em julgamento ou a superação do entendimento.

Com essa relevante alteração legal, percebe-se que toda e qualquer restrição de liberdade passa a ser a exceção, somente podendo ser decretada a prisão preventiva quando a decisão buscar nos **autos elementos concretos, além de serem eles novos ou contemporâneos** que justifiquem a medida extrema, não bastando nenhum tipo de alusão genérica. De forma a espancar qualquer dúvida, o legislador ainda elencou quais são as hipóteses que não se consideram como **fundamentações válidas** para eventual decretação de prisão preventiva, conforme se vê acima da nova disposição legal prevista no art. 315, § 2º, CPP.

Das hipóteses citadas acima, merece atenção do estudioso o fato de que nenhuma decisão, daqui para a frente, poderá simplesmente citar **artigo de lei, súmula ou precedente** sem explicar a relevância com o caso concreto, o que era muito comum até então. Juízes apenas mencionavam o artigo de lei, súmula ou precedente e decidiam, como se a letra morta da lei ganhasse vida com a simples correlação, bem como forçando o uso da súmula ou precedente no caso em tela sem explicar o motivo da sua utilização. Isso não mais será aceitável. Em outras situações, Magistrados usavam **conceitos indeterminados** que nada diziam acerca do fato, deixando as partes em dúvida e sujeitas à utilização dos embargos de declaração para aclarar a questão. Agora isso já é vedado de plano, e as decisões devem ser claras e baseadas no caso concreto.

Além disso, importante o Juiz enfrentar agora todos os argumentos utilizados pelas partes, como consta do inciso IV, não sendo suficiente decidir com base em alguns itens citados nas alegações finais, o que comumente acontecia no cotidiano forense. Com a nova determinação legal, devem ser enfrentados e debatidos todos os argumentos trazidos à colação pelo membro do Ministério Público e pela Defesa.

Por fim, não se admite mais que o Juiz deixe de seguir enunciado de súmula, ainda que não vinculante, jurisprudência ou precedente invocado pela parte sem explicar o motivo concreto e fundamentado pelo qual não se aplica ao caso em tela. Trata-se de uma obrigatoriedade justa para aqueles que pesquisam, arduamente, as mais variadas teses jurídicas nos Tribunais e simplesmente são ignorados, nem mesmo havendo qualquer explicação pela qual o Magistrado está deixando de aplicar aquele entendimento. Em boa hora veio a alteração que torna obrigatória a **fundamentação jurídica** pela aplicação ou não da súmula, jurisprudência ou precedente invocado pela parte.

Em suma, para fins de prova da OAB, orienta-se o candidato a ler e conhecer cada um dos incisos acima transcritos, pois todos são autoexplicativos e merecem atenção.

Outra importante consideração acerca do cabimento da **prisão preventiva** é a sua **vedação** quando o agente cometer o crime numa das situações do art. 314, CPP. Tais situações são as **excludentes de ilicitude** previstas no art. 23, CP, como legítima defesa, estado de necessidade, exercício regular do direito e estrito cumprimento do dever legal. Nesses casos, não será possível decretar a prisão preventiva, por uma razão simples, não há que se falar em crime, uma vez que estará excluído o segundo elemento do mesmo (ilicitude), dentro da conceituação analítica ou tripartida do delito, onde se exige a conjugação do fato típico, antijurídico e culpável.

Quanto à **revogação da prisão preventiva**, pode-se dizer que ela ocorrerá quando **não** mais **subsistirem** os **pressupostos e requisitos** anteriormente existentes para a sua decretação, devendo o Juiz expedir o alvará de soltura, na forma do art. 316, CPP[7], já explicitado em tópico acima quanto à possibilidade de ser feita de ofício.

Uma última observação acerca desse tema é a novidade inserida no parágrafo único do art. 316, CPP, em que se exige do **Juiz, de ofício**, a **necessidade** de **revisar** a prisão preventiva decretada a cada **90 dias**, justificando a sua manutenção com os elementos concretos constantes dos autos. Trata-se de mais uma conquista da Advocacia para que não se perpetuem prisões sem maiores fundamentações e apenas de forma automática. Deve ser ressaltado que, se o Magistrado **deixar** de **observar** essa nova disposição legal, a **prisão passa** a ser automaticamente **ilegal** e deverá ser **relaxada** de plano.

11.3.3. Prisão preventiva domiciliar

O tema em epígrafe é importante porque estão muito em voga as chamadas "prisões domiciliares" conferidas no âmbito da **Operação Lava-Jato**. Muito se tem visto na mídia a situação de pessoas que foram presas preventivamente pelo Juiz de 1º grau, mas, em 2º grau, foi determinado o seu recolhimento domiciliar. Essa possibilidade está prevista de forma nova no art. 317, CPP.

Antes de serem estudados os casos autorizativos da prisão domiciliar, deve ser destacado que ela constitui uma espécie de prisão provisória encartada dentro da prisão preventiva, o que permite, sem maiores ressalvas, a possibilidade de **detração penal** pelo tempo que o acusado ficar preso nessa modalidade, na forma do **art. 42, Código Penal**, transcrito pela sua importância:

> Computam-se, na pena privativa de liberdade e na medida de segurança, o tempo de prisão provisória, no Brasil ou no estrangeiro, o de prisão administrativa e o de internação em qualquer dos estabelecimentos referidos no artigo anterior.

Assim, caso o acusado tenha ficado recolhido em sua residência, apesar de que dela não poderá ausentar-se sem autorização judicial, **trata-se de efetivo cumprimento de pena provisória**, a qual será abatida ao final de eventual condenação definitiva.

São os casos seguintes que autorizam a referida modalidade de prisão preventiva, chamando atenção especial para os incisos **IV, V e VI** que foram **acrescidos posteriormente (2016)**, constituindo importante novidade que pode ser objeto de cobrança na **prova da OAB**:

> **Art. 318.** Poderá o juiz substituir a prisão preventiva pela domiciliar quando o agente for:
> I – maior de 80 (oitenta) anos;
> II – extremamente debilitado por motivo de doença grave;
> III – imprescindível aos cuidados especiais de pessoa menor de 6 (seis) anos de idade ou com deficiência;
> **IV – gestante;**
> **V – mulher com filho de até 12 (doze) anos de idade incompletos;**
> **VI – homem, caso seja o único responsável pelos cuidados do filho de até 12 (doze) anos de idade incompletos.**

Logo, o candidato deve lembrar-se dessa nova alteração que tem muita chance de ser cobrada em novas provas da OAB.

Por fim, atenção para a nova alteração legal acrescida no Código de Processo Penal, quanto à substituição da prisão preventiva pela prisão domiciliar nos seguintes casos:

> **Art. 318-A.** A prisão preventiva imposta à mulher gestante ou que for mãe ou responsável por crianças ou pessoas com deficiência será substituída por prisão domiciliar, desde que: (Incluído pela Lei n. 13.769, de 2018.)

---

[7] Art. 316. O juiz poderá, de ofício ou a pedido das partes, revogar a prisão preventiva se, no correr da investigação ou do processo, verificar a falta de motivo para que ela subsista, bem como novamente decretá-la, se sobrevierem razões que a justifiquem. Parágrafo único. Decretada a prisão preventiva, deverá o órgão emissor da decisão revisar a necessidade de sua manutenção a cada 90 (noventa) dias, mediante decisão fundamentada, de ofício, sob pena de tornar a prisão ilegal.

I – não tenha cometido crime com violência ou grave ameaça a pessoa; (Incluído pela Lei n. 13.769, de 2018.)
II – não tenha cometido o crime contra seu filho ou dependente. (Incluído pela Lei n. 13.769, de 2018.)

Art. 318-B. A substituição de que tratam os arts. 318 e 318-A poderá ser efetuada sem prejuízo da aplicação concomitante das medidas alternativas previstas no art. 319 deste Código. (Incluído pela Lei n. 13.769, de 2018.)

11.4. Relaxamento de prisão

Trata-se de medida liberatória, ocorrendo quando a **prisão** for **ilegal**, tendo o seu fundamento na própria Constituição Federal, art. 5º, LXV. Ademais, o Código de Processo Penal também endossou a possibilidade de relaxamento de prisão ilegal, na forma do art. 310, I.

A chamada prisão ilegal pode acontecer em inúmeros casos, sendo o mais comum quando a pessoa for presa numa das situações (arts. 3º e 4º) da **Lei n. 4.898/65 (Lei de Abuso de Autoridade)**, por exemplo, quando o Delegado de Polícia deixa de comunicar imediatamente (24h) a prisão de alguém à Autoridade Judiciária, na forma do art. 4º, *c*, Lei n. 4.898/65. Outro caso comum seria quando a prisão de alguém é feita com invasão de domicílio sem mandado judicial ou sem que ali esteja acontecendo um crime, também na forma preconizada no art. 3º, *b*, Lei n. 4.898/65.

Em tais situações, a **liberdade será integralmente restituída**, sem qualquer condicionante, por meio da peça processual chamada de **relaxamento de prisão**.

11.5. Liberdade provisória com ou sem fiança

Outra forma de medida liberatória, a liberdade provisória está prevista também na Constituição Federal, art. 5º, LXVI, bem como no art. 310, III, CPP. Para a sua concessão, o Juiz deve analisar o **auto de prisão em flagrante** e constatar que inexistem os pressupostos para a prisão preventiva, bem como a ausência dos requisitos já estudados acima. Em outras palavras, a liberdade provisória será concedida quando **inexistir a PEC (Prova da Existência do Crime) + ISA (Indícios Suficientes de Autoria)** ou **requisitos** de admissibilidade (ambos no art. 312, CPP) ou não se encaixar nos casos do **art. 313, CPP**. Essa é a disposição legal do art. 321, CPP.

Não se pode esquecer, ainda, que a **liberdade provisória** pode ser concedida quando o Juiz perceber, pelo auto de prisão em flagrante, que o acusado cometeu a conduta nas situações do **art. 23, CP**, ou seja, hipóteses de **excludentes de ilicitude** (legítima defesa, estado de necessidade, exercício regular do direito e estrito cumprimento do dever legal).

A liberdade provisória pode ser concedida **sem fiança**, mas com **certas limitações**, daí o nome ser provisória, a depender do cumprimento de certas condições, como a de comparecer a todos os atos processuais a que for intimado o acusado.

Ela também poderá ser concedida **com fiança**, caso em que o acusado recolherá uma quantia para não ser preso preventivamente. No que tange à fiança, ela poderá ser autorizada pelo **Delegado de Polícia** ou pelo **Juiz de Direito**. Será autorizada pelo **Delegado de Polícia** nos crimes em que a pena máxima privativa de liberdade **não ultrapasse a 4 (quatro) anos**. Nos **demais casos** (penas privativas de liberdade superiores a 4 anos), caberá à **Autoridade Judiciária** concedê-la.

Importante observação acerca da liberdade provisória é que ela pode ser concedida junto com as chamadas **medidas cautelares** previstas no art. 319, CPP. Mais uma vez, trazendo à baila a **Operação Lava-Jato**, o Poder Judiciário tem concedido como alternativa à prisão preventiva dos acusados a liberdade provisória com as medidas cautelares citadas no art. 319, CPP, sendo a mais comum de se ver a **monitoração eletrônica**, que é feita por meio da **tornozeleira eletrônica**. Veja-se que o acusado ficará em liberdade condicionada ao cumprimento das medidas cautelares fixadas pelo Juiz, sendo que se houver o seu descumprimento ele poderá voltar para a prisão de forma preventiva.

Tamanha a importância das chamadas medidas cautelares para uma prova de múltipla escolha da OAB, que se torna de bom tom o candidato conhecer quais são as hipóteses legais previstas no art. 319, CPP, nesses termos:

São **medidas cautelares** diversas da prisão:
I – comparecimento periódico em juízo, no prazo e nas condições fixadas pelo juiz, para informar e justificar atividades;
II – proibição de acesso ou frequência a determinados lugares quando, por circunstâncias relacionadas ao fato, deva o indiciado ou acusado permanecer distante desses locais para evitar o risco de novas infrações;
III – proibição de manter contato com pessoa determinada quando, por circunstâncias relacionadas ao fato, deva o indiciado ou acusado dela permanecer distante;
IV – proibição de ausentar-se da Comarca quando a permanência seja conveniente ou necessária para a investigação ou instrução;
V – **recolhimento domiciliar** no período noturno e nos dias de folga quando o investigado ou acusado tenha residência e trabalho fixos;
VI – suspensão do exercício de função pública ou de atividade de natureza econômica ou financeira quando houver justo receio de sua utilização para a prática de infrações penais;
VII – internação provisória do acusado nas hipóteses de crimes praticados com violência ou grave ameaça, quando os peritos concluírem ser inimputável ou semi-imputável (art. 26 do Código Penal) e houver risco de reiteração;

VIII – fiança, nas infrações que a admitem, para assegurar o comparecimento a atos do processo, evitar a obstrução do seu andamento ou em caso de resistência injustificada à ordem judicial;
IX – **monitoração eletrônica.**

Assim, em vez de decretar-se a prisão preventiva, alternativamente, o Juiz poderá fixar as medidas cautelares acima delineadas.

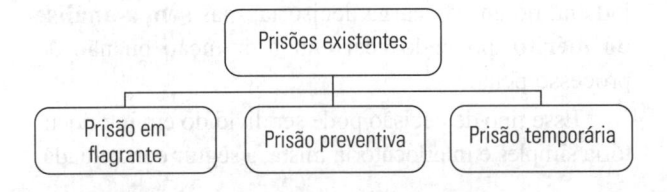

```
                  Prisões existentes
                         |
        ┌────────────────┼────────────────┐
   Prisão em        Prisão preventiva   Prisão temporária
   flagrante
```

12. ATOS DE COMUNICAÇÃO NO PROCESSO PENAL

12.1. Citação e intimação no processo penal

Os dois atos processuais aqui mencionados são facilmente confundíveis na prática, sendo que é importante para o candidato da OAB saber diferenciá-los para a prova, tendo em vista que as questões definem um pelo outro para gerar dúvidas.

Assim, a **citação** é o ato processual pelo qual o Juiz chama o acusado ao processo para defender-se (apresentar resposta à acusação), tendo em vista o recebimento de uma denúncia ou queixa. Já a **intimação** ocorre quando se comunica a alguém de ato processual já realizado ou a ser realizado.

As considerações mais relevantes devem ser feitas em razão da **citação**. A primeira delas é a de que tal ato é imprescindível no processo criminal, sendo que a sua **ausência** gera uma hipótese de **nulidade absoluta**, na forma do art. 564, III, *e*, CPP. Por tratar-se de nulidade absoluta, a sua ausência pode ser questionada a qualquer tempo (até mesmo na fase da execução penal), devendo o processo ser anulado a partir do momento em que deveria ter sido feita e não foi.

Outra importante consideração é acerca da **citação de réu preso**, uma vez que antes da alteração legislativa bastava o preso ser requisitado pela Autoridade Judiciária para comparecer perante ela que se considerava que houve a sua citação válida. Atualmente, essa requisição não é mais válida, devendo o preso ser **pessoalmente citado**, na forma da novidade prescrita no art. 360, CPP. Em outras palavras, a citação pessoal é algo indispensável, ainda que o acusado encontre-se recolhido em presídio.

No que tange à contagem do prazo de 10 dias para apresentação de resposta à acusação (Código de Processo Penal) ou defesa preliminar (Lei de Drogas), cumpre ressaltar que se trata de prazo processual, devendo ser excluído o dia do início e incluído o dia do final, na forma do art. 798, § 1º, CPP. Em relação ao que se entende por dia do início, para efeito de contagem de prazo processual qualquer, deve ser observada a redação da **Súmula 710 do Supremo Tribunal Federal** cuja ideia é bem diferente da prevista no Código de Processo Civil, nesses termos:

> No processo penal, **contam-se** os prazos da **data da intimação**, e não da juntada aos autos do mandado ou da carta precatória ou de ordem.

Deve ser insistido que no Processo Penal a regra é a citação pessoal feita via mandado judicial, na forma do art. 351, CPP. Caso o acusado não se encontre na comarca onde o Juiz possui jurisdição, a citação será feita por meio de carta precatória, na forma do art. 353, CPP. A **citação por hora certa é novidade no Código de Processo Penal**, podendo ser utilizada também na seara criminal, antes afeta apenas ao Processo Civil, tendo previsão no art. 362, CPP, em casos que **o réu se oculta para não ser citado**. Por fim, a citação poderá ser feita também por edital, caso tenham sido esgotadas todas as tentativas de citação anteriormente explicadas, encontrando-se o réu em local incerto e não sabido, na forma do art. 363, § 1º, CPP. O prazo da citação por edital será de 15 (quinze) dias, ou seja, o tempo em que o edital ficará afixado na porta de entrada do Fórum ou prédio onde funciona o Poder Judiciário local.

Uma consideração final deve ser feita em relação à citação editalícia, consistente na regra do art. 366, CPP, a seguir transcrito dada a sua riqueza de detalhes:

> **Art. 366.** Se o acusado, citado por edital, não comparecer, nem constituir advogado, ficarão suspensos o processo e o curso do prazo prescricional, podendo o juiz determinar a produção antecipada das provas consideradas urgentes e, se for o caso, decretar prisão preventiva, nos termos do disposto no art. 312.

Por essa redação, constata-se que o acusado que não tiver defesa constituída não poderá ser, por óbvio, processado, uma vez que inexiste no Brasil processo criminal sem o contraditório e a ampla defesa. Todavia, todos os prazos, por consequência, ficarão suspensos, notadamente o prazo prescricional, não havendo perigo de ocorrer a extinção da punibilidade pela prescrição. Além disso, caso exista alguma **prova urgente** a ser produzida, como testemunha que está prestes a morrer e não tem como ser ouvida posteriormente, permite-se a **produção antecipada de provas**. A derradeira análise é a possibilidade de o Juiz decretar a prisão preventiva, na forma dos pressupostos e requisitos do art. 312, CPP, quando se perceber que o réu, por exemplo, está fugindo da aplicação da lei penal e ocultando-se para não ser encontrado.

> Como ressalva da não aplicação do art. 366, CPP, importante o candidato da OAB anotar que o procedimento nele previsto não será aplicado aos crimes de Lavagem de Dinheiro, conforme redação explícita do art. 2º, § 2º, Lei n. 9.613/98, devendo, então ser-lhe nomeado defensor dativo que irá prosseguir em sua defesa.

Em relação à **intimação**, como já foi mencionado acima, ela é feita para que se informe a qualquer pessoa de algum ato processual já realizado, como, por exemplo, a juntada de laudo pericial, ou ato que irá ser realizado, por exemplo, a realização de uma audiência. Diferentemente da citação, que somente é destinada ao acusado para defender-se, a intimação pode ser direcionada a qualquer pessoa, na forma do art. 370, CPP, sendo a contagem do prazo processual para eventual manifestação feita na forma do já citado art. 798, § 1º, CPP.

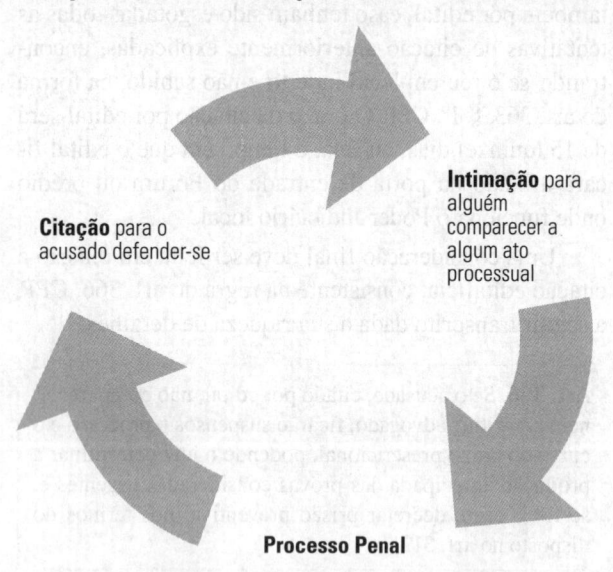

Citação para o acusado defender-se

Intimação para alguém comparecer a algum ato processual

Processo Penal

13. ATOS JUDICIAIS NO PROCESSO PENAL

13.1. Espécies de atos judiciais no processo penal

São os atos praticados pelo Juiz no Processo Penal, dividindo-se em **despachos de mero expediente, decisões interlocutórias e sentença**.

Antes de passar para as espécies mais importantes para a OAB, devem ser conceituados os **despachos de mero expediente**. Eles são destinados apenas ao impulso do processo, desprovidos de qualquer carga decisória, devendo apenas **impulsionar** o curso do **procedimento** em direção ao ato final (sentença). Como exemplo, tem-se a designação de audiências, determinação de intimação de testemunhas etc.

13.1.1. Decisões interlocutórias no processo penal

Chama-se de **decisão interlocutória** aquele ato judicial dotado de carga decisória, mas **sem a análise do mérito**, podendo acarretar a extinção ou não do processo penal.

Esse tipo de decisão pode ser dividido em interlocutória simples e interlocutória mista, a seguir conceituada:

a) **Decisão interlocutória simples:** soluciona questões atinentes à regularidade formal do processo ou certos incidentes, **sem extinguir o processo**. Como exemplo, tem-se aquela que converte a prisão em flagrante em prisão preventiva; concede liberdade provisória; recebimento da denúncia etc.

b) **Decisão interlocutória mista:** é aquela que **extingue o processo, sem julgamento do mérito**, que **encerra uma etapa do procedimento** ou **resolve procedimentos incidentais** de maneira definitiva. Como exemplo, tem-se a decisão de pronúncia que manda o acusado para o julgamento perante o Conselho de Sentença, extinguindo-se a fase do sumário e inaugurando a fase do mérito a ser julgado pelos Jurados. Por sua vez, essa decisão interlocutória mista pode ser subdividida em:

b.1) **Interlocutória mista terminativa**: é a chamada decisão com força de definitiva, em que se **extingue o processo**, sem julgamento do mérito, bem como aquela que **resolve** um **procedimento incidental** de maneira definitiva, não havendo possibilidade de reexame no mesmo grau. Como exemplos, a rejeição da denúncia e a impronúncia.

b.2) **Interlocutória mista não terminativa**: é aquela que coloca fim a uma etapa do procedimento, aproximando-se da questão de mérito, mas sem adentrar propriamente nele, mas **sem** causar a **extinção do processo**. Exemplo clássico é a pronúncia, em que se encerra a primeira etapa do procedimento escalonado do Júri (sumário de culpa) e inaugura a segunda etapa constituída pelo julgamento no Plenário do Tribunal do Júri.

13.1.2. Sentença penal

Trata-se da decisão mais clássica do Código de Processo Penal, em que se **julga o mérito**, **condenando** (art. 387, CPP) ou **absolvendo** (art. 386, CPP) o acusado.

O conteúdo da sentença, seja de absolvição, seja de condenação, é aquele previsto no art. 381, CPP, devendo constar todos aqueles elementos ali elencados, lembrando que o principal deles é a motivação pela qual o Magistrado escolheu aquela decisão. Isso se faz porque todas as decisões do Poder Judiciário devem ser fundamentadas, na forma do art. 93, IX, CF.

Em relação às sentenças, há um fato curioso previsto no art. 382, CPP, que é a possibilidade de **embargos de declaração** oponíveis no prazo de **2 (dois) dias** quando a decisão for **obscura, ambígua, contraditória ou omissa**. Veja-se que esse tipo recursal somente cabe para as sentenças, não sendo utilizada esta sistemática (prazo de 2 dias e requisitos) para decisões proferidas em 2º grau, o qual terá rito procedimental próprio.

Quanto às espécies de sentença, a primeira delas a ser estudada é a absolutória. Por sua vez, a **sentença absolutória** pode ser **própria** quando julga improcedente o pedido feito pela acusação. Será ela **absolutória imprópria** quando reconhece a prática da infração penal, mas o agente é inimputável, na forma do art. 26, *caput*, Código Penal, determinando a imposição de **medida de segurança**, conforme art. 386, parágrafo único, III, CPP. Por fim, a última espécie de sentença absolutória é a chamada de **sumária**, ou de **absolvição sumária**, em que o Juiz absolve o acusado no procedimento comum (art. 397, CPP) ou na primeira fase do procedimento do Júri (art. 415, CPP).

As formas tradicionais de absolvição do acusado estão bem delineadas no art. 386, CPP, que merecem a transcrição em virtude da incidência de suas formas na prova da OAB, nesses termos:

> **Art. 386.** O juiz absolverá o réu, mencionando a causa na parte dispositiva, desde que reconheça:
> I – estar provada a inexistência do fato;
> II – não haver prova da existência do fato;
> III – não constituir o fato infração penal;
> IV – estar provado que o réu não concorreu para a infração penal;
> V – não existir prova de ter o réu concorrido para a infração penal;
> VI – existirem circunstâncias que excluam o crime ou isentem o réu de pena (arts. 20, 21, 22, 23, 26 e § 1º do art. 28, todos do Código Penal), ou mesmo se houver fundada dúvida sobre sua existência;
> VII – não existir prova suficiente para a condenação.

Em relação à **sentença condenatória**, o dispositivo de regência é o art. 387, CPP. Para que alguém seja condenado pela infração penal devem concorrer os três elementos comumente estudados no Direito Penal, quais sejam: **fato típico, antijurídico** e **culpável**. Dentro do art. 387, CPP, o que deve ser lembrado de novidade é que o referido dispositivo possui o inciso IV, em que o Juiz deverá fixar o **valor mínimo para fins de reparação do dano** causado pela infração penal.

Quanto à **intimação da sentença**, o art. 392, CPP, determina que a regra é a intimação do réu e do seu advogado pessoalmente. Todavia, caso o réu esteja solto, a intimação pode ser feita pessoalmente a ele ou ao seu advogado, de forma alternativa. Assim, a conclusão a que se pode chegar é que sempre que o **réu** estiver **preso** ele deverá ser intimado **pessoalmente**.

Ponto corriqueiro em provas da OAB, sendo por isso deixado para ser comentado ao final deste tópico, é aquele que trata da *emendatio libelli* e *mutatio libelli*.

Inicialmente, para que não restem dúvidas, a *emendatio libelli* ocorre no **art. 383, CPP**, quando o Juiz atribui **nova definição jurídica**, **sem modificar a descrição do fato narrado** na ação penal. Isso é possível porque o acusado defende-se dos fatos, não da capitulação jurídica feita pelo Ministério Público ou advogado (queixa-crime). Assim, pode ser que o Juiz entenda que o crime é o de roubo (ainda que mais grave), não sendo correta a capitulação que foi feita quando se descreveu na denúncia uma subtração feita com violência como sendo de furto. Basta que o Juiz altere a capitulação penal, sem maiores consequências. Lembrar que na *emendatio libelli* prevista no art. 383, CPP não existe o contraditório com produção de prova testemunhal, como ocorre com a *mutatio libelli* do art. 384, CPP, uma vez que, insista-se, o Juiz não está acrescentando elementos diversos daqueles constantes na ação penal, mas apenas dando nova capitulação aos fatos narrados.

Já a *mutatio libelli* prevista no **art. 384, CPP** ocorre quando houver mudança no libelo, ou seja, na acusação feita inicialmente. Ela é possível quando, após a instrução probatória, com as provas produzidas posteriormente à ação penal, **novos fatos e circunstâncias alteram a imputação típica feita no início**. Veja-se que não se podem alterar sobremaneira os fatos narrados inicialmente, devendo manter o tipo básico com seus elementos como o bem jurídico tutelado e verbo-núcleo do tipo. O que se acrescentam são fatos e circunstâncias descobertos na instrução probatória e que irão modificar a capitulação penal, podendo o novo crime ser mais grave ou não. Nesse tipo de alteração, as partes deverão ter o direito de produzir novas provas, pois novos fatos e circunstâncias surgiram e o contraditório exige isso.

Sendo assim, o Ministério Público irá aditar a denúncia ou queixa, no prazo de 5 (cinco) dias, também sendo ouvido o defensor do acusado no mesmo prazo de 5 (cinco) dias, procedendo-se à nova audiência de instrução e julgamento (art. 384, § 2º, CPP).

Como exemplo de *mutatio libelli,* pode ser citado o caso em que o agente está respondendo pelo crime de furto, mas durante a instrução probatória percebe-se que o agente usou de violência contra a pessoa para efetuar a subtração. Nesse caso, permitindo-se o contraditório acima citado, o Juiz poderá dar nova definição jurídica para o fato, sendo tratado como crime de roubo. Acerca da possibilidade de se fazer o referido instituto em grau de recurso, a resposta negativa se impõe, tendo em vista a redação da Súmula 453, Supremo Tribunal Federal:

> Não se aplicam à segunda instância o art. 384 e parágrafo único do CPP, que possibilitam dar nova definição jurídica ao fato delituoso, em virtude de circunstância elementar não contida, explícita ou implicitamente, na denúncia ou queixa.

Em suma, a *emendatio libelli* ocorre quando o Juiz der nova capitulação jurídica aos fatos narrados, mas sem que haja qualquer fato ou circunstância nova; enquanto na *mutatio libelli* novos fatos ou circunstâncias surgem e o Juiz, mediante contraditório, dará nova capitulação jurídica.

Por fim, tendo em vista a **independência do Juiz** para julgar, em crimes de ação penal pública (incondicionada ou condicionada), **não se aplicando para a queixa-crime** (ação penal privada), poderá o **Magistrado condenar ou reconhecer agravantes**, ainda que o Ministério Público tenha pedido a absolvição ou não tenha mencionado qualquer agravante. Essa é regra do art. 385, CPP.

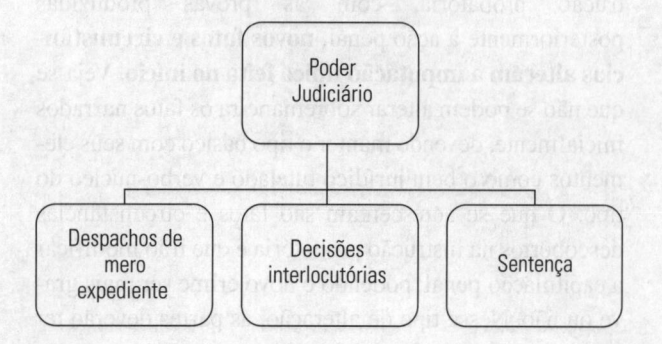

```
              Poder
            Judiciário
    ┌───────────┼───────────┐
Despachos de  Decisões    Sentença
   mero    interlocutórias
 expediente
```

14. PROCEDIMENTOS PENAIS

Antes de adentrar os procedimentos, deve ser diferenciado o que vem a ser **processo** e **procedimento**. O processo é o caminho percorrido por vários atos processuais até culminar com a sentença. Já o procedimento é o modo pelo qual esses vários atos processuais devem ser praticados até chegar à finalidade conclusiva.

O que se estudará a seguir é o **procedimento** previsto no Código de Processo Penal, que pode ser dividido em espécies, como comum ordinário, comum sumário, comum sumaríssimo ou especial, conforme o art. 394, *caput*, CPP. Os três primeiros são regulados pelo Código de Processo Penal, na forma do **art. 394, § 1º**, a seguir transcrito para melhor visualização:

> O procedimento **comum** será **ordinário, sumário ou sumaríssimo**:
> I – **ordinário**, quando tiver por objeto crime cuja sanção máxima cominada for igual ou superior a 4 (quatro) anos de pena privativa de liberdade;
> II – **sumário**, quando tiver por objeto crime cuja sanção máxima cominada seja inferior a 4 (quatro) anos de pena privativa de liberdade;
> III – **sumaríssimo**, para as infrações penais de menor potencial ofensivo, na forma da lei.

Por sua vez, o **procedimento especial** é regulado de forma específica, como o próprio nome diz, tendo previsão de seu **rito especial** em Leis Extravagantes ou disposições especiais, como, por exemplo, Lei n. 11.343/2006 (Lei de Drogas); Lei n. 8.038/90 (Procedimento Originário dos Tribunais); arts. 513 a 518, CPP (Crimes de Responsabilidade dos Funcionários Públicos); arts. 406 a 497, CPP (Procedimento dos Crimes Dolosos Contra a Vida).

Importante destacar que alguns crimes que possuem pena inferior a 4 (quatro) anos não se submeterão ao que consta do art. 394, § 1º, CPP, acima citado, em virtude de disposição legal específica excluindo a sua aplicação. Dessa forma, a pena abstrata cominada à infração penal não será considerada para fins de determinação do procedimento. Citam-se como exemplos de crimes que **não se submetem à regra**, apesar de a pena máxima abstrata ser menor que 4 (quatro) anos:

a) **Infrações penais com violência doméstica e familiar contra a mulher:** art. 41, **Lei n. 11.340/2006**, determinando a lei que **não se aplique**, qualquer que seja a pena, o **procedimento comum sumaríssimo** previsto na Lei n. 9.099/95.

b) **Crimes tipificados na Lei n. 10.741/2003 (Estatuto do Idoso):** art. 94, Lei n. 10.741/2003, determina que se **aplique** o **procedimento comum sumaríssimo** (Lei n. 9.099/95) aos crimes praticados contra idoso, ainda que a pena máxima abstrata seja superior a 2 (dois) anos, desde que **não ultrapasse 4 (quatro) anos**.

c) **Crimes Falimentares:** art. 185, **Lei n. 11.101/2005**, determina que se aplique o **procedimento comum sumário**, ainda que a pena do crime seja igual, inferior ou superior a 4 (quatro) anos.

d) **Crimes previstos na Lei n. 12.850/2013 (Lei de Organização Criminosa):** art. 22, *caput*, Lei n. 12.850/2013, dispõe que os crimes previstos nesta lei e as infrações penais conexas serão apurados mediante **procedimento comum ordinário**, independentemente da pena máxima abstrata cominada ao delito.

Assim, importante guardar essas exceções legais que, independentemente da pena cominada, não se submeterão à regra geral.

Veja também a redação do art. 394-A do CPP:

> **Art. 394-A.** Os processos que apurem a prática de crime hediondo terão prioridade de tramitação em todas as instâncias.

Assim, os processos dos crimes previstos na Lei n. 8.072/90 terão prioridade em relação aos chamados crimes comuns, o que é louvável, de acordo com a gravidade maior que esses delitos possuem.

14.1. Procedimento comum ordinário no Código de Processo Penal

Trata-se do procedimento mais utilizado hoje na prática, sendo também o mais cobrado nas provas da OAB. Para que se aplique a sua sistemática, a sanção máxima do crime deve ser **igual** ou **superior a 4** (quatro) anos de **pena privativa de liberdade**.

A peça inaugural no Processo Penal é a ação penal, podendo ser feita a **denúncia ou queixa**. Ambas devem atender o já citado art. 41, CPP, com clara identificação do autor ou autores, fato criminoso, local, dia e hora do crime. Para aferir o preenchimento dos requisitos legais e consequente recebimento da ação penal, passa-se à análise do Juiz acerca de sua admissibilidade ou não, na forma do art. 395, CPP, a seguir analisado:

> **Art. 395.** A denúncia ou queixa será rejeitada quando:
> I – for manifestamente inepta;
> II – faltar pressuposto processual ou condição para o exercício da ação penal; ou
> III – faltar justa causa para o exercício da ação penal.

A **primeira situação** de rejeição da denúncia ou queixa é quando houver **inépcia**, sendo essa conceituada como a falta de atendimento ao disposto no **art. 41, CPP**. Faltando, por exemplo, a menção de local, dia e hora do crime, não há como o acusado defender-se, devendo a ação penal ser rejeitada.

A **segunda situação** já foi trabalhada alhures (item 5.2), quando se debruçou sobre a ação penal pública.

A terceira situação é importantíssima, devendo entender-se por **justa causa** um **lastro probatório mínimo** para que alguém possa ser acusado de alguma infração penal.

14.1.1. Resposta à acusação no procedimento comum ordinário no CPP

Depois de preenchidos os requisitos do art. 395, CPP, o Juiz **receberá a denúncia ou queixa** e citará o acusado para fazer a peça chamada de **resposta à acusação**. Essa peça deve ser feita por **escrito** e o **prazo** é de **10 (dez) dias**. Cuidado que no procedimento comum ordinário **não** se usa mais o nome **defesa prévia** nem **defesa preliminar**, mas sim resposta à acusação. Em outros procedimentos ainda se usa a expressão defesa preliminar, bem como os prazos podem ser diferentes. Para facilitar a compreensão, segue quadro abaixo com os tratamentos diversos.

Lei n. 11.343/2006 (Lei de Drogas), art. 55, *caput*	Defesa preliminar Prazo: 10 dias
Lei n. 8.038/90 (Procedimento Originário dos Tribunais), art. 4º	Defesa preliminar Prazo: 15 dias
Lei n. 9.099/95 (Juizados Especiais), art. 81	Defesa preliminar Feita oralmente em audiência
Código de Processo Penal (Crimes funcionais), art. 514	Defesa preliminar Prazo: 15 dias

Nesse ponto, excluindo-se as peças defensivas demonstradas no quadro acima, a resposta à acusação será feita depois que o Juiz receber a denúncia ou queixa, podendo o acusado alegar tudo que interessa à sua defesa, como preliminares, provas, exceções e apresentar o rol de testemunhas, sendo que o número de testemunhas vai depender do procedimento a ser utilizado.

14.1.2. Absolvição sumária no procedimento comum ordinário do CPP

Após a realização da resposta à acusação, com todas as teses defensivas em seu bojo, o Juiz passa a analisar se irá acatar ou não algo que esteja dentro dela. Caso entenda que a tese defensiva deva ser aceita, poderá aplicar o instituto da **absolvição sumária**, na forma do art. 397, CPP, *in verbis*:

> **Art. 397.** Após o cumprimento do disposto no art. 396-A, e parágrafos, deste Código, o juiz deverá absolver sumariamente o acusado quando verificar:
> I – a existência manifesta de causa excludente da ilicitude do fato;
> II – a existência manifesta de causa excludente da culpabilidade do agente, salvo inimputabilidade;
> III – que o fato narrado evidentemente não constitui crime; ou
> IV – extinta a punibilidade do agente.

As causas de absolvição previstas no art. 397, CPP são bem fáceis de entendimento, podendo ser exemplificada cada uma delas no quadro abaixo, tendo em vista que as provas da OAB, notadamente em Direito Processual Penal, abordam muito casos concretos.

Causa excludente de **ilicitude do fato**	Legítima defesa, estado de necessidade, estrito cumprimento do dever legal e exercício regular do direito (art. 23, CP)
Causa excludente de **culpabilidade**	Erro de proibição (art. 21, CP); coação moral irresistível e obediência hierárquica (art. 22, CP)
Causa excludente de **tipicidade**	Princípio da insignificância; falta de previsão legal do crime (p. ex., o adultério foi revogado)
Causa extintiva da **punibilidade**	Morte do agente, prescrição, decadência, e demais hipóteses do art. 107, CP

Conforme expressa disposição legal, não se inclui como causa excludente de culpabilidade, e consequente absolvição sumária, a **excludente de inimputabilidade**. Por uma razão simples e já vista quando do estudo da **Sentença Penal** (item 13.1.2), trata-se de aplicação da chamada **sentença absolutória imprópria** (art. 386, parágrafo único, III, CPP), em que se determinará imposição de **medida de segurança**. Todavia, para que se aplique a aludida sentença absolutória imprópria deve ser dada à defesa do inimputável a possibilidade de defender-se no processo penal, com audiência de instrução e julgamento, sendo que ele poderá alegar alguma causa de sua inocência e conseguir eventual absolvição por uma das formas do art. 386, CPP. Apenas quando não comprovar a sua inocência é que se aplica a regra do art. 386, parágrafo único, III, CPP, determinando a imposição de medida de segurança.

14.1.3. Instrução criminal no procedimento comum ordinário do CPP

Não sendo o caso de absolvição sumária, o Juiz designará audiência de instrução e julgamento para a produção de provas, intimando-se o acusado para comparecimento e sua oitiva em interrogatório.

Importante assinalar que a **ordem da produção de provas** prevista no art. 400, CPP, deverá ser estritamente **obedecida**, sendo comum cobrar-se em provas da OAB essa forma, sendo que qualquer inversão poderá ensejar nulidade.

Antes de passar para a audiência em si, devem ser lembrados os §§ 1º e 2º, art. 399, CPP, já estudados, mas, dada a importância, serão abaixo elencados:

a) **Acusado preso será requisitado:** réu que se encontra preso deve ser requisitado (ao Diretor do presídio onde se encontra) pelo Juiz para a oitiva e realização de seu interrogatório.

b) **Juiz que presidiu a instrução deve proferir a sentença: princípio da identidade física do Magistrado**, sendo que aquele que presidiu a audiência de instrução deverá prolatar a sentença penal, salvo casos de férias, promoção e licenças.

A **audiência de instrução e julgamento**, que deve ser realizada no prazo de 60 (sessenta dias) contado de quando o Juiz recebe a denúncia ou queixa e faz a sua designação, tem uma ordem rígida de ritual. Assim, seguem suas etapas:

1ª) O Juiz ouvirá o ofendido acerca dos fatos.
2ª) Será feita a inquirição de testemunhas, primeiro as da acusação e depois as de defesa, em atendimento ao princípio da ampla defesa.
3ª) Esclarecimentos dos peritos, se houver.
4ª) Acareações e reconhecimento de pessoas e coisas.
5ª) **Interrogatório do acusado**, devendo ser esse o **último ato de produção probatória**, em prol do princípio da ampla defesa.
6ª) Requerimento de diligências, se houver.
7ª) Não havendo diligências, elaboração de **alegações finais**, primeiro pela acusação (Ministério Público ou Advogado, se for queixa-crime), depois pela Defesa, de forma oral e no **prazo de**

20 (vinte) minutos, prorrogável por mais 10 (dez) minutos.

8ª) Sentença oral.

Percebe-se que o legislador primou pela realização dos **atos orais** em audiência de instrução e julgamento, apenas reservando a **forma escrita para casos excepcionais**, como se verá a seguir:

1) Caso existam **diligências**, as alegações finais serão feitas por meio de **memoriais** escritos, no prazo de 5 **(cinco) dias**, primeiro a acusação e depois a defesa.

2) Caso o feito seja **complexo**, também serão feitas alegações finais por **memoriais** escritos, no prazo **de 5 (cinco) dias**, primeiro a acusação e depois a defesa.

3) Em ambos os casos (diligências e complexidade), o Juiz proferirá a **sentença** em 10 **(dez) dias**.

Algumas **observações finais** acerca da audiência de instrução e julgamento são de que o número de testemunhas está previsto no art. 401, CPP, para o procedimento comum ordinário, podendo as partes arrolar **até 8 (oito) testemunhas**, não se compreendendo aqui a vítima e os informantes. Por derradeiro, havendo mais de um acusado, o tempo previsto para alegações finais será individualizado por defesa, na forma do art. 403, § 1º, CPP.

Questão de suma importância é a novidade legal para o tratamento da vítima nas audiências de instrução que apurem os crimes contra a dignidade sexual. Em razão de episódios ocorridos no Brasil quanto ao constrangimento a que vítimas foram submetidas em audiências de instrução, o legislador achou por bem regulamentar a forma de tratamento e arguição delas nos crimes em que se apura ofensa ao bem jurídico consubstanciado na dignidade sexual.

De forma a tornar clara a questão, cita-se a alteração legal inserida no Código de Processo Penal, *in verbis*:

> **Art. 400-A.** Na audiência de instrução e julgamento, e, em especial, nas que apurem crimes contra a dignidade sexual, todas as partes e demais sujeitos processuais presentes no ato deverão zelar pela integridade física e psicológica da vítima, sob pena de responsabilização civil, penal e administrativa, cabendo ao juiz garantir o cumprimento do disposto neste artigo, vedadas: (Incluído pela Lei n. 14.245, de 2021.)
> I - a manifestação sobre circunstâncias ou elementos alheios aos fatos objeto de apuração nos autos; (Incluído pela Lei n. 14.245, de 2021.)
> II - a utilização de linguagem, de informações ou de material que ofendam a dignidade da vítima ou de testemunhas. (Incluído pela Lei n. 14.245, de 2021.)

Em boa hora, o legislador passou a deixar claro que nenhum tipo de preconceito ou discriminação poderá ser feito contra a vítima de um **crime contra a dignidade sexual**, uma vez que ela já sofreu uma agressão ao seu bem jurídico e carrega o sofrimento consigo, sendo a audiência de instrução uma forma de reviver toda a trama delituosa. Assim, perguntas ou manifestações que não tenham consonância com o fato apurado, como eventuais relações sexuais anteriores ou quantidade de parceiros que a vítima já teve, deixam de ter importância e dispensam análise naquele caso em tela.

Ademais, **linguagens pejorativas** utilizadas para constranger a vítima também não serão aceitas, como imputações de que ela tenha uma vida pregressa voltada para práticas sexuais incomuns ou situações de exposições do corpo de forma mais explícita em redes sociais, pois isso em nada altera a temática do crime sexual em apuração. O simples fato de ter algum relacionamento sexual ou uma exposição mais incisiva não obsta a possibilidade de ela ter sido vítima de algum crime sexual. São situações díspares e que devem passar ao largo da instrução processual, devendo o juiz que preside a instrução processual penal evitar tais constrangimentos, sob pena de responsabilizações civil, administrativa e penal.

Numa toada criminológica, a referida novidade legal impede a chamada **vitimização secundária**, em que os controles sociais formais de persecução penal deverão evitar, no trato com a vítima, de forma a impedir que ela seja vítima novamente (sobrevitimização) em razão da ofensa ao bem jurídico violado, um ataque à sua pessoa por ocasião do crime sexual sofrido. Nesse pensamento, tem-se a explicação perlustrada por mim no *Manual de Criminologia* acerca do ponto em testilha, antes mesmo da alteração legal imposta pelo Processo Penal, mas que já era um pensamento da Criminologia, *in verbis*:

> Ora, a vítima de um crime de estupro ou de roubo pode querer falar com o membro do Ministério Público para dar a ele informações relevantes do caso, mas quer guardar o devido sigilo e conversar reservadamente, o que é dever do Promotor de Justiça atender tal vítima.
> Todavia, não raras vezes, em virtude de ter acabado de passar no con- curso público e não possuir nenhuma experiência prática, acaba por trancar-se no gabinete e ser uma máquina de elaborar peças processuais. Muitas infrações penais poderiam ser evitadas se ele tivesse uma sensibilidade maior em ter procurado descobrir as causas das variadas mazelas sociais.
> É por isso que o Ministério Público deve, cada vez mais, procurar fazer cursos longos que preparem eficazmente o membro para atuar de forma socialmente

útil numa comarca. É natural a inexperiência de quem acabou de passar no concurso público, mas não justifica que os integrantes da Administração Superior do ministério Público fechem os olhos para esse tipo de situação.

Os cursos realizados nos centros de aperfeiçoamento funcional de- vem ser mais longos e atentarem para esse tipo de vitimização secundária que poderá ocorrer tão logo o Promotor de Justiça chegue a sua comarca inicial.

Muitos querem transformar o Promotor de Justiça numa máquina de resolver os problemas judiciais, esquecendo-se dos vários e mais graves problemas sociais e extrajudiciais que se fossem resolvidos adequadamente não gerariam um processo judicial sequer.

Outro integrante do controle social formal é o Poder Judiciário. O Magistrado, apesar de ter que manter uma certa distância entre as partes, durante a audiência, principalmente nas de instrução, pode ter papel funda- mental na hora de questionar a vítima de um crime de estupro ou até mesmo de roubo. Entender a dor que a vítima guarda em virtude do crime é fundamental, para que possa fazer perguntas que não sejam invasivas ou que exponham ela socialmente. Isso também é uma forma de saber lidar com quem teve o seu bem jurídico violado[8].

Assim, com as fundamentações impostas pela Criminologia, o Direito Processual Penal passou a regulamentar de forma atenta o tratamento que a vítima deve ter nas audiências de instrução em que ela sofrera um ataque ao seu bem jurídico, forte na ideia de evitar-se a chamada vitimização secundária ou sobrevitimização.

14.1.4. Procedimento comum sumário no CPP

Na forma do art. 394, § 1º, II, CPP, aplica-se quando a sanção máxima cominada seja inferior a 4 (quatro) anos de pena privativa de liberdade, desde que não seja inferior ou igual a 2 (dois) anos, pois a esta última aplica-se o procedimento comum sumaríssimo da Lei n. 9.099/95.

Deve ser ressaltado que, mesmo com pena inferior ou igual a 2 (dois) anos, pode ser, **excepcionalmente**, aplicado o **procedimento comum sumário**, na forma do art. 538, CPP, nos seguintes casos: 1) quando o acusado **não** for **encontrado** para **citação**, já que no Juizado Especial Criminal não se admite a citação por edital (Lei n. 9.099/95, art. 66, parágrafo único); 2) quando o fato narrado for **complexo**, necessitando-se de **perícia**. (Lei n. 9.099/95, art. 77, § 2º).

---

[8] GONZAGA, Christiano. *Manual de criminologia*. 3. ed. São Paulo: Saraiva, 2021, p. 188 e 189.

O procedimento comum sumário segue as principais regras do procedimento comum ordinário, com as **seguintes diferenças**:

1) O prazo para a realização da audiência de instrução e julgamento é de **30 (trinta) dias** após o recebimento da denúncia ou queixa.
2) As partes podem arrolar até 5 **(cinco) testemunhas**.
3) **Não** há previsão de **diligências**.
4) Alegações finais **orais**.
5) Sentença **oral**.

14.2. Tribunal do Júri

Trata-se de **procedimento especial** previsto no próprio Código de Processo Penal, nos arts. 406 a 497. Para compreender tal procedimento, importante destacar que existem duas fases bem delineadas, a saber: **sumário da culpa** e **julgamento em Plenário**.

A primeira fase (sumário da culpa) é bem parecida com o procedimento comum ordinário, todavia existem algumas diferenças que serão destacadas.

1º) Recebimento da denúncia ou queixa e citação do acusado para resposta à acusação no prazo de 10 (dez) dias.
2º) Resposta à acusação, podendo alegar toda matéria de defesa e arrolar até 8 (oito) testemunhas.
3º) Ministério Público ou querelante **manifesta-se**, em 5 (cinco) dias, **sobre a resposta à acusação** (art. 409, CPP).
4º) Na audiência de instrução e julgamento, será ouvido o ofendido, inquirição das testemunhas da acusação e depois da defesa, esclarecimento de peritos, reconhecimento de pessoas e coisas, terminando com o interrogatório do acusado.
5º) **Alegações finais orais** pelo prazo de 20 (vinte) minutos, prorrogáveis por mais 10 (dez), primeiro a acusação e depois a defesa.
6º) Sentença **oral**, podendo ser feita em 10 (dez) dias por **escrito**, caso o Juiz assim entenda melhor.

Pelo que se pode perceber acima, na primeira fase do Júri existe uma previsão de ser ouvida a parte acusadora acerca da resposta à acusação, o que não existe no procedimento comum ordinário. Além disso, não há previsão de memoriais escritos, devendo as alegações finais ser orais. Também deve ser destacado que o **número de testemunhas** que podem ser ouvidas na **primeira fase é de 8 (oito)**, na forma do art. 406, § 2º, CPP, diferentemente da **segunda fase** (sessão de julgamento pelo plenário), em que se podem arrolar até **5 (cinco)** testemunhas, conforme art. 422, CPP. Por fim, a sentença pode ser tanto oral quanto escrita.

O prazo para a conclusão de toda a fase do sumário de culpa é de 90 (noventa) dias, conforme determinação legal do art. 412, CPP.

Vencida essa fase, passa-se para as **possíveis decisões** que podem ser tomadas após a instrução probatória, que são:

a) **Impronúncia:** art. 414, CPP. Quando o Juiz **não** se convence da **materialidade** do fato ou da existência de **indícios suficientes de autoria** ou de **participação**. De tal decisão cabe o recurso de **apelação**, na forma do art. 416, CPP.

b) **Pronúncia:** art. 413, CPP. Quando o Juiz **está** convencido da **materialidade do fato** e dos **indícios suficientes de autoria ou de participação**, determinando que o acusado seja julgado pelo Plenário do Tribunal do Júri, ou seja, pelos 7 (jurados). Lembrar que tal decisão deve ser a mais sucinta possível, para não haver manifestação sobre o mérito e influenciar os jurados, sendo suficiente que o Juiz declare o dispositivo legal que julgar incurso o acusado e especificar as circunstâncias qualificadoras e as causas de aumento de pena. De tal decisão cabe o **recurso em sentido estrito**, na forma do art. 581, IV, CPP.

c) **Desclassificação:** art. 419, CPP. Ocorre quando o **Juiz Sumariante** entender que o fato **não é** de **competência do Tribunal do Júri**, devendo remeter os autos para o Juiz competente. Seria o caso de o Juiz analisar que se trata de crime contra o patrimônio, mas não crime doloso contra a vida. Exemplo: desclassifica a imputação de um homicídio simples para o crime de latrocínio, previsto no art. 157, § 3º, CP, devendo fato ser julgado na forma do procedimento comum ordinário. Não confundir a desclassificação acima citada com a desqualificação, em que o Juiz Sumariante pronuncia o acusado, mas retira alguma qualificadora, a exemplo do motivo torpe previsto no homicídio qualificado (art. 121, § 2º, I, CP). Contra tal decisão caberá **recurso em sentido estrito**, na forma do art. 581, II, CPP.

d) **Absolvição sumária:** art. 415, CPP. Na forma legal, o Juiz Sumariante poderá absolver o acusado quando estiver provada a **inexistência do fato**; o fato **não constituir infração penal**; demonstrada causa de **isenção de pena ou de exclusão do crime**. Importante observar que não se previu aqui, como no art. 397, IV, CPP, a presença de causa extintiva da punibilidade (aquelas delineadas no art. 107, CP). Todavia, o Juiz Sumariante não estará impedido de reconhecer tal causa, em razão da disposição legal contida no art. 61, CPP, que afirma que em qualquer fase do processo, o juiz, se reconhecer extinta a punibilidade, deverá declará-lo de ofício. Contra a decisão de absolvição sumária, na forma do art. 416, CPP, caberá **apelação**.

14.2.1. Desaforamento no Tribunal do Júri

Trata-se de deslocamento de competência territorial de uma comarca para outra relativa à sessão de julgamento pelo Plenário do Tribunal do Júri, não ocorrendo em relação à fase do sumário de culpa (primeira fase do Tribunal do Júri).

O art. 427, CPP elenca as possíveis hipóteses de desaforamento que são:

a) **interesse da ordem pública**;
b) **dúvida sobre a imparcialidade do júri**;
c) **segurança pessoal do acusado.**

A legitimidade para requerer o desaforamento é do Ministério Público, do assistente, do querelante, do acusado e do Juiz, devendo o feito ser julgado pelo Tribunal.

14.2.2. Reunião e sessões do Tribunal do Júri

Deve ser destacado que o **Tribunal do Júri** é composto por um **Juiz-Presidente**, que é o juiz togado, e por **25 (vinte e cinco) jurados** que serão sorteados dentre os alistados, sendo que 7 **(sete)** irão compor o **Conselho de Sentença**. Importante destacar que no dia do julgamento, para que se considerem instalados os trabalhos, deverão comparecer 15 (quinze) jurados para o efetivo sorteio dos 7 (sete) jurados que irão servir no julgamento.

Assim, quando se diz Tribunal do Júri, deve ser lembrado que este é composto pelo Juiz-Presidente e por mais 25 (vinte e cinco) jurados, enquanto o Conselho de Sentença são os 7 (sete) jurados.

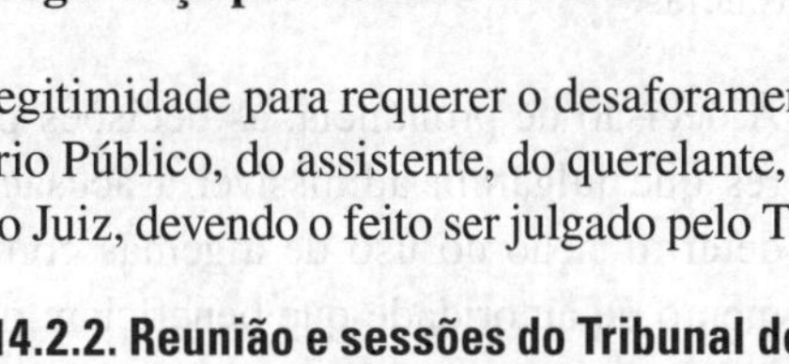

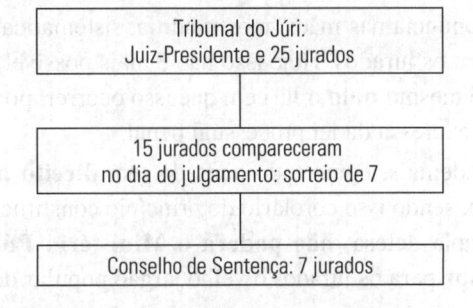

```
Tribunal do Júri:
Juiz-Presidente e 25 jurados
          │
15 jurados compareceram
no dia do julgamento: sorteio de 7
          │
Conselho de Sentença: 7 jurados
```

14.2.3. Debates orais em plenário no Tribunal do Júri

Constitui o momento mais marcante do Tribunal do Júri, em que as partes debaterão seus argumentos de forma oral e onde os ânimos costumam estar exaltados. Lembrar que nesse momento **não poderá estar o acusado algemado**, salvo em caso de absoluta necessidade (ordem dos trabalhos, segurança das testemunhas ou garantia da integridade física dos presentes), na forma disposta no art. 474, § 3º, CPP.

Nesse momento processual, o Ministério Público iniciará a fala, tendo uma hora e meia para expor suas teses, falando a defesa na sequência pelo mesmo tempo. Havendo necessidade, o Ministério Público usará a réplica para rebater eventuais teses defensivas no período de uma hora, tendo a defesa, na tréplica, mais uma hora para o fechamento. Caso exista mais de um acusado, as falas iniciais serão acrescidas de uma hora, o mesmo ocorrendo para réplica e tréplica. Tudo isso está disposto nos arts. 476 e 477, CPP.

Considerações especiais e sempre recorrentes nas provas da OAB estão no art. 478, CPP, acerca de **matéria proibida** de ser levantada durante os debates, a saber referências:

a) À decisão de pronúncia, às decisões posteriores que julgaram admissível a acusação ou à determinação do uso de algemas como argumento de autoridade que beneficiem ou prejudiquem o acusado.

b) Ao silêncio do acusado ou à ausência de interrogatório por falta de requerimento, em seu prejuízo.

Assim, o Promotor de Justiça não poderá **exibir a sentença de pronúncia** para os jurados com a intenção de convencê-los de que o correto é a condenação, alegando, pois, que nenhum Juiz pronunciaria pessoa inocente para ser julgada pelo Conselho de Sentença. O art. 478, CPP foi uma das alterações mais comemoradas pela defesa, pois antes os membros do Ministério Público faziam a acusação em plenário com a sentença de pronúncia nas mãos, mostrando-a, sistematicamente, para os jurados. Hoje isso não é mais possível, sendo até mesmo **nulo** o Júri em que isso ocorrer, por violação expressa da lei processual penal.

Ademais, como todo acusado tem **direito ao silêncio**, sendo isso corolário do princípio constitucional da ampla defesa, **não poderá o Ministério Público afirmar** para os jurados o velho jargão popular de que "quem cala consente". Usar esse subterfúgio é macular de **nulidade absoluta** o julgamento em Plenário feito no Tribunal do Júri, por violação à proibição em destaque e também pela ofensa clara ao princípio constitucional da ampla defesa.

Um ponto relevante que deve ser estudado de agora em diante é a alteração legal imposta pelo legislador no trato com a vítima na instrução em plenário, nesses termos:

> **Art. 474-A.** Durante a instrução em plenário, todas as partes e demais sujeitos processuais presentes no ato deverão respeitar a dignidade da vítima, sob pena de responsabilização civil, penal e administrativa, cabendo ao juiz presidente garantir o cumprimento do disposto neste artigo, vedadas: (Incluído pela Lei n. 14.245, de 2021.)
> I – a manifestação sobre circunstâncias ou elementos alheios aos fatos objeto de apuração nos autos; (Incluído pela Lei n. 14.245, de 2021.)
> II – a utilização de linguagem, de informações ou de material que ofendam a dignidade da vítima ou de testemunhas. (Incluído pela Lei n. 14.245, de 2021.)

Em boa hora, o legislador passou a deixar claro que nenhum tipo de preconceito ou discriminação poderá ser feito contra a vítima de um **crime contra a vida**, uma vez que ela já sofrera uma agressão ao seu bem jurídico e carrega o sofrimento consigo, sendo a audiência de instrução uma forma de reviver toda a trama delituosa. Assim, perguntas ou manifestações que **não tenham consonância com o fato apurado**, como eventuais crimes praticados por ela ou uma vida voltada para o crime, deixam de ter importância e dispensam análise naquele caso em tela.

Ademais, **linguagens pejorativas** utilizadas para constranger a vítima (chamá-la de bandida, por exemplo) também não serão aceitas, como imputações de que ela tenha uma vida pregressa voltada para o tráfico de drogas ou crimes similares, pois isso em nada altera a temática do crime contra a vida em apuração. O simples fato de ter alguma condenação anterior não obsta a possibilidade de ela ter sido vítima do crime contra a vida em testilha. São situações díspares e que devem passar ao largo da instrução processual, devendo o Juiz que preside a instrução processual penal evitar tais constrangimentos, sob pena de responsabilizações civil, administrativa e penal.

Numa toada criminológica, a referida novidade legal impede a chamada **vitimização secundária**, em que os controles sociais formais (Polícia, Ministério Público e Poder Judiciário) de persecução penal deverão evitar, no trato com a vítima, que ela seja constrangida novamente (**sobrevitimização**) em razão da ofensa ao bem jurídico violado, bem como qualquer ataque à sua pessoa por ocasião do crime contra a vida sofrido. Nesse pensamento, tem-se a explicação perlustrada por mim no *Manual de Criminologia* acerca do ponto em testilha, antes mesmo da alteração legal imposta pelo Processo Penal, mas que já era um pensamento criminológico, *in verbis*:

> Ora, a vítima de um crime de estupro ou de roubo pode querer falar com o membro do Ministério Público para dar a ele informações relevantes do caso, mas quer guardar o devido sigilo e conversar reservadamente, o que é dever do Promotor de Justiça atender tal vítima.
>
> Todavia, não raras vezes, em virtude de ter acabado de passar no concurso público e não possuir nenhuma experiência prática, acaba por trancar-se no gabinete e ser uma máquina de elaborar peças processuais. Muitas infrações penais poderiam ser evitadas se ele tivesse uma sensibilidade maior em ter procurado descobrir as causas das variadas mazelas sociais.
>
> É por isso que o Ministério Público deve, cada vez mais, procurar fazer cursos longos que preparem eficazmente o membro para atuar de forma socialmente útil numa comarca. É natural a inexperiência de quem acabou de passar no concurso público, mas não justifica que os integrantes da Administração Superior do Ministério Público fechem os olhos para esse tipo de situação.
>
> Os cursos realizados nos centros de aperfeiçoamento funcional devem ser mais longos e atentarem para esse tipo de vitimização secundária que poderá ocorrer tão logo o Promotor de Justiça chegue a sua comarca inicial.
>
> Muitos querem transformar o Promotor de Justiça numa máquina de resolver os problemas judiciais, esquecendo-se dos vários e mais graves problemas sociais e extrajudiciais que se fossem resolvidos adequadamente não gerariam um processo judicial sequer.
>
> Outro integrante do controle social formal é o Poder Judiciário. O Magistrado, apesar de ter que manter uma certa distância entre as partes, durante a audiência, principalmente nas de instrução, pode ter papel fundamental na hora de questionar a vítima de um crime de estupro ou até mesmo de roubo. Entender a dor que a vítima guarda em virtude do crime é fundamental, para que possa fazer perguntas que não sejam invasivas ou que exponham ela socialmente. Isso também é uma forma de saber lidar com quem teve o seu bem jurídico violado.

Assim, com as fundamentações impostas pela Criminologia, o Direito Processual Penal passou a regulamentar de forma atenta o tratamento que a vítima deve ter nas audiências de instrução em que ela sofrera um ataque ao seu bem jurídico, forte na ideia de evitar-se a chamada **vitimização secundária ou sobrevitimização**.

Importante alteração legal e que certamente será motivo de cobrança em provas foi acrescida ao art. 492, CPP, que será transcrito na íntegra e comparado com a antiga redação, citada no rodapé desta página, para fins didáticos, *in verbis*:

> Art. 492. ....
> I – ....
> e) mandará o acusado recolher-se ou recomendá-lo-á à prisão em que se encontra, se presentes os requisitos da prisão preventiva, ou, no caso de condenação a uma pena igual ou superior a 15 (quinze) anos de reclusão, determinará a execução provisória das penas, com expedição do mandado de prisão, se for o caso, sem prejuízo do conhecimento de recursos que vierem a ser interpostos;
> ....
> § 3º O presidente poderá, excepcionalmente, deixar de autorizar a execução provisória das penas de que trata a alínea *e* do inciso I do *caput* deste artigo, se houver questão substancial cuja resolução pelo tribunal ao qual competir o julgamento possa plausivelmente levar à revisão da condenação.
> § 4º A apelação interposta contra decisão condenatória do Tribunal do Júri a uma pena igual ou superior a 15 (quinze) anos de reclusão não terá efeito suspensivo.
> § 5º Excepcionalmente, poderá o tribunal atribuir efeito suspensivo à apelação de que trata o § 4º deste artigo, quando verificado cumulativamente que o recurso:
> I – não tem propósito meramente protelatório; e
> II – levanta questão substancial e que pode resultar em absolvição, anulação da sentença, novo julgamento ou redução da pena para patamar inferior a 15 (quinze) anos de reclusão.
> § 6º O pedido de concessão de efeito suspensivo poderá ser feito incidentemente na apelação ou por meio de petição em separado dirigida diretamente ao relator, instruída com cópias da sentença condenatória, das razões da apelação e de prova da tempestividade, das contrarrazões e das demais peças necessárias à compreensão da controvérsia.

O ponto central da alteração é a possibilidade de **execução provisória da pena** aplicada pelo Juiz-Presidente no Tribunal do Júri em quantidade **igual ou superior a 15 anos, na forma do art. 492, I, *e*, CPP**. Entende-se a alteração legal e até mesmo é digna de aplausos, pois muitos casos decididos pelo Conselho de Sentença ficavam impunes por anos a fio, sendo que tais decisões, por força constitucional (soberania dos veredictos), não podem ser alteradas por nenhum Juiz ou Tribunal, salvo a realização de novo júri. Daí ser razoável que se execute, nesse caso específico, a reprimenda aplicada em tempo igual ou superior a 15 anos. Tal hipótese não se confunde com as demais situações já tratadas em tópico distinto ao dissertar-se sobre o art. 283, CPP, em que a execução provisória da pena fora vedada para os casos comuns, que não o do Tribunal do Júri, uma vez que será necessário o trânsito em julgado da decisão para fins de recolhimento à prisão.

Não obstante a possibilidade de execução provisória da pena, o legislador previu o mecanismo de impedir tal efeito quando o Juiz constatar de plano que há **questão substancial** a ser analisada pelo Tribunal e que pode mudar o panorama daquilo que foi decidido no plenário do Júri, como consta do § 3º mencionado acima. Bem nessa linha de pensamento, também se prescreveu a possibilidade de o Tribunal conferir efeito suspensivo à decisão dada pelo Conselho de Sentença quando verificar a ocorrência de uma das situações citadas no § 5º. Para tornar clara a questão, que certamente será cobrada em prova, transcreve-se novamente:

> § 5º Excepcionalmente, poderá o tribunal atribuir efeito suspensivo à apelação de que trata o § 4º deste artigo, quando verificado cumulativamente que o recurso: (...)
> I – não tem propósito meramente protelatório; e
> II – levanta questão substancial e que pode resultar em absolvição, anulação da sentença, novo julgamento ou redução da pena para patamar inferior a 15 (quinze) anos de reclusão.

De fato, o recurso de apelação não tem efeito suspensivo, como é a regra, todavia tal efeito será possível quando ocorrerem ambas as situações narradas acima, o que é razoável, posto que há **questão substancial** a ser enfrentada pelo Tribunal e que **não possui efeito meramente protelatório**. Mais uma vez é a dicotomia entre liberdade e prisão, devendo a balança pender para a primeira opção.

Para fins práticos, o pedido de efeito suspensivo poderá ser feito na **própria apelação dirigida ao Tribunal** ou em **petição separada** destinada diretamente ao Relator, na forma do já citado § 6º do art. 492, CPP.

14.3. Procedimento comum sumaríssimo (Juizados Especiais Criminais)

Esse é o procedimento regulado pela **Lei n. 9.099/95**, conhecida como a Lei dos **Juizados Especiais**. No caso do Direito Processual Penal, será estudado o Juizado Especial **Criminal**.

14.3.1. Competência e atos processuais no Juizado Especial Criminal

A competência para o julgamento perante o Juizado Especial Criminal é fixada tendo em vista o conceito de **infração penal de menor potencial ofensivo**, ou seja, aquela que a **pena máxima abstrata não ultrapassar a 2 (dois) anos**, na forma do art. 61, Lei n. 9.099/95. Ademais, será **competente** para aplicar tal procedimento tanto o **Juiz** onde foi praticada a conduta (**ação ou omissão**) quanto o Juiz do local da consumação (**resultado**), tendo em vista que o art. 63, Lei n. 9.099/95, usa a expressão "lugar em que foi praticada a infração penal", **aplicando-se a teoria mista ou da ubiquidade, uma vez que o legislador não foi claro na escolha de qual teoria exata seria aplicada (atividade ou do resultado)**.

Uma consideração interessante é a de que os atos processuais poderão ser feitos no período noturno e em finais de semana, na forma do art. 64, tendo em vista a necessidade de celeridade ínsita ao seu procedimento.

Outra **questão específica** é a diferença acerca da **prisão em flagrante**, uma vez que o autor do fato que, após a lavratura do termo circunstanciado de ocorrência, **comparecer imediatamente ao juizado não** lhe será imposta tal **prisão** e nem se exigirá **fiança**, na forma do art. 69, parágrafo único, Lei n. 9.099/95.

No que tange à **citação**, tem-se a regra específica do art. 66, que determina que ela seja feita de forma **pessoal**, no próprio Juizado ou por mandado. Além disso, o acusado deverá **comparecer** aos atos processuais **acompanhado de advogado** ou, em sua ausência, será nomeado a ele defensor público (se for pobre no sentido legal) ou dativo.

No dia designado para a audiência de instrução e julgamento, não sendo o caso de aplicação de algum instituto despenalizador, importante lembrar que todos os atos serão concentrados num único dia e feitos de forma oral, na forma do art. 81, citada Lei, sendo que na sentença até mesmo se dispensa o relatório, devendo constar apenas fundamentação e conclusão (parte dispositiva).

Caso alguém queira recorrer da sentença prolatada, o prazo é de 10 (dez) dias, na forma do art. 82, mesma Lei.

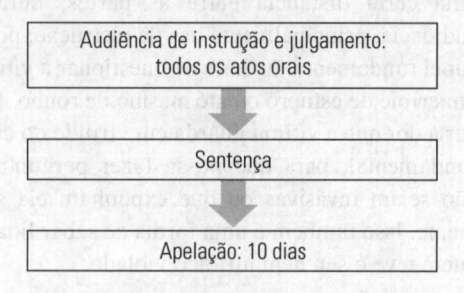

```
Audiência de instrução e julgamento:
todos os atos orais
          ↓
       Sentença
          ↓
   Apelação: 10 dias
```

Ressaltar, por fim, que são cabíveis embargos de declaração, por escrito ou oral, no prazo de 5 (cinco) dias, quando houver contradição, obscuridade ou omissão na sentença.

14.3.2. Institutos despenalizadores

Três são os institutos despenalizadores previstos na Lei n. 9.099/95, quais sejam: composição civil dos danos, transação penal e suspensão condicional do processo.

A **composição civil** dos danos é a **reparação dos danos sofridos pela vítima**, podendo ocorrer na forma do art. 74, lembrando que, se a vítima aceitar, o processo será extinto se for feita em ação penal privada e ação penal pública condicionada à representação. No caso de ação penal pública incondicionada, o processo continuará, servindo a composição civil apenas para antecipar a certeza acerca do valor da indenização.

A **transação penal** está prevista na forma do art. 76, ficando ao cargo do Ministério Público oferecê-la e ao acusado aceitá-la. Ela impede a propositura da ação penal condicionada ou incondicionada pelo membro do Ministério Público, podendo ser aplicada sempre que a **pena máxima da infração penal não for superior a 2 (dois) anos**. Tal instituto tem algumas peculiaridades, a saber:

a) Uma vez aceito, não importa reincidência nem fixa maus antecedentes.
b) Pode ser concedido um a cada 5 (cinco) anos.
c) Não é permitido se o autor da infração tiver sido condenado definitivamente a crime anterior por pena privativa de liberdade.
d) Não indicarem os antecedentes a conduta social e a personalidade do agente, bem como os motivos e as circunstâncias, ser necessária e suficiente a adoção da medida.

Já a **suspensão condicional do processo**, prevista no art. 89, é de legitimidade do Ministério Público, em casos que a **pena mínima** cominada ao **crime for igual ou inferior a 1 (um) ano**, devendo o processo ser suspenso para que o acusado cumpra certas condições. Ela depende de aceitação do acusado ao qual se imporá um período para ele cumprir as aludidas condições, sendo que, ao final, cumpridas todas, estará extinta a punibilidade. Ele não poderá ser beneficiado pelo aludido instituto se estiver sendo processado por crime ou já tiver sido condenado definitivamente por crime anterior.

> Em suma, para que não haja confusão na prova da OAB, a **transação penal** é feita antes do processo ter sido iniciado por denúncia ou queixa-crime, isto é, ainda não existe processo criminal; já a **suspensão condicional do processo** é depois que o processo já se iniciou, ficando suspenso por certo período de prova.

Uma última questão jurisprudencial importante é a impossibilidade de aplicar-se o rito do Juizado Especial criminal para a Lei Maria da Penha (Lei n. 11.340/2006 – Violência Doméstica e Familiar contra a Mulher), bem como de seus institutos despenalizadores vistos acima, conforme **Súmulas 536 e 542, Superior Tribunal de Justiça, respectivamente**:

> A suspensão condicional do processo e a transação penal não se aplicam na hipótese de delitos sujeitos ao rito da Lei Maria da Penha.
>
> A ação penal relativa ao crime de lesão corporal resultante de violência doméstica contra a mulher é pública incondicionada.

> Sobre a última Súmula 542/STJ, todos os crimes de lesão corporal envolvendo mulher como vítima de violência doméstica ou familiar serão processados mediante ação penal pública incondicionada (denúncia), ainda que se trate de lesão leve ou culposa, *não se aplicando* a redação do art. 88, Lei n. 9.099/95, que exige a necessidade de representação (ação penal pública condicionada) para tais tipos de lesões corporais.

14.4. Procedimentos processuais penais na legislação extravagante

14.4.1. Procedimento especial da Lei de Drogas

A Lei n. 11.343/2006 tratou de forma específica o procedimento envolvendo o **tráfico de drogas e crimes correlatos**. Em relação ao procedimento comum ordinário do Código de Processo Penal, algumas alterações foram feitas e devem ser aplicadas de forma específica, não se aplicando aquele outro tipo de procedimento (art. 58, Lei n. 11.343/2006).

Quanto ao crime de **consumo pessoal de drogas** (art. 28, Lei n. 11.343/2006), há disposição importante no que tange à **impossibilidade de prisão em flagrante**, quando o agente **comparecer imediatamente após os fatos no Juizado Especial Criminal**, na forma do art. 48, § 2º. Ademais, o crime do art. 28, uma vez que não possui pena privativa de liberdade, mas medidas alternativas, como advertência, prestação de serviços à comunidade e frequência a cursos, será julgado e processado na forma da Lei n. 9.099/95, podendo ser aplicados os institutos despenalizadores, como transação penal e suspensão condicional do processo.

Algumas alterações legais importantes foram feitas quanto ao procedimento de apreensão das drogas, no que tange aos laudos de constatação e definitivo. Importante ressaltar que, para a lavratura do **auto de prisão em flagrante**, o **laudo de constatação** é suficiente. Todavia, para a prolação de **sentença definitiva**, faz-se necessário o **laudo definitivo**, deixando claro que se **necessita de dois laudos** no procedimento da Lei n. 11.343/2006.

A necessidade do **laudo preliminar** ou de constatação para a realização do **auto de prisão em flagrante** está prevista no art. 50, § 1º, Lei n. 11.343/2006. Já o **laudo definitivo** está delineado no art. 50, § 3º, Lei citada, devendo ele ser analisado para fins de eventual **condenação**. A ausência de qualquer um dos dois laudos ensejará a nulidade do feito, uma vez que se trata de exame de corpo de delito indispensável, na forma do art. 158, CPP.

Quanto às fases procedimentais, começando no inquérito policial e culminando com a sentença, há importantes diferenças no que se refere a prazos e momento dos atos processuais, a seguir relacionados:

a) **Inquérito Policial:** a Autoridade Policial terá o prazo de **30 (trinta) dias** para a conclusão, se o réu estiver **preso**; caso esteja **solto**, o prazo é de **90 (noventa) dias**. Ambos poderão ser duplicados (art. 51, Lei n. 11.343/2006).

b) **Denúncia:** o Ministério Público terá o **prazo único de 10 (dez) dias** para ofertar a ação penal, esteja o acusado preso ou não, podendo arrolar até 5 (cinco) testemunhas (art. 54, Lei n. 11.343/2006).

c) **Defesa Prévia:** a defesa terá o **prazo de 10 dias** para apresentar sua matéria de defesa, alegar eventuais exceções e arrolar 5 (cinco) testemunhas (art. 55, § 1º, Lei n. 11.343/2006).

d) **Recebimento da denúncia e designação de audiência de instrução e julgamento:** após a manifestação da defesa, o Juiz decidirá em **5 (cinco) dias** se recebe ou não a denúncia. Quanto à audiência de instrução e julgamento, o Juiz terá o prazo de 30 (trinta) dias para marcar a data de seu início; caso tenha que designar perícia para atestar a dependência de drogas, a audiência será realizada no prazo de 90 (noventa) dias (art. 55, § 4º, Lei n. 11.343/2006).

e) **Audiência de instrução e julgamento:** o primeiro **ato processual** é o **interrogatório** do acusado, sendo essa a principal diferença com o procedimento comum ordinário, em que tal ato é feito ao final. Após, serão ouvidas as testemunhas de acusação, depois de defesa e, ao final, alegações finais orais pela acusação e pela defesa pelo prazo de 20 (vinte) minutos, prorrogáveis por mais 10 (dez) minutos. Por fim, a sentença oral, podendo ser feita na forma escrita, no prazo de 10 (dez) dias (art. 57, Lei n. 11.343/2006).

Inquérito policial	30 dias, réu preso
	90 dias, réu solto
Denúncia	10 dias, réu preso ou solto
Defesa prévia	10 dias
Recebimento da denúncia	5 dias
Audiência de instrução e julgamento	30 dias, se não houver perícia
	90 dias, se houver perícia

O ponto principal a ser lembrado nas provas da OAB é de que o procedimento da Lei n. 11.343/2006 é especial e prepondera a sua forma em relação ao Código de Processo Penal, sendo que se houver qualquer disposição diferente em relação ao CPP, aplica-se a disposição específica, apesar de diferente. O exemplo mais comum de cobrar em provas é o **interrogatório feito ao início da audiência de instrução e julgamento**, sendo que esse fato por si só não viola a ampla defesa e o contraditório, uma vez que a Lei n. 11.343/2006 tem previsão expressa nesse sentido. Claro que o melhor para o acusado é ser ouvido ao final, depois de todas as testemunhas de acusação e de defesa, de forma a preparar melhor a sua fala em interrogatório, podendo até mesmo explorar mais as eventuais contradições entre as testemunhas, como se faz no procedimento comum ordinário. Todavia, insista-se, no procedimento especial da Lei n. 11.343/2006, o interrogatório será feito ao início da audiência de instrução e julgamento. A seguir, para memorizar, a forma prescrita no procedimento especial previsto para a audiência de instrução e julgamento.

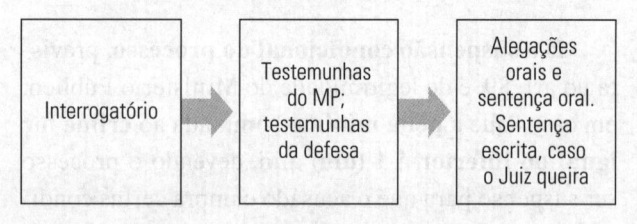

Interrogatório → Testemunhas do MP; testemunhas da defesa → Alegações orais e sentença oral. Sentença escrita, caso o Juiz queira

15. RECURSOS NO PROCESSO PENAL

Os recursos são instrumentos destinados à impugnação das decisões judiciais, quando a parte não concordar com aquilo que fora decidido. Para que os recursos sejam conhecidos, curial lembrar que devem ter **previsão legal**, ser **voluntários** e terem sido propostos dentro do **prazo legal**.

Acerca da voluntariedade dos recursos, o art. 574, CPP, que inaugura a sistemática recursal, atesta que todo recurso é voluntário, havendo apenas exceção quando o recurso deve ser proposto de ofício pelo Juiz. Em relação à exceção, cumpre ressaltar que apenas prevalece a do inciso I, nas decisões que o Juiz concede o *habeas corpus*, uma vez que das decisões de absolvição sumária não há previsão mais de tal recurso de ofício no atual art. 415, CPP, estando o inciso II tacitamente revogado.

Quanto ao Ministério Público, lembrar que ele não poderá desistir de recurso já interposto, em face do **princípio da obrigatoriedade** previsto no art. 576, CPP.

Em relação ao modo de recorrer, lembrar que no Código de Processo Penal existe previsão expressa de que tanto o **acusado** quanto o seu **advogado** podem **interpor a petição de interposição, não sendo tal ato privativo de advogado**, na forma do art. 578, CPP.

Cumpre ressaltar que, desde 2008, **não existe mais** o recurso chamado "**protesto por novo júri**", tendo os artigos que se referiam a ele sido revogados, conforme se vê do Código de Processo Penal, arts. 607 e 608.

Assim como todos os instrumentos processuais importantes, os recursos submetem-se a princípios que devem ser estudados para melhor compreensão do tema.

15.1. Princípios recursais penais

15.1.1. Princípio da fungibilidade recursal

Há expressa previsão legal de tal princípio no Código de Processo Penal, art. 579, *caput*. Por tal artigo, a parte que interpuser um recurso pelo outro não ficará prejudicada, ou seja, caso impetre uma apelação, mas era o caso de recurso em sentido estrito, tal fato não lhe prejudicará, devendo o Juiz receber a apelação como se fosse o recurso em sentido estrito.

Para que se entenda o art. 579, *caput*, CPP, deve ser analisada a expressão "**má-fé**", que é o ponto para aceitar a **fungibilidade recursal**. A **questão do prazo adequado** é que denota a boa ou má-fé do recorrente. Se o recorrente interpôs a apelação no seu prazo legal de 5 (cinco) dias, na forma do art. 593, *caput*, CPP, mas se tratava de hipótese de recurso em sentido estrito, não haverá má-fé e o recurso será recebido como recurso em sentido estrito, pois este tem o mesmo prazo legal de 5 (cinco) dias da apelação, na forma do art. 586, *caput*, CPP.

Quanto ao parágrafo único do art. 579, CPP, o legislador orienta que se siga o rito procedimental do recurso que deveria ter sido interposto, isto é, caso o recorrente tenha impetrado apelação, mas o correto seria recurso em sentido estrito, deve o Tribunal receber a apelação como recurso em sentido estrito, devendo baixar os autos antes do julgamento definitivo para que o Juiz exercite o juízo de retratação (reconsideração da decisão) previsto para o aludido recurso, conforme dispõe o art. 589, CPP.

Assim, no Código de Processo Penal existe a possibilidade de a parte entrar com o recurso equivocado sem que isso lhe traga prejuízo ou preclusão do seu direito de recorrer, desde que inexista má-fé do recorrente.

15.1.2. Princípio da vedação da *reformatio in pejus* no processo penal

Trata-se do princípio de maior incidência nas provas da OAB. Por ele, quando a defesa recorre da decisão, **não há possibilidade de piorar a situação do acusado**. Em caso de recurso exclusivo da defesa, inexiste possibilidade de o Tribunal reformar a decisão para piorar a situação do réu, não podendo a reforma trazer prejuízos, mas apenas melhoras.

Como se vê do art. 617, CPP, a sua aplicação é expressa, nesses termos:

> O tribunal, câmara ou turma atenderá nas suas decisões ao disposto nos arts. 383, 386 e 387, no que for aplicável, **não podendo, porém, ser agravada a pena, quando somente o réu houver apelado da sentença**.

Em que pese o artigo em testilha seja atinente à apelação, a sua sistemática deve ser aplicada para qualquer recurso, vedando-se a reforma para pior em qualquer situação. Para que não haja dúvidas da aplicação do aludido princípio para todos os recursos, veja-se que outro dispositivo também previu essa questão, como é o caso da revisão criminal, na forma do art. 626, parágrafo único, CPP, nestes termos:

> Julgando procedente a revisão, o tribunal poderá alterar a classificação da infração, absolver o réu, modificar a pena ou anular o processo.
> **Parágrafo único. De qualquer maneira, não poderá ser agravada a pena imposta pela decisão revista.**

Em suma, não caberá, para qualquer recurso, a reforma para pior quando apenas o acusado recorrer da decisão.

Como exemplo da impossibilidade de alterar aquilo que foi decidido anteriormente, tem-se a sentença que fixou a pena de 1 (um) ano para um caso de roubo, sendo que o art. 157, CP prevê reprimenda mínima de 4 (quatro) anos para o referido crime. Caso apenas a defesa tenha recorrido, não pode o Tribunal alterar a pena para maior (4 anos), ainda que se trate de erro grosseiro do Magistrado, pois o princípio em testilha veda tal possibilidade.

Outro caso clássico de aplicação do princípio da vedação de *reformatio in pejus* é aquele consubstanciado na Súmula 160, Supremo Tribunal Federal, a seguir transcrita para conhecimento:

> É nula a decisão do tribunal que acolhe, contra o réu, nulidade não arguida no recurso da acusação, ressalvados os casos de recurso de ofício.

Perceba-se que a acusação recorreu, mas não alegou a nulidade em tela, podendo até mesmo tratar-se de nulidade absoluta que prejudique o acusado, mas mesmo assim não poderá o Tribunal reconhecê-la quando isso deixou de ser pugnado pela acusação.

Outra situação importante de aplicação do princípio ocorre nos casos de vedação de *reformatio in pejus* **indireta**. Acontece a referida hipótese quando, em **recurso exclusivo da defesa**, o Tribunal anule alguma decisão do Juiz de 1º grau, que teria fixado, por exemplo, uma pena mínima de 4 (quatro) anos para um crime de roubo, mas com violação ao princípio do contraditório (ex.: inversão da ordem de oitiva das testemunhas, tendo sido ouvidas primeiro as da defesa). Nesse caso, o Tribunal irá anular o processo e remeter ao Juiz de 1º grau para que realize nova audiência de instrução e julgamento e profira nova decisão. A nova sentença não poderá fixar a pena do crime de roubo em patamar superior aos 4 (quatro) anos já fixados anteriormente, estando limitada a esse montante. Qualquer pena acima desse limite ensejará o que se chama de *reformatio in pejus* indireta, a qual é da mesma forma vedada.

15.2. Efeitos dos recursos no processo penal

15.2.1. Efeito extensivo (expansivo) dos recursos no processo penal

Trata-se do efeito mais comum de cobrar-se em **provas da OAB**, uma vez que a parte que não houver interposto um recurso em situação de concurso de pessoas, mas tendo o outro corréu interposto e se beneficiado de alguma forma do mesmo, tal benefício deve ser estendido aos demais que não recorreram. Por tratar-se de questão benéfica aos acusados, a OAB tem mencionado tal situação em suas provas.

Para conhecimento e memorização dos candidatos, tendo em vista a sua importância, cita-se a disposição em epígrafe:

> **Art. 580.** No caso de concurso de agentes (Código Penal, art. 25), a decisão do recurso interposto por um dos réus, se fundado em motivos que não sejam de caráter exclusivamente pessoal, aproveitará aos outros.

> Apenas deve ser lembrado que a menção ao art. 25, Código Penal está ultrapassada, pois quando da Reforma de 84 da Parte Geral do Código Penal, o art. 29 foi que passou a tratar do concurso de pessoas. Como exemplo de sua aplicação, se houve recurso de um coautor, tendo o Tribunal manifestado pela atipicidade da conduta dele, tal recurso irá beneficiar os demais coautores e partícipes, ainda que eles não tenham interposto o recurso.

15.2.2. Efeito devolutivo dos recursos no processo penal

A parte insatisfeita com a decisão do órgão jurisdicional inferior deve recorrer para o órgão jurisdicional superior para que a matéria questionada seja **novamente analisada**. Essa transferência para o órgão superior da análise da matéria chama-se **efeito devolutivo**. Importante ressaltar que o **recurso deve delimitar a matéria** a ser objeto de reapreciação e de nova decisão, não bastando apenas recorrer sem apontar a matéria a ser reavaliada.

Em razão disso, fica claro que o recorrente pode recorrer de todos os fundamentos de uma sentença condenatória ou apenas de parte dela. Se recorrer apenas de parte dela, não caberá ao Tribunal analisar a parte que não foi suscitada, sob pena de ocorrer um julgamento *ultra petita* (além do pedido). Por exemplo, se a sentença condenou o acusado a um crime de roubo majorado com emprego de arma (art. 157, § 2º, I, CP), tendo a defesa recorrido apenas quanto à aplicação da referida causa de aumento do emprego de arma, não cabe ao Tribunal analisar a dosimetria da pena-base aplicada.

O efeito devolutivo é inclusive jurisprudência sumulada pelo Supremo Tribunal Federal, como se vê da Súmula 713:

> O efeito devolutivo da apelação contra decisões do Júri é adstrito aos fundamentos da sua interposição.

Assim, em eventual recurso de alguma decisão contra o decidido pelo Conselho de Sentença, a parte deverá demonstrar quais fundamentos o Tribunal deverá analisar, não podendo haver análise além do que foi questionado pelo recorrente.

15.2.3. Efeito suspensivo dos recursos no processo penal

Consubstancia-se na suspensão dos **efeitos regulares da decisão impugnada**, enquanto o órgão jurisdicional superior não analisar a questão. Assim, a decisão que pode ser questionada pela via recursal somente produzirá os seus efeitos normais depois de decorrido o prazo recursal sem que haja recurso ou depois que o recurso interposto for julgado. Antes disso, a decisão proferida em instância inferior não terá validade alguma.

Como exemplo de recurso dotado de **efeito suspensivo**, tem-se a **apelação de sentença condenatória** (art. 597, CPP), não podendo eventual pena privativa de liberdade ser executada na pendência de recurso, ou seja, impossibilita-se o recolhimento de alguém ao cárcere enquanto a sentença não transitar em julgado.

Ao contrário, o recurso de apelação contra sentença absolutória não possui efeito suspensivo (art. 596, CPP), devendo o réu ser colocado em liberdade imediatamente, mesmo que haja recurso da acusação contra a referida decisão.

Os Recursos Especial e Extraordinário, por não analisarem matéria fática, mas **apenas questão de direito (lei federal ou Constituição Federal)**, **não** possuem **efeito suspensivo**, podendo a decisão impugnada ser executada. Uma **ressalva** apenas deve ser feita em relação à **impossibilidade de prisão**, uma vez que a **presunção de inocência impossibilita que alguém seja recolhido à prisão antes do trânsito em julgado da sentença condenatória**, na forma do art. 5º, LVII, CF.

Em suma, alguns recursos possuem o chamado efeito suspensivo e outros não, sendo previsto expressamente em dispositivo legal o aludido efeito.

15.3. Recurso em sentido estrito

Trata-se do primeiro recurso previsto no Código de Processo Penal, na forma do art. 581. Importante ressaltar que o seu cabimento é restrito aos casos previstos nos incisos do art. 581, CPP, constituindo-se tal rol como taxativo. Ademais, é **recurso interposto** de **decisão de Juiz singular**, não sendo cabível contra decisões de Tribunais.

Lembrar que da sentença condenatória ou absolutória o recurso cabível é a apelação, apesar de estar escrita, na parte final do *caput* do art. 581, CPP, a palavra "sentença", isso não tem mais aplicabilidade, pois o art. 593, § 4º, CPP previu expressamente que, quando cabível a apelação, não poderá ser usado o recurso em sentido estrito, mesmo que se recorra somente de parte da decisão. Logo, resta para ser impugnada via recurso em sentido estrito a chamada decisão interlocutória, já vista acima no tópico dos atos judiciais (item 13.1.1).

Outra consideração importante é a de que alguns incisos do art. 581, CPP não são mais passíveis de recurso em sentido estrito, pois são decisões que devem ser desafiadas via agravo em execução (art. 197, Lei n. 7.210/84), uma vez que se trata de questionamento feito durante a execução penal. Assim, toda **decisão proveniente do Juiz da Execução Penal** deverá ser combatida mediante **agravo em execução**, e não por meio do recurso em sentido estrito.

15.3.1. Hipóteses de cabimento do recurso em sentido estrito

Conforme dito acima, as hipóteses de cabimento do recurso em sentido estrito estão previstas no art. 581, CPP, sendo que algumas possuem maior relevância para a prova da OAB e serão estudadas.

a) **Não recebimento da peça acusatória:** a primeira hipótese ocorre quando o Juiz não recebe a denúncia ou queixa, podendo o Ministério Público ou o advogado interpor o recurso em epígrafe. Deve o candidato na **prova da OAB** tomar cuidado com a **Súmula 707, Supremo Tribunal Federal**, destinada especificamente para esse caso, nesses termos:

> Constitui nulidade a falta de intimação do denunciado para oferecer contrarrazões ao recurso interposto da rejeição da denúncia, não a suprindo a nomeação de defensor dativo.

Pelo pensamento sumulado, quando, por exemplo, o Ministério Público recorre da rejeição da denúncia, o denunciado deve ser intimado para oferecer as contrarrazões do recurso em sentido estrito interposto, não podendo isso ser suprido com uma mera nomeação de defensor dativo. Trata-se da aplicação do princípio do contraditório.

De outra feita, da decisão que recebe a denúncia, o acusado poderá interpor *habeas corpus* para almejar o trancamento da ação penal.

b) **Incompetência do Juízo:** no Direito Processual Penal o Juiz poderá reconhecer a sua própria incompetência (absoluta ou relativa), na forma do art. 109, CPP, sendo cabível o recurso em sentido estrito de tal decisão.

c) **Pronúncia do acusado:** contra a decisão que determina que o acusado seja julgado pelo Plenário do Tribunal do Júri cabe recurso em sentido estrito. Cuidado que da impronúncia e da absolvição sumária caberá apelação, na forma do art. 416, CPP.

d) **Decisão que decretar ou não a extinção da punibilidade:** os incisos VIII e IX permitem o recurso em sentido estrito para esse caso. Todavia, deve ser lembrado que somente **caberá recurso em sentido estrito** se a decisão em tela for dada **fora de sentença absolutória ou condenatória**, porque neste caso (**de sentença**) o recurso cabível é a **apelação** (art. 593, § 4º, CPP). Em outras palavras, será cabível o recurso em sentido estrito se o Juiz reconhecer durante a instrução processual a existência de alguma causa extintiva da punibilidade, sendo correto manejá-lo nessa ocasião. Agora, se o reconhecimento for feito por ocasião de sentença, caberá apelação. O **mesmo raciocínio** deve ser feito se o **Juiz da Execução Penal** reconhecer ou não alguma causa extintiva da punibilidade. Dessa forma, por tratar de decisão feita em execução penal, caberá o já citado acima **agravo em execução**. Os casos de extinção da punibilidade estão previstos no art. 107, Código Penal.

e) **Decisão que conceder, negar ou revogar a suspensão condicional da pena:** o inciso em tela está revogado. A uma, pois quando o Juiz sentenciante condena o acusado e concede o *sursis* (suspensão condicional da pena), caberá a apelação, na forma do já citado art. 593, § 4º, CPP. A duas, pois se o *sursis* foi decidido em execução penal, a impugnação deve ser feita por meio do **agravo em execução** (art. 197, Lei n. 7.210/84).

f) **Decisão que conceder, negar ou revogar o livramento condicional:** da mesma forma tratada acima, houve revogação tácita do citado inciso, pois nesse caso caberá o **agravo em execução**, tendo em vista que o livramento condicional sempre será concedido durante a execução penal.

g) **Decisão que decidir sobre a unificação de penas e incidentes da execução da pena:** as hipóteses elencadas estão previstas nos incisos XVII, XIX, XX, XXI, XXII, XXIII. Todas essas situações tratam de incidentes que ocorrem na execução penal, sendo assim o meio adequado de fazer a sua insurgência o **agravo em execução**.

h) **Decisão que recusar homologação à proposta de acordo de não persecução penal, previsto no art. 28-A dessa Lei**. Na linha das novidades inseridas pelo Pacote Anticrime, caberá **recurso em sentido estrito** da decisão judicial que recusar homologar o acordo de não persecução penal. **Questão importante**, que certamente será motivo de cobrança em **provas da OAB**.

15.3.2. Prazo e interposição do recurso em sentido estrito no processo penal

Em relação ao **prazo recursal**, a regra geral para ele ser interposto está no art. 586, *caput*, CPP, devendo ser feito em **5 (cinco) dias.** O recurso poderá ser interposto por meio de petição ou por termo nos autos, na forma do art. 587, *caput,* CPP. Após a interposição do recurso, o recorrente terá o prazo de 2 (dois) dias para apresentar as suas razões recursais, sendo que o recorrido também possuirá o mesmo prazo para contrarrazoar, na forma do art. 588, *caput*, CPP.

Importante consideração acerca do recurso em sentido estrito é que ele possui um **efeito** específico, qual seja, o **regressivo (iterativo ou diferido)**, em que se permite ao **Juiz retratar-se da decisão impugnada**. Em suma, poderá o Magistrado exercer o Juízo de retratação antes de remeter o recurso para a instância superior, isto é, voltar atrás na decisão anteriormente proferida.

15.4. Apelação

A apelação é o recurso mais comum no âmbito do processo penal, uma vez que consiste na insatisfação da parte contra a sentença do Juiz singular. Deve ser destacado que a apelação sempre prefere a outro recurso, como no caso do recurso em sentido estrito, ou seja, caso seja possível interpor tanto o recurso em sentido estrito quanto a **apelação**, esta última será **preferível**, na forma do art. 593, § 4º, CPP. Caso contrário, se for prevista, num dos incisos do art. 581, CPP, a interposição do recurso em sentido estrito, nesse caso não caberá a apelação.

Essa via recursal permite que o recorrente apele de **toda a decisão ou de parte dela**, devolvendo-se (efeito devolutivo) ao Tribunal apenas a matéria impugnada, na forma do art. 599, CPP.

Em relação ao **efeito suspensivo**, a regra é que a interposição da **apelação suspende** a execução do julgado quando esse for **condenatório**, não podendo ser executada a pena privativa de liberdade imposta, na forma do art. 597, CPP. Essa linha está de acordo com o art. 5º, LVII, CF, pois ninguém será considerado culpado até o trânsito em julgado da sentença penal condenatória. Esse efeito da apelação é bem comum de ser cobrado em provas da OAB, sendo transcrita a sua redação em virtude de sua importância:

> **Art. 597.** A apelação de sentença condenatória terá efeito suspensivo (...).

Esse artigo permite o raciocínio constitucional de que todos serão considerados inocentes até que se prove em contrário por meio de sentença transitada em julgado.

Além da hipótese legal acima destacada, deve ser lembrado que o **Supremo Tribunal Federal** também entende que a **sentença condenatória** não impede a **progressão de regime ou a aplicação de regime de cumprimento de pena menos rigoroso**, de forma imediata. Em suma, apesar de a sentença ser condenatória e dotada de efeito suspensivo, a aplicação de algo mais benéfico ao réu, imediatamente, como a progressão de um regime, deve ser permitida, por uma razão simples, tudo que for favorável ao acusado (*favor rei*) deve ser buscado. Essa é a redação da Súmula em análise:

> **STF – Súmula 716**
> Admite-se a progressão de regime de cumprimento da pena ou a aplicação imediata de regime menos severo nela determinada, antes do trânsito em julgado da sentença condenatória.

De outro lado, quando a **sentença** for **absolutória não** haverá o **efeito suspensivo** da apelação interposta, devendo o réu ser imediatamente colocado em liberdade, na forma do art. 596, CPP. Ora, se a presunção de inocência existe até o trânsito em julgado de sentença condenatória, podendo esse exaurimento recursal acabar até mesmo no Supremo Tribunal Federal, quando já há decisão do Juiz singular pela absolvição, então que se deverá mesmo primar pela sua inocência e colocá-lo em liberdade desde logo.

15.4.1. Hipóteses de cabimento da apelação

Os casos de cabimento da apelação estão previstos no art. 593, I a III, CPP, a seguir analisados de per si.

a) Das **sentenças definitivas de condenação ou absolvição proferidas** por juiz singular: todas as sentenças **condenatórias** e **absolutórias** são apeláveis. Além delas, as sentenças de **absolvição sumária**.

b) Das **decisões definitivas**, ou com força de definitivas, proferidas por juiz singular nos casos não previstos no tópico anterior: são os **casos residuais** não previstos para o recurso em sentido estrito (art. 581, CPP). Exemplo comum é a decisão de impronúncia, na forma do art. 416, CPP.

c) Das **decisões do Tribunal do Júri**: casos de nulidade posterior à pronúncia; for a sentença do Juiz-Presidente contrária à lei expressa ou à decisão dos jurados; houver erro ou injustiça no tocante à aplicação da pena ou da medida de segurança; for a decisão dos jurados manifestamente contrária à prova dos autos. Em relação à última hipótese (decisão manifestamente contrária à prova dos autos), cumpre ressaltar que somente cabe uma única apelação por esse motivo, na forma do art. 593, § 3º, parte final, CPP. Assim, caso a defesa tenha recorrido por esse motivo e o Tribunal tenha acatado o seu recurso, determinando-se novo júri, não caberá, por esse mesmo motivo, nova apelação, ainda que quem recorra da segunda vez seja o Ministério Público.

15.4.2. Prazo e interposição da apelação

Na forma do art. 593, CPP, o prazo para a interposição do recurso é de **5 (cinco) dias**, lembrando que toda contagem de prazo processual exclui o dia do início e inclui o dia final, iniciando-se a contagem quando a parte é intimada da sentença que deseja apelar, na forma da Súmula 710/STF. Lembrar que após a interposição do recurso no prazo de 5 (cinco) dias, o recorrente terá o prazo de 8 (oito) dias para apresentar as razões recursais, na forma do art. 600, *caput*, CP. Em razão da paridade de armas, o recorrido também terá o prazo de 8 (oito) dias para apresentar as contrarrazões recursais.

15.5. Embargos infringentes e de nulidade

Trata-se de modalidade recursal prevista no art. 609, parágrafo único, CPP, oponível contra **decisão não unânime** de órgão de segunda instância, **desde que desfavorável ao réu**. Na forma disposta no Código de Processo Penal, o ataque à decisão não unânime do Tribunal pode ser feito em relação à **matéria de mérito**, daí serem chamados de **embargos infringentes**, ou em relação à **matéria processual**, como exemplo de alguma nulidade, daí serem chamados de **embargos de nulidade**.

Um caso de aplicação dos chamados embargos infringentes se deu quando do julgamento do "Mensalão" (Ação Penal 470/STF), em que o Supremo Tribunal Federal, por maioria ou decisão não unânime, condenou vários réus por crimes contra a Administração Pública. Todavia, foram oponíveis os embargos infringentes e algumas condenações não subsistiram, isto é, ocorreu a absolvição por alguns crimes.

Na forma legal (art. 609, parágrafo único, CPP), o prazo para sua interposição e juntada de razões recursais é de **10 (dez) dias**.

15.6. Embargos de declaração

Trata-se de modalidade recursal contra **decisão de primeiro grau**, conforme já visto no art. 382, CPP, ou de **acórdão prolatado por Tribunal**, na forma do agora estudado art. 619, CPP.

Em ambos os casos, o recurso será cabível quando houver alguma **questão ambígua, obscura, contraditória ou omissa**. Muito comum de ocorrer quando o Magistrado deixa de manifestar sobre o regime inicial de cumprimento de pena, tendo apenas fixado qual seria a reprimenda total. Nesse caso, devem ser interpostos os embargos de declaração para que o Juiz se manifeste sobre esse ponto omisso.

O **prazo** para sua interposição e apresentação de razões recursais é de **2 (dois) dias** nos procedimentos em geral, sendo que no **procedimento comum sumaríssimo** há previsão expressa de seu cabimento, mas no **prazo de 5 (cinco) dias**, na forma do art. 83, § 1º, Lei n. 9.099/95.

15.7. Agravo em execução

Recurso com previsão específica na Lei n. 7.210/84 (Lei de Execução Penal), **art. 197**, o **agravo em execução** é manejado contra as decisões proferidas pelo **Juiz da Execução Penal**. Como exemplo, tem-se a decisão que indefere a progressão de regime de cumprimento de pena ou que indefere o livramento condicional. Nesses casos, a defesa deverá interpor o agravo em execução. Lembrar que muitos incisos do art. 581, CPP, conforme já estudados acima (item 15.3.1), estão revogados e o recurso correto é o presente agravo em execução.

Em relação ao seu prazo e procedimento a ser adotado, cumpre ressaltar que a Lei n. 7.210/84 é omissa nesse sentido, devendo, então, ser conhecida a redação da **Súmula 700 do Supremo Tribunal Federal** que tem a seguinte redação:

> É de **cinco dias** o **prazo** para interposição de agravo contra decisão do juiz da execução penal.

Quanto ao **procedimento** a ser utilizado, tendo em vista a sua similitude com o **recurso em sentido estrito**, utiliza-se este procedimento recursal para a sua interposição, podendo ser, assim, interposto por petição ou por termo nos autos. Em razão de seguir por analogia o procedimento do recurso em sentido estrito, também será aplicável o **efeito regressivo** (diferido ou iterativo), permitindo-se ao Juiz da Execução retratar-se da decisão tomada.

Por fim, na forma do art. 197, Lei n. 7.210/84, este recurso **não** possui o **efeito suspensivo**. Assim, caso o Juiz da Execução tenha proferido decisão concedendo o livramento condicional, a interposição do agravo em execução pelo Ministério Público não impedirá que o recorrido já possa usufruir do benefício concedido.

15.8. Carta testemunhável

Trata-se de recurso voltado para garantir que o Tribunal conheça e examine recurso cujo processamento o Juiz impediu que subisse para a instância superior. Na forma do art. 639, CPP, a carta testemunhável caberá quando o Juiz **denegar o recurso** ou quando, admitindo o recurso, **obstar sua expedição** e processamento para o Tribunal.

Lembrar que tal recurso tem **natureza subsidiária**, somente sendo possível quando não couber outro recurso, a exemplo do recurso em sentido estrito que será cabível quando o Juiz tiver negado o seguimento da apelação (art. 581, XV, CPP) ou nos Recursos Especial e Extraordinário que forem denegados o seguimento, cabendo aqui o agravo de instrumento. Assim, não sendo negada a apelação, nem negados os Recursos Especial e Extraordinário, caberá a carta testemunhável, quando for negado qualquer outro tipo de recurso.

O seu prazo de interposição é de **48 horas** e deve ser **dirigido ao escrivão**, na forma do art. 640, CPP, sendo que tal recurso **não possui efeito suspensivo** (art. 646, CPP). Ademais, como ele é apenas um meio de se fazer subir o recurso pretendido para que o órgão superior faça a devida análise, ele terá o mesmo procedimento do recurso que fora negado pelo órgão inferior.

15.9. Recurso especial no processo penal

Trata-se o Recurso Especial (REsp) de instrumento destinado a questionar matéria de **ordem federal** que tenha sido desobedecida por Tribunal inferior (Tribunais de Justiça, do Distrito Federal, Territórios e Tribunais Regionais Federais).

A sua previsão é de ordem constitucional, conforme se vê do art. 105, III, CF, devendo ser julgado pelo **Superior Tribunal de Justiça**. Em provas da OAB, na disciplina Direito Processual Penal, o natural é que se cobre **violação de leis federais** como Código Penal, Código de Processo Penal, Lei de Execução Penal, Lei de Drogas etc. Assim, caso o Tribunal de Justiça, ao julgar, tenha violado alguma disposição do Código de Processo Penal, como as formas procedimentais, caberá o Recurso Especial. Outro exemplo é quando se viola alguma disposição do Código Penal como o não reconhecimento de alguma causa extintiva de punibilidade (art. 107, CP), desafiando-se, então, o presente recurso.

Da mesma forma que se verá a seguir, no Recurso Extraordinário, faz-se necessário o **prequestionamento** da matéria no Tribunal de origem para que o Superior Tribunal de Justiça conheça do recurso. Caso não tenha o Tribunal de origem analisado a matéria de ordem federal, deverá a parte interpor embargos de declaração para que seja feito o devido prequestionamento.

Uma importante anotação quanto ao Recurso Especial é a nova **Súmula 518, Superior Tribunal de Justiça**, assim transcrita:

> Para fins do art. 105, III, *a*, da Constituição Federal, não é cabível recurso especial fundado em alegada violação de enunciado de súmula.

Por esse novo pensamento sumulado, o recorrente não pode valer-se do Recurso Especial com base na suposta violação à lei federal quando questiona a contrariedade a alguma súmula do Superior Tribunal de Justiça. Em outras palavras, o art. 105, III, *a*, CF, apenas admite a impetração do recurso quando a violação é à lei federal, não sendo possível em caso de violação à súmula, visto que a natureza jurídica é diversa.

> Quanto ao seu processamento e prazo, o **Novo Código de Processo Civil** regulamentou a matéria, nos **arts. 1.029 a 1.044**. A sua interposição deve ser feita perante o Presidente ou Vice-Presidente do Tribunal de origem, com as razões inclusas, na forma do art. 1.029, NCPC. O **prazo** para a sua interposição e juntada de razões é de **15 (quinze) dias**, na forma do art. 1.030, *caput*, NCPC. Lembrar que a contagem dos prazos processuais está prevista no art. 798, § 1º, CPP, excluindo-se o dia do início e incluindo-se o dia final. Caso o último dia do prazo termine em feriado ou em dia não útil, considera-se prorrogado para o próximo dia útil, também na forma do art. 798, § 3º, CPP.

■ 15.10. Recurso extraordinário no processo penal

O Recurso Extraordinário (RE) é manejado contra decisões proferidas em **única ou última instância**, quando a **matéria** combatida for de **ordem constitucional**, ou seja, violar a Constituição Federal, na forma de seu art. 102, III, sendo ele julgado pelo **Supremo Tribunal Federal**.

No caso do Direito Processual Penal, como é natural, a matéria tem que ser de ordem penal ou processual penal, sendo muito comum a sua utilização para questões que violam o art. 5º, Carta Maior, notadamente nos princípios ali previstos.

Deve ser lembrado que o Recurso Extraordinário somente tem previsão quando não for cabível nenhum outro recurso, conforme a redação da Súmula 281/STF:

> É inadmissível o recurso extraordinário, quando couber, na justiça de origem, recurso ordinário da decisão impugnada.

Em virtude desse pensamento sumulado que se diz que a parte deve esgotar todas as instâncias recursais para, apenas depois, manejar o recurso em estudo.

Quanto aos requisitos para a sua impetração, importante apontar que ele somente será conhecido pelo Supremo Tribunal Federal se houver o **prequestionamento** da matéria e se for demonstrada a sua **repercussão geral**.

Por prequestionamento se entende a necessidade de análise prévia da matéria constitucional pelo acórdão recorrido (Tribunal de Justiça, por exemplo). Caso o acórdão recorrido não tenha apreciado a matéria constitucional, cabe à parte prequestionar a matéria com os embargos de declaração, obrigando o Tribunal a manifestar-se sobre a questão de ordem constitucional, sob pena de não ser possível depois ingressar com o Recurso Extraordinário. Essa necessidade de opor embargos de declaração é tão importante que foi objeto de súmula, a seguir transcrita:

> **STF – Súmula 356**
> O ponto omisso da decisão, sobre o qual não foram opostos embargos declaratórios, não pode ser objeto de recurso extraordinário, por faltar o requisito do prequestionamento.

> Em relação ao outro requisito, consubstanciado na **repercussão geral**, o recorrente deve demonstrar qual a extensão da importância do julgamento daquela matéria constitucional pelo Supremo Tribunal Federal. Em outras palavras, se aquele julgamento terá relevância para outros casos similares em nível nacional. Caso contrário, o Supremo Tribunal Federal não irá julgar o recurso. Para facilitar o **significado** da chamada **repercussão geral**, foi inserido no **Novo Código de Processo Civil o art. 1.035, § 1º**, nestes termos:

Para efeito de repercussão geral, será considerada a existência ou não de questões relevantes do ponto de vista econômico, político, social ou jurídico que ultrapassem os interesses subjetivos do processo.

Logo, tendo sido a matéria prequestionada e havendo a demonstração da repercussão geral, o Recurso Extraordinário poderá ser conhecido e examinado pelo Supremo Tribunal Federal. No mais, inseriu-se o art. 638 no CPP[9], via Pacote Anticrime, de forma a espancar qualquer dúvida acerca do processamento de ambos os recursos (RE e REsp), aplicando-se a eles o tratamento previsto em leis especiais, Código de Processo Civil e regimentos internos dos Tribunais Superiores.

Em relação ao seu processamento, bem como o prazo legal, anotar que o **Novo Código de Processo Civil regulamentou a matéria** e deve ser conhecido pelo candidato da OAB, na redação dos **arts. 1.029 a 1.044**. Da disposição legal prevista no art. 1.029, NCPC, a petição de interposição é feita perante o Tribunal recorrido (endereçada ao Presidente ou Vice-Presidente do Tribunal). Em relação ao **prazo**, que deve ser lembrado pelo candidato, o art. 1.030, *caput*, NCPC, aponta ser de **15 (quinze) dias**, lembrando que se trata de prazo processual, em que se exclui o dia do início e inclui o dia final (art. 798, § 1º, CPP).

Por fim, o referido recurso **não** possui **efeito suspensivo** (art. 1.029, § 5º, NCPC), devendo o acórdão recorrido produzir todos os seus efeitos, sendo que se o condenado estiver recorrendo em liberdade, assim permanecerá até o julgamento final.

Prazos recursais no processo penal	
Recurso em sentido estrito	5 dias para interpor 2 dias para razões recursais
Apelação	5 dias para interpor 8 dias para razões recursais
Embargos infringentes e de nulidade	10 dias para interpor e razões recursais
Embargos de declaração	2 dias para interpor e razões recursais 5 dias para interpor e razões recursais (JEC)
Agravo em execução	5 dias para interpor e razões recursais

---

[9] Art. 638. O recurso extraordinário e o recurso especial serão processados e julgados no Supremo Tribunal Federal e no Superior Tribunal de Justiça na forma estabelecida por leis especiais, pela lei processual civil e pelos respectivos regimentos internos.

Prazos dos recursos constitucionais	
Recurso Extraordinário (STF)	15 dias para interpor e razões recursais
Recurso Especial (STJ)	15 dias para interpor e razões recursais

■ 16. AÇÕES AUTÔNOMAS DE IMPUGNAÇÃO

As duas ações autônomas mais cobradas nas **provas da OAB** são o *habeas corpus* e a **revisão criminal**, que serão a seguir estudadas.

■ 16.1. *Habeas corpus*

Chamado de remédio heroico, o *habeas corpus* tem previsão constitucional (art. 5º, LXVIII, CF) e destina-se a impedir que alguém sofra ou seja ameaçado de sofrer violência ou coação em sua **liberdade de locomoção**, por ilegalidade ou abuso de poder.

Não se trata de modalidade recursal, uma vez que não tem prazo definido em lei, não tem legitimados específicos (qualquer pessoa pode interpor – art. 654, *caput*, CPP) para a sua impetração e não pressupõe a existência de um processo para ser manejado. Logo, é considerada ação autônoma de impugnação, como nos ensina Renato Brasileiro, afirmando ser essa a posição dominante hoje no Brasil (LIMA, 2016, p. 2459).

A ilegalidade ou abuso de poder deve estar relacionada à liberdade de locomoção. Quanto à **ilegalidade**, pode-se afirmar que existirá quando alguém estiver preso em flagrante por tempo indeterminado sem que o Juiz tenha se manifestado quanto à conversão ou não da prisão em flagrante para a prisão preventiva, na forma determinada pelo art. 310, CPP. Em relação ao **abuso de poder**, ocorrerá quando a situação em tela estiver caracterizada por algum ato de exercício ilegal de poder que esteja impedindo a soltura de alguém. Como exemplo, em casos de prisão temporária, que o prazo fatal é de 5 (cinco) dias, após o qual o preso deve ser colocado imediatamente em liberdade, mas o agente responsável não libera a pessoa ao cabo de tal prazo. Trata-se de abuso de poder com restrição à liberdade de locomoção.

Lembrar que o *habeas corpus*, em **hipótese alguma**, poderá ser manejado para garantir a **posse de bens móveis ou imóveis**, somente sendo previsto para **liberdade de locomoção** de **pessoas**. Ademais, tendo em vista os últimos acontecimentos no cenário nacional em relação à Política, o *impeachment* **não pode ser questionado na via do** *habeas corpus,* uma vez que a sanção proveniente de tal instituto é de origem político-administrativa, não havendo risco para a liberdade de ir e vir do Presidente da República.

Quanto às suas espécies, ele pode ser **liberatório** quando a ordem ilegal ou abuso de poder já tiver sido perpetrado, devendo o paciente ser colocado em liberdade (art. 660, § 1º, CPP). Ele será **preventivo** quando houver ameaça de constrangimento ilegal à liberdade de locomoção, em que se requer a expedição de **salvo-conduto** para que seja impedido qualquer ataque ao seu direito, conforme art. 660, § 4º, CPP.

16.1.1. Hipóteses de cabimento

O art. 648, CPP elenca algumas hipóteses cabíveis de impetração do citado remédio heroico, uma vez que tal rol é meramente exemplificativo, podendo ser aplicado para outros casos não previstos em lei, mas que coloca em risco a liberdade de locomoção. Dessa forma, a coação será considerada ilegal:

a) Quando não houver **justa causa:** trata-se da necessidade de um **lastro probatório mínimo** para a deflagração da persecução penal contra alguém ou sua própria prisão. Caso a ação penal seja iniciada sem a devida justa causa, o *habeas corpus* será o instrumento adequado para trancar a ação penal. Outro caso comum exemplificativo da ausência de justa causa se dá quando alguém é preso porque tem alguma dívida civil, na situação de depositário infiel. Esse caso foi inclusive sumulado pelo Supremo Tribunal Federal como impeditivo de prisão, na forma da **Súmula Vinculante 25:**

> É ilícita a prisão civil de depositário infiel, qualquer que seja a modalidade de depósito.

b) **Quando alguém estiver preso por mais tempo do que determina a lei:** são comuns os casos em que a pessoa já cumpriu a pena privativa de liberdade imposta, mas ainda permanece recolhida no presídio, em virtude de o Estado-Juiz não ser capaz de analisar todos os casos ao mesmo tempo, tendo em vista o elevado número de presos. Dessa forma, caberá *habeas corpus*. Além desse caso, quando a prisão temporária já tiver com seu prazo vencido e o acusado ainda permanecer preso, trata-se de situação em que o remédio heroico será cabível.

c) **Quando quem ordenar a coação não tiver competência para fazê-lo:** é o caso de um Juiz Federal decretar a prisão preventiva de alguém que cometeu crime que deve ser julgado pelo Juiz de Direito, uma vez que a competência para tanto é estadual. Outro exemplo seria quando o Juiz de Direito decreta a prisão preventiva de um Deputado Estadual, sendo que apenas o Tribunal de Justiça poderia fazê-lo, tendo em vista a sua prerrogativa de função para ser julgado perante o referido Tribunal.

d) **Quando houver cessado o motivo que autorizou a coação:** inicialmente, a coação era legal e fundamentada, todavia houve alteração do seu substrato fático e jurídico, mas a pessoa ainda continua sendo restringida no seu direito de locomoção. Seria o exemplo de uma prisão preventiva anteriormente decretada, mas que durante o desenrolar do processo criminal o Juiz perceba que o suposto autor dos fatos não participou do crime, caindo por terra os indícios suficientes de autoria. Lembrar que nesse caso será cabível também a revogação da prisão preventiva (art. 316, CPP), sendo que tanto o *habeas corpus* quanto a revogação serão cabíveis para questionar tal prisão.

e) **Quando não for alguém admitido a prestar fiança, nos casos em que a lei a autoriza:** atualmente, a liberdade provisória pode ser concedida com ou sem fiança. No caso em tela, caso alguém seja impedido de prestar fiança, mesmo que a lei admita tal hipótese, o *habeas corpus* será a medida pertinente. Lembrar que tanto o Delegado de Polícia quanto o Juiz podem conceder fiança, na forma dos arts. 321 e 322, CPP.

f) **Quando o processo for manifestamente nulo:** quando alguma regra processual ou disposição constitucional for violada, o processo estará eivado de nulidade, não podendo ter seu curso seguido sem antes sanar tal situação. Caso prossiga, apesar da nulidade, caberá *habeas corpus*. A nulidade pode ser relativa ou absoluta, lembrando que a nulidade relativa deve ser alegada a tempo e modo para não haver preclusão, na forma do art. 571, CPP, que será estudado em capítulo próprio. Como exemplo, tem-se a condenação por crime eleitoral determinada por Juiz Estadual, em frontal disposição à regra de competência constitucional para o julgamento dos crimes eleitorais por Juiz Eleitoral. Nesse caso, o processo está manifestamente nulo e deve ser impetrado o instrumento de impugnação em epígrafe, ainda que haja sentença transitada em julgado, uma vez que o *habeas corpus* não possui prazo processual para ser manejado, podendo ser feito a qualquer tempo, desde que haja alguma situação de ilegalidade ou abuso de poder atual.

g) **Quando extinta a punibilidade:** são os casos previstos no art. 107, CP. Caso o Juiz constate alguma causa extintiva da punibilidade, deve declarar de ofício a sua ocorrência e encerrar o processo, na forma prescrita no art. 61, CPP. Se não fizer tal manifestação, o Juiz será tido como autoridade coatora e poderá a parte prejudicada impetrar o *habeas corpus* perante o Tribunal. Seria o caso de o processo estar prescrito, sendo a prescrição uma das causas extintivas da punibilidade prevista no art. 107, IV, CP, mas o Juiz continuar o processo e designar audiência de instrução e julgamento, o que acarretará a interposição do *habeas corpus*.

16.1.2. Recursos em *habeas corpus*

Os recursos cabíveis das decisões (concessivas ou denegatórias) em *habeas corpus* estão previstos no Código de Processo Penal e também na Constituição Federal.

No Código de Processo Penal, há previsão de recurso em sentido estrito para a decisão que conceder ou negar *habeas corpus* (art. 581, X, CPP), devendo ser lembrado que tal decisão deve ser de Juiz singular, pois em casos de decisões de órgão colegiado a questão é analisada no âmbito da Constituição Federal. A outra previsão está no art. 574, I, CPP, em que se prevê o chamado reexame necessário das decisões também de Juiz singular que tiver concedido a ordem de *habeas corpus*, devendo ser encaminhada a decisão concessiva para o Tribunal analisar a questão.

> Já na seara constitucional, o **recurso é o ordinário**, na forma dos arts. 102, II, *a*, e 105, II, *a*, CF. Para facilitar o entendimento e a visualização das duas hipóteses, a seguir a transcrição legal:

Art. 102, II – julgar, em **recurso ordinário**:
a) o ***habeas corpus***, o mandado de segurança, o *habeas data* e o mandado de injunção decididos em única instância pelos Tribunais Superiores, **se denegatória a decisão**.
Art. 105, II – julgar, em **recurso ordinário**:
a) os *habeas corpus* decididos em única ou última instância pelos Tribunais Regionais Federais ou pelos tribunais dos Estados, do Distrito Federal e Territórios, **quando a decisão for denegatória**.

Pelo que se depreende dos artigos constitucionais destacados, o **recurso ordinário** é o meio adequado de insurgir-se contra decisão denegatória em *habeas corpus* proferida por **Tribunal**, uma vez que das decisões de Juiz singular caberá o recurso em sentido estrito. A decisão deve ter sido denegatória, sob pena de não ser conhecido o recurso ordinário.

O **prazo** para a imposição do recurso ordinário é de **5 (cinco) dias**, na forma do art. 30, *caput*, Lei n. 8.038/90, e art. 310, Regimento Interno do STF.

16.2. Revisão criminal

Conceitua-se como **ação autônoma de impugnação, também na linha de pensamento de Renato Brasileiro** (LIMA, 2016, p. 2525), para desconstituir-se a coisa julgada, em situações em que a sentença condenatória esteja eivada de **grave erro judiciário**. Pela conceituação, percebe-se que somente caberá a impugnação por parte do condenado, não sendo possível quando houver absolvição baseada em grave erro judiciário. Daí a assertiva de que **somente caberá revisão criminal *pro reo*,** não sendo possível em favor da sociedade, por meio do Ministério Público.

Pelo que se demonstrou acima, estará sendo desconstituída de forma excepcional a coisa julgada, mas em prol de impedir-se uma injustiça contra o condenado injustamente.

A revisão criminal **não possui prazo legal** para a sua interposição, podendo ser proposta a **qualquer tempo**, mesmo que já exista decisão transitada em julgado ou pena extinta, na forma do art. 622, CPP.

Quanto à legitimidade para a propositura, deve ser destacado que o art. 623, CPP permite que o acusado, seu defensor ou, no caso de **morte do réu**, pelo seu cônjuge, ascendente, descendente ou irmão, deixando claro que ela pode ser proposta ainda que a pena já tenha sido extinta pela morte do agente, na forma do art. 107, CP. Deve ser destacado que o réu pode propor a revisão criminal **mesmo sem advogado**, ou seja, não depende de representação por profissional da advocacia.

Como se trata de **erro judiciário**, na forma prevista na Constituição Federal (art. 5º, LXXV) e também no Código de Processo Penal (art. 630, *caput*), o acusado fará jus a uma **indenização** pela injustiça cometida pelo Poder Judiciário.

Fator importante para que se aceite o pedido de revisão criminal é ter **ocorrido** o **trânsito em julgado** da **sentença condenatória**, uma vez que se o processo ainda estiver em curso outras formas de impugnação (recursos) poderão ser opostas. Essa é a letra da lei no art. 625, § 1º, CPP. Além da sentença condenatória, também caberá a revisão criminal das **sentenças absolutórias impróprias** (art. 386, parágrafo único, III, CPP), em que se aplicou **medida de segurança**. Isso porque, apesar de não ser pena propriamente dita, a medida de segurança importa numa restrição da liberdade do agente, uma vez que ele estará sujeito a tratamento em hospital de custódia ou em tratamento ambulatorial, sendo totalmente injusto que tal situação persista se houver um dos casos do art. 621, CPP.

Os casos legais de revisão criminal estão previstos no art. 621, CPP, a seguir transcritos:

> A revisão dos processos findos será admitida:
> I – quando a **sentença condenatória** for contrária ao texto expresso da lei penal ou à evidência dos autos;
> II – quando a **sentença condenatória** se fundar em depoimentos, exames ou documentos comprovadamente falsos;
> III – quando, após a **sentença,** se descobrirem novas provas de inocência do **condenado** ou de circunstância que determine ou autorize diminuição especial da pena.

A **primeira hipótese** ocorre quando a sentença condenatória for **contrária à lei ou à Constituição da República**, sendo o caso comum quando houver sido baseada em **prova ilícita**, a exemplo de uma interceptação telefônica sem autorização judicial.

A **segunda hipótese** estabelece que a revisão criminal será possível quando a sentença condenatória estiver **frontalmente** contrária à **prova dos autos**. Cumpre ressaltar que não é cabível a revisão criminal quando o Magistrado condenou com base em arcabouço probatório frágil. Deve ser demonstrado que não havia prova alguma para a condenação e o Juiz condenou assim mesmo, sob pena de a revisão criminal constituir-se em uma via substitutiva do recurso de apelação.

A **terceira hipótese** é uma das mais graves, pois o réu foi condenado com base em **provas falsas**, como depoimento do ofendido, prova testemunhal ou documental. Seria o exemplo de uma vítima comprar as testemunhas do processo para que minta a seu favor. Descoberta tal fraude, o remédio é a revisão criminal.

A **quarta hipótese** refere-se a **novos elementos de prova** que não foram objeto de apreciação pelo julgador e que poderiam ter inocentado o acusado, caso tivessem sido conhecidos à época pelo Magistrado. Como exemplo, tem-se no caso de o verdadeiro autor do crime resolver confessá-lo após a sentença já ter condenado o inocente. Trata-se de prova que surgiu após o fim do processo penal, ensejando a desconstituição da sentença condenatória.

A **competência** para o julgamento da revisão criminal é sempre de **Tribunal**, nunca de Juiz singular, na forma do art. 624, CPP. Assim, se o erro judiciário foi cometido por um Juiz, a revisão criminal deve ser julgada pelo Tribunal que possuir jurisdição sobre ele, por exemplo, se o Juiz é federal, caberá ao Tribunal Regional Federal analisar a questão. Se o Juiz é estadual, caberá ao Tribunal de Justiça. Todavia, se a decisão acometida de erro judiciário foi prolatada por Tribunal, caberá a ele mesmo desconstituir tal decisão. Como exemplo, se o acórdão de três Desembargadores do Tribunal de Justiça foi objeto de revisão criminal, o próprio Tribunal de Justiça julgará a impugnação, lembrando que somente poderá funcionar como relator Desembargador que não tenha participado do acórdão impugnado.

Assim como nos recursos, em que se **veda a reforma para pior ou** *reformatio in pejus,* a revisão criminal também deve ser orientada nesse sentido, nunca podendo a nova decisão prolatada em sede dessa ação autônoma de impugnação ser pior do que a que foi revista. Essa é a regra imposta no art. 626, parágrafo único, CPP, que tem a seguinte redação:

> De qualquer maneira, não poderá ser agravada a pena imposta pela decisão revista.

O que se quer demonstrar é a impossibilidade de a revisão criminal ser feita para piorar a situação do condenado. Assim, caso o réu tenha sido condenado com base em provas ilícitas, a revisão criminal será o remédio processual cabível. Todavia se o Tribunal quiser manter a condenação, por entender que as provas novas foram feitas de forma lícita e isso lhe autoriza manter a condenação, terá que respeitar o **limite máximo** de **pena aplicado na sentença originária**, não podendo, em hipótese alguma, agravar a decisão.

17. NULIDADES NO PROCESSO PENAL

Todo ato processual deve ser praticado tendo em vista uma **forma prescrita no Código de Processo Penal ou na Constituição Federal**. Quando essa forma é inobservada, surgem as chamadas nulidades. As nulidades, por sua vez, podem ser absolutas ou relativas. Serão absolutas quando o prejuízo causado por inobservar a forma prescrita é presumido, não havendo possibilidade de convalidação. Já as relativas demandam que se prove o prejuízo causado pela inobservância do dispositivo legal. Outra diferença básica entre as nulidades absolutas e relativas é que aquelas podem ser decretadas de ofício pelo Juiz, independentemente de manifestação das partes, enquanto as nulidades relativas devem ser pugnadas pelas partes, não cabendo ao Juiz, de regra, decretá-las de ofício.

> Assim, para não gerar confusão na prova, **nulidades relativas** dependem de alegação da parte prejudicada, devendo ser comprovado o prejuízo, enquanto as **nulidades absolutas** podem ser alegadas de ofício e o prejuízo causado é presumido.

Importante destacar que as **nulidade**s são ocorrências do **processo penal**, não havendo que se falar em nulidade no **inquérito policial**, uma vez que ainda inexiste ação penal. Caso algum ato descumpra a forma prescrita em lei durante o inquérito policial, estar-se-á diante de um vício que não macula o posterior processo penal, devendo ser declarada apenas a sua **irregularidade**, mantendo-se intacto o processo penal deflagrado.

17.1. Princípios informativos das nulidades no processo penal

Como todo instituto relevante de Direito Processual Penal, as nulidades também possuem princípios orientadores que facilitam a compreensão do tema, de forma a interpretar de que modo o operador do Direito deverá portar-se diante de cada espécie de nulidade.

17.1.1. Princípio do prejuízo ou *pas de nullité sans grief*

Nenhum ato processual será declarado nulo se não houver **prejuízo** para as partes. Essa é disposição legal que inaugura o título das nulidades, na forma prescrita no art. 563, CPP. No que se refere às **nulidades absolutas**, o **prejuízo é presumido**, enquanto nas **nulidades relativas** ele deverá ser **demonstrado** pela parte que alegar a ausência de atendimento a certa forma prescrita em lei. O Supremo Tribunal Federal também corrobora a tese de que as nulidades absolutas possuem prejuízo presumido, enquanto as relativas dependem de comprovação do prejuízo causado a quem alega, na forma da **Súmula 523/STF**:

> No processo penal, a falta da defesa constitui nulidade absoluta, mas a sua deficiência só o anulará se houver prova de prejuízo para o réu.

A falta de defesa viola os princípios constitucionais da ampla defesa e do contraditório, presumindo-se o prejuízo, além de ser norma prevista na Constituição da República. Já a deficiência de defesa é nulidade que necessita da prova do prejuízo, sendo da espécie relativa.

Dessa forma, a **declaração** de alguma nulidade **demandará** a existência de **prejuízo** para uma das partes (acusação ou defesa). Por exemplo, a mera inversão da ordem de oitiva das testemunhas, tendo sido ouvidas primeiro as da defesa, por si só não gerará presunção de prejuízo para a parte. Deve a parte que a alegar demonstrar em que consistiu o prejuízo, uma vez que, no exemplo citado, as testemunhas de defesa ouvidas primeiramente podem ter sido apenas de beatificação (atestar boa conduta social do réu), em nada aproveitando de relevante para a causa, não havendo a ocorrência de prejuízo. Assim, tal inversão da oitiva de testemunhas trata-se de nulidade relativa em que se deve demonstrar o prejuízo causado.

17.1.2. Princípio da permanência da eficácia dos atos processuais penais

No Direito Processual Penal, os atos devem ser declarados nulos pelo Juiz, permanecendo válidos até esse momento. Tal princípio se aplica tanto para as nulidades relativas quanto para as absolutas, sendo diferente do Direito Civil, em que os atos nulos não produzem efeitos de pleno direito. Na sistemática processual penal, a **declaração de nulidade** é que **fulmina** os **efeitos jurídicos** até então produzidos pelo ato nulo. Assim, ainda que se trate de nulidade absoluta, o ato processual eivado de tal característica continuará produzindo os seus efeitos, daí ser dito que haverá a permanência da eficácia dos atos processuais penais. Por exemplo, se alguém for defendido por um **estagiário sem o acompanhamento de advogado devidamente inscrito nos quadros da OAB**, ainda que tenha sido condenado e recolhido à prisão, como bem alerta Renato Brasileiro (LIMA, 2016, p. 2217), o processo penal somente será declarado nulo quando o Juiz assim se manifestar, de ofício (caso descubra tal nulidade) ou mediante provocação de uma das partes, ficando o condenado preso até esse momento.

17.1.3. Princípio da causalidade no processo penal

Tal princípio orienta a **extensão** dos **efeitos** da **decretação** da **nulidade**, ou seja, a invalidação de um ato processual gerará a contaminação dos demais que lhe forem consequência ou decorrência. Assim como o princípio do prejuízo, ele também possui regência legal, estando previsto no art. 573, § 1º, CPP, *in verbis*:

> A nulidade de um ato, uma vez declarada, causará a dos atos que dele diretamente dependam ou sejam consequência.

Para que os atos subsequentes também sejam declarados nulos, exige-se que haja uma **relação de causalidade** entre eles, ou seja, entre o ato anulado e os demais atos processuais. Por exemplo, se não houve citação do acusado para defender-se, os demais atos posteriores, como oitiva de testemunhas e perícias, serão declarados nulos, uma vez que a ausência de citação inviabiliza a defesa do acusado, sendo todas as provas produzidas também nulas.

Nesse ponto, deve o órgão jurisdicional que declarar a nulidade de um ato (**nulidade originária**) verificar até que ponto tal vício terá contaminado os demais atos processuais (**nulidade derivada**). Foi nesse sentido que o Código de Processo Penal dispôs que o Juiz que declarar a nulidade de um ato deverá taxar quais os atos subsequentes que também estarão maculados, nestes termos:

> Art. 573, § 2º O juiz que pronunciar a nulidade declarará os atos a que ela se estende.

Tendo em vista tal disposição, percebe-se que **não serão automaticamente nulos** todos os atos processuais, devendo o Juiz ou Tribunal (se a nulidade for reconhecida em 2ª instância) declarar a extensão da nulidade.

17.1.4. Princípio da convalidação dos atos processuais penais

Trata-se de princípio que visa **sanar o defeito** de algum ato nulo, ocorrendo a sua convalidação. Por essa orientação, o ato que era inicialmente imperfeito passa a ser considerado válido e sem qualquer mácula, não podendo mais ser suscitada a sua invalidade.

Como se trata de **convalidação de atos processuais**, o princípio em tela **não se aplica** às **nulidades absolutas**, uma vez que elas são insanáveis e violadoras de normas de interesse público, o que impede o saneamento de seu defeito. Já com relação às **nulidades relativas**, haverá a sua convalidação se elas não forem alegadas a tempo e modo, ocorrendo a **preclusão**.

Quanto à **preclusão**, ela pode ocorrer de duas formas, gerando a perda de uma faculdade ou direito processual. A primeira forma de preclusão é chamada de **temporal**, em que a perda de uma faculdade decorre da **ausência de alegação no prazo determinado pela lei**. Como se vê do art. 572, CPP, os momentos oportunos para alegar-se a nulidade relativa devem ser observados, sob pena de preclusão temporal e consequente convalidação do ato processual:

> As nulidades previstas no art. 564, III, *d* e *e*, segunda parte, *g* e *h*, e IV, considerar-se-ão sanadas:
> I – se não forem arguidas, em tempo oportuno, de acordo com o disposto no artigo anterior;

A expressão legal "em tempo oportuno" deve ser analisada na forma do art. 571, CPP, que previu todos os momentos processuais para alegar-se eventual nulidade relativa, na forma citada abaixo.

Momento de ocorrência da nulidade	Momento em que deve ser alegada
Instrução criminal no Sumário da Culpa (1ª fase Júri)	Alegações orais em audiência
Instrução criminal no Juiz Singular	Alegações orais ou escritas, se for o caso
Processo Sumário	Alegações orais
Posterior à pronúncia	Logo depois de anunciado o julgamento e apregoadas das partes
Posterior à sentença	Razões recursais ou logo depois de anunciado o julgamento e apregoadas as partes
Julgamento em plenário do Júri, audiência ou sessão do Tribunal	Logo depois de ocorrerem

Por sua vez, a **preclusão lógica** ocorre quando há uma incompatibilidade na prática de um ato processual com relação a outro já praticado, ou seja, a parte não demonstra que almeja a nulidade do ato, **aceitando tacitamente os seus efeitos**. A conduta da parte que opera a preclusão lógica é incompatível com quem deseja a anulação de certo ato processual. Tal preclusão também foi prevista expressamente no Código de Processo Penal, em seu art. 572, III, nestes termos:

> Se a parte, ainda que tacitamente, tiver aceito os seus efeitos.

Como exemplo dessa última preclusão, pode ser citada a utilização do sistema presidencialista de oitiva das testemunhas (perguntas feitas por meio do Juiz), já revogado pelo Código de Processo Penal, uma vez que hoje o sistema é do **exame direto e cruzado** (*cross-examination*), em que as partes perguntam diretamente. Não havendo questionamento algum, trata-se de convalidação da nulidade relativa em tela.

Outra modalidade de convalidação e aproveitamento dos atos processuais ocorre na chamada **ratificação**. Por meio dela, os atos processuais já praticados serão aproveitados e não haverá a declaração de nulidade. Em duas situações legais o Código de Processo Penal previu essa modalidade de aproveitamento dos atos processuais, sendo a primeira delas no **art. 568, CPP**:

> A nulidade por ilegitimidade do representante da parte poderá ser a todo tempo sanada, mediante ratificação dos atos processuais.

Como exemplo da aplicação do art. 568, CPP, tem-se nos casos de procuração de advogado que não foi assinada, podendo esta ser feita posteriormente com ratificação dos atos já praticados.

A outra hipótese de **ratificação** encontra-se no **art. 567, CPP**, nestes termos:

> A incompetência do juízo anula **somente os atos decisórios**, devendo o processo, quando for declarada a nulidade, ser remetido ao juiz competente.

Assim, recebido o processo em que funcionou Juiz incompetente, o Juiz competente poderá ratificar os atos instrutórios produzidos (oitivas de testemunhas, interrogatório etc.), declarando-se nulos apenas os atos decisórios (sentença, por exemplo).

Por fim, a última forma de convalidação dos atos processuais está prevista no instituto do **suprimento**, pelo qual **eventuais omissões** poderão ser supridas, a qualquer tempo, antes da sentença. Essa é a redação do art. 569, CPP. Como exemplo, tem-se a correção do endereço do réu na denúncia criminal, que poderá ser feito posteriormente ao recebimento da denúncia, para que ele seja citado no local correto.

17.1.5. Princípio da tipicidade das formas no processo penal

Diante desse princípio, todo ato processual possui a sua **forma prescrita em lei** ou na **Constituição Federal**. Caso ocorra a **inobservância de uma dessas formas**, ensejará a nulidade, que, por sua vez, poderá ser absoluta ou relativa, sendo que, quando a violação da tipicidade da forma estiver prevista na Constituição Federal, trata-se de nulidade absoluta, uma vez que a norma constitucional sempre será de interesse público. Se a inobservância for da lei processual penal, deve ser analisado o caso concreto, sendo que na maioria das vezes a nulidade será relativa.

17.1.6. Princípio da instrumentalidade das formas no processo penal

Considera-se o princípio que embasa todo o sistema das nulidades, uma vez que as formas prescritas em lei existem para servir ao bom funcionamento do processo e gerar a sentença final, **não podendo as formas serem um fim em si mesmo**. Em outras palavras, caso uma forma prescrita não tenha sido seguida exatamente como deveria, se o ato processual cumpriu a sua finalidade e não houve prejuízo para as partes, a declaração de nulidade não deverá ocorrer.

O postulado previsto no art. 566, CPP é nesse sentido de preservar o ato processual praticado, caso tenha ocorrido a inobservância de uma forma prescrita em lei, mas isso não tiver influenciado na decisão final do Juiz. Para ficar claro, segue transcrição do artigo, que é **corriqueiro nas provas da OAB**:

> Não será declarada a nulidade de ato processual que não houver influído na apuração da verdade substancial ou na decisão da causa.

Como exemplo de aplicação desse dispositivo legal, pode ser citada a produção de prova ilícita, como quebra de sigilo telefônico sem autorização judicial, mas o Magistrado não usou tal prova para fundamentar a sua sentença, tendo esta se baseado em outras **provas independentes e lícitas**.

Outra disposição legal que possui o referido princípio é aquela encartada no art. 572, II, CPP, nestes termos:

> Se, praticado por outra forma, o ato tiver atingido o seu fim.

A exemplo da inobservância de forma prescrita em lei, mas que o ato almejado atingiu o seu fim, tem-se a **citação** feita de forma **defeituosa**, desatendendo-se o prescrito em lei (art. 351, CPP), sendo feita a citação por edital, em vez de mandado. Não obstante, foi feita a resposta à acusação, o **réu compareceu ao interrogatório** e o **processo fluiu normalmente**. Assim, em que pese tenha sido a citação defeituosa, o ato de chamar o réu ao processo e possibilitar a sua defesa atingiu o seu objetivo, não devendo gerar a sua nulidade, em razão da **instrumentalidade das formas**. Ademais, essa situação está prevista no art. 570, CPP, quando o comparecimento espontâneo do réu ao processo irá sanar a citação defeituosa feita anteriormente.

17.1.7. Princípio do interesse no processo penal

Encartado no art. 565, parte final, CPP, a defesa **somente** poderá **alegar nulidade** que **lhe interesse**, sendo defeso pugnar por alguma nulidade que possa beneficiar a parte contrária. Por tal princípio, caso o Ministério Público não tenha comparecido ao interrogatório judicial do acusado, não caberá ao advogado de defesa alegar a nulidade do ato por ausência de comparecimento do Promotor de Justiça, uma vez que isso interessaria apenas à parte contrária, nada aproveitando ao acusado tal ausência. Pelo contrário, o fato de o membro do Ministério Público não ter comparecido e deixado de fazer perguntas será até benéfico para a defesa.

Deve ser ressaltado que o princípio do interesse não se aplica às nulidades absolutas, uma vez que estas podem ser, inclusive, declaradas de ofício pelo Juiz, tendo em vista a existência de interesse público, ocorrendo presunção do prejuízo causado à parte.

Ademais, pelo art. 565, parte inicial, CPP, a parte também **não poderá alegar nulidade a que ela mesma tenha dado causa**, uma vez que isso seria **premiar a própria torpeza**. Dessa forma, a lei não tolera qualquer tipo de comportamento malicioso ou de má-fé da parte, com o intuito claro de alegar-se a nulidade em momento posterior. Seria o exemplo de o advogado ter dispensado expressamente e constado em ata a presença do acusado na audiência de instrução e julgamento quando se estivesse fazendo a oitiva das testemunhas, mas, posteriormente, em alegações finais, afirmar que houve violação aos princípios do contraditório e da ampla defesa o fato de ele não se fazer presente na arguição das testemunhas. Permitir a decretação de tal nulidade seria no mínimo um contrassenso e uma violação à chamada **boa-fé objetiva** que deve permear as relações processuais.

17.2. Nulidades absolutas no processo penal

As nulidades absolutas atentam contra preceitos de **ordem pública**, como os dispositivos constitucionais que regulamentam o Direito Processual Penal, tais como aqueles que garantem a **ampla defesa, o contraditório e o devido processo legal**. A violação a princípios dessa magnitude enseja duas características próprias das nulidades absolutas, a saber:

a) **Prejuízo presumido:** em virtude do princípio do prejuízo ou *pas des nullité sans grief*, o ato processual somente será anulado se houver prejuízo para a acusação ou para a defesa. Todavia, em se tratando de nulidade absoluta, haja vista a gravidade que macula o ato processual, o prejuízo será presumido. Violações ao contraditório e à ampla defesa são inadmissíveis na atual sistemática processual, uma vez que a liberdade de uma pessoa é que está em jogo, não podendo ela ser retirada de qualquer jeito e sem observância das formas prescritas em lei que protegem o cidadão. Em outras palavras, as regras fundamentais do jogo devem ser seguidas, sob pena de ocorrer uma nulidade absoluta.

b) **Arguição a qualquer momento:** de forma contrária ao que ocorre com as nulidades relativas, as nulidades absolutas podem ser arguidas a qualquer tempo, uma vez que **não** estão submetidas à **preclusão** (temporal ou lógica) e, consequentemente, à possibilidade de convalidação dos atos maculados. O **único limite** a essa característica da nulidade absoluta é a **sentença absolutória transitada em julgado**, por uma razão simples, não cabe a revisão criminal *pro societate*, sendo que a sentença absolutória eivada de uma nulidade absoluta não poderá ser revista pelo Poder Judiciário. Do contrário, se a **sentença for condenatória** e já tiver ocorrido o trânsito em julgado, a nulidade absoluta poderá ser alegada a **qualquer tempo**, ainda que por meio da revisão criminal ou pelo *habeas corpus*, pois a *reformatio pro reo* sempre será possível, tendo em vista a proteção das liberdades individuais. No mais, qualquer nulidade absoluta ocorrida durante a instrução processual criminal poderá ser arguida a qualquer tempo e pelo próprio Juiz, **de ofício,** poderá ser declarada.

Para localizar as **nulidades absolutas** no **Direito Processual Penal**, deve-se analisar o disposto no art. 572, CPP, que afirma poderem ser convalidadas as nulidades do art. 564, III, *d* e *e*, segunda parte, *g* e *h*, e IV. Ora, de forma contrária, as nulidades que não se encontrarem nesse rol citado, por não serem passíveis de convalidação, serão tidas como absolutas.

> Na **dimensão constitucional** também existem **nulidades absolutas**, ainda mais pelo motivo que disposições constitucionais encerram normas principiológicas de todo o ordenamento jurídico. Violar os princípios constitucionais da **ampla defesa, do contraditório, do devido processo legal** e do **Juiz natural** constitui nulidade absoluta. A exemplo disso, tem-se o julgamento de um militar feito pela Justiça Comum Estadual, o que acarretará a sua pecha de nulidade absoluta, pois desrespeitado o princípio do Juiz natural, uma vez que apenas a Justiça Especial Militar é que pode julgá-lo. Outro exemplo seria quando o Juiz deixar de citar pessoalmente o acusado que está preso, mandando simplesmente requisitá-lo. A violação ao art. 360, CPP fere de morte os princípios do contraditório e da ampla defesa.

17.3. Nulidades relativas no processo penal

As nulidades relativas constituem ataque a normas infraconstitucionais e que violam interesse de uma das partes no processo. Assim como as nulidades absolutas, possuem algumas características marcantes. São elas:

a) **Comprovação do prejuízo:** diferentemente da presunção de prejuízo imanente às nulidades absolutas, **deve** ser **comprovado** qual foi o **pre-**

juízo causado à parte que a alega. A mera inobservância da forma prescrita em lei não irá ocasionar a nulidade do ato processual, devendo ser lembrado o princípio do prejuízo e também a instrumentalidade das formas.

b) **Arguição oportuna:** as nulidades relativas estão sob o pálio da preclusão (temporal ou lógica), podendo ser convalidadas caso **não tenham** sido **alegadas a tempo e modo**. Dessa forma, a lei processual estipula os **momentos oportunos** para que elas sejam alegadas, na forma do já citado art. 571, CPP. Como exemplo, caso exista no processo criminal uma situação de incompetência relativa (territorial), mas a parte interessada na nulidade não a alegue em tempo oportuno (por ocasião da resposta à acusação, na forma do art. 396-A, CPP), considera-se prorrogada a competência e sanado o vício, ficando o Juiz anteriormente incompetente, agora, competente para julgar o processo.

Da mesma forma que as nulidades absolutas, as **nulidades relativas** também se encontram no **Código de Processo Penal**, devendo ser analisado o art. 572, I, CPP, que preleciona a convalidação das nulidades do **art. 564, III, d e e, segunda parte, g e h, e IV, CPP**, caso não tenham sido alegadas no tempo oportuno. Em outras palavras, por serem passíveis de convalidação, tais nulidades são tidas como relativas.

Além dessas expressamente previstas no art. 564, CPP, existem as chamadas nulidades relativas não previstas no citado artigo, mas que poderão ser arguidas, desde que haja violação à forma prescrita em lei e seja de interesse preponderante de uma das partes. Tem-se como exemplo a ausência de intimação da parte acerca da expedição de carta precatória. Sabe-se que o Juiz deprecante deve intimar as partes da emissão de carta precatória, conforme previsto no art. 222, CPP. Havendo tal omissão procedimental, a parte prejudicada deverá arguir essa nulidade relativa, demonstrando em que extensão isso lhe prejudicou. Apesar de não prevista expressamente no art. 564, CPP, trata-se de nulidade relativa, conforme jurisprudência dominante do Supremo Tribunal Federal, na forma da Súmula 155:

> É **relativa a nulidade** do processo criminal por **falta de intimação** da **expedição** de **precatória** para inquirição de testemunha.

Somente deve o candidato à **prova da OAB tomar cuidado** com outro pensamento sumulado que trata questão diferente, consubstanciado na ausência de intimação da parte quanto ao dia da audiência no Juízo deprecado, sendo que a intimação da expedição da carta precatória foi feita corretamente. Para deixar clara a questão, tendo em vista ser recorrente em provas da OAB, segue o pensamento previsto na **Súmula 273, Superior Tribunal de Justiça**:

> Intimada a defesa da expedição da carta precatória, torna-se desnecessária intimação da data da audiência no juízo deprecado.

Assim, não se trata de qualquer nulidade quando inexiste a intimação do dia da audiência no Juízo onde será feita a oitiva da testemunha arrolada, devendo apenas ser cumprida a sistemática do art. 222, CPP, que é intimar as partes de que foi enviada a carta precatória para seu devido cumprimento. Essa última omissão é que poderá gerar nulidade relativa.

17.4. Hipóteses de nulidades no processo penal

O art. 564, CPP possui um rol exemplificativo das principais nulidades existentes no Código de Processo Penal, lembrando que outras existem espalhadas em outros artigos e também na própria Constituição Federal. Algumas serão estudadas por ter pertinência com eventual cobrança em provas da OAB.

a) **Incompetência:** trata-se de nulidade que apenas fulmina os atos decisórios, na redação do já citado art. 567, CPP. Sendo a **incompetência relativa**, sujeita-se à regra da preclusão e deve ser alegada oportunamente. De outra feita, sendo **absoluta a incompetência**, pode ser alegada a qualquer tempo e não tem o condão de ser convalidada.

b) **Suspeição:** por violar a necessária imparcialidade do Magistrado, a suspeição é **nulidade de natureza absoluta**, pois não é crível que a causa seja julgada por alguém que tenha interesse nela. Além dessa fundamentação, o art. 572, CPP não faz menção a essa nulidade como passível de convalidação, daí o argumento de ser ela realmente absoluta. São hipóteses de **suspeição** aquelas previstas no **art. 254, CPP**. Não confundir com os **impedimentos** previstos no art. 252, CPP, sendo que em tais hipóteses o **ato será inexistente**, gravidade muito maior que uma nulidade absoluta, uma vez que Juiz impedido não possui jurisdição alguma.

c) **Suborno do Juiz:** tendo em vista a violação frontal ao devido processo legal e à imparcialidade do Juiz, trata-se de **nulidade absoluta**. Como exemplos, podem ser citados os crimes de concussão (art. 316, CP) e corrupção passiva (art. 317, CP).

d) **Ilegitimidade de parte:** deve ser ressaltado que a ilegitimidade pode ser **ativa ou passiva**. Será ativa quando o advogado entra com queixa-crime em casos de ação penal pública, em que a peça correta seria a denúncia, por meio do Ministério Público. Será passiva a ilegitimidade quando o Ministério Público ingressa com denúncia criminal contra menor de 18 (dezoito) anos, em vez da correspondente representação prevista no Estatuto da Criança e do Adolescente (Lei n. 8.069/90). Em ambos os casos, haverá **nulidade absoluta**, por violação clara ao devido processo legal. Não confundir com a já estudada acima legitimidade de representação (art. 568, CPP), em que se poderá sanar a todo tempo, mediante a ratificação dos atos processuais.

e) **Ausência do exame de corpo de delito:** trata-se de mandamento importante o previsto no art. 158, CPP, em que deve ser feito o exame de corpo de delito nos crimes que deixam vestígios. Assim, caso tenha ocorrido um homicídio, é indispensável que seja aferida a causa da morte, fazendo-se o correspondente exame do cadáver por meio de perícia técnica. Sem esse exame, ocorrerá a **nulidade absoluta**, salvo se for possível fazer a prova da morte de acordo com o previsto no art. 167, CPP, suprindo-se o exame de corpo de delito por prova testemunhal, em virtude de terem desaparecido os vestígios. Por não estar prevista tal nulidade no art. 572, CPP, sendo impossível a sua convalidação, trata-se de nulidade absoluta. **Para melhor compreensão do tema, remete-se o candidato para o disposto no item 9.2.1.**

f) **Falta de nomeação de defensor:** por ferir de morte os princípios constitucionais da ampla defesa e do contraditório, a falta de defesa técnica constitui **nulidade absoluta**, sendo essa a letra da lei insculpida no art. 261, CPP (nenhum acusado, mesmo ausente ou foragido, será processado ou julgado sem defensor). Além da previsão legal trazida a lume, o Supremo Tribunal Federal já entendeu que o Juiz não pode deixar, em momento processual algum, a parte ré sem defesa técnica, sendo essa omissão motivo de nulidade, na forma da Súmula 708/STF, muito comum de questionar-se nas provas da OAB:

> É nulo o julgamento da apelação se, após a manifestação nos autos da renúncia do único defensor, o réu não foi previamente intimado para constituir outro.

g) **Falta de citação:** o ato processual de citar alguém é dos mais importantes em todo o processo penal, pois dá ciência ao acusado de que está sendo processado por uma infração penal e permite o direito à defesa. Ato dessa magnitude, amparado pela ampla defesa e pelo contraditório, a sua ausência gerará uma **nulidade absoluta**.

h) **Falta de interrogatório do acusado:** o princípio da **ampla defesa** possui imanente a ele o direito de **autodefesa**, devendo o Juiz assegurar ao réu o direito de audiência e de dar a sua versão dos fatos. A ausência desse direito, como viola a Constituição Federal, no já citado por diversas vezes art. 5º, LV, ocasiona a **nulidade absoluta**. De outra feita, caso o acusado tenha sido devidamente citado para comparecer ao interrogatório, mas por opção técnica prefere não ir ao a to, manifestando-se assim o direito ao silêncio, isso não constituirá nulidade absoluta.

i) **Não concessão de prazos à acusação e à defesa:** abrange tal hipótese tanto a não concessão de prazo como a redução dele. Caso o Juiz tenha se confundido, por exemplo, na determinação do prazo de 5 (cinco) dias para a resposta à acusação, que deveria ter seguido a regra de 10 (dez) dias, mas a parte não questiona e usa apenas os 5 (cinco) dias conferidos, houve a convalidação do ato, uma vez que o art. 572, CPP menciona expressamente a situação em epígrafe, tratando-se, assim, de **nulidade relativa**.

j) **Falta de intimação do acusado para a sessão do julgamento pelo Tribunal do Júri:** da mesma forma que o acusado tem direito a comparecer a todos os atos processuais, como audiência de instrução e julgamento, ele tem o direito de estar presente no dia do julgamento feito pelo Conselho de Sentença. Trata-se de aplicação do princípio constitucional da ampla defesa, manifestada no direito de presença aos atos processuais, sendo que a falta de intimação gerará causa de **nulidade absoluta**.

k) **Falta de presença de pelo menos 15 (quinze) jurados para a constituição do júri:** para que o Juiz-Presidente possa declarar aberta a sessão de julgamento e iniciar os trabalhos no Tribunal do Júri, necessita-se da presença de pelo menos

15 (quinze) jurados dos 25 (vinte e cinco) que compõem o Tribunal do Júri. Caso o Juiz-Presidente inicie a sessão de julgamento sem a presença do número legal (quinze jurados), trata-se de **nulidade absoluta**, pois não ressalva de convalidação de tal hipótese no art. 572, CPP.

l) **Inobservância da incomunicabilidade dos jurados:** por tratar-se de princípio constitucional previsto no art. 5º, XXXVIII, *b*, CF, na forma "**sigilo das votações**", caso os jurados comuniquem entre si acerca da causa a ser julgada, emitindo opiniões ou manifestando para terceiros como que irá votar, trata-se de **nulidade absoluta**, por violação à Constituição Federal.

m) **Nulidade na formulação dos quesitos:** os jurados condenam ou absolvem o acusado com base nas respostas que irão dar aos quesitos formulados, como materialidade, autoria e absolvição ou não. Caso falte um desses três quesitos, considerados obrigatórios pelo Código de Processo Penal, na forma do art. 483, ocorrerá situação de **nulidade absoluta**, na forma da **Súmula 156, Supremo Tribunal Federal**, nestes termos:

> É absoluta a nulidade do julgamento, pelo Júri, por falta de quesito obrigatório.

n) **Falta da acusação e da defesa na sessão de julgamento:** por uma questão de lógica, nenhum processo penal pode ser feito sem a presença das partes (defesa e acusação). A violação a essa hipótese constitui agressão à **relação triangular do processo**, em que se faz necessária sempre a presença da acusação, defensor e do Juiz. Sem uma das partes, nem se pode chamar a relação de processual, ocorrendo **nulidade absoluta**. Deve ser lembrado que não é apenas a presença física das partes que deve ser exigida, mas a sua **presença efetiva**, pois constitui também ausência de defesa ou de acusação quando o advogado ou o Promotor de Justiça está presente na sessão de julgamento do júri, porém não faz nenhuma exposição oral acerca dos fatos. Trata-se da mesma forma de **nulidade absoluta**.

o) **Falta de sentença:** da mesma forma que a falta de acusação e de defesa, a falta de sentença constitui **nulidade absoluta**, pois o que as partes esperam ao final de uma longa instrução é que o Juiz julgue o feito, absolvendo ou condenando. Sem a sentença, inexiste provimento jurisdicional, o que acarreta a nulidade absoluta.

p) **Falta de intimação, nas condições estabelecidas pela lei, para ciência das sentenças e despachos de que caiba recurso:** tal ausência de intimação constitui mácula indelével ao **direito de recorrer**, privando as partes de contestarem na instância superior os motivos de sua irresignação com a sentença prolatada. Ora, essa hipótese viola os princípios do **contraditório e da ampla defesa**, tratando-se de **nulidade absoluta**, devendo o Juiz declarar nulos os atos subsequentes à sentença, até que a intimação seja corretamente feita e o prazo recursal devolvido às partes.

q) **Em decorrência de decisão carente de fundamentação**. Trata-se de novidade inserida pelo **Pacote Anticrime** e na linha do que já foi estudado acima, pois não é mais permitido ao Juiz decidir sem fundamentar de forma concreta nos autos os motivos de seu convencimento. A decisão carente de fundamentação está elencada com suas possibilidades no **art. 315, § 2º**, CPP, devendo ser observada na íntegra, sob pena de ser fulminada com o mecanismo da nulidade. Nada mais é que atribuir consequência às decisões que eram tomadas pelo Poder Judiciário sem qualquer respaldo jurídico ou fático e que, de agora em diante, terão drásticas implicações no Processo Penal, como a desconsideração do que fora decidido, devendo outra ser prolatada no lugar, em razão do instituto da nulidade.

Para fechar o capítulo das nulidades, seguem importantes **pensamentos sumulados** acerca da matéria em epígrafe:

> **Supremo Tribunal Federal**
> **Súmula 155**
> É relativa a nulidade do processo criminal por falta de intimação da expedição de precatória para inquirição de testemunha.
>
> **Súmula 156**
> É absoluta a nulidade do julgamento, pelo júri, por falta de quesito obrigatório.
>
> **Súmula 160**
> É nula a decisão do Tribunal que acolhe, contra o réu, nulidade não arguida no recurso da acusação, ressalvados os casos de recurso de ofício.

Súmula 162
É absoluta a nulidade do julgamento pelo júri, quando os quesitos da defesa não precedem aos das circunstâncias agravantes.

Súmula 206
É nulo o julgamento ulterior pelo Júri com a participação de jurado que funcionou em julgamento anterior do mesmo processo.

Súmula 351
É nula a citação por edital de réu preso na mesma unidade da federação em que o juiz exerce a sua jurisdição.

Súmula 366
Não é nula a citação por edital que indica o dispositivo da lei penal, embora não transcreva a denúncia ou queixa, ou não resuma os fatos em que se baseia.

Súmula 431
É nulo o julgamento de recurso criminal, na segunda instância, sem prévia intimação, ou publicação da pauta, salvo em *habeas corpus*.

Súmula 523
No processo penal, a falta da defesa constitui nulidade absoluta, mas a sua deficiência só o anulará se houver prova de prejuízo para o réu.

Súmula 564
A ausência de fundamentação do despacho de recebimento de denúncia por crime falimentar enseja nulidade processual, salvo se já houver sentença condenatória.

Súmula 706
É relativa a nulidade decorrente da inobservância da competência penal por prevenção.

Súmula 707
Constitui nulidade a falta de intimação do denunciado para oferecer contrarrazões ao recurso interposto da rejeição da denúncia, não a suprindo a nomeação de defensor dativo.

Súmula 708
É nulo o julgamento da apelação se, após a manifestação nos autos da renúncia do único defensor, o réu não foi previamente intimado para constituir outro.

Súmula 712
É nula a decisão que determina o desaforamento de processo da competência do Júri sem audiência da defesa.

Súmula Vinculante 11
Só é lícito o uso de algemas em casos de resistência e de fundado receio de fuga ou de perigo à integridade física própria ou alheia, por parte do preso ou de terceiros, justificada a excepcionalidade por escrito, sob pena de responsabilidade disciplinar, civil e penal do agente ou da autoridade e de nulidade da prisão ou do ato processual a que se refere, sem prejuízo da responsabilidade civil do Estado.

■ REFERÊNCIAS BIBLIOGRÁFICAS

FEITOZA, Denilson. *Direito processual penal*: teoria, crítica e práxis. 7. ed. Niterói: Impetus, 2010.

GONZAGA, Christiano. *Manual de Criminologia*. São Paulo: Saraiva Educação, 2018.

LIMA, Renato Brasileiro de. *Manual de processo penal*: volume único. 4. ed. Salvador: JusPodivm, 2016.

NUCCI, Guilherme de Souza. *Código de Processo Penal comentado*. 15. ed. Rio de Janeiro: Forense, 2016.

PACELLI, Eugenio; FISCHER, Douglas. *Comentários ao Código de Processo Penal e sua jurisprudência*. 6. ed. São Paulo: Atlas, 2014.

RANGEL, Paulo. *Direito processual penal*. 15. ed. Rio de Janeiro: Lumen Juris, 2008.

REIS, Alexandre Cebrian Araujo; GONÇALVES, Victor Eduardo Rios. Pedro Lenza (Coord.). *Direito processual penal esquematizado*. 5. ed. São Paulo: Saraiva, 2016.

■ QUESTÕES

(XXXIV Exame de Ordem Unificado/FGV) Ao término da instrução criminal no processo em que Irineu foi denunciado pelo crime de homicídio doloso consumado que vitimou Alberto, o advogado de Irineu teve a palavra em audiência para fazer suas alegações finais (juízo de admissibilidade da acusação). No curso do inquérito policial o Delegado de Polícia representou ao juízo competente pelo incidente de insanidade mental, cujo laudo afirmou que, na data em que o crime foi praticado, Irineu era inteiramente incapaz de entender o caráter ilícito do fato. Ouvidas as testemunhas arroladas na denúncia, Roberta, cliente que estava no bar em que aconteceu o crime, declarou que Irineu tinha traços semelhantes àqueles da pessoa que efetuou o disparo de arma de fogo, mas não poderia afirmar com certeza a autoria. No mesmo sentido foi o depoimento de Laércio, que era garçom daquele estabelecimento comercial. Rui, que estava no caixa do bar, e Ana, a gerente, disseram não ter condições de reconhecer o réu. Irineu sempre negou a autoria do homicídio. Você, como advogado(a) de defesa de Irineu, em alegações finais, deve sustentar a tese de

A) nulidade do processo desde a decisão que determinou o exame de insanidade mental, pois o Delegado de Polícia não poderia representar pelo incidente de insanidade mental, por não ter qualidade de parte.

B) absolvição sumária, em razão do laudo do exame de insanidade mental ter afirmado que Irineu era absolutamente incapaz, por doença mental, sem condições, à época, de entender o caráter ilícito do fato.

C) impronúncia de Irineu, posto que a prova testemunhal não revelou a existência de indícios suficientes de autoria.

D) despronúncia, em razão das declarações de Rui e Ana, que não reconheceram Irineu como autor do disparo de arma de fogo.

RESPOSTA
A) De acordo com o art. 149, § 1º, CPP, a autoridade policial poderá representar pelo exame de sanidade mental.
B) Na forma prescrita pelo art. 397, II, CPP, não cabe pedido de absolvição sumária em casos de inimputabilidade.
☑ Essa era a assertiva correta, eis que quando inexistirem provas aptas para a pronúncia, deve ser feita a impronúncia, na forma do art. 414, CPP.
D) Como ainda não houve a pronúncia, não há que se falar em despronúncia.

(XXXIV Exame de Ordem Unificado/FGV) Matheus está sendo investigado por suposta prática de crime de uso de documento público falso. Após representação da autoridade policial, o juiz deferiu que fosse realizada busca e apreensão na residência do investigado. Realizadas diversas diligências e concluído o procedimento investigatório, os autos foram encaminhados ao Ministério Público, ocasião em que Lúcia, promotora de justiça junto à 5ª Vara Criminal daquela mesma comarca, ofereceu denúncia imputando a Matheus a prática do crime do Art. 304 (uso de documento falso) do Código Penal. O magistrado recebeu a denúncia oferecida, e a defesa técnica de Matheus foi intimada, após citação, para a adoção das medidas cabíveis. Ocorre que o advogado de Matheus veio a tomar conhecimento que o denunciado devia R$ 2.000,00 (dois mil reais) a Lúcia, pois, em momento anterior, não havia prestado um serviço contratado e pago pela promotora de justiça. Considerando as informações narradas e de acordo com as previsões do Código de Processo Penal, o advogado de Matheus poderá
A) apresentar resposta à acusação, mas não exceção, tendo em vista que as causas de suspeição e impedimento do magistrado não são aplicáveis aos membros do Ministério Público.
B) opor exceção de ilegitimidade da parte, diante da constatação de causa de impedimento do membro do Ministério Público que ofereceu denúncia.
C) opor exceção de suspeição, diante da causa de impedimento do membro do Ministério Público que ofereceu a denúncia.
D) opor exceção de suspeição, diante da constatação de causa de suspeição do membro do Ministério Público que ofereceu a denúncia.

RESPOSTA
A) A assertiva está incorreta, uma vez que se estendem aos membros do Ministério Público as causas de suspeição e impedimento aplicáveis aos magistrados, na forma do art. 258, CPP.
B) Essa afirmação está errada, uma vez que a causa de impedimento segue a mesma regra das exceções opostas para a suspeição, na forma do art. 112, CPP.
☑ Essa é a assertiva correta, conforme dispõem os arts. 112 e 254, V, CPP, neste último caso, por ser a Promotora credora do acusado no valor de R$ 2.000,00 (dois mil reais).
D) Não se trata de causa de suspeição, mas sim de impedimento na forma do art. 254, V, CPP.

(XXXIV Exame de Ordem Unificado/FGV) Lorena, em 01/01/2019, foi violentamente agredida por seu ex companheiro Manuel, em razão de ciúmes do novo relacionamento, o que teria deixado marcas em sua barriga. Policiais militares compareceram ao local dos fatos, após gritos da vítima, e encaminharam os envolvidos à Delegacia, destacando os agentes da lei que não presenciaram a briga e nem verificaram se Lorena estava ou não lesionada. Por sua vez, Lorena, que não precisou de atendimento médico, disse não ter interesse em ver o autor do fato processado, já que seria pai de suas filhas, não esclarecendo o ocorrido. Manuel, arrependido, porém, confessou a agressão na Delegacia, dizendo que desferiu um soco no estômago de Lorena, que lhe deixou marcas. A vítima foi para sua residência, sem realizar exame técnico, mas, com base na confissão de Manuel, foi o autor do fato denunciado pelo crime de lesão corporal praticada no contexto de violência doméstica e familiar contra a mulher (Art. 129, § 9º, do CP, na forma da Lei n. 11.340/06). Durante a instrução, foi juntada apenas a Folha de Antecedentes Criminais de Manuel, sem outras anotações, não comparecendo a vítima à audiência de instrução e julgamento. Os policiais confirmaram apenas que escutaram um grito de Lorena, não tendo presenciado os fatos. Manuel, em seu interrogatório, reitera a confissão realizada em sede policial. No momento das alegações finais, o novo advogado de Manuel, constituído após audiência, poderá pleitear
A) a absolvição sumária de seu cliente, tendo em vista que não houve a indispensável representação por parte da vítima e a lesão causada seria de natureza leve.
B) a nulidade da decisão que recebeu a denúncia, tendo em vista que não houve a indispensável representação por parte da vítima e a lesão identificada foi de natureza leve.
C) a absolvição de seu cliente, diante da ausência de laudo indicando a existência de lesão, não podendo a confissão do acusado suprir tal omissão.
D) a suspensão condicional da pena, já que não se admite a substituição da pena privativa de liberdade por restritiva de direitos no crime, mas a representação da vítima era dispensável, assim como o corpo de delito.

RESPOSTA
A) Não se trata de absolvição sumária, uma vez que inexistem, no caso em tela, as hipóteses previstas no art. 397, CPP.
B) Essa assertiva está errada, pois a representação, nos casos do art. 129, § 9º, CP, é dispensável, na forma da súmula 542/STJ.
☑ Essa é a assertiva correta, uma vez que a confissão como prova isolada não serve para amparar decreto condenatório, na forma dos arts. 158 e 197, CPP.
D) A suspensão condicional da pena somente é possível depois de aplicação da pena concreta, o que ainda não ocorrera.

Ademais, o corpo de delito era indispensável, pois a confissão de forma isolada não serve para amparar a condenação.

(XXXIV Exame de Ordem Unificado/FGV) José, primário e de bons antecedentes, foi denunciado pela prática do crime de receptação simples (pena: 01 a 04 anos de reclusão e multa). Após ser certificado que o denunciado estava em local incerto e não sabido, foi publicado edital com objetivo de citá-lo. Mesmo após passado o prazo do edital, José não compareceu em juízo nem constituiu advogado. O magistrado, informado sobre o fato, determinou a suspensão do processo e do curso do prazo prescricional. Na mesma decisão, decretou a prisão preventiva de José, exatamente por ele não ter sido localizado para citação, além da produção de duas provas, antecipadamente: oitiva de Maria, senhora de 90 anos de idade, que se encontrava internada e com risco de falecer, e da vítima, Bruno, jovem de 22 anos, sob o fundamento de que o decurso do tempo poderia prejudicar essa oitiva e gerar esquecimento. José, dez dias após a decisão, veio a tomar conhecimento dos fatos e entrou em contato com seu advogado. Considerando apenas as informações expostas, o advogado de José deverá buscar o reconhecimento de que

A) a suspensão do processo após citação por edital foi legal, mas não a suspensão do prazo prescricional, já que o magistrado determinou a produção antecipada de provas.
B) o magistrado poderia ter determinado a produção antecipada de provas em relação à Maria, mas não em relação à oitiva de Bruno, sendo, ainda, inadequada a decretação da prisão preventiva.
C) a prisão foi decretada de maneira inadequada, mas a determinação da oitiva de Maria e de Bruno de maneira antecipada foi correta.
D) não poderiam ser produzidas quaisquer provas antecipadas, já que o processo encontrava-se suspenso, apesar de legal a decretação da prisão preventiva.

RESPOSTA
A) Na forma do art. 366, CPP, a suspensão do processo foi correta, bem como a suspensão do prazo prescricional, o que invalida a assertiva.
☑ Essa é a assertiva correta, uma vez que o art. 366, CPP, permite a produção antecipada de provas quanto à Maria, pois essa prova poderia perecer, em razão da idade avançada e estar internada. Quanto ao Bruno, não havia necessidade dessa produção antecipada de provas, sendo também inadequada a decretação da prisão preventiva, pois os pressupostos e requisitos do art. 312, CPP, não foram preenchidos.
C) Essa assertiva está incorreta, uma vez que a produção de prova em relação a Bruno não era necessária, eis que a prova não era perecível.
D) O art. 366, CPP, permite a produção antecipada de provas.

(XXXIV Exame de Ordem Unificado/FGV) Ricardo, motorista profissional e legalizado para transporte escolar, conduzia seu veículo de trabalho por uma rua da Comarca de Celta (MS), sendo surpreendido com a travessia repentina de Igor que conduzia uma bicicleta, vindo com isso a atropelá-lo. Igor ficou caído no chão reclamando de muita dor no peito, não conseguindo levantar-se. Ricardo, diante das reclamações de dor da vítima, e com receio de agravar o seu estado de saúde, permaneceu no local e pediu ajuda ao Corpo de Bombeiros, ligando para o número 193. A polícia militar chegou, fez o teste em Ricardo para apurar a concentração de álcool por litro de sangue, sendo 0 (zero) o resultado de miligrama de álcool. Diante da situação de flagrância, Ricardo foi preso e, no dia seguinte, levado à audiência de custódia. Igor foi socorrido pelo Corpo de Bombeiros constatando-se no hospital, por exame de imagem, que a vítima havia fraturado 03 (três) costelas e o tornozelo direito, sendo operado com sucesso. Você, como advogado(a) de Ricardo, postularia

A) concessão da liberdade provisória, sem fiança, diante da legalidade da prisão, por se tratar de indiciado primário e de bons antecedentes, além de ter prestado imediato e integral socorro à vítima.
B) somente a imposição da medida cautelar diversa da prisão, consistente no comparecimento periódico em juízo, diante da legalidade da prisão e considerando que a custódia cautelar deve ser a última medida imposta diante do princípio da proporcionalidade.
C) relaxamento da prisão de Ricardo por ser ilegal, haja vista que prestou imediato e integral socorro à vítima.
D) concessão da liberdade provisória, mediante fiança, arbitrado o menor valor legal, diante da legalidade da prisão, por ser o indiciado primário e de bons antecedentes, bem como em razão da sua capacidade econômica.

RESPOSTA
A) Essa assertiva está incorreta, uma vez que a prisão de Ricardo foi ilegal, devendo ser requerido o relaxamento da prisão, pois nos casos em que se presta imediato e integral socorro à vítima, não se deve impor prisão em flagrante, na forma do art. 301, Lei n. 9.503/97.
B) Como se trata de prisão ilegal, na forma do art. 301, Lei n. 9.503/97, o que deve ser requerido é o relaxamento da prisão ilegal, na forma do art. 310, I, CPP.
☑ Essa é a assertiva correta, na forma do art. 310, I, CPP, bem como o art. 301, Lei n. 9.503/97.
D) Não se trata de prisão legal para fins de concessão de liberdade provisória, mas sim relaxamento de prisão que era claramente ilegal.

(XXXIV Exame de Ordem Unificado/FGV) Francisco foi preso em flagrante, logo após a prática de um crime de furto qualificado, pelo rompimento de obstáculo. Agentes públicos compareceram ao local dos fatos e constataram, por meio de exame pericial, o arrombamento do fecho da janela que protegia a residência de onde os bens foram subtraídos. No interior da Delegacia, em conversa informal com a autoridade policial, Francisco confessou a prática delitiva, fato que foi registrado em gravação de áudio no aparelho celular pessoal do Delegado. Quando ouvido formalmente, preferiu exercer o direito ao silêncio que lhe foi assegurado naquele momento. Francisco, reincidente, foi denunciado, sendo juntados pelo Ministério Público, já no início da ação penal, o laudo de exame de local que constatou o arrombamento e o áudio da confissão informal encaminhado pela autoridade policial. No momento das alegações finais, o advogado de Francisco, sob o ponto de vista técnico, deverá destacar que

A) a condenação não poderá se basear exclusivamente no laudo de exame de local, considerando que não foi produzido sob crivo do contraditório, e o áudio acostado, apesar de não poder ser considerado prova ilícita, se valorado na sentença, deverá justificar o reconhecimento da atenuante da pena da confissão.
B) tanto o áudio com a confissão informal quanto o laudo de exame de local são provas lícitas, podendo, inclusive, o magistrado fundamentar eventual condenação com base exclusivamente no exame pericial produzido antes da instrução probatória.
C) a confissão informal foi obtida de maneira ilícita, devendo ser o áudio desentranhado do processo, mas poderá o laudo pericial ser considerado em eventual sentença, apesar de produzido antes de ser instaurado o contraditório.
D) tanto o áudio com a confissão informal quanto o laudo de exame de local são provas ilícitas, devendo ser desentranhados do processo.

RESPOSTA

A) Na forma do art. 155, CPP, de fato, a condenação não poderá valer-se apenas do laudo pericial, eis que é prova produzida sem o pertinente contraditório judicial. Todavia, o áudio juntado não pode ser utilizado, uma vez que o acusado, formalmente, ficou em silêncio, sendo que isso não poderá prejudicá-lo, na forma do art. 186, *caput*, CPP.
B) Essa assertiva está incorreta, uma vez que a confissão não constitui prova lícita, eis que feita sem qualquer amparo legal, sendo que ainda não pode o magistrado condenar com base em prova exclusivamente produzida na fase investigativa, na forma do art. 155, CPP.
☑ Essa é a assertiva correta, pois a prova da confissão é ilícita, na forma do art. 157, CPP, pois viola as normas legais, podendo o laudo ser considerado, mas outras provas seriam necessárias para corroborar eventual condenação.
D) O exame de corpo de delito é prova lícita, eis que produzido dentro da forma legal, conforme art. 158, CPP.

(35º Exame de Ordem Unificado/FGV) Caio, primário e de bons antecedentes, sem envolvimento pretérito com o aparato policial ou judicial, foi denunciado pela suposta prática do crime de tráfico de drogas. Em sua entrevista particular com seu advogado, esclareceu que, de fato, estaria com as drogas, mas que as mesmas seriam destinadas ao seu próprio uso. Indagou, então, à sua defesa técnica sobre as consequências que poderiam advir do acolhimento pelo magistrado de sua versão a ser apresentada em interrogatório. Considerando apenas as informações expostas, o(a) advogado(a) deverá esclarecer ao seu cliente que, caso o magistrado entenda que as drogas seriam destinadas apenas ao uso de Caio, deverá o julgador

A) condenar o réu, de imediato, pelo crime de porte de drogas para consumo próprio, aplicando o instituto da mutatio libelli.
B) condenar o réu, de imediato, pelo crime de porte de drogas para consumo próprio, aplicando o instituto da emendatio libelli.
C) reconhecer que não foi praticado o crime de tráfico de drogas e encaminhar os autos ao Ministério Público para analisar eventual proposta de transação penal.
D) reconhecer que não foi praticado o crime de tráfico de drogas e encaminhar os autos ao Ministério Público para analisar proposta de suspensão condicional do processo, mas não transação penal, diante do procedimento especial previsto na Lei de Drogas.

RESPOSTA

A) Essa assertiva está errada, pois, na forma do art. 384, CPP, deve ser aberta vista ao Ministério Público para aditar a denúncia, não cabendo condenação de imediato conforme consta da questão.
B) Essa assertiva está errada, uma vez que o art. 383, CPP, quando aplicável, permite a condenação imediata, mas na situação em tela, ao desclassificar para o crime de consumo pessoal de drogas, caberia a aplicação do instituto despenalizador da transação penal.
☑ Essa é a assertiva correta, pois o art. 28, Lei n. 11.343/06, permite a aplicação do benefício da transação penal, que deve ser oferecido pelo Ministério Público.
D) Está errada a assertiva, uma vez que o instituto cabível é a transação penal, uma vez que é mais benéfico que a suspensão condicional do processo.

(35º Exame de Ordem Unificado/FGV) Policiais militares, ao avistarem Jairo roubar um carro no município de Toledo (PB), passaram a persegui-lo logo após a subtração, o que se deu ininterruptamente durante 28 (vinte e oito) horas. Por terem perdido de vista Jairo quando estavam prestes a ingressar no município de Córdoba (PB), os policiais militares se dirigiram à Delegacia de Polícia de Toledo para confecção do Boletim de Ocorrência. Antes que fosse finalizado o Boletim de Ocorrência, a Delegacia Policial de Toledo recebeu uma ligação telefônica do lesado (Luiz), informando que Jairo, na posse do seu carro (roubado), estava sentado numa mesa de bar naquele município tomando cerveja. Os policiais militares e os policiais da Distrital se deslocaram até o referido bar, encontrando Jairo como descrito no telefonema do lesado, apenas de chinelo e bermuda, portando uma carteira de identidade e a quantia de R$ 50,00 (cinquenta) reais. Nada mais foi encontrado com Jairo, que negou a autoria do crime. Jairo foi preso em flagrante delito e lavrado o respectivo auto pelo

Delegado de Polícia, cujo despacho que determinou o recolhimento à prisão do indiciado teve como fundamento a situação de quase flagrante, já que a diligência não havia sido encerrada e nem encerrado o Boletim de Ocorrência. Os policiais militares que efetuaram a perseguição reconheceram Jairo como o motorista que dirigia o carro roubado. O lesado (Luiz) também foi ouvido e reconheceu Jairo pessoalmente. A família de Jairo contratou você, como advogado(a), para participar da audiência de custódia na Comarca de Toledo e requerer a sua liberdade. Assinale a opção que indica o fundamento da sua manifestação nessa audiência para colocar Jairo em liberdade.

A) A prisão de Jairo era ilegal, pois a perseguição, ainda que não cessada como constou do despacho da autoridade policial, exigia que o carro fosse apreendido para comprovar a materialidade do crime.
B) A prisão de Jairo era ilegal, pois, ainda que fosse, inicialmente, uma situação de quase-flagrante (ou flagrante impróprio), a perseguição foi encerrada em Toledo, tanto que os policiais militares se dirigiram à Delegacia de Polícia do município para confecção do Boletim de Ocorrência. Restava cessada a situação a caracterizar um flagrante delito. Posterior prisão cautelar somente caberia por ordem judicial.
C) A prisão de Jairo era ilegal, pois o Código de Processo Penal somente autoriza a prisão em flagrante delito quando o agente está cometendo o crime, acaba de cometê-lo (flagrante real) ou é encontrado, logo depois, com instrumentos, armas, objetos ou papéis que façam presumir ser ele o autor da infração penal (flagrante presumido).
D) A prisão de Jairo era ilegal, pois o Código de Processo Penal autoriza a prisão em flagrante delito quando o agente é perseguido, logo após, pela autoridade em situação que faça presumir ser autor da infração (quase-flagrante), não podendo passar a perseguição de 24 (vinte e quatro) horas.

RESPOSTA

A) A perseguição já havia cessado, pois os policiais militares perderam Jairo de vista, o que afasta a ideia do art. 302, III, CPP, restando errada a assertiva.

☑ Essa é a assertiva correta, uma vez que o flagrante cessou quando os policiais militares foram para a Delegacia de Polícia e perderam Jairo de vista, afastando-se a exegese do art. 302, III, CPP.

C) A assertiva está parcialmente correta, havendo o erro quando reconhece apenas os casos dos incisos I, II e IV, do art. 302, CPP, esquecendo-se do inciso III do mesmo artigo de lei, que seria o caso da questão em testilha.
D) A assertiva está incorreta, pois não existe prazo legal para aferir-se a hipótese de quase-flagrante.

(35º Exame de Ordem Unificado/FGV) Rodrigo responde ação penal pela suposta prática do crime de venda irregular de arma de fogo de uso restrito, na condição de preso. O magistrado veio a tomar conhecimento de que Rodrigo seria pai de uma criança de 11 anos de idade e que seria o único responsável pelo menor, que, inclusive, foi encaminhado ao abrigo por não ter outros familiares ou pessoas amigas capazes de garantir seus cuidados. Com esse fundamento, substituiu, de ofício, a prisão preventiva por prisão domiciliar. Rodrigo, intimado da decisão, entrou em contato com seu(sua) advogado(a) em busca de esclarecimentos sobre o cabimento da medida e suas consequências. A defesa técnica de Rodrigo deverá esclarecer que a concessão da prisão domiciliar foi

A) adequada, e o tempo recolhido em casa justifica o reconhecimento de detração do período de cumprimento, que deverá ser observado na execução da pena, mas não no momento da fixação do regime inicial do cumprimento de pena.
B) adequada, e o tempo recolhido em casa justifica o reconhecimento de detração do período de cumprimento, que poderá ser observado no momento da fixação do regime inicial de cumprimento de pena.
C) inadequada, pois somente admitida para as mulheres que sejam mães de crianças menores de 12 anos.
D) adequada, mas não justifica o reconhecimento de detração.

RESPOSTA

A) Errada. Na forma do art. 318, VI, CPP, Rodrigo teria direito de cuidar do filho com 11 anos de idade, sendo que a detração deveria ser aplicada e seria considerada para fins de fixação do regime inicial de cumprimento de pena.

☑ Essa é a assertiva correta, na forma do art. 318, VI, CPP, bem como que a detração pelo tempo de pena cumprido será considerada quando da fixação do regime inicial de cumprimento de pena, na forma do art. 42, CP.

C) Errada. O art. 318, VI, CPP, é claro ao permitir tal benefício aos homens.
D) Errada. A detração é permitida na forma do art. 42, CP.

(35º Exame de Ordem Unificado/FGV) Joel está sendo processado por crime de estelionato na Vara Criminal da Comarca de Estoril. Na peça de resposta à acusação, o Dr. Roberto, advogado de Joel, arrolou 03 (três) testemunhas. Dentre elas, estava Olinto Silva, residente na Comarca de Vieiras. O juízo da Vara Criminal da Comarca de Estoril determinou a expedição de carta precatória ao juízo da Vara Criminal da Comarca de Vieiras com a finalidade de ser ouvido Olinto Silva, notificando o Promotor de Justiça e o Defensor Público. Na Vara Criminal da Comarca de Vieiras, o juiz designou a audiência para oitiva de Olinto Silva, notificando somente o Ministério Público, não obstante haver Defensor Público na comarca. Realizada a oitiva de Olinto Silva, a deprecata foi devolvida ao Juízo da Vara Criminal da Comarca de Estoril. Recebida a carta precatória, o Dr. Roberto tomou ciência do seu cumprimento. Assinale a opção que apresenta a providência que o advogado de Joel deve tomar em sua defesa.

A) Requerer ao Juízo da Vara Criminal da Comarca de Estoril a declaração de nulidade da audiência de oitiva de Olinto Silva, que se deu na Vara Criminal da Comarca de Vieiras, por ter sido realizado aquele ato processual sem a intimação do Defensor Público.

B) Requerer ao Juízo da Vara Criminal da Comarca de Vieiras a declaração de nulidade da audiência de oitiva de Olinto Silva, em razão de ter ocorrido aquele ato processual sem que tenha sido intimado como advogado de Joel.
C) Requerer ao Juízo da Vara Criminal da Comarca de Vieiras a declaração de nulidade da audiência de oitiva de Olinto Silva, em razão de ter ocorrido aquele ato processual sem que tenha sido intimado o Defensor Público.
D) Requerer ao Juízo da Vara Criminal da Comarca de Estoril a declaração de nulidade do processo a partir da expedição da carta precatória ao Juízo da Vara Criminal da Comarca de Vieiras, como também a dos atos que dela diretamente dependessem ou fossem consequência, haja vista que, como advogado de Joel, não foi intimado da remessa da referida carta ao juízo deprecado.

RESPOSTA

A) Tal assertiva está errada, pois a intimação da expedição da carta precatória no Juízo deprecante já é suficiente, na forma da súmula 273/STJ.
B) Errada. Para fins de legalidade, basta que se intime o advogado da expedição da carta precatória, sendo dispensável a intimação das partes pelo Juízo deprecado.
C) Essa assertiva está errada, uma vez que é dispensável a intimação da Defensoria Pública no Juízo deprecado, bastando a intimação da expedição da carta precatória, na forma da súmula 273/STJ.
☑ Essa assertiva está correta, uma vez que a expedição da carta precatória deveria ter sido informada ao advogado particular da parte, não suprindo eventual atuação da Defensoria Pública.

(35º Exame de Ordem Unificado/FGV) Magda é servidora pública federal, trabalhando como professora em instituição de Ensino Superior mantida pela União no Estado do Rio de Janeiro. Magda vem a ser vítima de ofensa à sua honra subjetiva em sala de aula, sendo chamada de "piranha" e "vagabunda" por Márcio, aluno que ficara revoltado com sua reprovação em disciplina ministrada por Magda. Nessa situação, assinale a afirmativa correta.
A) Magda só pode ajuizar queixa-crime contra Márcio, imputando-lhe crime de injúria.
B) Magda só pode oferecer representação contra Márcio, imputando-lhe crime de injúria.
C) Magda não pode ajuizar queixa-crime nem oferecer representação contra Márcio, imputando-lhe crime de injúria.
D) Magda pode optar entre ajuizar queixa-crime ou oferecer representação contra Márcio, imputando-lhe crime de injúria.

RESPOSTA

A) Essa assertiva está errada, uma vez que Magda não possui nenhuma restrição em relação à queixa-crime, podendo também representar ao Ministério Público para fins de propositura da ação penal.
B) Errada, pois cabe queixa-crime para os crimes de injúria.
C) Errada, pois o autor pode entrar com queixa crime, não havendo a necessidade de ajuizar a representação.
☑ Como Magda é servidora pública, vigora a súmula 714/STF, estando correta a assertiva.

(35º Exame de Ordem Unificado/FGV) Tendo sido admitido a cursar uma universidade nos Estados Unidos da América (EUA), cuja apresentação deveria ocorrer em 05 (cinco) dias, Lucas verificou que o seu passaporte brasileiro estava vencido e entrou em contato com Bento, na cidade de Algarve, no Estado do Paraná, o qual lhe entregaria um passaporte feito pelo mesmo, idêntico ao expedido pelas autoridades brasileiras. Lucas fez a transferência da quantia de R$ 5.000,00 (cinco mil reais) para a conta corrente de Bento numa agência bancária situada na cidade de Vigo (PR). Confirmado o depósito, Lucas se encontrou com Bento no interior de um hospital federal, onde o primeiro aguardava uma consulta, na cidade de Antonésia (PR). Já no aeroporto de São Paulo, Lucas apresentou às autoridades brasileiras o passaporte feito por Bento, oportunidade em que a polícia federal constatou que o mesmo era falso. Lucas foi preso em flagrante delito. O Ministério Público do Estado de São Paulo ofereceu denúncia contra Lucas pelo crime de uso de documento falso, a qual foi recebida pelo juízo da 48ª Vara Criminal da Comarca da Capital (SP), oportunidade em que foi posto em liberdade, sendo-lhe impostas duas medidas cautelares diversas da prisão. O advogado de Lucas foi intimado para apresentar resposta à acusação, oportunidade em que se insurgiu contra a incompetência absoluta do juízo da 48ª Vara Criminal da Comarca da Capital (SP). Assinale a opção que indica a peça processual em que o advogado de Lucas deverá arguir a relatada incompetência.
A) Exceção de incompetência, por entender que o juízo natural seria uma das Varas Criminais da Comarca de Vigo (PR), onde se consumou o crime imputado, haja vista que a compra do passaporte se aperfeiçoou na cidade em que Bento possuía conta bancária e recebeu a quantia de R$ 5.000,00 (cinco mil reais).
B) Na própria resposta à acusação, sustentando que o juízo natural seria uma das Varas Criminais da Comarca de Algarve (PR), onde o passaporte falso foi confeccionado.
C) Na própria resposta à acusação, por entender que o juízo natural seria uma das Varas Criminais Federais da Seção Judiciária do Estado do Paraná, em razão de Bento ter entregue o passaporte falsificado no interior de um hospital federal na cidade de Antonésia (PR), onde Lucas aguardava uma consulta.
D) Exceção de incompetência, por entender que o juízo natural seria uma das Varas Criminais Federais da Seção Judiciária do Estado de São Paulo, em razão de Lucas ter tentado embarcar para os EUA manuseando o passaporte falso confeccionado por Bento.

RESPOSTA
A) Essa assertiva está incorreta, pois o crime praticado é de competência federal, pois a consumação ocorreu quando o autor usou o passaporte falso em São Paulo, quando tentava embarcar, devendo a exceção de incompetência ser manejada numa das Varas Criminais Federais da Seção Judiciária dessa Estado.
B) Errada a afirmativa, pois a exceção deve ser manejada em apartado, mas no prazo da defesa, na forma do art. 108, CPP.
C) Errada a afirmativa, na forma do art. 108, CPP, bem como a competência é do local onde foi feito o uso do passaporte falso, ou seja, no Estado de São Paulo.
☑ Essa é a assertiva correta, pois o uso do passaporte foi feito no Estado de São Paulo e a competência será de uma das Varas Criminais da Seção Judiciária desse Estado, devendo ser a exceção oposto nesse juízo.

(36º Exame de Ordem Unificado/FGV) O prefeito do Município de Canto Feliz, juntamente com o juiz estadual e o promotor de justiça, todos da mesma comarca (Art. 77, inciso I, do CPP), cometeu um crime contra a administração pública federal - interesse da União -, delito que não era de menor potencial ofensivo e nem cabia, objetivamente, qualquer medida penal consensual. Todos foram denunciados pelo Ministério Público federal perante a 1ª Vara Criminal da Justiça Federal da correspondente Seção Judiciária. Recebida a denúncia, a fase probatória da instrução criminal foi encerrada, sendo que o Dr. João dos Anjos, que era advogado em comum aos réus (inexistência de colidência de defesas), faleceu, tendo os acusados constituído um novo advogado para apresentar memoriais (Art. 403, § 3º, do CPP) e prosseguir em suas defesas. Nessa fase de alegações finais, somente há uma matéria de mérito a ser defendida em relação a todos os réus, que é a negativa de autoria. Todavia, antes de adentrar ao mérito, existe uma questão preliminar processual a ser suscitada, relativa à competência, e consequente arguição de nulidade. Como advogado(a) dos réus, assinale a opção que indica como você fundamentaria a existência dessa nulidade.
A) O processo é nulo, por ser o juízo relativamente incompetente, aproveitando-se os atos instrutórios. Anulado o processo, este deverá prosseguir para todos a partir da apresentação dos memoriais perante uma das Turmas do Tribunal Regional Federal da respectiva Seção Judiciária, por serem os réus detentores de foro especial por prerrogativa de função junto àquele órgão jurisdicional.
B) O processo é nulo, por ser o juízo absolutamente incompetente desde o recebimento da denúncia, devendo ser reiniciado para todos a partir deste momento processual perante o Tribunal de Justiça do respectivo Estado da Federação, por serem os réus detentores de foro especial por prerrogativa de função perante aquela Corte estadual de justiça.
C) O processo é nulo, por ser o juízo relativamente incompetente, aproveitando-se os atos instrutórios. Anulado o processo este deverá prosseguir a partir da apresentação dos memoriais perante o Tribunal de Justiça do respectivo Estado da Federação, por serem todos os réus detentores de foro especial por prerrogativa de função perante aquela Corte estadual de justiça.
D) O processo é nulo, por ser o juízo absolutamente incompetente. Em relação ao Prefeito do Município de Canto Feliz, o processo deverá ser remetido a uma das Turmas do Tribunal Regional Federal da respectiva Seção Judiciária, sendo reiniciado a partir do recebimento da denúncia. Em relação ao Juiz estadual e ao Promotor de Justiça, há nulidade por vício de incompetência absoluta, com a necessidade de desmembramento do processo, devendo ser reiniciado para ambos a partir do recebimento da denúncia, sendo de competência do Tribunal de Justiça do respectivo Estado da Federação.

RESPOSTA
A) Essa assertiva está incorreta, uma vez que o foro competente para julgar o Prefeito é o Tribunal Regional Federal, por força da súmula 702, STF. Quanto ao Juiz e Promotor de Justiça, deve-se o julgamento ser feito pelo Tribunal de Justiça, uma vez que o art. 96, III, CF, não faz qualquer ressalva quanto aos crimes federais, mas apenas aos crimes eleitorais. Além disso, a incompetência é absoluta, não sendo relativa como consta da questão, por tratar-se de matéria prevista na própria Constituição Federal e que não pode ser derrogada.
B) Está errada a assertiva, uma vez que a letra da súmula 702, STF, e o art. 96, III, CF, tratam de forma diferente do que foi exposto.
C) Também está equivocada a questão, uma vez que os atos instrutórios não serão aproveitados, devendo retornar toda a instrução até a fase de recebimento da denúncia.
☑ Essa era a assertiva correta, pois o processo é nulo por incompetência absoluta do juízo, devendo o feito retornar até o recebimento da denúncia, bem como haverá desmembramento para o Tribunal Regional Federal, quanto ao Prefeito, e para o Tribunal de Justiça, quanto ao Juiz e Promotor de Justiça.

(36º Exame de Ordem Unificado/FGV) Hamilton, vendedor em uma concessionária de automóveis, mantém Priscila em erro, valendo-se de fraude para obter vantagem econômica ilícita, consistente em valor de comissão maior do que o devido na venda de um veículo automotor. A venda e a obtenção da vantagem ocorrem no dia 20 de novembro de 2019. O fato chega ao conhecimento da autoridade policial por notícia feita pela concessionária, ainda em novembro de 2019 e, em 2 de março de 2020, o Ministério Público oferece denúncia em face de Hamilton, imputando-lhe a prática do crime de estelionato. Embora tenha sido ouvida em sede policial, Priscila não manifestou sua vontade de ver Hamilton processado pela prática delitiva. A denúncia é recebida e a defesa impetra habeas corpus perante o Tribunal de Justiça. No caso, assinale a opção que apresenta a melhor tese defensiva a ser sustentada.

A) A ausência de condição específica de procedibilidade, em razão da exigência de representação da ofendida.
B) A ausência de condição da ação, pois caberia à vítima o ajuizamento da ação penal privada no caso concreto.
C) A necessidade de remessa dos autos ao Procurador-geral de Justiça para que haja oferta de acordo de não persecução penal.
D) A atipicidade da conduta, em razão do consentimento da vítima, consistente na ausência de manifestação de ver o acusado processado.

RESPOSTA

☑ Essa é a assertiva correta, uma vez que o art. 171, § 5º, CP, passou a exigir, a partir de 2019, a representação nos crimes de estelionato.
B) Não se trata de ilegitimidade de parte, pois o fato é de ação penal pública condicionada e a cargo do membro do Ministério Público.
C) Apesar de caber acordo de não persecução penal, na forma do art. 28-A, CPP, a ausência de representação é condição específica de procedibilidade.
D) Não se trata de ausência de tipicidade, mas sim de condição específica de procedibilidade, no caso a representação da vítima.

(36º Exame de Ordem Unificado/FGV) Vitor respondia ação penal pela suposta prática do crime de ameaça (pena: 01 a 06 meses de detenção ou multa) contra sua ex companheira Luiza, existindo medida protetiva em favor da vítima proibindo o acusado de se aproximar dela, a uma distância inferior a 100m. Mesmo intimado da medida protetiva de urgência, Vitor se aproximou de Luiza e tentou manter com ela contato, razão pela qual a vítima, temendo por sua integridade física, procurou você, como advogado(a), e narrou o ocorrido. Nessa ocasião, Luiza esclareceu que, após a denúncia do crime de ameaça, Vitor veio a ser condenado, definitivamente, pela prática do delito de uso de documento falso por fatos que teriam ocorrido antes mesmo da infração penal cometida no contexto de violência doméstica e familiar contra a mulher. Com base nas informações expostas, você, como advogado(a) de Luiza, deverá esclarecer à sua cliente que

A) não poderá ser decretada a prisão de Vitor, pois não há situação de flagrância.
B) não poderá ser decretada a prisão preventiva de Vitor, pois o crime de ameaça tem pena inferior a 04 anos e ele é tecnicamente primário.
C) poderá ser decretada a prisão preventiva de Vitor, pois, apesar de o crime de ameaça ter pena máxima inferior a 04 anos, o autor do fato é reincidente.
D) poderá ser decretada a prisão preventiva de Vitor, mesmo sendo tecnicamente primário, tendo em vista a existência de medida protetiva de urgência anterior descumprida.

RESPOSTA

A) Está errada a assertiva, uma vez que a prisão preventiva é passível de decretação, na forma do art. 312, § 1º, e art. 313, III, CPP.
B) Errada a assertiva, pois o CPP autoriza a prisão preventiva nesse caso específico, conforme arts. 312, § 1º, 313, III, CPP.
C) Está errada a assertiva, pois a mera reincidência não é suficiente para cumprir os requisitos do art. 312, CPP.
☑ Essa é a assertiva correta, na forma do art. 312, § 1º, e art. 313, III, CPP.

(36º Exame de Ordem Unificado/FGV) Maria foi brutalmente assassinada em sua própria casa por seu vizinho, Antônio, que morava em frente à sua casa. Em julgamento no Tribunal do Júri, o juiz presidente, ao formar o Conselho de Sentença, iniciou os sorteios de costume. Dentre os voluntários para a formação dos jurados, estavam vários outros vizinhos, inclusive o próprio filho de Maria, todos revoltados clamando por justiça e pela condenação de Antônio. Assim, segundo o Código do Processo Penal, com relação à composição do Tribunal do Júri, assinale a afirmativa correta.

A) As hipóteses de impedimento e suspeição não se aplicam aos jurados, de forma que os vizinhos e o filho da vítima podem compor o Conselho de Sentença.
B) A suspeição dos vizinhos deve ser arguída por petição dirigida ao Tribunal de Justiça, ao passo que o impedimento do filho da vítima deve ser reconhecido de ofício pelo Juiz togado.
C) A suspeição e o impedimento do filho e dos vizinhos devem ser alegados pela parte que aproveita, sendo incabível ao Juiz dela conhecer de ofício.
D) A suspeição dos jurados deve ser arguida oralmente ao Juiz Presidente do Tribunal do Júri.

RESPOSTA

A) Está errada a assertiva, na forma do art. 448, § 2º, CPP.
B) Essa assertiva está errada, uma vez que a suspeição dos jurados deve ser arguida oralmente e decidida pelo Juiz-Presidente, na forma do art. 106, CPP. Quanto ao impedimento, ele pode ser reconhecido de ofício pelo Juiz togado.
C) Está errada a assertiva, uma vez que o Juiz togado pode conhecer de ofício do impedimento do jurado.
☑ Essa é a assertiva correta, conforme dispõe o art. 106, CPP.

(36º Exame de Ordem Unificado/FGV) Renata, primária, foi condenada à pena de 5 (cinco) anos de reclusão, em regime fechado, por crime de estelionato, em continuidade delitiva, sendo atestado o seu bom comportamento carcerário. Rogério, marido de Renata, que cuidava da filha do casal de 10 (dez) anos de idade, veio a falecer, sendo que Renata já havia cumprido 1/8 (um oitavo) da pena no regime fechado. A filha de Renata está morando provisoriamente com uma amiga de Renata, por não existir qualquer parente para cuidar da criança. Em relação ao cumprimento de pena por Renata, você, como advogado(a), postularia ao juízo da execução a progressão para o regime

A) semiaberto, em razão de a penitente já ter cumprido a fração de pena estabelecida na Lei de Execução Penal e comprovado o bom comportamento carcerário.

- **B)** semiaberto e a saída temporária, em razão de a penitente já ter cumprido o percentual de pena estabelecido na Lei de Execução Penal e por ter comprovado o bom comportamento carcerário.
- **C)** domiciliar, para que ela cuide da filha de 10 (dez) anos de idade, em observância ao Estatuto da Primeira Infância e por ser medida de caráter humanitário.
- **D)** aberto, em razão de a penitente já ter cumprido 1/8 (um oitavo) da pena estabelecido na Lei de Execução Penal e comprovado o bom comportamento carcerário, somado ao fato de ser a única responsável pela filha menor de 10 (dez) anos de idade.

RESPOSTA

- ☑ Essa é a assertiva correta, na letra do art. 112, § 3º, Lei n. 7.210/84, cujos requisitos foram cumpridos de forma integral.
- **B)** Está errada a afirmativa, pois a saída temporária somente é permitida para presos em regime semiaberto, na forma do art. 122, Lei n. 7.210/84.
- **C)** Errada a assertiva, pois não se encaixa nos casos taxativos do art. 117, Lei n. 7.210/84.
- **D)** Errada, pois a progressão de regime deve ser feita de forma progressiva, passando-se primeiro para o regime semiaberto, na forma do art. 112, Lei n. 7.210/84.

(36º Exame de Ordem Unificado/FGV) No curso de inquérito que, no início da pandemia de Covid-19, apura a prática do crime contra as relações de consumo descrito no Art. 7º, inciso VI, da Lei n. 8.137/90, a autoridade policial representa pela interceptação do ramal telefônico de João, comerciante indiciado, sustentando a imprescindibilidade da medida para a investigação criminal. O crime em questão consiste na sonegação ou retenção de insumos e bens, para fim de especulação, e é punido com pena de detenção de 2 a 5 anos ou multa. A interceptação é autorizada pelo prazo de quinze dias, em decisão fundamentada, na qual o juízo considera demonstrada a sua necessidade, bem como a existência de indícios suficientes de autoria. No caso narrado, o(a) advogado(a) do comerciante poderia sustentar a ilegalidade da interceptação das comunicações telefônicas, porque

- **A)** o prazo fixado pelo juiz excede o legalmente permitido.
- **B)** a interceptação não é admitida quando o fato objeto da investigação constitui infração penal punida, no máximo, com pena de detenção.
- **C)** a interceptação não é admitida quando o fato objeto da investigação constitui infração penal cuja pena máxima não seja superior a cinco anos.
- **D)** caberia apenas ao Ministério Público requerê-la.

RESPOSTA

- **A)** O prazo de quinze dias está correto, na forma do art. 5º, Lei n. 9.296/96.
- ☑ Essa é a assertiva correta, pois o crime punido com pena de detenção não é passível de interceptação, na forma do art. 2º, III, Lei n. 9.296/96.
- **C)** Essa assertiva está errada, na forma art. 2º, III, Lei n. 9.296/96.
- **D)** Está errada a assertiva, pois a autoridade policial também poderá requerê-la, na forma do art. 3º, Lei n. 9.296/96.

■ **MATERIAL DIGITAL EXCLUSIVO**

DIREITO PROCESSUAL PENAL

somos.in/CEOABVU10

Direito Tributário

Roberto Caparroz

Pós-Doutor em Direito pela Universidade de Salamanca/Espanha. Doutor em Direito Tributário pela PUC-SP. Mestre em Filosofia do Direito. Pós-Graduado em Marketing pela ESPM. Bacharel em Processamento de Dados e Direito pela Universidade Presbiteriana Mackenzie. Auditor Fiscal da Receita Federal do Brasil desde 1997. Conselheiro Titular do CARF (2013-2017). Palestrante internacional em eventos patrocinados pela OCDE e CIAT. Vencedor do 2º Prêmio Microsoft de Direito (categoria Mestrado e Doutorado), promovido pela Faculdade de Direito da USP. Autor de diversos livros e publicações nas áreas de Direito Tributário, Direito Internacional e Comércio Internacional. Autor das obras *Direito tributário esquematizado*, *Comércio internacional esquematizado*, e Cocoordenador para a área fiscal da Coleção Esquematizado®. Professor do FGVLAW/SP e do Mestrado Profissional da FGV DIREITO/SP. Professor das disciplinas Direito Tributário, Comércio Internacional, Legislação Tributária e Direito Internacional em diversos cursos preparatórios.

Sumário

1. Introdução – 2. Conceito de tributo: 2.1. Princípio *pecunia non olet*; 2.2. Outras sanções; 2.3. Exigência de lei; 2.4. Atividade vinculada – **3. Classificação dos tributos – 4. Função dos tributos – 5. Espécies tributárias:** 5.1. Classificação; 5.2. Impostos; 5.3. Taxas; 5.3.1. Base de cálculo distinta de impostos; 5.3.2. Distinção entre taxas e tarifas; 5.4. Contribuição de melhoria; 5.5. Empréstimos compulsórios; 5.6. Contribuições; 5.6.1. Contribuição para o custeio da iluminação pública – **6. Das limitações constitucionais ao poder de tributar:** 6.1. Princípio da legalidade; 6.2. Princípio da igualdade; 6.3. Princípio da capacidade contributiva; 6.4. Princípio da irretroatividade; 6.4.1. Retroatividade benéfica; 6.5. Princípio da anterioridade; 6.6. Princípio da vedação de utilização de tributo com efeito confiscatório; 6.7. Princípio da proibição de limitação ao tráfego de pessoas ou bens; 6.8. Outros princípios; 6.9. Imunidades; 6.9.1. Imunidade recíproca; 6.9.1.1. A questão da ECT; 6.10. Templos de qualquer culto; 6.11. Imunidade dos partidos políticos e fundações, das entidades sindicais dos trabalhadores, das instituições de educação e assistência social; 6.12. Imunidade dos livros, jornais e periódicos; 6.13. Imunidade dos fonogramas e videofonogramas musicais produzidos no Brasil; 6.14. Outras imunidades previstas na Constituição – **7. Competência tributária – 8. Do Simples Nacional – 9. Repartição das receitas tributárias – 10. Código Tributário Nacional:** 10.1. Aplicação da legislação tributária no tempo – **11. Integração e interpretação das normas tributárias – 12. Obrigação tributária:** 12.1. Lei (obrigação principal) e legislação (obrigação acessória); 12.2. Fato jurídico / fato gerador; 12.3. Sujeito ativo; 12.4. Sujeito passivo; 12.5. Base de cálculo e alíquota; 12.6. Capacidade tributária; 12.7. Domicílio; 12.8. Responsabilidade; 12.8.1. Responsabilidade por sucessão; 12.8.2. Responsabilidade expressa; 12.8.3. Responsabilidade por infrações; 12.8.4. Denúncia espontânea – **13. Crédito tributário:** 13.1. Lançamento; 13.1.1. Modalidades de lançamento; 13.2. Suspensão da exigibilidade do crédito tributário; 13.3. Extinção do crédito tributário; 13.4. Prescrição e decadência; 13.5. Pagamento indevido; 13.6. Exclusão do crédito tributário; 13.7. Garantias e privilégios do crédito tributário – **14. Administração tributária:** 14.1. Dívida ativa – **15. Execução fiscal:** 15.1. Exceção de pré-executividade; 15.2. Embargos à execução fiscal – **16. Tributos em espécie:** 16.1. Imposto de Importação; 16.2. Imposto de Exportação; 16.3. Imposto de Renda; 16.4. Imposto sobre Produtos Industrializados; 16.5. Imposto sobre Operações Financeiras; 16.6. Imposto sobre a Propriedade Territorial Rural; 16.7. Imposto sobre a Transmissão *Causa Mortis* e Doação; 16.8. Imposto sobre a Circulação de Mercadorias e sobre Prestação de Serviços de Transporte Interestadual e Intermunicipal e de Comunicação; 16.9. Imposto sobre a Propriedade de Veículos Automotores; 16.10. Imposto sobre a Propriedade Predial e Territorial Urbana; 16.11. Imposto sobre a Transmissão *Inter Vivos*; 16.12. Imposto sobre a Prestação de Serviços de Qualquer Natureza – **Referências bibliográficas – Questões – Material digital exclusivo.**

1. INTRODUÇÃO

Cada país precisa definir um sistema **tributário** capaz de angariar recursos para os cofres públicos, atender aos preceitos constitucionais e, ao mesmo tempo, respeitar os direitos dos contribuintes.

No caso brasileiro, durante muito tempo as regras tributárias foram esparsas, sem qualquer sistematização, o que ensejava a utilização de institutos jurídicos variados para a solução de eventuais conflitos.

Somente com o advento da **Emenda Constitucional n. 18/65** o Estado Brasileiro procurou dar consistência ao sistema tributário, o que ensejou, quase um ano depois, a promulgação do **Código Tributário Nacional**, veiculado pela Lei n. 5.172, de 25 de outubro de 1966.

Nas últimas cinco décadas o CTN, como é conhecido, sofreu alterações, teve diversos artigos revogados, mas continua a ser o principal instrumento jurídico do direito tributário em nosso país.

Um bom estudo sobre a matéria exige, portanto, conhecer as regras previstas no CTN e cotejá-las com os **princípios constitucionais tributários**, veiculados pela Carta de 1988 a partir do art. 145.

Além disso, o Exame de Ordem também demanda dos candidatos informações sobre os principais tributos federais, estaduais e municipais, bem assim o entendimento atualizado das **posições jurisprudenciais** do STJ e do STF.

E foi a partir dessas premissas que elaboramos o conteúdo desta obra, com a expectativa de oferecer, de forma pontual, completa e agradável, elementos para o sucesso dos futuros advogados.

2. CONCEITO DE TRIBUTO

Qualquer estudo sobre o conteúdo, o alcance e a pertinência do Direito Tributário deve partir da análise de seu principal elemento, representado pelo conceito de **tributo**.

Sempre que houver tributo haverá direito tributário, e essa ideia, aparentemente óbvia, nos permitirá afastar regras e institutos que não se confundem com a nossa matéria.

Embora existam diversas definições doutrinárias de tributo, a mais interessante e completa é justamente aquela formulada pelo art. 3º do Código Tributário Nacional:

> **Art. 3º** Tributo é toda prestação pecuniária compulsória, em moeda ou cujo valor nela se possa exprimir, que não constitua sanção de ato ilícito, instituída em lei e cobrada mediante atividade administrativa plenamente vinculada.

A leitura do dispositivo nos permite concluir que a relação tributária entre os particulares e o Estado é de cunho obrigacional e somente pode decorrer de **lei** (obrigação *ex lege*). E aqui se cuida de lei em **sentido estrito**, sendo vedada qualquer tentativa de criar obrigações por meio de atos administrativos ou normas infralegais.

Como o tributo tem por finalidade arrecadar verbas para os cofres públicos, a obrigação deve ser resolvida em moeda **ou** outro valor que nela se possa exprimir, expressão que exige dois comentários.

Primeiro, o conceito de moeda diz respeito à **moeda nacional**, atualmente o real (R$). O sistema tributário não aceita, por enquanto, o pagamento em moeda estrangeira, de sorte que, se o valor em questão (conhecido como base de cálculo) estiver em moeda estrangeira, deverá ser feita a conversão em reais, no momento do fato gerador, como ocorre, por exemplo, no caso do imposto de importação.

Essa é a regra geral do Código Tributário Nacional, que estabelece:

> **Art. 143.** Salvo disposição de lei em contrário, quando o valor tributário esteja expresso em moeda estrangeira, no lançamento far-se-á sua conversão em moeda nacional ao câmbio do dia da ocorrência do fato gerador da obrigação.

A imensa maioria das discussões tributárias diz respeito à **base de cálculo**, que, de forma simples, pode ser definida como a expressão econômica de um fato jurídico, ou seja, algo que representa o *quantum* que servirá de referência para o pagamento do tributo.

Ocorre que ao tempo do CTN não existia um sistema bancário presente em todo o país, tampouco boletos ou sistemas eletrônicos de pagamento, como nos dias de hoje. Por conta disso, muitas vezes o contribuinte precisava se dirigir à própria Fazenda Pública para quitar seus tributos.

Em razão dessa circunstância histórica e de certas necessidades de controle, alguns tributos podiam ser "quitados" mediante **estampilhas**, que serviam de comprovante de pagamento, como no caso do antigo imposto de consumo.

A possibilidade de pagamento por outros meios que não a moeda nacional ainda consta, embora um tanto esquecida, do Código Tributário Nacional, que no art. 162 dispõe:

> **Art. 162.** O pagamento é efetuado:
> I – em moeda corrente, cheque ou vale postal;
> II – nos casos previstos em lei, em estampilha, em papel selado, ou por processo mecânico.

A estampilha e os processos mecânicos previstos no CTN não se confundem com os atuais **selos de controle**, que são utilizados para auxiliar as autoridades públicas no exercício do poder de polícia, especialmente em relação a produtos com alta carga tributária.

Em razão disso encontramos, no caso do imposto sobre produtos industrializados (IPI), selos de controle afixados em embalagens de cigarros, bebidas alcoólicas e em relógios de pulso, entre outros produtos. A selagem funciona como elemento de controle quantitativo dos produtos, mas **não representa**, como ocorria no passado com as estampilhas, a comprovação do recolhimento do imposto.

> **STF – Súmula 547**
> Não é lícito à autoridade proibir que o contribuinte em débito adquira estampilhas, despache mercadorias nas alfândegas e exerça suas atividades profissionais.

Percebe-se que o Código Tributário Nacional sempre aceitou outras formas de pagamento, desde que conversíveis em moeda.

Um pouco diferente foi a previsão, inaugurada em 2001, de que o valor dos tributos devidos poderia ser quitado mediante **dação em pagamento**, ou seja, pela entrega de bens imóveis ao poder público, como autoriza o art. 156, XI:

> **Art. 156.** Extinguem o crédito tributário:
> (...)
> XI – a dação em pagamento em bens imóveis, na forma e condições estabelecidas em lei.

Trata-se de um caso excepcional, ainda pouco utilizado, pelo qual a União, os Estados, os Municípios ou o Distrito Federal podem, desde que autorizados pelos respectivos poderes legislativos, aceitar imóveis como forma de extinção de suas dívidas tributárias.

A matéria é controvertida e já havia sido discutida pelo STF, que no julgamento da ADI 191-DF, anterior à alteração do CTN, entendeu pela inconstitucionalidade de lei do Distrito Federal que havia instituído a dação em pagamento, mediante entrega de bens móveis, como forma de extinção do crédito tributário.

A Suprema Corte considerou, à época, que a entrega de bens móveis ao Estado sem o devido procedimento licitatório contrariava regras de direito público. Além disso, posicionou-se no sentido de que as formas de extinção do crédito tributário eram **taxativas**, conforme veiculadas pelo CTN, e que lei estadual não poderia ampliar o rol, por violação à reserva de lei complementar.

Posteriormente, já na vigência da nova redação do art. 156, a questão voltou a ser apreciada pelo STF quando do julgamento de medida cautelar na ADI 2.405-1 MC/RS, na qual restou decidido que, a despeito da restrição contida na redação do CTN, os entes federativos poderiam legislar no sentido de receber bens como forma de extinção da dívida tributária, inclusive **bens móveis**, nos termos do que dispuser cada legislação específica.

Com efeito, o STF passou a entender que os entes federativos podem estabelecer, mediante lei própria, outros meios de extinção do crédito tributário, sem que isso implique ofensa à exigência de lei complementar prevista na Constituição.

A tese encontra como suporte o disposto no art. 24 da Lei n. 6.830/80 (Execuções Fiscais), que prevê a hipótese de **adjudicação** de bens pela Fazenda Pública, sem qualquer restrição quanto ao fato de serem móveis ou imóveis.

Nesse cenário, foi publicada, em março de 2016, a Lei n. 13.259, que passou a dispor sobre a **dação em pagamento** na esfera da **União**. Logo depois de sua publicação, o dispositivo que cuidava do assunto foi alterado por Medida Provisória, e finalmente, em 14 de julho de 2016, com a edição da Lei n. 13.313, a matéria passou a ser tratada da seguinte forma:

> **Lei n. 13.259/2016, art. 4º, com a redação dada pela Lei n. 13.313/2016**
> **Art. 4º** O crédito tributário inscrito em dívida ativa da União poderá ser extinto, nos termos do inciso XI do *caput* do art. 156 da Lei n. 5.172, de 25 de outubro de 1966 – Código Tributário Nacional, mediante dação em pagamento de bens imóveis, a critério do credor, na forma desta Lei, desde que atendidas as seguintes condições:
> I – a dação seja precedida de avaliação do bem ou dos bens ofertados, que devem estar livres e desembaraçados de quaisquer ônus, nos termos de ato do Ministério da Fazenda; e
> II – a dação abranja a totalidade do crédito ou créditos que se pretende liquidar com atualização, juros, multa e encargos legais, sem desconto de qualquer natureza, assegurando-se ao devedor a possibilidade de complementação em dinheiro de eventual diferença entre os valores da totalidade da dívida e o valor do bem ou dos bens ofertados em dação.
> § 1º O disposto no *caput* não se aplica aos créditos tributários referentes ao Regime Especial Unificado de Arrecadação de Tributos e Contribuições devidos pelas Microempresas e Empresas de Pequeno Porte – Simples Nacional.
> § 2º Caso o crédito que se pretenda extinguir seja objeto de discussão judicial, a dação em pagamento somente produzirá efeitos após a desistência da referida ação pelo devedor ou corresponsável e a renúncia do direito sobre o qual se funda a ação, devendo o devedor ou o corresponsável arcar com o pagamento das custas judiciais e honorários advocatícios.
> § 3º A União observará a destinação específica dos créditos extintos por dação em pagamento, nos termos de ato do Ministério da Fazenda.

Podemos perceber que na esfera federal o legislador preferiu ser conservador e aceitar a possibilidade de dação em pagamento **somente para bens imóveis**, que serão entregues sem qualquer ônus para a União, depois de passarem pela devida avaliação.

O valor a ser quitado mediante dação pode ser igual ou inferior à dívida inscrita, e a eventual diferença poderá ser paga em dinheiro. Para optar pela dação em pagamento o devedor deverá desistir de qualquer ação judicial em andamento, relativa ao crédito que pretende extinguir, e, ainda, pagar as custas judiciais e honorários advocatícios relativos ao processo.

Na sequência, o conceito veiculado pelo art. 3º do CTN também faz a **distinção** entre tributo e figuras destinadas a penalizar o infrator (notadamente as multas).

Diz o Código que tributo não constitui sanção de ato ilícito, ou seja, **tributo não se confunde com multa**, embora, mais adiante, o legislador inclua as duas figuras no conceito de crédito tributário.

Aqui temos um ponto importante.

Como multas e tributos são diferentes, em tese os princípios constitucionais tributários não seriam aplicáveis às multas, que teriam natureza jurídica própria e seguiriam regras relacionadas ao direito sancionatório.

Isso porque aqueles que cumprem a lei sujeitam-se, apenas, ao pagamento de tributos, mas os que **transgredirem** a norma tributária deverão arcar com o tributo (de acordo com o princípio da igualdade, pelo qual todos devem pagar) e com as possíveis multas, que representam o grau de coerção e desestímulo à conduta previsto pela legislação.

Entretanto, o Supremo Tribunal Federal já decidiu que certos limites constitucionais aplicáveis aos tributos também **são extensíveis** às multas, como no caso do princípio que veda o efeito confiscatório em matéria tributária.

Assim, já foram consideradas inconstitucionais multas previstas em patamares absurdos, de 200%, 300% ou até 500%. Voltaremos a esse assunto no capítulo sobre os princípios constitucionais tributários.

Por ora, convém destacar que tributos e multas **são coisas distintas** e com objetivos totalmente diferentes: pagamos tributos porque cumprimos as regras tributárias e estaremos sujeitos às multas sempre que ficar provada qualquer ofensa à legislação, como atrasos, recolhimentos a menor e até mesmo situações mais graves, decorrentes de dolo, fraude ou simulação.

2.1. Princípio *pecunia non olet*

Vimos que o tributo não serve para sancionar atos ilícitos, mas essa afirmação nos leva a uma dúvida: os **atos ilícitos** podem ser tributados?

A resposta é **afirmativa**, pois o direito tributário possui evidente objetivo econômico, e, nesse sentido, se os atos legítimos sofrem tributação, com mais razão as vantagens auferidas de forma ilícita também deverão ser gravadas.

Exemplo: se alguém obtém receita oriunda de atividades ilícitas, como o tráfico de entorpecentes, é óbvio que isso será objeto de tributação, sem prejuízo das sanções penais previstas em lei.

Não se tributa a **conduta** (que é assunto de ordem criminal), mas o **resultado econômico** obtido ilegalmente.

Isso decorre do clássico princípio *pecunia non olet*, que equivale a dizer que o "dinheiro não tem cheiro". A origem histórica da expressão é bastante conhecida e remonta ao tempo dos romanos, quando o Imperador Vespasiano instituiu a cobrança de uma **taxa** pela utilização de banheiros públicos, medida que se revelou deveras impopular, como se pode imaginar.

O filho de Vespasiano, Tito, confrontou o pai, reclamando que a taxa era absurda e faria com que a cidade ficasse mais suja e malcheirosa. Sem se abalar, Vespasiano pegou algumas moedas de ouro e respondeu, cinicamente: *pecunia non olet*.

A consequência do famoso episódio resta consagrada no art. 118 do CTN:

> **Art. 118.** A definição legal do fato gerador é interpretada abstraindo-se:
> I – da **validade jurídica** dos atos efetivamente praticados pelos contribuintes, responsáveis, ou terceiros, bem como da natureza do seu objeto ou dos seus efeitos;
> II – dos efeitos dos fatos efetivamente ocorridos.

Da redação do dispositivo podemos concluir que, para fins de tributação, pouco importa se o ato praticado pelo sujeito passivo é legal ou ilegal, pois o que interessa, em termos de incidência, é o resultado econômico obtido.

Assim, tanto faz se a pessoa trabalha honestamente e recebe salário mensal ou, de forma ilícita, obtém riqueza mediante a prática de crimes: nas duas situações **haverá tributação**, embora o segundo caso deva, ainda, ser objeto de repressão pelas autoridades públicas.

O Código Tributário Nacional preceitua a chamada **interpretação objetiva** do fato gerador, que deve desconsiderar qualquer circunstância exógena ou subjetiva para fins de tributação, vale dizer, atividades e fatos econômicos devem ser alcançados pelos respectivos tributos, independentemente da sua validade ou licitude.

Portanto, rendas e bens irregularmente obtidos em razão de condutas criminosas e que não foram detectados quando praticadas devem ser normalmente tributados.

Situação distinta ocorre quando a fiscalização tributária, na sua contínua missão de controle e exercício do **poder de polícia**, consegue interceptar atos ilícitos **quando** são praticados (durante o chamado *iter criminis*). Nesses casos não haverá tributação, mas intervenção dos agentes públicos.

> *Exemplo 1*: quando uma empresa importa do exterior produtos proibidos, objeto de **contrabando** (art. 334-A do Código Penal), e é flagrada durante a tentativa de introduzi-los no País, não haverá tributação, mas a aplicação da pena de perdimento, sem prejuízo da ação penal cabível.

Exemplo 2: numa operação de combate à chamada "pirataria", as autoridades fiscais constatam a existência de milhares de produtos falsificados em determinado armazém. Nessa hipótese também não haverá tributação, mas a aplicação da pena de perdimento, com posterior **destruição** dos produtos, por infração às normas de propriedade intelectual.

Qual seria, então, o critério distintivo entre a aplicação do princípio *pecunia non olet* (que determina a tributação) e a utilização de outras medidas, de caráter sancionatório?

A diferença está no momento da **percepção** da conduta pelo Estado. Sempre que as autoridades públicas flagrarem o ato ilícito, deverão agir para interrompê-lo e evitar os efeitos econômicos dele decorrentes.

Por outro lado, quando não foi possível interceptar a conduta, mas apenas o resultado econômico oriundo da ilicitude, deve ser aplicado o princípio *pecunia non olet*.

A jurisprudência tem evoluído para reconhecer, nas hipóteses em que for provada a **direta correlação** entre o patrimônio de alguém e a prática de atos ilícitos, a possibilidade de aplicação da pena de perdimento (expropriação) sobre tudo o que foi obtido de modo irregular.

O ônus da prova cabe, evidentemente, ao Fisco, o que nem sempre é fácil, porque os contribuintes mal-intencionados buscam "apagar a trilha" dos recursos, o que popularmente se conhece como **lavagem de dinheiro**.

> Existem projetos de lei que têm por objetivo regulamentar a perda de bens de origem ilícita, nos moldes do que já ocorre com os agentes públicos condenados em ações de improbidade por enriquecimento ilícito, conforme previsto na Lei n. 8.249/92.

2.2. Outras sanções

Embora a **multa** seja a forma mais comum de sanção tributária (até em razão de sua natureza financeira), existe a possibilidade, como vimos, de adotar outras medidas punitivas, tais como:

a) **Apreensões**, que são sanções de natureza administrativa, com objetivos acautelatórios. A apreensão permite ao poder público reter os bens e mercadorias para que o interessado comprove a licitude da origem. Em caso positivo, os bens serão devolvidos, ou, na hipótese contrária, serão objeto da pena de perdimento.

b) **Pena de perdimento**, que significa privar alguém do seu patrimônio, o que ocorre, por exemplo, quando comprovada a prática dos crimes de contrabando e descaminho, previstos nos arts. 334 e 334-A do Código Penal.

c) **Interdição de estabelecimento** ou **impedimento ao exercício de atividade**, medidas extremas, que devem ser aplicadas com cuidado, pois impossibilitam que a pessoa exerça atividade econômica. Seria o caso, por exemplo, de um estabelecimento irregular que vendesse sistematicamente produtos sem nota fiscal.

Ressalte-se que as apreensões e a interdição de estabelecimentos são sanções decorrentes da prática de atos ilícitos, mas não podem ser utilizadas como forma coercitiva para o pagamento de tributos, conforme entendimento já sumulado pelo Supremo Tribunal Federal.

> **STF – Súmula 70**
> É inadmissível a interdição de estabelecimento como meio coercitivo para cobrança de tributo.
>
> **STF – Súmula 323**
> É inadmissível a apreensão de mercadorias como meio coercitivo para pagamento de tributos.

Em regra, aplica-se somente uma das medidas acima descritas, porque prevalece o entendimento de que ninguém pode sofrer **mais de uma sanção** pelo mesmo fato, ou seja, sobre o mesmo fato ilícito não incide mais de uma sanção (em decorrência do famoso princípio constitucional norte-americano que impede a *double jeopardy*).

Isso não impede que na hipótese de fatos diferentes ou relacionados possam ser aplicadas duas ou mais sanções, como no caso do estabelecimento que venda produtos falsificados e sem a emissão de nota fiscal.

2.3. Exigência de lei

A definição do art. 3º do Código Tributário Nacional ainda determina que o tributo seja **instituído em lei**, vale dizer, a lei é o único instrumento hábil para a criação de tributos.

Neste passo, caberia perguntar o óbvio: *o que significa lei?*

> Embora a resposta possa ser adequadamente oferecida de várias formas, uma que não deixa margem para dúvidas e nos ajuda bastante na prova implica que lei é tudo o que está presente nos arts. 59 e s. da Constituição, que tratam do **processo legislativo** (das regras para a criação de leis no Brasil):

> **Art. 59.** O processo legislativo compreende a elaboração de:
> I – emendas à Constituição;
> II – leis complementares;
> III – leis ordinárias;
> IV – leis delegadas;
> V – medidas provisórias;
> VI – decretos legislativos;
> VII – resoluções.
> **Parágrafo único.** Lei complementar disporá sobre a elaboração, redação, alteração e consolidação das leis.

Portanto, os instrumentos jurídicos que preenchem o requisito de lei, em termos formais e materiais, são aqueles expressamente indicados pela Constituição. Trata-se de rol **taxativo**, que não pode ser ampliado.

Podemos notar, por exemplo, que os **tratados internacionais** não constam da dicção constitucional, porque não se sujeitam ao processo legislativo brasileiro, pois são celebrados a partir de princípios específicos e de acordo com a vontade soberana dos Estados que compõem a sociedade internacional.

Apesar disso, os tratados internacionais, as normas infralegais e uma infinidade de outros instrumentos jurídicos podem gerar repercussões na esfera tributária.

O Código Tributário Nacional, ciente dessa realidade, congregou todas essas figuras sob a rubrica **legislação tributária**:

> **Art. 96.** A expressão "legislação tributária" compreende as leis, os tratados e as convenções internacionais, os decretos e as normas complementares que versem, no todo ou em parte, sobre tributos e relações jurídicas a eles pertinentes.

Coerente com a premissa adotada, o CTN, embora tenha reconhecido a abrangência das normas tributárias, restringiu a matéria que seria competência exclusiva do vetor lei:

> **Art. 97.** Somente a lei pode estabelecer:
> I – a instituição de tributos, ou a sua extinção;
> II – a majoração de tributos, ou sua redução, ressalvado o disposto nos arts. 21, 26, 39, 57 e 65;
> III – a definição do fato gerador da obrigação tributária principal, ressalvado o disposto no inciso I do § 3º do art. 52, e do seu sujeito passivo;
> IV – a fixação de alíquota do tributo e da sua base de cálculo, ressalvado o disposto nos arts. 21, 26, 39, 57 e 65;
> V – a cominação de penalidades para as ações ou omissões contrárias a seus dispositivos, ou para outras infrações nela definidas;
> VI – as hipóteses de exclusão, suspensão e extinção de créditos tributários, ou de dispensa ou redução de penalidades.
> **§ 1º** Equipara-se à majoração do tributo a modificação da sua base de cálculo, que importe em torná-lo mais oneroso.
> **§ 2º** Não constitui majoração de tributo, para os fins do disposto no inciso II deste artigo, a atualização do valor monetário da respectiva base de cálculo.

Podemos constatar que todas as atividades relativas à **obrigação tributária** demandam a existência de lei.

Isso decorre do princípio da **autoimposição tributária**, que tem relação direta com a própria estrutura do nosso país.

Quando a Constituição declara, no art. 1º, que a República Federativa do Brasil se constitui em **Estado Democrático de Direito**, isso significa, acima de tudo, que as relações entre Estado e particulares devem ser pautadas em lei.

Como sabemos, se ninguém pode ser obrigado a fazer algo sem a presença da lei, resta evidente que as exigências de natureza tributária também se submetem a este fundamental postulado.

E mais: como as relações jurídicas ocorrem no seio do Estado Democrático de Direito, isso significa que somente **leis válidas** podem estabelecer obrigações para as pessoas, que deverão, ainda, ter participação na produção de tais normas.

Como a nossa democracia é representativa e exige **previsão legal**, todos os cidadãos têm condições de participar da atividade normativa do Estado, ainda que de modo indireto, por meio da eleição de seus representantes.

E o princípio da autoimposição pressupõe a participação democrática das pessoas na produção das regras jurídicas, com a automática aceitação dos comandos por elas veiculados, de forma que o cidadão não pode fugir à tributação, sob pena de ruptura do tecido democrático.

Isso revela, a um só tempo, o caráter legítimo e obrigatório do sistema tributário, pois fundado na premissa de **participação da sociedade**, ou, como diria Pontes de Miranda, "a legalidade da tributação significa o povo tributando a si mesmo".

Esquematicamente:

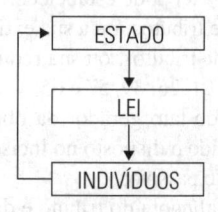

```
ESTADO
  ↓
 LEI
  ↓
INDIVÍDUOS
```

No esquema temos o ESTADO, como criação da sociedade, que veicula regras por meio do instrumento jurídico LEI, para obrigar e condicionar a atuação dos INDIVÍDUOS, que, por seu turno, participam, ainda que indiretamente, da produção normativa, criando um **ciclo de autoimposição**, que se renova constantemente.

Igual raciocínio se aplica ao Estado, que, ao criar as leis, deve também a elas se submeter.

O princípio da autoimposição se apresenta como **garantia fundamental** do contribuinte, pois exige que qualquer inovação destinada a aumentar a carga tributária passe pelo crivo do Poder Legislativo.

Destacamos, ainda, que o CTN considera **majoração** qualquer alteração na base de cálculo do tributo, com o objetivo de torná-lo mais oneroso. O comando é bastante salutar e visa a impedir que os entes públicos, por via indireta, aumentem os tributos sem obediência ao princípio da legalidade.

Entretanto, em razão do ambiente inflacionário do País, os tribunais têm reconhecido a possibilidade legítima de **atualização monetária** dos tributos, mediante decreto, desde que respeitados os índices oficiais de correção.

Qualquer atualização **superior** aos índices oficiais exige lei em sentido formal, pois representaria verdadeiro aumento de carga tributária.

Vejamos, a propósito, a **Súmula 160 do STJ**:

> É defeso, ao município, atualizar o IPTU, mediante decreto, em percentual superior ao índice oficial de correção monetária.

O entendimento é corroborado em decisões do STF, inclusive com **repercussão geral** reconhecida, como no caso do RE 648.245, julgado em agosto de 2013:

> Recurso extraordinário. 2. Tributário. 3. Legalidade. 4. IPTU. Majoração da base de cálculo. Necessidade de lei em sentido formal. 5. Atualização monetária. Possibilidade. 6. É inconstitucional a majoração do IPTU sem edição de lei em sentido formal, vedada a atualização, por ato do Executivo, em percentual superior aos índices oficiais. 7. Recurso extraordinário não provido.

> **STF – Súmula 725**
> É constitucional o § 2º do art. 6º da Lei n. 8.024/90, resultante da conversão da Medida Provisória n. 168/90, que fixou o BTN fiscal como índice de correção monetária aplicável aos depósitos bloqueados pelo Plano Collor I.

O tema encontra respaldo, ainda, nas próprias limitações estabelecidas pelo Código Tributário Nacional em relação ao papel regulamentar dos decretos, que **não podem extrapolar** os preceitos veiculados pelas leis que os ensejaram, como se observa do disposto no art. 99:

> **Art. 99.** O conteúdo e o alcance dos decretos restringem-se aos das leis em função das quais sejam expedidos, determinados com observância das regras de interpretação estabelecidas nesta Lei.

> É possível, mediante decreto, a atualização monetária da base de cálculo de tributos, como no caso do IPTU, desde que respeitados os índices oficiais. Qualquer alteração superior aos índices oficiais só pode ser promovida por lei em sentido formal.

No mesmo sentido, o STF decidiu, no ARE 1.258.934 (2020, com repercussão geral), que a majoração **excessiva** de uma taxa, por meio de ato infralegal, **não conduz à invalidade do tributo**, sendo possível que o Poder Executivo atualize os valores previamente fixados em lei de acordo com percentual não superior aos índices oficiais de correção monetária.

Em relação aos tratados e convenções internacionais, o Código Tributário Nacional estabelece sua **prevalência** em razão das normas internas, posição importante e que vai ao encontro da melhor doutrina.

> Sobre os tratados, podemos dizer que são acordos internacionais **concluídos e escritos**, celebrados entre Estados ou entre Estados e Organizações, regidos pelo direito internacional, quer constem de instrumento único, dois ou mais instrumentos conexos, **independentemente** de sua denominação específica.

Note-se que o nome do instrumento é **irrelevante** para a sua configuração jurídica, de sorte que pouco importa se o texto utiliza expressões como *tratado*, *convenção*, *protocolo*, *pacto* ou *acordo*. O que interessa é a **vontade soberana** dos signatários (ou destes mediante representação de organizações internacionais).

Parece-nos evidente que os tratados celebrados pelo Brasil devem prevalecer sobre a lei interna, mas a discussão acerca dessa interconexão de normas é bastante grande e nem sempre as conclusões majoritárias da doutrina encontram suporte na jurisprudência do Supremo Tribunal Federal.

Felizmente, na seara tributária, o STF reconheceu a **prevalência dos tratados**, nos termos do que sempre dispôs o art. 98 do Código Tributário Nacional:

> Art. 98. Os tratados e as convenções internacionais revogam ou modificam a legislação tributária interna, e serão observados pela que lhes sobrevenha.

Portanto, devemos reconhecer que os tratados, em matéria tributária, devem prevalecer sobre posições porventura contrárias da legislação interna. Não se trata aqui de **revogação** da norma interna pelo tratado, mas da **impossibilidade** de sua aplicação sempre que houver conflito.

Além disso, o legislador nacional deve atentar para os compromissos celebrados pelo Brasil, pois o CTN adverte que as normas internas devem observar o que foi decidido no âmbito dos acordos internacionais.

A medida, de claro efeito prático, tem por objetivo evitar a criação de leis natimortas, que ao entrarem em vigor já se encontrariam prejudicadas pela **incompatibilidade** com os acordos firmados pelo País.

> **STJ – Súmula 71**
> O bacalhau importado de país signatário do GATT é isento do ICM.
>
> **STF – Súmula 575**
> À mercadoria importada de país signatário do (GATT), ou membro da (ALALC), estende-se a isenção do Imposto de Circulação de Mercadorias concedida a similar nacional.

O Código Tributário Nacional reconhece, ainda, a existência e a eficácia, dentro de certos parâmetros, das **normas complementares**:

> Art. 100. São normas complementares das leis, dos tratados e das convenções internacionais e dos decretos:
> I – os atos normativos expedidos pelas autoridades administrativas;
> II – as decisões dos órgãos singulares ou coletivos de jurisdição administrativa, a que a lei atribua eficácia normativa;
> III – as práticas reiteradamente observadas pelas autoridades administrativas;
> IV – os convênios que entre si celebrem a União, os Estados, o Distrito Federal e os Municípios.
> **Parágrafo único.** A observância das normas referidas neste artigo exclui a imposição de penalidades, a cobrança de juros de mora e a atualização do valor monetário da base de cálculo do tributo.

Convém ressaltar que as normas complementares se revestem das mais variadas denominações. Por óbvio que nenhum desses veículos tem força de lei, mas cada qual se presta a expressar o entendimento das diversas instâncias administrativas.

Exemplo: dentro do conceito de atos normativos do art. 100, I, encontramos uma enorme gama de instrumentos jurídicos, como as Portarias, as Instruções Normativas, as Resoluções e tantas outras.

2.4. Atividade vinculada

Por fim, o conceito de tributo previsto no art. 3º determina que a atividade fiscal de **cobrança** é **vinculada**, de tal sorte que a administração tributária e seus funcionários não poderão realizar juízos de valor ou de mérito quando do desempenho de suas funções, mas apenas **aplicar a lei** em sentido estrito, com base na interpretação literal de seus dispositivos, sempre que o assunto se relacionar com tributos, que são, por definição, **bens públicos indisponíveis**.

A administração tributária não pode aumentar, reduzir ou alterar a definição e o alcance das regras tributárias, pois o seu dever precípuo é o de **arrecadar** recursos para a satisfação das necessidades públicas.

3. CLASSIFICAÇÃO DOS TRIBUTOS

Embora existam inúmeras classificações tributárias, que sempre partem de critérios pessoais e um tanto arbitrários, de acordo com as premissas adotadas pelo autor, as distinções mais comuns são:

a) **Pessoais** ou **reais** – os tributos **pessoais** têm como base de cálculo uma conduta ou um *status* jurídico individual, enquanto os tributos **reais** (de *res*, coisa) tomam um objeto como referência. Não nos parece correto dizer que os tributos reais incidem "sobre" as coisas, como querem alguns autores, até porque o direito, como objeto cultural, é feito por pessoas e para pessoas.

Exemplos: o imposto sobre a renda é tributo pessoal por excelência (a incidência ocorre, como regra, sobre o fato de alguém obter renda), enquanto o IPTU e o IPVA seriam hipóteses de tributos reais, que gravariam o valor de determinado bem.

b) **Diretos** ou **indiretos** – os tributos **diretos** possuem incidência única, imediata, que esgota a carga tributária. A maioria dos tributos atua dessa forma, como o imposto sobre a renda, o IPTU e o IPVA. Já os tributos **indiretos** pressupõem múltiplas incidências, com o fraciona-

mento e a distribuição da carga tributária ao longo de uma cadeia de circulação econômica.
Exemplos: ICMS, IPI, PIS e COFINS.

O grande problema dos tributos indiretos é que neles não se sabe quem é o **destinatário final** (também chamado de **contribuinte de fato**), o que impede a aplicação dos preceitos de retributividade e distributividade da tributação.

Em outras palavras, um sistema com muitos tributos indiretos tende a ser **mais injusto**, pois não consegue identificar a capacidade contributiva das pessoas e, com isso graduar a carga tributária de acordo com a real situação econômica de cada um.

c) **Vinculados** ou **não vinculados** (quanto à hipótese de incidência) – trata-se de classificação antiga e bastante problemática em razão da atual dinâmica do direito tributário. Normalmente se considera que os tributos **vinculados** decorrem de uma conduta do Estado, ou seja, uma atividade específica que justifique a exigência, como no caso das taxas e das contribuições de melhoria. Por outro lado, os tributos **não vinculados** dependeriam de condutas do contribuinte, relacionadas à obtenção de renda, patrimônio ou atividades de consumo, como ocorre com os impostos.

d) De **arrecadação vinculada** e de **arrecadação não vinculada:** aqui devemos ter o cuidado de não confundir o critério com o da classificação anterior, em que a distinção se dava por força da **conduta do agente**. Neste tópico, devemos entender como tributos de **arrecadação vinculada** aqueles cujos valores são carreados para os fins que justificaram a exigência, como no caso das contribuições para financiamento da seguridade social, cujos recursos devem ser empregados na atividade social do Estado. O mesmo ocorre com os empréstimos compulsórios, criados a partir de situações específicas, que exigem a aplicação dos valores arrecadados. Por outro lado, nos tributos de **arrecadação não vinculada** o poder público tem certa liberdade na escolha da destinação, desde que a aplicação seja feita em rubricas previstas no orçamento. É o caso, por exemplo, dos impostos, cujo produto da arrecadação pode ser utilizado para fazer frente às despesas gerais do ente público tributante, exceto nas hipóteses previstas no art. 167, IV, da Constituição[1].

4. FUNÇÃO DOS TRIBUTOS

Quanto à **finalidade,** podemos identificar três classificações básicas para os tributos:

a) **Fiscal** – trata-se da função precípua de todos os tributos, ou seja, **arrecadar** valores para os cofres públicos. Os exemplos são muitos e incluem o imposto de renda, o IPTU e o IPVA, entre tantos outros.

b) **Extrafiscal** – alguns tributos, além da função arrecadatória, podem ser utilizados com **objetivos adicionais**, que podem ser de três ordens:

i) **corrigir distorções** de natureza econômico-financeira. *Exemplo*: a alíquota do imposto de importação pode, em tese, ser aumentada pelo Poder Executivo para desestimular a aquisição de produtos do exterior e, como consequência, proteger o mercado interno;

ii) **incentivar** ou **desestimular** certas condutas, em favor do atendimento de interesses sociais, como no caso do IPTU e do ITR, cujas alíquotas podem ser utilizadas como fator para o cumprimento da *função social da propriedade*;

iii) aferir **índices econômicos** de riqueza, para conhecer o perfil do contribuinte, nos termos da faculdade conferida pela parte final do art. 145, § 1º, da Constituição:

> **Art. 145.** A União, os Estados, o Distrito Federal e os Municípios poderão instituir os seguintes tributos:
> (...)
> **§ 1º** Sempre que possível, os impostos terão caráter pessoal e serão graduados segundo a capacidade econômica do contribuinte, **facultado à administração tributária, especialmente para conferir efetividade a esses objetivos, identificar, respeitados os direitos individuais e nos termos da lei, o patrimônio, os rendimentos e as atividades econômicas do contribuinte**.

Nos tributos extrafiscais o objetivo arrecadatório **pode não ser** o mais relevante, pois algumas figuras se

---

[1] Constituição, art. 167: "São vedados: (...) IV – a vinculação de receita de impostos a órgão, fundo ou despesa, ressalvadas a repartição do produto da arrecadação dos impostos a que se referem os arts. 158 e 159, a destinação de recursos para as ações e serviços públicos de saúde, para manutenção e desenvolvimento do ensino e para realização de atividades da administração tributária, como determinado, respectivamente, pelos arts. 198, § 2º, 212 e 37, XXII, e a prestação de garantias às operações de crédito por antecipação de receita, previstas no art. 165, § 8º, bem como o disposto no § 4º deste artigo; (...) § 4º É permitida a vinculação de receitas próprias geradas pelos impostos a que se referem os arts. 155 e 156, e dos recursos de que tratam os arts. 157, 158 e 159, I, *a* e *b*, e II, para a prestação de garantia ou contragarantia à União e para pagamento de débitos para com esta".

destacam pela chamada **função regulatória**, como nos casos do imposto de importação, imposto de exportação, IOF e IPI.

Em relação à **propriedade**, a Constituição prevê o atendimento à função social, que se caracteriza pela utilização racional, produtiva e não abusiva dos imóveis.

> Para os imóveis **urbanos** existe a possibilidade de utilização do chamado **IPTU progressivo no tempo**, previsto no art. 182, § 4º, II, da CF/88, que se manifesta como uma limitação administrativa ao direito de propriedade.

> **Art. 182.** A política de desenvolvimento urbano, executada pelo Poder Público municipal, conforme diretrizes gerais fixadas em lei, tem por objetivo ordenar o pleno desenvolvimento das funções sociais da cidade e garantir o bem-estar de seus habitantes.
> **§ 1º** O plano diretor, aprovado pela Câmara Municipal, obrigatório para cidades com mais de vinte mil habitantes, é o instrumento básico da política de desenvolvimento e de expansão urbana.
> **§ 2º** A propriedade urbana cumpre sua função social quando atende às exigências fundamentais de ordenação da cidade expressas no plano diretor.
> **§ 3º** As desapropriações de imóveis urbanos serão feitas com prévia e justa indenização em dinheiro.
> **§ 4º** É facultado ao Poder Público municipal, mediante lei específica para área incluída no plano diretor, exigir, nos termos da lei federal, do proprietário do solo urbano não edificado, subutilizado ou não utilizado, que promova seu adequado aproveitamento, sob pena, sucessivamente, de:
> **I** – parcelamento ou edificação compulsórios;
> **II – imposto sobre a propriedade predial e territorial urbana progressivo no tempo**;
> **III** – desapropriação com pagamento mediante títulos da dívida pública de emissão previamente aprovada pelo Senado Federal, com prazo de resgate de até dez anos, em parcelas anuais, iguais e sucessivas, assegurados o valor real da indenização e os juros legais.

Assim, quando o terreno é **subutilizado** ou **não cumpre** a função social da propriedade, as alíquotas do IPTU podem aumentar significativamente, por meio de uma progressividade extrafiscal com nítido caráter sancionatório, na medida em que o tempo passa e o contribuinte, devidamente intimado, não atende às determinações do Plano Diretor.

> **STF – Súmula 589**
> É inconstitucional a fixação de adicional progressivo do imposto predial e territorial urbano em função do número de imóveis do contribuinte.

No caso do Imposto Territorial Rural (ITR), o raciocínio é semelhante, pois a Lei n. 9.393/96 estabelece **alíquotas progressivas** em razão da área total do imóvel e do respectivo grau de utilização (art. 11), com o intuito de desestimular a manutenção de **terras improdutivas**, conforme autorizado pelo art. 153, § 4º, I, da Constituição:

> **§ 4º** O imposto previsto no inciso VI do *caput*:
> I – será progressivo e terá suas alíquotas fixadas de forma a desestimular a manutenção de propriedades improdutivas;

Ressalte-se que, em sentido oposto, a própria Constituição prevê **a não incidência** do ITR no caso de **pequenas glebas rurais**, definidas em lei, quando o proprietário que as explorar não possuir outro imóvel (art. 153, § 4º, II), em outra clara manifestação tributária de natureza extrafiscal.

O STF, confirmando essa posição, decidiu: "Mostra-se alinhada com a redação originária do § 4º do art. 153 da Constituição Federal a progressividade das alíquotas do ITR a qual se refere à Lei n. 9.393/96, progressividade essa que leva em conta, de maneira conjugada, o grau de utilização (GU) e a área do imóvel" (RE 1.038.357-AgR, 2018).

Interessante destacar que, na esteira do comando previsto na Constituição, o Supremo Tribunal Federal editou súmula que reconhece a constitucionalidade de lei municipal que concede benefícios de IPTU para o proprietário de imóvel único.

> **STF – Súmula 539**
> É constitucional a lei do município que reduz o imposto predial urbano sobre imóvel ocupado pela residência do proprietário, que não possua outro.

c) **Parafiscal** – refere-se aos tributos cobrados em **paralelo à atividade estatal**, quando o poder público reconhece em terceiros (inclusive entidades privadas) uma função social que ele mesmo deveria prestar.

As chamadas **entidades parafiscais** recebem, por meio de lei, **capacidade tributária ativa**, que é a permissão para fiscalizar e arrecadar tributos, além da possibilidade de figurar como efetivas destinatárias do montante apurado.

Trata-se de transferência, mediante **delegação**, da capacidade tributária ativa, do ente público que a detém de forma originária para um terceiro reconhecido como útil e relevante, por força do processo de descentralização da atividade administrativa no Brasil.

5. ESPÉCIES TRIBUTÁRIAS

5.1. Classificação

Existe certa discussão doutrinária sobre quais e quantas seriam as **espécies tributárias** no Brasil. A questão ultrapassa a seara acadêmica, pois cada tipo de tributo possui características específicas, de forma que sua correta identificação é essencial para o sucesso na prova.

Quanto ao número de espécies tributárias, duas teorias são dominantes: a **teoria tricotômica** e a **teoria quíntupla** (também chamada de pentapartida ou quintipartida).

A primeira corrente surgiu a partir da escola tributária da PUC-SP e conta com nomes de escol, como Geraldo Ataliba, Roque Carrazza e Paulo de Barros Carvalho. Já a teoria quíntupla tem como defensores Ives Gandra e Hugo de Brito Machado, entre outros.

– Impostos
– Taxas   } Teoria tricotômica
– Contribuições de melhoria
– Empréstimos compulsórios   } Teoria quíntupla (posição do STF)
– Contribuições

A teoria tricotômica, como o próprio nome indica, parte da premissa de que todas as espécies tributárias podem ser enquadradas como impostos, taxas ou contribuições, e que a diferença entre elas dependeria da vinculação ou não a uma atividade estatal. E mais: a análise do **binômio** hipótese de incidência / base de cálculo nos permitiria identificar a espécie tributária correspondente.

A teoria tricotômica teria, ainda respaldo do Código Tributário Nacional, que em seu art. 5º estabelece:

> **Art. 5º** Os tributos são impostos, taxas e contribuições de melhoria.

Por outro lado, a teoria quíntupla parece guardar **melhor sintonia** com o atual modelo constitucional, pois defende que, além de impostos, taxas e contribuições de melhoria, haveria, ainda, duas espécies adicionais: os empréstimos compulsórios e as contribuições (que ainda se subdividiriam em outras classes).

Com efeito, o art. 5º do CTN parece-nos anacrônico, pois uma classificação a partir do texto constitucional realmente nos leva a concluir pela **prevalência da teoria quíntupla**, no sentido de reconhecer os empréstimos compulsórios e as diversas contribuições hoje existentes no sistema tributário nacional como **espécies independentes**, com características peculiares, o que impossibilitaria a sua absorção pelas três espécies tradicionais.

Essa é a posição, inclusive, do Supremo Tribunal Federal, conforme anotado em clássico julgado:

> De efeito, a par das três modalidades de tributos (os impostos, as taxas e as contribuições de melhoria) a que se refere o artigo 145 para declarar que são competentes para instituí-los a União, os Estados, o Distrito Federal e os Municípios, os artigos 148 e 149 aludem a duas outras modalidades tributárias, para cuja instituição só a União é competente: o empréstimo compulsório e as contribuições sociais, inclusive as de intervenção no domínio econômico e de interesse das categorias profissionais e econômicas (cf. RE 146.133/SP, reiterado quando do julgamento da ADC 1-1/DF, ambos os feitos de relatoria do Min. Moreira Alves).

Portanto, para a prova, a posição mais adequada é **acompanhar** o entendimento do STF, até em homenagem aos dispositivos da Constituição de 1988, que claramente identificam **cinco espécies tributárias**:

Espécies tributárias	Previsão constitucional
Impostos	Art. 145, I
Taxas	Art. 145, II
Contribuições de melhoria	Art. 145, III
Empréstimos compulsórios	Art. 148, I e II
Contribuições sociais Contribuições de intervenção no domínio econômico Contribuições no interesse de categorias profissionais ou econômicas	Art. 149
Contribuição para o custeio de iluminação pública	Art. 149-A

Observação: no quadro acima devemos considerar como pertencentes ao gênero "contribuições" as três figuras do art. 149 e a COSIP, do art. 149-A, introduzida em 2002 pela Emenda Constitucional n. 39.

Ainda em relação às espécies tributárias e ao grande número de figuras e variantes existentes no modelo brasileiro, não podemos esquecer a sempre importante advertência contida no art. 4º do Código Tributário Nacional:

> **Art. 4º** A natureza jurídica específica do tributo é determinada pelo fato gerador da respectiva obrigação, sendo irrelevantes para qualificá-la:
> **I** – a denominação e demais características formais adotadas pela lei;
> **II** – a destinação legal do produto da sua arrecadação.

O art. 4º do CTN esclarece que a natureza jurídica do tributo é determinada pelo seu **fato gerador**, de modo que não importa a denominação (o nome formal dado pela lei) ou outras características secundárias, da mesma forma que a destinação (para onde serão carreados os recursos arrecadados).

Exemplo bastante conhecido de incorreta denominação legal ocorria com a CPMF (Contribuição Provisória sobre Movimentações Financeiras), cuja análise das características do fato gerador indicava tratar-se de **verdadeiro imposto**, embora a figura tivesse, formalmente, o nome de "contribuição".

5.2. Impostos

Como vimos, a previsão normativa para os **impostos** pode ser encontrada no art. 145, I, da Constituição:

> **Art. 145.** A União, os Estados, o Distrito Federal e os Municípios poderão instituir os seguintes tributos:
> I – impostos;

Como a Constituição **não conceituou** os impostos, entendemos que foi recepcionado o art. 16 do CTN, que os define nos seguintes termos:

> **Art. 16.** Imposto é o tributo cuja obrigação tem por fato gerador uma situação independente de qualquer atividade estatal específica, relativa ao contribuinte.

Os impostos são, portanto, tributos **não vinculados**, tanto em razão da atividade estatal quanto no que se refere à destinação dos recursos arrecadados.

Isso implica que os valores relativos a impostos, em regra, ingressam no caixa da Fazenda Pública e serão gastos de acordo com o previsto nas respectivas leis orçamentárias.

Cai por terra, dessa forma, a famosa crença popular de que "pagamos muitos impostos e o governo nada oferece em troca", visto que essa é a característica básica desse tipo de tributo, que não possui caráter **contraprestacional**, vale dizer, a exigência de um imposto não está relacionada a qualquer atividade específica do Estado.

Embora seja comum ouvir das pessoas, a título de exemplo, que o IPVA deveria ser utilizado para tapar buracos nas ruas e conservar o asfalto das estradas, essa vinculação não existe, salvo se houver alguma regra orçamentária específica.

E é importante que seja assim, pois o Estado tem vários compromissos financeiros que são **desvinculados** de um serviço ou atividade diretamente relacionado com o cidadão, como o pagamento dos servidores públicos, as despesas com juros, os investimentos em infraestrutura e tantos outros.

Os impostos, em praticamente todos os países, são as figuras tributárias **mais importantes** (embora no Brasil as contribuições tenham ganhado muita força, inclusive em termos de arrecadação, nas últimas décadas).

A partir dessa premissa, a Constituição veicula informações detalhadas sobre os impostos, nos arts. 153 a 156, que estabelecem as competências de cada ente federativo (União, Estados, Distrito Federal e Municípios).

Nesse sentido, os impostos podem ser:

a) **Ordinários**, com esferas de competência predeterminadas:
- Federal (art. 153 da CF) – II, IE, IR, IPI, IOF, ITR e IGF.
- Estadual (art. 155 da CF) – ICMS, IPVA e ITCMD.
- Municipal (art. 156 da CF) – ISS, IPTU e ITBI.

Observações:

i) Se forem criados Territórios, que hoje não existem, a competência para a cobrança dos impostos será da União.

ii) O Distrito Federal possui a chamada **dupla competência**, de sorte que pode criar impostos municipais e estaduais, como autoriza o art. 147 da Constituição:

> **Art. 147.** Competem à União, em Território Federal, os impostos estaduais e, se o Território não for dividido em Municípios, cumulativamente, os impostos municipais; ao Distrito Federal cabem os impostos municipais.

b) **Residuais:** de competência exclusiva da União e instituídos apenas mediante lei complementar, nos termos do art. 154, I, da CF:

> **Art. 154.** A União poderá instituir:
> I – mediante lei complementar, impostos não previstos no artigo anterior, desde que sejam não cumulativos e não tenham fato gerador ou base de cálculo próprios dos discriminados nesta Constituição;

c) **Extraordinários:** em razão de conflitos externos, conforme disposto no art. 154, II, da CF:

> **Art. 154.** A União poderá instituir:
> (...)
> II – na iminência ou no caso de guerra externa, impostos extraordinários, compreendidos ou não em sua competência tributária, os quais serão suprimidos, gradativamente, cessadas as causas de sua criação.

Por se relacionarem com circunstâncias excepcionais, os chamados impostos extraordinários terão **caráter temporário** e deverão ser paulatinamente retirados do sistema na medida em que se encerrar o conflito, de acordo com o art. 76 do CTN:

> **Art. 76.** Na iminência ou no caso de guerra externa, a União pode instituir, temporariamente, impostos extraordinários compreendidos ou não entre os referidos nesta Lei, suprimidos, gradativamente, no prazo máximo de cinco anos, contados da celebração da paz.

No caso dos impostos, a Constituição exige que **lei complementar nacional** defina os respectivos fatos geradores, bases de cálculo e contribuintes, providência essencial em favor de uma uniformidade de incidência e aplicação em todo o território brasileiro, conforme determina o art. 146, III, *a*:

> **Art. 146.** Cabe à lei complementar:
> (...)
> III – estabelecer normas gerais em matéria de legislação tributária, especialmente sobre:
> *a)* definição de tributos e de suas espécies, bem como, em relação aos impostos discriminados nesta Constituição, a dos respectivos fatos geradores, bases de cálculo e contribuintes;

O comando atende ao princípio da **igualdade** e tem por objetivo evitar qualquer tipo de preferência ou prejuízo em função da localização do sujeito passivo ou da operação que ensejar a tributação.

A Constituição, como vimos, também **vedou a vinculação** da receita dos impostos, conforme determinação do art. 167:

> **Art. 167.** São vedados: (...)
> IV – a vinculação de receita de impostos a órgão, fundo ou despesa, ressalvadas a repartição do produto da arrecadação dos impostos a que se referem os arts. 158 e 159, a destinação de recursos para as ações e serviços públicos de saúde, para manutenção e desenvolvimento do ensino e para realização de atividades da administração tributária, como determinado, respectivamente, pelos arts. 198, § 2º, 212 e 37, XXII, e a prestação de garantias às operações de crédito por antecipação de receita, previstas no art. 165, § 8º, bem como o disposto no § 4º deste artigo;

5.3. Taxas

As taxas são figuras **muito amplas** em termos de positivação (possibilidade de ocorrência no mundo real, ou seja, existem muitas taxas e várias outras poderão ser criadas), desde que presente uma das duas situações previstas pelo art. 145, II, da Constituição:

> **Art. 145.** A União, os Estados, o Distrito Federal e os Municípios poderão instituir os seguintes tributos:
> (...)
> II – taxas, em razão do exercício do poder de polícia ou pela utilização, efetiva ou potencial, de serviços públicos específicos e divisíveis, prestados ao contribuinte ou postos a sua disposição;

As taxas podem ser criadas pela União, pelos Estados, pelo Distrito Federal e pelos Municípios, nas seguintes situações:

– Exercício do poder de polícia
– Serviço público — Específico e divisível
— Efetivo ou potencial

Analisemos cada uma dessas situações e requisitos.

a) Criação de taxa em razão do exercício do poder de polícia: como se sabe, poder de polícia é a manifestação geral da força do Estado, com o objetivo de delimitar, controlar e conformar condutas ou direitos individuais. O exercício do poder de polícia precisa ser efetivo, mediante atividades de controle e fiscalização pública.

O Código Tributário Nacional disciplina a matéria no art. 78:

> **Art. 78.** Considera-se poder de polícia a atividade da administração pública que, limitando ou disciplinando direito, interesse ou liberdade, regula a prática de ato ou abstenção de fato, em razão de interesse público concernente à segurança, à higiene, à ordem, aos costumes, à disciplina da produção e do mercado, ao exercício de atividades econômicas dependentes de concessão ou autorização do Poder Público, à tranquilidade pública ou ao respeito à propriedade e aos direitos individuais ou coletivos.
> **Parágrafo único.** Considera-se regular o exercício do poder de polícia quando desempenhado pelo órgão competente nos limites da lei aplicável, com observância do processo legal e, tratando-se de atividade que a lei tenha como discricionária, sem abuso ou desvio de poder.

O Supremo Tribunal Federal já decidiu que é necessário que o Poder Público mantenha órgão de controle e fiscalização **em funcionamento**, a fim de que possa exigir taxas em razão do poder de polícia (RE 116.518):

> TAXA DE LICENÇA DE LOCALIZAÇÃO, FUNCIONAMENTO E INSTALAÇÃO. COBRANÇA PELA MUNICIPALIDADE DE SÃO PAULO. LEGALIDADE: ART. 18, I, DA CF/69. O Supremo Tribunal Federal já se pronunciou pelo reconhecimento da legalidade da taxa cobrada pelo Município de São Paulo, pois funda-se no poder de polícia efetivamente exercitado através de seus órgãos fiscalizadores. Hipótese em que não ocorreu ofensa ao art. 18, I, da Carta precedente. Recurso extraordinário conhecido e provido.

> **STF – Súmula 665**
> É constitucional a Taxa de Fiscalização dos Mercados de Títulos e Valores Mobiliários instituída pela Lei 7.940/89.

b) Criação de taxa em razão de **serviços públicos**, específicos e divisíveis, de utilização efetiva ou potencial.

Importante notar que, dos quatro requisitos previstos, basta a ocorrência simultânea de **apenas três deles** para a legalidade da taxa, uma vez que os conceitos de utilização *efetiva ou potencial* podem ser considerados como excludentes, sendo necessário que apenas um se manifeste.

Para entendermos melhor a questão, vejamos as características de cada requisito:

b.1) **serviços específicos** – o art. 79, II, do CTN prevê o que é serviço específico:

> **Art. 79.** Os serviços públicos a que se refere o art. 77 consideram-se:
> (...)
> II – específicos, quando possam ser destacados em unidades autônomas de intervenção, de unidade, ou de necessidades públicas;

Serviço específico é aquele bem discriminado, ou seja, em que todos os mecanismos da prestação são conhecidos pelo usuário; assim, a lei deve veicular todas as características **intrínsecas** do serviço, até para que o contribuinte possa aferir a sua prestação pelo poder público.

b.2) **serviços divisíveis** – o conceito pode ser encontrado no art. 79, III, do CTN:

> **Art. 79.** Os serviços públicos a que se refere o art. 77 consideram-se:
> (...)
> III – divisíveis, quando suscetíveis de utilização, separadamente, por parte de cada um dos seus usuários.

A ideia de **divisibilidade**, portanto, está relacionada à identificação dos usuários de cada serviço.

Neste passo, surgem algumas questões:

É possível um serviço ter usuários indeterminados? E indetermináveis?

A priori (antes da prestação), é possível que o usuário de um serviço seja **indeterminado** e que isso não afronte o preceito legal, desde que no momento da prestação do serviço se consiga identificar o usuário.

Exemplo: os emolumentos cobrados pelos cartórios são considerados taxas pela prestação de serviços públicos, conforme entendimento pacífico dos tribunais superiores. Assim, quando o titular do cartório abre as portas do estabelecimento pela manhã, ele não sabe quantas pessoas utilizarão o serviço (neste momento o número de usuários é indeterminado). Durante o dia, na medida em que os usuários utilizam os serviços oferecidos, conseguimos identificar individualmente cada pessoa que lá esteve para reconhecer firma ou obter uma cópia autêntica, entre outras possibilidades. O número de usuários, que era indeterminado no início do dia, tornou-se certo no fim do expediente, sem qualquer prejuízo ao requisito da divisibilidade das taxas.

A possibilidade de identificação dos usuários levou o Supremo Tribunal Federal a pacificar o entendimento acerca da **constitucionalidade** da taxa de **coleta individual de lixo**, por meio da **Súmula Vinculante 19**:

> A taxa cobrada exclusivamente em razão dos serviços públicos de coleta, remoção e tratamento ou destinação de lixo ou resíduos provenientes de imóveis, não viola o art. 145, II, da Constituição Federal.

Destaque-se que a coleta individual de lixo, na qual se identifica claramente o proprietário do imóvel beneficiado pelo serviço, é constitucional, mas, por outro lado, não seria possível a criação de uma taxa para limpeza de logradouros públicos, porque nessa hipótese não seria possível identificar as pessoas beneficiadas pela atividade.

Assim, respondendo à nossa segunda pergunta, **não é possível** a exigência de taxas quando os usuários forem **indetermináveis**, o que significa que os serviços públicos de caráter geral, como segurança ou limpeza de monumentos, não podem ser remunerados mediante taxa.

Essa constatação decorre da clássica divisão dos serviços em:

i. *Uti universi* – são os serviços prestados indistintamente, para toda a comunidade, com benefícios que alcançam um número indeterminável de pessoas. Serviços dessa natureza devem ser custeados pela receita dos impostos ou contribuições.

Observação: é o que aconteceu com a taxa de iluminação pública, antigamente cobrada em alguns municípios. O STF entendeu não ser possível identificar os usuários desse tipo de serviço, o que ensejou a elaboração da Súmula 670, que declarou sua inconstitucionalidade.

> **STF – Súmula 670**
> O serviço de iluminação pública não pode ser remunerado mediante taxa.
>
> **STF – Súmula Vinculante 19**
> A taxa cobrada exclusivamente em razão dos serviços públicos de coleta, remoção e tratamento ou destinação de lixo ou resíduos provenientes de imóveis não viola o art. 145, II, da Constituição Federal.
>
> **STF – Súmula Vinculante 41**
> O serviço de iluminação pública não pode ser remunerado mediante taxa.

> Com o reconhecimento da inconstitucionalidade da taxa de iluminação pública, o constituinte derivado tratou de inserir na Carta Magna o art. 149-A, que previu a possibilidade de criação de uma contribuição para o custeio da iluminação pública.

ii. ***Uti singuli*** – são os serviços destinados a uma pessoa ou a um número determinável de pessoas, que podem ser custeados mediante taxas.

b.3) Serviços de utilização **efetiva** ou **potencial** – como vimos, para a legalidade de uma taxa basta atender apenas a um desses requisitos, como se pode depreender do disjuntor "ou". Assim, desde que o Estado preste o serviço, pouco importa se o usuário efetivamente o utilizou, como esclarece o art. 79 do Código Tributário Nacional:

> **Art. 79.** Os serviços públicos a que se refere o art. 77 consideram-se:
> **I** – utilizados pelo contribuinte:
> *a)* efetivamente, quando por ele usufruídos a qualquer título;
> *b)* potencialmente, quando, sendo de utilização compulsória, sejam postos à sua disposição mediante atividade administrativa em efetivo funcionamento;

É importante perceber que os requisitos de efetividade ou potencialidade dizem respeito à **utilização** pelo contribuinte, de sorte que a validade jurídica das taxas, nesses casos, está condicionada à prestação do serviço pelo poder público (ou por particulares em nome deste, mediante concessão).

O entendimento é no sentido de que alguns serviços devem ser considerados como de **utilização compulsória**, pois o Estado incorre em gastos independentemente de as pessoas os utilizarem ou não.

Exemplo: se alguém é proprietário de imóvel atendido pelo serviço de coleta individual de lixo, deverá pagar a taxa independentemente de produzir lixo, ou seja, mesmo que esteja viajando ou temporariamente fora de casa. Isso porque, para o município, os gastos com a prestação do serviço não se alteram em razão da utilização, mas sim da disponibilização para o usuário.

Contudo, ao analisar a constitucionalidade da **Taxa de Controle e Fiscalização Ambiental** (TCFA), cobrada pelo IBAMA em razão do exercício do poder de polícia, cuja base legal foi a nova redação conferida ao tributo pela Lei n. 10.165/2000[2], o Supremo Tribunal Federal (RE 416.601/DF) entendeu que **não seria necessária** a efetiva visita dos agentes do IBAMA em todos os estabelecimentos sujeitos a tributação.

Embora o fundamento para a criação da taxa seja a fiscalização de atividades poluidoras e utilizadoras de recursos ambientais, o STF concluiu pela incidência do tributo em relação a **todos os sujeitos passivos**, independentemente de terem sido objeto de visita ou fiscalização individual.

5.3.1. Base de cálculo distinta de impostos

A Constituição adverte no art. 145, § 2º, que a base de cálculo das taxas **não pode** ser a mesma de impostos.

O Código Tributário Nacional já apresentava uma restrição semelhante ao estatuir, no parágrafo único do art. 77, que a taxa não pode ter base de cálculo ou fato gerador idênticos aos que correspondam a imposto, tampouco ser calculada em função do capital das empresas.

A intenção do legislador foi no sentido de afastar a hipótese de incidência das taxas das condutas praticadas pelo sujeito passivo (que são fundamentos para a criação de impostos), separando a atividade estatal daquela típica do particular.

A impossibilidade de identidade entre as bases de cálculo previstas para impostos, que são definidas por força de **lei complementar**, como dispõe o art. 146, III, *a*, da Constituição, foi confirmada pelo Supremo Tribunal Federal, com a edição da Súmula 595.

> **STF – Súmula 595**
> É inconstitucional a taxa municipal de conservação de estradas de rodagem cuja base de cálculo seja idêntica à do imposto territorial rural.

Entende o STF que deve haver uma adequação lógica entre a hipótese de incidência delineada pela norma e a base de cálculo eleita para as taxas, de forma a suprir os custos estatais, com o alcance de todos os sujeitos passivos objeto do poder de polícia, mas sem deixar de considerar o princípio da **capacidade contributiva** (que na literalidade do art. 145, § 1º, atingiria apenas os impostos),

---

[2] Alteração da Lei n. 6.938/81, que dispõe sobre a Política Nacional do Meio Ambiente.

ou seja, deve ser definido um critério de proporcionalidade conforme a capacidade de pagamento individual.

Isso porque nem sempre é possível aferir, com precisão matemática, o **real custo** dos serviços prestados, sendo razoável variar o *quantum* da taxa em função do tamanho do estabelecimento, do nível de atividade exigido do poder público (maior ou menor grau de controle e fiscalização) ou outro critério apto para a definição do montante cobrado de cada pessoa, em homenagem ao princípio da praticabilidade.

Os critérios de razoabilidade e proporcionalidade também produzem efeitos em sentido diverso, pois o STF já decidiu pela possibilidade de **limitação** dos valores cobrados a título de taxa sempre que estes forem abusivos ou incompatíveis com o custo da atividade pública:

> A taxa, enquanto contraprestação a uma atividade do Poder Público, não pode superar a relação de razoável equivalência que deve existir entre o custo real da atuação estatal referida ao contribuinte e o valor que o Estado pode exigir de cada contribuinte, considerados, para esse efeito, os elementos pertinentes às alíquotas e à base de cálculo fixadas em lei. Se o valor da taxa, (...), ultrapassar o custo do serviço prestado ou posto à disposição do contribuinte, dando causa, assim, a uma situação de onerosidade excessiva, (...) configurar-se-á, então, quanto a essa modalidade de tributo, hipótese de ofensa à cláusula vedatória inscrita no art. 150, IV, da CF. Jurisprudência. Doutrina (ADI 2.551-MC-QO, Rel. Min. Celso de Mello).

Ainda em relação à confusão entre as bases de cálculo das taxas e dos impostos, foi aprovada pelo STF, em 2009, a **Súmula Vinculante 29**:

> **STF – Súmula Vinculante 29**
> É constitucional a adoção, no cálculo do valor de taxa, de um ou mais elementos da base de cálculo própria de determinado imposto, desde que não haja integral identidade entre uma base e outra.

O fundamento para a elaboração da Súmula analisa quais seriam os critérios válidos e pertinentes para a definição da base de cálculo das taxas e em que medida eles poderiam **guardar identidade** com critérios já considerados para a apuração de impostos.

O caso concreto cuidava da possibilidade de fixação do valor da taxa de coleta de lixo em razão do **tamanho do imóvel**, ou seja, a sua área construída, sob o argumento de que imóveis maiores produzem mais lixo do que imóveis com metragem inferior. Ocorre que a metragem dos imóveis já serve de critério para a definição da base de cálculo do IPTU, inclusive para fins de progressividade das alíquotas.

Surgiu, então, o debate sobre a constitucionalidade de utilizar **alguns elementos** da base de cálculo de um imposto (no caso a metragem para apuração do IPTU) como critério para a determinação do valor de taxas, como a de coleta individual de lixo.

A despeito de vários argumentos relevantes, como a impossibilidade de se afirmar que imóveis maiores produzem mais lixo (pense numa senhora que mora sozinha num casarão em comparação com uma família de seis pessoas que habita um pequeno apartamento), entendeu o STF que o critério da metragem **seria razoável**, até porque talvez não houvesse outro que pudesse, de modo mais adequado, substituí-lo.

Assim, decidiu-se pela elaboração da Súmula, com efeitos vinculantes, para admitir que **alguns critérios** (não todos, obviamente, por expressa vedação constitucional) pudessem ser compartilhados na apuração das bases de cálculo de um imposto e de uma taxa.

Veja-se, a título de exemplo, a posição jurisprudencial construída, ao longo dos anos, sobre a matéria (RE 232.393/SP):

> CONSTITUCIONAL. TRIBUTÁRIO. TAXA DE COLETA DE LIXO: BASE DE CÁLCULO. IPTU. MUNICÍPIO DE SÃO CARLOS, S.P.I. – O fato de um dos elementos utilizados na fixação da base de cálculo do IPTU – a metragem da área construída do imóvel – que é o valor do imóvel (CTN, art. 33), ser tomado em linha de conta na determinação da alíquota da taxa de coleta de lixo, não quer dizer que teria essa taxa base de cálculo igual à do IPTU: o custo do serviço constitui a base imponível da taxa. Todavia, para o fim de aferir, em cada caso concreto, a alíquota, utiliza-se a metragem da área construída do imóvel, certo que a alíquota não se confunde com a base imponível do tributo. Tem-se, com isto, também, forma de realização da isonomia tributária e do princípio da capacidade contributiva: C.F., artigos 150, II, 145, 1º.

5.3.2. Distinção entre taxas e tarifas

Muito se discute acerca da distinção conceitual entre taxas e tarifas. Vejamos as principais características das duas figuras:

a) **Taxas:** são receitas derivadas, obtidas em razão do poder de tributar do Estado, cobradas quando do exercício do poder de polícia ou da prestação de serviços públicos, utilizados ou colocados à disposição do contribuinte, em regime de direito público, com pagamento compulsório por força de matriz legal. *Exemplo:* taxa de coleta de lixo, taxa de fiscalização de estabelecimentos etc.

b) **Tarifa** (também tratada, em provas, como sinônimo de preço público): são receitas originárias, provenientes da atuação do Estado ou de terceiros (concessionárias de serviços públicos, por exemplo) quando da exploração de atividade econômica em regime de direito privado. São de pagamento facultativo, pois a relação entre as partes instaura-se mediante manifestação de vontade, por contrato. *Exemplos:* tarifa pelo consumo de água, energia elétrica etc.

	Taxa	Tarifa
Matriz jurídica	Art. 145, II, da CF	Art. 175, parágrafo único, III
Natureza	Tributo	Preço público
Fundamentos	– exercício do poder de polícia – prestação de serviços públicos específicos e divisíveis, oferecidos aos usuários	Exploração de serviços públicos por concessionárias
Obrigatoriedade	O pagamento decorre de lei e independe da vontade do sujeito passivo	O pagamento decorre de contrato, conforme manifestação de vontade do interessado
Remuneração	Para suprir o gasto estatal com as atividades de fiscalização ou prestação de serviços	Com o objetivo de lucro, sob regime de direito privado (em relação ao usuário) e possibilidade de concorrência

No intuito de resolver a controvérsia entre os conceitos de preços públicos e taxas, o Supremo Tribunal Federal elaborou a **Súmula 545**:

STF – Súmula 545
Preços de serviços públicos e taxas não se confundem, porque estas, diferentemente daqueles, são compulsórias e *têm sua cobrança condicionada a prévia autorização orçamentária, em relação à lei que as instituiu*.

Observação: convém destacar que a parte final da Súmula (destacada) não tem aplicabilidade atualmente, em decorrência da obsolescência do princípio da anualidade.

5.4. Contribuição de melhoria

As **contribuições de melhoria** são tributos destinados a ressarcir gastos públicos na realização de obras e aprimoramento de infraestrutura. Embora previstas há bastante tempo no ordenamento, são figuras pouco utilizadas no mundo real.

A matriz constitucional está prevista no art. 145, III, da CF/88:

Art. 145. A União, os Estados, o Distrito Federal e os Municípios poderão instituir os seguintes tributos:
(...)
III – contribuição de melhoria, decorrente de obras públicas.

Como a Constituição não trouxe muitos detalhes sobre a natureza das contribuições de melhoria, mas apenas a exigência de que sejam instituídas em **decorrência de obras públicas**, cabe ao Código Tributário Nacional veicular o conceito e fixar os requisitos para a instituição dessas figuras:

Art. 81. A contribuição de melhoria cobrada pela União, pelos Estados, pelo Distrito Federal ou pelos Municípios, no âmbito de suas respectivas atribuições, é instituída para fazer face ao custo de obras públicas de que decorra valorização imobiliária, tendo como limite total a despesa realizada e como limite individual o acréscimo de valor que da obra resultar para cada imóvel beneficiado.

Percebe-se que a contribuição de melhoria decorre da **valorização de imóvel** eventualmente beneficiado por obra pública. Como no caso dos demais tributos, a instituição só pode ser feita mediante lei, e esta deverá atender aos requisitos mínimos previstos no art. 82 do CTN:

Art. 82. A lei relativa à contribuição de melhoria observará os seguintes requisitos mínimos:
I – publicação prévia dos seguintes elementos:
a) memorial descritivo do projeto;
b) orçamento do custo da obra;
c) determinação da parcela do custo da obra a ser financiada pela contribuição;
d) delimitação da zona beneficiada;
e) determinação do fator de absorção do benefício da valorização para toda a zona ou para cada uma das áreas diferenciadas, nela contidas.
II – fixação de prazo não inferior a trinta dias, para impugnação pelos interessados, de qualquer dos elementos referidos no inciso anterior;
III – regulamentação do processo administrativo de instrução e julgamento da impugnação a que se refere o inciso anterior, sem prejuízo da sua apreciação judicial.
§ 1º A contribuição relativa a cada imóvel será determinada pelo rateio da parcela do custo da obra a que se refere a alínea *c*, do inciso I, pelos imóveis situados na zona bene-

ficiada em função dos respectivos fatores individuais de valorização.

§ 2º Por ocasião do respectivo lançamento, cada contribuinte deverá ser notificado do montante da contribuição, da forma e dos prazos de seu pagamento e dos elementos que integram o respectivo cálculo.

É fundamental, portanto, que a lei instituidora da contribuição de melhoria defina, **previamente** a qualquer cobrança, todos os detalhes relativos à obra que será realizada, bem assim o montante que será financiado por meio do tributo, além do mais importante, que é a **delimitação** da área beneficiada, pois somente os proprietários de imóveis localizados na região de influência poderão ser colocados no polo passivo da obrigação tributária.

Nos termos do Código Tributário Nacional, o limite de cobrança seria a **própria valorização** do imóvel, e o valor máximo que o Estado poderia arrecadar, de todos os imóveis beneficiados, seria o **custo total** da obra. Isso poderia levar a situações absurdas, em que o montante a ser pago pelos proprietários fosse grande parte (ou talvez toda) da valorização imobiliária.

No intuito de regulamentar esse dispositivo, o Decreto-Lei n. 195/67, em seu art. 12, *caput*, limita a cobrança da contribuição de melhoria em até **3% ao ano**:

> **Art. 12.** A contribuição de melhoria será paga pelo contribuinte da forma que a sua parcela anual não exceda a 3% (três por cento) do maior valor fiscal do seu imóvel, atualizado à época da cobrança.

A validade do Decreto-Lei n. 195/67 (publicado em 24 de fevereiro de 1967) foi reconhecida pelo Supremo Tribunal Federal:

> São válidos, porque salvaguardados pelas Disposições Constitucionais Transitórias da Constituição Federal de 1967, os decretos-leis expedidos entre 24 de janeiro e 15 de março de 1967.

Decreto-Lei n. 195/67, art. 12:
A Contribuição de Melhoria será paga pelo contribuinte da forma que a sua parcela anual não exceda a 3% (três por cento) do maior valor fiscal do seu imóvel, atualizado à época da cobrança.

Para a prova, também é pacífico o entendimento do STF no sentido de que somente a **valorização** (diferença entre o *antes* e o *depois* da obra) pode servir de base de cálculo para as contribuições de melhoria, conforme se depreende da seguinte decisão:

> Esta Corte consolidou o entendimento no sentido de que a contribuição de melhoria incide sobre o *quantum* da valorização imobiliária (AI 694.836-AgR, Rel. Min. Ellen Gracie, julgamento em 24-11-2009, Segunda Turma, *DJe* de 18-12-2009).

Parece-nos imprescindível, portanto, que a lei estabeleça uma **avaliação** dos imóveis da área de incidência antes de iniciada a obra e outra, nos mesmos moldes e com iguais critérios, depois de concluída a obra, para que se possa aferir qual foi efetivamente a valorização percebida em cada propriedade.

Como o tributo tem por fato gerador a valorização decorrente da obra e não a sua realização, é evidente que a cobrança só poderia ser iniciada com a conclusão dos trabalhos. Entretanto, há julgados que aceitam o início da cobrança antes do encerramento da obra, desde que a parte já realizada **seja suficiente** para a apuração do grau de valorização observado em cada imóvel.

A competência para a instituição das contribuições de melhoria pertence ao ente público que **realizar a obra**, admitindo-se eventual rateio na arrecadação na exata medida em que mais de uma pessoa (dois municípios ou um estado e um município, por exemplo) participar diretamente da obra, carreando-lhe recursos públicos.

Ressalte-se, mais uma vez, que a contribuição de melhoria tem natureza de ressarcimento aos cofres públicos e não de financiamento da obra a ser realizada.

Contribuições de melhoria:

- Possuem como justificativa a valorização imobiliária decorrente de obra pública
- Limite total arrecadado = despesa realizada (custo da obra)
- Limite individual = percentual sobre a valorização do imóvel
- Pode ser cumulativa: União, Estados, Distrito Federal, Municípios

5.5. Empréstimos compulsórios

Os empréstimos compulsórios são tributos de competência **exclusiva da União**, e somente podem ser criados mediante lei complementar. Além disso, a instituição de um empréstimo compulsório deve ter como fundamento uma das situações descritas no art. 148 da Constituição:

> **Art. 148.** A União, mediante lei complementar, poderá instituir empréstimos compulsórios:

> I – para atender a despesas extraordinárias, decorrentes de calamidade pública, de guerra externa ou sua iminência;
> II – no caso de investimento público de caráter urgente e de relevante interesse nacional, observado o disposto no art. 150, III, *b*.
> **Parágrafo único.** A aplicação dos recursos provenientes de empréstimo compulsório será vinculada à despesa que fundamentou sua instituição.

Embora seja possível a criação de diversos empréstimos compulsórios, a lei complementar que os instituir deverá declarar qual a situação que serviu de base para a exação, até porque os dois incisos do art. 148 trazem consequências jurídicas distintas.

Como regra geral, os empréstimos compulsórios são **tributos restituíveis** em dinheiro (acrescidos, em tese, de juros e correção monetária), e podem ter base de cálculo cumulada com impostos, ou seja, é possível exigi-los a partir de situações idênticas àquelas que ensejam a cobrança de impostos, o que, por si só, já revela a natureza **transitória** da figura.

Com efeito, a lógica que preside a instituição de empréstimos compulsórios baseia-se na necessidade de a União fazer frente a **despesas excepcionais**, que não estavam previstas no orçamento.

A primeira hipótese em que isso pode acontecer seria nos casos de calamidade pública, guerra externa ou sua iminência (art. 148, I). Ressalte-se que não é qualquer emergência ou calamidade que enseja a instituição dos tributos, mas apenas aquelas situações em que a gravidade e a magnitude da tragédia exijam do poder público grande **esforço financeiro**, praticamente imediato, para minimizar os efeitos danosos do fato e atender às pessoas atingidas.

Para a hipótese de guerra devemos considerar que o tributo só se justifica no caso de **guerra externa**, decorrente de declaração formal ou grave ameaça oriunda de outro país.

Por seu turno, as hipóteses descritas no art. 148, II, cuidam da possibilidade de instituição de empréstimos compulsórios para suprir a necessidade de investimento público **urgente** e de **relevante** interesse nacional. Aqui o constituinte incorreu em grave incongruência, pois determinou que, na hipótese, fosse observado o **princípio da anterioridade**, ou seja, a necessidade de aguardar, após a publicação da lei complementar, o início do exercício seguinte como marco inicial para a cobrança do tributo.

Isso não faz o menor sentido, pois a própria Constituição estabelece como premissa o caráter **urgente** do investimento, para, na sequência, fulminar tal pretensão, ao submeter o início da cobrança ao princípio da anterioridade, previsto no art. 150, III, *b*.

A aplicação dos recursos obtidos mediante empréstimos compulsórios é **vinculada** às finalidades que ensejaram a instituição, e cabe à lei complementar fixar obrigatoriamente o prazo de vigência do tributo e as condições de seu resgate (parágrafo único do art. 15 do CTN).

> **Art. 15.** Somente a União, nos seguintes casos excepcionais, pode instituir empréstimos compulsórios:
> I – guerra externa, ou sua iminência;
> II – calamidade pública que exija auxílio federal impossível de atender com os recursos orçamentários disponíveis;
> III – conjuntura que exija a absorção temporária de poder aquisitivo.
> **Parágrafo único.** A lei fixará obrigatoriamente o prazo do empréstimo e as condições de seu resgate, observando, no que for aplicável, o disposto nesta Lei.

Essas exigências revelam a natureza provisória dos empréstimos compulsórios, de forma que, na medida em que cessarem os motivos que deram causa à sua instituição, o tributo também deverá **deixar de existir**, com a restituição dos valores pagos pelos contribuintes.

Depois de muita discussão nos tribunais, o Supremo Tribunal Federal pacificou o entendimento de que a restituição dos valores arrecadados deve ser feita em **dinheiro** ("da mesma forma como foi recolhido"), como se pode observar da ementa proferida no RE 175.385/CE:

> EMPRÉSTIMO COMPULSÓRIO – AQUISIÇÃO DE COMBUSTÍVEIS. O empréstimo compulsório alusivo à aquisição de combustíveis – Decreto-Lei n. 2.288/86 mostra-se inconstitucional tendo em conta a forma de devolução – quotas do Fundo Nacional de Desenvolvimento – ao invés de operar-se na mesma espécie em que recolhido.

5.6. Contribuições

Existem diversas figuras jurídicas que se enquadram no conceito de **contribuições**, movimento que ganhou força com o advento da Constituição de 1988.

A competência para instituir contribuições é **exclusiva da União**, como estabelece o art. 149 da Carta Magna:

> **Art. 149.** Compete exclusivamente à União instituir contribuições sociais, de intervenção no domínio econômico e de interesse das categorias profissionais ou econômicas, como instrumento de sua atuação nas respectivas áreas, observado o disposto nos arts. 146, III, e 150, I e III, e sem

prejuízo do previsto no art. 195, § 6º, relativamente às contribuições a que alude o dispositivo.

§ 1º Os Estados, o Distrito Federal e os Municípios instituirão contribuição, cobrada de seus servidores, para o custeio, em benefício destes, do regime previdenciário de que trata o art. 40, cuja alíquota não será inferior à da contribuição dos servidores titulares de cargos efetivos da União.

O quadro a seguir apresenta as contribuições mais importantes para a prova:

Tributo	Matriz jurídica
Contribuições sociais	Art. 149 da CF
Contribuições de intervenção no domínio econômico (CIDE)	Art. 149 da CF
Contribuições de interesse de categorias profissionais ou econômicas	Art. 149 da CF
Contribuição para o Custeio de Iluminação Pública	Art. 149-A da CF

Interessante notar que o Supremo Tribunal Federal entendeu que as **contribuições sociais**, previstas no *caput* do art. 149, podem ser objeto de subdivisão:

a) Contribuições da **seguridade social** – são aquelas disciplinadas no art. 195, I, II e III, da Constituição[3], como as contribuições previdenciárias, o PIS/PASEP (art. 239 da CF) e a COFINS (que substituiu a antiga contribuição para o FINSOCIAL).

b) **Outras contribuições** de seguridade social – conforme previsão do art. 195, § 4º, da Constituição, ao dizer que a lei poderá instituir outras fontes destinadas a garantir a manutenção ou expansão da seguridade social, no exercício da **competência residual** da União. Nessa hipótese é necessária a edição de lei complementar, que estabeleça uma contribuição não cumulativa e com fato gerador e base de cálculo distintos dos impostos previstos na Constituição.

c) Contribuições **sociais gerais** – relacionadas à atividade da área social, como o salário-educação (previsto no art. 212, § 5º, da Constituição[4]) e as contribuições para os chamados serviços sociais autônomos (art. 240 da CF[5]).

Os tribunais superiores editaram diversas súmulas para consolidar o entendimento acerca de matérias polêmicas envolvendo contribuições.

Para a prova, é importante conhecer essas manifestações do STF e do STJ, que reproduzimos a seguir.

STJ – Súmula 423
A Contribuição para Financiamento da Seguridade Social – Cofins incide sobre as receitas provenientes das operações de locação de bens móveis.

STJ – Súmula 425
A retenção da contribuição para a seguridade social pelo tomador do serviço não se aplica às empresas optantes pelo Simples.

STJ – Súmula 458
A contribuição previdenciária incide sobre a comissão paga ao corretor de seguros.

STF – Súmula 658
São constitucionais os arts. 7º da Lei 7.787/89 e 1º da Lei 7.894/89 e da Lei 8.147/90, que majoraram a alíquota do Finsocial, quando devida a contribuição por empresas dedicadas exclusivamente à prestação de serviços.

STF – Súmula 659
É legítima a cobrança da COFINS, do PIS e do FINSOCIAL sobre as operações relativas a energia elétrica, serviços de telecomunicações, derivados de petróleo, combustíveis e minerais do País.

STF – Súmula 688
É legítima a incidência da contribuição previdenciária sobre o 13º salário.

STF – Súmula 732
É constitucional a cobrança da contribuição do salário-educação, seja sob a Carta de 1969, seja sob a Constituição Federal de 1988, e no regime da Lei 9.424/96.

---

[3] "Art. 195. A seguridade social será financiada por toda a sociedade, de forma direta e indireta, nos termos da lei, mediante recursos provenientes dos orçamentos da União, dos Estados, do Distrito Federal e dos Municípios, e das seguintes contribuições sociais: I – do empregador, da empresa e da entidade a ela equiparada na forma da lei, incidentes sobre: a) a folha de salários e demais rendimentos do trabalho pagos ou creditados, a qualquer título, à pessoa física que lhe preste serviço, mesmo sem vínculo empregatício; b) a receita ou o faturamento; c) o lucro; II – do trabalhador e dos demais segurados da previdência social, não incidindo contribuição sobre aposentadoria e pensão concedidas pelo regime geral de previdência social de que trata o art. 201; III – sobre a receita de concursos de prognósticos."

[4] Constituição, art. 212, § 5º: "A educação básica pública terá como fonte adicional de financiamento a contribuição social do salário-educação, recolhida pelas empresas na forma da lei".

[5] "Art. 240. Ficam ressalvadas do disposto no art. 195 as atuais contribuições compulsórias dos empregadores sobre a folha de salários, destinadas às entidades privadas de serviço social e de formação profissional vinculadas ao sistema sindical."

5.6.1. Contribuição para o custeio da iluminação pública

A instituição de uma contribuição para o custeio da iluminação pública (conhecida como COSIP) passou a ser possível no Brasil com a introdução do art. 149-A no texto constitucional e surgiu como resposta à declaração, pelo Supremo Tribunal Federal, da inconstitucionalidade da antiga cobrança de taxa pela prestação de serviços de iluminação pública.

> **Art. 149-A.** Os Municípios e o Distrito Federal poderão instituir contribuição, na forma das respectivas leis, para o custeio do serviço de iluminação pública, observado o disposto no art. 150, I e III.
> **Parágrafo único.** É facultada a cobrança da contribuição a que se refere o *caput*, na fatura de consumo de energia elétrica.

A competência para a criação da COSIP pertence aos **Municípios** e ao **Distrito Federal**, que deverão exercê-la por meio de lei específica. Conquanto esses entes públicos tenham certa liberdade no exercício da competência que lhes foi conferida pela Constituição, é certo que o produto da arrecadação **deve ser aplicado** no custeio do serviço de iluminação pública, vedada qualquer destinação para fins distintos.

O Supremo Tribunal Federal, ao analisar a constitucionalidade da lei que instituiu a COSIP no município de São José (SC), chegou à curiosa conclusão de que se trata de tributo *sui generis*, que pode alcançar **todos os consumidores** de energia elétrica e possuir **alíquotas progressivas**, em razão da utilização de energia pelas pessoas, conforme se depreende da decisão exarada no RE, reconhecida como de repercussão geral:

> CONSTITUCIONAL. TRIBUTÁRIO. RE INTERPOSTO CONTRA DECISÃO PROFERIDA EM AÇÃO DIRETA DE INCONSTITUCIONALIDADE ESTADUAL. CONTRIBUIÇÃO PARA O CUSTEIO DO SERVIÇO DE ILUMINAÇÃO PÚBLICA – COSIP. ART. 149-A DA CONSTITUIÇÃO FEDERAL. LEI COMPLEMENTAR 7/2002, DO MUNICÍPIO DE SÃO JOSÉ, SANTA CATARINA. COBRANÇA REALIZADA NA FATURA DE ENERGIA ELÉTRICA. UNIVERSO DE CONTRIBUINTES QUE NÃO COINCIDE COM O DE BENEFICIÁRIOS DO SERVIÇO. BASE DE CÁLCULO QUE LEVA EM CONSIDERAÇÃO O CUSTO DA ILUMINAÇÃO PÚBLICA E O CONSUMO DE ENERGIA. PROGRESSIVIDADE DA ALÍQUOTA QUE EXPRESSA O RATEIO DAS DESPESAS INCORRIDAS PELO MUNICÍPIO. OFENSA AOS PRINCÍPIOS DA ISONOMIA E DA CAPACIDADE CONTRIBUTIVA. INOCORRÊNCIA. EXAÇÃO QUE RESPEITA OS PRINCÍPIOS DA RAZOABILIDADE E PROPORCIONALIDADE. RECURSO EXTRAORDINÁRIO IMPROVIDO. I – Lei que restringe os contribuintes da COSIP aos consumidores de energia elétrica do município não ofende o princípio da isonomia, ante a impossibilidade de se identificar e tributar todos os beneficiários do serviço de iluminação pública. II – A progressividade da alíquota, que resulta do rateio do custo da iluminação pública entre os consumidores de energia elétrica, não afronta o princípio da capacidade contributiva. III – Tributo de caráter *sui generis*, que não se confunde com um imposto, porque sua receita se destina a finalidade específica, nem com uma taxa, por não exigir a contraprestação individualizada de um serviço ao contribuinte. IV – Exação que, ademais, se amolda aos princípios da razoabilidade e da proporcionalidade. V – Recurso extraordinário conhecido e improvido.

Quanto ao **destino** dos valores arrecadados com a COSIP, o STF decidiu que é **constitucional** a aplicação dos recursos na expansão e no aprimoramento da rede pública de iluminação (RE 666.404, de 2020, com repercussão geral).

6. DAS LIMITAÇÕES CONSTITUCIONAIS AO PODER DE TRIBUTAR

A Seção das Limitações Constitucionais ao Poder de Tributar encerra uma série de princípios **dirigidos ao legislador** tributário da União, dos Estados, do Distrito Federal e dos Municípios, para assegurar direitos e conquistas históricas dos cidadãos, notadamente em função da natural tensão existente entre o poder público e as pessoas quando o assunto versa sobre tributação, que nada mais é do que extrair recursos do patrimônio privado e transferi-los para os cofres do Estado.

Os princípios veiculados pelo art. 150 da Constituição **coexistem** com as demais garantias constitucionais e devem ser considerados e apreciados de forma sistemática, com o objetivo maior de conferir ao sistema tributário nacional um mínimo de justiça e igualdade.

6.1. Princípio da legalidade

O princípio da legalidade está previsto no art. 150, I, da Constituição:

> **Art. 150.** Sem prejuízo de outras garantias asseguradas ao contribuinte, é vedado à União, aos Estados, ao Distrito Federal e aos Municípios:
> I – exigir ou aumentar tributo sem lei que o estabeleça;

Quando o constituinte afirma que **não é admissível** a criação ou aumento de tributo sem lei, nada mais faz do que confirmar preceitos fundamentais do Estado Democrático de Direito, que podem ser encontrados em outros pontos da Carta Magna.

Basta lembrarmos que a **legalidade** se manifesta como garantia basilar de todo o sistema constitucional, como se depreende do famoso comando trazido pelo art. 5º, II, da Constituição:

> **Art. 5º, II** – ninguém será obrigado a fazer ou deixar de fazer alguma coisa senão em virtude de lei.

Assim, se **todas as relações** entre Estado e particular demandam a existência de lei, nada mais óbvio do que o fato de as obrigações tributárias seguirem igual raciocínio. Isso também decorre de outro preceito constitucional, limitador de toda a **atividade pública**, que necessariamente deve ser pautada pela legalidade, como se extrai do *caput* do art. 37 da Constituição[6].

Em verdade, todos os princípios constitucionais **convergem** para a noção de legalidade, por ser esta a verdadeira razão de ser do Estado Democrático de Direito.

Ainda assim, parte da doutrina entende que o dispositivo específico do art. 150, I, cuidaria da chamada *estrita legalidade*, ao estabelecer que somente a lei pode delinear a estrutura do tributo, daí a necessidade de expressa previsão constitucional. Os autores filiados a essa corrente costumam relacionar o princípio com a ideia de **reserva legal**, ou seja, um conjunto de temas que só pode ser tratado por meio do vetor jurídico lei.

Por outro lado, há autores que entendem que o princípio insculpido no art. 150, I, seria apenas a **reafirmação** do primado da legalidade, de tal sorte que a sua hipotética exclusão em nada afetaria a exigência de lei, que existe por força da **interpretação sistemática** de todos os preceitos constitucionais.

> Embora a Constituição exija a presença de lei apenas para a instituição ou majoração de tributos, é forçoso concluir que nos casos de redução ou extinção de tributos o requisito permanece inalterado, em face do princípio que estabelece o paralelismo das formas, vale dizer, somente uma lei pode revogar ou alterar outra.

A legalidade é um **princípio absoluto** nas relações tributárias entre Estado e particulares e não sofre qualquer limitação, mesmo quando o constituinte autoriza o Poder Executivo a **alterar as alíquotas** de certos impostos, como definido no art. 153, § 1º:

> **Art. 153.** Compete à União instituir impostos sobre:
> (...)
> **§ 1º** É facultado ao Poder Executivo, atendidas as condições e os limites estabelecidos em lei, alterar as alíquotas dos impostos enumerados nos incisos I, II, IV e V.

Embora alguns autores enxerguem no dispositivo uma *exceção* ao princípio da legalidade, a análise acurada do texto nos revela **exatamente o contrário**.

O Poder Executivo Federal poderá alterar as alíquotas do imposto de importação, do imposto de exportação, do imposto sobre operações financeiras e do imposto sobre produtos industrializados dentro dos parâmetros definidos em lei.

Isso porque a norma reconheceu o caráter **extrafiscal** dos quatro impostos e autorizou o Poder Executivo a manejar as alíquotas, no intuito de corrigir mais rapidamente distorções econômico-financeiras do mercado, para incentivar ou desestimular condutas dos particulares.

Assim, cabe à lei fixar os limites **mínimos** e **máximos** de cada imposto (alíquotas entre zero e x%), e, dentro desse intervalo, o Poder Executivo Federal poderá definir qual o índice de tributação desejado, justamente para atender a natureza extrafiscal das imposições.

É importante ressaltar que as alíquotas do IOF e do IPI são alteradas mediante **decreto** do Presidente da República, enquanto as alíquotas do II e do IE são alteradas, desde 2001, por **resolução** da CAMEX.

> A CAMEX (Câmara de Comércio Exterior) foi criada em 2001 e tem competência para definir a política de comércio exterior brasileira, o que inclui a alteração das alíquotas do imposto de importação e do imposto de exportação, mediante resolução.

6.2. Princípio da igualdade

O princípio da **igualdade** é um dos preceitos basilares do sistema tributário e está previsto no art. 150, II, da Constituição:

> **Art. 150.** Sem prejuízo de outras garantias asseguradas ao contribuinte, é vedado à União, aos Estados, ao Distrito Federal e aos Municípios:
> (...)

---

[6] "Art. 37. A administração pública direta e indireta de qualquer dos Poderes da União, dos Estados, do Distrito Federal e dos Municípios obedecerá aos princípios de legalidade, impessoalidade, moralidade, publicidade e eficiência e, também, ao seguinte: (...)."

> II – instituir tratamento desigual entre contribuintes que se encontrem em situação equivalente, proibida qualquer distinção em razão de ocupação profissional ou função por eles exercida, independentemente da denominação jurídica dos rendimentos, títulos ou direitos;

O princípio da igualdade é um ideal que deve ser incessantemente perseguido pela legislação tributária, respeitando-se as **diferenças** entre os contribuintes.

Note-se que o preceito não determina que todos sejam tratados da mesma forma, pois a igualdade só promove justiça quando aplicada a **situações equivalentes**. Isso revela a importância na definição dos critérios de discriminação eleitos pelo legislador, que deverá reconhecer as diferenças entre as pessoas e agrupá-las de acordo com características individuais e econômicas.

O sucesso do princípio da igualdade depende, no mais das vezes, da utilização de outros **princípios instrumentais** (intermediários), capazes de promover os valores almejados pela Constituição.

É que ocorre com o imposto de renda, nos termos do art. 153, III, § 2º:

> **Art. 153.** Compete à União instituir impostos sobre:
> (...)
> III – renda e proventos de qualquer natureza;
> (...)
> § 2º O imposto previsto no inciso III:
> I – será informado pelos critérios da generalidade, da universalidade e da progressividade, na forma da lei;

A generalidade, a universalidade e a progressividade são princípios instrumentais para a consecução da igualdade.

Generalidade, para o imposto de renda, significa que todas as pessoas podem ser tributadas, sem qualquer distinção em razão de cargo, função ou ocupação profissional. Na medida em que trabalham e auferem renda, devem contribuir com o imposto, sem qualquer tipo de favorecimento.

Da mesma forma, não importa qual a **natureza jurídica** ou **denominação** da renda auferida (salário, aluguel ou pensão, por exemplo). Independentemente do motivo ou da origem da renda, o princípio da **universalidade** determina que todos os ingressos patrimoniais deverão ser tributados.

Exemplo: três pessoas, "Antônio", "Bruna" e "Carlos", recebem R$ 10.000,00 mensais. Antônio como salário na empresa em que trabalha, Bruna em decorrência de sua atividade como como profissional liberal e Carlos por conta do aluguel de imóveis. O princípio da igualdade, parametrizado pelo conceito de universalidade, exige que todos os valores sejam tributados.

A universalidade também permite que o Brasil alcance rendas **oriundas do exterior** (princípio da renda mundial) sempre que um residente no País obtenha rendimentos em outros locais, mesmo que o dinheiro não seja trazido para o nosso território.

Como o critério de tributação é a **residência** no Brasil, os rendimentos auferidos em outros países deverão aqui ser oferecidos à tributação, para fins de imposto de renda.

Exemplo: João é residente no Brasil e possui um apartamento alugado em Paris. Mensalmente, o locatário deposita o valor do aluguel numa conta bancária na capital francesa. Ainda que esses valores jamais ingressem no Brasil, o princípio da universalidade exige que João declare os aluguéis à Receita Federal e pague o imposto de renda deles decorrente.

Generalidade	Todas as pessoas são tributáveis, independentemente do cargo, função ou atividade que exerçam
Universalidade	Todos os rendimentos são tributáveis, independentemente da denominação, natureza jurídica ou origem
	Rendimentos auferidos no exterior são tributáveis quando a pessoa for residente no Brasil
	Se houver tratado internacional para evitar a bitributação (aqui e no exterior), o valor pago em outro país poderá ser compensado com o valor do imposto a pagar no Brasil

Já a **progressividade**, como instrumento da igualdade, tem por objetivo reconhecer as diferenças econômicas entre os contribuintes e tributar de forma mais intensa as pessoas que recebem mais. O princípio pode ser resumido, de forma simples, na frase "quem ganha mais deve pagar mais, quem ganha menos deve pagar menos e quem ganha pouco não deve pagar".

O melhor modo de visualizar o princípio em termos práticos pode ser encontrado na tabela mensal de incidência do imposto de renda das pessoas físicas:

Alíquotas a partir do mês de abril do ano-calendário de 2015

Base de cálculo (R$)	Alíquota (%)	Parcela a deduzir do IRPF (R$)
Até 1.903,98	–	–
De 1.903,99 até 2.826,65	7,5	142,80
De 2.826,66 até 3.751,05	15	354,80
De 3.751,06 até 4.664,68	22,5	636,13
Acima de 4.664,68	27,5	869,36

Percebe-se que as pessoas com renda mensal mais alta, acima de R$ 4.664,68, devem contribuir com o imposto de renda à alíquota de 27,5%, que é a mais elevada do modelo. Por outro lado, quem ganha entre R$ 1.903,99 e R$ 2.826,65 sujeita-se à menor alíquota, de 7,5%. E as pessoas que ganham pouco, assim entendidos os recebimentos mensais inferiores a R$ 1.903,98, são isentas do imposto de renda e não deverão recolher valor algum aos cofres públicos.

O princípio da progressividade funciona, portanto, como **instrumento balizador** da carga tributária e tem por objetivo graduar as alíquotas de acordo com as rendas obtidas pelas pessoas. A progressividade pode ser utilizada, ainda, para fins **extrafiscais**, como observamos nos casos do IPTU e do ITR, em que a manutenção de imóveis sem atendimento à função social da propriedade enseja a aplicação de alíquotas maiores, como forma de onerar os contribuintes e incentivá-los a adotar medidas de adequação.

Ainda em relação ao IPTU, a Emenda Constitucional n. 29 permitiu a utilização da progressividade em função do valor do imóvel – imóveis mais caros terão alíquotas maiores – (art. 156, § 1º, I), além de um critério de seletividade na definição das alíquotas, de acordo com a localização e o uso do imóvel (art. 156, § 1º, II).

> **STF – Súmula 668**
> É inconstitucional a lei municipal que tenha estabelecido, antes da Emenda Constitucional n. 29/2000, alíquotas progressivas para o IPTU, salvo se destinada a assegurar o cumprimento da função social da propriedade urbana.

No caso do **Simples Nacional**, que é um mecanismo de tributação para as micro e pequenas empresas também encontramos o critério da **progressividade**, para todos os tributos nele enquadrados, pois quanto maior a renda da empresa progressivamente maior será a alíquota do Simples (a tributação é única, a partir do resultado da empresa, e a divisão do valor arrecadado entre a União, Estados e Municípios é feita sem a participação do contribuinte, que recolhe o montante devido num único documento, chamado DAS – Documento de Arrecadação Simplificada).

O princípio da progressividade é essencial para um sistema tributário justo, mas quando aplicado de forma isolada pode causar distorções.

Isso ocorre porque nem sempre a fixação de alíquotas apenas em função das rendas (entradas) reflete a **real situação** das pessoas, pois é possível que alguém receba um ótimo salário e ainda assim tenha dificuldades financeiras, por conta de outros fatores.

Ao reconhecer essa possibilidade, o constituinte estabeleceu outro princípio, que estudaremos a seguir.

6.3. Princípio da capacidade contributiva

O princípio da **capacidade contributiva** é tão importante que consta do artigo inaugural do Sistema Tributário Nacional na Constituição:

> **Art. 145.** A União, os Estados, o Distrito Federal e os Municípios poderão instituir os seguintes tributos:
> (...)
> **§ 1º** *Sempre que possível, os impostos terão caráter pessoal e serão graduados segundo a capacidade econômica do contribuinte*, facultado à administração tributária, especialmente para conferir efetividade a esses objetivos, identificar, respeitados os direitos individuais e nos termos da lei, o patrimônio, os rendimentos e as atividades econômicas do contribuinte.

A redação é singela e começa mal, mas não deixa margem para dúvidas: os impostos devem ter caráter **pessoal** e ser graduados de acordo com a **capacidade econômica** do contribuinte. Infelizmente, ao usar a expressão inicial "sempre que possível", o constituinte abriu um enorme flanco, que enfraqueceu sobremaneira a vitalidade do princípio no ordenamento brasileiro.

É importante destacar que, realmente, em alguns impostos o princípio é de difícil aplicação, simplesmente porque não sabemos quem será o **efetivo contribuinte**, que alguns autores chamam de *contribuinte de fato*.

Exemplo: ICMS, ISS e IPI. No caso desses impostos, não sabemos, *a priori*, quem irá consumir o produto ou utilizar o serviço tributado, de forma que a carga tributária será igual para todos, independentemente de serem milionários ou simples assalariados. Quando alguém compra uma camisa de R$ 100,00, está pagando, por hipótese, R$ 18,00 de ICMS, pois o valor do imposto vem embutido no preço do bem. Assim, a mesma camisa será tributada de forma idêntica, sem qualquer possibilidade de distinção em razão do adquirente.

Essa realidade limita sobremaneira a **eficácia** do princípio, que ficará restrita aos chamados tributos pessoais, cujo melhor exemplo é o imposto de renda.

No imposto de renda verifica-se a capacidade contributiva **não pelo valor recebido** pelo contribuinte, cuja alíquota é graduada de acordo com a progressividade, mas sim pelo que "sobra" para ele ao final do período.

De nada adianta ganhar muito se no fim do mês continuamos endividados.

Exemplo: imagine a situação hipotética de alguém que recebe R$ 10.000,00 por mês. À primeira vista nos parece que a pessoa tem grande capacidade contributiva (porque ganha bem) e deve, portanto, ser tributada pela alíquota de 27,5%, a maior do sistema. Ocorre que esse indivíduo, infelizmente, tem um filho diagnosticado com uma doença rara e gasta quase todo o seu salário no tratamento, que o poder público não subsidia. A partir dessa informação não podemos mais admitir a tributação apenas em **função da renda**, mas devemos reconhecer que as despesas médicas devem ser excluídas da base de cálculo do tributo. E é justamente por conta de situações como essa que a legislação prevê a possibilidade de **deduções**, para que as pessoas sejam tributadas de acordo com a sua **real capacidade contributiva** e não apenas tomando-se como referência o valor do que recebem. Assim, são dedutíveis as despesas médicas e educacionais, entre outras, ante o reconhecimento de sua absoluta necessidade para as pessoas e também em homenagem a diversos princípios constitucionais, garantidores da saúde, da educação e de tantos outros direitos que o Estado não fornece de modo adequado aos cidadãos.

A capacidade contributiva exige o reconhecimento de despesas necessárias, que devem ser deduzidas da base de cálculo do tributo. Nesse contexto, se fosse editada uma lei que acabasse com todas as deduções ela seria inconstitucional, porque impediria a aplicação do princípio.

6.4. Princípio da irretroatividade

O princípio da **irretroatividade** estabelece importante garantia para o contribuinte, pois impede exigir tributos antes da entrada em vigor (e correspondente eficácia) da lei que os criar ou aumentar, conforme previsto no art. 150, III, *a*, da Constituição:

> Art. 150. Sem prejuízo de outras garantias asseguradas ao contribuinte, é vedado à União, aos Estados, ao Distrito Federal e aos Municípios:
> (...)
> III – cobrar tributos:
> *a)* em relação a fatos geradores ocorridos antes do início da vigência da lei que os houver instituído ou aumentado;

A expressão "cobrar", presente no dispositivo, deve ser entendida no sentido de "fazer incidir". A irretroatividade significa que uma norma somente pode alcançar pessoas e fatos a **partir da sua vigência**, vale dizer, quando se tornar apta a regular relações tributárias.

O princípio afasta a esdrúxula possibilidade de alguém ser tributado pela prática de um ato quando ainda não existia lei. Nessa linha de raciocínio, a irretroatividade é corolário do princípio da legalidade, pois se não há lei não se pode falar em tributo, como vimos.

Aqui surgem **duas questões** interessantes: o que ocorre quando a lei reduzir ou extinguir tributos, situações opostas ao preceito constitucional? Seria possível a retroatividade?

No caso de **redução**, deve ser observado o princípio do **paralelismo das formas**. Se a alíquota de um tributo é de 20% e o legislador, tempos depois, a reduz para 10%, a inovação só alcançará os fatos praticados depois da entrada em vigor da lei posterior. Assim, todos os que praticaram fatos durante a vigência da lei que previa a alíquota de 20% deverão recolher o imposto normalmente, em homenagem ao princípio da **igualdade**.

Já na hipótese de **extinção** de um tributo, podem ser observados efeitos retroativos, mas apenas para situações que não estiverem definitivamente constituídas.

Exemplo: digamos que um tributo, como a CPMF, foi extinto. A partir da vigência da lei que o fulminou, ninguém mais será obrigado a recolhê-lo. Contudo, pessoas que estiverem devendo CPMF, relativa ao período em que o tributo existia, devem ser cobradas, por absoluto respeito e equivalência com quem pagou no prazo correto. Só que, como o tributo não existe mais, a lei que promoveu sua extinção pode trazer regras de cobrança (prazos, condições, benefícios) para aqueles que ainda não quitaram a sua obrigação.

6.4.1. Retroatividade benéfica

Na esteira do que acontece na área penal, o Código Tributário Nacional prevê hipóteses de aplicação da lei **mais benéfica**, inclusive com efeitos retroativos. Embora isso possa, num primeiro momento, parecer incompatível com o princípio da irretroatividade veiculado pela Constituição, os dois temas **não se confundem**, pois as hipóteses do Código tratam apenas de **infrações**, enquanto o preceito constitucional se refere ao conceito de **tributos**.

O Código Tributário Nacional, ao cuidar do assunto no art. 106, esclarece que:

> Art. 106. A lei aplica-se a ato ou fato pretérito:
> I – em qualquer caso, quando seja expressamente interpretativa, excluída a aplicação de penalidade à infração dos dispositivos interpretados;
> II – tratando-se de ato não definitivamente julgado:
> *a)* quando deixe de defini-lo como infração;
> *b)* quando deixe de tratá-lo como contrário a qualquer exigência de ação ou omissão, desde que não tenha sido fraudulento e não tenha implicado em falta de pagamento de tributo;
> *c)* quando lhe comine penalidade menos severa que a prevista na lei vigente ao tempo da sua prática.

A questão deve ser entendida em função do **intervalo temporal** entre dois ou mais comandos normativos. Como regra, deve ser aplicada ao caso concreto a lei vigente à época do fato gerador (conduta), mas o CTN permite a utilização de lei posterior em benefício do sujeito passivo, apenas no que tange às **infrações** (multas, por exemplo).

Para o lançamento de um tributo deve ser utilizada a lei em vigor na data da ocorrência do fato gerador. No caso de infrações, a lei pode ter efeitos retroativos para beneficiar o sujeito passivo, quando for expressamente interpretativa ou quando, antes do julgamento definitivo, deixar de considerar o fato como infração ou lhe cominar penalidade menos severa (normalmente com a redução da multa).

No caso do inciso I, temos uma lei "A" em vigor que, depois de algum tempo, passa a ter dispositivos interpretados em razão da lei posterior "B" (o que se costuma chamar de **interpretação autêntica**). Diz o CTN que essa interpretação promovida pela lei "B" é válida, mas dela não pode decorrer a imposição de penalidades.

Exemplo: digamos que a lei "A" estabeleça que veículos automotores estão sujeitos ao pagamento do IPVA. Posteriormente, a lei "B", ao definir o rol do que seriam "veículos automotores", inclui no campo de incidência um bem que, pelo senso comum, não deveria ser tributado (um reboque, daqueles que são presos na traseira dos veículos e que não possuem motor). Pois bem, a lei "B" trouxe o reboque para o campo de incidência, por força do comando interpretativo, mas não poderá exigir multa pelo não pagamento do tributo para os proprietários de reboques – que não imaginavam estar sujeitos ao imposto – no intervalo temporal entre as leis "A" e "B", conforme esquema a seguir.

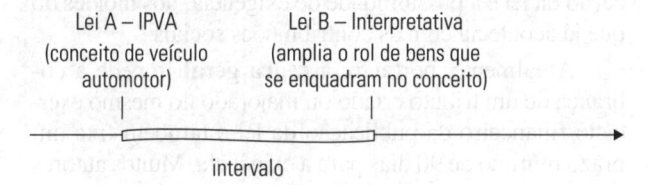

```
Lei A – IPVA            Lei B – Interpretativa
(conceito de veículo    (amplia o rol de bens que
   automotor)           se enquadram no conceito)
     |                          |
     └──────────────────────────┘
                  intervalo
```

No esquema podemos perceber que a lei "B" retroage para interpretar a lei "A" e ampliar o rol de bens que devem ser considerados como veículos automotores, para nele incluir os reboques.

Quem era proprietário de um reboque antes da lei "B" certamente **não recolheu IPVA** e, de acordo com o CTN, **não poderá ser penalizado** por força dessa nova interpretação, embora esteja sujeito ao recolhimento do imposto, em homenagem ao princípio da **igualdade** (que considerou, no nosso exemplo, veículos automotores e reboques como equivalentes, portanto, sujeitos ao IPVA).

E por que a lei "B" foi editada? Provavelmente porque havia confusão ou dúvida quanto ao conceito de veículo automotor, de forma que o legislador achou pertinente explicitar o alcance da norma por meio da interpretação.

Já no inciso II do art. 106, o CTN parte da premissa de que o ato ainda não foi **definitivamente julgado**, ou seja, que ainda não existe decisão final na esfera processual.

Aqui, a retroatividade benéfica comporta três situações:

a) O ato *sub judice* **não é mais considerado** infração pelo ordenamento, ou seja, depois da autuação surgiu uma nova lei que deixou de tipificá-lo.

Exemplo 1:

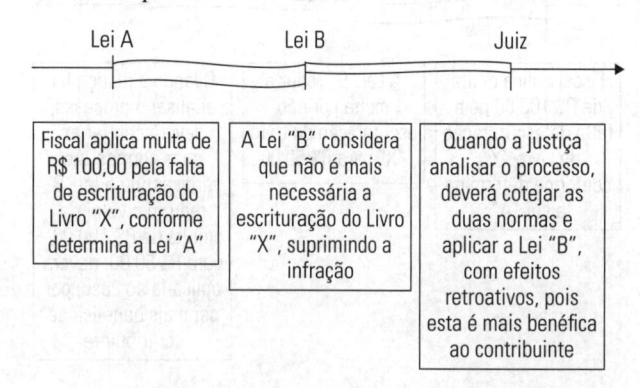

```
Lei A          Lei B          Juiz
```

| Fiscal aplica multa de R$ 100,00 pela falta de escrituração do Livro "X", conforme determina a Lei "A" | A Lei "B" considera que não é mais necessária a escrituração do Livro "X", suprimindo a infração | Quando a justiça analisar o processo, deverá cotejar as duas normas e aplicar a Lei "B", com efeitos retroativos, pois esta é mais benéfica ao contribuinte |

b) O ato em discussão **não é mais considerado** contrário a qualquer exigência de ação ou omissão, não foi **fraudulento** e não implicou **falta de pagamento** de tributo (esta hipótese é muito semelhante à anterior, pois apenas acresce requisitos: pagamento do tributo e ausência de fraude).

Exemplo 2: exatamente o mesmo caso acima, só que agora

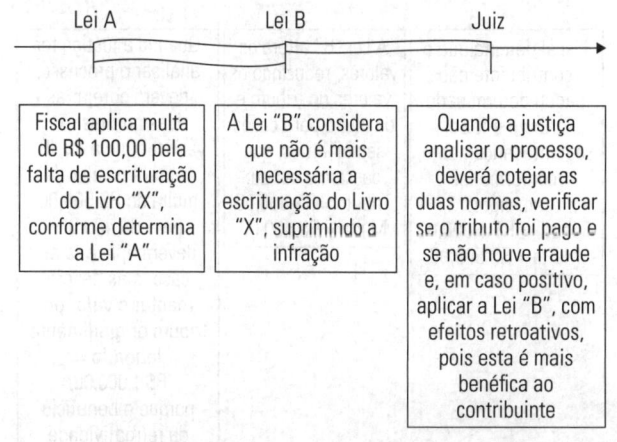

```
Lei A          Lei B          Juiz
```

| Fiscal aplica multa de R$ 100,00 pela falta de escrituração do Livro "X", conforme determina a Lei "A" | A Lei "B" considera que não é mais necessária a escrituração do Livro "X", suprimindo a infração | Quando a justiça analisar o processo, deverá cotejar as duas normas, verificar se o tributo foi pago e se não houve fraude e, em caso positivo, aplicar a Lei "B", com efeitos retroativos, pois esta é mais benéfica ao contribuinte |

Note-se que nos dois casos anteriores o fiscal agiu de **forma correta**, pois aplicou a lei **em vigor** ao tempo da apuração da conduta. Posteriormente, uma nova lei decidiu afastar a penalidade e o juiz, ao apreciar a questão – e tendo à sua disposição duas leis teoricamente aplicáveis ao fato –, decidiu pela **mais favorável** ao contribuinte, como preceitua o Código Tributário Nacional. Ao utilizar a lei "B", posterior, em detrimento da lei "A" (original), surgiu a chamada retroatividade benéfica.

Existe, ainda uma terceira hipótese:

c) A penalidade prevista na legislação posterior é **menos severa** do que a prevista na lei vigente ao tempo da prática do ato.

Exemplo:

```
      Lei A              Lei B              Juiz
────────┬─────────────────┬──────────────────┬────────→
```

| Fiscal aplica multa de R$ 100,00 pela falta de escrituração do Livro "X", conforme determina a Lei "A" | A Lei "B" reduz a multa por não escrituração do Livro "X" para R$ 50,00 | Quando a justiça for analisar o processo, deverá cotejar as duas normas. Ao verificar que a lei "B" reduziu o valor da multa de R$ 100,00 para R$ 50,00, deverá aplicá-la ao caso, por ser mais benéfica ao contribuinte |

> Não se esqueça que a retroatividade só alcança as infrações, não sendo possível utilizá-la no caso de tributos, que seguem o preceito constitucional da irretroatividade.

Vejamos o seguinte exemplo:

```
      Lei A              Lei B              Juiz
────────┬─────────────────┬──────────────────┬────────→
```

| Fiscal detecta que o contribuinte não pagou determinado tributo e faz o seguinte lançamento, conforme lei em vigor: Tributo = R$ 1.000,00 Multa = R$ 500,00 | A Lei "B" altera os valores, reduzindo os valores do tributo e da multa para casos semelhantes, que passam a ser de: Tributo = R$ 800,00 Multa = R$ 400,00 | Quando a justiça for analisar o processo, deverá cotejar as duas normas. Ao verificar que a lei "B" reduziu o valor da multa de R$ 500,00 para R$ 400,00, deverá aplicá-la ao caso, mas deverá manter o valor do tributo originalmente lançado = R$ 1.000,00, porque o benefício da retroatividade não o afeta |

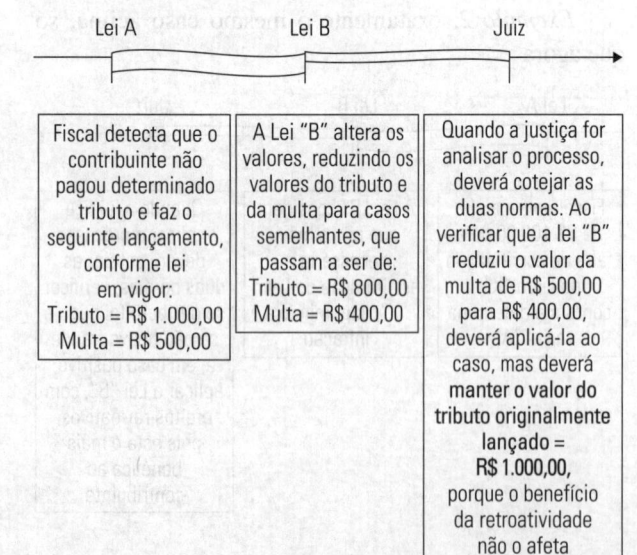

Em conclusão, podemos afirmar que o valor do tributo não se altera em função de sua posterior redução (princípios da igualdade e irretroatividade), enquanto as multas, objeto de redução, devem ser consideradas pelo juiz, por força da retroatividade benéfica.

6.5. Princípio da anterioridade

O princípio da **anterioridade** estabelece um intervalo de tempo (*vacatio*) entre a publicação da lei que aumentar ou instituir tributos e a sua efetiva exigência, conforme estabelecido no art. 150, III, *b* e *c*, da Constituição:

> **Art. 150.** Sem prejuízo de outras garantias asseguradas ao contribuinte, é vedado à União, aos Estados, ao Distrito Federal e aos Municípios:
> (...)
> **III** – cobrar tributos:
> (...)
> *b)* no mesmo exercício financeiro em que haja sido publicada a lei que os instituiu ou aumentou;
> *c)* antes de decorridos noventa dias da data em que haja sido publicada a lei que os instituiu ou aumentou, observado o disposto na alínea *b*;

Este princípio é também chamado de **princípio da não surpresa**, pois tem como objetivo conceder ao sujeito passivo um tempo para se preparar economicamente para a nova carga tributária, instituída ou majorada.

Originalmente, o art. 150 fixava o intervalo apenas entre a publicação da lei e o primeiro dia do exercício financeiro seguinte. Posteriormente, ao perceber que o preceito era sistematicamente **burlado**, com a publicação de leis nos últimos dias do ano-calendário (o que permitia uma exigência quase imediata), o constituinte derivado resolveu, por meio da Emenda n. 42/2003, estabelecer, em paralelo, um prazo mínimo de **90 dias** entre a publicação da lei e a possibilidade de exigência, nos moldes do que já acontecia com as contribuições sociais[7].

Atualmente, portanto, a **regra geral** impede a cobrança de um tributo criado ou majorado no mesmo exercício financeiro da publicação da lei e também fixa um prazo mínimo de 90 dias para a exigência. Muitos autores denominam esse segundo intervalo como *anterioridade nonagesimal*, embora o correto seja **noventena**, pois não se trata de uma data ou ponto específico, mas do **transcurso** de um prazo mínimo em favor do contribuinte.

Entretanto, como o Brasil é o país das exceções e das regras complexas, na prática a combinação dos dois princípios enseja a ocorrência de 4 possibilidades diferentes:

a) Tributos que aguardam o **exercício seguinte** e a **noventena** – é a regra geral, decorrente da aplicação simultânea dos dois intervalos (exemplo: aumento de alíquota do IPVA).

---

[7] Constituição, art. 195, § 6º: "A seguridade social será financiada por toda a sociedade, de forma direta e indireta, nos termos da lei, mediante recursos provenientes dos orçamentos da União, dos Estados, do Distrito Federal e dos Municípios, e das seguintes contribuições sociais: (...) § 6º As contribuições sociais de que trata este artigo só poderão ser exigidas após decorridos noventa dias da data da publicação da lei que as houver instituído ou modificado, não se lhes aplicando o disposto no art. 150, III, *b*".

b) Tributos que têm **eficácia imediata** (II, IE, IOF, empréstimo compulsório em caso de guerra externa, imposto extraordinário de guerra).

c) Tributos que aguardam **apenas o exercício seguinte** (imposto de renda e a fixação das bases de cálculo do IPTU e do IPVA).

d) Tributos que aguardam apenas a **noventena** (contribuições sociais, IPI, restabelecimento de alíquotas de CIDE combustíveis e ICMS combustíveis[8]).

Exemplos:

1. Lei aumenta a alíquota do IPVA no Estado de São Paulo de 4% para 5% e é publicada no dia 10 de abril de 2016: a inovação só poderá alcançar os proprietários de veículos a partir de 1º de janeiro de 2017, ante a necessidade de aguardar os dois intervalos, primeiro dia do exercício seguinte e transcurso de 90 dias.

2. Lei que aumenta a alíquota máxima do imposto de renda das pessoas físicas, de 27,5% para 35%, publicada em 30 de dezembro de 2016: a inovação poderá alcançar os contribuintes a partir de 1º de janeiro de 2017, pois, neste caso, só é necessário aguardar o exercício seguinte (ainda que isso ocorra dois dias depois da publicação da lei).

> **STF – Súmula 669**
> Norma legal que altera o prazo de recolhimento da obrigação tributária não se sujeita ao princípio da anterioridade.
>
> **STF – Súmula Vinculante 50**
> Norma legal que altera o prazo de recolhimento de obrigação tributária não se sujeita ao princípio da anterioridade.

6.6. Princípio da vedação de utilização de tributo com efeito confiscatório

Parece natural que os tributos, apesar de terem como função precípua transferir parcelas de riqueza do patrimônio privado para o Estado, não podem ser instituídos de forma **tão gravosa** que possibilite a efetiva perda desse patrimônio.

Isso significa que deve existir um **limite** para o *quantum* que o poder público pretende subtrair das pessoas, pois, do contrário, os tributos teriam o efeito de confiscar (expropriar) a riqueza e os bens dos particulares.

A Constituição cuidou do tema no art. 150, IV, mas, infelizmente, não definiu qualquer critério ou limite a ser observado pelo legislador, como se pode perceber da singeleza do dispositivo:

> **Art. 150.** Sem prejuízo de outras garantias asseguradas ao contribuinte, é vedado à União, aos Estados, ao Distrito Federal e aos Municípios:
> (...)
> **IV** – utilizar tributo com efeito de confisco;

O princípio é basicamente aplicado para os tributos que oneram o **patrimônio** e a **renda**. Não há, no Brasil, critério matemático que defina o ponto a partir do qual se configuraria o confisco, diferentemente do que ocorre em outros países.

Como decorrência dessa peculiaridade, cabe ao Supremo Tribunal Federal, no papel de intérprete derradeiro da Constituição, analisar os **casos concretos** e verificar em que situações a carga tributária torna-se tão excessiva ou desarrazoada a ponto de configurar confisco do patrimônio individual.

De plano, convém destacar que o STF **não tem reconhecido** efeito confiscatório nos tributos que oneram a circulação econômica de bens e serviços, como ICMS, IPI, II, PIS e COFINS. Essa interpretação restritiva do comando constitucional obviamente implica prejuízo aos contribuintes.

Contudo, o Supremo Tribunal Federal entende que o efeito confiscatório pode advir **da soma** de diversos tributos, incidentes sobre determinado fato, ainda que individualmente as alíquotas possam ser consideradas razoáveis. Isso significa que a análise deve considerar o **total da carga tributária** que onera a situação, pois, do contrário, o legislador poderia lançar mão de vários tributos em paralelo, com valores em tese baixos, mas cuja soma configurasse verdadeiro confisco.

Convém destacar que em casos raros, como o do IPTU progressivo no tempo (art. 182 da CF), restou **afastada** a noção de confisco, ainda que as alíquotas pudessem atingir níveis altíssimos[9] (até 15%, algo que

---

[8] A incidência do ICMS combustíveis e da CIDE combustíveis ocorre apenas uma vez, no início das respectivas cadeias produtivas (são os chamados tributos monofásicos). Restabelecimento, na dicção constitucional, é retornar as alíquotas para o estado anterior. Quando isso ocorrer, a produção de efeitos deverá respeitar apenas a noventena, mas no caso de aumento de alíquotas desses dois tributos aplica-se a regra geral, ou seja, o transcurso da noventena e o exercício seguinte.

[9] Conforme o art. 7º da Lei n. 10.257/2000 (Estatuto da Cidade), que regulamentou o art. 182 da Constituição: "Art. 7º Em caso de descumprimento das condições e dos prazos previstos na forma do *caput* do art. 5º desta Lei, ou não sendo cumpridas as etapas previstas no § 5º do art. 5º desta Lei, o Município procederá à aplicação do imposto sobre a propriedade predial e territorial urbana (IPTU) progressivo no tempo, mediante a majoração da alíquota pelo prazo de cinco anos consecutivos. § 1º O valor da alíquota a ser aplicado a cada ano será fixado na lei específica a que se refere o *caput* do art. 5º desta Lei e não excederá a duas vezes o valor referente ao ano anterior, respeitada a alíquota máxima de quinze por cento. § 2º Caso a obrigação de parcelar, edificar ou utilizar não esteja atendida em cinco anos, o Município manterá a cobrança pela alíquota máxima, até que se cumpra a referida obrigação, garantida a prerrogativa prevista no art. 8º".

sobre um imóvel é extremamente gravoso), dada a natureza **sancionatória** da exação.

6.7. Princípio da proibição de limitação ao tráfego de pessoas ou bens

A Constituição defende, em homenagem à ideia de que somos uma República Federativa, que não podem existir **limitações ao tráfego** de pessoas ou bens, especialmente de natureza tributária, como dispõe o art. 150, V:

> **Art. 150.** Sem prejuízo de outras garantias asseguradas ao contribuinte, é vedado à União, aos Estados, ao Distrito Federal e aos Municípios:
> (...)
> **V** – estabelecer limitações ao tráfego de pessoas ou bens, por meio de tributos interestaduais ou intermunicipais, ressalvada a cobrança de pedágio pela utilização de vias conservadas pelo Poder Público;

O dispositivo é claro ao impedir que o legislador crie tributos **interestaduais** ou **intermunicipais** que impeçam, por exemplo, o deslocamento de uma pessoa do Rio de Janeiro para Manaus, mas faz ressalva em relação à cobrança de pedágios.

Neste passo, seria o caso de perguntar se **pedágio** é tributo. Ao tempo da Constituição de 1988 havia o consenso de que sim, especialmente pelo fato de que as estradas eram conservadas pelo Poder Público e a cobrança de pedágio servia para custear eventuais despesas com a manutenção e aprimoramento dessas vias.

Nesse cenário, o STF proferiu decisões que ratificaram o entendimento de que o pedágio teria natureza tributária.

Ocorre que, com o advento da globalização e da abertura dos mercados, praticamente todas as estradas no Brasil foram **privatizadas**, de sorte que hoje são administradas por **concessionárias**. Isso implica que o valor pago outrora ao Estado até poderia revelar uma obrigação tributária, mas, à luz da atual realidade fática e jurídica, o pedágio tem natureza de **tarifa**, pois a relação entre a empresa e o usuário da estrada é privada e regida por normas de direito civil.

6.8. Outros princípios

Em respeito ao chamado **pacto federativo**, que estabelece a coerência entre as pessoas de direito público interno, o sistema tributário possui regras para manter a paridade entre os atores e permitir a uniformidade da tributação.

Nesse sentido, o art. 151 da Constituição impõe limites à **atividade normativa** da União, a saber:

> **Art. 151.** É vedado à União:
> **I** – instituir tributo que não seja uniforme em todo o território nacional ou que implique distinção ou preferência em relação a Estado, ao Distrito Federal ou a Município, em detrimento de outro, admitida a concessão de incentivos fiscais destinados a promover o equilíbrio do desenvolvimento socioeconômico entre as diferentes regiões do País;
> **II** – tributar a renda das obrigações da dívida pública dos Estados, do Distrito Federal e dos Municípios, bem como a remuneração e os proventos dos respectivos agentes públicos, em níveis superiores aos que fixar para suas obrigações e para seus agentes;
> **III** – instituir isenções de tributos da competência dos Estados, do Distrito Federal ou dos Municípios.

O inciso I do art. 151 determina que as normas tributárias emanadas da União devem respeitar a **uniformidade geográfica** do País, sem qualquer discriminação em relação aos demais entes políticos. Assim, os tributos federais deverão ter aplicação idêntica em todo o território nacional, no que concerne ao fato gerador, à base de cálculo ou à definição dos contribuintes.

Apesar disso, é possível a concessão de **incentivos fiscais** para atender a peculiaridades das diversas regiões do País, ou seja, a Constituição autoriza, sob certas circunstâncias, a existência de regimes tributários **diferenciados**, de acordo com as necessidades socioeconômicas das regiões brasileiras.

Exemplo importante desse tratamento excepcional são os benefícios outorgados à **Zona Franca de Manaus**, que têm por objetivo fixar e desenvolver um polo industrial e de exportação no coração da Amazônia[10].

> **STJ – Súmula 640**
> O benefício fiscal que trata do Regime Especial de Reintegração de Valores Tributários para as Empresas Exportadoras (REINTEGRA) alcança as operações de venda de mercadorias de origem nacional para a Zona Franca de Manaus, para consumo, industrialização ou reexportação para o estrangeiro.

O art. 151, II, da Constituição diz respeito à legislação do imposto sobre a renda e tem por objetivo afastar a possibilidade de a União tributar os rendimentos gerados pelos **títulos** estaduais e municipais (que compõem a dívida pública desses entes) de forma mais gra-

---

[10] ADCT, art. 40: "É mantida a Zona Franca de Manaus, com suas características de área livre de comércio, de exportação e importação, e de incentivos fiscais, pelo prazo de vinte e cinco anos, a partir da promulgação da Constituição. Parágrafo único. Somente por lei federal podem ser modificados os critérios que disciplinaram ou venham a disciplinar a aprovação dos projetos na Zona Franca de Manaus".

vosa do que o faz para os títulos de sua própria emissão. O preceito é claramente derivado do princípio da igualdade e tem por objetivo impedir distorções de ordem financeira no mercado de títulos. Na esteira desse raciocínio, também é vedado tributar de modo mais gravoso **rendimentos dos servidores** públicos estaduais e municipais, o que poderia ensejar um deslocamento de candidatos a concursos para a esfera federal, em razão de uma hipotética carga tributária reduzida. Esses comandos, embora interessantes, são absorvidos pelo princípio da igualdade, que proíbe qualquer distinção entre pessoas em situação equivalente.

Por fim, o art. 151, III, trata das chamadas **isenções heterônomas**, que seriam dispensas de pagamento promovidas pela União em relação a tributos de competência dos outros entes federativos.

O tema, nos limites aqui propostos, pode ser resolvido de forma simples: como regra, só tem o poder de isentar quem possui o poder de tributar (princípio da competência e da autonomia dos entes públicos). Conquanto possam existir situações atípicas, previstas pelo próprio texto constitucional e que merecem maiores reflexões, o ordenamento, como preceito geral, veda a possibilidade de a União isentar tributos **fora da sua esfera** de competência.

Já o artigo seguinte da Carta Magna, em consonância com as ideias aqui expostas, também estabelece uma importante limitação ao poder de tributar dos Estados, do Distrito Federal e dos Municípios, impedindo-os de **discriminar** a tributação de bens e serviços (a título de ICMS ou ISS, por exemplo), em virtude da **procedência** ou **destino** das operações:

> **Art. 152.** É vedado aos Estados, ao Distrito Federal e aos Municípios estabelecer diferença tributária entre bens e serviços, de qualquer natureza, em razão de sua procedência ou destino.

Trata-se de mais uma tentativa de conferir homogeneidade ao tecido normativo tributário e, principalmente, evitar mecanismos capazes de acirrar, ainda mais, a chamada **guerra fiscal**, patologia que assola a federação, pois cada ente busca, por meio de incentivos e isenções, trazer atividade econômica para o seu território, muitas vezes de forma abusiva e prejudicial aos interesses do País como um todo.

6.9. Imunidades

As **imunidades** são normalmente descritas como uma limitação constitucional ao fenômeno da incidência, ou seja, um **recorte de competência** em relação às matérias e fatos que podem ser objeto de tributação pelos entes federados.

A Constituição, neste cenário, traz uma imensa lista de imunidades, que tem várias hipóteses previstas no art. 150, VI, mas também se espalha por diversos outros artigos.

Convém ressaltar que as imunidades do art. 150, VI, referem-se a **impostos**, embora outros dispositivos constitucionais veiculem imunidades relativas a espécies tributárias distintas.

É muito comum encontrar, inclusive na doutrina, enorme confusão entre os conceitos de imunidade, incidência, não incidência e isenção.

Há anos trabalhamos com um esquema bem simples, que parece resolver a questão e afastar qualquer dificuldade, até porque baseado num sistema binário, que não comporta digressões ou desvios de raciocínio.

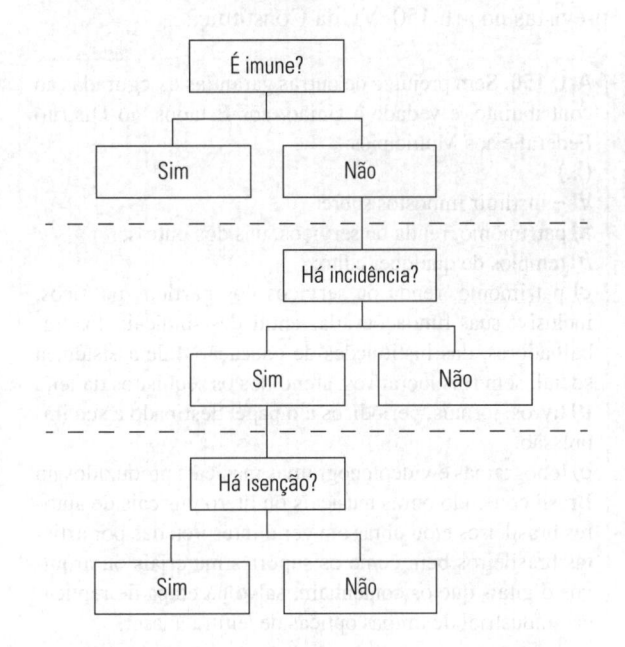

```
            É imune?
           /        \
         Sim         Não
                      |
                 Há incidência?
                  /        \
                Sim         Não
                 |
            Há isenção?
             /        \
           Sim         Não
```

Do gráfico podemos concluir que a primeira pergunta relevante para a análise do fenômeno tributário diz respeito à **existência ou não** de imunidade.

Se houver imunidade, a análise acaba, pois não há espaço para a criação de tributos.

Por outro lado, se não houver imunidade, os tributos **podem surgir** (incidir) e a decisão cabe ao ente público correspondente, titular da competência para instituí-los.

Exemplo: não é vedada a criação do Imposto sobre Grandes Fortunas (IGF), pois não há norma de imunidade nesse sentido. Assim, cabe à União, no exercício da sua competência, decidir pela criação do tributo.

Sempre que o ente público opta por **não criar o tributo**, ainda que isso seja possível, nos deparamos com um caso de **não incidência** (o tributo poderia existir, mas não houve o exercício da competência, como no caso do IGF).

Na sequência do gráfico, quando **há incidência** isso implica que o tributo **existe**, ou seja, foi criado de acordo com as regras constitucionais e mediante instrumento jurídico adequado. Cabe agora indagar, nesse terceiro nível de análise, se existe **isenção**, assim entendida uma norma que dispense o pagamento do gravame.

Se houver isenção, o tributo **não será pago**, apesar de existir. Se, por outro lado, não houver isenção, o sujeito passivo deverá recolher o valor correspondente.

Portanto, a imunidade é sempre a **primeira norma** do sistema, representada por um único vetor de ordem constitucional. Já a isenção, por óbvio, só pode ocorrer quando não há imunidade, pois só faz sentido dispensar o pagamento de um tributo se ele efetivamente existe.

Com esses breves comentários sobre a diferença entre os conceitos, vejamos as **hipóteses de imunidade** previstas no art. 150, VI, da Constituição:

> **Art. 150.** Sem prejuízo de outras garantias asseguradas ao contribuinte, é vedado à União, aos Estados, ao Distrito Federal e aos Municípios:
> (...)
> **VI** – instituir impostos sobre:
> *a)* patrimônio, renda ou serviços, uns dos outros;
> *b)* templos de qualquer culto;
> *c)* patrimônio, renda ou serviços dos partidos políticos, inclusive suas fundações, das entidades sindicais dos trabalhadores, das instituições de educação e de assistência social, sem fins lucrativos, atendidos os requisitos da lei;
> *d)* livros, jornais, periódicos e o papel destinado a sua impressão;
> *e)* fonogramas e videofonogramas musicais produzidos no Brasil contendo obras musicais ou literomusicais de autores brasileiros e/ou obras em geral interpretadas por artistas brasileiros bem como os suportes materiais ou arquivos digitais que os contenham, salvo na etapa de replicação industrial de mídias ópticas de leitura a laser.

6.9.1. Imunidade recíproca

A imunidade prevista na alínea *a* é chamada de **imunidade recíproca**, pois a União, os Estados, o Distrito Federal e os Municípios não podem cobrar impostos sobre o patrimônio, renda ou serviços, uns dos outros.

Esse preceito decorre do princípio do **pacto federativo**, que pressupõe a autonomia dos entes públicos, conforme dicção do art. 18 da Constituição:

> **Art. 18.** A organização político-administrativa da República Federativa do Brasil compreende a União, os Estados, o Distrito Federal e os Municípios, todos autônomos, nos termos desta Constituição.

As **autarquias** e as **fundações públicas** também são imunes, desde que pratiquem atividade vinculada às suas finalidades essenciais, nos termos do § 2º do art. 150, *verbis*:

> **§ 2º** A vedação do inciso VI, *a*, é extensiva às autarquias e às fundações instituídas e mantidas pelo Poder Público, no que se refere ao patrimônio, à renda e aos serviços, vinculados a suas finalidades essenciais ou às delas decorrentes.

Ademais, como prevê o § 3º do mesmo art. 150[11], se as autarquias e fundações explorarem **atividade econômica** não há de se falar em imunidade, em razão do princípio da **livre concorrência**, pois o Estado não pode se valer de vantagens não extensíveis ao particular, notadamente quando em situação de concorrência.

A **Casa da Moeda** também goza de imunidade tributária, pois atua em regime constitucional de monopólio, como delegatária de serviços públicos, destinados à emissão de papel-moeda, cunhagem de moeda metálica, fabricação de fichas telefônicas e impressão de selos postais[12].

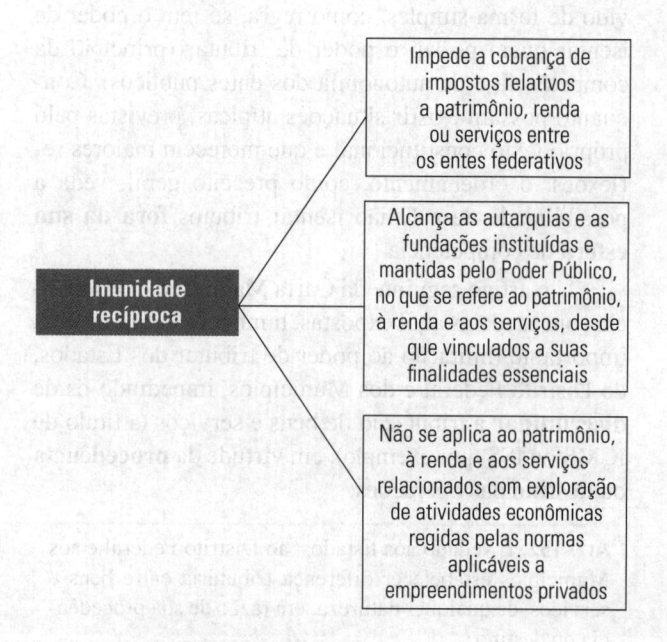

Imunidade recíproca:
- Impede a cobrança de impostos relativos a patrimônio, renda ou serviços entre os entes federativos
- Alcança as autarquias e as fundações instituídas e mantidas pelo Poder Público, no que se refere ao patrimônio, à renda e aos serviços, desde que vinculados a suas finalidades essenciais
- Não se aplica ao patrimônio, à renda e aos serviços relacionados com exploração de atividades econômicas regidas pelas normas aplicáveis a empreendimentos privados

6.9.1.1. A questão da ECT

Quando o Estado de São Paulo tentou exigir IPVA dos veículos da **ECT – Empresa de Correios e Telégrafos** (que é uma empresa pública, cuja imunidade **não está prevista** na Constituição), o Supremo Tribunal Fe-

---

[11] "Art. 150. Sem prejuízo de outras garantias asseguradas ao contribuinte, é vedado à União, aos Estados, ao Distrito Federal e aos Municípios: (...)
§ 3º As vedações do inciso VI, *a*, e do parágrafo anterior não se aplicam ao patrimônio, à renda e aos serviços, relacionados com exploração de atividades econômicas regidas pelas normas aplicáveis a empreendimentos privados, ou em que haja contraprestação ou pagamento de preços ou tarifas pelo usuário, nem exonera o promitente comprador da obrigação de pagar imposto relativamente ao bem imóvel."

[12] Constituição, art. 21, VII.

deral decidiu, depois de vários debates, que qualquer empresa pública que preste um serviço essencial, em caráter de **exclusividade** (sem concorrência) e **irrenunciável** (destinado a atender direitos e garantias fundamentais que o Estado não pode transferir a terceiros), é merecedora da imunidade.

Portanto, atualmente as empresas públicas que prestam serviço exclusivo e irrenunciável **gozam de imunidade tributária** de impostos sobre a renda, patrimônio e serviços.

Há, ainda, decisões do STF que estenderam a imunidade até para **sociedades de economia mista**, como no caso da CAERD, empresa prestadora de serviço público de água e esgoto, de Rondônia (RE 631.309), que comprovou prestar serviço exclusivo e irrenunciável. Igual raciocínio foi estendido às sociedades de economia mista prestadoras de ações e **serviços de saúde** cujo capital social seja majoritariamente estatal (RE 580.264).

No caso dos Correios, o STF entendeu que mesmo o exercício simultâneo de atividades em regime de exclusividade e em concorrência com a iniciativa privada (venda de produtos ou atividade bancária, por exemplo) não desvirtua a imunidade, dadas as peculiaridades do serviço postal (RE 601.392).

Ressaltamos, contudo, que empresas **tipicamente destinadas** ao regime concorrencial e à obtenção de lucro, ainda que com capital social majoritário do Estado, não são abrangidas pela imunidade, sendo irrelevante a existência de monopólio estatal, como já decidiu o Supremo Tribunal Federal (RE 285.716-AgR).

O STF, com base nas premissas de não distribuição de lucros e de proteção à concorrência, decidiu que "as empresas públicas e as sociedades de economia mista **delegatárias de serviços públicos essenciais**, que não distribuam lucros a acionistas privados nem ofereçam risco ao equilíbrio concorrencial, são beneficiárias da imunidade tributária recíproca, independentemente de cobrança de tarifa como contraprestação do serviço" (RE 1.320.054, de 2021, com repercussão geral).

A **Ordem dos Advogados do Brasil** também é merecedora de imunidade tributária, relacionada às suas finalidades essenciais, com base no art. 150, VI, *a*, da Constituição, ante o reconhecimento de que desempenha atividade própria de Estado (defesa da Constituição, da ordem jurídica do Estado Democrático de Direito, dos direitos humanos, da justiça social, bem como a seleção e o controle disciplinar dos advogados). Já a Caixa de Assistência dos Advogados **não está protegida** pela imunidade tributária (RE 662.816).

A **Casa da Moeda** também goza de imunidade tributária, pois atua em regime constitucional de monopólio, como delegatária de serviços públicos destinados à emissão de papel moeda, cunhagem de moeda metálica, fabricação de fichas telefônicas e impressão de selos postais (art. 21, VII, da Constituição).

> Os entes públicos não são imunes quando considerados como tomadores do serviço. É o caso do ICMS embutido na conta de energia elétrica. Embora diversas procuradorias municipais tenham ingressado na justiça pleiteando a imunidade, os tribunais decidiram que contribuinte do ICMS são as empresas concessionárias de energia, e, por conta disso, a imunidade não se aplica ao usuário do serviço, ainda que público (*vide* RE 671.412).

6.10. Templos de qualquer culto

Em homenagem à **liberdade religiosa** existente no País, o constituinte decidiu conferir imunidade tributária aos templos de qualquer culto. Como a expressão é bastante vaga, cabe ao Supremo Tribunal Federal definir o alcance do benefício.

O STF entende que o conceito de templo não abrange somente o prédio ou a estrutura física em que se professa a religião, mas a própria atividade religiosa, que deve ser considerada como o conjunto de bens, rendas e serviços destinados à sua manutenção.

Uma igreja que produza velas, por exemplo, será imune de todos os impostos relacionados a esta atividade (IR, IPI, ICMS), e o mesmo raciocínio se aplica a outros objetos de **natureza religiosa**, como santinhos, imagens, medalhas, livretos etc., desde que não fabricados em larga escala industrial. Em relação a essa imunidade a interpretação do STF é a mais **ampliativa** possível.

Também serão imunes as rendas obtidas por meio de **aluguéis**, inclusive de imóveis utilizados por terceiros e sem finalidade religiosa (um prédio de escritórios, por exemplo), pois o objetivo da imunidade, segundo o STF, é que o dinheiro arrecadado seja **revertido** para a atividade religiosa.

Conquanto as entidades religiosas precisem cumprir as chamadas **obrigações acessórias**, que implicam manter escrituração contábil, o Supremo Tribunal Federal entendeu que cabe à administração tributária demonstrar eventual **tredestinação** do bem protegido pela imunidade.

A EC n. 116/2022 incluiu um parágrafo no art. 156 da Constituição para garantir a imunidade de IPTU, em favor dos templos de qualquer culto, ainda que estes sejam apenas locatários do imóvel:

> **Art. 156 (...)**
> § 1º-A O imposto previsto no inciso I do *caput* deste artigo não incide sobre templos de qualquer culto, ainda que as entidades abrangidas pela imunidade de que trata a alínea "b" do inciso VI do *caput* do art. 150 desta Constituição sejam apenas locatárias do bem imóvel.

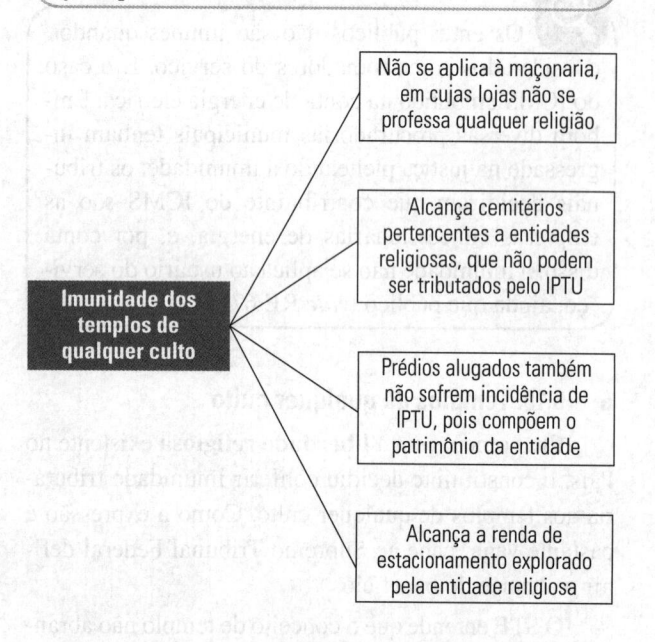

Imunidade dos templos de qualquer culto:
- Não se aplica à maçonaria, em cujas lojas não se professa qualquer religião
- Alcança cemitérios pertencentes a entidades religiosas, que não podem ser tributados pelo IPTU
- Prédios alugados também não sofrem incidência de IPTU, pois compõem o patrimônio da entidade
- Alcança a renda de estacionamento explorado pela entidade religiosa

6.11. Imunidade dos partidos políticos e fundações, das entidades sindicais dos trabalhadores, das instituições de educação e assistência social

O art. 150, VI, *c*, da Constituição prevê a imunidade de impostos sobre o patrimônio, a renda ou os serviços dos partidos políticos, inclusive suas fundações, das entidades sindicais dos trabalhadores, das instituições de educação e assistência social, sem fins lucrativos. Cumpre salientar que as entidades sindicais **dos empregadores não têm imunidade**.

> **STF – Súmula Vinculante 52**
> Ainda quando alugado a terceiros, permanece imune ao IPTU o imóvel pertencente a qualquer das entidades referidas pelo art. 150, VI, *c*, da CF, desde que o valor dos aluguéis seja aplicado nas atividades para as quais tais entidades foram constituídas.

Em relação às entidades de educação e assistência social, a Constituição exige a **ausência de fins lucrativos**, sem, no entanto, apresentar o significado de tal expressão.

Nesse sentido, foi recepcionado o art. 14 do Código Tributário Nacional, que estabelece requisitos **cumulativos** para que as entidades sem fins lucrativos possam fazer jus à imunidade:

> **Art. 14.** O disposto na alínea *c* do inciso IV do art. 9º é subordinado à observância dos seguintes requisitos pelas entidades nele referidas:
> I – não distribuírem qualquer parcela de seu patrimônio ou de suas rendas, a qualquer título;
> II – aplicarem integralmente, no País, os seus recursos na manutenção dos seus objetivos institucionais;
> III – manterem escrituração de suas receitas e despesas em livros revestidos de formalidades capazes de assegurar sua exatidão.

Os três incisos do art. 14 devem ser aplicados **conjuntamente**, como teste de validade para se verificar as situações que se enquadram como atividade sem fins lucrativos.

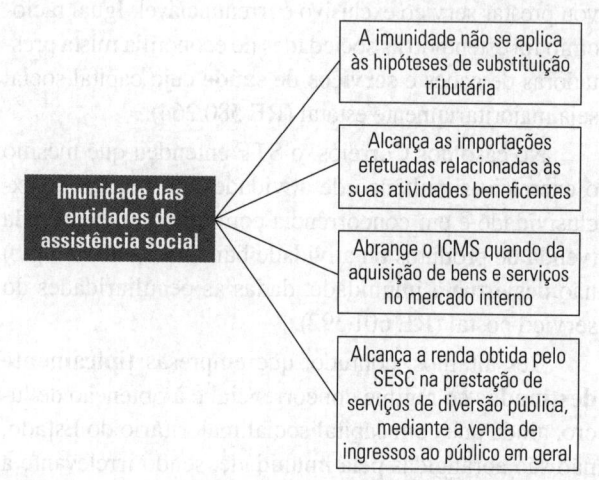

Imunidade das entidades de assistência social:
- A imunidade não se aplica às hipóteses de substituição tributária
- Alcança as importações efetuadas relacionadas às suas atividades beneficentes
- Abrange o ICMS quando da aquisição de bens e serviços no mercado interno
- Alcança a renda obtida pelo SESC na prestação de serviços de diversão pública, mediante a venda de ingressos ao público em geral

Portanto, sempre que a entidade sem fins lucrativos cumprir os requisitos de a) não distribuir parcelas de sua renda, a qualquer título, a terceiros (salvo o pagamento de salários para empregados), b) aplicar integralmente os recursos no Brasil e c) manter escrituração contábil, para que se comprove a destinação do dinheiro, terá direito à imunidade tributária.

Eventual desvio de recursos deverá ser **apurado e demonstrado** pela fiscalização, a quem compete o ônus da prova para infirmar a imunidade.

Importante: Não descaracteriza a imunidade o fato de a entidade auferir resultado positivo no exercício (denominado superávit), desde que este seja integralmente revertido para as suas finalidades essenciais, conforme previsto no objeto social.

> **STJ – Súmula 352**
> A obtenção ou a renovação do Certificado de Entidade Beneficente de Assistência Social (Cebas) não exime a entidade do cumprimento dos requisitos legais supervenientes.

> **STF – Súmula 724**
> Ainda quando alugado a terceiros, permanece imune ao IPTU o imóvel pertencente a qualquer das entidades referidas pelo art. 150, VI, *c*, da Constituição, desde que o valor dos aluguéis seja aplicado nas atividades essenciais de tais entidades.
>
> **STF – Súmula 730**
> A imunidade tributária conferida a instituições de assistência social sem fins lucrativos pelo art. 150, VI, *c*, da Constituição somente alcança as entidades fechadas de previdência social privada se não houver contribuição dos beneficiários.
>
> **STJ – Súmula 612**
> O certificado de entidade beneficente de assistência social (CEBAS), no prazo de sua validade, possui natureza declaratória para fins tributários, retroagindo seus efeitos à data em que demonstrado o cumprimento dos requisitos estabelecidos por lei complementar para a fruição da imunidade.

Segundo o STF, a imunidade assegurada aos partidos políticos, inclusive suas fundações, às entidades sindicais dos trabalhadores e às instituições de educação e de assistência social, sem fins lucrativos, que atendam aos requisitos da lei, **alcança o IOF**, inclusive o incidente sobre aplicações financeiras (RE 611.510, de 2021, com repercussão geral).

O STF também decidiu, com repercussão geral (RE 608872), que, no caso do ICMS, "a imunidade tributária subjetiva aplica-se a seus beneficiários na posição de contribuinte de direito, mas não na de simples contribuinte de fato, sendo irrelevante para a verificação da existência do beneplácito constitucional a repercussão econômica do tributo envolvido".

6.12. Imunidade dos livros, jornais e periódicos

Livros são **objetos culturais** publicados para a divulgação das mais variadas formas de conhecimento, razão pela qual entendeu o constituinte, em atendimento à necessidade de desenvolvimento educacional da população, considerá-los **imunes** aos impostos.

O conceito de **periódicos** é bastante abrangente e inclui revistas, jornais, *newsletters* e outras formas de divulgação continuada de informações. A principal diferença entre os livros e os periódicos é que os primeiros dependem de **edições**, enquanto os periódicos são disponibilizados com regularidade.

A chamada **imunidade cultural** alcança o ICMS, o IPI, o II e o IE. Isso não significa que a receita auferida com a venda de livros e periódicos seja imune, pois, neste caso, **haverá incidência** do imposto de renda sobre o valor das vendas dos livros e periódicos, bem como sobre o resultado obtido a partir da **venda de espaços publicitários** nas respectivas obras.

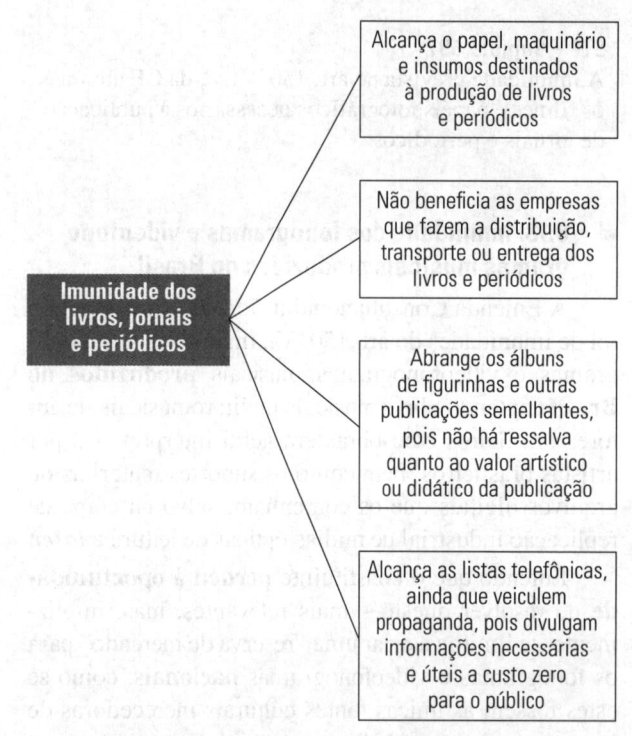

Imunidade dos livros, jornais e periódicos:
- Alcança o papel, maquinário e insumos destinados à produção de livros e periódicos
- Não beneficia as empresas que fazem a distribuição, transporte ou entrega dos livros e periódicos
- Abrange os álbuns de figurinhas e outras publicações semelhantes, pois não há ressalva quanto ao valor artístico ou didático da publicação
- Alcança as listas telefônicas, ainda que veiculem propaganda, pois divulgam informações necessárias e úteis a custo zero para o público

Conquanto exista grande debate doutrinário em defesa da imunidade dos livros e periódicos digitais (os chamados *e-books*), o STF defendia a necessidade do suporte físico papel, típico dos livros tradicionais, para justificar a imunidade.

Todavia, finalmente, no julgamento do RE 330.817, **com repercussão geral**, o tribunal decidiu reconhecer não apenas o alcance teleológico da imunidade, mas, sobretudo, a realidade atual, pois os *e-books* fazem parte do cotidiano das pessoas e simplesmente não podem ser ignorados, pois o conteúdo por eles veiculado é idêntico ao de seus similares em papel.

Assim, os *e-books* passaram a ser considerados **imunes**, da mesma forma que os aparelhos exclusivamente destinados à sua leitura.

O papel destinado à impressão de livros e periódicos já sai da fábrica com **destinação específica**, que condiciona a imunidade, ou seja, só pode ser utilizado para essa finalidade. Se a empresa gráfica utilizar esse papel para outros fins, como a impressão de calendários ou folhetos, deverá recolher todos os tributos incidentes, sem prejuízo de eventual penalidade pelo descumprimento dos requisitos para a imunidade.

> **STF – Súmula Vinculante 57**
> A imunidade tributária constante do art. 150, VI, *d*, da CF/88, aplica-se à importação e comercialização, no mercado interno, do livro eletrônico (*e-book*) e dos suportes exclusivamente utilizados para fixá-los, como leitores de livros eletrônicos (*e-readers*), ainda que possuam funcionalidades acessórias.

> **STF – Súmula 657**
> A imunidade prevista no art. 150, VI, *d*, da CF abrange os filmes e papéis fotográficos necessários à publicação de jornais e periódicos.

■ 6.13. Imunidade dos fonogramas e videofonogramas musicais produzidos no Brasil

A Emenda Constitucional n. 75/2013 trouxe para o rol de imunidades do art. 150, VI, imunidade para fonogramas e videofonogramas musicais **produzidos no Brasil** contendo obras musicais ou literomusicais de autores brasileiros e/ou obras em geral interpretadas por artistas brasileiros, bem como os suportes materiais ou arquivos digitais que os contenham, salvo na etapa de replicação industrial de mídias ópticas de leitura a *laser*.

Entendo que o constituinte **perdeu a oportunidade** de resolver questões mais relevantes, mas, infelizmente, se limitou a criar uma "reserva de mercado" para os fonogramas e videofonogramas **nacionais**, como se estes fossem as únicas fontes culturais merecedoras de incentivo pela imunidade.

Para a prova, o leitor deve se manter adstrito ao texto constitucional, que só estabelece imunidade para obras musicais produzidas no Brasil ou interpretadas por artistas brasileiros. Assim, uma música composta pelo "Sr. João" terá tratamento imune, diferente de uma peça de Bach interpretada pela Orquestra Filarmônica de Viena...

■ 6.14. Outras imunidades previstas na Constituição

Sem prejuízo das imunidades relativas a impostos previstas no art. 150, VI, podemos encontrar diversas hipóteses, inclusive de espécies tributárias diferentes, ao longo do texto constitucional.

> **Imunidade de taxas relativas a certidões para defesa de direitos**
> **CF, art. 5º, XXXIV:** São a todos assegurados, independentemente do pagamento de taxas:
> *a)* o direito de petição aos Poderes Públicos em defesa de direitos ou contra ilegalidade ou abuso de poder;
> *b)* a obtenção de certidões em repartições públicas, para defesa de direitos e esclarecimento de situações de interesse pessoal.
>
> **Imunidade nas exportações**
> *a)* de contribuições sociais e CIDE: art. 149, § 2º, I: As contribuições sociais e de intervenção no domínio econômico de que trata o *caput* deste artigo:
> I – não incidirão sobre as receitas decorrentes de exportação; (...)
> *b)* do IPI – art. 153, § 3º, III: O imposto previsto no inciso IV: (...) III – não incidirá sobre produtos industrializados destinados ao exterior.
>
> **Imunidade do ITR**
> **CF, art. 153, § 4º, II:** O imposto previsto no inciso VI do *caput*: II – não incidirá sobre pequenas glebas rurais, definidas em lei, quando as explore o proprietário que não possua outro imóvel.
>
> **Imunidade de impostos, exceto IOF, sobre o ouro ativo financeiro**
> **CF, art. 153, § 5º:** O ouro, quando definido em lei como ativo financeiro ou instrumento cambial, sujeita-se exclusivamente à incidência do imposto de que trata o inciso V do *caput* deste artigo, devido na operação de origem.
>
> **Imunidades de ICMS: art. 155, § 2º, X**
> *a)* sobre operações que destinem mercadorias para o exterior, nem sobre serviços prestados a destinatários no exterior, assegurada a manutenção e o aproveitamento do montante do imposto cobrado nas operações e prestações anteriores;
> *b)* sobre operações que destinem a outros Estados petróleo, inclusive lubrificantes, combustíveis líquidos e gasosos dele derivados, e energia elétrica;
> *c)* sobre o ouro, nas hipóteses definidas no art. 153, § 5º;
> *d)* nas prestações de serviço de comunicação nas modalidades de radiodifusão sonora e de sons e imagens de recepção livre e gratuita.
>
> **Energia, combustíveis, minerais e telecomunicações**
> **CF, art. 155, § 3º:** À exceção dos impostos de que tratam o inciso II do *caput* deste artigo e o art. 153, I e II, nenhum outro imposto poderá incidir sobre operações relativas a energia elétrica, serviços de telecomunicações, derivados de petróleo, combustíveis e minerais do País. (Nessas situações só poderão incidir o ICMS, o IE e o II, além de contribuições, pois o comando diz "nenhum outro imposto".)
>
> **Imunidade de ITBI**
> **CF, art. 156, § 2º, I:** O imposto previsto no inciso II: I – não incide sobre a transmissão de bens ou direitos incorporados ao patrimônio de pessoa jurídica em realização de capital, nem sobre a transmissão de bens ou direitos decorrente de fusão, incorporação, cisão ou extinção de pessoa jurídica, salvo se, nesses casos, a atividade preponderante do adquirente for a compra e venda desses bens ou direitos, locação de bens imóveis ou arrendamento mercantil;
>
> **Imunidade de imóveis desapropriados para fins de reforma agrária**
> **CF, art. 184, § 5º:** São isentas de impostos federais, estaduais e municipais as operações de transferência de imóveis desapropriados para fins de reforma agrária.
>
> **Imunidade de contribuições para aposentadoria e pensão**
> **CF, art. 195, II:** A seguridade social será financiada por toda a sociedade, de forma direta e indireta, nos termos da lei, mediante recursos provenientes dos orçamentos da União, dos Estados, do Distrito Federal e dos Municípios, e das seguintes contribuições sociais: (...) II – do trabalhador e dos demais segurados da previdência social, não incidindo contribuição sobre aposentadoria e pensão concedidas pelo regime geral de previdência social de que trata o art. 201.
>
> **Imunidade de contribuições para entidades beneficentes**
> **CF, art. 195, § 7º:** São isentas de contribuição para a seguridade social as entidades beneficentes de assistência social que atendam às exigências estabelecidas em lei (neste caso, lei complementar).

> **STF — Súmula 659**
> É legítima a cobrança da COFINS, do PIS e do FINSOCIAL sobre as operações relativas a energia elétrica, serviços de telecomunicações, derivados de petróleo, combustíveis e minerais do País.

■ 7. COMPETÊNCIA TRIBUTÁRIA

O art. 146 da Constituição estabelece que as regras gerais **nacionais**, em matéria tributária, deverão ser veiculadas por **lei complementar**. O comando objetiva garantir a aplicação homogênea e uniforme dos principais conceitos tributários em todo o território brasileiro, evitando-se qualquer forma de discriminação não autorizada pelo próprio texto constitucional.

> **Art. 146.** Cabe à lei complementar:
> **I** – dispor sobre conflitos de competência, em matéria tributária, entre a União, os Estados, o Distrito Federal e os Municípios;
> **II** – regular as limitações constitucionais ao poder de tributar;
> **III** – estabelecer normas gerais em matéria de legislação tributária, especialmente sobre:
> **a)** definição de tributos e de suas espécies, bem como, em relação aos impostos discriminados nesta Constituição, a dos respectivos fatos geradores, bases de cálculo e contribuintes;
> **b)** obrigação, lançamento, crédito, prescrição e decadência tributários;
> **c)** adequado tratamento tributário ao ato cooperativo praticado pelas sociedades cooperativas;
> **d)** definição de tratamento diferenciado e favorecido para as microempresas e para as empresas de pequeno porte, inclusive regimes especiais ou simplificados no caso do imposto previsto no art. 155, II, das contribuições previstas no art. 195, I e §§ 12 e 13, e da contribuição a que se refere o art. 239.
> **Parágrafo único.** A lei complementar de que trata o inciso III, d, também poderá instituir um regime único de arrecadação dos impostos e contribuições da União, dos Estados, do Distrito Federal e dos Municípios, observado que:
> **I** – será opcional para o contribuinte;
> **II** – poderão ser estabelecidas condições de enquadramento diferenciadas por Estado;
> **III** – o recolhimento será unificado e centralizado e a distribuição da parcela de recursos pertencentes aos respectivos entes federados será imediata, vedada qualquer retenção ou condicionamento;
> **IV** – a arrecadação, a fiscalização e a cobrança poderão ser compartilhadas pelos entes federados, adotado cadastro nacional único de contribuintes.

O inciso I do art. 146 prevê que lei complementar deve resolver eventuais **conflitos de competência**, em matéria tributária, entre a União, os Estados, o Distrito Federal e os Municípios.

Neste passo, é importante ressaltar que a República Federativa do Brasil **não se confunde** com a União, que é uma de suas divisões políticas internas. Portanto, a lei complementar reclamada pela Constituição é de **ordem nacional** (superior), pois destinada a dirimir conflitos de competência entre os entes federados.

A principal manifestação de conflitos decorre da chamada **guerra fiscal**, historicamente travada entre Estados (em razão do ICMS) e entre Municípios (a partir da tributação do ISS), com o Distrito Federal interessado nas duas frentes de batalha.

Na esteira do preceito constitucional, foram elaboradas a **Lei Complementar n. 87/96** (conhecida como Lei Kandir, que dispõe sobre o ICMS) e a **Lei Complementar n. 116/2004**, que cuida do ISS.

> A Lei Complementar de que trata o art. 146, I, da Constituição deve ser nacional, pois compete à República Federativa do Brasil resolver conflitos de competência entre seus entes internos, como a União, os Estados, o Distrito Federal e os Municípios.

Parte da doutrina defende que os conflitos são apenas aparentes, pois não devem existir conflitos reais, uma vez que o sistema jurídico sempre disporia de mecanismos para resolvê-los. Contudo, em matéria tributária, os conflitos de competência podem efetivamente existir, e foi justamente em razão disso que o constituinte tratou de fixar um critério para a sua solução.

O inciso II do art. 146 da Constituição exige lei complementar para regular as **limitações constitucionais** ao poder de tributar, que são as matérias relacionadas aos princípios.

Exemplo: o art. 14 do Código Tributário Nacional é utilizado, como vimos, para definir o conceito de entidade **sem fins lucrativos** exigido pela imunidade tributária.

Já o inciso III do art. 146 exige Lei Complementar para estabelecer normas gerais em matéria de **legislação tributária**, circunstância que alcança todas as espécies tributárias e subordina a atividade normativa de todos os entes federados.

Nesse sentido, o STF decidiu que "a cobrança do diferencial de alíquota alusivo ao ICMS, conforme introduzido pela Emenda Constitucional n. 87/2015, pressupõe edição de lei complementar veiculando normas gerais" (RE 1.287.019, de 2021, com repercussão geral). federados.

O CTN **foi recepcionado** para cumprir esse papel e o faz, por exemplo, ao estabelecer critérios de responsabilidade solidária ou de retroatividade benéfica para as infrações.

Segundo a **teoria da recepção**, as normas jurídicas que forem incompatíveis com a Constituição deverão ser excluídas do ordenamento.

O Código Tributário Nacional surgiu em 1966 como **lei ordinária** (n. 5.172), mas a partir da Carta de 1988 foi recepcionado com força de **lei complementar**, ou seja, apto a dispor sobre matérias que exijam esse tipo de veículo normativo.

> Assim, deve ser hoje entendido como lei formalmente ordinária, mas **materialmente** complementar, de forma que só normas dessa natureza poderão promover alterações no CTN.

Também se exige lei complementar para a **definição de tributos** e suas espécies, bem como, no caso de impostos, para a descrição dos respectivos **fatos geradores**, **bases de cálculo** e **contribuintes**.

Igual exigência se faz presente para a definição de conceitos tributários essenciais, como obrigação, lançamento, crédito tributário, prescrição e decadência, que não podem ser alterados por lei ordinária nem por vontade de qualquer ente público, como já vaticinou a Súmula Vinculante 8, ao apreciar normas ordinárias que dispunham sobre temas estranhos à sua competência.

STF – Súmula Vinculante 8
São inconstitucionais o parágrafo único do art. 5º do DL 1.569/1977 e os arts. 45 e 46 da Lei 8.212/1991, que tratam de prescrição e decadência de crédito tributário.

Importa salientar que, para o STF, as contribuições do art. 149 da Constituição[13] podem ser criadas por **lei ordinária**, a exemplo do que ocorreu com a Lei Ordinária n. 8.212/91, que estabeleceu contribuições sociais no âmbito da União.

O entendimento foi reiterado nas hipóteses de criação das contribuições de intervenção no domínio econômico e de interesse das categorias profissionais, que também podem ser objeto de **lei ordinária**, conforme decidido no AI 739.715. Igual raciocínio também foi aplicado em relação à Lei n. 8.029/90, que instituiu contribuição em favor do Sebrae (RE 396.266).

Todavia, o Supremo Tribunal Federal considera obrigatória a existência de lei complementar para as contribuições relativas a **novas fontes de custeio** para a seguridade social, previstas no § 4º do art. 195 da Constituição:

> § 4º A lei poderá instituir outras fontes destinadas a garantir a manutenção ou expansão da seguridade social, obedecido o disposto no art. 154, I.

A posição do Supremo tem como fundamento a expressa remissão feita pelo dispositivo, o que nos leva a concluir que a instituição de contribuições oriundas de outras fontes de custeio submete-se à **competência residual** da União, prevista no art. 154, I, e, portanto, exige lei complementar, como se extrai da seguinte decisão:

> O § 4º do art. 195 da Constituição prevê que a lei complementar pode instituir outras fontes de receita para a seguridade social; desta forma, quando a Lei 8.870/1994 serve-se de outras fontes, criando contribuição nova, além das expressamente previstas, é ela inconstitucional, porque é lei ordinária, insuscetível de veicular tal matéria (ADI 1.103, julgada em 1996).

Em relação às **cooperativas**, a Constituição não fixa imunidade, mas determina que o chamado ato cooperativo deverá ter adequado tratamento tributário, como se observa da redação do art. 146, III, *c*.

A definição de **ato cooperativo** pode ser encontrada no art. 79 da Lei n. 5.764/71:

> **Art. 79.** Denominam-se atos cooperativos os praticados entre as cooperativas e seus associados, entre estes e aquelas e pelas cooperativas entre si quando associados, para a consecução dos objetivos sociais.
> **Parágrafo único.** O ato cooperativo não implica operação de mercado, nem contrato de compra e venda de produto ou mercadoria.

Em termos tributários, as sociedades cooperativas que atenderem aos requisitos da legislação não recolherão imposto de renda sobre suas atividades econômicas, desde que não objetivem lucro. Em sentido oposto, serão tributados os resultados positivos oriundos de atividades

---

[13] Constituição, art. 149: "Compete exclusivamente à União instituir contribuições sociais, de intervenção no domínio econômico e de interesse das categorias profissionais ou econômicas, como instrumento de sua atuação nas respectivas áreas, observado o disposto nos arts. 146, III, e 150, I e III, e sem prejuízo do previsto no art. 195, § 6º, relativamente às contribuições a que alude o dispositivo. § 1º Os Estados, o Distrito Federal e os Municípios instituirão contribuição, cobrada de seus servidores, para o custeio, em benefício destes, do regime previdenciário de que trata o art. 40, cuja alíquota não será inferior à da contribuição dos servidores titulares de cargos efetivos da União. § 2º As contribuições sociais e de intervenção no domínio econômico de que trata o *caput* deste artigo: I – não incidirão sobre as receitas decorrentes de exportação; II – incidirão também sobre a importação de produtos estrangeiros ou serviços; III – poderão ter alíquotas: a) *ad valorem*, tendo por base o faturamento, a receita bruta ou o valor da operação e, no caso de importação, o valor aduaneiro; b) específica, tendo por base a unidade de medida adotada. § 3º A pessoa natural destinatária das operações de importação poderá ser equiparada à pessoa jurídica, na forma da lei. § 4º A lei definirá as hipóteses em que as contribuições incidirão uma única vez".

estranhas à sua finalidade, como o fornecimento de bens e serviços a não associados ou a participação econômica em outras empresas.

> **STJ – Súmula 262**
> Incide o imposto de renda sobre o resultado das aplicações financeiras realizadas pelas cooperativas.

8. DO SIMPLES NACIONAL

O art. 146, III, *d*, da Constituição introduziu a possibilidade de criação de um **sistema de tributação** voltado para as micro e pequenas empresas, nos seguintes termos:

> **Art. 146.** Cabe à lei complementar:
> (...)
> **III** – estabelecer normas gerais em matéria de legislação tributária, especialmente sobre:
> (...)
> ***d)*** definição de tratamento diferenciado e favorecido para as microempresas e para as empresas de pequeno porte, inclusive regimes especiais ou simplificados no caso do imposto previsto no art. 155, II, das contribuições previstas no art. 195, I e §§ 12 e 13, e da contribuição a que se refere o art. 239.
> **Parágrafo único.** A lei complementar de que trata o inciso III, *d*, também poderá instituir um regime único de arrecadação dos impostos e contribuições da União, dos Estados, do Distrito Federal e dos Municípios, observado que:
> **I** – será opcional para o contribuinte;
> **II** – poderão ser estabelecidas condições de enquadramento diferenciadas por Estado;
> **III** – o recolhimento será unificado e centralizado e a distribuição da parcela de recursos pertencentes aos respectivos entes federados será imediata, vedada qualquer retenção ou condicionamento;
> **IV** – a arrecadação, a fiscalização e a cobrança poderão ser compartilhadas pelos entes federados, adotado cadastro nacional único de contribuintes.

Com a alteração no texto constitucional, promovida pela EC n. 42/2003, o **Simples Nacional** foi instituído com a publicação da Lei Complementar n. 123, de dezembro de 2006, que definiu o "Estatuto Nacional da Microempresa e da Empresa de Pequeno Porte (MP e EPP)", com os seguintes efeitos:

a) regime de tributação favorecida;
b) sistema de arrecadação unificado;
c) vigência a partir de 1º de julho de 2007.

O novo modelo, de âmbito nacional, surgiu em substituição à iniciativa da União de simplificar o recolhimento de tributos, previsto na Lei n. 9.317/96 (Simples Federal). Como o modelo anterior, fixado por lei ordinária federal, não poderia exigir a participação dos **Estados** e **Municípios** (com a inclusão de tributos de sua competência), a alteração constitucional permitiu a criação de um Sistema mais abrangente, que redundou na LC n. 123/2006, posteriormente alterada por outras Leis Complementares.

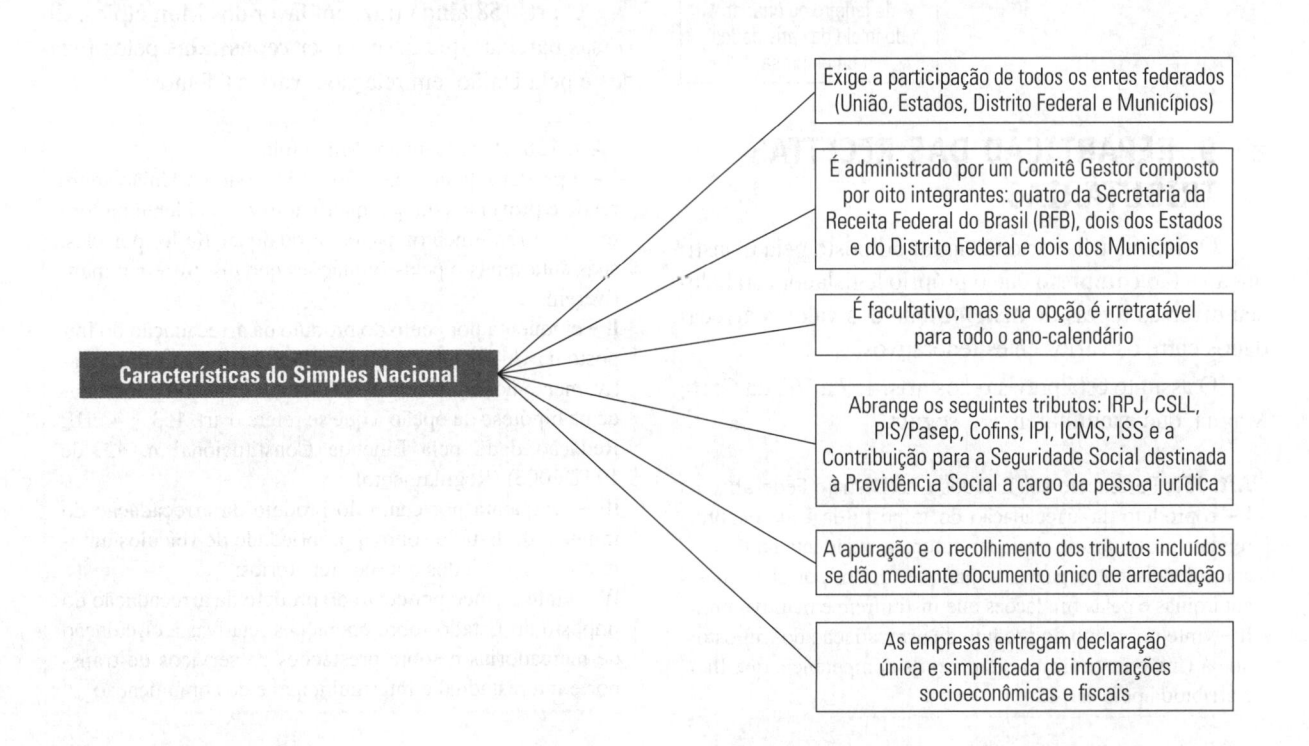

Características do Simples Nacional

- Exige a participação de todos os entes federados (União, Estados, Distrito Federal e Municípios)
- É administrado por um Comitê Gestor composto por oito integrantes: quatro da Secretaria da Receita Federal do Brasil (RFB), dois dos Estados e do Distrito Federal e dois dos Municípios
- É facultativo, mas sua opção é irretratável para todo o ano-calendário
- Abrange os seguintes tributos: IRPJ, CSLL, PIS/Pasep, Cofins, IPI, ICMS, ISS e a Contribuição para a Seguridade Social destinada à Previdência Social a cargo da pessoa jurídica
- A apuração e o recolhimento dos tributos incluídos se dão mediante documento único de arrecadação
- As empresas entregam declaração única e simplificada de informações socioeconômicas e fiscais

No Simples Nacional todos os tributos serão cobrados **conjuntamente** e a alíquota será **progressiva** conforme a receita bruta da empresa.

Importa destacar que poderão ser estabelecidas condições de enquadramento **diferenciadas** por Estado, de acordo com as peculiaridades regionais de cada um.

O recolhimento do Simples Nacional será **unificado** e **centralizado**, sob o ponto de vista do contribuinte, e o repasse da União aos Estados e Municípios será imediato, vedado à União reter ou condicionar qualquer transferência financeira.

Segundo o STF, as imunidades previstas nos arts. 149, § 2º, I (receitas decorrentes de exportação), e 153, § 3º, III (produtos industrializados destinados ao exterior), da Constituição, são aplicáveis às empresas optantes pelo Simples Nacional (RE 598.468, de 2020, com repercussão geral).

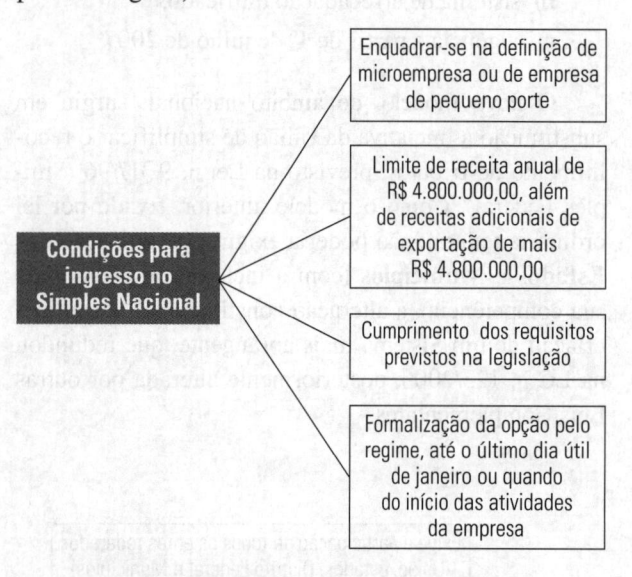

Condições para ingresso no Simples Nacional
- Enquadrar-se na definição de microempresa ou de empresa de pequeno porte
- Limite de receita anual de R$ 4.800.000,00, além de receitas adicionais de exportação de mais R$ 4.800.000,00
- Cumprimento dos requisitos previstos na legislação
- Formalização da opção pelo regime, até o último dia útil de janeiro ou quando do início das atividades da empresa

9. REPARTIÇÃO DAS RECEITAS TRIBUTÁRIAS

O sistema tributário nacional proposto pela Constituição é tão **complexo** que o próprio legislador estabeleceu diversas regras de **distribuição** dos valores arrecadados entre os vários entes federativos.

O assunto está previsto nos arts. 157 a 162 da Carta Magna, que examinaremos a seguir.

> **Art. 157.** Pertencem aos Estados e ao Distrito Federal:
> I – o produto da arrecadação do imposto da União sobre renda e proventos de qualquer natureza, incidente na fonte, sobre rendimentos pagos, a qualquer título, por eles, suas autarquias e pelas fundações que instituírem e mantiverem;
> II – vinte por cento do produto da arrecadação do imposto que a União instituir no exercício da competência que lhe é atribuída pelo art. 154, I.

O art. 157 trata de **duas hipóteses**.

A primeira determina que o imposto de renda incidente na **fonte**, que pertence à União, quando for retido pelos **Estados** e pelo **Distrito Federal**, deve permanecer com estes. É o que ocorre, por exemplo, quando o Estado paga um servidor público que pertence aos seus quadros: em vez de o valor ser transferido para a União (pois o IR a ela pertenceria), deverá ser **mantido** nos cofres estaduais, constituindo-se em fonte adicional de receita.

Igual raciocínio se aplica ao **Municípios**, pois o art. 158, I, reproduz, em favor destes, o comando veiculado pelo art. 157, I:

> **Art. 158.** Pertencem aos Municípios:
> I – o produto da arrecadação do imposto da União sobre renda e proventos de qualquer natureza, incidente na fonte, sobre rendimentos pagos, a qualquer título, por eles, suas autarquias e pelas fundações que instituírem e mantiverem;

> **STJ – Súmula 447**
> Os Estados e o Distrito Federal são partes legítimas na ação de restituição de imposto de renda retido na fonte proposta por seus servidores.

Já a segunda hipótese do art. 157 determina que, se a União criar **novos impostos**, por força da **competência residual** que lhe é exclusiva, 20% do total arrecadado deverá ser repassado aos Estados e ao Distrito Federal, conforme critérios de rateio que deverão constar da própria lei.

O art. 158 ainda traz, em favor dos Municípios, diversas parcelas que deverão ser **repassadas** pelos Estados e pela União, em relação a vários tributos:

> **Art. 158.** Pertencem aos Municípios:
> I – o produto da arrecadação do imposto da União sobre renda e proventos de qualquer natureza, incidente na fonte, sobre rendimentos pagos, a qualquer título, por eles, suas autarquias e pelas fundações que instituírem e mantiverem;
> II – cinquenta por cento do produto da arrecadação do imposto da União sobre a propriedade territorial rural, relativamente aos imóveis neles situados, cabendo a totalidade na hipótese da opção a que se refere o art. 153, § 4º, III; Redação dada pela Emenda Constitucional n. 42, de 19.12.2003) (Regulamento)
> III – cinquenta por cento do produto da arrecadação do imposto do Estado sobre a propriedade de veículos automotores licenciados em seus territórios;
> IV – vinte e cinco por cento do produto da arrecadação do imposto do Estado sobre operações relativas à circulação de mercadorias e sobre prestações de serviços de transporte interestadual e intermunicipal e de comunicação.

> **Parágrafo único.** As parcelas de receita pertencentes aos Municípios, mencionadas no inciso IV, serão creditadas conforme os seguintes critérios:
> I – 65% (sessenta e cinco por cento), no mínimo, na proporção do valor adicionado nas operações relativas à circulação de mercadorias e nas prestações de serviços, realizadas em seus territórios; (Redação dada pela Emenda Constitucional n. 108, de 2020)
> II – até 35% (trinta e cinco por cento), de acordo com o que dispuser lei estadual, observada, obrigatoriamente, a distribuição de, no mínimo, 10 (dez) pontos percentuais com base em indicadores de melhoria nos resultados de aprendizagem e de aumento da equidade, considerado o nível socioeconômico dos educandos. (Redação dada pela Emenda Constitucional n. 108, de 2020)

O inciso II do art. 158 estabelece que **50%** do valor arrecadado pela União, a título de **imposto territorial rural**, deverá ser repassado para o Município em que estiver localizado o imóvel rural.

E mais: com o advento da EC n. 42/2003 surgiu a possibilidade de os municípios ficarem com **100%** do valor do ITR arrecadado, desde que optem por **fiscalizar** e **cobrar**, na forma da lei, o tributo, vedada qualquer possibilidade de redução no valor do imposto ou outra forma de renúncia fiscal (art. 153, § 4º, III).

Cabe também aos municípios **50%** do valor arrecadado pelo **IPVA**, de competência dos Estados, em relação aos carros emplacados no seu território.

O STF confirmou a dicção constitucional e decidiu que "pertence ao Município, aos Estados e ao Distrito Federal a titularidade das receitas arrecadadas a título de imposto de renda retido na fonte incidente sobre valores pagos por eles, suas autarquias e fundações a pessoas físicas ou jurídicas contratadas para a prestação de bens ou serviços, conforme disposto nos arts. 158, I, e 157, I, da Constituição Federal" (RE 1.293.453, de 2021, com repercussão geral).

Esse entendimento ratifica a tese fixada em outro julgado, no sentido de que "é dos Estados e Distrito Federal a titularidade do que arrecadado, considerado Imposto de Renda, incidente na fonte, sobre rendimentos pagos, a qualquer título, por si, autarquias e fundações que instituírem e mantiverem" (RE 607.887, de 2021, com repercussão geral).

Por fim, os municípios ainda fazem jus a **25%** do valor arrecadado pelos Estados com o **ICMS**, e o rateio será feito com base no parágrafo único do art. 158, anteriormente reproduzido[14].

Além dessas situações de repartição das receitas tributárias, o constituinte entendeu que cabe à **União** efetuar o repasse de diversas parcelas arrecadadas, cujas regras, bastante detalhadas, constam do art. 159 da Constituição.

O art. 159 da Constituição foi alterado pela Emenda Constitucional n. 112, de 2021, que incluiu a alínea *f*, para estabelecer mais "1% (um por cento) ao Fundo de Participação dos Municípios, que será entregue no primeiro decêndio do mês de setembro de cada ano".

Com isso, o inciso I do art. 159 passou a estabelecer 50% de distribuição (em vez de 49%): "I – do produto da arrecadação dos impostos sobre renda e proventos de qualquer natureza e sobre produtos industrializados, 50% (cinquenta por cento), da seguinte forma:

> **Art. 159.** A União entregará:
> I – do produto da arrecadação dos impostos sobre renda e proventos de qualquer natureza e sobre produtos industrializados, 50% (cinquenta por cento), da seguinte forma:
> *a)* vinte e um inteiros e cinco décimos por cento ao Fundo de Participação dos Estados e do Distrito Federal;
> *b)* vinte e dois inteiros e cinco décimos por cento ao Fundo de Participação dos Municípios;
> *c)* três por cento, para aplicação em programas de financiamento ao setor produtivo das Regiões Norte, Nordeste e Centro-Oeste, através de suas instituições financeiras de caráter regional, de acordo com os planos regionais de desenvolvimento, ficando assegurada ao semiárido do Nordeste a metade dos recursos destinados à Região, na forma que a lei estabelecer;
> *d)* um por cento ao Fundo de Participação dos Municípios, que será entregue no primeiro decêndio do mês de dezembro de cada ano;
> *e)* 1% (um por cento) ao Fundo de Participação dos Municípios, que será entregue no primeiro decêndio do mês de julho de cada ano;
> *f)* 1% (um por cento) ao Fundo de Participação dos Municípios, que será entregue no primeiro decêndio do mês de setembro de cada ano
> II – do produto da arrecadação do imposto sobre produtos industrializados, dez por cento aos Estados e ao Distrito Federal, proporcionalmente ao valor das respectivas exportações de produtos industrializados.
> III – do produto da arrecadação da contribuição de intervenção no domínio econômico prevista no art. 177, § 4º, vinte e nove por cento para os Estados e o Distrito Federal, distribuídos na forma da lei, observada a destinação a que se refere o inciso II, *c*, do referido parágrafo.
> § 1º Para efeito de cálculo da entrega a ser efetuada de acordo com o previsto no inciso I, excluir-se-á a parcela da arrecadação do imposto de renda e proventos de qualquer natureza pertencente aos Estados, ao Distrito Federal e aos Municípios, nos termos do disposto nos arts. 157, I, e 158, I.
> § 2º A nenhuma unidade federada poderá ser destinada parcela superior a vinte por cento do montante a que se

---

[14] Os Estados repassam 25% para um fundo destinado aos municípios, sendo que ¾ vão para os Municípios que geraram mais arrecadação e o restante ¼ será rateado conforme dispuser lei estadual.

refere o inciso II, devendo o eventual excedente ser distribuído entre os demais participantes, mantido, em relação a esses, o critério de partilha nele estabelecido.

§ 3º Os Estados entregarão aos respectivos Municípios vinte e cinco por cento dos recursos que receberem nos termos do inciso II, observados os critérios estabelecidos no art. 158, parágrafo único, I e II.

§ 4º Do montante de recursos de que trata o inciso III que cabe a cada Estado, vinte e cinco por cento serão destinados aos seus Municípios, na forma da lei a que se refere o mencionado inciso.

De notar que no inciso I do art. 159 a Constituição prevê que a União deverá **distribuir 50%** do total arrecadado a título de **imposto de renda** e de **IPI**, em seis partes, a saber:

Repartição do IR e do IPI – Total 50%

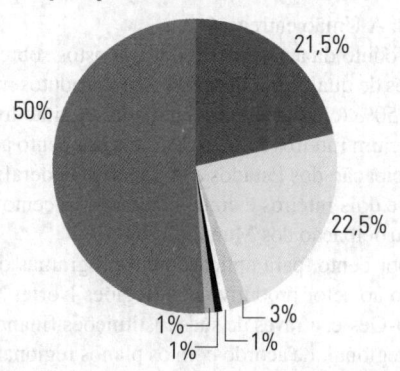

- 50%
- 21,5%
- 22,5%
- 3%
- 1%
- 1%
- 1%

- Fundo de Participação dos Estados e do Distrito Federal
- Fundo de Participação dos Municípios
- Programas de Financiamento Regiões NO, NE, CO
- Fundo de Participação dos Municípios – entrega até 10/12
- Fundo de Participação dos Municípios – entrega até 10/07
- Fundo de Participação dos Municípios – entrega até 10/09
- União

Em relação ao inciso II do art. 159, deve ser calculado o valor total de arrecadação do IPI, pela União, e distribuído 10% aos Estados e ao Distrito Federal, **proporcionalmente** ao valor das respectivas exportações de produtos industrializados. E os Estados deverão repassar, do montante recebido, 25% para os Municípios que promoveram a exportação.

Assim, os entes federativos com **maior vocação** para as exportações receberão uma parte maior desse rateio[15].

No caso da **CIDE combustíveis**, a distribuição prevista pelo inciso III do art. 159 estabelece que 29% do valor arrecadado pela União será transferido para os Estados, que ficam com 21,75%, pois repassam 7,25% (1/4) para os Municípios. Esta distribuição é balizada de acordo com os **fatos geradores** ocorridos em cada território.

Os fatos geradores da CIDE são a produção, importação ou formulação de combustíveis.

Convém lembrar que a CIDE é um gênero que pode ter várias espécies, cujas figuras mais importantes são **CIDE combustíveis** e a **CIDE remessas para o exterior**.

O resultado arrecadado pela CIDE deve ser destinado a um fundo específico, como ocorre no caso da CIDE combustíveis, prevista no art. 177, § 4º, da Constituição:

Art. 177. Constituem monopólio da União:
(...)
§ 4º A lei que instituir contribuição de intervenção no domínio econômico relativa às atividades de importação ou comercialização de petróleo e seus derivados, gás natural e seus derivados e álcool combustível deverá atender aos seguintes requisitos:
I – a alíquota da contribuição poderá ser:
a) diferenciada por produto ou uso;
b) reduzida e restabelecida por ato do Poder Executivo, não se lhe aplicando o disposto no art. 150, III, *b*;
II – os recursos arrecadados serão destinados:
a) ao pagamento de subsídios a preços ou transporte de álcool combustível, gás natural e seus derivados e derivados de petróleo;
b) ao financiamento de projetos ambientais relacionados com a indústria do petróleo e do gás;
c) ao financiamento de programas de infraestrutura de transportes.

Por fim, convém lembrar que também será distribuído o valor arrecadado pela União, a título de **IOF**, em relação ao **ouro** definido como **ativo financeiro** ou **instrumento cambial**, que é o ouro negociado em bolsas de mercadorias, com pureza de 999 partículas por mil, como estabelece o art. 153, § 5º, I e II, da Constituição:

§ 5º O ouro, quando definido em lei como ativo financeiro ou instrumento cambial, sujeita-se exclusivamente à incidência do imposto de que trata o inciso V do *caput* deste artigo, devido na operação de origem; a alíquota mínima será de um por cento, assegurada a transferência do montante da arrecadação nos seguintes termos:
I – trinta por cento para o Estado, o Distrito Federal ou o Território, conforme a origem;
II – setenta por cento para o Município de origem.

Todas essas complexas e detalhadas formas de repartição de receitas tributárias podem ser sintetizadas no quadro a seguir, que facilita a visualização e o estudo de cada hipótese.

---

[15] Destaque-se que a nenhuma unidade federada poderá ser destinada parcela superior a 20% do montante do IPI rateado, devendo o eventual excedente ser distribuído entre os demais participantes, mantido, em relação a esses, o critério de partilha nele estabelecido, conforme limitação contida no art. 159, § 2º.

União	Estados / DF	Municípios
IRRF (arts. 157, I e 158, I)	100%	100%
IOF OURO (art. 153, § 5º, I e II)	30%	70%
Competência residual (art. 157, II)	20%	
CIDE combustíveis (art. 159, III e § 4º, com base no art. 177, § 4º)	29%	25% (do montante recebido pelos Estados)
ITR (art. 158, II)		50% (União e Município – art. 158, II) ou 100% p/ Município (art. 153, § 4º, III)
IPI proporcional às exportações de produtos industrializados (art. 159, II)	10%	25% (do recebido pelos Estados)
	IPVA	50% (art. 158, III)
	ICMS	25% (art. 158, IV), sendo 65% em função do valor adicionado nas operações relativas à circulação de mercadorias e nas prestações de serviços, realizadas em seus territórios e 35% conforme dispuser lei estadual, observada, obrigatoriamente, a distribuição de, no mínimo, 10% com base em indicadores de melhoria nos resultados de aprendizagem e de aumento da equidade,considerado o nível socioeconômico dos educandos (art. 158, parágrafo único, I e II)
IR + IPI (art. 159, I)	21,5% ao FPE	22,5% ao FPM + 1% ao FPM (pago no primeiro decêndio de julho) + 1% ao FPM (pago no primeiro decêndio de setembro) +1% ao FPM (pago no primeiro decêndio de dezembro) + 3% para as Regiões NO, NE (metade para o semiárido) e Centro-Oeste

■ 10. CÓDIGO TRIBUTÁRIO NACIONAL

A partir do art. 101, o Código Tributário Nacional trata da **vigência**, **eficácia** e **aplicação** (no tempo e no espaço) das normas tributárias.

A expressão "legislação tributária", utilizada pelo CTN, deve ser entendida como qualquer norma jurídica, **legal** (em sentido estrito, formal e material) ou **infralegal** (decretos, portarias, instruções normativas e tantas outras espécies).

Em relação à **vigência**, as normas tributárias seguem, em regra, as disposições aplicáveis às leis em geral, conforme estabelecido na Lei de Introdução às Normas do Direito Brasileiro.

Entretanto, alguns instrumentos especificamente tributários possuem prazos próprios, descritos no art. 103:

a) os **atos administrativos**, como as portarias e instruções normativas, entram em vigor na data da sua publicação;

b) as **decisões** de órgãos singulares ou colegiados produzem efeitos normativos 30 dias após a data da sua publicação;

c) os **convênios** celebrados entre a União, os Estados, o Distrito Federal e os Municípios entram em vigor na data neles prevista.

Existe, ainda, uma regra especial para os dispositivos de lei relativos a impostos sobre **patrimônio** ou **renda**, que entrarão em vigor no 1º dia do exercício seguinte à publicação nos casos em que[16]:

a) instituam ou majorem tais impostos;

b) definam novas hipóteses de incidência;

c) extingam ou reduzam isenções, salvo se a lei dispuser de maneira mais favorável ao contribuinte.

Quando o assunto relaciona-se ao critério **espacial** dos tributos (jurisdição, campo de incidência etc.), a regra geral é a da **territorialidade**, ou seja, a União, os Estados, o Distrito Federal e os Municípios produzirão leis que alcançarão fatos ocorridos dentro dos respectivos territórios.

Com a sofisticação e consequente multiplicação das relações jurídicas e econômicas, o direito tributário passou a reconhecer a possibilidade de existência de **normas extraterritoriais**, em duas situações:

a) na ordem **interna**, quando houver a celebração de **convênio** entre os entes federativos, como ocorre, por exemplo, no âmbito do CONFAZ, em relação ao ICMS;

b) na ordem **internacional**, sempre que o Brasil celebrar **tratados** com outros países sobre matéria tributária.

■ 10.1. Aplicação da legislação tributária no tempo

A questão da aplicação das normas tributárias no **tempo** foi abordada de forma um tanto confusa pelo Código Tributário Nacional. O ponto de partida é a previsão contida no art. 105:

---

[16] Art. 104 do CTN.

> **Art. 105.** A legislação tributária aplica-se imediatamente aos fatos geradores futuros e aos pendentes, assim entendidos aqueles cuja ocorrência tenha tido início mas não esteja completa nos termos do art. 116.

Parece óbvio que a legislação tributária seja aplicável aos fatos **posteriores** à sua entrada em vigor, principalmente em razão do princípio da irretroatividade, que rege o direito tributário.

Exemplo: se uma lei "X" for publicada em 20 de março, os efeitos dela decorrentes só poderão alcançar fatos posteriores à sua entrada em vigor, sem prejuízo da obediência aos princípios da anterioridade e da noventena na hipótese de instituição ou majoração de tributos.

> O que causa enorme estranheza é o conceito de "fato pendente", que seria aquele que, embora iniciado, ainda não se aperfeiçoou. Isso não faz o menor sentido, pois a palavra **fato** (derivada de *feito*, particípio passado do verbo "fazer") só pode ser expressa no pretérito.

Sempre que nos reportamos a um fato é porque ele **já ocorreu**, como "ontem fui à escola", "a menina conheceu o pai", e assim sucessivamente.

Um fato sempre revela **certeza**, e a partir dessa premissa fica difícil aceitar a expressão "fato pendente", formulada pelo Código.

Apesar disso, o art. 105 do CTN, como vimos, reporta-se ao art. 116, que traria os supostos critérios para a identificação dos "fatos pendentes", nos seguintes termos:[17]

> **Art. 116.** Salvo disposição de lei em contrário, considera-se **ocorrido** o fato gerador e existentes os seus efeitos:
> I – tratando-se de situação de fato, desde o momento em que se verifiquem as circunstâncias materiais necessárias a que produza os efeitos que normalmente lhe são próprios;
> II – tratando-se de situação jurídica, desde o momento em que esteja definitivamente constituída, nos termos de direito aplicável[17].

[17] O art. 117 do CTN busca explicar as condições necessárias para que os atos jurídicos sejam considerados como perfeitos e acabados: "Art. 117. Para os efeitos do inciso II do artigo anterior e salvo disposição de lei em contrário, os atos ou negócios jurídicos condicionais reputam-se perfeitos e acabados: I – sendo suspensiva a condição, desde o momento de seu implemento; II – sendo resolutória a condição, desde o momento da prática do ato ou da celebração do negócio". Condição suspensiva significa que os efeitos do contrato somente ocorrerão numa data futura, a partir da qual o negócio será reputado como perfeito e acabado. Já na hipótese de condição resolutória, os efeitos do contrato são implementados desde a data de sua prática ou celebração.

Veja que o Código não consegue sair da armadilha por ele próprio criada, pois o art. 116 descreve situações em que **se considera ocorrido** (finalizado, pronto, perfeito) o fato gerador e em nada contribui para o esclarecimento do que seria o tal "fato pendente".

Para a prova devemos considerar que, sempre que estiverem presentes os elementos necessários para a **caracterização** do fato gerador (uma operação de compra e venda, a obtenção de renda, a propriedade de veículo automotor e assim por diante), a lei poderá ser aplicada e dela serão extraídos os efeitos econômicos e tributários pertinentes.

Descabem, para os limites a que nos propomos, maiores elucubrações acerca dessa incoerência do legislador, que mais atrapalha do que esclarece os fenômenos tributários, quando analisados em função do tempo.

Com efeito, os conceitos e o raciocínio que o leitor conhece e aplica para as outras matérias podem também ser estendidos, sem problemas, ao assunto que estamos analisando.

O parágrafo único do art. 116 do CTN, introduzido em 2001, trouxe a possibilidade de a autoridade fiscal desconsiderar atos ou negócios jurídicos **simulados**, ou seja, aqueles praticados pelo contribuinte com vistas a reduzir, de forma ilícita, o valor dos tributos devidos.

> **Art. 116, parágrafo único.** A autoridade administrativa poderá desconsiderar atos ou negócios jurídicos praticados com a finalidade de dissimular a ocorrência do fato gerador do tributo ou a natureza dos elementos constitutivos da obrigação tributária, observados os procedimentos a serem estabelecidos em lei ordinária.

A eficácia do comando é bastante discutida na doutrina e jurisprudência, até porque a lei ordinária que regularia os procedimentos **jamais foi editada**. O assunto é polêmico e se insere no conceito do chamado **planejamento tributário**, que pode ser lícito ou abusivo, de acordo com as condutas e caminhos escolhidos pelo interessado, o que sempre enseja verdadeiro embate entre as empresas e as autoridades fiscais.

De qualquer forma, o ônus da prova é, e sempre será, da fiscalização, que deverá comprovar que o contrato dissimulou a ocorrência do fato gerador ou que este foi celebrado apenas com o objetivo de obter vantagens tributárias indevidas.

11. INTEGRAÇÃO E INTERPRETAÇÃO DAS NORMAS TRIBUTÁRIAS

O Código Tributário Nacional admite expressamente a possibilidade de **lacunas** ou **omissões** legais, pois estabeleceu, no art. 108, critérios para a chamada integração das normas:

> **Art. 108.** Na ausência de disposição expressa, a autoridade competente para aplicar a legislação tributária utilizará sucessivamente, na ordem indicada:
> I – a analogia;
> II – os princípios gerais de direito tributário;
> III – os princípios gerais de direito público;
> IV – a equidade.
> § 1º O emprego da analogia não poderá resultar na exigência de tributo não previsto em lei.
> § 2º O emprego da equidade não poderá resultar na dispensa do pagamento de tributo devido.

Assim, quando a autoridade fiscal se depara com uma situação em que **não existe** regra específica para o caso concreto, deve buscar uma solução jurídica baseada no modelo do art. 108, aplicando, na sequência fixada, os **critérios de integração**.

Como a lei é obrigatória para a definição das relações tributárias, o CTN adverte que não é possível exigir tributo com base na **analogia** (situações equivalentes), da mesma forma que a **equidade** (aplicação do comando menos rigoroso) não pode resultar em dispensa do pagamento.

Os critérios de integração normalmente são aplicados em questões secundárias, que não envolvam a obrigação tributária principal.

No que tange à **interpretação**, o Código tem por objetivo preservar a vontade expressa do legislador, sempre que houver qualquer dúvida acerca da obrigação tributária, afastando a possibilidade de o intérprete utilizar critérios **ampliativos** ou **restritivos** não previstos em lei.

Esse comando é naturalmente dirigido à **administração tributária**, que não deverá fazer juízo de valor ou ponderar questões extrajurídicas quando da aplicação das normas relativas ao crédito tributário ou às obrigações acessórias.

A intenção do Código é impedir o **subjetivismo** na aplicação da legislação tributária, deixando que temas polêmicos sejam apreciados e decididos no âmbito do Poder Judiciário.

> **Art. 111.** Interpreta-se literalmente a legislação tributária que disponha sobre:
> I – suspensão ou exclusão do crédito tributário;
> II – outorga de isenção;
> III – dispensa do cumprimento de obrigações tributárias acessórias.

Já a interpretação relativa a **infrações e penalidades** deve seguir o famoso preceito do direito penal (*in dubio pro reo*, manifestação do princípio da presunção de inocência), que em caso de dúvida determina a interpretação **mais favorável** ao acusado:

> **Art. 112.** A lei tributária que define infrações, ou lhe comina penalidades, interpreta-se da maneira mais favorável ao acusado, em caso de dúvida quanto:
> I – à capitulação legal do fato;
> II – à natureza ou às circunstâncias materiais do fato, ou à natureza ou extensão dos seus efeitos;
> III – à autoria, imputabilidade, ou punibilidade;
> IV – à natureza da penalidade aplicável, ou à sua graduação.

12. OBRIGAÇÃO TRIBUTÁRIA

Obrigação tributária é a **relação jurídica** instaurada a partir da prática de atos previstos em lei como suficientes para exigir de alguém o pagamento de tributos.

Como sabemos, a obrigação tributária só pode decorrer de lei (obrigação *ex lege*), e a análise dos seus elementos é um dos temas mais importantes do direito tributário.

Elementos da obrigação tributária:

- Lei (principal) e legislação (acessória)
- Fato jurídico
- Sujeito ativo
- Sujeito passivo
- Objeto = Base de cálculo x Alíquota

12.1. Lei (obrigação principal) e legislação (obrigação acessória)

O Código Tributário Nacional divide a obrigação tributária em **principal** e **acessória**, como se pode depreender do art. 113:

> **Art. 113.** A obrigação tributária é principal ou acessória.
> § 1º A obrigação principal surge com a ocorrência do fato gerador, tem por objeto o pagamento de tributo ou penalidade pecuniária e extingue-se juntamente com o crédito dela decorrente.
> § 2º A obrigação acessória decorre da legislação tributária e tem por objeto as prestações, positivas ou negativas, nela previstas no interesse da arrecadação ou da fiscalização dos tributos.
> § 3º A obrigação acessória, pelo simples fato da sua inobservância, converte-se em obrigação principal relativamente à penalidade pecuniária.

A obrigação tributária **principal** exige lei em sentido estrito, que deverá impor à pessoa o dever de pagar o tributo correspondente ao fato que praticou. Todos os temas que envolvam **dinheiro** (tributo, multas, juros) são objeto da obrigação tributária principal.

Já a obrigação tributária **acessória** cuida de tudo aquilo que não se relacione com dinheiro.

São os chamados **deveres instrumentais**, que normalmente correspondem a obrigações de fazer, como emitir notas fiscais, escriturar livros e registros contábeis e prestar declarações ao Fisco, entre outras.

12.2. Fato jurídico / fato gerador

Embora exista um grande debate no direito tributário acerca de qual seria a melhor expressão para definir o fenômeno da incidência, é certo que tanto a Constituição como o Código Tributário Nacional consagram a expressão **fato gerador**, que é usada no Brasil pelo legislador desde a década de 1960.

> Por outro lado, a maior parte da doutrina prefere destacar o traço distintivo entre a **previsão normativa** de um fato e a sua **ocorrência** no mundo real. Com efeito, a previsão normativa de um fato costuma ser chamada de **hipótese de incidência**, ou seja, a descrição teórica (no plano ideal) de condutas definidas em lei como aptas ao nascimento da obrigação tributária.

Nesse contexto, o legislador descreve possíveis situações, que entende pertinentes para a criação de tributos, fixando-lhes critérios analíticos.

Esses critérios serão utilizados pelo intérprete para verificar se, no mundo real, alguém **praticou a conduta** prevista em lei. A este fato, que se amolda perfeitamente à hipótese legal, chamamos **fato jurídico**.

É por isso que em direito tributário se utiliza o conceito de incidência, vale dizer, a possibilidade de a norma jurídica **incidir** (sair do plano ideal para alcançar o plano real) sobre fatos praticados no dia a dia pelas pessoas.

Assim, na exata medida em que alguém pratica uma conduta prevista em lei como **necessária** e **suficiente** para o nascimento da obrigação tributária (auferir renda, por exemplo), surgirá para o Estado o direito de exigir o tributo correspondente, e, de forma reflexa, terá o indivíduo o dever de recolher o montante aos cofres públicos, tudo de acordo com os critérios, prazos e condições estabelecidos pelo ordenamento.

Para que se possa aferir, com precisão, o perfeito encaixe entre a previsão legal e a conduta das pessoas (tecnicamente conhecido como **subsunção**), a hipótese de incidência estabelece três critérios analíticos: material, temporal e espacial.

a) **Critério material:** normalmente tem como núcleo um verbo que expressa a conduta ou o *status* jurídico de uma pessoa, como "auferir renda", "ser proprietário", "vender mercadoria" etc.

b) **Critério espacial:** indica a dimensão territorial em que ocorre a conduta (local), circunstância essencial para a definição da competência tributária e da jurisdição.

c) **Critério temporal:** determina o momento de ocorrência ou aperfeiçoamento da conduta.

Os três critérios compõem o **antecedente** da hipótese de incidência, e o seu preenchimento terá como consequência o nascimento da relação jurídica entre o Estado e o sujeito passivo. Essa relação de causa e efeito da obrigação tributária é demonstrada pela chamada **regra matriz de incidência**.

Para os autores que seguem a dicção legal e optam por utilizar a expressão **fato gerador**, convém ressaltar que esta englobaria os dois momentos: a previsão legal e a materialização da conduta. Assim, o fato gerador representaria o **somatório** dos conceitos de hipótese de incidência e de fato jurídico.

Contudo, em homenagem ao princípio *pecunia non olet*, o Código Tributário Nacional, no art. 118, considera irrelevante a validade jurídica dos atos para fins de incidência:

> **Art. 118.** A definição legal do fato gerador é interpretada abstraindo-se:
> I – da validade jurídica dos atos efetivamente praticados pelos contribuintes, responsáveis, ou terceiros, bem como da natureza do seu objeto ou dos seus efeitos;
> II – dos efeitos dos fatos efetivamente ocorridos.

12.3. Sujeito ativo

Sujeito ativo é o **titular da competência**, ou seja, a pessoa que recebeu poderes da Constituição para legislar e dispor sobre tributos.

A competência tributária é **indelegável** e, portanto, não pode ser transferida a outro ente da Federação.

Não podemos confundir competência tributária com **capacidade tributária ativa**, pois esta é **delegável**, por meio de lei, e corresponde à possibilidade de fiscalizar, arrecadar e ser destinatário do resultado econômico dos valores arrecadados.

12.4. Sujeito passivo

O sujeito passivo é a pessoa que deverá **assumir o ônus** da obrigação tributária e pode ser tanto o **contribuinte** como o **responsável**.

Contribuinte é aquele que tem relação **direta** e **pessoal** com o fato, ou seja, a pessoa que praticou a conduta prevista em lei. Podemos dizer que o contribuinte sofre a incidência direta da norma jurídica, pois materializa, em termos reais, exatamente o que fora previsto pela hipótese legal.

Contudo, é possível que uma segunda norma atribua **responsabilidade a terceiro**, que não praticou o fato, mas é chamado a assumir o ônus da obrigação. Aqui teríamos um fenômeno de **refração**, pois a *Norma 1* incidiria sobre quem praticou a conduta e a *Norma 2* atribuiria responsabilidade a um terceiro, como no esquema a seguir:

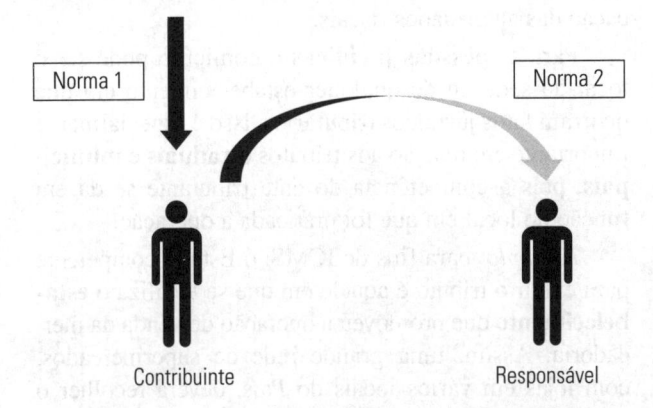

Exemplo: no caso do imposto de renda, **contribuinte** é o funcionário da empresa que recebe o salário, mas a lei determina que o empregador, como **responsável**, faça a retenção do tributo devido e o repasse aos cofres públicos.

Com o objetivo de evitar que os particulares manipulem a **eleição** do responsável pelo ônus da obrigação, deslocando-a de uma pessoa para outra por meio de contratos ou qualquer outro tipo de acordo, o art. 123 do Código Tributário Nacional adverte que:

> **Art. 123.** Salvo disposições de lei em contrário, as convenções particulares, relativas à responsabilidade pelo pagamento de tributos, não podem ser opostas à Fazenda Pública, para modificar a definição legal do sujeito passivo das obrigações tributárias correspondentes.

12.5. Base de cálculo e alíquota

Os dois elementos, base de cálculo e alíquota, representam o aspecto **quantitativo** da obrigação tributária.

A base de cálculo pode ser definida como a **expressão econômica** de um fato jurídico, vale dizer, como o valor que servirá de referência para a apuração do tributo (pode ser o valor da venda, do salário, do rendimento ou de qualquer outra grandeza econômica prevista em lei).

Já a **alíquota** representa a parcela da base de cálculo que deverá ser transferida para o Estado.

As alíquotas podem ser de dois tipos:

a) *Ad valorem:* é a modalidade mais conhecida, na qual a alíquota é um **percentual** em relação à base de cálculo, como no caso do ICMS, que em São Paulo representa 18% do valor da venda.

b) **Específica:** neste caso a alíquota é expressa por um valor **em reais** (R$), de acordo com a **quantidade** do produto ou mercadoria. *Exemplo*: na CIDE combustíveis a alíquota específica da gasolina é de R$ 860,00 por metro cúbico, o que representa R$ 0,86 por litro[18].

Sobre a obrigação tributária devemos atentar, ainda, para duas observações importantes.

> Em primeiro lugar, **não se aplica** em tributário a máxima de que "o acessório segue o principal", porque é possível a existência de obrigações acessórias mesmo quando não haja obrigação principal, como no caso das isenções e imunidades.

Exemplo: uma pessoa **isenta** do pagamento de determinado tributo (obrigação principal) ainda assim deverá cumprir todas as **obrigações acessórias**, como emitir notas fiscais, escriturar livros e apresentar declarações.

Precisamos também destacar que o **descumprimento** de uma obrigação acessória tem o condão de **convertê-la** em obrigação principal, relativamente à imposição da multa.

Explicamos: quando alguém deixa de cumprir uma obrigação acessória, como prestar uma declaração ao fisco, sujeita-se à respectiva **multa**, prevista em lei. Como a multa tem natureza pecuniária (dinheiro), surge a obrigação principal, como decorrência da inobservância de uma obrigação de fazer.

12.6. Capacidade tributária

A possibilidade de alguém ser alcançado pela norma tributária **não comporta** exceções ou restrições. Em respeito ao princípio da isonomia, o CTN entende que **todas as pessoas** se submetem à incidência tributária, independentemente de limitações ou qualquer tipo de incapacidade porventura reconhecidas em outras áreas do direito.

A chamada **capacidade tributária passiva**, assim entendida como a possibilidade de alguém ser destinatário da norma tributária, é **plena**, como estabelece o art. 126 do Código:

---

[18] Cada metro cúbico (m³) é composto de 1.000 litros.

> **Art. 126.** A capacidade tributária passiva independe:
> I – da capacidade civil das pessoas naturais;
> II – de achar-se a pessoa natural sujeita a medidas que importem privação ou limitação do exercício de atividades civis, comerciais ou profissionais, ou da administração direta de seus bens ou negócios;
> III – de estar a pessoa jurídica regularmente constituída, bastando que configure uma unidade econômica ou profissional.

Assim, mesmo uma pessoa com limitações na esfera civil deverá responder pelos tributos a que der causa, ainda que o efetivo pagamento ocorra por meio de responsáveis. Isso inclui os menores de idade, os interditos e até mesmo as pessoas incapacitadas por doença, que são consideradas **sujeitos passivos** da obrigação tributária, ainda que não possam, juridicamente, atuar de forma direta para a satisfação dos seus deveres.

Nesses casos a legislação transferirá o ônus pelo cumprimento das respectivas obrigações a terceiros, que na qualidade de responsáveis deverão recolher os tributos devidos.

12.7. Domicílio

A definição do **domicílio** tributário tem por objetivo fixar a competência do ente tributante e também servir de ponto de contato entre o Estado e o particular, pois o contribuinte deverá ser intimado no local do seu domicílio.

Como regra geral, os contribuintes podem **eleger** seus respectivos domicílios, e o Código Tributário Nacional, no art. 127, estabelece critérios para a **identificação** do local quando em situações especiais:

> **Art. 127.** Na falta de eleição, pelo contribuinte ou responsável, de domicílio tributário, na forma da legislação aplicável, considera-se como tal:
> I – quanto às pessoas naturais, a sua residência habitual, ou, sendo esta incerta ou desconhecida, o centro habitual de sua atividade;
> II – quanto às pessoas jurídicas de direito privado ou às firmas individuais, o lugar da sua sede, ou, em relação aos atos ou fatos que derem origem à obrigação, o de cada estabelecimento;
> III – quanto às pessoas jurídicas de direito público, qualquer de suas repartições no território da entidade tributante.
> § 1º Quando não couber a aplicação das regras fixadas em qualquer dos incisos deste artigo, considerar-se-á como domicílio tributário do contribuinte ou responsável o lugar da situação dos bens ou da ocorrência dos atos ou fatos que deram origem à obrigação.
> § 2º A autoridade administrativa pode recusar o domicílio eleito, quando impossibilite ou dificulte a arrecadação ou a fiscalização do tributo, aplicando-se então a regra do parágrafo anterior.

De notar que, se as pessoas naturais não elegerem o seu domicílio, este será considerado como o local de **residência** ou **ocupação profissional habitual**. Normalmente a eleição do domicílio se dá por meio de sistemas informatizados, quando o contribuinte ou o responsável presta informações ao poder público, como no caso da declaração anual do imposto de renda das pessoas físicas, que é enviada todos os anos pela internet. Ao entregar a declaração, o interessado informa o endereço em que deseja ser encontrado, inclusive para fins de notificação das autoridades fiscais.

Para as **pessoas jurídicas** o domicílio pode ser o local da sede ou de qualquer estabelecimento em que ocorram fatos jurídicos tributários. Isso é especialmente importante em relação aos tributos **estaduais** e **municipais**, pois a competência do ente tributante se dá em função do local em que foi praticada a operação.

Exemplo: para fins de ICMS, o Estado competente para exigir o tributo é aquele em que se localiza o **estabelecimento** que promoveu a operação de venda da mercadoria. Assim, uma grande rede de supermercados, com lojas em vários locais do País, deverá recolher o ICMS em favor do ente federado em cujo território ocorreu a operação, independentemente do lugar de sua sede.

Para as pessoas jurídicas de **direito público** o domicílio será o local da repartição no território do ente tributante.

O CTN traz **duas exceções** em relação às regras de fixação do domicílio:

a) Quando não for possível identificar o domicílio em razão da pessoa que praticou a conduta, será considerado o local da **situação dos bens** ou da **ocorrência dos fatos geradores**. Exemplo disso seria o comércio de ambulantes, que por definição não possuem endereço fixo, mas respondem pelos atos praticados no local em que exercerem sua atividade.

b) **Recusa motivada** do domicílio pela autoridade fiscal, sempre que o domicílio eleito pelo interessado for de difícil acesso ou considerado como de risco para o desempenho das atividades de fiscalização.

12.8. Responsabilidade

Como vimos, o ônus de uma obrigação tributária pode recair tanto sobre quem praticou a conduta (contribuinte) como sobre um terceiro, que é chamado de responsável.

A responsabilidade implica a chamada **sujeição passiva indireta** e normalmente decorre de um fenômeno de **transferência**, pelo qual o dever de cumprir a obrigação se desloca do contribuinte para o responsável.

A responsabilidade só pode ser atribuída por força de lei, jamais por qualquer forma de analogia, aproximação ou outro critério subjetivo.

Além das hipóteses de responsabilidade expressa previstas no art. 134 da Constituição, que veremos mais adiante, a sujeição passiva indireta ainda se relaciona a dois fenômenos bastante importantes e frequentes nas provas: a solidariedade e a sucessão.

A **solidariedade** está prevista nos arts. 124 e 125 do Código Tributário Nacional:

> **Art. 124.** São solidariamente obrigadas:
> I – as pessoas que tenham interesse comum na situação que constitua o fato gerador da obrigação principal;
> II – as pessoas expressamente designadas por lei.
> **Parágrafo único.** A solidariedade referida neste artigo não comporta benefício de ordem.

O CTN entende que todas as pessoas que tenham **interesse comum** no fato gerador da obrigação devem ser tratadas como solidárias, o que implica que qualquer uma delas pode ser chamada a responder pela **integralidade** do crédito tributário, independentemente de qualquer benefício de ordem (que seria a imputação sequencial da responsabilidade).

Exemplo: imaginemos que 4 pessoas são proprietárias de um imóvel urbano, cada qual com 25% de participação. Nesse caso a prefeitura poderá exigir o valor integral do IPTU de qualquer uma delas, sem considerar a participação individual no imóvel. Se o valor do imóvel for de R$ 1.000.000,00 e o IPTU total a pagar for de R$ 10.000,00, embora cada condômino tenha apenas ¼ do bem, poderá ser chamado a responder pelo valor integral do imposto.

Embora tenha apenas 25% do imóvel, o Proprietário "A" poderá responder por 100% do valor do IPTU, em razão da solidariedade

Proprietário "D"
Proprietário "A"
Proprietário "C"
Proprietário "B"

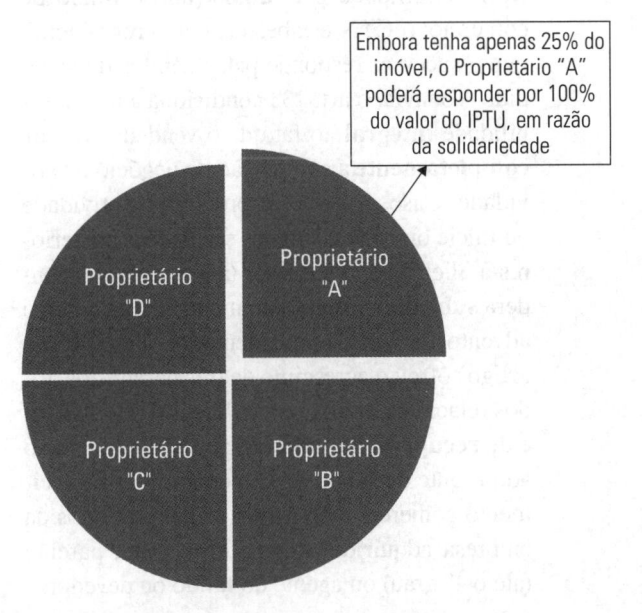

No exemplo anterior, é óbvio que, se o Proprietário "A" pagar o valor total do IPTU, terá o **direito de cobrar** (mediante ação de regresso) dos demais proprietários o valor correspondente às respectivas participações, mas isso apenas na **esfera cível**, pois em termos tributários não é possível "fracionar" o montante ou utilizar o benefício de ordem. Esses argumentos não são oponíveis ao poder público.

A solidariedade, portanto, produz **efeitos recíprocos**, que alcançam todos os coobrigados, conforme previsto no art. 125 do CTN:

> **Art. 125.** Salvo disposição de lei em contrário, são os seguintes os efeitos da solidariedade:
> I – o pagamento efetuado por um dos obrigados aproveita aos demais;
> II – a isenção ou remissão de crédito exonera todos os obrigados, salvo se outorgada pessoalmente a um deles, subsistindo, nesse caso, a solidariedade quanto aos demais pelo saldo;
> III – a interrupção da prescrição, em favor ou contra um dos obrigados, favorece ou prejudica aos demais.

Percebe-se que, como regra, a solidariedade coloca todos os coobrigados em **situação de equivalência**, de sorte que os benefícios, assim como as obrigações, poderão ser tratados como comuns, **salvo se concedidos** em razão de característica pessoal e incomunicável com os demais.

Seria a hipótese, por exemplo, de um dos responsáveis fazer jus a **isenção**, em razão de uma doença reconhecida por lei como merecedora do benefício. Nesse caso, o pagamento relativo à sua parcela seria excluído e o saldo remanescente permaneceria exigível de qualquer dos demais solidários.

12.8.1. Responsabilidade por sucessão

Nos casos de **sucessão**, o direito tributário normalmente atribui ao sucessor a responsabilidade pelos tributos devidos pelo sucedido. Em tese não se cuida de solidariedade, pois o sucedido desaparece e a obrigação tributária remanescente é transferida para o sucessor, que assume o bem, negócio ou atividade que ensejou a tributação.

O Código Tributário Nacional dispõe sobre a responsabilidade por sucessão nos arts. 129 a 133, que examinaremos a seguir.

> **Art. 129.** O disposto nesta Seção aplica-se por igual aos créditos tributários definitivamente constituídos ou em curso de constituição à data dos atos nela referidos, e aos constituídos posteriormente aos mesmos atos, desde que relativos a obrigações tributárias surgidas até a referida data.

a) **Responsabilidade dos adquirentes de imóveis:** quando alguém adquire a propriedade ou direitos relativos a imóveis de terceiros passa a responder pelos créditos tributários porventura existentes, conforme determina o art. 130 do CTN:

> **Art. 130.** Os créditos tributários relativos a impostos cujo fato gerador seja a propriedade, o domínio útil ou a posse de bens imóveis, e bem assim os relativos a taxas pela prestação de serviços referentes a tais bens, ou a contribuições de melhoria, sub-rogam-se na pessoa dos respectivos adquirentes, salvo quando conste do título a prova de sua quitação.
> **Parágrafo único.** No caso de arrematação em hasta pública, a sub-rogação ocorre sobre o respectivo preço.

b) **Responsabilidade na aquisição de bens:** quando alguém adquire um bem ou se qualifica como **remitente** (pessoa que resgata bens de terceiros penhorados ou comprometidos), passa a responder pessoalmente pelos tributos relativos ao bem. Igual raciocínio se aplica às pessoas que figuraram como sucessoras do **evento morte** (herdeiros, legatários e o próprio espólio). No caso do **cônjuge meeiro**, a responsabilidade fica limitada ao montante do quinhão recebido, porque sobre a sua própria metade ele figura, obviamente, como contribuinte. Em relação ao **espólio**, que sucede o *de cujus*, a responsabilidade alcança os tributos devidos até a data da abertura da sucessão.

> **Art. 131.** São pessoalmente responsáveis:
> **I** – o adquirente ou remitente, pelos tributos relativos aos bens adquiridos ou remidos;
> **II** – o sucessor a qualquer título e o cônjuge meeiro, pelos tributos devidos pelo *de cujus* até a data da partilha ou adjudicação, limitada esta responsabilidade ao montante do quinhão do legado ou da meação;
> **III** – o espólio, pelos tributos devidos pelo *de cujus* até a data da abertura da sucessão.

c) **Responsabilidade decorrente de reorganizações societárias:** a reorganização empresarial é fenômeno bastante comum nos dias atuais, mas ao tempo do CTN não havia a dinâmica econômica que presenciamos hoje. Por conta disso, o Código só previu **três formas** de reorganização societária, e em todas o resultado aponta para uma única entidade, que será a responsável pelos tributos porventura devidos. A **fusão**, como se sabe, decorre da reunião de duas ou mais empresas, que formam uma terceira, que as sucederá para todos os fins. A **transformação**, por seu turno, advém da troca de "roupagem jurídica" da empresa, que passa a ser constituída sob novo regramento, como do caso da abertura de capital, em que empresas limitadas passam a oferecer ações em bolsa de valores (S/A). Por fim, na **incorporação** uma empresa é adquirida por outra e desaparece, pois todo o seu patrimônio passa a integrar a incorporadora, que responderá pelos **tributos, juros e eventuais multas punitivas** devidas pela incorporada até a data da operação.

> O Código Tributário Nacional não cuidou da cisão, que ocorre quando uma empresa maior se divide em duas ou mais empresas menores, figura que só foi regulada pela Lei da S/A, dez anos depois. A cisão realmente pode gerar problemas em termos de responsabilidade, pois deve haver equilíbrio entre o patrimônio cindido e os correspondentes débitos tributários, para que não ocorram fraudes, como no caso em que uma das empresas cindidas absorve todo o patrimônio e outra assume a porção dos débitos, sem qualquer possibilidade de gerar receitas.

> **Art. 132.** A pessoa jurídica de direito privado que resultar de fusão, transformação ou incorporação de outra ou em outra é responsável pelos tributos devidos até à data do ato pelas pessoas jurídicas de direito privado fusionadas, transformadas ou incorporadas.
> **Parágrafo único.** O disposto neste artigo aplica-se aos casos de extinção de pessoas jurídicas de direito privado, quando a exploração da respectiva atividade seja continuada por qualquer sócio remanescente, ou seu espólio, sob a mesma ou outra razão social, ou sob firma individual.

d) Responsabilidade pela **aquisição** de fundo de comércio: o CTN estabelece, como regra geral, que o sucessor responde pelos débitos do sucedido. Todavia, o art. 133 condiciona a responsabilidade **integral** ao fato de o vendedor **cessar completamente** a exploração do negócio ou atividade. Caso o vendedor prossiga na atividade ou inicie outro negócio nos seis meses posteriores à alienação, o sucessor (adquirente) responderá **subsidiariamente** com o alienante. Com o advento da Lei Complementar n. 118/2005, o artigo sofreu o acréscimo de três parágrafos, todos relacionados aos procedimentos de **falência** e de **recuperação judicial**, no sentido de que o adquirente de fundo de comércio ou estabelecimento comercial não responde pelos débitos da empresa adquirida, salvo se for sócio, parente (até o 4º grau) ou agente do falido ou devedor.

Art. 133. A pessoa natural ou jurídica de direito privado que adquirir de outra, por qualquer título, fundo de comércio ou estabelecimento comercial, industrial ou profissional, e continuar a respectiva exploração, sob a mesma ou outra razão social ou sob firma ou nome individual, responde pelos tributos, relativos ao fundo ou estabelecimento adquirido, devidos até à data do ato:

I – integralmente, se o alienante cessar a exploração do comércio, indústria ou atividade;

II – subsidiariamente com o alienante, se este prosseguir na exploração ou iniciar dentro de seis meses a contar da data da alienação, nova atividade no mesmo ou em outro ramo de comércio, indústria ou profissão.

§ 1º O disposto no *caput* deste artigo não se aplica na hipótese de alienação judicial:

I – em processo de falência;

II – de filial ou unidade produtiva isolada, em processo de recuperação judicial.

§ 2º Não se aplica o disposto no § 1º deste artigo quando o adquirente for:

I – sócio da sociedade falida ou em recuperação judicial, ou sociedade controlada pelo devedor falido ou em recuperação judicial;

II – parente, em linha reta ou colateral até o 4º (quarto) grau, consanguíneo ou afim, do devedor falido ou em recuperação judicial ou de qualquer de seus sócios; ou

III – identificado como agente do falido ou do devedor em recuperação judicial com o objetivo de fraudar a sucessão tributária.

§ 3º Em processo da falência, o produto da alienação judicial de empresa, filial ou unidade produtiva isolada permanecerá em conta de depósito à disposição do juízo de falência pelo prazo de 1 (um) ano, contado da data de alienação, somente podendo ser utilizado para o pagamento de créditos extraconcursais ou de créditos que preferem ao tributário.

As hipóteses de sucessão previstas no Código Tributário Nacional, somadas à figura da cisão de empresas, que só surgiu no ordenamento dez anos depois, com o advento da Lei das S/A (Lei n. 6.404/76), podem ser resumidas no quadro a seguir:

Responsabilidade por sucessão:

- propriedade, domínio útil ou posse de imóveis (art. 130)
- adquirente ou remitente (art. 131, I)
- *causa mortis* (art. 131, II e III)
- fusão, transformação e incorporação (art. 132)
- cisão (Lei das S/A – n. 6.404/76 e alterações posteriores)
- extinção de pessoa jurídica (art. 132, parágrafo único)
- aquisição de fundo de comércio (art. 133)

STJ – Súmula 554
Na hipótese de sucessão empresarial, a responsabilidade da sucessora abrange não apenas os tributos devidos pela sucedida, mas também as multas moratórias ou punitivas referentes a fatos geradores ocorridos até a data da sucessão.

Na sucessão de empresas, a **responsabilidade do sucessor** pelas infrações alcança, além dos tributos, as **multas moratórias** e as **punitivas**. A matéria já havia sido apreciada pelo STJ, em sede de recurso repetitivo, quando do julgamento do REsp 923.012/MG:

TRIBUTÁRIO. RECURSO ESPECIAL. RECURSO ESPECIAL REPRESENTATIVO DE CONTROVÉRSIA. ART. 543-C, DO CPC. RESPONSABILIDADE POR INFRAÇÃO. SUCESSÃO DE EMPRESAS. ICMS. BASE DE CÁLCULO. VALOR DA OPERAÇÃO MERCANTIL. INCLUSÃO DE MERCADORIAS DADAS EM BONIFICAÇÃO. DESCONTOS INCONDICIONAIS. IMPOSSIBILIDADE. LC N. 87/96. MATÉRIA DECIDIDA PELA 1ª SEÇÃO, NO RESP 1.111.156/SP, SOB O REGIME DO ART. 543-C DO CPC. 1. A responsabilidade tributária do sucessor abrange, além dos tributos devidos pelo sucedido, as multas moratórias ou punitivas, que, por representarem dívida de valor, acompanham o passivo do patrimônio adquirido pelo sucessor, desde que seu fato gerador tenha ocorrido até a data da sucessão. 2. (...) A hipótese de sucessão empresarial (fusão, cisão, incorporação), assim como nos casos de aquisição de fundo de comércio ou estabelecimento comercial e, principalmente, nas configurações de sucessão por transformação do tipo societário (sociedade anônima transformando-se em sociedade por cotas de responsabilidade limitada, *v.g.*), em verdade, não encarta sucessão real, mas apenas legal. O sujeito passivo é a pessoa jurídica que continua total ou parcialmente a existir juridicamente sob outra "roupagem institucional". Portanto, a multa fiscal não se transfere, simplesmente continua a integrar o passivo da empresa que é: a) fusionada; b) incorporada; c) dividida pela cisão; d) adquirida; e) transformada (Sacha Calmon Navarro Coêlho, in *Curso de direito tributário brasileiro*, Ed. Forense, 9. ed., p. 701).

12.8.2. Responsabilidade expressa

O art. 134 do CTN é um dos mais solicitados na prova e estabelece a **responsabilidade expressa** e **solidária** de terceiros em relação a fatos praticados por pessoas que tenham algum tipo de vínculo entre si.

Existem diversas situações no mundo real em que o contribuinte de determinado tributo não pode ser alcançado, naquele momento, pela legislação tributária.

Entretanto, como a capacidade tributária passiva é **plena**, como vimos, o próprio Código Tributário Nacional determina que, diante da **impossibilidade** de exigir o cumprimento da obrigação pelo contribuinte, surgirá a responsabilidade automática de algumas pessoas que intervieram na conduta ou dela se omitiram:

> **Art. 134.** Nos casos de impossibilidade de exigência do cumprimento da obrigação principal pelo contribuinte, respondem solidariamente com este nos atos em que intervierem ou pelas omissões de que forem responsáveis:
> I – os pais, pelos tributos devidos por seus filhos menores;
> II – os tutores e curadores, pelos tributos devidos por seus tutelados ou curatelados;
> III – os administradores de bens de terceiros, pelos tributos devidos por estes;
> IV – o inventariante, pelos tributos devidos pelo espólio;
> V – o síndico e o comissário, pelos tributos devidos pela massa falida ou pelo concordatário;
> VI – os tabeliães, escrivães e demais serventuários de ofício, pelos tributos devidos sobre os atos praticados por eles, ou perante eles, em razão do seu ofício;
> VII – os sócios, no caso de liquidação de sociedade de pessoas.
> **Parágrafo único.** O disposto neste artigo só se aplica, em matéria de penalidades, às de caráter moratório.

Um exemplo da responsabilidade atribuída pelo CTN, no inciso I, decorre de eventual renda obtida pelo filho **menor de idade**, que não pode ser compelido a pagar os tributos devidos. Imaginemos uma criança que participa de uma campanha publicitária e recebe um cachê de R$ 50.000,00. Digamos que o contrato foi negociado pelos pais, que levaram a criança a uma agência de talentos, que por sua vez concretizou o negócio. O **contribuinte** do imposto de renda é o menor, mas o CTN determina que os pais deverão ser **responsáveis** pelas declarações necessárias ao fisco e pelo recolhimento do tributo.

Igual raciocínio pode ser aplicado aos demais incisos, que fixam a responsabilidade dos **tutores** e **curadores** em relação aos tributos devidos por seus tutelados ou curatelados, dos **administradores** de bens de terceiros pelos tributos devidos por estes e assim sucessivamente.

> Convém ressaltar que para fins de **penalidade** a responsabilidade do art. 134 só se aplica em relação às **multas moratórias** (decorrentes de atraso no pagamento), mas não alcançam as chamadas multas de ofício, por descumprimento de obrigação tributária.

Também são pessoalmente responsáveis pelos créditos tributários as pessoas que atuarem com excesso de poderes ou infração à lei, contrato social ou estatutos, como os mandatários, prepostos, diretores, gerentes ou representantes das empresas. Isso permite que uma eventual autuação contra a pessoa jurídica possa também trazer para o polo passivo da obrigação os seus **dirigentes**, desde que comprovada a conduta dolosa das pessoas envolvidas.

A responsabilização, nessa hipótese, não decorre apenas da falta de pagamento do tributo, mas da comprovação, pelas autoridades competentes, da deliberada intenção de prejudicar os interesses da Fazenda Pública.

> **STJ – Súmula 430**
> O inadimplemento da obrigação tributária pela sociedade não gera, por si só, a responsabilidade solidária do sócio-gerente.

12.8.3. Responsabilidade por infrações

O Código Tributário Nacional adotou a teoria da **responsabilidade objetiva** no caso de infrações, de sorte que para a aplicação de penalidades pouco importa a **intenção** do agente (culpa ou dolo), a **efetividade** (não existe a figura da simples tentativa), **natureza** e **extensão** dos efeitos do ato.

Para o direito tributário basta o descumprimento da norma para a imposição das penalidades. Não faz diferença, num primeiro momento, se o indivíduo quis ou não pagar o tributo, tampouco se tinha condições econômicas de fazer frente à exigência do montante.

A responsabilidade objetiva equaliza o entendimento acerca das penalidades e transfere discussões mais profundas ou detalhadas para o Poder Judiciário, que terá condições de cotejar os dispositivos do CTN com os preceitos constitucionais e as garantias individuais.

A existência de dolo ou culpa é **irrelevante** para o nascimento das penalidades, mas é óbvio que estas serão mais gravosas sempre que restar comprovada a ocorrência de **fraudes** ou **simulação**.

A vontade do agente não serve como argumento contra a responsabilização, embora nos casos concretos a comprovação da intenção seja importante para a **dosimetria** das sanções aplicáveis, conforme dispuserem as normas específicas de cada tributo.

O Código Tributário Nacional estabelece, ainda, situações em que a responsabilidade será **pessoal** do agente:

> **Art. 137.** A responsabilidade é pessoal ao agente:
> I – quanto às infrações conceituadas por lei como crimes ou contravenções, salvo quando praticadas no exercício regular de administração, mandato, função, cargo ou emprego, ou no cumprimento de ordem expressa emitida por quem de direito;

II – quanto às infrações em cuja definição o dolo específico do agente seja elementar;
III – quanto às infrações que decorram direta e exclusivamente de dolo específico:
a) das pessoas referidas no art. 134, contra aquelas por quem respondem;
b) dos mandatários, prepostos ou empregados, contra seus mandantes, preponentes ou empregadores;
c) dos diretores, gerentes ou representantes de pessoas jurídicas de direito privado, contra estas.

12.8.4. Denúncia espontânea

O instituto da **denúncia espontânea** tem por objetivo excluir a responsabilidade – e consequentemente as multas – nos casos em que o contribuinte ou responsável reconhece a existência do crédito tributário e efetua o recolhimento do montante devido acrescido de juros, antes de qualquer providência das autoridades fiscais.

Art. 138. A responsabilidade é excluída pela denúncia espontânea da infração, acompanhada, se for o caso, do pagamento do tributo devido e dos juros de mora, ou do depósito da importância arbitrada pela autoridade administrativa, quando o montante do tributo dependa de apuração.
Parágrafo único. Não se considera espontânea a denúncia apresentada após o início de qualquer procedimento administrativo ou medida de fiscalização, relacionados com a infração.

A denúncia espontânea caracteriza-se pelo **arrependimento** do sujeito passivo, que reconhece a existência do débito e promove a sua reparação de forma **voluntária**, sem qualquer coerção estatal.

Trata-se de norma **indutora de conduta**, que busca incentivar o contribuinte a adimplir as obrigações tributárias sem a necessidade de acionar o aparato estatal, com evidente economia e benefício para as duas partes.

STJ – Súmula 360
O benefício da denúncia espontânea não se aplica aos tributos sujeitos a lançamento por homologação regularmente declarados, mas pagos a destempo.

13. CRÉDITO TRIBUTÁRIO

Os temas relativos ao crédito tributário englobam boa parte dos artigos do CTN e se constituem no conjunto de tópicos mais importante para a prova.

De forma simples, podemos dizer que o **crédito tributário** é o produto da obrigação tributária principal, representado pelo valor que o sujeito passivo deverá recolher aos cofres públicos.

A obrigação tributária, como relação jurídica, **não sofre variações** após o seu surgimento, mas o crédito (o valor a pagar) pode ser objeto de diversas alterações, tanto em relação ao montante como quanto às circunstâncias que ensejam a sua exigibilidade pelas autoridades fiscais.

13.1. Lançamento

O Código Tributário Nacional define o **lançamento** como o procedimento administrativo tendente a: verificar a ocorrência do fato gerador da obrigação correspondente; determinar a matéria tributável; calcular o montante do tributo devido; identificar o sujeito passivo e, sendo caso, propor a aplicação da penalidade cabível[19].

O lançamento corresponde a um **ato administrativo vinculado** e obrigatório para a autoridade fiscal, que deverá praticá-lo sempre que encontrar matéria tributável ainda não constituída para fins de exigência. Essa determinação decorre do princípio da **indisponibilidade** dos bens públicos, pois o crédito tributário representa valores que deverão ingressar nos cofres públicos e a sua cobrança é **irrenunciável**, sob pena de responsabilização do agente infrator.

Existe certa polêmica, há bastante tempo, acerca da natureza do lançamento.

Divergem os autores sobre o caráter **declaratório** ou **constitutivo** do ato de lançar, vale dizer, teria o lançamento o condão de constituir (criar) o crédito tributário ou apenas de declará-lo (torná-lo exigível)?

Lançar significa reconhecer a **existência** de um fato e trazê-lo para o mundo jurídico, a fim de atribuir-lhe os efeitos pretendidos pela legislação. Como se dá em outros atos administrativos, a autoridade competente verifica a ocorrência de um fato com repercussão jurídica e o **positiva**, conferindo-lhe certos atributos e dele extraindo determinadas consequências.

Dentro dos limites desta obra, cumpre ressaltar que a maior parte da doutrina atribui ao lançamento **efeitos declaratórios**, embora modernamente seja forte uma tentativa de conciliação entre as duas correntes, baseada na ideia de que o lançamento **declara** a existência do fato e da obrigação tributária e **constitui** (no sentido de positivação) o crédito tributário correspondente.

Parece-nos que o principal objetivo do lançamento é o de conferir ao crédito tributário liquidez e certeza, requisitos essenciais para a sua exigibilidade.

---
[19] CTN, art. 142.

A **liquidez** diz respeito à possibilidade de cobrança do próprio crédito.

Exemplo: se no dia 2 de janeiro de qualquer ano alguém se dirigir ao banco para recolher o valor do IPTU, provavelmente o caixa não terá condições de aceitar o pagamento, pois ainda não houve o lançamento, embora seja certo que o contribuinte já deve o imposto, cujo fato gerador ocorreu em 1º de janeiro. Ou seja, o tributo existe, mas ainda não pode ser cobrado, por ausência de liquidez.

> **STJ – Súmula 397**
> O contribuinte do IPTU é notificado do lançamento pelo envio do carnê ao seu endereço.

Ademais, o lançamento confere ao crédito **certeza** em relação ao montante exigido.

Com o lançamento o sujeito passivo passa a saber exatamente qual o valor da exigência estatal, o que lhe permite, inclusive, contestá-lo. Antes do lançamento, tanto o Estado como o sujeito passivo possuem **expectativas jurídicas**, mas a positivação dos efeitos da obrigação tributária somente se aperfeiçoa com o ato administrativo do lançamento, que inaugura a possibilidade de pagamento e consequente extinção do crédito tributário, assim como permite a discussão jurídica dos seus termos, tanto na esfera administrativa como na judicial.

Isso porque o lançamento regularmente notificado ao sujeito passivo pode ser objeto de **impugnação**, **recurso de ofício** ou **revisão** pela autoridade competente, nos termos do art. 149 do Código Tributário Nacional:

> **Art. 149.** O lançamento é efetuado e revisto de ofício pela autoridade administrativa nos seguintes casos:
> I – quando a lei assim o determine;
> II – quando a declaração não seja prestada, por quem de direito, no prazo e na forma da legislação tributária;
> III – quando a pessoa legalmente obrigada, embora tenha prestado declaração nos termos do inciso anterior, deixe de atender, no prazo e na forma da legislação tributária, a pedido de esclarecimento formulado pela autoridade administrativa, recuse-se a prestá-lo ou não o preste satisfatoriamente, a juízo daquela autoridade;
> IV – quando se comprove falsidade, erro ou omissão quanto a qualquer elemento definido na legislação tributária como sendo de declaração obrigatória;
> V – quando se comprove omissão ou inexatidão, por parte da pessoa legalmente obrigada, no exercício da atividade a que se refere o artigo seguinte;
> VI – quando se comprove ação ou omissão do sujeito passivo, ou de terceiro legalmente obrigado, que dê lugar à aplicação de penalidade pecuniária;
> VII – quando se comprove que o sujeito passivo, ou terceiro em benefício daquele, agiu com dolo, fraude ou simulação;
> VIII – quando deva ser apreciado fato não conhecido ou não provado por ocasião do lançamento anterior;
> IX – quando se comprove que, no lançamento anterior, ocorreu fraude ou falta funcional da autoridade que o efetuou, ou omissão, pela mesma autoridade, de ato ou formalidade especial.
> **Parágrafo único.** A revisão do lançamento só pode ser iniciada enquanto não extinto o direito da Fazenda Pública.

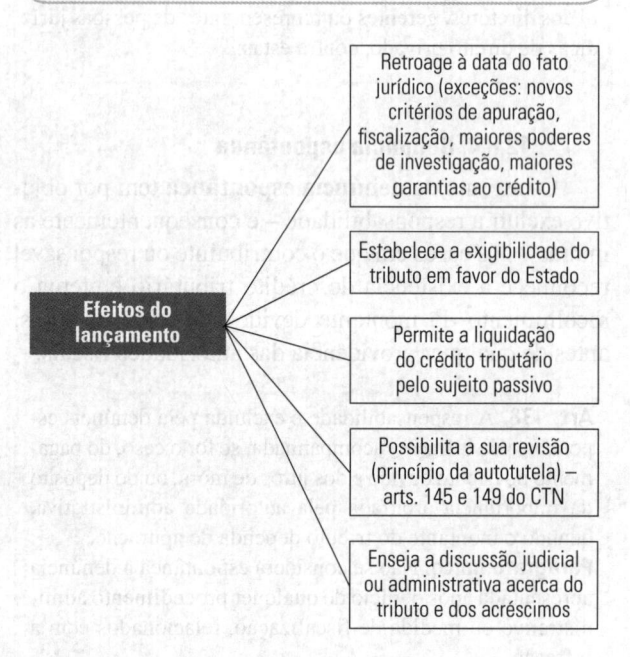

Efeitos do lançamento
- Retroage à data do fato jurídico (exceções: novos critérios de apuração, fiscalização, maiores poderes de investigação, maiores garantias ao crédito)
- Estabelece a exigibilidade do tributo em favor do Estado
- Permite a liquidação do crédito tributário pelo sujeito passivo
- Possibilita a sua revisão (princípio da autotutela) – arts. 145 e 149 do CTN
- Enseja a discussão judicial ou administrativa acerca do tributo e dos acréscimos

> 🔍 **Princípio da ultratividade**: o lançamento reporta-se à data do fato gerador e deve ser regido pela legislação então vigente, mesmo que revogada ou modificada posteriormente, salvo se a lei nova trouxer novos critérios de fiscalização, ampliar os poderes de investigação das autoridades administrativas ou conferir maiores garantias ao crédito tributário.

> **STF – Súmula Vinculante 24**
> Não se tipifica crime material contra a ordem tributária, previsto no art. 1º, incisos I a IV, da Lei n. 8.137/90, antes do lançamento definitivo do tributo.

> **STJ – Súmula 436**
> A entrega de declaração pelo contribuinte reconhecendo débito fiscal constitui o crédito tributário, dispensada qualquer outra providência por parte do Fisco.

> **STJ – Súmula 446**
> Declarado e não pago o débito tributário pelo contribuinte, é legítima a recusa de expedição de certidão negativa ou positiva com efeito de negativa.

13.1.1. Modalidades de lançamento

A doutrina clássica costuma dividir o lançamento em **três modalidades**: de ofício, por declaração ou por homologação.

O chamado **lançamento de ofício** ocorre quando o Estado conhece todos os elementos da obrigação tributária, tornando desnecessária qualquer intervenção do sujeito passivo.

Como a grande discussão em torno do crédito tributário normalmente se refere à base de cálculo, nos lançamentos de ofício a base é **arbitrada** (no sentido de presumida), a partir de critérios definidos em lei.

Exemplo: no caso do **IPVA**, a base de cálculo não é o valor real do automóvel (quanto você conseguiria no mercado ao vendê-lo), mas o montante **fixado em tabela** divulgada pelo poder público, a partir de certos critérios. Assim, todos os carros do mesmo ano e modelo pagam o mesmo valor de IPVA, independentemente do estado de conservação, da quilometragem e dos eventuais acessórios que o proprietário adquiriu. Raciocínio semelhante se aplica ao IPTU, que é calculado a partir do **valor venal** do imóvel, que nem sempre corresponde ao valor de mercado.

Os lançamentos de ofício também são realizados pelas autoridades fiscais sempre que o tributo, sujeito ao lançamento por homologação, for objeto de omissão, inexatidão, falsidade, erro, dolo, fraude ou simulação por parte do sujeito passivo. Nesses casos, o lançamento do fisco é **complementar**, e além do crédito serão exigidos os juros e multas previstos pela legislação.

A grande maioria dos tributos no Brasil sujeita-se, atualmente, ao chamado **lançamento por homologação**, no qual o sujeito passivo declara sua atividade econômica ao Estado, apura o montante do tributo devido e faz o pagamento no prazo previsto em lei.

O lançamento por homologação e seus efeitos estão previstos no art. 150 do CTN:

> **Art. 150.** O lançamento por homologação, que ocorre quanto aos tributos cuja legislação atribua ao sujeito passivo o dever de antecipar o pagamento sem prévio exame da autoridade administrativa, opera-se pelo ato em que a referida autoridade, tomando conhecimento da atividade assim exercida pelo obrigado, expressamente a homologa.
> § 1º O pagamento antecipado pelo obrigado nos termos deste artigo extingue o crédito, sob condição resolutória da ulterior homologação ao lançamento.
> § 2º Não influem sobre a obrigação tributária quaisquer atos anteriores à homologação, praticados pelo sujeito passivo ou por terceiro, visando à extinção total ou parcial do crédito.
> § 3º Os atos a que se refere o parágrafo anterior serão, porém, considerados na apuração do saldo porventura devido e, sendo o caso, na imposição de penalidade, ou sua graduação.

> § 4º Se a lei não fixar prazo a homologação, será ele de cinco anos, a contar da ocorrência do fato gerador; expirado esse prazo sem que a Fazenda Pública se tenha pronunciado, considera-se homologado o lançamento e definitivamente extinto o crédito, salvo se comprovada a ocorrência de dolo, fraude ou simulação.

No lançamento por homologação, a Fazenda Pública possui prazo de **5 anos** para verificar as declarações do sujeito passivo e homologar o pagamento efetuado.

Trata-se de prazo **decadencial**, dentro do qual é possível lançar de ofício, se for o caso, valores que não foram declarados pelo sujeito passivo. Parte da doutrina entende que o transcurso de 5 anos, sem qualquer atividade da administração, enseja a chamada **homologação tácita**.

Já a **homologação expressa** ocorreria com a efetiva verificação dos fatos geradores e respectivos pagamentos, normalmente realizada em procedimento de fiscalização. Mesmo depois de encerrada uma fiscalização, remanesce o direito de a Fazenda Pública promover novas fiscalizações, desde que dentro do prazo decadencial.

Em relação ao chamado **lançamento por declaração**, devemos observar que, nos dias atuais, a modalidade encontra-se em desuso e apenas em casos raros pode ser encontrada.

O fundamento para o lançamento por declaração seria o art. 147 do CTN, que dispõe:

> **Art. 147.** O lançamento é efetuado com base na declaração do sujeito passivo ou de terceiro, quando um ou outro, na forma da legislação tributária, presta à autoridade administrativa informações sobre matéria de fato, indispensáveis à sua efetivação.
> § 1º A retificação da declaração por iniciativa do próprio declarante, quando vise a reduzir ou a excluir tributo, só é admissível mediante comprovação do erro em que se funde, e antes de notificado o lançamento.
> § 2º Os erros contidos na declaração e apuráveis pelo seu exame serão retificados de ofício pela autoridade administrativa a que competir a revisão daquela.

> Não devemos confundir o lançamento por declaração com o lançamento por homologação, em que são apresentadas ao Fisco declarações para subsidiar o pagamento antecipado previsto no art. 150. O lançamento por homologação é a modalidade mais utilizada no sistema tributário brasileiro e corresponde à maioria dos tributos questionados na prova.

Por fim, o Código Tributário Nacional prevê a possibilidade de a autoridade fiscal, ao realizar o lançamento, **arbitrar** a base de cálculo, quando as informações ou registros contábeis do contribuinte possuírem vícios ou não merecerem credibilidade.

Não se trata de nova modalidade de lançamento, mas apenas de forma de **determinação** da **base de cálculo**, como adverte o art. 148 do CTN:

> **Art. 148.** Quando o cálculo do tributo tenha por base, ou tome em consideração, o valor ou o preço de bens, direitos, serviços ou atos jurídicos, a autoridade lançadora, mediante processo regular, arbitrará aquele valor ou preço, sempre que sejam omissos ou não mereçam fé as declarações ou os esclarecimentos prestados, ou os documentos expedidos pelo sujeito passivo ou pelo terceiro legalmente obrigado, ressalvada, em caso de contestação, avaliação contraditória, administrativa ou judicial.

13.2. Suspensão da exigibilidade do crédito tributário

Vimos que o crédito tributário, como objeto da obrigação que se instaura entre o Estado e o sujeito passivo, pode sofrer alterações ao longo do tempo, inclusive por força de **questionamentos** acerca da sua validade.

Em razão disso, o art. 151 do Código Tributário Nacional prevê hipóteses de **suspensão da exigibilidade** do crédito tributário, ou seja, circunstâncias em que o poder público fica impedido, temporariamente, de cobrar os tributos do sujeito passivo.

> **Art. 151.** Suspendem a exigibilidade do crédito tributário:
> I – moratória;
> II – o depósito do seu montante integral;
> III – as reclamações e os recursos, nos termos das leis reguladoras do processo tributário administrativo;
> IV – a concessão de medida liminar em mandado de segurança;
> V – a concessão de medida liminar ou de tutela antecipada, em outras espécies de ação judicial;
> VI – o parcelamento.
> **Parágrafo único.** O disposto neste artigo não dispensa o cumprimento das obrigações assessórios dependentes da obrigação principal cujo crédito seja suspenso, ou dela consequentes.

A análise do dispositivo nos leva a concluir que estamos diante de **dois grupos** de situações: aquelas em que o sujeito passivo está atrasado em relação ao pagamento e outra, em que se discute a própria exigibilidade do crédito.

O primeiro grupo é formado pela **moratória** (inciso I) e o **parcelamento** (inciso VI). Nesses casos o sujeito passivo **já deve o tributo**, e o que se discute é a possibilidade de postergação do pagamento dos montantes em atraso.

Como todos os lançamentos estabelecem uma **data de vencimento** (normalmente 30 dias, contados da ciência), após esse prazo o devedor encontra-se em **mora**, sujeito, portanto, ao pagamento de juros e multas.

Para essas situações, pode o Estado, por meio de lei, conceder ao devedor em atraso **prazo adicional** para o pagamento, o que se configura como verdadeiro benefício, com o objetivo de incentivar o recolhimento, ainda que de forma parcelada, aos cofres públicos, sem a necessidade de adoção de medidas de força ou coerção do patrimônio.

A partir de 2001, com o advento da Lei Complementar n. 104, o art. 151 do Código Tributário Nacional passou a dispor sobre a figura do parcelamento, sem, no entanto, definir de modo preciso as suas principais características.

Qual seria, então, a **diferença** entre a moratória e o parcelamento?

> Do ponto de vista teórico, não há grandes diferenças entre os institutos, pois ambos decorrem de lei e permitem o alargamento da dívida tributária, inclusive com o pagamento em várias parcelas.

Na prática, os regimes de parcelamento (como o REFIS) têm se tornado **bastante frequentes** e costumam incluir, além da dilação do prazo para pagamento, **benefícios adicionais**, como a redução nas taxas de juros e no valor das multas. Isso normalmente traz, em contrapartida, a exigência de que o sujeito passivo confesse a dívida e desista de qualquer ação porventura em curso para a discussão do crédito.

Atualmente, trata-se de um dos mecanismos mais recorrentes do governo para "fazer caixa", pois, ao menos num primeiro momento, a adesão ao parcelamento incrementa a arrecadação, por conta das vantagens normalmente oferecidas pela lei. A prática é altamente questionável e fere, sobretudo, o princípio da igualdade, pois confere benefícios aos inadimplentes e devedores, enquanto o sistema tributário, como um todo, raramente oferece ajuda ao que cumprem rigorosamente suas obrigações.

> **STJ – Súmula 355**
> É válida a notificação do ato de exclusão do programa de recuperação fiscal do Refis pelo Diário Oficial ou pela Internet.

STJ – Súmula 437
A suspensão da exigibilidade do crédito tributário superior a quinhentos mil reais para opção pelo Refis pressupõe a homologação expressa do comitê gestor e a constituição de garantia por meio do arrolamento de bens.

STF – Súmula Vinculante 21
É inconstitucional a exigência de depósito ou arrolamento prévios de dinheiro ou bens para admissibilidade de recurso administrativo.

STF – Súmula Vinculante 28
É inconstitucional a exigência de depósito prévio como requisito de admissibilidade de ação judicial na qual se pretenda discutir a exigibilidade de crédito tributário.

Características da moratória:
- Pode ser concedida em caráter geral ou individual, identificando o alcance às pessoas beneficiadas
- A lei deve definir o prazo de duração do benefício, as condições da concessão e os tributos abrangidos
- Deve ser informado o número de parcelas e respectivos vencimentos, assim como as garantias porventura exigidas
- Regra geral, a moratória abrange os créditos já constituídos ou os lançamentos iniciados e notificados ao sujeito passivo
- O descumprimento das condições implica a exigência do tributo, acrescido de juros e eventuais penalidades, se for o caso

O Código Tributário Nacional **aproxima** os conceitos de moratória e parcelamento ao reconhecer, no art. 155-A (introduzido em 2001), que são aplicáveis ao **parcelamento**, em regra, as disposições relativas à moratória:

> **Art. 155-A.** O parcelamento será concedido na forma e condição estabelecidas em lei específica.
> § 1º Salvo disposição de lei em contrário, o parcelamento do crédito tributário não exclui a incidência de juros e multas.
> § 2º Aplicam-se, subsidiariamente, ao parcelamento as disposições desta Lei, relativas à moratória.
> § 3º Lei específica disporá sobre as condições de parcelamento dos créditos tributários do devedor em recuperação judicial.
> § 4º A inexistência da lei específica a que se refere o § 3º deste artigo importa na aplicação das leis gerais de parcelamento do ente da Federação ao devedor em recuperação judicial, não podendo, neste caso, ser o prazo de parcelamento inferior ao concedido pela lei federal específica.

Em relação às **demais formas** de suspensão da exigibilidade do crédito (segundo grupo, de acordo com a divisão proposta), podemos perceber que todas revelam medidas destinadas à **discussão do próprio lançamento**, e o efeito suspensivo concedido pelo CTN tem por objetivo permitir que o sujeito passivo não seja cobrado ou sofra qualquer ameaça ao seu patrimônio enquanto não houver decisão nas esferas administrativa ou judicial.

a) **Depósito do montante integral:** o sujeito passivo, ao receber a notificação de lançamento, pode efetuar o depósito do montante integral, antes do vencimento, a fim de evitar a fluência de juros e a imposição de multas moratórias. O depósito do montante integral normalmente é efetuado na **esfera judicial**, junto com a propositura da ação que contesta o lançamento, e deve ser realizado em **dinheiro**, conforme matéria sumulada no STJ. Ao término da ação, se o sujeito passivo sair vencedor, o montante depositado será restituído, acrescido de juros. Se a Fazenda Pública for vencedora, o montante do depósito será convertido em renda.

STJ – Súmula 112
O depósito somente suspende a exigibilidade do crédito tributário se for integral e em dinheiro.

b) **Reclamações** e **recursos** na esfera administrativa: o sujeito passivo poderá apresentar impugnação ou recurso, **tempestivamente** (antes do vencimento), contra lançamento efetuado pela autoridade fiscal. Enquanto a questão não for definitivamente resolvida na instância administrativa, o crédito tributário em discussão não poderá ser exigido do interessado. Se ao final do processo administrativo o sujeito passivo for vencedor, o crédito será **extinto**. Se a tese da Fazenda Pública for vencedora, o crédito que estava com a exigibilidade suspensa retomará o curso normal de cobrança.

c) Concessão de **liminar em mandado de segurança**: o pedido liminar pode ser efetuado para combater lançamento já notificado ao sujeito passivo ou, ainda, em caráter preventivo, no intuito de evitar a adoção de determinada medida pela fiscalização ou de esta exigir posicionamento acerca de pedido formulado e ainda não apreciado.

d) Concessão de **liminar** ou **tutela antecipada**, em outras espécies de ação: esta previsão também foi acrescentada em 2001 e tem como objetivo reconhecer e privilegiar a força das decisões proferidas na esfera judicial. Assim, sempre que a justiça entender pela suspensão da exigibilidade do crédito tributário, independentemente do tipo de ação, as autoridades fiscais deverão se abster de qualquer ato de cobrança enquanto perdurarem os efeitos da liminar ou tutela concedidas.

13.3. Extinção do crédito tributário

O Código Tributário Nacional prevê diversas hipóteses de **extinção** do crédito tributário:

> Art. 156. Extinguem o crédito tributário:
> I – o pagamento;
> II – a compensação;
> III – a transação;
> IV – remissão;
> V – a prescrição e a decadência;
> VI – a conversão de depósito em renda;
> VII – o pagamento antecipado e a homologação do lançamento nos termos do disposto no art. 150 e seus §§ 1º e 4º;
> VIII – a consignação em pagamento, nos termos do disposto no § 2º do art. 164;
> IX – a decisão administrativa irreformável, assim entendida a definitiva na órbita administrativa, que não mais possa ser objeto de ação anulatória;
> X – a decisão judicial passada em julgado;
> XI – a dação em pagamento em bens imóveis, na forma e condições estabelecidas em lei.
> **Parágrafo único.** A lei disporá quanto aos efeitos da extinção total ou parcial do crédito sobre a ulterior verificação da irregularidade da sua constituição, observado o disposto nos arts. 144 e 149.

O Código Tributário Nacional não criou todas as formas de extinção do crédito tributário previstas no art. 156, pois algumas hipóteses precisam de **lei específica**, a cargo da União, dos Estados, do Distrito Federal e dos Municípios, na exata medida em que desejem dispor sobre critérios e condições no âmbito das respectivas competências.

Vejamos cada uma das formas de extinção do crédito tributário, com destaque para as mais relevantes em termos de prova.

a) **Pagamento:** o pagamento é a forma natural e desejada de extinção, sem litígio ou contestação. Representa, ainda, a função precípua do direito tributário, pois possibilita a entrada de recursos nos cofres públicos. O CTN dedicou vários artigos ao pagamento, no intuito de diferenciá-lo do pagamento na esfera civil.

Na esfera federal, o pagamento após o vencimento do tributo deve ser **acrescido de juros** (taxa SELIC para os meses anteriores ao do pagamento + juros de 1% relativos ao mês de pagamento) + **penalidades** (exceto no caso de consulta tempestiva, que afasta a imposição de penalidades).

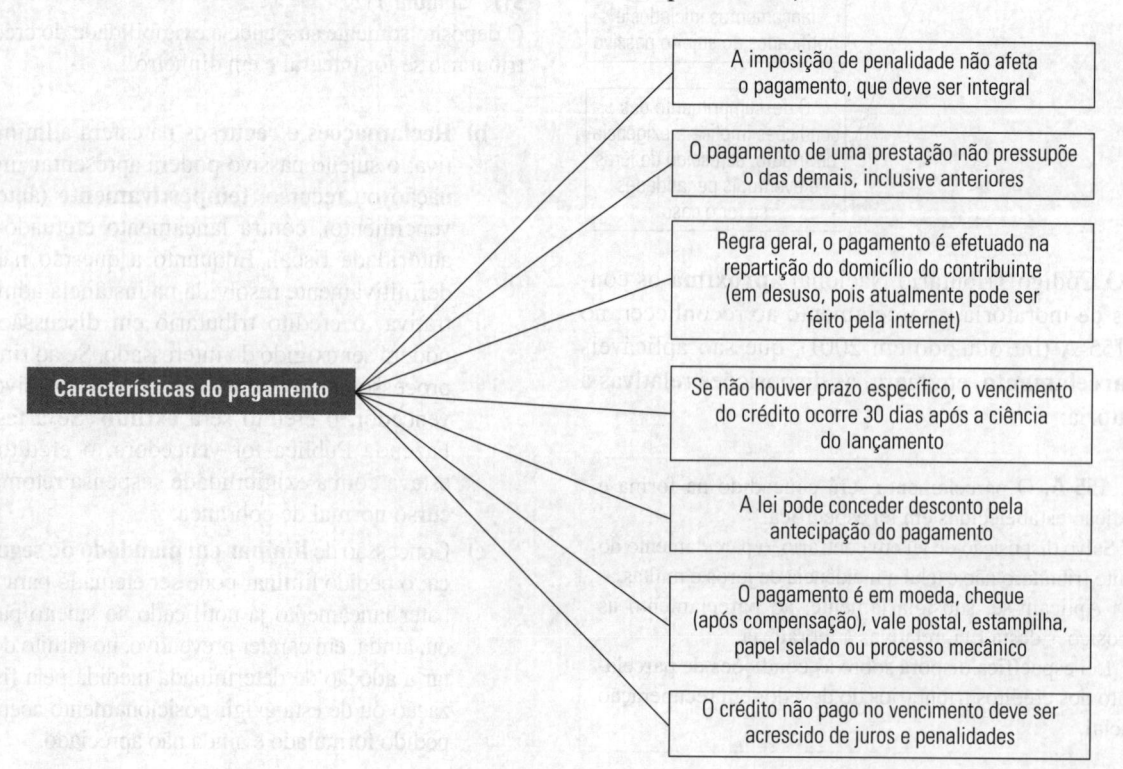

Características do pagamento
- A imposição de penalidade não afeta o pagamento, que deve ser integral
- O pagamento de uma prestação não pressupõe o das demais, inclusive anteriores
- Regra geral, o pagamento é efetuado na repartição do domicílio do contribuinte (em desuso, pois atualmente pode ser feito pela internet)
- Se não houver prazo específico, o vencimento do crédito ocorre 30 dias após a ciência do lançamento
- A lei pode conceder desconto pela antecipação do pagamento
- O pagamento é em moeda, cheque (após compensação), vale postal, estampilha, papel selado ou processo mecânico
- O crédito não pago no vencimento deve ser acrescido de juros e penalidades

b) **Compensação:** quando a lei autorizar, a compensação é realizada mediante um encontro de contas (débitos e créditos existentes entre sujeito ativo e passivo). A lei deve estabelecer os critérios e procedimentos para a compensação, bem como as figuras tributárias alcançadas. Poderão ser objeto de compensação créditos líquidos e certos, vencidos ou vincendos. É vedada a compensação mediante o aproveitamento de tributo, objeto de contestação judicial pelo sujeito passivo, antes do trânsito em julgado da respectiva decisão judicial. A modalidade prevista no CTN **não se confunde** com a compensação do próprio tributo, como no caso do ICMS e do IPI, cujos créditos são compensáveis por força do princípio da não cumulatividade.

c) **Transação:** decorre de concessões mútuas entre o poder público e o sujeito passivo, nos limites autorizados por lei. Ainda não foi aprovada, no Brasil, a Lei Geral de Transações, que deverá fixar os parâmetros para a aplicação deste dispositivo no âmbito federal.

d) **Remissão:** é o perdão de todo o crédito tributário, concedido por lei. Difere da anistia, em que só há o perdão das infrações. A remissão deve respeitar o princípio da igualdade e somente pode atingir créditos anteriores à entrada em vigor da lei que a instituiu, pois não existe remissão para créditos futuros.

> **CTN, art. 172.** A lei pode autorizar a autoridade administrativa a conceder, por despacho fundamentado, remissão total ou parcial do crédito tributário, atendendo:
> I – à situação econômica do sujeito passivo;
> II – ao erro ou ignorância escusáveis do sujeito passivo, quanto a matéria de fato;
> III – à diminuta importância do crédito tributário;
> IV – a considerações de equidade, em relação com as características pessoais ou materiais do caso;
> V – a condições peculiares a determinada região do território da entidade tributante.
> **Parágrafo único.** O despacho referido neste artigo não gera direito adquirido, aplicando-se, quando cabível, o disposto no art. 155.

e) **Conversão do depósito em renda:** essa hipótese ocorre quando o sujeito passivo que efetuou o depósito do montante para discutir o crédito tributário acaba vencido na esfera judicial, de forma que o juiz autoriza o poder público a converter o depósito em renda e levantar os valores que estavam depositados.

f) **Pagamento antecipado e homologado:** vimos que, nos casos de lançamento por homologação, compete ao próprio sujeito passivo apurar o tributo devido e promover o recolhimento, que é chamado pelo CTN de "pagamento antecipado". A expressão "antecipado" não significa que o valor foi pago antes do vencimento, mas apenas que o pagamento foi efetuado antes de qualquer análise ou verificação pela fiscalização. Ao realizar o pagamento, o contribuinte permite que o fisco possa verificá-lo e homologá-lo, dentro do prazo de 5 anos, contados da data do fato gerador. Se os pagamentos não forem homologados até o limite do prazo de 5 anos, o Estado não mais poderá proceder a lançamentos complementares, devendo aceitar como legítimo o montante recolhido pelo sujeito passivo, salvo nos casos de dolo, fraude ou simulação.

g) **Consignação em pagamento:** ocorre quando o sujeito passivo quer efetuar o pagamento, mas encontra **resistência** da administração pública, que provavelmente deseja condicioná-lo a outros requisitos. Os casos em que o interessado pode propor a ação de consignação em pagamento estão previstos no art. 164 do CTN.

> **Art. 164.** A importância de crédito tributário pode ser consignada judicialmente pelo sujeito passivo, nos casos:
> I – de recusa de recebimento, ou subordinação deste ao pagamento de outro tributo ou de penalidade, ou ao cumprimento de obrigação acessória;
> II – de subordinação do recebimento ao cumprimento de exigências administrativas sem fundamento legal;
> III – de exigência, por mais de uma pessoa jurídica de direito público, de tributo idêntico sobre um mesmo fato gerador.
> **§ 1º** A consignação só pode versar sobre o crédito que o consignante se propõe pagar.
> **§ 2º** Julgada procedente a consignação, o pagamento se reputa efetuado e a importância consignada é convertida em renda; julgada improcedente a consignação no todo ou em parte, cobra-se o crédito acrescido de juros de mora, sem prejuízo das penalidades cabíveis.

O Código Tributário Nacional elabora uma **regra de imputação** para a extinção dos créditos tributários, destinada à administração pública, sempre que o sujeito passivo possuir mais de uma dívida e não tiver recursos para quitar a totalidade do valor.

Nessa hipótese, a autoridade deverá receber o pagamento e alocar os recursos conforme a seguinte ordem:

i) em primeiro lugar, aos débitos por obrigação própria, e em segundo lugar aos decorrentes de responsabilidade tributária;

ii) primeiramente, às contribuições de melhoria, depois às taxas e por fim aos impostos;

iii) na ordem crescente dos prazos de prescrição;

iv) na ordem decrescente dos montantes.

h) decisão administrativa irreformável: a decisão, no âmbito do processo administrativo, capaz de extinguir o crédito tributário deve ser definitiva e **favorável** ao sujeito passivo e não poderá mais ser objeto de ação anulatória. Esse entendimento decorre do princípio que veda à administração pública recorrer ao Poder Judiciário nos casos em que ela mesma reconheceu o direito do interessado. Por óbvio, a decisão administrativa **contrária** ao sujeito passivo não extingue o crédito e possibilita, inclusive, a execução fiscal do valor devido sempre que a parte vencida, devidamente intimada, não promove o pagamento.

i) decisão judicial passada em julgado: o trânsito em julgado de decisão favorável ao sujeito passivo extingue o crédito tributário, pois esgota as possibilidades de recurso por parte da Fazenda Pública.

j) dação em pagamento: como vimos, o CTN foi alterado em 2001 e passou a incluir no rol de circunstâncias que extinguem o crédito tributário a dação em pagamento de bens imóveis, desde que devidamente autorizada por lei.

> **STF – Súmula 70**
> É inadmissível a interdição de estabelecimento como meio coercitivo para cobrança de tributo.
>
> **STF – Súmula 323**
> É inadmissível a apreensão de mercadorias como meio coercitivo para pagamento de tributos.
>
> **STF – Súmula 547**
> Não é lícito à autoridade proibir que o contribuinte em débito adquira estampilhas, despache mercadorias nas alfândegas e exerça suas atividades profissionais.

13.4. Prescrição e decadência

Pela relevância dos temas e frequência com que são objeto de questionamento nas provas, resolvemos tratar separadamente as duas formas mais complexas de extinção do crédito tributário, a prescrição e a decadência.

Em termos de prazo, tanto a **prescrição** como a **decadência** seguem a lógica atual do direito público, ao estabelecerem o prazo de **5 anos** para a produção dos respectivos efeitos.

De acordo com o art. 146 da Constituição, os dois temas só podem ser tratados por **lei complementar**, o que ensejou a declaração de inconstitucionalidade dos arts. 45 e 46 da Lei n. 8.212/90, que previa prazo de 10 anos para os dois institutos.

O assunto foi decidido pela **Súmula Vinculante 8** do Supremo Tribunal Federal, e, posteriormente, os citados artigos foram revogados pela Lei Complementar n. 128/2008.

> **STF – Súmula Vinculante 8**
> São inconstitucionais o parágrafo único do artigo 5º do Decreto-Lei n. 1569/1977 e os artigos 45 e 46 da Lei n. 8.212/91, que tratam de prescrição e decadência de crédito tributário.

A partir de uma análise cronológica, podemos concluir que o primeiro prazo que deve ser observado é o da **decadência**, pois o seu transcurso fulmina a pretensão de o Estado lançar qualquer crédito contra o sujeito passivo.

A **regra geral** de decadência encontra-se no art. 173 do Código Tributário Nacional, que também veicula uma **regra especial** de contagem do prazo, nos casos de tributos sujeitos a lançamento por homologação, no art. 150, § 4º.

> **Regra geral**
> **Art. 173.** O direito de a Fazenda Pública constituir o crédito tributário extingue-se após cinco anos, contados:
> **I** – do primeiro dia do exercício seguinte àquele em que o lançamento poderia ter sido efetuado;
> **II** – da data em que se tornar definitiva a decisão que houver anulado, por vício formal, o lançamento anteriormente efetuado.
> **Parágrafo único.** O direito a que se refere este artigo extingue-se definitivamente com o decurso do prazo nele previsto, contado da data em que tenha sido iniciada a constituição do crédito tributário pela notificação, ao sujeito passivo, de qualquer medida preparatória indispensável ao lançamento.
>
> **Regra especial, para os lançamentos por homologação**
> **§ 4º** Se a lei não fixar prazo a homologação, será ele de cinco anos, a contar da ocorrência do fato gerador; expirado esse prazo sem que a Fazenda Pública se tenha pronunciado, considera-se homologado o lançamento e definitivamente extinto o crédito, salvo se comprovada a ocorrência de dolo, fraude ou simulação.

De notar que a principal **diferença** entre os dois dispositivos diz respeito ao *dies a quo*, ou seja, o **prazo inicial** para a contagem dos 5 anos.

Enquanto a regra insculpida no art. 173, I, determina que a contagem só terá início em **1º de janeiro** do exercício seguinte àquele em que o lançamento poderia ser efetuado, no caso de lançamento por homologação o prazo tem início com a **ocorrência** do fato gerador, salvo nos casos de dolo, fraude ou simulação.

Nessas hipóteses, quando a autoridade fiscal comprovar a intenção deliberada e ilícita do sujeito passivo, o início da contagem será deslocado para a regra geral do art. 173, I, o que concede ao poder público maior tempo e condições de promover o lançamento.

Hipótese de incidência	Lançamento	Pagamento
Fato jurídico	prazo decadencial de 5 anos	prazo prescricional de 5 anos

Convém ressaltar que o lançamento efetuado dentro do prazo de cinco anos **afasta a decadência** e possibilita, depois da constituição definitiva do crédito tributário, o início da contagem do prazo prescricional.

Portanto, devemos analisar primeiro a decadência e depois, se for o caso, a prescrição.

> Na esteira desse argumento, podemos afirmar que os dois institutos são **mutuamente excludentes**, pois não podem coexistir em relação ao mesmo fato gerador e crédito tributário.

Para a prova, podemos usar como premissa, para fins de raciocínio, que o lançamento atua como um divisor de águas entre os fenômenos da decadência e da prescrição.

Qualquer prazo **anterior ao lançamento** diz respeito à decadência, enquanto os **prazos posteriores** ao lançamento válido só podem tratar de prescrição. O prazo decadencial homenageia a estabilidade das relações e o princípio da segurança jurídica, enquanto o prazo prescricional tem por objetivo combater eventual inércia ou falta de eficiência da administração tributária.

Ainda em relação à decadência, convém reproduzir, pela importância, a ementa do acórdão do STJ que pacificou, em sede de **recurso repetitivo**, o entendimento sobre o início da contagem do prazo decadencial nas hipóteses em que o sujeito passivo **não efetuou** qualquer pagamento:

PROCESSUAL CIVIL. RECURSO ESPECIAL REPRESENTATIVO DE CONTROVÉRSIA. ARTIGO 543-C, DO CPC. TRIBUTÁRIO. TRIBUTO SUJEITO A LANÇAMENTO POR HOMOLOGAÇÃO. CONTRIBUIÇÃO PREVIDENCIÁRIA. INEXISTÊNCIA DE PAGAMENTO ANTECIPADO. DECADÊNCIA DO DIREITO DE O FISCO CONSTITUIR O CRÉDITO TRIBUTÁRIO. TERMO INICIAL. ARTIGO 173, I, DO CTN. APLICAÇÃO CUMULATIVA DOS PRAZOS PREVISTOS NOS ARTIGOS 150, § 4º, e 173, do CTN. IMPOSSIBILIDADE.

1. O prazo decadencial quinquenal para o Fisco constituir o crédito tributário (lançamento de ofício) conta-se do primeiro dia do exercício seguinte àquele em que o lançamento poderia ter sido efetuado, nos casos em que a lei não prevê o pagamento antecipado da exação ou quando, a despeito da previsão legal, o mesmo inocorre, sem a constatação de dolo, fraude ou simulação do contribuinte, inexistindo declaração prévia do débito (...).

2. É que a decadência ou caducidade, no âmbito do Direito Tributário, importa no perecimento do direito potestativo de o Fisco constituir o crédito tributário pelo lançamento, e, consoante doutrina abalizada, encontra-se regulada por cinco regras jurídicas gerais e abstratas, entre as quais figura a regra da decadência do direito de lançar nos casos de tributos sujeitos ao lançamento de ofício, ou nos casos dos tributos sujeitos ao lançamento por homologação em que o contribuinte não efetua o pagamento antecipado (...).

3. O *dies a quo* do prazo quinquenal da aludida regra decadencial rege-se pelo disposto no artigo 173, I, do CTN, sendo certo que o "primeiro dia do exercício seguinte àquele em que o lançamento poderia ter sido efetuado" corresponde, iniludivelmente, ao primeiro dia do exercício seguinte à ocorrência do fato imponível, ainda que se trate de tributos sujeitos a lançamento por homologação, revelando-se inadmissível a aplicação cumulativa/concorrente dos prazos previstos nos artigos 150, § 4º, e 173, do *Codex* Tributário, ante a configuração de desarrazoado prazo decadencial decenal (...).

5. *In casu*, consoante assente na origem: (i) cuida-se de tributo sujeito a lançamento por homologação; (ii) a obrigação *ex lege* de pagamento antecipado das contribuições previdenciárias não restou adimplida pelo contribuinte, no que concerne aos fatos imponíveis ocorridos no período de janeiro de 1991 a dezembro de 1994; e (iii) a constituição dos créditos tributários respectivos deu-se em 26.03.2001.

6. Destarte, revelam-se caducos os créditos tributários executados, tendo em vista o decurso do prazo decadencial quinquenal para que o Fisco efetuasse o lançamento de ofício substitutivo.

7. Recurso especial desprovido. Acórdão submetido ao regime do artigo 543-C, do CPC, e da Resolução STJ 08/2008.

> **STJ – Súmula 555**
> Quando não houver declaração do débito, o prazo decadencial quinquenal para o Fisco constituir o crédito tributário conta-se exclusivamente na forma do art. 173, I, do CTN, nos casos em que a legislação atribui ao sujeito passivo o dever de antecipar o pagamento sem prévio exame da autoridade administrativa.
>
> **STJ – Súmula 622**
> A notificação do auto de infração faz cessar a contagem da decadência para a constituição do crédito tributário; exaurida a instância administrativa com o decurso do prazo para a impugnação ou com a notificação de seu julgamento definitivo e esgotado o prazo concedido pela Administração para o pagamento voluntário, inicia-se o prazo prescricional para a cobrança judicial.

O CTN veicula, ainda, um caso bastante controverso de **interrupção** da decadência, conforme previsto no art. 173, II, decorrente da anulação de lançamento por vício formal. Como o dispositivo está em vigor, deve ser admitido, hipoteticamente, para a prova.

A **prescrição**, que diz respeito à possibilidade de cobrança do crédito tributário, está prevista no art. 174 do CTN:

> **Art. 174.** A ação para a cobrança do crédito tributário prescreve em cinco anos, contados da data da sua constituição definitiva.
> **Parágrafo único.** A prescrição se interrompe:
> I – pelo despacho do juiz que ordenar a citação em execução fiscal;
> II – pelo protesto judicial;
> III – por qualquer ato judicial que constitua em mora o devedor;
> IV – por qualquer ato inequívoco ainda que extrajudicial, que importe em reconhecimento do débito pelo devedor.

Uma discussão importante, travada durante bastante tempo no Superior Tribunal de Justiça, cuidava da interpretação do que seria a *constituição definitiva do crédito*.

Em termos lógicos, um prazo só pode correr contra alguém na medida em que a pessoa possa **exercer** determinada atividade. O prazo prescricional, portanto, só pode ter início quando não houver **qualquer impedimento** à atuação estatal, o que enseja diversas situações, que explicaremos a seguir.

Quando se trata de **lançamento de ofício**, por meio de auto de infração, a constituição definitiva do crédito ocorre quando do **encerramento** do processo administrativo em que o sujeito passivo impugnou a exigência. Se não houver impugnação, o prazo prescricional iniciará no **primeiro dia seguinte** ao do vencimento para pagamento do tributo, ou seja, na data-limite para a apresentação da defesa.

No caso de tributos sujeitos a **lançamento por homologação**, o prazo prescricional tem início na data da entrega da declaração, se coincidente com o início da exigibilidade do crédito. A apresentação, pelo contribuinte, de Declaração de Débitos e Créditos Tributários Federais – DCTF ou de Guia de Informação e Apuração do ICMS – GIA, ou de outra declaração dessa natureza, prevista em lei, é modo de **constituição** do crédito tributário, dispensada, para esse efeito, qualquer outra providência por parte do Fisco.

Esse entendimento, que era forte no STJ, foi pacificado com a edição da Súmula 436 daquele Tribunal.

> **STJ – Súmula 436**
> A entrega de declaração pelo contribuinte reconhecendo débito fiscal constitui o crédito tributário, dispensada qualquer outra providência por parte do fisco.

O Código Tributário Nacional veicula, como vimos no art. 174, hipóteses de **interrupção** do prazo prescricional: i) despacho do juiz que ordenar a citação em execução fiscal; ii) protesto judicial; iii) qualquer ato judicial que constitua em mora o devedor; iv) por qualquer ato inequívoco, ainda que extrajudicial, que importe em reconhecimento do débito pelo devedor.

A ocorrência de qualquer uma dessas situações interrompe a contagem do prazo, que será **reiniciada**, a partir do zero.

> É importante destacar, ainda, a figura da **prescrição intercorrente**, que atingiria o crédito tributário nos casos em que o credor, mesmo depois do início da ação executiva de cobrança, permanecesse inerte por tempo superior ao previsto em lei.

Há previsão específica sobre a matéria no art. 40 da Lei de Execuções Fiscais:

> **Art. 40.** O Juiz suspenderá o curso da execução, enquanto não for localizado o devedor ou encontrados bens sobre os quais possa recair a penhora, e, nesses casos, não correrá o prazo de prescrição.
> **§ 1º** Suspenso o curso da execução, será aberta vista dos autos ao representante judicial da Fazenda Pública.

§ 2º Decorrido o prazo máximo de 1 (um) ano, sem que seja localizado o devedor ou encontrados bens penhoráveis, o Juiz ordenará o arquivamento dos autos.
§ 3º Encontrados que sejam, a qualquer tempo, o devedor ou os bens, serão desarquivados os autos para prosseguimento da execução.
§ 4º Se da decisão que ordenar o arquivamento tiver decorrido o prazo prescricional, o juiz, depois de ouvida a Fazenda Pública, poderá, de ofício, reconhecer a prescrição intercorrente e decretá-la de imediato.
§ 5º A manifestação prévia da Fazenda Pública prevista no § 4º deste artigo será dispensada no caso de cobranças judiciais cujo valor seja inferior ao mínimo fixado por ato do Ministro de Estado da Fazenda.

A jurisprudência do STJ já reconhecia a possibilidade de prescrição intercorrente e cristalizou esse entendimento na Súmula 314, pois o art. 40 da Lei de Execuções Fiscais **não pode colidir** com o disposto no CTN, que é o instrumento hábil para tratar de prescrição.

STJ – Súmula 314
Em execução fiscal, não localizados bens penhoráveis, suspende-se o processo por um ano, findo o qual se inicia o prazo da prescrição quinquenal intercorrente.

Pela relevância, convém reproduzir julgado do STJ que serviu de **paradigma** para a elaboração da Súmula 314:

> Pacificou-se no STJ o entendimento de que o artigo 40 da Lei de Execução Fiscal deve ser interpretado harmonicamente com o disposto no artigo 174 do CTN, que deve prevalecer em caso de colidência entre as referidas leis. Isto porque é princípio de Direito Público que a prescrição e a decadência tributárias são matérias reservadas à lei complementar, segundo prescreve o artigo 146, III, "b" da CF. 2. Em consequência, o artigo 40 da Lei n. 6.830/80 por não prevalecer sobre o CTN sofre os limites impostos pelo artigo 174 do referido Ordenamento Tributário. (...) a suspensão decretada com suporte no art. 40 da Lei de Execuções Fiscais não pode perdurar por mais de 05 (cinco) anos porque a ação para cobrança do crédito tributário prescreve em cinco anos, contados da data da sua constituição definitiva (art. 174, caput, do CTN) (...). Assim, após o transcurso de um quinquênio, marcado pela contumácia fazendária, impõe-se a decretação da prescrição intercorrente, consoante entendimento sumulado (AgRg no REsp 418162 RO, Rel. Ministro Luiz Fux, Primeira Turma, julgado em 17-10-2002, DJ 11-11-2002, p. 156).

Ressalte-se que, atualmente, a prescrição pode ser **reconhecida de ofício**, a exemplo do que já ocorria com a decadência.

As formas de extinção do crédito podem ser financeiras (pagamento, valores expressos em moeda, dação em pagamento) ou jurídicas (prescrição, decadência, decisões finais nas esferas administrativas ou judiciais).

STJ – Súmula 106
Proposta a ação no prazo fixado para o seu exercício, a demora na citação, por motivos inerentes ao mecanismo da justiça, não justifica o acolhimento da arguição de prescrição ou decadência.

13.5. Pagamento indevido

Quando o sujeito passivo efetua pagamento de tributo em montante **superior** ao efetivamente devido, surge o direito à **restituição** total ou parcial, pois não se admite o enriquecimento sem causa do poder público.

As hipóteses que possibilitam a restituição, de acordo com o CTN, incluem:

a) cobrança ou pagamento espontâneo de tributo **indevido** ou **maior** que o devido em face da legislação tributária aplicável, ou da natureza ou circunstâncias materiais do fato gerador efetivamente ocorrido;

b) **erro** na edificação do **sujeito passivo**, na determinação da **alíquota** aplicável, no **cálculo** do montante do débito ou na elaboração ou conferência de qualquer documento relativo ao pagamento;

c) reforma, anulação, revogação ou rescisão de decisão condenatória.

Em relação aos casos a) e b) acima, o direito de pleitear a restituição decai em **5 anos**, contados da data da extinção do crédito tributário, ou seja, do efetivo pagamento realizado.

Já no caso da letra c), o prazo de 5 anos será contado **da data** em que se tornar definitiva a decisão administrativa ou passar em julgado a decisão judicial que tenha reformado, anulado, revogado ou rescindido a decisão condenatória.

Sobre a sistemática de **restituição**, o Código Tributário Nacional dispõe, no art. 167, que:

> **Art. 167.** A restituição total ou parcial do tributo dá lugar à restituição, na mesma proporção, dos juros de mora e das penalidades pecuniárias, salvo as referentes a infrações de caráter formal não prejudicadas pela causa da restituição.

Parágrafo único. A restituição vence juros não capitalizáveis, a partir do trânsito em julgado da decisão definitiva que a determinar.

A partir de janeiro de 1996, a **taxa SELIC** passou a ser o índice de correção para os tributos federais, **vedada a cumulação** com qualquer outro índice de juros ou correção monetária. Para os tributos estaduais e municipais, a taxa de juros na repetição do indébito deve ser **igual** à incidente para os pagamentos em atraso, lembrando que o § 1º do art. 161 do CTN determina que "se a lei não dispuser de modo diverso, os juros de mora são calculados à taxa de **um por cento** ao mês".

O Superior Tribunal de Justiça possui três Súmulas sobre a matéria:

STJ – Súmula 162
Na repetição de indébito tributário, a correção monetária incide a partir do pagamento indevido.

STJ – Súmula 188
Os juros moratórios, na repetição do indébito tributário, são devidos a partir do trânsito em julgado da sentença.

STJ – Súmula 523
A taxa de juros de mora incidente na repetição de indébito de tributos estaduais deve corresponder à utilizada para cobrança do tributo pago em atraso, sendo legítima a incidência da taxa Selic, em ambas as hipóteses, quando prevista na legislação local, vedada sua cumulação com quaisquer outros índices.

Ressalte-se que **prescreve em 2 anos** a ação anulatória da decisão administrativa que denegar a restituição.

A restituição do tributo indevido compete a quem efetivamente suportou o encargo, pois alguns tributos, como o ICMS e o IPI, transferem o ônus do pagamento para o chamado contribuinte de fato.

STJ – Súmula 461
O contribuinte pode optar por receber, por meio de precatório ou por compensação, o indébito tributário certificado por sentença declaratória transitada em julgado.

STF – Súmula 546
Cabe a restituição do tributo pago indevidamente, quando reconhecido por decisão, que o contribuinte *de jure* não recuperou do contribuinte *de facto* o *quantum* respectivo.

STJ – Súmula 625
O pedido administrativo de compensação ou de restituição não interrompe o prazo prescricional para a ação de repetição de indébito tributário de que trata o art. 168 do CTN nem o da execução de título judicial contra a Fazenda Pública.

13.6. Exclusão do crédito tributário

A **exclusão** do crédito tributário está prevista no art. 175 do CTN e comporta duas figuras, a isenção e a anistia:

Art. 175. Excluem o crédito tributário:
I – a isenção;
II – a anistia.
Parágrafo único. A exclusão do crédito tributário não dispensa o cumprimento das obrigações acessórias dependentes da obrigação principal cujo crédito seja excluído, ou dela consequente.

Na **isenção**, como vimos, o tributo incide normalmente, mas uma regra específica **exclui o pagamento**; já a **anistia** implica o **perdão das infrações**, de forma que o devedor deverá recolher apenas o tributo, acrescido de juros.

Os dois benefícios só podem ser criados por lei e **não dispensam** o cumprimento das obrigações acessórias.

O Código Tributário Nacional dispõe sobre a **isenção** nos arts. 176 a 179 e trata da **anistia** nos arts. 180 a 182.

As principais características dos dois institutos constam dos gráficos a seguir.

Características da isenção
- Sempre decorre de lei
- Deve especificar as condições e requisitos exigidos para a sua concessão, os tributos a que se aplica e, se for o caso, o prazo de duração
- Pode ser restrita a determinada região do território da entidade tributante
- Regra geral, não alcança as taxas e as contribuições de melhoria nem os tributos instituídos posteriormente à sua concessão

As isenções não podem ser concedidas mediante atos administrativos, pois exigem a produção de lei específica, que pode ser municipal, estadual, federal ou do Distrito Federal, de acordo com a competência do respectivo ente tributante. Quando concedida por prazo certo e em função de determinadas condições, a isenção não pode ser revogada ou modificada a qualquer tempo, devendo respeitar o prazo originalmente previsto.

> **STF – Súmula 544**
> Isenções tributárias concedidas, sob condição onerosa, não podem ser livremente suprimidas.

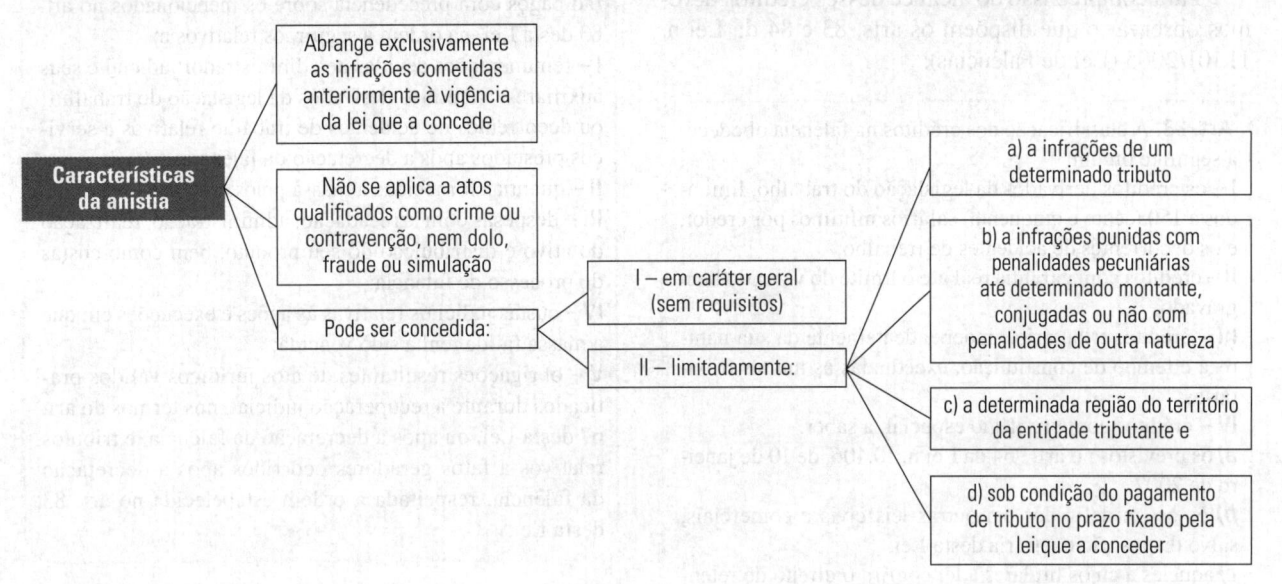

Características da anistia
- Abrange exclusivamente as infrações cometidas anteriormente à vigência da lei que a concede
- Não se aplica a atos qualificados como crime ou contravenção, nem dolo, fraude ou simulação
- Pode ser concedida:
  - I – em caráter geral (sem requisitos)
  - II – limitadamente:
    - a) a infrações de um determinado tributo
    - b) a infrações punidas com penalidades pecuniárias até determinado montante, conjugadas ou não com penalidades de outra natureza
    - c) a determinada região do território da entidade tributante e
    - d) sob condição do pagamento de tributo no prazo fixado pela lei que a conceder

Atenção! O ato de reconhecimento da anistia não gera direito adquirido e pode ser revogado de ofício quando constatado que o interessado não cumpria as condições e requisitos para sua **concessão**.

13.7. Garantias e privilégios do crédito tributário

As **garantias** e os **privilégios** previstos no Código Tributário Nacional têm por objetivo estabelecer instrumentos jurídicos capazes de **assegurar o recebimento** do crédito tributário pelo Estado e partem de duas premissas:

a) A natureza das garantias atribuídas ao crédito tributário **não altera** a natureza deste nem a da obrigação tributária a que corresponda.

b) Regra geral, responde pelo pagamento do crédito tributário a **totalidade dos bens** e das rendas do sujeito passivo, seu **espólio** ou sua **massa falida**, inclusive os gravados por ônus real ou cláusula de inalienabilidade ou impenhorabilidade, **seja qual for** a data da constituição do ônus ou da cláusula, **excetuados** unicamente os bens e rendas que a lei declare **absolutamente impenhoráveis**.

No intuito de alcançar seus objetivos arrecadatórios e evitar condutas evasivas do sujeito passivo, o CTN **presume fraudulenta** a alienação ou oneração de bens ou rendas por sujeito passivo em débito para com a Fazenda por crédito tributário regularmente inscrito como **dívida ativa**.

Excepciona-se a presunção de fraude quando o interessado promove a **reserva de bens** ou **rendas** suficientes ao total pagamento da dívida inscrita.

No mesmo sentido, pode atuar como medida assecuratória a **indisponibilidade** de bens e direitos, que será determinada pelo juiz quando o devedor citado não pagar nem apresentar bens à penhora no prazo legal, comunicando a decisão aos órgãos e entidades que promovem registros de transferência de bens, especialmente ao registro público de imóveis e às autoridades supervisoras do mercado bancário e do mercado de capitais.

O **limite** do patrimônio declarado indisponível será o **valor total** exigível do crédito, e os órgãos e entidades notificados pelo juízo deverão encaminhar a relação discriminada dos bens e direitos cuja disponibilidade tiverem promovido, no âmbito das respectivas competências.

Em relação às **preferências** do crédito tributário, o CTN fixa, como regra geral, que este prefere a qualquer outro, **ressalvados** os créditos decorrentes da legislação do trabalho ou do acidente de trabalho.

Nos casos de **falência** a preferência do crédito tributário foi **mitigada** com o advento da Lei Complementar n. 118, que introduziu as seguintes exceções:

a) o crédito tributário **não prefere** aos créditos **extraconcursais** (que são os relativos a fatos geradores ocorridos no curso do processo de falência) ou às importâncias passíveis de **restituição**, nos termos da lei falimentar, nem aos créditos com **garantia real**, no limite do valor do bem gravado;

b) a lei poderá estabelecer **limites** e condições para a preferência dos créditos decorrentes da **legislação do trabalho**;

c) a **multa tributária** prefere apenas aos créditos subordinados.

Para compreensão do alcance desses créditos devemos observar o que dispõem os arts. 83 e 84 da Lei n. 11.101/2005 (Lei de Falências):

> **Art. 83.** A classificação dos créditos na falência obedece à seguinte ordem:
> **I** – os créditos derivados da legislação do trabalho, limitados a 150 (cento e cinquenta) salários mínimos por credor, e os decorrentes de acidentes de trabalho;
> **II** – créditos com garantia real até o limite do valor do bem gravado;
> **III** – créditos tributários, independentemente da sua natureza e tempo de constituição, excetuadas as multas tributárias;
> **IV** – créditos com privilégio especial, a saber:
> *a)* os previstos no art. 964 da Lei n. 10.406, de 10 de janeiro de 2002;
> *b)* os assim definidos em outras leis civis e comerciais, salvo disposição contrária desta Lei;
> *c)* aqueles a cujos titulares a lei confira o direito de retenção sobre a coisa dada em garantia;
> *d)* aqueles em favor dos microempreendedores individuais e das microempresas e empresas de pequeno porte de que trata a Lei Complementar n. 123, de 14 de dezembro de 2006
> **V** – créditos com privilégio geral, a saber:
> *a)* os previstos no art. 965 da Lei n. 10.406, de 10 de janeiro de 2002;
> *b)* os previstos no parágrafo único do art. 67 desta Lei;
> *c)* os assim definidos em outras leis civis e comerciais, salvo disposição contrária desta Lei;
> **VI** – créditos quirografários, a saber:
> *a)* aqueles não previstos nos demais incisos deste artigo;
> *b)* os saldos dos créditos não cobertos pelo produto da alienação dos bens vinculados ao seu pagamento;
> *c)* os saldos dos créditos derivados da legislação do trabalho que excederem o limite estabelecido no inciso I do *caput* deste artigo;
> **VII** – as multas contratuais e as penas pecuniárias por infração das leis penais ou administrativas, inclusive as multas tributárias;
> **VIII** – créditos subordinados, a saber:
> *a)* os assim previstos em lei ou em contrato;
> *b)* os créditos dos sócios e dos administradores sem vínculo empregatício.
> § 1º Para os fins do inciso II do *caput* deste artigo, será considerado como valor do bem objeto de garantia real a importância efetivamente arrecadada com sua venda, ou, no caso de alienação em bloco, o valor de avaliação do bem individualmente considerado.
> § 2º Não são oponíveis à massa os valores decorrentes de direito de sócio ao recebimento de sua parcela do capital social na liquidação da sociedade.
> § 3º As cláusulas penais dos contratos unilaterais não serão atendidas se as obrigações neles estipuladas se vencerem em virtude da falência.
> § 4º Os créditos trabalhistas cedidos a terceiros serão considerados quirografários.
> **Art. 84.** Serão considerados créditos extraconcursais e serão pagos com precedência sobre os mencionados no art. 83 desta Lei, na ordem a seguir, os relativos a:
> **I** – remunerações devidas ao administrador judicial e seus auxiliares, e créditos derivados da legislação do trabalho ou decorrentes de acidentes de trabalho relativos a serviços prestados após a decretação da falência;
> **II** – quantias fornecidas à massa pelos credores;
> **III** – despesas com arrecadação, administração, realização do ativo e distribuição do seu produto, bem como custas do processo de falência;
> **IV** – custas judiciais relativas às ações e execuções em que a massa falida tenha sido vencida;
> **V** – obrigações resultantes de atos jurídicos válidos praticados durante a recuperação judicial, nos termos do art. 67 desta Lei, ou após a decretação da falência, e tributos relativos a fatos geradores ocorridos após a decretação da falência, respeitada a ordem estabelecida no art. 83 desta Lei.

A cobrança judicial do crédito tributário não está sujeita a **concurso de credores** ou **habilitação** em falência, recuperação judicial, concordata, inventário ou arrolamento.

O concurso de preferência somente se verifica entre pessoas jurídicas de **direito público**, na seguinte ordem:

a) União;

b) Estados, Distrito Federal e Territórios, conjuntamente e *pro rata*;

c) Municípios, conjuntamente e *pro rata*.

Se houver **contestação** em relação aos créditos tributários extraconcursais, o juiz remeterá as partes ao processo competente, mandará **reservar** bens suficientes à extinção total do crédito e seus acrescidos, se a massa não puder efetuar a garantia, e **ouvirá a Fazenda Pública** interessada.

O Código Tributário Nacional prevê, ainda, duas outras regras de preferência do crédito tributário:

a) No caso de **inventário** ou **arrolamento**: são pagos preferencialmente a quaisquer créditos habilitados os créditos tributários vencidos ou vincendos, a cargo do *de cujus* ou de seu espólio, exigíveis no decurso do processo.

b) Nas hipóteses de **liquidação judicial** ou **voluntária**: são pagos preferencialmente a quaisquer outros os créditos tributários vencidos ou vincendos exigíveis no decurso da liquidação.

Preferências do crédito – disposições finais
- A extinção das obrigações do falido requer prova de quitação de todos os tributos
- Regra geral, a concessão de recuperação judicial depende da apresentação da prova de quitação de todos os tributos
- Nenhuma sentença de julgamento de partilha ou adjudicação será proferida sem prova da quitação de todos os tributos relativos aos bens do espólio
- Regra geral, o particular não poderá contratar ou participar de licitação pública sem a prova de quitação dos tributos devidos à Fazenda interessada

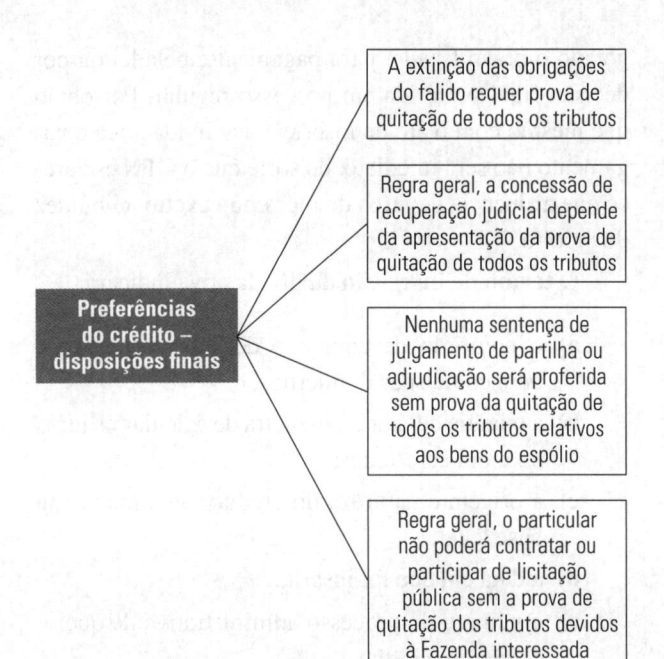

A regra geral de preferência garante que os créditos tributários preferem a qualquer outro, seja qual for sua natureza ou o tempo de sua constituição, ressalvados os créditos decorrentes da legislação do trabalho ou do acidente do trabalho. Entretanto, nos casos de falência, o crédito tributário não prefere aos créditos extraconcursais ou às importâncias passíveis de restituição, nem aos créditos com garantia real, nos termos do art. 186, parágrafo único, I, do CTN, de sorte que poder público deve respeitar a preferência, por exemplo, dos credores hipotecários, até o limite do valor dos imóveis gravados.

> **STJ – Súmula 497**
> Os créditos das autarquias federais preferem aos créditos da Fazenda estadual desde que coexistam penhoras sobre o mesmo bem.

> **STJ – Súmula 560**
> A decretação da indisponibilidade de bens e direitos, na forma do art. 185-A do CTN, pressupõe o exaurimento das diligências na busca por bens penhoráveis, o qual fica caracterizado quando infrutíferos o pedido de constrição sobre ativos financeiros e a expedição de ofícios aos registros públicos do domicílio do executado, ao Denatran ou Detran.

■ 14. ADMINISTRAÇÃO TRIBUTÁRIA

O Código Tributário Nacional, a partir do art. 194, confere às **autoridades tributárias** competências e poderes para o exercício das atividades de fiscalização.

As principais características dessas **prerrogativas** do fisco são:

a) A fiscalização tributária alcança **todas as pessoas**, inclusive as que gozem de imunidade tributária ou de isenção de caráter pessoal.

b) Não podem ser opostas **restrições** ou **limitações** ao exame de mercadorias, livros, arquivos, documentos e papéis.

c) Os livros e comprovantes devem ser conservados até que ocorra a **prescrição** dos respectivos créditos tributários.

d) Os procedimentos de fiscalização deverão ser lavrados em **termos específicos**, com previsão de prazo para conclusão.

e) Pessoas ou entidades estão **obrigadas**, mediante intimação escrita, a prestar informações acerca de bens, negócios ou atividades de terceiros, salvo quando **legalmente impedidas**, em função do cargo, ofício, profissão etc.

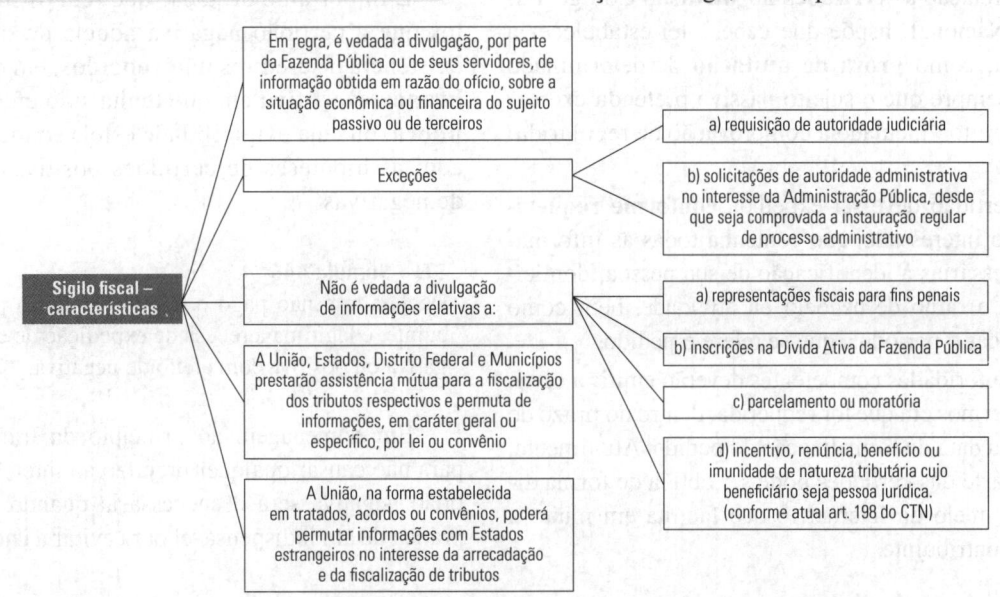

Sigilo fiscal – características
- Em regra, é vedada a divulgação, por parte da Fazenda Pública ou de seus servidores, de informação obtida em razão do ofício, sobre a situação econômica ou financeira do sujeito passivo ou de terceiros
- Exceções:
  - a) requisição de autoridade judiciária
  - b) solicitações de autoridade administrativa no interesse da Administração Pública, desde que seja comprovada a instauração regular de processo administrativo
- Não é vedada a divulgação de informações relativas a:
  - a) representações fiscais para fins penais
  - b) inscrições na Dívida Ativa da Fazenda Pública
  - c) parcelamento ou moratória
  - d) incentivo, renúncia, benefício ou imunidade de natureza tributária cujo beneficiário seja pessoa jurídica. (conforme atual art. 198 do CTN)
- A União, Estados, Distrito Federal e Municípios prestarão assistência mútua para a fiscalização dos tributos respectivos e permuta de informações, em caráter geral ou específico, por lei ou convênio
- A União, na forma estabelecida em tratados, acordos ou convênios, poderá permutar informações com Estados estrangeiros no interesse da arrecadação e da fiscalização de tributos

Um tema de grande importância diz respeito ao **sigilo fiscal**, pois as autoridades públicas não podem divulgar informações obtidas durante os trabalhos de fiscalização, sob pena de responsabilidade funcional.

As autoridades administrativas federais poderão requisitar o **auxílio da força** pública federal, estadual ou municipal, e, reciprocamente, quando vítimas de **embaraço** ou **desacato** no exercício de suas funções, ou quando necessário à efetivação de medida prevista na legislação tributária, ainda que não se configure fato definido em lei como crime ou contravenção.

14.1. Dívida ativa

A parte final do Código Tributário Nacional, a partir do art. 201, dispõe sobre a dívida ativa e a obtenção de certidões negativas.

Dívida ativa tributária é a regularmente inscrita na repartição administrativa competente, depois de esgotado o prazo fixado, para pagamento, pela lei ou por decisão final proferida em processo regular. Por óbvio que mesmo com o ato de inscrição na dívida ativa o pagamento não será imediato, de sorte que o CTN esclarece que a fluência de juros de mora **não exclui** a liquidez do crédito.

O **termo de inscrição** da dívida ativa indicará:

a) o nome do devedor e o dos corresponsáveis, bem como seus domicílios;

b) a quantia devida e a maneira de calcular os juros de mora acrescidos;

c) a origem e natureza do crédito, bem assim sua base legal;

d) a data em que foi inscrita;

e) o número do processo administrativo de que se originar o crédito.

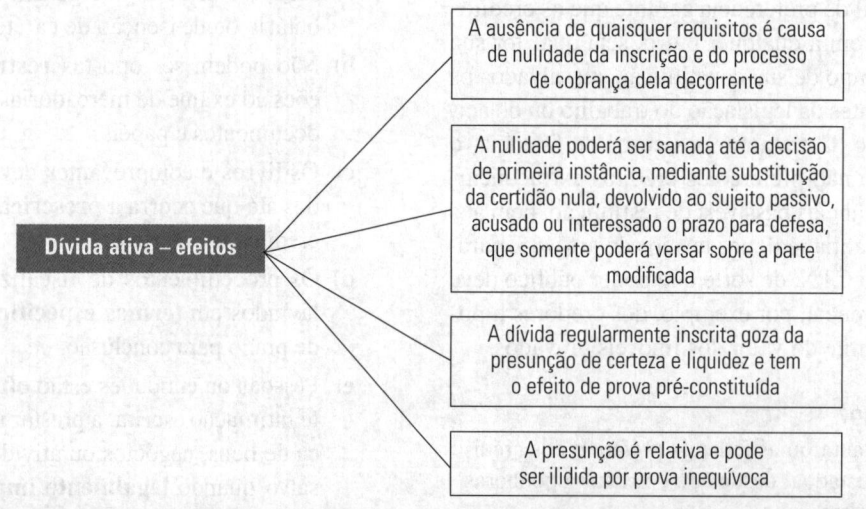

Dívida ativa – efeitos:
- A ausência de quaisquer requisitos é causa de nulidade da inscrição e do processo de cobrança dela decorrente
- A nulidade poderá ser sanada até a decisão de primeira instância, mediante substituição da certidão nula, devolvido ao sujeito passivo, acusado ou interessado o prazo para defesa, que somente poderá versar sobre a parte modificada
- A dívida regularmente inscrita goza da presunção de certeza e liquidez e tem o efeito de prova pré-constituída
- A presunção é relativa e pode ser ilidida por prova inequívoca

Em relação às **certidões negativas**, o Código Tributário Nacional dispõe que cabe à lei estabelecer a exigência, como **prova de quitação** de determinado tributo, sempre que o sujeito passivo pretenda exercer algum direito vinculado à comprovação de regularidade fiscal.

A certidão deve ser expedida **conforme requerimento** do interessado, que contenha todas as informações necessárias à identificação de sua pessoa, domicílio fiscal e ramo de negócio ou atividade, bem como deve indicar o período a que se refere o pedido.

As autoridades competentes deverão emitir a certidão nos termos em que for requerida, dentro do prazo de **10 dias** da data de formalização do pedido. Atualmente, grande parte das certidões pode ser obtida de forma digital, por meio da internet, o que facilita em muito a vida do contribuinte.

É importante destacar que tem os mesmos efeitos que a certidão negativa aquela de que conste a existência de créditos **não vencidos**, em curso de **cobrança executiva** em que tenha sido efetivada a **penhora**, ou cuja exigibilidade esteja **suspensa**. Temos aqui as hipóteses de certidões positivas com efeito de negativas.

> **STJ – Súmula 446**
> Declarado e não pago o débito tributário pelo contribuinte, é legítima a recusa de expedição de certidão negativa ou positiva com efeito de negativa.

Em homenagem ao princípio da transparência e para não causar qualquer prejuízo ao interessado, a certidão negativa será desnecessária quando se tratar da prática de ato indispensável para evitar a **caducidade** de direito. Isso não implica dispensa do pagamento nem afasta a **responsabilidade** do interessado, que poderá ser chamado, posteriormente, a comprovar a quitação do tributo ou recolhê-lo com os juros e penalidades cabíveis.

> A certidão negativa expedida com dolo ou fraude, que contenha erro **contra a Fazenda Pública**, responsabiliza pessoalmente o funcionário que a expedir pelo crédito tributário e juros de mora acrescidos, sem prejuízo da responsabilidade criminal ou funcional aplicável à conduta.

15. EXECUÇÃO FISCAL

A execução judicial para cobrança da dívida ativa da União, dos Estados, do Distrito Federal e dos Municípios está regulada pela **Lei n. 6.830/80** e, subsidiariamente, pelas regras do novo Código de Processo Civil.

A dívida ativa da Fazenda Pública compreende os créditos de natureza **tributária** e **não tributária**, e a ação de cobrança deve ser proposta perante o Poder Judiciário, a partir da inscrição do crédito tributário definitivamente lançado e não pago, materializado na **Certidão de Dívida Ativa** (CDA), que aparelhará a execução fiscal.

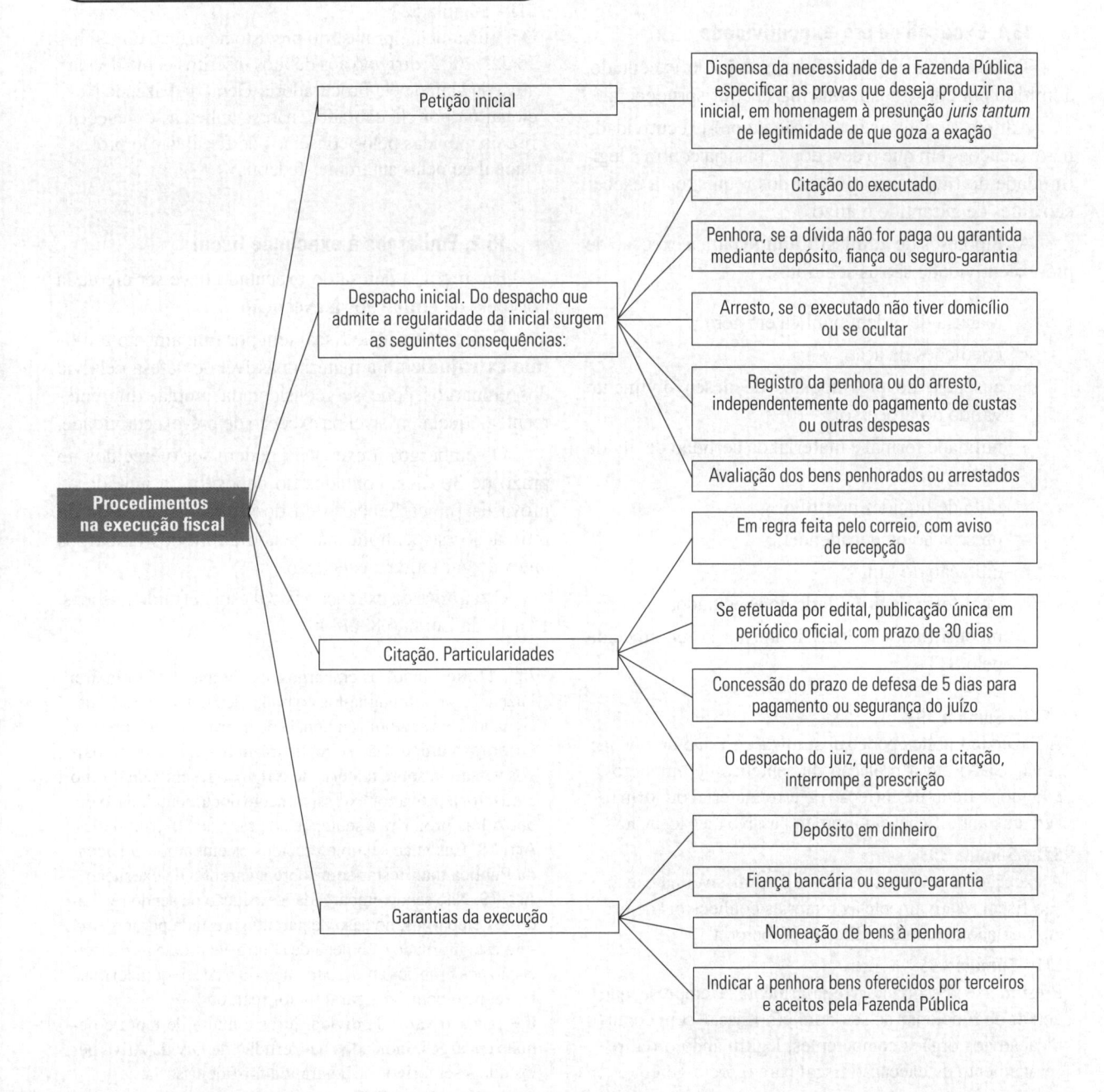

Procedimentos na execução fiscal

- **Petição inicial**
  - Dispensa da necessidade de a Fazenda Pública especificar as provas que deseja produzir na inicial, em homenagem à presunção *juris tantum* de legitimidade de que goza a exação

- **Despacho inicial.** Do despacho que admite a regularidade da inicial surgem as seguintes consequências:
  - Citação do executado
  - Penhora, se a dívida não for paga ou garantida mediante depósito, fiança ou seguro-garantia
  - Arresto, se o executado não tiver domicílio ou se ocultar
  - Registro da penhora ou do arresto, independentemente do pagamento de custas ou outras despesas
  - Avaliação dos bens penhorados ou arrestados

- **Citação. Particularidades**
  - Em regra feita pelo correio, com aviso de recepção
  - Se efetuada por edital, publicação única em periódico oficial, com prazo de 30 dias
  - Concessão do prazo de defesa de 5 dias para pagamento ou segurança do juízo
  - O despacho do juiz, que ordena a citação, interrompe a prescrição

- **Garantias da execução**
  - Depósito em dinheiro
  - Fiança bancária ou seguro-garantia
  - Nomeação de bens à penhora
  - Indicar à penhora bens oferecidos por terceiros e aceitos pela Fazenda Pública

A **penhora** ou o **arresto** efetuados obedecerão à seguinte ordem:

a) dinheiro;
b) título da dívida pública, bem como título de crédito, que tenham cotação em bolsa;
c) pedras e metais preciosos;
d) imóveis;
e) navios e aeronaves;
f) veículos;
g) móveis ou semoventes; e
h) direitos e ações.

15.1. Exceção de pré-executividade

Trata-se de meio de **defesa prévia** do executado, admitido por construção doutrinária e jurisprudencial.

Admite-se defesa via exceção de pré-executividade nas execuções em que o devedor se insurja contra a legitimidade do título executivo ou dos requisitos à execução antes de garantido o juízo.

As hipóteses de **admissibilidade** para a exceção de pré-executividade são as seguintes:

- matéria de ordem pública em geral;
- condições da ação;
- ausência de pressupostos de desenvolvimento válido do processo;
- nulidade formal e material da certidão de dívida ativa;
- falta de liquidez do título;
- prescrição ou decadência;
- quitação do título;
- manifesta ilegitimidade do executado;
- inconstitucionalidade de norma já reconhecida pelo STF.

STJ – Súmula 392
A Fazenda Pública pode substituir a certidão de dívida ativa (CDA) até a prolação da sentença de embargos, quando se tratar de correção de erro material ou formal, vedada a modificação do sujeito passivo da execução.

STJ – Súmula 393
A exceção de pré-executividade é admissível na execução fiscal relativamente às matérias conhecíveis de ofício que não demandem dilação probatória.

STJ – Súmula 435
Presume-se dissolvida irregularmente a empresa que deixar de funcionar no seu domicílio fiscal, sem comunicação aos órgãos competentes, legitimando o redirecionamento da execução fiscal para o sócio-gerente.

STJ – Súmula 559
Em ações de execução fiscal, é desnecessária a instrução da petição inicial com o demonstrativo de cálculo do débito, por tratar-se de requisito não previsto no art. 6º da Lei n. 6.830/1980.

STJ – Súmula 560
A decretação da indisponibilidade de bens e direitos, na forma do art. 185-A do CTN, pressupõe o exaurimento das diligências na busca por bens penhoráveis, o qual fica caracterizado quando infrutíferos o pedido de constrição sobre ativos financeiros e a expedição de ofícios aos registros públicos do domicílio do executado, ao Denatran ou Detran.

STJ – Súmula 583
O arquivamento provisório previsto no art. 20 da Lei n. 10.522/2002, dirigido aos débitos inscritos como dívida ativa da União pela Procuradoria-Geral da Fazenda Nacional ou por ela cobrados, não se aplica às execuções fiscais movidas pelos conselhos de fiscalização profissional ou pelas autarquias federais.

15.2. Embargos à execução fiscal

Em regra, a defesa do executado deve ser efetuada por meio de **embargos à execução**.

Como a execução fiscal tem por fundamento um **título extrajudicial**, a matéria passível de defesa pela via dos embargos pode ser considerada ampla, diferentemente daquela possível na exceção de pré-executividade.

Os embargos à execução podem ser oferecidos no prazo de 30 dias, contados do depósito, da juntada da prova da fiança bancária ou do seguro-garantia ou da intimação da penhora, não sendo admitidos embargos antes de garantida a execução.

O **trâmite** da execução fiscal está definido nos arts. 17 a 19 da Lei n. 6.830/80:

Art. 17. Recebidos os embargos, o Juiz mandará intimar a Fazenda, para impugná-los no prazo de 30 (trinta) dias, designando, em seguida, audiência de instrução e julgamento.
Parágrafo único. Não se realizará audiência, se os embargos versarem sobre matéria de direito, ou, sendo de direito e de fato, a prova for exclusivamente documental, caso em que o Juiz proferirá a sentença no prazo de 30 (trinta) dias.
Art. 18. Caso não sejam oferecidos os embargos, a Fazenda Pública manifestar-se-á sobre a garantia da execução.
Art. 19. Não sendo embargada a execução ou sendo rejeitados os embargos, no caso de garantia prestada por terceiro, será este intimado, sob pena de contra ele prosseguir a execução nos próprios autos, para, no prazo de 15 (quinze) dias:
I – remir o bem, se a garantia for real; ou
II – pagar o valor da dívida, juros e multa de mora e demais encargos, indicados na Certidão de Dívida Ativa pelos quais se obrigou se a garantia for fidejussória.

> **STJ – Súmula 394**
> É admissível, em embargos à execução, compensar os valores de imposto de renda retidos indevidamente na fonte com os valores restituídos apurados na declaração anual.

O art. 183 do novo CPC garante que a União, os Estados, o Distrito Federal, os Municípios e suas respectivas autarquias e fundações de direito público gozarão de **prazo em dobro** para todas as suas manifestações processuais, cuja contagem terá início a partir da intimação pessoal, salvo quando a lei estabelecer, de forma expressa, prazo próprio para o ente público.

16. TRIBUTOS EM ESPÉCIE

Podem cair na prova questões sobre a legislação específica dos principais tributos, embora seja evidente que o alcance da exigência deve ser limitado aos dispositivos constitucionais, às leis complementares e à jurisprudência consolidada dos tribunais superiores.

Nos próximos tópicos discorreremos sobre as principais características de cada tributo, de forma esquemática, respeitados os limites acima mencionados.

16.1. Imposto de Importação

O **Imposto de Importação** (II) é de competência da União, possui natureza extrafiscal e não se sujeita aos princípios da anterioridade e da noventena. O crédito tributário é objeto de lançamento por homologação.

> **Matriz constitucional**
> **Art. 153.** Compete à **União** instituir impostos sobre:
> I – importação de produtos estrangeiros;
>
> **Disposições Gerais – Código Tributário Nacional**
> **Art. 19.** O imposto, de **competência da União**, sobre a importação de produtos estrangeiros tem como fato gerador **a entrada** destes no território nacional.
> **Art. 20.** A **base de cálculo** do imposto é:
> I – quando a alíquota seja **específica**, a **unidade de medida** adotada pela lei tributária;
> II – quando a alíquota seja *ad valorem*, o **preço normal** que o produto, ou seu similar, alcançaria, ao tempo da importação, em uma venda em condições de livre concorrência, para entrega no porto ou lugar de entrada do produto no País;
> III – quando se trate de produto apreendido ou abandonado, levado a leilão, o preço da arrematação.
> **Art. 21.** O **Poder Executivo** pode, nas condições e nos limites estabelecidos em lei, alterar as **alíquotas** ou as bases de cálculo do imposto, a fim de ajustá-lo aos objetivos da política cambial e do comércio exterior.
> **Art. 22. Contribuinte** do imposto é:
> I – o **importador** ou quem a lei a ele equiparar;
> II – o **arrematante** de produtos apreendidos ou abandonados.

> **STJ – Súmula 50**
> O adicional de tarifa portuária incide apenas nas operações realizadas com mercadorias importadas ou exportadas, objeto do comércio de navegação de longo curso.
>
> **STJ – Súmula 100**
> É devido o adicional ao frete para renovação da marinha mercante na importação sob o regime de benefícios fiscais a exportação (BEFIEX).
>
> **STJ – Súmula 569**
> Na importação, é indevida a exigência de nova certidão negativa de débito no desembaraço aduaneiro, se já apresentada a comprovação da quitação de tributos federais quando da concessão do benefício relativo ao regime de *drawback*.

16.2. Imposto de Exportação[20]

O **Imposto de Exportação** (IE) é de competência da União, possui natureza extrafiscal e não se sujeita aos princípios da anterioridade e da noventena. O crédito tributário é objeto de lançamento por homologação.

> **Matriz constitucional**
> **Art. 153.** Compete à **União** instituir impostos sobre:
> (...)
> II – exportação, para o exterior, de produtos nacionais ou nacionalizados;
>
> **Disposições Gerais – Código Tributário Nacional**
> **Art. 23.** O imposto, de **competência da União**, sobre a exportação, para o estrangeiro, de produtos nacionais ou nacionalizados tem como fato gerador a saída destes do território nacional.
> **Art. 24.** A **base de cálculo** do imposto é:
> I – quando a alíquota seja **específica**, a **unidade de medida** adotada pela lei tributária;
> II – quando a alíquota seja *ad valorem*, o **preço normal** que o produto, ou seu similar, alcançaria, ao tempo da exportação, em uma venda em condições de livre concorrência.
> **Parágrafo único.** Para os efeitos do inciso II, considera-se a entrega como efetuada no porto ou lugar da saída do produto, deduzidos os tributos diretamente incidentes sobre a operação de exportação e, nas vendas efetuadas a prazo superior aos correntes no mercado internacional o custo do financiamento.
> **Art. 25.** A lei pode adotar como base de cálculo a parcela do valor ou do preço, referidos no artigo anterior, excedente de valor básico, fixado de acordo com os critérios e dentro dos limites por ela estabelecidos.

---

[20] A Constituição restringiu a atuação do Poder Executivo apenas para a alteração de alíquotas, nos limites fixados em lei.

Art. 26. O **Poder Executivo** pode, nas condições e nos limites estabelecidos em lei, alterar as **alíquotas** ou as bases de cálculo do imposto, a fim de ajustá-los aos objetivos da política cambial e do comércio exterior[21].
Art. 27. **Contribuinte** do imposto é o exportador ou quem a lei a ele equiparar.
Art. 28. A **receita líquida** do imposto destina-se à formação de reservas monetárias, na forma da lei.

16.3. Imposto de Renda

O **Imposto de Renda** (IR) é de competência da União, sujeita-se ao princípio da anterioridade, mas não à noventena. É o imposto federal mais importante e se divide em Imposto de Renda das Pessoas Físicas (IRPF), Imposto de Renda das Pessoas Jurídicas (IRPJ) e Imposto de Renda Retido na Fonte (IRRF). O crédito tributário é objeto de lançamento por homologação.

Matriz constitucional
Art. 153. Compete à **União** instituir impostos sobre:
(...)
III – renda e proventos de qualquer natureza;
(...)
§ 2º O imposto previsto no inciso III:
I – será informado pelos critérios da **generalidade**, da **universalidade** e da **progressividade**, na forma da lei;

Disposições Gerais – Código Tributário Nacional
Art. 43. O imposto, de competência da União, sobre a renda e proventos de qualquer natureza tem como fato gerador a aquisição da **disponibilidade econômica** ou **jurídica**:
I – de **renda**, assim entendido o produto do **capital**, do **trabalho** ou da combinação de ambos;
II – de **proventos de qualquer natureza**, assim entendidos os acréscimos patrimoniais não compreendidos no inciso anterior.
§ 1º A incidência do imposto **independe** da denominação da receita ou do rendimento, da localização, condição jurídica ou nacionalidade da fonte, da origem e da forma de percepção.
§ 2º Na hipótese de receita ou de rendimento oriundos do exterior, a lei estabelecerá as condições e o momento em que se dará sua disponibilidade, para fins de incidência do imposto referido neste artigo.
Art. 44. A **base de cálculo** do imposto é o montante, **real**, **arbitrado** ou **presumido**, da renda ou dos proventos tributáveis.
Art. 45. **Contribuinte** do imposto é o **titular da disponibilidade** a que se refere o art. 43, sem prejuízo de atribuir a lei essa condição ao possuidor, a qualquer título, dos bens produtores de renda ou dos proventos tributáveis.
Parágrafo único. A lei pode atribuir à **fonte pagadora** da renda ou dos proventos tributáveis a condição de responsável pelo imposto cuja **retenção** e recolhimento lhe caibam.

STJ – Súmula 386
São isentas de imposto de renda as indenizações de férias proporcionais e o respectivo adicional.

STJ – Súmula 463
Incide imposto de renda sobre os valores percebidos a título de indenização por horas extraordinárias trabalhadas, ainda que decorrentes de acordo coletivo.

STF – Súmula 586
Incide imposto de renda sobre os juros remetidos para o exterior, com base em contrato de mútuo.

STJ – Súmula 556
É indevida a incidência de imposto de renda sobre o valor da complementação de aposentadoria pago por entidade de previdência privada e em relação ao resgate de contribuições recolhidas para referidas entidades patrocinadoras no período de 1º-1-1989 a 31-12-1995, em razão da isenção concedida pelo art. 6º, VII, b, da Lei n. 7.713/1988, na redação anterior à que lhe foi dada pela Lei n. 9.250/1995.

STF – Súmula 587
Incide imposto de renda sobre o pagamento de serviços técnicos contratados no exterior e prestados no Brasil.

STJ – Súmula 590
Constitui acréscimo patrimonial a atrair a incidência do imposto de renda, em caso de liquidação de entidade de previdência privada, a quantia que couber a cada participante, por rateio do patrimônio, superior ao valor das respectivas contribuições à entidade em liquidação, devidamente atualizadas e corrigidas.

STJ – Súmula 598
É desnecessária a apresentação de laudo médico oficial para o reconhecimento judicial da isenção do imposto de renda, desde que o magistrado entenda suficientemente demonstrada a doença grave por outros meios de prova.

STJ – Súmula 627
O contribuinte faz jus à concessão ou à manutenção da isenção do imposto de renda, não se lhe exigindo a demonstração da contemporaneidade dos sintomas da doença nem da recidiva da enfermidade.

O STF, em sede de **repercussão geral**, fixou duas teses acerca do imposto de renda:

a) É **constitucional** o art. 5º da Lei n. 9.779/99, no que autorizada a cobrança de Imposto de Renda sobre resultados financeiros verificados na liquidação de contratos de *swap* para fins de *hedge* (RE 1.224.696, de 2021);

b) **Não incide** imposto de renda sobre os juros de mora devidos pelo atraso no pagamento de remuneração por exercício de emprego, cargo ou função (RE 855.091, de 2021).

---

[21] A Constituição restringiu a atuação do Poder Executivo apenas para a alteração de alíquotas, nos limites fixados em lei.

16.4. Imposto sobre Produtos Industrializados

O **Imposto sobre Produtos Industrializados** (IPI) é de competência da União e não se sujeita ao princípio da anterioridade, mas apenas ao da noventena.

O tributo submete-se, ainda, aos princípios da **seletividade** (com a dosagem das alíquotas em função da essencialidade dos produtos) e da **não cumulatividade** (os valores pagos em etapas anteriores da cadeia produtiva deverão ser deduzidos dos valores a pagar nas etapas posteriores).

As **alíquotas** do IPI podem ser alteradas por decreto do Presidente da República, e o crédito tributário é objeto de lançamento por **homologação**.

Imunidades:

a) **livros**, **jornais**, **periódicos** e o papel destinado à sua impressão (CF, art. 150, VI, *d*);

b) os produtos industrializados **destinados ao exterior** (CF, art. 153, § 3º, III);

c) o **ouro**, quando definido em lei como ativo financeiro ou instrumento cambial (CF, art. 153, § 5º);

d) a **energia elétrica**, derivados de **petróleo**, **combustíveis** e **minerais** do País (CF, art. 155, § 3º).

> **Matriz constitucional**
> **Art. 153.** Compete à **União** instituir impostos sobre:
> (...)
> **IV – produtos industrializados;**
> (...)
> **§ 3º** O imposto previsto no inciso IV:
> I – será **seletivo**, em função da **essencialidade** do produto;
> II – será **não cumulativo**, compensando-se o que for devido em cada operação com o montante cobrado nas anteriores;
> III – **não incidirá** sobre produtos industrializados destinados ao **exterior**;
> IV – terá reduzido seu impacto sobre a aquisição de **bens de capital** pelo contribuinte do imposto, na forma da lei.
>
> **Disposições Gerais – Código Tributário Nacional**
> **Art. 46.** O imposto, de competência da **União**, sobre produtos industrializados tem como **fato gerador**:
> I – o seu **desembaraço aduaneiro**, quando de procedência estrangeira;
> II – a sua **saída dos estabelecimentos** a que se refere o parágrafo único do art. 51;
> III – a sua arrematação, quando apreendido ou abandonado e levado a leilão.
> **Parágrafo único.** Para os efeitos deste imposto, considera-se industrializado o produto que tenha sido submetido a qualquer operação que lhe **modifique a natureza** ou a **finalidade**, ou o aperfeiçoe para o consumo.
> **Art. 47.** A **base de cálculo** do imposto é:
> I – no caso do inciso I do artigo anterior, o **preço normal**, como definido no inciso II do art. 20, **acrescido do montante**:
> a) do imposto sobre a importação;
> b) das taxas exigidas para a entrada do produto no País;
> c) dos encargos cambiais efetivamente pagos pelo importador ou dele exigíveis;
> II – no caso do inciso II do artigo anterior:
> *a)* o **valor da operação** de que decorrer a saída da mercadoria;
> *b)* na falta do valor a que se refere a alínea anterior, o **preço corrente da mercadoria**, ou sua similar, no mercado atacadista da praça do remetente;
> III – no caso do inciso III do artigo anterior, o preço da arrematação.
> **Art. 48.** O imposto é **seletivo** em função da essencialidade dos produtos.
> **Art. 49.** O imposto é **não cumulativo**, dispondo a lei de forma que o montante devido resulte da diferença a maior, em determinado período, entre o imposto referente aos produtos saídos do estabelecimento e o pago relativamente aos produtos nele entrados.
> **Parágrafo único.** O saldo verificado, em determinado período, em favor do contribuinte transfere-se para o período ou períodos seguintes.
> **Art. 50.** Os produtos sujeitos ao imposto, quando remetidos de um para outro Estado, ou do ou para o Distrito Federal, serão acompanhados de nota fiscal de modelo especial, emitida em séries próprias e contendo, além dos elementos necessários ao controle fiscal, os dados indispensáveis à elaboração da estatística do comércio por cabotagem e demais vias internas.
> **Art. 51. Contribuinte** do imposto é:
> I – o importador ou quem a lei a ele equiparar;
> II – o industrial ou quem a lei a ele equiparar;
> III – o comerciante de produtos sujeitos ao imposto, que os forneça aos contribuintes definidos no inciso anterior;
> IV – o arrematante de produtos apreendidos ou abandonados, levados a leilão.
> **Parágrafo único.** Para os efeitos deste imposto, considera-se contribuinte autônomo qualquer estabelecimento de importador, industrial, comerciante ou arrematante.

> **STJ – Súmula 411**
> É devida a correção monetária ao creditamento do IPI quando há oposição ao seu aproveitamento decorrente de resistência ilegítima do Fisco.

O princípio da seletividade determina que no caso do IPI as alíquotas sejam definidas, pelo Poder Executivo, em razão da **essencialidade dos produtos**, o que autoriza a fixação de alíquotas mais elevadas para itens supérfluos ou prejudiciais à saúde, assim como exige que produtos mais básicos tenham alíquotas reduzidas ou iguais a zero.

> **STJ – Súmula Vinculante 58**
> Inexiste direito a crédito presumido de IPI relativamente à entrada de insumos isentos, sujeitos à alíquota zero ou não tributáveis, o que não contraria o princípio da não cumulatividade.

Características do IPI

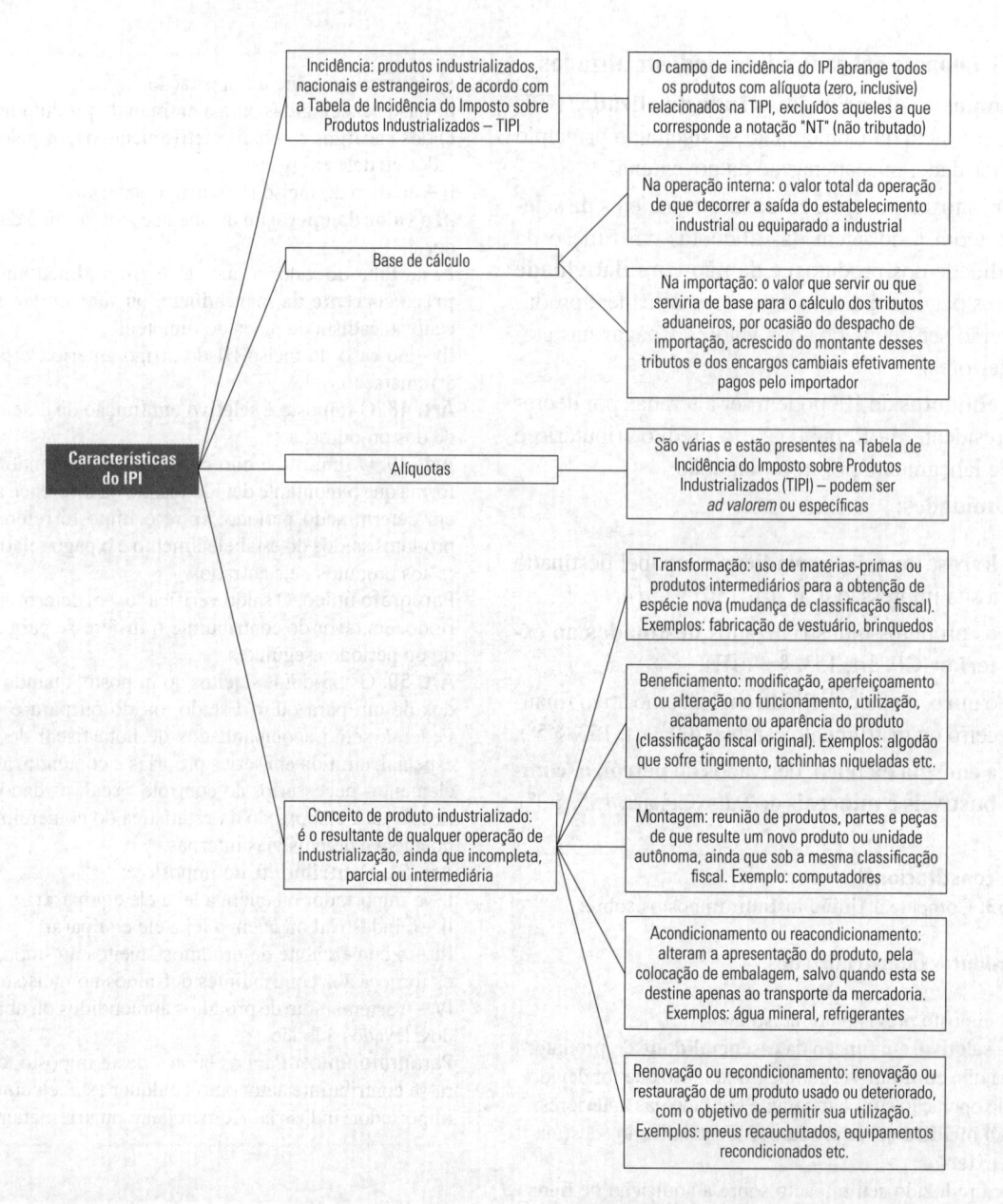

Incidência: produtos industrializados, nacionais e estrangeiros, de acordo com a Tabela de Incidência do Imposto sobre Produtos Industrializados – TIPI
- O campo de incidência do IPI abrange todos os produtos com alíquota (zero, inclusive) relacionados na TIPI, excluídos aqueles a que corresponde a notação "NT" (não tributado)

Base de cálculo:
- Na operação interna: o valor total da operação de que decorrer a saída do estabelecimento industrial ou equiparado a industrial
- Na importação: o valor que servir ou que serviria de base para o cálculo dos tributos aduaneiros, por ocasião do despacho de importação, acrescido do montante desses tributos e dos encargos cambiais efetivamente pagos pelo importador

Alíquotas: São várias e estão presentes na Tabela de Incidência do Imposto sobre Produtos Industrializados (TIPI) – podem ser *ad valorem* ou específicas

Conceito de produto industrializado: é o resultante de qualquer operação de industrialização, ainda que incompleta, parcial ou intermediária
- **Transformação:** uso de matérias-primas ou produtos intermediários para a obtenção de espécie nova (mudança de classificação fiscal). Exemplos: fabricação de vestuário, brinquedos
- **Beneficiamento:** modificação, aperfeiçoamento ou alteração no funcionamento, utilização, acabamento ou aparência do produto (classificação fiscal original). Exemplos: algodão que sofre tingimento, tachinhas niqueladas etc.
- **Montagem:** reunião de produtos, partes e peças de que resulte um novo produto ou unidade autônoma, ainda que sob a mesma classificação fiscal. Exemplo: computadores
- **Acondicionamento ou reacondicionamento:** alteram a apresentação do produto, pela colocação de embalagem, salvo quando esta se destine apenas ao transporte da mercadoria. Exemplos: água mineral, refrigerantes
- **Renovação ou recondicionamento:** renovação ou restauração de um produto usado ou deteriorado, com o objetivo de permitir sua utilização. Exemplos: pneus recauchutados, equipamentos recondicionados etc.

É importante ressaltar que o Regulamento do IPI (Decreto n. 7.212/2010) sofreu diversas alterações com a edição do Decreto n. 10.668/2021, de sorte que recomendamos a leitura da redação atualizada caso o leitor queira se aprofundar no estudo deste tributo.

O STF fixou três teses, com repercussão geral, acerca do IPI:

a) É **constitucional** a incidência do Imposto sobre Produtos Industrializados – IPI no desembaraço aduaneiro de bem industrializado e na saída do estabelecimento importador para comercialização no mercado interno (RE 9.466.488, de 2020);

b) É **constitucional** o art. 3º da Lei n. 7.798/1989 (regime tributário relativo a alimentos e bebidas), que estabelece valores pré-fixados para o IPI (RE 602.917, de 2020);

c) É **constitucional** a fixação de alíquotas de IPI superiores a zero sobre garrafões, garrafas e tampas plásticas, ainda que utilizados para o acondicionamento de produtos essenciais (RE 606.314, de 2021).

16.5. Imposto sobre Operações Financeiras

O **Imposto sobre Operações Financeiras** (IOF) é de competência da União, possui natureza extrafiscal e não se sujeita aos princípios da anterioridade e da noventena.

As **alíquotas** do IPI podem ser alteradas por decreto do Presidente da República, e o crédito tributário é objeto de lançamento por **homologação**.

> **Matriz constitucional**
> **Art. 153.** Compete à **União** instituir impostos sobre:
> (...)
> **V** – operações de **crédito, câmbio** e **seguro**, ou relativas a títulos ou valores mobiliários;
> (...)
> **§ 5º** O **ouro**, quando definido em lei como **ativo financeiro** ou **instrumento cambial**, sujeita-se exclusivamente à incidência do imposto de que trata o inciso V do *caput* deste artigo, devido na operação de origem; a alíquota mínima será de um por cento, assegurada a transferência do montante da arrecadação nos seguintes termos:
> **I** – **trinta por cento** para o Estado, o Distrito Federal ou o Território, conforme a origem;
> **II** – **setenta por cento** para o Município de origem.
> **Disposições Gerais – Código Tributário Nacional**
> **Art. 63.** O imposto, de competência da União, sobre operações de crédito, câmbio e seguro, e sobre operações relativas a títulos e valores mobiliários tem como **fato gerador**:
> **I** – quanto às operações de **crédito**, a sua efetivação pela entrega total ou parcial do montante ou do valor que constitua o objeto da obrigação, ou sua colocação à disposição do interessado;
> **II** – quanto às operações de **câmbio**, a sua efetivação pela entrega de moeda nacional ou estrangeira, ou de documento que a represente, ou sua colocação à disposição do interessado em montante equivalente à moeda estrangeira ou nacional entregue ou posta à disposição por este;
> **III** – quanto às operações de **seguro**, a sua efetivação pela emissão da apólice ou do documento equivalente, ou recebimento do prêmio, na forma da lei aplicável;
> **IV** – quanto às operações relativas a **títulos e valores mobiliários**, a emissão, transmissão, pagamento ou resgate destes, na forma da lei aplicável.
> **Parágrafo único.** A incidência definida no inciso I exclui a definida no inciso IV, e reciprocamente, quanto à emissão, ao pagamento ou resgate do título representativo de uma mesma operação de crédito.
> **Art. 64.** A **base de cálculo** do imposto é:
> **I** – quanto às operações de **crédito**, o montante da obrigação, compreendendo o principal e os juros;
> **II** – quanto às operações de **câmbio**, o respectivo montante em moeda nacional, recebido, entregue ou posto à disposição;
> **III** – quanto às operações de **seguro**, o montante do prêmio;
> **IV** – quanto às operações relativas a **títulos e valores mobiliários**:
> *a)* na **emissão**, o valor nominal mais o ágio, se houver;
> *b)* na **transmissão**, o preço ou o valor nominal, ou o valor da cotação em Bolsa, como determinar a lei;
> *c)* no **pagamento** ou **resgate**, o preço.
> **Art. 65.** O **Poder Executivo** pode, nas condições e nos limites estabelecidos em lei, alterar as **alíquotas** ou as bases de cálculo do imposto, a fim de ajustá-lo aos objetivos da política monetária[22].
> **Art. 66. Contribuinte** do imposto é qualquer das partes na operação tributada, como dispuser a lei.
> **Art. 67.** A receita líquida do imposto destina-se a formação de **reservas monetárias**, na forma da lei.

> **STJ – Súmula 185**
> Nos depósitos judiciais, não incide o Imposto sobre Operações Financeiras.

16.6. Imposto sobre a Propriedade Territorial Rural

O **Imposto sobre a Propriedade Territorial Rural** (ITR) é de competência da **União**, possui natureza extrafiscal (pois objetiva desestimular a manutenção de propriedades improdutivas) e se sujeita aos princípios da anterioridade e da noventena.

Os **Municípios** poderão assumir responsabilidade pela arrecadação e fiscalização do ITR, hipótese em que ficarão com **100%** do valor arrecadado.

As **alíquotas** do ITR são **progressivas**, e o crédito tributário é objeto de lançamento por **homologação**.

A Constituição prevê hipótese de **imunidade do ITR** para as pequenas glebas rurais, exploradas por proprietário que não possua outro imóvel, conforme definido em lei (atualmente a Lei n. 9.393/96).

> **Matriz constitucional**
> **Art. 153.** Compete à **União** instituir impostos sobre:
> (...)
> **VI** – **propriedade territorial rural**;
> (...)
> **§ 4º** O imposto previsto no inciso VI do *caput*:
> **I** – será **progressivo** e terá suas alíquotas fixadas de forma a desestimular a manutenção de propriedades improdutivas;
> **II** – **não incidirá** sobre pequenas glebas rurais, definidas em lei, quando as explore o proprietário que não possua outro imóvel;
> **III** – será **fiscalizado** e **cobrado** pelos Municípios que assim optarem, na forma da lei, desde que não implique redução do imposto ou qualquer outra forma de renúncia fiscal.
> **Disposições Gerais – Código Tributário Nacional**[23]
> **Art. 29.** O imposto, de competência da **União**, sobre a propriedade territorial rural tem como fato gerador a **propriedade**, o **domínio útil** ou a **posse** de imóvel por natureza, como definido na lei civil, localização fora da zona urbana do Município.
> **Art. 30.** A **base do cálculo** do imposto é o valor fundiário[24].
> **Art. 31. Contribuinte** do imposto é o proprietário do imóvel, o titular de seu domínio útil, ou o seu possuidor a qualquer título.

---

[22] A Constituição restringiu a atuação do Poder Executivo apenas para a alteração de alíquotas, nos limites fixados em lei.

[23] A leitura dos dispositivos do CTN deve ser feita à luz da Constituição de 1988. Fizemos a reprodução integral dos artigos em vigor do Código para fins de prova, mas o leitor deverá atentar para a jurisprudência dos tribunais superiores.

[24] O art. 10, § 1º, da Lei n. 9.393/96 considera que para fins de apuração do ITR o valor fundiário é o valor da **terra nua**, excluídos os montantes relativos a: a) construções, instalações e benfeitorias; b) culturas permanentes e temporárias; c) pastagens cultivadas e melhoradas e d) florestas plantadas.

16.7. Imposto sobre a Transmissão *Causa Mortis* e Doação

O Imposto sobre a **Transmissão *Causa Mortis* e Doação** (ITCMD) é de competência dos Estados e do Distrito Federal e se sujeita aos princípios da anterioridade e da noventena.

A base de cálculo do tributo é o valor venal dos bens ou direitos transmitidos, e a doutrina majoritária entende que o lançamento se dá por declaração.

Importante: o Código Tributário Nacional não fazia distinção entre a tributação das transmissões de imóveis a título gratuito ou oneroso, mas, de acordo com a Constituição de 1988, esta última hipótese é de competência dos Municípios, por meio do Imposto sobre a Transmissão de Bens *Inter Vivos* (ITBI), de sorte que a leitura dos dispositivos do CTN merece atenção.

> **Matriz constitucional**
> **Art. 155.** Compete aos **Estados** e ao **Distrito Federal** instituir impostos sobre:
> I – transmissão *causa mortis* e **doação**, de quaisquer bens ou direitos.
> (...)
> § 1º O imposto previsto no inciso I:
> I – relativamente a bens imóveis e respectivos direitos, compete ao Estado da **situação do bem**, ou ao Distrito Federal;
> II – relativamente a bens móveis, títulos e créditos, compete ao Estado onde se processar o **inventário** ou **arrolamento**, ou tiver **domicílio o doador**, ou ao Distrito Federal;
> III – terá competência para sua instituição regulada por **lei complementar**:
> *a)* se o doador tiver domicilio ou residência no exterior;
> *b)* se o *de cujus* possuía bens, era residente ou domiciliado ou teve o seu inventário processado no exterior;
> IV – terá suas **alíquotas máximas** fixadas pelo **Senado Federal**.
>
> **Disposições Gerais – Código Tributário Nacional24**
> **Art. 35.** O imposto, de competência dos Estados, sobre a transmissão de **bens imóveis e de direitos** a eles relativos tem como fato gerador:
> I – a transmissão, a qualquer título, da propriedade ou do domínio útil de bens imóveis por natureza ou por acessão física, como definidos na lei civil;
> II – a transmissão, a qualquer título, de direitos reais sobre imóveis, exceto os direitos reais de garantia;
> III – a cessão de direitos relativos às transmissões referidas nos incisos I e II.
> **Parágrafo único.** Nas transmissões *causa mortis*, ocorrem tantos fatos geradores distintos quantos sejam os herdeiros ou legatários.
>
> **Art. 36.** Ressalvado o disposto no artigo seguinte, o imposto **não incide** sobre a transmissão dos bens ou direitos referidos no artigo anterior:
> I – quando efetuada para sua incorporação ao patrimônio de **pessoa jurídica** em pagamento de **capital nela subscrito**;
> II – quando decorrente da **incorporação** ou da **fusão** de uma pessoa jurídica por outra ou com outra.
> **Parágrafo único.** O imposto não incide sobre a transmissão aos mesmos alienantes, dos bens e direitos adquiridos na forma do inciso I deste artigo, em decorrência da sua desincorporação do patrimônio da pessoa jurídica a que foram conferidos.
> **Art. 37.** O disposto no artigo anterior não se aplica quando a pessoa jurídica adquirente tenha como **atividade preponderante** a **venda ou locação** de propriedade imobiliária ou a cessão de direitos relativos à sua aquisição.
> § 1º Considera-se caracterizada a atividade preponderante referida neste artigo quando **mais de 50%** (cinquenta por cento) da receita operacional da pessoa jurídica adquirente, nos 2 (dois) anos anteriores e nos 2 (dois) anos subsequentes à aquisição, decorrer de transações mencionadas neste artigo.
> § 2º Se a pessoa jurídica adquirente iniciar suas atividades após a aquisição, ou menos de 2 (dois) anos antes dela, apurar-se-á a preponderância referida no parágrafo anterior levando em conta os 3 (três) primeiros anos seguintes à data da aquisição.
> § 3º Verificada a preponderância referida neste artigo, tornar-se-á devido o imposto, nos termos da lei vigente à data da aquisição, sobre o valor do bem ou direito nessa data.
> § 4º O disposto neste artigo não se aplica à transmissão de bens ou direitos, quando realizada em conjunto com a da totalidade do patrimônio da pessoa jurídica alienante.
> **Art. 38.** A base de cálculo do imposto é o **valor venal** dos bens ou direitos transmitidos.
> **Art. 39.** A alíquota do imposto **não excederá** os limites fixados em resolução do Senado Federal, que distinguirá, para efeito de aplicação de alíquota mais baixa, as transmissões que atendam à política nacional de habitação.
> **Art. 40.** O montante do imposto é dedutível do devido à União, a título do imposto de que trata o art. 43, sobre o provento decorrente da mesma transmissão.
> **Art. 41.** O imposto compete ao **Estado da situação** do imóvel transmitido, ou sobre que versarem os direitos cedidos, mesmo que a mutação patrimonial decorra de sucessão aberta no estrangeiro.
> **Art. 42. Contribuinte** do imposto é qualquer das partes na operação tributada, como dispuser a lei.

> **STJ – Súmula 112**
> O imposto de transmissão *causa mortis* é devido pela alíquota vigente ao tempo da abertura da sucessão.

> **STJ – Súmula 114**
> O imposto de transmissão *causa mortis* não é exigível antes da homologação do cálculo.
>
> **STJ – Súmula 115**
> Sobre os honorários do advogado contratado pelo inventariante, com a homologação do juiz, não incide o imposto de transmissão *causa mortis*.
>
> **STJ – Súmula 331**
> É legítima a incidência do imposto de transmissão *causa mortis* no inventário por morte presumida.
>
> **STJ – Súmula 590**
> Calcula-se o imposto de transmissão *causa mortis* sobre o saldo credor da promessa de compra e venda de imóvel, no momento da abertura da sucessão do promitente vendedor.

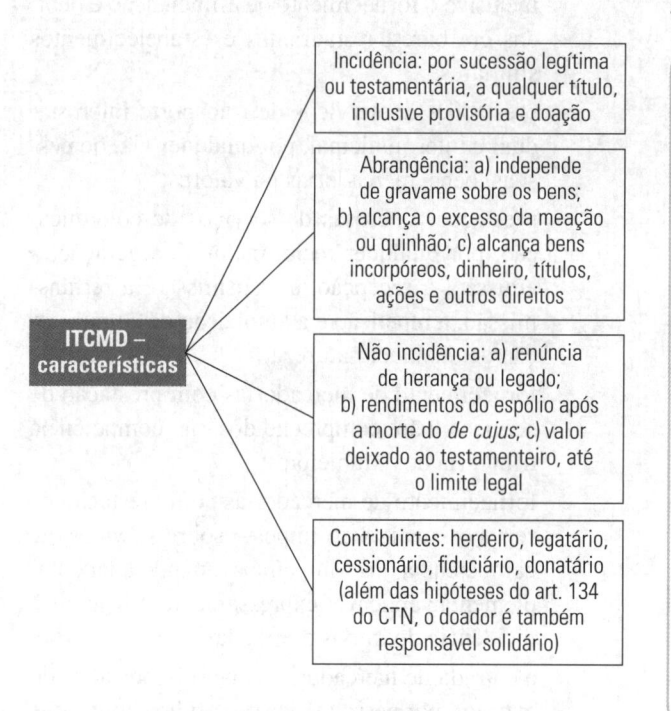

ITCMD – características
- Incidência: por sucessão legítima ou testamentária, a qualquer título, inclusive provisória e doação
- Abrangência: a) independe de gravame sobre os bens; b) alcança o excesso da meação ou quinhão; c) alcança bens incorpóreos, dinheiro, títulos, ações e outros direitos
- Não incidência: a) renúncia de herança ou legado; b) rendimentos do espólio após a morte do *de cujus*; c) valor deixado ao testamenteiro, até o limite legal
- Contribuintes: herdeiro, legatário, cessionário, fiduciário, donatário (além das hipóteses do art. 134 do CTN, o doador é também responsável solidário)

Em relação ao ITCMD, o STF confirmou a dicção constitucional e decidiu que é **vedado** aos Estados e ao Distrito Federal instituir o imposto nas hipóteses referidas no art. 155, § 1º, III, da Constituição, sem a intervenção da **lei complementar** exigida pelo referido dispositivo constitucional (RE 851.108, de 2021).

Assim, exigem lei complementar nacional os casos de **doação**, em que o doador tiver domicílio ou residência no exterior e, na hipótese de **morte**, se o *de cujus* possuía bens, era residente ou domiciliado ou teve o seu inventário processado no exterior. Esse entendimento tem por objetivo harmonizar a cobrança do tributo em todo o território nacional.

16.8. Imposto sobre a Circulação de Mercadorias e sobre Prestação de Serviços de Transporte Interestadual e Intermunicipal e de Comunicação

O Imposto sobre a **Circulação de Mercadorias** e sobre **Prestação de Serviços de Transporte** Interestadual e Intermunicipal e de Comunicação (ICMS) é de competência dos Estados e do Distrito Federal.

Previsto no art. 155, II, da Constituição, o ICMS está regulamentado pela **Lei Complementar n. 87/96** (conhecida como "Lei Kandir") e alterações posteriores.

Trata-se de tributo bastante **complexo** e que possui diversos dispositivos normativos, de forma que, para os objetivos da prova, faremos a análise de suas principais características, dividindo por tópicos os principais artigos de referência.

> **Matriz legal**
> **Art. 155.** Compete aos **Estados** e ao Distrito Federal instituir impostos sobre:
> (...)
> II – operações relativas à **circulação de mercadorias** e sobre **prestações de serviços de transporte** interestadual e intermunicipal e de **comunicação**, ainda que as operações e as prestações se iniciem no exterior.
> (...)
> § 2º O imposto previsto no inciso II atenderá ao seguinte:
> I – será **não cumulativo**, compensando-se o que for devido em cada operação relativa à circulação de mercadorias ou prestação de serviços com o montante cobrado nas anteriores pelo mesmo ou outro Estado ou pelo Distrito Federal;
> II – a **isenção** ou **não incidência**, salvo determinação em contrário da legislação:
> *a)* **não implicará crédito** para compensação com o montante devido nas operações ou prestações seguintes;
> *b)* acarretará a **anulação** do crédito relativo às operações anteriores;
> III – poderá ser **seletivo**, em função da essencialidade das mercadorias e dos serviços;

Em relação aos princípios constitucionais **específicos** do ICMS, podemos destacar três situações:

- **Não cumulatividade obrigatória:** compensa-se o que for devido em cada operação relativa à circulação de mercadorias ou prestação de serviços com o montante cobrado nas anteriores pelo mesmo ou outro Estado ou pelo Distrito Federal.
- **Seletividade facultativa:** o constituinte infelizmente não exigiu obediência ao princípio da seletividade em função da essencialidade das mercadorias, como fez com o IPI.

- Regra geral, os casos de **isenção** ou **não incidência** não dão direito a crédito nas operações posteriores e anulam o crédito acumulado nas anteriores.

IV – resolução do **Senado Federal**, de iniciativa do Presidente da República ou de um terço dos Senadores, aprovada pela **maioria absoluta** de seus membros, estabelecerá as alíquotas aplicáveis às operações e prestações, **interestaduais** e de **exportação**;

V – é facultado ao Senado Federal:
a) estabelecer **alíquotas mínimas** nas operações internas, mediante resolução de iniciativa de um terço e aprovada pela maioria absoluta de seus membros;
b) fixar **alíquotas máximas** nas mesmas operações para resolver conflito específico que envolva interesse de Estados, mediante resolução de iniciativa da maioria absoluta e aprovada por dois terços de seus membros;

VI – salvo deliberação em contrário dos Estados e do Distrito Federal, nos termos do disposto no inciso XII, *g*, as **alíquotas internas**, nas operações relativas à circulação de mercadorias e nas prestações de serviços, **não poderão ser inferiores** às previstas para as operações interestaduais;

Em suma, o Senado Federal tem **duas atribuições** relativas ao ICMS, que deverão ser adotadas mediante Resolução, obedecidos os índices mínimos para propositura e aprovação das medidas:

- fixação **obrigatória** de alíquotas para operações interestaduais e de exportação;
- fixação **facultativa** de alíquotas mínimas e máximas para fins de solução de conflitos entre os Estados.

VII – nas operações e prestações que destinem bens e serviços a **consumidor final**, contribuinte ou não do imposto, localizado **em outro Estado**, adotar-se-á a alíquota **interestadual** e caberá ao Estado de localização do destinatário o imposto correspondente à **diferença** entre a alíquota interna do Estado destinatário e a alíquota interestadual;

VIII – a responsabilidade pelo recolhimento do imposto correspondente à diferença entre a alíquota interna e a interestadual de que trata o inciso VII será atribuída:
a) ao **destinatário**, quando este for contribuinte do imposto;
b) ao **remetente**, quando o destinatário não for contribuinte do imposto;

Importante: os incisos VII e VIII do art. 155, § 2º, da Constituição foram alterados pela Emenda Constitucional n. 87/2015, modificando as regras de tributação e recolhimento nas operações interestaduais.

Segundo o STF: "(i) Não viola o princípio da não cumulatividade (art. 155, § 2º, incisos I e XII, alínea *c*, da CF/1988) lei complementar que prorroga a compensação de créditos de ICMS relativos a bens adquiridos para uso e consumo no próprio estabelecimento do contribuinte; (ii) Conforme o art. 150, III, c, da CF/88, o princípio da anterioridade nonagesimal aplica-se somente para leis que instituem ou majoram tributos, não incidindo relativamente às normas que prorrogam a data de início da compensação de crédito tributário" (RE 601.967, de 2020).

Incidência:

Nos termos do art. 1º da Lei Complementar n. 87/96, o ICMS incide sobre:

- operações relativas à circulação de mercadorias, inclusive o fornecimento de alimentação e bebidas em bares, restaurantes e estabelecimentos similares;
- prestações de serviços de transporte interestadual e intermunicipal, por qualquer via, de pessoas, bens, mercadorias ou valores;
- prestações onerosas de serviços de comunicação, por qualquer meio, inclusive a geração, a emissão, a recepção, a transmissão, a retransmissão, a repetição e a ampliação de comunicação de qualquer natureza;
- fornecimento de mercadorias com prestação de serviços não compreendidos na competência tributária dos Municípios;
- fornecimento de mercadorias com prestação de serviços sujeitos ao imposto sobre serviços, de competência dos Municípios, quando a lei complementar aplicável expressamente o sujeitar à incidência do imposto estadual;
- a entrada de mercadoria ou bem importados do exterior, por pessoa física ou jurídica, ainda que não seja contribuinte habitual do imposto, qualquer que seja a sua finalidade;
- o serviço prestado no exterior ou cuja prestação se tenha iniciado no exterior;
- sobre a entrada, no território do Estado destinatário, de petróleo, inclusive lubrificantes e combustíveis líquidos e gasosos dele derivados, e de energia elétrica, quando não destinados à comercialização ou à industrialização, decorrentes de operações interestaduais, cabendo o imposto ao Estado onde estiver localizado o adquirente.

O STF exarou diversas decisões com **repercussão geral**, acerca do alcance da incidência do ICMS:

a) É **constitucional** a incidência do ICMS sobre a operação de venda, realizada por locadora de veículos, de automóvel com menos de 12 (doze) meses de aquisição da montadora (RE 1.025.986, de 2020);
b) No tocante às farmácias de manipulação, incide o ISS sobre as operações envolvendo o preparo e o fornecimento de medicamentos encomendados para posterior entrega aos fregueses, em caráter pessoal, para consumo; **incide o ICMS** sobre os medicamentos de prateleira por elas produzidos, ofertados ao público consumidor (RE 605.552, de 2020);
c) É **constitucional** a inclusão do Imposto Sobre Circulação de Mercadorias e Serviços – ICMS na base de cálculo da Contribuição Previdenciária sobre a Receita Bruta – CPRB (RE 1.887.264, de 2021);
d) A inadimplência do usuário **não afasta** a incidência ou a exigibilidade do ICMS sobre serviços de telecomunicações (RE 1.003.758, de 2021).

As previsões acima alargaram as duas situações de **incidência** do ICMS previstas no art. 155, § 2º, IX:

> *a)* sobre a entrada de bem ou mercadoria importados do exterior por **pessoa física ou jurídica**, ainda que **não seja contribuinte habitual** do imposto, qualquer que seja a sua finalidade, assim como sobre o serviço prestado no exterior, cabendo o imposto ao Estado onde estiver situado o domicílio ou o estabelecimento do destinatário da mercadoria, bem ou serviço;
> *b)* sobre o valor total da operação, quando mercadorias forem fornecidas com serviços **não compreendidos** na competência tributária dos Municípios.

No que tange à importação de produtos, o STF decidiu que "após a Emenda Constitucional n. 33/2001, é **constitucional** a incidência de ICMS sobre operações de importação efetuadas por pessoa, física ou jurídica, que não se dedica habitualmente ao comércio ou à prestação de serviços, devendo tal tributação estar prevista em lei complementar federal. As leis estaduais editadas após a EC n. 33/2001 e antes da entrada em vigor da Lei Complementar n. 114/2002, com o propósito de impor o ICMS sobre a referida operação, são válidas, mas produzem efeitos somente a partir da vigência da LC n. 114/2002" (RE 1.221.330, de 2020).

Ainda de acordo com o STF, "o **sujeito ativo** da obrigação tributária de ICMS incidente sobre **mercadoria importada** é o Estado-membro no qual está domiciliado ou estabelecido o destinatário legal da operação que deu causa à circulação da mercadoria, com a transferência de domínio" (ARE 665.134, de 2020).

Não incidência:

A Constituição fixou hipóteses de **imunidade** para o ICMS, previstas no 155, § 2º, X:

> *a)* sobre operações que destinem **mercadorias para o exterior**, nem sobre serviços prestados a destinatários no exterior, assegurada a **manutenção** e o **aproveitamento** do montante do imposto cobrado nas operações e prestações anteriores;
> *b)* sobre operações que destinem a outros Estados **petróleo**, inclusive lubrificantes, **combustíveis** líquidos e gasosos dele derivados, e **energia elétrica**;
> *c)* sobre o **ouro**, nas hipóteses definidas no art. 153, § 5º;
> *d)* nas prestações de serviço de **comunicação** nas modalidades de radiodifusão sonora e de sons e imagens de recepção **livre e gratuita**.

Segundo o STF, a **imunidade** a que se refere o art. 155, § 2º, X, *a*, da CF (operações que destinem mercadorias para o exterior ou sobre serviços prestados a destinatários no exterior, assegurada a manutenção e o aproveitamento do montante do imposto cobrado nas operações e prestações anteriores) **não alcança** operações ou prestações anteriores à operação de exportação (RE 754.917, de 2020)

A Lei Complementar n. 87/96, em seu art. 3º, também dispôs sobre hipóteses de **não incidência** do ICMS, reproduzindo preceitos constitucionais e ampliando algumas situações.

Como a lei **não pode** veicular imunidades, os casos específicos previstos na *Lei Kandir*, diferentes daqueles mencionados pela Constituição, devem ser entendidos como verdadeiras hipóteses de não incidência.

> **Art. 3º** O imposto não incide sobre:
> **I –** operações com livros, jornais, periódicos e o papel destinado a sua impressão;
> **II –** operações e prestações que destinem ao exterior mercadorias, inclusive produtos primários e produtos industrializados semi-elaborados, ou serviços; (*Vide* Lei Complementar n. 102, de 2000) (*Vide* Lei Complementar n. 102, de 2000)
> **III –** operações interestaduais relativas a energia elétrica e petróleo, inclusive lubrificantes e combustíveis líquidos e gasosos dele derivados, quando destinados à industrialização ou à comercialização;
> **IV –** operações com ouro, quando definido em lei como ativo financeiro ou instrumento cambial;
> **V –** operações relativas a mercadorias que tenham sido ou que se destinem a ser utilizadas na prestação, pelo próprio autor da saída, de serviço de qualquer natureza definido

em lei complementar como sujeito ao imposto sobre serviços, de competência dos Municípios, ressalvadas as hipóteses previstas na mesma lei complementar;
VI – operações de qualquer natureza de que decorra a transferência de propriedade de estabelecimento industrial, comercial ou de outra espécie;
VII – operações decorrentes de alienação fiduciária em garantia, inclusive a operação efetuada pelo credor em decorrência do inadimplemento do devedor;
VIII – operações de arrendamento mercantil, não compreendida a venda do bem arrendado ao arrendatário;
IX – operações de qualquer natureza de que decorra a transferência de bens móveis salvados de sinistro para companhias seguradoras; e (Redação dada pela Lei Complementar n. 194, de 2022)
X – serviços de transmissão e distribuição e encargos setoriais vinculados às operações com energia elétrica. (Incluído pela Lei Complementar n. 194, de 2022)
Parágrafo único. Equipara-se às operações de que trata o inciso II a saída de mercadoria realizada com o fim específico de exportação para o exterior, destinada a:
I – empresa comercial exportadora, inclusive tradings ou outro estabelecimento da mesma empresa;
II – armazém alfandegado ou entreposto aduaneiro.

O STF, em importante julgamento, decidiu que "**não incide** ICMS no deslocamento de bens de um estabelecimento para outro do mesmo contribuinte localizados em Estados distintos, visto não haver a transferência da titularidade ou a realização de ato de mercancia" (ARE 1.255.885, de 2020).

Contribuinte:

Contribuinte é qualquer pessoa, **física ou jurídica**, que realize, com habitualidade ou em volume que caracterize intuito comercial, operações de circulação de mercadoria ou prestações de serviços de transporte interestadual e intermunicipal e de comunicação, ainda que as operações e as prestações se iniciem no exterior.

É também contribuinte a pessoa física ou jurídica que, **mesmo sem habitualidade** ou **intuito comercial**:

- importe mercadorias ou bens do exterior, **qualquer que seja** a sua finalidade;
- seja **destinatária** de serviço prestado no exterior ou cuja prestação se tenha iniciado no exterior;
- adquira em **licitação** mercadorias ou bens apreendidos ou abandonados;
- adquira lubrificantes e combustíveis líquidos e gasosos derivados de petróleo e energia elétrica oriundos de outro Estado, quando **não destinados** à comercialização ou à industrialização.

É ainda contribuinte do imposto nas operações ou prestações que destinem mercadorias, bens e serviços a consumidor final domiciliado ou estabelecido em outro Estado, em relação à diferença entre a alíquota interna do Estado de destino e a alíquota interestadual:

a) o destinatário da mercadoria, bem ou serviço, na hipótese de contribuinte do imposto;

b) o remetente da mercadoria ou bem ou o prestador de serviço, na hipótese de o destinatário não ser contribuinte do imposto.

Convém destacar que a Lei Complementar n. 194/2022, publicada em razão da crise de combustíveis, introduziu o art. 18-A no Código Tributário Nacional com o objetivo de impedir que alguns bens e serviços, notadamente essenciais, tivessem alíquotas superiores às operações gerais sujeitas ao ICMS:

CTN, Art. 18-A. Para fins da incidência do imposto de que trata o inciso II do *caput* do art. 155 da Constituição Federal, os combustíveis, o gás natural, a energia elétrica, as comunicações e o transporte coletivo são considerados bens e serviços essenciais e indispensáveis, que não podem ser tratados como supérfluos.

Parágrafo único. Para efeito do disposto neste artigo:

I – é vedada a fixação de alíquotas sobre as operações referidas no *caput* deste artigo em patamar superior ao das operações em geral, considerada a essencialidade dos bens e serviços;

II – é facultada ao ente federativo competente a aplicação de alíquotas reduzidas em relação aos bens referidos no *caput* deste artigo, como forma de beneficiar os consumidores em geral; e

III – é vedada a fixação de alíquotas reduzidas de que trata o inciso II deste parágrafo, para os combustíveis, a energia elétrica e o gás natural, em percentual superior ao da alíquota vigente por ocasião da publicação deste artigo.

Substituição tributária:

A **lei estadual** poderá atribuir a contribuinte do imposto ou a depositário a qualquer título a responsabilidade pelo seu pagamento, hipótese em que assumirá a condição de **substituto tributário**.

A responsabilidade poderá ser atribuída em relação ao imposto incidente sobre uma ou mais operações ou prestações, sejam **antecedentes**, **concomitantes** ou **subsequentes**, inclusive ao valor decorrente da diferença entre alíquotas interna e interestadual nas operações e prestações que destinem bens e serviços a consumidor final localizado em outro Estado que seja contribuinte do imposto.

A atribuição de responsabilidade dar-se-á em relação a **mercadorias**, **bens** ou **serviços** previstos em lei de cada Estado.

É assegurado ao contribuinte substituído o direito à **restituição** do valor do imposto pago por força da substituição tributária, correspondente ao fato gerador presumido, que não se realizar.

O STF entendeu, com repercussão geral, que "a antecipação, sem substituição tributária, do pagamento do ICMS para momento anterior à ocorrência do fato gerador necessita de lei em sentido estrito. A substituição tributária progressiva do ICMS reclama previsão em lei complementar federal" (RE 598.677, de 2020).

Fato gerador:

Conforme disposto no art. 12 da Lei Complementar n. 87/96, considera-se ocorrido o **fato gerador** do ICMS no momento:

> **I** – da **saída de mercadoria** de estabelecimento de contribuinte, ainda que para outro estabelecimento do mesmo titular;
> **II** – do **fornecimento** de alimentação, bebidas e outras mercadorias por qualquer estabelecimento;
> **III** – da **transmissão** a terceiro de mercadoria depositada em armazém geral ou em depósito fechado, no Estado do transmitente;
> **IV** – da transmissão de **propriedade** de mercadoria, ou de título que a represente, quando a mercadoria não tiver transitado pelo estabelecimento transmitente;
> **V** – do **início da prestação** de serviços de transporte interestadual e intermunicipal, de qualquer natureza;
> **VI** – do ato final do **transporte** iniciado no exterior;
> **VII** – das **prestações onerosas** de serviços de **comunicação**, feita por qualquer meio, inclusive a geração, a emissão, a recepção, a transmissão, a retransmissão, a repetição e a ampliação de comunicação de qualquer natureza;
> **VIII** – do fornecimento de **mercadoria com prestação de serviços**:
> *a)* não compreendidos na competência tributária dos Municípios;
> *b)* compreendidos na competência tributária dos Municípios e com indicação expressa de incidência do imposto de competência estadual, como definido na lei complementar aplicável;
> **IX** – do **desembaraço aduaneiro** de mercadorias ou bens importados do exterior;
> **X** – do **recebimento**, pelo destinatário, de serviço prestado no exterior;
> **XI** – da aquisição em **licitação pública** de mercadorias ou bens importados do exterior e apreendidos ou abandonados;
> **XII** – da **entrada** no território do Estado de lubrificantes e combustíveis líquidos e gasosos derivados de petróleo e energia elétrica oriundos de outro Estado, **quando não destinados** à comercialização ou à industrialização;
> **XIII** – da **utilização**, por contribuinte, de serviço cuja prestação se tenha iniciado em outro Estado e não esteja vinculada a operação ou prestação subsequente.
> **§ 1º** Na hipótese do **inciso VII**, quando o serviço for prestado mediante pagamento em ficha, cartão ou assemelhados, considera-se ocorrido o fato gerador do imposto quando do fornecimento desses instrumentos ao usuário.
> **§ 2º** Na hipótese do **inciso IX**, após o desembaraço aduaneiro, a entrega, pelo depositário, de mercadoria ou bem importados do exterior deverá ser autorizada pelo órgão responsável pelo seu desembaraço, que somente se fará mediante a exibição do comprovante de pagamento do imposto incidente no ato do despacho aduaneiro, salvo disposição em contrário.
> **§ 3º** Na hipótese de entrega de mercadoria ou bem importados do exterior **antes do desembaraço aduaneiro**, considera-se ocorrido o fato gerador neste momento, devendo a autoridade responsável, salvo disposição em contrário, exigir a comprovação do pagamento do imposto.

Por fim, os **demais incisos** do art. 155, § 2º, da Constituição veiculam outras regras e preceitos relativos ao ICMS, nos seguintes termos:

> **XII** – cabe à **lei complementar**:
> *a)* definir seus **contribuintes**;
> *b)* dispor sobre **substituição tributária**;
> *c)* disciplinar o regime de **compensação** do imposto;
> *d)* fixar, para efeito de sua cobrança e definição do estabelecimento responsável, o **local das operações** relativas à circulação de mercadorias e das prestações de serviços;
> *e)* **excluir da incidência** do imposto, nas exportações para o exterior, serviços e outros produtos além dos mencionados no inciso X, *a*;
> *f)* prever casos de **manutenção** de crédito, relativamente à remessa para outro Estado e exportação para o exterior, de serviços e de mercadorias;
> *g)* regular a forma como, mediante deliberação dos Estados e do Distrito Federal, isenções, **incentivos** e **benefícios fiscais** serão concedidos e revogados;
> *h)* definir os combustíveis e lubrificantes sobre os quais o imposto incidirá uma **única vez**, qualquer que seja a sua finalidade, hipótese em que não se aplicará o disposto no inciso X, *b*,
> *i)* fixar a **base de cálculo**, de modo que o montante do imposto a integre, também na importação do exterior de bem, mercadoria ou serviço.
> **§ 3º** À exceção dos impostos de que tratam o inciso II do *caput* deste artigo e o art. 153, I e II, **nenhum outro imposto** poderá incidir sobre operações relativas a energia elétrica, serviços de telecomunicações, derivados de petróleo, combustíveis e minerais do País.
> **§ 4º** Na hipótese do inciso XII, *h*, observar-se-á o seguinte:
> **I** – nas operações com os lubrificantes e combustíveis derivados de petróleo, o imposto caberá ao Estado **onde ocorrer** o consumo;

II – nas operações interestaduais, entre contribuintes, com gás natural e seus derivados, e lubrificantes e combustíveis não incluídos no inciso I deste parágrafo, o imposto **será repartido** entre os Estados de origem e de destino, mantendo-se a mesma proporcionalidade que ocorre nas operações com as demais mercadorias;

III – nas operações interestaduais com gás natural e seus derivados, e lubrificantes e combustíveis não incluídos no inciso I deste parágrafo, destinadas a não contribuinte, o imposto caberá ao **Estado de origem**;

IV – as alíquotas do imposto serão definidas mediante deliberação dos Estados e Distrito Federal, nos termos do § 2º, XII, *g*, observando-se o seguinte:

a) serão **uniformes** em todo o território nacional, podendo ser diferenciadas por produto;

b) poderão ser **específicas**, por unidade de medida adotada, ou *ad valorem*, incidindo sobre o valor da operação ou sobre o preço que o produto ou seu similar alcançaria em uma venda em condições de livre concorrência;

c) poderão ser **reduzidas** e **restabelecidas**, não se lhes aplicando o disposto no art. 150, III, *b*.

§ 5º As regras necessárias à aplicação do disposto no § 4º, inclusive as relativas à **apuração** e à **destinação** do imposto, serão estabelecidas mediante deliberação dos Estados e do Distrito Federal, nos termos do § 2º, XII, *g*.

STJ – Súmula 334
O ICMS não incide no serviço dos provedores de acesso à Internet.

STJ – Súmula 350
O ICMS não incide sobre o serviço de habilitação de telefone celular.

STJ – Súmula 391
O ICMS incide sobre o valor da tarifa de energia elétrica correspondente à demanda de potência efetivamente utilizada.

STJ – Súmula 395
O ICMS incide sobre o valor da venda a prazo constante da nota fiscal.

STJ – Súmula 431
É ilegal a cobrança de ICMS com base no valor da mercadoria submetido ao regime de pauta fiscal.

STJ – Súmula 432
As empresas de construção civil não estão obrigadas a pagar ICMS sobre mercadorias adquiridas como insumos em operações interestaduais.

STJ – Súmula 433
O produto semielaborado, para fins de incidência de ICMS, é aquele que preenche cumulativamente os três requisitos do art. 1º da Lei Complementar n. 65/1991.

STJ – Súmula 457
Os descontos incondicionais nas operações mercantis não se incluem na base de cálculo do ICMS.

STJ – Súmula 509
É lícito ao comerciante de boa-fé aproveitar os créditos de ICMS decorrentes de nota fiscal posteriormente declarada inidônea, quando demonstrada a veracidade da compra e venda.

STJ – Súmula 649
Não incide ICMS sobre o serviço de transporte interestadual de mercadorias destinadas ao exterior.

STF – Súmula Vinculante 32
O ICMS não incide sobre alienação de salvados de sinistro pelas seguradoras.

STF – Súmula Vinculante 48
Na entrada de mercadoria importada do exterior, é legítima a cobrança do ICMS por ocasião do desembaraço aduaneiro.

STF – Súmula 573
Não constitui fato gerador do Imposto de Circulação de Mercadorias a saída física de máquinas, utensílios e implementos a título de comodato.

STF – Súmula 575
À mercadoria importada de país signatário do (GATT), ou membro da (ALALC), estende-se a isenção do Imposto de Circulação de Mercadorias concedida a similar nacional.

STF – Súmula 662
É legítima a incidência do ICMS na comercialização de exemplares de obras cinematográficas, gravados em fitas de videocassete.

Nos últimos anos, foram exaradas pelo STF, com **repercussão geral**, diversas decisões relativas ao ICMS, cujas teses reproduzimos a seguir:

a) observadas as balizas da Lei Complementar n. 87/96, é **constitucional** o creditamento de Imposto sobre Operações relativas à Circulação de Mercadorias – ICMS cobrado na entrada, por prestadora de serviço de telefonia móvel, considerado aparelho celular posteriormente cedido, mediante comodato (RE 1.141.756, de 2020);

b) o **estorno proporcional** de crédito de ICMS efetuado pelo Estado de destino, em razão de crédito fiscal presumido concedido pelo Estado de origem sem autorização do Conselho Nacional de Política Fazendária (CONFAZ), **não viola** o princípio constitucional da não cumulatividade (RE 628.075, de 2020);

c) segundo o art. 155, § 2º, X, *b*, da CF/88, cabe ao **Estado de destino**, em sua totalidade, o ICMS sobre a operação interestadual de fornecimento de energia elétrica a consumidor final, para emprego em processo de industrialização, não podendo o Estado de origem cobrar o referido imposto (RE 748.543, de 2020);

d) a demanda de potência elétrica **não é passível**, por si só, de tributação via ICMS, porquanto somente integram a base de cálculo desse imposto os valores referentes àquelas operações em que haja efetivo consumo de energia elétrica pelo consumidor (RE 593.824, de 2020);

e) é **constitucional** a imposição tributária de diferencial de alíquota do ICMS pelo Estado de destino na entrada de mercadoria em seu território devido por sociedade empresária aderente ao **Simples Nacional**, independentemente da posição desta na cadeia produtiva ou da possibilidade de compensação dos créditos (RE 970.821, de 2021).

16.9. Imposto sobre a Propriedade de Veículos Automotores

O Imposto sobre a **Propriedade de Veículos Automotores** (IPVA) é de competência dos Estados e do Distrito Federal.

O IPVA está sujeito aos princípios da anterioridade e da noventena e tem como **fato gerador** a propriedade de veículo automotor em 1º de janeiro de cada ano ou a aquisição, a qualquer tempo, de veículo zero quilômetro.

O campo de incidência do IPVA **não inclui** aeronaves e embarcações.

O lançamento do crédito tributário é feito de **ofício** e a base de cálculo será o valor do veículo, conforme tabela elaborada pelo Poder Público.

Matriz constitucional
Art. 155. Compete aos **Estados** e ao **Distrito Federal** instituir impostos sobre:
(...)
III – **propriedade de veículos automotores**.
(...)
§ 6º O imposto previsto no inciso III:
I – terá **alíquotas mínimas** fixadas pelo **Senado Federal**;
II – poderá ter **alíquotas diferenciadas** em função do tipo e utilização.

STJ – Súmula 585
A responsabilidade solidária do ex-proprietário, prevista no art. 134 do Código de Trânsito Brasileiro CTB, não abrange o IPVA incidente sobre o veículo automotor, no que se refere ao período posterior à sua alienação.

Segundo o STF, **não incide** IPVA sobre veículo automotor adquirido, mediante alienação fiduciária, por pessoa jurídica de direito público (RE 72.751, de 2020).

Em relação à competência, "a Constituição autoriza a cobrança do Imposto sobre a Propriedade de Veículos Automotores (IPVA) somente pelo Estado em que o contribuinte mantém sua **sede** ou **domicílio tributário**" (RE 1.016.605, de 2020).

16.10. Imposto sobre a Propriedade Predial e Territorial Urbana

O Imposto sobre a **Propriedade Predial e Territorial Urbana** (IPTU) é de competência dos Municípios e do Distrito Federal.

O IPTU está sujeito aos princípios da anterioridade e da noventena e tem como **fato gerador** a propriedade, o domínio útil ou a posse de bem imóvel por natureza ou por acessão física, localizado na zona urbana do município.

O lançamento do crédito tributário é feito de **ofício** e a base de cálculo será o valor do imóvel.

Matriz constitucional
Art. 156. Compete aos **Municípios** instituir impostos sobre:
I – **propriedade predial e territorial urbana**;
(...)
§ 1º Sem prejuízo da **progressividade no tempo** a que se refere o art. 182, § 4º, inciso II, o imposto previsto no inciso I poderá:
I – ser **progressivo** em razão do **valor do imóvel**; e
II – ter alíquotas **diferentes** de acordo com a **localização** e o **uso** do imóvel.
(...)
Art. 182. A política de **desenvolvimento urbano**, executada pelo Poder Público municipal, conforme diretrizes gerais fixadas em lei, tem por objetivo ordenar o pleno desenvolvimento das funções sociais da cidade e garantir o bem-estar de seus habitantes.
§ 1º O **plano diretor**, aprovado pela Câmara Municipal, obrigatório para cidades com mais de vinte mil habitantes, é o instrumento básico da política de desenvolvimento e de expansão urbana.
§ 2º A propriedade urbana cumpre sua **função social** quando atende às exigências fundamentais de ordenação da cidade expressas no plano diretor.
§ 3º As desapropriações de imóveis urbanos serão feitas com prévia e justa indenização em dinheiro.
§ 4º É facultado ao Poder Público municipal, mediante lei específica para área incluída no plano diretor, exigir, nos termos da lei federal, do proprietário do solo urbano **não edificado**, **subutilizado** ou **não utilizado**, que promova seu adequado aproveitamento, sob pena, sucessivamente, de:
I – parcelamento ou edificação compulsórios;
II – imposto sobre a propriedade predial e territorial urbana **progressivo no tempo**;

> III – desapropriação com pagamento mediante títulos da dívida pública de emissão previamente aprovada pelo Senado Federal, com prazo de resgate de até dez anos, em parcelas anuais, iguais e sucessivas, assegurados o valor real da indenização e os juros legais.

O STF decidiu, com **repercussão geral**, que "são constitucionais as leis municipais anteriores à Emenda Constitucional n. 29/2000, que instituíram alíquotas diferenciadas de IPTU para imóveis edificados e não edificados, residenciais e não residenciais" (RE 666.156, 2020).

> **Disposições Gerais – Código Tributário Nacional**
> **Art. 32.** O imposto, de competência dos **Municípios**, sobre a propriedade predial e territorial urbana tem como fato gerador a **propriedade**, o **domínio útil** ou a **posse** de bem imóvel por **natureza** ou por **acessão física**, como definido na lei civil, localizado na zona urbana do Município.
> **§ 1º** Para os efeitos deste imposto, entende-se como **zona urbana** a definida em lei municipal; observado o requisito mínimo da existência de melhoramentos indicados em **pelo menos** 2 (dois) dos incisos seguintes, construídos ou mantidos pelo Poder Público:
> I – meio-fio ou calçamento, com canalização de águas pluviais;
> II – abastecimento de água;
> III – sistema de esgotos sanitários;
> IV – rede de iluminação pública, com ou sem posteamento para distribuição domiciliar;
> V – escola primária ou posto de saúde a uma distância máxima de 3 (três) quilômetros do imóvel considerado.
> **§ 2º** A lei municipal pode considerar urbanas as áreas urbanizáveis, ou de **expansão urbana**, constantes de **loteamentos** aprovados pelos órgãos competentes, destinados à habitação, à indústria ou ao comércio, mesmo que localizados **fora das zonas** definidas nos termos do parágrafo anterior.
> **Art. 33.** A **base do cálculo** do imposto é o **valor venal** do imóvel.
> **Parágrafo único.** Na determinação da base de cálculo, não se considera o valor dos bens móveis mantidos, em caráter permanente ou temporário, no imóvel, para efeito de sua utilização, exploração, aformoseamento ou comodidade.
> **Art. 34. Contribuinte** do imposto é o proprietário do imóvel, o titular do seu domínio útil, ou o seu possuidor a qualquer título.

> **STJ – Súmula 399**
> Cabe à legislação municipal estabelecer o sujeito passivo do IPTU.
> **STF – Súmula 583**
> Promitente-comprador de imóvel residencial transcrito em nome de autarquia é contribuinte do imposto predial territorial urbano.

> **STJ – Súmula 614**
> O locatário não possui legitimidade ativa para discutir a relação jurídico-tributária de IPTU e de taxas referentes ao imóvel alugado nem para repetir indébito desses tributos.
> **STJ – Súmula 626**
> A incidência do IPTU sobre imóvel situado em área considerada pela lei local como urbanizável ou de expansão urbana não está condicionada à existência dos melhoramentos elencados no art. 32, § 1º, do CTN.

16.11. Imposto sobre a Transmissão *Inter Vivos*

O Imposto sobre a **Transmissão de Bens *Inter Vivos*** (ITBI) é de competência dos Municípios e do Distrito Federal.

O ITBI está sujeito aos princípios da anterioridade e da noventena.

O lançamento do crédito tributário é feito por **declaração**, e a base de cálculo será o **valor venal** dos bens ou direitos transmitidos.

Segundo o STF, "o fato gerador do imposto sobre transmissão *inter vivos* de bens imóveis (ITBI) somente ocorre com a **efetiva transferência** da propriedade imobiliária, que se dá mediante o **registro**" (ARE 1.294.969, de 2021).

Imunidades:

Atendidos os requisitos constitucionais, são **imunes** ao ITBI:

a) As transmissões de bens e direitos efetuadas pela União, Estados, Distrito Federal, autarquias e fundações instituídas e mantidas pelo Poder Público (CF, art. 150, VI, *a* e § 2º).

b) As transmissões de bens e direitos efetuadas por partidos políticos, inclusive suas fundações, entidades sindicais de trabalhadores, instituições de educação e assistência social, sem fins lucrativos (CF, art. 150, VI, *c*).

c) As operações de transferência de imóveis desapropriados para fins de reforma agrária (CF, art. 184, § 5º).

Para o STF, "a imunidade em relação ITBI, prevista no inciso I do § 2º do art. 156 da Constituição Federal não alcança o valor dos bens que exceder o limite do capital social a ser integralizado" (RE 796.376, de 2020).

Esse dispositivo trata da transmissão de bens ou direitos incorporados ao patrimônio de pessoa jurídica em realização de capital, nem sobre a transmissão de bens ou direitos decorrente de fusão, incorporação, cisão ou extinção de pessoa jurídica, salvo se, nesses casos, a atividade preponderante do adquirente for a compra e venda desses bens ou direitos, locação de bens imóveis ou arrendamento mercantil.

> **Matriz constitucional**
> **Art. 156.** Compete aos **Municípios** instituir impostos sobre:
> (...)
> **II – transmissão** *inter vivos*, a qualquer título, por **ato oneroso**, de bens **imóveis**, por natureza ou acessão física, e de **direitos reais** sobre imóveis, exceto os de garantia, bem como cessão de direitos a sua aquisição;
> (...)
> **§ 2º** O imposto previsto no inciso II:
> **I – não incide** sobre a transmissão de bens ou direitos incorporados ao patrimônio de pessoa jurídica em **realização de capital**, nem sobre a transmissão de bens ou direitos decorrente de **fusão, incorporação, cisão** ou **extinção** de pessoa jurídica, salvo se, nesses casos, a atividade **preponderante** do adquirente for a compra e venda desses bens ou direitos, locação de bens imóveis ou arrendamento mercantil;
> **II –** compete ao Município da **situação do bem**.

> **STF – Súmula 656**
> É inconstitucional a lei que estabelece alíquotas progressivas para o imposto de transmissão *inter vivos* de bens imóveis – ITBI – com base no valor venal do imóvel.

16.12. Imposto sobre a Prestação de Serviços de Qualquer Natureza

O Imposto sobre a **Prestação de Serviços de Qualquer Natureza** (ISS) é de competência dos Municípios e do Distrito Federal.

O ISS está sujeito aos princípios da anterioridade e da noventena.

O crédito tributário é objeto de lançamento por **homologação**, e a base de cálculo será o **preço do serviço** prestado.

A base legal para o ISS é a **Lei Complementar n. 116/2004**, que tem, entre outros objetivos, o de diferenciar as hipóteses de incidência do ISS daquelas previstas para o ICMS.

O serviço de transporte municipal sofre a incidência do ISS, enquanto os serviços de transporte interestadual ou intermunicipal, de pessoas ou cargas, deve ser tributado pelo ICMS.

> **Matriz constitucional**
> **Art. 156.** Compete aos **Municípios** instituir impostos sobre:
> (...)
> **III – serviços de qualquer natureza**, não compreendidos no art. 155, II, definidos em lei complementar.
> (...)
> **§ 3º** Em relação ao imposto previsto no inciso III do *caput* deste artigo, cabe à lei complementar:
> **I –** fixar as suas **alíquotas máximas** e **mínimas**;
> **II – excluir** da sua incidência **exportações** de serviços para o exterior;
> **III –** regular a forma e as condições como isenções, incentivos e benefícios fiscais serão concedidos e revogados.
>
> **Disposições Gerais – Lei Complementar n. 116/2004**
> **Art. 1º** O Imposto Sobre Serviços de Qualquer Natureza, de competência dos **Municípios e do Distrito Federal**, tem como **fato gerador** a **prestação de serviços** constantes da lista anexa, ainda que esses não se constituam como atividade preponderante do prestador.
> **§ 1º** O imposto incide também sobre o serviço **proveniente do exterior** do País ou cuja prestação se **tenha iniciado** no exterior do País.
> **§ 2º** Ressalvadas as exceções expressas na lista anexa, os serviços nela mencionados **não ficam sujeitos** ao Imposto Sobre Operações Relativas à Circulação de Mercadorias e Prestações de Serviços de Transporte Interestadual e Intermunicipal e de Comunicação – ICMS, ainda que sua prestação envolva fornecimento de mercadorias.
> **§ 3º** O imposto de que trata esta Lei Complementar incide ainda sobre os serviços prestados mediante a utilização de **bens e serviços públicos** explorados economicamente mediante **autorização, permissão** ou **concessão**, com o pagamento de tarifa, preço ou pedágio pelo usuário final do serviço.
> **§ 4º** A incidência do imposto **não depende** da denominação dada ao serviço prestado.
> **Art. 2º** O imposto **não incide** sobre:
> **I –** as **exportações de serviços** para o exterior do País;
> **II –** a prestação de serviços em relação de **emprego**, dos trabalhadores avulsos, dos diretores e membros de conselho consultivo ou de conselho fiscal de sociedades e fundações, bem como dos sócios-gerentes e dos gerentes-delegados;
> **III –** o valor **intermediado** no mercado de títulos e valores mobiliários, o valor dos depósitos bancários, o principal, juros e acréscimos moratórios relativos a operações de crédito realizadas por instituições financeiras.
> **Parágrafo único.** Não se enquadram no disposto no inciso I os serviços desenvolvidos no Brasil, cujo resultado aqui se verifique, ainda que o pagamento seja feito por residente no exterior.
> (...)
> **Art. 4º** Considera-se **estabelecimento prestador** o local onde o contribuinte desenvolva a atividade de prestar serviços, de modo permanente ou temporário, e que configure unidade econômica ou profissional, sendo irrelevantes para caracterizá-lo as denominações de sede, filial, agência, posto de atendimento, sucursal, escritório de representação ou contato ou quaisquer outras que venham a ser utilizadas.
> **Art. 5º Contribuinte** é o prestador do serviço.
> **III –** desapropriação com pagamento mediante títulos da dívida pública de emissão previamente aprovada pelo Senado Federal, com prazo de resgate de até dez anos, em parcelas anuais, iguais e sucessivas, assegurados o valor real da indenização e os juros legais.

> **STJ – Súmula 274**
> O ISS incide sobre o valor dos serviços de assistência médica, incluindo-se neles as refeições, os medicamentos e as diárias hospitalares.
>
> **STJ – Súmula 424**
> É legítima a incidência de ISS sobre os serviços bancários congêneres da lista anexa ao DL n. 406/1968 e à LC n. 56/1987.
>
> **STF – Súmula Vinculante 31**
> É inconstitucional a incidência do Imposto sobre Serviços de Qualquer Natureza – ISS sobre operações de locação de bens móveis.
>
> **STF – Súmula 588**
> O imposto sobre serviços não incide sobre os depósitos, as comissões e taxas de desconto, cobrados pelos estabelecimentos bancários.

Nos últimos anos o STF proferiu, em sede de repercussão geral, diversas decisões acerca do ISS, cujas teses reproduzimos a seguir:

a) é **taxativa** a lista de serviços sujeitos ao ISS a que se refere o art. 156, III, da Constituição Federal, admitindo-se, contudo, a incidência do tributo sobre as atividades inerentes aos serviços elencados em lei em razão da interpretação extensiva (RE 784.439, de 2020);

b) é **constitucional** a incidência de ISS sobre serviços de distribuição e venda de bilhetes e demais produtos de loteria, bingos, cartões, pules ou cupons de apostas, sorteios e prêmios (item 19 da Lista de Serviços Anexa à Lei Complementar n. 116/2003). Nesta situação, a base de cálculo do ISS é o valor a ser remunerado pela prestação do serviço, independentemente da cobrança de ingresso, não podendo corresponder ao valor total da aposta (RE 634.764, de 2020);

c) é **constitucional** a incidência de Imposto sobre Serviços de Qualquer Natureza (ISS) sobre contratos de franquia (*franchising*) (itens 10.04 e 17.08 da lista de serviços prevista no Anexo da Lei Complementar n. 116/2003) (RE 603.136, de 2020);

d) é **constitucional** a inclusão do Imposto Sobre Serviços de Qualquer Natureza –ISS na base de cálculo da Contribuição Previdenciária sobre a Receita Bruta – CPRB (RE 1.285.845, de 2021);

e) é **incompatível** com a Constituição Federal disposição normativa a prever a obrigatoriedade de cadastro, em órgão da Administração municipal, de prestador de serviços não estabelecido no território do Município e imposição ao tomador da retenção do Imposto Sobre Serviços – ISS quando descumprida a obrigação acessória (RE1.167.509, de 2021).

■ REFERÊNCIAS BIBLIOGRÁFICAS

AMARO, Luciano. *Direito tributário brasileiro*. 22. ed. São Paulo: Saraiva, 2017.

CAPARROZ, Roberto. *Direito tributário esquematizado*. 6. ed. São Paulo: Saraiva, 2022.

_____. *Comércio internacional e legislação aduaneira esquematizado*. 8. ed. São Paulo: Saraiva, 2022.

CARRAZZA, Roque Antonio. *Curso de direito constitucional tributário*. 31. ed. São Paulo: Malheiros, 2017.

CARVALHO, Paulo de Barros. *Curso de direito tributário*. 29. ed. São Paulo: Saraiva, 2018.

PAULSEN, Leandro; MELO, José Eduardo Soares de. *Impostos federais, estaduais e municipais*. 11. ed. São Paulo: Saraiva, 2018.

■ QUESTÕES

(XXXIV Exame de Ordem Unificado/FGV) O Município X, desejando fomentar os pequenos negócios de tinturaria e lavanderia na cidade (item 14.10 da lista anexa à Lei Complementar 116/2003), editou, em 2018, Lei Ordinária que fixou a alíquota do Imposto sobre Serviços (ISS) em 1,5% sobre o preço desses serviços. Diante desse cenário, assinale a afirmativa correta.

A) A referida alíquota de ISS não poderia ser fixada por lei ordinária, mas sim por lei complementar municipal.

B) A referida alíquota de ISS foi fixada sobre base de cálculo equivocada, pois não deveria incidir sobre o preço do serviço.

C) A referida alíquota de ISS não viola a alíquota mínima geral de ISS estabelecida em lei complementar federal, pois os serviços de tinturaria e lavanderia constituem uma das hipóteses de exceção à regra geral de alíquota mínima.

D) A referida alíquota de ISS viola a alíquota mínima geral de ISS estabelecida em lei complementar federal.

RESPOSTA

A) Alternativa incorreta, pois o município pode fixar sua alíquota por lei ordinária.

B) Alternativa incorreta, pois a base de cálculo deve ser o preço do serviço.

C) Alternativa incorreta, pois os serviços de tinturaria e lavanderia não são exceção à alíquota mínima.

☑ Alternativa correta, pois, nos termos do art. 8º-A da LC n. 116/2003, a alíquota mínima do ISS é de 2%.

(XXXIV Exame de Ordem Unificado/FGV) Maria recebeu de seu tio, em 2019, a posse de um automóvel de alto valor para facilitar seu transporte até a faculdade. Em 2020, seu tio resolveu realizar, em favor de Maria, a doação do automóvel, sob condição suspensiva, por escritura pública. O evento previsto na condição era o de que Maria se formasse na faculdade até o fim do ano de 2021. Contudo, ela abandona a faculdade, escoando o ano de 2021 sem que se formasse. Diante desse cenário, à luz do CTN, o Imposto sobre a Transmissão *Causa Mortis* e Doação (ITCMD)

A) é devido na data de efetiva transferência da posse do automóvel.
B) é devido na data de efetiva lavratura da escritura pública de doação.
C) não é devido, por se tratar de doação de bem móvel.
D) não é devido, pois a doação não se tornou perfeita e acabada em virtude da ausência do implemento do evento previsto na condição.

RESPOSTA
A) Alternativa incorreta, dado que a transferência da posse não é fato gerador do ITCMD.
B) Alternativa incorreta, pois a lavratura da escritura pública não é fato gerador do ITCMD, ante a existência de condição suspensiva.
C) Alternativa incorreta, pois o ITCMD incide sobre bens móveis.
☑ Alternativa correta, pois, nos termos do art. 117 do CTN, não houve o implemento da condição suspensiva, que era a formatura de Maria.

(XXXIV Exame de Ordem Unificado/FGV) Projeto de lei ordinária municipal deseja criar tributo para custear a prestação do serviço público de iluminação das vias e logradouros públicos do Município Alfa. O projeto prevê também que o tributo será cobrado na fatura de consumo de energia elétrica. Diante deste cenário, o tributo a ser criado poderá ser

A) a taxa de iluminação pública, mas sua arrecadação não pode ser feita na fatura de consumo de energia elétrica.
B) a contribuição de iluminação pública e sua arrecadação pode ser feita na fatura de consumo de energia elétrica.
C) a taxa de iluminação pública e sua arrecadação pode ser feita na fatura de consumo de energia elétrica.
D) a contribuição de iluminação pública, mas sua arrecadação não pode ser feita na fatura de consumo de energia elétrica.

RESPOSTA
A) Alternativa incorreta, pois é vedada, segundo o STF, a cobrança de taxa no caso de iluminação pública.
☑ Alternativa correta, pois a contribuição está prevista no art. 149-A da Constituição.
C) Alternativa incorreta, pois é inconstitucional, como visto, a cobrança de taxa no caso de iluminação pública.
D) Alternativa incorreta, pois o parágrafo único do art. 149-A, da Constituição, permite a cobrança da contribuição na fatura de consumo de energia elétrica.

(XXXIV Exame de Ordem Unificado/FGV) Pequenos produtores rurais do interior do Estado Alfa vendem sua produção de leite para uma indústria de laticínios localizada no Município Beta, no mesmo Estado. Por determinação em lei do Estado Alfa, fica atribuída a tal indústria a responsabilidade tributária pelo pagamento do ICMS vinculado ao fato gerador da etapa de circulação da mercadoria dos pequenos produtores rurais para a indústria (excluindo-se a responsabilidade dos contribuintes produtores rurais). Diante desse cenário, assinale a afirmativa correta.

A) A indústria é substituta tributária no âmbito de uma substituição tributária regressiva (substituição "para trás").
B) A indústria é substituta tributária no âmbito de uma substituição tributária progressiva (substituição "para frente").
C) A indústria realiza um fato gerador presumido.
D) A indústria realiza um fato gerador fictício.

RESPOSTA
☑ Alternativa correta, pois, como a indústria fica responsável por etapa anterior à sua atividade, temos a chamada substituição tributária para trás ou regressiva.
B) Alternativa incorreta, pois a substituição tributária é regressiva.
C) Alternativa incorreta, pois não é a indústria quem realiza o fato gerador presumido.
D) Alternativa incorreta, pois não é a indústria quem realiza o fato gerador fictício.

(XXXIV Exame de Ordem Unificado/FGV) José e João eram sócios da Sociedade Empresária XYZ Ltda. entre os anos de 2017 e 2019, cada um com 50% do capital social e poderes de administração. Em janeiro de 2020, João se retira regularmente da sociedade, alienando suas cotas sociais para Joaquim, passando este a exercer a gestão juntamente com José. Em novembro de 2021 é ajuizada uma ação de execução fiscal contra a Sociedade Empresarial XYZ Ltda. para a cobrança de um crédito tributário relativo a fato gerador ocorrido no ano de 2018. No momento da citação, verifica-se que a empresa havia sido dissolvida irregularmente poucos meses antes, não possuindo mais bens. O procurador responsável pela ação decide requerer o redirecionamento da execução fiscal. Diante deste cenário e à Luz do CTN, assinale a afirmativa correta.

A) Apenas José e João respondem solidariamente em caso de redirecionamento da execução fiscal por dissolução irregular da sociedade.
B) Apenas José responderá pessoalmente em caso de redirecionamento da execução fiscal por dissolução irregular da sociedade.
C) Apenas a Sociedade Empresária XYZ Ltda. responderá pela dívida tributária, não sendo possível o redirecionamento da execução fiscal por dissolução irregular da sociedade.
D) Apenas José e Joaquim respondem pessoalmente em caso de redirecionamento da execução fiscal por dissolução irregular.

RESPOSTA
A) Alternativa incorreta, pois João se retirou regularmente da sociedade antes da dissolução irregular.
B) Alternativa incorreta, pois Joaquim, que era sócio ao tempo da dissolução irregular, também pode responder pessoalmente.
C) Alternativa incorreta, pois é possível o redirecionamento na hipótese de dissolução irregular.
☑ Alternativa correta, nos termos do que decidiu o STJ, em sede de recurso repetitivo (REsp 1.377.019).

(35º Exame de Ordem Unificado/FGV) Marcelo, servidor do Estado X, verificando sua conta bancária, percebeu que houve a retenção a maior do imposto sobre a renda (IRRF) incidente sobre sua remuneração. Objetivando receber a quantia recolhida a maior de volta, Marcelo ajuizou ação de repetição de indébito, incluindo, no polo passivo, o Estado X. Sobre a hipótese descrita, assinale a afirmativa correta.
A) O imposto sobre a renda é um tributo de competência exclusiva da União, e, portanto, o polo passivo deve ser integrado pela União.
B) Marcelo não possui legitimidade ativa para propor a ação de repetição de indébito, visto que não suportou o ônus tributário.
C) Somente o Estado X tem legitimidade para figurar no polo passivo da ação de restituição de indébito do imposto sobre a renda retido na fonte proposta por seus servidores.
D) Tanto o Estado X quanto a União deveriam figurar solidariamente no polo passivo da ação de repetição de indébito.

RESPOSTA
A) Alternativa incorreta, pois o STF entendeu que, no caso a legitimidade para figurar no polo passivo pertence ao Estado do servidor.
B) Alternativa incorreta, pois o servidor sofreu a retenção e, portanto, suportou o ônus do IRRF.
☑ Alternativa correta, conforme entendimento firmado pelo STF.
D) Alternativa incorreta, pois a União não pode figurar no polo passivo da ação na hipótese.

(35º Exame de Ordem Unificado/FGV) A empresa pública estadual XYZ S.A., com imunidade tributária que a desonera do pagamento de Imposto sobre a Renda de Pessoa Jurídica (IRPJ) reconhecida desde o ano de 2020 por decisão do Supremo Tribunal Federal transitada em julgado, deixou de cumprir diversas obrigações acessórias relativas ao IRPJ referente ao ano-base de 2021. Em decorrência disso, foi autuada e recebeu multa pelo descumprimento de obrigações tributárias acessórias. A empresa procura você, como advogado(a), indagando sobre a validade da exigência desta penalidade pecuniária, uma vez que sua imunidade já foi reconhecida. Diante desse cenário, sobre a autuação fiscal e a respectiva cobrança de multa, assinale a afirmativa correta.

A) São inválidas e ilegais, por inexistir a obrigação tributária principal, e aplica-se a regra de que a obrigação acessória segue a obrigação principal.
B) São válidas e legais, porque o descumprimento da obrigação acessória, mesmo por empresa imune, converte-se em obrigação principal relativamente à penalidade pecuniária.
C) Só poderiam ser exigidas caso a imunidade tributária daquela empresa não fosse reconhecida ou revogada.
D) São inválidas e ilegais, porque a imunidade tributária veda, também, a exigência de cumprimento de obrigações acessórias.

RESPOSTA
A) Alternativa incorreta, pois a imunidade não alcança as obrigações acessórias.
☑ Alternativa correta, pois o não cumprimento de obrigação acessória implica a exigência da sanção, ainda que a empresa seja imune.
C) Alternativa incorreta, pois o reconhecimento da imunidade não afeta a exigência da multa.
D) Alternativa incorreta, pois a imunidade não alcança as obrigações acessórias.

(35º Exame de Ordem Unificado/FGV) A sociedade empresária Comércio de Roupas ABC Ltda. deixou passar o prazo para a interposição dos embargos à execução em ação de execução fiscal ajuizada em agosto de 2021, relativa à cobrança de PIS e COFINS do período de janeiro a março do ano de 2010 não declarados nem pagos, objetos de lançamentos de ofício ocorridos em dezembro de 2014 e não impugnados. Sabendo que a sociedade pretende apresentar uma Exceção de Pré-Executividade visando a afastar a exigibilidade e extinguir a ação de cobrança, seu advogado, como argumento cabível para esta defesa, poderá requerer
A) o arrolamento de testemunhas (ex-funcionários) para comprovar que não teria havido vendas no período alegado como fato gerador.
B) a realização de perícia contábil dos seus livros fiscais para comprovar que não teria havido faturamento no período alegado como fato gerador.
C) o reconhecimento da prescrição do crédito tributário apenas pela análise dos prazos de lançamento e cobrança judicial.
D) a juntada da declaração de imposto sobre a renda da pessoa jurídica e a escrituração contábil do exercício fiscal do período alegado como fato gerador para comprovar que a sociedade empresarial teria tido prejuízo e, por isso, não teria ocorrido o fato gerador das contribuições sociais objeto da cobrança.

RESPOSTA
A) Alternativa incorreta, pois essa discussão é impertinente em sede de embargos à execução.
B) Alternativa incorreta, pois essa discussão é impertinente em sede de embargos à execução.
☑ Alternativa correta, posto que transcorridos mais de 5 anos entre o lançamento e o ajuizamento da execução fiscal.
D) Alternativa incorreta, pois essa discussão é impertinente em sede de embargos à execução.

(35º **Exame de Ordem Unificado/FGV**) O Estado Alfa concedeu por lei ordinária, observadas as regras orçamentárias, isenção de IPVA para automóveis exclusivamente elétricos, fundamentando que a tributação possui uma importante função extrafiscal e objetivos ecológicos. José é proprietário de um automóvel registrado perante o DETRAN do Estado Alfa, movido a biogás, combustível considerado inovador e não poluente, produzido a partir de resíduos orgânicos como lixo, cana, biomassa etc. e refinado em biometano para abastecer carros. Desejando José obter para si o mesmo benefício fiscal dos carros elétricos, ele contrata você, como advogado(a), para fins de requerimento administrativo da isenção. Diante desse cenário, assinale a afirmativa correta.

A) É possível a concessão do benefício fiscal por analogia e interpretação extensiva aos automóveis movidos a combustível de biogás.

B) É possível a concessão do benefício fiscal, tendo em vista a função extrafiscal e o objetivo ecológico do combustível de biogás.

C) Não é possível a concessão do benefício fiscal aos automóveis movidos a biogás, pois deve ser interpretada literalmente a legislação que dispõe sobre a outorga de isenção.

D) Não é possível a concessão do benefício fiscal aos automóveis movidos a biogás, tendo em vista ser necessário comprovar os benefícios ecológicos por meio de perícia técnica, procedimento vedado na esfera administrativa.

RESPOSTA

A) Alternativa incorreta, pois no caso de isenção não há como aplicar a interpretação extensiva.

B) Alternativa incorreta, pois no caso de isenção não há como aplicar a interpretação extensiva.

☑ Alternativa correta, pois a norma que confere isenção deve ser interpretada literalmente, conforme disposto no art. 111, II, do CTN.

D) Alternativa incorreta, pois no caso não há como ampliar a isenção para o biogás, que não está previsto em lei.

(35º **Exame de Ordem Unificado/FGV**) A sociedade empresária ABC Ltda. foi criada em janeiro de 2020 e estabelecida no município Alfa. É especializada em recauchutagem de pneus, atividade na qual o cliente entrega os pneus do seu automóvel ao estabelecimento para que esses passem por um complexo processo de recuperação da borracha e de sua forma (raspagem, colagem, vulcanização etc.), transformando o pneu velho e desgastado em um pneu novo para uso do respectivo cliente em seu automóvel. Antes de iniciar suas atividades, ainda na fase de regularização fiscal, você é chamado(a) para emitir parecer sobre qual imposto incidirá naquela operação. Diante desse cenário, incidirá

A) o Imposto sobre Serviços (ISS), uma vez que a atividade da sociedade empresária é realizada por encomenda do proprietário do automóvel, dono dos pneus.

B) o Imposto sobre Circulação de Mercadorias e Serviços (ICMS), uma vez que, na operação descrita, os pneus são considerados mercadorias.

C) o Imposto sobre Produtos Industrializados (IPI), uma vez que, na operação descrita, há um processo de industrialização na recauchutagem dos pneus, na espécie transformação.

D) o Imposto sobre Circulação de Mercadorias e Serviços (ICMS), uma vez que, nessa operação, os pneus são considerados mercadorias, acrescido do Imposto sobre Produtos Industrializados (IPI), uma vez que há um processo de industrialização na operação.

RESPOSTA

☑ Alternativa correta, pois trata-se de serviço previsto na LC n. 116/2003 e, portanto, sujeito ao ISS.

B) Alternativa incorreta, pois a recauchutagem, na hipótese, não está sujeita ao ICMS.

C) Alternativa incorreta, pois trata-se de serviço previsto na LC n. 116/2003 e, portanto, sujeito ao ISS.

D) Alternativa incorreta, pois trata-se de serviço previsto na LC n. 116/2003 e, portanto, sujeito ao ISS.

(36º **Exame de Ordem Unificado/FGV**) Uma ação de execução fiscal foi movida pela União em face de João para cobrança de crédito tributário referente ao Imposto sobre a Renda de Pessoa Física (IRPF) dos exercícios de 2019 e 2020, conforme Certidão de Dívida Ativa (CDA) regularmente juntada. Na mesma data em que recebeu a citação enviada pelo correio com aviso de recepção, o executado entrou em contato com seu advogado, constituindo-o para defender os seus interesses.

Diante desse cenário, assinale a afirmativa correta.

A) A citação é inválida, pois deveria ter sido realizada exclusivamente por oficial de justiça ou por edital.

B) Ao ser citado, João terá 5 dias para apresentar a sua contestação.

C) Citado, João poderá, dentro do prazo legal, pagar a dívida com os acréscimos devidos ou garantir a execução.

D) No prazo de 30 dias contados da citação, João poderá oferecer embargos à execução.

RESPOSTA

A) Incorreto, pois a citação feita pelo correio é válida.

B) Alternativa incorreta, pois o prazo de 5 dias é para pagamento da multa ou garantia da execução.

☑ Alternativa correta, nos termos do art. 8º da Lei de Execução Fiscal.

D) Alternativa incorreta, pois o prazo para oferecer embargos não é contado da citação, mas do depósito, da juntada da prova de fiança bancária ou seguro garantia ou, ainda, da intimação da penhora.

(36º **Exame de Ordem Unificado/FGV**) Em 10 de maio de 2020, a sociedade empresária *ABC Ltda.* sofre fiscalização federal e, ao final, é autuada em R$ 100.000,00, além de multa e respectivos encargos, a título de Imposto sobre Produtos Industrializados (IPI) devido referente ao exercício de 2019, por omissão do envio mensal das informações fiscais em DCTF – Declaração de Débitos e Créditos Tributários Federais –, bem como por falta de pagamento daquele imposto.

Em 20 de junho de 2020, a empresa recebe notificação de pagamento no prazo de 30 dias.

Você, como advogado(a) da sociedade empresária, é chamado(a) para defender os interesses da empresa nesse processo no mesmo dia da notificação, pretendendo adotar providências logo no dia seguinte e refletindo sobre a possibilidade de adotar o mecanismo da denúncia espontânea prevista no Código Tributário Nacional (CTN). Diante desse cenário, assinale a afirmativa correta.

A) Poderá ser adotado o mecanismo de denúncia espontânea, já que ainda não foi ajuizada a ação de execução fiscal.

B) Poderá ser adotado o mecanismo de denúncia espontânea, já que ainda se está dentro do prazo de pagamento.

C) Não poderá mais ser adotado o mecanismo de denúncia espontânea após o início de qualquer procedimento administrativo ou medida de fiscalização relacionados com a infração.

D) Não poderá mais ser adotado o mecanismo de denúncia espontânea, pois o limite legal para adoção deste benefício é de 40 salários mínimos.

RESPOSTA

A) Alternativa incorreta, pois a denúncia espontânea não pode ser apresentada após o lançamento tributário.

B) Alternativa incorreta, dado que já houve lançamento e descabe, portanto, o mecanismo de denúncia espontânea.

☑ Alternativa correta, nos termos do art. 138 do Código Tributário Nacional, dado que já foram adotados os procedimentos administrativos nele previstos.

D) Incorreto, pois a denúncia espontânea não está sujeita ao limite de 40 salários mínimos.

(36º Exame de Ordem Unificado/FGV) O Município Beta, após realizar uma grande obra pública de recuperação, ampliação e melhoramentos da praça central do bairro Gama, custeada com recursos próprios, no valor de quinhentos mil reais, e que promoveu uma valorização dos imóveis apenas nesse bairro, decidiu cobrar uma contribuição de melhoria.

O referido tributo, instituído mediante lei ordinária específica, foi cobrado de todos os 5 mil proprietários de imóveis privados daquela cidade, em um valor fixo de 200 reais para cada um. José, advogado e morador do bairro Delta, bastante distante do bairro Gama, se insurge contra a referida contribuição de melhoria.

Diante desse cenário, a referida contribuição de melhoria

A) foi corretamente instituída, pois decorre de previsão legal específica, tendo como fato gerador a obra pública realizada.

B) foi corretamente instituída, pois respeitou o princípio da igualdade tributária ao adotar o mesmo valor para todos os contribuintes da cidade.

C) foi incorretamente instituída, por ter atingido imóveis que não se valorizaram por decorrência da obra pública e por ter cobrado valor cujo somatório é superior ao custeio da obra.

D) foi incorretamente instituída, pois só pode ser cobrada nos casos em que a obra pública seja exclusivamente para abertura, alargamento, pavimentação ou iluminação de vias públicas.

RESPOSTA

A) A contribuição de melhoria não pode ser instituída contra proprietários de imóveis que não foram beneficiados pela obra.

B) Alternativa incorreta, pois o tributo só pode ser criado contra os proprietários de imóveis beneficiados.

☑ Essa é a alternativa a ser assinalada, pois a contribuição de melhoria não foi instituída corretamente, em razão de ter alcançado imóveis que não se valorizaram em decorrência da obra pública. Ademais, o valor total exigido dos proprietários dos imóveis foi superior ao custo da obra, o que também é vedado.

D) Alternativa incorreta, pois a instituição de contribuição de melhoria não está limitada às hipóteses nela previstas.

(36º Exame de Ordem Unificado/FGV) A Secretaria da Receita Federal do Brasil lavrou, em 2022, auto de infração de um milhão de reais em face da sociedade empresária *Maçã Ltda.* por não ter recolhido o Imposto de Importação (II) e a Contribuição Social Sobre Lucro Líquido (CSLL) referentes ao ano de 2021, incidentes sobre a comercialização de livros eletrônicos (*e-books*) por ela importados e comercializados no país.

O departamento jurídico da sociedade autuada contrata você, como advogado(a), para emitir parecer para fundamentar sua defesa.

Diante desse cenário, assinale a afirmativa correta.

A) O II e a CSLL são indevidos, pois os livros eletrônicos (*e-books*) se enquadram na imunidade tributária dos livros.

B) Apenas o II é indevido, pois os livros eletrônicos (*e-books*) se enquadram na imunidade tributária dos livros.

C) Apenas a CSLL é indevida, pois os livros eletrônicos (*e-books*) se enquadram na imunidade tributária dos livros.

D) O II e a CSLL são devidos, pois os livros eletrônicos (*e-books*) não se enquadram na imunidade tributária dos livros.

RESPOSTA

A) Alternativa incorreta, pois a CSLL é alcançada pela imunidade tributária, que só se refere a impostos.

☑ Alternativa correta, pois os livros eletrônicos se enquadram na chamada imunidade cultural, conforme reconhecido pelo Supremo Tribunal Federal e, portanto, sobre eles não incide imposto de importação.

C) A imunidade tributária dos livros eletrônicos não alcança contribuições, razão pela qual a alternativa está incorreta.

D) Alternativa incorreta, pois os livros eletrônicos são imunes de impostos, como o II.

(36º Exame de Ordem Unificado/FGV) A Assembleia Legislativa do Estado Beta irá votar, em 2022, um projeto de lei ordinária para a criação de sua própria contribuição social previdenciária, para custeio do regime próprio de previdência social estadual, a ser cobrada dos seus servidores ativos, dos aposentados e dos pensionistas. Antes, porém, submete o referido projeto de lei ordinária para análise da Comissão de Constituição e Justiça daquela Casa Legislativa, para emissão de parecer sobre a constitucionalidade daquele tributo.

Diante desse cenário, a referida contribuição social previdenciária

A) poderia ser criada por lei ordinária e ser cobrada de servidores ativos, dos aposentados e dos pensionistas.
B) poderia ser criada por lei ordinária, mas só poderia ser cobrada de servidores ativos.
C) não poderia ser criada por lei ordinária, mas poderia ser cobrada de servidores ativos, dos aposentados e dos pensionistas.
D) não poderia ser criada por lei ordinária e só poderia ser cobrada de servidores ativos.

RESPOSTA

☑ Alternativa correta, pois reproduz o teor do art. 149, § 1º, da Constituição.

B) Alternativa incorreta, pois a contribuição pode ser cobrada de aposentados e pensionistas, nos termos da Constituição.
C) Alternativa incorreta, pois a contribuição pode ser criada por lei ordinária.
D) Alternativa incorreta, tanto em relação ao veículo normativo como ao alcance dos destinatários da contribuição.

■ **MATERIAL DIGITAL EXCLUSIVO**

DIREITO TRIBUTÁRIO

somos.in/CEOABVU10

Ética

Biela Jr.

Advogado e professor universitário nas cadeiras de Direito Civil e Ética Profissional. Mestre em Direito pela UNIMES na área de concentração Responsabilidade Civil Ambiental. Pós-graduado *lato sensu* em Responsabilidade Civil pela FAAP e em Direito Processual Civil pelo Mackenzie. Possui MBA em Gestão de Negócios Imobiliários pela FMU. Relator da XVIII Turma Disciplinar do TED da OAB/SP 2012/2015/2018 e 2022. Parecerista do Conselho Editorial da Revista Jurídica da Universidade do Sul de Santa Catarina – *UniSul de Fato e de Direito*. Ex-Coordenador de núcleo da Escola Superior da Advocacia da OABSP 2019/2021.
Twitter e *Instagram*: @bielajr
Facebook: https://www.facebook.com/bielajr
Canal no YouTube com dicas de ética: Biela Jr

Sumário

Introdução. **1. Da Ordem dos Advogados do Brasil**: 1.1. Órgãos da OAB – **2. Da inscrição na OAB**: 2.1. Requisitos para a inscrição do advogado e do estagiário; 2.2. Inscrição principal e suplementar; 2.3. Cancelamento e licenciamento – **3. Incompatibilidade e impedimento** – **4. Do exercício da advocacia**: 4.1. Indispensabilidade do advogado; 4.2. Advocacia pública e privada; 4.3. Atos privativos de advogado; 4.4. Mandato, renúncia e revogação; 4.5. Sigilo profissional – **5. Honorários advocatícios**: 5.1. Espécies; 5.2. Critérios para a fixação; 5.3. Forma de pagamento; 5.4. Pacto *quota litis*; 5.5. Título executivo; 5.6. Sucessão e prescrição – **6. Publicidade na advocacia. Forma do anúncio. Das permissões e proibições. Programas de TV**: 6.1. O Provimento n. 205/2021 – **7. Direitos e prerrogativas profissionais. Imunidade profissional. Desagravo público**: 7.1. Das prerrogativas das advogadas; 7.2. Constitui crime a violação de prerrogativas – **8. Da sociedade de advogados. Sociedade unipessoal. Registro. Advogado empregado e associado. Responsabilidade civil** – **9. Infrações e sanções disciplinares** – **10. Advocacia *pro bono*** – **11. Advocacia pública** – **12. Do exercício de cargos e funções na OAB e da representação da classe** – **13. Processo disciplinar. Competência. Jurisdição. Poder de punir. Do procedimento. Da prescrição da pretensão punitiva** – **14. Eleições na OAB** – Referências bibliográficas – Questões – Material digital exclusivo.

INTRODUÇÃO

Você, candidato que irá prestar o próximo Exame de Ordem, este é o seu passaporte para a 2ª fase. **A matéria mais importante da 1ª fase é ÉTICA PROFISSIONAL**.

Justifico essa afirmação inicialmente informando que a disciplina de Ética Profissional corresponde a 20% da pontuação necessária da sua aprovação, ou seja, das 40 questões que você precisa acertar, oito são de Ética Profissional.

Alguns, os menos desavisados, adiam o estudo dessa matéria para as vésperas do exame, uma semana antes ou mesmo no dia, e deixam de pontuar, pois, apesar de ser uma disciplina com menor conteúdo, a exigência aumentou e muito.

Comparativamente falando, só na disciplina de Direito Civil, o Código Civil tem 2.046 artigos para estudar, fora as leis especiais. Já na disciplina de Ética Profissional temos o EOAB, com 87 artigos, o CED, com 80 artigos, e o Regulamento Geral, com 158 artigos. Portanto, **em Ética Profissional temos apenas 325 artigos.**

Ora, por óbvio que não estudaremos os 325 artigos que compõem a disciplina de Ética Profissional. Basta atentar, por exemplo, para as disposições finais, gerais e transitórias de cada diploma de ética supracitado, podendo excluir 27 artigos, restando-nos, em tese, 298. Portanto, o conteúdo de Direito Civil é ao menos seis vezes maior que o de Ética Profissional.

Ainda em questão de estatística, é possível afirmar **que há uma ordem de preferência do examinador**, qual seja: **1. EOAB; 2. CED**; e, por fim, em raras situações, **na 3ª posição, o Regulamento Geral**. Por exemplo, cobrou-se o conhecimento do candidato a respeito da Conferência Nacional da Advocacia, que ocorreu em novembro de 2017, no Exame XXII.

A quantidade de artigos é bem menor que os 87 do EOAB, pois o examinador tem preferência por assuntos específicos e pontuais.

O CED entrou em vigor em 1º de setembro de 2016 e desde então passou a ser cobrado. São eles, a partir do Exame XXI (o qual teve maior incidência de questões sobre o novo CED), arts. 2º, 11, 14, 20, 25, 30, § 3º, 35, 40, 44, § 2º, 48 e 71, **sendo a grande concentração desses temas localizada na publicidade e relações com os clientes**.

Atente-se para toda alteração legislativa, especialmente para a última ocorrida em junho de 2022 pela Lei n. 14.365, que trouxe inovações e mudanças significativas ao EOAB, as quais são comentadas nos pontos específicos desta obra.

Apesar de ser uma disciplina com seis vezes menor conteúdo que Civil, Ética Profissional teve seu grau de exigência aumentado com questões que envolvem bastante interpretação do texto no caso apresentado e a aplicação da lei, além de as alternativas, muitas vezes, confundirem-se com pequenos detalhes diferentes em suas redações. Portanto, **não cabe mais a decoreba de véspera!**

1. DA ORDEM DOS ADVOGADOS DO BRASIL

A OAB foi criada com o Decreto n. 19.408/30. Atualmente está no seu segundo Estatuto – Lei n. 8.906/94, que dispõe, em seu art. 44, que se trata de serviço público, dotada de personalidade jurídica própria e que possui forma federativa.

Sua **dupla finalidade, institucional e corporativa**, está prevista nos incisos I e II do art. 44 do EOAB.

Seus órgãos são: Conselho Federal, Conselhos Seccionais, Subseções e Caixas de Assistência dos Advogados, nos termos do art. 45. Possuem o Conselho Federal, os Conselhos Seccionais e as Caixas de Assistência personalidade jurídica própria e as Subseções não, porém estas são consideradas partes autônomas do Conselho Seccional, como pode ser visto na redação dos parágrafos do art. 45 do EOAB.

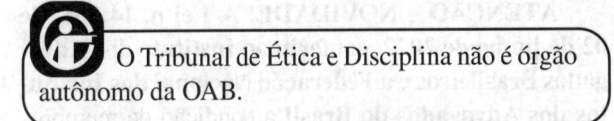

> O Tribunal de Ética e Disciplina não é órgão autônomo da OAB.

Sua natureza jurídica é de uma instituição *sui generis*, portanto **a OAB não é uma autarquia federal**, tampouco mero conselho de fiscalização profissional. A OAB vai muito além, pois, em razão de sua dupla finalidade, que abraça tanto o interesse público como o privado da classe dos advogados, ela adquire essa natureza *sui generis*, gozando de total autonomia e independência quanto à administração pública, não tendo de submeter suas contas aos Tribunais de Contas, não tendo o dever de licitar. Goza, assim, de imunidade tributária total em relação aos seus bens, rendas e serviços, nos termos do art. 45, § 5º, do EOAB.

A Lei n. 13.688, de 3 de julho de 2018, alterou a redação do § 6º do art. 45 do EOAB, instituindo o Diário Eletrônico da OAB. Os atos, notificações e decisões dos órgãos da OAB, salvo quando reservados ou de administração interna, serão publicados no respectivo *DEOAB*, disponibilizado na internet, cujo prazo terá início no primeiro dia útil seguinte à publicação, assim considerado o primeiro dia útil seguinte ao da disponibilização da informação no Diário, nos termos do art. 69, § 2º, do EOAB.

1.1. Órgãos da OAB

O **Conselho Federal, que é o órgão máximo** da OAB, **é dotado de personalidade jurídica própria** e tem sede na capital da República. É composto por conselheiros federais, integrantes das delegações de cada unidade federativa, bem como de seus ex-presidentes, na qualidade de membros honorários vitalícios.

> **Atenção quanto ao direito de voto e voz no Conselho Federal**
>
> 1. Os ex-presidentes do Conselho Federal possuem direito a voz nas sessões. Todavia, os ex-presidentes do Conselho Federal antes de 1994 possuem direito de voto e voz (EOAB, art. 81, c/c o art. 62, § 1º, do RG).
> 2. Os detentores da Medalha Rui Barbosa possuem direito de voz, bem como o presidente do Instituto dos Advogados do Brasil e os presidentes dos Conselhos Seccionais.
> 3. Os votos no Conselho Federal são tomados por delegação, e esta é composta por três conselheiros federais. Os membros da Diretoria votam como membros de sua delegação.
> 4. O presidente do Conselho Federal em exercício tem apenas o voto de qualidade, ou seja, de desempate.

ATENÇÃO – NOVIDADE! A Lei n. 14.365, de 02 de junho de 2022, conferiu ao Instituto dos Advogados Brasileiros e a Federação Nacional dos Institutos dos Advogados do Brasil a condição de membros honorários e **somente com direito a voz nas sessões do Conselho Federal** (EOAB, art. 51, 3º).

A diretoria do Conselho Federal é composta de um Presidente, um Vice-Presidente, um Secretário-Geral, de Secretário-Geral Adjunto e um Tesoureiro, sendo certo afirmarmos que o Presidente exerce a representação nacional e internacional da OAB, representando ativa e passivamente, em juízo ou fora dele, promovendo a administração patrimonial e dando execução das decisões do Conselho.

É importante enumerarmos as competências do Conselho Federal (art. 54 do EOAB), sendo as destacadas as mais cobradas nos Exames passados. Vejamos:

> **Art. 54.** Compete ao Conselho Federal:
> **I** – dar cumprimento efetivo às finalidades da OAB;
> **II** – representar, em juízo ou fora dele, os interesses coletivos ou individuais dos advogados;
> **III** – velar pela dignidade, independência, prerrogativas e valorização da advocacia;
> **IV** – representar, com exclusividade, os advogados brasileiros nos órgãos e eventos internacionais da advocacia;
> **V** – editar e alterar o Regulamento Geral, o Código de Ética e Disciplina, e os Provimentos que julgar necessários;
> **VI** – adotar medidas para assegurar o regular funcionamento dos Conselhos Seccionais;
> **VII** – intervir nos Conselhos Seccionais, onde e quando constatar grave violação desta lei ou do regulamento geral;
> **VIII** – cassar ou modificar, de ofício ou mediante representação, qualquer ato, de órgão ou autoridade da OAB, contrário a esta lei, ao regulamento geral, ao Código de Ética e Disciplina, e aos Provimentos, ouvida a autoridade ou o órgão em causa;
> **IX** – julgar, em grau de recurso, as questões decididas pelos Conselhos Seccionais, nos casos previstos neste estatuto e no regulamento geral;
> **X** – dispor sobre a identificação dos inscritos na OAB e sobre os respectivos símbolos privativos;
> **XI** – apreciar o relatório anual e deliberar sobre o balanço e as contas de sua diretoria;
> **XII** – homologar ou mandar suprir relatório anual, o balanço e as contas dos Conselhos Seccionais;
> **XIII** – elaborar as listas constitucionalmente previstas, para o preenchimento dos cargos nos tribunais judiciários de âmbito nacional ou interestadual, com advogados que estejam em pleno exercício da profissão, vedada a inclusão de nome de membro do próprio Conselho ou de outro órgão da OAB;
> **XIV** – ajuizar ação direta de inconstitucionalidade de normas legais e atos normativos, ação civil pública, mandado de segurança coletivo, mandado de injunção e demais ações cuja legitimação lhe seja outorgada por lei;
> **XV** – colaborar com o aperfeiçoamento dos cursos jurídicos, e opinar, previamente, nos pedidos apresentados aos órgãos competentes para criação, reconhecimento ou credenciamento desses cursos;
> **XVI** – autorizar, pela maioria absoluta das delegações, a oneração ou alienação de seus bens imóveis;
> **XVII** – participar de concursos públicos, nos casos previstos na Constituição e na lei, em todas as suas fases, quando tiverem abrangência nacional ou interestadual;
> **XVIII** – resolver os casos omissos do estatuto;

ATENÇÃO – NOVIDADE: Foram inseridos dois novos incisos ao art. 54 do EOAB pela Lei n. 14.365/2022. Portanto, Conselho Federal tem duas novas competências, são elas:

> **XIX** – fiscalizar, acompanhar e definir parâmetros e diretrizes da relação jurídica mantida entre advogados e sociedades de advogados ou entre escritório de advogados sócios e advogado associado, inclusive no que se refere ao cumprimento dos requisitos norteadores da associação sem vínculo empregatício;
> **XX** – promover, por intermédio da Câmara de Mediação e Arbitragem, a solução sobre questões atinentes à relação entre advogados sócios ou associados e homologar, caso necessário, quitações de honorários entre advogados e sociedades de advogados, observado o disposto no inciso XXXV do *caput* do art. 5º da Constituição Federal.

O **Conselho Seccional também é dotado de personalidade jurídica própria**, e sua sede fica na capital dos Estados. Exerce e observa no respectivo território as competências, vedações e funções atribuídas ao Conselho Federal. Sua diretoria tem composição idêntica e atribuições equivalentes às do Conselho Federal.

Aqui também é importante enumerarmos as competências do Conselho Seccional (art. 58 do EOAB), sendo as destacadas as mais cobradas nos Exames passados. Vejamos:

> **Art. 58.** Compete privativamente ao Conselho Seccional:
> **I** – editar seu regimento interno e resoluções;
> **II** – criar as Subseções e a Caixa de Assistência dos Advogados;
> **III** – julgar, em grau de recurso, as questões decididas por seu Presidente, por sua diretoria, pelo Tribunal de Ética e Disciplina, pelas diretorias das Subseções e da Caixa de Assistência dos Advogados;
> **IV** – fiscalizar a aplicação da receita, apreciar o relatório anual e deliberar sobre o balanço e as contas de sua diretoria, das diretorias das Subseções e da Caixa de Assistência dos Advogados;
> **V** – fixar a tabela de honorários, válida para todo o território estadual;
> **VI** – realizar o Exame de Ordem;
> **VII** – decidir os pedidos de inscrição nos quadros de advogados e estagiários;
> **VIII** – manter cadastro de seus inscritos;
> **IX** – fixar, alterar e receber contribuições obrigatórias, preços de serviços e multas;
> **X** – participar da elaboração dos concursos públicos, em todas as suas fases, nos casos previstos na Constituição e nas leis, no âmbito do seu território;
> **XI** – determinar, com exclusividade, critérios para o traje dos advogados, no exercício profissional;
> **XII** – aprovar e modificar seu orçamento anual;
> **XIII** – definir a composição e o funcionamento do Tribunal de Ética e Disciplina, e escolher seus membros;
> **XIV** – eleger as listas, constitucionalmente previstas, para preenchimento dos cargos nos tribunais judiciários, no âmbito de sua competência e na forma do Provimento do Conselho Federal, vedada a inclusão de membros do próprio Conselho e de qualquer órgão da OAB;
> **XV** – intervir nas Subseções e na Caixa de Assistência dos Advogados;
> **XVI** – desempenhar outras atribuições previstas no regulamento geral;

ATENÇÃO – NOVIDADE: Foram inseridos dois novos incisos ao art. 58 do EOAB pela Lei n. 14.365/2022. Portanto, Conselho Seccional tem duas novas competências, são elas:

> **XVII** – fiscalizar, por designação expressa do Conselho Federal da OAB, a relação jurídica mantida entre advogados e sociedades de advogados e o advogado associado em atividade na circunscrição territorial de cada seccional, inclusive no que se refere ao cumprimento dos requisitos norteadores da associação sem vínculo empregatício;
> **XVIII** – promover, por intermédio da Câmara de Mediação e Arbitragem, por designação do Conselho Federal da OAB, a solução sobre questões atinentes à relação entre advogados sócios ou associados e os escritórios de advocacia sediados na base da seccional e homologar, caso necessário, quitações de honorários entre advogados e sociedades de advogados, observado o disposto no inciso XXXV do *caput* do art. 5º da Constituição Federal.

> 🔍 Compete ao Conselho Seccional a realização do Exame Unificado. Já a regulamentação compete ao Conselho Federal.

> 🔍 Para a criação e intervenção em Caixa de Assistência ou Subseções, bem como para a aplicação da pena de exclusão de advogado, é necessário quórum de presença e manifestação favorável de 2/3 dos conselheiros (art. 108 do Regulamento Geral e art. 38, parágrafo único, do EOAB).

Atenção: o Regulamento Geral prevê, também, a competência do Conselho Seccional para ajuizar, após deliberação: a) ação direta de inconstitucionalidade de leis ou atos normativos estaduais e municipais, em face da Constituição Estadual ou da Lei Orgânica do Distrito Federal; b) ação civil pública, para defesa de interesses difusos de caráter geral e coletivos e individuais homogêneos; c) mandado de segurança coletivo, em defesa de seus inscritos, independentemente de autorização pessoal dos interessados; d) mandado de injunção, em face da Constituição Estadual ou da Lei Orgânica do Distrito Federal.

A deliberação acima citada, por exemplo, é tomada em sessões no Conselho Seccional, que é composto por uma diretoria e conselheiros seccionais, cujo número será proporcional ao número de inscritos: sendo abaixo de 3.000 inscritos, até 30 conselheiros; a partir de 3.000 inscritos, e a cada grupo completo de 3.000, aumenta 1, até o total de no máximo 80 **conselheiros seccionais, que terão direito de voz e voto nas respectivas sessões**.

Nas sessões dos Conselhos Seccionais, há aqueles que, embora não tenham direito de voto, **possuem direito de voz** se estiverem presentes. São eles: os ex-presidentes dos Conselhos Seccionais (na condição de membros honorários vitalícios); o presidente do Instituto dos Advogados local (p.

ex., em São Paulo é o IASP); o presidente do Conselho Federal; os conselheiros federais integrantes da respectiva delegação; o presidente da Caixa de Assistência dos Advogados e os presidentes de Subseções.

As Subseções são partes autônomas e sem personalidade jurídica própria. Criadas pelo Conselho Seccional, sua área territorial pode abranger um ou mais municípios, ou parte de um município, contando com um **mínimo de 15 (quinze) advogados** com domicílio profissional nessa base territorial, sendo administrada por uma diretoria com atribuições e composição equivalentes às da diretoria do Conselho Seccional. **Havendo mais de 100 (cem) advogados, a Subseção pode ser integrada por um Conselho da Subseção**, ao qual compete exercer as funções e atribuições do Conselho Seccional e, ainda, instaurar e instruir processos disciplinares para julgamento pelo TED e receber pedido de inscrição de advogado e estagiário, instruindo e emitindo parecer prévio para decisão do Conselho Seccional.

> No caso de conflitos de competência entre Subseções e entre estas e o Conselho Seccional, são por este decididos, com recurso voluntário ao Conselho Federal (art. 119 do Regulamento Geral).

As **Caixas de Assistência dos Advogados** são criadas pelos Conselhos Seccionais, quando estes contam com **mais de mil e quinhentos inscritos**, para prestar assistência a estes. **Têm personalidade jurídica própria**, adquirindo-a com a aprovação e registro de seu Estatuto pelo Conselho Seccional. **Cabe-lhes a metade da receita das anuidades recebidas pelo Conselho Seccional**, observando-se as deduções obrigatórias.

Órgãos da OAB:
- Conselho Federal
- Conselho Seccional
- Subseção
- Caixa de Assistência

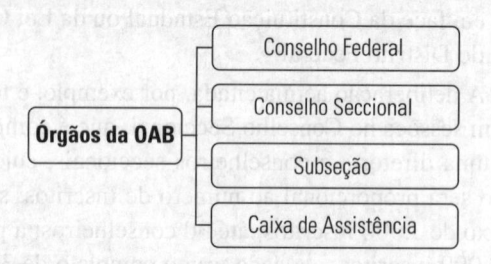

2. DA INSCRIÇÃO NA OAB

2.1. Requisitos para a inscrição do advogado e do estagiário

Os requisitos para a inscrição do advogado (art. 8º do EOAB) e do estagiário (art. 9º do EOAB) são:

Advogado	Estagiário
Capacidade civil	Capacidade civil
Diploma ou certidão de graduação em Direito	Matriculado a partir do 7º semestre
Título de eleitor e quitação com o serviço militar, se brasileiro	Título de eleitor e quitação com o serviço militar, se brasileiro
Aprovação em Exame de Ordem	Ter sido admitido em estágio profissional de advocacia
Não exercer atividade incompatível	Não exercer atividade incompatível
Idoneidade moral	Idoneidade moral
Prestar compromisso	Prestar compromisso

No tocante ao estágio, a Lei n. 14.365/2022 acrescentou dois parágrafos ao art. 9º do EOAB, asseverando que "em caso de pandemia ou em outras situações excepcionais que impossibilitem as atividades presenciais, declaradas pelo poder público, o estágio profissional poderá ser realizado no regime de teletrabalho ou de trabalho a distância em sistema remoto ou não, por qualquer meio telemático, sem configurar vínculo de emprego a adoção de qualquer uma dessas modalidades". E se houver concessão, pela parte contratante ou conveniada, de equipamentos, sistemas e materiais ou reembolso de despesas de infraestrutura ou instalação, todos destinados a viabilizar a realização da atividade de estágio essa informação deverá constar, expressamente, do convênio de estágio e do termo de estágio".

Em 2019 o Conselho Federal, por meio do Conselho Pleno, editou importantíssimas súmulas a respeito da idoneidade de quem pretende se inscrever nos quadros da OAB. A Súmula 9/2019 versou sobre a violência contra as mulheres, considerando inidôneo para a inscrição nos quadros da OAB aquele que praticar atos de violência contra a mulher, independentemente da condenação na esfera criminal.

> **OAB, Súmula 9.** INIDONEIDADE MORAL. VIOLÊNCIA CONTRA A MULHER. ANÁLISE DO CONSELHO SECCIONAL DA OAB. Requisitos para a inscrição nos quadros da Ordem dos Advogados do Brasil. Inidoneidade moral. A prática de violência contra a mulher, assim definida na "Convenção Interamericana para Prevenir, Punir e Erradicar a Violência contra a Mulher – 'Convenção de Belém do Pará' (1994)", constitui fator apto a demonstrar a ausência de idoneidade moral para a inscrição de bacharel em Direito nos quadros da OAB, independente da instância criminal, assegurado ao Conselho Seccional a análise de cada caso concreto.

No mesmo sentido é a Súmula 10/2019 do Conselho Pleno do Conselho Federal no tocante aos atos de violência contra crianças, adolescentes, idosos e pessoas com deficiência física ou mental, considerando-se inidôneo para a inscrição nos quadros da OAB aquele que praticar atos de violência contra essas pessoas, independentemente de o caso ter sido julgado na esfera criminal.

> **OAB, Súmula 10.** INIDONEIDADE MORAL. VIOLÊNCIA CONTRA CRIANÇAS E ADOLESCENTES, IDOSOS E PESSOAS COM DEFICIÊNCIA FÍSICA OU MENTAL. ANÁLISE DO CONSELHO SECCIONAL DA OAB. Requisitos para a inscrição nos quadros da Ordem dos Advogados do Brasil. Inidoneidade moral. A prática de violência contra crianças e adolescentes, idosos e pessoas com deficiência física ou mental constitui fator apto a demonstrar a ausência de idoneidade moral para a inscrição de bacharel em Direito nos quadros da OAB, independente da instância criminal, assegurado ao Conselho Seccional a análise de cada caso concreto.

Ato contínuo, foi editada a Súmula 11 no mesmo sentido versando sobre as pessoas LGBTI+.

> **OAB, Súmula 11.** INIDONEIDADE MORAL. VIOLÊNCIA CONTRA PESSOA LGBTI+. ANÁLISE DO CONSELHO SECCIONAL DA OAB. Requisitos para a inscrição nos quadros da Ordem dos Advogados do Brasil. Inidoneidade moral. A prática de violência contra pessoas LGBTI+, em razão da Orientação Sexual, Identidade de Gênero e Expressão de Gênero, constitui fator apto a demonstrar a ausência de idoneidade moral para inscrição de bacharel em Direito nos quadros da OAB, independente da instância criminal, assegurado ao Conselho Seccional a análise do cada caso concreto.

Atenção: tais súmulas também se aplicam aos casos de inscrição do estagiário.

Todavia, o art. 8º, § 4º, do EOAB prevê a possibilidade da **reabilitação judicial.** Nesse caso, aquele que pretender se inscrever nos quadros da OAB e tiver praticado crime infamante ou cuja inscrição tiver sido negada com base nas Súmulas 9, 10 e 11 do Conselho Federal, essa pessoa deverá cumprir o requisito da reabilitação judicial (criminal), portanto deverá cumprir a pena e só depois de declarado reabilitado judicialmente é que poderá ocorrer sua inscrição.

Vale ainda ressaltar que aquele que exercer atividade incompatível, por exemplo, gerente de banco (público ou privado), escrevente do Judiciário, não poderá se inscrever nos quadros da OAB (seja como advogado ou como estagiário) enquanto estiver a exercer tal atividade, cargo ou função elencado no art. 28 do EOAB.

2.2. Inscrição principal e suplementar

A **inscrição principal do advogado deve ser feita no Conselho Seccional** em cujo território pretende estabelecer o seu domicílio profissional (art. 10 do EOAB). Considera-se o domicílio profissional a sede principal da atividade de advocacia, prevalecendo, na dúvida, o domicílio da pessoa física do advogado.

Haverá necessidade de promover **a inscrição suplementar** nos Conselhos Seccionais **quando o advogado passar a exercer habitualmente a profissão**, considerando-se habitualidade a intervenção judicial que **exceder cinco causas por ano** (art. 10, § 2º, do EOAB); com a inscrição suplementar, haverá a obrigação do pagamento de tantas anuidades quantas forem as inscrições suplementares.

> No caso de constituição de filial de sociedade de advogados em outro Conselho Seccional, os sócios ficam obrigados a efetuar a inscrição suplementar onde a filial se instalar (art. 15, § 5º, do EOAB).

Assim, por exemplo, o advogado com inscrição principal em São Paulo que passar a praticar intervenções judiciais habituais em mais de cinco ações por ano ou constituir filial no Rio Grande do Sul e em Minas Gerais deverá promover sua inscrição suplementar perante esses dois Conselhos Seccionais, sob pena de caracterizar infração disciplinar (art. 36, III, do EOAB).

Principal	Suplementar	Transferência
No Conselho Seccional onde estabelece o domicílio profissional – causas ilimitadas. Em outros Conselhos Seccionais, o exercício da advocacia é limitado a 5 causas por ano.	Mais de 5 causas por ano. Obrigatoriedade, sob pena de caracterizar infração disciplinar. Além da anuidade da principal, deve pagar tantas anuidades quantas forem as suplementares.	Ocorre quando o advogado muda o seu domicílio profissional para outro Estado. Nesse caso, sua inscrição principal passará a ser do Conselho Seccional para onde se mudou.

2.3. Cancelamento e licenciamento

O **cancelamento da inscrição** pode ser **voluntário, coercitivo, de ofício ou decorrente de fato natural,** no caso da morte, conforme se observa do art. 11 do EOAB. Com o cancelamento da inscrição ocorrerá o desligamento do advogado dos quadros da OAB, deixando, portanto, de ser advogado e perdendo, inclusive, o número de inscrição.

O cancelamento poderá ocorrer em cinco hipóteses:

1. por ato de vontade do inscrito;
2. por morte;

3. no caso de sanção de exclusão;

4. o advogado que passar a exercer atividade incompatível em caráter definitivo;

5. se o advogado perder qualquer dos requisitos para a inscrição (art. 11 e incisos do EOAB).

> Aquele que foi excluído, quando fizer um novo pedido de inscrição, não precisará ser aprovado em um novo Exame de Ordem.

> **Atente para os casos de incompatibilidade em caráter definitivo,** tais como passar em concurso de juiz, promotor, policial de qualquer natureza, fiscal da Receita Federal, escrevente do Judiciário, gerente de banco, forças armadas, que geram o cancelamento da inscrição do advogado.

Sempre haverá a possibilidade de um novo pedido de inscrição, que não restaurará o número anterior. No caso daquele que teve sua inscrição cancelada coercitivamente por ter sofrido a sanção de exclusão, o novo pedido de inscrição deverá ser acompanhado da reabilitação administrativa ou judicial, se for o caso, conforme o art. 41 do EOAB.

Com relação ao **licenciamento** (art. 12 do EOAB), ou seja, o afastamento temporário dos quadros da OAB, acontece em três hipóteses distintas:

I – requerimento devidamente motivado;

II – passar a exercer em caráter temporário atividade incompatível;

III – sofrer de doença mental curável.

No caso de requerimento motivado, este poderá ser ou não deferido pela OAB; no caso de doença mental curável, vale observar que a atividade do advogado é uma atividade intelectual, razão pela qual justifica seu afastamento quando isso interferir em seu discernimento; por fim, no caso de exercício de atividade incompatível temporária, por exemplo, o Presidente da República, Governador, Prefeito ou membros da mesa do Poder Legislativo, o licenciamento se impõe, pois são atividades incompatíveis (art. 28, I, do EOAB) exercidas em caráter temporário, ou seja, enquanto durar o mandato.

Veja o quadro comparativo a seguir:

Cancelamento	Licenciamento
Voluntário (inciso I)	Voluntário motivado (inciso I)
Coercitivo (inciso II)	–
Fato natural (morte) (inciso III)	–

Atividade incompatível definitiva (inciso IV)	Atividade incompatível temporária (inciso II)
Perda dos requisitos da inscrição (inciso V)	Doença mental curável (inciso III)

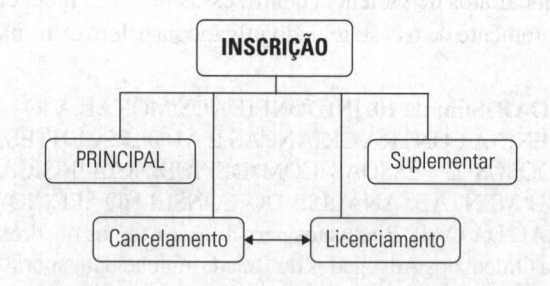

```
                  INSCRIÇÃO
                 /         \
            PRINCIPAL    Suplementar
           /        \
   Cancelamento ←→ Licenciamento
```

3. INCOMPATIBILIDADE E IMPEDIMENTO

A incompatibilidade determina a proibição total, e o impedimento, a proibição parcial do exercício da advocacia.

De acordo com o EOAB, art. 28, as **atividades incompatíveis** são: chefe do Poder Executivo e membros da Mesa do Poder Legislativo e seus substitutos legais; membros de órgãos do Poder Judiciário, do Ministério Público, dos tribunais e conselhos de contas, dos juizados especiais, da justiça de paz, bem como de todos os que exerçam função de julgamento em órgão de deliberação coletiva da administração pública direta ou indireta; ocupantes de cargos ou funções de direção em órgãos da Administração Pública direta ou indireta, em suas fundações e em suas empresas controladas ou concessionárias de serviço público; ocupantes de cargos ou funções vinculados direta ou indiretamente a qualquer órgão do Poder Judiciário e os que exercem serviços notariais e de registro; ocupantes de cargos ou funções vinculados direta ou indiretamente a atividade policial de qualquer natureza; militares de qualquer natureza, na ativa; ocupantes de cargos ou funções que tenham competência para lançamento, arrecadação ou fiscalização de tributos e contribuições parafiscais; ocupantes de funções de direção e gerência em instituições financeiras, inclusive privadas.

ATENÇÃO – NOVIDADE: A Lei n. 14.365/2022 traz uma exceção à regra da incompatibilidade importantíssima e dispõe que:

- A causa de incompatibilidade daqueles que exercem **atividade** policial de qualquer natureza e os militares na ativa **não se aplica ao exercício da advocacia em causa própria, estritamente**

para fins de defesa e tutela de direitos pessoais, desde que mediante **inscrição especial** na OAB, **vedada a participação em sociedade de advogados**.

- A inscrição especial destes que exercem tais atividades deverá constar do documento profissional de registro na OAB **e não isenta o profissional do pagamento da contribuição anual**, de multas e de preços de serviços devidos à OAB, na forma por ela estabelecida, vedada cobrança em valor superior ao exigido para os demais membros inscritos.

Portanto, em outras palavras, membros das forças armadas (na ativa) e aqueles que exercem atividade policial de qualquer natureza (escrivão, investigador, delegado, sargento PM, capitão PM, perito criminal etc.) poderão advogar em causa própria, mediante inscrição especial na OAB, estando tais advogados obrigados ao pagamento da anuidade e demais preços de serviços da OAB, bem como, proibidos de integrarem sociedades de advogados. Tal inscrição especial ainda será regulamentada pela OAB.

> **A incompatibilidade permanece mesmo que o ocupante do cargo ou função deixe de exercê-lo temporariamente**, por exemplo, escrevente técnico judiciário gozando de licença-prêmio ou licença não remunerada.

Muito embora o art. 8º do Regulamento Geral preveja que não se aplica aos advogados que participam em órgãos de deliberação coletiva da administração pública direta ou indireta em funções de julgamento, na qualidade de titulares ou suplentes, como representantes dos advogados, ficando apenas impedidos de exercer a advocacia perante tais órgãos, enquanto durar a investidura, o Conselho Federal da OAB, em 2015 nos autos da Consulta n. 49.0000.2015.004193-7/COP, por meio de seus conselheiros federais, por maioria, tomou o entendimento do art. 28 do Estatuto da Advocacia (Lei Federal n. 8.096/94), que afirma que a advocacia é incompatível "a todos os que exerçam função de julgamento em órgãos de deliberação coletiva da administração pública direta e indireta". Sendo assim, consideraram que o exercício da função de Conselheiro do CARF é incompatível com a advocacia[1].

---

[1] Disponível em: <https://www.oab.org.br/noticia/28406/oab-proibe-advocacia-de-conselheiro-do-carf?argumentoPesquisa=carf%20incompatibilidade>.

Há, ainda, a Súmula 5 do Órgão Especial do Conselho Federal, que determina que os casos de incompatibilidade dispostos no art. 28 do EOAB ensejam a perda do cargo de Conselheiro ou Diretor em todos os órgãos da OAB, nos termos do inciso I do art. 66 do referido diploma.

Como **exceção à regra prevista no art. 28, III, do EOAB**, poderão advogar todos aqueles que exercerem o **cargo de direção vinculado a administração acadêmica diretamente relacionada ao magistério jurídico**, nos termos do § 2º do art. 28 do EOAB.

> Os Procuradores-Gerais, Advogados-Gerais e dirigentes de órgãos jurídicos da Administração Pública direta, indireta e fundacional são exclusivamente legitimados para o exercício da advocacia vinculada à função que exerçam, durante o período da investidura.

Diferentemente da incompatibilidade, **o impedimento é a proibição parcial** para o exercício da advocacia, ou seja, pode-se exercer a advocacia, porém com a restrição prevista no art. 30 e incisos do EOAB, sob pena de nulidade.

Duas são as hipóteses de impedimento previstas no EOAB; são elas: os servidores da administração direta, indireta e fundacional, **contra a Fazenda Pública que os remunere** ou à qual seja vinculada a entidade empregadora; **os membros do Poder Legislativo**, em seus diferentes níveis, **contra ou a favor** das pessoas jurídicas de direito público, empresas públicas, sociedades de economia mista, fundações públicas, entidades paraestatais ou empresas concessionárias ou permissionárias de serviço público.

Há uma terceira hipótese de impedimento, essa prevista no Regulamento Geral, no art. 2º, referente ao visto do advogado em atos constitutivos de pessoas jurídicas, considerando impedidos de exercer tal ato (o visto em atos constitutivos de PJ) os advogados que prestem serviços a órgãos ou entidades da Administração Pública direta ou indireta da unidade federativa a que se vincule a Junta Comercial, ou a quaisquer repartições administrativas competentes para o respectivo registro.

Também há uma quarta hipótese, que diz respeito aos advogados que exercem cargos de **conciliador nos Juizados Especiais Cíveis e da Fazenda Pública**, a partir da qual chegamos à conclusão, com base no art. 7º da Lei n. 9.099/95, no Enunciado 40 do FONAJE e no art. 15, § 2º, da Lei n. 12.153/2009, que há o impedimento para atuar perante tais juizados, ou seja, daquela circunscrição, e, no caso dos Juizados da Fazenda Pública a extensão é para todos os Juizados da Fazenda Pública, em todo o território nacional enquanto desempenharem essa função.

O legislador também previu outra **exceção** no caso de impedimento, ou seja, os **docentes dos cursos jurídicos poderão advogar contra a Fazenda que os remunera**, nos termos do parágrafo único do art. 30 do EOAB. Portanto, por exemplo, o professor de Direito do Trabalho concursado da USP para lecionar na faculdade de Direito poderá advogar contra a Fazenda que o remunera. Todavia, se esse professor de Direito do Trabalho for concursado da USP para lecionar somente na faculdade de Contabilidade, Economia e Administração, estará impedido de advogar contra a Fazenda que o remunera.

Incompatibilidade – proibição total – cargos ou funções que possibilitem	Impedimento – proibição parcial
Captação de clientela	Servidor contra a Fazenda que o remunera
Concorrência desleal	Conciliadores
Facilidade de acesso	*Vide* art. 2º, parágrafo único, do Regulamento Geral
Influência indevida	Membros do Legislativo contra ou favor

4. DO EXERCÍCIO DA ADVOCACIA

4.1. Indispensabilidade do advogado

O art. 133 da Constituição Federal dispõe que **o advogado é indispensável à administração da justiça**. Nesse sentido, o art. 2º do EOAB dispõe que, no seu ministério privado, o advogado presta serviço público e exerce função social e que seus atos constituem um múnus público no processo judicial, razão pela qual, no exercício da profissão, o advogado é inviolável por seus atos e manifestações, nos limites desta lei. A **Lei n. 14.365/2022** confirma a importância da indispensabilidade do advogado à administração da justiça pontificando que "No processo administrativo, o advogado contribui com a postulação de decisão favorável ao seu constituinte, e os seus atos constituem múnus público". Já no art. 2º-A estabelece que "O advogado pode contribuir com o processo legislativo e com a elaboração de normas jurídicas, no âmbito dos Poderes da República".

Dessa forma, é possível afirmar que esse múnus público é o encargo do qual o profissional não pode fugir, razão pela qual Sérgio Pupo[2] assevera que, por exercer um múnus público, o advogado não pode se esquivar do seu dever de promover o acesso à justiça, o que não se confunde com o acesso ao Judiciário, mas consiste em todos os meios jurídicos à disposição para a satisfação de seus interesses e de seus postulados e, sobretudo, para melhor cumprimento de seus deveres, nos termos do CED, art. 2º parágrafo único, II, VI e VII.

A Lei n. 14.039, de 17 de agosto de 2020, incluiu o art. 3º-A ao EOAB, dispondo que "os serviços profissionais de advogado são, por sua natureza, técnicos e singulares, quando comprovada sua notória especialização, nos termos da lei". E que se considera "notória especialização o profissional ou a sociedade de advogados cujo conceito no campo de sua especialidade, decorrente de desempenho anterior, estudos, experiências, publicações, organização, aparelhamento, equipe técnica ou de outros requisitos relacionados com suas atividades, permita inferir que o seu trabalho é essencial e indiscutivelmente o mais adequado à plena satisfação do objeto do contrato". Nesse sentido, referida lei vem ao encontro do posicionamento do Conselho Federal já fixado nas Súmulas n. 4 e 5, no tocante à inexigibilidade de procedimento licitatório para contratação de serviços advocatícios pela Administração Pública, dada a singularidade da atividade, a notória especialização (Súmula n. 4). Em outras palavras, na contratação pela Administração Pública de advogado ou sociedade de advogados com notória especialização técnica em determinada área é dispensado o procedimento da licitação.

4.2. Advocacia pública e privada

A **advocacia pública** está prevista no art. 3º do EOAB, que dispõe em seu § 3º que exercem atividade de advocacia, sujeitando-se ao regime desta lei, além do regime próprio a que se subordinem, os integrantes da Advocacia-Geral da União, da Procuradoria da Fazenda Nacional, da Defensoria Pública e das Procuradorias e Consultorias Jurídicas dos Estados, do Distrito Federal, dos Municípios e das respectivas entidades de administração indireta e fundacional. Portanto, os advogados que não se enquadrarem nesse parágrafo serão **advogados empregados, associados ou profissionais liberais autônomos**.

---

[2] *O papel do advogado na sociedade contemporânea*: a gestão do conflito. São Paulo: Sérgio Perse, 2014, p. 114.

STJ, REsp 1.710.155. Conforme o voto do relator, apesar de os defensores públicos exercerem atividades de representação judicial e extrajudicial, de advocacia contenciosa e consultiva, o que se assemelha bastante à advocacia, "há inúmeras diferenças".

Entre elas, os fatos de que a carreira está sujeita a regime próprio e a estatutos específicos, submete-se a fiscalização disciplinar por órgãos próprios, necessita de aprovação prévia em concurso público e os defensores não têm obrigação de apresentar instrumento do mandato em sua atuação.

"Em conclusão, o art. 3º, § 1º, da Lei 8.906/1994 merece interpretação conforme à Constituição para obstar a necessidade de inscrição na OAB dos membros das carreiras da Defensoria Pública, não obstante se exija a inscrição do candidato em concurso público. Ademais, a inscrição obrigatória não pode ter fundamento nesse comando em razão do posterior e específico dispositivo presente no art. 4º, § 6º, da Lei Complementar 80/1994."

Atenção, pegadinha: Procurador de Justiça, Procurador da República e Procurador do Trabalho são membros do Ministério Público, no âmbito estadual, federal e do trabalho.

Já o STF colocou um ponto final nessa celeuma do Defensor Público, no RE 1.240.999, cuja repercussão geral foi reconhecida pelo Supremo e a tese fixada foi de que "é inconstitucional a exigência de inscrição do Defensor Público na OAB".

4.3. Atos privativos de advogado

Os **atos privativos** estão previstos no art. 1º do EOAB, e o inciso I trata da **postulação a órgão do Poder Judiciário e aos juizados especiais**. Tal regra comporta exceções; são elas:

- Não se inclui na atividade privativa de advocacia a impetração de *habeas corpus* em qualquer instância ou tribunal.
- Nos Juizados Especiais Cíveis, até o limite de 20 salários mínimos. Não se aplica na fase recursal.
- Nos Juizados Federais e da Fazenda Pública é facultativa a assistência de advogado (Lei n. 10.259/2001, art. 10, e Lei n. 12.153/2009, por interpretação analógica à Lei do JEF).
- Na Justiça do Trabalho, tanto nas Varas do Trabalho quanto nos TRTs. **Não alcança a ação rescisória, ação cautelar, mandado de segurança e recursos para o TST**, *vide* Súmula 425 do TST).
- Justiça de Paz, pois o juiz de paz não exerce a função jurisdicional.
- Propositura de ação de alimentos de acordo com o art. 2º da Lei n. 5.478/68, que possibilita ao credor de alimentos demandar judicialmente contra o devedor.
- No processo administrativo disciplinar a teor do que dispõe a Súmula Vinculante n. 5 do STF que dispõe: "A falta de defesa técnica por advogado no processo administrativo disciplinar não ofende a Constituição". Portanto, a contratação do advogado é facultativa.
- Na revisão penal, nos termos do CPP, art. 623. A revisão **poderá ser pedida pelo próprio réu** ou por procurador legalmente habilitado ou, no caso de morte do réu, pelo cônjuge, ascendente, descendente ou irmão.

Atos privativos extrajudiciais: II – as atividades de consultoria, assessoria e direção jurídicas. Quanto a este assunto, a Lei n. 14.365/2022 acrescentou o § 4º ao art. 5º do EOAB dispondo o seguinte:

> **§ 4º** As atividades de consultoria e assessoria jurídicas **podem ser exercidas** de modo verbal ou por escrito, a critério do advogado e do cliente, **e independem de outorga de mandato ou de formalização por contrato de honorários**.

Além da consultoria, assessoria e direção jurídica, são também atividades privativas de advogado pela via extrajudicial as separações, divórcios, inventários extrajudiciais e a usucapião **extrajudicial**.

Os atos e contratos constitutivos de pessoas jurídicas, sob pena de nulidade, só podem ser admitidos a registro, nos órgãos competentes, quando visados por advogado.

Exceção: microempresas e empresas de pequeno porte – Lei Complementar n. 123/2006.

Fica dispensado o visto de advogado no contrato social da sociedade que, juntamente com o ato de constituição, apresentar declaração de enquadramento como microempresa ou empresa de pequeno porte, nos termos do art. 9º, § 2º, da Lei Complementar n. 123/2006.

Atos privativos	Exceção
I – postulação a qualquer órgão do Poder Judiciário	HC; JEC até 20 SM; JEF; JEFAP; JT; Justiça de paz e propositura de ação de alimentos.
II – atos constitutivos de pessoa jurídica	ME e EPP

4.4. Mandato, renúncia e revogação

O advogado postula, em juízo ou fora dele, fazendo prova do seu **mandato** (art. 5º do EOAB), cujo instrumento é a **procuração**. Todavia, há exceções:

- No caso de urgência afirmada pelo advogado, **este poderá atuar sem procuração**, obrigando-se a apresentá-la no prazo de 15 (quinze) dias, prorrogável por igual período (art. 5º, § 1º, do EOAB). Contudo, em se tratando de instância especial, não será possível o advogado atuar sem procuração, pois, de acordo com a Súmula 115 do STJ, na instância especial é inexistente o recurso interposto por advogado sem procuração nos autos.

- Comunicar-se com seus clientes, pessoal e reservadamente, **mesmo sem procuração**, quando estes se acharem presos, detidos ou recolhidos em estabelecimentos civis ou militares, ainda que considerados incomunicáveis (art. 7º, III, do EOAB).

- Examinar, em qualquer órgão dos Poderes Judiciário e Legislativo, ou da Administração Pública em geral, autos de processos findos ou em andamento, **mesmo sem procuração, quando não estiverem sujeitos a sigilo ou segredo de justiça**, assegurada a obtenção de cópias, com possibilidade de tomar apontamentos (art. 7º, XIII, do EOAB).

- Examinar, em qualquer instituição responsável por conduzir investigação, **mesmo sem procuração**, autos de flagrante e de investigações de qualquer natureza, findos ou em andamento, ainda que conclusos à autoridade, podendo copiar peças e tomar apontamentos, em meio físico ou digital (art. 7º, XIV, do EOAB).

- Retirar autos de processos findos, **mesmo sem procuração**, pelo prazo de dez dias (art. 7º, XVI, do EOAB).

- Diante ao acima exposto, é possível concluir e isso foi ratificado pela Lei n. 14.365/2022 que "As atividades de consultoria e assessoria jurídicas **podem ser exercidas** de modo verbal ou por escrito, a critério do advogado e do cliente, **e independem de outorga de mandato ou de formalização por contrato de honorários**" (EOAB, art. 5º § 4º).

Quando ocorre a **quebra da confiança**, surge a possibilidade da **revogação** e da **renúncia**.

A revogação é o ato do cliente pelo qual este revoga os poderes conferidos na procuração. Trata-se de um ato não formal e que, nos termos do art. 17 do CED, **não desobriga o cliente do pagamento proporcional das verbas honorárias contratadas**, nem as de sucumbência. Já **a renúncia é ato do advogado** e, como previsto no art. 16 do CED, dispensa a motivação, mas não a continuidade da responsabilidade profissional do advogado pelo prazo de dez dias (art. 5º, § 3º, do EOAB), salvo se for constituído um novo advogado antes desse prazo.

> O advogado que renunciar ao mandato continuará, durante os dez dias seguintes à notificação da renúncia, a representar o mandante, salvo se for substituído antes do término desse prazo.

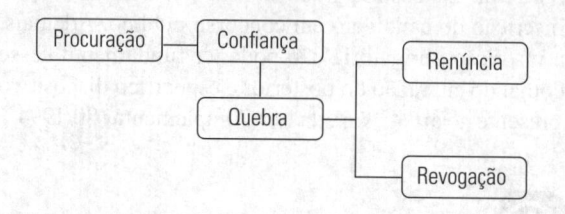

Procuração → Confiança → Quebra → Renúncia / Revogação

4.5. Sigilo profissional

O sigilo é norma de ordem pública, sendo **inerente a profissão do advogado; não há necessidade de o cliente solicitar tal reserva ao advogado**. Portanto, o advogado tem o dever de guardar sigilo dos fatos de que tome conhecimento no exercício da profissão, **abrangendo o advogado que** exerça **funções** desempenhadas **na OAB**, por exemplo, presidente de Subseção ou Relator do Tribunal de Ética, bem como os advogados que exerçam a função de **mediador, conciliador ou árbitro**.

É prerrogativa do advogado recusar-se a depor em processo ou procedimento judicial, administrativo ou arbitral, sobre fatos a cujo respeito deva guardar sigilo profissional, conforme preceitua o art. 7º, XIX, do EOAB, combinado com o art. 38 do CED.

Por não se tratar de uma regra absoluta, **comporta exceção**. No caso do art. 37 do CED, "o sigilo profissional cederá em face de circunstâncias excepcionais que configurem **justa causa, como nos casos de grave ameaça do direito à vida e à honra ou que envolvam defesa própria**".

Por fim, o advogado que revelar, sem justa causa, sigilo profissional cometerá infração disciplinar passível da sanção de censura, conforme o art. 34, VII, do EOAB.

5. HONORÁRIOS ADVOCATÍCIOS

5.1. Espécies

A prestação de serviço profissional assegura aos inscritos na OAB o direito aos **honorários convencionados, aos **fixados por arbitramento judicial, de sucumbência e assistenciais**, sendo essas as espécies de honorários segundo o art. 22 do EOAB.

> **Espécies de honorários**
> - **Convencionais:** aqueles pactuados entre advogado e cliente.[3]
> - **Arbitrados judicialmente:** aqueles fixados pelo juiz na falta de contrato e em caso de desentendimento entre advogado e cliente.
> - **Sucumbência:** aqueles devidos pelo vencido na ação ao advogado da parte vencedora.
> - **Assistenciais:** aqueles devidos ao advogado de entidades representativas (sindicatos ou associações) fixados em ações coletivas que sejam propostas por entidades como substitutos processuais que defendam direitos coletivos de uma categoria.

Em se tratando de contrato (preferencialmente por escrito), ou seja, de acordo de vontade entre as partes, a **forma de pagamento** deve seguir os termos fixados no contrato. Na falta de estipulação ou de acordo, os honorários são fixados por arbitramento judicial, em remuneração compatível com o trabalho e o valor econômico da questão, observado obrigatoriamente o disposto nos §§ 2º, 3º, 4º, 5º, 6º, 6º-A, 8º, 8º-A, 9º e 10 do art. 85 do CPC. E se no contrato não foi estipulado de que forma os honorários deveriam ser pagos, a lei prevê que eles serão devidos em três partes, ou seja, **1/3 no início, 1/3 até a decisão de primeira instância e o último 1/3 no final** (art. 22, § 3º, do EOAB).

É importante frisar que o **contrato de** prestação de serviços de advocacia e **honorários** advocatícios **não exige forma especial, devendo estabelecer**, porém, com clareza e precisão, o seu **objeto, os honorários ajustados, a forma de pagamento e a extensão do patrocínio**, esclarecendo se este abrangerá todos os atos do processo ou limitar-se-á a determinado grau de jurisdição, além de dispor sobre a hipótese de a causa encerrar-se mediante transação ou acordo.

Além disso é importante destacar para as novidades trazidas pela Lei n. 14.365/22 quanto aos honorários.

Assim, restou assegurado ao sócio de uma sociedade de advogados que "nos casos judiciais e administrativos, as disposições, as cláusulas, os regulamentos ou as convenções individuais ou coletivas que retirem do sócio o direito ao recebimento dos honorários de sucumbência serão válidos somente após o protocolo de petição que revogue os poderes que lhe foram outorgados ou que noticie a renúncia a eles, e os honorários serão devidos proporcionalmente ao trabalho realizado nos processos, conforme reza o § 3º-A do art. 24 do EOAB.

O advogado mantém o direito aos honorários proporcionais ao trabalho realizado nos processos judiciais e administrativos em que tenha atuado, nos exatos termos do contrato celebrado, inclusive em relação aos eventos de sucesso que porventura venham a ocorrer após o encerramento da relação contratual. Somente perderá tal direito se expressamente renunciar (por escrito), é o que dispõe o § 5º do art. 24 do EOAB. Vale observar que, mesmo que formalmente celebrado, o distrato e a rescisão do contrato, não configuram a renúncia expressa aos honorários pactuados no contrato de prestação de serviços e, na falta deste, referidos honorários serão fixados por arbitramento judicial.

5.2. Critérios para a fixação

Para a fixação dos honorários profissionais, além de se observar o **princípio da moderação**, devem ser atendidos os elementos seguintes:

> **Art. 49 do CED.** Os honorários profissionais devem ser fixados com moderação, atendidos os elementos seguintes:
> I – a relevância, o vulto, a complexidade e a dificuldade das questões versadas;
> II – o trabalho e o tempo a ser empregados;
> III – a possibilidade de ficar o advogado impedido de intervir em outros casos, ou de se desavir com outros clientes ou terceiros;
> IV – o valor da causa, a condição econômica do cliente e o proveito para este resultante do serviço profissional;
> V – o caráter da intervenção, conforme se trate de serviço a cliente eventual, frequente ou constante;
> VI – o lugar da prestação dos serviços, conforme se trate do domicílio do advogado ou de outro;
> VII – a competência do profissional;
> VIII – a praxe do foro sobre trabalhos análogos.

5.3. Forma de pagamento

A hipótese de **compensação de créditos** pelo advogado de importâncias devidas ao cliente **somente será admissível mediante previsão contratual** ou quando houver autorização especial do cliente para esse fim. Assim, por exemplo, havendo previsão contratual de que o advogado antecipe o pagamento de custas, despesas, emolumentos e contratação de peritos, ser-lhe-á lícito reter tais valores atualizados, no ato da prestação de contas, tudo devidamente comprovado documentalmente, como reza o art. 48, §§ 2º e 3º, do CED.

---

[3] A Lei n. 14.365/22 incluiu o § 8 ao art. 22 do EOAB, passando a dispor o que segue: "Consideram-se também honorários convencionados aqueles decorrentes da indicação de cliente entre advogados ou sociedade de advogados, aplicada a regra prevista no § 9º do art. 15 desta Lei".

> **Novidade:** obrigatoriedade de ser observado o valor mínimo da Tabela de Honorários da OAB, sendo proibida a diminuição dos honorários contratados em decorrência da solução do litígio por meio de solução de conflito extrajudicial; por fim, a permissão expressa da utilização do sistema de cartão de crédito para o recebimento de honorários.

Sobre a dedução de honorários, a Lei n. 14.365/22 introduziu um novo artigo permitindo-a, como se vê do novel art. 22-A, *verbis*:

> **Art. 22-A.** Fica permitida a dedução de honorários advocatícios contratuais dos valores acrescidos, a título de juros de mora, ao montante repassado aos Estados e aos Municípios na forma de precatórios, como complementação de fundos constitucionais.
> **Parágrafo único.** A dedução a que se refere o *caput* deste artigo não será permitida aos advogados nas causas que decorram da execução de título judicial constituído em ação civil pública ajuizada pelo Ministério Público Federal.

5.4. Pacto *quota litis*

Há, ainda, a possibilidade da contratação no êxito da demanda por meio da **cláusula** *quota litis*, segundo a qual os honorários devem ser necessariamente representados por pecúnia, muito praticado por advogados trabalhistas. Excepcionalmente, como previsto no parágrafo único do art. 50, § 1º, do CED, será possível a participação do advogado em bens particulares de cliente comprovadamente sem condições pecuniárias, desde que contratado previamente por escrito.

5.5. Título executivo

O contrato de honorários convencionais tem eficácia de título executivo extrajudicial e não necessita da assinatura de testemunhas, por se tratar de lei especial (Lei n. 8.906/94). **Vale pontificar que os honorários têm natureza alimentar e constituem crédito privilegiado na falência,** nos termos do art. 22, § 3º, do EOAB, bem como o entendimento do STJ no REsp 1.152.2180-RS.

Considerando-se a natureza alimentar dos honorários, a Lei n. 14.365/2022, trouxe importantes avanços com objetivo de assegurar ao advogado o recebimento do sagrado honorário.

Assim, no caso de bloqueio universal do patrimônio do cliente por decisão judicial, garantir-se-á ao advogado a liberação de até 20% (vinte por cento) dos bens bloqueados para fins de recebimento de honorários e reembolso de gastos com a defesa, ressalvadas as causas relacionadas aos crimes previstos na **Lei n. 11.343, de 23 de agosto de 2006** (Lei de Drogas), e observado o disposto no parágrafo único do **art. 243 da Constituição Federal**.

O pedido de desbloqueio de bens será feito em autos apartados, que permanecerão em sigilo, mediante a apresentação do respectivo contrato.

O desbloqueio de bens observará, preferencialmente, a ordem estabelecida no art. 835 do CPC, ou seja:

> **Art. 835.** A penhora observará, preferencialmente, a seguinte ordem:
> **I** – dinheiro, em espécie ou em depósito ou aplicação em instituição financeira;
> **II** – títulos da dívida pública da União, dos Estados e do Distrito Federal com cotação em mercado;
> **III** – títulos e valores mobiliários com cotação em mercado;
> **IV** – veículos de via terrestre;
> **V** – bens imóveis;
> **VI** – bens móveis em geral;
> **VII** – semoventes;
> **VIII** – navios e aeronaves;
> **IX** – ações e quotas de sociedades simples e empresárias;
> **X** – percentual do faturamento de empresa devedora;
> **XI** – pedras e metais preciosos;
> **XII** – direitos aquisitivos derivados de promessa de compra e venda e de alienação fiduciária em garantia;
> **XIII** – outros direitos.

Todavia, quando se tratar de dinheiro em espécie, de depósito ou de aplicação em instituição financeira, os valores serão transferidos diretamente para a conta do advogado ou do escritório de advocacia responsável pela defesa. Nos demais casos, o advogado poderá optar pela adjudicação do próprio bem ou por sua venda em hasta pública para satisfação dos honorários devidos, nos termos do art. 879 e seguintes do Código de Processo Civil. Devendo o valor excedente ser depositado em conta vinculada ao processo judicial.

Os créditos de honorários advocatícios não autorizam o saque de duplicatas pelo advogado pessoa física ou jurídica, bem como qualquer outro título de natureza mercantil, **permitindo-se apenas a emissão de fatura com previsão no contrato, sendo proibido seu protesto.** Todavia, **será possível o protesto de cheque ou nota promissória** emitidos pelo cliente em favor do advogado, sempre depois de frustrada a tentativa de recebimento amigável, conforme prevê o CED, art. 52.

> Os honorários da sucumbência e os honorários contratuais, pertencendo ao advogado que houver atuado na causa, **poderão ser por ele executados**, assistindo-lhe **direito autônomo para promover**

a execução do capítulo da sentença que os estabelecer **ou para postular, quando for o caso, a expedição de precatório ou requisição de pequeno valor em seu favor**.

No caso de substabelecimento, **a verba** correspondente aos honorários **da sucumbência será repartida entre o substabelecente e o substabelecido**, proporcionalmente à atuação de cada um no processo ou conforme haja sido entre eles ajustado.

A OAB ou os TED podem indicar mediador que contribua para a distribuição dos honorários da sucumbência, entre advogados substabelecente e substabelecido, **no caso de litígio entre eles**. Já nos processos disciplinares que envolverem divergência sobre a percepção de honorários da sucumbência, entre advogados, deverá ser tentada a conciliação destes preliminarmente, pelo relator, **sendo essa mais uma competência do TED – a conciliação**.

5.6. Sucessão e prescrição

Na hipótese de falecimento ou incapacidade civil do advogado, os honorários de sucumbência, proporcionais ao trabalho realizado, **são recebidos por seus sucessores** ou representantes legais. Por fim, **prescreve em cinco anos a ação de cobrança de honorários de advogado,** contado o prazo:

I – do vencimento do contrato, se houver;

II – do trânsito em julgado da decisão que os fixar;

III – da ultimação do serviço extrajudicial;

IV – da desistência ou transação;

V – da renúncia ou revogação do mandato.

Nos Exames de Ordem em que foi questionado a respeito da prescrição dos honorários, o examinador queria saber justamente o termo inicial da contagem do prazo.

Por fim, vale anotar que, nos termos do EOAB, art. 25-A, "Prescreve em cinco anos **a ação de prestação de contas** pelas quantias recebidas pelo advogado de seu cliente, ou de terceiros por conta dele".

Havendo necessidade de promover o arbitramento ou cobrança judicial de honorários, deve o advogado renunciar previamente à procuração que recebeu do cliente em débito.

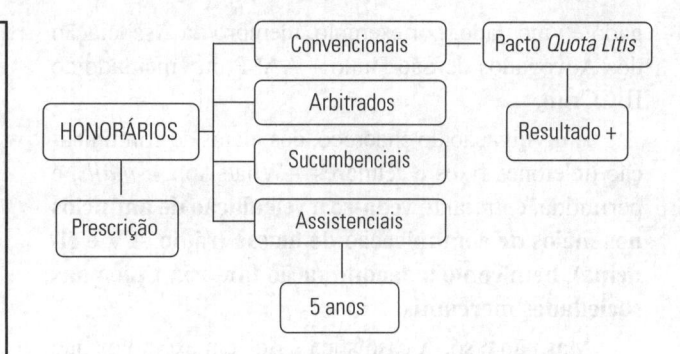

HONORÁRIOS
- Convencionais — Pacto *Quota Litis*
- Arbitrados — Resultado +
- Sucumbenciais
- Assistenciais
- Prescrição — 5 anos

6. PUBLICIDADE NA ADVOCACIA. FORMA DO ANÚNCIO. DAS PERMISSÕES E PROIBIÇÕES. PROGRAMAS DE TV

A transformação ocorrida através da sociedade da informação impõe alguns limites éticos no tocante à publicidade na advocacia, posto que o exercício da **advocacia é incompatível com qualquer procedimento de mercantilização** (art. 5º do CED) e é proibido o oferecimento de serviços profissionais que impliquem, direta ou indiretamente, a inculcação ou captação de clientela (art. 7º do CED).

Cumpre observarmos que, atualmente, só no Estado de São Paulo contamos com mais de 300.000 inscritos ativos, portanto a concorrência é grande. Todavia, a publicidade desenfreada como forma de colocação no mercado de trabalho é vedada pelos **princípios da discrição, moderação, informação e exclusividade**, expressamente previstos no Código de Ética em seu art. 39.

Vê-se que "a publicidade é permitida para os advogados, desde que observados os limites éticos impostos nos termos do art. 44 do CED, de modo que o anúncio do profissional ou da sociedade de advogados **deva mencionar, obrigatoriamente, o nome (inclusive o social, se for o caso) e número de inscrição na OAB**, sendo permitido fazer referências a títulos ou qualificações profissionais, especializações técnico-científicas e instituições jurídicas de que faça parte"[4]. Todavia, proíbe-se a inclusão de fotografias pessoais ou de terceiros nos cartões de visita de advogados. Permite-se, portanto, a divulgação com discrição, moderação, exclusividade e, obviamente, com a finalidade de informar as áreas de atuação, os cursos de especialização, mestrado e doutorado conferidos por universidades devidamente reconhecidas, bem como instituições jurídicas a que o advo-

---

[4] Biela Jr., *Curso de ética profissional para advogados*. 5. ed. São Paulo: LTr, 2018, p. 108.

gado é vinculado, por exemplo, membro da Associação dos Advogados de São Paulo – AASP ou vinculado ao IBCCrim.

A divulgação do endereço, dos meios de comunicação (telefones fixos e celulares – WhatsApp, *e-mails*, é permitida, entretanto **veda-se a veiculação de anúncios nos meios de comunicação de massa (rádio, TV e cinema), bem como a denominação fantasia típica das sociedades mercantis.**

Mas não é só. A casuística é rica em exemplos que ferem os princípios citados. É o caso do anúncio com indiscrição quanto ao seu conteúdo, com o *slogan* "A vida é curta, divorcie-se!" (art. 40, II, do CED).

Não é demais lembrar que é vedado qualquer aspecto mercantilista do anúncio, **proibindo-se** referências a valores dos serviços, menções a tabelas, gratuidade ou forma de pagamento, referências a cargos, como ex-Juiz, ex-Promotor, ex-Delegado, ex-Ministro, que possam implicar captação de clientela (art. 44, § 2º, do CED), e, também, a utilização de *outdoor* ou equivalente, por exemplo, anúncio em muros de casas, lojas ou terrenos.

As regras para os *sites* na internet são as mesmas, porém a imoderação é comum em *links* como "Nossos Clientes", no qual o anunciante divulga quem são seus clientes, especialmente os de grande porte, com o objetivo de captar outros clientes que se sintam atraídos pela mensagem publicitária (art. 42, IV, do CED). O mesmo se aplica para redes sociais como Facebook e Instagram, onde a publicidade é permitida, porém sempre observando os princípios do Código de Ética. Fotos com autoridades e celebridades, bem como menções a tamanho, qualidade e estrutura da sede profissional, o que é muito comum nos *sites* de escritórios de advocacia, transmitem a mensagem para o interlocutor leigo de que se trata de um escritório e de advogados de prestígio, de sucesso e influentes, o que pode dar ensejo à violação do art. 7º do CED.

PUBLICIDADE – FACEBOOK – PÁGINA DE ESCRITÓRIO DE ADVOGADOS – A NÚMERO INDETERMINADO DE PESSOAS E VIA PATROCINADOR – POSSIBILIDADE – PUBLICAÇÃO DE DECISÃO FAVORÁVEL AO ESCRITÓRIO DE ADVOCACIA – INFRAÇÃO ÉTICA – CAPTAÇÃO ILEGAL DE CLIENTELA

A presença de escritório de advocacia na rede social é permitida tanto por meio da criação de páginas como de conteúdo patrocinado. O Facebook serve de envio de notícias, às pessoas que se cadastraram, por meio do botão "curtir", só recebendo essas notícias aqueles que estabelecerem conexão com a página, tendo os usuários a liberdade de seguir ou não tais páginas, no momento em que quiserem. Deixando de curti-las, cessarão de receber as informações. O recurso denominado "conteúdo patrocinado" do Facebook, consistente em anúncios desenvolvidos por empresas que pagam para exibi-los aos usuários, também não fere o regramento ético da publicidade dos advogados, desde que respeitados os limites éticos da legislação específica. Esse tipo de anúncio informa o usuário como acessar a página do Facebook ou o *web site* do escritório. A publicidade há de ser objetiva, ter caráter meramente informativo, sem qualquer conotação comercial ou de autopromoção que visem angariar ilegalmente clientela. A publicação de decisão favorável ao escritório de advocacia, em página do Facebook, viola essa regra, caracterizando-se, em tese, como captação ilegal de clientes. Inteligência dos artigos 5º, 39 e seguintes do CED, artigos 1º, e 4º e 5º do Provimento 94/2000 do Conselho Federal da OAB e artigo 34, IV, do Estatuto da Advocacia e da OAB. Precedentes: E-4.176/2012, E-3.679/2008, E-4.685/2016, E-4.200/2008 e E-4.278/2013. Proc. E-5.044/2018 – v.u., em 26-7-2018, do parecer e ementa da Rel. Dra. Célia Maria Nicolau Rodrigues, Rev. Dr. Fábio Guimarães Corrêa Meyer – Presidente em exercício Dr. Cláudio Felippe Zalaf.

O mesmo se diga quanto a anúncios da atividade advocatícia através de adesivos em portas ou vidros de veículos, ainda mais em se tratando de divulgação com outra atividade, por exemplo, Consultoria Contábil e Advocacia (art. 40, III e IV, do CED).

A utilização da mala-direta não é permitida, sendo considerada imoderada (art. 40, VI, do CED), salvo para comunicar a clientes e colegas a instalação ou mudança de endereço, telefones, entrada e saída de sócios ou associados. A circulação de boletins informativos e comentários sobre legislação é admissível como forma de publicidade, porém deve ficar restrita a clientes e interessados do meio jurídico (art. 45 do CED).

Afrontam o princípio da pessoalidade do Código de Ética dos Advogados as consultas através da internet mediante pagamento *on-line*, sem sequer existir o primeiro contato pessoal e reservado do advogado com o cliente, sendo que este não terá a garantia e certeza de que estará sendo atendido por profissional habilitado e inscrito na OAB no momento da consulta virtual.

O Provimento n. 94/2000 foi revogado pelo Código de Ética, e dispunha em seu art. 3º sobre os meios lícitos de divulgação, tais como: a utilização de cartões de visita e de apresentação do escritório contendo, exclusivamente, informações objetivas; o anúncio do escritório em listas de telefone e análogas; e a divulgação das informações objetivas, relativas ao advogado ou à sociedade de advogados, com modicidade, nos meios de comunicação escrita e eletrônica.

O mesmo provimento dispunha que os veículos permitidos para a publicidade da advocacia são: internet, fax, correio eletrônico e outros meios de comunicação semelhantes, assim como revistas, folhetos, jornais, boletins e qualquer outro tipo de imprensa escrita, bem como a placa de identificação do escritório e papéis de petições, de recados, envelopes e pastas.

Uma questão antiga, mas que foi muito bem regulada pelo CED, foi a **proibição do fornecimento de dados de contato, como endereço e telefone**, em colunas de jornais, artigos publicados na imprensa ou internet, bem como em eventual participação em programas de rádio ou televisão (art. 40, V, do CED), **permitindo-se, apenas e tão somente, a referência a** *e-mail*. As colunas que o advogado mantiver nos meios de comunicação social ou os textos que divulgar **jamais** deverão **induzir** o leitor **a litigar** em juízo **nem promover a captação** de clientela (art. 41 do CED).

Vale se atentar ao fato de que o CED admitiu como forma de publicidade o patrocínio de eventos, as publicações de caráter científico ou cultural, a divulgação de boletins (físicos ou eletrônicos), bem como o uso da telefonia e da internet para envio de mensagens **a destinatários certos**, desde que estas não impliquem o oferecimento de serviços ou representem forma de captação de clientela, por exemplo, recebimento de ligação ou mensagem de escritório de advocacia para a propositura de ação referente aos planos econômicos, FGTS e planos de saúde.

O Código de Ética é claro e cristalino no seu art. 40 ao mencionar que os meios de publicidade profissional dos advogados devem ser compatíveis com a **discrição e sobriedade**, tendo **caráter** meramente **informativo** e **não podendo configurar captação de clientela ou mercantilização da advocacia**. Dessa forma, o CED elenca o rol de condutas proibidas ao advogado no tocante à publicidade, como se vê nos arts. 40 e 42. Vejamos o exemplo de publicidade proibida na figura abaixo:

O advogado que eventualmente participar de **programa de televisão ou de rádio**, de entrevista na imprensa, de reportagem televisionada ou de qualquer outro meio para manifestação profissional deve visar a objetivos exclusivamente ilustrativos, educacionais e instrutivos, sem propósito de promoção pessoal ou profissional, vedados pronunciamentos sobre métodos de trabalho usados por seus colegas de profissão, nos termos do art. 43 do CED.

Neste diapasão, objetiva-se não banalizar a advocacia, que já vem sofrendo desprestígio em razão de comportamentos antiéticos de colegas que concorrem deslealmente, utilizando-se de meios e veículos vedados para a publicidade da advocacia para alcançar, direta ou indiretamente, seu principal objetivo, ou seja, a captação de clientela.

A Resolução n. 04/2020 do Conselho Federal da OAB, acrescentou o art. 47-A ao CED, dispondo a respeito da possibilidade de celebração de TAC como se vê do texto abaixo e mais bem explicado no item 9 – Infrações e disciplinares.

> **CED, art. 47-A.** Será admitida a celebração de termo de ajustamento de conduta no âmbito dos Conselhos Seccionais e do Conselho Federal **para fazer cessar a publicidade irregular praticada** por advogados e estagiários.
> **Parágrafo único.** O termo previsto nesse artigo será regulamentado mediante edição de provimento do Conselho Federal, que estabelecerá seus requisitos e condições.

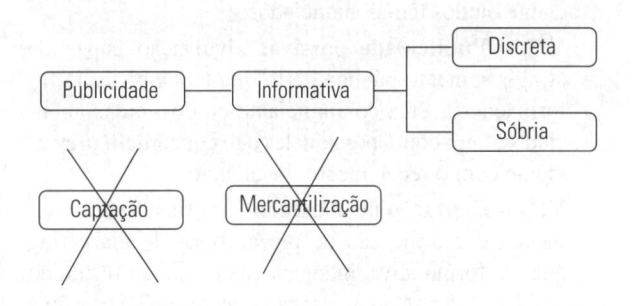

6.1. O Provimento n. 205/2021

Referido provimento veio para regulamentar a publicidade e marketing jurídico dos advogados na sociedade da informação. Diante disso, o marketing jurídico está autorizado, desde que exercido de forma compatível com os preceitos do CED, EOAB e Regulamento Geral, devendo as informações veiculadas pelos advogados e sociedades de advogados serem objetivas e verdadeiras, sendo de responsabilidade exclusiva do advogado pessoa física ou dos sócios administradores tais informações.

O Provimento para não correr riscos de interpretações diversas trouxe os conceitos importantes sobre a matéria no art. 2º, *verbis*:

> **I – Marketing jurídico:** Especialização do marketing destinada aos profissionais da área jurídica, consistente na utilização de estratégias planejadas para alcançar objetivos do exercício da advocacia;
>
> **II – Marketing de conteúdos jurídicos:** estratégia de marketing que se utiliza da criação e da divulgação de conteúdos jurídicos, disponibilizados por meio de ferramentas de comunicação, voltada para informar o público e para a consolidação profissional do(a) advogado(a) ou escritório de advocacia;
>
> **III – Publicidade:** meio pelo qual se tornam públicas as informações a respeito de pessoas, ideias, serviços ou produtos, utilizando os meios de comunicação disponíveis, desde que não vedados pelo Código de Ética e Disciplina da Advocacia;
>
> **IV – Publicidade profissional:** meio utilizado para tornar públicas as informações atinentes ao exercício profissional, bem como os dados do perfil da pessoa física ou jurídica inscrita na Ordem dos Advogados do Brasil, utilizando os meios de comunicação disponíveis, desde que não vedados pelo Código de Ética e Disciplina da Advocacia;
>
> **V – Publicidade de conteúdos jurídicos:** divulgação destinada a levar ao conhecimento do público conteúdos jurídicos;
>
> **VI – Publicidade ativa:** divulgação capaz de atingir número indeterminado de pessoas, mesmo que elas não tenham buscado informações acerca do anunciante ou dos temas anunciados;
>
> **VII – Publicidade passiva:** divulgação capaz de atingir somente público certo que tenha buscado informações acerca do anunciante ou dos temas anunciados, bem como por aqueles que concordem previamente com o recebimento do anúncio;
>
> **VIII – Captação de clientela:** para fins deste provimento, é a utilização de mecanismos de marketing que, de forma ativa, independentemente do resultado obtido, se destinam a angariar clientes pela indução à contratação dos serviços ou estímulo do litígio, sem prejuízo do estabelecido no Código de Ética e Disciplina e regramentos próprios.

O Provimento n. 205/2021 segue os mesmos princípios do CED (art. 39), pois, seu art. 3º reza os mesmos princípios – informação, discrição e sobriedade –, proibindo as condutas de mercantilização e captação de clientela, citando para tanto outras condutas proibidas, tais como:

- referência, direta ou indireta, a valores de honorários, forma de pagamento, gratuidade ou descontos e reduções de preços como forma de captação de clientes;
- divulgação de informações que possam induzir a erro ou causar dano a clientes, a outros(as) advogados(as) ou à sociedade;
- anúncio de especialidades para as quais não possua título certificado ou notória especialização, nos termos do parágrafo único do art. 3º-A do Estatuto da Advocacia;
- utilização de orações ou expressões persuasivas, de autoengrandecimento ou de comparação;
- distribuição de brindes, cartões de visita, material impresso e digital, apresentações dos serviços ou afins de maneira indiscriminada em locais públicos, presenciais ou virtuais, salvo em eventos de interesse jurídico.

Dessa forma, a publicidade profissional é aquela que torna público o perfil do advogado, bem como suas informações relacionadas ao exercício da advocacia, porém, **deve ser de forma sóbria, discreta, informativa**, *sem ostentação ou incitação ao litígio judicial, administrativo ou contratação de serviços, proibida a promoção pessoal* conforme art. 3º, § 1º, do referido provimento.

Anúncios pagos ou não, são admitidos na publicidade profissional, seja ela ativa ou passiva. Todavia, não pode estar incutida a mercantilização, captação de clientela ou emprego excessivo de recursos financeiros.

Admite-se a identificação profissional com qualificação e títulos, desde que verdadeiros e comprováveis. **A divulgação** de imagens, vídeos ou áudios contendo a atuação do advogado, inclusive em audiências e sustentações orais em processos judiciais ou administrativos, também **é permitida, desde que** respeitados os processos com segredo de justiça, bem como o dever sagrado do advogado que é o sigilo e a dignidade profissional. Nesse sentido, não poderá o advogado na divulgação de imagens, vídeos e áudios fazer referência a decisões judiciais ou resultados obtidos em procedimento que patrocina ou participa de alguma forma, salvo na hipótese de manifestação espontânea em caso coberto pela mídia.

Ficaram equiparados ao e-mail todos os dados de contato e meios de comunicação do advogado ou da sociedade, podendo, portanto, divulgar sites, redes sociais e aplicativos de mensagens instantâneas (art. 4º, § 3º).

Ficou **proibido** o pagamento, patrocínio ou efetivação de qualquer despesa para viabilizar aparição em rankings, prêmios ou qualquer honraria que vise a destacar ou eleger o profissional ou escritório como, p.ex., os melhores do ano em revistas ou anuários como reza o anexo único.

É permitida a participação de advogados **em vídeos ao vivo ou gravados**, na internet ou nas redes sociais, assim como em debates e palestras virtuais, desde que observadas as regras dos arts. 42 e 43 do CED, sendo vedada a utilização de casos concretos ou apresentação de resultados. Permitiu-se, também, a utilização de logomarca e imagens, inclusive fotos dos advogados e do escritório, bem como a identidade visual nos meios de comunicação profissional, sendo vedada a utilização de logomarca e símbolos oficiais da Ordem dos Advogados do Brasil.

Tema polêmico, foi a **ostentação,** onde no art. 6º do respectivo Provimento, **restou proibida, qualquer informação relativa às dimensões, qualidades ou estrutura física do escritório**, assim como a menção à promessa de resultados ou a utilização de casos concretos para oferta de atuação profissional. Mas não é só, proibiu-se, também, em qualquer publicidade **a ostentação de bens relativos ao exercício ou não da profissão**, como uso de veículos, viagens, hospedagens e bens de consumo, bem como a menção à promessa de resultados ou a utilização de casos concretos para oferta de atuação profissional.

Uma novidade e permitido é o exercício da advocacia em coworking, porém, veda-se a divulgação da advocacia em conjunto com qualquer outra atividade ou empresa que compartilhem o mesmo espaço.

Por fim, será criado um Comitê Regulador do Marketing Jurídico, de caráter consultivo, vinculado à Diretoria do Conselho Federal, cuja finalidade será pacificar e unificar a interpretação dos temas pertinentes à publicidade e marketing jurídico e que será composto por:

- 05 (cinco) Conselheiros(as) Federais, um(a) de cada região do país, indicados(as) pela Diretoria do CFOAB;
- II – 01 (um) representante do Colégio de Presidentes de Seccionais.
- III – 01 (um) representante indicado pelo Colégio de Presidentes dos Tribunais de Ética e Disciplina;
- IV – 01 (um) representante indicado pela Coordenação Nacional de Fiscalização da Atividade Profissional da Advocacia; e
- V – 01 (um) representante indicado pelo Colégio de Presidentes das Comissões da Jovem Advocacia.

Vale registrarmos aqui os verbetes do Anexo único, pois apostamos que serão cobrados nas próximas edições do Exame. Atente-se para os destaques nas palavras e/ou frase.

Anuários	Somente é possível a participação em publicações que indiquem, de forma clara e precisa, qual a metodologia e os critérios de pesquisa ou de análise que justifiquem a inclusão de determinado escritório de advocacia ou advogado(a) na publicação, ou ainda que indiquem que se trata de mera compilação de escritórios ou advogados(as). **É vedado o pagamento, patrocínio ou efetivação de qualquer outra despesa para viabilizar anúncios ou aparição em publicações como contrapartida de premiação ou ranqueamento.**
Aplicativos para responder consultas jurídicas	**Não é admitida** a utilização de aplicativos **de forma indiscriminada para responder automaticamente** consultas jurídicas a não clientes por suprimir a imagem, o poder decisório e as responsabilidades do profissional, representando mercantilização dos serviços jurídicos.
Aquisição de palavra-chave a exemplo do Google Ads	Permitida **a utilização de ferramentas de aquisição de palavra-chave** quando responsivo a uma busca iniciada pelo potencial cliente e desde que as palavras selecionadas estejam em consonância com ditames éticos. **Proibido o uso de anúncios ostensivos em plataformas de vídeo.**
Cartão de visitas	**Deve conter** nome ou nome social do(a) advogado(a) e o número da inscrição na OAB e o nome da sociedade, se integrante de sociedade. **Pode conter** número de telefone, endereço físico/eletrônico, QR Code que permita acesso aos dados/site. Pode ser físico e eletrônico.
Chatbot	Permitida a **utilização para o fim de facilitar a comunicação** ou melhorar a prestação de serviços jurídicos, não podendo afastar a pessoalidade da prestação do serviço jurídico, nem suprimir a imagem, o poder decisório e as responsabilidades do profissional. É possível, por exemplo, a utilização no site para responder as primeiras dúvidas de um potencial cliente ou para encaminhar as primeiras informações sobre a atuação do escritório. Ou ainda, como uma solução para coletar dados, informações ou documentos.
Correspondências e comunicados (mala direta);	O envio de cartas e comunicações a uma coletividade **("mala direta") é expressamente vedado.** Somente é possível o envio de cartas e comunicações se destinadas a clientes e pessoas de relacionamento pessoal ou que os solicitem ou os autorizem previamente, desde que não tenham caráter mercantilista, que não representem captação de clientes e que não impliquem oferecimento de serviços.
Criação de conteúdo, palestras, artigos;	Deve ser orientada pelo **caráter técnico informativo, sem divulgação de resultados concretos obtidos, clientes, valores ou gratuidade.**

Ferramentas Tecnológicas	Podem **ser utilizadas com a finalidade de auxiliar** os(as) advogados(as) a serem mais eficientes em suas atividades profissionais, sem suprimir a imagem, o poder decisório e as responsabilidades do profissional.
Grupos de "WhatsApp"	Permitida a divulgação por meio de grupos de "WhatsApp", desde que se trate de **grupo de pessoas determinadas, das relações do(a) advogado(a)** ou do escritório de advocacia e seu conteúdo respeite as normas do Código de Ética e Disciplina e do presente provimento.
Lives nas redes sociais e YouTube	É permitida **a realização de lives nas redes sociais e vídeos no YouTube**, desde que seu conteúdo respeite as normas do Código de Ética e Disciplina e do presente provimento.
Patrocínio e impulsionamento nas redes sociais	Permitido, desde que não se trate de publicidade contendo oferta de serviços jurídicos.
Petições, papéis, pastas e materiais de escritório	Pode conter nome e nome social do(a) advogado(a) e da sociedade, endereço físico/eletrônico, número de telefone e logotipo.
Placa de identificação do escritório	Pode ser afixada no escritório ou na residência do(a) advogado(a), **não sendo permitido que seja luminosa tal qual a que se costuma ver em farmácias e lojas de conveniência.** Suas dimensões não são preestabelecidas, bastando que haja proporcionalidade em relação às dimensões da fachada do escritório ou residência, sempre respeitando os critérios de discrição e moderação.
Redes Sociais	É permitida a presença nas redes sociais, desde que seu conteúdo respeite as normas do Código de Ética e Disciplina e do presente provimento.

■ 7. DIREITOS E PRERROGATIVAS PROFISSIONAIS. IMUNIDADE PROFISSIONAL. DESAGRAVO PÚBLICO

Primeiramente é importante saber que prerrogativa não é direito (*facultas agendi*) do advogado, mas sim condição para o exercício da profissão.

O advogado que está iniciando a carreira já deve saber que **não há hierarquia nem subordinação** entre advogado, juiz, promotor, policiais, mas sim que todos devem se tratar com o devido respeito (art. 6º do EOAB). Portanto, não deve existir qualquer receio do advogado em fazer valer as prerrogativas para o exercício dessa atividade indispensável à administração da justiça.

Dispondo a nova redação do § 1º do art. 6º do EOAB, dada pela Lei n. 14.508/2022 que "as autoridades e os servidores públicos dos Poderes da República, os serventuários da Justiça e os membros do Ministério Público devem dispensar ao advogado, no exercício da profissão, tratamento compatível com a dignidade da advocacia e condições adequadas a seu desempenho, preservando e resguardando, de ofício, a imagem, a reputação e a integridade do advogado nos termos desta Lei".

Novidade:

Outra alteração importante ocorrida no EOAB pela Lei n. 14.508/2022 diz respeito à questão da hierarquia e subordinação, ou seja, em atendimento ao princípio constitucional da isonomia no tratamento dos feitos judiciais, ou seja, a paridade de armas entre representantes das partes, estabelecendo no § 2º do art. 6º que "durante as audiências de instrução e julgamento realizadas no Poder Judiciário, nos procedimentos de jurisdição contenciosa ou voluntária, **os advogados do autor e do requerido devem permanecer no mesmo plano topográfico** e em posição equidistante em relação ao magistrado que as presidir". Portanto, advogados representando todas as partes deverão estar posicionados no mesmo plano e em distância igual ao juiz do caso nas audiências de instrução e julgamento.

Quanto ao membro do MP, o STF na ADIn 4.768, por maioria, concluiu que a proximidade física na sala de audiência entre integrante do MP e magistrado não influencia ou compromete os julgamentos.

Note-se que **o advogado possui liberdade de exercício da profissão em todo o país** (art. 7º, I, do EOAB), todavia, quando atuar em mais de 5 (cinco) causas por ano em território distinto do de sua inscrição principal, ou seja, em outro Conselho Seccional, deverá promover sua inscrição suplementar, sob pena de cometer infração disciplinar, nos termos do art. 36, III, do EOAB.

É importante lembrar que **o escritório, os arquivos, os dados, as correspondências e comunicações telefônicas e de dados são invioláveis**, conforme prevê o inciso II do art. 7º do EOAB, só podendo ser quebrada tal inviolabilidade com observância do § 6º do art. 7º do EOAB, *verbis*:

> "Presentes indícios de autoria e materialidade da **prática de crime por parte de advogado**, a autoridade judiciária competente poderá decretar a quebra da inviolabilidade de que trata o inciso II do *caput* deste artigo, em **decisão motivada**, expedindo mandado de **busca e apreensão, específico e pormenorizado**, a ser **cumprido na presença de representante da OAB**, sendo, em qualquer hipótese, vedada a utilização dos documentos, das mídias e dos objetos pertencentes a clientes do advogado averiguado, bem como dos demais instrumentos de trabalho que contenham informações sobre clientes."

É proibida a expedição de mandado de busca e apreensão genérico.

Atenção:
A Lei 14.365/22 acrescentou os §§ 6-A até I lá no art. 7º do EOAB.

Tais alterações estão relacionadas a questão da inviolabilidade prevista no inciso II do art. 7º do EOAB. Portanto, apostamos que será objeto de questionamentos nos próximos Exames.

Assim, conforme se observa dos §§ 6º-A e B do art. 7º do EOAB, tem-se que a medida cautelar que importar em violação do escritório ou local de trabalho do advogado será determinada de forma excepcional, desde que exista fundamento em indício, pelo órgão acusatório. Sendo vedada a determinação da referida medida cautelar se fundada exclusivamente em elementos produzidos em declarações do colaborador sem confirmação por outros meios de prova.

Vale observar que o representante da OAB que acompanhará o cumprimento do mandado de busca e apreensão tem o dever de zelar pelo fiel cumprimento do objeto da investigação, bem como de impedir que documentos, mídias e objetos não relacionados à investigação, especialmente de outros processos do mesmo cliente ou de outros clientes que não sejam pertinentes à persecução penal, sejam analisados, fotografados, filmados, retirados ou apreendidos do escritório de advocacia. Além disso, tem o direito a ser respeitado pelos agentes responsáveis pelo cumprimento do referido mandado, sob pena de abuso de autoridade, conforme reza o § 6º-C do art. 7º do EOAB.

É garantido ao advogado investigado e ao representante da OAB o direito de acompanhar a análise do material aprendido, sendo que o procedimento precisa ser informado com 24h de antecedência.

Portanto, no caso de inviabilidade técnica quanto à segregação da documentação, da mídia ou dos objetos não relacionados à investigação, em razão da sua natureza ou volume, no momento da execução da decisão judicial de apreensão ou de retirada do material, **a cadeia de custódia preservará o sigilo do seu conteúdo, assegurada a presença do representante da OAB**. Dessa forma, na hipótese de inobservância deste dever do agente público responsável pelo cumprimento do mandado de busca e apreensão, o representante da OAB fará o relatório do fato ocorrido, com a inclusão dos nomes dos servidores, dará conhecimento à autoridade judiciária e o encaminhará à OAB para a elaboração de notícia-crime.

É garantido o direito de acompanhamento por representante da OAB e pelo profissional investigado durante a análise dos documentos e dos dispositivos de armazenamento de informação pertencentes a advogado, apreendidos ou interceptados, **em todos os atos**, para assegurar o cumprimento do disposto no inciso II do art. 7º do EOAB, ou seja, a prerrogativa da inviolabilidade profissional.

Nesse diapasão, é dever da autoridade responsável informar, com antecedência mínima de 24 (vinte e quatro) horas, à seccional da OAB a data, o horário e o local em que serão analisados os documentos e os equipamentos apreendidos, garantindo o direito de acompanhamento, em todos os atos, pelo representante da OAB e pelo profissional investigado. Excepcionalmente, em casos de urgência devidamente fundamentada pelo juiz, a análise dos documentos e dos equipamentos apreendidos poderá acontecer em prazo inferior a 24 (vinte e quatro) horas, garantindo-se sempre o direito de acompanhamento pelo representante da OAB e pelo profissional investigado em todos os atos.

> **Atenção:**
> Outra importante questão ética trazida pela Lei n. 14.365/22 é a proibição do advogado efetuar colaboração premiada contra atual ou ex-cliente. Caso o advogado não observe tal dever responderá processo disciplinar, que poderá culminar com a aplicação da pena de exclusão, sem prejuízo de responder criminalmente por violação de segredo profissional disposto no art. 154 do Código Penal).
>
> Como se vê, nessa hipótese específica, ou seja, de colaboração premiada do advogado contra cliente, ter-se-á a quebra do sigilo profissional, o que neste caso, o advogado terá como pena administrativa a exclusão, conforme dispõe o § 6º-I do art. 7º do EOAB.

Uma exceção à regra no que diz respeito à apresentação da procuração é a que diz respeito à prerrogativa de o advogado **comunicar-se com seu cliente quando estiver preso**, detido ou recolhido em qualquer estabelecimento civil ou militar, nos termos do inciso III do art. 7º do EOAB.

É prerrogativa do advogado ter a presença de um representante da OAB quando for preso em flagrante, desde que referida prisão esteja atrelada ao exercício da profissão.

> Se a OAB não for avisada pela autoridade policial, haverá a invalidade do auto de flagrante, com o consequente relaxamento da prisão pelo Judiciário.

Nesse sentido, o STF se posicionou a respeito do inciso IV do art. 7º, *verbis*:

"A presença de representante da OAB em caso de prisão em flagrante de advogado constitui garantia da inviolabilidade da atuação profissional. A cominação de nulidade da prisão, caso não se faça a comunicação, configura sanção para tornar efetiva a norma" (ADI 1.127, rel. p/ o ac. Min. Ricardo Lewandowski, julgamento em 17-5-2006, Plenário, *DJe* de 11-6-2010).

É direito do advogado, nos termos do inciso V do art. 7º, **não ser recolhido preso antes de sentença transitada em julgado**, senão em sala de Estado-Maior, com instalações e comodidades condignas, e, na sua falta, em prisão domiciliar, nos termos da ADIn 1.127-8, que reconheceu que **a prisão do advogado em sala de Estado-Maior é garantia suficiente para que fique provisoriamente detido em condições compatíveis com o seu múnus público**.

Não há necessidade de que as instalações condignas e comodidades da sala de Estado-Maior sejam reconhecidas pela OAB.

É impossível imaginar o exercício da advocacia sem a **liberdade de acesso**, conforme confere o inciso VI do art. 7º do EOAB, *verbis*:

VI – ingressar livremente:
a) nas salas de sessões dos tribunais, mesmo além dos cancelos que separam a parte reservada aos magistrados;
b) nas salas e dependências de audiências, secretarias, cartórios, ofícios de justiça, serviços notariais e de registro, e, no caso de delegacias e prisões, mesmo fora da hora de expediente e independentemente da presença de seus titulares;
c) em qualquer edifício ou recinto em que funcione repartição judicial ou outro serviço público onde o advogado deva praticar ato ou colher prova ou informação útil ao exercício da atividade profissional, dentro do expediente ou fora dele, e ser atendido, desde que se ache presente qualquer servidor ou empregado;
d) em qualquer assembleia ou reunião de que participe ou possa participar o seu cliente, ou perante a qual este deva comparecer, desde que munido de poderes especiais.

Prerrogativa de acesso a autos eletrônicos. Lei n. 11.419/2006, art. 11. (...) § 6º Os documentos digitalizados juntados em processo eletrônico estarão disponíveis para acesso por meio da rede externa pelas respectivas partes processuais, **pelos advogados, independentemente de procuração nos autos**, pelos membros do Ministério Público e pelos magistrados, sem prejuízo da possibilidade de visualização nas secretarias dos órgãos julgadores, **à exceção daqueles que tramitarem em segredo de justiça**. (Incluído pela Lei n. 13.793/2019.)

§ 7º Os sistemas de informações pertinentes a processos eletrônicos **devem possibilitar que advogados**, procuradores e membros do Ministério Público cadastrados, **mas não vinculados a processo previamente identificado, acessem automaticamente todos os atos e documentos processuais armazenados em meio eletrônico, desde que demonstrado interesse para fins apenas de registro**, salvo nos casos de processos em segredo de justiça. (Incluído pela Lei n. 13.793/2019.)

No que diz respeito aos incisos VII, VIII e X[5] do art. 7º do EOAB, também não é possível pensar em exercício da advocacia, indispensável à administração da justiça, sem que o advogado possa exercer **o direito de entrevistar-se com juízes e desembargadores sem hora marcada; de manifestar-se, sentado ou em pé, usar da palavra "pela ordem"** para esclarecer equívoco ou dúvida surgida em relação a fatos, documentos e afirmações que influam no julgamento; bem como reclamar, por escrito ou verbalmente, contra a inobservância de preceito de lei, regulamento ou regimento interno do tribunal. Isso sem falar no direito do advogado de analisar autos em qualquer esfera ou instituição, mesmo sem procuração, desde que o processo não esteja sob sigilo, como garantem os incisos XIII, XIV, XV e XVI do art. 7º do EOAB.

Importante alteração legislativa foi a Lei n. 13.793/2019, que alterou a redação do inciso XIII do art. 7º do EOAB e acrescentou o § 13 ao artigo, assegurando, assim, a prerrogativa a qualquer advogado de ter acesso a autos de processos e de investigações eletrônicos de que não seja advogado constituído, mediante cadastro prévio no sistema eletrônico do tribunal, salvo em se tratando de autos sob segredo de justiça ou sigilo. A Lei n. 13.793/2019 também alterou a redação do art. 11 da Lei do Processo Eletrônico (Lei n. 11.419/2006), que passou a contar com a seguinte redação, assegurando tal prerrogativa aos advogados:

Art. 11 (...)
§ 6º Os documentos digitalizados juntados em processo eletrônico estarão disponíveis para acesso por meio da rede externa pelas respectivas partes processuais, pelos advogados, independentemente de procuração nos autos, pelos membros do Ministério Público e pelos magistrados,

---

[5] X – usar da palavra, pela ordem, em qualquer tribunal judicial ou administrativo, órgão de deliberação coletiva da administração pública ou comissão parlamentar de inquérito, mediante intervenção pontual e sumária, para esclarecer equívoco ou dúvida surgida em relação a fatos, a documentos ou a afirmações que influam na decisão, conforme redação dada pela Lei n. 14.365, de 2022.

> sem prejuízo da possibilidade de visualização nas secretarias dos órgãos julgadores, à exceção daqueles que tramitarem em segredo de justiça.
> § 7º Os sistemas de informações pertinentes a processos eletrônicos devem possibilitar que advogados, procuradores e membros do Ministério Público cadastrados, mas não vinculados a processo previamente identificado, acessem automaticamente todos os atos e documentos processuais armazenados em meio eletrônico, desde que demonstrado interesse para fins apenas de registro, salvo nos casos de processos em segredo de justiça.

A **Lei n. 13.245/2016** trouxe nova regra ao inciso XIV do **art. 7º**, no qual garante a prerrogativa de **examinar autos, findos ou em andamento, de flagrante e de investigações de qualquer natureza em qualquer instituição responsável por conduzir investigação** (p. ex., CPI e MP), mesmo sem procuração, ainda que conclusos à autoridade, podendo copiar peças e tomar apontamentos, sejam físicos ou digitais. Contudo, **a autoridade competente poderá delimitar o acesso do advogado** aos elementos de prova relacionados a diligências em andamento e ainda não documentados nos autos, quando houver risco de comprometimento da eficiência, da eficácia ou da finalidade das diligências (art. 7º, § 11, do EOAB). Vale ressaltar, ainda, **que a violação dessa prerrogativa**, o fornecimento incompleto de autos ou o fornecimento de autos em que houve a retirada de peças já incluídas no caderno investigativo **implicarão a responsabilidade criminal e administrativa por abuso de autoridade** do funcionário que impedir o acesso do advogado com o intuito de prejudicar o direito de defesa, conforme prevê o § 12 do art. 7º do EOAB.

Referida lei também trouxe **a obrigatoriedade do advogado no inquérito**, dispondo que é prerrogativa do advogado assistir seus clientes investigados durante a apuração de infrações, sob pena de nulidade absoluta do interrogatório ou depoimento e, consequentemente, de todos os elementos investigatórios e probatórios dele decorrentes ou derivados direta ou indiretamente, podendo apresentar quesitos, inclusive no curso da respectiva apuração, conforme se vê do art. 7º, XXI, do EOAB.

Há, ainda, a prerrogativa de o advogado **se retirar do recinto depois de 30 minutos do horário designado à prática do ato judicial,** desde que a autoridade não esteja presente no local (p. ex., o magistrado não esteja no fórum), devendo o advogado fazer a comunicação por escrito, protocolizando-a em juízo.

> Observe-se que, na Justiça do Trabalho, o prazo é de 15 minutos, nos termos do art. 815, parágrafo único, da CLT.

É, também, prerrogativa do advogado **recusar-se a depor como testemunha em processo no qual funcionou ou deva funcionar**, ou sobre fato relacionado com pessoa de quem seja ou foi advogado, mesmo quando autorizado ou solicitado pelo constituinte, bem como sobre fato que constitua sigilo profissional, nos termos do que prescreve o inciso XIX do art. 7º do EOAB.

Uma vez violada a prerrogativa, cabe o **desagravo público**, que é promovido pelo Conselho Seccional, salvo a competência do Conselho Federal, por exemplo, se o advogado ofendido for um presidente de Conselho Seccional. Note-se que o desagravo público, como instrumento de defesa dos direitos e prerrogativas da advocacia, não depende de concordância do ofendido, que não pode dispensá-lo, devendo ser promovido a critério do Conselho. O pedido será submetido à Diretoria do Conselho, que poderá, nos casos de urgência e notoriedade, conceder imediatamente o desagravo, *ad referendum* do órgão competente do Conselho.

Cumpre observar que os desagravos deverão ser decididos no prazo máximo de 60 (sessenta) dias e, uma vez acolhido o parecer para que ocorra o desagravo público, será designada a sessão pública de desagravo no prazo máximo de 30 (trinta) dias, devendo ocorrer preferencialmente onde a ofensa foi sofrida ou onde se encontre a autoridade ofensora. Na sessão de desagravo o Presidente da OAB lerá a nota a ser publicada na imprensa, encaminhada ao ofensor e às autoridades e registrada nos assentamentos do inscrito e no Registro Nacional de Violações de Prerrogativas, como prevê o § 7º do art. 18 do Regulamento Geral.

O advogado tem **imunidade profissional**, não constituindo injúria e difamação puníveis qualquer manifestação de sua parte, no exercício de sua atividade, em juízo ou fora dele, sem prejuízo das sanções disciplinares perante a OAB, pelos excessos que cometer.

> A imunidade profissional não alcança o crime de desacato, nos termos da ADIn 1.1278.

Importante destacar a respeito da imunidade profissional do advogado que, infelizmente, a Lei n. 14.365/2022 revogou o § 2º do art. 7º EOAB que tratava desta questão. Entretanto, consideramos tal fato um equívoco legislativo, um absurdo legislativo, conforme já defendemos em nosso Curso de Ética Profissional para Advogados, 7ª edição, 2022, da editora LTr. Tanto isso é certo que o Conselho Federal da OAB ajuizou, no dia 22-8-2022, Ação Direta de Inconstitucionalidade com pedido liminar para suspender a eficácia da norma, face a demora do legislativo em corrigir tal erro.[6] Razão pela qual, apesar de revogado tal dispositivo, encontraremos guarida na CF, 133, no EOAB, art. 2º § 3º, no CP, art. 142, I, além de toda uma jurisprudência consolidada no STJ e STF como se vê dos RHC 81.750, rel. min. Celso de Mello, j. 12-11-2002, 2ª T, *DJ* de 10-8-2007; HC 104.385, rel. p/ o ac. min. Ricardo Lewandowski, j. 28-6-2011, 1ª T, DJE de 25-8-2011 e HC 98.237, rel. min. Celso de Mello, j. 15-12-2009, 2ª T, *DJE* de 6-8-2010.

Assim, apesar da **revogação do § 2º do art. 7º do EOAB** que dispunha que "o advogado tem imunidade profissional, não constituindo injúria, difamação ou desacato puníveis qualquer manifestação de sua parte, no exercício de sua atividade, em juízo ou fora dele, sem prejuízo das sanções disciplinares perante a OAB, pelos excessos que cometer", contudo, **o advogado não perdeu sua imunidade, posto que ela também é prevista na lei infraconstitucional, ou seja, no CP, art. 142, I, que está em consonância com a CF, art. 133, EOAB, art. 2º, § 3º, e a jurisprudência consolidada**. Portanto, até que seja julgada a ADI proposta pelo Conselho Federal da OAB contra as alterações promovidas pela Lei n. 14.365/2022, que revogaram dispositivos do Estatuto da Advocacia, responsáveis por garantir a imunidade profissional à advocacia, temos o CP, art. 142, I, *verbis*:

> **Código Penal – Exclusão do crime**
> Art. 142. Não constituem injúria ou difamação punível:
> I – a ofensa irrogada em juízo, na discussão da causa, pela parte ou por seu procurador;

Assim, quanto às **prerrogativas gerais dos advogados**, para que você possa memorizá-las, **separe-as por assunto** e veja que sem essas condições essenciais para o exercício da profissão fica impossível o exercício da advocacia e o direito de defesa. São elas:

---

[6] https://www.oab.org.br/noticia/60117/oab-ajuiza-acao-contra--artigos-da-lei-14-365-22-sobre-imunidade--profissional#:~:text=O%20Conselho%20Federal%20da%20OAB,a%20imunidade%20profissional%20%C3%A0%20advocacia.

- **LIBERDADE DE EXERCÍCIO**: art. 7º, I, VI, VII, VIII, XII e XVIII.
- **INVIOLABILIDADE**: art. 7º, II e §§ 6º e 7º.
- **COMUNICAÇÃO E ASSISTÊNCIA**: art. 7º, III e XXI.

> A assistência é fundamental, assegurado ao advogado o direito de apresentar razões e quesitos, sob pena de nulidade.

- **PRISÃO DO ADVOGADO**: art. 7º, IV e V.

> Quando preso em flagrante no exercício da advocacia, o advogado tem o direito de ter a presença de representante da OAB para a lavratura do auto, sob pena de nulidade se a OAB não for comunicada.

- **RETIRAR-SE**: art. 7º, XX – retirar-se, após 30 minutos do horário designado, quando o juiz que deva presidir o ato não estiver no prédio.

> Na Justiça do Trabalho são 15 minutos.

- **USO DA PALAVRA**: art. 7º, X e XI.

> O uso da palavra é para esclarecimentos de fatos ou reclamação de inobservância de lei ou regimentos.

- **EXAME DE AUTOS**: art. 7º, XIII e XIV – examinar autos em qualquer órgão ou instituição responsável por conduzir investigação, mesmo sem procuração, podendo copiar peças e tomar apontamentos.

> É possível o exame de autos mesmo sem procuração, salvo no caso de autos em segredo ou sigilo.

- **VISTA DE AUTOS**: art. 7º, XV – ter vista dos processos judiciais ou administrativos de qualquer natureza, ou retirá-los pelos prazos legais.

> Assunto recorrente nos Exames de Ordem.

- **RETIRAR AUTOS FINDOS**: art. 7º, XVI – retirar autos de processos findos, mesmo sem procuração, pelo prazo de dez dias;
- **SER DESAGRAVADO**: art. 7º, XVII – ser publicamente desagravado, quando ofendido no exercício da profissão ou em razão dela.

> Cabe o desagravo quando violada qualquer prerrogativa do advogado, e isso independe de sua concordância.

7.1. Das prerrogativas das advogadas

A Lei n. 13.363/2016 assegurou **novos direitos e prerrogativas à mulher advogada**. Portanto, à advogada gestante é assegurada a **entrada em tribunais sem ser submetida a detectores de metais e aparelhos de raios X**, bem como a **reserva de vaga em garagens** dos fóruns dos tribunais, conforme o art. 7º-A, I, alíneas *a* e *b*.

No mesmo sentido, é assegurada à gestante, lactante, adotante ou que der à luz **preferência na ordem das sustentações orais e das audiências** a serem realizadas a cada dia, mediante comprovação de sua condição (inciso III), bem como é direito dela o **acesso a creche**, onde houver, **ou a local adequado ao atendimento das necessidades de seu bebê** (inciso II).

> Tais direitos são assegurados pelo período da licença-maternidade, ou seja, 120 (cento e vinte) dias, nos termos do art. 392 da CLT, em conformidade com o art. 7º-A, § 2º, do EOAB.

Vale observar que a **advogada adotante ou que der à luz terá direito à suspensão de prazos** processuais **quando for a única patrona da causa**, desde que haja notificação por escrito ao cliente, conforme prevê o art. 7º-A, IV, do EOAB.

> Referida suspensão se dará nos termos do art. 313, § 6º, do CPC, ou seja, o período de suspensão será de 30 (trinta) dias, contado a partir da data do parto ou da concessão da adoção, mediante apresentação de certidão de nascimento ou documento similar que comprove a realização do parto, ou de termo judicial que tenha concedido a adoção, desde que haja notificação ao cliente.

Tal direito se aplica ao advogado (pai), quando for o único da procuração, sendo certo que o período de suspensão será de 8 (oito) dias.

Obviamente, os direitos previstos à advogada gestante ou lactante aplicam-se enquanto perdurar, respectivamente, o estado gravídico ou o período de amamentação.

7.2. Constitui crime a violação de prerrogativas

A nova Lei de Abuso de Autoridade (Lei n. 13.869/2019) prevê a criminalização de algumas das prerrogativas profissionais dos advogados. Entre os direitos previstos no Estatuto da Advocacia e agora passíveis de pena, em caso de descumprimento, estão a garantia da inviolabilidade do escritório do advogado e de seus instrumentos de trabalho; o direito do advogado de se comunicar com seus clientes, pessoal e reservadamente, mesmo sem procuração, quando estes se acharem presos, detidos ou recolhidos em estabelecimentos civis ou militares; o direito de ter a presença de representante da OAB, quando preso em flagrante, por motivo ligado ao exercício da advocacia; e ainda o direito de não ser recolhido preso antes de sentença transitada em julgado. Como se vê do art. 43 da referida lei, que acrescentou o art. 7º-B à Lei n. 8.906/94 (EOAB), além do tipo penal previsto no art. 32 da nova Lei de Abuso de Autoridade. Vejamos:

> **Art. 7º-B do EOAB**
> Constitui crime violar direito ou prerrogativa de advogado previstos nos incisos II a V do *caput* do art. 7º:
> **Pena** – detenção, de 2 (dois) a 4 (quatro) anos, e multa. (Redação dada pela Lei n. 14.365, de 2022)

> **Lei n. 13.869/2019, art. 32:**
> Negar ao interessado, seu defensor ou advogado acesso aos autos de investigação preliminar, ao termo circunstanciado, ao inquérito ou a qualquer outro procedimento investigatório de infração penal, civil ou administrativa, assim como impedir a obtenção de cópias, ressalvado o acesso a peças relativas a diligências em curso, ou que indiquem a realização de diligências futuras, cujo sigilo seja imprescindível:
> **Pena** – detenção, de 6 (seis) meses a 2 (dois) anos, e multa.

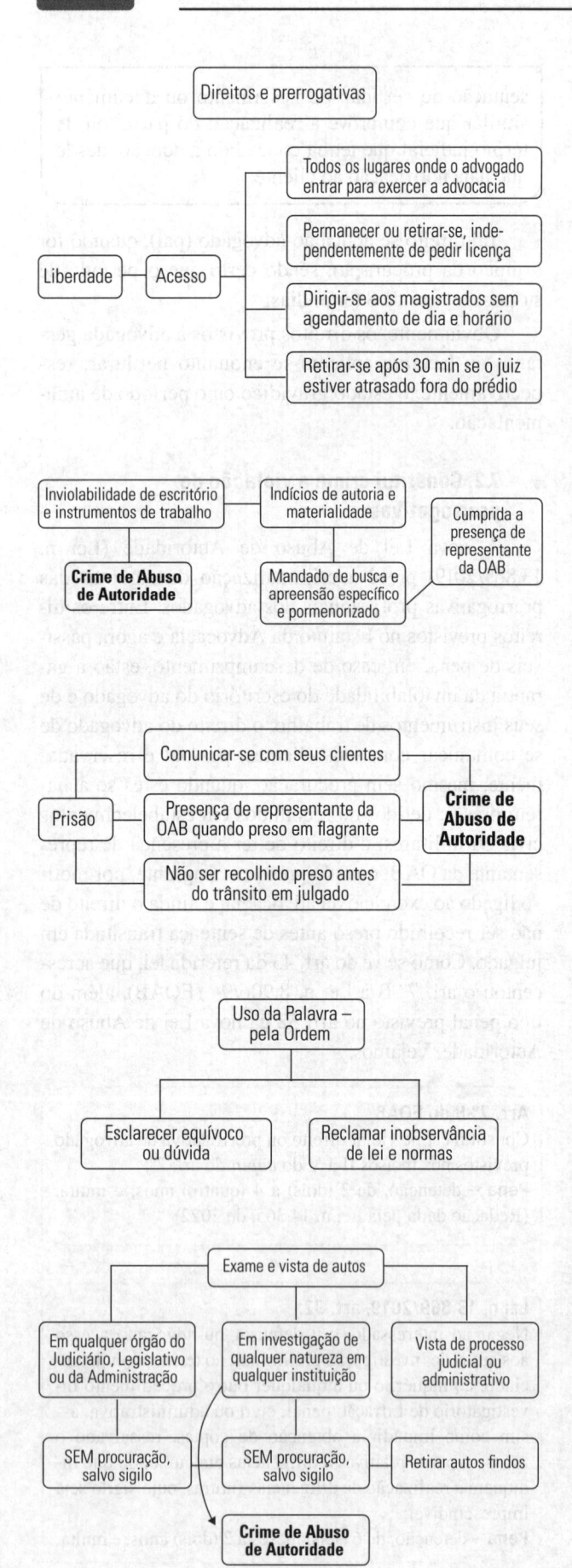

8. DA SOCIEDADE DE ADVOGADOS. SOCIEDADE UNIPESSOAL. REGISTRO. ADVOGADO EMPREGADO E ASSOCIADO. RESPONSABILIDADE CIVIL

Inicialmente é importante salientar que manter sociedade profissional fora das normas e preceitos estabelecidos no EOAB é infração disciplinar punível com censura, nos termos do art. 34, II, c/c art. 36, do EOAB. Portanto, a sociedade deve ser devidamente constituída e registrada no Conselho Seccional da sede.

Os advogados podem reunir-se em **sociedade simples de prestação de serviços** de advocacia ou constituir **sociedade unipessoal de advocacia**, na forma disciplinada no EOAB, arts. 15 a 17, e no Regulamento Geral.

> Os advogados sócios de uma mesma sociedade profissional não podem representar em juízo clientes de interesses opostos.

Nas sociedades de advogados, a escolha do sócio-administrador poderá recair sobre advogado que atue como servidor da administração direta, indireta e fundacional, desde que não esteja sujeito ao regime de dedicação exclusiva, não lhe sendo aplicável o disposto no inciso X[7] do *caput* do art. 117 da Lei n. 8.112/1990, no que se refere à sociedade de advogados.

A Lei n. 14.365/2022 no tocante ao recolhimento de tributos, dispôs que a sociedade de advogados e a sociedade unipessoal de advocacia deverão recolher seus tributos sobre a parcela da receita que efetivamente lhes couber, com a exclusão da receita que for transferida a outros advogados ou a sociedades que atuem em forma de parceria para o atendimento do cliente.

A sociedade de **advogados e a sociedade unipessoal adquirem personalidade jurídica com o registro aprovado dos seus atos constitutivos no Conselho Seccional da OAB** em cuja base territorial tiver sede. Sendo certo afirmar com a nova realidade da advocacia no tocante aos espaços compartilhados, a sociedade de advogados e a sociedade unipessoal de advocacia podem ter como sede, filial ou local de trabalho espaço de uso individual ou compartilhado **com outros escritórios de advocacia ou empresas, desde que** respeitadas

---

[7] X – participar de gerência ou administração de sociedade privada, personificada ou não personificada, exercer o comércio, exceto na qualidade de acionista, cotista ou comanditário;

as hipóteses de sigilo previstas no Estatuto e no Código de Ética e Disciplina.

Por sua vez, o ato de constituição de filial deve ser averbado no registro da sociedade e arquivado junto ao Conselho Seccional onde se instalar, ficando os sócios obrigados à inscrição suplementar, inclusive o titular da sociedade unipessoal de advocacia (art. 15, § 5º, do EOAB).

Podem ser praticados pela sociedade de advogados, com uso da razão social, os atos indispensáveis às suas finalidades, que não sejam privativos de advogado, portanto os atos privativos de advogado, quais sejam, a postulação em juízo, a consultoria, assessoria, direção jurídica e advocacia extrajudicial, como nos inventários, divórcios e usucapião extrajudiciais, são atos que só podem ser praticados por advogado.

A razão social deve ter, obrigatoriamente, o nome de, pelo menos, um advogado responsável pela sociedade, podendo permanecer o de sócio falecido, desde que prevista tal possibilidade no ato constitutivo. Portanto, é **vedado o nome fantasia**. Por seu turno, a denominação da sociedade unipessoal deve ser obrigatoriamente formada pelo nome do seu titular, completo ou parcial, com a expressão "Sociedade Individual de Advocacia" (art. 16, § 4º, do EOAB).

Não são admitidas a registro nem podem funcionar as sociedades de advogados que apresentem forma ou características mercantis, que adotem denominação de fantasia, que realizem atividades estranhas à advocacia, que incluam sócio não inscrito como advogado ou totalmente proibido de advogar.

> Nenhum advogado pode integrar mais de uma sociedade de advogados, constituir mais de uma sociedade unipessoal ou integrar, simultaneamente, uma sociedade de advogados e uma sociedade unipessoal, com sede ou filial na mesma área territorial do respectivo Conselho Seccional (art. 15, § 4º, do EOAB). Assim, as procurações devem ser outorgadas individualmente aos advogados e indicar a sociedade de que façam parte.

O impedimento ou a incompatibilidade em caráter temporário do advogado não o exclui da sociedade de advogados à qual pertença e deve ser averbado no registro da sociedade, observado o disposto nos arts. 27, 28, 29 e 30 do EOAB e proibida, em qualquer hipótese, a exploração de seu nome e de sua imagem em favor da sociedade, conforme nova redação dada pela Lei n. 14.365/2022. No que tange à **responsabilidade civil,** **o art. 32 do EOAB** dispõe que se trata de responsabilidade civil **subjetiva** fundada na culpa em sentido amplo, respondendo **o sócio e o titular da sociedade unipessoal de forma subsidiária e ilimitadamente pelos danos** causados aos clientes por ação ou omissão no exercício da advocacia, sem prejuízo da responsabilidade disciplinar em que possa incorrer conforme o art. 17 do EOAB.

> Os advogados sócios e os associados respondem subsidiária e ilimitadamente pelos danos causados diretamente ao cliente, nas hipóteses de dolo ou culpa e por ação ou omissão, no exercício dos atos privativos da advocacia, sem prejuízo da responsabilidade disciplinar em que possam incorrer (art. 40 do Regulamento Geral).

Quanto à **distinção entre o advogado empregado e o associado**, o primeiro tem registro em carteira (CTPS) e o segundo um contrato de advogado associado, que deve ser averbado no ato constitutivo da sociedade de advogados, nos termos do art. 39 do Regulamento Geral.

A Lei n. 14.365/2022 trouxe dois novos artigos tratando do associado. Dessa forma, ficou mais claro as condições para se caracterizar o advogado associado que presta serviços e participa nos resultados, mediante pactuação de contrato próprio que deverá ser registrado na OAB. Vejamos:

> **Art. 17-A.** O advogado poderá associar-se a uma ou mais sociedades de advogados ou sociedades unipessoais de advocacia, sem que estejam presentes os requisitos legais de vínculo empregatício, para prestação de serviços e participação nos resultados, na forma do Regulamento Geral e de Provimentos do Conselho Federal da OAB.
> **Art. 17-B.** A associação de que trata o art. 17-A desta Lei dar-se-á por meio de pactuação de contrato próprio, que poderá ser de caráter geral ou restringir-se a determinada causa ou trabalho e que deverá ser registrado no Conselho Seccional da OAB em cuja base territorial tiver sede a sociedade de advogados que dele tomar parte.

Por sua vez, referida lei estipula no parágrafo único do art. 17-B os requisitos mínimos que devem constar no contrato de associação, no qual as partes pactuarão as condições para o desempenho da atividade advocatícia e estipularão livremente os critérios para a partilha dos resultados dela decorrentes, devendo o contrato conter, no mínimo:

I – qualificação das partes, com referência expressa à inscrição no Conselho Seccional da OAB competente;

II – especificação e delimitação do serviço a ser prestado;

III – forma de repartição dos riscos e das receitas entre as partes, vedada a atribuição da totalidade dos riscos ou das receitas exclusivamente a uma delas;

IV – responsabilidade pelo fornecimento de condições materiais e pelo custeio das despesas necessárias à execução dos serviços;

V – prazo de duração do contrato.

O EOAB tratou do **advogado empregado** nos arts. 18 a 21, salientando inicialmente que a relação de emprego não retira do advogado a isenção técnica nem lhe reduz a independência profissional inerentes à advocacia, em total obediência aos princípios da liberdade e independência.

Note-se que o advogado empregado não está obrigado à prestação de serviços profissionais de interesse pessoal dos empregadores, fora da relação de emprego. É importante destacar para a novidade trazida pela Lei n. 14.365/2022 que está em consonância com a nova realidade do mercado de trabalho, onde destaca-se que as atividades do advogado empregado poderão ser realizadas, a critério do empregador, em qualquer um dos seguintes regimes:

I – exclusivamente presencial: modalidade na qual o advogado empregado, desde o início da contratação, realizará o trabalho nas dependências ou locais indicados pelo empregador;

II – não presencial, teletrabalho ou trabalho a distância: modalidade na qual, desde o início da contratação, o trabalho será preponderantemente realizado fora das dependências do empregador, observado que o comparecimento nas dependências de forma não permanente, variável ou para participação em reuniões ou em eventos presenciais não descaracterizará o regime não presencial;

III – misto: modalidade na qual as atividades do advogado poderão ser presenciais, no estabelecimento do contratante ou onde este indicar, ou não presenciais, conforme as condições definidas pelo empregador em seu regulamento empresarial, independentemente de preponderância ou não.

Poderão as partes, na vigência da relação de emprego, por acordo individual simples, promover a alteração de um regime para outro.

A jornada de trabalho do advogado empregado, quando prestar serviço para empresas, não poderá exceder a duração diária de **8 (oito) horas** contínuas e a **de 40 (quarenta)** horas semanais.

O adicional de **hora extra** do advogado **é de 100%**. E o **adicional noturno** do advogado empregado **é de 25%**, considerando-se como horas noturnas as trabalhadas das 20 horas de um dia até as 5 horas do dia seguinte.

É importante salientar, e isso já foi objeto de questionamento no Exame de Ordem, é que **considera período de trabalho o tempo** em que o advogado estiver à disposição do empregador, **aguardando ou executando ordens, no escritório ou em atividades externas**, sendo-lhe reembolsadas as despesas feitas com transporte, hospedagem e alimentação.

> **Art. 21 do EOAB**
> Nas causas em que for parte o empregador, ou pessoa por este representada, os honorários de sucumbência são devidos aos advogados empregados.
> **Parágrafo único.** Os honorários de sucumbência, percebidos por advogado empregado de sociedade de advogados são partilhados entre ele e a empregadora, na forma estabelecida em acordo.

> O STF, **na ADIn 1.194-4, estabeleceu que os honorários de sucumbência podem ser tanto do advogado quanto da sociedade ou de ambos, dependendo da disposição contratual.** Tudo vai depender do que constar no contrato de trabalho do advogado empregado.

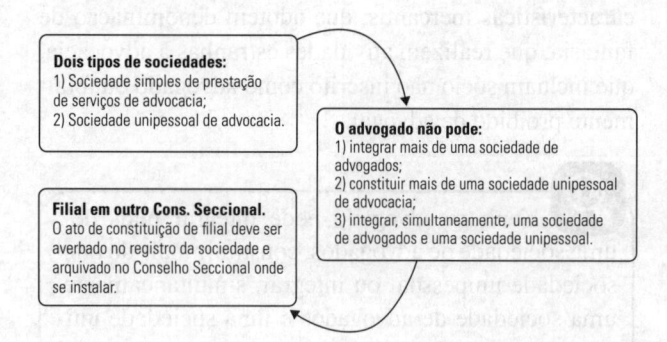

Dois tipos de sociedades:
1) Sociedade simples de prestação de serviços de advocacia;
2) Sociedade unipessoal de advocacia.

Filial em outro Cons. Seccional.
O ato de constituição de filial deve ser averbado no registro da sociedade e arquivado no Conselho Seccional onde se instalar.

O advogado não pode:
1) integrar mais de uma sociedade de advogados;
2) constituir mais de uma sociedade unipessoal de advocacia;
3) integrar, simultaneamente, uma sociedade de advogados e uma sociedade unipessoal.

9. INFRAÇÕES E SANÇÕES DISCIPLINARES

As sanções disciplinares são a censura, a suspensão, a exclusão e a multa (art. 35 do EOAB).

A **exclusão** é a sanção máxima aplicada pela OAB ao seu inscrito, que deixará de ser advogado. É aplicável nos casos de 3 (três) vezes de **suspensão**; na hipótese de fazer falsa prova de qualquer dos requisitos para inscrição na OAB; tornar-se moralmente inidôneo para o exercício da advocacia ou praticar crime infamante.

A aplicação da referida sanção não é automática. Para tanto **é necessária a manifestação favorável de 2/3 (dois terços) dos membros do Conselho Seccional** competente (EOAB, art. 38, parágrafo único).

> **Atenção para a Súmula 8/2019 do Conselho Pleno do Conselho Federal.**
> PROCESSO DE EXCLUSÃO – INSTRUÇÃO E JULGAMENTO. Compete exclusivamente ao Pleno do Conselho Seccional o julgamento dos processos de exclusão, mediante a manifestação favorável de dois terços dos seus membros, após a necessária instrução e julgamento dos referidos processos perante o Tribunal de Ética e Disciplina (art. 38, parágrafo único, c/c art. 70, § 1º, ambos da Lei n. 8.906/94 – Estatuto da Advocacia e da OAB).

A **suspensão** está prevista no art. 37 do EOAB. É a sanção que **suspende** compulsoriamente o advogado do **exercício** de sua atividade, aplicável nos seguintes casos:

- reincidência em infração disciplinar;
- prestar concurso a clientes ou a terceiros para realização de ato contrário à lei ou destinado a fraudá-la;
- solicitar ou receber de constituinte qualquer importância para aplicação ilícita ou desonesta;
- receber valores, da parte contrária ou de terceiro, relacionados com o objeto do mandato, sem expressa autorização do constituinte;
- locupletar-se, por qualquer forma, à custa do cliente ou da parte adversa, por si ou interposta pessoa;
- recusar-se, injustificadamente, a prestar contas ao cliente de quantias recebidas dele ou de terceiros por conta dele;
- reter, abusivamente, ou extraviar autos recebidos com vista ou em confiança;
- deixar de pagar as contribuições, multas e preços de serviços devidos à OAB, depois de regularmente notificado a fazê-lo;
- incidir em erros reiterados que evidenciem inépcia profissional;
- manter conduta incompatível com a advocacia.

Nesse caso o advogado permanecerá inscrito na OAB, porém proibido de exercer quaisquer atos privativos de advocacia, mesmo em causa própria, sob pena de nulidade, conforme o art. 4º, parágrafo único, do EOAB.

De acordo com a Súmula 3/2012 do Conselho Federal, é obrigatório o pagamento de anuidades pelo advogado suspenso temporariamente de suas atividades profissionais.[8]

A suspensão pode ser aplicada por um **período de 30 dias a 12 (doze) meses e é possível ultrapassar esse período nas hipóteses de:**

- recusa injustificada de prestação de contas;
- inépcia profissional;
- inadimplência com a OAB. Todavia, especificamente nesse caso, **o STF julgou inconstitucional a suspensão do advogado inadimplente com a OAB no RE n. 647885**, declarando inconstitucionais os artigos 34, XXIII, e 37, § 2º, ambos do EOAB, sob fundamento de que "não é dado a conselho de fiscalização profissional perpetrar sanção de interdito profissional, por tempo indeterminado até a satisfação da obrigação pecuniária, com a finalidade de fazer valer seus interesses de arrecadação frente a infração disciplinar consistente na inadimplência fiscal. Trata-se de medida desproporcional e caracterizada como sanção política em matéria tributária". Portanto, fique atento, pois poderá cair em sua prova!

Há ainda, **a suspensão preventiva**, prevista no art. 70, § 3º, do EOAB e no art. 63 do CED, quando em caso de repercussão prejudicial à dignidade da advocacia, em sessão especial designada pelo Presidente do Tribunal, será facultado ao representado ou ao seu defensor a apresentação de defesa, a produção de prova e a sustentação oral. Todavia, se, notificado, o representado não a atender, o processo disciplinar deverá ser **concluído no prazo máximo de 90 (noventa) dias.**

---

[8] Súmula 11/2021 do Órgão Especial do Conselho Federal. "Ante a sua natureza jurídica estritamente privada, o prazo prescricional para cobrança de anuidades devidas à OAB é de 05 (cinco) anos, nos termos do § 5º do art. 206 do Código Civil. II. Em que pese o entendimento da OAB de que a Lei 12.514/2014 não se aplica à OAB por causa da sua natureza sui generis diante dos "Conselhos de Classe" regulados na referida lei, enquanto persistir a jurisprudência atual do Superior Tribunal de Justiça – STJ de que o art. 8º da citada lei é aplicável às cobranças judiciais de anuidades da OAB, somente serão executadas judicialmente pelas Seccionais da OAB as dívidas equivalentes a no mínimo 4 (quatro) vezes o valor anual devido pelo advogado inadimplente. III. O termo a quo para a contagem do prazo prescricional é o primeiro dia útil posterior à data em que se completarem 4 (quatro) anuidades não pagas (equiparando-se o pagamento parcial ao não pagamento). IV. É revogada a Súmula 06/2014/OEP."

Por fim, no que não for possível enquadrar nas situações de suspensão, aplicar-se-á a **censura**. Portanto, nos termos do art. 36 do EOAB, a censura é aplicável nos casos de:

- violação a preceito do Código de Ética e Disciplina;
- violação a preceito do EOAB, quando para a infração não se tenha estabelecido sanção mais grave.
- exercer a profissão, quando impedido de fazê-lo, ou facilitar, por qualquer meio, o seu exercício aos não inscritos, proibidos ou impedidos;
- manter sociedade profissional fora das normas e preceitos estabelecidos nesta lei;
- valer-se de agenciador de causas, mediante participação nos honorários a receber;
- angariar ou captar causas, com ou sem a intervenção de terceiros;
- assinar qualquer escrito destinado a processo judicial ou para fim extrajudicial que não tenha feito, ou em que não tenha colaborado;
- advogar contra literal disposição de lei, presumindo-se a boa-fé quando fundamentado na inconstitucionalidade, na injustiça da lei ou em pronunciamento judicial anterior;
- violar, sem justa causa, sigilo profissional;
- estabelecer entendimento com a parte adversa sem autorização do cliente ou ciência do advogado contrário;
- prejudicar, por culpa grave, interesse confiado ao seu patrocínio;
- acarretar, conscientemente, por ato próprio, a anulação ou a nulidade do processo em que funcione;
- abandonar a causa sem justo motivo ou antes de decorridos dez dias da comunicação da renúncia;
- recusar-se a prestar, sem justo motivo, assistência jurídica, quando nomeado em virtude de impossibilidade da Defensoria Pública;
- fazer publicar na imprensa, desnecessária e habitualmente, alegações forenses ou relativas a causas pendentes;
- deturpar o teor de dispositivo de lei, de citação doutrinária ou de julgado, bem como de depoimentos, documentos e alegações da parte contrária, para confundir o adversário ou iludir o juiz da causa;
- fazer, em nome do constituinte, sem autorização escrita deste, imputação a terceiro de fato definido como crime;
- deixar de cumprir, no prazo estabelecido, determinação emanada do órgão ou de autoridade da Ordem, em matéria da competência desta, depois de regularmente notificado.

Pelo fato de a **censura** tratar da sanção mais branda ou de menor potencial ofensivo, ela **poderá ser convertida em advertência**, em ofício reservado, sem registro no cadastro do advogado, desde que presente alguma circunstância **atenuante**, como:

- falta cometida na defesa de prerrogativa profissional;
- ausência de punição disciplinar anterior;
- exercício assíduo e proficiente de mandato ou cargo em qualquer órgão da OAB;

> Note-se que os antecedentes profissionais do advogado, as atenuantes, o grau de culpa por ele revelada, as circunstâncias e as consequências da infração são consideradas para o fim de decidir sobre:
> - **a conveniência da aplicação cumulativa da multa e de outra sanção disciplinar;**
> - **o tempo de suspensão e o valor da multa aplicáveis.**

- prestação de relevantes serviços à advocacia ou à causa pública.

Atenção:
É importante destacar a recente alteração normativa do CED no que diz respeito à possibilidade de celebração de Termo de Ajustamento de Conduta – TAC – previsto nos arts. 47-A e 58-A do CED para as infrações puníveis com sanção de censura e as decorrentes de publicidade irregular praticadas por advogados e estagiários.

O Provimento 200/2020 regulamentou a matéria, dispondo sobre o cabimento do TAC a ser celebrado entre Conselho Federal ou Conselhos Seccionais com advogados e estagiários nas hipóteses de violação dos arts. 39 a 47 do CED (publicidade profissional) e art. 36 do EOAB (sanção de censura), determinando que só será permitida a formalização do TAC se o inscrito não tiver sido condenado disciplinarmente com trânsito em julgado.

Seguindo a linha da transação penal no JECRIM, a celebração do TAC implicará a suspensão condicional do processo disciplinar pelo prazo de 03 (três) anos (nesse período não corre o prazo-prescricional), após o qual será arquivado definitivamente, sem anotações nos assentos profissionais. No TAC, o inscrito se obrigará a cessar a conduta, reparar o dano eventualmente causado, fazer cessar os efeitos da infração (quando for o caso), bem como a se abster de praticar a mesma conduta no prazo fixado no termo de ajustamento.

Veja o resumo comparativo:

Exclusão	Suspensão	Censura
Art. 34, XXVI a XXVIII	Art. 34, XVII a XXV, exceto o inciso XXIII (inconstitucional)	Art. 34, I a XVI e XXIX – com possibilidade de celebração de TAC
3 suspensões	Reincidência	Violação do CED ou EOAB quando este não estabelecer sanção maior

Por fim, **a multa**, que é a pena pecuniária, **poderá ser aplicada cumulativamente com a censura ou suspensão**, havendo circunstâncias agravantes, e poderá variar entre o **valor mínimo de 1 anuidade e o máximo de 10 vezes o valor da anuidade.**

■ 10. ADVOCACIA *PRO BONO*

A advocacia *pro bono* é a advocacia altruística, por solidariedade e amor ao próximo. Pela primeira vez foi tratada no Código de Ética. No exercício dessa forma de advocacia, o patrono deverá empregar o zelo e dedicação habituais.

Requisitos da advocacia *pro bono*:

- gratuita;
- eventual;
- voluntária.

A quem pode ser prestada:

- instituições sociais sem fins econômicos e seus assistidos que não dispuserem de recursos para contratação de advogado;
- pessoas naturais que não dispuserem de recursos para contratação de advogado.

É **proibido** o exercício da advocacia *pro bono* **nos seguintes casos:**

- fins político-partidários ou eleitorais ou para beneficiar entidades que visem a esses fins;
- utilizar o *pro bono* como instrumento de publicidade para captação de clientela.

■ 11. ADVOCACIA PÚBLICA

O CED deixa claro que todas as suas disposições se aplicam aos órgãos de advocacia pública e aos advogados públicos, tais como: advogados da União, procuradores federais, procuradores da Fazenda Nacional, procuradores do Estado, do município, do Distrito Federal, bem como os procuradores de entidades da administração indireta e fundacional.

O atual Código de Ética e Disciplina ratifica a **aplicação do princípio da independência técnica ao advogado público**, salientando, ainda, àqueles que exercem cargo de chefia ou direção jurídica, a obediência ao dever de urbanidade no tratamento com os colegas, autoridades, servidores e público (art. 8º do CED).

Conforme determina o Regulamento Geral, aqueles que exercem a advocacia pública estão obrigados à inscrição na OAB para o exercício de suas atividades e, uma vez inscritos, sujeitam-se ao regime da EOAB, do CED e do Regulamento Geral, sendo, portanto, **elegíveis e podendo integrar qualquer órgão da OAB**, ou seja, da presidência da entidade a membro de comissão (art. 9º do Regulamento Geral).

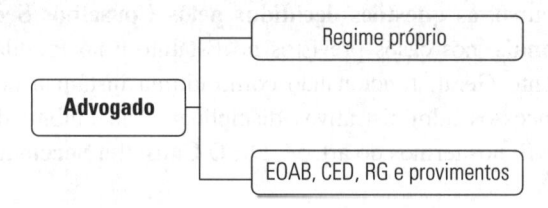

```
                    ┌─ Regime próprio
        Advogado ───┤
                    └─ EOAB, CED, RG e provimentos
```

■ 12. DO EXERCÍCIO DE CARGOS E FUNÇÕES NA OAB E DA REPRESENTAÇÃO DA CLASSE

O atual Código de Ética e Disciplina estabeleceu regras de conduta para aqueles que exercem cargos e funções na OAB. Assim, aqueles que exercem cargos ou funções, por exemplo, cargos de diretoria (presidente, tesoureiro), membros de comissões, conselheiros etc. **não podem firmar contrato oneroso de prestação de serviços ou fornecimento de produtos** com qualquer entidade pública ou privada nem adquirir bens postos à venda por qualquer órgão da OAB.

Não poderão, também, enquanto exercerem tais cargos ou funções, atuar em processos que tramitem perante a OAB, **salvo em causa própria**. Também não podem oferecer pareceres destinados a instruir processos que tramitem perante a entidade de classe (art. 33 do CED). Não se aplica essa regra aos dirigentes de seccionais quando atuem, nessa qualidade, como legitimados a recorrer nos processos em trâmite perante os órgãos da OAB (art. 33, parágrafo único, do CED).

Por fim, o Código de Ética e Disciplina estabelece como norma de conduta **a vedação à prática do nepotismo e tráfico de influência** para o advogado que submeter seu nome nas listas destinadas ao quinto constitucional ou em outros colegiados (art. 34 do CED).

Não pode ➡ Nepotismo ➡ Contratos ➡ Processos na OAB

13. PROCESSO DISCIPLINAR. COMPETÊNCIA. JURISDIÇÃO. PODER DE PUNIR. DO PROCEDIMENTO. DA PRESCRIÇÃO DA PRETENSÃO PUNITIVA

Compete ao **Conselho Federal julgar**, em grau de recurso, as **questões decididas pelos Conselhos Seccionais**, nos casos previstos no Estatuto e no Regulamento Geral, funcionando como última instância nos processos administrativos disciplinares no âmbito da OAB, nos termos do art. 54, IX. O **Conselho Seccional** é competente para **julgar**, em grau de recurso, as **questões decididas por seu Presidente**, por sua **diretoria**, pelo **Tribunal de Ética e Disciplina**, pelas diretorias das **Subseções** e da **Caixa de Assistência dos Advogados**, nos termos do art. 58, III, do EOAB.

O Tribunal de Ética e Disciplina, do Conselho Seccional competente, julgará os processos disciplinares, instruídos pelas Subseções ou por relatores do próprio conselho, sendo certo afirmar que a decisão condenatória irrecorrível deve ser imediatamente comunicada ao Conselho Seccional onde o representado tenha inscrição principal, para constar dos respectivos assentamentos. Ex.: Tício, advogado inscrito na Paraíba, cometeu infração disciplinar em São Paulo. O TED de SP julgará o processo disciplinar. O Conselho Seccional aplicará a sanção e comunicará o Conselho Seccional da Paraíba para que faça constar a respectiva condenação nos assentamentos daquele advogado.

Nos termos do art. 71 do EOAB, **a jurisdição disciplinar não exclui a comum**, e, quando o fato constituir crime ou contravenção, deve ser comunicado às autoridades competentes. **É competente para exercer o poder o Conselho Seccional em cuja base territorial tenha ocorrido a infração**, salvo se a falta for cometida perante o Conselho Federal (art. 70 do EOAB). No mesmo sentido se dá a competência para a execução de sanção ético-disciplinar, sendo esta do Tribunal de Ética e Disciplina do Conselho Seccional em cuja base territorial tenha ocorrido a infração e tramitado o processo disciplinar, exceto nos casos de competência originária do Conselho Federal, devendo a decisão condenatória irrecorrível ser imediatamente comunicada ao Conselho Seccional no qual o advogado tenha inscrição principal, para controle e registro nos respectivos assentamentos.

Atenção: competência de processamento e julgamento de processo disciplinar contra dirigentes da OAB e outros membros importantes:

Conselho Federal – 2ª Câmara Recursal em sessão plenária	Conselho Federal – Conselho Pleno	Conselho Seccional
Representação contra Membros do Cons. Federal e presidentes de Cons. Seccionais.	Representação contra diretores do Conselho Federal, membros honorários vitalícios (ex-presidentes, p. ex.) e detentores da Medalha Rui Barbosa.	Representação contra dirigente de Subseção.

Note-se que são competências do Tribunal de Ética e Disciplina, segundo o art. 71 do CED, *verbis*:

> **Art. 71.** Compete aos Tribunais de Ética e Disciplina:
> I – julgar, em primeiro grau, os processos ético-disciplinares;
> II – responder a consultas formuladas, em tese, sobre matéria ético-disciplinar;
> III – exercer as competências que lhe sejam conferidas pelo Regimento Interno da Seccional ou por este Código para a instauração, instrução e julgamento de processos ético-disciplinares;
> IV – suspender, preventivamente, o acusado, em caso de conduta suscetível de acarretar repercussão prejudicial à advocacia, nos termos do Estatuto da Advocacia e da Ordem dos Advogados do Brasil;
> V – organizar, promover e ministrar cursos, palestras, seminários e outros eventos da mesma natureza acerca da ética profissional do advogado ou estabelecer parcerias com as Escolas de Advocacia, com o mesmo objetivo;
> VI – atuar como órgão mediador ou conciliador nas questões que envolvam:
> a) dúvidas e pendências entre advogados;
> b) partilha de honorários contratados em conjunto ou decorrentes de substabelecimento, bem como os que resultem de sucumbência, nas mesmas hipóteses;
> c) controvérsias surgidas quando da dissolução de sociedade de advogados.

O processo disciplinar instaura-se de ofício ou mediante representação de qualquer autoridade ou pessoa interessada (art. 72 do EOAB), sendo aplicadas subsidiariamente ao processo disciplinar as regras da legislação processual penal comum e, aos demais processos, as regras gerais do procedimento administrativo comum e da legislação processual civil, nessa ordem (art. 68 do EOAB).

São requisitos básicos de admissibilidade da representação:

I – a identificação do representante, com a sua qualificação civil e endereço;

> É vedado o anonimato na representação disciplinar.

II – a narração dos fatos que a motivam, de forma que permita verificar a existência, em tese, de infração disciplinar;

III – os documentos que eventualmente a instruam e a indicação de outras provas a ser produzidas, bem como, se for o caso, o rol de testemunhas, até o máximo de cinco;

IV – a assinatura do representante ou a certificação de quem a tomou por termo, na impossibilidade de obtê-la.

Todos os prazos processuais necessários à manifestação de advogados, estagiários e terceiros, nos processos em geral da OAB, **são de 15 (quinze) dias, computados somente os dias úteis** e contados do primeiro dia útil seguinte, seja da publicação da decisão na imprensa oficial, seja da data do recebimento da notificação, anotada pela Secretaria do órgão da OAB ou pelo agente dos Correios. Nos casos de comunicação por ofício reservado ou de notificação pessoal, considera-se dia do **começo do prazo o primeiro dia útil imediato ao da juntada aos autos do respectivo aviso de recebimento** (EOAB, art. 69 § 1º).

> A Lei n. 13.688/2018 instituiu o *Diário Eletrônico da OAB*, que acrescentou o § 6º ao art. 45 e o § 2º ao art. 69 do EOAB, dispondo que os atos, as notificações e as decisões dos órgãos da OAB, salvo quando reservados ou de administração interna, serão publicados no *Diário Eletrônico da Ordem dos Advogados do Brasil*, a ser disponibilizado na internet, podendo ser afixados no fórum local, na íntegra ou em resumo.
>
> No tocante à contagem do prazo de atos, notificações e decisões divulgados por meio do *Diário Eletrônico da Ordem dos Advogados do Brasil*, terá início no primeiro dia útil seguinte à publicação, assim considerado o primeiro dia útil seguinte ao da disponibilização da informação no Diário.

Prescreve em cinco anos, contados da data da constatação oficial do fato, conforme preceitua o art. 43 do EOAB, *verbis:*

> **Art. 43.** A pretensão à punibilidade das infrações disciplinares prescreve em cinco anos, contados da data da constatação oficial do fato.
> **§ 1º** Aplica-se a prescrição a todo processo disciplinar paralisado por mais de três anos, pendente de despacho ou julgamento, devendo ser arquivado de ofício, ou a requerimento da parte interessada, sem prejuízo de serem apuradas as responsabilidades pela paralisação.
> **§ 2º** A prescrição interrompe-se:
> I – pela instauração de processo disciplinar ou pela notificação válida feita diretamente ao representado;
> II – pela decisão condenatória recorrível de qualquer órgão julgador da OAB.

O Conselho Federal editou a **Súmula 1** para colocar uma pá de cal a respeito do termo inicial para a contagem do prazo prescricional. Vejamos:

> "PRESCRIÇÃO. I – O termo inicial para contagem do prazo prescricional, na hipótese de processo disciplinar decorrente de representação, a que se refere o *caput* do art. 43 do EAOAB, é a data da constatação oficial do fato pela OAB, considerada a data do protocolo da representação ou a data das declarações do interessado tomadas por termo perante órgão da OAB, a partir de quando começa a fluir o prazo de cinco (5) anos, o qual será interrompido nas hipóteses dos incisos I e II do § 2º do art. 43 do EAOAB, voltando a correr por inteiro a partir do fato interruptivo. II – Quando a instauração do processo disciplinar se der *ex officio*, o termo *a quo* coincidirá com a data em que o órgão competente da OAB tomar conhecimento do fato, seja por documento constante dos autos, seja pela sua notoriedade. III – A prescrição intercorrente de que trata o § 1º do art. 43 do EAOAB, verificada pela paralisação do processo por mais de três (3) anos sem qualquer despacho ou julgamento, é interrompida e recomeça a fluir pelo mesmo prazo, a cada despacho de movimentação do processo."

Por sua vez, ainda dentro do assunto da prescrição, em setembro de 2022, o Órgão Especial do Conselho Federal editou a Súmula n. 13, que dispõe:

> "Interrompem a prescrição as decisões do Conselho Federal da OAB que inadmitam recursos interpostos contra acórdão condenatório ou mantenham a sua inadmissibilidade por ausência de violação à Lei n. 8.906/94, ausência de contrariedade à decisão do Conselho Federal ou de outro Conselho Seccional e, ainda, ausência de violação ao Regulamento Geral, ao Código de Ética e Disciplina e aos Provimentos (art. 75, da Lei n. 8.906/94), por ostentarem caráter condenatório, nos termos do art. 43, § 2º, II, do Estatuto da Advocacia e da OAB."

Já o § 1º do art. 43 prevê a hipótese da aplicação da **prescrição intercorrente**, ou seja, aplica-se a prescrição **a todo processo disciplinar paralisado por mais de três anos**, pendente de despacho ou julgamento, devendo ser arquivado de ofício, ou a requerimento da parte interessada, sem prejuízo de serem apuradas as responsabilidades pela paralisação.

Cabe recurso ao Conselho Federal **de todas as decisões definitivas** proferidas pelo Conselho Seccional, quando não tenham sido **unânimes ou, sendo unânimes**, contrariem essa lei, decisão do Conselho Federal ou de outro Conselho Seccional e, ainda, o regulamento geral, o Código de Ética e Disciplina e os Provimentos. Note-se que, além das partes interessadas, o Presidente do Conselho Seccional é legitimado a interpor o recurso.

Já no tocante ao Conselho Seccional, cabe recurso de todas as decisões proferidas por seu Presidente, pelo Tribunal de Ética e Disciplina ou pela diretoria da Subseção ou da Caixa de Assistência dos Advogados, conforme o art. 76 do EOAB.

Por fim, à exceção dos embargos de declaração, os recursos são dirigidos ao órgão julgador superior competente, embora interpostos perante a autoridade ou órgão que proferiu a decisão recorrida. O juízo de admissibilidade é do relator do órgão julgador a que se dirige o recurso, não podendo a autoridade ou órgão recorrido rejeitar o encaminhamento. **Os recursos têm efeito suspensivo, exceto nas hipóteses de eleições, de suspensão preventiva decidida pelo Tribunal de Ética e Disciplina e no caso de cancelamento de inscrição obtida com falsa prova**, conforme o EOAB, art. 77. É **permitida a revisão do processo disciplinar por erro de julgamento ou por condenação baseada em falsa prova**, conforme o art. 73, § 5º, do EOAB.

Atenção:
A Resolução n. 04/2020 acrescentou o art. 58-A ao Código de Ética e Disciplina, prevendo a possibilidade de celebração de TAC, dispondo que "Nos casos de infração ético-disciplinar punível com censura, será admissível a celebração de termo de ajustamento de conduta, se o fato apurado não tiver gerado repercussão negativa à advocacia".

Vejamos o fluxograma do processo disciplinar[9] a seguir.[10]

Processo disciplinar instaurado após Representação

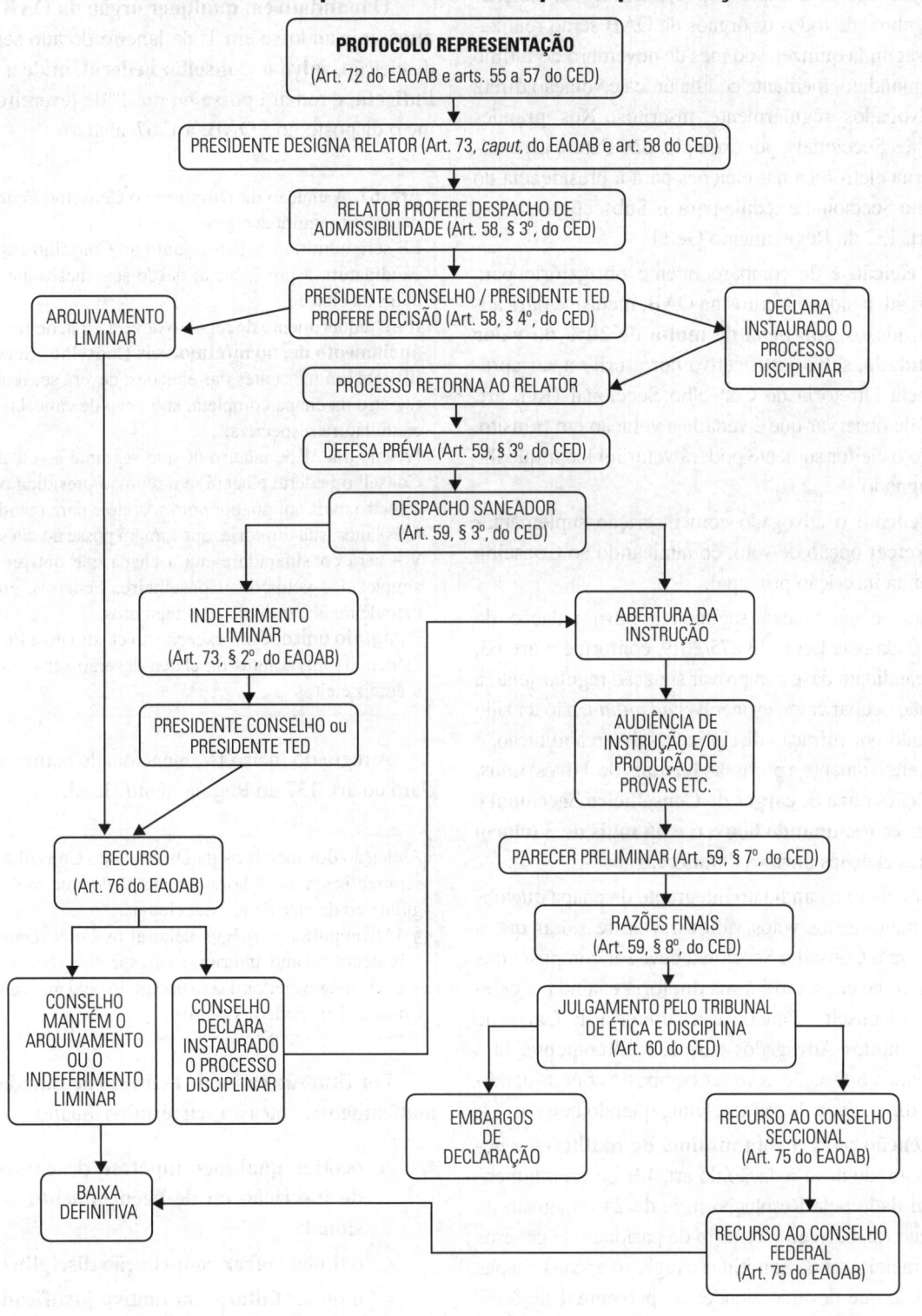

```
PROTOCOLO REPRESENTAÇÃO
(Art. 72 do EAOAB e arts. 55 a 57 do CED)
          │
          ▼
PRESIDENTE DESIGNA RELATOR (Art. 73, caput, do EAOAB e art. 58 do CED)
          │
          ▼
RELATOR PROFERE DESPACHO DE ADMISSIBILIDADE (Art. 58, § 3º, do CED)
          │
          ▼
PRESIDENTE CONSELHO / PRESIDENTE TED
PROFERE DECISÃO (Art. 58, § 4º, do CED)
      ├────────────► ARQUIVAMENTO LIMINAR
      └────────────► DECLARA INSTAURADO O PROCESSO DISCIPLINAR
                          │
                          ▼
                 PROCESSO RETORNA AO RELATOR
                          │
                          ▼
                 DEFESA PRÉVIA (Art. 59, § 3º, do CED)
                          │
                          ▼
                 DESPACHO SANEADOR (Art. 59, § 3º, do CED)
                   ├──► INDEFERIMENTO LIMINAR (Art. 73, § 2º, do EAOAB)
                   │         │
                   │         ▼
                   │    PRESIDENTE CONSELHO ou PRESIDENTE TED
                   │         │
                   │         ▼
                   │    RECURSO (Art. 76 do EAOAB)
                   │      ├─► CONSELHO MANTÉM O ARQUIVAMENTO OU O INDEFERIMENTO LIMINAR ─► BAIXA DEFINITIVA
                   │      └─► CONSELHO DECLARA INSTAURADO O PROCESSO DISCIPLINAR
                   │
                   └──► ABERTURA DA INSTRUÇÃO
                              │
                              ▼
                        AUDIÊNCIA DE INSTRUÇÃO E/OU PRODUÇÃO DE PROVAS ETC.
                              │
                              ▼
                        PARECER PRELIMINAR (Art. 59, § 7º, do CED)
                              │
                              ▼
                        RAZÕES FINAIS (Art. 59, § 8º, do CED)
                              │
                              ▼
                        JULGAMENTO PELO TRIBUNAL DE ÉTICA E DISCIPLINA (Art. 60 do CED)
                              ├─► EMBARGOS DE DECLARAÇÃO
                              └─► RECURSO AO CONSELHO SECCIONAL (Art. 75 do EAOAB)
                                         │
                                         ▼
                                   RECURSO AO CONSELHO FEDERAL (Art. 75 do EAOAB)
```

---

[9] Disponível em: <http://www.oabgo.org.br/oab/tribunal-eticadisciplina/fluxograma/>.
[10] O Órgão Especial do Pleno do Conselho Federal editou em setembro de 2022 a Súmula n. 12 dispondo que "a ausência do parecer preliminar previsto no art. 59, § 7º, do código de ética e disciplina da OAB, gera nulidade relativa, a ser reconhecida se comprovado o prejuízo causado".

14. ELEIÇÕES NA OAB

De acordo com o que dispõe o EOAB, as eleições dos membros de todos os órgãos da OAB serão realizadas na segunda quinzena do mês de novembro do último ano do mandato, mediante cédula única e votação direta dos advogados regularmente inscritos. Nos grandes Conselhos Seccionais, por exemplo, São Paulo, já se utilizou urna eletrônica nas eleições para a presidência do Conselho Seccional e cédula para as Subseções, conforme o art. 132 do Regulamento Geral.

A **eleição** é de comparecimento obrigatório para todos os advogados inscritos na OAB, inclusive para advogados idosos, **sob pena de multa de 20% do valor da anuidade**, salvo justificativa por escrito a ser apreciada pela Diretoria do Conselho Seccional (RG, art. 134). Vale observar que é vedada a votação em trânsito, portanto o eleitor somente poderá votar no locar que lhe for designado.

Atenção: o advogado com inscrição suplementar pode exercer opção de voto, comunicando ao Conselho onde tenha inscrição principal.

Para se candidatar, segundo a nova redação do EOAB dada pela Lei n. 13.875/2019, conforme o art. 63, § 2º, o candidato deve comprovar situação regular junto à OAB, não ocupar cargo exonerável *ad nutum*, não ter sido condenado por infração disciplinar, salvo reabilitação, e exercer efetivamente a profissão **há mais de 3 (três) anos, nas eleições para os cargos de Conselheiro Seccional e das Subseções, quando houver, e há mais de 5 (cinco) anos, nas eleições para os demais cargos.**

Será eleito o candidato integrante da chapa que obtiver a maioria dos votos válidos. Vale ressaltar que a chapa para o Conselho Seccional deve ser composta dos candidatos ao conselho e à sua diretoria e, ainda, à delegação ao Conselho Federal e à Diretoria da Caixa de Assistência dos Advogados para eleição conjunta. Já a chapa para a Subseção deve ser composta com os candidatos à diretoria, e de seu conselho, quando houver.

Atenção para a cota mínima de mulheres e negros. Segundo nova redação do art. 131 do Regulamento Geral dada pela Resolução n. 8, de 24 de agosto de 2021, que estabeleceu o critério de paridade de gêneros e cotas raciais, sendo admitidas a registro apenas chapas completas, que deverão atender ao percentual de **50%** para candidaturas **de cada gênero** e, ao mínimo, de **30%** (trinta por cento) de advogados **negros** e de advogadas negras, assim considerados os inscritos na Ordem dos Advogados do Brasil que se classificam (autodeclaração) como negros(as), ou seja, pretos(as) ou pardos(as), ou definição análoga (critérios subsidiários de heteroidentificação).

O mandato em qualquer órgão da OAB é de três anos, iniciando-se em 1º de janeiro do ano seguinte ao da eleição, **salvo o Conselho Federal, onde a eleição é indireta**, e tomará posse no dia 1º de fevereiro, conforme o disposto no EOAB, art. 67, abaixo:

> **Art. 67.** A eleição da Diretoria do Conselho Federal obedecerá às seguintes regras:
> **I** – será admitido registro, junto ao Conselho Federal, de candidatura à presidência, desde seis meses até um mês antes da eleição;
> **II** – o requerimento de registro deverá vir acompanhado **do apoiamento de, no mínimo, seis Conselhos Seccionais;**
> **III** – até um mês antes das eleições, deverá ser requerido o registro da chapa completa, sob pena de cancelamento da candidatura respectiva;
> **IV** – no dia 31 de janeiro do ano seguinte ao da eleição, o Conselho Federal elegerá, em reunião presidida pelo conselheiro mais antigo, por voto secreto e para mandato de 3 (três) anos, sua diretoria, que tomará posse no dia seguinte;
> **V** – será considerada eleita a chapa que obtiver maioria simples dos votos dos Conselheiros Federais, presente a metade mais 1 (um) de seus membros.
> **Parágrafo único.** Com exceção do candidato a Presidente, os demais integrantes da chapa deverão ser conselheiros federais eleitos.

A regra do inciso IV, mencionado acima, está mais clara no art. 137 do Regulamento Geral:

> A eleição dos membros da Diretoria do Conselho Federal será realizada às 19 horas do dia 31 de janeiro do ano seguinte ao da eleição nas Seccionais.
> **§ 1º** Comporão o colégio eleitoral os Conselheiros Federais eleitos no ano anterior, nas respectivas Seccionais.
> **§ 2º** O colégio eleitoral será presidido pelo mais antigo dos Conselheiros Federais eleitos (...).

Por fim, são casos de extinção de mandato automaticamente, antes do seu término, quando:

- ocorrer **qualquer hipótese de cancelamento de inscrição ou de licenciamento do profissional**;
- o titular **sofrer condenação disciplinar**;
- o titular **faltar, sem motivo justificado, a três reuniões ordinárias** consecutivas de cada órgão deliberativo do conselho ou da diretoria da Subseção ou da Caixa de Assistência dos Advogados, não podendo ser reconduzido no mesmo período de mandato.

REFERÊNCIAS BIBLIOGRÁFICAS

BIELA JR. *Curso de ética profissional para advogados*. 7. ed. São Paulo: LTr, 2022.

_____. *Estatuto da Advocacia e a ética do profissional*: preparando-se para o Exame de Ordem. 4. ed. São Paulo: LTr, 2016.

_____. *Estatuto da Advocacia e a ética do profissional*: preparando-se para o Exame de Ordem. 3. ed. São Paulo: LTr, 2015.

_____. *Estatuto da Advocacia e a ética do profissional*: preparando-se para o Exame de Ordem. 2. ed. São Paulo: LTr, 2010.

_____. *Ética na OAB*: questões resolvidas. 3. ed. São Paulo: Saraiva, 2016.

_____. *Ética na OAB*: questões resolvidas. 2. ed. São Paulo: Saraiva, 2015.

_____. *Legislação profissional do advogado*: anotada e sistematizada. São Paulo: Amazon/Kindle, 2020.

_____. *Minimanual do Novo Código de Ética e Disciplina dos Advogados*. 2. ed. Salvador: JusPodivm, 2017.

_____. *Passe na OAB e comece a advogar*: responsabilidade civil. 2. ed. Araçariguama: Editora Rumo Legal, 2017.

_____. *Passe na OAB e comece a advogar*: responsabilidade civil. São Paulo: LTr, 2013.

_____. *Publicidade na advocacia*. Tribuna dos Advogados. Disponível em http://www.oabguarulhos.org.br/anexos/Fev_2012.pdf. Acesso em: 29 jan. 2015.

_____. A importância da fiscalização, inclusive virtual, da publicidade na advocacia pela OAB. *Revista UniSul de Fato e de Direito*, v. 9, n. 18, 2019. DOI: http://dx.doi.org/10.19177/ufd.v9e182018151-159.

_____. A importância da fiscalização da publicidade de advogados pela OAB: uma reflexão sobre as novas regras da publicidade na advocacia de acordo com o Provimento 205/2021. In: LOPES, J. A; RAMOS FILHO, C. A. de M (coord.). *Ética e advocacia*: estudos em homenagem a Bernardo Cabral por ocasião de seus 90 anos. Curitiba: Instituto Memória Centro de Estudos da Contemporaneidade, 2022, p. 12-33.

BIELA JR; FERNANDES, Glaucia Guisso. O papel do advogado na negociação na sociedade contemporânea. *Revista UniSul de Fato e de Direito*, v. 9, n. 17, 2018. DOI: http://dx.doi.org/10.19177/ufd.v9e172018183-192.

BRASIL. Lei n. 8.906, de 4 de julho de 1994. Dispõe sobre o Estatuto da Advocacia e da Ordem dos Advogados do Brasil – OAB. *Diário Oficial da União*, 5 de julho de 1994.

CONSELHO FEDERAL DA OAB. Regulamento Geral do Estatuto da Advocacia e da OAB. Dispõe sobre o Regulamento Geral previsto na Lei n. 8.906, de 4 de julho de 1994.

_____. Resolução n. 2/2015 do Conselho Federal da OAB. Aprova o novo Código de Ética e Disciplina da OAB previsto na Lei n. 8.906, de 4 de julho de 1994.

PUPO, Sergio. *O papel do advogado na sociedade contemporânea*: a gestão do conflito. São Paulo: Sérgio Perse, 2014.

QUESTÕES

(XXXIV Exame de Ordem Unificado/FGV) O advogado César foi procurado pelo cliente Vinícius, que pretendia sua atuação defendendo-o em processo judicial. Ambos, então, ajustaram certo valor em honorários, por meio de contrato escrito. Na fase de execução do processo, César recebeu pagamentos de importâncias devidas a Vinícius e pretende realizar a compensação com os créditos de que é titular.

Com base no caso narrado, assinale a afirmativa correta.

A) É admissível a compensação de créditos apenas na hipótese de o contrato de prestação de serviços a autorizar; se for silente o contrato, é vedada, mesmo diante de autorização posterior pelo cliente.

B) É admissível a compensação de créditos somente se o contrato de prestação de serviços a autorizar; caso silente o contrato, é possível a compensação, se houver autorização especial firmada pelo cliente para esse fim.

C) A compensação pretendida apenas será cabível se houver autorização especial firmada pelo cliente para esse fim; no contrato de prestação de serviços não é admitida a inclusão prévia de cláusula autorizativa de compensação de créditos.

D) A compensação de créditos é vedada, não sendo admitida a inclusão prévia de cláusula autorizativa no contrato de prestação de serviços; tampouco, autoriza-se tal compensação, ainda que diante de autorização especial firmada pelo cliente para esse fim.

RESPOSTA.

A) Errada, pois é possível posteriormente mediante autorização especial.

☑ Correta, nos termos do CED, art. 48 § 2°, onde se observa que o examinador cobrou o texto legal como sempre falo em minhas aulas.

C) Errada na segunda parte da alternativa.

D) Errada, pois a compensação de créditos não é vedada.

(XXXIV Exame de Ordem Unificado/FGV) A sociedade empresária Y presta, com estrutura organizacional, atividades de consultoria jurídica e de orientação de *marketing* para pequenos empreendedores.

Considerando as atividades exercidas pela sociedade hipotética, assinale a afirmativa correta.

A) A sociedade Y deve ter seus atos constitutivos registrados apenas na Junta Comercial.

B) A sociedade Y deve ter seus atos constitutivos registrados apenas no Conselho Seccional da OAB em cuja base territorial tem sede.

C) É vedado o registro dos atos constitutivos da sociedade Y nos Conselhos Seccionais da OAB e também é vedado seu registro na Junta Comercial.

D) Os atos constitutivos da sociedade Y devem ser registrados na Junta Comercial e no Conselho Seccional da OAB em cuja base territorial tem sede.

RESPOSTA
A) Errada, pois não se registra sociedade de advogados em Junta Comercial.
B) Errada, pois sociedade de advogados não pode ter características mercantis como no caso em tela.
☑ Correta, nos termos do EOAB, art. 16 *caput* e § 3º, pois sociedade empresarial não pode prestar consultoria jurídica.
D) Errada, pois a alternativa afronta o disposto no art. 16 do EOAB.

(XXXIV Exame de Ordem Unificado/FGV) Aline, advogada inscrita na OAB, poderá praticar validamente, durante o período em que estiver cumprindo sanção disciplinar de suspensão, o seguinte ato:
A) impetrar *habeas corpus* perante o Superior Tribunal de Justiça.
B) visar ato constitutivo de cooperativa, para que seja levado a registro.
C) complementar parecer que elaborara em RESPOSTA à consulta jurídica.
D) interpor recurso com pedido de reforma de sentença que lhe foi desfavorável em processo no qual atuava em causa própria.

RESPOSTA
☑ Correta, pois mesmo estando suspensa, o ato de impetrar HC não é privativo de advogado podendo qualquer do povo impetrar conforme reza o art. 1º § 1º do EOAB.
B) Errada, pois é ato privativo conforme art. 1º § 2º do EOAB.
C) Errada, pois parecer jurídico está inserido nas atividades privativas de consultoria e assessoria jurídica do art. 1º, II do EOAB.
D) Errada, pois a interposição de recursos no judiciário é ato privativo de advogado e, Aline estando suspensa, não poderá postular em juízo.

(XXXIV Exame de Ordem Unificado/FGV) Anderson, titular de sociedade individual de advocacia, é contratado pela sociedade empresária *Polvilho Confeitaria Ltda.* para atuar em sua defesa em ação judicial ajuizada por Pedro, consumidor insatisfeito.

No curso da demanda, a impugnação ao cumprimento de sentença não foi conhecida por ter sido injustificadamente protocolizada por Anderson após o prazo previsto em lei, o que faz com que Pedro receba valor maior do que teria direito e, consequentemente, a sociedade empresária *Polvilho Confeitaria Ltda.* sofra danos materiais.

Diante dessa situação, Anderson, sem prejuízo da responsabilidade disciplinar em que possa incorrer, poderá responder com seu patrimônio pessoal pelos danos materiais causados à sociedade empresária *Polvilho Confeitaria Ltda.*
A) Solidariamente, com a sociedade individual de advocacia e de forma ilimitada.
B) Subsidiariamente, em relação à sociedade individual de advocacia e de forma ilimitada.
C) Solidariamente, com a sociedade individual de advocacia e de forma limitada.
D) Subsidiariamente, em relação à sociedade individual de advocacia e de forma limitada.

RESPOSTA
A) Errada, pois o EOAB fala em responsabilidade subsidiária e não solidária.
☑ Correta, nos termos do art. 17 do EOAB, o examinador cobrou o texto da lei.
C) Errada, pois é subsidiária.
D) Errada, pois é ilimitada.

(XXXIV Exame de Ordem Unificado/FGV) Leandro, advogado, celebrou contrato com associação de servidores públicos para pleitear em juízo o pagamento de determinada indenização em face do ente público respectivo. O contrato previu que Leandro receberia percentual do valor a que fizesse jus cada servidor que aderisse aos seus termos. O pedido em questão foi julgado procedente em ação coletiva.

Após o trânsito em julgado dessa decisão, Leandro passou a representar em execução individual os interesses de Hugo, servidor substituído em juízo pela associação que optou, expressamente, por adquirir os direitos decorrentes daquele contrato. Em tal caso, o montante destinado a Leandro era inferior ao limite fixado em lei para as obrigações de pequeno valor, mas o mesmo não ocorria com relação ao crédito titularizado por Hugo. Assim, Leandro juntou aos autos, no momento oportuno, o contrato de honorários celebrado com a associação e a opção pelo mesmo firmada por Hugo. Fez, ainda, três requerimentos: o destaque da parcela relativa aos honorários convencionados do valor total devido a Hugo, a expedição de precatório em nome de Hugo e a expedição de requisição de pequeno valor em seu nome.

Considerando essa situação, assinale a afirmativa correta.
A) Apenas o requerimento de expedição do precatório deve ser deferido, já que, por ter atuado em prol de entidade de classe em substituição processual, Leandro somente faz jus aos honorários assistenciais fixados na ação coletiva.
B) Apenas o requerimento de expedição do precatório deve ser deferido, já que, como o contrato de honorários foi celebrado entre Leandro e a associação, as obrigações dele decorrentes não podem ser assumidas por Hugo sem a necessidade de mais formalidades.
C) Apenas o requerimento de expedição de requisição de pequeno valor deve ser indeferido, já que o juiz deve determinar que os honorários contratuais sejam deduzidos do valor devido a Hugo após o pagamento pelo ente público.
D) Todos os requerimentos devem ser deferidos.

RESPOSTA
Essa questão gerou polêmica nesse XXXIV Exame de Ordem, estando pendente de recurso pleiteando sua anulação.

Observo que o vício na questão, s.m.j., está no advérbio de exclusão – *Apenas* – em cada alternativa, o que inviabilizaria assinalar a alternativa d) como corretada. Superada essa questão, vejamos:
A) Conforme art. 22 § 6º e 7º do EOAB.
B) Conforme art. 23 do EOAB
C) Conforme art. 22 § 4º do EOAB e Súmula Vinculante n. 47.
☑ Correta segundo a banca.

(XXXIV Exame de Ordem Unificado/FGV) Beatriz, advogada, oferece representação perante a OAB em razão de Isabela, outra advogada que atua na mesma área e na mesma cidade, ter supostamente praticado atos de captação de causas.

Preocupada com as consequências dessa representação, Isabela decidiu estudar as normas que regem possível processo disciplinar a ser instaurado perante a OAB.

Ao fazê-lo, Isabela concluiu que
A) o processo disciplinar pode ser instaurado de ofício, não dependendo de representação de autoridade ou da pessoa interessada.
B) o processo disciplinar tramita em sigilo até o seu término, permitindo-se o acesso às suas informações somente às partes e a seus defensores por ordem da autoridade judiciária competente.
C) ao representado deve ser assegurado amplo direito de defesa, cabendo ao Tribunal de Ética e Disciplina, por ocasião do julgamento, avaliar a necessidade de defesa oral.
D) se, após a defesa prévia, o relator se manifestar pelo indeferimento liminar da representação, o processo deverá ser levado a julgamento pelo Tribunal de Ética e Disciplina, que poderá determinar seu arquivamento.

RESPOSTA
☑ Correta, conforme art. 72 do EOAB onde o examinador reproduz o texto da lei.
B) Errada na parte final que afirma "por ordem da autoridade judiciária competente";
C) Errada, pois é direito do acusado a defesa oral.
D) Errada, nos termos do CED, art. 58 § 4º.

(XXXIV Exame de Ordem Unificado/FGV) Determinada sociedade de advogados sustenta que os serviços por ela prestados são considerados de notória especialização, para fins de contratação com a Administração Pública.

Sobre tal conceito, nos termos do Estatuto da Advocacia e da OAB, assinale a afirmativa correta.
A) Todas as atividades privativas da advocacia são consideradas como serviços de notória especialização, tratando-se de atributo da atuação técnica do advogado, não extensível à sociedade de advogados.
B) Todas as atividades privativas da advocacia são consideradas como serviços de notória especialização, conceito que se estende à atuação profissional do advogado ou da sociedade de advogados.
C) Apenas exercem serviços de notória especialização o advogado ou a sociedade de advogados cujo trabalho seja possível inferir ser essencial e, indiscutivelmente, o mais adequado à plena satisfação do objeto do contrato.
D) Apenas exercem serviços de notória especialização o advogado cujo trabalho seja possível inferir ser essencial e, indiscutivelmente, o mais adequado à plena satisfação do objeto do contrato, tratando-se de atributo da atuação técnica do advogado, não extensível à sociedade de advogados.

RESPOSTA
A) Errada, pois considera-se notória especialização o profissional ou a sociedade de advogados cujo conceito no campo de sua especialidade, decorrente de desempenho anterior, estudos, experiências, publicações, organização, aparelhamento, equipe técnica ou de outros requisitos relacionados com suas atividades, permita inferir que o seu trabalho é essencial e indiscutivelmente o mais adequado à plena satisfação do objeto do contrato
B) Errada pela mesma razão acima apontada.
☑ Correta nos exatos termos do art. 3-A, *caput*, do EOAB.
D) Errada pela razão expressada na justificativa da letra a).

(XXXIV Exame de Ordem Unificado/FGV) O advogado Pedro praticou infração disciplinar punível com censura, a qual gerou repercussão bastante negativa à advocacia, uma vez que ganhou grande destaque na mídia nacional. Por sua vez, o advogado Hélio praticou infração disciplinar punível com suspensão, a qual não gerou maiores repercussões públicas, uma vez que não houve divulgação do caso para além dos atores processuais envolvidos.

Considerando a situação hipotética narrada, assinale a afirmativa correta.
A) É admissível a celebração de termo de ajustamento de conduta tanto por Pedro como por Hélio.
B) Não é admissível a celebração de termo de ajustamento de conduta por Pedro nem por Hélio.
C) É admissível a celebração de termo de ajustamento de conduta por Pedro, mas não é admissível a celebração de termo de ajustamento de conduta por Hélio.
D) É admissível a celebração de termo de ajustamento de conduta por Hélio, mas não é admissível a celebração de termo de ajustamento de conduta por Pedro.

RESPOSTA
A) Errada, pois não cabe TAC em suspensão.
☑ Correta, nos termos do art. 58-A do CED, posto que não cabe TAC de suspensão e nem de censura com repercussão negativa à advocacia.
C) Errada, pois a conduta de Pedro repercutiu negativamente à advocacia.
D) Errada. Não é admissível a celebração de TAC nas duas hipóteses apresentadas.

(35º Exame de Ordem Unificado/FGV) Vitor deseja se candidatar ao Cargo de Conselheiro Seccional da OAB. Ao estudar a legislação aplicável, Vitor concluiu que poderia concorrer ao cargo em questão, ainda que

A) estivesse em atraso com o pagamento da anuidade.
B) exercesse efetivamente a profissão há menos de 3 (três) anos.
C) ocupasse cargo de provimento efetivo em órgão da Administração Pública indireta.
D) tivesse sido condenado por infração disciplinar resultante da prática de crime há mais de um ano, mesmo sem ter obtido a reabilitação criminal.

RESPOSTA

A) Errada, pois a inadimplência não permite concorrer aos pleitos na OAB.
B) Errada, pois é mais de 3 anos.
☑ Correta, pois ao conhecer o teor do art. 63 § 2º do EOAB o aluno conseguiria responder a questão tranquilamente, até mesmo por exclusão.
D) Errada, pois não pode ter sido condenado por infração disciplinar, salvo reabilitação.

(35º Exame de Ordem Unificado/FGV) Maria, advogada, sente falta de confiança na relação profissional que mantém com Pedro, cliente que representa em ação judicial. Maria externa essa impressão a Pedro, mas as dúvidas existentes não são dissipadas. Maria decide, então, renunciar ao mandato.

Considerando essa situação hipotética, é correto afirmar que o ato de renúncia ao patrocínio

A) excluirá a responsabilidade de Maria por danos eventualmente causados a Pedro após dez dias da notificação, salvo se for substituída antes do término desse prazo.
B) obrigará Maria a depositar em juízo bens, valores e documentos que lhe hajam sido confiados e ainda estejam em seu poder.
C) fará cessar de imediato a responsabilidade profissional de Maria pelo acompanhamento da causa.
D) deverá ser feita sem menção do motivo que a determinou.

RESPOSTA

A) Errada, pois não está de acordo com o art. 16 § 1º do CED.
B) Errada, pois não é em juízo.
C) Errada, pois não faz cessar de imediato conforme o art. 16 § 1º do CED.
☑ O enunciado da questão está baseado no art. 10 do CED, porém, este deve ser complementado pelo art. 16 do CED, o que está corretamente apontado na letra D.

(35º Exame de Ordem Unificado/FGV) Em certa comarca, em razão da insuficiência do número de defensores públicos em atuação, o Juiz Caio nomeou o advogado Pedro para defender um réu juridicamente necessitado.

Quanto aos honorários a serem recebidos por Pedro, assinale a afirmativa correta.

A) Pedro apenas terá direito ao recebimento de honorários na hipótese de a parte contrária ser sucumbente, a serem pagos pelo autor.
B) Pedro tem direito a honorários fixados pelo juiz, independentemente de sucumbência, a serem pagos pelo Estado, segundo a tabela organizada pelo Conselho Seccional da OAB.
C) Pedro tem direito a honorários fixados pelo juiz, independentemente de sucumbência, a serem pagos pela Defensoria Pública, segundo a tabela organizada pelo Defensor Público Geral do Estado.
D) Pedro apenas terá direito ao recebimento de honorários na hipótese de a parte contrária ser sucumbente, a serem pagos pela Defensoria Pública.

RESPOSTA

A) Errada, pois além da sucumbência há os honorários fixados pelo magistrado.
☑ Nessa questão a alternativa apontada como correta temos exatamente a reprodução do texto do art. 22 § 1º do EOAB. Portanto, aluno veja o quanto é importante estudar o texto da lei.
C) Errada, pois afronta o art. 22 § 1º do EOAB.
D) Errada na parte final da alternativa quanto ao pagamento da sucumbência pela Defensoria Pública.

(35º Exame de Ordem Unificado/FGV) Antônio, economista sem formação jurídica, e Pedro, advogado, ambos estudiosos da Análise Econômica do Direito, desejam constituir sociedade de advogados que também fornecerá aos seus clientes serviços de consultoria na área econômica.

Ao analisar a possibilidade de registro desse empreendimento, que consideram inovador, Antônio e Pedro concluíram, corretamente, que

A) poderá ser efetivado, já que é permitido o registro, nos cartórios de registro civil de pessoas jurídicas e nas juntas comerciais, de sociedade que inclua, entre outras finalidades, a atividade de advocacia.
B) não poderá ser efetivado, já que somente são admitidas a registro as sociedades de advogados que explorem ciências sociais complementares à advocacia.
C) poderá ser efetivado, desde que a razão social tenha o nome de, pelo menos, um advogado responsável pela sociedade.
D) não poderá ser efetivado, já que não são admitidas a registro as sociedades de advogados que incluam como sócio pessoa não inscrita como advogado ou totalmente proibida de advogar.

RESPOSTA

A) Errada, pois é vedado a constituição de sociedade de advogados que inclua como sócio pessoa não inscrita na OAB, bem como, esta só pode ser registrada no Conselho Seccional da OAB, além do que, é vedado a inclusão de atividade que não seja de advocacia.
B) Errada, na parte final da alternativa.

C) Errada pelas mesmas razões explicitada na alternativa a).

☑ Como sempre o examinador pergunta o texto da lei. Neste caso, a proibição está prevista no art. 16 do EOAB.

(35º Exame de Ordem Unificado/FGV) João é estagiário de Direito. É vedado a João praticar isoladamente – isto é, sem atuar em conjunto com o advogado ou o defensor público que o supervisiona – o seguinte ato:
A) assinar petições de juntada de documentos a processos judiciais.
B) obter junto aos escrivães e chefes de secretarias certidões de peças de processos em curso.
C) comparecer à prática de atos extrajudiciais, sem autorização ou substabelecimento do advogado.
D) retirar e devolver autos em cartório, assinando a respectiva carga.

RESPOSTA
A) Errada, pois não é vedado ao estagiário praticar isoladamente tal ato.
B) Errada, pois não é vedado ao estagiário praticar isoladamente tal ato.

☑ Aqui para se chegar a resposta desta questão bastava ter o conhecimento do art. 29 do Regulamento Geral, já que as afirmativas das letras a, b e d são os atos que o estagiário pode praticar isoladamente. Todavia, João precisa de autorização para a prática dos atos extrajudiciais. Alternativa C.

D) Errada, pois não é vedado ao estagiário praticar isoladamente tal ato.

(35º Exame de Ordem Unificado/FGV) O advogado Cauã Silva foi presidente de certo Conselho Seccional da OAB, tendo seu mandato se encerrado há mais de uma década. Desde então, embora tenha permanecido como aguerrido defensor das prerrogativas e dos direitos dos advogados, Cauã não mais concorreu a nenhum cargo na OAB.

Considerando a situação hipotética narrada, assinale a afirmativa correta.
A) Cauã, quando cessado seu mandato, deixou de integrar o Conselho Seccional da OAB.
B) Cauã permanece como membro honorário do Conselho Seccional da OAB, mas não tem direito de voto ou de voz nas sessões.
C) Cauã é ainda membro honorário do Conselho Seccional da OAB e o será de forma vitalícia, tendo, contudo, apenas direito de voz nas sessões.
D) Cauã permanece como membro honorário do Conselho Seccional da OAB, a quem são conferidos os direitos a voz e voto nas sessões do Conselho.

RESPOSTA
A) Errada, pois Cauã é membro honorários vitalício.
B) Errada, pois Cauã terá direito a voz.

☑ Mesmo que tenha sido presidente do Conselho Seccional há muitos anos, Cauã é membro honorário vitalício, tendo direito a voz nas sessões do Conselho Seccional conforme reza do art. 56 § 1º do EOAB.

D) Errada, pois será honorário vitalício e terá direito a voz.

(35º Exame de Ordem Unificado/FGV) Antônio, brasileiro, formou-se em Direito em uma renomada Universidade de certo país da América do Sul. Lá, conheceu e casou-se com uma nacional daquele país, Ana, que também se formou em Direito na mencionada universidade.

Já graduados, Ana e Antônio decidiram mudar-se para o Brasil, e exercer a advocacia em Minas Gerais, uma vez que se especializaram em determinado ramo do Direito em que há bastante similitude com o Direito do país de origem de Ana.

Considerando o caso narrado, assinale a afirmativa correta.
A) É vedado a Ana o exercício da advocacia no Brasil, salvo, a título precatório, como consultora em Direito Internacional, se não cursar novamente a graduação no nosso país. Antônio, em via diversa, poderá inscrever-se como advogado desde que prove seu título de graduação, obtido na universidade estrangeira, que este seja revalidado e que seja aprovado no Exame de Ordem, cumpridos os demais requisitos legais.
B) Tanto Ana quanto Antônio poderão inscrever-se como advogados, desde que provem seus títulos de graduação, obtidos na universidade estrangeira, que estes sejam revalidados e que eles sejam aprovados no Exame de Ordem, cumpridos os demais requisitos legais.
C) É vedado a Ana o exercício da advocacia no Brasil, salvo, a título precatório, como consultora em Direito Internacional, se não cursar novamente a graduação no nosso país. Antônio poderá inscrever-se como advogado desde que prove seu título de graduação, obtido na universidade estrangeira, independentemente de revalidação, e que seja aprovado no Exame de Ordem, cumpridos os demais requisitos legais.
D) É vedado a Ana e a Antônio o exercício da advocacia no Brasil, salvo, a título precatório, como consultores no Direito estrangeiro, se não cursarem novamente a graduação no nosso país.

RESPOSTA
A) Errada quanto a Ana.

☑ Esta questão tem por base o art. 8º § 2º do EOAB que estabelece os requisitos para a inscrição graduados em Direito no estrangeiro, ou seja, a revalidação do Diploma e os requisitos dos incisos do art. 8º, inclusive o Exame de Ordem.

C) Errada, quanto a Ana, pois não terá que cursar novamente a graduação em nosso país. Errada quanto Antônio, pois há necessidade de revalidação.
D) Errada, pois não há necessidade de cursar novamente a graduação em nosso país.

(35º Exame de Ordem Unificado/FGV) O estagiário de Direito Jefferson Santos, com o objetivo de divulgar a qualidade de seus serviços, realizou publicidade considerada irregular por meio da Internet, por resultar em captação de clientela, nos termos do Código de Ética e Disciplina da OAB.

Quanto aos instrumentos admitidos no caso em análise, assinale a afirmativa correta.

A) É admitida a celebração de termo de ajustamento de conduta, tanto no âmbito dos Conselhos Seccionais quanto do Conselho Federal, para fazer cessar a publicidade irregular praticada.
B) Não é permitida a celebração de termo de ajustamento de conduta, tendo em vista tratar-se de estagiário.
C) É admitida a celebração de termo de ajustamento de conduta para fazer cessar a publicidade irregular praticada, que deverá seguir regulamentação constante em provimentos de cada Conselho Seccional, quanto aos seus requisitos e condições.
D) Não é permitida a celebração de termo de ajustamento de conduta, tendo em vista a natureza da infração resultante da publicidade irregular narrada.

RESPOSTA

☑ Trata-se de novidade no CED, art. 47-A, o qual foi reproduzido pelo examinador.
B) Errada, pois também é permitido ao estagiário a celebração de TAC, até porque este está sujeito a sanção de censura se praticar infração prevista no art. 34, XXIX do EOAB.
C) Errada, pois a regulamentação é única e de competência do Conselho Federal, no caso, a regulamentação está prevista no Provimento 200/2020 do referido conselho.
D) Errada, pois é justamente por essa natureza de infração que se permite o TAC.

(36º Exame de Ordem Unificado/FGV) Celso, advogado, foi contratado por Maria, servidora pública, para ajuizar ação com pedido de pagamento de determinada gratificação. O contrato celebrado entre eles prevê que Celso somente receberá honorários caso a demanda seja exitosa, em percentual do proveito econômico obtido por Maria.

Em tal caso, é correto afirmar que

A) os honorários contratuais não poderão incidir sobre o valor das parcelas vincendas da gratificação.
B) os honorários foram pactuados de forma correta, já que, nessa hipótese, deveriam ser necessariamente representados por pecúnia.
C) os honorários não podem ser superiores às vantagens advindas a favor de Maria, exceto se acrescidos aos honorários de sucumbência.
D) os honorários contratuais não poderão incidir sobre o valor das parcelas vencidas da gratificação.

RESPOSTA.

A) Errada, pois podem incidir conforme dispõe o § 2º do art. 50 do CED.
☑ Correta. Trata-se de pacto quota litis, nos termos do CED, art. 50.
C) errada quanto a segunda parte da alternativa.
D) Errada, pois podem incidir conforme dispõe o § 2º do art. 50 do CED.

(36º Exame de Ordem Unificado/FGV) O advogado João ajuizou uma lide temerária em favor de seu cliente Flávio. Sobre a responsabilização de João, assinale a afirmativa correta.

A) João será solidariamente responsável com Flávio apenas se provado conluio para lesar a parte contrária.
B) João será solidariamente responsável com Flávio independentemente de prova de conluio para lesar a parte contrária.
C) João será responsável subsidiariamente a Flávio apenas se provado conluio para lesar a parte contrária.
D) Flávio será responsabilizado subsidiariamente a João independentemente de prova de conluio para lesar a parte contrária.

RESPOSTA.

☑ Correta. Ao mencionar lide temerária, o examinador remete o candidato ao parágrafo único do art. 32 do EOAB, o qual dispõe sobre a responsabilidade solidária do advogado em caso lide temerária, o que deve ser apurado em ação própria.
B) Errada quanto a afirmação independentemente de prova de conluio para lesar a parte contrária.
C) Errada quanto a afirmação da responsabilidade subsidiária.
D) Errada quanto a afirmação da responsabilidade subsidiária e quanto a afirmação independentemente de prova de conluio para lesar a parte contrária.

(36º Exame de Ordem Unificado/FGV) A advogada Carolina e a estagiária de Direito Beatriz, que com ela atua, com o intuito de promover sua atuação profissional, valeram-se, ambas, de meios de publicidade vedados no Código de Ética e Disciplina da OAB.

Após a verificação da irregularidade, indagaram sobre a possibilidade de celebração de termo de ajustamento de conduta tendo, como objeto, a adequação da publicidade.

Considerando o caso narrado, assinale a afirmativa correta.

A) É admitida a celebração do termo de ajustamento de conduta apenas no âmbito do Conselho Federal da OAB, para fazer cessar a publicidade praticada pela advogada Carolina e pela estagiária Beatriz.
B) É admitida a celebração do termo de ajustamento de conduta, no âmbito do Conselho Federal da OAB ou dos Conselhos Seccionais, para fazer cessar a publicidade praticada pela advogada Carolina, mas é vedado que o termo de ajustamento de conduta abranja a estagiária Beatriz.
C) É vedada pelo Código de Ética e Disciplina da OAB a possibilidade de celebração de termo de ajustamento de conduta no caso narrado, uma vez que se trata de infração ética.
D) É admitida a celebração do termo de ajustamento de conduta no âmbito do Conselho Federal da OAB ou dos

Conselhos Seccionais, para fazer cessar a publicidade praticada pela advogada Carolina e também pela estagiária Beatriz.

RESPOSTA.
A) Errada quanto a afirmação APENAS no âmbito do Cons. Federal.
B) Errada quanto a proibição do TAC para a estagiária.
C) Errada quanto a proibição do TAC no caso apresentado.
☑ Correta. A celebração do TAC está prevista no art. 47-A do CED, permitindo-se tanto a advogada, quanto a estagiária tal possibilidade, seja no âmbito do Cons. Federal, quanto no Seccional.

(36º Exame de Ordem Unificado/FGV) Recém formadas e inscritas na OAB, as amigas Fernanda e Júlia desejam ingressar no mercado de trabalho. Para tanto, avaliam se devem constituir sociedade unipessoal de advocacia ou atuar em sociedade simples de prestação de serviços de advocacia.

Constituída a sociedade, Fernanda e Júlia deverão observar que
A) a sociedade unipessoal de advocacia adquire personalidade jurídica com o registro aprovado dos seus atos constitutivos no cartório de registro civil de pessoas jurídicas, sujeito a homologação da OAB.
B) as procurações devem ser outorgadas à sociedade de advocacia e indicar individualmente os advogados que dela façam parte.
C) poderão integrar simultaneamente uma sociedade de advogados e uma sociedade unipessoal de advocacia com sede na mesma área territorial do respectivo Conselho Seccional.
D) os advogados integrantes da sociedade não poderão representar em juízo clientes de interesses opostos.

RESPOSTA.
A) Errada quanto a aquisição da personalidade jurídico com o registro no cartório de registro civil das pessoas jurídicas.
B) Errada quanto as procurações serem outorgadas à sociedade de advogados. É o inverso.
C) Errada quanto a respectiva afirmação. É o contrário.
☑ Correta. Para responder essa questão bastava ter o conhecimento literal da lei, onde você eliminaria as alternativas A a C, e assinalaria como correta a letra D, pois reproduz o texto do § 6 do art. 15 do EOAB.

(36º Exame de Ordem Unificado/FGV) O Conselho Seccional X da OAB encontra-se em dificuldades financeiras. Assim, o Conselho Seccional Y pretende socorrê-lo, a fim de preservar a atuação daquele nas defesas dos direitos e prerrogativas dos advogados, por meio da transferência de certos valores em dinheiro e bens móveis, como computadores e impressoras.

Diante do caso hipotético narrado, assinale a afirmativa correta.

A) É vedada a transferência dos bens móveis e dos recursos em dinheiro do Conselho Seccional Y para o Conselho Seccional X.
B) A transferência dos bens móveis e dos recursos em dinheiro é permitida mediante autorização do Conselho Federal da OAB.
C) A transferência dos bens móveis e dos recursos em dinheiro é permitida mediante aprovação por ambos os Conselhos Seccionais.
D) A transferência dos bens móveis é permitida mediante autorização do Conselho Federal da OAB, e a dos recursos em dinheiro, vedada.

RESPOSTA.
A) Errada, pois é permitida conforme fundamentação abaixo.
☑ Correta. Nos termos do Regulamento Geral da OAB, art. 56 § 5º Qualquer transferência de bens ou recursos de um Conselho Seccional a outro depende de autorização do Conselho Federal.
C) Errada quanto a afirmativa "mediante aprovação por ambos Conselhos Seccionais".
D) Errada quanto a última parte da alternativa, ou seja, a proibição da transferência de recursos em dinheiro.

(36º Exame de Ordem Unificado/FGV) A diretoria de certa subseção da OAB emitiu decisão no âmbito de suas atribuições. Irresignados, os interessados desejavam manejar recurso em face de tal decisão.

Sobre a hipótese, assinale a afirmativa correta.
A) A competência privativa para julgar, em grau de recurso, questão decidida pela diretoria da subseção é do Conselho Federal da OAB.
B) A competência privativa para julgar, em grau de recurso, questão decidida pela diretoria da subseção é do Presidente do Conselho Seccional respectivo da OAB.
C) A competência privativa para julgar, em grau de recurso, questão decidida pela diretoria da subseção é do Conselho Seccional respectivo da OAB.
D) A decisão proferida pela diretoria da subseção é irrecorrível.

RESPOSTA.
A) Errada quanto a afirmação ser de competência do Cons. Federal. É do Cons. Seccional.
B) Errada, pois a competência NÃO É do presidente do Cons. Seccional, mas sim, do respectivo órgão.
☑ Para responder essa questão bastava ter o conhecimento literal da lei, onde você eliminaria as alternativas A, B e D, e assinalaria como correta a letra C, pois reproduz o texto do art. 76 do EOAB.
D) Errada, pois trata-se de decisão recorrível.

(36º Exame de Ordem Unificado/FGV) Hildegardo dos Santos, advogado, é contratado em regime de dedicação exclusiva como empregado da sociedade *XPTO Advogados Associados*. Em tal condição, Hildegardo atuou no patrocínio dos interesses de cliente da sociedade de advogados que se sagrou vencedor em demanda judicial.

Hildegardo, diante dessa situação, tem dúvidas a respeito do destino dos honorários de sucumbência que perceberá, a serem pagos pela parte vencida na demanda judicial.

Ao consultar a legislação aplicável, ele ficou sabendo que os honorários

A) serão devidos à sociedade empregadora.
B) constituem direito pessoal do advogado empregado.
C) serão devidos à sociedade empregadora, podendo ser partilhados com o advogado empregado, caso estabelecido em acordo coletivo ou convenção coletiva.
D) serão partilhados entre o advogado empregado e a sociedade empregadora, na forma estabelecida em acordo.

RESPOSTA.
A) errada, pois confronta o texto do parágrafo único do art. 21 do EOAB.
B) Errada, pois trata-se de direito autônomo.
C) Errada, conforme comentamos em nosso Curso de Ética Profissional para Advogados, 7ª edição, editora LTr, 2022, p. 121 "o contrato celebrado entre a sociedade e o advogado pode estabelecer que este não participe dos honorários de sucumbência". Portanto, alternativa errada quanto a afirmação final: "caso estabelecido em acordo coletivo ou convenção coletiva".
☑ Correta. Para responder essa questão, o candidato deveria se atentar para o orientação do enunciado, ou seja, referente ao destino dos honorários de sucumbência a advogado empregado nos exatos termos da legislação, no caso o parágrafo único do art. 21 que dispõe que Os honorários de sucumbência, percebidos por advogado empregado de sociedade de advogados são partilhados entre ele e a empregadora, na forma estabelecida em acordo, o que foi reproduzido na letra D.

(36º Exame de Ordem Unificado/FGV) O advogado Francisco Campos, acadêmico respeitado no universo jurídico, por solicitação do Presidente da Comissão de Constituição e Justiça da Câmara de Deputados, realizou estudos e sugestões para a alteração de determinado diploma legal.

Sobre a atividade realizada por Francisco Campos, assinale a afirmativa correta.

A) A contribuição de Francisco dá-se como a de qualquer cidadão, não se configurando atividade da advocacia, dentre as elencadas no Estatuto da Advocacia e da OAB.
B) É vedada ao advogado a atividade mencionada junto ao Poder Legislativo.
C) A referida contribuição de Francisco é autorizada apenas se Francisco for titular de mandato eletivo, hipótese em que, no que se refere ao exercício da advocacia, ele estará impedido.
D) Enquanto advogado, é legítimo a Francisco contribuir com a elaboração de normas jurídicas, no âmbito dos Poderes da República.

RESPOSTA
A) Errada, pois tal contribuição se configura como atividade de advocacia.
B) Errada quanto a respectiva proibição.
C) Errada quanto a afirmação APENAS.
☑ Correta. Neste caso o examinador cobrou assunto relativamente novo no EOAB, especificamente o art. 2-A, reproduzindo seu texto na letra D, *verbis*: O advogado pode contribuir com o processo legislativo e com a elaboração de normas jurídicas, no âmbito dos Poderes da República. Assim, com o conhecimento literal do EOAB, o aluno conseguiria acertar a questão.

■ **MATERIAL DIGITAL EXCLUSIVO**

ÉTICA — Material Complementar

somos.in/CEOABVU10

Direito do Trabalho

Carla Romar

Doutora e Mestre pela PUC-SP. Bacharel em Direito pela USP. Perita em relações trabalhistas – Organização Internacional do Trabalho (OIT). Professora Doutora dos Cursos de Pós-Graduação *stricto sensu*, de Pós-Graduação *lato sensu* e de Graduação da Faculdade de Direito da PUC-SP. Advogada trabalhista.

Sumário

DIREITO INDIVIDUAL DO TRABALHO – 1. Conceito de Direito do Trabalho: 1.1. Origem histórica do Direito do Trabalho; 1.1.1. Constitucionalismo social; 1.2. Direito do Trabalho no Brasil – **2. Princípios do Direito do Trabalho:** 2.1. Princípios específicos do Direito do Trabalho; 2.1.1. Princípio protetor; 2.1.2. Princípio da irrenunciabilidade; 2.1.3. Princípio da continuidade da relação de emprego; 2.1.4. Princípio da primazia da realidade; 2.1.5. Princípio da razoabilidade; 2.1.6. Princípio da boa-fé – **3. Fontes do Direito do Trabalho:** 3.1. Fontes formais heterônomas; 3.1.1. Constituição Federal; 3.1.2. Lei; 3.1.3. Ato administrativo; 3.1.4. Sentença normativa; 3.1.5. Jurisprudência; 3.1.6. Sentença arbitral; 3.2. Fontes formais autônomas; 3.2.1. Convenção coletiva de trabalho; 3.2.2. Acordo coletivo de trabalho; 3.2.3. Costume; 3.2.4. Regulamento de empresa; 3.3. Hierarquia das fontes no Direito do Trabalho – **4. Relação de emprego:** 4.1. Características; 4.2. Sujeitos; 4.3. Natureza jurídica – **5. Relação de trabalho:** 5.1. Trabalho autônomo; 5.2. Trabalho eventual; 5.3. Trabalho temporário; 5.4. Trabalho avulso; 5.5. Trabalho voluntário; 5.6. Estagiário; 5.7. Cooperativa de trabalho; 5.8. Terceirização de serviços – **6. Empregado** – **7. Empregador:** 7.1. Poder de direção do empregador; 7.2. Grupo econômico; 7.3. Sucessão de empregadores – **8. Empregado doméstico** – **9. Empregado rural** – **10. Contrato de trabalho:** 10.1. Características do contrato de trabalho; 10.2. Elementos do contrato de trabalho; 10.3. Nulidade do contrato de trabalho; 10.4. Prova do contrato de trabalho; 10.5. Efeitos do contrato de trabalho; 10.6. Duração do contrato de trabalho – **11. Duração do trabalho:** 11.1. Jornada de trabalho; 11.1.1. Jornada normal; 11.1.2. Jornadas especiais; 11.2. Jornada e horário de trabalho; 11.3. Controle de horário; 11.4. Jornada extraordinária; 11.4.1. Compensação da jornada de trabalho; 11.4.2. Horas extras decorrentes de força maior ou de serviços inadiáveis; 11.4.3. Integração das horas extras; 11.4.4. Supressão das horas extras; 11.4.5. Empregados excluídos das regras de limitação de jornada; 11.5. Jornada noturna; 11.6. Períodos de repouso; 11.6.1. Intervalos intrajornada; 11.6.2. Intervalos interjornadas – **12. Férias** – **13. Salário e remuneração:** 13.1. Natureza das verbas pagas pelo empregador ao empregado; 13.2. Formas de pagamento do salário; 13.3. Meios de pagamento do salário; 13.4. Regras de proteção ao salário; 13.4.1. Periodicidade do pagamento; 13.4.2. Prova do pagamento; 13.4.3. Inalterabilidade; 13.4.4. Irredutibilidade; 13.4.5. Impenhorabilidade; 13.4.6. Intangibilidade; 13.4.7. Pagamento em moeda corrente; 13.5. Salário mínimo, salário normativo, salário profissional, piso salarial; 13.6. Salário complessivo; 13.7. Equiparação salarial; 13.8. Décimo terceiro salário (ou gratificação de

Natal); 13.9. Adicionais de remuneração – **14. Alteração do contrato de trabalho** – **15. Suspensão e interrupção do contrato de trabalho** – **16. Extinção do contrato de trabalho:** 16.1. Extinção do contrato de trabalho por prazo determinado; 16.2. Extinção do contrato por prazo indeterminado – **17. Aviso-prévio** – **18. Estabilidade no emprego:** 18.1. Gestante; 18.2. Dirigente sindical; 18.3. Membro da CIPA (cipeiro); 18.4. Empregado acidentado no trabalho; 18.5. Diretores de sociedades cooperativas; 18.6. Membro da comissão de representantes dos empregados; 18.7. Estabilidade provisória – disposições gerais – **19. FGTS** – **20. Rescisão do contrato de trabalho – formalidades** – **21. Prescrição e decadência:** 21.1. Prescrição; 21.2. Decadência – **22. Flexibilização do Direito do Trabalho** – **23. Proteção ao trabalho do menor:** 23.1. Aprendizagem – **24. Proteção ao trabalho da mulher** – DIREITO COLETIVO DO TRABALHO – **1.** Conceito de Direito Coletivo do Trabalho – **2.** Conteúdo do Direito Coletivo do Trabalho – **3.** Funções do Direito Coletivo do Trabalho – **4.** Princípios do Direito Coletivo do Trabalho – **5.** Liberdade sindical – **6.** Relações coletivas e relações individuais de trabalho – **7.** Autonomia privada coletiva – **8.** Organização sindical brasileira – **9.** Categorias profissionais e econômica – **10.** Base territorial – **11.** Unicidade sindical – **12.** Fontes de receita das entidades sindicais – **13. Formas de solução dos conflitos coletivos de trabalho:** 13.1. Negociação coletiva; 13.2. Convenção e acordo coletivo de trabalho – **14. Greve** – Referências bibliográficas – Questões – **Material digital exclusivo**

DIREITO INDIVIDUAL DO TRABALHO

1. CONCEITO DE DIREITO DO TRABALHO

Direito do Trabalho é o ramo da ciência do Direito composto pelo conjunto de normas que regulam, no âmbito individual e coletivo, a **relação de trabalho subordinado**, que determinam seus sujeitos (**empregado e empregador**) e que estruturam as organizações destinadas à **proteção do trabalhador**.

1.1. Origem histórica do Direito do Trabalho

A origem do Direito do Trabalho está vinculada à **Revolução Industrial**, nome pelo qual é conhecida a longa série de mudanças tecnológicas, econômicas, sociais e políticas ocorridas no século XIX. O **Direito do Trabalho** nasce, assim, com a **sociedade industrial** e o **trabalho assalariado**, sob influência de razões de ordem econômica, política e jurídica.

A principal *causa econômica* foi a própria **Revolução Industrial** (fins do século XVIII, início do século XIX), que trouxe mudanças tecnológicas que incluíram o uso de novos materiais básicos, tais como o ferro e o aço, a descoberta de novas fontes de energia, tais como o carvão, a máquina a vapor, a eletricidade, os motores de combustão, a máquina de fiar, o tear mecânico. Também o desenvolvimento dos transportes, como a locomotiva a vapor e o navio, e das comunicações, como o telégrafo e o rádio.

Essas modificações tecnológicas levaram às modificações econômicas, que ocorreram em virtude da **transformação da produção artesanal em uma produção em larga escala**, o que levou ao **desenvolvimento do comércio** e à definição dos conceitos de **lucro** e **acumulação de riquezas**.

Com a expansão da indústria e do comércio, houve a substituição do trabalho escravo, servil e corporativo pelo **trabalho assalariado em larga escala**, do mesmo modo que a manufatura cedeu lugar à fábrica e, mais tarde, à linha de produção.

A principal *causa política* foi a **transformação do Estado Liberal** (da plena liberdade contratual) **em Estado Neoliberal** (o Estado intervém na ordem econômica e social, limitando a liberdade plena das partes).

As formas extremadas de intervenção do Estado foram o corporativismo e o socialismo, com características fortemente autoritárias, transferindo a ordem trabalhista para o âmbito das relações de natureza pública.

A principal *causa jurídica* foi a justa reivindicação dos trabalhadores, de um sistema de direito destinado à sua proteção, passando alguns direitos básicos a ser garantidos, com o reconhecimento da **necessidade de se assegurar uma igualdade jurídica** a uma relação (entre empregado e empregador) na qual **não há uma igualdade natural**. Uma consequência importantíssima dessa causa jurídica foi o surgimento do sindicalismo, como forma de união dos trabalhadores para conseguirem melhores condições de trabalho.

Começa a surgir uma legislação em condições de coibir os abusos do empregador e preservar a dignidade do homem no trabalho, ao contrário do que ocorria com o proletariado exposto a jornadas diárias excessivas, salários extremamente baixos, exploração de menores e mulheres e desproteção total diante de acidentes no trabalho e riscos sociais como a doença, o desemprego etc.

Essas modificações contribuíram decisivamente, como uma reação contra a **QUESTÃO SOCIAL**, pois traziam a ideia de **justiça social**.

1.1.1. Constitucionalismo social

> **Constitucionalismo social** é o movimento que se caracteriza pela **inserção de direitos trabalhistas e sociais fundamentais nos textos das Constituições** dos países.

A **Constituição mexicana** de **1917** foi a primeira a construir uma estrutura significativa de direitos sociais dos trabalhadores, seguida pela **Constituição alemã** (Constituição de Weimar) de **1919**.

Aos poucos, as Constituições modernas dos **Estados democráticos** foram reproduzindo os princípios das Constituições do México e da Alemanha.

1.2. Direito do Trabalho no Brasil

Pode-se afirmar que o Direito do Trabalho no Brasil inicia-se a partir da **Revolução de 1930**, quando o Governo Provisório chefiado por **Getúlio Vargas** criou o Ministério do Trabalho, Indústria e Comércio e deu início à elaboração de uma legislação trabalhista ampla e geral.

Em **1943** é aprovada a **Consolidação das Leis do Trabalho (CLT)**, estruturando a legislação trabalhista e assegurando direitos muito importantes aos trabalhadores.

Com a **Constituição Federal de 1988**, os direitos dos trabalhadores são elevados a categoria de **direitos fundamentais**.

2. PRINCÍPIOS DO DIREITO DO TRABALHO

Os **princípios do Direito do Trabalho** se constituem nas linhas diretrizes ou postulados que inspiram o sentido das normas trabalhistas e configuram a regulamentação das relações de trabalho.

A doutrina identifica as seguintes funções dos princípios:

Função informadora – servem de fonte de inspiração ao legislador e de fundamento para as normas jurídicas.

Função normativa – servem como fonte supletiva, nas lacunas ou nas omissões da lei.

Função interpretativa – servem como critério orientador para os intérpretes e aplicadores da lei.

De acordo com o **art. 4º da LINDB**, quando a lei for omissa, o juiz decidirá o caso de acordo com a analogia, os costumes e os princípios gerais de direito. O **art. 8º da CLT** disciplina claramente que, na falta de disposições legais ou contratuais, o intérprete pode socorrer-se dos princípios do Direito do Trabalho.

Evidencia-se, pois, o caráter informador dos princípios no sentido de orientar o legislador na fundamentação das normas jurídicas, assim como o de fonte normativa, para suprir lacunas ou omissões da lei.

A **Constituição Federal de 1988** não enumerou expressamente os princípios do Direito do Trabalho. No entanto, é inquestionável a existência no texto constitucional de **princípios que são aplicáveis no âmbito do Direito do Trabalho** (art. 1º, III e IV; art. 193; art. 170, *caput*, III e VIII; art. 5º, *caput*, I, X, XIII, XVII a XX, XLI e XLII; art. 170, *caput*, III e VIII; art. 193).

2.1. Princípios específicos do Direito do Trabalho

2.1.1. Princípio protetor

Refere-se a um critério fundamental orientador do Direito do Trabalho: em vez de inspirar-se em um propósito de igualdade, baseia-se em um **amparo preferencial a uma das partes da relação de emprego: o trabalhador**. O fundamento deste princípio está ligado à própria razão de ser do Direito do Trabalho: **nivelar desigualdades**.

No entanto, com a **Reforma Trabalhista** trazida pela **Lei n. 13.467/2017**, a sistemática do Direito do Trabalho brasileiro, fundada na proteção do trabalhador enquanto parte hipossuficiente na relação laboral, restou afetada, o que alterou significativamente o princípio em estudo. Embora não tenha sido extinto, o princípio protetor foi atingido pela Reforma Trabalhista.

Aspectos da Lei n. 13.467/2017 que mitigaram a amplitude e a força do princípio protetor:

- **ampliação da autonomia individual do trabalhador**, permitindo e considerando válida a negociação direta entre este e o empregador sobre diversos aspectos como, por exemplo, para pactuação de compensação de jornada por meio de banco de horas (**§ 5º, art. 59, CLT**) e das regras do teletrabalho (**art. 75-C, CLT**), a rescisão do contrato de trabalho sem necessidade de homologação (**art. 477, CLT**) e a extinção do contrato de trabalho por comum acordo entre as partes (**art. 484-A, CLT**).

- previsão de que existem trabalhadores que não podem ser considerados economicamente mais fracos e sobre os quais não se pode pressupor desigualdade em relação ao empregador – os chamados "*hipersuficientes*" (**art. 444, parágrafo único, CLT**), **assim considerados** os trabalhadores portadores de **diploma de nível superior** e que percebam **salário mensal igual ou superior a duas vezes o limite máximo dos benefícios do Regime Geral de Previdência Social**, autorizando a **livre estipulação** pelos mesmos sobre os direitos em relação aos quais a negociação coletiva foi ampliada (**art. 611-A, CLT**).

- prevalência do negociado sobre o legislado – o legislador valorizou a negociação coletiva, considerando-a válida mesmo que esta contrarie certos preceitos legais e fixou como princípio a intervenção mínima na autonomia da vontade coletiva (**§ 3º, do art. 8º; art. 611-A,** *caput* **e parágrafos; parágrafo único do art. 611-B e art. 620**, todos da **CLT**). A questão sobre a validade de norma coletiva de trabalho que limita ou restringe direito trabalhista não assegurado constitucionalmente é objeto do **Tema 1.046 de Repercussão Geral**, que foi julgado em 2-6-2022 pelo STF, tendo sido fixada a seguinte tese: "São constitucionais os acordos e as convenções coletivos que, ao considerarem a adequação setorial negociada, pactuam limitações ou afastamentos de direitos trabalhistas, independentemente da explicitação especificada de vantagens compensatórias, desde que respeitados os direitos absolutamente indisponíveis".

Apesar das modificações acima indicadas, a proteção do trabalhador permanece sendo o fundamento e o mais importante princípio do Direito do Trabalho, e deve ser analisado a partir das seguintes regras:

a) *Regra da norma mais favorável* – é regra de **aplicação de norma jurídica**: sempre que existirem várias normas aplicáveis a uma mesma situação jurídica, **deve-se aplicar a norma mais favorável ao trabalhador**.

No Direito do Trabalho não se considera uma ordem hierárquica de normas, mas, no caso concreto, deverá ser aplicada a norma mais favorável ao trabalhador.

Assim, por exemplo, admite-se a prevalência de cláusula mais favorável de uma convenção coletiva de trabalho sobre uma lei trabalhista que regule a mesma matéria. Admite-se a prevalência de cláusula mais favorável de um acordo coletivo de trabalho sobre o quanto previsto na Constituição Federal[1].

> **Mas como comparar as normas para saber qual delas é a mais favorável?**
> Adotando-se a chamada **teoria do conglobamento**, as normas devem ser comparadas em conjunto, ou seja, na sua integralidade, não sendo possível fazer a comparação extraindo-se de cada uma das normas apenas as disposições mais favoráveis[2].

Destaque-se, porém, que a redação do **art. 620 da CLT**, dada pela **Lei n. 13.467/2017**, fragiliza a regra da norma mais favorável, à medida que dispõe que as condições fixadas em acordo coletivo de trabalho **sempre prevalecerão** sobre as estipuladas em convenção coletiva de trabalho.

b) *Regra do "in dubio pro operario"* – é regra de **interpretação de norma jurídica**: entre duas ou mais interpretações viáveis de uma norma jurídica, o intérprete **deve optar pela mais favorável ao trabalhador**.

Este é o critério que o intérprete deve levar em conta todas as vezes que uma norma possuir vários sentidos diferentes e uma escolha tiver de ser feita: deve prevalecer aquele sentido que for o mais favorável ao trabalhador.

No entanto, tal regra foi mitigada pela **Reforma Trabalhista** introduzida pela **Lei n. 13.467/2017**, em especial em relação à restrição de interpretação imposta à Justiça do Trabalho sobre o conteúdo das convenções coletivas e dos acordos coletivos de trabalho (**art. 8º, § 3º e art. 611-A, § 1º, CLT**).

c) *Regra da condição mais benéfica* – pressupõe a existência de **uma situação concreta, anteriormente reconhecida**, e determina que ela **deve ser respeitada**, na medida em que for mais favorável ao trabalhador do que a nova norma aplicável.

A nova regulamentação deverá respeitar, em situações concretas reconhecidas em favor do trabalhador, as condições que lhe resultem mais benéficas do que as estabelecidas para a matéria tratada pela nova regulamentação.

Neste sentido, em relação ao regulamento de empresa, a **Súmula 51 do TST** estabelece:

> I – As cláusulas regulamentares, que revoguem ou alterem vantagens deferidas anteriormente, só atingirão os trabalhadores admitidos após a revogação ou alteração do regulamento;
> II – Havendo a coexistência de dois regulamentos da empresa, a opção do empregado por um deles tem efeito jurídico de renúncia às regras do sistema do outro.

Essa regra também foi impactada pela **Reforma Trabalhista** introduzida pela **Lei n. 13.467/2017**, em razão da ampliação da autonomia individual e da validação das pactuações decorrentes de acordo direto entre empregado e empregador, especialmente em relação aos empregados considerados pelo parágrafo único do **art. 444 da CLT** como "*hipersuficientes*", sendo consideradas válidas as estipulações por eles negociadas diretamente com o empregador em relação aos direitos indicados no art. 611-A da CLT.

2.1.2. Princípio da irrenunciabilidade

Refere-se à **impossibilidade** de o empregado **abrir mão voluntariamente dos direitos** que lhe são concedidos pela legislação trabalhista.

Quais são os efeitos da violação do princípio da irrenunciabilidade?

Tendo em vista que as normas trabalhistas são, em sua maioria, de ordem pública e, portanto, inderrogáveis, as **renúncias que ocorrerem** carecem de qualquer efeito no mundo do direito: são absolutamente ineficazes, ou seja, **nulas de pleno direito**[3].

No entanto, a irrenunciabilidade de direitos trabalhistas foi mitigada pela *Reforma Trabalhista* (**Lei n. 13.467/2017**), com a previsão da figura do trabalhador "*hipersuficiente*" (**art. 444, parágrafo único, CLT**),

---

[1] Importante ressaltar que não se trata de autorização para desrespeitar as normas legais ou a Constituição Federal. O texto constitucional absorve a regra da norma mais favorável, estabelecendo patamares mínimos e patamares máximos de direitos, entre os quais as demais normas podem estipular outros direitos ou garantias, que prevalecerão sempre as mais favoráveis ao trabalhador. Por exemplo: o art. 7º, XVI, da Constituição Federal prevê que a remuneração do trabalho extraordinário será superior, **no mínimo**, em 50% ao do normal. Assim, nenhuma outra norma pode estipular adicional de horas extras inferior a 50% da hora normal, mas pode estabelecer adicionais maiores e, neste caso, prevalecerá sobre o texto constitucional, pois é mais favorável ao trabalhador.

[2] A teoria que admite a comparação entre partes isoladas das normas trabalhistas é chamada de **teoria da acumulação** e não é aceita pela maior parte da doutrina e da jurisprudência.

[3] Neste sentido o **art. 9º da CLT**: "Serão nulos de pleno direito os atos praticados com o objetivo de desvirtuar, impedir ou fraudar a aplicação dos preceitos contidos na presente Consolidação".

que pode negociar condições de trabalho menos benéficas, em comparação com os direitos trabalhistas previstos na legislação, salvo aqueles garantidos pela Constituição Federal, ainda que isso signifique renúncia a tais direitos.

Importante é a diferença no Direito do Trabalho entre renúncia e transação.

> *Renúncia* é ato unilateral e voluntário através do qual o titular de um direito certo desiste do referido direito, ou seja, abre mão dele. A **renúncia pelo empregado** de direitos que lhe são assegurados pelas normas de ordem pública **não é permitida**.
> *Transação* é ato bilateral através do qual as partes de uma relação jurídica, fazendo concessões recíprocas, extinguem obrigações litigiosas ou duvidosas. A **transação no Direito do Trabalho** é **permitida**, mas apenas **de forma restrita**, tendo em vista que sua validade depende da inexistência de qualquer prejuízo ao empregado.

Neste sentido dispõe o **art. 468 da CLT**:

> Nos contratos individuais de trabalho só é lícita a alteração das respectivas condições por mútuo consentimento, e ainda assim desde que não resultem, direta ou indiretamente, prejuízos ao empregado, sob pena de nulidade da cláusula infringente desta garantia.

2.1.3. Princípio da continuidade da relação de emprego

Expressa a tendência do Direito do Trabalho de atribuir à **relação de emprego** a **mais ampla duração**, sob todos os aspectos. Através deste princípio presume-se que o contrato de trabalho terá validade por prazo indeterminado.

Tudo o que vise à **conservação da fonte de trabalho** e a dar segurança ao trabalhador gera um benefício não só a ele, mas também para a empresa e para a sociedade, na medida em que contribui para aumentar o lucro e para melhorar o clima social das relações entre as partes.

O ônus de provar o término do contrato por iniciativa do obreiro é de iniciativa do empregador, pois o princípio da continuidade da relação de emprego constitui presunção favorável ao empregado (**Súmula 212, TST**).

Também esse princípio foi relativizado pela **Reforma Trabalhista** (**Lei n. 13.467/2017**), por exemplo, nos seguintes aspectos:

- previsão da possibilidade de rescisão do contrato de trabalho por comum acordo entre as partes (**art. 484-A, CLT**);
- previsão de possibilidade mais facilitada de o empregador proceder a dispensas coletivas ou plúrimas, não havendo, nesses casos, necessidade de autorização prévia de entidade sindical ou de celebração de convenção coletiva ou acordo coletivo de trabalho para sua efetivação (**art. 477-A da CLT**). A questão sobre a participação do sindicato nas dispensas coletivas ou plúrimas (dispensas em massa) é objeto do **Tema 638 de Repercussão Geral**, que foi julgado em 8-6-2022 pelo STF, tendo sido fixada a seguinte tese:

> "A intervenção sindical prévia é exigência procedimental imprescindível para a dispensa em massa de trabalhadores, que não se confunde com autorização prévia por parte da entidade sindical ou celebração de convenção ou acordo coletivo".[4]

2.1.4. Princípio da primazia da realidade

Significa que, em caso de discordância entre o que ocorre na prática e o que emerge de documentos ou acordos, deve-se dar preferência aos fatos (**contrato-realidade**).

O significado que deve se atribuir a este princípio é o da **prevalência dos fatos sobre as formas, formalidades ou as aparências**. Isto significa que, em matéria de trabalho, o que vai importar é o que ocorre na prática, muito mais do que aquilo que conste em documentos, formulários e instrumentos de controle.

É claro que não se pode concluir absolutamente que esta primazia dos fatos sobre os documentos pactuados significa que as estipulações contratuais carecem de qualquer valor. O que não se pode fazer é invocar um texto escrito para pretender que ele se sobreponha aos fatos.

Como exemplos de prevalência dos fatos sobre a formalidade de documentos, podemos citar: a) contrato expresso escrito: autônomo/contrato-realidade: empregado; b) vínculo de emprego – Carteira Profissional – data de ingresso: 15-9-2022/data real de ingresso: 15-9-2021; c) Aviso e recibo de férias: assinado pelo empregado/realidade: não recebeu, nem gozou de férias; d) horas extras: cartões de ponto: não registram horas extras/depoimentos de testemunhas: comprovam horas extras.

Assim, com fundamento no **art. 9º da CLT**, verifica-se que, se o documento foi formalmente elaborado com o intuito de, encobrindo a realidade dos fatos, fraudar as normas trabalhistas, será nulo de pleno direito.

2.1.5. Princípio da razoabilidade

Consiste na afirmação de que o ser humano, em suas relações trabalhistas, **procede e deve proceder conforme a razão**.

---

[4] Sobre o tema, ainda aguarda julgamento a ADI 6.142.

Trata-se de um limite ou um freio formal a ser aplicado naquelas áreas do comportamento onde a norma não pode prescrever limites muito rígidos e onde a norma não pode prever a infinidade de circunstâncias possíveis.

No Direito do Trabalho, este princípio, aplicado em relação a ambas as partes do contrato, tem **duas grandes formas de aplicação**:

a) em alguns casos serve para medir a verossimilhança de determinada aplicação ou solução;

b) em outros casos atua como obstáculo, como limite de certas faculdades cuja amplitude pode prestar-se à arbitrariedade.

2.1.6. Princípio da boa-fé

O trabalhador deve cumprir o contrato de boa-fé, enquanto o empregador deve cumprir lealmente suas obrigações. Trata-se de **princípio que abrange ambas as partes do contrato**, e não apenas uma delas.

Este princípio é visto como um **princípio geral** que deve ser levado em conta para a aplicação de todos os direitos e obrigações que as partes adquirem como consequência do contrato de trabalho e que informa a totalidade de regulamentação, com características de postulado moral e jurídico.

A boa-fé se refere à conduta da pessoa que deve cumprir realmente com seu dever, pressupondo uma posição de **honestidade e honradez** na relação jurídica, porque contém implícita a consciência de não enganar, não prejudicar, nem causar danos.

3. FONTES DO DIREITO DO TRABALHO

O ordenamento jurídico trabalhista é composto de disposições que provêm de diversas fontes. A expressão "**fontes do Direito**" é utilizada em sentido metafórico[5] e significa origem, manancial de onde surge o Direito do Trabalho; são os **modos de formação ou de revelação das normas jurídicas**.

As fontes do Direito do Trabalho classificam-se em *fontes materiais* (todos os elementos que inspiram a formação das normas jurídicas trabalhistas; os fatos verificados em uma sociedade em determinado momento histórico e que contribuirão para a formação e a substância das normas jurídicas trabalhistas) e *fontes formais* (os diferentes meios pelos quais se estabelecem as normas jurídicas trabalhistas; são as próprias normas jurídicas trabalhistas).

As *fontes formais* podem ser divididas em ***heterônomas*** (são as elaboradas por terceiros, alheios às partes da relação jurídica que regulam; o comando normativo vem de fora) e ***autônomas*** (aquelas elaboradas pelos próprios destinatários da norma, ou seja, as partes da relação jurídica; são também chamadas de normas contratuais).

3.1. Fontes formais heterônomas

Como **normas jurídicas elaboradas por terceiros**, alheios à relação jurídica regulada, são: **a)** as normas jurídicas de origem estatal, entre as quais se destacam a Constituição Federal, as leis, os atos administrativos; **b)** as sentenças normativas da Justiça do Trabalho, que constituem uma peculiaridade deste ramo do Direito; e **c)** a sentença arbitral, como norma jurídica decorrente da solução de conflitos coletivos de trabalho.

3.1.1. Constituição Federal

É a principal fonte do Direito e, consequentemente, do Direito do Trabalho. Dela emanam todas as normas, independentemente de sua origem e formação, sendo certo que todas as demais normas devem estar em estrita consonância com suas regras e princípios. Em relação aos direitos trabalhistas estabelece os limites mínimos e máximos, entre os quais as demais normas podem estipular direitos e garantias.

3.1.2. Lei

É o preceito comum e obrigatório, emanado dos poderes competentes e provido de sanção (MAGANO, 1993, p. 97). No sentido material, é toda regra de direito geral, abstrata e permanente, tornada obrigatória pela vontade da autoridade competente para produzir direito e expressa numa fórmula escrita, enquanto, no sentido estrito, é a norma jurídica emanada do Poder Legislativo, sancionada e promulgada pelo Presidente da República (SÜSSEKIND, 2003, p. 154).

Especificamente em relação ao Direito do Trabalho, a *CLT* elenca o maior contingente de normas imperativas, mas existem diversas leis esparsas que tratam de matéria trabalhista (por exemplo, Lei n. 8.036/90 – FGTS; Lei n. 605/49 – DSR; Lei n. 4.090/62 – 13º salário).

3.1.3. Ato administrativo

O **art. 84, IV, da Constituição Federal** prevê que compete privativamente ao Presidente da República expedir decretos e regulamentos que permitam a fiel execução das leis. Trata-se de poder regulamentar, no exercício do qual a Administração Pública estabelece normas jurídicas que, em sentido material, revestem-se de características de lei.

---

[5] Do mesmo modo que a água pode vir de diferentes fontes, o Direito também tem diversas origens possíveis.

3.1.4. Sentença normativa

Constitui a exteriorização do **poder normativo da Justiça do Trabalho**, previsto no § 2º do art. 114 da Constituição Federal. Decorre do julgamento pela Justiça do Trabalho de conflito coletivo, estabelecendo regra geral e abstrata aplicável a todos os trabalhadores e empregadores integrantes das categorias envolvidas no litígio.

3.1.5. Jurisprudência

Formada pelas interpretações dos tribunais acerca da ordem jurídica, exerce inegável papel de criação do Direito. O **art. 8º da CLT** reconhece a jurisprudência como fonte normativa do Direito do Trabalho.

3.1.6. Sentença arbitral

É a decisão de caráter normativo tomada por um árbitro escolhido por sindicatos e por empresas para a solução de um conflito coletivo de trabalho, na forma indicada pelo § 1º do art. 114 da Constituição Federal.

3.2. Fontes formais autônomas

Originam-se da **atuação dos sindicatos representantes de trabalhadores e empregadores** na busca de soluções para os conflitos coletivos de trabalho, ou seja, decorrem da atuação direta dos próprios destinatários da norma, através da **negociação coletiva de trabalho**.

Através dos instrumentos de negociação coletiva (convenção coletiva de trabalho e acordo coletivo de trabalho), os próprios interessados estabelecem a disciplina das suas condições de vida e de trabalho de forma democrática e dinâmica.

A **Reforma Trabalhista (Lei n. 13.467/2017)** acrescentou o **art. 611-A à CLT**, prevendo a prevalência da convenção coletiva e do acordo coletivo de trabalho sobre a lei, indicando um rol exemplificativo de temas e questões a respeito dos quais referidas normas autônomas podem dispor com esse efeito de prevalência à lei. A questão sobre a validade de norma coletiva de trabalho que limita ou restringe direito trabalhista não assegurado constitucionalmente é objeto do **Tema 1.046 de Repercussão Geral**, que foi julgado em 2-6-2022 pelo STF, tendo sido fixada a seguinte tese:

"São constitucionais os acordos e as convenções coletivos que, ao considerarem a adequação setorial negociada, pactuam limitações ou afastamentos de direitos trabalhistas, independentemente da explicitação especificada de vantagens compensatórias, desde que respeitados os direitos absolutamente indisponíveis".

3.2.1. Convenção coletiva de trabalho

É o acordo de caráter normativo, pelo qual dois ou mais sindicatos representativos de categorias econômicas e profissionais estipulam condições de trabalho aplicáveis no âmbito das respectivas representações, às relações individuais de trabalho (**CLT, art. 611**). **Aplica-se a todos** os trabalhadores e empregadores **integrantes das respectivas categorias profissional e econômica** no âmbito da base territorial de representação dos sindicatos.

3.2.2. Acordo coletivo de trabalho

Pactuado entre uma ou mais empresas e o sindicato representativo dos trabalhadores na base territorial respectiva. Aplica-se apenas às empresas signatárias e aos seus respectivos empregados (**CLT, art. 611, § 1º**).

As condições estabelecidas em acordo coletivo de trabalho sempre prevalecerão sobre as estipuladas em convenção coletiva de trabalho (**CLT, art. 620**).

3.2.3. Costume

Prática reiterada e espontânea de certo modo de agir de conteúdo jurídico por determinado grupo social. Os costumes constituem fonte do Direito do Trabalho à medida que, enquanto não se promulga uma lei relativamente a uma determinada prática, são utilizados como fonte informativa das relações entre empregados e empregadores.

3.2.4. Regulamento de empresa

É um ato jurídico que, no âmbito interno da empresa, cria regras a serem adotadas nas relações jurídicas mantidas entre o empregador e seus empregados.

3.3. Hierarquia das fontes no Direito do Trabalho

No Direito do Trabalho, tal como ocorre em relação às fontes do Direito em geral, as diversas fontes compõem uma unidade coerente, havendo uma hierarquia entre elas.

Como é óbvio, a **Constituição Federal é a norma fundamental** e, nesta condição, coloca-se no topo da ordem hierárquica das fontes formais do Direito do Trabalho.

Abaixo da Constituição, alinham-se, em ordem hierárquica decrescente, as leis, os atos do Poder Executivo, as sentenças normativas, as convenções e acordos coletivos de trabalho, os costumes.

No entanto, **apesar da existência de uma ordem entre as fontes do Direito do Trabalho**, sempre se entendeu que no Direito do Trabalho a **hierarquia existente entre elas é** bastante peculiar, podendo ser chamada de *flexível*, e difere da regra de hierarquia rígida e inflexível aplicável no Direito Comum.

Ocorre que, com a **Reforma Trabalhista (Lei n. 13.467/2017)**, foram alteradas as premissas acima indicadas, com:

- a previsão pelo legislador de hipótese de hierarquia rígida de normas, na qual não é possível se falar em norma mais benéfica (prevê o **art. 620 da CLT** que *as condições estabelecidas em acordo coletivo de trabalho sempre prevalecerão sobre as estipuladas em convenção coletiva de trabalho*);
- a possibilidade de que a convenção coletiva e o acordo coletivo de trabalho tenham prevalência sobre a lei, não sendo feita qualquer exigência no sentido de que isso somente ocorra quando contenham previsão mais benéfica para o trabalhador[6], até porque o legislador impede que a Justiça do Trabalho faça qualquer valoração nesse sentido, à medida que limita sua atuação à análise apenas da conformidade dos elementos essenciais do negócio jurídico, respeitando o princípio da intervenção mínima na autonomia da vontade coletiva (**art. 611-A e § 3º, art. 8º, CLT**).

4. RELAÇÃO DE EMPREGO

A relação de emprego é a **relação jurídica** que tem como fato social original o **trabalho humano não eventual e subordinado, prestado com pessoalidade, mediante remuneração** e que tem como disciplina jurídica o conjunto de normas que compõem o Direito do Trabalho. Na relação de emprego, o vínculo jurídico é estabelecido entre empregado e empregador e é regulado pelas normas jurídicas trabalhistas.

Assim, como objeto do Direito do Trabalho, a relação de emprego deve ser analisada a partir do estudo das suas características, de seus sujeitos e de sua natureza jurídica.

4.1. Características

Ao contrário da relação de trabalho, que é genérica e que se refere a todas as relações jurídicas fundadas em uma obrigação de fazer consubstanciada no trabalho humano, a **relação de emprego**, embora também tenha por fundamento o trabalho humano, **é específica**, possuindo **características próprias** que a distinguem das demais formas de prestação de serviço. A **relação de trabalho é**, deste modo, **gênero**, que tem, entre **uma de suas espécies, a relação de emprego**.

Os **elementos característicos da relação de emprego** decorrem do disposto nos **arts. 2º e 3º da CLT** e são:

a) **pessoalidade** – na relação de emprego o **trabalho prestado tem caráter infungível**, pois quem o executa deve realizá-lo pessoalmente, não podendo fazer-se substituir por outra pessoa. A relação de emprego é, pois, uma **relação *intuitu personae***, sendo tal característica derivada do fato de que neste tipo de relação jurídica o que se contrata não é o serviço como resultado final, mas sim o serviço prestado pessoalmente por alguém.

> O empregado obriga-se a prestar pessoalmente os serviços contratados, não podendo, por sua iniciativa, fazer-se substituir por terceiros.

b) **não eventualidade** – na relação de emprego a **prestação de serviço é habitual**, repetitiva, rotineira. As **obrigações das partes se prolongam no tempo**, com efeitos contínuos. O trabalho deve, portanto, ser não eventual, o que significa dizer que o empregado se obriga a prestar serviços com continuidade, da mesma forma que as obrigações do empregador em relação aos benefícios trabalhistas assegurados ao empregado permanecem enquanto durar a relação de emprego.

Importante ressaltar, porém, que não é necessário que os serviços sejam prestados diariamente. O importante é que haja a expectativa de retorno do empregado ao serviço, isto é, já se sabe que os serviços serão desenvolvidos em determinado dia, por determinada pessoa, e sua ausência acarretará consequências jurídicas.

> O que caracteriza a habitualidade não é a prestação diária de trabalho, mas sim o sentido de permanência e de prolongamento no tempo que a prestação dos serviços tem.

c) **subordinação** – a subordinação deriva da própria estrutura da relação jurídica de emprego, que se baseia na **transferência pelo empregado ao empregador do poder de direção sobre o seu trabalho**.

---

[6] A questão sobre a validade de norma coletiva de trabalho que limita ou restringe direito trabalhista não assegurado constitucionalmente é objeto do Tema 1.046 de Repercussão Geral, julgado pelo STF em 02.06.2022 pelo STF, tendo sido fixada a seguinte tese: "São constitucionais os acordos e as convenções coletivos que, ao considerarem a adequação setorial negociada, pactuam limitações ou afastamentos de direitos trabalhistas, independentemente da explicitação especificada de vantagens compensatórias, desde que respeitados os direitos absolutamente indisponíveis".

> É a sujeição do empregado às ordens do empregador, é o estado de dependência do trabalhador em relação ao seu empregador.

Com a transferência do poder de direção, o empregador assume os riscos da atividade econômica e passa a estabelecer os contornos da organização do trabalho do empregado (*poder de organização*), a fiscalizar o cumprimento pelo empregado das ordens dadas no exercício do poder de organização (*poder de controle*), podendo, em caso de descumprimento pelo empregado das determinações, impor-lhe as sanções previstas no ordenamento jurídico (*poder disciplinar*).

d) **remuneração** – a relação de emprego não é gratuita ou voluntária, ao contrário, **haverá sempre uma prestação (serviços) e uma contraprestação (remuneração)**.

A onerosidade caracteriza-se pelo ajuste da troca de trabalho por salário.

O que importa não é o *quantum* a ser pago, mas sim o pacto, a promessa de prestação de serviço de um lado e a promessa de pagamento do salário de outro lado. Ressalte-se que o fato do empregador deixar de pagar o salário não afasta a existência de onerosidade e, portanto, não descaracteriza o contrato de trabalho, pois a obrigação de pagar o salário existe, apenas não está sendo cumprida.

> A existência de relação de emprego somente se verifica quando todas estas características estiverem presentes ao mesmo tempo. A ausência de um ou de alguns destes elementos caracterizadores pode implicar a existência de uma relação de trabalho, mas jamais de uma relação de emprego.

Observação: Além das quatro características acima apontadas, alguns autores ressaltam ser a *alteridade* um outro traço distintivo que pode ser atribuído à relação de emprego. A alteridade decorre do fato de que na relação de emprego *os serviços são prestados por conta alheia*, ou seja, **o empregador é quem** *assume os riscos da atividade econômica*.

4.2. Sujeitos

Os sujeitos da relação de emprego são **empregado** e **empregador**.

O conceito legal de **empregado** está expresso no **art. 3º da CLT**: toda pessoa física que prestar serviços de natureza não eventual a empregador, sob a dependência deste e mediante salário. A definição de empregado deve ser completada por mais um requisito expresso no **art. 2º da CLT**, qual seja, a prestação pessoal de serviços.

O conceito legal de **empregador** está expresso no **art. 2º da CLT**:

> Considera-se empregador a empresa, individual ou coletiva, que, assumindo os riscos da atividade econômica, admite, assalaria e dirige a prestação pessoal de serviços.

4.3. Natureza jurídica

A natureza jurídica da relação de emprego é discutida a partir de duas teorias:

a) **teoria contratualista** – afirma a natureza contratual da relação de emprego, ou seja, a relação entre empregado e empregador decorre de acordo de vontades e, portanto, é fundada em um contrato. A relação de emprego é um negócio jurídico que se insere no âmbito da autonomia privada.

É a teoria que prevalece e que foi absorvida pelo legislador trabalhista. Tendo origem na autonomia da vontade das partes, a relação de emprego tem inegável natureza contratual. Por esta razão, o **art. 442 da CLT** estabelece que contrato individual de trabalho é o acordo tácito ou expresso correspondente à relação de emprego.

b) **teoria anticontratualista** – nega a natureza contratual da relação de emprego. Para os anticontratualistas a autonomia da vontade não tem qualquer influência ou relevância na formação e no desenvolvimento deste tipo específico de relação jurídica denominada de relação de emprego.

5. RELAÇÃO DE TRABALHO

Podem ser consideradas como relação de trabalho todas as relações jurídicas fundadas em uma obrigação de fazer consubstanciada no trabalho humano, enquanto somente existirá relação de emprego quando o trabalho humano se desenvolver de forma não eventual e subordinada, sendo prestado com pessoalidade e mediante remuneração.

A relação de trabalho é gênero, sendo a relação de emprego uma de suas espécies.

Entre as diversas espécies de relação de trabalho, analisaremos as seguintes, buscando identificar suas características específicas que as diferenciam da relação de emprego:

5.1. Trabalho autônomo

É aquele que se desenvolve por conta própria, **sem subordinação**, ou seja, o trabalhador autônomo exerce suas atividades com independência, não se subordinando às ordens e ao controle do tomador dos serviços. Considera-se autônomo o prestador de serviços que desenvolve sua atividade sem estar subordinado a horário, livre de fiscalização do destinatário dos serviços e, eventualmente, com auxílio de terceiros.

> O autônomo tem ampla liberdade quanto à forma e ao modo de execução dos serviços, estabelece o preço dos serviços e assume os riscos do empreendimento.

O trabalho autônomo insere-se no âmbito do Direito Civil, sendo o trabalhador contratado mediante contrato de prestação de serviços regido basicamente pelos **arts. 593 a 609 do Código Civil**.

A contratação do autônomo, cumpridas por este todas as formalidades legais, com ou sem exclusividade, de forma contínua ou não, **afasta a qualidade de empregado (art. 442-B, CLT)**.

5.2. Trabalho eventual

É aquele exercido de forma esporádica, descontínua, fortuita.

> O trabalhador eventual presta serviços de curta duração para vários tomadores de serviço, sem habitualidade ou continuidade, não se fixando a uma fonte de trabalho.

5.3. Trabalho temporário

É disciplinado pela **Lei n. 6.019, de 3-1-1974**[7], regulamentada pelo **Decreto n. 10.854, de 10-11-2021**, e corresponde a uma relação composta por três partes (**relação triangular**), que gera, entre elas, vínculos jurídicos distintos e independentes, inconfundíveis entre si.

A relação de trabalho temporário é desenvolvida entre uma empresa tomadora de serviços (ou empresa cliente), uma empresa de trabalho temporário e o trabalhador temporário.

Há, portanto, uma *intermediação de mão de obra*, que rompe com a tradicional simetria da relação mantida entre empregado e empregador.

O trabalho temporário pode versar sobre o desenvolvimento de **atividades-meio e atividades-fim** a serem executadas na empresa tomadora de serviços **(art. 9º, § 3º, Lei n. 6.019/74; art. 59, Decreto n. 10.854/2021)**.

A relação jurídica entre a empresa de trabalho temporário e a tomadora de serviços (ou cliente) é de natureza civil (prestação de serviços de fornecimento de mão de obra).

No que tange à relação entre o trabalhador temporário e a empresa de trabalho temporário, embora haja certa divergência na doutrina, é majoritariamente considerada relação de emprego, sob o argumento de que há previsão expressa na lei de que existe contrato de trabalho entre as partes.

O trabalho temporário **somente é admitido para atender (art. 2º, da Lei n. 6.019/74 e art. 41, Decreto n. 10.854/2021)**:

a) **à necessidade de substituição transitória de pessoal permanente** da empresa tomadora de serviços, em razão de afastamento por motivo de suspensão ou interrupção do contrato de trabalho, tais como férias, licenças e outros afastamentos previstos em lei; *ou*

b) **à demanda complementar de serviços** (ex.: empresa recebe, excepcionalmente, encomenda muito grande e para atendê-la contrata trabalhador temporário).

Considera-se complementar a demanda de serviços que seja oriunda de fatores imprevisíveis ou, quando decorrente de fatores previsíveis, tenha natureza intermitente, periódica e sazonal (**§ 2º, art. 2º, Lei n. 6.019/74 e art. 43, IV, Decreto n. 10.854/2021). Não se consideram demanda complementar de serviços** as demandas contínuas ou permanentes ou as demandas decorrentes da abertura de filiais (**parágrafo único, art. 43, Decreto n. 10.854/2021**).

É proibida a contratação de trabalho temporário para substituição de trabalhadores em greve, salvo nos casos previstos em lei (**§ 1º, art. 2º, Lei n. 6.019/74**).

Assim, a **empresa de trabalho temporário**, que a Lei exige seja **registrada** como tal **no Ministério do Trabalho e Previdência (art. 4º, Lei n. 6.019/74 e art. 47, Decreto n. 10.854/2021)**, é contratada pela tomadora de serviços para colocar à disposição desta trabalhadores sempre que houver *demanda complementar de serviço* ou quando seja necessária a *substituição transitória de pessoal permanente*.

A contratação do trabalhador temporário deve ser feita **necessariamente** através da celebração de **contra-**

---

[7] Com as alterações inseridas pela Lei n. 13.429, de 31-3-2017, e pela Lei n. 13.467, de 13-7-2017.

to de prestação de serviços de colocação de trabalhadores temporários à disposição, firmado entre a empresa de trabalho temporário e a tomadora dos serviços**, que deve ser necessariamente escrito e ficará à disposição da autoridade fiscalizadora no estabelecimento da tomadora de serviços. Do contrato deve constar expressamente a qualificação das partes, o motivo justificador da contratação, o prazo da prestação de serviços, o valor da prestação de serviços e disposições sobre a segurança e a saúde do trabalhador, independentemente do local da realização do trabalho **(art. 9º, Lei n. 6.019/74 e arts. 54 e 71, Decreto n. 10.854/2021)**.

É responsabilidade da empresa contratante garantir as condições de **segurança, higiene e salubridade** dos trabalhadores, quando o trabalho for realizado em suas dependências ou em local por ela designado **(§ 1º, art. 9º, Lei n. 6.019/74 e art. 55, Decreto n. 10.854/2021)**, devendo, ainda, estender ao trabalhador da empresa de trabalho temporário o mesmo **atendimento médico, ambulatorial e de refeição** destinado aos seus empregados, existente nas suas dependências, ou em local por ela designado **(§ 2º, art. 9º, Lei n. 6.019/74 e art. 56, Decreto n. 10.854/2021)**.

A empresa tomadora de serviços ou cliente fica obrigada a comunicar à empresa de trabalho temporário a ocorrência de acidente cuja vítima seja um trabalhador temporário colocado à sua disposição **(§ 2º, art. 12, Lei n. 6.019/74 e art. 75, Decreto n. 10.854/2021)**.

Qualquer que seja o ramo da empresa tomadora de serviços, não existe vínculo de emprego entre ela e os trabalhadores contratados pelas empresas de trabalho temporário **(art. 10, Lei n. 6.019/74 e art. 57, Decreto n. 10.854/2021)**, sendo que o contrato individual de trabalho temporário não se confunde com o contrato por prazo determinado previsto pela CLT **(art. 70, Decreto n. 10.854/2021)**.

A **duração** do referido **contrato** não poderá, em relação a um mesmo empregador, exceder o prazo de cento e oitenta dias, consecutivos ou não, podendo ser prorrogado por até noventa dias, consecutivos ou não, quando comprovada a manutenção das condições que o ensejaram **(§§ 1º e 2º, art. 10, Lei n. 6.019/74 e art. 66, Decreto n. 10.854/2021)**.

Após o término do período de contratação, o trabalhador temporário somente poderá ser colocado à disposição da mesma tomadora de serviços em **novo contrato temporário**, **após noventa dias** do término do contrato anterior, sendo que a nova contratação em período inferior caracteriza vínculo de emprego com a tomadora **(§§ 5º e 6º, art. 10, Lei n. 6.019/74 e art. 67, Decreto n. 10.854/2021)**.

Não se aplica ao trabalhador temporário o contrato de experiência previsto na CLT e a indenização prevista no art. 479 da CLT **(§ 4º, art. 10, Lei n. 6.019/74 e art. 64, Decreto n. 10.854/2021)**.

O contrato de trabalho celebrado entre o trabalhador temporário e a empresa de trabalho temporário também deverá ser **necessariamente escrito**, com indicação expressa dos direitos assegurados ao trabalhador pela Lei e da empresa tomadora de serviços ou cliente **(art. 11, Lei n. 6.019/74 e art. 65, Decreto n. 10.854/2021)**.

O **art. 12** da Lei n. 6.019/74 **assegura ao trabalhador temporário os seguintes direitos**:

- anotação do contrato temporário na CTPS (na parte "anotações gerais");
- remuneração equivalente à do empregado substituído ou o mesmo salário do grupo no qual trabalhou em caso de acréscimo extraordinário de serviços;
- indenização ao final do contrato (equivalente a 40% dos depósitos do FGTS – CF, art. 7º, I);
- férias proporcionais (acrescidas de um terço – CF, art. 7º, XVII);
- jornada de 8 horas diárias e 44 horas semanais (CF, art. 7º, XIII);
- horas extras, com adicional de 50% sobre a hora normal (CF, art. 7º, XVI);
- adicional noturno;
- seguro contra acidente do trabalho;
- proteção previdenciária.

O **art. 60 do Decreto n. 10.854/2021** regulamenta os direitos acima indicados, detalhando sua concessão.

Além desses direitos, **também são assegurados ao trabalhador temporário**:

- FGTS (art. 15, § 2º, Lei n. 8.036/90), conforme previsto no **art. 60, III, do Decreto n. 10.854/2021**;
- vale-transporte (art. 1º, Decreto n. 95.247/87);
- seguro-desemprego (art. 3º, Lei n. 7.998/90);
- descanso semanal remunerado (Lei n. 605/49), conforme previsto no **art. 63 do Decreto n. 10.854/2021**.

A jornada de trabalho do trabalhador temporário será de, no máximo, oito horas diárias, podendo, no entanto, ter duração superior a oito horas diárias na hipótese de a empresa tomadora de serviços ou cliente utilizar jornada de trabalho específica. As horas que excederem à jornada de trabalho serão remuneradas com adicional de, no mínimo, 50% (**art. 61 do Decreto n. 10.854/2021**). Será assegurado ao trabalhador temporário o acréscimo de, no mínimo, vinte por cento de sua remuneração quando trabalhar no período noturno (**art. 62 do Decreto n. 10.854/2021**).

O trabalhador temporário é **remunerado pela empresa de trabalho temporário**, a quem também cabe a responsabilidade pelos direitos assegurados ao trabalhador e pela assistência a este (**art. 4º, Lei n. 6.019/74 e art. 48, Decreto n. 10.854/2021**). No entanto, caso não sejam observados os requisitos exigidos pela Lei n. 6.019/74, **o vínculo de emprego se formará com o tomador dos serviços**, que passará, neste caso, a ser o responsável pelos salários e direitos do trabalhador.

A contratante é **subsidiariamente responsável** pelas obrigações trabalhistas referentes ao período em que ocorrer o trabalho temporário (**art. 10, § 7º, Lei n. 6.019/74 e art. 74, Decreto n. 10.854/2021**).

Na hipótese de **falência da empresa de trabalho temporário**, a empresa tomadora de serviços ou cliente **responderá solidariamente** pelas verbas relativas ao período para o qual o trabalhador tenha sido contratado (**art. 16, Lei n. 6.019/74 e parágrafo único, art. 74, Decreto n. 10.854/2021**).

5.4. Trabalho avulso

É o trabalho **prestado de forma esporádica, de curta duração e a diversos tomadores**, sem se fixar a qualquer um deles. No entanto, o trabalho avulso é **realizado necessariamente através da intermediação feita por entidade específica**, o que faz com que a **relação também seja necessariamente triangular**, envolvendo o fornecedor de mão de obra (entidade intermediária), o trabalhador avulso e o tomador do serviço.

Nesta modalidade de trabalho é vedada a contratação direta do trabalhador pelo tomador dos serviços.

Por muito tempo, embora fosse possível o exercício de trabalho avulso em diversas atividades específicas, o ordenamento jurídico brasileiro regulava apenas a **modalidade de trabalho executada tipicamente nos portos**.

No entanto, a partir da promulgação da **Lei n. 12.023/2009**, passou a haver regulamentação também para a *atividade urbana ou rural de movimentação de carga*, exercida por trabalhador avulso.

> Nessa modalidade, a **contratação** de movimentador de carga avulso é feita **mediante *intermediação obrigatória do sindicato da categoria***, por meio de acordo ou convenção coletiva de trabalho, não havendo vínculo de emprego entre o tomador de serviços e os trabalhadores, nem entre estes e o sindicato (**art. 1º**).

Na modalidade de *trabalho avulso portuário*, que é regulado pela **Lei n. 12.815/2013**, os tomadores de serviço são basicamente os navios, armazéns, as empresas importadoras e exportadoras e os operadores portuários em geral. Os trabalhadores avulsos portuários são, como regra, trabalhadores de capatazia, estiva, conferência de carga, conserto de carga, bloco e vigilância de embarcações (**art. 40**).

> A *intermediação do trabalho portuário avulso é exercida por um órgão gestor de mão de obra (OGMO)*, cujas funções são definidas pela **Lei n. 12.815/2013 (art. 32)**.

O órgão gestor de mão de obra é reputado pelo legislador como de *utilidade pública*, **não podendo ter fins lucrativos** e sendo-lhe **vedada a prestação de serviços a terceiros** ou o **exercício de qualquer atividade não vinculada à gestão da mão de obra** (art. 39).

A **Constituição Federal de 1988** confirmou de maneira inequívoca a proteção dos trabalhadores avulsos antes assegurada por diversas leis esparsas, **garantindo-lhes os mesmos direitos previstos para os empregados urbanos e rurais** (art. 7º, XXXIV).

5.5. Trabalho voluntário

É a **atividade não remunerada** prestada por pessoa física a entidade pública de qualquer natureza, ou instituição privada de fins não lucrativos, que tenha objetivos cívicos, culturais, educacionais, científicos, recreativos, ou de assistência à pessoa (**art. 1º, Lei n. 9.608/98**).

> O trabalhador voluntário presta serviços com intenção ou ânimo de caridade, de benemerência e não espera uma retribuição pecuniária pelo trabalho.

O trabalhador tem intenção, ânimo de trabalhar de forma graciosa, fundado em motivos de convicção pessoal, inexistindo qualquer expectativa por parte dele em receber um salário pelo trabalho executado.

O serviço voluntário **não gera vínculo empregatício ou previdenciário**.

A formalização do trabalho voluntário se dá através da assinatura pelas partes de "Termo de Adesão", dele devendo constar o objeto e as condições de seu exercício (**art. 2º**).

A contratante do trabalhador voluntário pode **ressarcir as despesas devidamente comprovadas** que o mesmo tenha realizado na prestação do serviço, sem que isto caracterize remuneração. As despesas a serem ressarcidas deverão estar expressamente autorizadas pela entidade a que for prestado o serviço voluntário (**art. 3º**).

5.6. Estagiário

Estágio é **ato educativo escolar** supervisionado, desenvolvido no ambiente de trabalho, visando à preparação para o trabalho produtivo de alunos que estejam frequentando o ensino regular em instituições de ensino superior, de educação profissional, de ensino médio, da educação especial e dos anos finais do ensino fundamental, na modalidade profissional da educação de jovens e adultos (**art. 1º, Lei n. 11.788/2008**).

> O objetivo do estágio é, essencialmente, a complementação do ensino teórico recebido nas escolas, com a experiência prática obtida junto à pessoa jurídica de direito privado ou ao órgão público concedente do estágio.

O **estágio não cria vínculo empregatício**, *desde que* preenchidos os seguintes *requisitos*:

a) matrícula e frequência regular do estudante na escola;
b) celebração de um termo de compromisso;
c) interveniência da instituição de ensino;
d) compatibilidade entre as atividades desenvolvidas no estágio e aquelas previstas nos termos de compromisso.

O **descumprimento de qualquer obrigação** contida no termo de compromisso também **caracteriza o vínculo de emprego entre o estudante e o concedente** do estágio (**art. 3º, *caput* e § 2º**), **exceto quando** se tratar a parte concedente de ente da **Administração Pública direta ou indireta** (OJ SDI-1 366, TST).

Parte concedente – podem oferecer estágio (**art. 9º**):

- pessoas jurídicas de direito privado;
- órgãos da Administração Pública direta, autárquica e fundacional de qualquer dos Poderes da União, dos Estados, do Distrito Federal e dos Municípios;
- profissionais liberais de nível superior devidamente registrados em seus respectivos conselhos de fiscalização profissional.

A *jornada de trabalho* do estagiário será, no máximo (**art. 10**):

- **4 horas diárias e 20 horas semanais** no caso de estudantes de **educação especial e dos anos finais do ensino fundamental**, na modalidade profissional de educação de jovens e adultos;
- **6 horas diárias e 30 horas semanais** no caso de estudantes do **ensino superior**, da **educação profissional de nível médio** e do **ensino médio regular**;
- **40 horas semanais** no caso de estudantes de **cursos que alternem teoria e prática, nos períodos em que não estão programadas aulas presenciais**, desde que haja previsão neste sentido no projeto pedagógico do curso e da instituição de ensino.

No período em que ocorrerem verificações de aprendizagem periódicas ou finais, a carga horária do estágio será reduzida pelo menos à metade, a fim de assegurar o bom desempenho do estudante nas provas.

A *duração do estágio* na mesma entidade concedente não poderá ser superior a dois anos, exceto quanto se tratar de estagiário portador de deficiência (**art. 11**).

Remuneração: o recebimento de bolsa ou outra forma de contraprestação é:

- facultativa, nos casos de estágio obrigatório;
- compulsória, nos casos de estágio não obrigatório.

Observação: A eventual concessão de benefícios relacionados a transporte, alimentação e saúde, entre outros, não caracteriza vínculo empregatício.

Recesso: sempre que o estágio tenha duração igual ou superior a 1 ano, ao estagiário é assegurado um **período de recesso de 30 dias**, a ser gozado preferencialmente durante suas férias escolares (**art. 13**). Os dias de recesso serão concedidos de forma proporcional quando o estágio tiver duração inferior a 1 ano.

Quando o estagiário receber bolsa ou outra forma de contraprestação, o recesso deverá ser remunerado.

Limite do número de estagiários: o **art. 17** estabelece uma proporção que deve ser seguida quanto ao número máximo de estagiários em relação ao quadro de pessoal das entidades concedentes.

5.7. Cooperativa de trabalho

Celebram contrato de sociedade cooperativa as pessoas que reciprocamente se obrigam a contribuir com bens ou serviços para o exercício de uma atividade econômica, de proveito comum, sem objetivo de lucro (**art. 3º, Lei n. 5.764/71**).

A Constituição Federal de 1988, no Título que trata da ordem econômica e financeira, fixa como comando ao legislador infraconstitucional o apoio e o estímulo ao cooperativismo. Neste sentido, a **Lei n. 5.764, de 16-12-1971**, estabelece a **política nacional de cooperativismo** e institui o **regime jurídico das cooperativas**. Também o **Código Civil de 2002** contém disposições sobre as sociedades cooperativas (**arts. 1.093 a 1.096**).

Nos termos do **parágrafo único, do art. 442 da CLT**, independentemente do ramo de atividade da sociedade cooperativa, não existe vínculo de emprego entre ela e seus associados, nem entre estes e os tomadores de serviços daquela. Assim, desde que a prestação de serviços ocorra efetivamente por cooperativa, constituída nos termos e para os fins previstos na Lei n. 5.764/71, não haverá relação de emprego. Todavia, ainda que sob a forma de trabalho cooperado, se constadas na prática as características da relação de emprego, esta será reconhecida, sendo a contratação por meio da cooperativa considerada nula nos termos do **art. 9º da CLT**.

5.8. Terceirização de serviços

É a **contratação de trabalhadores por interposta pessoa**, ou seja, o serviço é prestado através de uma **relação triangular** da qual fazem parte o trabalhador, a empresa terceirizante (prestadora dos serviços) e a tomadora dos serviços.

O trabalhador presta serviços para a tomadora, mas sempre por intermédio da empresa terceirizante, não havendo contratação direta neste caso. Trata-se, portanto, de uma subcontratação de mão de obra.

Considera-se prestação de serviços a terceiros a transferência feita pela contratante da execução de quaisquer de suas atividades, inclusive sua atividade principal, à pessoa jurídica de direito privado prestadora de serviços que possua capacidade econômica compatível com a sua execução (**art. 4º-A, Lei n. 6.019/74**[8]). A distinção entre terceirização em atividade-fim e atividade-meio feita pela **Súmula 331 do TST** não foi prevista nem pela Lei n. 13.429, de 31 de março de 2017 e nem pela Lei n. 13.467, de 13 de julho de 2017. O **Supremo Tribunal Federal** decidiu que é lícita a terceirização em todas as etapas do processo produtivo, seja meio ou fim (**ADPF 324 e RE 958252**), com repercussão geral reconhecida. A tese de repercussão geral aprovada no RE foi a seguinte: "É lícita a terceirização ou qualquer outra forma de divisão do trabalho entre pessoas jurídicas distintas, independentemente do objeto social das empresas envolvidas, mantida a responsabilidade subsidiária da empresa contratante".

A **empresa prestadora de serviços a terceiros** contrata, remunera e dirige o trabalho prestado por seus trabalhadores, ou subcontrata outras empresas para a realização desses serviços (**§ 1º, art. 4º-A, Lei n. 6.019/74**). Não se configura vínculo empregatício entre os trabalhadores, ou sócios das empresas prestadoras de serviços, qualquer que seja o seu ramo, e a empresa contratante (**§ 2º, art. 4º-A, Lei n. 6.019/74**).

A verificação de vínculo empregatício e de infrações trabalhistas em relação ao trabalhador terceirizado será realizada contra a empresa prestadora dos serviços e não em relação à empresa contratante, exceto quanto à sua responsabilidade subsidiária ou em caso de infrações relacionadas às condições de segurança, higiene e salubridade dos trabalhadores quando o trabalho for realizado nas suas dependências ou em local previamente convencionado em contrato, e quando for comprovada fraude na contratação da prestadora (**§ 3º, art. 39, Decreto n. 10.845/2021**).

Na hipótese de configuração de vínculo empregatício com a empresa contratante, o reconhecimento do vínculo deverá ser precedido da caracterização individualizada dos elementos da relação de emprego (**§ 4º, art. 39, Decreto n. 10.845/2021**).

A mera identificação do trabalhador na cadeia produtiva da contratante ou o uso de ferramentas de trabalho ou de métodos organizacionais e operacionais estabelecidos pela contratante não implicará a existência de vínculo empregatício (**§ 5º, art. 39, Decreto n. 10.845/2021**).

A caracterização da subordinação jurídica deverá ser demonstrada no caso concreto e incorporará a submissão direta, habitual e reiterada do trabalhador aos poderes diretivo, regulamentar e disciplinar da empresa contratante, dentre outros (**§ 6º, art. 39, Decreto n. 10.845/2021**).

---

[8] Com as alterações da Lei n. 13.429, de 31-3-2017, e da Lei n. 13.467, de 13-7-2017.

Não pode figurar como contratada a pessoa jurídica cujos titulares ou sócios tenham, nos últimos 18 meses, prestado serviços à contratante na qualidade de empregado ou trabalhador sem vínculo empregatício, exceto se os referidos titulares ou sócios forem aposentados (**art. 5º-C, Lei n. 6.019/74**).

O empregado que for demitido não poderá prestar serviços para esta mesma empresa na qualidade de empregado de empresa prestadora de serviços antes do decurso de 18 meses, contados a partir da demissão do empregado (**art. 5º-D, Lei n. 6.019/74**).

São **requisitos para o funcionamento da empresa de prestação de serviços a terceiros**: prova de inscrição no CNPJ; registro na Junta Comercial; capital social compatível com o número de empregados, de acordo com os parâmetros estabelecidos pela Lei (**art. 4º-B, Lei n. 6.019/74**).

Contratante é a pessoa física ou jurídica que celebra contrato com empresa de prestação de serviços relacionados a quaisquer de suas atividades, inclusive sua atividade principal (**art. 5º-A, Lei n. 6.019/74**), a ela sendo **vedada a utilização dos trabalhadores em atividades distintas** daquelas que foram objeto do contrato com a empresa prestadora de serviços (**§ 1º, art. 5º-A, Lei n. 6.019/74**).

Os **serviços contratados** poderão ser executados nas instalações físicas da empresa contratante ou em outro local, de comum acordo entre as partes (**§ 2º, art. 5º-A, Lei n. 6.019/74**).

É responsabilidade da empresa contratante garantir as condições de **segurança, higiene e salubridade** dos trabalhadores quando o trabalho for realizado em suas dependências ou em local previamente convencionado em contrato (**§ 3º, art. 5º-A, Lei n. 6.019/74 e § 8º, art. 39, Decreto n. 10.845/2021**), podendo, ainda, estender ao trabalhador da empresa de trabalho temporário o mesmo **atendimento médico, ambulatorial e de refeição** destinado aos seus empregados, existente nas suas dependências, ou em local por ela designado (**§ 4º, art. 5º-A, Lei n. 6.019/74**).

São **assegurados aos empregados** da empresa prestadora de serviços, **quando e enquanto os serviços**, que podem ser de qualquer uma das atividades da contratante, **forem executados nas dependências da tomadora**, as mesmas condições:

- relativas a: a) alimentação garantida aos empregados da contratante, quando oferecida em refeitórios; b) direito de utilizar os serviços de transporte; c) atendimento médico ou ambulatorial existente nas dependências da contratante ou local por ela designado; d) treinamento adequado, fornecido pela contratada, quando a atividade o exigir.
- sanitárias, de medidas de proteção à saúde e de segurança no trabalho e de instalações adequadas à prestação do serviço.

Nos contratos que impliquem **mobilização de empregados da contratada em número igual ou superior a 20%** (vinte por cento) dos empregados da contratante, esta poderá disponibilizar aos empregados da contratada os **serviços de alimentação e atendimento ambulatorial em outros locais** (não sendo necessário que seja nas suas próprias dependências), desde que tais locais sejam **apropriados e com igual padrão de atendimento**, com vistas a manter o pleno funcionamento dos serviços existentes (**art. 4º-C, § 2º, Lei n. 6.019/74**).

O **contrato de prestação de serviços conterá** a qualificação das partes, a especificação do serviço a ser prestado, o prazo para realização do serviço, quando for o caso, e o valor (**art. 5º-B, Lei n. 6.019/74**).

As novas disposições sobre contratação de serviços terceirizados **não se aplicam** às empresas de vigilância e transporte de valores, permanecendo as respectivas relações de trabalho reguladas por legislação especial, e subsidiariamente pela CLT (**art. 19-B, Lei n. 6.019/74**).

A empresa contratante é **subsidiariamente responsável** pelas obrigações trabalhistas referentes ao período em que ocorrer a prestação de serviços (**art. 5º-A, § 5º, Lei n. 6.019/74 e § 8º, art. 39, Decreto n. 10.845/2021**). A responsabilidade subsidiária pelas obrigações trabalhistas referentes ao período em que ocorrer a prestação de serviços não implicará qualquer tipo de desconsideração da cadeia produtiva quanto ao vínculo empregatício entre o empregado da empresa prestadora de serviços e a empresa contratante (**art. 40, Decreto n. 10.845/2021**).

6. EMPREGADO

Empregado é a **pessoa física** que pessoalmente presta serviços não eventuais, sob a dependência de empregador e mediante remuneração (**arts. 2º e 3º da CLT**).

Assim:

a) o empregado é *sempre pessoa física*. Isto decorre da natureza do contrato de trabalho, pelo qual se contrata a *prestação pessoal de serviços* (*intuitu personae*), o que afasta, logicamente, a possibilidade de ser o empregado pessoa jurídica. A pessoa jurídica jamais poderá executar o próprio trabalho, fazendo-o por meio de pessoas físicas.

b) os serviços contratados são **prestados de modo não eventual**, isto é, a utilização da força de trabalho, como fator de produção, corresponde às necessidades normais da atividade econômica em que é utilizada e se prolongam no tempo. A duração da prestação não importa; pela própria natureza da atividade do empregador, o serviço pode ser prestado apenas durante poucas horas diariamente, bastando que não seja excepcional ou transitório em relação à atividade do estabelecimento.

c) a prestação do serviço é realizada *de forma subordinada às ordens do empregador* e não se dá sob forma autônoma, isto é, o trabalhador não exerce, ele próprio, uma atividade econômica. É preciso, portanto, para ser empregado, que o trabalhador se limite a permitir que sua força de trabalho seja utilizada na atividade econômica e produtiva exercida por outrem, a quem fica, por isso, juridicamente subordinado.

d) o trabalho prestado é *remunerado*, ou seja, não se dá a título gratuito, porque o contrato de trabalho é oneroso. Não é a falta de estipulação do *quantum* do salário ou o seu pagamento sob forma indireta que desfiguram a condição de empregado, e sim a intenção de prestar o serviço desinteressadamente, por mera benevolência.

Não há distinção entre o **trabalho intelectual, técnico e manual (art. 3º, parágrafo único, CLT)**, sendo **proibida a distinção** entre essas formas de trabalho e os profissionais respectivos (**art. 7º, XXXII, CF**).

■ 7. EMPREGADOR

O legislador define empregador como "a empresa, individual ou coletiva, que, assumindo os riscos da atividade econômica, admite, assalaria e dirige a prestação pessoal de serviços" (**art. 2º, *caput*, CLT**). Também podem ser empregadores os **entes não dotados de personalidade jurídica** (condomínio, massa falida, espólio), desde que admitam trabalhadores como empregados.

A lei **equiparou ao empregador**, "para os efeitos exclusivos da relação de emprego" (**art. 2º, § 1º, CLT**), desde que admitam empregados:

- os profissionais liberais;
- as instituições de beneficência;
- as associações recreativas;
- outras instituições sem fins lucrativos, que admitirem trabalhadores como empregados.

Assim, **empregador é o tomador dos serviços**; aquele que contrata o trabalho prestado de forma pessoal, subordinada, contínua e mediante remuneração pelo empregado. A noção de empregador está essencialmente relacionada ao conceito de empregado, ou seja, se em um dos polos da relação jurídica existir trabalho prestado por alguém com pessoalidade, não eventualidade, subordinação e remuneração, do outro lado haverá um empregador.

Portanto, **o empregador**:

a) pode ser pessoa física ou jurídica, e, ainda, ente despersonalizado;
b) pode ter ou não finalidade lucrativa;
c) assume os riscos da atividade econômica (alteridade);
d) exerce o poder de direção, subordinando o empregado às suas ordens;
e) é responsável pelo pagamento dos salários e pelo cumprimento de todos os direitos do empregado estabelecidos pelas normas trabalhistas.

■ 7.1. Poder de direção do empregador

Ao ser contratado, o empregado **transfere para o empregador o poder de direção** sobre seu trabalho, **passando a ser subordinado ao mesmo**. Assim estrutura-se a relação jurídica objeto do Direito do Trabalho: **de um lado, o poder de direção**, reconhecido pela ordem jurídica ao empregador e exercido como contrapartida aos riscos da atividade econômica inerentes à própria atividade empresarial; **de outro lado, o estado de subordinação do empregado**, que se submete às regras de caráter hierárquico e técnico impostas pelo empregador.

O poder de direção se divide em poder de organização (ou de comando), em poder de controle (ou de fiscalização) e poder disciplinar.

O *poder de organização* consiste na faculdade que tem o empregador de determinar as atividades que serão exercidas pelo empregado e de definir as condições concretas e as regras gerais de trabalho a serem obedecidas pelo empregado, tais como jornada e horário de trabalho, processos de trabalho adotados no estabelecimento e na empresa etc. O poder de organização permite que o **empregador utilize a força de trabalho do empregado da forma que melhor atenda aos interesses da empresa**.

Formas de exteriorização do poder de organização são o *regulamento de empresa*, que contém regras gerais, abstratas, impessoais e de cumprimento obrigatório no âmbito da empresa, e o *quadro de carreira* (ou plano de cargos e salários), prevendo promoções alternadas segundo critérios de antiguidade e de merecimento (**art. 461, §§ 2º e 3º, CLT**).

O *regulamento de empresa* tem **natureza contratual** e, como consequência, adere ao contrato de trabalho, aplicando-se a ele, portanto, a regra da *inalterabilidade* **das cláusulas contratuais** insculpida no **art. 468 da CLT**.

Súmula 51, TST
I – As cláusulas regulamentares, que revoguem ou alterem vantagens deferidas anteriormente, só atingirão os trabalhadores admitidos após a revogação ou alteração do regulamento. II – Havendo a coexistência de dois regulamentos de empresa, a opção do empregado por um deles tem efeito jurídico de renúncia às regras do sistema do outro.

Súmula 288, TST
I – A complementação dos proventos de aposentadoria, instituída, regulamentada e paga diretamente pelo empregador, sem vínculo com as entidades de previdência privada fechada, é regida pelas normas em vigor na data de admissão do empregado, ressalvadas as alterações que forem mais benéficas (art. 468 da CLT).

Quanto ao **quadro de carreira ou ao plano de cargos e salários**, a existência do mesmo impede o reconhecimento do direito a equiparação salarial (**art. 461, § 2º, CLT**), mas não obsta a reclamação fundada em preterição, enquadramento ou reclassificação (**Súmula 127, TST**). O quadro de carreira e o plano de cargos e salários não precisam ter qualquer forma de homologação ou registro em órgão público.

O *poder de controle* é aquele através do qual o empregador verifica o exato cumprimento pelo empregado das determinações relativas à prestação do trabalho, ou seja, **fiscaliza a atuação do empregado em relação ao cumprimento das obrigações decorrentes do contrato de trabalho**. A atividade do empregado, sendo subordinada ao poder de direção do empregador, não é exercida da forma ou do modo pretendido pelo empregado, mas sim da maneira como foi determinada pelo empregador.

O *poder disciplinar* é o direito do empregador de impor **sanções disciplinares** aos seus empregados, em caso de **descumprimento das obrigações contratuais**.

No direito brasileiro, as sanções disciplinares que podem ser aplicadas aos empregados em geral são **a** *advertência*, **a** *suspensão* **e a** *dispensa por justa causa*.

7.2. Grupo econômico

Existe *grupo econômico*, para fins trabalhistas, sempre que duas ou mais empresas, embora cada uma delas com personalidade jurídica própria, estiverem sob a **direção, controle ou administração de outra**, ou ainda quando, mesmo guardando cada uma sua autonomia, integrem grupo econômico.

> Caracterizado o grupo econômico, serão, para os efeitos da relação de emprego, *solidariamente responsáveis* a empresa principal e cada uma das subordinadas, pelos direitos trabalhistas dos empregados de todas elas (**art. 2º, § 2º, da CLT**).

Não caracteriza grupo econômico a mera identidade de sócios, sendo necessárias, para a configuração do grupo, a demonstração do interesse integrado, a efetiva comunhão de interesses e a atuação conjunta das empresas dele integrantes (**art. 2º, § 3º, da CLT**).

Assim, são **elementos componentes da estrutura do grupo econômico**:

a) existência de duas ou mais empresas;
b) autonomia das empresas (personalidade jurídica própria);
c) relação de dominação entre as empresas, através da direção, controle ou administração da empresa principal sobre as filiadas;
d) interesse integrado, comunhão de interesses e atuação conjunta das empresas;
e) atividade industrial, comercial, ou qualquer outra de caráter econômico;
f) vínculo de solidariedade entre as empresas para o fim de garantir os direitos trabalhistas dos empregados;
g) efeito incidente apenas na relação de emprego.

Assim, como **efeito jurídico do grupo econômico** está a caracterização de um **vínculo de *solidariedade passiva* entre as empresas componentes do grupo**, ou seja, todas as empresas são responsáveis em igualdade de condições pelos créditos trabalhistas derivados dos contratos de trabalho de todos os empregados. Trata-se de hipótese de solidariedade decorrente de lei, nos exatos termos do **art. 265 do Código Civil**, e que tem como consequência o fato de o credor ter o direito de exigir e de receber qualquer um dos devedores, parcial ou totalmente, a dívida comum (**art. 275 do Código Civil**).

> **Súmula 129, TST**
> A prestação de serviços a mais de uma empresa integrante do mesmo grupo econômico, durante a mesma jornada de trabalho, não caracteriza a coexistência de mais de um contrato de trabalho, salvo ajuste em contrário.
>
> **Súmula 239, TST**
> É bancário o empregado de empresa de processamento de dados que presta serviço a banco integrante do mesmo grupo econômico, exceto quando a empresa de processamento de dados presta serviços a banco e a empresas não bancárias do mesmo grupo econômico ou a terceiros.

7.3. Sucessão de empregadores

Decorre da alteração subjetiva do contrato de trabalho, havendo a **modificação do sujeito empregador**, mantendo-se intacta a relação de emprego.

A sucessão de empregadores é prevista pelos **arts. 10 e 448 da CLT**, que preveem que:

> Qualquer alteração na estrutura jurídica da empresa ou na sua propriedade não afeta os contratos de trabalho dos respectivos empregados nem os direitos adquiridos pelos mesmos.

A sucessão decorrente de alteração na estrutura jurídica da empresa abrange hipóteses como mudança de sociedade para firma individual ou vice-versa, alteração do tipo societário, fusão, incorporação, cisão etc. Essas modificações formais são irrelevantes para os contratos de trabalho que seguem normalmente seu curso.

A sucessão decorrente da alteração na propriedade do empreendimento é representada pela alienação total ou parcial do empreendimento, com a continuação da prestação de serviços, pelos empregados, para o novo titular.

Para que exista a sucessão de empregadores, dois são os **requisitos indispensáveis**:

a) que um estabelecimento, como unidade econômico-jurídica, passe de um para outro titular (sucedido e sucessor);

b) que a prestação de serviço pelos empregados não sofra solução de continuidade.

Fundamento – funda-se essa proteção no **princípio da continuidade do contrato de trabalho** e no **princípio da despersonalização do empregador**.

Os contratos de trabalho são mantidos com a organização de trabalho e não com as pessoas que estejam eventualmente à frente dessa mesma organização → a intangibilidade dos contratos é preservada pelo Direito do Trabalho.

Caracterizada a sucessão, as obrigações trabalhistas, inclusive as contraídas à época em que os empregados trabalhavam para a empresa sucedida, serão de responsabilidade do sucessor (**art. 448-A, CLT**).

Efeitos da sucessão de empregadores:

a) sub-roga-se o novo proprietário em todas as obrigações do primeiro, desenvolvendo-se normalmente o contrato de trabalho, sem qualquer prejuízo para o trabalhador;

b) a contagem de tempo de serviço não é interrompida;

c) as obrigações trabalhistas vencidas à época do sucedido, mas ainda não cumpridas, são exigíveis do sucessor, porque a responsabilidade trabalhista existe em função da empresa;

d) as sentenças judiciais podem ser executadas (embora não tenham sido na época do sucedido), desde que não prescritas, respondendo o sucessor, diretamente, por seus efeitos, inclusive reintegração de estáveis;

e) os empregados cujos contratos de trabalho por ocasião da sucessão estiverem suspensos ou interrompidos têm o direito de reassumir os cargos → a sucessão não extingue as relações de emprego transitoriamente paralisadas por causas legais ou convencionais;

f) os contratos a prazo devem ser respeitados pelo sucessor, persistindo o direito do empregado de cumpri-los até o fim;

g) a contagem dos períodos aquisitivos de férias dos empregados prossegue normalmente;

h) os débitos previdenciários assumidos pelo sucedido passam para o sucessor;

i) o sucedido responderá solidariamente com a sucessora quando ficar comprovada fraude na transferência.

Observações: a sucessão **não é justa causa para que o empregado dê por rescindido o contrato de trabalho**, nem para que pleiteie indenizações. Podem sucedido e sucessor, no contrato de transpasse, prever ação regressiva do segundo contra o primeiro, o que será decidido na Justiça Comum, mas em **nada afetará os empregados,** ou seja, essa pactuação de natureza civil entre as partes **não gera efeitos para afastar a responsabilidade trabalhista do sucessor**.

Situação que não é propriamente de sucessão, mas é definidora de responsabilidades, é a do **sócio retirante da sociedade**. Este **responde subsidiariamente** pelas obrigações trabalhistas da sociedade relativas ao **período em que figurou como sócio**, somente em **ações ajuizadas até dois anos depois de averbada a modificação do contrato**, observada a seguinte **ordem de preferência**:

1) a empresa devedora;
2) os sócios atuais; e
3) os sócios retirantes (**art. 10-A, CLT**).

No entanto, o sócio retirante **responderá solidariamente** com os demais sócios quando ficar **comprovada fraude na alteração societária** decorrente da modificação do contrato (**parágrafo único, art. 10-A, CLT**).

8. EMPREGADO DOMÉSTICO

Empregado doméstico é "aquele que presta serviços de forma contínua, subordinada, onerosa e pessoal e de finalidade não lucrativa à pessoa ou à família, no âmbito residencial destas, por mais de 2 (dois) dias por semana" (**art. 1º, Lei Complementar n. 150/2015**).

Assim, são fatores que diferenciam o doméstico dos demais empregados:

- trabalho para pessoa ou família;
- trabalho no âmbito residencial;
- inexistência de fins lucrativos no trabalho que exerce.

Finalidade não lucrativa – o trabalho doméstico não visa lucro para o empregador. Não pode ser prestado na exploração de atividade comercial ou industrial, devendo ser realizado tão somente para o desenvolvimento da vida do lar, da vida familiar.

Âmbito residencial da família – relaciona-se com o âmbito da prestação do trabalho, que abrange todo o local onde há o desenvolvimento da vida do lar, incluindo não só a moradia permanente (motorista, jardineiro, mordomo, babá etc.), como também suas extensões, como a chácara recreativa, o sítio de lazer, casa de praia (caseiro).

O trabalho doméstico, como ocorre em qualquer tipo de relação de emprego, é prestado com **pessoalidade, de forma contínua, subordinada** e **com onerosidade**, ou seja, o empregado doméstico presta serviços pessoais, não eventuais e remunerados, sob as ordens do empregador.

É **vedada** a contratação de **menor de 18** anos para desempenho de trabalho doméstico (**art. 1º, parágrafo único, Lei Complementar n. 150/2015**).

A **Constituição Federal de 1988** foi um marco na proteção trabalhista dos domésticos, à medida que assegurou aos mesmos um leque de direitos muito mais extenso dos que lhe eram conferidos pela legislação existente até então. No entanto, muito embora fosse inegável a melhoria das condições de proteção trabalhista do doméstico a partir da Constituição de 1988, é inescusável a constatação de que o constituinte adotou um critério desigual entre os trabalhadores domésticos e os trabalhadores urbanos e rurais, tendo em vista que o art. 7º previa uma proteção ampla e integral a estes últimos em detrimento da proteção assegurada aos primeiros, que se restringia apenas aos direitos previstos em alguns dos incisos do referido dispositivo.

Em resposta às discussões sobre a desigualdade de tratamento constitucional entre os trabalhadores urbanos e rurais e os trabalhadores domésticos, e atendendo aos anseios dessa última categoria, a **Emenda Constitucional n. 72/2013** estabeleceu uma nova **ampliação aos direitos do empregado doméstico**.

Assim, **mantendo os direitos já originalmente previstos pela Constituição Federal de 1988** (salário mínimo, irredutibilidade de salário, décimo terceiro salário, repouso semanal remunerado preferencialmente aos domingos, férias anuais remuneradas com pelo menos um terço a mais do que o salário normal, licença-gestante de 120 dias sem prejuízo do emprego e do salário, licença-paternidade, aviso-prévio proporcional ao tempo de serviço, sendo no mínimo de 30 dias, aposentadoria e integração à Previdência Social), **o parágrafo único do art. 7º da Constituição Federal passou**, com a redação dada pela Emenda Constitucional n. 72/2013, **a garantir à categoria dos trabalhadores domésticos os seguintes direitos**:

- garantia de salário, nunca inferior ao mínimo, para os que percebem remuneração variável;
- proteção do salário na forma da lei, constituindo crime sua retenção dolosa;
- duração do trabalho normal não superior a oito horas diárias e quarenta e quatro semanais, facultada a compensação de horários e a redução da jornada, mediante acordo ou convenção coletiva de trabalho;
- remuneração do serviço extraordinário superior, no mínimo, em cinquenta por cento à do normal;
- redução dos riscos inerentes ao trabalho, por meio de normas de saúde, higiene e segurança;
- reconhecimento das convenções e acordos coletivos de trabalho;

- proibição de diferença de salários, de exercício de funções e de critério de admissão por motivo de sexo, idade, cor ou estado civil;
- proibição de qualquer discriminação no tocante a salário e critérios de admissão do trabalhador portador de deficiência;
- proibição de trabalho noturno, perigoso ou insalubre a menores de dezoito e de qualquer trabalho a menores de dezesseis anos, salvo na condição de aprendiz, a partir de quatorze anos.

Além disso, atendidas as condições estabelecidas em lei e observada a simplificação do cumprimento das obrigações tributárias, principais e acessórias, decorrentes da relação de trabalho e suas peculiaridades, **também se assegurou aos trabalhadores domésticos**:

- relação de emprego protegida contra despedida arbitrária ou sem justa causa, nos termos de lei complementar, que preverá indenização compensatória, entre outros direitos;
- seguro-desemprego, em caso de desemprego involuntário;
- fundo de garantia do tempo de serviço;
- remuneração do trabalho noturno superior à do diurno;
- salário-família pago em razão do dependente do trabalhador de baixa renda nos termos da lei;
- assistência gratuita aos filhos e dependentes desde o nascimento até 5 (cinco) anos de idade em creches e pré-escolas;
- seguro contra acidentes de trabalho, a cargo do empregador, sem excluir a indenização a que este está obrigado, quando incorrer em dolo ou culpa.

Os **direitos** assegurados constitucionalmente aos domésticos foram **regulamentados pela Lei Complementar n. 150/2015**.

9. EMPREGADO RURAL

Empregado rural é o trabalhador que presta serviços subordinados, em propriedade rural ou prédio rústico, continuamente, mediante remuneração.

O que **caracteriza o empregado rural** é, basicamente:

a) o **local da prestação de serviço** – propriedade rural ou prédio rústico; e

b) o **exercício de atividade agroeconômica pelo empregador** – atividade agrícola ou pecuária, com finalidade lucrativa.

A lei pressupõe, como **sujeitos do contrato de trabalho rural**, de um lado, o **empregador**, assim entendida toda pessoa que *exerce atividade agroeconômica*, inclusive a exploração industrial em estabelecimento agrário, e, de outro lado, o **empregado rural (art. 2º, § 4º, Decreto n. 73.626/74)**.

Portanto, empregador rural é **aquele que explora atividade agrícola ou pecuária com fins lucrativos**.

Destinando-se a atividade econômica à transformação da matéria-prima em produto industrializado, com vistas à comercialização (por exemplo: laranja – suco concentrado; cana de açúcar – álcool/açúcar), a relação de emprego não será rural (**art. 84, § 5º, Decreto n. 10.854/2021**).

Equipara-se a empregador rural "a pessoa física ou jurídica que, habitualmente, em caráter profissional, e por conta de terceiros, execute serviços de natureza agrária, mediante utilização do trabalho de outrem" (**art. 4º, Lei n. 5.889/73**).

A **Lei n. 8.212/91, art. 25-A**, equipara ao empregador rural pessoa física o **consórcio simplificado de produtores rurais**, formado pela união de produtores rurais pessoas físicas, que outorgam a um deles poderes para contratar, gerir e demitir trabalhadores para a prestação de serviços exclusivamente aos seus integrantes, mediante documento registrado em cartório de títulos e documentos. No mesmo sentido, o **art. 84, § 1º, II, do Decreto n. 10.854/2021**. Os produtores rurais **integrantes do consórcio** serão *responsáveis solidários* em relação às obrigações previdenciárias (**art. 25-A, § 3º, Lei n. 8.212/91**) e também em relação às obrigações trabalhistas.

A **Constituição Federal, em seu art. 7º,** *caput*, **equipara o trabalhador urbano e o rural**, estando este favorecido por todas as normas genéricas das relações de trabalho subordinado, **igualando os direitos trabalhistas**.

Assim, a **Constituição Federal** estabelece os direitos do empregado rural, que são regulamentados pela **Lei n. 5.889/73 e pelo Decreto n. 10.854/2021**, como normas especiais, e pela **CLT** e outras leis esparsas, que, de forma supletiva, são aplicáveis aos trabalhadores rurais.

> Os produtores rurais integrantes do consórcio serão responsáveis solidários em relação às obrigações previdenciárias (**§ 3º, art. 25-A, Lei n. 8.212/91**) e também em relação às obrigações trabalhistas.

10. CONTRATO DE TRABALHO

Nos termos do **art. 442 da CLT**, contrato individual de trabalho é o **acordo tácito ou expresso, correspondente à relação de emprego**.

O **art. 443 da CLT** prevê que o contrato de trabalho pode ser acordado tácita ou expressamente, verbalmente ou por escrito.

Portanto, **a lei não estabelece forma especial para a celebração** pelas partes do pacto que vai reger a relação de emprego: o mesmo pode ser fruto de uma manifestação expressa de vontade, assumindo a forma escrita ou verbal, mas pode, ainda, decorrer de uma manifestação tácita de vontade. Neste último caso, estando presentes as características da relação de emprego haverá contrato de trabalho (contrato-realidade).

10.1. Características do contrato de trabalho

O contrato de trabalho é um contrato:

- **de direito privado** (celebrado entre particulares, envolvendo, portanto, interesses privados);
- *intuitu personae* (desenvolve-se de forma pessoal em relação a um dos sujeitos, o empregado);
- **consensual** (nasce da manifestação da vontade livre das partes e não depende de forma prevista em lei);
- **sinalagmático** (trata-se de pacto de natureza bilateral que gera obrigações recíprocas às partes contratantes, resultando um equilíbrio formal entre as prestações ajustadas);
- **sucessivo ou continuado** (as obrigações dele decorrentes se prolongam no tempo; o contrato é de *débito permanente*, tendo em vista que as obrigações renascem após cada cumprimento);
- **oneroso** (previsão de perdas e vantagens econômicas para ambas as partes no âmbito do contrato);
- **principal** (admite a existência de contratos acessórios a ele – ex.: contrato depósito = mostruário para vendedores).

10.2. Elementos do contrato de trabalho

Como negócio jurídico que é, o **contrato de trabalho** tem os seguintes **elementos (ou requisitos)** – (**art. 104, Código Civil**):

a) **capacidade das partes** – as partes do contrato de trabalho devem ser capazes.

Capacidade do empregador: regida pelo Direito Civil, ou seja, é capaz para celebrar contrato de trabalho como empregador quem é capaz na forma da lei civil.

Qualquer pessoa natural, jurídica ou ente despersonalizado a quem a ordem jurídica reconheça aptidão para adquirir direitos e contrair obrigações na vida civil, tem capacidade para assumir direitos e obrigações trabalhistas na condição de empregador.

Capacidade do empregado: as regras sobre capacidade do empregado decorrem do **art. 7º, XXXIII, da Constituição Federal**.

A **capacidade plena** para celebrar contrato de trabalho na condição de empregado é alcançada aos **18 anos**.

Entre 16 e 18 anos situa-se a **incapacidade relativa**, sendo necessária a assistência dos pais ou responsáveis na celebração do contrato de trabalho, embora o menor entre 16 e 18 anos tenha capacidade para praticar por si mesmo alguns atos decorrentes do contrato de trabalho, como, por exemplo, assinar recibo de salário (**art. 439, CLT**).

O **menor de 16 anos** é **incapaz** para celebrar contrato de trabalho.

Tratando-se de *aprendiz*, a capacidade também é atingida **aos 18 anos**, sendo possível celebrar contrato de aprendizagem até os 24 anos (**art. 428, CLT**). **Entre 14 e 18 anos** é verificada a **capacidade relativa** para celebrar contrato de aprendizagem (necessidade de assistência dos pais ou responsáveis). Por fim, é **incapaz** para celebrar este tipo de contrato o **menor de 14 anos**.

Tratando-se de *trabalho insalubre, perigoso ou noturno* o contrato de trabalho **só pode ser celebrado por maior de 18 anos**. O **menor de 18 anos** é **incapaz** para celebrar contrato que tenha por objeto trabalho nestas condições. Da mesma forma, o **menor de 18 anos é incapaz** para celebrar **contrato de trabalho doméstico** (**parágrafo único, art. 1º, LC n. 150/2015**).

A contratação de empregados sem a observância de tais regras relativas à capacidade caracteriza irregularidade que torna o **trabalho proibido**.

b) **objeto lícito** – o trabalho executado por força do contrato de trabalho **não pode ser caracterizado como atividade criminosa ou como contravenção legal**, ou seja, não pode ser enquadrado em um tipo penal.

O trabalho que seja enquadrado como crime ou contravenção penal leva à caracterização da **ilicitude do objeto**.

c) **forma** – não é rígida. O contrato de trabalho não é formal (não é solene), podendo ser verbal e até tácito (**arts. 442 e 443, CLT**). O contrato de trabalho corresponde à relação de emprego. Portanto, **estando presentes as características da relação de emprego** (pessoalidade, não eventualidade, subordinação e remuneração), **existe contrato de trabalho (contrato-realidade)**.

Observação: O registro do contrato de trabalho na CTPS (Carteira de Trabalho e Previdência Social) do empregado não é requisito para a validade do contrato. A CTPS é documento de identificação do trabalhador e dela devem constar todos os dados relativos ao contrato de trabalho, tais como indicação do empregador, da data de contratação, da função e da remuneração (**art. 29, CLT**). É vedado ao empregador efetuar anotações desabonadoras à conduta do empregado em sua CTPS (§ 4º).

10.3. Nulidade do contrato de trabalho

Tratando-se de **trabalho proibido** (como é o caso de contratação irregular de menores) o **contrato de trabalho será nulo**. Tal **nulidade tem efeito *ex nunc***, ou seja, não retroage. Apenas a partir da decretação da nulidade é que o contrato vai ser suprimido do mundo jurídico; os efeitos trabalhistas decorrentes do contrato são verificados e assegurados até a decretação da nulidade.

Também será **nulo o contrato de trabalho** quando seu **objeto for ilícito**. Neste caso, a **nulidade tem efeito *ex tunc***, atingindo o contrato desde sua origem, razão pela qual os direitos trabalhistas não são assegurados, nem mesmo até a data da decretação da nulidade. O efeito retroativo da nulidade fundamenta-se na proteção do interesse público (não permitir a prática de crimes ou de contravenções penais).

> **OJ SDI-1 199, TST**
> Jogo do bicho. Contrato de trabalho. Nulidade. Arts. 82 e 145 do Código Civil.

Situação especial de nulidade do contrato de trabalho diz respeito à **contratação pela Administração Pública direta ou indireta de empregados sem prévia aprovação em concurso público**, conforme exigido pelo **art. 37, II, da Constituição Federal**. A contratação de empregados públicos sem prévia aprovação em concurso público **encontra óbice no art. 37, II e § 2º, da CF** e gera a **nulidade do contrato de trabalho**, apenas conferindo ao trabalhador direito ao pagamento da contraprestação pactuada, em relação ao número de horas trabalhadas, respeitado o valor da hora do salário mínimo e dos valores referentes aos depósitos do FGTS (**Súmula 363, TST**).

> **Súmula 386, TST**
> Preenchidos os requisitos do art. 3º da CLT, é legítimo o reconhecimento de relação de emprego entre policial militar e empresa privada, independentemente de eventual penalidade disciplinar prevista no Estatuto do Policial Militar.

Neste caso existe o vínculo estatutário militar entre o policial e a corporação e um vínculo trabalhista entre o policial, que trabalha em atividade outra que não a policial em seus horários de folga, e a empresa privada que contrata tais serviços.

10.4. Prova do contrato de trabalho

A **prova do contrato de trabalho** será feita pelas **anotações** constantes da Carteira de Trabalho e Previdência Social (CTPS) do empregado ou por **instrumento escrito** e suprida por **todos os meios permitidos em direito (art. 456, CLT)**.

As anotações feitas pelo empregador na CTPS do empregado geram presunção apenas relativa de veracidade (**Súmula 12, TST**), podendo ser elididas por prova em sentido contrário.

10.5. Efeitos do contrato de trabalho

Do caráter sinalagmático do contrato de trabalho originam-se **duas obrigações essenciais atribuídas aos seus sujeitos**:

a) a **obrigação do empregado** de prestar serviços; e

b) a **obrigação do empregador** de pagar remuneração como contraprestação pelos serviços prestados.

A **obrigação do empregado** de prestar serviços deve ser cumprida pessoalmente (*pessoalidade*). A prestação de serviços deve ser condizente com a função para a qual o empregado foi contratado, ou seja, ele tem de exercer todas as atividades decorrentes da função prevista no contrato e, ainda, exercê-las de forma diligente e com a fidelidade e boa-fé que decorrem necessariamente do cumprimento de qualquer contrato, inclusive do contrato de trabalho.

Ao lado da principal **obrigação do empregador**, que é o pagamento da remuneração como contraprestação pelos serviços, existem obrigações complementares, como, por exemplo, a obrigação de proporcionar trabalho e fornecer ao empregado os meios que permitam a execução do mesmo. Além disso, o empregador deve exercer o poder de organização, o poder de fiscalização e o poder disciplinar dentro dos limites estabelecidos pelo ordenamento jurídico, principalmente no que tange ao respeito à dignidade humana do trabalhador (abrangendo, entre outros aspectos, a honra, a imagem, a intimidade e a privacidade – *dano extrapatrimonial*). O desrespeito a essas obrigações complementares por parte do empregador pode gerar o direito do empregado ao recebimento de indenização por danos morais (um dos **efeitos conexos do contrato de trabalho**).

A **Lei n. 13.467/2017** (**Reforma Trabalhista**) instituiu regramento próprio para a **reparação de danos de natureza extrapatrimonial decorrentes da relação de trabalho** (arts. 223-A a 223-G, CLT), sendo certo que apenas esses dispositivos são aplicáveis a situações decorrentes de ação ou omissão das quais decorram ofensa à esfera moral ou existencial da pessoa física ou jurídica, as quais são **titulares exclusivas do direito à reparação** (art. 223-A e art. 223-B, CLT)[9].

São **responsáveis pelo dano extrapatrimonial** todos os que tenham colaborado para a ofensa ao bem jurídico tutelado, na proporção da ação ou da omissão (art. 223-E, CLT).

São **bens juridicamente tutelados** (art. 223-C e art. 223-D, CLT):

- **da pessoa física** – a honra, a imagem, a intimidade, a liberdade de ação, a autoestima, a sexualidade, a saúde, o lazer e a integridade física;
- **da pessoa jurídica** – a imagem, a marca, o nome, o segredo empresarial e o sigilo da correspondência.

A **indenização a ser paga** a cada um dos ofendidos será fixada **de acordo com os limites estabelecidos em lei**, sendo **vedada a acumulação** em qualquer caso (**art. 223-G, § 1º, CLT**):[10]

- **ofensa de natureza leve** – até três vezes o último salário contratual do ofendido;
- **ofensa de natureza média** – até cinco vezes o último salário contratual do ofendido;
- **ofensa de natureza grave** – até vinte vezes o último salário contratual do ofendido;
- **ofensa de natureza gravíssima** – até cinquenta vezes o último salário contratual do ofendido.

Se o **ofendido for pessoa jurídica** – utilizam-se os parâmetros, mas tendo como base de cálculo da indenização o **valor do salário contratual do ofensor** (art. 223-G, § 2º, CLT).

Na **reincidência entre partes idênticas**, o juiz poderá elevar ao dobro o valor da indenização (**art. 223-G, § 3º, CLT**).

Também são considerados **efeitos conexos do contrato de trabalho** os chamados **direitos intelectuais**, que são vantagens jurídicas que decorrem da criação intelectual, seja por meio de produção científica, literária ou artística, seja por meio de inventos.

O interesse relativo aos direitos intelectuais como efeitos conexos ao contrato de trabalho diz respeito aos:

- **Direitos do autor**, regulados pelo **art. 5º, incisos XXVI e XXVIII, CF**, e pela Lei de Direitos Autorais (**Lei n. 9.610/98**);
- **Direitos da propriedade industrial**, regulados pelo **art. 5º, inciso XXIX, CF**, pela Lei de Patentes (**Lei n. 9.279/96**) e pelo **Decreto n. 2.553/98**, bem como pela Lei de Cultivares (**Lei n. 9.456/97**);
- **Direitos intelectuais relativos à criação e utilização de** *software*, regulados pela **Lei n. 9.609/98**.

Nesse contexto, em relação aos direitos intelectuais, resultam as seguintes situações:

---

[9] A previsão do referido dispositivo legal no sentido de que pessoas física ou jurídica ofendidas são as titulares exclusivas do direito à reparação, apenas confirma o caráter personalíssimo do direito, mas não afasta o chamado "dano em ricochete", ou seja, a possibilidade de reconhecimento da legitimidade ativa de herdeiros (ascendentes ou descendentes) do trabalhador para pleitear indenização por dano extrapatrimonial causado a este último. Assim, o dano moral pode ser **admitido em relação a terceiros**, de forma reflexa, indireta ou em ricochete. O dano moral por ricochete ou *préjudice d'affection* (prejuízo da afeição) se consubstancia em direito de indenização para as pessoas conectadas intimamente à vítima direta do evento danoso e que sofreram, por reflexo, o dano experimentado por esta. A questão, porém, é objeto de discussão nas ADI 6050, 6069 e 6082, que aguardam julgamento pelo STF.

[10] A constitucionalidade dessa estipulação de valores para as indenizações por danos morais trabalhistas está sendo questionada nas **ADI 6050, 6069 e 6082, que aguardam julgamento pelo STF**.

- Empregado inventa utilizando meios e equipamentos do empregador e há previsão contratual – invento é de **propriedade do empregador**.
- Empregado inventa sem qualquer auxílio do empregador – invento é de **propriedade do empregado**.
- Empregado inventa utilizando meios e equipamentos do empregador e não há previsão contratual – invento é de **propriedade comum**.

10.6. Duração do contrato de trabalho

Os contratos de trabalho podem ser por prazo indeterminado ou determinado, ou para a prestação de trabalho intermitente (**art. 443, CLT**).

Contrato de trabalho por prazo indeterminado é aquele que não contém determinação quanto à sua vigência; terá validade até que ocorra uma causa extintiva, indeterminada quanto à espécie e quanto ao momento da sua ocorrência. O **legislador privilegia** o contrato por prazo indeterminado, sendo esta espécie de contrato a **regra geral**.

Contrato por prazo determinado é aquele cuja vigência depende de termo prefixado ou da execução de serviços especificados ou ainda da realização de certo acontecimento suscetível de previsão aproximada (**§ 1º, art. 443, CLT**).

O contrato por prazo determinado **somente pode ser celebrado excepcionalmente**, sendo **válido apenas** quando se tratar de:

a) **serviços cuja natureza ou transitoriedade** justifiquem a predeterminação de prazo, ou seja, as atividades a serem desenvolvidas pelo empregado devem ser transitórias em relação à atividade preponderante do empregador;
b) **atividades empresariais transitórias**, ou seja, a própria atividade do empregador não é perene, não se prolonga no tempo, como, por exemplo, no caso de grupos teatrais, de feiras e eventos;
c) **contrato de experiência**, que é aquele destinado a permitir que o empregador, durante certo tempo, verifique as aptidões do empregado para o exercício da função, visando à futura contratação por prazo indeterminado. O contrato de experiência é, portanto, um contrato por prazo determinado que tem vocação para se transformar em contrato por prazo indeterminado (§ 2º, art. 443, CLT).

Como regra, o **prazo do contrato** por prazo determinado **não poderá exceder de 2 anos**, salvo no caso de **contrato de experiência, que tem prazo máximo de 90 dias** (a duração deste contrato *não é* de 3 meses).

O contrato por prazo determinado que tenha duração inferior ao prazo máximo previsto em lei poderá ser **prorrogado uma única vez (art. 451, CLT)**, respeitado o **limite máximo de duração** (2 anos/90 dias). Ocorrendo mais de uma prorrogação ou sendo extrapolado o máximo de duração prevista por lei, o contrato será considerado como por prazo indeterminado.

Súmula 188, TST
O contrato de experiência pode ser prorrogado, respeitado o limite máximo de 90 dias.

O legislador veda a celebração sucessiva de contrato a prazo, ainda que com pequeno interregno entre eles. Assim, considera-se por prazo indeterminado todo **contrato que suceder, dentro de seis meses, a outro contrato por prazo determinado**, salvo se a expiração deste dependeu da execução de serviços especializados ou da realização de certos acontecimentos (**art. 452, CLT**).

A **rescisão antecipada do contrato por prazo determinado** gera para a parte que teve a iniciativa da rescisão o **dever de indenizar a outra parte**, nos termos previstos pelos **arts. 479** (iniciativa do empregador) e **480** (iniciativa do empregado) **da CLT**. A indenização no caso de:

- **rescisão antecipada por parte do empregador** – corresponde à remuneração a que o empregado teria direito até o término do contrato, pela metade;
- **rescisão antecipada de iniciativa do empregado** – corresponde ao valor dos prejuízos que deste fato resultarem ao empregador, não podendo tal indenização exceder àquela que seria devida no caso de rescisão antecipada por iniciativa do empregador.

A **indenização** por rescisão antecipada do contrato por prazo determinado de iniciativa de qualquer uma das partes, **não será devida** na hipótese de o contrato conter *cláusula assecuratória do direito recíproco de rescisão antecipada*, hipótese em que serão aplicáveis as regras que regem a rescisão dos contratos por prazo indeterminado (**art. 481, CLT**).

Súmula 163, TST
Cabe aviso prévio nas rescisões antecipadas dos contratos de experiência, na forma do art. 481 da CLT.

Contrato de trabalho intermitente é aquele no qual a prestação de serviços, com subordinação, não é contínua, ocorrendo com alternância de períodos de prestação de serviços e de inatividade, determinados em horas, dias ou meses, independentemente do tipo de atividade do empregado e do empregador (**art. 443, § 3º, CLT**). Não se aplicam as regras do contrato de trabalho intermitente aos aeronautas, regidos por legislação própria[11].

Referido contrato deve (**art. 452-A, CLT**):

- ser celebrado por escrito;
- conter especificamente o **valor da hora ou do dia de trabalho**, que não pode ser inferior ao valor horário do salário mínimo ou àquele devido aos demais empregados do estabelecimento que exerçam a mesma função em contrato intermitente ou não.

Os **períodos de inatividade** não são considerados tempo à disposição do empregador, podendo o trabalhador prestar serviços a outros contratantes (**art. 452-A, § 5º, CLT**).

Havendo serviço a ser prestado, **com pelo menos três dias corridos de antecedência** o empregador, por qualquer meio de comunicação eficaz, **convocará o empregado para essa prestação**, informando qual será a jornada a ser cumprida (**art. 452-A, § 1º, CLT**). Recebida a convocação, o empregado terá o **prazo de um dia útil para responder** ao chamado (**§ 2º**), presumindo-se, no silêncio, a recusa. Assim, pode o empregado:

- **não responder à convocação**, permanecendo em silêncio, o que faz com que se presuma a recusa (**§ 2º**);
- **recusar a oferta**, o que não descaracteriza a subordinação para fins do contrato de trabalho intermitente (**§ 3º**);
- **aceitar a oferta**, executando os serviços determinados pelo empregador para o período.

Aceita a oferta para o comparecimento ao trabalho, a parte que descumprir, sem justo motivo, pagará à outra parte, no prazo de 30 dias, multa de 50% da remuneração que seria devida, permitida a compensação em igual prazo (**§ 4º**).

Na data acordada para o pagamento, o empregado receberá, **de imediato**, as seguintes parcelas (**§ 6º**):

- remuneração;
- férias proporcionais com acréscimo de um terço;
- décimo terceiro proporcional;
- repouso semanal remunerado;
- adicionais legais.

Referidas verbas e seus respectivos valores devem ser **discriminados no recibo** de pagamento (**§ 7º**).

A cada doze meses de vigência do contrato de trabalho o empregado adquire o direito a usufruir, nos doze meses subsequentes, **um mês de férias**. Durante esse período não poderá ser convocado pelo empregador para prestar serviços (**§ 9º**).

> No contrato de trabalho intermitente o empregador efetuará o recolhimento da contribuição previdenciária e o depósito do FGTS, na forma da lei, com base nos valores pagos no período mensal, e fornecerá ao empregado o comprovante do cumprimento dessas obrigações (**art. 452-A, § 8º, CLT**).

11. DURAÇÃO DO TRABALHO

As **normas sobre duração do trabalho** têm por **finalidade** estabelecer limite temporal ao trabalho executado pelo empregado em favor do empregador, visando à **proteção da saúde** e da **integridade física** do trabalhador.

A obrigação do empregado de prestar serviços como decorrência do contrato de trabalho não pode ser indefinida no tempo, sob pena de serem causados prejuízos inegáveis tanto à sua saúde física como à sua saúde mental e, ainda, de ser exposto a um considerável risco à sua integridade física decorrente de acidentes do trabalho.

As **normas sobre duração do trabalho** podem ser **divididas em dois grupos**: **a)** normas sobre jornada de trabalho; e **b)** normas sobre períodos de repouso.

11.1. Jornada de trabalho

Jornada de trabalho é o período de um dia no qual o **empregado permanece à disposição do empregador, trabalhando ou aguardando ordens** (**art. 4º, CLT**). Assim, desde o momento que o empregado chega à empresa até o momento em que vai embora está à disposição do empregador e, portanto, está cumprindo jornada de trabalho (**teoria do tempo à disposição do empregador**).

Não se consideram como tempo à disposição do empregador os períodos em que o empregado, por escolha própria, buscar proteção pessoal, em caso de insegurança nas vias públicas ou más condições climáticas, bem como adentrar ou permanecer nas dependências da empresa para exercer atividades particulares como, entre outras: práticas religiosas, descanso, lazer, estudo, alimentação, atividades de relacionamento social, higiene pessoal e troca de roupa ou uniforme, quando não houver obrigatoriedade de realizar a troca na empresa (**art. 4º, § 2º, CLT**).

---
[11] A constitucionalidade dos dispositivos que tratam do contrato de trabalho intermitente está sendo questionada nas ADIs 5826, 6154 e 5829, que aguardam julgamento pelo STF.

Não é incluído na duração da jornada de trabalho o tempo despendido pelo empregado até o local de trabalho e para o seu retorno, caminhando ou por qualquer meio de transporte, inclusive o fornecido pelo empregador, por não ser tempo à disposição do empregador (**art. 58, § 2º, da CLT**).

11.1.1. Jornada normal

É o lapso de tempo durante o qual o empregado deve **prestar serviço ou permanecer à disposição do empregador**.

A duração da jornada normal é **limitada a 8 horas diárias e 44 horas semanais (art. 7º, XIII, CF)** – jornada normal máxima.

11.1.2. Jornadas especiais

Jornada especial é a fixada por lei, por acordo coletivo de trabalho, por convenção coletiva de trabalho ou por contrato de trabalho, com **duração inferior à jornada normal máxima**.

São **exemplos de jornadas especiais**:

a) **turnos ininterruptos de revezamento** – o trabalho em turnos de revezamento é o que é **prestado com alternância de horário de trabalho**, estabelecida a partir de uma escala de revezamento determinada pelo empregador. A jornada de trabalho neste caso é de **6 horas diárias, salvo negociação coletiva (art. 7º, XIV, CF)**.

Observação: O trabalho em turnos fixos (sem alternância do horário de trabalho) não gera direito a esta jornada especial; neste caso, a jornada aplicável é a máxima (8 horas diárias e 44 horas semanais).

> **Súmula 423, TST**
> Estabelecida jornada superior a seis horas e limitada a oito horas por meio de regular negociação coletiva, os empregados submetidos a turnos ininterruptos de revezamento não têm direito ao pagamento da 7ª e 8ª horas como extras.
>
> **Súmula 360, TST**
> A interrupção do trabalho destinada a repouso e alimentação, dentro de cada turno, ou o intervalo para repouso semanal, não descaracteriza o turno de revezamento com jornada de 6 (seis) horas previsto no art. 7º, XIV, da CF/88.
>
> **Súmula 675, STF**
> Os intervalos fixados para descanso e alimentação durante a jornada de seis horas não descaracterizam o sistema de turnos ininterruptos de revezamento para o efeito do art. 7º, XIV, da Constituição.

b) **trabalho em regime de tempo parcial** – é aquele cuja duração não exceda a (**art. 58-A, CLT**):

- **trinta horas semanais, sem** a possibilidade de **horas suplementares** semanais;

OU

- **vinte e seis horas semanais, com** a possibilidade de acréscimo de **até seis horas suplementares** semanais.

Em contrato de trabalho em regime de tempo parcial que estabeleça **jornada semanal inferior a vinte e seis horas**, as horas suplementares a este quantitativo serão consideradas horas extras, estando também limitadas a **seis horas suplementares** semanais (**art. 58-A, § 4º, CLT**).

As **horas suplementares** à duração do trabalho semanal normal:

- serão pagas com o acréscimo de **50%** sobre o salário hora normal (**art. 58-A, § 3º, CLT**).
- **poderão ser compensadas** diretamente **até a semana imediatamente posterior à da sua execução**. Caso não sejam compensadas, a quitação das mesmas deverá ser feita na folha de pagamento do mês subsequente (**art. 58-A, § 5º, CLT**).

O **salário** a ser pago aos empregados sob o regime de tempo parcial será **proporcional à sua jornada**, em relação aos empregados que cumprem, nas mesmas funções, tempo integral (**§ 1º**).

> **OJ SDI-1 358, TST**
> I – Havendo contratação para cumprimento de jornada reduzida, inferior à previsão constitucional de oito horas diárias ou quarenta e quatro semanais, é lícito o pagamento do piso salarial ou do salário mínimo proporcional ao tempo trabalhado. II – Na Administração Pública direta, autárquica e fundacional não é válida remuneração de empregado público inferior ao salário mínimo, ainda que cumpra jornada de trabalho reduzida. Precedentes do Supremo Tribunal Federal.

Para aqueles que já sejam empregados da empresa, o regime de tempo parcial somente pode ser adotado após opção expressamente manifestada pelo empregado perante a empresa, na forma prevista em instrumento decorrente de negociação coletiva (**§ 2º, art. 58-A, CLT**).

As **férias anuais** dos empregados contratados a tempo parcial têm duração **normal de 30 dias corridos, podendo excepcionalmente a duração ser reduzida dependendo do número de faltas injustificadas que o**

empregado tiver durante o período aquisitivo, nos exatos termos do art. 130 da CLT (**art. 58-A, § 7º, CLT**).

Sobreaviso:

> Empregado em *sobreaviso* é aquele que permanece fora de sua jornada de trabalho em local previamente ajustado com o empregador, aguardando eventual convocação para execução de serviços.

Tal conceito decorre do **art. 244, § 2º, da CLT**, que estabelece o regime de sobreaviso para os ferroviários. Admite-se, porém, por analogia, a aplicação desta regra a qualquer tipo de empregado, desde que verificada em concreto a situação que caracteriza o sobreaviso.

Súmula 428, TST
I – O uso de instrumentos telemáticos ou informatizados fornecidos pela empresa ao empregado, por si só, não caracteriza o regime de sobreaviso.
II – Considera-se em sobreaviso o empregado que, à distância e submetido a controle patronal por instrumentos telemáticos ou informatizados, permanecer em regime de plantão ou equivalente, aguardando a qualquer momento o chamado para o serviço durante o período de descanso.

A **remuneração do período de sobreaviso** é de 1/3 do salário normal (**§ 2º, art. 244, CLT**), mas se o empregado for chamado ao serviço, deverá ser remunerado de acordo com a remuneração normal, com a incidência dos adicionais cabíveis (de hora extra e/ou noturno).

Cada escala de sobreaviso será, no máximo, de 24 horas.

Súmula 229, TST
Por aplicação analógica do art. 244, § 2º, da Consolidação das Leis do Trabalho, as horas de sobreaviso dos eletricitários serão remuneradas à razão de 1/3 sobre a totalidade das parcelas de natureza salarial.

Prontidão:

> Considera-se como tempo de *prontidão* aquele em que o empregado fica nas dependências da empresa, aguardando ordens (**§ 3º, art. 244, CLT**).

Previstas originalmente para os ferroviários, as regras sobre prontidão aplicam-se analogicamente a todos os demais tipos de empregados que tenham tal condição.

A **remuneração do período de prontidão** é de 2/3 do salário-hora normal e a escala de prontidão será de, no máximo, 12 horas (**§ 3º, art. 244, CLT**).

11.2. Jornada e horário de trabalho

Jornada de trabalho é o tempo que o empregado fica à disposição do empregador, aguardando ou executando ordens, em dado período (dia ou semana), como decorrência do contrato de trabalho.

Horário de trabalho é a identificação de início e de término do período no qual se desenvolve a jornada de trabalho, considerando-se o intervalo intrajornada para repouso e alimentação.

Assim, por exemplo, um determinado empregado tem uma jornada de trabalho de 8 horas diárias e 44 horas semanais, cumprindo-a de 2ª a 6ª feira, das 9 às 18 horas, com uma 1 hora de intervalo para repouso e alimentação, e aos sábados das 9 às 13 horas.

11.3. Controle de horário

Os **estabelecimentos com mais de 20 empregados** são obrigados a efetuar o **controle de horário** de entrada e saída dos trabalhadores (**§ 2º, art. 74, CLT**). O controle de horário pode ser feito de forma manual (livro de ponto), mecânica (relógio de ponto) ou, ainda, eletrônica (cartões magnéticos ou biometria), conforme instruções expedidas pelo Ministério do Trabalho e Previdência, **permitida a pré-assinalação do período de repouso**.

Se o trabalho for executado fora do estabelecimento, o horário dos empregados constará de registro manual, mecânico ou eletrônico em seu poder, também sendo permitida a pré-assinalação do período de repouso (**§ 3º, art. 74, CLT**).

É permitida a utilização de **registro de ponto por exceção** à jornada regular de trabalho, mediante acordo individual escrito, convenção coletiva ou acordo coletivo de trabalho (**§ 4º, art. 74, CLT**).

A convenção coletiva e o acordo coletivo de trabalho podem dispor sobre modalidade de registro de jornada (**art. 611-A, X, CLT**).

Na hipótese de reclamação trabalhista através da qual o trabalhador alega trabalho em horas extras e pleiteia o respectivo pagamento, a **não apresentação injustificada pelo empregador dos registros da jornada de trabalho** gera **presunção relativa de veracidade da jornada alegada pelo trabalhador**, a qual poderá ser elidida por prova em contrário (**Súmula 338, I, TST**).

Não serão descontadas nem computadas como jornada extraordinária as **variações de horário no regis-**

tro de ponto não excedentes de cinco minutos, observado o **limite máximo de dez minutos** diários (**§ 1º, art. 58, CLT**).

No entanto, os cartões de ponto que demonstram **horários de entrada e saída uniformes** são **inválidos como meio de prova**, invertendo-se o ônus da prova relativo às horas extras, que passa a ser do empregador, prevalecendo a jornada da inicial se dele não se desincumbir (**Súmula 338, III, TST**).

11.4. Jornada extraordinária

É aquela **prestada além da jornada normal de cada empregado**, máxima ou especial.

A jornada extraordinária **deve ser prestada apenas excepcionalmente** e sua regularidade depende do cumprimento dos **requisitos previstos em lei (art. 59, CLT e art. 7º, XVI, CF)**:

a) **existência de acordo de prorrogação de jornada** – deve ser necessariamente escrito e pode ser celebrado individualmente (entre empregado e empregador) ou coletivamente (mediante negociação coletiva de trabalho);

b) **cumprimento de no máximo 2 horas extras** – nos dias em que houver trabalho em horas extras, este não poderá ultrapassar de 2 horas;

c) **pagamento das horas extras** – as horas extras deverão ser remuneradas com, **no mínimo, 50% a mais do que a hora normal (adicional de horas extras)**. Assim, o valor de cada hora extra corresponde ao valor da hora normal acrescida do adicional.

> **Súmula 376, I, TST**
> I – A limitação legal da jornada suplementar a duas horas diárias não exime o empregador de pagar todas as horas trabalhadas.
>
> **Súmula 340, TST**
> O empregado, sujeito a controle de horário, remunerado à base de comissões, tem direito ao adicional de, no mínimo, 50% (cinquenta por cento) pelo trabalho em horas extras, calculado sobre o valor-hora das comissões recebidas no mês, considerando-se como divisor o número de horas efetivamente trabalhadas.

Com a **revogação do art. 384 da CLT pela Lei n. 13.467/2017 (*Reforma Trabalhista*)** não há mais que se falar em concessão obrigatória de descanso de 15 minutos antes da prorrogação do horário normal de trabalho da mulher e do menor de 18 anos. No entanto, para o período anterior à Lei n. 13.467/2017, o STF definiu a **Tese de Repercussão Geral 528**, estabelecendo que: "O art. 384 da CLT, em relação ao período anterior à edição da Lei n. 13.467/2017, foi recepcionado pela Constituição Federal de 1988, aplicando-se a todas as mulheres trabalhadoras".

11.4.1. Compensação da jornada de trabalho

Ocorre *compensação de jornada* sempre que o acréscimo de horas em um dia for compensado pela correspondente diminuição em outro dia, **desde que não seja ultrapassada a jornada semanal**. Havendo compensação não será devido o adicional de horas extras (**§ 2º, art. 59, CLT**).

O **§ 2º do art. 59 da CLT** instituiu o chamado "*banco de horas*", prevendo que a compensação de jornada pode ser feita no **período máximo de um ano**, não podendo neste período ser ultrapassada a **soma das jornadas semanais de trabalho previstas**, nem ser ultrapassado o limite máximo de dez horas diárias.

Período de compensação	Forma do acordo de compensação
Anual	Convenção coletiva (CCT) ou acordo coletivo de trabalho (ACT) – art. 611-A, II, CLT
Semestral	CCT, ACT ou acordo individual escrito – art. 59, § 5º, CLT
Mensal	CCT, ACT ou acordo individual, tácito ou escrito – art. 59, § 6º, CLT

O **não atendimento das exigências legais** para a compensação de jornada, inclusive quando estabelecida mediante acordo tácito, **não implica a repetição do pagamento das horas** excedentes à jornada normal diária, se não ultrapassada a duração máxima semanal, **sendo devido apenas o adicional**. Paga-se apenas o adicional para cada hora, e não o valor da hora normal mais o adicional (**art. 59-B, CLT**).

A prestação de **horas extras habituais** não descaracteriza o acordo de compensação de jornada e o banco de horas (**art. 59-B, parágrafo único, CLT**).

Na hipótese de rescisão do contrato de trabalho sem que tenha havido a compensação integral da jornada extraordinária, o empregado fará jus ao pagamento das horas não compensadas, calculadas sobre o valor da remuneração na data da rescisão (**§ 3º, art. 59, CLT**).

É facultado às partes, mediante acordo individual escrito, convenção coletiva ou acordo coletivo de trabalho, estabelecer horário de trabalho de 12 horas seguidas por 36 horas ininterruptas de descanso (**jornada 12x36**), observados ou indenizados os intervalos para repouso e alimentação (**art. 59-A, CLT**)[12]. Nesse caso, a remuneração mensal pactuada abrange os pagamentos devidos pelo descanso semanal remunerado e pelo descanso em feriados e serão compensados os feriados e as prorrogações de trabalho noturno, quando houver (**parágrafo único**).

11.4.2. Horas extras decorrentes de força maior ou de serviços inadiáveis

Considera-se como *força maior* todo acontecimento inevitável em relação à vontade do empregador, e para a realização do qual este concorreu, direta ou indiretamente. A imprevidência do empregador exclui a razão de força maior (**art. 501, CLT**).

Serviços inadiáveis são aqueles que devem ser terminados no mesmo dia, sob pena de se causar um prejuízo manifesto ao empregador (**art. 61, CLT**).

As **horas extras decorrentes de força maior ou de serviços inadiáveis** podem ser prestadas independentemente da existência de acordo de prorrogação de horas, podendo ser exigidas independentemente de convenção coletiva ou acordo coletivo de trabalho (**§ 1º, art. 61, CLT**).

Por força do disposto no **art. 7º, XVI, da Constituição Federal,** as horas extras prestadas em decorrência de força maior ou de serviços inadiáveis serão **remuneradas com adicional de, no mínimo, 50% da hora normal**.

Nestas hipóteses de força maior ou de serviços inadiáveis **não poderá ser ultrapassada duração de 12 horas de trabalho** (duração esta que abrange a jornada normal máxima mais as horas extras = 8 + 4).

Recuperação de horas: eventualmente em razão de força maior ou de causas acidentais pode ocorrer a *paralisação temporária* das atividades da empresa. Nestes casos poderá a jornada normal de trabalho ser posteriormente prorrogada pelo número de dias indispensáveis à *recuperação* **do tempo perdido com a interrupção**, até o máximo de 45 dias por ano. Esta compensação não poderá exceder de 2 horas por dia e depende de autorização do Ministério do Trabalho (**§ 3º, art. 61, CLT**).

11.4.3. Integração das horas extras

As **horas extras habituais** devem ser **integradas à remuneração do empregado** para o fim de cálculo de FGTS, férias, 13º salário, repouso semanal, aviso-prévio e indenização de 40% dos depósitos do FGTS.

> **Súmula 347, TST**
> O cálculo do valor das horas extras habituais, para efeito de reflexos em verbas trabalhistas, observará o número de horas efetivamente prestadas e a ela aplica-se o valor do salário-hora da época do pagamento daquelas verbas.
>
> **Súmula 376, II, TST**
> O valor das horas extras habitualmente prestadas integra o cálculo dos haveres trabalhistas, independentemente da limitação prevista no *caput* do art. 59 da CLT.

11.4.4. Supressão das horas extras

A **prestação de serviços em horas extras pode ser suprimida** pelo empregador, caso em que o empregado deixará de receber o pagamento pelo trabalho extraordinário.

No entanto, na hipótese de **supressão total ou parcial, pelo empregador, do serviço suplementar prestado com habitualidade durante pelo menos um ano**, o empregado terá direito a uma indenização correspondente ao valor de 1 mês das horas suprimidas, total ou parcialmente, para cada ano ou fração igual ou superior a seis meses de prestação de serviço acima da jornada normal. O cálculo deverá observar a média das horas suplementares nos últimos 12 meses anteriores à mudança, multiplicada pelo valor da hora extra do dia da supressão (**Súmula 291, TST**).

11.4.5. Empregados excluídos das regras de limitação de jornada

Por força do disposto no **art. 62 da CLT**, não fazem jus à percepção de horas extras:

a) **empregado que exerce atividades externas** incompatíveis com a fixação de horário de trabalho, devendo tal condição ser anotada na sua CTPS. Havendo controle de horário de qualquer tipo a exclusão não será aplicável, tendo o empregado direito às horas extras eventualmente prestadas.

b) os gerentes, assim considerados os exercentes de cargos de gestão, aos quais se equiparam os diretores e chefes de departamento ou filial (**cargos de confiança**). A exclusão do direito a horas extras neste caso somente ocorrerá quando o salário do cargo de confiança, compreendendo a gratificação de função, se houver, não for inferior ao valor do respectivo salário efetivo acrescido de 40% (**parágrafo único, art. 62, CLT**).

---

[12] A constitucionalidade da possibilidade de a jornada "12 x 36" ser pactuada por meio de acordo individual é questionada na ADI 5994, que aguarda julgamento pelo STF.

c) **os empregados em regime de teletrabalho que prestam serviço por produção ou tarefa** – considera-se teletrabalho ou trabalho remoto a prestação de serviços fora das dependências do empregador, de maneira preponderante ou não, com a utilização de tecnologias de informação e de comunicação que, por sua natureza, não configure trabalho externo (**art. 75-B, *caput*, CLT**). O comparecimento, ainda que de modo habitual, às dependências do empregador para a realização de atividades específicas que exijam a presença do empregado no estabelecimento não descaracteriza o regime de teletrabalho ou trabalho remoto (**art. 75-B, § 1º, CLT**).

O empregado submetido ao regime de teletrabalho ou trabalho remoto poderá prestar serviços por jornada ou por produção ou tarefa (**art. 75-B, § 2º, CLT**).

Na hipótese da prestação de serviços em regime de teletrabalho ou trabalho remoto por produção ou tarefa, o empregado não terá direito a hora extra (**art. 75-B, § 3º, e art. 62, III, CLT**).

O tempo de uso de equipamentos tecnológicos e de infraestrutura necessária, bem como de *softwares*, de ferramentas digitais ou de aplicações de internet utilizados para o teletrabalho, fora da jornada de trabalho normal do empregado, não constitui tempo à disposição ou regime de prontidão ou de sobreaviso, exceto se houver previsão em acordo individual ou em acordo ou convenção coletiva de trabalho (**art. 75-B, § 5º, CLT**).

Acordo individual poderá dispor sobre os horários e os meios de comunicação entre empregado e empregador, desde que assegurados os repousos legais (**art. 75-B, § 9º, CLT**).

Aos empregados em regime de teletrabalho aplicam-se as disposições previstas na legislação local e nas convenções e nos acordos coletivos de trabalho relativas à base territorial do estabelecimento de lotação do empregado (**art. 75-B, § 7º, CLT**).

Ao contrato de trabalho do empregado admitido no Brasil que optar pela realização de teletrabalho fora do território nacional aplica-se a legislação brasileira, excetuadas as disposições constantes da Lei n. 7.064/82, salvo disposição em contrário estipulada entre as partes (**art. 75-B, § 8º, CLT**).

O regime de teletrabalho ou trabalho remoto não se confunde nem se equipara à ocupação de operador de telemarketing ou de teleatendimento (**art. 75-B, § 4º, CLT**).

O regime de teletrabalho ou trabalho remoto pode ser realizado por estagiários e por aprendizes (**art. 75-B, § 6º, CLT**).

Os empregadores deverão dar prioridade aos empregados com deficiência e aos empregados com filhos ou criança sob guarda judicial até 4 anos de idade na alocação em vagas para atividades que possam ser efetuadas por meio do teletrabalho ou trabalho remoto (**art. 75-F, CLT**).

A prestação de serviços na modalidade de teletrabalho **deverá constar expressamente do contrato individual de trabalho, podendo ser realizada a alteração entre regime presencial e de teletrabalho** desde que haja mútuo acordo entre as partes, registrado em aditivo contratual (**art. 75-C, *caput* e § 1º, CLT**).

Poderá ser realizada a alteração do regime de teletrabalho para o presencial por determinação do empregador, garantido prazo de transição mínimo de 15 dias, com correspondente registro em aditivo contratual (**art. 75-C, § 2º, CLT**).

O empregador não será responsável pelas despesas resultantes do retorno ao trabalho presencial, na hipótese de o empregado optar pela realização do teletrabalho ou trabalho remoto fora da localidade prevista no contrato, salvo disposição em contrário estipulada entre as partes (**art. 75-C, § 3º, CLT**).

As disposições relativas à responsabilidade pela aquisição, manutenção ou fornecimento dos equipamentos tecnológicos e da infraestrutura necessária e adequada à prestação do trabalho remoto, bem como ao reembolso de despesas arcadas pelo empregado, serão previstas em contrato escrito, sendo que tais utilidades não integram a remuneração do empregado (**art. 75-D, *caput* e parágrafo único, CLT**).

Visando a preservação da saúde e da integridade física dos empregados, o empregador deverá instruir os mesmos, de maneira expressa e ostensiva, quanto às precauções a tomar a fim de evitar doenças e acidentes de trabalho, devendo o empregado assinar termo de responsabilidade comprometendo-se a seguir as instruções fornecidas pelo empregador (**art. 75-E, *caput* e parágrafo único, CLT**).

11.5. Jornada noturna

Jornada noturna é aquela prestada em *horário noturno*.

O horário noturno é definido por lei, sendo diferenciado para os empregados urbanos e para os empregados rurais.

- **empregados urbanos e empregados domésticos** – considera-se trabalho noturno aquele realizado entre as **22 horas de um dia até as 5 horas do dia seguinte (§ 2º, art. 73, CLT + art. 14, LC n. 150/2015)**;

- **empregados rurais** – o horário noturno para os **empregados que trabalham na agricultura** é definido entre as **21 horas de um dia até as 5 horas do dia seguinte**. O trabalho noturno dos **empregados que trabalham na pecuária** é aquele realizado entre as **20 horas de um dia até as 4 horas do dia seguinte** (art. 7º, Lei n. 5.889/73).

Nos termos do **art. 7º, IX, da Constituição Federal**, a remuneração do trabalho noturno será superior à do diurno. Assim, o trabalho noturno é remunerado com o **adicional noturno** (hora diurna + adicional noturno).

O valor do adicional noturno é:

- para os **empregados urbanos e empregados domésticos** – pelo menos **20% sobre a hora diurna (art. 73, CLT + art. 14, LC 150/2015)**;
- para os **empregados rurais** (tanto da agricultura como da pecuária) – **25% sobre a remuneração normal (parágrafo único, art. 7º, Lei n. 5.889/73)**.

> O empregado que **deixa de trabalhar no horário noturno**, sendo transferido para o horário diurno, **perde o direito ao adicional**. Não há que se falar em direito adquirido (**Súmula 265, TST**).

O **adicional noturno pago com habitualidade** integra a remuneração do empregado para todos os efeitos: férias, 13º salário, aviso-prévio, FGTS, descanso semanal remunerado (**Súmula 60, I, TST**).

Hora noturna reduzida – para os **empregados urbanos** e para os **empregados domésticos** a lei instituiu uma ficção jurídica no sentido de que a **hora noturna é considerada reduzida**, ou seja, **a hora noturna equivale a 52 minutos e 30 segundos (§ 1º, art. 73, CLT)**. Assim, cada hora noturna trabalhada corresponde a 52 min e 30 s e não como uma hora de 60 min, constituindo uma vantagem ao empregado.

> **Aos empregados rurais não se aplica a redução da hora noturna**.

O trabalho em **horas extras noturnas** gera direito ao empregado de recebimento dos **dois adicionais**, considerando-se, ainda, para o trabalhador urbano e para o doméstico, a hora extra reduzida. O adicional noturno integra a base de cálculo das horas extras prestadas no período noturno (**OJ SDI-1 n. 97, TST**).

As horas extras prestadas após o integral cumprimento da jornada normal no período noturno serão remuneradas como horas extras noturnas (**Súmula 60, II, TST**).

11.6. Períodos de repouso

A concessão pelo empregador de períodos de repouso tem por objetivo a preservação da saúde e da integridade física do trabalhador. Os períodos de repouso, também chamados de *intervalos*, são previstos por **normas de ordem pública** e devem **obrigatoriamente ser concedidos** pelo empregador ao empregado.

11.6.1. Intervalos intrajornada

Períodos de descanso que **ocorrem durante a jornada de trabalho**. Podem ser não remunerados ou remunerados, conforme não sejam ou sejam computados na jornada de trabalho.

- **Intervalo intrajornada não remunerado** – previsto no **art. 71 da CLT**, é o intervalo **para repouso e alimentação**.

O cumprimento pelo empregado de **jornada de trabalho de duração de 4 a 6 horas** de trabalho dá direito a um intervalo obrigatório de **15 minutos (§ 1º, art. 71, CLT)**. Jornada **superior a 6 horas, até o limite de 8 horas**, dá direito a um intervalo de, **no mínimo, 1 hora e, no máximo, 2 horas** (art. 71, *caput*, CLT).

Ultrapassada habitualmente a jornada de seis horas de trabalho, é devido o gozo do intervalo intrajornada mínimo de uma hora, obrigando o empregador a remunerar o período para descanso e alimentação não usufruído como extra, acrescido do respectivo adicional, na forma prevista no art. 71, *caput* e § 4º da CLT (**Súmula 437, IV, TST**).

Referidos intervalos **não são computados na duração da jornada de trabalho**, ou seja, são deduzidos da jornada normal de trabalho, não sendo considerados como tempo à disposição do empregador (**§ 2º, art. 71, CLT**).

O **intervalo mínimo** de 1 hora para quem trabalha mais de 6 horas pode ser **reduzido** por ato do **Ministério do Trabalho**, ouvida Secretaria de Segurança e Medicina do Trabalho, **desde que** a empresa possua refeitório próprio de acordo com os padrões exigidos e que os empregados não estejam sob regime de horas extras (**§ 3º, art. 71, CLT**).

Convenção coletiva ou acordo coletivo de trabalho podem dispor sobre intervalo intrajornada, reduzindo-o, desde que respeitado o limite mínimo de 30 minutos para jornadas superiores a 6 horas (**art. 611-A, III, CLT**).

Duração do intervalo **superior ao máximo de 2 horas somente** poderá ocorrer em decorrência de previsão em convenção ou acordo coletivo de trabalho (**art. 71,** *caput*, **CLT**).

A **não concessão** ou a **concessão parcial** de referidos períodos de descanso a empregados urbanos e rurais sujeita o empregador a **pagamento de natureza indenizatória, apenas do período suprimido, com acréscimo de no mínimo 50% sobre o valor da remuneração da hora normal de trabalho** (**§ 4º, art. 71, CLT**).

- **Intervalos intrajornada remunerados** – a lei trabalhista estabelece algumas hipóteses nas quais o intervalo concedido durante a jornada de trabalho **é computado na duração da jornada de trabalho**, contando como tempo à disposição do empregador, **sendo, portanto, remunerados**. São exemplos de tais intervalos:

a) **serviços de mecanografia (art. 72, CLT)**: nos serviços permanentes de mecanografia (datilografia, digitação) – a cada **90 minutos de trabalho** consecutivo haverá um **intervalo de 10 minutos**, que não será deduzido da duração normal de trabalho.

> **Súmula 346, TST**
> Os **digitadores**, por aplicação analógica do art. 72 da CLT, **equiparam-se aos trabalhadores nos serviços de mecanografia**, razão pela qual **têm direito** a intervalos de descanso de 10 minutos a cada 90 minutos de trabalho consecutivo.

b) **serviços frigoríficos (art. 253, TST)**: nos serviços no interior de câmaras frias, ou com movimentação de mercadorias do ambiente quente ou normal para o frio e vice-versa, **após 1 hora e 40 minutos de trabalho** consecutivos, haverá um **intervalo de 20 minutos**, que não será deduzido da duração normal de trabalho.

c) **trabalho em minas de subsolo (art. 298 CLT)**: nos serviços no interior de minas, **após 3 horas de trabalho** consecutivo, haverá um **intervalo de 15 minutos**, que não será deduzido da duração normal de trabalho.

> **Súmula 118, TST**
> Os intervalos concedidos pelo empregador, na jornada de trabalho, não previstos em lei, representam tempo à disposição da empresa, remunerados como serviço extraordinário, se acrescido ao final da jornada.

11.6.2. Intervalos interjornadas

Períodos de descanso que ocorrem **entre o término de uma jornada de trabalho e o início de outra**. Podem ser não remunerados ou remunerados, conforme não sejam ou sejam computados na jornada de trabalho.

- **Intervalo interjornadas não remunerado** – o **art. 66 da CLT** estabelece que entre duas jornadas de trabalho deve haver **um intervalo mínimo de 11 horas consecutivas**, que não podem ser interrompidas.

> **Súmula 110, TST**
> No regime de revezamento, as horas trabalhadas em seguida ao repouso semanal de 24 horas, com prejuízo do intervalo mínimo de 11 horas consecutivas para descanso entre jornadas, devem ser remuneradas como extraordinárias, inclusive com o respectivo adicional.
>
> **OJ SDI-1 355, TST**
> O desrespeito ao intervalo mínimo interjornadas previsto no art. 66 da CLT acarreta, por analogia, os mesmos efeitos previstos no § 4º do art. 71 da CLT e na Súmula n. 110 do TST, devendo-se pagar a integralidade das horas que foram subtraídas do intervalo, acrescidas do respectivo adicional.

- **Intervalo interjornadas remunerado** – trata-se do **descanso semanal remunerado (DSR)**, que vem a ser o período de **24 horas consecutivas** em que o empregado deixa de prestar serviços ao empregador, **uma vez por semana, preferencialmente aos domingos**, mas continua recebendo a remuneração.

O direito ao repouso semanal remunerado é garantido pelo **art. 7º, XV, da Constituição Federal** e regulamentado pelo **art. 67 da CLT** e pela **Lei n. 605/49**, regulamentada pelo **Decreto n. 10.854/2021**, e é **assegurado aos empregados urbanos, rurais e domésticos**.

Algumas empresas, em razão do interesse público (transporte, saúde, energia elétrica etc.) ou de atividades peculiares (hotel, hospital, comunicação, fundição, usinas etc.) funcionam ininterruptamente, ou seja, suas atividades não são paralisadas aos domingos, razão pela qual o descanso semanal deve ser concedido aos empregados em outros dias da semana, através de escala de folgas. No entanto, o **trabalho aos domingos**, seja total ou parcial, depende de prévia autorização do Ministério do Trabalho, que poderá ser concedida em caráter temporário ou permanente (**art. 68, CLT**).

O direito ao descanso semanal remunerado **depende do cumprimento integral da jornada de trabalho**

durante a semana, ou seja, as faltas injustificadas do empregado ao serviço durante a semana implicam a **perda da remuneração do descanso semanal**, além do desconto da remuneração do dia da falta (**art. 6º, Lei n. 605/49**).

São consideradas **faltas justificadas** ao serviço, e que, portanto, não implicam a perda da remuneração do descanso semanal, aquelas previstas no **art. 473 da CLT**[13] e no **§ 1º do art. 6º da Lei n. 605/49**.[14] No caso de **doença do empregado**, a justificativa da falta depende de apresentação de atestado médico, na ordem prevista no **§ 2º do art. 6º da Lei n. 605/49**.

Durante o período de emergência em saúde pública decorrente da Covid-19, a imposição de isolamento dispensará o empregado da comprovação de doença por sete dias (**§ 4º, art. 6º, Lei n. 605/49**). No caso de imposição de isolamento em razão da Covid-19, o trabalhador poderá apresentar como justificativa válida, no oitavo dia de afastamento, além do disposto neste artigo, documento de unidade de saúde do Sistema Único de Saúde (SUS) ou documento eletrônico regulamentado pelo Ministério da Saúde (**§ 5º, art. 6º, Lei n. 605/49**).

> **Súmula 15, TST**
> A justificação da ausência do empregado motivada por doença, para a percepção do salário-enfermidade e da remuneração do repouso semanal, deve observar a ordem preferencial dos atestados médicos estabelecida em lei.
>
> **Súmula 155, TST**
> As horas em que o empregado falta ao serviço para comparecimento necessário, como parte, à Justiça do Trabalho, não serão descontadas de seus salários.

A **remuneração do DSR** é, para quem trabalha:

- **por dia, semana, quinzena ou mês**: **igual a um dia de trabalho**, computadas as horas extraordinariamente prestadas (**art. 7º, *a*, da Lei n. 605/49**);
- **por hora**: equivale à sua **jornada normal de trabalho**, computadas as horas extras habitualmente prestadas (**art. 7º, *b***);
- **por tarefa ou peça**: equivale ao **salário correspondente às tarefas ou peças feitas durante a semana, no horário normal de trabalho**, dividido pelos dias de serviço efetivamente prestados (**art. 7º, *c***).

> **Súmula 27, TST**
> É devida a remuneração do repouso semanal e dos dias feriados ao empregado comissionista, ainda que pracista.

Os **feriados não se confundem com o descanso semanal**. São dias sem trabalho em razão de comemorações cívicas ou religiosas previstas em lei. Os feriados **são remunerados** da mesma forma que se remunera o descanso semanal. Nos termos da **Lei n. 9093/95**, são feriados civis os declarados em lei federal e a data magna do Estado fixada em lei estadual. São feriados religiosos os dias de guarda, declarados em lei municipal, de acordo com a tradição local e em número não superior a quatro, neste incluída a Sexta-Feira da Paixão.

O **trabalho realizado no repouso semanal ou em dia feriado civil ou religioso**, desde que não compensado em outro dia, mediante a concessão de descanso, deverá ser remunerado em dobro (**art. 9º, Lei n. 605/49**).

---

[13] São faltas justificadas: I – até 2 (dois) dias consecutivos, em caso de falecimento do cônjuge, ascendente, descendente, irmão ou pessoa que, declarada em sua carteira de trabalho e previdência social, viva sob sua dependência econômica; II – até 3 (três) dias consecutivos, em virtude de casamento; III – por 5 (cinco) dias consecutivos, em caso de nascimento de filho, de adoção ou de guarda compartilhada (o prazo será contado a partir da data de nascimento do filho); IV – por um dia, em cada 12 (doze) meses de trabalho, em caso de doação voluntária de sangue devidamente comprovada; V – até 2 (dois) dias consecutivos ou não, para o fim de se alistar eleitor, nos termos da lei respectiva; VI – no período de tempo em que tiver de cumprir as exigências do Serviço Militar referidas na Lei do Serviço Militar; VII – nos dias em que estiver comprovadamente realizando provas de exame vestibular para ingresso em estabelecimento de ensino superior; VIII – pelo tempo que se fizer necessário, quando tiver que comparecer a juízo; IX – pelo tempo que se fizer necessário, quando, na qualidade de representante de entidade sindical, estiver participando de reunião oficial de organismo internacional do qual o Brasil seja membro; X – pelo tempo necessário para acompanhar sua esposa ou companheira em até 6 (seis) consultas médicas, ou em exames complementares, durante o período de gravidez; XI – por 1 (um) dia por ano para acompanhar filho de até 6 (seis) anos em consulta médica; XII – até 3 (três) dias, em cada 12 (doze) meses de trabalho, em caso de realização de exames preventivos de câncer devidamente comprovada.

[14] Além das hipóteses previstas no art. 473 da CLT, também são faltas justificadas: a ausência do empregado devidamente justificada, a critério da administração do estabelecimento; a paralisação do serviço nos dias em que, por conveniência do empregador, não tenha havido trabalho; a ausência do empregado, até três dias consecutivos, em virtude do seu casamento; a falta ao serviço com fundamento na lei sobre acidente do trabalho; a doença do empregado, devidamente comprovada.

> **Súmula 146, TST**
> O trabalho prestado em domingos e feriados, não compensado, deve ser pago em dobro, sem prejuízo da remuneração relativa ao repouso semanal.

■ 12. FÉRIAS

A **Constituição Federal**, em seu art. 7º, XVII, assegura aos trabalhadores urbanos, rurais e domésticos "gozo de férias anuais remuneradas com, pelo menos, um terço a mais do que o salário normal". A **CLT**, em seus **arts. 129 e s.**, e o **Decreto n. 10.088/2019** (promulgação da Convenção n. 132 da OIT sobre férias) disciplinam a questão das férias.

Sendo **remuneradas e computadas, para todos os efeitos, como tempo de serviço (art. 130, § 2º, CLT)**, as férias caracterizam-se como período de **interrupção do contrato de trabalho**.

O **direito a férias** depende da implementação de um **período aquisitivo**, que corresponde a **12 meses de vigência do contrato de trabalho**, ou seja, a cada 12 meses de vigência do contrato o empregado adquire o direito a férias, enquanto durar o referido contrato (**art. 130, CLT**).

A **duração das férias**, inclusive para os empregados que trabalham a tempo parcial, vai **depender do número de faltas injustificadas ao trabalho que o empregado tiver durante o período aquisitivo**, na proporção prevista no **art. 130 da CLT**, sendo de, **no máximo, 30 dias**.

> ■ até 5 faltas – 30 dias de férias
> ■ de 6 a 14 faltas – 24 dias de férias
> ■ de 15 a 23 faltas – 18 dias de férias
> ■ de 24 a 32 faltas – 12 dias de férias

É **vedado** descontar da remuneração do período de férias as faltas do empregado ao serviço (**§ 1º**). As **faltas justificadas** são as previstas no **art. 131 da CLT**.

As férias deverão, como regra, **ser concedidas em um só período**. No entanto, havendo **concordância do empregado**, poderão ser **usufruídas em até três períodos**, sendo que um deles não poderá ser inferior a **14 dias corridos** e os demais não poderão ser inferiores a **5 dias corridos** cada um (**art. 134,** *caput* **e § 1º, CLT**).

Com a **revogação do § 2º do art. 134 da CLT** pela Lei n. 13.467/2017 (*Reforma Trabalhista*), **não há mais vedação para o fracionamento das férias** dos empregados **maiores de 50 anos** e **menores de 18 anos**.

As férias serão **concedidas por ato** do **empregador no período concessivo**, que corresponde aos **12 meses** subsequentes ao período aquisitivo (**art. 134, CLT**). A **época da concessão das férias** será a que **melhor consulte os interesses do empregador**. No entanto, as férias dos empregados **menores de 18 anos estudantes** serão **coincidentes com as férias escolares**, e as férias de **membros de uma mesma família que trabalhem para o mesmo empregador** serão concedidas em **conjunto**, salvo se disto resultar prejuízo para o serviço (**art. 136, CLT**). A **concessão das férias** será **comunicada por escrito** ao empregado, com **antecedência de, no mínimo, 30 dias** (**art. 135, CLT**). É vedado o início das férias no período de dois dias que antecede feriado ou dia de repouso semanal remunerado (**art. 134, § 3º, CLT**).

A **remuneração das férias** equivale à **remuneração normal do empregado, acrescida de 1/3** (**art. 142, CLT, e art. 7º, XVII, CF**). A forma de cálculo da remuneração normal deve seguir as regras do art. 142 da CLT. O **pagamento da remuneração das férias** deve ser feito **até 2 dias antes do empregado iniciar o período respectivo**, mediante recibo, do qual deve constar indicação do início e do término das férias (**art. 145, CLT**). O STF declarou inconstitucional a Súmula 450 do TST, que estabelece que o empregado receberá a remuneração das férias em dobro, incluído o terço constitucional, se o empregador atrasar o pagamento da parcela. A decisão se deu no julgamento da Arguição de Descumprimento de Preceito Fundamental (ADPF) 501.

A **concessão das férias após o período concessivo** implica a obrigação do empregador **pagar em dobro a respectiva remuneração** (remuneração normal + 1/3 x 2). Vencido o período concessivo sem que o empregador tenha concedido as férias, o empregado pode ajuizar reclamação trabalhista pedindo a fixação por sentença da época de gozo das férias (**art. 137, CLT**).

A indenização pelo não deferimento das férias no tempo oportuno será calculada com base na remuneração devida ao empregado na época da reclamação ou, se for o caso, na da extinção do contrato de trabalho (**Súmula 7, TST**).

O **direito a férias é irrenunciável**. Assim, o descanso deve obrigatoriamente ser observado pelo empregado, que não poderá, durante o seu período, prestar serviços a outro empregador, salvo se estiver obrigado a fazê-lo em virtude de contrato de trabalho regularmente mantido com aquele (**art. 138, CLT**).

É facultado ao empregado, inclusive o contrato a tempo parcial, **converter 1/3 do período de férias a que tiver direito em trabalho, recebendo**, como consequência, **abono pecuniário (abono de férias)**, no valor da remuneração correspondente aos dias trabalhados. O abono de férias deverá ser **requerido pelo** empregado até 15 dias antes do término do período aquisitivo (**art. 143, CLT**). O pagamento do abono será feito no mesmo prazo e da mesma forma que o pagamento da remuneração das férias (**art. 145, CLT**).

Férias coletivas – o **art. 139 da CLT** faculta ao empregador conceder férias coletivas a **todos os empregados da empresa, ou de determinados estabelecimentos ou setores da mesma**, autorizando o **fracionamento das férias em até dois períodos anuais**, desde que **nenhum deles** seja **inferior a 10 dias**. A concessão das férias coletivas deve ser **comunicada pelo empregador**, com **antecedência mínima de 15 dias**: a) à DRT; b) ao sindicato dos trabalhadores; e c) aos próprios trabalhadores.

Férias e cessação do contrato de trabalho – na cessação do contrato de trabalho, qualquer que seja sua causa, será devida ao empregado a remuneração simples ou em dobro, conforme o caso, correspondente ao período de férias cujo direito tenha adquirido (**férias indenizadas**). Na cessação do contrato de trabalho também são devidas as **férias proporcionais** em relação ao período aquisitivo incompleto, na proporção de **1/12 (um doze avos) por mês completo de serviço ou fração superior a 14 dias** (**arts. 146 e 147, CLT**).

> **Súmula 171, TST**
> Salvo na hipótese de dispensa do empregado por justa causa, a extinção do contrato de trabalho sujeita o empregador ao pagamento da remuneração das férias proporcionais, ainda que incompleto o período aquisitivo de 12 meses.
>
> **Súmula 262, TST**
> O empregado que se demite antes de completar 12 meses de serviço tem direito a férias proporcionais.

Não tem direito a férias proporcionais o empregado que é **dispensado por justa causa**. Em caso de **culpa recíproca**, o empregado tem direito a **50%** das férias proporcionais (**Súmula 14, TST**).

A **prescrição do direito de reclamar a concessão das férias** e o respectivo pagamento é contada do término do período concessivo ou, se for o caso, da cessação do contrato de trabalho (**art. 149, CLT**).

13. SALÁRIO E REMUNERAÇÃO

Salário e remuneração correspondem à **contraprestação pecuniária** paga ao empregado **em decorrência da sua prestação de serviços**.

Remuneração é gênero, do qual *salário* é espécie.

> **Remuneração** é o **conjunto de todas as verbas recebidas pelo empregado** como contraprestação pelos serviços prestados, abrangendo tanto aquela que é **paga pelo próprio empregador (salário)** como aquelas **pagas por terceiros (gorjetas). Salário** é **uma das parcelas da remuneração** equivalendo ao valor **pago diretamente pelo empregador** ao empregado como contraprestação pelos serviços (**art. 457, CLT**).

Considera-se **gorjeta** não só a **importância espontaneamente dada pelo cliente** ao empregado, mas também o valor **cobrado pela empresa**, como serviço ou adicional, a qualquer título, e destinado à distribuição aos empregados (**§ 3º, art. 457, CLT**).

> **Súmula 354, TST**
> As gorjetas **integram a remuneração** para todos os efeitos legais (**art. 457, *caput*, CLT**), não servindo, porém, de base de cálculo para as parcelas de aviso prévio, adicional noturno, horas extras e repouso semanal.

13.1. Natureza das verbas pagas pelo empregador ao empregado

Verbas que integram o salário (§ 1º, art. 457):

1. **comissões**: forma de salário condicionada ao resultado do trabalho realizado pelo empregado (pode constituir única forma de salário, ou não).

2. **gratificações legais**: por exemplo, a **gratificação por exercício de função paga**, nos termos do art. 62, parágrafo único, CLT, em decorrência do cargo de confiança. Não se tratando de gratificação legal, a **gratificação paga pelo empregador** ao empregado, **ainda que de forma habitual, não integra** o salário do mesmo.

Verbas que não integram o salário, ainda que habituais (§ 2º, art. 457):

1. **ajuda de custo**: é indenização paga por liberalidade do empregador com a finalidade de cobrir as despesas que o empregado tenha para a prestação de serviços ou com sua transferência para outra localidade.

2. **auxílio-alimentação**, vedado seu pagamento em dinheiro.

3. **prêmios ou bônus** – modalidade de salário vinculada a fatores de ordem pessoal do trabalhador ou de ordem coletiva dos trabalhadores da empresa, tal como produtividade e eficiência, sendo seu **pagamento**, portanto, **condicional**.

Consideram-se prêmios as liberalidades concedidas pelo empregador em forma de bens, serviços ou valor em dinheiro, a empregado ou a grupo de empregados em razão de desempenho superior ao ordinariamente esperado no exercício de suas atividades (§ 4º, art. 457, CLT).

4. **abonos**: adiantamentos salariais.
5. **diárias para viagem**: quantias pagas pelo empregador para fazer frente às despesas de viagem e manutenção do empregado, ocasionadas em razão de seu contrato de trabalho.

Participação nos lucros ou resultados (PLR) – o art. 7º, XI, da Constituição Federal prevê como direito dos trabalhadores urbanos e rurais a *participação nos lucros ou resultados*, desvinculada da remuneração, conforme definido em lei.

A matéria é objeto de regulamentação pela **Lei n. 10.101/2000**. Referida Lei prevê que a PLR deve ser objeto de negociação coletiva entre a empresa e seus empregados, mediante **um dos seguintes procedimentos**, escolhidos pelas partes de comum acordo (art. 2º):

a) comissão escolhida pelas partes, integrada, também, por um representante do sindicato dos trabalhadores; ou
b) convenção ou acordo coletivo.

É **vedado o pagamento** de PLR em periodicidade inferior a um semestre civil, ou **mais de duas vezes no mesmo ano civil** (§ 2º, art. 3º).

Não estão obrigados a pagar PLR (§ 3º, art. 2º):

a) empregador pessoa física; e
b) entidade sem fins lucrativos que respeitem os requisitos previstos em lei.

A PLR dos empregados em empresas estatais observará as diretrizes fixadas pelo Poder Executivo (**art. 5º**).

13.2. Formas de pagamento do salário

1. **salário por tempo**: é uma importância fixa que é paga em razão do tempo que o empregado permanece à disposição do empregador, independentemente dos serviços executados. Sendo em função do tempo gasto na prestação, não sofre influência direta do rendimento do empregado, nem do resultado obtido pelo empregador.
2. **salário por produção**: o tempo trabalhado não é importante, mas sim a quantidade de resultado do trabalho. O salário é calculado de acordo com o produto da atividade do empregado, não se levando em conta o tempo que o trabalhador permaneceu à disposição do empregador. Calcula-se somando-se os bens produzidos pelo empregado, o que pressupõe a atribuição de um preço ou tarifa para cada unidade produzida (ex.: valor por peça produzida; percentual sobre cada venda realizada).
3. **salário por tarefa (ou salário misto)**: resulta da combinação entre o salário por unidade de tempo e o salário por produção. É o salário pago levando em consideração o tempo, mas com a obrigação de produzir, dentro dele, um resultado mínimo. Pela economia de tempo há uma vantagem atribuída ao trabalhador: produzindo mais no tempo determinado, recebe um sobressalário; ou, cumprindo sua tarefa antes do tempo, pode ser dispensado do restante da jornada. Este tipo de salário pressupõe também a fixação de um preço ou tarifa para cada unidade produzida.

13.3. Meios de pagamento do salário

1. **Pagamento em moeda corrente**: o pagamento em dinheiro é a forma normal de pagamento do salário. É aquele pagamento feito em moeda de curso forçado, em moeda corrente do país. Na legislação brasileira, a obrigatoriedade do pagamento em dinheiro é imposta pelo **art. 463 da CLT**. A exigência do pagamento em moeda corrente tem em vista não apenas evitar o uso de vales, cupons, títulos de crédito etc., como meios liberatórios, mas também tolher o pagamento em moeda estrangeira.
2. **Pagamento em cheque ou em depósito bancário**: o pagamento em cheque ou em depósito bancário em conta aberta em nome do empregado é permitido.
3. **Pagamento em utilidades**: é a prestação *in natura* que o empregador, por força do contrato de trabalho ou do costume, atribui ao empregado, em retribuição dos serviços prestados. Constitui modalidade de remuneração paralela ao salário pago em dinheiro.

Art. 458 da CLT: salário pode ser pago parte em dinheiro e parte em bens ou utilidades.

Para ser considerado salário, as utilidades devem ser concedidas: habitualmente, graciosamente e pelo trabalho.

Não serão salários as concedidas:

- esporadicamente;
- com ônus para o empregado;
- para o trabalho.

Assim, *são salariais* as utilidades fornecidas:

- como contraprestação pelos serviços prestados (pelo trabalho);
- de forma habitual;
- gratuitamente.

Os **bens *in natura*** que o empregador fornece ao empregado, para **possibilitar ou facilitar a execução do trabalho**, *não são salário*, não integram a remuneração.

O § 2º do art. 458 da CLT afirma que **não são consideradas salário** as seguintes utilidades: **a)** vestuários, equipamentos e outros acessórios fornecidos aos empregados e utilizados no local de trabalho, para a prestação do serviço; **b)** educação, em estabelecimento de ensino próprio ou de terceiros, compreendendo os valores relativos a matrícula, mensalidade, anuidade, livros e material didático; **c)** transporte destinado ao deslocamento para o trabalho e retorno, em percurso servido ou não por transporte público; **d)** assistência médica, hospitalar e odontológica, prestada diretamente ou mediante seguro-saúde; **e)** seguros de vida e de acidentes pessoais; **f)** previdência privada; **g)** o valor correspondente ao vale-cultura. Também não são consideradas como salário: o valor relativo à assistência prestada por serviço médico ou odontológico, próprio ou não, inclusive o reembolso de despesas com medicamentos, óculos, aparelhos ortopédicos, próteses, órteses, despesas médico-hospitalares e outras similares, mesmo quando concedido em diferentes modalidades de planos e coberturas (**art. 458, § 5º, da CLT**).

> **Súmula 241, TST**
> O vale para refeição, fornecido por força do contrato de trabalho, tem caráter salarial, integrando a remuneração do empregado para todos os efeitos legais.
>
> **Súmula 258, TST**
> Os percentuais fixados em lei relativos ao salário *in natura* apenas se referem às hipóteses em que o empregado percebe salário mínimo, apurando-se, nas demais, o real valor da utilidade.
>
> **Súmula 367, TST**
> I – A habitação, a energia elétrica e veículo fornecidos pelo empregador ao empregado, quando indispensáveis para a realização do trabalho, não têm natureza salarial, ainda que, no caso de veículo, seja ele utilizado pelo empregado também em atividades particulares. II – O cigarro não se considera salário-utilidade em face de sua nocividade à saúde.

O salário **não pode ser pago integralmente em utilidades**. Deve ser pago, no mínimo, 30% em dinheiro (**art. 82, parágrafo único, CLT**).

13.4. Regras de proteção ao salário

O salário tem **natureza alimentar** e, justamente por isso, é amplamente protegido em relação ao empregador, aos credores do empregado e aos credores do empregador.

São **regras de proteção ao salário**:

13.4.1. Periodicidade do pagamento

O salário deve ser pago em **períodos *máximos* de um mês**. Deve, ainda, ser pago **até o 5º dia útil do mês subsequente** ao vencido (**art. 459, CLT**).

> **Súmula 381, TST**
> O pagamento do salário até o 5º dia útil do mês subsequente ao vencido não está sujeito à correção monetária. Se esta data for ultrapassada, incidirá o índice de correção monetária do mês subsequente ao da prestação dos serviços, a partir do dia 1º.

13.4.2. Prova do pagamento

O pagamento do salário deverá ser efetuado **contra recibo**, assinado pelo empregado; em se tratando de analfabeto, mediante sua impressão digital, ou, não sendo esta possível, a seu rogo. No caso de pagamento em depósito bancário, o respectivo comprovante terá força de recibo (**art. 464, CLT**).

13.4.3. Inalterabilidade

Tendo em vista que a regra é a inalterabilidade das condições de trabalho (**art. 468, CLT**), o salário não pode ser alterado em relação à forma e aos meios de pagamento nem em relação à sua forma de cálculo quando se tratar de salário por produção ou por tarefa. Tal regra não se aplica ao empregado "hipersuficiente", previsto no parágrafo único do art. 444 da CLT, em relação ao qual se admite livre estipulação quanto a esses aspectos de forma e meio de pagamento do salário.

13.4.4. Irredutibilidade

Os salários não podem ter seu valor reduzido. Isto vale tanto para o salário fixo pago por tempo, como para os salários variáveis pagos por produção ou por tarefa. Nestes dois últimos casos, o empregado ganha valores diferentes a cada mês, tendo em vista que o salário é calculado sobre a quantidade de trabalho produzida (o que não é redução salarial); o salário somente será reduzido se houver redução da tarifa usada como base do seu cálculo, e isso é que não é permitido.

Por força do disposto no **art. 7º, VI, da Constituição Federal**, esta **regra não é absoluta**, podendo-se **reduzir os salários mediante acordo ou convenção coletiva de trabalho (flexibilização)**.

Se for pactuada cláusula que reduza o salário ou a jornada, a convenção coletiva ou o acordo coletivo de trabalho deverão prever a proteção dos empregados contra dispensa imotivada durante o prazo de vigência do instrumento coletivo (**art. 611-A, § 3º, CLT**).

13.4.5. Impenhorabilidade

O salário é impenhorável (**art. 833, IV, CPC**), **salvo** para pagamento de prestação alimentícia, independentemente de sua origem (**§ 2º**).

13.4.6. Intangibilidade

Diz respeito ao controle dos descontos que o empregador pode fazer nos salários do empregado. Nos termos do **art. 462 da CLT**, podem ser descontados do salário do empregado: **a)** adiantamentos, valores previstos em lei ou em normas coletivas de trabalho; **b)** valor dos danos culposamente causados pelo empregado ao empregador, desde que tal possibilidade tenha sido acordada; **c)** valor dos danos dolosamente causados pelo empregado ao empregador, independentemente de acordo.

> **Súmula 342, TST**
> Descontos salariais efetuados pelo empregador, com a autorização prévia e por escrito do empregado, para ser integrado em planos de assistência odontológica, médico-hospitalar, de seguro, de previdência privada, ou de entidade cooperativa, cultural ou recreativo-associativa de seus trabalhadores, em seu benefício e de seus dependentes, não afrontam o disposto no art. 462 da CLT, salvo se ficar demonstrada a existência de coação ou de outro defeito que vicie o ato jurídico.

13.4.7. Pagamento em moeda corrente

A prestação em espécie do salário será paga em moeda corrente do país (**art. 463, CLT**), considerando-se como não feito o pagamento do salário realizado com inobservância dessa regra (**parágrafo único**).

Nos termos do **art. 460 da CLT**, quando **não houver prova da estipulação do salário ou não havendo prova sobre a importância ajustada**, o juiz fixará o valor do salário, tendo o empregado direito a perceber salário igual ao daquele que, na mesma empresa, fizer serviço equivalente ou do que for habitualmente pago para serviço semelhante.

13.5. Salário mínimo, salário normativo, salário profissional, piso salarial

O **salário mínimo** é **direito de todo trabalhador**, em valor **fixado por lei**. **Unificado nacionalmente**, o salário mínimo será **reajustado periodicamente** e deve **atender às necessidades vitais básicas do trabalhador e de sua família** com moradia, alimentação, educação, saúde, lazer, vestuário, higiene, transporte e previdência social (**art. 7º, IV, CF, e art. 76, CLT**).

É **vedada a vinculação** do salário mínimo para qualquer fim. Neste sentido, a **Súmula Vinculante 4, STF:** salvo nos casos previstos na Constituição, o salário mínimo não pode ser usado como indexador de base de cálculo de vantagem de servidor público ou de empregado, nem ser substituído por decisão judicial.

Salário profissional é aquele devido a **determinada profissão** e **fixado por lei**; é o valor mínimo de salário que pode ser pago a trabalhador integrante de determinada profissão regulamentada.

Salário normativo, ou **piso da categoria,** é fixado em **norma coletiva** (sentença normativa ou convenção coletiva de trabalho), sendo o valor mínimo de salário que pode ser pago a trabalhador integrante de **determinada categoria profissional**.

O **art. 7º, V, da Constituição Federal** prevê como direito dos trabalhadores o **piso salarial**, proporcional à extensão e à complexidade do trabalho.

A **Lei Complementar n. 103/2000** autoriza, com fundamento no **art. 22, parágrafo único, da Constituição Federal**, os **Estados e o Distrito Federal** a instituir, mediante proposta de iniciativa do Poder Executivo respectivo, piso salarial para empregados que não o tenham fixado por lei federal ou norma coletiva.

13.6. Salário complessivo

Consiste em pagamento ao empregado de **valor único** com a pretensão de quitar não só o salário, mas também diversos títulos decorrentes do contrato de trabalho. O pagamento de **salário complessivo** é **vedado** por nosso ordenamento jurídico.

> **Súmula 91, TST**
> Nula é a cláusula contratual que fixa determinada importância ou percentagem para atender englobadamente vários direitos legais ou contratuais do trabalhador.

13.7. Equiparação salarial

O **art. 7º, XXX e XXXI, da Constituição Federal** consagra o *princípio da não discriminação salarial*, proibindo diferença de salário por motivo de sexo, idade, cor ou estado civil, ou por ser o trabalhador portador de deficiência.

A *igualdade salarial* (ou *isonomia salarial*) é disciplinada pelo **art. 461 da CLT**, que estabelece os requisitos para o direito à *equiparação salarial* e determina que *a todo trabalho de igual valor deve corresponder salário igual*.

Sempre que estejam presentes os requisitos previstos em tal dispositivo legal, o empregado que ganhar menos do que outro (*paradigma*) tem direito a pleitear equiparação salarial.

Requisitos da equiparação salarial:

a) trabalho para o **mesmo empregador** – é impossível reconhecer-se a equiparação salarial entre empregados que trabalhem para empregadores distintos;

b) trabalho **no mesmo estabelecimento** – considerando que a igualdade de salários depende de condições idênticas de trabalho, o legislador limita o direito à equiparação salarial entre empregados que trabalham no **mesmo estabelecimento empresarial**. Assim, ainda que se trate do mesmo empregador, não há que se falar em direito de receber salário igual entre empregados que executam suas funções em estabelecimentos distintos;

c) trabalho em **idêntica função** – empregado e paradigma devem exercer a mesma função, desempenhando as mesmas tarefas, não importando se os cargos têm, ou não, a mesma denominação (**Súmula 6, III, TST**);

d) **diferença de tempo de serviço para o empregador não superior a quatro anos e diferença de tempo na função não superior a dois anos** – em relação a essas duas condições relativas ao tempo de serviço (para o mesmo empregador e na função), o legislador reconhece que, não obstante o fato de o trabalho ser desenvolvido com a mesma produtividade e a mesma perfeição técnica, **pode o empregado mais antigo receber salário maior do que o mais novo**;

e) trabalho com a **mesma produtividade** e a **mesma perfeição técnica** – a análise de tais requisitos exige que empregado e paradigma tenham as mesmas condições de trabalho. Para o reconhecimento da equiparação salarial, exige-se que o trabalho prestado tenha igual valor, assim entendido aquele desenvolvido com igual produtividade (critério quantitativo) e com igual perfeição técnica (critério qualitativo).

A equiparação salarial só será possível entre empregados contemporâneos no cargo ou na função (**contemporaneidade do trabalho**), ficando vedada a indicação de paradigmas remotos, ainda que o paradigma contemporâneo tenha obtido a vantagem em ação judicial própria (**art. 461, § 5º, CLT**). Para que haja a possibilidade de confrontação ou comparação entre os dois empregados, necessária a **simultaneidade na prestação de serviços**.

No entanto, é **desnecessário** que, ao tempo da **reclamação sobre equiparação salarial, reclamante e paradigma ainda estejam a serviço do estabelecimento**. O que importa é que o pedido se relacione com situação pretérita (**Súmula 6, IV, TST**).

Nas empresas com **quadro organizado de carreira** ou com **plano de cargos e salários** não cabe pedido de equiparação salarial, dispensada qualquer forma de homologação (**§ 2º, art. 461, TST**).

É **do empregador o ônus da prova** do fato impeditivo, modificativo ou extintivo do direito à equiparação salarial (**Súmula 6, VIII, TST**). Assim:

a) **quanto à identidade de função** – o ônus da prova é do empregado, pois é fato constitutivo do seu direito;

b) **quanto aos demais requisitos** – o ônus da prova é do empregador, pois são fatos impeditivos, modificativos ou extintivos do direito do autor.

Observações:

1. Desde que preenchidos os requisitos do art. 461 da CLT, é possível a equiparação salarial de **trabalho intelectual**, que pode ser avaliado por sua perfeição técnica, cuja aferição terá critérios objetivos (**Súmula 6, VII, TST**).

2. A cessão de empregados não exclui a equiparação salarial, embora exercida a função em órgão governamental estranho à cedente, se esta responde pelos salários do paradigma e do reclamante (**Súmula 6, V, TST**).

3. Na ação em que se pleiteia equiparação salarial, a **prescrição** só alcança as diferenças salariais no período de 5 anos que precedeu o ajuizamento (**Súmula 6, IX, TST**).

13.8. Décimo terceiro salário (ou gratificação de Natal)

O **13º salário** corresponde a uma gratificação salarial que é paga pelo empregador ao empregado no mês de dezembro de cada ano.

Trata-se de direito garantido pelo **art. 7º, VIII da Constituição Federal** a todos os empregados urbanos, rurais e domésticos, sendo regulamentado pelas **Leis n. 4.090/62** e **4.749/65** e pelo **Decreto n. 10.854/2021**.

O valor do 13º salário equivale ao **valor da remuneração normal** que o empregado receber **em dezembro**, desde que o empregado **tenha trabalhado o ano todo**, ou ao valor **proporcional da remuneração** (1/12 por mês ou fração superior a 15 dias), caso o empregado **não tenha trabalhado o ano todo (13º salário proporcional)**. O pagamento é feito, então, de acordo com o tempo de serviço do empregado no ano em curso.

O 13º salário deve ser pago em **duas parcelas** – a primeira entre fevereiro e novembro e a segunda até 20 de dezembro.

Observação: A primeira parcela do 13º salário pode ser paga junto com as férias, se requerido o adiantamento pelo empregado em janeiro do correspondente ano.

O **13º salário proporcional** será devido nas seguintes hipóteses de rescisão do contrato de trabalho:

- dispensa sem justa causa;
- pedido de demissão;
- término do contrato por prazo determinado;
- aposentadoria do empregado;
- morte do empregado (pagamento aos dependentes ou herdeiros).

Não tem direito ao 13º salário proporcional o empregado que é dispensado por **justa causa**. Se a dispensa ocorreu por justa causa e a 1ª parcela do 13º salário já foi paga, o valor correspondente pode ser descontado das verbas rescisórias.

Em caso de **culpa recíproca**, o empregado receberá **50%** do 13º salário proporcional (**Súmula 14, TST**).

13.9. Adicionais de remuneração

Adicionais de remuneração são os acréscimos salariais decorrentes de situações específicas de trabalho mais gravosas do que as normais. Podem ser previstos em lei ou em normas coletivas de trabalho (convenções e acordos coletivos).

Adicionais legais:

a) **adicional de hora extra:** é devido ao empregado que prestar serviços extraordinariamente, ou seja, cuja duração do trabalho ultrapassar a duração normal, prevista em lei, em norma coletiva ou no contrato de trabalho.
  - **valor do adicional**: no mínimo 50% sobre o salário normal (**art. 7º, XVI, CF**).
  - sendo **pago habitualmente**, integra a remuneração do empregado para todos os efeitos legais.
  - horas extras **prestadas habitualmente por mais de um ano**: se suprimidas pelo empregador → será devida ao empregado uma indenização pela supressão, calculada da forma prevista na **Súmula 291, TST**.

b) **adicional noturno:** é devido ao empregado que trabalhar no período noturno.

> **Horário noturno – empregados urbanos e domésticos:** das 22h às 5h; **empregados rurais:** das 21h às 5h para os que trabalham na agricultura, e das 20h às 4h para os que trabalham na pecuária.

- **valor do adicional**: 20% sobre a hora diurna (empregados urbanos e domésticos – **art. 73, CLT + LC 150/2015**); 25% sobre a hora diurna (empregados rurais – **Lei n. 5.889/73**).
- **duração da hora noturna**: para os empregados urbanos e domésticos, a hora noturna é de 52m30s (hora noturna reduzida). Para os empregados rurais, não há redução da hora noturna.
- sendo **pago habitualmente**, integra a remuneração do empregado para todos os efeitos legais (**Súmula 60, I, TST**).
- a **transferência para o período diurno** implica a **perda do direito** ao adicional noturno (**Súmula 265, TST**).

c) **adicional de insalubridade:** é devido ao empregado que trabalhar em condições ou locais que ofereçam **riscos à sua saúde**, acima dos **limites de tolerância** fixados pelo Ministério do Trabalho (**art. 189, CLT, e art. 7º, XXIII, CF**).
  - **requisitos para a caracterização da insalubridade**: a) intensidade do agente; b) método de utilização do agente; c) tempo de exposição do trabalhador aos efeitos do agente; d) limite de tolerância do trabalhador ao agente; e) utilização de equipamento de proteção individual ou coletiva, eliminando ou diminuindo a intensidade do agente nocivo.
  - a insalubridade deve necessariamente ser apurada mediante **perícia**, que deve ser realizada por médico ou engenheiro do trabalho (**art. 195, CLT, e OJ SDI-1 165, TST**).
  - **valor do adicional**: 10%, 20% e 40% sobre o **salário mínimo**, dependendo do grau de exposição ao agente insalubre, *mínimo, médio* ou *máximo*, respectivamente (**art. 192, CLT**).

- integra a remuneração do empregado para todos os efeitos legais.
- a convenção coletiva e o acordo coletivo de trabalho podem dispor sobre enquadramento do grau de insalubridade e prorrogação de jornada em locais insalubres, sem licença prévia das autoridades competentes do Ministério do Trabalho (**art. 611-A, XII e XIII**).
- o direito ao adicional de insalubridade **cessará com a eliminação do risco à saúde**, sendo lícita a supressão do seu pagamento (**art. 194, CLT, e Súmula 80, TST**).

d) **adicional de periculosidade:** é devido ao empregado que trabalhar em condições que ofereçam **riscos à vida (art. 7º, XXIII, CF)**, em razão de (art. 193, CLT):
- contato com explosivos, inflamáveis ou energia elétrica;
- exposição do empregado e roubos ou outras espécies de violência física nas atividades profissionais de segurança pessoal ou patrimonial;
- trabalho com motocicletas.

A exposição do empregado à **radiação ionizante** ou à **substância radioativa** enseja a percepção do adicional de periculosidade (**OJ SDI-1 345, TST**).

Os **tripulantes e demais empregados em serviços auxiliares de transporte aéreo** que, no momento do abastecimento da aeronave, permanecem a bordo não têm direito ao adicional de periculosidade (**Súmula 447, TST**).

O trabalho deve ser realizado em "**área de risco**", que será definida por perícia, que deve ser realizada por médico ou engenheiro do trabalho (**art. 195, CLT, e OJ SDI-1 165, TST**).

É devido em caso de **exposição permanente ou intermitente** à condição de risco. **Não é devido** em caso de **exposição fortuita ou habitual, mas por tempo extremamente reduzido** (**Súmulas 361 e 364, I, TST**).

Não é válida a cláusula de acordo ou convenção coletiva de trabalho fixando o **adicional de periculosidade em percentual inferior** ao estabelecido em lei e proporcional ao tempo de exposição ao risco, pois tal parcela constitui medida de higiene, saúde e segurança do trabalho, garantida por norma de ordem pública (**Súmula 364, II, TST**).

- **valor do adicional:** 30% sobre o salário contratual do empregado, excluídas as gratificações, prêmios e participação nos lucros da empresa. Incide apenas sobre o salário-base do empregado (**Súmula 191, TST**).
- integra a remuneração do empregado para todos os efeitos legais.
- o **direito** ao adicional de periculosidade **cessará com a eliminação do risco**, sendo lícita a supressão do seu pagamento (**art. 194 CLT**).

> O empregado que trabalhar em condições insalubres e perigosas ao mesmo tempo deverá **optar por um dos adicionais**, não podendo receber os dois (**§ 2º, art. 193, CLT**).

e) **adicional de transferência:** é devido na hipótese de transferência do empregado, de mudança de local de trabalho.

> **Somente é devido** no caso de *transferência provisória*, enquanto perdurar esta situação. Não é devido nas transferências definitivas (**art. 469, § 3º, CLT**).

- **valor do adicional:** 25% sobre o salário contratual do empregado.
- **integra a remuneração** do empregado para todos os efeitos legais.
- **cessando a transferência** e retornando o empregado para a localidade original de trabalho, **cessa o pagamento** do adicional (**art. 469, § 3º, CLT**).

OJ SDI-1 113, TST
O fato de o empregado exercer cargo de confiança ou a existência de previsão de transferência no contrato de trabalho não exclui o direito ao adicional. O pressuposto legal apto a legitimar a percepção do mencionado adicional é a transferência provisória.

Observação: as **despesas com a transferência** são sempre por conta do empregador, seja ela definitiva ou provisória. Não se confunde com o pagamento do adicional de transferência, que é devido na transferência provisória e que tem outra finalidade.

f) **adicional de penosidade:** previsto no **art. 7º, XXII, CF**, ainda não foi regulamentado por lei, razão pela qual não há previsão das hipóteses nas quais é devido nem do respectivo valor. Pode ser previsto em convenção ou acordo coletivo de trabalho e, nesse caso, será devido no valor e na forma prevista na norma.

14. ALTERAÇÃO DO CONTRATO DE TRABALHO

O **art. 468 da CLT** estabelece que no contrato individual de trabalho só é lícita a alteração das respectivas condições por mútuo consentimento, e ainda assim desde que não resultem, direta ou indiretamente, prejuízos ao empregado, sob pena de nulidade da cláusula infringente desta garantia".

Requisitos para validade da alteração do contrato de trabalho:

a) mútuo consentimento (concordância do empregado);

b) inexistência de qualquer tipo de prejuízo para o empregado (esse requisito não se aplica aos empregados "*hipersuficientes*" previstos no parágrafo único do art. 444 da CLT – para esses trabalhadores, basta a sua simples concordância para que a alteração seja considerada lícita).

Portanto, **nenhuma condição de trabalho pode ser modificada unilateralmente** pelo empregador e, até mesmo a **alteração bilateral é vedada se dela resultarem prejuízos** para o trabalhador.

Alteração unilateral ou alteração que gere prejuízo para o empregado → **nulidade**

Consequências da nulidade:

a) devem ser restabelecidas as condições anteriores, com o retorno das partes ao *status quo ante*;

b) devem ser pagos ao empregado os prejuízos havidos com a alteração prejudicial;

c) é possível também que o contrato de trabalho seja rescindido por culpa grave do empregador, com pagamento das verbas daí decorrentes.

As alterações do contrato de trabalho podem ser de diversas ordens. No entanto, merecem destaque a alteração de função, a alteração salarial, a alteração de jornada e a alteração de localidade da prestação dos serviços (transferência).

Alteração de função: pode ocorrer no *plano horizontal* (mudança dentro do mesmo nível hierárquico) ou no *plano vertical* (ocorre entre níveis hierárquicos diferentes e pode ser *ascendente* – promoção, ou *descendente* – rebaixamento, reversão ou retorno).

a) **Promoção**: só será direito do empregado quando contratualmente prevista ou quando o regulamento de empresa contenha disposição sobre as condições para sua ocorrência e o empregado preencha tais condições. Caso contrário, a promoção insere-se no poder discricionário do empregador.

Como regra, a promoção é mais benéfica para o empregado, sendo, portanto, uma alteração contratual lícita. Havendo comprovação de eventual prejuízo para o empregado, a mesma não será válida.

b) **Rebaixamento**: implica modificação do nível hierárquico que o empregado ocupa na empresa, sendo prejudicial ao mesmo. Não é permitido, mesmo que dele não resulte diminuição do salário.

Permissões legais de alteração vertical descendente de função:

1. reversão ao cargo efetivo, anteriormente ocupado, deixando o exercício de função de confiança (**art. 468, parágrafo único, e art. 499, CLT**). A reversão, com ou sem justo motivo, não assegura ao empregado o direito à manutenção do pagamento da gratificação correspondente, que não será incorporada, independentemente do tempo de exercício da respectiva função (**art. 468, § 2º, CLT**).

2. reversão ao cargo anterior, deixando cargo em comissão, ocupado interinamente (**art. 450, CLT**).

3. retorno do substituto ao seu cargo original, após o período de substituição que não tenha caráter meramente eventual (**art. 450, CLT e Súmula 159, TST**).

4. empregado readaptado de função em razão de deficiência física ou mental atestada pelo INSS (**art. 461, § 4º, CLT**).

c) **Alteração horizontal**: é permitida, desde que justificada e desde que não implique prejuízo de qualquer ordem para o empregado.

Alteração de salário: a alteração quanto ao valor do salário é regulada pelo **art. 7º, VI, da Constituição Federal**, que consagra o princípio da irredutibilidade salarial, permitindo a redução, porém, quando decorrente de previsão em convenção ou acordo coletivo de trabalho.

A **alteração das formas e meios de pagamento** do salário (ex.: salário era fixo e foi alterado para salário variável) somente será válida se o empregado concordar com ela e, ainda assim, desde que dela não decorram prejuízos a ele.

Alteração de jornada: a jornada de trabalho também é inalterável, mas de forma menos rígida. Dentro do mesmo turno será possível a modificação, salvo prejuízo comprovado.

Além disso, a **modificação do horário** noturno para o horário diurno e a supressão do trabalho em jornada extraordinária são válidas, tendo em vista que gera uma condição mais benéfica para o empregado, no sentido de preservação de sua saúde e de sua integridade física. Sua alteração é de interesse social (**Súmulas 265 e 291, TST**).

Alteração de lugar (transferência): a transferência é a modificação da localidade da prestação de serviços. Ao empregador é vedado transferir o empregado, sem sua anuência, para localidade diversa da que resultar do contrato (**art. 469, CLT**).

A localidade resultante do contrato é a que foi pactuada expressamente no início ou a fixada durante o decorrer de sua vigência.

A transferência somente é caracterizada quando a alteração da localidade da prestação dos serviços implicar **necessariamente** mudança de domicílio. A imposição de trabalho em localidade mais distante, porém, obriga o empregador a pagar suplemento salarial correspondente ao acréscimo de despesa de transporte (**Súmula 29, TST**).

O § 1º, **art. 469, CLT,** estabelece que não estão compreendidos na proibição de transferência sem anuência os empregados que exerçam cargo de confiança e aqueles cujos contratos contenham condição implícita ou explícita de transferência. Mas, em qualquer um destes casos, a transferência somente será válida se decorrer de *real necessidade de serviço* (necessidade de serviço devidamente comprovada). A não comprovação da necessidade de serviço permite que o empregado pleiteie judicialmente liminar para evitar a transferência (**art. 659, IX, CLT**).

É **lícita a transferência** do empregado quando ocorrer a **extinção do estabelecimento** em que o mesmo trabalhar (§ 3º, **art. 469, CLT**).

Somente nos casos de **transferência provisória** será devido ao empregado **adicional de transferência** de 25% sobre o salário contratual, que deverá ser pago enquanto durar a transferência (§ 3º, **art. 469, CLT**).

Observação: *alteração de regulamento interno da empresa* – As cláusulas de regulamento interno da empresa que revoguem ou alterem vantagens deferidas anteriormente, só atingirão os trabalhadores admitidos após a revogação ou alteração do regulamento (**Súmula 51, I, TST**).

Havendo a coexistência de dois regulamentos da empresa, a opção do empregado por um deles tem efeito jurídico de renúncia às regras do sistema do outro (**Súmula 51, II, TST**).

■ 15. SUSPENSÃO E INTERRUPÇÃO DO CONTRATO DE TRABALHO

Referem-se a paralisações dos efeitos do contrato de trabalho.

Em ambas as hipóteses o **contrato de trabalho continua vigente**, mas as **principais obrigações** dele decorrentes **não são temporariamente exigíveis** de forma total (**suspensão**) ou de forma parcial (**interrupção**).

Suspensão	Interrupção
■ não há trabalho	■ não há trabalho
■ não há salário	■ há salário
■ não conta tempo de serviço	■ conta tempo de serviço

Hipóteses de interrupção do contrato de trabalho:

- descanso semanal e feriados;
- férias;
- faltas justificadas;
- licença-paternidade;
- licença-maternidade;
- afastamento por doença ou acidente (15 primeiros dias);
- período de greve, quando esta não for considerada abusiva pelo Tribunal.

Hipóteses de suspensão do contrato de trabalho:

- licença não remunerada;
- afastamento por doença ou acidente (por mais de 15 dias);
- suspensão disciplinar;
- faltas injustificadas;
- período de participação do empregado em curso ou programa de qualificação profissional oferecido pelo empregador (**art. 476-A, CLT**);
- período de greve, quando esta for considerada abusiva pelo Tribunal;
- aposentadoria por invalidez (**art. 475, CLT**).

Por se tratar de circunstância em que o empregado não receberá salário e nem terá o tempo de serviço computado, a suspensão do contrato de trabalho é excepcional e não pode ser estipulada nem por acordo entre as partes e nem por acordo coletivo de trabalho.

Serão **computados na contagem de tempo de serviço**, para efeito de indenização e estabilidade, os períodos em que o empregado estiver afastado do trabalho por motivo de acidente do trabalho (**art. 4º, § 1º, CLT**).

Observações: o empregado **eleito para ocupar cargo de diretor** tem o respectivo **contrato de traba-**

lho suspenso, não se computando o tempo de serviço deste período, salvo se permanecer a subordinação jurídica inerente à relação de emprego (**Súmula 269, TST**). No caso de suspensão do contrato de trabalho em decorrência de **acidente do trabalho**, o empregador permanece com a obrigação de depositar FGTS (**art. 15, § 5º, Lei n. 8.036/90**).

16. EXTINÇÃO DO CONTRATO DE TRABALHO

16.1. Extinção do contrato de trabalho por prazo determinado

A extinção se dá em decorrência do cumprimento integral, quer pelo término do prazo, quer pelo advento da condição resolutiva (**art. 443, § 1º, CLT**).

Verbas rescisórias devidas: saldo de salário, 13º salário proporcional, férias proporcionais + 1/3, levantamento do FGTS.

Rescisão antecipada: não havendo cumprimento integral do contrato porque houve decisão de uma das partes em rescindi-lo antecipadamente, o legislador impõe punição à parte que assim agir:

a) **por iniciativa do empregador:** este será obrigado a pagar ao empregado, a título de indenização, a metade do valor da remuneração a que o mesmo teria direito até o término do contrato (**art. 479, CLT**). Trata-se de indenização por perdas e danos decorrentes da violação do pactuado.

b) **por iniciativa do empregado:** este deverá indenizar o empregador dos prejuízos que desse fato lhe resultarem, em valor que não poderá ser superior ao que o empregador lhe pagaria se tivesse sido daquele a iniciativa da rescisão antecipada (**art. 480, CLT**).

Observação: a **indenização** prevista nos arts. 479 e 480 da CLT **não será devida** quando o contrato por prazo determinado contiver *cláusula assecuratória do direito recíproco de rescisão antecipada*. Neste caso, se exercida a faculdade prevista na cláusula por qualquer uma das partes, a rescisão será regida pelas mesmas regras de extinção previstas para os contratos por prazo indeterminado (**art. 481, CLT**).

16.2. Extinção do contrato por prazo indeterminado

A extinção pode ocorrer por iniciativa do empregado, por iniciativa do empregador, ou por fatos alheios à vontade das partes.

Por iniciativa do empregado:

a) **pedido de demissão:** é a comunicação do empregado ao empregador de que não pretende dar mais continuidade ao contrato de trabalho.

Não tem forma prevista em lei, mas como o pedido de demissão **precisa ser provado pelo empregador** (presume-se que a rescisão do contrato de trabalho se deu por iniciativa do empregador, salvo se houver prova em sentido contrário – **Súmula 212, TST**), costuma-se exigir que seja feito por escrito.

Verbas rescisórias: saldo de salário, 13º salário proporcional, férias proporcionais + 1/3 (mesmo que o empregado tenha menos de 12 meses de serviço – **Súmula 261, TST**). O empregado não pode levantar o FGTS. O aviso-prévio somente será pago se for cumprido pelo empregado. Recusando-se o empregado a cumpri-lo, o empregador pode descontar o salário correspondente ao período respectivo.

b) **dispensa indireta:** é a rescisão contratual pelo empregado, tendo em vista **justa causa praticada pelo empregador**.

As faltas graves do empregador são previstas no **art. 483, CLT:**

1. exigência de serviços superiores às forças do empregado, defesos por lei, contrários aos bons costumes, ou alheios ao contrato;
2. rigor excessivo contra o empregado;
3. exposição do empregado a perigo manifesto de mal considerável;
4. descumprimento de obrigações contratuais;
5. prática pelo empregador ou por seus prepostos de atos lesivos à honra e à boa fama do empregado ou de seus familiares;
6. prática pelo empregador ou por seus prepostos de ofensas físicas ao empregado, salvo legítima defesa;
7. redução injustificada do trabalho do empregado, quando este for realizado por produção ou por tarefa, de modo a diminuir sensivelmente sua remuneração.

Verbas rescisórias: o empregado receberá todas as verbas rescisórias que receberia caso tivesse sido dispensado sem justa causa.

Por iniciativa do empregador:

a) **dispensa sem justa causa:** é a ruptura do contrato de trabalho por ato unilateral e imediato do empregador, independentemente da vontade do empregado.

A dispensa sem justa causa não é vedada por lei. No entanto, a **relação de emprego é protegida contra dispensa arbitrária ou sem justa causa**, sendo devida indenização compensatória em favor do empregado (**art. 7º, I, CF**). A indenização corresponde a 40% dos depósitos do FGTS efetuados durante a vigência do contrato de trabalho (**art. 18, § 1º, Lei n. 8.036/90**).

Verbas rescisórias: saldo de salário, aviso-prévio, 13º salário proporcional, férias proporcionais + 1/3, 40% do FGTS. O empregado pode levantar o valor do FGTS depositado em sua conta vinculada.

b) **dispensa por justa causa:** é a rescisão do contrato de trabalho em decorrência da **prática de falta grave pelo empregado**. A prática da justa causa torna **insustentável a manutenção do vínculo de emprego**, levando à imediata rescisão do contrato e desonerando o empregador de algumas reparações econômicas que seriam devidas caso o contrato tivesse sido rescindido sem justa causa.

Caracterização e limitações da justa causa:

- **legalidade** – somente podem ser consideradas justa causa hipóteses expressamente previstas em lei (o **art. 482 da CLT** prevê as hipóteses gerais de justa causa; outros dispositivos legais podem prever hipóteses específicas de justa causa);
- **taxatividade** – as hipóteses de justa causa são taxativamente previstas em lei; a enumeração não é meramente exemplificativa;
- **imediatidade** – a reação do empregador, dando por rescindido o contrato, deve ser imediata, o que não afasta o decurso de tempo razoável para apuração dos fatos, variando tal prazo de acordo com a complexidade organizacional da empresa. A falta da imediatidade faz **presumir** perdão tácito;
- **perdão** – inexistência de perdão tácito ou expresso;
- **causalidade** – que o fato seja efetivamente determinante da rescisão (**nexo causal**);
- *non bis in idem* – não se admite que um mesmo fato possa ser punido mais de uma vez. Se o fato já foi punido com advertência ou com suspensão, não pode ser aplicada justa causa. Caso o empregado pratique novamente um fato idêntico ao primeiro, para este segundo fato, se não foi aplicada nenhuma outra punição, pode o contrato ser rescindido por justa causa.

Observações: a punição não pode ser excessiva; deve haver **proporcionalidade** entre a gravidade da falta e a gravidade da punição aplicada. Caso a falta tenha sido praticada por diversos empregados ao mesmo tempo, o empregado tem de ser punido da mesma forma que os outros envolvidos na prática da falta. A ausência de isonomia descaracteriza a punição.

Hipóteses de justa causa (art. 482, CLT):

1. **ato de improbidade** – atentado contra o patrimônio do empregador ou de terceiros ligados ao trabalho (ex.: colegas de trabalho, clientes, fornecedores). É o ato desonesto, malicioso, que foi praticado intencionalmente pelo empregado (dolo).
2. **incontinência de conduta ou mau procedimento** – a incontinência de conduta caracteriza-se pela conduta irregular do empregado, incompatível com a moral sexual; o mau procedimento é o comportamento irregular do empregado, incompatível com as normas exigidas pelo senso comum do homem médio.
3. **negociação habitual** – é o ato de concorrência desleal para com o empregador ou o exercício do comércio em paralelo com o exercício da função decorrente do contrato de trabalho, ou quando for prejudicial ao serviço. A autorização tácita ou expressa do empregador descaracteriza a justa causa.
4. **condenação criminal sem direito a suspensão da execução da pena** – o fato de o empregado estar respondendo processo criminal não permite a caracterização de justa causa. É necessário que tenha havido condenação criminal, já transitada em julgado, e, ainda, que não caiba suspensão da execução da pena.
5. **desídia** – é o desempenho das funções com negligência, desleixo, descaso. É a baixa produtividade e perfeição técnica do trabalho decorrente da falta de interesse do empregado. Requer habitualidade e, ainda, punições para as práticas anteriores (o empregado já praticou este tipo de falta anteriormente e foi punido com advertência ou com suspensão, ou seja, o empregado já tem histórico faltoso).
6. **embriaguez habitual ou em serviço** – haverá embriaguez sempre que o empregado, sob o efeito de álcool ou de outra substância entorpe-

cente, perde o governo de suas faculdades a ponto de tornar-se incapaz de executar as tarefas a que está obrigado. **Embriaguez habitual** = é a embriaguez constante, fora do serviço, mas que reflete diretamente no comportamento do empregado no ambiente de trabalho.

Embriaguez em serviço = é a que ocorre durante a jornada de trabalho e que impede que o empregado cumpra suas tarefas de forma adequada e, ainda, coloca em risco a integridade dele ou de terceiros.

7. **violação de segredo** – divulgação não autorizada de informação, fato ou dado de uso e conhecimento exclusivo do empregador. Para que possa ser caracterizada a justa causa, é necessário que a informação seja realmente sigilosa e que o empregado tenha tomado conhecimento da mesma em decorrência de sua função, tendo o dever de sigilo em relação à mesma.

8. **indisciplina** – descumprimento de ordens gerais de serviço, dirigidas impessoalmente a todos os empregados.

9. **insubordinação** – descumprimento de ordens pessoais de serviço, que foram dadas diretamente ao empregado.

10. **abandono de emprego** – é caracterizado por dois requisitos: a) o decurso de um período determinado de ausência injustificada ao serviço, fixado pela jurisprudência em 30 dias (as faltas injustificadas por mais de 30 dias presumem abandono de emprego); b) intenção manifesta do empregado em romper o contrato. O empregador precisa diligenciar no sentido de comprovadamente convocar o empregado para retornar ao trabalho (por carta, telegrama, notificação por cartório etc.).

Presume-se o abandono de emprego se o trabalhador não retornar ao serviço no prazo de 30 dias após a cessação do benefício previdenciário nem justificar o motivo de não o fazer (**Súmula 32, TST**).

11. **ato lesivo à honra e à boa fama** – é a ofensa à honra, do empregador ou de terceiro ligado ao serviço (colegas de trabalho, clientes, fornecedores), caracterizando injúria, difamação ou calúnia, salvo hipótese de legítima defesa, própria ou de outrem.

12. **ofensas físicas** – prática de agressão, tentada ou consumada, contra o empregador, superior hierárquico, colegas ou terceiros, no local de trabalho ou situação de estreita relação com o serviço (não ocorreu nas dependências da empresa, mas teve relação com o serviço em si), salvo hipótese de legítima defesa, própria ou de outrem.

13. **prática constante de jogos de azar** – jogos de azar são os jogos de aposta, que não dependem de habilidade do jogador, mas de sua sorte. Refere-se a aposta em dinheiro. Para caracterização da justa causa é necessário que a prática ocorra no ambiente de trabalho.

14. **perda da habilitação ou dos requisitos estabelecidos em lei para o exercício da profissão, em decorrência de conduta dolosa do empregado** – trata-se de hipótese de empregado que precisa de habilitação ou precisa preencher um requisito específico para poder exercer sua atividade profissional. Somente restará caracterizada a justa causa se a perda decorrer de conduta dolosa do empregado. Negligência, imprudência ou imperícia (culpa) não caracterizam justa causa.

Outras hipóteses de justa causa:

1. empregado que se recusa a atender normas de segurança no trabalho e a usar equipamentos de proteção individual (EPI) – (**art. 158, CLT**).

2. ferroviário que recusa prorrogação de horário em certos casos (**art. 240, CLT**).

3. falta disciplinar grave do aprendiz (**art. 433, CLT**).

4. grevista que praticar excessos e não respeitar os limites previstos em lei para o exercício do direito de greve (**Lei n. 7.783/89**).

Verbas rescisórias: o empregado dispensado por justa causa não tem direito a 13º salário proporcional, a férias proporcionais, a aviso-prévio, a 40% do FGTS. Não pode levantar o FGTS.

Culpa recíproca: decorre da prática simultânea, pelo empregado e pelo empregador, de falta grave.

No caso de culpa recíproca, o empregado tem direito de receber metade da indenização a que teria direito (20% do FGTS), metade do aviso-prévio, das férias proporcionais e do 13º salário proporcional (**art. 484, CLT, e Súmula 14, TST**).

Por acordo entre empregado e empregador:

Não havendo mais interesse recíproco na manutenção da relação de emprego, empregado e empregador podem, por **comum acordo**, extinguir o contrato de trabalho, na forma prevista **no art. 484-A, CLT**.

Verbas rescisórias: saldo de salário; 50% do valor do aviso-prévio; 13º salário proporcional; férias vencidas, acrescidas de 1/3, se houver; férias proporcionais acrescidas de 1/3; indenização de 20% dos depósitos do FGTS.

Essa modalidade de extinção do contrato de trabalho permite a movimentação da conta vinculada do trabalhador no FGTS, ficando **limitada a 80% do valor dos depósitos** efetuados ao longo da vigência do contrato de trabalho (**art. 484-A, § 1º, CLT**), mas **não autoriza** o ingresso no Programa de **Seguro-Desemprego** (**art. 484-A, § 2º, CLT**).

Por fatos alheios à vontade das partes:

a) **morte do empregado:** tendo em vista que o contrato de trabalho é pessoal em relação ao sujeito empregado, o desaparecimento deste implica necessariamente a rescisão do liame contratual.

Pagamento das verbas rescisórias: será efetuado aos **dependentes** do empregado falecido, indicados perante a Previdência Social. **Na falta** de dependentes, o pagamento será feito aos **herdeiros, na forma da lei civil**.

Verbas rescisórias: saldo de salário, 13º salário proporcional, férias proporcionais + 1/3. Autorizado o levantamento do FGTS. Indevidos aviso-prévio e 40% do FGTS.

b) *factum principis*: a rescisão do contrato de trabalho decorre de ato de autoridade municipal, estadual ou federal, ou, ainda, de promulgação de lei ou de resolução que impossibilite a continuidade da atividade.

Verbas rescisórias: saldo de salário, 13º salário proporcional, férias proporcionais + 1/3, aviso-prévio. Autorizado o levantamento do FGTS. A indenização de 40% do FGTS ficará a cargo do Governo responsável pela determinação que levou à rescisão do contrato de trabalho (**art. 486, CLT**).

Observação: *Aposentadoria do empregado* – A aposentadoria **só** é considerada **causa de extinção** do contrato de trabalho **se o empregado deixar de trabalhar para o empregador**.

A aposentadoria espontânea não é causa de extinção do contrato de trabalho se o empregado permanece prestando serviços ao empregador após a jubilação. Assim, por ocasião da sua dispensa imotivada, o empregado tem direito à multa de 40% do FGTS sobre a totalidade dos depósitos efetuados no curso do pacto laboral (**OJ SDI-1 361, TST**).

17. AVISO-PRÉVIO

Aviso-prévio é a notificação dada por uma das partes do contrato de trabalho à outra parte, **comunicando** sua **intenção de rescindir o contrato de trabalho sem justa causa**, de acordo com o prazo previsto em lei, sob pena de pagar indenização substitutiva. É direito do empregado, previsto no **art. 7º, XXI, da Constituição Federal**.

É **figura típica dos contratos por prazo indeterminado** e tem por finalidade evitar a surpresa da ruptura abrupta do contrato de trabalho.

Deve ser dado **pelo empregador** quando este rescinde o contrato sem justa causa, e **pelo empregado** quando este pede demissão (reciprocidade – **art. 487, CLT**). É **devido** no caso de **dispensa indireta** (**art. 487, § 4º, CLT**) e de rescisão do contrato por *factum principis*. Devido também no caso de **cessação das atividades da empresa** (**Súmula 44, TST**).

Duração do aviso-prévio: proporcional ao tempo de serviço, sendo, no **mínimo, de 30 dias** (**art. 7º, XXI, CF**).

> A **proporcionalidade** da duração do aviso prévio foi regulamentada pela **Lei n. 12.506/2011**, que prevê:
> a) o aviso prévio será concedido na proporção de **30 dias** aos empregados que tenham **até um ano de serviço** na empresa;
> b) ao aviso prévio de 30 dias serão acrescidos **3 dias por ano de serviço** prestado à empresa, até o máximo de mais 60 dias, perfazendo uma **duração total de até 90 dias**.

Aplica-se a regra prevista no *caput* do art. 132 do Código Civil à contagem do prazo do aviso-prévio, excluindo-se o dia do começo e incluindo-se o dia do vencimento (**Súmula 380, TST**).

Forma: não há formalidade prevista em lei, mas como é necessário que seja provada sua concessão, é conveniente que seja dado por escrito.

Efeitos:

a) a rescisão do contrato de trabalho torna-se efetiva depois de expirado o prazo do aviso-prévio (**art. 489, CLT**). Em decorrência disto:
- **integra o tempo de serviço** para todos os efeitos legais, ainda que indenizado;
- a **data de saída a ser anotada na CTPS** do empregado deve corresponder à data do término

do aviso-prévio, ainda que indenizado (**OJ SDI-1 82, TST**);

- a **prescrição** começa a fluir no final da data do término do aviso-prévio, ainda que indenizado (**OJ SDI-1 83, TST**).

b) se no curso do aviso-prévio houver **reajuste salarial coletivo**, o empregado deve receber tal reajuste (**§ 6º, art. 487, CLT**).

c) **redução do horário de trabalho** quando o aviso-prévio for **concedido pelo empregador**: **duas horas por dia ou sete dias corridos** (**art. 488, CLT**). **Não se aplica** à hipótese de **aviso-prévio dado pelo empregado**.

É ilegal substituir o período que se reduz da jornada de trabalho, no aviso-prévio, pelo pagamento das horas correspondentes (**Súmula 230, TST**).

Falta do aviso-prévio:

a) a falta do aviso-prévio **pelo empregador** dá ao empregado o direito aos salários correspondentes ao prazo do aviso (aviso-prévio indenizado), garantida sempre a integração deste período ao seu tempo de serviço (**art. 487, § 1º, CLT**).

b) a falta de aviso-prévio **pelo empregado** dá ao empregador o direito de descontar os salários correspondentes ao prazo respectivo (**art. 487, § 2º, CLT**).

Reconsideração:

A parte que deu o aviso-prévio à outra pode **reconsiderar o ato antes do seu término**, mas tal reconsideração somente vai gerar efeito se a **outra parte aceitar**. É faculdade da outra parte aceitar ou não a reconsideração: se aceitar, o contrato volta ao seu curso normal e não será extinto; se não aceitar, o aviso-prévio chegará ao seu termo e o contrato de trabalho será rescindido (**art. 489, CLT**).

Valor do aviso-prévio:

A remuneração do aviso-prévio equivale à **remuneração normal do empregado no respectivo período**.

Em se tratando de **salário pago por produção ou por tarefa**, o cálculo do aviso-prévio será feito de acordo com a média dos últimos 12 meses (**art. 487, § 3º, CLT**).

O valor das **horas extras habituais** integra o aviso-prévio indenizado (**art. 487, § 5º, CLT**).

Reajustamentos salariais coletivos no curso do aviso-prévio beneficiam o empregado, ainda que o aviso seja indenizado (**§ 6º, art. 487, CLT**).

Sobre a remuneração do aviso-prévio, ainda que indenizado, **incide FGTS** (**Súmula 305, TST**).

Justa causa no curso do aviso-prévio:

a) **praticada pelo empregado** – implica a **perda do direito ao restante do aviso-prévio** (**art. 491, CLT**) e de qualquer direito às verbas rescisórias de natureza indenizatória (**Súmula 73, TST**).

b) **praticada pelo empregador** – implica o **pagamento ao empregado da remuneração correspondente ao período do aviso-prévio**, sem prejuízo da indenização que for devida (**art. 490, CLT**).

Aviso-prévio e estabilidade no emprego:

- É inválida a concessão de aviso-prévio na fluência de garantia de emprego, ante a incompatibilidade dos dois institutos (**Súmula 348, TST**).
- O registro da candidatura do empregado a cargo de dirigente sindical durante o período de aviso-prévio, ainda que indenizado, não lhe assegura a estabilidade (**Súmula 369, V, TST**).
- A confirmação da gravidez durante o aviso-prévio trabalhado ou indenizado, garante à empregada a estabilidade (**art. 391-A, CLT**).

Aviso-prévio e doença ou acidente do trabalho:

- A projeção para o futuro do contrato de trabalho, pela concessão do aviso-prévio indenizado, tem efeitos limitados às vantagens econômicas obtidas no período do pré-aviso, ou seja, salário, reflexos e verbas rescisórias. No caso de concessão de auxílio-doença no curso do aviso-prévio, todavia, só se concretizam os efeitos da dispensa depois de expirado o benefício previdenciário (**Súmula 371, TST**).

Caso o empregador não queira que o empregado trabalhe no período do aviso-prévio, deverá **indenizar o mesmo**.

18. ESTABILIDADE NO EMPREGO

Estabilidade no emprego é o direito do empregado de permanecer no emprego mesmo contra a vontade do empregador. É entendida como uma **limitação à liberdade patronal de rescindir o contrato de trabalho** pela simples manifestação de sua vontade.

Pode ser *definitiva* (produzindo efeitos para toda a relação de emprego) ou *provisória* (enquanto persistir uma causa especial que a motiva.

A estabilidade definitiva era prevista por nosso ordenamento jurídico no art. 492 da CLT, e era assegurada aos empregados que atingissem mais de dez anos de serviço na empresa. Em 1966 foi criado o sistema do Fundo de Garantia por Tempo de Serviço (FGTS), como alternativa ao sistema da estabilidade decenal. Assim, a partir de então o empregado deveria, ao ser contratado, optar pelo sistema que lhe fosse mais conveniente: o da estabilidade definitiva ou o do FGTS. A Constituição Federal de 1988, prevendo o regime do FGTS como direito de todos os empregados, revogou a estabilidade definitiva adquirida após dez anos de serviço.

Assim, **a partir da Constituição Federal de 1988**, nosso ordenamento jurídico passou a prever **apenas hipóteses de estabilidade provisória no emprego**, não tendo mais os empregados direito à estabilidade definitiva.

Estabilidade provisória é aquela que protege o empregado contra dispensa arbitrária ou sem justa causa, **enquanto persistir uma situação em que se encontra** e veda a rescisão do contrato de trabalho por ato do empregador. A **dispensa** do empregado detentor de estabilidade provisória **somente pode ocorrer se este praticar uma justa causa**.

Terminada a situação que dava causa à estabilidade provisória, cessa a garantia de emprego, e o empregado pode ser dispensado sem justa causa.

As hipóteses de estabilidade provisória podem decorrer de previsão legal, de previsão em normas coletivas (convenções ou acordos coletivos de trabalho) ou de previsão no contrato de trabalho.

Exemplos de hipóteses de estabilidades provisórias legais:

18.1. Gestante

Fica vedada a dispensa arbitrária ou sem justa causa da empregada gestante, **desde a confirmação da gravidez até cinco meses após o parto** (**art. 10, II, *b*, ADCT**).

- **conhecimento da gravidez:**
O desconhecimento da gravidez pelo empregador não afasta o direito à estabilidade e ao consequente pagamento da indenização correspondente ao período (**Súmula 244, I, TST**).
- **reintegração:**
A reintegração da empregada gestante dispensada sem justa causa só é autorizada durante o período da estabilidade. Do contrário, a garantia de emprego restringe-se aos salários e demais direitos correspondentes ao período estabilitário (**Súmula 244, II, TST**).
- **contrato de experiência:**
A empregado gestante tem direito à estabilidade provisória mesmo na hipótese de admissão mediante contrato por tempo determinado (**Súmula 244, III, TST**).
A confirmação do estado de gravidez advindo no curso do contrato de trabalho, ainda que durante o aviso-prévio trabalhado ou indenizado, garante à empregada gestante a estabilidade provisória no emprego (**art. 391-A, CLT**).
- **licença-maternidade:**
O direito à estabilidade no emprego da gestante **não se confunde com o direito à licença-gestante**. Esta última caracteriza-se como direito de **afastamento do trabalho durante 120 dias**, sem prejuízo do emprego e do salário (hipótese de interrupção do contrato de trabalho), por ocasião do parto (**art. 7º, XVIII, CF**). A Lei n. **11.770/2008** instituiu o Programa Empresa Cidadã, prorrogando, **a critério do empregador**, por 60 dias a duração da licença-maternidade, mediante concessão de incentivo fiscal. A referida lei é regulamentada pelo **Decreto n. 10.854/2021**.

O período de licença-gestante insere-se no período em que é assegurada a estabilidade no emprego à empregada.

18.2. Dirigente sindical

É vedada a dispensa do empregado sindicalizado **a partir do registro da candidatura** a cargo de direção ou representação sindical e, se eleito, ainda que suplente, **até um ano após o final do mandato**, salvo se cometer falta grave nos termos da lei (**art. 8º, VIII, CF**).

A estabilidade **abrange os diretores titulares e também os suplentes**.

- *não têm direito à estabilidade provisória:*
   a) membro de conselho fiscal de sindicato (**OJ SDI-1 365, TST**)
   b) delegado sindical (**OJ SDI-1 369, TST**)
- **dispensa por justa causa:**
O dirigente sindical somente poderá ser dispensado por justa causa se esta for apurada em in-

quérito judicial para apuração de falta grave (**Súmula 379, TST**).

O dirigente sindical dispensado sem justa causa tem direito à reintegração imediata ao emprego, que será determinada por liminar judicial requerida nos termos do **art. 659, X, CLT**.

- **número de dirigentes sindicais detentores de estabilidade:**

No máximo sete titulares, com sete suplentes (o art. 522, CLT foi recepcionado pela CF/88 – **Súmula 369, II, TST**).

- **comunicação:**

É assegurada a estabilidade provisória ao empregado dirigente sindical, ainda que a comunicação do registro da candidatura ou da eleição e da posse seja realizada fora do prazo previsto no art. 543, § 5º, da CLT, desde que a ciência ao empregador, por qualquer meio, ocorra na vigência do contrato de trabalho (**Súmula 369, I, TST**).

- **registro da candidatura no curso do aviso-prévio:**

O registro da candidatura a cargo de direção sindical no curso do aviso-prévio, ainda que indenizado, **não assegura** ao empregado o direito à estabilidade (**Súmula 369, V, TST**).

- **extinção da atividade empresarial:**

A extinção da atividade da empresa no âmbito da base territorial do sindicato implica o **fim da estabilidade**, tendo em vista que não há mais razão para sua subsistência (**Súmula 369, IV, TST**).

- **categoria diferenciada:**

O empregado de categoria diferenciada eleito dirigente sindical **só goza de estabilidade** se exercer na empresa atividade pertinente à categoria profissional do sindicato para o qual foi eleito (**Súmula 369, III, TST**).

18.3. Membro da CIPA (cipeiro)

Será obrigatória a constituição de CIPA (Comissão Interna de Prevenção de Acidentes e de Assédio), em conformidade com as instruções expedidas pelo Ministério do Trabalho e Previdência, nos estabelecimentos ou nos locais de obra nelas especificadas (**art. 163, CLT**).

- **composição (art. 164, *caput*, CLT):** cada CIPA será composta de representantes da empresa e dos empregados, de acordo com os critérios adotados na NR 5 da Portaria n. 3.214/78.
- **mandato (art. 164, § 3º, CLT):** o mandato dos membros eleitos da CIPA terá a duração de 1 ano, permitida uma reeleição.

> É vedada a dispensa arbitrária ou sem justa causa do empregado eleito para cargo de direção de comissões internas de prevenção de acidentes, **desde o registro de sua candidatura até um ano após o final de seu mandato (art. 10, II, *a*, ADCT)**.

- a estabilidade é assegurada somente aos representantes dos empregados na CIPA, pois somente estes são eleitos. Os **representantes do empregador** são pelo mesmo indicados, razão pela qual **não têm direito à estabilidade**.
- a estabilidade também é **garantida ao empregado eleito como suplente** da CIPA (**Súmula 339, I, TST**).
- a estabilidade do membro da CIPA somente tem razão de ser quando em atividade a empresa. **Extinto o estabelecimento**, não se verifica dispensa arbitrária, sendo impossível a reintegração e indevida a indenização do período estabilitário (**Súmula 339, II, TST**).

18.4. Empregado acidentado no trabalho

> O segurado que sofreu acidente do trabalho tem garantida, **pelo prazo máximo de doze meses**, a manutenção do seu contrato de trabalho na empresa, **após a cessação do auxílio-doença acidentário** (**art. 118, Lei n. 8.213/91**).

São **pressupostos para o reconhecimento do direito à estabilidade (Súmula 378, II, TST)**:

- o afastamento superior a 15 dias;
- percepção do auxílio-doença acidentário.

Exceção: os pressupostos acima não são exigidos para o reconhecimento do direito à estabilidade no caso de ser constatada, após a dispensa do empregado, doença profissional que guarde relação de causalidade com a execução do contrato de trabalho.

18.5. Diretores de sociedades cooperativas

A **Lei n. 5.764, de 1971**, que instituiu o **regime jurídico das sociedades cooperativas** no Brasil, confere **estabilidade no emprego** aos empregados de empresas que sejam eleitos como **diretores de sociedades cooperativas**.

Nesse sentido, o **art. 55** da referida Lei dispõe:

> Os empregados de empresas que sejam eleitos diretores de sociedades cooperativas pelos mesmos criadas, gozarão das garantias asseguradas aos dirigentes sindicais pelo art. 543 da Consolidação das Leis do Trabalho (Decreto-lei n. 5.452, de 1º-5-1943).

> Assim, a estabilidade dos diretores de sociedades cooperativas inicia-se com o *registro da candidatura*, estendendo-se até *um ano após o término do mandato*.

A referida estabilidade abrange apenas os diretores eleitos como titulares, não sendo garantida aos eleitos como suplentes, sendo este o entendimento adotado pelo TST.

OJ SDI-1 253, TST
O art. 55 da Lei n. 5.764/71 assegura a garantia de emprego apenas aos empregados eleitos diretores de Cooperativas, não abrangendo os membros suplentes.

18.6. Membro da comissão de representantes dos empregados

Nas **empresas com mais de duzentos empregados**, é assegurada a eleição de uma comissão para representá-los, com a finalidade de promover o entendimento direto deles com os empregadores (**art. 510-A**, *caput*, **CLT**).

A referida comissão será assim composta (**art. 510-A, § 1º, CLT**):

- nas empresas com mais de duzentos e até três mil empregados – **três membros**;
- nas empresas com mais de três mil e até cinco mil empregados – **cinco membros**;
- nas empresas com mais de cinco mil empregados – **sete membros**.

Caso a empresa possua empregados em vários Estados da Federação e no Distrito Federal, será assegurada a eleição de uma comissão de representantes dos empregados **por Estado ou no Distrito Federal**, sendo composta do número de membros de acordo com a previsão do § 1º (**art. 510-A, § 2º, CLT**).

Nos termos do **art. 510-D, § 3º, CLT**, desde o registro da candidatura até um ano após o fim do mandato, o membro da comissão de representantes dos empregados **não poderá sofrer despedida arbitrária**, entendendo-se como tal a que não se fundar em motivo disciplinar, técnico, econômico ou financeiro.

O **mandato** dos membros da comissão de representantes dos empregados será de **um ano**, sendo que o membro que houver exercido a função de representante dos empregados na comissão **não poderá ser candidato** nos dois períodos subsequentes (**art. 510-D**, *caput* e **§ 1º, CLT**).

18.7. Estabilidade provisória – disposições gerais

A jurisprudência fixa algumas **regras gerais aplicáveis a todas as hipóteses de estabilidade provisória**:

- a estabilidade contratual ou a derivada de regulamento de empresa são compatíveis com o regime do FGTS, diferentemente da estabilidade decenal, que é renunciada com a opção pelo FGTS (**Súmula 98, II, TST**).
- exaurido o período de estabilidade, são devidos ao empregado apenas os salários do período compreendido entre a data da dispensa e o final do período de estabilidade, não lhe sendo assegurada a reintegração no emprego (**Súmula 396, I, TST**).
- não *há nulidade por julgamento extra petita* da decisão que deferir salário quando o pedido for de reintegração no emprego de empregado detentor de estabilidade (**Súmula 396, II, TST**).

19. FGTS

O **art. 7º, III, da Constituição Federal** indica o Fundo de Garantia do Tempo de Serviço – FGTS como um dos direitos dos trabalhadores.

Com a CF/88, o FGTS deixou de ser o regime jurídico do trabalhador que por ele optasse para transformar-se no regime genérico de garantia do tempo de serviço para todos os **trabalhadores urbanos e rurais**. Ao assim prever, a Constituição extinguiu definitivamente o regime de estabilidade definitiva no emprego, que era alcançada aos dez anos de serviço (estabilidade decenal).

A partir da **Emenda Constitucional n. 72/2013** o FGTS passou a ser previsto como direito dos **trabalhadores domésticos**, tendo sido regulamentada sua concessão pela **Lei Complementar n. 150/2015**.

O FGTS é regulamentado pela **Lei n. 8.036/90**, que prevê as seguintes regras:

Valor do FGTS: 8% da remuneração mensal do empregado, incluídas todas as parcelas que têm natureza salarial. O FGTS incide também sobre a gratificação de Natal (13º salário) – (**art. 15**).

Forma de pagamento: depósito pelo empregador em conta vinculada do empregado junto à Caixa Econômica Federal, até o vigésimo dia de cada mês, considerando-se a remuneração do mês anterior (**art. 15**). O pagamento que não for efetuado pelo empregador no prazo sofrerá incidência de juros, correção monetária e de multa (**art. 22**).

Observação: no caso de suspensão do contrato de trabalho em decorrência de **prestação de serviço militar** e de **acidente do trabalho**, o empregador permanece com a obrigação de depositar FGTS (**art. 15, § 5º, Lei n. 8.036/90**).

O FGTS incide sobre todas as parcelas de natureza salarial pagas ao empregado em virtude de **prestação de serviços no exterior** (**OJ SDI-1 232, TST**).

O trabalhador, seus dependentes e sucessores ou, ainda, o Sindicato a que estiver vinculado o trabalhador, poderão ajuizar ação perante a Justiça do Trabalho para o fim de compelir o empregador a efetuar os depósitos do FGTS. A Caixa Econômica Federal e o Ministério do Trabalho deverão ser notificados da propositura da reclamação, para que tomem as medidas administrativas cabíveis contra o empregador (**art. 25**).

A **conta vinculada do FGTS** poderá ser **movimentada pelo trabalhador** somente nas hipóteses expressamente previstas em lei (**art. 20**):

- dispensa sem justa causa;
- extinção do contrato de trabalho por acordo entre empregado e empregador (*limitada a até 80% do valor dos depósitos – art. 484-A, § 1º, CLT*);
- dispensa indireta;
- rescisão do contrato por culpa recíproca ou por força maior;
- extinção total da empresa, fechamento de quaisquer de seus estabelecimentos, filiais ou agências ou supressão de parte de suas atividades, sempre que destas situações decorra a extinção do contrato de trabalho;
- morte do empregador individual, se dela decorrer a extinção do contrato de trabalho do empregado;
- declaração de nulidade do contrato de trabalho de empregado contratado pela Administração Pública sem prévia aprovação em concurso público (**art. 37, § 2º, CF, e Súmula 363, TST**);
- aposentadoria;
- falecimento do empregado (pagamento será feito aos dependentes indicados perante a Previdência Social ou, na falta destes, aos herdeiros na forma da lei civil);
- para pagamento de parte das prestações decorrentes de financiamento habitacional concedido no âmbito do Sistema Financeiro da Habitação – SFH, de acordo com os limites previstos na Lei n. 8.036/90;
- para liquidação ou amortização extraordinária do saldo devedor de financiamento imobiliário, na forma prevista na Lei n. 8.036/90;
- para pagamento total ou parcial do preço da aquisição de moradia própria, observadas as condições previstas na Lei n. 8.036/90;
- quando o trabalhador permanecer 3 anos ininterruptos fora do regime do FGTS;
- extinção normal do contrato por prazo determinado;
- supressão total do trabalho avulso por período superior a 90 dias;
- quando o trabalhador ou qualquer de seus dependentes for acometido de neoplasia maligna (câncer);
- quando o trabalhador ou qualquer de seus dependentes for portador do vírus HIV;
- quando o trabalhador ou qualquer dos seus dependentes estiver em estágio terminal, em razão de doença grave;
- quando o trabalhador tiver idade igual ou superior a 70 anos;
- necessidade pessoal, cuja urgência decorra de desastre natural, de acordo com as condições estabelecidas pela Lei n. 8.036/90;
- para aplicação em quotas de Fundos Mútuos de Privatização ou para integralização de cotas do FI-FGTS (hipóteses de aplicação financeira do valor FGTS);
- quando o trabalhador com deficiência, por prescrição, necessite adquirir órtese ou prótese para promoção de acessibilidade e de inclusão social;
- anualmente, no mês de aniversário do trabalhador, por meio da aplicação dos valores constantes do Anexo da Lei, observado o disposto no art. 20-D da Lei.
- a qualquer tempo, quando seu saldo for inferior a R$ 80,00 e não houver ocorrido depósitos ou saques por, no mínimo, 1 ano, exceto na hipótese prevista no inciso I do § 5º do art. 13 da Lei;
- quando o trabalhador ou qualquer de seus dependentes for, nos termos do regulamento, pessoa com doença rara, consideradas doenças raras aquelas assim reconhecidas pelo Ministério da Saúde, que apresentará, em seu sítio na inter-

net, a relação atualizada dessas doenças.

O empregado que **pede demissão ou que é dispensado por justa** causa **não pode levantar o FGTS** por ocasião da rescisão do contrato de trabalho. Nestas hipóteses a **conta do FGTS** do empregado **se torna inativa** e o valor nela existente passa a ser corrigido monetariamente, até que possa ser levantado pelo trabalhador (p. ex. quando este ficar por mais de 3 anos fora do sistema do FGTS, quando se aposentar, quando completar 70 anos etc.).

Nas hipóteses de **dispensa sem justa causa e de dispensa indireta**, o empregador depositará na conta vinculada do trabalhador no FGTS **importância igual a 40% do montante de todos os depósitos feitos na conta vinculada durante a vigência do contrato de trabalho**, devidamente atualizados (indenização decorrente do **art. 7º, I, CF**). No caso de **culpa recíproca** ou de força maior, o percentual será de **20%** (**art. 18, §§ 1º e 2º, Lei n. 8.036/90**). Tratando-se de **extinção do contrato** de trabalho **por acordo** entre empregado e empregador, a **indenização será de 20% dos depósitos atualizados do FGTS** (art. 484-A, I, *b*, CLT).

20. RESCISÃO DO CONTRATO DE TRABALHO – FORMALIDADES

1) Recibo de quitação / termo de rescisão do contrato de trabalho (TRCT) – a extinção do contrato de trabalho, qualquer que seja sua causa, gera para o empregado o direito de **recebimento das verbas rescisórias**.

As verbas rescisórias devidas serão diferentes conforme o tipo de rescisão da qual se trate. Os valores das referidas verbas deverão ser apurados considerando-se a remuneração do empregado à data da rescisão do contrato.

Assim, quando da rescisão do contrato de trabalho é necessário que seja feita a **especificação de cada parcela rescisória paga ao empregado**, com a **discriminação de seus respectivos valores**, em instrumento de rescisão ou recibo de quitação.

Qualquer compensação de valores a ser feita em relação às verbas rescisórias não poderá exceder do valor correspondente a um mês de remuneração do empregado (**art. 477, § 5º, CLT**).

2) Formalidades a serem cumpridas pelo empregador – o empregador deverá proceder à anotação na CTPS, comunicar a dispensa aos órgãos competentes, realizar o pagamento das verbas rescisórias no prazo e na forma previstos em lei (**art. 477, *caput*, da CLT**) e entregar ao empregado os documentos respectivos no prazo de até dez dias contados a partir do término do contrato (**art. 477, § 6º, da CLT**).

O **pedido de demissão de empregado estável** só será válido quanto feito com assistência do respectivo sindicato ou, se não houver, perante o órgão do Ministério do Trabalho (**art. 500, CLT**).

3) Pagamento das verbas rescisórias – deve ser realizado no prazo de até dez dias contados a partir do término do contrato (**art. 477, § 6º, CLT**).

O pagamento deve ser feito (**art. 477, § 4º, da CLT**):

- em dinheiro, depósito bancário ou cheque visado, conforme acordarem as partes;
- em dinheiro ou depósito bancário quando o empregado for analfabeto.

A contagem do prazo de dez dias para quitação das verbas rescisórias exclui necessariamente o dia da notificação da dispensa e inclui o dia do vencimento, conforme o disposto no art. 132 do Código Civil (**OJ SDI-1 162, TST**).

4) Multa pelo atraso no pagamento das verbas rescisórias – **não sendo respeitado** pelo empregador **o prazo para pagamento das verbas rescisórias** previsto no **§ 6º, art. 477, da CLT**, este deverá pagar ao empregado **multa no valor equivalente ao seu salário**, devidamente corrigido, salvo quando comprovadamente o trabalhador der causa à mora (**art. 477, § 8º, CLT**).

O empregador deverá pagar, ainda, multa administrativa imposta pelo Ministério do Trabalho, que não reverte ao empregado.

Havendo decretação da **falência do empregador**, não será devida a multa do § 8º, art. 477, da CLT (**Súmula 388, TST**).

A multa do **§ 8º, art. 477, da CLT** aplica-se à pessoa jurídica de direito público que não observa o prazo para pagamento das verbas rescisórias, pois nivela-se a qualquer particular, em direitos e obrigações, despojando-se do *jus imperii* ao celebrar um contrato de emprego (**OJ SDI-1 238, TST**).

5) Pagamento das verbas rescisórias em juízo – em caso de rescisão do contrato de trabalho, havendo controvérsia sobre o montante das verbas rescisórias, o empregador é obrigado a pagar ao trabalhador, à data do comparecimento à Justiça do Trabalho, a parte incontroversa dessas verbas, sob pena de pagá-las acrescidas de 50% (**art. 467, CLT**).

21. PRESCRIÇÃO E DECADÊNCIA

21.1. Prescrição

Prescrição extintiva ou liberatória (que é a que interessa ao Direito do Trabalho): significa a perda, pelo decurso de certo tempo, da faculdade de pleitear um direito, através da ação judicial competente.

A prescrição **ocorre em função do tempo**: ela é um efeito do tempo nas relações jurídicas. Ela conduz à **extinção da relação jurídica**, que não se exercita por certo período, em razão da **inércia do titular**. O direito em si não é atingido pela prescrição, mas **o que desaparece é a sua exigibilidade** através do Poder Judiciário.

Quando falamos em prescrição no Direito do Trabalho estamos nos referindo ao **prazo que o empregado tem para pleitear perante a Justiça do Trabalho direitos** que tenha deixado de receber do seu empregador.

> **Prazo prescricional trabalhista:** a prescrição trabalhista é de **cinco anos** para os trabalhadores urbanos, domésticos e rurais, **até o limite de dois anos** após a extinção do contrato de trabalho (**art. 7º, XXIX, CF**).

A prescrição trabalhista é, então, *quinquenal* e *bienal*.

A *prescrição quinquenal* é uma **prescrição parcial**, pois refere-se a uma violação continuada do direito. Como no contrato de trabalho os atos se sucedem encadeadamente, a prescrição corre a contar do último deles, mas se cada ato dá direito a uma ação independente, a prescrição alcança cada um destacadamente.

A *prescrição bienal* é **total**, pois quando a ação judicial pleiteando direitos trabalhistas for ajuizada em prazo superior a dois anos após a rescisão contratual, todos os direitos do empregado estarão prescritos e não lhe poderão ser assegurados.

É quinquenal a prescrição do direito de reclamar contra o **não recolhimento de contribuição para o FGTS**, observado o prazo de dois anos após o término do contrato (**Súmula 362, I, TST**). Tal entendimento foi confirmado pelo STF, em julgamento com repercussão geral (Tema 608).

- Não se conhece da prescrição não arguida na instância ordinária (**Súmula 153, TST**). Portanto, a prescrição pode ser arguida em sede de contestação e também no recurso ordinário.
- A prescrição não corre contra os absolutamente incapazes (**art. 198, I, Código Civil**), nem contra os menores de dezoito anos (**art. 440, CLT**).
- O ajuizamento de ação trabalhista, ainda que esta tenha sido arquivada, interrompe a prescrição somente em relação aos pedidos idênticos (**Súmula 268, TST**).
- Ocorre a prescrição intercorrente no processo do trabalho **no prazo de dois anos**, sendo que a **fluência do prazo inicia-se** quando o exequente deixa de cumprir determinação judicial no curso da execução (**art. 11-A**, *caput* e § 1º, **CLT**).

21.2. Decadência

Decadência é o **perecimento do direito** em razão do seu **não exercício em um prazo predeterminado**. A decadência opera de maneira fatal, atingindo irremediavelmente o direito se não for oportunamente exercido.

No Direito do Trabalho, o exemplo mais claro de decadência é o do **inquérito para apuração de falta grave** que se segue à suspensão de empregado dirigente sindical, detentor de estabilidade no emprego.

Neste caso, o legislador estipulou um prazo de 30 dias para decadência do direito. Suspenso o empregado, em 30 dias decai o empregador do seu direito de ingressar em juízo com o referido inquérito.

Trata-se de **prazo para o exercício de um direito** (o do empregador de ajuizar inquérito para poder dispensar empregado estável faltoso); isto difere da prescrição, que é o prazo que impedirá de se ajuizar a ação daquele que tardou em buscar a reparação de um direito violado.

22. FLEXIBILIZAÇÃO DO DIREITO DO TRABALHO

O Direito do Trabalho é o ramo da Ciência do Direito mais sensível aos fatos que ocorrem na sociedade e, principalmente, aos fatos econômicos, sentindo constantemente a necessidade de adaptar e de alterar os seus conceitos e regras de acordo com as necessidades da sociedade.

As intensas e rápidas *modificações tecnológicas* e os reflexos da *globalização econômica* levam a uma grande **discussão** sobre a necessidade de **adaptação do Direito do Trabalho a essa nova situação através de uma revisão de conceitos e antigos dogmas da legislação laboral**. Fala-se em uma necessária reforma da legislação trabalhista, permitindo que a mesma seja capaz de continuar a proteger o trabalhador, mas sem impedir o desenvolvimento econômico.

Diversos juristas trabalhistas têm afirmado que o caminho a ser adotado para a transformação do Direito do Trabalho não é a desregulamentação das regras de proteção ao trabalhador, mas sim o da *flexibilização* destas normas, de maneira a torná-las menos rígidas e impositivas e mais maleáveis e adaptáveis às condições concretas das relações entre empregados e empregadores.

A **Constituição Federal de 1988** deu início a esta flexibilização do Direito do Trabalho, permitindo:

- redução de salário mediante previsão em convenção ou acordo coletivo de trabalho (**art. 7º, VI**);
- redução de horário e compensação de jornada de trabalho mediante acordo ou convenção coletiva de trabalho (**art. 7º, XIII**);
- ampliação da jornada de trabalho dos turnos ininterruptos de revezamento de 6 horas para até 8 horas diárias (**art. 7º, XIV, e Súmula 423, TST**).

A *Reforma Trabalhista* introduzida pela **Lei n. 13.467/2017** ampliou a flexibilização no Brasil, afirmando a autonomia da vontade coletiva e restringindo a intervenção da Justiça do Trabalho na negociação coletiva (**art. 8º, § 3º, e art. 611-A, § 1º, CLT**), prevendo expressamente a prevalência do negociado sobre a lei em relação às matérias que enumera (**art. 611-A, CLT**) e reconhecendo que as condições estabelecidas em acordo coletivo de trabalho sempre prevalecerão sobre as estipuladas em convenção coletiva de trabalho (**art. 620, CLT**).

23. PROTEÇÃO AO TRABALHO DO MENOR

A **fundamentação legal** do trabalho do menor é encontrada nos seguintes dispositivos:

- art. 7º, XXXIII, CF;
- arts. 402 a 441, CLT;
- arts. 60 a 69, Lei n. 8.069/90 (Estatuto da Criança e do Adolescente).

Considera-se **menor** para os efeitos da lei **o trabalhador de quatorze até dezoito anos**.

É proibido o trabalho do menor de dezesseis anos, salvo na condição de aprendiz, a partir dos quatorze anos. É proibido o trabalho noturno, perigoso ou insalubre dos menores de dezoito anos (**art. 7º, XXXIII, CF**). É proibido o trabalho doméstico aos menores de 18 anos (**art. 1º, parágrafo único, LC n. 150/2015**).

O trabalho do menor não poderá ser realizado em locais prejudiciais à sua formação, ao seu desenvolvimento físico, psíquico, moral e social e em horários e locais que não permitam a frequência à escola (**art. 403, parágrafo único, CLT**).

Ao responsável legal do menor é facultado pleitear a extinção do contrato de trabalho, desde que o serviço possa acarretar para ele prejuízos de ordem física ou moral (**art. 408, CLT**).

23.1. Aprendizagem

A **aprendizagem** é o sistema em virtude do qual o empregador se obriga, por contrato, a empregar um jovem trabalhador e a lhe ensinar ou a fazer que se lhe ensine metodicamente um ofício, durante período previamente fixado, no transcurso do qual o aprendiz se obriga a trabalhar a serviço do dito empregador.

O trabalho do aprendiz está regulado pelos **arts. 428 a 433 da CLT**.

Contrato de aprendizagem é o contrato de trabalho **especial**, ajustado **por escrito** e **por prazo determinado**, em que **o empregador se compromete** a assegurar ao maior de 14 (quatorze) e menor de 24 (vinte e quatro) anos inscrito em programa de aprendizagem, formação técnico-profissional metódica, compatível com o seu desenvolvimento físico, moral e psicológico, e **o aprendiz se compromete** a executar com zelo e diligência as tarefas necessárias a essa formação.

Os **requisitos essenciais para a realização do contrato de aprendizagem** são:

- contrato de aprendizagem ajustado por escrito e por prazo determinado;
- menor ser inscrito no programa de aprendizagem de formação técnico-profissional metódica, compatível com o seu desenvolvimento físico, moral e psicológico;
- anotação na Carteira de Trabalho e Previdência Social;
- matrícula e frequência do aprendiz à escola, caso não haja concluído o ensino fundamental;
- inscrição em programa de aprendizagem desenvolvido sob a orientação de entidade qualificada em formação técnico-profissional metódica.

Prazo do contrato: o contrato de aprendizagem **não poderá ser estipulado por mais de dois anos**.

Jornada de trabalho: a duração do trabalho do aprendiz não excederá de **seis horas diárias**, sendo **vedadas a prorrogação e a compensação de jornada**. Esse limite **poderá aumentar** para **até oito horas diárias** para os **aprendizes que já tiverem completado o ensino fundamental**, se nelas forem computadas as horas destinadas à aprendizagem teórica.

Remuneração: o Estatuto da Criança e do Adolescente prevê que ao adolescente até quatorze anos de idade é assegurada bolsa de aprendizagem (**art. 64**) e ao adolescente aprendiz, maior de quatorze anos, são assegurados os direitos trabalhistas e previdenciários (**art. 65**). A remuneração do aprendiz será o salário mínimo-hora, salvo condição mais favorável (**art. 428, § 2º, CLT**).

Os estabelecimentos de qualquer natureza são obrigados a empregar e matricular nos cursos dos Serviços Nacionais de Aprendizagem número de aprendizes equivalente a 5%, no mínimo, e 15%, no máximo, dos trabalhadores existentes em cada estabelecimento, cujas funções demandem formação profissional (**art. 429, CLT**).

24. PROTEÇÃO AO TRABALHO DA MULHER

A questão da igualdade entre homens e mulheres no trabalho deve ser tratada como uma **questão de direitos humanos** e como um **requisito indispensável ao regime democrático**.

Neste sentido, a **Constituição Federal de 1988** estabelece que "todos são iguais perante a lei", sendo que "homens e mulheres são iguais em direitos e obrigações" (**art. 5º, *caput* e I**).

A previsão constitucional da igualdade entre homens e mulheres se aplica a diversos aspectos da relação de emprego, como, por exemplo, em relação à capacidade para trabalhar e celebrar contrato de trabalho, ao cumprimento de jornada de trabalho igual e ao recebimento do mesmo salário para trabalho de igual valor.

A mulher, como qualquer outro trabalhador, adquire **capacidade para trabalhar e para celebrar contrato de trabalho aos 18 anos**. A esse respeito, portanto, não mais vigora o **art. 446 da CLT**, que tratava da autorização do marido para a mulher casada poder trabalhar.

Com o advento da **Constituição Federal de 1988**, a **duração normal do trabalho**, para qualquer trabalhador, é de **8 horas diárias e 44 horas semanais**, facultada a compensação de redução mediante acordo ou convenção coletiva de trabalho (**art. 7º, XIII**).

Também em relação ao **salário pago para a mulher**, não pode haver qualquer discriminação. Diante do disposto no **art. 7º, XXX, da Constituição Federal**, não se justifica diferença de salário entre o homem e a mulher.

Com o advento da **Lei n. 7.855/89**, que revogou os arts. 379 e 380 da CLT, não há mais qualquer restrição para o **trabalho noturno da mulher**.

Em relação à obrigatoriedade de concessão de intervalo de 15 minutos à empregada mulher, antes de a mesma iniciar trabalho em horas extras, a **Lei n. 13.467/2017 (Reforma Trabalhista)** revogou o **art. 384 da CLT, não sendo, portanto, mais obrigatória a concessão desse intervalo**.

O **trabalho em condições insalubres e perigosas** também passou a ser permitido às mulheres a partir da revogação do art. 387 da CLT, pela **Lei n. 7.855/89**.

Sem prejuízo de sua remuneração, nesta incluído o valor do adicional de insalubridade, a empregada deverá ser afastada de atividades consideradas insalubres em qualquer grau (máximo, médio ou mínimo) enquanto durar a gestação (**art. 394-A, I e II, CLT**)[15]. A Lei n. 14.151/2021, que entrou em vigor em maio de 2021, garantindo a todas as empregadas gestantes o afastamento do trabalho presencial sem prejuízo da remuneração, durante o tempo que perdurar a emergência de saúde pública provocada pela Covid-19.

A empregada lactante deverá ser afastada de atividades consideradas insalubres em qualquer grau (**art. 394-A, III, CLT**)[16].

São estabelecidas algumas outras proteções específicas em relação ao trabalho da mulher, considerando as peculiaridades e as diferenças físicas e de condição de maternidade da mulher em relação ao homem.

Regras de proteção em relação aos métodos de trabalho:

Toda empresa é obrigada a (**art. 389, CLT**):

- prover os estabelecimentos de medidas concernentes à higienização dos métodos e locais de trabalho, tais como ventilação e iluminação e outros que se fizerem necessários à segurança e ao conforto das mulheres, a critério da autoridade competente;

- instalar bebedouros, lavatórios, aparelhos sanitários; dispor de cadeiras ou bancos, em número suficiente, que permitam às mulheres trabalhar sem grande esgotamento físico;

- instalar vestiários com armários individuais privativos das mulheres, exceto os estabelecimentos comerciais, escritórios, bancos e atividades afins, em que não seja exigida a troca de roupa,

---

[15] Em 29-5-2019 o STF, por maioria, confirmou medida cautelar que tinha sido concedida pelo Ministro Alexandre de Moraes e julgou procedente o pedido formulado na ADI n. 5.938 para declarar a inconstitucionalidade da expressão "quando apresentar atestado de saúde emitido por médico de confiança da mulher, que recomende o afastamento", contida nos incisos II e III do art. 394-A da CLT, inseridos pelo art. 1º da Lei n. 13.467/2017 (*Reforma Trabalhista*).

[16] Em 29-5-2019 o STF, por maioria, confirmou medida cautelar que tinha sido concedida pelo Ministro Alexandre de Moraes e julgou procedente o pedido formulado na ADI n. 5.938 para declarar a inconstitucionalidade da expressão "quando apresentar atestado de saúde emitido por médico de confiança da mulher, que recomende o afastamento", contida nos incisos II e III do art. 394-A da CLT, inseridos pelo art. 1º da Lei n. 13.467/2017 (*Reforma Trabalhista*).

e outros, a critério da autoridade competente em matéria de segurança e higiene do trabalho, admitindo-se como suficientes as gavetas ou escaninhos, onde possam as empregadas guardar seus pertences;
- fornecer, gratuitamente, a juízo da autoridade competente, os recursos de proteção individual, tais como óculos, máscaras, luvas e roupas especiais, para a defesa dos olhos, do aparelho respiratório e da pele, de acordo com a natureza do trabalho.

Os estabelecimentos em que trabalharem pelo menos 30 (trinta) mulheres com mais de 16 (dezesseis) anos de idade terão **local apropriado** onde seja permitido às empregadas **guardar sob vigilância e assistência os seus filhos no período da amamentação (§ 1º, art. 389, CLT)**. Essa **exigência poderá ser suprida** por meio de creches distritais mantidas, diretamente ou mediante convênios, com outras entidades públicas ou privadas, pelas próprias empresas, em regime comunitário, ou a cargo do SESI, do SESC, da LBA ou de entidades **sindicais (§ 2º, art. 389, CLT)**.

Regras de proteção em relação ao emprego de força muscular:

Ao empregador é vedado empregar a mulher em serviço que demande o emprego de **força muscular** superior a 20 (vinte) quilos para o trabalho contínuo, ou 25 (vinte e cinco) quilos para o trabalho ocasional. **Não está compreendida nesta proibição** a remoção de material feita por impulsão ou tração de vagonetes sobre trilhos, de carros de mão ou quaisquer aparelhos mecânicos **(art. 390, CLT)**.

Regras de proteção em relação à gravidez e à maternidade:

A Constituição Federal **(art. 7º, XVIII)** confere à mulher gestante o direito a **licença-maternidade** de 120 dias, sem prejuízo do emprego e do salário, podendo ser prorrogada, **a critério do empregador**, por mais 60 dias, nos termos definidos pela **Lei n. 11.770/2008**.

O **art. 10, II, *b*, do Ato das Disposições Constitucionais Transitórias** garante à gestante **estabilidade no emprego** desde a confirmação da gravidez até cinco meses após o parto.

Neste período, a empregada **não pode ser dispensada**, exceto se cometer falta grave caracterizada de justa causa.

A confirmação do estado de gravidez advindo no curso do contrato de trabalho, ainda que durante o prazo do aviso-prévio trabalhado ou indenizado, garante à empregada gestante a estabilidade provisória (**art. 391-A, CLT**).

A licença-maternidade de 120 dias é garantida mesmo em caso de **parto antecipado** (**art. 392, § 3º, CLT**).

A empregada que **adotar ou obtiver a guarda judicial** para fins de adoção de criança tem direito à licença maternidade de 120 dias (**art. 392-A, CLT**), sendo tal benefício **aplicável também ao empregado** que adotar ou obtiver guarda para fins de adoção (**art. 392-C, CLT**). A adoção ou guarda judicial conjunta ensejará a concessão de licença-maternidade a apenas um dos adotantes ou guardiões, empregado ou empregada (**§ 5º, art. 392-A, CLT**). À empregada adotante não é assegurado o direito à estabilidade no emprego.

Os prazos da licença-adotante não podem ser inferiores aos prazos da licença-gestante, o mesmo valendo para as respectivas prorrogações. Em relação à licença-adotante, não é possível fixar prazos diversos em função da idade da criança adotada (**Tema 782 – Repercussão Geral – STF**).

Não discriminação:

Com intenção de coibir práticas discriminatórias contra a mulher, **o art. 373-A da CLT** estabelece ser **vedado ao empregador:**

- publicar ou fazer publicar anúncio de emprego no qual haja referência ao sexo, à idade, à cor ou situação familiar, salvo quando a natureza da atividade a ser exercida, pública e notoriamente, assim o exigir;
- recusar emprego, promoção ou motivar a dispensa do trabalho em razão de sexo, idade, cor, situação familiar ou estado de gravidez, salvo quando a natureza da atividade seja notória e publicamente incompatível;
- considerar o sexo, a idade, a cor ou situação familiar como variável determinante para fins de remuneração, formação profissional e oportunidades de ascensão profissional;
- exigir atestado ou exame, de qualquer natureza, para comprovação de esterilidade ou gravidez, na admissão ou permanência no emprego;
- impedir o acesso ou adotar critérios subjetivos para deferimento de inscrição ou aprovação em concursos, em empresas privadas, em razão de sexo, idade, cor, situação familiar ou estado de gravidez;
- proceder o empregador ou preposto a revistas íntimas nas empregadas ou funcionárias.

DIREITO COLETIVO DO TRABALHO

1. CONCEITO DE DIREITO COLETIVO DO TRABALHO

O **Direito Coletivo do Trabalho** regula as relações inerentes à chamada *autonomia privada coletiva*, isto é, relações entre organizações coletivas de empregados e empregadores e/ou entre as organizações obreiras e empregadores diretamente.

É o complexo de institutos, princípios e regras jurídicas que regulam as relações laborais de empregados e empregadores e outros grupos jurídicos normativamente especificados, considerada sua atuação coletiva, realizada autonomamente ou através das respectivas entidades sindicais.

2. CONTEÚDO DO DIREITO COLETIVO DO TRABALHO

O estudo do **Direito Coletivo** do Trabalho **abrange a análise dos seguintes temas**:

1) organização sindical
2) ação e funções dos entes sindicais, em especial a negociação coletiva e os contratos coletivos de trabalho
3) os conflitos coletivos de trabalho e suas formas de solução
4) a representação não sindical ou mista dos trabalhadores na empresa

3. FUNÇÕES DO DIREITO COLETIVO DO TRABALHO

O **Direito Coletivo do Trabalho visa**:

1) à geração de normas jurídicas
2) à pacificação dos conflitos coletivos de natureza sociocoletiva

4. PRINCÍPIOS DO DIREITO COLETIVO DO TRABALHO

Entre os diversos **princípios do Direito Coletivo do Trabalho** indicados pela doutrina, destacam-se:

- **princípio da liberdade associativa e sindical (art. 5º, XVI, XVII e XX, e art. 8º, V, CF)** – veda as cláusulas de sindicalização forçada (ex.: favorecer contratação de filiados; empregado que se desfiliar perde o emprego etc.) e, ainda, veda práticas antissindicais (ex.: empregado firma compromisso com o empregador de não se filiar, sob pena de perder o emprego; empregadores "controlam" o sindicato; empregados sindicalizados fazem parte de "lista negra" etc.).
- **princípio da autonomia sindical (art. 8º, I, III e VI e 7º, XXVI, CF)** – estabelece garantia de autogestão, de estruturação interna e de negociação dos sindicatos.
- **princípio da interveniência sindical na normatização coletiva (art. 8º, III e VI, CF)**.
- **princípio da criatividade jurídica na negociação coletiva (art. 7º, VI, XIII e XIV, CF)**.
- **princípio da adequação setorial negociada** – que estabelece as possibilidades e limites jurídicos da negociação coletiva.
- **princípio da intervenção mínima na autonomia da vontade coletiva** – no exame da convenção coletiva ou do acordo coletivo de trabalho, a Justiça do Trabalho analisará exclusivamente a conformidade dos elementos essenciais do negócio jurídico e balizará sua atuação por uma intervenção mínima na autonomia da vontade coletiva (**art. 8º, § 3º, e art. 611-A, § 1º, CLT**).

5. LIBERDADE SINDICAL

Liberdade sindical é "o direito dos trabalhadores e empregadores de não sofrerem interferências nem dos poderes públicos nem uns dos outros, no processo de se organizarem, bem como de promoverem interesses próprios ou dos grupos a que pertençam" (MAGANO, 1993, p. 27), abrange os seguintes aspectos:

- **liberdade de organização** – liberdade de organizar sindicatos para a defesa dos interesses coletivos, segundo um princípio de autonomia coletiva que deve presidir os sistemas jurídicos pluralistas;
- **liberdade de sindicalização** – liberdade conferida a cada pessoa de ingressar num sindicato ou dele sair, sem discriminações injustificáveis, o que deve ser garantido pela ordem jurídica;
- **liberdade de administração** – posição do Estado perante o sindicalismo, respeitando-o como uma manifestação dos grupos sociais, sem interferência na sua atividade enquanto em conformidade com o interesse comum (livre exercício dos direitos sindicais).

A liberdade sindical é um dos **direitos fundamentais dos trabalhadores,** reconhecido como tal pela Organização Internacional do Trabalho (OIT) e é previsto pela **Convenção n. 87** (não ratificada pelo Brasil), que proíbe interferências governamentais, e pela **Convenção n. 98** (ratificada pelo Brasil), que veda intromissões recíprocas entre trabalhadores e empregadores.

O **Estado Democrático de Direito** não se consolida sem a consagração da liberdade sindical, com todos os seus atributos e nuances.

> **No Brasil**, porém, a **liberdade sindical não é plena**.

A **CF/88**, depois de enunciar que: "**É livre a associação profissional ou sindical**", acrescentou "**observado o seguinte**".

Com isso, verifica-se que a CF/88, **pelo art. 8º, I, afastou a intervenção e interferência administrativas do Estado** na vida sindical, eliminando o corporativismo sindical estatal. No entanto, as disposições dos **incisos II e IV representam uma afronta ao princípio universalizado de liberdade sindical**, visto que impõem a **unicidade sindical compulsória** por **categoria** e autorizam a **cobrança de contribuições compulsórias** em favor das associações que formam o **sistema confederativo de representação sindical**.

6. RELAÇÕES COLETIVAS E RELAÇÕES INDIVIDUAIS DE TRABALHO

O Direito Coletivo do Trabalho regula as *relações coletivas de trabalho*.

A diferenciação entre as relações coletivas e as relações individuais do trabalho pode ser feita a partir da análise dos *sujeitos* envolvidos e dos *interesses* que por meio delas se visa defender.

No que tange aos **sujeitos**:

- **Relações coletivas:** grupos de trabalhadores e de empregadores representados, em regra, pelos sindicatos → **SUJEITOS COLETIVOS**
- **Relações individuais:** trabalhador e empregador → **SUJEITOS INDIVIDUAIS**

Em relação aos **interesses**:

- **Relações coletivas:** interesses de grupos de trabalhadores e de grupos de empregadores → **INTERESSE COLETIVO**. É indivisível. Vincula as pessoas, que se integram como um todo, relacionadas por uma reivindicação que a todas se comunica e que é igual para cada uma delas.
- **Relações individuais:** interesses de empregador e de trabalhador → **INTERESSE INDIVIDUAL**. São interesses individualizados.

7. AUTONOMIA PRIVADA COLETIVA

Autonomia coletiva é o direito dos grupos de **regular os próprios interesses**. Situa-se entre a autonomia individual e a autonomia pública.

A autonomia coletiva, embora reconhecida como **direito dos grupos**, tem limites, que vão variar em cada sistema jurídico, dependendo da política sindical seguida.

Compreende:

1. autonomia organizativa
2. autonomia negocial
3. autonomia administrativa
4. possibilidade de exercício da autotutela (greve)

8. ORGANIZAÇÃO SINDICAL BRASILEIRA

A Constituição da República do Brasil de 1988 (art. 8º, I) vedou a intervenção e a interferência do Estado na organização sindical, mas manteve (art. 8º, II) a unicidade sindical, a categorização, a contribuição sindical compulsória[17] e o sistema confederativo, mantendo, com isso, um real afastamento da liberdade sindical plena derivada da Convenção n. 87 da OIT.

Portanto, a organização sindical brasileira é, segundo os princípios constitucionais de 1988, um *sistema confederativo* caracterizado pela **autonomia relativa perante o Estado**, a **representação por categoria e por profissão**, a **unicidade e a bilateralidade do agrupamento**.

Assim, a análise do modelo da organização sindical brasileira derivado da Constituição Federal de 1988 revela:

Características:

1. Sistema confederativo
2. Autonomia relativa perante o Estado

---

[17] Quanto ao tema da contribuição sindical, a Lei n. 13.467/2017 (Reforma Trabalhista) trouxe alterações, que serão analisadas a seguir.

3. Representação por categoria e por profissão
4. Bilateralidade do agrupamento
5. Unicidade sindical

Estrutura:

1. **Sindicatos** – órgãos de representação de base (art. 533, CLT).
2. **Federações** – formadas por pelo menos 5 sindicatos, são associações sindicais de 2º grau (art. 534, CLT).
3. **Confederações** – formadas por pelo menos 3 federações, são associações sindicais de 2º grau, com sede na capital federal (art. 535, CLT).
4. **Centrais sindicais** – entidades de cúpula, pois se situam no topo da estrutura sindical, acima dos sindicatos, das federações e confederações de trabalhadores, sendo entidades intercategoriais, pois abraçam categoriais profissionais distintas (Lei n. 11.648/2008).

9. CATEGORIAS PROFISSIONAIS E ECONÔMICA

O **enquadramento sindical** no Brasil decorre de uma **imposição legal derivada do sistema de unicidade sindical**, isto é, do sindicato único por categoria. Dependerá da atividade econômica preponderante do empregador.

Nesse sentido, o **enquadramento sindical** se faz pela organização de trabalhadores e de empregadores nas denominadas *categorias*, assim diferenciadas pelo legislador:

a) **Categoria econômica:** é o grupo de empregadores que em determinada base territorial exerce atividades idênticas, similares ou conexas e está unido por um vínculo de solidariedade de interesses econômicos (**art. 511, § 1º, CLT**).

b) **Categoria profissional:** é o grupo de trabalhadores que em determinada base territorial tem similitude de condições de vida oriunda da profissão ou trabalho em comum, em razão de encontrar-se em situação de emprego na mesma atividade econômica ou em atividades econômicas similares ou conexas (**art. 511, § 2º, CLT**).

c) **Categoria profissional diferenciada:** é a que se forma dos empregados que exerçam profissões ou funções diferenciadas por força de estatuto profissional especial ou em consequência de condições de vida singulares (**art. 511, § 3º, CLT**).

Inúmeras profissões, no Brasil, organizaram-se em sindicatos de **categorias diferenciadas**, dentre as quais, cita-se, **exemplificativamente**: aeronautas, aeroviários, agenciadores de publicidade, artistas e técnicos em espetáculos de diversões (cenógrafos e cenotécnicos), atores teatrais, atores cinematográficos, cabineiros de elevadores, carpinteiros navais, condutores de veículos rodoviários (motoristas) etc.

10. BASE TERRITORIAL

É a área geográfica de **atuação do sindicato**. Será definida pelos trabalhadores ou empregadores interessados, **não podendo ser inferior à área de um Município (art. 8º, II, CF)**.

As **federações** têm **atuação, pelo menos, em um Estado**.

As **confederações** e as **centrais sindicais** têm **atuação nacional**.

11. UNICIDADE SINDICAL

> É a **proibição de existência de mais de uma organização sindical**, de qualquer grau, em uma **mesma base territorial (art. 8º, II, CF)**.

Difere da **pluralidade sindical**, que é o princípio segundo o qual, na mesma base territorial, pode haver mais de um sindicato representando pessoas ou atividades que tenham um interesse coletivo comum. A **pluralidade sindical não é adotada em nosso País**.

12. FONTES DE RECEITA DAS ENTIDADES SINDICAIS

O ordenamento jurídico brasileiro prevê as *contribuições* como **fontes básicas de receita das entidades sindicais**. As contribuições são as seguintes:

a) **contribuição sindical (art. 580, CLT):**
- devida pelos integrantes da categoria, sindicalizados ou não, que tenham prévia e expressamente autorizado o seu recolhimento aos respectivos sindicatos;
- o STF reconheceu a constitucionalidade da alteração legislativa trazida pela *Reforma Trabalhista* que extinguiu a obrigatoriedade

da contribuição sindical[18]. Esta somente pode ser paga, recolhida e aplicada se for prévia e expressamente autorizada (**art. 578, CLT**).

b) **contribuição confederativa (art. 8º, IV, CF):**
- fixada pela assembleia do sindicato;
- tem por finalidade custear o sistema confederativo;
- independe da contribuição sindical prevista em lei;
- somente é devida por quem é filiado ao sindicato (**Súmula 666, STF**).

c) **contribuição assistencial (art. 513, e, CLT):**
- fixada em convenções ou acordos coletivos de trabalho;
- tem por finalidade custear a negociação coletiva;
- somente é devida por quem é filiada ao sindicato (**PN 119, TST**).

d) **mensalidade dos sócios (art. 548, b, CLT):**
- fixada nos estatutos do sindicato;
- tem por finalidade custear os serviços assistenciais prestados pelo sindicato;
- somente é devida por quem é filiado ao sindicato.

13. FORMAS DE SOLUÇÃO DOS CONFLITOS COLETIVOS DE TRABALHO

As **formas de solução dos conflitos coletivos de trabalho** são indicadas no **art. 114, §§ 1º, 2º e 3º da Constituição Federal** e são:

- negociação coletiva (autocomposição);
- arbitragem (Lei n. 9.307/96);
- solução jurisdicional (dissídio coletivo);
- autotutela (greve – art. 9º, CF, e Lei n. 7.783/89).

A Constituição Federal de 1988 **privilegiou a negociação coletiva** como forma de solução dos conflitos coletivos de trabalho, reconhecendo como direito dos trabalhadores as estipulações dela derivadas constantes das convenções e dos acordos coletivos de trabalho (**art. 7º, XXVI**).

13.1. Negociação coletiva

> A Constituição Federal privilegiou a **negociação coletiva** como forma de solução dos conflitos coletivos de trabalho.

A negociação coletiva é **forma autocompositiva de solução dos conflitos coletivos de trabalho**.

É um processo democrático de **autocomposição de interesses**, que objetiva a fixação de **condições de trabalho aplicáveis a uma coletividade de empregados de uma determinada empresa ou de toda uma categoria econômica e a regulação entre as entidades estipulantes**.

Exerce **papel** fundamental na "**modelagem**" do conteúdo do Direito do Trabalho, pois através dela são criadas as chamadas normas coletivas de trabalho (**acordos coletivos de trabalho e convenções coletivas de trabalho**), cujo reconhecimento é garantido como direito dos trabalhadores (**art. 7º, XXVI, CF**).

Atualmente, diante da **flexibilização do Direito do Trabalho**, a **negociação coletiva tem o papel** fundamental na "**remodelagem**" do Direito do Trabalho, fixando novos contornos às normas trabalhistas.

Nesse sentido, o **art. 611-A da CLT**, incluído pela **Lei n. 13.467/2017** (**Reforma Trabalhista**), prevê expressamente que a convenção coletiva e o acordo coletivo de trabalho têm prevalência sobre a lei quando, **entre outros** (indicação meramente exemplificativa), dispuserem sobre as matérias neles indicadas.

Em relação ao que **não pode ser modificado ou suprimido pela convenção coletiva ou pelo acordo coletivo de trabalho**, constituindo objeto ilícito, o legislador (**art. 611-B, CLT**) apresenta um rol taxativo de direitos (utiliza a expressão "exclusivamente").

13.2. Convenção e acordo coletivo de trabalho

Convenção coletiva de trabalho é o acordo de caráter normativo pelo qual dois ou mais sindicatos representativos de categorias econômicas e profissionais estabelecem condições de trabalho aplicáveis, no âmbito das respectivas representações, às relações individuais de trabalho (**art. 611, caput, CLT**).

Acordo coletivo de trabalho é o acordo de caráter normativo celebrado por sindicatos representativos de categorias profissionais com uma ou mais empresas da correspondente categoria econômica, estipulando con-

---
[18] Julgamento da Ação Direta de Inconstitucionalidade (ADI) 5.794, de outras 18 ADIs ajuizadas contra a nova regra e da Ação Declaratória de constitucionalidade (ADC) n. 55, que buscava o reconhecimento da validade da mudança na legislação. Como as ações tramitaram de forma conjunta, a decisão adotada aplica-se a todos os processos.

dições de trabalho aplicáveis no âmbito da empresa ou das empresas acordantes às respectivas relações de trabalho (**art. 611, § 1º, CLT**).

Assim, em relação à convenção e ao acordo coletivo de trabalho, tem-se:

a) **conceito:**

Ajuste normativo de condições gerais de trabalho entre:

- sindicato da categoria profissional e sindicato da categoria econômica – *convenção coletiva de trabalho* (art. 611, *caput*, CLT)
- sindicato da categoria profissional e empresa(s) – acordo coletivo de trabalho (art. 611, § 1º, CLT)

b) **forma:**

Necessariamente escrita.

c) **natureza jurídica:**

- teorias privatistas (gestão de negócios, mandato, estipulação em favor de terceiro)
- teorias publicistas (ato-regra, ato-união, ato-condição)
- teorias transacionais (personalidade moral, solidariedade necessária)
- natureza complexa (elementos de contrato e de norma)

d) **pressupostos:**

- existência de interesses coletivos em conflito
- existência de uma proposta e discussão
- intenção de negociar a proposta

e) **conteúdo:**

- preambular – identificação dos sujeitos e determinação do objeto
- substancial:
    - cláusulas normativas
    - cláusulas obrigacionais
    - cláusulas de garantia de eficácia

f) **vigência:**

A partir da data base: no máximo por 2 anos (art. 614, § 3º, CLT).

g) **eficácia:**

- entre as partes: a partir da assinatura
- *erga omnes*: 3 dias após o depósito em órgão próprio do Ministério do Trabalho (**art. 614, § 1º, CLT**)

O **art. 620 da CLT** prevê que as condições estabelecidas em acordo coletivo de trabalho **sempre prevalecerão** sobre as estipuladas em convenção coletiva de trabalho.

A legislação trabalhista fixa um prazo de duração de, no **máximo, dois anos, proibindo estipulação de duração superior e vedando a ultratividade de suas cláusulas** (art. 614, § 3º, CLT).

■ 14. GREVE

A greve é um **direito assegurado constitucionalmente** (art. 9º, CF), com regulamentação pela **Lei n. 7.783/89**.

> Greve é a suspensão **coletiva, temporária e pacífica, total ou parcial**, de prestação pessoal de serviços a empregador. Como **meio de autotutela**, é instrumento direto de **pressão coletiva**, aproximando-se do exercício direto das próprias razões por um determinado grupo social.

De acordo com a previsão constitucional, **compete aos trabalhadores** decidir sobre a oportunidade de exercer o direito de greve e sobre os interesses que devam por meio dele defender.

No entanto, **não se trata de um direito irrestrito, ilimitado**. Ao contrário, o próprio constituinte estabelece:

- a restrição da greve nos serviços ou atividades essenciais, hipótese em que o exercício do direito deve observar os estritos limites fixados em lei (Lei n. 7.783/89);
- a necessidade de atendimento das necessidades inadiáveis da comunidade, nos termos definidos em lei (Lei n. 7.783/89);
- responsabilidade, na forma da lei (Lei n. 7.783/89), pelos abusos cometidos durante sua realização.

> **Serviços ou atividade essenciais** são aqueles indispensáveis ao atendimento das **necessidades inadiáveis da comunidade** que, por sua vez, são aquelas que, **se não atendidas, colocam em perigo iminente a sobrevivência, a saúde ou a segurança da população**.

O **art. 10 da Lei n. 7.783/89** indicou os **serviços ou atividades considerados essenciais**:

- tratamento e abastecimento de água; produção e distribuição de energia elétrica, gás e combustíveis;

- assistência médica e hospitalar;
- distribuição e comercialização de medicamentos e alimentos;
- funerários;
- transporte coletivo;
- captação e tratamento de esgoto e lixo;
- telecomunicações;
- guarda, uso e controle de substâncias radioativas, equipamentos e materiais nucleares;
- processamento de dados ligados a serviços essenciais;
- controle de tráfego aéreo e navegação aérea;
- compensação bancária;
- atividades médico-periciais relacionadas com o regime geral de previdência social e a assistência social;
- atividades médico-periciais relacionadas com a caracterização do impedimento físico, mental, intelectual ou sensorial da pessoa com deficiência, por meio da integração de equipes multiprofissionais e interdisciplinares, para fins de reconhecimento de direitos previstos em lei, em especial na Lei n. 13.146, de 6 de julho de 2015 (Estatuto da Pessoa com Deficiência);
- outras prestações médico-periciais da carreira de Perito Médico Federal indispensáveis ao atendimento das necessidades inadiáveis da comunidade;
- atividades portuárias.

Nos serviços ou atividades essenciais, os **sindicatos, os empregadores e os trabalhadores ficam obrigados**, de comum acordo, a **garantir**, durante a greve, a **prestação dos serviços indispensáveis ao atendimento das necessidades inadiáveis da comunidade**. No caso de inobservância, o Poder Público assegurará a prestação dos serviços indispensáveis (**arts. 11 e 12, Lei n. 7.783/89**).

Também caracteriza-se como limitação ao exercício da greve a previsão de que **durante a greve**, o sindicato ou a comissão de negociação, mediante acordo com a entidade patronal ou diretamente com o empregador, **manterá em atividade equipes de empregados com o propósito de assegurar os serviços cuja paralisação resultem em prejuízo irreparável**, pela deterioração irreversível de bens, máquinas e equipamentos, bem como a manutenção daqueles essenciais à retomada das atividades da empresa quando da cessação do movimento. Não havendo acordo, é assegurado ao empregador, enquanto perdurar a greve, o direito de contratar diretamente os serviços necessários a que se refere este artigo (**art. 9º, Lei n. 7.783/89**).

Procedimento a ser seguido na greve:

Na greve há uma fase preparatória e uma fase de desenvolvimento.

- **Fase preparatória da greve:**

Assim considerada a fase prévia à deflagração, tem diversos atos:

1º) tentativa de conciliação – é obrigatória a tentativa de negociação, uma vez que a lei não autoriza o início da paralisação a não ser depois de frustrada a negociação. A CF e a Lei n. 7.783/89 estabelecem a participação dos sindicatos na negociação coletiva.

2º) assembleia sindical – a greve é deliberada em assembleia geral convocada pela entidade sindical (**art. 4º**) e de acordo com as formalidades previstas no seu estatuto. A greve é um ato sindical. Na falta de entidade sindical, a assembleia será entre os trabalhadores interessados (**art. 4º, § 2º**), que constituirão uma comissão para representá-los, inclusive, se for o caso, perante a Justiça do Trabalho.

3º) aviso-prévio – não é lícita a *greve-surpresa*. O empregador tem o direito de saber antecipadamente sobre a futura paralisação da empresa. Providências são necessárias, antes da cessação do trabalho, diante dos compromissos da empresa em face das suas naturais condições de atividade e de produção. Daí a comunicação. É o aviso-prévio de greve.

> O aviso ao empregador deve ser feito **com antecedência mínima de 48 horas (art. 3º, parágrafo único)**.
> No caso de **serviços ou atividades essenciais**, o prazo do aviso é ampliado para **72 horas de antecedência (art. 13)**. Nestas, além do empregador, é obrigatório o anúncio da greve também para conhecimento dos usuários.

- **Fase do desenvolvimento da greve:**

Garantias dos grevistas – Durante a greve, são assegurados aos grevistas (**art. 6º**):

- o emprego de meios pacíficos tendentes a persuadir ou aliciar os trabalhadores a aderirem à greve, de modo que o piquete é permitido quando não violento;
- a arrecadação de fundos e a livre divulgação do movimento;

- em nenhuma hipótese poderão ser violadas ou constrangidas garantias constitucionais (**art. 6º, § 1º**).

É vedado à empresa adotar meios para forçar o empregado ao comparecimento ao trabalho, bem como capazes de frustrar a divulgação do movimento (**art. 6º, § 2º**).

Os grevistas não podem proibir o acesso ao trabalho daqueles que quiserem fazê-lo (**art. 6º, § 3º**).

É vedada a rescisão do contrato de trabalho durante a greve não abusiva, bem como a contratação de trabalhadores substitutos (**art. 7º, parágrafo único**).

Os salários e demais obrigações trabalhistas referentes ao período da greve serão regulados por acordo com o empregador (**art. 7º**).

Considerando todos os aspectos previstos na Constituição Federal e na Lei n. 7.783/89, a **greve será abusiva** em caso de (**art. 14**):

- inobservância das regras previstas na Lei n. 7.783/89;
- manutenção da paralisação após a celebração de acordo, convenção ou decisão da Justiça do Trabalho.

Situação também de exercício da autotutela nos conflitos coletivos de trabalho, o *lockout*, considerado como **paralisação das atividades, por iniciativa do empregador**, com o objetivo de frustrar negociação ou dificultar o atendimento de reivindicações dos respectivos empregados, é **vedado** pela Lei n. 7.783/89 (**art. 17**).

> Conforme previsão do **art. 37, VI e VII, da Constituição Federal**, em relação ao **servidor público civil são garantidos** o livre direito à associação sindical e o direito de greve, que será exercido nos termos e nos limites definidos em lei específica. Ao militar das Forças Armadas são proibidas a sindicalização e a greve (**art. 142, IV, CF**).

■ REFERÊNCIAS BIBLIOGRÁFICAS

DELGADO, Maurício Godinho. *Direito coletivo do trabalho*. 6. ed. São Paulo: LTr, 2015.

_____. *Curso de direito do trabalho*. 18. ed. São Paulo: LTr, 2019.

MAGANO, Octavio Bueno. *Direito coletivo do trabalho*. 3. ed. rev. e atual. São Paulo: LTr, 1993.

_____. *Manual de direito do trabalho. Parte geral*. 4. ed. rev. e atual. 2. tir. São Paulo: LTr, 1993.

ROMAR, Carla Teresa Martins. *Direito do trabalho esquematizado*. 8. ed. São Paulo: Saraiva, 2022.

SÜSSEKIND, Arnaldo et al. *Instituições de direito do trabalho*. 21. ed. atual. São Paulo: LTr, 2003. v. 1.

■ QUESTÕES

(XXXIV Exame de Ordem Unificado/FGV) Rita trabalha, desde a contratação, das 22h às 5h, como recepcionista em um hospital. Tendo surgido uma vaga no horário diurno, a empresa pretende transferir Rita para o horário diurno. Diante disso, de acordo com o entendimento consolidado da jurisprudência do TST, assinale a afirmativa correta.

A) A alteração do turno de trabalho do empregado é vedada, pois implica redução remuneratória pela perda do respectivo adicional.

B) A alteração do turno noturno para o diurno é lícita, mesmo com a supressão do adicional noturno.

C) A alteração de turno depende do poder diretivo do empregador, mas o adicional noturno não pode ser suprimido.

D) A alteração do turno de trabalho será lícita, desde que haja a incorporação definitiva do adicional ao salário de Rita.

RESPOSTA

A) Permitida a alteração do horário noturno para o diurno, sem que se considere a supressão do adicional noturno redução salarial (Súmula 265, TST).

☑ A transferência para o período diurno de trabalho implica a perda do direito ao adicional noturno (Súmula 265, TST).

C) Pode ser suprimido (Súmula 265, TST).

D) Não há que se falar em incorporação do adicional noturno ao salário; o trabalho em horário diurno é mais benéfico para a saúde do trabalhador; logo, permitir a supressão do adicional noturno revela-se como um incentivo para alteração de horário de trabalho (Súmula 265, TST).

(XXXIV Exame de Ordem Unificado/FGV) Júlia é analista de sistemas de uma empresa de tecnologia e solicitou ao empregador trabalhar remotamente. Sobre a pretensão de Júlia, observados os termos da CLT, assinale a afirmativa correta.

A) O teletrabalho só pode ser assim considerado se a prestação de serviços for totalmente fora das dependências da empresa.

B) O ajuste entre Júlia e seu empregador poderá ser tácito, assim como ocorre com o próprio contrato de trabalho.

C) O computador e demais utilidades que se fizerem necessárias para o trabalho remoto de Júlia não integrarão sua remuneração.

D) O ajuste entre as partes para o trabalho remoto deverá ser por mútuo consentimento, assim como o retorno ao trabalho presencial.

RESPOSTA
A) Pode ser preponderantemente fora das dependências da empresa; não precisa ser totalmente fora das dependências da empresa. O comparecimento do empregado às dependências da empresa não descaracteriza o teletrabalho (art. 75-B, *caput* e parágrafo único, CLT).
B) A prestação de serviços na modalidade de teletrabalho deverá constar expressamente do contrato de trabalho; não é aceito ajuste verbal e muito menos tácito (art. 75-C, CLT).
☑ Alternativa correta de acordo com o parágrafo único do art. 75-D, da CLT.
D) O ajuste para o trabalho remoto deve decorrer de mútuo consentimento; mas o retorno ao trabalho presencial pode ser por determinação do empregador (§§ 1º e 2º, art. 75-C, CLT).

(XXXIV Exame de Ordem Unificado/FGV) Milton possui uma fábrica de massas que conta com 23 (vinte e três) empregados. Em fevereiro de 2021, Milton conversou individualmente com cada empregado e propôs, para trazer maior agilidade, que dali em diante cada qual passasse a marcar ponto por exceção, ou seja, só marcaria a eventual hora extra realizada. Assim, caso a jornada fosse cumprida dentro das 8 (oito) horas diárias, não haveria necessidade de marcação. Diante da concordância, foi feito um termo individual para cada empregado, que foi assinado. Sobre a hipótese apresentada, de acordo com o disposto na CLT, assinale a afirmativa correta.
A) O acordo é inválido, porque somente poderia ser feito por norma coletiva, e não individual.
B) O acerto é válido, porque o registro de ponto por exceção à jornada regular de trabalho pode ser feito por meio de acordo individual.
C) A alteração, para ter validade, depende da homologação do Poder Judiciário, por meio de uma homologação de acordo extrajudicial.
D) Para o acerto da marcação por exceção, é obrigatória a criação de uma comissão de empregados, que irá negociar com o empregador, e, em contrapartida, a empresa deve conceder alguma vantagem.

RESPOSTA
A) O § 4º do art. 74 da CLT permite expressamente a utilização do ponto por exceção mediante acordo individual escrito.
☑ Alternativa correta, de acordo com o § 4º, art. 74, da CLT.
C) Não há essa exigência no § 4º do art. 74 da CLT.
D) Não há essa exigência no § 4º do art. 74 da CLT.

(XXXIV Exame de Ordem Unificado/FGV) Determinada sociedade empresária propôs, em 2022, a um grupo de candidatos a emprego, um contrato de trabalho no qual a duração máxima seria de 30 (trinta) horas semanais, sem a possibilidade de horas extras. Como alternativa, propôs um contrato com duração de 26 (vinte e seis) horas semanais, com a possiblidade de, no máximo, 6 (seis) horas extras semanais. Um dos candidatos consultou você, na qualidade de advogado(a), sobre os contratos de trabalho oferecidos. assinale a opção que apresenta, corretamente, sua resposta.
A) Os dois casos apresentam contratos de trabalho em regime de tempo parcial.
B) No primeiro caso, trata-se de contrato de trabalho em regime de tempo parcial; no segundo, trata-se de contrato de trabalho comum, dada a impossibilidade de horas extras nessa modalidade contratual.
C) Os dois casos não são contratos em regime de tempo parcial, já que o primeiro excede o tempo total de horas semanais e, o segundo, contém horas extras, o que não é cabível.
D) Não se trata de contrato por tempo parcial, pois, na hipótese, admite-se tempo inferior ao limite máximo, quando na modalidade de regime por tempo parcial os contratos só poderão ter 30 (trinta) ou 26 (vinte e seis) horas.

RESPOSTA
☑ Alternativa correta, de acordo com o art. 58-A da CLT.
B) Alternativa incorreta, de acordo com o art. 58-A da CLT.
C) Alternativa incorreta, de acordo com o art. 58-A da CLT.
D) Alternativa incorreta, de acordo com o art. 58-A da CLT.

(XXXIV Exame de Ordem Unificado/FGV) Eduarda é auditora contábil e trabalha na sociedade empresarial *Calculadora Certa Ltda.*, exercendo sua atividade junto aos vários clientes do seu empregador. Por necessidade de serviço, e tendo em vista a previsão expressa em seu contrato de trabalho, Eduarda será transferida por 4 (quatro) meses para um distante Estado da Federação, pois realizará a auditoria física no maior cliente do seu empregador. Considerando essa situação e os termos da CLT, assinale a afirmativa correta.
A) A transferência é nula, porque o empregado tem a expectativa de permanecer em um só lugar.
B) A empregada pode ser transferida e receberá um adicional de 10% (dez por cento), que será incorporado ao seu salário mesmo após o retorno.
C) A transferência somente será possível se houver prévia autorização judicial e, caso permitida, Eduarda fará jus a um adicional mínimo de 50% (cinquenta por cento).
D) Eduarda poderá ser transferida e terá direito a um adicional não inferior a 25% (vinte e cinco por cento) sobre seu salário, enquanto estiver na outra localidade.

RESPOSTA
A) A transferência é possível, sendo prevista pelo ordenamento jurídico, e é válida sempre que respeitados os requisitos do art. 469, da CLT.
B) Trata-se de transferência provisória, que gera direito a um adicional de 25%, a ser pago enquanto durar a transferência (§ 3º, art. 469, CLT).
C) Nenhuma transferência depende de autorização judicial. No caso da questão, ainda, há previsão expressa no contrato de trabalho, o que permite a transferência em caso de real necessidade de serviço. O adicional de transferência é de 25% (art. 469, CLT).

☑ Alternativa correta, de acordo com o art. 469, §§ 1º e 3º, da CLT.

(XXXIV Exame de Ordem Unificado/FGV) Na reclamação trabalhista movida por Paulo contra a sociedade empresária Moda Legal Ltda., o juiz prolator da sentença reconheceu que o autor tinha direito ao pagamento das comissões, que foram prometidas mas jamais honradas, mas indeferiu o pedido de integração das referidas comissões em outras parcelas (13º salário, férias e FGTS) diante da sua natureza indenizatória. Considerando a situação de fato e a previsão legal, assinale a afirmativa correta.
A) Correta a decisão, porque todas as verbas que são deferidas numa reclamação trabalhista possuem natureza indenizatória.
B) Errada a decisão que indeferiu a integração, porque comissão tem natureza jurídica salarial, daí repercute em outras parcelas.
C) Correta a decisão, pois num contrato de trabalho as partes podem atribuir a natureza das parcelas desde que haja acordo escrito neste sentido assinado pelo empregado.
D) A decisão está parcialmente correta, porque a CLT determina que, no caso de reconhecimento judicial de comissões, metade delas terá natureza salarial.

RESPOSTA
A) A natureza das verbas deferidas em reclamação trabalhista é definida de acordo com a natureza a elas dada pela legislação – art. 457, §§ 1º e 2º, CLT.
☑ Alternativa correta de acordo com o § 1º do art. 457 da CLT – comissão integra o salário para todos os efeitos legais; portanto, repercute nas demais verbas trabalhistas.
C) A natureza das verbas trabalhistas decorre de previsão legal, não estando inserida na autonomia das partes do contrato de trabalho sua definição. A natureza salarial ou não salarial decorre dos §§ 1º e 2º do art. 457 da CLT.
D) Não há qualquer previsão nesse sentido na CLT.

(35º Exame de Ordem Unificado/FGV) Sheila e Irene foram admitidas em uma empresa de material de construção, sendo Sheila mediante contrato de experiência por 90 dias e Irene, contratada por prazo indeterminado. Ocorre que, 60 dias após o início do trabalho, o empregador resolveu dispensar ambas as empregadas porque elas não mostraram o perfil esperado, dispondo-se a pagar todas as indenizações e multas previstas em Lei para extinguir os contratos. No momento da comunicação de desligamento, ambas as empregadas informaram que estavam grávidas com 1 mês de gestação, mostrando os respectivos laudos de ultrassonografia. Considerando a situação de fato, a previsão legal e o entendimento consolidado do TST, assinale a alternativa correta.
A) As duas empregadas poderão ser dispensadas.
B) Somente Sheila poderá ser desligada porque o seu contrato é a termo.
C) Sheila e Irene não poderão ser desligadas em virtude da gravidez.
D) Apenas Irene poderá ser desligada, desde que haja autorização judicial.

RESPOSTA
A) Incorreta, pois às gestantes é assegurada estabilidade provisória no emprego, de acordo com o art. 10, II, "b", do ADCT, inclusive às contratadas por prazo determinado (Súmula 244, III, TST).
B) Incorreta – art. 10, II, "b", ADCT e Súmula 244, III, TST).
☑ Alternativa correta de acordo com o art. 10, II, "b", do ADCT e Súmula 244, III, TST.
D) A dispensa da empregada gestante é vedada, não sendo possível autorização judicial para validá-la (art. 10, II, "b", ADCT).

(35º Exame de Ordem Unificado/FGV) A sociedade empresária *Transportes Canela Ltda.*, que realiza transporte rodoviário de passageiros, abriu processo seletivo para a contratação de motoristas profissionais e despachantes. Interessados nos cargos ofertados, Sérgio se apresentou como candidato ao cargo de motorista e Bárbara, ao cargo de despachante. A sociedade exigiu de ambos a realização de exame toxicológico para detecção de drogas ilícitas como condição para a admissão. Considerando a situação de fato e a previsão legal, assinale a afirmativa correta.
A) Em hipótese alguma, o exame poderia ser feito, uma vez que viola a intimidade dos trabalhadores.
B) O exame pode ser feito em ambos os empregados, desde que haja prévia autorização judicial.
C) O exame seria válido para Sérgio por expressa previsão legal, mas seria ilegal para Bárbara.
D) É possível o exame em Bárbara se houver fundada desconfiança, mas, para Sérgio, não pode ser realizado.

RESPOSTA
A) No caso do motorista profissional empregado, não só o exame pode ser feito, como é dever do motorista fazê-lo, sob pena de penalização (art. 235-B, VII e parágrafo único, CLT).
B) Somente pode ser feito no motorista profissional empregado, por expressa autorização legal (art. 235-B, VII, CLT), mas não pode ser feito para o despachante. Não há que se falar em autorização judicial.
☑ Pode ser feito no motorista profissional empregado, por expressa autorização legal (art. 235-B, VII, CLT), mas não pode ser feito para o despachante.
D) Pode ser feito no motorista profissional empregado, por expressa autorização legal (art. 235-B, VII, CLT), mas não pode ser feito para o despachante, pois não há autorização legal. Não há que se falar em "desconfiança", pois trata-se de exame que invade a privacidade do trabalhador e só pode ser realizado se o legislador, por fundado motivo, autorizar.

(35º Exame de Ordem Unificado/FGV) Rogéria trabalha como eletricista na companhia de energia elétrica da sua cidade, cumprindo jornada diária de 6 horas, de 2ª a 6ª feira, com intervalo de 1 hora para refeição. Em um sábado por mês, Rogéria precisa permanecer na sede da companhia por 12 horas para atender imediatamente a eventuais emergências (queda de energia, estouro de transformador ou outras urgências). Para isso, a empresa mantém um local reservado com cama, armário e espaço de lazer, até porque não se sabe se haverá, de fato, algum chamado. De acordo com a CLT, assinale a opção que indica a denominação desse período no qual Rogéria permanecerá na empresa aguardando eventual convocação para o trabalho e como esse tempo será remunerado.

A) Sobreaviso; será pago na razão de 1/3 do salário normal.
B) Prontidão; será pago na razão de 2/3 do salário-hora normal.
C) Hora-extra; será pago com adicional de 50%.
D) Etapa; será pago com adicional de 100%.

RESPOSTA
A) No sobreaviso o empregado permanece em sua própria casa (§ 2º, art. 244, CLT)
☑ Correta, nos termos do § 3º do art. 244, CLT.
C) Não se trata de hora extra, mas sim de regime de prontidão, de acordo com o art. 244, § 3º, CLT.
D) Trata-se de prontidão (§ 3º, art. 244, CLT).

(35º Exame de Ordem Unificado/FGV) Pedro Paulo joga futebol em um clube de sua cidade, que é classificado como formador, e possui com o referido clube um contrato de formação. Recentemente, recebeu uma proposta para assinar seu primeiro contrato profissional. Sabedor de que não há nenhum outro clube interessado em assinar um primeiro contrato especial de trabalho desportivo como profissional, Pedro Paulo consultou você, como advogado(a), para saber acerca da duração do referido contrato. Diante disso, observada a Lei Geral do Desporto, assinale a afirmativa correta.

A) O contrato poderá ter prazo indeterminado.
B) O contrato poderá ter duração máxima de cinco anos.
C) O contrato poderá ter duração máxima de três anos.
D) Não há prazo máximo estipulado, desde que seja por prazo determinado.

RESPOSTA
A) O contrato tem prazo máximo determinado (art. 29, Lei n. 9.615/98).
☑ Correta. Conforme art. 29, Lei n. 9.615/98.
C) O prazo máximo é de 5 anos (art. 29, Lei n. 9.615/98).
D) Tem prazo máximo fixado pela lei (art. 29, Lei n. 9.615/98).

(35º Exame de Ordem Unificado/FGV) Paulo Sampaio foi chamado para uma entrevista de emprego em uma empresa de tecnologia. Sabendo que, se contratado, desenvolverá projetos de aplicativos para *smartphones*, dentre outras invenções, resolveu consultar você, como advogado(a), para saber sobre a propriedade intelectual sobre tais invenções, sendo certo que não foi tratada nenhuma condição contratual até agora. Diante disso, de acordo com a redação da CLT em vigor, assinale a afirmativa correta.

A) Na qualidade de empregado, toda a propriedade sobre as invenções será do empregador.
B) No curso do contrato de trabalho, as invenções realizadas pessoalmente pelo empregado, mas com utilização de equipamentos fornecidos pelo empregador, serão de propriedade comum, em partes iguais, salvo se o contrato de trabalho tiver por objeto pesquisa científica.
C) O empregador poderá explorar a invenção a qualquer tempo sem limitação de prazo após a concessão da patente, uma vez que se trata de contrato de trabalho.
D) A propriedade do invento deverá ser dividia proporcionalmente após a apuração da contribuição do empregado e o investimento em equipamentos feita pelo empregador.

RESPOSTA
A) Incorreta. Em desacordo com a previsão legal.
☑ Correta, nos termos do art. 454 da CLT.
C) Incorreta. Em desacordo com a previsão legal.
D) Incorreta. Em desacordo com a previsão legal.

(35º Exame de Ordem Unificado/FGV) A churrascaria *Boi Gordo* tem movimento variado ao longo dos diversos meses do ano. A variação também ocorre em algumas semanas, razão pela qual decidiu contratar alguns empregados por meio do chamado contrato intermitente. Diante disso, esses pretensos empregados ficaram com dúvidas e consultaram você, como advogado(a), para esclarecer algumas questões. Assinale a opção que indica, corretamente, o esclarecimento prestado.

A) O tempo de resposta do empregado em relação à convocação para algum trabalho é de um dia útil para responder ao chamado, e o silêncio gera presunção de recusa.
B) O empregador poderá convocar o empregado de um dia para o outro, sendo a antecedência de um dia útil, portanto.
C) Para o empregado existe um limite de recusas por mês. Extrapolado o número de três recusas no mês, considerar-se-á rompido o contrato.
D) O contrato intermitente pode ser tácito ou expresso, verbal ou escrito.

RESPOSTA
☑ Correta – de acordo com o art. 452-A, § 2º, da CLT.
B) Com pelo menos três dias corridos de antecedência (art. 452-A, § 1º, CLT).
C) Não há previsão legal nesse sentido no art. 452-A, CLT, que regula o contrato de trabalho intermitente.
D) Deve ser celebrado por escrito (art. 452-A, *caput*, CLT).

(36º Exame de Ordem Unificado/FGV) Sua cliente é uma empresa do setor calçadista com sede em Sapiranga, no Rio Grande do Sul, e lhe procurou indagando acerca da possibilidade de transferir alguns empregados para outras localidades. Diante disso, considerando o texto da CLT em vigor e o entendimento jurisprudencial consolidado do TST, assinale a afirmativa correta.

A) O empregado com contrato de trabalho no qual consta cláusula expressa de transferência decorrente de comprovada real necessidade de serviço obrigatoriamente deve aquiescer com a transferência, sendo tal concordância requisito indispensável para a validade da transferência.
B) Apenas serão consideradas transferências aquelas que acarretarem, necessariamente, a mudança de domicílio do empregado.
C) Em caso de necessidade de serviço, o empregador será livre para transferir o empregado provisoriamente, desde que com a aquiescência deste, sendo desnecessário o pagamento de qualquer outra vantagem ou benefício ao empregado, exceto a ajuda de custo para a mudança.
D) Havendo transferência provisória com o pagamento do respectivo adicional, as despesas resultantes da transferência serão do empregado, uma vez que já indenizada a transferência pelo adicional respectivo.

RESPOSTA
A) Havendo cláusula expressa no contrato de serviço, a real necessidade de serviço autoriza o empregador a transferir o empregado, independentemente da concordância do mesmo (art. 469, § 1º, CLT).
☑ Correta, conforme previsão expressa no *caput* do art. 469 da CLT.
C) O empregador tem que pagar todas as despesas com a transferência (art. 470, CLT).
D) Nas transferências provisórias, mesmo havendo o pagamento do adicional previsto no § 3º do art. 469 da CLT, as despesas com a transferência devem ser pagas pelo empregador, conforme previsão do art. 470, CLT.

(36º Exame de Ordem Unificado/FGV) Gael foi contratado pela *Sociedade Empresária Aldeia da Pipoca Ltda.* em fevereiro de 2022 como cozinheiro. No contrato de trabalho de Gael, há uma cláusula prevendo que a jornada de trabalho será de 8 horas diárias de 2ª a 6ª feira, com intervalo de 1 hora, e de 4 horas aos sábados, sem intervalo. Na mesma cláusula, há previsão de que, havendo realização de horas extras, elas irão automaticamente para um banco de horas e deverão ser compensadas em até 5 meses. Em conversas informais com os colegas, Gael ficou sabendo que não existe nenhuma previsão de banco de horas em norma coletiva da sua categoria profissional.

Considerando a situação retratada e os termos da CLT, assinale a afirmativa correta.

A) Trata-se de cláusula nula, porque a instituição do banco de horas precisa ser feita em convenção coletiva de trabalho.
B) É possível a pactuação individual do banco de horas desde que a compensação seja feita em até 12 meses.
C) A cláusula é válida, porque a compensação ocorrerá em menos de 6 meses, cabendo acerto individual com o empregado para a instituição do banco de horas.
D) Trata-se de cláusula nula, porque a instituição do banco de horas precisa ser feita em acordo coletivo de trabalho.

RESPOSTA
A) O banco de horas poderá ser pactuado por acordo individual escrito, desde que a compensação ocorra no período máximo de seis meses (§ 5º, art. 59, CLT).
B) O banco de horas poderá ser pactuado por acordo individual escrito, desde que a compensação ocorra no período máximo de seis meses (§ 5º, art. 59, CLT).
☑ Correta – de acordo com o previsto no § 5º do art. 59, CLT.
D) O banco de horas poderá ser pactuado por acordo individual escrito, desde que a compensação ocorra no período máximo de seis meses (§ 5º, art. 59, CLT).

(36º Exame de Ordem Unificado/FGV) João da Silva se submeteu, em novembro de 2021, a um processo seletivo para ingresso em um banco privado. Meses depois, recebeu um *e-mail* do banco informando que ele havia sido selecionado para a vaga. O *e-mail* solicitava a apresentação na sede do banco em 5 dias, com a carteira de trabalho e demais documentos pessoais, e, por causa disso, João da Silva recusou a participação em outros dois processos seletivos para os quais foi chamado, resolvendo focar as energias no futuro emprego no banco. Ocorre que, no dia em que se apresentou no banco, o gerente do setor de Recursos Humanos pediu desculpas e alegou ter havido um engano: segundo ele, o selecionado foi realmente João da Silva, mas um homônimo, e, por descuido do setor, enviaram a informação da aprovação para o *e-mail* errado. Nenhum documento foi exibido a João da Silva, sendo que o gerente renovou o pedido de desculpas e desejou boa sorte a João da Silva. Diante dos fatos narrados e das normas de regência, assinale a afirmativa correta.

A) Nada há a fazer, pois a empresa se justificou, pediu desculpas e não houve prejuízo a João da Silva.
B) O banco deverá ser obrigado a contratar João da Silva, em razão da promessa constante do *e-mail*.
C) A situação envolve dano pré-contratual, de competência da Justiça do Trabalho.
D) Uma vez que não houve contrato formalizado, a eventual responsabilidade civil deverá ser analisada pela Justiça Comum.

RESPOSTA
A) As promessas de emprego e a expectativa de contratação gera dano moral pré-contratual.
B) Não há obrigação de contratar; mas o banco deverá indenizar o trabalhador pelo dano moral pré-contratual.

☑ Correta. Trata-se de situação que causou dano moral pré-contratual ao trabalhador. Ocorre dano moral pré-contratual quando a empresa cria para o trabalhador expectativa de contratação, sobretudo quando na fase das tratativas inclui a realização de exames admissionais e abertura de conta salário, gerando no trabalhador a quase certeza da admissão, que, por fim, não ocorre. Nos termos do art. 114, I, CF, as ações em que se pleiteie dano moral decorrente da relação de trabalho, seja na fase pré-contratual, contratual, ou pós-contratual, é da competência da Justiça do Trabalho.

D) Ocorreu dano moral pré-contratual, cuja análise é da competência da Justiça do Trabalho (art. 114, I, CF).

(36º Exame de Ordem Unificado/FGV) Lúcio Lima foi contratado para trabalhar em uma empresa no ramo da construção civil. Seu empregador descumpriu inúmeros direitos trabalhistas, e, notadamente, deixou de pagar as verbas rescisórias. No período, Lúcio Lima prestou serviços em um contrato de subempreitada, já que seu empregador fora contratado pelo empreiteiro principal para realizar determinada obra de reforma. Diante desse cenário, Lúcio Lima contratou você, como advogado(a), para ajuizar uma reclamação trabalhista. Sobre a hipótese, segundo o texto legal da CLT em vigor, assinale a afirmativa correta.

A) Cabe ação em face de ambas as sociedades empresárias, que figurarão no polo passivo da demanda.
B) Trata-se de grupo econômico, o que induz obrigatoriamente àresponsabilidade solidária de ambas as sociedades empresárias.
C) Cabe apenas ação em face do efetivo empregador, já que não se trata de terceirização de mão de obra.
D) A subempreitada é atividade ilícita por terceirizar atividade fim, razão pela qual se opera a sucessão de empregadores, configurando-se fraude.

RESPOSTA

☑ Correta – de acordo com a previsão do art. 455, CLT – responsabilidade do subempreiteiro e do empreiteiro.
B) Não é o caso de grupo econômico. Trata-se de contrato de subempreitada previsto expressamente na lei, que define a responsabilidade do empreiteiro e do subempreiteiro (art. 455, CLT).
C) Incorreta, nos termos do art. 455, CLT.
D) Trata-se de contrato de subempreitada previsto expressamente na lei, que define a responsabilidade do empreiteiro e do subempreiteiro (art. 455, CLT).

(36º Exame de Ordem Unificado/FGV) A sociedade empresária *Mangiare Bene*, do ramo de serviços de alimentação, tem um plano de expansão em que pretende assumir as atividades de outros restaurantes, passando a deter a maioria do capital social destes. Preocupada com os contratos de trabalho dos futuros empregados, ela consulta você, na condição de advogado(a). Em relação à consulta feita, considerando a CLT em vigor, assinale a afirmativa correta.

A) A mudança na propriedade ou na estrutura jurídica da sociedade não afetará os contratos de trabalho dos respectivos empregados, mas, em caso de sucessão de empregadores, as obrigações trabalhistas, inclusive as contraídas à época em que os empregados trabalhavam para a empresa sucedida, são de responsabilidade do sucessor.
B) A mudança na propriedade ou na estrutura jurídica da empresa não afetará os contratos de trabalho dos respectivos empregados, mas, operando-se a sucessão de empregadores, as obrigações trabalhistas contraídas à época em que os empregados trabalhavam para a empresa sucedida serão de responsabilidade desta; já as obrigações trabalhistas posteriores à sucessão são de responsabilidade do sucessor.
C) Em caso de comprovação de fraude na sucessão de empregadores, a empresa sucessora responde como devedora principal, e a sucedida responderá subsidiariamente.
D) Em caso de sucessão trabalhista, esta implicará novação dos contratos de trabalho dos empregados admitidos antes da sucessão, de modo que poderão ocorrer alterações contratuais pelo atual empregador por se entender como novo contrato, respeitado apenas o tempo de serviço.

RESPOSTA

☑ Correta – trata-se de hipótese típica de sucessão de empregadores, que gera as consequências previstas nos arts. 10, 448 e 448-A, CLT.
B) Incorreta – art. 448-A, CLT.
C) Incorreta – responde solidariamente. Parágrafo único, art. 448-A, CLT.
D) Incorreta – os contratos de trabalho não são afetados pela sucessão – arts. 10 e 448, CLT.

(36º Exame de Ordem Unificado/FGV) A partir de 2021, uma determinada sociedade empresária passou a oferecer aos seus empregados, gratuitamente, plano de saúde em grupo como forma de fidelizar a sua mão de obra e para que o empregado se sinta valorizado. O plano oferece uma boa rede credenciada e internação, se necessária, em enfermaria. Tanto o empregado quanto os seus dependentes são beneficiários. Todos os empregados se interessaram pelo plano e assinaram o documento respectivo de adesão. Em relação a essa vantagem, de acordo com a CLT, assinale a afirmativa correta.

A) O benefício não é considerado salário utilidade e, assim, não haverá qualquer reflexo.
B) O plano, por tratar-se de salário *in natura*, vai integrar o salário dos empregados pelo seu valor real.
C) O valor do plano deverá ser integrado ao salário dos empregados pela metade do seu valor de mercado.
D) O valor relativo ao empregado não será integrado ao salário, mas o valor referente aos dependentes refletirá nos demais direitos do trabalhador.

RESPOSTA

☑ **Correta** – o plano de saúde não é considerado salário utilidade e, portanto, não integra a remuneração do empregado e não haverá reflexo nas demais verbas trabalhistas – art. 458, § 2º, IV, CLT.

B) Plano de saúde não é salário *in natura* – art. 458, § 2º, IV, CLT.
C) Plano de saúde não é salário *in natura* – art. 458, § 2º, IV, CLT.
D) Plano de saúde não é salário *in natura* – art. 458, § 2º, IV, CLT.

■ **MATERIAL DIGITAL EXCLUSIVO**

DIREITO DO TRABALHO

somos.in/CEOABVU10

Direito Processual do Trabalho

Bruno Klippel

Doutor em Direito pela PUC-SP. Mestre em Direito pela Faculdade de Direito de Vitória (FDV/ES). Professor de Direito do Trabalho e Processo do Trabalho da Universidade de Vila Velha (UVV/ES), Estratégia Concursos/SP. Advogado e autor de livros e artigos jurídicos. Site: www.planejamentotrabalhista.com.br

Sumário

1. Princípios do processo do trabalho: 1.1. Dispositivo e inquisitivo; 1.2. Proteção; 1.3. Conciliação; 1.4. Irrecorribilidade imediata das interlocutórias; 1.5. *Jus postulandi;* 1.6. Oralidade – **2. Organização da Justiça do Trabalho:** 2.1. Tribunal Superior do Trabalho; 2.2. Tribunais Regionais do Trabalho; 2.3. Juízes do trabalho – **3. Competência da Justiça do Trabalho:** 3.1. Competência material; 3.2. Competência territorial – **4. Partes e procuradores:** 4.1. Capacidade de ser parte, processual e postulatória; 4.2. Representação por advogado; 4.3. Honorários advocatícios de sucumbência; 4.4. Assistência judiciária gratuita; 4.5. Benefício da justiça gratuita – **5. Atos e prazos processuais:** 5.1. Forma/realização dos atos processuais; 5.2. Comunicação dos atos processuais; 5.3. Prazos processuais; 5.4. Custas processuais – **6. Nulidades processuais:** 6.1. Classificação dos vícios processuais; 6.2. Princípios relacionados às nulidades processuais – **7. Comissão de conciliação prévia** – **8. Petição inicial:** 8.1. Formas de reclamação; 8.2. Requisitos da petição inicial; 8.3. Emenda da petição inicial; 8.4. Indeferimento da petição inicial; 8.5. Aditamento da petição inicial – **9. Notificação do reclamado:** 9.1. Forma e prazos; 9.2. Notificação da Fazenda Pública – **10. Audiências:** 10.1. Normas sobre realização da audiência; 10.2. Comparecimento das partes; 10.3. Atraso das partes e do juiz – **11. Defesa do reclamado:** 11.1. Forma de apresentação da defesa; 11.2. Contestação; 11.3. Exceções; 11.4. Reconvenção; 11.5. Revelia – **12. Provas:** 12.1. Poderes instrutórios do juiz; 12.2. Ônus da prova; 12.3. Meios de prova; 12.4. Encerramento da instrução – **13. Sentença e coisa julgada:** 13.1. Conceitos; 13.2. Princípio da congruência; 13.3. Requisitos e fundamentação; 13.4. Juízo de retratação; 13.5. Julgamento antecipado parcial; 13.6. Coisa julgada – **14. Procedimento sumário e sumaríssimo:** 14.1. Sumário; 14.2. Sumaríssimo – **15. Recursos trabalhistas:** 15.1. Peculiaridades dos recursos trabalhistas; 15.2. Juízo de admissibilidade e pressupostos recursais; 15.3. Juízo de mérito; 15.4. Efeitos; 15.5. Recursos em espécie; 15.5.1. Embargos de declaração; 15.5.2. Recurso ordinário; 15.5.3. Recurso de revista; 15.5.4. Agravo de petição; 15.5.5. Agravo de instrumento; 15.5.6. Agravo interno; 15.5.7. Embargos no TST; 15.5.8. Recurso adesivo; 15.6. Assunção de competência; 15.7. Incidente de resolução de demandas repetitivas; 15.8. Reclamação correicional – **16. Liquidação de sentença** – **17. Processo de execução:** 17.1. Títulos executivos; 17.2. Execução provisória; 17.3. Execução por quantia certa contra devedor solvente; 17.4. Defesa na execução; 17.5. Expropriação de bens; 17.6. Prescrição intercorrente; 17.7. Execução de obrigação de fazer, não fazer e entrega de coisa; 17.8. Execução contra a massa falida; 17.9. Execução contra a Fazenda Pública; 17.10. Certidão negativa de débitos trabalhistas; 17.11. Desconsideração da personalidade jurídica – **18. Dissídio coletivo e ação de cumprimento:** 18.1. Conceito e classificação; 18.2. Pressupostos processuais específicos; 18.3. Procedimento; 18.4. Sentença normativa; 18.5. Recursos no dissídio coletivo; 18.6. Coisa julgada; 18.7. Ação de cumprimento – **19. Procedimentos especiais trabalhistas:** 19.1. Inquérito para apuração de falta grave; 19.2. Mandado de segurança; 19.3. Ação rescisória – **20. Ações civis admissíveis no processo do trabalho:** 20.1. Ação de consignação em pagamento; 20.2. Ação de prestação de contas (ação de exigir contas); 20.3. Ação monitória; 20.4. Ação de anulação de cláusula de negociação coletiva; 20.5. Ação civil pública – **Referências bibliográficas – Questões – Material digital exclusivo**

1. PRINCÍPIOS DO PROCESSO DO TRABALHO

1.1. Dispositivo e inquisitivo

Os princípios dispositivo e inquisitivo mostram-se como contrários, ou seja, antagônicos. Enquanto o princípio dispositivo está atrelado à necessidade de pedido da parte para que o Poder Judiciário atue, sendo inclusive chamado de princípio da inércia, com previsão no **art. 2º do CPC/2015**, o princípio inquisitivo está relacionado à **atuação de ofício do Juiz**, ou seja, atuação sem necessidade de pedido, como ocorre na hipótese do art. 878 da CLT, que prevê o início da execução definitiva de ofício, isto é, por iniciativa do Magistrado Trabalhista, que, ao verificar ter ocorrido o trânsito em julgado, determina a realização dos atos executivos. Nas provas é bem comum encontrarmos a informação de que o **princípio dispositivo é a regra e o inquisitivo a sua exceção**. Ocorre que o princípio inquisitivo foi restringido pela reforma trabalhista – Lei n. 13.467/2017 – que incluiu o **parágrafo** único no art. 878 da CLT afirmando que a execução somente será iniciada de ofício se a parte estiver exercendo o *jus postulandi*, ou seja, se não estiver representada por advogado.

Caso o exequente possua advogado constituído nos autos, caberá ao profissional requerer o início da execução, sob pena até mesmo de decretação da prescrição intercorrente, que agora passa a ser reconhecida no processo do trabalho, conforme art. 11-A da CLT, também incluído pela reforma trabalhista.

> Além da prescrição bienal e quinquenal que são estudadas na disciplina de direito do trabalho, você agora deve lembrar da prescrição que pode surgir ao longo do processo, que é a prescrição intercorrente, caso o processo permaneça parado por mais de 2 anos. Assim, o autor da ação deve ajuizar a ação em até 2 anos a contar do rompimento do contrato, buscando as verbas trabalhistas dos últimos 5 anos a contar do ajuizamento, não podendo permitir a paralisação do processo também por mais de 2 anos.

1.2. Proteção

No direito do trabalho reconhece-se a hipossuficiência do empregado, importante na aplicação do princípio da proteção. Por meio deste princípio, tratam-se desigualmente os desiguais (empregado e empregador), por aplicação do *in dubio pro operario,* condição mais benéfica e norma mais favorável (LEITE, 2015). No processo do trabalho também há a formulação e aplicação de regras que beneficiam aquele que é sempre considerado como parte mais fraca. Diversas são as formas de aplicação do princípio em estudo. Vejamos:

- Pagamento de custas ao final: prevê o art. 789, § 1º da CLT que as **custas são pagas ao final**, o que possibilita o ajuizamento de ação por qualquer um, pobre ou rico.

- Pagamento de honorários periciais ao final da perícia: entende o TST, por meio da OJ n. 98 da SDI-2, que o pagamento prévio de honorários periciais é ilegal, pois impediria a realização da perícia por aquele que não tem condição financeira. O entendimento do TST, de tão importante, foi incluído na CLT pela reforma trabalhista, que adicionou o art. 790-B, § 3º, também proibindo os honorários periciais prévios.

- Ausência das partes à audiência: o art. 844 da CLT traz clara distinção entre as consequências da ausência do reclamante (geralmente o empregado) e do reclamado (a empresa, em geral). Se ausente o reclamante, o processo é arquivado (extinto sem resolução do mérito). Caso ausente o reclamado, será aplicada a revelia. Se ausentes ambos, o processo também será arquivado.

Verifica-se facilmente o tratamento diferenciado entre o empregado e o empregador, de forma a proteger e facilitar a prática dos atos processuais pelo primeiro, dispensando-o do pagamento de custas processuais no início do processo.

1.3. Conciliação

A conciliação é extremamente importante para o processo do trabalho, pois por meio dela são extintos milhares de processos por ano na Justiça do Trabalho. Podemos dizer que a conciliação foi incentivada pelo legislador, ao prever dois momentos obrigatórios de tentativa de acordo, um no início da audiência e outro ao seu final. O art. 846 da CLT prevê a primeira tentativa logo no início do ato, após o pregão das partes. Já o art. 850 da CLT diz que após as razões finais o Juiz tentará novamente a conciliação entre as partes. Em qualquer das hipóteses, ao ser homologado o acordo, o Juiz sentenciará extinguindo o feito com resolução do mérito.

Ocorre que o Magistrado não está obrigado a homologar (aceitar) o acordo que foi proposto pelas partes, já que a **Súmula 418 do TST** afirma que o ato é faculdade do Juiz (SCHIAVI, 2015). Agora, sendo homologado, da sentença que o fizer não caberá recurso das partes, por ausência de interesse recursal, já que o ato não as prejudica. A única forma de se desfazer o acordo é por meio do ajuizamento de **ação rescisória**, nos termos da Súmula 259 do TST.

> 🔍 A sentença que homologa acordo é do tipo definitiva, pois extingue o processo com resolução do mérito, cabendo recurso apenas pela União, nos termos do art. 831 da CLT. As partes não possuem interesse recursal na hipótese, pois não são consideradas sucumbentes.

Por fim, a reforma trabalhista inseriu o procedimento de homologação de acordo extrajudicial, previsto no art. 855-B da CLT, demonstrando mais uma vez que o princípio da conciliação é importante para a Justiça do Trabalho, que, além de poder homologar acordos judiciais, no curso do processo, portanto, pode homologar acordos que venham a ser firmados antes do ajuizamento das demandas trabalhistas.

1.4. Irrecorribilidade imediata das interlocutórias

Um dos princípios mais importantes do processo do trabalho e que está totalmente atrelado à celeridade que encontramos na Justiça do Trabalho, a irrecorribilidade imediata das decisões interlocutórias, previsto no art. 893, § 1º, da CLT, afirma serem incabíveis recursos de decisões proferidas no curso do processo, devendo a parte prejudicada aguardar ser proferida decisão final para dela recorrer. Se, exemplificativamente, for requerida liminarmente a reintegração de um empregado e a decisão for denegatória, deverá a parte aguardar ser proferida a sentença para, se for o caso, ser interposto recurso ordinário. Algumas exceções ao princípio devem ser destacadas:

- Art. 799, § 2º, da CLT: quando é proferida uma decisão interlocutória reconhecendo a incompetência absoluta da Justiça do Trabalho, permite-se a interposição de recurso imediato, o recurso ordinário.
- Súmula 214 do TST: três são as situações excepcionais previstas na súmula, a saber: a. decisão interlocutória proferida pelo TRT em desacordo com entendimento do TST; b. decisão de tribunal do qual cabe recurso interno; c. decisão que decide a alegação de incompetência territorial e determina a remessa dos autos para a Vara do Trabalho vinculada a outro TRT (VT de Vitória/TRT-ES para VT de Salvador/TRT-BA).
- Art. 855-A, § 1º, da CLT: da decisão que acolher ou rejeitar o incidente de desconsideração da personalidade jurídica, quando proferida no processo de conhecimento, não caberá qualquer recurso, por se tratar de decisão interlocutória.

> 🔍 A Instrução Normativa n. 39/2016 do TST, editada para explicar a aplicação do Código de Processo Civil de 2015 ao processo do trabalho, deixa claro que o princípio da irrecorribilidade imediata das decisões interlocutórias se mantém, mesmo com todos os novos institutos criados pelo Código.

1.5. *Jus postulandi*

O princípio do *jus postulandi* encontra-se previsto no art. 791 da CLT, que prevê a possibilidade de as partes ajuizarem e acompanharem as suas ações sem necessidade de advogado. Ocorre que a Súmula 425 do TST prevê algumas situações excepcionais, em que o advogado é indispensável, a saber: **mandado de segurança, ação rescisória, ação cautelar e recursos dirigidos ao TST** (GARCIA, 2012).

Os tribunais entendem que o art. 791 da CLT foi recepcionado pela CF/88, não havendo conflito com o art. 133 da Carta Magna.

Com base na súmula acima referida, afirma-se que o *jus postulandi* aplica-se às Varas do Trabalho e aos Tribunais Regionais do Trabalho.

> 🔍 Eventual questão tratando do tema no Exame da OAB pode afirmar que o *jus postulandi* somente se aplica às Varas do Trabalho e aos Tribunais Regionais do Trabalho, o que está correto, já que para recorrer ao TST é necessário contratar advogado.

A reforma trabalhista, ao instituir o procedimento de homologação de acordo extrajudicial, criou mais uma restrição ao *jus postulandi* no art. 855-B da CLT, ao afirmar que o acordo apresentado pelas partes deve estar assinado por advogado, não podendo ser comum. Isto significa que cada parte deve estar representada por um advogado.

1.6. Oralidade

Muitos dos atos processuais podem ser realizados oralmente na Justiça do Trabalho, uma forma encontrada de realizá-los mais fácil e rapidamente, aumentando a possibilidade de que as próprias partes, valendo-se do *jus postulandi*, atuem sozinhas na Justiça do Trabalho.

Podemos destacar diversos atos processuais orais:

- Petição inicial: prevista no art. 840 da CLT, pode ser escrita ou oral, por opção do autor.
- Defesa: prevê o art. 847 da CLT que a defesa será oral, em até 20 minutos, na audiência.
- Razões finais: descritas no art. 850 da CLT, são apresentadas oralmente, em até 10 minutos para cada parte.
- Protesto em audiência: sendo proferida decisão interlocutória em audiência, deve a parte apresentar no mesmo ato o seu "protesto", de forma oral, para evitar a preclusão em relação à matéria. O "protesto" é a demonstração do inconformismo com a decisão proferida, não sendo um recurso, mas a inclusão da informação na ata de audiência.

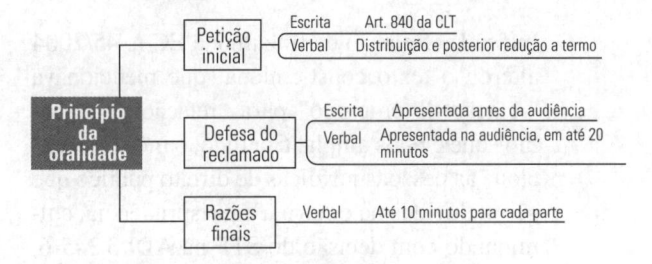

Princípio da oralidade			
	Petição inicial	Escrita	Art. 840 da CLT
		Verbal	Distribuição e posterior redução a termo
	Defesa do reclamado	Escrita	Apresentada antes da audiência
		Verbal	Apresentada na audiência, em até 20 minutos
	Razões finais	Verbal	Até 10 minutos para cada parte

2. ORGANIZAÇÃO DA JUSTIÇA DO TRABALHO

Os órgãos da Justiça do Trabalho constam no art. 111 da CF/88, sendo a justiça especializada formada por três graus de jurisdição, a saber: Tribunal Superior do Trabalho, Tribunal Regional do Trabalho e Juízes do Trabalho.

2.1. Tribunal Superior do Trabalho

O Tribunal Superior do Trabalho, órgão de cúpula da Justiça do Trabalho, está previsto no art. 111-A da CF/88, possuindo as seguintes características em relação à sua formação:

- são **27** ministros;
- os Ministros, para serem nomeados, devem possuir mais de **35 anos e menos de 70 anos**;
- a nomeação é feita pelo **Presidente da República**;
- há necessidade de aprovação pela **maioria absoluta do Senado Federal**.

Percebam que não são no mínimo 27 ministros, mas o **número exato de 27** membros. A aprovação a que se submete aquele que for nomeado Ministro do TST, que é denominada sabatina, é realizada pelo **Senado Federal** e não pelo Congresso Nacional. Cabe exclusivamente ao Senado Federal realizar a sabatina, que será positiva se a aprovação se der por **maioria absoluta.**

Dentre os 27 Ministros, prevê o inciso I do mesmo artigo que **um quinto** das vagas será reservado aos membros da Advocacia e do Ministério Público, o que é conhecido na prática como **"quinto constitucional"**, que busca permitir a formação do Tribunal de cúpula com as várias visões dos Juízes, Advogados e Procuradores do Trabalho.

A EC n. 45/2004 introduziu o § 2º no art. 111-A da CF/88, afirmando que funcionarão junto ao TST os seguintes órgãos:

- Escola Nacional de Formação e Aperfeiçoamento de Magistrados do Trabalho: cabe ao órgão regulamentar os cursos oficiais para o ingresso e promoção na carreira.
- Conselho Superior da Justiça do Trabalho: cabe ao órgão a supervisão administrativa, orçamentária, financeira e patrimonial da Justiça do Trabalho, e suas **decisões possuem efeito vinculante**.

2.2. Tribunais Regionais do Trabalho

Previstos no art. 115 da CF/88, os Tribunais Regionais do Trabalho (TRTs) são formados conforme regras abaixo simplificadas:

- mínimo de 7 juízes;
- os Juízes, para serem nomeados, devem possuir mais de **30 anos e menos de 70 anos**;
- a nomeação é feita pelo **Presidente da República**;
- **não há** necessidade de **sabatina** para a aprovação, diferentemente dos Ministros do TST.

Percebam que os TRTs não possuem número fixo de Juízes (Desembargadores), mas **o mínimo de 7 (sete).** Não há necessidade de sabatina pelo Senado Federal. Por fim, a idade mínima é diferente do TST, pois a idade mínima é de 30 anos, enquanto no TST é de 35 anos.

A formação dos TRTs também respeita o quinto constitucional, conforme art. 115, I, da CF/88, na qual os juízes do trabalho são nomeados seguindo-se, de forma alternativa, os critérios de antiguidade e merecimento.

Não há TRT em todos os Estados brasileiros. São Paulo é o único Estado a possuir dois tribunais, 2ª Região (São Paulo) e 15ª Região (Campinas), não havendo TRT nos Estados de Tocantins, Amapá, Acre e Roraima.

Por fim, duas alterações promovidas pela EC n. 45/2004:

- Justiça itinerante: a "justiça do trabalho móvel" consiste na realização de audiências e outras atividades em locais distantes dos centros urbanos, favorecendo o acesso à justiça.
- Câmaras regionais: os TRTs podem atuar de forma descentralizada, especialmente nos Estados que não possuem tribunal – TO, AP, AC e RR – atendendo os jurisdicionados em todas as fases do processo.

2.3. Juízes do trabalho

Até a EC n. 24/99, o primeiro grau de jurisdição trabalhista era exercido por uma Junta de Conciliação e Julgamento, formada pelo Juiz do Trabalho e por dois Juízes Classistas, que representavam os empregados e empregadores. A referida Emenda Constitucional extinguiu a representação classista, levando as JCJ a serem designadas de Varas do Trabalho, cujos atos passaram a ser exercidos pelo Juiz singular, o Juiz do Trabalho.

Ocorre que não há Vara do Trabalho em todos os municípios, o que levou a Constituinte a redigir o art. 112 da Carta Magna afirmando que poderia a lei atribuir a jurisdição trabalhista aos juízes de direito, com recurso para o Tribunal Regional do Trabalho competente.

Assim, pode ser que uma ação trabalhista seja processada e julgada por um Juiz Estadual, vinculado ao Tribunal de Justiça (TJ), por não haver Vara do Trabalho na localidade nem em município próximo, com competência naquela localidade.

Contudo, a informação mais importante do art. 112 da CF/88 é o final, relacionado à competência para julgar eventual recurso de sentença proferida pelo Juiz Estadual. Diz a CF/88 que o recurso será dirigido ao "**respectivo Tribunal Regional do Trabalho**". Cuidado, pois no Exame de Ordem pode aparecer que o recurso será dirigido ao Tribunal de Justiça, o que está errado!

Complementando a informação, pergunto: o que fazer com uma ação que está tramitando perante o Juiz Estadual, na hipótese do art. 112 da CF/88, caso seja criada a Vara do Trabalho? A **Súmula 10 do STJ** diz que a ação será remetida para a Vara do Trabalho, de imediato, já que a competência da Justiça do Trabalho é absoluta, passando a Vara do Trabalho a ser competente assim que constituída. A súmula diz que o processo será remetido à Vara do Trabalho mesmo que esteja no processo de execução.

Organização da Justiça do Trabalho → Tribunal Superior do Trabalho:
- 27 Ministros
- Com mais de 35 e menos de 70 anos
- Nomeação pelo Presidente da República
- Aprovação por maioria absoluta do Senado Federal

3. COMPETÊNCIA DA JUSTIÇA DO TRABALHO

3.1. Competência material

Analisar a competência material da Justiça do Trabalho significa verificar que ações podem ser ajuizadas perante a referida justiça, ou, em outras palavras, que conflitos podem ser julgados pela justiça trabalhista. O dispositivo que trata do tema é, especialmente, o **art. 114 da CF/88**, amplamente modificado pela EC n. 45/2004, bem como os arts. 652 e 653 da CLT. Nas provas da OAB é mais comum a cobrança do dispositivo da CF/88, bem como das súmulas que decorreram das interpretações dos tribunais (STF, TST e STJ) a respeito do tema. Analisaremos de forma sintética os incisos do art. 114 da CF:

- Inciso I – Relação de trabalho: a EC n. 45/2004 alterou o texto constitucional que mencionava "relação de emprego" para "relação de trabalho" que é mais ampla. Contudo, o inciso I menciona as pessoas jurídicas de direito público que gerou dúvidas na doutrina e jurisprudência, culminando com decisão do STF na ADI 3.345-6, que excluiu da competência da Justiça do Trabalho as ações ajuizadas por **servidores estatutários**, que devem ajuizar as ações perante a Justiça comum. A partir de então, apenas as ações propostas por celetistas da administração pública é que são da competência da justiça do trabalho. Também há destaque para a **Súmula 363 do STJ**, que excluiu da competência trabalhista as ações de cobrança de honorários de profissionais liberais. Portanto, tais ações são da competência da justiça comum.
- Inciso II – Exercício do direito de greve: todas as ações que decorrem do exercício do direito de greve, sejam individuais ou coletivas, de indenização, dissídios coletivos ou possessórias, a competência será da Justiça do Trabalho quando estiverem relacionadas ao exercício do direito de greve. Inclusive o STF editou a **Súmula Vinculante 23** para dizer que as ações possessórias são da competência trabalhista quando ajuizadas em decorrência do exercício do direito de greve.
- Inciso III – Representação sindical: o inciso diz que as ações sobre representação sindical são da competência trabalhista, sejam entre sindicatos, sindicatos e empregadores e sindicatos e empregados.

- Inciso IV – Mandados de segurança, *habeas corpus* e *habeas data*: quando relacionados às relações de trabalho, são da competência trabalhista, como ocorre quando um mandado de segurança é impetrado contra decisão judicial.
- Inciso V – Conflitos de competência: sobre o tema é indispensável lembrar a **Súmula 420 do TST**, que diz não haver conflito de competência entre Vara e Tribunal a que está vinculado, que pode ser utilizado como uma grande pegadinha. Vejam que não há conflito entre a 20ª Vara do Trabalho de São Paulo e o TRT da 2ª Região, bem como entre a 10ª Vara do Trabalho de Vitória e o TRT da 17ª Região, pois há vinculação entre eles (KLIPPEL, 2016).
- Inciso VI – Indenização por dano moral e material: dois posicionamentos jurisprudenciais têm que ser aqui destacados:
  - Súmula Vinculante 22 do STF: trata das ações sobre acidentes de trabalho, ajuizadas pelo empregado em face do empregador, que são da competência da Justiça do Trabalho.
  - Súmula 392 do TST: as ações sobre indenização por danos morais e materiais, quando decorrentes do vínculo de emprego, são da competência da Justiça do Trabalho, mesmo que ajuizadas por sucessores e dependentes, conforme alteração realizada na Súmula em 2016.
- Inciso VII – Penalidades administrativas impostas pelos órgãos de fiscalização: uma das informações mais comuns em provas sobre competência material trata das ações sobre penalidades administrativas impostas pelos órgãos de fiscalização das relações de trabalho, como o Ministério do Trabalho. Caso o órgão fiscalize e autue determinada empresa, esta poderá mover ação perante a Justiça do Trabalho para impugnar e tentar anular a autuação.
- Inciso VIII – execução das contribuições sociais: a Justiça do Trabalho possui competência para executar, de ofício, as contribuições decorrentes de sentenças condenatórias que proferir, nos termos da **Súmula 368 do TST e Súmula Vinculante 53 do STF**. Não possui a Justiça do Trabalho a competência para executar contribuições decorrentes de período de trabalho reconhecida por sentença. Somente as sentenças condenatórias em pecúnia (dinheiro) é que geram contribuições de competência trabalhista. Aquelas que decorrem de períodos de trabalho reconhecidos devem ser cobradas na Justiça Comum.

A competência material também é definida pelos arts. 652 e 653 da CLT, que afirmam ser competência trabalhista as seguintes ações:

- dissídios resultantes do contrato de empreitada;
- inquérito para apuração de falta grave;
- entre trabalhadores portuários e os operadores portuários ou o Órgão Gestor de Mão de Obra – OGMO decorrentes da relação de trabalho;
- homologação de acordo extrajudicial, incluído pela Lei n. 13.467/2017, possibilitando ao Juiz do Trabalho o proferimento de sentença de homologação de acordo firmado pelas partes. Na hipótese, conforme normas inseridas no art. 855-B da CLT, a petição será apresentada ao Juiz do Trabalho do local da prestação dos serviços, que terá 15 dias para analisá-la, podendo designar audiência, caso queira, e homologar ou não o ajuste das partes. A homologação do acordo continua a ser facultativa para o Juiz, conforme Súmula 418 do TST. Na hipótese de o Magistrado indeferir a homologação, poderá a parte interpor recurso ordinário da sentença ou ajuizar ação trabalhista, não sendo prejudicado em relação ao prazo de prescrição, já que este permanece suspenso enquanto se aguarda a definição do Magistrado quanto à homologação.

3.2. Competência territorial

Após conhecermos os conflitos (ações) que podem ser ajuizados perante a Justiça do Trabalho, devemos conhecer as regras sobre competência territorial, isto é, as regras sobre o local de ajuizamento das ações trabalhistas. Imagine que João, que possui domicílio em Vitória/ES, seja contratado por uma empresa que possui sede no Rio de Janeiro/RJ, para trabalhar em Salvador/BA. Se João, dispensado sem receber as verbas trabalhistas, quiser ajuizar uma reclamação trabalhista, em que local deverá ajuizá-la?

A resposta é facilmente encontrada no **art. 651 da CLT**, que trata do tema e que é bastante cobrada nas provas do Exame de Ordem. Podemos resumir as regras da seguinte forma:

- Regra geral: a ação trabalhista será ajuizada no local da prestação dos serviços. No nosso exemplo, em Salvador.
  - Caso o empregado seja transferido (Salvador para Recife, depois para Fortaleza, onde terminou o vínculo de emprego), a ação será ajuizada no **último local** da prestação dos serviços.

- Exceções:
    - Agente ou viajante comercial: § 1º – na hipótese, que já foi cobrada em prova da OAB, devemos verificar se o empregado está subordinado à sede ou à filial da empresa. Em caso positivo, a ação será ajuizada neste local. Em caso negativo, será a ação ajuizada no domicílio do empregado ou na localidade mais próxima.
    - Empregado que trabalha para empresa que promove a realização de atividades fora do lugar do contrato de trabalho (circo, por exemplo): § 3º – a ação será ajuizada no local da contratação ou no local em que foram prestados os serviços.
    - Empregado brasileiro que trabalhou no exterior: § 2º – o referido obreiro poderá ajuizar ação no Brasil, desde que não haja convenção internacional em sentido contrário.

Por fim, vale a pena lembrar que o critério de competência territorial é relativo, ou seja, a sua aplicação interessa apenas às partes, o que significa dizer que o Juiz não pode reconhecer de ofício eventual erro em sua aplicação, nos termos da **Súmula 33 do STJ**. Caso a ação trabalhista seja ajuizada em local errado, somente o réu pode alegar a incompetência em sua defesa, não podendo o Juiz de ofício remeter os autos para o juízo que entende competente (MOURA, 2015).

> Em processo civil estudamos que a competência territorial é relativa, ou seja, as suas normas interessam apenas às partes, não podendo eventual equívoco ser reconhecido de ofício pelo Magistrado. Assim, deve a parte ré demonstrar o vício por meio de sua defesa. Ocorre que no processo civil a incompetência relativa é alegada em preliminar de contestação, conforme art. 337 do CPC, enquanto no processo do trabalho o vício é alegado por exceção de incompetência, nos moldes do art. 800 da CLT.

> A IN n. 39/2016 do TST afirma não caber a aplicação do art. 63 do CPC/2015 ao processo do trabalho, que trata do foro de eleição. Assim, não cabe em um contrato de trabalho a inclusão de cláusula prevendo o local do ajuizamento da ação. Tal cláusula, caso inserida, será considerada nula de pleno direito, não produzindo qualquer efeito.

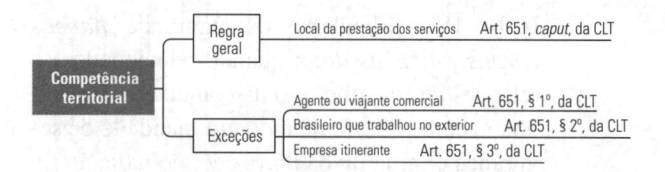

Competência territorial		
Regra geral	Local da prestação dos serviços	Art. 651, *caput*, da CLT
Exceções	Agente ou viajante comercial	Art. 651, § 1º, da CLT
	Brasileiro que trabalhou no exterior	Art. 651, § 2º, da CLT
	Empresa itinerante	Art. 651, § 3º, da CLT

4. PARTES E PROCURADORES

4.1. Capacidade de ser parte, processual e postulatória

Diferenciar as capacidades de ser parte, processual e postulatória, é de grande valia para o Exame da OAB. Vejamos:

- Capacidade de ser parte: está relacionada à personalidade jurídica, prevista no Código Civil, que é a aptidão para aquisição de direitos e obrigações. Adquire a personalidade a pessoa física que nasce com vida e a pessoa jurídica com a inscrição dos seus atos constitutivos, conforme arts. 2º e 45 do CC, respectivamente. Um menor de 14 anos, apesar de não ser capaz de praticar os atos na órbita civil, por ser absolutamente incapaz, pode ser parte em uma ação trabalhista, já que possui capacidade de ser parte e por buscar o adimplemento das obrigações diante de seu empregador. O referido menor será o autor da ação trabalhista em relação a um contrato de aprendizagem, por exemplo.

- Capacidade processual: está relacionada à capacidade civil, instituto previsto nos arts. 3º e 4º do CC. Aquele que possui capacidade civil plena, que no direito do trabalho é adquirida **aos 18 anos** (art. 402 da CLT), possui capacidade processual, isto é, a capacidade para a prática dos atos processuais. Aquele menor de 14 anos, apesar de possuir a capacidade de ser parte, não possui capacidade processual, pois absolutamente incapaz, devendo ser representado ou assistido por seus pais, tutores ou curadores, nos termos dos **arts. 70 e 71 do CPC/2015**.

- Capacidade postulatória: relacionada à capacidade de postular em juízo, isto é, formular pretensões, apresentar defesa e acompanhar o processo judicial, é intimamente relacionada ao advogado, principalmente no Direito Processual Civil, em que aquele profissional é indispensável para a representação das partes (art. 133 da CF). Nos domínios do Direito Processual do Trabalho, veremos mais a fundo em tópico próprio que o advogado é dispensável na maioria das ações, por aplicação do instituto denominado *jus postulandi*, que atribui às partes a possibilidade de postular em juízo pessoalmente.

4.2. Representação por advogado

Como visto no tópico anterior, no processo do trabalho a representação por advogado não é obrigatória em todas as situações, sendo realmente facultativa na imensa maioria das situações. O art. 791 da CLT prevê que as partes poderão postular em juízo sem advogado, acompanhando as suas reclamações até o final, o que representa a presença do instituto denominado *jus postulandi*. Ocorre que o instituto foi restringido em 2011 pelo TST com a edição da Súmula 425, que deve ser memorizada para o Exame da OAB. A referida súmula traz as situações em que não se aplica mais o *jus postulandi*, ou seja, as hipóteses em que o Advogado **passa a ser obrigatório**, que são: mandado de segurança, ação rescisória, ação cautelar e recursos para o TST (LEITE, 2015). Nas demais hipóteses, que contemplam inclusive o dissídio coletivo, a contratação do profissional continua sendo uma opção das partes.

Para o Exame de Ordem, pode-se dizer que o *jus postulandi* está restrito às Varas do Trabalho e aos Tribunais Regionais do Trabalho, já que a chegada ao TST, geralmente por Recurso de Revista (art. 896 da CLT), depende deste ter sido firmado por advogado regularmente inscrito na OAB.

> Os processos em que as partes estão representadas por Advogado geralmente apresentam um documento denominado "procuração", por meio do qual se conferem poderes ao Advogado para atuar em nome das partes. Se o documento é apresentado em papel, o mesmo é denominado expresso. Contudo, também pode ser verificado o "mandato tácito", previsto na Súmula 383 do TST, hipótese em que os poderes de representação surgem com a inclusão do nome do Advogado na ata de audiência, podendo o profissional atuar em nome da parte representada.

4.3. Honorários advocatícios de sucumbência

A condenação ao pagamento de honorários de sucumbência no processo do trabalho sofreu profunda alteração com a reforma trabalhista – Lei n. 13.467/2017 – que abandonou o sistema de *assistência judiciária gratuita*, passando a adotar o *sistema da mera sucumbência*, igualando-se ao direito processual civil.

A nova lei incluiu o art. 791-A na Consolidação das Leis Trabalhistas, afirmando que os honorários serão devidos ao advogado, ainda que atue em causa própria, por ter representado o processo a parte vencedora. O sistema da *mera sucumbência* também pode ser chamado de *"perdeu-pagou"*, já que a parte perdedora paga a quantia referida no art. 791-A da CLT ao advogado da parte vencedora.

Ocorre que a quantia prevista para o processo do trabalho é diversa daquela constante no CPC, já que o dispositivo celetista afirma que a condenação será de 5% a 15% do valor que resultar da liquidação, do proveito econômico obtido ou do valor atualizado da causa.

Mas quais critérios utilizará o Magistrado para fixar os honorários de sucumbência, já que há grande margem entre 5% e 15%? A análise que será realizada pelo Magistrado, levando em consideração os critérios do § 2º do mesmo dispositivo legal, é: grau de zelo do profissional, lugar da prestação dos serviços, natureza e importância da causa, trabalho realizado e o tempo para este exigido.

A quantia também será devida nas ações contra a Fazenda Pública e quando a parte estiver assistida ou substituída pelo Sindicato (§ 1º), bem como na reconvenção (§ 5º), por possuir natureza jurídica de ação.

Por fim, o beneficiário da justiça gratuita não mais será condenado ao pagamento dos honorários de sucumbência, uma vez que o STF, no ano de 2021, declarou o art. 791-A, § 4º, da CLT inconstitucional no julgamento da ADI n. 5.766, ao entender que a norma conflita com o princípio do acesso à Justiça. Assim, o beneficiário da justiça gratuita não será condenado ao pagamento de honorários advocatícios de sucumbência.

> De acordo com a Instrução Normativa n. 41/2018, a condenação ao pagamento de honorários advocatícios de sucumbência somente pode ocorrer nos processos ajuizados após o dia 11-11-2017, data de entrada em vigor da reforma trabalhista.

> Com a reforma trabalhista, os honorários de sucumbência não são mais devidos apenas ao Sindicato, mas também aos Advogados particulares, já que passou a ser adotado o sistema de mera sucumbência, fixando-se a parcela entre 5% e 15%.

Honorários de sucumbência
- Percentual
  - Mínimo de 5%
  - Máximo de 15%
- Critérios
  - Tempo do processo
  - Complexidade da causa
  - Trabalho do Advogado
  - etc.
- Justiça Gratuita
  - Não será condenado por decisão do STF na ADI 5.766
  - Não mais se aplica o art. 791-A, § 4º, da CLT por violação do princípio do acesso à justiça
- Reconvenção
  - Há a condenação ao pagamento dos honorários de sucumbência

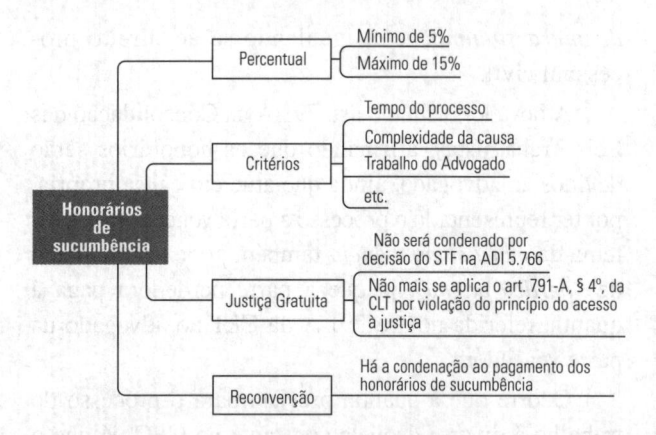

4.4. Assistência judiciária gratuita

Como já dito, o instituto da *assistência judiciária gratuita* está previsto no art. 14 da Lei n. 5.584/70, e prevê que o sindicato atuará na representação da categoria em juízo, ajuizando as ações competentes (MIESSA, 2016).

Como consequências de tal assistência, temos a isenção das custas processuais e a condenação ao pagamento de honorários de sucumbência quando o empregado, além de estar assistido pelo sindicato, receber até dois salários mínimos. Caso receba quantia superior, mas não tenha condições de arcar com os custos do processo, deverá firmar declaração neste sentido.

Independentemente de o trabalhador ser ou não filiado ao sindicato, o ente deve prestar a assistência judiciária gratuita, já que o art. 14 da Lei n. 5.584/70 prevê que o benefício será prestado "a todo aquele que perceber salário igual ou inferior ao dobro do mínimo legal", não havendo qualquer necessidade de filiação do trabalhador ao sindicato.

Não podemos confundir a assistência judiciária gratuita e o benefício da justiça gratuita, pois, apesar de possuírem nomes parecidos, apresentam requisitos diferentes.

4.5. Benefício da justiça gratuita

Diferentemente da assistência judiciária gratuita, prestada exclusivamente pelo Sindicato, o benefício da justiça gratuita é prestado para aqueles que, mesmo representados por advogado particular ou que estejam se valendo do *jus postulandi*, não tenham condições financeiras de arcar com os custos do processo sem prejuízo de sua subsistência. Vejam que, no instituto em estudo, o único requisito é a **fragilidade econômica**, presumida para aqueles que recebem até 40% do limite dos benefícios pagos pelo Regime Geral de Previdência Social (RGPS) ou comprovada por declaração de pobreza para os que recebem quantia superior, conforme §§ 3º e 4º do art. 790 da CLT.

A concessão do benefício pode se dar de ofício ou a requerimento das partes, a qualquer tempo ou grau de jurisdição, isto é, pode ser pedido pela parte interessada ou concedido pelo Magistrado trabalhista que perceba a impossibilidade financeira da parte, concedendo no início ou no curso do processo, até mesmo em grau recursal, no TRT ou no TST (SCHIAVI, 2015).

5. ATOS E PRAZOS PROCESSUAIS

5.1. Forma/realização dos atos processuais

Os atos processuais são realizados das 6h às 20h dos dias úteis, conforme art. 770 da CLT, podendo a penhora ser realizada fora dos parâmetros acima descritos, quando houver autorização expressa do Juiz, sob pena de nulidade do ato. Assim, o Oficial de Justiça poderá penhorar um veículo às 5h ou às 22h, desde que o Juiz expressamente o permita, pois se trata de um ato de difícil realização em regra, sendo fundamental para a execução trabalhista. A audiência, apesar de ser um ato processual (dos mais importantes, destaca-se), segue regra diferenciada de horários para a sua realização, devendo o art. 813 da CLT ser lembrado para os Exames da OAB. Dispõe o artigo que o ato será realizado das 8h às 18h, nos dias úteis, não podendo ultrapassar as 5 horas seguidas, salvo se for matéria urgente.

Os atos processuais são classificados em: atos das partes, atos do Juiz (pronunciamentos judiciais) e atos do escrivão ou chefe de secretaria. Vejamos:

- Atos das partes: como exemplos, temos a petição inicial, defesa, interposição de recursos, apresentação de razões finais, dentre outros.

- Atos do Juiz (pronunciamentos judiciais): são os mais importantes para o Exame da OAB. Temos nos **arts. 203 e 204 do CPC/2015**:

  - *Despachos:* os despachos são atos de movimentação do processo, que não possuem forma nem trazem prejuízo às partes, não podendo ser impugnados por recurso, nos termos do **art. 1.001 do CPC/2015**.

  - *Decisões interlocutórias:* são as decisões proferidas no curso do processo, que não analisam o pedido principal, mas que decidem questões incidentes, não havendo possibilidade de interposição de recurso imediato no processo do trabalho.

- *Sentenças:* a sentença é a principal decisão do processo, que extingue o processo em primeiro grau de jurisdição, decidindo ou não o mérito do processo. A sentença definitiva é aquela proferida nas hipóteses do **art. 487 do CPC/2015**, em que há decisão sobre o mérito. Já a sentença terminativa é proferida nas hipóteses do **art. 485 do CPC/2015**, não havendo o julgamento do mérito, por ter sido reconhecido algum vício no processo (SARAIVA, MANFREDINI, 2016).
- *Acórdãos:* previstos no **art. 204 do CPC/2015**, são as decisões colegiadas dos tribunais.
- Atos do escrivão ou chefe de secretaria: **o art. 206 do CPC/2015** diz caber ao escrivão ou chefe de secretaria autuar a petição inicial, sendo exemplo de ato processual em análise. O art. 841 da CLT também prevê que aqueles serventuários remeterão a notificação ao reclamado em 48 horas após o recebimento da petição inicial.

Por fim, a IN n. 39/2016 do TST afirma que, em relação aos atos processuais, não se aplica o **art. 190 do CPC/2015**, que trata da negociação processual. Não é possível, na seara trabalhista, a negociação das partes para modificar o procedimento e a forma de prática dos atos processuais.

> Muito cuidado com a penhora, pois, quando realizada aos domingos e feriados, depende para a sua validade de autorização expressa do Juiz, não havendo possibilidade de autorização implícita.

5.2. Comunicação dos atos processuais

No processo civil há a diferenciação entre citação e intimação, mas no processo do trabalho as duas formas de comunicação dos atos processuais recebem a denominação única de *notificação*. A parte é notificada para comparecer à audiência, ante o ajuizamento de uma ação (citação) e também é notificada do proferimento da sentença (intimação).

Sobre a comunicação dos atos, destaque inicial para a notificação prevista no **art. 841 da CLT**, que dispõe acerca da comunicação feita ao reclamado para comparecimento à audiência, na qual serão realizados diversos atos processuais, como tentativas de acordo, apresentação de defesa, produção de provas, proferimento de sentença etc. O art. 841 da CLT prevê prazos importantes, que precisam ser entendidos e memorizados para o Exame da OAB, que são:

- 48 horas para expedição da notificação: o serventuário da Justiça do Trabalho, após receber a petição inicial, deverá expedir a notificação postal em até 48 horas, mediante remessa aos Correios, que realizarão sua entrega.
- 48 horas para recebimento da notificação (Súmula 16 do TST): a mencionada Súmula do TST presume o recebimento da notificação em 48 horas, sendo uma presunção relativa que pode ser desconstruída pelo destinatário, conforme dispõe o próprio entendimento sumulado. Caso a notificação não seja recebida ou seja recebida fora do prazo, deverá o destinatário alegar e comprovar o fato (KLIPPEL, 2016).
- 5 dias de antecedência para a audiência, contados do recebimento: o art. 841 da CLT ainda prevê que a notificação deve ser recebida com pelo menos 5 dias de antecedência para a audiência, já que aquele será o período mínimo que terá o reclamado para preparar a defesa que será apresentada naquele ato. O recebimento de véspera ou faltando 2 ou 3 dias para a audiência certamente dificultaria ou impediria a apresentação da defesa, violando o contraditório e a ampla defesa. Caso o reclamado tenha natureza jurídica de direito público, o prazo será contado em quádruplo, sendo de 20 dias de antecedência, por aplicação do **art. 1º do DL n. 779/69**, que por ser específico impede a aplicação do **art. 183 do CPC/2015**, que diz ser em dobro os prazos daqueles entes (MIESSA, 2016).

> Apesar de o art. 183 do CPC afirmar que a Fazenda Pública possui prazos em dobro, no processo do trabalho continuamos a aplicar o prazo em quádruplo para defesa, já que possuímos uma norma específica sobre o tema, o que afasta a aplicação subsidiária do CPC.

Art. 1º Nos processos perante a Justiça do Trabalho, constituem privilégio da União, dos Estados, do Distrito Federal, dos Municípios e das autarquias ou fundações de direito público federais, estaduais ou municipais que não explorem atividade econômica:
I – a presunção relativa de validade dos recibos de quitação ou pedidos de demissão de seus empregados ainda que não homologados nem submetidos à assistência mencionada nos §§ 1º, 2º e 3º do art. 477 da Consolidação das Leis do Trabalho;
II – o quádruplo do prazo fixado no art. 841, *in fine*, da Consolidação das Leis do Trabalho;
III – o prazo em dobro para recurso;
IV – a dispensa de depósito para interposição de recurso;
V – o recurso ordinário *ex officio* das decisões que lhe sejam total ou parcialmente contrárias;
VI – o pagamento de custas a final salva quanto à União Federal, que não as pagará.

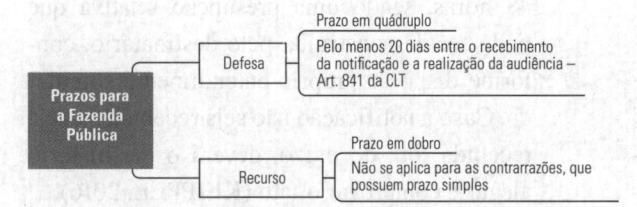

Prazos para a Fazenda Pública
- Defesa — Prazo em quádruplo — Pelo menos 20 dias entre o recebimento da notificação e a realização da audiência – Art. 841 da CLT
- Recurso — Prazo em dobro — Não se aplica para as contrarrazões, que possuem prazo simples

Viu-se que a regra é a notificação postal, por ser mais rápida e econômica, mas também está prevista no § 1º do art. 841 da CLT a realização da comunicação por **edital**, quando não for possível que o ato se realize por aquela primeira via ou o destinatário crie dificuldades ao seu recebimento. Contudo, uma norma que precisa ser lembrada para os Exames da OAB é que a notificação por edital não pode ser realizada em todos os procedimentos trabalhistas, já que há restrição em relação ao procedimento sumaríssimo, e que, por determinação do **art. 852-B, II, da CLT**, tal modalidade está vedada naquele rito que se espera seja célere.

Ainda sobre a comunicação dos atos, destaca-se que a notificação por Oficial de Justiça, pelo menos na teoria, está restrita ao processo de execução, não atuando aquele serventuário nos processos de conhecimento. O Oficial atua nos termos do art. 880 da CLT, realizando o ato pessoalmente.

Em relação aos advogados, há um ponto importante descrito na **Súmula 427 do TST**, que, diante de pluralidade de advogados, permite-se o pedido de intimação exclusiva de um deles, sob pena de nulidade caso seja intimado outro advogado. Assim, se há pedido de intimação exclusiva do advogado Dr. João, OAB n. xxx, deve ser atendido tal pedido, intimando-se apenas aquele profissional. Se intimado outro advogado, poderá o ato ser considerado nulo na hipótese de prejuízo (GARCIA, 2012).

> Para que exista nulidade do ato de intimação, conforme demonstrado na Súmula 427 do TST, há que ficar claro o prejuízo sofrido pela parte, como, por exemplo, um recurso que deixou de ser interposto por não ter sido recebida a intimação.

Por fim, destaque para o art. 825 da CLT que prevê a ausência de intimação prévia das testemunhas para comparecimento à audiência. No processo do trabalho não há rol e intimação prévios, devendo as testemunhas comparecer à audiência para serem ouvidas. Na hipótese de não compareceram mediante convite (pedido) da parte, poderão ser intimadas para comparecimento a uma próxima audiência.

5.3. Prazos processuais

O primeiro ponto de destaque em relação aos prazos processuais é a diferenciação entre **início do prazo e início da contagem do prazo**, diferença sensível que pode ser utilizada nas provas da OAB. O início do prazo é do dia da ciência do ato processual, que é excluído por determinação do art. 775 da CLT (exclusão do primeiro dia e inclusão do último), enquanto o início da contagem do prazo é o dia útil seguinte, dia em que efetivamente começa a ser contado o prazo. Assim, se recebo a intimação na quinta-feira, este dia será o início do prazo, enquanto a sexta-feira será o início da contagem do prazo.

A grande alteração empreendida em relação à contagem dos prazos ocorreu no art. 775 da CLT, que passa a prever a contagem apenas dos dias úteis, mantendo-se a exclusão do primeiro dia e inclusão do último.

> Assim, o início do prazo é o dia da ciência enquanto o início da contagem do prazo é o dia subsequente à ciência.

> A reforma trabalhista alterou o art. 775 da CLT, determinando a contagem dos dias apenas úteis, igualando o sistema do processo do trabalho ao processo civil. Assim, sábados, domingos e feriados não são mais contados, mesmo no curso do prazo.

Uma regra diferente, que já foi objeto de questionamento no Exame da OAB e que pode voltar a ser, consta na **Súmula 262 do TST** que trata da intimação recebida no sábado. Caso tal situação ocorra, vamos presumir que a notificação foi recebida no primeiro dia útil seguinte (segunda-feira, por exemplo), e a contagem terá início no subsequente (terça-feira, no nosso exemplo). Cuidado apenas para não ser a segunda-feira dia útil, pois, nessa hipótese, teríamos que excluir a terça-feira e iniciar a contagem na quarta-feira.

Talvez um dos pontos mais discutidos em relação ao atual CPC seja a regra que prevê naquele Código o prazo em dobro para a Fazenda Pública, em comparação com o prazo em quádruplo do antigo CPC. A nova regra, que reduziu os prazos da Fazenda Pública, não se aplica ao processo do trabalho, que continua a tratar como quádruplo os prazos daqueles entes, já que há uma regra específica no direito processual do trabalho, que emana do Decreto-Lei n. 779/69, que por ser norma especial impede a aplicação da norma geral prevista no CPC/2015. Assim, continuamos a falar sobre **prazo em quádruplo** para a defesa dos entes de direito público, o que faz com que o prazo de 5 dias previsto no art. 841 da CLT seja considerado como 20 na hipótese do ente público ser reclamado na justiça laboral (MOURA, 2015).

Outra regra sobre prazos que já foi objeto de questionamento em Exame da OAB anterior encontra-se prevista na **OJ n. 310 da SDI-1 do TST**, alterada em 2016 para adequar-se ao CPC/2015. Trata da não aplicação do art. 229 do Código/2015, que impõe os prazos em dobro quando os litisconsortes tiverem diferentes procuradores. Tal regra de elevação dos prazos não é compatível com a celeridade buscada no processo do trabalho. Assim, mesmo que haja litisconsórcio e que cada litisconsorte tenha um advogado diferente, os prazos serão simples, sem qualquer alteração.

Por fim, a Lei n. 13.545/2017, publicada em 19 de dezembro, incluiu o art. 775-A da CLT prevendo a suspensão dos prazos processuais no período compreendido entre 20 de dezembro e 20 de janeiro, não se realizando audiências e sessões de julgamento no período.

5.4. Custas processuais

A primeira informação relevante para o Exame da OAB sobre custas processuais é a **ausência de custas prévias** na Justiça do Trabalho, ou seja, a parte não precisa adiantar custas para ver a sua pretensão analisada pelo Poder Judiciário, já que o art. 789, § 1º, da CLT dispõe que o vencido, ao final, arcará com o pagamento daquela parcela. Qualquer valor, portanto, somente será devido após o trânsito em julgado ou, excepcionalmente, deverá ser depositado pelo recorrente no prazo recursal, como pressuposto de admissibilidade do apelo (preparo). A inexistência de custas prévias levou o TST a editar importante **OJ de n. 98 da SDI-2**, considerando ilegal a cobrança de honorários periciais prévios, já que aqueles honorários são devidos ao final, sendo pagos nos termos do art. 790-B da CLT por quem teve o pedido relacionado à perícia julgado improcedente, ou nos termos legais, pelo *sucumbente na pretensão objeto da perícia*.

De tão importante o entendimento do TST, foi inserido pelo legislador reformista na CLT, no art. 790-B, § 3º, afirmando a impossibilidade daquela cobrança prévia.

Mas se o sucumbente, a quem caberia o pagamento, tiver o benefício da justiça gratuita deferido, que lhe retira o dever de pagar as custas processuais, quem arcará com o pagamento? Diante da ideia lógica de que o perito não trabalhará de forma gratuita, alguém deve ser responsabilizado pelo pagamento.

A Lei n. 13.467/2017 incluiu a informação de que a quantia pode ser parcelada, conforme o § 2º do art. 790-B da CLT, facilitando-se o pagamento. Mas, se mesmo assim o beneficiário da justiça gratuita não tiver condições financeiras por não ter conseguido créditos no processo ou em qualquer outro, a responsabilidade será da União, o que já era reconhecido pela **Súmula 457 do TST**.

Mas cuidado pois o STF, em 2021, entendeu que a condenação do beneficiário da justiça gratuita ao pagamento dos honorários periciais é inconstitucional. Assim, a norma que consta no art. 790-B da CLT não mais se aplica às partes com aquele benefício. Entendeu o Supremo Tribunal Federal que a condenação viola o princípio do acesso à Justiça.

Já os honorários do assistente técnico são devidos pela parte que o contratou, independentemente do resultado da perícia, já que tal contratação é facultativa, conforme Súmula 341 do TST.

> A justificativa do TST para afirmar que os honorários do assistente técnico são pagos por quem o contratou, é que a contratação é facultativa. A parte escolhe contratar ou não o profissional, que não é indispensável, na medida em que o exame será realizado pelo Perito nomeado pelo Juiz, cabendo ao assistente técnico acompanhar a perícia e apresentar um laudo paralelo sobre a situação em disputa.

O mesmo art. 789 da CLT dispõe que a condenação ao pagamento de custas processuais obedecerá à regra de **2%** do valor da condenação, valor da causa, valor do acordo ou valor que o Juiz fixar, a depender da situação. As custas serão calculadas sobre o valor da causa nas hipóteses de extinção sem resolução do mérito ou de improcedência de todos os pedidos, cabendo ao autor o seu pagamento. Já na hipótese de acordo, o valor das custas incidirá sobre o valor do acordo homologado, cabendo em partes iguais aos litigantes, ou seja, metade para cada um, desde que não exista qualquer outro acerto sobre o pagamento. Se houver no próprio acordo regra sobre o pagamento, esta deverá ser seguida, como geralmente ocorre no dia a dia do empregador efetuar o pagamento integral das custas processuais.

> Na hora de homologar o acordo e extinguir o processo com resolução do mérito, deve o Juiz perceber se há alguma cláusula prevendo o pagamento das custas processuais ali incidentes. Caso exista, deve ser seguida, mesmo que imponha o pagamento total das custas ao empregado (reclamante).

O valor das custas processuais observará um mínimo e um máximo, sendo: a) valor mínimo: R$ 10,64; b) valor máximo: 4 vezes o limite dos benefícios do Regime Geral de Previdência Social (RGPS). Esta última informação acerca do valor máximo foi inserida pela reforma trabalhista.

Por fim, uma regra que pode ser explorada nos Exames da OAB: o art. 790-A da CLT traz as **isenções legais** em relação ao pagamento das custas, afirmando que os beneficiários da justiça gratuita, os entes com natureza jurídica de direito público (União, Estados, Municípios, DF, autarquias etc.), Ministério Público do Trabalho, Correios e entes estrangeiros estão dispensados do pagamento dos valores em estudo, sem isentar, contudo, as entidades fiscalizadoras das profissões, como os conselhos regionais (CREA, OAB, CRA etc.), bem como, por entendimento da doutrina, não estão isentos os entes públicos de direito privado, como as sociedades de economia mista e as empresas públicas (LEITE, 2015).

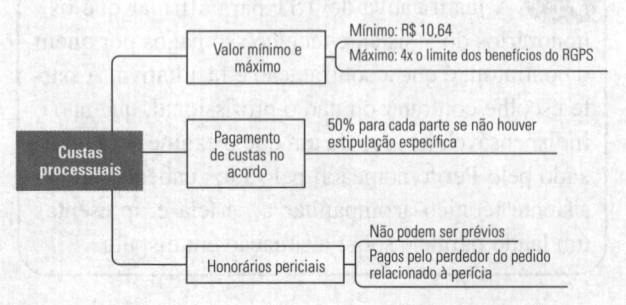

```
                         ┌─ Valor mínimo e  ─ Mínimo: R$ 10,64
                         │   máximo          Máximo: 4x o limite dos benefícios do RGPS
                         │
  Custas ────────────────┼─ Pagamento      ─ 50% para cada parte se não houver
  processuais            │  de custas no     estipulação específica
                         │  acordo
                         │
                         └─ Honorários     ─ Não podem ser prévios
                            periciais        Pagos pelo perdedor do pedido
                                             relacionado à perícia
```

6. NULIDADES PROCESSUAIS

Sabemos que o procedimento é composto por diversos atos processuais que devem ser realizados conforme requisitos e parâmetros criados pelo legislador. A notificação do reclamado deve respeitar forma e prazos, assim como o direito ao contraditório deve ser exercido em diversas ocasiões, dentre outras tantas situações em que a forma do ato processual é fundamental para a sua validade (SCHIAVI, 2015).

Caso a forma seja desrespeitada e alguém – partes ou Estado-Juiz – seja prejudicado, surgirá a nulidade processual, que pode ser conceituada, de forma bem simples, como **erro de forma + prejuízo**. Por vezes o prejuízo é presumido, como nas hipóteses em que a forma do ato processual é pensada em nome do interesse do Estado-Juiz, ou realmente provado, como ocorre na hipótese de interesse das partes.

Veremos que a diferença é importante na classificação dos vícios processuais, mas queremos deixar bem claro que você deve levar para o Exame de Ordem que a nulidade não é apenas um vício de forma, mas um vício de forma que acarreta prejuízo.

6.1. Classificação dos vícios processuais

Os vícios ou nulidades processuais podem ser divididos, como o faz a doutrina majoritária, em:

- Inexistência: considerado o vício de maior gravidade no sistema processual, consiste na ausência de requisitos mínimos para a viabilidade do ato processual, como ocorre com a sentença que, por não ter sido assinada por quem é Juiz, sequer pode ser considerada uma sentença. Um dos requisitos mínimos para que um "papel possa ser considerado uma sentença" é ter sido proferida por alguém investido na função jurisdicional.
- Nulidade absoluta: vício menos grave que a inexistência, mas igualmente grave por decorrer do descumprimento de norma de ordem pública, ou seja, norma criada no interesse do Estado-Juiz. A diferença em relação à inexistência é que o ato nulo pode produzir efeitos, como a decisão proferida por juízo absolutamente incompetente, nos termos do **art. 64 do CPC/2015**. Uma característica da nulidade absoluta é a possibilidade de ser reconhecida de ofício, ou seja, pelo próprio Estado-Juiz, sem necessidade de pedido. O melhor exemplo é a incompetência absoluta, que, nos termos do artigo mencionado do CPC/2015, pode ser reconhecida de ofício, não havendo preclusão em relação à matéria, o que permite o seu reconhecimento enquanto o processo estiver em tramitação.
- Nulidade relativa: já a nulidade relativa se apre-

senta como um vício mais fraco, que depende de requerimento da parte para ser reconhecido, na medida em que a violação da norma prejudica apenas aquela. O melhor exemplo é a incompetência territorial, que é um critério consagrado como relativo. Eventual equívoco em relação ao local de ajuizamento da ação pode ser corrigido pelo Juiz após a alegação de incompetência pelo reclamado, em sua defesa, não cabendo o seu reconhecimento de ofício, conforme Súmula 33 do STJ.

- Irregularidade: por fim, as irregularidades que são vícios processuais que não geram consequências processuais, ou seja, não prejudicam as partes ou o Estado-Juiz apesar do descumprimento da forma. É o que ocorre quando as páginas do processo são numeradas de maneira errada (nos processos ainda físicos) ou a utilização de documentos em língua estrangeira sem a devida tradução, mas que não impedem sua compreensão, bem como a juntada de despacho escrito a lápis.

6.2. Princípios relacionados às nulidades processuais

O ponto mais importante para o Exame da OAB, quando se pensa em nulidades processuais, é o estudo sobre os princípios que estão a ela relacionados, previstos sobretudo na CLT, mas com reflexos também de normas do CPC/2015. Os princípios mais importantes sobre o tema são:

- Transcendência ou prejuízo: previsto no art. 794 da CLT, afirma que somente haverá nulidade quando se verificar o prejuízo. Está relacionado propriamente ao conceito de nulidade, que é o erro de forma que acarreta prejuízo. Caso não haja prejuízo, não teremos nulidade, mas mera irregularidade. O princípio somente se aplica às nulidades relativas, pois nas absolutas o prejuízo é presumido diante do descumprimento de norma criada no interesse no Estado (MOURA, 2015).
- Convalidação ou preclusão: previsto no art. 795 da CLT, dispõe que a nulidade deverá ser alegada na primeira oportunidade, sob pena de preclusão, isto é, sob pena de não poder ser alegada posteriormente. Aplica-se apenas às nulidades relativas, já que não há preclusão para as nulidades absolutas, que podem ser reconhecidas a qualquer momento do processo.
- Economia processual: previsto no art. 796, *a*, da CLT, traz a regra de que a nulidade não será reconhecida caso seja possível suprir a falta ou repetir o ato, pois a ideia é manter a higidez do ato processual e produção dos seus efeitos, sem necessidade de declaração de nulidade.
- Interesse: previsto no art. 796, *b*, da CLT, segundo o qual não poderá alegar a nulidade aquele que lhe deu causa. O exemplo mais simples é a impossibilidade de o autor alegar a incompetência territorial de ação que foi por ele proposta em local errado, ferindo o art. 651 da CLT. Se o erro foi causado por ele, não pode ser por ele alegado.
- Utilidade ou aproveitamento: o art. 797 da CLT afirma que os atos processuais anteriores ao vício são mantidos, enquanto os posteriores devem ser analisados para fins de aproveitamento. Caso algum ato processual posterior à nulidade não tenha sido atingido por ele, será mantido íntegro, por ainda se mostrar útil.
- Instrumentalidade das formas: previsto no **art. 277 do CPC/2015**, prevê que não haverá nulidade se o ato processual, apesar do vício de forma, preencher a sua finalidade essencial. Caso a notificação seja endereçada para local errado, mas tenha chegado ao conhecimento do reclamado, não haverá nulidade, pois apesar do erro de endereço, a finalidade do ato foi preenchida, na medida em que o reclamado tomou ciência da ação que foi contra ele proposta (LEITE, 2015).

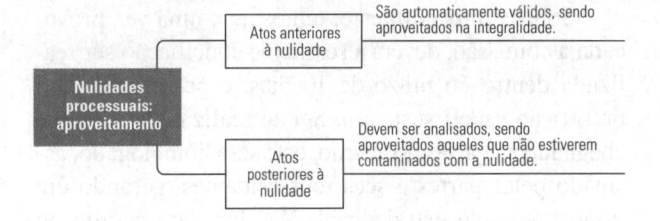

Nulidades processuais: aproveitamento	Atos anteriores à nulidade	São automaticamente válidos, sendo aproveitados na integralidade.
	Atos posteriores à nulidade	Devem ser analisados, sendo aproveitados aqueles que não estiverem contaminados com a nulidade.

7. COMISSÃO DE CONCILIAÇÃO PRÉVIA

Previsto nos arts. 625-A a H da CLT, as Comissões de Conciliação Prévia foram criadas no ano de 2000 para estimular a conciliação antes do ajuizamento das ações trabalhistas, numa tentativa de evitar o ajuizamento de ações que facilmente poderiam ser finalizadas por acordo entre as partes.

A ideia do legislador foi prever a passagem obrigatória pela comissão antes do ajuizamento da ação trabalhista, criando assim mais uma condição para a reclamação trabalhista. Contudo, tal norma, que foi inserida no art. 625-D da CLT, foi entendida pelo STF nas ADI 2.139 e 2.160 como inconstitucional, por violar o art. 5º,

XXXV, da CF/88, que prevê o princípio da inafastabilidade do controle jurisdicional.

> O art. 5º, XXXV, da CF/88, prevê que "a lei não excluirá da apreciação judicial lesão ou ameaça a direito", sendo que a passagem obrigatória pela CCP apareceria como um entrave para acessar o Poder Judiciário, ou seja, como uma barreira para o jurisdicionado exercer o direito de ação.

Sobre a formação e funcionamento da comissão, é sempre importante lembrar os arts. 625-B e C, que tratam respectivamente da comissão na empresa e nos sindicatos. Vejamos:

- Art. 625-B da CLT: as comissões criadas no âmbito das empresas devem seguir algumas regras, tais como: número mínimo de 2 e máximo de 10 membros, sendo a representação paritária, ou seja, o mesmo número de representantes eleitos pelos empregados e indicados pelos empregadores, sendo que os primeiros, por representarem os empregados, possuem estabilidade provisória até 1 ano após o término do mandato.
- Art. 625-C da CLT: já as comissões criadas no âmbito dos sindicatos devem ser as regras previstas na convenção ou acordo coletivo de trabalho que a prever.

Sobre o procedimento, temos que, uma vez provocada a comissão, deverá a sessão de conciliação ser realizada dentro do prazo de 10 dias, e nesse período a prescrição estará suspensa. Sendo realizada a sessão e chegando as partes ao acordo, este será homologado, assinado pelas partes e seus representantes, gerando um título executivo extrajudicial. Não havendo acordo ou não sendo a sessão realizada no prazo de 10 dias, estará o empregado liberado desde já para o ajuizamento de ação judicial perante a Justiça do Trabalho.

> O termo de acordo firmado pela Comissão de Conciliação Prévia, por ser um título executivo extrajudicial, leva o credor a ajuizar ação de execução e não ação de conhecimento, pois já possui o crédito reconhecido em um documento, não precisando comprovar ter direito ao recebimento da quantia. Contudo, o CPC/2015 afirma que pode a parte, mesmo diante de um título executivo extrajudicial, ajuizar ação de conhecimento para conseguir o título executivo judicial.

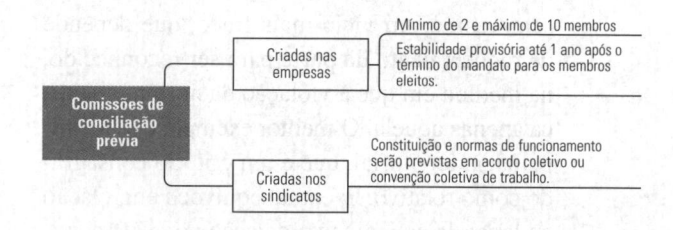

```
Comissões de conciliação prévia
├── Criadas nas empresas
│     ├── Mínimo de 2 e máximo de 10 membros
│     └── Estabilidade provisória até 1 ano após o término do mandato para os membros eleitos.
└── Criadas nos sindicatos
      └── Constituição e normas de funcionamento serão previstas em acordo coletivo ou convenção coletiva de trabalho.
```

8. PETIÇÃO INICIAL

Já vimos que no processo do trabalho vige o **princípio dispositivo**, previsto no **art. 2º do CPC/2015** e que traduz a necessidade de provocação do Poder Judiciário para resolução dos conflitos, que se dará por meio da apresentação da petição inicial, que no processo do trabalho mostra-se essencialmente simples, seja oral ou escrita, conforme art. 840 da CLT.

> Vamos lembrar que o princípio dispositivo é a regra geral, sendo o princípio inquisitivo a exceção. Enquanto a regra é a inércia do Poder Judiciário, a exceção é a prática de atos processuais de ofício.

Não poderíamos esperar nada diferente na Justiça do Trabalho, que trabalha ao mesmo tempo para tender aos princípios da simplicidade, celeridade e *jus postulandi*. Assim, a complexidade do ato processual seria um entrave ao acesso ao Poder Judiciário, violando todos os princípios mencionados e que são fundamentais para o processo do trabalho.

8.1. Formas de reclamação

O acesso facilitado à justiça é uma marca do processo do trabalho, na medida em que o art. 840 da CLT prevê que a petição inicial poderá ser **oral ou escrita**, podendo o autor optar por uma forma ou outra, salvo poucas exceções como o inquérito para apuração de falta grave e o dissídio coletivo, que devem ser ajuizados por petição escrita.

Procedimento que deve ser destacado quando o autor opta pela reclamação trabalhista verbal, consta no **art. 786 da CLT**, que prevê que o pedido de reclamação será distribuído a uma das Varas do Trabalho com competência para a demanda, devendo a parte comparecer ao órgão judiciário para o qual foi distribuído o pedido no prazo de 5 dias, sob pena de perempção (art. 731 da CLT). Assim, se o meu pedido for distribuído para a 3ª Vara do Trabalho de Vitória/ES, deverei comparecer àquela em até **5 dias** para a redução a termo dos fatos que serão relatados. Caso não compareça e não apresente justificativa, incidirá a pena de perempção, que está prevista no art. 731 da CLT e impede o autor de ajuizar novamente a ação trabalhista pelo período de 6 meses (GARCIA, 2012).

Optando o autor pela petição inicial escrita, deverão ser preenchidos os requisitos do § 1º do mesmo artigo, que serão analisados a seguir.

> Duas são as hipóteses de perempção no processo do trabalho, que é provisória, pelo período de 6 meses. Os arts. 731 e 732 da CLT trazem as hipóteses: faltar à redução a termo da reclamação verbal e faltar à audiência e gerar o arquivamento do processo por duas vezes seguidas.

8.2. Requisitos da petição inicial

Em comparação com o **art. 319 do CPC/2015**, o art. 840, § 1º, da CLT é bem simplório, trazendo apenas requisitos mínimos para a viabilidade da petição inicial, sem mencionar diversos requisitos que no processo civil são obrigatórios, como o pedido de citação e a menção às provas (SARAIVA, MANFREDINI, 2016).

Dispõe o § 1º que o autor deverá afirmar:

- O juízo competente, nos termos do art. 651 da CLT, que é o juízo do local da prestação dos serviços.
- Qualificação das partes.
- Breve exposição dos fatos de que resulte o dissídio, que no processo civil recebe o nome de causa de pedir, que contempla os fatos e fundamentos jurídicos do pedido.
- Pedido, que vincula o julgamento que será realizado posteriormente, nos termos do princípio da congruência a ser posteriormente estudado, que deve ser certo, determinado e com a indicação do seu valor.
- Data e assinatura do reclamante ou de seu representante.

Não há no processo do trabalho a obrigação de incluir o pedido de citação e as provas que pretende produzir, que constam como requisitos obrigatórios no processo civil, conforme **art. 319 do CPC/2015**. Tais requisitos não são necessários no processo do trabalho pelos seguintes motivos:

- Citação (notificação do reclamado): não depende de pedido da parte, sendo realizada de forma automática pelo serventuário da Justiça do Trabalho, conforme art. 841 da CLT que será estudado em breve.
- Provas: não há necessidade de indicação dos meios de prova que o autor pretende produzir pois é o Magistrado, na audiência, que definirá as provas que se mostram necessárias, conforme prescreve o princípio dos poderes instrutórios do Juiz, previsto no **art. 370 do CPC/2015**.
- Valor da causa: passou a ser um requisito da petição inicial a partir da Lei n. 13.467/2017 – reforma trabalhista – que inseriu no § 1º do art. 840 da CLT a informação acerca do *pedido certo, determinado e com indicação do seu valor*. Assim, exige-se o requisito como no procedimento sumaríssimo, conforme art. 852-B da CLT. Nos dois procedimentos, a ausência do valor da causa gera a extinção do processo sem resolução do mérito, nos termos do § 3º do art. 840, assim redigido: "Os pedidos que não atendam ao disposto no § 1º deste artigo serão julgados extintos sem resolução do mérito".

> A necessidade de se incluir o valor da causa nas petições iniciais trabalhistas, conforme Instrução Normativa n. 41/2018, somente se aplica aos processos ajuizados após o dia 11-11-2017.

> Como a previsão contida no art. 852-B da CLT é no sentido do processo ser arquivado – extinto sem resolução do mérito – quando faltar o valor da causa, não há que se falar em possibilitar ao autor a emenda da petição inicial ou a conversão para o rito ordinário. Somente o arquivamento está previsto e pode ser considerado correto para o Exame da OAB.

8.3. Emenda da petição inicial

O tema emenda da petição inicial passou a ser ainda mais importante para as questões de direito processual do trabalho do Exame da OAB, após a entrada em vigor do CPC/2015, que gerou a modificação em 2016 da **Súmula 263 do TST**, uma vez que o atual CPC modificou o prazo que o Magistrado concede ao autor, bem como criou uma nova exigência para o Juiz, que deve indicar o ponto a ser corrigido. Por ser um tema importante, transcreve-se a súmula referida:

> Salvo nas hipóteses do art. 330 do CPC de 2015 (art. 295 do CPC de 1973), o indeferimento da petição inicial, por encontrar-se desacompanhada de documento indispensável à propositura da ação ou não preencher outro requisito legal, somente é cabível se, após intimada para suprir a irregularidade em 15 (quinze) dias, mediante indicação precisa do que deve ser corrigido ou completado, a parte não o fizer (art. 321 do CPC de 2015).

Percebendo o Magistrado que a petição inicial possui falhas que podem ser supridas, ou seja, que faltam requisitos que podem ser complementados, como a qualificação das partes, deverá intimar o autor para corrigir/complementar a petição inicial no prazo de 15 dias, informando o que o autor deve emendar, ou seja, o vício que entende nela existir. As informações constam na nova Súmula 263 do TST, que foi revisitada em 2016 para se adequar ao CPC/2015, que modificou o prazo e criou nova obrigação para o Juiz. Muito cuidado com as informações, já que podem ser cobradas no Exame da OAB (MIESSA, 2016).

Por fim, destaque para a **Súmula 415 do TST** que diz não caber a emenda da petição inicial no mandado de segurança para juntada de documentos, devendo a ação ser extinta sem resolução do mérito, caso o documento seja indispensável para a demonstração do direito líquido e certo.

> A impossibilidade de emenda para juntada de documentos no mandado de segurança leva em consideração o conceito de direito líquido e certo e a impossibilidade de produção de provas no curso do processo. Se os fatos narrados na petição inicial devem estar todos comprovados por documentos quando da impetração do MS, não faria sentido permitir a juntada posterior, pois resta claro na hipótese que não estava demonstrado o requisito fundamental do mandado de segurança.

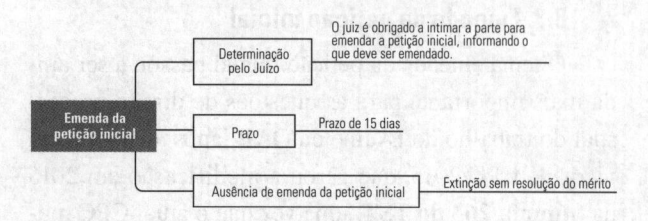

Emenda da petição inicial:
- Determinação pelo Juízo — O juiz é obrigado a intimar a parte para emendar a petição inicial, informando o que deve ser emendado.
- Prazo — Prazo de 15 dias
- Ausência de emenda da petição inicial — Extinção sem resolução do mérito

8.4. Indeferimento da petição inicial

As hipóteses de indeferimento da petição inicial são diversas daquelas que levam à emenda, pois são vícios que não podem ser corrigidos, que geram a extinção do processo sem resolução do mérito, nos termos do **art. 330 do CPC/2015**. São hipóteses como a ausência de condições da ação, não realização da emenda no prazo legal, ausência de pedido ou causa de pedir, o pedido formulado for indeterminado, dentre outros.

Ao indeferir a petição inicial, o Juiz proferirá uma sentença de extinção do processo, da qual o autor poderá recorrer – no processo do trabalho interporá o recurso ordinário (art. 895 da CLT) no prazo de 8 dias – cabendo o juízo de retratação no prazo de 5 dias, isto é, poderá o Juiz voltar atrás no seu entendimento, tornando sem efeito a sua sentença, conforme **art. 331 do CPC/2015** (MIESSA, 2016).

8.5. Aditamento da petição inicial

As regras sobre o aditamento da petição inicial constam no **art. 329 do CPC/2015**, devendo ser adaptadas ao processo do trabalho, já que o procedimento difere muito daquele previsto para o direito processual civil.

Aditar a petição inicial significa modificá-la, não em virtude de erro/vício, mas pelo desejo do autor de incluir ou retirar algum fundamento ou pedido que foi formulado. A situação básica para entender o tema é a seguinte: João ajuizou ação trabalhista pedindo dano material em virtude de acidente de trabalho em que perdeu a perna. Após o ajuizamento da ação, percebe que poderia ter também pedido dano moral. Como incluir tal pedido na ação já em curso? O autor poderá, a depender do estágio do processo, incluir o novo pedido e fundamentos através do aditamento. Os estágios que devem ser analisados, bem como os requisitos são os seguintes:

- Até a apresentação da defesa do reclamado: antes do reclamado apresentar a defesa, portanto, até a apresentação da mesma, pode o autor requerer o aditamento, que será realizado sem necessidade de consentimento do reclamado, que não será prejudicado já que novo prazo de defesa será concedido a ele, pois precisará complementar a defesa que havia preparado.

- Após a apresentação da defesa: apresentada a defesa, poderá o autor aditar a sua petição inicial, mas dependerá do consentimento do reclamado, uma vez que a defesa foi apresentada com base nos pedidos iniciais e uma complementação seria necessária, podendo o reclamado negar o consentimento, hipótese em que o aditamento não será possível.

- Iniciada a fase de instrução (produção de provas): passada a fase de apresentação da defesa e iniciada a fase de instrução, destinada à produção de provas, não poderá ser aditada a petição inicial, mesmo com o consentimento do reclamado e autorização do Juiz, pois na hipótese o legislador negou peremptoriamente a possibilidade.

9. NOTIFICAÇÃO DO RECLAMADO

A notificação do reclamado faz com que o procedimento continue em direção à audiência, dia em que serão realizados praticamente todos os atos processuais – pregão, tentativa de acordo, defesa, instrução, razões finais, nova tentativa de acordo e sentença – sendo indispensável para a concretização do princípio do contraditório (SCHIAVI, 2015).

9.1. Forma e prazos

O **art. 841 da CLT** prevê que a notificação será postal, ou seja, pelos correios com aviso de recebimento (AR), não sendo necessária a entrega pessoal da notificação, já que a doutrina e a jurisprudência aceitam que a notificação seja simplesmente entregue no endereço correto do reclamado, independentemente de quem venha a recebê-la. Três são os prazos que devem ser entendidos e lembrados para o Exame da OAB que estão relacionados à notificação. Vejamos:

- 48 horas para expedição da notificação: previsto no art. 841 da CLT, é o prazo que o serventuário da Justiça do Trabalho possui para expedir a notificação após o recebimento da petição inicial.
- 48 horas para recebimento da notificação: previsto na Súmula 16 do TST, é uma presunção criada pelo tribunal para o recebimento da notificação pelo destinatário, sendo uma presunção relativa. Assim, caso a notificação não seja recebida ou ocorra o recebimento após o prazo, caberá ao destinatário provar o atraso.

> Caso a notificação não seja recebida pelo destinatário ou seja recebida muito tempo depois do prazo constante na Súmula 16 do TST, de forma a que seja prejudicado o exercício do direito de defesa, caberá ao próprio destinatário alegar e provar o fato, sendo seu o ônus da prova.

- 5 dias no mínimo entre o recebimento da notificação e a realização da audiência: no processo do trabalho o reclamado é notificado para comparecer à audiência, oportunidade em que poderá apresentar a sua defesa. Assim, entre o recebimento daquela e a realização da audiência deve ser respeitado um prazo mínimo, de 5 dias, tempo que o reclamado terá para preparar a defesa, buscar testemunhas, procurar documentos etc.

Diante da importância do dispositivo, transcreve-se para conhecimento:

> **Art. 841.** Recebida e protocolada a reclamação, o escrivão ou secretário, dentro de 48 (quarenta e oito) horas, remeterá a segunda via da petição, ou do termo, ao reclamado, notificando-o, ao mesmo tempo, para comparecer à audiência do julgamento, que será a primeira desimpedida, depois de 5 (cinco) dias.

Salienta-se que o último prazo é aplicável ao reclamado pessoa física ou pessoa jurídica de direito privado, não se aplicando aos entes públicos, que seguem a regra abaixo estudada.

9.2. Notificação da Fazenda Pública

A notificação dos entes públicos segue regras especiais, que fazem parte das prerrogativas da Fazenda Pública, ou seja, regras especiais para as pessoas jurídicas de direito público – União, Estados, Municípios, DF, Autarquias e fundações de direito público – que reconhecem a diferenciação em virtude do interesse e patrimônio que representam.

O prazo diferenciado que aqui se aplica é o **prazo em quádruplo para a defesa daqueles entes**, previsto no Decreto-Lei n. 779/69, que é específico do processo do trabalho e afasta a aplicação subsidiária do CPC/2015 (que traz o prazo em dobro no seu **art. 183**). Assim, enquanto um ente privado deve receber a notificação com pelo menos 5 dias de antecedência para a audiência, o **ente público deve receber com pelo menos 20 dias de antecedência**, de forma a se quadruplicar o prazo em estudo (MIESSA, 2016).

Notificação do reclamado		
Forma	Postal com aviso de recebimento	Art. 841 da CLT
	Edital: se o reclamado criar embaraços ao recebimento ou não for encontrado	
Prazos	Expedição 48 horas	
	Recebimento Presunção de 48 horas: Súmula 16 do TST	
Recebimento	Ente privado pelo menos 5 dias antes da audiência	
	Ente público pelo menos 20 dias antes da audiência	

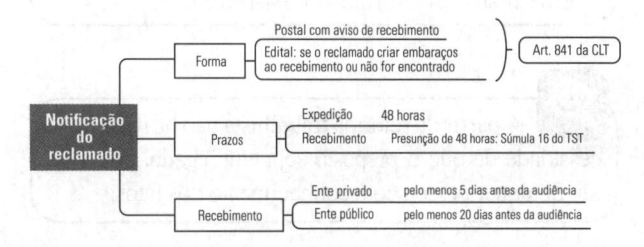

10. AUDIÊNCIAS

A dia da audiência é certamente o mais importante do processo trabalhista, pois nele serão realizados diversos atos processuais, que já foram estudados no *princípio da concentração dos atos processuais*.

10.1. Normas sobre realização da audiência

Apesar da prática dos atos processuais ser realizada em dias uteis, das 6h às 20h, conforme prevê o art. 770 da CLT, a audiência possui regra específica para a sua realização, conforme pode ser lido no **art. 813 da CLT**, que afirma que o ato será realizado em dia úteis, das 8h às 18h, não podendo ultrapassar as 5 horas seguidas, salvo se for matéria urgente.

10.2. Comparecimento das partes

O tema está tratado principalmente nos arts. 843 e **844 da CLT**, que afirma a necessidade de as partes estarem presentes ao ato, independentemente de seus representantes, ou seja, o comparecimento deve ser pessoal. A presença apenas do advogado acarretará as consequências pela ausência da parte, pois em relação ao advogado a regra é a sua facultatividade (*jus postulandi*), o que não ocorre, regra geral, com as partes.

Algumas situações excepcionais constam no próprio art. 843 da CLT, como nas ações plúrimas, em que há litisconsórcio, e nas ações de cumprimento, em que as partes podem ser representadas pelo sindicato, dispensando a presença de todos os autores.

Também o § 1º permite ao empregador ser representado por um **preposto**, que não mais precisa ser empregado, conforme o § 3º do mesmo dispositivo. Contudo, deve ter conhecimento dos fatos, e as suas declarações obrigam o proponente. Não há, no entanto, necessidade de que o preposto tenha presenciado os fatos ou que seja contemporâneo ao reclamante.

> A nova regra sobre o preposto somente se aplica às audiências realizadas após o dia 11-11-2017, data da entrada em vigor da reforma trabalhista, conforme Instrução Normativa n. 41/2018.

> A partir da reforma trabalhista não há mais necessidade de que o preposto seja empregado, podendo ser qualquer pessoa com conhecimento dos fatos.

Norma excepcional que já foi cobrada em Exame de OAB consta no § 2º, que permite que o reclamante seja representado por outro empregado da mesma profissão ou pelo sindicato, caso não possa comparecer ao ato por doença ou alguma outra justificativa séria. Na hipótese, o representante tão somente justificará a ausência do reclamante, evitando o arquivamento do processo, não cabendo a ele a prática de qualquer ato processual em audiência.

Mas quais são as consequências da ausência das partes em audiência? O questionamento também já foi formulado em questão inserida no Exame da OAB, sendo facilmente respondida com base no art. 844 da CLT. Vejamos:

- Ausência do reclamante: o processo será arquivado na hipótese, ou seja, será extinto sem resolução do mérito, sendo aquele condenado ao pagamento de custas processuais, ainda que beneficiário da justiça gratuita, conforme o § 2º do dispositivo em análise. Contudo, poderá o reclamante, no prazo de 15 dias, demonstrar que a ausência decorreu de motivo justificável, isentando-se daquele pagamento. Caso mantida a condenação ao pagamento das custas, dispõe o § 3º que o pagamento da quantia é indispensável ao ajuizamento de nova demanda.
- Ausência do reclamado: será o reclamado considerado revel, e o principal efeito é a presunção de veracidade dos fatos afirmados na petição inicial.
- Ausência de ambos: o processo será arquivado também, já que o primeiro a ser chamado no pregão é o reclamante e se este não se encontra no local, o processo já é arquivado de imediato.

Por ser um dos artigos mais cobrados em provas, transcreve-se o art. 844 da CLT:

> **Art. 844.** O não comparecimento do reclamante à audiência importa o arquivamento da reclamação, e o não comparecimento do reclamado importa revelia, além de confissão quanto à matéria de fato.

Há uma situação excepcional que deve ser analisada e que está descrita na Súmula 9 do TST, que é a ausência do reclamante em audiência em prosseguimento, ou seja, quando é adiada a primeira audiência por qualquer motivo. A redação da súmula é a seguinte:

> A ausência do reclamante, quando adiada a instrução após contestada a ação em audiência, não importa arquivamento do processo.

Haverá ou não o arquivamento a depender da apresentação ou não da defesa pelo reclamado. Imaginemos as seguintes situações:

- A audiência estava marcada para o dia de hoje, mas não ocorreu porque o reclamante faltou mas teve tal ausência justificada por motivo de doença. Não houve apresentação de defesa e nova data foi marcada. Caso o reclamante falte na data da segunda audiência, o processo será arquivado porque não houve a apresentação da defesa na primeira.

- A audiência estava marcada para o dia de hoje, teve seu início, com a primeira tentativa de acordo, que não logrou êxito e culminou com a apresentação da defesa pelo reclamado. Após este ato, o Juiz adiou a audiência porque as testemunhas não comparecerem, designando nova data. Caso o reclamante falte na data da segunda audiência, o processo não será arquivado, pois já houve a apresentação da defesa na primeira audiência. O reclamante tão somente perderá a chance de participar da produção das provas naquela audiência (KLIPPEL, 2016).

10.3. Atraso das partes e do juiz

Tema fácil de ser compreendido, e extremamente importante para as provas da OAB, o atraso das partes e do Juiz é tratado de forma absolutamente diferente pelo legislador e jurisprudência do TST. Vamos às normas aplicáveis:

- Art. 815 da CLT – atraso do Juiz: o Magistrado poderá se atrasar em até **15 minutos**, devendo as partes aguardá-lo dentro desse período, podendo se retirar após ultrapassado o limite. Contudo, se o atraso decorrer da prática de algum outro ato processual, ou seja, se o Juiz estiver atrasado para uma audiência por estar realizando outra, não se aplicará o dispositivo legal, devendo a parte esperar o tempo que for necessário.

- OJ n. 245 da SDI-1 do TST – atraso das partes: diferentemente do Juiz, que possui previsão de atraso, as partes não podem se atrasar um minuto sequer, pois o legislador não previu qualquer tolerância para elas, o que é confirmado pelo entendimento externado na OJ n. 245 da SDI-1 do TST, que diz não haver previsão legal de atraso para as mesmas.

> A IN n. 39/2016 do TST deixa claro que não se aplica o art. 362 do CPC/2015, que trata do adiamento da audiência por atraso, devendo as partes aguardarem a realização de outras audiências e atos processuais.

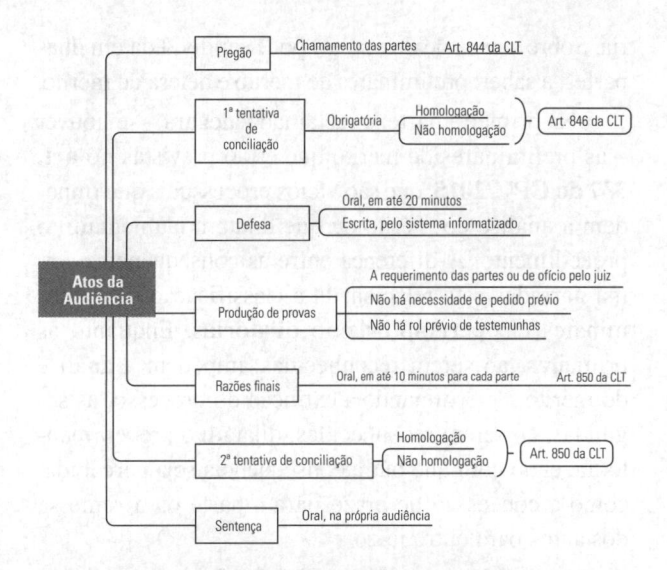

Atos da Audiência:
- Pregão — Chamamento das partes — Art. 844 da CLT
- 1ª tentativa de conciliação — Obrigatória — Homologação / Não homologação — Art. 846 da CLT
- Defesa — Oral, em até 20 minutos / Escrita, pelo sistema informatizado
- Produção de provas — A requerimento das partes ou de ofício pelo juiz / Não há necessidade de pedido prévio / Não há rol prévio de testemunhas
- Razões finais — Oral, em até 10 minutos para cada parte — Art. 850 da CLT
- 2ª tentativa de conciliação — Homologação / Não homologação — Art. 850 da CLT
- Sentença — Oral, na própria audiência

11. DEFESA DO RECLAMADO

No processo do trabalho, a defesa é apresentada em audiência, tendo em vista ser um dos atos processuais realizados naquela oportunidade, conforme estudado no princípio da concentração dos atos processuais.

11.1. Forma de apresentação da defesa

Prevista no **art. 847 da CLT**, a defesa do reclamado é para ser apresentada oralmente, por um período de **até 20 minutos**. A informação consta no *caput* do dispositivo. Esta era a única forma de defesa prevista em lei, mas a reforma trabalhista inseriu o **parágrafo único** no dispositivo mencionado, afirmando que: "A parte poderá apresentar defesa escrita pelo sistema de processo judicial eletrônico até a audiência".

Um detalhe deve ser lembrado, pois pode ser inserido na prova da OAB: a defesa oral é apresentada na **audiência**, enquanto a defesa escrita deve ser apresentada *antes da audiência*, pelo sistema informatizado (PJE). O que fez o legislador foi simplesmente inserir no texto legal aquilo que sempre ocorreu no dia a dia, já que em 99,9% dos processos a defesa é escrita.

Vamos analisar no próximo tópico as peças de defesa que podem ser apresentadas, a depender da alegação que o reclamado quer levar ao conhecimento do Poder Judiciário, podendo ser apresentada a contestação, principal peça de defesa, bem como as exceções de suspeição e impedimento e, por fim, a reconvenção (LEITE, 2015).

11.2. Contestação

A principal peça de defesa recebe o nome de contestação, estando prevista no **art. 335 do CPC/2015**, sendo aplicável ao processo do trabalho, que não trata da matéria. Sobre a peça de defesa, ela pode ser dividida em duas partes, a saber: preliminares de mérito e defesa de mérito.

Na primeira parte, o reclamado alegará – se houver – as preliminares de mérito que estão previstas no **art. 337 do CPC/2015**, que são vícios processuais que impedem a análise do mérito ou que dilatam (aumentam) o procedimento. A diferença entre as consequências acima narradas está relacionada à classificação das preliminares em **peremptórias** e **dilatórias**. Enquanto as primeiras, ao serem reconhecidas, impedem a análise do mérito, determinando a extinção do processo, as segundas, ao serem reconhecidas, dilatam o procedimento, fazendo com que outra consequência seja percebida, como a concessão de prazo para a parte ou a remessa dos autos para outro juízo.

Apesar de o art. 337 do CPC/2015 tratar da incompetência relativa como uma das preliminares de mérito, não deve a matéria ser tratada da mesma forma no processo do trabalho, na medida em que a reforma trabalhista alterou o art. 800 da CLT, criando um novo procedimento para a apresentação da exceção de incompetência, conforme será visto a seguir, em tópico específico.

> As preliminares de mérito previstas no art. 337 do CPC podem, como regra geral, ser reconhecidas de ofício pelo Magistrado, mas cabe à parte alegá-las na contestação, sob pena de arcar com os custos do processo. A arbitragem passa a ser possível a partir da reforma trabalhista, nos termos do art. 507-A da CLT.

> Cada peça de defesa possui uma finalidade específica, devendo ser utilizada pelo reclamado em conjunto, ou seja, no mesmo momento, com exceção da incompetência, que, segundo o art. 800 da CLT, deve ser alegada antes da audiência, no prazo de 5 dias a contar do recebimento da notificação.

Após as preliminares de mérito ou caso não existam para serem alegadas, passará o reclamado para a defesa de mérito, por meio da qual demonstrará que os fatos narrados na petição inicial não são verdadeiros e que as pretensões expostas pelo autor devem ser negadas, rechaçadas. Em relação à defesa de mérito, o reclamado deverá atentar para dois princípios, fundamentais para que a defesa seja completa:

- Princípio da eventualidade: previsto no **art. 336 do CPC/2015**, dispõe que o reclamado deverá alegar todos os fundamentos de defesa naquela oportunidade, pois a contestação é a única oportunidade de defesa, havendo preclusão em relação aos fundamentos não alegados.
- Princípio da impugnação especificada dos fatos: constante no **art. 341 do CPC/2015**, dispõe que a defesa não pode ser genérica, devendo o reclamado impugnar fato a fato, isto é, todos os fatos, fundamentos e pedidos do autor, sob pena de ser considerado verdadeiro o fato não impugnado.

11.3. Exceções

A reforma trabalhista alterou o art. 800 da CLT, em relação ao procedimento da exceção de incompetência. A partir da entrada em vigor da Lei n. 13.467/2017, a incompetência territorial será alegada por meio de exceção, seguindo-se o procedimento previsto do dispositivo em estudo. No que consiste o procedimento? O reclamado, ao receber a notificação, poderá apresentar a peça no prazo de 5 dias, antes da audiência, sendo que o processo será suspenso e a audiência não se realizará.

> Conforme dispõe a Instrução Normativa n. 41/2018 do TST, a nova regra do art. 800 da CLT se aplica aos processos em curso, quando a notificação tiver sido recebida pelo reclamado após o dia 11-11-2017, data da entrada em vigor da reforma trabalhista.

Uma alteração também importante consta no § 2º acerca da manifestação do exceto, no prazo de 5 dias, diferentemente da norma anterior, que trazia um prazo de 24 horas improrrogáveis.

Caso o Magistrado entenda pela necessidade de produção de prova oral, designará audiência para a produção daquelas, garantindo-se ao excipiente a sua oitiva e de suas testemunhas por carta precatória, no juízo considerado por ele como competente.

Após a decisão e definição do juízo competente, será designada e realizada a audiência antes desmarcada, perante o juízo correto.

Temos ainda as exceções de suspeição e impedimento, que estão reguladas pelo **art. 146 do CPC/2015**, em que o procedimento das duas é idêntico, na medida em que a finalidade é a mesma: demonstrar que o Magistrado (também o Ministério Público, serventuários, perito etc.) não possui a isenção necessária para julgar o conflito, por ser parente de uma das partes, por já ter atuado no processo de outra forma (como Advogado, Ministério Público, testemunha etc.) ou por ser amigo íntimo ou inimigo de uma das partes. Essas são apenas algumas situações que caracterizam a suspeição e o impedimento, institutos previstos nos **arts. 144 e 145 do CPC/2015**.

Como dito, o **art. 146 do CPC/2015** regulamenta o procedimento das exceções, que pode ser assim resumido:

- Deve o Juiz, ao perceber que se encontra em uma das hipóteses dos **arts. 144 e 145 do CPC/2015**, reconhecer tal situação **de ofício**, remetendo os autos ao substituto legal.
- Caso não o faça, poderá a parte provocar o Magistrado através da apresentação das exceções.
- Recebendo a exceção, terá o Magistrado nova oportunidade para reconhecer-se suspeito ou impedido, remetendo os autos para o **substituto legal**.
- Não reconhecendo a suspeição ou o impedimento que lhe são imputados, poderá o Juiz apresentar **defesa em 15 dias**, juntando as provas das suas alegações, sendo o procedimento remetido para o Tribunal, onde será julgado conforme as normas internas.
- Sendo reconhecida pelo Tribunal a suspeição ou o impedimento, o Tribunal condenará o Juiz ao pagamento das custas processuais, remetendo os autos ao substituto legal. Não reconhecendo o vício, o Tribunal arquivará a exceção.

11.4. Reconvenção

A reconvenção é sempre conceituada como um "**contra-ataque**" do réu ao autor, uma vez que o réu apresenta um pedido de condenação do autor, em vez de simplesmente se defender. O que se percebe na reconvenção é que o réu passa a atacar o autor, saindo de defensiva e partindo para a ofensiva, por isso a ideia de um "contra-ataque" (SCHIAVI, 2015).

A modificação implementada pelo CPC/2015 é em relação à forma de apresentação da reconvenção, que deixou de ser uma peça autônoma para ser **apresentada na própria contestação**, nos moldes do "pedido contraposto" dos juizados especiais (Lei n. 9.099/95). Assim, em vez de uma petição inicial da reconvenção, apresentada no prazo de defesa, o réu apresentará o pedido com menos formalidades, valendo-se da própria contestação para contra-atacar o autor. Atualmente a reconvenção está prevista no **art. 343 do CPC/2015**, aplicável ao processo do trabalho.

Apesar de a reconvenção ser apresentada no prazo de defesa, na própria contestação, não há obrigatoriedade de que o réu apresente defesa para poder reconvir, podendo tão somente contra-atacar, na medida em que o § 6º afirma ser possível apresentar a reconvenção sem oferecer contestação (defesa).

A relação que existe entre ação (ajuizado pelo autor) e reconvenção (apresentada pelo réu) é de autonomia, pois o pedido de desistência de um não importa em desistência do outro. A extinção da ação não gera a extinção da reconvenção. A inadmissão de uma não importa em inadmissão da outra.

Por fim, em relação ao procedimento, temos que adaptar a regra constante no **§ 1º do art. 343 do CPC/2015** ao processo do trabalho, pois existem diferenças cruciais entre os dois sistemas. Na Justiça do Trabalho, se apresentada a reconvenção em audiência, será designada nova data, para que nessa segunda audiência o autor possa apresentar defesa à reconvenção, produzindo-se as provas para ação e reconvenção, que serão julgadas prioritariamente na mesma sentença (SARAIVA, MANFREDINI, 2016).

> A reconvenção teve a sua forma alterada pelo novo Código de Processo Civil, sendo seguida pelo processo do trabalho, por não possuir regra específica acerca da matéria. Assim, de acordo com o CPC, não há mais necessidade de apresentar uma petição inicial da reconvenção, mas tão somente um tópico dentro da contestação para formular a pretensão em face do autor do ação.

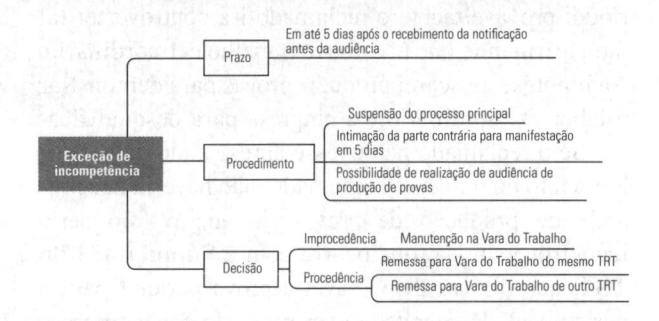

Exceção de incompetência
- **Prazo**: Em até 5 dias após o recebimento da notificação antes da audiência
- **Procedimento**:
  - Suspensão do processo principal
  - Intimação da parte contrária para manifestação em 5 dias
  - Possibilidade de realização de audiência de produção de provas
- **Decisão**:
  - Improcedência — Manutenção na Vara do Trabalho
  - Procedência — Remessa para Vara do Trabalho do mesmo TRT / Remessa para Vara do Trabalho de outro TRT

11.5. Revelia

A ausência do réu em audiência importa em revelia, conforme prescrito no **art. 844 da CLT**, na medida em que ele não apresentará a sua defesa, passando a ser incontroversos os fatos narrados pelo autor em sua peça de ingresso.

A revelia também pode ocorrer se o reclamado, presente à audiência, não apresentar qualquer defesa de mérito ou apresentá-la de forma genérica, o que é proibido pelo princípio da impugnação especificada dos fatos.

Quando se pensa em revelia, naturalmente nos vem à mente a **presunção de veracidade dos fatos afirmados na petição inicial,** mas essa é apenas um dos efeitos da revelia, o seu efeito material previsto no **art. 344 do CPC/2015**, sendo que também temos efeitos processuais da revelia, como o julgamento antecipado (**art. 355 do CPC/2015**) e a ausência de intimação do réu revel que não possui procurador nos autos (**art. 346 do CPC/2015**) (LEITE, 2015).

Por fim, vale a pena lembrar que o **art. 844, § 4º, da CLT,** incluído pela reforma trabalhista, prevê hipóteses em que a revelia não produz os seus efeitos, ou seja, o réu é revel, mas não são sentidos os efeitos da revelia, a saber: quando a defesa é apresentada por algum litisconsorte do réu revel; quando a hipótese for de direitos indisponíveis; ausência de documentos indispensáveis e quando as alegações forem inverossímeis ou em contradição com as provas do processo. Há mais uma hipótese, específica do processo do trabalho, prevista no art. 195, § 2º, da CLT, que prevê a obrigatoriedade de prova pericial para os pedidos de insalubridade ou periculosidade, não cabendo a presunção de veracidade na medida em que a prova é obrigatória.

12. PROVAS

As provas são produzidas para demonstrar a veracidade dos **fatos controvertidos**, ou seja, dos fatos duvidosos, já que os fatos incontroversos são considerados verdadeiros. Assim, se afirmo na petição inicial que laborei 2 horas extras por dia em determinado período, provavelmente o reclamado irá controverter tal fato, afirmando que não houve trabalho extraordinário. Na hipótese, buscarei produzir provas para demonstrar o labor extraordinário e a empresa para desqualificá-lo. Se o reclamado não tivesse apresentado defesa sobre o fato ou o tivesse confessado, não haveria necessidade de produção de provas, já que o fato seria incontroverso. É o que ocorre com a **Súmula 453 do TST**, que diz ser dispensável a prova pericial para a periculosidade quando houver prova de que a empresa pagava algum percentual daquele adicional, já que o pagamento torna incontroverso o trabalho sob aquelas condições (KLIPPEL, 2016).

Outro ponto importante a ser lembrado é que as provas incidem sobre fatos e não sobre o direito, como uma regra geral. Não é preciso demonstrar que determinada norma jurídica é verdadeira ou está em vigor, pois o "juiz conhece o direito", que em latim é conhecido como *iura novit curia*. Contudo, tal regra somente se aplica às normas federais, não sendo aplicada às normas estaduais, municipais, estrangeiras e consuetudinárias, conforme **art. 376 do CPC/2015**, podendo o Juiz requerer a prova de que tais normas estão em vigor e que existem realmente.

12.1. Poderes instrutórios do juiz

Um dos princípios mais importantes da fase instrutória do processo recebe o nome de "poderes instrutórios do Juiz", constante do **art. 370 do CPC/2015**, prevendo que o Juiz comanda a produção das provas, determinando os meios de prova que serão produzidos e aqueles que se mostram desnecessários. Assim, na qualidade de destinatário da prova, defere ou determina de ofício a produção de provas ou indefere a produção de outras que não se mostram necessárias na hipótese. Digamos que em determinado processo o reclamado requeira a produção de prova pericial, que geralmente é a mais cara e demorada dentre todas as previstas em lei. Analisando o pedido, o Magistrado verifica que o fato que o reclamado quer provar por meio daquela perícia pode ser facilmente demonstrado por documentos ou prova testemunhal, mais fáceis de serem produzidas. Na hipótese, com base no **art. 370 do CPC/2015**, o Juiz indeferirá a prova, produzindo aquelas que são mais adequadas.

12.2. Ônus da prova

Sobre a distribuição do ônus da prova, destaque para o art. 818 da CLT e o **art. 373 do CPC/2015**, que tratam do tema. O dispositivo da CLT diz que o ônus da prova do fato é da parte que o alega, ou seja, a parte que alegar determinado fato deve provar a sua veracidade. Se alego ter trabalhado em jornada extraordinária, o ônus de demonstrar tal labor extra é meu, sendo julgado procedente o pedido na hipótese de o fato ser provado ou improcedente na hipótese contrária. Se no mesmo processo surge a alegação do reclamado de que houve o pagamento de todas as horas extras, caberá à empresa provar o fato, sob pena de ser condenada ao pagamento das referidas horas extras (MIESSA, 2016).

Com a reforma trabalhista, o art. 818 da CLT foi equiparado ao art. 373 do CPC/2015, tratando de duas teorias, abaixo estudadas:

- Teoria estática de distribuição do ônus da prova: prevista no *caput* do art. 818 da CLT, que afirma ser do autor o ônus de provar os fatos constitutivos, e do réu os fatos extintivos, modificativos e impeditivos.

- Teoria dinâmica de distribuição do ônus da prova: os §§ 1º a 3º do **art. 818 da CLT**, afirmam que as normas previstas no *caput* podem ser modificadas pelo Juiz no caso concreto, de forma a facilitar a produção da prova, incumbindo à parte que possui melhores condições de produzir a prova o ônus de produzi-la. Contudo, a decisão de modificação do ônus da prova deve ser fundamentada e proferida antes do início da instrução, de forma que não surpreenda a parte a quem foi atribuído o ônus, podendo ser requerido o adiamento da audiência, nos moldes do § 2º do art. 818 da CLT.

> A teoria estática do ônus da prova, ou seja, a alteração das regras sobre tal distribuição, tornaram-se praticamente idênticas entre processo civil e processo do trabalho, cabendo ao Magistrado, no caso concreto, alterar a distribuição para buscar a melhor e mais rápida decisão para o processo. No CPC, as regras constam explícitas no art. 373.

> A modificação das regras sobre distribuição do ônus da prova somente pode ocorrer por determinação do Juiz, não cabendo tal modificação por vontade/acordo das partes.

12.3. Meios de prova

Várias são as formas de se provar a veracidade de um fato: prova testemunhal, documental, pericial, depoimento pessoal, inspeção judicial, bem como qualquer outro meio lícito, conforme autorizado pelo **art. 369 do CPC/2015**. Sobre tais meios de prova, são destacadas as seguintes informações:

- Prova testemunhal: a produção da prova testemunhal no processo do trabalho, se comparada ao processo civil, é menos burocrática, já que o art. 825 da CLT prevê a ausência de intimação prévia das testemunhas, isto é, não há apresentação de rol prévio ou intimação prévia de testemunhas, afirmando o dispositivo legal que aquelas comparecerão à audiência por convite das partes ou voluntariamente. Na prática, a parte conversa com a testemunha e pede que ela compareça à audiência no dia e hora especificados. Caso não compareça, poderá a parte requerer ao Juiz a intimação. Além disso, uma informação sempre relevante para o Exame da OAB é em relação à quantidade de testemunhas para os vários ritos previstos para o processo do trabalho. Cada parte poderá se valer de até: 3 testemunhas para o rito ordinário (art. 821 da CLT), 2 testemunhas para o rito sumaríssimo (art. 852-H, § 2º, da CLT) e 6 testemunhas para o inquérito para apuração de falta grave (art. 853 da CLT). Por fim, vale a pena sempre destacar a Súmula 357 do TST, que diz não haver suspeição em relação à testemunha que ajuizou ação contra a mesma empresa, uma informação simples mas que já foi cobrada no Exame da OAB.

> Sempre temos que lembrar que no processo do trabalho não há a intimação prévia das testemunhas, e sim o pedido para que elas compareçam à audiência. Na hipótese de falta daquelas, poderá ser requerida a intimação judicial, hipótese em que, faltando novamente a testemunha, será determinada a sua condução coercitiva.

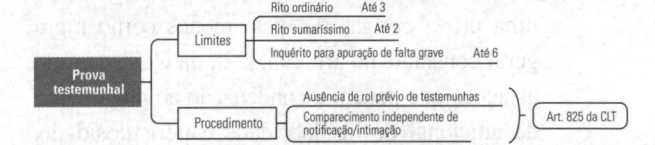

Prova testemunhal
- Limites
  - Rito ordinário — Até 3
  - Rito sumaríssimo — Até 2
  - Inquérito para apuração de falta grave — Até 6
- Procedimento
  - Ausência de rol prévio de testemunhas
  - Comparecimento independente de notificação/intimação — Art. 825 da CLT

- Prova documental: os documentos podem ser juntados aos autos em seu original ou cópia autenticada, podendo ainda ser a cópia simples autenticada pelo Advogado, conforme prevê o art. 830 da CLT. Dentre os momentos em que devem os documentos ser juntados, temos a petição inicial para o autor (**art. 320 do CPC/2015**), defesa para o réu (**art. 336 do CPC/2015**), podendo ainda os mesmos ser juntados no curso do processo, em situações excepcionais, nas hipóteses do **art. 435 do CPC/2015**, devendo a parte contrária ser intimada para manifestação em 15 dias, consoante o disposto no **art. 437, § 1º, do CPC/2015**. Em grau recursal é admitida, também excepcionalmente, a juntada dos documentos, conforme autorização constante na **Súmula 8 do TST**, que já foi objeto de cobrança nos Exames da OAB e que, por isso, é transcrita a seguir:

Súmula 8 do TST
A juntada de documentos na fase recursal só se justifica quando provado o justo impedimento para sua oportuna apresentação ou se referir a fato posterior à sentença.

> A juntada de documentos no curso do processo é permitida excepcionalmente, mas deve ser sempre resguardado o contraditório, com a intimação da parte contrária para manifestação. No CPC/2015 o prazo é de 15 dias, diferentemente do código antigo, que trazia o prazo de 5 dias.

```
                            ┌─ Insalubridade ┐
               ┌ Obrigatória ┤                ├ Art. 195, § 2º, da CLT
               │            └─ Periculosidade ┘
               │
               │                ┌ Questões médicas
Prova pericial ┼ Recomendável ──┤ Equiparação salarial
               │                ├ Diferenças salariais
               │                └ Etc.
               │
               │            ┌ Perito ─────────── Art. 790-B da CLT
               └ Honorários ┤
                            └ Assistente técnico ─ Súmula 341 do TST
```

- Prova pericial: a prova pericial é realizada quando a análise da situação depende de conhecimento técnico de que não dispõe o julgador, podendo consistir em exame, vistoria ou avaliação (**art. 464 do CPC/2015**). Dispõe o atual CPC que o Juiz pode substituir a perícia pela prova técnica simplificada nas hipóteses de menor complexidade, hipótese em que será ouvido um especialista sobre o objeto do processo. No processo do trabalho diversas são as situações em que a prova em estudo é realizada, como em ações que buscam a equiparação salarial, diferenças salariais etc., mas em duas hipóteses especiais a perícia surge como uma prova obrigatória, pelo menos como regra geral constante no art. 195, § 2º, da CLT, que são as ações que pedem a condenação ao pagamento de adicional de insalubridade e periculosidade. Ocorre que a regra sobre a obrigatoriedade da perícia possui duas importantes exceções, prescritas na **OJ n. 278 da SDI-1 do TST e na Súmula 453 do TST**, que tratam respectivamente da dispensa em relação à insalubridade e periculosidade. Não sendo possível a realização da perícia (OJ 278 SDI-1) ou havendo o pagamento de algum percentual a título de periculosidade (Súmula 453), não será realizada a prova técnica, julgando o Juiz com base nos outros meios de prova constantes nos autos. Por fim, o Magistrado possui liberdade para a análise do laudo pericial, podendo concordar ou discordar do perito, conforme **art. 479 do CPC/2015**, devendo obviamente fundamentar a sentença (LEITE, 2015).

> Em relação à Súmula 453 do TST, sobre a desnecessidade de perícia técnica na hipótese de pagamento espontâneo do adicional de periculosidade, temos que lembrar que a Súmula 364 do TST continua a proibir a concessão do adicional de forma fracionada, ou seja, em percentuais inferiores ao legal, que é de 30%.

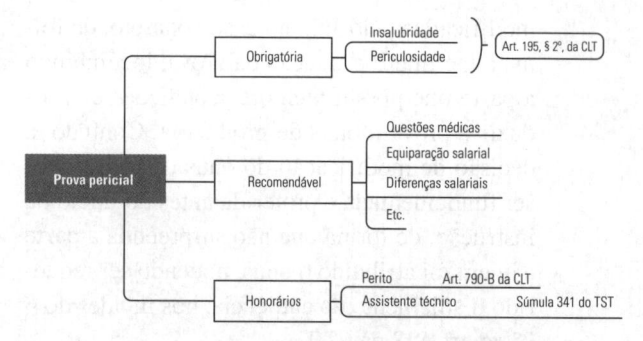

- Depoimento pessoal: o depoimento pessoal é a oitiva da parte sobre os fatos descritos no processo, mediante requerimento da parte contrária. O depoimento visa a confissão da parte, sendo tomado na audiência. Difere do interrogatório, que apesar de também se dar com a oitiva da parte, é determinado de ofício pelo Juiz, que através dele busca esclarecimento sobre fatos, podendo ser realizado a qualquer momento do processo e por diversas vezes, se necessário.
- Inspeção judicial: prevista no **art. 481 do CPC/2015**, a inspeção é realizada pelo Juiz sobre pessoas e coisas, visando esclarecer dúvidas sobre fatos constantes dos autos. Na hipótese, o Juiz atua ativamente na produção da prova, podendo ser realizada de ofício ou a requerimento das partes.

12.4. Encerramento da instrução

Após a produção das provas, verificando o Juiz que não há necessidade de produzir outras, aplicará o art. 850 da CLT, abrindo prazo de 10 minutos para cada parte apresentar as alegações finais, último momento para as partes tentarem convencer o Juiz da veracidade de suas informações. Após as alegações finais, o Juiz proporá novamente o acordo, chegando ao **segundo momento obrigatório de conciliação**. Não havendo acordo para ser homologado, o Magistrado proferirá a sentença oralmente, valendo-se do art. 832 da CLT e **art. 489 do CPC/2015** para proferi-la com os requisitos essenciais, que são: relatório, fundamentação e dispositivo.

> A fase final da audiência traz a necessidade de ser tentado o acordo pela segunda vez, sob pena de nulidade do processo. Havendo a homologação do mesmo, será proferida uma sentença de extinção do processo com resolução do mérito, da qual não poderão as partes recorrer, por ausência de interesse recursal, sendo a ação rescisória a única forma de impugnação da sentença, caso haja algum vício descrito no art. 966 do CPC/2015, como coação, simulação e outros.

13. SENTENÇA E COISA JULGADA

13.1. Conceitos

Iniciando o estudo da sentença, temos que relembrar os conceitos de sentença definitiva e terminativa, que estão atrelados ao tema coisa julgada, como veremos a seguir.

As sentenças definitivas constam no **art. 487 do CPC/2015**, que traz as hipóteses de extinção do processo com resolução do mérito. Já as terminativas são aqueles em que não há análise do mérito, já que o **art. 485 do CPC/2015** trata das situações de extinção sem resolução do mérito.

A relação com o instituto da coisa julgada pode ser assim resumida:

- Extinção com resolução do mérito: haverá a forma da coisa julgada material, relacionada à análise do mérito, já que a decisão se tornará definitiva e imutável com o trânsito em julgado.

- Extinção sem resolução do mérito: na hipótese haverá a formação de coisa julgada formal, que impedirá a prática de atos no próprio processo, mas sem qualquer análise dos pedidos que foram formulados.

13.2. Princípio da congruência

O princípio da congruência também pode ser encontrado nas provas como "**princípio da correlação**" ou "**princípio da adstrição**", estando previsto no **art. 141 do CPC/2015** como um limitador da atuação do Juiz, que não pode julgar fora dos pedidos que foram formulados pelas partes. Caso o Juiz profira decisão fora do que foi pedido, além do que foi pedido ou deixar de julgar algo que foi pedido, estará proferindo sentenças *extra, ultra* e *infra (citra) petita*, respectivamente. Assim, se o autor requer a condenação do réu ao pagamento de danos materiais apenas, não pode o Juiz conceder dano moral, mesmo que evidente na hipótese. Se requerida a condenação em R$ 10.000,00 de danos materiais, não poderá o Juiz condenar ao pagamento de R$ 20.000,00, pois não estaria respeitado o princípio em estudo (GARCIA, 2012).

Contudo, existem exceções à regra, na medida em que alguns pedidos não precisam ser formulados, já que considerados implícitos, como ocorre com os juros e correção monetária, que a teor da **Súmula 211 do TST** podem ser incluídos na sentença mesmo que ausentes tais parcelas na petição inicial. Também a **Súmula 396 do TST** afirma que, na hipótese de ser requerida a reintegração do empregado, pode o Juiz conceder indenização em substituição àquele pedido, já que a substituição estaria implícita, não sendo a decisão considerada *extra petita*.

> Mesmo que não haja pedido de condenação ao pagamento de juros e correção monetária, pode o Juiz condenar ao pagamento das parcelas, uma vez que são considerados pedidos implícitos, que não precisam ser explicitamente formulados. Mesmo que o Juiz não condene, na liquidação de sentença poderá a quantia ser incluída, tudo em conformidade com a Súmula 211 do TST.

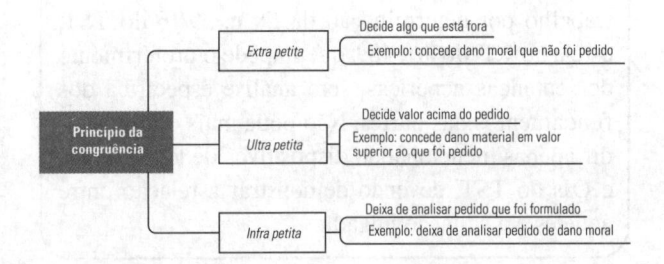

Princípio da congruência:
- Extra petita — Decide algo que está fora. Exemplo: concede dano moral que não foi pedido
- Ultra petita — Decide valor acima do pedido. Exemplo: concede dano material em valor superior ao que foi pedido
- Infra petita — Deixa de analisar pedido que foi formulado. Exemplo: deixa de analisar pedido de dano moral

13.3. Requisitos e fundamentação

Dispõem os arts. 832 da CLT e **489 do CPC/2015** que as sentenças devem possuir os seguintes requisitos ou partes essenciais: relatório, fundamentação e dispositivo. O primeiro – relatório – é um resumo dos principais acontecimentos do processo, enquanto o segundo é a análise que o Magistrado faz dos fatos e fundamentos levados ao processo pelas partes. Por fim, o dispositivo é a conclusão a que chegou o Juiz, extinguindo com ou sem resolução do mérito, julgando procedente ou improcedente os pedidos formulados etc.

Já foi dito que no rito sumaríssimo o relatório está dispensado pelo art. 852-H da CLT, para facilitar o proferimento da sentença oral, em audiência.

Um dos pontos mais importantes sobre sentença, inserido pelo CPC/2015, é a necessidade de seguir os ditames do **§ 1º do art. 489**, que deixa claro que a fundamentação deve ser completa, minuciosa, sem frases feitas e genéricas, sem mera indicação de dispositivos de lei, súmulas ou OJs do TST. Para o Juiz aplicar a Súmula 6 do TST, ao julgar um pedido de equiparação salarial, deverá ele demonstrar de que forma aquela súmula se relaciona ao caso concreto, porque é hipótese de aplicação daquele entendimento, não podendo apenas indicá-lo. Frases do tipo "violou o princípio da boa-fé" não são mais admitidas sem a precisa indicação do ato que teria violado o referido princípio (SCHIAVI, 2015).

Além dos requisitos essenciais, já estudados, podemos falar em requisitos complementares, constantes no art. 832 da CLT e que são a indicação do valor das custas e responsável pelo seu pagamento, bem como a natureza jurídica das parcelas. O Magistrado, ao final de sentença, mencionará o valor das custas em reais, levando-se em consideração os critérios do art. 789 da CLT, indicando ainda as parcelas que constam da condenação, já que a análise acerca da natureza jurídica – salarial ou indenizatória – é fundamental para a verificação da incidência de contribuição previdenciária devida à União.

> Talvez um dos pontos mais importantes do CPC/2015, de aplicação subsidiária no processo do trabalho por determinação da IN n. 39/16 do TST, esteja no § 1º do art. 489, que impede o proferimento de sentenças genéricas, sem análise específica dos fundamentos das partes. Não pode mais o juiz decidir apenas mencionando dispositivos de lei, súmulas e OJs do TST, devendo demonstrar a relação entre aqueles e a situação julgada.

13.4. Juízo de retratação

Uma vez proferida a sentença, o Juiz pode "voltar atrás" e decidir novamente? Poderá reconhecer um equívoco na sentença e alterá-la? A regra geral do **art. 494 do CPC/2015** é no sentido de que o Juiz, ao proferir a sentença e publicá-la, não poderá alterá-la, a não ser que seja para reconhecer erros materiais (erro de cálculo, erro de digitação) ou através do julgamento do recurso de embargos de declaração (MIESSA, 2016). Ocorre que, excepcionalmente, cabe o juízo de retratação da sentença, hipóteses em que o Juiz pode reconsiderar a decisão e proferir outra ou tomar outro rumo no processo. As hipóteses são:

- Indeferimento da petição inicial – **art. 331 do CPC/2015**: se o Juiz proferir sentença de indeferimento da petição inicial e o autor interpuser recurso, poderá o Magistrado retratar-se em 5 dias.
- Improcedência liminar – **art. 332, § 3º, do CPC/2015**: se o mérito for julgado improcedente, na hipótese do art. 332, e o autor interpuser recurso, poderá o Magistrado retratar-se em 5 dias.
- Sentença de extinção sem resolução do mérito – **art. 485, § 7º, do CPC/2015**: sempre que o Juiz extinguir o processo sem resolução do mérito, por qualquer motivo, caberá a retratação em 5 dias se a parte interpuser recurso.

13.5. Julgamento antecipado parcial

Um novo instituto, inserido no **art. 356 do CPC/2015** e aplicável ao processo do trabalho por determinação da IN n. 39/2016 do TST, o julgamento antecipado parcial permite que sejam proferidas duas ou mais sentenças em um único processo, em momentos distintos, já que o mérito pode ser julgado progressivamente, de maneira parcial. As hipóteses muito bem definidas pelo legislador ocorrem quando um ou mais pedidos foram incontroversos ou estiverem em condições de imediato julgamento, por não haver necessidade de produção de qualquer outro meio de prova ou por ter sido o réu considerado revel, com a consequente presunção de veracidade dos fatos afirmados na petição inicial.

Assim, se ajuizada ação requerendo a condenação do reclamado ao pagamento de danos materiais e morais, poderá o Juiz, estando presente alguma hipótese do **art. 356 do CPC/2015**, julgar de imediato o dano material por sentença e prosseguir o processo em relação ao dano moral, que será julgado em nova sentença.

13.6. Coisa julgada

Ao proferir uma sentença – terminativa ou extintiva – poderá a parte sucumbente (prejudicada) recorrer daquela, impugnando os fundamentos do Juiz e requerendo a sua modificação.

Alguns são os recursos que podem ser interpostos em sequência, fazendo com que uma ação que tramita na Vara do Trabalho chegue ao Supremo Tribunal Federal, órgão de cúpula do Poder Judiciário, passando pelo Tribunal Regional do Trabalho (TRT) e Tribunal Superior do Trabalho (TST). Imaginemos que a parte prejudicada se valha de absolutamente todos os recursos previstos em lei. Chegará um determinado momento em que não caberá mais nenhum recurso, por total ausência de mecanismo para impugnação. Nesse momento, teremos o trânsito em julgado que é a passagem da decisão de um estado de mutabilidade para imutabilidade, ou seja, com o trânsito em julgado a decisão que poderia ser modificada passa a ser imutável, formando-se a coisa julgada, que pode ser formal ou material, dependendo se o mérito foi analisado ou não.

Imaginemos que João tenha ajuizado uma ação em face da empresa Alfa, requerendo a condenação ao pagamento de danos morais por suposta perseguição que ele estava sofrendo, o que teria caracterizado o assédio moral. Se a sentença foi de improcedência e não for modificada em grau de recurso, transitará em julgado em determinado momento e aquela decisão se tornará imutável e indiscutível, já que será formada a coisa julgada material, que nos termos do **art. 502 do CPC/2015** é "a autoridade que torna imutável e indiscutível a decisão de mérito não mais sujeita a recurso". Significa dizer que o dano moral não foi reconhecido naquele processo e nunca mais poderá ser discutido em qualquer outro processo. A coisa julgada material, que produz os seus efeitos para fora do processo, é por isso denominada extraprocessual.

Agora, o que ocorreria se o processo tivesse sido extinto sem resolução do mérito? Da mesma forma caberia recurso da sentença e em determinado momento, quando não coubesse mais recurso, haveria o trânsito em julgado. Contudo, por não ter sido analisado o mérito, a parte poderia discutir a questão em outro processo, isto é, poderia ajuizar novamente aquela ação, pois na hipótese houve a formação apenas de coisa julgada formal, que impede a prática de atos no processo em que foi formada, não impedindo a rediscussão em outra relação processual.

Por fim, a coisa julgada material, que torna imutável e indiscutível a decisão de mérito proferida, pode ser excepcionalmente desconstituída, rescindida, caso proferida em processo que contenha vício grave descrito em lei e analisado através de uma ação especial de nome *ação rescisória*, prevista nos **arts. 966 e s. do CPC/2015** e que será objeto de estudo em item específico, por ser um dos "procedimentos especiais trabalhistas" que podem ser objeto de cobrança no Exame da OAB.

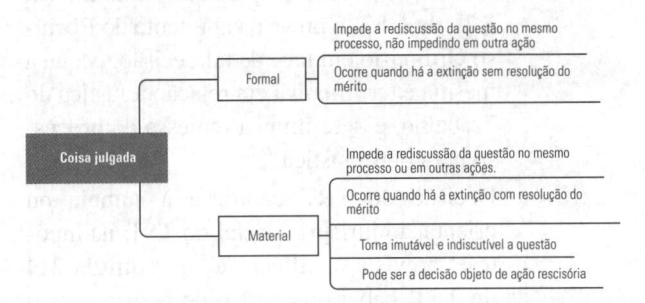

recurso extraordinário para o STF, conforme **Súmula 640 do STF**, a seguir transcrita:

Súmula 640 do STF
É cabível recurso extraordinário contra decisão proferida por juiz de primeiro grau nas causas de alçada, ou por turma recursal de juizado especial cível e criminal.

Tal rito não se aplica ao procedimento do mandado de segurança e ação rescisória, conforme **Súmula 365 do TST**, na medida em que são ações especiais, seguindo procedimento a ser estudado e que é regulado por normas do Código de Processo Civil e leis especiais (KLIPPEL, 2016).

14.2. Sumaríssimo

Um dos pontos mais cobrados nos Exames de Ordem, o rito sumaríssimo é visualizado no cotidiano da Justiça do Trabalho, sendo bastante explorado nas provas em virtude de sua utilidade prática. Os pontos que devem ser lembrados sobre o procedimento sumaríssimo são:

- Competência: as ações de até 40 salários mínimos seguirão o rito sumaríssimo, conforme previsto no art. 852-A da CLT, salvo os entes de direito público, como União, Estados, Municípios, Autarquias e fundações de direito público, que estão excluídos do procedimento.
- Petição inicial: a petição inicial deverá trazer o valor da causa e o endereço completo e correto do reclamado, exigências inseridas no art. 852-B da CLT, sob pena de arquivamento do processo, ou seja, a sua extinção sem resolução do mérito.
- Produção de provas: o art. 852-D da CLT prevê que o Juiz determinará a prova necessária ao julgamento do litígio.
- Conciliação: o Juiz buscará a conciliação entre as partes em todas as fases da audiência, homologando-a e extinguindo o feito com resolução do mérito, conforme art. 852-E da CLT.
- Audiência: o art. 852-B, III da CLT prevê que a audiência será realizada no prazo máximo de 15 dias, em sessão única, devendo nela ser produzidas todas as provas. Sobre os documentos apresentados por uma parte deverá a outra manifestar-se de imediato, sob pena de preclusão, sendo possível ainda a produção da prova pericial quando necessário, de acordo com o art. 852-H, § 4º, da CLT.
- Prova testemunhal: dois pontos são fundamentais para o Exame da OAB quando o assunto é

Coisa julgada
- Formal
  - Impede a rediscussão da questão no mesmo processo, não impedindo em outra ação
  - Ocorre quando há a extinção sem resolução do mérito
- Material
  - Impede a rediscussão da questão no mesmo processo ou em outras ações.
  - Ocorre quando há a extinção com resolução do mérito
  - Torna imutável e indiscutível a questão
  - Pode ser a decisão objeto de ação rescisória

14. PROCEDIMENTO SUMÁRIO E SUMARÍSSIMO

14.1. Sumário

Não muito comum no dia a dia, mas passível de ser cobrado no Exame da OAB, o rito sumário encontra-se previsto na Lei n. 5.584/70, em seu art. 2º, para os dissídios de **até 2 salários mínimos** na data de ajuizamento. Para essas ações, algumas restrições serão sentidas, principalmente no âmbito recursal, pois não caberá recurso das sentenças, a não ser que haja violação de norma da Constituição Federal, hipótese em que caberá o produção de prova testemunhal. Vejamos: 1. Número máximo de testemunhas: cada parte possui até 2 testemunhas; 2. Intimação das testemunhas: o Juiz somente intimará a testemunha faltante à audiência se a parte provar que a convidou, conforme art. 852-H, §§ 2º e 3º, da CLT.

- Sentença: a sentença proferida no rito sumaríssimo tende a ser mais simples sob o aspecto formal, pois o art. 852-I da CLT dispensa o relatório, podendo conter apenas fundamentação e dispositivo.
- Recursos: algumas restrições estão previstas em lei, em relação aos recursos ordinário e revista. O art. 895, § 1º, da CLT afirma que o recurso ordinário não terá revisor e o MPT proferirá parecer oral. Já no tocante ao recurso de revista, o art. 896, § 9º, da CLT prevê a possibilidade de alegação apenas de violação de norma da Constituição Federal, Súmula do TST e Súmula Vinculante do STF. Por fim, a Súmula 442 do TST afirma não caber a alegação de violação de Orientação Jurisprudencial do TST, na medida em que o legislador mencionar tão somente "súmula do TST" (KLIPPEL, 2016).

Nos últimos Exames da OAB a FGV vem cobrando questões sobre o procedimento sumaríssimo, em especial em relação ao procedimento. Assim, não podemos esquecer das limitações relacionadas à prova testemunhal (art. 852-H, §§ 2º e 3º, da CLT), bem como das restrições recursais em relação ao recurso ordinário (art. 895, § 1º, da CLT) e recurso de revista (art. 896, § 9º, da CLT).

Rito sumaríssimo
- Recurso ordinário
  - Distribuição imediata no tribunal
  - Prazo de 10 dias para o Relator liberar para julgamento
  - Ausência de revisor
  - Parecer oral do Ministério Público
  - Certidão de julgamento servirá como acórdão
- Recurso de revista
  - Pode ser interposto quando a alegação for de violação de:
    - Norma da Constituição Federal
    - Súmula Vinculante do STF
    - Súmula do TST

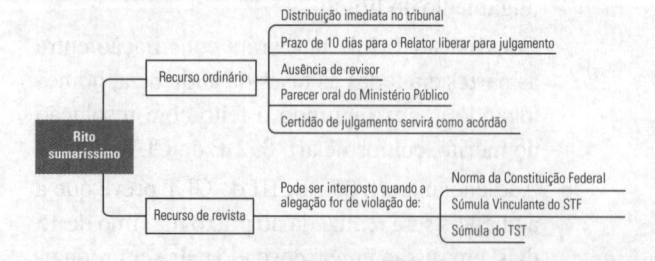

15. RECURSOS TRABALHISTAS

Estamos iniciando o estudo do tópico mais cobrado até hoje nos Exames da OAB, sendo o estudo dividido em *teoria geral* e *recursos em espécie*, devendo o examinando conhecer os pressupostos de admissibilidade e efeitos, em especial, bem como os recursos em espécie.

15.1. Peculiaridades dos recursos trabalhistas

Se compararmos os recursos trabalhistas e os recursos cíveis, vamos perceber algumas diferenças entre os dois sistemas, que aqui chamamos de peculiaridades dos recursos trabalhistas.

Dentre as diferenças existentes e que são bastante destacadas na doutrina, podendo ser objeto de questionamento, temos:

- Irrecorribilidade imediata das decisões interlocutórias: a regra está prevista no art. 893, § 1º, da CLT, restringindo a utilização de recursos quando a decisão objeto de questionamento é interlocutória, ou seja, proferida no curso do processo. Na hipótese, prevê o dispositivo celetista que a parte prejudicada com a decisão interlocutória deverá aguardar ser proferida a decisão final, para dela recorrer. A reforma trabalhista inseriu mais uma hipótese de decisão interlocutória irrecorrível, nos termos do art. 855-A da CLT, que trata do procedimento para desconsideração da personalidade jurídica, quando proferida no curso do processo de conhecimento. Contudo, existem algumas importantes exceções, previstas no art. 799, § 2º, da CLT e na Súmula 214 do TST, a saber:
  - Decisão interlocutória que reconhece a incompetência absoluta da Justiça do Trabalho: a hipótese está prevista no **art. 799, § 2º, da CLT,** e prevê o cabimento do Recurso Ordinário em face de tal decisão, já que a mesma é terminativa em relação à Justiça do Trabalho, e determina a remessa do processo para outra justiça.
  - Decisão do TRT contrária à súmula ou orientação jurisprudencial do TST: na hipótese, prevista na alínea "a" da **Súmula 214 do TST**, caberá o recurso de revista para o TST para que o mesmo modifique a decisão na medida em que se mostra presumidamente errada, pois contrária aos entendimentos do tribunal superior.
  - Decisão passível de recursos para o próprio tribunal: a hipótese prevista na alínea "b" da Súmula 214 do TST afirma a possibilidade de interposição de recurso interno, ou seja, para o próprio tribunal, já que o princípio visa evitar que sejam interpostos recursos para órgãos de hierarquia superior, o que não ocorre no caso em análise.
  - Decisão que reconhece a incompetência e determina a remessa dos autos para Vara do

Trabalho vinculada a outro TRT: a situação, prevista na alínea "c" da Súmula 214 do TST, é a mais comum no dia a dia e nas provas, cabendo recurso quando o réu alega a incompetência territorial e tem a sua alegação reconhecida, com determinação de remessa dos autos para Vara do Trabalho vinculada a outro TRT. O recurso cabível é o ordinário, previsto no art. 895 da CLT.

- Inexigibilidade de fundamentação: a segunda particularidade dos recursos trabalhistas está prevista no art. 899 da CLT e na Súmula 422 do TST. A CLT prevê que os recursos trabalhistas serão interpostos por **simples petição**, sendo que a expressão sempre foi entendida como sinônimo de **ausência de fundamentação.** Não se exige, portanto, à luz da CLT, respeito à dialeticidade. Contudo, o princípio foi relativizado pela Súmula 422 do TST, que passou a exigir a fundamentação nos recursos interpostos perante o TST, não havendo necessidade de fundamentação para o recurso ordinário de competência do TRT. Contudo, não se confunde recursos sem fundamentação com recurso com "qualquer fundamentação". A própria súmula deixa claro que eventual motivação externada pela parte não pode ser dissociada dos fundamentos da sentença.

> **Art. 899.** Os recursos serão interpostos por simples petição e terão efeito meramente devolutivo, salvo as exceções previstas neste Título, permitida a execução provisória até a penhora.

- Efeito meramente devolutivo: também prevista no art. 899 da CLT, a regra prevê que os recursos trabalhistas possuem apenas efeito devolutivo, o que significa dizer que não possuem efeito suspensivo, como geralmente ocorre no processo civil. A interposição do recurso não suspende os efeitos da sentença. Assim, se uma empresa é condenada ao pagamento de R$ 100.000,00 e interpõe o recurso ordinário (art. 895 da CLT), a sentença já poderá ser executada provisoriamente, pois, apesar de ter sido interposto recurso, ele não suspendeu os efeitos da decisão. A execução que pode ser iniciada é a provisória, que depende de requerimento do credor, não sendo automática. Afirmou-se que o recurso não possui efeito suspensivo automático, mas o mesmo pode ser concedido caso haja pedido do recorrente, que pode ser realizado no próprio recurso, ao tribunal, conforme nova redação da Súmula 414, I, do TST.

15.2. Juízo de admissibilidade e pressupostos recursais

Quando a parte sucumbente interpõe um recurso, duas análises são feitas pela Poder Judiciário, a saber: 1. São analisados os pressupostos (requisitos) para a utilização do recurso, no denominado *juízo de admissibilidade recursal;* 2. caso presente todos os pressupostos, passará o Poder Judiciário a analisar se o pedido de modificação da decisão deve ser aceito ou não, no denominado *juízo de mérito,* que será estudado posteriormente.

Mas quem realiza o juízo de admissibilidade? A análise acerca dos pressupostos recursais é realizada pelos **juízos *a quo* e *ad quem***, que respectivamente são o juízo que profere a decisão e recebe o recurso, e o juízo hierarquicamente superior, que julgará o mérito do recurso. Assim, para exemplificar, digamos que a 3ª Vara do Trabalho de Vitória/ES tenha proferida sentença, devidamente impugnada por recurso ordinário. O referido recurso será interposto perante a 3ª Vara do Trabalho, que fará o primeiro juízo de admissibilidade na qualidade de juízo *a quo*. Se presentes todos os pressupostos, ou seja, sendo positivo o primeiro juízo, os autos serão remetidos para o juízo *ad quem*, que realizará novamente a análise dos pressupostos recursais. Continuando a entender pela presença de todos os pressupostos, julgará o juízo *ad quem* o mérito do recurso, decidindo pela manutenção ou modificação da sentença. Importante destacar a Súmula 435 do TST que dispõe acerca da possibilidade de o Relator proferir decisão monocrática nos tribunais, inclusive no juízo de admissibilidade.

Mas quais são os pressupostos recursais? Vejamos:

- Cabimento: consiste na análise sobre a recorribilidade do ato e adequação do recurso interposto, ou seja, se a decisão objeto do recurso é recorrível e se a parte interpôs o recurso adequado. Acaso proferida uma sentença, deverá a parte interpor o recurso ordinário (art. 895 da CLT), pois a sentença é um ato recorrível e o recurso ordinário está previsto para a hipótese.
- Legitimidade: dispõe o **art. 996 do CPC/2015** que o recurso pode ser interposto pela parte vencida, pelo terceiro prejudicado e pelo Ministério Público, tendo atuado como parte ou fiscal da lei.
- Interesse recursal: está atrelado à sucumbência, ou seja, a uma situação desfavorável criada pela decisão a determinada parte. Se sou condenado ao pagamento de R$ 100.000,00, afirmo ter sido sucumbente, com interesse em recorrer. Se busco a condenação da empresa ao pagamento de

R$ 100.000,00, mas a sentença condena ao pagamento de R$ 90.000,00, também sou sucumbente, pois a decisão foi desfavorável aos meus interesses por não ter reconhecido na integralidade o meu pedido.

- Tempestividade: no processo do trabalho o prazo recursal é marcado pela regra da uniformidade, prevista na Lei n. 5.584/70, sendo de 8 dias o prazo para interpor e contra-arrazoar, salvo nos embargos de declaração, que são opostos em 5 dias, conforme art. 897-A da CLT. Situações excepcionais podem ocorrer em relação à contagem do prazo recursal, que pode sofrer suspensão ou interrupção. Na primeira hipótese o prazo recursal volta a ser contado do ponto em que parou, enquanto na segunda o prazo recomeça a ser contado do início (é zerado).

- Regularidade formal: está atrelada ao preenchimento dos requisitos de forma do recursal, sendo destacada a **OJ n. 120 da SDI-1 do TST**, que trata da falta de assinatura como impeditivo para a admissibilidade do apelo. Caso as duas petições do recurso (interposição e razões) não estejam assinadas, o recurso será inadmitido. Caso uma delas apenas esteja assinada, não haverá qualquer vício. Conforme alteração realizada em setembro de 2016 na mencionada Orientação Jurisprudencial, deve o magistrado conceder prazo de 5 dias para a regulação do vício, antes de inadmitir o recurso.

- Preparo: para os Exames da OAB é o pressuposto de admissibilidade mais importante, com o maior número de súmulas do TST que devem ser conhecidas. Quando se fala em preparo, nos vem à mente a necessidade de pagamento de quantia, que pode consistir no pagamento de custas processuais e depósito recursal, a depender do recorrente. Caso o empregado esteja recorrente, realizará apenas o pagamento das custas processuais que foram fixadas na sentença. Sendo o empregador o recorrente, realizará o pagamento das custas e do depósito recursal, cujo valor é fixado pelo TST, havendo um limite por recurso que é fixado por aquele tribunal. A depender do recurso, o depósito pode ser de quase R$ 9.000,00 (recurso ordinário) ou R$ 18.000,00 (recurso de revista). A ausência de preparo gera a inadmissão por deserção, que é o nome técnico que certamente aparecerá no Exame da OAB. A reforma trabalhista trouxe importantes alterações no art. 899 da CLT, que trata do depósito recursal, reduzindo-o para a metade em algumas situações e isentando em outras, conforme será verificado a seguir:

  - Depósito recursal pela metade: § 9º – entidades sem fins lucrativos, empregadores domésticos, microempreendedores individuais, microempresas e empresas de pequeno porte.
  - Isenção do depósito recursal: § 10 – beneficiários da justiça gratuita, as entidades filantrópicas e as empresas em recuperação judicial.

Além disso, o depósito recursal não mais será realizado na conta vinculada ao FGTS, devendo ser realizado em conta vinculada ao juízo, com a correção pelos índices da poupança, conforme § 4º do art. 899 da CLT, podendo ainda ser substituído por fiança bancária ou seguro garantia judicial, conforme § 11 do mesmo dispositivo legal.

Sobre o depósito recursal, algumas súmulas e OJs devem ser destacadas:

Súmula 161 do TST
Prevê que o depósito recursal somente será necessário quando o recurso tiver por objeto decisão que tenha condenado ao pagamento de quantia, ou seja, de condenação pecuniária.

Súmula 128 do TST
Trata dos limites do depósito recursal, que são dois: o valor da condenação e o valor máximo fixado pelo TST para o recurso. Não haverá necessidade da parte depositar quantia superior ao valor da condenação, assim como ninguém será levado a depositar quantia superior ao teto fixado pelo TST.

Súmula 245 do TST
Geralmente os recursos são interpostos no último dia, oportunidade em que também é comprovada a realização do depósito recursal. Mas, se houver a interposição antecipada do recurso, também deverá ser antecipada a comprovação do depósito? Não. A súmula afirma que a parte continua tendo até o último dia para comprovar a realização do preparo, não havendo necessidade de antecipação do mesmo.

Súmula 426 do TST
O depósito recursal deve ser realizado por meio da Guia GFIP, que é a guia de FGTS e informações à previdência. Somente não será utilizada a referida guia se a relação jurídica em discussão não for submetida ao regime do FGTS, hipótese em que o depósito será feito por guia bancária comum.

OJ n. 140 da SDI-1 do TST
A nova redação da OJ, de abril de 2017, prevê a necessidade de intimação do recorrente para complementação das custas processuais e depósito recursal, caso tenha realizado o pagamento a menor. Assim, deverá o recorrente ser intimado para complementar aqueles no prazo de cinco dias, sob pena de deserção. Cuidado apenas com um detalhe: se não houver preparo, o recurso será imediatamente considerado deserto, já que a concessão de prazo é apenas para complementação, ou seja, quando é feito a menor.

Preparo recursal

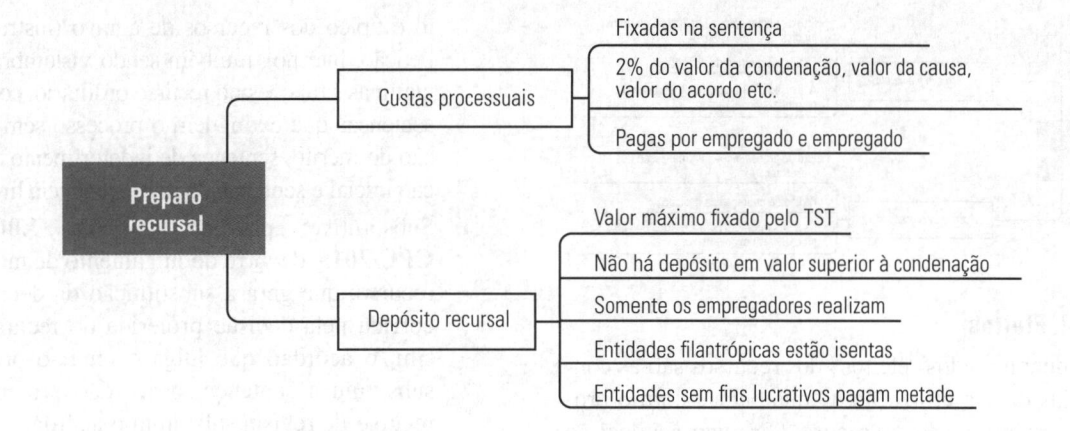

Custas processuais
- Fixadas na sentença
- 2% do valor da condenação, valor da causa, valor do acordo etc.
- Pagas por empregado e empregado

Depósito recursal
- Valor máximo fixado pelo TST
- Não há depósito em valor superior à condenação
- Somente os empregadores realizam
- Entidades filantrópicas estão isentas
- Entidades sem fins lucrativos pagam metade

■ **Regularidade de representação:** prevista na Súmula 383 do TST, alterada em 2016, diz que o recurso deve ser interposto por Advogado com procuração nos autos, caso a parte não se tenha valido do *jus postulandi*. Assim, se a parte optou por contratar Advogado, a procuração deverá estar nos autos, salvo na hipótese de mandato tácito, hipótese em que o Advogado não terá uma procuração "formal", mas terá a sua representação comprovada pela ata de audiência, na qual constará o nome e número da OAB do Advogado. Excepcionalmente admite-se a interposição de recurso sem procuração, para evitar prescrição, decadência ou preclusão (**art. 104 do CPC/2015**), devendo o instrumento ser juntado em 5 dias, prorrogável por mais 5 dias. Não sendo cumprida a norma, o recurso será inadmitido ou as contrarrazões serão desentranhadas (retiradas) do processo. Por ser considerada uma alteração importante, transcreve-se a súmula em estudo:

I – É inadmissível recurso firmado por advogado sem procuração juntada aos autos até o momento da sua interposição, salvo mandato tácito. Em caráter excepcional (art. 104 do CPC de 2015), admite-se que o advogado, independentemente de intimação, exiba a procuração no prazo de 5 (cinco) dias após a interposição do recurso, prorrogável por igual período mediante despacho do juiz. Caso não a exiba, considera-se ineficaz o ato praticado e não se conhece do recurso.

II – Verificada a irregularidade de representação da parte em fase recursal, em procuração ou substabelecimento já constante dos autos, o relator ou o órgão competente para julgamento do recurso designará prazo de 5 (cinco) dias para que seja sanado o vício. Descumprida a determinação, o relator não conhecerá do recurso, se a providência couber ao recorrente, ou determinará o desentranhamento das contrarrazões, se a providência couber ao recorrido (art. 76, § 2º, do CPC de 2015).

> Em relação à regularidade de representação, o mandato tácito continua sendo aplicado ao processo do trabalho, tratado atualmente na Súmula 383 do TST. O Advogado portador daquela espécie de mandato pode atuar regularmente, não havendo necessidade de juntada de procuração "em papel".

■ **15.3. Juízo de mérito**

Como já dito anteriormente, o juízo de mérito será alcançado após o juízo positivo de admissibilidade, em que é constatada a presença de todos os pressupostos de admissibilidade pelos juízos *a quo* e *ad quem* (GARCIA, 2012).

No juízo de mérito o órgão *ad quem* irá analisar um dos pedidos que podem ser formulados pelo recorrente, a saber: reforma e anulação. O primeiro está relacionado ao ***error in judicando***, que é o mais comum no dia a dia, que consiste no erro de julgamento, hipótese em que o Magistrado se equivoca ao julgar, ao analisar as provas etc. No segundo pedido – *anulação* – o Tribunal analisará se houve ou não o ***error in procedendo***, que é o erro de procedimento, a violação a normas que tratam da realização dos atos processuais.

Reconhecendo o erro de julgamento, o Tribunal dará provimento ao recurso e proferirá uma nova decisão de mérito, que substituirá a anterior, nos termos do **art. 1.008 do CPC/2015**. Caso reconheça o erro de procedimento, o Tribunal dará provimento para anular a decisão, determinando a remessa dos autos ao juízo *a quo* para que os atos processuais sejam novamente realizados.

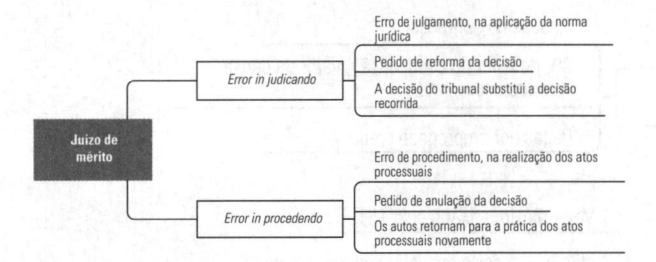

Juízo de mérito
- **Error in judicando**
  - Erro de julgamento, na aplicação da norma jurídica
  - Pedido de reforma da decisão
  - A decisão do tribunal substitui a decisão recorrida
- **Error in procedendo**
  - Erro de procedimento, na realização dos atos processuais
  - Pedido de anulação da decisão
  - Os autos retornam para a prática dos atos processuais novamente

15.4. Efeitos

Os denominados "efeitos" dos recursos são as consequências de sua utilização. O que ocorre com o processo ao ser interposto um recurso? Produzirá a decisão os seus efeitos normalmente? Poderá o Magistrado retratar-se da decisão? O julgamento do recurso substituirá a decisão recorrida? Todas as perguntas são respondidas quando analisados os efeitos ou consequências da interposição dos recursos. Passamos à análise dos principais efeitos para o Exame da OAB:

- Devolutivo: o recurso devolve a apreciação da matéria ao Poder Judiciário, na medida em que o recorrente entende que a decisão não está correta e deve ser modificada. A devolução pode ser parcial ou total, a depender da vontade da parte, pois o efeito devolutivo pode incidir sobre um ou mais capítulos da decisão.
- Suspensivo: a interposição de um recurso trabalhista não suspende os efeitos da decisão, que já pode ser objeto de execução mesmo antes do trânsito em julgado, tratando-se da execução provisória. A regra a ser lembrada é: os recursos trabalhistas não possuem efeito suspensivo, já que o art. 899 da CLT prevê o efeito "apenas devolutivo". Excepcionalmente pode-se conseguir o efeito suspensivo através de pedido formulado pelo recorrente. Assim, a parte interpõe o recurso e requer a atribuição do efeito suspensivo àquele.
- Translativo: o efeito está atrelado à possibilidade de reconhecimento, pelo Tribunal, das normas de ordem pública, sem necessidade de alegação ou requerimento das partes. Assim, ao ser interposto um recurso, abre-se ao Tribunal a possibilidade de ser reconhecida uma norma de ordem pública, como a existência de litispendência, coisa julgada, peremção, ausência de condições da ação, dentre outros vícios que podem ser reconhecidos de ofício, em qualquer momento e grau de jurisdição.
- Regressivo: o efeito regressivo está relacionado à possibilidade do Magistrado prolator da decisão impugnada de retratar-se, de exercer o denominado juízo de retratação ao receber o recurso. O efeito é típico dos recursos de agravo (instrumento, petição, interno), também sendo vislumbrado em algumas situações no recurso ordinário, como nas sentenças que extinguem o processo sem resolução do mérito, sentença de indeferimento da petição inicial e sentença de improcedência liminar.
- Substitutivo: previsto no **art. 1.008 do CPC/2015**, decorre do julgamento de mérito do recurso, que gera a substituição da decisão recorrida pela decisão proferida no recurso. Assim, o acórdão que julga o recurso ordinário substituiu a sentença, o acórdão proferido no recurso de revista substituiu o acórdão do TRT etc. Atenção apenas para a necessidade de que o mérito do recurso tenha sido julgado para que haja a substituição estudada (SCHIAVI, 2015).

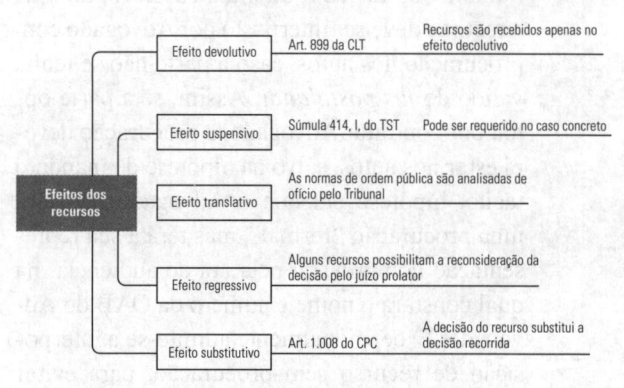

Efeitos dos recursos
- Efeito devolutivo — Art. 899 da CLT — Recursos são recebidos apenas no efeito devolutivo
- Efeito suspensivo — Súmula 414, I, do TST — Pode ser requerido no caso concreto
- Efeito translativo — As normas de ordem pública são analisadas de ofício pelo Tribunal
- Efeito regressivo — Alguns recursos possibilitam a reconsideração da decisão pelo juízo prolator
- Efeito substitutivo — Art. 1.008 do CPC — A decisão do recurso substitui a decisão recorrida

15.5. Recursos em espécie

15.5.1. Embargos de declaração

O recurso de embargos de declaração está expressamente previsto no art. 897-A da CLT, sendo utilizado quando a decisão possui algum dos vícios a seguir destacados: omissão, obscuridade, contradição e manifesto equívoco na análise dos pressupostos extrínsecos de admissibilidade. Se o Juiz foi omisso na análise de algum pedido ou fundamento formulado pela parte, deverá a parte opor o recurso de embargos de declaração para que a omissão seja suprida (MOURA, 2015).

O recurso foge à regra geral sobre a tempestividade dos recursos trabalhistas, pois não é interposto em 8 dias, **mas em 5 dias, conforme previsão expressa do art. 897-A da CLT.**

> **Art. 897-A.** Caberão embargos de declaração da sentença ou acórdão, no prazo de cinco dias, devendo seu julgamento ocorrer na primeira audiência ou sessão subsequente a sua apresentação, registrado na certidão, admitido efeito modificativo da decisão nos casos de omissão e contradição no julgado e manifesto equívoco no exame dos pressupostos extrínsecos do recurso.

Como regra geral, o procedimento dos ED é bem simples: oposição em 5 dias e julgamento na primeira sessão ou audiência. Não há, regra geral, intimação para apresentação de contrarrazões. Contudo, o § 2º do mesmo artigo traz a hipótese em que a intimação para contrarrazões é obrigatória: quando houver **efeito modificativo, também chamado de infringente.** O efeito modificativo é uma situação excepcional porque no julgamento dos embargos de declaração temos, em regra, apenas a complementação ou esclarecimento da decisão e não a sua modificação, mas pode ser que a correção de uma omissão acarrete a modificação total da situação até então existente no processo, saindo-se de uma procedência para uma improcedência, situação que até pode ocorrer desde que a parte contrária (recorrido) seja intimada para apresentar as suas contrarrazões em 5 dias. Após a efetivação do contraditório, o recurso é julgado, podendo-se operar a modificação mencionada (LEITE, 2015).

Outro ponto fundamental para o Exame da OAB é a consequência da oposição dos ED para os prazos recursais. Sabe-se que o fato de a parte ter oposto o recurso faz com que o prazo do próximo recurso seja interrompido, ou seja, seja contado integralmente após o julgamento dos ED. Ocorre que existem três situações, previstas no § 3º do art. 897-A da CLT, em que não há tal interrupção, que estão atreladas à inadmissibilidade do apelo por intempestividade, ausência de representação e falta de assinatura. Se os embargos forem inadmitidos por um dos motivos acima referidos, o prazo não será interrompido.

Por fim, é importante lembrar que o CPC/2015 continuou a prever a aplicação de multa pela utilização protelatória do recurso, já que a interrupção dos prazos é utilizada como uma forma de protelar o andamento do processo, sendo coibido pela aplicação do art. 1.026 daquele Código, que em seus §§ 1º e 3º afirma ser a multa de até 2% do valor da causa na hipótese do uso protelatório, sendo elevada a até 10% do valor da causa na reiteração da sua utilização, devendo o valor ser depositado para a interposição de qualquer recurso, não sendo possível opor os ED pela terceira vez, já que nas duas primeiras oportunidades o recurso foi utilizado incorretamente, caracterizando inclusive a litigância de má-fé.

15.5.2. Recurso ordinário

O recurso ordinário, previsto no art. 895 da CLT, apesar de ser o recurso mais utilizado no dia a dia da Justiça do Trabalho, não é o mais importante para os Exames da OAB, sendo dificilmente cobrado nas provas. Talvez o ponto mais importante e que deve ser lembrado pelos examinandos, seja o cabimento, já que há uma tendência de se lembrar apenas da principal hipótese de cabimento, esquecendo-se das demais. Vejamos em que situações o RO pode ser utilizado:

- Sentença – art. 895, I, da CLT: trata-se da hipótese mais comum de cabimento do recurso ordinário e por muitos o único lembrado, aqui residindo o risco. Não se pode dizer que o RO só cabe de sentença, assim como está errado afirmar que o RO é sempre julgado pelo TRT, já que existem outras hipóteses de cabimento que fogem às situações geralmente utilizadas no dia a dia. A sentença é uma das decisões passíveis de impugnação por recurso ordinário, independentemente de seu conteúdo, ou seja, se é uma sentença definitiva (que extinguiu o processo com resolução do mérito) ou terminativa (que extinguiu o processo sem resolução do mérito).

- Acórdão – art. 895, II, da CLT: a hipótese é bem específica, pois o RO cabe de acórdãos proferidos em ações de competência originária dos TRTs, ou seja, processos que têm o início já naquele tribunal, como, por exemplo, os mandados de segurança, dissídios coletivos, ações rescisórias e ação cautelares, que já são ajuizadas perante o TRT por conterem regras específicas de competência. Assim, as ações referidas serão decididas por acórdão, cabendo o RO que será dirigido e julgado pelo TST.

- Decisões interlocutórias – art. 799, § 2º, da CLT e Súmula 214, *c*, do TST: as situações são aquelas excepcionais em que cabe recurso de imediato contra decisões interlocutórias, sendo o recurso cabível o ordinário. Assim, se o Juiz do Trabalho reconhecer a incompetência absoluta da Justiça do Trabalho e determinar a remessa dos autos para outra justiça, caberá RO da decisão interlocutória, visando a que o processo permaneça na Justiça do trabalho. Caso o Juiz do Trabalho, após provocado pela parte, reconheça a incompetência territorial e determine a remessa dos autos para outra Vara do Trabalho vinculada a outro TRT, caberá o RO em face da decisão para que o processo permaneça na mesma Vara do Trabalho.

O recurso será interposto no prazo de 8 dias, seguindo-se a regra da uniformidade dos prazos recursais, sendo interposto perante o juízo *a quo*, ou seja, aquele que proferiu a decisão e que, ao receber o recurso, realizará o primeiro juízo de admissibilidade, analisando a presença ou ausência dos pressupostos recursais (tempestividade, legitimidade, preparo etc.). Presentes os referidos pressupostos, isto é, sendo positivo o juízo, o Magistrado intima a parte contrária para apresentação de contrarrazões no prazo de 8 dias, que não são obrigatórias, mas surgem como uma ótima oportunidade para demonstrar que a decisão impugnada está correta e deve ser mantida. Após o prazo das contrarrazões, com ou sem a sua apresentação, os autos serão remetidos para o juízo *ad quem*, que realizará o segundo juízo de admissibilidade e, se também positivo, julgará o recurso pelo colegiado ou monocraticamente (SARAIVA, MANFREDINI, 2016). Qual é a diferença entre os julgamentos?

- Decisão colegiada: é a regra geral dos julgamentos dos tribunais, havendo a reunião de Magistrados para, em conjunto, analisarem a situação, proferindo um acórdão, que nos termos do **art. 204 do CPC/2015** é o pronunciamento colegiado dos Tribunais.

- Decisão monocrática: excepcionalmente admite-se que o julgamento seja feito por um único Magistrado nos tribunais, que é denominado Relator, que assume a função de decidir o mérito, além da tradicional função de realizar o juízo de admissibilidade. O **art. 932 do CPC/2015** atribuiu ao Relator tal função, sendo admitida tal espécie de julgamento na **Súmula 435 do TST**.

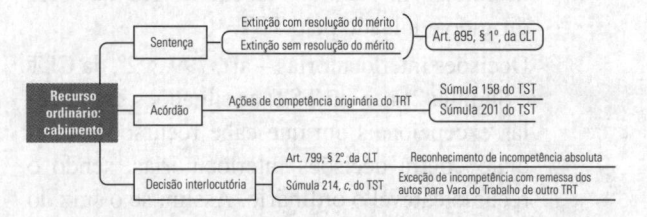

15.5.3. Recurso de revista

O recurso de revista é o mais complexo do processo do trabalho, seja em relação aos requisitos de admissibilidade, seja no tocante ao procedimento. Por isso devemos ter atenção especial ao mesmo.

Previsto no art. 896 da CLT, possui o seu cabimento contra **acórdãos do TRT que julgam recursos ordinários interpostos em dissídios individuais**, ou, em outras palavras, o recurso surge como a forma de se chegar ao TST em uma ação trabalhista ajuizada perante a Vara do Trabalho. Digamos que João tenha ajuizado uma reclamação trabalhista perante uma das Varas do Trabalho de São Paulo, tendo o juízo proferido sentença de improcedência. Desta decisão João poderá interpor recurso ordinário (art. 895 da CLT), que será julgado pelo TRT/SP. Caso o recurso seja julgado pelo colegiado (turma do TRT), será proferido um acórdão que poderá ser objeto de recurso de revista, desde que o fundamento do recurso seja um dos previstos nas alíneas do próprio art. 896 da CLT, a saber:

a) divergência jurisprudencial entre TRTs em relação à lei federal, violação de súmula ou jurisprudência uniforme do TST, violação de súmula vinculante do STF;

b) divergência jurisprudencial entre TRTs em relação à lei estadual, convenção ou acordo coletivo, sentença normativa ou regulamento empresarial de observância obrigatória em área de mais de um tribunal;

c) violação de lei federal e afronta direta e literal da Constituição Federal.

Em relação à divergência apontada, cabe menção ao § 7º do art. 896 da CLT, que diz que a divergência entre tribunais que enseja a admissibilidade do recurso tem que ser atual, não se podendo falar mais em divergência quando a matéria já tiver sido objeto de súmula do TST ou STF ou jurisprudência dominante, na medida em que aquela já se mostraria pacificada (MOURA, 2015).

Duas situações excepcionais devem ser anotadas, pois são as mais cobradas nas provas, já tendo sido objeto de questionamento em Exames da OAB:

- § 2º: processo de execução: o recurso de revista interposto no processo de execução somente pode versar sobre **afronta direta e literal da Constituição Federal**. Este é o único fundamento que pode ser objeto de questionamento na hipótese. A Súmula 266 do TST também deixa clara a necessidade de adequação ao que foi dito.

> **§ 2º** Das decisões proferidas pelos Tribunais Regionais do Trabalho ou por suas Turmas, em execução de sentença, inclusive em processo incidente de embargos de terceiro, não caberá Recurso de Revista, salvo na hipótese de ofensa direta e literal de norma da Constituição Federal.

- § 9º: procedimento sumaríssimo: se a ação for de rito sumaríssimo (art. 852-A da CLT – ações de até 40 salários mínimos), os únicos fundamentos que poderão ser objeto do recurso de revista são: violação de lei federal, afronta à súmula do TST e súmula vinculante do STF. O TST possui entendimento no sentido de que não cabe violação à OJ do TST, mas tão somente às suas súmulas, conforme entendimento expresso na Súmula 442 daquele tribunal.

> § 9º Nas causas sujeitas ao procedimento sumaríssimo, somente será admitido recurso de revista por contrariedade a súmula de jurisprudência uniforme do Tribunal Superior do Trabalho ou a súmula vinculante do Supremo Tribunal Federal e por violação direta da Constituição Federal.

Sobre o procedimento, dispõe o § 1º do art. 896 da CLT que o recurso terá efeito tão somente devolutivo, sendo interposto perante o Presidente do TRT, a quem cabe realizar o primeiro juízo de admissibilidade, podendo admitir ou inadmitir por decisão fundamentada.

Sobre o juízo de admissibilidade, prevê o § 1º-A que é ônus da parte, sob pena de inadmissão do recurso, demonstrar que a matéria está prequestionada, ou seja, decidida efetivamente na decisão recorrida, além de indicar de maneira explícita e fundamentada qual é a violação à lei, súmula ou orientação jurisprudencial do TST. Por fim, deve o recorrente impugnar todos os fundamentos que foram utilizados pelo prolator da decisão, demonstrando sob todas as óticas que a decisão está equivocada e deve ser modificada pelo TST (MIESSA, 2016).

A reforma trabalhista – Lei n. 13.467/2017 – inseriu o § 14 no art. 896 da CLT, afirmando a possibilidade de o recurso de revista ser inadmitido pelo relator, por decisão monocrática, quando o apelo for intempestivo, deserto, carecer de regularidade de representação ou pela ausência de qualquer outro pressuposto recursal.

Importante norma que trata do procedimento do recurso de revista consta no § 11 do art. 896 da CLT, relacionada à desconsideração de vícios formais, quando o recurso seja tempestivo, pois o mais importante é proceder ao julgamento do mérito recursal.

Por fim, também a reforma trabalhista incluiu no art. 896-A, § 1º, da CLT, os indicadores da presença da transcendência, pressuposto específico do recurso em estudo, que demonstra ser o recurso importante para a coletividade, não apenas para o recorrente. Vejamos:

- I – econômica, o elevado valor da causa;
- II – política, o desrespeito da instância recorrida à jurisprudência sumulada do Tribunal Superior do Trabalho ou do Supremo Tribunal Federal;
- III – social, a postulação, por reclamante-recorrente, de direito social constitucionalmente assegurado;
- IV – jurídica, a existência de questão nova em torno da interpretação da legislação trabalhista.

> O recurso de revista, por ser considerado *extraordinário*, depende para o seu conhecimento da demonstração do prequestionamento, que é a demonstração de que a matéria objeto do recurso foi efetivamente decidida pelo órgão prolator da decisão, conforme Súmula 297 do TST.

15.5.4. Agravo de petição

O recurso de agravo de petição está previsto no art. 897, *a*, da CLT, sendo importante para os Exames da OAB, mas de fácil compreensão, não trazendo dificuldades nas questões que cobram tal conteúdo. A primeira informação sobre a espécie recursal está relacionada ao seu cabimento, que é único: o recurso é utilizado quando a parte quer impugnar uma decisão proferida no processo de execução. O recurso, sendo mais claro ainda, somente cabe de decisões proferidas no processo de execução, como a decisão que julga os embargos à execução, previstos no art. 884 da CLT como a forma típica de defesa do executado.

O recurso em estudo será interposto no prazo de 8 dias, sendo o recorrido intimado para apresentar contrarrazões no mesmo prazo.

A informação mais importante para os Exames da OAB consta no § 1º do art. 897 da CLT, sendo um verdadeiro pressuposto de admissibilidade, mas exclusivo da espécie recursal em estudo, que é a **necessidade de delimitação, justificada, da matéria e valores objeto de discordância,** ou seja, a informação clara dos capítulos da decisão e dos valores que estão sendo questionados por meio do recurso, cabendo a execução da parte que não é objeto do recurso, isto é, da parte considerada incontroversa, conforme Súmula 416 do TST (KLIPPEL, 2016).

> **Súmula 416 do TST**
> Devendo o agravo de petição delimitar justificadamente a matéria e os valores objeto de discordância, não fere direito líquido e certo o prosseguimento da execução quanto aos tópicos e valores não especificados no agravo.

> A utilização do agravo de petição é bem restrita e, por isso, mais fácil de identificar nos Exames da OAB, uma vez que somente caberá o recurso em face de decisões proferidas no processo de execução. A principal hipótese é a decisão que julga os embargos à execução, apresentados conforme art. 884 da CLT.

15.5.5. Agravo de instrumento

Diferentemente do sistema criado pelo CPC, o agravo de instrumento não se presta à impugnação de decisões interlocutórias, sendo utilizado em uma situação extremamente particular, que nos termos do art. 897, *b*, da CLT, é a decisão de inadmissão de outro recurso. Assim, a única hipótese em que a parte poderá interpor o agravo de instrumento é para impugnar a decisão que negou a admissibilidade de outro recurso, ou seja, nos termos muito utilizados no cotidiano trabalhista, o agravo de instrumento é utilizado para destrancar outro recurso, podendo-se falar ainda que, se for negado seguimento a um recurso, caberá o agravo de instrumento!

> Se houver a inadmissão do recurso por equívoco manifesto do Juiz, caberá a oposição de embargos de declaração. Não sendo um equívoco manifesto, caberá o agravo de instrumento.

O recurso será interposto perante o juízo *a quo*, diferentemente do que ocorre com o processo civil, sendo que o instrumento será formado pelos documentos elencados no § 5º do art. 897 da CLT, havendo documentos obrigatórios, tais como cópias da decisão agravada, certidão de intimação, dentre outras, e os documentos facultativos, que são todas as demais consideradas pelo agravante como úteis ao julgamento do recurso (LEITE, 2015).

Mas para que tantos documentos constantes no inciso I do § 5º do art. 897 da CLT, obrigatórios para a formação do agravo de instrumento? A resposta é simples: o ideal é que o tribunal passe a julgar o agravo e o recurso que teve o seu seguimento denegado juntos, na mesma sessão, com base nos documentos juntados, ou seja, um julgamento "2 em 1", como demonstrado no próprio § 5º. Não sendo possível julgar o recurso inadmitido de imediato, será aplicado o § 7º, que diz que o tribunal deliberará sobre o julgamento do mesmo, observando-se as normas internas dos tribunais.

O recurso, como ocorre com a maioria das espécies recursais trabalhistas, é interposto em 8 dias, cabendo a apresentação de contrarrazões também em 8 dias, havendo uma peculiaridade sobre a peça de defesa do recorrido: o § 6º diz que serão oferecidas no aludido prazo duas contrarrazões, ao agravo de instrumento e ao recurso inadmitido. São duas contrarrazões para recursos distintos em um único prazo, que é de 8 dias como já dito.

Por fim, também um dos pontos mais importantes para os Exames da OAB, a realização do depósito recursal passou por diversas modificações nos últimos anos, conforme demonstrado de forma sintética abaixo:

- Até a Lei n. 12.275/2010: não havia depósito recursal.
- Após a Lei n. 12.275/2010: é instituído o depósito recursal para o agravo de instrumento, com a inclusão do § 7º do art. 899 da CLT, que é de 50% do valor que foi depositado no recurso inadmitido.
- Após a Lei n. 13.015/2014: com a inclusão do § 8º do art. 899 da CLT, retirou-se a obrigatoriedade do depósito recursal em uma hipótese, que é o agravo de instrumento da inadmissão do recurso de revista contra decisão que viola súmula ou OJ do TST.

> § 8º Quando o agravo de instrumento tem a finalidade de destrancar recurso de revista que se insurge contra decisão que contraria a jurisprudência uniforme do Tribunal Superior do Trabalho, consubstanciada nas suas súmulas ou em orientação jurisprudencial, não haverá obrigatoriedade de se efetuar o depósito referido no § 7º deste artigo.

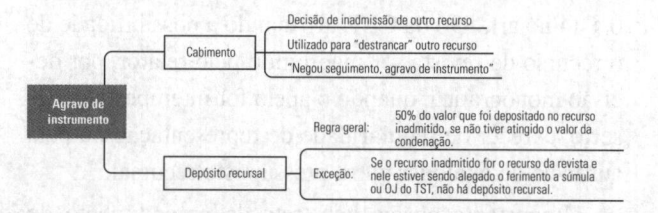

Agravo de instrumento
- Cabimento
  - Decisão de inadmissão de outro recurso
  - Utilizado para "destrancar" outro recurso
  - "Negou seguimento, agravo de instrumento"
- Depósito recursal
  - Regra geral: 50% do valor que foi depositado no recurso inadmitido, se não tiver atingido o valor da condenação.
  - Exceção: Se o recurso inadmitido for o recurso da revista e nele estiver sendo alegado o ferimento a súmula ou OJ do TST, não há depósito recursal.

15.5.6. Agravo interno

Previsto no **art. 1.021 do CPC/2015**, o agravo interno é interposto em face de decisão monocrática do relator, proferida nos termos do art. 932 do mesmo código. Sendo proferida uma decisão monocrática, poderá a parte prejudicada interpor no prazo de 8 dias o referido recurso. Muito cuidado com o prazo, pois este foi estabelecido pela IN n. 39/16 do TST, que aplica o art. 6º da Lei n. 5.584/70, que trata da uniformidade dos prazos recursais trabalhistas. Assim, serão 8 dias para interposição e mesmo prazo para contrarrazões (MIESSA, 2016).

O recurso será dirigido ao próprio relator, que intimará o recorrido para apresentação de contrarrazões, podendo reconsiderar a sua decisão, ou seja, exercer o juízo de retratação, hipótese em que remeterá aos autos do recurso originalmente julgado por ele de forma monocrática, para ser julgado pelo colegiado.

Não havendo retratação, o agravo interno será remetido para julgamento pelo colegiado, sendo vedado ao relator, pelo § 3º do art. 1.021, simplesmente repetir os fundamentos da decisão monocrática para negar provimento ao recurso, devendo demonstrar, se for o caso, que o agravo interno é inadmissível ou improcedente com fundamentação específica, inédita.

Caso o colegiado entenda que o agravo interno é **manifestamente inadmissível ou improcedente**, condenará o recorrente ao pagamento de multa, que será revertida à outra parte, no valor que variará entre 1% e 5% do valor da causa, devendo a quantia ser depositada como pressuposto de admissibilidade de qualquer outro recurso. Somente a Fazenda Pública e o beneficiário da justiça gratuita depositarão a quantia ao final, conforme **§ 5º do art. 1.021 do CPC/2015** (SARAIVA, MANFREDINI, 2016).

15.5.7. Embargos no TST

Duas são as espécies de Embargos que são julgados pelo TST, previstos no art. 894 da CLT, a saber:

- Recursos de Embargos Infringentes: são julgados pela Seção de Dissídios Coletivos, sendo interpostos de decisões não unânimes em julgamento de dissídios coletivos de competência originária do TST. Assim, se for instaurado um dissídio coletivo de competência do TST, julgado por decisão não unânime pela SDC, poderá ser interposto o recurso de embargos infringentes para a própria SDC, em oito dias, visando reverter a decisão de forma a que o voto minoritário passe a vencedor.

- Recursos de Embargos de Divergência: o recurso é julgado pela SDI – Seção de Dissídios Individuais, quando a decisão de Turma do TST contrariar *acórdão de outra turma do TST, acórdão da SDI, súmula do TST, orientação jurisprudencial do TST ou súmula vinculante do STF*.

15.5.8. Recurso adesivo

Previsto no **art. 997 do CPC/2015** e na **Súmula 283 do TST**, o recurso adesivo é uma forma especial de interposição de alguns recursos e não uma espécie recursal diferente.

Os **recursos ordinário, revista, agravo de petição e embargos no TST** podem ser interpostos de duas formas: no prazo legal contado da intimação da decisão, que poderíamos chamar de "forma normal", além de uma forma diferenciada, no prazo de que a parte recorrida possui para apresentar as contrarrazões, hipótese em que o apelo é interposto de "forma adesiva". Assim, o recurso adesivo é apresentado no prazo de contrarrazões, pela parte que não quis recorrer na "forma normal", por não possuir tanto interesse na reforma da decisão ou por estar interessada no trânsito em julgado da decisão, que surgiria caso nenhuma das partes recorresse (KLIPPEL, 2016).

Um exemplo pode ajudar no entendimento da matéria: João ajuizou ação de indenização em face da empresa Alfa, requerendo a condenação ao pagamento de R$ 100.000,00 de danos morais. A sentença condenou ao pagamento de R$ 90.000,00. Intimadas as partes, João optou por não recorrer, esperando que a empresa também não recorresse até que a decisão transitasse em julgado, o que não ocorreu, já que a empresa interpôs o recurso ordinário. Pois bem. Sendo João intimado para apresentar as contrarrazões, resolveu tentar a modificação da sentença, para majorar a condenação da empresa de R$ 90.000,00 para R$ 100.000,00, como requerido na petição inicial. A forma prevista no CPC e na Súmula 283 do TST para a hipótese é a interposição de recurso ordinário, no prazo de 8 dias, que é o prazo das contrarrazões. Não há necessidade de apresentação das contrarrazões, podendo a parte interpor apenas o adesivo.

O recurso é chamado adesivo ou "subordinado" pois a sua admissibilidade fica subordinada à admissibilidade do recurso principal, somente sendo admitido se aquele também for.

Em síntese, o que geralmente é perguntando sobre o apelo adesivo consta abaixo:

- É compatível com o processo do trabalho.
- É interposto no prazo das contrarrazões.
- Somente pode ser utilizado nos recursos ordinário, recurso de revista, recurso de agravo de petição e recurso de embargos no TST.
- Não é necessário apresentar contrarrazões para recorrer adesivamente.
- O fundamento do recurso adesivo não precisa estar vinculado ao fundamento do recurso principal.

> O recurso adesivo é compatível com o processo do trabalho e cabe, no prazo de 8 (oito) dias, nas hipóteses de interposição de recurso ordinário, de agravo de petição, de revista e de embargos, sendo desnecessário que a matéria nele veiculada esteja relacionada com a do recurso interposto pela parte contrária.

> O recurso adesivo, previsto unicamente no CPC e aplicado subsidiariamente ao processo do trabalho, não pode ser interposto pela parte que originariamente queria recorrer e interpôs o recurso fora do prazo. Vejam que a inadmissão do recurso por intempestividade ou pela ausência de qualquer outro requisito de admissibilidade impede a interposição do recurso adesivo sobre a mesma matéria, já que a parte deve demonstrar em um primeiro momento, o seu desejo de recorrer de imediato, através do recurso principal.

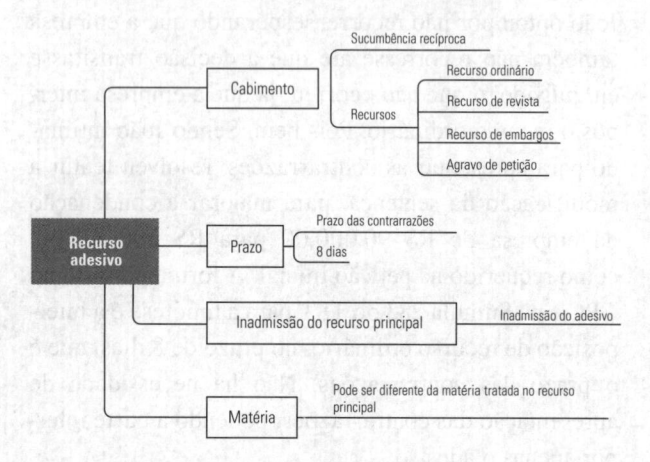

Recurso adesivo
- Cabimento
  - Sucumbência recíproca
  - Recursos
    - Recurso ordinário
    - Recurso de revista
    - Recurso de embargos
    - Agravo de petição
- Prazo
  - Prazo das contrarrazões
  - 8 dias
- Inadmissão do recurso principal — Inadmissão do adesivo
- Matéria — Pode ser diferente da matéria tratada no recurso principal

15.6. Assunção de competência

O instituto denominado "**assunção de competência**", previsto em um único artigo do atual CPC e que será aplicado ao processo do trabalho por determinação da IN n. 39/16 do TST, pode ser resumido da seguinte forma: em vez do recurso, remessa necessária ou outro processo de competência originária do Tribunal ser julgado por uma turma, que é um órgão fracionário, menor, com número reduzido de membros, quem assumirá o julgamento será um órgão colegiado, com número superior de julgadores, diante da importância da questão (SARAIVA, MANFREDINI, 2016).

Imagine que você tenha interposto um recurso ordinário perante o TRT/BA. Ordinariamente, ou seja, seguindo-se as regras normais sobre competência dos órgãos daquele TRT, o seu recurso seria julgado por uma das turmas. Mas o assunto é "anotações de atestados médicos na CTPS do empregado: possibilidade ou anotação desabonadora", que é importante do ponto social e jurídico. O seu recurso poderá ser "levado" ao Tribunal Pleno do TRT/BA (por exemplo, mas pode ser outros órgãos que o regimento determinar) para ser julgado, verificando-se logo o entendimento de todos os membros daquele Tribunal Regional. Melhor do que sabermos (e termos) o entendimento apenas dos membros daquela turma, já colheremos o entendimento de todos os Desembargadores do Tribunal, decidindo-se a importante questão. Em resumo, assim pode ser entendido o instituto da assunção de competência.

Um ponto importante a ser destacado no *caput* do **art. 947 da CLT** é a desnecessidade de que a matéria a ser objeto de assunção de competência seja também objeto de múltiplos processos. No final do texto legal o legislador deixou claro que é "sem repetição em múltiplos processos". Em suma: não há necessidade de que haja divergência ou possibilidade de divergência jurisprudencial nos múltiplos processos que tratam da matéria. A ideia é que a discussão já seja travada e decidida antes mesmo do surgimento dos múltiplos processos, pois atua-se no ideal de prevenção de divergência. Se a situação é importante sob o ponto de vista social ou jurídico, obviamente surgirão inúmeras demandas relacionadas ao assunto, que já terão destino certo na medida em que a matéria já foi objeto de conhecimento e decisão pelo Poder Judiciário.

O legislador previu o início do procedimento de assunção por diversas formas: de ofício pelo relator, a pedido das partes, do Ministério Público ou da Defensoria Pública (que não existe no âmbito trabalhista, já que a assistência judiciária gratuita é prestada pelos sindicatos), podendo ser objeto de assunção os recursos, a remessa necessária e os processos de competência originária dos tribunais, como o mandando de segurança, ação cautelar, ação rescisória etc.

Mas quem julgará o incidente de assunção de competência? O órgão que for determinado pelo Regimento Interno do mesmo tribunal, conforme § 1º. Poderá ser o Tribunal Pleno, nos tribunais menores ou qualquer outro órgão.

O **§ 3º do art. 947 do CPC/2015** complementa o art. 927, III, do mesmo Código, pois diz que a decisão proferida na assunção de competência vinculará todos os juízes e órgãos fracionários, na medida em que o art. 927 diz que aqueles órgãos seguirão/observarão "os acórdãos em incidente de assunção de competência ou de resolução de demandas repetitivas e em julgamento de recursos extraordinário e especial repetitivos". Nos termos do inciso III.

Se o instituto em estudo visa evitar a existência de futuras divergências jurisprudenciais, não faria sentido permitir que os órgãos do Poder Judiciário decidissem de maneira contrária. Daí as regras que tratam da vinculação aos acórdãos aqui proferidos.

15.7. Incidente de resolução de demandas repetitivas

Dos problemas encontrados pelo Poder Judiciário, talvez o mais difícil de resolver seja o grande volume de ações que são ajuizadas anualmente. Milhares (senão milhões) de ações trabalhistas são ajuizadas a cada ano, sendo que o volume de ações julgadas em definitivo não é da mesma monta, principalmente em virtude do processo de execução que por vezes fica parado à espera de um bem que possa ser penhorado (SARAIVA, MANFREDINI, 2016).

Pensando em tentar agilizar o julgamento dos processos, o Legislador criou o incidente de resolução de demandas repetitivas, também conhecido como **IRDR**, visando analisar e decidir uma questão jurídica, aplicando aquele mesmo pensamento para as demais ações idênticas, evitando um outro problema grave que é o **proferimento de decisões diferentes para casos semelhantes**, que pode surgir pelo simples fato de haver entendimentos diversos sobre a mesma situação entre os Juízes do Trabalho.

Ocorre que as decisões contraditórias ou diferentes para a mesma hipótese geram desconforto, quebra de isonomia e ainda mais recursos interpostos, na tentativa de reverter a decisão de forma que fique com o mesmo teor e conclusão de outra proferida por juízo diverso.

Assim, você pensará no IRDR como uma técnica criada para decidir uma matéria que vem sendo discutida em vários processos e em que há possibilidade de serem proferidas decisões diferentes, no intuito de julgá-las de uma vez só, sem risco de contradições, após o julgamento do IRDR, ou seja, aplicando aquela decisão aos processos, tratando os iguais de maneira igual.

Em primeiro lugar, pergunta-se qual é a vantagem do IRDR em relação ao rito de julgamento dos recursos repetitivos? O procedimento criado pelo art. 896-C da CLT, que trata do julgamento dos recursos repetitivos, aplica-se tão somente ao TST, sendo que o IRDR pode ser aplicado em qualquer tribunal, o que tende a reduzir o número de recursos dirigidos ao TST, deixando-o mais livre para julgar as questões mais importantes, para decidir as teses jurídicas mais relevantes.

Assim, o IRDR **pode ser aplicado a qualquer tribunal,** desde que presentes os requisitos previstos no **art. 976 do CPC/2015**.

Sobre os requisitos para o cabimento do incidente, é importante frisar que o Tribunal antes de julgar a matéria constante no IRDR, analisará o seu cabimento, ou seja, se estão presentes os requisitos para a sua utilização.

Conforme vem sendo demonstrado pela doutrina, dois são os requisitos para o cabimento do incidente, a saber:

- Repetição de processos com controvérsia sobre a mesma questão de direito.
- Risco de ofensa à isonomia e à segurança jurídica.

Duas regras que ainda merecem destaque constam nos §§ 1º e 2º do mesmo artigo, que tratam da desistência ou do abandono do processo a que está relacionado o IRDR bem como a participação do Ministério Público no incidente. Uma vez instaurado o procedimento, a desistência ou o abandono do processo não impedirão a análise do mérito do incidente, pois o julgamento deste é mais importante do que o julgamento do processo em que se baseou, na medida em que no incidente há o interesse pela unificação da tese, que pode vir a ser aplicada em um "sem número" de ações, ao passo que na ação individual temos apenas os interesses dos litigantes, que não podem ser considerados mais importantes do que os interesses da coletividade.

A atuação do Ministério Público poderá ocorrer de várias formas:

- Autor do incidente de resolução de demandas repetitivas.
- Fiscal da lei no incidente.
- Órgão que assume o incidente caso haja a sua desistência ou abandono pelo autor.

Uma norma extremamente importante está relacionada à possibilidade de ser iniciado novo incidente caso o primeiro não seja admitido. Imagine que o Tribunal não tenha vislumbrado a multiplicidade de processos sobre aquele determinado tema, sendo inadmitido o incidente.

Daqui a alguns meses, diante do aumento do número de ações questionando o mesmo assunto, já com decisões antagônicas em diversos juízos trabalhistas, pode-se requerer seja iniciado novamente o incidente, na medida em que o requisito, antes ausente, encontra-se presente agora.

Antes da criação do IRDR, já existiam na CLT e no CPC/73 regras sobre o julgamento de recursos repetitivos. O incidente em estudo passou a ser mais uma possibilidade de discussão e julgamento de situações que envolvem uma multiplicidade de processos. Mas vejam que o **§ 4º do art. 976 do CPC/2015** acaba dando prioridade para o julgamento proferido pelos Tribunais Superiores quando do julgamento de recursos repetitivos**,** afirmando que o incidente em estudo não será admitido caso os tribunais superiores já tenham afetado recursos para definição de teses. A justificativa é muito plausível: se o TST já vai analisar a questão, não há necessidade de que o mesmo tema seja analisado pelo TRT, já que a decisão proferida pelo primeiro será aplicada em todo território nacional.

Sobre a legitimidade, dispõe o **art. 977 do CPC/2015** que o incidente poderá ser iniciado pelo **Juiz ou Relator, de ofício; pelas partes, por petição**, pelo Ministério Público e Defensoria Pública, também por petição. Vejam que a legitimidade é de todos aqueles que lidam diretamente com o processo, seja de maneira parcial ou imparcial, pois o maior objetivo e a ser alcançado é pôr fim à multiplicação de decisões contraditórias sobre o mesmo assunto, que gera insegurança jurídica e sentimento de injustiça.

A respeito do procedimento, destaque-se o que segue:

- O julgamento caberá ao órgão definido pelos Regimentos Internos, que terão que ser adaptados ao novo instituto. Esse mesmo órgão ficará prevento para o julgamento de recurso, remessa necessária ou outras ações relacionadas ao processo do que se originou o incidente de resolução de demandas repetitivas – **art. 978 do CPC/2015**.
- Haverá a mais ampla divulgação sobre a instauração do incidente, afirmando o CPC/2015 que constará em registro eletrônico do CNJ para que todos possam saber quais as teses jurídicas que estão sendo discutidas pelos tribunais – **art. 979 do CPC/2015**.
- O IRDR deverá ser julgado no prazo máximo de 1 ano, tendo preferência sobre outros feitos, ressalvados os que envolvem réu preso e pedidos de *habeas corpus*, que sempre possuem prioridade de tramitação – **art. 980 do CPC/2015**.
- A admissão do incidente determina a suspensão dos processos que tramitam no estado ou região, por ordem do Relator, de forma a que aquela situação não seja decidida antes do julgamento do mérito do incidente. Após o decurso do prazo de 1 ano a que nos referimos, os processos sairão da suspensão e retornarão ao seu trâmite normal.
- O relator também poderá realizar outros procedimentos relacionados à instrução do incidente, a saber: requisitar informações aos órgãos em que tramita o processo, intimará o Ministério Público para apresentar manifestação na qualidade de *custos legis* (fiscal da lei) e poderá admitir a intervenção do *amicus curiae*, conforme **art. 983 do CPC/2015**.
- No julgamento do mérito do IRDR, haverá a possibilidade de sustentação oral do autor e réu do processo originário e do Ministério Público, pelo prazo máximo de 30 minutos cada – **art. 984 do CPC/2015**.
- Criada a tese jurídica, nos termos do **art. 985 do CPC/2015**, será a mesma aplicada a todos os processos, individuais ou coletivos, que tratem da mesma questão de direito e que tramitem na área de jurisdição do tribunal julgador do IRDR.
- A tese também será aplicada aos casos futuros que tratem da mesma questão, nos termos também do **art. 985 do CPC/2015**.

15.8. Reclamação correicional

Mais um meio de reclamar a não aplicação dos precedentes judiciais, dos entendimentos sumulados dos tribunais, bem como demonstrar que foi proferida uma decisão em confronto com decisões proferidas pelos tribunais, foi inserido no atual CPC, recebendo o nome de "reclamação", que já deixamos claro não se tratar de um recurso. Trata-se de um procedimento que não possui natureza recursal (LEITE, 2015).

Vejam que a reclamação, direcionada e julgada pelo tribunal que pretende garantir a competência ou a aplicação da decisão, poderá ser proposta em várias hipóteses elencadas no **art. 988 do CPC/2015**, a saber:

- Preservar a competência do tribunal.
- Garantir a autoridade das decisões do tribunal.
- Garantir a observância de súmula vinculante de decisão do STF em controle concentrado.
- Garantir a observância de acórdão proferido em incidente de resolução de demandas repetitivas ou assunção de competência.

Provavelmente a hipótese de utilização da reclamação que se tornará mais comum será aquela em que se afirma não ter sido utilizada a tese firmada pelo Tribunal em sua jurisprudência sumulada ou de entendimento constante em acórdão de julgamento de recursos repetitivos ou assunção de competência. A afirmação é previsível na medida em que temos muitas Súmulas e OJs do TST e que haverá uma tendência a edição de novas para uniformizar ainda mais as decisões dos juízos trabalhistas. Além do número substancial de súmulas e OJs, sabemos que os Magistrados trabalhistas julgam muito com base nestes entendimentos, seja para concordar ou discordar do entendimento do Tribunal Superior do Trabalho.

A afirmação que se fez acima fica ainda mais clara quando se lê o § 4º do mesmo dispositivo, que afirma ser cabível a reclamação quando houver a aplicação indevida de tese jurídica que já foi firmada pelo tribunal ou não for aplicada a tese referida, o entendimento existente. Se julgar diferente do entendimento do tribunal ou aplicar o entendimento quando não era hipótese, caberá a reclamação prevista no **art. 988 do CPC/2015**.

Como se disse acima, quando do início do estudo sobre o tema, a reclamação não é um recurso, razão pela qual não pode ser utilizada após o trânsito em julgado da decisão, já que o recurso seria o instrumento processual hábil a demonstrar a irregularidade. Se a parte podia recorrer e não o fez, não pode valer-se da reclamação posteriormente. Na mesma linha, o inciso II do § 5º do mesmo artigo deixa claro não caber a reclamação quando não esgotadas as instâncias ordinárias, pois, cabendo ainda algum recurso, deve a parte manejá-lo antes da reclamação (SCHIAVI, 2015).

Como se trata de instrumentos processuais distintos – recurso e reclamação – eventual inadmissão do recurso ou o seu julgamento não prejudicará o julgamento da reclamação. Vejam que o que não pode ocorrer é propor a reclamação após o trânsito em julgado da decisão, mas pode-se mover os dois procedimentos ao mesmo tempo, sem que haja qualquer prejuízo à reclamação em decorrência de julgamentos proferidos no recurso.

Em relação ao procedimento, dois pontos são bem importantes:

- A possibilidade de suspensão do processo ou da decisão objeto da reclamação para se evitar dano irreparável, na hipótese em que o relator verificar uma forte probabilidade de a decisão estar realmente contrariando os entendimentos do tribunal e a possibilidade de lesão grave à parte prejudicada com a decisão "em tese equivocada".

- A necessidade do beneficiário da decisão ser ouvido em 15 dias e poder apresentar contestação naquele mesmo prazo. Trata-se de norma extremamente importante, pois fundamentada no princípio do contraditório, ampla defesa e segurança jurídica, na medida em que a parte possui a seu favor uma decisão, que se presume correta, somente podendo ter a mesma cassada após haver possibilidade de manifestação. Imagine que uma determinada decisão se mostra favorável a João, que está todo feliz e contente. José, visando desconstituir aquela, propõe uma reclamação e a decisão é desconstituída sem a oitiva de João. O primeiro questionamento de João seria: "como mudam uma decisão que me favorecia sem que eu pudesse me manifestar?". "Onde está o meu direito ao contraditório?".

A parte interessada e o Ministério Público podem propor a reclamação, mas vejam que qualquer interessado, que pode ser um terceiro ao processo, poderá impugnar o pedido do reclamante para desconstituir as afirmações feitas.

Não tendo o Ministério Público formulado o pedido, atuará como fiscal da lei e da ordem jurídica, funcionando no procedimento como *custos legis*, devendo ser intimado para ter vista dos autos por 5 dias e apresentação de parecer pelo procedimento ou arquivamento do pedido. A vista dos autos ocorrerá após as informações da autoridade que realizou o ato e da contestação apresentada pelo beneficiário da decisão/ato, que poderá ser apresentada em 15 dias, como já visto. Vejam que o Ministério Público, por atuar como fiscal da lei, receberá o processo após a manifestação de todos os participantes para dizer, após a análise completa da situação, se a parte que formulou o pedido está ou não com a razão.

■ 16. LIQUIDAÇÃO DE SENTENÇA

O procedimento de liquidação de sentença, previsto no art. 879 da CLT, mostra-se indispensável para se proceder ao início do processo de execução, uma vez que o título executivo deve ser certo, líquido e exigível, devendo a decisão já afirmar **o que é devido e a quantidade devida.** Por vezes a decisão é proferida afirmando apenas o que é devido (3 horas extras por dia), sem trazer desde logo o valor devido. Na hipótese a sentença é ilíquida, devendo ser objeto de liquidação, para, na hipótese, através de cálculos aritméticos, apurar-se o *quantum debeatur* (MOURA, 2015).

Ocorre que a liquidação não será realizada em todos os procedimentos, pois no rito sumaríssimo a sentença tem que ser obrigatoriamente líquida, uma vez que o autor da ação tem que formular pedido certo, determinado e líquido. Não faria sentido impor ao autor da ação tal obrigação e permitir ao Juiz o proferimento de sentença ilíquida.

Como pode ser percebido, a liquidação é um procedimento preparatório à execução, realizado após o processo de conhecimento. Assim sendo, não possui por finalidade rediscutir matérias que foram objeto de questionamento e provas no processo de conhecimento, sendo vedada pelo **§ 1º do art. 879 da CLT** tal rediscussão. Se a sentença proferida condenou a empresa ao pagamento de 3 horas extras diárias, na liquidação não poderá ser discutido se foram 3 ou 2 horas, pois tal matéria já foi objeto de análise pelo Poder Judiciário, estando decidida, não cabendo rediscussão, a não ser pela via recursal.

Dependendo da situação encontrada nos autos, a liquidação seguirá um procedimento diverso, já que várias são as modalidades previstas para a liquidação, a saber:

- Cálculos: é a modalidade mais simples de liquidação, sendo realizada na grande maioria das vezes na Justiça do Trabalho, pois a fixação do valor final da condenação depende apenas de cálculos aritméticos, apresentados pelas partes ou feitos por serventuário da própria Justiça do Trabalho.
- Arbitramento: na hipótese, há a necessidade de realização de perícia para se apurar o valor da condenação, sendo uma situação mais complexa, prevista no **art. 509 do CPC/2015**. O dispositivo afirma que será realizada a liquidação desta forma quando determinado por sentença, convencionado entre as partes e quando a natureza do objeto exigir, ou seja, quando somente por perícia for possível encontrar o valor devido.
- Artigos: por fim, a liquidação mais complexa e menos usual do processo do trabalho será realizada quando houver a necessidade de se provar fatos novos (os denominados "artigos de liquidação"), que serão objeto de conhecimento e prova perante o Poder Judiciário, em verdadeira "segunda ação dentro da primeira", já que a liquidação seguirá o procedimento ordinário, com contraditório, instrução e decisão sobre os fatos novos. Prevista no **art. 509, II, do CPC/2015**, é a única forma de liquidação que não pode ser iniciada de ofício, dependendo sempre de requerimento do credor.

Antes de adentrarmos no procedimento da liquidação por cálculos, mais importantes para o Exame da OAB, vamos lembrar dois pontos fundamentais. Em primeiro lugar, há o entendimento da **Súmula 344 do STJ** no sentido de que não fere a coisa julgada a alteração de forma de liquidação que foi estabelecida em sentença. Assim, mesmo que a sentença fixe que a futura liquidação será realizada por arbitramento, não obsta que o Magistrado, ao liquidar, o faço por cálculos. O trânsito em julgado da decisão não incide sobre a forma de liquidação, que pode ser modificada. Além disso, mesmo que a sentença não tenha condenado o réu explicitamente ao pagamento de juros e correção monetária, os valores podem ser incluídos na liquidação, por serem considerados pedido e condenação implícitos (MIESSA, 2016). Vamos aos exemplos:

- Pedido implícito: João ajuizou reclamação trabalhista em face da empresa Alfa, pedindo a condenação tão somente ao pagamento das horas extraordinárias trabalhadas. O Juiz, ao reconhecer o direito ao recebimento daquela parcela, condenará ao seguinte: horas extras + juros + correção monetária, pois as duas últimas parcelas são pedidos implícitos.
- Condenação implícita: se o Juiz condenar apenas ao pagamento das horas extraordinárias, poderia incluir na liquidação os valores relacionados a: horas extras + juros + correção monetária, pois também são considerados como parcelas implícitas da condenação, nos termos da **Súmula 211 do TST**. Vejamos a transcrição da súmula:

> **Súmula 211 do TST**
> Os juros de mora e a correção monetária incluem-se na liquidação, ainda que omisso o pedido inicial ou a condenação.

A respeito do procedimento da liquidação por cálculos, temos que analisar alguns aspectos do art. 879 da CLT, especialmente os §§ 2º e 3º, principalmente em relação ao § 2º, alterado substancialmente pela reforma trabalhista – Lei n. 13.467/2017. Vejamos:

- Em relação às partes – § 2º: no tocante às partes, a reforma trabalhista retirou a possibilidade de homologação dos cálculos sem oitiva prévia das partes, como ocorria anteriormente. O atual texto legal afirma que o Juiz deverá intimar as partes para manifestação acerca dos cálculos apresentados, não mais havendo a possibilidade de intimar ou não. A **intimação é obrigatória**. Esta é a primeira alteração, mas não a única. O prazo para manifestação das partes também foi alterado, cabendo a impugnação no **prazo de 8 dias**. Caso não seja apresentada a manifestação no prazo legal, haverá **preclusão**, tornando impossível qualquer discussão posterior sobre o assunto.

> Segundo dispõe a IN n. 41/2018 do TST, a redução do prazo para a manifestação das partes somente se aplica às liquidações iniciadas após o dia 11-11-2017, data da entrada em vigor da reforma trabalhista.

- Em relação à União – § 3º: em relação à União, o legislador agiu de maneira diversa, determinando a intimação obrigatória do ente para manifestação, no mesmo prazo de 10 dias, sob pena de preclusão. Não há, portanto, a faculdade de o Juiz intimar ou não a União, sendo obrigatória a comunicação ao ente público, que possui interesse na análise dos cálculos de liquidação, uma vez que neles constam os valores de contribuições previdenciárias decorrentes da condenação imposta (LEITE, 2015).

Por fim, cabe a análise sobre a recorribilidade da decisão de liquidação. Por tratar-se de decisão interlocutória, não cabe impugnação imediata por recurso, podendo aquela ser discutida posteriormente, em momento oportuno previsto no art. 884 da CLT. O executado poderá discutir o conteúdo da decisão de liquidação nos embargos à execução, alegando equívocos na realização do cálculo, excesso de execução e outras matérias. Já o exequente poderá manifestar-se nos termos do § 3º do mesmo artigo, que permite àquele, no prazo dos embargos, impugnar a decisão de liquidação. Mas há um detalhe: as partes somente poderão impugnar a decisão posteriormente se o Juiz as tiver intimado nos termos do § 2º do art. 879 da CLT, tendo sido apresentada manifestação naquele momento adequado.

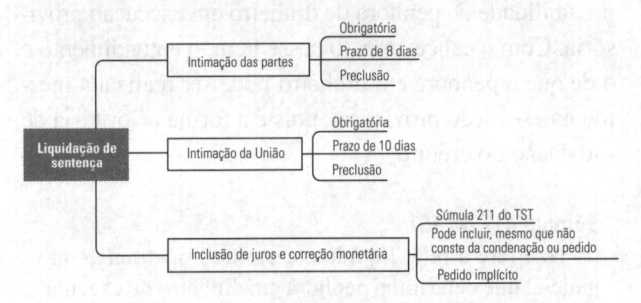

```
Liquidação de sentença
├── Intimação das partes
│   ├── Obrigatória
│   ├── Prazo de 8 dias
│   └── Preclusão
├── Intimação da União
│   ├── Obrigatória
│   ├── Prazo de 10 dias
│   └── Preclusão
└── Inclusão de juros e correção monetária
    ├── Súmula 211 do TST - Pode incluir, mesmo que não conste da condenação ou pedido
    └── Pedido implícito
```

■ 17. PROCESSO DE EXECUÇÃO

O processo de execução ou fase satisfativa pode ser entendido como a fase do processo em que se busca a efetivação da decisão, tornando real aquilo que foi reconhecido pelo Poder Judiciário.

O ideal é que a fase executiva não precise ser realizada, pois espera-se que o devedor cumpra a obrigação de forma voluntária, mas havendo o inadimplemento, os atos executórios serão realizados de acordo com a espécie de obrigação que foi criada: pecuniária (obrigação de pagar quantia), de fazer, não fazer ou entrega de coisa. Para cada espécie de obrigação é adotada uma técnica específica, como retirada de bens do patrimônio do devedor, busca e apreensão de bens, aplicação de multa para forçar o cumprimento da obrigação de fazer, dentre outras (SARAIVA, MANFREDINI, 2016).

Antes de entrarmos na análise das técnicas e formas de execução, devemos tratar das normas que são aplicáveis ao processo de execução subsidiariamente. A CLT possui poucas normas que tratam da execução, cerca de 20 artigos, sendo que há uma real necessidade de complementação por outras normas. A dúvida que reside é a seguinte: havendo lacuna na CLT, que norma aplicar? A resposta **não é o CPC**, mas a Lei de Execução Fiscal (Lei n. 6.830/80). Somente na lacuna da LEF é que será utilizado o CPC.

■ 17.1. Títulos executivos

A execução deve ser embasada em algum documento que reconheça a existência da obrigação. A esse documento dá-se o nome de **título executivo**, que pode ser judicial ou extrajudicial, ou seja, pode ser oriundo do Poder Judiciário, como uma sentença, ou criado fora daquele Poder, como um TAC – termo de ajustamento de conduta, firmado pelo Ministério Público do Trabalho e uma empresa, por exemplo.

As obrigações criadas nas duas situações – sentença e TAC – serão executadas na Justiça do Trabalho, mas por procedimentos distintos. Antes de estudarmos os procedimentos, vamos analisar os títulos executivos previstos no art. 876 da CLT:

- Títulos executivos judiciais:
  - Decisão com trânsito em julgado: diante da definitividade da decisão, possibilitam o início da **execução definitiva**.
  - Decisão objeto de recurso sem efeito suspensivo: a regra geral no processo do trabalho é a utilização de recursos sem efeito suspensivo, ou seja, apenas com efeito devolutivo. A situação possibilita a **execução provisória**, na medida em que a decisão ainda é passível de modificação.
  - Acordo não cumprido: enseja o início da **execução definitiva**, na medida em que não cabe recurso e o trânsito em julgado é imediato ao proferimento da decisão que homologa o acordo.
- Títulos executivos extrajudiciais:
  - Termos de Ajustamento de Conduta – TAC – firmado com o MPT: o TAC geralmente impõe multas pelo descumprimento de suas cláusulas, além de criar obrigações de fazer e não fazer, que podem ser executadas perante a Justiça do Trabalho.
  - Termos de conciliação da Comissão de Conciliação Prévia: prevista no art. 625-E da CLT, o termo de conciliação da CCP enseja o início da execução daquele, caso não seja voluntariamente cumprida nos prazos e modos nele previstos.

- Cheque e nota promissória emitidos em reconhecimento de dívida trabalhista – art. 13 da IN n. 39/16 do TST: o TST entendeu por meio da instrução normativa que o **cheque e a nota promissória**, que não eram títulos executivos trabalhistas, passam a ser se houver prova de que eles foram emitidos para pagamento de dívida trabalhista.

> O cheque e a nota promissória passaram a ser considerados títulos executivos extrajudiciais a partir da IN n. 39/16 do TST, quando demonstrado que há relação entre o crédito trabalhista e os títulos referidos.

17.2. Execução provisória

Como já foi visto na parte sobre *recursos trabalhistas*, estes não possuem efeito suspensivo imediato, ou seja, são recebidos apenas no efeito devolutivo, nos termos do art. 899 da CLT, o que permite o início da execução provisória da sentença, que pode ser considerada como o procedimento em que serão realizados atos de constrição patrimonial do devedor, apesar de ainda não haver trânsito em julgado. Na execução provisória não são realizados atos de expropriação, isto é, de retirada de bens do patrimônio do devedor, mas apenas de constrição patrimonial, como a penhora (SCHIAVI, 2015).

A disciplina da execução provisória encontra-se no Código de Processo Civil, em seus arts. 520 e s., que afirma que tal espécie de execução será realizada nos mesmos moldes que a definitiva, mas com algumas peculiaridades, a saber:

- Não há execução provisória de ofício, não se aplicando o art. 878 da CLT na hipótese. Portanto, a execução provisória sempre depende de requerimento do exequente.
- Se a execução provisória gerar prejuízos ao executado, caberá ao exequente indenizar aquele pelos prejuízos causados.

Como já dito, não há expropriação de bens, mas apenas de constrição, de imobilização do patrimônio. A razão é muito simples: há possibilidade de a decisão ser modificada em grau recursal, sendo muito arriscado transferir patrimônio do executado para o exequente na hipótese. Assim, o inciso II do **art. 520 do CPC/2015** afirma que ficará sem efeito a execução provisória quando a decisão que a embasa for reformada ou anulada.

A execução em estudo será realizada através da juntada de documentos que constam no **art. 522 do CPC/2015**, já que os autos originais seguem para o Tribunal para julgamento do recurso. Assim, autos criados para a hipótese seguirão no juízo de origem, onde tramitou o processo em primeiro grau de jurisdição para a realização dos atos processuais.

Em relação à prática de atos processuais, é importante destacar que o art. 899 da CLT afirma que a execução provisória seguirá até a penhora, parando após tal ato para aguardar que a decisão transite em julgado. Contudo, doutrina e jurisprudência majoritárias afirmam que ainda cabe a apresentação de embargos à execução (art. 884 da CLT), com a garantia do juízo, bem como o cabimento de recurso de agravo de petição (art. 897, *a*, CLT) da decisão que julgar os embargos do executado (MOURA, 2015).

Por fim, o TST alterou em 2016 a Súmula 417 e cancelou o seu item III, que tratava da possibilidade/impossibilidade de penhora de dinheiro em execução provisória. Com o cancelamento desse item, o entendimento é o de que a penhora em dinheiro pode ser realizada mesmo na execução provisória, pois é a forma prioritária de satisfação do crédito.

> **Súmula 417 do TST**
> I – Não fere direito líquido e certo do impetrante o ato judicial que determina penhora em dinheiro do executado para garantir crédito exequendo, pois é prioritária e obedece à gradação prevista no art. 835 do CPC de 2015 (art. 655 do CPC de 1973).
> II – Havendo discordância do credor, em execução definitiva, não tem o executado direito líquido e certo a que os valores penhorados em dinheiro fiquem depositados no próprio banco, ainda que atenda aos requisitos do art. 840, I, do CPC de 2015 (art. 666, I, do CPC de 1973) (ex-OJ n. 61 da SBDI-2 – inserida em 20-9-2000).

17.3. Execução por quantia certa contra devedor solvente

A execução mais normal na Justiça do Trabalho, que até poderíamos dizer que se trata da execução "por excelência" diante de sua importância, tem início com o art. 880 da CLT, que prevê a citação do executado para pagamento da quantia devida. Se houver condenação ao pagamento de quantia, será seguido o procedimento aqui analisado.

Em primeiro lugar, o art. 880 da CLT, ao prever como se dá o início do processo executivo, excluiu a aplicação do **art. 523, § 1º, do CPC/2015**, que prevê a multa de 10% sobre o montante devido, previsto no Código de Processo Civil no procedimento do cumprimento de sentença. Apesar de diversos juízes aplicarem o dispositivo desde a vigência do CPC/73, em 2005, quando o instituto foi inserido, o TST vem entendendo por não aplicá-lo, já que a aplicação subsidiária do processo civil depende da existência de lacuna e compatibilidade e não há lacuna normativa na hipótese, pois o art. 880 da CLT, apesar de antigo e defasado, na visão de diversos doutrinadores, está em vigor e regula o início do processo satisfativo, como também é conhecida a execução.

Segundo dispõe o dispositivo celetista, o executado será citado pelo Oficial de Justiça, em citação pessoal, para que em 48 horas realize alguma das seguintes condutas, que estão atreladas à garantia do juízo e apresentação de embargos à execução, como será visto agora:

- Pagamento da quantia devida: gerando a extinção do processo diante da satisfação da obrigação.
- Depósito da quantia devida: acarretando a garantia do juízo e a possibilidade de prosseguimento do processo, com a apresentação dos embargos à execução (art. 884 da CLT).
- Nomeação de bens à penhora: se em valor igual ou superior ao débito, haverá a garantia do juízo e a possibilidade de apresentação dos embargos à execução (art. 884 da CLT).

Na hipótese de inércia, ou seja, não realização de qualquer das condutas previstas anteriormente, caberá ao Oficial de Justiça **realizar a penhora de bens do executado,** com as restrições impostas pelo **art. 833 do CPC/2015**, que trata dos bens **absolutamente impenhoráveis**. Se penhorados os bens em valor igual ou superior ao devido, também poderão ser apresentados os embargos, pois garantido o juízo, um dos requisitos do art. 884 da CLT para a apresentação da referida defesa (SARAIVA, MANFREDINI, 2016).

```
Execução por quantia certa
├── Pagamento — Extinção do processo de execução
├── Depósito em juízo da quantia
│   ├── Pode ser apresentada carta de fiança bancária
│   └── OJ 59 da SDI-2 do TST
├── Nomeação de bens à penhora
│   ├── Deve seguir a ordem do art. 835 do CPC
│   └── A nomeação deve ser integral para garantir o juízo
└── Penhora dos bens
    ├── Ordem de penhora do art. 833 do CPC
    ├── Salário não pode ser penhorado: OJ 153 da SDI-2 do TST
    └── Faturamento da empresa pode ser penhorado, em percentual razoável: OJ 93 da SDI-2 do TST
```

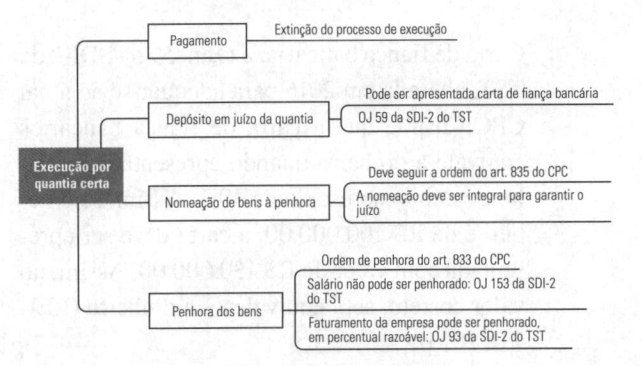

17.4. Defesa na execução

Quando se fala em "defesa na execução", pode-se fazer a seguinte classificação:

- Defesa típica – embargos à execução, previstos no art. 884 da CLT: Os embargos à execução são a forma de defesa típica do executado, previstos no art. 884 da CLT como a forma adequada para o executado demonstrar que existem vícios processuais que devem ser corrigidos. Contudo, para que seja utilizado como defesa, devem ser preenchidos dois requisitos, em especial:
    - Garantia do juízo: conforme art. 884 da CLT, ocorre através do depósito da quantia devida, pela nomeação de bens à penhora ou pela penhora de bens pelo Oficial de Justiça.
    - Prazo: os embargos devem ser apresentados no prazo de 5 dias a contar da garantia do juízo, cabendo o mesmo prazo para o embargado impugnar os fundamentos do embargante.

Ponto importante sobre os embargos à execução consta no § 1º do art. 884 da CLT, complementado pelo **art. 525 do CPC/2015**, que trata das matérias (vícios) que podem ser alegadas pelo embargante. O § 1º do artigo celetista não é exaustivo ao dizer que podem ser alegados o cumprimento da decisão ou de acordo, quitação ou prescrição da dívida, uma vez que o **art. 525 do CPC/2015** trata de outras matérias de ordem pública, como a **penhora incorreta ou a avaliação errônea**, muito utilizado no cotidiano trabalhista, para demonstrar que um bem absolutamente impenhorável foi penhorado ou que o bem não foi corretamente avaliado, trazendo prejuízo ao executado.

Os embargos são processados nos autos da ação trabalhista, sendo recebidos sempre com efeito suspensivo, paralisando o processo até que o incidente seja julgado. A IN n. 39/16 do TST diz ser aplicável o **art. 918 do CPC/2015** que trata das hipóteses de indeferimento liminar dos embargos, a saber:

- Intempestividade.
- Indeferimento da petição inicial e improcedência liminar do pedido.
- Manifestamente protelatórios.

Caso necessário, podem ser produzidas provas no procedimento dos embargos à execução, pois prevista no art. 884, § 2º, da CLT a possibilidade de ser designada audiência para produção daquela. Após a instrução, ou caso não haja prova a ser produzida, o Juiz julgará os embargos, cabendo o recurso de agravo de petição da decisão, conforme art. 897, *a*, da CLT, por se tratar de decisão na execução. Trata-se da decisão típica para o cabimento do recurso de agravo de petição. A Lei n. 13.467/2017 – reforma trabalhista – incluiu o § 6º do art. 884 da CLT, retirando a necessidade de garantia do juízo para a apresentação dos embargos pelas entidades filantrópicas e os membros de sua diretoria.

- Defesa atípica – exceção de pré-executividade, também denominada objeção de não executividade, que apesar de não estar prevista em lei, é considerada pela doutrina e jurisprudência, por sua formação histórica no direito processual.

A exceção de pré-executividade não se encontra prevista em lei, sendo uma construção doutrinária e jurisprudencial que passou a ser admitida no processo do trabalho como uma forma alternativa de defesa, que **dispensa a garantia do juízo**, sendo tal dispensa considerada a grande vantagem do instrumento. Contudo, grande desvantagem também pode ser encontrada, que é a **impossibilidade de produção de provas**, ou seja, a ausência de dilação probatória, sendo toda a prova pré-constituída (documental).

Mas o que pode ser alegado em sede de exceção de pré-executividade? A doutrina e a jurisprudência pátrias destacam que **as matérias de ordem pública**, como a nulidade do título, incompetência absoluta, ausência de citação no processo de conhecimento, dentre outras, podem ser objeto de questionamento.

Não há prazo para a apresentação da exceção, não se exigindo também a **garantia do juízo,** razão pela qual não se admite que a Fazenda Pública apresente a defesa, na medida em que possui a prorrogativa de apresentar embargos sem a referida garantia.

Ponto importante em relação à exceção é a possibilidade de ser interposto recurso da decisão que julga a exceção. Vejamos:

- Improcedência: não cabe recurso, na medida em que o processo continua e a decisão é considerada, por isso, como interlocutória.
- Procedência: com a procedência da exceção e a anulação do processo, tem-se uma decisão "final" do processo, cabendo recurso de agravo de petição na hipótese, já que se trata de decisão na execução.

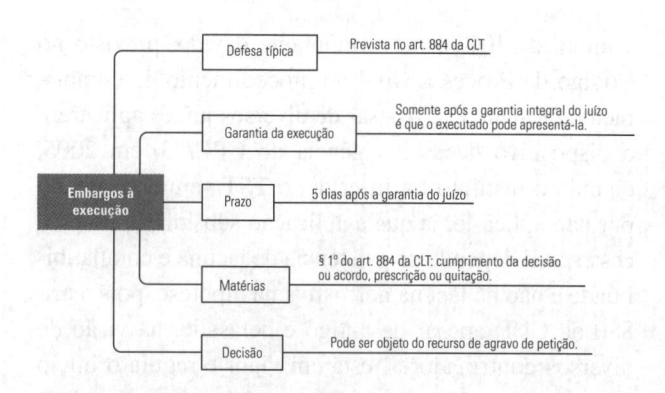

Embargos à execução:
- Defesa típica — Prevista no art. 884 da CLT
- Garantia da execução — Somente após a garantia integral do juízo é que o executado pode apresentá-la.
- Prazo — 5 dias após a garantia do juízo
- Matérias — § 1º do art. 884 da CLT: cumprimento da decisão ou acordo, prescrição ou quitação.
- Decisão — Pode ser objeto do recurso de agravo de petição.

17.5. Expropriação de bens

A expropriação de bens no processo de execução contempla a penhora, a avaliação, arrematação, adjudicação, remição e alienação por iniciativa particular, que serão analisados a partir de agora.

- **Penhora:**

Como já visto, se não efetuado o pagamento, depósito ou nomeação de bens no prazo de 48 horas (art. 880 da CLT), serão os bens do devedor penhorados pelo Oficial de Justiça, com as restrições do **art. 833 do CPC/2015**, que trata dos bens que não podem ser objeto de penhora. Como exemplos de bens impenhoráveis, temos:

- *Móveis, pertences e utilidades domésticas que guarneçam a residência do executado, salvo os de elevado valor.*
- *Vestuários e pertences de uso pessoal, salvo os de elevado valor.*
- *Salários, desde que não sejam superiores a 50 salários mínimos e a dívida não seja de alimentos, hipóteses em que a penhora é válida.*
- *Seguro de vida.*
- *Materiais necessários para obras em andamento etc.*

Importante frisar três aspectos relacionados à penhora:

- Carta de fiança bancária: a OJ n. 59 da SDI-2 do TST, alterada em 2016 para adequar-se ao atual CPC, dispõe que a carta de fiança bancários equivale a dinheiro quando apresentada no valor de débito acrescido de 30%. Assim, se o débito é de R$ 100.000,00, a carta deve ser apresentada com valor de R$ 130.000,00. Assim, no valor correto, será equivalente a dinheiro (LEITE, 2015).

> A carta de fiança bancária e o seguro garantia judicial, desde que em valor não inferior ao do débito em execução, acrescido de trinta por cento, equivalem a dinheiro para efeito da gradação dos bens penhoráveis, estabelecida no art. 835 do CPC de 2015 (art. 655 do CPC de 1973).

- Penhora de salário: com o atual CPC, deve ser permitida a penhora de salário quando o valor do mesmo for superior a 50 salários mínimos, já que o **art. 833, § 2º do CPC/2015** diz não ser impenhorável o excedente da quantia acima referida.
- Penhora de renda/faturamento da empresa: a OJ n. 93 da SDI-2 do TST permite a penhora sobre a renda/faturamento da empresa, desde que seja um percentual razoável e que não existam outros bens passíveis de penhora, sejam insuficientes ou de difícil alienação.

Avaliação:

No processo do trabalho a avaliação é realizada pelo Oficial de Justiça, cujo cargo é denominado "Oficial de Justiça Avaliador". Assim, penhorado um *"veículo Volkswagen Gol, 1.0, ano 2015"*, no auto de penhora constará o valor do mesmo, sendo possível a sua contestação posterior por meio dos embargos à execução, por aplicação do **art. 525 do CPC/2015**, que traz a **avaliação errônea** como uma das matérias que podem ser arguidas na oportunidade.

Se pensarmos no procedimento normal, teremos a possibilidade de apresentação de embargos à execução, julgamento da defesa, preparação do bem para arrematação (venda em leilão). Contudo, pode acontecer que grande lapso de tempo se passe entre a avaliação realizada e o leilão, colocando a primeira avaliação realizada em desconformidade com o valor do bem no momento atual, que pode ter sofrido valorização ou desvalorização, como é comum nos veículos. Assim, caberia uma reavaliação do bem, determinada pelo Magistrado com base no **art. 873 do CPC/2015**.

Arrematação:

A arrematação dos bens será realizada em leilão, ao qual se dará publicidade nos termos do art. 888 da CLT, que dispõe sobre a necessidade de publicação de edital com **antecedência mínima de 20 dias**, de forma a que o maior número de pessoas possa vir ao ato, elevando a possibilidade de arrematação por um bom preço. A regra prevista no mesmo artigo acerca da arrematação é no sentido de que o arrematante deve garantir o lance com entrada equivalente a 20% do valor da compra, pagando o restante em 24 horas, sob pena de perda da entrada e retorno do bem para novo leilão (LEITE, 2015).

O CPC/2015 traz nova possibilidade de aquisição do bem, de forma parcelada, sendo que o art. 895 do atual Código, aplicável ao processo do trabalho por determinação da IN n. 39/16 do TST, dispõe que o interessado apresentará a sua proposta, contendo entrada de pelo menos 30% e o restante em até 30 parcelas, garantido o pagamento por caução (garantia) idônea, no caso de bens móveis e hipoteca na hipótese de imóveis.

Num primeiro momento, o bem será alienado pelo valor da avaliação, que é considerado o valor justo, que realmente vale o bem. Ocorre que pode o bem ser vendido por valor inferior àquele, desde que não seja considerado um preço vil, muito inferior ao que realmente vale, situação prevista no **art. 891 do CPC/2015**, que foi definido pelo legislador como o valor inferior ao mínimo estipulado pelo Juiz, ou, na falta de tal estipulação, inferior a 50% da avaliação. Assim, um bem avaliado em R$ 100.000,00, não pode ser vendido por valor inferior a R$ 50.000,00, pois traria grande prejuízo para o executado e poderia não ser tão útil ao processo de execução. Deve-se lembrar sempre que o processo de execução não serve para sacrificar o devedor, mas para que seja legitimamente paga a quantia devida ao exequente.

Adjudicação:

Escolhida pelo legislador processual civil como a **forma prioritária** de execução, a adjudicação pode ser entendida como o "recebimento da coisa penhorada como forma de pagamento da execução", isto é, em vez do bem ser vendido em leilão e transformado em dinheiro para pagamento do credor, entrega-se o próprio bem objeto da penhora.

Prevista no **art. 876 do CPC/2015**, a adjudicação será feita pelo valor da avaliação, sendo o exequente notificado após a garantia do juízo e decisão sobre os embargos, para manifestar o seu interesse em adjudicar, evitando-se que o bem seja levado a leilão, situação custosa e demorada. A adjudicação, portanto, é uma forma rápida de satisfação da obrigação. Duas situações podem ocorrer. Vejamos:

- Valor do bem penhorado: R$ 50.000,00
    - Valor do crédito: R$ 70.000,00 – o credor receberá o bem em pagamento, adjudicando-o e a execução prosseguirá para cobrança dos R$ 20.000,00 restantes.
    - Valor do crédito: R$ 30.000,00 – o credor receberá o bem em pagamento, adjudicando-o,

depositando de imediato a diferença de R$ 20.000,00, que ficará à disposição do Juiz da execução, que posteriormente entregará a quantia ao devedor.

■ **Remição:**

A remição encontra-se prevista no art. 13 da Lei n. 5.584/70, consistindo no pagamento do valor total da condenação para extinguir a execução e livrar os bens constritos, ou seja, objeto de penhora. A remição, portanto, deve ser total, não podendo remir um ou alguns bens, depositando o seu valor. O devedor deve depositar a quantia integral, extinguindo-se a execução, como dito (SCHIAVI, 2015).

■ **17.6. Prescrição intercorrente**

O tema prescrição intercorrente sofreu grande alteração por meio da Lei n. 13.467/2017 – reforma trabalhista – com a inclusão do art. 11-A da CLT, que afirma ser **cabível** a prescrição intercorrente no processo do trabalho, sendo reconhecida de ofício ou a requerimento da parte, quando o processo permanecer parado, por inércia do exequente, por mais de 2 anos, que deixa de cumprir determinação judicial que lhe cabia.

Assim, não mais se aplica a Súmula 114 do TST, que afirma o contrário.

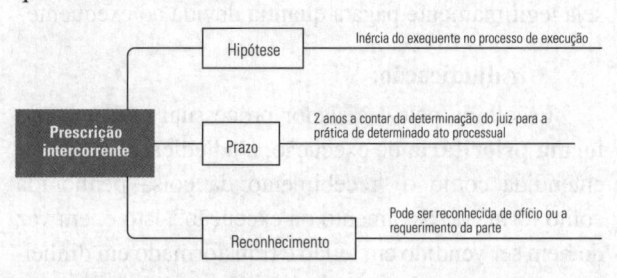

Prescrição intercorrente	Hipótese	Inércia do exequente no processo de execução
	Prazo	2 anos a contar da determinação do juiz para a prática de determinado ato processual
	Reconhecimento	Pode ser reconhecida de ofício ou a requerimento da parte

■ **17.7. Execução de obrigação de fazer, não fazer e entrega de coisa**

A execução das obrigações de fazer, não fazer e entrega de coisa segue as normas constantes nos **arts. 497 e 501 do CPC/2015**, que tratam da concessão da tutela específica para determinar que o devedor cumpra a obrigação do modo como foi formalizada, sem conversão em perdas e danos em um primeiro momento. Salienta-se que os dispositivos do CPC/2015 se aplicam ao processo do trabalho por determinação do art. 3º, XII, da IN n. 39/16 do TST.

A ideia do legislador, ao afirmar que será concedida a tutela específica, é entregar ao credor da obrigação, exatamente o que ele teria caso a obrigação tivesse sido cumprida de forma voluntária. Assim, se a obrigação de entrega tivesse sido cumprida, o devedor teria entregue ao credor um veículo Gol. Se descumprida a obrigação e acionado o Poder Judiciário para a execução daquela, deve o credor "sair do processo" de posse do veículo Gol, ou seja, no processo será concedida a tutela específica para entregar ao credor o bem da vida que está sendo discutido no processo.

Assim, a conversão em perdas e danos aparece como situação excepcional, prevista no **art. 499 do CPC/2015**, ao dispor que "a obrigação somente será convertida em perdas e danos se o autor o requerer ou se impossível a tutela específica ou a obtenção do resultado prático equivalente".

Em relação às obrigações de fazer, mais comuns no processo do trabalho, determina o Poder Judiciário a reintegração do empregado, a anotação da CTPS, reenquadramento funcional, entrega de guias de seguro-desemprego, dentre outras.

Em relação às "providências que assegurem o resultado prático equivalente", temos a multa diária como a mais comum e conhecida. Determina o Juiz do Trabalho a reintegração do obreiro sob pena de multa diária de R$ 1.000,00, que pode levar o empregador a realizar a conduta para não ser obrigado a pagar uma multa de valor alto. A referida multa está regulamentada pelo **art. 536 do CPC/2015**, que deixa clara a possibilidade de o Juiz alterar o valor e a periodicidade, de forma a adequá-la à realidade.

Detalhe importante é que o Juiz poderá valer-se de diversas técnicas para impor o cumprimento da obrigação, como consta no **§ 1º do art. 536 do CPC/2015**, como a *busca e apreensão, remoção de pessoas e coisas, o desfazimento de obras, impedimento de atividade nociva,* podendo utilizar de força policial, caso necessário.

■ **17.8. Execução contra a massa falida**

Em relação à execução contra a massa falida, que já foi objeto de cobrança em Exame da OAB, o único ponto que temos que lembrar é relacionado à competência da Justiça do Trabalho para a prática de atos processuais quando é decretada a falência de empresa executada. Dependendo do momento em que se encontra o processo de execução, a Justiça do Trabalho continuará competente para a prática de atos de expropriação e pagamento ou deverá remeter a quantia objeto de alienação para a Vara da Falência. Vejamos:

■ Falência decretada antes da prática de atos de constrição patrimonial: será entregue ao credor uma certidão de crédito trabalhista para a realização de habilitação perante o Juízo Falimentar.

■ Falência decretada após a penhora dos bens, mas antes da alienação: os bens serão alienados em leilão da Justiça do Trabalho, que não efetuará o pagamento ao credor, pois o valor será remetido para o Juízo da Falência, devendo o credor habilitar o seu crédito naquele juízo, que pagará a todos de acordo com as normas da falência e concordata.

- Falência decretada após a alienação dos bens pela Justiça do Trabalho: será efetuado o pagamento do crédito pela Justiça do Trabalho, sendo remetido ao Juízo da falência apenas o eventual resíduo após a efetivação do pagamento. Assim, se foi apurado o valor de R$ 100.000,00 e o débito trabalhista era de R$ 75.000,00, os R$ 25.000,00 que sobraram serão remetidos à Justiça Comum (Vara da Falência) (MIESSA, 2016).
- Por fim, vale a pena destacar o disposto no art. 6º da Lei n. 11.101/2005, que trata da falência e recuperação judicial e prevê a suspensão do processo de execução trabalhista. Percebam que o § 2º do mesmo dispositivo deixa claro que o processo de conhecimento continuará normalmente mesmo após a decretação da falência, até a apuração do crédito devido, suspendendo-se tão somente o processo de execução.

17.9. Execução contra a Fazenda Pública

Ao se falar em "execução contra a Fazenda Pública", lembra-se imediatamente de precatório e RPV (requisição de pequeno valor), que são meios alternativos de pagamento de dívidas reconhecidas pelo Poder Judiciário. Não se pensa em penhora de bens para pagamento de dívidas da Fazenda Pública, como se faz com as pessoas físicas e jurídicas de direito privado, uma vez que a execução dos entes públicos segue um procedimento diferenciado em virtude da **impenhorabilidade dos seus bens** (LEITE, 2015).

Mas quais são os entes públicos que se submetem ao regime do precatório e RPV, constante no art. 100 da CF/88? Apenas os entes com natureza jurídica de direito público, ou seja, União, Estados, Municípios, DF, autarquias e Fundações de Direito Público, o que significa dizer que as sociedades de economia mista e as empresas públicas não se submetem ao regime diferenciado, mas às regras normais previstas no art. 880 da CLT, que determina o pagamento ou outras ações, sob pena de penhora de bens.

Seguindo-se o procedimento, tem-se que o ente público, uma vez citado, poderá oferecer **embargos no prazo de 30 dias**, conforme prevê o **art. 910 do CPC/2015**, bem como a Lei n. 9.494/97, art. 1º-B. Além de diferente em relação ao prazo, já que o art. 884 da CLT prevê o prazo de 5 dias, **não há necessidade de garantia do juízo,** o que difere dos embargos apresentados pelos entes privados, que tem no art. 884 da CLT a previsão da garantia integral por penhora ou depósito.

Após o julgamento dos embargos, o Juiz da execução determinará a formação de um "pequeno processo" chamado de precatório, formado com as principais peças do processo, para que o Presidente do Tribunal competente remeta os autos ao Poder Executivo, determinando que seja incluso o valor no orçamento para pagamento, conforme a ordem cronológica de apresentação, seguindo-se as seguintes regras:

- Se o precatório for apresentado **até o dia 2 de abril**, o pagamento deverá ocorrer até o final do próximo ano (**exercício financeiro subsequente**). Exemplos:
  - Apresentação até 2 de abril de 2022: pagamento até o final de 2023.
  - Apresentação após 2 de abril de 2022, pagamento até o final de 2024.

A depender do valor do débito do ente público, dois procedimentos podem ser seguidos, a saber: **precatório e RPV – requisição de pequeno valor**. Dispõe o art. 100, §§ 3º e 4º, da CF/88 que as obrigações de pequeno valor seguem procedimento simplificado, sem a necessidade de expedição de ordem de pagamento por intermédio do TRT, aplicando-se a Lei n. 10.259/2001 em relação à União Federal. Mas qual é o valor considerado para fins de distinção entre precatório e RPV? Os arts. 86 e 87 da ADCT – Atos das Disposições Constitucionais Transitórias – afirmam que, enquanto não forem criadas leis específicas para Estados e Municípios, serão levados em consideração os seguintes valores:

Ente público	Valor-limite para RPV
União	Até 60 salários mínimos
Estados	Até 40 salários mínimos
Municípios	Até 30 salários mínimos

Caso reconhecida a obrigação como Requisição de Pequeno Valor – RPV, será aplicado o art. 17 da Lei n. 10.259/2001, que em síntese afirma que o Juiz da Execução (Juiz do Trabalho) **intimará o ente público para pagar em 60 dias,** depositando a quantia em conta bancária do Banco do Brasil ou Caixa Econômica Federal. Após o decurso do prazo sem pagamento, poderá ser determinado o sequestro de numerário para pagamento da obrigação (GARCIA, 2012).

17.10. Certidão negativa de débitos trabalhistas

O tema está regulamentado no art. 642-A da CLT, que trata da "prova de inexistência de débitos trabalhistas" e tem por finalidade, como o próprio nome esclarece, provar que inexistem débitos da empresa perante a Justiça do Trabalho, ou seja, que a empresa não foi condenada e possui débitos em aberto perante a Justiça do Trabalho, o que presume ser uma empresa cumpridora de suas obrigações (MOURA, 2015).

A importância da CNDT é vista em diversas situações, como nas contratações com empresa terceirizada, em que a tomadora dos serviços exige a apresentação da certidão ou para participação em licitações. Pode ser importante também para a concessão de empréstimos e financiamentos.

Além da certidão negativa, temos também a previsão, no § 2º do mesmo artigo, da **certidão positiva com efeito de negativa,** que é a certidão que afirma a existência de débitos trabalhistas, mas que estão garantidos por penhora suficiente ou com a exigibilidade suspensa.

Importante salientar que o art. 883-A da CLT prevê que a inclusão no BNDT somente pode ocorrer após o prazo de 45 dias e desde que não haja garantia do juízo.

Por fim, a CNDT possui prazo de validade de 180 dias, devendo ser extraída nova certidão após tal prazo, já que naquele período pode a empresa ter sofrido alguma condenação trabalhista e não mais possuir direito à CNDT.

17.11. Desconsideração da personalidade jurídica

O CPC/2015 trouxe uma importante modificação em relação ao tema "**desconsideração da personalidade jurídica**" ao criar um procedimento para aplicação da teoria e realização da penhora dos bens dos sócios, o que não havia até o advento do atual Código. Sob a égide do CPC/73, os Juízes do Trabalho desconsideravam a personalidade jurídica e penhoravam os bens dos sócios sem qualquer procedimento, sem oitiva prévia dos sócios, sem qualquer respeito ao contraditório, o que não poderá mais ocorrer sob pena de ilegalidade, já que a **IN n. 39/16 do TST** diz serem aplicáveis os **arts. 133 a 137 do CPC/2015**, que tratam do necessário procedimento (SARAIVA, MANFREDINI, 2016). Mas o que fez a Lei n. 13.467/2017 – reforma trabalhista – em relação ao tema? O art. 855-A da CLT afirma serem cabíveis os dispositivos do CPC ao processo do trabalho, reafirmando o que já havia sido dito pela IN n. 39/16 do TST.

Antes de tratarmos do procedimento em si, temos que explicitar que no processo do trabalho sempre foi aplicada a **teoria menor da desconsideração,** prevista no art. 28 do Código de Defesa do Consumidor, que não prevê a necessidade de demonstração de desvio de finalidade ou confusão patrimonial, requisitos necessários à luz do art. 50 do Código Civil (teoria maior). No processo do trabalho o **único requisito para a desconsideração é a ausência de patrimônio** da pessoa jurídica. Tal situação já autoriza a desconsideração e constrição/expropriação de bens dos sócios como forma de efetivação da obrigação (MIESSA, 2016).

Em relação ao procedimento em contraditório previsto nos **arts. 133 a 137 do CPC/2015**, podemos destacar que:

- O seu **início pode se dar de ofício** pelo Magistrado, conforme dispõe a IN n. 39/16 do TST.
- O procedimento, apesar de mais comum no processo de execução, também pode ocorrer no processo de conhecimento, principalmente quando houver risco de esvaziamento do patrimônio da empresa e sócios.
- A instauração do incidente (procedimento) **suspende o processo**.
- O sócio será notificado para apresentar **defesa e provas em 15 dias**.

Sobre a recorribilidade da decisão que acolhe ou rejeita o incidente, diz o § 1º do art. 855-A da CLT que:

- O incidente será decidido por **decisão interlocutória**, não cabendo recurso no processo do trabalho, conforme IN n. 39/16 do TST e inciso I do § 1º do artigo em destaque, se no curso do processo de conhecimento.
- Se realizado no **processo de execução**, da decisão caberá **agravo de petição**, conforme o art. 897, *a*, da CLT, sem necessidade de garantia do juízo, conforme o inciso II do § 1º do art. 855-A da CLT.
- Por fim, se realizado no Tribunal, pelo Relator, caberá da decisão o **recurso de agravo interno**, nos termos do **art. 932, VI, do CPC/2015**, por se tratar de **decisão monocrática**, conforme inciso III do § 1º do art. 855-A da CLT.

O art. 855-A da CLT reafirmou o entendimento exposto pela IN n. 39/16 do TST, aplicando os arts. 133 a 137 do CPC ao processo do trabalho. Assim, a desconsideração da personalidade jurídica passa a ser um procedimento em contraditório, que suspende o processo principal e que pode ser impugnada por recurso, salvo se proferida no processo de conhecimento.

Desconsideração da personalidade jurídica	Procedimento	Intimação para apresentação de defesa em 15 dias.
	Decisão no processo de conhecimento	Irrecorrível
	Decisão no processo de execução	Agravo de petição
	Decisão pelo Relator no Tribunal	Agravo interno

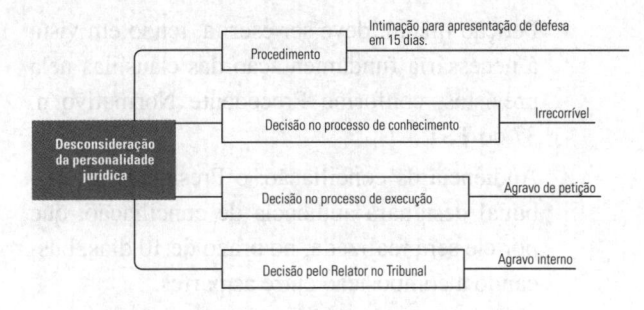

18. DISSÍDIO COLETIVO E AÇÃO DE CUMPRIMENTO

18.1. Conceito e classificação

O dissídio coletivo é uma ação coletiva, geralmente ajuizada pelos sindicatos, para a defesa dos interesses da categoria, ajuizada quando não há consenso na negociação coletiva, conforme prescreve o art. 114, § 2º, da CF/88. Dispõe a Carta Magna que se as partes não chegarem a um consenso e não elegerem árbitros, poderá a questão ser levada ao Poder Judiciário para definição de **novas condições de trabalho** ou para **interpretar dispositivos já existentes,** sobre os quais há divergência entre os representantes dos trabalhadores e empregadores. Uma situação bem comum no cotidiano dos TRTs é o julgamento de dissídio coletivo em que são analisadas **cláusulas normativas**, dentre elas a que prevê o reajuste salarial da categoria, devendo os Magistrados daquele Tribunal decidir o que não foi decidido pelas categorias, isto é, definir o percentual do reajuste a ser aplicado aos trabalhadores (SCHIAVI, 2015).

> Nos dissídios individuais, a sentença proferida cria uma norma individual e concreta, que produz efeitos apenas para aqueles que foram partes no processo. Já o dissídio individual cria normas gerais e abstratas, que se aplicam a todos os membros das categorias partes, ou seja, para todos os empregados de todas as empresas representadas pelos sindicatos suscitante e suscitado.

O mesmo art. 114, § 2º, da CF/88 prevê o **poder normativo da Justiça do Trabalho,** que é essa possibilidade de os tribunais trabalhistas criarem normas gerais e abstratas, que serão aplicadas durante o período de vigência da decisão ali proferida, que recebe o nome de **sentença normativa**.

É importante ressaltar que o poder normativo da Justiça do Trabalho, para ser exercido, depende do **comum acordo** previsto no art. 114, § 2º, da CF/88, inserido pela EC n. 45/2004, que é encarado como um requisito indispensável ao ajuizamento da ação.

A depender do pedido a ser formulado no dissídio coletivo, o mesmo será classificado conforme o regimento interno do TST em:

- Natureza econômica: busca a instituição de novas condições de trabalho, como o reajuste salarial e outros benefícios para a categoria.
- Natureza jurídica: tem por finalidade interpretar normas já existentes, em que há dúvida acerca de determinado dispositivo de uma convenção coletiva de trabalho, por exemplo. Não há, na hipótese, a criação de direito novo, mas a interpretação sobre algo que já existe. Segundo a OJ n. 7 da SDC/TST, não cabe a interpretação de normas genéricas, como aquelas que constam na CF, CLT etc.
- De greve: busca a declaração sobre a abusividade ou não do movimento grevista e a instituição de novos direitos, caso a greve seja considerada legal. A OJ n. 10 da SDC/TST diz que a greve é o instrumento de pressão máximo à disposição do empregado e é utilizado para buscar a criação de melhores condições de trabalho, pressionando o empregador a negociar ou buscando a instituição daquelas condições por intermédio dos tribunais trabalhistas.
- Originário: é o dissídio coletivo ajuizado quando não há qualquer norma coletiva (CCT, ACT) ou sentença normativa em vigor.
- De revisão: utilizada para pedir a revisão de normas coletivas em vigor, quando as condições ali estabelecidas se mostrarem injustas ou ineficazes.

18.2. Pressupostos processuais específicos

Por tratar-se de ação especial, diferentes são os pressupostos processuais, conforme será apresentado a seguir:

- Competência: o dissídio coletivo é uma ação de competência dos Tribunais Trabalhistas, ou seja, julgada pelos TRTs ou TST. **Trata-se de ação de competência originária daqueles tribunais**. A depender da extensão territorial do conflito levado ao Poder Judiciário, caberá ao TRT ou TST o julgamento. Vejamos: o conflito está estabelecido entre categorias do Estado do Espírito Santo, logo a competência será do TRT/ES. Caso o conflito se estenda por território superior à área de um TRT, caberá ao TST o julgamento, como geralmente ocorre com os dissídios coletivos dos empregados dos Correios e Banco do Brasil. Há apenas uma exceção, que envolve os TRTs do Estado de São Paulo – 2ª e 15ª Regiões – respectivamente na capital do Estado e em Campinas. Na hipótese de greve em área relativa aos dois TRTs ao mesmo tempo, como uma situação que envolva todo o Estado de São Paulo, o dissídio coletivo será julgado pelo TST.

- Negociação prévia: da leitura do art. 114, § 2º, da CF/88, extrai-se que a negociação coletiva é um requisito para o ajuizamento do dissídio coletivo, devendo o Poder Judiciário extinguir a ação sem resolução do mérito caso não haja prova do exaurimento da negociação coletiva.
- Autorização em assembleia: o **art. 859 da CLT** prescreve que a autorização para o ajuizamento do dissídio (instauração de instância, na terminologia da CLT) será realizada em assembleia por 2/3 dos participantes em primeira convocação e 1/3 deles em segunda convocação.
- Convocação para assembleia: a OJ n. 8 da SDC/TST dispõe que o autor deverá juntar à petição inicial do dissídio **o edital de convocação para a assembleia, bem como a ata da mesma,** como forma de demonstrar que a categoria foi convocada para discutir sobre o assunto e que a deliberação daquela foi no sentido de ser ajuizada a ação de dissídio coletivo.
- Comum acordo: dispõe o art. 114, § 2º, da CF/88, alterado pela EC n. 45/2004, que o dissídio coletivo somente pode ser ajuizado por comum acordo entre as partes. O comum acordo pode ser expresso ou tácito, sendo o último aceito pela jurisprudência dos tribunais, como a demonstração de que o sindicato suscitado não quer negociar ou "travou" a negociação.
- Época própria para o ajuizamento: dispõe o art. 616, § 3º, da CLT que a época própria para o ajuizamento da ação é nos 60 dias anteriores ao término da vigência da norma coletiva atual, que pode ser uma convenção coletiva, um acordo coletivo ou uma sentença normativa. A importância de se ajuizar a ação no referido prazo é que a sentença normativa proferida no dissídio coletivo passa a produzir efeitos no dia imediato ao término do prazo (LEITE, 2015).

- **18.3. Procedimento**

Apesar de não ser um ponto fundamental para os Exames da OAB, alguns pontos do procedimento do dissídio coletivo podem ser destacados e estudados.

- Petição inicial: deve ser escrita, tendo em vista a necessária fundamentação das cláusulas nela previstas, conforme Precedente Normativo n. 37 do TST.
- Audiência de conciliação: o Presidente do Tribunal designará audiência de conciliação, que por ele será realizada, no prazo de 10 dias, buscando a composição entre as partes.
- Homologação do acordo: havendo acordo na audiência, o mesmo será levado à homologação na próxima sessão do Tribunal, conforme art. 863 da CLT.
- Propostas do Presidente do Tribunal: dispõe o art. 862 da CLT que o Presidente não fica adstrito às propostas apresentadas pelas partes, podendo externar o seu entendimento, aquilo que entende melhor para as partes, sem que se mostre parcial na hipótese.
- Defesa: no procedimento não há contestação, reconvenção, revelia ou confissão, pois as cláusulas em discussão tratam de direitos abstratos, das categorias partes no dissídio. Assim, não havendo conciliação, passará o Tribunal ao julgamento. No cotidiano, o Presidente do Tribunal, caso não haja acordo, defere prazo para que o suscitado se manifeste sobre as cláusulas inseridas na petição inicial (SCHIAVI, 2015).
- Parecer do Ministério Público: quando o MPT não for parte, já que pode ajuizar o dissídio coletivo de greve (art. 114, § 3º, da CF/88), atuará como fiscal da lei, apresentando parecer escrito ou oral, na sessão de julgamento.
- Julgamento: após o parecer do MPT, será o dissídio distribuído para o relator, que analisará o processo e redigirá o relatório, sendo o feito remetido ao revisor na sequência, submetendo-o a julgamento.

- **18.4. Sentença normativa**

A sentença normativa, decisão proferida no dissídio coletivo, que cria melhores condições de trabalho ou que interpreta normas já existentes, é na verdade um acórdão, pois proferido por colegiado de um tribunal (TRT ou TST), nos termos do **art. 204 do CPC/2015**.

Importante destacar que a decisão referida não possui natureza condenatória, mas **constitutiva** ou **declaratória,** o que retira a possibilidade de execução da mesma, que, uma vez descumprida, será objeto de **ação de cumprimento,** a ser estudada posteriormente.

A sentença será constitutiva quando criar melhores condições de trabalho, como no dissídio coletivo de natureza econômica, sendo declaratória quando interpretar normas já existentes, como se dá no dissídio coletivo de natureza jurídica.

Sobre a vigência da decisão, dispõe o art. 868 da CLT que o seu prazo máximo será de 4 anos, sendo que os tribunais geralmente fixam prazos menores, de 1 a 2 anos, fazendo com que as categorias retornem à negociação em tempo breve.

Contudo, pode ser que a sentença normativa produza efeitos por prazo superior ao que foi fixado pelo tribunal trabalhista, conforme reconhecido no **Precedente Normativa n. 120 do TST,** que afirma, em síntese, que, apesar de ter sido a vigência fixada em prazo inferior, poderá produzir efeitos em até 4 anos, quando não houver negociação coletiva ou nova sentença normativa para produzir a revogação da sentença originária. Assim, digamos que o TRT/ES tenha proferido sentença normativa com prazo de 1 ano. Após tal prazo, nenhuma norma coletiva foi criada, continuando a decisão a produzir efeitos, chegando a 2, 3 e 4 anos. Alcançando o prazo máximo, deixa de produzir efeitos de imediato (MIESSA, 2016).

A sentença normativa vigora, desde seu termo inicial até que sentença normativa, convenção coletiva de trabalho ou acordo coletivo de trabalho superveniente produza sua revogação, expressa ou tácita, respeitado, porém, o prazo máximo legal de 4 anos de vigência.

Por fim, sobre as cláusulas que podem constar na sentença normativa, estas são classificadas em: **econômicas** (reajustes salariais, p. ex.), **sociais** (abono de faltas, p. ex.), **sindicais** (autoriza desconto assistencial, p. ex.) e **obrigacionais** (instituem multas pelo descumprimento das normas ali constantes, p. ex.).

18.5. Recursos no dissídio coletivo

Os recursos cabíveis dependem da competência para o julgamento do dissídio coletivo, que, como já estudamos, pode ser do TRT ou TST. Vejamos:

- Dissídio coletivo de competência originária do TRT: da sentença normativa pode ser interposto o recurso ordinário, conforme art. 895, II, da CLT, pois já se sabe que o recurso não cabe apenas de sentença, mas também de acórdão proferido pelos TRTs em ações de sua competência originária. Assim, da sentença normativa do TRT, que é um acórdão daquele tribunal, poderá ser interposto o RO em 8 dias, que será julgado pelo TST. Excepcionalmente poderá ser atribuído **efeito suspensivo ao recurso ordinário**, através de pedido formulado ao Presidente do TST, conforme previsto na Lei n. 10.192/2001, art. 14.

- Dissídio coletivo de competência originária do TST: na hipótese, caberá à Seção de Dissídios Coletivos – SDC – órgão do TST especializado no julgamento da referida ação, proferir a sentença normativa, que poderá ser impugnada pelos seguintes recursos:

    - Embargos infringentes: caso a sentença normativa seja não unânime, conforme art. 894, I, a, da CLT, no prazo de 8 dias, julgados pela própria SDC.
    - Embargos de declaração: na hipótese de haver qualquer um dos vícios constantes no art. 897-A da CLT, a saber: omissão, obscuridade e contradição, no prazo de 5 dias.
    - Recurso extraordinário: havendo ofensa à Constituição Federal, nos termos do seu art. 102, III, por ser uma decisão de última instância, por não caber qualquer outro recurso dirigido ao próprio TST.

18.6. Coisa julgada

Para os Exames da OAB, deve-se aplicar o entendimento constante na Súmula 397 do TST, que afirma ser apenas **formal a coisa julgada** no dissídio coletivo. A doutrina critica o entendimento, afirmando também ser material tal coisa julgada, mas o entendimento sumulado é o mais seguro para as provas objetivas, que não podem trazer pontos controvertidos (KLIPPEL, 2016).

> Doutrina majoritária afirma que a sentença normativa produz coisa julgada material, pois pode ser rescindida, conforme consta no regimento interno do TST. Se é passível da ação rescisória, é porque produz coisa julgada material.

18.7. Ação de cumprimento

Prevista no art. 872 da CLT, a ação de cumprimento é conceituada como uma demanda de **conhecimento, de caráter condenatório**, que tem por finalidade demonstrar que uma norma coletiva – acordo coletivo, convenção coletiva ou sentença normativa – não está sendo cumprida e condenar o empregador a adimplir a obrigação. A ação de cumprimento é indispensável para efetivar os direitos reconhecidos pelas referidas normas coletivas, diante da impossibilidade de proceder à execução daquelas, por não serem títulos executivos. Em relação à sentença normativa, apesar de ser uma decisão judicial, não pode ser objeto de execução por não possuir natureza condenatória, mas constitutiva e declaratória, como já estudado (LEITE, 2015).

> Muito cuidado com a informação de que a "sentença normativa será executada por não estar sendo cumprida", pois, como já dito, o correto é o ajuizamento de ação de cumprimento, na qual será proferida uma sentença condenatória que será objeto de futura execução.

Um exemplo pode auxiliar o entendimento: imagine que a convenção coletiva da sua categoria tenha previsto um reajuste salarial de 10% com vigência já para o próximo mês. Você que recebe R$ 2.000,00 passaria a receber R$ 2.200,00. Para sua surpresa, ao receber o salário, constata que o reajuste não foi concedido pelo empregador. Diante do descumprimento da norma, o que fazer? Que medida processual adotar?

Como a **Súmula 286 do TST** diz que as negociações coletivas (acordo coletivo e convenção coletiva) também podem ser objeto da ação de cumprimento, você ajuizará a ação em estudo perante a Vara do Trabalho do local da prestação dos serviços (art. 651 da CLT), requerendo que o Poder Judiciário reconheça o seu direito ao reajuste e condene o empregador ao pagamento das diferenças salariais (KLIPPEL, 2016).

> **Súmula 286 do TST**
> A legitimidade do sindicato para propor ação de cumprimento estende-se também à observância de acordo ou de convenção coletivos.

A ação pode ser ajuizada por você ou pelo sindicato da categoria, pois foi o ente coletivo que firmou as negociações coletivas e provavelmente o autor do dissídio coletivo que culminou com o proferimento da sentença normativa. A **legitimidade ativa é concorrente** entre o empregado e o sindicato. Já a **legitimidade passiva é apenas do empregador**, ou seja, apenas ele pode ser réu na ação de cumprimento, pois é ele o devedor da obrigação, quem está descumprimento a norma coletiva.

Ao ajuizar a ação, que é de conhecimento, como já dito, teremos a adoção de um dos três procedimentos existentes no direito processual do trabalho, que diferem um do outro pelo valor da causa, a saber:

- Rito sumário (dissídio de alçada): **até 2 salários mínimos**, conforme Lei n. 5.584/70.
- Rito sumaríssimo: **até 40 salários mínimos**, nos termos do art. 852-A da CLT.
- Rito ordinário: **mais de 40 salários mínimos**, considerado o procedimento padrão do processo do trabalho.

19. PROCEDIMENTOS ESPECIAIS TRABALHISTAS

19.1. Inquérito para apuração de falta grave

O inquérito para apuração de falta grave, procedimento especial previsto no **art. 853 da CLT**, possui uma série de peculiaridades em relação a uma ação trabalhista "comum", conforme será analisado ao longo do presente tópico.

Em primeiro lugar, afirma-se que o inquérito possui por finalidade a desconstituição do vínculo de emprego por justa causa, mas não em todas as situações, já que se estuda em direito do trabalho que não há um procedimento para a demissão por justa causa. A ação é utilizada para aplicar a justa causa em alguns empregados, que possuem estabilidade provisória e que a lei ou a jurisprudência reconheceram a necessidade de um procedimento judicial de verificação da conduta que geraria a justa causa, ou seja, uma verificação realizada em contraditório, perante o Juiz do Trabalho, para convencê-lo de que o obreiro, apesar da sua estabilidade provisória, deu causa à rescisão do contrato, o que não se presume, muito pelo contrário, tem que estar devidamente provado nos autos.

Pela doutrina e jurisprudência majoritárias, utilizadas nos Exames da OAB, os empregados que são destinatários da ação de inquérito para apuração de falta grave são:

- Estável decenal – previsto no art. 492 da CLT, como o empregado que adquiriu a estabilidade após 10 anos na empresa. O instituto não foi recepcionado pela CF/88, que o substituiu pelo FGTS, mas o empregado que adquiriu a referida estabilidade antes da CF/88 teve os seus direitos preservados, somente podendo ser demitido por meio do inquérito.
- Dirigente sindical – conforme entendimento do TST externado na Súmula 379, é a situação mais importante para os Exames da OAB (KLIPPEL, 2016).

> O dirigente sindical somente poderá ser dispensado por falta grave mediante a apuração em inquérito judicial, inteligência dos arts. 494 e 543, § 3º, da CLT. (ex-OJ n. 114 da SBDI-1 – inserida em 20-11-1997)

Apesar de ser uma "ação de procedimento especial", segue o **rito ordinário**, mas com uma série de particularidades, a saber:

- Petição inicial: obrigatoriamente escrita, conforme art. 853 da CLT, sendo exceção a regra prevista no art. 840 da CLT, que permite a petição inicial verbal.

- Prazo para ajuizamento: deve ser ajuizada no prazo **decadencial (Súmula 403 do STF) de 30 dias a contar da suspenção** do empregado.

- Número de testemunhas: é o procedimento trabalhista com o maior número de testemunhas do processo do trabalho, chegando a 6 por parte, conforme art. 821 da CLT.

> **Art. 821.** Cada uma das partes não poderá indicar mais de 3 (três) testemunhas, salvo quando se tratar de inquérito, caso em que esse número poderá ser elevado a 6 (seis).

A ação será ajuizada nos termos do art. 651 da CLT, sendo da competência da Vara do Trabalho do local da prestação dos serviços (LEITE, 2015).

Por fim, a sentença proferida na ação possui **natureza dúplice**, podendo reconhecer a hipótese de justa causa e desconstituir o vínculo ou negar a hipótese e determinar a reintegração do empregado nas funções, caso esteja suspenso. Vejamos um exemplo: o empregador entendeu que o dirigente sindical apresentou um atestado médico falso, que caracteriza a rescisão por justa causa na hipótese de ato de improbidade, previsto no art. 482, *a*, da CLT. Diante da situação por ele entendida como grave, determinou a suspensão do obreiro e ajuizou o inquérito no prazo de 30 dias. Na fase instrutória, foi realizada perícia no documento que não constatou qualquer rasura, modificação ou outro vício, entendendo o Juiz do Trabalho que o atestado era legítimo. Assim, julgou improcedentes os pedidos formulados na petição inicial, determinou a **reintegração do obreiro** na função que ocupava antes da suspensão, bem como a **condenação ao pagamento dos salários e demais verbas** do período de suspensão (SCHIAVI, 2015).

Assim, se a sentença for de:

- Procedência: desconstituirá o vínculo de emprego por reconhecer a justa causa, aplicando todas as consequências daquela forma de rescisão, como a perda de diversas verbas (13º proporcional, férias proporcionais, aviso prévio etc.) e benefícios (seguro-desemprego e saque do FGTS).

- Improcedência: condenará à reintegração e ao pagamento de verbas do período de suspensão.

> Apesar de dotados de estabilidade provisória, a gestante, o acidentado do trabalho e o membro da CIPA podem ser dispensados por justa causa sem o ajuizamento do inquérito, pois não há previsão de procedimento especial para a demissão dos mesmos.

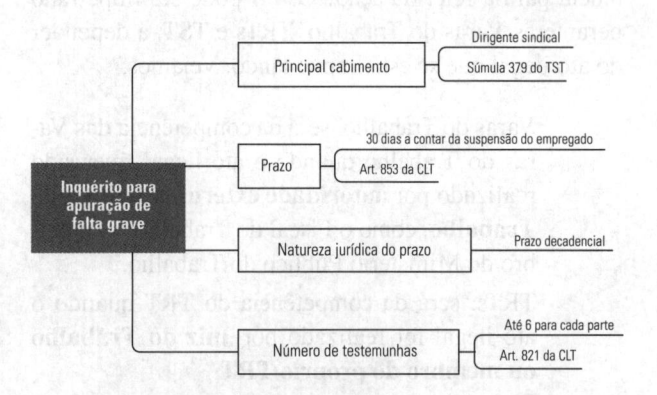

Inquérito para apuração de falta grave:
- Principal cabimento — Dirigente sindical — Súmula 379 do TST
- Prazo — 30 dias a contar da suspensão do empregado — Art. 853 da CLT
- Natureza jurídica do prazo — Prazo decadencial
- Número de testemunhas — Até 6 para cada parte — Art. 821 da CLT

19.2. Mandado de segurança

Previsto no art. 5º, LXIX, da CF/88 e regulamentado pela Lei n. 12.016/2009, o mandado de segurança é utilizado para a **defesa de direito líquido e certo** "quando o responsável pela ilegalidade ou abuso de poder for autoridade pública ou agente de pessoa jurídica no exercício de atribuições do Poder Público". Na maioria das vezes, o Mandado de Segurança é utilizado no processo do trabalho para atacar decisões judiciais que se mostrem ilegais e que não podem ser objeto de questionamento por recurso, **como as decisões interlocutórias**, nos termos da importantíssima **Súmula 414 do TST**, que trata da matéria. Imagine o seguinte: uma empregada grávida foi demitida sem justa causa e ajuizou uma reclamação trabalhista, requerendo liminarmente a sua reintegração. O pedido liminar é indeferido, sob o argumento de que ela engravidou no aviso prévio. A decisão **é ilegal, teratológica, absurda**, mas não pode ser objeto de recurso imediato, por tratar-se de decisão interlocutória e não estar enquadrada nas hipóteses excepcionais da Súmula 214 do TST. O que fazer na hipótese? Aguardar ser proferida sentença (decisão final) para ver o entendimento do Juiz quando do julgamento do mérito? Claro que não! Por se tratar de decisão judicial absurda, a parte pode impetrar de imediato o mandado de segurança, perante o TRT competente, buscando a modificação da decisão e, por consequência, a reintegração da obreira. Essa é a situação mais usual de mandado de segurança. Há também um outro ótimo exemplo, que é a decisão que **penhora salário do executado** e que é questionada no TRT por meio da ação em estudo, visando à liberação do percentual penhorado do salário, por ser um bem absolutamente impenhorável, nos moldes do **art. 833 do CPC/2015**, não se enquadrando a hipótese nas exceções do § 2º do dispositivo legal (SARAIVA, MANFREDINI, 2016).

Falamos que, nas hipóteses, a competência para o MS seria do TRT. Mas quais são as regras sobre competência para a referida ação? O MS pode ser impetrado perante as Varas do Trabalho, TRTs e TST, a depender do ato ilegal que se está impugnando. Vejamos:

- Varas do Trabalho: será da competência das Varas do Trabalho quando o ato ilegal tiver sido realizado por **autoridade externa à Justiça do Trabalho**, como o Fiscal do Trabalho ou membro do Ministério Público do Trabalho.
- TRTs: será da competência do TRT quando o ato ilegal for realizado por **Juiz do Trabalho ou membro do próprio TRT**.
- TST: será da competência do TST quando o ato ilegal for realizado por **membro do próprio TST**.

No cotidiano trabalhista, a maior parte dos mandados de segurança é julgada pelos TRTs, pois as partes se valem da ação para impugnar decisões interlocutórias dos Juízes do Trabalho, como nos exemplos acima.

Pela leitura do art. 5º, LXIX da CF/88, verifica-se que um dos requisitos para a utilização da ação é a **demonstração do direito líquido e certo,** que é entendido como a demonstração dos fundamentos por **prova pré-constituída,** que é a prova documental. Todos os argumentos devem estar provados por documentos juntados **na petição inicial,** sem possibilidade de emenda daquela para juntada de documento eventualmente faltante. Essa ideia consta na **Súmula 415 do TST**, que diz não caber emenda da petição inicial do mandado de segurança para juntada de documentos (KLIPPEL, 2016).

Súmula 415 do TST
Exigindo o mandado de segurança prova documental pré-constituída, inaplicável o art. 321 do CPC de 2015 (art. 284 do CPC de 1973) quando verificada, na petição inicial do *mandamus*, a ausência de documento indispensável ou de sua autenticação.

Outro requisito fundamental para a ação em estudo é a sua impetração no prazo decadencial de 120 dias a contar da ciência do ato coator. Se impetrada a medida no prazo, será considerada a ação adequada à defesa do direito. Se impetrada posteriormente ao prazo, será indeferida a petição inicial por ausência da condição da ação de interesse processual. Sobre o prazo, é importante destacar ainda a existência ou não de influência na sua contagem pela apresentação de **pedido de reconsideração**. Imaginemos que a decisão "a" tenha sido proferida de forma contrária aos interesses do autor, tendo sido o mesmo intimado daquela. Poderia a parte impetrar desde logo o mandado de segurança, iniciando-se a contagem do prazo de 120 dias da intimação daquela decisão "a". Contudo, em vez de se valer da mencionada ação, preferiu a parte apresentar pedido de reconsideração, que posteriormente foi indeferido por **meio da decisão "b"**. A pergunta que fica é a seguinte: querendo a parte impetrar mandado de segurança, deverá contar os 120 dias da decisão "a" ou "b"? Nos termos da **OJ n. 127 da SDI-2 do TST,** será a decisão "a" o marco para a contagem do prazo, pois o *efetivo ato coator é o primeiro em que se firmou a tese e não aquele que a ratificou.*

OJ 127 da SBDI-2
Na contagem do prazo decadencial para ajuizamento de mandado de segurança, o efetivo ato coator é o primeiro em que se firmou a tese hostilizada e não aquele que a ratificou.

Ainda em relação ao prazo, um ponto importante, que está descrito no art. 23 da Lei n. 12.016/2009: há possibilidade de renovação do mandado de segurança dentro do prazo decadencial de 120 dias? Caso o MS impetrado seja extinto sem resolução do mérito e ainda esteja dentro do prazo de 120 dias, contado do ato original, poderá ser impetrado novamente, por dois motivos:

- O primeiro MS foi extinto sem resolução do mérito, o que não impede o reajuizamento da ação.
- Ainda está dentro do prazo de 120 dias, mostrando-se a ação mandamental ainda como a forma correta de impugnação do ato ilegal.

Muito cuidado com a natureza do prazo para a impetração do mandado de segurança, pois a banca pode dizer que o mesmo é "prescricional, de 120 dias", quando na verdade se trata de "prazo decadencial de 120 dias", sendo extinta a ação se impetrada após o referido prazo.

Agora, a questão mais recorrente em provas objetivas, que pode ser cobrada no seu Exame da OAB: a **Súmula 414 do TST**, que trata da utilização do mandado de segurança como **sucedâneo recursal**, ou seja, como se fosse um recurso, para impugnar decisões interlocutórias. Três são as hipóteses analisadas na súmula referida, a saber:

- **Impugnação de pedido liminar proferido no curso do processo:** na hipótese, estamos diante da típica situação de utilização da ação mandamental, que foi aquela mencionada nos exemplos já narrados, em que a liminar é proferida no curso do processo e impugnada de imediato por **mandado de segurança perante o TRT**.
- **Impugnação de pedido liminar proferida apenas na sentença:** situação excepcional em que o pedido liminar é analisado tão somente na sentença, hipótese em que a impugnação será realizada **por recurso ordinário (art. 895 da CLT)**, uma vez ter sido proferida uma sentença, que é uma decisão judicial com recurso imediato previsto no sistema processual.
- **MS impetrado contra decisão interlocutória e proferimento de sentença nos autos antes do julgamento daquela ação no TRT:** na hipótese, caso impetrado mandado de segurança contra decisão interlocutória e a sentença seja proferida antes do julgamento do MS pelo TRT, não haverá mais interesse no julgamento do MS, devendo o mesmo ser extinto por **perda do objeto**, já que a decisão interlocutória que ele impugnava foi substituída pela sentença ora proferida (KLIPPEL, 2016).

Por ser a situação mais importante de utilização da ação mandamental, transcreve-se a Súmula 414 do TST:

MANDADO DE SEGURANÇA. TUTELA PROVISÓRIA CONCEDIDA ANTES OU NA SENTENÇA (nova redação em decorrência do CPC de 2015).

I – A tutela provisória concedida na sentença não comporta impugnação pela via do mandado de segurança, por ser impugnável mediante recurso ordinário. É admissível a obtenção de efeito suspensivo ao recurso ordinário mediante requerimento dirigido ao tribunal, ao relator ou ao presidente ou ao vice-presidente do tribunal recorrido, por aplicação subsidiária ao processo do trabalho do artigo 1.029, § 5º, do CPC de 2015.

II – No caso de a tutela provisória haver sido concedida ou indeferida antes da sentença, cabe mandado de segurança, em face da inexistência de recurso próprio.

III – A superveniência da sentença, nos autos originários, faz perder o objeto do mandado de segurança que impugnava a concessão ou o indeferimento da tutela provisória.

Por fim, em relação ao procedimento do mandado de segurança, alguns pontos devem ser lembrados, destacando-se a aplicação da Lei n. 12.016/2009 em relação a eles:

- Notificação da autoridade coatora: será notificada para apresentar as suas informações (espécie de defesa) no prazo de **10 dias**.
- Ausência de revelia: a ausência de informações não importa em revelia, na medida em que, sendo o ato realizado por autoridade pública, goza de presunção de legalidade, devendo a sua ilegalidade ser comprovada por prova robusta.
- Parecer do Ministério Público: o Ministério Público apresentará parecer no prazo de 10 dias, na medida em que funciona na qualidade de **fiscal da lei**.
- Sentença: dispõe o art. 12 da Lei n. 12.016/2009 que a sentença deve ser proferida em 30 dias.
- Honorários de sucumbência: o art. 25 da Lei n. 12.016/2009 prevê que **não haverá a condenação** ao pagamento de honorários de sucumbência.
- Recursos: caberá recurso ordinário (**art. 895, I, da CLT**) da sentença proferida pela Vara do Trabalho nos mandados de segurança de sua competência, bem como recurso ordinário (**art. 895, II, da CLT**) do acórdão proferido pelo TRT no julgamento da ação de sua competência, conforme **Súmula 201 do TST**.

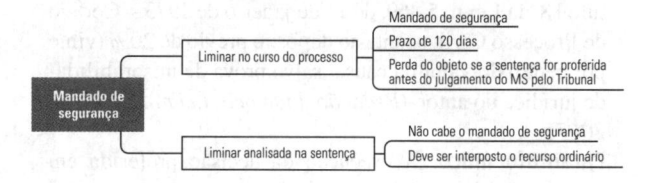

Mandado de segurança
- Liminar no curso do processo
  - Mandado de segurança
  - Prazo de 120 dias
  - Perda do objeto se a sentença for proferida antes do julgamento do MS pelo Tribunal
- Liminar analisada na sentença
  - Não cabe o mandado de segurança
  - Deve ser interposto o recurso ordinário

19.3. Ação rescisória

A ação rescisória, prevista nos **arts. 966 e s. do CPC/2015**, é utilizada para **desconstituir a coisa julgada material** que foi formada com algum vício grave que foi reconhecido pelo legislador e inserido no **art. 966 do CPC/2015**, tal como a utilização de **prova falsa,** julgamento proferido por **Juiz impedido**, decisão de mérito proferida por **juízo absolutamente incompetente**, dentre outras (SCHIAVI, 2015).

Uma novidade do Código de Processo Civil de 2015 é a possibilidade de ser rescindida decisão **que não seja de mérito**, conforme o § 2º do artigo referido, pois a decisão que não é de mérito, mas impede a propositura de nova ação e a admissibilidade de recurso, prejudica a parte tanto quanto uma decisão de mérito, podendo ser desconstituída se viciada (SARAIVA, MANFREDINI, 2016). Para tanto, a parte prejudicada deverá ajuizar a ação rescisória no **prazo decadencial de 2 anos** a contar do trânsito em julgado **da última decisão do processo**, que pode ser de mérito ou não, entendimento que já se encontrava exposto na Súmula 100 do TST e passou a constar expressamente no **art. 975 do CPC/2015**.

Apesar de a ação rescisória estar praticamente disciplinada apenas pelo CPC, encontra-se prevista também na CLT, pois seu art. 836 assinala a possibilidade de desconstituição da coisa julgada trabalhista, desde que realizado um **depósito prévio de 20% do valor da causa**, como condição de admissibilidade daquela.

O depósito prévio referido pode ser perdido para a outra parte como **multa pelo ajuizamento da ação**, caso seja inadmitida ou julgada improcedente **por unanimidade**, ou pode retornar para o autor, na hipótese de qualquer outro resultado, mesmo que desfavorável, desde que por maioria de votos (MIESSA, 2016). Assim, temos que lembrar as duas hipóteses de **perda do depósito prévio,** a saber:

- Inadmissão da ação rescisória por unanimidade.
- Improcedência da ação rescisória por unanimidade.

> **Art. 836.** É vedado aos órgãos da Justiça do Trabalho conhecer de questões já decididas, excetuados os casos expressamente previstos neste Título e a ação rescisória, que será admitida na forma do disposto no Capítulo IV do Título IX da Lei n. 5.869, de 11 de janeiro de 1973 – Código de Processo Civil, sujeita ao depósito prévio de 20% (vinte por cento) do valor da causa, salvo prova de miserabilidade jurídica do autor. (*Redação dada pela Lei n. 11.495, de 2007*)
> **Parágrafo único.** A execução da decisão proferida em ação rescisória far-se-á nos próprios autos da ação que lhe deu origem, e será instruída com o acórdão da rescisória e a respectiva certidão de trânsito em julgado.

Em relação à competência para o julgamento da ação em estudo, temos que tomar cuidado com alguns pontos, que podem nos levar a erro. A ação rescisória é uma **ação processada e julgada pelos tribunais,** ou seja, no processo do trabalho sempre pelos TRTs e TST. As regras sobre competência são as seguintes:

- TRT: será da competência dos TRTs o processamento e julgamento das ações rescisórias nas seguintes hipóteses:
  - Decisão objeto da ação rescisória: sentença com trânsito em julgado, ou seja, decisão de primeiro grau de jurisdição.
  - Decisão objeto da ação rescisória: decisão com trânsito em julgado emanada do próprio TRT, na medida em que *todo tribunal possui competência para processar e julgar a ação rescisória de seus próprios julgados.*
- TST: caberá ao Tribunal Superior do Trabalho processar e julgar a ação rescisória na seguinte hipótese:
  - Decisão objeto da ação rescisória: decisão com trânsito em julgado do próprio TST.

Apenas uma situação sobre competência tem que ser analisada com muito cuidado, pois consta na Súmula 192, I, do TST e pode ser utilizada como "pegadinha". Vejamos a situação por meio de um exemplo: diante de um acórdão do TRT contrário aos seus interesses, você interpôs um recurso de revista, requerendo ao TST a reforma daquela decisão. O recurso de revista foi admitido pela Presidência do TRT, seguindo para o TST. Lá chegando, foi inadmitido, transitando em julgado tal decisão. Agora você quer ajuizar uma ação rescisória e está na dúvida sobre a competência, já que a última decisão do processo foi proferida pelo TST. Na hipótese, apesar de a última decisão ter sido proferida pelo TST, a competência para processar o julgar a rescisória é do TRT, na medida em que a última decisão de mérito foi proferida pelo TRT, sendo essa decisão objeto da ação rescisória. A decisão que se seguiu, do TST, não foi uma decisão de mérito, mas de inadmissibilidade (LEITE, 2015).

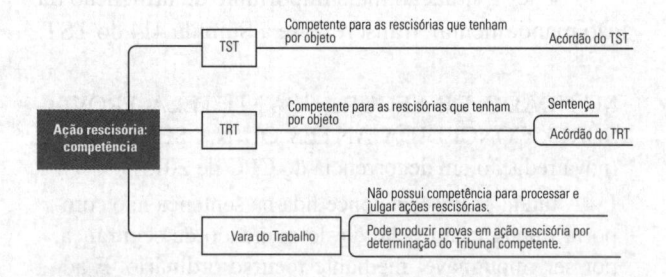

Ação rescisória: competência		
TST	Competente para as rescisórias que tenham por objeto	Acórdão do TST
TRT	Competente para as rescisórias que tenham por objeto	Sentença / Acórdão do TRT
Vara do Trabalho	Não possui competência para processar e julgar ações rescisórias.	
	Pode produzir provas em ação rescisória por determinação do Tribunal competente.	

> 👁 O prazo da rescisória é contado da última decisão proferida no processo, mesmo que essa não seja a decisão objeto da rescisória. A última decisão de mérito é que será objeto de rescisão, mas não será o prazo contado dela se existir qualquer outra decisão posterior.

Mas quem pode ajuizar a ação rescisória? Quem detém legitimidade para tanto? A resposta consta no **art. 967 do CPC/2015**, podendo o autor da ação ser:

- Aquele que foi parte ou o seu sucessor a título universal ou singular.
- O terceiro juridicamente interessado.
- O Ministério Público.
- Aquele que não foi ouvido no processo em que lhe era obrigatória a intervenção.

Em relação ao tema legitimidade, apenas uma observação relacionada ao Ministério Público, em decorrência da Súmula 407 do TST, que diz que o órgão poderá ajuizar a rescisória em todas as hipóteses do **art. 966 do CPC/2015**, e não apenas nas situações previstas no art. 967, sendo aquelas apenas situações exemplificativas e não taxativas. Vejamos o entendimento sumulado:

> **Súmula 407 do TST**
> A legitimidade *ad causam* do Ministério Público para propor ação rescisória, ainda que não tenha sido parte no processo que deu origem à decisão rescindenda, não está limitada às alíneas *a*, *b* e *c* do inciso III do art. 967 do CPC de 2015 (art. 487, III, *a* e *b*, do CPC de 1973), uma vez que traduzem hipóteses meramente exemplificativas (ex-OJ n. 83 da SBDI-2 – inserida em 13-3-2002).

Vários são os requisitos para o ajuizamento da ação, como o prazo decadencial de 2 anos, o trânsito em julgado etc. Mas será necessário interpor recurso antes de ajuizar a rescisória? A interposição de recursos pode ser considerada necessária antes do ajuizamento da ação? A resposta da Súmula 514 do STF é em sentido negativo, ou seja, não é necessária a interposição de qualquer apelo (SCHIAVI, 2015).

Vejamos sobre a indicação dos vícios do **art. 966 do CPC/2015**, pois a **Súmula 408 do TST** trata da matéria e merece atenção especial. Vejamos: vou ajuizar uma rescisória sob alegação de que o juízo era absolutamente incompetente, situação prevista no inciso II do mencionado artigo. Na hora de redigir a petição inicial, **não mencionei o inciso II ou mencionei o inciso errado**. Serei prejudicado por isto? Não, pois o *Juiz conhece o direito,* ou seja, *iura novit curia*. Não houve menção ao inciso ou o mesmo foi mencionado de forma equivocada, mas o Juiz sabe disso e tem ciência de que a incompetência absoluta é hipótese de ajuizamento da ação em análise. Contudo, há uma situação excepcional, que também consta na **Súmula 408 do TST**, que é a hipótese do **inciso V do art. 966 do CPC/2015**, que trata da violação manifesta à norma jurídica. Na hipótese, seguindo-se o entendimento do TST, o autor da ação **deve mencionar a norma jurídica que entende ter sido violada na hipótese**, pois a análise que será feita pelo tribunal será específica, sobre aquela norma descrita na petição inicial (KLIPPEL, 2016).

No tocante ao procedimento da ação rescisória, alguns aspectos são fundamentais e devem ser relembrados. Vejamos:

- Citação: aplicando-se o **art. 970 do CPC/2015**, extrai-se que o Relator citará o réu para apresentar defesa no prazo que variará de **15 a 30 dias**.
- Contagem do prazo de defesa: apesar da aplicação do CPC/2015 em relação ao prazo de citação, a contagem do mesmo seguirá as regras da CLT, ou seja, serão dias corridos e contados a partir do recebimento e não da juntada aos autos do mandado cumprido.
- Revelia: não há revelia na ação rescisória, conforme **Súmula 398 do TST**, já que a coisa julgada não pode ser desconstituída com base em presunção relativa de veracidade, devendo haver prova do vicio constante no **art. 966 do CPC/2015**.
- Produção de provas: as provas serão produzidas nos termos do **art. 972 do CPC/2015**, pelo órgão de primeiro grau, através da expedição de carta de ordem, devendo ser **produzidas e devolvidas ao Tribunal no prazo de 1 a 3 meses**.
- Razões finais: serão apresentadas por escrito no prazo de 10 dias para cada parte, conforme **art. 973 do CPC/2015**.
- Honorários de sucumbência: conforme entendimento do art. 791-A da CLT, que estipulou a condenação ao pagamento de honorários de sucumbência pela mera sucumbência, o perdedor pagará de 5% a 15% da condenação ou do proveito econômico ao Advogado do vencedor.

■ 20. AÇÕES CIVIS ADMISSÍVEIS NO PROCESSO DO TRABALHO

■ 20.1. Ação de consignação em pagamento

A ação em estudo, **admitida e diversas vezes utilizada no processo do trabalho,** é ajuizada pelo devedor que quer quitar a sua obrigação, mas encontra resistência do credor ou de fato alheio à vontade daquele. Assim, buscando evitar os efeitos danosos da mora, o devedor ajuíza a ação de consignação em pagamento para depositar a quantia devida ou para entregar em juízo a coisa igualmente devida. Essa ação é prevista nos **arts. 539 e s. do CPC**, bem como no **art. 335 do CC**. O Código de Processo Civil trata do procedimento a ser adotado, e o Código Civil traz as hipóteses legais de ajuizamento da referida ação. Não se admite no processo do trabalho a consignação extrajudicial, mas tão somente a judicial e as obrigações de pagamento de quantia ou de entrega de coisa, não sendo possível o ajuizamento para obrigações de fazer e não fazer.

A ação de consignação em pagamento será ajuizada no local da prestação dos serviços, conforme o **art. 651 da CLT**, sendo ajuizada por devedor ou por terceiros, como sucessores, sócios, entre outros. Já o polo passivo será ocupado pelo credor da obrigação.

Em relação ao procedimento é importante destacar que o art. 545 do CPC permite a **complementação do depósito** quando o credor, em sua defesa, alegar que aquele é insuficiente. Além disso, o mesmo credor poderá levantar a quantia ou coisa depositada, por ser incontroversa, continuando o processo em relação à parte controvertida, ou seja, duvidosa. Assim, se alego que a quantia depositada (R$ 10.000,00) é insuficiente porque seria devida quantia superior (R$ 15.000,00), posso sacar o valor originariamente depositado, discutindo-se a diferença de R$ 5.000,00.

20.2. Ação de prestação de contas (ação de exigir contas)

Prevista no **art. 550 e s. do CPC**, a ação de exigir contas, que sempre foi denominada "ação de prestação de contas", será ajuizada por aquele que se afirma titular do direito de exigir contas de outrem, como o empregado que recebe por comissão e não está recebendo informações claras sobre os valores por ele vendidos, o que inviabiliza a fiscalização sobre o valor que lhe é pago.

Na presente ação, o Juiz do Trabalho analisará, em um primeiro momento, se o autor possui o **direito de exigir** contas do réu, determinando ao último que as apresente. Posteriormente, em um segundo momento, o Magistrado decidirá se as contas prestadas estão corretas ou não.

Havendo saldo em favor de uma das partes, a sentença declarará tal fato e se constituirá em **título executivo judicial** em favor do credor.

20.3. Ação monitória

A ação monitória está prevista no **art. 700 do CPC,** sendo utilizada pelo credor que possui prova escrita do débito, mas **sem eficácia de título executivo**. Como exemplos, pode-se citar uma confissão de dívida, uma carta em que o devedor reconhece a dívida, o termo de rescisão do contrato de trabalho (TRCT) que não foi pago, entre outros. A vantagem de ajuizar a ação monitória na hipótese é que não há necessidade de passar por todo o trâmite de uma ação de conhecimento, em que se busca o reconhecimento do direito por sentença, já que na ação monitória já se parte do pressuposto de que a obrigação é devida, o que gera a expedição de mandado de pagamento, entrega de coisa ou a execução da obrigação de fazer ou não fazer, nos termos do art. 701 do CPC. Salienta-se que tal ação é **admitida no processo do trabalho**. Após a notificação, o devedor poderá apresentar embargos para discutir eventual vício no documento apresentado pelo autor. Caso não seja cumprida a obrigação ou apresentados os embargos, será constituído de pleno direito o **título executivo judicial**.

> Lembre-se de que a ação monitória será ajuizada quando a parte tiver documento sem força de título executivo que prove a existência da obrigação. Caso tenha título executivo judicial ou extrajudicial, deverá ajuizar ação de execução.

20.4. Ação de anulação de cláusula de negociação coletiva

Prevista no **art. 83, IV, da LC n. 75/93**, que trata da organização do Ministério Público da União, será ajuizada pelo MPT perante a Justiça do Trabalho para anular cláusula constante em negociação coletiva que **viole as liberdades individuais ou coletivas** ou direitos individuais indisponíveis dos trabalhadores, por exemplo, cláusula que impõe o pagamento de parcelas sem discriminação (salário complessivo), que determina o pagamento de contribuição confederativa a todos os empregados, associados ou não, que disciplina jornada de trabalho extensa, além dos limites legais, entre outras hipóteses.

A ação será ajuizada perante os Tribunais Trabalhistas – **TRTs ou TST** –, a depender da extensão da negociação coletiva, se aplicada dentro ou fora da área de abrangência do TRT do local da prestação dos serviços.

O TST também já decidiu que os **empregados, reunidos em coalizão**, podem ajuizar a referida ação, para pleitear a anulação de cláusula que os prejudique.

> A ação anulatória de cláusulas convencionais é sempre de competência originária dos tribunais trabalhistas, TRTs e TST, não sendo cabível o seu ajuizamento perante as Varas do Trabalho.

20.5. Ação civil pública

A ação civil pública encontra-se prevista na **Lei n. 7.347/85, no art. 129 da CF/88 e no art. 83, III, da LC**

n. 75/93, sendo utilizada *"para a defesa de interesses coletivos, quando desrespeitados os direitos sociais constitucionalmente garantidos"*, conforme redação do último dispositivo citado.

A competência é da Vara do Trabalho do **local do dano**, nos termos do art. 2º da Lei n. 7.347/85, complementado pela OJ 130 da SDI-2 do TST, que trata do dano local, regional, suprarregional/nacional. Assim, o entendimento do TST pode ser resumido da seguinte maneira:

- **Dano local:** Vara do Trabalho do local do dano.
- **Dano regional:** qualquer Vara do Trabalho das localidades atingidas.
- **Dano suprarregional/nacional:** qualquer das Varas do Trabalho das sedes do TRTs.

A ação em estudo poderá ser ajuizada pelos legitimados do art. 5º da Lei n. 7.347/85, sendo que, na esfera trabalhista, destacam-se o MPT e os sindicatos. Os últimos não precisam estar constituídos há mais de 1 ano, nem constar em seu estatuto a finalidade de proteção aos interesses discutidos em juízo, pois tal situação já é presumida pelo art. 8º, III, da CF/88.

Por fim, **não há litispendência** entre a ação civil pública e ação individual que busque proteger os mesmos direitos, mas o titular do direito deve suspender a ação individual caso queira se beneficiar da decisão proferida na ação coletiva. Já em relação à coisa julgada, não haverá coisa julgada material quando a ação for julgada **improcedente por insuficiência de provas**, mas a coisa julgada material será formada para os legitimados coletivos na improcedência por outros motivos, podendo o titular do direito ajuizar ação individual para discutir o tema. Já na procedência dos pedidos, a coisa julgada material será formada tanto para legitimados coletivos quanto para os individuais.

> Não há litispendência entre a ação civil pública e ação individual, mas, para que o titular do direito possa se beneficiar da decisão proferida na ação civil pública, deve suspender a ação individual.

REFERÊNCIAS BIBLIOGRÁFICAS

GARCIA, Gustavo Felipe Barbosa. *Curso de direito processual do trabalho*. Rio de Janeiro: Forense, 2012.

KLIPPEL, Bruno. *Direito sumular TST esquematizado*. 6. ed. São Paulo: Saraiva, 2016.

LEITE, Carlos Henrique Bezerra. *Curso de direito processual do trabalho*. 13. ed. São Paulo: Saraiva, 2015.

MIESSA, Elisson. *Processo do trabalho*. 3. ed. Salvador: JusPodivm, 2016.

MOURA, Marcelo. *Consolidação das leis do trabalho para concursos*. 5. ed. Salvador: JusPodivm, 2015.

SARAIVA, Renato; MANFREDINI, Aryanna. *Curso de direito processual do trabalho*. 13. ed. Salvador: JusPodivm, 2016.

SCHIAVI, Mauro. *Manual de direito processual do trabalho*. 9. ed. São Paulo: LTr, 2015.

■ QUESTÕES

(XXXIV Exame de Ordem Unificado/FGV) Beatriz foi empregada de uma entidade filantrópica por 2 (dois) anos e 3 (três) meses. Terminada a relação de emprego no final de 2021, Beatriz ajuizou reclamação trabalhista 1 (um) mês após, pelo procedimento sumaríssimo, postulando diversos direitos supostamente lesados, além de honorários advocatícios. Regularmente contestado e instruído, o pedido foi julgado procedente em parte, sendo que a ex-empregadora recorreu da sentença no prazo legal juntando o recolhimento das custas. Sobre essa hipótese, de acordo com o que dispõe a CLT, assinale a afirmativa correta.

A) O recurso terá o seguimento negado de plano, já que a ex-empregadora não efetuou o depósito recursal.
B) O juiz deverá conceder prazo para que a recorrente sane o vício e efetue o recolhimento do depósito recursal, sob pena de deserção.
C) O recurso terá seguimento normal e será apreciado desde que a recorrente recolha metade do depósito recursal até a apreciação do recurso pelo Relator.
D) O recurso está com o preparo adequado porque, diante da natureza jurídica da ex-empregadora, ela é isenta do depósito recursal.

RESPOSTA

A) não há necessidade de depósito recursal por se tratar de entidade filantrópica.
B) não se aplica aqui a intimação para complementação, já que o depósito recursal não é devido por entidades filantrópicas.
C) não se aplica a regra da metade do depósito recursal, mas a sua isenção por ser entidade filantrópica.
☑ Neste caso o preparo está adequado, haja vista que se trata de entidade filantrópica, que nos termos do § 9º do art. 899 da CLT está isenta de depósito recursal, razão pela qual o recurso deverá ser admitido para julgamento.

(XXXIV Exame de Ordem Unificado/FGV) Ramon conseguiu, em uma reclamação trabalhista, a sentença de procedência parcial dos seus pedidos, sendo condenado o ex-empregadora pagar vários direitos, mediante condenação subsidiária da União como tomadora dos serviços. A sentença transitou em julgado nestes termos, houve liquidação regular e foi homologado o valor da dívida em R$ 15.000,00 (quinze mil reais), conforme cálculos apresentados pelo exequente.

Ramon tentou executar por várias formas o ex-empregador, sem sucesso, e então requereu ao juiz o direcionamento da execução em face da União, que foi citada, mas discordou dos cálculos apresentados, reputando-os majorados. Diante da situação apresentada e dos termos da legislação em vigor, assinale a afirmativa correta.

A) Caberá à União depositar o valor da dívida e, então, no prazo legal, ajuizar embargos à execução.
B) Se a União não depositar voluntariamente a quantia, terá bens penhorados no valor da dívida e, após, poderá ajuizar embargos à execução.
C) A Lei prevê que sendo o ente público o devedor, ainda que subsidiário, bastará depositar metade do valor homologado para ajuizar embargos à execução.
D) É desnecessária a garantia do juízo para a União ajuizar embargos à execução.

RESPOSTA
A) Não há necessidade de garantia do juízo para a União apresentar embargos à execução.
B) Os bens públicos não se submetem ao regime de penhora, já que a CF considera os mesmos impenhoráveis.
C) Não há necessidade de garantia do juízo para os entes públicos.
☑ Os entes de direito público, nos termos do Decreto-Lei n. 779/69 e do art. 730 do CPC, não precisam garantir o juízo para apresentação de embargos à execução, não se aplicando o art. 884 da CLT, já que somente os entes privados é que precisam garantir integralmente o juízo para embargar no prazo de 5 dias.

(XXXIV Exame de Ordem Unificado/FGV) Numa reclamação trabalhista que se encontra na fase de execução e diante da extrema complexidade dos cálculos, o juiz determinou a liquidação a cargo de um perito judicial. Apresentado o laudo, em que pese ambas as partes discordarem das contas apresentadas pelo especialista, elas foram homologadas pelo juiz. A sociedade empresária garantiu o juízo e ajuizou embargos à execução, enquanto o exequente apresentou impugnação à sentença de liquidação. O juiz julgou improcedentes ambas as ações, mantendo a homologação já feita. Somente a sociedade empresária interpôs agravo de petição no prazo legal. Sobre o caso, considerando os fatos narrados e o entendimento consolidado do TST, assinale a afirmativa correta.

A) No prazo de contrarrazões, o exequente poderá, querendo, interpor agravo de petição de forma adesiva.
B) O recurso adesivo não é aceito na Justiça do Trabalho porque a CLT é omissa a respeito.
C) Caberá ao exequente apenas apresentar contrarrazões, pois o recurso adesivo só tem cabimento para os recursos ordinário e de revista.
D) Agravo de petição adesivo é aceito na seara trabalhista, sendo necessário que a matéria nele veiculada esteja relacionada com a do recurso interposto pela parte contrária.

RESPOSTA
☑ Neste caso há a possibilidade do exequente apresentar recurso de agravo de petição adesivo, conforme autorizado pela Súmula 283 do TST, no prazo das contrarrazões. Houve sucumbência recíproca, o que autoriza a forma adesiva.
B) A Súmula 283 do TST afirma que o recurso adesivo é compatível com o processo do trabalho, aplicando-se subsidiariamente o CPC.
C) O recurso adesivo é cabível nos recursos ordinário, revista, agravo de petição e embargos ao TST.
D) Não há necessidade que a matéria do recurso adesivo seja a mesma do principal, nos termos da Súmula 283 do TST.

(XXXIV Exame de Ordem Unificado/FGV) Em 7 de fevereiro de 2022 (uma segunda-feira), Carlos ajuizou reclamação trabalhista pelo rito ordinário contra a Sociedade Empresária Calçados Ícaro Ltda., postulando vários direitos que afirma terem sido lesados ao longo dos 3 (três) anos nos quais trabalhou na empresa. A Vara para a qual o processo foi sorteado é extremamente organizada, tendo comprovadamente ocorrido a citação em 9 de fevereiro (quarta-feira) e designada a audiência una para o dia 11 de fevereiro (sexta-feira). Todos os dias da referida semana são úteis. Diante dos fatos e do que dispõe a CLT, assinale a afirmativa correta.

A) A audiência deve ser remarcada, se houver pedido do reclamado, porque não se observou prazo mínimo de 5 (cinco) dias úteis contados da citação.
B) A Justiça do Trabalho deve primar pela celeridade, daí porque a designação de audiência breve é válida, pois respeitado o prazo legal de 48 (quarenta e oito) horas.
C) Inválida a data marcada para a audiência porque a Lei determina um interregno mínimo de 8 (oito) dias úteis contados da citação.
D) Se a audiência fosse na modalidade presencial não seria válida pelo curto espaço para deslocamento, mas se fosse telepresencial seria válida.

RESPOSTA
☑ Neste caso não foi respeitado o prazo mínimo previsto no art. 841 da CLT, que afirma ser de pelo menos 5 dias o intervalo entre o recebimento da notificação e a realização da audiência, devendo o ato ser redesignado.
B) O prazo mínimo entre o recebimento da notificação e a realização da audiência é de pelo menos 5 dias.
C) O prazo mínimo do art. 841 da CLT é de 5 dias.
D) A regra é a mesma para as audiências presenciais e telepresenciais, pois visa permitir que a parte reclamada formule adequadamente a sua defesa.

(XXXIV Exame de Ordem Unificado/FGV) Plínio Barbosa ajuizou uma reclamação trabalhista em face de seu empregador. O valor da causa era de 30 (trinta) salários-mínimos, com valor vigente na data do ajuizamento da ação. O pedido único da ação está baseado em entendimento sumulado pelo

TST, cabendo aplicação literal da Súmula. Ainda assim, o juiz de primeiro grau julgou improcedente o pedido. Você, na qualidade de advogado(a) de Plínio, apresentou o recurso cabível, mas o TRT respectivo manteve a decisão, sem que houvesse no acórdão dúvida, contradição, obscuridade ou contradição. Considerando que a decisão do TRT foi publicada numa segunda-feira, assinale a opção que indica a medida judicial que você adotaria para o caso.
A) Não cabe mais qualquer recurso em razão do tipo de procedimento da ação.
B) Caberá recurso de agravo de instrumento.
C) Caberá recurso de agravo de petição.
D) Caberá recurso de revista.

RESPOSTA
A) No procedimento sumaríssimo é cabível o recurso de revista para alegar violação de súmula do TST, conforme art. 896, § 9º, da CLT.
B) Não houve a inadmissão de qualquer recurso para gerar o cabimento do agravo de instrumento.
C) Não houve decisão na execução para gerar o cabimento do agravo de petição.
☑ Trata-se da situação típica de interposição de recurso de revista, conforme art. 896 da CLT, já que estamos diante de um acórdão do TRT no julgamento de um recurso ordinário em dissídio individual. Vejam que da sentença foi interposto o recurso ordinário, que julgado pelo TRT desafiará o cabimento do recurso de revista.

(35º Exame de Ordem Unificado/FGV) Em determinada reclamação trabalhista, que se encontra na fase de execução, não foram localizados bens da sociedade empresária executada, motivando o credor a instaurar o incidente de desconsideração de personalidade jurídica (IDPJ), para direcionar a execução contra os sócios atuais da empresa. Os sócios foram, então, citados para manifestação. Diante da situação retratada e da previsão da CLT, assinale a afirmativa correta.
A) É desnecessária a garantia do juízo para que a manifestação do sócio seja apreciada.
B) A CLT determina que haja a garantia do juízo, mas com fiança bancária ou seguro garantia judicial.
C) A Lei determina que haja garantia do juízo em 50% para que a manifestação do sócio seja analisada.
D) Será necessário garantir o juízo com bens ou dinheiro para o sócio ter a sua manifestação apreciada.

RESPOSTA
☑ O incidente de desconsideração da personalidade jurídica está previsto no art. 855-A da CLT, que afirma categoricamente não haver a necessidade de garantia do juízo para a apresentação de defesa/manifestação pelo sócio.
B) O art. 855-A da CLT afirma não haver necessidade de garantia do juízo para o sócio apresentar defesa no IDPJ.
C) O art. 855-A da CLT afirma não haver necessidade de garantia do juízo para o sócio apresentar defesa no IDPJ.
D) Não há a necessidade de garantia o juízo em qualquer valor.

(35º Exame de Ordem Unificado/FGV) Rosimeri trabalhou em uma sociedade empresária de produtos químicos de 1990 a 1992. Em 2022, ajuizou reclamação trabalhista contra o ex-empregador, requerendo a entrega do Perfil Profissiográfico Previdenciário (PPP) para que pudesse requerer aposentadoria especial junto ao INSS. Devidamente citada, sociedade empresária suscitou em defesa prescrição total (extintiva). Diante da situação retratada e da previsão da CLT, assinale a afirmativa correta.
A) Não há prescrição a declarar, porque a ação tem por objeto anotação para fins de prova junto à Previdência Social.
B) Houve prescrição, porque o pedido foi formulado muito após o prazo de 2 anos contados do término do contrato.
C) A prescrição para entrega do PPP é trintenária, tal qual a do FGTS, motivo pelo qual não há prescrição na hipótese.
D) A CLT é omissa acerca da imprescritibilidade de ações, cabendo ao juiz, em cada caso, por equidade, aplicá-la ou não.

RESPOSTA
☑ Neste caso não há prescrição a ser aplicada, já que o art. 11 da CLT afirma não se aplicar a prescrição trabalhista nas ações que tenham por finalidade as anotações para fins de prova junto à previdência social, como é o caso. Não se busca a condenação ao pagamento de qualquer valor, mas apenas a informação do PPP para fins previdenciários.
B) Não se aplica a prescrição bienal nos termos do art. 11 da CLT.
C) Não existe qualquer prazo de prescrição a ser aplicado na hipótese.
D) A CLT é expressa ao dizer que a pretensão é imprescritível, conforme art. 11 da CLT.

(35º Exame de Ordem Unificado/FGV) As entidades, mesmo as filantrópicas, podem ser empregadoras e, portanto, reclamadas na Justiça do Trabalho. A entidade filantrópica Beta foi condenada em uma reclamação trabalhista movida por uma ex-empregada e, após transitado em julgado e apurado o valor em liquidação, que seguiu todos os trâmites de regência, o juiz homologou o crédito da exequente no valor de R$ 25.000,00 (vinte e cinco mil reais). A ex-empregadora entende que o valor está em desacordo com a coisa julgada, pois, nas suas contas, o valor devido é bem menor, algo em torno de 50% do que foi homologado e cobrado. Sobre o caso, diante do que dispõe a CLT, assinale a afirmativa correta.
A) Para ajuizar embargos à execução, a entidade, por ser filantrópica, não precisará garantir o juízo.
B) Por ser entidade filantrópica, a Lei expressamente proíbe o ajuizamento de embargos à execução.
C) É possível o ajuizamento dos embargos, desde que a entidade filantrópica deposite nos autos os R$ 25.000,00 (vinte e cinco mil reais).
D) Os embargos somente poderão ser apreciados se a entidade depositar o valor que reconhece ser devido.

RESPOSTA

☑ O § 6º do art. 884 da CLT, inserido pela reforma trabalhista, afirma que as entidades filantrópicas e seus diretores não precisam garantir o juízo para a apresentação de embargos à execução.
B) As entidades filantrópicas podem, na qualidade de executadas, apresentar embargos à execução nos termos do art. 884 da CLT.
C) Não há necessidade de depósito de qualquer quantia para apresentação de embargos à execução pelas entidades filantrópicas.
D) Não há necessidade de depósito de qualquer quantia para apresentação de embargos à execução pelas entidades filantrópicas.

(35º Exame de Ordem Unificado/FGV) Seu escritório atua exclusivamente na área trabalhista e participará de uma licitação a ser realizada por uma grande empresa pública para escolha de escritórios de advocacia das mais diversas áreas de atuação. Assim sendo, a fim de elaborar a proposta a ser enviada para licitação, você foi incumbido de indicar quais processos seriam da competência da Justiça do Trabalho. Diante disso, considerando o entendimento jurisprudencial consolidado do TST, bem como a Constituição da República Federativa do Brasil, são da competência da Justiça do Trabalho

A) as ações relativas às penalidades administrativas impostas aos empregadores pelos órgãos de fiscalização das relações de trabalho.
B) as causas que envolvam servidores públicos estatutários e os entes de direito público interno.
C) os conflitos de competência instaurados entre juízes do trabalho e juízes de direito da justiça comum estadual.
D) as ações que visem a determinar o recolhimento de todas as contribuições previdenciárias oriundas da relação de emprego.

RESPOSTA

☑ Trata-se da hipótese prevista no art. 114, VII, da Constituição Federal, ao falar das ações sobre penalidades administrativas aplicadas pela fiscalização do trabalho. Esta é uma das situações mais cobradas pela banca no exame de ordem.
B) Tal situação, apesar de constar no inciso I do art. 114 da CF, foi excluída pelo STF ao dar interpretação conforme à Constituição Federal no julgamento da ADI 3395-6.
C) Tais conflitos são julgados pelo STJ, já que temos vara de justiças diferentes (justiça do trabalho e justiça comum).
D) Nos termos da Súmula Vinculante 53 do STF, nem todas as contribuições previdenciárias são de competência da justiça do trabalho, pois estão excluídas aquelas que derivam do reconhecimento do vínculo de emprego.

(35º Exame de Ordem Unificado/FGV) Jeane era cuidadora de Dulce, uma senhora de idade que veio a falecer. A família de Dulce providenciou o pagamento das verbas devidas pels extinção do contrato, mas, logo após, Jeane ajuizou ação contra o espólio, postulando o pagamento, em dobro, de 3 (três) períodos de férias alegadamente não quitadas. Designada audiência, a inventariante do espólio informou que não tinha qualquer documento de pagamento de Jeane, pois era a falecida quem guardava e organizava toda a documentação. Por não ter provas, a inventariante concordou em realizar um acordo no valor de R$ 6.000,00 (seis mil reais), pagos no ato, por transferência PIX, e homologado de imediato pelo juiz. Passados 7 (sete) dias da audiência, quando fazia a arrumação das coisas deixadas por Dulce para destinar à doação, a inventariante encontrou, no fundo de uma gaveta, os recibos de pagamento das 3 (três) férias que Jeane reclamava, devidamente assinadas pela então empregada. Diante da situação retratada, da previsão na CLT e do entendimento consolidado do TST, assinale a afirmativa correta.

A) Nada poderá ser feito pela inventariante, porque o acordo homologado faz coisa julgada material.
B) A parte interessada poderá interpor recurso ordinário contra a decisão homologatória.
C) A inventariante poderá ajuizar ação rescisória para desconstituir o acordo.
D) Deverá ser ajuizada ação de cobrança contra Jeane para reaver o valor pago.

RESPOSTA

A) Cabe a ação rescisória, conforme art. 966 do CPC, uma vez que há documento novo demonstrando a ausência do direito da reclamante.
B) Não cabe o recurso ordinário porque a homologação do acordo faz com que haja o trânsito em julgado imediato.
☑ O cabimento da ação rescisória em face de acordo homologado judicialmente encontra-se na Súmula 259 do TST. No caso, como há documento novo, caberia o ajuizamento da ação conforme art. 966 do CPC, já que o documento novo é capaz de provar a inexistência do direito.
D) O caminho não é uma ação de cobrança, mas a ação rescisória para desconstituir o acordo homologado em juízo, buscando a devolução posterior do valor pago.

(36º Exame de Ordem Unificado/FGV) Amanda ajuizou reclamação trabalhista contra a Sociedade Empresária Brinquedos Infantis Ltda., na qual atuou como caixa durante 7 meses. A reclamada foi citada e apresentou defesa sem sigilo no sistema Pje, com os documentos correspondentes, 2 dias antes da audiência. No dia da audiência, feito o pregão, a juíza tentou a conciliação entre as partes, sem sucesso. Então, recebeu formalmente a defesa e deu vista à advogada da autora. Após analisar a contestação em mesa, a advogada de Amanda pediu a palavra pela ordem e requereu a desistência da reclamação trabalhista, com o que não concordou o advogado da reclamada. Considerando a situação e as normas previstas na CLT, assinale a afirmativa correta.

A) A desistência pode ser homologada, porque requerida antes do início da instrução.

B) O requerimento deve ser homologado pelo magistrado, uma vez que a desistência jamais depende da concordância do reclamado.
C) A desistência não poderá ser homologada, porque tendo a contestação sido oferecida, a desistência depende da concordância do reclamado.
D) O requerimento não pode ser atendido, porque tanto a desistência quanto a renúncia dependem de aquiescência do reclamado se a defesa tiver sido apresentada sem sigilo.

RESPOSTA
A) Não pode ser homologada sem o consentimento do réu, que já apresentou defesa.
B) A desistência depende do consentimento do réu depois de apresentada a defesa.
☑ A desistência da ação depende do consentimento do reclamado, uma vez que já houve a apresentação de defesa, nos termos do § 3º do art. 841 da CLT.
D) Independentemente da defesa ter sido apresentada ou não com sigilo, não cabe a desistência sem o consentimento depois de apresentada a defesa.

(36º Exame de Ordem Unificado/FGV) No bojo de uma execução trabalhista, o juízo, a requerimento da exequente, utilizou todas as ferramentas tecnológicas disponíveis para tentar apreender dinheiro ou bens do executado, não tendo sucesso. O juízo, também a requerimento da exequente, deferiu a instauração do incidente de desconsideração da personalidade jurídica (IDPJ) em face dos sócios, que foram citados e se manifestaram. Diante dos argumentos apresentados, o IDPJ foi julgado improcedente, isentando os sócios de qualquer responsabilidade. Considerando a situação de fato e a previsão legal, assinale a afirmativa correta.
A) A exequente poderá interpor recurso de agravo de petição.
B) Não caberá recurso da decisão em referência por ser interlocutória.
C) Caberá à exequente, se desejar, interpor recurso ordinário.
D) A exequente poderá interpor agravo de instrumento.

RESPOSTA
☑ Neste caso o exequente poderá interpor o recurso de agravo de petição, já que a decisão foi proferida no processo de execução, conforme autoriza o art. 855-A, § 1º, da CLT.
B) Seria interlocutória e sem possibilidade de recurso se fosse proferida no processo de conhecimento, o que não é o caso.
C) Não cabe o recurso ordinário por não ser uma sentença ou qualquer outra hipótese do art. 895 da CLT.
D) Não cabe agravo de instrumento, mas agravo de petição, pois estamos diante de uma decisão em processo de execução.

(36º Exame de Ordem Unificado/FGV) Numa execução trabalhista, o juiz homologou os cálculos do exequente, declarando devido o valor de R$ 30.000,00. Instado a pagar voluntariamente a dívida, o executado quedou-se inerte e, após requerimento do exequente, o juiz acionou o convênio com o Banco Central para bloqueio do numerário nos ativos financeiros da empresa. A ferramenta de bloqueio conseguiu, após várias tentativas, capturar R$ 20.000,00 das contas do executado. Diante dessa situação e das disposições da CLT, assinale a afirmativa correta.
A) A empresa poderá, de plano, ajuizar embargos à execução, que serão apreciados, porque não é necessária a garantia do juízo.
B) O executado ainda não poderá ajuizar embargos à execução e, se o fizer, não serão apreciados, porque o juízo não se encontra integralmente garantido.
C) Os embargos à execução podem ser ajuizados e apreciados, porque já se conseguiu apreender mais da metade do valor exequendo, que é o requisito previsto na CLT.
D) A empresa não poderá embargar a execução, porque não existe tal previsão na CLT.

RESPOSTA
A) A garantia integral do juízo é requisito indispensável, por isso não podem ser apresentados os embargos à execução.
☑ Não há ainda possibilidade de apresentação de embargos à execução, pois não houve a garantia integral do juízo, requisito indispensável previsto no art. 884 da CLT.
C) Para a apresentação dos embargos é necessária a garantia integral do juízo, conforme art. 884 da CLT.
D) Os embargos estão previstos no art. 884 da CLT, mas para a sua apresentação é preciso a garantia integral do juízo.

(36º Exame de Ordem Unificado/FGV) Na audiência de uma reclamação trabalhista, estando as partes presentes e assistidas por seus respectivos advogados, foi homologado pelo juiz um acordo no valor de R$ 50.000,00 (cinquenta mil reais), tendo sido atribuído ao valor a natureza indenizatória, com as parcelas devidamente identificadas. O reclamante e o INSS, cinco dias após, interpuseram recurso ordinário contra a decisão de homologação do acordo – o reclamante, dizendo-se arrependido quanto ao valor, afirmando que teria direito a uma quantia muito superior; já o INSS, insurgindo-se contra a indicação de todo o valor acordado como tendo natureza indenizatória, prejudicando a autarquia previdenciária no tocante ao recolhimento da cota previdenciária. Diante do caso apresentado e nos termos da CLT, assinale a afirmativa correta.
A) Tanto o reclamante quanto o INSS podem recorrer da decisão homologatória, e seus recursos terão o mérito apreciado.
B) No caso, somente o reclamante poderá recorrer, porque o INSS não tem legitimidade para recorrer de recursos, já que não foi parte.
C) Somente o INSS pode recorrer, porque, para o reclamante, o acordo valerá como decisão irrecorrível.
D) Nenhuma das partes nem o INSS podem recorrer contra o acordo, porque a homologação na Justiça do Trabalho é soberana.

RESPOSTA
A) As partes não podem recorrer, conforme art. 831, parágrafo único, da CLT, sendo uma decisão irrecorrível para elas.
B) Apesar de não ser parte, poderá o INSS recorrer nos termos do art. 831, parágrafo único, da CLT.
☑ A decisão homologatória do acordo é irrecorrível para as partes, que não poderão, mesmo na hipótese de arrependimento, interpor qualquer recurso, conforme norma prevista no art. 831, parágrafo único, da CLT, que permite apenas o recurso da Previdência em relação às contribuições previdenciárias devidas.
D) O INSS poderá recorrer em relação às contribuições previdenciárias, conforme art. 831 da CLT.

(36º Exame de Ordem Unificado/FGV) Após a admissão e o julgamento de um recurso de revista, um motorista por aplicativo, que requereu vínculo empregatício com uma plataforma, teve o seu pedido julgado improcedente por uma das turmas do Tribunal competente. Na mesma semana, outro recurso de revista foi julgado de forma diametralmente oposta por outra turma do mesmo Tribunal, reconhecendo o vínculo de emprego. Diante desta contradição nos julgamentos, assinale a opção que indica o recurso cabível para uniformizar o entendimento desse Tribunal e em que órgão ele será apreciado.
A) Embargos, para a Seção de Dissídios Individuais do TST.
B) Recurso Ordinário, a ser julgado pelo órgão Pleno do TRT da Região.
C) Embargos de Declaração, a ser apreciado pelo STF.
D) Conflito Negativo de Competência, para o órgão especial do STJ.

RESPOSTA
☑ Neste caso, diante da divergência jurisprudencial entre as turmas do TST, será cabível o recurso de Embargos ao TST (embargos de divergência), conforme autorizado pelo art. 894 da CLT.
B) Não cabe o recurso ordinário, já que há decisão de turma do TST.
C) Não há omissão, obscuridade ou contradição na decisão para autorizar o cabimento do recurso de embargos de declaração.
D) Não há qualquer hipótese de conflito de competência no caso.

■ **MATERIAL DIGITAL EXCLUSIVO**

DIREITO PROCESSUAL DO TRABALHO

Direito Empresarial

Marcelo Sacramone

Doutor e Mestre em Direito Comercial pela USP. Bacharel em Direito pela USP. Advogado e Parecerista. Professor de Direito Empresarial da PUC-SP. Professor nos Cursos de Pós-Graduação da Escola Paulista da Magistratura (EPM) e do IBMEC. Ex-juiz de Direito do Tribunal de Justiça de São Paulo. Autor de livros e artigos jurídicos.

Sumário

1. Introdução: 1.1. Origem e evolução do direito empresarial; 1.2. Conceito; 1.3. Princípios; 1.4. Autonomia do direito empresarial; 1.5. Fontes do direito empresarial – **2. Empresa e empresário:** 2.1. O conceito de empresa; 2.2. O conceito de empresário; 2.3. Atividades econômicas civis; 2.4. Espécies de empresários; 2.5. Empresa individual de responsabilidade limitada (EIRELI); 2.6. Produtor rural; 2.7. Capacidade; 2.8. Impedimento; 2.9. Obrigações dos empresários; 2.9.1. Escrituração dos livros empresariais; 2.9.2. Empresário inativo; 2.10. Nome empresarial; 2.10.1. Proteção ao nome empresarial – **3. Estabelecimento empresarial:** 3.1. O conceito de estabelecimento empresarial; 3.2. Atributos do estabelecimento comercial; 3.3. Trespasse – **4. Contratos empresariais:** 4.1. Contrato de *leasing*; 4.2. Contrato de franquia; 4.3. Contrato de corretagem; 4.4. Contrato de abertura de crédito – **5. Sociedades:** 5.1. Contrato de sociedade; 5.2. Microempresa (ME) e Empresa de Pequeno Porte (EPP); 5.3. Classificação das sociedades; 5.3.1. Quanto à natureza da atividade; 5.3.2. Quanto à importância dos sócios ou do capital; 5.3.3. Quanto à responsabilidade dos sócios; 5.3.4. Quanto à aquisição de personalidade jurídica; 5.4. Sociedades não personificadas; 5.4.1. Sociedade em comum; 5.4.2. Sociedade em conta de participação; 5.5. Personalidade jurídica e desconsideração; 5.6. Sociedades com personalidade jurídica; 5.6.1. Sociedades simples; 5.6.1.1. Deliberações sociais; 5.6.1.2. Administração da sociedade simples; 5.6.1.3. Resolução e dissolução da sociedade simples; 5.6.2. Sociedade limitada; 5.6.2.1. Constituição; 5.6.2.2. Obrigações e direitos dos sócios; 5.6.2.3. Responsabilidade dos quotistas na sociedade limitada; 5.6.2.4. Modificação do capital social; 5.6.2.5. Quotas sociais; 5.6.2.6. Órgãos da sociedade limitada; 5.6.2.6.1. Assembleia geral de quotistas; 5.6.2.6.2. Administração da sociedade limitada; 5.6.2.6.3. Conselho fiscal da sociedade limitada; 5.6.2.7. Dissolução da sociedade; 5.6.3. Sociedade anônima; 5.6.3.1. Classificação das sociedades anônimas; 5.6.3.2. Constituição da sociedade anônima; 5.6.3.3. Capital social da sociedade anônima; 5.6.3.4. Acionistas da sociedade anônima; 5.6.3.5. Acionista controlador; 5.6.3.6. Acordo de acionistas; 5.6.3.7. Valores mobiliários; 5.6.3.7.1. Ações; 5.6.3.7.2. Partes beneficiárias; 5.6.3.7.3. Debêntures; 5.6.3.7.4. Bônus de subscrição; 5.6.3.7.5. Nota Comercial; 5.6.3.8. Órgãos sociais; 5.6.3.8.1. Assembleia geral de acionistas; 5.6.3.8.2. Administradores; 5.6.3.8.2.1. Conselho de administração; 5.6.3.8.2.2. Diretores; 5.6.3.8.3. Conselho fiscal; 5.6.4. Sociedade em nome coletivo; 5.6.5. Sociedade em comandita simples; 5.6.6. Sociedade em comandita por ações; 5.6.7. Sociedades cooperativas; 5.7. Operações societárias – **6. Falência e recuperação de empresas:** 6.1. Histórico; 6.2. Sujeitos à lei de falência e de recuperação; 6.3. Competência para o processo de falência e de recuperação; 6.4. Falência; 6.4.1. Conceito de falência; 6.4.2. Juízo universal e indivisível; 6.4.3. Autor do pedido de falência; 6.4.4. Fundamentos do pedido; 6.4.4.1. Impontualidade injustificada; 6.4.4.2. Execução frustrada; 6.4.4.3. Prática de atos falimentares; 6.4.5. Contestação e depósito elisivo; 6.4.6. Sentença denegatória da falência; 6.4.7. Sentença declaratória de falência; 6.4.8. Órgãos da falência; 6.4.8.1. O juiz; 6.4.8.2. O Ministério Público; 6.4.8.3. O administrador judicial; 6.4.8.4. Assembleia geral de credores; 6.4.8.5. Comitê de credores; 6.4.9. Efeitos da falência; 6.4.10. Procedimento falimentar; 6.4.11. Verificação de créditos; 6.4.12. Arrecadação e liquidação dos bens; 6.4.13. Classificação do crédito na falência; 6.4.13.1. Créditos extraconcursais; 6.4.13.2. Créditos concursais; 6.4.14. Encerramento; 6.5. Recuperação judicial; 6.5.1. Créditos submetidos à recuperação judicial; 6.5.2. Processamento da recuperação judicial; 6.5.3. Plano de recuperação judicial; 6.5.4. Decisão sobre o plano de recuperação judicial; 6.5.5. Período de fiscalização; 6.5.6. Convolação em falência; 6.5.7. Plano especial de recuperação de EPP e ME; 6.6. Recuperação extrajudicial; 6.7. Insolvência transnacional – **7. Propriedade industrial:** 7.1. Patente; 7.2. Desenho industrial; 7.3. Marca; 7.4. Indicação geográfica – **8. Títulos de crédito:** 8.1. Classificação; 8.1.1. Quanto à natureza; 8.1.2. Quanto à tipicidade; 8.1.3. Quanto ao modo de circulação; 8.1.4. Quanto ao emissor; 8.1.5. Quanto à estrutura jurídica; 8.2. Letra de câmbio; 8.3. Nota promissória; 8.4. Cheque; 8.4.1. Endosso e cessão de crédito; 8.4.2. Aval; 8.4.3. Pagamento; 8.4.4. Prescrição; 8.4.5. Tipos de cheque; 8.5. Duplicata; 8.5.1. Aval e endosso; 8.5.2. Protesto; 8.5.3. Prescrição; 8.5.4. Duplicata escritural, eletrônica ou virtual – **Questões – Material digital exclusivo**.

1. INTRODUÇÃO

1.1. Origem e evolução do direito empresarial

O Direito Empresarial origina-se na Idade Média, com o surgimento da burguesia. Pode-se dividir evolução em três fases.

A primeira fase é chamada subjetivista. Ligada à origem do direito empresarial, a fase subjetivista decorre da aplicação do estatuto das corporações de ofício pelos tribunais consulares apenas aos comerciantes inscritos nas corporações. O direito comercial nasce como um direito corporativo, aplicado apenas aos membros das corporações de ofício.

Com o crescimento da importância das corporações de ofício e dos Tribunais Consulares, passou-se a aplicar esse direito aos comerciantes que não estavam inscritos nas corporações de ofício, bem como em relações entre comerciantes e não comerciantes. A incidência das normas não mais se fazia em razão da inscrição nas corporações de ofício. Importava mais a natureza do ato praticado.

Com o fortalecimento do Estado Nacional e a Revolução Francesa de 1789, que pugnou pelo ideal de igualdade entre todos, surge a fase objetivista. Essa segunda fase do direito comercial, consagrada no Código Comercial Francês de 1807 (Código Napoleônico), limitou os Tribunais do Comércio (sucessor dos tribunais consulares) a apreciarem questões que envolviam os atos de comércio.

No Brasil, o Código Comercial de 1850 adotava esse sistema. Ele estabelecia a aplicação aos que fizessem da mercancia profissão habitual. O Regulamento 737 disciplinava que a mercancia era a prática de atos de comércio e indicava quais eram assim considerados, como a compra e venda, operações de câmbio, banco e corretagem, atividade industrial etc.

Ainda que entendida a enumeração legal como meramente exemplificativa, não existia uma definição clara do que era considerado ato do comércio e do que era considerado ato civil. O desenvolvimento implicava o surgimento contínuo de novas práticas e a adoção de atividades tradicionalmente civis na dinâmica comercial.

Essas críticas fizeram com que, independentemente da identificação do negócio como tipicamente mercantil, fosse caracterizado como mercantil a atividade econômica profissional e organizada para a produção e circulação de bens ou serviços. A partir do Código Civil italiano de 1942 e adotado pelo Código Civil brasileiro de 2002, surge a terceira fase do direito comercial: a empresa.

1.2. Conceito

O Direito Empresarial caracteriza-se pelo conjunto de regras destinado a disciplinar o exercício da atividade econômica profissional e organizada, voltada à produção e circulação de bens e serviços: a empresa. Disciplina também institutos típicos que, ainda que não ligados diretamente à empresa, pois poderão ser realizados por pessoas que não os empresários, possuem características específicas e que exigem regulação peculiar. São exemplos de institutos tipicamente empresariais os títulos de crédito.

Três características básicas identificam o ramo do direito empresarial: o **informalismo**, o **cosmopolitismo** e a **onerosidade**.

O informalismo é característica do direito empresarial. Como esse ramo surge para disciplinar a atividade dos empresários, uma atividade dinâmica e célere no mercado, as normas de direito empresarial devem evitar impor formas solenes e rígidas ou exigências excessivas para a realização dos negócios jurídicos.

O cosmopolitismo é decorrente da necessidade de contratar, independentemente das fronteiras nacionais. O direito empresarial não se restringe às trocas internas a uma nação, mas permite a contratação entre agentes situados em diversos países. A regulamentação dessas trocas é realizada, em diversos desses casos, por convenções internacionais, as quais, de modo a garantir uma abordagem universalista ao direito empresarial, foram reproduzidas em parte na legislação nacional, como as leis uniformes da letra de câmbio, da nota promissória etc.

Por fim, a característica mais importante: a onerosidade. Definida como a disciplina da atividade econômica organizada e profissional voltada à produção e circulação de bens e serviços, pressupõe-se que os atos sejam praticados com a finalidade lucrativa. Como realizada a atividade profissionalmente, o empresário aufere rendimentos em razão desta, de modo que se presume que os diversos atos e contratos celebrados são onerosos.

1.3. Princípios

Alguns princípios básicos orientam a disciplina da atividade desenvolvida pelo empresário. Dentre os princípios mais importantes, despontam a livre-iniciativa, a liberdade de concorrência, a função social da propriedade e o princípio da intervenção mínima nos contratos.

A livre-iniciativa é a ampla possibilidade de criar e explorar uma atividade econômica pelos empresários, os quais apenas poderão ter a liberdade de atuação restrita por lei ou pela própria vontade. Une-se com a livre-

-iniciativa a liberdade de concorrência. Essa parte do pressuposto de que apenas a livre concorrência entre os diversos agentes permitiria um maior desenvolvimento nacional, com a melhoria dos serviços e produtos e uma redução dos preços, caracteriza-se pela liberdade dos agentes de atuarem economicamente, inclusive disputando mercados com outros agentes.

Ambas as liberdades, entretanto, devem se harmonizar com o princípio da função social da propriedade. A atividade produtiva envolve o interesse de diversas pessoas, as quais sofrem os efeitos da atividade tal como o empresário. O interesse econômico do empresário deve ser harmonizado, nesse ponto, com esses demais interesses, os quais são também protegidos pela legislação durante o desenvolvimento da atividade, como o interesse dos empregados, na manutenção dos postos de trabalho, dos consumidores, com a melhoria dos produtos, da coletividade como um todo, por permitir o desenvolvimento econômico nacional.

Pela Lei de liberdade econômica (Lei n. 13.874/2019), foi consagrado no Código Civil o princípio da excepcionalidade da revisão dos contratos e da intervenção estatal mínima. Pelo princípio, presume-se que, nas relações contratuais entre empresários, haja paridade.

Os empresários, por desempenharem atividade econômica de forma reiterada, possuem conhecimento a respeito da prática negocial que desenvolvem e informação sobre suas necessidades e os meios e riscos adequados para satisfazê-las. Por essa razão, nas relações contratuais entre si, presume-se que possuem absoluta consciência do negócio jurídico e de seus respectivos riscos.

Diante dessa paridade, as partes contratantes poderão estabelecer os parâmetros objetivos para a interpretação das cláusulas negociais e de seus pressupostos de revisão ou de resolução, bem como a alocação de riscos deve ser respeitada.

Essa presunção de informação, que assegura a simetria e paridade contratual, é, contudo, *juris tantum* e admite prova em sentido contrário. Apenas diante de elementos concretos a paridade e simetria dos contratos podem ser afastadas (art. 421-A do Código Civil), de modo a justificar uma intervenção excepcional ou a revisão dos termos contratuais.

1.4. Autonomia do direito empresarial

A teoria da empresa fora consagrada pelo Código Civil brasileiro de 2002, o qual unificou o direito das obrigações. As obrigações contratadas por empresários e por não empresários possuem no Código Civil uma fonte comum.

O Código Civil de 2002, entretanto, não revogou totalmente o Código Comercial de 1850. **O Código Comercial permanece em vigor em sua Parte Segunda, a qual disciplina o comércio marítimo**.

A unificação do direito obrigacional não acabou com a autonomia do direito empresarial. Esse direito permanece com institutos típicos e possui princípios específicos para disciplinar uma atividade que é desempenhada de modo peculiar pelos empresários, com onerosidade e celeridade, sem formalismos.

O direito empresarial continua autônomo e permanece como sistema com princípios próprios e normas específicas de atuação.

1.5. Fontes do direito empresarial

As fontes são os elementos dos quais as normas de direito empresarial podem ser extraídas. Classificam-se em fontes primárias e secundárias.

As fontes primárias são as de aplicação imediata, com preferência sobre as demais fontes. São consideradas fontes primárias a lei. No âmbito do direito empresarial, o Código Civil é o regulamento básico ao disciplinar a empresa em sua Parte Especial, Livro II, e ao regular os títulos de crédito, no Livro I. Há, ainda, diversas legislações esparsas, dentre as quais o próprio Código Comercial de 1850, ao regular, em sua Segunda Parte, o comércio marítimo; a Lei de falências, Lei n. 11.101/2005; a Lei de Sociedade por Ações, Lei n. 6.404/76, dentre outras.

As fontes secundárias, por seu turno, são as aplicáveis na hipótese de lacuna legislativa. Na hipótese de não existir regulamentação legal da questão, são aplicáveis ao caso a analogia, os usos e costumes e os princípios gerais de direito, conforme art. 4º da Lei de Introdução às Normas do Direito Brasileiro.

2. EMPRESA E EMPRESÁRIO

2.1. O conceito de empresa

A empresa não fora definida pelo Código Civil. Como fenômeno econômico, a empresa poderia ser decomposta em diversos perfis e foi utilizada com diversos sentidos nas diversas legislações nacionais, ora como sinônimo de empresário, ora como sinônimo de estabelecimento, ora como instituição.

No Código Civil, o conceito de empresa pode ser apreendido da definição de empresário, como definido no art. 966. Nesse ponto, a empresa pode ser caracterizada como a atividade desempenhada pelo empresário, uma atividade econômica profissional e organizada voltada à produção de bens e serviços.

> Juridicamente, o conceito de empresa não se identifica com seu conceito vulgar, em que se chama de empresa o conjunto de bens ou o estabelecimento. Pelo Código Civil, o conceito preponderante de empresa é o de atividade. *Empresa é a atividade econômica profissional e organizada desempenhada pelo empresário.*

2.2. O conceito de empresário

> O empresário é aquele que desenvolve atividade econômica profissional e organizada para a produção de bens e circulação de serviços (art. 966).

Por atividade, é necessário um conjunto de atos destinados a um fim. Não basta um único ato, mas que sejam praticados continuadamente.

A atividade deve ser econômica. Os atos devem ser destinados a produzir riqueza, de modo que o lucro é pressuposto de seu desenvolvimento. Econômica, também, é a atividade destinada ao mercado. Os bens e serviços produzidos devem ser destinados ao mercado e não à utilização do próprio agente.

Os atos devem ser praticados pelo empresário de modo profissional. Como profissional, o empresário deve deter o monopólio da informação. Ele deve possuir o conhecimento técnico para a realização da atividade. Outrossim, a profissão também indica atividade não eventual. O empresário faz dessa prática habitual de atos o modo de obter rendimentos ao longo do tempo.

Para o seu desenvolvimento, o empresário deverá organizar os diversos fatores de produção. A organização é da essência dos atos praticados, mas não pressupõe o concurso do trabalho de terceiros. É empresário aquele que desenvolve atividade ainda que sozinho, como uma produção totalmente automatizada. Basta que haja uma organização do empresário de todos os fatores de produção, como máquinas e mercadorias, para a produção do bem pretendido.

2.3. Atividades econômicas civis

Exceção ao conceito de empresário é aquele que exerce atividade civil.

A prestação de serviços era considerada, antes da unificação do direito obrigacional realizada pelo Código Civil, atividade tipicamente civil. Com o Código Civil, que conceituou como empresarial a atividade econômica profissional e a organização para a produção ou circulação de bens ou serviços, estes últimos também são considerados **atividades tipicamente empresariais**.

Ao conceituar as atividades empresariais, entretanto, o Código Civil as diferenciou das atividades econômicas civis. São esses atos praticados por aqueles que exercem profissão intelectual, de natureza científica, literária ou artística, ainda que com o concurso de auxiliares ou colaboradores, a menos que constitua elemento de empresa.

Por elemento de empresa entende-se que a atividade intelectual é inserida em uma organização maior. A atividade intelectual, com as qualidades pessoais do sujeito que a desenvolve, é inserida como um fator de produção, entre os demais, para a realização de uma atividade maior, o que descaracteriza essas qualidades pessoais. É a diferença observada em um médico, o qual, ao exercer atividade intelectual científica, não é considerado empresário. A partir do momento em que está inserido em um hospital, ele se torna elemento de uma empresa, compreendida, no caso, como a atividade hospitalar como um todo.

> São atividades econômicas civis as desenvolvidas por profissionais liberais. Os profissionais intelectuais, de natureza científica, literária ou artística, ainda que haja auxiliares, não são empresários, desde que o profissional não seja apenas mais um dos elementos de uma empresa.

2.4. Espécies de empresários

O empresário poderá ser pessoa física ou pessoa jurídica. A pessoa física que exerce a atividade econômica organizada e profissional é chamada de empresário individual de responsabilidade ilimitada. Esse, como não tem personalidade distinta, possuirá responsabilidade ilimitada pelas obrigações contraídas como empresário. O empresário individual poderá ter CNPJ (cadastro nacional de pessoas jurídicas) para se beneficiar de regime fiscal diferenciado, mas ainda assim será pessoa física e não pessoa jurídica.

A atividade empresarial também poderá ser desenvolvida por pessoa jurídica. A pessoa jurídica podia ser sociedade ou não. Era pessoa jurídica, mas não era sociedade, pois era composta por um único integrante, pessoa física, a empresa individual de responsabilidade limitada (EIRELI), que tinha patrimônio autônomo perante seu sócio fundador e personalidade jurídica própria.

Em virtude da possibilidade da sociedade limitada unipessoal, a EIRELI havia perdido grande parte de sua utilidade. Por essa razão, a EIRELI foi extinta pela Lei n.

14.382/2022, que revogou o art. 980-A do Código Civil, que disciplinava o instituto.

Também poderão ser empresárias as sociedades, quer tenham ou não personalidade jurídica. Fundamental para a consideração da atividade como empresário é o modo pelo qual ela é exercida, e não o registro em si. São sociedades empresárias as sociedades que desempenham atividades típicas de empresário e, portanto, atividade econômica organizada e profissional para a produção e circulação de bens ou serviços.

2.5. Empresa individual de responsabilidade limitada (EIRELI)

Inserida no Código Civil pela Lei n. 12.441/2011, a empresa individual de responsabilidade limitada foi criada para evitar a prática dos homens de palha nas sociedades, ou seja, a necessidade de pluralidade de sócios provocava a inclusão de algumas pessoas como sócio com capital mínimo e desprezível apenas para preencher o requisito legal.

A Lei n. 14.195/2021 extinguiu a EIRELI, em seu art. 41 e determinou a conversão de todas em sociedades limitadas. Pelo dispositivo legal, "as empresas individuais de responsabilidade limitada existentes na data da entrada em vigor desta Lei serão transformadas em sociedades limitadas unipessoais independentemente de qualquer alteração em seu ato constitutivo". Em sequência, a Lei n. 14.382/2022 revogou o art. 980-A do Código Civil, que a disciplinava.

A EIRELI caracterizava-se por ser pessoa jurídica a ser integrada por uma única pessoa, física ou jurídica. Pela Instrução Normativa do Departamento de Registro Empresarial e Integração (DREI) n. 38/2017, a EIRELI poderia ser constituída tanto por uma pessoa física quanto por uma pessoa jurídica.

Essa pessoa era a titular de todo o capital social, o qual devia ser superior a 100 salários mínimos. A pessoa jurídica que integra a EIRELI não poderá integrar mais de uma EIRELI.

A EIRELI podia resultar do fim da pluralidade de sócios de uma sociedade, independentemente da causa, e era regida, supletivamente, pelas normas das sociedades limitadas. Dessa forma, a pessoa que lhe integrava somente respondia nos limites da integralização do capital social pelas dívidas sociais.

O patrimônio da EIRELI era autônomo em relação ao patrimônio da pessoa que a constituiu. A menos que haja desconsideração da personalidade jurídica, nas hipóteses de confusão patrimonial ou desvio de finalidade o instituidor da EIRELI não respondia pelas suas dívidas, a menos que o capital não esteja integralizado, situação que lhe exigirá a responsabilização nos limites dessa integralização.

Outrossim, diante da aplicação das normas da sociedade limitada, os administradores da EIRELI eram pessoas físicas, mas poderiam ser o próprio instituidor ou terceiro.

A EIRELI podia desenvolver qualquer atividade. Podia ser atribuída à EIRELI a remuneração decorrente da cessão de direitos patrimoniais de autor ou de imagem, nome, marca ou voz de que seja detentor o titular da pessoa jurídica, vinculados à atividade profissional.

Após a possibilidade de sociedade limitada com um único sócio, houve a perda da utilidade da EIRELI, que, dessa forma, foi extinta.

2.6. Produtor rural

Em razão da extensão territorial do Brasil e da diversidade entre regiões facultou ao produtor rural, independentemente da complexidade e da organização de sua atividade, caracterizar-se como empresário.

> Para se caracterizar como empresário, o produtor rural ou a sociedade que desenvolve atividade rural ou pecuária precisa inscrever-se no Registro Público de Empresas Mercantis.

Sem o registro, ainda que desenvolva sua atividade de modo organizado e profissional, o produtor não se caracteriza como empresário.

A exigência de registro para a caracterização do empresário ocorre apenas para o produtor rural.

> Os demais agentes econômicos são empresários apenas se exercerem a atividade econômica organizada e profissional, exceto se profissionais intelectuais. Caso não possuam o registro, que é obrigatório para todos os empresários, continuam a ser caracterizados como empresários, mas serão empresários irregulares.

2.7. Capacidade

A atividade empresarial poderá ser desempenhada apenas por aqueles que estão em pleno gozo da capacidade civil. São absolutamente incapazes de exercer os atos da vida civil os menores de 16 anos, assim como são relativamente incapazes os maiores de 16 e menores de 18 anos, os ébrios habituais e os viciados em tóxico e os que, mesmo que por causa transitória, não conseguem exprimir sua vontade. Ambos não poderão exercer atividades empresariais.

Exige-se para o empresário a capacidade plena. Apenas se excetua o menor púbere que possua estabelecimento comercial que lhe forneça economia própria, pois esse poderá ter capacidade civil plena através da emancipação.

Ainda que para se iniciar a atividade o empresário deva ter capacidade civil plena, possível o exercício por incapaz, desde que a incapacidade seja superveniente ao desenvolvimento da atividade. O incapaz, seja ele relativo ou absoluto, poderá somente continuar a empresa, desde que essa atividade tenha sido exercida antes por ele, enquanto capaz, por seus pais ou pelo autor de herança que lhe beneficia.

Para tanto, esse exercício deverá ser desempenhado por representação do curador, se absolutamente incapaz, ou pela assistência do tutor, se relativamente incapaz.

> Para o exercício pelo incapaz, exige-se autorização judicial, desde que, pelo exame das circunstâncias e dos riscos, seja conveniente para o incapaz continuá-la.

A continuidade não prejudica os direitos adquiridos por terceiros, embora não fiquem sujeitos ao resultado da empresa os bens que o incapaz já tinha, desde que estranhos a essa, quando ocorreu a sua incapacidade ou a sucessão daquele que a exercia anteriormente. Essa não submissão pretende preservar os bens do menor de um eventual insucesso da empresa.

2.8. Impedimento

Impedimento é uma impossibilidade pessoal de alguns, em razão da função exercida, de desempenharem a atividade empresarial.

Estão impedidos de a desempenharem os falidos até a extinção das obrigações ou, se condenados por crime falimentar, até cinco anos após a extinção da punibilidade ou reabilitação penal (arts. 102 e 181 da Lei n. 11.101/2005).

Os servidores públicos não podem exercer atividade empresarial nem participar da administração de sociedades. Tampouco podem realizar atividade empresária os magistrados e membros do Ministério Público.

Não a poderão exercer também os deputados e senadores. Esses, além disso, não poderão ser proprietários, controladores ou ter direitos de sociedades que realizem contratos com pessoa jurídica de direito público.

Ainda que impedidos de realizarem a atividade empresarial, caso a realizem, os agentes não ficam isento das obrigações contraídas.

> A pessoa impedida de exercer a atividade empresarial, caso a exerça, ficará responsável pelas obrigações contraídas, além de sofrer as sanções em decorrência da proibição do seu exercício.

2.9. Obrigações dos empresários

A lei determina que é obrigatório aos empresários o registro. Como já visto, o registro não é imprescindível para a caracterização do agente econômico como empresário, com exceção do produtor agropecuário, mas sua falta impedirá que o empresário obtenha alguns benefícios legais, como a recuperação judicial, ou que possa requerer a falência de outro empresário. O empresário sem registro continua a ser empresário, embora irregular.

> Ao empresário cumpre inscrever-se no Registro Público de Empresas Mercantis. Em sua inscrição, deverá seu requerimento conter nome, nacionalidade, domicílio, estado civil e, se casado, o regime de bens. Além do capital, da firma e o objeto e sede da empresa. Qualquer alteração deverá ser averbada à margem da inscrição.
>
> Além de no Registro Civil, serão arquivados e averbado, no Registro Público de Empresas Mercantis, os pactos e declarações antenupciais do empresário, o título de doação, herança, ou legado, de bens clausulados de incomunicabilidade ou inalienabilidade. Também serão averbados a sentença que decretar ou homologar a separação judicial do empresário e o ato de reconciliação. Tais atos não podem ser opostos a terceiros antes de arquivados e averbados no Registro Público de Empresas Mercantis.

Outrossim, terá a obrigação de escriturar os livros mercantis e deverá levantar balanço patrimonial anualmente.

Enquanto o empresário deverá inscrever-se no Registro Público de Empresas Mercantis, as demais sociedades deverão inscrever seus atos constitutivos no Registro Civil das Pessoas Jurídicas. O registro deverá ocorrer em 30 dias da assinatura do ato, para ter efeitos *ex tunc*. Do contrário, terá efeito apenas *ex nunc*.

Inscrição com mais de 30 dias da assinatura.	Efeitos *ex nunc*: só produzem efeitos a partir do registro.
Inscrição com menos de 30 dias da assinatura.	Efeitos *ex tunc*: retroagem à assinatura do ato.

O Sistema Nacional de Registro de Empresas Mercantis é composto pela Junta Comercial, com atribuição estadual, e pelo Departamento de Registro de Empresas e Integração (DREI), sucessor do antigo Departamento Nacional de Registro do Comércio (DNRC).

> A Junta Comercial é subordinada administrativamente ao Governo estadual e, no âmbito técnico, ao DREI.

A função de cada uma das Juntas Estaduais é a de execução, principalmente. Compete às Juntas as matrículas dos auxiliares do comércio, como leiloeiros, tradutores públicos, administradores de armazéns gerais, o arquivamento dos documentos relativos às sociedades mercantis e às cooperativas. Também deverão ser arquivados na Junta os pactos e declarações antenupciais dos empresários, o título de doação, herança, legado, bem como a sentença que decreta ou homologa o divórcio do empresário.

Além do registro do empresário, a Junta Comercial tem atribuição para a autenticação dos livros comerciais. Cumpre às Juntas Comerciais, ainda, o **assentamento dos usos** e **práticas mercantis**.

A Junta não faz apreciação de mérito dos referidos documentos. A análise é apenas formal. Seus atos poderão ser realizados por decisão do Presidente da Junta, por Vogal, ou ainda pelo Plenário ou pelas Turmas. Das decisões singulares dos vogais ou da Turma cabe recurso ao Plenário. As decisões do Plenário são recorríveis ao Departamento Nacional de Registro Empresarial e Integração, como última instância administrativa (art. 44 da Lei n. 8.934/94, alterado pela Lei n. 13.874/2019). Todos os recursos possuem o prazo de 10 dias úteis e não terão efeito suspensivo.

O DREI tem por função supervisionar e coordenar as Juntas Comerciais. Sua principal atribuição, contudo, é normativa. É ele quem estabelece as normas e diretrizes ao Registro Público de empresas mercantis.

2.9.1. Escrituração dos livros empresariais

Além do registro, aos empresários é obrigatória a escrituração dos livros empresariais. Os livros podem tomar a forma de fichas, se escrituração mecânica ou eletrônica.

Se regularmente escriturados, os livros provam em favor do empresário. Caso não, apenas contra este. Para isso, precisam ser autenticados pelo Registro Público de Empresas Mercantis.

É livro obrigatório comum a todos os empresários o Livro Diário, em que lançadas diariamente as operações empresariais. Outros livros são obrigatórios apenas se realizadas pelo empresário determinadas atividades. É o caso dos livros de registro de ações nominativas, livro de transferência de ações nominativas, registro de partes beneficiárias, livro de registro de duplicatas. Sem prejuízo, o empresário poderá adotar qualquer outro livro para auxiliar no registro de sua atividade. São os livros facultativos, como o livro-caixa, contas etc.

Em regra, os livros são protegidos a partir do princípio do sigilo. A divulgação de suas informações é restrita, mas poderá ser atenuada por determinação judicial de exibição se houver discussão sobre a sociedade, administração ou em caso de falência.

Por fim, os empresários deverão ainda levantar balanço patrimonial e de resultado, anualmente.

2.9.2. Empresário inativo

A falta de arquivamento pelo empresário durante 10 anos consecutivos na Junta Comercial exige que essa notifique o empresário para se manifestar. Decorrido o prazo atribuído pela própria Junta Comercial sem manifestação do empresário, a Junta Comercial cancelará o registro do empresário.

Cancelado o registro, o empresário passa a ser considerado irregular e perderá a proteção ao nome empresarial.

2.10. Nome empresarial

O nome empresarial permite a identificação do empresário pelos demais envolvidos na atividade empresarial. Pode ser composto por firma ou razão social e por denominação e permite a distinção entre os empresários.

A firma é composta pelo nome civil do empresário individual e poderá ser facultativamente completada pelo gênero da atividade (ex.: João da Silva comércio de brinquedos).

A razão social ou firma social, por seu turno, é a utilização da firma para as sociedades. Ela é composta pelo nome civil de mais de um dos sócios da sociedade, embora não precise ser de todos eles. Basta a inclusão da expressão "e companhia".

> As sociedades cujos sócios tiverem responsabilidade ilimitada utilizarão, obrigatoriamente, a razão social.

Na razão social, será incluído o nome dos sócios de responsabilidade ilimitada ou o de um deles acompanhado da expressão "e companhia". São exemplos as sociedades em nome coletivo e a sociedade em comandita simples. Nessa última, como há sócios de responsabilidade limitada e ilimitada, apenas os sócios de responsabilidade ilimitada devem figurar na razão social.

A denominação social, por seu turno, é a segunda forma de composição do nome empresarial. A denominação é integrada por um elemento fantasia e pela atividade a ser desenvolvida. O ramo de atividade é obrigatório na denominação.

Como elemento fantasia, será possível a adoção de qualquer nomenclatura. Poderá também ser utilizado como elemento fantasia o nome de um fundador, acionista ou pessoa que se pretende homenagear por ter auxiliado ou inspirado o desenvolvimento da empresa, ainda que não seja integrante desta.

> A sociedade limitada poderá utilizar tanto firma quanto denominação.

Para se diferenciar dos demais tipos, deverá incluir a palavra "limitada" ou "Ltda." ao final do nome.

Essa possibilidade de adoção da firma ou da denominação também é conferida às sociedades em comanditas por ações, desde que integradas por pessoa natural. Nas comanditas por ações, caso adotem firma, os nomes dos sócios diretores, que respondem ilimitadamente pelas obrigações sociais, devem integrar o nome empresarial. Firma ou denominação, o nome empresarial deverá ser acompanhado da expressão "comandita por ações".

A denominação é de adoção obrigatória apenas nas sociedades anônimas. O elemento fantasia, acompanhado da indicação do objeto social, deverá ser somado à expressão "sociedade anônima" ou "companhia", ou de forma abreviada. A única exceção é que a palavra "companhia" não poderá ser incluída ao final, para distinguir das sociedades que usam razão social. A expressão "sociedade anônima", por seu turno, poderá ser inserida no começo, meio ou fim.

Empresário individual	Obrigatório firma	João da Silva
Sociedade em nome coletivo	Obrigatório firma	João da Silva & Cia.
Sociedade em comandita simples	Obrigatório firma	João da Silva & Cia. (João é sócio comanditado)
Sociedade limitada	Firma	João da Silva & Cia. Ltda.
	Denominação	Mundo do João Comércio de brinquedos Ltda.
Sociedade em comandita por ações	Firma	João da Silva & Cia. Comandita por ações. (João é o diretor)
	Denominação	Mundo do João Comércio de brinquedos Comandita por ações.
Sociedade anônima	Obrigatório denominação	Mundo do João Comércio de brinquedos S.A. Companhia Mundo do João Comércio de brinquedos

2.10.1. Proteção ao nome empresarial

O nome empresarial permite sua utilização exclusiva pelo seu titular, o que impede que consumidores sejam levados a erro por nomes semelhantes entre empresários. Em razão dessa finalidade, o nome empresarial é protegido apenas no ramo determinado de atividade do titular. Nomes idênticos em atividades diversas não permitem o engano dos consumidores.

Essa proteção é feita pela inscrição do empresário ou dos atos constitutivos da sociedade na Junta Comercial. Como os limites de atribuição das Juntas Comerciais são estaduais, a proteção pela utilização é garantida nos limites do Estado em que a inscrição foi feita. A proteção é estendida a outro Estado se houver nele o registro de abertura de filial. Do contrário, se pretende a proteção em outro Estado, o empresário deverá arquivar o nome empresarial nas demais Juntas Comerciais das localidades em que pretende a proteção.

A comparação para evitar nomes idênticos ou próximos é feita entre os núcleos, desde que não sejam de uso generalizado. Nesses casos, a comparação é feita com os nomes por inteiro.

3. ESTABELECIMENTO EMPRESARIAL

3.1. O conceito de estabelecimento empresarial

Para desenvolver a atividade empresarial, o empresário deve organizar os diversos fatores de produção. Estabelecimento empresarial é o complexo de bens utilizado pelo empresário para exercer a empresa. É conhecido também como fundo de comércio.

Não são todos os bens do empresário que compõem o estabelecimento. Apenas os bens organizados para o exercício da atividade é que integram essa universalidade de fato.

> **Essa universalidade de fato não se confunde com uma universalidade de direito, como o patrimônio.** O patrimônio, como conjunto de relações jurídicas de determinada pessoa, em regra, é único e determinado pela própria lei. O estabelecimento empresarial é criado pelo empresário, que organiza o complexo de bens conforme melhor lhe aprouver para o desenvolvimento da atividade. Um único empresário, como poderá ter diversas atividades distintas, poderá ter também diversos estabelecimentos empresariais.

Dentre os elementos que o compõem, podem ser incluídos os bens materiais, tanto coisas móveis quanto imóveis, como os bens imateriais. Integram esses bens imateriais o ponto comercial, direitos sobre propriedades industriais, como patentes de invenções ou modelos de utilidade, e registros de desenhos industriais e de marcas.

Dentre esses elementos imateriais, o ponto comercial possui disciplina peculiar.

> **O ponto comercial é o local em que está fixado o estabelecimento comercial.** O ponto é protegido pela legislação pois garante o reconhecimento pela clientela do local em que se poderia adquirir determinado produto ou serviço do empresário.

Ele pode ter existência real ou virtual e não exige o título de propriedade, eis que o imóvel, por exemplo, em que é desenvolvida a atividade pode ser alugado. Tratando-se de contrato de locação, o ponto comercial é protegido inclusive contra o locador.

A possibilidade do ponto comercial como apenas virtual foi consagrada pela Lei n. 14.195/2021. Se o local onde se exerce a atividade empresarial for exclusivamente virtual, o endereço informado para fins de registro poderá ser o do empresário individual ou de um dos sócios da sociedade empresária.

Pelo ponto comercial, ao locatário, ainda que contrário à vontade do locador, é conferida a proteção ao ponto comercial de modo a permitir a renovação compulsória do contrato de locação não residencial, nos termos do art. 51 da Lei n. 8.245/91.

> O contrato de locação deve ter sido estabelecido por escrito e por prazo determinado; o prazo mínimo do contrato deve ser de cinco anos, mas se permite que esse prazo seja composto por uma sucessão de contratos, desde que a soma dos prazos seja ininterrupta. O locatário, ademais, deve explorar no local atividade empresarial no mesmo ramo por, no mínimo, três anos de modo ininterrupto.

Preenchidos os requisitos, poderá ocorrer a renovação do contrato de locação. O prazo decadencial para promover a ação renovatória, contudo, é de um ano a seis meses antes da data de finalização do prazo do contrato.

A renovação apenas não ocorrerá se o locador precisar retomar o imóvel em razão de obrigação imposta pelo poder público de reforma substancial do imóvel ou se, no próprio interesse do locador, aumente significativamente o valor do imóvel; o locador pretender usar o imóvel, com a transferência de seu estabelecimento comercial, de seu cônjuge, ascendentes ou descendente, desde que existente há mais de um ano. Nesse caso, o estabelecimento não poderá ter a mesma atividade do locador.

A renovação ainda não ocorrerá se o locatário não oferecer valor condizente ao preço de mercado ou se houver proposta mais vantajosa realizada por terceiro.

3.2. Atributos do estabelecimento comercial

A organização do complexo de bens pelo empresário garante ao estabelecimento algumas características que lhe tornam peculiar em relação aos demais. Esses atributos podem ser identificados no aviamento e na clientela.

O **aviamento** é a qualidade da organização realizada sobre o complexo de bens empreendida pelo empresário. É a capacidade de essa universalidade de fato produzir lucros. O aviamento determina que o valor do estabelecimento como um todo é diverso da simples soma do valor de cada um dos bens individualmente.

A **clientela**, por seu turno, não é elemento do estabelecimento, mas atributo esperado da organização dos bens. É o resultado do aviamento.

O cliente não se confunde com o freguês. Clientela é o conjunto de pessoas que mantém uma relação continuada com o estabelecimento, uma relação duradoura. Freguês, por outro lado, é o adquirente transitório, ocasional, dos bens do empresário.

A clientela é protegida no campo da concorrência desleal, pois, embora não haja um direito do empresário ao cliente, há direito a que não haja o desvio indevido da clientela esperada.

3.3. Trespasse

O estabelecimento empresarial poderá ser objeto de negócios jurídicos. Para preservar os terceiros, esses contratos somente produzirão efeitos quanto a esses após a sua averbação à margem da inscrição do empresário no Registro Público de Empresas mercantis.

O contrato de trespasse é o contrato pelo qual o estabelecimento é alienado a uma terceira pessoa. Consiste na transferência de todo o estabelecimento mediante o pagamento de um preço. Com a transferência, o adquirente passará a ser proprietário de todos os bens organizados para que possa continuar a desenvolver a atividade empresarial exercida inicialmente pelo vendedor.

Para que isso ocorra, o adquirente se sub-rogará em todas as posições contratuais do vendedor, desde que não tenham caráter pessoal. Os terceiros contratantes poderão rescindir o contrato em 90 dias da averbação da transferência, se ocorrer justa causa.

Se, por ocasião do trespasse, o alienante não possuir mais bens para a satisfação de seus credores, o contrato somente será eficaz perante os credores se houver o pagamento prévio de todos eles, ou se eles manifestarem seu consentimento, expressa ou tacitamente.

Os credores precisarão ser notificados para anuírem com a alienação. Caso, no período de 30 dias da notificação, não se oponham a essa, presume-se que anuíram tacitamente à alienação.

O alienante será responsável pelo prazo de um ano, solidariamente com o adquirente, pelos débitos existentes antes do trespasse. Referido prazo se inicia, quanto aos débitos já vencidos, da data da averbação do contrato de trespasse e, quanto aos vincendos, de seu vencimento.

A responsabilidade do adquirente, contudo, ocorre apenas pelos débitos regularmente contabilizados. Pelas obrigações não contabilizadas, responde apenas o alienante.

Alienante	Débitos contabilizados	Responde solidariamente com o adquirente pelo prazo de 1 ano.
	Débitos não contabilizados	Responde exclusivamente
Adquirente	Débitos contabilizados	Responde solidariamente com o alienante.
	Débitos não contabilizados	Não responde.

4. CONTRATOS EMPRESARIAIS

Ainda que a disciplina contratual esteja unificada no direito privado e possa ser tratada pelo direito civil, a Lei n. 13.874/2019 procurou assegurar a livre autonomia entre as partes contratantes, com a intervenção excepcional do Estado. Notadamente nos contratos empresariais, característicos por serem integrados por empresários em ambos os lados da relação contratual, os contratantes têm absoluta ciência de todos os termos do contrato e dos riscos a que voluntariamente submeteriam suas prestações.

A liberdade contratual, nesses termos, deve ser exercida nos limites da função social do contrato (art. 421 do Código Civil). Essa função social do contrato, contudo, deverá ser entendida como a circulação de riqueza a que o contrato se destina e é concebida pelas partes. O Estado não poderá intervir nessa relação para alterar a vontade das partes ou equilibrá-las na relação jurídica.

Nas relações contratuais privadas prevalecerão o princípio da intervenção mínima e a excepcionalidade da revisão contratual. Isso porque, nos termos do art. 421-A do Código Civil, os contratos civis e empresariais presumem-se paritários e simétricos até a presença de elementos concretos que justifiquem o afastamento dessa presunção, ressalvados os regimes jurídicos previstos em leis especiais.

Essa paridade dos contratantes assegura que as partes negociantes poderão estabelecer parâmetros objetivos para a interpretação das cláusulas negociais e de seus pressupostos de revisão ou de resolução. Exige que a alocação de riscos definida pelas partes seja respeitada e observada; e que a revisão contratual somente ocorra de maneira "excepcional e limitada".

No mesmo sentido de se garantir a liberdade econômica dos contratantes para livremente se vincularem pela própria vontade, determinou a Lei n. 13.874/2019, pela inserção no art. 113 do Código Civil, que os negócios jurídicos devem ser interpretados conforme a boa-fé e os usos do lugar de sua celebração. Para essa interpretação, o sentido deverá ser aquele que for confirmado pelo comportamento das partes posterior à celebração do negócio; corresponder aos usos, costumes e práticas do mercado relativas ao tipo de negócio; corresponder à boa-fé; for mais benéfico à parte que não redigiu o dispositivo, se identificável; e corresponder àquela que seria a razoável negociação das partes sobre a questão discutida, inferida das demais disposições do negócio e da racionalidade econômica das partes, consideradas as informações disponíveis no momento de sua celebração.

Para se assegurarem de que os contratos sejam interpretados conforme a vontade dos contratantes, as partes poderão livremente pactuar regras de interpretação, de preenchimento de lacunas e de integração dos negócios jurídicos diversas das acima referidas.

Os contratantes, outrossim, desde que pessoas capazes de contratar, poderão valer-se da arbitragem para dirimir seus litígios. A arbitragem pode ser estipulada no contrato, desde que verse sobre direitos patrimoniais disponíveis (Lei n. 9.307/96).

As partes podem inclusive dispor se a arbitragem será de direito ou de equidade. Se de direito, poderão as partes escolher as regras de direito aplicáveis, os princípios gerais de direito, os usos e costumes ou regras internacionais de comércio, a menos que violem os bons costumes ou a ordem pública. Exceção, a arbitragem que envolva a administração pública será sempre de direito e respeitará o princípio da publicidade.

As partes contratantes poderão submeter a solução dos litígios ao juízo arbitral mediante compromisso arbitral ou pela cláusula compromissória.

O compromisso arbitral é a convenção através da qual as partes submetem um litígio à arbitragem de uma ou mais pessoas, podendo ser judicial ou extrajudicial.

Por sua vez, a cláusula compromissória é a cláusula contratual pela qual as partes submetem eventuais litígios que podem surgir à arbitragem. Ela deve ser estipulada por escrito, podendo estar inserta no próprio contrato ou em documento apartado que a ele se refira. Se for decorrente de contratos de adesão, a cláusula compromissória só terá eficácia se o aderente tomar a iniciativa de instituir a arbitragem ou concordar, expressamente, com a sua instituição, desde que por escrito em documento anexo ou em negrito, com a assinatura ou visto especialmente para essa cláusula.

A cláusula compromissória é autônoma em relação ao contrato em que estiver inserta, de tal sorte que a nulidade deste não implica, necessariamente, a nulidade da cláusula compromissória.

Dentro dos contratos com maior incidência nos exames em direito empresarial, podem ser apontados os apresentados a seguir.

4.1. Contrato de *leasing*

O contrato de arrendamento mercantil é conhecido por *leasing* e não possui previsão legal típica. Caracteriza-se por ser um contrato que conjuga o contrato de locação e o contrato de compra e venda. O arrendatário arrenda (loca) o bem do arrendador com a faculdade de, ao término do arrendamento, optar pela aquisição do bem, com o desconto do valor pago pela locação, ou rescindir o contrato ou, ainda, renovar a contratação, com a substituição do bem arrendado.

Ao final do contrato, o arrendatário, caso opte pela aquisição, pagará apenas o "valor residual" da aquisição, ou seja, pagará a diferença do preço com a dedução dos valores utilizados para o pagamento do aluguel, o Valor Residual Garantido (VRG). Não descaracteriza o contrato de arrendamento mercantil para compra e venda a antecipação do pagamento do VRG durante todo o contrato. Conforme a Súmula 293 do STJ, "a cobrança antecipada do valor residual garantido não descaracteriza o contrato de arrendamento mercantil".

Poderá ser feito na modalidade *leasing* **operacional**, em que o próprio fabricante do bem é o arrendante; *leasing* **financeiro**, tradicional, em que o bem a ser arrendado é comprado pela sociedade financeira intermediária do fabricante para arrendar ao arrendatário, com a opção de, ao final, o arrendatário adquirir o bem pelo valor residual; e o *lease back*, em que o bem é vendido pelo próprio proprietário do bem à arrendadora, que arrendará o bem ao antigo proprietário.

Caso o contrato seja rescindido, o valor residual garantido antecipado durante o pagamento do contrato deverá ser devolvido ao arrendatário. Todavia, o STJ publicou a Súmula 564, exclusivamente para o arrendamento mercantil financeiro, em que a instituição financeira adquiriu o bem do fabricante para arrendar ao arrendatário. Pela súmula, determinou-se que, no caso de reintegração de posse em arrendamento mercantil financeiro, quando a soma da importância antecipada a título de valor residual garantido (VRG) com o valor da venda do bem ultrapassar o total do VRG previsto contratualmente, o arrendatário terá direito de receber a respectiva diferença, cabendo, porém, se estipulado no contrato, o prévio desconto de outras despesas ou encargos pactuados.

4.2. Contrato de franquia

O **contrato de franquia**, por seu turno, é um contrato de colaboração entre empresários. A franqueadora cede o direito de uso de marca ou patente de produtos e serviços e/ou o direito de uso de tecnologia de administração de negócio para o franqueado mediante pagamento de remuneração, direta ou indireta, sem que fique caracterizado vínculo empregatício ou relação de consumo, seja em relação ao franqueado ou a seus empregados, ainda que durante o período de treinamento.

O franqueador deve ser titular ou requerente de direitos sobre os objetos da propriedade intelectual negociados pelo contrato de franquia, ou estar expressamente autorizado pelo titular.

Nada impede, pela nova disciplina legal aprovada para as franquias, que o contrato seja celebrado por empresa estatal, privada ou por entidade sem fins lucrativos, independentemente do segmento em que desenvolva sua atividade. A nova disciplina legal estabelece expressamente a possibilidade de empresas públicas, sociedades de economia mista e entidades controladas direta ou indiretamente pela União, Estados e Municípios celebrarem contratos de franquia, desde que precedidas de oferta pública, mediante a publicação em jornal diário de grande circulação onde será oferecida a franquia, pelo menos anualmente.

Para a celebração do contrato exige-se a emissão de **circular de oferta de franquia** (COF), documento por escrito que contenha todos os elementos do futuro contrato original e seja escrito em língua portuguesa. A circular deve ser entregue ao franqueado no prazo de **dez dias antes de ser formulado o contrato de franquia** ou do pré-contrato de franquia ou, ainda, do pagamento de qualquer tipo de taxa e razão do contrato, salvo no caso de licitação ou pré-qualificação promovida por órgão ou entidades públicas. Nestas últimas hipóteses, a COF poderá ser divulgada logo no início do processo de seleção.

A Circular de Oferta de Franquia deverá conter, obrigatoriamente: histórico, forma societária e nome do franqueador; balanço e demonstrações financeiras da franqueadora; indicação de todas as pendências judiciais sobre a operação e sobre o sistema de franquia; descrição detalhada da franquia; perfil do franqueado ideal; requisitos quanto ao envolvimento direto do franqueado na operação e na administração do negócio; especificações quanto ao total estimado de investimento, valor da taxa inicial de filiação, valor estimado das instalações; informações claras quanto às taxas, períodos e valores a serem pagos pelo franqueado; relação de todos os franqueados; se é garantida ao franqueado **exclusividade territorial**, ou possibilidade de realizar vendas fora de seu território, informações quanto à obrigação do franqueado de adquirir bens e serviços; indicação dos produtos e serviços oferecidos pelo franqueador.

Na hipótese de não cumprimento da entrega da COF, omissão de informações ou informações falsas, o franqueado poderá arguir a anulabilidade ou nulidade do contrato, conforme o caso, e exigir a devolução de todas as quantias já pagas ao franqueador, ou a terceiros por este indicados, a título de filiação ou de *royalties*.

São obrigações do franqueador a disponibilização do produto ou serviço, a assistência técnica, o treinamento do franqueado, o respeito à territorialidade, se fixada e/ou exclusividade. O franqueado é obrigado ao pagamento da remuneração, à aquisição dos produtos do franqueador, à obediência às suas instruções e submissão à sua supervisão, à manutenção da confidencialidade a respeito dos métodos comerciais, dentre as demais condições contratadas.

Pelo contrato de franquia, é possível que haja a sublocação pelo franqueador ao franqueado do ponto comercial em que instalada a franquia. Nesse caso, qualquer das partes poderá pleitear a ação renovatória do contrato de aluguel, sendo vedada a exclusão de qualquer delas do contrato de locação e de sublocação em sua renovação ou prorrogação, a menos que haja inadimplência dos contratos ou do contrato de franquia.

Caso haja sublocação, o valor do aluguel pago pelo franqueado ao franqueador poderá ser superior ao valor do aluguel pago pelo franqueador ao locador no contrato de locação originária do ponto comercial, desde que a possibilidade esteja expressa na COF e o valor pago a maior não implique excessiva onerosidade ao franqueado.

O contrato de franquia deverá ser sempre escrito em português e será regido pela legislação brasileira se os efeitos se produzirem exclusivamente no território nacional. Casos internacionais deverão ser traduzidos para a Língua Portuguesa.

As partes poderão eleger juízo arbitral para solução de controvérsia relacionada ao contrato de franquia.

Terá validade independentemente de ser levado a registro no cartório ou órgão público. Contudo, caso haja transferência de tecnologia, para produzir efeitos perante terceiros deverá o contrato ser registrado no INPI, nos termos do art. 211 da Lei n. 9.279/96.

4.3. Contrato de corretagem

O contrato de corretagem está disciplinado pelos arts. 722 e s. do Código Civil. Pelo contrato de Corretagem, o corretor se obriga a obter ao contratante um ou mais negócios, conforme as instruções recebidas.

Por apenas mediar o negócio, o corretor somente responde por perdas e danos se não prestar ao cliente todos os esclarecimentos acerca da segurança ou do risco, das alterações de valores e de outros fatores que possam influir nos resultados do negócio. Responderá, ainda, se não agiu com diligência e prudência na execução da mediação pela qual foi contratado.

O corretor receberá a remuneração se conseguiu o resultado previsto no contrato ou se o contrato não foi celebrado em virtude de arrependimento das partes. Sua remuneração será a convencionada ou, na sua falta, arbitrada segundo a natureza do negócio e os usos locais. Se o negócio for iniciado e concluído pelas partes, sem a mediação do corretor, a este não será devida remuneração.

Caso o negócio seja concluído posteriormente ao prazo do contrato de corretagem ou, se por prazo determinado, após a dispensa do corretor, será devida a remuneração ao corretor se o negócio se realizou por efeito dos trabalhos iniciais do corretor ou em decorrência de sua mediação.

Poderá, entretanto, ser estabelecido, por contrato escrito, a exclusividade do contrato de corretagem. Nessa hipótese, o corretor terá direito à remuneração, ainda que o negócio tenha se realizado sem a sua mediação, se foi realizado durante o prazo do contrato e desde que não tenha sido demonstrada a inércia ou ociosidade do corretor.

Se o negócio se concluir com a intermediação de mais de um corretor, a remuneração será paga a todos em partes iguais, salvo ajuste diverso incluído no contrato.

4.4. Contrato de abertura de crédito

No contrato de abertura de crédito, uma instituição financeira se obriga a disponibilizar a seu cliente determinada quantidade de recursos financeiros durante determinado tempo ou por prazo indeterminado. Pela utilização dos recursos, o cliente contratante se obriga a devolver o montante, acrescido de juros e correção monetária, ao final do contrato ou em prazo estabelecido.

O contrato de abertura de crédito se diferencia do contrato de mútuo (art. 1.256 do Código Civil), pois, enquanto no mútuo o contrato se aperfeiçoa com a transferência do dinheiro ao mutuário, na abertura de crédito o contrato se aperfeiçoa apenas com a disponibilização dos recursos ao cliente da instituição financeira, ainda que os valores não sejam por ele utilizados.

O STJ firmou posicionamento no sentido de que o contrato de abertura de crédito não é título executivo, pois não haveria um valor certo devido, mas simplesmente seria conferida a possibilidade de se utilizar determinada quantia. O contrato asseguraria a disponibilização de valores em determinada conta, os quais poderiam ou não ser utilizados. A obrigação de pagar determinada quantia somente existiria, assim, na medida dos valores utilizados e nos termos do contrato celebrado.

Como o montante devido dependeria dos valores utilizados pelo cliente da instituição financeira, não haveria liquidez para a caracterização do título executivo extrajudicial. A despeito do posicionamento de parte da jurisprudência, o STJ determinou que a apresentação dos extratos bancários não supriria essa iliquidez. Por ser documento alheio ao contrato, ser produzido unilateralmente pela instituição financeira e não ter qualquer concordância do cliente contratante, os extratos não poderiam ser considerados integrantes do título executivo extrajudicial.

Nesses termos, a Súmula 233 do STJ esclarece que "o contrato de abertura de crédito, ainda que acompanhado de extrato da conta-corrente, não é título executivo".

Por seu turno, a nota promissória emitida por ocasião da celebração desse contrato não poderia ser utilizada para contornar esse óbice da iliquidez. Sua emissão não gozaria de autonomia em relação ao contrato de abertura de crédito, haja vista que, no momento em que emitida, por ocasião da celebração do contrato de abertura de crédito, não se sabia ainda o valor que seria utilizado pelo cliente e que, portanto, seria por ele devido à instituição financeira. Nesses termos, assentou a Súmula 258 do STJ que "a nota promissória vinculada a contrato de abertura de crédito não goza de autonomia em razão da iliquidez do título que a originou".

5. SOCIEDADES

5.1. Contrato de sociedade

Celebram contrato de sociedade as pessoas que reciprocamente se obrigam a contribuir, com bens ou serviços, para o exercício de atividade econômica e para a partilha, entre si, dos resultados.

A sociedade é formada por um conjunto de pessoas e é decorrente da necessidade de uma pessoa se associar a outra para, unindo esforços, realizar um empreendimento em comum. Para tanto, os sócios celebram um contrato plurilateral, em que cada um dos sócios ocupa um dos polos de uma relação, a qual, portanto, ao contrário de um contrato bilateral, forma uma relação circular e não linear. Não há apenas dois polos contratantes, mas diversos, conforme a quantidade de sócios.

Como qualquer contrato, os contratantes precisam ser capazes para contratar ou devem estar representados ou assistidos. O incapaz, que estava proibido de ser empresário, não está impossibilitado de ser sócio. Em razão da responsabilidade, determinou-se que os menores poderão ser sócios, desde que o capital social esteja totalmente integralizado e eles não participem da administração das sociedades.

Os casados também poderão contrair sociedades. A sociedade, entretanto, não poderá servir para fraudar o regime matrimonial e, entendeu a lei, não poderia ser realizada se houvesse apenas um patrimônio único efetivo, como na comunhão universal.

> Nesses termos, o art. 977 do Código Civil admitiu que os cônjuges podem contratar sociedade entre si ou com terceiros, desde que não tenham contraído matrimônio sobre o regime de bens da comunhão universal de bens ou no de separação obrigatória de bens.

Nesse ponto, cumpre ressaltar que, independentemente do regime jurídico do matrimônio, o empresário individual poderá alienar ou onerar bens sociais independentemente de outorga conjugal, o que é inadmissível se não fosse empresário.

Além de agente capaz, objeto lícito, possível e determinado ou determinável e forma prescrita ou não defesa em lei, o contrato de sociedade exige elementos específicos.

O primeiro desses elementos era a pluralidade de sócios. A sociedade unipessoal não era permitida no direito brasileiro, à exceção da sociedade subsidiária integral, em que era possível ter como acionista uma única sociedade brasileira.

Pela alteração da Lei n. 13.874/2019, que inseriu o § 1º no art. 1.052 do Código Civil, a sociedade limitada pode ser constituída por uma ou mais pessoas. Nessa hipótese, consagrou-se a sociedade unipessoal no direito brasileiro.

A **unipessoalidade**, entretanto, sempre pôde ser **superveniente** e **temporária**. Durante o desenvolvimento da atividade, a sociedade poderá ficar com um único sócio, independentemente do motivo a tanto. Na sociedade anônima, a sociedade será dissolvida de pleno direito se a pluralidade não for recomposta, após a assembleia que a constatou, até a do ano seguinte. Nas demais sociedades, o Código Civil estabelece que elas se dissolverão se a pluralidade não for recomposta no prazo de 180 dias da redução.

As sociedades também deverão ter capital social. Esse é o montante formal, inserido no contrato de sociedade, referente aos bens conferidos pelos sócios para o desempenho da atividade social.

> O capital social expressa a contribuição inicial dos sócios e é estático, fixo, no contrato social. Ele não se confunde com o patrimônio, que é dinâmico, altera-se a todo momento, pois representa o conjunto de relações jurídicas.

Ainda deve constar no contrato de sociedade a participação dos sócios nos lucros e nas perdas. Pela própria definição do contrato de sociedade, os sócios celebram o contrato para que se beneficiem do resultado da atividade e, em razão disso, participarão de eventuais perdas. Por conta disso, a cláusula que exclui qualquer dos sócios da participação nos resultados ou nas perdas, a chamada sociedade leonina, é nula.

5.2. Microempresa (ME) e Empresa de Pequeno Porte (EPP)

A Microempresa e Empresa de Pequeno Porte foram protegidas pela Constituição Federal, que determinou que elas deveriam ter tratamento diferenciado, com a simplificação de suas obrigações tributárias e administrativas. O mandamento constitucional foi regulado pela Lei Complementar n. 123/2006, que garantiu o tratamento diferenciado a ME e EPP.

Não é a forma de uma pessoa jurídica ou do empresário individual, mas um benefício tributário concedido a esses, os quais preservam sua forma jurídica, como sociedade limitada, empresário individual, EIRELI etc. Acrescenta-se, apenas, ao nome empresarial a expressão ME ou EPP, abreviadas ou por extenso, no registro próprio.

São Microempresas as que possuem receita bruta anual igual ou inferior a R$ 360.000,00, e Empresas de Pequeno Porte as que tenham desse valor até R$ 3.600.000,00 de receita bruta anual. A partir de 1º de janeiro de 2018, esse limite será estendido para R$ 4.800.000,00 de receita bruta anual (LC n. 155/2016). Não podem assim se caracterizar, contudo, as pessoas jurídicas cujo sócio seja outra pessoa jurídica ou se ela participa de outra pessoa jurídica, ou seja filial de outra pessoa jurídica com sede no exterior, que tenha sócio que seja também sócio de outra pessoa jurídica ME ou EPP, cuja receita global supere os limites legais; ou cujo sócio participe com mais de 10% do capital de outra sociedade, cuja receita somada ultrapasse o limite; ou cujo sócio seja administrador de sociedade, cuja receita somada ultrapasse os limites legais. Estão excluídas as cooperativas, exceto as de consumo, as sociedades por ações, que exerçam atividade bancária, de seguros, arrendamento etc., bem como as sociedades resultantes de cisão ou desmembramento nos últimos cinco anos.

As MEs e EPPs podem se beneficiar com uma simplificação do regime de recolhimento tributário e poderão optar pelo SIMPLES nacional.

No âmbito comercial, as EPPs e MEs beneficiam-se com a autorização de que os registros e alterações no

Registro Público de Empresas Mercantis se farão sem a apresentação das Certidões Negativas de Débitos. Dispensou-se a realização de assembleia e de reunião para as sociedades, bastando manifestação escrita de todos os sócios. Dispensou-se, ainda, a publicação de qualquer ato societário.

5.3. Classificação das sociedades

O Código Civil não reproduziu a sociedade de capital e indústria existente no Código Comercial de 1850. Previu nove tipos de sociedades: as sociedades em comum, sociedade em conta de participação, sociedade simples, sociedade em nome coletivo, sociedade em comandita simples, sociedade limitada, sociedade anônima, sociedade em comandita por ações e sociedade cooperativa.

5.3.1. Quanto à natureza da atividade

Quanto à natureza da atividade, as sociedades podem ser de forma empresarial ou sociedades simples. A diferença entre sociedade comercial e civil não foi reproduzida, pois a prestação de serviços, considerada como atividade civil anteriormente, é definida como empresarial no Código Civil atual.

A sociedade será empresarial se exercer atividade própria do empresário, ou seja, atividade econômica organizada e profissional voltada à produção de bens ou serviços. São atividades simples as exercidas por profissionais intelectuais, artísticos, científicos, literários, a menos que inseridas em uma atividade empresarial.

As sociedades sob a forma empresarial devem adotar um dos tipos empresariais. São eles: sociedade em nome coletivo, sociedade em comandita simples, sociedade limitada, sociedade anônima ou sociedade em comandita por ações. Nesse caso, as sociedades empresariais deverão inscrever seus atos constitutivos no Registro Público de Empresas Mercantis.

> As sociedades não empresariais ou sob forma simples podem adotar um dos tipos de sociedades empresariais. Caso não o faça, será disciplinado pelo tipo de sociedade simples, o que alguns chamam de sociedade simples pura, para diferenciar o tipo de sociedade da forma não empresarial. Essas sociedades, ainda que adotem um dos tipos de sociedade empresarial, como a limitada, por exemplo, continuarão sendo sociedades não empresariais, o que exige a inscrição no Registro Civil de Pessoas Jurídicas.

> Independentemente da atividade desenvolvida, o que é relevante, em regra, para caracterizar a sociedade como empresária ou não empresária, a sociedade por ações, seja ela anônima ou comandita por ações, será sempre empresária e a sociedade cooperativa é sempre sociedade simples.

5.3.2. Quanto à importância dos sócios ou do capital

As sociedades podem ser de pessoas ou de capital. Nas sociedades de pessoa, a qualidade dos sócios, suas características pessoais, são mais importantes do que a contribuição que cada um deles se obriga.

Por conta dessa característica, na sociedade de pessoas os demais sócios podem impedir o ingresso de terceiro, como credor ou herdeiro de sócio falecido, ou mesmo do cessionário. São exemplos as sociedades em nome coletivo e a sociedade simples. Nessas, o ingresso de terceiro exige aprovação dos demais sócios. Na sociedade em comandita, apesar de se caracterizar, a princípio, como sociedade de pessoas, pois aplicável supletivamente às normas da sociedade em nome coletivo, poderá haver o ingresso do herdeiro do sócio falecido, salvo vedação contratual.

Na sociedade de capitais, a contribuição dos sócios para o capital social é mais relevante do que as qualidades dos sócios. Como o que importa é o capital, a transferência de ações é livre para terceiros. Pode ocorrer o ingresso do herdeiro do acionista falecido, a penhora das ações etc. São exemplos a sociedade anônima e a comandita por ações.

A sociedade limitada é tipo misto, ora de capital, ora de pessoas, a depender do contrato social. A sociedade limitada poderá se reger supletivamente pelas normas da sociedade simples ou pelas normas da sociedade anônima. O contrato pode prever a livre transferência das quotas. Caso não o faça, o sócio poderá ceder sua quota a quem seja sócio, independentemente da vontade dos demais, mas apenas poderá ceder a terceiros se não houver oposição de mais de um quarto do capital social (art. 1.057).

5.3.3. Quanto à responsabilidade dos sócios

As sociedades também se classificam quanto à responsabilidade pessoal dos sócios por obrigações sociais.

Um primeiro tipo de sociedade caracteriza-se pelos sócios serem ilimitada e solidariamente responsáveis entre si pelas dívidas sociais. Desde que o patrimônio da sociedade seja insuficiente para satisfazer as obrigações contraídas, o sócio poderá ser responsabilizado pelo pagamento da dívida social, em solidariedade com os demais, até o montante da dívida.

Essa responsabilidade dos sócios é ilimitada e solidária entre si, mas sempre subsidiária em relação à sociedade. Os sócios somente serão responsabilizados pessoalmente se os bens sociais forem insuficientes para a satisfação das obrigações sociais. São exemplos dessas sociedades, as sociedades em nome coletivo, as sociedades simples e as sociedades em comum.

As sociedades também podem ser classificadas conforme seus sócios tenham responsabilidade limitada pelas dívidas sociais.

> Na sociedade limitada, o sócio será responsável apenas pela integralização total do capital social subscrito e, na sociedade anônima, o sócio se responsabiliza apenas pela integralização das ações que ele próprio subscreveu.

Caso a sociedade não satisfaça as obrigações sociais com os seus bens, os sócios, desde que o capital social já esteja integralizado ou suas ações, não sofrerão qualquer responsabilidade.

Por fim, há sociedades em que parte dos sócios responde ilimitadamente e parte limitadamente. É o que ocorre na sociedade em comandita simples, por ações e na sociedade em conta de participação.

Na sociedade em comandita simples, o sócio comanditário responde apenas limitadamente ao valor de sua quota, enquanto o sócio comanditado responde ilimitadamente. Na sociedade em comandita por ações, o acionista diretor responde ilimitadamente e os demais acionistas respondem apenas limitadamente pela integralização de suas ações. Nas sociedades em conta de participação, por fim, o sócio ostensivo responde com os bens pessoais pelas dívidas sociais contraídas, porque o foram em nome próprio. O sócio participante não responde perante terceiros, mas apenas perante o ostensivo e nos termos do contrato.

5.3.4. Quanto à aquisição de personalidade jurídica

As sociedades poderão ou não adquirir personalidade jurídica. Caso o façam, surge nova pessoa jurídica, distinta da pessoa dos sócios contratantes e que passa a ser a titular dos direitos e sujeito das obrigações. São sociedades sem personalidade jurídica a sociedade em comum e a sociedade em conta de participação. Com personalidade jurídica são todas as demais.

A aquisição da personalidade jurídica faz-se, para as pessoas privadas, com a inscrição dos atos constitutivos no registro Público de Empresas Mercantis, se sociedades empresárias, ou no Registro Civil das Pessoas Jurídicas. Exceção a tanto ocorre com a sociedade em conta de participação. Ainda que essa possua o registro, seu tipo impede que lhe seja conferida personalidade jurídica.

5.4. Sociedades não personificadas

As sociedades que não possuem personalidade jurídica no direito brasileiro são as sociedades em comum e as sociedades em conta de participação.

5.4.1. Sociedade em comum

São sociedades em comum tanto as sociedades que possuíam atos constitutivos, mas que não estavam inscritos no Registro Público, chamadas antigamente de sociedades irregulares, como as sociedades que sequer tinham ato constitutivo escrito, as chamadas anteriormente de sociedades de fato. Ambas foram consideradas sociedades em comum pelo Código Civil de 2002, que condicionou a concessão da personalidade jurídica à inscrição dos atos constitutivos no registro público competente.

> A existência do contrato social, entretanto, é relevante. Os sócios, nas relações entre si ou com terceiros, somente por escrito podem provar a existência da sociedade. Os terceiros, todavia, podem provar a existência da sociedade por qualquer meio (art. 987).

A sociedade existe, porém não tem personalidade jurídica distinta da de seus sócios membros. Como não tem personalidade distinta, os bens sociais e obrigações não pertencem a um sujeito diverso, mas à coletividade dos sócios.

A Lei, entretanto, caracterizou os bens vinculados a essa atividade como patrimônio especial. Patrimônio especial é diverso de autônomo. Ele não se separa totalmente do patrimônio da coletividade dos sócios. Apenas exige que os terceiros, antes de executarem os demais bens particulares de cada um dos sócios, executem primeiro os bens sociais.

> Os sócios respondem ilimitadamente pelas obrigações sociais. A responsabilidade é solidária entre si, mas subsidiária em relação à sociedade, cujos bens devem ser primeiramente executados.

Esse benefício de ordem imposto pela lei somente não é exigido em relação ao sócio contratante da obrigação. Em relação a esse sócio, o terceiro pode executá-lo independentemente de ter executado antes os bens sociais.

Na sociedade em comum, qualquer dos sócios poderá vincular os demais sócios em relação aos terceiros com a prática de atos de administração. Os sócios podem estipular que os poderes de gestão sejam atribuídos apenas a alguns ou com limitações. Contudo, referido pacto apenas terá efeitos perante os terceiros se esses conhecessem a convenção ou devessem conhecê-la.

5.4.2. Sociedade em conta de participação

A sociedade em conta de participação também é considerada sociedade sem personalidade jurídica. É a chamada sociedade de gaveta ou sociedade oculta.

O contrato de sociedade em conta de participação não exige formalidade.

> Ainda que tenha sido levado a registro, entretanto, não permite o surgimento da personalidade jurídica, pois seu tipo é destinado a não ter personalidade.

A sociedade é destinada a que apenas o sócio ostensivo apareça perante terceiros e contrate com esses. Apenas o sócio ostensivo exerce a atividade e a desempenha em seu nome próprio, com responsabilidade exclusiva perante os terceiros, inclusive ilimitadamente com os seus bens próprios.

O outro tipo de sócio, conhecido como **sócio oculto** ou participante, não contrata nunca com terceiros. Ele permanece oculto e se obriga apenas em face do **sócio ostensivo**, nos termos do contrato social.

O contrato de sociedade vigora apenas entre os sócios e não gera efeitos perante terceiros. Caso o sócio oculto interfira no desenvolvimento da atividade ou contrate com terceiros, o sócio oculto passa a ter responsabilidade ilimitada e solidária com o sócio ostensivo.

Na sociedade em conta de participação, a admissão de novos sócios exige o consentimento unânime de todos. As contribuições dos sócios constituem patrimônio especial, mas apenas para produzir efeitos entre os sócios. Não pode o patrimônio especial ser oposto a terceiro.

A dissolução da sociedade ocorre com a falência do sócio ostensivo, o que exigirá a apuração das contas conforme o contrato de sociedade. A falência de sócio participante poderá não implicar a dissolução da sociedade, pois o contrato poderá ser cumprido pelo administrador judicial da massa falida.

5.5. Personalidade jurídica e desconsideração

A personalidade jurídica permite que o ente torne-se titular de direitos e sujeito de obrigações. A personalidade jurídica é atribuída aos entes de direito privado através da inscrição do ato constitutivo no respectivo registro, nos termos do art. 45 do Código Civil. Se a atividade desenvolvida pela sociedade for empresarial, a personalidade jurídica será obtida com a inscrição dos atos constitutivos no Registro Público de Empresas Mercantis. Se a atividade for a de profissional intelectual, salvo se for elemento de empresa, a inscrição dos atos constitutivos deve ocorrer no Registro Civil de Pessoas Jurídicas.

A personalidade jurídica distingue as pessoas dos sócios e a do ente coletivo. A partir de seu surgimento, a pessoa jurídica passa a ser um sujeito de direito distinto, com patrimônio autônomo e responsabilidade própria em relação aos sócios que integram a sociedade.

A autonomia patrimonial e a distinção de personalidade jurídica para fins de responsabilização dos agentes diante das obrigações contraídas em face de terceiros permitiram o desenvolvimento das atividades e a redução do risco do empreendimento. Entretanto, referidas características essenciais à personalidade jurídica permitiram que alguns agentes utilizassem a personalidade jurídica para prejudicar terceiros.

A teoria da desconsideração da personalidade jurídica surge para evitar que a atribuição da personalidade seja desviada para fins ilícitos nas hipóteses em que houve abuso desse direito.

> Pela desconsideração, a personalidade jurídica poderá ser desconsiderada. Não se invalida a atribuição da personalidade, mas ela não produz efeitos em relação a um terceiro.

Duas foram as teorias para a aplicação da desconsideração da personalidade jurídica: a teoria maior e a teoria menor. Pela teoria menor, adotada pelo Código do Consumidor, por exemplo, em seu art. 28, § 5º, exigem-se menos requisitos para se constatar o abuso. Basta que a personalidade jurídica seja um obstáculo ao ressarcimento dos prejuízos causados aos consumidores para que ela seja desconsiderada.

Pela teoria maior da desconsideração, entretanto, teoria adotada pelo Código Civil, em seu art. 50, não basta a insuficiência patrimonial do ente coletivo. Além da demonstração de que o patrimônio da pessoa jurídica é insuficiente para satisfazer a determinada obrigação, é necessária a demonstração de que a personalidade foi utilizada com abuso de direito.

O abuso de direito poderá ser caracterizado tanto pelo desvio de finalidade quanto pela confusão patrimonial. A partir da Lei n. 13.874/2019, que especificou esses requisitos no art. 50 do CC, **desvio de finalidade é a utilização da pessoa jurídica com o propósito de lesar credores e para a prática de atos ilícitos**. Por seu turno, **a confusão patrimonial é caracterizada pela ausência de separação de fato entre os patrimônios, caracterizada pelo cumprimento repetitivo pela sociedade de obrigações do sócio ou do administrador ou vice-versa; transferência de ativos ou de passivos sem efetivas contraprestações, exceto o de valor proporcionalmente insignificante; e outros atos de descumprimento da autonomia patrimonial**.

Duas exceções foram acrescentadas. A mera existência de grupo econômico sem a presença dos requisitos da confusão ou desvio de finalidade não autoriza a desconsideração da personalidade jurídica. Também não constitui desvio de finalidade a mera expansão ou a alteração da finalidade original da atividade econômica específica da pessoa jurídica.

Determinou o Código Civil que a personalidade jurídica será considerada ineficaz não para todos os sócios ou administradores. A personalidade jurídica é desconsiderada apenas para estender os efeitos de determinadas obrigações aos bens particulares de administradores ou sócios da pessoa jurídica beneficiados direta ou indiretamente pelo abuso.

A desconsideração da personalidade jurídica pode ser inversa.

> Desconsideração inversa da personalidade jurídica ocorre nos casos em que a autonomia da pessoa jurídica é utilizada para que o sócio consiga desviar seus bens de seus credores particulares.

Na desconsideração inversa, a personalidade jurídica é desconsiderada para que ela possa ser responsabilizada com seus bens por uma dívida particular do sócio ou do administrador. Isso ocorrerá nas mesmas hipóteses de confusão patrimonial e desvio de finalidade, quando ocorrer prejuízo aos credores particulares dos sócios ou administradores e benefício da pessoa jurídica.

> O Código de Processo Civil disciplinou como os requisitos da personalidade jurídica poderão ser apreciados. Pelo Código de Processo Civil, a desconsideração da personalidade jurídica exigirá a instauração de um incidente a pedido da parte ou do Ministério Público, quando couber a esse intervir no processo.

> O incidente poderá ser instaurado em qualquer fase do processo de conhecimento, no cumprimento de sentença e na execução fundada em título executivo extrajudicial e suspenderá o processo. Apenas não será necessário instaurar o incidente se a desconsideração for requerida na petição inicial, caso em que o sócio ou a pessoa jurídica serão citados.

5.6. Sociedades com personalidade jurídica

São sociedades com personalidade jurídica as sociedades simples, cooperativas, sociedades em nome coletivo, em comandita simples e por ações e a sociedade anônima.

5.6.1. Sociedades simples

O tipo de sociedade simples é um tipo societário subsidiário. As sociedades que não desenvolvam atividade empresarial, como as que exerçam atividade intelectual, de natureza científica, literária ou artística poderão escolher um tipo de sociedade empresarial. Caso assim o façam, serão submetidas à disciplina do tipo societário escolhido, do contrário, serão disciplinadas pelo tipo da sociedade simples.

Esse tipo da sociedade simples fora estabelecido como disciplina geral e suas regras serão aplicáveis supletivamente aos demais tipos societários.

Quanto à sua formação, a sociedade simples exige contrato escrito, que identifique o nome dos sócios, sua qualificação, o objeto e capital social e as obrigações dos sócios. O contrato deverá ser inscrito no Registro Civil de Pessoas Jurídicas no local de sua sede e deverá indicar a participação de cada sócio nos lucros e nas perdas.

O sócio pode ser pessoa jurídica e física. O incapaz poderá ser sócio desde que não exerça a administração da sociedade e o capital esteja totalmente integralizado. Cada um desses sócios deve realizar as contribuições sociais, conforme determinado no contrato. Na sociedade simples, os sócios podem **integralizar as quotas com serviços, bens ou dinheiro**.

As contribuições devem ser realizadas no prazo determinado no contrato social. Decorrido o prazo sem o adimplemento, a sociedade poderá notificar os sócios para a realizarem em 30 dias. Não satisfeita a obrigação, o sócio será considerado remisso e responderá pelos danos causados à sociedade. Em vez de responsabilizá-lo, a sociedade poderá preferir excluir o sócio remisso ou reduzir suas quotas ao montante já integralizado.

Caso o contrato social não discipline qual a participação dos sócios nos lucros e nas perdas, os sócios participarão na proporção das respectivas quotas.

> O sócio que contribuiu em serviços, entretanto, somente participará dos lucros na proporção da média do valor das quotas (art. 1.007).

Na sociedade simples, os sócios respondem ilimitadamente com seus bens pessoais pelas dívidas sociais. A execução dos bens dos sócios, contudo, exige que os bens sociais já tenham sido previamente esgotados.

> A responsabilidade dos sócios é ilimitada, mas sempre subsidiária em relação à sociedade. A responsabilização dos sócios ocorre na proporção em que participem das perdas sociais, exceto se for estabelecida a solidariedade no contrato (art. 1.023).

O sócio que se retira ou é excluído da sociedade permanece responsável pelos débitos sociais existentes do período em que nela participou e dos débitos que surgirem até a data da averbação no Registro Público da alteração contratual. Sua responsabilidade pelos débitos perdura até dois anos após a averbação da modificação do contrato social. Caso tenha cedido sua participação, o cessionário responderá perante a sociedade e terceiros solidariamente com o cedente até dois anos da averbação da modificação do contrato.

Na hipótese de falecimento do sócio, seus herdeiros não se eximem da responsabilidade pelos débitos existentes até a morte do sócio. Os herdeiros permanecem responsáveis pelas obrigações sociais anteriores à morte do sócio até dois anos após a averbação da resolução da sociedade no Registro Público.

Qualquer alteração do contrato na sociedade simples exige a unanimidade de aprovação dos sócios, pois a sociedade simples é sociedade de pessoas. Para que haja a cessão das quotas, por exemplo, exige-se o consentimento unânime dos demais sócios para a alteração contratual, sob pena de ter eficácia perante os sócios e a sociedade (art. 1.003).

Como na sociedade de pessoas há importância para as qualidades dos sócios, o credor particular do sócio não poderá ingressar na sociedade com a penhora da quota do sócio devedor. O credor poderá executar apenas a proporção que caberia ao sócio devedor dos lucros da sociedade ou o montante resultante da liquidação da quota. Da mesma forma os herdeiros do sócio somente podem concorrer à divisão periódica dos lucros, até que se liquide a quota.

Os sócios têm o direito de participar dos lucros da sociedade, de participar das deliberações sociais e de fiscalizar a administração da sociedade.

5.6.1.1. Deliberações sociais

Os sócios deverão deliberar em Assembleias Gerais, por maioria absoluta de votos segundo o valor das quotas. A Lei ou o contrato social podem estabelecer quóruns qualificados.

> Determina a Lei que as modificações do contrato social, dentre as quais as que alterarem os sócios, o objeto social, o capital a participação nos lucros e nas perdas exigem o consentimento unânime dos sócios.

5.6.1.2. Administração da sociedade simples

A manifestação ordinária da vontade social é feita pelos administradores, aos quais são atribuídos os poderes não apenas de representar a sociedade, mas a de gerir seus fatores de produção.

Os administradores devem ser necessariamente pessoas físicas. É vedado administrador pessoa jurídica. Podem ser sócios ou terceiros, desde que a pessoa nomeada não tenha sido condenada à pena que vede o acesso a cargos públicos, ou fora condenada por crime falimentar, prevaricação, corrupção ativa ou passiva, concussão, peculato, crime contra a economia popular, contra o sistema financeiro etc., enquanto perdurarem os efeitos da condenação.

A nomeação do administrador poderá ocorrer por contrato social ou ato em separado. Caso nada determine o contrato social, a administração da sociedade compete isoladamente a cada um dos sócios.

Se nomeado no contrato social, o sócio não poderá ser destituído, pois se exige a unanimidade para alteração do contrato. São irrevogáveis os poderes administrativos atribuídos ao sócio por cláusula do contrato.

São revogáveis, a qualquer tempo, por maioria absoluta do capital social, os poderes administrativos atribuídos aos sócios por ato separado, ou a quem não seja sócio.

5.6.1.3. Resolução e dissolução da sociedade simples

A dissolução da sociedade poderá ser total ou parcial. A dissolução parcial ou resolução do sócio em relação à sociedade ocorre quando da retirada ou exclusão de um dos sócios. Nesse caso, a sociedade continua a desenvolver sua atividade com os sócios remanescentes. Liquida-se a quota apenas do sócio que se retira da sociedade.

O valor da liquidação da quota deverá, a menos que haja disposição em contrato ao contrário, ser aferido mediante balanço patrimonial à data da resolução, e o pagamento deverá ocorrer em dinheiro em até 90 dias.

São hipóteses de resolução parcial:

a) falecimento de sócio, caso os sócios remanescentes não prefiram a dissolução total ou o acordo com os herdeiros para a substituição do falecido;

b) exercício de direito de retirada dos sócios, nas hipóteses em que, se a sociedade for por prazo indeterminado, o sócio notifique sua saída com 60 dias de antecedência. Se prazo determinado, desde que prove judicialmente que tenha ocorrido uma justa causa, como um ato que quebre sua confiança perante os demais;

c) exclusão do sócio. A exclusão poderá ser de pleno direito ou por maioria de votos.

Na exclusão de pleno direito, o sócio será excluído se for declarado falido ou houver a liquidação de sua quota por credores particulares.

A exclusão também pode ocorrer por vontade da maioria dos demais sócios, caso ocorra falta grave no cumprimento de suas obrigações, incapacidade superveniente, ambas mediante ação judicial, ou caso o sócio seja considerado remisso.

Na dissolução total, por seu turno, ocorre o fim da atividade social, com a liquidação das quotas de todos os sócios e a apuração do montante a ser distribuído. Com a dissolução total, liquidam-se os bens para que o produto, após o pagamento dos credores, possa ser distribuído proporcionalmente à participação do capital social aos sócios.

A dissolução total pode ocorrer de pleno direito, sem que haja a apreciação pelo Poder Judiciário. Ocorre, nos termos do art. 1.033 do Código Civil, com: a) o vencimento do prazo de duração, salvo se, vencido este e sem oposição de sócio, não entrar a sociedade em liquidação, caso em que se prorrogará por tempo indeterminado; b) o consenso unânime dos sócios; c) a deliberação dos sócios, por maioria absoluta, na sociedade de prazo indeterminado; d) a falta de pluralidade de sócios, não reconstituída no prazo de 180 dias; e) a extinção, na forma da lei, da autorização para funcionar.

Judicialmente, a dissolução total pode ocorrer com a anulação do ato constitutivo da sociedade, o exaurimento do seu fim social ou a impossibilidade do cumprimento deste.

5.6.2. Sociedade limitada

A sociedade limitada caracteriza-se como o tipo mais frequente de sociedade no Brasil. Sua ampla adoção decorre da limitação da responsabilidade dos sócios.

> A sociedade limitada é regulada pelos arts. 1.052 a 1.087 do Código Civil. Na omissão do capítulo, aplicam-se à sociedade limitada as normas da sociedade simples. O contrato social, contudo, poderá substituir a aplicação suplementar das normas da sociedade simples pelas normas da sociedade anônima.

Caracteriza-se por ser uma sociedade de natureza híbrida. A sociedade limitada não pode nem ser caracterizada como sociedade totalmente de pessoa, em que prevalecem as características pessoais dos sócios, nem como sociedade de capital, em que é relevante apenas a contribuição social, mas não a pessoa do sócio.

Os sócios poderão disciplinar no contrato social quais características preponderantes, ora de uma sociedade de pessoas, ora de uma sociedade de capitais, regerão a vida societária. Podem assim determinar a regência supletiva pelas normas das sociedades anônimas, como uma sociedade de capital, ou podem permitir a livre cessão das quotas dos sócios a terceiros ou imporem maior restrição etc.

5.6.2.1. Constituição

A constituição da sociedade limitada exige contrato escrito, o qual será inscrito no Registro Público. Se unipessoal a sociedade limitada, a partir de 2019 uma possibilidade conferida pela Lei, aplica-se ao documento de constituição do sócio único o que couber para o contrato social.

O contrato social deverá estabelecer: I – nome, nacionalidade, estado civil, profissão e residência dos sócios, se pessoas naturais, e a firma ou a denominação, nacionalidade e a sede dos sócios, se pessoas jurídicas; II – nome empresarial, objeto, sede e prazo da sociedade; III – capital social; IV – a quota de cada sócio no capital social e o modo de realizá-la; V – os administradores da sociedade, seus poderes e atribuições; VI – a participação de cada sócio nos lucros e nas perdas.

Como contrato, exigia-se a pluralidade de sócios contratantes. Ao menos dois sócios, pessoas físicas ou pessoas jurídicas, deveriam contratar a sociedade.

A Lei n. 13.874, de 2019, entretanto, criou modalidade de sociedade unipessoal. Por meio da alteração no art. 1.052, **admitiu-se a sociedade limitada constituída por uma única pessoa**, hipótese em que se aplicarão ao documento de constituição do sócio único, no que couber, as disposições sobre o contrato social.

5.6.2.2. Obrigações e direitos dos sócios

Como sociedade, os sócios se obrigam a contribuir com seus recursos para o desenvolvimento de uma atividade comum com a partilha entre si dos resultados. Essa contribuição permite a formação do capital social, o qual será dividido em quotas, iguais ou desiguais.

Para essa formação do capital, o sócio poderá contribuir com bens ou com dinheiro. É proibida, na sociedade limitada, a contribuição com serviços. Caso algum dos sócios contribua com bens, todos os sócios respondem solidariamente, até o prazo de cinco anos do registro da sociedade, pela exata estimação dos bens transferidos.

O sócio que não integralizar suas quotas será considerado remisso. Para ser remisso, entretanto, o sócio inadimplente nos termos do contrato social, deverá ser notificado para integralizar a quota no prazo de 30 dias. Apenas após sua inércia é que o sócio poderá ser responsável perante a sociedade pelos danos causados pela sua mora.

Alternativamente à indenização pela mora, a sociedade poderá decidir, por maioria, excluir o sócio remisso ou reduzir o capital ao montante efetivamente integralizado. Na sociedade limitada, outrossim, a sociedade também poderá tomar para si as quotas subscritas pelo sócio remisso ou transferi-las a terceiros, com a exclusão do sócio, mas sem a liquidação da quota. Devolve-se ao sócio remisso apenas aquilo que houver pago, deduzidos juros, despesas e eventuais encargos estabelecidos no contrato.

Além de contribuir, os sócios serão obrigados à reposição dos lucros e das quantias retiradas, a qualquer título, mesmo que autorizados pelo contrato social, quando tais lucros ou quantia se distribuírem com prejuízo do capital social.

O principal direito dos sócios é o de participar dos lucros da sociedade e de, na hipótese de dissolução, participar da partilha dos ativos e apuração de haveres. Além dos direitos patrimoniais, possuem os sócios os direitos de fiscalizar a atividade social, o de participar da administração da sociedade, o de votar nas deliberações.

O sócio tem ainda direito de preferência. Poderá participar, na proporção de suas quotas, de eventual aumento do capital social, desde que exerça seu direito no prazo de 30 dias da deliberação de aumento.

Também terão o direito de recesso.

> O direito de recesso é o direito de se retirar da sociedade, com o pagamento do valor de sua quota pela pessoa jurídica mediante a apuração de haveres.

Se a sociedade tiver prazo indeterminado, o sócio poderá se retirar da sociedade mediante simples notificação da sociedade, com prazo de 60 dias. Caso a sociedade tenha prazo determinado, o direito de retirada ocorre apenas se houver modificação do contrato social, fusão, incorporação de sociedade, e o sócio não tiver concordado com a deliberação que determinou. Apenas diante desse justo motivo, o sócio poderá se retirar da sociedade em 30 dias da deliberação.

Pelo exercício do direito de recesso, será apurado o valor da quota do sócio mediante o levantamento de balanço patrimonial especial na data de sua retirada, exceto se houver previsão em contrário no contrato social. Do mesmo modo, a menos que estabelecido de modo diverso, o sócio deverá ser pago em dinheiro, no prazo de 90 dias, a contar da liquidação.

5.6.2.3. Responsabilidade dos quotistas na sociedade limitada

Na sociedade limitada, o sócio responde pelas obrigações sociais apenas subsidiariamente. Seus bens pessoais poderão ser executados apenas após esgotados os bens da sociedade. Além de subsidiária, **a responsabilidade restringe-se ao montante do capital social a ser integralizado por todos os sócios**. Os sócios respondem pela obrigação que contraíram perante a companhia de contribuir para a integralização do capital social. Somente serão responsabilizados, nesse ponto, pela diferença de valor entre o que prometeram (subscreveram) e o que faltou satisfazerem (o que faltou ser integralizado).

Além de subsidiária em face da sociedade, ou seja, desde que não restem bens à sociedade para satisfazer as dívidas, **a responsabilidade dos sócios é solidária entre si**. Ainda que o sócio tenha integralizado todas as suas quotas, caso qualquer dos outros sócios não tenha, todos os sócios ou qualquer deles poderão ser responsabilizados com seus bens particulares pelas obrigações sociais na medida do montante remanescente à integralização total do capital social.

5.6.2.4. Modificação do capital social

O capital social expressa a soma das contribuições dos sócios para o desenvolvimento da atividade social, ao menos inicialmente. Durante o desenvolvimento da atividade, embora o capital social seja fixo, ao contrário do patrimônio, poderá ser reduzido ou aumentado.

Como o capital social procura garantir os credores da satisfação de suas obrigações sociais, **a alteração do capital social requer a modificação do contrato de sociedade**. Para majorá-lo, é necessário que já tenha ocorrido a integralização das quotas e que haja deliberação dos sócios.

A redução do capital social poderá ocorrer se:

a) integralizadas as quotas, houver a necessidade de redução em razão de perdas. O valor das quotas será reduzido na proporção da redução do capital social. Apenas é eficaz perante terceiros após a averbação no Registro.

b) delibere-se que o capital social é excessivo em relação ao objeto social. O valor das quotas será reduzido, mas a diferença será restituída aos sócios. Somente será eficaz se não houver impugnação de credores no prazo de 90 dias da publicação da ata da assembleia, ou desde que tenha havido o pagamento da dívida do credor ou o depósito do valor do crédito em juízo.

5.6.2.5. Quotas sociais

O capital social é dividido em quotas sociais, as quais podem ser iguais ou desiguais.

As quotas são indivisíveis em relação à sociedade. Ainda que possa uma única quota ser de propriedade de várias pessoas, os direitos em relação a essa quota são exercidos pelo representante do condomínio dos proprietários, ou pelo inventariante do sócio falecido. Entre os coproprietários, a responsabilidade pela contribuição é solidária. Apenas em relação à transferência é que a quota não é indivisível em relação à sociedade e o sócio poderá transferir a quota ou parte dela a terceiro.

> Nos termos do art. 1.057 do Código Civil, a menos que o contrato estabeleça de modo diverso, o sócio pode ceder sua quota, total ou parcialmente a quem seja sócio, independentemente de consentimento dos demais sócios. Poderá também transferir a terceiros, estranhos à sociedade, mas desde que não haja oposição de titulares de mais de um quarto do capital social.

Perante a sociedade e os terceiros, os efeitos da cessão ocorrerão apenas a partir da averbação do instrumento no registro e desde que acompanhado da anuência dos sócios.

5.6.2.6. Órgãos da sociedade limitada

São órgãos da sociedade limitada a assembleia geral de quotistas, os administradores e o conselho fiscal.

5.6.2.6.1. Assembleia geral de quotistas

As principais decisões da sociedade podem ser tomadas pelos sócios. Na sociedade limitada, as deliberações poderão ocorrer na forma de assembleia ou de reunião, conforme disponha o contrato social. A faculdade de escolha, entretanto, ocorrerá apenas se a quantidade de sócios for inferior a dez. **A deliberação em assembleia será obrigatória se o número de sócios for superior a dez**.

As reuniões possuem menos formalidades de instalação e o próprio contrato social poderá estabelecer as formas de convocação e quórum de instalação. Na assembleia geral, entretanto, as formalidades são as descritas na própria lei. Exige-se a convocação por publicação de anúncio por três vezes, com ao menos oito dias entre a data da assembleia e a data da primeira publicação e de cinco dias para a segunda convocação. As publicações devem ocorrer em jornal de grande circulação e no órgão oficial.

Em virtude da alteração promovida pela Lei n. 14.030/2020, nas sociedades limitadas poderá haver reunião ou assembleia geral digital ou eletrônica. O quotista poderá participar e votar à distância, desde que respeite os direitos legalmente previstos de participação e de manifestação dos sócios, nos termos do regulamento do órgão competente do Poder Executivo Federal (art. 1.080-A do CC).

> As formalidades para as convocações são dispensáveis e suas falhas são supridas se todos os sócios comparecerem ou se declararem cientes.

As deliberações vinculam todos os sócios, ainda que não tenham comparecido ou tenham discordado. Caso a deliberação seja contra a Lei ou o contrato social, as deliberações tornarão ilimitadamente responsáveis os sócios que a aprovaram.

Poderão os sócios deliberar, além das matérias previstas no contrato social, sobre: I – a aprovação das contas da administração; II – a designação dos administradores, quando feita em ato separado; III – a destituição dos administradores; IV – o modo de sua remuneração, quando não estabelecido no contrato; V – a modificação do contrato social; VI – a incorporação, a fusão e a dissolução da sociedade, ou a cessação do estado de liquidação; VII – a nomeação e destituição dos liquidantes; VIII – o pedido de recuperação; IX – a remuneração dos membros do conselho fiscal.

A assembleia instala-se com quórum, em primeira convocação, de três quartos do capital social e, nas convocações posteriores, com qualquer número. O quórum de votação é de maioria relativa, ou seja, maioria do capital social presente na assembleia, exceto se o contrato exigir prazo maior.

Exigem quórum qualificado a **modificação do contrato social**, a incorporação, fusão, dissolução da sociedade e a cessação do estado de liquidação.

Pela alteração realizada pela Lei n. 14.451/2022, a modificação do contrato social e as operações societárias de incorporação, fusão, dissolução da sociedade ou a cessação do estado de liquidação não mais exigem quórum de três quartos do capital social. O quórum passou a ser de maioria absoluta, ou seja, mais da metade do capital social.

Para a designação de administradores não sócios, o quórum de aprovação será de dois terços, enquanto o capital não estiver integralizado e será de maioria absoluta após a sua integralização (art. 1.061 do Código Civil).

O quórum de votação também será de **maioria absoluta**, ou metade mais um do capital social, para a **designação dos sócios administradores, seja pelo contrato social, seja em ato separado**. O quórum também é o de maioria absoluta para a destituição dos administradores, sócios ou não sócios, quer sejam nomeados em ato separado ou no próprio contrato social (**conforme alteração da Lei n. 13.792/2019 no art. 1.063 do Código Civil**), o modo de sua remuneração, quando não estabelecido no contrato e o pedido de recuperação judicial.

A assembleia deverá ocorrer ao menos uma vez por ano, nos quatro meses seguintes ao término do exercício social. A assembleia deverá tomar as contas do administrador, deliberar sobre o balanço de resultados e designar os administradores, se for o caso.

A ação anulatória da deliberação de aprovação dos balanços extingue-se em **dois anos**.

A deliberação dos sócios será convocada pelos administradores, nos casos previstos na lei e no contrato. Caso não o façam no prazo de 60 dias, poderá ser convocada pelos sócios. Poderá ser convocada também por quaisquer titulares de mais de um quinto do capital social, quando não atendido em oito dias pedido de convocação fundamentado. Pode ainda ser convocada pelo Conselho Fiscal, se a diretoria retardar por mais de 30 dias a convocação anual ou sempre que houver graves motivos.

5.6.2.6.2. Administração da sociedade limitada

Embora tenham sido atribuídas as principais decisões da sociedade à deliberação dos sócios, as decisões ordinárias da sociedade são tomadas pelos administradores, aos quais compete a prática dos atos de gestão e da representação da sociedade perante terceiros.

Os administradores terão poderes para praticar atos de gestão, administração da sociedade internamente, bem como atos de representação, e manifestar a vontade da sociedade perante terceiros. Caso o contrato social nada estabeleça, os administradores poderão atuar isoladamente e cada qual terá poder para representar a sociedade perante terceiros. No exercício dessa função, eles respondem solidariamente entre si pelos prejuízos que causarem a terceiros ou à própria sociedade, desde que tenham agido com culpa.

Os administradores serão sempre pessoas físicas. Não se admite na lei a nomeação de uma pessoa jurídica como administradora. Os administradores podem ser sócios ou não sócios.

> Caso o contrato social atribua a administração a todos os sócios, a determinação não se estende aos sócios que ingressarem na sociedade posteriormente.

A nomeação de terceiros, como administradores, é permitida para aumentar a especialização de funções da administração da sociedade. A nomeação de terceiro, contudo, deve estar aprovada no contrato social. Os quóruns, entretanto, são diversos se o administrador for sócio, ou não sócio.

Podem os administradores, ainda, serem nomeados no contrato social ou em ato em separado. Se for sócio, o administrador nomeado em ato em separado ou no contrato social exige aprovação de maioria absoluta do capital social. A nomeação deve ser averbada no Registro Público no prazo de 10 dias da investidura sob pena de não ter eficácia perante terceiros.

A cessação das funções do administrador ocorre pela destituição, em qualquer tempo, do titular, ou pelo término do prazo se, fixado no contrato ou em ato separado, não houver recondução.

A destituição do administrador, independentemente se sócio ou não sócio, **salvo disposição contratual em contrário, exige quórum de maioria absoluta do capital** (art. 1.063, § 1º e art. 1.071, ambos do CC).

Sócio ou não sócio	Quórum de eleição	Quórum de destituição
Administrador sócio nomeado no contrato social	Maioria absoluta	Maioria absoluta, salvo disposição contratual diversa
Administrador sócio nomeado em ato em separado	Maioria absoluta	Maioria absoluta
Administrador não sócio se o capital estiver integralizado	Maioria abosluta	Maioria abosluta
Administrador não sócio se o capital não estiver integralizado	2/3 do capital social	Maioria abosluta

A cessação das funções do administrador deverá ser averbada no registro público em 10 dias ao da ocorrência.

Além da destituição e do término do prazo, poderá cessar a função do administrador pela renúncia. A renúncia do administrador torna-se eficaz, em relação à sociedade, desde o momento em que esta toma conhecimento da comunicação escrita do renunciante; e, em relação a terceiros, após a averbação e publicação.

5.6.2.6.3. Conselho fiscal da sociedade limitada

O conselho fiscal tem a atribuição de supervisionar os administradores da sociedade. A ele compete examinar os livros e papéis da sociedade, lavrar no livro de atas do conselho fiscal o resultado dos exames, fornecer parecer sobre os negócios e as operações sociais, denunciar erros, fraudes ou crimes que descobrir, convocar a assembleia dos sócios se a diretoria retardar.

Ele não é obrigatório nas sociedades limitadas, apenas nas sociedades anônimas. A facultatividade de sua instalação é não exigir que a onerosidade de sua criação seja imposta a sociedades limitadas de pequena dimensão e que não exigiriam um controle maior do administrador.

O conselho fiscal deve ser concebido pelo contrato social. Deverá ser composto por, no mínimo, três membros, sócios ou não sócios, desde que residentes no país. Não podem ser administradores da sociedade, nem de sociedades controladas, nem empregados de quaisquer delas ou de seus administradores.

São eleitos pela assembleia geral por quórum de votação de maioria relativa.

> Os sócios minoritários poderão, desde que tenham pelo menos um quinto do capital social, eleger em separado um dos membros.

As atribuições do conselho fiscal não podem ser outorgadas a outro órgão da sociedade. Seus membros respondem apenas por culpa no desempenho de suas funções, quer perante a sociedade, quer perante terceiros.

5.6.2.7. Dissolução da sociedade

A sociedade limitada pode se dissolver total ou parcialmente.

A dissolução parcial é conhecida também por resolução da sociedade em relação a um sócio. Ela pode ocorrer pela retirada do sócio em razão de seu direito de recesso ou pela exclusão, a qual pode ser judicial ou extrajudicial.

A exclusão judicial pode ocorrer nas hipóteses de incapacidade superveniente do sócio ou em razão da demonstração de falta grave desse. Ambas as hipóteses exigem aprovação da maioria dos *demais sócios* e pedido judicial. Nessa hipótese, poderá ocorrer a exclusão do próprio sócio majoritário, pois a deliberação é dos demais sócios.

Para que a **exclusão** possa ser **extrajudicial**, ela precisa ter sido estabelecida no contrato social. Caso exista a possibilidade no contrato, exige-se deliberação da maioria absoluta do capital social, que poderá determinar a exclusão do sócio em razão da prática de um ato de inegável gravidade. Em razão do quórum, apenas o sócio minoritário poderá ser excluído da sociedade. Exige-se que se demonstre que o comportamento do sócio minoritário coloca em risco a continuidade da empresa.

A deliberação da assembleia sobre a exclusão do sócio em razão da falta grave, entretanto, exige prévia possibilidade de o sócio exercer o contraditório. Para tanto, o sócio deve ser previamente cientificado, com tempo hábil para comparecer e se defender, de que deliberação apreciará sua exclusão.

A hipótese de existirem apenas dois sócios na sociedade excetua a necessidade de assembleia ou reunião de sócios especialmente convocada para a exclusão. **Se existirem apenas dois sócios, desde que o sócio possua mais da metade do capital social e a possibilidade esteja prevista no contrato social, o sócio majoritário poderá excluir o minoritário em razão de ato de inegável gravidade que ponha em risco a continuidade da empresa mesmo sem qualquer deliberação societária** (art. 1.085, parágrafo único, alterado pela Lei n. 13.792/2019).

Excluído da sociedade, o sócio terá direito à apuração de seus haveres. A menos que estabelecido de modo diverso no contrato, será levantado balanço especial para apuração. A quota do sócio será liquidada com base na situação patrimonial da sociedade, à data da resolução, e seu valor será pago em dinheiro no prazo de noventa dias, salvo estipulação em contrário (arts. 1.086 c/c 1.031 do CC).

> Persistirá a responsabilidade do excluído por dois anos após a averbação da resolução pelas dívidas contraídas até o momento da averbação.

A dissolução total, por seu turno, tem as mesmas hipóteses da sociedade simples. Poderá a sociedade ser dissolvida se vencer o seu prazo de duração, a menos que se prorrogue automaticamente por não ter ocorrido oposição de sócios; pelo consenso dos sócios; por deliberação da maioria absoluta dos sócios, na hipótese de sociedade por prazo indeterminado; pela **falta de plu-**

ralidade de sócios, caso não seja reconstituída em **180 dias** (o que deve ser considerado tacitamente revogado em razão da nova possibilidade estabelecida de sociedade limitada com sócio único – alteração realizada no art. 1.052, parágrafo único, pela Lei n. 13.874/2019), e pela extinção da autorização para funcionar.

5.6.3. Sociedade anônima

A sociedade anônima é disciplinada pela Lei n. 6.404/64. Caracteriza-se por ter personalidade jurídica e ser necessariamente empresarial, independentemente da natureza da atividade desenvolvida.

A sociedade anônima caracteriza-se, ainda, por ser sociedade tipicamente de capital, em que é mais relevante o montante da contribuição dos acionistas do que suas características pessoais. Nesses termos, seu capital social é dividido em ações, títulos de livre circulação pelos proprietários, independentemente do consentimento dos demais acionistas.

As ações representam frações idênticas do capital social e são livremente circuláveis. Sua circulação não poderá ser restrita de qualquer forma. Em razão de sua natureza como sociedade de capital, a ação das companhias poderá ser objeto de penhora pelos credores particulares dos acionistas, pode ser transferida a terceiros, inclusive *mortis causa* aos herdeiros.

Os acionistas são responsáveis apenas pelo valor das **ações** por eles **subscritas** e ainda não **integralizadas**. Subscrição identifica a promessa de pagamento pelo adquirente do valor das ações à companhia, e esse pagamento é concebido como integralização.

Ainda que os demais acionistas não tenham integralizado, satisfeito, o montante ao qual se vincularam a contribuir para o capital social, o acionista responde apenas pela integralização do valor de sua ação. Caso já o tenha integralizado, ainda que os demais não, e mesmo que não existam bens sociais suficientes para a satisfação das obrigações sociais, o acionista não será responsabilizado.

A lei determina que o objeto social da companhia deve estar definido de modo preciso. O objeto social é a atividade econômica a ser desenvolvida pela companhia, e que não poderá ser contrária à lei, à ordem pública e aos bons costumes (art. 2º da Lei n. 6.404/76).

O objeto social limita a responsabilidade da companhia pelas obrigações contraídas. Isso porque restringe os poderes dos administradores à atividade previamente delimitada. Apenas dentro dessa atividade especificada no objeto social os administradores possuem poderes para fazer presente a companhia e, nesse caso, para vinculá-la pela obrigação contraída perante terceiros.

5.6.3.1. Classificação das Sociedades Anônimas

As sociedades anônimas podem ser fechadas ou abertas. A diferenciação entre ambas refere-se à possibilidade ou não de negociação dos títulos por elas emitidos no mercado de capitais.

As sociedades anônimas abertas são as sociedades cujos valores mobiliários, títulos de emissão pela companhia que fornecem direitos aos adquirentes, são livremente negociados no mercado de capitais, composto pela Bolsa de Valores e Mercado de Balcão.

A Bolsa de Valores poderá ser associação ou sociedade anônima e é integrada por sociedades de corretores. Constitui um mercado secundário, pois não negocia novas ações, mas apenas negocia as ações já titularizadas por acionistas com os adquirentes.

O Mercado de Balcão consiste no conjunto de operações com valores mobiliários realizadas por intermediários do sistema de distribuição. Pode consistir tanto em um mercado primário, em que os títulos são adquiridos diretamente da companhia, como em mercado secundário, em que os títulos são adquiridos de um outro proprietário.

As sociedades anônimas fechadas não possuem seus títulos negociados no mercado de capitais. A negociação dos títulos faz-se diretamente entre o proprietário e o adquirente.

> Nas companhias fechadas, o estatuto pode impor limitações à circulação das ações nominativas, contanto que não impeça a negociação das ações e não sujeite o acionista ao arbítrio dos órgãos de administração da companhia ou da maioria dos acionistas (art. 36 da LSA).

Caso essa limitação ocorra por alteração estatutária, a limitação somente será aplicável às ações cujos titulares expressamente tenham concordado com ela.

5.6.3.2. Constituição da sociedade anônima

Para que ocorra a constituição da sociedade anônima, imprescindível que ocorra a subscrição de pelo menos duas pessoas de todas as ações em que se divide o capital social; pagamento de, no mínimo, 10% em dinheiro do valor do preço de emissão das ações subscritas, com o depósito da referida entrada em estabelecimento bancário pelo fundador no prazo de 5 dias do recebimento das quantias.

A partir do depósito no banco pelo fundador, a companhia terá o prazo de seis meses para se constituir, sob pena de o Banco restituir as quantias depositadas diretamente aos subscritores. Caso adquira a personalidade jurídica, apenas a sociedade poderá levantar os recursos.

O requisito da subscrição de todas as ações poderá ser feito de duas formas: subscrição pública ou subscrição particular.

A **subscrição pública** é exigência para as sociedades anônimas abertas. Requer o intermédio de instituição financeira e o prévio registro da emissão na Comissão de Valores Mobiliários, de modo a disponibilizar as ações para a subscrição pelo público. Por ocasião dessa subscrição, o adquirente pagará o valor mínimo de 10% do preço de emissão das ações em dinheiro à instituição financeira.

Caso ocorra a subscrição de todo o capital social, os fundadores convocarão a **assembleia geral** e os subscritores constituirão a companhia desde que não haja votos contrários por mais da metade do capital social ao projeto de estatuto social. Na assembleia de constituição serão eleitos os administradores e fiscais.

Em vez da subscrição pública, poderá ocorrer uma **subscrição particular** para a constituição da companhia. A subscrição particular é realizada sem maiores formalidades pelas sociedades anônimas fechadas e não exige a intermediação de instituição financeira ou prévio registro na CVM. Faz-se por deliberações dos subscritores em assembleia geral ou por escritura pública.

Em assembleia, o projeto de estatuto deve ser entregue à assembleia com a assinatura de todos os subscritores do capital. Se realizado por escritura pública, ele precisa ser assinado por todos os subscritores e deverá conter a identificação destes, o estatuto da companhia, a relações das ações, o recibo do depósito das entradas das contribuições ao capital social, nomeação dos primeiros administradores e fiscais, se o caso.

Para adquirir personalidade jurídica, os atos constitutivos devem ser inscritos no Registro Público de empresa mercantil e deverão ser publicados na imprensa oficial do local da sede da companhia.

5.6.3.3. Capital social da sociedade anônima

O capital social é o valor expresso no estatuto social e, inicialmente, refere-se ao valor da contribuição dos sócios com bens para o desenvolvimento da atividade empresarial. O capital social permitirá aos terceiros que pretendam contratar com a sociedade aferir um montante aproximado de seu patrimônio, pois o capital social será fixo, estável, enquanto o patrimônio é variável. Permite a determinação da posição do acionista na sociedade também, pois o capital social será dividido em ações atribuídas a cada um dos sócios, os quais, diante do montante por eles detido, poderão exercer determinados direitos.

Compõe-se o capital social, portanto, pela soma das contribuições dos sócios. A integralização das ações subscritas, além da entrada que deve ser feita necessariamente em dinheiro, poderá ser realizada em bens.

> A Lei n. 6.404/76 proibiu a integralização das ações por serviços, mas permitiu que os acionistas conferissem bens para a integralização.

Para que o capital social seja conforme a realidade efetiva dos bens conferidos pelos acionistas ao integralizarem suas ações, a lei determinou que os bens deverão ser avaliados por três peritos ou por empresa especializada, ambos nomeados na assembleia geral de subscritores. O laudo será apresentado à assembleia que, caso o aprove, permitirá a incorporação dos bens ao patrimônio da companhia.

Caso referidos bens sejam imóveis, a transferência dos bens não exige escritura pública. A certidão de arquivamento dos atos constitutivos no Registro Público de Empresas Mercantis é suficiente para a transferência, por transcrição no Cartório de Registro de Imóveis, dos bens que o subscritor tiver contribuído para a formação do capital social (art. 98, § 2º, da LSA).

A responsabilidade civil dos subscritores que contribuírem com bens para a formação do capital social será idêntica à do vendedor. Eles respondem, juntamente com os avaliadores, com culpa ou dolo na avaliação dos bens pelo prejuízo que causarem à companhia ou a terceiros.

Embora o capital social seja fixo, poderá ser reduzido ou aumentado.

O capital poderá ser aumentado por deliberação da assembleia geral ordinária para a correção monetária de seu valor; por deliberação da Assembleia Geral ou do Conselho de Administração para emissão de ações dentro do limite autorizado no estatuto; por conversão de debêntures, partes beneficiárias e bônus de subscrição, em ações; por deliberação da Assembleia Geral Extraordinária, mediante subscrição pública ou particular, desde que depois de três quartos do capital social ter sido integralizado; por capitalização dos lucros e das reservas.

O capital social poderá ser reduzido se a Assembleia Geral aprovar a redução em razão de perdas sociais ou em razão de julgar o capital social excessivo (art. 173 da LSA). Essa redução somente poderá ser eficaz após 60 dias da publicação da ata da assembleia que a tiver deliberado, pois, no prazo, os credores poderão se opor à redução e, caso o façam, o arquivamento da ata apenas poderá ser feita na Junta Comercial caso o pagamento dos credores tenha sido realizado. Caso a companhia tenha emitido debêntures, a redução de capital exige que os debenturistas aprovem a redução.

5.6.3.4. Acionistas da sociedade anônima

O acionista é o proprietário de ações emitidas pela companhia. Como contrato, a sociedade anônima deve possuir ao menos dois acionistas para a sua constituição.

> Excepcionalmente, entretanto, permite-se que a sociedade anônima possua temporariamente apenas um único acionista. A pluralidade de acionistas, todavia, deve ser recomposta da assembleia que constatou que havia apenas um acionista até a assembleia do ano seguinte, sob pena de dissolução da companhia.

A única exceção a essa regra ocorre com a sociedade anônima subsidiária integral. Essa pode ser constituída por escritura pública e pode ter um único acionista consistente numa sociedade brasileira.

Ao se tornar proprietário de ações, o acionista passa a obter direitos e a contrair obrigações perante a companhia. Dentre as obrigações, a principal do acionista é o seu dever de integralizar as ações por ele subscritas, conforme o previsto no estatuto ou no boletim de subscrição.

Caso o acionista não faça o pagamento na data prevista, ficará de pleno direito constituído em mora e se sujeitará ao pagamento de juros, correção e de multa que o estatuto determinar, a qual não poderá ser superior a 10% (art. 106 da LSA). O **acionista em mora** é considerado **remisso**.

Em face do remisso, a companhia poderá cobrar as importâncias devidas e/ou mandar vender as ações em Bolsa de Valores. Caso ainda assim não consiga a integralização das ações, poderá declará-las caducas e fazer suas as entradas realizadas.

Em relação aos direitos, os acionistas são titulares de direitos essenciais que não poderão ser suprimidos nem pela Assembleia Geral, nem pelo próprio estatuto social.

Dentre esses direitos, os acionistas deverão participar nos lucros sociais. Os acionistas têm direito a um dividendo obrigatório, consistente em um montante de lucro estabelecido no estatuto social e, em sua omissão, será a de metade do lucro líquido do exercício, com a dedução daquilo destinado às reservas sociais.

Têm direito os acionistas, ainda, de participar no acervo da companhia em caso de liquidação. Podem fiscalizar a gestão dos negócios sociais e, nesse ponto, poderão requerer a exibição dos livros sociais desde que possuam ao menos 5% do capital social, apontem violações à lei ou ao estatuto ou caso haja suspeita de irregularidades. Terão os acionistas, ainda, direito de preferência para a subscrição de ações, partes beneficiárias conversíveis em ações, debêntures conversíveis e bônus de subscrição.

Garante-se aos acionistas, ademais, direito de retirada.

> O direito de retirada consiste em ter suas ações reembolsadas pela companhia, caso discorde de deliberação social que determine a criação de ações preferenciais ou aumento sem guardar proporção com as demais classes de ações preferenciais; alteração nas preferências; criação de classe mais favorecida; redução de dividendo obrigatório; fusão, incorporação, cisão; participação em grupo de sociedade; mudança de objeto da companhia.

As ações conferem, em regra, também direito de voto, o qual, entretanto, poderá ser restrito pela companhia com a emissão de ações preferenciais. Pela alteração da Lei n. 14.195/2021, não é mais proibido o voto plural, ou seja, a atribuição de mais de um voto para cada ação. O voto plural poderá ser atribuído a classes de ações ordinárias.

Se atribuído à classe, o voto plural não poderá ser superior a 10 votos por ação ordinária e deverá ter prazo de vigência de até sete anos, prorrogável por deliberação dos demais acionistas. Na companhia aberta, a criação do voto plural somente pode ocorrer previamente à negociação de qualquer valor mobiliário conversível em ações em mercados organizados.

As ações com voto plural serão convertidas em ações ordinárias sem voto plural se forem transferidas a terceiros.

As ações de cada classe conferirão iguais direitos aos seus titulares, os quais poderão ser tutelados, inclusive judicialmente. Nada impede que o estatuto da sociedade estabeleça que as divergências entre os acionistas e a companhia ou entre os acionistas não sejam submetidas ao judiciário, mas sejam solucionadas mediante arbitragem.

O penhor da ação não impede o voto pelo acionista, mas o estatuto poderá exigir o consentimento do credor pignoratício. O credor garantido por alienação fiduciária não poderá exercer o direito de voto, apenas o devedor – e nos termos do contrato. Caso a ação seja gravada com usufruto, o direito somente poderá ser exercido se houver prévio acordo entre o proprietário e o usufrutuário.

A assembleia poderá suspender o direito de voto dos acionistas, se o acionista não realizar suas obrigações, como, por exemplo, efetuar suas contribuições sociais.

5.6.3.5. Acionista controlador

A lei atribuiu deveres diferentes ao acionista controlador, em razão dos poderes por esse exercidos. É considerado controlador aquele que seja titular de direitos de sócio que lhe assegurem, de modo permanentemente, maioria dos votos nas deliberações sociais, desde que use efetivamente desse poder para dirigir as atividades sociais.

Pode ser acionista totalitário, que possui todas as ações com direito de voto da companhia. Pode ser majoritário, que possui a maioria das ações com direito a voto. Basta, para sua definição, que tenha a maioria efetiva das ações que compareçam à assembleia, ou seja, ainda que minoritário, pode ser controlador desde que suas ações sejam suficientes para predominar na assembleia, de modo não transitório.

Ao controlador foi imposto o dever de agir para proteger os interesses dos demais acionistas e dos interesses das demais pessoas envolvidas com a empresa. Será responsável se orientar a companhia para fim estranho ao objeto social ou promover a liquidação de companhia próspera ou operação societária com o fim de obter vantagem indevida ou de causar prejuízo aos acionistas minoritários; eleger administrador que sabe inapto; contratar com a companhia em condições não equitativas; aprovar contas irregulares de administradores ou não apurar denúncia.

5.6.3.6. Acordo de acionistas

Poderão ser celebrados acordos entre os acionistas para que eles possam exercer maiores poderes na companhia.

> Os acordos de acionistas podem versar sobre compra e venda das ações entre os acionistas; a preferência para aquisição de ações; o exercício do direito de voto e o exercício do poder de controle.

Os acordos de acionistas serão eficazes perante a companhia quando forem arquivados em sua sede social. Para serem eficazes também quanto a terceiros, o que ocorre nos acordos que versam sobre a transferência das ações, os acordos de acionistas deverão ser averbados no livro de registro e nos certificados das ações.

Caso sejam eficazes perante a companhia, a infringência do acordo de voto, com a votação ao contrário do convencionado, exigirá que o presidente da Assembleia ou do órgão colegiado de deliberação não compute o voto proferido.

O acordo de acionistas garante, outrossim, a vinculação dos administradores eleitos nos termos do acordo à convenção. O presidente do Conselho de Administração ou a diretoria, assim como faz o presidente da Assembleia Geral, deverão desconsiderar o voto proferido pelos administradores contrários aos termos do acordo, desde que tenham sido eleitos nos termos desse. Para que possa ser computado o voto a favor do acordo, e não haja simplesmente a desconsideração do voto em contrário, os contratantes do acordo poderão se valer da execução judicial específica do acordo de acionistas.

Caso ocorra a abstenção do voto ou a ausência do acionista ou do administrador à votação, os contratantes do acordo de acionistas poderão exercer diretamente o voto nos termos contratados. Desnecessária a tutela judicial nesse caso.

5.6.3.7. Valores mobiliários

Valores mobiliários são títulos emitidos pelas sociedades anônimas para captarem recursos para o desenvolvimento de suas atividades. Define-se valor mobiliário de modo amplo como todos os títulos ou contratos de investimento ofertados publicamente, que gerem direito de participação ou remuneração, inclusive resultante de prestação de serviços.

Os principais valores mobiliários emitidos pelas sociedades anônimas são as ações, as partes beneficiárias, as debêntures, os bônus de subscrição e o *commercial paper*.

5.6.3.7.1. Ações

Ações são bens representativos do capital social da companhia. Consideradas bens móveis, as ações conferem ao proprietário direitos e deveres como acionista da companhia.

As ações poderão ter valor nominal, preço de emissão e valor patrimonial.

O estatuto determinará se as ações possuirão valor nominal, que é o montante representativo daquela ação em face do valor do capital social. Caso o estatuto social não estabeleça o valor nominal, as ações continuam a conferir os mesmos direitos e deveres, apenas não terão um valor expresso em moeda no título.

Caso tenham expresso o valor nominal, todas as ações deverão ter o mesmo valor. Ainda que a companhia não tenha ações com valor nominal, o estatuto poderá criar uma ou mais classes de ações preferenciais com valor nominal.

O preço de emissão da referida ação, contudo, não se identifica com o seu valor nominal. O preço de emissão é o valor pago como contribuição pelo subscritor e que será fixado pela assembleia na constituição da companhia ou no aumento de seu capital social. Caso o preço de emissão seja superior ao valor nominal, a diferença não formará o capital social, mas constituirá reserva de capital.

O valor patrimonial, por seu turno, é a parcela do patrimônio da companhia. Como o capital social não varia, mas o patrimônio sim, o valor patrimonial da ação poderá ser superior ou inferior ao valor nominal da ação.

Quanto à forma, as ações poderão ser nominativas ou escriturais. Estão proibidas as **ações ao portador**, cujos proprietários não eram identificados. Todas as ações devem ser nominativas.

Na primeira forma de **ação nominativa**, o nome do acionista encontra-se inscrito no livro de Registro de Ações Nominativas. A transferência nessa ocorre mediante termo no livro de transferência de ações nominativas.

As **ações escriturais** são formas também de ações nominativas, pois identificam os acionistas. Não há emissão de certificados. São mantidas as ações escriturais em contas de depósito em nome dos titulares, numa instituição financeira. Prescinde-se, portanto, do livro de transferência, pois a instituição financeira fará o controle de quem é o proprietário das ações. A propriedade é presumida pelo registro na conta de depósito das ações.

As ações podem se diferenciar, também, quanto aos direitos conferidos aos acionistas. Podem ser ações ordinárias, ações preferenciais ou ações de fruição. As **ações ordinárias** são as ações que conferem direitos comuns aos acionistas. Garantem a esses o direito de voto nas deliberações e o direito de participar dos lucros e das perdas.

As ações podem ser divididas em classes diversas, sejam elas preferenciais ou ordinárias.

As ações ordinárias podem ser de classes diversas em função de permitirem a conversão em ações preferenciais, exigirem nacionalidade brasileira, permitirem direito de voto em separado para eleger membros dos órgãos de administração ou atribuírem a seus acionistas o voto plural, observados os limites e as condições do art. 110-A da Lei n. 6.404/76.

O voto plural somente pode ser conferido às ações ordinárias.

Nas companhias abertas, as ações ordinárias também poderão ser divididas em classes, mas apenas no tocante à adoção do voto plural (art. 16-A da Lei n. 6.404/76).

As **ações preferenciais**, por seu turno, podem conferir direito de voto, voto restrito ou não conferirem direito de voto. Não podem ter voto plural, restrito este às ações ordinárias.

Caso possuam voto restrito, as ações preferenciais não podem ultrapassar 50% do valor total das ações. Independentemente se companhia aberta ou fechada, as ações preferenciais podem ser de uma ou mais classes, de forma a diferenciar os direitos e limitações conferidos a cada classe de ações preferenciais.

Podem garantir prioridade na distribuição de dividendo, prioridade no reembolso do capital ou ambos. Caso as ações limitem o direito de voto do acionista, elas precisam garantir a eles um privilégio. Se limitar o direito de voto, a ação preferencial deve garantir o direito de participar do dividendo a ser distribuído e que deve corresponder a, pelo menos, 25% do lucro líquido do exercício; ou direito de recebimento de dividendo por ação preferencial pelo menos 10% maior do que o atribuído a cada ação ordinária; ou direito de serem incluídas na oferta pública de aquisição de controle.

Se a companhia deixar de pagar os dividendos fixos ou mínimos, por prazo previsto no estatuto, mas que não pode ser superior a três exercícios consecutivos, as ações preferenciais com limitação de voto passarão a ter esse direito.

Ações de fruição são as em que já houve a amortização do valor que seria atribuído numa partilha. Os acionistas já foram pagos em relação ao montante a que teriam direito em uma liquidação da companhia. A ação de fruição garante os demais direitos com exceção de participação no acervo por ocasião da partilha dos bens.

5.6.3.7.2. Partes beneficiárias

Não representam fração do capital social e serão de um único tipo. Somente podem ser emitidas pelas companhias fechadas e conferem direito aos titulares para participarem nos lucros anuais. A participação nos lucros não pode ultrapassar 10% do total dos lucros.

Podem ser utilizadas pela companhia para captar recursos ou entregues a fundadores, acionistas ou terceiros como remuneração por serviços prestados.

5.6.3.7.3. Debêntures

Debêntures são valores mobiliários emitidos pela companhia para captação de recursos de longo e médio prazos. Não confere direitos de acionista, mas apenas direitos de crédito em face da companhia.

Podem ser de quatro espécies: com garantia real (o empréstimo tem uma garantia real de pagamento), com garantia flutuante (garantem um crédito com privilégio geral sobre o ativo), quirografárias (não garantem nenhum privilégio aos titulares), debêntures subordinadas (os titulares somente têm preferência sobre os acionistas para receber partilha do ativo, em liquidação, mas menos privilegiada do que os demais acionistas).

O estatuto social poderá garantir que as debêntures possam ser ou não conversíveis em ações, caso o titular prefira, em vez de receber o que lhe fora garantido, converter seu crédito em ação da companhia.

Os debenturistas podem se fazer representar, nas relações com a companhia, por um agente fiduciário. Esse agente terá poderes para proteger os interesses dos debenturistas.

5.6.3.7.4. Bônus de subscrição

São valores mobiliários emitidos apenas pelas sociedades anônimas de capital autorizado, aquelas que já têm um aumento de capital social aprovado. Os bônus de subscrição garantem aos titulares o direito de subscrever ações da companhia por determinado preço. Ficam os bônus limitados ao aumento do capital social.

5.6.3.7.5. Nota comercial

Também chamados de *commercial papers*, são títulos emitidos para a captação de recursos e conversíveis em ações, de livre negociação. Representam promessa de pagamento em dinheiro.

Podem ser emitidos de forma exclusivamente escritural por meio de instituições autorizadas a prestar o serviço de escrituração pela Comissão de Valores Mobiliários.

Não são de emissão mais restrita às sociedades anônimas. Podem emitir os títulos as sociedades anônimas, as sociedades limitadas e as sociedades cooperativas.

São promessas de pagamento conferidas aos titulares para pagamento entre 30 e 180 dias pelas companhias fechadas e entre 30 e 360 pelas companhias abertas, conforme art. 7º da Instrução Normativa n. 134 da CVM.

5.6.3.8. Órgãos sociais

Quatro são os órgãos sociais das sociedades anônimas: a assembleia geral, a Diretoria, o Conselho de Administração e o Conselho Fiscal.

5.6.3.8.1. Assembleia geral de acionistas

À assembleia geral foi conferido o poder de decidir sobre as principais decisões da companhia. Nos termos do art. 121 da Lei n. 6.404/76, a Assembleia Geral poderá deliberar sobre todos os negócios relativos ao objeto da companhia.

A assembleia é formada por todos os credores que possuam direito de voto e é órgão hierarquicamente superior a todos os demais da companhia. Compete *exclusivamente* à Assembleia Geral o poder de: reformar o estatuto social; eleger ou destituir, a qualquer tempo, os administradores e fiscais da companhia; tomar, anualmente, as contas dos administradores e deliberar sobre as demonstrações financeiras por eles apresentadas; autorizar a emissão de debêntures; suspender o exercício dos direitos do acionista; deliberar sobre a avaliação dos bens com que o acionista concorrer para a formação do capital social; autorizar a emissão e partes beneficiárias; deliberar sobre transformação, fusão, incorporação e cisão da companhia, sua dissolução e liquidação, eleger e destituir liquidantes e julgar-lhes as contas; autorizar os administradores a confessar falência e pedir recuperação. Na hipótese de urgência, a confissão de falência ou o pedido de recuperação judicial poderá ser formulado pelos administradores, com a concordância do acionista controlador, se houver, hipótese em que a assembleia geral será convocada imediatamente para deliberar sobre a matéria; e deliberar, nas companhias abertas, sobre a celebração de transações com partes relacionadas, a alienação ou a contribuição para outra empresa de ativos, caso o valor da operação corresponda a mais de 50% do valor dos ativos totais da companhia constantes do último balanço aprovado.

A assembleia poderá ser ordinária ou extraordinária, conforme a deliberação. Nada impede que haja a cumulação de ambas em uma mesma deliberação.

A assembleia geral ordinária é a que ocorre anualmente, até quatro meses do término do exercício social. Compete à assembleia geral ordinária: apreciação das contas dos administradores; exame das demonstrações financeiras; deliberação sobre a destinação do lucro líquido do exercício; distribuição dos dividendos; eleição dos administradores e membros do Conselho Fiscal.

A assembleia geral extraordinária é a que pode se realizar em qualquer época e apreciará qualquer matéria que não seja atribuição da assembleia geral ordinária.

Poderão convocar a assembleia geral os administradores, o Conselho Fiscal, ou qualquer acionista se os administradores retardarem a convocação por mais de 60 dias nos casos previstos no estatuto ou na lei. **Podem ainda convocar a assembleia os acionistas que representem ao menos 5% do capital social**, se os administradores não atenderem ao pedido feito por eles no prazo de oito dias, ou 5% do capital votante ou 5% do capital sem direito a voto, se os administradores não atenderem a convocação do Conselho Fiscal.

A convocação se fará por publicação por três vezes, ao menos. Nas companhias fechadas, a primeira publicação deverá ser de ao menos oito dias de antecedência da assembleia e a segunda convocação com no mínimo cinco dias. Se a companhia for aberta, 21 dias de antecedência para a primeira convocação e ao menos oito dias para a segunda convocação.

Companhia aberta	21 dias de antecedência para a primeira convocação	8 dias de antecedência para a segunda convocação
Companhia fechada	8 dias de antecedência para a primeira convocação	5 dias de antecedência para a segunda convocação

Ainda que haja irregularidades na convocação, o vício será suprido caso todos os acionistas tenham comparecido à assembleia.

A Assembleia Geral será realizada, preferencialmente, no edifício onde a companhia tiver sede ou, por motivo de força maior, em outro local, desde que seja no mesmo município da sede e seja indicado com clareza nos anúncios (art. 124, § 2º, da Lei n. 6.404/76).

Em virtude da alteração promovida pela Lei n. 14.030/2020, nas companhias, tanto fechadas quanto abertas, poderá haver assembleia geral digital ou eletrônica. O acionista poderá participar e votar à distância, nos termos do regulamento da Comissão de Valores Mobiliários e do órgão competente do Poder Executivo Federal.

Os quóruns de instalação são de um quarto do total de votos em primeira convocação e de qualquer número na segunda convocação. Se a deliberação for de alteração do estatuto, o quórum de instalação é de dois terços do total de votos em primeira convocação e a segunda convocação tem o quórum de qualquer quantidade de acionistas com direito a voto.

Em regra, o quórum de votação é de maioria do total de votos dos acionistas presentes. Nas sociedades anônimas fechadas, o estatuto pode aumentar o quórum de algumas matérias.

Exige-se quórum qualificado de maioria absoluta do total de votos existentes e não presentes exclusivamente à assembleia geral, se número maior não for exigido pelo estatuto social, para as deliberações sobre: criação de ações preferenciais ou aumento de classe dessas, alteração nas preferências, casos em que o quórum de aprovação será de maioria absoluta de cada classe de ações preferenciais prejudicadas; redução do dividendo obrigatório; fusão da companhia, incorporação e cisão; participação em grupo de sociedade; mudança de objeto da companhia; cessação do estado de liquidação da companhia; criação de partes beneficiárias; dissolução da companhia.

5.6.3.8.2. Administradores

São administradores das sociedades anônimas os membros do conselho de administração e os diretores, ou somente os diretores.

Aos administradores, de modo geral, foi atribuído o dever de agir com diligência, lealdade e sem conflito de interesses.

Com base no **dever de diligência**, o administrador deve empregar a diligência que todo homem ativo e probo costuma empregar na administração de seus próprios negócios. De modo que não pode praticar ato de liberalidade à custa da companhia, salvo autorização da assembleia ou do conselho de administração, tomar por empréstimo recursos ou bens da companhia, usar em proveito próprio os bens ou serviços da sociedade, nem poderá receber de terceiros qualquer vantagem em razão do exercício de seu cargo.

Pelo devedor de lealdade, deve manter reserva sobre os negócios sociais. Não poderá usar em benefício próprio oportunidades comerciais de que tenha conhecimento em razão do cargo nem poderá omitir-se no exercício ou proteção dos direitos da companhia visando à obtenção de vantagens pessoais.

Terá ainda o dever de informar e de sigilo. O administrador deverá comunicar imediatamente à bolsa de valores e divulgar pela imprensa fatos relevantes.

> São fatos relevantes qualquer acontecimento que possa influir na decisão dos investidores de comprar ou vender seus valores mobiliários.

Caso a informação possa comprometer a estratégia da companhia, deverá manter sigilo sobre o fato relevante e comunicar à Comissão de Valores Mobiliários sobre a prestação de informações.

É o administrador responsável se violar suas atribuições ou poderes, com culpa ou dolo ou com violação da lei ou do estatuto. Entretanto, o administrador não responde pessoalmente pelas obrigações que contrair em nome da sociedade e em virtude de ato regular de gestão, pois nesse caso age como órgão da companhia, obrigando-a perante terceiros.

5.6.3.8.2.1. Conselho de administração

A lei garantiu uma estrutura administrativa dúplice facultativa. Isso significa que o conselho de administração foi previsto como de adoção apenas facultativa pelas sociedades anônimas.

O conselho de administração será de existência obrigatória apenas nas sociedades anônimas abertas, nas sociedades anônimas de capital autorizado (aquelas em que o aumento de capital já fora aprovado) e nas sociedades anônimas de economia mista.

Os membros do conselho de administração serão eleitos e destituídos pela assembleia geral de acionistas. O estatuto fixará o número de membros do conselho de administração, que deve ser de, no mínimo, três membros, e o prazo de gestão, que não poderá ser superior a três anos.

Na composição do conselho de administração das companhias abertas, é obrigatória a participação de conselheiros independentes, nos termos e nos prazos definidos pela Comissão de Valores Mobiliários.

O estatuto poderá prever a participação de **representantes dos empregados** no conselho de administração. Os membros do conselho de administração poderão ser acionistas ou não acionistas, desde que sejam pessoas naturais.

Para que se garanta a representação das minorias nesse órgão administrativo, a eleição poderá ocorrer por voto múltiplo, desde que requerido por acionistas que representem no mínimo 10% do valor do capital social com direito a voto. Nesse caso, são atribuídos tantos votos quantos sejam os membros do conselho de administração. A destituição de qualquer membro do conselho de administração eleito por voto múltiplo implica a destituição de todos os demais eleitos por essa forma.

> Os minoritários poderão, ademais, eleger um dos membros por eleição em separado nas companhias abertas. O direito de votação em separado é atribuído aos titulares de, ao menos, 15% do total das ações com direito a voto. Também poderão eleger um membro em separado os titulares de, ao menos, 10% de ações preferenciais com voto restrito ou sem direito a voto.

Se os percentuais não forem atingidos, os minoritários poderão somar suas participações com os preferencialistas para elegerem um membro do conselho de administração, desde que a soma resulte em 10% ao menos de participação no capital social.

O Conselho de Administração é órgão deliberativo a quem foram atribuídos os poderes de gestão. Não possuem poderes de representar a companhia perante terceiros, o que cabe exclusivamente aos diretores. Foram atribuídos poderes ao conselho de administração para a fixação da orientação geral dos negócios da companhia; a eleição e destituição dos diretores da companhia e a fixação das atribuições destes, conforme dispuser o estatuto; a fiscalização da gestão dos diretores; a manifestação prévia sobre os atos ou contratos; e a autorização para a alienação de bens do ativo permanente, a constituição de ônus reais e a prestação de garantias e obrigações de terceiros.

5.6.3.8.2.2. Diretores

Os diretores são órgãos administrativos que diferem do conselho de administração. A diretoria é sempre obrigatória, enquanto o conselho de administração é facultativo, exceto nas hipóteses legais. Os diretores têm poderes de atuação isolada, salvo se o contrário for estabelecido no estatuto, enquanto o conselho de administração é sempre órgão deliberativo. Salvo se no contrário for estabelecido no estatuto social, a todos os diretores são atribuídos poderes de representação da companhia, enquanto nunca os terão os membros do conselho de administração.

O estatuto estabelecerá a quantidade de diretores, embora a lei imponha o limite mínimo de dois, bem como o prazo de gestão, o qual, todavia, não poderá ser superior a três anos, permitida a reeleição. Poderá o estatuto, ainda, estabelecer quais são as funções de cada um dos diretores.

Na existência do conselho de administração, os diretores serão eleitos pelo Conselho. Caso não exista o conselho de administração, os diretores serão eleitos diretamente pela assembleia geral de acionistas.

Os diretores deverão obrigatoriamente ser pessoas naturais. Pela alteração do art. 146 da Lei n. 6.404/76, não precisam mais ser residentes no país. Se residente no exterior, a posse do diretor fica condicionada à constituição de representante residente no Brasil, com poderes para receber citações no mínimo até 3 anos após o término do prazo de gestão do administrador.

Podem ou não ser acionistas. **Poderão ser eleitos como diretores até um terço dos membros do conselho de administração da companhia.**

Se companhia aberta, porém, é vedada a acumulação do cargo de presidente do conselho de administração e do cargo de diretor presidente ou de principal executivo da companhia (art. 138, § 3º).

5.6.3.8.3. Conselho fiscal

O conselho fiscal é de existência obrigatória nas sociedades anônimas, embora a sua instalação seja facultativa, a depender do que dispuser o estatuto social. Caso o estatuto determine que o funcionamento do conselho fiscal não seja permanente, poderão requerer seu funcionamento os acionistas que representem, ao menos, 10% das ações com direito a voto ou 5% das ações sem direito a voto.

Ao conselho fiscal foi atribuído o poder de: fiscalizar os administradores; opinar sobre o relatório anual da administração; denunciar aos demais órgãos os erros e fraudes que descobrirem; examinar o balancete e demais demonstrações financeiras; convocar a assembleia geral ordinária se os órgãos de administração retardarem a convocação por mais de 30 dias ou convocar a assembleia extraordinária sempre que houver motivos graves e urgentes.

Os membros do conselho fiscal devem ser pessoais naturais, residentes no Brasil, acionistas ou não acionistas, e deverão ter curso universitário ou deverão ter exercido no mínimo por três anos o cargo de administrador de empresa. Estão impedidos de exercer a função os membros dos órgãos administrativos da companhia ou de sociedade controlada, ou ainda os cônjuges ou parentes do administrador da companhia.

5.6.4. Sociedade em nome coletivo

Além das sociedades sem personalidade jurídica, das sociedades simples, da sociedade limitada e da sociedade anônima, as diversas outras sociedades no direito brasileiro são utilizadas de modo menos frequente. São elas as sociedades em nome coletivo, as sociedades em comandita simples, as sociedades em comandita por ações, as sociedades cooperativas.

As sociedades em nome coletivo são tratadas nos arts. 1.039 e s. Na lacuna da lei, aplicam-se às sociedades em nome coletivo as normas da sociedade simples.

Podem ser sócios da sociedade em nome coletivo apenas as pessoas físicas. Não são admitidas pessoas jurídicas como sócias.

Característica peculiar é que os sócios da sociedade em nome coletivo têm **responsabilidade ilimitada** pelas obrigações sociais. A responsabilidade, entretanto, é sempre subsidiária. Os sócios respondem solidariamente entre si pelas obrigações sociais, mas apenas após os bens da sociedade já terem sido executados e serem insuficientes para a satisfação de toda a dívida.

Os administradores da sociedade serão eleitos pelos sócios e deverão ser necessariamente sócios. É vedada a eleição de terceiro estranho à sociedade.

5.6.5. Sociedade em comandita simples

A sociedade em comandita simples tem como característica marcante possuir dois tipos de sócios: os sócios comanditários e os sócios comanditados.

> Os sócios comanditários são os sócios que respondem limitadamente pelas obrigações sociais.

Para os sócios comanditários, a limitação restringe-se ao montante subscrito por cada qual e ainda não integralizado. A responsabilidade desses sócios é limitada ao valor da quota subscrita e não integralizada por eles. Podem os sócios comanditários ser pessoas físicas ou pessoas jurídicas. Apenas contribuem para a formação do capital social, mas não poderão ser eleitos para os cargos de administração da sociedade.

O sócio comanditário não poderá praticar nenhum ato de gestão, ou ter nome na firma social, sob pena de ficar sujeito às responsabilidades de sócio comanditado.

> Os sócios comanditados são os que respondem ilimitada e solidariamente entre si pelas obrigações sociais.

Aos sócios comanditados aplicam-se as normas da sociedade em nome coletivo no que forem compatíveis. Os sócios comanditados são necessariamente pessoas físicas. Aos sócios comanditados fora atribuído o direito de serem eleitos para a administração da sociedade, exclusivamente.

Todos os sócios comanditados serão administradores da sociedade e terão poderes para representar a sociedade perante terceiros ou serão administradores apenas os sócios comanditados designados pelo contrato social.

Caso os sócios comanditários e que, portanto, teriam responsabilidade apenas limitada pelas obrigações sociais ao valor das respectivas cotas não integralizadas, passem a intervir na administração da sociedade, passarão a ser ilimitada e solidariamente responsáveis perante terceiros, como os sócios comanditados.

A falta da pluralidade dos tipos de sócios por mais de 180 dias, ainda que exista mais do que um da outra categoria, implica a dissolução de pleno direito da sociedade.

5.6.6. Sociedade em comandita por ações

A sociedade em comandita por ações caracteriza-se por ser disciplinada pelo Código Civil apenas nos arts. 1.090 a 1.092. Aplicam-se supletivamente a essas sociedades as normas da sociedade anônima.

Como sociedade de capital, as sociedades em comanditas por ações têm a liberdade de transferência pelos acionistas de suas respectivas ações e há liberdade de ingresso dos acionistas e credores particulares, com a penhora das ações.

A administração da sociedade compete exclusivamente aos acionistas. Os diretores serão nomeados no estatuto social e somente poderão ser destituídos pelo quórum de dois terços do capital social. Os diretores são ilimitadamente responsáveis pelas obrigações sociais. São responsáveis, mesmo se destituídos, pelo prazo de dois anos, desde que pelas obrigações sociais contraídas pela sociedade sob a sua administração. Entre si, os diretores são solidariamente responsáveis.

A responsabilidade dos demais acionistas não nomeados diretores é limitada. O acionista responde apenas pelo valor de suas ações subscritas e não integralizadas.

Peculiar na sociedade em comandita por ações é que a assembleia geral somente poderá alterar o objeto da sociedade, prorrogar seu prazo de duração, aumentar ou diminuir o capital social, criar debêntures ou partes beneficiárias se houver o consentimento dos diretores.

5.6.7. Sociedades cooperativas

Nas sociedades cooperativas, os sócios se reúnem para a melhoria de seus membros. A Lei n. 5.764/71 define-as como as pessoas que reciprocamente se obrigam a contribuir com bens ou serviços para o exercício de uma atividade econômica, de proveito comum, sem objetivo de lucro.

Exige-se o desenvolvimento de uma atividade econômica. Porém, a atividade é desenvolvida sem o intuito lucrativo. Não há lucro pela atividade da cooperativa a ser repartido entre os cooperados. O lucro é obtido pelo cooperado diretamente pelo exercício de sua atividade. Com a atividade da cooperativa, o cooperado se beneficia dos serviços da cooperativa, com a redução de custos de bens ou de serviços. A cooperativa presta serviços ao sócio.

As cooperativas são sempre sociedades não empresárias, ou chamadas sociedades de forma simples. São também consideradas sociedades de pessoas, em que é relevante a qualificação de cada um dos cooperados. Por conta disso, não se admite a transferência das quotas, seja *inter vivos* ou *mortis causa*.

Vigora o princípio das portas abertas, que permite que qualquer pessoa ingresse na companhia, mas desde que preencha os requisitos exigidos para tanto. O ingresso não ocorre em razão da simples cessão da quota.

> Há cooperativas cujos cooperados possuem responsabilidade ilimitada pelas obrigações sociais. Outras, a responsabilidade dos sócios é limitada ao montante de capital subscrito por cada qual.

A sociedade cooperativa não possui capital social fixo. O capital social é variável e sequer precisa ser expresso, ao contrário dos demais tipos sociais.

Os cooperados votam em assembleia independentemente da participação no capital social. O voto é realizado por cabeça e não depende da participação no capital social.

Pela Lei n. 14.030/2020, permitiu-se ao associado participar e votar à distância em reunião ou em assembleia, que poderão ser realizadas em meio digital, desde que respeitados os direitos legalmente previstos de participação e de manifestação dos associados.

Aplicam-se supletivamente às cooperativas as normas das sociedades simples.

5.7. Operações societárias

As sociedades poderão se extinguir, além do encerramento da liquidação, pela **incorporação, fusão ou cisão**. Poderá ainda ocorrer a **transformação da sociedade**.

A incorporação, fusão ou cisão devem ser deliberadas do modo previsto nos contratos sociais e devem constar de protocolo firmado por órgãos de administração das sociedades.

A incorporação é a operação pela qual uma sociedade é absorvida por outra. A sociedade incorporadora sucede a incorporada em todos os direitos e obrigações. A sociedade incorporada é extinta. A assembleia da incorporadora deve autorizar o aumento de capital com o capital da incorporada. Há direito de recesso do acionista da incorporada, se sua ação não tiver liquidez, mas não há direito de recesso ao acionista da sociedade incorporadora.

Na fusão, duas sociedades se unem para formar uma sociedade nova, que sucederá as antigas em todos os direitos e obrigações. As assembleias deverão aprovar o protocolo de fusão e a avaliação do patrimônio da outra sociedade. Há direito de recesso aos acionistas dissidentes, a menos que haja liquidez para as ações.

A cisão das sociedades transfere parte do patrimônio para uma ou mais sociedades, com a extinção da sociedade cindida, se total, ou com a redução do capital, se cisão parcial. A sociedade que receber parcela do patrimônio sucede nas obrigações e direitos relacionados na cisão. Responderá, entretanto, solidariamente com a cindida perante terceiros por obrigações anteriores à cessão. Se mais de uma sociedade recebeu patrimônio, com a extinção da cindida, essas sociedades sucederão nos direitos e obrigações na proporção do patrimônio recebido, mas serão solidariamente responsáveis perante terceiros pelas obrigações da cindida. Os acionistas da cindida, dissidentes da deliberação, terão direito de recesso.

A transformação não extingue a sociedade. A transformação altera o tipo societário e deverá observar a disciplina para a constituição do tipo a ser adotado. Exigirá o consentimento unânime dos sócios, exceto se previsto em contrário no contrato social, o que garantirá direito do dissidente se retirar. Os credores não ficarão prejudicados com a transformação. Eles continuam com as mesmas garantias até o pagamento integral do seu crédito.

6. FALÊNCIA E RECUPERAÇÃO DE EMPRESAS

A disciplina da Insolvência empresarial é regulada pela Lei n. 11.101/2005, com diversas alterações, dentre as quais pela Lei n. 14.112/2020.

6.1. Histórico

O Decreto-lei n. 7.661/45 disciplinava anteriormente a falência e a concordata do empresário.

A concordata era um benefício legal concedido independentemente da vontade dos credores e permitia a dilação do vencimento das obrigações do empresário ou o desconto, remissão parcial de seus valores, conforme o tempo pretendido de pagamento. A concordata podia ser preventiva, quando pretendia evitar a decretação da falência, ou suspensiva, quando a falência já tinha sido decretada e a concordata era concedida para sustar os seus efeitos.

A concordata, entretanto, como não exigia a manifestação dos credores, foi em grande parte desviada para beneficiar empresários cuja crise já era irreversível, o que comprometia, inclusive, o desenvolvimento regular do procedimento falimentar depois de determinado tempo.

A disciplina da falência pelo Decreto-lei n. 7.661/45, por outro lado, também não era eficiente. A lei condicionava a liquidação dos bens à apuração do passivo, criando fases estanques no processo e que comprometiam a celeridade no procedimento. A maior morosidade impedia que a lei promovesse seus objetivos, pois a alienação tardia dos bens provocava grande deterioração na prática, com reduzida satisfação dos credores.

A Lei n. 11.101/2005 procurou tornar o instituto da falência mais célere e eficiente, assim como procurou garantir a efetiva possibilidade de recuperação do empresário sob crise reversível, seja através da estruturação da recuperação judicial, seja da possibilidade de recuperação extrajudicial. Propiciou, para tanto, a possibilidade de intensa participação dos credores durante todo o procedimento, de modo a garantir maior controle do empresário e o atendimento dos interesses de toda a coletividade afetada pela atividade.

6.2. Sujeitos à lei de falência e de recuperação

A Lei de falências e de recuperação judicial apenas se aplica aos empresários e sociedades empresárias, tal como definido nos arts. 966 e 982 do Código Civil.

Inseriu a Lei n. 14.193/2021 também como sujeito à recuperação judicial, extrajudicial e, consequentemente, ao pedido de falência os clubes de futebol, ainda que não tenham adotado tipo empresarial ou mesmo se não forem inscritos como empresários no Registro Público de Empresas Mercantis (art. 25 da Lei n. 14.193/2021).

Embora desenvolvam atividade econômica profissional e organizada voltada à produção e circulação de bens ou serviços e não sejam profissionais intelectuais, artísticos, científicos ou literários, alguns empresários foram excluídos da possibilidade de requererem a recuperação judicial ou extrajudicial e de terem a falência decretada, ao menos por pedido direto de algum credor.

> Estão excluídos da possibilidade de requererem a recuperação judicial, extrajudicial e a falência os não empresários, a empresa pública e sociedade de economia mista, as cooperativas de crédito e as entidades de previdência complementar fechadas.

A lei também excluiu outros empresários, que jamais poderão requerer a recuperação judicial ou extrajudicial, mas que poderão ter a falência decretada após procedimento administrativo apenas. São os empresários relativamente excluídos: as instituições financeiras públicas ou privadas, consórcio, entidade de previdência complementar aberta, sociedade operadora de plano de assistência à saúde, sociedade seguradora, sociedade de capitalização e outras entidades legalmente equiparadas. Estas, entretanto, não estão totalmente excluídas da falência. Podem ter a falência decretada, mas desde que submetidas ao regime de liquidação extrajudicial ou de intervenção determinado por agência reguladora e que autorize o liquidante ou interventor a requerer a autofalência. Excepcionou-se, quanto à proibição de sociedades operadoras de plano de assistência à saúde a cooperativa.

6.3. Competência para o processo de falência e de recuperação

É competente para homologar o plano de recuperação extrajudicial, deferir a recuperação judicial ou decretar a falência **o juízo do local do principal estabelecimento do devedor** ou da filial de empresa que tenha sede fora do Brasil.

A doutrina majoritária entende que o **principal estabelecimento** é aquele economicamente mais importante. Local em que a maior quantidade e o maior valor de contratos são celebrados, de modo que a menor quantidade de credores precisará se deslocar para longe do local em que celebraram o contrato.

6.4. Falência

6.4.1. Conceito de falência

A falência é uma execução coletiva dos bens do empresário devedor. Decorre da crise econômico-financeira pela qual passa o empresário a ponto de não mais lhe permitir a satisfação das obrigações contraídas perante seus credores.

Diante de uma crise irreversível do empresário, esse é afastado da condução da atividade empresarial para que não lese mais os contratantes. Nos termos do art. 75 da Lei n. 11.101/2005, a falência, ao promover o afastamento do devedor de suas atividades, visa a preservar e a otimizar a utilização produtiva dos bens, dos ativos e dos recursos produtivos, inclusive os intangíveis da empresa; permitir a liquidação célere das empresas inviáveis, com vistas à realocação eficiente de recursos na economia; e fomentar o empreendedorismo, inclusive por meio da viabilização do retorno célere do empreendedor falido à atividade econômica.

A falência permite a arrecadação dos seus bens para o pagamento dos credores conforme a ordem legal. Pretende a lei que os credores sejam satisfeitos de modo idêntico, conforme a classe de preferência de cada qual, por meio da liquidação dos bens do empresário devedor.

Para que se possa obter maior valor com a venda dos bens e, portanto, maior satisfação dos credores, o processo de falência atenderá aos princípios da celeridade e da economia processual. A liquidação deverá ser realizada pelo administrador judicial em até 180 dias da arrecadação dos bens e essas alienações não terão preço vil para justamente conseguir se acelerar o procedimento de venda. Por conta disso, os processos de falência, mas também os de recuperação judicial e extrajudicial e os seus incidentes, preferem a todos os outros na ordem dos feitos, em qualquer instância.

6.4.2. Juízo universal e indivisível

O juízo da falência é universal e indivisível. Universal porque todos os credores passam a concorrer em um mesmo juízo em razão da formação da massa falida subjetiva. Indivisibilidade significa que o juízo da falência é o competente para conhecer de todas as ações em face do falido, de modo a permitir que todos os bens sejam arrecadados e que os credores sejam pagos conforme a *par conditio creditorum*, a igualdade de credores da mesma classe.

Não serão atraídas ao juízo as causas trabalhistas, fiscais, as em que a massa falida figure como autora, as ações que demandem quantia ilíquida se tiverem sido promovidas antes da decretação da falência, as ações em que são partes a União Federal, entidade autárquica ou empresa pública federal, cuja competência é da justiça federal.

6.4.3. Autor do pedido de falência

A falência não pressupõe a insolvabilidade do empresário devedor, ou seja, que os bens são insuficientes para a satisfação de todas as suas obrigações. A insolvência necessária para a decretação da falência é apenas a insolvência jurídica, ou seja, que esteja presente uma das situações do art. 94 da Lei de recuperações e falência, ou seja, a impontualidade injustificada, a execução frustrada ou a prática de atos falimentares.

Poderão pedir a falência: o próprio devedor, na hipótese de autofalência; o cônjuge sobrevivente, qualquer herdeiro do deve'dor ou o inventariante; o quotista ou acionista do devedor na forma da lei ou do ato constitutivo da sociedade; ou qualquer credor.

Se o credor for empresário, deverá demonstrar que desenvolve regularmente sua atividade para pedir a falência do devedor empresário. A regularidade, contudo, para o pedido de falência é apenas do autor. O devedor empresário, ainda que irregular, poderá falir e pedir sua autofalência, embora não possa se beneficiar do instituto da recuperação.

6.4.4. Fundamentos do pedido

O pedido de falência poderá ser motivado na impontualidade injustificada, na execução frustrada ou na prática de atos falimentares.

6.4.4.1. Impontualidade injustificada

> Na impontualidade injustificada, o devedor, sem relevante razão de direito, não paga, no vencimento, obrigação líquida materializada em título ou títulos executivos protestados cuja soma ultrapasse o equivalente a 40 (quarenta) salários-mínimos na data do pedido de falência (art. 94, I, da LRF).

Nessa hipótese, exige-se título executivo, o qual pode ser judicial ou extrajudicial.

O título executivo precisa estar devidamente protestado. O protesto demonstra a mora. Não há necessidade de que o protesto seja para fins falimentares, basta que seja mero protesto cambial. Exige-se, porém, que a notificação do protesto seja encaminhada para a sede do registro do empresário e que haja a identificação de quem a recebeu.

A obrigação constante no título deve ser de valor superior a 40 salários mínimos na data do pedido. A comparação é feita apenas com o valor de face do título, sem atualização ou incidência de juros, com o salário mínimo por ocasião da distribuição do pedido.

Caso o título não possua valor de 40 salários mínimos, a lei permite que os credores se unam em litisconsórcio, a fim de, juntos, possuírem títulos executivos protestados e não satisfeitos em valor somado de mais de 40 salários mínimos.

Por fim, o inadimplemento deverá ter ocorrido sem relevante razão de direito. Precisa ser injustificado. As hipóteses que justificam o inadimplemento são a falsidade do título, a prescrição ou a nulidade da obrigação ou dos títulos ou qualquer outro fato que extinga ou suspenda a obrigação ou não legitime a cobrança do título.

A falência também não será decretada caso seja demonstrado que houve o pagamento da dívida, vício em protesto, se houver a apresentação de pedido de recuperação judicial ou se for demonstrada que houve a cessação das atividades empresariais há mais de dois anos antes do pedido de falência ou se fora a sociedade anônima liquidada e partilhado seu ativo.

6.4.4.2. Execução frustrada

O segundo fundamento para se requerer a falência de empresário devedor é a **execução frustrada**.

O credor já promoveu execução por quantia líquida e **não fora pago, o devedor não efetuou o depósito ou não nomeou bens à penhora** suficientes para a satisfação da dívida dentro do prazo legal.

Diante da não satisfação, o credor requererá a suspensão do processo de execução e, munido de uma certidão que demonstre que os três atos não foram satisfeitos pelo devedor, requererá a falência.

Não há qualquer valor mínimo para o requerimento falimentar. Basta a certidão de que nenhum dos atos fora praticado pelo devedor no processo de execução.

6.4.4.3. Prática de atos falimentares

Poderá ser requerida a falência do devedor pela demonstração de que ele está praticando atos para dificultar a satisfação ou o recebimento dos valores por seus credores.

São atos falimentares a liquidação precipitada dos ativos ou meio ruinosos ou fraudulentos para realizar o pagamento; prática de negócio simulado ou alienação a terceiro para fraudar credores; transferência de estabelecimento a terceiros sem consentimento dos demais credores; concessão de garantia a credor por dívida anterior, sem que restem bens para a satisfação dos demais credores; ausentar-se sem deixar recursos para pagar os credores ou caso as obrigações previstas no plano de recuperação judicial não sejam cumpridas.

6.4.5. Contestação e depósito elisivo

A menos que o pedido de falência seja realizado pelo próprio devedor, autofalência, situação em que poderá ser decretada a falência prontamente, desde que presentes todos os documentos necessários ao pedido, o pedido feito pelos credores exigirá a citação pelo devedor.

O empresário devedor será citado para contestar e/ou realizar o depósito elisivo no prazo de 10 dias. No prazo da contestação poderá formular o réu, também, pedido de recuperação judicial.

Na contestação, o devedor poderá deduzir todos os argumentos para impedir sua decretação de falência. Poderão ser deduzidas todas as matérias defensivas, tanto as de natureza processual como os fatos impeditivos do direito do autor.

Faculta-se ao réu, juntamente com a contestação, ou mesmo sem que essa tenha sido apresentada, realizar o depósito elisivo.

> O depósito elisivo consiste no depósito do valor total do crédito, acrescido de correção monetária, juros e honorários advocatícios.

A realização do depósito sempre impede a decretação da falência, ainda que a contestação não tenha sido apresentada. Caso seja realizado o depósito elisivo, são apreciados os argumentos da contestação. Se eles não forem acolhidos ou se sequer fora apresentada a contestação, o depósito impedirá a decretação da falência, e o valor será levantado pelo autor.

Caso os argumentos da contestação sejam acolhidos, também não será decretada a falência, mas o depósito elisivo será levantado pelo réu devedor, com a condenação do autor nas verbas de sucumbência, diante do princípio da causalidade.

Nos termos do art. 98, parágrafo único, da LRF, o depósito elisivo só é cabível nas hipóteses de pedido de falência baseado em impontualidade injustificada e execução frustrada. Não cabe depósito elisivo no caso de pedido baseado em prática de ato falimentar.

6.4.6. Sentença denegatória da falência

Caso acolhidos os argumentos da defesa ou diante do depósito elisivo, será proferida sentença denegatória da falência, a qual será desafiada pelo recurso de apelação.

Caso o pedido denegado tenha sido realizado por dolo, com o intuito de causar prejuízo ao empresário devedor, o autor poderá ser condenado, na própria sentença que julgar improcedente o pedido, a indenizar o devedor, apurando-se as perdas e danos em liquidação de sentença.

6.4.7. Sentença declaratória de falência

A sentença de falência, apesar do nome, tem natureza constitutiva, pois constitui o falido em um regime diverso, o falimentar, além de declarar a situação de insolvência preexistente. Da sentença de falência cabe recurso de agravo.

A sentença de falência inicia propriamente a fase falimentar, impondo um regime diverso a todas as obrigações e efeitos ao falido, aos seus sócios, eventualmente, às relações celebradas e aos seus bens.

A sentença de falência, além de identificar o falido e seus administradores, fixará o termo legal da falência, ordenará ao falido a apresentação de lista de seus credores no prazo de 5 dias, determinará a suspensão de todas as ações e execuções contra o falido, proibirá a prática de qualquer ato de disposição de bens do falido, ordenará a notação da falência no registro do devedor para que conste a expressão "falido" e nomeará o administrador judicial.

6.4.8. Órgãos da falência

Para o procedimento de arrecadação de todos os bens, sua liquidação e o pagamento com o produto dos credores conforme as referidas classes, atuam diversos órgãos em complementação. São eles o juiz falimentar, o Ministério Público, o Administrador Judicial, a Assembleia Geral de Credores e o Comitê de Credores.

6.4.8.1. O juiz

Ao juiz compete decretar a falência ou conceder a recuperação judicial. Deve ele ainda apreciar todas as deliberações da Assembleia Geral de Credores, ou manifestações de Comitê de Credores, julgar todas as impugnações de crédito, pedidos de restituição, ações revocatórias etc.

Sua função não é apenas jurisdicional no procedimento falimentar. O magistrado também tem função administrativa, de preservar e otimizar a utilização produtiva dos bens da massa falida, fixar o valor da remuneração do administrador judicial, substituí-lo ou destituí-lo etc.

6.4.8.2. O Ministério Público

Embora o art. 4º, que determinava a intervenção do Ministério Público em todo o procedimento tenha sido vetado, a legislação processual que determina a intervenção do Ministério Público nos processos em que há interesse público permanece em vigor. O Ministério Público poderá atuar como *custos legis* ao longo de todo o procedimento. Poderá ainda figurar como parte nas hipóteses de denúncia por crime falimentar ou propositura de ação revocatória.

6.4.8.3. O administrador judicial

O administrador judicial é nomeado por ocasião da sentença de decretação de falência ou, no processo de recuperação judicial, por ocasião da decisão de processamento.

O administrador judicial é auxiliar da justiça. Ele atua com independência ao falido e aos credores de modo a garantir o interesse público de preservação da higidez da atividade econômica.

> O administrador judicial será profissional idôneo, *preferencialmente* advogado, economista, administrador de empresas ou contador. **Poderá, além de pessoa física, ser também uma pessoa jurídica especializada**.

Difere do Decreto-lei n. 7.661/45, em que o síndico deveria ser escolhido necessariamente entre os maiores credores e somente após a recusa seria possível a escolha de um síndico dativo. Na Lei n. 11.101/2005, o administrador judicial deverá ser escolhido entre os profissionais de confiança do juiz.

Não poderá ser impedido. Está impedida de exercer esse múnus a pessoa que foi destituída nos últimos cinco anos do cargo de administrador judicial ou de membro do comitê de credores; aquele que deixou de prestar contas ou teve a prestação desaprovada; o parente ou afim até o terceiro grau do devedor, de seus administradores, controladores ou representantes legais; o amigo, inimigo ou dependente do devedor de seus administradores, controladores ou dos representantes legais.

Suas funções são extensas e previstas no art. 22 da LRF. Podem ser exemplificadas como funções de administração e liquidação da massa falida, durante a falência. Ao administrador judicial compete comunicar os credores sobre o pedido de recuperação judicial ou declaração da falência, proceder à verificação dos créditos; arrecadar, avaliar e liquidar os bens do falido; representará a massa falida em juízo e prestará contas ao final do processo.

Na recuperação judicial, por seu turno, não praticará ordinariamente atos de administração, mas apenas a fiscalização da atividade empresarial do devedor e da veracidade das informações apresentadas. Isso porque, na recuperação, ao contrário da falência em que o devedor é afastado da condução das atividades administrativas, o devedor continua no comando de seus negócios e apenas será fiscalizado pelo administrador judicial.

Desse modo, compete ao administrador na recuperação judicial, principalmente, a fiscalização das atividades do devedor e a verificação se ele está cumprindo o plano de recuperação judicial. Cabe ao administrador requerer a falência na hipótese de descumprimento e apresentar relatório mensal das atividades do devedor e sobre a execução do plano de recuperação judicial.

O administrador judicial será remunerado conforme a capacidade de pagamento do devedor, o grau de complexidade do trabalho e os valores praticados no mercado para o desempenho de atividades semelhantes. A lei estabeleceu um teto simplesmente.

> O valor da remuneração do administrador judicial não poderá ser superior a 5% do valor obtido com a venda dos bens do devedor, no caso de falência, ou do valor de até 5% do valor total do passivo submetido à recuperação judicial, no caso desta.

Quanto à forma de pagamento, a única restrição imposta pela lei é a determinação de que, na falência, 40% da remuneração do administrador judicial deverá ser reservada para pagamento após o julgamento das contas, com a apresentação do relatório final. Os outros 60%, entretanto, poderão ser pagos conforme determinação judicial.

Na falência, a remuneração do administrador judicial será paga pela própria massa falida, enquanto na recuperação judicial a remuneração é paga diretamente pelo empresário devedor.

O administrador judicial poderá ser substituído ou destituído. **A substituição não é pena** e ocorre pelo reconhecimento de impedimento ou de mera quebra de confiança. O administrador faz jus à remuneração proporcional até o momento em que exerceu a atividade, a menos que tenha renunciado de modo injustificado.

A **destituição**, por seu turno, é penalidade ao administrador judicial, em razão de ter descumprido seus deveres no exercício de seu encargo. Como é sanção, exigirá o prévio contraditório. O administrador judicial destituído perderá o direito de recebimento da remuneração e, inclusive, deverá devolver se eventualmente já levantou algum valor em razão do desempenho da atividade. A destituição gera o impedimento de o administrador desempenhar essa função em qualquer outro processo durante o prazo de cinco anos.

O administrador judicial responde com culpa ou dolo pelos prejuízos causados à massa falida, ao devedor ou os credores no desempenho de suas funções.

6.4.8.4. Assembleia geral de credores

Os credores participam da atividade do processo de falência ou de recuperação judicial e podem fazê-lo através da assembleia geral de credores. A assembleia geral de credores manifesta a vontade coletiva desses sempre que eles quiserem decidir sobre questões de seu interesse na falência ou na recuperação judicial.

Terão direito de voto todos os credores cujos créditos tenham sido habilitados até a data da realização da assembleia. Não possuem direito de voto os credores não submetidos à falência ou à recuperação, como os proprietários fiduciários, o arrendador mercantil, o promitente vendedor de imóvel com cláusula de irrevogabilidade, ou o proprietário em contrato de venda com reserva de domínio.

A assembleia será formada por quatro classes de credores: I – titulares de créditos derivados da legislação do trabalho ou acidentes de trabalho (sem limite de valor); II – titulares de créditos com garantia real (até o limite do bem dado em garantia. O remanescente é quirografário); III – titulares de créditos quirografários ou subordinados; IV – credores microempresários ou empresários de pequeno porte.

A assembleia geral de credores tem a função, na falência, de constituir o Comitê de Credores, de adotar outras modalidades de realização do ativo, desde que haja quórum de dois terços dos créditos presentes, e de deliberar sobre qualquer matéria que possa afetar os interesses dos credores.

Na recuperação judicial, por seu turno, a assembleia aprova ou rejeita o plano de recuperação judicial, constitui o comitê de credores, decide sobre o pedido de desistência do devedor após o processamento da recuperação judicial, indica o gestor judicial e se manifesta sobre qualquer outra matéria de interesse dos credores.

A assembleia geral de credores poderá ser substituída por termo de adesão em que os credores suficientes para o preenchimento do respectivo quórum aprovem a matéria sujeita à deliberação.

6.4.8.5. Comitê de credores

Os credores, em vez de sempre se manifestarem através de uma assembleia geral de credores, poderão constituir um comitê de credores, com poderes para fiscalização da atuação do administrador judicial durante a falência ou para o acompanhamento da atividade pelo devedor durante o procedimento de recuperação judicial.

A constituição do Comitê de Credores é facultativa e apenas poderá ocorrer por manifestação dos credores em assembleia geral. Qualquer das quatro classes da assembleia poderá deliberar pela constituição do Comitê. A classe votará por maioria de créditos.

A classe que deliberar pela constituição poderá eleger seu representante e dois suplentes. As demais classes não precisarão indicar seus representantes necessariamente. Podem ser eleitos representantes terceiros não credores e pessoas jurídicas. São impedidos de serem eleitos os mesmos impedidos a serem administradores judiciais.

O Comitê funciona como órgão colegiado e as deliberações serão tomadas por maioria de votos dos representantes existentes, pois **não é obrigatório que cada classe tenha nomeado o seu representante**.

> Os membros do comitê de credores não serão remunerados pelo devedor em recuperação judicial ou pela massa falida.

A massa falida apenas ressarcirá as despesas para a realização das atribuições, mas não pagará qualquer remuneração aos representantes dos credores.

O representante poderá ser substituído a qualquer momento por deliberação da maioria dos créditos da referida classe. Também poderá ser destituído por decisão do Juiz diante do descumprimento de seus deveres legais.

A responsabilidade dos membros do comité é subjetiva e solidária pelos danos que causar à massa falida, ao devedor e aos próprios credores.

6.4.9. Efeitos da falência

A decretação da falência submete o falido, seus bens e os credores a um novo regime jurídico: o de execução concursal.

> Em face dos credores, a falência provoca o vencimento antecipado de todas as obrigações do falido, a conversão dos créditos em moeda estrangeira, a formação da massa de credores, a suspensão das ações e execuções individuais dos credores com a suspensão da prescrição e da fluência dos juros sobre as obrigações contra a massa falida.

Com a decretação da quebra, todos os credores serão submetidos a um mesmo juízo para serem pagos. Isso exige que as obrigações de todos sejam vencidas para que possam ser equalizadas. Ainda que sejam vincendas, as obrigações se vencerão e serão descontados os juros remuneratórios que incidiriam sobre a obrigação.

A falência provoca a constituição da massa falida subjetiva, reunindo todos os credores do falido. Não integrarão a massa nem poderão exigir o pagamento pela recuperanda, entretanto, os credores de obrigações a título gratuito e as despesas que os credores fizerem para tomar parte na recuperação judicial ou na falência, solvo as custas judiciais decorrentes de litígio com o devedor.

Para que possa arrecadar todos os bens do falido e de modo a que os credores sejam pagos de forma equitativa em cada classe, as ações e execuções individuais em face do devedor são suspensas. As ações promovidas pela massa falida continuam normalmente. Apenas as contrárias à massa são suspensas, pois poderiam reduzir os ativos em benefício de alguns poucos credores e em detrimento de todos.

Não se suspendem, entretanto, as reclamações trabalhistas, as execuções fiscais e as que demandam quantia ilíquida. As reclamações trabalhistas e as ações que demandam quantia ilíquida prosseguirão até o momento em que o crédito em face da massa for apurado. Apurado o crédito, o credor deverá se habilitar no processo falimentar. As execuções fiscais, por seu turno, continuarão no juízo competente, entretanto as alienações dos bens e o pagamento do credor fiscal apenas serão realizados pelo Juízo falimentar.

Em face do falido, a declaração de falência impõe obrigações e submete-o a limitações pessoais.

O falido deverá assinar termo de comparecimento, em que esclarecerá as causas da falência e onde estão seus bens. Deverá, ainda, depositar seus livros. Não poderá ausentar-se do lugar onde se processa a falência sem motivo justo e comunicação expressa ao juiz. Deve comparecer a todos os atos da falência, entregar todos os bens, livros, papéis e documentos ao administrador judicial, prestar as informações reclamadas, auxiliar o administrador judicial com zelo e presteza, e, dentre outros, apresentar a relação de seus credores.

> Decretada a falência, além disso, o falido fica inabilitado para exercer a atividade empresarial até a sentença que extingue suas obrigações, perde o direito de administrar e dispor de seus bens, perde a legitimidade *ad causam* nas ações patrimoniais que envolvam a falência e tem suspenso o direito de sigilo de correspondência.

Após a falência, o administrador judicial passa a arrecadar os bens do falido, o qual perde a administração desses. Não poderá, sequer, continuar como representante da massa falida nos processos em que ele figura. O administrador judicial, a partir da falência, passa a ser o único representante dos interesses da massa falida. O falido, se o desejar, poderá apenas ingressar no processo como terceiro interessado.

> No tocante aos sócios, **a falência da sociedade empresária acarreta a falência apenas dos sócios ilimitadamente responsáveis**. Os sócios limitadamente responsáveis, como os sócios de uma sociedade limitada ou de uma sociedade anônima não terão a falência decretada por extensão da falência da pessoa jurídica, mas poderão ser responsabilizados, juntamente com os administradores, por atos praticados com dolo ou culpa.

Nesse aspecto, o art. 82-A determina que é vedada a extensão da falência ou de seus efeitos, no todo ou em parte, aos sócios de responsabilidade limitada, aos controladores e aos administradores da sociedade falida, admitida, contudo, a desconsideração da personalidade jurídica.

Quanto aos contratos, a decretação da falência provoca o vencimento antecipado das obrigações do falido nos contratos unilaterais. O administrador judicial poderá dar cumprimento ao contrato unilateral se o cumprimento puder reduzir ou evitar o aumento do passivo da massa falida ou for necessário à manutenção ou preservação dos ativos.

Quanto aos contratos bilaterais, em que são imputadas obrigações a ambos os contratantes, os contratos bilaterais não se resolvem por ocasião da falência. O administrador judicial poderá cumprir o contrato se for conveniente à massa falida, ou seja, se permitir a redução do passivo ou o aumento do ativo. Para tanto, o contratante poderá interpelar o administrador judicial em 90 dias para que esclareça se, no prazo de 10 dias, cumprirá ou não o contrato bilateral. O silêncio implica resolução do contrato, com a possibilidade de o contratante pleitear indenização pelo dano sofrido.

No tocante aos atos praticados pelo devedor antes de sua falência ter sido decretada, a lei permitiu a consideração de alguns atos como ineficazes se praticados pelo devedor em termo imediatamente antes do pedido de falência: o termo legal.

O **termo legal** consiste no período de até 90 dias antes do pedido de falência, do pedido de recuperação judicial ou do primeiro protesto por falta de pagamento, o que tiver ocorrido primeiro. Ele é determinado na sentença declaratória de falência e permite a consideração de que alguns atos praticados nesse período são ineficazes perante a massa falida. Não há invalidade, mas apenas ineficácia.

São considerados ineficazes, independentemente da intenção de lesar do devedor: o pagamento de dívidas não vencidas realizado pelo devedor dentro do termo legal por qualquer meio extintivo do direito de crédito; o pagamento de dívidas vencidas e exigíveis realizado dentro do termo legal, qualquer forma diversa da prevista no contrato; a constituição de direito real de garantia, dentro do termo legal, se a dívida tiver sido contraída anteriormente; a prática de atos a título gratuito ou a renúncia a herança ou legado até dois anos antes da decretação da falência; a alienação de estabelecimento comercial feita sem o consentimento expresso e o pagamento dos credores, a qualquer tempo, se não houver bens suficientes para o pagamento do passivo; os registros de direitos reais após a decretação da falência.

Independentemente do termo legal, poderá, por meio da ação revocatória, ser considerado ineficaz o ato celebrado pelo devedor desde que se demonstre sua integração de prejudicar os credores, o conluio fraudulento entre o devedor e o terceiro que com ele contratou e o efetivo prejuízo sofrido pela massa falida.

> Por meio da ação revocatória, são considerados ineficazes os atos praticados desde que demonstrada a intenção dos contratantes de prejudicar os demais credores.

6.4.10. Procedimento falimentar

Ao contrário do Decreto-lei n. 7.661/45, que estabelecia que a apuração do passivo fosse estanque da fase de liquidação dos bens, a Lei n. 11.101/2005 procurou garantir maior celeridade, com a sobreposição dessas fases, que ocorrem simultaneamente.

Decretada a falência, inicia-se a verificação dos créditos para identificar o valor e a natureza dos diversos débitos do falido.

6.4.11. Verificação de créditos

O falido deverá apresentar, no prazo de cinco dias, sua lista de credores e sua qualificação, a qual será publicada. A partir da publicação, os credores poderão, caso discordem do valor, da natureza ou se não estiverem incluídos na lista, apresentar habilitações ou divergência quanto aos créditos relacionados.

Essa primeira fase será administrativa porque a habilitação é submetida à apreciação do administrador judicial, o qual terá o prazo de 45 dias para analisá-las e publicar sua lista de credores.

Publicada a lista de credores do administrador judicial, os credores, o Comitê, o devedor ou o MP terão o prazo de 10 dias para promover impugnações judiciais, caso discordem. A impugnação será apreciada pelo Juiz da falência, mediante contraditório de todos os envolvidos em prazos sucessivos de 5 dias.

Do julgamento de cada impugnação caberá o recurso de agravo, na forma de instrumento, e sem efeito suspensivo.

Com o julgamento de todas as impugnações tempestivas pelo juiz, além das habilitações e impugnações retardatárias até o momento, o administrador judicial elaborará o quadro geral de credores, com a reserva de todas as impugnações ainda pendentes de apreciação, o qual deverá ser homologado pelo juiz. O quadro pretende ser definitivo, mas poderá ser alterado, até o encerramento da falência, mediante ação própria de retificação do crédito.

A habilitação que não ocorreu no prazo de 15 dias após a publicação do edital com a relação dos credores apresentada pelo devedor é considerada habilitação retardatária. **Habilitação retardatária** é a que não foi feita no prazo legal. Implica que o habilitante não poderá votar na assembleia geral de credores, exceto se já homologado o quadro geral de credores, com exceção dos retardatários. Também implicará que os titulares perderão eventual direito de crédito sobre os rateios já realizados. Perderão também o direito à correção monetária e aos juros moratórios entre o término do prazo para a habilitação e a efetivação do pedido de habilitação retardatária. Se forem realizadas após a homologação do quadro geral de credores, será processada como ação de retificação do quadro. Caso seja promovida antes, será processada como impugnação de crédito.

Na falência, o juiz instaurará, de ofício, para cada Fazenda Pública credora, incidente de classificação de crédito público e determinará sua intimação para que, no prazo de 30 dias, apresente diretamente ao administrador judicial ou ao juízo a relação de seus créditos inscritos em dívida ativa. Sobre essa apresentação, os falidos, demais credores e o administrador judicial terão o prazo de 15 dias para se manifestar sobre os cálculos e sua classificação.

A controvérsia sobre a existência, a exigibilidade e o valor do crédito serão de competência do juízo da execução fiscal. A decisão sobre os cálculos e a classificação desses serão do juízo falimentar.

Enquanto perdurar o processo falimentar, as execuções fiscais permanecerão suspensas, embora possa prosseguir contra os corresponsáveis.

6.4.12. Arrecadação e liquidação dos bens

Enquanto se desenvolve o procedimento da verificação de crédito, o administrador judicial deverá arrecadar todos os bens materiais e imateriais. Arrecadam-se todos os bens na posse do falido, quer sejam dele ou de terceiros. Também devem ser arrecadados todos os bens do falido que estejam na posse de terceiros.

A aferição da propriedade dos bens que estão na posse do falido será feita pelo juiz por meio do pedido de restituição.

> Pedido de restituição é o pedido realizado pelo terceiro que teve bem de sua propriedade arrecadado pelo administrador judicial e que pretende sua restituição.

Além dos bens arrecadados no processo de falência e pertencentes ao terceiro, também poderão ser objeto de restituição os bens que se encontravam em poder do devedor na data da decretação da falência, ou da coisa vendida a crédito e entregue ao devedor nos quinze dias anteriores ao requerimento de sua falência, se ainda não foi alienada.

Julgado procedente o pedido, a coisa deverá ser restituída ao proprietário. Deverá ser restituído seu valor em dinheiro, apenas se a coisa não mais existir ao tempo de pedido de restituição, ocasião em que o proprietário poderá receber o valor da avaliação do bem ou, na hipótese de venda, o preço. Serão ainda restituídos em dinheiro o valor decorrente de adiantamento a contrato de câmbio para exportação e os valores entregues ao devedor pelo contratante de boa-fé na hipótese de revogação ou ineficácia do contrato.

Após a arrecadação, os bens são de responsabilidade do administrador judicial, que deve tutelar pela sua guarda. Somente não serão arrecadados os bens impenhoráveis.

Os bens deverão ser prontamente avaliados e serão submetidos à liquidação em até 180 dias do auto de arrecadação, sob pena de destituição do administrador judicial.

A lei estabeleceu formas preferenciais de liquidação dos bens, para que se obtenha o maior valor e para que se permita que o adquirente continue a desempenhar a atividade. Nesses termos, a alienação será preferencialmente da empresa, com a venda de seus estabelecimentos em bloco; alienação da empresa com a venda de suas filiais ou unidades produtivas isoladas; alienação em bloco dos bens que integram cada um dos estabelecimentos; alienação dos bens individualmente considerados.

Importante destacar que o adquirente não responderá pelas obrigações anteriores do falido.

> **Os bens são transferidos livres de quaisquer ônus aos adquirentes.** Ocorrerá sucessão nas obrigações se o arrematante for sócio da sociedade falida, ou sociedade controlada pelo falido; parente ou afim do falido ou de sócio da sociedade falida; preposto do falido com o objetivo de fraudar a sucessão.

Os bens poderão ser vendidos por leilão eletrônico, presencial ou híbrido. As modalidades de propostas fechadas e de pregão foram revogadas.

A despeito da revogação, permitiu a Lei qualquer processo competitivo organizado por agente especializado e de reputação ilibada, cujo procedimento deverá ser detalhado em relatório anexo ao plano de realização do ativo. Poderá ser deferida qualquer outra modalidade, desde que aprovada pelo juiz.

Poderão ainda ocorrer formas extraordinárias de venda. Desde que haja requerimento fundamentado do administrador judicial ou do comitê de credores, o juiz poderá autorizar sua realização. Os credores em assembleia geral poderão decidir sobre uma modalidade extraordinária de realização do ativo, desde que tenham deliberado por dois terços dos créditos presentes à assembleia.

6.4.13. Classificação do crédito na falência

Liquidados os bens, o produto da venda é utilizado para pagamento dos créditos, sejam os créditos anteriores à decretação da falência, sejam os posteriores, para que o procedimento falimentar pudesse chegar a contento.

6.4.13.1. Créditos extraconcursais

São credores extraconcursais, de primeira classe, os credores trabalhistas, com crédito salarial, vencidos nos três meses anteriores à decretação da falência e limitados a cinco salários mínimos por trabalhador. É equiparado a créditos trabalhistas o crédito do representante comercial.

Também serão pagos com prioridade as despesas indispensáveis à administração da falência, assim como os resultantes de pedido de restituição em dinheiro. Caso os bens pertencentes aos credores tenham sido liquidados indevidamente e não possam, portanto, ser restituídos pela massa falida, ou sejam decorrentes de adiantamento de contrato de câmbio ou referentes a valores entregues pelo credor de boa-fé na hipótese de revogação ou ineficácia do contrato, os credores terão o direito prioritário de receber o equivalente em dinheiro.

A segunda classe consiste nos financiadores do devedor em recuperação judicial.

Na terceira classe, constam os créditos em dinheiro objeto de pedido de restituição.

Em classe sucessiva, a remuneração devida ao administrador judicial e os créditos trabalhistas por serviços prestados após a sentença de falência.

Sucessivamente, obrigações resultantes de atos praticados durante a recuperação judicial ou após a decretação da falência; as quantias fornecidas à massa pelos próprios credores; as despesas com arrecadação, administração, realização do ativo e distribuição do produto; custas judiciais relativas às ações e execuções em que a massa falida tenha sido vencida; tributos relativos a fatos geradores ocorridos após a decretação da falência.

6.4.13.2. Créditos concursais

Os créditos concursais deverão ser pagos após o pagamento dos créditos prioritários e dos extraconcursais. O pagamento é feito por classes. Apenas se passa a classe seguinte caso a classe anterior esteja integralmente satisfeita. Os credores de uma mesma classe são pagos em igual proporção até que sejam integralmente satisfeitos.

São credores concursais, nos termos dos incisos do art. 83:

I – credores trabalhistas e decorrentes de acidente de trabalho. Os créditos decorrentes da legislação de trabalho são limitados a até 150 salários mínimos. O excedente será considerado quirografário.

II – créditos com garantia real. São os créditos garantidos por penhor, anticrese, hipoteca, alienação fiduciária em garantia, caução. Os créditos pertencem a essa classe até o limite do bem gravado. O excedente será considerado quirografário.

III – crédito tributário. Desde que sejam os relacionados a fatos gerados anteriores à sentença de quebra. Os posteriores são extraconcursais. A multa tributária é crédito subquirografário.

Os incisos IV e V, que versavam sobre créditos privilegiados, foram revogados.

VI – Créditos quirografários. São os créditos sem qualquer privilégio, o remanescente dos trabalhistas além dos 150 salários mínimos e o remanescente dos créditos que extrapolem a garantia real.

VII – Multas contratuais e penas pecuniárias.

VIII – Créditos subordinados. São os créditos assim determinados e os créditos dos sócios e dos administradores sem vínculo empregatício cuja contratação não tenha observado condições estritamente comutativas e as práticas de mercado.

IX – os juros vencidos após a decretação da falência.

Se sobrar ainda valores, o remanescente será devolvido ao devedor falido ou aos sócios, na proporção da participação que detinham na sociedade.

6.4.14. Encerramento

A liquidação total do ativo com o rateio entre os credores, ainda que nem todos sejam satisfeitos, provoca o encerramento da falência.

O administrador judicial apresentará suas contas no prazo de 30 dias e elas serão aprovadas ou rejeitadas. Dessa decisão cabe recurso de apelação.

Após apreciação das contas, o administrador apresentará relatório final com o valor do ativo e o produto de sua realização, o valor do passivo e os pagamentos feitos. Com base nisso, o juiz profere sentença de encerramento da falência.

As obrigações do devedor falido somente se extinguirão com o pagamento de todos os créditos. Podem as obrigações ser extintas, também, com a realização de todo o ativo e o pagamento de mais de 25% dos credores quirografários; com o decurso do prazo de 3 (três) anos, contado da decretação da falência, ressalvada a utilização dos bens arrecadados anteriormente e que serão destinados à liquidação para a satisfação dos credores habilitados ou com pedido de reserva realizado; ou com o encerramento do processo de falência.

6.5. Recuperação judicial

A recuperação judicial foi prevista como alternativa à antiga figura da concordata nas situações de crise reversível do empresário devedor.

Ela procura viabilizar a superação da situação de crise econômico-financeira do devedor, a fim de permitir a manutenção da fonte produtora, do emprego dos trabalhadores e dos interesses dos credores. Promoveria, assim, a preservação da empresa, sua função social e o estímulo à atividade econômica.

Podem requerer a recuperação judicial o devedor empresário que exercer **atividade regular há mais de dois anos**, desde que: não seja falido e, se o foi, estejam declaradas extintas, por sentença transitada em julgado, as responsabilidades daí decorrentes; não ter, há menos de 5 (cinco) anos, obtido concessão de recuperação judicial; não ter, há menos de 5 (cinco) anos, obtido concessão de recuperação judicial de EPP e ME; não ter sido condenado ou não ter, como administrador ou sócio controlador, pessoa condenada por qualquer dos crimes falimentar.

Excepcionou a Lei para permitir o pedido de recuperação judicial a cooperativa médica, operadora de plano de assistência à saúde.

Pela alteração da lei, o produtor rural foi expressamente admitido como legitimado para pedir recuperação judicial. O prazo de dois anos de exercício da atividade poderá ser contado não apenas a partir da inscrição no Registro Público de Empresas Mercantis, mas pela apresentação de documentação contábil, ainda que referente a período anterior à inscrição. A recuperação judicial também poderá ser realizada em litisconsórcio ativo. Na hipótese de não existir confusão patrimonial entre as sociedades integrantes do grupo societário, o litisconsórcio ativo implica a apresentação de listas individuais de credores, quadros gerais de credores para cada um dos empresários em recuperação e deliberação individual pelas assembleias gerais de credores. É a consolidação processual, de modo que, ainda que reunidas no mesmo processo, cada uma das sociedades se comporta como absolutamente independente, podendo uma falir e a outra ter a recuperação judicial concedida.

Diferente a situação da consolidação substancial. Nessa, as sociedades integrantes de um mesmo grupo societário, com identidade de sócios ou garantias cruzadas contra si, operam com confusão patrimonial perante os credores. A despeito das personalidades jurídicas individuais, o grupo opera com absoluta confusão patrimonial, o que não permite identificar de quem são os ativos e nem se consegue precisar em face de quem os créditos foram contraídos. Diante da confusão patrimonial entre as diversas pessoas do litisconsórcio ativo, os autores deverão ser tratados como se fossem um autor único, com a apresentação de lista de credores única em face de todos os devedores, plano de recuperação judicial único e também uma única assembleia geral de credores, a qual deliberará o destino de todas as sociedades em recuperação, ou aprovando o plano de recuperação judicial de todas ou rejeitando de todas, com a decretação da falência.

O requerimento da recuperação será sempre feito pelo empresário devedor. Poderá ser realizado de modo autônomo ou no prazo da contestação de um pedido de decretação da falência do devedor.

A recuperação judicial poderá ser antecedida de um procedimento de mediações ou conciliações prévias.

A conciliação e a mediação devem ser incentivadas em qualquer grau de jurisdição ou momento processual. Elas não implicam a suspensão dos prazos previstos na lei, a menos que haja consenso entre as partes ou decisão judicial.

As conciliações e mediações podem ocorrer antes ou durante o processo de recuperação judicial e poderão envolver conflitos entre os sócios do devedor, ou com credores não sujeitos à recuperação judicial. São vedadas apenas conciliações e mediação sobre a natureza jurídica, classificação de créditos e critério de votação em assembleia geral de credores.

Em função desses procedimentos, o empresário devedor poderá requerer ao Juízo competente medida cautelar de urgência para que sejam suspensas as execuções contra ele propostas pelo prazo de até 60 dias para tentar compor com seus credores. Para tanto, determinou-se que o procedimento de mediação ou conciliação tenha já sido instaurado perante o CEJUSC (Centro Judiciário de Solução de Conflitos e Cidadania) ou câmara especializada.

Se houver pedido de recuperação judicial posterior à mediação ou conciliação, o período de 60 dias das medidas de suspensão será descontado do período de suspensão da recuperação judicial. Se a recuperação judicial ou extrajudicial for requerida em até 360 dias do acordo durante o período da conciliação ou de mediação, o credor terá reconstituído seus direitos e garantias nas condições originalmente contratadas.

6.5.1. Créditos submetidos à recuperação judicial

Estão sujeitos à recuperação judicial todos os créditos existentes na data do pedido, sejam eles vencidos ou vincendos. Esses créditos serão submetidos ao plano de recuperação judicial e poderão ter suas características alteradas pelo plano.

No caso de produtor rural, apenas se sujeitam à recuperação judicial os créditos que decorram exclusivamente da atividade rural e tenham sido contabilizados.

> Os credores do devedor conservem seus direitos e privilégios contra os coobrigados, fiadores e obrigados de regresso, exceto se expressamente renunciarem a esses direitos.

Os créditos surgidos posteriormente à recuperação não estão submetidos a essa, tampouco o crédito decorrente de atos cooperativos praticados entre o cooperado e a cooperativa em decorrência do mutualismo dessas contratações.

Também não estão submetidos à recuperação judicial os créditos conhecidos por travas bancárias, que consistem nos créditos dos proprietários fiduciários de bens móveis ou imóveis, do arrendador mercantil, proprietário ou promitente vendedor de imóvel em contrato com cláusula de irrevogabilidade e o proprietário em contrato de venda com reserva de domínio.

Esses credores são, em grande parte, proprietários dos bens que foram contratados com o empresário devedor. Embora não se submetam à recuperação judicial, os credores não poderão retirar esses bens que são de sua propriedade, desde que sejam bens de capital essenciais à atividade e durante o prazo de suspensão de 180 dias a contar do deferimento do processamento da recuperação judicial.

Também não se submetem à recuperação judicial as obrigações a título gratuito e as despesas que o credor fizer para tomar parte na recuperação judicial, exceto custas judiciais em razão de litígio com o devedor. Não são também submetidos à recuperação judicial os créditos de natureza tributária ou as importâncias entregues ao devedor em razão de adiantamento de contrato de câmbio para exportação (ACC).

Quanto ao produtor rural em recuperação judicial, o crédito rural oficial, consistente em financiamento ao produtor rural com recursos controlados ou governamentais, não se sujeita à recuperação judicial se tiver sido renegociado antes dessa. Tampouco se sujeitam os créditos destinados à aquisição de propriedades rurais nos três anos antes do pedido de recuperação judicial, assim como os créditos decorrentes da Cédula de Produtor Rural (CPR) com liquidação física, em caso de antecipação parcial ou integral do preço, ou, ainda, representativa de operação de troca por insumos (*barter*), como disciplinado pela Lei n. 8.929/94, em seu art. 11).

Por fim, a Lei n. 14.195/2021 excepcionou o crédito do representante comercial de sua submissão, mas exclusivamente à recuperação judicial. Nos termos do art. 44, parágrafo único, da Lei n. 4.886/65, "os créditos devidos ao representante comercial reconhecidos em título executivo judicial transitado em julgado após o deferimento do processamento da recuperação judicial, e a sua respectiva execução, inclusive quanto aos honorários advocatícios, não se sujeitarão à recuperação judicial, aos seus efeitos e à competência do juízo da recuperação, ainda que existentes na data do pedido, e prescreverá em 5 (cinco) anos a ação do representante comercial para pleitear a retribuição que lhe é devida e os demais direitos garantidos por esta Lei".

6.5.2. Processamento da recuperação judicial

O pedido de recuperação deverá ser distribuído para o juiz competente, que é o do principal estabelecimento do devedor.

O pedido deverá ser instruído com os documentos necessários para demonstrar a crise da empresa e quais são as possibilidades de reversão. São documentos que apresentam as demonstrações financeiras dos últimos três exercícios sociais, a relação nominal dos credores, relação dos empregados, certidão de regularidade do devedor, relação dos bens particulares dos sócios, extratos das contas bancárias, certidões de protestos e relação de ações judiciais. Deve-se descrever todas as sociedades pertencentes eventualmente ao grupo societário, de fato ou de direito, integrante pela parte autora.

Se reputar necessário, antes do deferimento do processamento da recuperação judicial, poderá o juiz determinar a realização de constatação prévia. Será nomeado um perito para verificar as reais condições de funcionamento da requerente e da regularidade e da completude da documentação apresentada com a petição inicial no prazo máximo de 5 dias. Não se aprecia a viabilidade econômica do devedor, o que deverá ser feito apenas por ocasião da apresentação do plano de recuperação judicial e exclusivamente pelos credores.

Caso todos os documentos sejam apresentados, o juiz deferirá o processamento da recuperação judicial e nomeará o administrador judicial.

> O processamento implica a suspensão de todas as ações ou execuções contra o devedor pelo prazo de 180 dias.

O período de 180 dias de suspensão, chamado de *stay period*, será contado do deferimento do processamento da recuperação judicial. O período é prorrogável por mais 180 dias, uma única vez, em caráter excepcional, desde que o devedor não haja concorrido para a demora.

Não são suspensas as ações que demandem quantia ilíquida, as execuções fiscais, as ações dos credores proprietários, como aquele que detém a propriedade fiduciária, ou o vendedor com reserva de domínio etc. Nessa última hipótese, ainda que as ações prossigam, os bens não poderão ser retirados ou vendidos do estabelecimento no prazo de 180 dias, se forem considerados bens de capital essenciais à recuperação. Por conta da suspensão das ações, suspende-se também o prazo de prescrição.

Tratando-se de crédito garantido por penhor sobre títulos de crédito, direitos creditórios, aplicações financeiras ou valores mobiliários, poderão ser substituídas ou renovadas as garantias liquidadas ou vencidas durante a recuperação judicial e, enquanto não renovadas ou substituídas, o valor eventualmente recebido em pagamento das garantias permanecerá em conta vinculada durante o período de suspensão de 180 dias.

Após a decisão de processamento, o devedor somente poderá desistir da recuperação judicial com a anuência dos credores, por decisão de maioria em assembleia geral.

Com o processamento da recuperação judicial, será iniciada a fase de verificação de créditos, que é idêntica ao que ocorre no procedimento falimentar.

■ **6.5.3. Plano de recuperação judicial**

> Em 60 dias da publicação da decisão de processamento da recuperação, o devedor deverá apresentar o plano de recuperação judicial. O prazo é improrrogável. Sua não apresentação implica a convolação em falência.

Deverão constar no plano de recuperação os meios pelos quais o empresário devedor pretende se recuperar, bem como demonstração de sua viabilidade econômica e laudo econômico financeiro com a avaliação de seus bens. Como meio de recuperação, a Lei n. 11.101/2005 apenas os estabelece exemplificativamente no art. 50, o qual poderá versar sobre a concessão de prazos de pagamento, operações societárias, aumento de capital, venda parcial de bens, conversão de dívida em capital social, venda integral da devedora etc.

O plano poderá prever a alienação de unidade produtivas isoladas pelo empresário devedor. Caso aprovado o plano, as UPIs poderão ser vendidas livres de ônus para o arrematante dos bens, o qual não ficará responsável pelas obrigações anteriores do empresário, independentemente de sua natureza (trabalhistas, tributárias etc.).

Quanto à alienação de bens, após a distribuição do pedido de recuperação judicial, o devedor apenas poderá alienar ou onerar bens ou direitos de seu ativo permanente se estiverem incluídos no plano de recuperação judicial, e com a aprovação dos credores em Assembleia Geral.

Exceção reconhecida à necessidade de aprovação por assembleia geral de credores é a possibilidade de o juiz, diante da evidente utilidade da alienação ou oneração para a recuperação judicial da empresa, permitir que a alienação e a oneração sejam realizadas (art. 66 da Lei n. 11.101/2005). Entretanto, os credores que corresponderem a mais de 15% do valor total de créditos sujeitos à recuperação judicial, desde que prestem caução, poderão requerer a convocação de AGC para deliberar sobre a venda. Referida venda será realizada por um dos meios públicos de alienação e não haverá sucessão do adquirente nas obrigações.

> A Lei estabeleceu algumas limitações ao plano de recuperação. O plano não poderá estabelecer: **a supressão de garantia real ou sua substituição sem a aprovação expressa do credor titular da garantia**; a alteração dos créditos em moeda estrangeira exige a manifestação expressa de anuência do credor; **os créditos trabalhistas deverão ser pagos em até**

> **um ano da concessão da recuperação judicial.** O crédito trabalhista vencido nos três meses anteriores ao pedido de recuperação judicial, limitado a cinco salários mínimos, deverá ser pago em até 30 dias.

Quanto ao crédito trabalhista, realmente deverá ser pago em até um ano da concessão da recuperação judicial, mas admitirá o deságio. Se for crédito trabalhista vencido nos três meses anteriores ao pedido de recuperação judicial, limitado a cinco salários mínimos, deverá ser pago em até 30 dias.

A Lei n. 14.112/2020, contudo, permitiu que o plano de recuperação judicial preveja o pagamento dos credores trabalhistas em até três anos da concessão, desde que haja a apresentação de garantias julgadas suficientes pelo juiz; haja a aprovação pelos credores titulares de créditos derivados da legislação trabalhista ou decorrentes de acidentes de trabalho e haja garantia da integralidade do pagamento dos créditos trabalhistas.

Se houver previsão de venda integral da devedora, esse meio de recuperação exige que o plano garanta condições aos credores não submetidos ou aos não aderentes no mínimo equivalentes àquelas que teriam na falência.

6.5.4. Decisão sobre o plano de recuperação judicial

Apresentado o plano de recuperação judicial em até 60 dias da decisão de processamento da recuperação judicial, será publicado edital para que os credores, se o desejarem, oponham suas objeções no prazo de 30 dias. Caso a relação de credores do administrador judicial ainda não tenha sido apresentada, o prazo de objeção ao plano pelos credores conta-se a partir da publicação do edital com a referida lista.

Caso não haja objeções pelos credores, o juiz homologará o plano e concederá a recuperação judicial ao devedor.

Caso tenha ocorrido objeções, deverá ser convocada a assembleia geral dos credores. A Assembleia Geral de Credores deve se realizar em até 150 dias da data do processamento da recuperação judicial. Referida data foi determinada para que as deliberações ocorram ainda dentro do período de 180 dias, em que as ações e execuções contra o empresário devedor estão suspensas. Esse prazo de 180 dias é prorrogável, se a demora na deliberação não puder ser imputada à desídia do empresário em recuperação.

A Assembleia será composta por todos os credores sujeitos à recuperação judicial e ela apreciará o plano de recuperação do devedor. A Assembleia Geral dos Credores não poderá alterar o plano do devedor. Apenas o devedor poderá alterar seu plano de recuperação, ainda que possa aceitar as sugestões feitas pelos credores em assembleia e desde que não impliquem diminuição dos direitos exclusivamente dos credores ausentes.

Os credores serão divididos em assembleia em quatro classes: titulares de créditos trabalhistas ou decorrentes de acidente de trabalho; créditos com garantia real até o valor do bem dado em garantia; titulares de créditos quirografários e subordinados; credores Microempresários e Empresários de Pequeno Porte.

Apenas votam na deliberação de apreciação do plano de recuperação judicial os credores submetidos à recuperação e que terão seus créditos alterados pelo plano.

Também não votam os credores impedidos, ou seja, aqueles que possuem relação com o devedor e que, portanto, poderiam ter conflito de interesse ao exercerem seu direito de voto.

São impedidos os sócios do devedor, bem como as sociedades coligadas, controladoras, controladas ou as que tenham sócio ou acionista com participação superior a 10% (dez por cento) do capital social do devedor ou em que o devedor ou algum de seus sócios detenham participação superior a 10% (dez por cento) do capital social.

Também são considerados impedidos o cônjuge ou parente, consanguíneo ou afim, colateral até o 2º (segundo) grau, ascendente ou descendente do devedor, de administrador, do sócio controlador, de membro dos conselhos consultivo, fiscal ou semelhantes da sociedade devedora e a sociedade em que quaisquer dessas pessoas exerçam essas funções.

Os credores impedidos poderão participar da assembleia geral de credores, sem ter direito a voto, e não serão considerados para fins de verificação do quórum de instalação e de deliberação.

> Também não votam e não compõem o quórum de instalação os sócios do devedor, bem como as sociedades coligadas, controladoras, controladas ou as que tenham sócio ou acionista com participação superior a 10% do capital social do devedor. Não votam e não compõem o quórum de instalação as sociedades em que o devedor ou algum de seus sócios detenham participação superior a 10% do capital social.

Em regra, a assembleia geral de credores delibera com quórum de maioria relativa, ou seja, metade do valor total dos créditos presentes à assembleia. Na hipótese de apreciação do plano de recuperação judicial, entretanto, o quórum de aprovação é qualificado.

Para que o plano seja aprovado, todas as classes existentes devem aprovar o plano. A classe I, dos credores trabalhistas, e a classe IV, dos credores Microempresários ou Empresários de Pequeno porte, votam por cabeça, independentemente do valor do crédito. A aprovação de ambas as classes exige apenas o quórum de maioria relativa dos presentes por cabeça.

A classe II, credores com garantia real na medida da garantia, e a classe III, credores quirografários e subordinados, votam tanto por valor de crédito quanto por cabeça. Para que aprovem o plano, deve ocorrer aprovação por maioria dos créditos presentes em cada classe, e por maioria dos credores presentes em cada classe, independentemente do valor dos créditos.

Atingido o quórum, o juiz concederá a recuperação judicial.

Caso não seja atingido, a lei previu um quórum alternativo, conhecido por *cram down* (goela abaixo).

O quórum alternativo requer: voto favorável de mais da metade do valor de todos os créditos presentes à assembleia, independentemente da divisão em classes; aprovação de pelo menos mais da metade das classes de credores (maioria relativa de credores e de créditos na classe dos credores com garantia real e na classe dos quirografários e apenas maioria relativa de credores nas classes de microempresários e empresários de pequeno porte e na classe dos credores trabalhistas); na classe que tiver rejeitado o plano de recuperação, pelo menos aprovação de um terço dos credores (se classe trabalhista ou EPP e ME) ou de um terço dos credores e um terço dos créditos (se classe dos credores com garantia real ou quirografários).

Aprovado o plano, o juiz concederá a recuperação. A decisão faz título executivo judicial e poderá ser desafiada pelo recurso de agravo.

Não aprovado o plano de recuperação judicial apresentado pelo devedor, não será decretada mais a falência imediatamente.

Rejeitado o plano de recuperação judicial, o administrador judicial submeterá à votação da assembleia geral de credores a concessão de prazo de 30 dias para que seja apresentado plano de recuperação judicial pelos credores. Se for aprovado, os credores deverão apresentar o referido plano com apoio de 25% do total dos créditos sujeitos à recuperação judicial ou 35% dos credores presentes à assembleia geral de credores.

O plano não poderá imputar obrigações novas ao devedor e implica a isenção das garantias pessoais, aval e fiança, prestadas por pessoas naturais em relação aos créditos a serem novados e que sejam de titularidade dos credores que apoiaram o plano e de todos os que o aprovarem.

Caso aprovada sua apresentação no prazo de 30 dias pela Assembleia Geral de Credores, será conferido no prazo de 180 dias de suspensão das execuções em face do devedor para que haja a negociação e nova deliberação dos credores, agora sobre o novo plano de recuperação judicial por eles próprios apresentados.

O quórum de votação do plano de recuperação judicial apresentado pelos credores será idêntico ao quórum de votação do plano de recuperação judicial apresentado pelo devedor. Ressalta-se, nesse ponto, que a assembleia geral de credores, presencial ou eletrônica, ainda que possa ser suspensa, deve ser encerrada no prazo de até 90 dias da sua instalação.

Ela pode ser também substituída por termo de adesão, em que são apresentadas as assinaturas dos credores necessários à deliberação, desde que apresentado a até cinco dias da sua realização.

Se houver o preenchimento do quórum de aprovação, será concedida a recuperação judicial. Do contrário, a recuperação judicial será convolada em falência.

A recuperação implica a novação dos créditos conforme o estabelecido no plano e é imposta à minoria discordante em razão da aprovação pela maioria. Na recuperação judicial, contudo, a novação não extingue as garantias, que apenas poderão ser extintas se houver aprovação expressa pelo titular. Nem extingue as obrigações dos coobrigados, fiadores e obrigados de regresso, a menos que aprovado o plano de recuperação judicial apresentado pelos credores. Por seu turno, se houver descumprimento, com a convolação da recuperação judicial em falência, haverá a reconstituição dos direitos e garantias nas condições originalmente contratadas.

6.5.5. Período de fiscalização

Concedida a recuperação judicial, as obrigações previstas devem ser cumpridas pelo devedor no prazo estabelecido. A recuperação judicial, ainda que haja dívidas a se vencerem muito depois, pode perdurar por até dois anos, independentemente do eventual período de carência imposto para o início do cumprimento das obrigações após sua concessão. Cumpre ao juiz determinar o período de fiscalização, que poderá perdurar por até dois anos.

No período de até dois anos, o cumprimento das obrigações previstas no plano de recuperação judicial será acompanhado pelo administrador judicial. Caso tenham sido cumpridas as obrigações vencidas dentro desse período, a recuperação judicial poderá ser encerrada.

6.5.6. Convolação em falência

Durante o período de fiscalização, caso haja o descumprimento de qualquer obrigação pelo devedor prevista no plano, a recuperação judicial será convolada em falência, com o retorno das obrigações dos credores às condições originalmente contratadas.

Caso o descumprimento das obrigações ocorra posteriormente ao encerramento da recuperação judicial, ainda que não haja mais a fiscalização do cumprimento pelo administrador judicial ou pelo Comitê de credores, não ocorrerá a convolação em falência. O credor poderá pleitear a execução individual da obrigação com base no título executivo judicial que detém ou poderá requerer a falência do devedor, com base em ato falimentar, pois o inadimplemento da obrigação assumida pelo plano de recuperação judicial o caracteriza, nos termos do art. 94, III, *g*, da Lei de Falências.

A convolação em falência ocorrerá, além do descumprimento das obrigações vencidas durante o período de fiscalização de dois anos, caso a assembleia geral de credores não aprovar o plano de recuperação do devedor e se deliberar por não apresentar o plano alternativo pelos credores ou se esse plano de recuperação judicial dos credores for rejeitado em assembleia; pela não apresentação pelo devedor do plano de recuperação judicial no prazo de 60 dias da decisão que deferir o processamento; por descumprimento dos parcelamentos tributários ou da transação tributária; quando identificado o esvaziamento patrimonial da devedora que implique liquidação substancial da empresa, em prejuízo de credores não sujeitos à recuperação judicial, inclusive as Fazendas Públicas.

6.5.7. Plano especial de recuperação de EPP e ME

A Lei procurou garantir tratamento favorecido à Microempresa e à Empresa de Pequeno Porte, inclusive para que tenham condições menos onerosas para requerer a recuperação judicial.

Desta forma, referidas empresas poderão requerer, por ocasião do pedido de recuperação, a apresentação de plano especial. A recuperação especial para ME e EPPs assegura que os credores não atingidos pelo plano especial não terão seus créditos habilitados na recuperação judicial.

O plano de recuperação especial deverá ser apresentado em 60 dias da decisão de processamento da recuperação. O plano abrangerá todos os créditos existentes na data do pedido, ainda que não vencidos, excetuados os decorrentes de repasse de recursos oficiais, os fiscais e os dos credores proprietários dos bens.

O pedido de recuperação judicial com base em plano especial acarreta suspensão apenas das ações e execuções, bem como das prescrições, dos créditos abrangidos pelo plano.

> Os meios de pagamento são restritos. **O plano poderá prever o pagamento em até 36 parcelas mensais**, iguais e sucessivas, acrescidas de juros equivalentes à taxa SELIC, podendo ainda conter a proposta de abatimento do valor das dívidas. O primeiro pagamento deverá ocorrer no prazo máximo de 180 dias, contados da distribuição do pedido de recuperação judicial.

Para que o devedor possa aumentar despesas ou contratar empregados, é imprescindível autorização judicial.

Peculiar na recuperação judicial especial da ME e EPP também é a não convocação da assembleia geral de credores. Sua não convocação reduz os custos para o Micro e Pequeno empresário, o que é auxiliado pela limitação máxima dos honorários do administrador judicial em até 2% do valor dos créditos submetidos à recuperação.

Se houver objeções de credores titulares de mais da metade de qualquer uma das classes de credores, o juiz decretará a falência. Do contrário, concederá a recuperação judicial.

6.6. Recuperação extrajudicial

A lei permite que o empresário devedor celebre contratos com os seus credores para compor as suas dívidas. A recuperação extrajudicial é o acordo firmado com os credores, extrajudicialmente, para a resolução da crise pela qual passa a empresa.

Para realizar a recuperação extrajudicial, o devedor deverá possuir os mesmos requisitos do empresário sujeito à recuperação judicial. Além dos requisitos legais, o devedor não poderá requerer a homologação de plano extrajudicial, se estiver pendente pedido de recuperação judicial ou se houver obtido recuperação judicial ou homologação de outro plano de recuperação extrajudicial há menos de dois anos.

> A recuperação extrajudicial **não poderá versar sobre créditos de natureza tributária**, créditos de credores proprietários (créditos do titular da posição de proprietário fiduciário de bens móveis ou imóveis, arrendador mercantil, proprietário ou promitente vendedor de imóvel com cláusula de irrevogabilidade ou proprietário em contrato de compra e venda com reserva de domínio) ou decorrentes de adiantamento de contrato de câmbio. Os créditos de natureza trabalhista e por acidentes de trabalho exigem a negociação coletiva com o sindicato de representação da categoria profissional.

Na recuperação extrajudicial, a homologação da composição entre os devedores e os credores pode ser facultativa ou obrigatória.

Facultativa é a homologação do plano de recuperação em que todos os credores já foram anuentes às condições. O consentimento já é suficiente para que os credores fiquem vinculados à alteração de seus créditos. A homologação judicial torna o acordo título executivo judicial e facilita a execução da obrigação.

A homologação, entretanto, poderá ser obrigatória. É obrigatória a homologação nas hipóteses em que o credor não concordou com a alteração de suas obrigações.

O devedor precisa obter o **consentimento de mais da metade** dos credores de cada espécie pelo plano atingido. O plano poderá abranger uma ou mais classes. Pode, ainda, abranger apenas grupo de credores de uma mesma classe e que se submete às mesmas condições de pagamento.

O percentual de mais da metade é composto apenas pelos credores de cada classe abrangidos pelo plano. Os créditos não abrangidos pelo plano não poderão ter suas condições alteradas.

Não serão computados os créditos de sócios do devedor, sociedades coligadas, controladores, controladas, as com sócios com participação superior a 10% do capital social do devedor ou em que o devedor ou algum sócio detenha participação superior a 10% do capital social. Não serão computados, ainda, os créditos de parentes ou afins do devedor ou de órgão da administração desse.

Caso esse percentual seja obtido, a homologação judicial poderá estender as alterações previstas no plano aos demais credores, ainda que sejam discordantes.

O devedor poderá, contudo, apresentar o pedido de recuperação extrajudicial com a anuência de credores que representem pelo menos 1/3 de todos os créditos de cada espécie por ele abrangidos e com o compromisso de, no prazo improrrogável de 90 dias, contado da data do pedido, atingir o quórum de mais da metade dos credores por meio da adesão expressa. Faculta-se a conversão do procedimento em recuperação judicial a pedido do devedor.

O plano, entretanto, não poderá estabelecer tratamento privilegiado a determinado credor em detrimento dos demais nem o pagamento antecipado de dívidas; os credores não sujeitos não poderão sofrer tratamento desfavorável; se crédito em moeda estrangeira, a alteração cambial só poderá ser alterada com a concordância expressa do credor, o que também ocorrer ser for pretendida a alienação do bem objeto de garantia real.

O pedido de homologação do plano de recuperação não suspende as ações e execuções. A distribuição do pedido impede que os credores desistam da adesão ao plano, a menos que haja anuência dos demais signatários.

Feito o pedido, publica-se edital para que os credores impugnem no prazo de 30 dias. A impugnação versará apenas sobre a alegação de que não foi atingido o quórum, o devedor praticou atos falimentares ou qualquer descumprimento de exigência legal. Caso não haja impugnação ou ela seja afastada, o juiz homologa, por sentença, o pedido de recuperação extrajudicial e as obrigações são novadas.

Caso se decrete a falência posteriormente, na hipótese de recuperação extrajudicial, os créditos submetidos ao plano não voltarão às condições originárias.

6.7. Insolvência transnacional

A lei criou procedimento para disciplinar a insolvência transnacional.

Para disciplinar o procedimento, estabeleceu a lei que o procedimento de insolvência transnacional terá como objetivos a cooperação entre juízes e outras autoridades competentes do Brasil e de outros países em casos de insolvência transnacional; aumento de segurança jurídica para a atividade econômica e para o investimento; administração justa e eficiente de processos de insolvência transnacional, de modo a proteger os interesses de todos os credores e dos demais interessados, inclusive do devedor; proteção e maximização do valor dos ativos do devedor; promoção da recuperação de empresas em crise econômico-financeira, com a proteção de investimentos e a preservação de empregos; e promoção da liquidação dos ativos da empresa em crise econômico-financeira, com a preservação e a otimização da utilização produtiva dos bens, dos ativos e dos recursos produtivos da empresa, inclusive os intangíveis.

O juiz somente poderá deixar de aplicar as disposições se a sua aplicação for manifestamente contrária à ordem pública.

A disciplina da insolvência transnacional aplica-se nos casos em que uma autoridade estrangeira ou representante estrangeiro solicita assistência no Brasil ou se uma autoridade brasileira requer assistência no estrangeiro.

Para tanto, a autoridade ou o representante estrangeiro pedirá o reconhecimento do processo estrangeiro perante o juízo do local do principal estabelecimento do devedor no Brasil, o que previne a jurisdição. Se reconhecido o processo estrangeiro, o representante está autorizado a ajuizar pedido de falência do devedor, participar do processo de insolvência que aqui esteja em trâmite ou intervir em qualquer processo em que o devedor seja parte.

No reconhecimento do processo estrangeiro, o juiz deverá reconhecê-lo como processo principal, se tiver sido aberto no local em que o devedor tenha o seu centro de interesses principais; ou processo estrangeiro não principal, caso tenha sido aberto em um local em que o devedor tenha bens ou estabelecimentos.

O juiz deverá determinar as medidas apropriadas para que os credores que não tiverem domicílio ou estabelecimento no Brasil tenham acesso às notificações e às informações dos processos de recuperação judicial, de recuperação extrajudicial ou de falência.

Poderão ser concedidas medidas de natureza provisória após o pedido de reconhecimento do processo estrangeiro. Com o seu reconhecimento como principal, serão suspensas todas as execuções contra o devedor, a prescrição e ocorrerá a ineficácia de transferência de bens sem prévia autorização judicial.

Com o reconhecimento do processo estrangeiro, principal ou não principal, o juiz poderá autorizá-lo a promover a destinação do ativo do devedor, no todo ou em parte, localizado no Brasil, desde que os interesses dos credores domiciliados aqui estejam adequadamente protegidos.

O juízo falimentar responsável por processo não-principal deve prestar ao juízo principal as seguintes informações: valor dos bens arrecadados e do passivo; valor dos créditos admitidos e sua classificação; classificação, segundo a lei nacional, dos credores não domiciliados ou sediados nos países titulares de créditos sujeitos à lei estrangeira; relação de ações judiciais em curso de que seja parte o falido, como autor, réu ou interessado; ocorrência do término da liquidação e o saldo, credor ou devedor, bem como eventual ativo remanescente.

Na hipótese de processos concorrentes no Brasil e no estrangeiro, o juiz deverá coordenar com a autorizada estrangeira os atos, mas somente prestará a esse assistência se a medida não for incompatível com o processo brasileiro.

7. PROPRIEDADE INDUSTRIAL

O art. 5º, XXIX, da Constituição Federal estabeleceu a proteção aos autores de inventos industriais o privilégio temporário para a utilização, bem como a proteção às criações industriais, às propriedades das marcas, tendo em vista o interesse social e o desenvolvimento tecnológico e econômico do país.

Ramos da propriedade intelectual, a propriedade industrial exige que a obra possa ser produzida em escala industrial. Os direitos de propriedade industrial são concedidos e assegurados pelo **Instituto Nacional de Propriedade Industrial (INPI)**, autarquia federal a quem compete a concessão de patentes e de registros. Sua disciplina é regulada pela Lei n. 9.279/96.

Quatro são os bens da propriedade industrial: a concessão de patentes de invenção e de modelo de utilidade; a concessão de registro de desenho industrial; a concessão de registro de marca; a repressão às falsas indicações geográficas.

7.1. Patente

Direito atribuído pelo Estado que garante a utilização exclusiva de uma **invenção** ou de um **modelo de utilidade**. Após a concessão da patente, os terceiros não poderão explorar a invenção ou o modelo de utilidade sem autorização e, caso o façam, poderão ser condenados à indenização por perdas e danos.

A violação à patente não ocorrerá se for realizada em caráter privado e sem finalidade comercial; com finalidade experimental; preparação de medicamentos para casos individuais; atos destinados exclusivamente à produção de informações etc.

> Invenção é a obra criada, que não existia até então, e que possa ser produzida industrialmente (ex.: um lápis, quando foi criado). Modelo de utilidade é o aperfeiçoamento de invenções, que aumentem a utilidade de algo já existente e que possa ser produzido industrialmente (ex.: um lápis borracha, quando foi criado).

São requisitos tanto da invenção quanto do modelo de utilidade: a novidade, que exige que a obra não esteja no **estado da técnica**, ou seja, não seja de conhecimento do público; atividade inventiva; aplicação industrial; e licitude.

Não é patenteável o que é contrário à moral, aos bons costumes, à segurança, à ordem e à saúde pública. Não podem ser patenteáveis qualquer alteração do núcleo atômico, ou todo ou parte dos seres vivos, com exceção dos micro-organismos transgênicos. Não podem também as descobertas, teorias científicas, métodos matemáticos, concepções abstratas, métodos comerciais; obras literárias, arquitetônicas, artísticas, científicas, criação estética; programas de computador; regras de jogo; métodos operatórios; os processos biológicos naturais.

Terá direito de pedir a patente o autor da invenção ou do modelo de utilidade. A invenção será exclusivamente do empregador, se ela for feita pelo empregado em razão do contrato de trabalho. Considera-se feita na vigência do contrato a invenção ou modelo de utilidade cuja patente seja requerida em até um ano após a extinção do contrato de trabalho.

Se não houver contrato para inventar, mas o empregado inventou com a utilização dos recursos do empregador, exceto se estabelecido em contrário, a titularidade do direito de patente será 50% do empregado e 50% do empregador. O direito de exploração da patente, contudo, é atribuído exclusivamente ao empregador, embora a remuneração pela exploração seja dividida.

Se a invenção ou modelo de utilidade foram feitos por duas pessoas, mas de forma independente, terá o direito de explorar a patente aquele que realizar o primeiro depósito do pedido no INPI, ainda que a invenção tenha ocorrido posteriormente à do outro.

Garante-se o direito de prioridade ao pedido de patente depositado em país que mantenha acordo com o Brasil.

> A patente sobre invenção terá o prazo de 20 anos. A patente sobre modelo de utilidade terá vigência por 15 anos. Ambos os prazos são contados a partir da data do depósito.

Como o INPI poderá demorar a apreciar o pedido, garantia-se prazo nunca inferior a 10 anos para a invenção e 7 anos para o modelo de utilidade a partir da data da concessão.

Essa disposição do art. 40, parágrafo único, do Código de Propriedade Industrial, foi julgada inconstitucional pelo Supremo Tribunal Federal, na ADI 5.554. Fora entendido que o interesse nacional seria prejudicado pela extensão do prazo de proteção ao investidor, de modo que, posteriormente, o dispositivo legal fora revogado pela Lei n. 14.195/2021.

A patente e o modelo de utilidade podem ser cedidos. Poderá a patente ser voluntariamente licenciada, quando se transfere o direito de explorar a patente a terceiro, mas não sua propriedade.

A licença poderá também ser compulsória. Por essa, transfere-se a exploração da patente por decisão administrativa ou judicial se o titular exercer seu direito contra os fins previstos, para prejudicar a livre concorrência e a livre-iniciativa; se não houver exploração ou a oferta não satisfaça as necessidades do mercado; se houver patente dependente de outra, mas que constitua progresso técnico, e não haja acordo entre os titulares para a exploração da patente anterior; emergência nacional ou interesse público declarados em lei ou em ato do Poder Executivo federal ou de reconhecimento de calamidade pública de âmbito nacional pelo Congresso Nacional.

Pelo art. 71-A da Lei, incluído pela Lei n. 14.200/2021, foi permitida também a licença compulsória de patentes de produtos destinados à exportação a países com insuficiente ou nenhuma capacidade de fabricação no setor farmacêutico para atendimento de sua população.

7.2. Desenho industrial

A proteção do desenho industrial é feita através de seu registro. Desenho industrial **é a forma plástica ornamental de um objeto** ou o conjunto ornamental de linhas e cores que possa ser aplicado a um produtor, proporcionando resultado visual novo e original, desde que possa servir à fabricação industrial.

A criação é apenas de uma forma nova ao produto. Não é registrável a forma necessária comum do objeto, nem a que afronte a moralidade, os bons costumes, a honra ou imagem das pessoas.

O registro terá vigência de 10 anos, contados da data do depósito, prorrogável por três períodos sucessivos de cinco anos cada. Ele confere o direito de utilização exclusiva daquela forma.

7.3. Marca

É o sinal distintivo de determinado produto ou serviço para que possa ser reconhecido pelos consumidores, ou para que permita o conhecimento de que ele fora produzido de determinada forma, ou por alguém.

Podem ser:

a) Marcas de produto ou serviço: identificam o produto ou serviço;

b) Marca de certificação: identifica o modo de produção do produto ou que o método é conforme determinadas especificações técnicas. Somente pode ser requerida por pessoa que não tenha interesse comercial no produto;

c) Marca coletiva: permite a identificação de produtos de uma determinada coletividade. Apenas pode ser requerida por pessoa jurídica representativa da coletividade;

d) Marca notoriamente conhecida: sinais designativos de produtos ou serviços muito conhecidos *em determinado ramo de atividade*. Ainda que não registrada, goza de notoriedade, a ponto de o INPI indeferir pedido de marca que a reproduza naquele ramo de atividade;

e) Marca de alto renome: é reconhecida no mercado, mas precisa estar registrada. O INPI confere proteção em razão do registro, mas não apenas em relação ao seu ramo de atividade, mas em face de todos os demais ramos.

A marca poderá ser nominativa, figurativa ou mista. Nominativa é a marca formada apenas por letras ou algarismos. Figurativa é a que possui apenas desenhos ou símbolos. Mista é a que possui ambas.

Como requisito, a marca precisa ser original, de modo que não poderá reproduzir sinais distintivos de outra na mesma classe de atividade, com exceção da marca de alto renome, cuja proteção é realizada em todos os ramos de atividade a ponto de impedir a utilização por qualquer outro agente.

O registro assegura o direito de utilização exclusiva da marca em todo o país a partir dele. Garante-se a precedência de terceiros, entretanto, desde que de boa-fé e desde que se utilize, há pelo menos seis meses antes da prioridade ou do pedido de registro, da marca. A prioridade é o direito assegurado pela lei daquele que fez o pedido de registro da marca em país que mantenha acordo com o Brasil.

O registro da marca vige por 10 anos a contar da concessão do registro e o prazo é prorrogável indefinidamente.

7.4. Indicação geográfica

É o sinal designativo de procedência ou de origem do produto. Indica a área geográfica que se tornou conhecida pela produção de determinado produto ou serviço.

Essa indicação é protegida pelo ordenamento jurídico para garantir a identificação do produto e de suas características pelos consumidores.

8. TÍTULOS DE CRÉDITO

É definido como o documento necessário para o exercício do direito literal e autônomo nele incorporado. O título representa um crédito em face de determinada pessoa.

São atributos do título a negociabilidade, que permite ao titular transferir o crédito para obter seus valores, e a executividade, pois a cobrança do título poderá ocorrer diretamente pela via da execução judicial em face do devedor principal ou dos coobrigados.

Suas características são:

a) **Literalidade:** o título confere exatamente o valor expresso no documento.

b) **Cartularidade:** o título se materializa numa cártula. O titular é aquele que detém o documento. Exceção: o Código Civil permitiu a emissão de título de crédito com base em caracteres criados por computador e que prescindem de cártula. A duplicata também poderá ser eletrônica, virtual ou escritural, não exigindo a cártula (Lei n. 13.775/2018).

c) **Autonomia:** as obrigações do título são independentes entre si. O vício de uma das obrigações não contamina a outra.

d) **Abstração:** o título se desvincula do negócio que motivou sua emissão. A abstração não é característica de todos os títulos de crédito. Há títulos causais, que somente podem ser emitidos a partir de determinado negócio jurídico. A duplicata é um título causal, que só pode ser emitido em razão da compra e venda de mercadorias ou de um contrato de prestação de serviços. A letra de câmbio, o cheque e a nota promissória são títulos abstratos, que independem da causa que os originou.

e) **Inoponibilidade das exceções pessoais:** as exceções pessoais dos contratantes entre si não podem ser opostas ao terceiro. O devedor ou os coobrigados não podem recusar o pagamento do título em razão de exceções pessoais que tinham em face de um terceiro.

8.1. Classificação

Os títulos de crédito podem ser classificados de diversas formas.

8.1.1. Quanto à natureza

Os títulos podem ser *causais ou abstratos*. Causal é o que somente pode ser emitido em razão de determinado negócio. Abstrato é aquele cujo negócio subjacente é irrelevante. É causal a duplicata mercantil. É abstrato a letra de câmbio, a nota promissória e o cheque.

8.1.2. Quanto à tipicidade

Podem ser os títulos de crédito típicos ou atípicos. Típicos são os definidos em lei, como a nota promissória, o cheque, a duplicata, a letra de câmbio, o conhecimento de depósito etc. O Código Civil permitiu a criação de títulos de crédito atípicos.

8.1.3. Quanto ao modo de circulação

Podem ser ao portador, nominativos ou à ordem.

Os títulos ao portador são transferidos pela mera tradição ou entrega da cártula. Foram proibidos no Brasil porque não permitiam a identificação de todos os que transferiam os títulos. Única exceção é o cheque emitido com valores de até R$ 100,00.

Nominativo é o título que identifique o credor beneficiário, cujo nome conste no registro do emitente. A transferência ocorre mediante termo no registro do emitente. Não basta apenas o endosso.

O título pode ser à ordem. Nesse, não se exige termo de transferência. O título é emitido em benefício de determinada pessoa, que poderá endossá-lo a terceiro. A transferência faz-se por mero endosso.

O título pode ser não à ordem. Essa cláusula inserida no título de crédito impede a transmissão por endosso. O título é transferido apenas por cessão civil. O Código Civil proíbe a cláusula "não à ordem", de modo que ela é inaplicável aos títulos de crédito atípicos. Os títulos de crédito típicos, como a letra de câmbio, nota promissória, cheque, duplicata são regidos por leis especiais que admitem a cláusula.

8.1.4. Quanto ao emissor

Os títulos podem ser públicos ou privados, caso o Emissor seja pessoa jurídica de direito público ou por qualquer pessoa de direito privado.

8.1.5. Quanto à estrutura jurídica

Podem ser ordens de pagamento, em que o título é emitido pelo sacador para pagamento pelo sacado ao beneficiário. São exemplos a letra de câmbio, a duplicata e o cheque. Podem ser promessas de pagamento, em que o sacado é o próprio emitente ou sacador do título. É exemplo a nota promissória.

8.2. Letra de câmbio

A letra de câmbio é ordem de pagamento, à vista ou a prazo. O sacador emite letra de câmbio para que o sacado pague ao beneficiário o valor de uma determinada obrigação. É título abstrato e consiste em ordem de pagamento.

Sua disciplina é feita pelo Decreto n. 57.663/66, que internalizou a Lei Uniforme das Letras de Câmbio e Notas Promissórias estabelecida na Convenção de Genebra.

A letra se forma a partir do **saque, que é o ato de emitir a ordem de pagamento** a uma pessoa, o sacado. Pelo saque, o sacador se obriga do pagamento da letra caso o sacado não pague. O sacado, por seu turno, tem de concordar em se vincular à obrigação de pagar. **Ele concorda com a obrigação ao pôr o *aceite* na cártula**, de modo que se torna o devedor principal a partir de então.

Nada impede que o sacador saque o título contra si mesmo, de modo que seja o próprio sacado da cártula.

São requisitos da letra: a palavra letra de câmbio, a ordem de pagamento incondicionada, o nome do sacado, o nome do beneficiário ou tomador, a indicação da data em que a letra é sacada, a assinatura do sacador. Toda cláusula que exonere o sacador da garantia do pagamento da obrigação é considerada não escrita. Na falta de algum dos requisitos, nada impede que a cambial seja completada pelo credor de boa-fé antes da cobrança ou do protesto.

Não são requisitos essenciais à época do pagamento, pois na omissão o título é a vista; o local de pagamento, pois será o lugar designado ao lado do nome do sacado ou o domicílio desse; o local em que a letra foi sacada, pois na ausência se presume que seja ao lado do nome do sacador ou no domicílio do emitente.

Caso nada seja indicado na letra de câmbio, ela é considerada à vista. Deverá ser paga por ocasião de sua apresentação ao sacado, o que deve ocorrer no prazo de um ano da data da emissão.

> O vencimento da letra poderá ser antecipado se houver recusa total ou parcial de aceite, nos casos de falência do sacado, ainda que esse não tenha aceitado a letra, ou nos casos de falência do sacado se a letra é não aceitável.

O aceite não é obrigatório na letra de câmbio. O sacado somente se obriga se quiser e, caso aponha o aceite, torna-se devedor principal. A mera assinatura do sacado vale como aceite. O aceite é irretratável após a devolução da letra.

A letra poderá ser apresentada para aceite até a data do vencimento. Se a letra de câmbio for à vista, ela não precisa ser apresentada ao sacado para o aceite. A apresentação já provoca o vencimento da obrigação e a necessidade de pagamento.

Caso haja recusa no aceite, ocorre o vencimento antecipado das obrigações. O beneficiário poderá cobrar o sacador.

> Poderá cobrar os demais coobrigados também, como os endossantes e avalistas, mas desde que faça o protesto do título pela recusa do aceite, o qual deverá ser feito no primeiro dia útil seguinte.

O endosso é forma de transferência do título de crédito à ordem. Presume-se, na omissão do título, que esse possa ser transmissível por endosso ou, de outra forma, que possui cláusula à ordem, o que significa que poderá ser transmitido por endosso.

O endosso não pode ser condicionado e o **endosso parcial é nulo**. O endosso é aposto no verso do título mediante a assinatura. Caso seja feito no anverso, exige que conste "endosso". O endosso implica a transmissão do título e que o endossante se responsabiliza pelo pagamento em face do endossatário, caso o devedor principal (sacado) não satisfaça sua obrigação.

Poderá estipular o endossante que não se obriga nem pelo aceite nem pelo pagamento. Trata-se de cláusula de "endosso sem garantia". Pela referida cláusula, o endossante apenas transfere a propriedade do título, mas não se responsabiliza pelo pagamento da cártula pelo devedor principal ou pelo aceite.

A responsabilidade também não ocorrerá se o endosso for efetuado após o protesto por falta de pagamento da letra ou após o prazo para a realização do protesto. É o conhecido como endosso póstumo. **O endosso póstumo tem os efeitos apenas de uma cessão de crédito**, em que não há autonomia das obrigações e o cessionário apenas poderá exigir a satisfação da obrigação do devedor principal. O cedente apenas se obriga pela existência da obrigação, mas não pelo adimplemento.

O endosso poderá ser em branco, em que o beneficiário não é identificado, ou em preto, em que ele o é.

Poderá ser próprio, em que é transmitida a titularidade do crédito, ou impróprio. São impróprios o endosso-mandato, em que são transmitidos poderes apenas de cobrança (o endossatário é mandatário do endossante), e o endosso-caução, que transfere a titularidade apenas para garantir uma obrigação.

Possível a aposição de cláusula de proibição de novo endosso na letra de câmbio. A cláusula de proibição de novo endosso impede que o endossante que após a cláusula seja responsabilizado em face de outras pessoas diversas daquele endossatário imediato a quem transferiu a cártula.

A cláusula de proibição de endosso não impede, propriamente, novos endossos na letra de câmbio. Os novos endossatários do título, entretanto, apenas não poderão cobrar o endossante que após a cláusula de proibição de endosso na cártula.

A cláusula de proibição de endosso é diferente da inserção de uma cláusula não à ordem. Essa última determina que o título de crédito apenas poderá ser transferido por cessão de crédito, e não endosso, de modo que o cedente apenas se responsabiliza perante o cessionário pela existência da obrigação do sacado, mas não por seu adimplemento.

As obrigações poderão ser garantidas por aval. O aval deverá ser incluído no anverso da letra pela mera assinatura do avalista. Se no verso, deverá constar a palavra aval. Deve indicar o avalizado, sob pena de, no silêncio, ser em benefício do sacador. É o chamado aval em branco.

O aval poderá ser concedido antes ou depois do vencimento do título. Nos termos do art. 900 do Código Civil, o aval posterior ao vencimento produz os mesmos efeitos do anteriormente dado.

A obrigação do avalista é a mesma do avalizado. É autônoma em relação às obrigações dos demais e, inclusive, em face do avalizado. Subsiste a responsabilidade do avalista ainda que nula a obrigação daquele a quem se equipara.

O Código Civil, no art. 897, parágrafo único, proibiu o aval parcial. Nas letras de câmbio, contudo, prevalece a norma especial, uma vez que a Lei Uniforme de Genebra permite o aval parcial do título.

Pagando o título, tem o avalista ação de regresso contra o seu avalizado e demais coobrigados anteriores.

> A apresentação da Letra de Câmbio para pagamento deverá ocorrer na data de vencimento. **Se não ocorrer nessa data, o beneficiário ou tomador perderá o direito de regresso contra os demais.** Se tiver sido e não foi paga, o tomador poderá cobrar os demais coobrigados, mas apenas após o protesto da letra. **O protesto por falta de pagamento é obrigatório para a cobrança dos coobrigados endossantes, avalistas e sacador.**

O pagamento poderá ser total ou parcial. Feito pelo sacado, extingue a obrigação dos demais. Feito pelos coobrigados, extingue as obrigações dos coobrigados posteriores da relação cambial, mas permite a ação de regresso em face dos anteriores.

Para que possa executar os devedores, o beneficiário terá o prazo prescricional de três anos a contar do vencimento do título para cobrar o aceitante e seus avalistas; um ano a contar do protesto, para cobrar os endossantes, sacador e seus avalistas; seis meses a contar do dia em que o endossante pagou a letra para a ação de regresso em face dos demais endossantes ou do sacador.

8.3. Nota promissória

A nota promissória consiste em **uma promessa de pagamento pelo sacador** ou promitente de quantia determinada ao beneficiário. O sacador é o próprio devedor principal do título, de modo que não há aceite por inexistir ordem de pagamento.

A nota promissória é disciplinada pelos arts. 75 a 78 do Decreto n. 57.663/66 e, em sua omissão, aplicar-se-á a disciplina da letra de câmbio.

Dentre os seus requisitos, precisa constar a expressão nota promissória, a promessa pura e simples de pagar quantia determinada; o nome do beneficiário; a data de emissão e a assinatura do sacador. Caso não seja indicada a data do pagamento, o título será considerado à vista.

Aplicam-se às notas promissórias as mesmas disposições da letra de câmbio quanto ao endosso, aval, pagamento, ressaque, ação cambial e prescrição.

8.4. Cheque

O cheque é título de crédito disciplinado pela Lei n. 7.357/85. Consiste em **ordem de pagamento à vista**.

Consiste na ordem emitida pelo sacador, correntista de uma instituição financeira, para que ela, sacada, pague uma determinada quantia em benefício de terceiro ou dele próprio.

É título de forma vinculada, pois a cártula é fornecida pela própria instituição financeira. Exige também a celebração de um contrato prévio entre o emitente e a instituição financeira de modo que sejam depositados fundos. Diante do requisito do prévio depósito, não há propriamente um crédito a ser realizado pela instituição financeira, pois ela simplesmente paga o montante com os recursos do emitente, o que torna o cheque um **título de crédito impróprio**.

Não há aceite e considera-se não escrita qualquer declaração em contrário. A instituição financeira não precisa aceitar a ordem. Ela é obrigada a pagar desde que haja recursos disponíveis.

A falta de recursos não prejudica a validade do cheque, mas o pagamento não se efetuará se não houver créditos na conta corrente, saldo exigível de conta-corrente ou soma proveniente de abertura de crédito.

São requisitos essenciais ao cheque: a denominação "cheque"; a ordem incondicional de pagar quantia determinada; o nome do sacado e a instituição financeira; a data da emissão e a assinatura do emitente. Caso a instituição financeira não pague a cártula, o emitente é responsável pelo pagamento.

Não são requisitos essenciais o local de pagamento e o local de emissão. Caso não seja indicado, o local de pagamento é o local junto ao nome do sacado. Caso não haja menção do local em que emitido, considera-se que o cheque foi emitido no local junto ao nome do emitente.

8.4.1. Endosso e cessão de crédito

Pode ser ao portador, se até R$ 100,00, e circula por mera tradição. O cheque também poderá ser com cláusula à ordem ou não à ordem.

A cláusula à ordem é presumida no cheque e implica que o título será **transmitido mediante endosso**. Apenas o sacado não pode endossar o título, sob pena de ser nulo. O endosso deve ser feito no cheque, no verso, ou na folha de alongamento.

O endosso poderá ser feito em preto, quando o endossatário é identificado pelo endossante, ou em branco. No caso de endosso em branco, o endossante apenas assina a cártula e não identifica o endossatário. Nesse caso, o título circula da mesma forma que o cheque ao portador, mas poderá ser completado a qualquer momento.

O endosso não poderá ser condicionado, nem poderá ser parcial. **O endosso parcial é nulo.**

O endossante garante o pagamento do título ao endossá-lo. Apenas não garantirá o pagamento se endossar com a cláusula "sem garantia".

Endosso póstumo é o realizado após o protesto ou após o prazo de apresentação. Tem efeitos da cessão civil, de modo que não garante a autonomia das obrigações ou o pagamento da cártula ao cessionário. **O cedente é responsável apenas pela existência do crédito, mas não se torna coobrigado.**

O endosso próprio transfere o crédito ao beneficiário. O endosso impróprio, que não transfere o crédito simplesmente, poderá ser classificado em endosso-mandato, em que o endossatário deve cobrar o valor da cártula, mas não recebe a titularidade do crédito; **o endosso-caução, em que o título é transferido como penhor, garantia ou caução de uma obrigação, não é admitido no cheque, pois o cheque é ordem de pagamento à vista**.

Não há limitação para a qualidade de endossos.

A cláusula não à ordem impõe que o crédito somente será transmitido por cessão civil.

8.4.2. Aval

O aval é garantia cambiária fornecida pelo avalista ao avalizado. **Pode ser total ou parcial** e é feito no anverso do cheque. Apenas o sacado não pode ser considerado avalista.

O avalista é coobrigado e possui a mesma obrigação do avalizado. Como obrigação cambial, sua obrigação é autônoma, inclusive em relação a esse.

8.4.3. Pagamento

O cheque é ordem de pagamento à vista. Qualquer cláusula que exige sua apresentação em momento posterior é considerada não escrita. O cheque pós-datado, ou conhecido como pré-datado, é pagável antes da data convencionada. Entretanto, por descumprimento de convenção, o contratante poderá ser condenado a indenizar o emitente se na data apresentada não houver fundos e o pagamento tiver sido recusado pelo banco sacado.

O prazo de apresentação é de 30 dias, se tiver sido emitido no mesmo lugar em que houver de ser pago, e de 60 dias, se emitido em local diverso. Decorrido o prazo de apresentação sem que tenha sido feita, o cheque não poderá ser cobrado dos endossantes e avalistas, mas continua a ser exigido do sacado até a prescrição.

Caso tenha sido apresentado na data de apresentação e não pago, o beneficiário poderá executar os coobrigados, os quais respondem solidariamente pela obrigação da cártula.

São coobrigados o emitente e seus avalistas e os endossantes e seus avalistas. Contra os endossantes e avalistas, o tomador deverá demonstrar que o cheque foi apresentado no prazo de apresentação e que não fora pago. A prova é feita com o protesto do título ou pela declaração escrita por câmara de compensação. O protesto poderá ser dispensado para a cobrança desses apenas se houver o endossante aposto cláusula sem despesa ou sem protesto.

Em face do emitente e seus avalistas, o protesto é dispensado, mas o tomador poderá perder o direito de executar se o emitente não tiver mais fundos disponíveis em razão de fato que não lhe possa ser imputável.

8.4.4. Prescrição

Para a execução do emitente e dos avalistas, o cheque prescreve **em 6 meses do término de sua data de apresentação**, ou seja, 6 meses do decurso do prazo de 30 dias, se emitido na mesma praça, e de 60 dias, se emitido em praça diversa. O prazo de regresso para os coobrigados exigirem o pagamento dos demais coobrigados anteriores prescreve em 6 meses da data do pagamento.

Caso o prazo decorra, não mais haverá a possibilidade da execução. Entretanto, poderá ser promovida ação de locupletamento indevido contra o emitente no prazo de dois anos da data em que se consumou a prescrição executiva.

8.4.5. Tipos de cheque

Cheque pós-datado: cheque que possui data futura de apresentação. A cláusula é considerada não escrita e o cheque poderá ser apresentado, pois ordem de pagamento à vista. Embora deva ser pago se apresentado antes da data, o descumprimento da convenção entre o emitente e o beneficiário caracteriza dano moral.

Cheque cruzado: possui duas linhas paralelas na transversal do anverso do cheque. Implica que o cheque somente será pago a um banco ou a um cliente do sacado, mediante depósito em conta.

O cruzamento poderá ser especial ou geral. No cruzamento especial, inclui-se o nome do banco entre os dois traços. O *pagamento pelo sacado somente poderá ocorrer ao banco indicado* ou, se esse banco for o próprio sacado, a cliente seu mediante crédito em conta.

No cruzamento geral, nada é incluído, de modo que o sacado somente poderá pagar a banco ou a cliente do sacado mediante crédito em conta.

> O cheque com cruzamento geral poderá ser convertido em cruzamento especial com a mera indicação do banco dentro do cruzamento, mas o contrário não é possível. O cruzamento não pode ser cancelado. Sua inutilização ou a do nome do banco é considerada inexistente.

Caso sejam vários os cruzamentos especiais, o cheque apenas poderá ser pago pelo sacado no caso de dois cruzamentos, um dos quais para cobrança por câmara de compensação.

Cheque visado: o sacado assegura a disponibilidade de fundos do emitente e garante o pagamento do título. O banco lança visto no cheque para tanto.

Cheque administrativo: é o cheque emitido pelo próprio banco contra ele mesmo em benefício do tomador. É um autossaque.

8.5. Duplicata

A duplicata é título de crédito causal disciplinado pela Lei n. 5.474/68 e pela Lei n. 13.774/2018 e consiste em ordem de pagamento. Poderá ser emitida na forma cartular, materializada em documento, ou poderá ser emitida na forma escritural, eletrônica ou virtual.

> Apenas poderá ser emitida em razão de uma compra e venda mercantil ou de um contrato de prestação de serviços.

Ela é sacada a partir da fatura ou notas fiscais faturas. A emissão de duplicata que não corresponda à fatura é crime de emissão de duplicata simulada. O vendedor da mercadoria ou o prestador do serviço sacam a duplicata em face do sacado, que é o adquirente da mercadoria ou dos serviços, para que esse pague o beneficiário, o qual é o próprio vendedor.

São seus requisitos a denominação duplicata, a data de sua emissão e o número de ordem, o número da fatura, a data do vencimento, o nome do vendedor e do comprador, o montante a ser pago e o local, a cláusula à ordem e a assinatura do emitente.

O aceite na duplicata é obrigatório. O sacado somente poderá recusar o aceite se não recebeu a mercadoria, se há vícios na mercadoria ou divergência de prazo e preço. Recebida a duplicata, o sacado deverá devolvê-la em 10 dias com o aceite ou sem o aceite e com a justificativa da razão do não aceite.

Se a duplicata não for devolvida, o sacador poderá extrair a triplicata.

8.5.1. Aval e endosso

A duplicata pode ser garantida por aval. O aval deverá identificar o avalizado e, caso não o faça, será considerado como avalizado o sacado. **O aval posterior ao vencimento produz os mesmos efeitos do anterior**.

Poderá a duplicata ser endossada a terceiro e os endossantes se tornam coobrigados pelo título, conforme a disciplina análoga da letra de câmbio.

8.5.2. Protesto

O protesto pode ser **por falta de aceite, por falta de devolução da cártula e por falta de pagamento**.

O protesto deverá ser realizado no prazo de 30 dias do vencimento. O protesto por falta de devolução da cártula e o protesto por falta de aceite são facultados ao beneficiário, pois a ausência não impedirá o protesto por falta de pagamento.

Se a duplicata não tiver sido aceita, o protesto é obrigatório inclusive para a cobrança do devedor principal, além dos coobrigados.

A ação poderá ser proposta em face desses com a demonstração de que a duplicata ou triplicata foram protestadas, de que há documento hábil comprobatório da entrega e recebimento das mercadorias, e deverá ser demonstrado que o sacado não recusou de modo legítimo o aceite.

Se a duplicata tiver sido aceita, o protesto é imprescindível apenas para a execução dos coobrigados. Na sua ausência, permite-se a execução apenas do sacado e dos avalistas, pois já se obrigaram pela assinatura como devedores principais.

8.5.3. Prescrição

Prescreve em 3 anos, do vencimento do título, a ação contra o sacado e os avalistas; 1 ano, contado do protesto, a ação contra os endossantes e seus avalistas; em 1 ano, contado da data do pagamento, a ação promovida pelo coobrigado contra o sacador ou os endossantes anteriores e avalistas.

8.5.4. Duplicata escritural, eletrônica ou virtual

A duplicata poderá ter a forma escritural, eletrônica ou virtual, conforme disciplina a Lei n. 13.775/2018.

A emissão dessa forma de duplicata será feita mediante lançamento em sistema eletrônico de escrituração, administrado por qualquer entidade que exerça a atividade de escrituração de duplicata escritural.

Para a constituição da duplicata escritural, no sistema deverão ser escriturados, pelo menos, **apresentação, aceite, devolução e formalização da prova do pagamento; controle e transferência da titularidade; prática de atos cambiais sob a forma escritural, tais como endosso e aval; inclusão de indicações, informações ou declarações referentes à operação com base na qual a duplicata foi emitida ou ao próprio título; e inclusão de informações a respeito de ônus e gravames constituídos sobre as duplicatas. A prova de pagamento também deverá ser informada no sistema eletrônico de escrituração.**

Do sistema eletrônico, os gestores deverão expedir extratos do registro eletrônico da duplicata a pedido de qualquer solicitante. A duplicata sob a forma escritural e seu extrato serão considerados títulos executivos extrajudiciais e também poderão ser protestados.

Às duplicatas escriturais aplicam-se subsidiariamente as normas para a duplicata cartular. Para a duplicata escritural, de forma especial em relação à cartular, exige-se a apresentação de forma eletrônica no prazo de dois dias úteis contados de sua emissão, caso não tenha sido determinado prazo diverso pela entidade da administração federal competente. A recusa de sua aceitação, entretanto, deverá também ser realizada por meio eletrônico, no prazo e pelos motivos da recusa da duplicata cartular, ou seja, apenas nas hipóteses de avaria ou não recebimento das mercadorias, vícios, defeitos e diferenças na qualidade ou quantidade ou divergência nos prazos ou preços, desde que a recusa ocorra no prazo de dez dias. Poderá, entretanto, no prazo de 15 dias aceita-la.

Por fim, nos termos do art. 10 da Lei n. 13.775/2018, **são nulas de pleno direito as cláusulas contratuais que vedam, limitam ou oneram, de forma direta ou indireta, a emissão ou a circulação de duplicatas emitidas sob a forma cartular ou escritural.**

QUESTÕES

(XXXIV Exame de Ordem Unificado/FGV) Em 2019 foram estabelecidas, inicialmente por medida provisória posteriormente convertida na Lei n. 13.874, normas de proteção à livre iniciativa e ao livre exercício de atividade econômica e disposições sobre a atuação do Estado como agente normativo e regulador. Em relação aos contratos empresariais, assinale a afirmativa correta.

A) Os contratos empresariais são presumidos paritários e simétricos, exceto diante da presença na relação jurídica de um empresário individual ou empresa individual de responsabilidade limitada.

B) As partes negociantes poderão estabelecer parâmetros objetivos para a interpretação das cláusulas negociais e de seus pressupostos de revisão ou de resolução.

C) A alocação de riscos definida pelas partes deverá ser respeitada e observada, porém até o ponto em que o Estado julgue, discricionariamente, que deve intervir no exercício da atividade econômica.

D) A revisão contratual ocorrerá de maneira excepcional e ilimitada sempre que uma das partes for vulnerável, sendo que, no caso de microempresas e empresas de pequeno porte, essa presunção é absoluta.

RESPOSTA

A) Não há diferenciação entre as espécies de empresários quanto à paridade das partes nos contratos empresariais.

☑ Correta. As partes poderão estabelecer os parâmetros para a revisão e interpretação dos seus respectivos contratos.

C) A intervenção estatal é absolutamente excepcional e deve ser restrita às vontades das partes contratantes.

D) Nos contratos empresariais, presume-se que as partes sejam paritárias e suas relações jurídicas são simétricas.

(XXXIV Exame de Ordem Unificado/FGV) Tibagi Verduras e Legumes Ltda. requereu sua recuperação judicial no juízo do seu principal estabelecimento, localizado em Apucarana/PR. Na petição inicial informou sua condição de microempresa, comprovando na documentação acostada seu enquadramento legal e que apresentará, oportunamente, plano especial de recuperação. Considerando as informações prestadas e as disposições da legislação sobre o plano especial de recuperação, assinale a única afirmativa correta.

A) A sociedade devedora poderá oferecer aos credores quirografários, inclusive àqueles decorrentes de repasse de recursos oficiais, o pagamento em até 36 (trinta e seis) parcelas mensais, iguais e sucessivas, acrescidas de juros equivalentes à taxa SELIC, podendo propor o abatimento do valor das dívidas.
B) O plano especial de recuperação deverá prever que o devedor realize o pagamento da primeira parcela aos credores sujeitos à recuperação, no prazo máximo de 360 (trezentos e sessenta) dias, contados da data da concessão da recuperação judicial.
C) A sociedade limitada não poderá incluir no plano especial os credores titulares de propriedade fiduciária de bens móveis ou imóveis, proprietários em contrato de compra e venda com reserva de domínio, que terão preservadas as condições contratuais e as disposições legais.
D) Por se tratar de devedora microempresa e em razão do tratamento favorecido que lhe é dispensado, o plano especial de recuperação poderá ser apresentado em até 60 (sessenta) dias, contados da data do pedido de recuperação, admitida uma única prorrogação e por igual prazo.

RESPOSTA

A) No plano especial de recuperação de microempresas não haverá a submissão dos credores decorrentes de repasse de recursos oficiais.
B) A primeira parcela do plano deve ser satisfeita no prazo máximo de 180 dias.
☑ Correta. Os credores proprietários não se submetem à recuperação judicial.
D) O prazo de apresentação do plano de recuperação é improrrogável.

(XXXIV Exame de Ordem Unificado/FGV) Na companhia fechada Gráfica Redenção da Serra S/A, o estatuto prevê a criação de classes de ações ordinárias em função de (I) conversibilidade em ações preferenciais e (II) atribuição de voto plural na razão de 5 (cinco) votos por 1 (uma) ação ordinária. Ao analisar a cláusula estatutária você conclui que ela é

A) parcialmente válida, pois é nula a atribuição de voto plural a qualquer classe de ação ordinária, porém é possível a conversibilidade em ações preferenciais.
B) parcialmente nula, pois é válida no tocante a atribuição de voto plural, já que não excede o limite de 10 (dez) votos por ação, e nula no tocante à conversibilidade em ações preferenciais.
C) plenamente válida, pois ambos os parâmetros adotados pelo estatuto (voto plural e conversão em ações preferenciais) são possíveis e lícitos nas companhias fechadas.
D) totalmente nula, pois são vedadas tanto a conversibilidade de ações ordinárias em preferenciais quanto a atribuição de voto plural nas companhias fechadas.

RESPOSTA

A) É possível a atribuição de voto plural às ações ordinárias.
B) É válida a criação de classe em virtude da conversibilidade em ações preferenciais.
☑ Correta. A concessão de voto plural é válida, assim como a conversão em ações preferenciais nas sociedades anônimas fechadas. Nas abertas, apenas o voto plural como diferenciador das classes.
D) É válida a conversão e a concessão de voto plural.

(XXXIV Exame de Ordem Unificado/FGV) A sociedade cooperativa é dotada de características próprias que lhe atribuem singularidade em relação a outros tipos societários, dentre elas o critério de distribuição de resultados. Das alternativas abaixo, assinale a única que indica corretamente tal critério.

A) A distribuição dos resultados é realizada proporcionalmente ao valor da quota-parte de cada sócio, salvo disposição diversa do estatuto.
B) A distribuição dos resultados é realizada proporcionalmente ao valor dos bens conferidos por cada cooperado, para formação do capital social.
C) A distribuição dos resultados é realizada proporcionalmente ao valor das operações efetuadas pelo sócio com a sociedade, podendo ser atribuído juro fixo ao capital realizado.
D) A distribuição dos resultados é realizada proporcionalmente à contribuição de cada cooperado, para formação dos Fundos de Reserva e de Assistência Técnica Educacional e Social.

RESPOSTA

A) Os rateios das sobras são realizados proporcionalmente às operações realizadas pelo associado.
B) Os rateios são realizados proporcionalmente às operações e independentemente do valor dos bens.
☑ Correta. É característica da cooperativa a distribuição proporcional dos resultados às operações realizadas pelo cooperado.
D) A distribuição é independente da contribuição do cooperado aos Fundos de Reserva.

(35º Exame de Ordem Unificado/FGV) Júlio de Castilhos, credor com garantia real da Companhia Cruz Alta, em recuperação judicial, após instalada a assembleia de credores em segunda convocação, propôs a suspensão da deliberação sobre a votação do plano para que três cláusulas do documento fossem ajustadas. A proposta obteve aceitação dos credores presentes e o apoio da recuperanda. Considerando os fatos narrados, deve-se considerar a deliberação sobre a suspensão da assembleia

A) válida, eis que é permitido aos credores decidir pela suspensão da assembleia-geral, que deverá ser encerra-

da no prazo de até 15 (quinze) dias, contados da data da deliberação.
B) inválida, eis que a assembleia não pode ser suspensa diante de ter sido instalada em segunda convocação e deverá o juiz convocar nova assembleia no prazo de até 5 (cinco) dias.
C) válida, eis que é permitido aos credores decidir pela suspensão da assembleia-geral, que deverá ser encerrada no prazo de até 90 (noventa) dias, contados da data de sua instalação.
D) inválida, eis que a suspensão de assembleia é uma característica do procedimento de aprovação do plano especial para micro e pequenas empresas, e a recuperanda não pode utilizá-lo por ser companhia.

RESPOSTA
A) A assembleia deverá ser encerrada em até 90 dias de sua instalação.
B) Não há impedimento para a assembleia ser suspensa, independentemente de sua instalação ter ocorrido em primeira ou segunda convocação.
☑ Correta. É válida a suspensão e a assembleia terá prazo de 90 dias desde a sua instalação.
D) Não há impedimento para a suspensão da assembleia.

(35º Exame de Ordem Unificado/FGV) Riqueza Comércio de Artigos Eletrônicos Ltda. sacou duplicata na modalidade cartular em face de Papelaria Sul Brasil Ltda., que foi devidamente aceita, com vencimento no dia 25 de março de 2022. Antes do vencimento, a duplicata foi endossada para Saudades Fomento Mercantil S/A. No dia do vencimento, a duplicata não foi paga, porém, no dia seguinte, foi prestado aval em branco datado pelo avalista Antônio Carlos. Acerca da validade e do cabimento do aval dado na duplicata após o vencimento, assinale a afirmativa correta.
A) É nulo o aval após o vencimento na duplicata, por vedação expressa no Código Civil, diante da omissão da Lei n. 5.474/68 (Lei de Duplicatas).
B) É válido o aval na duplicata após o vencimento, desde que o título ainda não tenha sido endossado na data da prestação do aval.
C) É nulo o aval na duplicata cartular, sendo permitido apenas na duplicata escritural e mediante registro do título perante o agente escriturador.
D) É válido o aval dado na duplicata antes ou após o vencimento, por previsão expressa na Lei de Duplicatas (Lei n. 5.474/68).

RESPOSTA
A) Não há limite temporal para a realização do aval, que poderá ser feito inclusive após o vencimento da obrigação, nos termos do art. 12 da Lei da Duplicata.
B) Não há relação entre o aval e o endosso. Nenhum dos dois implica vedação ao outro, por tratarem de relações jurídicas autônomas.
C) O aval na duplicata cautelar é disciplinado pela lei expressamente e é permitido.
☑ Correta. O art. 12 prevê expressamente que o aval poderá ser aposto inclusive após o vencimento da obrigação.

(35º Exame de Ordem Unificado/FGV) A empresa de viagens Balneário Gaivota Ltda. teve sua falência decretada com fundamento na impontualidade no pagamento de crédito no valor de R$ 610.000,00 (seiscentos e dez mil reais). Na relação de credores apresentada pela falida para efeito de publicação consta o crédito em favor do Banco Princesa S/A. no valor, atualizado até a data da falência, de R$ 90.002, 50 (noventa mil e dois reais e cinquenta centavos), garantido por constituição de propriedade fiduciária. Ao ler a relação de credores e constatar tal crédito, é correto afirmar que
A) o crédito do Banco Princesa S/A. não se submeterá aos efeitos da falência, e prevalecerão as condições contratuais originais assumidas pela devedora antes da falência perante o fiduciário.
B) o crédito do Banco Princesa S/A. submeter-se-á aos efeitos da falência, porém o bem garantido pela propriedade fiduciária será alienado de imediato para pagamento aos credores extraconcursais.
C) o crédito do Banco Princesa S/A. não se submeterá aos efeitos da falência, permitindo ao falido permanecer na posse do imóvel até o encerramento da falência.
D) o crédito do Banco Princesa S/A. submeter-se-á aos efeitos da falência e será pago na ordem dos créditos concursais, ressalvado o direito de o credor pleitear a restituição do bem.

RESPOSTA
A) O credor garantido por propriedade fiduciária terá direito de restituição do bem caso apreendido e o crédito não garantido será considerado quirografário.
B) O bem não será liquidado pela massa falida caso ocorra pedido de restituição pelo proprietário Banco Princesa S.A.
C) Apenas o bem não poderá ser liquidado e deverá ser restituído ao credor. Eventual remanescente será considerado crédito quirografário.
☑ Correta. O crédito será considerado quirografário, exceto em relação ao bem garantido, que poderá ser objeto de pedido de restituição pelo proprietário.

(35º Exame de Ordem Unificado/FGV) A fisioterapeuta Alhandra Mogeiro tem um consultório em que realiza seus atendimentos mas atende, também, em domicílio. Doutora Alhandra não conta com auxiliares ou colaboradores, mas tem uma página na Internet exclusivamente para marcação de consultas e comunicação com seus clientes. Com base nessas informações, assinale a afirmativa correta.
A) Não se trata de empresária individual em razão do exercício de profissão intelectual de natureza científica, haja ou não a atuação de colaboradores.
B) Trata-se de empresária individual em razão do exercício de profissão liberal e prestação de serviços com finalidade lucrativa.

C) Não se trata de empresária individual em razão de o exercício de profissão intelectual só configurar empresa com o concurso de colaboradores.
D) Trata-se de empresária individual em razão do exercício de profissão intelectual com emprego de elemento de empresa pela manutenção da página na Internet.

RESPOSTA

☑ Correta. O profissional intelectual, por explorar atividade de natureza científica, nos termos do art. 966 do Código Civil, não é considerado empresário.
B) Não é considerado empresário, por redação expressa do art. 966 do Código Civil.
C) É indiferente o concurso de colaboradores, a menos que o profissional se caracterize como elemento de empresa.
D) Não há uma organização que descaracterize a prestação pessoal do profissional liberal. Dessa forma, não se desvirtua sua natureza não empresarial.

(36º Exame de Ordem Unificado/FGV) Cerâmica Água Doce do Norte teve sua falência requerida pelo Banco Boa Esperança S/A, em razão do não pagamento de cinco duplicatas que lhe foram endossadas por Castelo, Vivacqua & Cia. Os títulos estão protestados para fins falimentares e não se verificou pagamento até a data da citação. Ao ser citada, a sociedade devedora apresentou tempestivamente a contestação e, no mesmo prazo, em peça processual própria, requereu recuperação judicial, sem, contudo, se manifestar sobre a efetivação de depósito elisivo. Com base nas informações acima, a sociedade empresária
A) tinha a faculdade de pleitear sua recuperação judicial no prazo de contestação, ainda que não tivesse se manifestado pela efetivação de depósito elisivo.
B) não deveria ter requerido sua recuperação judicial e sim ter efetuado o depósito elisivo, eliminando a presunção de insolvência para, somente após esse ato, pleitear recuperação judicial.
C) deveria ter pleiteado sua recuperação judicial, pois o devedor pode se utilizar do benefício até o trânsito em julgado da sentença de falência, portanto, o pedido foi tempestivo e correto.
D) estava impedida de requerer recuperação judicial, pois já havia, na data do pedido de recuperação, requerimento de falência contra si, ajuizado pelo credor das duplicatas.

RESPOSTA

☑ O pedido de recuperação judicial é uma das matérias de defesa em face do pedido de falência da devedora. Não há exigência do depósito elisivo a tanto.
B) A recuperação judicial é uma faculdade, desde que a devedora reúna todos os requisitos legais do art. 48 da Lei n. 11.101/2005.
C) Em face de um pedido de falência, o pedido de recuperação judicial para suspender o seu trâmite deve ocorrer no prazo de contestação do pedido falimentar, em 10 dias.
D) O pedido de recuperação judicial é uma das defesas ao pedido de falência.

(36º Exame de Ordem Unificado/FGV) A sociedade Corinto & Curvelo Ltda. é composta apenas por dois sócios, sendo o sócio Corinto titular de 40% do capital e o sócio Curvelo titular do restante. Nesta situação, a exclusão extrajudicial motivada do sócio minoritário de sociedade limitada poderá ser realizada pelo sócio Curvelo, independentemente de ter havido
A) justa causa, ou seja, de modo discricionário.
B) previsão no contrato de exclusão por justa causa.
C) alteração do contrato social.
D) reunião ou assembleia especial para esse fim.

RESPOSTA

A) A justa causa é imprescindível tanto na exclusão judicial quanto na extrajudicial.
B) Requisito da exclusão extrajudicial é a previsão no contrato social. Do contrário, a exclusão só é possível judicialmente.
C) A alteração no contrato social é uma das consequências da exclusão.
☑ A assembleia ou reunião são imprescindíveis para a exclusão, a menos que a sociedade seja de dois únicos sócios, como no caso do enunciado.

(36º Exame de Ordem Unificado/FGV) Tamandaré emitiu nota promissória no valor de R$ 7.300,00 (sete mil e trezentos reais) em favor de Altamira. Esta endossou o título em branco para Ângulo Comércio de Tecidos Ltda. Sendo inequívoco que a nota promissória em branco circula ao portador, em caso de desapossamento é correto afirmar que
A) Tamandaré ficará desonerado da responsabilidade cambial se provar que o desapossamento do título por parte de Ângulo Comércio de Tecidos Ltda. não pode lhe ser imputado.
B) Ângulo Comércio de Tecidos Ltda. poderá obter novo título em Juízo bem como impedir que seu valor seja pago a outrem.
C) Altamira não poderá opor ao novo portador exceção fundada em direito pessoal ou em nulidade de sua obrigação.
D) A pessoa que se apoderar da nota promissória poderá exigir o pagamento de todos os obrigados, à exceção de Altamira.

RESPOSTA

A) A obrigação de Tamandaré remanesce em face do correto titular.
☑ Se houver desapossamento do título, seu titular poderá pleitear a obtenção de novo título e o impedimento da sua exigência pelo terceiro.
C) Altamira se tornou coobrigado pelo endosso. Caso cobrada, poderá opor nulidade da sua obrigação em face do terceiro, embora não possa opor exceção pessoal.
D) Altamira, por ser endossante, torna-se também coobrigada do título.

(36º Exame de Ordem Unificado/FGV) Pedro Laurentino deseja constituir uma sociedade limitada unipessoal cuja denominação será Padaria São Félix do Piauí Ltda., sediada em Teresina. A inscrição dos atos constitutivos da pessoa jurídica, ou as respectivas averbações de atos posteriores no registro empresarial, assegura o uso exclusivo do nome empresarial

A) nos limites do estado do Piauí.
B) nos limites do município de Teresina.
C) em todo o território nacional.
D) em toda a Região Nordeste.

RESPOSTA

☑ O nome empresarial deverá ser registrado na Junta Comercial do referido Estado e terá proteção nos limites do Estado.

B) Há proteção nos limites do Estado da inscrição.
C) A proteção é estadual.
D) A proteção circunscreve-se ao Estado do Piauí.

■ **MATERIAL DIGITAL EXCLUSIVO**

DIREITO EMPRESARIAL — Material Complementar

somos.in/CEOABVU10

Direito do Consumidor

Renan Ferraciolli

Advogado e Professor de Direito Civil e do Consumidor na FMU-SP. Graduado e Mestre em Direitos Difusos e Coletivos pela PUC-SP, foi Assessor-chefe e Diretor de Fiscalização da Fundação Procon-SP, bem como palestrante da Escola Nacional de Defesa do Consumidor da Secretaria Nacional do Consumidor do Ministério da Justiça.

Sumário

1. Notas introdutórias sobre a metodologia adotada – 2. Por que existe a necessidade de um Código de Defesa do Consumidor?: 2.1. A sociedade de consumo; 2.2. Evolução histórica da legislação em matéria de defesa do consumidor; 2.3. A Constituição Federal de 1988 – **3. Como se estrutura o CDC? – 4. Os elementos da relação jurídica de consumo:** 4.1. Os elementos subjetivos; 4.1.1. O conceito padrão de consumidor; 4.1.2. Os consumidores por equiparação; 4.1.3. O fornecedor; 4.2. Os elementos objetivos; 4.2.1. O produto; 4.2.2. O serviço – **5. Os pilares de sustentação do CDC: os princípios da Política Nacional das Relações de Consumo (PNRC):** 5.1. Os objetivos da PNRC; 5.2. Os princípios da PNRC; 5.3. Os instrumentos para a execução da PNRC – **6. Os direitos básicos do consumidor – 7. Proteção da saúde e segurança do consumidor e responsabilidade pelo fato do produto e do serviço:** 7.1. A escala de proteção dos arts. 8°, 9° e 10; 7.1.1. O procedimento do *recall*; 7.2. A responsabilidade pelo fato do produto; 7.2.1. As excludentes de responsabilidade; 7.2.2. A responsabilidade do comerciante; 7.3. A responsabilidade pelo fato do serviço; 7.4. O prazo de prescrição – **8. Responsabilidade pelo vício do produto e do serviço:** 8.1. A responsabilidade pelo vício de qualidade do produto; 8.2. A responsabilidade pelo vício de quantidade do produto; 8.3. A responsabilidade pelo vício de qualidade do serviço; 8.4. A responsabilidade pelo vício de qualidade no serviço público; 8.5. Os prazos decadenciais no CDC – **9. Oferta e publicidade:** 9.1. A disciplina da oferta; 9.2. Os requisitos da informação; 9.3. A disciplina da publicidade no CDC – **10. Práticas abusivas, cobrança de dívidas e regulação de bancos de dados e cadastros:** 10.1. As práticas comerciais abusivas; 10.2. A cobrança de dívidas no CDC; 10.3. Os bancos de dados e cadastros – **11. A proteção contratual do consumidor:** 11.1. Panorama geral; 11.2. O direito de arrependimento; 11.3. A garantia contratual; 11.4. As cláusulas abusivas; 11.5. A prevenção e o tratamento do superendividamento – **12. O Sistema Nacional de Defesa do Consumidor (SNDC) e as sanções administrativas:** 12.1. A estrutura do SNDC; 12.2. As sanções administrativas no CDC – **13. A defesa coletiva do consumidor em juízo e a convenção coletiva de consumo:** 13.1. A tutela coletiva do consumidor; 13.2. A desconsideração da personalidade jurídica; 13.3. A Convenção Coletiva de Consumo – **Referências bibliográficas – Questões – Material digital exclusivo.**

1. NOTAS INTRODUTÓRIAS SOBRE A METODOLOGIA ADOTADA

O trecho desta obra destinado ao estudo do Direito do Consumidor terá como foco o direito material explorado pelo Código de Defesa do Consumidor (CDC), que é a referência legislativa cobrada pela Fundação Getulio Vargas nos últimos Exames de Ordem Unificados.

Dessa forma, os temas "Das infrações penais" e "Da defesa do consumidor em juízo" serão mais bem trabalhados nas disciplinas de Direito Penal e Processual Civil desta obra, ainda que minimamente exploradas neste espaço.

Aqui será feita a abordagem da disciplina para a efetiva contextualização do candidato a respeito do que poderá vir a ser cobrado no Exame de Ordem.

2. POR QUE EXISTE A NECESSIDADE DE UM CÓDIGO DE DEFESA DO CONSUMIDOR?

2.1. A sociedade de consumo

O estudo desta importante disciplina é indissociável do marco normativo que carrega o seu nome, se antes chegou a ser colocado em xeque pelo caráter extremamente protetivo que a marca, atualmente chega a se mostrar insuficiente, tamanha a complexidade que caracteriza a sociedade de consumo em que vivemos.

> O termo "sociedade de consumo" pode ser naturalmente empregado pelo fato de estarem presentes os elementos que facilmente a caracterizam: produção em série, distribuição em massa, publicidade em grande escala, contratação por instrumentos de adesão e oferta generalizada de crédito (SODRÉ, 2007, p. 55).

Apesar de tais características serem facilmente identificadas em nosso cotidiano, nem sempre foi assim. Foi só a partir da segunda metade do século XX que os cidadãos passaram a conviver com a complexa sociedade de consumo com esses traços, os quais acentuam o desequilíbrio de forças existente entre os que detêm os meios de produção (fornecedores) e os que deles dependem (consumidores).

2.2. Evolução histórica da legislação em matéria de defesa do consumidor

Trata-se de um panorama que se mostrou semelhante em praticamente todo o globo, com velocidade menor nas nações em desenvolvimento. O Brasil, por exemplo, manteve-se preponderantemente rural até quase a metade do século passado, quando passou a viver um período de forte industrialização e urbanização não planejada, o que reforçou muitos conflitos decorrentes do aludido desequilíbrio, culminando em situações extremas de desabastecimento de itens básicos no mercado nos grandes centros como São Paulo entre o fim da década de 1970 e início da seguinte.

Até a década de 1980, no entanto, a figura do consumidor não encontrava proteção legal específica além de alguns tipos penais criados na década de 1940 para regular o crescente comércio que se tornou organizado, indo além das simples relações de troca entre iguais que aconteciam numa sociedade pouco urbanizada, além dos inúmeros regulamentos intervencionistas cunhados após 1964 para regular a vida em sociedade, que resultaram na criação de sistemas como o de Metrologia Legal, cuja atuação na esfera administrativa acabava reflexamente melhorando a vida dos consumidores.

Mas não era o bastante. O grande diploma que regulava as relações no campo do direito privado era o Código Civil de 1916, concebido para tutelar situações cujo ponto de partida era a igualdade entre as partes, realidade cada vez mais distante na sociedade de consumo da década de 1980, que já trazia praticamente todos os contornos da atual, exceto a oferta generalizada de crédito, impensável num período de hiperinflação como o que marcou esses anos.

Em uma relação naturalmente desequilibrada, como o consumidor provaria a culpa em sentido amplo do fornecedor caso viesse a experimentar dano decorrente de um acidente de consumo, fruto da condução de um automóvel, por exemplo, prova sabidamente complexa e onerosa, mas que ao consumidor competia em razão da ordinária distribuição do ônus da prova na responsabilidade civil subjetiva clássica?

Por esse e tantos outros episódios que tornavam a tão almejada paz social um sonho distante em se tratando da relação entre consumidores e fornecedores é que se fazia necessária a edição de um marco normativo a respeito do tema.

2.3. A Constituição Federal de 1988

E foi justamente o período de maior mobilização social do País até então – o movimento pela redemocratização – que permitiu que a discussão para uma efetiva proteção da parte mais fraca da relação de consumo ganhasse força para ser inserida na Constituinte instalada.

> A Constituição Federal de 1988 (CF/88) inaugurou, assim, um novo patamar na proteção e defesa do consumidor, ao estabelecer como um direito fundamental do cidadão a necessidade de o Estado promover a defesa do consumidor, assim como alçá-la a um dos princípios balizadores da ordem econômica.

Ademais, impôs ao legislador ordinário a necessidade de elaboração de um Código de Defesa do Consumidor no prazo de 120 (cento e vinte) dias a contar da promulgação da Carta Maior, prazo que não foi cumprido, mas que ao menos foi fundamental para pressionar o Congresso Nacional a editar a Lei Federal n. 8.078, de 11 de setembro de 1990: o Código de Defesa do Consumidor.

> **Título II**
> Dos Direitos e Garantias Fundamentais
> **Capítulo I**
> Dos direitos e deveres individuais e coletivos
> **Art. 5º** Todos são iguais perante a lei, sem distinção de qualquer natureza, garantindo-se aos brasileiros e aos estrangeiros residentes no País a inviolabilidade do direito à vida, à liberdade, à igualdade, à segurança e à propriedade, nos termos seguintes:
> (...)
> **XXXII** – o Estado promoverá, na forma da lei, a defesa do consumidor;
> (...)
> **Título VII**
> Da Ordem Econômica e Financeira
> **Capítulo I**
> Dos Princípios Gerais da Atividade Econômica
> **Art. 170.** A ordem econômica, fundada na valorização do trabalho humano e na livre iniciativa, tem por fim assegurar a todos existência digna, conforme os ditames da justiça social, observados os seguintes princípios:
> (...)
> **V** – defesa do consumidor;
> ATO DAS DISPOSIÇÕES CONSTITUCIONAIS TRANSITÓRIAS
> (...)
> **Art. 48.** O Congresso Nacional, dentro de cento e vinte dias da promulgação da Constituição, elaborará código de defesa do consumidor.

■ 3. COMO SE ESTRUTURA O CDC?

O CDC foi fruto de alguns Projetos de Lei cuja redação resultou do trabalho de conceituados juristas, do quilate de Ada Pellegrini Grinover, Kazuo Watanabe e Nelson Nery Júnior, membros do Ministério Público à época como José Geraldo Brito Filomeno, Antonio Herman de Vasconcellos e Benjamin, assim como do movimento de defesa do consumidor, a exemplo de Marcelo Gomes Sodré, Marilena Lazzarini, Mariângela Sarrubo Fragata, dentre tantos outros expoentes do Direito pátrio que se sensibilizaram com a causa.

> Por ter sido "gestado" no ambiente acadêmico, o CDC recebeu contribuições do que havia de mais avançado no mundo em matéria de proteção e defesa do consumidor, sempre com a preocupação de que o Código não tivesse data de validade, o que explica a escancarada preferência por dispositivos gerais e uma densa carga principiológica.

Outra preocupação dos autores foi com a própria estrutura do Código, para que fosse facilmente compreendido por todos, especialmente pelos consumidores, o que facilitaria o cumprimento da norma em um país em que ainda se fala em leis que "pegam" e leis que "não pegam", como se isso fosse juridicamente possível.

Sendo assim, o CDC traz uma densa parte para tratar do direito material (Título I) – foco dos Exames de Ordem unificados até então – e as demais para abordar os outros temas fundamentais à concretização do direito fundamental previsto na CF/88:

Título	Capítulo	Seção
I – Dos Direitos do Consumidor	I – Disposições Gerais	
	II – Da Política Nacional das Relações de Consumo	
	III – Dos Direitos Básicos do Consumidor	
	IV – Da Qualidade dos Produtos e Serviços, da Prevenção e da Reparação dos Danos	I – Da Proteção à Saúde e Segurança
		II – Da Responsabilidade pelo Fato do Produto e do Serviço
		III – Da Responsabilidade por Vício do Produto e do Serviço
		IV – Da Decadência e da Prescrição
		V – Da Desconsideração da Personalidade Jurídica

	V – Das Práticas Comerciais	I – Das Disposições Gerais
		II – Da Oferta
		III – Da Publicidade
		IV – Das Práticas Abusivas
		V – Da Cobrança de Dívidas
		VI – Dos Bancos de Dados e Cadastros de Consumidores
	VI – Da Proteção Contratual	I – Disposições Gerais
		II – Das Cláusulas Abusivas
		III – Dos Contratos de Adesão
	VI-A – Da Prevenção e do Tratamento do Superendividamento	
	VII – Das Sanções Administrativas	
II – Das Infrações Penais		
III – Da Defesa do Consumidor em Juízo	I – Disposições Gerais	
	II – Das Ações Coletivas Para a Defesa dos Interesses Individuais Homogêneos	
	III – Das Ações de Responsabilidade do Fornecedor de Produtos e Serviços	
	IV – Da Coisa Julgada	
IV – Do Sistema Nacional de Defesa do Consumidor		
V – Da Convenção Coletiva de Consumo		
VI – Disposições Finais		

Destacados os temas que foram cobrados na 1ª fase dos Exames Unificados X a XXXVI.

Conhecida a espinha dorsal do Código, passaremos a estudar seus três primeiros capítulos, que formam a sólida base para a compreensão do diploma inteiro: os elementos da relação jurídica de consumo, os princípios que devem nortear a Política Nacional das Relações de Consumo e os direitos básicos do consumidor.

4. OS ELEMENTOS DA RELAÇÃO JURÍDICA DE CONSUMO

O CDC é enfático, logo no seu primeiro artigo, ao destacar que o Código "estabelece normas de proteção e defesa do consumidor, de ordem pública e interesse social".

Ora, se essas **normas essenciais para consagrar o direito fundamental** insculpido no inciso XXXII do art. 5º da CF/88 **não podem ser deixadas de lado quando caracterizada uma relação de consumo (ordem pública) e até mesmo podem prevalecer sobre outras para efetivamente concretizá-lo (interesse social)**, é fundamental identificar os elementos que compõem a relação de consumo, seja na dimensão subjetiva (consumidor e fornecedor), seja na objetiva (que se relacionam por um produto ou serviço).

4.1. Os elementos subjetivos

4.1.1. O conceito padrão de consumidor

O primeiro elemento a ser abordado pelo CDC é justamente o que comportou, ao longo dos anos, mais discussão, sobretudo no âmbito do Judiciário, pois muitos quiseram se valer dos protetivos e avançados institutos do Código para terem suas pretensões satisfeitas: o conceito de consumidor.

Ao estatuir, no art. 2º, que "consumidor é toda pessoa física ou jurídica que adquire ou utiliza produto ou serviço como destinatário final", o legislador foi claro para não reservar o âmbito de aplicação do Código apenas para as pessoas físicas, mas deixou margem de intepretação sobre o que seria a "destinação final" do produto ou serviço.

Para explicá-la, duas correntes logo surgiram a partir da consolidação da jurisprudência e do avanço da doutrina especializada: a maximalista e a finalista.

> Os adeptos da **corrente maximalista** entendem que o legislador quis abarcar o maior número de pessoas no conceito padrão de consumidor do *caput* do art. 2º e, assim, **a destinação final remete à ideia de que basta a pessoa** – física ou jurídica, frise-se – **retirar o produto do mercado para ser considerada consumidora** nos termos do Código, o que reforça o **aspecto fático dessa destinação final**. Logo, uma grande indústria, ao comprar matéria-prima para empregar na fabricação dos seus produtos, poderia se valer da proteção do CDC.

Não é preciso avançar muito para perceber que a adoção dessa corrente poderia colocar em xeque todo o aparato estruturado desde a Constituição para a efetiva proteção e defesa daquele que realmente é a parte mais fraca em uma relação jurídica e que não tem meios suficientes para alcançar o equilíbrio com a outra parte, na medida em que possibilitaria o uso quase irrestrito da Lei por aqueles que certamente não seriam os destinatários imaginados, o que poderia resultar até mesmo em jurisprudência contrária ao sentido inicialmente imaginado para alguns dos seus avançados institutos.

> Com o passar dos anos, a **corrente finalista**, mais alinhada com o propósito mencionado no parágrafo anterior passou a ganhar força. Segundo seus adeptos, a "destinação final" prevista no conceito padrão de consumidor trata exclusivamente do **aspecto econômico da atividade do consumidor**, ou seja, **o consumidor teria de ser o "fim" do produto ou serviço no mercado**, que serviriam apenas para a satisfação dos seus próprios interesses ou de sua família.

A crítica que usualmente se faz à corrente finalista consiste no fato de que é extremamente restritiva e dificilmente contemplará o consumidor profissional, sobretudo a pessoa jurídica. Assim, uma costureira que teve problemas com a máquina de costura que utiliza no seu ofício certamente ficaria de fora do âmbito de aplicação do CDC, numa aplicação fria da corrente.

Justamente para evitar esse tipo de exclusão é que a **corrente finalista** evoluiu e, sobretudo a partir dos julgamentos (como, por exemplo, no julgamento do REsp 661.145/ES, 4ª Turma, rel. Min. Jorge Scartezzini, j. 22-5-2005) do Superior Tribunal de Justiça – intérprete último de legislação federal, é sempre bom frisar – passou a ser empregada numa versão mais adequada à finalidade para a qual o CDC foi concebido, recebendo o adjetivo **"aprofundada"** ou **"mitigada"**.

Como tal discussão ainda é levada ao referido Tribunal Superior, muitas vezes faz-se necessário editar Súmulas para a consolidação do entendimento, como foi o caso das Súmulas 602 ("O Código de Defesa do Consumidor é aplicável aos empreendimentos habitacionais promovidos pelas sociedades cooperativas") e 608 ("Aplica-se o Código de Defesa do Consumidor aos contratos de plano de saúde, salvo os administrados por entidades de autogestão").

> Pela teoria finalista aprofundada, **o consumidor é, sim, o destinatário final fático do produto, retirando-o do mercado e, quanto ao aspecto econômico, deverá ser levada em consideração a vulnerabilidade dele**, verdadeira situação de fato e que será adiante melhor explicada.

■ **4.1.2. Os consumidores por equiparação**

> Isso porque **o CDC não esgota o conceito de consumidor apenas no *caput* do art. 2º**, trazendo outras possibilidades de aplicação do seu espectro de proteção no **parágrafo único do mesmo artigo, no art. 17 e no art. 29, que são os chamados consumidores *bystanders* ou por equiparação**.

O parágrafo único do art. 2º estabelece que se equipara a consumidor **"a coletividade de pessoas, ainda que indetermináveis, que haja intervindo nas relações de consumo"**. Com isso, legitimado fica o Ministério Público para defender os interesses de todos os que foram lesados pela exposição a uma publicidade enganosa, por exemplo.

> O conceito trazido no **art. 17** é emblemático para assegurar a efetividade da proposta do CDC: equipara aos consumidores **todas as vítimas de um acidente de consumo**, ou seja, de um fato resultante da utilização do produto ou do serviço que resultou em algum dano à incolumidade física da pessoa.

Foi por intermédio desse tão importante dispositivo que as vítimas da explosão do Osasco Plaza Shopping, ocorrida em 1996, que apenas estavam cortando caminho por dentro dele, sem adquirir qualquer produto ou contratar qualquer serviço, conseguiram se valer do CDC para resguardar seus interesses (*vide* STJ, REsp 279.273/SP, 3ª Turma, rel. Min. Ari Pargendler, j. 4-12-2003).

> O derradeiro conceito, previsto no **art. 29 do Código**, equipara aos consumidores **todas as pessoas determináveis ou não expostas às situações previstas nos Capítulos V (Das Práticas Comerciais) e VI (Da Proteção Contratual) da Lei**. Trata-se novamente de um dispositivo bem avançado e que permite uma interpretação extremamente extensiva, o que coloca em risco a efetividade do CDC, pelas mesmas razões já apontadas anteriormente quando da crítica à corrente maximalista. Por isso, a tônica que se dá à interpretação deste artigo é a necessária observância da vulnerabilidade no caso concreto.

4.1.3. O fornecedor

Superada a discussão sobre quem é consumidor, o enquadramento na figura do fornecedor acaba sendo mais simples, pois o legislador foi extremamente detalhista na redação do *caput* do art. 3º, a saber:

> **Art. 3º** Fornecedor é toda pessoa física ou jurídica, pública ou privada, nacional ou estrangeira, bem como os entes despersonalizados, que desenvolvem atividade de produção, montagem, criação, construção, transformação, importação, exportação, distribuição ou comercialização de produtos ou prestação de serviços.

> O **principal atributo** que deve ser levado em consideração para evitar o enquadramento equivocado de alguma pessoa no conceito acima é a **habitualidade com que a atividade de vender produtos ou oferecer serviços é exercida**, pois, do contrário, toda vez que alguém fosse vender seu único automóvel, e desde que não sobreviva dessa atividade de compra e venda de veículos, acabaria se sujeitando, na condição de fornecedor, aos ditames do CDC, não sendo essa a intenção do legislador.

Contudo, mesmo na condição de pessoa física e desde que alguma atividade de colocação de produto ou serviço no mercado seja desempenhada com habitualidade, é inegável que a adesão ao conceito de fornecedor ocorrerá.

Por fim, mesmo entes despersonalizados como a massa falida podem ser enquadrados no conceito de fornecedor.

4.2. Os elementos objetivos

Tendo sido conceituados consumidor e fornecedor, os elementos subjetivos da relação de consumo, faz-se necessário complementá-la, por meio do estudo dos elementos objetivos: produto ou serviço.

4.2.1. O produto

O conceito de produto, previsto no § 1º do art. 3º, remete a um instituto que certamente foi trabalhado na parte de Direito Civil desta obra, ao estatuir que "produto é qualquer bem, móvel ou imóvel, material ou imaterial". Por se tratar de um conceito extremamente amplo, não é fácil imaginar algo que por ele não possa ser abrangido.

4.2.2. O serviço

Com relação ao **conceito de serviço** previsto no § 2º do mesmo artigo, no entanto, que "é qualquer atividade fornecida no mercado de consumo, mediante remuneração, inclusive as de natureza bancária, financeira, de crédito e securitária, salvo as decorrentes das relações de caráter trabalhista", a discussão mais frequente repousa na necessária **"remuneração"** para que haja sua qualificação.

Considerando que alguns serviços continuam sendo percebidos pelo consumidor como gratuitos, como o estacionamento de supermercados, *shoppings*, uma primeira interpretação do dispositivo poderia levar à equivocada conclusão de que não se estaria diante de uma relação de consumo por não existir serviço, na medida em que não há remuneração. Ocorre que o legislador **não se restringiu à contraprestação direta ao lapidar o conceito, mas sim a qualquer tipo de remuneração, ainda que pela via indireta**, haja vista que o consumidor, ao realizar compras no estabelecimento ou pelo simples fato de ser impactado pela comunicação de caráter publicitário ali existente, acaba por remunerar o serviço.

Diante do exposto neste tópico, temos a seguinte configuração da relação de consumo:

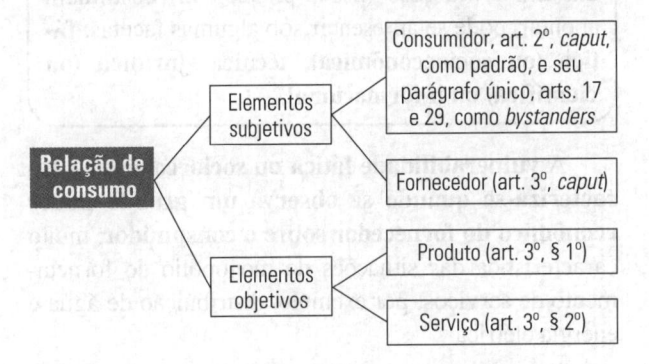

```
                           ┌─ Consumidor, art. 2º, caput,
              ┌ Elementos ─┤  como padrão, e seu
              │ subjetivos │  parágrafo único, arts. 17
Relação de ───┤            └─ e 29, como bystanders
consumo       │
              │            ┌─ Fornecedor (art. 3º, caput)
              │
              └ Elementos ─┬─ Produto (art. 3º, § 1º)
                objetivos  │
                           └─ Serviço (art. 3º, § 2º)
```

5. OS PILARES DE SUSTENTAÇÃO DO CDC: OS PRINCÍPIOS DA POLÍTICA NACIONAL DAS RELAÇÕES DE CONSUMO (PNRC)

5.1. Os objetivos da PNRC

Mais uma vez demonstrando o avanço que o caracteriza em termos de diploma legal de fácil compreensão, após a qualificação de quem seriam os destinatários da Lei e em quais situações ela seria aplicável, o Código passa a apresentar seus alicerces no art. 4º, que logo no *caput* traz os objetivos da PNRC, que devem pautar a atuação de todos os atores envolvidos, sejam eles fornecedores, consumidores, sociedade civil organizada e entes governamentais responsáveis por zelar pelo cumprimento da Lei.

Esses objetivos são uma síntese da evolução histórica que resultou na necessária proteção desse sujeito de direitos, o que fica evidente na simples leitura deles: "o atendimento das necessidades dos consumidores, o respeito à sua dignidade, saúde e segurança, a proteção de seus interesses econômicos, a melhoria da sua qualidade de vida, bem como a transparência e harmonia das relações de consumo".

5.2. Os princípios da PNRC

Para a concretização desses objetivos, alguns **princípios** precisam ser observados, os quais funcionarão como verdadeiros alicerces para a aplicação da Lei, sem os quais ela não se sustentaria, irradiando efeitos a todo momento.

> O primeiro deles – e não à toa – é o **reconhecimento da vulnerabilidade do consumidor** no mercado de consumo (art. 4º, I). Trata-se da afirmação de que o consumidor sempre será a parte mais fraca na relação de consumo, sendo essa uma condição de fato que, conforme alguns autores como Claudia Lima Marques (2014, p. 320-342) costumam apontar, pode se apresentar sob algumas facetas: **fática (ou socioeconômica), técnica, jurídica (ou científica) ou informacional**.

A **vulnerabilidade fática ou socioeconômica caracteriza-se quando se observa um grande poder econômico do fornecedor sobre o consumidor**, muito característica das situações de monopólio do fornecimento de serviços, por exemplo, distribuição de água e energia elétrica.

Quando o consumidor não possui conhecimentos específicos sobre o produto ou serviço pelo fato de que o fornecedor os detém em sua plenitude, está-se diante da **vulnerabilidade técnica**, que é presumida para o consumidor não profissional, algo facilmente notado na velha história da "rebimboca da parafuseta" como diagnóstico que o consumidor recebe em uma oficina mecânica quando leva o veículo para conserto, ocasião em que não consegue questionar o mecânico por não ter o conhecimento específico a respeito do funcionamento pleno do produto.

A **vulnerabilidade jurídica ou científica consiste na ausência de conhecimentos jurídicos específicos, de contabilidade ou de economia por parte do consumidor**, sendo presumida para o não profissional e para o consumidor pessoa física, e, quanto aos consumidores profissionais e pessoas jurídicas, vale a presunção em sentido contrário, ou seja, que não são vulneráveis juridicamente.

Por fim, a **vulnerabilidade informacional** é a mais básica experimentada pelo consumidor na atualidade, pois **ora há a ausência de informação essencial** para que se porte adequadamente no mercado de consumo, **ora ela é manipulada ou exagerada**, justamente para confundi-lo, sendo a modalidade que mais justifica a proteção do consumidor, pelo fato de a informação inadequada sobre produtos e serviços ser potencial geradora de inúmeros danos.

Percebe-se, dessa forma, que mesmo que o comando legal seja claro no sentido de que a vulnerabilidade do consumidor é uma situação de fato e deve ser reconhecida, em algumas de suas nuances ela pode não se apresentar, o que possibilita a utilização do princípio como um dos traços distintivos para o enquadramento de determinada pessoa – em especial jurídica – no conceito padrão de consumidor trazido pelo *caput* do art. 2º.

Outro princípio que deve ser seguido é o da ação governamental no sentido de proteger efetivamente o consumidor (art. 4º, II) por iniciativa direta (atuação dos Procons, por exemplo), por incentivos à criação e desenvolvimento de associações representativas (Idec, Proteste, dentre outras), pela presença do Estado no mercado de consumo e pela garantia dos produtos e serviços com padrões adequados de qualidade, segurança, durabilidade e desempenho.

Não menos relevante é o **princípio insculpido no inciso III do art. 4º**: "**harmonização dos interesses** dos participantes das relações de consumo e compatibilização da proteção do consumidor com a necessidade de desenvolvimento econômico e tecnológico, de modo a viabilizar os princípios nos quais se funda a ordem econômica (art. 170, da Constituição Federal), sempre com base na **boa-fé e equilíbrio nas relações** entre consumidores e fornecedores".

Busca-se, com tal princípio, assegurar **que a proteção do consumidor não seja um fato impeditivo do desenvolvimento econômico**, mas sim uma baliza para que ocorra sem agravar a situação de desequilíbrio que é o ponto de partida de toda relação de consumo.

Mais do que isso, o princípio em comento traz um importante elemento que deve pautar as relações de consumo: a **boa-fé objetiva**. Esse verdadeiro **dever de lealdade** é um pressuposto que assegura que tanto o fornecedor quanto o consumidor não devem medir esforços para manter uma relação de consumo harmônica e equilibrada, sem armadilhas ou desejo de "tirar vantagem" da outra parte, importando em **reconhecimento de um direito a cumprir em favor do titular passivo da obrigação**.

O inciso seguinte (**IV**) trata do fundamental **princípio da educação e informação de consumidores** e também de **fornecedores** quanto aos seus **direitos e deveres**. Ainda que a Lei de Introdução às Normas do Direito Brasileiro, estudada na parte de Direito Civil desta obra, seja enfática no sentido de que ninguém pode alegar o desconhecimento da lei para não a cumprir, o CDC reconhece a importância da educação dos fornecedores para que apliquem suas disposições na maneira adequada, providência essa que vem sendo adotada por muitos Procons por meio dos cursos voltados a esse público.

A preocupação exacerbada do legislador com um mercado de consumo composto apenas por produtos e serviços adequados e seguros fica evidente no princípio constante do **inciso V do art. 4º**, que tem por fundamento o **incentivo à criação**, por parte dos fornecedores, de **meios eficientes de controle de qualidade e segurança** daqueles, assim como de **mecanismos alternativos de solução de conflitos** de consumo, como forma de evitar a excessiva judicialização das demandas.

Com a disposição constante do inciso seguinte (**VI**), o legislador abriu um importante canal de diálogo com outros ramos do direito para concretizar o objetivo de **coibir e reprimir todos os abusos praticados no mercado**, ao citar como exemplos a **concorrência desleal** e **utilização indevida de inventos** e criações industriais das **marcas e nomes comerciais** e signos distintivos, desde que possam causar prejuízos aos consumidores. Trata-se de conduta muito frequente, por meio da qual o fornecedor "batiza" o produto com um nome muito próximo ao de outro que é considerado referência no mercado, na maior parte das vezes de qualidade superior e produzido por outro fabricante.

Outro ponto importante para o legislador e que foi alçado ao patamar de princípio é o da necessária **racionalização e melhoria dos serviços públicos** (**VII**), cuja delimitação de aplicabilidade do CDC será adiante feita, no estudo do art. 22.

Não menos importante, em matéria de princípios, o CDC promoveu um enorme avanço ao estruturar, como um dos seus pilares, o **estudo constante das modificações do mercado de consumo** (**VIII**), o que foi reforçado quando da edição do Decreto Federal n. 7.963/2013, que estruturou Comitês Técnicos no âmbito do Observatório Nacional das Relações de Consumo justamente para o estudo e estruturação de diretrizes sobre os principais pontos de conflito encontrados no mercado.

Inseridos pela Lei Federal n. 14.181/2021, os incisos IX (**fomento de ações direcionadas à educação financeira e ambiental dos consumidores**) e X (**prevenção e tratamento do superendividamento como forma de evitar a exclusão social do consumidor**) reforçam a importância da adoção de políticas públicas para evitar esse grande mal que atinge um grande contingente de consumidores brasileiros, o superendividamento, ou seja, a situação em que o devedor, pessoa natural e de boa-fé, não tem possibilidade de pagar todas as suas dívidas atuais e vincendas de consumo sem comprometer a subsistência.

5.3. Os instrumentos para a execução da PNRC

O legislador também foi muito feliz ao já definir quais seriam os atores responsáveis por assegurar a aplicação dos princípios estudados no art. 5º: **Procons e Defensoria Pública**, por exemplo, para a devida assistência jurídica, integral e gratuita, para o consumidor carente (I); **Ministério Público**, especialmente por intermédio de Promotorias de Justiça de Defesa do Consumidor (II); **delegacias de polícia especializadas** no atendimento de consumidores vítimas de infrações penais de consumo (III); **Varas Especializadas** para a solução de litígios de consumo (IV); e as **Associações de Defesa do Consumidor** (V), cuja criação precisa de muito estímulo no País, ainda incipiente nesse tema se comparado a outros Países como os Estados Unidos, por exemplo.

Ademais, por intermédio da Lei Federal n. 14.181/2021, foram incluídos no rol do art. 5º a **instituição de mecanismos de prevenção e tratamento extrajudicial e judicial do superendividamento e de proteção do consumidor pessoa natural** (VI) e a **instituição de núcleos de conciliação e mediação de conflitos oriundos de superendividamento** (VII).

6. OS DIREITOS BÁSICOS DO CONSUMIDOR

O Capítulo III do CDC traz um rol de direitos básicos que, como o próprio nome diz, são fundamentais para assegurar que a Lei cumpra seu objetivo maior, constitucionalmente assegurado: defender o consumidor.

Esse rol não foi estruturado a esmo, mas sim a partir da inspiração em dois grandes marcos do movimento de defesa do consumidor no mundo que ousaram estabelecer um elenco de direitos fundamentais para tanto: o discurso do presidente John Fitzgerald Kennedy ao Congresso Norte-americano, em 15 de março de 1962 – data na qual, não por menos, é comemorado o Dia do Consumidor –, e a Resolução n. 39/248 da Assembleia Geral das Nações Unidas, de 16 de abril de 1985.

O elenco previsto no art. 6º do Código é composto por nove incisos, os quais serão estudados minuciosamente adiante, pois os artigos subsequentes do Título I do CDC quase que invariavelmente ocupam-se de detalhá-los.

Como não poderia deixar de ser, o rol de direitos básicos do consumidor é inaugurado com a necessidade de **proteção da vida, saúde e segurança do consumidor** (I), pois são esses os "bens" mais preciosos do ser humano, fundamentais à consagração da dignidade da pessoa humana assegurada pela Constituição Federal.

O direito à **educação e divulgação sobre o consumo adequado dos produtos e serviços** está consagrado no inciso II, pois só com a concretização desse direito ficará assegurada a tão importante **liberdade** consciente **de escolha** do consumidor no mercado e a **igualdade** tão almejada **nas contratações**.

Um dos direitos mais fundamentais do consumidor e ainda tão violado é o previsto no inciso III: o **direito básico à informação adequada e clara sobre os diferentes produtos e serviços**. Ainda que o CDC tenha se preocupado em elencar quais seriam essas informações em um primeiro momento (quantidade, características, composição, qualidade, tributos incidentes e preço, bem como sobre os riscos que apresentem), é fato de que deverão ser prestadas ao consumidor todas as informações necessárias para o adequado atendimento das necessidades dele no mercado de consumo.

O grau de preocupação do legislador com a garantia de um mercado de consumo harmônico foi tamanho que desde os direitos básicos foi consagrada a **proteção contra a publicidade enganosa e abusiva, métodos comerciais coercitivos ou desleais e contra práticas e cláusulas abusivas ou impostas pelos fornecedores** (IV), tópicos que posteriormente foram esmiuçados no Código.

> O direito básico previsto no inciso V até hoje é considerado um dos mais avançados dispositivos em matéria de defesa do consumidor, na medida em que assegura a **modificação das cláusulas contratuais que estabeleçam prestações desproporcionais ou sua revisão em razão de fatos supervenientes que as tornem excessivamente onerosas** para ele.

O estudo desse dispositivo passa pelo resgate do momento histórico no qual foi editado o CDC, em plena vigência do Código Civil de 1916, no qual vigia a ideia do *pacta sunt servanda*, ou seja, que o contrato fazia lei entre as partes e não poderia ser facilmente revisto. Não é difícil imaginar que a adoção dessa linha pode levar o consumidor à ruína caso venha a enfrentar uma situação qualquer que torne aquela relação de consumo em andamento excessivamente onerosa para ele, o que não se coaduna com os princípios já estudos, especialmente o que prevê a harmonia, a boa-fé e o equilíbrio na relação entre fornecedores e consumidores.

A ideia do legislador foi preservar o vínculo contratual, seja pela modificação de cláusulas ou pela revisão do contrato como um todo, em homenagem aos pilares da PNRC: o atendimento das necessidades dos consumidores e a proteção de seus interesses econômicos.

Ocorre que o Código Civil de 2002, por sua vez, evoluiu quanto à disciplina anterior e adotou a Teoria da Imprevisão em termos muito próximos, mas com sensíveis diferenças:

	CC/2002	CDC
Principal dispositivo	Art. 478	Art. 6º, V
Tipo de contrato no qual pode ser invocada	Apenas nos contratos de execução continuada ou diferida	Não há limitação
Quanto à onerosidade excessiva	Precisa atingir uma das partes e assegurar extrema vantagem para a outra	Basta que o consumidor passe a se encontrar nessa situação, pouco importando se o fornecedor obteve vantagem com isso
Relação com os fatos supervenientes	Devem ser extraordinários e imprevisíveis	Basta que sejam posteriores à formação do vínculo contratual
Consequência	Resolução do contrato, como regra, observadas as exceções nos arts. 479 e 480	Revisão contratual

Outro direito básico que pode parecer simples em um primeiro momento, mas que traz um grau de proteção gigantesco para o consumidor, é o previsto no **inciso VI**, que assegura "a **efetiva prevenção e reparação de danos** patrimoniais e morais, individuais, coletivos e difusos".

É justamente esse dispositivo, quando trata da efetiva reparação de danos, que **impede a "tarifação" da indenização**, muito comum em alguns serviços como o de transporte aéreo nacional quando ocorre o extravio de bagagem, devendo, assim, ser adequada ao dano efetivamente experimentado pelo consumidor.

O **acesso aos órgãos judiciários e administrativos para a prevenção ou reparação de danos, assegurada a proteção jurídica, administrativa e técnica aos necessitados** (VII), também foi alçado ao patamar de direito básico justamente como forma de garantir o cumprimento dos demais direitos, pois de nada adiantaria o consumidor ter inúmeros avanços nessa seara sem que o caminho para o exercício desses direitos estivesse mais claro e sedimentado para ele.

> O direito básico previsto no inciso VIII consiste na "facilitação da defesa de seus direitos, inclusive com a **inversão do ônus da prova**, a seu favor, no processo civil, quando, a critério do juiz, for verossímil a alegação ou quando for ele hipossuficiente, segundo as regras ordinárias de experiências".
> Esse dispositivo traz um dos institutos mais festejados do CDC: a inversão do ônus da prova. Ocorre que, diferentemente do que se propaga, ela não é automática e muito menos se aplica a todo e qualquer tipo de demanda envolvendo o consumidor.
> Para sua configuração, que dependerá de apreciação no curso de um processo judicial, deverá estar presente **ao menos um dos dois requisitos**: a **verossimilhança da alegação do consumidor** ou, em outras palavras, que os fatos por ele trazidos tenham uma carga de veracidade muito plausível, **ou quando for ele hipossuficiente**, situação de direito processual na qual o consumidor não "tem condições de defesa processual, por razões econômicas, técnicas ou mesmo em face de sua posição jurídica na relação *sub judice* (é o consumidor que não teve acesso à cópia do contrato, por exemplo)" (MIRAGEM, 2014, p. 655).

> Hipossuficiência e vulnerabilidade não são sinônimos, sendo a primeira uma situação de direito processual e relacional, ou seja, pode ser que não se apresente no caso concreto, e a segunda uma situação de fato, na qual todos os consumidores se encontram.

O direito básico previsto no inciso X segue a mesma linha do princípio correspondente ao garantir a **adequada e eficaz prestação dos serviços públicos em geral**, observado o necessário recorte sobre qual a natureza de serviço público abrangido pelo CDC, o que será adiante estudado.

Três direitos básicos do consumidor foram incluídos por intermédio da Lei Federal n. 14.181/2021, quais sejam: **a garantia de práticas de crédito responsável, de educação financeira e de prevenção e tratamento de situações de superendividamento, preservado o mínimo existencial, por meio da revisão e da repactuação da dívida, entre outras medidas (XI)**; **a preservação do mínimo existencial, na repactuação de dívidas e na concessão de crédito (XII)**; e **a informação acerca dos preços dos produtos por unidade de medida, tal como por quilo, por litro, por metro ou por outra unidade, conforme o caso (XIII)**. Todos esses direitos têm como objetivo assegurar que o consumidor não se torne um superendividado ou, se já se encontrar na condição de superendividado ativo inconsciente (que agiu impulsivamente, sem má-fé, no entanto, apenas de maneira imprevidente) ou passivo (impactado por circunstâncias inesperadas da vida como desemprego, doença ou morte de familiar, por exemplo), que receba o devido tratamento, sempre assegurada a preservação do mínimo existencial, atualmente definido em míseros 25% (vinte e cinco por cento) do salário mínimo vigente, para conseguir sobreviver.

Para finalizar este tópico, é fundamental ter em mente que não são só esses os direitos do consumidor, sendo imprescindível a importante disposição do *caput* do art. 7º, *in verbis*:

> Art. 7º Os direitos previstos neste código não excluem outros decorrentes de tratados ou convenções internacionais de que o Brasil seja signatário, da legislação interna ordinária, de regulamentos expedidos pelas autoridades administrativas competentes, bem como dos que derivem dos princípios gerais do direito, analogia, costumes e equidade.

7. PROTEÇÃO DA SAÚDE E SEGURANÇA DO CONSUMIDOR E RESPONSABILIDADE PELO FATO DO PRODUTO E DO SERVIÇO

7.1. A escala de proteção dos arts. 8º, 9º e 10

É inegável que o maior bem do ser humano é a própria vida, e o CDC não ignora isso, pelo contrário, dedica três artigos para estabelecer uma escala de proteção a tal bem:

> **Art. 8º** Os produtos ou serviços não trarão riscos à saúde ou segurança dos consumidores, exceto aqueles considerados normais e previsíveis (uma faca cortar, por exemplo), obrigando-se os fornecedores sempre a dar informações necessárias e adequadas sobre a correta utilização para evitar qualquer tipo de acidente.

> **Art. 9º** Os produtos ou serviços que forem potencialmente nocivos ou perigosos à saúde ou segurança (medicamentos, fogos de artifício, inseticidas etc.) deverão trazer a informação ostensiva e adequada a respeito dessa nocividade ou periculosidade.

> **Art. 10.** Os produtos ou serviços com alto grau de nocividade ou periculosidade à saúde ou segurança simplesmente não poderão ser colocados no mercado de consumo e, se o fornecedor descobrir esse alto grau após a introdução no mercado, deverá comunicar imediatamente tal fato à sociedade.

Nota-se, dessa forma, que há um aumento na gradação da proteção conferida pelo legislador quanto aos riscos envolvidos, tendo o art. 8º como piso. Ainda sobre esse dispositivo, muito embora o conteúdo já pudesse ser depreendido da redação inicial, a Lei n. 13.486, de 3 de outubro de 2017, acrescentou-lhe o § 2º: "O fornecedor deverá higienizar os equipamentos e utensílios utilizados no fornecimento de produtos ou serviços, ou colocados à disposição do consumidor, e informar, de maneira ostensiva e adequada, quando for o caso, sobre o risco de contaminação".

7.1.1. O procedimento do *recall*

Por mais complexa que possa parecer, a previsão constante do **art. 10** está diariamente em nossas vidas: trata-se do procedimento de *recall*, de tão comum ocorrência envolvendo veículos, produto extremamente complexo.

Assim, tão logo o fornecedor tenha conhecimento de que o veículo colocado no mercado de consumo apresenta um alto grau de periculosidade ao consumidor (uma roda que pode se soltar, um *airbag* cujo mecanismo de acionamento eletrônico não foi corretamente calibrado etc.), deverá imediatamente levar ao conhecimento dos órgãos de defesa do consumidor (a Portaria n. 487/2012 do Ministério da Justiça disciplina esse procedimento) e dos consumidores de maneira geral, por meio de anúncios publicitários por ele custeados na mídia impressa, rádio e televisão.

É importante frisar que **o atendimento ao *recall* não pode acarretar ônus ao consumidor e não tem um prazo de término**, ou seja, sempre o fornecedor deverá atendê-lo e corrigir o problema informado.

7.2. A responsabilidade pelo fato do produto

Apesar de todos os esforços para o atendimento da escala acima, é possível que ainda assim o **consumidor** venha a **experimentar algum tipo de dano** decorrente da **falta de segurança** legitimamente esperada para um determinado produto, que passaria a ser considerado, nos termos do CDC, **defeituoso** (art. 12, § 1º).

Ainda que algumas circunstâncias relevantes devam ser levadas em consideração para que seja correta a afirmação acima, como a apresentação do produto, os usos e os riscos que razoavelmente dele se esperam e a época em que foi colocado em circulação, especialmente porque um produto não pode ser considerado defeituoso pelo fato de outro de melhor qualidade ter sido colocado no mercado, configurado o defeito do produto e a ocorrência do dano, **o fabricante, o produtor, o construtor, nacional ou estrangeiro, e o importador respondem, independentemente da existência de culpa**, pela reparação dos danos causados ao consumidor (art. 12, § 1º e incisos, e § 2º).

Essa responsabilidade objetiva imputada exclusivamente a esses atores, verdadeiros responsáveis pelo projeto, fabricação, construção, montagem, fórmulas, manipulação, apresentação ou acondicionamento de seus produtos, bem como por informações insuficientes ou inadequadas sobre sua utilização e riscos, é uma das grandes inovações trazidas pelo CDC, pois **tira do consumidor o ônus de provar a culpa** (em sentido amplo) do fornecedor, restando-lhe **comprovar o fato, o dano e o nexo de causalidade** entre ambos.

7.2.1. As excludentes de responsabilidade

> É forçoso reconhecer que a adoção desse **regime de responsabilidade objetiva** para a reparação dos danos decorrentes de produtos defeituosos é fundamental para proteger o consumidor numa sociedade de massa como a que vivemos, pois **impõe ao fornecedor um dever de segurança de patamar elevado**, sobretudo porque **só conseguirá afastar essa responsabilidade** se comprovar (art. 12, § 3º) – e não o consumidor, frise-se: que **não colocou o produto no mercado**; que, embora haja colocado o

produto no mercado, o **defeito inexiste**; ou a **culpa exclusiva** (e não concorrente, é bom deixar claro) **do consumidor ou de terceiro** não envolvido na relação de consumo.

7.2.2. A responsabilidade do comerciante

Isso porque, ainda que não conste do rol inicial de possíveis responsáveis, justamente por não desempenhar alguma das atividades de concepção do produto, **o comerciante** – terceiro envolvido nessa relação de consumo entre fabricante e consumidor – **poderá ser igualmente responsabilizado**, nos mesmos termos até o momento estudado, quando: **o fabricante, o construtor, o produtor ou o importador não puderem ser identificados**; **o produto for fornecido sem identificação clara do seu fabricante, produtor, construtor ou importador**; ou **não conservar adequadamente** os produtos **perecíveis** (art. 13 e incisos). Caso venha a efetivar o pagamento ao consumidor prejudicado, o comerciante "poderá exercer o direito de regresso contra os demais responsáveis, segundo sua participação na causação do evento danoso" (art. 13, parágrafo único).

7.3. A responsabilidade pelo fato do serviço

A mesma disciplina que o CDC impõe para **a responsabilidade pelo dano decorrente do** acidente de consumo envolvendo um produto defeituoso (pelo fato do produto) emprega para a mesma situação envolvendo o **serviço** (pelo fato do serviço, nos termos do art. 14), salvo duas exceções: 1) não existe a excludente de responsabilidade de o fornecedor não ter colocado o serviço no mercado, haja vista que o consumidor tem plenas condições de identificá-lo; e 2) que **a responsabilidade pessoal dos profissionais liberais será apurada mediante a verificação de culpa**, ou seja, volta-se ao regime da responsabilidade subjetiva, que é a regra adotada no Código Civil de 2002 (art. 14, § 4º).

Muita cautela deverá ser adotada na interpretação desta última diferença, pois há muitas situações em que a atuação do profissional liberal é feita no âmbito de outro prestador de serviço que não traz essa característica (médico que opera em um grande hospital, por exemplo), podendo coexistir ambos os regimes de responsabilidade civil (subjetiva e objetiva), a depender do fato que originou o dano e a contribuição de cada um.

7.4. O prazo de prescrição

A pretensão à reparação pelos danos causados por fato do produto ou do serviço prescreve em cinco anos, nos termos do art. 27 do Código, cuja contagem do prazo inicia-se a partir do conhecimento do dano e de sua autoria, não bastando que esteja presente apenas um dos requisitos.

Os crimes tipificados no CDC, como não poderia deixar de ser, seguem a disciplina ordinária do Direito Penal e procedimental do Direito Processual Penal exploradas nesta obra, sendo que especial atenção deverá ser dada ao tópico da responsabilidade penal da pessoa jurídica.

Aqui tem crime:

Art. 63. Omitir dizeres ou sinais ostensivos sobre a nocividade ou periculosidade de produtos, nas embalagens, nos invólucros, recipientes ou publicidade:
Pena – Detenção de seis meses a dois anos e multa.
§ 1º Incorrerá nas mesmas penas quem deixar de alertar, mediante recomendações escritas ostensivas, sobre a periculosidade do serviço a ser prestado.
§ 2º Se o crime é culposo:
Pena – Detenção de um a seis meses ou multa.
Art. 64. Deixar de comunicar à autoridade competente e aos consumidores a nocividade ou periculosidade de produtos cujo conhecimento seja posterior à sua colocação no mercado:
Pena – Detenção de seis meses a dois anos e multa.
Parágrafo único. Incorrerá nas mesmas penas quem deixar de retirar do mercado, imediatamente quando determinado pela autoridade competente, os produtos nocivos ou perigosos, na forma deste artigo.
Art. 65. Executar serviço de alto grau de periculosidade, contrariando determinação de autoridade competente:
Pena – Detenção de seis meses a dois anos e multa.
§ 1º As penas deste artigo são aplicáveis sem prejuízo das correspondentes à lesão corporal e à morte.
§ 2º A prática do disposto no inciso XIV do art. 39 desta Lei também caracteriza o crime previsto no *caput* deste artigo (em *vacatio legis* por 180 dias a contar de 31-3-2017).

8. RESPONSABILIDADE PELO VÍCIO DO PRODUTO E DO SERVIÇO

Os problemas mais corriqueiros que o consumidor enfrenta com produtos e serviços não estão relacionados a acidentes de consumo que venham a colocar em risco sua saúde ou segurança, mas sim ao mau funcionamento do produto, à prestação de um serviço que não corresponde ao que foi anunciado, à ausência da quantidade do produto informada na embalagem, dentre outras situações.

O tratamento que o CDC confere a esses casos está prevista nos arts. 18 a 26 e repousa na ideia de **responsabilidade pelo vício do produto ou do serviço**, tornando-os "**impróprios ou inadequados ao consumo** a que se destinam ou lhes diminuam o valor, assim como por aqueles decorrentes da disparidade, com as indicações constantes do recipiente, da embalagem, rotulagem ou mensagem publicitária" (arts. 18, 19 e 20).

> Trata-se de uma forma de **responsabilidade civil não culposa, objetivada no produto e no serviço**, decorrente da **Teoria da Qualidade** que teria sido adotada em nosso País, como bem assevera Antonio Herman de Vasconcellos e Benjamin (2013, p. 38-43), por meio da qual o fornecedor – e aqui sim todos estão incluídos, até o comerciante – compromete-se a colocar no mercado apenas produtos de qualidade, que atendam às necessidades dos consumidores, sem que haja a necessidade de perquirir sua culpa para a reparação do produto ou reexecução do serviço caso esse verdadeiro dever de qualidade não seja seguido.

A ignorância do fornecedor sobre os vícios de qualidade por inadequação dos produtos e serviços, inclusive, não o exime de responsabilidade, consoante o disposto no art. 23 do CDC.

8.1. A responsabilidade pelo vício de qualidade do produto

> Iniciando na disciplina da responsabilidade pelo vício do produto, mais uma vez o legislador pautou-se pela ideia de **conservação do vínculo contratual**, na medida em que confere ao **fornecedor** a possibilidade **de reparar o vício de qualidade apresentado pelo produto** no prazo máximo de **30 (trinta) dias**, sob pena de, se ultrapassado o prazo e não tiver sido sanado, o **consumidor exigir à sua exclusiva escolha**: a **substituição do produto** por outro da mesma espécie, em perfeitas condições de uso; a **restituição imediata da quantia paga**, monetariamente atualizada, sem prejuízo de eventuais perdas e danos; ou o **abatimento proporcional do preço** (art. 18, § 1º e incisos).

> É fundamental ressaltar que, ao preconizar que os **fornecedores responderão solidariamente** pelos vícios de qualidade ou quantidade dos produtos, o CDC permitiu que o consumidor **acione qualquer ator da cadeia de fornecimento** para a adoção da providência estabelecida no parágrafo anterior, **evitando**, assim, o famoso "**jogo de empurra**" do comerciante para o distribuidor, desse para o fabricante, sempre na intenção de se esquivar da queixa do consumidor que, a partir do Código, pode escolher quem irá demandar.

O supracitado **prazo de 30** (trinta) dias para a solução do vício **poderá ser reduzido** para no mínimo **sete** ou **ampliado** para, no máximo, **180** (cento e oitenta) dias, desde que seja **convencionado pelas partes**, o que, em **contrato de adesão**, deverá ser feito em separado, por meio de **manifestação expressa** do consumidor (art. 18, § 2º).

> Quando o **vício** for tão **extenso** a ponto de sua reparação comprometer a qualidade, características ou lhe diminuir o valor, poderá ser feito **uso imediato das alternativas** conferidas ao consumidor (art. 18, § 3º), sem que seja necessário aguardar o prazo de 30 (trinta) dias conferido ao fornecedor, mesma solução adotada nos casos em que o **produto** é considerado **essencial**, conceito que o CDC procurou não esgotar para que fosse observado no **caso concreto** (a máquina de costura, para a costureira, é um produto essencial), mas cuja regulamentação prevista no Decreto Federal n. 7.963/2013 assim se propôs, ainda sem avanço, no entanto.

Para reforçar o quão objetivada está a responsabilidade pelo vício do produto, o legislador tirou qualquer carga probatória necessária para a caracterização de um produto impróprio ao consumo nas seguintes circunstâncias, acabando com qualquer discussão se estaria ou não sujeito à disciplina ora sob estudo (art. 18, § 6º e incisos): "os produtos cujos prazos de validade estejam vencidos; os produtos deteriorados, alterados, adulterados, avariados, falsificados, corrompidos, fraudados, nocivos à vida ou à saúde, perigosos ou, ainda, aqueles em desacordo com as normas regulamentares de fabricação, distribuição ou apresentação; e os produtos que, por qualquer motivo, se revelem inadequados ao fim a que se destinam".

8.2. A responsabilidade pelo vício de quantidade do produto

Ao lado do vício de qualidade abordado nos parágrafos anteriores, o **vício de quantidade** é caracterizado pelo fato de o conteúdo líquido do produto for inferior às indicações constantes do recipiente, da embalagem, rotulagem ou de mensagem publicitária, respeitadas as variações decorrentes de sua natureza, ocasião em que o **consumidor poderá exigir** à sua exclusiva escolha e **imediatamente**: o **abatimento proporcional** do preço; a **complementação do peso ou medida**; a **substituição do produto** por outro da mesma espécie, marca ou modelo, sem os aludidos vícios; ou a **restituição imediata** da quantia paga, monetariamente atualizada, sem prejuízo de eventuais perdas e danos.

> Outro ponto interessante é a **quebra da regra de solidariedade** quando o fornecedor imediato puder ser identificado, seja no caso da responsabilidade por **vício de qualidade** no fornecimento de **produto in natura** (exceto quando identificado claramente seu produtor, nos termos do art. 18, § 5º), seja por **vício de quantidade**, quando fizer a pesagem ou a medição e o **instrumento utilizado não estiver aferido** segundo os padrões oficiais (art. 19, § 2º).

8.3. A responsabilidade pelo vício de qualidade do serviço

A disciplina da responsabilidade pelo **vício do serviço**, por seu turno, ainda que minimamente já descrita acima, traz um importante diferencial ao conceituar como impróprios ao consumo os "serviços que se mostrem **inadequados para os fins que razoavelmente deles se esperam, bem como aqueles que não atendam as normas regulamentares de prestabilidade**" (art. 20, § 2º).

Em que pese a percepção inicial que tal dispositivo pode gerar, não houve a transformação de todo tipo de obrigação de meio em obrigação de resultado, mas tão somente um reforço na necessidade de o fornecedor deixar muito claro no que consistirá o serviço, a fim de não frustrar a legítima expectativa gerada no consumidor.

Caso isso aconteça, poderá o **consumidor exigir**, alternativamente e novamente **à sua exclusiva escolha**: a **reexecução** dos serviços, sem custo adicional e quando cabível, a qual **poderá ser confiada a terceiros devidamente capacitados, por conta e risco do fornecedor**, justamente para evitar novo conflito entre as partes iniciais; a **restituição imediata** da quantia paga, monetariamente atualizada, sem prejuízo de eventuais perdas e danos; ou o **abatimento proporcional** do preço (art. 20, incisos e § 1º).

Ainda quanto à disciplina da responsabilidade pelo vício do serviço, o CDC impõe a obrigação, no **serviço** que tenha por objetivo a **reparação** de algum **produto**, de o fornecedor **empregar** componentes de reposição **originais** adequados e **novos ou que mantenham as especificações técnicas do fabricante**, salvo, quanto a esses últimos, autorização em contrário do consumidor (art. 21). Não é difícil perceber que esse dispositivo é extremamente importante para manter a harmonia numa sociedade de consumo de massa, pois garante tranquilidade ao consumidor de que peças usadas não serão utilizadas nessas situações.

Aqui tem crime:

> **Art. 70.** Empregar na reparação de produtos, peça ou componentes de reposição usados, sem autorização do consumidor:
> **Pena –** Detenção de três meses a um ano e multa.

A propósito, os **fabricantes e importadores** deverão **assegurar** a oferta de componentes e **peças de reposição enquanto não cessar a fabricação ou importação do produto** e, **caso isso aconteça**, tal oferta deverá ser **mantida por período razoável de tempo**, na forma da lei, como estabelecido no art. 32 do CDC, lei essa ainda não editada, fazendo com que, na prática, esse período seja objeto de muita discussão, sobretudo no caso de produtos cuja vida útil depende muito da ação do consumidor, como é o caso de veículos.

8.4. A responsabilidade pelo vício de qualidade no serviço público

O tema ainda traz um importante dispositivo para consagração de um princípio e de um direito básico previsto no Código: a **adequada e eficaz prestação do serviço público**.

Ao estatuir, no art. 22, que "os órgãos públicos, por si ou suas empresas, concessionárias, permissionárias ou sob qualquer outra forma de empreendimento, são obrigados a fornecer serviços adequados, eficientes, seguros e, quanto aos essenciais, contínuos", o Código dirige-se aos serviços públicos **prestados por meio de remuneração direta**, ou seja, pelo **pagamento de tarifa ou preço público**.

Contudo, como ficaria difícil conceber a aplicação da mesma solução da tríplice escolha em caso de vício para os serviços públicos, a solução encontrada foi determinar que, nos "**casos de descumprimento**, total ou parcial, das obrigações referidas, serão as **pessoas jurídicas compelidas a cumpri-las e a reparar os danos causados**", como previsto no parágrafo único do mesmo dispositivo.

> Ademais, sobre a **continuidade** na prestação do serviço considerado essencial, cujo rol pode ser extraído da Lei Federal n. 7.783/89 (Lei de Greve), como tratamento e abastecimento de água, produção e distribuição de energia elétrica, gás e combustíveis, por exemplo, atualmente é pacífica a jurisprudência no sentido de que a **suspensão do fornecimento em razão de inadimplência do consumidor não consubstancia a quebra** dessa regra, em razão do exercício da solidariedade social mínima, desde que haja comunicação prévia (STF, ADC 9/DF, rel. Min. Néri da Silveira, *DJ* de 23-4-2004).

8.5. Os prazos decadenciais no CDC

Para finalizar o tópico, um dos pontos que sempre merece atenção e invariavelmente é cobrado nos Exames de Ordem é o dos prazos de decadência para reclamar do vício do produto ou do serviço, conforme previsto no art. 26.

Os prazos serão obstados quando o consumidor comprovadamente formalizar sua reclamação perante o fornecedor até a resposta negativa correspondente, que deve ser transmitida de forma inequívoca ou quando da instauração de inquérito civil pelo Ministério Público, até seu encerramento.

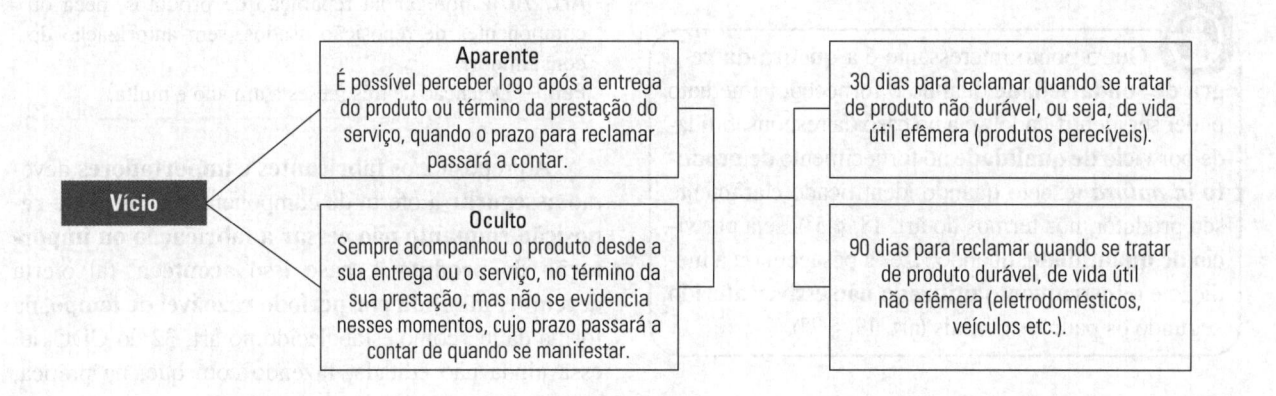

Vício
- **Aparente**: É possível perceber logo após a entrega do produto ou término da prestação do serviço, quando o prazo para reclamar passará a contar.
- **Oculto**: Sempre acompanhou o produto desde a sua entrega ou o serviço, no término da sua prestação, mas não se evidencia nesses momentos, cujo prazo passará a contar de quando se manifestar.

- 30 dias para reclamar quando se tratar de produto não durável, ou seja, de vida útil efêmera (produtos perecíveis).
- 90 dias para reclamar quando se tratar de produto durável, de vida útil não efêmera (eletrodomésticos, veículos etc.).

9. OFERTA E PUBLICIDADE

9.1. A disciplina da oferta

> Diferentemente do que ocorre na disciplina civilista clássica, reproduzida no CC 2002 na seção da formação dos contratos (arts. 427 a 435), o CDC não permite que uma **proposta** – aqui tecnicamente tratada como **oferta** – seja revogada ou alterada após a comunicação aos consumidores, justamente para garantir segurança jurídica e evitar conflitos numa sociedade de massa, mesmo que tenha sido feita por prepostos ou representantes autônomos do fornecedor (art. 34).

Se assim não o fosse, o fornecedor atrairia o consumidor valendo-se de muito exagero, fantasia e, no momento da celebração do contrato, simplesmente modificaria tais condições, afastando a promessa inicial que motivou o consumidor.

Trata-se do **princípio da vinculação da oferta**, por meio do qual, desde que suficientemente precisa, ou seja, que traga minimamente os elementos para que o consumidor forme sua convicção, passará a vincular o fornecedor que a fizer veicular e **integrará o futuro contrato a ser celebrado** (art. 30).

> A disciplina do CDC a respeito do tema é tão severa nesse sentido que, no art. 35, acaba deixando mais uma vez à livre escolha do consumidor o que fazer **quando o fornecedor recusar cumprimento à oferta**, apresentação ou publicidade realizada: **exigir o cumprimento forçado da obrigação**, nos termos da oferta, apresentação ou publicidade; **aceitar outro produto ou prestação de serviço equivalente**; ou **rescindir o contrato**, com direito à restituição de quantia eventualmente antecipada, monetariamente atualizada, e a perdas e danos.

9.2. Os requisitos da informação

E, para que não haja dúvidas a respeito da necessidade de que a oferta e a apresentação de produtos ou serviços seja efetivamente compreendida pelo consumidor, o art. 31 do CDC impõe que a mensagem ao consumidor respeite os seguintes requisitos, regulamentados pelo Decreto Federal n. 5.903/2006:

Requisitos de toda informação transmitida ao consumidor	
Correção	a informação verdadeira que não seja capaz de induzir o consumidor em erro.
Clareza	a informação deve ser entendida de imediato e com facilidade pelo consumidor, sem abreviaturas que dificultem a sua compreensão, e sem a necessidade de qualquer interpretação ou cálculo.
Precisão	a informação deve ser exata, definida e que esteja física ou visualmente ligada ao produto a que se refere, sem nenhum embaraço físico ou visual interposto.
Ostensividade	a informação deve ser de fácil percepção, dispensando qualquer esforço na sua assimilação.
Legibilidade	a informação deve ser visível e indelével.

O CDC, no entanto, não se ocupa apenas da informação que acompanha a apresentação dos produtos e serviços ou daquela que consta da embalagem dos primeiros, mas sim de toda forma de comunicação ao consumidor final, inclusive a de caráter publicitário.

9.3. A disciplina da publicidade no CDC

Já no art. 36, estatui que a **publicidade** veiculada pelo fornecedor **deve ser fácil e imediatamente identificada pelo consumidor**, regra que **impede** a utilização de mensagens dissimuladas, **subliminares**, que induzam o consumidor a percebê-las de outra forma que não com a intenção de estimulá-los a adquirir um produto ou contratar um serviço, expediente que foi muito usado em meados do século passado, quando médicos ocupavam páginas inteiras de jornais para falar dos benefícios de determinado medicamento, sem que ao menos houvesse uma advertência ao consumidor de que se tratava de conteúdo publicitário.

Aliás, tudo o que for comunicado ao consumidor deverá ser **passível de prova por parte do fornecedor**, encargo que lhe foi atribuído, em uma verdadeira **inversão *ope legis* do ônus da prova** (art. 38), razão pela qual sempre deverá manter em seu poder os dados fáticos, técnicos e científicos que dão sustentação à mensagem (art. 36, parágrafo único).

O Código veda, ainda, qualquer tipo de publicidade enganosa ou abusiva:

Publicidade	
Enganosa	**Abusiva**
Objetiva, ligada ao produto ou ao serviço.	**Subjetiva**, pois acaba atingindo valores fundamentais do consumidor.
Inteira ou parcialmente falsa, capaz de induzir em erro o consumidor a respeito da natureza, características, qualidade, quantidade, propriedades, origem, preço e quaisquer outros dados sobre produtos e serviços.	**Discriminatória** de qualquer natureza, que incite à **violência**, explore o **medo** ou a **superstição**, se aproveite da deficiência de julgamento e experiência da **criança**, desrespeita valores **ambientais**, ou que seja **capaz de induzir** o consumidor a se comportar de forma **prejudicial ou perigosa à sua saúde ou segurança**.
Ocorre tanto na modalidade **comissiva** (por ação), quanto **omissiva**, quando dados essenciais são omitidos do consumidor para induzi-lo em erro.	**Sempre** na forma **comissiva**.

Aqui tem crime:

Art. 66. Fazer afirmação falsa ou enganosa, ou omitir informação relevante sobre a natureza, característica, qualidade, quantidade, segurança, desempenho, durabilidade, preço ou garantia de produtos ou serviços:
Pena – Detenção de três meses a um ano e multa.
§ 1º Incorrerá nas mesmas penas quem patrocinar a oferta.
§ 2º Se o crime é culposo;
Pena – Detenção de um a seis meses ou multa.
Art. 67. Fazer ou promover publicidade que sabe ou deveria saber ser enganosa ou abusiva:
Pena – Detenção de três meses a um ano e multa.
Parágrafo único. (Vetado).
Art. 68. Fazer ou promover publicidade que sabe ou deveria saber ser capaz de induzir o consumidor a se comportar de forma prejudicial ou perigosa a sua saúde ou segurança:
Pena – Detenção de seis meses a dois anos e multa:
Parágrafo único. (Vetado).
Art. 69. Deixar de organizar dados fáticos, técnicos e científicos que dão base à publicidade:
Pena – Detenção de um a seis meses ou multa.

10. PRÁTICAS ABUSIVAS, COBRANÇA DE DÍVIDAS E REGULAÇÃO DE BANCOS DE DADOS E CADASTROS

10.1. As práticas comerciais abusivas

Imagine coibir todas as atitudes praticadas no mercado que tenham como foco prejudicar o consumidor, fugir do padrão de conduta esperado para uma equilibrada e harmônica relação de consumo. Pois bem, essa difícil tarefa foi solucionada pelo legislador não por meio de um rol exaustivo de práticas comerciais abusivas – o que fica evidente logo na redação do *caput* do art. 39, em razão do emprego da expressão "dentre outras" –, mas sim com a indicação de apenas algumas situações que, em sua maioria, são bem genéricas. Um exemplo disso é a conduta de se diferenciar preços no varejo a depender do meio de pagamento empregado (dinheiro ou cartão de crédito, por exemplo), prática enquadrada pelos órgãos públicos de defesa do consumidor no *caput* do referido artigo, mas que hoje não mais é considerada abusiva por força do disposto na Lei Federal n. 13.455/2017, que autoriza tal diferenciação.

Eis o rol de práticas comerciais abusivas trazido pelo art. 39 do CDC:

Prática abusiva	Pontos importantes
I – condicionar o fornecimento de produto ou de serviço ao fornecimento de outro produto ou serviço, bem como, sem justa causa, a limites quantitativos	O inciso traz duas situações muito comuns do nosso cotidiano: a **venda casada** e a imposição de limite mínimo ou máximo, o que ocorre com a prática da **consumação mínima**, por exemplo.
II – recusar atendimento às demandas dos consumidores, na exata medida de suas disponibilidades de estoque, e, ainda, de conformidade com os usos e costumes	Trata-se de importante **medida contra** qualquer tipo de **discriminação** no fornecimento de produtos e serviços: existindo disponibilidade, o fornecedor é obrigado a fornecer.
III – enviar ou entregar ao consumidor, sem solicitação prévia, qualquer produto, ou fornecer qualquer serviço	O CDC vai além e, no parágrafo único do mesmo artigo, estabelece que os serviços prestados e os produtos remetidos ou entregues ao consumidor nessa situação equiparam-se às **amostras grátis**, inexistindo obrigação de pagamento.
IV – prevalecer-se da fraqueza ou ignorância do consumidor, tendo em vista sua idade, saúde, conhecimento ou condição social, para impingir-lhe seus produtos ou serviços	O legislador buscou proteger os **hipervulneráveis** neste dispositivo, que mais facilmente acabam sendo vítimas de artimanhas para a agressiva oferta de produtos (muitos ditos milagrosos) ou serviços (como crédito fácil, por exemplo).
V – exigir do consumidor vantagem manifestamente excessiva	Verdadeiro **"guarda-chuva"** estabelecido pelo legislador, possui um parâmetro mínimo de interpretação por analogia no § 1º do art. 51 do próprio Código.
VI – executar serviços sem a prévia elaboração de orçamento e autorização expressa do consumidor, ressalvadas as decorrentes de práticas anteriores entre as partes	Exceto em situações como quando o consumidor sempre utiliza o mesmo serviço do fornecedor (manicure, cabeleireiro etc.), o fornecedor de serviço será obrigado a entregar ao consumidor **orçamento prévio** discriminando o valor da mão de obra, dos materiais e equipamentos a serem empregados, as condições de pagamento, bem como as datas de início e término dos serviços, o qual terá **validade de 10 dias** a partir do recebimento pelo consumidor, **salvo estipulação em sentido contrário** (art. 40, *caput* e § 1º). Além disso, **o consumidor não responderá por quaisquer ônus ou acréscimos** decorrentes da contratação de serviços de terceiros **não previstos** nesse orçamento prévio.
VII – repassar informação depreciativa, referente a ato praticado pelo consumidor no exercício de seus direitos	Proíbe-se, assim, que seja criada lista circulada entre os fornecedores para alertar sobre consumidores "reclamões", que apenas questionaram a qualidade de produto ou serviço no regular exercício dos direitos previstos no CDC.
VIII – colocar, no mercado de consumo, qualquer produto ou serviço em desacordo com as normas expedidas pelos órgãos oficiais competentes ou, se normas específicas não existirem, pela Associação Brasileira de Normas Técnicas ou outra entidade credenciada pelo Conselho Nacional de Metrologia, Normalização e Qualidade Industrial (Conmetro)	Não estão encampadas por este dispositivo apenas as normas compulsórias expedidas por esses entes, mas igualmente as de adesão facultativa, desde que relacionadas à proteção da saúde e segurança do consumidor, o que fica claro na Nota Técnica n. 318/2006 do Departamento de Proteção e Defesa do Consumidor do Ministério da Justiça.
IX – recusar a venda de bens ou a prestação de serviços, diretamente a quem se disponha a adquiri-los mediante pronto pagamento, ressalvados os casos de intermediação regulados em leis especiais	**Proíbe-se**, com esse dispositivo, **a imposição de intermediários** para que o consumidor satisfaça sua necessidade no mercado de consumo, exceto quando tal intermediação é prevista em lei.
X – elevar sem justa causa o preço de produtos ou serviços	Não se trata aqui de impedir a livre dinâmica de uma economia de mercado, mas sim de **evitar abusos** em situações e períodos críticos, como a elevação absurda do valor do galão de água potável em uma região atingida por enchente, por exemplo.

XII – deixar de estipular prazo para o cumprimento de sua obrigação ou deixar a fixação de seu termo inicial a seu exclusivo critério	Trata-se de importante disposição que **impede a falta de precisão** na comunicação entre fornecedor e consumidor que, por exemplo, não pode simplesmente prever, em contratos imobiliários, que a conclusão das obras ocorrerá a partir do término das fundações do edifício.
XIII – aplicar fórmula ou índice de reajuste diverso do legal ou contratualmente estabelecido	É importante frisar, neste dispositivo, que o emprego do singular impede que haja previsão contratual de várias fórmulas ou índices alternativos no mesmo contrato.
XIV – permitir o ingresso em estabelecimentos comerciais ou de serviços de um número maior de consumidores que o fixado pela autoridade administrativa como máximo.	Ainda sob forte influência da tragédia ocorrida na casa noturna Kiss, em 27-3-2013, o legislador inseriu mais essa prática abusiva por meio da Lei n. 13.425/2017, a qual poderia ser tranquilamente absorvida pelo *caput* deste artigo, a fim de não descaracterizar o caráter geral do CDC.

■ 10.2. A cobrança de dívidas no CDC

Ainda no campo das práticas comerciais em desconformidade com o padrão que deve guiar uma saudável relação de consumo, o CDC procurou estabelecer parâmetros para a proteção do consumidor num momento tão delicado quanto o **da cobrança de dívidas**.

> Ao estabelecer, no art. 42, que o **consumidor inadimplente não poderá ser exposto a ridículo**, nem ser submetido a qualquer tipo de **constrangimento ou ameaça**, o Código veda a "coação, constrangimento físico ou moral, afirmações falsas incorretas ou enganosas ou de qualquer outro procedimento que exponha o consumidor, injustificadamente, a ridículo ou interfira com seu trabalho, descanso ou lazer", conforme a inteligência do próprio art. 71.

E vai além: para identificar de forma inequívoca o credor originário, o art. 42-A estabelece que "em todos os documentos de cobrança de débitos apresentados ao consumidor, deverão constar o nome, o endereço e o número de inscrição no Cadastro de Pessoas Físicas – CPF ou no Cadastro Nacional de Pessoa Jurídica – CNPJ do fornecedor do produto ou serviço correspondente", haja vista ser muito comum a negociação da dívida original, que passará por vários consumidores que, ao cobrarem o consumidor, passar-lhe-ão a impressão de se tratar de cobrança indevida.

Sobre esse tema – cobrança indevida –, uma das principais queixas registradas pelo consumidor nos Procons de todo o País, o CDC já estabelece uma forma de **punição civil imediata ao fornecedor**, na medida em que, ao ser indevidamente cobrado e efetuar o pagamento dessa quantia, o consumidor passa a ter direito ao **recebimento em dobro do que pagou em excesso**, acrescido de correção monetária e juros legais, salvo hipótese de engano justificável que deverá ser provada pelo fornecedor (art. 42, parágrafo único).

■ 10.3. Os bancos de dados e cadastros

Com relação à regulação dos **bancos de dados e cadastros**, o CDC foi pioneiro ao disciplinar o tema no direito brasileiro, determinando, logo de início, no *caput* do art. 43, a ampla acessibilidade do consumidor a respeito das informações pessoais a ele concernentes, bem como sobre as fontes que originaram tais dados, podendo, inclusive, manejar o remédio constitucional do *habeas data* para tanto, pelo fato de que tais bancos de dados e cadastros, assim como os serviços de proteção ao crédito e congêneres **são equiparados a entidades de caráter público** (§ 4º).

A não ser que o próprio consumidor solicite, *a abertura de cadastro, ficha, registro e dados pessoais e de consumo deverá ser sempre comunicada por escrito a ele* (§ 2º), incumbência essa que *cabe ao órgão mantenedor do Cadastro de Proteção ao Crédito antes de proceder à inscrição* (**Súmula 359 do STJ**), *sendo dispensável o aviso de recebimento* (AR) *na carta de comunicação ao consumidor sobre a negativação* (**Súmula 404 do STJ**).

Além disso, há o **dever de veracidade e exatidão** das informações por parte dos fornecedores (§ 1º) e, caso consumidor identifique alguma impropriedade, poderá exigir sua **imediata correção**, devendo o arquivista, no prazo de **cinco dias úcteis**, comunicar a alteração aos eventuais destinatários das informações incorretas (§ 3º), sendo que *incumbe ao credor a exclusão do registro da dívida em nome do consumidor no cadastro de inadimplentes no prazo de cinco dias úteis, a partir do integral e efetivo pagamento do débito* (**Súmula 548 do STJ**).

Como **prazo máximo para a manutenção de informações** negativas do consumidor em tais cadastros e bancos de dados, o CDC trabalha com a regra geral de **cinco anos a contar do vencimento da dívida** (§ 1º). Contudo, o próprio Código traz prazo diverso em seu § 5º, quando estatui que "consumada a prescrição relativa à cobrança de débitos do consumidor, não serão fornecidas, pelos respectivos Sistemas de Proteção ao Crédito, quaisquer informações que possam impedir ou dificultar novo acesso ao crédito junto aos fornecedores".

Ocorre que a interpretação do STJ não foi no sentido de existir uma temporalidade dual, o que fica evidente com a edição da Súmula 323: "a inscrição do nome do devedor pode ser mantida nos serviços de proteção ao crédito até o prazo máximo de cinco anos, independentemente da prescrição da execução" (MIRAGEM, 2014, p. 322).

> Por fim, em se tratando de entendimentos pacificados do referido Tribunal Superior, há a sempre tão questionada Súmula 385 – por nítida colisão com o direito básico previsto no inciso VI do art. 6º do Código –, que assim preconiza: "Da anotação irregular em cadastro de proteção ao crédito, não cabe indenização por dano moral, quando preexistente legítima inscrição, ressalvado o direito ao cancelamento".

Isso porque, é entendimento consolidado do STJ que a própria inclusão ou manutenção equivocada do nome do consumidor em cadastros negativos configura o dano moral *in re ipsa*, ou seja, dano vinculado à própria existência do fato ilícito, cujos resultados são presumidos.

A disciplina do CDC com relação ao tema, no entanto, terá que ser interpretada à luz do Marco Civil da Internet (Lei Federal n. 12.965/2014), restrita ao referido ambiente virtual, no entanto, mas sobretudo à luz da Lei Geral de Proteção de Dados Pessoais (Lei Federal n. 13.709/2018).

Aqui tem crime:

> **Art. 71.** Utilizar, na cobrança de dívidas, de ameaça, coação, constrangimento físico ou moral, afirmações falsas incorretas ou enganosas ou de qualquer outro procedimento que exponha o consumidor, injustificadamente, a ridículo ou interfira com seu trabalho, descanso ou lazer:
> **Pena** – Detenção de três meses a um ano e multa.
> **Art. 72.** Impedir ou dificultar o acesso do consumidor às informações que sobre ele constem em cadastros, banco de dados, fichas e registros:
> **Pena** – Detenção de seis meses a um ano ou multa.
> **Art. 73.** Deixar de corrigir imediatamente informação sobre consumidor constante de cadastro, banco de dados, fichas ou registros que sabe ou deveria saber ser inexata:
> **Pena** – Detenção de um a seis meses ou multa.

11. A PROTEÇÃO CONTRATUAL DO CONSUMIDOR

11.1. Panorama geral

Diferentemente do que ocorre no CC/2002, em que são estudados todos os momentos do vínculo contratual, da formação à extinção, bem como muitos contratos em espécie e suas peculiaridades, a disciplina do **CDC procura estabelecer a base de proteção necessária** em uma relação de consumo massificada, assegurando ao consumidor garantias mínimas para tanto em qualquer tipo de contrato, **especialmente no de adesão**, que "é aquele cujas **cláusulas** tenham sido aprovadas pela autoridade competente ou **estabelecidas unilateralmente pelo fornecedor** de produtos ou serviços, sem que o consumidor possa discutir ou modificar substancialmente seu conteúdo" (art. 54):

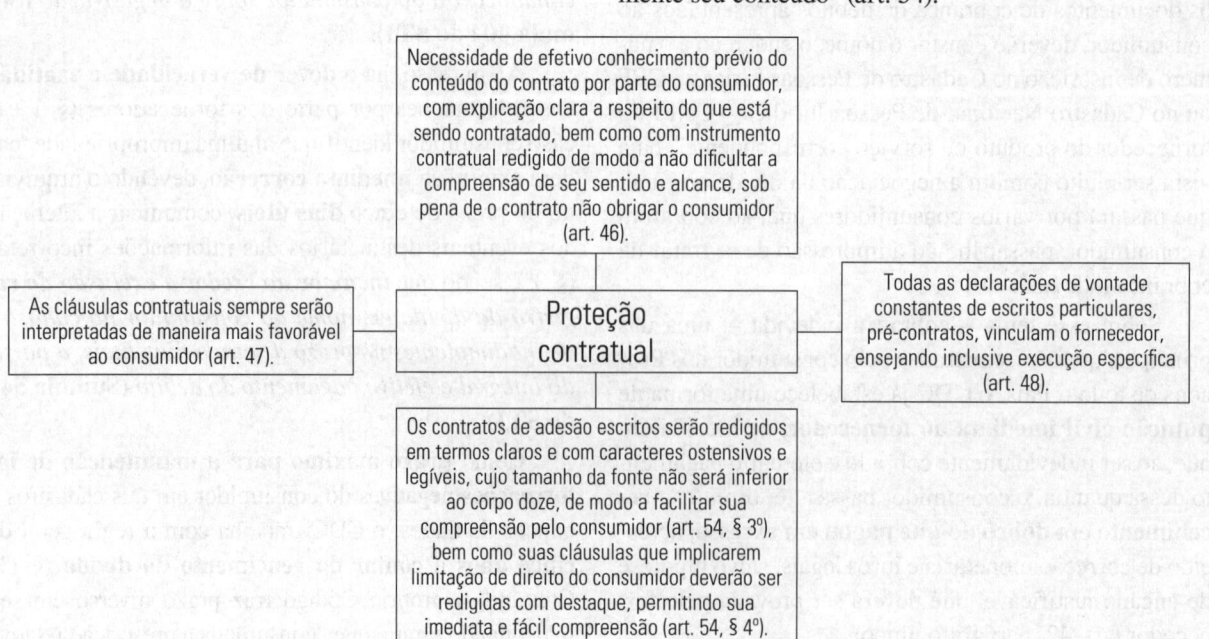

Proteção contratual

- Necessidade de efetivo conhecimento prévio do conteúdo do contrato por parte do consumidor, com explicação clara a respeito do que está sendo contratado, bem como com instrumento contratual redigido de modo a não dificultar a compreensão de seu sentido e alcance, sob pena de o contrato não obrigar o consumidor (art. 46).
- As cláusulas contratuais sempre serão interpretadas de maneira mais favorável ao consumidor (art. 47).
- Todas as declarações de vontade constantes de escritos particulares, pré-contratos, vinculam o fornecedor, ensejando inclusive execução específica (art. 48).
- Os contratos de adesão escritos serão redigidos em termos claros e com caracteres ostensivos e legíveis, cujo tamanho da fonte não será inferior ao corpo doze, de modo a facilitar sua compreensão pelo consumidor (art. 54, § 3º), bem como suas cláusulas que implicarem limitação de direito do consumidor deverão ser redigidas com destaque, permitindo sua imediata e fácil compreensão (art. 54, § 4º).

Além da observância dos pilares supracitados, caso a relação de consumo envolva alguma atividade cujo contrato é típico (ou nominado) nos termos do CC, como é o caso dos contratos de seguro, transporte e locação, as disposições a esses atinentes deverão igualmente ser observadas.

11.2. O direito de arrependimento

Outro importante instrumento de proteção contratual do consumidor é o **"direito de arrependimento"**, consagrado no art. 49. Sendo considerada uma das mais interessantes inovações trazidas pelo CDC, assegura a possibilidade de o consumidor, no prazo de **sete dias** a contar da **assinatura do contrato ou do recebimento do produto ou do serviço**, de desistir do contrato e **receber de volta tudo o que pagou**, a qualquer título (frete, seguro de garantia estendida etc.), sem que haja a necessidade de apresentar qualquer motivo ao fornecedor e desde que a **contratação** tenha ocorrido **a distância**.

O objetivo do direito de arrependimento é garantir ao consumidor que não teve contato com o produto ou serviço numa compra realizada a distância (internet, telefone, catálogo etc.) a possibilidade de **refletir** ao efetivamente ter o produto ou serviço à sua disposição, pois muitas vezes pode ter agido sob impulso ao ser estimulado pelas mais diversas técnicas de marketing, que muitas vezes podem ser exageradas e não corresponder ao que de fato o produto ou serviço pode proporcionar, o que só é possível constatar na presença deles.

11.3. A garantia contratual

Ainda em matéria de proteção contratual, o CDC estatui, no art. 50, que a **garantia contratual** de adequação do produto deverá ser sempre **complementar à legal** (sobre o tema, veja as considerações sobre o prazo para reclamar sobre o vício dos produtos ou serviços), sendo que o **termo escrito** entregue ao consumidor deverá "ser padronizado e esclarecer, de maneira adequada em que consiste a garantia, bem como a forma, o prazo e o lugar em que pode ser exercitada e os ônus a cargo do consumidor, devendo ser-lhe entregue, devidamente preenchido pelo fornecedor, no ato do fornecimento, acompanhado de manual de instrução, de instalação e uso do produto em linguagem didática, com ilustrações".

Aqui tem crime:

Art. 74. Deixar de entregar ao consumidor o termo de garantia adequadamente preenchido e com especificação clara de seu conteúdo;
Pena – Detenção de um a seis meses ou multa.

11.4. As cláusulas abusivas

Por fim, tal qual ocorre na disciplina das práticas comerciais **abusivas**, o CDC traz um rol meramente exemplificativo de **cláusulas contratuais** que são consideradas **nulas de pleno direito** (art. 51), devendo o juiz, de ofício, pronunciar-se a respeito (em que pese a questionável Súmula 381 do STJ, que assim dispõe: "Nos contratos bancários, é vedado ao julgador conhecer, de ofício, da abusividade das cláusulas"). São elas:

I – impossibilitem, exonerem ou atenuem a responsabilidade do fornecedor por vícios de qualquer natureza dos produtos e serviços ou impliquem renúncia ou disposição de direitos. Nas relações de consumo entre o fornecedor e o consumidor pessoa jurídica, a indenização poderá ser limitada, em situações justificáveis;
II – subtraiam ao consumidor a opção de reembolso da quantia já paga, nos casos previstos neste código;
III – transfiram responsabilidades a terceiros;
IV – estabeleçam obrigações consideradas iníquas, abusivas, que coloquem o consumidor em desvantagem exagerada, ou sejam incompatíveis com a boa-fé ou a equidade;
V – (Vetado);
VI – estabeleçam inversão do ônus da prova em prejuízo do consumidor;
VII – determinem a utilização compulsória de arbitragem;
VIII – imponham representante para concluir ou realizar outro negócio jurídico pelo consumidor;
IX – deixem ao fornecedor a opção de concluir ou não o contrato, embora obrigando o consumidor;
X – permitam ao fornecedor, direta ou indiretamente, variação do preço de maneira unilateral;
XI – autorizem o fornecedor a cancelar o contrato unilateralmente, sem que igual direito seja conferido ao consumidor;
XII – obriguem o consumidor a ressarcir os custos de cobrança de sua obrigação, sem que igual direito lhe seja conferido contra o fornecedor;
XIII – autorizem o fornecedor a modificar unilateralmente o conteúdo ou a qualidade do contrato, após sua celebração;
XIV – infrinjam ou possibilitem a violação de normas ambientais;
XV – estejam em desacordo com o sistema de proteção ao consumidor;

XVI – possibilitem a renúncia do direito de indenização por benfeitorias necessárias.
XVII – condicionem ou limitem de qualquer forma o acesso aos órgãos do Poder Judiciário;
XVIII – estabeleçam prazos de carência em caso de impontualidade das prestações mensais ou impeçam o restabelecimento integral dos direitos do consumidor e de seus meios de pagamento a partir da purgação da mora ou do acordo com os credores

É salutar perceber que novamente o legislador traz algumas **"válvulas de escape"** que permitirão o enquadramento das mais diversas espécies de cláusulas contratuais que minimamente tragam algum conteúdo incompatível com o CDC em uma delas, como é o caso das previstas nos **incisos IV e XV**.

11.5. A prevenção e o tratamento do superendividamento

Além do necessário impacto nos artigos iniciais do CDC, fundamental como anteparo para as medidas mais específicas, a Lei Federal n. 14.181/2021 trouxe-as em dois Capítulos: o primeiro destinado a especificar medidas para prevenir (arts. 54-A a 54-G) tal fenômeno econômico-social (como o reforço à obrigação de expor prévia e adequadamente aos consumidores as informações necessárias a uma melhor e mais refletida contratação de crédito; a proibição de promessas de que a operação de crédito poderá ser concluída sem consulta a serviços de proteção ao crédito ou sem avaliação da situação financeira do consumidor; e o reconhecimento de que são conexos, coligados ou interdependentes, entre outros, o contrato principal de fornecimento de produto ou serviço e os contratos acessórios de crédito que lhe garantam o financiamento na maior parte dos negócios jurídicos de consumo atualmente celebrados).

Já o segundo Capítulo cuidou de tratá-los (arts. 104-A a 104-C), seja por meio do processo judicial de repactuação de dívidas, com vistas à realização de audiência conciliatória, presidida por juiz ou por conciliador credenciado no juízo, com a presença de todos os credores, na qual o consumidor apresentará proposta de plano de pagamento com prazo máximo de 5 (cinco) anos, preservados o mínimo existencial, e as garantias e as formas de pagamento originalmente pactuadas, processo esse que poderá ser igualmente conduzido administrativamente pelos órgãos integrantes do Sistema Nacional de Defesa do Consumidor, seja por intermédio da instauração do processo judicial por superendividamento para revisão e integração dos contratos e repactuação das dívidas remanescentes mediante plano judicial compulsório, com a citação de todos os credores cujos créditos não tenham integrado o acordo porventura celebrado na fase conciliatória.

Como se trata de tema relativamente recente e com ainda pouca produção científica e discussão judicial, sobretudo nos Tribunais Superiores, a cobrança no Exame de Ordem virá, em um primeiro momento, atrelada à literalidade dos dispositivos legais correspondentes, razão pela qual é fundamental a leitura atenta deles.

12. O SISTEMA NACIONAL DE DEFESA DO CONSUMIDOR (SNDC) E AS SANÇÕES ADMINISTRATIVAS

12.1. A estrutura do SNDC

Para zelar pelo cumprimento do CDC, a própria Lei atribuiu tal incumbência aos órgãos federais, estaduais, do Distrito Federal e municipais e as entidades privadas de defesa do consumidor, todos integrantes do **Sistema Nacional de Defesa do Consumidor** (art. 105).

O organismo de **coordenação do SNDC**, atualmente, criado pelo Decreto Federal n. 7.738/2012, é a **Secretaria Nacional do Consumidor** (Senacon), responsável pelo planejamento, elaboração, coordenação e execução da Política Nacional das Relações de Consumo.

12.2. As sanções administrativas no CDC

Como ferramentas para que as fundamentais disposições do CDC sejam cumpridas pelos fornecedores, tais órgãos devem fiscalizar o mercado de consumo e contam com a possibilidade de aplicar **sanções administrativas** (art. 56), que são, no entendimento de Vitor Morais de Andrade "qualquer ato administrativo pelo qual a autoridade administrativa (elemento subjetivo) aplica uma **penalidade** a terceiros em virtude da inobservância dos deveres legais" (ANDRADE, 2008, p. 14).

Essas sanções podem ser divididas em pecuniária, pessoais, que recaem sobre o sujeito passivo da sanção, ou reais, que incidem sobre o objeto ou coisa causadora do ilícito (ANDRADE, 2008, p. 77):

Pecuniária	Pessoais	Reais
I – multa: pode variar de 200 (duzentas) a 3.000.000 (três milhões) de UFIR, sendo dosada de acordo com a gravidade da infração, a vantagem auferida e a condição econômica do fornecedor;	VI – suspensão de fornecimento de produtos ou serviço;	II – apreensão do produto;
	VII – suspensão temporária de atividade;*	III – inutilização do produto;
	VIII – revogação de concessão ou permissão de uso;*	IV – cassação do registro do produto junto ao órgão competente;
	IX – cassação de licença do estabelecimento ou de atividade;*	V – proibição de fabricação do produto;
	X – interdição, total ou parcial, de estabelecimento, de obra ou de atividade;*	
	XI – intervenção administrativa;*	
	XII – imposição de contrapropaganda.	

* Aplicadas apenas quando o fornecedor reincidir na prática das infrações de maior gravidade previstas no CDC e legislação de consumo (art. 59).

13. A DEFESA COLETIVA DO CONSUMIDOR EM JUÍZO E A CONVENÇÃO COLETIVA DE CONSUMO

Sendo as **relações massificadas** a característica de uma sociedade de consumo, os conflitos dela decorrentes acabam se revestindo do mesmo caráter, o que enseja um **tratamento coletivo** para assegurar a **eficácia** tão desejada pelo legislador.

Foi dessa forma que o CDC privilegiou a sistemática de tutela de direitos a título coletivo, dividindo-a da seguinte forma:

13.1. A tutela coletiva do consumidor

Interesses ou direitos (art. 81, parágrafo único)	Legitimados (art. 82)	Efeitos da coisa julgada (art. 103)
I – **Difusos**: são os **transindividuais**, de natureza **indivisível**, de que sejam titulares pessoas indeterminadas e ligadas por **circunstâncias de fato** (direito do consumidor contra produtos ou serviços perigosos à saúde, por exemplo);	I – o **Ministério Público** (que, se não ajuizar a ação, atuará sempre como fiscal da lei no caso da tutela dos interesses individuais homogêneos; II – a **União, os Estados, os Municípios e o Distrito Federal**; III – as entidades e **órgãos** da Administração Pública, direta ou indireta, ainda que sem personalidade jurídica, especificamente; **destinados à defesa dos interesses e direitos protegidos pelo CDC**;	I – *erga omnes*, **exceto** se o pedido for julgado **improcedente por insuficiência de provas**, hipótese em que qualquer legitimado poderá intentar outra ação, com idêntico fundamento valendo-se de nova prova, sendo que não prejudicarão interesses e direitos individuais dos integrantes da coletividade, do grupo, categoria ou classe;
II – **Coletivos**: os **transindividuais**, de natureza **indivisível** de que seja titular grupo, categoria ou classe de pessoas ligadas entre si ou com a parte contrária por uma **relação jurídica base** (consumidores de um mesmo plano de saúde, por exemplo);	IV – as **associações** legalmente constituídas há **pelo menos um ano** e que incluam entre seus fins institucionais a defesa dos interesses e direitos protegidos pelo CDC, dispensada a autorização assemblear. O requisito da pré-constituição pode ser dispensado pelo juiz, quando haja manifesto interesse social evidenciado pela dimensão ou característica do dano, ou pela relevância do bem jurídico a ser protegido.	II – *ultra partes*, mas limitadamente ao grupo, categoria ou classe, **salvo improcedência por insuficiência de provas**, hipótese em que qualquer legitimado poderá intentar outra ação, com idêntico fundamento valendo-se de nova prova, sendo que não prejudicarão interesses e direitos individuais dos integrantes da coletividade, do grupo, categoria ou classe;
III – **Individuais homogêneos**: decorrentes de **origem comum**. Em essência individuais, a proteção pela via coletiva dependerá da homogeneidade do direito e de sua origem comum, que pode decorrer de circunstância de fato ou de direito (vítimas de um acidente aéreo, por exemplo).		III – *erga omnes*, apenas no caso de **procedência do pedido**, para beneficiar todas as vítimas e seus sucessores, sendo que, em caso de improcedência do pedido, os interessados que não tiverem intervindo no processo como litisconsortes poderão propor ação de indenização a título individual.

13.2. A desconsideração da personalidade jurídica

Para a facilitação da defesa dos interesses acima expostos, o CDC trouxe importantes inovações no tocante à **desconsideração da personalidade jurídica**, já abordada na disciplina de Direito Civil desta obra, estabelecendo uma ampliada relação de hipóteses que autorizam tal desconsideração, nos termos do *caput* do art. 28 do Código: "O juiz poderá desconsiderar a personalidade jurídica da sociedade quando, em detrimento do consumidor, houver abuso de direito, excesso de poder, infração da lei, fato ou ato ilícito ou violação dos estatutos ou contrato social. A desconsideração também será efetivada quando houver falência, estado de insolvência, encerramento ou inatividade da pessoa jurídica provocados por má administração".

Além das hipóteses arroladas no *caput* do referido art., seu § 5° traz, como verdadeira regra e não simples exceção, como era de se esperar para um parágrafo, conteúdo **extremamente abrangente** de hipóteses, de certa forma **objetivas**, para a semelhante desconsideração, "sempre que sua personalidade for, de alguma forma, obstáculo ao ressarcimento de prejuízos causados aos consumidores".

■ 13.3. A Convenção Coletiva de Consumo

Por fim, outra importante ferramenta para a proteção coletiva do consumidor é a **Convenção Coletiva de Consumo**, assim descrita pelo CDC:

> **Art. 107.** As entidades civis de consumidores e as associações de fornecedores ou sindicatos de categoria econômica podem regular, por convenção escrita, relações de consumo que tenham por objeto estabelecer condições relativas ao preço, à qualidade, à quantidade, à garantia e características de produtos e serviços, bem como à reclamação e composição do conflito de consumo.
> § 1° A convenção tornar-se-á obrigatória a partir do registro do instrumento no cartório de títulos e documentos.
> § 2° A convenção somente obrigará os filiados às entidades signatárias.
> § 3° Não se exime de cumprir a convenção o fornecedor que se desligar da entidade em data posterior ao registro do instrumento.-

■ REFERÊNCIAS BIBLIOGRÁFICAS

ANDRADE, Vitor Morais de. *Sanções administrativas no Código de Defesa do Consumidor*. São Paulo: Atlas, 2008.

BENJAMIN, Antonio Herman de Vasconcellos e et al. *Comentários ao Código de Defesa do Consumidor*. 4. ed. São Paulo: RT, 2013.

GRINOVER, Ada Pellegrini et al. *Código brasileiro de defesa do consumidor comentado pelos autores do anteprojeto*. 10. ed. Rio de Janeiro: Forense, 2011.

MARQUES, Claudia Lima. *Contratos no Código de Defesa do Consumidor*. 7. ed. São Paulo: RT, 2014.

MIRAGEM, Bruno. *Curso de direito do consumidor*. 5. ed. São Paulo: RT, 2014.

SODRÉ, Marcelo Gomes. *Formação do Sistema Nacional de Defesa do Consumidor*. São Paulo: RT, 2007.

■ QUESTÕES

(XXXIV Exame de Ordem Unificado/FGV) José procurou a instituição financeira Banco Bom com o objetivo de firmar contrato de penhor. Para tanto, depositou um colar de pérolas raras, adquirido por seus ascendentes e que passara por gerações até tornar-se sua pertença através de herança. O negócio deu-se na modalidade contrato de adesão, contendo cláusulas claras a respeito das obrigações pactuadas, inclusive com redação em destaque quanto à limitação do valor da indenização em caso de furto ou roubo, o que foi compreendido por José.

Posteriormente, José procurou você, como advogado(a), apresentando dúvidas a respeito de diferentes pontos.

Sobre os temas indagados, de acordo com o Código de Defesa do Consumidor, assinale a afirmativa correta.

A) A cláusula que limita o valor da indenização pelo furto ou roubo do bem empenhado é abusiva e nula, ainda que redigida com redação clara e compreensível por José e em destaque no texto, pois o que a vicia não é a compreensão redacional e sim o direito material indevidamente limitado.

B) A cláusula que limita os direitos de José em caso de furto ou roubo é lícita, uma vez que redigida em destaque e com termos compreensíveis pelo consumidor, impondo-se a responsabilidade subjetiva da instituição financeira em caso de roubo ou furto por se tratar de ato praticado por terceiro, revelando fortuito externo.

C) O negócio realizado não configura relação consumerista devendo ser afastada a incidência do Código de Defesa do Consumidor e aplicado o Código Civil em matéria de contratos de mútuo e de depósito, uma vez que inquestionável o dever de guarda e restituição do bem mediante pagamento do valor acordado no empréstimo.

D) A cláusula que limita o valor da indenização pelo furto ou roubo do bem empenhado é lícita, desde que redigida com redação clara e compreensível e, em caso de furto ou roubo do colar, isso será considerado inadimplemento contratual e não falha na prestação do serviço, incidindo o prazo prescricional de 2 (dois) anos, caso seja necessário ajuizar eventual pleito indenizatório.

RESPOSTA

☑ A legítima expectativa do consumidor, em contratos dessa natureza, é a devolução do bem ao término da relação contratual e completo adimplemento do primeiro, não podendo ser afastada a obrigação de indenizá-lo integralmente, qualquer que seja a origem do fato, sendo nula qualquer disposição contratual nesse sentido, mesmo que redigida adequadamente, conforme inteligência do art. 51, I, do CDC.

B) Conforme observado anteriormente, trata-se de cláusula abusiva, nula de pleno direito e, portanto, ilícita.

C) A relação jurídica em questão é de consumo, por força dos arts. 2° e 3°, § 2°, do CDC.

D) Conforme observado anteriormente, trata-se de cláusula abusiva, nula de pleno direito e, portanto, ilícita.

(XXXIV Exame de Ordem Unificado/FGV) Eleonora passeava de motocicleta por uma rodovia federal quando foi surpreendida por um buraco na estrada, em um trecho sob exploração por concessionária. Não tendo tempo de desviar, ainda que atenta ao limite de velocidade, passou pelo buraco do asfalto, desequilibrou-se e caiu, vindo a sofrer várias escoriações e danos materiais na moto. Os danos físicos exigiram longo período de internação, diversas cirurgias e revelaram reflexos de ordem estética.

Você, como advogado(a), foi procurado(a) por Eleonora para ingressar com a medida judicial cabível diante do evento. À luz do Código de Defesa do Consumidor, você afirmou, corretamente, que

A) compete à Eleonora comprovar o nexo de causalidade entre a má conservação da via e o acidente sofrido, bem como a culpa da concessionária.
B) aplica-se a teoria da responsabilidade civil subjetiva à concessionária.
C) há relação de consumo entre Eleonora e a concessionária, cuja responsabilidade é objetiva.
D) pela teoria do risco administrativo, afasta-se a incidência do CDC, aplicando-se a responsabilidade civil da Constituição Federal.

RESPOSTA
A) Trata-se de responsabilidade civil pelo fato do serviço, prevista no art. 14 do CDC, objetiva, dessa forma, ou seja, não há a necessidade de Eleonora comprovar a culpa da concessionária.
B) Conforme acima pontuado, trata-se de responsabilidade civil objetiva.
☑ Como se trata de relação de consumo, nos termos dos arts. 2º e 3º, § 2º, do CDC, a responsabilidade civil decorrente do acidente de consumo relatado é objetiva, conforme preconiza o art. 14 do referido diploma.
D) Nos termos já expostos, há sim relação de consumo, com a aplicação do CDC.

(35º Exame de Ordem Unificado/FGV) José havia comprado um *notebook* para sua filha, mas ficou desempregado, não tendo como arcar com o pagamento das parcelas do financiamento. Foi então que vendeu para a amiga Margarida o *notebook* ainda na caixa lacrada, acompanhado de nota fiscal e contrato de venda, que indicavam a compra realizada cinco dias antes.

Cerca de dez meses depois, o produto apresentou problemas de funcionamento. Ao receber o bem da assistência técnica que havia sido procurada imediatamente, Margarida foi informada do conserto referente à "placa-mãe".

Na semana seguinte, houve recorrência de mau funcionamento da máquina. Indignada, Margarida ajuizou ação em face da fabricante, buscando a devolução do produto e a restituição do valor desembolsado para a compra, além de reparação por danos extrapatrimoniais.

A então ré, por sua vez, alegou, em juízo, a ilegitimidade passiva, a prescrição e, subsidiariamente, a decadência.

A respeito disso, assinale a afirmativa correta.

A) O fabricante é parte ilegítima, uma vez que o defeito relativo ao vício do produto afasta a responsabilidade do fabricante, sendo do comerciante a responsabilidade para melhor garantir os direitos dos consumidores adquirentes.
B) Ocorreu a prescrição, uma vez que o produto havia sido adquirido há mais de noventa dias e a contagem do prazo se iniciou partir da entrega efetiva do produto, não sendo possível reclamar a devolução do produto e a restituição do valor.
C) Somente José possui relação de consumo com a fornecedora, por ter sido o adquirente do produto, conforme consta na nota fiscal e no contrato de venda, implicando ilegitimidade ativa de Margarida para invocar a proteção da norma consumerista.
D) A decadência alegada deve ser afastada, uma vez que o prazo correspondente se iniciou quando se evidenciou o defeito e, posteriormente, a partir do prazo decadencial de garantia pelo serviço da assistência técnica, e não na data da compra do produto.

RESPOSTA
A) O art. 18 do CDC é muito claro ao preconizar a responsabilidade solidária de todos os partícipes da cadeia de consumo, seja o fabricante, seja o comerciante.
B) O prazo de 90 dias a que se refere o art. 26, II, do CDC, invocado na alternativa, é decadencial e não prescricional.
C) O art. 2º, *caput*, do CDC, estabelece que consumidor é toda pessoa que adquire ou **utiliza** o produto como destinatário final, ou seja, Margarida possui legitimidade ativa, por ser consumidora.
☑ Como o produto foi reparado pela fabricante, tal reparação possui "garantia" *ope legis* de 90 dias, art. 26, II, do CDC e, assim, como o produto voltou a apresentar o mesmo problema na semana seguinte, não houve o transcurso do prazo decadencial.

(35º Exame de Ordem Unificado/FGV) *Pratice Ltda.* configura-se como um clube de pontos que se realiza mediante a aquisição de título. Os pontos são convertidos em bônus para uso nas redes de restaurantes, hotéis e diversos outros segmentos de consumo regularmente conveniados. Nas redes sociais, a empresa destaca que os convênios são precedidos de rigoroso controle e aferição do padrão de atendimento e de qualidade dos serviços prestados.

Tomás havia aderido à *Pratice Ltda.* e, nas férias, viajou com sua família para uma pousada da rede conveniada. Ao chegar ao local, ele verificou que as acomodações cheiravam a mofo e a limpeza era precária. Sem poder sair do local em razão do horário avançado, viu-se obrigado a pernoitar naquele ambiente insalubre e sair somente no dia seguinte.

Aborrecido com a desagradável situação vivenciada e com o prejuízo financeiro por ter que arcar com outro serviço de hotelaria na cidade, Tomás procurou você, como advogado(a), para ingressar com a medida judicial cabível.

Diante disso, assinale a única opção correta.

A) *Practice Ltda.* funciona como mera intermediadora entre os hotéis e os adquirentes do título do clube de pontos, não respondendo pelo evento danoso.
B) Há legitimidade passiva da *Pratice Ltda.* para responder pela inadequada prestação de serviço do hotel conveniado que gerou dano ao consumidor, por integrar a cadeia de consumo referente ao serviço que introduziu no mercado.
C) Trata-se de culpa exclusiva de terceiro, não podendo a intermediária *Pratice Ltda.* responder pelos danos suportados pelo portador título do clube de pontos.
D) Cuida-se de hipótese de responsabilidade subjetiva e subsidiária da *Pratice Ltda.* em relação ao hotel conveniado.

RESPOSTA

A) Como o consumidor só escolheu a pousada em razão da relação jurídica mantida com o clube de pontos, fica clara a responsabilidade civil desse, estatuída pelo art. 7º, parágrafo único, c/c o art. 20, *caput*, do CDC.
☑ Trata-se da resposta correta, por força do art. 7º, parágrafo único, c/c o art. 20, *caput*, do CDC.
C) A excludente de responsabilidade civil decorrente de fato de terceiro somente é admitida quando se trata de pessoa totalmente alheia à relação de consumo, o que não se mostra no caso.
D) A disciplina pela responsabilidade pelo vício do serviço do CDC é objetiva e solidária, conforme dispositivos anteriormente citados.

(36º Exame de Ordem Unificado/FGV) Bernardo adquiriu, mediante uso de cartão de crédito, equipamento de som conhecido como *home theater*. A compra, por meio do aplicativo do *Magazin Novas Colinas S/A*, conhecido como "loja virtual do Colinas", foi realizada na sexta-feira e o produto entregue na terça-feira da semana seguinte.

Na quarta-feira, dia seguinte ao do recebimento, Bernardo entrou em contato com o serviço de atendimento ao cliente para exercer seu direito de arrependimento. A atendente lhe comunicou que deveria ser apresentada uma justificativa para o arrependimento dentre aquelas elaboradas pelo fornecedor. Essa foi a condição imposta ao consumidor para a devolução do valor referente à 1a parcela do preço, já lançado na fatura do seu cartão de crédito.

Com base nesta narrativa, em conformidade com a legislação consumerista, assinale a afirmativa correta.

A) O direito de arrependimento precisa ser motivado diante da comunicação de cancelamento da compra feita pelo consumidor ao fornecedor após o decurso de 48 (quarenta e oito) horas da realização da transação pelo aplicativo.
B) Embora o direito de arrependimento não precise de motivação por ser potestativo, o fornecedor pode exigir do consumidor que lhe apresente uma justificativa, como condição para a realização da devolução do valor faturado.
C) Em observância ao princípio da boa-fé objetiva, aplicável tanto ao fornecedor quanto ao consumidor, aquele não pode se opor ao direito de arrependimento, mas, em contrapartida, pode exigir do consumidor a motivação para tal ato.
D) O direito de arrependimento não precisa ser motivado e foi exercido tempestivamente, devendo o fornecedor providenciar o cancelamento da compra e comunicar à administradora do cartão de crédito para que seja efetivado o estorno do valor.

RESPOSTA

A) O exercício do direito de arrependimento a que se refere o art. 49 do CDC independe de qualquer motivação.
B) O exercício do direito de arrependimento a que se refere o art. 49 do CDC independe de qualquer motivação ou justificativa.
C) O exercício do direito de arrependimento a que se refere o art. 49 do CDC independe de qualquer motivação.
☑ Tendo sido formalizado no prazo legal de sete dias a contar do recebimento do produto, o direito de arrependimento a que se refere o art. 49 do CDC deve ser levado a efeito pelo fornecedor, com a devolução dos valores eventualmente pagos pelo consumidor.

(36º Exame de Ordem Unificado/FGV) A sociedade empresária *Cimento Montanha Ltda.* integra, com outras cinco sociedades empresárias, um consórcio que atua na realização de obras de construção civil.

Estruturas e Fundações Pinheiro Ltda., uma das sociedades consorciadas, foi responsabilizada em ação de responsabilidade civil por danos causados aos consumidores em razão de falhas estruturais em imóveis construídos no âmbito das atividades do consórcio, que apresentaram rachaduras, um dos quais desabou.

Considerando as normas sobre a responsabilidade de sociedades integrantes de grupo econômico perante o consumidor, segundo o Código de Defesa do Consumidor, assinale a afirmativa correta.

A) Apenas a sociedade *Estruturas e Fundações Pinheiro Ltda.* poderá ser responsabilizada pelos danos aos consumidores, pois as demais consorciadas se obrigam nas condições previstas no respectivo contrato, respondendo cada uma por suas obrigações, sem solidariedade entre si.
B) As sociedades integrantes do consórcio são solidariamente responsáveis pelas obrigações da sociedade *Estruturas e Fundações Pinheiro Ltda.*, porém a responsabilidade delas perante o consumidor é sempre em caráter subsidiário.
C) As sociedades integrantes do consórcio são solidariamente responsáveis, sem benefício de ordem entre elas, pelas obrigações da sociedade *Estruturas e Fundações Pinheiro*

Ltda. perante os consumidores prejudicados, haja ou não previsão diversa no contrato respectivo.

D) Apenas a sociedade *Estruturas e Fundações Pinheiro Ltda.* poderá ser responsabilizada pelos danos aos consumidores, pois as demais consorciadas só responderão solidariamente com a primeira se ficar comprovado a culpa de cada uma delas.

RESPOSTA

A) A disciplina da responsabilidade civil pelo vício do produto do CDC é objetiva e solidária, conforme art. 18 desse diploma legal.

B) A disciplina da responsabilidade civil pelo vício do produto do CDC perante o consumidor é objetiva e solidária, conforme art. 18 desse diploma legal.

☑ Trata-se da intelecção do art. 18 do CDC, correta, portanto.

D) A disciplina da responsabilidade civil pelo vício do produto do CDC é objetiva e solidária, conforme art. 18 desse diploma legal.

■ MATERIAL DIGITAL EXCLUSIVO

DIREITO DO CONSUMIDOR

Material Complementar

somos.in/CEOABVU10

Direito Ambiental

Erika Bechara

Doutora e Mestre em Direitos Difusos e Coletivos – Subárea Direito Ambiental – pela PUC-SP. Professora de Direito Ambiental da Graduação e da Especialização da PUC-SP, com diversos livros e artigos publicados sobre o tema. Sócia do escritório Szazi Bechara Storto Rosa Figueiredo Lopes Advogados, com atuação preponderante em Terceiro Setor, Meio Ambiente e Responsabilidade Social.

Sumário

1. Introdução ao Direito Ambiental e princípios: 1.1. Meio ambiente na CF/88; 1.2. Legislação ambiental; 1.3. Classificação do meio ambiente; 1.4. Princípios ambientais; 1.4.1. Desenvolvimento sustentável; 1.4.2. Prevenção; 1.4.3. Precaução; 1.4.4. Função social da propriedade; 1.4.5. Informação ambiental; 1.4.6. Participação popular; 1.4.7. Poluidor-pagador; 1.4.8. Usuário-pagador – **2. Competência ambiental:** 2.1. Competência e descentralização política; 2.2. Competência legislativa ambiental; 2.2.1. Competência dos municípios para legislar sobre meio ambiente; 2.3. Competência administrativa ambiental; 2.4. Sistema Nacional do Meio Ambiente – Sisnama – **3. Licenciamento ambiental e estudos ambientais:** 3.1. Licenciamento ambiental; 3.1.1. Exigibilidade; 3.2. Licenças ambientais; 3.2.1. Prazo para análise dos pedidos de licença ambiental. 3.2.2. Validade e revisão das licenças ambientais; 3.2.3. Ausência de licenças ambientais; 3.3. Competência para licenciar; 3.3.1. Competência para fiscalizar empreendimentos licenciados; 3.4. Estudos ambientais; 3.4.1. EIA/RIMA; 3.4.2. EIA e compensação ambiental; 3.4.3. EIA e EIV – **4. Sistema Nacional das Unidades de Conservação – SNUC:** 4.1. Espaços Territoriais Especialmente Protegidos (ETEPs) e Unidades de Conservação (UCs); 4.2. Grupos e categorias; 4.3. Criação, ampliação dos limites e mudança de grupo (uso sustentável para proteção integral); 4.4. Desafetação, redução dos limites e mudança de grupo (proteção integral para uso sustentável); 4.5. Zona de amortecimento; 4.6. Plano de manejo e zoneamento; 4.7. Titularidade e desapropriação; 4.8. Espaços do "patrimônio nacional" – **5. Flora:** 5.1. A proteção da flora na CF/88; 5.2. Área de Preservação Permanente (APP); 5.2.1. Titularidade e indenização; 5.2.2. Supressão de APP; 5.2.2.1. Supressão irregular; 5.3. Reserva Legal (RL); 5.3.1. Extensão e localização; 5.3.2. Constituição; 5.3.3. Usos permitidos; 5.3.4. Titularidade e indenização; 5.3.5. Desmatamento irregular; 5.4. Cadastro Ambiental Rural (CAR); 5.5. Exploração de florestas nativas e formações sucessoras; 5.5.1. Exploração de florestas nativas e formações sucessoras em Terras Indígenas; 5.5.2. Exploração de florestas públicas mediante concessão florestal; 5.6. Servidão ambiental – **6. Política Nacional de Resíduos Sólidos:** 6.1. Disposição final ambientalmente adequada; 6.2 Logística reversa. – **7. Responsabilidade ambiental:** 7.1. Responsabilidade civil ambiental; 7.1.1. Responsabilidade civil; 7.1.2. Elementos da responsabilidade civil ambiental; 7.1.2.1. Atividade poluidora; 7.1.2.2. Dano ambiental; 7.1.2.3. Nexo de causalidade; 7.1.3.

Solidariedade; 7.1.4. Reparação do dano ambiental; 7.1.5. Desconsideração da personalidade jurídica; 7.1.6. Prescrição da ação de reparação ambiental; 7.2. Responsabilidade administrativa ambiental; 7.2.1. Infrações administrativas ambientais; 7.2.2. Processo administrativo sancionatório; 7.2.3. Sanções administrativas ambientais e medidas administrativas acautelatórias; 7.2.3.1. Demolição; 7.2.3.2. Dosagem da sanção; 7.2.4. Prescrição da ação administrativa; 7.2.4.1. Prescrição intercorrente; 7.2.4.2. Prescrição administrativa e reparação do dano; 7.3. Responsabilidade penal ambiental; 7.3.1. Infrações penais ambientais; 7.3.2. Princípio da insignificância aplicado aos crimes ambientais; 7.3.3. Responsabilidade penal da pessoa jurídica; 7.3.3.1. Requisitos; 7.3.3.2. Dupla imputação; 7.3.3.3. Sanções penais aplicáveis às pessoas jurídicas; 7.3.4. Medidas alternativas; 7.3.4.1. Transação penal; 7.3.4.2. Suspensão condicional do processo; 7.3.4.3. Acordo de não persecução penal – **8. Processo civil ambiental:** 8.1. Sistema processual coletivo; 8.2. Legitimidade ativa *ad causam*; 8.2.1. Pertinência temática como requisito da legitimidade ativa das associações civis; 8.3. Competência jurisdicional; 8.3.1. Competência da Justiça Federal; 8.4. Inquérito civil; 8.5. Coisa julgada; 8.5.1. Transporte *in utilibus* da coisa julgada coletiva e da sentença penal condenatória; 8.6. Termo de Ajustamento de Conduta – TAC; 8.6.1. Natureza jurídica; 8.6.2. Legitimidade – **Referências bibliográficas** – **Questões** – **Material digital exclusivo**.

1. INTRODUÇÃO AO DIREITO AMBIENTAL E PRINCÍPIOS

1.1. Meio ambiente na CF/88

A Constituição Federal de 1988 foi a primeira das oito constituições brasileiras a tratar da defesa do meio ambiente, dedicando todo um capítulo ao tema (art. 225 e parágrafos).

O texto constitucional declara que o meio ambiente ecologicamente equilibrado é **essencial à sadia qualidade de vida**, sendo, por esta razão, um **direito fundamental** de toda a coletividade (direito de 3ª geração), que deve ser garantido para as presentes e futuras gerações (princípio da solidariedade intergeracional).

Para assegurar esse direito, a Constituição impõe ao Poder Público uma série de obrigações, tais como: (i) preservar e restaurar os processos ecológicos essenciais e prover o manejo ecológico das espécies e ecossistemas; (ii) preservar a biodiversidade; (iii) criar espaços territoriais especialmente protegidos; (iv) exigir e publicizar estudo prévio de impacto ambiental para a instalação de obras ou atividades potencialmente causadoras de impacto ambiental significativo; (v) controlar a produção, a comercialização e o emprego de técnicas, métodos e substâncias que comportem risco para a vida, qualidade de vida e meio ambiente; (vi) promover a educação e a conscientização ambiental; (vii) proteger a fauna e a flora, coibindo as práticas que coloquem em risco sua função ecológica, provoquem a extinção de espécies ou submetam os animais à crueldade.

Além disso, estabelece regras de prevenção, reparação e repressão do dano ambiental, dirigidas a pessoas físicas e jurídicas em geral, como: (i) imposição àquele que explorar recursos naturais do dever de recuperar o meio ambiente degradado, conforme solução técnica aprovada pelo órgão público competente; (ii) responsabilização civil, penal e administrativa das pessoas físicas e jurídicas que praticarem atos lesivos ao meio ambiente; e (iii) exigência de que a localização de usinas que operem com reator nuclear esteja prevista em lei. E declara como patrimônio nacional importantes regiões e biomas brasileiros – Floresta Amazônica, Mata Atlântica, Serra do Mar, Pantanal Mato-Grossense e Zona Costeira, determinando que a sua utilização se dará na forma da lei, dentro de condições que assegurem a preservação do meio ambiente.

Cumpre mencionar, ainda, os arts. 215 e 216, que cuidam da proteção do patrimônio cultural material e imaterial (meio ambiente cultural); o art. 182, que trata da política de desenvolvimento urbano, com o objetivo de ordenar o pleno desenvolvimento das funções sociais da cidade e garantir o bem-estar de seus habitantes (meio ambiente artificial); o art. 170, VI, que inclui a defesa do meio ambiente entre os princípios da ordem econômica; o art. 186, II, que atrela o cumprimento da função social da propriedade rural à utilização adequada dos recursos naturais e preservação do meio ambiente; o art. 129, III, que inclui dentre as funções institucionais do Ministério Público a promoção do inquérito civil e ação civil pública para a defesa do meio ambiente; e o art. 5º, LXXIII, que prevê a ação popular ambiental, a ser ajuizada por qualquer cidadão em prol do meio ambiente.

1.2. Legislação ambiental

Não existe no Brasil um "Código Ambiental". Isso não significa que não existe um robusto conjunto normativo destinado à proteção do meio ambiente.

Além da Constituição Federal, há muitas outras leis, decretos e resoluções dos conselhos de meio ambiente, na esfera nacional, estadual e municipal, voltadas à proteção do meio ambiente, cabendo destacar a **Lei da Política Nacional do Meio Ambiente – PNMA (Lei n. 6.938/81)**, que alberga os mais importantes princípios, diretrizes e instrumentos de proteção do equilíbrio ambiental e institui o **Sisnama – Sistema Nacional do Meio Ambiente**, composto pelos órgãos e entidades da União, dos Estados, do DF e dos Municípios responsáveis pela proteção da qualidade ambiental, mediante a formulação e execução de diretrizes e políticas governamentais para o meio ambiente, estabelecimento de padrões de controle da poluição e fiscalização de atividades capazes de causar degradação ambiental.

Também integram o ordenamento jurídico-ambiental, a título de exemplo, as seguintes leis: Crimes Ambientais (Lei n. 9.605/98); Código Florestal (Lei n. 12.651/2012); Política Nacional de Resíduos Sólidos (Lei n. 12.305/2010); Sistema Nacional das Unidades de Conservação (Lei n. 9.985/2000); Política Nacional de Recursos Hídricos (Lei n. 9.433/97); Biodiversidade (Lei n. 13.123/2015); Agrotóxicos (Lei n. 7.802/89); e Proteção à Fauna (Lei n. 5.197/67).

1.3. Classificação do meio ambiente

A Lei da Política Nacional de Meio Ambiente (Lei n. 6.938/81) define meio ambiente como o "conjunto de condições, leis, influências e interações de ordem física, química e biológica, que permite, abriga e rege a vida em todas as suas formas" (art. 3º, I).

Sem negar a unicidade do meio ambiente, a doutrina o subdivide, para fins de estudo, em meio ambiente natural, meio ambiente artificial, meio ambiente cultural e meio ambiente do trabalho.

O **meio ambiente natural** refere-se ao espaço composto pelos elementos da Natureza, tais como flora, fauna, micro-organismos, águas, atmosfera, solo e subsolo, os quais interagem entre si para assegurar o equilíbrio dos ecossistemas.

O **meio ambiente artificial** refere-se ao espaço construído pelo engenho humano – a cidade –, que proporciona aos seus habitantes as condições para o exercício de funções básicas como morar, trabalhar, circular e recrear-se.

O **meio ambiente cultural** é composto pelos elementos naturais e artificiais, materiais e imateriais, portadores de referências à identidade, à ação e à memória dos grupos formadores da sociedade brasileira, que revelam, portanto, a cultura, a história e a forma de viver, fazer e criar das gerações passadas de nossa civilização.

O **meio ambiente do trabalho** consiste no local onde as pessoas desenvolvem suas atividades laborais, e cuja salubridade deve ser permanentemente mantida com vistas a evitar o desenvolvimento de doenças e preservar a saúde física e mental do trabalhador.

1.4. Princípios ambientais

Os princípios jurídicos veiculam valores fundamentais e, por isso, constituem a **base de um sistema normativo**, que orientam a elaboração, interpretação e aplicação das regras de proteção dos bens jurídicos. Por isso é comum que todos os ramos do Direito tenham seus princípios, que vão nortear as construções doutrinárias e as decisões administrativas e judiciais afetas à área.

O Direito Ambiental, como ramo autônomo do Direito, tem seus próprios princípios, que encontramos ora explícitos nas Declarações Internacionais de Meio Ambiente (Estocolmo/72 e Rio de Janeiro/92), na Constituição Federal e na Lei da Política Nacional do Meio Ambiente (podendo estar também em outras leis específicas), ora implícitos no ordenamento jurídico. Explícitos ou implícitos, todos são de suma importância e devem prevalecer sobre as demais regras jurídicas, em caso de conflito, e devem preencher lacunas em caso de omissão normativa.

Dentre os princípios ambientais conhecidos, merecem destaque:

1.4.1. Desenvolvimento sustentável

As atividades destinadas a atender demandas da sociedade por bens e serviços ou a promover o crescimento econômico, como a mineração, a construção de estradas, rodovias, aeroportos e a supressão de vegetação para o desenvolvimento da agropecuária, podem, por vezes, comprometer a qualidade do meio ambiente e a disponibilidade dos recursos naturais e, consequentemente, a saúde, o bem-estar e a qualidade de vida das pessoas.

Como a coletividade tem a necessidade e o direito inalienável ao desenvolvimento, mas também a necessidade e o direito inalienável ao meio ambiente ecologicamente equilibrado, é preciso buscar e implementar mecanismos que possibilitem a **convivência desses direitos**, já que um não pode se sobrepor ao outro.

Visando a harmonização entre os mencionados direitos, o princípio do desenvolvimento sustentável determina que as atividades e empreendimentos que possam comprometer o equilíbrio ecossistêmico adotem, em sua implantação e operação, as **melhores práticas de gestão ambiental**, impedindo a degradação do meio ambiente, e a mais avançada tecnologia para garantir o **uso racional dos recursos naturais**, evitando o seu esgotamento.

O princípio em questão está positivado na Lei n. 6.938/81, que em seu art. 4º dispõe que a PNMA visará, dentre outros, "à compatibilização do desenvolvimento econômico-social com a preservação da qualidade do meio ambiente e do equilíbrio ecológico" (inciso I), e "à preservação e restauração dos recursos ambientais com vistas à sua utilização racional e disponibilidade permanente, concorrendo para a manutenção do equilíbrio ecológico propício à vida" (inciso VI).

1.4.2. Prevenção

Entendendo que a forma mais eficiente de se resguardar o direito da coletividade ao meio ambiente ecologicamente equilibrado é evitando as ações e omissões de terceiros (aí incluído o Poder Púbico) que possam feri-lo, diminuí-lo ou aniquilá-lo, o princípio da prevenção exige que todas as iniciativas, obras ou atividades que possam causar um dano ambiental sejam impedidas ou interrompidas **antes que o dano se concretize**.

Via de regra, os danos ambientais são irreversíveis ou de difícil reparação. Uma espécie animal ou vegetal que venha a ser extinta, por exemplo, significará um dano incontornável, pois não há medidas que possam ser adotadas para trazê-la de volta; da mesma forma, uma área que venha a ser contaminada por lixo tóxico levará muitos anos para ser saneada, ou uma área de vegetação nativa desmatada levará anos para ser reflorestada e atingir suas feições originais. Se os danos ambientais não forem evitados, como determina o princípio da prevenção, a coletividade sofrerá com a perda da qualidade ecossistêmica por um longo período ou, nos casos mais graves, para sempre.

O princípio da prevenção tem aplicação no campo **legislativo** (em leis que criam instrumentos preventivos, tais como o licenciamento ambiental), **administrativo** (em políticas públicas e ações de fiscalização) e **judicial** (em liminares que determinam a suspensão de obras e atividades diante da probabilidade de dano ambiental).

1.4.3. Precaução

O princípio da precaução, tal como o princípio da prevenção, objetiva **evitar danos ambientais**. Mas os princípios não devem ser confundidos.

> O **princípio da prevenção** incide quando se pode afirmar, em vista do conhecimento científico existente, que ocorrerá um dano ambiental se uma determinada obra ou atividade for realizada. Já o **princípio da precaução** incide quando não se tem a certeza científica sobre o dano, mas, apesar disso, há elementos suficientemente precisos e verossímeis para indicar a probabilidade de sua ocorrência.

Se, em determinadas situações, o estado da arte não permite que se afirme com razoável certeza que uma determinada obra ou atividade trará um dano ambiental, mas também não permite que se afirme com razoável certeza que esta obra ou atividade será inofensiva para o meio ambiente, deve-se adotar a máxima *in dubio pro ambiente* para impedir a obra ou atividade que se suspeita lesiva ou determinar seja ela desenvolvida com cautela redobrada e cuidados adicionais, até que se possa constatar a ausência de riscos intoleráveis.

1.4.4. Função social da propriedade

A propriedade é um direito fundamental, cujos contornos são dados pela legislação vigente, que diz exatamente qual é o seu conteúdo e alcance.

As normas de outrora, ao definirem os contornos do direito de propriedade, colocavam o interesse do proprietário em primeiro (talvez único) plano, atribuindo-lhe um campo vasto, quase sem limites, de poderes de uso, gozo, disposição e até mesmo destruição.

As normas atuais já não seguem essa cartilha.

A Constituição Federal assegura o direito de propriedade (art. 5º, XXII), mas **exige** que a propriedade cumpra uma função social (art. 5º, XXIII c/c art. 170, III), i.e., que ela gere benefícios para toda a sociedade e não apenas para o titular. Isso nos leva a duas conclusões:

(i) a Constituição apenas "garante o direito de propriedade que atenda sua função social" (NERY JR.; ABBOUD, 2017, p. 299). Se o ordenamento jurídico só reconhece e protege a propriedade com função social, a função social não deve ser entendida como uma **restrição** ao direito de propriedade, mas como a própria **estrutura e definição** desse direito. É por isso que o proprietário acaba suportando uma série de ônus, inclusive de natureza ambiental, para atender a função social de sua propriedade, sem que possa exigir uma indenização – afinal, só faz jus à indenização quem tem um direito violado, o que não acontece com o proprietário que cumpre os ônus intrínsecos à função social. Seu direito de propriedade, tal como desenhado na norma, continua intacto.

(ii) a propriedade "não poderá ser exercida levando-se em conta apenas a vontade do próprio *dominus*, mas também deverá estar harmonizada com o interesse coletivo" (NERY JR.; ABBOUD, 2017, p. 299). E para tal harmonização, não basta que o proprietário simplesmente se abstenha de usar a propriedade em prejuízo de outrem, sendo necessário que ele a exerça em benefício da sociedade, mediante comportamentos positivos que possam proporcionar os ganhos coletivos almejados pela norma.

Dentre os interesses da coletividade a serem atendidos pela propriedade privada está o da preservação dos recursos naturais nela existentes – é por isso que alguns doutrinadores preferem falar em função socioambiental da propriedade. Nessa esteira, o Código Civil ao mesmo tempo em que reconhece ao proprietário as faculdades próprias do direito de propriedade (usar, gozar, dispor da coisa e reavê-la de quem injustamente a possua ou detenha), determina que este direito seja exercido "em consonância com as suas finalidades econômicas e sociais e de modo que **sejam preservados, de conformidade com o estabelecido em lei especial, a flora, a fauna, as belezas naturais, o equilíbrio ecológico e o patrimônio histórico e artístico, bem como evitada a poluição do ar e das águas**" (art. 1.228, § 1º).

De acordo com a Constituição Federal, a função social deve ser cumprida pela propriedade urbana e pela propriedade rural.

A função social da **propriedade urbana** é cumprida quando ela atende às exigências fundamentais de ordenação da cidade expressas no plano diretor (art. 182, § 2º). Não o fazendo, o Poder Público pode exigir que proprietário do solo urbano não edificado, subutilizado ou não utilizado, promova seu adequado aproveitamento, sob pena, sucessivamente, de: (i) parcelamento ou edificação compulsórios; (ii) IPTU progressivo no tempo; e, finalmente, (iii) desapropriação com pagamento mediante títulos da dívida pública de emissão previamente aprovada pelo Senado Federal, com prazo de resgate de até dez anos, em parcelas anuais, iguais e sucessivas, assegurados o valor real da indenização e os juros legais (art. 182, § 4º).

A função social da **propriedade rural** é cumprida quando ela atende, simultaneamente, segundo critérios e graus de exigência estabelecidos em lei, aos seguintes requisitos: (i) aproveitamento racional e adequado; (ii) utilização adequada dos recursos naturais disponíveis e preservação do meio ambiente; (iii) observância das disposições que regulam as relações de trabalho; e (iv) exploração que favoreça o bem-estar dos proprietários e dos trabalhadores (art. 186).

1.4.5. Informação ambiental

O princípio da informação ambiental visa garantir que a coletividade tenha **conhecimento pleno** das questões relacionadas ao meio ambiente, e, com tal conhecimento, possa **formar opinião sobre os problemas ambientais** e participar, de forma consciente e embasada, das discussões e deliberações que possam repercutir no equilíbrio ecossistêmico e em sua qualidade de vida.

Para a efetivação deste princípio cabe ao Poder Público franquear a todos os cidadãos informações claras e objetivas sobre o estado atual do meio ambiente e sobre os eventos, elementos, atividades e decisões que possam ter reflexos ambientais.

Este princípio é instrumentalizado pela Lei n. 10.650/2003, chamada de "**Lei de Acesso à Informação Ambiental**", que assegura o acesso de qualquer cidadão, **independentemente da comprovação de interesse específico**, aos dados e informações ambientais existentes nos órgãos e entidades integrantes do Sistema Nacional do Meio Ambiente – Sisnama, relacionados, exemplificativamente, a políticas, planos e programas potencialmente causadores de impacto ambiental; acidentes, situações de risco ou de emergência ambientais; emissões de efluentes líquidos e gasosos, e produção de resíduos sólidos; substâncias tóxicas e perigosas; pedidos e concessões de licenças ambientais; autos de infração e respectivas penalidades; celebração de termos de compromisso de ajustamento de conduta; e recursos interpostos em processo administrativo ambiental e respectivas decisões (art. 2º). O acesso à informação somente poderá ser limitado para preservar o **sigilo** comercial, industrial, financeiro ou qualquer outro sigilo protegido por lei, bem como o relativo às comunicações internas dos órgãos e entidades governamentais (art. 2º, § 2º).

Além das informações fornecidas mediante solicitação, a Lei n. 10.650/2003 estabelece que o órgão ambiental deverá publicar no Diário Oficial e disponibilizar no respectivo órgão, em local de fácil acesso ao público, listagens e relações contendo dados sobre pedidos de licenciamento, renovação e concessão; pedidos e licenças para supressão de vegetação; autos de infração e penalidades aplicadas; celebração de termos de ajustamento de conduta; registro de apresentação de estudos de impacto ambiental, sua aprovação ou rejeição etc. (art. 4º).

1.4.6. Participação popular

Se o meio ambiente ecologicamente equilibrado é direito e interesse de todos, é de se esperar que todos possam intervir nas macroquestões ambientais relacionadas à definição e implantação de normas e políticas públicas, e em alguns casos, em microquestões ambientais relacionadas à tomada de decisões administrativas pontuais que terão repercussão positiva ou negativa no ambiente.

Há diversas formas de se assegurar participação da coletividade nas questões ambientais, dentre as quais: reservar assento à sociedade civil organizada nos conselhos de políticas públicas, como o Conselho Nacional de Meio Ambiente (Conama) e nos conselhos estaduais e municipais; outorgar aos indivíduos e às entidades da sociedade civil legitimidade para propositura de ações judiciais ambientais (tais como a ação popular ambiental, ajuizada pelo cidadão nos termos do art. 5º, LXXIII, da CF/88, e a ação civil pública ambiental, ajuizada por associações civis/fundações, nos moldes do art. 5º, V, da Lei n. 7.347/85); promover consultas/audiências públicas sobre temas ambientais relevantes (p. ex., criação de unidades de conservação e licenciamento de empreendimentos de significativo impacto ambiental), abrindo-se espaço para a manifestação dos participantes como também levando-se em consideração, nas decisões, as contribuições apresentadas.

1.4.7. Poluidor-pagador

As atividades econômicas e industriais produzem **externalidades positivas e negativas**, entendendo-se como externalidades positivas os **benefícios** gerados à sociedade, sem que se lhes cobre diretamente por isso, e externalidades negativas, os **malefícios** provocados à sociedade, sem compensá-la por isso.

As externalidades ambientais negativas das atividades econômicas e industriais são os danos que a coletividade, mesmo não lhes tendo dado causa, acaba por suportar, pelo fato de o verdadeiro responsável não tê-las internalizado. É o caso da indústria que lança seus efluentes (resíduos) nos rios, sem qualquer tratamento prévio, gerando a contaminação da água e a morte da fauna e flora aquática – quem sofre as consequências deste ato é a coletividade, não a indústria, por isso a poluição, aqui, é considerada uma externalidade ambiental negativa.

Para enfrentar a injustiça da situação que impõe as consequências lesivas de uma atividade àqueles que não foram responsáveis para a sua ocorrência, o princípio do poluidor-pagador determina a **internalização das externalidades ambientais negativas**, de forma que os prejuízos não sejam mais sentidos pela sociedade e sim pelo seu real causador.

Com vistas à internalização das externalidades ambientais negativas, o princípio do poluidor-pagador preconiza que: (i) as medidas de contenção da degradação exigidas dos empreendimentos potencialmente poluidores, por força do princípio da prevenção (cf. item 1.4.2. acima), sejam custeadas pelo próprio empreendedor, e (ii) as medidas de reparação e/ou indenização dos danos ambientais causados, quando a prevenção falhar, sejam suportadas pelo próprio degradador. De forma simplista e certeira, este princípio obriga o poluidor "a arcar com as despesas de prevenção dos danos contra o meio ambiente e com sua reparação" (FREITAS, 2005, p. 45) – ou, melhor dizendo: os custos da poluição evitada e da poluição causada não cabem ao Estado ou à sociedade, mas ao próprio poluidor.

1.4.8. Usuário-pagador

O princípio do usuário-pagador preceitua que aquele que **utilizar recursos ambientais com fins econômicos ou utilizar de forma privativa recursos ambientais escassos** deve pagar uma contribuição financeira à coletividade, ainda que de forma indireta, pois esta coletividade, verdadeira titular dos bens ambientais, é quem sofre as consequências desse uso privado, seja por deixar de usufruir dos bens que seria de seu direito usufruir, seja por correr o risco de esgotamento desses bens.

O princípio do usuário-pagador está positivado na Lei n. 6.938/81, que afirma que a PNMA visará à imposição, "ao usuário, da contribuição pela utilização de recursos ambientais com fins econômicos" (art. 4º, VII). Mas vale lembrar que o princípio merece uma interpretação mais ampla do que a estabelecida na norma, para também abranger a contribuição pela utilização de recursos ambientais mesmo sem finalidade econômica, quando estes forem finitos ou limitados. Afinal, um dos principais objetivos do princípio em comento é evitar a escassez dos bens ambientais, sendo que o sobreuso, seja ele decorrente das atividades econômicas ou das não econômicas, pode redundar no esgotamento dos recursos naturais.

A contribuição financeira deve ser paga pelo usuário ao Poder Público para que este, na qualidade de gestor dos bens ambientais, possa destinar o valor recebido às medidas de proteção desses bens.

A **cobrança pelo uso da água** (Lei n. 9.433/97, arts. 19 a 22) é o exemplo mais conhecido de aplicação do princípio do usuário-pagador: aquele que captar água para fins industriais, agrícolas, abastecimento público ou utilizar a água para diluição, transporte ou destinação final de resíduos, terá que pagar um valor pelo recurso natural consumido, além da remuneração devida ao Poder Público ou suas concessionárias pelo serviço público de coleta, tratamento e distribuição da água.

O **princípio do usuário-pagador** se distingue do **princípio do poluidor-pagador** na medida em que o primeiro exige uma contribuição financeira daquele que simplesmente utiliza os bens ambientais com fins econômicos, ainda que essa utilização não cause degradação ambiental, enquanto que o segundo exige investimentos daquele que desenvolve uma atividade potencialmente degradadora, para evitar que a degradação em potencial se torne uma degradação concreta e real, assim como exige, daquele que não evitou a degradação, a recomposição do ambiente degradado, tudo para que os custos da poluição sejam suportados por seu causador e não pela sociedade.

2. COMPETÊNCIA AMBIENTAL

As regras sobre fixação e repartição de competência legislativa e administrativas estão nos arts. 21 a 25 e 30 da Constituição Federal.

2.1. Competência e descentralização política

A Federação é a forma de Estado adotada pelo Brasil desde a Proclamação da República (1889), sendo uma de suas principais características a **descentralização política**, ou seja, reconhecimento da autonomia de todos os entes federativos (União, Estados, Distrito Federal e, em nosso país, Municípios) e repartição constitucional de competências legislativas e administrativas entre eles.

2.2. Competência legislativa ambiental

De acordo com a CF/88, a competência legislativa pode ser exclusiva, privativa, concorrente e remanescente, sendo que a competência para legislar sobre meio ambiente, nos termos do **art. 24 do Texto Maior**, é **concorrente**, o que significa dizer que União, Estados e DF podem legislar sobre as "florestas, caça, pesca, fauna, conservação da natureza, defesa do solo e dos recursos naturais, proteção do meio ambiente e controle da poluição" (art. 24, VI); "proteção ao patrimônio histórico, cultural, artístico, turístico e paisagístico" (art. 24, VII) e "responsabilidade por dano ao meio ambiente [...] e a bens e direitos de valor artístico, estético, histórico, turístico e paisagístico" (art. 24, VIII).

Como a competência concorrente autoriza que vários entes políticos editem leis sobre um mesmo assunto, a Constituição delimita os campos de atuação de cada qual, para evitar sobreposição e conflito de normas. Nessa esteira, o art. 24 da CF/88 dispõe caber à União a edição de **normas gerais** (art. 24, § 1º) e aos Estados e DF o exercício da **competência suplementar**. Esta, de seu turno, engloba a **competência complementar**, que prevê o desdobramento das normas gerais, de acordo com a realidade e as especificidades regionais (art. 24, § 2º), e a **competência supletiva**, que prevê o exercício da competência legislativa plena pelos Estados e DF, na ausência de normas gerais nacionais (art. 24, § 3º), mas com a advertência de que a edição posterior de normas gerais pela União sobre o tema determinará a suspensão das normas estaduais ou distritais, naquilo que lhe for contrário (art. 24, § 4º).

As normas gerais ambientais devem veicular princípios, diretrizes e regras que estabeleçam **patamares mínimos de proteção** do meio ambiente, de observância obrigatória em todo o país, por todos os estados e municípios, independentemente de suas peculiaridades e diferenças regionais ou locais. Cuidam elas de estabelecer "padrões mínimos de defesa do interesse público concernente àquelas matérias em que tais padrões deveriam estar assegurados em todo o País, sob pena de ditos interesses ficarem à míngua de proteção" (MELLO, 2011).

É possível, contudo, que uma norma geral não incida sobre todo o país. Isso ocorrerá quando as situações reguladas pela norma nacional forem verificadas apenas em alguns Estados, Municípios ou regiões, mas, mesmo assim, afetarem o interesse geral. Uma norma geral nacional poderá dispor sobre a proteção da Amazônia ou Mata Atlântica ou sobre uma bacia hidrográfica específica ou, ainda, sobre uma espécie animal ou vegetal nativa de um determinado bioma brasileiro, ainda que tais recursos ambientais ocorram em apenas parte do território nacional (MACHADO, 2016, p. 144).

Já as normas suplementares ambientais devem ampliar os patamares mínimos de proteção constantes das normas gerais, **na medida de suas necessidades e particularidades**. Ou seja, Estados, DF e Municípios podem criar normas ambientais mais restritivas do que as normas gerais (pois assim respeitam o piso de proteção estabelecido pela lei nacional), mas não podem criar normas menos restritivas (pois assim ficam aquém desse piso). A esse respeito o STF já se pronunciou em diversas oportunidades, como na ação em que declarou inconstitucional norma estadual que permitia a edificação particular com finalidade recreativa em Áreas de Preservação Permanente – APP, colidindo, dessa forma, com a lei nacional (Código Florestal), que a desautorizava (ADI 4.988, Rel. Min. Alexandre de Moraes, j. 19-9-2018).

Não existe hierarquia entre as normas gerais da União e as normas complementares dos Estados e DF, mas sim campos de atuação predefinidos. Nesse sentido, se a União editar uma norma geral para regular aspectos particulares de um determinado Estado, estará extrapolando a sua competência e invadindo a competência de outro ente político. Logo, a norma geral será inconstitucional por ferir o art. 24, § 1º, da CF.

2.2.1. Competência dos municípios para legislar sobre meio ambiente

Embora os Municípios integrem a Federação, com autonomia política e administrativa e uma série de competências legislativas próprias outorgadas pela Constituição (federalismo de duplo grau), não foram mencionados no art. 24 da CF/88, que disciplina a competência concorrente. Mas alguns fenômenos ambientais ocorrem de forma tão particular e distinta nas diferentes cidades, que somente as esferas municipais poderão lhes dar um tratamento adequado. Por isso, é aceito pela doutrina e jurisprudência dominantes que os **Municípios podem legislar sobre meio ambiente**, seja quando a questão ambiental for de interesse preponderantemente local, nos termos do art. 30, I, da CF/88, seja quando se fizer necessária a complementação das normas gerais ambientais da União e do Estado para atender as peculiaridades locais, nos termos do art. 30, II, da CF/88.

Sedimentando esse entendimento, o STF decidiu, em sede de repercussão geral, que "o Município é competente para legislar sobre meio ambiente com União e Estado, no limite de seu interesse local e desde que tal regramento seja harmônico com a disciplina estabelecida pelos demais entes federados (art. 24, VI c/c 30, I e II da CRFB)" (RE 586.224, Rel. Min. Luiz Fux, j. 5-3-2015). (No mesmo sentido: RE 673.681, Rel. Min. Celso de Mello, j. 15-12-2014, e RE 194.704, Rel. Min. Edson Fachin, j. 29-6-2017).

Competência legislativa ambiental:

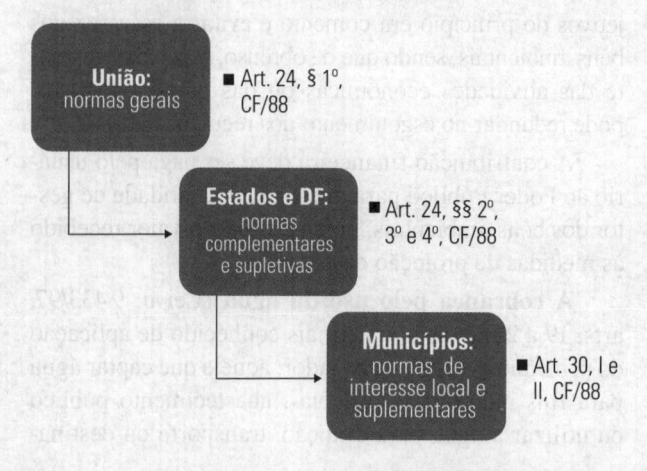

- **União:** normas gerais — Art. 24, § 1º, CF/88
- **Estados e DF:** normas complementares e supletivas — Art. 24, §§ 2º, 3º e 4º, CF/88
- **Municípios:** normas de interesse local e suplementares — Art. 30, I e II, CF/88

2.3. Competência administrativa ambiental

De acordo com a CF/88, a competência administrativa pode ser exclusiva ou comum, sendo que a competência administrativa ambiental, nos termos do **art. 23 do Texto Constitucional**, é **comum**, o que implica dizer que União, Estados, DF e Municípios podem executar leis e políticas que visem proteger "bens de valor histórico, artístico e cultural, os monumentos, as paisagens naturais notáveis e os sítios arqueológicos" (art. 23, III); "proteger o meio ambiente e combater a poluição em qualquer de suas formas" (art. 23, VI) e "preservar as florestas, a fauna e a flora" (art. 23, VII).

A vantagem do sistema cumulativo de competência é que, caso um dos entes políticos se omita na adoção das iniciativas de resguardo do meio ambiente, outro poderá suprir a omissão, inibindo ou reprimindo as ações degradadoras. A desvantagem é que entes políticos podem pretender atuar ao mesmo tempo em prol do meio ambiente, mas com medidas antagônicas, não trazendo a Constituição um critério claro para determinar qual delas deve prevalecer. O que faz a Constituição é relegar à **lei complementar** a fixação de normas de cooperação entre União, Estados, DF e Municípios, as quais, sem aniquilar a competência dos entes federados, devem estabelecer parâmetros e delimitar espaços de atuação conjunta e não conflitante, no campo da proteção ambiental (art. 23, parágrafo único).

Para disciplinar a cooperação dos entes federados nos assuntos ambientais, foi editada a **Lei Complementar n. 140/2011**, que tem por objetivo, dentre outros, "harmonizar as políticas e ações administrativas para **evitar a sobreposição de atuação** entre os entes federativos, de forma a **evitar conflitos de atribuições** e garantir uma atuação administrativa eficiente" (art. 3º, III) e "garantir a uniformidade da política ambiental para todo o País, respeitadas as peculiaridades regionais e locais" (art. 3º, IV).

A LC n. 140/2011 lista separadamente as ações administrativas da União (art. 7º), dos Estados (art. 8º), dos Municípios (art. 9º) e do Distrito Federal (combinação dos arts. 8º e 9º).

Na definição das competências comuns, a LC n. 140/2011 estabelece os campos de atuação de três formas: (i) **atividades que cabem a todos os entes da Federação**: alguns assuntos, por sua natureza, possibilitam que todos os entes atuem ao mesmo tempo e até em linhas distintas, sem que isso gere conflitos, como, p. ex., promoção de estudos e pesquisas direcionados à proteção e à gestão ambiental, com a divulgação dos resultados obtidos; definição de espaços territoriais e seus componentes a serem especialmente protegidos e promoção da educação ambiental em todos os níveis de ensino e a conscientização pública para a proteção do meio ambiente; (ii) **atividades que cabem a um único ente da Federação**: algumas atribuições devem ser exercidas por apenas um ente pois a atuação conjunta pode trazer conflitos de difícil solução, como, p. ex., o controle da introdução no País de espécies exóticas da flora e da fauna potencialmente invasoras e o controle ambiental sobre o transporte marítimo e o transporte interestadual (fluvial ou terrestre) de produtos perigosos, que são atribuídos apenas à União, e a aprovação do funcionamento de criadouros de fauna silvestre, que pode ser executada apenas pelos Estados e DF; e (iii) **atividades que cabem a todos os entes da Federação, com definição de espaços de atuação específicos para cada qual**: certas atividades podem ser executadas por todos os entes da Federação, mas em níveis distintos, para evitar que as ações se confrontem, como, p. ex., o licenciamento ambiental (União, Estados, DF e Municípios podem licenciar obras e atividades potencial e efetivamente poluidoras, mas cada qual em uma esfera específica, a fim de evitar que um mesmo empreendimento seja submetido a dois licenciamentos ambientais distintos); a autorização de supressão e manejo de vegetação em unidades de conservação (tarefa exclusiva do ente federativo que instituiu a UC); e a fiscalização ambiental (todos os entes podem fiscalizar, respeitadas algumas regras para evitar sobreposição de autos de infração).

A LC n. 140/2011 autoriza a delegação da execução de ações administrativas de um ente federativo a outro, mediante convênio, desde que o ente delegatário disponha de órgão ambiental capacitado a executar as ações administrativas delegadas (i.e, que possua técnicos próprios ou em consórcio, devidamente habilitados e em número compatível com a demanda gerada pelas ações administrativas delegadas) e de conselho de meio ambiente (art. 5º).

2.4. Sistema Nacional do Meio Ambiente – Sisnama

O **Sisnama** foi criado pela Lei n. 6.938/81 (art. 6º), sendo ele uma estrutura político-administrativa oficial e governamental, que representa a "articulação da rede de órgãos ambientais existentes e atuantes em todas as esferas da Administração Pública" (MILARÉ, 2015, p. 646), composto por **órgãos públicos** com poderes normativos, consultivos e executivos das três instâncias federativas – todos eles com a responsabilidade de proteger e melhorar a qualidade ambiental, dentro de suas competências e atribuições.

O órgão superior do Sisnama é o **Conselho de Governo**, com a função de assessorar o Presidente da República na formulação da política nacional e nas diretrizes governamentais para o meio ambiente e os recursos ambientais (art. 6º, I). O órgão consultivo e deliberativo, no âmbito nacional, é o **Conselho Nacional do Meio Ambiente – Conama**, que tem a finalidade de assessorar, estudar e propor ao Conselho de Governo diretrizes de políticas governamentais para o meio ambiente e os recursos naturais e deliberar sobre normas e padrões compatíveis com o meio ambiente ecologicamente equilibrado e essencial à sadia qualidade de vida (art. 6º, II). O órgão central é o **Ministério do Meio Ambiente** (na lei, ainda chamado de Secretaria do Meio Ambiente da Presidência da República), que tem por objetivo planejar, coordenar, supervisionar e controlar a política nacional e as diretrizes governamentais fixadas para o meio ambiente (art. 6º, III). Os órgãos executores, ainda no plano nacional, são o **Instituto Brasileiro do Meio Ambiente e dos Recursos Naturais Renováveis – Ibama** e o **Instituto Chico Mendes de Conservação da Biodiversidade – ICMBio**, tendo ambos a finalidade de executar e fazer executar a política e as diretrizes governamentais fixadas para o meio ambiente (art. 6º, IV). O Sisnama também abriga os **órgãos seccionais e locais**, ou seja, estaduais e municipais, responsáveis pela edição de normas supletivas e suplementares às normas do Conama, e pelo controle e fiscalização de atividades capazes de provocar a degradação ambiental (art. 6º, V e VI e §§ 1º e 2º).

■ 3. LICENCIAMENTO AMBIENTAL E ESTUDOS AMBIENTAIS

■ 3.1. Licenciamento ambiental

As atividades **utilizadoras de recursos ambientais** e/ou **potencialmente poluidoras** que atendam necessidades e demandas da sociedade, como a mineração, indústria, rodovias, portos, aeroportos, exploração florestal etc., poderão ser desenvolvidas, desde que adotem equipamentos, técnicas e procedimentos para o uso racional dos recursos e controle da degradação ambiental, com o objetivo de impedir os impactos negativos do empreendimento ou pelo menos mitigá-los. E o **licenciamento ambiental** é o instrumento da Política Nacional do Meio Ambiente (art. 9º, IV, da PNMA) que tem por finalidade garantir que tais atividades somente sejam implantadas e operadas se respeitarem as condições, restrições e cuidados estabelecidos pela legislação ambiental.

O licenciamento ambiental é o instrumento de **prevenção e controle** de impactos ambientais negativos de obras e atividades que, por sua natureza, possam comprometer a disponibilidade dos recursos naturais e/ou afetar o equilíbrio ambiental. Decorre ele do exercício do **poder de polícia** da Administração Pública, que condiciona o uso da propriedade e o exercício da atividade econômica aos interesses da coletividade.

■ 3.1.1. Exigibilidade

Segundo o **art. 10 da PNMA**, o licenciamento ambiental é exigível para a aprovação de construção, instalação, ampliação e funcionamento dos estabelecimentos e atividades **utilizadores de recursos ambientais**, considerados efetiva ou potencialmente poluidores ou capazes, sob qualquer forma, de causar **degradação ambiental**.

A **Res. Conama 237/97** fornece uma lista **exemplificativa** de obras e atividades sujeitas ao licenciamento ambiental, a partir da presunção de seu potencial degradador, tais como: extração e tratamento de minerais, indústrias, rodovias, ferrovias, hidrovias, marinas, portos, aeroportos, projetos agrícolas, parcelamento do solo e complexos turísticos e de lazer. E diversas outras resoluções exigem o licenciamento ambiental de empreendimentos não listados na Res. Conama 237/97, tais como Res. Conama 335/2003 (licenciamento de cemitérios) e Res. Conama 465/2014 (licenciamento de estabelecimentos destinados ao recebimento de embalagens de agrotóxicos). O rol de atividades sujeitas ao licenciamento é meramente exemplificativo, de sorte que o órgão ambiental licenciador pode exigir o licenciamento ambiental de empreendimentos não listados nas resoluções, se verificar o seu enquadramento em uma das hipóteses previstas no art. 10 da PNMA.

■ 3.2. Licenças ambientais

O licenciamento ambiental é um **procedimento administrativo** no qual são concedidas, via de regra, **três licenças distintas:** (i) Licença Prévia (LP); (ii) Licença de Instalação (LI) e (iii) Licença de Operação (LO).

A licença ambiental é o **ato administrativo** pelo qual o órgão ambiental competente estabelece as condições, restrições e medidas de controle ambiental que deverão ser obedecidas pelo empreendedor para a localização, instalação, ampliação e operação do empreendimento ou atividade sujeito ao licenciamento ambiental (Res. Conama 237/97, art. 1º, II).

A **LP** é concedida na fase preliminar do planejamento do empreendimento, aprovando sua **localização** e **concepção**, atestando a **viabilidade ambiental** e estabelecendo os requisitos básicos e condicionantes a serem atendidos nas próximas fases de sua implementação. A **LI** autoriza a **instalação** do empreendimento de acordo com as especificações constantes dos planos, programas e projetos aprovados, e as medidas de controle ambiental e demais condicionantes. A **LO** autoriza a **operação** do empreendimento instalado, após a verificação do efetivo cumprimento das condicionantes estabelecidas nas licenças anteriores e mediante o estabelecimento das medidas de controle ambiental e condicionantes a serem observadas na fase da operação (Res. Conama 237/97, art. 8º, I, II e III).

Licenciamento ambiental e licenças ambientais:

Licença Prévia (LP) – *planejamento* → Licença de Instalação (LI) – *implantação* → Licença de Operação (LO) – *funcionamento*

3.2.1. Prazo para análise dos pedidos de licença ambiental

A Res. Conama 237/97 (arts. 14 e 15) estabelece **prazos máximos para análise dos pedidos de licença ambiental**, a serem observados pelo órgão ambiental licenciador, sendo eles de: (i) 6 (seis) meses contados do protocolo do requerimento de licença (prévia, de instalação ou de operação) ou (ii) 12 (doze) meses contados do protocolo do requerimento de licença caso nesta etapa seja apresentado EIA/RIMA. Tais prazos poderão ser suspensos por até 4 (quatro) meses caso o empreendedor tenha que prestar esclarecimentos ou complementar as informações ou estudos ambientais (art. 14, § 1º, c/c art. 15); e poderão ser alterados em comum acordo entre o órgão licenciador e o empreendedor (art. 14, § 2º).

Não sendo cumpridos os prazos mencionados pelo órgão licenciador, o licenciamento poderá ser assumido pelo órgão ambiental que detenha competência para atuar supletivamente, conforme previsto pelo art. 16 da Res. Conama 237/97 c/c art. 14, § 3º, da Lei Complementar 140/2011. A competência para atuação supletiva no âmbito do licenciamento ambiental encontra-se estabelecida no art. 15 da LC 140/2011: a União detém competência supletiva com relação aos Estados e DF e os Estados detém competência supletiva com relação aos Municípios.

Importa ressaltar que o não cumprimento dos prazos para análise dos pedidos de licença **não redunda no licenciamento tácito**. O art. 14, § 3º, da LC 140/2011 prevê de forma categórica que "o decurso dos prazos de licenciamento, sem a emissão da licença ambiental, não implica emissão tácita nem autoriza a prática de ato que dela dependa ou decorra".

À vista disso, não se aplica ao licenciamento ambiental o disposto no art. 3º, IX, da Lei 13.874/2019 (Lei da Liberdade Econômica), segundo o qual haverá aprovação tácita das atividades cuja liberação dependa de ato público caso a autoridade competente permaneça em silêncio após o prazo máximo estipulado para a análise do pedido. Em reforço a esse entendimento, o regulamento desta lei – Decreto 10.178/2019 – cuidou de deixar clara a não aplicação da aprovação tácita ao licenciamento ambiental e demais atos públicos de liberação de atividades com impacto significativo ao meio ambiente (art. 10, § 3º, IV e V).

3.2.2. Validade e revisão das licenças ambientais

A Res. Conama 237/97 (art. 18, I, II e III) estabelece **prazos de validade** para as três licenças ambientais, sendo eles:

	Licença Prévia	Licença de Instalação	Licença de Operação
Prazo mínimo	O estabelecido pelo cronograma de elaboração dos planos, programas e projetos relativos ao empreendimento	O estabelecido pelo cronograma de instalação do empreendimento	4 anos
Prazo máximo	5 anos	6 anos	10 anos

A LP e a LI, após cumprirem seu objeto, não precisam ser renovadas. Já a LO precisa ser **renovada periodicamente**, enquanto a atividade licenciada permanecer em operação, valendo lembrar que o pedido de renovação deve ser apresentado ao órgão ambiental com antecedência mínima de 120 (cento e vinte) dias da expiração da validade. Respeitado este prazo, a LO ficará **automaticamente prorrogada** até a manifestação definitiva do órgão ambiental (art. 14, § 4º, LC 140/2011).

> Apesar de as licenças ambientais terem prazos de validade e certa estabilidade, pode o órgão ambiental, a qualquer tempo e mediante decisão motivada, suspendê-las, cassá-las ou modificar as condicionantes e medidas de controle e adequação nelas estabelecidas se: (i) o empreendedor violar quaisquer condicionantes ou normas legais ou o órgão ambiental constatar que as condicionantes estabelecidas são inadequadas; (ii) o órgão ambiental descobrir que o empreendedor omitiu ou apresentou falsa descrição de informações relevantes que subsidiaram a concessão da licença ou, ainda, (iii) em caso de superveniência de graves riscos ambientais e de saúde (art. 19, I, II e III, da Res. Conama 237/97). As licenças ambientais, portanto, não geram direito adquirido ao empreendedor.

3.2.3. Ausência de licenças ambientais

Os empreendimentos instalados, ampliados ou em operação sem as licenças ambientais exigíveis ficam sujeitos à: (i) **responsabilização penal** (art. 60 da Lei n. 9.605/98: detenção de um a seis meses, ou multa, ou ambas as penas cumulativamente); (ii) **responsabilização administrativa** (art. 66 do Decreto n. 6.514/2008: multa de R$ 500,00 a R$ 10.000.000,00) e (iii) **responsabili-**

zação civil, se a atividade não licenciada causar danos ambientais (art. 14, § 1º, do PNMA).

Além das sanções acima mencionadas, são cabíveis outras sanções destinadas a prevenir ou interromper possíveis danos ao meio ambiente, tais como o embargo de obra, a suspensão da atividade e, nos casos mais graves, a demolição da construção irregular.

3.3. Competência para licenciar

Nos termos do art. 23 da Constituição Federal, União, Estados, DF e Municípios têm competência para proteger o meio ambiente e, consequentemente, para licenciar obras e atividades utilizadoras de recursos ambientais ou potencialmente causadoras de degradação ambiental. Mas para evitar licenciamentos conflitantes e insegurança jurídica, a LC n. 140/2011 determina quais empreendimentos cada ente federativo pode licenciar e arremata que o licenciamento deve se dar **em um único nível** (art. 13), oferecendo ao ente político que não detenha competência para licenciar mas esteja em posição de sofrer os impactos do projeto a oportunidade de tão apenas se manifestar no procedimento, de forma **não vinculante**.

Os empreendimentos e atividades sujeitos ao **licenciamento da União** estão listados no art. 7º, XIV e XV, como, p. ex., os localizados ou desenvolvidos conjuntamente no Brasil e em país limítrofe, ou em dois ou mais Estados ou, ainda, em terras indígenas; os destinados a pesquisar, lavrar, produzir, beneficiar, transportar, armazenar e dispor material radioativo; os que apresentem tipologia estabelecida por ato do Poder Executivo, a partir de proposição da Comissão Tripartite Nacional (*vide* Decreto n. 8.437/2015).

Os empreendimentos e atividades sujeitos ao **licenciamento dos Estados e DF** estão listados no art. 8º, XIV, XV e XVI, como, p. ex., os localizados ou desenvolvidos em unidades de conservação instituídas pelo Estado e DF e todos aqueles que não sejam licenciáveis pela União ou pelos Municípios (competência residual).

Os empreendimentos e atividades sujeitos ao **licenciamento dos Municípios e (também) DF** estão listados no art. 9º, XIV e XV, como, p. ex., os que causem ou possam causar impacto ambiental de âmbito local, conforme tipologia definida pelos respectivos Conselhos Estaduais de Meio Ambiente.

Havendo necessidade de supressão de vegetação nativa para a implantação do empreendimento, o órgão competente para o licenciamento ambiental será também competente para autorizá-la.

3.3.1. Competência para fiscalizar empreendimentos licenciados

O art. 17 da LC n. 140/2011 diz competir ao órgão responsável pelo licenciamento ou autorização de um empreendimento ou atividade, lavrar auto de infração ambiental e instaurar processo administrativo para a apuração de infrações à legislação ambiental cometidas pelo empreendimento ou atividade licenciada ou autorizada. Uma hidrelétrica licenciada pelo IBAMA, portanto, deve ser também fiscalizada pelo IBAMA, da mesma forma que uma indústria licenciada pelo órgão estadual de meio ambiente deve ser por ele fiscalizada.

Como a competência administrativa ambiental é **comum** (art. 23, VI e VII, CF/88), isso não impede que, em **situações emergenciais**, os outros entes da Federação atuem diante de um empreendimento ou obra que não tenham licenciado visando controlar um risco ambiental, haja vista a previsão do § 2º do art. 17, de que, na iminência ou ocorrência de degradação da qualidade ambiental, o ente federativo que tiver conhecimento do fato deverá determinar medidas para evitá-la, fazer cessá-la ou mitigá-la, comunicando imediatamente ao órgão competente para as providências cabíveis. Não poderia ser diferente, já que a prevenção de danos ambientais é uma necessidade e não mera conveniência, e exige medidas imediatas do órgão ambiental que, naquele momento, possa enfrentar o problema com mais agilidade.

Não impede também que qualquer ente federativo exerça a competência comum de fiscalização para detectar a conformidade dos empreendimentos e atividades licenciados ou autorizados por outro, inclusive para suprir eventual omissão do ente com "competência preferencial". Mas o § 3º do art. 17 adverte que, em caso de duplicidade de autuação, prevalecerá o auto de infração "lavrado pelo órgão que detenha a atribuição de licenciamento ou autorização", para que não ocorra *bis in idem*. Dessa forma, se um empreendimento licenciado pelo município cometer uma infração e for autuado pelo órgão ambiental estadual e pelo órgão ambiental municipal, somente responderá pelo auto de infração municipal.

3.4. Estudos ambientais

O órgão ambiental necessita de **subsídios técnicos e científicos** relacionados às características e aos impactos ambientais negativos e positivos do empreendimento, dentre outros aspectos relevantes, para poder deliberar sobre a concessão (ou indeferimento) das licenças ambientais e sobre as condicionantes e medidas de controle e adequação a serem adotadas pelo empreendedor. Por isso, em todo licenciamento ambiental é obrigatória a apresentação, pelo empreendedor, de **estudos ambientais**, ou seja, "estudos relativos aos aspectos ambientais relacionados à localização, instalação, operação e ampliação de uma atividade ou empreendimento, apresentado como subsídio para a análise da licença requerida" (Res. Conama 237/97, art. 1º, III).

Há diversas espécies de estudos ambientais, a exemplo do relatório ambiental preliminar, do plano de manejo, do plano de recuperação de área degradada e do estudo prévio de impacto ambiental (EIA/RIMA).

3.4.1. EIA/RIMA

A Constituição Federal determina que o Poder Público exija estudo prévio de impacto ambiental (o chamado **EIA/RIMA**) "para instalação de obra ou atividade potencialmente causadora de **significativa degradação do meio ambiente**" (art. 225, § 1º, IV).

> À luz da CF/88, portanto, o EIA/RIMA é um estudo ambiental abrangente e profundo que deve ser exigido (apenas) no licenciamento ambiental de empreendimentos que tenham um potencial poluidor expressivo, muito grande. No licenciamento de empreendimentos com impacto ambiental de menor intensidade fica dispensado o EIA/RIMA, devendo o órgão ambiental exigir estudos ambientais mais simples.

O EIA/RIMA será feito por uma equipe multidisciplinar, composta de profissionais de várias áreas do conhecimento (p.ex., biólogo, engenheiro florestal, químico etc.), cujos custos serão suportados pelo empreendedor. Os membros da equipe multidisciplinar responderão penal (art. 69-A, Lei n. 9.605/98) e administrativamente (art. 82, Decreto n. 6.514/2008) se produzirem laudos, relatórios e estudos total ou parcialmente falsos ou enganosos, inclusive por omissão.

O art. 225, § 1º, IV, da CF exige seja dada **publicidade** ao EIA. E a publicidade deve contemplar dois aspectos: o **acesso material (ou físico)**, que diz respeito à possibilidade de qualquer cidadão consultar os dados e documentos apresentados pelo empreendedor (resguardado o sigilo industrial), e o **acesso intelectual**, que diz respeito à simplificação e "tradução" das informações técnicas e conclusões do estudo, para que o cidadão leigo possa compreender as vantagens e desvantagens do projeto e suas consequências para o meio ambiente. A tarefa de tornar o EIA inteligível à população cabe ao **RIMA** (Relatório de Impacto ao Meio Ambiente) – peça obrigatória que deve acompanhar todo e qualquer estudo prévio de impacto ambiental, nos termos da Res. Conama 001/86 (art. 9º), e que deve ser apresentado de forma objetiva e adequada a sua compreensão, com informações traduzidas em linguagem acessível, ilustradas por mapas, cartas, quadros, gráficos e demais técnicas de comunicação visual.

A coletividade tem ainda o direito de buscar esclarecimentos sobre o EIA/RIMA, apresentar críticas e propor contribuições ao licenciamento em **audiências públicas**, convocadas pelo órgão ambiental sempre que ele julgar necessário, ou quando requerido por entidade civil, Ministério Público ou 50 ou mais cidadãos (Res. Conama 009/87, art. 2º).

3.4.2. EIA e compensação ambiental

A Lei n. 9.985/2000 (SNUC) determina que, em todos os licenciamentos **sujeitos ao EIA/RIMA**, os respectivos empreendedores serão obrigados a "apoiar a implantação e manutenção de unidade de conservação do Grupo de Proteção Integral" (art. 36) ou unidades de conservação do Grupo de Uso Sustentável, caso sejam afetadas pelo empreendimento (art. 36, § 3º) ou, ainda, unidades de conservação do Grupo de Uso Sustentável que sejam de posse e domínio públicos, especialmente as localizadas na Amazônia Legal, se houver interesse público (art. 36, § 4º).

Trata-se de uma forma de **compensar antecipadamente** os danos **inevitáveis** que o projeto causará ao meio ambiente durante e após a sua implantação, identificados no EIA/RIMA. O valor a ser desembolsado pelo empreendedor será fixado pelo órgão ambiental licenciador conforme o grau de impacto ambiental do empreendimento. Cumpre mencionar que a redação original do art. 36, § 1º, previa que o valor da compensação seria de no mínimo meio por cento dos custos totais de implantação do empreendimento. Entretanto, em ação direta de inconstitucionalidade ajuizada contra a compensação ambiental, o STF reconheceu a constitucionalidade desse instituto mas declarou **inconstitucional** o trecho que estabelecia o cálculo compensatório (cf. ADI 3.378, Rel. Min. Ayres Britto, j. 9-4-2008). O critério atualmente atualizado nos licenciamentos ambientais é o ditado no Decreto n. 6.848/2009 (altera o Decreto n. 4.340/2002 – regulamento da Lei do SNUC), que mantém a fórmula de aplicação de um percentual sobre o custo do projeto e estabelece como **percentual máximo** da compensação o que era, na Lei n. 9.985/2000, o seu percentual mínimo: **meio por cento**.

O órgão ambiental licenciador, com o apoio da Câmara de Compensação Ambiental criada pelo Ministério do Meio Ambiente (ou pelos Estados e Municípios, em suas estruturas administrativas de meio ambiente), deverá definir as unidades de conservação beneficiadas com os recursos da compensação bem como as ações a serem desenvolvidas em prol das UCs beneficiárias com os recursos da compensação ambiental, que englobam, dentre outras, a regularização fundiária e demarcação das terras das UCs; a elaboração, revisão ou implantação de plano de manejo e o desenvolvimento de estudos necessários à criação de nova UC (art. 33 do Decreto n. 4.340/2002).

A compensação ambiental pode ser executada **de forma direta ou indireta**. A **execução direta** ocorre quando o próprio empreendedor realiza as ações em prol das UCs beneficiárias, a partir das determinações ou orientações do órgão ambiental (p. ex., contrata a empresa responsável pela elaboração do plano de manejo da UC). A **execução indireta** ocorre quando, nos termos autorizados pela Lei n. 13.668/2018, o empreendedor deposita o valor da compensação ambiental em um fundo privado, administrado por instituição financeira oficial selecionada pelo órgão ambiental, para que esta faça a sua gestão e aplicação em benefício das UCs beneficiárias.

Segundo o Decreto n. 4.340/2002, os recursos da compensação ambiental devem ser aplicados, dentre outros, na regularização fundiárias das UCs, elaboração, revisão ou implantação de plano de manejo, aquisição de bens e serviços necessários à implantação, gestão, monitoramento e proteção da unidade (art. 33).

3.4.3. EIA e EIV

O EIA não deve ser confundido com o EIV (Estudo Prévio de Impacto de Vizinhança). Este último é um estudo previsto no Estatuto da Cidade (art. 36), exigido pelo Município para a emissão de **licença de construção ou ampliação** de empreendimentos (a ser) instalados na área urbana que possam causar **impactos no entorno (vizinhança)**, em decorrência do adensamento populacional, geração de tráfego e demanda por transporte público, desvalorização imobiliária, insuficiência dos equipamentos urbanos e comunitários etc.

Os empreendimentos privados e públicos sujeitos ao EIV devem estar previstos na legislação municipal.

> O EIA é condição para a concessão de **licenças ambientais** de empreendimentos potencialmente causadores de impacto significativo ao meio ambiente. O EIV é condição para a concessão de **licenças urbanísticas** de empreendimentos potencialmente causadores de impacto significativo à vizinhança. São estudos independentes, que visam instruir procedimentos administrativos distintos, tanto é que o Estatuto da Cidade dispõe que a elaboração do EIV não substitui a elaboração e a aprovação de estudo prévio de impacto ambiental (EIA), requeridas nos termos da legislação ambiental (art. 38).

4. SISTEMA NACIONAL DAS UNIDADES DE CONSERVAÇÃO – SNUC

4.1. Espaços Territoriais Especialmente Protegidos (ETEPs) e Unidades de Conservação (UCs)

A CF/88 impõe ao Poder Público o dever de "definir, em todas as unidades da federação, **espaços territoriais e seus componentes a serem especialmente protegidos**" (art. 225, § 1º, III), os quais ficam submetidos a um regime jurídico especial de proteção, que impeça ou restrinja a sua utilização e, assim, garanta a integridade de seus atributos ambientais. Dentre os ETEPs, merecem destaque as **Unidades de Conservação**.

As Unidades de Conservação são espaços territoriais geograficamente delimitados, que apresentam características naturais e/ou paisagísticas relevantes e sobre os quais incidem regras jurídicas rigorosas de proteção e de conservação da biodiversidade e demais riquezas ambientais.

A **Lei n. 9.985/2000** institui o Sistema Nacional das Unidades de Conservação – SNUC, e o **Decreto n. 4.340/2002** a regulamenta.

4.2. Grupos e categorias

O SNUC divide as Unidades de Conservação em dois **grupos**, conforme o grau de proteção e de restrição à utilização de seus recursos naturais: (i) proteção integral e (ii) uso sustentável.

No **grupo de proteção integral** estão as UCs com regime jurídico mais restritivo, que têm por objetivo "preservar a natureza, sendo admitido apenas o uso indireto dos seus recursos naturais" (art. 7º, § 1º). O **uso indireto** é aquele que não envolve consumo, coleta, dano ou destruição dos recursos naturais. Neste grupo estão as seguintes **categorias** de UCs: (i) Estação Ecológica; (ii) Reserva Biológica; (iii) Parque Nacional; (iv) Monumento Natural; e (v) Refúgio de Vida Silvestre.

No **grupo de uso sustentável** estão as UCs com regime jurídico menos restritivo, que têm por objetivo "compatibilizar a conservação da natureza com o uso sustentável de parcela dos seus recursos naturais" (art. 7º, § 2º). O **uso sustentável** envolve a coleta e utilização, comercial ou não, dos recursos naturais, seguindo um modelo de exploração racional que não cause prejuízo para a biodiversidade e demais atributos ecológicos da área. Neste grupo estão as seguintes **categorias** de UCs: (i) Área de Proteção Ambiental (APA); (ii) Área de Relevante Interesse Ecológico; (iii) Floresta Nacional; (iv) Reserva Extrativista; (v) Reserva de Fauna; (vi) Reserva de Desenvolvimento Sustentável; e (vii) Reserva Particular do Patrimônio Natural (RPPN).

> A diferença mais importante entre os dois grupos é a **possibilidade de acesso e/ou de uso de seus recursos naturais**: proibida ou severamente limitada no Grupo das Unidades de Conservação de Proteção Integral, e permitida, porém controlada, no Grupo das Unidades de Conservação de Uso Sustentável.

4.3. Criação, ampliação dos limites e mudança de grupo (uso sustentável para proteção integral)

As UCs podem ser **criadas** pelo Poder Público federal, estadual e municipal, **mediante lei** (aprovada pelo Poder Legislativo) ou **mediante decreto** (editado pelo chefe do Poder Executivo). Ainda que algumas vozes isoladas defendam que a criação de unidades de conservação sobre áreas particulares deve se dar por lei em sentido formal, o STF tem decisões em sentido contrário, sustentando que "é lícito ao Poder Público criar unidades de conservação por meio de Decretos, visto que com isso se agrega maior proteção ambiental" (STF, ACO 838, Rel. Min. Alexandre de Moraes, j. 16-5-2019) e que a própria CF/88 abriu margem, no art. 225, § 1º, III, "para que outros atos do Poder Público, além de lei em sentido estrito, pudessem ser utilizados como mecanismos de instituição de espaços ambientais protegidos" (STF, ADI 3.646, Rel. Min. Dias Toffoli, j. 20-9-2019).

O mesmo se aplica à **ampliação dos limites territoriais de UC** já criada e à **mudança** de UC de uma categoria do grupo de uso sustentável para uma categoria do grupo de proteção integral (art. 22, §§ 5º e 6º, do SNUC), revelando que o intuito da legislação é facilitar e incentivar a instituição e preservação desses espaços, permitindo que tanto o Poder Legislativo como o Poder Executivo tenham a iniciativa de aumentar a área ou o grau de proteção das UCs. Afinal, como já decidido pelo STF, "se para inovar no campo concreto e efetuar limitação ao direito à propriedade, a Constituição não requisitou do Poder Público a edição de lei, tanto mais não o faria para simples ampliação territorial ou modificação do regime de uso aplicável à unidade de conservação, a fim de conferir a ela superior salvaguarda (de proteção parcial para proteção integral)" (STF, ADI 3.646, Rel. Min. Dias Toffoli, j. 20-9-2019).

O SNUC exige que a criação de uma UC seja precedida de **estudos técnicos** e de **consulta pública** (dispensada a consulta apenas para criação de Estação Ecológica e Reserva Biológica), pois eles é que permitirão que o Poder Público identifique a localização, a dimensão e as limitações mais adequadas da área (art. 22, §§ 2º, 3º e 4º). Para a **ampliação dos limites da UC** e **mudança da UC de um grupo menos restritivo para um grupo mais restritivo**, o SNUC exige expressamente apenas a consulta pública, mas, por uma questão lógica, os estudos técnicos são também necessários (podendo, também por uma questão lógica, ser dispensados se os estudos feitos para a criação da UC forem suficientemente abrangentes e atuais para orientar a decisão de ampliação ou alteração).

4.4. Desafetação, redução dos limites e mudança de grupo (proteção integral para uso sustentável)

Com o objetivo de dificultar e desestimular a flexibilização do regime de proteção dos espaços territoriais especialmente protegidos, a CF/88 dispõe que a sua **alteração e supressão serão permitidas somente através de lei** (art. 225, § 1º, III). E esta determinação se aplica mesmo quando o ETEP tenha sido criado por ato normativo hierarquicamente inferior, ou seja, por decreto.

Sendo as UCs espaços territoriais especialmente protegidos, são atingidas pela regra constitucional em questão, de forma que apenas mediante **lei** em sentido formal é que se poderá **revogar** o ato de criação de uma UC (supressão/desafetação), **reduzir os seus limites geográficos** (que nada mais é do que a supressão/desafetação de uma parte da UC) e mudá-la de uma **categoria do grupo de proteção integral para uma categoria do grupo de uso sustentável** (art. 22, § 7º, do SNUC).

Em síntese:

Por lei ou decreto	Somente por lei
■ criação	■ revogação do ato de criação
■ ampliação dos limites territoriais	■ redução dos limites territoriais
■ mudança do grupo de Uso Sustentável para Proteção Integral	■ mudança do grupo de Proteção Integral para Uso Sustentável

Cumpre esclarecer, por fim, que Medidas Provisórias, por não constituírem lei em sentido formal, não podem desafetar, reduzir os limites ou mudar as UCs do grupo de proteção integral para o grupo de uso sustentável, conforme decidido pelo STF no âmbito da ADI 4.717 (Rel. Min. Cármen Lúcia, j. 5-4-2018) e da ADI 6.553 (Rel. Min. Alexandre de Moraes, j. 15-3-2021 – medida cautelar).

4.5. Zona de amortecimento

Todas as UCs, à exceção das APAs e RPPNs, devem ter uma **zona de amortecimento**, i.e., uma área no entorno da unidade, "onde as atividades humanas estão sujeitas a normas e restrições específicas, com o propósito de minimizar os impactos negativos sobre a unidade" (art. 2º, XVIII, do SNUC).

A zona de amortecimento protege as UCs das alterações adversas causadas aos seus recursos naturais pelas atividades agropecuárias, industriais, sociais e de lazer realizadas em seu entorno. Admite-se a realização de atividades antrópicas na zona de amortecimento, mas sob **determinadas restrições**, para o resguardo da UC com a qual ela faz limite.

A **extensão** da zona de amortecimento é estabelecida caso a caso, conforme as necessidades de proteção da UC a qual ela está ligada, cabendo ao ato de criação da UC a definição de seus limites ou, no silêncio deste, a ato normativo posterior (art. 25, § 2º, do SNUC).

4.6. Plano de manejo e zoneamento

Todas as UCs, sem exceção, devem dispor de um **plano de manejo** (art. 27 do SNUC) e de um **zoneamento** (art. 2º, XVI, do SNUC).

O **plano de manejo** é o documento técnico que orienta a proteção, utilização e manutenção da UC, estabelecendo o seu zoneamento e as normas sobre o uso da área e o manejo dos recursos naturais, inclusive a implantação das estruturas físicas necessárias à gestão da unidade. Deve ele ser elaborado no prazo máximo de 5 anos, contados da criação da Unidade.

O **zoneamento** consiste na definição de setores ou zonas no interior das UCs, com o objetivo de estabelecer as atividades que poderão ser desenvolvidas em cada uma dessas zonas, impondo maiores restrições nas áreas mais vulneráveis e importantes e menores restrições nas áreas alteradas e antropizadas, com a possibilidade de até mesmo impor restrição total nas áreas em que qualquer intervenção humana possa representar dano ou risco de dano ambiental.

Nessa esteira, pode-se criar nas UCs, a título de exemplo, zonas intangíveis, fechadas para qualquer atividade humana, zonas onde apenas a pesquisa científica seja permitida, zonas em que sejam permitidas a pesquisa e atividades de educação ambiental, zonas em sejam autorizadas atividades turísticas, zonas para receber as instalações administrativas e infraestrutura das UCs. Evitam-se, assim, usos conflitantes entre si e garante-se que as vocações de cada setor da UC sejam respeitadas.

4.7. Titularidade e desapropriação

Os relevantes atributos ambientais que justificam a criação de Unidades de Conservação podem ocorrer tanto em propriedades públicas como em propriedades privadas. Logo, tanto uma como outra podem ser integradas ao perímetro de uma UC.

> Algumas categorias de UCs impõem um grau de restrição tão grande ao imóvel que se tornam incompatíveis com a propriedade privada. Em casos tais, o SNUC expressamente determina que essas UCs sejam criadas em áreas públicas ou que sejam desapropriadas, se criadas em áreas privadas.

As UCs que obrigatoriamente ensejam a desapropriação, quando criadas sobre imóveis privados, são: (i) Estação Ecológica; (ii) Reserva Biológica; (iii) Parque; (iv) Floresta; (v) Reserva Extrativista; (vi) Reserva de Fauna e (vii) Reserva de Desenvolvimento Sustentável. As demais UCs não ensejam, a princípio, a desapropriação dos imóveis particulares inseridos em seu perímetro. Mas, se impuserem, em situações específicas, restrições significativas à propriedade, a desapropriação pode se fazer necessária – salvo no caso da Reserva Particular do Patrimônio Natural (RPPN), que é criada no imóvel privado, **a pedido do próprio proprietário**.

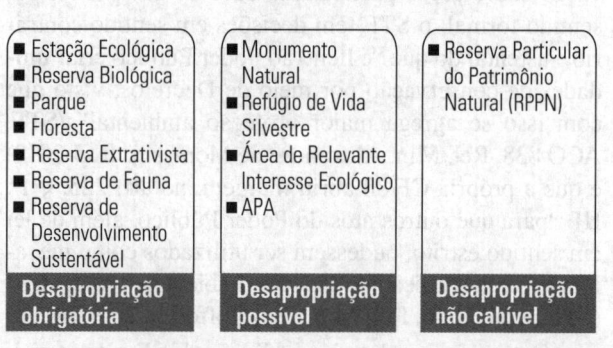

■ Estação Ecológica ■ Reserva Biológica ■ Parque ■ Floresta ■ Reserva Extrativista ■ Reserva de Fauna ■ Reserva de Desenvolvimento Sustentável	■ Monumento Natural ■ Refúgio de Vida Silvestre ■ Área de Relevante Interesse Ecológico ■ APA	■ Reserva Particular do Patrimônio Natural (RPPN)
Desapropriação obrigatória	**Desapropriação possível**	**Desapropriação não cabível**

A desapropriação ocorre em duas etapas: (i) **declaratória**: o Poder Público emite a declaração de utilidade pública, exteriorizando a vontade de iniciar o procedimento expropriatório e (ii) **executória**: o Poder Público executa os atos necessários à aquisição da propriedade, tais como definição do preço e forma de pagamento da indenização.

Como o art. 5º, XXIV, da Constituição, dispõe que a desapropriação deve se dar mediante indenização justa, prévia e em dinheiro, a propriedade só será transferida ao Poder Público depois que ele indenizar o proprietário – significa dizer que a simples declaração de utilidade pública não tem o condão de transferir a titularidade do imóvel para o domínio público.

No caso das UCs, contudo, emerge um grande problema: o Poder Público cria UCs que, por lei, exigem a desapropriação dos imóveis privados localizados em seu interior, mas não concretiza a desapropriação, deixando os proprietários impedidos de usar plenamente o imóvel (pois as restrições ambientais incidem desde a criação da UC), sem a justa indenização. Tendo em vista que a falta de desapropriação no prazo de 5 anos pode até gerar a caducidade da declaração de utilidade (art. 10 do Decreto-lei n. 3.365/41) mas não tem o condão de anular ou gerar a caducidade do ato de criação da unidade (sob pena de violação do art. 225, § 1º, III, CF/88, que determina que alteração e supressão de UCs só é possível mediante lei – cf. REsp 1.996.696/RJ, Rel. Min. Regina Helena Costa, j. 24-10-2022), aos proprietários prejudicados resta apenas ingressar com **ação de indenização por desapropriação indireta**.

A partir do Código Civil de 2002, a prescrição da ação de desapropriação indireta, que tem natureza real (já que sua causa de pedir é a perda da propriedade), é de **15 ou 10 anos**. Aplica-se a esta ação o prazo prescricional da usucapião extraordinária, que é de 15 anos, podendo ser reduzido para 10 anos se o possuidor (no caso, o Poder Público) houver realizado obras ou serviços de caráter produtivo (art. 1.238 e parágrafo único). Resta, portanto, superada a Súmula 119 do STJ, editada à luz do revogado Código Civil de 1916, que assentava que o prazo prescricional da desapropriação indireta era de 20 anos (cf. REsp 1.300.442/SC, Rel. Min. Herman Benjamin, j. 18-6-2013; REsp 1.276.316/RS, Rel. Min. Eliana Calmon, j. 20-8-2013; e AgRg no AREsp 650.160, Rel. Min. Herman Benjamin, j. 5-5-2015). Embora referida súmula não tenha sido formalmente cancelada pelo STJ, a partir do julgamento da controvérsia descrita no Tema 1.019, em fevereiro de 2020, ela definitivamente deve deixar de ser aplicada pelos tribunais. Isso porque o STJ estabeleceu, em sede de recurso repetitivo, a seguinte tese: "O prazo prescricional aplicável à desapropriação indireta, na hipótese em que o Poder Público tenha realizado obras no local ou atribuído natureza de utilidade pública ou de interesse social ao imóvel, é de 10 anos, conforme parágrafo único do art. 1.238 do CC" (STJ –REsp 1.757.352 e REsp 1.757.385, Rel. Min. Herman Benjamin, j. 12-2-2020).

4.8. Espaços do "patrimônio nacional"

A CF/88 atribui a designação de **"patrimônio nacional"** a biomas representativos dos ecossistemas brasileiros, a saber: Floresta Amazônica, Mata Atlântica, Serra do Mar, Pantanal Mato-Grossense e Zona Costeira, determinando que a sua utilização se dará na forma da lei, dentro de condições que assegurem a preservação do meio ambiente (art. 225, § 4º). Essa declaração **não torna tais biomas propriedade da União**, mas apenas reconhece o interesse de todo o País na sua conservação.

Os biomas mencionados na CF/88 são protegidos por leis específicas (como a Lei da Mata Atlântica – Lei n. 11.428/2006 e a Lei do Zoneamento Costeiro – Lei n. 7.661/88), leis gerais para proteção da flora e da biodiversidade (como o Código Florestal e a Lei de Proteção à Fauna) e pelo SNUC, caso sejam criadas Unidades de Conservação nas suas áreas mais sensíveis e importantes.

5. FLORA

5.1. A proteção da flora na CF/88

A flora, que engloba as florestas e demais formas de vegetação, cumpre um papel de extrema relevância para a manutenção do equilíbrio ambiental (produção de oxigênio, regulação de processos climáticos, habitat de animais silvestres, controle da erosão do solo, proteção dos recursos hídricos etc.), além de atender uma série de demandas humanas, de ordem econômica, social, medicinal, cultural e recreativa. Por isso, a CF/88 impõe ao Poder Público o dever de preservar e restaurar os processos ecológicos essenciais e prover o manejo ecológico das espécies e ecossistemas (art. 225, § 1º, I); preservar a diversidade e a integridade do patrimônio genético do País – a biodiversidade (art. 225, § 1º, II); criar espaços territoriais especialmente protegidos (art. 225, § 1º, III) e proteger a flora contra as práticas que coloquem em risco sua função ecológica e provoquem a extinção de espécies (art. 225, § 1º, VII).

A lei destinada à proteção das florestas e demais formas de vegetação é o **Código Florestal – Lei n. 12.651/2012** (chamado de **novo** Código Florestal por ter substituído o código anterior, de 1965).

5.2. Área de Preservação Permanente (APP)

A Área de Preservação Permanente (APP) é uma espécie de espaço territorial especialmente protegido (ETEP) existente em imóveis públicos e privados, rurais e urbanos, que deve ser preservada e **permanentemente recoberta de vegetação nativa**, em razão das funções ecológicas que esta vegetação cumpre em prol dos corpos hídricos, do solo, da estabilidade geológica etc. Por isso, quando o Código Florestal define a APP como uma área protegida "coberta ou não por vegetação nativa" (art. 3º, II), quer na verdade dizer que a área não perderá o *status* de APP se estiver momentaneamente desmatada. Neste caso, por continuar sendo uma APP, deverá ser recuperada.

O Código Florestal prevê dois tipos de APP: (i) legal e (ii) administrativa.

A **APP legal** recebe esse *status* do próprio Código Florestal, que lista diversos acidentes geográficos e ecossistemas em seu art. 4º e declara que as áreas a eles relacionadas, em qualquer parte do território nacional, são de preservação permanente. Sendo a APP criada por lei, não é necessário nenhum ato administrativo que a reconheça ou a demarque. Sua proteção está garantida desde a edição do Código Florestal. Dentre os acidentes geográficos e ecossistemas que fazem da área de uma APP, citamos, exemplificativamente: (i) faixas marginais de qualquer curso d'água natural perene e intermitente numa extensão de 30 a 500 metros em cada margem (a depender da largura do rio); (ii) entorno dos lagos e lagoas naturais, em faixa de 100 metros nas zonas rurais (salvo se o lago ou lagoa tiver até 20 hectares de superfície, quando a APP será de 50 metros) e 30 metros nas zonas urbanas; (iii) entorno de nascentes e olhos d'água perenes e intermitentes, num raio de 50 metros; (iv) manguezais, em toda a sua extensão; (v) topo de morros, montes, montanhas e serras, com altura mínima de 100 metros e inclinação média maior que 25°; (vi) áreas em altitude superior a 1.800 metros, qualquer que seja a vegetação.

A **APP administrativa** só receberá o *status* de "preservação permanente" se um ato específico do Chefe do Poder Executivo (federal, estadual e municipal) a instituir como tal e a delimitar, nas situações previstas de forma abstrata no art. 6º do Código Florestal, tais como: (i) contenção da erosão do solo e mitigação de riscos de enchentes e deslizamentos de terra e de rocha; (ii) proteção de restingas, veredas e várzeas; (iii) abrigo de exemplares da fauna e flora ameaçados de extinção; (iv) proteção de sítios de excepcional beleza ou valor científico, cultural ou histórico.

5.2.1. Titularidade e indenização

Apesar de não ser admitido o uso, tampouco a supressão da vegetação de preservação permanente (salvo em situações excepcionais, para o atendimento de interesses da sociedade), não está o Poder Público obrigado a desapropriar ou indenizar os proprietários de imóveis privados gravados com APP legal.

Trata-se a APP de uma **limitação geral à propriedade**, imposta indistintamente a todos os imóveis que se encontrem na mesma situação, para atendimento de um interesse público. A limitação geral não deve ser entendida como uma restrição ao direito de propriedade, mas sim como a própria **definição jurídica do conteúdo do direito de propriedade**, atrelada ao cumprimento da sua função social. Daí por que a doutrina administrativista e ambientalista afasta a indenização das limitações em geral – dentre elas, as APPs legais.

Nesse sentido, o STJ já assentou que a APP instituída por lei não implica a desapropriação do imóvel, mas mera limitação, que não chega a aniquilar o direito de propriedade e que, portanto, não está sujeita à indenização (cf. REsp 1.362.456/MS, Rel. Min. Mauro Campbell Marques, j. 20-6-2013, e REsp 1.394.025/ MS, Rel. Min. Eliana Calmon, j. 2-10-2013).

Já os imóveis transformados ou abrangidos por uma APP administrativa sofrem uma **restrição específica** ou um sacrifício individual, sendo ela, por esse motivo, indenizável.

5.2.2. Supressão de APP

Como a vegetação das APPs está vocacionada à proteção de acidentes geográficos naturais e ao cumprimento de outras funções ecossistêmicas importantes, o Código Florestal estabelece, como regra, a vedação de sua supressão, admitindo-a, excepcionalmente, nas hipóteses de **utilidade pública, interesse social ou de baixo impacto ambiental** (art. 8º).

As hipóteses de utilidade pública, interesse social e baixo impacto ambiental que autorizam a supressão da vegetação de preservação permanente, mediante autorização do órgão competente, estão previstas no Código Florestal:

Utilidade pública Art. 3º, VIII (*exemplos*)	Interesse social Art. 3º, IX (*exemplos*)	Baixo impacto ambiental Art. 3º, X (*exemplos*)
■ atividades de segurança nacional e proteção sanitária ■ obras de infraestrutura destinadas às concessões e aos serviços públicos de transporte, sistema viário, saneamento, energia, telecomunicações e radiodifusão	■ exploração agroflorestal sustentável na pequena propriedade ou posse rural familiar ou por povos e comunidades tradicionais, desde que não descaracterize a cobertura vegetal existente e não prejudique a função ambiental da área	■ abertura de pequenas vias de acesso interno e suas pontes e pontilhões, quando necessárias à travessia de um curso d'água, ao acesso de pessoas e animais para a obtenção de água ou à retirada de produtos oriundos das atividades de manejo agroflorestal sustentável
■ mineração, exceto a extração de areia, argila, saibro e cascalho ■ atividades e obras de defesa civil	■ regularização fundiária de assentamentos humanos ocupados predominantemente por população de baixa renda em áreas urbanas consolidadas ■ atividades de pesquisa e extração de areia, argila, saibro e cascalho	■ implantação de trilhas para o desenvolvimento do ecoturismo ■ construção de rampa de lançamento de barcos e pequeno ancoradouro ■ construção e manutenção de cercas na propriedade ■ pesquisa científica relativa a recursos ambientais

Com relação aos projetos de utilidade pública ou interesse social, não basta que o empreendimento ensejador da supressão da vegetação esteja enquadrado em uma das hipóteses acima. Em ação direta de inconstitucionalidade, o STF determinou que os incisos VIII e IX do art. 3º do Código Florestal recebam interpretação conforme a Constituição Federal, para o fim de condicionar a intervenção em APP por utilidade pública ou interesse social à **inexistência de alternativa técnica e locacional** à atividade proposta (ADI 4.903, Rel. Min. Luiz Fux, j. 28-2-2018).

5.2.2.1. Supressão irregular

A supressão ou intervenção irregular em APP sujeitará o infrator à: (i) responsabilização penal (a Lei n. 9.605/98 prevê quatro crimes relacionados às APPs, nos arts. 38, 39, 44 e 48); (ii) responsabilização administrativa (o Decreto n. 6.514/2008 prevê cinco infrações administrativas relacionadas às APPs, nos arts. 43, 44, 45, 48 e 49) e (iii) obrigação de recomposição da vegetação e indenização pelos danos ambientais não reparáveis *in natura*.

> O proprietário do imóvel pode ser obrigado a recompor a vegetação de preservação permanente, ainda que não tenha sido ele o responsável pelo desmatamento. Trata-se de obrigação *propter rem*, expressamente prevista no art. 7º, § 2º, do Código Florestal, segundo o qual esta obrigação "tem natureza real e é transmitida ao sucessor no caso de transferência de domínio ou posse do imóvel rural".

As edificações porventura erigidas em APPs sem autorização do órgão ambiental competente devem ser demolidas, podendo a demolição ser determinada na **esfera administrativa**, como sanção administrativa ou, nos casos mais urgentes, como medida administrativa acautelatória, ou na **esfera judicial**, em ação que tenha por objeto obrigação de fazer (demolir), com vistas à prevenção ou reparação *in natura* do dano ambiental.

Nesse sentido, oportuno lembrar que em maio de 2018, o STJ aprovou a **Súmula 613**, segundo a qual "não se admite a aplicação da teoria do fato consumado em tema de direito ambiental". Dessa forma, aqueles que desmataram e ocuparam áreas de preservação permanente ao arrepio da lei não podem reivindicar a manutenção da atividade exercida na área desmatada sob o argumento do "fato consumado", na tentativa de legalizar o que nasceu ilegal – salvo nas hipóteses em que a própria lei autoriza a regularização da atividade ilegal, como o faz o Código Florestal, p. ex., ao admitir a continuidade das atividades agrossilvipastoris, de ecoturismo e de turismo rural desenvolvidas (ilicitamente) nas APPs das áreas rurais consolidadas até 22 de julho de 2008 (art. 61-A).

5.3. Reserva Legal (RL)

A Reserva Legal (RL) é a área de **vegetação nativa** localizada no interior das propriedades ou posses rurais, devidamente delimitada e inscrita no Cadastro Ambiental Rural (CAR), que tem por finalidade auxiliar a conservação e a reabilitação dos processos ecológicos, promover a conservação da biodiversidade, servir de abrigo e a proteção à fauna silvestre e flora nativa e assegurar o uso econômico de modo sustentável dos recursos naturais do imóvel e que, por essa razão, está submetida a regime especial de proteção.

> Enquanto a APP incide sobre imóveis rurais e urbanos, a RL incide apenas sobre os imóveis rurais.

5.3.1. Extensão e localização

A **extensão** da Reserva Legal varia conforme a localização do imóvel rural, segundo o disposto no art. 12 do Código Florestal:

Amazônia Legal – área de floresta	80% da área ocupada por florestas
Amazônia Legal – área de cerrado	35% da área ocupada pelo cerrado
Amazônia Legal – área de campos gerais	20% da área ocupada por campos gerais
Demais regiões do País	20% da área total do imóvel

Caso o imóvel situado na Amazônia Legal abrigue vários biomas, o percentual da RL será calculado de forma separada por cada bioma.

Como a RL e a APP cumprem funções ambientais distintas, o Código Florestal de 1965 dispunha que a vegetação da APP não poderia ser computada na RL. O Código Florestal em vigor, porém, segue em outra direção pois admite o **cômputo da APP no cálculo do percentual da RL** desde que este benefício não implique a conversão de novas áreas para o uso alternativo do solo; a área de APP a ser computada esteja conservada ou em processo de recuperação e o proprietário ou possuidor tenha requerido a inclusão do seu imóvel no CAR (art. 15). Dessa forma, um imóvel rural localizado no sul do país que tenha 10 hectares de área total e 1 hectare de APP poderá utilizar esse hectare para compor sua Reserva Legal. Como a RL é de 20%, ou seja, 2 hectares, ele só precisará somar à APP mais 1 hectare de vegetação nativa para ter a RL devidamente constituída.

[1 ha de APP] + [1 ha de vegetação nativa] → [Reserva Legal de 2 ha (correspondente a 20% do imóvel com área total de 10 ha)]

Na situação acima descrita, a vegetação de preservação permanente integrada à RL do imóvel continua subsumida ao regime jurídico mais restritivo das APPs, não podendo, p. ex., ser objeto de exploração econômica mediante manejo florestal sustentável – o que é permitido na RL mas não na APP.

A **localização** da RL no interior da propriedade será proposta pelo proprietário ou possuidor e aprovada pelo órgão ambiental estadual, observando-se, para tanto, os seguintes critérios: (i) o plano de bacia hidrográfica; (ii) o Zoneamento Ecológico-Econômico; (iii) a formação de corredores ecológicos com outra Reserva Legal, com Área de Preservação Permanente, com Unidade de Conservação ou com outra área legalmente protegida; (iv) as áreas de maior importância para a conservação da biodiversidade; e (v) as áreas de maior fragilidade ambiental (art. 14).

5.3.2. Constituição

O Código Florestal de 1965 exigia que a RL fosse averbada na matrícula do imóvel.

O Código Florestal atual dispensa expressamente a averbação da RL na matrícula do imóvel, determinando que a área da RL seja obrigatoriamente registrada no órgão ambiental competente por meio de **inscrição no CAR – Cadastro Ambiental Rural** (art. 18).

Após a inscrição da RL no CAR, não será admitida a alteração de sua destinação, tanto nos casos de transmissão a qualquer título (venda, doação, herança etc.) como nos casos de desmembramento do imóvel.

5.3.3. Usos permitidos

Embora a RL seja uma área destinada à conservação do meio ambiente, o Código Florestal admite o uso racional de seus recursos naturais, nos seguintes termos:

(i) **Coleta de produtos florestais não madeireiros**, tais como frutos, cipós, folhas e sementes, devendo o interessado observar os períodos de coleta e volumes fixados em regulamentos específicos e a época de maturação dos frutos e sementes e empregar técnicas que não coloquem em risco a sobrevivência de indivíduos e da espécie coletada no caso de coleta de flores, folhas, cascas, óleos, resinas, cipós, bulbos, bambus e raízes. Este tipo de coleta é livre – independe de autorização do órgão ambiental competente (art. 21).

(ii) **Manejo florestal sustentável COM propósito comercial**, mediante a adoção de técnicas que impeçam a descaracterização da cobertura vegetal e prejuízos à conservação da vegetação nativa da área; assegurem a manutenção da diversidade das espécies; e conduzam o manejo de espécies exóticas com a adoção de medidas que favoreçam a regeneração de espécies nativas. Esta atividade depende de autorização do órgão ambiental competente (art. 22).

(iii) **Manejo florestal sustentável SEM propósito comercial**, para consumo na própria propriedade, limitado a 20 metros cúbicos por ano. Esta atividade independe de autorização do órgão competente, mas o responsável deve declarar previamente ao órgão ambiental a motivação da exploração e o volume explorado (art. 23).

5.3.4. Titularidade e indenização

Tal como ocorre com as APPs, não está o Poder Público obrigado a desapropriar ou indenizar os proprietários de imóveis rurais com Reserva Legal constituída.

Por ser exigida de todos os imóveis rurais, com o objetivo de atender a função social da propriedade, a Reserva Legal não é entendida como uma **restrição ao direito de propriedade**, mas sim uma **limitação geral**, que, de mais a mais, não esvazia o conteúdo econômico do bem, considerando que a vegetação poderá ser explorada sob a forma de manejo, nos termos da lei, sendo, portanto, inindenizável. Nesse sentido as decisões do STJ: REsp 1.276.114, Rel. Min. Og Fernandes, j. 4-10-2016; AgREsp 788.824, Rel. Min. Sérgio Kukina, j. 30-8-2017.

5.3.5. Desmatamento irregular

Desobedecendo à exigência legal de constituição da Reserva Legal, muitos proprietários e possuidores rurais suprimiram a vegetação nativa de seu imóvel, a ponto de deixá-lo sem vegetação suficiente para atender o percentual de RL determinado pelo Código Florestal.

Outros até constituíram a Reserva Legal, mas a desmataram de forma não autorizada e ilegal.

O Código Florestal impõe medidas distintas para a solução desse passivo de RL, a partir da conjugação de um critério temporal com um critério espacial.

Quanto ao critério temporal, distingue o passivo criado antes de 22 de julho de 2008 do passivo criado após esta data (a data em questão coincide com a aprovação do Decreto n. 6.514/2008, que disciplina as infrações administrativas ambientais). E quanto ao critério espacial, distingue os imóveis com até 4 módulos fiscais (pequena propriedade rural) dos imóveis com tamanho superior (média e grande propriedade rural):

Passivo anterior a 22 de julho de 2008	
Imóveis com até 4 módulos fiscais	Devem instituir a RL com a vegetação existente no imóvel em 22 de julho de 2008 (art. 67). Se a vegetação não for suficiente para atingir o percentual legal de RL, não precisarão reflorestar áreas para atingi-lo
Imóveis com mais de 4 módulos fiscais	Devem recompor a RL ou permitir a regeneração natural da vegetação da RL na própria propriedade ou compensar a RL fora da propriedade (art. 66), mas no mesmo bioma e com a mesma extensão da RL a ser compensada

Passivo posterior a 22 de julho de 2008	
Independentemente do tamanho do imóvel	■ Devem recompor a RL na própria propriedade (vedada, portanto, a compensação), sendo a recomposição iniciada no prazo de 2 anos contados da publicação do Código Florestal (maio/2012) e concluída no prazo estabelecido pelo Programa de Regularização Ambiental (art. 17, § 4º) ■ Devem suspender imediatamente as atividades desenvolvidas na RL

A compensação de RL pode se dar de quatro formas distintas: (i) pelo cadastramento de outra área equivalente e excedente à RL, em imóvel de mesma titularidade ou adquirida em imóvel de terceiro, com vegetação nativa estabelecida, em regeneração ou recomposição; (ii) mediante o arrendamento de uma área em outro imóvel, que esteja sob regime de servidão ambiental ou que tenha área de RL excedente (acima do percentual mínimo exigido por lei, sendo a compensação feita apenas com o excedente); (iii) por meio da aquisição de Cotas de Reserva Ambiental – CRA, emitidas por proprietários de servidão ambiental ou de RL excedente ou de RPPN, sendo que cada CRA corresponde a 1 hectare de vegetação nativa (segundo o STF, a área utilizada na compensação mediante CRA deve ter a mesma identidade ecológica da área desmatada –

ADI 4.901, Rel. Min. Luiz Fux, j. 28-2-2018); (iv) doação ao poder público de área localizada no interior de Unidade de Conservação de domínio público pendente de regularização fundiária (art. 66, § 5º).

A obrigação de instituir, recompor e compensar a RL é *propter rem*, devendo ser cumprida pelo proprietário ou possuidor do imóvel ainda que ele não tenha sido o responsável pelo desmatamento (art. 2º, § 2º, e art. 66, § 1º, do Código Florestal).

■ 5.4. Cadastro Ambiental Rural (CAR)

O **CAR** é um registro público eletrônico de âmbito nacional, obrigatório para todos os imóveis rurais, independentemente do tamanho, com a finalidade de integrar as informações ambientais das propriedades e posses rurais. Foi criado pelo Código Florestal de 2012 (art. 29).

Para inscrever o imóvel no CAR o proprietário ou possuidor deverá identificar-se, comprovar a sua propriedade ou posse e identificar o imóvel por meio de planta e memorial descritivo, contendo a indicação das coordenadas geográficas com pelo menos um ponto de amarração do perímetro do imóvel, informando a localização dos remanescentes de vegetação nativa, das Áreas de Preservação Permanente, das Áreas de Uso Restrito, das áreas consolidadas e, caso existente, também da localização da Reserva Legal.

Pelo cadastramento, o proprietário ou possuidor presta informações ambientais relevantes sobre o imóvel. Por isso ele não tem o propósito e nem mesmo a força para ser considerado um título para fins de reconhecimento do direito de propriedade ou de posse – esses são reconhecidos por instrumentos diversos, como, p. ex., matrícula do imóvel (art. 29, § 2º).

O prazo para inscrição do imóvel no CAR foi prorrogado diversas vezes, tendo a Lei n. 13.887/2019 abolido o prazo de inscrição, estabelecendo que a inscrição no CAR é obrigatória e **por prazo indeterminado** para todas as propriedades e posses rurais (nova redação do art. 29, § 3º).

Mesmo não havendo mais prazo para inscrição do imóvel no CAR, o ato permanece obrigatório e a não inscrição impedirá que o proprietário ou possuidor usufrua de uma série de benefícios. Algumas das consequências impostas a quem não cumprir a obrigação em apreço: (i) impossibilidade de adesão ao Programa de Regularização Ambiental – PRA caso a inscrição no CAR não seja feita até 31 de dezembro de 2020; (ii) impedimento à obtenção de autorização para supressão de novas áreas de floresta e demais formas de vegetação nativa (quando permitidas por lei, naturalmente); (iii) impossibilidade de utilização do mecanismo de compensação de RL caso tenha algum passivo (constituído até 22 de julho de 2008); (iv) impossibilidade de computar a área da APP existente no imóvel no cálculo do percentual da Reserva Legal e (v) vedação à obtenção de crédito agrícola junto às instituições financeiras, em qualquer de suas modalidades.

5.5. Exploração de florestas nativas e formações sucessoras

À exceção das APPs e Unidades de Conservação de Proteção Integral, as florestas nativas e formações sucessoras existentes no território nacional podem ser exploradas economicamente, respeitadas as condições e restrições estabelecidas pelo Código Florestal e demais leis aplicáveis, que buscam racionalizar a atividade econômica, evitar a supressão descontrolada e garantir a disponibilidade permanente do recurso florestal.

A exploração regular dependerá da aprovação, pelo órgão ambiental competente, de Plano de Manejo Florestal Sustentável – PMFS que "contemple técnicas de condução, exploração, reposição florestal e manejo compatíveis com os variados ecossistemas que a cobertura arbórea forme" (art. 31 do Código Florestal). A aprovação do PMFS confere ao seu detentor a **licença ambiental para a prática do manejo florestal sustentável**.

Explorar economicamente as florestas e demais formas de vegetação sem a licença do órgão ambiental competente ou em desacordo com o Plano de Manejo aprovado constitui crime ambiental (art. 50-A da Lei n. 9.605/98) e infração administrativa ambiental (art. 51-A do Decreto n. 6.514/2008). E se da exploração decorrer dano ambiental, o responsável deverá repará-lo.

5.5.1. Exploração de florestas nativas e formações sucessoras em Terras Indígenas

A CF/88 reconhece os direitos originários e imprescritíveis dos índios sobre as terras que tradicionalmente ocupam, cabendo à União demarcá-las, proteger e fazer respeitar todos os seus bens (art. 231).

São terras tradicionalmente ocupadas pelos índios as por eles habitadas em caráter permanente, as utilizadas para suas atividades produtivas, as imprescindíveis à preservação dos recursos ambientais necessários a seu bem-estar e as necessárias a sua reprodução física e cultural, segundo seus usos, costumes e tradições (art. 231, § 1º).

Os índios não são proprietários dessas terras, pois elas pertencem à União, nos termos do art. 20, XI, da CF/88. Mas a eles cabe o **usufruto exclusivo das riquezas do solo, dos rios e dos lagos nelas existentes** (art. 231, § 2º).

Daí se extrai que é livre a utilização dos recursos naturais existentes nas Terras Indígenas, pelos próprios índios (e apenas por eles), para atender seus costumes, crenças e tradições. Não precisam eles de autorização do órgão ambiental para, p. ex., cortar árvores para construir casas, canoas, artesanato; suprimir vegetação para fazer roça; caçar animais para se alimentar e captar água dos rios para atender suas necessidades. São atividades tradicionais e de subsistência, não condicionadas ao aval do Poder Público, nem sujeitas a qualquer tipo de restrição.

No entanto, havendo interesse na **exploração comercial** dos recursos naturais, os índios deverão se submeter a todas as normas legais reguladoras de tal atividade, já que esta exploração extrapola a cultura e o costume indígena, identificando-se com uma simples atividade de geração de recursos, própria da sociedade não indígena. Não sendo uma atividade tradicional, não há por que receber um tratamento jurídico diferenciado. Por isso, para a exploração da madeira, por exemplo, os índios deverão elaborar Plano de Manejo Florestal Sustentável e receber a correspondente licença do órgão ambiental competente.

5.5.2. Exploração de florestas públicas mediante concessão florestal

A Lei n. 11.284/2006 dispõe sobre a gestão de florestas públicas, assim entendidas as "florestas, naturais ou plantadas, localizadas nos diversos biomas brasileiros, em bens sob o domínio da União, dos Estados, dos Municípios, do Distrito Federal ou das entidades da administração indireta" (art. 3º, I).

A **concessão florestal** é uma modalidade de gestão de florestas públicas por meio da qual o Poder Público delega a pessoas jurídicas de direito privado (empresas, associações comunitárias, cooperativas etc.) o direito de explorar economicamente tanto os produtos (p. ex., madeira, frutos, sementes) como os serviços florestais (p. ex., turismo) da vegetação sob domínio público.

A concessão florestal será obrigatoriamente precedida de **licitação, na modalidade concorrência**, estando vedada a declaração de inexigibilidade prevista no art. 25 da Lei n. 8.666/93. Terá **prazo determinado** (máximo de 20 anos nas concessões para exploração de serviços florestais e máximo de 40 anos nas concessões para exploração de produtos florestais) e será **onerosa**, devendo o edital estipular o preço mínimo a ser pago pelo concessionário ao concedente.

O procedimento de concessão florestal será feito em etapas, com destaque para: (i) aprovação do Plano Anual de Outorga Florestal – PAOF pelo poder concedente, contendo a descrição de todas as florestas públicas a serem submetidas a processos de concessão no ano em que vigorar; (ii) outorga da Licença Prévia, pelo órgão competente do Sisnama, autorizando o uso sustentável das florestas objeto da concessão. A LP é requerida pelo poder concedente, mediante apresentação do Relatório Ambiental Preliminar – RAP ou Estudo Prévio de Impacto Ambiental – EIA/RIMA, se a exploração das florestas implicar significativo impacto ambiental, em razão da escala e intensidade do manejo florestal e da peculiaridade dos recursos ambientais (os custos para a elaboração de tais estudos serão posteriormente ressarcidos pelo vencedor da licitação); (iii) lançamento do pré-edital de cada lote de concessão florestal e realização de audiência pública para que a sociedade possa ser informada e opinar a respeito; (iv) publicação do edital definitivo de concessão florestal; (v) julgamento das propostas, combinando critérios de melhor preço e melhor técnica (incluindo técnica para redução dos impactos ambientais da exploração e para a produção dos maiores benefícios sociais diretos); (vi) assinatura do contrato de concessão; (vii) aprovação do Plano de Manejo Florestal Sustentável – PMFS e obtenção da Licença de Operação, pelo concessionário.

A concessão florestal não transfere a propriedade da terra para o concessionário, nem o autoriza a explorar todos os recursos ambientais existentes na área – a lei veda expressamente o acesso ao patrimônio genético para fins de pesquisa e desenvolvimento, bioprospecção ou constituição de coleções; o uso dos recursos hídricos, salvo quantidade considerada "insignificante"; a exploração de recursos minerais, pesqueiros ou da fauna silvestre etc.

5.6. Servidão ambiental

A servidão ambiental é um instrumento ambiental econômico previsto e disciplinado pela Lei n. 6.938/81 (PNMA).

Segundo o art. 9º-A da PNMA, o proprietário ou possuidor de imóvel pode, unilateral e voluntariamente, instituir servidão ambiental para limitar o uso de toda a sua propriedade ou de parte dela visando preservar, conservar ou recuperar os recursos ambientais nela encontrados. Contudo, a servidão não deve englobar as Áreas de Preservação Permanente e a Reserva Legal existentes no imóvel (art. 9º-A, § 2º), pois estas já gozam de proteção legal.

A servidão deve ser constituída por instrumento público ou particular ou por termo administrativo firmado perante órgão integrante do Sisnama, todos os quais devem ser averbados na matrícula do imóvel.

Com relação ao prazo de duração da servidão, pode ela ser **perpétua** ou **temporária**, sendo que a temporária deve ter prazo mínimo de 15 anos (art. 9º-B). Durante o prazo de vigência da servidão fica proibida a alteração de destinação da área, mesmo que a propriedade seja desmembrada, alienada ou transferida a qualquer título (art. 9º-A, § 6º).

A área sob servidão pode ser explorada economicamente, desde que se respeitem, no mínimo, as mesmas restrições de uso e de exploração da vegetação previstas para a Reserva Legal (art. 9º-A, § 3º). E a servidão pode ser alienada, cedida ou transferida a terceiros, mediante contrato, para fins de conservação ambiental ou de compensação de Reserva Legal (art. 9º-B, § 3º).

6. POLÍTICA NACIONAL DE RESÍDUOS SÓLIDOS

Observa-se, no país, a geração de um volume muito grande de resíduos sólidos, provenientes de diversas fontes: descarte domiciliar, estabelecimentos comerciais, processos industriais, hospitais, mineração, varrição pública etc.

Para lidar com essas fontes de poluição, seja na esfera preventiva, seja na esfera reparatória e repressiva, é imprescindível a existência de um conjunto de normas que cuide da gestão integrada e gerenciamento de resíduos sólidos, estabeleça responsabilidades dos geradores de resíduos e do poder público e institua instrumentos econômicos para incentivar a adoção das medidas adequadas de gestão.

No Brasil, estas normas estão reunidas na **Lei n. 12.305/2010**, que institui a **Política Nacional de Resíduos Sólidos (PNRS)**, e em outros diplomas igualmente importantes.

Dentre as diretrizes trazidas pela PNRS destaca-se a que determina uma ordem de prioridade na gestão e gerenciamento de resíduos sólidos, qual seja: **não geração, redução, reutilização, reciclagem, tratamento dos resíduos sólidos e disposição final ambientalmente adequada dos rejeitos** (art. 9º).

Significa dizer que os esforços públicos e privados devem ser direcionados, primeiramente, à não geração ou redução de resíduos (p. ex., pela diminuição do consumo), depois à reutilização e reciclagem dos resíduos (o que contribui também para a redução, pois os resíduos são reaproveitados, e não descartados) e, somente vencidas estas etapas, ao tratamento (p. ex., compostagem e incineração) ou à disposição final em aterros sanitários ou energéticos.

6.1 Disposição final ambientalmente adequada

A disposição final adequada de resíduos consiste na "distribuição ordenada de rejeitos em aterros, observando normas operacionais específicas de modo a evitar danos ou riscos à saúde pública e à segurança e a minimizar os impactos ambientais adversos" (art. 3º, VIII, PNRS). Significa dizer que os resíduos que não possam ser reaproveitados na reutilização ou reciclagem ou tratados devem ser dispostos em aterros sanitários licenciados pelo órgão ambiental competente.

Embora muitos municípios brasileiros ainda tenham depósitos de lixo a céu aberto (os chamados "lixões") e aterros controlados, é certo que estas formas de disposição final de resíduos são ambientalmente inadequadas, proibidas pela PNRS (art. 47) e devem ser totalmente abandonadas entre dezembro de 2020 a agosto de 2024, conforme o porte do município (art. 54, PNRS).

6.2 Logística reversa

A logística reversa consiste em "um conjunto de ações, procedimentos e meios destinados a viabilizar a coleta e a restituição dos resíduos sólidos ao setor empresarial, para reaproveitamento, em seu ciclo ou em outros ciclos produtivos, ou outra destinação final ambientalmente adequada" (art. 3º, XII, PNRS). Na logística reversa, os produtos e embalagens que normalmente seriam descartados no lixo comum e, muito provavelmente destinados a aterros sanitários ou dispostos irregularmente em depósitos a céu aberto ou aterros controlados, retornam ao fabricante ou importador para que estes deem a destinação final adequada, que pode ser a reutilização, reciclagem, tratamento ou até mesmo a disposição final adequada. A responsabilidade sobre a destinação final dos resíduos é assumida, portanto, pelo agente econômico que colocou os bens de consumo no mercado.

De acordo com a PNRS, os setores obrigados à implementação da logística reversa são: (i) agrotóxicos; (ii) pilhas e baterias; (iii) pneus; (iv) óleos lubrificantes, seus resíduos e embalagens; (v) lâmpadas fluorescentes, de vapor de sódio e mercúrio e de luz mista; (vi) produtos eletroeletrônicos e seus componentes; (vii) produtos comercializados em embalagens plásticas, metálicas ou de vidro, e demais produtos e embalagens.

O êxito da logística reversa depende do engajamento de diversos atores, no que a PNRS chama de **responsabilidade compartilhada:** (i) fabricantes e importadores, que recebem os resíduos para a destinação ou disposição final; (ii) distribuidores e comerciantes, que devem estruturar pontos de coleta de resíduos para posterior envio aos fabricantes e importadores; (iii) consumidores, que devem destinar seus resíduos aos pontos de coleta; e (iv) titulares dos serviços públicos de limpeza urbana e de manejo de resíduos sólidos, que devem instituir a coleta seletiva e podem se encarregar de atividades de responsabilidade dos fabricantes, importadores, distribuidores e comerciantes, por acordo setorial ou termo de compromisso firmado com o setor empresarial.

7. RESPONSABILIDADE AMBIENTAL

Reza a CF/88 que as condutas e atividades consideradas lesivas ao meio ambiente sujeitarão os infratores, pessoas físicas ou jurídicas, a **sanções penais** e **administrativas**, independentemente da **obrigação de reparar os danos** (art. 225, § 3º).

Significa dizer que as pessoas físicas e jurídicas que causarem danos ao meio ambiente ou colocá-lo em perigo (ameaça de dano) poderão responder penal, administrativa e civilmente, de forma concomitante e sem que isso implique *bis in idem* (repetição de sanção sobre um mesmo fato), já que cada responsabilização tem um fundamento diverso.

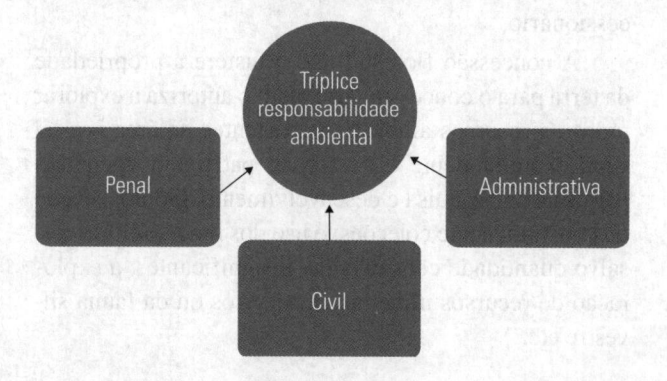

7.1. Responsabilidade civil ambiental

> A responsabilidade civil é disciplinada pelo Código Civil. A responsabilidade civil ambiental tem um regime próprio, construído a partir da responsabilidade civil clássica, mas com adaptações às necessidades ambientais e aperfeiçoamentos necessários à ampla e efetiva reparação dos danos ao meio ambiente.

7.1.1. Responsabilidade civil

A responsabilidade civil é o instituto destinado a impor ao causador de um dano, o dever de repará-lo para, assim, apagar ou minimizar os efeitos da lesão sofrida pela vítima.

A responsabilidade civil pode ser **subjetiva**, que tem por fundamento a **culpa do agente**, ou **objetiva**, que tem por fundamento o **risco da atividade**, sendo irrelevante a culpa do agente. No Direito Civil, a responsabilidade subjetiva é a regra (art. 927) e a responsabilidade objetiva, a exceção (arts. 927, parágrafo único, 932, 933, 936 etc.). Mas em muitos outros campos do Direito, por exemplo, no Direito do Consumidor e Ambiental, leis específicas têm adotado a responsabilidade civil objetiva.

7.1.2. Elementos da responsabilidade civil ambiental

Embora o Código Civil adote a responsabilidade subjetiva como regra, ele mesmo prevê que a responsabilidade será objetiva se lei específica assim o estabelecer (art. 927, parágrafo único). É o caso da Lei n. 6.938/81 (PNMA), que expressamente prevê que o causador dos danos ambientais por eles responderá OBJETIVAMENTE, equivale dizer: ainda que não tenha agido de forma dolosa ou culposa.

> A responsabilidade civil ambiental é objetiva, ante o disposto no art. 14, § 1º, da PNMA: o poluidor é obrigado, independentemente da existência de culpa, a indenizar ou reparar os danos causados ao meio ambiente e a terceiros, afetados por sua atividade.

Para a responsabilização civil do causador do dano ambiental (poluidor) basta, portanto, a comprovação de três elementos: (i) atividade poluidora; (ii) dano ambiental e (iii) nexo de causalidade entre atividade poluidora e dano ambiental:

```
   Atividade          Dano
   poluidora  <---> ambiental
        \            /
         \          /
          Nexo de
         causalidade
```

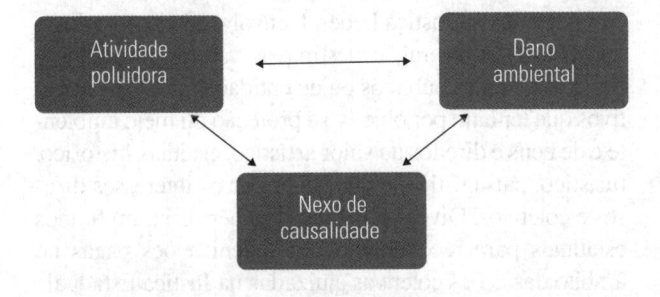

7.1.2.1. Atividade poluidora

Atividade poluidora é a que causa degradação ambiental (alteração adversa das características do meio ambiente) e, direta ou indiretamente: (i) prejudica a saúde, a segurança e o bem-estar da população; (ii) cria condições adversas às atividades sociais e econômicas; (iii) afeta desfavoravelmente a biota (flora, fauna e outros organismos vivos); (iv) afeta as condições estéticas ou sanitárias do meio ambiente; ou (v) lança matérias ou energia em desacordo com os padrões ambientais estabelecidos (art. 3º, II e III, da PNMA). Não é necessariamente uma atividade econômica nem mesmo uma atividade de desenvolvimento contínuo. O conceito engloba qualquer evento degradador, tenha ele ocorrido no âmbito de uma atividade econômica ou não econômica, de caráter permanente ou eventual. Nesse sentido, pode ser considerada poluidora, por exemplo, a atividade de lançamento de efluentes industriais sem o devido tratamento num rio (atividade econômica de caráter permanente), assim como a atividade de supressão de vegetação de Área de Preservação Permanente para fins de implantação de uma casa de veraneio (atividade não econômica de caráter eventual).

O responsável pela atividade poluidora – e, portanto, pela reparação do dano ambiental – é chamado pela lei de "poluidor", podendo ele ser **pessoa física ou jurídica, de direito público ou privado** (art. 3º, IV, da PNMA).

Importante ressaltar que mesmo as atividades licenciadas ou autorizadas pelos órgãos competentes podem se tornar fonte de degradação ambiental ou poluição, nos termos do art. 3º, II e III, da PNMA. É dizer: atividades lícitas podem ser atividades poluidoras, sendo que a **licitude da atividade não afasta a responsabilidade civil do poluidor**.

7.1.2.2. Dano ambiental

O dano que enseja a responsabilização civil há que ser um **dano jurídico**, que engloba não apenas o **prejuízo patrimonial ou moral (ou extrapatrimonial)**, mas também a **violação de um direito da vítima**. Em resumo, dano indenizável é a lesão a um bem juridicamente protegido.

O dano ambiental é a **degradação da qualidade do meio ambiente** (prejuízo) que viola o **direito da coletividade ao meio ambiente ecologicamente equilibrado** (interesse juridicamente protegido).

Considerando que o direito ao meio ambiente ecologicamente equilibrado é de titularidade de toda a coletividade, sendo ele um **direito difuso** (art. 81, parágrafo único, I, do CDC), e que a coletividade é, por consequência, a vítima do dano ambiental, pode-se concluir que o dano ambiental é, sempre, um **dano difuso**.

Apesar disso, é possível que pessoas determinadas experimentem **danos em sua esfera individual a partir do dano ambiental**. Não se trata de um dano ambiental propriamente dito, mas de um dano por intermédio do meio ambiente. É o caso, p. ex., do indivíduo internado por problemas respiratórios causados pela poluição atmosférica ou dos pescadores que ficam impossibilitados de exercer sua atividade econômica em razão da poluição hídrica e destruição da fauna aquática decorrentes de vazamento de óleo. Essas vítimas são os "**terceiros afetados pela atividade poluidora**" a que se refere o art. 14, § 1º, *in fine,* da PNMA, os quais terão direito a uma reparação própria (individual), sem prejuízo da reparação ambiental integral (difusa). Portanto, a reparação do dano individual e a reparação do dano difuso são independentes, e uma não compromete ou diminui a outra. Isso posto, o valor de indenização pago pelo responsável às vítimas dos danos individuais não será abatido do valor da reparação do dano ambiental e vice-versa.

7.1.2.3. Nexo de causalidade

O nexo de causalidade é a **relação de causa e efeito** entre a atividade poluidora e o dano ambiental.

Sendo o nexo de causalidade elemento essencial da responsabilidade civil, correto concluir que as pessoas físicas ou jurídicas só serão condenadas a reparar os danos ambientais que tenham sido **causados, direta ou indiretamente**, por sua atividade poluidora.

Tome-se por exemplo uma ação civil pública ajuizada contra uma indústria visando a descontaminação de rio contaminado por mercúrio. Se essa indústria comprovar que, apesar de despejar efluentes industriais sem tratamento no curso d'água, tais efluentes **não contêm mercúrio**, ela **não será civilmente responsabilizada** por este dano ambiental específico, pois não o causou, sequer para ele contribuiu.

Dentre as **teorias do risco** atreladas ao nexo de causalidade na responsabilidade civil objetiva (risco proveito, risco criado, risco da atividade etc.), tem prevalecido na doutrina e jurisprudência que, em sede de responsabilidade civil ambiental, a teoria aplicável é a do **risco integral**, que não aceita as típicas excludentes do dever de reparar, como caso fortuito e força maior (que, segundo o art. 393, parágrafo único do Código Civil, são o fato necessário, cujos efeitos não era possível evitar ou impedir), já que elas não rompem o nexo de causalidade e sim operam como uma concausa que, ao lado da atividade poluidora, redunda no dano ambiental (cf. STJ, REsp 1.374.284, Rel. Min. Luis Felipe Salomão, j. 27-8-2014; REsp 1.644.195/SC, Rel. Min. Herman Benjamin, j. 27-4-2017).

7.1.3. Solidariedade

Se vários eventos causarem, direta ou indiretamente, o dano ambiental, todos eles serão considerados "atividades poluidoras" para fins de responsabilização civil, e todos, poluidores diretos ou indiretos, poderão ser acionados judicialmente para arcar com a reparação, em regime de **solidariedade.**

Trata-se de **solidariedade legal**, prevista no art. 942 do Código Civil, *in fine,* que dispõe que "se a ofensa tiver mais de um autor, **todos responderão solidariamente pela reparação**". Por se tratar de uma regra geral da responsabilidade civil e não contrariar nenhum princípio nem mesmo a legislação do meio ambiente, aplica-se à responsabilidade civil ambiental.

A solidariedade permite que o autor da ação coletiva ambiental escolha quais poluidores colocará no polo passivo como réus, ficando a seu critério demandar contra todos, alguns ou apenas um poluidor (que sozinho responderá pelo dano integral, podendo ingressar com ação de regresso contra os demais).

7.1.4. Reparação do dano ambiental

É firme o entendimento doutrinário e jurisprudencial que a regra geral da reparação ambiental é a **reparação** *in natura*, ou seja, a recomposição do ambiente lesado, a restauração do equilíbrio ecológico anterior ao dano (retorno ao *statu quo ante*). Desmatada uma área de preservação permanente, deve ela ser reflorestada; contaminado o solo, deve ele ser descontaminado, degradado um rio, deve ele ser despoluído; deteriorada uma edificação integrante do patrimônio cultural, deve ela ser restaurada.

Apenas quando não for técnica ou socialmente possível a reparação *in natura* é que se aceitará que o dano ambiental seja reparado mediante uma **compensação pecuniária**, i.e., uma indenização. E como as vítimas do dano ambiental são pulverizadas (dano difuso), esta indenização será revertida para um **fundo** "gerido por um Conselho Federal ou por Conselhos Estaduais de que participarão necessariamente o Ministério Público e representantes da comunidade, sendo seus recursos destinados à reconstituição dos bens lesados" (art. 13 da Lei n. 7.347/85). No âmbito federal foi criado pela Lei n. 9.008/95 o **FDD (Fundo de Defesa dos Direitos Difusos)**, que recebe indenizações pagas em ações civis públicas ajuizadas na Justiça Federal, envolvendo lesão a direitos difusos em geral, e destina os valores recebidos a projetos de entes públicos ou de entidades sem fins lucrativos que tenham por objetivo a proteção do meio ambiente e de bens e direitos de valor artístico, estético, histórico, turístico, paisagístico, e quaisquer outros interesses difusos e coletivos. Diversos Estados também criaram fundos estaduais para recebimento das indenizações pagas no âmbito das ações coletivas ajuizadas na Justiça Estadual.

A reparação *in natura* não deve ser cumulada com indenização, sob pena de *bis in idem*. A exceção a esta regra ocorre quando a reparação *in natura* **não recompõe integralmente o ambiente lesado**, o que significa dizer que apenas parte do dano foi reparada. A parte do dano não reparada pela reparação *in natura* será objeto de indenização, pois só assim se obterá a **reparação integral do dano**.

Além disso, considerando o longo tempo via de regra necessário à recuperação dos recursos naturais e do equilíbrio ecossistêmico, tem-se observado decisões judiciais que cumulam a reparação *in natura* com o pagamento de uma indenização pelos **danos interinos**, que são os danos transitórios, que produzem efeitos deletérios ao meio ambiente entre o momento da causação do dano e o momento de sua efetiva reparação – i.e, do restabelecimento do equilíbrio ambiental (STJ, REsp 1.180.078, Rel. Min. Herman Benjamin, j. 2-12-2010; REsp1.198.727, Rel. Min. Herman Benjamin, j. 14-8-2012).

7.1.5. Desconsideração da personalidade jurídica

É cabível a desconsideração da personalidade jurídica (*disregard doctrine*), com a consequente **extensão dos efeitos da responsabilização civil aos seus sócios e/ou administradores**, caso isso se mostre necessário para garantir a reparação do dano ambiental.

> A Lei n. 9.605/98, estabelece que será desconsiderada a pessoa jurídica sempre que sua personalidade for obstáculo ao ressarcimento de prejuízos causados à qualidade do meio ambiente (art. 4º). Por obstáculo ao ressarcimento, entenda-se: insolvência da pessoa jurídica. Se a pessoa jurídica não dispuser de recursos e patrimônio para arcar com as despesas da reparação do dano ambiental, seus sócios e/ou administradores serão obrigados a fazê-lo, com seus bens particulares.

A desconsideração da personalidade jurídica é aplicável às relações de consumo desde 1990, ante previsão expressa do Código de Defesa do Consumidor (Lei n. 8.078/90) e passou a ser aplicável às relações civis em geral, a partir do Código Civil de 2002. Cumpre destacar, porém, que a Lei n. 9.605/98 adota a **teoria menor da desconsideração**, admitindo a desconsideração mediante a simples insolvência da pessoa jurídica, enquanto que o Código Civil (art. 50) adota a **teoria maior da desconsideração**, admitindo a desconsideração se, juntamente com a insolvência, restar configurado o desvio de finalidade ou a confusão patrimonial (abuso da personalidade jurídica). Já o CDC adota ambas as teorias, pois no *caput* do art. 28 atrela a desconsideração ao "abuso de direito, excesso de poder, infração da lei, fato ou ato ilícito ou violação dos estatutos ou contrato social" e à "falência, estado de insolvência, encerramento ou inatividade da pessoa jurídica provocados por má administração", mas no § 5º possibilita a desconsideração "sempre que sua personalidade for, de alguma forma, obstáculo ao ressarcimento de prejuízos causados aos consumidores".

Sendo cabível e necessário desconsiderar a personalidade jurídica da empresa poluidora, deverá o autor da ação civil pública pedi-lo já na petição inicial, para que os sócios sejam citados para integrar a lide e exercer a ampla defesa, ou em qualquer das fases do processo – neste caso, deverá ser instaurado **incidente de desconsideração da personalidade jurídica**, nos termos dos arts. 133 a 137 do CPC. Instaurado o incidente, o(s) sócio(s) da pessoa jurídica será(ão) citado(s) para se manifestar e requerer as provas cabíveis no prazo de 15 (quinze) dias, ficando suspenso o processo principal até que o juiz solucione o incidente, mediante decisão interlocutória.

7.1.6. Prescrição da ação de reparação ambiental

A prescrição é a perda da pretensão à tutela de um direito material violado, em decorrência do não exercício desse direito pelo lapso temporal estabelecido pela lei. O objetivo da prescrição é garantir a segurança jurídica e impedir a instabilidade social, pois se o titular de um direito pudesse exercê-lo a qualquer tempo e indefinidamente, as partes contra as quais esse direito seria exercido viveriam em permanente tensão no aguardo de um conflito.

Embora o Código Civil estabeleça que a "pretensão de reparação civil" prescreve em 3 anos (art. 206, § 3º, V), a doutrina e a jurisprudência têm defendido que, diferentemente das ações para a tutela de direitos patrimoniais privados, **a ação de reparação de danos ambientais é imprescritível**, pelo fato de o meio ambiente ser um direito fundamental e indisponível de toda a coletividade e também porque os efeitos do dano ambiental se prolongam no tempo, podendo até mesmo atingir as futuras gerações.

Nesse sentido, o STJ já pontificou em diversos julgados que a ação reparatória ambiental não está sujeita à prescrição:

> Conquanto não se possa conferir ao direito fundamental do meio ambiente equilibrado a característica de direito absoluto, certo é que ele se insere entre os direitos indisponíveis, devendo-se acentuar a **imprescritibilidade** de sua reparação, e a sua inalienabilidade, já que se trata de bem de uso comum do povo (art. 225, *caput*, da CF/1988) (REsp 1.394.025/MS, Rel. Min. Eliana Calmon, j. 8-10-2013). No mesmo sentido: AgRg no REsp 1.421.163, Rel. Min. Humberto Martins, j. 6-11-2014 e REsp 1.559.396, Rel. Min. Herman Benjamin, j. 22-11-2016.

Mas as reiteradas decisões judiciais negando a prescrição das ações de reparação de danos ambientais não foram suficientes para pacificar o tema, motivo pelo qual o STF reconheceu a repercussão geral da matéria (RE 654.833, Rel. Min. Alexandre de Moraes, j. 31-5-2018) e se propôs a analisá-la e a se manifestar de forma definitiva sobre o tema. No julgamento definitivo o STF declarou que "a reparação do dano ao meio ambiente é direito fundamental indisponível, **sendo imperativo o reconhecimento da imprescritibilidade no que toca à recomposição dos danos ambientais**" (RE 654.833, Rel. Min. Alexandre de Moraes, j. 20-4-2020).

Diferentemente da ação para reparação do dano ambiental, a ação para reparação de dano por intermédio do meio ambiente, passível de ser movida por vítimas determinadas, lesadas em sua esfera individual em decorrência de um dano ambiental, está sujeita à prescrição no prazo de 3 anos, nos termos do art. 206, § 3º, V, CC (MILARÉ, 2015, p. 1.518).

7.2. Responsabilidade administrativa ambiental

A responsabilidade por infração administrativa é objeto de estudo do Direito Administrativo, sendo que o Direito Ambiental adota uma série de regras próprias para regular a responsabilidade administrativa ambiental, mas também se vale de princípios e regras do Direito Administrativo, quando não conflitantes com o seu regime específico.

7.2.1. Infrações administrativas ambientais

A infração administrativa consiste no descumprimento voluntário de normas que proíbem ou determinam uma conduta (tipo administrativo) e preveem sanções como consequência desse descumprimento, as quais devem ser aplicadas por uma **autoridade administrativa**, no exercício do **poder de polícia**.

A infração administrativa ambiental consiste na ação ou omissão que viole as regras jurídicas de uso, gozo, promoção, proteção e recuperação do meio ambiente, sujeita às sanções administrativas previstas na Lei n. 9.605/98 c/c Decreto n. 6.514/2008 e aplicáveis pelos órgãos ambientais competentes.

A **Lei n. 9.605/98** define e trata dos aspectos principais das infrações administrativas ambientais, dos arts. 70 a 76, mas não cria nenhum tipo administrativo específico. Já o **Decreto n. 6.514/2008** prevê diversos tipos administrativos contra a fauna, flora, unidades de conservação, ordenamento urbano e patrimônio cultural e administração ambiental, assim como os de poluição e demais atividades contrárias ao equilíbrio ambiental. As condutas de pessoas físicas e jurídicas que se subsumirem aos tipos administrativos em questão, suportarão as respectivas sanções administrativas.

Há um intenso debate doutrinário e jurisprudencial sobre o caráter objetivo ou subjetivo da responsabilidade administrativa. Para uma corrente, a **responsabilidade administrativa ambiental é subjetiva**, só ocorrendo, portanto, em caso de **culpa ou dolo do infrator**. Para outra, a responsabilidade administrativa se pauta na **mera voluntariedade da conduta ou omissão do agente** – o que a aproxima da responsabilidade objetiva. Recentemente, o STJ proferiu três decisões filiadas à primeira corrente, defendendo que a responsabilização administrativa do infrator depende da culpa ou dolo (cf. AgRg no AREsp 62.584/RJ, Rel. Min. Regina Helena Costa, j. 18-6-2015; REsp 1.401.500/PR, Rel. Min. Herman Benjamin, j. 16-8-2016; AgInt no AREsp 826.046, Rel. Min. Gurgel de Faria, j. 27-2-2018; e EREsp 1.318.051, Rel. Min. Mauro Campbell Marques, j. 8-5-2019).

7.2.2. Processo administrativo sancionatório

As infrações administrativas serão apuradas em processo administrativo próprio, assegurada a **ampla defesa e o contraditório** (art. 70, § 4º, da Lei n. 9.605/98).

A infração será objeto de **Auto de Infração Ambiental (AIA)** lavrado por funcionário de órgão do Sisnama designado para as atividades de fiscalização, que deverá descrever a conduta, indicar os dispositivos legais infringidos e determinar as sanções cabíveis. O autuado poderá **impugnar o AIA ou apresentar defesa no prazo de 20 dias** contados da data da ciência da autuação. A autoridade competente deverá **julgar o AIA no prazo de 30 dias** contados da lavratura, ainda que o autuado não tenha apresentado impugnação ou defesa (mas a inobservância do prazo para julgamento não torna nula a decisão da autoridade julgadora e o processo, nos termos do art. 124, § 2º, do Decreto n. 6.514/2008). A decisão da autoridade julgadora deverá ser **motivada**, com a indicação dos fatos e fundamentos jurídicos em que se baseia (art. 125 do Decreto n. 6.514/2008). Em caso de decisão condenatória, o autuado poderá **recorrer à instância superior no prazo de 20 dias** contados da notificação sobre o julgamento, ou **pagar a multa no prazo de 5 dias** também contados da notificação, com o desconto de 30% do valor corrigido da penalidade (art. 4º da Lei n. 8.005/90 c/c art. 126, parágrafo único, do Decreto n. 6.514/2008). O **recurso não terá efeito suspensivo**, salvo: (i) na hipótese de justo receio de prejuízo de difícil ou incerta reparação, hipótese em que a autoridade recorrida ou a imediatamente superior poderá, de ofício ou a pedido do recorrente, conceder efeito suspensivo ao recurso e (ii) com relação à penalidade de multa, que não será cobrada enquanto a decisão condenatória não se tornar definitiva (art. 128 do Decreto n. 6.514/2008).

7.2.3. Sanções administrativas ambientais e medidas administrativas acautelatórias

A Lei n. 9.605/98 estabelece que as infrações administrativas ambientais serão punidas com as seguintes **sanções**: (i) advertência; (ii) multa simples (de R$ 50,00 a R$ 50 milhões); (iii) multa diária (quando o cometimento da infração se prolongar no tempo, deixando ela de incidir quando o autuado apresentar ao órgão ambiental documentos que comprovem a regularização da situação); (iv) apreensão dos animais, produtos e subprodutos da fauna e flora, instrumentos, petrechos, equipamentos ou veículos de qualquer natureza utilizados na infração; (v) destruição ou inutilização do produto; (vi) suspensão de venda e fabricação do produto; (vii) embargo de obra ou atividade; (viii) demolição de obra; (ix) suspensão parcial ou total de atividades; (x) restritiva de direitos, a saber: suspensão ou cancelamento de registro, licença ou autorização; perda ou restrição de incentivos e benefícios fiscais; perda ou suspensão da participação em linhas de financiamento em estabelecimentos oficiais de crédito; e proibição de contratar com a Administração Pública, pelo período de até 3 anos (art. 72).

As sanções devem ser aplicadas após a decisão da autoridade julgadora sobre a adequação e correção do AIA lavrado pelo funcionário encarregado da fiscalização – equivale dizer, somente após o exercício do contraditório e da ampla defesa. No entanto, no momento da constatação da infração (antes do julgamento do AIA, portanto) algumas **medidas administrativas acautelatórias (ou preventivas)** podem se mostrar necessárias para "prevenir a ocorrência de novas infrações, resguardar a recuperação ambiental e garantir o resultado prático do processo administrativo" (art. 101 do Decreto n. 6.514/2008). Em casos tais, o agente ambiental poderá, com a **devida fundamentação em formulário próprio**, impor ao infrator uma ou mais das seguintes medidas: (i) apreensão; (ii) embargo de obra ou atividade e suas respectivas áreas; (iii) suspensão de venda ou fabricação de produto; (iv) suspensão parcial ou total de atividades; (v) destruição ou inutilização dos produtos, subprodutos e instrumentos da infração; e (vi) demolição.

As medidas administrativas aplicadas no momento da autuação deverão ser apreciadas e confirmadas no julgamento do AIA, sob pena de ineficácia (art. 124, § 1º, do Decreto n. 6.514/2008).

7.2.3.1. Demolição

A demolição de obra ou edificação constitui sanção administrativa, mas, em casos graves e urgentes, pode ser aplicada como medida administrativa acautelatória, já no momento da fiscalização.

```
                    Demolição
                   ↙         ↘
      Sanção administrativa    Medida acautelatória
      Aplicação: após trânsito  Aplicação: no ato da
      em julgado do AIA         fiscalização
```

Nos termos do Decreto n. 6.514/2008, a **sanção de demolição** poderá ser aplicada pela autoridade ambiental quando a construção estiver em área ambientalmente protegida, em desacordo com a legislação ambiental, ou quando a construção não atender às condicionantes da legislação ambiental e **não for possível a sua regularização** (art. 19).

A demolição poderá ser efetivada pela administração ou pelo infrator após o julgamento do auto de infração. As despesas para a realização da demolição correrão sempre à custa do infrator, que será notificado para realizá-la ou para reembolsar aos cofres públicos os gastos que tenham sido efetuados pela administração, caso ela tenha se encarregado do ato demolitório (art. 19, §§ 1º e 2º).

A sanção de demolição **não será aplicada** quando laudo técnico comprovar que o desfazimento da obra poderá trazer **piores impactos ambientais** que sua manutenção, caso em que a autoridade ambiental, mediante decisão fundamentada, deverá, sem prejuízo das demais sanções cabíveis, impor as medidas necessárias à cessação e mitigação do dano ambiental (art. 19, § 3º). A não aplicação da sanção de demolição deve estar fundamentada no risco ambiental da medida e não no simples interesse do infrator de manter a construção.

Nos termos do Decreto n. 6.514/2008, a **medida acautelatória de demolição** poderá ser aplicada excepcionalmente no ato da fiscalização quando se constatar que a ausência da demolição importa em iminente risco de agravamento do dano ambiental ou de graves riscos à saúde (art. 112), desde que não se trate de edificação residencial (art. 112, § 3º). As despesas com a demolição serão custeadas pelo infrator, ainda que a Administração Pública execute a medida (neste caso ela deverá ser ressarcida pelo infrator).

> O Decreto n. 6.514/2008 não veda a sanção de demolição de edificações residenciais, nas hipóteses previstas no art. 19. O que essa norma veda é que a demolição de edificações residenciais seja aplicada como medida acautelatória, antes do julgamento do auto de infração, sem que o infrator tenha tido a oportunidade de se defender.

7.2.3.2. Dosagem da sanção

As normas que tipificam a infração administrativa devem estabelecer a sanção aplicável que, via de regra, é de cunho pecuniário (multa), cabendo ao agente autuante definir outras sanções não pecuniárias, conforme as especificidades do caso.

Nas infrações ambientais, a multa é determinada em abstrato, com um valor mínimo e um valor máximo – o valor em concreto será fixado pelo agente autuante e posteriormente confirmado pela autoridade julgadora, que, mediante decisão motivada, poderá manter o valor fixado no AIA, minorá-lo ou aumentá-lo, de ofício ou a pedido do infrator.

Para garantir a necessária **proporcionalidade e razoabilidade da punição**, todas as sanções, e especialmente a multa, devem ser **dosadas** a partir de critérios insculpidos na norma, quais sejam: (i) a gravidade do fato, tendo em vista os motivos da infração e suas consequências para a saúde pública e para o meio ambiente; (ii) os antecedentes do infrator quanto ao cumprimento da legislação de interesse ambiental; (iii) a situação econômica do infrator, no caso de multa (arts. 6º e 72 da Lei n. 9.605/98 c/c art. 4º do Decreto n. 6.514/2008). E tanto a aplicação da sanção como sua dosagem devem ser **motivadas**, sob pena de cerceamento de defesa.

A **reincidência** é outro fator que interfere na dosagem da sanção de multa, que é agravada **com o triplo do seu valor**, em caso de cometimento da **mesma infração ambiental** no prazo de 5 anos contados da lavratura de auto de infração anterior (devidamente confirmado pela autoridade julgadora), ou com o **dobro**, em caso de cometimento de **infração ambiental distinta** no prazo de 5 anos contados da lavratura de auto de infração anterior (art. 11 do Decreto n. 6.514/2008).

7.2.4. Prescrição da ação administrativa

A pretensão do Estado de sancionar o infrator está sujeita a prescrição, a qual pode se verificar em duas fases distintas da persecução administrativa: (i) fase da apuração e aplicação da sanção, que transcorre entre a data da infração e a data do trânsito em julgado da decisão administrativa (prescrição da **pretensão punitiva**) e (ii) fase da execução da sanção, que se inicia após o trânsito em julgado da decisão administrativa (prescrição da **pretensão executória**).

Em consonância com o disposto na **Lei n. 9.873/99** (art. 1º), que disciplina o prazo de prescrição para o exercício de ação punitiva pela Administração Pública Federal, direta e indireta, o Decreto n. 6.514/2008 estabelece que a ação da Administração Pública para apurar a prática de infrações administrativas contra o meio ambiente, caracterizada pela lavratura do Auto de Infração Ambiental, **prescreve em 5 anos contados da data da prática do ato** ou, no caso de infração permanente ou continuada, do dia em que esta tiver cessado (prescrição da pretensão punitiva). Mas se o fato objeto da infração administrativa também constituir crime, a prescrição reger-se-á pelo prazo previsto na lei penal (art. 21).

O prazo prescricional será **interrompido** pelos seguintes eventos: (i) recebimento do auto de infração ou cientificação do infrator por qualquer outro meio, inclusive por edital; (ii) qualquer ato inequívoco da administração que importe apuração do fato (entendendo-se como tal qualquer ato que implique instrução do processo); e (iii) decisão condenatória recorrível (art. 22 do Decreto n. 6.514/2008). Com a interrupção da prescrição, o prazo prescricional recomeça sua contagem do zero.

Transitada em julgado a decisão condenatória com aplicação de multa, a Administração efetuará a sua cobrança mediante envio de boleto ao infrator e, em caso de não pagamento, terá que tomar as medidas necessárias para efetuar a cobrança judicial, mediante ação de execução fiscal. Conforme a Lei n. 9.873/99 (art. 1º-A) e a **Súmula 467 do STJ**, editada em 2010, prescreve em **cinco anos, contados do término do processo administrativo**, a pretensão da Administração Pública a **promover a execução judicial da multa por infração ambiental** (prescrição da pretensão executória).

7.2.4.1. Prescrição intercorrente

Na fase da apuração e aplicação da sanção pode ocorrer a **prescrição intercorrente**, que é uma das modalidades de prescrição da pretensão punitiva.

Na esteira do disposto na Lei n. 9.873/99 (art. 1º, § 1º), o Decreto n. 6.514/2008 aplica aos processos infracionais ambientais a **prescrição intercorrente**, que ocorre durante a sua tramitação, no caso dele ficar **paralisado por mais de 3 anos**, pendente de julgamento ou despacho do órgão competente (art. 21, § 2º). A prescrição decorre da inércia do órgão ambiental no desenvolvimento do processo.

Ocorrendo a prescrição intercorrente, os autos serão arquivados de ofício ou mediante requerimento da parte interessada, sem prejuízo da apuração da responsabilidade funcional dos agentes públicos que deram causa à paralisação.

7.2.4.2. Prescrição administrativa e reparação do dano

Como as responsabilidades civil e administrativa são independentes, a prescrição da pretensão punitiva da Administração pela infração administrativa cometida, aí incluída a prescrição intercorrente, **não elide a obrigação de reparar o dano ambiental** (art. 21, § 4º, do Decreto n. 6.514/2008) – até porque, como visto no tópico da responsabilidade civil, as ações para reparação do dano ao meio ambiente são imprescritíveis.

7.3. Responsabilidade penal ambiental

> A responsabilidade por crime ambiental está profundamente relacionada com o Direito Penal. Apesar de haver uma lei específica para tratar dos crimes ambientais (Lei n. 9.605/98), grande parte da teoria geral do direito penal e direito processual penal se aplica aos crimes praticados contra o meio ambiente.

7.3.1. Infrações penais ambientais

A infração penal consiste no descumprimento voluntário de normas que proíbem ou determinam uma conduta (tipos penais) e que estabelecem penas como consequência desse descumprimento, as quais devem ser aplicadas por um **juiz de direito**.

> Diferentemente da responsabilidade civil ambiental, a responsabilidade penal por crime praticado contra o meio ambiente é sempre subjetiva, de sorte que só responderá pelo crime o agente que agir com dolo ou culpa (esta última, apenas no caso de tipos penais que prevejam a modalidade culposa).

Os crimes ambientais e respectivas sanções estão previstos, em sua maioria, na **Lei n. 9.605/98 (Lei dos Crimes Ambientais)**, que estabelece crimes contra a fauna, a flora, o ordenamento urbano e patrimônio cultural e administração ambiental, crimes de poluição e crimes relacionados à falta de licenças e autorizações ambientais. Mas algumas leis ambientais específicas também tipificam penalmente condutas lesivas ao meio ambiente como, p. ex., Lei n. 6.453/77 (responsabilidade por danos e atividades nucleares); Lei n. 7.802/89 (agrotóxicos) e Lei n. 6.766/76 (parcelamento do solo urbano).

Os crimes ambientais são sempre de **ação penal pública incondicionada** (o Ministério Público pode iniciar a ação independentemente de requisição do Ministro da Justiça ou de representação do ofendido), a qual seguirá os trâmites estabelecidos no Código de Processo Penal, respeitadas as especificidades processuais da Lei dos Crimes Ambientais.

7.3.2. Princípio da insignificância aplicado aos crimes ambientais

Pelo **princípio da lesividade (ou da ofensividade)** apenas os fatos que importem em lesão ou perigo de lesão a um bem jurídico socialmente relevante é que merecem a repressão penal, devendo o legislador levar este princípio em consideração quando da criação dos tipos penais, assim como os juízes de direito quando de sua aplicação ao caso concreto. E pelo **princípio da insignificância**, não devem ser consideradas criminosas as condutas que, mesmo previstas em um tipo penal, não causem um gravame significativo aos bens jurídicos tutelados pela norma penal (lesividade inexistente ou mínima ofensividade).

Para a teoria finalista da ação, crime é o fato típico e antijurídico. O fato típico contempla a **tipicidade formal** (subsunção do fato ao tipo penal) e a **tipicidade material** (lesividade real ou potencial ao bem jurídico protegido), devendo ambas estar presentes para a caracterização do crime. Por força do princípio da insignificância, a conduta com baixíssima lesividade não preenche a tipicidade material. Por isso, mesmo que ela preencha a tipicidade formal, não constitui crime, pois a falta de tipicidade material torna a conduta **atípica**.

CRIME (teoria finalista da ação)		
Fato típico		Antijurídico
Tipicidade formal (subsunção)	Tipicidade material (lesividade)	Contrariedade da conduta ao ordenamento jurídico

O STF aceita a aplicação do princípio da insignificância aos crimes em geral, sustentando que o postulado da bagatela deve levar em conta quatro aspectos de natureza objetiva: (i) a mínima ofensividade da conduta do agente; (ii) ausência de periculosidade social da ação; (iii) o reduzido grau de reprovabilidade do comportamento; e (iv) a inexpressividade da lesão jurídica causada (cf. HC 84.412/SP, Min. Celso de Mello, j. 19-10-2004).

Transpondo o entendimento do STF aos crimes ambientais, o STJ tem aplicado o princípio da insignificância quando verificada a baixa lesividade da conduta, absolvendo ou trancando ações penais ajuizadas contra infratores flagrados, p. ex., com apenas alguns exemplares de animais silvestres caçados ilegalmente ou pequena quantidade de pescado capturado no período do defeso, ou com poucos exemplares arbóreos, suprimidos sem autorização do órgão competente (cf. HC 128.566/SP, Rel. Min. Maria Thereza de Assis Moura, j. 31-5-2011; REsp 1372370/RS, Rel. Min. Laurita Vaz, j. 27-8-2013; RHC 58.247/RR, Rel. Min. Jorge Mussi, j. 17-3-2016). Outros tribunais de segunda instância têm seguido na mesma direção.

7.3.3. Responsabilidade penal da pessoa jurídica

Rompendo com o dogma de que apenas a pessoa física está sujeita à responsabilização penal, decorrente do princípio *societas non delinquere potest* (= pessoa jurídica não pode cometer delitos), a CF/88 admite a responsabilidade penal da pessoa jurídica (art. 225, § 3º) e a Lei dos Crimes Ambientais a implementa.

Em contraposição à *teoria da ficção*, para a qual a pessoa jurídica não passa de uma abstração, sem capacidade para delinquir por faltar-lhe vontade e ação, a *teoria da realidade*, adotada pelo Código Civil (art. 45), defende que a pessoa jurídica é real e não uma ficção, embora não se trate de uma realidade no mundo natural, mas de uma realidade no mundo jurídico. Sendo real, a pessoa jurídica tem vontade própria e distinta das vontades individuais de seus sócios e administradores, tendo então capacidade para contrair direitos e obrigações, para cometer infrações e também para delinquir.

Ainda encontramos alguns doutrinadores resistentes à responsabilização penal da pessoa jurídica, mas o STJ já pacificou entendimento de que pessoas jurídicas podem cometer crimes ambientais e ser condenadas por isso (cf. REsp 889.528/SC, Rel. Min. Felix Fischer, j. 17-4-2007; REsp 989.089/SC, Rel. Min. Arnaldo Esteves Lima, j. 18-8-2009; EDcl no REsp 865.864/PR, Rel. Min. Adilson Vieira Macabu (Desembargador Convocado do TJRJ), j. 20-10-2011). O STF, mesmo julgando menos casos sobre esta temática, já se manifestou favoravelmente à responsabilização penal da pessoa jurídica (cf. RE 548.181/PR, Rel. Min. Rosa Weber, j. 29-10-2014).

7.3.3.1. Requisitos

A condenação da pessoa jurídica por crime ambiental está condicionada à presença de dois requisitos cumulativos, nos termos do art. 3º da Lei n. 9.605/98: (i) infração cometida por decisão de seu representante legal ou contratual ou de seu órgão colegiado e (ii) infração praticada no interesse ou benefício da empresa.

Com isso, fica afastada a responsabilização do ente coletivo se a conduta for determinada por pessoa ou órgão interno sem poderes estatutários ou contratuais de representação da empresa ou sem mandato ou delegação para a tomada de decisão (primeiro requisito), ou se, mesmo a conduta sendo determinada por representante, o benefício por ela gerado não trouxer proveito à empresa, mas a terceiros, que usaram a empresa para extrair benefício para si próprio (segundo requisito).

7.3.3.2. Dupla imputação

Durante um bom tempo prevaleceu o entendimento de que a pessoa jurídica só poderia ser responsabilizada criminalmente se as pessoas físicas que exteriorizaram a vontade da empresa para a prática da ação criminosa também figurassem no polo passivo da ação penal (dupla imputação).

> Ocorre que, em decisão recente, o STF contestou a teoria da dupla imputação, sob o argumento de que "o art. 225, § 3º, da Constituição Federal não condiciona a responsabilização penal da pessoa jurídica por crimes ambientais à simultânea persecução penal da pessoa física em tese responsável no âmbito da empresa. A norma constitucional não impõe a necessária dupla imputação" (RE 548.181/PR, Rel. Min. Rosa Weber, j. 29-10-2014). O STJ, que adotava o princípio da dupla imputação, acabou sendo influenciado pela decisão do STF e reviu o seu posicionamento, declarando que "**modificou sua anterior orientação**, de modo a entender que é possível a responsabilização penal da pessoa jurídica por delitos ambientais independentemente da responsabilização concomitante da pessoa física que agia em seu nome" (RMS 39.173/BA, Rel. Min. Reynaldo Soares da Fonseca, j. 6-8-2015). No mesmo sentido: AgRg no RMS 48.085/PA, Rel. Min. Gurgel de Faria, j. 5-11-2015; RHC 48.172/PA, Rel. Min. Reis Júnior, Sebastião j. 20-10-2015.

O abandono da teoria da dupla imputação decorre da constatação de que, em grandes ou complexas corporações, as atribuições e decisões estão tão descentralizadas e diluídas que muitas vezes se torna impossível identificar os indivíduos que levaram a empresa à prática do delito. Dessa forma, condicionar a persecução penal da pessoa jurídica à persecução das pessoas físicas significa, em termos práticos, impossibilitar, em muitos casos, a responsabilização do ente coletivo.

7.3.3.3. Sanções penais aplicáveis às pessoas jurídicas

A toda evidência, é impossível aplicar às pessoas jurídicas a pena de prisão. No entanto, o art. 21 da Lei n. 9.605/98 prevê diversas sanções penais perfeitamente compatíveis com a natureza da pessoa jurídica. São elas: (i) multa; (ii) restritiva de direitos e (iii) prestação de serviços à comunidade.

A **pena de multa** deve ser dosada segundo os critérios do Código Penal, com a definição da quantidade de dias-multa, entre 10 e 360 dias-multa (art. 49) e, em seguida, fixação do valor do dia-multa, não podendo ser inferior a um trigésimo do maior salário mínimo mensal vigente ao tempo do fato, nem superior a 5 (cinco) vezes esse salário (art. 49, § 1º). Se o juiz considerar que, mesmo aplicada no valor máximo, a multa será ineficaz em virtude da **situação econômica do réu**, poderá aumentá-la até o triplo (art. 60, § 1º). O art. 18 da Lei dos Crimes Ambientais adiciona um novo critério, a ser aplicado após a dosagem orientada pelo Código Penal: possibilidade de aumento da multa até três vezes se ela revelar-se ineficaz, ainda que aplicada no valor máximo, tendo em vista o valor da **vantagem econômica auferida**.

As **penas restritivas de direitos** se desdobram em: (i) suspensão parcial ou total de atividades (quando estas não estiverem obedecendo às disposições legais ou regulamentares ambientais); (ii) interdição temporária de estabelecimento, obra ou atividade (quando estiverem funcionando sem a devida autorização, ou em desacordo com a concedida, ou com violação de disposição legal ou regulamentar); e (iii) proibição de contratar com o Poder Público, bem como dele obter subsídios, subvenções ou doações, cuja duração não poderá exceder o prazo de 10 anos (art. 22).

A **pena de prestação de serviços à comunidade** engloba: (i) custeio de programas e de projetos ambientais; (ii) execução de obras de recuperação de áreas degradadas; (iii) manutenção de espaços públicos; e (iv) contribuições a entidades ambientais ou culturais públicas (art. 23).

7.3.4. Medidas alternativas

O moderno Direito Penal tem um caráter "despenalizador", já que se propõe a evitar a aplicação de penas privativas de liberdade (prisão) a pessoas que cometem infrações penais de pouca lesividade, dando preferência às penas ou medidas alternativas. Nesse sentido, a CF/88 determinou à União, Estados e DF a criação de juizados especiais criminais para o julgamento de crimes de menor potencial ofensivo (art. 98, I), o que foi feito pelas Leis n. 9.099/99 (Juizados Especiais Cíveis e Criminais) e 10.259/2001 (Juizados Especiais Cíveis e Criminais na Justiça Federal).

Dentre as medidas despenalizadoras instituídas pela Lei n. 9.099/95, encontram-se a composição civil (acordo de reparação de danos firmado com a vítima do delito, que acarreta a renúncia ao direito de queixa, nas ações penais privadas, e de representação, nas ações penais condicionadas), a transação penal e a suspensão condicional do processo (*sursis* processual), sendo apenas as duas últimas aplicáveis aos crimes ambientais.

Mais recentemente foi introduzida no ordenamento jurídico, pela Lei n. 13.964/2019, uma nova medida despenalizadora, o Acordo de não persecução penal, aplicável também aos crimes ambientais.

7.3.4.1. Transação penal

A transação penal é aplicável às infrações de **menor potencial ofensivo**, quais sejam: contravenções penais e crimes com **pena máxima, em abstrato, de até 2 anos**, cumulada ou não com multa (art. 61 da Lei n. 9.099/95).

Sujeito à transação penal	Não sujeito à transação penal
Art. 32 da Lei n. 9.605/98: Praticar ato de abuso, maus-tratos, ferir ou mutilar animais silvestres, domésticos ou domesticados, nativos ou exóticos: Pena – detenção, de três meses a um ano, e multa.	Art. 54 da Lei n. 9.605/98: Causar poluição de qualquer natureza em níveis tais que resultem ou possam resultar em danos à saúde humana, ou que provoquem a mortandade de animais ou a destruição significativa da flora: Pena – reclusão, de um a quatro anos, e multa.

Na transação penal, o Ministério Público propõe e o acusado aceita, sem processo e tampouco condenação, a **aplicação imediata** de pena restritiva de direito ou multa – que, em caso de crime ambiental, será uma das penas previstas no art. 8º da Lei dos Crimes Ambientais, para pessoa física (p.ex., prestação de serviços à comunidade consistente na atribuição de tarefas gratuitas junto a parques e jardins públicos e unidades de conservação), ou nos arts. 22 e 23 da mesma lei, para pessoa jurídica (p. ex., manutenção de espaços públicos).

Justamente por dispensar o devido processo e o exercício do contraditório, a transação penal não implica confissão do crime, não importará em reincidência e não constará de certidão de antecedentes criminais – será tão somente registrada para evitar que o benefício seja usufruído novamente no prazo de 5 anos.

A **composição civil** entre o suposto criminoso e a vítima é estimulada pela Lei n. 9.099/95, mas ela não exige que o infrator repare os danos causados à vítima para fazer jus à transação penal. Em linha oposta, a Lei n. 9.605/98, que tem um forte **caráter reparador,** condiciona a transação penal à **prévia composição do dano ambiental**, salvo em caso de comprovada impossibilidade (art. 27) – sendo necessário frisar que a composição é apenas um acordo no qual a parte se compromete a reparar o dano.

O acordo para composição do dano ambiental terá eficácia de **título executivo**, a ser executado no juízo civil competente, em caso de descumprimento (art. 74 da Lei n. 9.099/95).

7.3.4.2. Suspensão condicional do processo

A suspensão condicional do processo (*sursis* processual) é aplicável às infrações de **médio potencial ofensivo**, quais sejam: crimes com **pena mínima, em abstrato, de até 1 ano** (art. 89 da Lei n. 9.099/95).

Sujeito ao *sursis* processual	Não sujeito ao *sursis* processual
Art. 39 da Lei n. 9.605/98: Cortar árvores em floresta considerada de preservação permanente, sem permissão da autoridade competente: Pena – detenção, de um a três anos, ou multa, ou ambas as penas cumulativamente.	Art. 69-A da Lei n. 9.605/98: Elaborar ou apresentar, no licenciamento, concessão florestal ou qualquer outro procedimento administrativo, estudo, laudo ou relatório ambiental total ou parcialmente falso ou enganoso, inclusive por omissão: Pena – reclusão, de **3 (três)** a 6 (seis) anos, e multa.

O *sursis* processual, proposto pelo Ministério Público e aceito pelo acusado, implica a suspensão do processo, imediatamente após o recebimento da denúncia pelo juiz, por um período de 2 a 4 anos, no qual o réu ficará submetido a um período de prova e ao cumprimento das condições fixadas pelo juiz, tais como proibição de frequentar determinados lugares e proibição de ausentar-se da comarca onde reside, sem autorização do juiz. Durante a suspensão do processo, o prazo prescricional fica suspenso.

De acordo com a Lei n. 9.099/95, se o benefício não for revogado durante o período de prova, ao término deste o juiz declarará extinta a punibilidade (art. 89, § 5º). Mas a Lei n. 9.605/98, com seu propósito reparador, condiciona a extinção da punibilidade à **reparação do dano ambiental** pelo infrator, salvo impossibilidade de fazê-lo. Por isso, a declaração de extinção da punibilidade, ao término do período de prova, dependerá de **laudo de constatação** de reparação do dano ambiental (art. 28), sendo cabível, inclusive, a prorrogação do período de prova, por duas vezes, até o prazo máximo de 5 anos (art. 28, II e IV), com suspensão do prazo prescricional, quando o dano não tiver sido reparado no prazo original da suspensão. Se no prazo máximo não for comprovada a reparação do dano, a declaração de extinção da punibilidade dependerá de **laudo de constatação** que comprove ter o acusado pelo menos tomado as **providências necessárias** à reparação integral do dano (art. 28, V). Em caso negativo, o processo será retomado.

7.3.4.3. Acordo de não persecução penal

O Acordo de Não Persecução Penal (ANPP) é aplicável às infrações ambientais praticadas por pessoas físicas ou jurídicas, sem violência ou grave ameaça e com **pena mínima, em abstrato, inferior a 4 anos** (art. 28-A do Código de Processo Penal, introduzido pela Lei n. 13.964/2019). Contudo, se o crime em questão for passível de transação penal, esta terá preferência e será aplicada em detrimento do ANPP (art. 28-A, § 1º).

Sujeito ao ANPP	Não sujeito ao ANPP (porque sujeito à transação penal)
Art. 69-A da Lei n. 9.605/98: Elaborar ou apresentar, no licenciamento, concessão florestal ou qualquer outro procedimento administrativo, estudo, laudo ou relatório ambiental total ou parcialmente falso ou enganoso, inclusive por omissão: Pena – reclusão, de 3 (três) a 6 (seis) anos, e multa.	Art. 29 da Lei n. 9.605/98: Matar, perseguir, caçar, apanhar, utilizar espécimes da fauna silvestre, nativos ou em rota migratória, sem a devida permissão, licença ou autorização da autoridade competente, ou em desacordo com a obtida: Pena – detenção de seis meses a um ano, e multa.

O ANPP será proposto pelo Ministério Público quando o investigado não for reincidente e tiver confessado formal e circunstancialmente a prática da infração penal e o promotor entender que a medida é necessária e suficiente para a reprovação e prevenção do crime.

Serão ajustadas as seguintes condições:

(i) reparação do dano ambiental, exceto na impossibilidade de fazê-lo;

(ii) renúncia aos bens e direitos indicados pelo MP como instrumentos, produto ou proveito do crime (p.ex., madeira obtida a partir do corte ilegal de florestas);

(iii) prestação de serviços à comunidade ou a entidades públicas, por período correspondente à pena mínima cominada ao delito diminuída de um a dois terços (os serviços devem guardar pertinência temática com o crime ambiental, e, portanto, reverter em benefício do meio ambiente);

(iv) pagamento de prestação pecuniária de 1 a 360 salários-mínimos a entidade pública ou de interesse social, que tenha por objetivo, preferencialmente, proteger bens jurídicos iguais ou semelhantes aos lesados pelo delito (no caso dos crimes ambientais, portanto, o objetivo das entidades beneficiárias deve ser a proteção do meio ambiente);

(v) cumprimento, por prazo determinado, de outra condição indicada pelo MP, desde que proporcional e compatível com a infração penal imputada.

Se o ANPP for cumprido integralmente, o juiz decretará a extinção da punibilidade. Mas se o beneficiário do ANPP descumprir qualquer das condições estipuladas por escrito, o MP comunicará ao juízo para fins de rescisão do acordo, e oferecerá a denúncia.

O ANPP não constará da certidão de antecedentes criminais, exceto para fins de comunicar que o investigado já se beneficiou de acordo nos últimos cinco anos, o que impedirá, em caso de novo crime, a celebração de novo ANPP.

8. PROCESSO CIVIL AMBIENTAL

8.1. Sistema processual coletivo

Embora exista um sistema processual coletivo para a defesa dos direitos difusos, como o meio ambiente, as regras do Código de Processo Civil lhe são aplicáveis subsidiariamente, i.e., nas situações não reguladas de forma específica pelo sistema coletivo.

O processo civil clássico não está estruturado para a tutela dos direitos coletivos *lato sensu*, que englobam os direitos difusos, coletivos *stricto sensu* e individuais homogêneos, mas apenas dos direitos individuais puros. Por isso, os direitos coletivos demandam um sistema processual próprio, adaptado às suas particularidades, que possa garantir a defesa e realização dos interesses transindividuais.

O sistema processual coletivo tem sua espinha dorsal na combinação da **Lei n. 7.347/85 (Lei da Ação Civil Pública – LACP)** e do **Título III da Lei n. 8.078/90 (Código de Defesa do Consumidor – CDC)**, combinação essa determinada pelo art. 21 da LACP. Subsidiariamente e naquilo que não conflitar com as leis citadas, aplicam-se os dispositivos do Código de Processo Civil, nos termos prescritos pelo art. 19 da LACP.

Por este sistema é possível tutelar todos os direitos difusos, coletivos e individuais homogêneos, dentre os quais os expressos no art. 1º da LACP: (i) **meio ambiente (direito difuso)**; (ii) consumidor; (iii) bens e direitos de valor artístico, estético, histórico, turístico e paisagístico; (iv) infração da ordem econômica; (v) ordem urbanística; (vi) honra e dignidade de grupos raciais, étnicos ou religiosos; (vii) patrimônio público e social.

8.2. Legitimidade ativa *ad causam*

A legislação processual coletiva utiliza o critério da **representatividade adequada** para definir quais entes têm legitimidade para propor a ação coletiva, equivale dizer, para "representar" os titulares do direito material discutido em juízo. Estão indicados no art. 5º da LACP e art. 82 do CDC: (i) Ministério Público (federal e estadual); (ii) Defensoria Pública (a ADI 3.943, que questionava sua legitimidade, foi julgada improcedente pelo STF, em maio de 2015, tendo a decisão transitado em julgado em agosto de 2018); (iii) União, Estados, DF e Municípios; (iv) autarquia, empresa pública, fundação ou sociedade de economia mista; (v) entidade e órgão da Administração Pública, direta ou indireta, ainda que sem personalidade jurídica; (vi) associação civil que, concomitantemente: a) esteja constituída há pelo menos um ano nos termos da lei civil, podendo este requisito ser dispensado pelo juiz, quando houver manifesto interesse social evidenciado pela dimensão ou característica do dano, ou pela relevância do bem jurídico a ser protegido; b) inclua, entre suas finalidades institucionais, um ou mais direitos previstos no art. 1º da LACP.

Trata-se de legitimidade concorrente e disjuntiva, podendo a ação ser proposta por um ou mais legitimados, em **litisconsórcio** (facultativo).

Quanto à **pessoa física**, nota-se que nem a LACP nem o CDC lhe outorgam legitimidade ativa para a defesa de direitos coletivos. Vale mencionar, porém, que a CF/88 outorga ao **cidadão** a legitimidade para a propositura da **ação popular ambiental**, que é uma espécie de ação coletiva (art. 5º, LXXIII).

Quanto ao **Ministério Público**, se não intervier no processo como parte (autor ou litisconsorte ativo), atuará obrigatoriamente como **fiscal da lei**, nos termos do art. 5º, § 1º, da LACP.

Em caso de desistência infundada ou abandono da ação por um dos legitimados ativos, deverá o Ministério Público assumi-la, sendo dado a qualquer outro legitimado também fazê-lo. Para o Ministério Público a assunção da ação é obrigatória em decorrência do princípio da obrigatoriedade e indisponibilidade das demandas coletivas, salvo se ela for manifestamente improcedente ou temerária, devendo a decisão de não prosseguimento da ação ser ratificada pelo Conselho Superior do MP (REsp 1.372.593/SP, Rel. Min. Humberto Martins, j. 7-5-2013; REsp 200.289/SP, Rel. Min. Vasco Della Giustina, j. 2-9-2010). Para os demais legitimados, a assunção da ação é facultativa.

8.2.1. Pertinência temática como requisito da legitimidade ativa das associações civis

A representatividade adequada das associações civis, para fins de aferição de sua legitimidade ativa, está relacionada também com a **pertinência temática** entre a sua missão estatutária e os direitos defendidos por meio da ação civil pública. Dessa forma, uma associação que tenha por objetivo a defesa do consumidor não é parte legítima para propor ação civil pública para a defesa do meio ambiente (cf. STJ, REsp 1.091.756/MG, Rel. Min. Marco Buzzi, j. 13-12-2017; STJ, AgRg nos EDcl nos EDcl no REsp 1.150.424/SP, Rel. Min. Olindo Menezes, j. 10-11-2015).

8.3. Competência jurisdicional

De acordo com o art. 2º da LACP, as ações civis públicas "serão propostas no foro do local **onde ocorrer o dano**, cujo juízo terá competência funcional para processar e julgar a causa".

É inegável que o intuito da lei é fazer com que as ações para a defesa de direitos coletivos tramitem no local onde ocorreu ou ocorrerá o dano, visando facilitar a obtenção das provas e aproximar o juiz dos fatos. Isso explica a adoção da **competência territorial**. No entanto, a competência territorial é relativa e pode ser modificada pelas partes. Para impedir o deslocamento da competência para foros que nenhuma relação têm com o dano, o art. 2º dispõe que a competência é funcional (= competência para exercer funções dentro de um processo), querendo com isso, na verdade, dispor que a competência é territorial, porém **absoluta**: "não se prorroga e nem pode ser derrogada por convenção entre os litigantes, devendo a incompetência ser declarada de ofício em qualquer tempo e grau de jurisdição" (MIRRA, 2004, p. 178).

O dano pode se estender por toda a comarca ou ultrapassar os seus limites. Neste caso, haverá mais de um foro e juízo competentes para a ação, devendo-se resolver eventual conflito de competências com a orientação do parágrafo único do art. 2º da LACP, que dispõe que "**a propositura da ação prevenirá a jurisdição do juízo** para todas as ações posteriormente intentadas que possuam a mesma causa de pedir ou o mesmo objeto", considerando-se proposta a ação "quando a petição inicial for protocolada", conforme art. 312 do CPC (cf. STJ, CC 126.601/MG, Rel. Min. Mauro Campbell Marques, j. 27-11-2013).

Logo, o foro onde a ação civil pública for primeiramente proposta (= protocolada) é o foro no qual a ação tramitará e em que se dará a reunião de processos por força da conexão (ações com a mesma causa de pedir ou o mesmo pedido, cf. art. 55, CPC) e continência (ações com identidade de partes e de causa de pedir, em que uma delas tem o pedido mais amplo e, por isso, abrange o pedido da outra, cf. art. 56, CPC), para julgamento simultâneo (no entanto, há quem defenda que as regras sobre prevenção de juízo em caso de conexão e continência são as do CPC, que, em seu art. 59, encerra que é o registro ou a distribuição da petição inicial que torna prevento o juízo e não o simples protocolo da inicial).

8.3.1. Competência da Justiça Federal

A CF/88 estabelece a competência absoluta da Justiça Federal para determinadas causas como, v.g., aquelas em que a União, entidade autárquica ou empresa pública federal forem interessadas na condição de autoras, rés, assistentes ou oponentes (art. 109, I).

Não há incompatibilidade entre o art. 109 da CF/88 com o art. 2º da LACP, extraindo-se da interpretação conjunta de ambos que as ações civis públicas em que a União e suas entidades forem parte serão propostas na **seção judiciária da Justiça Federal do local do dano**, onde se tem que a Justiça Federal é a *Justiça* competente e o local do dano, o *foro* competente.

Contudo, não há seção judiciária da Justiça Federal em todas as comarcas. Se o dano ocorrer justamente em uma dessas comarcas, a ação deve ser proposta na Justiça Estadual do local do dano (fazendo prevalecer a competência ditada pelo art. 2º da LACP) ou na Justiça Federal de outra comarca (fazendo prevalecer a competência ditada pela CF/88)? Amparado no art. 109, § 3º, da CF/88, o STJ entendia que, em casos tais, a ação deveria ser ajuizada no foro do local do dano, conforme a Súmula 183: "Compete ao Juiz Estadual, nas Comarcas que não sejam sede de vara da Justiça Federal, processar e julgar ação civil pública, ainda que a União figure no processo". Todavia, no ano de 2000 a Súmula 183 foi **cancelada** (EDcl no CC 27.676/BA, Rel. Min. José Delgado, j. 8-11-2000), sendo hoje pacífico que as ações civis públicas nas quais a União atue como parte, assistente ou oponente serão propostas na Justiça Federal do local do dano e, não havendo seção judiciária no local do dano, em outra seção judiciária.

8.4. Inquérito civil

Inúmeras denúncias de agressões ao meio ambiente são levadas ao conhecimento do Ministério Público pela população, por entidades ambientalistas e até mesmo pela mídia. Nem todas contêm embasamento suficiente para subsidiar desde logo o ajuizamento de uma ação civil pública. Em casos tais pode o Ministério Público instaurar um **inquérito civil** para apurar os fatos e encontrar os elementos necessários para decidir quais medidas adotar.

O inquérito civil é, portanto, um procedimento administrativo investigativo, de **uso exclusivo do Ministério Público**, previsto nos arts. 8º e 9º da LACP, que se destina à coleta de informações, documentos, testemunhos e outros subsídios relacionados a lesão ou perigo de lesão a bens difusos e coletivos, dentre eles o meio ambiente, para orientar a atuação do *Parquet*.

Não se trata de um procedimento obrigatório, visto que "a ação civil pública pode ser promovida mesmo sem o inquérito civil, se estiver fundada em outros elementos bastantes de convicção" (MAZZILLI, 2014, p. 147).

Por se tratar de um procedimento meramente investigativo e não acusatório, não é necessário assegurar ao investigado o **contraditório** e a **ampla defesa**. Mas há que se lhe garantir acesso aos autos do inquérito civil para o conhecimento pleno de todos os seus termos, em atenção ao **princípio da publicidade**.

Se, esgotadas todas as diligências, o Ministério Público se convencer da inexistência de fundamento para a propositura da ação civil pública, promoverá, de forma fundamentada, o **arquivamento** do inquérito civil (art. 9º da LACP). O arquivamento será submetido ao Conselho Superior do Ministério Público (art. 9º, § 3º), que o homologará ou rejeitará, sendo que, em caso de rejeição, designará outro membro do Ministério Público para o ajuizamento da ação (art. 9º, § 4º).

O arquivamento do inquérito civil não impedirá que outro colegitimado proponha a ação civil pública com base nos elementos que ele próprio reunir para tal fim.

8.5. Coisa julgada

A coisa julgada é a situação jurídica que torna uma decisão judicial imodificável. A coisa julgada pode ser material ou formal. **Coisa julgada material,** segundo o Código de Processo Civil, é a "autoridade que torna imutável e indiscutível a decisão de **mérito** não mais sujeita a recurso" (art. 502). A **coisa julgada formal** é a autoridade que torna imutável a decisão terminativa do processo proferida **sem análise de mérito,** cujos efeitos estão restritos ao processo em que ela foi proferida, o que permite que a ação seja reproposta sem os vícios que determinaram a extinção prematura da relação processual.

Nas ações coletivas, a coisa julgada não se opera da mesma forma que no processo civil individual, haja vista as peculiaridades desse tipo de demanda e da natureza do direito discutido.

A disciplina da coisa julgada nas ações para a defesa de direitos difusos – dentre as quais, as ações civis públicas ambientais –, é regida pelo art. 103, I, do CDC c/c art. 16 da LACP, que estabelece a coisa julgada *secundum eventum probationis* (conforme o sucesso da prova) ou *secundum eventum litis* (conforme o resultado da lide), a depender do caso:

Procedência do pedido	Improcedência do pedido por insuficiência de provas	Improcedência do pedido com base nas provas produzidas (suficiência de provas)
Faz coisa julgada material e *erga omnes* (difusos) ou *ultra partes* (coletivos *stricto sensu*)	Faz coisa julgada formal, mas não faz coisa julgada material	Faz coisa julgada material e *erga omnes* ou *ultra partes*
A questão de mérito decidida não poderá ser rediscutida nem pelos colegitimados nem pelo réu	A ação coletiva poderá ser reproposta com idêntico fundamento e baseada em novas provas, por qualquer dos colegitimados	A ação coletiva não poderá ser reproposta por nenhum dos colegitimados
As vítimas (e seus sucessores) afetadas em sua esfera particular pelo dano ambiental (= dano por intermédio do meio ambiente) serão beneficiadas com a sentença coletiva, de sorte que poderão liquidá-la e executá-la, comprovando o seu dano individual – transporte *in utilibus* da coisa julgada coletiva	As vítimas (e seus sucessores) afetadas em sua esfera particular pelo dano ambiental (= dano por intermédio do meio ambiente) não serão prejudicadas pela sentença coletiva, de sorte que poderão propor ações individuais indenizatórias	As vítimas (e seus sucessores) afetadas em sua esfera particular pelo dano ambiental (= dano por intermédio do meio ambiente) não serão prejudicadas pela sentença coletiva, de sorte que poderão propor ações individuais indenizatórias

Oportuno e necessário que a lei impeça a coisa julgada material das sentenças de improcedência em caso de insuficiência probatória pois, dessa forma, evita-se que os titulares do direito material discutido em juízo sejam prejudicados por possíveis conluios entre o autor e réu da ação coletiva ou até mesmo pela eventual incapacidade ou limitação do autor na produção de provas dos fatos alegados.

A coisa julgada nas ações que versam sobre direitos difusos e coletivos é *secundum eventum probationis* porque a decisão judicial fará coisa julgada *erga omnes* (difusos) ou *ultra partes* (coletivos) se as provas produzidas forem robustas o suficiente para subsidiar o decreto de procedência ou de improcedência do pedido, mas não fará coisa julgada se as provas não forem fortes o bastante para fundamentar uma decisão de procedência, tampouco uma decisão de improcedência (o que redundará na sentença de improcedência por insuficiência de provas).

Já a coisa julgada nas ações coletivas que versam sobre direitos individuais homogêneos é *secundum eventum litis* porque a decisão judicial só fará coisa julgada quando for procedente (ou seja, só com esse "resultado" é que haverá coisa julgada para as vítimas afetadas em sua esfera particular). Quando for improcedente, tanto por suficiência como por insuficiência de provas, não fará coisa julgada para as vítimas.

Se a ação coletiva cumular o pedido de reparação do dano ambiental (difuso) com o pedido de reparação dos danos sofridos pelas vítimas do evento (individual homogêneo) e estas já tiverem ingressado com suas ações individuais, deverão pedir a suspensão de tais ações caso queiram se beneficiar da coisa julgada *erga omnes* da ação coletiva. Isso porque o art. 104, I, do CDC dispõe que a coisa julgada *erga omnes* não beneficiará os autores das ações individuais "se não for requerida sua suspensão no prazo de trinta dias, a contar da ciência nos autos do ajuizamento da ação coletiva".

Digno de nota, porém, o entendimento do STJ, de que, independentemente de pedido dos autores individuais, suas ações devem ser suspensas até o trânsito em julgado da ação coletiva que englobe a "macrolide multitudinária" por conta do interesse público de garantir a efetividade da justiça (cf. REsp 1.525.327/PR, Rel. Min. Luis Felipe Salomão, j. 12-12-2018; AgRg no AgREsp 585.756/PR, Rel. Min. Og Fernandes, j. 5-5-2015; REsp 1.110.549/RS, Rel. Min. Sidnei Beneti, j. 28-10-2009).

8.5.1. Transporte *in utilibus* da coisa julgada coletiva e da sentença penal condenatória

O **transporte** *in utilibus* é um efeito secundário da decisão transitada em julgado, a ser observado nas situações específicas estabelecidas em lei. Legal e perfeitamente aplicável às ações coletivas ambientais, ele permite que

> (...) qualquer pessoa lesada (individual ou coletivamente), reflexamente, pela mesma agressão ambiental já decidida possa ajuizar uma demanda sem a necessidade de provar aquele fato (poluição e nexo com o poluente) que deu origem e foi suporte da demanda coletiva ambiental (RODRIGUES, 2016, p. 293).

O art. 103, § 3º, do CDC prevê o **transporte** *in utilibus* **da coisa julgada coletiva**, dispondo que a **procedência** do pedido proferido em ação civil pública para a defesa de direitos difusos beneficiará as vítimas e seus sucessores que, em decorrência do mesmo fato, sofreram lesões individuais. Por isso, poderão proceder diretamente à liquidação e à execução da sentença coletiva, nos termos dos arts. 96 a 99 do CDC.

Já o art. 103, § 4º, da mesma lei prevê o **transporte** *in utilibus* **da sentença penal condenatória** – na verdade, apenas reforça a medida já prevista no art. 63 do Código de Processo Penal, que encerra: "transitada em julgado a sentença condenatória, poderão promover-lhe a execução, no juízo cível, para o efeito da reparação do dano, o ofendido, seu representante legal ou seus herdeiros" (ação civil *ex delicto*). Em consonância com esse dispositivo, o art. 515, VI, do CPC considera que a sentença penal condenatória transitada em julgado é título executivo judicial.

Mencione-se, por fim, que a possibilidade de se aproveitar a decisão condenatória penal no cível está também contemplada no art. 935 do Código Civil, que assegura a independência da responsabilidade civil e criminal, mas afirma que não se pode mais questionar "sobre a existência do fato, ou sobre quem seja o seu autor, quando estas questões se acharem decididas no juízo criminal".

Portanto, as vítimas dos danos por intermédio do meio ambiente e seus sucessores poderão buscar a reparação procedendo à liquidação e à execução da sentença de procedência proferida nas ações civis públicas ambientais como também das sentenças condenatórias por crime ambiental, mediante a comprovação da existência e extensão de seu **dano individual**.

8.6. Termo de Ajustamento de Conduta – TAC

A LACP permite que os **órgãos públicos** legitimados à propositura da ação civil pública tomem dos interessados "compromisso de ajustamento de sua conduta às exigências legais, mediante cominações, que terá eficácia de título executivo extrajudicial" (art. 5º, § 6º), compromisso esse formalizado na forma de um Termo de Ajustamento de Conduta – TAC.

O TAC, portanto, é um instrumento jurídico pelo qual as pessoas físicas e jurídicas cujas condutas estejam em desconformidade com a lei assumem o compromisso de corrigi-las num determinado prazo e sob determinadas condições. É o caso, por exemplo, de uma empresa que se compromete, no TAC, a interromper o despejo de efluentes líquidos sem tratamento no rio, sob pena de multa diária, ou de um proprietário rural que se compromete a restaurar a área de preservação permanente de seu imóvel, irregularmente desmatada, conforme cronograma previamente negociado entre compromitente e compromissário, sob pena de pagamento de uma indenização.

Ao celebrar o TAC, o órgão público está a defender direito da coletividade, logo não pode fazer concessões que impliquem a renúncia ou diminuição de tais direitos. Por isso, embora o TAC consista num acordo bilateral, compromitente e compromissário discutem e negociam aspectos secundários do cumprimento da obrigação (tais como prazo, modo e lugar) – daí porque alguns doutrinadores defendem que o TAC é uma "transação limitada" ou simplesmente um negócio bilateral.

O TAC pode ser celebrado tanto na esfera extrajudicial, com força de **título executivo extrajudicial**, como na esfera judicial. Neste último caso, deve ser homologado pelo juiz de direito para que tenha força de **título executivo judicial**, conforme o art. 515, II, do CPC. Ao homologar o TAC, o juiz profere sentença com julgamento de mérito, conforme o art. 487, III, *b*, do CPC.

Uma das vantagens do TAC é a possibilidade de prevenção ou composição dos danos de forma mais célere e menos litigiosa. Isso porque o TAC celebrado na esfera extrajudicial evita a propositura de uma ação civil pública para apurar e corrigir a lesão (ou ameaça de lesão), e o TAC celebrado na esfera judicial encurta a tramitação de uma ação civil pública já proposta. Seja por evitar, seja por abreviar o litígio judicial, o TAC consegue proteger e/ou recompor, com mais rapidez e efetividade, os direitos difusos ou coletivos ameaçados.

Sendo um acordo bilateral, a sua celebração não é compulsória nem para o comprometente nem para o compromissário. É dizer: a lei permite a utilização do TAC para a composição de litígios, mas não a obriga. Logo, nem os órgãos públicos legitimados são obrigados a propor o TAC para as pessoas que estejam com a conduta desajustada, nem as pessoas com a conduta desajustada são obrigadas a aceitar o TAC proposto pelos órgãos públicos. Propor o TAC é uma faculdade do ente público (não é, por conseguinte, um direito subjetivo do investigado ou réu), e aceitar o TAC é uma faculdade do investigado ou réu.

8.6.1. Natureza jurídica

A doutrina diverge com relação à natureza jurídica do TAC, ora definindo-o como uma transação (com concessões mútuas, nos termos da legislação civil), ora como um ato jurídico unilateral (em que o interessado apenas aceita os termos propostos pelo ente público), ora, ainda, como um acordo em sentido estrito.

Sem adentrar no mérito de cada posicionamento, há que se entender que o TAC é um **negócio jurídico bilateral**, dado que suas cláusulas podem ser discutidas e negociadas pelo comprometente e compromissário, e o instrumento só será assinado se todas as partes estiverem de acordo.

No entanto, o ente público não pode renunciar ou dispor dos direitos objeto do TAC, por serem eles indisponíveis. Isso determina que as negociações entabuladas entre comprometente e compromissário fiquem restritas ao tempo, modo e condições de cumprimento das obrigações destinadas à correção da conduta desajustada, endossando-se aqui a lição de Pedro Lenza de que eventuais concessões feitas neste campo (limitadas à forma e termo do ajuste) não significam "abrir mão do direito material", mas sim proteger o bem difuso em litígio (LENZA, 2008, p. 77).

8.6.2. Legitimidade

Nem todas as pessoas jurídicas com legitimidade para propor ação civil pública, nos termos do art. 5º da LACP, detêm legitimidade para firmar TAC. Isso porque o § 6º do art. 5º da LACP legitima para o TAC apenas os "órgãos públicos", melhor dizendo: as pessoas jurídicas de direito público, tais como Ministério Público, União, Estados, o Distrito Federal, Municípios, autarquias, fundações públicas etc.

Com isso, as associações civis, que são pessoas jurídicas de direito privado, podem ajuizar ação civil pública, mas não podem firmar TAC com as pessoas físicas ou jurídicas cuja conduta esteja em desacordo com a lei.

Legitimidade para a ACP	Legitimidade para o TAC
■ Ministério Público	■ Ministério Público
■ Defensoria Pública	■ Defensoria Pública
■ União, Estados, DF e Municípios	■ União, Estados, DF e Municípios
■ Autarquias, empresas públicas, fundações ou sociedades de economia mista	■ Autarquias, empresas públicas, fundações ou sociedades de economia mista
■ Entes despersonalizados da Administração Pública Direta e Indireta	■ Entes despersonalizados da Administração Pública Direta e Indireta
■ Associações civis (que cumpram os requisitos do art. 5º, LACP)	

■ REFERÊNCIAS BIBLIOGRÁFICAS

FREITAS, Gilberto Passos de. *Ilícito penal ambiental e reparação do dano*. São Paulo: RT, 2005.

LENZA, Pedro. *Teoria Geral da Ação Civil Pública*. 3. ed. São Paulo: RT, 2008.

MACHADO, Paulo Affonso Leme. *Direito ambiental brasileiro*. 24. ed. São Paulo: Malheiros, 2016.

MAZZILLI, Hugo Nigro. *Tutela dos interesses difusos e coletivos*. 7. ed. São Paulo: Saraiva, 2014.

MELLO, Celso Antonio Bandeira de. O conceito de normas gerais no direito constitucional brasileiro. *Interesse Público – IP*, Belo Horizonte, ano 13, n. 66, mar./abr. 2011.

MILARÉ, Édis. *Direito do ambiente*. 10. ed. São Paulo: RT, 2015.

MIRRA, Álvaro Luiz Valery. *Ação civil pública e a reparação do dano ao meio ambiente*. 2. ed. São Paulo: Juarez de Oliveira, 2004.

NERY JR., Nelson; ABBOUD, Georges. *Direito Constitucional Brasileiro*. São Paulo: Revista dos Tribunais, 2017.

RODRIGUES, Marcelo Abelha. *Processo civil ambiental*. 4. ed. Salvador: JusPodivm, 2016.

■ QUESTÕES

(XXXIV Exame de Ordem Unificado/FGV) Após regular trâmite de ação penal, João foi condenado criminalmente por ter enviado para o exterior grande quantidade de peles e couros de jacaré em bruto, sem a autorização da autoridade ambiental competente. Na sentença condenatória, o juízo substituiu a pena privativa de liberdade de reclusão de 2 (dois) anos por pena restritiva de direitos de prestação pecuniária consistente no pagamento em dinheiro à determinada entidade pública, no valor de 400 (quatrocentos) salários-mínimos. Especificamente, no que tange ao valor da prestação pecuniária, o(a) advogado(a) de João deve recorrer da sentença, alegando que, de acordo com a legislação de regência, tal montante

A) deve consistir em 40 (quarenta) salários-mínimos, sendo vedada a dedução do valor pago de eventual multa administrativa a que João for condenado.

B) deve estar limitado a 40 (quarenta) salários-mínimos, sendo certo que o valor pago será abatido do montante de eventual multa penal a que João for condenado.

C) não pode ser superior a 60 (sessenta) salários-mínimos, sendo vedada a dedução do valor pago de eventual multa civil a que João for condenado.

D) não pode ser inferior a 1 (um) salário-mínimo nem superior a 360 (trezentos e sessenta) salários-mínimos, sendo certo que o valor pago será deduzido do montante de eventual reparação civil a que João for condenado.

RESPOSTA

A) A Lei n. 9.605/98 não prevê que a prestação pecuniária é de 40 salários-mínimos, podendo o juiz estabelecê-la entre 1 e 360 salários-mínimos.

B) A Lei n. 9.605/98 não prevê que a prestação pecuniária está limitada a 40 salários-mínimos, mas sim a 360 salários-mínimos.

C) A Lei n. 9.605/98 não prevê que a prestação pecuniária está limitada a 60 salários-mínimos, mas sim a 360 salários-mínimos.

☑ Segundo o art. 7º da Lei n. 9.605/98, a pena privativa de liberdade aplicada a crime ambiental, que seja inferior a quatro anos, pode ser substituída por pena restritiva de direitos. Dentre as penas restritivas de direitos aplicáveis em substituição à pena privativa de liberdade encontra-se a prestação pecuniária, que, segundo o art. 12 da mesma lei, consiste em "pagamento em dinheiro à vítima ou à entidade pública ou privada com fim social, de importância, fixada pelo juiz, não inferior a um salário-mínimo nem superior a trezentos e sessenta salários mínimos". Além disso, segundo este mesmo art. 12, o valor pago a título de prestação pecuniária será deduzido do montante de eventual reparação civil a que for condenado o infrator.

(XXXIV Exame de Ordem Unificado/FGV) A Constituição da República dispõe que são reconhecidos aos índios sua organização social, costumes, línguas, crenças e tradições, e os direitos originários sobre as terras que tradicionalmente ocupam. Do ponto de vista histórico e cultural, percebe-se que a comunidade indígena está intimamente ligada ao meio ambiente, inclusive colaborando em sua defesa e preservação. Nesse contexto, de acordo com o texto constitucional, a pesquisa e a lavra das riquezas minerais em terras indígenas

A) só podem ser efetivadas com autorização de todos os órgãos que integram o SISNAMA (Sistema Nacional do Meio Ambiente), na forma da lei.

B) só podem ser efetivadas com autorização do Congresso Nacional, ouvidas as comunidades afetadas, ficando-lhes assegurada participação nos resultados da lavra, na forma da lei.

C) não podem ser efetivadas em qualquer hipótese, eis que são terras inalienáveis e indisponíveis, e devem ser exploradas nos limites de atividades de subsistência para os índios.

D) não podem ser efetivadas em qualquer hipótese, diante de expressa vedação constitucional, para não descaracterizar a área de relevante interesse social.

RESPOSTA

A) Nem a Constituição Federal nem a legislação ordinária exigem que a pesquisa e a lavra das riquezas minerais em terras indígenas sejam precedidas de autorização de todos os órgãos do Sisnama, pois isso demandaria manifestação de órgãos federais, estaduais e municipais, muitos dos quais não têm competência administrativa sobre a matéria. Cf. art. 23, CF/88, e Lei Complementar n. 140/2011.

☑ O art. 231, § 3º, da Constituição Federal dispõe, textualmente, que "a pesquisa e a lavra das riquezas minerais em terras indígenas só podem ser efetivados com autorização do Congresso Nacional, ouvidas as comunidades afetadas, ficando-lhes assegurada participação nos resultados da lavra, na forma da lei".

C) A própria Constituição prevê expressamente a possibilidade de pesquisa e a lavra das riquezas minerais em terras indígenas. Além disso, a Constituição assegura aos indígenas o usufruto exclusivo das riquezas do solo, dos rios e dos lagos nelas existentes, mas não do subsolo (art. 231, § 2º).

D) Não existe expressa vedação constitucional à pesquisa e à lavra das riquezas minerais em terras indígenas. Pelo contrário, existe expressa previsão de tais atividades, respeitados os limites constitucionais.

(35º Exame de Ordem Unificado/FGV) Após regular processo administrativo de licenciamento ambiental, o Estado Alfa, por meio de seu órgão ambiental competente, deferiu licença de operação para a sociedade empresária Gama realizar atividade de frigorífico e abatedouro de bovinos. Durante o prazo de validade da licença, no entanto, a sociedade empresária Gama descumpriu algumas condicionantes da licença relacionadas ao tratamento dos efluentes industriais, praticando infração ambiental. Diante da inércia fiscalizatória do órgão licenciador, o município onde o empreendimento está instalado, por meio de seu órgão ambiental competente, exerceu o poder de polícia e lavrou auto de infração em desfavor da sociedade empresária Gama. No caso em tela, a conduta do município é

A) lícita, pois, apesar de competir, em regra, ao órgão estadual lavrar auto de infração ambiental, o município pode lavrar o auto e, caso o órgão estadual também o lavre, prevalecerá o que foi lavrado primeiro.
B) lícita, pois, apesar de competir, em regra, ao órgão estadual licenciador lavrar auto de infração ambiental, o município atuou legitimamente, diante da inércia do órgão estadual.
C) ilícita, pois compete privativamente ao órgão estadual responsável pelo licenciamento da atividade lavrar auto de infração ambiental, vedada a atuação do município.
D) ilícita, pois, apesar de competir, em regra, ao órgão estadual licenciador lavrar auto de infração ambiental, em caso de sua inércia, apenas a União poderia suplementar a atividade de fiscalização ambiental.

RESPOSTA
A) A competência preferencial para lavrar o auto de infração ambiental não é do órgão estadual, mas sim do órgão licenciador, que pode ser o federal, o estadual ou o municipal, conforme o caso.
☑ Segundo o art. 17 da Lei Complementar n. 140/2011, compete ao órgão ambiental licenciador a competência preferencial para lavrar autos de infração com relação aos empreendimentos por ele licenciados. Contudo, o § 3° desse mesmo artigo dispõe que os demais entes federativos não estão impedidos de fiscalizar e lavrar auto de infração sobre o mesmo fato, contudo, se o órgão competente para o licenciamento também vier a lavrar auto de infração, este prevalecerá.
C) Não se trata de competência privativa do órgão competente para o licenciamento, mas sim de competência preferencial. Portanto, nao está excluída a atuação do município, nos termos do art. 17, § 3.° da Lei Complementar n. 140/2011.
D) De acordo com o art. 17, § 3°, da Lei Complementar n. 140/2011, todos os entes federativos podem fiscalizar e lavrar auto de infração em caso de inércia do ente competente, não apenas a União.

(35° Exame de Ordem Unificado/FGV) A sociedade empresária Beta atua no ramo de produção de produtos agrotóxicos, com regular licença ambiental, e vem cumprindo satisfatoriamente todas as condicionantes da licença. Ocorre que, por um acidente causado pela queda de um raio em uma das caldeiras de produção, houve vazamento de material tóxico, que causou grave contaminação do solo, subsolo e lençol freático. Não obstante a sociedade empresária tenha adotado, de plano, algumas medidas iniciais para mitigar e remediar parte dos impactos, fato é que ainda subsiste considerável passivo ambiental a ser remediado. Tendo em vista que a sociedade empresária Beta parou de atender às determinações administrativas do órgão ambiental competente, o Ministério Público ajuizou ação civil pública visando à remediação ambiental da área. Na qualidade de advogado(a) da sociedade empresária Beta, para que seu cliente decida se irá ou não celebrar acordo judicial com o MP, você lhe informou que, no caso em tela, a responsabilidade civil por danos ambiental é

A) afastada, haja vista que a atividade desenvolvida pelo empreendedor era lícita e estava devidamente licenciada.
B) afastada, pois se rompeu o nexo de causalidade, diante da ocorrência de força maior.
C) subjetiva e, por isso, diante da ausência de dolo ou culpa por prepostos da sociedade empresária, não há que se falar em obrigação de reparar o dano.
D) objetiva e está fundada na teoria do risco integral, de maneira que não se aplicam as excludentes do dever de reparar o dano do caso fortuito e força maior.

RESPOSTA
A) O fato de uma atividade estar devidamente licenciada não afasta a sua responsabilização civil em caso de dano. A licitude da atividade não é relevante quando se trata de responsabilidade civil objetiva, como é o caso da responsabilidade civil por danos ambientais.
B) A força maior é apenas uma das causas do dano ambiental. A existência de uma caldeira e de material tóxico no local em que o raio caiu é outra causa e esta é imputada ao empreendedor.
C) A responsabilidade civil ambiental não é subjetiva, por expressa previsão legal.
☑ Por expressa disposição legal – art. 14, § 1°, da Lei n. 6.938/81 – a responsabilidade civil por dano ambiental é objetiva, portanto, independe da culpa ou dolo do causador do dano. Como a responsabilidade civil ambiental está fundada na teoria do risco integral, o caso fortuito e a força maior não são aceitos como excludente do dever de reparar o dano.

(36° Exame de Ordem Unificado/FGV) A sociedade empresária Gama requereu licença ambiental para empreendimento da área de petróleo e gás natural, com significativo impacto ambiental, assim considerado pelo órgão ambiental competente, com fundamento no estudo de impacto ambiental e respectivo relatório – EIA/RIMA, apresentados pelo próprio empreendedor no curso do processo de licenciamento. Preenchidos os requisitos legais, o órgão ambiental concedeu a licença ambiental com uma série de condicionantes, entre elas, a obrigação do empreendedor de apoiar a implantação e a manutenção de determinada unidade de conservação do grupo de proteção integral. Para tanto, observado o grau de impacto ambiental causado pelo empreendimento licenciado e, de acordo com critérios técnicos, legais e jurisprudenciais, foi regularmente arbitrado pelo órgão licenciador o montante de dez milhões de reais a ser destinado pelo empreendedor para tal finalidade. No caso em tela, de acordo com a Lei n. 9.985/00, a condicionante descrita é uma obrigação que visa à

A) mitigação ambiental.
B) compensação ambiental.
C) punição por dano ambiental.
D) inibição por dano ambiental.

RESPOSTA

A) A medida em apreço é designada "compensação ambiental" e seu objetivo não é mitigar os danos ambientais decorrentes dos empreendimentos sujeitos ao licenciamento ambiental, mas sim compensá-los.

☑ O apoio à implantação e manutenção de Unidade de Conservação determinado pela Lei n. 9.985/2000 como condição para o licenciamento de empreendimentos causadores de degradação ambiental significativa é medida destinada a compensar os impactos ambientais negativos inevitáveis previstos no EIA/RIMA, ou seja, contrabalançar as perdas ambientais geradas pela obra ou atividade (impossíveis de serem evitadas), com benefícios ambientais equivalentes.

C) A compensação ambiental não visa punir o empreendimento gerador de impactos ambientais negativos e irreversíveis, até porque referida atividade foi licenciada e tais impactos foram "aceitos" ou "tolerados" pelo órgão ambiental, diante da necessidade coletiva do empreendimento.

D) A compensação ambiental não tem o condão de inibir o dano ambiental. Pelo contrário, ela existe porque não há como inibir o dano ambiental, sendo necessário compensá-lo.

(36º Exame de Ordem Unificado/FGV) Pedro, proprietário de imóvel localizado em área rural, com vontade livre e consciente, executou extração de recursos minerais, consistentes em saibro, sem a competente autorização, permissão, concessão ou licença e vendeu o material para uma fábrica de cerâmica. O Ministério Público, por meio de seu órgão de execução com atribuição em tutela coletiva, visando à reparação dos danos ambientais causados, ajuizou ação civil pública em face de Pedro, no bojo da qual foi realizada perícia ambiental. Posteriormente, em razão da mesma extração mineral ilegal, o Ministério Público ofereceu denúncia criminal, deflagrando novo processo, agora em ação penal, e pretende aproveitar, como prova emprestada no processo penal, a perícia produzida no âmbito da ação civil pública. No caso em tela, de acordo com a Lei n. 9.605/98, a perícia produzida no juízo cível

A) poderá ser aproveitada no processo penal, instaurando-se o contraditório.
B) não poderá ser utilizada, em razão da independência das instâncias criminal, cível e administrativa.
C) não poderá ser aproveitada no processo criminal, eis que é imprescindível um laudo pericial produzido pela Polícia Federal, para fins de configuração da existência material do delito.
D) poderá ser aproveitada na ação penal, mas apenas pode subsistir uma condenação judicial final, para evitar o bis in idem.

RESPOSTA

☑ A prova emprestada é prevista no art. 372 do Código de Processo Civil ("O juiz poderá admitir a utilização de prova produzida em outro processo, atribuindo-lhe o valor que considerar adequado, observado o contraditório") e pode ser aplicável na esfera ambiental. Adicionalmente, o art. 19, parágrafo único, da Lei n. 9.605/98 dispõe que: "A perícia produzida no inquérito civil ou no juízo cível poderá ser aproveitada no processo penal, instaurando-se o contraditório".

B) A independência entre as instâncias criminal, cível e administrativa não impede a prova emprestada, portanto, a prova produzida no âmbito da ação civil pública ambiental pode ser utilizada na ação criminal, garantido o contraditório.

C) Não é imprescindível um laudo pericial conduzido pela Polícia Federal para configurar a existência material do crime, haja vista que o laudo produzido pelo perito judicial da ação civil pública pode cumprir tal missão.

D) As instâncias civil e criminal são independentes. À vista disso, mesmo que se utilize a mesma prova pericial na ação civil pública e na ação criminal, as decisões judiciais proferidas em cada uma dessas ações podem ser distintas (uma absolvendo e outra condenando, por exemplo) ou podem adotar a mesma solução (ambas condenando o réu).

■ **MATERIAL DIGITAL EXCLUSIVO**

DIREITO AMBIENTAL

Direito Internacional

Napoleão Casado

Pós-Doutor em Direito Comparado pela Société de Législation Comparée de Paris. Doutor e Mestre em Direito Internacional pela PUC-SP. *Fellow* e membro da *Faculty List* e Vice-Presidente do *Brazilian Branch* do Chartered Institute of Arbitrators de Londres. Advogado em São Paulo, sócio de Clasen, Caribé & Casado Filho Sociedade de Advogados.

Sumário

1. Ramos do direito internacional – **2. Breve histórico do moderno direito internacional público:** 2.1. Fundamentos do direito internacional público – **3. Sujeitos de direito internacional** – **4. O Estado:** 4.1. Elementos constitutivos do Estado; 4.2. Reconhecimento do Estado e reconhecimento do governo – **5. Relações diplomáticas:** 5.1. Imunidade à jurisdição, relações diplomáticas e relações consulares; 5.2. Solução diplomática de conflitos internacionais – **6. Organizações internacionais:** 6.1. Solução política de conflitos internacionais; 6.2. Uso da força no direito internacional – **7. O indivíduo e o direito internacional** – **8. Nacionalidade:** 8.1. Meios de aquisição da nacionalidade brasileira; 8.2. Brasileiros natos; 8.3. Brasileiros naturalizados; 8.4. Procedimento de naturalização; 8.5. Prerrogativas do brasileiro nato; 8.6. Perda da nacionalidade – **9. Estrangeiros:** 9.1. O ingresso e a permanência do estrangeiro – **10. Formas de exclusão do estrangeiro:** 10.1. Deportação; 10.2. Expulsão; 10.3. Extradição; 10.4. Repatriação; 10.5. Quadro comparativo das modalidades de exclusão; 10.6. Abdução internacional; 10.7. O asilo político e o asilo diplomático; 10.8. Refúgio – **11. Fontes do direito internacional público:** 11.1. Costume internacional; 11.2. Princípios gerais do direito; 11.3. Doutrina e jurisprudência como fontes no direito internacional; 11.4. Equidade como fonte do direito internacional; 11.5. Outras fontes: decisões de organizações internacionais e atos unilaterais dos Estados; 11.6. *Jus cogens* – **12. O tratado internacional:** 12.1. Conceito, terminologia e convenções aplicáveis; 12.2. Estrutura dos tratados; 12.3. Classificação dos tratados; 12.4. A produção dos tratados: a fase de elaboração; 12.5. Produção de efeitos dos tratados: monistas e dualistas; 12.6. A produção dos tratados: fase de expressão do consentimento; 12.7. Incorporação do tratado ao direito interno; 12.8. Extinção do tratado; 12.9. Nulidade do tratado – **13. Principais Cortes Internacionais de Justiça:** 13.1. Corte Internacional de Justiça; 13.2. Corte Permanente de Arbitragem; 13.3. Tribunal Penal Internacional – **14. Domínio Público Internacional:** 14.1. Direito Internacional do Mar; 14.2. Águas Interiores; 14.3. Mar territorial; 14.4. Zona contígua; 14.5. Zona Econômica Exclusiva; 14.6. Águas Internacionais; 14.7. Plataforma continental; 14.8. Espaço aéreo; 14.9. Espaço sideral – **15. Direito internacional do meio ambiente** – **16. Proteção internacional dos direitos humanos:** breves considerações sobre a corte interamericana de direitos humanos e sobre os efeitos de suas decisões – **17. Direito comunitário:** 17.1. O Mercosul – **18. Direito internacional econômico:** 18.1. Contratos internacionais; 18.2. *Lex Mercatoria*; 18.3. OMC e sistema de resolução de controvérsias – **19. Direito internacional privado brasileiro:** 19.1. Lei de Introdução às Normas do Direito Brasileiro; 19.2. LINDB: personalidade da pessoa física; 19.3. LINDB: casamento; 19.4. LINDB: regime de bens no casamento; 19.5. LINDB: divórcio; 19.6. LINDB: regras subsidiárias para determinação do domicílio; 19.7. LINDB: direitos reais; 19.8. LINDB: obrigações; 19.9. LINDB: sucessão; 19.10. LINDB: personalidade jurídica de pessoas jurídicas; 19.11. LINDB: prova de fatos ocorridos no estrangeiro; 19.12. Quadro-resumo: o Direito Internacional Privado brasileiro segundo a LINDB; 19.13. LINDB: competência de autoridades consulares brasileiras; 19.14. Outras fontes do Direito Internacional Privado brasileiro; 19.15. Prova do direito estrangeiro – **20. Competência internacional do Poder Judiciário brasileiro:** 20.1. Competência internacional concorrente do Poder Judiciário brasileiro; 20.2. Competência internacional exclusiva do Poder Judiciário brasileiro; 20.3. Inexistência de litispendência internacional; 20.4. Incompetência internacional do Poder Judiciário brasileiro – **21. Cooperação internacional – 22. Homologação de sentenças estrangeiras – 23. Cumprimento de ordens e decisões estrangeiras – 24. Homologação de sentença arbitral estrangeira – 25. Documentos públicos estrangeiros** – Referências bibliográficas – Questões – Material digital exclusivo.

1. RAMOS DO DIREITO INTERNACIONAL

A dogmática jurídica convencionou a divisão do estudo do Direito Internacional em dois ramos distintos: (i) o Direito Internacional Público e (ii) o Direito Internacional Privado. O primeiro é o direito internacional por excelência, cujo objeto são as normas efetivamente internacionais, às quais os Estados soberanos se submetem principalmente através do **mútuo consentimento**; já o segundo, apesar do nome, é na verdade **ramo do direito interno** de cada Estado, tendo por objeto as **normas de solução de conflitos entre direitos** (o direito interno, o direito estrangeiro e o direito internacional), a fim de indicar qual direito deve reger determinada relação jurídica.

Em resumo, estes ramos podem ser caracterizados em relação à sua função e às suas fontes, conforme tabela abaixo:

	Direito Internacional Público	Direito Internacional Privado
Função	Regular as relações entre Estados ou entre um Estado e outro sujeito de direito internacional	Indicar qual o direito aplicável em determinada relação jurídica com elemento de conexão internacional (regular o conflito de leis no espaço)
Fontes	Normas e Princípios internacionais	Normas internas dos Estados

Parte da doutrina considera ainda a existência de um terceiro ramo autônomo, qual seja, o Direito Comunitário, voltado especificamente à regulação de fenômenos de integração regional.

Na nossa visão, com a devida consideração das opiniões divergentes, a criação deste terceiro ramo mostra-se imprecisa, pois uma norma do dito Direito Comunitário será também, necessariamente, uma norma ou de Direito Internacional Público (quando se voltar **à regulação das relações entre os Estados-membros**), ou de Direito Internacional Privado (quando se voltar à **definição da lei aplicável** a determinadas relações jurídicas em determinado território). Assim, o conceito de Direito Comunitário estaria mais ligado à finalidade da norma, enquanto os conceitos de Direito Internacional Público e Direito Internacional Privado estariam relacionados à natureza da norma.

> Via de regra, a participação do Estado na relação é essencial à caracterização de uma relação de Direito Internacional Público. No entanto, se a questão envolver o conflito entre direitos aplicáveis, tal questão será de Direito Internacional Privado, ainda que o Estado seja sujeito de tal relação.

2. BREVE HISTÓRICO DO MODERNO DIREITO INTERNACIONAL PÚBLICO

O Sistema Internacional, nos moldes como o conhecemos hoje, tem seu marco inicial nos Tratados (ou Paz) de Westfália, assim denominados o conjunto de tratados celebrados ao final da Guerra dos Trinta Anos (a partir de 1648), que consolidaram, através do consenso das nações, o princípio da soberania do Estado e o conceito de Estado-nação. Para a doutrina majoritária, este foi o marco inaugural das relações diplomáticas modernas.

A Revolução Francesa e o período de guerras originado com a ascensão de Napoleão Bonaparte ao poder gerariam mudanças importantes no Direito Internacional e trouxeram, com a derrota de Napoleão, uma nova deliberação coletiva internacional: a declaração do Congresso de Viena, em 1815, reforçando o reconhecimento da soberania dos Estados através da expressa proibição à guerra para fins de conquista.

Outros congressos e concertos internacionais ocorreriam ao longo dos séculos XIX e XX, destacando-se, entre eles, as Conferências de Paz em Haia, em 1899 e 1907, onde se buscava a criação de meios pacíficos de solução de controvérsias entre os Estados. **A busca pela paz**, a propósito, é uma constante no Direito Internacional, embora tal desejo não tenha impedido a ocorrência de inúmeras guerras ao longo dos últimos séculos. A existência de tais conflitos, todavia, sempre tem gerado respostas e avanços no Direito Internacional.

Ao final da Primeira Guerra Mundial, foi criada, através do Tratado de Versalhes, de 1919, a Sociedade das Nações (ou Liga das Nações), idealizada como uma organização internacional voltada à manutenção da paz. Com a eclosão da Segunda Guerra Mundial, reconheceu-se o fracasso da Sociedade das Nações, sendo esta dissolvida em 1942.

Contudo, o entendimento sobre a necessidade de uma entidade internacional capaz de impedir novos conflitos entre os Estados permanecia vigente. Assim, em 1945, com o final da Segunda Guerra Mundial é estabelecida a Organização das Nações Unidas (ONU) e, em seu seio, a Corte Internacional de Justiça, sediada no Palácio da Paz em Haia, principal órgão do Direito Internacional Público, como se verá no presente capítulo.

2.1. Fundamentos do direito internacional público

Duas principais correntes doutrinárias buscam indicar quais seriam os fundamentos do Direito Internacional Público: a corrente *voluntarista* e a corrente *objetivista*.

Do ponto de vista *voluntarista*, como os Estados ingressam numa ordem jurídica internacional descentralizada, só se submetem a ela os que livremente a reconheceram ou construíram. O problema desta doutrina é a possibilidade de um Estado mudar sua vontade e resolver não mais se vincular ao Direito Internacional. Quem melhor parece fugir a tal problema, entre os *voluntaristas*, é Openheim, em sua Teoria do Consentimento das Nações. Para ele, o fundamento do Direito Internacional é a **vontade majoritária das nações**. Assim, a alteração da vontade de uns poucos Estados não prejudicaria a obrigatoriedade do Direito Internacional.

Do ponto de vista *objetivista*, o Direito Internacional é constituído de princípios e normas superiores ao Direito interno. Para eles, as normas internacionais são autônomas e independentes de qualquer vontade estatal. O problema dos *objetivistas* é que, sendo as normas internacionais autônomas e básicas, o Direito Internacional restaria carente de legitimidade. É evidente que tal legitimidade poderia ser extraída das concepções de Direito Natural, ou de normas fundamentais inerentes à humanidade, mas tal solução, a nosso ver, cria grande insegurança jurídica e, na prática, recorre ao consensualismo para a definição de qual seria este "mínimo natural" de Direito Internacional.

Embora seja mais recente, esta segunda corrente doutrinária parece-nos mais frágil, razão pela qual entendemos que o fundamento do Direito Internacional Público é, de fato, o *consentimento*.

3. SUJEITOS DE DIREITO INTERNACIONAL

Sujeito de direito internacional (ou pessoa jurídica de direito internacional) é aquele capaz de ser **titular de direitos e deveres no plano do Direito Internacional**.

Tradicionalmente, **o Estado** era o único sujeito de direito internacional. Contudo, ao final do século XX, a personalidade jurídica internacional é estendida também às **Organizações Internacionais**. Atualmente, tem-se intensificado o estudo da personalidade jurídica internacional do indivíduo e de coletividades não estatais, especialmente em temas ligados ao Direito Internacional dos Direitos Humanos.

Reservaremos um tópico específico para analisar a relação entre o indivíduo e o Direito Internacional Público.

As coletividades não estatais com maior destaque são: **(i)** a Santa Sé; **(ii)** a Cruz de Malta; **(iii)** os beligerantes; **(iv)** os insurgentes; **(v)** os territórios sobre tutela internacional e os territórios internacionalizados; **(vi)** a Cruz Vermelha Internacional e; **(vii)** Sociedades comerciais internacionais (tendo como maior exemplo a Comunidade Europeia do Carvão e do Aço).

> A Santa Sé (o Vaticano) é um sujeito de direito internacional *sui generis*, equiparado a um Estado Soberano, sendo admitida sua participação na ONU e em diversos tratados internacionais, bem como a manutenção, pela Santa Sé, de relações diplomáticas.

Os **grupos beligerantes**, assim entendidos os grupos militares que exercem efetivo poder em determinada parcela do território de um Estado, com finalidade de modificar o seu sistema político, podem ter reconhecida uma personalidade jurídica internacional distinta da do Estado onde atuam, especialmente para fins de aplicação do Direito da Guerra (p. ex.: prisioneiros são tratados como prisioneiros de guerra; navios não podem ser considerados piratas). No caso da **insurgência**, quando, apesar dos movimentos militares, não há relevante exercício de poder do grupo no território, não há, via de regra, o reconhecimento da personalidade jurídica internacional, e a questão é colocada sob a esfera da **jurisdição doméstica** do Estado onde os insurgentes estão localizados.

Para o **reconhecimento internacional**, em ambos os casos, é necessário que **o poder seja reconhecido voluntariamente pela população afetada**, bem como que os insurgentes e beligerantes assumam as tarefas que seriam, via de regra, do Estado onde se encontram.

Um importante efeito prático deste reconhecimento (ou de sua ausência) é o fato de que terceiros Estados, em geral, colocam-se em neutralidade frente aos grupos beligerantes, mas não o fazem em face de grupos insurgentes.

> É importante ressaltar que grupos armados como a Al-Qaeda e o Estado Islâmico não são considerados beligerantes ou insurgentes, tendo em vista o exercício de poder somente mediante o uso da força, sem relevante reconhecimento da população afetada. Além disso, como a atuação desses grupos se direciona a civis de várias nacionalidades, e não a um regime ou Estado específico, não é possível reconhecer-lhes personalidade jurídica internacional.

Neste sentido, o reconhecimento destes grupos por um Estado estrangeiro se dá, principalmente, com o objetivo de proteger os interesses dos seus nacionais naquele território, bem como para fins diplomáticos e comerciais relevantes para aquele território (p. ex.: proteção de investimento internacional do Estado ou de seus nacionais, manutenção de trocas comerciais estabelecidas etc.).

> É importante lembrar que as *empresas não são sujeitos de direito internacional*, mesmo no caso de empresas estatais ou multinacionais cujo faturamento seja, por vezes, superior ao PIB de diversos Estados.

4. O ESTADO

4.1. Elementos constitutivos do Estado

Todo Estado será sujeito de direito internacional. Há grandes divergências na doutrina acerca de quais seriam os elementos constitutivos do Estado. Traçando uma linha média entre todas as correntes doutrinárias de destaque, chegamos aos três elementos constitutivos mínimos para a verificação de um Estado, quais sejam: **(i)** povo; **(ii)** território; e **(iii)** soberania.

> Cuidado para não confundir **povo**, **população** e **nação**; o *povo* é o conjunto de nacionais de um país, formado pelo conjunto daqueles que detêm um vínculo político-jurídico com o país; a *população* é o conjunto de habitantes que residem no país de forma estável/permanente; já uma *nação* é formada por um conjunto de pessoas com alguma identidade histórica, social, étnica e/ou cultural (p. ex.: os ciganos, os curdos, os palestinos, os indígenas). Por exemplo: um brasileiro que reside na França, com visto de permanência, faz parte, a um só tempo, do *povo* brasileiro e da *população* francesa. Já a nação independe da nacionalidade e do domicílio, por ser um vínculo principalmente cultural a uma determinada comunidade.

O **território** pode ser caracterizado tanto do ponto de vista político quanto do ponto de vista jurídico. No conceito político, território é área contida dentro das fronteiras de um Estado (como reconhecemos nos mapas de geografia política); já no conceito jurídico, território será toda a área em que o Estado pode exercer sua soberania e, consequentemente, aplicar o seu Direito, incluindo, além do território "político", o mar territorial, o espaço aéreo e os navios e aeronaves militares ou civis registrados no Estado.

A **soberania**, por fim, pode ser compreendida como a independência do Estado de qualquer outro poder externo. Parte da doutrina inclui a ideia de governo dentro do elemento "soberania", enquanto outra parte entende que este seria um elemento independente.

Além disso, podemos citar o elemento da "finalidade do bem comum do povo" (DALLARI, 2012), e o da "capacidade para manter relações com outros Estados" (MAZZUOLLI, 2015), como outros elementos identificados pela doutrina.

4.2. Reconhecimento do Estado e reconhecimento do governo

Considerando que o Direito Internacional Público é formado para regular uma sociedade internacional formada por Estados soberanos, é evidente que o consentimento destes Estados é essencial a tal ramo do direito, diante da ausência de um órgão a eles superior. Neste sentido, para que um Estado se caracterize efetivamente como sujeito de Direito Internacional, faz-se necessário que este seja reconhecido como tal pelos demais Estados que compõem a sociedade internacional.

Parte da doutrina caracteriza o Reconhecimento como um elemento constitutivo do Estado. Contudo, em nossa visão, o Reconhecimento tem efeitos meramente declaratórios (e não constitutivos), retroagindo ao primeiro momento em que os elementos constitutivos se fizeram presentes. Vale destacar que o Reconhecimento é um ato unilateral, discricionário, irrevogável e incondicional de cada Estado para com o novo Estado. Atualmente, admitem-se condicionantes ao Reconhecimento, como, por exemplo a concessão de direitos fundamentais ao povo do novo Estado.

Diferente do reconhecimento do Estado é o reconhecimento do governo. A mudança do governo não implica, via de regra, na extinção do Estado. Caso um governo não venha a ser reconhecido internacionalmente – por ser constituído via golpe militar, por exemplo – não cessará o reconhecimento internacional daquele Estado.

5. RELAÇÕES DIPLOMÁTICAS

5.1. Imunidade à jurisdição, relações diplomáticas e relações consulares

Em que pese a soberania implicar a incidência da jurisdição do Estado em todo o seu território, o reconhecimento da soberania de outro Estado implica, logicamente, limitação desta jurisdição. Assim, por serem compreendidas como manifestações da soberania de um Estado, algumas pessoas gozam de **imunidade de jurisdição**, ainda que inseridas no território de outro Estado. São elas, em breve resumo: o Chefe de Estado e o Chefe de Governo; os agentes diplomáticos e consulares; e tropas e oficiais militares, cuja passagem pelo território seja previamente autorizada ou inocente.

Agentes diplomáticos são pessoas nomeadas pelo Estado para sua representação perante o governo de um Estado estrangeiro. Chama-se de "direito de legação" a prerrogativa de enviar e receber agentes diplomáticos. Estes agentes gozam de imunidade penal, civil e administrativa, bem como são fisicamente invioláveis e imunes à tributação do Estado que os recebe.

A **inviolabilidade** é a prerrogativa de não estar sujeito à prisão ou à detenção, e se estende à prerrogativa de não ter violada sua residência, correspondência e documentos.

> A Embaixada goza de inviolabilidade, mas não configura território do Estado estrangeiro.

Já *a imunidade* é a prerrogativa de não estar sujeitos a processos administrativos, criminais e cíveis. Contudo, ela não se aplica: **(i)** para propriedades privadas, salvo a residência; **(ii)** atividades profissionais/comerciais privadas; **(iii)** direito de sucessão; **(iv)** se o agente der início ao processo; **(v)** se ele for nacional do país hospedeiro, salvo com relação aos seus atos oficiais.

Além dos membros do quadro diplomático, as imunidades alcançam seus familiares dependentes e o seu quadro administrativo e técnico (p. ex.: tradutores-intérpretes). As demais pessoas que prestam serviços ao quadro diplomático têm imunidade reconhecida quanto aos atos oficiais que pratiquem.

Já os **agentes consulares** são servidores públicos dos Estados que exercem função em Estado estrangeiro para tutela dos interesses dos seus nacionais.

Estas prerrogativas são internacionalmente estabelecidas através da Convenção de Viena sobre Relações Diplomáticas, de 1961 (Decreto n. 56.435/65), e da Convenção de Viena sobre Relações Consulares, de 1963 (Decreto n. 61.078/67).

> O Estado que envia o agente diplomático é denominado *acreditante* e o que o recebe é denominado *acreditado*. Para o caso especial da nomeação do chefe da missão diplomática, esta dependerá da anuência discricionária do Estado acreditado. O Estado acreditante pode renunciar expressamente a imunidade de jurisdição com relação a um determinado agente diplomático, a fim de que este seja julgado pelo Estado acreditado. Tal prerrogativa é exclusiva do Estado acreditante, não competindo ao próprio agente diplomático o direito de renúncia. (Tema cobrado no XII Exame).

5.2. Solução diplomática de conflitos internacionais

Uma importante função das relações diplomáticas entre os Estados é a solução pacífica de conflitos.

> É importante não confundir o Direito Internacional, ramo da ciência jurídica, com as Relações Internacionais, que envolvem aspectos políticos, econômicos e culturais.

Os principais meios diplomáticos de solução de conflitos são: **(i) Negociação Diplomática**, com o objetivo de autocomposição através de contato direito; **(ii) Bons ofícios**, em que um Estado, Chefe de Estado ou Organização internacional atua como moderador do conflito, aproximando as partes para que negociem uma solução pacífica, sem, contudo, apresentar uma solução própria, tampouco indicar sua posição sobre o caso; **(iii) Mediação**, na qual, ao contrário do que ocorre nos Bons ofícios, o mediador é escolhido consensualmente pelas partes e, portanto, está autorizado a sugerir soluções (não vinculantes) para a controvérsia; **(iv) Inquérito**, em que uma comissão busca apurar, de forma independente, os fatos do conflito, podendo ser usado como etapa preliminar para outros meios; **(v) Sistema de Consultas**, que consiste em encontros periódicos para composição de conflitos; e **(vi) Conciliação**, processo formal, que envolve características da mediação e do inquérito, por meio do qual uma comissão analisa os fatos do caso e, com base na posição das partes e nas provas e manifestações por elas apresentadas, elabora um relatório com as conclusões da comissão e com as recomendações para as partes. Assim como na Mediação, o resultado da Conciliação não é vinculante, devendo ser aceito consensualmente pelas partes litigantes.

6. ORGANIZAÇÕES INTERNACIONAIS

Organizações Internacionais são o resultado da associação voluntária de Estados soberanos, através de um ato internacional (em regra, um tratado), com a finalidade de promover a consecução de objetivos comuns dos Estados constituintes.

Costuma-se dizer que os Estados detêm personalidade jurídica originária, enquanto as organizações internacionais têm personalidade jurídica derivada, uma vez que esta resulta da vontade conjugada de um determinado grupo de Estados.

> Não confundir Organizações Internacionais intergovernamentais com as organizações não governamentais (ONGs). As ONGs são pessoas jurídicas de direito privado, tendo por membro pessoas físicas, sem personalidade jurídica internacional, enquanto as primeiras (intergovernamentais) são pessoas jurídicas de direito internacional público, regidas por tal direito e constituídas pela reunião de Estados através de tratados multilaterais.

Podemos afirmar que o tratado constitutivo de uma Organização Internacional é mais importante para esta do que uma Constituição para um Estado soberano, uma vez que a existência do Estado não depende da elaboração de uma carta constitucional, enquanto a Organização é necessariamente o resultado de um tratado constitutivo (REZEK, 2005).

> Conforme decisão da CIJ no Caso Bernadotte (1949), as Organizações Internacionais possuem personalidade jurídica internacional, mesmo que tal prerrogativa não conste expressamente em seu ato de constituição.

6.1. Solução política de conflitos internacionais

A solução política de conflitos internacionais é aquela alcançada através da atuação dos Estados perante as Organizações Internacionais que compõem. O pedido de intervenção política de uma Organização Internacional pode ser realizado por um Estado litigante, unilateralmente, sendo também cabível, logicamente, a submissão consensual à solução política. No âmbito da ONU, a solução política pode ser também solicitada por um terceiro Estado-membro.

Em casos internacionais de grande relevância ou de alta gravidade, é comum a submissão do conflito tanto à Assembleia Geral da ONU quanto ao Conselho de Segurança, os quais podem emitir recomendações às partes litigantes.

Assim como nos meios de solução diplomática, a solução política também é marcada pela ausência de vinculação das partes às soluções indicadas.

6.2. Uso da força no direito internacional

Como verificamos no tópico sobre a evolução histórica do Direito Internacional Público, este evoluiu para um *status* onde **a guerra e o uso da força nas relações entre os sujeitos de direito internacional é absolutamente rechaçada**. Sendo assim, a movimentação militar de um Estado-membro da ONU depende, necessariamente, de autorização do Conselho de Segurança.

Contudo, a Carta da ONU reserva uma possibilidade de uso legítimo da força, qual seja: **a legítima defesa**.

Ainda assim, o uso da força pelo Estado, na hipótese de legítima defesa, pressupõe (i) **um ataque injusto e atual,** bem como (ii) **a proporcionalidade entre a força empregada na defesa e a força do ataque recebido** (AMARAL JÚNIOR, 2011). Além disso, é rechaçada a possibilidade de legítima defesa preventiva, tese usada pelos EUA para atacar o Iraque durante a Segunda Guerra do Golfo, em 2003.

7. O INDIVÍDUO E O DIREITO INTERNACIONAL

Embora se defenda que o indivíduo seria sujeito de Direito Internacional, tal ideia, a nosso ver, não se sustenta. Para que se reconhecesse a personalidade jurídica do indivíduo, seria necessário que este pudesse reclamar amplamente junto aos foros internacionais e que tivesse deveres diretamente impostos pelo Direito Internacional.

Com a devida consideração das posições contrárias, tais hipóteses só se dão por meio dos Estados aos quais os indivíduos estão submetidos. Mesmo a hipótese bastante citada de postulação individual junto a Cortes de Direitos Humanos internacionais pressupõe que o reclamante seja nacional de um Estado que integre a Corte, o que só se dá através da vontade originária do Estado de onde provém o reclamante. Aliás, a própria concessão de direitos decorrentes de tratados internacionais ao indivíduo também decorre da vontade originária do Estado ao qual este se encontra vinculado.

Por fim, e para considerar todos os argumentos favoráveis à personalidade jurídica internacional do indivíduo, o fato de o indivíduo poder ser réu no Tribunal Penal Internacional (TPI), assim como outros deveres e direitos dos indivíduos decorrentes de normas de Direito Internacional Público, também depende, em última instância, da vontade do Estado em acatá-lo, transferindo-o aos seus nacionais.

Exposto tal posicionamento, é importante indicar que parte considerável da doutrina indica a existência de uma personalidade jurídica parcial (ou fragmentada) do indivíduo, a qual se expressa sempre que este mantiver uma relação direta com um sujeito de direito internacional, seja este um Estado ou uma Organização (ou Corte) Internacional.

8. NACIONALIDADE

Nacionalidade é o nome dado ao vínculo político-jurídico entre um Estado e um indivíduo. Inerente ao conceito de nacionalidade está o conceito de Cidadania, assim compreendida a condição do indivíduo como sujeito de direito e obrigações especiais em determinado Estado, como, por exemplo, os direitos políticos.

Atenção! Este tema é muito recorrente, tendo sido cobrado em 4 dos últimos 12 Exames.

8.1. Meios de aquisição da nacionalidade brasileira

A Constituição Federal estabelece duas formas para aquisição da nacionalidade brasileira: (i) a forma originária ou nata; e (ii) a forma **adquirida** ou **voluntária**. Os brasileiros que adquirem sua nacionalidade através da primeira forma são os chamados **brasileiros natos**; os que o fazem pela segunda forma, por outro lado, são os denominados **brasileiros naturalizados**.

Atenção! A nova Lei de Migração (Lei n. 13.445/2017), a qual entrou em vigor em novembro de 2017, inclui novas disposições sobre naturalização.

8.2. Brasileiros natos

Como verificaremos, a Constituição brasileira empregou, para a aquisição de nacionalidade originária, tanto o critério do *ius soli* (**territorial**), quanto o do *ius sanguinis* (**parentesco**).

A Constituição Federal assim dispõe sobre a aquisição originária de nacionalidade brasileira:

> **Art. 12.** São brasileiros:
> **I – natos:**
> **a)** os nascidos na República Federativa do Brasil, ainda que de pais estrangeiros, desde que estes não estejam a serviço de seu país;

Na alínea *a* temos a hipótese de aplicação do *ius soli*. Importante destacar que **a exceção contida na referida alínea se aplica mesmo que apenas um dos pais estrangeiros esteja a serviço de seu país de origem.** Contudo, caso um dos pais seja brasileiro, não há incidência desta exceção.

Vale ressaltar também que o critério da alínea *a* é aplicável mesmo que os pais estrangeiros estejam em situação irregular no Brasil.

Por fim, é importante ter em mente que o território relevante para a incidência desta norma é o território jurídico, incluído assim o mar territorial e o espaço aéreo, bem como as aeronaves e embarcações brasileiras.

> **b)** os nascidos no estrangeiro, de pai brasileiro ou mãe brasileira, desde que qualquer deles esteja a serviço da República Federativa do Brasil;

Na alínea *b* temos uma hipótese de aplicação do *ius sanguinis*. Em congruência com a alínea *a*, basta que apenas um dos pais seja um brasileiro a serviço do Brasil no estrangeiro para que o filho, nascido no estrangeiro, adquira **automaticamente** a nacionalidade brasileira. Esta não é, contudo, a única forma de aquisição originária de nacionalidade brasileira com aplicação do *ius sanguinis*, como veremos a seguir.

> **c)** os nascidos no estrangeiro de pai brasileiro ou de mãe brasileira, desde que sejam registrados em repartição brasileira competente ou venham a residir na República Federativa do Brasil e optem, em qualquer tempo, depois de atingida a maioridade, pela nacionalidade brasileira;

A alínea *c* é a que requer maior atenção do intérprete. Ela surgiu por meio da Emenda n. 54/2007 e foi fruto da luta do movimento *Brasileirinhos Apátridas*, eis que o não conhecimento da situação nela contemplada implicava apatridia (ausência de nacionalidade) para alguns filhos de brasileiros nascidos em determinados países no exterior. Vale lembrar que há um princípio internacional, ligado a questões humanitárias, de *vedação da apatridia*.

A análise da situação tratada nesta alínea pode ser fracionada em três etapas. A primeira etapa consiste na identificação do requisito essencial de que (i) o indivíduo tenha nascido no estrangeiro de pai brasileiro e/ou mãe brasileira e que (ii) nenhum dos genitores brasileiros estava no estrangeiro a serviço do Brasil, pois, neste caso, aplicar-se-ia a alínea *b*, acima.

É importante destacar que, tanto no caso da alínea *b*, como no presente caso, **o nascimento é considerado condição essencial**, sendo que a jurisprudência vem negando o reconhecimento de personalidade nata para estrangeiros adotados por brasileiros, em contradição à previsão, também constitucional, de igualdade entre filhos (art. 227, § 6º). Desta forma, nos casos de adoção, a obtenção da nacionalidade deve se dar através de naturalização.

Feita esta ressalva, e constada a presença deste requisito essencial, a norma nos apresenta a duas hipóteses alternativas.

Na primeira hipótese, caso o indivíduo seja registrado em repartição brasileira competente no estrangeiro (consulado ou embaixada), este será **automaticamente** um nacional brasileiro. Tal registro é possível até os 12 anos de idade do indivíduo, conforme a Lei de Registros Públicos.

Já na segunda hipótese (vir a residir no Brasil), a aquisição da nacionalidade não é automática, dependendo da **vontade** do indivíduo. Para expressar tal pretensão, o indivíduo deve residir no Brasil e ser plenamente capaz, tendo em vista tratar-se de direito personalíssimo. Além disso, nos termos do texto constitucional, tal pretensão é imprescritível.

Nesta segunda hipótese, caso o indivíduo preencha o requisito de parentesco sanguíneo com brasileiro, e já resida no Brasil, é possível que ele requeira um registro provisório, na qualidade de *brasileiro sob condição suspensiva*, mesmo antes de atingir a maioridade. Agindo desta forma, atingida a maioridade, deverá o indivíduo requerer a nacionalidade definitiva, sob pena de perda da nacionalidade brasileira obtida provisoriamente, a qual, para ser readquirida, dependerá de novo processo.

Vale destacar que a aplicação das alíneas do inciso I do art. 12 deve se dar de forma sucessiva. Ou seja, aplicável a alínea *a*, não se fará necessária a análise da alínea *b* e, caso esta última venha a ser aplicada, desnecessária a análise da alínea *c*.

8.3. Brasileiros naturalizados

O procedimento de naturalização é um ato voluntário expresso do indivíduo, não sendo permitida a presunção de sua vontade.

A Constituição Federal indica, no seu art. 12, II, duas formas de aquisição voluntária de nacionalidade brasileira, uma geral e outra específica, para os originários de países de língua portuguesa.

Com o advento da Lei de Migração (Lei n. 13.445/2017), o procedimento de naturalização infraconstitucional – anteriormente regulado pela Lei n. 6.815/80 ("Estatuto do Estrangeiro") – passou a ter novas regras em nosso ordenamento.

Os meios de naturalização podem ser mais bem analisados conforme a seguinte tabela:

Modalidade de naturalização	Requisitos
Naturalização especial para lusófonos CF/88, art. 12, II, *a*	■ Residência ininterrupta no Brasil pelo prazo de 1 ano (permitida a ausência temporária, conforme jurisprudência do STF) ■ *Naturalidade originária de país de língua portuguesa* ■ Idoneidade moral
Naturalização extraordinária CF/88, art. 12, II, *b; e* Lei de Migração, art. 67	■ Residência no Brasil por mais de 15 anos ininterruptos ■ Inexistência de condenação penal, tanto no Brasil quanto no país de origem ■ Demais requisitos gerais da Lei de Migração (ou seja, ausência de impedimentos).
Naturalização ordinária Lei de Migração, art. 65	"Art. 65. Será concedida a naturalização ordinária àquele que preencher as seguintes condições: I – ter capacidade civil, segundo a lei brasileira; II – ter residência em território nacional, pelo prazo mínimo de 4 (quatro) anos; III – comunicar-se em língua portuguesa, consideradas as condições do naturalizando; e IV – não possuir condenação penal ou estiver reabilitado, nos termos da lei."
Naturalização ordinária com prazo reduzido Lei de Migração, art. 66	"Art. 66. O prazo de residência fixado no inciso II do *caput* do art. 65 será reduzido para, no mínimo, 1 (um) ano se o naturalizando preencher quaisquer das seguintes condições: I – (VETADO); II – ter filho brasileiro; III – ter cônjuge ou companheiro brasileiro e não estar dele separado legalmente ou de fato no momento de concessão da naturalização; IV – (VETADO); V – haver prestado ou poder prestar serviço relevante ao Brasil; ou VI – recomendar-se por sua capacidade profissional, científica ou artística."
Naturalização especial Lei de Migração, arts. 68 e 69	"Art. 68. A naturalização especial poderá ser concedida ao estrangeiro que se encontre em uma das seguintes situações: I – seja cônjuge ou companheiro, há mais de 5 (cinco) anos, de integrante do Serviço Exterior Brasileiro em atividade ou de pessoa a serviço do Estado brasileiro no exterior; ou II – seja ou tenha sido empregado em missão diplomática ou em repartição consular do Brasil por mais de 10 (dez) anos ininterruptos. Art. 69. São requisitos para a concessão da naturalização especial: I – ter capacidade civil, segundo a lei brasileira; II – comunicar-se em língua portuguesa, consideradas as condições do naturalizando; e III – não possuir condenação penal ou estiver reabilitado, nos termos da lei."
Naturalização provisória Lei de Migração, art. 70	"Art. 70. A naturalização provisória poderá ser concedida ao migrante criança ou adolescente que tenha fixado residência em território nacional antes de completar 10 (dez) anos de idade e deverá ser requerida por intermédio de seu representante legal."

O texto original da Lei de Migração previa o processo de Naturalização Ordinária com prazo reduzido para originários de países de língua portuguesa e para naturais de Estados-Parte ou associado ao Mercosul, mas tais hipóteses de "aceleração" da naturalização foram vetadas pela Presidência da República.

8.4. Procedimento de naturalização

O procedimento de naturalização é requerido perante o Ministério da Justiça. Recebido o requerimento e presentes os requisitos da modalidade de naturalização eleita, este fará publicar a portaria de naturalização. Após publicada, a entrega do documento ao naturalizado se realiza em sessão solene da Justiça Federal.

A nova Lei de Migração prevê que "[n]o curso do processo de naturalização, o naturalizando poderá requerer a tradução ou a adaptação de seu nome à língua portuguesa" (art. 71, § 1º), sendo "mantido cadastro com o nome traduzido ou adaptado associado ao nome anterior" (art. 71, § 2º). No mais, o brasileiro naturalizado terá prazo de um ano para regularizar sua situação junto à Justiça Eleitoral (art. 72).

> O ato de naturalização não confere nacionalidade ao cônjuge ou filhos preexistentes do naturalizado. Contudo, uma vez naturalizado, o indivíduo é considerado "pai brasileiro" ou "mãe brasileira" para os fins do art. 12, I, da Constituição Federal.

8.5. Prerrogativas do brasileiro nato

Os brasileiros natos gozam de certas **prerrogativas não estendidas aos brasileiros naturalizados**. São essas:

(1) Direito de ocupar cargos públicos pertencentes à linha sucessória da Presidência da República: (i) Presidente; (ii) Vice-Presidente; (iii) Presidente da Câmara dos Deputados; (iv) Presidente do Senado Federal; e (v) Ministro do STF;

(2) Direito de seguir carreira diplomática;

(3) Direito de assumir o posto de Oficial das Forças Armadas ou de Ministro da Defesa;

(4) Direito de ser proprietário de empresa de comunicação (direito adquirido pelo naturalizado, após 10 anos);

(5) O Conselho da República (CF/88, art. 89, VII) conterá, necessariamente, 6 brasileiros natos;

(6) A extradição não é possível para brasileiros natos, sendo possível, em casos específicos, para brasileiros naturalizados.

8.6. Perda da nacionalidade

Considerando que a nacionalidade é reconhecida como direito fundamental, conforme disposto pelo Pacto de São José da Costa Rica, a perda da nacionalidade somente é prevista no direito brasileiro em dois casos bem específicos:

(1) Processo de cancelamento de naturalização em decorrência do **exercício de atividade nociva ao interesse nacional**. Consiste em um processo judicial, de competência da Justiça Federal de Primeiro Grau (Constituição Federal, art. 109, X). A nova Lei de Migração indica que o risco de apatridia (ausência de nacionalidade) deverá ser levado em consideração antes da efetivação da perda de nacionalidade, em congruência com os compromissos internacionais do Brasil de erradicação da apatridia (art. 75, parágrafo único).

(2) **Aquisição voluntária de outra nacionalidade**, pelo brasileiro nato ou naturalizado. Via de regra, havendo a naturalização de um brasileiro em outro Estado, este informará o Brasil, dando início ao processo administrativo perante o Ministério da Justiça para a perda da nacionalidade brasileira. Perceba que este processo só é aplicável no caso de aquisição voluntária. **Caso a outra nacionalidade seja originária**, seja por vínculo territorial (*ius soli*), seja por vínculo de parentesco (*ius sanguinis*), **é permitida a dupla nacionalidade**. Da mesma forma, caso a nacionalidade estrangeira do brasileiro seja necessária para o seu exercício de direitos civis ou sua permanência no estrangeiro, a dupla nacionalidade também é admitida. A nova Lei de Migração indica que, cessada a condição de perda da nacionalidade, a pessoa terá o direito de readquirir a nacionalidade brasileira (art. 76).

9. ESTRANGEIROS

A definição de *Estrangeiro* se contrapõe à de *Nacional*. Para o Estado, um indivíduo somente pode ser um nacional ou um estrangeiro. Assim, qualquer um que não for nacional de um determinado Estado será, para aquele Estado, um estrangeiro.

> As expressões **forasteiro** e **alienígena** também são empregadas como sinônimos de estrangeiro.

9.1. O ingresso e a permanência do estrangeiro

> A nova Lei de Migração (Lei n. 13.445/2017) foi regulada pelo Decreto n. 9.199/2017, no qual estão contidos os procedimentos e requisitos detalhados para concessão de vistos.

Um ponto importante a ser lembrado quando falamos do ingresso de um estrangeiro no território de outro país é que o Estado receptor não tem obrigação de aceitar a entrada de qualquer estrangeiro em seu território. Dizemos, assim, que **a admissão de estrangeiro é ato discricionário** do Estado que o recebe. Todavia, uma vez que o estrangeiro de fato ingresse no seu território, o Estado receptor passa a ter com ele obrigações decorrentes do Direito Internacional costumeiro. Esses direitos vão variar de acordo com a natureza do ingresso do estrangeiro. Daí a necessidade de tal entrada se dar por meio dos **vistos**. Destaca-se que a obtenção do visto, contudo, não impede que o Estado rejeite o ingresso de um estrangeiro.

O visto não poderá ser denegado "por motivo de etnia, religião, nacionalidade, pertinência a grupo social ou opinião política" (art. 1º, § 3º, do Decreto). As hipóteses de denegação de visto são: (i) estar condenado ou respondendo a processo por crimes definidos no Estatuto de Roma (Tribunal Penal Internacional), tais como terrorismo, genocídio e crimes de guerra; (ii) estar condenado ou respondendo a processo em outro país por crime doloso, passível de extradição; (iii) estar inscrito em lista de restrições decorrente de ordem judicial ou de compromissos do Brasil perante órgãos internacionais.

Abaixo, apresentamos um quadro com as espécies de visto previstas na Lei de Migração:

Lei de Migração (Lei n. 13.445/2017)	
De Visita	Os Vistos de Trânsito e de Turismo no regime do Estatuto do Estrangeiro foram consolidados na espécie de Visto de Visita na nova regra da Lei de Migração. Além disso, o Visto de Visita também será concedido para fins de negócios e de atividades artísticas e desportivas, hipóteses anteriormente abarcadas apenas pela espécie de Visto Temporário. O Visto de Visita é concedido a quem venha ao Brasil para "estada de curta duração", sem intenção de residência. Pode ser de: (i) turismo; (ii) negócios; (iii) trânsito; (iv) atividades artísticas ou desportivas. O Visto de Visita não permite a atividade remunerada em território brasileiro.
Temporário	O Visto Temporário será concedido a quem venha ao Brasil com intenção de "residência por tempo determinado", para realização de um rol taxativo de hipóteses (art. 14), dentre as quais destacam-se: trabalho, estudo e pesquisa, tratamento médico, reunião familiar, e investimentos.
Autorização de Residência	A residência permanente no Brasil deixa de ser regulada por visto, passando a ser objeto de autorização própria (art. 30), com hipóteses e requisitos específicos.
Diplomático, Oficial e de Cortesia	Os Vistos Oficial e Diplomático serão concedidos a "autoridades e funcionários estrangeiros que viajem ao Brasil em missão oficial de caráter transitório ou permanente, representando Estado estrangeiro ou organismo internacional reconhecido" (art. 16). O Visto de Cortesia será concedido a personalidade e autoridades estrangeiras, em viagem não oficial ao País, bem como aos familiares, empregados particulares e trabalhadores domésticos dos detentores de visto diplomático ou oficial. Além disso, este visto pode ser concedido a artistas e desportistas que venham ao Brasil para evento gratuito (sem honorários) ou a outras pessoas, por discricionariedade do Ministério de Relações Exteriores. Obs.: a nova Lei de Migração permite a conversão do Visto Oficial ou Diplomático em Autorização de Residência, hipótese em que cessarão as prerrogativas diplomáticas (art. 15, parágrafo único).

Os vistos são concedidos pelo Ministério das Relações Exteriores, por meio de suas representações no exterior. Trata-se de ato de império do governo que o concede, não cabendo intervenção judicial sobre sua concessão ou não. Assim, não seria juridicamente possível uma ação que pleiteasse que o governo norte-americano, por exemplo, fornecesse um visto de entrada a um cidadão brasileiro ou vice-versa.

Independentemente da forma de ingresso, o Direito Internacional Público garante um grau mínimo de direitos para os estrangeiros que devem ser assegurados pelos Estados receptores, sob pena de serem responsabilizados internacionalmente. A ideia fundamental a respeito do regime jurídico dos estrangeiros é a de que, sendo eles seres humanos, devem ter sua personalidade humana respeitada. Assim, o "pacote mínimo" de direitos fundamentais que lhes é assegurado consiste nos Direitos do Homem e nos princípios gerais adotados nos sistemas jurídicos internos dos Estados. Distinções injustificadas entre nacional e estrangeiro não são aceitas pelo Direito Internacional. No âmbito econômico, o estrangeiro deve ser equiparado ao nacional, não sendo admissível tributá-lo de forma diferente do nacional, por exemplo. Tal fato, todavia, não impede que alguns setores econômicos sejam defesos aos estrangeiros por motivo de segurança nacional. Outro aspecto importante é que, em regra, o estrangeiro não possui direitos políticos. No Brasil, é vedada ao estrangeiro a atividade política *stricto sensu* (candidatura e voto), sendo-lhe garantido o direito a associação para fins culturais, **sindicais e de manifestação política** (estes dois últimos incluídos pela nova Lei de Migração).

> O dispositivo que estendia ao visitante os direitos concedidos ao migrante (§ 4º do art. 4º da Lei de Migração), como acesso ao SUS e à Previdência Social, foi vetado pela Presidência da República, sob a fundamentação de que tal medida traria pressão orçamentária relevante ao Estado brasileiro.

Toma-se em nota final deste capítulo que com o acometimento da população mundial pelo Coronavírus, decretada oficialmente como pandemia pela Organização Mundial da Saúde ("OMS") em 11 de março de 2020, a sistemática de autorização de entrada ou concessão de vistos para estrangeiros se tornou excepcionalmente diversa no curso da pandemia, considerando os inúmeros fechamentos de fronteiras entre os Estados. Nesse contexto, o Regulamento Sanitário Internacional (RSI), acordado na 58ª Assembleia Geral da Organização Mundial de Saúde, em 23 de maio de 2005, tendo o Brasil promulgado as disposições do aludido Regulamento por meio do Decreto n. 10.212/2020, traz as regras referentes ao tratamento de pandemias, e que serão assim consideradas a partir dos reflexos globais da moléstia, e não apenas no local de descobrimento. Após a declaração de emergência, no entanto, o diretor-geral da OMS possui a prerrogativa de emitir recomendações, nos termos do art. 15 do Regulamento, as quais, embora não automaticamente vinculantes, devem (ou ao menos deveriam) ser implementadas pelos Estados, conforme art. 15 (2) do Regulamento.

O Estado brasileiro adotou diversas medidas sanitárias para enfrentamento da pandemia de Covid-19, dentre as quais o fechamento de suas fronteiras, nos termos do art. 3º, VI, da Lei n. 13.979/2020 (que também prevê a possibilidade de fechamento de fronteiras interestadual e intermunicipal).

Destaca-se que tal medida, ao menos quando analisada do ponto de vista internacional, não encontra óbice no princípio da livre circulação, regulado pelo art. 13º da Declaração Universal dos Direitos Humanos de 10 de dezembro de 1948 e pelo art. 12º, § 2º, do Pacto Internacional sobre Direitos Civis e Políticos de 16 de dezembro de 1966. Como indicado acima, a entrada de um estrangeiro é ato discricionário dos Estados.

■ 10. FORMAS DE EXCLUSÃO DO ESTRANGEIRO

Em determinadas hipóteses, o estrangeiro poderá ser obrigado coercitivamente a deixar o território do Estado brasileiro. Estudaremos estas hipóteses a seguir:

■ 10.1. Deportação

A deportação é uma **forma de retirada compulsória de estrangeiro que ingressou em determinado território de forma irregular ou cuja situação se tornou irregular com o passar do tempo**. É diferente do impedimento à entrada que ocorre quando se verifica, ainda no procedimento de ingresso, que o estrangeiro não tem visto ou documento válido. Em geral, a deportação ocorre por excesso de prazo ou por exercício de trabalho remunerado por quem não tem visto que o habilita a tal. Vale ressaltar que a deportação só ocorrerá se o estrangeiro não se retirar voluntariamente do país, após ter recebido a notificação da autoridade competente.

A nova Lei de Migração estabelece o direito do estrangeiro a recurso com efeito suspensivo contra a decisão que determinar sua deportação, bem como à assistência da Defensoria Pública da União no referido processo administrativo.

Fica expresso também que a deportação não exclui direitos adquiridos, decorrentes da lei ou de relações contratuais.

Várias são as causas que podem levar à deportação. De forma geral, ela se dá **sempre que houver descumprimento às restrições ou condições impostas aos estrangeiros**. Especificamente, podemos citar como exemplos a mudança, sem autorização do Ministério do Trabalho, da empresa para a qual o estrangeiro veio trabalhar, o exercício de atividade remunerada sem autorização formal e o deslocamento do estrangeiro sem seu documento de viagem e seu cartão de entrada.

A **competência para a deportação** é das autoridades locais. No Brasil, cabe ao **Departamento de Polícia Federal** fazê-lo. A medida, todavia, não tem caráter punitivo e o estrangeiro pode retornar ao país assim que regularizar sua situação, desde que tenha pago a multa e ressarcido o Tesouro Nacional nas despesas incorridas em sua deportação.

10.2. Expulsão

A **expulsão** é, igualmente, uma **forma de retirada compulsória do estrangeiro por iniciativa das autoridades locais.** As hipóteses de sua aplicação, todavia, são mais rígidas e, quando efetivada, **resulta na proibição do retorno ao país por prazo determinado (inclusão da nova Lei de Migração)**. A nova Lei de Migração indica que o prazo de proibição de retorno ao país não poderá exceder o dobro da pena (criminal) aplicada à pessoa expulsa.

De forma geral, para ser expulso, o estrangeiro deve ser condenado, por sentença transitada em julgado, pela prática de: **(i)** crime de genocídio, crime contra a humanidade, crime de guerra ou crime de agressão, nos termos definidos pelo Estatuto do Tribunal Penal Internacional; ou **(ii)** crime comum doloso passível de pena privativa de liberdade, consideradas a gravidade e as possibilidades de ressocialização em território nacional.

A nova Lei de Migração prevê a necessidade de procedimento administrativo com observância de contraditório, bem como o direito do expulsando de deixar voluntariamente o país e de ser assessorado pela Defensoria Pública da União durante o processo de expulsão.

> Não pode ser expulso do país o estrangeiro casado com cidadão brasileiro há mais de cinco anos ou que tenha filho sob sua guarda e que dele dependa economicamente, ou ainda as pessoas que tiverem ingressado no Brasil até os 12 anos de idade ou que tenham mais de 70 anos de idade e residam há mais de 10 anos no Brasil, ressalvados, nesta última hipótese, casos excepcionais.

10.3. Extradição

A **extradição é a transferência de uma pessoa, por um Estado a outro, sendo este último competente para processá-la e puni-la.** Embora seja **ato do Executivo**, a extradição é **vinculada ao Judiciário** em ambos os polos, isto é, seja para requerer ou conceder a extradição. Para *requerer*, é necessário que exista um *processo penal findo ou em curso*. Para *conceder*, o Estado requerido precisa, em geral, de uma *decisão judicial que anua com o pedido do Estado requerente*. No Brasil, cabe ao **Supremo Tribunal Federal** tal mister (CF/88, art. 102, I, *g*).

A extradição pressupõe a existência de crime, não servindo para a busca de devedores, mesmo que de natureza alimentar. Para ocorrer extradição deve existir um **tratado prévio** entre os países, embora o Direito Internacional Público possibilite sua ocorrência mediante a **promessa de reciprocidade futura**. Não havendo tratado, o Estado requerido pode recusar sumariamente o pedido. Havendo tratado, ele se obriga a analisar o pedido por meio do seu Judiciário e, em não concedendo a extradição, a julgá-lo no Brasil (Código Penal, art. 7º, II, *b*). Aqui, enquanto tramita o processo de extradição, o extraditando fica preso (Regimento Interno do STF, art. 213).

O processo de extradição possui alguns princípios básicos. O primeiro deles é a *vedação da extradição do nacional*, aplicado na maioria dos países. No Brasil, a **única exceção** é a **possibilidade de extradição do brasileiro naturalizado por crime anterior à naturalização ou por tráfico de drogas**, hipótese em que a extradição pode ser concedida independentemente da época do crime. Devemos lembrar, ainda, que *o português que gozar dos benefícios do Estatuto da Igualdade só pode ser extraditado para Portugal*.

Um segundo princípio é o da *vedação do "bis in idem"*, proibindo a extradição de pessoa já inocentada ou condenada por Tribunal nacional em decisão transitada em julgado. Temos ainda o *princípio da Especialidade*, pelo qual o pedido de extradição precisa especificar os crimes a que o extraditando responderá, o que faz com que não possa ser punido por fatos não constantes no pedido.

Outro princípio a ser considerado na extradição é o da *Identidade ou da Dupla Incriminação*, pelo qual não se dará a extradição quando no Estado requerido não se considerar crime o ato que fundamenta o pedido extraditório. Pelo mesmo princípio, temos que o extraditado não poderá ser submetido a uma pena que não exista no Estado requerido, devendo constar tal ressalva no ato de transferência.

O processo de extradição se dá no regime de **contenciosidade limitada**, isto é, não é permitido ao Judiciário a análise do mérito da extradição ou da ocorrência ou não do fato delituoso. Cabe ao STF a mera análise dos requisitos para a extradição, disposta, agora, pela nova Lei de Migração.

Os pressupostos ou os fatores que inviabilizam a extradição são:

- Ser o extraditando brasileiro no momento do fato que motivar o pedido – *Princípio da não extradição do nacional*;

- O fato que motivar o pedido não for considerado crime no Brasil – *Princípio da Identidade ou da Dupla Incriminação*;
- Os crimes estarem sujeitos a pena de prisão inferiores a 2 (dois) anos, de acordo com a lei brasileira;
- A ordem provir de processos em que houve violação de direitos e garantias fundamentais, como no caso de tribunais de exceção;
- Questões de humanidade (velhice, grave doença etc.);
- Quando o extraditando for refugiado ou asilado no território brasileiro;
- O Brasil for competente, segundo suas leis, para julgar o crime imputado ao extraditando;
- O fato imputado constituir crime político ou de opinião;
- A punibilidade estiver extinta por prescrição, seja pela lei brasileira ou do Estado requerente;
- O extraditando estiver a responder processo pelo mesmo fato no Brasil ou já houver sido condenado ou absolvido pela Justiça brasileira – *Princípio do "ne bis in idem"*;
- Em havendo pena de morte ou prisão perpétua, o país requerente não se comprometer em comutar a pena por uma restritiva de liberdade de até 30 anos.

Já as condições do 83 da Lei de Migração são:

- O crime ter sido cometido no território do Estado requerente ou serem as leis deste Estado aplicáveis ao extraditando;
- Estar o extraditando respondendo a processo investigatório ou a processo penal ou ter sido condenado pelas autoridades judiciárias do Estado requerente a pena privativa de liberdade.

Além dessas condições, é evidente que a existência de tratado de extradição ou promessa de reciprocidade é condição essencial para concessão de um pedido de extradição.

No ato de transferência do extraditando, o Estado requerente assume alguns compromissos de Direito Internacional, tais como:

- Não punir o extraditado por fatos não constantes do pedido;
- Descontar na pena o período de prisão no Brasil;
- Transformar em pena privativa de liberdade uma eventual pena capital;
- Não transferir o extraditado a terceiro país sem autorização do Brasil;
- Não utilizar a motivação política do crime para agravar a pena do extraditado.

A lei brasileira **proíbe**, ainda, a chamada **extradição dissimulada**, consistente na utilização de outras formas de exclusão do estrangeiro sempre que tais medidas tenham o mesmo efeito prático de uma extradição proibida pelo direito pátrio.

> Em recente decisão do STF (MS n. 33.864/DF), publicada em 20-9-2018, a Primeira Turma decidiu que uma brasileira nata teria perdido sua nacionalidade brasileira ao se naturalizar americana, considerando que os Estados Unidos não reconheciam sua dupla nacionalidade e que, segundo decisão da Corte, tal naturalização não era necessária para exercício dos direitos civis. Diante desta premissa, decidiu-se que uma brasileira nata que tenha perdido sua nacionalidade poderia figurar como ré em processo de extradição, não sendo aplicável a vedação constitucional da extradição de nacional.

10.4. Repatriação

A **repatriação** é uma nova forma de exclusão do estrangeiro disposta pela Lei de Migração e consiste na devolução da pessoa em situação de impedimento ao país de procedência ou de nacionalidade. Trata-se do caso clássico da pessoa que chega ao país sem portar os documentos necessários para o seu ingresso em território nacional.

A Lei de Migração indica expressamente que **não** ocorrerá a repatriação para pessoa em situação de refúgio ou de apatridia, para o menor de 18 (dezoito) anos desacompanhado ou separado de sua família (exceto nos casos em que se demonstrar mais favorável aos seus interesses), para quem necessite de acolhimento humanitário, ou caso esta medida possa apresentar risco à vida, à integridade pessoal ou à liberdade da pessoa a ser repatriada (art. 49, § 4º).

10.5. Quadro comparativo das modalidades de exclusão

	Iniciativa	Órgão competente	Causa	Consequências para o estrangeiro
Deportação	Autoridades locais	Departamento de Polícia Federal	Entrada ou estada irregular no território	Reentrada condicionada à regularização de sua situação
Expulsão	Autoridades locais	Polícia Federal, de ofício ou a pedido do Ministro da Justiça e Segurança Pública, mediante Inquérito Policial de Expulsão	Atentar contra a segurança nacional, a ordem pública ou ser nocivo à conveniência ou aos interesses nacionais	Proibição de retorno ao país por prazo determinado
Extradição	Estado estrangeiro	Executivo, após autorização do STF	Crime	Ser julgado pelo Estado competente
Repatriação	Autoridades locais	Polícia Federal	Situação de impedimento de ingressar no território brasileiro (art. 45 da Lei de Migração)	Não são indicadas quaisquer consequências pela Lei de Migração.
Entrega ao TPI	TPI	Poder Executivo, após autorização do STF	Crimes incluídos na competência do Tribunal Penal Internacional	Ser julgado pelo Tribunal Penal Internacional

> Não confundir a extradição com o procedimento de Entrega ao Tribunal Penal Internacional. Para mais informações sobre o procedimento de Entrega, veja o item **13.3**, abaixo.

10.6. Abdução internacional

A abdução internacional se dá quando a retirada da pessoa requerida se dá à revelia do Estado de refúgio. O caso mais notório é a captura de Adolf Eichmann na Argentina, pelo serviço secreto israelense, em 1960. O entendimento da doutrina é que a ilegalidade da captura não beneficia o indivíduo preso, mas tão somente permite ao Estado ofendido que busque a devida reparação junto ao Estado que perpetrou o ilícito.

10.7. O asilo político e o asilo diplomático

O asilo político é o **acolhimento, por um Estado, de um estrangeiro perseguido em outro Estado por motivo de dissidência política, delitos de opinião ou crimes que não são assim considerados no Direito Penal Comum**. A concessão de asilo político é, inclusive, um dos princípios constitucionais das relações internacionais brasileiras (CF/88, art. 4º, X).

Muitas vezes, o asilado sequer possui documentos, tendo o nosso direito previsto que o Estado brasileiro concederá passaporte especial nessas situações. Caso o estrangeiro em condição de asilo saia do território nacional sem autorização das autoridades brasileiras, entende-se que ele renunciou ao asilo.

O asilo diplomático, **instituição costumeira da América Latina**, é uma espécie de asilo político provisório. Ele consiste em **garantir ao estrangeiro que ingresse em recinto de missão diplomática os mesmos direitos de um asilado político**. Uma vez concedido o asilo diplomático, a missão que o concedeu requer ao Estado acreditado que emita um salvo-conduto para que o asilado possa se retirar em segurança do território com destino ao país que o abrigará em definitivo. A Lei de Migração caracteriza assim os asilos em **diplomático** (quando solicitado fora do território nacional) e **territorial**.

Caso notório é o de Julian Assange (caso *wikileaks*), que teve seu asilo diplomático concedido pela embaixada do Equador em Londres. O Reino Unido, contudo, não emitiu o salvo-conduto e, anos após, cumpriu um mandado de prisão contra Assange em relação a outro caso não relacionado ao *wikileaks*. Em dezembro de 2021, os EUA obtiveram decisão favorável para a extradição de Assange, mas o caso ainda deve se prolongar nas cortes até que o ato seja concretizado.

O asilo diplomático consiste em "uma exceção à plenitude de competência que o Estado exerce sobre o seu território". Nos países que não reconhecem essa modalidade de asilo, a pessoa que está sendo procurada por autoridade local e que entra em recinto de missão diplomática deve ser de imediato restituída. Por óbvio, a Polícia não ingressaria no local sem autorização do chefe da missão, mas tal refúgio não serviria como forma de escapar à persecução estatal.

O asilo diplomático está previsto nas Convenções de Havana, de 1928, Montevidéu, de 1933 e Caracas, de 1954, tendo sua origem, contudo, no costume internacional dos países latino-americanos.

A Lei de Migração proíbe a concessão de asilo a quem tenha cometido crime de competência do Tribunal Penal Internacional.

10.8. Refúgio

Há muita gente que confunde **asilo diplomático** com **refúgio**. De fato, há algumas semelhanças dos Institutos que levam ao equívoco, mas as suas diferenças merecem análise para que saibamos distingui-los sem maiores problemas.

Ambos são institutos relacionados com a proteção da pessoa vitimada por perseguições e impedem a extradição. São formas de minimizar a intolerância. Todavia, o **asilo** tem caráter pessoal, envolve uma perseguição atual ou iminente. Já o **refúgio**, em geral, se dá quando grandes contingentes populacionais se deslocam por motivos mais amplos (políticos, de saúde pública, em face de catástrofes e de guerras). Basta, para o **refúgio**, que o refugiado tenha justo receio em voltar ao seu país de origem.

O **asilo** configura uma relação do indivíduo perseguido com o Estado que o acolhe. Já o **refúgio** decorre do abalo da estrutura de determinado país ou região, gerando potenciais vítimas de perseguições que têm seus direitos humanos ameaçados, sendo objeto de preocupação da comunidade internacional.

A Lei n. 9.474/97 indica que a situação irregular do estrangeiro no território nacional não impede o seu pedido de refúgio e que, durante o processo de regularização da situação do refugiado, este poderá exercer atividade remunerada no Brasil, inclusive com a emissão de carteira de trabalho, CPF e abertura de Conta Bancária (*vide* Decreto n. 9.199/2017, art. 119).

11. FONTES DO DIREITO INTERNACIONAL PÚBLICO

A **ausência de um ente central** gerador de regras internacionais torna a questão das fontes do direito ainda mais complexa para o direito internacional. Em 1921, ao se criar o primeiro tribunal com competência para resolver questões entre Estados, a Corte Permanente de Justiça Internacional, criada no seio da Liga das Nações, a questão de qual direito seria utilizado para embasar suas decisões surgiu como necessidade premente.

Atualmente, **o rol inserido no art. 38 do Estatuto da Corte Internacional de Justiça** (CIJ), tribunal internacional criado no seio da ONU, como substituto à Corte Permanente, **é aceita como a melhor enumeração das fontes do Direito Internacional Público**. Lá, estão relacionados os **tratados**, os **costumes** e os **princípios gerais do Direito**, como **fontes primárias**. Faz--se ainda referência à **doutrina**, à **jurisprudência** e à **equidade**, como meios auxiliares à solução de um caso (ou **fontes secundárias**).

Neste tópico, trataremos das fontes de direito internacional, salvo pelos tratados, os quais serão especificamente abordados no tópico seguinte.

11.1. Costume internacional

Uma prática geral aceita como sendo o direito é, nos termos do Estatuto da CIJ, um costume internacional. Em qualquer costume temos um **elemento material** e **outro subjetivo**. O elemento material é a recorrência da prática, sua **repetição ao longo do tempo**. O elemento subjetivo, por sua vez, provém da **convicção de que aquela prática é necessária e justa**, o que a torna obrigatória.

Uma mesma norma pode decorrer de um tratado para alguns Estados e de um costume para outros. Um bom exemplo é a Convenção de Viena sobre o Direito dos Tratados, de 1969, norma convencional para os países que a ratificaram e costume para vários outros que não o fizeram. Isso se dá porque tal prática é tão sedimentada no cenário internacional que um país não signatário pode ser cobrado por não seguir normas ali inseridas.

O principal problema do costume é a sua **prova**. Cabe a quem o alega provar sua existência. Isso se faz por meio de atos estatais, como textos legais, decisões judiciárias e documentos diplomáticos. Outro bom acervo de provas para o costume é a jurisprudência internacional, assim como os textos preparatórios de alguns tratados que podem fazer referência ao costume que se quer provar.

Não há hierarquia entre costume e tratado, podendo um derrogar o outro. O fato do Estatuto da CIJ mencionar o costume após o tratado não pressupõe qualquer desnível hierárquico entre eles. Todavia, é inegável que o tratado é bem mais operacional que o costume, dado à facilidade que traz quanto à prova da sua existência, prazo de validade e interpretação.

Assim como nos tratados, **o fundamento de validade do costume é o consentimento dos Estados**.

Embora tal consentimento não precise ser expresso, é necessário que um Estado ao menos aja em conformidade com determinado costume para que este lhe seja vinculante. Se um determinado Estado age de forma diametralmente oposta ao reconhecimento de um costume específico, não se pode falar de costume para aquele país específico (p. ex.: se considerarmos que a proibição à pena de morte é um costume internacional amplamente aceito, países que reiteradamente aplicam a pena capital não podem ser "condenados" por tal fato com base no referido costume, pois agiram em **objeção expressa** a este).

O que não se admite é a negativa oportunista da existência de um costume por um Estado que tenha recorrentemente agido em conformidade com este.

11.2. Princípios gerais do direito

Os princípios gerais do direito, conforme estabelecido no art. 38 do Estatuto da CIJ, são os princípios gerais reconhecidos como direito internacional pelas nações civilizadas.

Podemos citar, principalmente: **(i)** não agressão; **(ii)** primazia da solução pacífica de conflitos; **(iii)** autodeterminação dos povos; **(iv)** desarmamento; **(v)** proibição da propaganda de guerra; **(vi)** prevalência dos direitos humanos; **(vii)** não intervenção nos assuntos internos dos Estados; **(viii)** coexistência pacífica; **(ix)** cooperação internacional; **(x)** igualdade entre Estados soberanos; **(xi)** força vinculante dos tratados ou *pacta sunt servanda*; **(xii)** proibição do uso da força; **(xiii)** boa-fé; e **(xiv)** segurança jurídica.

11.3. Doutrina e jurisprudência como fontes no direito internacional

A doutrina de Direito Internacional Público e a jurisprudência de cortes internacionais são reconhecidas como **fontes auxiliares** de Direito Internacional Público.

Importante destacar que **o Estatuto da CIJ é expresso ao negar o efeito de precedente vinculante aos seus julgados**, indicando que seus efeitos vinculantes se limitam ao caso julgado. Nesse sentido, a Jurisprudência assume um papel de "argumento de autoridade", ao lado dos doutrinadores, não como uma ordem a ser seguida, mas como uma interpretação razoável e aceita sobre uma determinada questão, a qual pode, ou não, auxiliar na solução de um caso concreto.

11.4. Equidade como fonte do direito internacional

A **Equidade é reconhecida como fonte auxiliar de Direito Internacional Público**. Contudo, o art. 38 do Estatuto da Corte Internacional de Justiça é expresso ao **condicionar a aplicabilidade da Equidade ao consentimento expresso das partes**.

A ideia de previsibilidade e *pacta sunt servanda* (obrigatoriedade dos acordos) é extremamente cara à prática de Direito Internacional, de modo que a decisão pautada no sentido de justiça do julgador, em detrimento da análise formal dos direitos e obrigações das partes, tem aplicação absolutamente limitada.

11.5. Outras fontes: decisões de organizações internacionais e atos unilaterais dos Estados

Como explicitado no início do presente tópico, o art. 38 do Estatuto da Corte Internacional de Justiça é considerado como a melhor expressão da enumeração de fontes do Direito Internacional Público. Contudo, tal enumeração não é taxativa.

Existem outras fontes reconhecidas e relevantes para o direito internacional, das quais trataremos a seguir:

A primeira destas fontes são as **Decisões tomadas por Organizações Internacionais**, as quais produzem efeito vinculante para os seus Estados-membros, criando, para estes, direitos e obrigações.

Em segundo lugar, temos os **Atos Unilaterais dos Estados**. Neste caso, é evidente que um ato unilateral somente vincula aquele que o realizou na lógica de Estados soberanos do Direito Internacional Público. Os Atos são considerados fontes em relação ao Estado que os realizou, sendo que a atuação em contrariedade a tal ato implica no descumprimento de uma obrigação internacional.

A título de exemplo, podemos indicar um Estado que declara formalmente que não realizará testes nucleares, mas, alguns meses depois, inicia tal atividade. Neste caso, o Estado pode ser questionado pela violação daquela primeira declaração unilateral que realizou, ainda que não existam outras fontes daquela obrigação de não realizar os testes.

11.6. *Jus cogens*

Com fundamento no art. 53 da Convenção de Viena sobre Direito dos Tratados, o *jus cogens* é caracterizado como **normas imperativas ou inderrogáveis de Direito Internacional, reconhecidas e compartilhadas pela Sociedade Internacional**.

> **Convenção de Viena sobre Direito dos Tratados (promulgada pelo Decreto n. 7.030/2009)**
> **Art. 53:** Tratado em Conflito com uma Norma Imperativa de Direito Internacional geral *(jus cogens)*
> **É nulo** um tratado que, no momento de sua conclusão, conflite com uma norma imperativa de Direito Internacional geral. Para os fins da presente Convenção, uma norma imperativa de Direito Internacional geral é uma norma aceita e reconhecida pela comunidade internacional dos Estados como um todo, como norma da qual nenhuma derrogação é permitida e que só pode ser modificada por norma ulterior de Direito Internacional geral da mesma natureza.

A principal diferença entre Jus Cogens e Costume Internacional é que o primeiro é **inderrogável**, enquanto o segundo permite **atuação contrária legítima**, através de expressa e recorrente objeção ao reconhecimento do Costume.

12. O TRATADO INTERNACIONAL

Os Tratados são a principal fonte do Direito Internacional. Como a Sociedade Internacional é composta, em sua essência, de Estados soberanos, não há um órgão superior capaz de lhes ditar regras de conduta. Nesse sentido, os compromissos assumidos consensualmente entre os Estados, através de Tratados, ganham relevância, por constituírem a principal fonte de direitos e obrigações dos Sujeitos de Direito Internacional.

Para a corrente doutrinária que confere personalidade jurídica internacional aos indivíduos, o fato de estes serem sujeitos de diversos direitos decorrentes de Tratados internacionais se apresenta como um dos mais fortes argumentos. No mesmo sentido, tal corrente costuma falar de uma "personalidade jurídica parcial ou **fragmentada**", justamente pela incapacidade do indivíduo de **celebrar** Tratados internacionais.

12.1. Conceito, terminologia e convenções aplicáveis

> "Tratado" significa um acordo internacional concluído por escrito entre Estados e regido pelo Direito Internacional, quer conste de um instrumento único, quer de dois ou mais instrumentos conexos, qualquer que seja sua denominação específica (Decreto n. 7.030/2009, art. 2, § 1º, *a*).

Tratado internacional é o acordo escrito, firmado entre sujeitos de Direito Internacional, regido pelo direito internacional e que busca a produção de efeitos jurídicos (art. 2º, § 1º, letra "a").

> Importante indagar que a identificação de um Tratado independe do nome dado ao instrumento, sendo comum outras denominações, como Convenção, Acordo, Pacto etc. Independente do nome, tais documentos escritos são Tratados.

Vários termos em nossa língua são sinônimos de tratado, entre eles se destacando: acordo, ajuste, arranjo, convênio, declaração, estatuto, memorando, pacto, protocolo e regulamento. A experiência mostra que tais formas são de uso livre e aleatório, embora alguns autores procurem diferenças terminológicas. O Ministério das Relações Exteriores, por exemplo, os utiliza livremente, não havendo razões para agirmos em contrário. O único termo que possui, de fato, significado distinto é a **concordata**. Trata-se de um tratado com a Santa Sé cujo objeto é disciplinar as atividades da Igreja Católica no Estado copactuante.

Algumas convenções internacionais foram firmadas para regular a forma de fazer tratados. Umas das primeiras foi a Convenção de Havana, de 1929, inspirada no Projeto de Código de Direito Internacional Público do brasileiro Epitácio Pessoa. Tal convenção, todavia, é de menor importância atualmente. Hoje, as Convenções de Viena sobre o Direito dos Tratados, de 1969 (entre Estados), e a de 1986 (entre Estados e Organizações Internacionais), são a principal referência em legislação internacional sobre o fenômeno convencional, isto é, a produção de tratados.

> Vale ressaltar que enquanto a Convenção de 1969 foi promulgada no Brasil somente em 2009, a Convenção de 1986 ainda não se encontra promulgada em nosso país. Em dezembro de 2015, o texto desta segunda Convenção foi encaminhado ao Congresso Nacional pelo Ministério das Relações Exteriores, sendo que o processo legislativo de promulgação ainda não foi concluído.

Entre as exigências que tais convenções trazem para se ter um tratado, destaca-se a **formalidade**, isto é, o **tratado precisa ser escrito**. Apesar da Convenção de Viena fazer menção a acordos orais, reconhecendo sua vigência (art. 3), estes não são considerados tratados, sendo a forma escrita da essência do instituto.

Apenas podem firmar Tratados os Estados soberanos e as Organização Internacionais, não sendo possível um tratado assinado por uma empresa ou um indivíduo. É necessário, ainda, que o pacto **tenha por objeto a produção de efeitos jurídicos**, não se configurando em tratados as meras declarações de vontade ou comunicados comuns que muitas vezes são emitidos após reuniões de chefes de Estado (podendo, contudo, a depender das formalidades, serem considerados Atos Unilaterais, conforme estudado acima).

Os tratados são objeto de estudo pelo Direito Internacional Público de maneira geral, pois o fenômeno convencional entre Estados é o principal tema desta disciplina. Todavia, como a liberdade de conteúdo é ampla em um tratado, alguns se revelam mais importantes que outros para a disciplina. Assim, os tratados constitutivos de Organizações Internacionais assumem maior relevância para o DIP que um tratado bilateral sobre o comércio de batatas, por exemplo.

12.2. Estrutura dos tratados

Embora inexista regra de DIP que determine uma estrutura específica para os tratados, o costume internacional nos mostra que eles são compostos das seguintes partes:

I) Título – indica a matéria/assunto abordado no tratado.

II) Preâmbulo – composto pelas partes que concluem o tratado.

III) Considerandos – mostra as intenções/necessidades com a celebração do tratado.

IV) Cláusulas – é o corpo efetivo do tratado. Composta normalmente por artigos, aqui ficarão expressas as normas às quais os Estados pactuantes se vincularão.

V) Fecho – indica o local, a data e a(s) língua(s) de celebração.

VI) Assinatura – do chefe de Estado, do Ministro das Relações Exteriores ou de um plenipotenciário.

Alguns tratados contêm anexos, dada sua complexidade ou extensão.

Os tratados, como fenômeno convencional que o são, seguem as técnicas gerais de elaboração de contratos.

12.3. Classificação dos tratados

O ato de classificar é a principal forma que a humanidade dispõe para apreender a realidade. Assim, o Direito dos Tratados também tem suas classificações que em muito ajudam sua compreensão. Em geral, classificam-se os tratados segundo critérios **formais** e **materiais**.

Comecemos nossa classificação pelos critérios **formais:**

I) Quanto ao número de partes, os tratados podem ser **bilaterais** ou **multilaterais**. É importante destacar que um Tratado entre um Estado e uma Organização Internacional é considerado bilateral, lembrando que esta última possui personalidade jurídica independente dos Estados que a constituíram.

II) Quanto ao procedimento, os Tratados podem ser considerados: **(i) Tratados em sentido estrito**, quando celebrados de forma solene, através da dupla expressão de consentimento (assinatura e posterior ratificação); ou **(ii) Acordo de forma simplificada**, também conhecido como *acordos executivos*, que são aqueles concluídos em uma só fase, isto é, basta-lhe a assinatura para a entrada em vigor. Prescindem, portanto, de ratificação. Em geral, são tratados bilaterais de menor relevância, concluídos por meio de troca de notas diplomáticas.

Com relação ao aspecto material, outras são as classificações:

I) Quanto à natureza das normas, os Tratados podem ser: **(i) contratuais**, quando os objetivos das partes são desiguais, embora complementares. Em geral, versam sobre relações de comércio específicas e concretas; **(ii)** Tratados **normativos** as partes estabelecem regras gerais de comportamento. Produzem, como as leis em geral, normas gerais e abstratas.

II) Quanto à execução no tempo, os Tratados podem ser: **(i) transitórios**, quando criam uma relação jurídica objetiva e definida. Embora criem situações que perduram no tempo, têm execução instantânea e imediata (p. ex.: a aquisição do Acre pelo Brasil à Bolívia, conhecido como Tratado de Petrópolis, em 1903); ou **(ii) permanentes**, quando a sua execução se protrai no tempo, não se consumando apenas em um momento específico.

III) Quanto à possibilidade de adesão, os Tratados podem ser: **(i) abertos**, quando há a possibilidade de adesão posterior para os Estados que não o assinaram na primeira oportunidade e/ou nem sequer participaram da sua negociação; ou **(ii) fechados**, quando não permitem qualquer tipo de adesão posterior.

Em resumo:

Classificações formais		
Quanto ao número de partes	Bilateral	Entre dois Estados ou entre um Estado e uma Organização Internacional
	Multilateral	Entre mais de dois sujeitos de direito internacional
Quanto ao procedimento	Tratados em sentido estrito	Procedimento formal, com dupla expressão de consentimento
	Acordos simplificados	Procedimento informal, com expressão única de consentimento e vigência imediata
Classificações materiais		
Quanto à natureza das normas	Contratual	Interesses desiguais, mas convergentes. Normas específicas para determinada relação
	Normativo	Interesses uniformes. Normas gerais
Quanto à execução no tempo	Transitório	Aplicáveis a uma relação jurídica definida, sendo executados em um determinado momento, ainda que tal ato produza efeitos futuros
	Permanente	Sua aplicação se prolonga no tempo, sendo aplicáveis a um número indeterminado de relações jurídicas
Quanto à possibilidade de adesão	Aberto	Permite adesão posterior
	Fechado	Não permite adesão posterior

12.4. A produção dos tratados: a fase de elaboração

O processo de celebração de um tratado possui duas grandes fases: a da **elaboração** e a da **expressão do consentimento**. A primeira se subdivide em **negociação, conclusão e assinatura**. Ou seja, busca-se chegar ao texto físico do acordo. A segunda, por seu turno, consiste em tornar juridicamente **vinculante** as disposições acertadas. Passada essa fase, o tratado entra em vigor e começa a irradiar seus efeitos. Analisemos, pois, cada etapa desse processo.

A **elaboração** inicia-se com a **negociação**. Todavia, precedendo a negociação, as partes precisam ter certeza quanto à representatividade do Estado pactuante. Neste sentido, o art. 7º da Convenção de Viena de 1969 é claro ao prever que as seguintes pessoas podem **representar** o Estado para fins de tratados: **(i)** os Chefes de Estado; **(ii)** os Chefes de Governo e os Ministros das Relações Exteriores; **(iii)** os Chefes de Missão Diplomática e os representantes acreditados de um Estado junto a Conferências e a Organizações Internacionais.

Há de se falar também na figura dos **plenipotenciários**, os quais são terceiros, normalmente um diplomata ou funcionário público, que, munido de uma carta de plenos poderes dirigida à parte (ou às partes) copactuante(s) representa o Estado emissor da carta.

No Brasil, o Presidente da República tem competência privativa para "manter relações com Estados estrangeiros e acreditar seus representantes diplomáticos (CF, art. 84, VII). Todavia, dadas suas inúmeras atribuições, o Presidente costuma delegar tal função ao Ministro das Relações Exteriores.

A fase de **elaboração** de um tratado, em nosso país, é de competência do Poder Executivo. Como esta fase se inicia na **negociação**, é importante lembrar que alguns Decretos que tratam da competência e atribuições do MRE estabelecem que toda negociação de ato internacional deve ser acompanhada por funcionário diplomático.

Finda a **negociação**, passa-se à fase de **redação das cláusulas** do acordo, isto é, à sua **conclusão**. O texto aqui obtido deve passar pelo crivo da Consultoria Jurídica do Itamaraty.

Concluída a redação do instrumento, as partes passam à fase da **assinatura** e **autenticação**. Aqui, elas atestam querer se vincular às normas inseridas no acordo. Como esse vínculo se dará é o que veremos adiante.

12.5. Produção de efeitos dos tratados: monistas e dualistas

É importante fazer menção à existência de duas correntes doutrinárias sobre o tema da expressão do consentimento internacional: os **monistas** e os **dualistas**. Os **monistas** entendem que "a assinatura do tratado já vincula o Estado em definitivo e que o acordo passa a produzir seus efeitos de imediato". Já os **dualistas** entendem que "a assinatura é apenas um aceite precário provisório do tratado, faltando-lhe, ainda, uma aceitação definitiva que viria por meio da **ratificação**".

Com efeito, salvo os acordos executivos, os tratados precisam ser ratificados para se incorporar a nossa ordem jurídica (CF, art. 49, I). Todavia, a assinatura não deve ser considerada um mero "aceite precário", pois ela vincula o Estado signatário perante a Sociedade Internacional em definitivo, não havendo dúvidas que esta já cria obrigações para o Estado. A ratificação diz respeito aos efeitos da norma internacional **dentro do território nacional**. De qualquer forma, temos de afirmar que o Brasil, no que se refere à vigência dos tratados, é um país dualista.

12.6. A produção dos tratados: fase de expressão do consentimento

Após a assinatura, o tratado passa pela fase final de expressão do consentimento estatal que, no Brasil, se dá por meio do Parlamento. Cabe a este confirmar, ou não, a assinatura aposta pelo Executivo. **No Brasil, é necessária a aprovação do texto por ambas as Casas do Congresso**.

Além da assinatura, os Estados podem concluir as fases de negociação e conclusão e se vincular por meio da troca de notas ou notas reversais, comum nos acordos executivos. Rezek (2005) identifica **duas categorias de acordos executivos** que poderiam ser concluídos **sem a intervenção do nosso Congresso** e sem ofensas à Constituição: **(i) o acordo executivo como subproduto de tratado vigente**, visando harmonizar e/ou complementar sua interpretação; e **(ii) acordos executivos de diplomacia ordinária**, que versam sobre o modo de convivência entre delegações diplomáticas.

Após a publicação do decreto legislativo, o Presidente está **autorizado** a ratificar o tratado. Ou seja, embora precise de autorização prévia do Congresso, a ratificação é ato do Presidente da República. A expressão "resolver definitivamente os tratados", extraída do art. 49, I, da CF, ao tratar da competência exclusiva do Congresso, não é, portanto, imune a críticas. O Congresso só resolve definitivamente quando rejeita o tratado. Aprovando-o, cabe ao Presidente da República ratificá-lo ou não, sendo sua, portanto, a palavra final sobre o tratado aprovado.

Chamamos **ratificação** o "ato internacional pelo qual um Estado se submete definitivamente aos termos de um tratado de **cuja elaboração participou**". Ato semelhante é chamado de **adesão** quando o país aderente **não participou do processo de feitura do tratado**.

A ratificação ou adesão só passa a surtir efeitos no direito interno brasileiro a partir de sua publicação no Diário Oficial da União, quando se dá conhecimento à população acerca da existência da norma.

Alguns organismos internacionais, com destaque para a ONU (cf. art. 102 da Carta das Nações Unidas), exercem a função de depositários do tratado, após sua vigência.

É importante lembrar que, em alguns tratados multilaterais, é possível a aprovação ou ratificação **com reservas**, isto é, o Estado pode excluir os efeitos jurídicos de algumas disposições. Tais possibilidades de reservas, via de regra, estão previstas no **próprio texto do Tratado**.

12.7. Incorporação do tratado ao direito interno

Após a publicação da ratificação, o tratado é incorporado ao nosso Direito. **Em regra, o tratado é inserido como lei ordinária**, revogando a lei anterior que lhe seja contrária e sendo revogado por lei interna posterior. Todavia, algumas **exceções** merecem destaque:

- **Tratados versando sobre Direitos Humanos podem alcançar o *status* de Emenda Constitucional (art. 5º, § 3º, da CF, inserido pela Emenda n. 45/2004).**
- Tratados de extradição aplicam-se com primazia à legislação interna, independentemente da data, em face do princípio da especialidade.
- **Os tratados em matéria tributária sobrevivem à legislação contrária posterior (art. 98 do CTN).**

Temas interessantes surgem na incorporação do tratado ao Direito Interno, sobretudo naqueles que tratam de Direitos Humanos. É que haveriam duas classes de tratados sobre Direitos Humanos: os aprovados como Emenda Constitucional e os aprovados sem quórum especial. Parece-me bastante questionável tal entendimento para o mundo jurídico. A alteração trazida pela Emenda n. 45/2004 sem dúvidas buscou prestigiar os Direitos Fundamentais, mas trouxe, concomitantemente, um tema a ser resolvido por nosso Congresso e pelo STF, o que certamente será mais bem explorado nos capítulos específicos da presente obra, mais especificamente na parte de Direitos Humanos e Direito Constitucional.

12.8. Extinção do tratado

O tratado se extingue por **ab-rogação** sempre que as partes signatárias assim entenderem. O art. 54 da Convenção de Viena sobre o Direito dos Tratados afirma que o tratado se extingue nos termos de suas disposições ou a qualquer momento, pelo consentimento das partes.

A denúncia de um tratado é um ato internacional unilateral em que um Estado manifesta sua vontade de não mais se sujeitar aos termos de um tratado. Em tratados bilaterais, tal ato implica na extinção do tratado. Tratados multilaterais, por sua vez, têm apenas sua composição alterada com a denúncia. O direito à denúncia é consequência imediata do princípio da soberania. No Brasil, segundo Rezek (2005), haveria **competência concorrente do Presidente da República e do Congresso Nacional para denunciar um tratado**. O ilustre internacionalista destaca, no entanto, a dificuldade operacional que o Congresso teria para concluir a denúncia de um tratado.

Presume-se que todo tratado de prazo indeterminado traz, implicitamente, a denominada cláusula *rebus sic stantibus*. Esta cláusula implica que toda convenção deve ser revista ou terminada quando as circunstâncias que lhe deram causa forem substancialmente modificadas de modo imprevisível. A Convenção de Viena sobre o Direito dos Tratados prevê tal hipótese como forma de extinção dos tratados, em seu art. 62.

De forma geral, podemos dizer que um tratado se extingue por:

- Condição resolutória – o prazo do tratado se expira ou outra condição que terminaria a avença acontece.
- Denúncia ou consentimento mútuo.
- Caducidade – o tratado não é aplicado por um longo tempo.
- Execução integral – o fim a que o tratado se destinava se perfaz por completo.
- Guerra ou ruptura das relações diplomáticas ou consulares – nações em guerra não cumprem tratados. A última hipótese só extingue o tratado se as relações diplomáticas forem essenciais ao seu cumprimento.
- Inexecução continuada por uma das partes.

12.9. Nulidade do tratado

Um tratado é nulo, nos termos da Convenção de Viena sobre Direito dos Tratados, quando concluído com **dolo, erro** ou **fraude**. Se houver corrupção de um agente estatal ou este for coagido pelo Estado pactuante, a hipótese de nulidade é igualmente aplicável. Além disso, se um Estado obtém o consentimento do outro por meio de uso de força ou ameaça de tal uso (coação), o tratado também não surtirá efeitos.

Por fim, a Convenção estabelece que é nulo um tratado que, no momento de sua conclusão, conflite com uma norma imperativa de Direito Internacional geral (*jus cogens*).

13. PRINCIPAIS CORTES INTERNACIONAIS DE JUSTIÇA

13.1. Corte Internacional de Justiça

A **Corte Internacional de Justiça (CIJ) é o principal foro do Direito Internacional Público**. Como o Estatuto da Corte constitui um anexo à Carta das Nações Unidas, tem-se que todos os membros da ONU estão, expressamente, sob a competência da referida Corte.

Para Finkelstein (2013), ainda que nem a Carta, tampouco o Estatuto, confiram competência absoluta à Corte, é forçoso reconhecer que, anuindo as partes acerca de sua competência, ficam estas obrigadas a cumprir suas decisões, o que, de fato, tem sido verificado na atual prática do Direito Internacional.

É importante destacar também que a submissão à Carta e, consequentemente, ao Estatuto, não é requisito obrigatório para a postulação perante a Corte. Basta a submissão à competência da Corte.

Além da sua **competência contenciosa**, a Corte possui uma **competência consultiva**, podendo emitir **pareceres consultivos** a pedido da Assembleia Geral ou do Conselho de Segurança da ONU, bem como de outros órgãos da ONU, desde que devidamente autorizados pela Assembleia Geral.

Os Estados **não possuem** tal capacidade postulatória.

13.2. Corte Permanente de Arbitragem

A Corte Permanente de Arbitragem não é uma corte propriamente dita, mas sim uma Organização Internacional especializada na administração de casos de arbitragem envolvendo o Direito Internacional Público. Criada em 1899, na Primeira Conferência de Paz de Haia, a Corte Permanente tem sede em Haia, dividindo o Palácio da Paz com a Corte Internacional de Justiça.

As principais funções da Corte, no âmbito do Direito Internacional Público, são: **(i)** administração de arbitragens entre Estados; **(ii)** administração de arbitragens de investimento, entre investidores estrangeiros e um Estado sede dos investimentos; e **(iii)** método alternativo ao Tribunal Internacional do Direito do Mar.

13.3. Tribunal Penal Internacional

O Tribunal Penal Internacional foi estabelecido pelo Estatuto de Roma, de 1998, entrando em vigor em 2002. Sua sede é em Haia (mas não no mesmo Palácio da Paz que abriga a Corte Internacional de Justiça e a Corte Permanente de Arbitragem).

O TPI foi constituído como um foro **supranacional, permanente e autônomo**, destinado a julgar os crimes de maior repercussão internacional e gravidade (como os denominados "crimes contra a humanidade", o genocídio e os crimes de guerra).

O fato de um indivíduo poder ser réu perante o TPI é outro argumento favorável ao reconhecimento de personalidade jurídica internacional para os indivíduos (mesmo que limitada, como já exposto). Isso porque, e é importante destacar, o TPI admite o julgamento de indivíduos, **mesmo que estes sejam nacionais de Estados que não tenham aderido ao Estatuto de Roma**. Caso emblemático é o do Presidente do Sudão (Omar Hassan Al Bashir), que teve sua prisão e entrega solicitada pelo TPI a diversos países, dentre eles, o Brasil.

> CF, art. 5º, LXXVIII, § 4º: "O Brasil se submete à jurisdição de Tribunal Penal Internacional a cuja criação tenha manifestado adesão".

O Brasil, como parte do Estatuto de Roma, que instituiu o Tribunal Penal Internacional (TPI), tem por obrigação colaborar com aquela Corte, entregando, quando requerido, estrangeiro ou nacional para que lá seja julgado. Isso é o que diz nossa Constituição Federal, conforme § 4º do inciso LXXVIII do art. 5º, incluído pela Emenda Constitucional n. 45/2004.

Há quem vislumbre um eventual conflito entre o Tratado que prevê a entrega de um nacional com a nossa Constituição, na parte em que esta proíbe a extradição de nacional. O suposto conflito, todavia, é apenas aparente.

Na verdade, a Entrega é instituto totalmente distinto da Extradição. Nesta, o Estado entrega um indivíduo a outro Estado. O fundamento da vedação de extradição de nacional é o receio de que este não tenha, no estrangeiro, um julgamento justo. Na Entrega, por sua vez, o indivíduo é remetido a uma organização internacional da qual o Brasil faz parte, **e à jurisdição da qual este expressamente se submeteu**, não havendo dúvidas de que o nacional entregue enfrentará um julgamento legal e fiscalizado por toda a comunidade de nações.

14. DOMÍNIO PÚBLICO INTERNACIONAL

Entende-se por Domínio Público Internacional, tanto as **áreas que não estão sob a jurisdição de nenhum Estado soberano** (como as águas internacionais e o espaço sideral) quanto aquelas que, mesmo sob a jurisdição de um Estado soberano, **possuem relevância internacional reconhecida**.

14.1. Direito Internacional do Mar

Importante na análise do Domínio Público Internacional é a análise do Direito Internacional do Mar, cujo grande documento é a **Convenção de Montego Bay**, de 1982, promulgada pelo Brasil através do Decreto n. 1.530/95.

Este Tratado Internacional definiu as diversas áreas de domínio público internacional, bem como estabeleceu o Tribunal Internacional do Direito do Mar, como um órgão supranacional independente, especializado em julgar casos decorrentes da interpretação e/ou aplicação da referida Convenção.

14.2. Águas Interiores

São denominadas **Águas Interiores** aquelas situadas **antes da linha de base do mar territorial** (p.ex.: baías, portos etc.), assim entendida a linha natural de terra do baixo-mar.

Tal espaço não comporta, via de regra, **o direito de passagem inocente**, sendo que embarcações devem ter a autorização do Estado para adentrar suas águas internas. A exceção se dá quando determinada área constituía Mar Territorial mas, por uma mudança do traçado da linha de base, passou a ser caracterizada como Águas Interiores.

14.3. Mar territorial

O Mar Territorial é uma **área adjacente ao continente** (ou a uma ilha), **com extensão de 12 milhas marítimas medidas a partir do litoral continental** (da linha de base do mar territorial). **A soberania do Estado se estende ao Mar Territorial**, limitada apenas pelo direito de passagem inocente de embarcações estrangeiras, inclusive as militares, desde que tal passagem seja breve e que não ocorra paradas no percurso.

14.4. Zona contígua

A Zona Contígua deve ser entendida como **Zona Contígua ao Mar Territorial**, com idêntica extensão, **estendendo-se, portanto, entre o limite de 12 milhas marítimas do Mar Territorial e um novo limite de mais 12 milhas marítimas** (totalizando 24 milhas marítimas, contadas desde o litoral continental).

Nesta área, o Estado pode exercer um **direito de fiscalização**, com o objetivo principal de assegurar sua soberania sobre o Mar Territorial, aplicando suas leis e podendo, inclusive, realizar prisões nesta área.

14.5. Zona Econômica Exclusiva

A Zona Econômica Exclusiva é uma **área** estabelecida pela Convenção de Montego Bay, **dentro da qual o Estado costeiro possui o direito exclusivo de exploração econômica de recursos vivos** (pesca, pesquisa científica etc.) **e não vivos** (minerais, criação de plataformas de petróleo etc.).

Esta Zona se estende por **200 milhas marítimas**, desde a linha de base do Mar Territorial. Em outras palavras, esta Zona inclui o Mar Territorial e a Zona Contígua, estendendo-se por mais 176 milhas marítimas.

> A exploração das Zonas Econômicas Exclusivas por outros Estados dependerá de acordo entre estes e o Estado detentor de tal direito.

14.6. Águas Internacionais

Toda faixa marítima que não esteja compreendida pelas três faixas previamente estudadas, compreende as Águas Internacionais. Esta área compreende o Domínio Público Internacional por excelência, tendo em vista sua exploração, para fins pacíficos, estar à disposição de todos os Estados.

Dentre os direitos expressamente estendidos a todos os Estados pela Convenção de Montego Bay, destacam-se: **(i) liberdade de sobrevoo e navegação; (ii) liberdade para construção de ilhas artificiais, plataformas e ductos; (iii) liberdade de pesca e pesquisa**.

14.7. Plataforma continental

A plataforma continental é a **faixa de subsolo compreendida desde a linha de base do Mar Territorial até o limite continental natural ou até uma distância de 200 milhas marítimas** (em congruência com a Zona Econômica Exclusiva).

Na plataforma continental, *o Estado possui soberania para a exploração dos recursos naturais*.

14.8. Espaço aéreo

O Espaço Aéreo também é regulado pela Convenção de Montego Bay, sendo outro instrumento internacional importante a Convenção de Chicago, de 1944, conhecido também como Estatuto da Aviação Civil Internacional, a qual constituiu a Organização Internacional de Aviação Civil, ligada à ONU.

Via de regra, **a soberania do Estado**, tanto no seu Território, quanto no Mar Territorial e na Zona Contígua, **estende-se também para o espaço aéreo, assim entendido como a projeção, no ar, do seu território**.

Como pontos de destaque na regulação do espaço aéreo, tem-se a obrigatoriedade de que toda aeronave possua uma nacionalidade, bem como a concessão do direito inocente de passagens para aeronaves estrangeiras.

14.9. Espaço sideral

O Espaço Sideral (ou Espaço Exterior), incluindo a Lua e outros corpos celestes, é regulado atualmente pelo Tratado sobre o Espaço Exterior, de 1967, celebrado durante uma Assembleia Geral da ONU e é entendido, pela doutrina, como o local onde se acaba a atmosfera. Não há uma definição em tratado da altura exata desse limite atmosférico, mas o Espaço Sideral tem sido objeto de alguns tratados que merecem atenção.

Dentre os pontos de destaque na regulação do Espaço Sideral, temos a liberdade de exploração para fins pacíficos pelos Estados e a proibição de apropriação ou anexação. Além disso, a exploração deste Espaço deve ser guiada pela busca do bem comum e do desenvolvimento da humanidade.

Atualmente, este tema tem obtido grande relevância em decorrência dos diversos projetos em andamento para exploração econômica de asteroides, eis que muitos destes possuem composição rica em minerais raros em nosso planeta, como o titânio, além de potencialmente permitirem a subsistência de vida humana fora da terra, através da extração da água neles contida.

15. DIREITO INTERNACIONAL DO MEIO AMBIENTE

O Estudo do Meio Ambiente é um dos que mais nos direcionam a uma análise efetivamente internacional. A atuação de um Estado sobre o Meio Ambiente não se restringe ao seu território e, a longo prazo, afeta todo o planeta.

Nesse sentido, diversas iniciativas internacionais foram desenvolvidas com a finalidade de garantir a proteção deste bem internacional.

Dentre estas, duas merecem o nosso destaque: O PNUMA e o Protocolo de Kyoto.

O PNUMA, ou Programa das Nações Unidas para o Meio Ambiente, é uma agência da ONU responsável por promover a conservação ambiental e o uso sustentável dos recursos naturais.

Já o Protocolo de Kyoto (ou Quioto) é um Tratado Internacional, resultado direto das negociações da ECO-92, no Rio de Janeiro (também conhecida como Cúpula da Terra) e da Convenção-Quadro das Nações Unidas sobre Mudança Climática.

Este protocolo tem por principal objetivo a redução da emissão de gases causadores do efeito estufa, os quais são apontados, pela maioria dos estudos científicos, como a principal causa para o aquecimento global através da atuação da humanidade. Tais temas são tratados nesta obra na seção sobre Direito Ambiental.

16. PROTEÇÃO INTERNACIONAL DOS DIREITOS HUMANOS: BREVES CONSIDERAÇÕES SOBRE A CORTE INTERAMERICANA DE DIREITOS HUMANOS E SOBRE OS EFEITOS DE SUAS DECISÕES

A Corte Interamericana de Direitos Humanos é um órgão judicial supranacional e autônomo, constituído pelo Pacto de San José da Costa Rica (Convenção Americana de Direitos Humanos), de 1969, competente para julgar casos envolvendo a aplicação e/ou interpretação da referida Convenção.

Em que pese os indivíduos ou grupos de pessoas não poderem levar suas queixas diretamente à Corte, elas podem fazê-lo através da Comissão Interamericana de Direitos Humanos, a qual pode, por sua vez, levar o caso à Corte.

A Corte tem competência **consultiva** e **contenciosa**, aplicável esta última para os Estados que formalmente reconheceram a competência da Corte, dentre estes, o Brasil. Tais temas são tratados nesta obra na seção sobre Direitos Humanos.

> É bom lembrar: A Sentença da Corte Interamericana de Direitos Humanos é definitiva e inapelável (tema cobrado no XI Exame da OAB).

17. DIREITO COMUNITÁRIO

O direito comunitário seria o ramo do Direito Internacional destinado ao estudo das normas estabelecidas com o objetivo de **integração** dos Estados. Em que pese parte da Doutrina entender pela existência do Direito Comunitário como ramo independente do Direito Internacional, a nosso ver, o que temos é uma classificação a partir da **finalidade**, contraposta à classificação pela natureza da norma, existente entre os ramos do Direito Internacional Privado e do Direito Internacional Público.

Em outras palavras, uma norma de Direito Comunitário será também, necessariamente, uma norma de Direito Internacional Público ou Privado.

17.1. O Mercosul

O Mercosul (ou Mercado Comum do Sul) foi estabelecido entre Argentina, Brasil, Paraguai e Uruguai através do Tratado de Assunção, de 1991, como uma **iniciativa de aproximação econômica e política dos países integrantes do Cone Sul**.

Os principais objetivos do Mercosul são: **(i) a livre circulação de bens e serviços; (ii)** a criação de uma **tarifa externa comum** e a **coordenação na atuação perante os fóruns econômicos internacionais**; e **(iii) coordenação de políticas macroeconômicas; (iv) harmonização legislativa**, em áreas relevantes, como direito tributário, direito do trabalho e direito previdenciário.

> Embora constitua um Tratado Aberto, a adesão ao Tratado de Assunção depende da aprovação unânime de seus membros.

O Mercosul tem como **órgão jurisdicional** o **Tribunal Permanente de Revisão**, instalado através do Protocolo de Olivos, de 2002, promulgado no Brasil através do Decreto Legislativo n. 712/2003, com o objetivo de julgar a interpretação e aplicação dos instrumentos celebrados no âmbito do Mercosul, no objetivo final de integração da região.

O TPR também pode emitir Opiniões Consultivas a pedido de um Estado-membro. Estas não são vinculantes.

Sua atividade contenciosa pode se dar como instância única, ou como instância de revisão de laudos arbitrais proferidos por um Tribunal Arbitral *ad hoc* do Mercosul. As decisões do TPR são finais e vinculantes aos Estados.

18. DIREITO INTERNACIONAL ECONÔMICO

O Direito Internacional Econômico consiste em um ramo do Direito Internacional Público voltado à regulação da produção, do consumo e da circulação de bens e serviços pelos Estados-membros e por seus nacionais.

18.1. Contratos internacionais

Embora os Contratos Internacionais sejam, via de regra, expressão da autonomia privada de indivíduos e companhias, o Direito Internacional Público não é indiferente a eles. Isso porque, no intuito de facilitar as relações comerciais internacionais, **diversos Tratados foram celebrados a fim de uniformizar o entendimento** de partes de diferentes nacionalidades, acerca de temas importantes.

Como alguns exemplos temos:

- A **Convenção das Nações Unidas Sobre Contratos de Compra e Venda Internacional de Mercadorias** (ou CISG), de 1980, que busca **uniformizar as questões sobre formação dos contratos internacionais de compra e venda**, direitos e obrigações do comprador e do vendedor e remédios disponíveis no caso de inadimplemento (promulgada no Brasil pelo Decreto n. 8.327/2014).

- A **Convenção de Nova York sobre o Reconhecimento e a Execução de Sentenças Arbitrais Estrangeiras**, de 2002, que buscou **unificar o procedimento de reconhecimento de decisões arbitrais** emitidas por tribunais arbitrais com sede nos países signatários, aumentando a segurança jurídica das partes que escolherem tal meio para a solução de seus litígios internacionais (promulgada no Brasil pelo Decreto n. 4.311/2002).

Após celebradas e devidamente internalizadas aos direitos nacionais dos Estados-partes, estas Convenções extrapolam a esfera do Direito Internacional Público, adentrando a esfera do Direito Internacional Privado de cada um deles, promovendo assim a uniformidade no tratamento de uma matéria específica pelos diversos Estados.

Em outras palavras, e tomando a CISG como exemplo, sempre que a Lei de um Estado-parte for chamada a ser aplicada, e verificar-se a existência de um Contrato de Compra e Venda Internacional abrangido pelas regras da CISG, a CISG se aplicará àquela relação, não como uma norma de Direito Internacional Público, mas sim como uma norma de direito interno, eis que esta será, para todo Estado-parte, a lei especial (*lex specialis*) para aquele tipo de contrato, excluída a aplicação inicial da lei geral, i.e.: as regras de Compra e Venda do Código Civil. Mais sobre isso no quadro do item **19.14**, abaixo.

18.2. *Lex Mercatoria*

Na definição de Huck (1992), poderíamos entender *Lex Mercatoria* como um conjunto de regras uniformes e supranacionais, adequadas para reger todo o comércio internacional, criadas a partir das práticas dos comerciantes internacionais, reiteradas e reconhecidas como direito, a ponto de efetivamente regularem o conjunto de relações comerciais internacionais.

A existência de uma efetiva *Lex Mercatoria* é muito discutível nos dias atuais, tanto do ponto de vista formal – do que constituiria esse conjunto de regras – quanto do ponto de vista material – da real capacidade destas regras para regular todo o comércio internacional.

Por outro lado, em alguns mercados específicos, como o mercado de diamantes, o mercado de algodão e o mercado de relações comerciais envolvendo direitos desportivos de atletas profissionais, podemos verificar algo muito próximo de uma *Lex Mercatoria* "especial", já que, na grande maioria das relações comerciais deste meios, as partes preferem a aplicação de normas setoriais – muitas vezes estabelecidas por entidades privadas do setor (como o *Diamond Dealers Club New York*, a *International Cotton Association* de Liverpool e a FIFA) em troca da legislação nacional de qualquer Estado.

18.3. OMC e sistema de resolução de controvérsias

A Organização Mundial do Comércio foi criada em 1995, a fim de atuar na facilitação do comércio globalizado, sendo a sucessora direita do Acordo Geral de Tarifas e Comércio. O objetivo principal da Organização é servir como um fórum para a negociação e celebração de acordos entre os Estados-partes, bem como órgão de solução de controvérsias oriundas destes acordos.

> Como os acordos são firmados apenas entre Estados, somente estes podem ser **partes** na solução de disputas. Contudo, a OMC permite a atuação de agentes não governamentais (como empresas) na qualidade de *amicus curiae*.

O sistema de solução de controvérsias da OMC abrange todos os acordos firmados em seu âmbito e estabelece um sistema de exequibilidade que permite que o Estado inocente se defenda contra o Estado que descumprir as decisões, através de retaliações econômicas.

Entre os acordos mais famosos, firmados no âmbito da OMC, está o TRIPS (Acordo sobre Aspectos dos Direitos de Propriedade Intelectual relacionados ao Comércio, promulgado no Brasil através do Decreto n. 1.355/94), que uniformizou o tratamento dos Estados-membros acerca de direitos autorais, propriedade industrial, marcas, indicações geográficas e outras figuras de propriedade intelectual.

E este Acordo já gerou uma disputa entre Brasil e Estados Unidos na OMC, em 2001, já que os EUA entendiam que a possibilidade de licença compulsória de patentes em casos de interesse público, presente na Lei Brasileira, contrariaria as normas de proteção do TRIPS. Importante ressaltar que este caso se encerrou através de uma negociação das partes e que, em 2007, o Brasil efetivamente aplicou tal mecanismo, ordenando o licenciamento compulsório das patentes de medicamentos para tratamento do HIV.

19. DIREITO INTERNACIONAL PRIVADO BRASILEIRO

Como explicamos na introdução deste Capítulo, o Direito Internacional Privado é composto por **normas do Direito interno** de um Estado, voltadas a indicar qual o Direito aplicável a determinada relação jurídica quando esta apresenta algum elemento internacional, seja este elemento a nacionalidade dos sujeitos envolvidos, seus domicílios, o local de determinado ato ou o fato que se realizou etc.

As normas do Direito Internacional Privado brasileiro estão concentradas principalmente na Lei de Introdução às Normas do Direito Brasileiro (LINDB), Decreto-Lei n. 4.657/42 (antiga Lei de Introdução ao Código Civil, reformulada pela Lei n. 12.376/2010).

> É importante não confundir **elemento internacional** com **elemento de conexão**. O elemento internacional é o elemento que cria o potencial conflito de leis no espaço, enquanto o elemento de conexão é o elemento escolhido como parâmetro para solucionar tal conflito. Por exemplo, se dois estrangeiros se casam no Brasil, surge a dúvida de qual lei deve reger os eventuais impedimentos para o casamento. Nesse caso, temos como **elemento internacional** a **nacionalidade** dos nubentes. O art. 7º, § 1º, da LINDB indica que o **local de celebração** do casamento é o **elemento de conexão** entre essa relação jurídica e o Brasil, para fins de avaliação dos impedimentos.

19.1. Lei de Introdução às Normas do Direito Brasileiro

A LINDB pode ser dividida em três partes. A primeira parte, entre os arts. 1º e 6º, trata de **teoria geral do direito**, enquanto a segunda parte, entre os arts. 7º e 19, é a que se concentra efetivamente na regulação do

Direito Internacional Privado brasileiro. Já a terceira parte, adicionada pela Lei n. 13.655/2018, traz princípios gerais aplicáveis à Administração Pública.

Além de normas próprias de Direito Internacional Privado brasileiro, a segunda parte da LINDB trata também da **competência do Poder Judiciário brasileiro** (art. 12), da **execução de sentenças e normas estrangeiras** (arts. 15 a 17), **prova sobre direito estrangeiro** (art. 14) e **competência das autoridades consulares brasileiras** (arts. 18 e 19).

A seguir, vamos identificar e organizar as matérias de Direito Internacional Privado abordadas pela LINDB, tecendo breves comentários sempre que estes se mostrarem oportunos. Ao final, realizaremos um resumo gráfico das normas de Direito Internacional Privado constantes da LINDB.

19.2. LINDB: personalidade da pessoa física

Art. 7º A lei do país em que domiciliada a pessoa determina as regras sobre o começo e o fim da personalidade, o nome, a capacidade e os direitos de família.

O local do domicílio da pessoa física determina diversos direitos relacionados à sua Personalidade. Essa norma se aplica tanto à determinação da Personalidade de um nacional brasileiro em um Estado estrangeiro (aplicável a lei do Estado estrangeiro) quando à determinação da Personalidade de um estrangeiro domiciliado no Brasil (aplicável a Lei brasileira).

19.3. LINDB: casamento

Art. 7º (...)
§ 1º Realizando-se o casamento no Brasil, será aplicada a lei brasileira quanto aos impedimentos dirimentes e às formalidades da celebração.
§ 2º O casamento de estrangeiros poderá celebrar-se perante autoridades diplomáticas ou consulares do país de ambos os nubentes.
§ 3º Tendo os nubentes domicílio diverso, regerá os casos de invalidade do matrimônio a lei do primeiro domicílio conjugal.

O § 2º será aplicado apenas quando ambos os nubentes estrangeiros possuírem a mesma nacionalidade.

19.4. LINDB: regime de bens no casamento

Art. 7º (...)
§ 4º O regime de bens, legal ou convencional, obedece à lei do país em que tiverem os nubentes domicílio, *e*, se este for diverso, a do primeiro domicílio conjugal.

§ 5º O estrangeiro casado, que se naturalizar brasileiro, pode, mediante expressa anuência de seu cônjuge, requerer ao juiz, no ato de entrega do decreto de naturalização, se apostile ao mesmo a adoção do regime de comunhão parcial de bens, respeitados os direitos de terceiros e dada esta adoção ao competente registro.

O regime de bens seguirá a lei do país de domicílio dos nubentes, quando estes tiverem domicílio no mesmo Estado. Em sendo os domicílios anteriores distintos, aplica-se a lei do país do primeiro domicílio conjugal. O **"e"** destacado no texto legal acima deve ser interpretado, na verdade, como um **"ou"**.

19.5. LINDB: divórcio

§ 6º O divórcio realizado no estrangeiro, se um ou ambos os cônjuges forem brasileiros, só será reconhecido no Brasil depois de 1 (um) ano da data da sentença, salvo se houver sido antecedida de separação judicial por igual prazo, caso em que a homologação produzirá efeito imediato, obedecidas as condições estabelecidas para a eficácia das sentenças estrangeiras no país. O Superior Tribunal de Justiça, na forma de seu regimento interno, poderá reexaminar, a requerimento do interessado, decisões já proferidas em pedidos de homologação de sentenças estrangeiras de divórcio de brasileiros, a fim de que passem a produzir todos os efeitos legais.

19.6. LINDB: regras subsidiárias para determinação do domicílio

§ 7º Salvo o caso de abandono, o domicílio do chefe da família estende-se ao outro cônjuge e aos filhos não emancipados, e o do tutor ou curador aos incapazes sob sua guarda.
§ 8º Quando a pessoa não tiver domicílio, considerar-se-á domiciliada no lugar de sua residência ou naquele em que se encontre.

19.7. LINDB: direitos reais

Art. 8º Para qualificar os bens e regular as relações a eles concernentes, aplicar-se-á a lei do país em que estiverem situados.
§ 1º Aplicar-se-á a lei do país em que for domiciliado o proprietário, quanto aos bens móveis que ele trouxer ou se destinarem a transporte para outros lugares.
§ 2º O penhor regula-se pela lei do domicílio que tiver a pessoa, em cuja posse se encontre a coisa apenhada.

O Brasil adota a regra geral de aplicação do Direito da situação do bem. A única exceção a esta regra se dá no caso do bem móvel em transporte para outra localidade (§ 1º), onde se aplica a ficção jurídica de estarem estes na posse de seu proprietário, em seu domicílio. Tão logo os bens alcancem seu destino final, será aplicável o Direito do país em que se situarem (*caput*), salvo se, no destino, o proprietário passar a novamente possuí-los diretamente (§ 1º).

19.8. LINDB: obrigações

> **Art. 9º** Para qualificar e reger as obrigações, aplicar-se-á a lei do país em que se constituírem.
> **§ 1º** Destinando-se a obrigação a ser executada no Brasil e dependendo de forma essencial, será esta observada, admitidas as peculiaridades da lei estrangeira quanto aos requisitos extrínsecos do ato.
> **§ 2º** A obrigação resultante do contrato reputa-se constituída no lugar em que residir o proponente.

Nos casos em que o § 1º for aplicável, a aplicação do Direito brasileiro se limita à verificação de forma essencial do ato. Para as demais questões, o direito estrangeiro será aplicado. A título de exemplo, imagina-se um contrato de compra e venda de um apartamento, onde o vendedor reside no Brasil e o comprador reside na França, sendo lá o contrato assinado. A forma escrita do ato será observada, nos termos da legislação brasileira. Outras questões, como pagamento, preço, deveres acessórios etc. serão regidas pelo Direito Francês, nos termos do *caput*.

O § 2º só é aplicável na regulação de contratos entre ausentes, uma vez que, nos acordos entre presentes, aplica-se a regra do *caput*.

> Quanto ao testamento, a solenidade da Lei Brasileira deve ser observada, a fim de que este seja válido no Brasil. O seu conteúdo, por outro lado, pode ser regido pela lei estrangeira.

19.9. LINDB: sucessão

> **Art. 10.** A sucessão por morte ou por ausência obedece à lei do país em que domiciliado o defunto ou o desaparecido, qualquer que seja a natureza e a situação dos bens.
> **§ 1º** A sucessão de bens de estrangeiros, situados no País, será regulada pela lei brasileira em benefício do cônjuge ou dos filhos brasileiros, ou de quem os represente, sempre que não lhes seja mais favorável a lei pessoal do *de cujus*;
> **§ 2º** A lei do domicílio do herdeiro ou legatário regula a capacidade para suceder.

Nota-se que a regra do art. 10, § 2º, apenas confirma a regra do art. 7º, *caput*.

19.10. LINDB: personalidade jurídica de pessoas jurídicas

> **Art. 11.** As organizações destinadas a fins de interesse coletivo, como as sociedades e as fundações, obedecem à lei do Estado em que se constituírem.
> **§ 1º** Não poderão, entretanto ter no Brasil filiais, agências ou estabelecimentos antes de serem os atos constitutivos aprovados pelo Governo brasileiro, ficando sujeitas à lei brasileira.

A regra de regência da personalidade jurídica das Pessoas Jurídicas segue a mesma lógica daquela das Pessoas Físicas, afinal, o local de constituição das Pessoas Jurídicas nada mais é do que o seu "domicílio". A grande diferença está no fato de, enquanto a Pessoa Física pode mudar de domicílio livremente, a Pessoa Jurídica é vinculada ao Estado onde está constituída, sendo que não é possível uma efetiva "mudança de domicílio", mas sim a extinção da Pessoa Jurídica em um Estado e a (re)constituição da Pessoa Jurídica em um outro Estado.

Nesta mesma lógica, como as filiais das pessoas jurídicas no Brasil são, na verdade, pessoas jurídicas brasileiras com a **participação** de sócios, quotistas, associados ou patrimônio estrangeiro, estas serão regidas pelo direito do local onde foram constituídas, ou seja, o Direito brasileiro.

É importante destacar que, em conjunto à regra de Direito Internacional Privado acima analisada, o art. 11 da LINDB também contém uma norma de direito material, a qual dispõe que os Governos (Estados) estrangeiros, bem como as organizações com fins públicos destes Estados, estão impedidos de adquirir bens imóveis (ou outros bens que possam ser objeto de desapropriação) no Brasil (art. 11, § 2º), salvo aqueles necessários para constituir sede dos representantes diplomáticos e dos agentes consulares (art. 11, § 3º).

19.11. LINDB: prova de fatos ocorridos no estrangeiro

> **Art. 13.** A prova dos fatos ocorridos em país estrangeiro rege-se pela lei que nele vigorar, quanto ao ônus e aos meios de produzir-se, não admitindo os tribunais brasileiros provas que a lei brasileira desconheça.

19.12. Quadro-resumo: o Direito Internacional Privado brasileiro segundo a LINDB

Relação jurídica	Norma aplicável	Elemento de conexão	Direito aplicável
Personalidade e capacidade jurídica da pessoa física *(inclusive capacidade para o casamento e para a sucessão)*	LINDB, art. 7º, *caput* e art. 10, § 2º	Domicílio da pessoa	Direito do Estado do domicílio da pessoa
Impedimentos e formalidades da celebração do *casamento*	LINDB, art. 7º, § 1º	Local da celebração do casamento	Se o casamento for celebrado no Brasil, aplicável o Direito brasileiro
Casamento entre dois estrangeiros da mesma nacionalidade	LINDB, art. 7º, § 2º	Local da celebração do casamento	Se o casamento for celebrado perante autoridade diplomática estrangeira, aplicável o Direito do referido país
Invalidade do casamento	LINDB, art. 7º, § 3º	Primeiro domicílio do casal	Se as partes possuem nacionalidades diferentes, ou em tendo a mesma nacionalidade, possuem domicílio distintos, aplicável o Direito do primeiro domicílio do casal
Regime de bens no casamento	LINDB, art. 7º, §§ 4º e 5º	Domicílio dos nubentes *ou* domicílio do casal	Aplicável o Direito do domicílio dos nubentes *ou* o Direito do primeiro domicílio do casal, se forem diversos os domicílios anteriores
Reconhecimento do *divórcio*	LINDB, art. 7º, § 6º	Local de realização do divórcio	Aplicável a legislação estrangeira, ficando o reconhecimento condicionado à homologação da sentença estrangeira de divórcio pelo STJ *e* ao decurso do prazo de um ano após a sentença estrangeira (exceto pelo divórcio consensual, que independe de homologação)
Direitos reais sobre bens móveis e imóveis	LINDB, art. 8º, *caput*	Local da situação do bem	Aplicável o Direito do Estado onde se encontrar o bem
Direitos reais sobre *bens móveis em trânsito*	LINDB, art. 8º, § 1º	Domicílio do proprietário	Aplicável o Direito do Estado em que o proprietário tiver o seu domicílio
Penhor	LINDB, art. 8º, § 1º	Domicílio do possuidor da coisa apenhada	Aplicável o Direito do Estado em que o possuidor da coisa apenhada tiver o seu domicílio
Obrigações em geral	LINDB, art. 9º, *caput*	Local de constituição da obrigação	Aplicável o direito do Estado em cujo território se constituiu a obrigação
Obrigações contratuais (entre ausentes)	LINDB, art. 9º, § 2º	Local do domicílio do proponente	Aplicável o Direito do Estado em que o proponente do contrato tiver o seu domicílio
Obrigações a ser executada no Brasil	LINDB, art. 9º, § 1º	Local da execução da obrigação	Se a obrigação tiver de ser executada no Brasil, o Direito brasileiro regulará as formalidade essenciais, aplicável subsidiariamente a lei brasileira para as demais questões da obrigação, nos termos do *caput* ou do § 2º
Sucessão por morte ou por ausência	LINDB, art. 10, *caput*	Local do domicílio do *de cujus*	Aplicável o Direito do Estado em que o *de cujus* possuir o seu domicílio, com prevalência ao Direito da situação dos bens (art. 8º), salvo no caso de bens situados no Brasil (art. 10, § 1º), quando a Lei Brasileira poderá ser aplicada *se* for mais favorável aos sucessores brasileiros
Sucessão de bens de pessoa estrangeira localizada no Brasil	LINDB, art. 10, § 1º	Lei mais favorável ao cônjuge ou filho(s) brasileiro(s)	Será aplicável a lei mais favorável ao cônjuge brasileiro ou aos filhos brasileiros, na análise entre o Direito brasileiro e o Direito que reger a sucessão (art. 10, *caput*)
Prova de fatos ocorridos no estrangeiro	LINDB, art. 13, *caput*	Local onde o fato ocorreu	Serão aplicáveis tanto os meios de prova quanto a distribuição do ônus da prova, segundo o Direito do país onde o fato ocorreu, sendo vedado, contudo, os meios de provas que não tenham equivalência no Direito brasileiro
Personalidade Jurídica de Pessoas Jurídicas	LINDB, art. 11, *caput*	Local onde foi constituída	Aplicável a lei do Estado onde foi constituída. Pela mesma lógica, filiais de pessoas jurídicas estrangeiras, constituídas no Brasil, são regidas pelo Direito brasileiro

19.13. LINDB: competência de autoridades consulares brasileiras

Além das matérias de Direito Internacional Privado acima discutidas, e as matérias de processo civil, que serão abordadas nos títulos seguintes, a LINDB traz ainda mais uma disposição de interesse. O art. 18 e parágrafos e o art. 19 e parágrafo único tratam da competência das autoridades consulares brasileiras no estrangeiro, concedendo-lhes competência para celebrar "o casamento *[e demais]* atos de Registro Civil e de tabelionato, inclusive o registro de nascimento e de óbito de brasileiro ou brasileira nascido no país da sede do Consulado", além do divórcio extrajudicial, respeitados os mesmos requerimentos aplicáveis para sua prática no Brasil.

19.14. Outras fontes do Direito Internacional Privado brasileiro

Além da LINDB, o Direito Internacional Privado brasileiro também possui outras fontes. Como tratamos no item **18.1**, diversos tratados, quando incorporados ao direito brasileiro, trazem consigo normas de direito internacional privado que passam a incorporar tal ramo do direito brasileiro.

Voltando ao exemplo da CISG no item **18.1**, a referida Convenção apresenta regras de Direito Internacional Privado em seus arts. 1 a 3:

> **Art. 1. (1)** Esta Convenção aplica-se aos contratos de compra e venda de mercadorias entre partes que tenham seus estabelecimentos em Estados distintos: **(a)** quando tais Estados forem Estados Contratantes; ou **(b)** quando as regras de direito internacional privado levarem à aplicação da lei de um Estado Contratante. **(2)** Não será levado em consideração o fato de as partes terem seus estabelecimentos comerciais em Estados distintos, quando tal circunstância não resultar do contrato, das tratativas entre as partes ou de informações por elas prestadas antes ou no momento de conclusão do contrato. **(3)** Para a aplicação da presente Convenção não serão considerados a nacionalidade das partes nem o caráter civil ou comercial das partes ou do contrato.
> **Art. 2.** Esta Convenção não se aplicará às vendas: **(a)** de mercadorias adquiridas para uso pessoal, familiar ou doméstico, salvo se o vendedor, antes ou no momento de conclusão do contrato, não souber, nem devesse saber, que as mercadorias são adquiridas para tal uso; **(b)** em hasta pública; **(c)** em execução judicial; **(d)** de valores mobiliários, títulos de crédito e moeda; **(e)** de navios, embarcações, aerobarcos e aeronaves; **(f)** de eletricidade.
> **Art. 3. (1)** Serão considerados contratos de compra e venda os contratos de fornecimento de mercadorias a serem fabricadas ou produzidas, salvo se a parte que as encomendar tiver de fornecer parcela substancial dos materiais necessários à fabricação ou à produção. **(2)** Não se aplica esta Convenção a contratos em que a parcela preponderante das obrigações do fornecedor das mercadorias consistir no fornecimento de mão de obra ou de outros serviços.

Neste sentido, **sempre que um contrato de compra e venda internacional de mercadorias** atender aos requisitos dos arts. 1 e 3, sem incorrer nas exceções do art. 2, **a CISG será o Direito aplicável**, em substituição ao Direito dos Estados das partes do contrato.

Ainda neste ponto, há de se destacar também um tratado internacional que, à sua época, tinha por objetivo se tornar um verdadeiro código internacional de Direito Internacional Privado: trata-se do Código de Bustamante (ou *Convenção de direito internacional privado de Havana*), de 1928, promulgado no Brasil através do Decreto n. 18.871/29.

Atualmente, o Código de Bustamante está tacitamente revogado no Brasil, diante do absoluto desuso de suas disposições e da elaboração da LINDB para reger diversas matérias regidas anteriormente pelo código internacional.

> Do ponto de vista do direito positivo, as regras do Código de Bustamante permanecem vigentes e, nos casos em que a LINDB é silente, poderão ser invocadas pelo operador do direito para solucionar eventual conflito de lei no espaço.

19.15. Prova do direito estrangeiro

> **Art. 14.** Não conhecendo a lei estrangeira, poderá o juiz exigir de quem a invoca prova do texto e da vigência.

Sempre que as normas de Direito Internacional Privado indicarem a aplicação do direito estrangeiro, o juiz do caso pode exigir que as partes comprovem o teor e a vigência do direito estrangeiro relevante, a fim de efetivamente aplicá-lo ao caso.

Essa previsão assume maior relevância atualmente, considerando que **o Novo CPC apresenta a possibilidade de eleição do foro brasileiro por contratantes internacionais**, de modo que a necessidade de aplicação do Direito estrangeiro pelos juízes brasileiros pode se tornar mais recorrente a depender da prática contratual futura.

20. COMPETÊNCIA INTERNACIONAL DO PODER JUDICIÁRIO BRASILEIRO

Denomina-se por competência internacional do Poder Judiciário brasileiro sua competência em conhecer e julgar causas que possuam elementos internacionais. O que temos, na verdade, são verdadeiras normas de Direito Internacional Privado *processual*, indicando elementos de conexão que elegem a aplicação do Processo Civil Brasileiro e, consequentemente, da jurisdição brasileira.

20.1. Competência internacional concorrente do Poder Judiciário brasileiro

> **CPC/2015, art. 21.** Compete à autoridade judiciária brasileira processar e julgar as ações em que:
> I – o réu, qualquer que seja a sua nacionalidade, estiver domiciliado no Brasil;
> II – no Brasil tiver de ser cumprida a obrigação;
> III – o fundamento seja fato ocorrido ou ato praticado no Brasil.
> **Parágrafo único.** Para o fim do disposto no inciso I, considera-se domiciliada no Brasil a pessoa jurídica estrangeira que nele tiver agência, filial ou sucursal.
> **Art. 22.** Compete, ainda, à autoridade judiciária brasileira processar e julgar as ações:
> I – de alimentos, quando:
> *a)* o credor tiver domicílio ou residência no Brasil;
> *b)* o réu mantiver vínculos no Brasil, tais como posse ou propriedade de bens, recebimento de renda ou obtenção de benefícios econômicos;
> II – decorrentes de relações de consumo, quando o consumidor tiver domicílio ou residência no Brasil;
> III – em que as partes, expressa ou tacitamente, se submeterem à jurisdição nacional.
> **LINDB, art. 12.** É competente a autoridade judiciária brasileira, quando for o réu domiciliado no Brasil ou aqui tiver de ser cumprida a obrigação.

Os arts. 21 e 22 do Novo CPC indicam as hipóteses de concorrência entre a competência do Poder Judiciário brasileiro e a competência de jurisdições estrangeiras.

Vale ressaltar que o art. 21, I e II, do Novo CPC possuem disposição praticamente idêntica àquela contida no art. 12, *caput,* da LINDB.

Enquanto o art. 21 do Novo CPC é basicamente uma releitura do art. 88 do antigo CPC de 1973, **o novo art. 22 configura uma inovação**, consolidando as hipóteses de competência internacional contidas em outras normas legais, como, por exemplo, o Código de Defesa do Consumidor.

20.2. Competência internacional exclusiva do Poder Judiciário brasileiro

> **CPC/2015, art. 23.** Compete à autoridade judiciária brasileira, com exclusão de qualquer outra:
> I – conhecer de ações relativas a imóveis situados no Brasil;
> II – em matéria de sucessão hereditária, proceder à confirmação de testamento particular e ao inventário e à partilha de bens situados no Brasil, ainda que o autor da herança seja de nacionalidade estrangeira ou tenha domicílio fora do território nacional;
> III – em divórcio, separação judicial ou dissolução de união estável, proceder à partilha de bens situados no Brasil, ainda que o titular seja de nacionalidade estrangeira ou tenha domicílio fora do território nacional.
> **LINDB, art. 12. (...)**
> **§ 1º** Só à autoridade judiciária brasileira compete conhecer das ações relativas a imóveis situados no Brasil.

O art. 23 do novo CPC atualiza o art. 89 do antigo CPC de 1973. Além da disposição mais clara acerca de ações sucessórias, o **Novo CPC inclui**, no inciso III, **competências que não constavam no Código anterior**, relacionadas **à partilha de bens no divórcio, separação ou dissolução da união estável**.

Nos casos de competência exclusiva, o que se tem não é uma verdadeira proibição para que as partes litiguem no estrangeiro, eis que tal proibição não produziria efeitos nas jurisdições dos demais Estados. O que se tem, na verdade, é o **não reconhecimento de processos e/ou decisões estrangeiras** que versem sobre estas matérias.

20.3. Inexistência de litispendência internacional

> **Art. 24.** A ação proposta perante tribunal estrangeiro não induz litispendência e não obsta a que a autoridade judiciária brasileira conheça da mesma causa e das que lhe são conexas, ressalvadas as disposições em contrário de tratados internacionais e acordos bilaterais em vigor no Brasil.
> **Parágrafo único.** A pendência de causa perante a jurisdição brasileira não impede a homologação de sentença judicial estrangeira quando exigida para produzir efeitos no Brasil.

O art. 24 do Novo CPC é basicamente idêntico ao art. 90 do antigo CPC de 1973, com a exceção da menção expressa às obrigações internacionais do Brasil decorrentes de tratados internacionais, que não constava expressamente do Código anterior.

O parágrafo único, permite expressamente que a Sentença estrangeira seja homologada, mesmo quando versar sobre matéria idêntica à de uma causa pendente na jurisdição brasileira. Tal fato já decorria da inexistência de litispendência internacional, mas fica agora definitivamente esclarecido pelo Novo CPC.

A nosso ver, nos parece adequado que, como regra geral, com a homologação definitiva da sentença estrangeira, as causas pendentes restarão prejudicadas nos limites já decididos pelo *decisum* estrangeiro. Da mesma forma, o trânsito em julgado de determinada matéria no Brasil impede que uma decisão estrangeira sobre a mesma matéria seja homologada pelo STJ.

20.4. Incompetência internacional do Poder Judiciário brasileiro

> **Art. 25.** Não compete à autoridade judiciária brasileira o processamento e o julgamento da ação quando houver cláusula de eleição de foro exclusivo estrangeiro em contrato internacional, arguida pelo réu na contestação;
> **§ 1º** Não se aplica o disposto no *caput* às hipóteses de competência internacional exclusiva previstas neste Capítulo.
> **§ 2º** Aplica-se à hipótese do *caput* o art. 63, §§ 1º a 4º. [que regulam a forma da eleição de foro no Direito brasileiro]

O art. 25 do novo CPC também é uma **novidade legislativa**, prevendo expressamente a possibilidade de **eleição de jurisdição estrangeira** para disputas que, via de regra, seriam conhecidas e julgadas pelo Poder Judiciário brasileiro.

Esta é uma hipótese de incompetência relativa, que deve ser arguida pelo Réu a fim de se efetivar no caso concreto, não podendo o Juiz conhecê-la de ofício (assim como ocorre quando há cláusula arbitral).

21. COOPERAÇÃO INTERNACIONAL

> **CPC/2015, art. 26.** A cooperação jurídica internacional será regida por tratado de que o Brasil faz parte e observará:
> I – o respeito às garantias do devido processo legal no Estado requerente;
> II – a igualdade de tratamento entre nacionais e estrangeiros, residentes ou não no Brasil, em relação ao acesso à justiça e à tramitação dos processos, assegurando-se assistência judiciária aos necessitados;
> III – a publicidade processual, exceto nas hipóteses de sigilo previstas na legislação brasileira ou na do Estado requerente;
> IV – a existência de autoridade central para recepção e transmissão dos pedidos de cooperação;
> V – a espontaneidade na transmissão de informações a autoridades estrangeiras.
> **Art. 27.** A cooperação jurídica internacional terá por objeto:
> I – citação, intimação e notificação judicial e extrajudicial;
> II – colheita de provas e obtenção de informações;
> III – homologação e cumprimento de decisão;
> IV – concessão de medida judicial de urgência;
> V – assistência jurídica internacional;
> VI – qualquer outra medida judicial ou extrajudicial não proibida pela lei brasileira.

A cooperação internacional pode se dar de três principais formas.

O **Auxílio Direto** se dá quando a medida pleiteada **não decorrer de decisão judicial estrangeira** (art. 28), em casos previstos em tratados de que o Brasil faça parta, bem como para obtenção de informações sobre o ordenamento jurídico e processos, administrativos ou judiciais, de outro Estado, ou quaisquer outras medidas não proibidas pelo Direito brasileiro (art. 30). A solicitação deverá ser encaminhada diretamente à autoridade central brasileira (art. 29), que se comunicará diretamente com as autoridades estrangeiras (art. 31), e atuará para efetivar o pedido diretamente quando este independer de provimento jurisdicional (art. 32) ou encaminhando-o à Advocacia-Geral da União – ou ao Ministério Público, quando este for a autoridade central – para que requeira as medidas necessárias em juízo, nos casos em que isso se fizer necessário.

Quando, por outro lado, medida pleiteada se originar de provimento judicial estrangeiro, a cooperação poderá se dar por meio de **Carta Rogatória**, para efetivar decisões e ordens **não terminativas** de órgãos jurisdicionais estrangeiros, ou ainda mediante **Homologação de Sentença Estrangeira**, quando a decisão a ser efetivada for terminativa, **produzindo efeitos de coisa julgada**, tanto no Estado estrangeiro quanto no Brasil após sua homologação. Em ambos os casos, salvo disposição em sentido contrário em lei ou tratado, as decisões ou ordens somente produzirão efeitos no território brasileiro após cumpridos os procedimentos judiciais aplicáveis.

A **Carta Rogatória** se processará perante o STJ (art. 36 do CPC/2015), em procedimento contencioso limitado à discussão dos requisitos formais para que o provimento estrangeiro seja acolhido no Brasil (§ 1º), sendo vedada a revisão de mérito (§ 2º).

Decisões interlocutórias estrangeiras poderão ser executadas no Brasil através de Carta Rogatória (art. 960 do CPC/2015), inclusive àquelas concessivas de medidas de urgência (art. 962, *caput* e § 1º), vedada a rediscussão sobre a adequação e necessidade da medida (§ 3º). Medidas concedidas antes da manifestação do Réu (*inaudita altera pars*) são admitidas, desde que seja garantido o contraditório futuro (§ 2º).

Nos casos em que a eventual Sentença estrangeira futura não depender de homologação, a medida de urgência deverá ser validada **diretamente** pelo juiz brasileiro competente para dar-lhe cumprimento, admitida, neste caso e na nossa opinião, a rediscussão do mérito da medida (§ 4º).

Concluído com sucesso o procedimento de cumprimento de Carta Rogatória perante o STJ, este concederá o *exequatur*, ou seja, a ordem para que a Carta seja cumprida pelo juízo competente no Brasil, sendo necessários para tanto os mesmos requisitos indicados para a homologação de sentença estrangeira (art. 963, parágrafo único, CPC/2015), os quais serão indicados abaixo.

É importante destacar a existência de acordos específicos de cooperação internacional entre o Brasil e diversos outros Estados. Dois importantes exemplos são o *Acordo de Cooperação e Assistência Jurisdicional em Matéria Civil, Comercial, Trabalhista e Administrativa entre os Estados Partes do Mercosul, a República da Bolívia e a República do Chile* (Decreto n. 6.891/2009) e o *Tratado sobre Auxílio Judicial em Matéria Civil e Comercial entre a República Federativa do Brasil e a República Popular da China* (Decreto n. 8.430/2015). Em ambos os casos, por exemplo, fica estabelecido que não poderão ser exigidos depósitos ou caução de estrangeiros para que acessem a justiça brasileira apenas pelo fato de serem nacionais de Estado estrangeiro. Outro exemplo interessante, comum a ambos os casos, é a possibilidade de uma sentença judicial estrangeira ser parcialmente reconhecida quando não puder ser reconhecida completamente (por uma razão de ordem pública, por exemplo).

22. HOMOLOGAÇÃO DE SENTENÇAS ESTRANGEIRAS

> **LINDB, art. 15.** Será executada no Brasil a sentença proferida no estrangeiro, que reúna os seguintes requisitos:
> *a)* haver sido proferida por juiz competente;
> *b)* terem sido as partes citadas ou haver-se legalmente verificado à revelia;
> *c)* ter passado em julgado e estar revestida das formalidades necessárias para a execução no lugar em que foi proferida;
> *d)* estar traduzida por intérprete autorizado;
> **CPC/2015, art. 963.** Constituem requisitos indispensáveis à homologação da decisão:
> I – ser proferida por autoridade competente;
> II – ser precedida de citação regular, ainda que verificada a revelia;
> III – ser eficaz no país em que foi proferida;
> IV – não ofender a coisa julgada brasileira;
> V – estar acompanhada de tradução oficial, salvo disposição que a dispense prevista em tratado;
> VI – não conter manifesta ofensa à ordem pública.

> **Súmula 420 do STF – Entendimento da Banca**
> A Súmula 420 do STF tem a seguinte redação: "Não se homologa sentença proferida no estrangeiro sem prova do trânsito em julgado".
> Há um precedente (STJ, SEC 14.812/EX, j. 23-5-2018) que indicou que o CPC/2015, ao não trazer o trânsito em julgado como requisito essencial, teria operado a revogação tácita da Súmula 420 do STF e do art. 216-D, III, do Regimento Interno do STJ (que reproduzia o conteúdo da súmula).
> Sem alteração do Regimento Interno pelo Eg. STJ até a data de publicação desta obra, resta evidente que a questão ainda gera insegurança jurídica.
> Contudo, no XXXII Exame de Ordem, a Banca Examinadora claramente adotou o entendimento do precedente acima indicado. Para saber mais, veja as questões comentadas ao final deste Capítulo.

A LINDB apresenta os requisitos para homologação de Sentença Estrangeira no Brasil, os quais são basicamente repetidos pelo CPC/2015, que adiciona um quinto requisito de adequação do julgado estrangeiro à ordem pública brasileira (que consta da LINDB, em seu art. 17). Destaca-se, como visto no quadro acima, que embora o trânsito em julgado não seja mais considerado necessário, a eficácia da decisão permanece como um requisito essencial. Portanto, uma decisão cujos efeitos tenham sido suspensos através de recurso – como foi o caso no precedente indicado no quadro acima – não será passível de homologação. Por outro lado, uma decisão que não tenha transitado em julgado, mas já produza efeitos (por exemplo, uma decisão sujeita a um recurso sem efeito suspensivo), poderá, desde logo, ser objeto de homologação.

A ação para homologação de sentenças estrangeiras é de competência do STJ desde a EC n. 45/2004 (antes, era do STF), se processando nos termos do regimento interno daquele Tribunal Superior (art. 961, § 2º, do CPC/2015). Durante este procedimento, o STJ poderá deferir pedidos de urgência e realizar atos de execução provisória.

A reciprocidade não é um requisito essencial para a homologação de sentenças estrangeiras (art. 26, § 2º, do CPC/2015).

Também são passíveis de homologação outras decisões não judiciais que, pela lei brasileira, tenham natureza jurisdicional (ex.: sentença arbitral), bem como decisões estrangeiras para fins de execução fiscal, desde que previstas previamente em tratados ou promessas de reciprocidade.

> Não é cabível a homologação de sentença estrangeira, tampouco o cumprimento de Carta Rogatória sobre matérias de competência *exclusiva* do Poder Judiciário brasileiro (art. 964 do CPC/2015). No mesmo sentido, não haverá homologação ou cooperação quando as decisões estrangeiras contrariarem a ordem pública brasileira (art. 963, IV, e art. 26, § 3º, ambos do CPC/2015). O Auxílio Direto também será negado sob este mesmo pressuposto (art. 39 do CPC/2015).

Quando apenas parte da Sentença estrangeira contrariar a ordem pública nacional, esta poderá ser parcialmente homologada, produzindo efeito as demais disposições da sentença estrangeira que estiverem em conformidade com a ordem pública brasileira.

23. CUMPRIMENTO DE ORDENS E DECISÕES ESTRANGEIRAS

> **LINDB, art. 12. (...)**
> § 2º A autoridade judiciária brasileira cumprirá, concedido o *exequatur* e segundo a forma estabelecida pela lei brasileira, as diligências deprecadas por autoridade estrangeira competente, observando a lei desta, quanto ao objeto das diligências. (...)
> **Art. 16.** Quando, nos termos dos artigos precedentes, se houver de aplicar a lei estrangeira, ter-se-á em vista a disposição desta, sem considerar-se qualquer remissão por ela feita a outra lei.

Concedido o *exequatur* ou homologada a sentença estrangeira, o seu cumprimento se dará perante **o juízo federal competente** (arts. 34 e 965 do CPC/2015, respectivamente), aplicável a lei estrangeira ao objeto das medidas judiciais.

Na cooperação internacional, a reciprocidade entre o Brasil e o Estado originário da decisão ou ordem estrangeira é **requisito essencial** (art. 26, § 1º), podendo decorrer tanto de tratado quanto da relação diplomática entre eles. Na ausência de disposição específica, o Ministério da Justiça exercerá a função de autoridade central (art. 26, § 4º).

A sentença estrangeira de divórcio consensual produz efeitos no Brasil, independentemente de homologação pelo STJ, podendo, contudo, ser examinada por qualquer juízo, em caráter principal ou incidental, quando essa questão for suscitada em processo de sua competência. Além disso, nos termos do Provimento n. 53/2016 do CNJ, caso essa sentença também verse sobre guarda de filhos, alimentos e/ou partilha de bens, ela passa a necessitar da homologação pelo STJ para que produza efeito sobre estas matérias.

24. HOMOLOGAÇÃO DE SENTENÇA ARBITRAL ESTRANGEIRA

A homologação de decisão arbitral estrangeira é regulada pela Lei n. 9.307/96 (Lei de Arbitragem), nos arts. 34 a 40, sendo aplicáveis, subsidiariamente, as normas do CPC/2015. Aplica-se ainda à homologação a Convenção de Nova York, de 1958.

A homologação somente poderá ser denegada em decorrência de vícios formais ou de ofensa à ordem pública brasileira (aqui incluído o caso de sentença arbitral que verse sobre matéria não admitida para a arbitragem no Brasil, ou seja, caso o direito discutido na arbitragem não seja patrimonial e/ou não seja disponível, conforme o art. 1º da Lei de Arbitragem). A nosso ver, nos termos dos arts. 960, § 3º, e 961, § 2º, do CPC/2015, a sentença arbitral estrangeira também seria passível de homologação parcial, homologando-se apenas a parte da sentença arbitral que não violar a Lei ou a ordem pública do Brasil.

25. DOCUMENTOS PÚBLICOS ESTRANGEIROS

É evidente que nas hipóteses de cooperação internacional acima tratadas é de suma importância a verificação da autenticidade dos documentos públicos que instruem tais pedidos.

Essa tarefa foi exponencialmente facilitada através da promulgação no Brasil da Convenção da Apostila de Haia, de 1961 (Convenção sobre a Eliminação da Exigência de Legalização de Documentos Públicos Estrangeiros), através do Decreto n. 8.660/2016, entrando em vigor em 14 de agosto de 2016 (portanto, englobada pelo edital do XXI Exame).

A referida Convenção estabelece que a única formalidade exigível para verificação da autenticidade de documentos públicos estrangeiros é o selo ou carimbo dado pela autoridade competente do país de origem do documento, podendo ser tal formalidade, inclusive, afastada nos casos em que inexistir no país original.

Para operacionalizar tal reconhecimento, a Convenção estabelece uma forma padrão de selo de autenticidade, a ser utilizada pelos países signatários (109, no momento em que esta obra está sendo produzida).

É importante destacar que a Convenção não se aplica a Documentos elaborados pelos agentes diplomáticos ou consulares, tampouco a Documentos administrativos relacionados diretamente com uma operação comercial ou aduaneira (art. 1º).

Não confundir **autenticidade** com **tradução**. A verificação facilitada de autenticidade, nos termos da Convenção, não dispensa a tradução para o português quando esta for exigida pela lei ou por tratado. O art. 41 do CPC/2015 dá presunção de autenticidade, inclusive às traduções para o português, para documentos encaminhados por autoridade central ou por via diplomática.

REFERÊNCIAS BIBLIOGRÁFICAS

AMARAL JÚNIOR, Alberto do. *Curso de direito internacional público*. São Paulo: Atlas, 2011.

DALLARI, Dalmo de Abreu. *Elementos de Teoria Geral do Estado*. São Paulo: Saraiva, 2012.

FINKELSTEIN, Claudio. *Direito internacional*. São Paulo: Atlas, 2013.

HUCK, Hermes Marcelo. *Lex mercatoria*: horizontes e fronteira do comércio internacional. *Revista da Faculdade de Direito da USP*, v. 87. 1992. p. 213-235.

MAZZUOLI, Valério de Oliveira. *Curso de direito internacional público*. São Paulo: RT, 2015.

MENEZES, Wagner. *Tribunais Internacionais*: jurisdição e competência. São Paulo: Saraiva, 2013.

REZEK, José Francisco. *Direito internacional público*: curso elementar. São Paulo: Saraiva, 2016.

■ QUESTÕES

(XXXIV Exame de Ordem Unificado/FGV) Ao imigrar para o Brasil, uma família de venezuelanos procura um advogado a fim de obter orientação jurídica acerca dos direitos relativos à moradia, educação para os filhos e abertura de conta corrente perante instituição financeira brasileira, tendo em vista ser assegurado aos imigrantes determinados direitos, em condições de igualdade com os nacionais, em todo o território nacional. Em relação a esses direitos, assinale a afirmativa correta.

A) É assegurado o direito à liberdade de circulação em território nacional, restrita à área fronteiriça por onde ingressou.

B) É assegurado o direito à educação pública, vedada a discriminação em razão da nacionalidade e da condição migratória.

C) É vedado o direito de transferir recursos decorrentes de sua renda e economias pessoais para outro país.

D) É vedada a abertura de conta corrente em instituições financeiras nacionais.

RESPOSTA

A) Essa limitação não está presente na Lei de Migração, de modo que o estrangeiro poderá circular por todo o território nacional.

☑ Como comentado na seção específica sobre a Lei de Migração deste capítulo, direitos fundamentais (dentre os quais, o direito à educação) são, via de regra, concedidos pelos Estados Nacionais a todos os migrantes que nele ingressem.

C) Como exposto na seção específica deste capítulo, é vedada a discriminação econômica do migrante, exceto pelas atividades expressamente reservadas por lei para nacionais.

D) O comentário acima também se aplica a essa alternativa.

(XXXIV Exame de Ordem Unificado/FGV) Klaus, nascido na Alemanha, é filho de Ângela, também alemã, e de Afonso, brasileiro, que estava no país germânico porque fora contratado por empresa privada local, como engenheiro mecânico. Klaus, com 18 anos, resolve seguir os passos do pai, e vem para o Brasil cursar engenharia mecânica em conceituada universidade federal. Para tanto, e para concorrer às vagas comuns, deseja ter reconhecida a nacionalidade brasileira. Acerca do caso narrado, e com base no que dispõe a Constituição da República, assinale a afirmativa correta.

A) Klaus não poderá optar pela nacionalidade brasileira, pois Afonso, ainda que brasileiro, não estava na Alemanha a serviço do Brasil.

B) Klaus poderá ter reconhecida a condição de brasileiro nato se fixar residência no Brasil e optar pela nacionalidade brasileira, ainda que não tenha sido registrado em repartição brasileira competente na Alemanha.

C) Tendo em vista que Klaus já atingiu a maioridade, poderá requerer a nacionalidade brasileira apenas na condição de naturalizado.

D) A comunicação em língua portuguesa mostra-se como condição para a obtenção da nacionalidade brasileira por Klaus.

RESPOSTA

A) A hipótese de progenitor que estava a serviço do Brasil em outro país é apenas uma das hipóteses para caracterizar a nacionalidade brasileira.

☑ Lembrem que o registro em repartição brasileira no país estrangeiro é uma condição alternativa. A fixação de residência no Brasil é a outra alternativa, aplicável ao caso.

C) Não existe tal condicionante no ordenamento brasileiro.

D) Não existe tal condicionante no ordenamento brasileiro.

(35º Exame de Ordem Unificado/FGV) Thomas, inglês, e Marta, brasileira, que se conheceram na Inglaterra, são grandes admiradores das praias brasileiras, motivo pelo qual resolvem se casar em Natal, cidade de domicílio de Marta. Em seguida, constituem como seu primeiro domicílio conjugal a capital inglesa. O casal, que havia se mudado para Portugal passados cinco anos do início do vínculo conjugal, resolve lá se divorciar. Os consortes não tiveram filhos e, durante o matrimônio, adquiriram bens em Portugal, bem como um imóvel em Natal, onde passavam férias. Acerca do caso narrado, e com base no que dispõem o Código de Processo Civil e a Lei de Introdução às Normas do Direito Brasileiro, assinale a afirmativa correta.

A) O casal poderia buscar as autoridades consulares brasileiras em Portugal para a realização do divórcio, sendo consensual.

B) Se consensual o divórcio, a sentença estrangeira que o decreta produz efeitos no Brasil, independentemente de homologação pelo Superior Tribunal de Justiça.

C) Se o casal não fez opção expressa pelo regime de comunhão parcial de bens, deverá ser observado o regime legal previsto no Código Civil brasileiro, haja vista que o casamento fora celebrado no país.

D) Inexistindo acordo entre os cônjuges a respeito da partilha do imóvel situado no Brasil, é possível a homologação da sentença proferida pelo Poder Judiciário português que decretou o divórcio, inclusive no ponto em que determina a partilha do referido bem

RESPOSTA

A) Alternativa incorreta, pois, nos termos dos arts. 18 e 19 da LINDB, a autoridade consular somente poderia exercer tal competência caso ambos os cônjuges fossem brasileiros.

☑ Alternativa correta, nos termos do art. 961, § 5º, do CPC. Nota-se, contudo, que, caso a decisão também versasse sobre a partilha de bens, ela passaria a depender de homologação pelo STJ, nos termos do provimento n. 532016 do CNJ.

C) Alternativa incorreta pois, nos termos do art. 7º, § 4º, da LINDB, o regime de bens será regido pela lei do local do primeiro domicílio do casal.

D) A alternativa está incorreta, pois a discussão sobre o imóvel localizado no Brasil é de competência exclusiva do Judiciário Brasileiro.

(35º Exame de Ordem Unificado/FGV) Pablo acaba de chegar do Uruguai e pretende se fixar em Uruguaiana (RS) como residente fronteiriço. Desconhecendo seus direitos como residente fronteiriço, ele procura você, como advogado(a), para receber a orientação jurídica adequada. Em relação aos direitos de Pablo, como residente fronteiriço, assinale a opção que apresenta, corretamente, a orientação recebida.

A) A abrangência do espaço geográfico, autorizada pelo documento de residente fronteiriço de Pablo, será o território nacional.

B) A obtenção de outra condição migratória implica a renovação automática, por prazo indeterminado, do documento de Pablo, como residente fronteiriço.

C) A autorização para a realização de atos da vida civil poderá ser concedida a Pablo, mediante requerimento, a fim de facilitar sua livre circulação.

D) A fim de facilitar a sua livre circulação, poderá ser concedido a Pablo, mediante requerimento, visto temporário em seu passaporte para a realização de atos da vida civil

RESPOSTA

A) Questão bastante específica, que foge do esperado para provas de direito internacional. Neste caso, a alternativa é incorreta, pois, nos termos do art. 24 da Lei de Migração, esta abrangência, via de regra, se limitará ao município fronteiriço.

B) Alternativa incorreta, pois, com a obtenção de outra condição migratória, restará cancelada a situação de Pablo como residente fronteiriço, passando a ser considerado efetivo migrante. É o que prevê o art. 25, II, da Lei de Migração.

☑ Alternativa correta, que basicamente transcreve o texto do dispositivo legal contido no art. 23 da Lei de Migração.

D) Alternativa incorreta. Como visto na alternativa "B", acima, a situação de residente fronteiriço é *sui generis*, e não se confunde com outras formas de migração. No mesmo sentido, o visto temporário (como se percebe do próprio nome) não é compatível com a fixação de residência em território brasileiro.

(36º Exame de Ordem Unificado/FGV) A medida de retirada compulsória de pessoa nacional de outro país, que ingressou em território nacional com visto de visita e está exercendo atividade remunerada, será

A) a repatriação, que é a medida administrativa de devolução de pessoa em situação de impedimento ao país de procedência ou de nacionalidade.

B) a deportação, que é a medida decorrente de procedimento administrativo que consiste na retirada compulsória de pessoa que se encontra em situação migratória irregular em território nacional.

C) a expulsão, que é medida administrativa de retirada compulsória de migrante ou visitante do território nacional, conjugada com o impedimento de reingresso por prazo determinado.

D) a extradição, que é a medida de cooperação internacional entre o Estado brasileiro e outro Estado pela qual se concede ou solicita a entrega de pessoa sobre quem recaia condenação criminal definitiva ou para fins de instrução de processo penal em curso.

RESPOSTA

A) Alternativa incorreta, pois, vale lembrar, a repatriação ocorre no momento de ingresso do estrangeiro, sendo incompatível com a situação narrada, na qual o estrangeiro já ingressou no país, e nele exerce atividade remunerada.

☑ Como visto na seção específica deste capítulo, a deportação é uma forma de retirada compulsória de estrangeiro que ingressou em determinado território de forma irregular ou cuja situação se tornou irregular com o passar do tempo. No caso em análise, o visto de visita não permite o exercício de atividade remunerada, resultando em uma situação migratória irregular.

C) Alternativa incorreta, já que a expulsão só pode ocorrer nos casos de cometimento de crime pelo estrangeiro, o que não é o caso do enunciado.

D) Alternativa incorreta, pois a extradição pressupõe o interesse do país estrangeiro de receber a pessoas extraditada, geralmente em razão do interesse de processá-la por cometimento de crime.

(36º Exame de Ordem Unificado/FGV) Um brasileiro, casado com uma espanhola, faleceu durante uma viagem de negócios a Paris. O casal tinha dois filhos nascidos na Espanha e era domiciliado em Portugal. Ele deixou bens no Brasil.

Assinale a opção que indica a lei que regulará a sucessão por morte.

A) A brasileira.
B) A espanhola.
C) A francesa.
D) A portuguesa.

RESPOSTA

A) Embora a lei brasileira possa regular, especificamente, a sucessão dos bens situados no Brasil, isso só ocorrerá caso a lei inicialmente aplicável se mostrar menos favorável aos filhos brasileiros (pressupondo aqui que podem ser brasileiros, já que o enunciado não expõe se estes buscaram o reconhecimento da sua nacionalidade). Portanto, a lei portuguesa será sempre aplicável em primeiro lugar, com aplicação supletiva da lei brasileira em benefício do cônjuge ou dos filhos, se brasileiros forem.

B) A nacionalidade do cônjuge não possui relevância para o caso concreto.

C) O local do falecimento não é o elemento de conexão adotado pela LINDB.

☑ Nos termos do Art. 10 da LINDB, "[a] sucessão por morte ou por ausência obedece à lei do país em que domiciliado o defunto ou o desaparecido, qualquer que seja a natureza e a situação dos bens". Ressalva-se que o § 1º deste dispositivo versa sobre a possibilidade de aplicação supletiva da lei brasileira, conforme comentado na alternativa "A", acima.

■ MATERIAL DIGITAL EXCLUSIVO

DIREITO INTERNACIONAL

somos.in/CEOABVU10

Estatuto da Criança e do Adolescente

Maíra Zapater

Professora Adjunta da Universidade Federal de São Paulo (Unifesp). Pós-doutorado sobre execução de medidas socioeducativas realizado no Núcleo de Estudos sobre o Crime e a Pena da FGV-Direito/SP. Doutora em Direitos Humanos pela Faculdade de Direito da USP. Especialista em Direito Penal e Processual Penal pela Escola Superior do Ministério Público. Graduada em Direito pela PUC-SP e em Ciências Sociais pela FFLCH-USP. Professora e pesquisadora.

Sumário

1. Conceitos introdutórios – 2. A doutrina da proteção integral – 3. Dispositivos constitucionais referentes ao Direito da Criança e do Adolescente – **4. Estatuto da Criança e do Adolescente: Parte Geral:** 4.1. Disposições gerais: critério legal para definição de criança e adolescente; 4.2. Disposições gerais: a criança e o adolescente como sujeitos de direito no ECA; 4.3. Disposições gerais: o direito à prioridade absoluta; 4.4. Disposições gerais: a interpretação do ECA; 4.5. Os direitos fundamentais: direito à vida e à saúde (arts. 7º a 14); 4.6. Os direitos fundamentais: direito à liberdade, ao respeito e à dignidade (arts. 15 a 18-B); 4.7. Os direitos fundamentais: direito à convivência familiar e comunitária; 4.7.1. Conceitos introdutórios; 4.7.2. Espécies de família; 4.7.2.1. O poder familiar; 4.7.2.2. A família natural; 4.7.2.3. A família substituta; 4.8. Os direitos fundamentais: o direito à educação, à cultura, ao esporte e ao lazer (arts. 53 a 59); 4.9. Os direitos fundamentais: direito à profissionalização e à proteção no trabalho (arts. 60 a 69); 4.10. Os direitos fundamentais: a prevenção especial – **5. Estatuto da Criança e do Adolescente: Parte Especial:** 5.1. As medidas de proteção; 5.2. As medidas pertinentes aos pais ou responsáveis; 5.3. O Conselho Tutelar; 5.4. A prática de ato infracional atribuído a adolescente; 5.4.1. Noções introdutórias; 5.4.2. O procedimento para apuração de ato infracional; 5.4.3. As medidas socioeducativas; 5.4.3.1. Espécies de medida socioeducativa: advertência; 5.4.3.2. Espécies de medida socioeducativa: obrigação de reparar o dano; 5.4.3.3. Espécies de medida socioeducativa: prestação de serviços à comunidade; 5.4.3.4. Espécies de medida socioeducativa: liberdade assistida; 5.4.3.5. Espécies de medida socioeducativa: semiliberdade; 5.4.3.6. Espécies de medida socioeducativa: internação; 5.4.4. Outros procedimentos judiciais previstos no ECA; 5.4.4.1. Procedimento relativo à perda ou suspensão do poder familiar (arts. 155 a 163, ECA); 5.4.4.2. Procedimento para colocação em família substituta (arts. 165 a 170); 5.4.4.3. O sistema recursal do ECA; 5.5. Do Ministério Público; 5.6. Os crimes praticados contra a criança e o adolescente previstos no ECA – **Referências bibliográficas** – **Questões** – **Material digital exclusivo**.

1. CONCEITOS INTRODUTÓRIOS

A Constituição Federal de 1988 representa o marco jurídico do processo de redemocratização do Brasil: promulgada após 21 anos de ditadura militar, seu texto alçou o ser humano e a preservação de sua dignidade a posições centrais da nova organização política do Estado brasileiro. Tanto é assim que a dignidade da pessoa humana constitui fundamento da República (art. 1º, III, CF), a promoção do bem de todos sem qualquer distinção ou discriminação é um de seus objetivos (art. 3º, IV, CF) e suas relações internacionais devem ser pautadas pela prevalência dos Direitos Humanos (art. 4º, II, CF). Além disso, os direitos individuais fundamentais são alocados no art. 5º, em posição topográfica privilegiada, a indicar que o texto constitucional prioriza a proteção da pessoa acima de qualquer outro valor político.

Esse processo de valorização dos Direitos Humanos também contou com o reconhecimento expresso de novos sujeitos de Direito: pela primeira vez, mulheres e homens são juridicamente considerados iguais perante a lei, pessoas indígenas ganham capítulo próprio no texto constitucional, e crianças e adolescentes passam a integrar a categoria jurídica de sujeitos.

O novo olhar jurídico lançado pela Constituição Federal sobre as crianças e os adolescentes, somado aos tratados internacionais sobre direitos das crianças e adolescentes que passavam a ser adotados à época[1], tais como as Regras Mínimas das Nações Unidas para a Administração da Justiça da Infância e da Juventude (Regras de Beijing, 1980), a Convenção das Nações Unidas sobre os Direitos da Criança (1989), a Declaração Mundial Sobre a Sobrevivência, a Proteção e o Desenvolvimento da Criança nos anos 90 (1990) e os Princípios das Nações Unidas para a Prevenção da Delinquência Juvenil (Princípios Orientadores de Riad, 1990), formaram o cenário propício para a formulação de uma nova legislação referente ao Direito da Criança e do Adolescente.

Assim, em 1990 é publicada a Lei n. 8.069, o Estatuto da Criança e do Adolescente, alinhada aos tratados internacionais sobre direitos das crianças e adolescentes (em especial a Convenção das Nações Unidas sobre os Direitos da Criança, que seria ratificada pelo Brasil em 1990), inaugurando a doutrina da proteção integral e rompendo com a doutrina da "situação irregular", adotada pelo Código de Menores de 1979, que dispunha "sobre a assistência, proteção e vigilância" a menores "de até dezoito anos de idade, que se encontrem em situação irregular". A Constituição de 1967 também não previa quaisquer direitos, restringindo-se a determinar a instituição por lei de "assistência à maternidade, à infância e à adolescência", ou seja, adotando fundamento assistencialista, e não de juridicização de direitos fundamentais.

Significa dizer que a legislação referente a crianças e adolescentes que vigorara até então não continha qualquer previsão para regulamentar direitos que possibilitassem seu desenvolvimento digno e saudável. A doutrina da situação irregular concebia crianças e adolescentes não como pessoas sujeitos de Direito, mas sim como objetos de tutela e intervenção dos adultos, o que deveria ocorrer em caso de se encontrar o menor de 18 anos na mencionada "situação irregular", definida pelo art. 2º do antigo Código de Menores, como a privação de condições essenciais à sua subsistência, saúde e instrução obrigatória; submissão a maus-tratos ou castigos imoderados; exposição a "perigo moral"; privação de representação ou assistência legal; e ainda incluindo o desvio de conduta "em virtude de grave inadaptação familiar ou comunitária" e a prática de infração penal.

Em outras palavras, a doutrina adotada na legislação anterior albergava sob a mesma categoria jurídica de "situação irregular" duas condições concretas distintas, as quais o Estatuto da Criança e do Adolescente viria a denominar como situação de risco e prática de ato infracional. Além de não estabelecer essa diferenciação (e, consequentemente, não designar medidas jurídicas específicas e individualizadas para cada um dos casos), o Código de Menores continha formulações excessivamente abertas à interpretação e carregadas de conotação moral, tais como o "perigo moral" e o "desvio de conduta", o que acarretou muitas arbitrariedades durante a vigência do Código de Menores de 1979.

A concepção constitucional da criança e do adolescente como sujeitos de Direito representa a ruptura jurídica com a ideia de crianças e adolescentes como objeto de intervenção e tutela do mundo adulto, substituída pela proposta da proteção integral à criança e ao adolescente.

2. A DOUTRINA DA PROTEÇÃO INTEGRAL

A doutrina da proteção integral é adotada expressamente no art. 1º do Estatuto da Criança e do Adolescente:

> **Art. 1º** Esta Lei dispõe sobre a proteção integral à criança e ao adolescente.

A premissa da proteção integral consiste na consideração de crianças e adolescentes como pessoas em peculiar condição de desenvolvimento, a quem se atribui a qualidade de sujeitos de Direito. Esta qualidade os torna titulares de direitos, tais como a vida, a liberdade,

---

[1] Embora seja importante destacar a existência prévia da Declaração dos Direitos da Criança (1959).

a segurança, a saúde, a educação etc., como todas as demais pessoas, devendo-se observar suas especificidades decorrentes do processo de desenvolvimento.

A observância desse conjunto de direitos acarreta, em contrapartida, a atribuição de deveres para que possam ser exercidos.

> A doutrina da proteção integral distribui solidariamente a responsabilidade por tais deveres entre a família, a sociedade e o Estado, ou seja: tanto nas relações privadas quanto na vida social e na interação com as instituições públicas, cabe a todos observar os deveres a serem cumpridos para que as crianças e adolescentes exerçam plenamente seus direitos.

É importante destacar que a doutrina da proteção integral confere **juridicidade aos direitos** das crianças e adolescentes, o que, por outro lado, determina que os deveres contrapostos a tais direitos não são de natureza meramente moral, mas sim exigíveis dos poderes públicos, instituições e indivíduos mediante direito de ação no Poder Judiciário, como, por exemplo, a impetração de mandado de segurança para garantir a determinada criança o direito a vaga em escola pública.

Além disso, para implementar as diretrizes propostas pela doutrina da proteção integral, o Estatuto da Criança e do Adolescente reformula todo o sistema de políticas públicas e rede de atendimento referentes à criança e ao adolescente, passando a prevê-los de forma municipalmente organizada, contemplando diversas possibilidades de participação da sociedade civil.

A concepção das crianças e adolescentes como sujeitos de Direito independentemente de exposição a situação de risco ou de eventual conflito com a lei – reflexo da doutrina da proteção integral – é perceptível na forma como os dispositivos do Estatuto são organizados: o ECA se divide em uma Parte Geral, na qual são previstos direitos fundamentais (correspondente ao Livro I, subdividido em Título I: Das Disposições Preliminares; Título II: Dos Direitos Fundamentais; e Título III: Da Prevenção), e uma Parte Especial, com disposições pertinentes ao atendimento institucional e o acesso à Justiça (correspondente ao Livro II, subdividido em Título I: Da Política de Atendimento; Título II: Das Medidas de Proteção; Título III: Da Prática de Ato Infracional; Título IV: Das Medidas Pertinentes aos Pais ou Responsável; Título V: Do Conselho Tutelar; Título VI: Do Acesso à Justiça; e Título VII: Dos Crimes e das Infrações Administrativas). É sensível a diferença em relação ao que ocorria no modelo do Código de Menores de 1979, no qual somente a verificação da situação irregular gerava a intervenção do Estado, silenciando tanto a norma legal quanto a Constituição de 1967 quanto a quaisquer previsões de direitos de titularidade de crianças e adolescentes.

Por fim, acrescenta-se que o Estatuto da Criança e do Adolescente constitui-se em instrumento multidisciplinar, articulando em uma única lei normas de Direito Civil, Penal e Administrativo, de forma sistemática com o escopo de estruturas de modo a abranger o conjunto de direitos subjetivos de que são titulares crianças e adolescentes.

Quadro comparativo: doutrina da situação irregular × doutrina da proteção integral

Aspecto	Código de Menores (Lei n. 6.697/79)	Estatuto da Criança e do Adolescente (Lei n. 8.069/90)
Doutrinário	situação irregular	proteção integral
Natureza	filantrópica	política pública
Fundamento	assistencialista	jurídico (direito subjetivo fundamental)
Execução de políticas públicas	União/Estados	Município
Modelo decisório/institucional	Estatal e centralizador	cogestão participativa da sociedade civil
Proposta de gestão	monocrática	democrática

Fonte: Adaptado de BRANCHER, Leoberto Narciso, *Organização e gestão do sistema de garantia de direitos da infância e juventude*, apud AMIN, Andrea Rodrigues, Doutrina da proteção integral (In: *Curso de direito da criança e do adolescente* – aspectos teóricos e práticos, p. 18).

3. DISPOSITIVOS CONSTITUCIONAIS REFERENTES AO DIREITO DA CRIANÇA E DO ADOLESCENTE

Não obstante o Estatuto da Criança e do Adolescente seja o texto legal central do Direito da Criança e do Adolescente, o ordenamento jurídico brasileiro conta com outras normas referentes ao tema, e deve-se enfatizar a importância das normas constitucionais a respeito.

> O Título VII da Constituição Federal dispõe sobre a Ordem Social, e seu Capítulo VII contém os dispositivos sobre a família, a criança, o adolescente e o idoso. Os arts. 227 a 229 da CF tratam dos direitos fundamentais de crianças e adolescentes, e os correspondentes deveres da família, sociedade e Estado. Assim, os direitos contidos no ECA são fundamentais, e todos têm correspondência ou fundamento constitucional.

Por se localizarem topograficamente fora do rol de direitos individuais fundamentais expressamente identificados como tal no Título II da Constituição Federal, não é incomum que se questione a respeito dos direitos previstos nos arts. 227 a 229 da CF o seguinte: são eles cláusulas pétreas? Prevalece que sim, pois asseguram direitos fundamentais, e, tendo em vista a opção pela primazia dos Direitos Humanos feita pelo constituinte, não há qualquer limitação à previsão de outros direitos fundamentais de forma esparsa no texto constitucional. Como consequência, referentes dispositivos não podem ser alterados, sob pena de inconstitucionalidade, nos termos do art. 60, § 4º, IV, da CF, que veda emenda constitucional tendente a abolir direitos e garantias individuais. Ademais, deve-se observar aqui a proibição do retrocesso em matéria de Direitos Humanos, como determinado pelo art. 5º do Pacto dos Direitos Civis e Políticos (1966) e pelo art. 5º, § 2º, do Pacto Internacional dos Direitos Econômicos, Sociais e Culturais (1966), ambos ratificados pelo Brasil.

Todavia, não se impede a alteração do texto legal para ampliar o espectro de direitos ali assegurados. Dentre as alterações mais recentes, destacam-se as leis abaixo mencionadas, cujos principais pontos de modificação serão comentados ao longo deste capítulo:

(i) **Lei n. 14.344/2022:** cria mecanismos para a prevenção e o enfrentamento da violência doméstica e familiar contra a criança e o adolescente.

(ii) **Lei n. 14.154/2021:** aperfeiçoa o Programa Nacional de Triagem Neonatal (PNTN), por meio do estabelecimento de rol mínimo de doenças a serem rastreadas pelo teste do pezinho.

(iii) **Lei n. 13.869/2019:** a nova Lei sobre os crimes de Abuso de Autoridade inseriu o art. 227-A no ECA, prevendo consequências penais mais gravosas (i) para servidores públicos condenados por crimes praticados contra a criança e o adolescente previstos no Estatuto.

(iv) **Lei n. 13.845/2019:** dá nova redação ao inciso V do art. 53 da Lei n. 8.069, de 13 de julho de 1990 (Estatuto da Criança e do Adolescente), para garantir vagas no mesmo estabelecimento a irmãos que frequentem a mesma etapa ou ciclo de ensino da educação básica;

(v) **Lei n. 13.840/2019:** trata do Sistema Nacional de Políticas Públicas sobre Drogas. No ECA, cria o art. 53-A, passando a determinar ser dever da instituição de ensino, clubes e agremiações recreativas e de estabelecimentos congêneres assegurar medidas de conscientização, prevenção e enfrentamento ao uso ou dependência de drogas ilícitas;

(vi) **Lei n. 13.824/2019:** altera o art. 132 do ECA, retirando o limite de 1 (uma) recondução de conselheiros tutelares ao cargo mediante novos processos de escolha;

(vii) **Lei n. 13.812/2019:** instituiu a Política Nacional de Busca de Pessoas Desaparecidas e criou o Cadastro Nacional de Pessoas Desaparecidas. A alteração do ECA em relação à autorização para viajar foi formulada sob a perspectiva da prevenção ao desaparecimento de crianças e adolescentes;

(viii) **Lei n. 13.798/2019:** institui a Semana Nacional de Prevenção à Gravidez na Adolescência;

(ix) **Lei n. 13.715/2018:** especifica hipóteses de perda do poder familiar pelo autor de determinados crimes contra outrem igualmente titular do mesmo poder familiar ou contra filho, filha ou outro descendente;

(x) **Lei n. 13.509/2017:** traz alterações a regras do ECA sobre entrega voluntária para adoção, destituição do poder familiar, acolhimento, apadrinhamento, guarda e adoção de crianças e adolescentes. Ainda, altera a Consolidação das Leis do Trabalho e o Código Civil;

(xi) **Lei n. 13.441/2017:** infiltração policial na internet para investigação de crimes sexuais contra crianças e adolescentes;

(xii) **Lei n. 13.440/2017:** perda de bens usados em exploração sexual de menores;

(xiii) **Lei n. 13.438/2017:** torna obrigatória a adoção de protocolo em consulta pediátrica para detecção de risco ao desenvolvimento psíquico de todas as crianças de até 18 meses;

(xiv) **Lei n. 13.436/2017:** garante o direito a acompanhamento e orientação à mãe com relação à amamentação;

(xv) **Lei n. 13.431/2017:** estabelece o sistema de garantia de direitos da criança e do adolescente vítima ou testemunha de violência;

(xvi) **Lei n. 13.257/2016:** Marco Legal da 1ª Infância, que dispõe sobre as políticas públicas para crianças de até 6 anos;

(xvii) **Lei n. 13.010/2014:** reforço à vedação de castigos físicos e de tratamento cruel ou degradante;

(xviii) **Lei n. 12.962/2014:** assegura o direito de convivência da criança e do adolescente com os pais privados de liberdade;

(xix) **Lei n. 12.594/2012:** institui o Sistema Nacional Socioeducativo (SINASE) e regulamenta a execução de medidas socioeducativas.

> A Lei n. 13.509/2017, que entrou em vigor em 22 de novembro de 2017, alterou, além do ECA, a CLT e o Código Civil.
> A partir da nova lei, a CLT passa a prever garantias trabalhistas para adolescentes, e o Código Civil, uma nova hipótese de destituição de poder familiar.

■ 4. ESTATUTO DA CRIANÇA E DO ADOLESCENTE: PARTE GERAL

■ 4.1. Disposições gerais: critério legal para definição de criança e adolescente

O art. 2º do Estatuto da Criança e do Adolescente estabelece o critério legal para classificar crianças e adolescentes conforme sua idade:

> **Art. 2º** Considera-se criança, para os efeitos desta Lei, a pessoa até doze anos de idade incompletos, e adolescente aquela entre doze e dezoito anos de idade.
> **Parágrafo único.** Nos casos expressos em lei, aplica-se excepcionalmente este Estatuto às pessoas entre dezoito e vinte e um anos de idade.

O limite etário para a imputabilidade penal aos 18 anos encontra previsão no art. 228 da CF como um dos direitos fundamentais de crianças e adolescentes.

> O critério eleito pelo legislador para definir alguém como criança ou adolescente é objetivo e absoluto, não sendo passível de qualquer questionamento em casos concretos. É importante atentar para a distinção estabelecida no art. 2º do ECA, pois a proposta de atender às necessidades distintas e específicas de crianças e adolescentes repercutirá em vários dispositivos ao longo do texto legal, que estipulam diferentes medidas jurídicas para um e outro.

Em relação à aplicação excepcional do ECA para pessoas de até 21 anos, é preciso relembrar que o texto foi escrito na vigência do Código Civil de 1916, que previa a categoria da pessoa com idade entre 18 e 21 anos como relativamente capaz para os atos da vida civil, disposição que repercutia em alguns dispositivos do Estatuto. Com a adoção do Código Civil de 2002, que igualou a maioridade civil à penal aos 18 anos, o parágrafo único do art. 2º passou a ser aplicável somente ao caso de adolescente autor de ato infracional, a quem se imponha medida socioeducativa de internação, e que atinja a maioridade durante o seu cumprimento. Nesse caso, sua liberação compulsória ocorrerá quando completar 21 anos, sendo o ECA a legislação aplicável durante o período.

■ 4.2. Disposições gerais: a criança e o adolescente como sujeitos de direito no ECA

O art. 3º do ECA considera de forma expressa crianças e adolescentes como titulares de direitos iguais aos de qualquer pessoa, observada sua peculiar condição de pessoa em desenvolvimento:

> **Art. 3º** A criança e o adolescente gozam de todos os direitos fundamentais inerentes à pessoa humana, sem prejuízo da proteção integral de que trata esta Lei, assegurando-se-lhes, por lei ou por outros meios, todas as oportunidades e facilidades, a fim de lhes facultar o desenvolvimento físico, mental, moral, espiritual e social, em condições de liberdade e de dignidade.
> **Parágrafo único.** Os direitos enunciados nesta Lei aplicam-se a todas as crianças e adolescentes, sem discriminação de nascimento, situação familiar, idade, sexo, raça, etnia ou cor, religião ou crença, deficiência, condição pessoal de desenvolvimento e aprendizagem, condição econômica, ambiente social, região e local de moradia ou outra condição que diferencie as pessoas, as famílias ou a comunidade em que vivem.

A Lei n. 13.257/2016 (o Marco Legal da 1ª Infância) inseriu o parágrafo único nesse artigo, reforçando de forma expressa a vedação a todo tipo de discriminação nos mesmos termos da Constituição Federal (sexo, raça, etnia ou cor, religião ou crença), e especificando ainda a proibição de outras discriminações, tais como nascimento; situação familiar; condição pessoal de desenvolvimento e aprendizagem; condição econômica; ambiente social; região e local de moradia ou outra condição que diferencie as pessoas, as famílias ou a comunidade em que vivem.

No mesmo sentido, o art. 5º reforça que é dever de todos prevenir a ocorrência de ameaça ou violação dos direitos da criança ou adolescente, e declara que toda ação ou omissão que atente de qualquer forma contra direitos fundamentais da criança e do adolescente é passível de punição legal, a enfatizar mais uma vez a dimensão juridicizada de tais direitos:

> **Art. 5º** Nenhuma criança ou adolescente será objeto de qualquer forma de negligência, discriminação, exploração, violência, crueldade e opressão, punido na forma da lei qualquer atentado, por ação ou omissão, aos seus direitos fundamentais.

Ambos os dispositivos mencionados são correlatos à previsão constitucional do art. 227, § 4º, da CF, que prevê punição severa para violência sexual contra crianças e adolescentes.

4.3. Disposições gerais: o direito à prioridade absoluta

O art. 4º do ECA reproduz e complementa o art. 227 da CF, dispondo sobre o direito à prioridade absoluta:

> **Art. 4º** É dever da família, da comunidade, da sociedade em geral e do poder público assegurar, com absoluta prioridade, a efetivação dos direitos referentes à vida, à saúde, à alimentação, à educação, ao esporte, ao lazer, à profissionalização, à cultura, à dignidade, ao respeito, à liberdade e à convivência familiar e comunitária.
> **Parágrafo único.** A garantia de prioridade compreende:
> *a)* primazia de receber proteção e socorro em quaisquer circunstâncias;
> *b)* precedência de atendimento nos serviços públicos ou de relevância pública;
> *c)* preferência na formulação e na execução das políticas sociais públicas;
> *d)* destinação privilegiada de recursos públicos nas áreas relacionadas com a proteção à infância e à juventude.

O texto do art. 4º, portanto, contém a previsão legal expressa do direito à prioridade absoluta.

> O direito à prioridade absoluta é corolário da proteção integral, e decorre da obrigação da família, da sociedade e do Estado de garantir o tratamento prioritário na forma descrita nas alíneas *a*, *b*, *c* e *d* do parágrafo único. É um dos princípios informadores do Direito da Criança e do Adolescente, como reflexo do respeito à condição peculiar de pessoa em desenvolvimento e com âmbito reduzido de autonomia e ingerência de si próprio, que justifica a preferência a ser dada à prática de seus direitos.

É necessário também destacar que tanto o constituinte quanto o legislador exigem que a prioridade absoluta se estenda inclusive à formulação de políticas públicas e destinação de recursos para a área da infância e juventude, o que pode ser exigido judicialmente nos moldes previstos em lei. Por exemplo: admite-se o ajuizamento de ação civil pública por seus legitimados legais em face do oferecimento irregular de serviços essenciais (como saúde e educação) pelo Poder Público pela não priorização de recursos.

4.4. Disposições gerais: a interpretação do ECA

O art. 6º do ECA traça as diretrizes de interpretação do diploma legal a serem seguidos pelo operador do Direito:

> **Art. 6º** Na interpretação desta Lei levar-se-ão em conta os fins sociais a que ela se dirige, as exigências do bem comum, os direitos e deveres individuais e coletivos, e a condição peculiar da criança e do adolescente como pessoas em desenvolvimento.

> Trata-se, como visto, de interpretação teológica: eventuais omissões, contradições e lacunas da lei devem ser interpretadas em consonância com a finalidade da norma de assegurar proteção integral e prioridade absoluta à criança e ao adolescente.

4.5. Os direitos fundamentais: direito à vida e à saúde (arts. 7º a 14)

O direito da criança e do adolescente à vida e à saúde é contemplado de forma interdependente e indivisível, em consonância com os princípios gerais de Direitos Humanos adotados pelos pactos internacionais. O texto do art. 7º deixa clara a articulação do direito à vida (direito humano de 1ª geração) com o direito à saúde (direito de 2ª geração), ao condicionar seu exercício à efetivação de políticas públicas para tanto, em complementação à determinação constitucional específica de aplicação de percentual de recursos para a saúde na assistência materno-infantil e na criação de programas para crianças e adolescentes com deficiência (art. 227, § 1º, I e II, CF):

> **Art. 7º** A criança e o adolescente têm direito a proteção à vida e à saúde, mediante a efetivação de políticas sociais públicas que permitam o nascimento e o desenvolvimento sadio e harmonioso, em condições dignas de existência.

O legislador demonstrou preocupação em garantir tais direitos desde a fase gestacional, e por isso incluiu já no texto original do ECA a atenção à gestante/parturiente/mãe como forma de proteção da infância, prevendo o direito da gestante ao atendimento pré-natal e perinatal. O Marco Legal da 1ª Infância (Lei n. 13.257/2016) ampliou a previsão, passando a incluir o acesso a programas de planejamento reprodutivo como direito de todas as mulheres, acrescentando, ainda, outros direitos às gestantes, parturientes e puérperas:

> **Art. 8º** É assegurado a todas as mulheres o acesso aos programas e às políticas de saúde da mulher e de planejamento reprodutivo e, às gestantes, nutrição adequada, atenção humanizada à gravidez, ao parto e ao puerpério e atendimento pré-natal, perinatal e pós-natal integral no âmbito do Sistema Único de Saúde.

Além de ampliar o leque de direitos previstos no art. 8º, outras alterações trazidas pelo Marco Legal da 1ª

Infância incluem assistência psicológica prestada pelo Poder Público para gestantes e mães no período pré e pós-natal, inclusive como forma de prevenir ou minorar as consequências do estado puerperal, abrangendo expressamente as mulheres que desejem entregar seus filhos para adoção e as que estiverem privadas de liberdade (art. 7º, §§ 4º e 5º, ECA). Ainda em relação às mulheres que desejem entregar seus filhos para adoção, estas devem ser obrigatoriamente encaminhadas para a Justiça da Infância e Juventude. O Marco Legal da 1ª Infância estabeleceu o direito de essas mulheres se submeterem ao referido encaminhamento sem qualquer tipo de constrangimento (art. 13, § 1º, ECA).

A garantia de condições adequadas ao aleitamento materno é dever compartilhado entre o Poder Público, as instituições e os empregadores. A essa disposição, prevista no art. 9º do ECA, o Marco Legal da 1ª Infância acrescentou os §§ 1º e 2º, que estabelecem diretrizes para políticas públicas referentes à amamentação:

> **Art. 9º** O poder público, as instituições e os empregadores propiciarão condições adequadas ao aleitamento materno, inclusive aos filhos de mães submetidas a medida privativa de liberdade.
> **§ 1º** Os profissionais das unidades primárias de saúde desenvolverão ações sistemáticas, individuais ou coletivas, visando ao planejamento, à implementação e à avaliação de ações de promoção, proteção e apoio ao aleitamento materno e à alimentação complementar saudável, de forma contínua.
> **§ 2º** Os serviços de unidades de terapia intensiva neonatal deverão dispor de banco de leite humano ou unidade de coleta de leite humano.

Outras ampliações de direitos relativos à saúde de crianças e adolescentes foram determinadas pelo Marco Legal da 1ª Infância, tais como previsão de cuidados específicos para crianças e adolescentes com deficiência, incluindo atendimento gratuito oferecido pelo Poder Público (art. 11, §§ 1º e 2º, ECA) e ampliação das previsões relativas à assistência médica e odontológica promovida pelo Sistema Único de Saúde (art. 14 e §§ 1º a 4º, ECA). Como já mencionado no tópico 3, a Lei n. 13.436/2017 inseriu o inciso VI no art. 10 do ECA, para incluir o dever de hospitais e estabelecimentos de saúde de "acompanhar a prática do processo de amamentação, prestando orientações quanto à técnica adequada, enquanto a mãe permanecer na unidade hospitalar, utilizando o corpo técnico já existente". E a Lei n. 13.438/2017 acrescentou o § 5º ao art. 14, determinando a obrigatoriedade de aplicação de protocolo (ou outro instrumento análogo) em consultas pediátricas de acompanhamento de crianças até 18 meses para detecção de risco para o seu desenvolvimento psíquico.

4.6. Os direitos fundamentais: direito à liberdade, ao respeito e à dignidade (arts. 15 a 18-B)

O Capítulo II do Título II do ECA, referente ao direito à liberdade, ao respeito e à dignidade, prevê às crianças e aos adolescentes os direitos humanos de 1ª geração de forma ampliada e adaptada ao seu sujeito de Direito especificado: às liberdades de ir e vir, de opinião e de expressão, de crença e culto religioso e de participar da vida política, na medida cabível à condição de desenvolvimento, acrescentam-se as liberdades de brincar, praticar esportes e divertir-se, participar da vida familiar e comunitária sem discriminação, buscar refúgio, auxílio e orientação, nos termos dos arts. 15 e 16:

> **Art. 15.** A criança e o adolescente têm direito à liberdade, ao respeito e à dignidade como pessoas humanas em processo de desenvolvimento e como sujeitos de direitos civis, humanos e sociais garantidos na Constituição e nas leis.
> **Art. 16.** O direito à liberdade compreende os seguintes aspectos:
> **I** – ir, vir e estar nos logradouros públicos e espaços comunitários, ressalvadas as restrições legais;
> **II** – opinião e expressão;
> **III** – crença e culto religioso;
> **IV** – brincar, praticar esportes e divertir-se;
> **V** – participar da vida familiar e comunitária, sem discriminação;
> **VI** – participar da vida política, na forma da lei;
> **VII** – buscar refúgio, auxílio e orientação.

O direito ao respeito, previsto art. 17 do ECA, agrega sob esta rubrica outros direitos individuais fundamentais, como a inviolabilidade da integridade física, psíquica e moral da criança e do adolescente, abrangendo a preservação da imagem, da identidade, da autonomia, dos valores, ideias e crenças, dos espaços e objetos pessoais.

O art. 18 é mais um exemplo de direito que tem como destinatário específico pessoa em peculiar condição de desenvolvimento, determinando ser dever de todos não expor a criança e o adolescente a tratamento desumano, violento, aterrorizante, vexatório ou constrangedor.

Os arts. 18-A e 18-B foram introduzidos pela Lei n. 13.010/2014, e a inovação legislativa merece uma análise mais detalhada. De acordo com o texto do respectivo projeto de lei, o objetivo da alteração legal é "estabelecer o direito da criança e do adolescente de ser educado sem o uso de castigos corporais ou de tratamento cruel ou degradante".

Por definição, a todo direito se contrapõe um dever: neste caso, segundo os autores do projeto, a tal direito corresponde o dever do Estado de estabelecer políticas públicas aptas a erradicar os castigos corporais. Para compelir o Estado ao cumprimento deste dever, foram criados os arts. 18-A, que contém as definições legais de castigo físico (ação de natureza disciplinar ou punitiva aplicada com o uso da força física sobre a criança ou o adolescente que resulte em sofrimento físico ou lesão) e de tratamento cruel (conduta ou forma cruel de tratamento em relação à criança ou ao adolescente que humilhe; ou ameace gravemente; ou ridicularize), e 18-B, que dispõe sobre as medidas às quais se sujeitam os pais ou responsáveis que dispensarem o tratamento descrito no artigo anterior (são elas: encaminhamento a programa oficial ou comunitário de proteção à família; encaminhamento a tratamento psicológico ou psiquiátrico; encaminhamento a cursos ou programas de orientação; obrigação de encaminhar a criança a tratamento especializado; advertência).

Porém, a Lei n. 13.010/2014 em nada inova o conteúdo original do ECA, uma vez que todos estes mecanismos já se encontram previstos no próprio Estatuto desde sua entrada em vigor, em 1990: o art. 98 trata da questão da criança ou adolescente em situação de risco decorrente da violação de seus direitos, e prevê a possibilidade de aplicação de medidas de proteção à vítima, tais como orientação, apoio e acompanhamento temporários, ou requisição de tratamento médico, psicológico ou psiquiátrico, em regime hospitalar ou ambulatorial (art. 101). O art. 129, por sua vez, já previa medidas pertinentes aos pais ou responsáveis que expusessem crianças ou adolescentes a risco por abuso e maus-tratos, e consistem em ações como encaminhamento a tratamento psicológico ou psiquiátrico e encaminhamento a cursos ou programas de orientação.

Ademais, deve-se ressaltar que a Lei n. 13.010/2014 não inova na proibição de castigos físicos e tratamento cruel, pois, mesmo antes da vigência do Estatuto da Criança e do Adolescente, o Código Penal sempre previu os crimes de lesão corporal (art. 129, CP)[2] e maus-tratos (art. 136, CP)[3], a significar que os castigos físicos aplicados contra crianças e adolescentes sempre ensejaram responsabilização criminal.

Ainda a respeito da inovação legal, cabe destacar que a Lei n. 13.010/2014 ampliou a redação do art. 13 do ECA, determinando que os serviços de saúde devem fazer comunicação obrigatória ao Conselho Tutelar no caso de suspeita de castigo físico ou tratamento cruel ou degradante, bem como de maus-tratos, sem prejuízo de outras providências legais (tais como registro de ocorrência policial e ajuizamento de ação de suspensão ou perda do poder familiar).

Outro ponto digno de nota em relação ao direito ao respeito e à dignidade de crianças e adolescentes são as alterações trazidas pela Lei n. 13.431/2017. O texto operou apenas uma alteração no Estatuto da Criança e do Adolescente revogando o art. 248, mas estabeleceu por uma norma própria o sistema de garantias de direitos da criança e do adolescente vítima ou testemunha de violência (art. 1º), sendo facultativa sua aplicação para jovens com idade entre 18 e 21 anos (art. 3º, parágrafo único). Estabelecem-se medidas de assistência e proteção criando mecanismos para prevenir e coibir a violência, com fundamentos tanto na Constituição Federal (art. 227, CF) quanto em normas internacionais de Direitos Humanos, especificamente a Convenção sobre os Direitos da Criança e seus protocolos adicionais, e ainda a Resolução n. 20/2005 do Conselho Econômico e Social das Nações Unidas, sem prejuízo de outros diplomas internacionais pertinentes.

O art. 4º procura proteger as crianças e adolescentes vítimas ou testemunhas de violência, conceito mais abrangente do que crime, uma vez que nem toda conduta violenta caracteriza legalmente um crime, nem todo crime (aqui em referência às condutas legalmente definidas como tais) é praticado mediante violência. O texto da lei indica quatro formas de violência que configuram os casos para sua aplicação: a violência física; a violência psicológica, que inclui, entre outras modalidades, o *bullying* (que é a intimidação sistemática) e a alienação parental (que corresponde à interferência na formação psicológica da criança ou do adolescente, promovida ou induzida por um dos pais, pelos avós ou por quem seja responsável pela criança ou adolescente, criando repúdio ao pai ou à mãe e prejudicando este vínculo); a violência sexual, incluindo o abuso sexual, a exploração sexual comercial e o tráfico de pessoas; e a violência institucional, que é aquela praticada por instituição pública ou conveniada. Considera-se violência institucional inclusive os atos que gerarem revitimização, que, neste contexto, corresponde ao ato de submeter a vítima de uma violência a procedimentos administrativos ou judiciais que poderiam ser dispensados, ocasionando-lhe sofrimento continuado ou repetido em decorrência da lembrança forçada dos atos violentos que sofreu.

Entre os novos mecanismos previstos por essa lei com a finalidade de minimizar o sofrimento, preservar a intimidade, a privacidade e a segurança (art. 5º), além de evitar a revitimização, há as seguintes previsões:

---

[2] Art. 129. Ofender a integridade corporal ou a saúde de outrem: Pena – detenção, de três meses a um ano.

[3] Art. 136. Expor a perigo a vida ou a saúde de pessoa sob sua autoridade, guarda ou vigilância, para fim de educação, ensino, tratamento ou custódia, quer privando-a de alimentação ou cuidados indispensáveis, quer sujeitando-a a trabalho excessivo ou inadequado, quer abusando de meios de correção ou disciplina: Pena – detenção, de dois meses a um ano, ou multa. § 1º Se do fato resulta lesão corporal de natureza grave: Pena – reclusão, de um a quatro anos. § 2º Se resulta a morte: Pena – reclusão, de quatro a doze anos. § 3º Aumenta-se a pena de um terço, se o crime é praticado contra pessoa menor de 14 (quatorze) anos.

- **Art. 6º:** medidas protetivas contra o autor da violência (porém a lei não esclarece o que fazer se o representante legal for o autor da violência, deixando os casos omissos para serem interpretados à luz da Lei Maria da Penha e do próprio ECA).
- **Art. 7º:** escuta especializada por meio de entrevista com órgão da rede protetiva (c/c art. 10).
- **Art. 8º:** depoimento especializado por meio de oitiva pela autoridade (c/c art. 11).
- **Art. 9º:** resguardo de contato com o agressor (suposto autor/acusado), prevendo possibilidade no § 1º de rito cautelar de prova antecipada para criança menor de 7 anos e para violência sexual. Ainda determina no § 2º que em regra o depoimento não será tomado mais de uma vez.
- **Art. 12:** procedimento do depoimento especial.

A lei prevê a articulação de vários setores, como assistência social, saúde, segurança pública e sistema de justiça, para realização de políticas públicas voltadas integralmente ao tratamento multidisciplinar de crianças e adolescentes vitimados direta ou indiretamente pela violência. Ainda inova ao prever expressamente o direito a "ser resguardado e protegido de sofrimento, com direito a apoio, planejamento de sua participação, prioridade na tramitação do processo, celeridade processual, idoneidade do atendimento e limitação das intervenções".

Em julho de 2022 (após 45 dias de sua publicação oficial em 25 de maio do mesmo ano) entrou em vigor a Lei n. 14.344/2022, que cria mecanismos para a prevenção e o enfrentamento da violência doméstica e familiar contra a criança e o adolescente. Nos termos do art. 3º da lei, "A violência doméstica e familiar contra a criança e o adolescente constitui uma das formas de violação dos direitos humanos". O texto replica mecanismos já previstos na Lei Maria da Penha, com previsões análogas formando sistema de proteção com medidas que obrigam o agressor e medidas protetivas de urgência para vítimas, por meio da da adoção de ações articuladas entre o Sistema de Garantia dos Direitos da Criança e do Adolescente e os sistemas de justiça, de saúde, de segurança pública e de assistência social, os Conselhos Tutelares e a comunidade escolar.

4.7. Os direitos fundamentais: direito à convivência familiar e comunitária

4.7.1. Conceitos introdutórios

A concepção da convivência familiar e comunitária como um direito decorre da proposta de proteção integral da criança e do adolescente, cujos deveres daí decorrentes são compartilhados entre família, sociedade e Estado. A realização da parcela de direitos cabível à entidade familiar é regulamentada pelos dispositivos previstos no Capítulo III do Título II do ECA.

Para que se possa compreender melhor tais dispositivos, é necessário antes remeter às previsões constitucionais referentes ao tema, que sofreu profundas modificações com o texto de 1988.

A Constituição de 1967, vigente antes da CF/1988, estabelecia em seu art. 167 que a família somente era constituída pelo casamento, sendo este indissolúvel[4]. Já o Código Civil de 1916 (que vigorou até 2002) previa em seu art. 137 que eram "legítimos os filhos concebidos na constância do casamento" (autorizando, todavia, a hipótese de legitimação por reconhecimento voluntário, salvo quanto aos filhos "adulterinos ou incestuosos", cujo reconhecimento de filiação era vedado pelo art. 358, CC de 1916).

> Com a promulgação da Constituição de 1988, confere-se maior ênfase aos laços de consanguinidade e afetividade do que apenas ao casamento. Além disso, adota-se a isonomia entre os filhos sem distinção de origem, sendo constitucionalmente vedada qualquer discriminação quanto aos filhos no art. 227, § 6º, CF.

Ainda assim, o art. 358 (que proibia o reconhecimento de filhos adulterinos ou incestuosos) somente foi revogado expressamente pela Lei n. 7.841/89, e o art. 137 do Código Civil de 1916 (que classificava como filhos legítimos somente aqueles havidos na constância do casamento), em 1992, com a Lei de Investigação de Paternidade[5] (embora ambos já tivessem se tornado inconstitucionais desde 1988).

> Com a proibição de discriminação entre os filhos, a filiação passa a ser concebida como a relação de parentesco em linha reta de 1º grau e não vinculada ao casamento, de natureza consanguínea (por geração biológica) ou civil (por adoção), e seu reconhecimento passa a ser direito personalíssimo, indisponível e imprescritível, que pode ser oposto contra os pais ou seus herdeiros, sem qualquer impedimento para os filhos havidos fora do casamento, os quais terão os mesmos direitos e qualificações, nos termos dos arts. 20, 26 e 27 do ECA.

---

[4] Determinação que perduraria até a aprovação da Lei do Divórcio, em 1977.
[5] Lei n. 8.560/92.

4.7.2. Espécies de família

Como já mencionado no tópico 3, o Título VII da Constituição Federal dispõe sobre a Ordem Social, e seu Capítulo VII contém os dispositivos sobre a família, a criança, o adolescente e o idoso. O conceito constitucional de entidade familiar é descrito no art. 226, CF, e abrange como tal o casamento ou união estável, bem como a comunidade formada por qualquer dos pais ou seus descendentes.

O Estatuto da Criança e do Adolescente define e regulamenta três modalidades de entidade familiar: a família natural, a família extensa e a família substituta. Todas as formas de família e de responsáveis têm deveres jurídicos para com crianças e adolescentes.

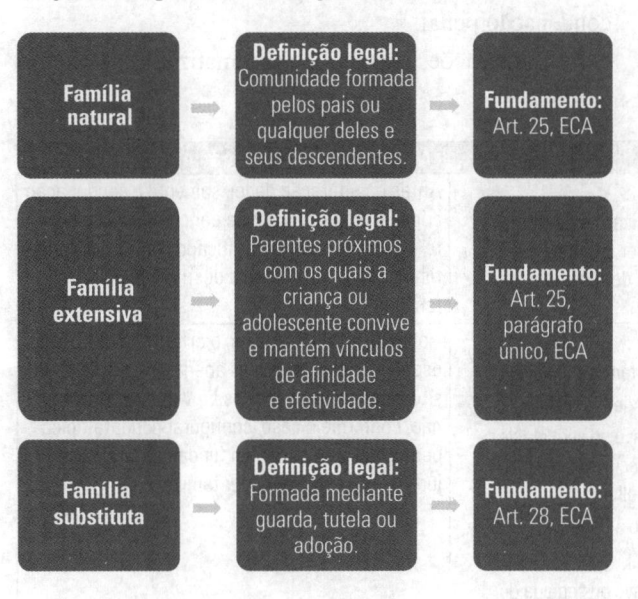

Família	Definição legal	Fundamento
Família natural	Comunidade formada pelos pais ou qualquer deles e seus descendentes.	Art. 25, ECA
Família extensiva	Parentes próximos com os quais a criança ou adolescente convive e mantém vínculos de afinidade e efetividade.	Art. 25, parágrafo único, ECA
Família substituta	Formada mediante guarda, tutela ou adoção.	Art. 28, ECA

4.7.2.1. O poder familiar

O poder familiar pode ser descrito como um direito-função dos pais/responsáveis, correspondente ao complexo de deveres pessoais e patrimoniais com relação ao filho menor, não emancipado, e que deve ser exercido no melhor interesse deste, conforme regulamentado pelo art. 21 do Estatuto da Criança e do Adolescente:

> **Art. 21.** O poder familiar será exercido, em igualdade de condições, pelo pai e pela mãe, na forma do que dispuser a legislação civil, assegurado a qualquer deles o direito de, em caso de discordância, recorrer à autoridade judiciária competente para a solução da divergência.

No ordenamento jurídico brasileiro anterior a 1988, o Código Civil de 1916 estipulava em seu art. 380 que o pátrio poder seria exercido pelo marido, sendo a mulher mera colaboradora, prevalecendo legalmente a decisão do pai em caso de divergência.

> A expressão "poder familiar" substituiu o termo "pátrio poder", como reflexo do reconhecimento da igualdade jurídica entre homens e mulheres feito na Constituição Federal de 1988 e da alteração do Código Civil de 2002. A partir de então, pai e mãe (ou os responsáveis) exercem o poder familiar de forma simultânea e compartilhada, permanecendo os filhos sujeitos ao poder familiar até completarem 18 anos.

Sendo a um só tempo direito e função, o poder familiar impõe deveres a quem o detiver. São eles:

(i) **Dever de sustento:** provisão de subsistência material (até 24 anos, se estiver estudando);
(ii) **Dever de guarda:** direito de o filho conviver com os pais; e de os pais manterem o filho junto de si;
(iii) **Dever de educação:** abrange a educação formal para instrução básica e a familiar.

> Não é demais frisar que, por se tratar de deveres jurídicos, com fundamento constitucional (arts. 227 e 229, CF) e legal (art. 22, ECA), seu descumprimento é passível de sanção, podendo gerar responsabilização civil e penal (art. 133, CP – abandono de incapaz; art. 244, CP – abandono material; art. 246, CP – abandono intelectual), bem como dar causa à suspensão ou destituição do poder familiar (art. 129, X, ECA), além da suspensão ou destituição do poder familiar.

A perda e a suspensão do poder familiar são as principais sanções decorrentes do descumprimento dos deveres inerentes ao poder familiar. O art. 24 do Estatuto contém suas hipóteses de cabimento, ressaltando que o procedimento (necessariamente judicial) sempre será submetido ao contraditório:

> **Art. 24.** A perda e a suspensão do poder familiar serão decretadas judicialmente, em procedimento contraditório, nos casos previstos na legislação civil, bem como na hipótese de descumprimento injustificado dos deveres e obrigações a que alude o art. 22.

A legislação civil referida no artigo acima transcrito corresponde ao art. 1.638 do Código Civil, que arrola como causas para suspensão ou destituição do poder familiar a aplicação de castigo imoderado, o abandono do filho, a prática de atos contrários à moral e aos bons costumes, e o abuso de autoridade reiterado.

> É preciso destacar que a presença de pessoas dependentes de substâncias entorpecentes na família (como constava da antiga redação do art. 19, ECA) e falta de recursos (art. 23, ECA) não constituem motivos isoladamente considerados para suspensão ou perda do poder familiar, como será discutido com maior detalhamento a seguir.

■ A Lei n. 13.715/2018 e as novas causas de perda do poder familiar

Em vigor desde setembro de 2018, a Lei n. 13.715/2018 promoveu alterações no Estatuto da Criança e do Adolescente, no Código Civil e no Código Penal, especificando novas hipóteses de decretação de perda do poder familiar nos casos de prática de determinados crimes não somente contra o próprio filho ou filha submetido ao poder familiar, mas também a outrem que seja igualmente titular de tal poder (p. ex.: o genitor que praticar crime de feminicídio ou de lesão corporal gravíssima contra a genitora de seus filhos terá decretada a perda do poder familiar em relação aos filhos comuns do casal).

No ECA, foi alterado o § 2º do art. 23; no Código Civil, foi inserido um parágrafo único ao art. 1.638; e no Código Penal, foi alterado o inciso II do art. 92. Em todos os dispositivos aqui mencionados, foram incluídas ou alteradas hipóteses de destituição do poder familiar em razão de condenação criminal: no caso do ECA e do Código Civil, passa a configurar hipótese de descumprimento de dever inerente ao poder familiar; no caso do Código Penal, passa a configurar efeito secundário da condenação penal.

As alterações legais estão sistematizadas no quadro a seguir:

	Artigo com a nova redação	Modificação em relação ao texto anterior
ECA	Art. 23. (...) § 2º A condenação criminal do pai ou da mãe não implicará a destituição do poder familiar, exceto na hipótese de condenação por crime doloso sujeito à pena de reclusão contra outrem igualmente titular do mesmo poder familiar ou contra filho, filha ou outro descendente.	Antes da alteração da lei, somente a condenação criminal do pai ou da mãe por crime doloso sujeito a pena de reclusão praticado contra o próprio filho ou filha autorizava a destituição do poder familiar.
Código Civil	Art. 1.638. (...) Parágrafo único. Perderá também por ato judicial o poder familiar aquele que: I – praticar contra outrem igualmente titular do mesmo poder familiar: a) homicídio, feminicídio ou lesão corporal de natureza grave ou seguida de morte, quando se tratar de crime doloso envolvendo violência doméstica e familiar ou menosprezo ou discriminação à condição de mulher; b) estupro ou outro crime contra a dignidade sexual sujeito à pena de reclusão; II – praticar contra filho, filha ou outro descendente: a) homicídio, feminicídio ou lesão corporal de natureza grave ou seguida de morte, quando se tratar de crime doloso envolvendo violência doméstica e familiar ou menosprezo ou discriminação à condição de mulher; b) estupro, estupro de vulnerável ou outro crime contra a dignidade sexual sujeito à pena de reclusão.	Antes da alteração da lei, o artigo 1.638, CC, não especificava crimes, mas apenas descrevia situações em seus incisos I a V que poderiam ou não, conforme o caso, configurar conduta típica penal, mas que poderiam fundamentar decisão judicial de perda do poder familiar.
Código Penal	Art. 92. São também efeito das condenação: II – a incapacidade para o exercício do poder familiar, da tutela ou da curatela nos crimes dolosos sujeitos à pena de reclusão cometidos contra outrem igualmente titular do mesmo poder familiar, contra filho, filha ou outro descendente ou contra tutelado ou curatelado;	Antes da alteração da lei, somente a condenação criminal do pai ou da mãe por crime doloso sujeito a pena de reclusão praticado contra o próprio filho ou filha autorizava a destituição do poder familiar.

Apesar de as alterações terem sido promovidas por um mesmo texto legal, a redação final sancionada apresenta algumas contradições que dependerão da atuação do Poder Judiciário para sua solução. É o caso das diferenças nas hipóteses para perda do poder familiar, que passaram a ser previstas no Código Civil de forma menos abrangente do que no Código Penal e no Estatuto da Criança e do Adolescente: na modificação realizada no Código Civil, somente os crimes especificados nos incisos I e II do parágrafo único inserido no art. 1.638 autorizam a perda do poder familiar, ao passo que, no Estatuto da Criança e do Adolescente e no Código Penal, qualquer crime doloso punido com reclusão que seja praticado contra filho ou filha ou outra pessoa que também detenha o poder familiar poderá fundamentar decisão judicial neste sentido. Isto implica, por exemplo, que se um homem submete a mãe de seus filhos ao crime de tortura (que tem pena prevista de 2 a 8 anos de reclusão em seu tipo fundamental do art. 1º da Lei n. 9.455/97), ou de extorsão (pena de 4 a 10 anos de reclusão, nos termos do art. 158 do Código Penal), poderia ser destituído do poder familiar em relação aos filhos e filhas comuns com fundamento no Estatuto da Criança e do Adolescente e do Código Penal, mas não do Código Civil (em que pese a parte final da alínea *a* do inciso I do parágrafo único inserido no art. 1.638 falar em *"crime doloso envolvendo violência doméstica e familiar ou menosprezo ou discriminação à condição de mulher"*, a redação do artigo não permite esclarecer se somente os crimes de homicídio, feminicídio ou lesão corporal seguida de morte praticados nas referidas condições autorizam a perda do poder familiar, ou qualquer crime praticado neste contexto).

Sob a perspectiva da proteção integral preconizada pelo ECA, a melhor solução para a contradição interna ao texto legal será decidir, em cada caso concreto, aplicando a lei de forma balizada pelos princípios do Direito da Criança e do Adolescente, tais como a observância do melhor interesse da criança e do adolescente e de sua proteção integral.

Sendo judicialmente determinado o afastamento temporário da convivência familiar, o Estatuto da Criança e do Adolescente prevê o acolhimento institucional, que consiste no atendimento institucional das crianças ou adolescentes que tiveram seus direitos violados e que necessitaram ser afastados, temporariamente, da convivência familiar (observar que a Lei n. 12.010/2009 substituiu o termo "abrigamento" por "acolhimento institucional"). Trata-se de medida excepcional e provisória, que deve se estender pelo prazo máximo de 18 meses, salvo comprovada necessidade fundamentada pelo juiz (art. 19, § 2º, ECA, conforme redação dada pela Lei n. 13.509/2017), devendo a situação ser reavaliada semestralmente para que se verifique a possibilidade de reintegração familiar (preferencial em relação a todas as demais), ou colocação em família substituta (art. 19, §§ 1º e 3º, ECA).

4.7.2.2. A família natural

A família natural, conceituada no art. 25 do ECA, é a correspondente ao parentesco biológico, ou seja, a comunidade formada pelos pais (ou apenas um deles) que geraram a criança ou o adolescente.

Nos termos do *caput* do art. 19, ECA, a permanência da criança ou adolescente junto à sua família natural é preferencial a todas as demais, e somente em excepcional situação de risco ao seu desenvolvimento será dela retirada.

Tanto é assim que o Estatuto da Criança e do Adolescente sofreu alterações pelas Leis n. 12.962/2014 e 13.257/2016 (Marco Legal da 1ª Infância), que alteraram o texto do ECA para assegurar que a presença de pessoas dependentes de substâncias entorpecentes no ambiente familiar, a carência de recursos materiais e mesmo a condenação criminal dos pais a pena privativa de liberdade não podem constituir fundamento obrigatório ou isolado para retirar a criança ou adolescente do seio familiar, salvo comprovação de comprometimento de seu desenvolvimento saudável ou de risco aos seus direitos fundamentais em decorrência desse motivo. A nova redação do Estatuto reconhece a situação de risco da entidade familiar, determinando a inclusão obrigatória de todos os seus membros em programas oficiais de proteção e apoio.

As leis acima referidas operaram as seguintes alterações no ECA:

> **Art. 19.** É direito da criança e do adolescente ser criado e educado no seio de sua família e, excepcionalmente, em família substituta, assegurada a convivência familiar e comunitária, em ambiente que garanta seu desenvolvimento integral.

A atual redação do art. 19, acima transcrita, decorrente de alteração efetivada pelo Marco Legal da 1ª Infância (Lei n. 13.257/2016), suprimiu a expressão "em ambiente livre da presença de pessoas dependentes de substâncias entorpecentes", constante da redação original. O mesmo artigo recebeu novo parágrafo pela Lei n. 12.962/2014 (que assegura a convivência da criança e do adolescente com os pais privados de liberdade):

> **Art. 19.** (...)
> § 4º Será garantida a convivência da criança e do adolescente com a mãe ou o pai privado de liberdade, por meio de visitas periódicas promovidas pelo responsável ou, nas hipóteses de acolhimento institucional, pela entidade responsável, independentemente de autorização judicial.

A Lei n. 13.509/2017 inseriu os §§ 5º e 6º ao art. 19, passando a prever o direito de convivência também das crianças filhas de adolescentes em acolhimento institucional, com assistência da mãe adolescente por equipe especializada multidisciplinar. Vale ressaltar que, diferentemente do previsto para os genitores adultos, a nova lei somente menciona a mãe adolescente em acolhimento institucional, e não o pai.

A Lei n. 13.509/2017 também alterou o art. 19, modificando a redação de seu § 2º para reduzir o prazo de permanência da criança ou adolescente em programa de acolhimento institucional de 2 (dois) anos para 18 (dezoito) meses, *salvo comprovada necessidade que atenda a seu superior interesse, devidamente fundamentada pela autoridade judiciária*.

Ainda, essa mesma lei criou o art. 19-A, que estabeleceu regras para **entrega voluntária do filho para adoção antes ou logo após o nascimento**. Ou seja: nos termos da lei, a entrega voluntária do filho para adoção não pode ser realizada em qualquer idade da criança ou a qualquer tempo.

O art. 19-A determina o seguinte procedimento: a gestante ou mãe que desejar entregar voluntariamente seu filho será encaminhada à Justiça da Infância e Juventude, para ser ouvida pela equipe interprofissional. Esta equipe apresentará relatório, cuja elaboração deverá considerar os efeitos da gestação ou puerpério.

O relatório será enviado ao juiz da Infância e Juventude. Uma vez com o relatório em mãos, o juiz poderá encaminhar a mulher – com sua expressa concordância – à rede pública de saúde e à assistência social.

A família extensa (art. 25, parágrafo único, ECA) e o genitor serão preferencialmente procurados para ter a guarda da criança. A família extensa será procurada por até 90 dias, e não há determinação expressa de procura do pai. Somente não havendo indicação de genitor e não sendo encontrada família extensa é que se decretará a extinção do poder familiar, e a criança colocada sob guarda provisória de quem estiver habilitado para adoção ou em entidade especializada. No caso de ser entregue para adotantes habilitados, estes terão prazo de 15 dias para propor a ação de adoção, contado do dia seguinte ao do término do estágio de convivência.

Quando a criança nascer, será designada audiência para que a mãe ou os pais (se houver pai registral ou indicado) manifestem expressamente sua vontade de entregá-la para adoção. A entrega é sigilosa. Está prevista a possibilidade de os genitores desistirem da entrega e, nesse caso, a criança será devolvida aos seus pais biológicos, devendo ser feita nova audiência acompanhada pela equipe multiprofissional, determinando-se o acompanhamento familiar por 180 dias.

A Lei n. 13.509/2017 também inseriu o art. 19-B, estabelecendo regras sobre apadrinhamento. Os programas de apadrinhamento são destinados para crianças e adolescentes em acolhimento institucional, e que tenham chances remotas de serem adotados.

O apadrinhamento afetivo é um programa instituído em 2015 pelo CNJ, voltado para crianças e adolescentes que vivem em situação de acolhimento ou em famílias acolhedoras, com o objetivo de promover vínculos afetivos seguros e duradouros entre eles e pessoas da comunidade que se dispõem a ser padrinhos e madrinhas. Antes da alteração legal, o apadrinhamento afetivo ainda não tinha regulamentação no Estatuto da Criança e do Adolescente, ficando a cargo de cada tribunal ou vara de infância estabelecer ou não o seu funcionamento, embora sempre tenha estado fundamentado no art. 4º do ECA (Art. 4º É dever da família, da comunidade, da sociedade em geral e do poder público assegurar, com absoluta prioridade, a efetivação dos direitos referentes à vida, à saúde, à alimentação, à educação, ao esporte, ao lazer, à profissionalização, à cultura, à dignidade, ao respeito, à liberdade e à convivência familiar e comunitária).

Agora, o art. 19-B determina que o apadrinhamento consiste no estabelecimento de vínculos externos com pessoas voluntárias, que acompanhem e colaborem com seu desenvolvimento social, moral, físico, cognitivo, educacional e financeiro. Também há a possibilidade de pessoas jurídicas fazerem o apadrinhamento financeiro. O programa pode ser executado tanto por órgãos públicos (como já ocorria com os Tribunais de Justiça Estaduais) ou organizações da sociedade civil. Em ambos os casos, os responsáveis pelo programa têm o dever de notificar o juiz da infância e juventude no caso de violação das regras de apadrinhamento.

A prioridade é para crianças e adolescentes com chances remotas de colocação em família substituta.

O art. 23 do ECA, alterado pelo Marco Legal da 1ª Infância e pela Lei n. 12.962/2014, ganhou a seguinte redação:

> **Art. 23.** A falta ou a carência de recursos materiais não constitui motivo suficiente para a perda ou a suspensão do poder familiar.
> **§ 1º** Não existindo outro motivo que por si só autorize a decretação da medida, a criança ou o adolescente será mantido em sua família de origem, a qual deverá obrigatoriamente ser incluída em serviços e programas oficiais de proteção, apoio e promoção.
> **§ 2º** A condenação criminal do pai ou da mãe não implicará a destituição do poder familiar, exceto na hipótese de condenação por crime doloso, sujeito à pena de reclusão, contra o próprio filho ou filha.

As alterações mencionadas evidenciam a intenção do legislador de não discriminar famílias que estejam em vulnerabilidade social, ou que tenham pessoas em situação de dependência química, ou mesmo em cumprimento de pena privativa de liberdade, determinando que esses fatores não podem fundamentar de per si a separação de pais e filhos e propondo outras alternativas de solução pela atuação do Poder Público por meio de programas sociais.

4.7.2.3. A família substituta

> A família substituta é aquela que substitui a natural em caso de excepcional necessidade. O art. 28 do ECA prevê três modalidades: a guarda, a tutela (podem ser temporárias) e a adoção (sempre definitiva), todas condicionadas a decisão judicial, devendo sempre ser avaliado se a família substituta oferece ambiente adequado e compatível com a medida, sob pena de indeferimento (art. 29, ECA).

Considerando o potencial do profundo impacto que a colocação em família substituta pode acarretar ao bem-estar emocional e ao desenvolvimento da criança e do adolescente, o Estatuto determina que a opinião da criança deve ser ouvida sempre que possível por equipe profissional (art. 28, § 1º, ECA); no caso dos adolescentes, seu consentimento é sempre obrigatório (art. 28, § 2º, ECA). Além disso, são considerados na apreciação do pedido o grau de parentesco e a relação de afetividade ou afinidade entre a criança ou adolescente e o adulto envolvidos (art. 28, § 3º, ECA), mantendo-se unidos os grupos de irmãos, como regra, nos encaminhamentos às famílias substitutas, salvo situações excepcionais plenamente justificadas, como risco de abuso (art. 28, § 4º, ECA).

O Estatuto procura ainda considerar fatores decorrentes de diversidade cultural, estipulando que crianças e adolescentes indígenas ou proveniente de comunidade remanescente de quilombo tenham acompanhamento de antropólogos e de agentes da FUNAI como atenção à identidade social e cultural, devendo preferencialmente ser feita a substituição por família da mesma etnia (art. 28, § 6º, I e II, ECA).

A colocação em família substituta estrangeira deve ser medida excepcional, sendo admissível somente para adoção (art. 31, ECA).

a) Guarda

O instituto da guarda é regulamentado pelos arts. 33 a 35 do ECA.

> Vale lembrar que, nos termos do art. 22, ECA, a guarda é um dos deveres inerentes ao poder familiar, e, por isso, a princípio – e preferencialmente – são os pais (da família de origem) que detêm a guarda da criança ou do adolescente.

Sua concepção como modalidade de família substituta está prevista no art. 33, ECA, e pode ser conceituada como a decisão judicial que regulariza a posse de fato da criança ou adolescente, gerando dever de assistência material moral e educacional ao detentor da guarda e assegurando a condição de dependente à criança/adolescente, podendo ser concedida a um dos pais (no caso de separação judicial ou divórcio) ou a terceiros.

É a mais precária dentre as três modalidades de família substituta: embora confira a seu detentor o direito de opor-se a terceiros, inclusive aos pais, **não destitui nem suspende o poder familiar, não impede o direito de visitas, nem suspende o dever de alimentos** (salvo determinação expressa em contrário). Pode ser revogada a qualquer tempo pelo juiz, ouvido o Ministério Público (art. 35, ECA).

b) Tutela

A tutela tem sua regulamentação prevista nos arts. 36 a 38 do Estatuto da Criança e do Adolescente, e também nos arts. 1.728 a 1.734 do Código Civil (que serão examinados em maior profundidade no capítulo referente a esta disciplina). Consiste no poder conferido a uma pessoa capaz para reger um incapaz (menor de 18 anos) e administrar seus bens à falta dos pais.

É subsidiária ao poder familiar, podendo ser decretada judicialmente nas hipóteses de falecimento dos pais (o tutor pode ser nomeado em testamento destes), em caso ou perda ou suspensão do poder familiar.

Nos termos do art. 38 do ECA, dá-se a destituição de tutela mesmas hipóteses da perda/suspensão do poder familiar (art. 24, ECA).

c) Adoção

A adoção, regulamentada pelos arts. 39 a 52 do Estatuto da Criança e do Adolescente, é o instituto que estabelece um vínculo de filiação por decisão judicial. Em outras palavras, o parentesco civil constituído pela filiação por adoção corresponderá a uma relação jurídica (ou seja, em que se estabelecem direitos e deveres recíprocos) análoga à do parentesco biológico, inclusive para fins sucessórios (art. 41, ECA), especialmente em se considerando a proibição de qualquer tipo de discriminação fundada na origem da filiação nos termos da Constituição Federal.

> A adoção de pessoas com menos de 18 anos é tratada exclusivamente pelo Estatuto da Criança e do Adolescente (após a atualização do texto pela Lei n. 12.010/2009), cabendo ao Código Civil regular apenas a adoção dos maiores de 18 anos (salvo na hipótese de o adotando com mais de 18 anos já estar sob guarda ou tutela dos adotantes, nos termos do art. 40 do ECA).

É a única hipótese de colocação definitiva em família substituta, sendo, por essa razão, uma medida excepcional e irrevogável (art. 39, § 1º, ECA).

A Lei n. 13.509/2017 inseriu o § 3º ao art. 39, estabelecendo a primazia dos interesses do adotando no caso de conflito destes com os de outras pessoas, inclusive seus pais biológicos.

> Devido à irrevogabilidade, os laços de parentesco estabelecidos pela adoção não se rompem sequer com a morte dos pais adotivos, e em nenhuma hipótese se restabelece o poder familiar dos pais naturais, determinando-se o desligamento de todos os vínculos em relação a estes (salvo impedimentos matrimoniais, conforme determina o art. 41 do ECA).

Ainda, uma vez constituído o vínculo de adoção por sentença judicial, o registro civil do adotado será alterado por mandado, que fará consignar o nome dos adotantes como pais, sem qualquer observação sobre a origem do ato nas certidões do registro (art. 47, §§ 1º, 2º e 4º, ECA). Porém, assegura-se ao adotado o direito de conhecer sua origem biológica e ter acesso ao processo de adoção após completar 18 anos (art. 48, ECA).

Nos termos do art. 42 do ECA, qualquer pessoa maior de 18 anos pode adotar, independentemente do estado civil, bastando ser ao menos 16 anos mais velho que o adotando, sendo vedada a adoção apenas aos ascendentes e irmãos do adotando (art. 42, § 1º, ECA). Para adoção conjunta, o ECA exige o casamento civil ou união estável, comprovada a estabilidade da família (art. 42, § 2º, ECA), inclusive para casais divorciados ou judicialmente separados (art. 42, § 4º, ECA).

> Não há previsão expressa quanto aos casais homoafetivos, mas a jurisprudência admite a possibilidade (nesse sentido, ver acórdão proferido na Arguição de Descumprimento de Preceito Fundamental n. 132, do STF, sobre o reconhecimento da união estável homoafetiva).

Os pais ou o representante legal do adotando devem consentir na adoção. O consentimento deve ser manifestado em audiência (art. 166, ECA), e somente será dispensado se desconhecidos os pais ou destituídos do poder familiar (art. 45, § 1º, ECA). Exige-se também o consentimento do adotando maior de 12 anos, e recomenda-se a oitiva da criança menor de 12 anos sempre que possível (art. 28, § 1º, ECA).

Como toda colocação em família substituta, a adoção é condicionada a processo judicial, sendo obrigatório estágio de convivência entre adotantes e adotando, o qual pode ser dispensado em face da preexistência de guarda legal ou tutela (a simples guarda de fato não dispensa), nos termos do art. 46 e seus parágrafos do ECA.

A Lei n. 13.509/2017 alterou a redação do *caput* do art. 46, determinando prazo máximo de 90 dias para o estágio de convivência, podendo ser prorrogado por mais 90 dias, desde que fundamentadamente. Na hipótese de adoção internacional (pessoa ou casal residente ou domiciliado fora do país), o estágio de convivência tem prazo especial: mínimo de 30 e máximo de 45 dias, também prorrogável uma única vez, ao final do qual será apresentado laudo fundamentado por equipe multiprofissional, recomendando ou não a adoção (art. 46, § 3º, ECA).

O estágio de convivência deve ser cumprido em território nacional, preferencialmente na comarca onde a criança resida, respeitada a competência do juízo da comarca de residência da criança.

Cabe ao Juízo da Infância e Juventude manter em cada comarca ou foro regional o registro das crianças e adolescentes e postulantes à adoção, cabendo às Autoridades Central Estadual e Federal (órgãos do Poder Executivo) fiscalizar esses cadastros (art. 50 e seus parágrafos, ECA). Antes de solicitarem sua inscrição no referido registro, os postulantes à adoção devem passar por um período de preparação psicossocial e jurídica, orientado pela equipe técnica da Justiça da Infância e da Juventude (art. 50, § 3º, ECA), que incluirá, sempre que possível, o contato com crianças e adolescentes em acolhimento familiar ou institucional em condições de serem adotados (art. 50, § 4º, ECA). A inscrição somente será deferida após prévia consulta aos órgãos técnicos do Juizado e ouvido o Ministério Público; não se deferirá a inscrição se o interessado não satisfizer os requisitos legais, ou verificada qualquer das hipóteses previstas no art. 29 do ECA.

A Lei n. 13.509/2017 determinou no § 10 do art. 47 que a ação de adoção deverá ser concluída no máximo em 120 dias, com a possibilidade de uma única prorrogação, mediante decisão fundamentada do juiz.

O Estatuto também prevê a criação e implementação de cadastros estaduais e nacional de crianças e adolescentes em condições de serem adotados e de pessoas ou casais habilitados à adoção (art. 50, § 5º, ECA), bem como a existência de cadastros distintos para pessoas ou casais residentes fora do País (art. 50, § 6º, ECA), para que se possa exercer a regra de preferência dos adotantes nacionais.

A Lei n. 13.509/2017 estabeleceu, no § 15 do art. 50 do ECA, que, nos cadastros, passa a ter prioridade quem se interessar pela adoção de criança ou adolescente com deficiência, com doença crônica ou outra necessidade específica de saúde, além de grupos de irmãos.

Por fim, a adoção internacional é aquela postulada por pessoa ou casal residente ou domiciliado fora do Brasil. Somente é admitida quando esgotadas as possibilidades de família substituta no Brasil e desde que demonstrado ser essa a solução adequada ao caso concreto, sendo dada preferência para brasileiros residentes no exterior a estrangeiros (art. 51, §§ 1º e 2º, ECA).

A Lei n. 13.509/2017 alterou o art. 51 do ECA, com substituição da expressão "pessoa ou casal postulante" por "pretendente", e incluiu que tanto este quanto a criança a ser adotada devem residir em país parte da Convenção Relativa à Proteção das Crianças e à Cooperação em Matéria de Adoção. No inciso I, substituiu a expressão "família substituta" por "família adotiva" (restrição às modalidades de colocação em família substituta); e, no inciso II, passou a exigir certificação no autos de que não há adotantes habilitados no Brasil com perfil compatível com a criança ou adolescente.

Nos termos do art. 52 do ECA, a adoção internacional fica sujeita ao procedimento judicial da adoção (descrito nos arts. 165 a 170 do ECA) com as seguintes adaptações: o pedido de habilitação deve ser feito na Autoridade Central do país onde reside o adotante, que emitirá relatório e documentação pertinentes para as Autoridades Centrais Estadual e Federal no Brasil. As Autoridades do Brasil devem analisar a documentação e expedir o laudo de habilitação para adoção (validade de 1 ano, com possibilidade de renovação). Somente com o trânsito em julgado da decisão que concede a adoção é expedido o alvará de autorização de viagem do adotando.

Modalidades de família substituta

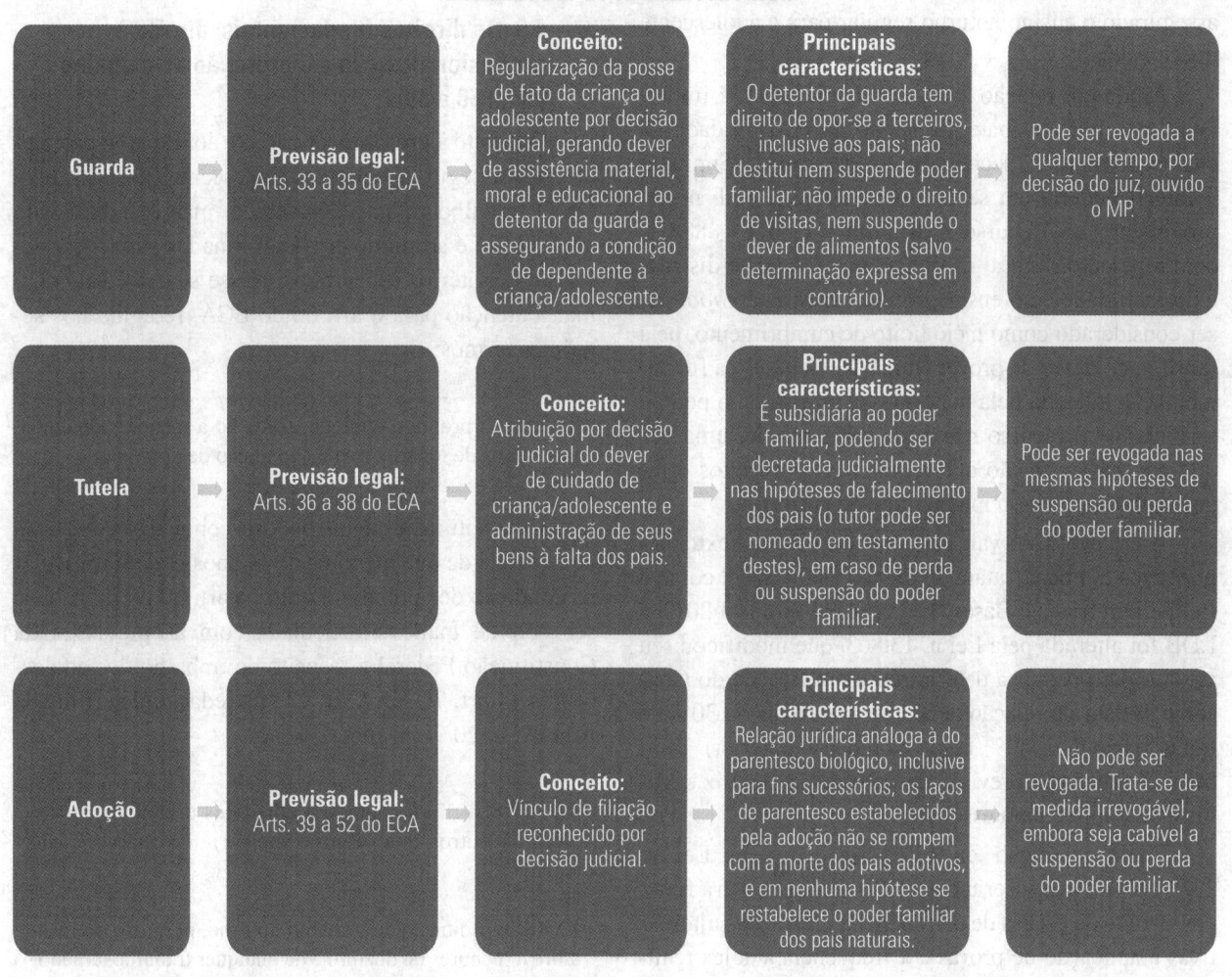

Modalidade	Previsão legal	Conceito	Principais características	
Guarda	Arts. 33 a 35 do ECA	Regularização da posse de fato da criança ou adolescente por decisão judicial, gerando dever de assistência material, moral e educacional ao detentor da guarda e assegurando a condição de dependente à criança/adolescente.	O detentor da guarda tem direito de opor-se a terceiros, inclusive aos pais; não destitui nem suspende poder familiar; não impede o direito de visitas, nem suspende o dever de alimentos (salvo determinação expressa em contrário).	Pode ser revogada a qualquer tempo, por decisão do juiz, ouvido o MP.
Tutela	Arts. 36 a 38 do ECA	Atribuição por decisão judicial do dever de cuidado de criança/adolescente e administração de seus bens à falta dos pais.	É subsidiária ao poder familiar, podendo ser decretada judicialmente nas hipóteses de falecimento dos pais (o tutor pode ser nomeado em testamento destes), em caso de perda ou suspensão do poder familiar.	Pode ser revogada nas mesmas hipóteses de suspensão ou perda do poder familiar.
Adoção	Arts. 39 a 52 do ECA	Vínculo de filiação reconhecido por decisão judicial.	Relação jurídica análoga à do parentesco biológico, inclusive para fins sucessórios; os laços de parentesco estabelecidos pela adoção não se rompem com a morte dos pais adotivos, e em nenhuma hipótese se restabelece o poder familiar dos pais naturais.	Não pode ser revogada. Trata-se de medida irrevogável, embora seja cabível a suspensão ou perda do poder familiar.

4.8. Os direitos fundamentais: o direito à educação, à cultura, ao esporte e ao lazer (arts. 53 a 59)

Os arts. 53 a 59 contêm previsões referentes a alguns dos direitos econômicos, sociais e culturais de crianças e adolescentes, com especificações decorrentes do reconhecimento da condição peculiar de pessoa em desenvolvimento.

O art. 53 do ECA estabelece que é direito das crianças e adolescentes a igualdade de condições para acesso e permanência na escola, além de ser respeitado pelos educadores, contestar critérios avaliativos, organizar e participar de entidades estudantis. Têm direito, ainda, a escola pública e gratuita perto de sua residência, e os pais ou responsáveis têm direito à ciência do processo pedagógico. Verifica-se nesse artigo a intenção do legislador de criar uma normativa que propiciasse, mais do que o acesso à escola, relações democratizadas de ensino, envolvendo alunos e seus pais ou responsáveis no processo pedagógico.

O art. 54 do ECA estabelece os principais deveres do Estado para realização dos direitos acima enunciados: assegurar ensino fundamental obrigatório e gratuito (inclusive para os que não tiveram acesso na idade própria), bem como progressiva extensão do ensino médio obrigatório e gratuito, além de atendimento especializado às crianças e adolescentes com deficiência. O direito a creche e pré-escola deve ser estendido para crianças de até 5 anos (nos termos da nova redação do parágrafo IV do artigo em referência, após a alteração da Lei n. 13.306/2016, que rebaixou o limite etário para o acesso à creche de 6 para 5 anos). Deve, por fim, ser assegurado o ensino noturno regular para o adolescente trabalhador.

Ainda em relação ao direito à educação, é importante ressaltar o debate a respeito da possibilidade de ensino domiciliar, decidida pelo Plenário do Supremo Tribunal Federal em setembro de 2018. O STF negou provimento ao Recurso Extraordinário (RE) 888815, com repercussão geral reconhecida, no qual se discutia a possibilidade de o ensino domiciliar (*homeschooling*) ser considerado como meio lícito de cumprimento, pela família, do dever de prover educação. Segundo a fundamentação adotada pela maioria dos ministros, o pedido formulado no recurso não pode ser acolhido, uma vez que não há legislação que regulamente preceitos e regras aplicáveis a essa modalidade de ensino.

Além do ECA, vale ressaltar que outros textos legislativos também tratam do direito à educação, como a Lei de Diretrizes e Bases (Lei n. 9.394/96). Em 2019, a LDB foi alterada pela Lei n. 13.803, que modificou seu art. 12, para passar a determinar a notificação do Conselho Tutelar da relação de alunos com mais de 30% de faltas (e não mais 50%, como na redação anterior). Também foi retirada a previsão de notificação do juiz e Ministério Público para esses casos.

Outra alteração da LDB se deu pela Lei n. 13.796/2019, que inseriu o art. 7º-A na LDB, para fixar, em virtude de escusa de consciência, prestações alternativas à aplicação de provas e à frequência a aulas realizadas em dia de guarda religiosa.

ATENÇÃO: Conteúdo interdisciplinar com Direitos Humanos e o direito à liberdade religiosa.

Por fim, vale mencionar o Decreto n. 9.765/2019 (Poder Executivo), que institui a Política Nacional de Alfabetização (diretrizes de caráter geral), por meio da qual a União, em colaboração com os Estados, o Distrito Federal e os Municípios, implementará programas e ações voltados à promoção da alfabetização baseada em evidências científicas, com a finalidade de melhorar a qualidade da alfabetização no território nacional e de combater o analfabetismo absoluto e o analfabetismo funcional, no âmbito das diferentes etapas e modalidades da educação básica e da educação não formal (art. 1º).

4.9. Os direitos fundamentais: direito à profissionalização e à proteção no trabalho (arts. 60 a 69)

O direito à profissionalização e ao trabalho protegido estão assegurados para os adolescentes nos arts. 60 a 69. O trabalho infantil é proibido, mas o trabalho do adolescente é admitido em determinadas situações, observados critérios específicos. Nesse sentido, vale chamar a atenção para o art. 60 do ECA, redigido nos seguintes termos:

> **Art. 60.** É proibido qualquer trabalho a menores de quatorze anos de idade, salvo na condição de aprendiz.

Uma leitura desatenta poderia conduzir à conclusão equivocada de que menores de 14 anos podem trabalhar na condição de aprendiz. Porém, o art. 60 do ECA deve ser lido de maneira articulada com as previsões da Constituição Federal a respeito do trabalho dos adolescentes. O art. 7º, XXXIII, CF, na redação determinada pela EC n. 20/98, dispõe:

> **Art. 7º** São direitos dos trabalhadores urbanos e rurais, além de outros que visem à melhoria de sua condição social:
> (...)
> **XXXIII** – proibição de trabalho noturno, perigoso ou insalubre a menores de dezoito e de qualquer trabalho a menores de dezesseis anos, salvo na condição de aprendiz, a partir de quatorze anos;

A leitura combinada dos arts. 60, ECA, e 7º, inciso XXXIII, CF[6], permite identificar os seguintes limites etários para o trabalho de adolescentes:

---
[6] Ainda sobre o tema, verificar o disposto nos arts. 402 a 405 da Consolidação das Leis do Trabalho.

Faixa etária	Tipo de trabalho permitido
Crianças e adolescentes de até 14 anos incompletos	Proibido qualquer tipo de trabalho
Adolescentes entre 14 e 18 anos incompletos	Permitido o trabalho na condição de aprendiz
Adolescentes entre 16 e 18 anos incompletos	Permitido o trabalho executado fora do processo de aprendizagem (salvo perigoso, insalubre e noturno)

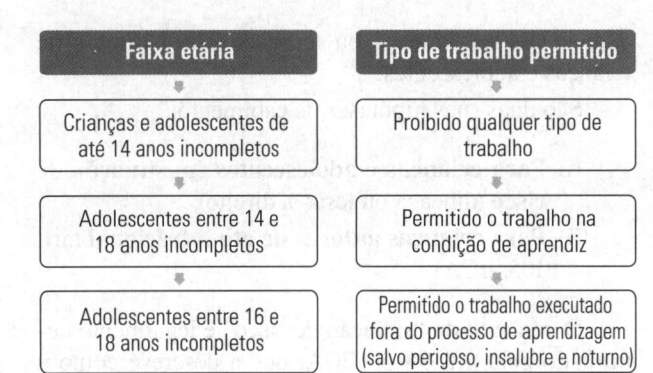

Ou seja, 16 anos é a idade mínima para ingresso em qualquer atividade profissional, com vedação ao trabalho perigoso, insalubre e noturno. O trabalho infantil e de adolescentes de até 14 anos incompletos é sempre ilegal, não se admitindo quaisquer exceções.

Quanto ao trabalho na modalidade de aprendizagem, permitido para adolescentes a partir dos 14 anos, é definido nos arts. 62 e 63 do ECA, que o descrevem como uma formação técnico-profissional durante a qual se deve garantir o acesso e frequência obrigatória ao ensino regular, em horário compatível com o desenvolvimento do adolescente e em horário especial para exercício das atividades.

O aprendiz tem direito a bolsa-aprendizagem, além de direitos trabalhistas e previdenciários, nos termos dos arts. 64 a 69 do ECA.

4.10. Os direitos fundamentais: a prevenção especial

O Título III, último da Parte Geral do ECA, trata do sistema de prevenção especial, atribuindo a cada um individualmente, à sociedade em geral e ao Estado deveres para prevenir riscos iminentes ou futuros de violação dos direitos de crianças e adolescentes previstos na Parte Geral. Trata-se de deveres jurídicos, cujo descumprimento importa responsabilidade da pessoa física ou jurídica (art. 73, ECA).

A prevenção especial é observada em dimensões da vida social às quais a criança e o adolescente podem ter acesso, porém limitado e regulamentado de forma a não expor a risco os seus direitos fundamentais. O ECA estipula medidas preventivas relativas a informação, cultura, lazer, esportes, diversões e espetáculos (arts. 74 a 80, ECA); a produtos e serviços (arts. 81 e 82, ECA) e a viagens de crianças e adolescentes (arts. 83 a 85, ECA).

Vale ressaltar aqui as alterações trazidas pela Lei n. 13.010/2014, que inseriu o art. 70-A, prevendo a articulação dos órgãos públicos e da sociedade na elaboração de políticas públicas e na execução de ações destinadas a coibir o uso de castigo físico ou de tratamento cruel ou degradante e difundir formas não violentas de educação de crianças e de adolescentes.

Em relação à regulação da informação, cultura, lazer, esportes, diversões e espetáculos, os arts. 74 e 75 do ECA asseguram a toda criança e adolescente o direito a diversões e espetáculos públicos adequados à faixa etária; a adequação será feita pelo poder público, determinando, para tanto, o anúncio prévio obrigatório da classificação etária. Já os arts. 78 e 79 do ECA dispõem que revistas e publicações com material impróprio serão comercializadas em embalagem lacrada e com advertência do conteúdo; e aquelas destinadas ao público infanto-juvenil não poderão conter quaisquer imagens ou referências a bebidas alcoólicas, tabaco, armas e munições, devendo ainda "respeitar os valores éticos e sociais da pessoa e da família". É importante consignar que referida regulamentação não se confunde com a censura prévia exercida em regimes autoritários, consistente em uma violação do direito à liberdade de expressão do pensamento, em especial por motivação política. No caso dos dispositivos do ECA, trata-se de propiciar o acesso adequado de cada faixa etária aos conteúdos veiculados, respeitando as diversas etapas do desenvolvimento da criança e do adolescente, e sua capacidade de discernimento em cada idade.

A prevenção referente a Produtos e Serviços (arts. 81 e 82, ECA) tem por finalidade evitar a exposição da criança ou adolescente a situação de risco decorrente do acesso a armas de fogo e aparatos correlatos, explosivos, bem como a substâncias que causem dependência e publicações de conteúdo inadequado. Também pretende minimizar o risco de crimes como sequestros e outras formas de abuso. Assim, proíbe-se a venda à criança ou ao adolescente de armas, munições e explosivos; bebidas alcoólicas; produtos que causem dependência; fogos de artifício; publicações de conteúdo impróprio; e a hospedagem de criança ou adolescente em hotel, motel, pensão e estabelecimentos congêneres, salvo se autorizado ou acompanhado pelos pais ou responsável.

A prevenção estabelecida pelas regras referentes à autorização para viajar (arts. 83 a 85) divide-se em viagens dentro do território nacional e fora do território nacional.

O art. 83 trata da hipótese de viagens dentro do território nacional, para fora da comarca de residência da criança ou adolescente. Esse dispositivo legal foi alterado pela Lei n. 13.812/2019, passando a estabelecer como regra geral em seu *caput* que crianças e adolescentes de até 16 anos somente podem viajar na companhia de seus pais ou responsáveis, ou mediante expressa autorização judicial, caso desacompanhados. Seu parágrafo único enumera as hipóteses de exceção, ou seja, os casos em que se autoriza a viagem de crianças e adolescentes de até 16 anos desacompanhados de seus pais ou responsáveis e sem a necessidade de autorização judicial, quais sejam: viagem para comarca contígua na mesma unidade da Federação, ou na mesma região metropolitana; ou se a criança ou adolescente de até 16 (dezesseis) anos estiver acompanhado de ascendente ou colateral maior, até o terceiro grau, comprovado documentalmente o parentesco, ou de pessoa maior, expressamente autorizada pelo pai, mãe ou responsável.

O art. 84 do ECA trata das viagens para fora do território nacional: nesse caso, tanto crianças quanto adolescentes somente podem viajar acompanhados de ambos os pais ou responsável, ou na companhia de um dos pais, autorizado expressamente pelo outro através de documento com firma reconhecida, nos termos do art. 85[7] do ECA.

A inobservância das regras prescritas nos arts. 83, 84 e 85 do ECA fica sujeita às penalidades administrativas do art. 251 do mesmo diploma legal.

Vale mencionar que o tráfico de criança ou adolescente é crime previsto no art. 239 do Estatuto, punido com pena de quatro a seis anos de reclusão e multa. Por fim, em relação às regras referentes a viagens para o exterior, vale ressaltar que estas têm por função, também, reduzir o risco do crime de tráfico de crianças e adolescentes, tipificado no art. 239 do Estatuto.

5. ESTATUTO DA CRIANÇA E DO ADOLESCENTE: PARTE ESPECIAL

Como mencionado no item 2, o Estatuto da Criança e do Adolescente se divide em uma Parte Geral, na qual são previstos direitos fundamentais, e uma Parte Especial, com disposições pertinentes ao atendimento institucional e ao acesso à Justiça. Deste tópico em diante, será apresentado o estudo da Parte Especial do ECA.

5.1. As medidas de proteção

As medidas de proteção, previstas nos arts. 98 a 100 do ECA, podem ser descritas como intervenções das autoridades competentes, quais sejam, o Conselho Tutelar e a Justiça da Infância e da Juventude, exigíveis quando houver ameaça ou lesão efetiva a diretos de crianças e adolescentes.

São duas suas hipóteses de cabimento:

(i) Para crianças e adolescentes em situação de risco (ameaça ou lesão a direito);
(ii) Para crianças autoras de ato infracional (art. 105, ECA).

O conceito de "situação de risco" é legalmente delimitado pelo art. 98 do ECA, que a descreve como a ameaça ou violação a direitos de criança ou adolescente, seja por ação ou omissão da sociedade ou do Estado; por falta, omissão ou abuso dos pais ou responsável, ou em razão de sua conduta.

As medidas de proteção não correspondem a qualquer tipo de sanção ou punição (inclusive nos casos de criança autora de ato infracional), e sua proposta é de realizar uma intervenção que cesse a violação de direito ou suprima o risco a que a criança ou adolescente esteja exposto. Por isso, podem ser aplicadas isolada ou cumulativamente, bem como substituídas a qualquer tempo, sempre levando em conta as necessidades pedagógicas e a necessidade de fortalecimento dos vínculos familiares e comunitários (arts. 99 e 100, ECA).

A Lei n. 13.509/2017 alterou a redação do inciso X do art. 100 do ECA, substituindo a expressão "família substituta" por "família adotiva", estabelecendo assim uma restrição às modalidades de colocação em família substituta nessa hipótese legal.

O art. 101 do ECA prevê as seguintes espécies de medidas de proteção: encaminhamento aos pais ou responsável; orientação, apoio e acompanhamento temporários; matrícula e frequência à escola; inclusão em programas sociais e para tratamento/apoio em problemas com entorpecentes; requisição de tratamento de saúde mental; acolhimento institucional; inclusão em programa de acolhimento familiar; colocação em família substituta.

A Lei n. 13.509/2017 alterou o § 10 do art. 101, e reduziu o prazo do Ministério Público para ajuizar a ação de destituição do poder familiar de 30 para 15 dias nos casos de criança ou adolescente em situação de risco gerada pelos seus genitores (art. 98, ECA).

Frise-se que as medidas de acolhimento (tanto institucional quanto familiar) são sempre provisórias e excepcionais, e devem corresponder a uma etapa de transição para reintegração familiar ou colocação em família substituta. Devem durar o prazo máximo de 2 anos, devendo a situação ser revista semestralmente para que se verifique a possibilidade de reintegração à família de origem ou, não sendo possível, para colocação em família substituta. Não pode jamais implicar privação de liberdade da criança ou do adolescente.

---

[7] Art. 85. Sem prévia e expressa autorização judicial, nenhuma criança ou adolescente nascido em território nacional poderá sair do País em companhia de estrangeiro residente ou domiciliado no exterior.

Não confundir:

	Programa de acolhimento familiar	Colocação em família substituta
O que é?	Medida de proteção específica, na qual a criança ou adolescente é colocado temporariamente aos cuidados de uma família acolhedora inscrita no programa.	Medida de proteção específica, que corresponde às modalidades de família que substituem a família natural à falta desta. Podem se constituir por guarda, tutela ou adoção.
Fundamento legal	Art. 101, VII, ECA (introduzido pela Lei n. 12.010/2009).	Arts. 25 a 52, ECA.
Semelhanças	Corresponde à preferência dada ao convívio familiar, que sempre deve prevalecer em relação ao acolhimento institucional, salvo necessidade comprovada.	Corresponde à preferência dada ao convívio familiar, que sempre deve prevalecer em relação ao acolhimento institucional, salvo necessidade comprovada.
Diferenças	É sempre transição entre a reintegração à família de origem ou colocação em família substituta. Prazo máximo de 2 anos.	Pode ser revogável, mas sem prazo-limite (guarda e tutela), ou irrevogável (adoção).

São autoridades competentes para determinar as medidas de proteção:

- **O Juiz da Infância e Juventude:** detém competência exclusiva para qualquer medida que acarrete o afastamento da criança ou adolescente do convívio familiar – ou seja, as medidas de acolhimento familiar e institucional, além da colocação em família substituta –, devendo ser assegurado aos pais o direito ao contraditório no processo (art. 101, § 2º, ECA);
- **Conselho Tutelar:** pode aplicar todas as demais medidas de proteção.

5.2. As medidas pertinentes aos pais ou responsáveis

As medidas pertinentes aos pais ou responsáveis são intervenções realizadas pelas autoridades quando aqueles oferecerem risco ou violarem direitos de crianças e adolescentes. São regulamentadas pelos arts. 129 e 130 do ECA.

O art. 129 enumera suas espécies: encaminhamento a programas sociais e de tratamento de saúde e para problemas com entorpecentes; encaminhamento a cursos ou programas de orientação; obrigação de matricular a criança ou adolescente sob sua responsabilidade em escola; obrigação de encaminhar a criança ou adolescente a tratamento especializado; advertência; perda da guarda; destituição da tutela; suspensão ou destituição do poder familiar.

Em relação às autoridades competentes para sua decretação, de forma análoga à descrita no item 5.1 (sobre as medidas de proteção para crianças e adolescentes), o Juiz da Infância e Juventude tem competência exclusiva para determinar a perda da guarda; destituição da tutela; suspensão ou destituição do poder familiar (ou seja, para as medidas que acarretem o afastamento da criança ou adolescente do convívio familiar). Deve-se destacar a previsão contida no art. 130 do ECA, a respeito da possibilidade de afastamento por medida cautelar com fixação provisória de alimentos na hipótese de maus-tratos, opressão ou abuso sexual impostos pelos pais ou responsável.

Ao Conselho Tutelar cabe aplicar todas as demais medidas pertinentes aos pais ou responsáveis.

5.3. O Conselho Tutelar

O Conselho Tutelar é órgão permanente e autônomo, não jurisdicional, encarregado pela sociedade de zelar pelo cumprimento dos direitos da criança e do adolescente, definidos nesta Lei (art. 131, ECA).

Como decorrência dessas características enumeradas no texto legal, não pode ser extinto, renovando-se apenas seus integrantes, e não se subordina a qualquer órgão da hierarquia administrativa (embora seja vinculado à Administração Pública Municipal), tanto que suas decisões somente podem ser revistas pelo juiz, e a pedido de quem tenha legítimo interesse (art. 137, ECA). Não exerce jurisdição, pois se trata de órgão de atribuições administrativas, não sendo competente para atos exclusivos do Juízo da Infância e Juventude.

Sua composição é determinada no art. 132 do ECA: será formado por 5 membros eleitos pela comunidade local para mandato de 4 anos (com possibilidade de recondução mediante novo processo de escolha, nos termos da Lei n. 13.824/2019), podendo se candidatar qualquer pessoa com idade superior a 21 anos que resida no município, desde que tenha reconhecida idoneidade moral (art. 133, ECA).

Sua competência territorial é análoga à do juiz da infância, ou seja, no domicílio dos pais ou responsável; pelo lugar onde se encontre a criança ou adolescente, à falta dos pais ou responsável (art. 147, ECA).

Dentre suas principais atribuições estão atender crianças e adolescentes, bem como seus pais e responsáveis; atuar na rede de atendimento (saúde, educação, serviço social, previdência, trabalho e segurança) e com o sistema de justiça (juiz da infância e juventude e MP) no caso de violação de direitos da criança e do adolescente ou de descumprimento de suas decisões.

5.4. A prática de ato infracional atribuído a adolescente

5.4.1. Noções introdutórias

"Ato infracional" é o termo que designa a prática de uma conduta prevista como ilícito penal por pessoa menor de 18 anos. Para que melhor se compreenda a noção de ato infracional, é necessário antes recorrer ao conceito analítico de crime[8], que o descreve como o fato típico (ou seja, correspondente a uma descrição de conduta a princípio proibida pela lei penal), ilícito (por ser praticado sem autorização legal excepcional, e assim guardar relação de contrariedade com o ordenamento jurídico) e praticado por pessoa culpável (que é aquela imputável, consciente da ilicitude que pratica – ainda que de forma apenas potencial – e de quem se poderia exigir conduta diversa da criminosa).

O ato infracional, por sua vez, é o fato típico e ilícito praticado por inimputável, nos termos do art. 103 do ECA:

> **Art. 103.** Considera-se ato infracional a conduta descrita como crime ou contravenção penal.

Trata-se, portanto, de **conduta típica e ilícita**, praticada por pessoa a quem falta uma das **condições para a culpabilidade.** Ato infracional não é sinônimo de crime em seu conceito técnico justamente pela ausência desse elemento, mas o legislador remete à lei penal para indicar que os atos infracionais praticados por adolescentes encontram lá sua tipificação. Dessa forma, a representação que dá início à ação socioeducativa descreverá a conduta praticada pelo adolescente como "ato infracional equiparado ao crime de furto", ou "ato infracional equiparado ao crime de tráfico de entorpecentes", por exemplo.

Em outras palavras, as descrições fáticas das condutas praticadas pelo adulto e pelo adolescente serão idênticas: tanto o crime de furto quanto o ato infracional a ele equiparado consistirão em subtrair, para si ou para outrem, coisa alheia móvel[9]. Porém, pelo fato de a pessoa com menos de 18 anos se encontrar em peculiar condição de desenvolvimento e não possuir as mesmas condições individuais de maturidade emocional e autonomia pessoal que um adulto, reconhece-se a ausência de elemento essencial para a culpabilidade nos termos formulados pela lei penal. Assim, a imputabilidade penal é fixada aos 18 anos no art. 104 do ECA, com correspondências nos arts. 228 da Constituição Federal e 27 do Código Penal:

> **Art. 104.** São penalmente inimputáveis os menores de dezoito anos, sujeitos às medidas previstas nesta Lei.
> **Parágrafo único.** Para os efeitos desta Lei, deve ser considerada a idade do adolescente à data do fato.

Para a doutrina majoritária, a imputabilidade penal aos 18 anos configura direito fundamental, por refletir a isonomia que informa o direito à igualdade, o que significa tratar igualmente os iguais, e desigualmente os desiguais, na medida de suas desigualdades. Sendo crianças e adolescentes pessoas diferentes dos adultos, deve-se determinar consequências jurídicas diferentes para uns e outros.

> O crime e o ato infracional terão, portanto, distintas consequências jurídicas: ao adulto que pratique crime aplicam-se as penas previstas no Código Penal (cujo fundamento decorre da culpabilidade), após o devido processo legal estabelecido pelo Código de Processo Penal. À criança e ao adolescente que pratiquem ato infracional aplicam-se as medidas pertinentes a cada faixa etária (cujo fundamento decorre do dever de proteção integral), após o devido processo legal, tudo conforme as previsões constantes do Estatuto da Criança e do Adolescente.

---

[8] Adota-se aqui a concepção tripartite, predominantemente adotada pela doutrina penal brasileira.

[9] Art. 155 do Código Penal.

Para a criança autora de ato infracional, o art. 105 do ECA determina a aplicação das medidas de proteção (art. 101, ECA), e, para os adolescentes, as medidas socioeducativas, mediante procedimento pautado pelo devido processo legal e demais garantias.

São expressamente assegurados direitos individuais (arts. 106 a 109, ECA) e garantias processuais (arts. 110 e 111) aos adolescentes submetidos a procedimento para apuração de ato infracional. Embora não se trate de procedimento da Justiça Criminal, o fato de o ECA constituir o adolescente como sujeito de Direito (e não mero objeto de intervenção) implica a extensão dos direitos e garantias processuais penais, acrescidos de previsões específicas decorrentes de sua condição de pessoa em desenvolvimento, e sob responsabilidade de entidade familiar.

Assim como se dá em relação aos adultos, é direito do adolescente que somente seja privado de liberdade por ordem judicial ou em flagrante de ato infracional, observado ainda seu direito à identificação dos responsáveis pela sua apreensão, e à informação acerca de seus direitos. Acresça-se a determinação de comunicação imediata à família (ou pessoa indicada pelo adolescente) e ao juiz da infância e juventude, para que verifique a possibilidade de liberação imediata (sob responsabilidade de qualquer dos pais ou de um responsável). Ainda, o adolescente civilmente identificado não será submetido a identificação compulsória pelos órgãos policiais, de proteção e judiciais, salvo para efeito de confrontação, havendo dúvida fundada.

A privação da liberdade do adolescente antes de encerrado o procedimento de apuração de ato infracional por internação provisória terá o prazo máximo de 45 dias, exigindo-se indícios suficientes de autoria e materialidade, e somente em caso de necessidade imperiosa da medida.

Quanto às garantias processuais, o ECA prevê expressamente o direito ao devido processo legal, necessariamente judicializado como única forma admissível para determinar a privação de sua liberdade; direito à informação, para que saiba qual o ato infracional atribuído, mediante citação ou meio equivalente; direito à igualdade na relação processual (para que tenha igualdade de oportunidade de manifestação e produção de provas); direito a defesa técnica por advogado: constituído nos autos ou indicado pelo juiz, se necessária assistência judiciária gratuita e integral; direito de ser ouvido pessoalmente pela autoridade competente; e direito de solicitar a presença de seus pais ou responsável em qualquer fase do procedimento.

5.4.2. O procedimento para apuração de ato infracional

A respeito do procedimento para apuração do ato infracional, o art. 152 do ECA determina a aplicação subsidiária das normas gerais previstas na legislação processual pertinente, bem como a observância da prioridade absoluta na tramitação dos processos (parágrafo único). Vale frisar que não há regulamentação para apuração de ato infracional praticado por criança; verifica-se qual a medida de proteção mais adequada, sendo cabível também aplicar medidas pertinentes aos pais ou responsáveis.

O ingresso do adolescente no sistema de justiça juvenil pode se dar de três maneiras:

(i) **Flagrante:** o adolescente é apreendido enquanto pratica o ato ou logo após;
(ii) **Ordem judicial:** o juiz determina a apreensão de adolescente durante procedimento em curso;
(iii) **Indícios de participação em crime de adulto investigado em inquérito policial:** é feita a remessa do relatório das investigações e documentos ao MP.

Quanto à apreensão do adolescente em flagrante de ato infracional, é necessário consignar alguns pontos: embora o adolescente não seja submetido ao procedimento de lavratura de prisão em flagrante previsto no Código de Processo Penal, isso não significa ser proibida sua apreensão no momento da prática do ato infracional, mas apenas que a apreensão, realizada pela autoridade policial, de preferência especializada (não existindo repartição especializada, devem-se separar adolescentes de adultos em suas dependências, nos termos do parágrafo único do art. 172, ECA), terá o procedimento específico descrito no art. 173 do Estatuto da Criança e do Adolescente:

> **Art. 173.** Em caso de flagrante de ato infracional cometido mediante violência ou grave ameaça a pessoa, a autoridade policial, sem prejuízo do disposto nos arts. 106, parágrafo único, e 107, deverá:
> I – lavrar auto de apreensão, ouvidos as testemunhas e o adolescente;
> II – apreender o produto e os instrumentos da infração;
> III – requisitar os exames ou perícias necessários à comprovação da materialidade e autoria da infração.
> **Parágrafo único.** Nas demais hipóteses de flagrante, a lavratura do auto poderá ser substituída por boletim de ocorrência circunstanciada.

Finalizado o procedimento de apreensão, o adolescente deve ser imediatamente liberado para qualquer dos pais ou responsável, que deverá assinar termo de compromisso para apresentar o adolescente ao representante do Ministério Público no mesmo dia, ou no dia útil imediatamente subsequente (art. 174, ECA). Somente excepcionalmente o adolescente não será liberado, no caso de não comparecimento dos pais, ou se tiver sido apreendido pela prática de ato infracional violento e de repercussão social. Nessa hipótese, a autoridade policial deve providenciar seu encaminhamento imediato ao representante do Ministério Público ou, não sendo possível, à unidade de atendimento em até 24 horas, para que esta o encaminhe à apresentação ao Ministério Público (art. 175, ECA). No caso de não comparecimento do adolescente, o representante do Ministério Público notificará os pais ou responsável para apresentação do adolescente, podendo requisitar o concurso das polícias civil e militar (art. 179, parágrafo único, ECA).

Ao receber o adolescente apresentado, o representante do Ministério Público pode tomar uma dentre as três decisões abaixo (art. 180, ECA):

(i) **Requerer o arquivamento (art. 180, I, ECA):** pedido cabível quando estiver demonstrada, desde logo, a inexistência do fato; ou se não constituir o fato ato infracional; ou ainda quando estiver comprovado que o adolescente não concorreu para a prática do fato. Sendo o pedido homologado pelo juiz, o caso se encerra. Se o juiz discordar do pedido de arquivamento, deverá remeter os autos ao Procurador-Geral de Justiça para que este ofereça representação, designe outro membro do Ministério Público para apresentá-la ou ratifique o arquivamento ou a remissão, hipótese de homologação obrigatória pelo juiz (art. 181, § 2º, ECA).

(ii) **Conceder a remissão (arts. 126 a 128, ECA):** a remissão é uma causa de exclusão do processo, ou seja, a sua concessão obsta ao ajuizamento da ação socioeducativa, havendo previsão para sua concessão tanto no momento da apresentação do adolescente ao membro do Ministério Público (anterior ao início do processo, portanto) quanto no decorrer do procedimento, pela própria autoridade judiciária. Pode ser concedida qualquer que seja a natureza do ato infracional, desde que observados fatores como circunstâncias e consequências do fato, o contexto social, bem como a personalidade do adolescente e sua maior ou menor participação no ato infracional. Não implica reconhecimento ou comprovação de responsabilidade, nem impede a aplicação de medias socioeducativas (com exceção da semiliberdade e da internação).

(iii) **Oferecer representação (art. 182, ECA):** a representação é a peça judicial que dá início à ação socioeducativa. Conterá um breve resumo dos fatos e a classificação do ato infracional, não sendo necessária prova pré-constituída da autoria e materialidade.

Iniciada a ação socioeducativa, há nova possibilidade de remissão pelo juiz. Não ocorrendo a remissão, o advogado do adolescente apresentará defesa prévia (art. 186, § 3º, ECA), seguindo-se oitiva de testemunhas, debates com alegações do representante do MP e defesa (art. 186, § 4º, ECA) e prolação de sentença.

Na sentença, três são as possibilidades de decisão do magistrado:

(i) **Não aplicar qualquer medida (art. 189, ECA):** o juiz não aplicará medida alguma se reconhecer estar provada a inexistência do fato; ou se não houver prova da existência do fato; se não constituir o fato ato infracional; e se não existir prova de ter o adolescente concorrido para o ato infracional. É decisão análoga à sentença absolutória penal (art. 386, CPP).

(ii) **Aplicar remissão (art. 188, ECA):** o juiz pode aplicar a remissão como extinção ou suspensão do processo em qualquer fase da ação.

(iii) **Aplicar uma medida socioeducativa (art. 112, ECA).**

5.4.3. As medidas socioeducativas

As medidas socioeducativas são a consequência jurídica decorrente da atribuição de ato infracional a adolescente. **Não têm natureza de pena** (pois, como visto, falta ao adolescente a imputabilidade, que é elemento da culpabilidade), embora pertençam à categoria de sanção em sentido amplo. Porém, seu fundamento não se encontra na reprovabilidade social da conduta ínsita à culpabilidade do adulto, mas sim deve reverberar o sistema de proteção integral adotado pelo ECA, tendo por fundamento seu caráter pedagógico, visando à reintegração do adolescente em conflito com a lei à vida social, ainda que pela via repressiva.

Os conceitos de crime e de ato infracional guardam semelhanças, mas não devem ser confundidos. O conceito de crime corresponde ao fato típico e ilícito praticado por agente culpável, que pode ser qualquer pessoa imputável (ou seja, maior de 18 anos e em pleno gozo das faculdades mentais). As condutas criminosas são previstas no Código Penal e legislação especial, sendo que para cada crime há uma pena específica como consequência jurídica, fundamentada na reprovabilidade social da conduta (representada pela culpabilidade, ou seja, quanto mais reprovável a conduta, maior a pena aplicada pelo juiz em cada caso concreto). No caso da pena privativa de liberdade, sua duração mínima e máxima estará prevista no tipo penal.

Já o ato infracional é o fato típico e ilícito praticado por pessoa inimputável por idade (ou seja, crianças e adolescentes). As condutas infracionais correspondem às descrições dos crimes constantes do Código Penal e legislação especial, mas não há previsão de sanção específica decorrente do ato praticado, pois a medida socioeducativa se fundamenta na necessidade de proteger e reintegrar a criança ou o adolescente ao convívio social sem conflito com a lei, por meio de ações pedagógicas e educacionais. O juiz deverá avaliar a medida cabível em cada caso concreto, pautado pelos princípios da proteção integral.

> Não há correspondência taxativa entre o ato infracional e medidas especificadas (como ocorre com os crimes e as penas no sistema de justiça criminal), pois caberá ao juiz da Infância e Juventude observar em cada caso concreto qual a medida adequada como reprimenda e proteção ao adolescente.

Não sendo condenação criminal, não gera reincidência. Porém, deve-se assinalar aqui que, embora o Estatuto da Criança e do Adolescente não contenha previsão nesse sentido, as medidas socioeducativas estão sujeitas à prescrição penal, conforme reconhecido pelo Superior Tribunal de Justiça na Súmula 338:

> A prescrição penal é aplicável nas medidas socioeducativas (Órgão Julgador: Terceira Seção; Data da Decisão: 9-5-2007).

O art. 112 do ECA contém o rol taxativo de medidas socioeducativas:

> **Art. 112.** Verificada a prática de ato infracional, a autoridade competente poderá aplicar ao adolescente as seguintes medidas:
> I – advertência;
> II – obrigação de reparar o dano;
> III – prestação de serviços à comunidade;
> IV – liberdade assistida;
> V – inserção em regime de semiliberdade;
> VI – internação em estabelecimento educacional;
> VII – qualquer uma das previstas no art. 101, I a VI.

Verifica-se pela leitura do inciso VII que as medidas de proteção (art. 101, ECA) também podem ser aplicadas como medida socioeducativa ao adolescente autor de ato infracional.

Vale lembrar que a Lei n. 12.594/2012 institui o Sistema Nacional de Atendimento Socioeducativo (SINASE), regulamenta a execução das medidas socioeducativas destinadas a adolescente que pratique ato infracional, que estabelece, entre outras disposições, os princípios orientadores da execução das medidas socioeducativas, os direitos individuais do adolescente em cumprimento de medida e os procedimentos aplicáveis à execução. O art. 35 do SINASE indica os seguintes princípios como norteadores da execução das medidas socioeducativas:

> **Art. 35.** A execução das medidas socioeducativas reger-se-á pelos seguintes princípios:
> I – legalidade, não podendo o adolescente receber tratamento mais gravoso do que o conferido ao adulto;
> II – excepcionalidade da intervenção judicial e da imposição de medidas, favorecendo-se meios de autocomposição de conflitos;
> III – prioridade a práticas ou medidas que sejam restaurativas e, sempre que possível, atendam às necessidades das vítimas;
> IV – proporcionalidade em relação à ofensa cometida;
> V – brevidade da medida em resposta ao ato cometido, em especial o respeito ao que dispõe o art. 122 da Lei n. 8.069/1990;
> VI – individualização, considerando-se a idade, capacidades e circunstâncias pessoais do adolescente;
> VII – mínima intervenção, restrita ao necessário para a realização dos objetivos da medida;
> VIII – não discriminação do adolescente, notadamente em razão de etnia, gênero, nacionalidade, classe social, orientação religiosa, política ou sexual, ou associação ou pertencimento a qualquer minoria ou *status*; e
> IX – fortalecimento dos vínculos familiares e comunitários no processo socioeducativo.

Quanto aos direitos individuais, o art. 49 da Lei do SINASE traz o seguinte rol, sem prejuízo das garantias já previstas no ECA (conforme disposto no § 1º do mesmo artigo):

> **Art. 49.** São direitos do adolescente submetido ao cumprimento de medida socioeducativa, sem prejuízo de outros previstos em lei:
> I – ser acompanhado por seus pais ou responsável e por seu defensor, em qualquer fase do procedimento administrativo ou judicial;
> II – ser incluído em programa de meio aberto quando inexistir vaga para o cumprimento de medida de privação da liberdade, exceto nos casos de ato infracional cometido mediante grave ameaça ou violência à pessoa, quando o adolescente deverá ser internado em Unidade mais próxima de seu local de residência;

III – ser respeitado em sua personalidade, intimidade, liberdade de pensamento e religião e em todos os direitos não expressamente limitados na sentença;
IV – peticionar, por escrito ou verbalmente, diretamente a qualquer autoridade ou órgão público, devendo, obrigatoriamente, ser respondido em até 15 (quinze) dias;
V – ser informado, inclusive por escrito, das normas de organização e funcionamento do programa de atendimento e também das previsões de natureza disciplinar;
VI – receber, sempre que solicitar, informações sobre a evolução de seu plano individual, participando, obrigatoriamente, de sua elaboração e, se for o caso, reavaliação;
VII – receber assistência integral à sua saúde, conforme o disposto no art. 60 desta Lei; e
VIII – ter atendimento garantido em creche e pré-escola aos filhos de 0 (zero) a 5 (cinco) anos.
§ 1º As garantias processuais destinadas a adolescente autor de ato infracional previstas na Lei n. 8.069/90, aplicam-se integralmente na execução das medidas socioeducativas, inclusive no âmbito administrativo.

O procedimento aplicável para a execução das medidas é disciplinado pelos arts. 36 a 48 da Lei do SINASE.

O juízo da infância e juventude é o competente para executar as medidas socioeducativas. Sendo um procedimento judicializado, é obrigatória a intervenção da defesa técnica e do Ministério Público, sob pena de nulidade.

A execução das medidas é realizada a partir de um plano individual de atendimento, que é um instrumento de previsão, registro e gestão das atividades a serem desenvolvidas com o adolescente (art. 53, Lei do SINASE), elaborado sob a responsabilidade de equipe técnica com a participação dos pais ou responsáveis (art. 52, parágrafo único, Lei do SINASE). O juiz deve dar vistas (em prazo sucessivo de 3 dias) da proposta do plano tanto ao defensor quanto ao Ministério Público, para que lhes seja dada a oportunidade de requerer complementações ou mesmo impugnar a proposta. Admitida a impugnação (ou se o próprio juiz entender que o plano apresentado pela equipe técnica é inadequado), será designada audiência para tratar da questão, sem suspensão da execução do plano individual, salvo determinação judicial em contrário.

Não havendo impugnação, considerar-se-á o plano individual homologado.

O SINASE determina que as medidas socioeducativas de liberdade assistida, de semiliberdade e de internação deverão ser reavaliadas no máximo semestralmente para que se verifique a possibilidade de liberação do adolescente, ou substituição da medida por outra menos restritiva.

Vale ressaltar que, nos termos do art. 42, § 2º, Lei do SINASE, a gravidade do ato infracional, os antecedentes e o tempo de duração da medida não são fatores que, por si, justifiquem a não substituição da medida por outra menos grave, pois, não se tratando de pena decorrente de sentença criminal condenatória, não será pautada em termos de proporcionalidade em relação à gravidade da conduta.

A substituição por medida mais gravosa somente ocorrerá em situações excepcionais, após o devido processo legal, inclusive na hipótese de reiteração no cometimento de infrações graves (inciso III do art. 122 do ECA).

Em relação à extinção da medida socioeducativa, o art. 46 a Lei do SINASE determina que esta se dará pela morte do adolescente; pela realização de sua finalidade; pela aplicação de pena privativa de liberdade, a ser cumprida em regime fechado ou semiaberto, em execução provisória ou definitiva; pela condição de doença grave, que torne o adolescente incapaz de submeter-se ao cumprimento da medida; e nas demais hipóteses previstas em lei. Destaque-se que, se durante o cumprimento da medida socioeducativa o adolescente atingir a maioridade e, após completar 18 anos, responder a processo-crime ainda na vigência da medida socioeducativa, o juiz da infância e juventude deverá decidir se extingue ou não a execução, cientificando da decisão o juízo criminal competente (art. 46, § 1º, Lei do SINASE) o eventual tempo de prisão cautelar não convertida em pena privativa de liberdade deve ser descontado do prazo de cumprimento da medida socioeducativa (art. 46, § 2º, Lei do SINASE).

O adolescente interno não pode ser submetido a isolamento como forma de sanção disciplinar. Porém, a Lei do SINASE permite o isolamento a título de exceção, caso seja imprescindível para garantia da segurança de outros internos ou do próprio adolescente sancionado, sendo necessária ainda comunicação ao defensor, ao Ministério Público e à autoridade judiciária em até 24 horas (art. 48, § 2º, Lei do SINASE).

5.4.3.1. Espécies de medida socioeducativa: advertência

A medida socioeducativa de advertência consiste em uma admoestação verbal, que será reduzida a termo e assinada, nos termos art. 115, ECA. Embora não haja medidas socioeducativas especificamente previstas para cada ato infracional, a medida de advertência em geral é aplicada nos casos de infrações consideradas leves pela autoridade judiciária, ou para adolescentes sem histórico de prática de atos infracionais. Sua aplicação pode se dar tanto por ato do Ministério Público (antes de instaurado o procedimento, quando da concessão da remissão) quanto da autoridade judiciária (seja no curso da instrução do procedimento ou na sentença final).

5.4.3.2. Espécies de medida socioeducativa: obrigação de reparar o dano

A obrigação de reparar o dano é a medida socioeducativa prevista no art. 116 do ECA, aplicável aos casos de atos infracionais que causem dano patrimonial. Poderá o adolescente restituir a coisa, reparar o dano ou compensar de qualquer outra forma o prejuízo da vítima. Sendo manifestamente impossível a reparação, a medida poderá ser substituída.

É importante observar que o dever de ressarcir o dano é do próprio adolescente, mas os pais respondem por ele, caso o adolescente esteja sob sua autoridade e em sua companhia, nos termos dos arts. 928 e 932, incisos I e II, do Código Civil.

5.4.3.3. Espécies de medida socioeducativa: prestação de serviços à comunidade

A medida socioeducativa de prestação de serviços à comunidade está descrita no art. 117 do ECA, e consiste na realização de tarefas gratuitas em entidades tais como hospitais, escolas e outros estabelecimentos congêneres, ou em programas comunitários ou governamentais. Nos termos do referido dispositivo legal, a medida não poderá ultrapassar o período de 6 meses, e as tarefas, atribuídas conforme as aptidões do adolescente, devem ser cumpridas durante jornada máxima de 8 horas semanais, aos sábados, domingos e feriados ou em dias úteis, para que não seja prejudicada a frequência à escola ou à jornada normal de trabalho.

5.4.3.4. Espécies de medida socioeducativa: liberdade assistida

A liberdade assistida é a medida regulamentada pelos arts. 118 e 119 do ECA, e consiste na designação de um orientador (a ser recomendado por entidade ou programa de atendimento), que será a pessoa responsável por auxiliar e orientar o adolescente mantido em liberdade, promovendo encontros deste com a família, supervisionando sua frequência escolar, providenciando a profissionalização do adolescente para que ingresse no mercado de trabalho, devendo ainda apresentar relatório sobre o caso. A medida deverá perdurar por, no mínimo, 6 meses, podendo ser revogada ou substituída por outra medida, ouvidos o orientador, o Ministério Público e o defensor.

Acrescente-se que o art. 13 da Lei n. 12.594/2012 (que institui o Sistema Nacional de Atendimento Socioeducativo – SINASE) determina que compete à direção do programa selecionar e credenciar orientadores, designando-os, caso a caso, para acompanhar e avaliar o cumprimento da medida; receber o adolescente e seus pais ou responsável e orientá-los sobre a finalidade da medida e a organização e funcionamento do programa; encaminhar o adolescente para o orientador credenciado; supervisionar o desenvolvimento da medida; e avaliar, com o orientador, a evolução do cumprimento da medida e, se necessário, propor à autoridade judiciária sua substituição, suspensão ou extinção. Essas disposições também se aplicam à medida socioeducativa de prestação de serviços à comunidade, no que couber.

5.4.3.5. Espécies de medida socioeducativa: semiliberdade

O regime de semiliberdade, previsto no art. 120 do ECA, consiste na institucionalização do adolescente, prevendo-se expressamente – e como regra – a realização de atividades externas: nos termos do § 1º do art. 120, são obrigatórias a escolarização e a profissionalização, e, sempre que possível, devem ser utilizados os recursos existentes na comunidade. Aplicam-se as mesmas disposições referentes à internação, com a diferença de que não há prazo determinado (nem mínimo, nem máximo) para a semiliberdade.

5.4.3.6. Espécies de medida socioeducativa: internação

A internação (arts. 121 a 125, ECA) é a medida de privação de liberdade do adolescente em estabelecimento educacional, caracterizada por sua excepcionalidade e brevidade.

> Por ser excepcional, suas hipóteses de cabimento são taxativas (art. 122, ECA), somente podendo ser determinada no caso de ato infracional cometido mediante grave ameaça ou violência a pessoa; reiteração no cometimento de outras infrações graves; ou por descumprimento reiterado e injustificável da medida anteriormente imposta.

Embora não tenha um prazo a ser determinado pelo juiz na sentença da ação socioeducativa, deve ser observado o limite máximo de 3 anos, bem como a reavaliação semestral para avaliar a necessidade de sua manutenção. Expirado esse prazo, o adolescente deve ser liberado (ou colocado em regime de semiliberdade ou de liberdade assistida). Também deve ser determinada a liberação quando constatada a desnecessidade de sua manutenção, e é compulsória se o internado atingir a idade de 21 anos durante o seu cumprimento. Em todos os casos, será ouvido o Ministério Público.

O ECA prevê expressamente, no art. 124, os direitos específicos do adolescente privado de liberdade: entrevista pessoal com o representante do MP; peticionar diretamente a qualquer autoridade; conversa reservada com seu defensor; ser informado de sua situação processual, sempre que solicitada; ser tratado com respeito e dignidade; permanecer internado na mesma localidade ou naquela mais próxima do domicílio de seus pais ou responsável; receber visitas, ao menos, semanalmente; corresponder-se com seus familiares e amigos; ter acesso aos objetos necessários à higiene e asseio pessoal; alojamento em condições adequadas; escolarização e profissionalização; atividades culturais, esportivas e de lazer; acesso aos meios de comunicação social; assistência religiosa (se quiser); posse de seus objetos pessoais; receber seus documentos quando desinternado. A incomunicabilidade é proibida, mas as visitas podem ser suspensas temporariamente, se o juiz da Infância e Juventude entender serem prejudiciais ao adolescente.

Prazos das medidas socioeducativas

Espécie de medida	Prazo mínimo	Prazo máximo
Advertência	não se aplica	não se aplica
Prestação de serviços à comunidade	não há	6 meses
Reparação do dano	não se aplica	não se aplica
Liberdade assistida	6 meses	não há; pode ser prorrogada, revogada ou substituída a qualquer tempo
Semiliberdade	não há	não há
Internação	não há	3 anos

5.4.4. Outros procedimentos judiciais previstos no ECA

Qualquer determinação que acarrete a remoção da criança ou do adolescente de um núcleo familiar para outro, ou para uma instituição, ou desta para uma família substituta, somente pode ser realizada por meio de processo judicializado, sendo o juiz da infância e juventude a autoridade com competência exclusiva para tanto. Assim, o ECA disciplina os procedimentos relativos à perda ou suspensão do poder familiar (arts. 155 a 163, ECA) e à colocação em família substituta (arts. 165 a 170).

É importante ressaltar que a Lei n. 13.509/2017 incluiu o § 2º no art. 152 do ECA, estabelecendo que os prazos para os procedimentos previstos no ECA são contados em dias corridos, excluído o dia do começo e incluído o dia do vencimento, vedado o prazo em dobro para a Fazenda Pública e o Ministério Público.

5.4.4.1. Procedimento relativo à perda ou suspensão do poder familiar (arts. 155 a 163, ECA)

Pode ser iniciado tanto pelo Ministério Público quanto por qualquer pessoa que tenha legítimo interesse (como, por exemplo, um membro pertencente à entidade familiar, ou um dos pais). O juiz, ao receber a petição, pode suspender o poder familiar liminarmente, havendo necessidade (como em casos de pedido de perda ou suspensão do poder familiar em decorrência de atos de violência ou abuso contra criança ou adolescente), ou determinar a citação para resposta escrita em 10 dias.

A Lei n. 13.509/2017 incluiu os §§ 1º e 2º no art. 157 do ECA, que determinam, respectivamente a realização de estudo social ou perícia concomitantemente ao recebimento da inicial e da citação, e a intervenção de órgão indigenista se os pais forem oriundos de comunidades indígenas.

A Lei n. 13.509/2017 também incluiu as modalidades de citação por hora certa (art. 158, § 3º, ECA) e por edital (art. 158, § 4º, ECA) neste procedimento, além de ter alterado a ordem de alguns atos: não tendo sido contestado o pedido da inicial, o Ministério Público só tem vista depois de concluído o estudo social ou perícia (salvo se for o requerente), e, após, o juiz convoca testemunhas que comprovem a presença de uma das causas de suspensão ou destituição do poder familiar. Ainda, deixa de ser obrigatório o comparecimento dos pais quando citados e não comparecem, mesmo que identificados e em local conhecido.

A mesma lei desobriga o juiz de proferir sentença em audiência, podendo fazê-lo o magistrado em até cinco dias, e dispensou a necessidade de nomear curador especial quando o procedimento de destituição de poder familiar for iniciado pelo MP.

Por fim, no art. 163 do ECA – no qual se manteve o prazo máximo de 120 dias para conclusão do procedimento –, a Lei n. 13.509/2017 inseriu a expressão: *e caberá ao juiz, no caso de notória inviabilidade de manutenção do poder familiar, dirigir esforços para preparar a criança ou o adolescente com vistas à colocação em família substituta*.

5.4.4.2. Procedimento para colocação em família substituta (arts. 165 a 170)

O procedimento para colocação em família substituta é instaurado por petição inicial ajuizada por quem tiver interesse processual na medida (o que dependerá de cada espécie de medida de colocação em família substituta). A inicial poderá conter pedido de guarda provisória e, nos pedidos de adoção, determinação de estágio de convivência (art. 167, parágrafo único, ECA).

É importante ressaltar que, embora pouco usual, o art. 166 do ECA autoriza que o pedido de colocação em família substituta seja formulado em cartório, pelo próprio interessado, quando não existir lide, ou seja, quando não houver necessidade de citação dos pais naturais por serem estes falecidos ou desconhecidos, ou se tiverem sido destituídos do poder familiar, ou se tiverem concordado expressamente com o pedido de colocação da criança ou adolescente em família substituta. Porém é preciso ressaltar que a Lei n. 13.509/2017 acrescentou a obrigatoriedade de assistência de advogado ou defensor público às partes para verificar sua concordância com a adoção no prazo máximo de 10 dias; e somente após declarará a extinção do poder familiar. Ainda, ficam garantidos a livre manifestação *de vontade dos detentores do poder familiar e o direito ao sigilo das informações* (art. 166, § 3º, ECA), sendo retratável o consentimento até a audiência, podendo ainda os pais exercer o arrependimento em até 10 dias após a sentença de extinção do poder familiar (art. 166, § 5º, ECA).

Em todos os outros casos, o procedimento será obrigatoriamente judicial, submetido ao contraditório, com intervenção do Ministério Público.

O juiz requererá a realização de estudo social ou perícia por equipe técnica (art. 167, ECA). Uma vez apresentado o relatório social ou laudo pericial, será ouvida a criança (salvo impossibilidade, em razão da pouca idade, por exemplo; vale lembrar que o consentimento do adolescente é indispensável) e dadas vistas do processo ao Ministério Público por 5 dias. Após, o juiz proferirá sentença (em até 5 dias).

5.4.4.3. O sistema recursal do ECA

Em relação ao sistema recursal nos procedimentos da Justiça da Infância e da Juventude (inclusive os relativos à execução das medidas socioeducativas), o art. 198 do ECA determina a adoção do sistema recursal do Código de Processo Civil, com as seguintes adaptações:

> I – os recursos serão interpostos independentemente de preparo;
> II – em todos os recursos, salvo nos embargos de declaração, o prazo para o Ministério Público e para a defesa será sempre de 10 (dez) dias;
> III – os recursos terão preferência de julgamento e dispensarão revisor;
> (...)
> VII – antes de determinar a remessa dos autos à superior instância, no caso de apelação, ou do instrumento, no caso de agravo, a autoridade judiciária proferirá despacho fundamentado, mantendo ou reformando a decisão, no prazo de cinco dias;
> VIII – mantida a decisão apelada ou agravada, o escrivão remeterá os autos ou o instrumento à superior instância dentro de vinte e quatro horas, independentemente de novo pedido do recorrente; se a reformar, a remessa dos autos dependerá de pedido expresso da parte interessada ou do Ministério Público, no prazo de cinco dias, contados da intimação.

Ainda caberá recurso de apelação contra as decisões proferidas com base no art. 149, ECA (referentes à atribuição do juiz da infância e juventude de disciplinar, através de portaria, ou autorizar, mediante alvará, a entrada e permanência de criança ou adolescente, desacompanhado dos pais ou responsável, em ambientes tais como estádios, boates, bailes etc., bem com sua participação em espetáculos e concursos de beleza).

5.5. Do Ministério Público

As atribuições do Ministério Público da Infância e Juventude estão previstas no art. 200 do ECA. Essas disposições decorrem do próprio fundamento de existência da instituição, que é a defesa de interesses sociais e dos interesses individuais indisponíveis. Por isso, o Ministério Público atuará como requerente ou ao menos fiscal da lei em todos os processos que envolverem interesse de crianças e adolescentes (art. 202, ECA). A falta de intervenção do Ministério Público acarreta a nulidade do feito, que será declarada de ofício pelo juiz ou a requerimento de qualquer interessado (art. 204).

5.6. Os crimes praticados contra a criança e o adolescente previstos no ECA

Os crimes praticados contra a criança e o adolescente estão previstos nos arts. 228 a 244 do ECA, sem prejuízo das previsões constantes no Código Penal (arts. 225 e 226, ECA). São crimes de ação pública incondicionada (art. 227, ECA), cujo processamento é regido pelas normas pertinentes contidas no Código de Processo Penal.

Em uma visão panorâmica, esses delitos podem ser descritos como crimes consistentes em violações dos direitos previstos na Parte Geral do ECA, cometidas tanto por ações quanto por omissões, tais como privar a criança ou o adolescente de sua liberdade ilegalmente (crime tipificado no art. 230 do ECA, com pena de detenção de seis meses a dois anos), ou o ato da autoridade competente de não ordenar a imediata liberação ao constatar a ilegalidade (art. 234, ECA, com pena de detenção de seis meses a dois anos). Irregularidades na prestação de serviços dirigidos a crianças e adolescentes também estão tipificadas como crimes, como o caso do art. 228, ECA (deixar o encarregado de serviço ou o dirigente de estabelecimento de atenção à saúde de gestante de manter registro das atividades desenvolvidas, na forma e prazo referidos no art. 10 do ECA, bem como de fornecer à parturiente ou a seu responsável, por ocasião da alta médica, declaração de nascimento, onde constem as intercorrências do parto e do desenvolvimento do neonato: pena – detenção de seis meses a dois anos), e o art. 229, ECA (deixar o médico, enfermeiro ou dirigente de estabelecimento de atenção à saúde de gestante de identificar corretamente, por ocasião do parto, o neonato e a parturiente, bem como deixar de proceder aos exames referidos no art. 10 desta Lei: Pena – detenção de seis meses a dois anos).

Os crimes sexuais contra crianças e adolescentes são previstos tanto no Código Penal quanto no Estatuto da Criança e do Adolescente, e não se pode confundi-los. Sobre esse tema, é importante destacar dois pontos de atenção: primeiro, em relação ao que popularmente (e de forma equivocada) se designa como crimes de "pedofilia"; e, segundo, em relação aos dois tipos penais existentes na legislação sob a rubrica "corrupção de menores".

A pedofilia é descrita pela Organização Mundial da Saúde (OMS), no item F65.4 de sua lista da Classificação Internacional de Doenças (CID-10), como o transtorno psíquico consistente na "preferência sexual por crianças, quer se trate de meninos, meninas ou de crianças de um ou do outro sexo, geralmente pré-púberes ou não". Ou seja, quando isoladamente considerada enquanto transtorno psíquico, não é um fato típico.

Porém, a prática de atos sexuais com criança ou adolescente menor de 14 anos configura o crime de estupro de vulnerável, previsto no art. 217-A do Código Penal. Já o Estatuto da Criança e do Adolescente traz em seus arts. 240 e 241 tipos penais referentes à produção, veiculação e comercialização de material pornográfico envolvendo criança ou adolescente, bem como o crime de assédio sexual de criança ou adolescente. É importante destacar que estes delitos se configuram independentemente de o autor da conduta apresentar ou não o transtorno da pedofilia.

> **Art. 241-E.** Para efeito dos crimes previstos nesta Lei, a expressão "cena de sexo explícito ou pornográfica" compreende qualquer situação que envolva criança ou adolescente em atividades sexuais explícitas, reais ou simuladas, ou exibição dos órgãos genitais de uma criança ou adolescente para fins primordialmente sexuais.

Em relação ao crime de corrupção de menores, é preciso atentar para o fato de haver duas condutas criminosas sob essa rubrica na legislação brasileira, quais sejam, os arts. 218 e 218-A do Código Penal, e 244-B do ECA. A corrupção de menores prevista no Código Penal é crime contra a dignidade sexual de criança ou adolescente de até 14 anos, consistente na indução da vítima à satisfação das vontades sexuais de terceiro (adulto), ou na prática de ato libidinoso na presença de pessoa menor de 14 anos. Já o Estatuto da Criança e do Adolescente prevê em sua figura de corrupção de menores a conduta de praticar crime com pessoa menor de 18 anos, ou induzir a criança ou adolescente a praticá-lo.

Em 2017, a Lei n. 13.440/2017 alterou a pena do art. 244-A (Art. 244-A. Submeter criança ou adolescente, como tais definidos no *caput* do art. 2º desta Lei, à prostituição ou à exploração sexual), passando a determinar *a perda de bens e valores utilizados na prática criminosa em favor do Fundo dos Direitos da Criança e do Adolescente da unidade da Federação (Estado ou Distrito Federal) em que foi cometido o crime, ressalvado o direito de terceiro de boa-fé*, além da pena de reclusão de quatro a dez anos e multa já previstas na redação original.

Ainda sobre os crimes sexuais praticados contra criança e adolescente, a Lei n. 13.441/2017 inseriu no ECA a Seção V-A e os arts. 190-A, 190-B, 190-C, 190-D e 190-E, contendo as normas que possibilitam a infiltração de agentes policiais na internet para investigação de crimes contra a dignidade sexual de crianças e adolescentes.

A infiltração pode ocorrer em fase de inquérito policial, sempre mediante autorização judicial obtida mediante requisição do Ministério Público ou representação do delegado de polícia. O pedido deve demonstrar a necessidade da infiltração e especificar detalhes das tarefas e pessoas envolvidas, para que a autorização do juiz estabeleça os limites da atuação da polícia. O prazo máximo da autorização para infiltração será de 90 dias, renovável até o limite de 720 dias.

O procedimento correrá em autos apartados e apensos aos do inquérito policial no qual se investigam os crimes contra a dignidade sexual de crianças e adolescentes, e será mantido sob sigilo, somente sendo acessível ao delegado, ao Ministério Público e ao juiz.

Em razão desta previsão legal, que consiste em uma causa excludente de ilicitude, o policial autorizado a se infiltrar na internet com identidade oculta não pratica crime, mas poderá responder por eventuais excessos.

Crimes praticados contra criança e adolescente: comparação entre o Código Penal e o ECA

Crime/previsão correspondente	Código Penal	Estatuto da Criança e do Adolescente	Objetividade jurídica
Estupro de vulnerável	Art. 217-A	Não há previsão correspondente	Dignidade sexual
Produção, veiculação e comercialização de material pornográfico envolvendo criança ou adolescente; e assédio sexual de criança ou adolescente	Não há previsão correspondente	Arts. 240, 241, 241-A, 241-B, 241-C, 241-D e 241-E	Integridade moral da criança e do adolescente
Corrupção de menores	Arts. 218 e 218-A	Art. 244-B	Nas previsões do Código Penal, a dignidade sexual; na previsão do ECA, a incolumidade pública

■ REFERÊNCIAS BIBLIOGRÁFICAS

CURY, Munir (Org.). *Estatuto da Criança e do Adolescente comentado:* comentários jurídicos e sociais. 10. ed. São Paulo: Malheiros, 2010.

MACIEL, Kátia Regina Ferreira Lobo Andrade (Coord.). *Curso de direito da criança e do adolescente:* aspectos teóricos e práticos. Rio de Janeiro: Lumen Juris, 2006.

MARÇURA, Cury Garrido. *Estatuto da Criança e do Adolescente anotado.* 3. ed. São Paulo: RT, 2002.

PAULA, Paulo Afonso Garrido de. *Direito da criança e do adolescente e tutela jurisdicional diferenciada.* São Paulo: RT, 2002.

ZAPATER, Maíra. *Direito da criança e do adolescente.* São Paulo: Saraiva, 2019.

■ QUESTÕES

(XXXIV Exame de Ordem Unificado/FGV) Joana, com 10 anos, viajou de ônibus com a mãe, Marcela, do Espírito Santo para Mato Grosso do Sul, sem que a empresa de transporte verificasse, em nenhum momento, a documentação de comprovação do vínculo parental entre ela e a mãe.

Em uma parada, um agente da autoridade fiscalizatória adentrou no coletivo e, indagando a Marcela sobre a comprovação documental, recebeu desta a informação de que não havia sido requerida tal prova em nenhum momento.

Dada a situação acima, assinale a afirmativa correta.

A) Ainda que o vínculo parental efetivamente exista e seja posteriormente comprovado, a empresa de ônibus cometeu infração administrativa prevista no Estatuto da Criança e do Adolescente ao não exigir tal prova antes de iniciar a viagem.

B) A prova do vínculo de parentesco pode ser feita posteriormente, afastando a consumação da infração administrativa por parte da empresa de ônibus.

C) A prova do vínculo de parentesco não é exigência legal para viagens interestaduais com crianças, bastando a autoidentificação pela suposta mãe.

D) A infração administrativa não está consumada senão quando da efetiva ausência do vínculo de parentesco, o que não aconteceu no caso presente.

RESPOSTA

☑ Os arts. 83, 84 e 85 do Estatuto da Criança e do Adolescente determinam as regras de autorização para viajar na companhia de pessoas com menos de 16 anos. Como regra geral, o *caput* do art. 83 estabelece que pessoas com menos de 16 anos não podem viajar para fora da comarca onde residem desacompanhadas dos pais ou responsáveis sem expressa autorização judicial. Aplica-se ao caso descrito no enunciado a exceção prevista no art. 83, § 1º, item 1, que dispensa a exigência de autorização quando a criança ou adolescente estiver acompanhado de "*ascendente ou colateral maior, até o terceiro grau, comprovado documentalmente o parentesco*".

Já o art. 251 do ECA prevê como infração administrativa a conduta de "*Transportar criança ou adolescente, por qualquer meio, com inobservância do disposto nos arts. 83, 84 e 85 desta Lei*", com pena de multa de 3 a 20 salários de referência, aplicando-se o dobro em caso de reincidência.

Na situação descrita no enunciado, Marcela poderia viajar com sua filha Joana, de 10 anos, independentemente de autorização, sendo atribuída à empresa de transporte, todavia, a obrigação de exigir a comprovação documental de parentesco, restando configurada a infração administrativa prevista no art. 251 do ECA.

B) O ECA não prevê o afastamento da consumação da infração administrativa por comprovação posterior do parentesco.
C) A prova do vínculo de parentesco é exigência legal para viagens interestaduais, nos termos do art. 83, § 1º, item 1 do ECA.
D) A infração administrativa está consumada, pois o art. 83, § 1º, item 1 do ECA exige a comprovação documental do parentesco, o que não foi cumprido pela empresa.

(XXXIV Exame de Ordem Unificado/FGV) José, diretor de uma entidade de acolhimento institucional, recebeu em sua instituição Maria, criança com 11 anos, em situação de verdadeiro desespero, narrando confusamente que havia sido vítima de abusos por parte do companheiro de sua mãe, e que esta nada havia feito para impedir o ato. Maria estava aos prantos e demonstrava sinais de ter sofrido violência.

Procurado por José, você, como advogado(a), o orienta a

A) buscar imediato contato com a mãe de Maria, sem efetuar a institucionalização por meio de acolhimento emergencial sem que haja este prévio contato, por ser vedada tal providência.
B) comunicar o fato ao Ministério Público incontinenti, pois não é permitido o acolhimento sem prévio encaminhamento por este órgão.
C) oferecer acolhimento emergencial à Maria, comunicando ao Juiz da Infância e da Juventude tal medida, em no máximo, 24h.
D) comunicar o fato ao Conselho Tutelar para, apenas mediante encaminhamento deste órgão, efetuar o o acolhimento.

RESPOSTA

A) O ECA não veda o acolhimento emergencial sem prévio contato da mãe em casos de violência ou abuso sexual, nos termos da fundamentação legal mencionada nos comentários à alternativa C.
B) O ECA não veda o acolhimento emergencial sem prévia comunicação ao Ministério Público em casos de violência ou abuso sexual, nos termos da fundamentação legal mencionada nos comentários à alternativa C.

☑ Nos termos do art. 98 do ECA, entende-se que uma criança ou adolescente está em situação de risco quando seus direitos forem ameaçados ou violados por por ação ou omissão da sociedade ou do Estado; por falta, omissão ou abuso dos pais ou responsável; ou ainda em razão de sua conduta. Quando presente a situação de risco, aplicam-se as medidas de proteção estabelecidas no art. 101 do ECA. No caso específico de situação de risco decorrente de violência ou abuso sexual, o § 2º deste artigo contempla a possibilidade de adoção de medidas emergenciais com afastamento da criança ou adolescente do convívio familiar, sendo que tal medida é de competência exclusiva da autoridade judiciária por meio de procedimento judicial contencioso a pedido do Ministério Público ou de quem tenha legítimo interesse. Por fim, o art. 93 do ECA estabelece que as entidades de acolhimento institucional poderão, em caráter excepcional e de urgência, acolher crianças e adolescentes sem prévia determinação da autoridade competente, fazendo comunicação do fato em até 24 (vinte e quatro) horas ao Juiz da Infância e da Juventude, sob pena de responsabilidade.

Considerando as previsões legais aqui expostas, aplicáveis ao caso descrito no enunciado, José deverá oferecer acolhimento emergencial à Maria, comunicando ao Juiz da Infância e da Juventude tal medida em, no máximo, 24h.

D) O acolhimento institucional, em especial em situação emergencial, é medida de competência exclusiva da autoridade judiciária, nos termos da fundamentação legal mencionada nos comentários à alternativa C.

(35º Exame de Ordem Unificado/FGV) Maria perdeu a mãe com 2 anos de idade, ficando sob a guarda de seu pai, Rodrigo, desde então. Quando Maria estava com 5 anos, Rodrigo se casou novamente, com Paula. Paula, contudo, nunca desejou ter filhos e sempre demonstrou não ter qualquer afeto por Maria, chegando, até mesmo, a praticar verdadeiras violências psicológicas contra a criança, frequentemente chamando-a de estúpida, idiota e inúmeras outras palavras avilantantes. Como exercia forte influência sobre Rodrigo, esse nada fez para cessar as agressões. A mãe de Rodrigo, Joana, e a irmã de Rodrigo, Fernanda, após alguns anos percebendo tais atitudes, decidiram intervir em defesa da criança. Porém, as conversas com Rodrigo e Paula foram de mal a pior, não trazendo qualquer solução ou melhora à vida de Maria. Percebendo que não teriam como, sozinhas, evitar mais danos psicológicos à criança, Fernanda e Joana procuram você, como advogado(a), para saber o que poderiam fazer, legalmente, em face de Rodrigo e Paula. Com base no enunciado acima, assinale a opção que apresenta a resposta juridicamente correta que você, como advogado(a), ofereceu.

A) Informaria que, por ser Rodrigo o pai da criança e detentor da guarda e do poder familiar, a ele incumbe a educação de Maria, não cabendo à avó ou à tia qualquer intervenção nessa relação.

B) Orientaria que procurassem o Ministério Público da localidade em que Maria reside, porque apenas esse órgão tem competência constitucional e legal para intervir em situação de tal natureza.

C) Orientaria que buscassem o Conselho Tutelar da localidade em que Maria reside, a fim de relatar a situação e solicitar a averiguação e as providências voltadas a cessar a violação dos direitos da criança.

D) Informaria que poderá ser ajuizado processo de anulação do casamento de Rodrigo e Paula, dado que a sua omissão perante as agressões de sua esposa contra Maria permite tal providência, em razão da prevalência do interesse da criança.

RESPOSTA

A) A doutrina da proteção integral, estabelecida pelo art. 227 da Constituição Federal e pelo art. 1º do Estatuto da Criança e do Adolescente, determina, entre outras disposições, que o dever de assegurar os direitos de crianças e adolescentes incumbe não só ao núcleo familiar composto pelos pais ou responsáveis, mas também à família estendida, à sociedade e ao Estado. Logo, o poder familiar de Rodrigo em relação a Maria não é ilimitado.

B) Embora o Ministério Público detenha o dever de zelar pelo efetivo respeito aos direitos e garantias legais assegurados às crianças e adolescentes, promovendo as medidas judiciais e extrajudiciais cabíveis dentre suas atribuições legais (art. 201, VIII do ECA), não é o único órgão com atribuição constitucional desta natureza.

☑ Cabe ao Conselho Tutelar atender crianças e adolescentes em situação de risco, nos termos do art. 136, I, do ECA.

D) Não cabe qualquer atuação em relação ao casamento de Rodrigo e Paula em defesa dos direitos de Maria.

(35º Exame de Ordem Unificado/FGV) Eduardo foi adotado quando criança, vivendo em excelentes condições afetiva, material e social junto a seus pais adotivos. Mesmo assim, Eduardo demonstrou ser um adolescente rebelde, insurgente, de difícil trato e convívio – o que em nada abalou o amor e os cuidados de seus pais adotivos em nenhum momento. Hoje, com 19 anos completos, Eduardo manifesta interesse em conhecer seus pais biológicos, com o claro intuito de rebelar-se – repita-se, injustificadamente – contra seus adotantes. Sobre o caso acima, assinale a afirmativa correta.

A) Eduardo tem direito de conhecer sua origem biológica, seja qual for o motivo íntimo que o leve a tanto.

B) A motivação para a busca do conhecimento da origem biológica é inválida, pelo que não deve ser facultado o direito ao acesso a tal informação a Eduardo.

C) A informação da origem biológica somente pode ser revelada em caso imperativo de saúde, para a pesquisa do histórico genético.

D) O conhecimento da origem biológica somente se revela necessário caso o processo de adoção tenha alguma causa de nulidade.

RESPOSTA

☑ Nos termos do art. 48 do ECA, o adotado tem direito de conhecer sua origem biológica, bem como de obter acesso irrestrito ao processo no qual a medida foi aplicada e seus eventuais incidentes, após completar 18 anos.

B) O Estatuto da Criança e do Adolescente não estabelece a natureza da motivação como critério para o exercício do direito do adotado de conhecer sua origem biológica.

C) O Estatuto da Criança e do Adolescente não estabelece qualquer limite de motivação como critério para o exercício do direito do adotado de conhecer sua origem biológica.

D) O Estatuto da Criança e do Adolescente não estabelece qualquer limite de motivação como critério para o exercício do direito do adotado de conhecer sua origem biológica.

(36º Exame de Ordem Unificado/FGV) Maria deu à luz um bebê cujo nome ainda não havia escolhido. No momento do parto, o médico optou por escrever apenas "José" na pulseira de identificação do bebê. Ocorre que, por obra do destino, naquele mesmo dia, nasceram mais três bebês, dois dos quais foram nomeados pelos pais de José, e o médico acabou por confundir os bebês ao entregá-los às mães. Temeroso de que tal situação viesse a lhe criar problema, o médico escondeu de todos a confusão e entregou um dos bebês, ao acaso, para Maria amamentar, ficando a cargo do destino ser ele o correto ou não. A situação descrita revela, especificamente,

A) o cometimento de infração administrativa, consubstanciada em negligência profissional, passível de investigação ética, somente.

B) a prática de crime específico previsto no ECA, consubstanciado na conduta de deixar o médico de identificar corretamente o neonato e a parturiente.

C) a prática de crime do Código Penal, consubstanciado na conduta de falsidade ideológica ao obliterar as informações de identificação do neonato.

D) a prática de crime do Código Penal, consubstanciado na conduta de falsidade documental pela certificação inverídica da identificação do neonato.

RESPOSTA

A) A conduta descrita no enunciado configura o crime tipificado no art. 229 do ECA, e não infração administrativa.

☑ O art. 229 do Estatuto da Criança e do Adolescente tipifica a conduta do médico, enfermeiro ou dirigente de estabelecimento de atenção à saúde da gestante que deixar de identificar corretamente o neonato e a parturiente, por ocasião do parto.

C) O crime de falsidade ideológica, previsto no art. 299 do Código Penal, exige dolo específico de prejudicar direito, criar obrigação ou alterar a verdade sobre fato juridicamente relevante para sua consumação. Além disso, o princípio da especificidade determina que o tipo penal aplicável ao caso é o do art. 229 do ECA.

D) O princípio da especificidade determina que o tipo penal aplicável ao caso é o do art. 229 do ECA.

(36º Exame de Ordem Unificado/FGV) Luiza, hoje com cinco anos, foi adotada regularmente por Maria e Paulo quando tinha três anos. Ocorre que ambos os adotantes vieram a falecer em um terrível acidente automobilístico. Ciente disso, a mãe biológica de Luiza, que sempre se arrependera da perda da sua filha, manifestou-se em ter sua maternidade biológica restaurada. Com base nos fatos acima, assinale a afirmativa correta.

A) O falecimento dos pais adotivos conduz à imediata e automática restauração do poder familiar da ascendente biológica.
B) O falecimento dos pais adotivos não restabelece o poder familiar dos pais naturais.
C) O falecimento dos pais adotivos não transfere o poder familiar sobre o adotado supérstite ao parente mais próximo dos obituados, devendo ser reaberto processo de adoção.
D) Falecendo ambos os pais e inexistindo parentes destes aptos à tutela, somente então se restaura o poder familiar dos pais naturais.

RESPOSTA

A) O art. 49 determina que a morte dos adotantes não restabelece o poder familiar dos pais naturais.

✓ Nos termos do art. 41, a adoção atribui a condição de filho ao adotado, com os mesmos direitos e deveres, inclusive sucessórios, desligando-o de qualquer vínculo com pais e parentes, salvo os impedimentos matrimoniais. E o art. 49 determina que a morte dos adotantes não restabelece o poder familiar dos pais naturais. Portanto, no caso descrito no enunciado, a morte de Maria e Paulo não restabelece o poder familiar da mãe biológica de Luiza.

C) Não há reabertura de processo de adoção em decorrência de transferência de poder familiar.
D) Não há, em qualquer hipótese, restabelecimento automático de poder familiar dos pais naturais após a dissolução destes vínculos por meio de processo de adoção.

■ **MATERIAL DIGITAL EXCLUSIVO**

ESTATUTO DA CRIANÇA E DO ADOLESCENTE

Direitos Humanos

Maíra Zapater

Professora Adjunta da Universidade Federal de São Paulo (Unifesp). Pós-doutorado sobre execução de medidas socioeducativas realizado no Núcleo de Estudos sobre o Crime e a Pena da FGV-Direito/SP. Doutora em Direitos Humanos pela Faculdade de Direito da USP. Especialista em Direito Penal e Processual Penal pela Escola Superior do Ministério Público. Graduada em Direito pela PUC-SP e em Ciências Sociais pela FFLCH-USP. Professora e pesquisadora.

Sumário

1. Evolução histórica dos Direitos Humanos: 1.1. Introdução; 1.2. Primeiros documentos; 1.3. Gerações de direitos; 1.4. O processo de internacionalização dos Direitos Humanos – **2. Características dos Direitos Humanos** – **3. O sistema global de proteção dos Direitos Humanos (ONU):** 3.1. O sistema geral de proteção global aos Direitos Humanos: os documentos generalistas; 3.1.1. Sistema geral de proteção: o Pacto dos Direitos Civis e Políticos; 3.1.2. Sistema geral de proteção: o Pacto dos Direitos Econômicos, Sociais e Culturais; 3.1.3. Sistema geral de proteção: Declaração e Programa de Ação de Viena; 3.2. O sistema especial de proteção; 3.2.1. Convenção para Prevenção e Repressão do Crime de Genocídio; 3.2.2. Tratados e documentos referentes à questão migratória; 3.2.3. Convenção para Eliminação de Todas as Formas de Discriminação Racial; 3.2.4. Convenção para Eliminação de Todas as Formas de Discriminação contra a Mulher; 3.2.5. Convenção contra a Tortura e outros Tratamentos ou Penas Cruéis, Desumanos ou Degradantes; 3.2.6. Convenção dos Direitos da Criança; 3.2.7. Convenção sobre os Direitos de todos os trabalhadores migrantes e membros de suas famílias; 3.2.8. Convenção sobre os Direitos das Pessoas com Deficiência; 3.2.9. Convenção para Proteção de Todas as Pessoas contra o Desaparecimento Forçado; 3.2.10. Outros instrumentos internacionais de proteção aos Direitos Humanos; 3.3. Principais órgãos não convencionais da ONU; 3.3.1. A Corte Internacional de Justiça (CIJ); 3.3.2. O Alto Comissariado; 3.3.3. O Conselho de Direitos Humanos (antiga Comissão de Direitos Humanos); 3.4. O Tribunal Penal Internacional – **4. Sistemas regionais de proteção dos Direitos Humanos:** 4.1. O sistema europeu; 4.2. O sistema africano; 4.3. O sistema interamericano – **5. Sistema doméstico: a proteção dos Direitos Humanos no Brasil:** 5.1. A institucionalização dos direitos e garantias fundamentais na Constituição Federal de 1988; 5.2. A federalização das questões referentes às violações de Direitos Humanos; 5.3. O Conselho Nacional de Direitos Humanos; 5.4. O Brasil e os tratados internacionais de Direitos Humanos; 5.5. As principais normas brasileiras relativas a Direitos Humanos; 5.5.1. Proteção contra perseguição por discriminação por motivo de origem nacional, étnica, religiosa ou política; 5.5.2. Discriminação racial; 5.5.3. Direitos Humanos das mulheres; 5.5.4. Prevenção e combate à tortura; 5.5.5. Direitos Humanos das pessoas idosas; 5.5.6. Direitos Humanos das pessoas com deficiência; 5.5.7. Direitos Humanos das pessoas em fluxos migratórios; 5.5.8. Direito à saúde; 5.5.9. Direito ao reconhecimento da identidade de gênero – **Referências bibliográficas** – **Questões** – **Material digital exclusivo.**

1. EVOLUÇÃO HISTÓRICA DOS DIREITOS HUMANOS

1.1. Introdução

O que são Direitos Humanos? Embora o termo seja carregado de historicidade (ou seja, terá diferentes acepções a depender da época) e de não haver uma definição categórica, para fins do estudo de seus aspectos jurídicos, é possível descrever os Direitos Humanos como um conjunto de normas jurídicas que regem relações entre indivíduos e instituições, e entre os indivíduos em si considerados.

Como toda norma jurídica, as normas de Direitos Humanos estabelecem direitos e deveres correspondentes entre si. O que distingue os demais tipos de direitos dos Direitos Humanos é que, para ser titular destes, basta ser uma pessoa: por isso em geral se definem os Direitos Humanos como o conjunto de atributos e prerrogativas mínimas inerentes a toda e qualquer pessoa, em decorrência unicamente da sua condição de ser humano. Significa dizer que, por uma série de fatores históricos que serão brevemente abordados a seguir, determinados direitos passaram a ser considerados tão fundamentais para a existência digna da pessoa que se consolidou o entendimento segundo o qual não se exigiria nenhuma condição ou característica específica de quem quer que fosse para que se pudesse ser titular de tais direitos. Passaria a não importar nascer nobre ou nascer plebeu, ser rico ou ser pobre, homem ou mulher, cristão, judeu ou muçulmano, não ter qualquer passagem pelo sistema de justiça ou ser um cidadão condenado por um crime: direitos tais como a vida, a integridade física, a igualdade, a liberdade, a saúde, ou a educação não poderiam ser suprimidos dos ordenamentos jurídicos democráticos, nem negados a pessoa alguma.

Como dito acima, os Direitos Humanos constituem normas que regem relações jurídicas. Isso significa dizer que a cada um dos direitos aqui compreendidos correspondem obrigações: sua positivação implica obrigações ao Estado tanto em garantir o seu exercício quanto em impedir que outrem os viole. Por exemplo: ao direito à vida corresponde o dever do Estado de não matar (e de impedir que outros matem); ao direito à liberdade de ir e vir corresponde o dever do Estado de somente restringi-la no mínimo determinado por lei (quando for necessário impor uma sentença penal condenatória); aos direitos políticos corresponde o dever do Estado de assegurar eleições periódicas e a infraestrutura para a realização do sufrágio, e assim por diante.

Tal formulação foi historicamente construída e adotada com a finalidade de se manter um mínimo ético irredutível, que é a dignidade da pessoa humana. No dizer de Ingo Sarlet (2005), o conteúdo jurídico da dignidade da pessoa humana apresenta-se de forma dúplice ao Estado quando se trata de sua proteção, sendo, a um só tempo, **limite** e **tarefa**: é limite quando estabelece o raio de ação do Estado sobre o indivíduo e estabelece a baliza para o exercício das liberdades civis. E é tarefa quando exige do Estado as prestações e políticas públicas necessárias ao pleno exercício e gozo dos direitos sociais, econômicos e culturais.

1.2. Primeiros documentos

Esses direitos que hoje identificamos como Direitos Humanos nem sempre estiveram positivados e juridicizados, ou seja, previstos em normas jurídicas e passíveis de exigibilidade perante o Poder Judiciário quando violados. Os Direitos Humanos são fruto de uma construção, e, de fato, é historicamente observável que, para cada direito que passa a ser previsto em um ordenamento jurídico, há um determinado contexto político e uma luta social empreendida em sua demanda.

Um dos documentos apontados entre os primeiros produzidos nesse sentido é a Magna Carta (1215, Inglaterra), origem da Constituição consuetudinária do Reino Unido, e que é considerada o primeiro exemplo histórico de documento a limitar o poder do governante pelos direitos subjetivos dos governados (e não mais por um "poder superior" ou "divino", estranho à vontade dos súditos). É na Magna Carta que se reconhecem direitos próprios de determinados estamentos sociais (quais sejam, clero e nobreza), independentemente do consentimento do monarca, o que coloca este último, por sua vez, em posição de submissão às normas postas. Além disso, estão previstos direitos como a liberdade de ir e vir (n. 41), a propriedade privada (n. 31) e a pena proporcional ao delito praticado (ns. 20 e 21). Todavia, embora se reconheça sua relevância no que toca ao ineditismo da limitação jurídica do poder monárquico, não se pode classificar a Magna Carta como uma declaração de Direitos Humanos na concepção contemporânea, visto que o documento não propõe a extensão universal dos direitos ali previstos, que se restringiam somente aos súditos do reino britânico.

1.3. Gerações de direitos

Para fins didáticos, os Direitos Humanos são sistematizados em grupos organizados a partir do critério do momento histórico e político em que foram demandados e incorporados ao ordenamento jurídico. É importante ter em mente a ressalva de que se trata de um processo histórico ocidental e europeu, embora tenha se disseminado como um conjunto de valores universais. Esses grupos são denominados "gerações (ou dimensões) de Direitos".

A 1ª geração de direitos é a dos direitos civis e políticos. Para discorrer acerca destes, é interessante começar por uma delimitação conceitual: "direitos civis" são os direitos do cidadão, e "direitos políticos" são os direitos destes cidadãos de participar da ingerência do poder político sobre suas vidas. Para sua melhor compreensão, faz-se necessário remontar ao contexto histórico em que a relação tradicional até então existente entre súditos e soberanos se transforma na relação jurídica estabelecida entre cidadãos e o Estado, estabelecendo-se deveres e direitos recíprocos. Essa nova configuração social e política baseada no reconhecimento da igualdade entre todos os indivíduos permite ao cidadão definir por quem e como será governado.

Trata-se de examinar em que momento o poder (então) soberano passou a sofrer limitações por demanda dos indivíduos, e como a evolução destas limitações ao poder do Estado passaram a corresponder às liberdades civis. Esse processo, impulsionado pelos filósofos jusnaturalistas (como Thomas Hobbes e John Locke) e iluministas (como Beccaria, Rousseau e Montesquieu), ganha força entre o final do século XVII e início do século XVIII, momento em que as Revoluções Liberais (ou burguesas, quais sejam, as Revoluções Inglesas, no final do século XVII, a Revolução Americana de declaração de independência, em 1776, e a Revolução Francesa, em 1789) eclodirão com o propósito de extinguir os privilégios da nobreza e do clero, em nome dos direitos do cidadão. Isso implicará, de um lado, maior limitação ao poder do Estado, e, de outro, maior liberdade ao indivíduo, sem a interferência do poder estatal senão no mínimo necessário à manutenção do pacto e da paz sociais. A Declaração de Direitos da Virgínia (EUA, 1776) e a Declaração de Direitos do Homem e do Cidadão (França, 1789), produzidas no contexto destas revoluções, são os primeiros documentos jurídicos a proclamar que todos os homens nascem livres e iguais, e declarando que a liberdade e a igualdade são direitos universais extensivos a todos os homens (sem a delimitação da nacionalidade, como a Magna Carta fazia com os ingleses). Tiveram o mérito de delimitar o que se convencionou chamar liberdades negativas, quer dizer, as liberdades do cidadão exercidas dentro dos limites delineados por abstenções estatais: ao direito do cidadão à vida corresponde o dever do Estado de não matar (e ainda de impedir que outro cidadão o faça); ao direito do cidadão de ir e vir corresponde o dever do Estado de não prender arbitrariamente; ao direito à integridade física e psíquica corresponde o dever do Estado de não torturar; ao direito ao livre pensamento e sua expressão do cidadão corresponde o dever do Estado de não o impedir, e assim por diante.

E, do direito à igualdade, decorre o dever do Estado de não fazer qualquer distinção entre os cidadãos. Nessa esteira de raciocínio, se são iguais todos os cidadãos, todos estão legitimados a escolher qual dentre eles deverá exercer as funções de governo, bem como a se candidatar a ser escolhido. É dessa ideia que surgem os direitos políticos, consistentes na possibilidade de votar e ser votado, de modo a se garantir a soberania popular, essencial à democracia.

Essa é a essência dos direitos civis e políticos, classificados como direitos humanos de 1ª geração (ou dimensão). Há que se destacar que, atualmente, entende-se já não ser suficiente à garantia dos direitos civis e políticos a mera abstenção estatal, devendo o poder público empreender ações que visem garantir seu efetivo exercício. Não há que se falar, por exemplo, em liberdade política para escolha de candidatos, mesmo que prevista em lei ou constituição, se o Estado não adotar medidas para que eleições periódicas se realizem; ou como falar em direito à vida se não houver prestações estatais que assegurem o acesso a um sistema de saúde.

Os direitos de 1ª geração integram um contexto político mais amplo, que é o da formação do liberalismo, corrente político-ideológica que então se consolidava (séculos XVII e XIX) e que defende a mínima intervenção do Estado. Tanto é assim que, como visto anteriormente, os direitos demandados nessas circunstâncias exigiam que o Estado não interviesse nas liberdades individuais do cidadão ou em sua integridade física. Como consequência econômica, desenvolveu-se o Estado liberal e a doutrina da não intervenção na economia, segundo a qual o mercado se regularia por si mesmo por meio da livre-iniciativa e da livre concorrência. Essas teorias econômicas se fundamentavam na ideia de que, sendo todos iguais perante a lei (direito conquistado pelas Revoluções Liberais), e sem impedimentos impostos pelo Estado, haveria igualdade de condições para que todos tivessem acesso a uma vida digna.

Porém, a Revolução Industrial que ganharia fôlego, especialmente a partir do século XIX, trouxe outras consequências: o intenso processo de êxodo rural e urbanização desordenada das principais cidades europeias e norte-americanas acarretou uma realidade social de profundas desigualdades de renda e de condições de trabalho nas fábricas que começaram a gerar questionamentos. Nessa época surgem novos movimentos sociais como o sindicalismo (que demandava direitos trabalhistas) e a 1ª onda do feminismo (que demandava o direito ao voto, obtido pelos homens um século antes, e igualdade de direitos em relação aos operários homens no trabalho), e as primeiras leis trabalhistas na Inglaterra e

EUA foram os documentos que inauguraram a previsão legal dos direitos sociais.

Assim como os filósofos jusnaturalistas ofereceriam as bases teóricas para a formulação dos direitos de 1ª geração, os pensadores alinhados ao pensamento de Karl Marx seriam os responsáveis por contestar as relações de igualdade meramente formal do sistema capitalista industrial liberal, e a demanda por igualdade material originaria os direitos de 2ª geração, quais sejam, os direitos econômicos, sociais e culturais.

Os direitos econômicos, sociais e culturais são associados ao direito à igualdade em sua dimensão material com base no princípio da isonomia, segundo o qual se devem tratar igualmente os iguais e desigualmente os desiguais, na medida de suas desigualdades. Ou seja: o conteúdo enunciado no princípio esclarece que a garantia de igualdade perante a lei é insuficiente para assegurar que, na prática, todos os indivíduos tenham igual acesso a bens e direitos, sendo necessário, desta forma, que o Estado tome medidas para reduzir as desigualdades, sendo insuficiente a mera previsão da igualdade formal.

Assim, movimentos sociais como ocorridos no México e Rússia (1917), bem como na Alemanha (1919), lograram produzir documentos (como a Constituição Mexicana, a Constituição do Povo Trabalhador e Explorado da Rússia e a Constituição de Weimar) em que constavam não somente previsões dos direitos de 1ª geração decorrentes de deveres de abstenção do Estado, mas também previsões de prestações positivas do Estado no sentido de assegurar, sempre que necessário, tratamento desigual para os desiguais, sempre com o escopo de reduzir tais desigualdades. São exemplos disso as previsões referentes a direitos dos trabalhadores em decorrência da conclusão que a liberdade formal de contratação não impedia situações abusivas em relação a estes, como ocorreu de maneira inaugural na Constituição Mexicana, ou a estruturação mais elaborada de uma social-democracia com previsões quanto à educação pública e de direitos fundamentais com forte conteúdo social, como feito pela Constituição de Weimar, ou ainda declarações mais radicais, como ocorreu com a abolição da propriedade privada, decretada pela Constituição do Povo Trabalhador e Explorado da União Soviética.

No final do século XX surge a demanda pelo reconhecimento dos direitos que passariam a ser chamados de 3ª geração: atribui-se a Karel Vasak a primeira menção a tais direitos na abertura dos cursos do Instituto Internacional dos Direitos do Homem, em 1979. Assim como os direitos de 1ª geração são identificados como os direitos de liberdade, e os de 2ª geração, direitos de igualdade, os de 3ª geração vêm sendo denominados direitos de solidariedade. Embora ainda não haja uma doutrina consolidada a seu respeito, há certo consenso em indicar o direito à paz, ao desenvolvimento social, ao meio ambiente sadio, ao patrimônio comum da humanidade, à autodeterminação dos povos e à comunicação como os direitos humanos de 3ª geração.

Por fim, é importante ressaltar que a divisão entre gerações (ou dimensões) é feita apenas para facilitar o estudo e a compreensão do processo histórico de construção dos Direitos Humanos. Não há superação de uma por outra, nem hierarquia entre os direitos.

1.4. O processo de internacionalização dos Direitos Humanos

Não obstante todo o percurso histórico acima descrito, o século XX já foi marcado em seu início pela 1ª Guerra Mundial (1914-1918), conflito cuja violência até então inédita (e que somente seria superado em lesividade pelo conflito seguinte, a 2ª Guerra Mundial, como será mencionado a seguir) gerou os primeiros esforços de cooperação internacional para manutenção da paz. No período entre Guerras, podem ser apontados como primeiros marcos o desenvolvimento do Direito Humanitário (correspondente à regulamentação jurídica do uso de violência em situação de guerra e direitos das vítimas de conflitos armados), a criação da Liga das Nações (primeira experiência de relativização da soberania estatal) e a criação da Organização Internacional do Trabalho (que é a primeira organização internacional fundada para proteção dos direitos de pessoas – e não apenas de Estados ou organizações internacionais –, sendo voltada para a promoção de padrões internacionais de bem-estar no trabalho).

Apesar dessas iniciativas pioneiras de uma incipiente comunidade internacional no sentido de evitar novas perdas humanas como as ocorridas na 1ª Guerra Mundial, em 1939 eclode novo conflito de extensão global. A 2ª Guerra Mundial, em razão das violações perpetradas pela Alemanha nazista (que elaborou normas jurídicas fundamentadas em ideologia racista pretensamente científica, e com isso determinou legalmente a perseguição dos cidadãos não arianos) e a bomba atômica contra populações civis japonesas (cujos efeitos de seu alto poder de destruição ultrapassaram em muitas gerações além daquelas atingidas pelo ataque), foi considerada como uma ruptura com todos os antecedentes de direitos fundamentais que vinham se construindo desde o século XVIII. Estes fatos históricos, que significaram total negação do valor inato do indivíduo, levantaram a pergunta: essa situação poderia ter sido evitada (ou minimizada) pela previsão de proteção internacional aos indivíduos que se vissem desprotegidos pelo ordenamento jurídico de seus próprios países (como os judeus na Alemanha), ou por uma limitação ao uso da força contra populações não envolvidas no conflito armado (caso dos civis japoneses atacados em Hiroshima e Nagasaki)?

Esse questionamento cria o ambiente político propício para a criação de sistemas internacionais de proteção aos direitos humanos, que correspondem à articulação de órgãos e instituições nas esferas nacional e internacional que possibilita a demanda jurídica no caso de violação de direitos humanos. No âmbito global, a ONU é fundada em 1945, e nas décadas seguintes são formados sistemas internacionais regionais (europeu, interamericano e africano).

Esse processo histórico é conhecido como internacionalização dos Direitos Humanos, que tem como consequência a relativização do conceito de soberania e a transformação dos indivíduos em sujeitos de Direito Internacional. Os Estados passam a poder integrar sistemas internacionais de Direitos Humanos por meio da assinatura de tratados internacionais, nos quais os Estados limitam seus próprios poderes políticos quando estes violarem direitos fundamentais, e abre a possibilidade de um cidadão seu, que se veja violado em um destes direitos, recorrer a um destes órgãos internacionais para que o país seja responsabilizado. Essa nova configuração acarreta a relativização da soberania como um dos efeitos do processo de internacionalização.

Os tratados internacionais (também chamados de pacto ou convenção) constituem principal fonte de obrigações do Direito Internacional e têm suas regras gerais definidas pela Convenção de Viena sobre o Direito dos Tratados (1969). Consistem em acordos obrigatórios (ou seja, são juridicamente vinculantes) celebrados entre sujeitos de Direito Internacional, que são os Estados-partes aos quais os termos do tratado se aplicam. Quando relativos ao tema dos Direitos Humanos, conterão previsões de direitos para indivíduos, além de obrigações para os Estados que deles fizerem parte.

Ao ratificar o tratado, o país se compromete internacionalmente a adequar sua política e ordem jurídica internas aos termos do pacto (ou seja, fica obrigado a alterar políticas públicas do Poder Executivo, normas produzidas pelo Poder Legislativo e decisões proferidas pelo Poder Judiciário), o que fortalece os sistemas domésticos de proteção aos Direitos Humanos, além de estimular a participação da sociedade civil, que poderá fiscalizar a implementação dos direitos previstos nos tratados ratificados pelos países (por exemplo, produzindo relatórios "sombra" – os *shadow reports* – como análise crítica aos relatórios dos Estados sobre cumprimento de seus próprios pactos). Ainda, submete-se aos mecanismos de controle previstos no tratado e, caso não cumpra com aquilo a que se comprometeu, deverá submeter-se à jurisdição internacional. Cada sistema terá seus requisitos específicos (como será detalhado nos tópicos referentes a esses temas), mas, em geral, exige-se que já se tenha recorrido a todos os meios jurídicos internos; ou que se demonstre que o Estado está se mantendo inerte para evitar a responsabilização internacional.

Transforma-se, assim, a concepção tradicional do Direito Internacional que entendia como sujeitos de direitos tão somente as pessoas jurídicas dos Estados e organizações na órbita internacional. A participação do indivíduo nessa dinâmica não era problematizada, e, por isso, a busca da paz internacional não passava pela preocupação com a condição dos seres humanos integrantes dos povos dos Estados envolvidos, mas apenas com o dever de não interferência de um Estado na soberania de outro. Com o processo de internacionalização o conceito de soberania estatal passa a ser relativizado, e o indivíduo passa a ser reconhecido juridicamente como sujeito de Direito Internacional, além dos Estados e das organizações internacionais.

Resumindo os principais pontos da concepção internacional dos Direitos Humanos:

O que significa aderir a um pacto internacional de Direitos Humanos?	▪ Comprometimento de adequação interna aos termos do pacto (Executivo + Legislativo + Judiciário) para fortalecimento do sistema doméstico de proteção aos direitos humanos. ▪ Submissão aos mecanismos de controle previstos no pacto para fiscalização de sua implementação. ▪ Submissão à jurisdição internacional em caso de não cumprimento do pacto.
Há fiscalização do cumprimento dos tratados?	▪ Cada tratado terá mecanismos de monitoramento específicos. ▪ **Exemplos:** comitês especializados para apreciação de relatórios estatais e petições individuais; investigações *in loco*, comunicações interestatais. ▪ **Participação da sociedade civil:** relatórios "sombra" (*shadow reports*).
Como acessar um sistema internacional de proteção aos Direitos Humanos?	▪ Cada sistema tem seus requisitos específicos. ▪ **Em geral, exige-se:** esgotamento dos meios internos ou demonstração de inércia do Estado.

2. CARACTERÍSTICAS DOS DIREITOS HUMANOS

A partir da criação da ONU, em 1945 (processo que será mais detalhado no próximo tópico), os Direitos Humanos passam a ser compreendidos como **univer-**

sais, indivisíveis e interdependentes, proibindo-se juridicamente seu retrocesso. Tais características decorrem, principalmente, dos princípios que orientam suas normas.

A Declaração Universal dos Direitos Humanos, de 1948 (que será abordada em maior profundidade em tópico mais à frente), é o primeiro documento a contemplar os direitos de 1ª geração (arts. 3º a 21) e 2ª geração (arts. 22 a 28) de forma indivisível.

Em 1993, a Declaração de Viena consignará em seu § 5º: "Todos os direitos humanos são universais, indivisíveis, interdependentes e inter-relacionados", adotando expressamente os princípios da universalidade, indivisibilidade e interdependência:

a) **Universalidade:** implica que os direitos de alcance universal e que todos os indivíduos são deles titulares, não importando nacionalidade, etnia, religião etc.
b) **Indivisibilidade:** consideram-se fundamentais tanto os direitos civis e políticos, quanto os econômicos, sociais e culturais e os de solidariedade, e por isso os Estados não podem se eximir de garantir quaisquer dos direitos, pois são indivisíveis.
c) **Interdependência:** além de indivisíveis, os direitos fundamentais são interdependentes entre si para poderem ser plenamente exercidos, pois os direitos sociais são irrealizáveis sem as liberdades políticas; as liberdades políticas são inúteis sem os direitos sociais; os direitos sociais e as liberdades civis não podem ser exercidos sem os direitos de solidariedade.

A proibição de retrocesso consiste na inadmissibilidade de restrição ou suspensão de quaisquer direitos humanos fundamentais já reconhecidos no ordenamento jurídico de um país, conforme previsto no artigo 5º do Pacto dos direitos Civis e Políticos (1966), e no artigo 5º, § 2º, do Pacto Internacional dos Direitos Econômicos Sociais e Culturais (1966). Ambos os tratados serão objeto de análise mais detalhada no tópico a seguir.

■ 3. O SISTEMA GLOBAL DE PROTEÇÃO DOS DIREITOS HUMANOS (ONU)

Conforme já examinado no item 1.4, a 2ª Guerra Mundial é considerada a grande ruptura com todos os antecedentes de direitos humanos: a total negação do valor inato do indivíduo representada pelas violações perpetradas pelo nazismo realizadas por ação estatal legalizada em face de seus próprios nacionais é inédita na história da humanidade, assim como o poder de destruição das bombas atômicas jogadas sobre as populações civis de Hiroshima e Nagasaki. Esses episódios passam a gerar questionamentos sobre a sua evitabilidade (ou minimização) pela previsão de proteção internacional.

Uma primeira iniciativa de responsabilização internacional pelos atos praticados pelos nazistas (vale lembrar que não houve qualquer responsabilização dos atos praticados pelos EUA contra as populações civis japonesas) foi o Tribunal de Nuremberg, criado pelo Acordo de Londres, cujos julgamentos ocorreram entre 1945 e 1946. Por ter sido a primeira experiência de uma instância internacional para julgamento por crimes de guerra, as condenações basearam-se não em normas ou tratados, mas no costume internacional (que é fonte do Direito Internacional, desde que haja concordância de um número significativo de Estados; continuidade da prática por certo tempo e aceitação da prática como lei pela comunidade internacional). Houve críticas, todavia, pela violação aos princípios da anterioridade e do juiz natural, o que serviria de base décadas depois para a formação do Tribunal Penal Internacional, como será explicado posteriormente.

Em 1945, a ONU é fundada com a Carta das Nações Unidas (também conhecida como Carta de São Francisco, por ter sido assinada nessa cidade norte-americana) cria a Organização das Nações Unidas, estabelecendo como objetivos a manutenção da paz e segurança, a cooperação internacional e a promoção dos Direitos Humanos. Além de fixar essas finalidades, cria os principais órgãos da ONU e respectivas atribuições: Assembleia Geral, Conselho de Segurança, Corte Internacional de Justiça, Conselho Econômico e Social, Conselho de Tutela e Secretariado, que corresponde ao aparato institucional.

O aparato jurídico-normativo do sistema global pode ser subdividido em sistema geral e sistema especial. O sistema geral corresponde à Carta Internacional de Direitos (*International Bill of Rights*), que é o conjunto formado pelos documentos generalistas de Direitos Humanos de 1ª e 2ª geração, quais sejam, a Declaração Universal de 1948, o Pacto dos Direitos Civis e Políticos e o Pacto dos Direitos Econômicos, Sociais e Culturais. Já o sistema especial diz respeito aos pactos de Direitos Humanos celebrados em reconhecimento a sujeitos de Direito específicos, pertencentes a minorias políticas ou expostos a determinadas situações de vulnerabilidade.

3.1. O sistema geral de proteção global aos Direitos Humanos: os documentos generalistas

Em 1948 é adotada a Declaração Universal de Direitos Humanos, com a aprovação unânime de 48 Estados (8 abstenções, nenhum voto contra). Como já visto no item 2, contempla direitos de 1ª geração (arts. 3º a 21) e 2ª geração (arts. 22 a 28) de forma indivisível, e é orientada pelos princípios da universalidade, indivisibilidade e interdependência.

Apesar de sua importância histórica e política, o valor jurídico da Declaração foi objeto de muita discussão por ter sido adotada sob a forma de resolução por meio da qual os Estados assinantes declaravam sua aprovação aos princípios básicos de direitos humanos e liberdades, sem que, contudo, tivesse força de lei.

Mesmo que parte dos doutrinadores de Direito Internacional defendesse a força jurídica vinculante da Declaração Universal de 1948 por esta refletir o costume internacional, deliberou-se pela positivação dos direitos enunciados na Declaração por meio de um tratado internacional, que é o acordo de vontades entre Estados e/ou outros sujeitos de Direito Internacional, sob a forma escrita, com força jurídica vinculante.

Porém, o cenário político internacional do período imediatamente após a 2ª Guerra Mundial era o da Guerra Fria, em que a ordem mundial se dividia nos blocos capitalista (alinhado aos EUA) e socialista (alinhado à URSS), o que gerou debates sobre o conteúdo da declaração e sobre prioridades de direitos no processo de juridicização: parte dos Estados afirmava ser impossível prever todos os direitos da Declaração (de 1ª e de 2ª geração) em um mesmo pacto, pois os países de alinhamento capitalista entendiam que somente os direitos civis e políticos teriam aplicação imediata e poderiam ser exigidos juridicamente em um pacto internacional, o que não ocorreria com os direitos econômicos, sociais e culturais, os quais necessitariam de implementação progressiva. Já os países de visão socialista contra-argumentavam que os direitos econômicos, sociais e culturais poderiam ser autoaplicáveis em um regime socialista.

Não obstante houvesse ainda países favoráveis a um pacto único – e que suscitavam a indivisibilidade e interdependência dos direitos – prevaleceu o argumento de elaboração de dois pactos distintos. Em 1966 são adotados o Pacto dos Direitos Civis e Políticos e o Pacto dos Direitos Econômicos, Sociais e Culturais, que são os chamados pactos generalistas. Em seus textos são previstos pela primeira vez os mecanismos de monitoramento de cumprimento dos pactos: relatórios produzidos pelos Estados-partes para informar ao organismo competente o estado de implementação dos direitos ali previstos, comunicações interestatais (por meio das quais os Estados se fiscalizam mutuamente com a possibilidade de efetivar denúncias perante o órgão internacional competente), investigações *in loco* (realizadas por especialistas que integram os órgãos de monitoramento) e petições individuais (que podem ser apresentadas pelos próprios indivíduos que sofrem uma violação de direito fundamental previsto no pacto).

Ambos os tratados têm protocolos facultativos relacionados principalmente com seus mecanismos de monitoramento. Os protocolos facultativos também são tratados internacionais, mas são acessórios aos pactos principais e contêm previsões as quais os Estados podem aderir facultativamente, sem precisar abrir mão do conteúdo central estabelecido nos pactos de direitos.

Com a adoção dos pactos generalistas, forma-se a Carta Internacional de Direitos Humanos, composta por 3 documentos: a Declaração Universal de Direitos Humanos de 1948; o Pacto dos Direitos Civis e Políticos (1966) e o Pacto dos Direitos Econômicos, Sociais e Culturais (1966). O aparato normativo composto pelos pactos generalistas é chamado de sistema geral de proteção.

Atenção! Não confundir:

Carta da ONU (1945)	Declaração Universal de Direitos Humanos (1948)	Carta Internacional de Direitos Humanos (*International Bill of Rights*)
Tratado internacional que cria a Organização das Nações Unidas, seus principais órgãos e atribuições.	Declaração de aprovação dos princípios básicos de direitos e liberdades humanas proferida pelas nações que haviam fundado a ONU.	Nome dado ao conjunto de documentos formado pela Declaração de 1948, o Pacto dos Direitos Civis e Políticos (1966) e o Pacto dos Direitos Econômicos, Sociais e Culturais (1966).

3.1.1. Sistema geral de proteção: o Pacto dos Direitos Civis e Políticos

O Pacto dos Direitos Civis e Políticos foi aprovado em 1966 e entrou em vigor em 1976, quando atingiu o número de ratificações necessárias.

Além da força jurídica vinculante inerente a um tratado internacional, contém previsões mais ampliadas em relação à Declaração, estabelecendo aos Estados tanto obrigações de natureza negativa (por exemplo, não torturar) quanto positiva (tais como prover um sistema legal capaz de responder a violações de direitos); imposição aos Estados-partes de implementação imediata dos direitos. Ainda, contempla novos direitos não previstos na Declaração, como a proibição da prisão por dívida, o direito da criança ao nome e à nacionalidade, proibição de propaganda de guerra, entre outros.

> O Pacto dos Direitos Civis e Políticos, por fazer referência às liberdades civis, guarda relação com o Direito Penal e Processual Penal (inclusive no que se refere às garantias constitucionais sobre o tema), por exemplo: proibição de penas cruéis (art. 7º), proibição de prisão arbitrária (art. 9º), direito a informação sobre o motivo da prisão (art. 9º.2), direito a processo e julgamento em prazo razoável (art. 9º.3), direito da pessoa presa a tratamento digno (art. 10).

O PDCP conta com dois protocolos adicionais: o primeiro (que assim como o PDCP foi aprovado em 1966, mas somente passou a vigorar a partir de 1976) prevê o mecanismo de peticionamento individual para o Comitê de Direitos Humanos, e o segundo (aprovado em 1989 e vigente a partir de 1991) foi elaborado com vistas à abolição da pena de morte.

> O Comitê de Direitos Humanos (integrado por 18 membros nacionais dos Estados-partes, por eles eleitos, mas que não os representam, exercendo suas funções a título pessoal) é o organismo especificamente constituído para monitorar o cumprimento do Pacto dos Direitos Civis e Políticos.

As petições individuais ao Comitê de Direitos Humanos devem preencher os seguintes requisitos de admissibilidade: esgotamento prévio de todos os meios domésticos, para tentar reparar a violação do direito, ou demonstração de prolongamento injustificado dos procedimentos nacionais; e ausência de litispendência internacional. Têm legitimidade para peticionar tanto a própria vítima como terceiros ou organizações em seu nome.

Se preenchidos os requisitos mencionados e recebida a petição, o Estado terá prazo de 6 meses para dar explicações; os esclarecimentos serão encaminhados ao autor da petição, que poderá enviar observações adicionais. O Comitê, considerando todas as informações colhidas, proferirá decisão, que será publicada no relatório anual do Comitê à Assembleia Geral da ONU.

Além das petições individuais, o Comitê de Direitos Humanos tem a atribuição de receber outros mecanismos de monitoramento: relatórios estatais sobre medidas legislativas, administrativas e judiciárias; e comunicações interestatais (mecanismo opcional condicionado à elaboração de declaração específica).

É importante esclarecer que, assim como em todos os outros órgãos internacionais de proteção aos Direitos Humanos (com exceção do Tribunal Penal Internacional, que responsabiliza indivíduos e será objeto de tópico próprio mais à frente), essas petições individuais são apresentadas em face de Estados, e não de indivíduos que tenham praticado uma violação de direitos, porque o que justifica a petição é a violação de um dispositivo previsto em um pacto internacional assinado por um Estado. É essa assinatura que fundamenta a responsabilização internacional (daí a exigência dos requisitos acima citados), e por isso a decisão proferida pelo Comitê é de natureza declaratória da ocorrência ou não de violação de direitos. Ou seja: não possui caráter condenatório ou vinculante, não havendo sanção jurídica propriamente dita, mas causa consequências políticas (em geral denominadas genericamente de *power of embarrassment*).

3.1.2. Sistema geral de proteção: o Pacto dos Direitos Econômicos, Sociais e Culturais

Assim como o Pacto dos Direitos Civis e Políticos, o Pacto dos Direitos Econômicos, Sociais e Culturais também foi aprovado em 1966 e atingiu o número de ratificações necessárias para entrar em vigor em 1976; incorporando dispositivos da Declaração Universal sob a forma de preceitos juridicamente vinculantes, o que implica a possibilidade de um cidadão exigir juridicamente prestações do Estado. Ao contrário do Pacto dos Direitos Civis e Políticos, que estabelece direitos aos indivíduos, o Pacto dos Direitos Econômicos, Sociais e Culturais estipulam obrigações aos Estados-partes para que seja garantido um mínimo essencial aos seus respectivos nacionais.

Os direitos econômicos, sociais e culturais são considerados de realização progressiva, até o máximo dos recursos disponíveis no Estado. Vale ressaltar que parte da doutrina entende que os direitos civis e políticos também exigem implementação de políticas públicas para seu pleno exercício (por exemplo, a infraestrutura eleitoral para viabilizar os direitos políticos; aparato de segurança pública para assegurar direito à liberdade e propriedade etc.).

O Pacto dos Direitos Econômicos, Sociais e Culturais prevê apenas os relatórios dos Estados como mecanismo de monitoramento. Mas, diferentemente do Pacto dos Direitos Civis e Políticos (que criou o Comitê de Direitos Humanos com a atribuição específica de administrar seus mecanismos de monitoramento), o Pacto dos Direitos Econômicos, Sociais e Culturais não criou comitê próprio. Seu texto determina que os relatórios produzidos pelos Estados-partes a respeito de sua implementação sejam encaminhados ao Secretário-Geral das Nações Unidas que, por sua vez, os envia ao Conselho Econômico e Social, que é o órgão coordenador do trabalho econômico e social da ONU, das Agências Especializadas e das demais instituições integrantes do Sistema das Nações Unidas, e que concentra diversas outras atribuições além da apreciação dos relatórios estatais, tais como formular recomendações e realizar atividades relacionadas com o desenvolvimento, comércio internacional, industrialização, recursos naturais e outras questões econômicas e sociais.

Em 2008 foi adotado o Protocolo Facultativo ao Pacto dos Direitos Econômicos, Sociais e Culturais, prevendo sistemática de petições individuais, medidas de urgência, comunicações interestatais e investigações *in loco*. Até outubro de 2017, o Estado brasileiro não assinou nem ratificou este protocolo.

3.1.3. Sistema geral de proteção: Declaração e Programa de Ação de Viena

Em 1993 foi realizada a Conferência Mundial dos Direitos Humanos em Viena (Áustria), na qual se produziu uma nova declaração de direitos e um programa de ação para os Estados alcançarem os objetivos ali declarados.

> A Declaração de Viena reproduz os direitos da Declaração de 1948, mas com número superior de ratificações, reafirmando sua indivisibilidade e a ausência de hierarquia entre direitos. Ainda, aponta a democracia como o regime político mais adequado à promoção dos direitos humanos.

3.2. O sistema especial de proteção

Conforme o processo de internacionalização dos Direitos Humanos se desenvolveu ao longo das décadas, foram sendo reconhecidas outras violações de direitos humanos, mais específicas que aquelas dos sujeitos abstratamente considerados nos tratados componentes do sistema geral de proteção.

O reconhecimento dessas vulnerabilidades permitiu delinear sujeitos concretos, com especificidades geradoras da necessidade de se utilizar as diferentes identidades como fator de reconhecimento de direitos.

Assim, construiu-se o sistema especial de proteção, coexistente ao sistema geral, estruturando o arcabouço normativo internacional dos Direitos Humanos em uma rede mais complexa. Passa-se agora ao exame dos principais aspectos dessas convenções que preveem direitos a sujeitos específicos.

> O estudo dos aspectos jurídicos das convenções envolve a atenção a três pontos: **(i)** quem é o sujeito de Direito protegido pelo pacto e quais direitos são positivados em seu texto; **(ii)** quais deveres correspondentes aos direitos são impostos aos Estados-partes, e **(iii)** quais os mecanismos de monitoramento previstos. Vale também frisar a relevância de se verificar se o Brasil possui legislação sobre o tema.

3.2.1. Convenção para Prevenção e Repressão do Crime de Genocídio

A Convenção para Prevenção e Repressão do Crime de Genocídio (aprovada em 1948 e vigente a partir de 1951) foi a primeira a ser adotada após a fundação da ONU, com o reconhecimento inédito do genocídio como um crime que viola o Direito Internacional e que gera, portanto, obrigação da comunidade internacional em sua repressão e prevenção (art. 1º).

A Convenção define o genocídio em seu art. 2º como qualquer ato cometido com a intenção de destruir, no todo ou em parte, um grupo nacional, étnico, racial ou religioso, tal como assassinato de membros do grupo; dano grave à integridade física ou mental de membros do grupo; submissão intencional do grupo a condições de existência que lhe ocasionem a destruição física total ou parcial; medidas destinadas a impedir os nascimentos no seio do grupo; transferência forçada de menores do grupo para outro grupo.

A Convenção para Prevenção e Repressão do Crime de Genocídio também merece destaque por ter sido o primeiro instrumento de Direito Internacional de Direitos Humanos a prever o julgamento de um crime por uma corte internacional (art. 6º) em razão de sua gravidade e da extensão de seus danos em relação à comunidade internacional.

Essa Convenção é considerada um importante precedente histórico da formação do Tribunal Penal Internacional, que ocorreria em 1998, e será objeto do tópico 3.4.

3.2.2. Tratados e documentos referentes à questão migratória

Para um exame mais aprofundado dos tratados (com força jurídica vinculante) e outros documentos (com diretrizes gerais não vinculantes) a respeito da questão migratória, é importante compreender o contexto social e político atual sobre o tema. A partir dos anos 2010, tem início a maior crise humanitária decorrente de deslocamentos de populações desde a 2ª Guerra Mundial, motivada por diversos fatores, tais como a guerra na Síria; conflitos armados no Oriente Médio e África; crises econômicas graves na Venezuela e Haiti, entre outros.

Tais fatores conduzem a situações-limite as populações dos países envolvidos, o que as levam a se deslocarem para outros lugares. Os diversos motivos que impulsionam estes deslocamentos podem fundamentar diferentes classificações jurídicas para as pessoas envolvidas. De acordo com o Alto Comissariado das Nações Unidas para Refugiados (ACNUR), as pessoas em situação de deslocamento podem ser assim classificadas:

- **Migrante econômico:** pessoa que deixa o seu país voluntariamente em razão das más condições econômicas do local. Pode estar em situação regular ou irregular.
- **Refugiados:** pessoas que se encontram fora do seu país em razão de fundado temor de perseguição por motivos de raça, religião, nacionalidade, opinião política ou participação em grupos sociais, e que não possa (ou não queira) voltar para casa. Posteriormente, definições mais amplas passaram a considerar como fundamentos de refúgio conflitos armados, violência generalizada e violação massiva dos direitos humanos.
- **Apátridas:** pessoas que nascem sem nacionalidade ou têm sua nacionalidade retirada pelo Estado, ficando, portanto, sem proteção de um Estado nacional.

Atualmente, a ONU dispõe dos seguintes documentos relacionados à proteção dos direitos humanos de pessoas em deslocamento, conforme os critérios estabelecidos pelos conceitos acima expostos:

- Convenção relativa ao Estatuto dos Refugiados (1951);
- Convenção para Redução dos Casos de Apatridia (1961), incorporada pelo ordenamento jurídico brasileiro pelo Decreto n. 8.501/2015;
- Convenção de 1954 relativa ao Estatuto dos Apátridas, incorporada pelo ordenamento jurídico brasileiro pelo Decreto n. 4.246/2002;
- Convenção sobre os direitos de todos os trabalhadores migrantes e suas famílias (2003), não assinada pelo Brasil;
- Pacto Global de Migração (2018), abandonado pelo Brasil em 2019.

Dada sua relevância, vale examinar em mais detalhes a Convenção relativa ao Estatuto dos Refugiados, tratado celebrado em 1951. O documento foi adotado no contexto do pós-2ª Guerra Mundial, em que havia alto contingente de pessoas refugiadas, cujos Estados de origem se tornaram incapazes de garantir seus direitos básicos. O Estatuto prevê como principais direitos do indivíduo que preencha os requisitos para ser considerado refugiado o de buscar refúgio em lugar seguro, além dos direitos humanos de 1ª e 2ª geração (liberdades civis; assistência médica; acesso à escola etc.). Aos Estados são atribuídos como principais deveres a aplicação do princípio de *non-refoulement* ("não devolução"), que proíbe expulsar ou "devolver" (*refouler*) um refugiado contra sua vontade, em quaisquer ocasiões, para um território onde ele ou ela sofra perseguição; e, ainda, de estabelecer providências para a disponibilização de documentos, incluindo documentos de viagem específicos para refugiados na forma de uma espécie de passaporte.

Por ser anterior à Carta Internacional de Direitos, a Convenção sobre o Estatuto dos Refugiados não prevê mecanismos de monitoramento. O órgão responsável pelo tema na ONU é o Alto Comissariado das Nações Unidas para Refugiados (ACNUR).

No Brasil, a legislação correlata ao Estatuto dos Refugiados é a Lei n. 9.474/97, que define mecanismos para a implementação do Estatuto dos Refugiados de 1951. Em relação à Convenção sobre os direitos de todos os trabalhadores migrantes e suas famílias (2003), embora o Brasil não tenha assinado o documento, a Lei n. 13.445/2017, conhecida como a nova Lei de Migração, trata do tema no âmbito doméstico. O texto revoga o Estatuto do Estrangeiro (Lei n. 6.815/80) e dispõe sobre os direitos e os deveres do migrante e do visitante, regulando a sua entrada e estada no País, estabelecendo princípios e diretrizes para as políticas públicas para o emigrante.

Ainda em relação ao posicionamento do Estado brasileiro sobre a questão migratória no plano internacional, deve-se destacar o Pacto Global para Migração Segura, Ordenada e Regular, conjunto de diretrizes elaboradas em 2018 visando à colaboração em questões migratórias, sem caráter vinculante. Em dezembro de 2018, 164 países, incluindo o Brasil, aderiram ao Pacto. Porém, em janeiro de 2019, o Brasil abandonou o Pacto Global de Migração.

3.2.3. Convenção para Eliminação de Todas as Formas de Discriminação Racial

A Convenção para Eliminação de Todas as Formas de Discriminação Racial é adotada pela ONU em 1965 e entra em vigor em 1969. Os debates de sua formulação se dão no contexto dos movimentos pelos direitos civis das populações afrodescendentes que então ocorriam nos Estados Unidos da América. Muito embora o genocídio dos judeus ocorrido na 2ª Guerra Mundial já houvesse suscitado intenso debate para que se superassem as doutrinas do chamado "racismo científico" – que haviam sido utilizadas como fundamento teórico para a política de extermínio de Hitler – os Estados Unidos ainda mantinham leis estaduais de segregação racial e de negação de direitos civis a negros desde o final do século XIX. Com os movimentos sociais dos negros, é adotada nos EUA a Lei dos Direitos Civis em 1964, e, no ano seguinte, entra em vigor a Convenção para Eliminação de Todas as Formas de Discriminação Racial no plano internacional.

> O preâmbulo dessa Convenção determina que as doutrinas de superioridade racial são cientificamente equivocadas, e que a diferença deve ser reconhecida como elemento para promoção de direitos. Os direitos previstos para o sujeito ali reconhecido relacionam-se com igualdade perante a lei sem distinção de raça, de cor ou de origem nacional ou étnica. Cabe aos Estados-partes, em contrapartida, combater o racismo, o preconceito e a discriminação tanto na vertente repressiva (punição à discriminação) quanto promocional (ações afirmativas), contemplando tanto a esfera pública quanto a privada.

Quanto aos mecanismos de monitoramento, a Convenção conta com comitê próprio para apreciar relatórios e comunicações interestatais. Também admite o direito de petição individual, mas o Estado-parte deve fazer declaração específica afirmando que reconhece a competência do comitê para apreciação das petições.

3.2.4. Convenção para Eliminação de Todas as Formas de Discriminação contra a Mulher

Assim como a Convenção para Eliminação de Todas as formas de Discriminação Racial, a Convenção para Eliminação de Todas as Formas de Discriminação contra a Mulher (aprovada em 1979 e vigente a partir de 1981) também tem sua origem em uma conjuntura de lutas sociais por direitos: sua adoção guarda estreita relação com os movimentos feministas das décadas de 1960 e 1970. É importante consignar que o texto não aplica o termo *discriminação baseada no gênero*, pois à época o emprego do termo "gênero" ainda não estava incorporado aos textos jurídicos, mas define *discriminação baseada no sexo* (é importante consignar, todavia, os Princípios de Yogyakarta (2007), documento com caráter recomendatório sobre a aplicação da legislação internacional de direitos humanos em relação à orientação sexual e identidade de gênero).

Outra característica é seu elevado número de reservas, especialmente em relação aos dispositivos que estabelecem a igualdade de direitos entre homens e mulheres perante a lei e no casamento.

> Como direitos do indivíduo reconhecido como sujeito de Direito, a Convenção assegura o exercício dos direitos humanos e liberdades fundamentais pela mulher em todos os campos da vida pública e privada, independentemente de seu estado civil, com base na igualdade do homem e da mulher. Aos Estados cabe combater a discriminação baseada no sexo tanto na vertente repressiva (punição à discriminação) quanto promocional (ações afirmativas).

A Convenção para Eliminação de Todas as Formas de Discriminação contra a Mulher prevê como mecanismos de monitoramento um comitê próprio, com atribuição de apreciar os relatórios periódicos enviados pelos Estados. Em 1999 foi adotado Protocolo Facultativo prevendo o direito de petição e a investigação *in loco* para os países que o ratificarem.

3.2.5. Convenção contra a Tortura e outros Tratamentos ou Penas Cruéis, Desumanos ou Degradantes

A Convenção contra a Tortura (adotada pela ONU em 1984 e vigente desde 1989) define tortura como inflição deliberada de dor ou sofrimento com finalidade de obter confissão, punir ou intimidar, e praticada por agente do Estado (enfoque da delinquência estatal). De acordo com o texto do pacto, é vedado aos Estados-partes derrogar a proibição à tortura, nos termos de seu art. 2º, § 2º.

> A Convenção assegura ser direito do indivíduo não ser submetido a tortura nem a tratamento degradante sob qualquer circunstância. Para tanto, preveem-se aos Estados os deveres de criminalizar todos os atos de tortura, incluindo a responsabilização de mandantes, executores e omitentes que poderiam ter evitado a tortura. Os Estados-partes devem, ainda, adotar a jurisdição compulsória e universal, que obriga os Estados-partes a processar e punir ou a extraditar torturadores que se encontrem em seu território, independentemente da nacionalidade deste ou da vítima.

Como mecanismos de monitoramento, a Convenção cria um comitê próprio, que analisa relatórios, comunicações interestatais e petições individuais (estas últimas, somente mediante declaração específica dos Estados reconhecendo a competência do comitê para tanto).

> Em 2002 foi aprovado o Protocolo Facultativo à convenção (entrando em vigor em 2006), determinando que cada Estado-Parte deverá designar ou manter em nível doméstico um ou mais órgãos de visita encarregados da prevenção da tortura e outros tratamentos ou penas cruéis, desumanos ou degradantes (art. 1º do Protocolo).

3.2.6. Convenção dos Direitos da Criança

A Convenção dos Direitos da Criança foi aprovada em 1989, e entrou em vigor em 1990. O texto define seu sujeito de Direito como o ser humano com menos de 18 anos de idade, salvo disposição legal local em contrário.

> O texto adota o conceito do desenvolvimento integral, pela qual a criança deve ser reconhecida como sujeito de Direito (e não objeto de tutela), cabendo-lhe tanto os direitos de 1ª e 2ª gerações, assegurados a qualquer pessoa, quanto direitos específicos de sua condição peculiar de desenvolvimento (tais como o direito de entrar e sair de qualquer Estado-parte para fins de reunificação familiar; proteção de não ser levada ilicitamente para o exterior; proteção de seus interesses em caso de adoção etc.). Cabe aos Estados proteger a criança contra todas as formas de discriminação e assegurar-lhe assistência apropriada com absoluta prioridade.

Apenas relatórios estatais, apreciados por comitê próprio, são previstos como mecanismos de monitoramento.

> No Brasil, a Convenção da Criança servirá de diretriz internacional para a elaboração do Estatuto da Criança e do Adolescente (Lei n. 8.069/90) e do Marco Legal da 1ª Infância (Lei n. 13.257/2016).

3.2.7. Convenção sobre os Direitos de todos os trabalhadores migrantes e membros de suas famílias

A questão das violações de direitos humanos de pessoas em migração vem suscitando debates no plano internacional desde a década de 1970, quando o Conselho Econômico e Social passou a emitir resoluções sobre a violação de direitos humanos de trabalhadores migrantes (especialmente africanos em países europeus). Desde então, o fenômeno da migração é crescente, e relacionado com questões de desenvolvimento econômico.

Assim, em 1990 é aprovada a Convenção sobre os Direitos de todos os trabalhadores migrantes e membros de suas famílias, mas que somente em 2003 atinge o número mínimo de Estados-partes para entrar em vigor. Seu art. 2º fornece o conceito de "trabalhador migrante" como sendo "a pessoa que vai exercer, exerce ou exerceu uma atividade remunerada em um Estado de que não é nacional".

Embora tenha promulgado a Lei n. 13.445/2017 (Lei de Imigração), Brasil não assina esta Convenção (até outubro de 2017).

3.2.8. Convenção sobre os Direitos das Pessoas com Deficiência

A Convenção sobre os Direitos das Pessoas com Deficiência, (aprovada em 2006 e vigente desde 2008) é o primeiro tratado de Direitos Humanos adotado no século XXI. Representa uma transformação no paradigma de reconhecimento da pessoa com deficiência: se em épocas anteriores as pessoas com deficiência já foram objeto de intolerância, invisibilidade, e, mesmo assistencialismo decorrente de se entender a deficiência como uma enfermidade a ser curada, a Convenção sobre os Direitos das Pessoas com Deficiência propõe reconhecê-las como sujeito de Direito sob a óptica da inclusão, relacionando os obstáculos enfrentados pela pessoa com deficiência ao meio social e ambiental, e que é passível de intervenção do Estado para assegurar a plena convivência e exercício de direitos.

A Convenção sobre os Direitos das Pessoas com Deficiência reconhece que o conceito de "deficiência" não é estanque ou acabado, e o descreve seu sujeito de Direito – as pessoas com deficiência – como as que têm impedimentos de longo prazo de natureza física, mental, intelectual ou sensorial, os quais, em interação com diversas barreiras, podem obstruir sua participação plena e efetiva na sociedade em igualdades de condições com as demais pessoas.

> Aos Estados-partes cabem os deveres de tomar medidas legislativas, administrativas ou de qualquer outra natureza para implementação dos direitos previstos, incluindo ajustes, adaptações ou modificações razoáveis e apropriadas para assegurar o exercício dos direitos humanos às pessoas com deficiência, além do combate à discriminação nas vertentes repressiva (punição à discriminação) e promocional (ações afirmativas).

Quanto aos mecanismos de monitoramento, a Convenção prevê relatórios estatais, apreciados por comitê próprio. Há Protocolo Facultativo adotando o sistema de petições individuais ao comitê, e investigações *in loco* no caso de violações de direitos graves e sistemáticas.

3.2.9. Convenção para Proteção de Todas as Pessoas contra o Desaparecimento Forçado

A Convenção para Proteção de Todas as Pessoas contra o Desaparecimento Forçado é aprovada em 2006 e entra em vigor em 2010. Anteriormente, o sistema global continha previsão a seu respeito no art. 5º do Estatuto de Roma, no rol de crimes de competência do Tribunal Penal Internacional.

O art. 2º da Convenção descreve o "desaparecimento forçado" como a prisão, a detenção, o sequestro ou qualquer outra forma de privação de liberdade que seja perpetrada por agentes do Estado ou por pessoas ou grupos de pessoas agindo com a autorização, apoio ou aquiescência do Estado, e a subsequente recusa em admitir a privação de liberdade ou a ocultação do destino ou do paradeiro da pessoa desaparecida, privando-a assim da proteção da lei. Como se depreende da leitura do texto convencional, o tratado põe seu foco na delinquência estatal.

Além do direito de não ser submetido a desaparecimento forçado, a Convenção prevê, além dos direitos das vítimas diretas do desaparecimento forçado, os direitos à verdade sobre as circunstâncias do desaparecimento forçado e o destino das pessoas desaparecidas. O texto estabelece ainda a existência de um Comitê contra desaparecimentos forçados (mas com competência para atuar apenas em desaparecimentos ocorridos após a entrada em vigor da Convenção), que pode ser acionado para tomar medidas de urgência (art. 30), tais como pedido de busca e localização de uma pessoa desaparecida por seus familiares ou por seus representantes legais, advogado ou qualquer pessoa por eles autorizada, bem como por qualquer outra pessoa detentora de interesse legítimo.

3.2.10. Outros instrumentos internacionais de proteção aos Direitos Humanos

Este tópico aborda os principais pontos de outros instrumentos internacionais do sistema global de proteção aos Direitos Humanos.

Dentre estes, vale aqui mencionar a Convenção Suplementar sobre a Abolição da Escravatura, do Tráfico de Escravos e das Instituições e Práticas Análogas à Escravatura (1956). Esta convenção é digna de nota por complementar conteúdo de tratado anterior à própria criação da ONU, que é a convenção sobre a escravidão e o tráfico de escravos aprovada em 1926 pela Assembleia da Liga das Nações. A Convenção de Genebra de 1926 definia a escravidão como o estado ou condição de um indivíduo sobre o qual se exercem, total ou parcialmente, os atributos do direito de propriedade, e o tráfico de escravos como o ato de captura, aquisição ou cessão de um indivíduo com o propósito de escravizá-lo, assim como em geral todo ato de comércio ou de transportes de escravos.

Em 1956, a Convenção Suplementar sobre a Abolição da Escravatura, do Tráfico de Escravos e das Instituições e Práticas Análogas à Escravatura reafirma o conceito de "escravidão" e de "tráfico de escravos" acima expostos, acrescentando os conceitos de "pessoa de condição servil", que é a que se encontra no estado ou condição que resulta de alguma destas situações. Define, ainda, as práticas análogas à escravidão, tais como a servidão e o casamento forçado por dívidas, o ato de mutilar, de marcar com ferro em brasa ou por qualquer outro processo um escravo ou uma pessoa de condição servil – para indicar sua condição, para infligir um castigo ou por qualquer outra razão. Por ser anterior à Carta Internacional de Direitos, não prevê mecanismos de monitoramento.

O Código Penal Brasileiro prevê o crime de redução a condição análoga à de escravo. Porém, o tipo penal descreve a situação de forma distinta da convenção, relacionando a prática a condições de trabalho degradantes ou exaustivas:

> **Art. 149.** Reduzir alguém a condição análoga à de escravo, quer submetendo-o a trabalhos forçados ou a jornada exaustiva, quer sujeitando-o a condições degradantes de trabalho, quer restringindo, por qualquer meio, sua locomoção em razão de dívida contraída com o empregador ou preposto.

Também é importante tecer algumas considerações sobre os instrumentos de proteção aos Direitos Humanos de 3ª Geração: como representativas desse grupo, mencionam-se a Convenção para a Proteção do Patrimônio Mundial, Cultural e Natural (UNESCO – 1972), Convenção sobre a Diversidade Biológica (ECO 1992 – Rio de Janeiro) e a Declaração das Nações Unidas sobre os Direitos dos Povos Indígenas (2007).

> As normas de Direito Ambiental se relacionam com a consideração do direito ao meio ambiente sadio como uma dimensão dos Direitos Humanos.
> A Convenção para a Proteção do Patrimônio Mundial, Cultural e Natural (UNESCO – 1972) estabelece deveres aos Estados-partes para preservação do patrimônio cultural e natural (foi incorporada pelo Brasil por meio do Decreto n. 74/1977); já a Convenção sobre a Diversidade Biológica (ECO 1992 – Rio de Janeiro) declara como objetivos a conservação da diversidade biológica e seu uso sustentável.

A questão indígena (referente aos debates sobre os direitos das sociedades indígenas) encontra antecedentes no plano internacional em duas convenções da Organização Internacional do Trabalho: primeiro, a Convenção 107 da OIT para proteção das populações indígenas, tribais e semitribais de países independentes (1957), com foco na proposta integracionista (ou seja, de assimilação cultural forçada); e posteriormente a Convenção 169 da OIT (1989), que já indica uma transformação no paradigma relativo à proteção dos direitos humanos dessas populações, trazendo o direito à diversidade e à autodeterminação por meio de consulta e participação.

Em 2007, é aprovada a Declaração das Nações Unidas sobre os Direitos dos Povos Indígenas reconhecendo direitos fundamentais no contexto das culturas, realidades e necessidades indígenas. A Declaração abrange direitos individuais (tais como o direito de viver com integridade física e mental, liberdade e segurança) e coletivos (por exemplo, os direitos culturais e de identidade, os direitos à educação, saúde e emprego, o direito à língua etc.). Além disso, a Declaração afirma que povos e pessoas indígenas têm o direito de não serem forçosamente assimilados ou destituídos de suas culturas, bem como de manter e desenvolver seus sistemas e instituições políticas, econômicas e sociais para assegurar seus próprios meios de subsistência, mantendo ainda seus próprios sistemas de leis, desde que em conformidade com a normativa internacional de direitos humanos.

Por se tratar de uma declaração e não de um tratado, a Declaração da ONU não constitui instrumento juridicamente vinculante, embora sirva para estabelecer diretrizes para as políticas e legislações nacionais que dizem respeito aos povos indígenas. Isso não significa, porém, que os indígenas não sejam titulares dos direitos enumerados nos demais tratados, como o Pacto Internacional de Direitos Econômicos, Sociais e Culturais, o Pacto Internacional de Direitos Civis e Políticos, a Convenção para a Eliminação da Discriminação Racial, a Convenção das Nações Unidas sobre os Direitos da Criança etc. Vale ainda consignar que o Brasil aderiu à Convenção 169 da OIT, promulgada por Decreto presidencial em 2004, e que se aplica aos povos tribais em países independentes, cujas condições sociais, culturais e econômicas os distingam de outros setores da coletividade nacional, e que estejam regidos, total ou parcialmente, por seus próprios costumes ou tradições ou por legislação especial; e aos povos em países independentes, considerados indígenas pelo fato de descenderem de populações que habitavam o país ou uma região geográfica pertencente ao país na época da conquista ou da colonização ou do estabelecimento das atuais fronteiras estatais e que, seja qual for sua situação jurídica, conservam todas as suas próprias instituições sociais, econômicas, culturais e políticas, ou parte delas (art. 1º, *a* e *b*).

Em outubro de 2015, a Assembleia Geral da ONU aprovou o texto das *Regras de Mandela*, que atualiza o documento *Regras Mínimas para o Tratamento de Presos* (1955). As Regras se dividem em duas partes: no capítulo I estão previstos princípios básicos, registros, separação de categorias, acomodações, higiene pessoal, vestuário próprio e roupas de cama, alimentação, exercício e esporte, serviços de saúde, restrições, disciplinas e sanções, instrumentos de restrição, revistas íntimas e inspeção de celas, informações e direitos à queixa dos presos, contato com o mundo exterior, livros, religião, retenção de pertences dos presos, notificações, investigações, remoção de presos, funcionários da unidade prisional e inspeções internas e externas. Já no Capítulo II, há as regras aplicáveis a categorias especiais, tais como presos com transtornos mentais e/ou problemas de saúde, presos sob custódia ou aguardando julgamento, presos civis e pessoas presas ou detidas sem acusação, bem como princípios orientadores para presos sentenciados.

É importante destacar que as Regras de Mandela modificaram a previsão anterior das Regras Mínimas para o Tratamento de Presos em relação ao prazo máximo para o confinamento solitário (modalidade de cárcere em que o preso é mantido longe de contato humano por mais de 22 horas diárias): nas Regras Mínimas de 1955, o isolamento era permitido, sem limite de tempo, desde que houvesse o aval de um médico; a partir das Regras de Mandela, sua aplicação não pode ultrapassar 15 dias. A legislação brasileira ainda não segue essa determinação internacional: o limite estabelecido pela Lei de Execução Penal (Lei n. 7.210/84), em seu art. 52, I, é de 360 dias. Outro ponto digno de nota diz respeito ao tratamento às gestantes, uma vez que os novos parâmetros estabelecidos pelas Regras de Mandela proíbem o uso de algemas em mulheres em trabalho de parto ou pós-parto. Vale lembrar que as Regras de Bangkok (2010), documento específico relativo aos direitos das mulheres presas, contêm disposição no mesmo sentido, adotada pelo Brasil no Decreto n. 8.858/2016, que estabelece em seu art. 3º: *É vedado emprego de algemas em mulheres presas em qualquer unidade do sistema penitenciário nacional durante o trabalho de parto, no trajeto da parturiente entre a unidade prisional e a unidade hospitalar e após o parto, durante o período em que se encontrar hospitalizada.*

Embora as Regras de Mandela não tenham caráter vinculante (conforme parágrafos 5 e 7 do seu preâmbulo), o Brasil já é juridicamente obrigado a cumprir várias de suas normas em razão de a Constituição Federal contemplar em seu art. 5º, desde de 1988, diversas normas contidas no documento, determinando (i) que ninguém será submetido a tortura nem a tratamento desumano ou degradante; (ii) que a pena será cumprida em estabelecimentos distintos, de acordo com a natureza do delito, a idade e o sexo do apenado; (iii) que é assegurado aos presos o respeito à integridade física e moral; (iv) que às presidiárias serão asseguradas condições para que possam permanecer com seus filhos durante o período de amamentação; (v) que ninguém será privado da liberdade ou de seus bens sem o devido processo legal; (vi) que aos litigantes, em processo judicial ou administrativo, e aos acusados em geral são assegurados o contraditório e ampla defesa, com os meios e recursos a ela inerentes; (vii) que são inadmissíveis, no processo, as provas obtidas por meios ilícitos; (viii) que ninguém será considerado culpado até o trânsito em julgado de sentença penal condenatória; (ix) que ninguém será preso senão em flagrante delito ou por ordem escrita e fundamentada de autoridade judiciária competente; (x) que a prisão de qualquer pessoa e o local onde se encontre serão comunicados imediatamente ao juiz competente e à família do preso ou à pessoa por ele indicada; (xi) que o preso será informado de seus direitos, entre os quais o de permanecer calado, sendo-lhe assegurada a assistência da família e de advogado: (xii) que o preso tem direito à identificação dos responsáveis por sua prisão ou por seu interrogatório policial; (xiii) que a prisão ilegal será imediatamente relaxada pela autoridade judiciária; (xiv) que ninguém será levado à prisão ou nela mantido, quando a lei admitir a liberdade provisória, com ou sem fiança.

A Lei de Execução Penal brasileira (Lei n. 7.210/84), assim como as Regras de Mandela, também determina que os presos devem ser separados por categorias (tipo de crime, sexo, idade, provisórios, condenados, jovens, adultos etc.), além de estabelecer exigências de higiene e saúde, devendo ser oferecidas as condições para manutenção da higiene pessoal, vestuário e roupas de cama.

3.3. Principais órgãos não convencionais da ONU

Os órgãos não convencionais são aqueles que integram a estrutura do sistema ONU de proteção aos Direitos Humanos, mas que não foram criados por nenhum dos pactos mencionados nos tópicos anteriores. São órgãos políticos cujo raio de ação não se restringe apenas aos Estados-partes (como ocorre com os comitês criados pelos pactos específicos), podendo atuar em casos de violação de direitos mesmo em que não haja convenção específica sobre um determinado direito violado, ou se, havendo Convenção específica, o Estado-violador não a tiver ratificado.

3.3.1. A Corte Internacional de Justiça (CIJ)

Principal órgão judiciário das Nações Unidas, foi estabelecida em junho de 1945 pela Carta da Nações Unidas e começou a funcionar em 1946. Tem por função solucionar disputas legais submetidas por Estados, além de oferecer pareceres consultivos sobre questões legais apresentadas por órgãos autorizados da ONU e outras agências especializadas. A Corte é composta de 15 juízes, que são eleitos para mandatos de nove anos pela Assembleia Geral da ONU e pelo Conselho de Segurança.

3.3.2. O Alto Comissariado

O Alto Comissariado para Direitos Humanos da ONU é parte integrante do Secretariado da ONU, além de ser o órgão responsável pela supervisão do Conselho de Direitos Humanos.

3.3.3. O Conselho de Direitos Humanos (antiga Comissão de Direitos Humanos)

O Conselho de Direitos Humanos das Nações Unidas foi criado em março de 2006 para suceder a extinta Comissão das Nações Unidas para os Direitos Humanos. É parte do corpo de apoio da Assembleia Geral da ONU, e tem por principais atribuições assumir, revisar, aprimorar e racionalizar os mandatos, os mecanismos, as funções e as responsabilidades da antiga Comissão de Direitos Humanos, tais como relatorias e sistemas de denúncias. Concomitantemente ao Conselho de Direitos Humanos, foi criada a Revisão Periódica Universal (RPU), mecanismo que determina que todos os 193 Estados-membros da ONU sejam submetidos periodicamente a uma revisão de sua situação de direitos humanos a cada quatro anos e meio. De acordo com a Resolução n. 60/251 (2006) da Assembleia Geral e a Resolução n. 5/1 (2007) do Conselho de Direitos Humanos, esta revisão visa avaliar o cumprimento por parte dos Estados das obrigações e compromissos internacionais assumidos em matéria de direitos humanos.

Neste mecanismo, os Estados se avaliam mutuamente, por meio de relatórios de direitos humanos, alertando para violações de direitos humanos onde quer que estas ocorram, gerando um conjunto de recomendações.

As Revisões são conduzidas por Estados que compõem o Grupo de Trabalho da RPU que comporta os 47 membros do Conselho; no entanto, qualquer Estado-membro das Nações Unidas pode ser parte no diálogo com os Estados avaliados.

As Revisões são elaboradas com base em informações providas pelo Estado (governo) sob análise, que pode assumir a forma de "relatório nacional"; informações contidas nos relatórios de peritos/especialistas e grupos independentes de direitos humanos; ou ainda por informações de outras partes interessadas, incluindo instituições nacionais de direitos humanos e organizações não governamentais.

O Primeiro ciclo foi iniciado no ano de 2008, quando todos os Estados-membros das Nações Unidas foram revisados, com 48 Estados avaliados a cada ano. O Segundo ciclo teve início em 2012, e o Terceiro ciclo ocorre entre 2017 e 2021.

O Brasil foi submetido à RPU em abril de 2008, maio de 2012 e maio de 2017. Nesta última, a ONU fez 246 recomendações, nos seguintes temas: o combate à extrema pobreza e às desigualdades socioeconômicas; o combate (intersetorial) à discriminação baseada no gênero, etnia, religião, deficiência, orientação sexual e identidade de gênero; a proteção de crianças contra a violência, exploração sexual, trabalho infantil e sem abrigo; assegurar o direito à terra, aos serviços básicos; direitos dos povos indígenas e quilombolas; combater o uso excessivo da força e os homicídios cometidos pela polícia em "legítima defesa" ou durante a "guerra às drogas"; combater a tortura, os maus-tratos, a violência e a morte em prisões, bem como a superlotação carcerária e as más condições nos lugares de detenção; as medidas tomadas para alcançar uma educação de qualidade, acessível, culturalmente adequada e para todos; combater o trabalho escravo; e proteger os defensores de direitos humanos.

3.4. O Tribunal Penal Internacional

O Tribunal Penal Internacional é um sistema de justiça internacional complementar às cortes nacionais, que tem por principal função o processamento e julgamento de pessoas acusadas de crimes internacionais graves. Encontra precedentes no Tribunal de Nuremberg e na Convenção para Prevenção do Genocídio (ONU) que, como mencionado no tópico 3.2.1, conta com previsão de julgamento por Corte Internacional competente. Além dessa convenção, a Convenção contra a Tortura (ONU) também prevê julgamento por jurisdição universal e compulsória.

O tratado que confere respaldo jurídico ao TPI é Estatuto de Roma, aprovado em 1998 por 120 votos, atingindo o número mínimo de ratificações para entrar em vigor em 2002. Dessa forma, a regra da irretroatividade da lei penal determina que as regras do TPI somente se aplicam a partir do referido ano. Se o Estado aderir ao Estatuto depois desta data, caberá ao próprio Estado decidir se conta a vigência a partir de 2002 ou da ratificação, conforme previsto no artigo 11 do Estatuto.

> A proposta do Tribunal Penal Internacional é de constituir uma justiça preestabelecida e permanente, para processar e julgar crimes de guerra específicos (diferentemente do que ocorreu com tribunais *ad hoc* estabelecidos *a posteriori* na ex-Iugoslávia e em Ruanda). Por não possuir polícia nem sistema penitenciário próprios, depende de cooperação dos Estados-partes. Vale frisar que o artigo 120 do Estatuto proíbe a formulação de reservas.

O Brasil reconhece a competência do TPI no art. 5º, § 4º, da Constituição Federal.

> Nos termos do art. 5º do Estatuto de Roma, o TPI tem competência material para processar e julgar os crimes de genocídio (o art. 6º do Estatuto adota a definição da Convenção para Prevenção e Repressão ao crime de Genocídio), crimes contra a Humanidade (descritos como ataques generalizados e sistemáticos contra a população civil em modalidades específicas, nos termos do art. 7º do Estatuto), crimes de guerra (previstos no Direito Humanitário e arrolados no art. 8º do Estatuto) e os crimes de agressão, previstos no art. 1º, *d*, 2, do Estatuto. Estes últimos foram definidos em 2010 na Conferência de Kampala (Uganda), e a tipificação vigora a partir de 2017. Consistem na prática de atos que, por sua natureza, gravidade ou impacto, constituem manifesta violação da Carta das Nações Unidas.

Todos os crimes de competência do TPI são imprescritíveis (art. 29 do Estatuto), o que entra em confronto com a Constituição Federal Brasileira, que decreta a imprescritibilidade apenas para o crime de racismo (art. 5º, XLII, CF).

> O processamento e julgamento dos crimes pelo TPI é sempre subsidiário em relação aos sistemas de justiça domésticos, sendo necessário o exame dos requisitos de admissibilidade (art. 17 do Estatuto): deve ficar demonstrada a indisposição (por exemplo, demora injustificada no encerramento do caso, ou suspeita de parcialidade) ou a incapacidade (como problemas graves do sistema de justiça doméstico) do Estado-parte em processar e julgar o crime. Em suma, deve-se verificar a presença de uma dentre as três situações a seguir: quando o Estado puder, mas não quiser julgar os crimes; quando o Estado quiser, mas não puder julgar os crimes; e quando o Estado não quiser nem puder julgar os crimes.

É imprescindível ressaltar que, por se tratar de corte penal, o TPI processa e julga **indivíduos** (e não Estados, como ocorre em outros órgãos internacionais de proteção aos Direitos Humanos), o que não impede que mesmo fato gere responsabilidades em diferentes esferas (por exemplo: é juridicamente possível, em face de atos de tortura praticados por agentes do governo, responsabilizar o Estado por violação à Convenção contra a Tortura da ONU, e condenar criminalmente os torturadores no Tribunal Penal Internacional). O Estatuto de Roma não prevê qualquer imunidade, inclusive para chefes de Estado, justamente para evitar que a punição se dê somente em relação aos executores das ordens.

A atuação do Tribunal pode ser provocada nos termos do artigo 13 do Estatuto, que regula o exercício de sua jurisdição prevendo as possibilidades de denúncia a partir de Estados-partes; de atuação de ofício da Promotoria Internacional; ou por ação do Conselho de Segurança da ONU, atuando inclusive em Estados que não sejam parte do Estatuto (com fundamento no Capítulo VII da Carta da ONU).

Por fim, o Tribunal pode condenar a sanções penais (art. 77 – pena privativa de liberdade máxima de 30 anos como regra geral, embora excepcionalmente se admita a prisão perpétua, quando justificada pela extrema gravidade do crime e pelas circunstâncias pessoais do condenado), executando-se a pena no Estado designado pelo TPI, sendo facultado aos Estados se oferecerem em lista prévia (art. 103). Também podem ser impostas sanções civis (art. 75), consistentes em reparações pagas à vítima pelo condenado.

Atenção! Não confundir:

Comitê de Direitos Humanos	Conselho de Direitos Humanos	Corte Internacional de Justiça	Tribunal Penal Internacional
Organismo especificamente criado pelo Pacto dos Direitos Civis e Políticos para monitorar o seu cumprimento pelos Estados-partes.	Parte do corpo de apoio da Assembleia Geral da ONU, substituiu a Comissão de Direitos Humanos, assumindo suas atribuições.	Órgão judiciário das Nações Unidas, com função de solucionar disputas legais submetidas por Estados.	Sistema de justiça internacional para o processamento e julgamento de pessoas acusadas de crimes internacionais graves.

4. SISTEMAS REGIONAIS DE PROTEÇÃO DOS DIREITOS HUMANOS

Após a 2ª Guerra Mundial, concomitantemente à criação da ONU, foram também criados sistemas regionalizados, quais sejam, o sistema regional europeu, o sistema regional africano e o sistema regional interamericano. Têm a finalidade de atender a peculiaridades geográficas e culturais relativas à proteção dos Direitos Humanos e de incentivar os consensos políticos sobre os pactos adotados, tendo em vista serem formados por um número menor de Estados.

Da mesma forma que o sistema ONU, os sistemas regionais podem ser examinados a partir de seu aparato institucional (qual são seus organismos internos) e jurídico-normativo (qual são os pactos internacionais por eles produzidos e aos quais seus Estados-membros se submetem).

> É importante destacar que os sistemas regionais coexistem de forma complementar ao sistema global da ONU, não havendo entre eles qualquer relação de hierarquia ou instância.

Aliás, não é raro que os mesmos direitos sejam protegidos em pactos análogos produzidos pelos sistemas: por exemplo, o direito de não ser torturado sob hipótese alguma é assegurado tanto na Convenção das Nações Unidas contra a Tortura e outros Tratamentos ou Penas Cruéis quanto na Convenção Interamericana para Prevenir e Punir a Tortura. Por outro lado, pode haver tratados que protegem determinados sujeitos de Direito com previsões mais genéricas (como a Convenção para Eliminação de Todas as Formas de Discriminação contra a Mulher) e outros mais específicos, em relação ao mesmo sujeito (caso da Convenção de Belém do Pará, que trata especificamente da violência contra a mulher). A opção pela demanda em um ou outro sistema atende, portanto, a critérios que avaliam a melhor estratégia para a litigância internacional: a depender da violação ocorrida deve-se verificar a qual tratado internacional de direitos humanos o caso concreto mais se adequa, quais os mecanismos de reparação da violação mais favoráveis para a vítima, maior facilidade de acesso, entre outros fatores.

> Uma vez acessado um sistema, o caso gera litispendência internacional, impedindo novo acesso a qualquer outro sistema de proteção sob o mesmo fundamento.

Os sistemas de monitoramento dos sistemas regionais podem contar com até duas espécies de órgãos: uma comissão de direitos humanos (a qual se pode endereçar uma denúncia de violação de direitos, uma vez percorridas todas as instâncias e instituições no país de origem da pessoa vítima), que emitirá uma decisão declaratória da ocorrência ou não de violação (mas sem força jurídica vinculante), e uma corte regional de direitos humanos, com poderes para emitir sentenças com força jurídica vinculante, pelas quais a vítima de violação pode compelir seu Estado a medidas reparatórias.

Os sistemas regionais aqui mencionados fazem parte de organizações-matrizes com outras atribuições além dos direitos humanos: o sistema europeu integra o Conselho da Europa; o sistema africano, a União Africana (UA); e sistema interamericano, a Organização dos Estados Americanos (OEA). Para os fins propostos nesta obra, serão abordados os principais aspectos dos três sistemas regionais atualmente em funcionamento, e, com maior profundidade, o sistema interamericano, por ser integrado pelo Brasil, e cuja jurisprudência conta com casos brasileiros, com maior repercussão no direito interno nacional.

4.1. O sistema europeu

O sistema europeu de proteção aos Direitos Humanos foi fundado com a aprovação da Convenção Europeia de Direitos Humanos em 1950 (e que entraria em vigor em 1953) como resposta da comunidade internacional aos fatos ocorridos na 2ª Guerra Mundial, o que se deu com maior intensidade naquele continente. Os Estados-membros compõem um sistema caracterizado por grande diversidade cultural e linguística (embora seus idiomas oficiais sejam o inglês e o francês, e as petições individuais são aceitas em idioma nativo). Dentre os principais desafios enfrentados, destaca-se a questão da integração dos países do leste europeu, especialmente os oriundos dos antigos regimes comunistas.

> A Convenção Europeia de Direitos Humanos, seu principal tratado, é válida para todas as pessoas que estejam sob jurisdição dos Estados-membros e constitui a base legal do sistema.

Prevê apenas direitos de 1ª geração (civis e políticos), além da criação da Corte Europeia de Direitos Humanos. Outros pactos de temas específicos também foram produzidos pelo sistema europeu, tais como a Convenção Europeia sobre Extradição (aprovada em 1957 e vigente a partir de 1960), o 1º Protocolo à Convenção Europeia para Prevenção da Tortura e de Tratamentos Degradantes (aprovada em 1993 e vigente a partir de 2002) e a Convenção Europeia para Proteção de Minorias Nacionais (aprovada em 1995 e vigente a partir de 1998), entre outros.

> Seu sistema de monitoramento é representado pela Corte Europeia de Direitos Humanos, que detém competência contenciosa (aprecia petições individuais e denúncias feitas entre Estados-membros) e consultiva (sobre questões relativas à interpretação da Convenção e seus protocolos).

Desde 1998, esse é o único órgão de monitoramento: até então existia uma Comissão Europeia de Direitos Humanos, que foi abolida mediante o 11º Protocolo à Convenção Europeia de Direitos Humanos, para dar lugar apenas à Corte, que emite decisões de caráter jurídico vinculante, podendo ser ordenada uma "justa compensação".

As denúncias de violação aos direitos previstos na Convenção Europeia de Direitos Humanos podem ser feitas por qualquer Estado-parte (uns contra os outros) ou por petições individuais, o que faz com que esse sistema tenha o maior número de casos de denúncias individuais dentre os sistemas regionais, já que qualquer pessoa, que esteja sob a jurisdição de um Estado-membro pode acessar o sistema alegando ter sido vítima de violação, desde que esgotados todos os meios internos para tentativa de reparação.

4.2. O sistema africano

Fundado em 1981, trata-se do sistema mais recente e incipiente, com dificuldade de implementação das disposições de seus tratados em virtude do baixo grau de institucionalidade na região, em grande medida decorrente das sequelas dos processos de colonização e descolonização relativamente recentes (em 1945, ano de fundação da ONU e marco inicial do processo de internacionalização dos Direitos Humanos, apenas Egito e Etiópia eram independentes).

> Seu principal documento generalista e base jurídica é a Carta Africana dos Direitos Humanos e dos Povos (aprovada em 1979 e vigente a partir de 1981), que inaugura um novo paradigma ideológico ao empregar pela 1ª vez surge o termo "dos povos", indicando sua concepção coletivista em oposição aos direitos do "homem" e do "cidadão".

Essa formulação configura uma resposta da comunidade regional composta pelos Estados africanos à sua história de dominação colonial: sua carta de direitos humanos reconhece os povos como iguais em dignidade e direitos, consignando expressamente em seu artigo 20 que "nada pode justificar a dominação de um povo por outro", e que "os povos colonizados ou oprimidos têm o direito de se libertar de seu estado de dominação". Além disso, os povos têm o *status* de entes titulares de direitos tais como o direito à existência, à autodeterminação e à livre disposição de suas riquezas e recursos naturais. Trata-se de um claro exemplo do potencial dos sistemas regionais de atender a demandas culturais, históricas e políticas específicas.

Como exemplos de outros pactos específicos, podem-se mencionar a Carta Africana sobre os Direitos e o Bem-Estar da Criança (aprovada em 1990 e vigente a partir de 1999) e o Protocolo à Carta Africana dos Direitos Humanos e dos povos sobre os Direitos das Mulheres na África (aprovada em 2003 e vigente a partir de 2005).

> Seus órgãos de monitoramento são a Comissão Africana de Direitos Humanos e Corte Africana de Direitos Humanos, estabelecida por Protocolo Facultativo à Carta Africana, cuja jurisdição só se aplica aos Estados que ratificaram o referido Protocolo. A Comissão Africana de Direitos Humanos tem função consultiva de interpretação da Carta Africana e avaliação de relatórios estatais. Já a Corte tem competência litigiosa, além da consultiva, podendo emitir parecer sobre qualquer assunto da sua jurisdição.

Ainda quanto à Corte Africana, deve-se ressaltar que sua jurisdição somente se exerce a partir do momento em que o Protocolo do Tribunal entrou em vigor (em janeiro de 2004), exceto nos casos de violações continuadas, que já se estavam ocorrendo antes da criação da Corte e continuaram a existir após o início de seu funcionamento.

Somente os Estados-partes têm legitimidade para levar denúncias à Comissão Africana de Direitos Humanos. Quanto à Corte Africana de Direitos Humanos, tanto os Estados-partes quanto ONGs e indivíduos podem apresentar denúncias, desde que cumpridos os critérios de admissibilidade (esgotamento dos meios internos ou demonstração de demora injustificada para resposta jurídica à violação no país de origem).

4.3. O sistema interamericano

Considera-se fundado o sistema interamericano de proteção aos Direitos Humanos em 1948, com a adoção da Carta da Organização dos Estados Americanos e da Declaração Americana dos Direitos e Deveres do Homem. Porém, a Convenção Interamericana de Direitos Humanos (ou Pacto de São José da Costa Rica), tratado que constituiria sua base legal, somente seria adotada em 1969, e não entraria em vigor até 1978, quando atingiu o número mínimo de ratificações. É necessário considerar que as ditaduras militares, então estabelecidas no Cone Sul, dificultaram a adoção da Convenção em vários países, mas a discussão regional do tema dos direitos humanos contribuiu para a desestabilização desses regimes autoritários. Como principais desafios para esse sistema regional, devem-se citar questões locais como as desigualdades sociais, democracias incipientes e resquícios dos regimes ditatoriais.

> A Convenção Interamericana de Direitos Humanos é o tratado que corresponde ao alicerce normativo do sistema interamericano. Além disso, é o seu principal pacto generalista, estabelecendo deveres aos Estados (arts. 1º e 2º, tais como a obrigação de respeitar os direitos e o dever de adotar suas disposições no direito interno), além de direitos aos indivíduos. Vale ressaltar que a Convenção Interamericana contempla direitos civis e políticos (arts. 3º a 25) e direitos econômicos, sociais e culturais, embora quanto a estes últimos o faça apenas de forma genérica no artigo 26. Coube ao Protocolo Facultativo de San Salvador trazer as previsões dos direitos de 2ª geração.

Como pactos específicos do sistema interamericano ratificados pelo Estado brasileiro, podem-se mencionar a Convenção Interamericana de Prevenção e Punição da Tortura (aprovada em 1985 e vigente a partir de 1987), a Convenção Interamericana para Prevenir, Punir e Erradicar a Violência contra a Mulher (Convenção de Belém do Pará, aprovada em 1994 e vigente a partir de 1995), a Convenção Interamericana sobre o desaparecimento forçado de pessoas (aprovada em 1994 e vigente desde 1996), a Convenção Interamericana para a Eliminação de Todas as Formas de Discriminação contra as Pessoas Portadoras de Deficiência (aprovada em 1999 e vigente a partir de 2001), a Convenção Interamericana contra o Racismo, a Discriminação Racial e Formas de Intolerância relacionadas (aprovada em 2013 e vigente a partir de 2017), a Convenção Interamericana sobre a Proteção dos Direitos Humanos dos Idosos (aprovada em 2015 e vigente a partir de 2017), e a Convenção Interamericana contra todas as Formas de Discriminação e Intolerância (aprovada em 2013 e vigente a partir de 2020), sobre as quais serão comentados os principais pontos a seguir.

A Convenção Interamericana de Prevenção e Punição da Tortura estabelece aos Estados os deveres de adotar medidas administrativas e legislativas para prevenir e punir a tortura, bem como de tipificar todos os atos que configurem tortura e prever compensação para as vítimas em sua legislação interna. Quanto aos direitos dos indivíduos, determina que nenhuma pessoa pode ser submetida à tortura sob justificativa alguma. Prevê como mecanismos de monitoramento apenas relatórios estatais para a Comissão Interamericana.

A Convenção Interamericana para Prevenir, Punir e Erradicar a Violência contra a Mulher ficou conhecida como Convenção de Belém do Pará, por ter sido assinada nessa cidade brasileira em 1994. Define violência contra a mulher como "qualquer ato ou conduta baseada no gênero, que cause morte, dano ou sofrimento físico, sexual ou psicológico à mulher, tanto na esfera pública como na esfera privada". Impõe aos Estados os deveres de prevenir e punir a violência contra mulheres, inclusive incorporando medidas legislativas no ordenamento jurídico interno, ao mesmo tempo em que assegura às mulheres, sujeitos de Direito reconhecidos na Convenção, o direito de ser livre de violência tanto na esfera pública quanto privada.

> Em relação aos mecanismos de monitoramento, a Convenção de Belém do Pará prevê relatórios estatais e petições individuais ou de ONGs para a Comissão Interamericana de Direitos Humanos. Sobre esse tratado, é importante lembrar que a Lei Maria da Penha (11.340/2006) resultou de petição individual encaminhada à CIDH, que gerou o relatório 54/2001, recomendando ao Brasil a adoção de legislação específica para o combate à violência doméstica contra a mulher.

A Convenção Interamericana para a Eliminação de Todas as Formas de Discriminação contra as Pessoas Portadoras de Deficiência define "deficiência" como "uma restrição física, mental ou sensorial, de natureza permanente ou transitória, que limita a capacidade de exercer uma ou mais atividades essenciais da vida diária, causada ou agravada pelo ambiente econômico e social". Cabe aos Estados, além dos tradicionais deveres de prevenir e punir a discriminação, a obrigação prioritária de prevenir as formas de deficiência preveníveis, assegurando detecção e intervenção precoce, além de tratamento e reabilitação. Essa Convenção tem a peculiaridade de não prever expressamente os direitos dos indivíduos por ela contemplados (quais sejam, as pessoas com deficiência), mas os deveres dos Estados asseguram o direito à não discriminação e direitos sociais especificados. Como mecanismos de monitoramento estão previstos apenas relatórios estatais à Comissão Interamericana.

A Convenção Interamericana contra o Racismo, a Discriminação Racial e Formas de Intolerância relacionadas (aprovada em 2013 e vigente a partir de 2017) estabelece em seus arts. 2º e 3º o "direito a igual proteção contra o racismo, a discriminação racial e as formas correlatas de intolerância em qualquer esfera da vida pública ou privada", determinando aos Estados os deveres de "prevenir, eliminar, proibir e punir, de acordo com suas normas constitucionais e com as disposições desta Convenção, todos os atos e manifestações de racismo, discriminação racial e formas correlatas de intolerância" no art. 4º. Como mecanismos de monitoramento, o art. 15 da Convenção prevê a possibilidade de petição individual ou por grupo de pessoas, ou entidade não governamental legalmente reconhecida, a ser apresentada para a Comissão Interamericana de Direitos Humanos, bem como a criação do Comitê Interamericano para a Prevenção e Eliminação do Racismo, Discriminação Racial e Todas as Formas de Discriminação e Intolerância, de caráter consultivo e com atribuição de análise de relatórios estatais produzidos pelos Estados-Partes acerca do cumprimento das obrigações assumidas na Convenção.

A Convenção Interamericana sobre a Proteção dos Direitos Humanos dos Idosos (aprovada em 2015 e vigente a partir de 2017) tem por objetivo, nos termos do seu art. 1º, "promover, proteger e garantir o reconhecimento e o pleno gozo e exercício, em condições de igualdade, de todos os direitos humanos e liberdades fundamentais das pessoas idosas, a fim de contribuir para a sua plena inclusão, integração e participação na sociedade". De seu texto, vale, em especial, destacar o conjunto de conceitos apresentado em seu art. 2º, abaixo transcrito (destaques nossos):

> **Artigo 2**
> Definições Para os fins desta Convenção,
> **"Abandono"** significa: A falta de ação deliberada ou não deliberada para atender de forma abrangente às necessidades de um idoso que ponha em perigo sua vida ou integridade física, mental ou moral.
> **"Cuidados paliativos":** A atenção e cuidados ativos, integrais e interdisciplinares aos pacientes cuja doença não responde ao tratamento curativo ou sofrem dores evitáveis, com o objetivo de melhorar a sua qualidade de vida até o fim dos seus dias. Implica uma atenção primária ao controle da dor, de outros sintomas e dos problemas sociais, psicológicos e espirituais do idoso. Eles incluem o paciente, seu ambiente e sua família. Eles afirmam a vida e consideram a morte um processo normal; eles não o aceleram ou desaceleram.
> **"Discriminação":** Qualquer distinção, exclusão, restrição que tenha por objetivo ou efeito anular ou restringir o reconhecimento, gozo ou exercício em igualdade de condições dos direitos humanos e das liberdades fundamentais na esfera política, econômica, social, cultural ou qualquer outra esfera da vida pública e privada.
> **"Discriminação múltipla":** qualquer distinção, exclusão ou restrição em relação ao idoso com base em dois ou mais fatores de discriminação.
> **"Discriminação por idade na velhice":** Qualquer distinção, exclusão ou restrição com base na idade que tenha por objetivo ou efeito anular ou restringir o reconhecimento, gozo ou exercício em igualdade de condições dos direitos humanos e das liberdades fundamentais na esfera política, econômica, social, cultural ou em qualquer outra esfera da vida pública e privada.
> **"Envelhecimento":** processo gradual que se desenvolve ao longo da vida e que acarreta alterações biológicas, fisiológicas, psicossociais e funcionais de várias consequências, que estão associadas a interações dinâmicas e permanentes entre o sujeito e o seu meio.
> **"Envelhecimento ativo e saudável":** Processo pelo qual são otimizadas as oportunidades de bem-estar físico, mental e social, de participação em atividades sociais, econômicas, culturais, espirituais e cívicas, e de ter proteção, segurança e atenção, com o objetivo de estender a expectativa de vida saudável e a qualidade de vida de todos os indivíduos na velhice, permitindo-lhes continuar a contribuir ativamente para suas famílias, amigos, comunidades e nações. O conceito de envelhecimento ativo e saudável aplica-se tanto a indivíduos como a grupos populacionais.
> **"Abuso":** Ação ou omissão, individual ou repetida, contra pessoa idosa que cause dano à sua integridade física, mental e moral e que viole o gozo ou exercício de seus direitos humanos e liberdades fundamentais, independentemente de ocorrer em relação de confiança.
> **"Negligência":** erro involuntário ou falha não intencional, incluindo, entre outros, descuido, omissão, desamparo e desproteção que causa dano ou sofrimento a uma pessoa idosa, tanto na esfera pública como privada, quando as precauções necessárias não foram tomadas nas circunstâncias.
> **"Idoso":** Aqueles com 60 anos ou mais, salvo se a legislação interna determinar uma idade base inferior ou superior, desde que não seja superior a 65 anos. Este conceito inclui, entre outros, o de pessoa idosa.
> **"Idoso que recebe cuidados de longa duração":** é aquele que reside temporária ou definitivamente em estabelecimento regulado, seja público, privado ou misto, no qual recebe serviços sociossanitários integrais de qualidade, incluindo residências de longa permanência, que prestam esses serviços de cuidados de longa duração para os idosos, com dependência moderada ou grave, que não podem receber cuidados em casa.
> **"Serviços Sócio-Saúde Integrados":** Benefícios institucionais e benefícios para responder às necessidades de saúde e sociais das pessoas idosas, com o objetivo de garantir a sua dignidade e bem-estar e promover a sua independência e autonomia.
> **"Unidade doméstica ou agregado familiar":** é o grupo de pessoas que vivem na mesma casa, partilham as refeições principais e atendem às necessidades básicas em comum, sem necessidade de vínculo de parentesco entre si.
> **"Velhice":** construção social da última etapa do curso de vida.

Os deveres dos Estados-Partes, descritos no art. 4º, incluem, além de "medidas para prevenir, punir e erradicar as práticas contrárias a esta Convenção", a obrigação de adoção de medidas afirmativas "para acelerar ou alcançar a igualdade de fato da pessoa idosa, bem como para assegurar sua plena integração social, econômica, educacional, política e cultural".

A Convenção Interamericana contra todas as Formas de Discriminação e Intolerância (aprovada em 2013 e vigente a partir de 2020) define discriminação em seu art. 1º como "toda distinção, exclusão, restrição ou preferência, em qualquer esfera pública ou privada, que tenha por objetivo ou efeito anular ou limitar o reconhecimento, gozo ou exercício, em condições de igualdade, de um ou mais direitos humanos ou liberdades fundamentais consagrados em instrumentos internacionais aplicáveis aos Estados Partes", e que pode ser "baseada em razões de nacionalidade, idade, sexo, orientação sexual, identidade e expressão de gênero, idioma, religião, identidade cultural, opiniões políticas ou de qualquer outra natureza, origem social, posição socioeconômica, nível de educação, *status* de imigração, refugiado, repatriado, apátrida ou deslocada interna, deficiência, característica genética, condição de saúde mental ou física, incluindo doenças infecciosas, contagiosas, incapacitantes mentais ou qualquer outra". O art. 2º estabelece o direito à proteção contra todas essas formas de discriminação e intolerância, devendo os Estados-Partes se comprometerem a "prevenir, eliminar, proibir e punir, de acordo com suas normas constitucionais e as disposições desta Convenção, todos os atos e manifestações de discriminação e intolerância" (art. 4º). Seus mecanismos de monitoramento são semelhantes aos da Convenção Interamericana contra o Racismo, a Discriminação Racial e Formas de Intolerância: o art. 15 da Convenção prevê a possibilidade de petição individual ou por grupo de pessoas, ou entidade não governamental legalmente reconhecida, a ser apresentada para a Comissão Interamericana de Direitos Humanos, bem como a criação do Comitê Interamericano para a Prevenção e Eliminação do Racismo, Discriminação Racial e Todas as Formas de Discriminação e Intolerância, de caráter consultivo e com atribuição de análise de relatórios estatais produzidos pelos Estados-Partes acerca do cumprimento das obrigações assumidas na Convenção.

> Os principais órgãos que correspondem ao aparato institucional do sistema interamericano de Direitos Humanos são a Comissão Interamericana de Direitos Humanos e a Corte Interamericana de Direitos Humanos. A Comissão tem por função: produzir estudos e relatórios e recomendar medidas aos Estados-partes; apreciar relatórios estatais e comunicações individuais (admissíveis desde que esgotados os meios internos).

Vale consignar a ressalva de que os Estados-partes são automaticamente obrigados a reconhecer a competência da Comissão para apreciação das comunicações individuais, não dependendo de declaração específica na ratificação da Convenção Interamericana de Direitos Humanos, nem de Protocolo Facultativo. As decisões da Comissão são de natureza declaratória, podendo ser emitidas recomendações ao Estado considerado violador de direitos. O não cumprimento de determinação da Comissão será submetido à Corte Interamericana de Direitos Humanos.

> Para que a Corte Interamericana de Direitos Humanos exerça sua jurisdição, o Estado-parte precisa emitir declaração específica reconhecendo a cláusula facultativa (art. 62 da Convenção) que estabelece a competência da Corte (ratificada pelo Brasil em 1998). Sua competência é consultiva (interpretação da Convenção Interamericana) e contenciosa, mas em relação a esta última, somente os Estados-partes e a Comissão Interamericana têm legitimidade para submeter casos.

Somente depois de admitido o caso, vítimas e familiares podem apresentar solicitações, argumentos e provas (mas não podem peticionar autonomamente). As sentenças proferidas pela Corte possuem força jurídica vinculante, e por isso valem como título executivo no país de origem.

O Brasil foi denunciado por violações a direitos humanos tanto na Comissão Interamericana quanto na Corte Interamericana. Como exemplos de denúncias em que houve decisão de mérito com responsabilização do Estado brasileiro vale mencionar: os casos Manoel Leal de Oliveira, jornalista assassinado por motivos relacionados ao exercício da profissão (relatório n. 37/2010, Caso 12.308); Simone André Diniz, vítima de discriminação racial em processo seletivo de emprego (relatório n. 66/2006, Caso 12.001); o caso 42º DP Parque São Lucas, em que a superlotação em carceragem da Delegacia (SP) gerou a morte de 18 pessoas por asfixia (relatório n. 40/2003, Caso 10.301); e o caso Maria da Penha Fernandes Maia, cujo relatório n. 54/2001 (emitido no Caso 12.051) recomendou ao Estado brasileiro, entre outras medidas, a promulgação de lei específica para combater a violência doméstica contra a mulher, que viria a ser cumprida pela publicação da Lei Maria da Penha.

Houve também casos brasileiros sentenciados pela Corte Interamericana, remetidos pela Comissão por descumprimento às suas recomendações. O Brasil foi condenado nos casos Gomes Lund (Caso 11.552/2009), por tortura e desaparecimentos forçados na Guerrilha do Araguaia (tendo sido questionada a compatibilidade da Lei de Anistia brasileira com a Convenção Interamericana); Sétimo Garibaldi (Caso 12.478/2007), por não investigar o assassinato de agricultor integrante do movimento dos trabalhadores sem-terra por milícia armada no Paraná; Arley José Escher (Caso 12.353/2007), pela divulgação de interceptação telefônica ilegal em telejornal; Gilson Nogueira de Carvalho (Caso 12.058/2005), pelo assassinato de advogado defensor dos direitos humanos; e Damião Ximenes Lopes (Caso 12.237/2004), pelos maus-tratos e morte de paciente psiquiátrico em hospital do SUS.

A condenação mais recente do Estado brasileiro pela Corte Interamericana de Direitos Humanos ocorreu em 30 de junho de 2022, na sentença em que a Corte responsabilizou o Brasil pela inércia em apurar o homicídio de Gabriel Sales Pimenta, advogado do Sindicato de Trabalhadores Rurais de Marabá (PA), ocorrido em 1982, o que levou ao arquivamento da ação penal em razão da prescrição. Antes disso, em 24 de novembro de 2021, o Brasil foi condenado no caso Márcia Barbosa de Souza, em que se reconheceu a responsabilidade do Brasil pela utilização indevida da imunidade parlamentar na investigação do feminicídio de Márcia, que foi assassinada pelo ex-deputado estadual da Paraíba Aércio Pereira de Lima. As regras de imunidade parlamentar então vigentes no Brasil e na Paraíba, à época dos fatos, constituiu obstáculo ao direito de acesso à Justiça, transformando-se essa recusa no mecanismo que levou à impunidade pelo assassinato da dona Barbosa de Souza, nos termos da sentença proferida pela Corte.

Em 5 de fevereiro de 2018, a Corte declarou em sentença que o Estado brasileiro é responsável pela violação do direito à garantia judicial de um prazo razoável e dos direitos à proteção judicial e à propriedade coletiva (arts. 8.1, 21 e 25 da Convenção Interamericana de Direitos Humanos), em detrimento do Povo Indígena Xucuru e seus membros, tendo ordenado ao Estado a adoção de várias medidas de reparação.

Em 2017, o Brasil foi condenado pela Corte Interamericana no caso Favela Nova Brasília, no qual foram submetidas à apreciação da Corte as falhas e a demora na investigação e punição dos responsáveis pelo assassinato de 26 pessoas, tortura e estupros no âmbito das incursões policiais feitas pela Polícia Civil do Rio de Janeiro em 18 de outubro de 1994 e em 8 de maio de 1995 na Favela Nova Brasília. O Brasil foi considerado responsável pela violação do direito às garantias judiciais de independência e imparcialidade da investigação, devida diligência e prazo razoável, bem como pela violação dos direitos à proteção judicial e às garantias judiciais e do direito à integridade pessoal (arts. 5, 8.1 e 25 da Convenção Interamericana de Direitos Humanos), além dos arts. 1, 6 e 8 da Convenção Interamericana para Prevenir e Punir a Tortura, e do o art. 7 da Convenção Belém do Pará.

Em 2016, o Brasil foi condenado no caso Trabalhadores da Fazenda Brasil Verde (Caso 12.066/2015), no qual o Estado brasileiro foi considerado responsável pela existência de trabalho escravo na referida fazenda. A Corte Interamericana entendeu que o Brasil é responsável pela violação do artigo 6.1 da Convenção Interamericana, em decorrência de uma situação de discriminação estrutural histórica, em razão da posição econômica dos 85 trabalhadores identificados no caso, considerados em posição de especial vulnerabilidade. O Brasil é o primeiro país condenado pela OEA nessa matéria.

Além dessas condenações, estão em trâmite perante a Corte outros dois casos contra o Estado brasileiro. Primeiro, o "Super Caso" sobre o sistema prisional, no qual foram aglutinados 4 casos (complexo do Curado – PE, complexo de Pedrinhas – MA, Instituto Penal Plácido de Sá Carvalho – RJ e Unidade de Internação Socioeducativa – ES) de superpopulação carcerária e condições degradantes para demonstrar as violações generalizadas de direitos humanos das pessoas privadas de liberdade, tendo sido emitida pela Corte uma resolução em 13 de fevereiro de 2017 com questionamentos para o Brasil e indicações de medidas concretas. Em março de 2018, a Corte determinou o prazo de três meses para que o Estado brasileiro apresente um diagnóstico técnico e um plano de contingência atualizados para a reforma estrutural e de redução da superpopulação e da superlotação no Complexo Penitenciário de Pedrinhas.

E segundo, o Caso Herzog, para apuração e punição dos responsáveis pela tortura e morte do jornalista Vladimir Herzog em 1975. Esta demanda inclui questionamento da Lei Brasileira de Anistia (1979).

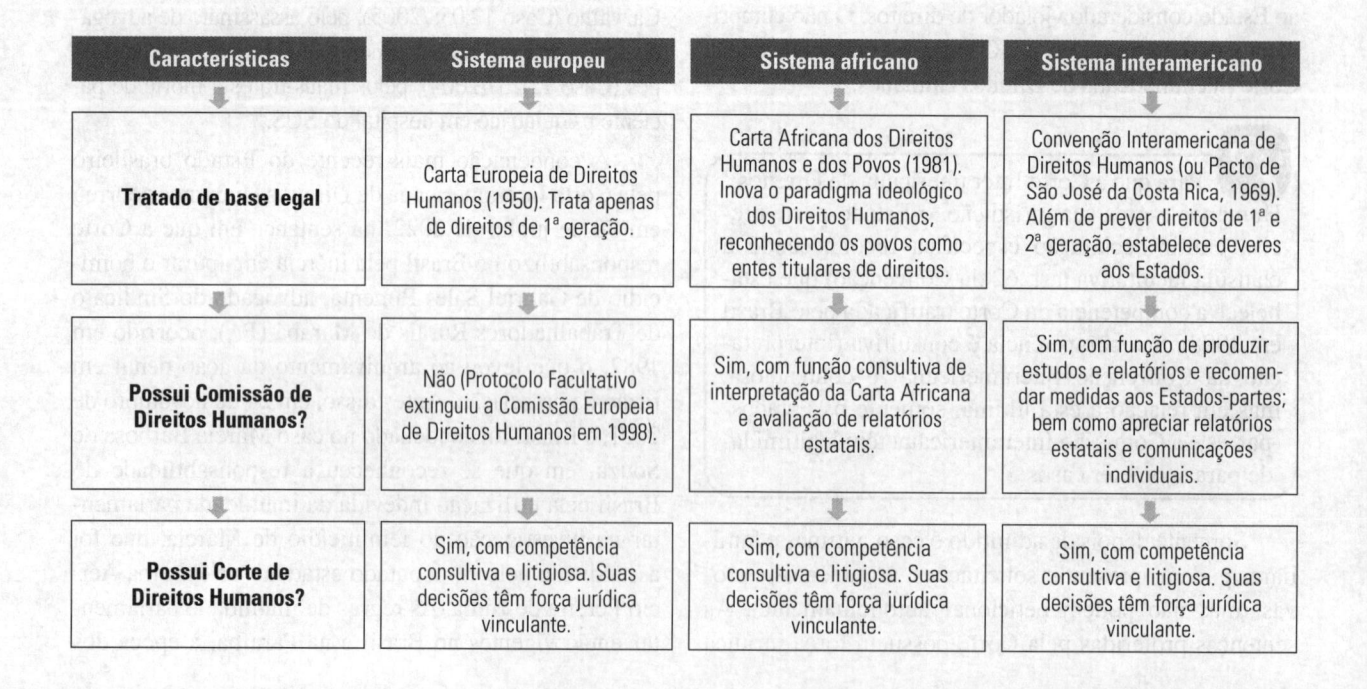

Características	Sistema europeu	Sistema africano	Sistema interamericano
Tratado de base legal	Carta Europeia de Direitos Humanos (1950). Trata apenas de direitos de 1ª geração.	Carta Africana dos Direitos Humanos e dos Povos (1981). Inova o paradigma ideológico dos Direitos Humanos, reconhecendo os povos como entes titulares de direitos.	Convenção Interamericana de Direitos Humanos (ou Pacto de São José da Costa Rica, 1969). Além de prever direitos de 1ª e 2ª geração, estabelece deveres aos Estados.
Possui Comissão de Direitos Humanos?	Não (Protocolo Facultativo extinguiu a Comissão Europeia de Direitos Humanos em 1998).	Sim, com função consultiva de interpretação da Carta Africana e avaliação de relatórios estatais.	Sim, com função de produzir estudos e relatórios e recomendar medidas aos Estados-partes; bem como apreciar relatórios estatais e comunicações individuais.
Possui Corte de Direitos Humanos?	Sim, com competência consultiva e litigiosa. Suas decisões têm força jurídica vinculante.	Sim, com competência consultiva e litigiosa. Suas decisões têm força jurídica vinculante.	Sim, com competência consultiva e litigiosa. Suas decisões têm força jurídica vinculante.

5. SISTEMA DOMÉSTICO: A PROTEÇÃO DOS DIREITOS HUMANOS NO BRASIL

A Constituição Federal de 1988 ficou conhecida como a "Constituição cidadã" por ser, dentre as sete constituições brasileiras, a que tratou os Direitos Humanos de forma mais abrangente, conferindo-lhes maior grau de institucionalização e instrumentos jurídicos para garanti-los perante o Poder Judiciário em caso de violação.

Para uma melhor compreensão da importância da dimensão política e histórica da Constituição Federal de 1988, vale traçar uma breve comparação de suas previsões referentes aos Direitos Humanos com aquelas constantes das constituições brasileiras anteriores, especialmente considerando os recorrentes contextos não democráticos em que foram formuladas.

A Constituição do Brasil Império (1824) previa em seu Título 8º disposições acerca das garantias e direitos civis, tais como a liberdade, a segurança individual e a propriedade. Porém, foi outorgada em um regime monárquico, restringindo as eleições a determinados cargos e de forma indireta, e estabelecendo o voto exclusivamente masculino e censitário (ou seja, condicionado à percepção de uma renda mínima pelo eleitor). Além disso, a adoção do regime escravocrata impunha a negação completa de todos os direitos civis às pessoas afrodescendentes escravizadas.

A Constituição de 1891 é a primeira constituição republicana, e também a primeira a estabelecer igualdade perante a lei. O direito ao voto, porém, continuava a ser exclusivamente masculino, excluindo-se, ainda, os mendigos, os analfabetos, os militares e os religiosos (art. 70). Em relação aos direitos civis houve avanços em relação à Constituição anterior, tendo sido inserida uma Declaração de Direitos que acrescia, além da já mencionada igualdade formal, novos direitos, como a liberdade religiosa decorrente da adoção do Estado laico (deixando de prever o catolicismo como religião oficial, como fazia a Constituição do Império), a garantia de *habeas corpus* e a abolição da pena de morte.

Em 1934, é promulgada a Constituição da Era Getúlio Vargas. Apesar de Vargas chegar ao poder em 1930 de forma ditatorial – o que impedia a realização de eleições para a Presidência da República, em princípio, até 1938, quando deveriam se realizar novas eleições – os direitos políticos foram ampliados pela previsão do voto das mulheres e do voto secreto. Ainda, essa é a primeira Constituição brasileira a introduzir os direitos sociais, em especial aqueles relacionados com os direitos trabalhistas.

Em 1937, todavia, um novo golpe de Estado cancela as eleições de 1938 e mantém Getúlio Vargas na Presidência da República. No mesmo ano, é outorgada a Constituição do Estado Novo, que instituiu uma ditadura civil garantida pelas forças armadas, contabilizando diversas violações a direitos humanos, tais como prisões políticas e torturas. Houve, ainda, severo retrocesso em relação aos direitos civis e políticos no texto constitucional, que previa censura à imprensa, proibição de manifestações e revogação do direito a *habeas corpus*.

Com o fim da ditadura varguista em 1946, o Brasil tem uma relativa experiência democrática: a nova Constituição passaria a prever eleições para todos os cargos, mas vetaria o direito de voto para os analfabetos; o texto traria o retorno das liberdades civis, com exceção do direito de greve.

Em 1964, o golpe militar implicaria novos retrocessos e graves violações de direitos humanos, com torturas, prisões ilegais e arbitrárias, desaparecimentos forçados e censuras. Com a finalidade de aparentar alguma legitimidade e legalidade, o governo ditatorial elabora um novo texto constitucional em 1967. Embora previsse um rol de direitos e garantias individuais em seu artigo 150, os dezessete Atos Institucionais editados pelos presidentes militares entre 1964 e 1968 limitavam substancialmente seu exercício. A título de exemplo, vale resumir aqui o conteúdo dos primeiros cinco Atos Institucionais: o AI 1 (1964) cassou políticos e cidadãos de oposição; o AI 2 (1965) extinguiu os partidos existentes; o AI 3 (1966) estabeleceu eleições indiretas para os governos dos estados; o AI 4 (1966) compeliu o Congresso a votar o projeto de constituição que seria outorgada em 1967; e o AI 5 (1968) fechou o Congresso, suspendeu garantias constitucionais e deu poder ao Executivo para legislar sobre todos os assuntos. Em relação aos direitos sociais, houve menos retrocessos comparativamente aos direitos civis e políticos, sendo mantido no texto constitucional, por exemplo, o direito à educação e à previdência social.

Foi somente após 21 anos de ditadura militar, com o processo de redemocratização iniciado em 1985, que os direitos humanos seriam novamente contemplados no texto constitucional de 1988.

O sistema doméstico de proteção aos Direitos Humanos encontra-se fundamentado no arcabouço teórico do Direito Constitucional.

A proibição de retrocesso, consistente na inadmissibilidade de restrição ou suspensão de quaisquer direitos humanos fundamentais já reconhecidos no ordenamento jurídico de um país, é prevista expressamente no artigo 5º do Pacto dos Direitos Civis e Políticos (1966) e no artigo 5º, § 2º, do Pacto Internacional dos Direitos Econômicos, Sociais e Culturais (1966), ambos ratificados pelo Estado brasileiro.

A Constituição Federal de 1988 privilegia os direitos humanos e a primazia da dignidade da pessoa humana, sendo esta última fundamento da República Brasileira (art. 1º, III, CF). Além disso, a promoção do bem de todos "sem preconceitos de origem, raça, sexo, cor, idade e quaisquer outras formas de discriminação" é consignada como um dos objetivos da República Brasileira (art. 3º, IV, CF), adotando-se a prevalência dos Direitos Humanos como um dos princípios nas relações internacionais (art. 4º, II, CF).

Um exemplo de mobilização institucional no sentido de dar cumprimento às normas constitucionais e internacionais de Direitos Humanos pode ser observado na decisão da 5ª Turma do Superior Tribunal de Justiça (STJ) no Recurso Especial n. 1.640.084, em dezembro de 2016, na qual este tribunal entendeu que o tipo penal do desacato (art. 331, CP) não pode ser considerado crime. O entendimento foi de que esta tipificação penal está na contramão do humanismo, porque ressalta a preponderância do Estado, personificado em seus agentes, sobre o indivíduo, além de ser "incompatível com a Convenção Americana de Direitos Humanos, que se manifestou no sentido de que as leis de desacato se prestam ao abuso, como meio para silenciar ideias e opiniões consideradas incômodas pelo *establishment*, bem assim proporcionam maior nível de proteção aos agentes do Estado do que aos particulares, em contravenção aos princípios democrático e igualitário". Vale ressaltar, no entanto, que referida decisão configura um parâmetro para os demais julgados, e não equivale a uma alteração legal para descriminalizar a conduta.

5.1. A institucionalização dos direitos e garantias fundamentais na Constituição Federal de 1988

A Constituição Federal de 1988 trouxe inovações, inaugurando um novo paradigma jurídico no Brasil: ampliou o rol de direitos individuais fundamentais, além de conter a primeira previsão expressa de igualdade formal entre homens e mulheres. Contempla expressamente direitos humanos de 1ª e 2ª geração: em seu art. 5º estão arrolados direitos individuais fundamentais (correspondentes aos direitos civis e políticos), e, nos arts. 6º e 7º, os direitos econômicos, sociais e culturais, a indicar a adoção dos princípios da indivisibilidade e da interdependência.

O texto traz, ainda, previsão quanto às garantias aos direitos fundamentais. As garantias podem ser descritas como mecanismos instituídos com a finalidade de assegurar o livre exercício dos direitos fundamentais. Considerando que sua previsão se encontra no art. 5º, CF, as garantias são elas mesmas também direitos fundamentais.

As garantias podem ser examinadas sob duas classificações: as garantias-defesas, consistentes em proibições que visam prevenir violações a determinados direitos (p. ex.: proibição da censura para proteger a liberdade de expressão; proibição da prisão sem mandado ou flagrante para proteger a liberdade de ir e vir etc.) e as garantias instrumentais, correspondentes aos meios jurídicos invocados para obter garantia institucional de proteção a um direito (p. ex.: *habeas corpus*, mandado de segurança, *habeas data*).

5.2. A federalização das questões referentes às violações de Direitos Humanos

A Emenda Constitucional n. 45, de 2004, acrescentou o § 5º ao art. 109 da Constituição Federal, que passou a prever que graves violações de direitos humanos ou violação de obrigação contraída em tratados de Direitos Humanos poderiam ser federalizadas.

A federalização das questões referentes às violações de direitos humanos trata-se, na verdade, de um Incidente de Deslocamento de Competência da Justiça Estadual para a Justiça Federal. Pode ser suscitado ao Superior Tribunal de Justiça pelo Procurador-Geral da República quando as instituições estaduais se mostrarem omissas ou falhas na apuração e punição de graves violações de direitos humanos. Caso deferido o pedido, a violação será processada e julgada perante a Justiça Federal, em razão da pressuposição de um maior distanciamento e imparcialidade de seus órgãos.

5.3. O Conselho Nacional de Direitos Humanos

O Conselho Nacional de Direitos Humanos, órgão vinculado à administração pública federal, foi instituído pela Lei n. 12.986/2014, com a finalidade legal de realizar a promoção e a defesa dos direitos humanos, mediante ações preventivas, protetivas, reparadoras e sancionadoras das condutas e situações de ameaça ou violação desses direitos. É composto por representantes de órgãos públicos e da sociedade civil (art. 3º da Lei n. 12.986/2014), tendo competência para aplicar sanções de advertência, censura pública, recomendação de afastamento de cargo, função ou emprego na administração pública direta, indireta ou fundacional da União, Estados, Distrito Federal, Territórios e Municípios do responsável por conduta ou situações contrárias aos direitos humanos; e de recomendação de que não sejam concedidos verbas, auxílios ou subvenções a entidades comprovadamente responsáveis por condutas ou situações contrárias aos direitos humanos, sempre em caráter autônomo, devendo ser aplicadas independentemente de outras sanções de natureza penal, financeira, política, administrativa ou civil previstas em lei (art. 6º da Lei n. 12.986/2014).

5.4. O Brasil e os tratados internacionais de Direitos Humanos

Para uma melhor compreensão sobre as relações do ordenamento jurídico brasileiro com os tratados internacionais, é importante, antes, comentar brevemente o processo de formação dos tratados internacionais, nos termos da Convenção de Viena sobre o direito dos tratados (1969). Tradicionalmente, são identificadas quatro etapas: (i) negociações preliminares; (ii) assinatura do tratado pelo presidente (ato precário), sendo de competência privativa deste; (iii) aprovação da assinatura pelo Poder Legislativo (no caso brasileiro, via decreto legislativo do Congresso Nacional, nos termos dos arts. 49, I, e 59, VI, CF), que autoriza a ratificação do mesmo pelo Presidente; e, por fim, (iv) ratificação do Presidente (no Brasil, ato privativo da Presidência da República, nos termos do art. 84, CF), seguida de troca ou depósito de instrumento de ratificação, que é o ato que confirma definitivamente as obrigações assumidas no tratado com a assinatura.

Feita a ratificação, caberá ao Presidente da República promulgar decreto presidencial que, uma vez publicado no Diário Oficial da União, passa a gerar efeitos no ordenamento jurídico brasileiro.

Uma vez incorporados os tratados de Direitos Humanos ao ordenamento jurídico interno, apresenta-se o questionamento: qual a hierarquia dessas normas internacionais relativamente às normas nacionais?

A esse respeito, a Constituição Federal oferece dois dispositivos, a seguir transcritos:

> **Art. 5º, § 2º, da CF:** os direitos e garantias expressos nesta Constituição não excluem outros decorrentes do regime e dos princípios por ela adotados, ou dos tratados internacionais em que a República Federativa do Brasil seja parte.
>
> **Art. 5º, § 3º, da CF:** os tratados e convenções internacionais sobre direitos humanos que forem aprovados, em cada Casa do Congresso Nacional, em dois turnos, por três quintos dos votos dos respectivos membros, serão equivalentes às emendas constitucionais.

O § 2º do art. 5º consta da redação original da Constituição Federal de 1988. No ano de 2004, a Emenda Constitucional n. 45 introduziu o § 3º, passando a considerar os tratados e convenções internacionais sobre direitos humanos aprovados com maioria qualificada em cada Casa do Congresso (três quintos dos votos) equivalentes a emendas constitucionais.

O objetivo de propor a um Estado a ratificação de um tratado de direitos humanos é fazer com que seu ordenamento jurídico interno adote sistemas domésticos de proteção destes direitos, em consonância com a normativa internacional. A respeito do art. 5º, § 2º, CF, concernente à interação entre o direito internacional dos direitos humanos e o direito interno, a doutrina majoritária (nesse sentido: Flávia Piovesan, Ingo Sarlet, Antônio Cançado Trindade, André de Carvalho Ramos, entre outros) argumenta que referido dispositivo deve ser interpretado tendo por norte a centralidade conferida à dignidade da pessoa humana na Constituição de 1988, ou seja, que, ao incluir os direitos enunciados nos tratados internacionais ratificados pelo país no rol dos direitos constitucionalmente protegidos, a Constituição Federal de 1988 garante aos tratados internacionais de direitos humanos o inédito *status* interno de norma constitucional.

> Em outras palavras, isso significa classificar as normas previstas nos tratados internacionais de direitos humanos como possuidoras de hierarquia constitucional no ordenamento jurídico brasileiro desde a entrada em vigor da atual Constituição, por força desta interpretação do art. 5º, § 2º, CF, conferindo aos direitos ali enunciados aplicabilidade imediata.

Tal tratamento jurídico diferenciado se justificaria porque os tratados internacionais de direitos humanos têm por escopo "a salvaguarda de direitos do ser humano, e não de prerrogativas dos Estados" (PIOVESAN, 2009), constituindo normas materialmente constitucionais.

Não obstante, o STF vem manifestando posicionamento tendente a considerar os tratados internacionais de Direitos Humanos como normas supralegais, mas infraconstitucionais. Ainda assim, é importante destacar o julgamento do Recurso Extraordinário 466.343, de 3/12/2008, relativo ao tema da admissibilidade da prisão civil do depositário infiel (vedada pelo Pacto de São José da Costa Rica, mas admitida pela Constituição Federal no art. 5º, LXVII), no qual o ministro Celso de Mello proferiu voto no sentido de que os tratados de direitos humanos devem ter hierarquia materialmente constitucional e, como consequência a prisão do depositário infiel deveria ser considerada inconstitucional. De toda sorte, o Supremo Tribunal Federal ainda não manifestou um posicionamento com vistas a uniformizar a jurisprudência a respeito dos tratados incorporados antes de 2004, quando foi inserido o § 3º no art. 5º.

Porém, todos os tratados incorporados na forma do art. 5º, § 3º, CF, aprovados por maioria qualificada, o texto constitucional é claro quanto à hierarquia constitucional formal e material dessas normas internacionais (atualmente, apenas a Convenção sobre os Direitos das Pessoas com Deficiência). Em relação aos tratados incorporados na forma do art. 5º, § 2º, CF, repita-se, têm hierarquia materialmente constitucional, segundo a doutrina predominante, embora não haja consenso jurisprudencial.

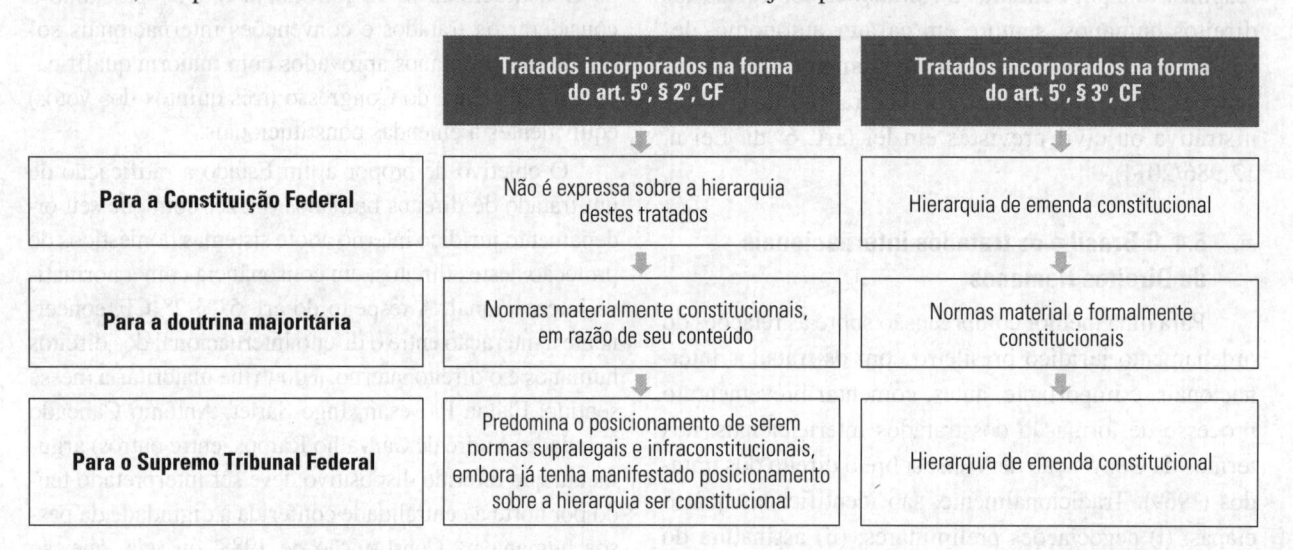

	Tratados incorporados na forma do art. 5º, § 2º, CF	Tratados incorporados na forma do art. 5º, § 3º, CF
Para a Constituição Federal	Não é expressa sobre a hierarquia destes tratados	Hierarquia de emenda constitucional
Para a doutrina majoritária	Normas materialmente constitucionais, em razão de seu conteúdo	Normas material e formalmente constitucionais
Para o Supremo Tribunal Federal	Predomina o posicionamento de serem normas supralegais e infraconstitucionais, embora já tenha manifestado posicionamento sobre a hierarquia ser constitucional	Hierarquia de emenda constitucional

5.5. As principais normas brasileiras relativas a Direitos Humanos

Conforme já mencionado, a criação dos sistemas internacionais de proteção aos Direitos Humanos colaboraram para o fortalecimento dos sistemas domésticos de proteção de seus Estados-partes.

No caso do Brasil, além da Constituição Federal de 1988, com sua ênfase nos direitos e garantias fundamentais após a ditadura militar, diversos textos da legislação esparsa tratam da temática dos Direitos Humanos, e em muitos casos de forma correlata a tratados internacionais ratificados pelo Brasil. Seguem aqui enumerados os principais temas e respectivos instrumentos normativos nesse sentido.

5.5.1. Proteção contra perseguição por discriminação por motivo de origem nacional, étnica, religiosa ou política

A perseguição contra minorias por motivo de origem nacional, étnica, religiosa ou política é tratada pela Lei do Crime de Genocídio (Lei n. 2.889/56) e pela Lei Brasileira de Refúgio (Lei n. 9.474/97)

A Lei n. 2.889/56 define o crime de genocídio nos mesmos termos da Convenção da ONU sobre o tema, descrevendo-o como "a intenção de destruir, no todo ou em parte, grupo nacional, étnico, racial ou religioso" e estabelece as penas para as condutas especificadas.

A Lei Brasileira de Refúgio define os mecanismos para implementação da Convenção da ONU sobre Estatuto dos Refugiados de 1951, estabelecendo em seu art. 1º os critérios para reconhecimento da condição jurídica de refugiado (quais sejam, existência de "fundados temores de perseguição por motivos de raça, religião, nacionalidade, grupo social ou opiniões políticas encontre-se fora de seu país de nacionalidade e não possa ou não queira acolher-se à proteção de tal país; não tendo nacionalidade e estando fora do país onde antes teve sua residência habitual, não possa ou não queira regressar a ele, em função das circunstâncias descritas no inciso anterior; devido a grave e generalizada violação de direitos humanos, é obrigado a deixar seu país de nacionalidade para buscar refúgio em outro país") e o respectivo procedimento perante o Comitê Nacional para os Refugiados (CONARE), que tem por atribuição "analisar o pedido e declarar o reconhecimento, em primeira instância, da condição de refugiado; decidir a cessação, em primeira instância, *ex officio* ou mediante requerimento das autoridades competentes, da condição de refugiado; determinar a perda, em primeira instância, da condição de refugiado; orientar e coordenar as ações necessárias à eficácia da proteção, assistência e apoio jurídico aos refugiados; aprovar instruções normativas esclarecedoras à execução desta Lei" (art. 12 da Lei n. 9.474/97).

5.5.2. Discriminação racial

O Brasil, além de prever na Constituição Federal o racismo como crime imprescritível e inafiançável (art. 5º, XLII), apresenta duas leis sobre o tema: a Lei dos Crimes de Racismo (7.716/89) e o Estatuto da Igualdade Racial (Lei n. 12.288/2010). Vale ressaltar que o direito brasileiro não define o conceito de discriminação racial, mas a Convenção determina, em seu art. 1º, que discriminação é "qualquer distinção, exclusão, restrição ou preferência que tenha como critério a raça e que tenha por objetivo ou resultado anular ou restringir o exercício de direitos".

5.5.3. Direitos Humanos das mulheres

Conforme já mencionado, a Constituição Brasileira de 1988 é a primeira a consignar expressamente a igualdade jurídica entre homens e mulheres, o que repercutiu na legislação infraconstitucional com a criação de normas jurídicas com a finalidade de suprir a desigualdade de gênero construída historicamente.

Nesse sentido, deve-se citar a Lei n. 9.029/95 (que proíbe que empregadores exijam de funcionárias ou de candidatas a vagas de emprego atestados de esterilidade ou de gravidez); a Lei n. 9.504/97 (que determina aos partidos políticos o preenchimento de suas vagas para candidaturas à proporção de ao menos 30% e 70% para cada sexo).

Indispensável mencionar, ainda, a Lei Maria da Penha (11.340/2006), que resultou de petição individual encaminhada à CIDH, que gerou o relatório 54/2001, recomendando ao Brasil a adoção de legislação específica para o combate à violência doméstica contra a mulher. Em 2017, a Lei n. 8.080/90 (que dispõe sobre os serviços de saúde) foi modificada em seu art. 7º, que passou a contar com previsão de atendimento específico para *"mulheres e vítimas de violência doméstica em geral"* no inciso XIV.

> Em 2017, a Lei n. 13.434/2017 alterou o artigo 292 do Código de Processo Penal, acrescentando um parágrafo único ao dispositivo para vedar o uso de algemas em mulheres durante o parto e a fase de puerpério imediato.

5.5.4. Prevenção e combate à tortura

Tanto a Convenção para Prevenção e Combate à Tortura da ONU (art. 4º) quanto a Convenção Interamericana sobre o mesmo tema (art. 6º) contêm um mandado expresso de criminalização do delito de tortura. Sendo o Brasil signatário de ambas, a legislação brasileira contempla o tema na Lei dos Crimes de Tortura (9.455/97), mas com uma diferença fundamental em relação à definição internacional: a lei não exige a prática da conduta por agente estatal (embora seja causa de aumento de pena).

Importante consignar que o Protocolo Facultativo à Convenção da ONU (de 2006, ratificado pelo Brasil em 2007) estabelece o dever de os Estados criarem Subcomitês nacionais para prevenção e combate à tortura, o que levou à criação do Sistema Nacional de Prevenção e Combate à Tortura pela Lei n. 12.847/2013.

5.5.5. Direitos Humanos das pessoas idosas

A Constituição Federal de 1988 prevê a proteção aos idosos no *Título VIII – Da Ordem Social, Capítulo VII – Da Família, do Adolescente, do Jovem e do Idoso*, estabelecendo expressamente no art. 230 o dever da família, do Estado e da sociedade ampararem as pessoas idosas.

Além da Constituição, o Estatuto do Idoso foi criado para regular as especificidades dos direitos das pessoas com idade igual ou superior a 60 anos. O texto legal prevê garantia de prioridade na efetivação de direitos, e contempla direitos de 1ª (arts. 8º ao 10), além de direitos de 2ª geração (arts. 15 ao 42). O Estatuto também prevê medidas de proteção (art. 45) no caso de situação de risco (art. 43) e tipifica crimes contra pessoas idosas (arts. 96 a 108).

Em 18-7-2019 foi editado pelo Poder Executivo o Decreto n. 9.921, que consolida atos normativos editados pelo Poder Executivo federal que dispõem sobre a temática da pessoa idosa.

> O Estatuto do Idoso trata no seu Capítulo III especificamente do dever de alimentos aos idosos, que devem ser prestados na forma da lei civil.

5.5.6. Direitos Humanos das pessoas com deficiência

O **Estatuto da Pessoa com Deficiência – ou Lei Brasileira de Inclusão da Pessoa com Deficiência** (Lei n. 13.146/2015) – foi expressamente elaborado com base na Convenção da ONU sobre os Direitos das Pessoas com Deficiência e seu Protocolo Facultativo (art. 1º, parágrafo único). Traz o conceito de pessoa com deficiência no art. 2º, descrevendo-a como "aquela que tem impedimento de longo prazo de natureza física, mental, intelectual ou sensorial, o qual, em interação com uma ou mais barreiras, pode obstruir sua participação plena e efetiva na sociedade em igualdade de condições com as demais pessoas". A lei ainda prevê direitos fundamentais sob a perspectiva das especificidades das pessoas com deficiência (por exemplo, direito à habilitação e reabilitação nos arts. 14 a 17) e tipifica crimes contra pessoas com deficiência (arts. 88 a 91).

5.5.7. Direitos Humanos das pessoas em fluxos migratórios

Em 2017 foi aprovada a Lei de Migração (Lei n. 13.445/2017), que estabelece em seu art. 1º, § 1º, os conceitos de (i) imigrante: pessoa nacional de outro país ou apátrida que trabalha ou reside e se estabelece temporária ou definitivamente no Brasil; (ii) emigrante: brasileiro que se estabelece temporária ou definitivamente no exterior; (iii) residente fronteiriço: pessoa nacional de país limítrofe ou apátrida que conserva a sua residência habitual em município fronteiriço de país vizinho; (iv) visitante: pessoa nacional de outro país ou apátrida que vem ao Brasil para estadas de curta duração, sem pretensão de se estabelecer temporária ou definitivamente no território nacional; (v) apátrida: pessoa que não seja considerada como nacional por nenhum Estado, segundo a sua legislação, nos termos da Convenção sobre o Estatuto dos Apátridas, de 1954.

A lei determina expressamente a universalidade, indivisibilidade e interdependência dos direitos humanos como diretrizes para as políticas migratórias brasileiras (art. 3º), bem como garante ao migrante em território nacional a inviolabilidade do direito à vida, à liberdade, à igualdade, à segurança e à propriedade, em condição de igualdade com os nacionais (art. 4º).

A Lei de Migração também conta com normas relacionadas ao Direito Internacional, tais como as relativas à entrada e saída no território nacional, medidas de retirada compulsória; e ao Direito Constitucional, quanto à opção à nacionalidade e naturalização.

5.5.8. Direito à saúde

Em 26 de abril de 2019, a Lei n. 13.819 instituiu a Política Nacional de Prevenção da Automutilação e do Suicídio, a ser implementada pela União, em cooperação com os Estados, o Distrito Federal e os Municípios. Além disso, o texto alterou a Lei n. 9.656, de 3 de junho de 1998, determinando que os planos e seguros privados de assistência à saúde incluam a cobertura de atendimento à violência autoprovocada e às tentativas de suicídio.

5.5.9. Direito ao reconhecimento da identidade de gênero

Embora o tema ainda careça de um tratado internacional de Direitos Humanos com força vinculante – e mesmo de uma legislação federal regulamentando a questão em todo o território nacional –, é importante destacar duas normas brasileiras relativas ao reconhecimento da identidade de gênero: o Decreto n. 8.727/2016 e a Resolução n. 348/2020.

O Decreto n. 8.727/2016 dispõe sobre o uso do nome social e o reconhecimento da identidade de gênero de pessoas travestis e transexuais no âmbito da administração pública federal direta, autárquica e fundacional. Seu art. 1º contém, em seu parágrafo único, os conceitos de *nome social*, correspondente à designação pela qual a pessoa travesti ou transexual se identifica e é socialmente reconhecida; e *identidade de gênero*, expressão referente à dimensão da identidade de uma pessoa que diz respeito à forma como se relaciona com as representações de masculinidade e feminilidade e como isso se traduz em sua prática social, sem guardar relação necessária com o sexo atribuído no nascimento.

A Resolução n. 348/2020 do Conselho Nacional de Justiça, por sua vez, estabelece diretrizes e procedimentos a serem observados pelo Poder Judiciário, no âmbito criminal, com relação ao tratamento da população lésbica, gay, bissexual, transexual, travesti ou intersexo que seja custodiada, acusada, ré, condenada, privada de liberdade, em cumprimento de alternativas penais ou monitorada eletronicamente.

REFERÊNCIAS BIBLIOGRÁFICAS

CARVALHO RAMOS, André de. *Teoria geral dos direitos humanos na ordem internacional*. Rio de Janeiro: Renovar, 2005.

COLAÇO, Thais Luzia. Os "novos" direitos indígenas. In: *Os "novos" direitos no Brasil*: natureza e perspectivas: uma visão básica das novas conflituosidades jurídicas. In: WOLKMER, Antonio Carlos; LEITE, José Rubens Morato (org.). São Paulo: Saraiva, 2016. p. 101-126.

COMPARATO, Fábio Konder. *A afirmação histórica dos direitos humanos*. São Paulo: LTr, 1998.

HEYNS, Christof; PADILLA, David; ZWAAK, Leo. Comparação esquemática dos sistemas regionais de direitos humanos: uma atualização. *Sur – Revista Internacional de Direitos Humanos*, n. 4, ano 3, 2006.

SARLET, Ingo Wolfgang. *Dimensões da dignidade:* ensaios de filosofia do direito e direito constitucional. Porto Alegre: Livraria do Advogado, 2005.

PIOVESAN, Flávia. *Direitos humanos e o direito constitucional internacional*. São Paulo: Saraiva, 2012.

■ QUESTÕES

(XXXIV Exame de Ordem Unificado/FGV) Você está trabalhando, como advogada(o), para um grupo de estudantes universitários com deficiência visual. Eles relataram ter muita dificuldade para estudar, pois há pouquíssima disponibilidade de obras científicas com exemplar em formato acessível. Para preparar sua atuação no caso, você recorreu ao *Tratado de Marraqueche para Facilitar o Acesso a Obras Publicadas às Pessoas Cegas, com Deficiência Visual ou com Outras Dificuldades para Ter Acesso ao Texto Impresso*.

Como ponto de partida do seu caso, *exemplar em formato acessível*, segundo o Tratado de Marraqueche, deve ser entendido como

A) disponibilização da obra no sistema de escrita e leitura tátil baseada em símbolos em relevo, conhecido como método Braille. Tal disponibilização deve se dar em centros governamentais ou não governamentais especializados em apoio às pessoas com deficiência visual.

B) venda ou reprodução de obras literárias, artísticas ou científicas por preços de no máximo 30% do valor de mercado destinada exclusivamente às pessoas com deficiência visual. As empresas editoriais contarão com isenções tributárias para compensar o custo de produção.

C) reprodução de uma obra de uma maneira ou forma alternativa que dê aos beneficiários acesso à obra, inclusive para permitir que a pessoa tenha acesso de maneira tão prática e cômoda como uma pessoa sem deficiência visual ou sem outras dificuldades para ter acesso ao texto impresso.

D) exemplar disponível para as pessoas com deficiência visual em bibliotecas que tenham ledores disponíveis durante todo o seu horário de funcionamento.

RESPOSTA

A) O texto da alternativa não corresponde à definição de "*exemplar acessível*" nos termos do art. 2º, "b", do Tratado de Marraqueche.

B) O texto da alternativa não corresponde à definição de "*exemplar acessível*" nos termos do art. 2º, "b", do Tratado de Marraqueche.

☑ Nos termos do art. 2º, "b", do Tratado de Marraqueche, define-se "*exemplar em formato acessível*" como *a reprodução de uma obra de uma maneira ou forma alternativa que dê aos beneficiários acesso à obra, inclusive para permitir que a pessoa tenha acesso de maneira tão prática e cômoda como uma pessoa sem deficiência visual ou sem outras dificuldades para ter acesso ao texto impresso. O exemplar em formato acessível é utilizado exclusivamente por beneficiários e deve respeitar a integridade da obra original, levando em devida consideração as alterações necessárias para tornar a obra acessível no formato alternativo e as necessidades de acessibilidade dos beneficiários*.

D) O texto da alternativa não corresponde à definição de "*exemplar acessível*" nos termos do art. 2º, "b", do Tratado de Marraqueche.

(XXXIV Exame de Ordem Unificado/FGV) Você, como advogado(a), representa um grupo de familiares que possuem algum ente internado em estabelecimento público de tratamento de saúde mental onde, comprovadamente, tem havido tratamento cruel e degradante, violando o Art. 5º da Convenção Americana sobre Direitos Humanos. Após tentativas frustradas de resolução do problema por via administrativa junto aos órgãos competentes, você ingressou com petição na Comissão Interamericana de Direitos Humanos.

Tendo em vista que se trata de uma situação de gravidade e urgência, e considerando o que dispõe o Regulamento da Comissão Interamericana de Direitos Humanos, cabe a você esclarecer aos familiares e às próprias vítimas que, mesmo diante da gravidade e urgência da situação, a Comissão

A) deverá emitir o seu relatório final com recomendações para o Estado brasileiro, caso ele seja considerado responsável pelas violações ocorridas.

B) pode decidir liminarmente o caso, porém essa decisão liminar favorável às vítimas deverá ser homologada pelo Superior Tribunal de Justiça brasileiro para que possa ser devidamente executada.

C) deverá encaminhar de imediato o caso para a Corte Interamericana de Direitos Humanos para que esta adote medida prévia que vise à garantia dos direitos violados das vítimas.

D) poderá solicitar que o Estado brasileiro adote medidas cautelares para prevenir danos irreparáveis às pessoas vítimas da violação dos Direitos Humanos.

RESPOSTA

A) A emissão de relatório quanto ao mérito deverá ocorrer independentemente da existência de situação de gravidade e urgência como a descrita no enunciado, pois caberá à Comissão, após deliberação e votação, externar sua posição sobre a ocorrência ou não de violação de direitos humanos, conforme determinado no art. 44 do Regulamento da Comissão Interamericana de Direitos Humanos.

B) No caso em tela, não cabe decisão liminar pela Comissão, e sim solicitação de adoção de medidas cautelares para o Estado em questão.

C) O caso em tela não é hipótese de encaminhamento imediato para a Corte Interamericana de Direitos Humanos.

☑ O art. 25.1 do Regulamento da Comissão Interamericana de Direitos Humanos assegura que "*em situações de gravidade e urgência a Comissão poderá, por iniciativa própria ou a pedido da parte, solicitar que um Estado adote medidas cautelares para prevenir danos irreparáveis às pessoas ou ao objeto do processo relativo a uma petição ou caso pendente*".

(35º Exame de Ordem Unificado/FGV) O Conselho Nacional dos Direitos Humanos (CNDH), assim denominado pela Lei n. 12.986/14 e vinculado à administração pública federal, é um importante órgão de proteção dos direitos no Brasil. Você, que atua na defesa dos Direitos Humanos, tomou conhecimento de uma violação de um direito social previsto no Pacto Internacional dos Direitos Econômicos e Sociais. Assim, você avalia a possibilidade de levar tal situação ao conhecimento do Conselho Nacional dos Direitos Humanos (CNDH). Diante disso, assinale a opção que corresponde às corretas incumbência e atribuição desse Conselho.

A) Assessorar o Congresso Nacional em matéria relativa aos Direitos Humanos e avaliar eventuais projetos de leis que envolvam os Direitos Humanos que tenham sido propostos por deputados federais e senadores da República.

B) Representar o Brasil perante a Comissão Interamericana de Direitos Humanos quando da apuração, por esta Comissão, de denúncia de violação de Direitos Humanos resultante da ação ou omissão do Estado brasileiro.

C) Receber representações ou denúncias de condutas ou situações contrárias aos Direitos Humanos e apurar as respectivas responsabilidades, aplicando sanções de advertência, censura pública ou recomendação para afastamento de cargo.

D) Representar, em juízo, as vítimas de violações de Direitos Humanos, naquelas ações judiciais reparadoras de direitos que forem impetradas pelo próprio CNDH no âmbito de jurisdição especial do Superior Tribunal de Justiça.

RESPOSTA

A) Nos termos do art. 4º da Lei n. 12.986/2014, não é atribuição do CNDH assessorar o Congresso Nacional em matéria relativa aos Direitos Humanos, nem avaliar eventuais projetos de leis que envolvam os Direitos Humanos que tenham sido propostos por deputados federais e senadores da República.

B) Nos termos do art. 4º da Lei n. 12.986/2014, não é atribuição do CNDH representar o Brasil perante a Comissão Interamericana de Direitos Humanos a qualquer título.

☑ Nos termos do art. 4º da Lei n. 12.986/2014, é atribuição do CNDH receber representações ou denúncias de condutas ou situações contrárias aos direitos humanos e apurar as respectivas responsabilidades.

D) Nos termos do art. 4º da Lei n. 12.986/2014, não é atribuição do CNDH representar, em juízo, as vítimas de violações de Direitos Humanos, a qualquer título.

(35º Exame de Ordem Unificado/FGV) De acordo com a Recomendação n. 123, de 07 de janeiro de 2022, do Conselho Nacional de Justiça, os órgãos do Poder Judiciário brasileiro estão recomendados à "observância dos tratados e convenções internacionais de direitos humanos em vigor no Brasil e à utilização da jurisprudência da Corte Interamericana de Direitos Humanos (Corte IDH), bem como à necessidade de controle de convencionalidade das leis internas". Nesse sentido, controle de convencionalidade deve ser corretamente entendido como

A) o controle de compatibilidade material e formal entre a legislação brasileira e o que está disposto, em geral, na Constituição Federal.

B) a verificação da compatibilidade entre as leis de um Estado (legislação doméstica) e as normas dos tratados internacionais de Direitos Humanos firmados e incorporados à legislação do país.

C) a análise hermenêutica que propõe uma interpretação das normas de Direitos Humanos, de maneira a adequá-las àquilo que estabelece a legislação interna do país.

D) a busca da conformidade da Constituição e da legislação doméstica àquilo que está convencionado nas normas do Direito Natural, pois essas são logicamente anteriores e moralmente superiores.

RESPOSTA

A) A alternativa A descreve o controle de constitucionalidade da legislação doméstica, e não de convencionalidade.

☑ Deve-se entender por controle de convencionalidade a verificação da compatibilidade entre as leis de um Estado (legislação doméstica) e as normas dos tratados internacionais de Direitos Humanos firmados e incorporados à legislação do país.

C) A alternativa C descreve o processo hermenêutico de interpretação conforme as normas de Direitos Humanos.

D) A hermenêutica jurídica baseada em normas positivadas não se confunde com a valoração moral feita pelo intérprete a respeito da norma.

(36º Exame de Ordem Unificado/FGV) Você, como advogado(a), foi contratado(a) para esclarecer algumas alternativas na defesa e proteção do direito de circulação e de residência de um determinado grupo de pessoas, que vem sendo violado, em razão de preconceito. Nessa reunião, as vítimas disseram que já tentaram todas as medidas administrativas junto aos órgãos governamentais competentes e nada foi resolvido. Uma das vítimas propôs que fosse encaminhada petição para a Corte Interamericana de Direitos Humanos, a fim de instaurar um processo para a decisão daquela Corte que pudesse resultar em condenação do Estado brasileiro, indenização das vítimas e garantia dos direitos violados. Assim, com base no que dispõe a Convenção Americana sobre Direitos Humanos, cabe a você esclarecer que as vítimas

A) não têm o direito de submeter diretamente um caso à decisão da Corte Interamericana de Direitos Humanos.

B) devem comprovar o esgotamento de todos os recursos da jurisdição interna para encaminhar a petição para a Corte.
C) podem submeter o caso à decisão da Corte, mas devem requerer que sejam tomadas medidas provisórias em caráter de urgência, dada a gravidade da situação.
D) não podem enviar a petição, uma vez que o Brasil não reconhece a competência da Corte em casos relativos à aplicação da Convenção Americana de Direitos Humanos.

RESPOSTA

☐ Nos termos do art. 61 da Convenção Interamericana de Direitos Humanos, somente os Estados-Partes e a Comissão têm direito de submeter caso à decisão da Corte, e desde que se comprove o esgotamento do processamento perante a Comissão Interamericana de Direitos Humanos, conforme previsto nos arts. 48 a 50 da CIDH. Portanto, vítimas não podem acessar diretamente a Corte Interamericana de Direitos Humanos.
B) Não basta a demonstração de esgotamento dos recursos da jurisdição interna, pois as vítimas não são legitimadas para acessar diretamente a Corte Interamericana.
C) As vítimas não podem acessar diretamente a Corte Interamericana de Direitos Humanos.
D) O Estado brasileiro reconhece a competência contenciosa da Corte Interamericana de Direitos Humanos no Decreto n. 4.463/2002. Porém, as vítimas não são legitimadas para acessar diretamente a Corte.

(36º Exame de Ordem Unificado/FGV) O prefeito de Caápuera determinou que a escola municipal que atende as crianças das comunidades indígenas da região realize o processo educacional exclusivamente em Língua Portuguesa. Uma organização não governamental contrata você, como advogado(a), para atuar na proteção dos direitos dos povos indígenas. Assim, com base no que dispõe a CRFB/88, cabe a você esclarecer que
A) a Constituição Federal de 88 determina que o ensino fundamental regular seja ministrado apenas em Língua Portuguesa, mesmo para as tribos ou comunidades indígenas.
B) apenas por determinação da Fundação Nacional do Índio, órgão do governo federal, a escola que presta ensino fundamental regular às comunidades indígenas será obrigada a utilizar suas línguas maternas.
C) o Estado tem o dever de ministrar o ensino fundamental regular em Língua Portuguesa, mas nada impede que uma organização não governamental ofereça reforço escolar na língua materna dos índios.
D) o ensino fundamental regular deve ser ministrado em Língua Portuguesa, mas é assegurado às comunidades indígenas também a utilização de suas línguas maternas e de seus processos próprios de aprendizagem.

RESPOSTA

A) Nos termos do art. 210, § 2º, da Constituição Federal, o ensino fundamental regular será ministrado em língua portuguesa, mas será assegurada às comunidades indígenas a utilização de suas línguas maternas e processos próprios de aprendizagem.
B) Não é atribuição constitucional da FUNAI determinar qual idioma será adotado nas escolas de ensino fundamental.
C) O art. 210, § 2º, da CF determina que deverá ser assegurado aos povos indígenas o direito de acesso à educação no ensino fundamental com utilização de sua língua materna.
☑ A alternativa D corresponde ao texto do art. 210, § 2º, da Constituição Federal, que fundamenta o direito dos povos indígenas ao acesso à educação com utilização de sua língua materna.

■ **MATERIAL DIGITAL EXCLUSIVO**

DIREITOS HUMANOS

Filosofia do Direito

Clodomiro Bannwart

Doutor em Filosofia. Graduado em Direito e em Filosofia. Professor do Programa de Mestrado e Doutorado em Direito na Universidade Estadual de Londrina.

Sumário

1. Matrizes do pensamento na Filosofia do Direito: 1.1. Filosofia e Direito: uma relação de proximidade; 1.2. A contribuição da Filosofia ao Direito; 1.2.1. A tradição judaica; 1.2.2. A tradição grega; 1.2.3. A tradição romana; 1.3. A delimitação entre razão teórica e razão prática; 1.3.1. A razão teórica; 1.3.2. A razão prática; 1.4. Nascimento da Filosofia e da Filosofia do Direito; 1.4.1. Razão teórica; 1.4.1.1. Epistemologia; 1.4.1.2. Lógica, retórica e argumentação; 1.4.2. Razão prática; 1.4.2.1. Política; 1.4.2.2. Ética; 1.4.2.3. Direito; 1.4.2.4. Razão prática e tragédia; 1.5. No coração da ética: ensinamentos contemporâneos; 1.6. Paradigmas filosóficos, jurídicos e sociológicos; 1.6.1. Paradigmas da razão teórica; 1.6.1.1. Paradigma da essência; 1.6.1.2. Paradigma do sujeito; 1.6.1.3. Paradigma da linguagem; 1.6.1.4. Síntese; 1.6.2. Paradigmas da razão prática; 1.6.2.1. Ética teleológica; 1.6.2.2. Ética teológica; 1.6.2.3. Moral deontológica; 1.6.2.4. Moral pós-convencional; 1.6.3. Paradigmas das teorias sociais; 1.6.3.1. Paradigma da teleologia; 1.6.3.2. Paradigma da antropologia; 1.6.3.3. Paradigma da filosofia da história; 1.6.3.4. Paradigma das sociedades complexas; 1.6.4. Paradigmas do direito; 1.6.4.1. Jusnaturalismo; 1.6.4.2. Positivismo jurídico; 1.6.4.3. Pós-positivismo; 1.7. O nascimento da dicotomia entre legalidade e legitimidade; 1.8. Teoria de Platão; 1.9. Teoria sofista; 1.10. Teoria de Aristóteles; 1.11. Teoria de Santo Agostinho; 1.11.1. A lei eterna; 1.11.2. A liberdade da vontade; 1.12. Teoria de Tomás de Aquino – **2. Escolas do pensamento jurídico ocidental:** 2.1. Evolução histórica do conceito de direito natural; 2.2. Da teleologia à antropologia: a ideia de contrato; 2.3. A lei natural: da natureza objetivada à razão humana; 2.4. Teoria de Hugo Grócio; 2.5. Teoria de Hobbes; 2.6. Teoria de Pufendorf; 2.7. Teoria de Locke; 2.8. Teoria de Rousseau; 2.9. Teoria de Montesquieu; 2.10. Fundamentos históricos do positivismo jurídico; 2.10.1. Escola histórica; 2.10.2. Escola da exegese; 2.11. Positivismo jurídico; 2.11.1. Normativismo de Hans Kelsen; 2.11.2. A norma fundamental; 2.12. Carl Schmitt; 2.13. Realismo jurídico; 2.13.1. A teoria de Alf Ross; 2.14. Reações ao positivismo jurídico; 2.14.1. Teoria do neokantismo; 2.14.2. Pensamento jusfilosófico brasileiro. A teoria tridimensional do direito de Miguel Reale; 2.14.3. Gustav Radbruch; 2.15. Variações do positivismo jurídico; 2.15.1. Herbert Hart; 2.15.2. Norberto Bobbio – **3. Direito e moral:** 3.1. Ética utilitarista; 3.1.1. John Stuart Mill; 3.2. Teoria de Immanuel Kant; 3.3. Princípio universal do direito – **4. Direito: coação e correção:** 4.1. Direito e coação; 4.2. Direito e correção – **5. Direito e ciência:** 5.1. A ciência moderna; 5.2. Ciência do Direito como teoria da interpretação; 5.3. Crítica ao Direito como ciência e nova concepção de intepretação; 5.3.1. Teoria da jurisprudência dos interesses; 5.3.2. Escola do direito livre; 5.4. A lógica do razoável; 5.5. Chaïm Perelman; 5.6. Racionalidade jurídica; 5.7. Hannah Arendt; 5.8. Neil MacCormick – **Referências bibliográficas** – **Questões** – **Material digital exclusivo**.

1. MATRIZES DO PENSAMENTO NA FILOSOFIA DO DIREITO

1.1. Filosofia e Direito: uma relação de proximidade

Para a compreensão da Filosofia do Direito, é fundamental notar a conexão entre a Filosofia e o Direito, acrescida do modelo de sociedade que recepciona as ideias filosóficas e as instituições jurídicas. A Filosofia é fruto de um contexto localizado espacialmente e temporalmente, ao passo que o Direito é consolidado institucionalmente em sociedades concretas.

Filosofia ➡ Direito ➡ Teorias sociais

A tarefa fundamental da **Filosofia**, ao longo da tradição Ocidental, foi a de servir de reservatório conceitual explicativo às indagações colocadas pelo homem. A matéria-prima da Filosofia é formada por conceitos, os quais permitem, mediante atitude crítica e reflexiva, assegurar a inteligibilidade do mundo e aclarar como as coisas são o que são (ser) e como poderiam ser (dever-ser). Sua natureza abstrata busca compreender o mundo conceitualmente de forma desinteressada e pouco prática. Responder a questões acerca do que é a verdade ou a **justiça** configura a pauta da reflexão filosófica.

O Direito, por sua vez, possui um caráter prático, cuja aplicabilidade demanda sua inserção em instituições sociais. A característica do Direito, ao menos na nomenclatura atual, é a de ser uma ciência social aplicada. As instituições jurídicas têm a peculiar tarefa de "**dizer o direito**", o que implica a pretensão de **fazer valer a justiça**. Este propósito do Direito, no entanto, não se realiza sem antes saber o que é a justiça. Daí a missão teórica e prática do Direito. Para compreender a justiça, que é algo abstrato em sua natureza, o Direito se vale da Filosofia, e, ao aplicar o justo ao caso concreto, necessita compreender o contexto valorativo social em que o seu conteúdo normativo está inserido.

Se a Filosofia, por um lado, contribui com o processo explicativo de teorias e, ao mesmo tempo, com a inteligibilidade conceitual, por outro, a Sociologia, estampada em teorias sociais, se ocupa em demonstrar teoricamente as bases das estruturas sociais que permitem alocar as normas jurídicas. O Direito, ao pretender caminhar sozinho, sem levar em consideração a base conceitual da Filosofia e tampouco a realidade empírica das sociedades em que ele se situa, corre o risco de se perder no tecnicismo, girando em falso, sem conseguir penetrar na concretude das demandas sociais. Arruína-se em matéria de fundamento e, igualmente, de legitimidade.

Para que o Direito não caia em um reducionismo interno que o faça caminhar míope, é fundamental sua inserção nas reflexões produzidas pela Filosofia do Direito – que tematiza os fundamentos normativos – e nas investigações das Teorias Sociais (Sociologia do Direito) – que analisam a interação da normatividade social. Enfim, o Direito se vale teoricamente da Filosofia do Direito para refletir a justiça e demais conceitos correlatos, porém sem abrir mão da Sociologia do Direito para auxiliar na aplicação de uma adequada concepção normativa matizada socialmente.

1.2. A contribuição da Filosofia ao Direito

Na história do pensamento ocidental foram três as principais influências que assinalaram a formação do Direito tal como o conhecemos: a tradição judaica, a filosofia grega e a cultura romana. Cada uma dessas tradições estampa uma palavra-chave que resume sua contribuição ao Direito.

Os três pilares do Direito no pensamento ocidental		
Tradição judaica	Tradição grega	Tradição romana
Fé	Natureza	Autoridade

1.2.1. A tradição judaica

Essa tradição formulou uma concepção jurídica pautada na religião monoteísta, aspecto que a diferenciava dos demais povos, ainda politeístas. Responsável por libertar o povo hebraico do Egito, a Bíblia diz que foi Moisés quem recebeu de Deus, no Monte Sinai, as tábuas dos Dez Mandamentos. Para os judeus, o direito é dado por Deus, de forma mandamental. Deus manda, cabendo aos homens obedecer. É a demonstração de que o Deus judaico não confiava no poder de legislação dos homens. As normas eram provenientes de uma única fonte: Deus. O elemento central que assegurava o cumprimento dos **mandamentos divinos** baseava-se na **fé**. A aplicação dos mandamentos e a resolução dos conflitos eram confiadas ao Sinédrio, também conhecido por Tribunal dos Setenta, que compreendia a suprema magistratura dos hebreus. A intepretação da lei escrita – "Torá" – não podia se afastar dos mandamentos imutáveis dados por Deus.

1.2.2. A tradição grega

Por sua vez, a tradição grega não possuía o mesmo pragmatismo que a tradição romana e tampouco a religiosidade monoteísta dos judeus. A originalidade dos gregos assentava-se, sobretudo, na reflexão acerca dos fundamentos últimos das coisas. Indagações a respeito da verdade e da justiça encontram aporte em um pensamento sistematizado que se vale da **razão** e sua capacidade de arquitetar logicamente os conceitos. O politeísmo grego impediu que os filósofos atribuíssem aos deuses do Monte Olimpo o fundamento das normas jurídicas, até porque as divindades gregas eram passionais como os seres humanos. A prática da democracia foi fator preponderante para retirar dos deuses a legitimidade das leis e confiar aos humanos a **capacidade de legislar**. Porém, os gregos não se ocuparam tanto com a questão da aplicação do direito. Debruçaram-se antes a responder indagações atinentes à **legitimidade da lei**, a saber se a lei que é válida e positivada no contexto das cidades (polis) consegue expressar justiça e o que é a justiça.

Foram os gregos que primeiro tematizaram a clivagem entre a lei (legalidade/positividade) e os seus fundamentos (legitimidade/Direitos naturais). A referência fundamental para os gregos desenvolverem a filosofia foi a **natureza** "*physis*". Esta era vista como portadora de ordem "cosmos" que implicava a realização de **fins imanentes** "teleologia". A ordem da natureza fora transplantada para a cidade (ordem social) e para o Direito (ordenamento jurídico). Os gregos nos legaram a formulação da **Filosofia do Direito**.

1.2.3. A tradição romana

Em sua fase imperial, a tradição romana incorpora parte da tradição judaica por intermédio do Cristianismo e também recebe a influência da filosofia grega. Mas a originalidade dos romanos foi a construção de um sólido **sistema jurídico**. É reconhecido que o direito foi o domínio da cultura romana que mais influenciou a posteridade. Não estava no horizonte dos romanos a preocupação com a fundamentação ou conceituação do direito, mas, sim, a sistematização do conjunto das práticas jurídicas, a construção doutrinária e o delineamento de uma literatura jurídica. Os romanos nos legaram a edificação e o desenvolvimento da **teoria do direito**. E isso permite dizer, de forma bem resumida, que os gregos se ocuparam com a parte teórica do direito e os romanos com a sua parte prática.

Outro aspecto a destacar é que os gregos habitavam as polis e havia uma grande quantidade delas que os diferenciavam entre atenienses e espartanos, por exemplo. Os romanos, ao contrário, foram cidadãos que habitaram um Império, que se pretendia universal. Os gregos puderam experimentar a democracia e, consequentemente, as condições propícias para o debate e, inclusive, o questionamento dos fundamentos normativos que regiam suas cidades. Os romanos, ao contrário, se valiam de um único chefe: o Imperador. Daí a noção de o Direito para os romanos ser decorrente da ideia de **autoridade**.

1.3. A delimitação entre razão teórica e razão prática

Na tradição grega, a utilização do termo "**ciência**" não comportava a mesma conotação que hoje possuímos. A melhor forma de demarcar o campo teórico do Direito na tradição grega foi apresentada por Aristóteles ao distinguir duas importantes estruturas da reflexão filosófica: a **razão teórica** e a **razão prática**. No quadro abaixo é possível perceber o enquadramento do campo jurídico.

Razão teórica	Razão prática
Conhecimento	Ação
Verdade	Justiça
Epistemologia	Ética/Moral, Política e **Direito**
Physis/Natureza	**Ethos/Ética**
Causalidade	Liberdade
Previsibilidade	Imprevisibilidade

1.3.1. A razão teórica

Trata-se de parte da reflexão filosófica que se ocupa fundamentalmente em analisar as condições de possibilidade do conhecimento humano. As indagações acerca de como se processa o conhecimento, quais os critérios para distinguir o falso do verdadeiro, o que é a verdade e como ela é passível de ser atingida, são questões que a Filosofia se ocupa desde os primórdios de maneira incansável. Portanto, a investigação acerca do **conhecimento** tem como fim (*telos*) alcançar e refletir sobre a **verdade**. A Filosofia e também, mais tarde, a ciência moderna buscaram alcançar, por caminhos diferentes, a verdade. Na Filosofia, esse campo de investigação ficou conhecido por Epistemologia (*episteme* = conhecimento; *logia* = estudo) ou Teoria do Conhecimento. Para os gregos e igualmente para os cientistas modernos o ponto de referência da investigação epistemológica encontra-se dado na **natureza** (*Physis*). A Filosofia nasceu da observação da natureza, da constatação de sua regularidade, da ordem nela inscrita e, acima de tudo, da verificação de que a *Physis* é regida pelo **princípio da causalidade**. O princípio causal é importante ferramenta para epistemólogos e cientistas confirmarem suas hipóteses e assegurar um conhecimento passível de **previ-**

sibilidade. A Filosofia utiliza o princípio de causalidade sob a perspectiva lógica e a ciência moderna a emprega como método de comprovação empírica.

1.3.2. A razão prática

Por sua vez, a razão prática se ocupa em refletir a ação humana, verificando as condições pelas quais o agir humano concretiza a justiça ou a injustiça. Em sentido amplo, o *telos* de investigação da razão prática é a justiça, a correção. Na Filosofia, três são as disciplinas que se ocupam da questão da justiça: a Ética, a Política e o Direito. A **Ética** avalia a ação na perspectiva individual; a Política, na perspectiva coletiva; e o Direito, na perspectiva normativa. Ética é a forma de mensuração da ação do indivíduo dentro da coletividade a que pertence. Na medida em que o indivíduo se relaciona com o outro, forma-se uma inter-*ação* social, que é o campo da **Política**. E as normas que se impõem politicamente sobre o comportamento da coletividade, a saber, as normas jurídicas, são objeto de reflexão do **Direito**. A razão prática é, nesse sentido, complexa ao correlacionar três campos disciplinares que partem do mesmo objeto – a ação humana –, porém, de maneiras distintas. O ponto de referência da razão prática não é a natureza (*Physis*), mas a Ética (Ethos). Ao passo que a natureza nos é dada, o Ethos é fruto do engenho humano, cuja argamassa encontra-se na combinação de três elementos essenciais: **os valores, os costumes e as tradições**. O Ethos é a representação do Bem, aquele horizonte almejado a ser realizado pelo emprego da ação humana. O Bem é uma projeção que, semelhante ao horizonte, exige esforço para alcançá-lo, porém, quanto mais dele se aproxima, mais ele se distancia. É a demonstração de que a essência do Bem necessita ser construída e reconstruída permanentemente. Importante notar que a ação humana não se enquadra plenamente na determinação causal da natureza. O princípio de causalidade não alcança nem determina plenamente a ação humana, deixando uma reserva de **liberdade** à consecução dos atos humanos. O preço que o homem paga pela sua liberdade é a indeterminabilidade e a imprevisibilidade dos seus atos. Para atenuar essa imprevisibilidade, os gregos apostaram no fortalecimento dos valores, costumes e tradições, como condição imprescindível de legitimidade da Ética, da Política e do Direito.

1.4. Nascimento da Filosofia e da Filosofia do Direito

A Filosofia do Direto está intimamente ligada ao nascimento da Filosofia. No esquema a seguir é apresentado o papel ocupado pelo Direito no corpo filosófico.

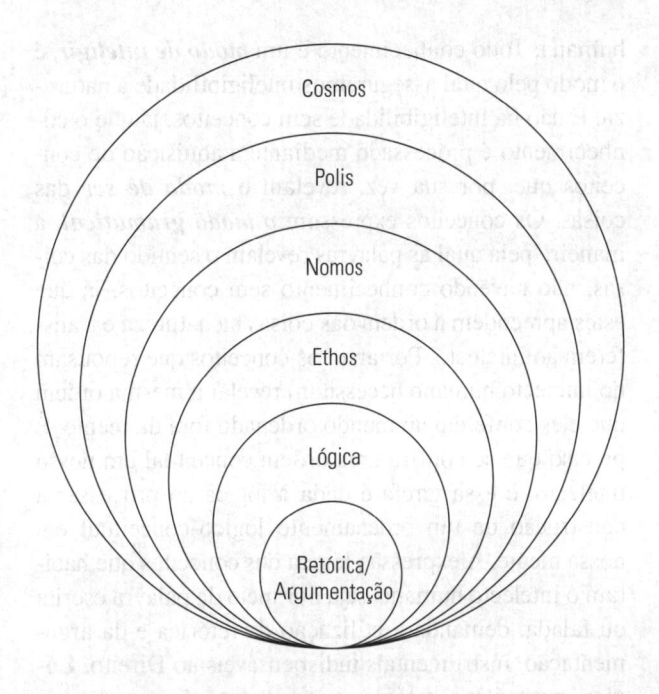

(Diagrama de círculos concêntricos: Cosmos, Polis, Nomos, Ethos, Lógica, Retórica/Argumentação)

1.4.1. Razão teórica

1.4.1.1. Epistemologia

A Filosofia surge, segundo Aristóteles, do *thauma*, traduzido por espanto, perplexidade. A Filosofia é originária daquilo que capta a nossa atenção e nos põe a refletir, indagar e apontar respostas. A Filosofia não nasce de um superpoder cognitivo, mas da percepção sensorial, do olhar atento à natureza (*Physis*). A natureza desponta como *cosmos* (o todo ordenado), manifestando, num primeiro momento, encanto e beleza (dimensão estética). Daí o termo *cosmética*, associado àquilo que realça a beleza. Num segundo momento, a natureza impõe um questionamento fundamental: qual o princípio (*arché*) mantenedor dessa ordem? Essa é uma indagação que exige conhecimento (dimensão epistemológica), e as respostas que os filósofos deram a esse perturbador questionamento são inúmeras e inconclusas. Da natureza se depreende outra importante observação, assinalada por Aristóteles: não há nada na natureza destituído de finalidade; na natureza tudo concorre à realização de um determinado fim. Ou seja, a natureza realiza um fim (*telos*) que lhe é imanente. Desta pauta inicial da Filosofia, três importantes palavras devem ser registradas, pois guardam relação com o Direito: **ordem** (cosmos), **fim** (*telos/teleologia*) e **princípio** (*arché*).

1.4.1.2. Lógica, retórica e argumentação

É possível ainda acrescentar outra nomenclatura decorrente da natureza que é bastante utilizada no direito. Trata-se da lógica. A natureza para os gregos se apresenta de forma ordenada e com um *modo de ser* que lhe é próprio. A natureza é o que é independente da vontade humana. Todo conhecimento é um *modo de inteligir*, é o modo pelo qual asseguramos inteligibilidade à natureza. E não há inteligibilidade sem conceitos, já que o conhecimento é processado mediante a aquisição de conceitos que, por sua vez, revelam o *modo de ser* das coisas. Os conceitos expressam *o modo gramatical*, a maneira pela qual as palavras revelam o sentido das coisas, não havendo conhecimento sem conceitos, já que estes apreendem a ordem das coisas na natureza e transferem ao intelecto. Portanto, os conceitos que repousam no intelecto humano necessitam revelar a mesma ordem que eles conferem ao mundo ordenado fora da mente. É preciso que se confira uma ordem conceitual em nosso intelecto, e essa tarefa é dada à lógica ao processar a construção de um ordenamento lógico-conceitual em nossa mente. A expressão lógica dos conceitos que habitam o intelecto humano, seja por meio da palavra escrita ou falada, demanda a utilização da retórica e da argumentação, instrumentais indispensáveis ao Direito. **Lógica, gramática, retórica e argumentação** compõem o campo da linguagem, área que os medievais denominaram Artes Liberais.

1.4.2. Razão prática

1.4.2.1. Política

A natureza, como vimos, é tomada como centro referencial da atividade filosófica, a ponto de a reflexão da ordem esculpida no *cosmos* ser transferida ao mundo social. A pergunta sobre a possibilidade de poder haver uma **ordem social** no microcosmo da *Polis*, semelhante à ordem inscrita no *cosmos*, deu ensejo ao nascimento da Filosofia Política.

1.4.2.2. Ética

Nessa mesma perspectiva, o questionamento foi direcionado à ação humana, indagando se esta é fruto do acaso e da contingência ou se é passível de ser enquadrada em uma possível ordem, semelhante à ordem cósmica. O homem como parte da natureza se impõe, nesse sentido, questionamentos de fundo existencial: qual o **fim último** (*telos*) de suas ações? As várias ações realizadas diuturnamente visam à concretização de que propósito e fim? A ação humana é passível de enquadramento em uma ordem social? Tais questionamentos conduziram ao nascimento da reflexão acerca da Ética (*ethos*).

1.4.2.3. Direito

Levando em consideração a possibilidade de uma ordem social (política), na qual as ações humanas se interconectam por meio de uma base comum (*ethos*), o Direito surge como condição de realização da lei (*nomos*).

A palavra *nomos* expressa **sentido** e **lei**. O gregos não utilizavam o termo *auto nomos*, como é empregado na Modernidade, sobretudo a partir de Kant. Autonomia (*auto nomos*) é a capacidade de o sujeito dar a si próprio o sentido de sua ação. Trata-se do duplo posicionamento do sujeito que assume a função de legislador e de súdito das suas próprias leis. Para o gregos, o *nomos* é a lei que proclama o sentido último da ação coletiva (política). Na lei está a **validade normativa** extensiva a todos os cidadãos da *Polis*. É a lei que impõe coletivamente e, ao mesmo tempo, expressa o núcleo comum de pertencimento assegurado pelos valores partilhados comumente no *ethos*.

1.4.2.4. Razão prática e tragédia

> Há de se notar que a tríade *polis, ethos e nomos* forma o núcleo da razão prática, área da Filosofia que, como vimos, reflete sobre a ação humana em sua perspectiva individual, coletiva e normativa, valendo-se do olhar do cosmos naquilo que ele oferece: ordem, fim e princípio, menos o determinismo causal. A razão prática reconhece que o espaço da ação humana – individual, coletiva e normativa – não é alcançado pelo determinismo natural imposto pelo princípio de causalidade.

A ação humana é o espaço em que a ordem da natureza não fixou uma economia restrita, determinista. É o espaço em que o homem faz uso da sua liberdade para construir uma ordem artificial, sempre com o olhar voltado à ordem natural. Ele sabe que está abandonado à sua própria sorte. Nem a natureza nem os deuses Olímpicos o auxiliam nessa empreitada de conferir **ordem** às suas ações pessoais, ordem à sociedade e, ainda, construir um ordenamento jurídico.

A razão prática opera em uma zona de instabilidade e de permanente contingência, completamente ausente da ordem natural e de qualquer princípio lógico. Nela impera a liberdade, cabendo ao homem dela se valer para construir culturalmente sua ordem social e jurídica. Antes mesmo de a Filosofia ganhar estatura e maturidade teórica, Homero já alertava que a dimensão mais essencial do ser humano é a sua ação, porém, a mais perigosa. Nele reside a capacidade de deliberação, escolha e *decisão*. E toda decisão é um movimento de ação cindida nela própria que desperta escolhas. E escolhas equivocadas podem transformar o homem no palco em que ele encena a sua própria tragédia. Liberdade e tragédia rimam para os gregos; daí a necessidade de a ética, com seus valores, costumes e tradições, corroborar na construção de uma ordem social e jurídica capaz de afastar a tragédia.

1.5. No coração da ética: ensinamentos contemporâneos

O núcleo essencial da razão prática recai na ética. Aqui deve haver o cuidado de não confundir o termo *ethos* da tradição grega com o termo latino *mores*. Até por uma questão cronológica, a expressão *mores* aparece mais tarde, cunhada por Cícero, segundo dados bibliográficos.

> *Ethos* e *mores* são expressões que na cultura greco-romana da Antiguidade e da Idade Média significaram praticamente a mesma coisa. Referiam-se ao conjunto de valores, costumes e tradições comumente partilhados socialmente. Na Modernidade, sobretudo com Kant e Hegel, os termos *ética* e *moral* ganharam significações distintas, e isso impactou significativamente a reflexão jurídica contemporânea (*vide* 1.6.2).

Porém, como estamos tratando do Direito na perspectiva da tradição grega, interessa-nos um olhar mais atento e aprofundado do termo *ethos*. Veja o quadro a seguir. Nele é possível notar que a referência ao *ethos* vem do período pré-filosófico, havendo dois importantes registros para a caracterização do seu significado, na ótica de dois poetas (*aedos*): Homero e Hesíodo.

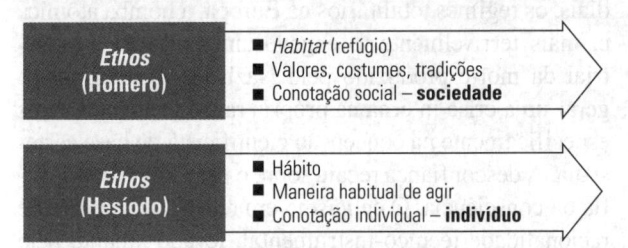

Ethos (Homero)
- *Habitat* (refúgio)
- Valores, costumes, tradições
- Conotação social – **sociedade**

Ethos (Hesíodo)
- Hábito
- Maneira habitual de agir
- Conotação individual – **indivíduo**

Na concepção de **Homero**, o *ethos* representa o *habitat*, local que se habita coletivamente e onde se partilham comumente valores, costumes e tradições. *Ethos*, nesse sentido, representa o **local comum**, o espaço onde se refugia, a morada protetora daqueles que partilham valores comuns. Para Homero, o *ethos* tem uma conotação **social**; nele são registrados os valores comuns de uma sociedade.

Na visão de **Hesíodo,** o *ethos* ganha outra acepção, significando a maneira habitual de agir. O *ethos* identifica-se com o hábito primeiro adquirido e vivenciado pelo indivíduo. A manutenção dos hábitos depende muito mais do indivíduo do que propriamente do lastro valorativo social. Para Hesíodo, o *ethos* tem uma conotação **individual**.

Abre-se com a explanação desses dois poetas uma visão dicotômica do *ethos*. Afinal, o *ethos* pertence à sociedade ou ao indivíduo? Para os gregos, sobretudo com a sistematização operada no período clássico, o *ethos* é visto sob a insígnia da dialética, não sendo apenas social, tampouco restrito ao indivíduo. O *ethos* implica uma relação **dialética** entre indivíduo e sociedade, operada por meio da ação – individual, coletiva e normativa –, ou seja, abalizada pela razão prática.

Essa questão é fundamental, pois nela se encontra o núcleo das teorias sociais que lidam com a dicotomia entre indivíduo e sociedade. Indaga-se se os valores sociais se impõem ao indivíduo ou se este tem suficiente autonomia para agir independentemente da expectativa valorativa e social.

A relação indivíduo-sociedade não é plenamente equilibrada, e, ao longo da história do Ocidente, é possível notar períodos que superestimam o indivíduo e outros que apreciam a sobreposição dos valores sociais em detrimento do indivíduo. A relação **indivíduo-sociedade** é uma gangorra em constante oscilação e que, por isso, afeta e condiciona a própria razão prática. Veja no gráfico a seguir como a razão prática é condicionada à inconstância do posicionamento das teorias sociais.

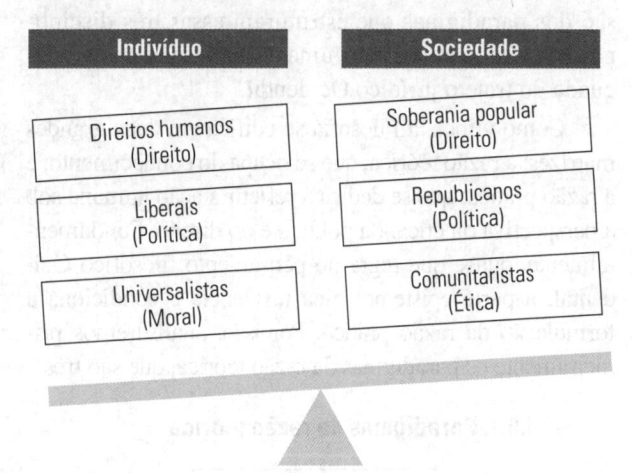

Indivíduo	Sociedade
Direitos humanos (Direito)	Soberania popular (Direito)
Liberais (Política)	Republicanos (Política)
Universalistas (Moral)	Comunitaristas (Ética)

Se em determinado contexto histórico a primazia recair na base individual, certamente haverá uma concepção de razão prática que privilegiará, do ponto de vista moral, a autonomia do indivíduo; do ponto de vista político, uma concepção liberal; e, do ponto de vista jurídico, a preservação dos direitos humanos. Contrariamente, se a primazia recair na dimensão social, então, do ponto de vista ético, será privilegiada a visão comunitarista de base aristotélica-tomista; do ponto de vista político sobressairão visões republicanas e socialistas; e, do ponto de vista jurídico, haverá a valorização da soberania popular. Com isso se demonstra que a visão de ética/moral, política e direito que se forma em determinada constelação histórica depende do pêndulo que movimenta a relação indivíduo-sociedade.

1.6. Paradigmas filosóficos, jurídicos e sociológicos

Para levá-lo ao máximo de aproveitamento e objetividade na compreensão dos conteúdos que envolvem as *Matrizes do Pensamento na Filosofia do Direito* e as *Escolas do Pensamento Jurídico Ocidental*, chamamos sua atenção para o quadro a seguir.

Filosofia		Direito	Teorias sociais
Razão teórica	Razão prática		
Ontologia	Ética teleológica Ética teológica	Jusnaturalismo	Teleologia
Sujeito	Moral deontológica	Juspositivismo	Antropologia Filosofia da História
Linguagem	Moral pós-convencional	Pós-positivismo	Sociedades complexas

Antes de apresentar os autores e os temas abordados pela Filosofia do Direito é importante entender a correlação entre Filosofia, Direito e Teorias Sociais a partir de suas estruturas paradigmáticas. A compreensão dos paradigmas que estruturam essas três disciplinas fornece suporte para uma visualização mais adequada do trajeto jurídico Ocidental.

Como vimos, a Filosofia se edifica em duas grandes matrizes: a razão teórica, que se ocupa do conhecimento; e a razão prática, que se dedica a refletir a ação humana sob a perspectiva da ética, da política e do direito. Fundamentalmente, quase que regra no pensamento filosófico Ocidental, a parte epistemológica influencia e condiciona a formulação da razão prática. Por isso, analisaremos primeiramente os paradigmas da razão teórica, que são três.

1.6.1. Paradigmas da razão teórica

Ontologia (essência)
↓
Sujeito (consciência)
↓
Linguagem (intersubjetividade)

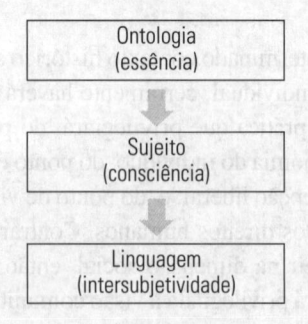

1.6.1.1. Paradigma da essência

Na Antiguidade, a Filosofia foi estruturada com base no paradigma da essência, pautada na ideia de que o homem poderia alcançar o conhecimento do **ser**, fundamento último das coisas, ao desvelar a sua **essência** constitutiva. A verdade e, também, a justiça já estariam fixadas de forma essencial, e a tarefa de alcançá-las era missão conferida à razão, numa exagerada confiança **metafísico-ontológica.** Na Idade Média, a manutenção dos paradigmas da essência e da teleologia permanece basilar na sustentação do fundamento teológico do mundo individual e social.

1.6.1.2. Paradigma do sujeito

Importante mudança paradigmática irá ocorrer na Filosofia, por volta do século XIV, com o Nominalismo, ao negar que o homem possa conhecer a essência do ser, considerando que a verdade não se encontra mais na essência constitutiva das coisas, e sim na capacidade experimental de o homem relacionar-se com a natureza. Assim, o homem passa a ser a proeminente fonte do conhecimento, balizado não mais pelo **caráter metafísico,** e sim pelo **caráter experimental**, aspecto que a **ciência** nascente levaria adiante.

Tal mudança paradigmática, importante para a consolidação filosófica da Modernidade, demonstra que o homem passou a ocupar lugar central na doação de sentido às coisas, além de fundamento do conhecimento (epistemologia) e correção de valores e normas nas esferas da ética, da política e do direito (razão prática).

1.6.1.3. Paradigma da linguagem

No século XX, diante dos acontecimentos que marcaram a sua primeira metade, como as duas guerras mundiais, os regimes totalitários na Europa, a bomba atômica e, mais terrivelmente, o engendramento técnico-industrial da morte produzido pelo Nazismo, acabou por se gerar uma crise interna na própria razão Ocidental, mais especificamente na concepção cientificista de base cartesiana. A desconfiança recaiu sobre o paradigma da filosofia da consciência. O ceticismo em relação ao modelo de racionalidade técnico-instrumental, levado adiante pelo paradigma da filosofia do sujeito/consciência, e a descrença na ideia de realização de progresso culminaram com o surgimento do terceiro paradigma sustentado com base na **linguagem**.

O pós-guerra descortinou, com o apoio da chamada "reviravolta pragmático-linguística", um novo paradigma em condições de mover a reflexão filosófica fora do alcance dos céticos e dos melancólicos pós-modernos. Trata-se do paradigma da comunicação ou linguagem.

1.6.1.4. Síntese

Em síntese, o conhecimento se processa na relação sujeito e objeto. No paradigma da essência, a verdade encontra-se no objeto. No paradigma do sujeito, a verdade está primeiro no sujeito. E, no paradigma da linguagem, ambos os sujeitos buscam a verdade por meio do consenso alcançado linguisticamente.

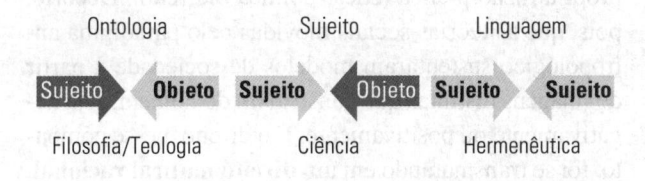

```
    Ontologia              Sujeito              Linguagem
Sujeito → Objeto   Sujeito ← Objeto   Sujeito → Sujeito
  Filosofia/Teologia        Ciência           Hermenêutica
```

1.6.2. Paradigmas da razão prática

A razão prática se consolida basicamente em torno de quatro grandes paradigmas, conforme se observa na imagem a seguir.

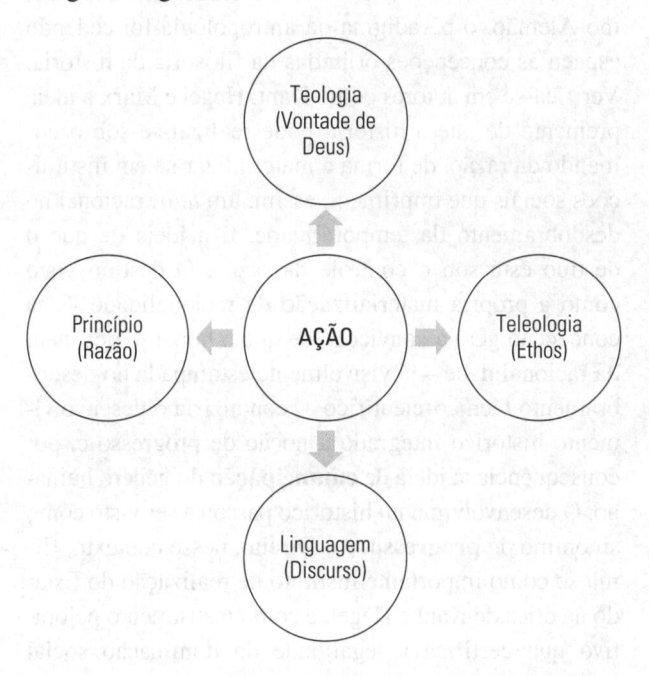

```
              Teologia
            (Vontade de
               Deus)
                ↑
 Princípio ← AÇÃO → Teleologia
  (Razão)           (Ethos)
                ↓
             Linguagem
             (Discurso)
```

1.6.2.1. Ética teleológica

O primeiro paradigma é o da ética teleológica, sistematizado por **Aristóteles**. Nele, o valor da ação é mensurado pelo fim (*telos*) que se almeja alcançar. O fim ou propósito é o parâmetro que serve de critério para valorar a ação executada. A ética aristotélica não pode ser confundida com a perspectiva da ética pragmática moderna. Na concepção pragmática, o fim a ser alcançado é determinado privativamente pelo agente do ato, que o obriga a selecionar estrategicamente os meios mais adequados à consecução do propósito almejado. Para Aristóteles, o fim a ser alcançado e, ao mesmo tempo, realizado pela ação humana é o *ethos*, ou seja, os valores, costumes e tradições comumente partilhados pela comunidade política. Significa, em termos, que o parâmetro de avaliação da ação ética é sempre coletivo, portanto, político.

1.6.2.2. Ética teológica

O segundo paradigma é concebido pelo Cristianismo, mais especificamente por Santo Agostinho. A fé cristã é anunciada como mensagem de redenção formulada em discurso menos filosófico e mais teológico. A universalidade da mensagem cristã, decorrente da influência estoica e igualmente da visão imperialista romana, é fator preponderante para retirar a avaliação da ação humana de condicionamentos políticos, como sustentado no paradigma anterior. A ação continua tendo um vetor teleológico, porém, não mais amparado na horizontalidade dos valores praticados em uma comunidade política, e sim na relação de verticalidade entre homem e Deus. O fim a ser buscado pelo homem é Deus, sobretudo a realização de sua vontade. O paradigma da ética teológica tem na vontade de Deus o critério para valorar a prática do ato humano.

1.6.2.3. Moral deontológica

Na Modernidade, com Kant, ocorre a chamada **reviravolta copernicana** no âmbito da razão prática. Diante da consciência da diversidade de *ethos*, os valores, costumes e tradições são percebidos de forma relativizada, a ponto de não haver condições de edificar um único modelo de *ethos* que sirva de padrão universal para a mensuração do ato humano. O *Ethos*, ou melhor, a ética, carrega indelével a marca da cultura e da religião, dois elementos que se relativizaram no contexto moderno. Outro aspecto a considerar é o fato de a Modernidade ter passado por intenso processo de secularização ao retirar a religião da base de objetivação social. Não há como sustentar uma sociedade secularizada valendo-se de preceitos divinos para aferir a correção da ação humana.

> Kant rompe com a estrutura **teleológica** da ética e a desloca para o princípio que determina a ação, princípio este que passa a se valer de uma fundamentação pautada na razão e não mais nos valores costumeiros e tradicionais incrustados nas diversas culturas. Inaugura-se, assim, o paradigma da moral **deontológica**.

1.6.2.4. Moral pós-convencional

O quarto paradigma estrutura-se a partir do paradigma da linguagem no século XX. A formulação da moral discursiva é levada adiante por Apel e Habermas, na Alemanha, nas décadas de 1960 e 1970. Parte-se do pressuposto de que a ação é geradora da interação social, sendo esta possível por meio da utilização da linguagem. O homem faz uso da comunicação e interage com o outro, produzindo um processo interacional. A legitimidade dessa interação e das normas que dela possam advir resulta das regras internas que a própria linguagem confere. A linguagem possui um conteúdo normativo próprio que se impõe como condição de possibilidade e, ao mesmo tempo, de legitimidade da interação social. As normas fáticas que resultam do consenso linguístico não são legitimadas por valores éticos, tampouco por uma razão solipsista, mas por meio de consenso linguístico produzido com base em pressupostos normativos oriundos da linguagem. Esta abordagem é o que se convencionou chamar de Ética do discurso e que deu ensejo ao nascimento do paradigma da Moral Pós-convencional.

1.6.3. Paradigmas das teorias sociais

1.6.3.1. Paradigma da teleologia

Quanto a uma "teoria social da Antiguidade", a compreensão da sociedade e do próprio homem estava alinhada à noção de *physis* e, sobretudo, ao conceito de *telos*. A ideia de que nada estaria destituído de finalidade na natureza alcançava o homem e a sociedade. Concebia-se que o homem era portador, em sua própria natureza, de uma peculiar tendência para realizar a sociabilidade. É como se à essência humana atribuísse a realização da sociabilidade, de forma natural, por meio da ação ética, política e jurídica (razão prática). Nesse ínterim, o direito não deixava também de ser teleológico e natural, o que fortalecia a concepção do **jusnaturalismo**.

1.6.3.2. Paradigma da antropologia

O nominalismo no século XIV traz uma nova visão à Filosofia, esvaziando a dimensão essencialista que revestia a natureza, a ponto de desacreditar a ideia que concebia a condição humana como portadora, em potência, da tendência natural (essencial) de realização da sociabilidade. A sociedade passa a ser encarada como uma experiência humana construída artificialmente e, do ponto de vista teórico, justificada a partir de uma visão contratualista, que reposiciona o jusnaturalismo. (*vide* 1.6.4.1)

A **estrutura antropocêntrica** do paradigma filosófico da consciência conduziu, no campo das teorias sociais clássicas da Modernidade, a substituição do paradigma da teleologia pelo paradigma da antropologia. Teóricos sociais como Hobbes, Locke, Rousseau e outros passaram a explicar a sociedade condicionada à visão que antecipadamente construíam acerca do homem (antropologia). E, nesse sentido, leituras que partiam de uma antropologia negativa chegavam a um determinado modelo de sociedade e, portanto, a certa compreensão da ética, da política e do direito. Autores que, ao contrário, baseavam-se em uma antropologia positiva colhiam outra concepção de sociedade e, consequentemente, da própria razão prática (ética, política e direito). Decorre, pois, que as teorias sociais movidas pelo paradigma antropológico sustentaram modelos de sociedade a partir de imagens distintas que construíam do homem, seja negativamente ou positivamente. E o direito, nesse cômputo, foi se transmutando em um **direito natural racional**, desprendido da metafísica que a Filosofia havia sustentado durante a Antiguidade e a Idade Média.

1.6.3.3. Paradigma da filosofia da história

A partir do século XVIII, sobretudo com o Idealismo Alemão, o paradigma da antropologia foi cedendo espaço às concepções oriundas da filosofia da história. Verifica-se em autores como Kant, Hegel e Marx a ideia premente de que a história pode realizar-se sob o comando da razão, de forma a materializar-se em instituições sociais que imprimem, assim, um *telos* racional no desdobramento da temporalidade. É a ideia de que o destino está sob o controle da razão. O destino visto como a própria materialização da racionalidade. Essa concepção gera a convicção de que o homem, por meio da racionalidade – já visivelmente estampada no desdobramento técnico-científico –, conduziria o desenvolvimento histórico integrado à noção de progresso e, por consequência, à ideia de **emancipação** do gênero humano. O desenvolvimento histórico passou a ser visto como sinônimo de **progresso**, e o Direito, nesse contexto, firma-se como importante instituto de realização do Estado na ótica de Kant e Hegel, e como instrumento pejorativo que certifica a legalidade da dominação social exercida estatalmente, na visão de Marx.

Contudo, no final do século XIX e, sobretudo, na primeira metade do século XX, diante de acontecimentos contrários àqueles propugnados pela ideia de progresso e de emancipação da Modernidade, o paradigma da filosofia da história entrou em crise. O binômio desenvolvimento-progresso passou a ser questionado, de tal forma que não apenas o paradigma da filosofia da história foi eclipsado como também a ideia de razão – sustentada pelo paradigma do sujeito –, promotora de emancipação, foi colocada em xeque.

1.6.3.4. Paradigma das sociedades complexas

O novo paradigma a colocar a sociedade contemporânea sob outra ótica reflexiva – conforme expresso por Luhmann – é o das sociedades complexas, o qual, em certo sentido, melhor representaria a pluralidade de eticidades que convive em espaço democrático.

É nesse novo quadrante – entre o paradigma da linguagem e o das sociedades complexas – que o direito é conclamado a refletir sobre si mesmo e o papel que ele exerce na sociedade, revendo, pois, os paradigmas que o sustentaram ao longo da tradição Ocidental, seja por meio do paradigma dos direitos naturais, seja por intermédio do paradigma positivista.

1.6.4. Paradigmas do direito

1.6.4.1. Jusnaturalismo

A natureza é o ponto de referência para o jusnaturalismo, visto que ela é portadora de ordem, cabendo ao homem ocupar uma posição justa dentro dessa ordem. A ordem jurídica construída pelo homem deve espelhar-se na ordem natural. Na Idade Média, compreende-se que a ordem que rege universalmente a natureza vem de Deus, portanto, o fundamento é divino. Na Modernidade, a ordem natural é reconhecida na subjetividade humana. É por meio da razão, parte essencial da natureza humana, que se reconhecem os direitos naturais, os quais estão inscritos de forma racional na natureza externa.

> Nota-se que os **direitos naturais** vinculam-se, desde então, a uma **ordem racional inscrita na própria natureza**. Ao passo que o direito criado pela **vontade humana** refere-se ao **direito positivo**.

1.6.4.2. Positivismo jurídico

Corrente de pensamento que se opõe ao jusnaturalismo ao negar que o direito seja dado pela natureza. O positivismo, ao contrário, defende que o direito é construído socialmente, não possuindo vínculos metafísicos e tão menos com os valores. Pode-se dizer que, em relação à metafísica, o positivismo jurídico se apresenta como uma concepção jurídica pós-metafísica. Já em relação ao valores (valor e moral são compreendidos equivocadamente como sinônimos), o positivismo jurídico rompe com os pressupostos valorativos e ideológicos, ao buscar demarcar uma nítida separação entre o direito e a moral, atendo-se apenas à **legalidade**, enquanto quesito essencial da reflexão jurídica.

1.6.4.3. Pós-positivismo

> *Vide* item **1.3.1. Marcos fundamentais para se chegar a um "novo direito constitucional" (neoconstitucionalismo)**, na disciplina de Direito Constitucional.

Não cabe aqui discutir se o pós-positivismo consiste em uma revisão de aspectos essenciais do positivismo ou se se trata, de fato, de sua superação. O ponto fundamental do pós-positivismo é a defesa de que direito e moral se relacionam. Tal conexão ocorre por meio de princípios. Entre os defensores do pós-positivismo é corrente a compreensão de que as **normas** são subdivididas em **regras** e **princípios**. A utilização de princípios seria a forma encontrada para dar conta de outro aspecto igualmente importante para os pós-positivistas: a aplicação do direito e, sobretudo, a aplicação referente aos casos difíceis (*hard cases*).

1.7. O nascimento da dicotomia entre legalidade e legitimidade

Sófocles, em *Antígona*, apresenta uma questão fundamental que norteará a reflexão filosófica posterior. Trata-se da dicotomia entre a lei da tradição, assegurada com base em fundamentos religiosos, e a lei da cidade, criada e positivada pelo Estado. A tentativa de assegurar a mediação entre essas duas formas de lei – divina (justa) e humana (positiva) –, evitando radicalismos que concentrem o fundamento da lei ora na tradição religiosa, ora no caráter impositivo de um mandatário de plantão, é o que perpassará a lição de boa parte dos filósofos.

Os primeiros filósofos logo perceberam a fragilidade de fazer repousar a legitimidade da lei nos preceitos religiosos, visto que a religião na Grécia, diferentemente da tradição Judaica, era politeísta e antropomórfica. Havia vários deuses, os quais detinham interferência na natureza e também nas ações humanas. Habitavam o Monte Olimpo sob o comando de Zeus. Porém, os deuses portavam as mesmas características humanas, tanto externamente como internamente. Tinham aparência semelhante aos humanos e sob o aspecto dos sentimentos também não se diferenciavam dos homens. Eram passionais, rancorosos, invejosos e sentiam amor, ódio e ciúmes. Com isso, os filósofos perceberam que os deuses eram por demais arbitrários, visto que, em ocasiões coléricas ou de ciúmes, os deuses agiam de forma pouco justa, não servindo de arquétipos a serem imitados pelos humanos. A busca por um fundamento que permitisse à lei expressar justiça e que este fundamento não estivesse ligado nem à arbitrariedade dos deuses nem à arbitrariedade de tiranos é o mote que perpassa a reflexão jurídico-filosófica.

1.8. Teoria de Platão

Platão foi discípulo de Sócrates, e o seu pensamento se confunde com o do mestre. É importante notar que Platão teve a influência de dois pensadores pré-socráticos que o antecederam. O primeiro foi **Heráclito**, famoso por afirmar que o homem não pode se banhar duas vezes no mesmo rio, pois, ao entrar no rio pela segunda vez, as águas já não são as mesmas, e tanto o rio como o homem já foram transformados. O segundo foi **Parmênides**, criador do princípio de identidade e não contradição, base da lógica. Muitos autores afirmam que a bomba atômica começou a explodir nos poemas de Parmênides, reforçando que o tecnicismo moderno é resultado da estrutura cientificista proveniente da lógica. Esses dois autores inauguram duas metodologias distintas de pensamento: a **dialética** e a **lógica**.

Ao conceder que os dois possuíam razão naquilo que propunham e buscando preservar as duas metodologias apresentadas, Platão cria dois mundos: o mundo sensível, onde tudo é passageiro, mutável e contingencial, portanto, dialético; e o mundo inteligível, onde tudo é perene, imóvel, imutável e permanente. Este último é o mundo suprassensível, no qual repousam os conceitos lógicos acerca da verdade, da beleza e da justiça. Não é difícil notar que a justiça é buscada em um mundo metafísico, no plano imutável da lógica, ao passo que o direito, enquanto conjunto de normas e prescrições sociais, é construído e reconstruído em meio à mutabilidade contingencial da *vida*. A justiça opera em uma base lógica, e o direito é produto da dialética. Como conectar esses dois mundos e garantir a legitimidade da lei jurídica com base na justiça?

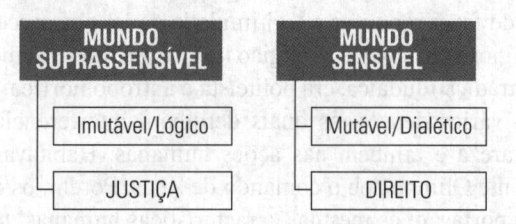

MUNDO SUPRASSENSÍVEL	MUNDO SENSÍVEL
Imutável/Lógico	Mutável/Dialético
JUSTIÇA	DIREITO

A mediação entre os dois mundos é realizada por meio do condicionamento da lei ao imitar a justiça essencial assegurada no mundo das Ideias. Para Platão, a lei deve buscar sua legitimidade fora dela (mundo das Ideias), mas sem deixar de fazer referência ao interesse da cidade (*polis*) e ao bem comum (ética). A cidade é vista, por um lado, como um microcosmo da natureza que dispõe de finalidades específicas a cada coisa, e, por outro, como ampliação da alma humana. A **justiça** torna-se possível na medida em que cada um possa desempenhar na sociedade a **atividade que lhe é peculiar** em consonância com a aptidão manifesta na **natureza** de sua alma. Exercer de maneira excelente a função peculiar da alma é o que caracteriza a virtude humana. A justiça perpassa, então, a noção de virtude em harmonia com a totalidade da natureza ordenada (cosmos).

1.9. Teoria sofista

Os sofistas tiveram um papel bastante significativo na reflexão jurídica. Contestaram a natureza (*physis*) como fundamento último da sociabilidade na *polis*. Colocaram o homem como centro da reflexão em detrimento da superioridade da *polis* e, desse modo, inauguraram, de forma inédita, o antropocentrismo na reflexão filosófica antiga. Na relação indivíduo-sociedade, o primeiro passou a ter primazia, expandindo a ideia de que a *polis* havia sido criada para servir ao homem e não o contrário, como defendiam Sócrates, Platão e Aristóteles.

> Os sofistas assumiram a defesa da lei como criação humana sem dependência da natureza e tampouco dos deuses. Demonstram confiança na capacidade de legislar do homem, valorizando a prerrogativa humana de criar suas leis, sem qualquer conotação natural ou metafísica.

O homem assume papel primordial na sociedade, e sua capacidade discursiva e argumentativa é valorizada e estimulada como condição de exercer livremente a democracia. O direito natural perde força, pois as leis, para os sofistas, são produzidas em decorrência da habilidade argumentativa empregada no debate público. A lei é, portanto, fruto de convenção admitida como válida em razão do convencimento discursivo e retórico. Não há justiça fora da **convenção**. Na própria convenção estabelecida já está a justiça. Os sofistas fundiram a dicotomia ente legalidade e legitimidade e foram, nesse sentido, os precursores do positivismo moderno.

Em linhas gerais, os sofistas impugnaram a ideia de que por trás da lei positiva encontra-se a lei natural. Aproveitando-se da emergência da democracia no século V a.C., os sofistas souberam priorizar o uso da palavra no debate público e o poder da retórica como método de convencimento. Valorizaram o homem e a utilização de argumentos racionais (*logos*). Se a lei é fruto de uma convenção, esta por sua vez é particular e depõe contra a universalidade e totalidade da natureza. A expressão de Protágoras "O homem é a medida de todas as coisas" sintetiza bem a posição sofística.

1.10. Teoria de Aristóteles

> *Vide* item **2.6. Princípio da Isonomia, na disciplina de Direito Administrativo**.

Aristóteles foi discípulo de Platão e, ao mesmo tempo, crítico do mestre. Discordou de Platão quanto à dualidade dos mundos – sensível e inteligível –, criticando a separação entre a lei (positiva) e a justiça (essência). Para Aristóteles, a essência não deve ser vista como transcendente, mas como imanente. Do contrário, deveria admitir que a justiça da lei não está na lei em si, mas fora dela. A lei, como asseverava Platão, era apenas a imitação da justiça ideal.

Ao introduzir os conceitos de **matéria** e **forma**, Aristóteles demonstra que todo ser é constituído a partir da junção desses dois elementos. Uma escultura só se transforma em obra de arte após o artista conceder forma a uma pedra bruta. A forma é a essência constitutiva das coisas (seres). Aristóteles não abandona a ideia da relação entre direito positivo e direito natural, apenas não admite haver entre os dois uma dicotomia que os separa em mundos distintos como queria Platão. Assim como existe uma variabilidade de cadeiras espalhadas pelo mundo e todas elas distintas entre si pela matéria que possuem, jamais deixarão de ser reconhecidas como cadeiras pela forma. Esse exemplo permite dizer que existe uma variabilidade de leis positivas, distintas entre si pelo conteúdo, mas que conservam entre elas um elemento comum: a forma, a essência do justo. Em Aristóteles, a forma (justiça) é imanente à lei.

Quanto à justiça, Aristóteles a diferencia em dois espaços: o ético e o legal.

> Na esfera ética, o meio-termo é a justa medida para se chegar à virtude da justiça. É a compreensão de que o ato humano não pode pecar nem pelo excesso nem pela falta. Para ser corajoso, por exemplo, é preciso evitar os extremos da temeridade e da covardia. A coragem constitui uma virtude porque se localiza no meio-termo dos extremos.

A justiça no plano ético é resultado da deliberação que compete ao indivíduo realizar no momento oportuno. Na esfera legal, a justa medida é a equidade, o que significa realizar uma repartição igual, porém, não igualitária.

A esfera jurídico-política compreende, pois, duas formas de justiça:

- **Justiça Distributiva (Atributiva)** é a que opera no âmbito da **desigualdade** social e requer uma distribuição geométrica, a saber, a distribuição dos bens deve ser proporcional ao ofício ou honraria que a pessoa ocupa dentro da sociedade. É, portanto, uma justiça pautada no mérito, na **equidade**.
- **Justiça Comutativa (Sinalagmática)** é a que opera no âmbito da **igualdade** e requer uma distribuição matemática. É um modelo de justiça que regula as relações de troca por meio de contratos (promessas futuras) e danos (reparação).

A justiça é comutativa quando posiciona as partes em igualdade, havendo entre elas igual comunicação; e a justiça é judiciária quando as partes entram em litígio e dependem de terceiros para resolução do conflito instaurado.

1.11. Teoria de Santo Agostinho

Para Santo Agostinho, que viveu o período da decadência do Império Romano, a fé Cristã era o bálsamo que tendia a apontar a verdade, a felicidade e, também, a justiça no interior do homem. O ponto de partida do pensamento agostiniano é o homem (antropologia) e o seu ponto de chegada é Deus (teologia). Entre homem e Deus há uma travessia feita não apenas pela fé, mas, sobretudo, pela razão. Esta razão transcende os seus próprios limites, na medida em que Deus a ela se revela.

1.11.1. A lei eterna

A lei eterna de Deus é comunicada ao homem, impressa em sua razão. A lei imutável de Deus está gravada na razão, fato pelo qual os homens, que são mutáveis e inconstantes, necessitam instituir leis positivas ou temporais fundadas na **Lei eterna**. É preciso que a lei positiva seja fiel à lei eterna, pois só assim as leis dos homens refletirão a justiça divina. O jusnaturalismo de Agostinho é influenciado pelo pensamento grego, com o detalhe de que o fundamento da lei eterna está estabelecido na vontade de Deus. Agostinho abandona a **tradição racionalista** grega e em seu lugar inaugura a **tradição voluntarista**, baseada na vontade de Deus.

1.11.2. A liberdade da vontade

O livre-arbítrio em Agostinho é decorrência da compreensão de que Deus é livre em sua vontade. Sendo o homem criatura semelhante ao Criador, então a liberdade humana se impõe como consequência direta. Agostinho teve o cuidado de tematizar filosoficamente a vontade humana, esta faculdade de que o homem dispõe para escolher e para determinar-se, sempre ciente de que pode igualmente escolher o contrário do que fez e determinar-se de modo oposto. Apesar de Agostinho refletir acerca da liberdade da vontade sob uma perspectiva religiosa, seu pensamento deixou importante contribuição à distinção entre **livre-arbítrio** e **autodeterminação**.

- **Livre-arbítrio** refere-se à capacidade de **escolha**. Imagine-se em um *self-service*, diante da variedade de pratos à sua disposição. Poderá escolher livremente, porém, a sua liberdade estará condicionada à quantidade de pratos disponibilizados. A liberdade é, nesse caso, limitada, parcial, unilateral, negativa. Uma limitação que é externa ao próprio indivíduo. É possível escolher, porém, somente o que está dado. E o critério de escolha é igualmente condicionado por fatores externos ao indivíduo. Optou-se pelo prato C e não pelo A em razão da estética, do cheiro, do tempero, do sabor, do aroma etc. As caraterísticas que acompanham o prato determinam no indivíduo, de fora para dentro, a deliberação pela escolha de C. Fatores externos influenciaram de forma **heterônoma** a determinação da escolha.

- **Autodeterminação** refere-se à capacidade de o sujeito determinar-se a si próprio, independentemente de fatores externos. A determinação da vontade é executada pela própria razão do sujeito, a saber, pela sua capacidade reflexiva e consciente. Não são fatores externos que influenciam a autodeterminação do indivíduo, mas a sua própria razão. Nesse caso, trata-se de uma liberdade plena, positiva, autônoma. Autodeterminação identifica-se com **autonomia**.

| Livre-arbítrio | Liberdade de escolha – Liberdade negativa |
| Autodeterminação | Autonomia – Liberdade positiva |

1.12. Teoria de Tomás de Aquino

Além da arte gótica, o século XIII de Tomás de Aquino viu nascer também as Universidades e nelas a inserção de um profundo debate acadêmico que levou à construção de novos conhecimentos, sobretudo nas áreas de Teologia e Direito. Tomás de Aquino é um aristotélico, e a sua teologia revelou importantes contribuições ao campo jurídico-político.

Aquino segue Aristóteles na defesa de que o **Estado** é condição natural e indispensável da sociabilidade humana. Nesse ponto, ele se distancia de Agostinho, para quem o Estado era uma instituição negativa, fruto do pecado original. Na esteira de Aristóteles, a pretensão de Aquino é a de assegurar ao Estado um papel positivo, permitindo a proteção e a segurança dos seus membros e, fundamentalmente, a promoção do **bem comum**.

Quanto ao direito, Tomás de Aquino confiava na capacidade de o homem elaborar suas leis, distanciando-se da visão judaica na qual Deus mandava, sem qualquer espaço para um direito profano. Ainda que o direito seja visto como um ofício humano, a lei humana não pode estar desvinculada da lei natural e da lei divina. Assim, Tomás de Aquino apresenta uma hierarquização da lei distribuída em três níveis: lei divina, lei natural e lei humana.

- **A lei divina ou eterna** é a própria razão de Deus, que governa toda a criação, sendo em boa medida desconhecida pelos homens. Dela os humanos têm algumas noções quando contemplam a obra da criação e percebem a ordem e a regularidade da racionalidade inscrita nas coisas.
- **A lei natural** é uma decorrência da Lei Eterna e possível de ser compreendida pelo homem, visto que o ser humano, por ser racional, participa da criação e consegue reconhecer a ordem da lei eterna.
- **A lei humana** é a criada pelo homem para a regulação de sua vida na comunidade política ou Estado. Ao conceder ao homem o direito de legislar, Aquino chama atenção para o fato de que a lei criada (positiva) não pode estar em desacordo com a lei natural e a lei eterna. Portanto, se a lei eterna e a lei natural revelam a disposição racional das coisas na ordem da criação, não pode a lei humana expressar a vontade humana, antes deve apreender a disposição racional que permite conferir o bem comum. Aquino vê o mundo disposto racionalmente, sendo para ele a **razão** e não a **vontade** que deve aferir legitimidade à lei positiva.

2. ESCOLAS DO PENSAMENTO JURÍDICO OCIDENTAL

2.1. Evolução histórica do conceito de direito natural

A Modernidade trará modificações profundas em relação às estruturas do mundo greco-romano. Foram vários movimentos teóricos e filosóficos, além de importantes acontecimentos históricos que revolucionaram a maneira de ver o mundo, de relacionar-se com Deus e de o homem ver a si próprio e sua sociedade. O Deus cristão que regia a ordem fixa do universo foi substituído pelo homem. Na Filosofia é inaugurado o **paradigma do sujeito**, fazendo emergir a subjetividade como condição de possibilidade da verdade, da justiça, da correção normativa e do sentido de todas as coisas. A **antropologia** sedimenta-se como base de reflexão da sociedade e nela a ética, a política e o direito. A visão que se constrói do homem – **antropologia positiva ou negativa** – condiciona extensivamente a compressão de todo o resto. Da noção que o homem é mau decorre uma certa concepção de sociedade e de direito; da percepção de um homem bom, constrói-se outra referência de sociedade e de direito.

Alguns aspectos fundamentais devem ser levados em consideração para a compreensão da construção moderna do direito, seja ele natural ou positivo.

2.2. Da teleologia à antropologia: a ideia de contrato

A nova base para se pensar o Estado e o direito é de cunho antropológico e não mais teleológico. No paradigma teleológico, abalizado pela concepção aristotélico-tomista, o Estado era uma unidade social alargada, promovida a partir de uma tendência natural de o homem viver em sociedade. A máxima aristotélica "O homem é por natureza um animal político" fixava a convicção de que já estava dada na essência da natureza humana, em potência, a tendência natural de constituição da vida em coletividade. Havia um *telos* na natureza do homem que o destinava à realização da vida social e política. No paradigma antropológico, com o abandono da metafísica e da ruptura religiosa, o homem se percebe destituído de um *telos* ou essência que o destina à sociabilidade. A sociedade passa a ser justificada como obra do engenho racional do homem, sendo uma construção artificial que depende muito mais do esforço da razão humana do que da própria natureza. E a artificialidade que a razão apresenta para justificar o nascimento da vida social e civil é o **contrato**. O direito a partir daí passa a ser lido, explicado e tematizado em uma perspectiva contratualista.

2.3. A lei natural: da natureza objetivada à razão humana

No direito natural ocorre a substituição da **lei natural** pela **racionalidade natural**.

> A lei natural, que, na Antiguidade e na Idade Média, era tomada como estrutura normativa inscrita na ordem objetiva da natureza, cabendo ao homem decifrá-la, passa a ser vista na modernidade como algo natural, alocado na racionalidade humana. É na razão humana, despida de toda pretensão metafísica, que se passa a buscar a reserva fundamentadora das leis naturais. Significa que a lei natural não é mais dada na ordem da natureza, mas reconhecida na **capacidade subjetiva e racional do homem**.

2.4. Teoria de Hugo Grócio

> *Vide* item **2. Breve Histórico do Moderno Direito Internacional Público**, na disciplina de **Direito Internacional**.

O pensamento de Grócio situa-se entre os dogmáticos cristãos que defendiam a vinculação do direito natural ao direito divino e os racionalistas que buscavam afastar o direito divino da ordem jurídica. Grócio é ainda o precursor do Direito Internacional, na medida em que concebe o Estado moderno desvinculado das duas forças medievais que, até então, equilibravam as relações internacionais: a Igreja e o Império. O repensar do papel dessas duas instituições permite alocar o Estado em posição de destaque, restando, no entanto, saber quais serão os parâmetros, na ausência da Igreja e do Império, a regular as relações entre os Estados. Grócio aponta que tais parâmetros devem ser dados pelo direito, pois é o único capaz de fixar os princípios da regulação internacional dos Estados. "O direito não é outra coisa senão o meio racional e natural (porque conforme a natureza de um ser dotado de razão: o homem) de assegurar a paz" (BILLIER, 2005, p. 136).

Grócio mantém a ideia aristotélica-tomista de que a sociabilidade é uma disposição natural do homem, fazendo, no entanto, desta predisposição natural a condição para a criação das relações jurídicas. A forma jurídica da sociabilidade nasce de um pacto firmado entre os homens, pacto este que é resultado de um ato racional ao visar, em última instância, a **paz**. Grócio, neste aspecto, é um pensador moderno, pois sua construção jurídica está centrada em uma teoria contratualista que credita confiança na inviolabilidade dos contratos para a permanência do lastro político e jurídico dos Estados. Como é possível notar, Grócio é um pensador de transição entre a Idade Média e a Modernidade.

2.5. Teoria de Hobbes

Hobbes é o pensador moderno que transfere o fundamento cósmico e teológico do direito natural para a estrutura racional subjetiva do homem. Considera inerente ao homem o princípio da conservação de si mesmo. É em torno desse princípio que gravitará a naturalidade do direito, ao servir de contributo à conservação do homem. A passagem do **estado de natureza** para o **Estado social**, tido como nova ordem político-jurídica, é mediado por ditames da razão que impõem a formulação de um contrato social realizado por indivíduos e assegurado consensualmente, em condições de levá-los a um modelo social por eles desejados.

Aspecto importante em Hobbes é a constatação de que o poder do soberano no Estado social é derivado do povo. O poder do soberano deixa de ser perpetuado, a expensas das doutrinas monárquicas que justificavam o poder dos reis, derivado de um suposto direito divino. Hobbes rompe com essa estrutura medieval da soberania dos reis ao ressaltar que o poder do soberano, de fato, só existe em razão do pacto acordado pelo povo. O poder soberano passa a ser justificado com base na soberania popular. A herança de Hobbes, segundo Gianluigi Palombella, é a "dessacralização do direito e do poder" (PALOMBELLA, 2005, p. 15).

O contrato, como é possível notar, resulta de uma artificialidade criada pela própria razão e tem como objetivo assegurar a soberania e a lei como condição de realização da justiça. Evidencia, pois, que em Hobbes a lei é a condição da justiça e não o contrário. E a autoridade do soberano não é ilimitada, pois deve estar conformada à realização dos fins propostos pelo pacto, dentre os quais a **paz**, a **ordem** e a **segurança**. Ainda que o soberano detenha o monopólio da força, não significa que no Estado Social haja a prevalência da lei do mais forte. A lei do mais forte era, para Hobbes, a regra presente no estado de natureza. No Estado social prevalece a autoridade do soberano legitimado pelo pacto acordado consensualmente.

Na natureza humana está inscrita a aptidão inata de **conservação**, na qual todos buscam evitar o maior dos males, que é morte. Conservar a vida é considerado um valor absoluto para Hobbes. Desta condição natural assimilada pela razão humana é que brota a necessidade de realização de um pacto que permita estabelecer as condições para a preservação social da vida individual. É da lei natural – desejo de autoconservação – que se origina o fundamento da lei positiva, assegurado pelo **pacto social**. Desrespeitar o pacto (as normas positivas) é, em síntese, desrespeitar a própria lei natural.

2.6. Teoria de Pufendorf

Pufendorf é um intelectual alemão da segunda metade do século XVII que reuniu em seu pensamento ideias tanto de Grócio quanto de Hobbes. Do primeiro ele preserva a concepção já recorrente na tradição aristotélica-tomista, segundo a qual o homem dispõe de uma tendência natural para a vida social. De Hobbes, ele se vale do juízo segundo o qual a sociabilidade só é possível se houver um pacto que institua o Estado para assegurar e manter a paz, a ordem e a segurança. Na visão de Pufendorf, o direito natural é o mantenedor das condições que permitem erigir o direito positivo.

2.7. Teoria de Locke

Locke viveu o contexto da Revolução Gloriosa (1688), responsável pela consagração de direitos ao povo e ao Parlamento na Inglaterra. Sua linha de pensamento passa pela interconexão entre soberania e povo, aspecto que o distancia de Hobbes. Enquanto Hobbes era tido por **absolutista** e favorável à monarquia, Locke era considerado um **liberal democrata**. As diferenças entre os dois são mais acentuadas sobretudo quando se leva em conta o ponto de partida do contratualismo moderno, a saber, o estado de natureza.

Para Locke, no estado de natureza o homem é plenamente sociável, pois considera que dentro do *status naturae* há direitos dados, de forma indisponível, que garantem a sociabilidade. Locke enxerga no estado natural o *locus* dos **direitos fundamentais**, como liberdade, propriedade privada e trabalho. Portanto, a passagem do estado de natureza para o Estado Social tem por objetivo a garantia e a preservação dos direitos fundamentais no âmbito do direito positivo. Dos direitos fundamentais aventados, Locke destaca a liberdade como primordial, pois o objetivo do Estado Social é o de garantir o máximo de liberdade aos indivíduos. O Estado, para Locke, antes de garantir a segurança, como expunha Hobbes, deve servir para preservar a garantia dos **direitos individuais**. Nisso repousa o **liberalismo político e jurídico** de Locke.

A inconteste defesa de que os direitos individuais devem ser preservados politicamente pelo Estado faz igualmente destes direitos a base de legitimidade do exercício da soberania que é dado a um determinado titular. Desse modo, "a violação do pacto e do arbítrio por parte do soberano são razões justificadas para a perda do consenso popular e para o 'recurso ao céu' (**direito de resistência**) que restitui o poder à soberania popular e simboliza a eliminação do tirano" (PALOMBELLA, 2005, p. 32). Em suma, o pacto para Locke se vale de uma relação de confiança, na qual o soberano tem a obrigação de tutelar os direitos individuais, cuja somatória confere o sentido de bem comum. Porém, havendo atitudes arbitrárias da parte do soberano, cabe ao povo o direito de resistência (desobediência civil).

2.8. Teoria de Rousseau

Vide item **1.5. Constitucionalismo e soberania popular na disciplina de Direito Constitucional**.

O pensamento de Rousseau soma-se aos contratualistas e tem como prioridade refletir as condições que permitem "preservar a liberdade natural do homem e ao mesmo tempo garantir a segurança e o bem-estar que a vida em sociedade pode lhe dar" (MARCONDES, 2007, p. 206). Enfim, tematiza as condições de realização da **soberania popular**. A equação dessa problemática é encontrada na **vontade geral**, conceito que não resulta da soma das vontades individuais daqueles que integram a sociedade, mas da vontade expressa pelos cidadãos sob a perspectiva de realizarem o interesse coletivo e o bem comum. Não se alcança a vontade geral sem um efetivo processo educacional capaz de transformar o indivíduo em cidadão. A obra *O contrato social*, de 1762, tornou Rousseau um dos teóricos mais influentes do pensamento jurídico moderno, apesar de não ser um jurista propriamente dito.

Na relação indivíduo-sociedade, o peso da balança de Rousseau pendeu mais para sociedade, sustentando um modelo republicano em que a legitimidade do exercício do poder político deve assentar na soberania popular, a saber, na expressão da vontade geral.

O conceito de vontade geral não é empírico, algo passível de constatação na realidade. Ele é, ao contrário, um conceito que se impõe de forma normativa; situa-se no âmbito do *dever-ser*. Não trata daquilo *que* é, mas daquilo que se projeta como *dever-ser*. A vontade geral, nesse sentido, é uma **ideia reguladora** – como expresso mais tarde por Kant – que busca orientar o ajuste do plano empírico das instituições concretas e históricas ao plano normativo, que é a "própria realidade jurídica enquanto pertencente ao plano da ideia e do pensamento" (LIMONGI, 2015, p. 101).

Ao longo da história é possível perceber a incompatibilidade entre a atividade concreta da política, muitas vezes marcada pela irracionalidade e pela dominação, e a pretensão de legitimidade perseguida em acordos e consensos racionais. A vontade geral, enquanto manifestação máxima da soberania popular, impõe-se como uma ideia reguladora "que os homens devem manter no horizonte, como um fim a que buscam e para o qual dirigem as suas ações, ainda que talvez jamais venham a alcançá-lo" (LIMONGI, 2015, p. 106). É como as estrelas no céu a orientar a navegação de um barco em alto mar. É possível garantir segurança à navegabilidade, ainda que o barco jamais alcançará as estrelas. Elas, as estrelas, permanecem no horizonte como condição normativa a orientar o caráter empírico da navegação.

O exercício político a partir do contrato social permite a Rousseau requerer que a legitimidade desta atividade esteja fundamentada à luz da vontade geral, a saber, em uma razão pública. Logo, razão pública e vontade geral são conceitos que expressam uma vontade política soberana, capaz de articular a política (poder) ao direito (legitimidade). A realização da vontade geral não ocorre à margem da **lei**, entendida como imposição de uma generalização coletiva. Decorre, pois, que a lei possui dupla generalidade para Rousseau: "uma **generalidade formal**, que provém da autoridade que a institui, o que implica que a lei vinda de todos é originariamente ligada à **democracia**; e uma **generalidade material**, que ressalta a coisa instituída, o que quer dizer que o *telos* da lei é o **bem comum**" (BILLIER, 2005, p. 151).

A lei, portanto, será sempre um ato da vontade e, no caso de Rousseau, da vontade geral. A lei é a materialização daquilo que se origina de forma coletiva (democracia) e se impõe à realização de um fim coletivo (bem comum), não lhe cabendo pronunciar sobre o particular ou o interesse individual.

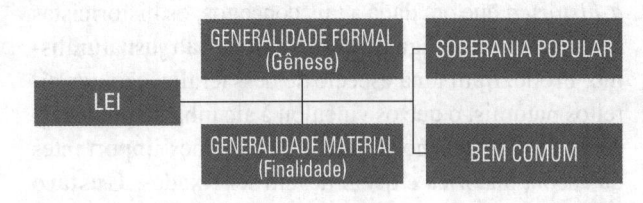

```
LEI ─┬─ GENERALIDADE FORMAL (Gênese) ─── SOBERANIA POPULAR
     └─ GENERALIDADE MATERIAL (Finalidade) ─── BEM COMUM
```

2.9. Teoria de Montesquieu

Montesquieu pertenceu ao movimento Iluminista do século XVIII. Este movimento refletia várias áreas do conhecimento humano, incluindo filosofia, literatura, política e teoria jurídica. Seus integrantes apostavam no progresso racional da humanidade, na consciência individual e na igualdade jurídica. A Revolução Francesa (1789) foi, em boa medida, o registro histórico da concretização dos ideais iluministas, expressado no lema "Liberdade, Igualdade, Fraternidade".

O tema da liberdade política foi objeto de reflexão de Montesquieu, em sua obra *O Espírito da Leis*, além de deixar importante legado à Modernidade ao retomar a doutrina da independência dos poderes – Executivo, Legislativo e Judiciário – como forma de garantir o equilíbrio das forças políticas em condições de conferir um governo moderado. "Para formar um governo moderado, é mister combinar os poderes, regulamentá-los, moderá-los e fazê-los agir; oferecer, por assim dizer, um lastro a um para colocá-lo em condição de resistir a outro. É uma obra prima de legislação que o acaso raramente produz" (MONTESQUIEU, 1997, p. 102).

Ao conceber a liberdade política como direito de fazer tudo o que as leis permitem, Montesquieu demonstrou que esta liberdade só é passível de ser encontrada em governos moderados, a saber, em espaços que não promovam a acumulação de poderes em uma mesma entidade. "Para que não se possa abusar do poder é preciso que, pela disposição das coisas, o poder freie o poder" (MONTESQUIEU, 1997, p. 200).

2.10. Fundamentos históricos do positivismo jurídico

2.10.1. Escola histórica

A escola histórica do direito e o positivismo jurídico, segundo Bobbio, não são a mesma coisa, porém a primeira influenciou decisivamente o segundo. O historicismo surge como um movimento que tece profundas críticas ao racionalismo moderno de matriz cartesiana. É bom lembrar que a filosofia racionalista e iluminista deu o substrato teórico a muitos dos conceitos-chave do jusnaturalismo moderno, tais como **estado de natureza,**

lei natural e contrato social. Ao criticarem a base do racionalismo iluminista, sobretudo a forma *atemporal* e *a-histórica* que era dada a tais conceitos, os historicistas acabaram por desaguar severas críticas ao jusnaturalismo. Produziram uma espécie de dessacralização dos direitos naturais, o que os vinculou à alcunha de predecessores do positivismo jurídico. Dois nomes importantes da escola histórica e quem devem ser fixados: **Gustavo Hugo** e **Savigny**, ambos alemães e com intensa produtividade na primeira metade do século XIX.

Nas palavras de Norberto Bobbio, "o que caracteriza, portanto, o historicismo é o fato de ele considerar o homem na sua individualidade e em todas as variedades que tal individualidade comporta, em oposição ao racionalismo que considera a humanidade abstrata" (BOBBIO, 2006, p. 48). Paralelamente a essa concepção antirracionalista, o historicismo leva em consideração que o direito positivo é o direito posto pelo Estado, não por um Estado abstrato, mas por este ou aquele Estado particular. Assim como existe uma variedade de línguas, valores e costumes, também há uma variedade de direitos positivados em razão da singularidade de cada Estado. Logo, para o historicismo, não há um direito estável e permanente que se vale de uma natureza ou razão humana imutável. Até porque o historicismo critica o conceito de "homem" por considerar demasiado abstrato. O que há na realidade são homens de carne e osso distintos entre si pela raça, cultura, clima, geografia, língua, costumes e, também, pelo período que ocupam ou ocuparam na história. O direito é resultado desse homem construído historicamente e não do homem abstrato perquirido pelos direitos naturais. E a história, na visão do historicismo, não é resultado de uma construção racional; é antes de tudo o contínuo desdobramento da temporalidade matizada de forma trágica. A história se constrói no caldo de impulsos irracionais que misturam emoções, paixões, ações passionais, sem ou com quase nada de lógica e de racionalidade. Por isso, o **historicista**, ao contrário do **iluminista**, é pouco confiante no progresso da humanidade e muito apegado ao passado, o que confere a ele a marca de **conservador**. O historicista, ao prezar pelo passado e pela tradição, confere aos costumes a peculiar forma de criação do direito: o direito consuetudinário. O direito floresce e se aperfeiçoa com a história e com os costumes de um povo, de tal modo que as normas jurídicas positivas expressam, a cada época, o "espírito do povo" (*Volksgeist*).

Características do Historicismo			
Crítica ao Jusnaturalismo	Direito como construção histórica	Valorização do passado	Oposição ao Iluminismo

2.10.2. Escola da exegese

> A escola da exegese nasceu na França como consequência do processo de **codificação** levado adiante por Napoleão, o que, aliado à reforma do ensino jurídico, na época, imprimiu ao trabalho jurídico uma limitada atividade de interpretação passiva do Código.

À luz do código, competia ao operadores do direito tão somente procurar a solução dos problemas jurídicos na literalidade expressa nos artigos do código, deixando de considerar outras importantes fontes para o direito, como os costumes, a jurisprudência e a doutrina. Norberto Bobbio ressalta que a "escola da exegese deve seu nome à técnica adotada pelos seus primeiros expoentes no estudo e exposição do Código de Napoleão, técnica que consiste em assumir pelo tratamento científico o mesmo sistema de distribuição da matéria seguida pelo legislador e, sem mais, em reduzir tal tratamento a um comentário, artigo por artigo, do próprio código" (BOBBIO, 2006, p. 83). A escola da exegese representou, nesse sentido, uma limitação do trabalho da ciência jurídica e teve enorme influência na primeira metade do século XIX.

Algumas características importantes a respeito da escola da exegese, na leitura de Norberto Bobbio, e que ajudam na resolução de questões da prova da OAB, são:

a) **A desvalorização dos direitos naturais**. Não há uma negação explícita dos direitos naturais por parte dos exegetas, porém eles acreditam que os direitos naturais são formados por princípios absolutos, por demais vagos e abstratos, e que pouco contribuem ao jurista quanto à sua aplicabilidade prática. É possível aferir relevância aos direitos naturais somente quando puderem ser incorporados à lei, ao direito positivo. A escola da exegese impugna a ideia corrente de que o direito positivo deve se valer dos direitos naturais. Os exegetas, ao contrário, avaliam que os direitos naturais são passíveis de concretização somente se assimilados a uma legislação escrita (direito positivo).

b) Defendem a concepção segundo a qual **a norma, para ser jurídica, deve ser imposta pelo Estado.** É a compreensão de que o direito é fruto do caráter obrigatório imposto pelo Estado. Cabe ao legislador a tarefa de selecionar, dentre tantas normas – éticas, morais, culturais, religiosas etc. –, aquelas que serão assimiladas como obrigatórias e sancionadas pela lei escrita.

A lei, em razão do seu caráter obrigatório e estatal, deve estar acima de todas as demais normas, sendo interpretada na estreita literalidade de seu texto.

c) **Valorizam a lei fundada na intenção do legislador**, ou seja, ao aplicar a lei e esta deixar uma lacuna, a interpretação desta lacuna deve se ocupar em saber qual foi a real intenção do legislador no momento da feitura da lei, sendo, inclusive, tarefa do intérprete desvendar a vontade presumida do legislador. Tudo isso em respeito a este.

d) **O exegeta identifica o direito com o texto da lei**, tendo como máxima "os textos acima de tudo!". Considera como direito o que está escrito na lei, não devendo a interpretação se afastar do texto da lei.

e) **Os exegetas enaltecem o *argumento de autoridade***. O discurso de autoridade foi muito utilizado na Idade Média, tendo grande aceitação no campo teológico. A concepção X e não a Y era admitida como verdadeira porque fora dita pelo santo tal, pelo filósofo fulano de tal. Referendava-se este ou aquele argumento em função da autoridade de quem o avalizava. Na modernidade, o argumento da autoridade entra em declínio, mas, ainda assim, os exegetas o valorizam ao admitirem que no direito é preciso que alguém diga, de forma obrigatória, o que é justo e lícito e o que não é. A técnica jurídica necessita da autoridade para fazer valer seu caráter obrigatório e mandamental. Além do mais, e isso vale para os nossos dias, os comentadores de códigos são reconhecidos como autoridades no meio jurídico.

2.11. Positivismo jurídico

A influência de três concepções teóricas ao longo do século XIX, com destaque sobretudo ao **historicismo** (Alemanha), **utilitarismo** (Inglaterra) e **positivismo filosófico** (França), foi decisiva para a formatação do positivismo jurídico e seu influxo teórico, que desaguou com força no século XX. O positivismo jurídico é formado por várias concepções teóricas que se identificam quanto à rejeição às teses do jusnaturalismo. Neste aspecto, o positivismo jurídico é considerado uma concepção teórica – abordada, é claro, por vários pensadores – que se diferencia do **direito positivo**, a saber, das leis, decretos e decisões judiciais talhadas socialmente.

Avesso à ideia de um direito dado pela natureza, o positivismo jurídico se distancia do jusnaturalismo, firmando um campo próprio de reflexão assentando em duas teses fundamentais: 1) **o direito é construído socialmente**; 2) **o direito é desconexo da moral**.

Sobressai a necessidade de o positivismo jurídico sistematizar o material jurídico, seja escalonando as regras jurídicas entre si, seja mostrando a relação entre elas, e com mais acuidade ainda evidenciando a vinculação do corpo jurídico a determinados conceitos tidos como fundamentais. O que se busca, na verdade, é a construção de uma ciência jurídica, portadora de autonomia, em que o direito possa ser pensado a partir de sua própria estrutura jurídica, sem se ocupar com questões exógenas de ordem ética, política, social, antropológica ou psicológica. Seguindo os ventos favoráveis do positivismo cientificista de Augusto Comte, que prezava pela **objetividade** construída no campo das **ciências naturais**, a edificação da ciência do direito, também lida como teoria geral do direito, não visava outra coisa senão expurgar os elementos extrajurídicos que minavam a objetividade e a autonomia do direito.

2.11.1. Normativismo de Hans Kelsen

> *Vide* item **2.1.4. Sentido Jurídico na disciplina de Direito Constitucional**.

Kelsen é um pensador do século XX, porém suas ideias não podem ser lidas sem o pano de fundo do século XIX. Uma boa síntese com o escopo de introduzir o pensamento de Kelsen fora realizada por Gianluigi Palombella. "Se o direito até Kelsen fora inteiramente atraído para a órbita do Estado, agora o Estado é inteiramente atraído para a órbita do direito" (PALOMBELLA, 2005, p. 166). O Estado, para Kelsen, é considerado produto da construção jurídica.

> Kelsen critica, por um lado, as posições que postulavam a vinculação de dependência do direito ao Estado, como se o direito não pudesse ser pensado sem a força fática do Estado; e, por outro, as posições que pensavam o direito condicionado a concepções ético-políticas. Kelsen quer pensar o Estado normativamente, ou seja, sustentando que a feitura do Estado e as suas ações são decorrentes de uma norma jurídica objetivamente válida. Para isso, alinhado ao positivismo jurídico, Kelsen defende a separação entre direito e moral (não havendo, por derradeiro, uma definição arrematada entre moral e ética).

É clara a demonstração de que o direito em Kelsen deverá buscar em sua própria estrutura interna a pretensão de objetividade, sem se valer de uma teoria da justiça que a remeta aos direitos naturais. E, vinculado a uma teoria normativista, Kelsen quer separar o direito do fato, a saber, separar o direito do poder. Essa separação é fundamental e remonta a Santo Agostinho quando este indaga o que permite distinguir os mandamentos ofertados pelo legislador das ordens dadas por um bando de ladrões. O projeto teórico de Kelsen não deixa de ser audacioso e cumpre em sua obra mais conhecida, *Teoria Pura do Direito*, a intenção de assegurar uma **base científica ao direito**.

Há uma diferenciação fundamental que seguirá o pensamento kelseniano: a separação entre ***normas*** e ***fatos***. O direito (norma) é distinto do poder (fato). Na relação entre normas e fatos, Kelsen faz o peso da balança pender para as normas, o que o torna, nesse sentido, um normativista. O Estado deve ter sua atuação regulada por normas portadoras de objetividade. Contudo, Kelsen não abre mão de entender o direito como resultado da vontade do legislador, o que o coloca muito próximo ao positivismo tradicional. Se a fonte do direito é a vontade e não a razão, então é preciso justificar como essa vontade pode adquirir um caráter objetivo, sem correr o risco de a mesma ser mera expressão da subjetividade manifesta em nome do Estado. Ou ainda, em se tratando da aplicação do direito, evitar o psicologismo daquele que instrumentalmente opera a norma ao caso concreto.

2.11.2. A norma fundamental

Kelsen, ao defender a inexistência de conexão entre **direito e moral**, afirma que não há vínculo entre "aquilo que o direito ordena e aquilo que a justiça exige, ou entre o direito como ele é e como ele deve ser" (ALEXY, 2011, p. 3). Ao definir o direito como "ordenamento normativo coativo", busca firmar que a validade do mesmo se encontra em uma norma fundamental que não é construída nem dada, mas pressuposta. É uma norma meramente pensada. Para usar termos kantianos poder-se-á inferir que a **norma fundamental** é entendida como **condição de possibilidade da própria estrutura normativa**. Ela é formal e neutra quanto aos possíveis conteúdos jurídicos talhados pelo legislador e atribuídos socialmente.

Robert Alexy afirma que para se chegar à norma fundamental basta repercutir a pergunta "por quê" várias vezes. Por que, por exemplo, a ordem de um bandido é diferente da ordem de um funcionário da Receita Federal, já que ambos impõem a terceiros, como ordem mandamental, o fornecimento de certa quantia de dinheiro? A diferença está no fato de que o funcionário público está no cumprimento de um ato administrativo, havendo, para sua ação particular, uma autorização legal. E onde se encontra o fundamento para esta autorização legal? Na Constituição! E a Constituição tem seu fundamento pautado em quê? Nota-se que a imposição dos "por quês" pode levar ao chamado "regresso ao infinito", enfim, a um escalonamento de perguntas que demandariam outras respostas num ciclo sem fim. A norma fundamental seria, portanto, a resposta final a esta série de "por quês".

Seria ela, a norma fundamental, um pressuposto "lógico-transcendental" indispensável para o reconhecimento da validade jurídica das normas positivadas. Num quadrante comparativo, o aspecto transcendental tematizado por Kant em sua *Crítica da Razão Pura*, refere-se não àquilo que está *além*, mas *aquém* do sensível, portanto, àquilo que torna possível a própria experiência. Transpondo comparativamente essa base epistemológica para a dimensão normativa, a norma fundamental apresentar-se-ia como condição de possibilidade da própria juridicidade, ou, melhor dizendo, como condição de possibilidade da validade jurídica das normas positivadas.

Em síntese, as características principais do normativismo de Hans Kelsen:

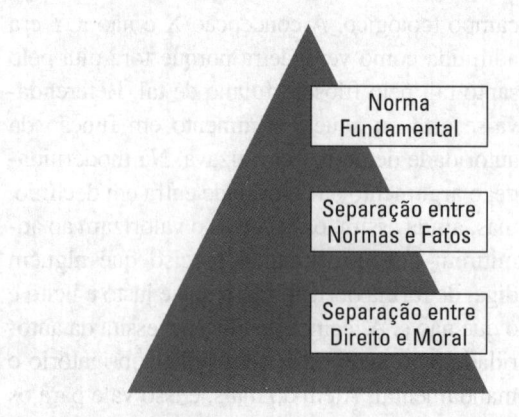

- Norma Fundamental
- Separação entre Normas e Fatos
- Separação entre Direito e Moral

2.12. Carl Schmitt

Vide item **2.1.2. Sentido Político na disciplina de Direito Constitucional**.

Se o pensamento de Kelsen é notório pela defesa do normativismo, Carl Schmitt, ao contrário, é conhecido pelo **antinormativismo**. A oposição entre Kelsen e Schmitt que, aliás, ultrapassa o âmbito teórico para aninhar-se na esfera pessoal, pode ainda ser contrastada na polaridade entre o político e o jurídico, uma vez que Schmitt mantém o primado do político sobre o jurídico, ao passo que Kelsen defende justamente o contrário.

Schmitt acredita que Kelsen, ao construir uma ordem jurídica fechada em si mesma e ancorada em uma **norma (dever-ser)** fundamental hipotética, não foi capaz de conceber espaço para a **política (ser)**. O normativismo de Kelsen teria despedido a política como importante componente do **caráter decisional**, sobretudo em se tratando da aplicação de normas.

Schmitt não concebe que a norma em si contenha as condições de sua realização e efetivação. A norma nada realiza sem a participação de alguém que decida. A norma não se autodefine nem se autointerpreta. A norma (dever-ser) para ter efetividade depende de sua aplicação a uma situação concreta e de uma autoridade que decida (ser). É possível notar que Schmitt coloca o peso da atividade jurídica no elemento decisório. "A decisão tomada por uma autoridade torna possível a existência de uma norma, em suma, o próprio fato da norma" (BILLIER, 2005, p. 239). Schmitt quer mostrar que a **decisão** não é simplesmente deduzida da norma, como se fosse possível proceder a uma operação analítica. A **decisão (ser)** não está dissociada da aplicação de uma **norma (dever-ser)** ao caso concreto. Contudo, à decisão convém um certo poder discricionário, algo impensável a um sistema jurídico lógico-formal, tal como projetado por Kelsen, que sequer admite lacunas do direito.

Se no âmbito da aplicação das normas é necessário o caráter decisório, a mesma regra aplica-se quando a questão é relativa ao fundamento da ordem jurídica, a saber, a legitimidade do sistema jurídico. "No topo da ordem jurídica, não se encontra nenhuma norma, menos ainda uma norma fundamental hipotética. No fundamento da ordem jurídica, não se descobre senão a decisão do soberano. **A ordem jurídica repousa sobre uma decisão e não sobre uma norma**" (BILLIER, 2005, p. 240).

Aspectos do Decisionismo de Carl Schmitt			
A DECISÃO é inerente ao Direito	A ordem jurídica repousa na DECISÃO	O mandamento normativo decorre da DECISÃO proferida	TELOS DA NORMA é a sua aplicação, e esta impõe DECISÃO

2.13. Realismo jurídico

O realismo jurídico é uma corrente teórica que se posiciona como antiformalista. É preciso, então, recordar que a **teoria formalista** justifica o direito como um conjunto de regras, preceitos e conceitos deduzidos de uma norma hipotética, construída mentalmente, e que não está adstrita a nenhuma autoridade ou influência valorativa. O nome por excelência do formalismo, como vimos, é Hans Kelsen, que fala da norma fundamental como norma necessária, ainda que hipotética, para legitimar a validade jurídica de todas as normas que formam o ordenamento jurídico. A norma fundamental é a que assevera a eficácia não só das normas em geral, mas da própria Constituição construída historicamente.

O realismo jurídico é, portanto, uma postura crítica ao formalismo e, consequentemente, ao próprio Kelsen. Nos Estados Unidos, o realismo jurídico serviu de base ao movimento que, mais tarde, na década de 1960, seria conhecido por *Critical legal studies*, tendo como importante representante o brasileiro Roberto Mangabeira Unger. Na Escandinávia, o realismo jurídico ganha projeção com o jurista dinamarquês Alf Ross.

Em linhas gerais, os pontos mais importantes do realismo jurídico apontam para uma concepção jurídica menos formalista e idealista e mais **factual** e **empírica**, além de deslocaram a base do direito do **legislador** para os **tribunais**. Para o realismo, o direito é o que é em função dos julgamentos judiciários formulados de maneira instrumental e funcionalista para atender a políticas de governo. Os realistas voltaram a atenção para a "natureza do raciocínio elaborado pelos juízes" na hora da decisão. Ainda que o direito seja composto de regras que ajudam a balizar a decisão dos juízes, não significa que seja possível esperar dos juízes decisões previsíveis. Os realistas mais céticos em relação à decidibilidade judicial afirmam não haver critérios que permitam esperar uma decisão objetiva; antes, ao contrário, as decisões dos tribunais se reduzem a escolhas arbitrárias dos juízes.

E as regras jurídicas não ajudam a evitar decisões discricionárias porque elas são construídas com o auxílio de termos vagos e indeterminados que, ao serem aplicadas aos casos concretos, abrem um leque muito grande de escolhas ao juiz, que acaba reverberando em arbitrariedades. "O direito, concluem os realistas, não vive nas palavras do legislador, nem nas coletâneas da jurisprudência, mas nas ações concretas dos tribunais e no comportamento dos juízes que fazem o direito" (BILLIER, 2005, p. 256).

Os realistas americanos, em parte influenciados pela filosofia do **Empirismo Lógico** do primeiro Wittgenstein, adotaram uma posição de repúdio a toda e qualquer **metafísica**, motivo pelo qual criticaram o formalismo de Kelsen como construção teórica destituída de lastro empírico. A primazia pelo empírico colocou os realistas próximos a uma ciência descritiva que apenas se ocupa de descrever as coisas como elas são (ser) e não a partir de como deveriam ser (dever-ser). Acabam por esvaziar o direito de seu **aspecto normativo (dever-ser)** e com isso reduzem a reflexão jurídica ao **componente** *descritivo*, sem a devida atenção ao **componente** *prescritivo*, igualmente importante ao direito. Limitaram por demais a atenção ao caráter psicológico de decisão proferida pelos juízes.

Em síntese, o antiformalismo dos realistas direciona a atenção às decisões jurídicas produzidas pelos tribunais, a saber, os modelos de comportamento adotados pelos juízes em consonância à realidade factual e política a que pertencem. Ao despirem o direito de pressupostos normativos, também se distanciaram dos valores e de qualquer pretensão de elaboração de uma teoria da justiça.

A seguir as características principais que marcam a diferença entre o Positivismo Jurídico e o Realismo Jurídico:

POSITIVISMO JURÍDICO	REALISMO JURÍDICO
Formalismo Idealismo	Factual Empírico
Legislador	Tribunal
Objetivismo	Subjetivismo

2.13.1. A teoria de Alf Ross

Alf Ross foi aluno de Kelsen e buscou encontrar uma posição intermediária entre seu mestre e os realistas americanos. Em suma, ele procurou um meio-termo entre o formalismo de Kelsen e o antiformalismo dos realistas americanos. Kelsen havia separado o *ser (eficácia)* do *dever-ser (validade)* e valorizado o *dever-ser*, aspecto normativo. Os realistas americanos, ao contrário, desconsideraram o *dever-ser* (normatividade) e ficaram com o *ser* – a dimensão factual empírica. Alf Ross deseja reconectar novamente *ser* e *dever-ser*, evitando a polaridade tomada tanto por Kelsen quanto pelos realistas americanos. Sua posição é a de que a *validade empírica* caminha ao lado da *validade lógica*.

Para Ross, o direito não se limita simplesmente àquilo que é decidido pelos tribunais, como queriam os realistas americanos. O direito é, acima de tudo, um conjunto de normas que detém força obrigatória. "Um sistema jurídico nacional, considerado como sistema válido de normas, pode consequentemente ser como um conjunto de normas que sejam realmente operacionais no espírito do juiz, porque elas são percebidas por ele como socialmente obrigatórias e, portanto, obedecidas" (ROSS, apud BILLIER, 2005, p. 264).

2.14. Reações ao positivismo jurídico

2.14.1. Teoria do neokantismo

O pensamento do filósofo Immanuel Kant teve grande influência na delimitação entre **moral** e **direito**. Conhecido por suas obras críticas, Kant buscou, no âmbito da *Crítica da Razão Prática*, estabelecer o princípio supremo da moralidade assentado na **autonomia da vontade**. A moral se vale da própria razão, na medida em que ela se impõe à vontade, de forma categórica, exigindo que a ação se conforme aos ditames racionais. A razão não fornece nenhum conteúdo valorativo como regra de ação. Fornece, ao contrário, apenas um procedimento formal, que é o **imperativo categórico**, expresso na seguinte formulação: "Age de tal forma que a máxima da tua ação possa se enquadrar em uma legislação universal". Significa que o sujeito, antes de agir, deve confrontar sua máxima de ação (intenção de agir) com o imperativo categórico, verificando se aquilo que ele pretende subjetivamente realizar pode ser universalizável e, desse modo, passível de ser objetivamente realizado por todos.

O imperativo categórico é uma **regra procedimental** dada pela razão que serve para discriminar máximas subjetivas de ação, verificando quais delas são passíveis de universalização. Quando a máxima de ação é reprovada pelo imperativo categórico, não sendo possível sua universalização, e, ainda assim, o sujeito a pratica, significa que a ação realizada foi uma ação imoral. A ação imoral, portanto, é a ação executada subjetivamente, porém reprovada objetivamente pelo imperativo categórico. Quando, no entanto, o imperativo categórico aprova uma máxima de ação, ela se torna uma lei moral, pois assume o *status* de ação que pode ser praticada por todos, dispondo de objetividade e de universalidade. Contudo, o agir de acordo com a lei moral implica uma disposição subjetiva da vontade. Quando a ação é realizada conforme a lei moral, mas subjetivamente o sujeito a pratica motivado por interesses outros, Kant diz que estamos diante de uma ação legal. Quando a ação é realizada conforme a lei moral e o agente em sua subjetividade a realiza pelo estrito **dever** (obrigação) de cumprir o que a lei moral determina, então se está diante de uma **ação moral**. Kant demonstra haver uma distinção fundamental entre legalidade e moralidade (*vide* 3.2).

A separação entre moral e direito e a sua aproximação marcam boa parte do debate no âmbito da Filosofia do Direito. Como já vimos, um dos pilares do positivismo jurídico é a tese da separação entre direito e moral e, inclusive, os positivistas se valem do próprio Kant para demonstrar que o estatuto da legalidade não se confunde com o da moralidade. Porém, entre as reações contrárias ao positivismo jurídico encontra-se a teoria do neokantismo, que retornará a Kant para justificar a tese da correlação entre direito e moral.

Na Itália, **Del Vecchio** se aproxima de Petrone, para quem o direito é resultado da sociabilidade humana dada em uma relação de intersubjetividade entre *ego* e *alter*. Del Vecchio olha o direito na perspectiva sociológica, ao mesmo tempo que tem o pensamento de Kant como horizonte, sobretudo a ideia do imperativo categórico. A concepção kantiana de moral é subjetiva para Del Vecchio, uma vez que o princípio norteador da conduta é primeiramente determinado na consciência do sujeito, porém a dimensão impositiva do *dever* é estendida universalmente a todos, o que faz com que a ação individual já esteja integrada ao escopo social do respeito mútuo. Para Del Vecchio, encontra-se na base da moral kantiana um princípio "ético-jurídico" que norteia a aplicação do direito. Esse princípio não visa outra coisa senão assegurar as condições para que o homem exerça sua liberdade sem denegrir ou afetar a liberdade alheia. Na medida em que o direito assegura a coexistência das liberdades subjetivas, estará ele contribuindo para uma sociabilidade de indivíduos autônomos. Del Vecchio reconecta direito e moral numa relação de complementariedade, o que o torna, nesse aspecto, pelo viés do neokantismo, um crítico do positivismo jurídico.

2.14.2. Pensamento jusfilosófico brasileiro. A teoria tridimensional do direito de Miguel Reale

Miguel Reale, renomado jurista brasileiro do século XX, vincula-se à corrente jurídica que defende ser o direito composto de três dimensões: **normas, fatos e valores**. É a chamada teoria **tridimensionalista** do direito. Há autores que enxergam estas três dimensões do direito em separado, como é o caso do jurista alemão **Gustav Radbruch**. Miguel Reale, ao contrário, analisa essas três dimensões – normas, fatos e valores – interconectadas.

A tríade *norma, fatos e valores* revela que o direito não se solidifica sem a conexão dos três. O direito é constituído primeiramente por um ordenamento jurídico (aspecto normativo). É também o direito um fato que se constrói socialmente e historicamente (aspecto fático). E, por último, o direito busca aferir valor, sobretudo quando assume a pretensão de expressar a justiça (aspecto axiológico).

> Para Reale, o fenômeno jurídico não ocorre desvinculado dos fatos. É preciso que algum fato ocorra no mundo social para que o fenômeno jurídico se manifeste. Porém, é ainda necessário que se dê uma significação aos fatos realizados, que eles possam ser valorados, enfim, possam ter um valor. E a norma é, por sua vez, a dimensão que se apresenta como medida para aferir a relação entre fato e valor. Reale vê uma unidade concreta entre esses três elementos, os quais são firmados num processo de interação dinâmica dentro de uma realidade histórico-cultural.

Afirma Reale que, "desde o aparecimento da norma jurídica – que é a síntese integrante de fatos ordenados segundo distintos valores – até ao momento final de sua aplicação, o Direito se caracteriza por sua estrutura tridimensional, na qual fatos e valores se dialetizam, isto é, obedecem a um processo dinâmico" (REALE, 2012, p. 67). A dialética a que se refere Reale é denominada "dialética de implicação-polaridade", pois fatos e valores se correlacionam de forma mútua (implicação), porém sem se reduzirem um ao outro (polaridade).

Por fim, um conceito que merece ser destacado no pensamento de Reale é o de **nomogênese jurídica.** Este termo é usado para explicar o processo de criação da norma jurídica, que, segundo Reale, tem como ponto de partida os valores que incidem sobre os fatos. Há inúmeros fatos na sociedade e uma expressiva quantidade de valores, dos mais diversos matizes, que buscam atribuir um significado valorativo a esses fatos. Os valores são fortes concorrentes a produzirem proposições normativas. O poder estatal seleciona e determina quais das proposições normativas têm aptidão para serem transformadas em normas jurídicas.

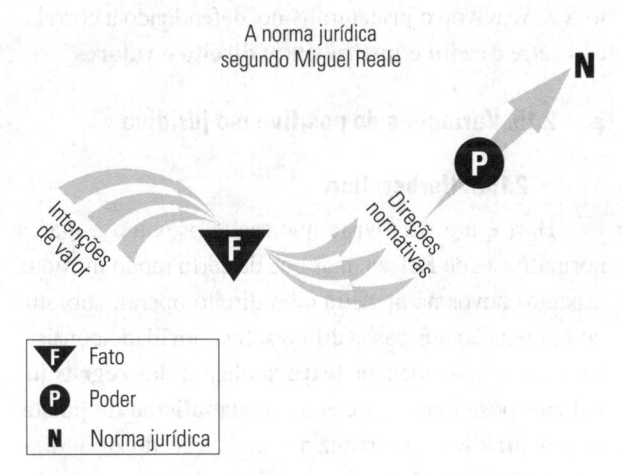

A norma jurídica segundo Miguel Reale

- F Fato
- P Poder
- N Norma jurídica

Fonte: BATALHA, Carlos Eduardo; SCHAHIN, Marcos Renato. *Filosofia do Direito*. São Paulo: Saraiva, 2012. p. 54 (Col. Os 10+, v. 20).

2.14.3. Gustav Radbruch

Pensador neokantiano da Escola de Baden, Gustav Radbruch é um jurista com destacada participação no debate jusfilosófico da primeira metade do século XX. Ainda jovem, Radbruch era considerado um positivista. A ascensão do Nazismo na Alemanha e o desdobramento da Segunda Guerra Mundial, como duas experiências trágicas que marcariam a época contemporânea, fizeram com que Radbruch tecesse vultosa crítica ao positivismo jurídico e se aproximasse do **jusnaturalismo**.

Denunciou de forma veemente o positivismo jurídico pelas atrocidades ocorridas no Nazismo. Para ele, a arbitrariedade que levou o regime Nazista a cometer um verdadeiro crime contra a humanidade foi endossada pelo modelo de lei e pelo critério de validade fomentados pelo positivismo jurídico.

Após a Segunda Guerra Mundial e na linha oposta ao positivismo jurídico, Radbruch defende que a lei deve conservar um valor que a previna de ser conduzida a arbitrariedades. O direito, para ele, deve congregar três valores: **o bem comum, a segurança jurídica e a justiça**. Ao colocar a justiça no centro de sua reflexão, o autor invoca um direito supralegal, a exemplo dos jusnaturalistas, com vistas a proteger princípios fundamentais que vão além do direito positivo.

Radbruch aponta para a preservação de direitos fundamentais, direitos os quais foram tematizados pelo jusnaturalismo na perspectiva de **direitos naturais** e na ótica de **direitos racionais**. Ainda que não se alcance uma base segura para falar de tais direitos, a experiência histórica conseguiu reuni-los, de forma segura, nas declarações dos direitos do homem. Radbruch é um jurista que, ao refletir as tragédias da primeira metade do século XX, reavivou o jusnaturalismo, defendendo a correlação entre **direito e justiça**, entre **direito e valores**.

2.15. Variações do positivismo jurídico

2.15.1. Herbert Hart

Hart é um positivista que segue próximo à marca normativista de Kelsen, mas que de certo modo introduz aspectos novos na maneira de o direito operar, sobretudo em relação aos casos difíceis. Sua novidade consiste na colocação da ideia de **textura aberta das regras jurídicas**, posicionando-se entre o **formalismo do positivismo jurídico**, que reduzia a aplicação do direito ao emprego do **silogismo**, e o **realismo jurídico**, que declarava considerável dose de **ceticismo** em relação às regras jurídicas.

Para Hart, as regras jurídicas devem ser confeccionadas pelo legislador, pois só a ele cabe a legitimidade de conferir regras que se impõem obrigatoriamente. Contudo, assim como a linguagem tem uma textura aberta que permite ampla margem de interpretação semântica do seu conteúdo propositivo, também a norma jurídica comportaria essa mesma textura aberta, tornando por demais complexa a aplicação do direito, já que não seria possível dar conta plenamente do objetivo proposto pelo legislador fixado no texto de lei.

> As regras jurídicas de textura aberta colocariam, no momento da aplicação, um déficit de clareza. A falta de clareza também se condiciona ao contexto, visto que a variação de um caso para outro pode impor à mesma norma um grau de dificuldade diferente, o que exige intepretação. As regras de textura aberta não comportam apenas dificuldade semântico-linguística, mas também aquelas decorrentes do contexto da aplicação.

Na visão de Kelsen, em casos difíceis cabe à autoridade aplicadora do direito fazer uso do poder discricionário, o que acarreta, sem dúvida, a sobreposição da subjetividade em relação ao caráter objetivo que a regra busca garantir. Hart aponta que há inúmeras fontes, mesmo não jurídicas, que balizariam a deliberação do juiz, permitindo a ele apresentar no contexto mais amplo da sociedade "**razões plausíveis**" de sua decisão. Mesmo assim, Hart não superaria o aspecto discricionário do juiz, visto que, a cada novo caso concreto e a cada nova decisão, o juiz correria o risco de assumir a postura de legislador, exercendo uma atividade destituída de legitimidade para a qual ele não foi chamado.

Hart apresenta dois modelos de regras que compõem o sistema jurídico, a saber: regras de conduta e regras de reconhecimento.

- **Regras de conduta:** são regras aceitas como válidas dentro do sistema de direito, as quais devem ser obedecidas. São chamadas de regras primárias.
- **Regras de reconhecimento:** são regras que incidem no critério de validade das regras de conduta, as quais devem ser reconhecidas pelas autoridades no processo de **criação, modificação ou revogação e aplicação** das regras de conduta. São chamadas de regras secundárias.

As regras de reconhecimento balizam a validade das regras de conduta e de comportamento do sistema de direitos, porém elas mesmas não são mensuradas quanto à sua validade ou invalidade. As regras de reconhecimento encontram-se no mesmo patamar da norma fundamental de Kelsen, cuja validade não é questionada, mas aceita. "O caráter 'obrigatório' das regras de reconhecimento procede unicamente do fato de sua aceitação" (BILLIER, 2005, p. 411).

Ao passo que para Kelsen a norma fundamental é uma ficção criada racionalmente, as regras de reconhecimento, para Hart, decorrem de um fato social, ou seja, elas estão encarnadas socialmente.

2.15.2. Norberto Bobbio

Bobbio é um positivista contemporâneo que se apropria do legado de Kelsen e, ao mesmo tempo, em certos aspectos, dele se distancia. O ponto fundamental de Bobbio é a sua defesa de que o direito não deve ser explicado centrado na norma, mas deve ser compreendido à luz do ordenamento jurídico, a saber, do sistema que reúne o conjunto de normas em determinada ordem jurídica. O direito, para ele, não se define – usando a própria terminologia de Kelsen – a partir da norma isolada (**nomostástica**), mas do conjunto das normas relacionadas entre si (**nomodinâmica**).

Como positivista, Bobbio aponta a importância do poder soberano como fonte legítima para emanar as normas jurídicas, destacando, ainda, o uso da força para o cumprimento das mesmas. É deste poder soberano que deriva a legitimidade não apenas da norma, mas, sobretudo, do ordenamento jurídico.

O sistema jurídico visto como um complexo orgânico de normas impõe o conceito de ordenamento jurídico. Este, na perspectiva de Bobbio, fornece a condição de existir do próprio direito, o que implica dizer que as normas jurídicas existem em razão do ordenamento jurídico, enquanto sanção organizada e institucionalizada, motivo pelo qual as normas jurídicas são distintas de outros exemplares normativos, como as normas éticas, religiosas etc.

Alguns aspectos fundamentais implicados no ordenamento jurídico, segundo Bobbio:

Ordenamento Jurídico		
Distinção entre NORMAS DE COMPORTAMENTO e NORMAS DE ESTRUTURA	Vício de déficit de normas = LACUNAS	Vício de excesso de normas = ANTINOMIAS

O ordenamento jurídico em si constitui uma fonte de regulação. Ele regula o comportamento social e também os procedimentos pelos quais as normas são produzidas. No primeiro caso, trata-se de **normas de comportamento**, e, no segundo, de **normas de estrutura**. As normas de estrutura, também chamadas de **normas de segunda instância** ou **comandos de comandar**, demonstram a complexidade do ordenamento jurídico, pois o ordenamento não se limita a simplesmente tratar de normas de conduta, consideradas **imperativos de primeira instância**.

Na esteira de Kelsen, a norma fundamental é mantida como pressuposto do ordenamento jurídico. A norma fundamental não é expressa, mas pressuposta. Sem ela não haveria possibilidade de falar em normas escalonadas e ordenadas de forma hierárquica, nem mesmo da própria unidade do ordenamento jurídico. Mas, quanto ao fundamento da norma fundamental, nem sequer é uma questão que deve ser colocada, pois se ela fosse fundamentada pressuporia haver outra norma da qual ela dependeria. Não seria, pois, a norma fundamental.

Por considerar o **ordenamento jurídico** uma **totalidade ordenada**, Bobbio recusa a ideia de Kelsen segundo a qual a existência de normas contraditórias não invalidaria o sistema jurídico. Para Bobbio, ao contrário, não podem coexistir normas incompatíveis no ordenamento jurídico.

Abre-se, nesse sentido, o problema das antinomias. Bobbio distingue-as em antinomias aparentes e antinomias reais.

- **Antinomias aparentes** decorrem da incompatibilidade entre duas normas e são passíveis de solução (solúveis) por intermédio de três critérios: 1) **cronológico**, em que prevalece a norma posterior; 2) **hierárquico**, que faz aproveitar a norma superior; 3) **especialidade**, em que, havendo uma norma especial e outra geral, dá-se preferência à norma especial.
- **Antinomias reais** são aquelas consideradas insolúveis, pois não haveria nenhum critério a ser aplicado para resolvê-las. Também chamadas de **antinomias insolúveis**.

Em casos de antinomia, pode o intérprete se valer de três saídas: 1) *intepretação ab-rogante*, em que se eliminaria uma das normas em conflito; 2) *dupla ab-rogação*, em que se eliminam as duas normas conflitivas; e 3) *intepretação corretiva*, em que se busca conservar as duas normas incompatíveis entre si, fazendo valer a coerência corretiva do sistema.

3. DIREITO E MORAL

3.1. Ética utilitarista

O berço do utilitarismo é a Inglaterra e o precursor desta corrente teórica é **Jeremy Bentham** (1748-1832). A indicação geográfica do nascimento do utilitarismo é importante porque o associa, já de saída, ao **empirismo inglês**. O empirismo de Bentham o leva a rejeitar toda e qualquer **metafísica**, motivo pelo qual ele tece críticas ao jusnaturalismo, sobretudo à ideia de que o direito se funda na natureza humana. Para um empirista, a pergunta inevitável é a respeito do lastro empírico do conceito "natureza humana". Não havendo dados empíricos que definam a "natureza humana", o conceito é qualificado como metafísico. Bentham chegou, inclusive, a criticar a Declaração dos Direitos do Homem e do Cidadão por avocar os direitos naturais e ser, por esse motivo, demasiadamente metafísica (BOBBIO, 2006, p. 93).

Referente à ética, Bentham acredita ser possível fundamentar uma ética objetiva, cujas normas tenham validade a todos os seres racionais. Nesse aspecto, Bentham se aproxima de Kant, que também buscava um fundamento para normas de validade universal. O ponto norteador da reflexão de Bentham é o **princípio da utilidade**, pautado na ideia de que todos os homens buscam a própria utilidade. É, portanto, uma ética teleológica, mensurada pelos fins, na medida em que estes fins são buscados em função da utilidade que possuem.

> A utilidade vincula-se ao prazer ou bem-estar que se experimenta, sendo próprio do ser humano buscar o prazer e repelir o desprazer ou a dor. "Uma ação está em conformidade com a utilidade quando a tendência que ela tem a aumentar a felicidade for maior que qualquer tendência que tenha a diminuí-la" (OLIVEIRA, 2012, p. 101).

Essa regra confirma o utilitarismo como uma ética de base empírica e consequencialista, que também lhe permite ser chamada de **consequencialismo ético**. O utilitarismo é aplicado tanto à ética quanto ao direito. No aspecto jurídico, é considerada justa a lei que for capaz de promover o bem-estar (prazer ou felicidade) ao maior número possível de pessoas (maioria).

John Rawls, crítico contemporâneo do utilitarismo, dirá que a realização do bem-estar da maioria não é um critério adequado de justiça, visto que pode desconsiderar ou preterir os direitos individuais ou de minorias. O bem-estar da maioria pode aniquilar ou desrespeitar o bem-estar individual.

3.1.1. John Stuart Mill

John Stuart Mill leva adiante o pensamento utilitarista de seu antecessor, Jeremy Bentham. Em sua obra *Sobre a liberdade*, de 1859, Mill reflete a respeito da relação entre independência individual e controle social, relação esta que foi cobrada no XXI Exame de Ordem Unificado/FGV. Ainda que tenha delineado, em uma base liberal, forte defesa do indivíduo, Mill reconhece a necessidade do controle social, porém afirma que este não deve ser ilimitado. Como então conciliar a relação indivíduo e sociedade? (*Vide* 1.5.)

Ao refletir sobre a liberdade, Stuart Mill não se detém em discorrer sobre a liberdade da vontade em sentido estritamente filosófico, mas trata da liberdade civil, aquela que busca proteger o indivíduo contra a tirania dos dirigentes políticos, da autoridade opressiva, de costumes e valores sociais despóticos, e da própria opinião pública desvirtuada.

A Constituição de 1988, ao dispor sobre os direitos e garantias fundamentais, elenca diversas acepções da liberdade que convêm ao indivíduo. A Constituição resguarda, dentre outras, a liberdade de pensamento (CF, art. 5º, IV), a liberdade de consciência e crença (CF, art. 5º, VI), a liberdade de expressão (CF, art. 5º, IX) e a liberdade de associação (CF, art. 5º, XVII). Em sociedades antigas, destaca Mill, a liberdade individual era quase sempre confrontada com a autoridade e a tirania dos governos. Na Modernidade ocorreu o reconhecimento de certas imunidades que limitaram a ação dos governantes, visando salvaguardar a liberdade individual. Em sociedades democráticas, como é a nossa, o Estado passa a ser o guardião da liberdade e dos direitos individuais. Para isso, no entanto, é indispensável que o poder exercido pelos governantes esteja em consonância com a vontade do povo. E aí nasce o nó górdio para Mill: a representação popular não constituiria uma nova forma de tirania, fundada em uma opinião pública homogênea e uniforme? Não correria o perigo de o indivíduo se tornar refém da tirania da opinião da maioria? A liberdade do indivíduo, nesse caso, deve ser protegida tanto em relação ao poder do Estado quanto em relação às pressuposições majoritárias ostentadas na sociedade. A opinião majoritária enfrenta a tentação de governar todos os aspectos da conduta humana, o que, na reflexão de Mill, é bem típico das religiões quando formatam estruturas de comportamento moldadas no atacado, sem apreço por discussões no varejo.

> O que almeja Stuart Mill é fazer valer a liberdade do indivíduo a despeito do poder sociopolítico, que se serve grandemente da tirania da maioria como sua base de legitimação.

Há, contudo, um único princípio que justificaria a interferência na liberdade de outrem: a autoproteção. "Pois o único propósito para o qual o poder pode ser legitimamente exercido sobre qualquer membro de uma comunidade civilizada, contra sua vontade, é evitar danos aos outros" (MILL, 2016, p. 22). No tocante ao indivíduo, Mill o defende em sua soberania absoluta. Posiciona-se, desse modo, em meados do século XIX, como importante defensor dos direitos e das garantias individuais.

3.2. Teoria de Immanuel Kant

Kant é considerado um dos pensadores mais influentes da Modernidade. Sua reflexão no campo da razão prática destaca-se por promover a busca do princípio supremo da moralidade, que, segundo ele, encontra-se na autonomia da vontade. A moralidade, para Kant, é revestida de um valor incondicionado, e o conceito de "boa vontade" é o ponto-chave de sua reflexão. Diz Kant: "Praticamente bom é, porém, aquilo que determina a vontade por meio de representações da razão, por conseguinte não só por causas subjetivas, mas objetivamente, quer dizer, por princípios que são válidos para todo ser racional como tal" (KANT, 1998, p. 48). A boa vontade está intrinsecamente relacionada à capacidade de a razão determinar a vontade.

Kant, na verdade, se distancia do utilitarismo, negando que o valor das ações esteja na utilidade ou na realização da felicidade. Caso a finalidade dos seres humanos fosse a felicidade, diz Kant, muito mal teria agido a natureza, dando-nos a razão para a consecução de tal fim. A razão, nesse caso, não seria senão um instinto mais apurado a conduzir a ação humana à realização das forças naturais, que pouco ou quase nada nos distinguiria dos animais.

O formalismo da moral kantiana consiste basicamente em apresentar a razão enquanto princípio que determina a vontade para agir, isenta de qualquer pressuposto natural ou valorativo. A ideia é apresentar a razão como detentora da capacidade de determinação da vontade, segundo uma lei que a razão dá a si mesma de modo *a priori*. Essa lei dada *a priori* pela razão é o imperativo categórico. "Age de tal forma que máxima de tua ação possa se enquadrar em uma lei universal"; isso significa, segundo Kant, que a vontade, como faculdade humana, ao agir determinada pela razão, estará em condições de concretizar a ação moral.

Porém, a vontade humana não é perfeita, uma vez que em nós, humanos, não há uma identificação perfeita entre vontade e razão. A vontade humana é subjetivamente contingente e só age em consonância à determinação objetiva da razão mediante obrigação (**caráter deontológico**). A mediação do imperativo categórico, enquanto princípio objetivo e obrigante para uma vontade, consolida o perfil da vontade humana, que não é perfeita, mas está a caminho desta. Certamente que o imperativo categórico somente adquire sentido tendo por base a imperfeição da vontade humana. A incompletude desta proporciona condições para que se argumente a favor da coerção racional da vontade como caminho necessário para a realização de uma ação moral (*vide* 2.11.1).

3.3. Princípio universal do direito

Como visto acima, a moral em Kant é fruto do constrangimento que a razão, por meio do imperativo categórico, exerce objetivamente sobre a dimensão subjetiva da vontade. Kant coloca o homem no meio do caminho entre Deus (Divino) e os animais (natureza). Deus dispõe de uma vontade perfeita, na qual vontade e razão se identificam. Os homens têm uma vontade imperfeita, em que a relação entre vontade e razão se dá mediante **obrigação**. E os animais são seres arrastados pelo instinto de conservação, que visam aumentar o prazer e diminuir a dor. Kant constrói sua reflexão sem conceder demasiado ao céu (**idealismo**) e sem restringir tudo à terra (**empirismo**). O homem fica, pois, no meio-termo entre o empirismo e o idealismo. E é nesse meio-termo que também se encontra o direito. Assim como a moral só faz sentido por meio da liberdade plena – autonomia da vontade –, também o direito somente terá significado entre pessoas livres. Essa reciprocidade pela liberdade não é empírica, mas ideal. É por intermédio da liberdade que se asseguram as condições de possibilidade para a realização dos fatos jurídicos (empíricos).

No âmbito da moralidade, o imperativo categórico assegura as condições para o exercício pleno da liberdade – manifestada na determinação racional da vontade –, que Kant chama de autonomia. No direito, a questão é "como assegurar o máximo de liberdade com um mínimo de restrições" (BILLIER, 2005, p. 154). Esse é o papel imperativo do direito. *Se a moral é uma obrigação imperativa interna da consciência, o direito, ao contrário, é uma forma de obrigação que se impõe externamente, mediante a coação.* A obediência às leis jurídicas não é senão o cumprimento da legalidade, o que pode ser feito sem nenhum compromisso moral, uma vez que a moral impõe autonomia e o direito requer o cumprimento de uma norma heterônoma. Como bem destaca Norberto Bobbio, o direito para Kant é "o meio para garantir a coexistência das esferas de liberdade externa de todos os cidadãos" (BOBBIO, 2006, p. 151).

4. DIREITO: COAÇÃO E CORREÇÃO

4.1. Direito e coação

Uma das formas de caracterizar o positivismo jurídico é aquela que defende o binômio direito-coação. Assumir que o direito é uma ordem de coação significa ligar o direito ao poder e, de imediato, ao poder estatal. Logo, a coação é o termo-chave que vincula o direito ao Estado em uma perspectiva que associa a filosofia do direito à filosofia política. Pensar o Estado, na Modernidade, é pensá-lo sob a ótica dos autores contratualistas, que o caracterizaram sob o pano de fundo do estado de natureza. Assegurar o cumprimento de um dever mediante o poder ou o uso da força tem significados distintos no estado de natureza e no Estado civil. No estado de natureza, o indivíduo pode até fazer uso da própria força para garantir o que lhe é devido, mas não deixaria de cometer um ato de violência. No Estado civil é recomendável que se busque o Estado para que este use a força e obtenha a justa reparação nas relações individuais, não sendo a ação estatal considerada violenta, pois é revestida de uma espécie de "**coercibilidade lícita**".

O direito moderno assenta-se em dois aspectos fundamentais: sua positividade e, ao mesmo tempo, sua pretensão de aceitabilidade racional. Em Kant, as normas do direito são perspectivadas como leis de coerção (comportamento conforme a legalidade) e leis da liberdade (reconhecimento do dever moral da lei). Isso demonstra que a tensão entre facticidade e validade em Kant está colocada na relação interna entre coação e liberdade, a saber, na autorização do uso da coerção legitimamente exercida pelo Estado e na coexistência das liberdades dos arbítrios de todos aqueles que estão sob a proteção da norma jurídica.

Enfim, Kant enxerga o direito como portando as condições de garantir a coexistência da liberdade de todos os cidadãos, sem, no entanto, abrir mão do seu caráter peculiar, que é impor a obrigação de forma coativa.

Jürgen Habermas expressará a dualidade kantiana em termos de validade social (fática) e legitimidade. A validade social ou fática é determinada pelo grau de aceitação da norma jurídica no contexto da sociedade. A aceitação normativa não é amparada pela tradição de valores ou costumes, como era comum em sociedades tradicionais, mas pela imposição de sanções aplicadas pelo Judiciário. Resta à legitimidade normativa medir sua força por meio do resgate discursivo de sua pretensão de validade, o que implica dizer que a legitimidade não depende de a norma conseguir impor-se tacitamente, nem se vale de coerção, valores, costumes ou qualquer pretensão metafísica, mas tão somente do resgate discursivo operado em instância processual legislativa, desde que as condições da sua justificação possam perpassar a formulação de discursos assegurados em uma esfera democrática.

A positividade não significa outra coisa senão a criação de uma artificialidade normativa consentida para dar conta de um fragmento da realidade. Via de regra, tal preceito artificial pode ser modificado ou até mesmo revogado. Eis o porquê de Habermas afirmar que "o *pathos* do positivismo jurídico alimenta-se desse voluntarismo da pura criação" (HABERMAS, 1997, p. 60). Ainda assim, a validade do direito exercida sob o caráter impositivo e coercitivo do Estado demanda um processo que o torne racional, isto é, legítimo no sentido de garantir a liberdade de todos os sujeitos de direito no contexto de um Estado que se propõe democrático.

> Ao consentir que a coerção configura-se em uma propriedade exclusiva do direito, pode-se correr o risco de colocá-lo a serviço do poder político, instrumentalizando-o a interesses arbitrários de mandatários de plantão. Ao levar em conta que a correção é também uma das propriedades do direito, criam-se as condições para pensá-lo em uma perspectiva de legitimidade.

As duas propriedades – coerção e correção – figuram "numa relação tensa, de tal forma que se for acentuada a propriedade da coerção – como faz o positivismo –, o direito tende a ser servil ao poder, e se for acentuada a validade, o direito tende a ser servil à moral – como nas teorias do direito natural" (DUTRA, 2008, p. 22). O direito vive em uma permanente tensão entre a política e a moral. Quando o peso da balança pende mais à coerção, sobressai a posição positivista; quando, ao contrário, o peso pende mais à moral, a concessão é dada ao jusnaturalismo e, também, ao pós-positivismo.

É importante notar que a teoria da coação se subdivide em clássica e moderna. **Thomasius, Kant e Jhering** são vistos como integrantes da **teoria clássica** – que enxerga a coerção como meio necessário para fazer valer as normas jurídicas. Em outras palavras: na teoria clássica, a validade (eficácia) das normas jurídicas se dá por meio da coerção. A **teoria moderna**, que tem entre seus defensores **Kelsen e Alf Ross**, defende que a coerção é inerente às normas jurídicas, a saber, "o direito é um conjunto de normas que regulam o uso da força coativa" (BOBBIO, 2006, p. 155). Nesse caso, a coerção, como condição própria do direito, cumpre a tarefa de regulamentar o uso da força dentro de uma sociedade, evitando, assim, o retorno ao estado de natureza.

4.2. Direito e correção

A questão da **correção** envolve a **relação entre direito e moral**. É sabido que essa relação constitui um dos pontos fundamentais do debate que demarca a fronteira entre positivistas e não positivistas. O positivismo defende a tese da separação entre direito e moral, resguardando que não haveria qualquer vínculo que demonstrasse a necessidade, nem lógica nem factual, da implicação entre direito e moral. A alegação que há uma conexão entre direito e moral é sustentada pelos não positivistas. Robert Alexy, por exemplo, é um autor que defende a conexão entre direito e moral e reputa que a justificativa para esta defesa se pauta na exigência de correção ao direito. Assim diz: "A pretensão de correção é necessariamente erigida em todos os sistemas jurídicos. Se ela não é erigida, o sistema em questão não é um sistema jurídico" (ALEXY, 2014, p. 53).

Se há uma pretensão de correção que justifica a existência do próprio direito, então a defesa da conexão entre direito e moral seria um passo consequente. A questão, no entanto, é saber se a pretensão de correção é empírica, conceitual ou normativa? Se a correção for uma decisão empírica, então ela não se sustentaria como uma necessidade. A correção se impõe como necessidade em um patamar mais abstrato de reflexão. E isso se dá na medida em que se espera que os atos jurídicos praticados dentro de um sistema de normas sejam corretos. No caso, por exemplo, de uma decisão judicial, espera-se que ela, enquanto ato jurídico, esteja correta tanto do ponto de vista substancial quanto do ponto de vista procedimental. Em tal decisão, além da correção, espera-se que ela possa ser justificada com base em razões e argumentos e que, igualmente, tenha aceitação, ou seja, que atenda à expectativa de comportamento. Então um **ato jurídico**, na visão de Alexy, **deve ser correto, justificável e aceitável**.

Seria, no mínimo, questionável uma sentença que prolatasse a seguinte decisão: "o acusado é condenado por meio deste ato à prisão, apesar de a presente decisão ser incorreta, pois o direito válido foi interpretado incorretamente" (ALEXY, 2014, p. 50). Aparentemente o juiz da decisão incorreu em uma contradição performativa, uma vez que a pretensão de correção inerente ao ato jurídico foi negada de forma explícita ao proferir a decisão. Houve da parte do julgador o descumprimento das regras convencionadas no direito vigente? Foi um mero erro de intepretação das normas ou ato declarado de desonestidade? Parece que em todo ponto de vista conceitual há uma conexão entre correção e direito, a menos que se diga que o direito é meramente expressão de poder, vontade e subjetividade. Nesse caso já não se falaria mais em pretensão de correção, mas em pretensão de poder, o que, aliás, são coisas bem distintas. "Abrir mão da pretensão de correção é abandonar a prática que é definida pelas distinções entre o correto e o incorreto, a verdade e a falsidade, a objetividade e a subjetividade e entre a justiça e a injustiça" (ALEXY, 2014, p. 51).

Abandonar a **pretensão de correção** é demitir o próprio direito e passar a regular as interações humanas com base no arbítrio, no poder e em decisões subjetivas. Sem o direito, não haveria **coordenação de ações** e tampouco a **cooperação social regulada por normas legítimas.** Alexy diz que "a decisão entre a pretensão de correção e sua alternativa é uma decisão existencial" (ALEXY, 2014, p. 52). Se é uma decisão existencial querer ou não a regulação pelo direito, então o liame entre direito e correção não deixa de apresentar-se como uma conexão conceitual que correlaciona direito e moral. A pretensão de correção tem, pois, uma implicação existencial, uma decisão ética, por assim dizer, ao passo que a **pretensão de coerção** que acompanha o direito tem sua necessidade referendada por uma exigência instrumental de fazer prevalecer a **segurança jurídica** e a **eficiência do próprio sistema jurídico**.

5. DIREITO E CIÊNCIA

Na Antiguidade grega, o direito era visto como área de reflexão situada no âmbito da razão prática, e o discurso acerca da esfera jurídica era um discurso prático associado à ética e à política. A ação ética, assim como a ação jurídica, eram muito mais dependentes de **orientações prudenciais** do que propriamente de reflexões teóricas.

No contexto romano, o direito passou a ser visto como técnica de resolução de problemas, havendo a compreensão de que seria necessário um estudo mais aprofundado dos textos legais, assegurando-lhes coerência e, ao mesmo tempo, autoridade para que pudessem se impor socialmente. O direito deixa de ser mera conduta de prudência e se converte em um **saber dogmático**.

Na Modernidade, o direito se aproxima da ciência e passa a requerer que o conjunto de suas leis, normas, doutrina e jurisprudência seja constituído na forma de um **saber científico**. O positivismo jurídico se enquadra neste terceiro momento ao considerar que os fatos jurídicos produzidos socialmente são semelhantes aos fatos que o cientista observa na natureza.

Assim como o cientista mantém uma postura de observador em relação à natureza e descreve suas descobertas de forma neutra, objetiva e avalorativa, o positivismo jurídico também requer ao estudo do direito as mesmas caraterísticas do pesquisador das ciências naturais. A primeira consequência dessa postura é a distinção entre fatos e valores, devendo, pois, o fenômeno jurídico ser analisado despido de qualquer conteúdo valorativo. O direito deve se ater aos fatos, deixando de lado a ética e os juízos de valor. O positivismo jurídico impôs de maneira radical a separação entre direito e moral. A segunda consequência refere-se à validade do direito, que deve se valer da própria estrutura formal jurídica (formalismo jurídico) e não da disposição de valores para a sua legitimidade social.

5.1. A ciência moderna

A Modernidade, em seu projeto inicial, havia determinado como meta principal a realização de uma civilização instaurada na razão, que fosse capaz de efetivar o sentido emancipatório da vida humana. O domínio da natureza, que constituiu a expressão teórica da ciência moderna, engendrou-se como forma de conhecimento que visava contribuir para a concretização de uma sociedade livre de superstições, delegando ao homem a posição de senhor da natureza e dono de seu destino. O conhecimento científico e a apropriação da técnica por meio do positivismo de Augusto Comte suprimiram a aspiração ao conhecimento teórico do mundo, em benefício, quase que exclusivo, de sua utilização técnica.

A objetivação metódica da natureza foi alcançada graças à combinação da matemática com a atitude instrumental, que, por meio da experimentação de seus objetos disponíveis, passou a dispor da natureza para fins de exploração e de manipulação. Desse modo, a ciência moderna, guardiã do **estatuto epistemológico**, acabou por conceder o *status* de conhecimento somente ao conteúdo passível de enquadramento aos requisitos científicos.

A decorrente tecnificação do mundo moderno impôs, também no campo da sociabilidade jurídica, uma racionalidade de índole instrumentalizada que converteu as questões de ordem prática (ética, política e direito) ao âmbito das decisões de ordem técnica. O positivismo jurídico nasceu do esforço de aproximar a investigação jurídica dos padrões operados nas ciências naturais, com uma racionalidade quantificadora de índole técnica.

Atualmente, as correntes que se aproximam do **Pós-positivismo** destacam que o modelo técnico-instrumental da razão não foi capaz de responder satisfatoriamente aos problemas emergidos do âmbito social, mas acabou por reduzi-los à mesma lógica instaurada no exercício de controle e dominação da natureza. O direito busca uma nova reconciliação com a moral, porém, agora, amparada em **princípios**, e com uma preocupação mais voltada à questão da aplicação (*vide* 1.6.2.3 e 1.6.2.4).

5.2. Ciência do Direito como teoria da interpretação

Para Bobbio, "o fato novo que assinala a ruptura do mundo moderno diante das épocas precedentes é exatamente representado pelo comportamento diverso que o homem assumiu perante a natureza" (BOBBIO, 2006, p. 135). E o direito, à medida que se aproximou da ciência, acabou por incorporar ao seu sistema a pretensão de que as normas jurídicas obtivessem correspondência ao âmbito lógico, epistemológico e metodológico. A utilização da lógica científica aplicada à metodologia das ciências sociais, como é o caso do direito, foi uma ideia corrente no século XIX. O positivismo jurídico foi o sustentáculo dessa experiência ao pretender que uma sentença judicial, por exemplo, fosse resultado de um procedimento mecânico, matematizado, lógico e, portanto, científico. Caberia ao juiz partir do texto de lei e realizar uma operação lógico-dedutiva para alcançar o caso concreto, encaixando-o à norma, em um processo denominado **subsunção**.

A aplicação da lógica formal ao direito remonta à composição silogística de Aristóteles e implica, ademais, considerar o direito um sistema formal, cujas normas são estruturadas por princípios lógicos, destituídos de qualquer aspecto valorativo. Essa concepção formalista de direito consubstanciou alguns parâmetros de interpretação.

- **Interpretação gramatical** é a utilização das **regras gramaticais** para extrair o **significado** do texto de lei.
- **Interpretação lógica** é a utilização das **regras lógico-formais** para estruturar o significado da norma, tornando possível a elaboração de uma **argumentação** plausível e racionalmente aceitável.
- **Interpretação histórica** é a busca do sentido originário da norma jurídica, a saber, o sentido que o **legislador** buscou assegurar quando da criação do texto de lei.
- **Intepretação sistemática** é a busca pela unidade das normas jurídicas dentro do **ordenamento jurídico**, considerando que as normas estão dispostas de forma hierárquica e organizada, formando um sistema.

As quatro formas de intepretação visavam, em suma, alcançar a segurança jurídica e, para isso, era fundamental que a intepretação chegasse à real intenção do legislador no momento em que este havia conferido palavras ao texto de lei. O formalismo jurídico cunhou, neste quesito, a **teoria da interpretação subjetiva**. O papel da interpretação, em última instância, deveria ser o de desvelar a intenção do legislador depositada no momento da confecção da lei. Por esse motivo, a teoria da intepretação subjetiva rechaçava os modelos de **interpretação extensiva e restritiva**, ou seja, aqueles modelos que intentavam, respectivamente, ampliar ou limitar o sentido dado ao texto de lei, com o propósito de acomodá-los às circunstâncias dadas. Havia, ainda, na visão dessa corrente teórica, a pretensão de fazer valer a separação dos Poderes, impedindo que o aplicador da lei (Judiciário) se valesse da prerrogativa de intérprete para criar novas normas, assumindo, assim, o lugar do legislador.

5.3. Crítica ao Direito como ciência e nova concepção de intepretação

Na medida que o Direito passa a ser criticado por fazer uso da lógica formal como metodologia que não é peculiar à sua essência, aos poucos ocorre seu distanciamento perante a ciência. Começa a ser notado, de forma crítica, que a atividade jurídica não coaduna com a atividade científica, e que a certeza físico-matemática não se identifica com a condição de probabilidade que acompanha, por exemplo, a intepretação e a decisão judicial a respeito de um caso particular.

Instaura-se a compreensão de que o direito não pode estar vinculado à lógica, mas, sim, aos fatos que são produzidos pela vida.

> Contra o culto da lógica, que pensa fazer da ciência jurídica uma matemática do direito, *Jhering* afirmava que, na verdade, são os conceitos que existem por causa da vida (OLIVEIRA, 2012, p. 123).

> Para Jhering, a norma nasce de um *fim prático*, de um *fim social*, e não de uma estrutura conceitual lógico-formal. A norma, na concepção de Jhering, tem uma função social, portanto, uma característica menos lógica e mais *pragmática*.

Duas correntes teóricas seguiram essa linha pragmática do direito:

5.3.1. Teoria da jurisprudência dos interesses

Entende o direito como resultado da disputa dos diversos interesses que entremeiam a sociedade.

5.3.2. Escola do direito livre

Compreende o direito como fruto de emoções, intuições e pressões daqueles que decidem, ou seja, dos juízes que atuam nos tribunais constitucionais.

5.4. A lógica do razoável

O espanhol **Luis Siches** é outro nome a confirmar que a lógica formal, amplamente utilizada pelas ciências naturais, é insuficiente para dar conta dos problemas originados na sociedade, aqueles produzidos pela ação humana. Para contrapor a lógica formal entalhada na ideia de verdade, Siches cria a lógica do razoável, atrelada à ideia de **equilíbrio, harmonia e moderação de valores**. Desse modo, há uma clara tentativa de se afastar daquele procedimento formal do positivismo jurídico que se limita a subsumir fatos a normas gerais. "A lógica do razoável apoia-se na antropologia filosófica de Ortega y Gasset, segundo a qual a vida humana pertence ao reino da ação, que não se confunde com o campo do puro conhecimento" (OLIVEIRA, 2012, p. 132). (*Vide* 1.3.1 e 1.3.2.)

Siches entende que o direito se forma entremeado aos pressupostos valorativos, os quais se impõem historicamente. Significa afirmar que os valores são modificados com o tempo e transformam a carga semântica das normas jurídicas. Assim, as normas serão sempre passíveis de mudanças e transformações que as deixam reféns do processo dialético da vida, ao mesmo tempo que as circunstâncias fáticas são distintas entre si. As normas não podem estar desprendidas do contexto social e valorativo a que servem, tendo ainda de ser adaptadas aos casos singulares, particularizando-se na peculiaridade de cada caso concreto.

A aplicação da lógica do razoável necessita levar em consideração o contexto histórico e valorativo que o direito opera, analisar os valores implicados nos casos fáticos, suas possibilidades e limites, mensurar a relação dos valores aos fins propostos, enfim, fazer uma interpretação construtiva que privilegie o caso concreto, colocando-o como elemento referencial diante da norma.

5.5. Chaïm Perelman

Perelman é um importante pensador do século XX, com formação em filosofia e em direito, o que lhe permitiu discutir com propriedade o conceito de justiça e, também, os critérios para a tomada de decisão. Tendo como avaliação a impossibilidade de alcançar um conceito universal de justiça, destacou os modelos teóricos de justiça colhidos na tradição Ocidental, avaliando seus aspectos positivos e negativos. Destaca a justiça como: igualdade absoluta; igualdade distributiva; igualdade comutativa; igualdade como caridade; igualdade aristocrática e igualdade formal (CASTILHO, 2016).

Retoma a retórica de Aristóteles, fazendo uma análise sistemática com o objetivo de recolocar o papel da argumentação no processo decisório e evitar o caráter restritivo da lógica formal que havia prevalecido no positivismo jurídico. Perelman é considerado um pós-positivista.

5.6. Racionalidade jurídica

Partindo do pressuposto que o direito é um sistema normativo e está vinculado à regulação das ações produzidas no plano social, a justiça somente se realizará, de fato, se estiver conexa a um caso concreto. Como assegurar que a racionalidade presente na norma jurídica – que dispõe de uma validade geral, extensiva a todos os sujeitos de direito – também se faça presente no caso concreto? Diante da variabilidade dos casos concretos, torna-se praticamente impossível estabelecer uma regra geral que seja capaz de regular a aplicação da norma geral ao caso particular. Esse problema foi enfrentado de maneira distinta pelas correntes teóricas a seguir: hermenêutica jurídica; realismo jurídico; positivismo jurídico; e pós-positivismo.

- **Hermenêutica jurídica.** Aponta que a aplicação do direito, a saber, a relação que se faz entre a norma jurídica e o fato concreto, já está inserida em uma **pré-compreensão de valores** e costumes albergados no contexto histórico-social em que o sistema de direito está localizado. O problema da hermenêutica, segundo Habermas, por exemplo, é que a racionalidade da decisão estaria adstrita aos valores éticos, não sendo compatível com um modelo de **sociedade complexa**, como a atual, que comporta uma expressiva quantidade de valores éticos. A racionalidade da decisão judicial ficaria reduzida ao caráter preferencial de valores.
- **Realismo jurídico.** Compreende existir uma variabilidade de posições ideológicas e políticas, além de interesses diversos dentro da sociedade, o que afetaria a racionalidade da decisão, visto que, a depender da posição ideológica dos juízes, os resultados fatalmente serão diferentes. Em regra, os realistas são **céticos** quanto à racionalidade das decisões judiciais.
- **Positivismo jurídico.** Afirma que o direito é um sistema normativo, com regras e conceitos formais próprios, que permitiria elaborar uma decisão judicial independente de fatores extrajudiciais, tais como valores éticos (**Hermenêutica**) e posições ideológicas e políticas (**Realismo**). A racionalidade da decisão seria decorrência do procedimento formal e sistêmico do direito. Porém, em casos difíceis, não resolvidos com a **subsunção** do caso concreto às normas, o positivismo jurídico abre o expediente da **discricionariedade** do juiz.
- **Pós-positivismo.** Destacamos **Dworkin**, que critica as três correntes anteriores e busca ir além delas. Na concepção de Dworkin, as **normas** são subdivididas em **regras** e **princípios**. As regras são elaboradas pelo legislador e possuem um **caráter binário: válido e inválido**. Os princípios são **comandos normativos** que se impõem motivados pela **justiça** e a **moral**. Dworkin defende que a formulação do sistema de direito incorpora pressupostos deontológicos (justiça), não sendo o sistema todo ele condicionado à ideologia, interesses, valores ou restrito ao formalismo sistêmico. O direito é um processo construtivo e deve ser apreendido como um todo por aquele que o opera e a partir dele efetua a decidibilidade.

> "Dworkin pretende que a **interpretação construtiva** seja um método que reconstrua o conteúdo do ponto de referência deontológico, presente no direito como um conjunto coerente de regras e princípios" (DUTRA, 2008, p. 128). Nesse sentido, o juiz deve ser portador de ampla capacidade intelectual. É o juiz Hércules, aquele que é capaz de decidir compreendendo o direito na sua unidade, a saber, na sua **integridade**.

5.7. Hannah Arendt

Hannah Arendt (1906-1975) destacou em suas obras importantes reflexões sobre a política e o direito. Em *As origens do totalitarismo*, sobressai a expressão "o direito a ter direitos". A autora infere a necessidade de todo ser humano ter o direito de pertencimento e de ser acolhido em um grupo humano. Ninguém poderá ser arbitrariamente privado de sua nacionalidade, nem do direito de alterá-la. A nacionalidade é o vínculo político-jurídico de fidelidade existente entre o Estado e o cidadão. Esse liame garante ao cidadão as condições de dispor de direitos e de garantias convencionados no direito pátrio, inferindo daí a importância de o homem pertencer a uma comunidade política e ter o direito de ter todos os demais direitos.

Arendt reporta-se a uma cidadania ativa, em que o pertencimento a uma comunidade politicamente organizada permite que o cidadão atue de forma participativa. Isso significa, em termos, que a cidadania é resguardada quando se tem acesso pleno a uma ordem jurídica que garante o direito a ter direitos. A privação de direitos políticos obsta a liberdade de o ser humano ser tratado com respeito e igualdade pelos seus semelhantes. A política é, nesse sentido, a experiência do pertencimento a um grupo social e de poder gozar de direitos partilhados comumente. É na comunidade política, estruturada juridicamente, que se encontram resguardadas as garantias dos direitos civis e políticos, os quais protegem o indivíduo de todo e qualquer ataque que possa diminuir ou anular a sua dignidade.

> Perde-se o atributo essencial que qualifica o homem e sua dignidade, segundo Arendt, quando este é privado de pertencer a uma comunidade organizada politicamente, disposta a garantir direitos.

5.8. Neil MacCormick

Neil MacCormick (1941-2009) é um pensador escocês que se vale, em suas pesquisas, das análises da linguagem trazidas por Anscombre – na linha de Wittgenstein – e de Searle. Como pensador contemporâneo, mantém-se distante do jusnaturalismo por não considerar que a ordem jurídica corresponda a valores ou a princípios absolutos. Leva em conta o relativismo axiológico, próprio da contemporaneidade, e insere-se no debate dos normativistas do século XX, apontando a argumentação jurídica como caminho fundamental para proceder à justificação de decisões judiciais.

MacCormick é um teórico que se enquadra no marco do pós-positivismo institucional, mantendo a ideia de que o direito não pode ser abstraído da moral e da política. Para ele, a argumentação jurídica é a parte institucionalizada da argumentação prática em geral. E argumentar significa justificar as decisões, demonstrando sua compatibilidade com as disposições normativas e com os fatos estabelecidos.

No campo das argumentação jurídica, MacCormick requer sua operacionalidade em dois níveis: o dedutivo e o não dedutivo. Há de frisar que importantes autores no século XX buscaram afastar a lógica dedutiva do procedimento argumentativo operado no campo jurídico. A justificação dedutiva continua a ter importância para MacCormick e está implicada na subsunção do caso concreto às regras do direito, considerando que a decisão encontra-se justificada quando amparada na aplicação das regras válidas do direito. Já a justificação não dedutiva deve levar em consideração as consequências decorrentes da decisão para os seus destinatários.

Em suma, a argumentação para MacCormick impõe-se como condição indispensável ao processo de justificação da decisão judicial, com o objetivo de atender às expectativas que recam sobre ela tanto do ponto de vista normativo (corretivo) quanto do ponto de vista dos seus desdobramentos (consequências).

■ REFERÊNCIAS BIBLIOGRÁFICAS

ALEXY, Robert. *Conceito e validade do direito*. Tradução de Gercélia Batista de Oliveira Mendes. São Paulo: WMF Martins Fontes, 2011.

_____. *O conceito e a natureza do direito*. Tradução de Thomas da Rosa Bustamante. São Paulo: Marcial Pons, 2014.

BANNWART JÚNIOR, Clodomiro José; CACHICHI, Rogério Cangussu Dantas (Org.) *Sociologia jurídica*. Belo Horizonte: Arraes Editores, 2015.

BILLIER, Jean-Cassien; MARYOLI, Aglaé. *História da filosofia do direito*. Tradução de Maurício de Andrade. Barueri/SP: Manole, 2005.

BOBBIO, Norberto. *O positivismo jurídico*. Lições de filosofia do direito. São Paulo: Ícone, 2006.

_____. *Teoria da Norma Jurídica*. Tradução de Fernando Pavan Baptista e Ariani Bueno Sudatti. 2. ed. São Paulo: Edipro, 2003.

_____. *Teoria do Ordenamento Jurídico*. Tradução de Ari Marcelo Solon. São Paulo: Edipro, 2014.

CASTILHO, Ricardo. *Filosofia do direito*. 3. ed. São Paulo: Saraiva, 2016.

DIMOULIS, Dimitri. *Manual de introdução ao estudo do direito*. 6. ed. São Paulo: RT, 2014.

DUTRA, Delamar José Volpato. *Manual de filosofia do direito*. Caxias do Sul/RS: Educs, 2008.

HABERMAS, Jürgen. *Direito e democracia*: entre facticidade e validade. Tradução de Flávio Beno Siebeneichler. Rio de Janeiro: Tempo Brasileiro, 1997.

KANT, Immanuel. *Fundamentação da metafísica dos costumes*. Tradução de Artur Morão. Lisboa: Edições 70, 1995.

LIMONGI, Maria Isabel M. P. Os contratualistas. In: RAMOS, Flamarion Caldeira; MELO, Rúrion; FRATESCHI, Yara (Coord.). *Manual de filosofia política*: para os cursos de teoria do estado e ciência política, filosofia e ciências sociais. 2. ed. São Paulo: Saraiva, 2015.

MacCORMICK, Neil. *Retórica e Estado de Direito*. Tradução de Conrado Hübner Mendes e Marcos Paulo Veríssimo. Rio de Janeiro: Elsevier, 2008.

MACIEL, José Fábio Rodrigues; AGUIAR, Renan. *História do direito*. 2. ed. São Paulo: Saraiva, 2008.

MARCONDES, Danilo. *Iniciação à história da filosofia*. Dos pré-socráticos a Wittgenstein. 2. ed. Rio de Janeiro: Zahar, 2007.

MILL, John Stuart. *Sobre a liberdade*. Tradução de Denise Bottmann. Porto Alegre: L&PM, 2016.

MONTESQUIEU. *O Espírito das Leis*. São Paulo: Editora Nova Cultural, 1997.

OLIVEIRA, André Gualtieri. *Filosofia do direito*. São Paulo: Saraiva, 2012 (Coleção saberes do direito – 50).

PALOMBELLA, Gianluigi. *Filosofia do direito*. Tradução de Ivone C. Benedetti. São Paulo: Martins Fontes, 2005.

REALE, Miguel. *Lições preliminares de direito*. 27. ed. São Paulo: Saraiva, 2012.

VADE MECUM Saraiva. OAB e Concursos. 16. ed. atualizada e ampliada. São Paulo: Saraiva, 2018.

■ QUESTÕES

(XXXIV Exame de Ordem Unificado/FGV) Mas tal como os homens, tendo em vista conseguir a paz, e através disso sua própria conservação, criaram um homem artificial, ao qual chamamos Estado, assim também criaram cadeias artificiais, chamadas leis civis, as quais eles mesmos, mediante pactos mútuos, prenderam numa das pontas à boca daquele homem ou assembleia a quem confiaram o poder soberano, e na outra ponta a seus próprios ouvidos.

Thomas Hobbes

Em seu livro *Leviatã*, Hobbes fala de um direito natural à liberdade de preservar sua própria vida. Porém, ele fala, também, da liberdade resultante do Pacto que institui o Estado Civil, isto é, da liberdade dos súditos.

Assinale a opção que expressa essa ideia de liberdade dos súditos, segundo Hobbes no livro em referência.

A) Agir conforme os princípios do direito internacional, das tradições e dos costumes que são amplamente conhecidos pelos governos e pelos povos.
B) Ser livre para instaurar uma assembleia soberana que decida acerca das condutas que serão permitidas, proibidas e obrigatórias no âmbito do Estado Civil.
C) O poder do mais forte de decidir sobre os mais fracos, tal qual fazem os Estados soberanos após batalharem entre si e algum deles vencer a guerra.
D) A liberdade de fazer as coisas conforme elas foram reguladas pelo poder soberano, tais como comprar, vender e realizar outros contratos mútuos.

RESPOSTA

A) Para o contexto e época de Hobbes, o direito internacional ainda era incipiente, encontrado espaço inaugural de reflexão no pensamento de Hugo Grócio, contemporâneo de Thomas Hobbes.
B) A liberdade não se limita a possibilidade de instaurar uma assembleia, mas do exercício político decorrente de regras legítimas que emanam do pacto na forma de direitos e deveres.
C) Por não considerar possível que o homem seja governado somente pela natureza, como a imposição da força, por exemplo, uma vez que esse quadro redundaria em um estado permanente de guerra, é que Hobbes propõe o pacto social como condição e garantia de sociabilidade.
☑ Não se trata da liberdade absoluta, como pressuposta no Estado de natureza, e geradora de um permanente estado de guerra de todos contra todos. Mas, sim, de uma liberdade regrada pelo pacto, ao oferecer condição de sociabilidade e garantia para a preservação da vida.

(XXXIV Exame de Ordem Unificado/FGV) John Locke, em seu livro *Segundo Tratado sobre o Governo*, afirma que no estado de natureza as pessoas são livres, porém não possuem as condições de fruição da liberdade. Assim, é necessário instituir uma sociedade política com um governo civil.

Assinale a opção que, segundo o autor no livro em referência, expressa os fins da sociedade política e do governo.

A) Estabelecer um processo de dominação de classe.
B) Promover a autocontenção da animalidade humana.
C) Garantir a mútua conservação da vida, da liberdade e da propriedade.
D) Assegurar o governo de um soberano forte e limitado apenas pela própria vontade.

RESPOSTA

A) O conceito de classe não faz parte do repertório conceitual de Locke, que é um pensador liberal. Seu objetivo é refletir acerca da garantia dos direitos fundamentais.
B) Locke não tem uma leitura negativa do Estado de Natureza a ponto de compreender o homem semelhante a um animal, como havia feito Hobbes ao dizer que o homem é o lobo do próprio homem. Locke não busca contenção, mas assegurar ampla liberdade para o indivíduo.
☑ Locke compreende que o Estado Social tem por objetivo garantir e preservar, no âmbito do direito positivo, os direitos fundamentais já inscritos no estado de natureza, tais como liberdade, propriedade e trabalho.
D) Para Locke, o poder soberano está limitado pelo próprio pacto. Havendo ações arbitrárias do soberano que violem o pacto, o povo tem o direito de resistência, também chamado de desobediência civil.

(35º Exame de Ordem Unificado/FGV) A calamidade dos que não têm direitos não decorre do fato de terem sido privados da vida, da liberdade ou da procura da felicidade... Sua situação angustiante não resulta do fato de não serem iguais perante a lei, mas sim de não existirem mais leis para eles...

Hannah Arendt

A filósofa Hannah Arendt, em seu livro *As Origens do Totalitarismo*, aborda a trágica realidade daqueles que, com os eventos da II Guerra Mundial, perderam não apenas seu lar, mas a proteção do governo. Com isso, ficaram destituídos de seus direitos e, também, sem a quem pudessem recorrer.

Diante disso, Hannah Arendt afirma que, antes de todos os direitos fundamentais, há um primeiro direito a ser garantido pela própria humanidade.

Assinale a opção que o apresenta.

A) O direito à liberdade de consciência e credo.
B) O direito a ter direitos, isto é, de pertencer à humanidade.
C) O direito de resistência contra governos tiranos.
D) O direito à igualdade e de não ser oprimido.

RESPOSTA

A) A política e o direito devem, em primeiro lugar, garantir o direito de pertencimento e de acolhimento como condição indispensável para que todos tenham preservado o direito a ter direitos. Desse pressuposto decorrem os demais direitos.
☑ Para Hannah Arendt, o atributo essencial que qualifica a dignidade humana está no pertencimento a uma comunidade política, que, valendo-se de uma estrutura jurídica, garante a todos o direito a ter direitos.
C) Aplica-se a resposta da alternativa A
D) Aplica-se a resposta da alternativa A.

(35º Exame de Ordem Unificado/FGV) É possível que, diante de um caso concreto, seja aceitável a aplicação tanto de uma lei geral quanto de uma lei especial. Isso, segundo Norberto Bobbio, em seu livro *Teoria do Ordenamento Jurídico*, caracteriza uma situação de antinomia.

Assinale a opção que, segundo o autor na obra em referência, apresenta a solução que deve ser adotada.

A) Deve ser feita uma ponderação de princípios entre a lei geral e a lei especial, de forma que a lei que se revelar menos razoável seja revogada.

B) Deve prevalecer a lei especial sobre a lei geral, de forma que a lei geral seja derrogada, isto é, caia parcialmente.
C) Deve ser verificada a data de edição de ambas as leis, pois, nesse tipo de conflito entre lei geral e lei especial, deve prevalecer aquela que for posterior.
D) Deve prevalecer a lei geral sobre a lei especial, pois essa prevalência da lei geral é um momento ineliminável de desenvolvimento de um ordenamento jurídico.

RESPOSTA

A) Na situação antinômica apresentada, não cabe ponderação, mas a sobreposição da lei especial sobre a lei geral, o que representa retirar da última aquilo que é incompatível com a primeira.

☑ A lei especial deve anular a lei geral, porque a primeira aponta diferenciações e especificações que a última não comporta. Por esse motivo, diz Bobbio, "a persistência na regra geral importaria no tratamento igual de pessoas que pertencem a categorias diferentes, e, portanto, numa injustiça".

C) Não se trata, no caso em tela, de antinomia que ocorre no plano cronológico, mas da passagem de uma regra mais extensa para uma regra menos extensa, como exigência de realização da justiça.

D) A alternativa, conforme apresentada na questão, apenas sofreu alteração na redação. Na obra de Bobbio, ele afirma o seguinte: "Entende-se, portanto, porque a lei especial deve prevalecer sobre a geral: ela representa um momento ineliminável do desenvolvimento de um ordenamento".

(36º Exame de Ordem Unificado/FGV) Juízes e juristas, ademais, são muito mal aparelhados para fazer esse tipo de avaliação [consequencialista], em comparação com o braço executivo do governo, ou mesmo do legislador.

Neil MacCormick

Neil MacCormick, em seu livro *Retórica e o Estado de Direito*, afirma que um certo tipo de raciocínio consequencialista tem importância decisiva na justificação das decisões jurídicas. Contudo, ele reconhece que há dificuldades para se adotar essa postura consequencialista.

Assinale a opção que, segundo o autor, na obra citada, expressa tal dificuldade.

A) A dificuldade está na extensão das consequências que os juízes devem considerar e nas bases sobre as quais eles devem avaliá-las.
B) É difícil fazer uma análise isenta, pois as convicções religiosas de um juiz o fazem projetar as consequências de suas decisões nos termos de sua cosmovisão.
C) É preciso decidir com base nos textos legais e é impossível fazer juízos consequencialistas a partir daquilo que dizem as normas jurídicas.
D) O juízo consequencialista se adequa ao sistema de direito romano-germânico, mas não ao sistema de direito consuetudinário, portanto, é muito difícil torná-lo um padrão universal.

RESPOSTA

☑ MacCormick destaca o que ele chama de "armadilha para os consequencialistas", a saber, a dificuldade de balizar as consequências de decisões destinadas "a gerar certos estados de coisas que falham frequentemente em virtude de efeitos colaterais não previstos".

B) O comando da questão destaca a dificuldade de juízes e juristas decidirem com base em avaliação consequencialista. A concepção religiosa e a cosmovisão subjetiva do juiz não sustentam o desdobramento de decisões que afetam o futuro.

C) A justificação que acompanha a decisão é pautada em regras jurídicas válidas. Porém, diante da aplicação de normas que podem gerar desdobramentos negativos imediatos ou impactos nocivos, MacCormick não afasta, em situações específicas, a possibilidade de posições consequencialistas.

D) O juízo consequencialista impõe um diálogo com o futuro e com inúmeras variáveis incertas não captadas no presente. Por esse motivo, avaliações consequencialistas não se firmam como padrão universal, independentemente dos sistemas jurídicos adotados.

(36º Exame de Ordem Unificado/FGV) "O problema da eficácia nos leva ao terreno da aplicação das normas jurídicas, que é o terreno dos comportamentos efetivos dos homens que vivem em sociedade..."

Norberto Bobbio

Norberto Bobbio, em seu livro *Teoria da Norma Jurídica*, ao tratar dos critérios de valoração da norma jurídica, fala de três critérios possíveis: justiça, validade e eficácia. Com relação ao critério da eficácia na obra em referência, assinale a afirmativa correta.

A) Relaciona-se ao problema da interdependência necessária entre os critérios, isto é, para que uma regra seja eficaz, ela deve também ser válida e ser justa.
B) Diz respeito ao problema de uma norma ser ou não seguida pelas pessoas a quem é dirigida e, no caso de violação, ser imposta por via coercitiva pela autoridade que a evocou.
C) Trata-se do problema da correspondência ou não da norma aos valores últimos ou finais que inspiram um determinado ordenamento jurídico, expressos pelo legislador de maneira mais ou menos explícita.
D) Refere-se ao problema da existência da regra enquanto tal e se resolve com um juízo de fato, isto é, trata-se de constatar se uma regra assim determinada pertence ou não a um ordenamento jurídico.

RESPOSTA

A) Bobbio entende que a norma jurídica pode ser apreciada sob a ótica de três acepções distintas: justiça, validade e eficácia. Estas três dimensões são, para o autor, independentes entre si. Por exemplo: No passado a escravidão foi aceita como norma válida, porém, sem ser justa.

☑ A eficácia, para Bobbio, relaciona-se ao fato de a norma ser ou não ser seguida pelas pessoas. Logo, a eficácia diz respeito a relação que se estabelece entre a norma e a conduta humana, aquilo, portanto, que a torna socialmente aceita e eficaz.

C) A eficácia não carrega uma teleologia valorativa. A inspiração de valores que devem ou não estar presentes na norma corresponde à justiça. É no tratamento conferido à justiça que cabe questionar os valores que a norma pretende realizar.

D) A existência é outro componente da norma e refere-se à validade. Não cabe a esse respeito juízos de valor, apenas constatar se a regra é jurídica, portanto, se ela foi emanada de um poder legítimo e como ela se encontra dentro do sistema jurídico.

■ **MATERIAL DIGITAL EXCLUSIVO**

FILOSOFIA DO DIREITO

Material Complementar

somos.in/CEOABVU10

Direito Eleitoral

Celso Spitzcovsky

Mestre em Direito do Estado pela PUC-SP. Professor de Direito Administrativo e Eleitoral no Damásio Educacional. Advogado militante na área de Direito Constitucional, Administrativo e Eleitoral.

Sumário

1. Fontes: 1.1. Fontes diretas; 1.1.1. Constituição Federal; 1.1.2. Leis; 1.1.3. Resoluções; 1.1.4. Súmulas; 1.1.5. Consultas; 1.2. Fontes indiretas; 1.2.1. Doutrina; 1.2.2. Jurisprudência – **2. Princípios:** 2.1. Noção geral; 2.2. Princípios específicos; 2.2.1. Princípio democrático; 2.2.2. Princípio dos sistemas eleitorais; 2.2.3. Pluralismo político; 2.2.4. Princípio da Segurança das Relações Jurídicas em matéria eleitoral; 2.2.5. Moralidade eleitoral; 2.2.6. Princípio da celeridade processual – **3. Direitos Políticos:** 3.1. Conceito e espécies; 3.2. Aquisição dos direitos políticos – **4. Democracia Direta: Instrumentos:** 4.1. Sufrágio universal; 4.2. Voto direto e secreto; 4.3. Plebiscito e referendo; 4.4. Iniciativa popular – **5. Democracia Representativa:** 5.1. Condições de elegibilidade ao nível Constitucional; 5.1.1. A nacionalidade brasileira; 5.1.2. O pleno exercício dos direitos políticos; 5.1.3. Alistamento eleitoral; 5.1.4. Domicílio eleitoral na circunscrição; 5.1.5. Filiação partidária; 5.1.6. Idade mínima; 5.2 Condições de elegibilidade na Lei n. 9.504/97; 5.3. Hipóteses de inelegibilidade ao nível Constitucional; 5.4. Hipóteses de inelegibilidade previstas na Lei Complementar n. 64/90; 5.5. Perda e suspensão de direitos políticos – **6. Partidos Políticos:** 6.1. Noções gerais; 6.2. Da criação dos partidos políticos; 6.3. Da autonomia partidária; 6.4. Fidelidade partidária; 6.5. Fundos eleitorais; 6.6. Vedação de partidos como organização paramilitar; 6.7. Acesso gratuito à rádio e TV – **7. Da organização da Justiça Eleitoral:** 7.1. Noções gerais; 7.2. Tribunal Superior Eleitoral; 7.3. Tribunais Regionais Eleitorais, 7.4. Juízes eleitorais, 7.5. Juntas eleitorais; 7.6. Das garantias e impedimentos – **8. Do Ministério Público Eleitoral:** 8.1. Noção geral; 8.2. Localização do tema na Constituição; 8.3. Legislação; 8.4. Princípios; 8.4.1. Unidade; 8.4.2. Indivisibilidade; 8.4.3. Independência ou autonomia funcional; 8.4.4. Promotor natural; 8.5. Competências; 8.6. Garantias do Ministério Público – **9. Convenções partidárias e registro de candidaturas:** 9.1. Das convenções partidárias; 9.2. Do registro de candidaturas – **10. Da Campanha Eleitoral:** 10.1. Financiamento; 10.2. Pesquisas eleitorais; 10.3. Propaganda eleitoral; 10.3.1. Noções gerais; 10.3.2. Modalidades permitidas e proibidas; 10.4. Direito de resposta; 10.5. Condutas vedadas aos agentes públicos – **11. Atos preparatórios das eleições – 12. Garantias Eleitorais – 13. As Eleições:** 13.1. Das permissões e proibições; 13.2. Do encerramento da votação; 13.3. Da apuração – **14. Prestação de Contas – 15. Da Diplomação e da Posse:** 15.1. Da Diplomação; 15.2. Da Posse – **16. Ações Eleitorais:** 16.1. Ação de impugnação de pedido de registro de candidatura – AIRC; 16.2. Ação de investigação judicial eleitoral – AIJE; 16.3. Ação por captação irregular de sufrágio; 16.4.

Ação de impugnação de mandato eletivo – AIME; 16.5. Recurso contra a diplomação; 16.6. Representações eleitorais; 16.7. Quadro sinótico – **17. Dos Recursos:** 17.1. Noções gerais; 17.2. Das modalidades; 17.2.1. Do recurso em face das decisões de juízes e Juntas Eleitorais; 17.2.2. Dos Recursos em face das decisões proferidas pelos TREs; 17.2.3. Recursos contra decisões do Tribunal Superior Eleitoral; 17.3. Fluxograma – **18. Dos Crimes Eleitorais:** 18.1. Noções gerais; 18.2. Modalidades; 18.2.1. Crimes eleitorais concernentes à formação do corpo eleitoral; 18.2.2. Crimes eleitorais relativos à formação e funcionamento dos partidos políticos; 18.2.3. Crimes eleitorais em matéria de arguição de inelegibilidades com má-fé; 18.2.4. Crimes eleitorais concernentes à propaganda eleitoral; 18.2.5. Crimes eleitorais relativos à votação; 18.2.6. Crimes eleitorais pertinentes à garantia do resultado legítimo das eleições; 18.2.7. Crimes eleitorais concernentes à organização e funcionamento dos serviços eleitorais; 18.2.8. Crimes contra a fé pública eleitoral – **19. Súmulas do TSE – Questões – Material digital exclusivo.**

1. FONTES

As **fontes** do direito eleitoral **dividem-se** em **dois grupos**: **diretas** e **indiretas**.

1.1. Fontes diretas

1.1.1. Constituição Federal

Ao nível da **Constituição Federal**, encontram-se temas como os **princípios** que comandam esse ramo do direito, **direitos políticos**, **partidos políticos** e a **estrutura** e **organização** do **Poder Judiciário**.

1.1.2. Leis

Em **matéria eleitoral**, apresentam-se **apenas leis federais**, tendo em vista a **competência privativa** atribuída pela CF à **União** para legislar, nos termos do art. 22, *caput*. Nesse sentido, resulta que leis estaduais, municipais e distritais não se apresentam como fontes.

Ao longo da Constituição Federal, surgem situações demandando **leis complementares** (art. 14, § 9º) e **ordinárias** (art. 14, § 3º), **vedando-se** a utilização de **medidas provisórias**, por força da proibição estabelecida no art. 62, § 1º, I, "a".

1.1.3. Resoluções

Espécies normativas **com força de lei** são editadas para **oferecer a ela fiel execução** em matéria eleitoral, **não podendo inovar** estabelecendo **direitos e obrigações**.

A **competência** para sua edição foi atribuída ao **TSE**, nos termos dos arts. 1º, parágrafo único c/c art. 23, IX, da Lei n. 4737/65 (Código Eleitoral).

Devem ser **editadas até** o dia **5 de março do ano** de realização **das eleições**, a teor do disposto no art. 105 da Lei n. 9.504/97 (Lei das Eleições).

Destaque também para a **competência atribuída aos TREs**, nos termos do art. 30, XVI, do Código Eleitoral.

1.1.4. Súmulas

Em matéria eleitoral, a **quantidade** de súmulas editadas pelo TSE é muito **menor**, atingindo, **atualmente**, o patamar de **72**, não se apresentando **nenhuma com caráter vinculante**.

1.1.5. Consultas

Possível sua apresentação, desde que **respeitados os requisitos** estabelecidos na legislação eleitoral. Assim, **quanto ao seu conteúdo**, devem ser formuladas sobre **matéria em tese**, não podendo incidir sobre casos concretos, nos termos do art. 23, XII, do CE.

Por outro lado, quanto à **legitimidade** para a sua propositura, recai sobre **autoridades com jurisdição federal** e **órgão nacional de partido político**.

Ao nível **estadual**, serão elas **direcionadas** aos **TREs por autoridade pública** ou **partidos políticos**, nos termos do art. 30, VIII, do CE, **vedando-se**, novamente, as que tenham **caráter concreto**.

1.2. Fontes indiretas

1.2.1. Doutrina

Nesse particular, o destaque para a positivação quanto à utilização de doutrina como fonte do direito eleitoral **abrangendo todos os autores**.

1.2.2. Jurisprudência

Além das súmulas que representam a consolidação do posicionamento da Corte sobre determinada matéria, ainda que em matéria eleitoral, **sem o caráter vinculante**, prestigiou-se também as **decisões pontuais exaradas pelas Cortes Eleitorais**.

Nesse particular, vale destacar o **dinamismo dessa área do direito**, uma vez que a **jurisprudência** pode ser **alterada** em **tempo menor**, tendo em vista a duração do mandato dos integrantes das Cortes eleitorais, vale dizer, 2 anos, admitida uma recondução, nos termos do art. 121, § 2º, da CF.

Portanto, **possível** que a **orientação** da Corte **seja alterada** de 4 em 4 anos ou **até menos**.

Para melhor visualização dos itens desenvolvidos nessa seção, confira-se o seguinte quadro:

Fontes Diretas	Fontes Indiretas
■ Constituição Federal;	■ Doutrina; e
■ Leis Federais;	■ Jurisprudência.
■ Resoluções;	
■ Súmulas do TSE; e	
■ Consultas ao TSE e aos TREs.	

2. PRINCÍPIOS

2.1. Noção geral

Em primeiro lugar, importante destacar a **incidência**, em matéria eleitoral, **dos princípios gerais que comandam a atividade administrativa**, explícitos (art. 37, *caput*, da CF), bem como **os implícitos**, como Isonomia, Razoabilidade, Proporcionalidade, Supremacia do Interesse Público, Segurança, entre outros.

2.2. Princípios específicos

2.2.1. Princípio democrático

Encontra-se positivado no **art. 1º da CF**, com destaque para a previsão relacionada ao Estado Democrático de Direito, com **poder entregue ao povo**, nos termos do seu parágrafo único, que poderá **exercê-lo diretamente**, **através dos instrumentos** relacionados ao longo **do art. 14** (democracia direta) ou **através dos seus representantes eleitos** (democracia representativa ou indireta).

Portanto, nossa **Constituição consagra** a chamada **democracia semidireta**.

2.2.2. Princípio dos sistemas eleitorais

Destacam-se **dois sistemas eleitorais** em nosso ordenamento jurídico: **o majoritário**, que privilegia a quantidade de votos obtida pelo candidato, incidindo sobre os mandatos de Presidente da República (art. 77, § 2º, CF), Governadores, Prefeitos e Senadores (art. 46, CF), e **o proporcional,** que privilegia a quantidade de votos obtida pela legenda, incidindo sobre os mandatos de Deputado Federal (art. 45, CF), Deputado Estadual e Vereadores.

Para esse sistema, vale o destaque para o chamado **quociente eleitoral**, vale dizer, o número de todos os necessários para a eleição de um candidato. Em outras palavras, **determina o número de votos necessário que cada legenda precisa alcançar para eleger um representante na casa legislativa**.

Seu **cálculo** é **definido** no **art. 106 do CE**, subtraindo-se dos votos válidos apurados em cada eleição, excluídos os brancos e nulos, o número de vagas previsto para cada casa legislativa.

Assim, **a título de exemplo**, se apurados 100 mil votos validos para uma casa legislativa que ofereça 10 vagas, o quociente eleitoral será de 10 mil votos.

Em tempo, considera-se voto válido por esse sistema aqueles atribuídos a candidatos e a legendas, nos termos do art. 5º da Lei n. 9.504/97.

Percebe-se a **possibilidade de distorções**, por força desse critério, uma vez que candidatos com votação expressiva poderão não se eleger, em razão da péssima votação atribuída a legenda pela qual concorreram, enquanto outros com votação menor poderão se eleger, em vista do bom desempenho da legenda pela qual se candidataram.

Por fim, importante registrar, nos termos do art. 108 do CE, que **estarão eleitos**, por esse sistema, tão somente os **candidatos** que tenham obtido **votos** em **número igual ou superior** a **10%** do **quociente eleitoral**.

2.2.3. Pluralismo político

Esse princípio encontra-se **localizado entre os fundamentos da nossa República** Federativa, relacionados ao longo do art. 1º da CF, com destaque para o inciso V, abrindo espaço para a **participação** de **diferentes ideologias** no processo eleitoral.

Como desdobramentos, vale o registro para a **liberdade de pensamento** e **de manifestação** (art. 5º, IV, da CF) e, também, para o **pluripartidarismo** nos termos do art. 17 da CF, o que levou a uma **multiplicação de agremiações** em nosso País, garantindo espaço no debate político.

2.2.4. Princípio da Segurança das Relações Jurídicas em matéria eleitoral

Encontra-se localizado no art. 16 da CF, onde se vê que a **lei** que **alterar** o **processo eleitoral entrará** em **vigor** na **data de sua publicação**, **não se aplicando** a **eleição** que ocorra **até um ano da data de sua vigência**.

Esse dispositivo permite concluir pela **inexistência de** *vacatio legis*, em matéria eleitoral e, também, a **imposição de um limite temporal** para a aprovação de alterações na legislação que rege o processo eleitoral.

Isso porque, em razão da parte final do dispositivo, essas **mudanças deverão** estar **aprovadas até 1 ano antes da data marcada para as eleições**, para que possam incidir no pleito marcado para o ano seguinte, oferecendo **segurança** quanto às regras a serem utilizadas com antecedência suficiente.

Assim, **alterações promovidas a menos de 1 ano do pleito eleitoral não terão validade para as eleições previstas para o ano seguinte**.

2.2.5. Moralidade eleitoral

Em matéria eleitoral, esse princípio relacionado no *caput* do art. 37 da CF encontra-se positivado no art. 14, § 9º, da própria Lei Maior, tendo por **objetivo assegurar a probidade administrativa** para o **exercício de mandatos eletivos**, em vista da vida pregressa do candidato, bem como **a normalidade e a legitimidade das eleições**, **contra abusos de poder econômico e político**.

Com base nesse princípio, foi editada a LC n. 135/2010 (**Lei da Ficha Limpa**), que alterou a redação da LC n. 64/90 (**Lei das Inelegibilidades**).

Ainda, em respeito a esse princípio, reservou-se ao longo da Lei n. 9.504/97 (Lei das Eleições) capítulo específico disciplinando as **condutas vedadas aos agentes públicos**, durante a campanha eleitoral, de forma a **combater o uso da máquina administrativa,** principalmente pelos candidatos à reeleição a chefe do Poder Executivo que, nos termos do art. 14, § 5º, da CF, não terão que renunciar aos seus mandatos.

2.2.6. Princípio da celeridade processual

Incluído entre os **direitos fundamentais** (art. 5º, LXXVIII, da CF), prevê a **necessidade de duração razoável de um processo**, tanto na esfera judicial quanto administrativa.

No campo eleitoral, encontra-se **positivado no art. 97-A da Lei n. 9.504/97**, que **considera duração razoável** para processos que possam implicar perda de mandato o **prazo máximo de 1 ano**, contado de sua apresentação para a justiça eleitoral.

O referido prazo **abrange a passagem do processo por todas as instâncias da justiça eleitoral** e o seu desrespeito pode gerar responsabilização, nos termos do art. 97-A, § 2º, promovida pelo CNJ.

Princípio Democrático	■ **art. 1º da CF**
Princípio dos Sistemas Eleitorais	■ arts. 45, 46 e 77, § 2º, da CF; **arts. 106 e 108 do CE;** e art. 5º da Lei n. 9.504/97
Pluralismo Político	■ arts. 1º, V, e 17 da CF
Princípio da Segurança das Relações Jurídicas	■ art. 16 da CF
Moralidade Eleitoral	■ arts. 14, § 9º, e 37 da CF; LC n. 135/2010; e LC n. 64/90
Princípio da Celeridade Processual	■ arts. 5º, LXXVIII, da CF; e **art. 97-A da Lei n. 9.504/97**

■ 3. DIREITOS POLÍTICOS

■ 3.1. Conceito e espécies

Direitos políticos, *grosso modo*, são aqueles voltados à **regulação do exercício da soberania** dentro de determinado Estado.

Assim, procurando adaptar essa definição para a realidade brasileira, tem-se que os direitos políticos são os que **regulam o exercício da soberania popular**, conclusão que se atinge pela leitura do **art. 1º, parágrafo único, da CF**, que atribuiu a **titularidade do poder ao povo**.

A leitura do dispositivo constitucional permite concluir não só que o poder em nosso país foi entregue ao povo, mas, também, que este **poderá exercê-lo por meio de representantes eleitos** ou **de forma direta**.

Dentro desse contexto, o **art. 14 da CF** estabelece que **a soberania popular será exercida** diretamente **por meio dos instrumentos previstos no seu *caput*** e, também, nos seus incisos.

De outra parte, o **mesmo artigo disciplina** as formas pelas quais **o exercício da soberania** popular **ocorre** pela via de **representação**, estipulando as **condições de elegibilidade**, bem como as **hipóteses de inelegibilidade**.

Por fim, **o referido dispositivo** constitucional **autoriza** a **distinção** entre **direitos políticos ativos** e **passivos. Os primeiros**, consistentes na competência para participar da escolha dos representantes, bem como na questão do plebiscito, do referendo e da iniciativa legislativa popular, e **os passivos** significando a possibilidade de candidatar-se para mandatos legislativos ou executivos, respeitadas as condições de elegibilidade previstas no § 3º.

■ 3.2. Aquisição dos direitos políticos

Os direitos políticos são prerrogativas atribuídas tão somente aos brasileiros, independentemente da maneira pela qual tenham estes adquirido o vínculo jurídico com o país. Em outras palavras, são prerrogativas conferidas aos brasileiros natos e naturalizados, que as adquirem progressivamente.

Tanto é assim que os direitos políticos ativos, em caráter facultativo, incorporam-se a partir dos 16 anos de idade e tornam-se de exercício obrigatório a contar dos 18 até os 70 anos, após o que voltam a ser facultativos, na forma do disposto no art. 14.

No que respeita aos direitos políticos ativos, a Constituição exclui do seu gozo os estrangeiros e os nacionais conscritos durante o período de serviço militar obrigatório, na forma estabelecida pelo § 4º do art. 14.

Quanto aos direitos políticos passivos, sua aquisição inicia-se aos 18 anos, excluídos os inalistáveis, os analfabetos, os que não estejam no pleno exercício dos direitos políticos, os não filiados a partidos políticos e os que não tenham domicílio eleitoral na circunscrição pela qual pretendem eleger-se, e completa-se aos 35 anos, quando se dá a sua aquisição plena, habilitando-se o cidadão a concorrer aos cargos de Presidente da República, Vice-Presidente e Senador.

■ 4. DEMOCRACIA DIRETA: INSTRUMENTOS

A CF consagra o **direito** do **cidadão** de **participar, diretamente** e por intermédio de representantes, da **tomada** de **decisão política**, nos termos do art. 1º, parágrafo único.

Como já visto no capítulo anterior, que a soberania em nosso país foi entregue ao povo, que poderá exercê-la diretamente nos termos previstos pela Constituição ou através dos seus representantes eleitos.

O exercício direto da soberania concretizar-se-á por meio dos **instrumentos** relacionados no **art. 14 da Constituição**.

4.1. Sufrágio universal

Trata-se de **direito público subjetivo**, de **natureza política, que permite** a ao **cidadão se eleger, ser eleito** e de **participar da organização do Poder Estatal**.

Na atual Constituição, o **sufrágio é universal**, inexistindo restrições quanto ao sufrágio para aqueles que não conseguirem comprovar uma renda anual mínima, bem como em relação a mulheres que até a Constituição de 1934 não tinham ainda conquistado o direito a esse sufrágio.

Ao estabelecer sua natureza universal, convém não esquecer das **restrições fixadas pela própria Constituição**, visto que o **voto é obrigatório** para os **maiores de 18 e menores de 70 anos**, excluindo aqueles que se encontrem entre os 16 e 18 anos.

4.2. Voto direto e secreto

A previsão do **voto direto e secreto resguarda a soberania** popular não só pela **participação objetiva da coletividade** nos destinos do País, mas, também, pela **preservação da intimidade**, uma vez que ninguém será obrigado a declinar para quem o conferiu.

Nem poderia ser de outra forma, já que a preservação da intimidade surge como um direito subjetivo relacionado entre os **direitos fundamentais**, em especial o do **inciso X do art. 5º da CF**.

Nesse sentido, oportuno observar que o sigilo do voto foi resguardado pelo Código Eleitoral, através do cumprimento das providências estabelecidas em seu art. 103.

Cumpre observar que a **regra geral** aqui estabelecida pelo constituinte **encontra exceção** na previsão estabelecida **no art. 81, § 1º**, para a hipótese de **vacância dos cargos de Presidente** e Vice-Presidente da República nos **últimos dois anos de mandato**.

Em se **preenchendo esses dois requisitos**, a **eleição** será feita de **forma indireta, pelo Congresso Nacional**, de acordo com a lei, que, oportuno registrar, até o momento não foi editada, sendo que os eleitos para os cargos descritos deverão apenas completar o período já cumprido pelos seus antecessores, a teor do disposto no art. 81, § 2º, da CF.

4.3. Plebiscito e referendo

Se apresentam como **dois instrumentos de consulta direta a população**, que **diferem entre si** na medida em que o **plebiscito** surge como **instrumento de consulta direta à população**, em **caráter originário**, enquanto o **referendo**, em **caráter derivado ou secundário**.

Em outras palavras, enquanto no **plebiscito a população é consultada** acerca de **determinado tema** **sem** nenhuma **decisão anterior** tomada a respeito, no caso do **referendo ela é consultada para ratificar**, ou não, **decisão anterior**.

Esses instrumentos foram objeto de **regulamentação pela Lei n. 9.709/98**.

O referido diploma legal estabelece, em seu art. 3º, que o **plebiscito** e o **referendo** serão **convocados** mediante **decreto legislativo**, por **proposta de um terço**, no mínimo, **dos membros** que compõem **qualquer** das **Casas do Congresso Nacional**.

Ao assim dispor, **apenas detalhou regra** já estabelecida no **art. 49, XV, da CF**, que relaciona entre as competências exclusivas do Congresso Nacional a autorização para o referendo e a convocação do plebiscito.

Em seu art. 8º estabelece que, **aprovada a convocação**, o **Presidente do Congresso** dará **ciência à Justiça Eleitoral, a quem incumbirá estabelecer as medidas** ali arroladas.

Por derradeiro, estabelece a lei, em seu art. 10, que o plebiscito e o referendo serão **aprovados** ou **rejeitados** atingido o *quórum* **de maioria simples**, de acordo com o resultado homologado pelo Tribunal Superior Eleitoral.

A título de exemplificação, **o plebiscito** realizado em nosso país para que a população pudesse decidir acerca da forma e do sistema de governo, por força de expressa determinação estabelecida no art. 2º do Ato das Disposições Constitucionais Transitórias.

Cite-se, ainda, **o referendo** realizado no Brasil, em outubro de 2005, para que a população se posicionasse, confirmando ou não as regras já estabelecidas pelo Estatuto do Desarmamento (Lei n. 10.826/2003).

4.4. Iniciativa popular

Trata-se de **importante instrumento** introduzido na CF, de forma a **evitar que o povo ficasse refém de omissões dos Poderes constituídos**, quando **deixassem** de **regulamentar normas** de **eficácia limitada**, vale dizer, dependentes de legislação posterior, **impedindo** a **reclamação de direitos**.

Esse importante instrumento foi esvaziado pela própria CF, ao prescrever no art. 61, § 2º, **os requisitos a serem preenchidos** para viabilizar o projeto de lei:

- apresentação à Câmara dos Deputados de projeto de lei subscrito por, no mínimo, 1% do eleitorado nacional;
- distribuído pelo menos por 5 Estados;
- com não menos de três décimos por cento dos eleitores de cada um deles.

Cumpre notar que a **observância dos requisitos** ali estabelecidos **não assegura a aprovação** do projeto encaminhado, mas, **tão somente**, o **seu recebimento** pela Câmara dos Deputados.

A Lei n. 9.709/98, em seu art. 13, § 1º, **cria mais um requisito**, estipulando que **o projeto** apresentado **deverá circunscrever-se** a **um** só **assunto**.

Estabelece também a **impossibilidade de o projeto** ser **rejeitado** por simples **vício de forma**, cabendo à Câmara dos Deputados, a quem compete apreciá-lo, providenciar a correção de eventuais impropriedades de técnica legislativa ou de redação.

5. DEMOCRACIA REPRESENTATIVA

5.1. Condições de elegibilidade ao nível Constitucional

A soberania popular, por força da regra estabelecida no art. 1º, parágrafo único, da CF, é exercida diretamente pela coletividade por meio dos instrumentos enumerados no art. 14, *caput* e incisos, ou indiretamente por representantes eleitos para essa finalidade.

Nesse sentido, cumpre averiguar quais foram os **requisitos**, estabelecidos pela Constituição Federal, a serem preenchidos por aqueles que venham a **pleitear cargos eletivos**. A matéria encontra-se disciplinada **no art. 14, § 3º**.

Em relação a esse dispositivo constitucional, a primeira observação a ser feita é que as **condições de elegibilidade** ali estabelecidas **não esgotam a matéria**, visto ter o constituinte reservado também ao **legislador infraconstitucional competência** para tanto.

Assim é que, **além das exigências** relacionadas no dispositivo **constitucional**, **outras** aparecem, **a título de exemplo**, no **art. 11 da Lei n. 9.504/97**, que serão analisadas posteriormente.

5.1.1. A nacionalidade brasileira

Na forma como foi redigida, essa exigência **impede** apenas **o estrangeiro de candidatar-se** a cargos eletivos, franqueando tal **possibilidade para brasileiros natos ou naturalizados**, **exceção** feita aos **cargos privativos** enumerados no **art. 12, § 3º, da CF**.

Em relação a esse elenco, oportuno registrar que o **caráter privativo** se circunscreve, na forma prevista nos incisos II e III, tão somente à **Presidência da Câmara dos Deputados** e do **Senado Federal**, livrando dessa restrição os mandatos de Deputado e Senador, para os quais poderão candidatar-se brasileiros natos ou naturalizados.

5.1.2. O pleno exercício dos direitos políticos

A exigência aqui formulada, de que o candidato se encontre no **pleno exercício dos direitos políticos**, leva à necessidade de **comprovação**, por ele, da **capacidade de votar e ser votado**.

Assim, se o candidato estiver enquadrado em uma das situações descritas pelo art. 15 da CF, vale dizer, **suspensão ou perda de direitos políticos**, **não poderá concretizar** o **registro de sua candidatura**.

5.1.3. Alistamento eleitoral

Trata-se de ato através do qual **a pessoa qualifica-se perante a justiça eleitoral**, matéria disciplinada no Código Eleitoral, a partir do seu art. 42, bem como na Resolução n. 21.538/2003 do TSE.

O requerimento de alistamento eleitoral (RAE) deverá ser **instruído** obrigatoriamente com um dos **documentos** relacionados no **art. 44 do CE**.

Deferido o pedido, o título atribuído ao eleitor deverá seguir o modelo aprovado pelo TSE, e dele constará, obrigatoriamente, a **indicação da seção** em que tiver sido o eleitor inscrito, a qual **deverá estar dentro do distrito judiciário** ou **administrativo de sua residência**.

Fixada a seção eleitoral, **ficará o eleitor**, como regra geral, **vinculado** a ela em **caráter permanente**, **a menos** que já **tenha** solicitado **transferência** ou **se comprovar**, perante o juízo eleitoral, **mudança de residência** até 100 dias antes do pleito (art. 46, § 3º, do CE) e art. 18 da Resolução 21.538/03 do TSE, que agrega a comprovação de **1 ano do alistamento** ou **da última transferência** e **3 meses de residência**.

A transferência requerida pelo eleitor **depende**, também, da **comprovação** de encontrar-se ele em dia com suas **obrigações perante a Justiça Eleitoral**. Assim, se o eleitor não tiver votado em eleição anterior ou ainda não tiver pago o valor da multa arbitrada pela zona eleitoral de origem, a transferência será inviabilizada (art. 61 do CE).

Em relação ao **cancelamento do alistamento eleitoral**, terá lugar quando da configuração de uma das **hipóteses** disciplinadas no art. 71 do CE:

- alistamento proibido;
- declaração de falso domicílio;
- suspensão ou perda dos direitos políticos;
- pluralidade de inscrição;
- óbito;
- abster-se de votar em 3 eleições consecutivas, sem justificativa e sem o pagamento da multa prevista no Código Eleitoral.

Em razão da gravidade do tema, clara a **necessidade de abertura de processo judicial** para a apuração da existência ou não de uma dessas causas de cancelamento do alistamento eleitoral, previstas no art. 71 do CE, **conferindo-se contraditório e ampla defesa**, diante da regra estabelecida no art. 5º, LV, da CF.

Se a causa que gerou o cancelamento do alistamento eleitoral não mais existir, o interessado poderá requerer novamente a sua qualificação como eleitor (art. 81 do CE).

5.1.4. Domicílio eleitoral na circunscrição

A exigência de **comprovação do domicílio eleitoral** na **circunscrição do cargo eletivo** que se pleiteia justifica-se pela **necessidade de maior afinidade do candidato com o eleitorado**.

Essa afinidade, por sua vez, leva a um **comprometimento maior do candidato** em relação às suas **plataformas de campanha, facilitando**, ao menos em tese, o **acompanhamento** e, consequentemente, a **cobrança de tais promessas** durante o transcorrer do mandato.

O que se busca evitar aqui, com a formulação dessa exigência, é a caracterização de candidaturas sem um mínimo de legitimidade ou compromisso, já que postuladas por pessoas estranhas ao eleitorado daquela circunscrição.

Acrescente-se que essa exigência **deve estar comprovada** até **seis meses antes das eleições**, conforme previsão estabelecida no art. 9º da Lei n. 9.504/97.

Importante anotar que o **conceito de domicílio eleitoral** se revela muito **mais amplo** do que aquele estipulado pelo art. 70 do CC, com o objetivo de promover uma maior afinidade entre o candidato e o eleitorado.

Assim, **insuficiente a demonstração** pelo candidato, para o cumprimento da exigência aqui formulada, **de ser proprietário** ou mesmo **locatário de determinado imóvel se permaneceu** este **desocupado durante largo período** que antecedeu o pleito eleitoral.

Em outras palavras, esse **maior rigor** aqui exigido **impede** a **candidatura** dos chamados "*paraquedistas*", principalmente para cargos eletivos em municípios nos quais jamais apareceram.

5.1.5. Filiação partidária

Essa exigência demonstra a importância conferida aos partidos políticos, uma vez que **proíbe** as chamadas **candidaturas avulsas, sem filiação** a alguma agremiação política.

Essa **filiação** deverá estar **concretizada seis meses antes das eleições**, na forma prevista pelo art. 9º da Lei n. 9.504/97, informação a ser comprovada mediante certidão emitida junto ao cartório eleitoral.

5.1.6. Idade mínima

Quanto às **idades mínimas** para concorrer a cargos eletivos, foram **enumeradas** no **inciso VI, § 3º, do art. 14 da CF**, compreendendo entre **18 e 35 anos**.

Em regra, o **cumprimento** dessa **exigência** verifica-se até a **data da posse**, vale dizer, em **janeiro e fevereiro do ano seguinte** ao das eleições, a depender do mandato, no executivo ou no legislativo.

Excepcionalmente, exige-se a comprovação no momento de **registro da candidatura** para **vereador**, nos termos art. 11, § 2º, da Lei n. 9.504/97.

Sobreleva notar, ainda, a possibilidade franqueada ao Juízo Eleitoral de abrir prazo para a correção de eventuais irregularidades apresentadas, por ocasião do registro da candidatura, que possam ser sanadas em 72 horas, consoante a redação do art. 11, § 3º, da Lei n. 9.504/97.

5.2 Condições de elegibilidade na Lei n. 9.504/97

Como visto, a CF, no art. 14, § 3º, abriu a possibilidade de criação de **outras condições de elegibilidade**, o que se verifica ao longo do art. 11 da Lei n. 9.504/97. Confira-se:

- cópia da ata da convenção partidária;
- autorização do candidato, por escrito;
- prova de filiação partidária;
- declaração de bens, assinada pelo candidato;
- cópia do título eleitoral ou certidão, fornecida pelo cartório eleitoral, de que o candidato é eleitor na circunscrição ou requereu sua inscrição ou transferência de domicílio;
- certidão de quitação eleitoral;
- certidões criminais fornecidas pelos órgãos de distribuição da Justiça Eleitoral, Federal e Estadual;
- fotografia do candidato, nas dimensões estabelecidas em instrução da Justiça Eleitoral;
- propostas defendidas pelo candidato a Prefeito, a Governador de Estado e a Presidente da República.

Portanto, somando-se as previsões estabelecidas no art. 14, § 3º, da CF, com aquelas positivadas ao longo do art. 11 da Lei n. 9.504/97, se apresenta a necessidade de cumprimento de **15 condições de elegibilidade**, para efeito de registro de candidaturas.

5.3. Hipóteses de inelegibilidade ao nível Constitucional

As **hipóteses de inelegibilidade**, são conhecidas por **Direitos Políticos Negativos**, por implicarem restrição ao acesso a cargos eletivos. São **restrições** ao **exercício** dos **direitos políticos passivos**.

Em **caráter exemplificativo**, comportando ampliação, encontram-se disciplinadas nos **§§ 4º a 8º do art. 14 da CF**.

No § 4º, incide a inelegibilidade sobre os **inalistáveis** e os **analfabetos**.

Em relação aos analfabetos, a questão apresenta maior grau de dificuldade, demandando uma interpretação em vista das características apresentadas para cada caso concreto, sendo objeto ainda das **Súmulas n. 15 e 55 do TSE**.

Com relação aos inalistáveis, a inelegibilidade incide sobre os estrangeiros e os conscritos (os que prestam serviço militar obrigatório), nos termos do art. 14, § 2º, da CF.

No § 5º, a inelegibilidade incide sobre as **autoridades** ali previstas, **Presidente, Governadores, Prefeitos**, e sobre os **que** os **tenham substituído** ou **sucedido** no curso do **mandato**, pois **poderão** candidatar-se a **uma reeleição** apenas, nos termos da EC n. 16/97.

Por derradeiro, importante destacar também **não ter a Constituição exigido**, como condição **para concorrer à reeleição, que o candidato renuncie ao seu mandato** por um período anterior ao pleito, abrindo a possibilidade de utilização da máquina administrativa, a benefício dessas candidaturas.

No § 6º, a **vedação** foi **dirigida as mesmas autoridades relacionadas no parágrafo anterior**, que pretendam **concorrer a outros cargos eletivos**.

Nesse particular, a única restrição imposta refere-se à **necessidade de renúncia** do respectivo mandato **até seis meses antes** da realização **do pleito eleitoral**.

Assim, **a ausência de renúncia**, no prazo assinalado pela Constituição, acaba por gerar situação de **inelegibilidade**.

No § 7º, se apresenta a chamada hipótese de **inelegibilidade reflexa**, visto que resultante de **laços de parentesco** em relação às mesmas **autoridades previstas** nos **§§ 5º e 6º**, e não de uma condição pessoal do candidato.

Assim é que a Constituição Federal considerou inelegíveis o **cônjuge** e os **parentes consanguíneos ou afins, até o segundo grau ou por adoção**, das autoridades ali relacionadas ou de quem as tenha substituído nos seis meses anteriores ao pleito.

Essa regra geral de **inelegibilidade** só **se apresenta** quando a **candidatura é levada a efeito no território de jurisdição do titular**, o que acaba por legitimar aquelas apresentadas por parentes, mas fora dessa jurisdição.

Essa conclusão justifica-se para evitar que as autoridades relacionadas possam utilizar a máquina administrativa que comandam, temporariamente, em benefício de terceiros integrantes do seu círculo familiar.

Por outro lado, excluiu-se a vedação à candidatura apresentada por parentes das autoridades descritas, desde que já titulares de mandato eletivo, surgindo, em consequência, como candidatos à reeleição.

Legítima, portanto, **a título de exemplo**, a candidatura à reeleição de um vereador ou vereadora na jurisdição do cônjuge que ocupa a condição de prefeito ou prefeita, o mesmo se verificando nas esferas estadual, federal e distrital.

Por fim, cumpre observar que essa a hipótese de **inelegibilidade reflexa** mantém-se ainda que o titular do mandato tenha renunciado ao cargo, de forma tempestiva, em razão do conteúdo da **Súmula 6 do TSE**:

> **Súmula 6**
> São inelegíveis para o cargo de Chefe do Executivo o cônjuge e os parentes, indicados no § 7º do art. 14 da Constituição Federal, do titular do mandato, salvo se este, reelegível, tenha falecido, renunciado ou se afastado definitivamente do cargo até seis meses antes do pleito.

Importante também mencionar, a **súmula vinculante n. 18 do STF**:

> **Súmula vinculante 18**
> A dissolução da sociedade ou do vínculo conjugal, no curso do mandato, não afasta a inelegibilidade prevista no § 7º do artigo 14 da Constituição Federal.

O § 8º estabelece a **possibilidade** de o **militar candidatar-se a cargos eletivos**, porém impõe, para tanto, o **cumprimento das exigências** expressamente estabelecidas, sob pena de inelegibilidade.

Assim, somente será elegível o **militar alistado**, visto surgir esta como uma das condições de elegibilidade, nos termos do disposto no art. 14, § 3º, III.

Estabelece, ainda, outras duas condições intimamente relacionadas com o **tempo de serviço** já cumprido pelo militar, prescrevendo que, se contar ele **menos de dez anos, deverá afastar-se da atividade** e, se tiver um **tempo superior a este patamar, será agregado pela autoridade superior** (permanece em atividade, sem a possibilidade de entrar em listas de promoção) e, se eleito, passará automaticamente, no ato da diplomação, para a inatividade.

Tais exigências, que conduzem à necessidade de o militar, para ser elegível, afastar-se da atividade ou ser agregado pela autoridade superior, a depender do tempo de serviço, encontram também justificativa na redação oferecida pelo art. 142, § 3º, V, da CF.

Dessa forma, o militar, ainda que alistado junto à Justiça Eleitoral, não poderá candidatar-se a cargo eletivo enquanto estiver em atividade, visto que estará proibido de filiar-se ao partido político, outra condição de elegibilidade estipulada no art. 14, § 3º, V, da CF.

Analisadas as hipóteses de inelegibilidade estabelecidas pela Constituição Federal, cumpre observar a possibilidade de **criação de outras hipóteses**, desde que por meio de **lei complementar**, na forma do disposto no § 9º do art. 14, para preservar os valores ali estabelecidos.

Assim, com o intuito de proteger a probidade administrativa, a moralidade para o exercício do mandato, considerada a vida pregressa do candidato e a normalidade e legitimidade das eleições, contra a influência do poder econômico, ou o abuso do exercício de função, cargo ou emprego.

5.4. Hipóteses de inelegibilidade previstas na Lei Complementar n. 64/90

A título de regulamentação do § 9º do art. 14, da CF, foi editada a LC n. 64/90 (Lei das Inelegibilidades), que teve sua redação alterada pela LC n. 135/2010 (Lei da Ficha Limpa).

Em seu art. 1º, cuidou de arrolar as **hipóteses de inelegibilidade para qualquer cargo público**, sendo que algumas acabam por repetir aquelas já estabelecidas pela Constituição, surgindo como exemplos o inalistável e o analfabeto (alínea "a") e os que tiverem se submetido a uma condenação criminal transitada em julgado (alínea "e"), esta como desdobramento do disposto no art. 15, III, da Lei Maior.

Na alínea "d", estabelece hipótese de inelegibilidade para aquele **condenado por abuso de poder econômico ou político** em **decisão** proferida pela **Justiça Eleitoral** com **trânsito em julgado**, estendendo-se por 8 anos.

Com efeito, a preservação dos pleitos eleitorais em face de abusos do poder econômico ou político caracteriza um dos vetores apontados pela CF para garantir a normalidade do pleito eleitoral.

Na alínea "e", estabelece hipótese de inelegibilidade para os que tenham contra si **decisão com trânsito em julgado ou proferida por órgão colegiado**, pelos **crimes** ali descritos, **meio ambiente, saúde, matéria eleitoral, tráfico ilícito de entorpecentes, racismo** e **tortura**, que se estende por 8 anos após o cumprimento da pena.

Na alínea "j", a hipótese de inelegibilidade atinge os condenados por **decisão com trânsito em julgado ou proferidas por Órgão Colegiado**, pela **Justiça Eleitoral**, em relação a **atos de corrupção, condutas vedadas aos agentes públicos**, estendendo-se por 8 anos.

Na alínea "l", a hipótese de inelegibilidade atinge os condenados por **decisão já com trânsito em julgado ou por Órgão Colegiado**, por **atos de improbidade administrativa**, apenas na modalidade **dolosa**, orientação confirmada pelas mudanças promovidas na LIA, em outubro de 2021, e ratificada pelo STF em agosto de 2022, estendendo-se por 8 anos, após o cumprimento da pena.

Na alínea "q", a hipótese de inelegibilidade alcança **os magistrados** e os **membros do Ministério Público** que forem **aposentados compulsoriamente** por **decisão sancionatória**, que tenham **perdido o cargo por sentença ou** que tenham **pedido exoneração ou aposentadoria voluntária na pendência de processo administrativo disciplinar**, pelo prazo de 8 (oito) anos.

No inciso II do art. 1º do mesmo diploma legal, estabeleceu o legislador **novas hipóteses de inelegibilidade**, agora de **caráter específico**, surgindo como exemplo aquelas voltadas ao Presidente e Vice-Presidente da República, ao Governador e Vice-Governador (inciso III), ao Prefeito e Vice-Prefeito (inciso IV), ao Senado Federal (inciso V), à Câmara dos Deputados, Assembleia Legislativa e Câmara Legislativa (inciso VI) e à Câmara dos Vereadores (inciso VII).

5.5. Perda e suspensão de direitos políticos

Essa questão encontra-se disciplinada ao longo do **art. 15 da CF** que prevê, como regra geral, a **cassação de direitos políticos e a perda e suspensão** somente nas **5 hipóteses** ali relacionadas.

No inciso **I**, prevê a perda desses direitos, na **hipótese de cancelamento de naturalização**, por **sentença com trânsito em julgado**. Com efeito, perdido o bem maior, vale dizer, o vínculo jurídico que existia com o país, os direitos políticos seguem pelo mesmo caminho.

A propósito, a perda de nacionalidade encontra-se disciplinada no art. 12, § 4º, da CF, com destaque para a situação descrita no inciso I, que prevê o cancelamento de naturalização por sentença judicial, em virtude de atividade nociva ao interesse nacional, o que pressupõe o oferecimento de contraditório e ampla defesa.

No inciso **II**, prevê a CF a **restrição a direitos políticos** em razão de **incapacidade civil absoluta, hipótese de suspensão**, eis que temporária, nos termos do art. 3º do CC, segundo o qual são absolutamente incapazes de exercer pessoalmente os atos da vida civil os menores de 16 anos.

No inciso **III**, a **restrição a direitos políticos** permanece **enquanto durarem os efeitos de uma condenação criminal com trânsito em julgado**, se apresentando como **hipótese de suspensão**.

Nesse particular, oportuno citar, nos termos da **Súmula 9 do TSE**, que a suspensão desses direitos termina com o cumprimento ou extinção da pena, independendo de reabilitação do ex-condenado ou de prova de reparação dos danos causados.

Ainda em relação a esse item, importante citar a tese de repercussão geral, reconhecida pelo STF, no RE 601.182, onde afirmou-se que a suspensão de direitos políticos se aplica no caso de substituição da pena privativa de liberdade pela restritiva de direitos.

No inciso **IV**, a **restrição a esses direitos** resulta de **recusa de cumprimento de obrigação legal a todos imposta**, ou **prestação alternativa**, nos termos do art. 5º, VIII, da CF, segundo o qual ninguém será privado de direitos por motivos de crença religiosa ou de convicção filosófica ou política, como regra geral.

Excepcionalmente, o mesmo dispositivo ressalva a invocação para eximir-se de obrigação legal e recusa a cumprir obrigação alternativa fixada em lei.

Nesse sentido, a Lei Federal n. 8.239/91 regulamenta o art. 143, §§ 1º e 2º, da CF, dispondo sobre a prestação de serviço alternativo ao serviço militar obrigatório.

Por sua vez, a Lei Federal n. 4.737/65 (Código Eleitoral), em seu art. 7º, regulamenta a situação daqueles que deixarem de votar (obrigação atribuída a todos) por 3 vezes consecutivas, sem justificativa e sem o pagamento da multa ali prevista, que se apresenta como obrigação alternativa.

Por fim, o inciso **V** prevê **hipótese de suspensão** de direitos políticos, nos termos do art. 37, § 4º, também da CF, para os **condenados por ato de improbidade administrativa**, alcançando a decisão o **trânsito em julgado**.

Para uma melhor visualização dos itens desenvolvidos nessa seção, confira-se o seguinte quadro:

Democracia Direta	■ Instrumentos (art. 14, *caput* e incisos da CF)
Democracia Representativa	■ Condições de elegibilidade na CF (art. 14, § 3º)
	■ Condições de elegibilidade na Lei n. 9.504/97 (arts. 9º e 11)
	■ Hipóteses de inelegibilidade na CF (art. 14, §§ 4º a 8º)
	■ Hipóteses de inelegibilidade na Lei (LC n. 64/90)
Perda e Suspensão dos direitos políticos	■ Hipóteses: art. 15 da CF

■ 6. PARTIDOS POLÍTICOS

■ 6.1. Noções gerais

Partidos políticos, nos termos do art. 1º da Lei n. 9.096/95 (Lei Orgânica dos Partidos Políticos) e do art. 44, V do CC, são **pessoas jurídicas** de **direito privado**, **não integrantes** da **estrutura da Administração Pública**.

Portanto, **se apresentam** como **sujeitos de direitos e obrigações**, **dotados** de **capacidade processual**, ou seja, para propor ações e figurar no polo passivo delas.

A questão está disciplinada no Capítulo V do Título II da Constituição Federal, inserida, pois, dentro dos "Direitos e Garantias Fundamentais".

Quer-nos parecer que as normas que regulam toda atividade partidária só poderão ser compreendidas, em sua essência, a partir do entendimento do papel exercido por essas agremiações em um Estado Democrático de Direito, como o nosso, conforme previsão expressa no artigo inaugural de nossa Magna Carta.

Com efeito, o cerne do conceito de democracia está, indubitavelmente, na noção de Governo do povo, revelada pela própria etimologia do termo.

A busca pelo alcance desse ideal foi uma constante na história do Homem, registrando-se **três momentos em particular**: a Revolução Inglesa de 1689; a Declaração de Independência das 13 colônias americanas de 1776; e a Revolução Francesa de 1789.

Tendo em vista a extrema complexidade das relações sociais que permeiam todo o **Estado moderno**, mostrou-se **inviável** a utilização da chamada **democracia direta**, lançando-se mão, dessa forma, da denominada democracia representativa, na qual o povo, por meio de eleições livres, na qualidade de titular do poder do Estado, elege seus representantes para o exercício de um mandato em seu nome e na defesa de seus interesses.

A importância da análise das características e matizes dos mandatos políticos é manifesta pela previsão expressa no parágrafo único do art. 1º de nosso Texto Magno, no sentido de ser o Estado brasileiro uma democracia representativa e participativa.

Dessa forma, o papel dos partidos políticos nas democracias modernas tem-se notabilizado cada vez mais, não passando despercebido pelo legislador, que procurou, então, traçar regras para balizar o exercício de suas atividades, conferindo-lhes, diversas prerrogativas e deveres.

Assim é que **a Constituição** houve por bem **outorgar-lhes a legitimidade** para a interposição de **mandado de segurança coletivo**, com a **única exigência** de **comprovação de sua representatividade no Congresso Nacional**.

Os **partidos políticos** também estão no rol de pessoas com **competência para ajuizar ADI** de atos normativos ou de omissões, como se verifica do disposto no art. 103, VIII, bem como para propor **ADPF** (art. 2º, da Lei n. 9.882/99).

Por outro lado, em que pesem as prerrogativas a eles atribuídas, **os partidos políticos sofrem o influxo** de uma série de regramentos previstos na própria Constituição e na legislação eleitoral, **com** o cristalino **intuito** de **evitar arbitrariedades e ilegalidades**.

6.2. Da criação dos partidos políticos

O tema encontra-se **disciplinado no art. 17, § 2º, da CF**, segundo o qual os partidos políticos, após **adquirirem personalidade jurídica**, na **forma da lei civil**, **registrarão** seus **estatutos no Tribunal Superior Eleitoral**.

Assim, essas agremiações deverão adquirir personalidade jurídica na forma da lei civil, o que demanda a **necessidade de convocação de uma assembleia geral extraordinária**, para a aprovação dos seus Estatutos Sociais e posterior registro no Órgão competente, para que possam existir.

Em uma segunda etapa, por se tratar de pessoa jurídica criada para participar de campanhas eleitorais, com o objetivo de alcançar o poder deverão obter o registro no TSE.

Essa matéria foi regulamentada pela Lei n. 9.096/95, inicialmente em seu art. 8º, que prevê que o **pedido de registro** dos seus estatutos será feito através de **requerimento dirigido ao cartório competente do Registro Civil das Pessoas Jurídicas do local de sua sede, subscrito pelos seus fundadores, em número nunca inferior a 101 (cento e um), com domicílio eleitoral em, no mínimo, 1/3 (um terço) dos Estados**.

Superada essa primeira etapa, para a obtenção de **registro no TSE**, o art. 7º, § 1º, estabelece a **necessidade de o partido comprovar seu caráter nacional**, considerando-se como tal aquele que **comprove, no período de dois anos**:

- o apoiamento de eleitores não filiados a partido político;
- correspondente a, pelo menos, 0,5% (cinco décimos por cento) dos votos dados na última eleição geral para a Câmara dos Deputados, não computados os votos em branco e os nulos;
- distribuídos por um terço, ou mais, dos Estados;
- com um mínimo de 0,1% (um décimo por cento) do eleitorado que haja votado em cada um deles.

Cumpridas essas duas etapas, e **ultrapassada a chamada "cláusula de barreira"** (que tenha alcançado a quantidade mínima de votos exigida pelo art. 17, § 3º, da CF, com a redação dada pela EC n. 97/17), o **partido usufruirá dos seguintes benefícios**, previstos no art. 7º, §§ 2º e 3º, da Lei n. 9.096/95:

- participar do processo eleitoral;
- receber recursos do Fundo Partidário;
- ter acesso gratuito ao rádio e à televisão;
- exclusividade da sua denominação, sigla e símbolos; e
- vedada a utilização, por outros partidos, de variações que venham a induzir a erro ou confusão.

6.3. Da autonomia partidária

A autonomia atribuída aos partidos políticos **encontra-se disciplinada no art. 17, § 1º, da CF** e envolve a **liberdade para fixação de sua estrutura**, para **celebrar processos de fusão, incorporação, coligação, federação partidária e extinção**.

Quanto a **autonomia para estabelecer sua estrutura**, a matéria foi disciplinada pelo **art. 3º da Lei n. 9.096/95**.

Quanto a liberdade para celebrar processos de **fusão** implica a **reunião**, em **caráter definitivo**, de **dois ou mais partidos, resultando** na **constituição de um terceiro**, possível de ser realizada **ultrapassado o período de 5 anos** após o **registro definitivo no TSE**, nos termos do art. 29, § 9º, da Lei n. 9.096/95.

A celebração de processos de **incorporação** implica a **reunião**, em **caráter definitivo**, de **dois ou mais partidos, resultando** na **permanência** de apenas **um deles**, possível de ser realizada **ultrapassado o período de 5 anos** após o **registro definitivo no TSE**, nos termos do art. 29, § 9º, da Lei n. 9.096/95.

A celebração de **coligações** que representa a **reunião de dois ou mais partidos**, em **caráter temporário**, visando a **participação** em **uma campanha eleitoral**, restringe-se as **eleições majoritárias** apenas, nos termos do art. 17, § 1º, da CF. É **concretizada** no momento de realização das convenções partidárias, **20-7 a 5-8**, nos termos do art. 8º da Lei n. 9.504/97.

Nessa situação, **os partidos integrantes da coligação não desaparecem**, sendo **representados** perante a Justiça Eleitoral **pela coligação** celebrada, **situação** que **perdura até** o **término da eleição**.

A questão da **federação partidária** foi **introduzida pela Lei Federal n. 14.208/2021**, que **acrescentou o art. 11-A na Lei n. 9.096/95**, segundo o qual **dois ou** mais partidos políticos poderão **reunir-se em federação**, a qual, **após sua constituição e respectivo registro** perante o TSE, **atuará como se fosse uma única agremiação partidária**.

Nos termos do § 3º, I, a federação somente poderá ser integrada por partidos com registro definitivo no TSE.

Por sua vez, o inciso II estabelece a **obrigação dos partidos permanecerem** a ela **filiados por, no mínimo, 4 (quatro) anos**.

Pelo inciso III, **deverá ser constituída até a data final do período de realização das convenções partidárias**, tendo abrangência nacional, na forma do inciso IV.

O desrespeito ao prazo mínimo de 4 anos acarretará ao partido vedação de ingressar em nova federação, de celebrar coligação nas 2 eleições seguintes e, até completar o prazo mínimo remanescente, de utilizar o fundo partidário.

Trata-se de **regra criada para evitar a extinção de pequenos partidos** que não consigam ultrapassar a cláusula de barreira (não alcançarem a quantidade mínima de votos válidos, nos termos do art. 17, § 1º, da CF.)

Por fim, **são os partidos** também **dotados de autonomia** para **estabelecer** o momento da **sua extinção**, sem qualquer possibilidade de interferência por parte do Poder Público.

6.4. Fidelidade partidária

Trata-se de item de extrema importância, de forma a **evitar**, em respeito ao voto do eleitor, a **mudança de partido pelo candidato eleito**. Encontra-se disciplinada no art. 17, § 1º, da CF, e nos arts. 23 a 25 da Lei n. 9.096/95, com destaque para a necessidade de oferecimento de contraditório e ampla defesa, a favor do titular do mandato acusado de desrespeitar as diretrizes partidárias, antes da decisão final pela condenação ou absolvição.

Possível, inclusive, a reapreciação da questão pelo Judiciário se do ângulo de sua legalidade, vale dizer, da compatibilidade da decisão tomada com as prescrições contidas não só na Lei n. 9.096/95, mas, também, em seu Estatuto.

Sobre esse tema, importante registrar que **os que conquistarem mandato eletivo** pelo **sistema majoritário poderão, sem** a necessidade de **qualquer justificativa, transferir-se para outra agremiação**, sem a perda do mandato, nos termos da **Súmula 67 do TSE**.

Por outro lado, **os que conquistaram mandato eletivo** pelo **sistema proporcional terão que justificar, dentro das hipóteses** previstas no art. 22-A, parágrafo único, da Lei n. 9.096/95, sendo elas:

- mudança substancial ou desvio reiterado do programa partidário;
- grave discriminação política pessoal; e
- mudança de partido efetuada durante o período de trinta dias que antecede o prazo de filiação exigido em lei para concorrer à eleição, majoritária ou proporcional, ao término do mandato vigente.

Para melhor compreensão da **hipótese prevista no inciso III**, vale lembrar que o prazo para filiação partidária se esgota no início de abril. Assim sendo, **durante o mês de março, os titulares de mandatos eletivos**, que serão colocados em disputa em outubro, **poderão, sem qualquer justificativa, mudar de agremiação**.

Ainda sobre esse tema, importante registrar a **impossibilidade de mudança de partido, em razão da criação de um novo**, de acordo com tese já consolidada no STF.

Por fim, fica assegurado o mandato e facultada a filiação a outro partido para aqueles até então integrantes de agremiação que não tenha conseguido ultrapassar a cláusula de barreira, nos termos do art. 17, § 5º, da CF.

Em seu art. 22, a Lei n. 9.096/95 estipula as hipóteses de **cancelamento da filiação partidária**, entre as quais estão:

- morte;
- perda dos direitos políticos;
- expulsão; e
- outras formas previstas no Estatuto, conforme autorização dada pelo art. 25.

6.5. Fundos eleitorais

A importância do tema cresceu a partir de 2015, quando **o STF proibiu financiamento de campanha por pessoas jurídicas**, de forma a **evitar** a prática de **"caixa 2"**, levando a criação, em 2017, do chamado fundo especial de financiamento de campanha, conhecido como fundo eleitoral.

Portanto, temos **hoje** o **fundo partidário** e o **fundo eleitoral** a **abastecer os cofres dos partidos políticos que alcançaram o registro no TSE** e que conseguiram atingir a quantidade de votos necessária estabelecida pela cláusula de barreira instituída pela EC n. 97/2017.

Quanto ao **fundo partidário**, encontra-se **disciplinado pela Lei n. 9.096/95**, que em seu **art. 41-A dividiu as verbas** atribuídas aos partidos políticos **anualmente, da seguinte forma**:

- 5% em partes iguais; e
- 95% de forma proporcional aos votos obtidos na última eleição para a Câmara dos Deputados.

Quanto à **destinação dessas verbas**, o **art. 44** estabelece uma série de possibilidades, como para manutenção de serviços e da sede; para pagamento de pessoal; para viabilização de propaganda e campanhas eleitorais; para a criação de instituto ou fundação com patamar mínimo de 20% do total; para incrementar a participação política das mulheres; para compra e locação de imóveis; e ainda despesas com alimentação e consultoria contábil e jurídica.

Já o **fundo eleitoral abastece os cofres partidários**, a **cada 2 anos**, quando da **realização de eleições**.

6.6. Vedação de partidos como organização paramilitar

Essa possibilidade **foi proibida pela CF**, na forma prevista pelo art. 17, § 4º, sendo regulamentada pela Lei n. 9.096/95 que, em seu art. 6º, vetou a possibilidade de os partidos ministrarem instrução militar e paramilitar, bem como a adoção de uniforme para os seus membros.

6.7. Acesso gratuito à rádio e TV

A matéria encontra-se disciplinada no art. 17, § 3º, da CF, com a redação oferecida pela EC n. 97/2017.

Assim, somente **terão direito a recursos do fundo partidário** e **acesso gratuito ao rádio e à televisão**, na forma da lei, **os partidos políticos** que **alternativamente alcancem a cláusula de barreira**, nos seguintes termos:

- obtiverem, nas eleições para a Câmara dos Deputados, no mínimo, 3% (três por cento) dos votos válidos, distribuídos em pelo menos um terço das unidades da Federação, com um mínimo de 2% (dois por cento) dos votos válidos em cada uma delas; ou
- tiverem elegido pelo menos quinze Deputados Federais distribuídos em pelo menos um terço das unidades da Federação.

Por sua vez, a **Lei n. 14.291/2022 disciplina** atualmente a **matéria**, inserindo na Lei n. 9.096/95 o art. 50, alíneas "a" a "e", com os seguintes destaques.

> **Art. 50-B.** O partido político com estatuto registrado no Tribunal Superior Eleitoral poderá divulgar propaganda partidária gratuita mediante transmissão no rádio e na televisão, por meio exclusivo de inserções, para:
> (...)
> **§ 1º** Os partidos políticos que tenham cumprido as condições estabelecidas no § 3º do art. 17 da Constituição Federal terão assegurado o direito de acesso gratuito ao rádio e à televisão, na proporção de sua bancada eleita em cada eleição geral, nos seguintes termos:

> (...)
> **§ 2º** Do tempo total disponível para o partido político, no mínimo 30% (trinta por cento) deverão ser destinados à promoção e à difusão da participação política das mulheres.
> **§ 3º** Nos anos de eleições, as inserções somente serão veiculadas no primeiro semestre.

> **Art. 50-E.** As emissoras de rádio e de televisão terão direito a compensação fiscal pela cessão do horário gratuito previsto nesta Lei, em conformidade com os critérios estabelecidos no art. 99 da Lei n. 9.504, de 30 de setembro de 1997.
> (...)
> **§ 2º** A emissora de rádio ou de televisão que não exibir as inserções partidárias nos termos desta Lei perderá o direito à compensação fiscal e ficará obrigada a ressarcir o partido político lesado mediante a exibição de inserções por igual tempo, nos termos definidos em decisão judicial.

Para melhor visualização dos itens desenvolvidos nessa seção, confira-se o seguinte quadro:

Definição	Art. 1º da Lei n. 9.096/95 e art. 44 do CC.
Importância	Art. 14, § 3º, V, da CF
Criação	Arts. 7º e 8º da Lei n. 9.096/95
Autonomia partidária	Arts. 17, § 1º, da CF; 3º, 11-A e 29, § 9º, da Lei n. 9.096/95; e 8º da Lei n. 9.504/97
Fidelidade partidária	Art. 17, §§ 1º, 3º e 5º, da CF, arts. 22-A a 25 da Lei n. 9.096/95; e Súmula 67 do TSE
Fundos eleitorais	Art. 17, § 3º, da CF e arts. 41-A e 44 da Lei n. 9.096/95
Organizações paramilitares	Art. 17, § 4º, da CF; e art. 6º da Lei n. 9.096/95
Acesso gratuito a Rádio e TV	17, § 3º, da CF e art. 50 da Lei n. 9.096/95, com redação dada pela Lei n. 14.291/2022

7. DA ORGANIZAÇÃO DA JUSTIÇA ELEITORAL

7.1. Noções gerais

Cumpre observar que as regras relacionadas à **organização da Justiça Eleitoral** foram incluídas no capítulo relacionado ao Poder Judiciário, nos **arts. 118 a 121 da Constituição Federal**.

Dessa maneira, surge como **Justiça especializada da União**, sendo que sua **estrutura** foi delineada pelo **art. 118**.

Por outro lado, cumpre observar que a **matéria** também se encontra **regulada pelo Código Eleitoral nos arts. 12 a 41**, razão pela qual procuraremos mesclar comentários também desse diploma legal.

7.2. Tribunal Superior Eleitoral

É o **órgão de cúpula da Justiça Eleitoral**, com sede na **capital federal** e **jurisdição** em **todo território nacional**.

Nos termos do art. 119 da CF, sua **composição** terá, no **mínimo**, **7 integrantes**. Atualmente, são 7 os componentes da Corte, escolhidos da seguinte forma:

- **3 são Ministros do STF**, **escolhidos** entre **seus pares**, sendo que **2 deles cumularão** as **funções** de **presidente** e **vice-presidente da Corte**;
- **2 são Ministros do STJ**, **escolhidos** entre seus **pares**, sendo que **1 deles** cumulará as funções de **Corregedor Geral da Corte**;
- As **2 últimas vagas** são ocupadas por **advogados, indicados pelo STF, com** a necessária **ratificação do Presidente da República**. Portanto a OAB, ao contrário do que se verifica para as vagas do chamado quinto constitucional (art. 94, CF), não indica representantes para as Cortes Eleitorais.

Quanto às **competências jurisdicionais** a ele atribuídas, a matéria vem disciplinada no **art. 22 do Código Eleitoral**, que as divide entre aquelas de **caráter originário** no inciso I, e as de **caráter recursal** no inciso II.

Por sua vez, no **art. 23** o legislador eleitoral relaciona as **competências de caráter administrativo**, sendo que as decisões por ele proferidas demandam deliberação por maioria de votos com a presença da maioria dos seus membros, a teor do disposto no art. 19 desse Código.

A **duração** dos **mandatos** é de **2 anos**, **admitida uma recondução**, nos termos do art. 121, § 2º da CF.

Por fim, as **decisões** são, como **regra**, **irrecorríveis**, **salvo** aquelas que **contrariarem a Constituição** ou as **denegatórias de mandado de segurança ou habeas corpus**, nos termos do art. 121, § 3º, da CF.

7.3. Tribunais Regionais Eleitorais

Logo **abaixo do TSE**, na estrutura apresentada pelo art. 118 da CF, encontram-se os **Tribunais Regionais Eleitorais, localizados** na **capital** de **cada Estado**, bem como no **Distrito Federal**.

São **compostos**, nos termos do art. 120 da CF, por **7 integrantes**, indicados da seguinte forma:

- **2 vagas** são ocupadas por **desembargadores do TJ**, **escolhidos** pelos **seus pares**;
- **2 vagas** são ocupadas por **juízes de direito**, escolhidos pelo **TJ**;
- **1 vaga** é ocupada por um **desembargador do TRF**, escolhido pelos **seus pares**;
- **2 vagas** são ocupadas por **advogados**, indicados pelo **TJ**, exigindo **confirmação pelo Presidente da República**.

Quanto às suas **competências jurisdicionais**, a matéria vem disciplinada no **art. 29 do CE**, sendo divididas em **originárias** (inciso I) e **recursais** (inciso II).

O **art. 30** relaciona **competências de natureza administrativa**, sendo que as deliberações serão tomadas por maioria de votos, em sessão pública, com a presença da maioria dos seus membros, a teor do disposto no art. 28.

A **duração dos mandatos** será, também, **de 2 anos, admitida uma recondução**, nos termos do art. 121, § 2º, da CF.

Suas **decisões** são, em **regra**, **irrecorríveis**, **comportando recurso** quando **caracterizada uma das hipóteses** previstas no art. 121, § 4º, CF:

- forem proferidas contra disposição expressa da Constituição ou de lei;
- ocorrer divergência na interpretação de lei entre dois ou mais tribunais eleitorais;
- versarem sobre inelegibilidade ou expedição de diplomas nas eleições federais ou estaduais;
- anularem diplomas ou decretarem a perda de mandatos eletivos federais ou estaduais;
- denegarem *habeas corpus*, mandado de segurança, *habeas data* ou mandado de injunção.

7.4. Juízes eleitorais

Nesse particular, as **previsões** encontram-se, tão--somente, **no Código Eleitoral**.

Por se tratar de primeira instância, sua **composição** terá **1 juiz, atuando por delegação**, uma vez que ninguém presta concurso para juiz eleitoral e sim para a Magistratura, sendo posteriormente deslocado para essas atribuições.

Suas **competências** estão relacionadas ao longo do **art. 35 do CE**, sendo divididas em **jurisdicionais** e **administrativas**.

A **duração do mandato** será de **2 anos, admitida uma recondução** aplicando-se, por simetria, o art. 121, § 2º, da CF.

Suas **decisões** são **recorríveis**, através da interposição de **Recurso Inominado**, direcionado para o TRE.

7.5. Juntas eleitorais

As Juntas Eleitorais encontram-se **disciplinadas**, **exclusivamente**, no **Código Eleitoral**, com destaque inicial para sua composição, nos termos do **art. 36**:

- 1 juiz eleitoral;
- 2 ou 4 cidadãos indicados pelo TRE, 60 dias antes da realização das eleições.

Ainda sobre esse item, importante destacar as **proibições** para a **composição** dessas **juntas eleitorais**, estabelecidas ao longo do **art. 36, § 3º**:

- os candidatos e seus parentes, ainda que por afinidade, até o segundo grau, inclusive, e bem assim o cônjuge;
- os membros de diretórios de partidos políticos devidamente registrados e cujos nomes tenham sido oficialmente publicados;
- as autoridades e agentes policiais, bem como os funcionários no desempenho de cargos de confiança do Executivo;
- os que pertencerem ao serviço eleitoral.

Suas **competências** encontram-se disciplinadas ao longo do **art. 40 do CE**, concentradas, **basicamente**:

- apuração de urnas eleitorais;
- expedição de boletins eleitorais;
- resolução de impugnações e demais incidentes relacionados a contagem e apuração;
- expedição de diploma aos eleitos para cargos municipais.

O **mandato tem duração** apenas para **uma eleição** e as suas **decisões são recorríveis** para o TRE, nos termos dos arts. 29, II, "a", e 265 do CE.

Para uma melhor visualização das informações desenvolvidas nessa seção, confira-se o seguinte quadro:

	Composição	Competências	Mandato	Decisões
TSE	Art. 119, CF. ■ 3 Ministros do STF; ■ 2 Ministros do STJ; ■ 2 Advogados, indicados pelo STF, confirmados pelo Presidente da República.	Lei n. 4.737/65 (CE) Arts. 22 e 23.	2 anos, admitida uma recondução (art. 121, § 2º, CF).	Em regra, irrecorríveis salvo as hipóteses previstas no art. 121, § 3º, CF.
TREs	Art. 120, CF. ■ 2 Desembargadores do TJ; ■ 2 Juízes de Direito, indicados pelo TJ; ■ 1 Desembargador do TRF; ■ 2 Advogados, indicados pelo TJ, confirmados pelo Presidente da República.	Lei n. 4.737/65 (CE) Arts. 29 e 30.	2 anos, admitida uma recondução (art. 121, § 2º CF).	Em regra, irrecorríveis salvo as hipóteses previstas no art. 121, § 4º, CF.
Juízes	1 Juiz, atuando por delegação.	Lei n. 4.737/65 (CE) Art. 35.	2 anos, admitida uma recondução (art. 121, § 2º CF)	Recorríveis para o TRE, através de Recurso Inominado.
Juntas Eleitorais	■ 1 juiz eleitoral; ■ 2 ou 4 cidadãos, indicados pelo TRE; ■ Vedações: art. 36, § 3º, do CE.	Lei n. 4.737/65 (CE) Art. 40.	1 Eleição.	Recorríveis para o TRE (art. 29, II, "a" e 265 do CE).

7.6. Das garantias e impedimentos

Com intuito de **preservar** as **atribuições conferidas** a **carreira**, os **integrantes da Magistratura** são **dotados de garantias**, **submetendo-se**, também, **a impedimentos**.

Quanto as **garantias**, são as mesmas que se apresentam ao longo do **art. 95 da CF**:

- vitaliciedade, adquirida em primeira instância, após 2 anos de estágio probatório;
- inamovibilidade, comportando exceção para a preservação do interesse público, precedida de abertura de processo administrativo, assegurados o contraditório e a ampla-defesa;
- irredutibilidade de subsídio.

Por outro lado, quanto aos **impedimentos**, são os mesmos que se apresentam ao longo do **art. 95, parágrafo único, da CF**:

- exercer, ainda que em disponibilidade, outro cargo ou função, salvo uma de magistério;
- receber, a qualquer título ou pretexto, custas ou participação em processo;
- dedicar-se à atividade político-partidária.
- receber, a qualquer título ou pretexto, auxílios ou contribuições de pessoas físicas, entidades públicas ou privadas, ressalvadas as exceções previstas em lei;
- exercer a advocacia no juízo ou tribunal do qual se afastou, antes de decorridos três anos do afastamento do cargo por aposentadoria ou exoneração.

8. DO MINISTÉRIO PÚBLICO ELEITORAL

8.1. Noção geral

O Ministério Público surge como **instituição permanente**, **essencial à função jurisdicional**, incumbindo-lhe a **defesa da Ordem Jurídica, do Regime Democrático e dos interesses sociais e individuais indisponíveis**.

Na **esfera eleitoral**, tem como objetivo **garantir a normalidade das eleições, contra abusos de poder econômico ou político**.

8.2. Localização do tema na Constituição

Encontra-se disciplinado no **Capítulo IV do Título IV da CF**, denominado "Das Funções Essenciais à Justiça", conforme redação oferecida pela **Emenda n. 19/98**, figurando, pois, ao lado da Advocacia Pública, da Advocacia e da Defensoria Pública.

8.3. Legislação

O Ministério Público é **regido pela Lei n. 8.625/93** (de caráter nacional) e **pela Lei Complementar n. 75/93** (de caráter federal).

8.4. Princípios

Na **esfera eleitoral**, apresentam-se os **mesmos princípios atribuídos à carreira**, ao longo do art. 127, § 1º, da CF.

8.4.1. Unidade

Segundo esse princípio, os membros do Ministério Público **integram um só órgão, sob direção única**. Assim, **todos** os seus membros **possuem a mesma natureza**, **partilhando** as **mesmas prerrogativas funcionais**.

8.4.2. Indivisibilidade

Por esse princípio **o Ministério Público é uno**, já que seus membros **não se vinculam aos processos nos quais atuam, podendo ser substituídos uns pelos outros**, de acordo com as normas legais.

8.4.3. Independência ou autonomia funcional

Externamente, esse princípio sugere ser **o Ministério Público órgão independente** no **exercício de suas funções**; **internamente**, só se concebe **hierarquia no sentido administrativo** pela chefia do Procurador-Geral da República, a nível federal, e Procurador-Geral de Justiça, a nível estadual.

Assim, os membros da carreira **são livres para atuar nos processos**, segundo suas convicções, sua consciência, **não se sujeitando a imposições de superiores**, em razão da **inexistência de hierarquia** entre seus membros.

Dessa maneira, qualquer ato atentatório à autonomia do Ministério Público implica crime de responsabilidade, consoante o disposto no art. 85, II, da CF.

8.4.4. Promotor natural

Esse princípio **proíbe as designações casuísticas** efetuadas pela Chefia da instituição com a criação da figura do Promotor de Exceção. Dessa forma, objetiva-se **garantir a imparcialidade da instituição**, tanto em sua defesa quanto da sociedade que representa.

Com efeito, impede designações arbitrárias de promotores para cargo ou funções de outro promotor que seria afastado compulsoriamente de suas atribuições e prerrogativas legais.

8.5. Competências

O elenco de competências do Ministério Público encontra-se previsto no art. 129 da CF, apresentando um **caráter exemplificativo** por força da redação contida em seu inciso IX.

De outra parte, os demais incisos desse comando constitucional demonstram a relevância de suas competências ao lhe atribuir a **titularidade para a propositura**, no campo eleitoral, da **ação direta de inconstitucionalidade**, o **inquérito civil** e a **ação civil pública**; em **caráter privativo**, a **ação penal pública**.

Por fim, cumpre esclarecer que sua **competência para a propositura de ações civis não exclui** a possi-

bilidade de **terceiros** serem **dotados** da **mesma legitimidade** nas hipóteses previstas pela própria Constituição, ou pela lei, a teor do disposto no art. 129, § 1º.

Assim é que as pessoas integrantes da Administração indireta, bem como as entidades associativas que tenham em seus estatutos sociais a defesa de interesses difusos, estarão legitimadas para a propositura de ação civil pública, consoante previsão do art. 5º da Lei n. 7.347/85.

De registrar, ainda, a **competência** para a **propositura da arguição de descumprimento de preceito fundamental** (Lei n. 9.882/99).

No **campo civil eleitoral**, tem o MP, entre suas **competências**, a de **promover** uma **AIME** (Ação de impugnação de mandato eletivo); **AIJE** (Ação de investigação judicial eleitoral); **Ação para combater captação irregular de sufrágio**, **sem prejuízo** da legitimidade para **propositura de garantias constitucionais**.

8.6. Garantias do Ministério Público

Com intuito de preservar as atribuições conferidas a carreira, os integrantes do MP são dotados de garantias, submetendo-se, também, a impedimentos.

Quanto às garantias, são as mesmas que se apresentam ao longo do **art. 128, § 5º, I, da CF**:

- **Vitaliciedade**, adquirida em primeira instância, após 2 anos de estágio probatório;
- **Inamovibilidade**, comportando exceção para a preservação do interesse público, precedida de abertura de processo administrativo, asseguradas o contraditório e a ampla defesa;
- **Irredutibilidade de subsídio**.

Por outro lado, quanto aos **impedimentos**, são basicamente os mesmos que se apresentam ao longo do **art. 128, § 5º, II, da CF**:

- receber, a qualquer título e sob qualquer pretexto, honorários, percentagens ou custas processuais;
- exercer a advocacia;
- participar de sociedade comercial, na forma da lei;
- exercer, ainda que em disponibilidade, qualquer outra função pública, salvo uma de magistério;
- exercer atividade político-partidária;
- receber, a qualquer título ou pretexto, auxílios ou contribuições de pessoas físicas, entidades públicas ou privadas, ressalvadas as exceções previstas em lei.

9. CONVENÇÕES PARTIDÁRIAS E REGISTRO DE CANDIDATURAS

9.1. Das convenções partidárias

O tema envolvendo as convenções partidárias encontra-se localizado nos arts. 7º e 8º da Lei n. 9.504/97.

Se apresentam como **instâncias de deliberação dos partidos políticos**, devendo ser **realizadas** no período entre **20-7 e 5-8 do ano das eleições**, sendo **vedada** sua **transmissão ao vivo**, nos termos do art. 36, § 1º, da Lei n. 9.504/97.

Deliberam sobre os **seus representantes** na campanha eleitoral, bem como **sobre a celebração de coligações** apenas **para cargos majoritários**, nos termos do art. 17, § 1º, da CF.

Submetem-se a essas convenções todos **aqueles que pretendam se candidatar a um mandato eletivo**, incluindo-se **aqueles que** já são titulares e **se candidatam a uma reeleição**, as chamadas candidaturas natas, nos termos da **ADI 2530/21**.

Quanto ao local de sua realização, **excepcionalmente** a Lei n. 9.504/97, em seu art. 8º, autoriza a sua realização **em bens públicos**, desde que aberta a possibilidade para todos os partidos, mesma orientação adotada pela Lei n. 9.096/95, em seu art. 51.

Autoriza-se propaganda visando as convenções, desde que nos **15 dias anteriores a data de sua realização** e apenas em **caráter intrapartidário**, ou seja, voltada apenas para aqueles que tenham direito a voto.

As **decisões** tomadas durante a convenção **devem ser obrigatoriamente reduzidas a termo**, em uma **ATA**, que deverá ser apresentada pelo escolhido no momento de registro de registro de sua candidatura perante a Justiça Eleitoral.

Por fim, importante observar a **possibilidade**, já autorizada pelo TSE, de os **partidos realizarem prévias**, caso tenham necessidade de escolha, principalmente do candidato a cargo majoritário, em momento anterior ao da realização das convenções, aplicando-se as mesmas regras relacionadas a propaganda.

9.2. Do registro de candidaturas

A matéria que se encontra disciplinada nos **arts. 10 a 16 da Lei n. 9.504/97** representa a **última etapa** para a **consolidação da condição de candidato**, para aqueles que tiveram seu nome aprovado na convenção partidária.

O pedido de registro **deve ser promovido**, no período entre 5 e 15 de agosto, junto à Justiça Eleitoral, nos termos do art. 11 da Lei n. 9.504/97.

Assim, o pedido de registro para candidaturas a **Presidente** e **Vice-Presidente da República** deverá ser apresentado **junto ao TSE**, nos termos do art. 22 do CE.

O pedido de registro para candidaturas estaduais, ou seja, para **Governador, Vice-Governador, Deputado Estadual, Deputado Federal e Senador**, deverá ser apresentado **junto ao TRE**, nos termos do art. 29 do CE.

Por fim, o pedido de registro para candidaturas municipais, ou seja, **Prefeito, Vice-Prefeito e Vereador**, deverá ser apresentado **junto ao Juiz Eleitoral**, nos termos do art. 35 do CE.

Quanto às condições de elegibilidade a serem preenchidas, para viabilizar o deferimento do registro da candidatura, encontram-se elas agrupadas no art. 14, § 3º, da CF e no art. 11 da Lei n. 9.504/97.

Deferido o registro de candidatura, poderá ser ele **impugnado** no prazo de **5 dias** (LC n. 64/90, art. 3º), por qualquer candidato, partido ou coligação e, ainda, pelo MP.

Se **indeferido o registro**, o requerente prejudicado **poderá colocar a questão** *sub judice*, nos termos do art. 16-A da Lei n. 9.504/97, com a **obrigação** de se alcançar **decisão final até 20 dias antes das eleições**, de forma a não invalidar o voto do eleitor, na hipótese de manutenção do indeferimento da candidatura.

Importante ainda anotar que, **enquanto a questão estiver** *sub judice*, aquele que não obteve o registro da candidatura **poderá participar de todos os atos da campanha eleitoral**, até a decisão final.

Por fim, oportuno também destacar a **possibilidade** de **partidos** e **coligações substituírem candidatos**, desde que **respeitado o prazo de 10 dias**, nos termos do art. 13 da Lei n. 9.504/97:

- da decisão judicial que indeferiu o registro;
- da renúncia; ou
- da morte.

Para uma melhor visualização das informações desenvolvidas nessa seção, confira-se o seguinte quadro:

Convenções Partidárias	■ **Localização**: arts. 7º e 8º da Lei n. 9.504/97 ■ **Realização**: entre 20-7 e 5-8 do ano das eleições ■ **Cessão de bens públicos**: permitida ■ **Propaganda**: permitida (art. 36-A) ■ **Decisões**: devem ser reduzidas a termo em uma ATA ■ **Prévias**: autorizadas (art. 36-A, III)
Registro de Candidaturas	■ **Localização**: arts. 10 a 16 da Lei n. 9.504/97 ■ **Realização**: 5 a 15 de agosto do ano das eleições ■ **Competência**: Justiça Eleitoral Presidente e Vice-presidente: TSE (art. 22 do CE); Governador, Vice-Governador, Deputado Estadual, Deputado Federal e Senador: TRE (art. 29 do CE) Prefeito, Vice-Prefeito e Vereador: Juiz Eleitoral (art. 35 do CE) ■ **Impugnação: 5 dias**, por qualquer candidato, partido ou coligação e, ainda, pelo MP (LC n. 64/90, art. 3º) ■ **Candidatura *Sub Judice***: art. 16-A da Lei n. 9.504/97 ■ **Substituição de Candidatos**: art. 13 da Lei n. 9.504/97

■ 10. DA CAMPANHA ELEITORAL

■ 10.1. Financiamento

A matéria regulada nos arts. 17 a 27 da Lei n. 9.504/97 tem por **objetivo estabelecer limites** e **transparência** durante as eleições, de forma a **proteger o pleito contra** a **influência** do **poder econômico** ou o **abuso** no **exercício de função, cargo** ou **emprego na Administração** direta e indireta.

Assim é que, de modo a facilitar o controle dos gastos, a legislação eleitoral **exige** que os **partidos e coligações comuniquem** à Justiça Eleitoral o **limite por candidatura**, o que deverá ser providenciado juntamente com o seu registro, sujeitando o responsável pelos excessos praticados (art. 18).

Por outro lado, o legislador fixou como requisitos, para que este financiamento possa ter início, o registro da candidatura perante a Justiça Eleitoral ou que esteja ele *sub judice* (art. 16-A), bem como a abertura de conta bancária específica (art. 22), cujo pedido não poderá ser recusado pela instituição financeira escolhida, independente do aporte financeiro inicial.

Importante também destacar a necessidade de confecção de talonário eleitoral, diante da necessidade de emissão de recibos para cada operação financeira realizada durante a campanha eleitoral, nos termos do art. 23, § 2º.

Quanto às **despesas realizadas** durante a campanha eleitoral, ficam sob a **responsabilidade dos partidos**, isolados ou sob coligação, ou de seus candidatos (art. 17).

Acerca das **informações financeiras da campanha**, o art. 21 fixou a **responsabilidade solidária** do candidato e da pessoa por ele designada.

Em seu art. 22, estabeleceu o legislador que o **uso de recursos financeiros que não provenham de conta bancária específica implicará a desaprovação das contas**, bem como o **cancelamento do registro da candidatura** ou **cassação do diploma**.

Quanto às **doações e contribuições**, **não podem** ser feitas por **pessoa jurídica**, de acordo com **orientação** consolidada no **STF**, desde 2015, de forma a **evitar** a configuração de irregularidade denominada de *"caixa 2"*.

Quanto às **doações e contribuições** feitas por **pessoa física**, **não podem** ser realizadas **indiscriminadamente**, devendo ater-se aos **limites** estabelecidos pelo legislador no § 1º do art. 23, ou seja, não poderão superar **10% dos rendimentos brutos** obtidos e declarados relativos ao exercício financeiro anterior ao das eleições.

Em seu art. 24, o legislador relacionou **vedações** quanto ao recebimento de **doações**, todas elas envolvendo **pessoas jurídicas**. Destaque para a proibição de financiamento de campanha por **Órgãos** ou **pessoas jurídicas** integrantes da **Administração direta e indireta**; por concessionários, permissionários; sindicatos, entidades de classe; entidades beneficentes, religiosas e esportivas, Governo estrangeiro ou ONG estrangeira.

Essa proibição de recebimento de doações de entidade ou governo estrangeiro encontra-se, também, prevista no art. 17, III, da Constituição Federal, para preservar a soberania do País.

Isso porque fácil imaginar o interesse enorme que governos ou entidades estrangeiras teriam em patrocinar campanhas de partidos e/ou candidatos para facilitar a chegada ao poder e, por via de consequência, a influência nos destinos do País.

Por outro lado, o legislador houve por bem estipular os **gastos** efetuados durante a **campanha** que estariam **autorizados**, com o intuito de prevenir a incidência de abuso de poder econômico e político.

Assim é que a matéria foi disciplinada no **art. 26 da Lei n. 9.504/97**, cujo **elenco** apresenta uma natureza meramente **exemplificativa**, o que se conclui pela expressão "dentre outros" utilizada na parte final do *caput* desse artigo.

Entre as hipóteses descritas pelo legislador, algumas delas se destacam não só pelo valor que assumem, visto que deverão estar dentro do limite de gastos declarados à Justiça Eleitoral, mas, também, em razão da influência que podem exercer sobre a vontade do eleitorado.

Dessa forma, **destaque para** os gastos com a produção ou patrocínio de espetáculos ou eventos promocionais de candidatura (**inciso IX**); produção de programas de rádio, televisão ou vídeo (**inciso X**); pagamento de cachê de artistas ou animadores de eventos relacionados a campanha eleitoral (**inciso XI**); e realização de pesquisas ou testes pré-eleitorais (**inciso XII**).

O descumprimento dessas normas levou o legislador a estabelecer as seguintes **sanções** aos partidos e candidatos responsáveis ou que tenham sido beneficiados por abuso do poder econômico, nos termos do art. 25 da Lei n. 9.504/97:

- Perda do direito ao recebimento da quota do Fundo Partidário do ano seguinte;
- Responsabilidade dos candidatos beneficiados por abuso do poder econômico.

10.2. Pesquisas eleitorais

A questão relacionada às **pesquisas eleitorais** assume grande importância, sendo até mesmo, por vezes, decisiva no processo de **convencimento do eleitorado** e, por via de consequência, de definição do resultado dos pleitos eleitorais.

No **primeiro turno**, em relação a **tese do voto útil**, em que se propaga a migração de votos apenas para aquele candidato com chances de eleição, em detrimento daqueles que se encontram em uma posição ruim.

Para o **segundo turno**, principalmente se estiverem os candidatos muito próximos, nas pesquisas apresentadas, incluindo a margem de erro.

Nesse sentido, plenamente justificada a inclusão de capítulo específico na Lei n. 9.504/97, **arts. 33 a 35**, não só para **tornar pública** a pesquisa como, também, para **explicitar as técnicas** e os **métodos de avaliação** e **dedução dos resultados**, bem como a relação dos nomes responsáveis pelo seu financiamento.

Assim, **a partir** do dia **1º de janeiro do ano** de realização **das eleições**, as pesquisas **deverão ser registradas** na Justiça Eleitoral, apresentando as seguintes informações, nos termos do art. 33:

- quem contratou a pesquisa;
- valor e origem dos recursos despendidos no trabalho;
- metodologia e período de realização da pesquisa;
- plano amostral e ponderação quanto a sexo, idade, grau de instrução, nível econômico e área física de realização do trabalho a ser executado, intervalo de confiança e margem de erro;

- sistema interno de controle e verificação, conferência e fiscalização da coleta de dados e do trabalho de campo;
- questionário completo aplicado ou a ser aplicado;
- nome de quem pagou pela realização do trabalho e cópia da respectiva nota fiscal.

Promovido o registro, essas pesquisas **poderão ser impugnadas** pelo Ministério Público Eleitoral, pelos candidatos e pelos partidos políticos e coligações, se vislumbrado algum tipo de vício, nos termos do art. 33, § 2º.

Nesse sentido, em se verificando a impugnação, será ela autuada como **Representação Eleitoral**, com notificação do representado para apresentação de sua **defesa no prazo de 48 horas**.

O descumprimento dos requisitos estabelecidos pelo legislador, importa em aplicação das **sanções**, a teor do disposto nos §§ 3º e 4º.

Assim, a divulgação de **pesquisa sem o prévio registro** das informações de que trata este artigo sujeita os responsáveis a multa no valor de 50 mil a 100 mil UFIR.

Por outro lado, a divulgação de **pesquisa fraudulenta** constitui crime, punível com detenção de seis meses a um ano e multa no valor de cinquenta mil a cem mil UFIR.

De outra parte, em vista da possibilidade de os resultados dessas **pesquisas** levarem à **configuração de danos de difícil reparação**, poderá o juiz determinar a suspensão de sua divulgação, bem como a aplicação de sanções, como já visto, às quais ficará sujeito não só o instituto de pesquisa, mas, também, o seu contratante, o órgão de imprensa responsável pela sua publicação, bem como o candidato, o partido ou coligação.

Importante, também, **diferenciar pesquisas eleitorais**, autorizadas pelo legislador, **de** simples **enquetes ou sondagens** caracterizadoras de um levantamento de opiniões, sem a utilização de qualquer metodologia científica, que foram **proibidas**, nos termos do art. 33, § 5º.

Oportuno esclarecer que as **sanções** nessa seção alcançam, para efeito de responsabilização penal, os representantes das empresas de pesquisas, bem como do órgão veiculador, nos termos do art. 35.

Por fim, vale assinalar que essas **pesquisas não poderão ser apresentadas no dia das eleições**, de forma a não influenciar o voto do eleitor.

10.3. Propaganda eleitoral

10.3.1. Noções gerais

A questão relacionada à propaganda eleitoral foi considerada de extrema importância pelo legislador, de forma a **proteger** a realização do **pleito contra abusos do poder político** e **econômico**, **assegurando** a **normalidade** e a **legitimidade** das eleições, bem como a **isonomia** entre todos os participantes do pleito eleitoral, nos termos do art. 14, § 9º, da CF.

Como regra geral, nos termos do art. 36, a possibilidade de **veiculação** de propaganda eleitoral ocorre somente **a partir do dia 15 de agosto do ano** da realização **do pleito**.

Assim, tem-se que a propaganda veiculada **antes dessa** data revela-se, em regra, **intempestiva** e, por via de consequência, **inconstitucional**, sujeitando o infrator às **penalidades** estabelecidas no § 3º do art. 36, desde que comprovado o seu prévio conhecimento.

Excepcionalmente, essa propaganda será admitida se configurada uma das hipóteses estabelecidas nos arts. 36, § 1º, e 36-A:

- visando as convenções partidárias, na quinzena anterior à data marcada para sua realização, desde que intrapartidária, vedado o uso de rádio, televisão e *outdoor*;
- participação de filiados a partidos políticos ou de pré-candidatos em entrevistas, programas, encontros ou debates no rádio, na televisão e na internet, inclusive com a exposição de plataformas e projetos políticos, observado pelas emissoras de rádio e de televisão o dever de conferir tratamento isonômico;
- realização de encontros, seminários ou congressos, em ambiente fechado e a expensas dos partidos políticos, para tratar da organização dos processos eleitorais, discussão de políticas públicas, planos de governo ou alianças partidárias visando às eleições, podendo tais atividades ser divulgadas pelos instrumentos de comunicação intrapartidária;
- realização de prévias partidárias e a respectiva distribuição de material informativo, a divulgação dos nomes dos filiados que participarão da disputa e a realização de debates entre os pré-candidatos;
- divulgação de atos de parlamentares e debates legislativos, desde que não se faça pedido de votos;
- divulgação de posicionamento pessoal sobre questões políticas, inclusive nas redes sociais;
- realização, a expensas de partido político, de reuniões de iniciativa da sociedade civil, de veículo ou meio de comunicação ou do próprio partido, em qualquer localidade, para divulgar ideias, objetivos e propostas partidárias;

- campanha de arrecadação prévia de recursos na modalidade prevista no inciso IV do § 4o do art. 23 desta Lei.

Outro ponto importante refere-se à **proibição** de **propaganda eleitoral**, nas seguintes **hipóteses** relacionadas no **art. 243 do CE**:

- de guerra, de processos violentos para subverter o regime, a ordem política e social ou de preconceitos de raça ou de classes;
- que provoque animosidade entre as Forças Armadas ou contra elas, ou delas contra as classes e instituições civis;
- de incitamento de atentado contra pessoa ou bens;
- de instigação à desobediência coletiva ao cumprimento da lei de ordem pública;
- que implique em oferecimento, promessa ou solicitação de dinheiro, dádiva, rifa, sorteio ou vantagem de qualquer natureza;
- que perturbe o sossego público, com algazarra ou abusos de instrumentos sonoros ou sinais acústicos;
- por meio de impressos ou de objeto que pessoa inexperiente ou rústica possa confundir com moeda;
- que prejudique a higiene e a estética urbana ou contravenha a *posturas municipais* ou a outra qualquer restrição de direito;
- que caluniar, difamar ou injuriar quaisquer pessoas, bem como órgãos ou entidades que exerçam autoridade pública;
- que deprecie a condição de mulher ou estimule sua discriminação em razão do sexo feminino, ou em relação à sua cor, raça ou etnia.

10.3.2. Modalidades permitidas e proibidas

A realização de **comícios** é **permitida** no período compreendido entre 8 e 24 horas, dependendo de comunicação prévia ao Poder Público, 24h antes de sua realização, para a tomada de providências relacionadas à segurança e trânsito, na forma estabelecida pelo § 4º do art. 39.

A realização de **showmícios** está **proibida**, nos termos do art. 39, § 7º, por se tratar de propaganda cara, a qual poucos teriam acesso, promovendo desequilíbrio entre os candidatos.

A propaganda através de **adereços** (distribuição de camisetas, pingentes, bonés) é **permitida** apenas para os participantes da campanha, nos termos do art. 39, § 6º.

A propaganda através de *outdoors* é **vedada**, em razão do seu custo, para evitar desequilíbrio entre os candidatos, nos termos do art. 39, § 8º.

A propaganda através de **trios elétricos**, em **regra**, é **proibida**, **exceto** para a realização de **comícios**, nos termos do art. 39, § 10.

A propaganda através de **carros de som** e de **alto-falantes** é **permitida**, das 8 às 22 horas, respeitada distância inferior a 200 metros de sedes do Poder Público, quartéis, hospitais, casas de saúde, bibliotecas, templos religiosos, teatros, nos termos do art. 39, § 3º.

A veiculação de propaganda eleitoral em **bens públicos**, de qualquer natureza, ou naquele cujo uso dependa de cessão ou permissão do Poder Público, foi **proibida**, nos termos do art. 37.

A propaganda em **bens de uso comum**, também está **proibida**, incluindo aqueles definidos pelo Código Civil, os rios, mares, estradas, ruas e praças (art. 99), como aqueles em que a população em geral tem acesso, tais como cinemas, clubes, lojas, centros comerciais, templos religiosos, ginásios esportivos, estádios de futebol, entre outros, nos termos do art. 37, § 4º.

Em se tratando de propaganda eleitoral veiculada em **bens particulares**, está **autorizada**, independente de autorização do Poder Público, desde que preenchidos os requisitos estabelecidos no art. 37, § 2º:

- que tenha autorização dos proprietários;
- que seja gratuita;
- através de adesivo plástico em automóveis, caminhões, bicicletas, motos e janelas residenciais, não excedendo 0,5 m².

A propaganda em **vias públicas** é **autorizada**, através de bandeiras e colocação de mesas para distribuição de material de campanha, desde que móveis e que não dificultem o bom andamento do trânsito de pessoas e veículos, nos termos do art. 37, § 6º.

A propaganda através da distribuição de **folhetos impressos** é **permitida**, independentemente de autorização do Poder Público, desde que o material não seja apócrifo, apresentando, pois, um representante legal responsável, nos termos do art. 38.

A propaganda em **áreas verdes** está **proibida**, ainda que não cause danos, nos termos do art. 37, § 5º.

A propaganda, na **imprensa escrita** está **autorizada**, desde que preenchidos os requisitos estabelecidos no art. 43:

- até a antevéspera das eleições;
- divulgação paga;
- em do jornal impresso, no espaço máximo, por edição, de 1/8 (um oitavo) de página de jornal padrão;
- 1/4 (um quarto) de página de revista ou tabloide;

- até 10 (dez) anúncios, por veículo de comunicação, em datas diversas.

Em relação à propaganda eleitoral em **rádio e televisão**, restringe-se ao **horário eleitoral gratuito, vedada a propaganda paga**, com as seguintes restrições a partir da realização das convenções:

- transmitir, ainda que sob a forma de entrevista jornalística, imagens de realização de pesquisa ou qualquer outro tipo de consulta popular de natureza eleitoral em que seja possível identificar o entrevistado ou em que haja manipulação de dados;
- usar trucagem, montagem ou outro recurso de áudio ou vídeo que, de qualquer forma, degradem ou ridicularizem candidato, partido ou coligação, ou produzir ou veicular programa com esse efeito;
- veicular propaganda política ou difundir opinião favorável ou contrária a candidato, partido, coligação, a seus órgãos ou representantes;
- dar tratamento privilegiado a candidato, partido ou coligação;
- veicular ou divulgar filmes, novelas, minisséries ou qualquer outro programa com alusão ou crítica a candidato ou partido político, mesmo que dissimuladamente, exceto programas jornalísticos ou debates políticos;
- divulgar nome de programa que se refira a candidato escolhido em convenção, ainda quando preexistente, inclusive se coincidente com o nome do candidato ou com a variação nominal por ele adotada. Sendo o nome do programa o mesmo que o do candidato, fica proibida a sua divulgação, sob pena de cancelamento do respectivo registro.

Importante destacar também, que a partir do **resultado da convenção**, fica **proibida** a **veiculação** de **programas apresentados ou comentados**, nos meios de comunicação, **por candidato** escolhido em convenção (art. 45, § 1º).

Por outro lado, o legislador assegurou a **possibilidade** de realização de **debates**, tanto para a **eleição majoritária** e **proporcional**, desde que assegurada a participação de candidatos dos partidos com representação no Congresso Nacional de, no mínimo, cinco parlamentares, e facultada a dos demais, nos termos do art. 46.

Por fim, **a propaganda no horário eleitoral gratuito**, que tem o seu **início 35 dias antes** da realização **das eleições**, e **término** na **antevéspera do pleito**, nos termos do art. 47, cuja **distribuição do tempo** ocorre 90% de forma proporcional ao número de deputados federais e 10% de forma igualitária.

O **prazo final** para a veiculação de **propaganda eleitoral**, em **regra**, é de **48 horas antes** até **24 horas depois** da eleição, nos termos do art. **240, parágrafo único, do CE**.

Excepcionalmente, o prazo se estende para até **22 horas do dia que antecede a eleição**, para a distribuição de material gráfico, passeatas, carreatas, motociatas e circulação de carros de som, divulgando *jingles* ou mensagens de candidatos, nos termos do **art. 39, § 9º, da Lei n. 9.504/97**.

10.4. Direito de resposta

A matéria encontra **fundamento inicial** na **CF**, nos termos do **art. 5º, V**, que assegura como **direito fundamental** para aquele atingido por **calúnia, injúria ou difamação**, direito de resposta, de forma proporcional ao agravo experimentado, gratuitamente, surgindo a **regulamentação através da edição da Lei n. 13.188/2015**.

Por **forma proporcional ao agravo experimentado**, deve-se entender o oferecimento ao atingido de igual destaque, publicidade, periodicidade e dimensão, nos termos do **art. 2º, § 3º, da Lei n. 13.188/2015**.

Assim, essas obrigações devem ser entendidas da seguinte forma:

a) **Igual espaço**: cabendo aos donos dos veículos de comunicação a obrigação de oferecer ao ofendido o mesmo espaço concedido ao ofensor.

Assim, se o pensamento foi exteriorizado pela imprensa escrita, a resposta deverá ser oferecida com o mesmo número de toques, na linguagem jornalística.

De outra parte, na hipótese de o pensamento ter sido exteriorizado no rádio ou na televisão, a resposta deverá ser oferecida com a mesma duração de tempo concedida ao ofensor.

b) **Igual destaque:** por essa característica, o ofendido teria direito a produzir sua resposta na mesma página (no caso da imprensa escrita) ou no mesmo horário, ou, ainda, no mesmo programa (no caso de rádio e televisão).

c) **De forma neutra:** essa característica impede que, a título de utilização do direito de resposta, o ofendido cometa abusos. Em outras palavras, o agravado deve ater-se única e exclusivamente à resposta à ofensa sofrida.

Isso porque, em caso contrário, abrir-se-ia ensejo para uma série infindável de réplicas e tréplicas, transformando o instituto em poderosa arma de promoção pessoal.

Ao **nível eleitoral** a matéria se encontra no **art. 58 da Lei n. 9.504/97**, que apresentou como **fato gerador** ser atingido, ainda que de forma indireta, por conceito, imagem ou afirmação caluniosa, injuriosa ou difamatória, ou sabidamente inverídica, por qualquer veículo de comunicação social.

O **momento** de utilização desse direito, nos termos do **art. 58**, ocorre a partir da escolha do candidato em convenção partidária, que deverá ocorrer, como já visto, no período entre 20-7 e 5-8 do ano das eleições.

Tem legitimidade para lançar mão desse direito, além do ofendido, nos termos do **art. 3º, § 2º**, da Lei n. 13.188/2015:

- o representante legal do ofendido incapaz ou da pessoa jurídica;
- o cônjuge, descendente, ascendente ou irmão do ofendido que esteja ausente do País ou tenha falecido depois do agravo, mas antes de decorrido o prazo de decadência do direito de resposta ou retificação.

O prazo para a sua utilização varia de acordo com o local em que a agressão teve lugar, da seguinte forma:

- 24 horas, se ocorrida no horário eleitoral gratuito;
- 48 horas, se ocorrida na programação normal das emissoras de rádio e TV;
- 72 horas, se ocorrida na imprensa escrita;
- A qualquer tempo, se ocorrida na *internet* ou 72 horas após sua retirada.

Por fim, importante observar que os responsáveis ficarão sujeitos às **sanções** previstas no **art. 58, § 8º**, que vão desde multa até detenção, esta última nos termos do **art. 347 do CE**.

10.5. Condutas vedadas aos agentes públicos

Com intuito de **preservar** a **normalidade** do pleito eleitoral, a **isonomia** entre os candidatos, **o legislador**, neste capítulo, houve por bem **estabelecer proibições** para os **agentes públicos** de forma a impedir possam eles tirar proveito dos cargos, empregos ou funções que titularizem na Administração Pública direta e indireta, nos termos dos **arts. 73 a 77 da Lei n. 9.504/97**.

Essas **vedações** foram criadas **principalmente** para **evitar** o **desequilíbrio** entre **candidatos** à reeleição e aqueles que concorrem por partidos de oposição, em vista da previsão estabelecida no **art. 37, § 5º, da CF**, com a redação oferecida pela EC n. 16/97.

Isso porque, prevê o dispositivo a possibilidade de uma reeleição, para as autoridades ali relacionadas, Presidente, Governadores, Prefeitos e aqueles que os tenham sucedido ou substituído no curso do mandato, sem a necessidade de renúncia, abrindo a possibilidade para a utilização da máquina administrativa a favor de suas candidaturas.

São **destinatários** dessas proibições os agentes públicos, ou seja, todos os que se encontram dentro da Administração Pública, titularizando cargos, empregos, funções ou mandatos, nos termos do **art. 73, § 1º**.

Quanto às **condutas vedadas**, **destaque inicial** para a proibição de cessão ou uso de bens públicos em benefício de candidato, partido ou coligação (**inciso I**), com **exceção** para o momento de realização das convenções partidárias (art. 8º), bem como a utilização pelo Presidente da República do Palácio da Alvorada, mesmo para encontros eleitorais, desde que não tenham caráter de ato público, nos termos do art. 73, § 2º.

O mesmo dispositivo autoriza a utilização de aeronave oficial pelo Presidente da República, desde que promovido o devido ressarcimento aos cofres públicos, nos termos do art. 76.

A cessão de servidores, materiais ou serviços custeados pela Administração em benefício de determinado candidato (**incisos II e III**), dentro do horário de expediente. Assim, o servidor valendo-se de sua condição de cidadão poderá participar de campanha eleitoral, desde que licenciado (art. 86 da Lei n. 8.112/90) ou fora do horário de expediente.

Por outro lado, a legislação eleitoral **não admite** distribuição gratuita de bens e serviços de caráter social custeados ou subvencionados pelo Poder Público, nos termos do **inciso IV**.

No mesmo sentido, justifica-se **a proibição**, como **regra geral**, nos três meses que antecedem as eleições, da nomeação ou demissão sem justa causa, bem como a transferência ou exoneração do servidor de forma gratuita, na circunscrição do pleito, até a data da posse dos eleitos, nos termos do **inciso V**.

No **mesmo dispositivo**, apresentam-se **inúmeras exceções** que acabam por esvaziar a regra geral:

- a nomeação ou exoneração de cargos em comissão e designação ou dispensa de funções de confiança;
- a nomeação para cargos do Poder Judiciário, do Ministério Público, dos Tribunais ou Con-

selhos de Contas e dos órgãos da Presidência da República;
- a nomeação dos aprovados em concursos públicos homologados até o início daquele prazo;
- a nomeação ou contratação necessária à instalação ou ao funcionamento inadiável de serviços públicos essenciais, com prévia e expressa autorização do Chefe do Poder Executivo;
- a transferência ou remoção *ex officio* de militares, policiais civis e de agentes penitenciários;

O **inciso VI proíbe**, nos três meses anteriores ao pleito:

- transferência voluntária de recursos da União aos Estados e Municípios, e dos Estados aos Municípios, ressalvados os recursos destinados a cumprir obrigação preexistente para execução de obra ou serviço em andamento e com cronograma prefixado, e os destinados a atender situações de emergência e de calamidade pública;
- autorizar publicidade institucional dos atos, programas, obras, serviços e campanhas dos órgãos públicos federais, estaduais ou municipais, ou das respectivas entidades da administração indireta, salvo em caso de grave e urgente necessidade pública, assim reconhecida pela Justiça Eleitoral;
- pronunciamentos em cadeia de rádio e televisão, fora do horário eleitoral gratuito, salvo quando, a critério da Justiça Eleitoral, tratar-se de matéria urgente, relevante e característica das funções de governo.

No **inciso VII**, veda-se a realização, no primeiro semestre no ano da eleição, de despesas com publicidade que excedam a média nos últimos 3 anos.

No **inciso VIII** proíbe-se, nos três meses que antecedem a eleição, até a data da posse dos eleitos, a revisão geral na remuneração de servidores que exceda a recomposição da perda de seu poder aquisitivo ao longo do ano da eleição.

Nos termos do **art. 75, fica proibida**, nos três meses que antecedem a eleição, a realização de inaugurações animadas com *shows* artísticos, pagos com recursos públicos, sob pena de cassação de registro de candidatura ou do diploma.

Nos termos do **art. 77, proíbe-se** o comparecimento, nos três meses que antecedem a eleição, do agente público, candidato, em inaugurações de obras públicas, sob pena de cassação de registro de candidatura ou do diploma.

Por fim, nos termos dos **§§ 10 e 11**, no ano em que se realizar eleição, **fica proibida** a distribuição gratuita de bens, valores ou benefícios por parte da Administração Pública, exceto nos casos de calamidade pública, de estado de emergência ou de programas sociais autorizados em lei e já em execução orçamentária no exercício anterior, que não poderão ser executados por entidade nominalmente vinculada a candidato ou por esse mantida.

O descumprimento das previsões relacionadas no **art. 73**, gera **sanções de caráter pecuniário**, que incidirão sobre os agentes públicos, ainda que não tenham sido os responsáveis pela prática da conduta vedada pelo legislador, nos termos do § 4º.

Isso porque estabeleceu o legislador a possibilidade de incidência dessas **sanções** mediante a **simples constatação** de que o **partido**, a **coligação** ou o **candidato** se **tenham beneficiado** de alguma conduta levada a efeito por terceiros de forma contrária ao que prevê a lei eleitoral, nos termos do **§ 8º**.

Claro está que a caracterização desse benefício e a consequente **aplicação** de qualquer sorte de **sanção** demandam o oferecimento de **contraditório e ampla defesa**, até mesmo por força do rigor de que se revestem.

Por fim, importante registrar que as **condutas** relacionadas ao longo do **art. 73** poderão caracterizar atos de **improbidade administrativa**, por **descumprimento** de **princípios da Administração**, desde que configurado o **dolo** do agente.

Para uma melhor visualização das informações desenvolvidas nessa seção, confira-se o seguinte quadro:

Financiamento de campanha	■ **Localização:** arts. 17 a 27 da Lei n. 9.504/97; ■ **Requisitos:** arts. 22 e 23 da Lei n. 9.504/97; ■ **Fontes autorizadas:** art. 23 da Lei n. 9.504/97; ■ **Fontes vedadas**: art. 24 da Lei n. 9.504/97; ■ **Gastos autorizados**: art. 26 da Lei n. 9.504/97; ■ **Responsabilidade**: art. 17 da Lei n. 9.504/97; ■ **Sanções**: art. 26 da Lei n. 9.504/97.
Pesquisas eleitorais	■ **Localização:** arts. 33 a 35 da Lei n. 9.504/97

Propaganda eleitoral	■ **Localização**: arts. 36 a 57 da Lei n. 9.504/97 ■ **Propaganda antecipada**: art. 36-A da Lei n. 9.504/97; ■ **Início**: 15-8 do ano das eleições (art. 36 da Lei n. 9.504/97); ■ **Proibições**: art. 243 do CE; ■ **Modalidades**: arts. 36 a 57 da Lei n. 9.504/97; ■ **Penalidades**: art. 36, § 3º, da Lei n. 9.504/97; ■ **Término**: regra geral (art. 240, parágrafo único, do CE); exceções (art. 39, § 9º, da Lei n. 9.504/97).
Direito de resposta	■ **Localização:** art. 5º, V, da CF; Lei n. 13.188/2015; art. 58 da Lei n. 9.504/97; e art. 347 do CE.
Condutas vedadas aos agentes públicos	■ **Localização**: arts. 73 a 77 da Lei n. 9.504/97.

■ 11. ATOS PREPARATÓRIOS DAS ELEIÇÕES

A matéria encontra-se relacionada nos arts. **114 a 132 do CE**, com destaque para os **prazos** ali estabelecidos, de forma a preservar a normalidade dos pleitos eleitorais.

Assim é que, **de início, fixa o prazo** de **70 dias anteriores à data marcada para a realização das eleições** como data **limite** para a **qualificação** de todos os **eleitores e** a **entrega** dos respectivos **títulos eleitorais**, competindo aos **juízes eleitorais** a **comunicação** aos **Tribunais Regionais** quanto ao número de eleitores alistados **trinta dias antes**.

Essa previsão legal revela-se importante não só para que a Justiça Eleitoral tenha uma ideia do volume de eleitores, mas, também, para a resolução de eventuais pendências relacionadas às listas anteriormente publicadas.

Ainda no **art. 117 do CE**, o legislador estipula o **limite máximo de eleitores por seção eleitoral**, correspondendo, a cada uma delas, **uma Mesa Receptora** de votos, cujos integrantes serão nomeados pelo Juízo Eleitoral, 60 dias antes das eleições, em audiência pública (art. 120 do CE), sendo as nomeações publicadas no Diário Oficial.

Dentro desse contexto, de forma a preservar o caráter imparcial dos integrantes das Mesas Receptoras, o legislador houve por bem relacionar aqueles que **não poderão integrá-las**, consoante o disposto no **art. 120, § 1º**.

Nesse sentido, cumpre observar que da **nomeação** dos **integrantes** das **Mesas Receptoras** pelo Juízo Eleitoral, os partidos poderão recorrer ao Tribunal Regional Eleitoral, assegurado o contraditório e a ampla defesa (**art. 121 do CE**).

Resolvida a questão relacionada à composição das Mesas Receptoras, os que foram nomeados para integrá-las terão um **prazo de cinco dias** para **apresentar** motivos para a sua **recusa, bem como** para **declarar** a **existência** de qualquer **impedimento**.

A importância dessas Mesas Receptoras pode ser aquilatada nas competências atribuídas aos seus integrantes a partir dos **arts. 127 e 128 do CE**.

O trabalho dos integrantes das Mesas Receptoras será objeto de fiscalização, não só pelo **Juízo Eleitoral**, mas, também, por cada um dos **partidos políticos** participantes do pleito eleitoral, que terão direito de nomear **dois fiscais**, com credenciais devidamente visadas, expedidas por essas agremiações ou coligações, matéria esta disciplinada não só pelo Código Eleitoral (**art. 131**), mas, também, pela **Lei n. 9.504/97**, a partir do seu **art. 65**.

De outra parte, de forma a assegurar a normalidade das votações, assevera o Código Eleitoral que no **recinto da Mesa Receptora só poderão permanecer os seus membros, os candidatos, um fiscal, um delegado** de cada partido e, durante o tempo necessário à votação, o eleitor, competindo ao Presidente a tomada de medidas contra os que desrespeitarem essa diretriz, nos termos do **art. 140 do CE**.

A **nomeação** dos **integrantes** das Juntas Eleitorais, pelo TRE, deverá estar **consumada 60 dias antes das eleições**, nos termos do art. 36 do CE.

A **relação dos candidatos** cujo pedido de **registro** foi **deferido** pela Justiça Eleitoral, bem como daqueles que **judicializaram** o **indeferimento** deste registro, deve estar concluída **até 20 dias antes das eleições**, nos termos do art. 16 da Lei n. 9.504/97.

O **fim da propaganda** eleitoral terá lugar, em regra, **48 horas antes do pleito**, nos termos do art. 240 do CE.

Excepcionalmente, são admitidas passeata, carreata, motociata, circulação de carro de som, até as **22 horas do sábado anterior ao pleito**, nos termos do art. 39, § 9º, da Lei n. 9.504/97.

12. GARANTIAS ELEITORAIS

Localizadas nos **arts. 234 a 239 do CE**, têm por objetivo assegurar a liberdade do voto ao eleitor e, como reflexo, a **configuração de crime** quando se configurar a tentativa de impedimento ou embaraçamento ao exercício do sufrágio, nos termos do **art. 297 do CE**, comportando pena de reclusão e multa, nos termos do art. 298 do mesmo diploma legal.

Se apresentam como espécies de garantias:

a) **Contra a prisão**, 5 dias antes e 48 horas depois do pleito, nos termos do art. 236, admitindo-se exceção nas seguintes hipóteses:
  - flagrante delito;
  - sentença criminal condenatória por crime inafiançável;
  - desrespeito ao salvo conduto.

b) **Contra interferência do poder econômico na liberdade do voto**, com abuso de poder (art. 237);

c) **Proibição da presença da polícia no prédio escolhido como ponto de votação na zona eleitoral** (art. 238), devendo ela permanecer a, no mínimo, 100 metros da seção eleitoral (art. 141), com exceção de ordem emitida pelo Presidente da Mesa Receptora;

d) **Prioridade postal**, 60 dias antes das eleições, assegurando o recebimento pelo eleitor de propaganda dos candidatos (art. 239).

Para uma melhor visualização das informações desenvolvidas nas seções 11 e 12, confira-se o seguinte quadro:

Atos preparatórios	■ **Localização**: arts. 114 a 132 do CE.
Garantias eleitorais	■ **Localização**: arts. 234 a 239 do CE. ■ **Modalidades**: - Contra a prisão (art. 236); - Contra interferência do poder econômico na liberdade do voto (art. 237); - Proibição da presença da polícia no prédio escolhido como ponto de votação na zona eleitoral (art. 238); - Prioridade postal (art. 239).

13. AS ELEIÇÕES

13.1. Das permissões e proibições

Realizadas no **primeiro domingo do mês de outubro**, nos termos do art. 77 da CF, o **horário** de votação compreende **entre 8h e 17h**, de acordo com o art. 144 do CE.

Nesse período **é permitida** manifestação individual e silenciosa, exclusivamente através de bandeiras, broches e adesivos, nos termos do art. 39-A da Lei n. 9.504/97.

São proibidas as seguintes condutas:

- Aglomeração de pessoas com vestuário padronizado (art. 39-A, § 1º);
- Uso de alto-falantes e amplificadores de som (art. 39, § 5º);
- Comício ou carreata (art. 39, § 5º);
- Arregimentação de eleitor (art. 39, § 5º);
- Boca de urna (art. art. 39, § 5º);
- Qualquer tipo de propaganda (art. 39, § 5º);
- Fornecimento gratuito de alimentação e transporte coletivo (Lei n. 6.091/74);
- Utilização de veículos e embarcações particulares, salvo requisição pela justiça eleitoral (Lei n. 6.091/74);

13.2. Do encerramento da votação

Encerrado o período de votação, o Código Eleitoral, em seu **art. 154**, estipula uma série de **providências** a serem tomadas pelo Presidente da Mesa Apuradora, dentre as quais destacam-se o **fechamento da urna** e **sua entrega** para a **autoridade** competente, bem como a **lavratura da ata da eleição**, com o relato de todos os acontecimentos verificados no período de votação, **tudo sob a fiscalização** dos fiscais e delegados partidários.

13.3. Da apuração

As providências mencionadas nos parágrafos anteriores devem estar totalmente preenchidas para que se possa dar início à etapa seguinte do processo eleitoral, que é a de apuração dos votos, sendo que os órgãos por esta responsáveis variam de acordo com as características do pleito eleitoral, nos termos do disposto no **art. 158 do CE**.

Para **eleições majoritárias**, considera-se eleito o candidato que obtiver maioria absoluta dos votos válidos, excluídos os brancos e nulos.

Não sendo alcançado o referido *quórum*, parte-se para o **segundo turno**, a ser **realizado 20 dias após**, do qual participam os dois candidatos mais votados no primeiro, considerando-se eleito o que obtiver maioria dos votos válidos.

Para uma melhor visualização das informações desenvolvidas nessa seção, confira-se o seguinte quadro:

Realização	Arts. 77 da CF e 144 do CE
Permissões e proibições	■ **Permissão**: art. 39-A da Lei n. 9.504/97; ■ **Proibições**: arts. 39, § 5º; 39-A, § 1º; e Lei n. 6.091/74
Encerramento da votação	Art. 154 do CE
Da apuração	Art. 158 do CE

■ 14. PRESTAÇÃO DE CONTAS

Ultrapassado o pleito eleitoral, inicia-se uma nova etapa, consistente na **prestação de contas** à Justiça Eleitoral, quanto aos gastos e recursos alcançados durante a campanha eleitoral, disciplinada nos arts. 28 a 32 da Lei n. 9.504/97.

Nos termos do art. 28, a prestação de contas dos candidatos a **cargos majoritários** e daqueles que concorrem às eleições proporcionais será de **responsabilidade deles**.

A prestação de contas **deverá ser encaminhada** à Justiça Eleitoral **até o trigésimo dia posterior à realização das eleições** (art. 29, III) e, **havendo segundo turno**, no prazo de **20 dias** englobando os dois turnos (art. 29, IV).

A lei permite a apresentação de **contas de forma simplificada** para **candidatos de municípios** com **até 50 mil eleitores** ou que **apresentem movimentação financeira** de **até R$ 20.000,00** (vinte mil reais), nos termos do art. 28, §§ 9º e 11.

O **descumprimento dos prazos** fixados pelo legislador faz com que o vencedor do pleito fique proibido de diplomar-se enquanto perdurar a irregularidade (art. 29, § 2º).

Apresentadas as contas, o legislador estipulou o **prazo de três dias antes da diplomação** para a sua **apreciação** pela **Justiça Eleitoral**, nos termos do art. 30, § 1º, **que poderá resultar**, nos termos do art. 30, *caput*:

- pela aprovação, quando estiverem regulares;
- pela aprovação com ressalvas, quando verificadas falhas que não lhes comprometam a regularidade;
- pela desaprovação, quando verificadas falhas que lhes comprometam a regularidade;
- pela não prestação, quando não apresentadas as contas após a notificação emitida pela Justiça Eleitoral, na qual constará a obrigação expressa de prestar as suas contas, no prazo de setenta e duas horas.

Na hipótese de se verificar **sobra de recursos financeiros**, os candidatos e partidos não poderão furtar-se a dar conhecimento desse fato à Justiça Eleitoral, na forma estabelecida pelo art. 31 da Lei n. 9.504/97.

Sobre esse item, é importante ainda mencionar a **Súmula 42 do TSE**, segundo a qual "a decisão que julga não prestadas as contas de campanha impede o candidato de obter a certidão de quitação eleitoral durante o curso do mandato ao qual concorreu, persistindo esses efeitos, após esse período, até a efetiva apresentação das contas".

Por fim, a **Súmula 57 do TSE**, segundo a qual "a apresentação das contas de campanha é suficiente para a obtenção da quitação eleitoral, nos termos da nova redação conferida ao art. 11, § 7º, da Lei n. 9.504/97, pela Lei n. 12.034/2009".

Para uma melhor visualização das informações desenvolvidas nessa seção, confira-se o seguinte quadro:

Localização	Arts. 28 a 32 da Lei n.9.504/97
Responsabilidade	Art. 28 da Lei n. 9.504/97
Prazo para apresentação	Art. 29, III e IV da Lei n. 9.504/97 e súmula 57 do TSE
Descumprimento do prazo	Art. 29, § 2º da Lei n. 9.504/97
Não prestação	Súmula 42 do TSE
Prestação simplificada: hipóteses	Art. 28, §§ 9º e 11
Prazo para julgamento	Art. 30 § 1º da Lei n. 9.504/97
Decisões possíveis	Art. 30, *caput*, da Lei n. 9.504/97

■ 15. DA DIPLOMAÇÃO E DA POSSE

■ 15.1. Da Diplomação

Encerrada a apuração de votos, os candidatos, submetem-se ao ato da diplomação, matéria disciplinada pelos **arts. 215 a 218** do CE.

Através deste **ato** a Justiça Eleitoral **habilita** os candidatos eleitos e seus suplentes ao exercício do mandato, **confirmando** o resultado das eleições, em **sessão presidida pelo** mandatário **maior do TSE, do TRE ou** da **Junta Eleitoral**, conforme a natureza do pleito, nos termos do art. 215 do CE

A confirmação da **diplomação atrai os impedimentos** relacionados no art. 54, I da CF, para:

- firmar ou manter contrato com pessoa jurídica de direito público, autarquia, empresa pública, sociedade de economia mista ou empresa concessionária de serviço público, salvo quando o contrato obedecer a cláusulas uniformes;

- aceitar ou exercer cargo, função ou emprego remunerado, inclusive os de que sejam demissíveis "ad nutum", nas entidades constantes da alínea anterior;

Atrai, também, ainda que de forma equivocada, **as imunidades previstas no art. 53, §§ 1º e 2º da CF**, uma vez que com a diplomação o eleito ainda não é titular de mandato, o que só se verifica com a posse. Confira-se:

> **Art. 53** (...)
> **§ 1º** Os Deputados e Senadores, **desde a expedição do diploma**, serão submetidos a julgamento perante o Supremo Tribunal Federal.
> **§ 2º Desde a expedição do diploma**, os membros do Congresso Nacional não poderão ser presos, salvo em flagrante de crime inafiançável. Nesse caso, os autos serão remetidos dentro de vinte e quatro horas à Casa respectiva, para que, pelo voto da maioria de seus membros, resolva sobre a prisão.

A decisão poderá ser **impugnada**, no **prazo** de **quinze dias**, a partir da diplomação, através de **recurso contra a expedição do diploma** (RCD), de acordo com o disposto nos **arts. 14, § 10, da CF** e **art. 216 do CE**, bem como através da **propositura** de **ação de impugnação de mandato eletivo (AIME)**, na forma disposta no **art. 14, § 11, da CF**.

Acerca das diferenças entre as duas ações, confira-se o seguinte quadro:

	AIME	RCD
Prazo	15 dias após a diplomação	3 dias após a diplomação
Provas	Não exige provas pré-constituídas	Exige provas pré-constituídas
Efeitos	Não possui efeito suspensivo	Possui efeito suspensivo.

Por fim, enquanto **não decidido o RDC**, poderá o **diplomado exercer o mandato** em toda a sua **plenitude**, nos termos do art. 216 do CE, **situação que não se estende** se o instrumento utilizado foi a **AIME**, conforme orientação consolidada no TSE.

15.2. Da Posse

É o **ato** através do qual o candidato eleito e diplomado passa a **titularizar** o mandato conquistado nas urnas.

Para os candidatos eleitos para mandato no **Poder Executivo** o **momento** da posse encontra-se previsto no art. 82 da CF, ou seja, no dia **1º de janeiro do ano seguinte ao da sua eleição**, passando para o dia **5 de janeiro**, a partir de **2026**, nos termos da **EC n. 111/2021**.

Para os **Governadores**, a data atual do dia **1º de janeiro**, foi **alterada** para **6 de janeiro**, a partir de **2026**, nos termos da **EC n. 111/2021**, que alterou o art. 28 da CF.

Por outro lado, para os que se elegeram pelo sistema proporcional (**Deputados e Vereadores**) e, também, para **Senadores**, a posse terá lugar a partir do dia **2 de fevereiro do ano seguinte ao das eleições**, nos termos do art. 57 da CF.

A partir da posse passam a incidir, sobre o titular do mandato, os **impedimentos** relacionados ao longo do **art. 54, II da CF**:

- ser proprietários, controladores ou diretores de empresa que goze de favor decorrente de contrato com pessoa jurídica de direito público, ou nela exercer função remunerada;
- ocupar cargo ou função de que sejam demissíveis "ad nutum", nas entidades referidas no inciso I, "a";
- patrocinar causa em que seja interessada qualquer das entidades a que se refere o inciso I, "a";
- ser titulares de mais de um cargo ou mandato público eletivo.

O **descumprimento** das diretrizes constitucionais levará a **perda do mandato** (art. 55 da CF) **decidida**, em **regra**, pela **Câmara dos Deputados ou pelo Senado Federal**, por voto secreto e maioria absoluta, assegurada a ampla defesa, nos termos previstos no § 2º.

Por fim, **com a posse** o titular do mandato **fará jus** às chamadas **imunidades parlamentares**, nos termos do **art. 53 da CF**.

Para uma melhor visualização das informações desenvolvidas nessa seção, confira-se o seguinte quadro:

Diplomação	■ **Localização**: 14, §§ 10 e 11 da CF e 215 a 218 do CE; ■ **Competência**: art. 215 do CE; ■ **Destinatários**: art. 215 do CE; ■ **Recurso**: art. 216 do CE.
Posse	■ **Momento**: Cargos Majoritários (art. 82, CF); Proporcionais (art. 57, CF); ■ **Impedimentos**: art. 54, II da CF; ■ **Perda do cargo**: hipóteses (art. 55, CF); ■ **Imunidades**: art. 53.

16. AÇÕES ELEITORAIS

De forma a **enfrentar** as inúmeras **irregularidades no campo eleitoral**, além das conhecidas garantias constitucionais, mandado de segurança, *habeas corpus*, *habeas data*, mandado de injunção, o legislador criou **ações específicas** para essa área do direito, cada qual com **fato gerador próprio**.

16.1. Ação de impugnação de pedido de registro de candidatura – AIRC

Essa medida judicial, conhecida pela sigla **AIRC**, tem por **objetivo** maior garantir a normalidade das eleições, impedindo a manutenção de candidaturas que não tenham preenchido os requisitos de elegibilidade estabelecidos pela Constituição Federal, no art. 14, §§ 4º a 8º, elenco exemplificativo, nos termos do § 9º, ampliado pela LC n. 64/90, bem como pela Lei n. 9.504/97, arts. 9 e 11.

Quanto à **legitimidade** para a sua propositura, o art. 3º da LC n. 64/90 relaciona qualquer candidato, partido, coligação ou o Ministério Público, no **prazo** de cinco dias, contados da publicação do pedido de registro da candidatura.

Por sua vez, **o impugnado**, o **partido político** ou a **coligação** terão o **prazo de 7 dias** para oferecer **contestação**. Em seguida, o juiz poderá julgar antecipadamente a lide, ou então determinar o saneamento do processo.

16.2. Ação de investigação judicial eleitoral – AIJE

Disciplinada pela LC n. 64/90, tem por **objetivo** a apuração de uso indevido, desvio ou abuso de poder econômico ou de autoridade, ou utilização indevida de veículos ou meios de comunicação social, em benefício de candidato ou de partido político, nos termos do art. 22.

O **acolhimento** de qualquer representação necessita da caracterização de alguns requisitos, por implicar cassação de registro e, por via de consequência, inelegibilidade.

Assim é que, além da caracterização da irregularidade, **deve-se comprovar** a sua **potencialidade** para interferir no resultado do pleito, bem como a **responsabilidade** daquele que eventualmente tenha retirado dela algum tipo de proveito.

Dessa forma, não comprovada a sua potencialidade nem mesmo a participação dos eventuais representados, impossível atribuir-lhes qualquer sorte de responsabilidade.

A **legitimidade** para sua propositura foi atribuída a qualquer partido político, coligação, candidato ou ao Ministério Público Eleitoral, nos termos do art. 22 da LC n. 64/90.

Essa ação somente **poderá ser proposta até o momento da diplomação dos candidatos**, sob pena de caracterização de decadência do direito.

Julgada procedente a investigação, incidem as **seguintes sanções**, nos termos do art. 22, XIV:

- inelegibilidade do representado de quantos tenham contribuído para a prática do ato para as eleições a se realizarem nos 8 anos subsequentes à eleição em que a irregularidade se verificou;
- cassação do registro do candidato beneficiado; e,
- remessa dos autos ao Ministério Público para instauração de processo disciplinar e ação penal, quando for o caso.

16.3. Ação por captação irregular de sufrágio

Tem por **objetivo** preservar a normalidade das eleições, oferecendo uma proteção especial ao eleitor, de forma a preservá-lo de tentativas ilegais de convencimento por parte dos candidatos, nos termos do art. 41-A da Lei n. 9.504/97, segundo o qual **constitui captação de sufrágio**, vedada por esta Lei, o candidato doar, oferecer, prometer, ou entregar, ao eleitor, com o fim de obter-lhe o voto, bem ou vantagem pessoal de qualquer natureza, inclusive emprego ou função pública, **desde o registro da candidatura até o dia da eleição**, sendo **desnecessário** o **pedido explícito** de votos, **bastando** a **evidência do dolo**.

A **legitimidade** para a propositura da ação deve ser atribuída às pessoas relacionadas no art. 3º da LC n. 64/90, vale dizer, ao candidato, ao partido político, à coligação e ao Ministério Público, que deverão fazê-lo até a data da diplomação, nos termos do § 3º do art. 41-A da Lei n. 9.504/97.

Julgada procedente essa representação, o resultado será a **cassação do registro da candidatura ou do diploma**, a depender do momento em que seja proferida a sentença, sendo desnecessária a propositura de ação específica para tanto.

Se a representação for **julgada após a eleição**, além da inelegibilidade, **o Ministério Público ingressará** com uma **ação requerendo a perda do mandato eletivo** e a **nulidade da expedição do diploma para a ocupação do cargo**.

Por fim, importante registrar que o Código Eleitoral caracterizou a **captação ilegal de votos como crime**, nos termos do art. 299, ainda que a oferta não seja aceita.

16.4. Ação de impugnação de mandato eletivo – AIME

Essa medida judicial encontra seu **fundamento** maior na Constituição Federal, em especial no art. 14, §§ 10 e 11.

Os dispositivos constitucionais revelam apenas alguns dos itens importantes relacionados a essa ação judicial, estipulando o **prazo** para sua propositura (**15 dias** contados da diplomação) e a possibilidade de comprovação efetiva da configuração de abuso de poder econômico, corrupção ou fraude e o trâmite sob segredo de justiça.

Por outro lado, a **Lei Maior não fixou a legitimidade** para a sua propositura assinalando, apenas, a **responsabilização do autor**, se **temerária a ação proposta ou** estiver de **manifesta má-fé**.

Apresenta como características:

Prazo	15 dias após a diplomação
Provas	Não exige provas preconstituídas
Efeitos	Não possui efeito suspensivo

Dessa forma, deve-se atribuí-la às mesmas **pessoas legitimadas** à ação de impugnação de registro de candidaturas, vale dizer, **candidatos, partidos políticos, coligações e MP**.

Cumpre observar que as **consequências do acolhimento** dessa medida judicial demandam a **apresentação de provas inquestionáveis** quanto à caracterização das irregularidades preconizadas pela Constituição.

16.5. Recurso contra a diplomação

Em que pese o rótulo atribuído, **trata-se de ação judicial** que tem por **objetivo** impugnar os efeitos da decisão que diplomou os candidatos eleitos.

A **legitimidade** para a sua propositura foi atribuída a qualquer candidato, partido, coligação e Ministério Público, nos termos do art. 3º da LC n. 64/90.

Como já visto, **difere da AIME**, em razão das seguintes características:

Prazo	3 dias após a diplomação
Provas	Exige provas preconstituídas
Efeitos	Possui efeito suspensivo

16.6. Representações eleitorais

Esse instrumento vem **disciplinado** no art. 96 da Lei n. 9.504/97, que sinaliza a sua **aplicação**, em caráter geral, para as hipóteses que impliquem descumprimento desse diploma legal.

Assim, **sua utilização** dar-se-á, **tão somente**, regra geral, em razão da parte inicial, onde se lê "salvo disposições específicas em contrário desta Lei", quando não houver nenhum outro instrumento específico para coibir a irregularidade praticada, ou seja, **em caráter residual**.

Em relação às **partes legitimadas** para o ajuizamento dessas representações, o dispositivo relacionou: os partidos políticos, as coligações ou candidatos, **não podendo excluir o Ministério** Público, nos termos do art. 24, VI, do CE, tendo em vista que compete ao PGJ "representar ao Tribunal sobre a fiel observância das leis eleitorais, especialmente quanto à sua aplicação uniforme em todo o país".

De resto, nem poderia ser diferente por força da posição ocupada pelo Ministério Público no nosso ordenamento jurídico de representante dos interesses da sociedade, a teor do disposto no art. 127 da Constituição Federal.

16.7. Quadro sinótico

Para melhor visualização dos itens desenvolvidos nessa seção, confira-se o seguinte quadro:

AÇÕES	OBJETO	LEGITIMIDADE
Ação de impugnação de registro de candidatura	Cancelamento de candidaturas de inelegíveis	Candidatos, Partidos, Coligações e MP (art. 3º LC n. 64/90)
Ação de investigação judicial eleitoral (AIJE)	Abusos de poder econômico/político	Candidatos, Partidos, Coligações e MP (art. 22 LC n. 64/90)
Ação por capitação irregular de sufrágio	Proteger o eleitor contra tentativas ilegais de convencimento (art. 41-A Lei n. 9.504/97)	Candidatos, Partidos, Coligações e MP (art. 3º LC n. 64/90)
Ação de Impugnação de mandato eletivo (AIME)	Suspensão da diplomação e o exercício do mandato por abuso de poder econômico, corrupção, fraude no dia da eleição (art. 14, § 10, da CF)	Candidatos, Partidos, Coligações e MP (art. 3º LC n. 64/90)
Recurso x Diplomação	Suspender diplomação e o exercício do mandato	Candidatos, Partidos, Coligações e MP (art. 3º LC n. 64/90)
Representações	Caráter residual, quando não houver ação específica (art. 96, Lei n. 9.504/97)	Candidatos, Partidos, Coligações e MP (art. 3º LC n. 64/90)

17. DOS RECURSOS

17.1. Noções gerais

Essa matéria encontra-se **disciplinada**, na Constituição Federal, nos arts. 118 a 121, bem como no Código Eleitoral, em seus arts. 257 a 282, **aplicando-se, em caráter subsidiário**, as regras previstas no **Código de Processo Civil e no Código de Processo Penal**.

Não são dotados de efeito suspensivo, nos termos do art. 257 do CE.

Em relação ao **prazo** para a propositura, a **regra geral** aponta para **três dias**, contados da publicação do ato, a menos que lei específica traga algum comando em sentido contrário, nos termos do art. 258 do CE.

A **perda dos prazos** estipulados pelo legislador **importa em preclusão**, ao menos como regra geral, visto que o legislador eleitoral **excepcionou as hipóteses** em que houver **discussão de matéria constitucional**, na forma prevista pelo art. 259 do CE.

A distribuição do primeiro recurso acaba por **prevenir o juízo**, em relação à propositura de outros que tenham o mesmo objeto, nos termos do art. 260 do CE.

Feitas essas observações de ordem geral relacionadas aos recursos eleitorais, passaremos agora a apreciá-los quanto às modalidades apresentadas pelo Código Eleitoral.

17.2. Das modalidades

17.2.1. Do recurso em face das decisões de juízes e Juntas Eleitorais

O **único recurso** cabível é o **Inominado**, que se encontra disciplinado pelo art. 265 do Código Eleitoral, para combater decisões proferidas quer pelas Juntas Eleitorais, quanto por aquelas exaradas pelo Juiz de Primeira Instância, sendo **direcionado para o TRE**.

Proposto o recurso o juiz abrirá vistas ao recorrido para oferecimento de **contrarrazões no mesmo prazo** estabelecido para sua interposição, vale dizer, três dias, na ausência de qualquer regra contrária em sentido específico (art. 258).

No Tribunal, o recurso será **distribuído em 24 horas** a um relator (art. 269), que abrirá vistas à Procuradoria para oferecimento de parecer em cinco dias, objetivando sua inclusão na pauta de julgamento.

17.2.2. Dos Recursos em face das decisões proferidas pelos TREs

a) *Recurso ordinário*

As **hipóteses** ensejadoras da propositura desse recurso estão previstas no art. 121, § 4º, da CF, regulamentado pelo art. 276, II, do CE, que se encontra recepcionado. Confira-se:

- versarem sobre inelegibilidade ou expedição de diplomas nas eleições federais ou estaduais;
- anularem diplomas ou decretarem a perda de mandatos eletivos federais ou estaduais;
- denegarem *habeas corpus*, mandado de segurança, *habeas data* ou mandado de injunção.

Percebe-se que as **hipóteses de cabimento** desse recurso, previstas no art. 276, II do CE, **experimentaram ampliação, por força** da redação oferecida pelo **art. 121, § 4º, da CF**, que abriu a possibilidade de utilização para hipóteses que versarem sobre inelegibilidade, o que não se verifica no dispositivo da legislação eleitoral.

Nesse sentido, possível a utilização do recurso ordinário em relação às decisões dos TREs acerca da ação de impugnação de pedido de registro de candidatura; da investigação eleitoral judicial e da ação de impugnação de mandato eletivo.

Além do mais, o dispositivo constitucional também ampliou a utilização do recurso em análise para decisões denegatórias proferidas por esses Tribunais, relativas não só ao habeas corpus e mandado de segurança, o que já era possível, mas, também, ao habeas data e ao mandado de injunção.

Quanto ao procedimento, o **prazo** será de **três dias** para a sua interposição, contados da publicação da decisão, para as hipóteses previstas na alínea b do inciso II do art. 276, impondo-se o mesmo prazo para a hipótese de expedição do diploma, com a ressalva de que o marco inicial se verifica a partir da sessão de diplomação.

Dentro desse contexto, o **prazo** para o oferecimento de **contrarrazões será idêntico**, por força do princípio da igualdade entre as partes estabelecido pelo art. 277 do CE.

b) *Recurso especial*

As hipóteses de cabimento desse recurso estão previstas no art. 121, § 4º, da CF, regulamentado pelo art. 276, I, do CE, que se encontra recepcionado. Confira-se:

- forem proferidas contra disposição expressa desta Constituição ou de lei;
- ocorrer divergência na interpretação de lei entre dois ou mais tribunais eleitorais.

Quanto ao procedimento, o **prazo** para sua interposição será, também, de **três dias**, contados da publicação da decisão, para as hipóteses previstas na alínea "b" do inciso II do art. 276, impondo-se o mesmo prazo para a hipótese de expedição do diploma, com a ressalva de que o marco inicial se verifica a partir da sessão de diplomação.

Sendo **admitido o recurso**, abrir-se-á vistas dos autos ao recorrido para que, **no mesmo prazo**, apresente suas **contrarrazões**, nos termos do § 2º.

17.2.3. Recursos contra decisões do Tribunal Superior Eleitoral

Em primeiro lugar, importante destacar que a **regra geral** prevista na Constituição aponta para a **irrecorribilidade das decisões proferidas pelo TSE**, admitindo-se algumas **exceções**, tudo de acordo com a redação oferecida pelo art. 121, § 3º.

Nesse sentido, é bem de ver que o dispositivo constitucional reproduzido deve ser interpretado de forma conjunta com o art. 103, III, que prevê a possibilidade da propositura de **recurso extraordinário** quando a **decisão** proferida **contrariar dispositivo da Lei Maior**.

a) *Recurso ordinário*

Esse recurso encontra-se disciplinado pelo art. 121, § 3º, da CF que aponta, em **regra**, para a **irrecorribilidade das decisões proferidas pelo TSE**, admitindo algumas **exceções**. Confira-se:

- as que contrariarem esta Constituição e;
- as denegatórias de habeas corpus ou mandado de segurança.

No CE a matéria encontra-se disciplinada no art. 281 que estabelece os casos de cabimento de Recurso Ordinário:

- da decisão denegatória de *habeas corpus* ou mandado de segurança.

Quanto ao **prazo** de interposição, será de **três dias** e, **sendo admitido**, será aberta vista dos autos para que, **dentro do mesmo prazo**, o recorrido apresente **contrarrazões**, nos termos do art. 281, § 1º.

b) *Recurso Extraordinário*

Já o Recurso Extraordinário **terá lugar** em face das **decisões** do TSE que **contrariarem à Constituição Federal**, ratificando o disposto no art. 102, III.

O **prazo** para sua propositura não será de 15 dias previsto pelo Código de Processo Civil, mas de **três dias**, contados da data da publicação da decisão que se deseja impugnar.

Na forma estabelecida pelo art. 281 do CE, o prazo para oferecimento de **contrarrazões** também será de **três dias**.

17.3. Fluxograma

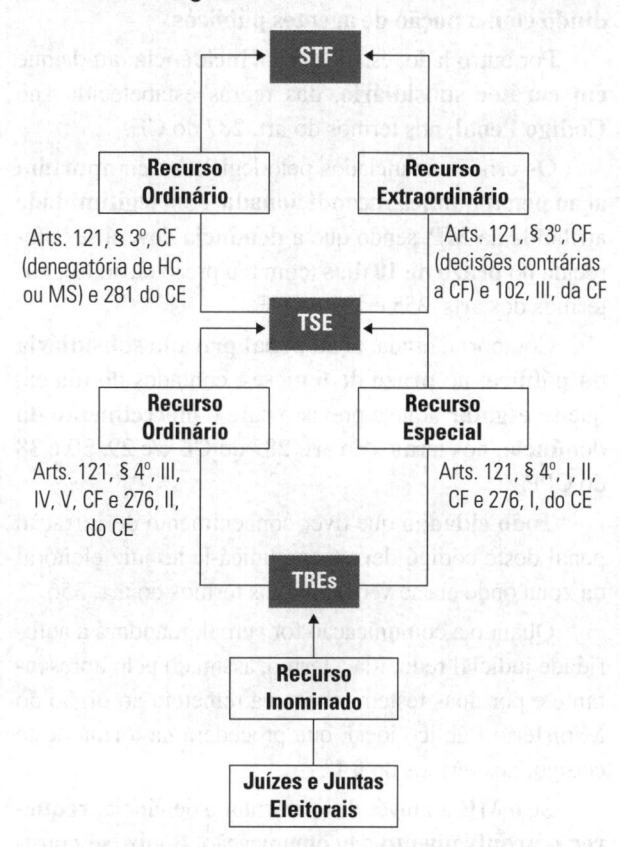

```
                    STF
                   ↗    ↖
          Recurso        Recurso
          Ordinário      Extraordinário
      Arts. 121, § 3º, CF   Arts. 121, § 3º, CF
      (denegatória de HC    (decisões contrárias
      ou MS) e 281 do CE    a CF) e 102, III, da CF
                   ↘    ↙
                    TSE
                   ↗    ↖
          Recurso        Recurso
          Ordinário      Especial
      Arts. 121, § 4º, III,   Arts. 121, § 4º, I, II,
      IV, V, CF e 276, II,    CF e 276, I, do CE
      do CE
                   ↘    ↙
                    TREs
                     ↑
                  Recurso
                  Inominado
                     ↑
               Juízes e Juntas
                 Eleitorais
```

18. DOS CRIMES ELEITORAIS

18.1. Noções gerais

A questão relativa aos crimes eleitorais encontra-se **disciplinada** nos **arts. 283 a 354 do Código Eleitoral**, inaugurado **por regras gerais** das quais se destaca o **conceito de funcionário público** nos §§ 1º e 2º do art. 283.

> **Art. 283.** (...)
> § 1º Considera-se funcionário público, para os efeitos penais, além dos indicados no presente artigo, quem, embora transitoriamente ou sem remuneração, exerce cargo, emprego ou função pública.
> § 2º Equipara-se a funcionário público quem exerce cargo, emprego ou função em entidade paraestatal ou em sociedade de economia mista.

Os parágrafos reproduzidos, em que pese utilizarem a nomenclatura de funcionários públicos, acabam por demonstrar a **ideia do legislador** de fazer **incidir as regras penais** previstas no Código sobre **todos aqueles que titularizam cargos, empregos ou funções dentro da Administração Pública**, independentemente de remuneração e ainda que em caráter transitório, **coincidindo com a noção de agentes públicos**.

Por outro lado, estabeleceu a **incidência**, ainda que **em caráter subsidiário**, das regras estabelecidas no **Código Penal**, nos termos do art. 287 do CE.

Os crimes enunciados pelo legislador **comportam ação penal pública incondicionada**, com **legitimidade** atribuída ao **MP**, sendo que a denúncia deverá ser oferecida no **prazo de 10 dias** (com réu preso ou solto), nos termos dos arts. 355 e 357 do CE.

Comporta, ainda, **ação penal privada subsidiária da pública**, no **prazo de 6 meses**, contados do dia em que se **esgotar** aquele previsto para o **oferecimento da denúncia**, nos termos do art. 287 do CE c/c 29, 30 e 38 do CPP.

Todo cidadão que tiver conhecimento de infração penal deste código deverá comunicá-la ao juiz eleitoral da zona onde ela se verificou, nos termos do art. 356.

Quando a comunicação for verbal, mandará a autoridade judicial reduzi-la a termo, assinado pelo apresentante e por duas testemunhas, e a remeterá ao órgão do Ministério Público local, que procederá na forma deste código, nos termos do § 1º.

Se o MP, ao invés de apresentar a denúncia, **requerer o arquivamento** da comunicação, o juiz, se considerar improcedentes as razões invocadas, fará remessa da comunicação ao procurador regional, e este oferecerá a denúncia, designará outro promotor para oferecê-la, ou insistirá no pedido de arquivamento, ao qual só então estará o juiz obrigado a atender, nos termos do § 1º do art. 357 do CE.

Se o MP não oferecer a denúncia no prazo legal representará contra ele a autoridade judiciária, sem prejuízo da apuração da responsabilidade penal (§ 3º), quando então o juiz solicitará ao procurador regional a designação de outro promotor que, no mesmo prazo, oferecerá a denúncia (§ 4º).

Qualquer eleitor poderá provocar a representação contra o órgão do Ministério Público **se o juiz, no prazo de 10 (dez) dias, não agir de ofício**, nos termos do § 5º.

Nos termos do art. 358, **a denúncia será rejeitada** quando:

- o fato narrado evidentemente não constituir crime;
- já estiver extinta a punibilidade, pela prescrição ou outra causa;
- for manifesta a ilegitimidade da parte ou faltar condição exigida pela lei para o exercício da ação penal.

Por fim, os **crimes eleitorais** podem ser classificados em **puros**, aqueles que tem reflexo exclusivamente na esfera eleitoral (boca de urna, filiação partidária irregular) e **impuros**, aqueles que tem reflexo tanto na esfera eleitoral quanto na penal (calunia, injuria e difamação).

Quanto às **modalidades de crimes**, encontram-se estipuladas a partir do art. 289 do Código Eleitoral, podendo ser **agrupadas** da forma a seguir apresentada.

18.2. Modalidades

18.2.1. Crimes eleitorais concernentes à formação do corpo eleitoral

Nesta categoria de crimes podem ser englobadas todas as condutas previstas na legislação eleitoral que atentem contra a **lisura do alistamento eleitoral**.

Nessa modalidade, poderão ser incluídos os seguintes tipos penais:

- inscrição fraudulenta do eleitor (**art. 289**);
- induzimento à inscrição do eleitor em infração às normas legais (**art. 290**);
- inscrição fraudulenta efetivada pelo juiz (**art. 291**);
- negativa ou retardamento de inscrição eleitoral sem fundamento legal (**art. 292**);
- perturbação ou impedimento do alistamento (**art. 293**);
- retenção de título eleitoral ou do comprovante de alistamento eleitoral (**art. 295**).

18.2.2. Crimes eleitorais relativos à formação e funcionamento dos partidos políticos

Nesse particular, os tipos penais resguardam não só a **legitimidade de formação dos partidos políticos** como também o **correto desenvolvimento das atribuições a eles conferidas** pela Constituição Federal.

Nessa categoria, destaque para os seguintes tipos penais:

- subscrição de mais de uma ficha de filiação partidária (**art. 319**);
- inscrição simultânea em dois ou mais partidos (**art. 320**);
- coleta de assinatura em mais de uma ficha de registro de partido (**art. 321**);
- não concessão de prioridade postal (**art. 239**);

- utilização de prédios ou serviços de repartições públicas para beneficiar partido ou organização de caráter político (**art. 346**).

18.2.3. Crimes eleitorais em matéria de arguição de inelegibilidades com má-fé

Nessa categoria o destaque se apresenta para situações que envolvam **arguição de inelegibilidade temerária ou de má-fé, com o único objetivo** de **retirar da disputa eleitoral candidatos opositores**, nos termos do **art. 25 da LC n. 64/90**.

18.2.4. Crimes eleitorais concernentes à propaganda eleitoral

A matéria, disciplinada do **art. 36 ao art. 57 da Lei das Eleições**, tem por objetivo **impedir a realização de propaganda eleitoral que possa comprometer o equilíbrio das eleições**.

Assim, o CE manteve a qualificação penal para as seguintes situações relacionadas à propaganda eleitoral:

- divulgação de fatos inverídicos na propaganda eleitoral (**art. 323**);
- calúnia na propaganda eleitoral (**art. 324**);
- difamação na propaganda eleitoral (**art. 325**);
- injúria na propaganda eleitoral (**art. 326**);
- causa de aumento de pena para os crimes de calúnia, difamação e injúria (**art. 327**);
- inutilização, alteração ou perturbação de propaganda (**art. 331**);
- impedimento do exercício da propaganda (**art. 332**);
- realização de propaganda eleitoral no dia da eleição (**art. 39, § 5º, I e II, da Lei n. 9.504/97**);
- utilização de organização comercial para propaganda ou aliciamento de eleitores (**art. 334**);
- realização de propaganda eleitoral em língua estrangeira (**art. 335**);
- participação de pessoa não detentora de direitos políticos em atividades partidárias e de propaganda eleitoral (**art. 337**);
- responsabilidade penal dos diretórios locais de partidos políticos pela propaganda delituosa (**art. 336**);
- pesquisa fraudulenta (**art. 33, § 4º, da Lei n. 9.504/97**);
- não acesso dos partidos aos dados relativos às pesquisas eleitorais (**art. 34, § 2º, da Lei n. 9.504/97**); e
- irregularidades nos dados publicados em pesquisas eleitorais (**art. 34, § 3º c/c o art. 35 da Lei n. 9.504/97**).

18.2.5. Crimes eleitorais relativos à votação

A caracterização dessas situações como crimes, tem por objetivo **preservar a possibilidade de o povo exercer o poder de escolha** dos seus representantes **de forma livre**, sem qualquer tipo de pressão.

Dessa forma, destaque para as seguintes modalidades:

- impedimento ou embaraço ao exercício do sufrágio (**art. 297**);
- prisão ou detenção do eleitor, membro de mesa receptora, fiscal, delegado de partido ou candidato, fora das hipóteses legais permitidas (**art. 298**);
- corrupção eleitoral (**art. 299**);
- coação visando a obtenção de voto ou sua abstenção (**art. 300**);
- violência ou grave ameaça visando a obtenção de voto ou sua abstenção (**art. 301**);
- concentração de eleitores para embaraçar ou fraudar o exercício do voto (**art. 302**);
- majoração de preços de utilidade e serviços necessários à realização das eleições (**art. 303**);
- ocultação, sonegação ou recusa de fornecimento de utilidades, alimentos e transporte no dia da eleição (**art. 304**);
- intervenção indevida de autoridade junto à mesa receptora (**art. 305**);
- não observância da ordem de chamamento dos eleitores para votar (**art. 306**);
- fornecimento ao eleitor de cédula oficial já assinalada ou marcada (**art. 307**);
- fornecimento de cédula oficial rubricada a destempo (**art. 308**);
- votação múltipla ou realizada em lugar de outrem (**art. 309**);
- práticas irregulares que determinam a anulação da votação (**art. 310**);
- votação de eleitor em seção eleitoral na qual não está inscrito ou autorizado a votar (**art. 311**);
- violação do sigilo do voto (**art. 312**);
- omissão no recebimento e registro de protestos, bem como de sua remessa à instância superior (**art. 316**).

18.2.6. Crimes eleitorais pertinentes à garantia do resultado legítimo das eleições

A previsão dessa modalidade de crime justifica-se na medida em que de nada adiantaria uma campanha eleitoral isenta de irregularidades, um pleito realizado sem qualquer mácula, se no **momento da apuração dos resultados** não tivéssemos nenhum tipo de regulamentação, abrindo espaço para a prática de **irregularidades que pudessem comprometer o resultado das urnas**.

Nesse sentido, o legislador eleitoral acabou por relacionar os seguintes atos dentro dessa modalidade criminosa:

- omissão na expedição do boletim de apuração (**art. 313**);
- omissão de entrega do boletim de urna (**art. 68 da Lei n. 9.504/97**);
- omissão no recolhimento das cédulas apuradas, no fechamento e lacração da urna (**art. 314**);
- crimes atingindo o sistema de tratamento automático de dados (**art. 72 da Lei n. 9.504/97**);
- violação do sigilo da urna ou dos invólucros (**art. 317**);
- contagem de votos de leitores em relação aos quais houve impugnação (**art. 318**);
- recebimento e registro de protestos, bem como de sua remessa à instância superior (**art. 316**).

18.2.7. Crimes eleitorais concernentes à organização e funcionamento dos serviços eleitorais

Ao tipificar essa modalidade de crime, o legislador procurou alcançar todas as **irregularidades que venham a comprometer as atividades desenvolvidas pelos órgãos da Justiça Eleitoral**, relacionando as seguintes situações:

- promoção de desordem nos trabalhos eleitorais (**art. 296**);
- destruição ou ocultação de urna contendo votos ou documentos eleitorais (**art. 339**);
- fabricação, aquisição, fornecimento, subtração ou guarda de materiais de uso exclusivo da Justiça Eleitoral (**art. 340**);
- retardamento ou não publicação de decisões, citações ou intimações da Justiça Eleitoral (**art. 341**);
- não apresentação de denúncia ou não execução de sentença penal condenatória no prazo legal (**art. 342**);
- não cumprimento, pela autoridade judiciária, do dever de representar contra órgão do Ministério Público que não oferece denúncia no prazo legal (**art. 343**);
- recusa ou abandono do serviço eleitoral (**art. 344**);
- não cumprimento dos deveres impostos pelo Código Eleitoral à autoridade judiciária e aos funcionários da Justiça Eleitoral (**art. 345**);
- desobediência a ordens ou instruções da Justiça Eleitoral (**art. 347**).

18.2.8. Crimes contra a fé pública eleitoral

Nessa modalidade o legislador procurou alcançar os crimes relacionados aos **documentos utilizados durante o processo eleitoral**, em razão da presunção de legitimidade de que gozam, por força da regra estabelecida no art. 19, II, da Constituição Federal, que **veda às quatro pessoas integrantes da Federação negar fé a eles**.

Em outras palavras, a previsão dessas modalidades criminosas tem por objetivo evitar a manipulação de documentos públicos, de forma a comprometer o resultado das eleições.

Nesse sentido relacionou as seguintes modalidades:

- falsificação de documento público para fins eleitorais (**art. 348**);
- falsificação de documento particular para fins eleitorais (**art. 349**);
- falsidade ideológica (**art. 350**);
- alteração do resultado da votação nos mapas ou boletins de apuração (**art. 315**);
- reconhecimento indevido de firma ou letra para fins eleitorais (**art. 352**);
- uso de documento falso para fins eleitorais (**art. 353**);
- obtenção de documento falso para fins eleitorais (**art. 354**).

Para melhor visualização dos itens desenvolvidos nessa seção, confira-se o seguinte quadro:

Localização	Arts. 283 a 354 do CE.
CPC e CPP: aplicação subsidiária	Art. 287 do CE.
Destinatários	Art. 283, §§ 1º e 2º, do CE.
Ações cabíveis	■ Regra geral: ação penal pública incondicionada (art. 355 do CE). ■ Exceção: ação penal privada subsidiária da pública (art. 355 do CE).
Legitimidade	■ Ação penal pública incondicionada: MP, de ofício ou por provocação (arts.129, I da CF; 287 e 357 do CE; e 257, I, do CPP). ■ Ação penal privada subsidiária da pública: qualquer cidadão que tiver conhecimento de infração (arts. 287, 356 e 357 do CE; e 29 e 30 do CPP).
Prazo	■ Ação penal pública incondicionada: 10 dias (réu preso ou solto) art. 357 do CE. ■ Ação penal privada subsidiária da pública: 6 meses (art. 287 do CE c/c art. 38 do CPP).
Rejeição da denúncia: hipóteses	■ Art. 358 do CE.
Classificação	■ Puros (repercussão só na esfera eleitoral). ■ Impuros (repercussão nas esferas eleitoral e penal).
Modalidades	■ Relacionados à formação do corpo eleitoral. ■ Relacionados à formação e funcionamento dos partidos. ■ Relacionados à arguição de inelegibilidade com má-fé. ■ Relacionados à propaganda eleitoral. ■ Relacionados à votação. ■ Relacionados ao resultado das eleições. ■ Relacionados aos serviços eleitorais. ■ Relacionados à Fé Pública eleitoral.

■ 19. SÚMULAS DO TSE

Súmula-TSE n. 1 (Cancelada)

Súmula-TSE n. 2
Assinada e recebida a ficha de filiação partidária até o termo final do prazo fixado em lei, considera-se satisfeita a correspondente condição de elegibilidade, ainda que não tenha fluído, até a mesma data, o tríduo legal de impugnação.

Súmula-TSE n. 3
No processo de registro de candidatos, não tendo o juiz aberto prazo para o suprimento de defeito da instrução do pedido, pode o documento, cuja falta houver motivado o indeferimento, ser juntado com o recurso ordinário.

Súmula-TSE n. 4
Não havendo preferência entre candidatos que pretendam o registro da mesma variação nominal, defere-se o do que primeiro o tenha requerido.

Súmula-TSE n. 5
Serventuário de cartório, celetista, não se inclui na exigência do art. 1º, II, l, da LC n. 64/90.

Súmula-TSE n. 6
São inelegíveis para o cargo de Chefe do Executivo o cônjuge e os parentes, indicados no § 7º do art. 14 da Constituição Federal, do titular do mandato, salvo se este, reelegível, tenha falecido, renunciado ou se afastado definitivamente do cargo até seis meses antes do pleito.

Súmula-TSE n. 7 (Cancelada)
Súmula-TSE n. 8 (Cancelada)

Súmula-TSE n. 9
A suspensão de direitos políticos decorrente de condenação criminal transitada em julgado cessa com o cumprimento ou a extinção da pena, independendo de reabilitação ou de prova de reparação dos danos.

Súmula-TSE n. 10
No processo de registro de candidatos, quando a sentença for entregue em cartório antes de três dias contados da conclusão ao juiz, o prazo para o recurso ordinário, salvo intimação pessoal anterior, só se conta do termo final daquele tríduo.

Súmula-TSE n. 11
No processo de registro de candidatos, o partido que não o impugnou não tem legitimidade para recorrer da sentença que o deferiu, salvo se se cuidar de matéria constitucional.

Súmula-TSE n. 12
São inelegíveis, no município desmembrado, e ainda não instalado, o cônjuge e os parentes consanguíneos ou afins, até o segundo grau ou por adoção, do prefeito do município-mãe, ou de quem o tenha substituído, dentro dos seis meses anteriores ao pleito, salvo se já titular de mandato eletivo.

Súmula-TSE n. 13
Não é autoaplicável o § 9º do art. 14 da Constituição, com a redação da Emenda Constitucional de Revisão n. 4/94.

Súmula-TSE n. 14 (Cancelada)

Súmula-TSE n. 15
O exercício de mandato eletivo não é circunstância capaz, por si só, de comprovar a condição de alfabetizado do candidato.

Súmula-TSE n. 16 (Cancelada)

Súmula-TSE n. 17 (Cancelada)

Súmula-TSE n. 18
Conquanto investido de poder de polícia, não tem legitimidade o juiz eleitoral para, de ofício, instaurar procedimento com a finalidade de impor multa pela veiculação de propaganda eleitoral em desacordo com a Lei n. 9.504/97.

Súmula-TSE n. 19
O prazo de inelegibilidade decorrente da condenação por abuso do poder econômico ou político tem início no dia da eleição em que este se verificou e finda no dia de igual número no oitavo ano seguinte (art. 22, XIV, da LC n. 64/90).

Súmula-TSE n. 20
A prova de filiação partidária daquele cujo nome não constou da lista de filiados de que trata o art. 19 da Lei n. 9.096/95, pode ser realizada por outros elementos de convicção, salvo quando se tratar de documentos produzidos unilateralmente, destituídos de fé pública.

Súmula-TSE n. 21 (Cancelada)

Súmula-TSE n. 22
Não cabe mandado de segurança contra decisão judicial recorrível, salvo situações de teratologia ou manifestamente ilegais.

Súmula-TSE n. 23
Não cabe mandado de segurança contra decisão judicial transitada em julgado.

Súmula-TSE n. 24
Não cabe recurso especial eleitoral para simples reexame do conjunto fático-probatório.

Súmula-TSE n. 25
É indispensável o esgotamento das instâncias ordinárias para a interposição de recurso especial eleitoral.

Súmula-TSE n. 26
É inadmissível o recurso que deixa de impugnar especificamente fundamento da decisão recorrida que é, por si só, suficiente para a manutenção desta.

Súmula-TSE n. 27
É inadmissível recurso cuja deficiência de fundamentação impossibilite a compreensão da controvérsia.

Súmula-TSE n. 28
A divergência jurisprudencial que fundamenta o recurso especial interposto com base na alínea "b" do inciso I do art. 276 do Código Eleitoral somente estará demonstrada mediante a realização de cotejo analítico e a existência de similitude fática entre os acórdãos paradigma e o aresto recorrido.

Súmula-TSE n. 29
A divergência entre julgados do mesmo Tribunal não se presta a configurar dissídio jurisprudencial apto a fundamentar recurso especial eleitoral.

Súmula-TSE n. 30
Não se conhece de recurso especial eleitoral por dissídio jurisprudencial, quando a decisão recorrida estiver em conformidade com a jurisprudência do Tribunal Superior Eleitoral.

Súmula-TSE n. 31
Não cabe recurso especial eleitoral contra acórdão que decide sobre pedido de medida liminar.

Súmula-TSE n. 32
É inadmissível recurso especial eleitoral por violação à legislação municipal ou estadual, ao Regimento Interno dos Tribunais Eleitorais ou às normas partidárias.

Súmula-TSE n. 33
Somente é cabível ação rescisória de decisões do Tribunal Superior Eleitoral que versem sobre a incidência de causa de inelegibilidade.

Súmula-TSE n. 34
Não compete ao Tribunal Superior Eleitoral processar e julgar mandado de segurança contra ato de membro de Tribunal Regional Eleitoral.

Súmula-TSE n. 35
Não é cabível reclamação para arguir o descumprimento de resposta a consulta ou de ato normativo do Tribunal Superior Eleitoral.

Súmula-TSE n. 36
Cabe recurso ordinário de acórdão de Tribunal Regional Eleitoral que decida sobre inelegibilidade, expedição ou anulação de diploma ou perda de mandato eletivo nas eleições federais ou estaduais (art. 121, § 4º, incisos III e IV, da Constituição Federal).

Súmula-TSE n. 37
Compete originariamente ao Tribunal Superior Eleitoral processar e julgar recurso contra expedição de diploma envolvendo eleições federais ou estaduais.

Súmula-TSE n. 38
Nas ações que visem à cassação de registro, diploma ou mandato, há litisconsórcio passivo necessário entre o titular e o respectivo vice da chapa majoritária.

Súmula-TSE n. 39
Não há formação de litisconsórcio necessário em processos de registro de candidatura.

Súmula-TSE n. 40
O partido político não é litisconsorte passivo necessário em ações que visem à cassação de diploma.

Súmula-TSE n. 41
Não cabe à Justiça Eleitoral decidir sobre o acerto ou desacerto das decisões proferidas por outros Órgãos do Judiciário ou dos Tribunais de Contas que configurem causa de inelegibilidade.

Súmula-TSE n. 42
A decisão que julga não prestadas as contas de campanha impede o candidato de obter a certidão de quitação eleitoral durante o curso do mandato ao qual concorreu, persistindo esses efeitos, após esse período, até a efetiva apresentação das contas.

Súmula-TSE n. 43
As alterações fáticas ou jurídicas supervenientes ao registro que beneficiem o candidato, nos termos da parte final do art. 11, § 10, da Lei n. 9.504/97, também devem ser admitidas para as condições de elegibilidade.

Súmula-TSE n. 44
O disposto no art. 26-C da LC n. 64/90 não afasta o poder geral de cautela conferido ao magistrado pelo Código de Processo Civil.

Súmula-TSE n. 45
Nos processos de registro de candidatura, o Juiz Eleitoral pode conhecer de ofício da existência de causas de inelegibilidade ou da ausência de condição de elegibilidade, desde que resguardados o contraditório e a ampla defesa.

Súmula-TSE n. 46
É ilícita a prova colhida por meio da quebra do sigilo fiscal sem prévia e fundamentada autorização judicial, podendo o Ministério Público Eleitoral acessar diretamente apenas a relação dos doadores que excederam os limites legais, para os fins da representação cabível, em que poderá requerer, judicialmente e de forma individualizada, o acesso aos dados relativos aos rendimentos do doador.

Súmula-TSE n. 47
A inelegibilidade superveniente que autoriza a interposição de recurso contra expedição de diploma, fundado no art. 262 do Código Eleitoral, é aquela de índole constitucional ou, se infraconstitucional, superveniente ao registro de candidatura, e que surge até a data do pleito.

Súmula-TSE n. 48
A retirada da propaganda irregular, quando realizada em bem particular, não é capaz de elidir a multa prevista no art. 37, § 1º, da Lei n. 9.504/97.

Súmula-TSE n. 49
O prazo de cinco dias, previsto no art. 3º da LC n. 64/90, para o Ministério Público impugnar o registro inicia-se com a publicação do edital, caso em que é excepcionada a regra que determina a sua intimação pessoal.

Súmula-TSE n. 50
O pagamento da multa eleitoral pelo candidato ou a comprovação do cumprimento regular de seu parcelamento após o pedido de registro, mas antes do julgamento respectivo, afasta a ausência de quitação eleitoral.

Súmula-TSE n. 51
O processo de registro de candidatura não é o meio adequado para se afastarem os eventuais vícios apurados no processo de prestação de contas de campanha ou partidárias.

Súmula-TSE n. 52
Em registro de candidatura, não cabe examinar o acerto ou desacerto da decisão que examinou, em processo específico, a filiação partidária do eleitor.

Súmula-TSE n. 53
O filiado a partido político, ainda que não seja candidato, possui legitimidade e interesse para impugnar pedido de registro de coligação partidária da qual é integrante, em razão de eventuais irregularidades havidas em convenção.

Súmula-TSE n. 54
A desincompatibilização de servidor público que possui cargo em comissão é de três meses antes do pleito e pressupõe a exoneração do cargo comissionado, e não apenas seu afastamento de fato.

Súmula-TSE n. 55
A Carteira Nacional de Habilitação gera a presunção da escolaridade necessária ao deferimento do registro de candidatura.

Súmula-TSE n. 56
A multa eleitoral constitui dívida ativa de natureza não tributária, submetendo-se ao prazo prescricional de 10 (dez) anos, nos moldes do art. 205 do Código Civil.

Súmula-TSE n. 57
A apresentação das contas de campanha é suficiente para a obtenção da quitação eleitoral, nos termos da nova redação conferida ao art. 11, § 7º, da Lei n. 9.504/97, pela Lei n. 12.034/2009.

Súmula-TSE n. 58
Não compete à Justiça Eleitoral, em processo de registro de candidatura, verificar a prescrição da pretensão punitiva ou executória do candidato e declarar a extinção da pena imposta pela Justiça Comum.

Súmula-TSE n. 59
O reconhecimento da prescrição da pretensão executória pela Justiça Comum não afasta a inelegibilidade prevista no art. 1º, I, "e", da LC n. 64/90, porquanto não extingue os efeitos secundários da condenação.

Súmula-TSE n. 60
O prazo da causa de inelegibilidade prevista no art. 1º, I, "e", da LC n. 64/90 deve ser contado a partir da data em que ocorrida a prescrição da pretensão executória e não do momento da sua declaração judicial.

Súmula-TSE n. 61
O prazo concernente à hipótese de inelegibilidade prevista no art. 1º, I, "e", da LC n. 64/90 projeta-se por oito anos após o cumprimento da pena, seja ela privativa de liberdade, restritiva de direito ou multa.

Súmula-TSE n. 62
Os limites do pedido são demarcados pelos fatos imputados na inicial, dos quais a parte se defende, e não pela capitulação legal atribuída pelo autor.

Súmula-TSE n. 63
A execução fiscal de multa eleitoral só pode atingir os sócios se preenchidos os requisitos para a desconsideração da personalidade jurídica previstos no art. 50 do Código Civil, tendo em vista a natureza não tributária da dívida, observados, ainda, o contraditório e a ampla defesa.

Súmula-TSE n. 64
Contra acórdão que discute, simultaneamente, condições de elegibilidade e de inelegibilidade, é cabível o recurso ordinário.

Súmula-TSE n. 65
Considera-se tempestivo o recurso interposto antes da publicação da decisão recorrida.

Súmula-TSE n. 66
A incidência do § 2º do art. 26-C da LC n. 64/90 não acarreta o imediato indeferimento do registro ou o cancelamento do diploma, sendo necessário o exame da presença de todos os requisitos essenciais à configuração da inelegibilidade, observados os princípios do contraditório e da ampla defesa.

Súmula-TSE n. 67
A perda do mandato em razão da desfiliação partidária não se aplica aos candidatos eleitos pelo sistema majoritário.

Súmula-TSE n. 68
A União é parte legítima para requerer a execução de astreintes, fixada por descumprimento de ordem judicial no âmbito da Justiça Eleitoral.

Súmula-TSE n. 69
Os prazos de inelegibilidade previstos nas alíneas "j" e "h" do inciso I do art. 1º da LC n. 64/90 têm termo inicial no dia do primeiro turno da eleição e termo final no dia de igual número no oitavo ano seguinte.

Súmula-TSE n. 70
O encerramento do prazo de inelegibilidade antes do dia da eleição constitui fato superveniente que afasta a inelegibilidade, nos termos do art. 11, § 10, da Lei n. 9.504/97.

Súmula-TSE n. 71
Na hipótese de negativa de seguimento ao recurso especial e da consequente interposição de agravo, a parte deverá apresentar contrarrazões tanto ao agravo quanto ao recurso especial, dentro do mesmo tríduo legal.

Súmula-TSE n. 72
É inadmissível o recurso especial eleitoral quando a questão suscitada não foi debatida na decisão recorrida e não foi objeto de embargos de declaração.

■ QUESTÕES

(FGV – 2022 – TJ-MG – Juiz de Direito Substituto) Sobre votação e seções eleitorais, assinale a afirmativa correta.
A) Os filiados a partidos políticos não podem ser nomeados presidentes e mesários das seções eleitorais.
B) É imprescindível, sob pena de preclusão, impugnar problema com a urna eletrônica no momento da votação, devendo ficar consignado na ata da seção eleitoral.
C) Os menores de 18 anos podem ser nomeados presidentes e mesários das seções eleitorais, exceto se não estiverem alistados como eleitores.
D) Sem título de eleitor, o eleitor/eleitora não poderá votar, mesmo que seja inscrito na seção eleitoral e conste da respectiva pasta a sua folha individual de votação.

RESPOSTA
A) O Código Eleitoral em seu art. 120, § 1º, proíbe apenas a indicação de dirigentes de partidos políticos.
☑ Alternativa compatibilizada com o disposto no art. 169 da Lei n. 4.737/65.
C) A alternativa desrespeita o disposto no art. 63, § 2º, da Lei n. 9.504/97.
D) Em que pese a previsão estabelecida no art. 91-A da Lei n. 9.504/97, o STF concluiu pela possibilidade de apresentação de outro documento oficial com foto, quando do julgamento da ADI 4467.

(FGV – 2022 – TJ-MG – Juiz de Direito Substituto) Para relacionar o Direito Eleitoral com os partidos políticos, assinale a afirmativa correta.
A) A partir da edição da Lei dos Partidos Políticos (Lei n. 9.096/95) e da alteração do Código Civil Brasileiro pela Lei n. 10.825/2003, os partidos políticos são considerados pessoas jurídicas de direito privado; todavia, sendo relevante seu papel no Estado Democrático de Direito, os partidos políticos ocupam posição de destaque no campo do Direito Eleitoral.
B) A partir da edição da Lei dos Partidos Políticos (Lei n. 9.096/95) e da alteração do Código Civil Brasileiro pela Lei n. 10.825/2003, os partidos políticos são considerados pessoas jurídicas de direito público e estão abrangidos de modo integral no campo do Direito Eleitoral.
C) A partir da edição da Lei dos Partidos Políticos (Lei n. 9.096/95) e da alteração do Código Civil Brasileiro pela Lei n. 10.825/2003, os partidos políticos são considerados pessoas jurídicas de direito público; não obstante, sua abrangência ao campo do Direito Eleitoral é parcial.
D) A partir da edição da Lei dos Partidos Políticos (Lei n. 9.096/95) e da alteração do Código Civil Brasileiro pela Lei n. 10.825/2003, os partidos políticos são considerados pessoas jurídicas de direito privado; todavia, sendo relevante seu papel no Estado Democrático de Direito, toda a matéria relativa aos partidos políticos está no âmbito da competência da Justiça Eleitoral.

RESPOSTA

- ☑ Alternativa de acordo com o disposto no art. 1º da Lei n. 9.096/95 c/c art. 44, V, do CC.
- B) Alternativa em desacordo com o disposto no art. 1º da Lei n. 9.096/95 c/c art. 44, V, do CC.
- C) Alternativa em desacordo com o disposto no art. 1º da Lei n. 9.096/95 c/c art. 44, V, do CC.
- D) Alternativa em desacordo com o disposto no art. 1º da Lei n. 9.096/95 c/c art. 44, V, do CC.

(FGV – 2022 – TJ-MG – Juiz de Direito Substituto) Conforme a Lei das Eleições (Lei n. 9504/97), a verificação da idade mínima, como condição constitucional de elegibilidade, será com referência
A) à data da diplomação, nas eleições majoritárias, e à data da posse, nas eleições proporcionais.
B) à data da diplomação, nas eleições proporcionais, e à data da posse, nas eleições majoritárias.
C) à data da posse, salvo os eleitos para prefeito e vereador, cuja aferição será na data-limite para o pedido de registro.
D) à data da posse, salvo os eleitos para vereador, cuja aferição será na data-limite para o pedido de registro.

RESPOSTA

- A) Alternativa em desacordo com o disposto no art. 11, § 2º-A, da Lei n. 9.504/97.
- B) Alternativa em desacordo com o disposto no art. 11, § 2º-A, da Lei n. 9.504/97.
- C) Alternativa em desacordo com o disposto no art. 11, § 2º-A, da Lei n. 9.504/97.
- ☑ Alternativa de acordo com o disposto no art. 11, § 2º-A, da Lei n. 9.504/97.

(FGV – 2022 – TJ-MG – Juiz de Direito Substituto) José Fulano foi eleito governador de um Estado brasileiro, para um primeiro mandato. Na mesma eleição e na mesma unidade federativa, Antônio Fulano, irmão de José, foi eleito deputado federal. Nas eleições gerais seguintes, 4 anos após, ainda no exercício do cargo, José Fulano disputará um novo mandato de governador.

Assinale a opção que indica os cargos, no território de jurisdição do irmão governador, para os quais Antônio Fulano estará **inelegível**.
A) Deputado federal, deputado estadual e senador.
B) Deputado estadual, senador, governador e vice-governador.
C) Deputado estadual, senador, governador e vice-governador, presidente e vice-presidente da República.
D) Deputado estadual, deputado federal, senador, governador e vice-governador.

RESPOSTA

- A) A alternativa está em desacordo com o art. 14, § 7º, da CF, parte final.
- ☑ A alternativa está de acordo com o art. 14, § 7º, da CF, parte final.
- C) A alternativa está em desacordo com o art. 14, § 7º, da CF, parte final.
- D) A alternativa está em desacordo com o art. 14, § 7º, da CF, parte final.

(FGV – 2022 – TJ-AP – Juiz de Direito Substituto) Campanha eleitoral designa o conjunto de atos e procedimentos adotados pelos candidatos e agremiações políticas para conquistar o voto do eleitor a fim de vencer a disputa eleitoral. A captação dos votos, objetivo principal das campanhas eleitorais, deve obedecer a diretrizes ético-jurídicas para que o processo eleitoral se desenvolva num clima de tolerância democrática. Entretanto, no Brasil, é recorrente a captação ilícita de sufrágio, especialmente nas camadas mais carentes da população.

Sobre o tema, é correto afirmar que:
A) o oferecimento de bem ou vantagem pessoal ou de qualquer natureza, inclusive emprego ou função pública, pelo candidato, com o fim de obter o voto, constitui captação ilícita de sufrágio;
B) para caracterização de captação ilícita de sufrágio não se admite presunção, por isso, o pedido de voto deve ser explícito e formulado pelo próprio candidato;
C) embora genericamente chamadas de Ações de Investigação Judicial Eleitoral (AIJE), a ação de investigação judicial eleitoral por abuso de poder, a ação de captação ilícita de sufrágio e a ação de conduta vedada seguem ritos distintos;
D) a distribuição de sopas e remédios em centros assistenciais ou comitês de campanha, por seu caráter humanitário, descaracteriza a captação ilícita de sufrágio;
E) o eleitor que solicita ao candidato bem ou vantagem em troca de seu voto pode responder por captação ilícita de sufrágio.

RESPOSTA

- ☑ Alternativa de acordo com o disposto no art. 41-A da Lei n. 9.504/97.
- B) Alternativa em desacordo com o disposto no art. 41-A, § 1º, da Lei n. 9.504/97.
- C) Alternativa em desacordo com o disposto no art. 22 da LC n. 64/90.
- D) Alternativa em desacordo com o disposto no art. 41-A da Lei n. 9.504/97
- E) Alternativa em desacordo com o disposto no art. 41-A da Lei n. 9.504/97

■ MATERIAL DIGITAL EXCLUSIVO

DIREITO ELEITORAL — Material Complementar

somos.in/CEOABVU10

Direito Financeiro

Carlos Alberto de Moraes Ramos Filho

Doutor em Direito do Estado pela Pontifícia Universidade Católica de São Paulo (PUC-SP). Mestre em Direito pela Universidade Federal de Pernambuco (UFPE) e pela Universidade Federal de Santa Catarina (UFSC). Professor da Faculdade de Direito da Universidade Federal do Amazonas (UFAM). Procurador do Estado.

Sumário

1. Atividade financeira do estado e direito financeiro: 1.1. A atividade financeira do Estado; 1.2. Direito Financeiro: definição; 1.3. A competência legislativa – **2. Despesas públicas:** 2.1. Definição; 2.2. Classificações; 2.3. Estágios; 2.4. Despesas com pessoal; 2.5. Transferências voluntárias; 2.6. Destinação de recursos públicos para o setor privado – **3. Receitas públicas:** 3.1. Definição; 3.2. Classificações; 3.3. Estágios; 3.4. A receita tributária segundo a LRF; 3.5. Renúncia de receita; 3.6. Fundos especiais; 3.7. Repartição de receitas tributárias – **4. Orçamento público:** 4.1. Definição; 4.2. Princípios orçamentários; 4.3. Leis Orçamentárias; 4.4. Controle de constitucionalidade das leis orçamentárias; 4.5. Ciclo orçamentário; 4.5.1. Elaboração da proposta orçamentária; 4.5.2. Elaboração da lei orçamentária; 4.5.3. Execução orçamentária; 4.5.4. Verificação do cumprimento das metas e limitação de empenho; 4.5.5. Relatório Resumido da Execução Orçamentária; 4.5.6. Relatório de Gestão Fiscal – **5. Controle da execução orçamentária:** 5.1. Controle interno; 5.2. Controle externo – **6. Créditos adicionais:** 6.1. Definição; 6.2. Créditos suplementares; 6.3. Créditos especiais; 6.4. Créditos extraordinários – **7. Crédito público:** 7.1. Definição; 7.2. Natureza jurídica; 7.3. Regime constitucional; 7.4. Limites da dívida pública e das operações de crédito; 7.5. Recondução da dívida aos limites; 7.6. Operações de crédito; 7.7. Operações de crédito por Antecipação de Receita Orçamentária – **Referências bibliográficas** – **Questões** – **Material digital exclusivo**.

1. ATIVIDADE FINANCEIRA DO ESTADO E DIREITO FINANCEIRO

1.1. A atividade financeira do Estado

A **atividade financeira do Estado** consiste em **obter**, **criar**, **gerir** e **despender** o dinheiro indispensável ao atendimento das necessidades consideradas públicas, isto é, dos interesses relevantes que o Estado, através de decisão política, encampa.

Os verbos acima destacados envidenciam que a atividade financeira do Estado desenvolve-se, basicamente, em quatro campos afins:

a) **receita pública:** obtenção dos meios patrimoniais necessários à realização dos fins visados pelo Estado;

b) **crédito público:** procedimento do Estado para, através de operações de empréstimos, captar recursos monetários e aplicá-los aos gastos públicos, tanto para custear investimentos como para antecipar receita, quando desequilibrado o orçamento;

c) **gestão pública:** administração e conservação do patrimônio público;

d) **despesa pública:** emprego, pelo Estado, dos recursos patrimoniais disponíveis para a realização dos fins a que se destinam.

1.2. Direito Financeiro: definição

Enquanto ramo do direito positivo, o Direito Financeiro é o conjunto de normas jurídicas que disciplinam as relações decorrentes do desempenho da atividade financeira do Estado, **exceto o que se refira à obtenção de receitas que correspondam ao conceito de tributo** – que é objeto do Direito Tributário.

> O Direito Financeiro rege exclusivamente as **finanças públicas**, não abrangendo, por conseguinte, o **sistema financeiro nacional**, disciplinado no art. 192 da Constituição Federal (CF), que engloba os mercados financeiro e de capitais e as entidades que deles participam (os bancos, os corretores, as bolsas).

1.3. A competência legislativa

A **competência para legislar** sobre matérias de Direito Financeiro é **concorrente** (art. 24, I, CF), isto é, sobre elas podem legislar a **União, os Estados, o Distrito Federal (DF) e os Municípios**, cada um no âmbito de sua atuação.

No âmbito da legislação concorrente, a competência da União limitar-se-á a estabelecer **normas gerais** (art. 24, § 1º, CF), que, em matéria de **finanças públicas**, devem ser necessariamente veiculadas por **lei complementar** (art. 163, I, CF).

Atualmente, as normas gerais sobre finanças públicas, que constituem os fundamentos para a elaboração dos outros intrumentos normativos do sistema orçamentário (plano plurianual, lei de diretrizes orçamentárias e lei orçamentária anual), constam:

a) da **Lei n. 4.320, de 17-3-1964**, que estatui normas gerais de direito financeiro para elaboração e controle dos orçamentos e balanços da União, dos Estados, dos Municípios e do DF, e que continua a vigorar, com *status* de **lei complementar**, no que não contrarie à Constituição de 1988;

b) da **Lei Complementar n. 101, de 4-5-2000** (Lei de Responsabilidade Fiscal – LRF), que fixa normas gerais direcionadas à **organização e equilíbrio das contas públicas**.

A competência da União para legislar sobre normas gerais não exclui a **competência legislativa suplementar** dos demais entes federativos (art. 24, § 2º, CF).

O art. 24 da CF não menciona os **Municípios**, o que não retira destes o poder de dispor sobre matéria de Direito Financeiro. É que o inciso II do art. 30 da CF confere às entidades políticas locais o poder de **suplementar** a legislação federal e estadual no que couber, e essa suplementação se dá justamente no campo da **competência legislativa concorrente**.

Se não houver lei de normas gerais editada pela União, os Estados e o DF exercerão a **competência legislativa plena**, para atender a suas peculiaridades (art. 24, § 3º, CF). Contudo, o advento de normas gerais implicará imediata **suspensão da eficácia** da legislação estadual ou distrital que com elas seja incompatível (art. 24, § 4º, CF).

> Apesar de não haver previsão constitucional expressa, entendemos que os Municípios também possuem **competência legislativa plena**, pois, caso contrário, estaríamos negando às entidades políticas locais a **autonomia** – no caso, **financeira** – que lhes é assegurada pela **forma federativa de Estado** adotada pela República Federativa do Brasil, nos termos do art. 18 da CF.

2. DESPESAS PÚBLICAS

2.1. Definição

Despesa pública é todo dispêndio que a Administração faz para custeio de suas atividades necessárias à consecução de seus fins.

2.2. Classificações

Quanto à **periodicidade** das despesas públicas, estas classificam-se em:

a) **ordinárias:** as que normalmente constituem a **rotina** dos serviços públicos e, destarte, se renovam todos os anos e se extinguem no curso de cada exercício financeiro. Ex.: despesas com pessoal (folha de pagamento dos servidores), aquisição de material de expediente e conservação de prédios públicos;

b) **extraordinárias:** as de caráter esporádico, provocadas por circunstâncias de caráter excepcional, e que, justamente por isso, costumam não aparecer nos orçamentos com dotação própria. Ex.: despesas de guerra ou decorrentes de calamidade pública (inundações, epidemias etc.);

Quanto à **categoria econômica**, a Lei n. 4.320/64 classifica as despesas públicas em **correntes** e **de capital** (art. 12).

As despesas correntes, por sua vez, dividem-se em dois grupos:

a) **despesas de custeio:** despesas realizadas pela administração, na manutenção e operação de serviços internos e externos **já criados e instalados**, inclusive aquelas que dizem respeito a obras de **conservação e adaptação de bens imóveis** (art. 12, § 1º, Lei n. 4.320/64). Ex.: pessoal civil e militar, material de consumo (art. 13, Lei n. 4.320/64).

b) **transferências correntes**: despesas às quais não corresponda uma contraprestação direta e imediata em bens ou serviços (como os pagamentos de **inativos** e **pensionistas** – art. 13, Lei n. 4.320/64), inclusive para contribuições e **subvenções** destinadas a atender outras entidades de direito público ou privado (art. 12, § 2º, Lei n. 4.320/64).

Dentre as transferências correntes, destacam-se as **subvenções**, como tais consideradas, para os efeitos orçamentários, as transferências destinadas a cobrir despesas de custeio das entidades beneficiadas (art. 12, § 3º, Lei n. 4.320/64), distinguindo-se duas espécies:

a) **subvenções sociais:** destinadas a instituições públicas ou privadas de caráter assistencial ou cultural, sem finalidade lucrativa;

b) **subvenções econômicas:** destinadas a empresas públicas ou privadas de caráter industrial, comercial, agrícola ou pastoril.

Já as despesas de capital, por sua vez, dividem-se em três grupos:

a) **investimentos:** dotações para (i) o planejamento e a execução de obras públicas, inclusive as destinadas à aquisição de imóveis considerados necessários à realização das referidas obras; (ii) os programas especiais de trabalho (serviços em regime de programação especial); (iii) aquisição de instalações, equipamentos e material permanente; e (iv) participação em constituição ou aumento de capital de empresas ou entidades industriais ou agrícolas (art. 12, § 4º, Lei n. 4.320/64);

b) **inversões financeiras:** dotações destinadas a (i) aquisição de imóveis, ou de bens de capital já em utilização; (ii) aquisição de títulos representativos de capital de empresas ou entidades de qualquer espécie, já constituídas e em funcionamento, quando a operação não importe aumento do capital; (iii) participação em constituição ou aumento do capital de empresas ou entidades comerciais ou financeiras, inclusive bancárias ou de seguros (art. 12, § 5º, Lei n. 4.320/64). De acordo com o art. 13 da Lei n. 4.320/64, são também inversões financeiras: (i) Constituição de Fundos Rotativos; (ii) Concessão de Empréstimos; (iii) Diversas Inversões Financeiras;

c) **transferências de capital:** dotações para (i) investimentos ou inversões financeiras que outras pessoas de direito público ou privado devam realizar, independentemente de contraprestação direta em bens ou serviços, constituindo essas transferências auxílios ou contribuições, segundo derivem diretamente da Lei Orçamentária Anual (LOA) ou de lei especialmente anterior (art. 12, § 6º, Lei n. 4.320/64). Exemplos: auxílios para obras públicas; auxílios para equipamentos e instalações; auxílios para inversões financeiras; outras contribuições; e (ii) amortização da dívida pública.

2.3. Estágios

A despesa pública passa pelas seguintes fases:

a) **fixação (ou instituição):** ocorre quando a despesa é inserida no orçamento, com correspondente dotação (art. 165, § 8º, CF). **Dotação orçamentária** (ou **crédito orçamentário**) é a verba consignada na LOA para atender à execução de certas atividades governamentais;

b) realização: ocorre quando são tomadas as providências necessárias à saída do dinheiro dos cofres públicos.

A realização das despesas, por sua vez, desdobra-se em quatro estágios:

a) **empenho:** é o ato emanado de autoridade competente que cria para o Estado obrigação de pagamento pendente ou não de implemento de condição (art. 58, Lei n. 4.320/64). Para cada empenho será extraído um documento denominado **"nota de empenho"** que indicará o nome do credor, a representação e a importância da despesa bem como a dedução desta do saldo da dotação própria (art. 61, Lei n. 4.320/64). O empenho jamais pode ser dispensado (art. 60, *caput*, Lei n. 4.320/64), mas a nota de empenho sim, em casos especiais previstos na legislação específica (art. 60, § 1º, Lei n. 4.320/64).

b) **liquidação:** consiste na verificação do direito adquirido pelo credor tendo por base os títulos e documentos comprobatórios do respectivo crédito (art. 63, Lei n. 4.320/64). Essa verificação tem por fim apurar: (i) a origem e o objeto do que se deve pagar; (ii) a importância exata a pagar; (iii) a quem se deve pagar a importância, para extinguir a obrigação. A liquidação da despesa por fornecimentos feitos ou serviços prestados terá por base: (i) o contrato, ajuste ou acordo respectivo; (ii) a nota de empenho; e (iii) os comprovantes da entrega de material ou da prestação efetiva do serviço.

c) **ordem de pagamento:** despacho exarado por autoridade competente, determinando que a despesa seja paga (art. 64, *caput*, Lei n. 4.320/64);

d) **pagamento:** entrega ao credor da importância devida pelo Estado, implicando a extinção do débito.

2.4. Despesas com pessoal

A despesa com pessoal **ativo** e **inativo** e **pensionistas** da União, dos Estados, do DF e dos Municípios não poderá exceder os **limites** estabelecidos em **lei complementar** (art. 169, *caput*, CF).

De acordo com a **LRF**, que regulamenta o citado dispositivo constitucional, entende-se como despesa total com pessoal: o somatório dos gastos do ente da Federação com os ativos, os inativos e os pensionistas, relativos a mandatos eletivos, cargos, funções ou empregos, civis, militares e de membros de Poder, com quaisquer espécies remuneratórias, tais como vencimentos e vantagens, fixas e variáveis, subsídios, proventos da aposentadoria, reformas e pensões, inclusive adicionais, gratificações, horas extras e vantagens pessoais de qualquer natureza, bem como encargos sociais e contribuições recolhidas pelo ente às entidades de previdência (art. 18, *caput*).

Os limites máximos para despesas com pessoal são fixados em **percentuais** calculados sobre a **receita corrente líquida (RCL)**, que, nos termos do inciso IV do art. 2º da LRF, corresponde ao somatório das receitas tributárias, de contribuições, patrimoniais, industriais, agropecuárias, de serviços, transferências correntes e outras receitas também correntes, deduzidos:

a) na União, os valores transferidos aos Estados e Municípios por determinação constitucional ou legal, e as contribuições mencionadas na alínea *a* do inciso I e no inciso II do art. 195, e no art. 239 da CF;

b) nos Estados, as parcelas entregues aos Municípios por determinação constitucional;

c) na União, nos Estados e nos Municípios, a contribuição dos servidores para o custeio do seu sistema de previdência social e as receitas provenientes da compensação financeira citada no § 9º do art. 201 da CF.

Para a **União**, os limites máximos para despesas com pessoal (50% da RCL – art. 19, I, LRF) são assim distribuídos (art. 20, I):

a) Poder Legislativo (incluído o Tribunal de Contas da União): 2,5% (dois inteiros e cinco décimos por cento);

b) Poder Judiciário: 6% (seis por cento);

c) Poder Executivo: 40,9% (quarenta inteiros e nove décimos por cento);

d) Ministério Público: 0,6% (seis décimos por cento).

Nos **Estados**, os limites máximos para gastos com pessoal (60% da RCL – art. 19, II) são assim distribuídos (art. 20, II):

a) Poder Legislativo (incluído o Tribunal de Contas do Estado): 3% (três por cento);

b) Poder Judiciário: 6% (seis por cento);

c) Poder Executivo: 49% (quarenta e nove por cento);

d) Ministério Público: 2% (dois por cento).

As mesmas regras legais relativas aos limites máximos para gastos com pessoal dos Estados são aplicáveis ao **DF**, por força do disposto no inciso II do § 3º do art. 1º da LRF.

Nos **Municípios**, os limites máximos para gastos com pessoal (60% da RCL – art. 19, III) são assim distribuídos (art. 20, III):

a) Poder Legislativo (incluído o Tribunal de Contas do Município, quando houver): 6% (seis por cento);

b) Poder Executivo: 54% (cinquenta e quatro por cento).

A verificação do cumprimento de tais limites deve ser realizada ao final de cada **quadrimestre** (art. 22, *caput*, LRF).

Se a despesa total com pessoal exceder o chamado **"limite prudencial"** – que corresponde a **95% (noventa e cinco por cento) do limite legal** –, são **vedados** ao Poder ou órgão que houver incorrido no excesso (art. 22, parágrafo único, LRF):

a) concessão de vantagem, aumento, reajuste ou adequação de remuneração a qualquer título, salvo os derivados de sentença judicial ou de determinação legal ou contratual, ressalvada a revisão prevista no inciso X do art. 37 da CF;

b) criação de cargo, emprego ou função;

c) alteração de estrutura de carreira que implique aumento de despesa;

d) provimento de cargo público, admissão ou contratação de pessoal a qualquer título, ressalvada a reposição decorrente de aposentadoria ou falecimento de servidores das áreas de educação, saúde e segurança;

e) contratação de hora extra, salvo no caso do disposto no inciso II do § 6º do art. 57 da CF e as situações previstas na lei de diretrizes orçamentárias.

Se a despesa total com pessoal do Poder ou órgão ultrapassar os limites definidos no art. 20 da LRF, sem prejuízo das medidas anteriormente referidas, o percentual excedente terá de ser eliminado nos **dois quadrimestres seguintes** (sendo pelo menos um terço no primeiro) (art. 23, *caput*, LRF), adotando-se as providências previstas nos § 3º do art. 169 da CF:

a) redução em pelo menos vinte por cento das despesas com **cargos em comissão e funções de confiança**;

b) exoneração dos **servidores não estáveis**.

Se tais medidas não forem suficientes para assegurar o cumprimento dos limites legais de despesas com pessoal, o **servidor estável** poderá perder o cargo. Tal exoneração – que é regulada pela **Lei n. 9.801, de 14-6-1999** (editada, por sua vez, com fundamento no § 7º do art. 169 da CF) – será precedida de **ato normativo motivado** dos Chefes de cada um dos Poderes que especifique, dentre outras informações, a atividade funcional e o órgão ou unidade administrativa objeto da redução de pessoal (art. 169, § 4º, CF) e o **critério geral** para a **identificação impessoal** dos servidores estáveis a serem desligados dos respectivos cargos, que poderá ser escolhido entre (art. 2º, § 1º, III, c/c § 2º, Lei n. 9.801/99):

a) menor tempo de serviço público;

b) maior remuneração;

c) menor idade.

> O critério geral eleito poderá ser combinado com o **critério complementar** do menor número de dependentes para fins de formação de uma listagem de classificação (art. 2º, § 3º, Lei n. 9.801/99).

O servidor estável que for exonerado por motivo de redução da despesa total com pessoal fará jus a **indenização** correspondente a um mês de remuneração por ano de serviço (art. 169, § 5º, CF).

Não alcançada a redução da despesa total com pessoal no prazo estabelecido, e enquanto perdurar o excesso, o ente **não poderá** (art. 23, § 3º, LRF):

a) receber **transferências voluntárias**;

b) obter **garantia**, direta ou indireta, de outro ente;

c) contratar **operações de crédito**, ressalvadas as destinadas ao refinanciamento da dívida mobiliária e as que visem à redução das despesas com pessoal.

O cargo objeto da redução de pessoal será considerado **extinto**, vedada a criação de cargo, emprego ou função com atribuições iguais ou assemelhadas pelo prazo de quatro anos (art. 169, § 6º, CF).

2.5. Transferências voluntárias

Transferência voluntária, consoante expressa definição legal (art. 25, *caput*, LRF), é a entrega de verbas (recursos correntes ou de capital) a outro ente da Federação, a título de cooperação, auxílio ou assistência financeira, que não decorra de determinação constitucional (como o FPE e o FPM), legal, ou destinadas ao Sistema Único de Saúde (SUS).

Não são consideradas, assim, transferências voluntárias as repartições de receitas tributárias reguladas nos arts. 157 a 159 da CF, porquanto nessas hipóteses inexiste voluntariedade na entrega dos recursos, que se dá por força de imperativo constitucional.

Para a efetivação de uma operação de transferência voluntária, devem ser observadas as condições e exigências dispostas na **Lei de Diretrizes Orçamentárias** (art. 4º, I, *f*, LRF) e os requisitos indicados pelo art. 25, § 1º, da LRF.

Quanto à **destinação dos recursos** transferidos, a LRF estabelece duas regras:

a) o inciso III do § 1º do art. 25, ao determinar a observância do disposto no inciso X do art. 167 da Constituição, proíbe que os recursos recebidos sejam utilizados para pagamento de despesas com pessoal (ativo, inativo e pensionista);

b) o § 2º do art. 25 proíbe que os recursos recebidos a título de transferência voluntária sejam aplicados em fim diverso do acordado.

Quanto à **forma** do ajuste, o inciso II do § 1º do art. 25 da LRF, vetado pelo Presidente da República, determinava que a transferência voluntária fosse instrumentalizada "por meio de **convênio**". Justificou o Presidente seu veto à norma referida alegando que o estabelecimento dessa exigência em lei complementar comprometeria importantes programas de responsabilidade do Ministério da Educação, nos quais "a eliminação da figura do convênio proporcionou notável avanço quantitativo e qualitativo". E acrescenta, em suas razões de veto: "a exigência de convênio em lei complementar inviabiliza futuras experiências de simplificação de procedimentos no âmbito da Administração Pública, em programas onde aquele instrumento mostra-se progressivamente dispensável ou substituído por outros mais modernos e eficazes". Retirando a exigência formal de realização de convênio, o veto presidencial prestou-se a permitir a efetivação de maior número de transferências voluntárias.

2.6. Destinação de recursos públicos para o setor privado

A destinação de recursos públicos para, direta ou indiretamente, cobrir necessidades de pessoas físicas ou déficits de pessoas jurídicas deve atender às seguintes condições (art. 26, *caput*, LRF):

a) primeiramente, ao elaborar a lei de diretrizes orçamentárias (LDO), indicar as condições objetivas para tal procedimento (art. 4º, I, *f*);

b) em segundo lugar, observando as exigências estabelecidas na LDO, fazer constar o referido encargo na lei orçamentária anual (LOA) ou em seus créditos adicionais;

c) por último, elaborar lei (ordinária) específica que autorize a destinação dos recursos.

Tais exigências, segundo o § 1º do art. 26 da LRF, são aplicáveis a toda a administração indireta, inclusive fundações públicas e empresas estatais, exceto, no exercício de suas atribuições precípuas, as instituições financeiras e o Banco Central do Brasil.

3. RECEITAS PÚBLICAS

3.1. Definição

Receita pública, **em sentido amplo**, é toda e qualquer entrada de recursos nos cofres públicos, seja a que título for, isto é, qualquer que seja a razão que lhes dê origem.

Em sentido estrito, somente se qualifica como receita pública a entrada de recursos que se efetive de maneira **permanente (definitiva)** no patrimônio do Estado, isto é, que não esteja condicionada à sua devolução ou correspondente baixa patrimonial.

Nesta segunda acepção, as entradas destituídas de caráter definitivo seriam meros "ingressos", "entradas de caixa" ou "movimentos de fundos". Exemplos: cauções; fianças; depósitos; o produto dos empréstimos (internos ou externos) contraídos pelos Estados. O direito positivo brasileiro recepcionou a **definição ampla** de receita pública, pois considera como tal o ingresso nos cofres públicos de recursos oriundos de empréstimos (arts. 3º e 11, § 4º, Lei n. 4.320/64).

3.2. Classificações

Quanto à **periodicidade** com que ingressam nos cofres do Estado, as receitas públicas dividem-se em:

a) **ordinárias:** as que provêm de fontes permanentes, caracterizando-se, pois, pela sua regularidade. Ex.: arrecadação de ICMS pelo Estado (art. 155, II, CF) ou de ISS pelo Município (art. 156, III, CF);

b) **extraordinárias:** as que provêm de fontes acidentais. Ex.: empréstimo compulsório em caso de guerra externa ou calamidade pública (art. 148, I, CF) e impostos extraordinários de guerra (art. 154, II, CF).

Quanto à **origem**, isto é, levando-se em consideração a **natureza jurídica da relação** que se estabelece entre o Estado e a pessoa que entrega o dinheiro aos cofres públicos, as receitas públicas classificam-se em:

a) **originárias:** as alicerçadas em relação jurídica de **direito privado**. Exemplo: doações, herança vacante, o preço pago pela utilização de um serviço de natureza econômica ou pela utilização de um bem público, o preço de vendas realizadas ou o aluguel de imóveis locados pelo Poder Público, os juros pela aplicação de dinheiro disponível, bem como a compensação financeira assegurada aos Estados, ao DF e aos Municípios, bem como a órgãos da administração direta da União, pela exploração de recursos minerais no respectivo território, plataforma continental, mar territorial ou zona econômica exclusiva (art. 20, § 1º, *in fine*, CF);

b) **derivadas:** as que o Estado obtém fazendo-as derivar do patrimônio alheio, através de ato de imposição. Exemplos: os tributos e as multas.

Quanto à **categoria econômica**, a Lei n. 4.320/64 classifica as receitas públicas em **correntes** e **de capital** (art. 11).

De acordo com a Lei n. 4.320/64 (art. 11, § 1º), são espécies de **receitas correntes**:

a) **receitas tributárias:** decorrentes da arrecadação de impostos, taxas e contribuições de melhoria (art. 145, CF);

b) **receitas de contribuições:** decorrentes da arrecadação das contribuições especiais (art. 149, CF);

c) **receitas patrimoniais:** decorrentes da fruição de patrimônio pertencente ao ente público, tais como as decorrentes de compensações financeiras/*royalties*, concessões e permissões, entre outras;

d) **receitas agropecuárias:** decorrentes da exploração econômica, por parte do ente público, de atividades agropecuárias, tais como a venda de produtos agrícolas (grãos, tecnologias, insumos etc.), pecuários (semens, técnicas em inseminação, matrizes etc.), para reflorestamentos etc.;

e) **receitas industriais:** decorrentes do exercício de atividades industriais pelo ente público, tais como: indústria de extração mineral, de transformação, de construção, entre outras;

f) **receitas de serviços:** decorrentes da prestação de serviços por parte do ente público, tais como comércio, transporte, comunicação, serviços hospitalares, armazenagem, serviços recreativos, culturais etc. Tais serviços são remunerados mediante **preço público (tarifa)**;

g) **transferências correntes:** decorrentes do recebimento de recursos financeiros de outras pessoas de direito público ou privado destinados a atender despesas de manutenção ou funcionamento que não impliquem contraprestação direta em bens e serviços a quem efetuou essa transferência;

h) **outras receitas correntes:** aquelas cujas características não permitem seu enquadramento nas demais classificações da receita corrente, tais como: multas, juros de mora, indenizações, restituições, receitas da dívida ativa, entre outras.

De acordo com a Lei n. 4.320/64 (art. 11, § 2º), são **receitas de capital** as provenientes da realização de recursos financeiros oriundos de constituição de dívidas; da conversão, em espécie, de bens e direitos; os recursos recebidos de outras pessoas de direito público ou privado, destinados a atender despesas classificáveis em Despesas de Capital e, ainda, o superávit do Orçamento Corrente.

3.3. Estágios

A receita pública passa pelas seguintes fases:

a) **previsão:** compreende a elaboração da proposta orçamentária (ato administrativo) e a conversão da proposta em orçamento público (ato legislativo). Reestimativa de receita (prevista) por parte do Poder Legislativo só será admitida se comprovado erro ou omissão de ordem técnica ou legal (art. 12, § 1º, LRF);

b) **realização:** que compreende o lançamento, a arrecadação e o recolhimento.

A realização (execução) das receitas públicas, por sua vez, desdobra-se nas seguintes fases:

a) **lançamento:** ato da repartição competente, que verifica a procedência do crédito fiscal e a pessoa que lhe é devedora e inscreve o débito desta (art. 53, Lei n. 4.320/64);

b) **arrecadação:** ocorre no momento em que os devedores comparecem perante os agentes arrecadadores oficiais (repartições públicas) ou autorizados (bancos credenciados, correios etc.) a fim de liquidarem suas obrigações para com o Estado.

c) **recolhimento:** ato pelo qual os agentes arrecadadores repassam (entregam) diariamente ao Tesouro Público os valores recebidos, isto é, o produto da arrecadação.

3.4. A receita tributária segundo a LRF

De acordo com o art. 11 da LRF, constituem requisitos essenciais da responsabilidade na gestão fiscal "a instituição, previsão e efetiva arrecadação de todos os tributos da competência constitucional do ente da Federação".

Segundo dispõe o parágrafo único do art. 11 da LRF, aos entes públicos que não atenderem à determinação de prever e arrecadar todos os impostos de sua competência será **proibido receber transferências voluntárias**. Dito de outro modo, a LRF estabelece que a instituição, a previsão e a efetiva arrecadação de todos os impostos da competência constitucional do ente da Federação constituem requisito para o recebimento de transferências voluntárias.

3.5. Renúncia de receita

De acordo com o art. 14 da LRF, a concessão ou ampliação de incentivo ou benefício de natureza tributária da qual decorra **renúncia de receita** deverá estar acompanhada de estimativa do impacto orçamentário-financeiro no exercício em que deva iniciar sua vigência e nos dois seguintes, atender ao disposto na lei de diretrizes orçamentárias (LDO) e a pelo menos uma das seguintes condições:

a) demonstração pelo proponente de que a renúncia foi considerada na estimativa de receita da lei orçamentária, na forma do art. 12, e de que não afetará as metas de resultados fiscais previstas no anexo próprio da lei de diretrizes orçamentárias;

b) estar acompanhada de medidas de compensação, no período mencionado no caput, por meio do aumento de receita, proveniente da elevação de alíquotas, ampliação da base de cálculo, majoração ou criação de tributo ou contribuição.

A renúncia de receita compreende: anistia, remissão, subsídio, crédito presumido, concessão de isenção em caráter não geral, alteração de alíquota ou modificação de base de cálculo que implique redução discriminada de tributos ou contribuições, e outros benefícios que correspondam a tratamento diferenciado (art. 14, § 1º, LRF).

As exigências do art. 14 da LRF **não se aplicam**: (i) às alterações das alíquotas dos impostos previstos nos incisos I, II, IV e V do art. 153 da CF, na forma do seu § 1º; nem (ii) ao cancelamento de débito cujo montante seja inferior ao dos respectivos custos de cobrança.

3.6. Fundos especiais

"Fundo" (ou "fundo especial", na terminologia adotada pela Lei n. 4.320, de 17.03.1964) é, consoante definição legal, "o produto de receitas especificadas que, por lei, se vinculam à realização de determinados objetivos ou serviços, facultada a adoção de normas peculiares de aplicação" (art. 71, Lei n. 4.320/64). Os fundos especiais são, na sua essência, somas de recursos financeiros postas à disposição de determinados objetivos.

Uma das características dos fundos financeiros especiais reside no fato de serem instituídos por **lei**, consoante determina o inciso IX do art. 167 da CF, que veda "a instituição de fundos de qualquer natureza, sem prévia autorização legislativa".

A lei em questão é a **ordinária** (art. 59, III, CF), já que o Texto Constitucional não exigiu, para tanto, lei complementar. Desse modo, as deliberações do Legislativo para o fim de instituição de fundo serão tomadas por maioria simples dos votos, presente a maioria absoluta de seus membros (art. 47, CF).

O Texto Constitucional, no entanto, exige **lei complementar** para estabelecer "condições para a instituição e funcionamento de fundos" (art. 165, § 9º, II, 2ª parte, CF). A exigência constitucional de lei complementar para tal fim decorre do fato de caber à referida espécie normativa dispor sobre finanças públicas (art. 163, I, CF). A lei complementar em questão, ressalte-se, é da União, pois a competência para legislar sobre Direito Financeiro é concorrente (art. 24, I, CF) e, no âmbito da referida legislação, é daquele ente político a atribuição de estabelecer normas gerais (art. 24, § 1º, CF).

Atualmente, as normas gerais sobre fundos especiais devem ser buscadas na Lei n. 4.320/64 (arts. 71 a 74).

3.7. Repartição de receitas tributárias

Normalmente, as pessoas políticas que arrecadam tributos ficam com o produto dessa atividade, com o que obtêm os meios econômicos necessários ao cumprimento das tarefas a elas atribuídas em nível constitucional ou infraconstitucional.

Ocorre, porém, que a Constituição, em certos casos, confere a uma ou mais de uma das pessoas políticas o direito de partilhar a receita do tributo com aquela que o titulariza e que promoveu a sua arrecadação.

Assim, pela repartição de receitas tributárias divide-se entre as entidades federadas o **produto da arrecadação do tributo** por uma delas instituído e cobrado.

Nesse caso, a autonomia financeira da entidade da Federação é assegurada não pela atribuição de fontes próprias de arrecadação, como no sistema da atribuição de competências, mas sim pela garantia da distribuição de parte do produto arrecadado por determinada unidade para outra unidade

O direito de codividir receitas alheias, frise-se, só nasce para a pessoa política "participante" quando aquela que detém a competência para criar o tributo o faz e desde que nascido *in concreto* o tributo, com a ocorrência do fato gerador. Sem a criação in abstracto do tributo e seu real nascimento, não existe o direito subjetivo à participação nas receitas tributárias.

A participação do ente político no produto da arrecadação de tributos pertencentes a outras esferas de governo acontece de duas maneiras: direta e indiretamente.

A **partilha direta** é realizada sem intermediação, ou seja, o ente político beneficiado, como agente arrecadador, apropria-se, total ou parcialmente, da receita tributária mediante transferência orçamentária, ou recebe diretamente do ente dotado de competência tributária parte do produto da arrecadação por ele feita. É o que se dá, por exemplo, no caso do IPVA, cuja competência impositiva pertence aos Estados (art. 155, III, CF), mas 50% (cinquenta por cento) do produto de sua arrecadação são obrigatoriamente destinados aos Municípios, relativamente aos veículos automotores que forem licenciados em seus territórios (art. 158, III, CF).

A técnica de **partilha indireta** é um pouco mais complexa: são criados **fundos** para os quais são carreadas parcelas de receitas de certos impostos que, posteriormente, são rateados proporcionalmente entres os participantes, segundo critérios previamente estabelecidos na legislação.

A Constituição de 1988 adotou ambas as formas de repartição de receitas: a participação direta é regulada basicamente nos arts. 157 e 158, e a indireta, no art. 159.

De acordo com o art. 157 da CF, pertencem aos Estados e ao DF:

a) o produto da arrecadação do imposto da União sobre renda e proventos de qualquer natureza, incidente na fonte, sobre rendimentos pagos, a qualquer título, por eles, suas autarquias e pelas fundações que instituírem e mantiverem;

b) 20% (vinte por cento) do produto da arrecadação do imposto que a União instituir no exercício da competência que lhe é atribuída pelo art. 154, I, da CF.

Nos termos do art. 158 da CF, pertencem aos Municípios:

a) o produto da arrecadação do imposto da União sobre renda e proventos de qualquer natureza, incidente na fonte, sobre rendimentos pagos, a qualquer título, por eles, suas autarquias e pelas fundações que instituírem e mantiverem;

b) 50% (cinquenta por cento) do produto da arrecadação do imposto da União sobre a propriedade territorial rural, relativamente aos imóveis neles situados, cabendo a totalidade na hipótese da opção a que se refere o art. 153, § 4º, III, da CF;

c) 50% (cinquenta por cento) do produto da arrecadação do imposto do Estado sobre a propriedade de veículos automotores licenciados em seus territórios;

d) 25% (vinte e cinco por cento) do produto da arrecadação do imposto do Estado sobre operações relativas à circulação de mercadorias e sobre prestações de serviços de transporte interestadual e intermunicipal e de comunicação.

As parcelas de receita de ICMS pertencentes aos Municípios serão creditadas conforme os seguintes critérios, estabelecidos no parágrafo único do art. 158 da CF:

> **Parágrafo único.** As parcelas de receita pertencentes aos Municípios, mencionadas no inciso IV, serão creditadas conforme os seguintes critérios:
> I – 65% (sessenta e cinco por cento), no mínimo, na proporção do valor adicionado nas operações relativas à circulação de mercadorias e nas prestações de serviços, realizadas em seus territórios;
> II – até 35% (trinta e cinco por cento), de acordo com o que dispuser lei estadual, observada, obrigatoriamente, a distribuição de, no mínimo, 10 (dez) pontos percentuais com base em indicadores de melhoria nos resultados de aprendizagem e de aumento da equidade, considerado o nível socioeconômico dos educandos.

Conforme o art. 159 da CF, a União entregará:

a) do produto da arrecadação dos impostos sobre renda e proventos de qualquer natureza e sobre produtos industrializados, 49% (quarenta e nove por cento), na seguinte forma: (i) vinte e um inteiros e cinco décimos por cento ao Fundo de Participação dos Estados e do DF; (ii) vinte e dois inteiros e cinco décimos por cento ao Fundo de Participação dos Municípios; (iii) três por cento para aplicação em programas de financiamento ao setor produtivo das Regiões Norte, Nordeste e Centro-Oeste, através de suas instituições financeiras de caráter regional, de acordo com os planos regionais de desenvolvimento, ficando assegurada ao semi-árido do Nordeste a metade dos recursos destinados à Região, na forma que a lei estabelecer; (iv) um por cento ao Fundo de Participação dos Municípios, que será entregue no primeiro decêndio do mês de dezembro de cada ano; (v) 1% (um por cento) ao Fundo de Participação dos Municípios, que será entregue no primeiro decêndio do mês de julho de cada ano;

b) do produto da arrecadação do imposto sobre produtos industrializados, 10% (dez por cento) aos Estados e ao Distrito Federal, proporcionalmente ao valor das respectivas exportações de produtos industrializados;

c) do produto da arrecadação da contribuição de intervenção no domínio econômico prevista no art. 177, § 4º, da CF, 29% (vinte e nove por cento) para os Estados e o DF, distribuídos na forma da lei, observada a destinação a que se refere o inciso II, c, do referido parágrafo.

É **vedada a retenção ou qualquer restrição** à entrega e ao emprego dos recursos atribuídos constitucionalmente (a título de repartição de receitas tributárias) aos Estados, ao DF e aos Municípios, neles compreendidos adicionais e acréscimos relativos a impostos (art. 160, *caput*, CF).

Ressalte-se, todavia, que tal regra não é absoluta, mas possui exceções. Com efeito, o parágrafo único do art. 160 da CF (com redação determinada pela Emenda Constitucional n. 29, de 13-9-2000) esclarece que a referida vedação constitucional não impede que a União e os Estados condicionem a entrega de recursos: (i) ao pagamento de seus créditos, inclusive de suas autarquias; e (ii) ao cumprimento do disposto no art. 198, § 2º, II e III, da CF, que impõe aos Estados, ao DF e aos Municípios a aplicação anual de percentuais da arrecadação de certos impostos em ações e serviços públicos de saúde.

As hipóteses **excepcionais** do parágrafo único do art. 160 da CF, que autoriza a União e os Estados a condicionarem a entrega de recursos, são elencadas em listagem **taxativa** (*numerus clausus*), consoante já reconheceu o STF (ADI 1106).

4. ORÇAMENTO PÚBLICO

4.1. Definição

A Lei Orçamentária Anual (LOA) é a lei que **prevê (estima) as receitas** e **fixa as despesas** para um determinado período (**exercício financeiro**), evidenciando, assim, a política econômico-financeira e o programa de trabalho do Governo (art. 2º, Lei n. 4.320/64).

4.2. Princípios orçamentários

a) **Exclusividade:** a LOA não deve conter dispositivo estranho à previsão da receita e à fixação da despesa, não se incluindo na proibição a autorização para abertura de créditos suplementares e contratação de operações de crédito, ainda que por antecipação de receita, nos termos da lei (art. 165, § 8º, CF).

b) **Anterioridade (ou precedência) orçamentária:** o orçamento deve ser aprovado antes do início do exercício financeiro a que servirá.

c) **Anualidade (ou periodicidade) orçamentária:** o orçamento público seja elaborado e autorizado para um determinado período de tempo, denominado exercício financeiro.

d) **Unidade:** em sua acepção original, preconizava que o orçamento deveria ser uno, ou seja, cada ente governamental deve elaborar um único orçamento. Atualmente, com a existência de três instrumentos normativos em matéria orçamentária (Plano Plurianual, Lei das Diretrizes Orçamentárias e Lei Orçamentária Anual), tal princípio passou a significar que os atos legislativos anteriormente referidos devem estar ntegrados e harmonizados de acordo com os fins públicos propostos.

e) Não **afetação (ou não vinculação):** veda a vinculação da receita de impostos a órgão, fundo ou despesa (art. 167, IV, CF). Excepcionando a regra da não afetação, o inciso IV do art. 167 da CF permite a vinculação de receita de impostos nos casos nele mencionados. É igualmente permitida a vinculação de receitas próprias geradas pelos impostos a que se referem os arts. 155 e 156 da Constituição, e dos recursos de que tratam os arts. 157, 158 e 159, I, *a* e *b*, e II, da CF, para (art. 167, § 4º, CF) prestação de garantia ou contragarantia à União e pagamento de débitos para com a União.

f) **Transparência:** a ação transparente é um dos pressupostos da responsabilidade na gestão fiscal (art. 1º, § 1º). São **instrumentos** de transparência da gestão fiscal, aos quais será dada ampla divulgação, inclusive em **meios eletrônicos de acesso público**: os planos (PPA), orçamentos (LOA) e leis de diretrizes orçamentárias (LDO); as prestações de contas e o respectivo parecer prévio; o Relatório Resumido da Execução Orçamentária e o Relatório de Gestão Fiscal; e as versões simplificadas desses documentos (art. 48, *caput*, LRF).

> É importante observar que a transparência orçamentária não consiste apenas na obrigatoriedade de divulgação *a posteriori* do conteúdo das leis orçamentárias (PPA, LDO e LOA), sendo assegurada também mediante incentivo à **participação popular** e realização de **audiências públicas**, durante os processos de elaboração e discussão das referidas leis (art. 48, parágrafo único, I, LRF).

Também em nome da transparência da gestão fiscal, o parágrafo único do art. 48 da LRF exige a liberação ao pleno conhecimento e acompanhamento da sociedade, em **tempo real**, de **informações pormenorizadas** sobre a execução orçamentária e financeira, em meios eletrônicos de acesso público.

4.3. Leis Orçamentárias

O art. 165 da Constituição de 1988 indica como instrumentos normativos do sistema orçamentário: o Plano Plurianual (PPA), a Lei das Diretrizes Orçamentárias (LDO) e a Lei Orçamentária Anual (LOA).

O **PPA** é o instrumento legal no qual devem constar, de forma regionalizada, as diretrizes, os objetivos e as metas da Administração para as despesas de capital e outras delas decorrentes e para as relativas aos programas de duração continuada, conforme previsto no art. 165, § 1º, da CF. De acordo com o § 4º do art. 165 da CF, os **planos e programas nacionais, regionais e setoriais** previstos no texto constitucional deverão ser elaborados em consonância com o PPA. Nenhum investimento cuja execução ultrapasse um exercício financeiro poderá ser iniciado sem prévia inclusão no Plano Plurianual, ou sem lei que autorize a inclusão, sob pena de crime de responsabilidade (art. 167, § 1º, CF).

A **LDO**, segundo o § 2º do art. 165 da CF, tem as seguintes finalidades: (i) estabelecer as metas e prioridades da administração pública federal, incluindo as despesas de capital para o exercício financeiro subsequente; (ii) orientar a elaboração da lei orçamentária anual (LOA); (iii) dispor sobre as alterações na legislação tributária; (iv) estabelecer a política de aplicação das agências financeiras oficiais de fomento.

De acordo com a CF, cabe, ainda, à LDO: (i) estipular os prazos para envio e os limites das propostas orçamentárias dos poderes (art. 99, § 1º), do Ministério Público (art. 127, § 3º) e das Defensorias Públicas da União e do DF (art. 134, § 3º) e dos Estados (art. 134, § 2º); (ii) autorizar a concessão de qualquer vantagem ou aumento de remuneração, a criação de cargos, empregos e funções ou alteração de estrutura de carreiras, bem como a admissão ou contratação de pessoal, a qualquer título, pelos órgãos e entidades da administração direta ou indireta (inclusive fundações instituídas e mantidas pelo poder público), ressalvadas as empresas públicas e as sociedades de economia mista (art. 169, § 1º, II).

De acordo com a LRF, cabe à LDO dispor também sobre (art. 4º, I): (i) equilíbrio entre receitas e despesas; (ii) critérios e forma de limitação de empenho; (iii) normas relativas ao controle de custos e à avaliação dos resultados dos programas financiados com recursos dos orçamentos; (iv) demais condições e exigências para transferências de recursos a entidades públicas e privadas;

> **Atenção:** Integrará o projeto de LDO um **Anexo de Metas Fiscais**, em que serão estabelecidas metas anuais, em valores correntes e constantes, relativas a receitas, despesas, resultados nominal e primário e montante da dívida pública, para o exercício a que se referirem e para os dois seguintes (art. 4º, § 1º, LRF). Tal anexo deverá conter, ainda, as informações exigidas no § 2º do art. 4º da LRF.

> **Atenção:** A LDO conterá **Anexo de Riscos Fiscais**, onde serão avaliados os passivos contingentes e outros riscos capazes de afetar as contas públicas, informando as providências a serem tomadas, caso se concretizem (art. 4º, § 3º, LRF).

A **LOA** contém a discriminação da receita e despesa de forma a evidenciar a política econômico-financeira e o programa de trabalho do Governo (art. 2º da Lei n. 4.320/64). É com base nas autorizações da LOA que as despesas do exercício são executadas.

De acordo com o § 5º do art. 165 da CF, a LOA compreende:

a) **o orçamento fiscal** referente aos Poderes da União, seus fundos, órgãos e entidades da administração direta e indireta;

b) **o orçamento de investimento** das empresas em que a União, direta ou indiretamente, detenha a maioria do capital social com direito a voto;

c) **o orçamento da seguridade social**, abrangendo todas as entidades e órgãos a ela vinculados, da administração direta ou indireta, bem como os fundos e fundações instituídos e mantidos pelo Poder Público.

O orçamento fiscal e o de investimento, compatibilizados com o PPA, tem, dentre outras funções, a de reduzir desigualdades inter-regionais, segundo critério populacional (art. 165, § 7º, CF).

A proposta de orçamento da seguridade social será elaborada de forma integrada pelos órgãos responsáveis pela saúde, previdência social e assistência social, tendo em vista as metas e prioridades estabelecidas na LDO, assegurada a cada área a gestão de seus recursos (art. 195, § 2º, CF). Tem-se, pois, que a elaboração do orçamento da seguridade social é integrada, mas sua execução, descentralizada.

As receitas dos Estados, do DF e dos Municípios destinadas à seguridade social constarão dos respectivos orçamentos, não integrando o orçamento da União (art. 195, § 1º, CF).

4.4. Controle de constitucionalidade das leis orçamentárias

O STF, inicialmente, entendia ser inadmissível a propositura de ação direta contra disposições insertas na Lei de Diretrizes Orçamentárias (LDO), porque reputadas normas individuais ou de efeitos concretos, que se esgotam com a propositura e a votação da Lei Orçamentária Anual (LOA). Dito de outro modo, por considerar que LDO tem objeto determinado e destinatários certos, apresentando-se, pois, como lei de efeitos concretos, carente da necessária generalidade e abstração, entendia o STF que a mesma não estaria sujeita à fiscalização jurisdicional no controle concentrado de constitucionalidade.

Num segundo momento, o STF passou a reconheceu a possibilidade de controle concentrado de constitucionalidade de leis orçamentárias **quando suas normas revelassem contornos gerais e abstratos**, em abandono ao campo da eficácia concreta.

Atualmente, o STF admite a possibilidade de controle concentrado de constitucionalidade das normas orçamentárias, **independente do caráter geral ou específico, concreto ou abstrato das mesmas**: "A lei não precisa de densidade normativa para se expor ao controle abstrato de constitucionalidade, devido a que se trata de ato de aplicação primária da Constituição. Para esse tipo de controle, exige-se densidade normativa apenas para o ato de natureza infralegal" (ADI-MC 4049).

4.5. Ciclo orçamentário

O ciclo orçamentário é a sequência lógica das etapas desenvolvidas pelo **processo orçamentário**.

Tomada a expressão "ciclo orçamentário" em seu **sentido amplo**, este englobaria as atividades inerentes às três leis que compõem o sistema orçamentário: o PPA, a LDO e a LOA.

Assim, nesta perspectiva (**concepção ampliada**), o ciclo orçamentário possuiria **8 (oito) fases**:

a) **Elaboração do PPA:** elaboração do projeto do plano plurianual pelo Poder Executivo e sua submissão ao Poder Legislativo;

b) **Aprovação do PPA:** apreciação e adequação do projeto do plano plurianual pelo Poder Legislativo;

c) **Elaboração da LDO:** elaboração do projeto de lei de diretrizes orçamentárias (com a proposição de metas e prioridades para a administração pública e da política de alocação de recursos) pelo Poder Executivo e sua submissão ao Poder Legislativo;

d) **Aprovação da LDO:** apreciação e adequação do projeto de lei de diretrizes orçamentárias pelo Poder Legislativo;

e) **Elaboração da LOA:** elaboração do projeto de lei orçamentária anual pelo Poder Executivo e sua submissão ao Poder Legislativo;

f) **Aprovação da LOA:** apreciação e adequação do projeto de lei orçamentária nual pelo Poder Legislativo;

g) **Execução da LOA:** realização das despesas fixadas e das receitas previstas na lei orçamentária anual aprovada;

h) **Controle da LOA:** avaliação da execução orçamentária e julgamento das contas.

Em **sentido estrito**, o ciclo orçamentário refere-se **apenas** às atividades inerentes à **Lei Orçamentária Anual (LOA)**.

> O ciclo orçamentário não se confunde com o exercício financeiro, pois este corresponde a uma das fases do ciclo, ou seja, à **execução** do orçamento, tendo em vista que a fase de preparação da proposta orçamentária e sua conversão em lei (elaboração legislativa) **precedem** o exercício financeiro.

4.5.1. Elaboração da proposta orçamentária

Nesta fase o Poder Executivo elabora seu projeto de lei orçamentária, com base no qual será elaborado o orçamento público.

Dispondo especificamente sobre os órgãos do **Poder Judiciário**, o § 1º do art. 99 da CF determina que os tribunais elaborem suas propostas orçamentárias dentro dos limites estipulados conjuntamente com os demais Poderes na Lei de Diretrizes Orçamentárias. O mesmo vale para a proposta orçamentária do Poder Legislativo, do Ministério Público (art. 127, § 3º, CF), das Defensorias Públicas Estaduais (art. 134, § 2º, CF) e das Defensorias Públicas da União e do DF (art. 134, § 3º, CF).

Se as referidas propostas **não forem encaminhadas dentro do prazo** estabelecido na LDO, o Poder Executivo considerará, para fins de consolidação da proposta orçamentária anual, os valores apontados na lei orçamentária (LOA) vigente, ajustados de acordo com os limites estipulados na LDO.

Se as referidas propostas orçamentárias forem encaminhadas em **desacordo com os limites** estipulados na LDO, o Poder Executivo procederá aos ajustes necessários para fins de consolidação da proposta orçamentária anual.

4.5.2. Elaboração da lei orçamentária

A segunda etapa do processo orçamentário envolve a tramitação do projeto de lei do orçamento no âmbito do Poder Legislativo até sua aprovação.

No caso das leis orçamentárias (PPA, LDO e LOA), a iniciativa é privativa do Chefe do Poder Executivo (arts. 165, *caput*, e 84, XXIII, ambos da CF).

Os prazos para a Presidência da República enviar ao Congresso Nacional os projetos de leis orçamentárias são atualmente os seguintes (art. 35, § 2º, ADCT):

a) **Projeto do PPA:** até quatro meses antes do encerramento do primeiro exercício financeiro do mandato presidencial (**31 de agosto**);

b) **Projeto da LDO:** até oito meses e meio antes do encerramento de cada exercício financeiro (**15 de abril**);

c) **Projeto da LOA:** Até quatro meses antes do encerramento de cada exercício financeiro (**31 de agosto**).

Uma vez recebido pelo Congresso Nacional o projeto de lei orçamentária, será o mesmo enviado a uma **Comissão mista permanente** de Senadores e Deputados, a qual compete examinar e emitir parecer sobre os projetos de lei relativos ao PPA, à LDO, à LOA e aos créditos adicionais (art. 166, § 1º, I, CF).

O Presidente da República poderá encaminhar mensagem ao Congresso Nacional para propor modificações nos projetos de lei de PPA, LDO e LOA. Tal medida, contudo, somente se afigura possível enquanto **não iniciada** a votação, na Comissão mista, da parte cuja alteração é proposta (art. 166, § 5º, CF).

A cláusula constitucional que confere exclusividade ao Chefe do Executivo para instaurar o processo legislativo em matéria orçamentária (art. 165, *caput*, CF) não impede os parlamentares de oferecerem **emendas** ao correspondente projeto de lei. É que o poder de emendar – que não constitui derivação do poder de iniciar o processo de formação das leis – é prerrogativa de ordem político-jurídica deferida aos membros do Legislativo, ainda que se cuide de proposições constitucionalmente sujeitas à cláusula de reserva de iniciativa.

Essa prerrogativa institucional, precisamente por não traduzir corolário do poder de iniciar o processo de formação das leis, pode ser legitimamente exercida pelos parlamentares, que se sujeitam, quanto ao seu exercício, apenas às **restrições** impostas, em *numerus clausus*, pela CF, isto é, desde que as emendas: (i) não importem em aumento da despesa prevista no projeto de lei de iniciativa exclusiva do Presidente da República (ressalvado o disposto no art. 166, §§ 3º e 4º, da CF); (ii) guardem afinidade lógica (relação de pertinência) com a proposição original; e (iii) tratando-se de projetos orçamentários (art. 165, I, II e III, CF), observem as restrições fixadas no art. 166, §§ 3º e 4º, da CF.

As emendas aos projetos de lei do PPA, LDO e LOA serão apresentadas na **Comissão mista**, que sobre elas emitirá **parecer**, e apreciadas, na forma regimental, pelo Plenário das duas Casas do Congresso Nacional (art. 166, § 2º, CF).

As **emendas individuais** ao projeto de lei orçamentária serão aprovadas no limite de 1,2% (um inteiro e dois décimos por cento) da RCL prevista no projeto encaminhado pelo Poder Executivo, sendo que a metade deste percentual será destinada a ações e serviços públicos de saúde (art. 166, § 9º, CF). É **obrigatória** a execução orçamentária e financeira das mencionadas programações, em montante correspondente a 1,2% (um inteiro e dois décimos por cento) da RCL realizada no exercício anterior (art. 166, § 11, CF).

Tal obrigatoriedade aplica-se também às programações incluídas por todas as **emendas de iniciativa de bancada** de parlamentares de Estado ou do Distrito Federal, no montante de até 1% (um por cento) da RCL realizada no exercício anterior (art. 166, § 12, CF).

Tendo recebido o parecer da Comissão mista, os projetos de leis orçamentárias (PPA, LDO e LOA) são enviados ao Plenário das duas Casas do Congresso Nacional, a quem compete apreciá-los, na forma do Regimento Comum (art. 48, II c/c art. 166, *caput*, ambos da CF).

Concluída a votação, e aprovado o projeto de lei orçamentária, deverá o mesmo ser enviado ao Executivo para sanção (art. 66, *caput*, CF).

Os prazos para o Congresso Nacional devolver os projetos de leis orçamentárias à Presidência da República são atualmente os seguintes (art. 35, § 2º, ADCT):

a) **Projeto do PPA:** até o encerramento da sessão legislativa (**22 de dezembro** – art. 57, CF) do primeiro exercício financeiro do mandato presidencial;

b) **Projeto da LDO:** até o encerramento do primeiro período da sessão legislativa (**17 de julho** – art. 57, CF) de cada exercício financeiro;

c) **Projeto da LOA:** até o encerramento da sessão legislativa (**22 de dezembro**) de cada exercício financeiro.

4.5.3. Execução orçamentária

Publicada a Lei Orçamentária Anual (LOA), passa-se à fase de sua **execução**, que se inicia em 1º de janeiro e termina em 31 de dezembro a partir de 1º de janeiro do exercício financeiro a que corresponda.

Pode-se dizer que a execução do orçamento compreende os meios pelos quais se efetiva a **realização das receitas e das despesas** nele previamente autorizadas.

A execução do orçamento deve ser feita com fiel atendimento do que ele dispõe, quer quanto à receita, quer quanto à despesa.

Para executar o orçamento, cumprindo as metas fiscais estabelecidas na LDO, o Poder Executivo estabelecerá, dentro de 30 (trinta) dias após a publicação dos orçamentos, a **programação financeira e um cronograma sobre o desembolso mensal** para a execução orçamentária (art. 8º, LRF).

A programação financeira visa manter, durante o exercício financeiro, o equilíbrio entre as receitas arrecadadas e as despesas realizadas, além de assegurar às unidades orçamentárias, em tempo útil, a soma de recursos necessários e suficientes à melhor execução do seu programa de trabalho.

O cronograma de desembolso é o documento que explicita, em termos monetários, as necessidades de pagamentos das unidades orçamentárias. Significa o cronograma de liberações do órgão central para o órgão setorial de programação financeira, ou seja, as unidades gestoras.

4.5.4. Verificação do cumprimento das metas e limitação de empenho

O art. 9º da LRF determina que, ao final de cada bimestre, seja avaliado o cumprimento das metas estabelecidas no Anexo de Metas Fiscais da LDO para aquele período.

Se verificado que a realização da receita não comportará o cumprimento das metas estabelecidas, o Ministério Público e cada um dos três Poderes promoverão, por ato próprio e nos montantes necessários, nos 30 (trinta) dias subsequentes, limitação de empenho e movimentação financeira, segundo os critérios fixados pela LDO (art. 9º, *caput*).

A **limitação de empenho e movimentação financeira**, caso ocorra o descumprimento das metas, é **obrigatória**, de modo a constituir um freio à execução orçamentária deficiente.

O retorno, ainda que parcial, aos objetivos previstos no Anexo de Metas Fiscais trará a recomposição das dotações cujos empenhos foram limitados, de forma proporcional às reduções efetivadas (art. 9º, § 1º, LRF).

Não serão objeto de limitação as despesas referentes a obrigações constitucionais e legais do ente (saúde e educação), inclusive as destinadas ao pagamento do serviço da dívida e as ressalvadas pela LDO (art. 9º, § 2º).

4.5.5. Relatório Resumido da Execução Orçamentária

O Poder Executivo publicará, até 30 dias após o encerramento de cada bimestre, relatório resumido da execução orçamentária (art. 165, § 3º, CF).

Regulamentando o citado dispositivo constitucional, a LRF determina que o Relatório Resumido da Execução Orçamentária (RREO) deve ser emitido não só pelo Executivo, mas por todos os Poderes e pelo Ministério Público, até 30 (trinta) dias após o encerramento de cada bimestre.

Além disso, deverão acompanhar o RREO vários demonstrativos (art. 53, LRF). Segundo o § 1º do art. 53 da LRF, o RREO referente ao último bimestre do exercício deverá, também, ser acompanhado de outros demonstrativos específicos.

Quando for o caso, deverão ser apresentadas na RREO justificativas da limitação de empenho e da frustração de receitas, especificando as medidas de combate à sonegação e à evasão fiscal, adotadas e a adotar, bem como as ações de fiscalização e cobrança (art. 53, § 2º, LRF).

De acordo com o § 4º do art. 54 da LRF, deverá o RREO ser elaborado de forma **padronizada**, segundo modelo que poderá ser atualizado pelo Conselho de Gestão Fiscal, mencionado no art. 67 da LRF.

4.5.6. Relatório de Gestão Fiscal

Ao final de cada quadrimestre, será emitido e assinado pelos titulares dos Poderes e órgãos de todos os entes federados o Relatório de Gestão Fiscal (RGF), que deverá conter as infomações exigidas pelo art. 55 da LRF. O RGF relativo ao último quadrimestre do ano deverá, adicionalmente, conter demonstrativos específicos (art. 55, III, LRF).

De acordo com o § 4º do art. 54 da LRF, deverá o RGF ser elaborado de forma padronizada, segundo modelo que poderá ser atualizado pelo Conselho de Gestão Fiscal, mencionado no art. 67 da LRF.

O RGF será publicado até 30 (trinta) dias após o encerramento do período a que corresponder, com amplo acesso ao público, inclusive pela internet (art. 55,

§ 2º, LRF), sob pena de não recebimento de transferências voluntárias e proibição de contratação de operações de crédito, salvo aquelas destinadas ao refinanciamento do principal da dívida mobiliária (art. 55, § 3º, LRF).

A omissão em divulgar o RGF, nos prazos e condições estabelecidos em lei, configura infração administrativa contra as leis de finanças públicas (art. 5º, I, da Lei n. 10.028, de 19-10-2000), punida com multa de 30% (trinta por cento) dos vencimentos anuais do agente que lhe der causa, sendo o pagamento da multa de sua responsabilidade pessoal (art. 5º, § 1º, Lei n. 10.028/2000).

5. CONTROLE DA EXECUÇÃO ORÇAMENTÁRIA

A fiscalização contábil, financeira, orçamentária, operacional e patrimonial da União e das entidades da administração direta e indireta, quanto à legalidade, legitimidade, economicidade, aplicação das subvenções e renúncia de receitas, será exercida pelo Congresso Nacional, mediante **controle externo**, e pelo sistema de **controle interno** de cada Poder (art. 70, *caput*, CF).

5.1. Controle interno

O art. 74 da CF impõe aos Poderes Legislativo, Executivo e Judiciário que mantenham, de forma integrada, sistema de controle interno.

Controle interno (também conhecido como **controle primário**) é aquele que a administração de cada um dos Poderes exerce *interna corporis*, isto é, sobre seus próprios atos.

Diz-se controle interno porque feito no âmbito da própria Administração que tem a seu cargo a execução orçamentária.

O controle interno da execução orçamentária tem as seguintes **finalidades**, arroladas no art. 74 da CF: (i) avaliar o cumprimento das metas previstas no Plano Plurianual (PPA), visando comprovar a conformidade da sua execução; (ii) avaliar a execução dos programas de governo, visando comprovar o nível de execução das metas, o alcance dos objetivos e a adequação do gerenciamento; (iii) avaliar a execução dos orçamentos da União, visando comprovar a conformidade da execução com os limites e destinações estabelecidos na legislação pertinente; (iv) comprovar a legalidade e avaliar os resultados, quanto à eficácia e eficiência, da gestão orçamentária, financeira e patrimonial nos órgãos e entidades da administração federal, bem como da aplicação de recursos públicos por entidades de direito privado; (v) exercer o controle das operações de crédito, avais, garantias, direitos e haveres da União, visando aferir a sua consistência e a adequação dos controles internos; (vi) apoiar o controle externo no exercício de sua missão institucional.

O controle interno visa criar condições favoráveis para **garantir a maior eficiência do controle externo**, bem como para garantir a administração financeira, contabilidade e auditoria, o que é feito por meio da avaliação dos resultados obtidos pelos administradores.

5.2. Controle externo

O controle externo é aquele realizado *externa corporis*, isto é, efetuado "de fora para dentro", por Poder diverso do controlado, diretamente ou com o auxílio de órgão preposto, cujo objeto consiste na verificação de legitimidade e/ou supervisão político-administrativa.

Os órgãos responsáveis pelo controle externo da Administração Pública são de ordem **jurisdicional** e **parlamentar**.

No controle externo jurisdicional, tem-se exclusivamente a verificação de **legitimidade** (constitucionalidade e legalidade), ao passo que o controle externo legislativo (ou parlamentar) abrange tanto a **legitimidade** como a **supervisão político-administrativa**, com preponderância programático-orçamentária e realce para o controle de mérito e de resultados.

O controle externo parlamentar objetiva, fundamentalmente, a verificação pelo Poder Legislativo da probidade dos gastos por parte da Administração Pública em geral, e o cumprimento da Lei Orçamentária, e é exercido com o auxílio dos Tribunais de Contas (Tribunal de Contas da União, Tribunais de Contas dos Estados e, quando houver, Tribunal de Contas do Município e Tribunal de Contas dos Municípios).

No âmbito da União, o controle externo é exercido pelo **Congresso Nacional** (art. 70, *caput*, CF), com o auxílio do **Tribunal de Contas da União** (TCU) (art. 71, *caput*, CF) .

Ao TCU compete **julgar as contas** dos administradores e demais responsáveis por dinheiros, bens e valores públicos da administração direta e indireta, incluídas as fundações e sociedades instituídas e mantidas pelo Poder Público federal, e as contas daqueles que derem causa a perda, extravio ou outra irregularidade de que resulte prejuízo ao erário público (art. 71, II, CF).

Ressalte-se que o regime da prestação de contas da **Presidência da República é diferenciado**: enquanto o inciso II do art. 71 da CF confere ao TCU a atribuição de julgar as contas dos demais administradores e responsáveis, o inciso I do mesmo artigo atribui àquela Corte a função de **apreciar as contas** prestadas anualmente pelo Presidente da República, mediante **parecer prévio** que deverá ser elaborado em 60 (sessenta) dias a contar de seu recebimento.

Cabe a uma **Comissão mista permanente** de Senadores e Deputados examinar e emitir parecer sobre as contas apresentadas anualmente pelo Presidente da República (art. 166, § 1º, I, CF).

> É da competência exclusiva do **Congresso Nacional** julgar anualmente as contas prestadas pelo Presidente da República e apreciar os relatórios sobre a execução dos planos de governo (art. 49, IX, CF).

■ 6. CRÉDITOS ADICIONAIS

■ 6.1. Definição

Créditos adicionais são autorizações de despesas públicas não computadas na Lei Orçamentária Anual ou que possuam dotações, que, no decorrer da execução orçamentária, se mostraram insuficientes (art. 40, Lei n. 4.320/64). Classificam-se em três espécies: **suplementares, especiais e extraordinários**.

■ 6.2. Créditos suplementares

Créditos suplementares são os destinados a **reforço de dotação orçamentária existente** (art. 41, I, Lei n. 4.320/64). Sua abertura:

a) depende de prévia autorização legislativa (art. 167, V, CF), que pode constar da **própria LOA** (art. 165, § 8º, CF);

b) depende da existência de recursos disponíveis para ocorrer à despesa (art. 167, V, CF);

c) é efetivada por decreto executivo (art. 42, Lei n. 4.320/64).

Os créditos suplementares somente vigoram no exercício financeiro em que foram abertos (art. 45, Lei n. 4.320/64).

■ 6.3. Créditos especiais

> Créditos especiais são os destinados a despesas para as quais não haja dotação orçamentária específica (art. 41, II, Lei n. 4.320/64).

Sua abertura:

a) depende de prévia autorização legislativa (art. 167, V, CF), que deve ser em **lei específica**, por não poder constar da própria LOA (art. 165, § 8º, CF);

b) depende da existência de recursos disponíveis para ocorrer à despesa (art. 167, V, CF);

c) é efetivada por decreto executivo (art. 42, Lei n. 4.320/64).

■ 6.4. Créditos extraordinários

Créditos extraordinários são os destinados a despesas **imprevisíveis** e **urgentes**, como as decorrentes de guerra, comoção interna ou calamidade pública (art. 167, § 3º, CF). Sua abertura:

a) não depende de prévia autorização legislativa nem da existência de recursos disponíveis para ocorrer à despesa (art. 167, V, CF);

b) é efetivada por **medida provisória** (art. 62, § 1º, I, *d* c/c art. 167, § 3º, CF) ou, no caso dos Estados e dos Municípios que não tenham instituído a medida provisória em seus ordenamentos jurídicos, por **decreto** do Poder Executivo (art. 44, Lei n. 4.320/64).

Os créditos especiais e os extraordinários somente vigoram no exercício financeiro em que foram autorizados, **salvo** se o ato de autorização for promulgado nos últimos quatro meses do exercício financeiro, hipótese em que poderão ser **reabertos** nos limites do seu saldo (isto é, do saldo deixado no exercício em que foram autorizados) e serão incorporados ao orçamento do exercício financeiro subsequente (art. 167, § 2º, CF).

■ 7. CRÉDITO PÚBLICO

■ 7.1. Definição

Crédito público o procedimento de que o Estado lança mão para captar, através de **empréstimo**, recursos monetários de quem deles dispõe e aplicá-los aos gastos públicos, tanto para custear investimentos como para antecipar receita, assumindo, em contrapartida, a obrigação de restituí-los nos prazos e condições fixados.

■ 7.2. Natureza jurídica

Apesar de controvérsia no âmbito doutrinário, prevalece o entendimento que dá ao crédito público natureza jurídica de **contrato de direito público**, consoante lecionam Régis Fernandes de Oliveira e Estevão Horvath, porque: "a) deve haver prévia previsão orçamentária; b) exige disposição legal específica; c) há obrigatoriedade de autorização e controle do Senado; d) necessária a finalidade pública; e) é possível alteração unilateral de determinadas cláusulas, se assim foi previsto na lei; f) há sujeição a prestação de contas; g) há inviabilidade de execução específica; e h) pode ocorrer possibilidade de rescisão unilateral (resgate antecipado)".

Cumpre destacar que nem todo o passivo do Estado pode ser incluído no conceito de "dívida pública". De fato, nem toda operação de que o Estado resulte devedor pode ser considerada crédito público: não se compreendem no tema outras relações jurídicas em que o Estado seja devedor, como é o caso dos pagamentos que deve a seus servidores, fornecedores etc. Se, por exemplo, o Estado foi condenado em ação de indenização, **deve**, tem **débito**, mas não firmou **empréstimo**; tornou-se devedor por outro título, qual seja, uma decisão judicial.

7.3. Regime constitucional

São várias as normas existentes na Constituição Federal de 1988 acerca do crédito público. Dentre outras disposições, a CF estabelece que:

a) lei complementar disporá sobre dívida pública interna e externa, incluída a das autarquias, fundações e demais entidades controladas pelo Poder Público (art. 163, II), sobre a concessão de garantias pelas entidades públicas (art. 163, III), bem como sobre a emissão e resgate de títulos da dívida pública (art. 163, IV);

b) cabe ao Congresso Nacional, com a sanção do Presidente da República, dispor sobre operações de crédito e dívida pública (art. 48, II);

c) compete privativamente à União legislar sobre política de crédito (art. 22, VII);

d) compete à União fiscalizar as operações de crédito em geral (art. 21, VIII);

e) compete privativamente ao Senado Federal – não exigida a sanção do Presidente da República (art. 48, *caput*) – dispor sobre limites globais e condições para as operações de crédito externo e interno da União, dos Estados, do DF e dos Municípios, de suas autarquias e demais entidades controladas pelo Poder Público federal (art. 52, VII);

f) é vedado a União tributar a renda das obrigações da dívida pública dos Estados, do DF e dos Municípios e níveis superiores aos que fixar para suas obrigações (art. 151, II);

g) é vedado ao Banco Central conceder, direta ou indiretamente, empréstimos ao Tesouro Nacional e a qualquer órgão que não seja instituição financeira (art. 164, § 1º), sendo-lhe ainda facultado realizar operações de compra e venda de títulos emitidos pelo Tesouro Nacional, com o objetivo de regular a oferta de moeda ou a taxa de juros (art. 164, § 2º);

h) a Lei Orçamentária Anual poderá conter dispositivo que autorize a contratação de operações de crédito, ainda que por antecipação de receita (art. 165, § 8º);

i) autorizadas as operações de crédito, devem seus efeitos ser incluídos na Lei Orçamentária Anual (art. 165, § 6º);

j) é vedada a realização de operações de créditos que excedam o montante das despesas de capital, ressalvadas as autorizadas mediante créditos suplementares ou especiais com finalidade precisa, aprovados pelo Poder Legislativo por maioria absoluta (art. 167, III);

l) é possível intervenção pelo não pagamento da dívida pública fundada (arts. 34, V, *a*, e 35, I).

7.4. Limites da dívida pública e das operações de crédito

Os limites ao montante (estoque) da dívida pública serão fixados tomando-se por base a dívida consolidada da União, Estados, DF e Municípios, que compreende a dívida da administração direta, autarquias, fundações e empresas estatais dependentes – sempre em relação à RCL.

O inciso I do art. 30 da LRF determina que o Presidente da República, no prazo de 90 (noventa) dias após a sua publicação, submeta ao Senado Federal uma proposta de limites globais para o montante da dívida consolidada da União, Estados e Municípios, cumprindo o que estabelece o inciso VI do art. 52 da Constituição. Também determina que, no mesmo prazo, deve o Presidente encaminhar ao Senado proposta de limites e condições relativos aos incisos VII, VIII e IX do art. 52 da CF.

Adicionalmente, o inciso II do art. 30 da LRF determina que o Presidente da República apresente, no mesmo prazo, ao Congresso Nacional projeto de lei que estabeleça limites para o montante da dívida mobiliária federal, acompanhado da demonstração de sua adequação aos limites fixados para a dívida consolidada da União.

As propostas acima mencionadas deverão conter os elementos descritos no art. 30, § 1º, da LRF.

Os limites do montante (estoque) da dívida pública (consolidada e mobiliária) serão fixados em percentual da **RCL** para cada esfera de governo e aplicados igualmente a todos os entes da Federação que façam parte de seu cálculo, constituindo, para cada um deles, limites máximos (art. 30, § 3º, LRF).

A apuração do montante da dívida consolidada, para fins de verificação do atendimento de seu limite, será efetuada ao final de cada quadrimestre (art. 30, § 4º, LRF).

Ressalte-se que os limites e condições para o montante da dívida consolidada e mobiliária, a que se referem os incisos I e II do *caput* do art. 30 da LRF, não são definitivos e imutáveis. Com efeito, a mencionada lei complementar traz a possibilidade do Presidente da República, ao apresentar o projeto do orçamento, enviar ao Senado Federal ou ao Congresso Nacional, conforme o caso, proposta de manutenção ou alteração daqueles limites e condições (art. 30, § 5º, LRF).

Ademais, sempre que alterados os fundamentos das propostas dos limites das dívidas consolidada e mobiliária, em razão de instabilidade econômica ou alterações nas políticas monetária ou cambial, o § 6º do art. 30 autoriza o Presidente da República a encaminhar ao Senado ou ao Congresso Nacional, conforme o caso, solicitação de revisão desses limites (art. 30, § 6º, LRF).

> É importante observar que, a partir da vigência da LRF, os precatórios judiciais não pagos durante a execução do orçamento em que houverem sido incluídos integram a dívida consolidada (art. 30, § 7º, LRF).

7.5. Recondução da dívida aos limites

A apuração do montante da dívida pública consolidada do ente da Federação, para fins de verificação do atendimento de seu limite, será efetuada ao final de cada quadrimestre (art. 30, § 4º, LRF).

Uma vez excedido o limite máximo ao final de um quadrimestre, é dado prazo de 3 (três) quadrimestres subsequentes para a eliminação do excesso que deve ser reduzido em pelo menos 25% (vinte e cinco por cento) no primeiro quadrimestre (art. 31, caput, LRF).

Enquanto se verificar o excesso, o ente que nele houver incorrido ficará:

a) proibido de realizar novas operações de crédito, internas ou externas, inclusive por antecipação de receita orçamentária (art. 31, § 1º, I);

b) obrigado a obter resultado primário necessário à recondução da dívida ao limite (art. 31, § 1º, II).

Configura crime contra as finanças públicas, passível de pena de 1 (um) a 2 (dois) anos de reclusão, a ordenação, a autorização ou a realização de operação de crédito, interno ou externo, quando o montante da dívida consolidada ultrapassa o limite máximo autorizado por lei (art. 359-A, parágrafo único, II, do Código Penal Brasileiro, acrescentado pela Lei n. 10.028, de 19-10-2000).

Decorrido o prazo para o retorno do montante da dívida ao limite, fica o ente também impedido de receber transferências voluntárias (art. 31, § 2º, LRF).

Ressalte-se que as restrições do § 1º do art. 31 da LRF aplicam-se imediatamente se o montante da dívida exceder o limite nos primeiros quatro meses do último ano do mandato do Chefe do Poder Executivo (art. 31, § 3º). Dito de outro modo, no último ano do mandato não será concedido o prazo de 12 meses (art. 31, caput) para o ente se ajustar aos limites da dívida consolidada, aplicando-se de imediato as sanções cabíveis.

Também como forma de sanção, o § 4º do art. 31 da LRF determina que o Ministério da Fazenda divulgue, mensalmente, a relação dos entes que tenham ultrapassado os limites das dívidas consolidada e mobiliária. Quanto à dívida pública consolidada, entendemos que a divulgação da referida relação não deva aguardar o prazo de 12 meses para o retorno da dívida ao limite (art. 31, § 2º). Com efeito, considerando ser mensal a periodicidade da mencionada divulgação (art. 31, § 4º, LRF), conclui-se que, na hipótese da dívida consolidada do ente da Federação ultrapassar o respectivo limite ao final de um quadrimestre, já estará, desde então, sujeito a figurar na relação do Ministério da Fazenda de cada mês até que retorne ao limite.

Os preceitos acima comentados também são aplicáveis aos casos de descumprimento dos limites da dívida pública mobiliária e das operações de crédito internas e externas (art. 31, § 5º, LRF).

7.6. Operações de crédito

O ente da Federação que tiver interesse em realizar operação de crédito – cujo significado, como vimos, é obtido pela conjugação do inciso III do art. 29 da LRF com o § 1º do mesmo artigo – formalizará seu pleito (art. 32, § 1º, LRF), no qual deverá:

a) fundamentar seu pedido em parecer de seus órgãos técnicos e jurídicos;

b) demonstrar a relação custo-benefício da operação;

c) provar o interesse econômico e social da operação.

Ao formalizar seu pleito, deverá, ainda, o interessado comprovar o atendimento das seguintes **condições**:

a) existência de prévia e expressa autorização para a contratação, no texto da lei orçamentária, em créditos adicionais ou lei específica;

b) inclusão no orçamento (LOA) ou em créditos adicionais dos recursos provenientes da operação, exceto no caso de operações por antecipação de receita;

c) observância dos limites e condições fixados pelo Senado Federal;

d) autorização específica do Senado Federal, quando se tratar de operação de crédito externo;

e) atendimento do disposto no inciso III do art. 167 da Constituição – a chamada "regra de ouro" –, que veda "a realização de operações de créditos que excedam o montante das despesas de capital, ressalvadas as autorizadas mediante créditos suplementares ou especiais com finalidade precisa, aprovados pelo Poder Legislativo por maioria absoluta";

f) observância das demais restrições estabelecidas na LRF.

> Tal procedimento é excepcionado pela própria LRF no que tange às operações relativas à **dívida mobiliária federal** autorizadas, no texto da lei orçamentária (LOA) ou de créditos adicionais, as quais serão objeto de **processo simplificado** que atenda às suas especificidades (art. 32, § 2º, LRF).

Em se tratando de contrato de operação de crédito externo, a LRF veda a inclusão de cláusula que importe na compensação automática de débitos e créditos (art. 32, § 5º).

A instituição financeira que contratar operação de crédito com ente da Federação, exceto quando relativa à dívida mobiliária ou à externa, deverá exigir comprovação de que a operação atende às condições e limites estabelecidos (art. 33, *caput*).

A operação realizada com infração do disposto na LRF será considerada **nula**, procedendo-se ao seu cancelamento, mediante a devolução do principal, sendo vedados o pagamento de juros e demais encargos financeiros (art. 33, § 1º). Se a devolução não for efetuada no mesmo ano em que se deu o ingresso dos recursos nos cofres públicos, deverá ser consignada reserva específica na lei orçamentária para o exercício seguinte (art. 33, § 2º).

Enquanto não efetuado o cancelamento, a amortização, ou constituída a reserva na LOA para devolução do empréstimo, o ente estará impossibilitado de receber transferências voluntárias, contratar operações de crédito e obter garantia, direta ou indireta, de outro ente (art. 33, § 3º c/c art. 23, § 3º, ambos da LRF).

O Ministério da Fazenda verificará o cumprimento dos limites e condições da realização de operações de crédito da União, Estados, DF e Municípios, inclusive das empresas por eles controladas, direta ou indiretamente (art. 32, *caput*, LRF).

Em matéria de operações de crédito, a LRF veda:

a) a emissão de títulos da dívida pública pelo Banco Central do Brasil a partir de dois anos após a publicação da LRF (art. 34);

b) a realização de operação de crédito entre um ente da Federação e outro, ainda que sob a forma de novação, refinanciamento ou postergação de dívida contraída anteriormente (art. 35, *caput*), exceto operações entre instituição financeira estatal e outro ente da Federação que não se destinem ao financiamento de despesas correntes ou refinanciamento de dívida não contraída com a própria instituição que conceda o crédito (art. 35, § 1º);

c) a realização de operação de crédito entre uma instituição financeira estatal e o ente da Federação que a controle, na qualidade de beneficiário do empréstimo (art. 36, *caput*);

d) a captação de recursos na forma de antecipação de receita de tributo ou contribuição, cujo fato gerador ainda não tenha ocorrido (art. 37, I);

e) recebimento antecipado de valores de empresa em que o Poder Público detenha, direta ou indiretamente, a maioria do capital social com direito a voto, salvo lucros e dividendos, na forma de legislação (art. 37, II);

f) a assunção direta de compromisso, confissão de dívida ou operação assemelhada, com fornecedor de bens, mercadorias ou serviços, mediante emissão, aceite ou aval de título de crédito, não se aplicando esta vedação a empresas estatais dependentes (art. 37, III);

g) a assunção de obrigação, sem autorização orçamentária, com fornecedores para pagamento *a posteriori* de bens e serviços (art. 37, IV).

7.7. Operações de crédito por Antecipação de Receita Orçamentária

As operações de crédito por **Antecipação de Receita Orçamentária (ARO)** são aquelas que se destinam exclusivamente a atender a insuficiência momentânea de caixa durante o exercício financeiro, consoante se infere da leitura do *caput* do art. 38 da LRF. Assim, havendo uma previsão orçamentária de receita que ainda não ingressou nos cofres públicos, poderá ser autorizado empréstimo para fazer face a despesas imediatas.

As operações de crédito por ARO deverão cumprir as exigências impostas pela LRF para a contratação de operações de crédito e, adicionalmente, as seguintes, arroladas nos incisos do art. 38 da mesma lei:

a) somente poderão ser realizadas a partir do dia 10 de janeiro de cada ano;

b) deverão ser liquidadas, com juros e outros encargos incidentes, até o dia 10 de dezembro de cada ano;

c) não serão autorizadas se forem cobrados outros encargos que não a taxa de juros da operação, obrigatoriamente prefixada ou indexada à Taxa Básica Financeira (TBF), ou à que vier a esta substituir.

Tratando-se de operações de crédito por antecipação de receita realizadas por Estados ou Municípios, serão as mesmas efetuadas mediante abertura de crédito junto à instituição financeira vencedora em processo competitivo eletrônico promovido pelo Banco Central do Brasil (art. 38, § 2º), que manterá sistema de acompanhamento e controle do saldo do crédito aberto e, no caso de inobservância dos limites, aplicará as sanções cabíveis à instituição credora (art. 38, § 3º).

Ressalte-se que o fato da LOA poder autorizar, genericamente, as operações de crédito por antecipação de receita (art. 165, § 8º, CF) não afasta a necessidade de **autorização específica**, em cada operação, por ato legislativo de inferior hierarquia (ato-condição), consoante decidiu o STJ (REsp 410414).

Além das vedações dos arts. 35 a 37 da LRF, aplicáveis às operações de crédito por ARO dado o caráter geral daqueles dispositivos, ficam estas operações sujeitas às vedações específicas do inciso IV do art. 38 da LRF:

a) estão proibidas enquanto existir operação anterior da mesma natureza que não tenha sido não integralmente resgatada;

b) não podem ser realizadas no último ano de mandato do Presidente, Governador ou Prefeito.

Deve-se ressaltar que a Constituição veda a prestação de garantias às operações de crédito por antecipação de receita (art. 167, IV, CF).

■ REFERÊNCIAS

BALEEIRO, Aliomar. *Uma introdução à ciência das finanças*. 14. ed. Atualização por Flávio Bauer Novelli. Rio de Janeiro: Forense, 1996.

OLIVEIRA, Régis Fernandes de. *Curso de direito financeiro*. 8. ed. São Paulo: Malheiros, 2019.

RAMOS FILHO, Carlos Alberto de Moraes. *Direito financeiro e econômico*. 4. ed. São Paulo: Saraiva, 2022. (Coleção Esquematizado®).

ROSA JÚNIOR, Luiz Emygdio F. da. *Manual de direito financeiro e direito tributário*. 12. ed. Rio de Janeiro: Renovar, 1998.

TORRES, Ricardo Lobo. *Curso de direito financeiro e tributário*. 4. ed. Rio de Janeiro: Renovar, 1997.

■ QUESTÕES

(**XXXII Exame de Ordem Unificado/FGV**) Em razão de profunda crise fiscal vivenciada pela República Delta, que teve como consequência a diminuição drástica de suas receitas tributárias, o governo do país resolveu recorrer a um empréstimo, de forma a obter os recursos financeiros necessários para que o Tesouro Nacional pudesse honrar os compromissos assumidos. Neste sentido, o Presidente da República, seguindo os trâmites institucionais exigidos, recorre ao Banco Central, a fim de obter os referidos recursos a juros mais baixos que os praticados pelos bancos privados nacionais ou internacionais. Se situação similar viesse a ocorrer na República Federativa do Brasil, segundo o nosso sistema jurídico-constitucional, o Banco Central:

A) teria que conceder o empréstimo, como instituição integrante do Poder Executivo, mas observando o limite máximo de cinquenta por cento de suas reservas.

B) não poderia conceder o referido empréstimo para o Tesouro Nacional brasileiro, com base em expressa disposição constante na Constituição Federal de 1988.

C) avaliaria as condições concretas do caso, podendo, ou não, conceder o empréstimo, atuando em bases semelhantes às utilizadas pela iniciativa privada.

D) não poderia fazê-lo em termos que viessem a colocar em risco a saúde financeira da instituição, embora esteja obrigado a realizar o empréstimo.

RESPOSTA

A) A alternativa está em desacordo com o art. 164, § 1º, da CF.

☑ O § 1º do art. 164 da CF estabelece: "É vedado ao banco central conceder, direta ou indiretamente, empréstimos ao Tesouro Nacional e a qualquer órgão ou entidade que não seja instituição financeira".

C) Há vedação no art. 164, § 1º, da CF.

D) Há vedação no art. 164, § 1.º, da CF.

(**XXIII Exame de Ordem Unificado/FGV**) As contas do Município Alfa referentes ao exercício financeiro de 2014, apresentadas pelo prefeito em 2015, receberam parecer desfavorável do Tribunal de Contas do referido Município, o qual foi criado antes da promulgação da Constituição da República Federativa do Brasil de 1988.

O Presidente da Câmara, após o regular trâmite interno, editou resolução e aprovou as referidas contas públicas municipais, uma vez que as demonstrações contábeis de exercícios financeiros anteriores deveriam ter sido analisadas em consonância com o plano plurianual.

Diante da narrativa exposta, assinale a afirmativa correta.

A) A competência para julgar as contas é do Tribunal de Contas do Município, órgão do Poder Judiciário, não podendo, em nenhuma hipótese, o Legislativo local afastá--la, sob pena de violação ao princípio da separação e harmonia entre os Poderes.

B) O parecer do Tribunal de Contas do Município a respeito da rejeição das contas somente não será acatado pela Câmara Municipal por decisão de 2/3 (dois terços) dos membros deste órgão.
C) Considerando que o Tribunal de Contas do Município é órgão do Poder Legislativo e o Presidente da Câmara é a autoridade máxima de sua estrutura, é constitucional o afastamento, pelo Chefe do Poder Legislativo local, do entendimento de órgão a ele subordinado.
D) O Presidente da Câmara agiu corretamente, pois a periodicidade para análise das contas públicas do Município deve ser de 5 (cinco) anos, e tal disposição não foi observada pelo Tribunal de Contas do Município.

RESPOSTA

A) Errado. O Tribunal de Contas não é órgão do Poder Judiciário, mas sim órgão auxiliar do Poder Legislativo (art. 31, § 1º, CF).

☑ Correto. O § 2º do art. 31 da CF estabelece: "O parecer prévio, emitido pelo órgão competente sobre as contas que o Prefeito deve anualmente prestar, só deixará de prevalecer por decisão de dois terços dos membros da Câmara Municipal".

C) Errado. O Tribunal de Contas do Município não é subordinado à Câmara Municipal. Ademais, nos termos do § 2º do art. 31 da CF, o entendimento do Tribunal de Contas do Município só poderia ser afastado por decisão de dois terços dos membros da Câmara Municipal, não por ato monocrático do Chefe do Poder Legislativo local.

D) Errado. A periodicidade para análise das contas públicas do Município é anual (art. 31, § 3º, CF).

(FGV – PC-AM – Delegado de Polícia – Edital n. 01 – 2022) No Estado Beta, ao final do primeiro quadrimestre do ano de 2019 constatou-se que a despesa total com pessoal do Poder Executivo havia ultrapassado o limite previsto na Lei de Responsabilidade Fiscal (LRF – LC n. 101/00). Contudo, o percentual excedente não foi eliminado nos dois quadrimestres seguintes.

À luz da LRF, ao final dos dois quadrimestres seguintes sem recondução da despesa total com pessoal aos limites devidos, avalie se o Poder Executivo do Estado Beta não poderia

I. receber transferências voluntárias.

II. obter garantia, direta ou indireta, da União.

III. contratar operações de crédito destinadas ao refinanciamento da dívida mobiliária.

Está correto o que se afirma em:

A) I e II, apenas.
B) II e III, apenas.
C) I, II e III.
D) II, apenas.
E) III, apenas.

RESPOSTA

☑ Art. 23, § 3º, LRF. O item III está incorreto, pois não alcançada a redução da despesa total com pessoal no prazo estabelecido e enquanto perdurar o excesso, o Poder ou órgão não pode "contratar operações de crédito, **ressalvadas as destinadas ao pagamento da dívida mobiliária** e as que visem à redução das despesas com pessoal" (art. 23, § 3º, III, LRF, com a redação dada pela Lei Complementar n. 178/2021) (destaque nosso).

B) O item III está incorreto, pois não alcançada a redução da despesa total com pessoal no prazo estabelecido e enquanto perdurar o excesso, o Poder ou órgão não pode "contratar operações de crédito, ressalvadas as destinadas ao pagamento da dívida mobiliária e as que visem à redução das despesas com pessoal" (art. 23, § 3º, III, LRF, com a redação dada pela Lei Complementar n. 178/2021).

C) O item III está incorreto, pois não alcançada a redução da despesa total com pessoal no prazo estabelecido e enquanto perdurar o excesso, o Poder ou órgão não pode "contratar operações de crédito, ressalvadas as destinadas ao pagamento da dívida mobiliária e as que visem à redução das despesas com pessoal" (art. 23, § 3º, III, LRF, com a redação dada pela Lei Complementar n. 178/2021).

D) O item I também está correto, não apenas o item II.

E) O item III está incorreto, pois não alcançada a redução da despesa total com pessoal no prazo estabelecido e enquanto perdurar o excesso, o Poder ou órgão não pode "contratar operações de crédito, ressalvadas as destinadas ao pagamento da dívida mobiliária e as que visem à redução das despesas com pessoal" (art. 23, § 3º, III, LRF, com a redação dada pela Lei Complementar n. 178/2021).

(FGV – TJ-MG – Juiz de Direito Substituto – 2022) Sobre a Lei de Responsabilidade Fiscal, analise as afirmativas a seguir.

I. Configura renúncia de receita a ampliação de incentivo fiscal sem a estimativa de impacto financeiro;

II. Não configura renúncia de receitas o cancelamento de débito cujo montante seja inferior ao dos respectivos custos de cobrança;

III. Configura a renúncia de receita as alterações de alíquotas do imposto sobre produto industrializado por ato de Poder Executivo.

Está correto o que se afirma em:

A) I, apenas.
B) I e II, apenas.
C) II e III, apenas.
D) I, II e III.

RESPOSTA

A) O item II também está correto, portanto, alternativa incorreta.

☑ O item I está correto, pois está de acordo com o art. 14, *caput*, da LRF. O item II está correto, pois está de acordo com o art. 14, § 3º, II, da LRF. O item III está incorreto, pois o art. 14, § 3º, I, da LRF dispõe que **não configura** renúncia de receita a alteração das alíquotas dos impostos previstos nos incisos I, II, IV e V do art. 153 da CF, na forma do seu § 1º, que abrange o imposto sobre produtos industrializados – IPI (art. 153, IV, CF).

C) O item III está incorreto, pois o art. 14, § 3º, I, da LRF dispõe que não configura renúncia de receita a alteração das alíquotas dos impostos previstos nos incisos I, II, IV e V do art. 153 da CF, na forma do seu § 1º, que abrange o imposto sobre produtos industrializados – IPI (art. 153, IV, CF).

D) O item III está incorreto, portanto, alternativa incorreta.

(FGV – TJ-RO – Analista Judiciário – Administrador – 2021) A Lei de Diretrizes Orçamentárias (LDO) é um instrumento de planejamento que subsidia a elaboração do orçamento anual e também o controle da gestão fiscal.

Um dos conteúdos que podem ser consultados na LDO dos Estados e da União é:

A) critérios para alocação de recursos com vistas a reduzir desigualdades inter-regionais;
B) fonte de custeio dos programas de duração continuada;
C) indicação de fontes de recursos para redução da dívida pública mobiliária ou contratual;
D) limites para elaboração da proposta orçamentária do Poder Judiciário;
E) limites para execução mensal de desembolso.

RESPOSTA

A) Errado. A função de reduzir desigualdades inter-regionais é dos orçamentos fiscal e de investimento das estatais (art. 165, § 5º, I e II, c/c § 7º CF).
B) Errado. Os programas de duração continuada são matéria inerente ao PPA (art. 165, § 1º, CF).
C) Errado. As despesas relativas à dívida pública, mobiliária ou contratual, e as receitas que as atenderão, constarão da LOA (art. 5º, § 1º, LRF).
☑ Correto. Art. 99, § 1º, CF.
E) Errado. O cronograma de execução mensal de desembolso é estabelecido pelo Poder Executivo (art. 8º, *caput*, LRF).

(FGV – FUNSAÚDE-CE – Analista Administrativo – Suprimentos – 2021) De acordo com a Lei de Responsabilidade Fiscal, ao final de cada quadrimestre, os titulares dos órgãos da Administração Pública deverão emitir:

A) o relatório de gestão fiscal.
B) o anexo de política fiscal.
C) o anexo de metas fiscais.
D) a declaração de cumprimento da regra de ouro.
E) o relatório resumido de execução orçamentária.

RESPOSTA

☑ Correto. Art. 54, LRF.
B) Errado. O Anexo de Política Fiscal integraria o projeto de lei do PPA, nos termos do § 1º do art. 3º do projeto de lei que viria a se tornar a LRF (como se percebe no inciso III do art. 163 do referido diploma). Tal dispositivo, no entanto, foi vetado pelo Executivo.
C) Errado. O Anexo de Metas Fiscais integra o projeto de LDO (art. 4º, § 1º, LRF), sendo, pois, anual.
D) Errado. A "regra de ouro" veda a realização de operações de créditos que excedam o montante das despesas de capital (art. 167, III, CF; art. 12, § 2º, LRF). Não há previsão constitucional ou legal de emissão de declaração quadrimestral de cumprimento da referida regra.
E) Errado. O relatório resumido da execução orçamentária deve ser publicado até trinta dias após o encerramento de cada bimestre (art. 165, § 3º, CF).

(FGV – FUNSAÚDE-CE – Analista Administrativo – Suprimentos – 2021) Em relação aos instrumentos de planejamento previstos na Lei de Responsabilidade Fiscal, o responsável por dispor sobre os critérios e a forma de limitação de empenho, é chamado de:

A) Plano Plurianual.
B) Lei Orçamentária Anual.
C) Lei de Diretrizes Orçamentárias.
D) Programação Financeira.
E) Plano Nacional.

RESPOSTA

A) A alternativa está em desacordo com o art. 4º, I, *b*, LRF.
B) A alternativa está em desacordo com o art. 4º, I, *b*, LRF.
☑ Art. 4º, I, *b*, LRF.
D) A alternativa está em desacordo com o art. 4º, I, *b*, LRF.
E) A alternativa está em desacordo com o art. 4º, I, *b*, LRF.

(FGV – FUNSAÚDE-CE – Analista Administrativo – Suprimentos – 2021) Leia o trecho a seguir retirado da Lei 101/00 (Lei de Responsabilidade Fiscal). A responsabilidade na gestão fiscal pressupõe _____ . Assinale a opção que apresenta a frase que completa adequadamente a lacuna do trecho acima.

A) o direito fundamental de acesso à informação e deve ser executada segundo os princípios básicos da Administração Pública.
B) uma ação planejada e transparente, em que se previnem riscos e corrigem desvios capazes de afetar o equilíbrio das contas públicas.
C) a adequada proteção dos direitos dos administrados e o melhor planejamento dos fins da Administração.
D) a especificação das matérias e poderes transferidos, os limites da atuação do delegado, a duração e os objetivos da delegação e o recurso cabível.
E) a determinação instrumental da intimação do interessado para ciência de decisão ou a efetivação de diligências.

RESPOSTA

A) A alternativa está em desacordo com o art. 1º, § 1º, LRF.
☑ Art. 1º, § 1º, LRF.
C) A alternativa está em desacordo com o art. 1º, § 1º, LRF.
D) A alternativa está em desacordo com o art. 1º, § 1º, LRF.
E) A alternativa está em desacordo com o art. 1º, § 1º, LRF.

■ MATERIAL DIGITAL EXCLUSIVO

DIREITO FINANCEIRO

somos.in/CEOABVU10

Direito Previdenciário

Marisa Ferreira dos Santos

Desembargadora Federal do TRF da 3ª Região. Presidente do Tribunal Regional Federal da 3ª Região no biênio 2022/2024. Mestre em Direito das Relações Sociais pela PUC-SP. Professora em cursos de pós-graduação. Prêmio Conciliar é Legal, do Conselho Nacional de Justiça de 2017.

Sumário

1. Conceito de seguridade social – 2. A relação jurídica de seguridade social – 3. Princípios: 3.1. Universalidade da cobertura e do atendimento; 3.2. Uniformidade e equivalência dos benefícios e serviços às populações urbanas e rurais; 3.3. Seletividade e distributividade na prestação dos benefícios e serviços; 3.4. Irredutibilidade do valor dos benefícios; 3.5. Diversidade da base de financiamento; 3.6. Caráter democrático e descentralizado da gestão administrativa, com a participação da comunidade; 3.7. A Regra da Contrapartida; **4. Fontes do direito previdenciário – 5. Interpretação do direito previdenciário – 6. Financiamento da seguridade social:** 6.1. Competência; 6.2. Imunidade; 6.2.1. Imunidade das aposentadorias e pensões do RGPS; 6.2.2. Imunidade das entidades beneficentes de assistência social; 6.2.3. Imunidade das receitas decorrentes de exportação; 6.3. Anterioridade; 6.4. Moratória e parcelamento; 6.5. Remissão e anistia; 6.6. Prescrição e decadência – **7. Contribuições para o custeio da seguridade social:** 7.1. Natureza jurídica; 7.2. A relação jurídica de custeio: sujeito ativo, sujeito passivo, alíquota e base de cálculo; 7.2.1. Sujeito ativo; 7.2.2. Sujeito passivo; 7.3. Contribuições do empregador, da empresa ou da entidade a ela equiparada; 7.3.1. Alíquotas e bases de cálculo diferenciadas; 7.3.2. O empregador, a empresa e a entidade a ela equiparada; 7.3.3. Contribuições previdenciárias incidentes sobre a folha de salários e demais rendimentos do trabalho – Regras gerais; 7.3.3.1. Fato gerador; 7.3.3.2. Base de cálculo; 7.4. Contribuição das empresas (art. 22, I, do PCSS); 7.5. Contribuição das empresas sobre a remuneração de contribuintes individuais (art. 22, III, do PCSS); 7.6. Contribuição adicional de 2,5% das instituições financeiras (art. 22, § 1º, do PCSS); 7.7. Contribuição adicional ao SAT em razão do grau de risco da atividade preponderante (art. 22, II, do PCSS); 7.8. Contribuição adicional ao SAT sobre a remuneração de trabalhadores expostos a condições especiais (art. 22, II, do PCSS e art. 57, § 6º, do PBPS); 7.9. Contribuição da associação desportiva que mantém equipe de futebol profissional (art. 22, § 6º, do PCSS); 7.10. Contribuição do produtor rural pessoa física, do segurado especial e do consórcio de produtores rurais. Financiamento dos benefícios por acidente do trabalho (arts. 25 e 25-A do PCSS); 7.11. Contribuição da agroindústria. O custeio da aposentadoria especial e dos benefícios por acidente do trabalho (art. 22-A do PCSS); 7.12. Contribuição do empregador doméstico (art. 24 do PCSS) – **8. Contribuição do segurado:** 8.1. Salário de contribuição – Regras gerais; 8.2. Verbas que integram o salário de contribuição: art. 28 do PCSS; 8.2.1. Segurado empregado e trabalhador avulso; 8.2.2. Segurado empregado doméstico; 8.2.3. Segurado contribuinte individual; 8.2.4. Segurado facultativo; 8.3. Verbas que não integram o salário de contribuição; art. 28, § 9º, do PCSS; 8.4. Contribuição do segurado empregado e do trabalhador avulso (art. 20 do PCSS); 8.5. Contribuição do segurado empregado doméstico (art. 20 do PCSS); 8.6. Contribuição do segurado contribuinte individual (art. 21 do PCSS); 8.7. Contribuição do segurado facultativo (art. 28, IV, do PCSS) – **9. O regime geral de previdência social:** 9.1. Conceito; 9.2. Disciplina constitucional; 9.2.1. Proibição de adoção de critérios diferenciados para a concessão de aposentadorias no RGPS; 9.2.2. Renda mensal nunca inferior ao salário mínimo; 9.2.3. Correção de todos os salários de contribuição utilizados no cálculo da renda mensal inicial do benefício; 9.2.4. Preservação do valor real dos benefícios; 9.2.5. Vedação de filiação ao RGPS, na qualidade de segurado facultativo, de pessoa filiada a regime próprio de previdência social; 9.2.6. Gratificação natalina para aposentados e pensionistas; 9.2.7. Aposentadoria; 9.2.8. Contagem recíproca para fins de aposentadoria; 9.2.9. Cobertura de benefícios não programados, inclusive os decorrentes de acidente do trabalho; 9.2.10. Incorporação dos ganhos habituais do empregado; 9.2.11. Sistema de inclusão previdenciária para trabalhadores de baixa renda – **10. O plano de benefícios da previdência social:** 10.1. Cobertura do plano de benefícios; 10.2. Os beneficiários: segurados e dependentes; 10.2.1. Os segurados; 10.2.1.1. Segurados obrigatórios; 10.2.1.1.1. Segurado empregado: art. 11 do PBPS, I, "a" a "j", e art. 12, I, "a" a "j", do PCSS; 10.2.1.1.2. Segurado empregado doméstico; 10.2.1.1.3. Segurado contribuinte individual: art. 11, V, do PBPS, e art. 12, V, do PCSS; 10.2.1.1.4. Segurado trabalhador avulso; 10.2.1.1.5. Segurado especial; 10.2.1.2. Segurados facultativos; 10.2.2. Manutenção, perda e reaquisição da qualidade de segurado; 10.2.2.1. Manutenção da qualidade de segurado: o "período de graça"; 10.2.2.2. Perda da qualidade de segurado; 10.2.2.3. Reaquisição da qualidade de segurado; 10.2.3. Os dependentes; 10.2.3.1. Perda da qualidade de dependente – **11. Regras aplicáveis às prestações em geral:** 11.1. Períodos de carência; 11.2. Dispensa do período de carência; 11.3. Contagem do período de carência (art. 27 do PBPS e art. 26 do RPS); 11.3.1. Segurado especial; 11.3.2. Servidores públicos titulares apenas de cargo em comissão; 11.3.3. Período de atividade rural anterior à competência novembro de 1991; 11.3.4. Recolhimento das contribuições do segurado empregado, inclusive o doméstico, do trabalhador avulso e do contribuinte individual; 11.3.5. Recolhimento de contribuições para regime próprio de previdência; 11.3.6. Cômputo do período de recolhimento anterior à perda da qualidade de segurado; 11.3.7. Para os segurados empregados, inclusive o doméstico, e trabalhador avulso; 11.3.8. Para os segurados contribuinte individual, especial e facultativo; 11.4. Cálculo do valor dos benefícios. Salário de benefício, salário de contribuição, período básico de cálculo (PBC), fator previdenciário (FP) e fórmula 85/95. A EC n. 103/2019; 11.4.1. Salário de Benefício; 11.4.1.1. Direito adquirido; 11.4.1.2. Regras aplicáveis ao salário de benefício; 11.4.1.2.1. Piso e teto (art. 29, § 2º, do PBPS e art. 32, § 3º, do RPS); 11.4.1.2.2. Valores considerados na apuração do salário de benefício. Art. 29, §§ 3º e 4º, do PBPS e art. 32, §§ 4º e 5º, do RPS; 11.4.1.2.3. Benefícios por incapacidade recebidos no PBC: art. 29, § 5º, do PBPS e art. 32, § 6º, do RPS; 11.4.1.2.4. Inexistência de salários de contribuição no PBC; 11.4.1.2.5. Aposentadorias precedidas de auxílio-acidente: art. 32, § 8º, do RPS; 11.4.1.2.6. Contribuição em razão de atividades concomitantes: art. 32 do PBPS e art. 34 do RPS; 11.4.1.2.7. Comprovação dos salários de contribuição; 11.4.1.3. Renda mensal do benefício; 11.4.1.3.1. Reajuste da renda mensal do benefício – **12. Benefícios pagos aos segurados trabalhadores urbanos:** 12.1. Aposentadoria por incapacidade permanente; 12.2. Aposentadoria comum voluntária com requisitos cumulativos de idade e tempo de contribuição: art. 201, § 7º, I, da CF, com a redação da EC n. 103/2019; 12.2.1. Regras permanentes: segurados que ingressaram no RGPS após a data da publicação da EC n. 103/2019 (art. 201, § 7º); 12.2.2. Regras gerais de transição: segurados inscritos no RGPS até a data da publicação da EC n. 103/2019; 12.2.2.1. Primeira regra de transição: art. 15 da EC n. 103/2019 (requisitos cumulativos); 12.2.2.2. Segunda regra de transição: art. 16 da EC n. 103/2019 (requisitos cumulativos); 12.2.2.3. Terceira regra de transição: art. 17 da EC n. 103/2019 (Requisitos cumulativos). Aplicação do fator previdenciário. Pedágio de 50%; 12.2.2.4. Quarta regra de transição: art. 20 da EC n. 103/2019 (requisitos cumulativos) – pedágio de 100%; 12.3. Aposentadoria do professor; 12.3.1. Regras permanentes: aplicáveis aos professores que se filiaram ao RGPS após a EC n. 103/2019. Art. 201, § 8º, da CF (requisitos cumulativos); 12.3.2. Regras gerais de transição: aplicáveis aos professores filiados ao RGPS até a data da publicação da EC n. 103/2019; 12.3.2.1. Primeira regra de transição: art. 15, § 3º, da EC n. 103/2019 (requisitos cumulativos); 12.3.2.2. Segunda regra de transição: art. 16, § 2º, da EC n. 103/2019 (requisitos cumulativos); 12.3.2.3. Terceira regra de transição: art. 20, § 1º, da EC n. 103/2019 (requisitos cumulativos); 12.4. Aposentadoria por idade, atualmente denominada aposentadoria programada; 12.4.1. Regras gerais; 12.4.2. Regras aplicáveis aos segurados urbanos que ingressaram no RGPS a partir da publicação da Lei n. 8.213/91 e haviam cumprido todos os requisitos até 13-11-2019 (EC n. 103/2019). Direito adquirido; 12.4.3. Regras de transição aplicáveis aos segurados que ingressaram no RGPS antes da publicação do PBPS e não haviam cumprido os requisitos até 25-7-1991; 12.4.4. Regras aplicáveis aos segurados que ingressaram no RGPS até 13-11-2019 e ainda não haviam cumprido os requisitos (art. 18 da EC n. 103/2019); 12.5. Aposentadoria voluntária especial; 12.5.1. Requisitos cumpridos até 13-11-2019: direito adquirido; 12.5.2. *Regras permanentes:* aplicáveis aos filiados ao RGPS após a edição da lei complementar que regulamentará o art. 201, II, da CF; 12.5.3. *Regras de transição:* aplicáveis aos filiados ao RGPS até a edição da lei complementar que não cumpriram os requisitos para a aposentadoria especial; 12.5.3.1. *Primeira regra de transição:* requisitos cumulativos (art. 19, § 1º, I, da EC n. 103/2019); 12.5.3.2. *Segunda regra de transição:* requisitos cumulativos (art. 21 da EC n. 103/2019); 12.6. Aposentadoria especial da pessoa com deficiência; 12.7. Auxílio por incapacidade temporária; 12.8. Salário-família; 12.9. Salário-maternidade; 12.10. Auxílio-acidente; 12.11. Acidente do trabalho – **13. Benefícios pagos aos dependentes dos trabalhadores urbanos e rurais:** 13.1. Pensão por morte; 13.2. Auxílio-reclusão – **14. Benefícios devidos aos segurados trabalhadores rurais:** 14.1. Benefícios devidos ao trabalhador rural segurado empregado, avulso, contribuinte individual ou facultativo, segurado especial e aos seus dependentes; **15. Benefício devido ao segurado, rural ou urbano, e ao dependente. Abono anual – 16. Contagem recíproca de tempo de serviço/contribuição – 17. Decadência e prescrição:** 17.1. Decadência e prescrição para o segurado ou beneficiário; 17.1.1. Decadência; 17.1.2. Prescrição; 17.2. Decadência para o INSS – **18. A assistência social:** 18.1. O benefício de prestação continuada (BPC) – **Referências bibliográficas – Material digital exclusivo.**

1. CONCEITO DE SEGURIDADE SOCIAL

O conceito de Seguridade Social é fornecido pelo art. 194 da Constituição Federal:

> Art. 194. A seguridade social compreende o conjunto integrado de ações de iniciativa dos Poderes Públicos e da sociedade, destinadas a **assegurar os direitos relativos à saúde, à previdência e à assistência social.**

A **solidariedade** é o fundamento da seguridade social.

A proteção social garantida pela Seguridade Social compreende a Assistência Social, a Previdência Social e o direito à Saúde, e pode ser expandida em razão de mutações sociais e econômicas que gerem novas contingências causadoras de necessidades.

A seguridade social socorre o indivíduo que não tem condições de prover seu sustento ou de sua família, em razão de desemprego, incapacidade ou outra causa. Em sendo segurado da Previdência Social, a proteção será dada em forma de benefício previdenciário, bem como de serviços de atendimento à saúde. Se não for segurado de nenhum regime previdenciário, e desde que preencha os requisitos legais, terá direito a benefícios e serviços de assistência social e de assistência à saúde.

Cabe à seguridade social garantir os mínimos necessários à sobrevivência com dignidade, reduzir desigualdades decorrentes da falta de ingressos financeiros para o indivíduo e sua família e promover justiça social.

A seguridade social é formada pelo tripé Previdência Social, Assistência Social e direito à Saúde, com disciplina autônoma de cada um desses institutos. Cada tipo de proteção social tem requisitos próprios e específicos.

A **Previdência Social** fornece proteção àqueles que participam do custeio do sistema por meio do pagamento de contribuições sociais – os segurados –, assemelhando-se, nesse aspecto, ao antigo seguro social.

A **Assistência Social** independe do pagamento de contribuições sociais, e impõe o preenchimento de requisitos específicos.

Porém, todos têm direito subjetivo à **saúde**, independentemente do pagamento de contribuições.

2. A RELAÇÃO JURÍDICA DE SEGURIDADE SOCIAL

Há 3 tipos de relação jurídica na seguridade social: relação jurídica de assistência à saúde, relação jurídica de previdência social e relação jurídica de assistência social.

- **Sujeito ativo**: quem dela necessitar.
- **Sujeitos passivos**: poderes públicos (União, Estados e Municípios) e a sociedade em geral.
- **Objeto/contingência**: consequência-necessidade objeto da proteção. Necessário compreender que, embora tenha se originado no seguro social, nem sempre se pode afirmar que a situação de necessidade com cobertura pela seguridade social configure "dano", decorrente de "risco", noção apropriada ao seguro disciplinado pelo direito civil. Um bom exemplo é a cobertura previdenciária de salário-maternidade; não se pode considerar que o nascimento de um filho configure um dano, porém, o nascimento de um filho acarreta a impossibilidade de a mãe trabalhar, o que, por sua vez, diminui os ingressos financeiros destinados ao seu sustento e de sua família; ou seja, a consequência-necessidade terá, então, a cobertura previdenciária adequada que, no caso, será o salário-maternidade.

Portanto, para a seguridade social, o que interessa é a consequência que o fato produz.

As **contingências** básicas produtoras de **necessidades** que têm cobertura pela seguridade social estão definidas pela Constituição Federal: benefícios e serviços.

3. PRINCÍPIOS

O parágrafo único do art. 194 da CF dá ao Poder Público a competência para a organizar a seguridade social, na forma da lei e dos objetivos que relaciona. Embora denominados *objetivos*, trata-se de **princípios** que veiculam os valores que o sistema deve proteger:

- universalidade da cobertura e do atendimento;
- uniformidade e equivalência de benefícios e serviços às populações urbanas e rurais;
- seletividade e distributividade na prestação dos benefícios e serviços;
- irredutibilidade do valor dos benefícios;
- diversidade da base de financiamento;
- caráter democrático e descentralizado da gestão administrativa, com a participação da comunidade;
- a regra da contrapartida.

3.1. Universalidade da cobertura e do atendimento

A todos os que vivem no território nacional é garantida a sobrevivência com dignidade, o respeito à igualdade (art. 5º da CF), de modo que não pode haver excluídos da proteção social garantida pela seguridade.

A **universalidade da cobertura** está ligada às situações de necessidade (objeto) previstas em lei, e abrange todas as etapas da proteção social: de prevenção, de proteção propriamente dita e de recuperação.

A **universalidade do atendimento** está ligada aos sujeitos de direito à proteção social: todos os que vivem no território nacional têm direito subjetivo a alguma das formas de proteção social fornecida pela seguridade.

3.2. Uniformidade e equivalência dos benefícios e serviços às populações urbanas e rurais

A **uniformidade** garante aos trabalhadores urbanos e rurais o direito ao mesmo plano de proteção social.

A **equivalência** garante que o valor das prestações deve ser proporcionalmente igual, ou seja, os benefícios devem ser os mesmos, mas o valor da renda mensal é equivalente, mas não igual, porque urbanos e rurais contribuem de formas diferentes para o custeio da seguridade.

3.3. Seletividade e distributividade na prestação dos benefícios e serviços

Cabe ao legislador a aplicação da **seletividade** na escolha da proteção social a ser fornecida pela seguridade.

O sistema de proteção social está voltado para a redução das desigualdades sociais e regionais, e não para a sua eliminação, o que se faz por meio da garantia dos mínimos vitais para a sobrevivência com dignidade.

Cabe ao legislador **selecionar** as contingências geradoras das necessidades que a seguridade deve cobrir. É opção política que deve considerar prestação que propicie maior proteção social e, por consequência, maior bem-estar.

A **distributividade** condiciona a opção do legislador, que deve optar por prestações que tenham maior potencial distributivo, ou seja, deve distribuir para os que mais precisam de proteção, sempre com vistas à redução de desigualdades.

3.4. Irredutibilidade do valor dos benefícios

Uma vez concedido o benefício, o valor da renda mensal não pode ser reduzido (art. 201, § 4º, da CF), e deve ser reajustado para preservação do valor real, conforme critérios definidos em lei. O STF tem entendimento firmado no sentido de que a irredutibilidade é apenas nominal (RE 313382, Rel. Min. Maurício Correa, *DJ* 8-11-2002).

3.5. Diversidade da base de financiamento

A Seguridade Social é financiada por toda a sociedade (art. 195 da CF), por meio de recursos orçamentários da União, dos Estados, do Distrito Federal e dos Municípios, além de contribuições pagas pelo empregador, pela empresa ou entidade a ela equiparada (art. 195, I), pelo trabalhador e demais segurados da previdência social (art. 195, II, com a redação da EC n. 103/2019), pelas contribuições incidentes sobre as receitas dos concursos de prognósticos (art. 195, III) e pelas contribuições pagas pelo importador de bens ou serviços do exterior, ou de quem a lei a ele equiparar (art. 195, IV).

Outras fontes de custeio podem ser instituídas para garantir a expansão da seguridade social (art. 195, § 4º).

A EC n. 103/2019 alterou o art. 194, VI, da CF, determinando que as receitas e despesas vinculadas a cada setor da Seguridade Social – Previdência Social, Saúde e Assistência Social – sejam identificadas em rubricas contábeis específicas para cada área, preservando-se o caráter contributivo da previdência social.

3.6. Caráter democrático e descentralizado da gestão administrativa, com a participação da comunidade

A gestão da seguridade social é quadripartite, com a participação de representantes de trabalhadores, empregadores, aposentados e do Poder Público nos órgãos colegiados de deliberação (art. 194, parágrafo único, VII): Conselho Nacional de Assistência Social (art. 17 da Lei n. 8.742/93), Conselho Nacional de Saúde (art. 1º da Lei n. 8.142/90) e Conselho Nacional de Previdência Social (art. 3º da Lei n. 8.213/91).

O **caráter democrático** diz apenas com a formulação de políticas públicas de seguridade e com o controle das ações de execução.

A descentralização significa que a estrutura da seguridade social é distinta da estrutura institucional do Estado. No campo da previdência social, a descentralização está evidenciada com a existência do Instituto Nacional do Seguro Social (INSS), que é a autarquia federal encarregada da execução da legislação previdenciária.

3.7. A Regra da Contrapartida

A contrapartida não está prevista expressamente, mas não se pode deixar de mencioná-la, porque, implicitamente, está contida no art. 195, § 5º:

> **Art. 195. (...)**
> **§ 5º** Nenhum benefício ou serviço da seguridade social poderá ser criado, majorado ou estendido sem a correspondente fonte de custeio total.

O equilíbrio financeiro e atuarial do sistema, como quer a Constituição Federal, impõe que a instituição, criação, majoração ou extensão de proteção social esteja lastreada em verbas já previstas no orçamento.

4. FONTES DO DIREITO PREVIDENCIÁRIO

São fontes do Direito Previdenciário: Constituição Federal, Emenda Constitucional, Lei Complementar, Lei Ordinária, Medida Provisória, Decreto Legislativo, Resolução do Senado Federal, Atos Normativos (Instrução Normativa, Ordem de Serviço, Circular, Orientação Normativa, Portaria etc.), jurisprudência dos Tribunais Superiores e da Turma Nacional de Uniformização dos Juizados Especiais Federais.

5. INTERPRETAÇÃO DO DIREITO PREVIDENCIÁRIO

Os fundamentos e objetivos do Estado Democrático de Direito devem nortear a interpretação, notadamente a dignidade da pessoa humana e a redução das desigualdades sociais.

6. FINANCIAMENTO DA SEGURIDADE SOCIAL

Na forma do art. 195 da CF, a seguridade social é financiada "por toda a sociedade, de forma **direta** e **indireta**, nos termos da lei, mediante recursos provenientes dos orçamentos da União, dos Estados, do Distrito Federal e dos Municípios", e pelas contribuições sociais previstas nos incisos I a IV.

Financiamento de **forma direta**: feito com o pagamento de **contribuições sociais** previstas nos incisos I a IV do art. 195, da contribuição para o Programa de Integração Social (PIS) e para o Programa de Formação do Patrimônio do Servidor Público (PASEP) (art. 239), destinadas a financiar o programa do seguro-desemprego, outras ações da previdência social e o abono previsto no § 3º (um salário mínimo), pago aos empregados que recebem até dois salários mínimos de remuneração mensal.

Financiamento de f**orma indireta**: feito com o aporte de **recursos orçamentários** da União, dos Estados, dos Municípios e do Distrito Federal, que devem constar dos respectivos orçamentos dos entes federativos. Esses recursos **não integram o orçamento da União**.

Financiamento	
Forma direta	**Forma indireta**
■ Contribuições sociais	■ Recursos orçamentários

A Lei n. 8.212, de 24-7-1991 (Plano de Custeio), dispõe no art. 11 que, no **âmbito federal**, o orçamento da seguridade social é composto por **receitas da União, receitas das contribuições sociais e receitas de outras fontes**.

Se o orçamento da seguridade se mostrar insuficiente para o pagamento dos benefícios previdenciários, a União é responsável por estes, na forma da Lei Orçamentária (art. 16, parágrafo único, da Lei n. 8.212/91).

6.1. Competência

As contribuições sociais destinadas ao financiamento da seguridade estão previstas no art. 195 da CF, e compete à União instituí-las por lei ordinária (art. 149): do empregador, da empresa e da entidade a ela equiparada, na forma da lei, incidentes sobre a folha de salários e demais rendimentos do trabalho, a receita ou o faturamento e o lucro (I, a, b e c); do trabalhador e dos demais segurados da Previdência Social, podendo ser adotadas alíquotas progressivas de acordo com o valor do salário de contribuição, não incidindo contribuição sobre aposentadoria e pensão concedidas pelo RGPS (II, com a redação da **EC n. 103/2019**); sobre a receita de concursos de prognósticos[1] (III); e do importador de bens ou serviços do exterior, ou de quem a lei a ele equiparar (IV).

Com a EC n. 103/2019, a Constituição Federal passou a permitir a adoção de alíquotas progressivas de acordo com o valor do salário de contribuição do segurado.

Outras fontes de custeio, diferentes das previstas nos incisos I a IV do art. 195, podem ser instituídas por lei complementar, proibidos a cumulatividade e o *bis in idem* (art. 154, I, e § 4º do art. 195). Trata-se de **competência residual da União**.

Os Estados, o Distrito Federal e os Municípios também podem instituir regimes próprios de previdência e a assistência social. Por isso, têm competência para

---

[1] O conceito é dado pelo § 1º do art. 212 do Decreto n. 3.048/99: "Consideram-se concurso de prognósticos todo e qualquer concurso de sorteio de números ou quaisquer outros símbolos, loterias e apostas de qualquer natureza no âmbito federal, estadual, do Distrito Federal ou municipal, promovidos por órgãos do Poder Público ou por sociedades comerciais ou civis".

instituir e cobrar de seus servidores contribuições destinadas ao financiamento.

6.2. Imunidade

As hipóteses de imunidade em relação às contribuições para o custeio da seguridade social são **apenas as enumeradas na Constituição Federal**, porque o entendimento firmado pela jurisprudência é no sentido de que essas exações são **tributos**. Mas **não são impostos**, de modo que não se lhes aplica o disposto no art. 150, VI, da CF.

6.2.1. Imunidade das aposentadorias e pensões do RGPS

O art. 195, II, dispõe que **não incide contribuição sobre aposentadoria e pensão concedidas pelo regime geral de previdência social** de que trata o art. 201.

As aposentadorias e pensões dos servidores públicos não têm imunidade.

6.2.2. Imunidade das entidades beneficentes de assistência social

No § 7º do art. 195, quando se utiliza a expressão **"são isentas"**, na verdade se está concedendo imunidade às **entidades beneficentes de assistência social** que atendam às exigências estabelecidas em lei.

O conceito está na Lei n. 9.732/98 introduziu o § 3º do art. 55 da Lei n. 8.212/91, dispondo que: "Para os fins deste artigo, entende-se por assistência social beneficente a prestação gratuita de benefícios e serviços a quem dela necessitar". E acrescentou também o § 5º: "Considera-se também de assistência social beneficente, para os fins deste artigo, a oferta e a efetiva prestação de serviços de pelo menos sessenta por cento ao Sistema Único de Saúde, nos termos do regulamento".

6.2.3. Imunidade das receitas decorrentes de exportação

Não incidirão as contribuições sociais, inclusive de seguridade social, sobre as **receitas** decorrentes de exportação, de modo que **outras verbas não estarão abrangidas pela imunidade.**

6.3. Anterioridade

A anterioridade prevista para os tributos em geral não se aplica às contribuições sociais, que podem ser cobradas no mesmo exercício financeiro em que foram instituídas ou modificadas, desde que respeitado o decurso do prazo de 90 dias após a publicação da lei. É a denominada **anterioridade mitigada**.

6.4. Moratória e parcelamento

Moratória e parcelamento são causas de **suspensão da exigibilidade** do crédito tributário e não podem superar 60 meses.

O **parcelamento** é concedido quando o devedor já está em mora, possibilitando que a dívida seja paga com os acréscimos legais, na forma de lei específica.

A **moratória** é concedida **antes** do vencimento do débito fiscal, possibilitando prazo maior para o pagamento em parcela única ou em no máximo 60 meses.

Moratória	Parcelamento
■ Antes do vencimento	■ Depois do vencimento
■ Suspende a exigibilidade	■ Suspende a exigibilidade
■ Até 60 meses	■ Até 60 meses

6.5. Remissão e anistia

Trata-se de institutos jurídicos distintos.

A **remissão** só pode ocorrer **depois** que o crédito estiver constituído pelo lançamento. É hipótese de extinção do crédito tributário (art. 156, IV, do CTN).

A **anistia** ocorre **antes** do lançamento e alcança as penalidades impostas em razão do descumprimento da legislação tributária. É hipótese de exclusão do crédito tributário (art. 175, II, do CTN).

O art. 195, § 11, da Constituição Federal proíbe a concessão de remissão ou anistia das contribuições devidas pelo empregador, pela empresa e pela entidade a ela equiparada e pelos segurados da previdência, quando o débito for superior ao previsto em lei complementar.

Remissão	Anistia
Depois da constituição do crédito pelo lançamento	Antes da constituição do crédito pelo lançamento
■ Extingue o crédito tributário	■ Atinge as penalidades por descumprimento da legislação tributária
	■ Exclui o crédito tributário

6.6. Prescrição e decadência

O art. 45, I e II, da Lei n. 8.212/91 (PCSS) previa **prazo decadencial de 10 anos** para apuração e constituição dos créditos da Seguridade Social. A **prescrição** era regulada pelo art. 46 do PCSS, que previa o prazo de 10 anos de prescrição do direito à cobrança dos créditos da Seguridade Social, contados da sua constituição.

O STF decidiu que a **natureza tributária das contribuições para a Seguridade Social as submete ao regime jurídico-tributário constitucional**, o que impõe a aplicação das normas tributárias sobre prescrição e decadência, cuja competência está reservada à lei complementar pelo art. 146, b, III, da CF (RE 556.664/RS, Rel Min. Gilmar Mendes, Tribunal Pleno, *DJe*-216 14-11-2008).

Foi, então, editada a **Súmula Vinculante 8**, com produção de efeitos a partir de 20-6-2008: "São inconstitucionais o parágrafo único do artigo 5º do Decreto-lei n. 1.569/77 e os artigos 45 e 46 da Lei n. 8.212/91, que tratam de prescrição e decadência de crédito tributário".

Atenção: o STF modulou os efeitos da decisão: só terão direito à restituição do que indevidamente pagaram os contribuintes que ajuizaram ação judicial ou fizeram requerimento administrativo até 11-6-2008, data do julgamento dos Recursos Extraordinários ns. 556664, 559882, 559943 e 560626.

Os arts. 45 e 46 da Lei n. 8.212/91 foram revogados pela Lei Complementar n. 128, de 19-12-2008.

Com a decisão do STF e a revogação dos arts. 45 e 46 da Lei n. 8.212/91, aplica-se o disposto nos arts. 173 e 174 do CTN: prazos de prescrição e decadência em 5 anos.

■ 7. CONTRIBUIÇÕES PARA O CUSTEIO DA SEGURIDADE SOCIAL

■ 7.1. Natureza jurídica

As contribuições sociais elencadas no art. 195 da CF são **tributos**, mais precisamente **contribuições especiais**, conforme entendimento da doutrina e da jurisprudência.

A disciplina infraconstitucional das contribuições previdenciárias está na Lei n. 8.212, de 24-7-1991, denominada de Plano de Custeio (PCSS).

Contribuições para o custeio da seguridade social é **gênero**, do qual as contribuições previdenciárias são **espécie**.

Contribuições			
Das empresas	Dos trabalhadores e demais segurados	Das receitas dos concursos de prognósticos	Do importador de bens ou serviços do exterior ou de quem a lei a ele equiparar
■ sobre a remuneração paga ou creditada a segurados a seu serviço; ■ sobre a receita e o faturamento; ■ sobre o lucro.	■ sobre os salários de contribuição		

■ 7.2. A relação jurídica de custeio: sujeito ativo, sujeito passivo, alíquota e base de cálculo

■ 7.2.1. Sujeito ativo

Na redação original da Lei n. 8.212/91, o sujeito ativo das contribuições previdenciárias era o INSS. As demais contribuições que não fossem da espécie previdenciária tinham como sujeito ativo a União, que as arrecadava, fiscalizava e lançava por meio da Secretaria da Receita Federal.

Com a vigência da Lei n. 11.457, de 16-3-2007, a **União** se tornou o **sujeito ativo de todas as contribuições sociais**. A nova lei criou a Secretaria da Receita Federal do Brasil ("Super-Receita"), órgão da administração direta subordinado ao Ministro de Estado da Fazenda, que resultou da união da Secretaria da Receita Federal e da Secretaria da Receita Previdenciária.

Sujeito ativo	Lei n. 8.212/91	Lei n. 11.457/2007
■ Previdenciárias	■ INSS	■ União (Super-Receita)
■ Não previdenciárias	■ União	■ União (Super-Receita)

■ 7.2.2. Sujeito passivo

O **sujeito passivo** é o **devedor**, isto é, o que tem a obrigação de pagar a contribuição prevista no art. 11 da Lei n. 8.212/91.

O empregador, a empresa ou a entidade a ela equiparada é sujeito passivo das contribuições previstas no inciso I, "a", "b" e "c".

O trabalhador e os demais segurados são os sujeitos passivos da contribuição prevista no inciso II.

A contribuição sobre a receita de concursos de prognóstico (III) é devida pelos órgãos do Poder Público ou pelas entidades privadas que os promoverem.

O sujeito passivo da contribuição prevista no inciso IV é o importador de bens ou serviços do exterior, ou quem a lei a ele equiparar.

7.3. Contribuições do empregador, da empresa ou da entidade a ela equiparada

7.3.1. Alíquotas e bases de cálculo diferenciadas

A **EC n. 47, de 5-7-2005** (*DOU* 6-7-2005), alterou o § 9º do art. 195 da CF, que passou a dispor que as contribuições previstas no inciso I do *caput* "poderão ter alíquotas ou bases de cálculo diferenciadas, em razão da atividade econômica, da utilização intensiva de mão de obra, do porte da empresa ou da condição estrutural do mercado de trabalho". A EC n. 47 pôs fim à divergência doutrinária e jurisprudencial sobre a constitucionalidade da fixação de alíquotas ou bases de cálculo diferenciadas dessas contribuições.

O referido § 9º foi novamente alterado pela **EC n. 103/2019**, passando a autorizar também a adoção de **bases de cálculos diferenciadas apenas no caso de contribuições sobre a receita ou o faturamento e sobre o lucro (inciso I, "b" e "c")**.

7.3.2. O empregador, a empresa e a entidade a ela equiparada

O conceito de **empresa** está no art. 15 da Lei n. 8.212/91: "a **firma individual ou sociedade** que assume o risco de atividade econômica **urbana ou rural**, com **fins lucrativos ou não**, bem como os **órgãos e entidades da administração pública direta, indireta e fundacional**".

> **Atenção:** para fins de custeio apenas, o art. 15 equipara a empresa "**o contribuinte individual e a pessoa física na condição de proprietário ou dono de obra de construção civil**, em relação a segurado que lhe presta serviço, bem como **a cooperativa, a associação ou a entidade de qualquer natureza ou finalidade, a missão diplomática e a repartição consular de carreira estrangeiras**".

A equiparação feita pela lei faz com que a relação jurídica de custeio se modifique em relação ao objeto considerado.

Exemplo: o contribuinte individual é sujeito passivo da relação de custeio em relação à contribuição que recolhe à União nessa qualidade; porém, é sujeito passivo da relação de custeio, na qualidade de empresa, por equiparação, com relação à contribuição incidente sobre a folha de salários dos segurados empregados que contratou.

Assim também com a **cooperativa**: é sujeito passivo da contribuição patronal em relação aos segurados com os quais mantém relação empregatícia; porém, se for cooperativa de trabalho, não será parte na relação de custeio em relação aos serviços que seus cooperados prestarem a terceiros.

Empresa		
Firma individual ou sociedade	Órgãos ou entidades da Administração direta, indireta e fundacional	Por equiparação
		■ contribuinte individual (em relação a segurado que lhe presta serviço); ■ a pessoa física na condição de proprietário ou dono de obra de construção civil (em relação a segurado que lhe presta serviço); ■ cooperativa; ■ associação de qualquer natureza ou finalidade; ■ missão diplomática; ■ repartição consular de carreiras estrangeiras.

7.3.3. Contribuições previdenciárias incidentes sobre a folha de salários e demais rendimentos do trabalho – Regras gerais

7.3.3.1. Fato gerador

O fato gerador é dever, pagar ou creditar *remuneração, a qualquer título, à pessoa física*. Note-se que o fato gerador não é apenas o pagamento da remuneração, bastando que ela seja devida.

7.3.3.2. Base de cálculo

A base de cálculo abrange não só os *salários*, mas, também, *rendimentos pagos ou creditados a qualquer título*.

> **Atenção:** nem todas as verbas pagas a empregados ou demais pessoas a serviço do empregador, da empresa ou da entidade a ela equiparada são consideradas remuneração para fins de composição da base de cálculo da contribuição sobre a folha de salários.

As verbas que não são consideradas remuneração e, por isso, **não integram a base de cálculo** estão relacionadas no art. 28, § 9º, da Lei n. 8.212/91, e algumas merecem destaque: as importâncias recebidas a título de férias indenizadas e respectivo adicional constitucional, inclusive o valor correspondente à dobra da remuneração de férias de que trata o art. 137 da CLT; as recebidas a título da indenização; as recebidas a título de incentivo à demissão; e as recebidas a título de abono de férias na forma dos arts. 143 e 144 da CLT.

As **verbas de natureza indenizatória não integram a base de cálculo** porque não são consideradas "rendimentos do trabalho" (REsp 201200974088, 1ª Seção, Rel. Min. Napoleão Nunes Maia Filho, *DJe* 8-3-2013).

Repercussão Geral, Tema 72: "É inconstitucional a incidência de contribuição previdenciária em salário-maternidade" (RE 576.967, *DJe* 25-5-2021).

Não têm natureza de indenização as verbas pagas a empregados em razão de **acordos trabalhistas**, que **são remuneratórias** e, por isso, s**obre elas incide a contribuição previdenciária** (REsp 200400799770, 1ª Turma, Rel. Min. Denise Arruda, *DJ* 28-8-2006, p. 220).

Atenção: a contribuição da empresa não tem limite máximo, ou seja, a alíquota incide sobre a base de cálculo sem qualquer limitação.

7.4. Contribuição das empresas (art. 22, I, do PCSS)

Art. 22, I, do PCSS	
Fato gerador	Dever, pagar ou creditar remuneração, a qualquer título, durante o mês, aos segurados empregados e trabalhadores avulsos.
Sujeito ativo	A União.
Sujeito passivo	O empregador, a empresa ou entidade equiparada que deve, paga ou credita remuneração a qualquer título aos segurados empregados e aos trabalhadores avulsos que lhe prestem serviços.
Base de cálculo	O total das remunerações pagas, devidas ou creditadas a qualquer título, durante o mês, aos segurados empregados e trabalhadores avulsos, destinadas a retribuir o trabalho, qualquer que seja a sua forma, inclusive as gorjetas, os ganhos habituais sob a forma de utilidades e os adiantamentos decorrentes de reajuste salarial, quer pelos serviços efetivamente prestados, quer pelo tempo à disposição do empregador ou tomador do serviço, nos termos da lei ou do contrato ou, ainda, de convenção ou acordo coletivo de trabalho ou sentença normativa. A partir de 1-11-2015, a base de cálculo dessa contribuição é acrescida pelo "valor da compensação pecuniária a ser paga no âmbito do Programa do Seguro-Emprego – PSE".
Alíquota	20%
Vencimento	Até o dia 20 do mês seguinte ao da competência (art. 30, I, "b", do PCSS, e art. 216, I, "b", do RPS), antecipando-se o vencimento para o dia útil imediatamente anterior quando não houver expediente bancário nesse dia. O vencimento não ocorre no mês seguinte ao do pagamento, mas, sim, no mês seguinte ao da competência. Não importa a data em que a remuneração foi paga, mas, sim, em que o trabalho tenha sido executado, isto é, o mês da competência.

7.5. Contribuição das empresas sobre a remuneração de contribuintes individuais (art. 22, III, do PCSS)

Art. 22, III, do PCSS	
Fato gerador	Pagar ou creditar, a qualquer título, remuneração a segurados contribuintes individuais.
Sujeito ativo	A União.
Sujeito passivo	O empregador, a empresa ou entidade equiparada que paga ou credita remuneração a qualquer título aos segurados contribuintes individuais que lhe prestem serviços.
Base de cálculo	O total das remunerações pagas ou creditadas a qualquer título, durante o mês, aos segurados contribuintes individuais. Médico-residente participante de programa de residência médica, na forma do art. 4º da Lei n. 6.932/81: quando contribuinte individual, a remuneração, para fins de base de cálculo da contribuição patronal de que se trata, abrange o valor da bolsa de estudos a ele paga ou creditada (art. 201, § 2º, do RPS).
Alíquota	20%
Vencimento	Até o dia 20 do mês seguinte ao da competência, antecipando-se para o dia útil imediatamente anterior quando não houver expediente bancário nesse dia (art. 30, I, "b", do PCSS, e art. 216, I, "b", do RPS). Cabem aqui as mesmas considerações sobre o vencimento feitas no item *supra*.

7.6. Contribuição adicional de 2,5% das instituições financeiras (art. 22, § 1º, do PCSS)

Os bancos comerciais, bancos de investimentos, bancos de desenvolvimento, caixas econômicas, sociedades de crédito, financiamento e investimento, sociedades de crédito imobiliário, sociedades corretoras, distribuidoras de títulos e valores mobiliários, empresas de arrendamento mercantil, cooperativas de crédito, empresas de seguros privados e de capitalização, agentes autônomos de seguros privados e de crédito e entidades de previdência privada abertas e fechadas também são sujeitos passivos de uma **contribuição adicional** cuja alíquota é **de 2,5%** sobre a mesma base de cálculo da contribuição prevista nos incisos I e III do art. 22, (§ 1º, com a redação dada pela MP n. 2.158-35/2001).

Em Repercussão Geral no RE 598.572/SP, o STF decidiu que "é constitucional a previsão legal de diferenciação de alíquotas em relação às contribuições previdenciárias incidentes sobre a folha de salários de instituições financeiras ou de entidades a elas legalmente equiparáveis, após a edição da Emenda Constitucional n. 20/1998".

■ **7.7. Contribuição adicional ao SAT em razão do grau de risco da atividade preponderante (art. 22, II, do PCSS)**

A Previdência Social garante proteção de aposentadoria especial e de acidente do trabalho, por meio de benefícios.

Para financiamento dessa proteção específica, o art. 22, II, do PCSS, prevê o pagamento de contribuição destinada ao custeio da aposentadoria especial (arts. 57 e 58 do PBPS) e dos benefícios concedidos em razão do grau de incidência de incapacidade laborativa decorrente de riscos ambientais do trabalho.

Embora financie também a aposentadoria especial, a contribuição é conhecida como Seguro Acidentes do Trabalho (SAT).

Art. 22, II, do PCSS		
Fato gerador	■ Pagar ou creditar remuneração a segurados empregados ou trabalhadores avulsos (não incluídos os contribuintes individuais).	
Sujeito ativo	■ União.	
Sujeito passivo	■ A empresa ou entidade equiparada que paga remuneração a segurados empregados e trabalhadores avulsos.	
Base de cálculo	■ O total da remuneração paga ou creditada a segurados empregados e trabalhadores avulsos (não se inclui a remuneração paga a contribuintes individuais porque estes não têm direito a cobertura de benefícios por acidente do trabalho).	
Alíquotas	■ Variam de acordo com o grau de risco de acidentes do trabalho da **atividade preponderante** do sujeito passivo: ■ 1% quando o risco for considerado leve; ■ 2% quando o risco for considerado médio; e ■ 3% quando o risco for considerado grave.	■ **Atividade preponderante**: é a atividade que ocupa, em cada estabelecimento da empresa, o maior número de segurados empregados e de trabalhadores avulsos. O Anexo V do RPS contém a Relação de Atividades Preponderantes e correspondentes Graus de Riscos, (art. 202, § 4º). ■ Grau de risco: **aferido em cada estabelecimento da empresa, desde que cada um tenha** CNPJ próprio → Súmula 351 do STJ. ■ Fator Acidentário de Prevenção (FAP): é um **multiplicador variável**, destinado a aferir o desempenho da empresa em relação às demais do mesmo segmento de atividade econômica, considerando a ocorrência de acidentes do trabalho. ■ A aplicação do FAP poderá causar a redução em até 50% ou o aumento em até 100% das alíquotas da contribuição.
Vencimento	■ Até o dia 20 do mês seguinte ao da competência, antecipando-se para o dia útil imediatamente anterior quando não houver expediente bancário nesse dia.	

■ **7.8. Contribuição adicional ao SAT sobre a remuneração de trabalhadores expostos a condições especiais (art. 22, II, do PCSS e art. 57, § 6º, do PBPS)**

O STF tem decidido pela constitucionalidade da exação (AI 809496/AM, Rel. Min. Ricardo Lewandowski, *DJe* 1º-2-2011).

Art. 22, II, do PCSS e art. 57, § 6º, do PBPS	
Fato gerador	■ Pagar ou creditar remuneração a segurados empregados ou trabalhadores avulsos.
Sujeito ativo	■ A União.
Sujeito passivo	■ Empresa ou entidade equiparada que paga a remuneração a segurados empregados e trabalhadores avulsos.

Base de cálculo	■ O total da remuneração paga ou creditada exclusivamente a segurados sujeitos a condições especiais que prejudiquem a saúde ou a integridade física (art. 57, § 7º, do PBPS e art. 202, § 2º, do RPS).
Alíquota	■ As alíquotas variam conforme a atividade do segurado a serviço do sujeito passivo permita a concessão de aposentadoria especial após 15, 20 ou 25 anos de contribuição: – 12% quando o segurado tiver direito à aposentadoria especial com 15 anos de contribuição; – 9% quando tiver esse direito com 20 anos de contribuição; e – 6% quando tiver o direito com 25 anos de contribuição.
Vencimento	■ Até o dia 20 do mês seguinte ao da competência, antecipando-se para o dia útil imediatamente anterior quando não houver expediente bancário nesse dia.

■ **7.9. Contribuição da associação desportiva que mantém equipe de futebol profissional (art. 22, § 6º, do PCSS)**

Essa contribuição substitui a contribuição sobre a remuneração de empregados e avulsos e o adicional ao SAT, prevista nos incisos I e II do art. 22.

Art. 22, § 6º, do PCSS	
Fato gerador	■ Auferir receita em razão da realização de espetáculos desportivos e de qualquer forma de patrocínio, licenciamento de uso de marcas e símbolos, publicidade, propaganda e de transmissão de espetáculos desportivos.
Sujeito ativo	■ A União.
Sujeito passivo	■ A associação desportiva que mantém equipe de futebol profissional e que se organize na forma da Lei n. 9.615, de 24-3-1998. ■ A associação desportiva que mantiver outras modalidades de esporte, além de manter equipe de futebol profissional.
Base de cálculo	■ A receita bruta, sem qualquer dedução, decorrente dos espetáculos desportivos de que participe em todo o território nacional em qualquer modalidade desportiva, inclusive jogos internacionais, e de qualquer forma de patrocínio, licenciamento de uso de marcas e símbolos, publicidade, propaganda e de transmissão de espetáculos desportivos.
Alíquota	■ 5%
Vencimento	■ Até 2 dias úteis após a realização do evento (§ 7º do art. 22 do PCSS e art. 205, § 1º, do RPS), quando se tratar de recolhimento pela entidade promotora do espetáculo. ■ No dia 20 do mês seguinte, nas demais hipóteses.

■ **7.10. Contribuição do produtor rural pessoa física, do segurado especial e do consórcio de produtores rurais. Financiamento dos benefícios por acidente do trabalho (arts. 25 e 25-A do PCSS)**

O produtor rural pessoa física e o segurado especial não podem ser confundidos.

O segurado especial trabalha em regime de economia familiar, sem contratar empregados.

O produtor rural pessoa física, nessa hipótese, é equiparado a empresa.

Tema 669 da Repercussão Geral (RE 718.874/RS): "É constitucional formal e materialmente a contribuição social do empregador rural pessoa física, instituída pela Lei n. 10.256/2001, incidente sobre a receita bruta obtida com a comercialização de sua produção".

Arts. 25 e 25-A do PCSS		
Fato gerador	■ Auferir receita da comercialização da produção.	
Sujeito ativo	■ A União.	
Sujeito passivo	■ O produtor rural pessoa física; ■ O segurado especial; e ■ O consórcio simplificado de produtores rurais.	■ A contribuição é recolhida pelo adquirente, consumidor ou consignatário ou pela cooperativa. A empresa ou cooperativa adquirente, consumidora ou consignatária da produção deve fornecer ao segurado especial cópia do documento fiscal de entrada da mercadoria, para possibilitar a comprovação da operação e o recolhimento da contribuição previdenciária. ■ O produtor rural pessoa física, o segurado especial e o consórcio simplificado de produtores rurais só fazem o recolhimento dessa contribuição quando comercializam a produção com adquirente domiciliado no exterior, diretamente, no varejo, a consumidor pessoa física, a outro produtor rural pessoa física ou a outro segurado especial.

Base de cálculo	A receita bruta proveniente:
	■ da comercialização da produção de artigos de origem animal ou vegetal, em estado natural ou submetidos a processos de beneficiamento ou industrialização rudimentar, assim compreendidos, entre outros, os processos de lavagem, limpeza, descaroçamento, pilagem, descascamento, lenhamento, pasteurização, resfriamento, secagem, fermentação, embalagem, cristalização, fundição, carvoejamento, cozimento, destilação, moagem, torrefação, bem como os subprodutos e os resíduos obtidos por meio desses processos;
	■ da comercialização da produção obtida em razão de contrato de parceria ou meação de parte do imóvel rural;
	■ da comercialização de artigos de artesanato, na forma do art. 12, § 10, VII, do PCSS;
	■ de serviços prestados, de equipamentos utilizados e de produtos comercializados no imóvel rural, desde que em atividades turísticas e de entretenimento desenvolvidas no próprio imóvel, inclusive hospedagem, alimentação, recepção, recreação e atividades pedagógicas, bem como taxa de visitação e serviços especiais;
	■ do valor de mercado da produção rural dada em pagamento ou que tiver sido trocada por outra, qualquer que seja o motivo ou finalidade; e
	■ de atividade artística de que trata o art. 12, § 10, VIII, do PCSS. Ver § 10 do art. 25 e inciso XII do art. 30 da Lei n. 8.212/91, na redação dada pela Lei n. 11.718/2008.
Alíquotas	■ 1,2%;
	■ 0,1% → para o custeio da complementação das prestações por acidente do trabalho.
Vencimento	■ O dia 20 do mês subsequente ao da operação de venda ou consignação da produção rural.

■ **7.11. Contribuição da agroindústria. O custeio da aposentadoria especial e dos benefícios por acidente do trabalho (art. 22-A do PCSS)**

Essa contribuição substitui as previstas nos incisos I e II do art. 22.

Agroindústria é o produtor rural **pessoa jurídica** cuja atividade econômica seja a *industrialização de produção própria ou de produção própria e adquirida de terceiros.*

Art. 22-A do PCSS	
Fato gerador	■ Auferir receita da comercialização da produção → operações relativas à prestação de serviços a terceiros não são fatos geradores dessa contribuição.
Sujeito ativo	■ A União.
Sujeito passivo	■ A agroindústria.
Base de cálculo	■ A receita bruta proveniente da comercialização da produção.
Alíquota	■ 2,5%
	■ 0,1% → para o financiamento da aposentadoria especial e dos benefícios concedidos em razão do grau de incidência de incapacidade decorrente dos riscos ambientais da atividade.

■ **7.12. Contribuição do empregador doméstico (art. 24 do PCSS)**

O **empregador doméstico** é "a pessoa ou família que admite a seu serviço, sem finalidade lucrativa, empregado doméstico" (art. 15, II, do PCSS).

O **empregado doméstico** é "aquele que presta **serviço de natureza contínua** a **pessoa ou família**, no **âmbito residencial** desta, em atividades **sem fins lucrativos**" (art. 11, II, da Lei n. 8.213/91).

A Lei Complementar n. 150, de 1-6-2015 (*DOU* 2-6-2015) define o empregado doméstico como **"aquele que presta serviço de forma contínua, subordinada, onerosa e pessoal e de finalidade não lucrativa à pessoa ou à família, no âmbito residencial destas, por mais de 2 (dois) dias por semana"** (art. 1º). O conceito se aplica no campo previdenciário, uma vez que a Lei Complementar n. 150 também trata da relação jurídica previdenciária em que o empregado doméstico é sujeito passivo na relação jurídica de custeio, e sujeito ativo no campo das coberturas previdenciárias.

Por ser a atividade do empregado doméstico limitada ao âmbito residencial do empregador, sem finalidade lucrativa, o **empregador doméstico não se enquadra como empresa**.

Art. 24 do PCSS	
Fato gerador	■ Pagar remuneração a empregado doméstico a seu serviço
Sujeito ativo	■ União
Sujeito passivo	■ O empregador doméstico
Base de cálculo	■ O salário de contribuição do empregado doméstico
Alíquota	■ 8% a partir de novembro de 2015 ■ 0,8% para o financiamento do seguro contra acidentes do trabalho
Vencimento	■ Até o dia 7 do mês seguinte ao da competência

■ 8. CONTRIBUIÇÃO DO SEGURADO

■ 8.1. Salário de contribuição – Regras gerais

Na relação jurídica de custeio, o segurado é sujeito passivo, isto é, é devedor da contribuição previdenciária prevista no art. 195, II, da CF.

A contribuição devida pelo segurado está prevista nos arts. 20 e 21 do PCSS, conforme se enquadre como segurado empregado, empregado doméstico e trabalhador avulso, bem como segurado contribuinte individual e facultativo.

O salário de contribuição é a base de cálculo da contribuição previdenciária devida pelo segurado, e será utilizado para o cálculo do salário de benefício.

O salário de contribuição varia conforme o tipo de segurado e tem limites máximo (teto) e mínimo (piso).

O salário de contribuição dos segurados **contribuinte individual e facultativo** não pode ser inferior ao valor de um **salário mínimo**.

Os segurados **empregado, empregado doméstico e trabalhador avulso** não podem ter salário de contribuição inferior ao **piso salarial legal ou normativo da categoria**. Se não existir o piso salarial ou normativo da categoria, o salário de contribuição não pode ser inferior a um salário mínimo mensal, diário ou horário, conforme o ajustado e o tempo de efetivo trabalho durante o mês (art. 28, § 3º, do PCSS e art. 214, § 3º, II, do RPS).

A EC n. 103/2019 trouxe previsão específica sobre a hipótese de o salário de contribuição do segurado ser inferior ao mínimo exigido, contida no § 14 do art. 195 da CF. Nesse caso, a competência em que a contribuição tiver base de cálculo inferior ao mínimo legal **não será computada** como tempo de contribuição, mas o segurado poderá **agrupar** períodos de contribuição nessas condições.

Atenção: o salário de contribuição de **menor aprendiz** não pode ser inferior ao valor de sua remuneração mínima prevista em lei (art. 28, § 4º, do PCSS).

Independentemente do tipo de segurado, o salário de contribuição não pode ser superior ao **teto máximo** fixado mediante Portaria do Interministerial, expedida sempre que for alterado o valor dos benefícios (art. 28, § 5º, do PCSS e art. 214, § 5º, do RPS). Esse limite é reajustado na mesma época e com os mesmos índices que os do reajustamento dos benefícios previdenciários (art. 20, § 1º, e art. 21, § 1º, do PCSS).

Salário de contribuição	
	Varia de acordo com o tipo de segurado
Piso	■ **um salário mínimo** → contribuintes individual e facultativo; ■ **piso salarial ou normativo da categoria** → empregado, empregado doméstico e trabalhador avulso; ■ **remuneração mínima prevista em lei ou um salário mínimo** → menor aprendiz.
Teto	■ Fixado por Portaria Interministerial (Ministério do Trabalho e da Previdência e Ministério da Economia).

■ 8.2. Verbas que integram o salário de contribuição: art. 28 do PCSS

No quadro a seguir relacionamos algumas verbas que suscitam dúvidas acerca de integrarem ou não o salário de contribuição.

Verbas que integram o salário de contribuição
■ Adicional à remuneração de férias (art. 214, § 4º, do RPS).
■ 13º salário → Súmula 668 do STF: "É legítima a incidência da contribuição previdenciária sobre o 13º salário.
■ o total das diárias pagas, desde que supere 50% da remuneração mensal (art. 28, § 8º, "a", do PCSS).
■ o salário-maternidade (art. 28, § 2º, do PCSS).
■ o auxílio-alimentação recebido em pecúnia → Súmula 67 da TNU.

■ 8.2.1. Segurado empregado e trabalhador avulso

Salário de contribuição do segurado empregado e trabalhador avulso
■ A remuneração auferida em uma ou mais empresas, assim entendida a totalidade dos rendimentos pagos, devidos ou creditados a qualquer título, **durante o mês**, destinados a retribuir o trabalho, qualquer que seja a sua forma, inclusive as gorjetas, os ganhos habituais sob a forma de utilidades e os adiantamentos decorrentes de reajuste salarial, quer pelos serviços efetivamente prestados, quer pelo tempo à disposição do empregador ou tomador de serviços nos termos da lei ou do contrato ou, ainda, de convenção ou acordo coletivo de trabalho ou sentença normativa.

- Se, **no curso do mês**, o empregado for admitido, dispensado, afastado ou faltar ao trabalho, **o salário de contribuição será proporcional ao número de dias de trabalho efetivo**, na forma estabelecida em regulamento.

8.2.2. Segurado empregado doméstico

Salário de contribuição do segurado empregado doméstico
■ A remuneração registrada na Carteira de Trabalho e Previdência Social, observadas as normas a serem estabelecidas em regulamento para comprovação do vínculo empregatício e do valor da remuneração.

8.2.3. Segurado contribuinte individual

Salário de contribuição do segurado contribuinte individual
■ A remuneração auferida em uma ou mais empresas ou pelo exercício de sua atividade por conta própria, durante o mês, observado o limite máximo.

8.2.4. Segurado facultativo

Salário de contribuição do segurado facultativo
■ O valor por ele declarado, observado o limite máximo.

8.3. Verbas que não integram o salário de contribuição; art. 28, § 9º, do PCSS

Destacamos algumas verbas que não integram o salário de contribuição, isto é, sobre as quais não incide contribuição previdenciária, previstas no referido art. 28, § 9º, e outras conforme a jurisprudência dos tribunais superiores.

Verbas que não integram o salário de contribuição
■ Os benefícios da previdência social, nos termos e limites legais, salvo o salário-maternidade.
■ As ajudas de custo e o adicional mensal recebidos pelo aeronauta nos termos da Lei n. 5.929, de 30-10-1973.
■ A parcela *in natura* recebida de acordo com os programas de alimentação aprovados pelo Ministério do Trabalho e da Previdência Social, nos termos da Lei n. 6.321, de 14-4-1976.
■ As importâncias recebidas a título de férias indenizadas e respectivo adicional constitucional, inclusive o valor correspondente à dobra da remuneração de férias de que trata o art. 137 da Consolidação das Leis do Trabalho (CLT).
■ A licença-prêmio indenizada.
■ Vale-transporte.
■ Ajuda de custo em razão de mudança de local de trabalho do empregado.
■ Valores efetivamente pagos pela pessoa jurídica relativos a programas de previdência complementar, aberta ou fechada.
■ Auxílio-creche → Súmula 310 do STJ.

- ■ As gratificações habituais, inclusive a de Natal → Súmula 207 do STF.
- ■ O auxílio-doença pago até o 15º dia pelo empregador (STJ, REsp 486.697/ PR, 1ª Turma, Rel. Min. Denise Arruda, *DJU* 17-12-2004).

8.4. Contribuição do segurado empregado e do trabalhador avulso (art. 20 do PCSS)

Art. 20 do PCSS	
Fato gerador	■ Receber remuneração
Sujeito ativo	■ A União
Sujeito passivo	■ O segurado empregado e o trabalhador avulso → **Cabe ao empregador descontar**, previamente, da remuneração o valor da contribuição do segurado a seu serviço e, após, **fazer o respectivo recolhimento**, na forma prevista no art. 30, I, "a" e "b", da Lei n. 8.212/91.
Salário de contribuição	■ A remuneração auferida em uma ou mais empresas, entendida como a totalidade dos rendimentos pagos, devidos ou creditados, durante o mês, destinados a retribuir o trabalho, qualquer que seja a sua forma. ■ Incluem-se as gorjetas, os ganhos habituais sob a forma de utilidades e os adiantamentos decorrentes de reajuste salarial. ■ Considera-se essa remuneração tanto em relação aos serviços efetivamente prestados como ao tempo em que o segurado esteve à disposição do empregador ou tomador de serviços, nos termos da lei ou do contrato, ou de convenção ou acordo coletivo de trabalho ou sentença normativa. ■ Devem ser observados os limites mínimo e máximo do salário de contribuição.
Alíquota	■ A correspondente, de acordo com a tabela do art. 20 do PCSS, aplicada de forma não cumulativa.

8.5. Contribuição do segurado empregado doméstico (art. 20 do PCSS)

Art. 20 do PCSS	
Fato gerador	■ Receber remuneração.
Sujeito ativo	■ A União.
Sujeito passivo	■ O segurado empregado doméstico → As contribuições do empregador doméstico e do segurado empregado doméstico devem ser recolhidas pelo empregador (art. 30, V, do PCSS).
Salário de contribuição	■ A remuneração registrada na CTPS, observados os limites mínimo e máximo do salário de contribuição.
Alíquota	■ A correspondente ao salário de contribuição, aplicada de forma não cumulativa (7,5%, 9%, 12% ou 14%).
Vencimento	■ O dia 7 do mês seguinte ao da competência.

8.6. Contribuição do segurado contribuinte individual (art. 21 do PCSS)

Art. 21 do PCSS	
Fato gerador	■ Receber remuneração em uma ou mais empresas ou pelo exercício de sua atividade por conta própria.
Sujeito ativo	■ A União.
Sujeito passivo	■ O contribuinte individual, que deve proceder ao recolhimento por iniciativa própria. → As **pessoas jurídicas**, para as quais o contribuinte individual presta serviços, estão obrigadas a fazer a retenção e o posterior recolhimento da contribuição desse segurado. Essas empresas são, nesse caso, responsáveis tributárias por substituição, na forma do art. 4º da Lei n. 10.666/2003.
Salário de contribuição	■ A **remuneração** auferida em uma ou mais empresas ou pelo **exercício de sua atividade por conta própria, durante o mês** (art. 28, III, do PCSS), observados os limites mínimo e máximo do salário de contribuição. → O contribuinte individual deve informar a todas as empresas para as quais preste serviços durante o mês as retenções feitas no período por outras empresas, de modo que seja respeitado o teto máximo do salário de contribuição.
Alíquota	■ 20%
Vencimento	■ O dia 15 do mês seguinte ao da competência.

Atenção: Os §§ 2º e 3º do art. 21 da Lei n. 8.212/91 foram alterados pela Lei Complementar n. 123/2006 e pela Lei n. 12.470/2011, que tiveram por objetivo promover a inclusão previdenciária de pessoas de baixa renda, que, por características de sua condição social e atividade, acabam sem proteção previdenciária (cf. art. 20, §§ 12 e 13, da CF). São o **contribuinte individual** e o **microempreendedor individual**, na forma do **art. 18-A da Lei Complementar n. 123/2006**.

Esses segurados podem recolher as contribuições previdenciárias com alíquotas reduzidas, desde que optem pela **exclusão do direito à aposentadoria por tempo de contribuição, extinta pela EC n. 103/2019**.

Caso desejem se aposentar por tempo de contribuição, deverão complementar os valores, com os acréscimos das verbas moratórias.

No quadro a seguir demonstramos a participação desses segurados no custeio, excluído seu direito à aposentadoria por tempo de contribuição.

Art. 21, §§ 2º e 3º, do PCSS	
Sujeito passivo	■ O contribuinte individual que trabalha **por conta própria, sem relação de trabalho com empresa ou equiparado**, que optou pela exclusão do direito à aposentadoria por tempo de contribuição.
Salário de contribuição	■ O valor correspondente ao limite mínimo mensal do salário de contribuição.
Alíquota	■ 11%

Se for **microempreendedor individual**, poderá contribuir com a alíquota de 5%.

8.7. Contribuição do segurado facultativo (art. 28, IV, do PCSS)

Art. 28, IV, do PCSS	
Fato gerador	■ Inscrever-se como segurado do RGPS (art. 21 do PCSS).
Sujeito ativo	■ A União.
Sujeito passivo	■ O segurado facultativo, que deve fazer o recolhimento por iniciativa própria.
Salário de contribuição	■ O valor declarado pelo segurado facultativo, (observados os limites mínimo e máximo.
Alíquota	■ 20%
Vencimento	■ O dia 15 do mês seguinte ao da competência.

Também o segurado facultativo pode optar por não ter o direito à aposentadoria por tempo de contribuição e contribuir com alíquotas menores.

Nessa hipótese, poderá optar pela alíquota de 11%, da mesma forma que o segurado contribuinte individual.

Há, porém, uma outra situação, reservada às famílias de baixa renda, inscrita no Cadastro Único para Programas Sociais do Governo Federal (CadÚnico), com renda mensal de até 2 salários mínimos. Nesse caso, a alíquota será de 5%.

9. O REGIME GERAL DE PREVIDÊNCIA SOCIAL

9.1. Conceito

A Constituição Federal garante **regime público** de previdência social, de caráter **obrigatório**, para os **segurados da iniciativa privada**, ou seja, que não estejam submetidos à disciplina legal dos servidores públicos civis e militares.

O art. 201 da CF, na redação dada pela EC n. 103, de 11-11-2019, dispõe:

> Art. 201. A previdência social será organizada sob a forma de Regime Geral de Previdência Social, de caráter contributivo e de filiação obrigatória, observados critérios que preservem o equilíbrio financeiro e atuarial (...)

O mesmo art. 201 relaciona as **contingências** que têm cobertura previdenciária pelo RGPS: cobertura de eventos de incapacidade temporária ou permanente para o trabalho e idade avançada; proteção à maternidade, especialmente à gestante; proteção ao trabalhador em situação de desemprego involuntário; salário-família e auxílio-reclusão para os dependentes dos segurados de baixa renda; e pensão por morte do segurado, homem ou mulher, ao cônjuge ou companheiro e dependentes.

O RGPS e o Regime Próprio de Previdência dos servidores públicos federais foram substancialmente alterados pela Emenda Constitucional n. 103/2019. O regramento infraconstitucional da Reforma da Previdência depende ainda de leis ordinárias e leis complementares, ainda não editadas na data do fechamento desta edição. Porém, grande parte da legislação previdenciária atual será aplicada até a publicação das novas regras no que não conflitarem com o texto constitucional.

O RGPS está regulado pelas Leis n. 8.212 (Plano de Custeio da Seguridade Social – PCSS) e n. 8.213 (Plano de Benefícios da Previdência Social – PBPS), ambas de 24-7-1991, regulamentadas pelo Decreto n. 3.048, de 6-5-1999 (Regulamento da Previdência Social – RPS). As Leis e o Decreto regulamentador sofreram diversas alterações e a interpretação dessas normas deve sempre ser feita à luz das novas disposições constitucionais.

O RGPS tem caráter contributivo, é de filiação obrigatória e deve sempre preservar o equilíbrio financeiro e atuarial.

O **caráter contributivo** reside no pagamento de contribuições do segurado para o custeio do sistema. Somente quem contribui adquire a condição de segurado da Previdência Social e, cumpridas as respectivas carências, salvo quando dispensadas, tem direito à cobertura previdenciária correspondente à contingência-necessidade que o acomete.

A **filiação é obrigatória** porque quis o legislador constituinte, de um lado, que todos tivessem cobertura previdenciária e, de outro, que todos contribuíssem para o custeio.

Os critérios de organização do RGPS devem preservar o **equilíbrio financeiro e atuarial**, de modo que a administração desse "fundo", bem como a instituição, majoração e concessão das prestações propiciem que o sistema não se torne deficitário.

9.2. Disciplina constitucional

9.2.1. Proibição de adoção de critérios diferenciados para a concessão de aposentadorias no RGPS

Os requisitos específicos para a concessão de benefícios devem ser os mesmos para todos os beneficiários, sem diferenciações, em atendimento aos princípios da universalidade e da uniformidade e equivalência de benefícios e serviços às populações urbanas e rurais.

Porém, o **§ 1º, I e II**, do art. 201, ressalva a adoção, nos termos de lei complementar, de requisitos e critérios diferenciados, com possibilidade de previsão de idade e tempo de contribuição distintos da regra geral, quando se tratar de segurados **com deficiência** e de segurados cujas atividades sejam exercidas com **efetiva exposição** a agentes físicos, químicos e biológicos prejudiciais à saúde, ou associação desses agentes, vedada a caracterização por categoria profissional ou ocupação.

9.2.2. Renda mensal nunca inferior ao salário mínimo

Nenhum benefício que substitua o salário de contribuição ou o rendimento do trabalho do segurado terá valor mensal inferior ao salário mínimo (art. 201, § 2º), garantia mantida pela EC n. 103/2019.

Antes da CF de 1988, os trabalhadores rurais recebiam benefícios cuja renda mensal era inferior ao salário mínimo.

9.2.3. Correção de todos os salários de contribuição utilizados no cálculo da renda mensal inicial do benefício

O salário de contribuição é a **base de cálculo** das contribuições previdenciárias do segurado, e utilizada para o cálculo da renda mensal da maioria dos benefícios previdenciários.

> **Atenção:** não importa o valor da contribuição paga. O que importa para o cálculo da renda mensal inicial do benefício previdenciário é o valor da base de cálculo da contribuição do segurado, ou seja, do salário de contribuição.

Todos os salários de contribuição, ou seja, **todas as bases de cálculo** das contribuições previdenciárias que o segurado pagou, serão **corrigidos monetariamente** até a data do cálculo, na forma da lei.

9.2.4. Preservação do valor real dos benefícios

O poder de compra da renda mensal do benefício previdenciário deve ser preservado desde a renda mensal inicial até enquanto durar a cobertura previdenciária, e não pode ficar sujeito às desvalorizações da moeda.

A preservação do valor real dos benefícios previdenciários deve ser observada por ocasião dos **reajustes do valor da renda mensal**, que, em havendo inflação, nem sempre recompõem a real perda do poder aquisitivo do segurado ou dependente.

O STF tem entendimento firmado no sentido de que o reajuste dos benefícios previdenciários está **sujeito ao que for disposto em lei ordinária**, já que o § 4º do art. 201 da Constituição estabeleceu que os critérios fossem por ela definidos. Para o STF, a **preservação do valor real impõe que a irredutibilidade seja apenas nominal** (AgRg no RE 322.348/SC, Rel. Min. Celso de Mello, *DJ* 6-12-2002, p. 74).

9.2.5. Vedação de filiação ao RGPS, na qualidade de segurado facultativo, de pessoa filiada a regime próprio de previdência social

Antes da EC n. 20/98, qualquer pessoa podia participar do RGPS, mediante contribuição na forma dos planos de benefícios previdenciários. Era comum que servidores públicos ingressarem no RGPS como segurados facultativos, o que lhes propiciava obter aposentadoria nos dois regimes previdenciários.

A proibição introduzida pela EC n. 20/98 no § 5º do art. 201 foi mantida pela EC n. 103/2019.

9.2.6. Gratificação natalina para aposentados e pensionistas

A CF garante aos aposentados e pensionistas do RGPS o pagamento de gratificação natalina, que terá por base os proventos do mês de dezembro de cada ano (art. 201, § 6º).

9.2.7. Aposentadoria

A aposentadoria foi garantida pela Constituição na redação original do art. 202.

A EC n. 20/98 (reforma da previdência) alterou o art. 201, § 7º, assegurando a cobertura previdenciária correspondente a dois tipos de aposentadoria: **por tempo de contribuição** e **por idade, não havendo mais a aposentadoria proporcional** do regime anterior.

As regras novas da EC n. 20/98 só poderiam ser aplicadas, de maneira integral, aos que ingressaram no RGPS **após** a sua vigência: as regras permanentes.

A história previdenciária do segurado deve ser sempre respeitada e preservada.

Por isso, os que já participavam do RGPS ao tempo da promulgação da EC n. 20/98, mas não haviam ainda cumprido todos os requisitos para a aposentadoria, não poderiam ser por ela completamente atingidos, sob pena de ofensa ao direito adquirido. Para esses, a EC n. 20/98 trouxe disposições específicas relativas à aposentadoria: **as regras de transição**, contidas no art. 9º da EC n. 20/98.

Os segurados que estavam no RGPS e já tinham cumprido os requisitos para se aposentarem, inclusive na forma proporcional, até o dia anterior à vigência da EC n. 20/98, tiveram preservado o **direito adquirido**, isto é, podem se aposentar de acordo com as regras então vigentes.

A EC n. 103/2019 alterou substancialmente o § 7º do art. 201: substituiu as aposentadorias por idade e por tempo de contribuição por uma única **aposentadoria com requisitos cumulativos** de 65 anos de idade para homens e 62 anos de idade para mulheres, e tempo mínimo de contribuição a ser fixado em lei.

Com a EC n. 103/2019 manteve a **aposentadoria por idade** apenas para os trabalhadores rurais e aqueles que exerçam suas atividades em regime de economia familiar, nestes incluídos o produtor rural, o garimpeiro e o pescador artesanal, aos 60 anos de idade para homens e aos 55 para mulheres.

O art. 57 do Decreto n. 10.410/2020 cuidou da aposentadoria híbrida, aplicando as novas regras permanentes da aposentadoria voluntária.

9.2.8. Contagem recíproca para fins de aposentadoria

O segurado pode ter em sua história laboral períodos trabalhados na iniciativa privada (urbana e rural) e no serviço público, com **contribuições recolhidas para regimes previdenciários diferentes**, sem que, em nenhum deles, tenha cumprido todos os requisitos para se aposentar.

A CF garante a contagem do tempo de contribuição para o RGPS e para os regimes próprios de previdência social, e destes entre si, para que, ao final, possa o segurado obter sua aposentadoria (art. 201, § 9º).

Nesse caso, os diversos regimes de previdência social se **compensarão financeiramente**, segundo critérios estabelecidos em lei (**Lei n. 9.796, de 26-5-1999**).

A EC n. 103/2019 garantiu o cômputo do **tempo de serviço militar** para fins de contagem recíproca: tempo de serviço militar prestado pelos militares dos Estados, do Distrito Federal e dos Territórios (membros das Polícias Militares e Corpos de Bombeiros Militares); pelos das Forças Armadas (Exército, Marinha e Aeronáutica);

e o tempo de serviço militar obrigatório. A contagem recíproca será feita para fins de inativação militar e para a concessão de aposentadoria, com a compensação financeira feita entre as receitas de contribuição dos militares e as receitas de contribuição aos demais regimes.

9.2.9. Cobertura de benefícios não programados, inclusive os decorrentes de acidente do trabalho

O art. 201, § 10, da CF, deixou para a lei complementar a disciplina da cobertura do risco de benefícios não programados, inclusive os decorrentes de acidente do trabalho, a ser atendida concorrentemente pelo regime geral de previdência social e pelo setor privado, de modo que não há cobertura exclusiva pelo RGPS e esses benefícios poderão ser objeto de contrato com entidades privadas.

O Benefício programado tem natureza voluntária, objeto de contribuição paga pelo segurado. É o caso da aposentadoria voluntária, como consequência natural da vida laboral. E também da pensão por morte, destina aos dependentes do segurado falecido.

O Benefício não programado decorre de contingências não programadas ao longo da vida laboral, não planejadas, que impedem o segurado de trabalhar de forma total ou parcial, temporária ou permanentes (auxílio por incapacidade temporária, auxílio-acidente, salário-maternidade etc.). E também a pensão por morte do segurado em razão de acidente de trabalho.

9.2.10. Incorporação dos ganhos habituais do empregado

Todos os ganhos habituais do empregado, a qualquer título, devem ser incorporados ao seu salário **para efeitos previdenciários** (art. 201, § 11).

Quanto maior a base de cálculo da contribuição previdenciária do segurado, maior será o valor da renda mensal inicial de seus benefícios previdenciários. E é importante para o sistema previdenciário em razão dos reflexos no custeio.

9.2.11. Sistema de inclusão previdenciária para trabalhadores de baixa renda

A EC n. 103/2019 (art. 201, § 12, da CF) quis promover a **inclusão previdenciária** dos trabalhadores de baixa renda, inclusive os que se encontram em situação de informalidade, e daqueles que, sem renda própria, se dediquem exclusivamente ao trabalho doméstico no âmbito de sua residência, desde que pertencentes a famílias de baixa renda.

O sistema especial de inclusão previdenciária permite o estabelecimento de **alíquotas de contribuição diferenciadas** das vigentes para os demais segurados da previdência social. Porém, a EC n. 103 suprimiu a autorização para o estabelecimento de carências diferenciadas.

Nesse caso, a renda mensal da aposentadoria será de 1 (um) salário mínimo.

A Lei Complementar n. 123/2006 e a Lei n. 12.470/2011 possibilitam que o contribuinte individual e o microempreendedor individual, bem como o segurado facultativo sem renda própria que se dedique exclusivamente ao trabalho doméstico no âmbito de sua residência, desde que pertencente a família de baixa renda, recolham contribuições previdenciárias com alíquotas reduzidas.

10. O PLANO DE BENEFÍCIOS DA PREVIDÊNCIA SOCIAL

O Plano de Benefícios da Previdência Social (PBPS) foi introduzido pela Lei n. 8.213, de 24-7-1991 (*DJ* 27-7-1991), alterada diversas vezes por legislação posterior, e regulamentada pelo Decreto n. 3048, de 6-5-1999 (Regulamento da Previdência Social – RPS), também já alterado posteriormente.

O PBPS rege a relação jurídica entre segurados e dependentes e a previdência social, sob o prisma dos benefícios e serviços.

10.1. Cobertura do plano de benefícios

As contingências cobertas pelo PBPS estão enumerados no art. 1º: **incapacidade, desemprego involuntário, idade avançada, tempo de serviço, encargos familiares** e **prisão ou morte** daqueles de quem dependiam economicamente.

As contingências têm cobertura pelas prestações enumeradas no art. 18. Algumas têm como sujeito ativo o segurado; outras o dependente e outras o segurado e o dependente.

Ao **segurado** são devidas, inclusive em razão de acidente do trabalho: aposentadoria por incapacidade permanente, aposentadoria por idade, aposentadoria por tempo de contribuição, aposentadoria especial, auxílio por incapacidade temporária), salário-família, salário-maternidade e auxílio-acidente.

Com a edição da EC n. 103/2019, a idade deixou de ter cobertura previdenciária específica para os trabalhadores urbanos e passou a ser requisito cumulativo com o tempo de contribuição para a aposentadoria do segurado.

A aposentadoria por idade para os trabalhadores urbanos, como se verá adiante, só existirá nas regras de transição, aplicáveis aos que ingressaram no RGPS até a data da entrada em vigor da EC n. 103/2019.

Somente os trabalhadores rurais e segurados especiais continuaram a ter cobertura de aposentadoria por idade após a Reforma da Previdência de 2019.

Aos dependentes são devidos pensão por morte e auxílio-reclusão.

Os segurados e os dependentes têm direito a reabilitação profissional.

O **desemprego involuntário** não tem cobertura previdenciária dentro do PBPS, mas, sim, é objeto de **lei específica** (Lei n. 7.998/90 e legislação posterior).

O **seguro-desemprego** não foi alterado pela EC n. 103/2019).

A **Lei Complementar n. 123, de 14-12-2006**, alterou o § 1º do art. 9º e o § 3º do art. 18, ambos do PBPS, **excluindo também da cobertura a aposentadoria por tempo de contribuição prevista no art. 21, § 2º, da Lei n. 8.212/91.**

Prestações			
Segurados		Dependentes	Segurados e dependentes
■ Aposentadoria por incapacidade total e permanente		■ Pensão por morte	
■ Aposentadoria voluntária com requisitos cumulativos de idade e tempo de contribuição: para os segurados que ingressaram no RGPS a partir de 13-11-2019.			
■ Aposentadoria por idade: a) urbanos: que ingressaram no RGPS até 13-11-2019 à regras de transição b) rurais: aos 60 anos (H) e 55 anos (M)		■ Auxílio-reclusão	■ Reabilitação profissional
■ Aposentadoria por tempo de contribuição: só para os que ingressaram no RGPS até 13-11-2019 à regras de transição			
■ Aposentadoria especial: a) segurados com deficiência; b) segurados que exerçam atividades com efetiva exposição a agentes químicos, físicos e biológicos prejudiciais à saúde, ou associação desses agentes à vedada a caracterização por categoria profissional ou ocupação.			
■ Auxílio por incapacidade total e temporária para o trabalho ou para a atividade habitual			
■ Salário-família			
■ Salário-maternidade			
■ Auxílio-acidente			

■ **10.2. Os beneficiários: segurados e dependentes**

Os segurados e dependentes são **sujeitos ativos da relação jurídica** que tem por objeto o recebimento de prestação de natureza previdenciária.

A relação jurídica **entre segurado e Previdência Social** se inicia com seu **ingresso no sistema**, e se estenderá enquanto estiver filiado.

A relação jurídica **entre dependente e Previdência Social** só se formaliza se **não houver mais a possibilidade de se instalar a relação jurídica com o segurado**. Não há hipótese de cobertura previdenciária concomitante para segurado e dependente.

■ **10.2.1. Os segurados**

O segurado é a **pessoa física** que contribui para o sistema previdenciário e, por isso, tem direito a benefícios e serviços.

É o sujeito ativo da relação jurídica previdenciária que tem por objeto o recebimento da prestação.

Mas é o sujeito passivo – devedor – da relação jurídica de custeio, que tem por objeto o pagamento da devida contribuição previdenciária.

Segurados obrigatórios são as pessoas físicas que, **obrigatoriamente**, devem ser seguradas da Previdência Social, na forma prevista no art. 11 do PBPS e no art. 12 do PCSS.

Segurados facultativos são pessoas físicas que, não obrigadas a ingressar na Previdência Social, podem, **facultativamente**, contribuir e ter cobertura previdenciária, na forma do art. 14 do PBPS.

A vida previdenciária do trabalhador se inicia com a sua **filiação** ao sistema. E a filiação ocorre de duas formas: filiação e inscrição, como no quadro abaixo.

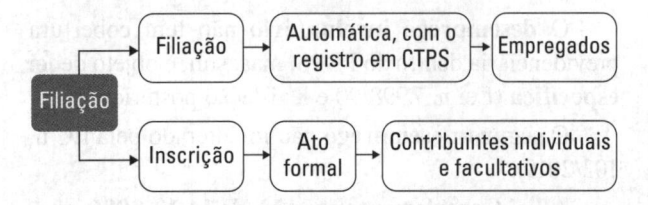

```
Filiação ┬─► Filiação ──► Automática, com o ──► Empregados
         │                registro em CTPS
         └─► Inscrição ──► Ato ──► Contribuintes individuais
                          formal    e facultativos
```

10.2.1.1. Segurados obrigatórios

São segurados obrigatórios todos os que exercem atividade remunerada, de natureza urbana ou rural, com ou sem vínculo empregatício: empregado, empregado doméstico, contribuinte individual, trabalhador avulso e segurado especial.

Há regras gerais que se aplicam a todos os segurados obrigatórios:

- O exercício de **atividade remunerada** sujeita a filiação obrigatória ao RGPS (art. 9º, § 12, do RPS). Todos aqueles que exercem atividade econômica, em qualquer de suas modalidades, devem contribuir para o custeio da previdência social e devem ter cobertura previdenciária.
- O exercício de **atividades concomitantes** sujeita o segurado à filiação obrigatória em cada uma delas.
- O exercício de **atividade por aposentado do RGPS**. Se o aposentado voltar a exercer atividade abrangida pelo RGPS, será segurado obrigatório em relação a essa atividade, e, por isso, pagará a contribuição previdenciária respectiva. **Tema 1065 do STF:** É constitucional a contribuição previdenciária devida por aposentado pelo Regime Geral de Previdência Social (RGPS) que permaneça em atividade ou a essa retorne.
- O **dirigente sindical**, enquanto estiver no exercício do mandato eletivo, manterá o **mesmo enquadramento** no RGPS que tinha antes da investidura.
- O **servidor civil**, ocupante de cargo efetivo ou o militar da União, dos Estados, do Distrito Federal ou dos Municípios, bem como o das respectivas autarquias e fundações são **excluídos do RGPS**, desde que amparados por regime próprio de previdência social.
- Os **advogados nomeados pelo Presidente da República para compor o Tribunal Superior Eleitoral e os Tribunais Regionais Eleitorais** mantêm o mesmo enquadramento no RGPS de antes da investidura no cargo.
- **Regime próprio** de previdência social é aquele que **assegura pelo menos as aposentadorias e pensão por morte previstas no art. 40 da CF.**

10.2.1.1.1. Segurado empregado: art. 11 do PBPS, I, "a" a "j", e art. 12, I, "a" a "j", do PCSS

Segurado empregado → tem **relação de emprego** → urbano ou rural

Destacamos alguns trabalhadores que a Lei considera segurados empregados:

a) aquele que presta **serviço de natureza urbana ou rural à empresa**, em caráter não eventual, sob sua **subordinação** e mediante contribuição, inclusive como diretor empregado.

O art. 9º, § 4º, do RPS considera o serviço prestado em caráter não eventual como aquele relacionado direta ou indiretamente com as atividades normais da empresa.

b) aquele que, **contratado por empresa de trabalho temporário**, definida em legislação específica, presta serviço para atender a necessidade transitória de substituição de pessoal regular e permanente, ou a acréscimo extraordinário de serviços de outras empresas.

O trabalho temporário está previsto Lei n. 6.019, de 3-1-1974, alterada pela Lei n. 13.429, de 31-3-2017: é aquele prestado por pessoa física contratada por uma empresa de trabalho temporário que a coloca à disposição de uma empresa tomadora de serviços, para atender à necessidade de substituição transitória de pessoal permanente ou à demanda complementar de serviços (art. 2º). E a empresa de trabalho temporário é a pessoa jurídica, devidamente registrada no Ministério do Trabalho, responsável pela colocação de trabalhadores à disposição de outras empresas temporariamente (art. 4º).

> **Atenção:** A relação de emprego se estabelece entre o empregado e a empresa que coloca à disposição de outras o trabalho temporário (art. 4º-A, §§ 1º e 2º).

c) O **brasileiro ou estrangeiro** domiciliado e contratado no Brasil para trabalhar como empregado em sucursal ou agência de empresa nacional no exterior.

d) Aquele que presta serviço no Brasil à **missão diplomática ou à repartição consular de carreira estrangeira e a órgãos a ela subordinados**, ou a membros dessas missões ou repartições, excluídos o não brasileiro sem residência permanente no Brasil e o brasileiro amparado por legislação previdenciária do país da respectiva missão diplomática ou repartição consular.

e) O **brasileiro civil que trabalha para a União, no exterior**, em organismos oficiais brasileiros ou internacionais dos quais o Brasil seja membro efetivo, ainda que lá domiciliado e contratado, salvo se segurado na forma da legislação vigente do país de domicílio.

f) O brasileiro ou estrangeiro domiciliado e contratado no Brasil para trabalhar como **empregado em empresa domiciliada no exterior**, cuja maioria do capital votante pertença a empresa brasileira de capital nacional.

g) O **servidor público ocupante de cargo em comissão, sem vínculo efetivo** com a União, Autarquias, inclusive em regime especial, e Fundações Públicas Federais.

Os servidores titulares de cargos em comissão, que não são titulares de cargos efetivos, desde a EC n. 20/98 estão excluídos do regime próprio de previdência dos servidores públicos. Porém, nenhum trabalhador pode ficar sem proteção previdenciária, razão pela qual o legislador ordinário colocou os **titulares de cargos em comissão sem cargo efetivo** no rol dos **segurados obrigatórios**, como **empregados**.

Na **ADIn 2.024 MC/DF** (Rel. Min. Sepúlveda Pertence, *DJ* 1-12-2000, p. 70), o STF decidiu pela **constitucionalidade** da inclusão de tais servidores como segurados obrigatórios do RGPS.

Foram incluídos no RGPS pela Lei n. 9.876/99, como empregados, os ocupantes dos cargos de **Ministro de Estado, de Secretário Estadual, Distrital ou Municipal, sem vínculo efetivo com a União, Estados, Distrito Federal e Municípios, suas autarquias, ainda que em regime especial, e fundações**.

Se essas pessoas foram servidores públicos titulares de cargos efetivos, estarão sob a proteção do regime próprio da previdência dos servidores públicos e, assim, excluídas do RGPS.

h) **O exercente de mandato eletivo federal, estadual ou municipal,** desde que não vinculado a regime próprio de Previdência Social.

i) O **empregado de organismo oficial internacional ou estrangeiro** em funcionamento no Brasil, salvo quando coberto por regime próprio de previdência social.

O rol de segurados obrigatórios empregados constantes da lei não é exaustivo, havendo outros previstos no art. 9º do Regulamento: **o bolsista e o estagiário** que prestam serviço à empresa, em desacordo com a Lei n. 11.788, de 25-9-2008 (alínea "h"); **o escrevente e o auxiliar contratados por titular de serviços notariais** e de registro a partir de 21 de novembro de 1994, bem como aquele que optou pelo Regime Geral de Previdência Social, em conformidade com a Lei n. 8.935, de 18-11-1994 (alínea "o").

O escrevente e o auxiliar contratados pelo notário	O titular de serviços notariais e de registro
Segurado empregado	Segurado contribuinte individual

10.2.1.1.2. Segurado empregado doméstico

O empregado doméstico é "aquele que presta serviço de natureza contínua a pessoa ou família, no âmbito residencial desta, em atividades sem fins lucrativos" (art. 11, II, PBPS).

O art. 9º, II, do RPS, dispõe que o empregado doméstico é aquele que presta serviço de forma contínua, subordinada, onerosa e pessoal a pessoa ou família, no âmbito residencial desta, em atividade sem fins lucrativos, **por mais de dois dias por semana**. A alteração foi feita pelo Decreto n. 10.410/2020.

A **Lei Complementar n. 150/2015**, que disciplina o contrato de trabalho doméstico, dispõe que **"o empregado doméstico é segurado obrigatório da Previdência Social"**, com direito às prestações arroladas na Lei n. 8.213/91 (art. 20). E define o empregado doméstico como "aquele que presta serviços de forma contínua, subordinada, onerosa e pessoal e de finalidade não lucrativa à pessoa ou à família, no âmbito residencial destas, por mais de 2 (dois) dias por semana".

Todos os elementos do conceito devem estar presentes para o correto enquadramento: a relação jurídica trabalhista tem como **empregador** uma **pessoa física**, que dá emprego ao segurado no âmbito de sua residência, para prestar-lhe e à sua família serviços de natureza contínua.

Empregador é sempre pessoa física

Os empregados domésticos podem exercer diversas atividades vinculadas à rotina doméstica de seu empregador: **governantas, copeiros, mordomos, cozinheiros, jardineiros, os motoristas particulares dos membros da família, o caseiro do sítio etc**.

O exercício de atividade com **finalidade lucrativa** descaracteriza a **natureza doméstica** do serviço prestado.

Diaristas
■ serviço de natureza não contínua
■ por conta própria
■ serviço a pessoa ou família
■ atividade sem fins lucrativos
■ até 2 dias por semana

A EC n. 72/2013 alterou o parágrafo único do art. 7º da Constituição, ampliando os direitos trabalhistas dos empregados domésticos, o que acaba tendo reflexos na sua vida previdenciária.

10.2.1.1.3. Segurado contribuinte individual: art. 11, V, do PBPS, e art. 12, V, do PCSS

O segurado contribuinte individual não tem vínculo de natureza trabalhista, como empregado, com outras pessoas físicas ou jurídicas. É o que no senso comum denomina "trabalhador autônomo", "por conta própria".

O PBPS (art. 11) e o PCSS (art. 12) enumeram os contribuintes individuais, ressaltando-se que, em ambos, a alínea "d" foi revogada:

a) A **pessoa física, proprietária ou não**, que explora atividade agropecuária, a qualquer título, em caráter permanente ou temporário, em área superior a 4 módulos fiscais; ou, quando em área igual ou inferior a 4 módulos fiscais ou atividade pesqueira, com auxílio de empregados ou por intermédio de prepostos; ou ainda nas hipóteses dos §§ 10 e 11 deste artigo.

O **cônjuge ou companheiro** do produtor enquadrado como contribuinte individual que participar, com ele, da exploração da mesma atividade rural, será também enquadrado como contribuinte individual.

b) A **pessoa física, proprietária ou não, que explora atividade de extração mineral – garimpo**, em caráter permanente ou temporário, diretamente ou por intermédio de prepostos, com ou sem auxílio de empregados, utilizados a qualquer título, ainda que de forma não contínua.

c) O **ministro de confissão religiosa e o membro de instituto de vida consagrada, de congregação ou de ordem religiosa**. Esses só passaram a ter proteção previdenciária a partir da Lei n. 6.696/79.

d) O **brasileiro civil que trabalha no exterior para organismo oficial internacional, do qual o Brasil é membro efetivo**, ainda que lá domiciliado e contratado, salvo quando coberto por regime próprio de previdência social. (*Revogada pela Lei n. 9.876/99.*)

e) O brasileiro civil que trabalha no exterior para organismo oficial internacional do qual o Brasil é membro efetivo, ainda que lá domiciliado e contratado, salvo quando coberto por regime próprio de previdência social.

f) O **titular de firma individual urbana ou rural**, o **diretor não empregado** e o **membro de conselho de administração de sociedade anônima**, o **sócio solidário**, o **sócio de indústria**, o **sócio-gerente** e o **sócio cotista** que recebam remuneração decorrente de seu trabalho em empresa urbana ou rural, e o **associado eleito para cargo de direção em cooperativa, associação ou entidade de qualquer natureza ou finalidade**, bem como o **síndico** ou administrador eleito para exercer atividade de direção condominial, desde que recebam remuneração.

O **síndico** ou administrador eleito para exercer atividade de direção do condomínio só serão enquadrados como contribuinte individual se receberem remuneração. A isenção da taxa de condomínio equivale à remuneração, razão pela qual, também nesse caso, o síndico está enquadrado como contribuinte individual.

Síndico de condomínio	
■ Sem remuneração	■ Não é segurado obrigatório
■ Com remuneração	■ Segurado obrigatório contribuinte individual
■ Com isenção de taxa condominial	■ Segurado obrigatório contribuinte individual

g) Quem presta serviço de natureza urbana ou rural, em caráter eventual, em uma ou mais empresas, **sem relação de emprego**.

h) **A pessoa física que exerce, por conta própria, atividade econômica de natureza urbana, com fins lucrativos ou não**.

As alíneas "j" e "l" do art. 9º, V, do RPS, trazem mais detalhes sobre o disposto nas alíneas "g" e "h".

O § 15 do art. 9º traz rol não taxativo de segurados enquadrados nessas alíneas, do qual destacamos:

■ aquele que, pessoalmente ou por conta própria e a seu risco, exerce **pequena atividade comercial em via pública ou de porta em porta, como comerciante ambulante**, nos termos da Lei n. 6.586, de 6-11-1978;

■ aquele que presta serviço de natureza não contínua, por conta própria, à pessoa ou família, no âmbito residencial desta, sem fins lucrativos (aqui está a **diarista**);

■ **o notário ou tabelião e o oficial de registros ou registrador, titular de cartório**, que detêm a delegação do exercício da atividade notarial e de registro, não remunerados pelos cofres públicos, admitidos a partir de 21-11-1994;

■ o **médico-residente** de que trata a Lei n. 6.932, de 7-7-1981;

■ o **árbitro de jogos desportivos e seus auxiliares** que atuam em conformidade com a Lei n. 9.615, de 24-3-1998;

- o **membro de conselho tutelar** de que trata o art. 132 da Lei n. 8.069, de 13-7-1990, quando remunerado;
- o **interventor, o liquidante, o administrador especial e o diretor fiscal** de instituição financeira, empresa ou entidade de que trata o § 6º do art. 201.

O RPS, no art. 9º, V, "m", acrescenta ao extenso rol dos segurados obrigatórios, como contribuinte individual, "**o aposentado de qualquer regime previdenciário, nomeado magistrado classista da Justiça do Trabalho**, na forma dos incisos II do § 1º do art. 111 ou III do art. 115 ou do parágrafo único do art. 116 da CF, ou nomeado magistrado da Justiça Eleitoral, na forma dos incisos II do art. 119 ou III do § 1º do art. 120 da CF". Essa categoria de segurados tende a desaparecer tão logo sejam cumpridos os mandatos dos juízes classistas.

O TSE e os TREs têm na sua composição 2 juízes nomeados entre 6 advogados de notável saber jurídico e idoneidade moral, indicados pelo STF (art. 119, II, e art. 120, § 1º, III, da CF). Enquanto durar o mandato, esses juízes são segurados obrigatórios do RGPS, como contribuintes individuais. Essa é a regra. Porém, na forma do § 11 do art. 9º do RPS, se, por ocasião da nomeação, esses magistrados já estiverem aposentados pelo RGPS, deverão manter o mesmo enquadramento previdenciário anterior à investidura no cargo.

O inciso V ainda acrescenta nas alíneas "n" e "p":

- n) o **cooperado da cooperativa de produção** que, nessa condição, presta serviço à sociedade cooperativa mediante remuneração ajustada ao trabalho executado;
- p) o **Micro Empreendedor Individual – MEI** de que tratam os **arts. 18-A e 18-C da Lei Complementar n. 123, de 14-12-2006**, que opte pelo recolhimento dos impostos e contribuições abrangidos pelo Simples Nacional em valores fixos mensais.

10.2.1.1.4. Segurado trabalhador avulso

O conceito de trabalhador avulso está no inciso VI do art. 11 do PBPS e no inciso VI do art. 12 do PCSS: "trabalhador avulso: quem presta, a diversas empresas, sem vínculo empregatício, serviço de natureza urbana ou rural definidos no Regulamento".

O art. 9º, VI, do RPS, detalhou o conceito: trabalhador avulso é aquele que "sindicalizado ou não, preste serviço de natureza urbana ou rural a diversas empresas, ou equiparados, sem vínculo empregatício, com intermediação obrigatória do órgão gestor de mão de obra, nos termos do disposto na Lei n. 12.815, de 5 de junho de 2013, ou do sindicato da categoria". A Lei n. 12.815, de 5-6-2013, é a nova Lei dos Portos.

Atenção: o trabalho avulso, para fins previdenciários, só se caracteriza com a **intermediação pelo gestor de mão de obra ou pelo sindicato da categoria**.

O inciso VI do art. 9º do RPS relaciona os trabalhadores avulsos que exercem suas atividades nos portos:

- a) o trabalhador que exerça atividade portuária de capatazia, estiva, conferência e conserto de carga e vigilância de embarcação e bloco;
- b) o trabalhador de estiva de mercadorias de qualquer natureza, inclusive carvão e minério;
- c) o trabalhador em alvarenga (embarcação para carga e descarga de navios);
- d) o amarrador de embarcação;
- e) o ensacador de café, cacau, sal e similares;
- f) o trabalhador na indústria de extração de sal;
- g) o carregador de bagagem em porto;
- h) o prático de barra em porto;
- i) o guindasteiro; e
- j) o classificador, o movimentador e o empacotador de mercadorias em portos.

10.2.1.1.5. Segurado especial

O art. 195, § 8º, da CF, prevê contribuição para a Seguridade Social em regime diferenciado para "o produtor, o parceiro, o meeiro e o arrendatário rurais e o pescador artesanal, bem como os respectivos cônjuges, que exerçam suas atividades em regime de economia familiar, sem empregados permanentes", que incidirá "mediante a aplicação de uma alíquota sobre o resultado da comercialização de sua produção e farão jus aos benefícios nos termos da lei".

O Regulamento da Previdência Social traz possibilidade de reconhecimento da qualidade de segurado caso haja vínculo empregatício mantido entre cônjuges ou companheiros (art. 9º, § 27, decorrente das modificações do Decreto n. 10.410/2020).

Na redação original, o dispositivo incluía o **garimpeiro**, dele **excluído** pela EC n. 20/98, e que, atualmente, está enquadrado como contribuinte individual pela Lei n. 9.876/99 (art. 11, V, "b", do PBPS).

O conceito de segurado especial está no art. 11, VII, do PBPS, e no art. 12, VII, do PCSS):

> **Art. 11, do PBPS e art. 12, VII, do PCSS**
> A pessoa física residente no imóvel rural ou em aglomerado urbano ou rural próximo a ele que, individualmente ou em regime de economia familiar, ainda que com o auxílio eventual de terceiros, na condição de:
> a) o produtor, seja proprietário, usufrutuário, possuidor, assentado, parceiro ou meeiro outorgados, comodatário ou arrendatário rurais, que explore atividade:
> 1. agropecuária em área de até 4 módulos fiscais;
> 2. de seringueiro ou extrativista vegetal que exerça suas atividades nos termos do inciso XII do *caput* do art. 2º da Lei n. 9.985, de 18-7-2000, e faça dessas atividades o principal meio de vida.

A IN 128/2022 (art. 110), recentemente editada, dispõe:

> **Art. 110.** Para efeitos do enquadramento como segurado especial, considera-se **produtor rural** o proprietário, condômino, usufrutuário, posseiro/possuidor, assentado, parceiro, meeiro, comodatário, arrendatário rural, quilombola, seringueiro, extrativista vegetal ou foreiro, que reside em imóvel rural, ou em aglomerado urbano ou rural próximo, e desenvolve atividade agrícola, pastoril ou hortifrutigranjeira, individualmente ou em regime de economia familiar, considerando que:
> **Produtor:** o proprietário, condômino, usufrutuário, posseiro/possuidor, assentado, parceiro, meeiro, comodatário, arrendatário rural, quilombola, seringueiro, extrativista vegetal ou foreiro, que reside em imóvel rural, ou em aglomerado urbano ou rural próximo, e desenvolve atividade agrícola, pastoril ou hortifrutigranjeira, individualmente ou em regime de economia familiar.
> **Condômino:** aquele que explora imóvel rural, com delimitação de área ou não, sendo a propriedade um bem comum, pertencente a várias pessoas.
> **Usufrutuário:** aquele que, não sendo proprietário de imóvel rural, tem direito à posse, ao uso, à administração ou à percepção dos frutos, podendo usufruir o bem em pessoa ou mediante contrato de arrendamento, comodato, parceria ou meação.
> **Posseiro/possuidor:** aquele que exerce, sobre o imóvel rural, algum dos poderes inerentes à propriedade, utilizando e usufruindo da terra como se proprietário fosse.
> **Assentado:** aquele que, como beneficiário das ações de reforma agrária, desenvolve atividades agrícolas, pastoris ou hortifrutigranjeiras nas áreas de assentamento.
> **Parceiro:** aquele que tem acordo de parceria com o proprietário da terra ou detentor da posse e desenvolve atividade agrícola, pastoril ou hortifrutigranjeira, partilhando lucros ou prejuízos.
> **Meeiro:** aquele que tem acordo com o proprietário da terra ou detentor da posse e, da mesma forma, exerce atividade agrícola, pastoril ou hortifrutigranjeira, partilhando rendimentos ou custos.
> **Comodatário:** aquele que, por meio de acordo, explora a terra pertencente a outra pessoa, por empréstimo gratuito, por tempo determinado ou não, para desenvolver atividade agrícola, pastoril ou hortifrutigranjeira.
> **Arrendatário:** aquele que utiliza a terra para desenvolver atividade agrícola, pastoril ou hortifrutigranjeira, mediante pagamento de aluguel, em espécie ou in natura, ao proprietário do imóvel rural.
> **Quilombola:** o afrodescendente remanescente dos quilombos que integra grupos étnicos compostos de descendentes de escravos;
> **Seringueiro ou extrativista vegetal:** aquele que explora atividade de coleta e extração de recursos naturais renováveis, de modo sustentável, e faz dessas atividades o principal meio de vida; e
> **Foreiro:** aquele que adquire direitos sobre um terreno através de um contrato, mas não é o dono do local.

O aglomerado urbano ou rural, nessas hipóteses, é aquele em que o segurado especial resida, desde que no mesmo município ou em município contiguo àquele em que desenvolve a atividade rural.

> b) o **pescador artesanal ou assemelhado** que faça da pesca profissão habitual ou principal meio de vida.

A IN 128/2022 (art. 111) enquadra o **assemelhado a pescador** na categoria de segurado especial desde que exerça a atividade individualmente ou em regime de economia familiar, ainda que com o auxílio eventual de terceiros, fazendo da pesca sua profissão habitual ou principal meio de vida. Porém, especifica:

Pescador artesanal (também os mariscadores, caranguejeiros, catadores de algas, observadores de cardumes, entre outros que exerçam as atividades de forma similar, qualquer que seja a denominação empregada) é aquele que:

a) não utiliza embarcação; ou
b) utiliza embarcação de pequeno porte, nos termos da Lei n. 11.959, de 2009.

Assemelhado ao pescador artesanal: aquele que realiza atividade de apoio à pesca artesanal exercendo as atividades:

a) de confecção e de reparos de artes e petrechos de pesca;
b) de reparos em embarcações de pequeno porte; ou
c) atuando no processamento do produto da pesca artesanal, nos termos do inciso XI do art. 2º da Lei n. 11.959, de 2009.

> **Atenção:** também são considerados pescadores artesanais os mariscadores, caranguejeiros, catadores de algas, observadores de cardumes, entre outros que exerçam as atividades de forma similar, qualquer que seja a denominação empregada.

> c) **o cônjuge ou companheiro, bem como filho maior de 16 anos de idade ou a este equiparado**, do segurado de que tratam as alíneas "a" e "b" deste inciso, que, comprovadamente, trabalhem com o grupo familiar respectivo.

A IN 128 (art. 109, § 4º) considera segurado especial "o **indígena** cujo(s) período(s) de exercício de atividade rural tenha(m) sido objeto de certificação pela Fundação Nacional do Índio – FUNAI, inclusive o artesão que utilize matéria-prima proveniente de extrativismo vegetal, independentemente do local onde resida ou exerça suas atividades, sendo irrelevante a definição de indígena aldeado, não-aldeado, em vias de integração, isolado ou integrado, desde que exerça a atividade rural individualmente ou em regime de economia familiar, observado os requisitos contidos nos arts. 112 e 113".

O não indígena e o indígena não certificado pela FUNAI comprovarão o exercício da atividade da mesma forma que os demais segurados especiais.

O conceito de segurado especial é extremamente importante porque a lei pretende amparar aquele que faz da atividade laboral em pequenas propriedades o instrumento de seu sustento e de sua família. Daí porque a lei querer que o segurado resida no imóvel rural ou em aglomerado urbano ou rural próximo a ele.

As atividades do segurado especial podem ser exercidas **individualmente ou em regime de economia familiar, ainda que com o auxílio eventual de terceiros**.

O § 1º do art. 11 do PBPS e o § 1º do art. 12 do PCSS dão o **conceito de regime de economia familiar**: "a atividade em que o trabalho dos membros da família é indispensável à própria subsistência e ao desenvolvimento socioeconômico do núcleo familiar e é exercido em condições de mútua dependência e colaboração, sem a utilização de empregados permanentes".

Todos os membros da família – o cônjuge ou companheiro, bem como filho maior de 16 anos de idade ou a este equiparado – **são segurados especiais** pelo fato de ser paga contribuição para o custeio da seguridade social incidente sobre o produto da comercialização da produção.

A expressão **a este equiparado** se refere ao rol de dependentes do art. 16, § 2º, da Lei n. 8.213/91: **o enteado e o menor tutelado**, mediante declaração do segurado e desde que comprovada a dependência econômica na forma estabelecida no Regulamento.

O trabalho em **mútua dependência e colaboração** significa que todos os membros do grupo familiar exercem a atividade para garantir a subsistência e o desenvolvimento socioeconômico do próprio grupo. Para que sejam considerados segurados especiais, deverão ter participação ativa nas atividades rurais do grupo familiar (STJ, 3ª Seção, AR 199900473787, Rel. Min. Maria Theresa de Assis Moura, *DJe* 2-8-2010).

A contratação de empregados descaracteriza o regime de economia familiar. Entretanto, a lei admite o auxílio eventual de terceiros. O § 6º do art. 9º do RPS dispõe que o **auxílio eventual de terceiros** é aquele "exercido ocasionalmente, em condições de mútua colaboração, não existindo subordinação nem remuneração".

Esse conceito foi abrandado pela jurisprudência, que admite a **contratação eventual de mão de obra**, por exemplo, durante a colheita, época em que o grupo familiar pode não dar conta da tarefa, entendimento que acabou por ser adotado pelas Leis n. 11.718/2008 e n. 12.873/2013, que admitiram a contratação de empregados por prazo determinado, ou de diaristas, em épocas de safra. O número de contratados, porém, não poderá ultrapassar **120 pessoas por dia no ano civil, em períodos corridos ou intercalados ou, ainda, por tempo equivalente em horas de trabalho**.

Não descaracterizam a condição de segurado especial (art. 11, § 8º, I a VI, da Lei n. 8.213/91, nos incisos I a VI):

- contratação de parceria, meação ou comodato de até 50% de imóvel rural cuja área total não supere 4 módulos fiscais. Para tanto, outorgante e outorgado devem continuar a exercer a respectiva atividade, individualmente ou em regime de economia familiar;
- a exploração da atividade turística da propriedade rural, inclusive com hospedagem, por não mais de 120 dias ao ano;
- a participação em plano de previdência complementar instituído por entidade classista a que seja associado em razão da condição de trabalhador rural ou de produtor rural em regime de economia familiar;
- ser beneficiário ou fazer parte de grupo familiar que tem algum componente que seja beneficiário de programa assistencial oficial de governo;
- a utilização pelo próprio grupo familiar, na exploração da atividade, de processo de beneficiamento ou industrialização artesanal realizado

diretamente pelo próprio produtor rural pessoa física, desde que não esteja sujeito à incidência do Imposto sobre Produtos Industrializados (IPI);
- a associação em cooperativa agropecuária ou de crédito rural (redação dada pela Lei n. 13.183, de 4-11-2015, *DOU* 5-11-2015);
- a incidência do Imposto sobre Produtos Industrializados (IPI) sobre o produto das atividades desenvolvidas quando o segurado especial participar em sociedade empresária, em sociedade simples, como empresário individual ou como titular de empresa individual de responsabilidade limitada de objeto ou âmbito agrícola, agroindustrial ou agroturístico, considerada microempresa nos termos da Lei Complementar n. 123/2006, desde que, mantido o exercício da sua atividade rural como segurado especial, a pessoa jurídica componha-se apenas de segurados especiais e tenha sede no mesmo Município ou em Município limítrofe àquele em que eles desenvolvam suas atividades.

Pode ocorrer de um dos membros do grupo familiar ter outra fonte de rendimento além da que decorre do trabalho do grupo. Nesse caso, a lei retirou-lhe a condição de segurado especial. Essa é a **regra geral**.

Porém, a regra admite **exceções**: a lei prevê a possibilidade de o segurado especial auferir outros rendimentos, sem, contudo, perder o enquadramento. São as hipóteses previstas no art. 11, § 9º, I a VIII:

- benefício de pensão por morte, auxílio-acidente ou auxílio-reclusão, cujo valor não supere o do menor benefício de prestação continuada da Previdência Social;
- benefício previdenciário pela participação em plano de previdência complementar instituído por entidade classista a que seja associado em razão da condição de trabalhador rural ou de produtor rural em regime de economia familiar;
- exercício de atividade remunerada em período de entressafra ou do defeso, não superior a 120 dias, corridos ou intercalados, no ano civil, sendo devidas as contribuições previdenciárias;
- exercício de mandato eletivo de dirigente sindical de organização da categoria de trabalhadores rurais;
- exercício de mandato de vereador do Município em que desenvolve a atividade rural ou de dirigente de cooperativa rural constituída, exclusivamente, por segurados especiais, devendo ser recolhidas as respectivas contribuições previdenciárias;
- parceria ou meação de até 50% de imóvel rural cuja área total não seja superior a 4 módulos fiscais, desde que outorgante e outorgado continuem a exercer a respectiva atividade, individualmente ou em regime de economia familiar;
- atividade artesanal desenvolvida com matéria-prima produzida pelo respectivo grupo familiar, podendo esta ser utilizada de outra origem, desde que a renda mensal obtida na atividade não exceda ao menor benefício de prestação continuada da Previdência Social;
- atividade artística, desde que em valor mensal inferior ao menor benefício de prestação continuada da Previdência Social.

> **Súmula 41 da TNU**
> A circunstância de um dos integrantes do núcleo familiar desempenhar atividade urbana não implica, por si só, a descaracterização do trabalhador rural como segurado especial, condição que deve ser analisada no caso concreto.

Todos os membros do grupo que trabalham em regime de economia familiar são segurados especiais, e, nessa condição, têm direito à cobertura previdenciária prevista no art. 39 da Lei n. 8.213/91, com renda mensal no valor de **um salário mínimo: aposentadoria por idade, aposentadoria por incapacidade permanente, auxílio por incapacidade temporária, auxílio-acidente, auxílio-reclusão e pensão por morte**. O segurado especial passou a ter direito ao auxílio-acidente somente a partir da Lei n. 12.873, de 24-10-2013.

A segurada especial tem direito à cobertura previdenciária de **salário-maternidade**, com renda mensal de um salário mínimo (art. 39, parágrafo único).

> **Atenção:** o segurado especial não tem direito à aposentadoria por tempo de contribuição. É que a contribuição do segurado especial é feita mediante a aplicação de uma alíquota sobre o resultado da comercialização da produção.

10.2.1.2. Segurados facultativos

É segurado facultativo aquele que está fora da roda da atividade econômica, mas deseja ter proteção previdenciária. É de sua **livre escolha** o ingresso no sistema, que se faz por **inscrição**.

O enquadramento como segurado facultativo só é

possível **a partir dos 16 anos**, e desde que não esteja exercendo atividade remunerada que o enquadre como segurado obrigatório do RGPS ou de Regime Próprio de Previdência Social.

O art. 7º, XXXIII, da CF, proíbe o exercício de qualquer trabalho a menor de 16 anos, salvo na condição de aprendiz, a partir de 14 anos.

O **art. 11 do RPS** enumera, de forma não taxativa, o rol dos segurados facultativos:

a) aquele que se dedique exclusivamente ao trabalho doméstico no âmbito de sua residência;

b) o síndico de condomínio, quando não remunerado;

c) o estudante (a partir de 16 anos de idade);

d) o brasileiro que acompanha cônjuge que presta serviço no exterior;

e) aquele que deixou de ser segurado obrigatório da previdência social;

f) o membro de conselho tutelar de que trata o art. 132 da Lei n. 8.069/90 (Estatuto da Criança e do Adolescente), quando não esteja vinculado a qualquer regime de previdência social;

g) o bolsista e o estagiário que prestam serviços à empresa, de acordo com a Lei n. 11.788/2008;

h) o bolsista que se dedique em tempo integral a pesquisa, curso de especialização, pós-graduação, mestrado ou doutorado, no Brasil ou no exterior;

i) o presidiário que não exerce atividade remunerada nem esteja vinculado a qualquer regime de previdência social;

j) o brasileiro residente ou domiciliado no exterior;

k) o segurado recolhido à prisão sob regime fechado ou semiaberto, que, nesta condição, preste serviço, dentro ou fora da unidade penal, a uma ou mais empresas, com ou sem intermediação da organização carcerária ou entidade afim, ou que exerce atividade artesanal por conta própria.

l) o atleta beneficiário da Bolsa-Atleta não filiado a regime próprio de previdência social ou não enquadrado em uma das hipóteses previstas no art. 9º.

A Lei n. 12.470/2011 propiciou a inclusão previdenciária, na categoria de **segurado facultativo**, da pessoa que, sem renda própria, se dedique exclusivamente ao trabalho doméstico no âmbito de sua residência, desde que pertencente a família de baixa renda. Quis o legislador dar proteção previdenciária às donas de casa, aquelas que, com exclusividade, cuidam da família, sem possibilidade de exercer atividade remunerada fora do lar.

Nesse caso, o segurado facultativo pagará contribuição de 5% do valor mínimo do salário de contribuição, ou seja, 5% de um salário mínimo.

A EC n. 103/2019 prevê a inclusão previdenciária também para os trabalhadores que estejam em situação de informalidade.

Para ter direito ao recolhimento na forma prevista na Lei n. 12.470/2011, o segurado facultativo deve comprovar que sua família esteja inscrita no **Cadastro Único para Programas Sociais do Governo Federal – CadÚnico**, com renda mensal de até 2 salários mínimos.

O art. 201, § 5º, da CF veda a filiação ao RGPS, na qualidade de segurado facultativo, de pessoa participante de regime próprio de previdência.

Contudo, a filiação dessas pessoas como segurados facultativos é permitida, excepcionalmente, na hipótese de afastamento sem vencimento e desde que não permitida, nessa situação, contribuição para o respectivo regime próprio; nessa hipótese, em se tratando de servidores públicos, o tempo de contribuição como segurados facultativos para o RGPS será computado no regime próprio, se para ele retornarem, já que a CF assegura a contagem recíproca.

A filiação como segurado facultativo só produz **efeitos a partir da inscrição e do primeiro recolhimento e não pode ser retroativa**, isto é, para computar período anterior ao da inscrição. A lei veda o recolhimento de contribuições relativas a competências anteriores à inscrição (Decreto n. 3.048/99, art. 11, § 3º) para fins de comprovação de tempo de contribuição.

Depois da filiação, o segurado facultativo só pode recolher contribuições em atraso se não tiver perdido a qualidade de segurado (art. 11, § 4º, do RPS).

10.2.2. Manutenção, perda e reaquisição da qualidade de segurado

10.2.2.1. Manutenção da qualidade de segurado: o "período de graça"

A qualidade de segurado se mantém enquanto forem pagas as contribuições previdenciárias para o custeio do RGPS. Essa é a regra geral.

Manter a qualidade de segurado significa manter o direito à cobertura previdenciária prevista na Lei n. 8.213/91.

> **Atenção:** a lei prevê situações em que, mesmo **sem o pagamento de contribuições previdenciárias**, é mantida a qualidade de segurado. É o que se denomina **período de graça**, durante o qual o segurado faz jus a toda a cobertura previdenciária. Exemplo: se, durante o período de graça, o segurado ficar incapaz total e definitivamente para o trabalho, terá direito à cobertura previdenciária de aposentadoria por incapacidade permanente, se cumprida a carência, quando for o caso.

As hipóteses de manutenção da condição de segurado sem contribuição estão taxativamente enumeradas no art. 15 do PBPS, e no art. 13 do RPS.

Mantém a qualidade de segurado:

Manutenção da Qualidade de Segurado	
Sem limite de prazo	■ Quem está em gozo de benefício, exceto do auxílio-acidente.
Até 12 meses após a cessação das contribuições:	■ O segurado que deixar de exercer atividade remunerada abrangida pela Previdência Social ou estiver suspenso ou licenciado sem remuneração ou que deixar de receber seguro-desemprego. ■ Quando cessada a cobertura previdenciária de benefício por incapacidade (quando o segurado readquire a capacidade).
Até 12 meses após cessar a segregação	■ O segurado acometido de doença de segregação compulsória.
Até 12 meses após o livramento	■ O segurado recolhido à prisão em regime fechado.
Até 3 meses após o licenciamento	■ O segurado incorporado às Forças Armadas para prestar serviço militar.
Até 6 meses após a cessação das contribuições	■ O segurado facultativo.

O período de graça pode ser **estendido**:

Extensão do período de graça	
Até 24 meses	■ O segurado que deixar de exercer atividade remunerada abrangida pela Previdência Social ou estiver suspenso ou licenciado sem remuneração, que já tiver pago **mais de** 120 contribuições mensais **sem interrupção** que acarrete a perda da qualidade de segurado.
Até 36 meses	■ O segurado que deixar de exercer atividade remunerada abrangida pela Previdência Social ou estiver suspenso ou licenciado sem remuneração, que estiver desempregado, desde que comprovada essa situação por registro próprio do Ministério do Trabalho e Previdência Social (SINE) → não basta a simples anotação de rescisão do contrato de trabalho na CTPS do
Até 36 meses	segurado (STJ, PET 200900415402, PET 7115, 3ª Seção, Rel. Min. Napoleão Nunes Maia Filho, DJe 6-4-2010). ■ O segurado que se desvincular de regime próprio de previdência social (art. 13, § 4º, do RPS).

10.2.2.2. Perda da qualidade de segurado

Transcorrido o período de graça, sem que o segurado volte a pagar contribuições destinadas ao custeio do RGPS, consuma-se a perda da qualidade de segurado. Essa é a regra geral.

Perder a qualidade de segurado significa perder o direito a toda e qualquer cobertura previdenciária para o segurado e seus dependentes (art. 102 do PBPS).

> **Atenção:** a perda da qualidade de segurado ocorrerá **no dia seguinte ao do término do prazo** fixado no Plano de Custeio da Seguridade Social **para recolhimento da contribuição** referente ao mês imediatamente posterior ao do final dos prazos fixados neste artigo e seus parágrafos (**art. 15, § 4º, do PBPS**).

Porém, há situações em que a perda da qualidade de segurado não acarreta a perda do direito à cobertura previdenciária. São hipóteses **taxativamente** enumeradas na lei:

Perda da qualidade de segurado sem perda do direito à cobertura previdenciária	
Aposentadorias por tempo de contribuição (regras de transição da EC n. 103/2019) e especial	■ Direito adquirido: Se o segurado cumpriu a necessária carência para a obtenção desses benefícios, a posterior perda da qualidade de segurado não pode impedi-lo de usufruir o benefício.
Aposentadoria por idade	■ Segurado que, tendo perdido essa condição, conte com, no mínimo, o tempo de contribuição exigido para efeito de carência na **data do requerimento** do benefício, e não na data em que completou a idade (Lei n. 10.666/2003).
Pensão por morte após a perda da qualidade de segurado	■ Situação em que a perda da qualidade de segurado ocorre quando já cumpridos, pelo segurado, todos os requisitos para a aposentadoria, em qualquer de suas espécies → se vivo estivesse, o segurado teria direito à cobertura previdenciária (REsp 1.110.565, 3ª Seção, Rel. Min. Felix Fischer, DJe 3-8-2009).

Aposentadoria por incapacidade total e permanente	■ Não perde a qualidade de segurado aquele que deixa de contribuir em razão de incapacidade para o trabalho, fazendo jus à aposentadoria por incapacidade permanente (EC n. 103/2019).

■ 10.2.2.3. Reaquisição da qualidade de segurado

A condição de segurado é readquirida quando o segurado volta a pagar contribuição previdenciária.

Para que não se consume a perda da qualidade de segurado, este deverá providenciar o recolhimento da contribuição previdenciária referente ao mês imediatamente posterior ao do final dos prazos fixados no art. 15 do PBPS (§ 4º do art. 15 e art. 14 do Decreto n. 3.048/99). Exemplificamos: se o período de graça findou em 13 de outubro e o segurado deseja manter essa qualidade, deve proceder ao recolhimento da contribuição referente ao mês de novembro no prazo fixado no Plano de Custeio (Lei n. 8.212/91).

■ 10.2.3. Os dependentes

Os dependentes do segurado falecido estão **expressamente relacionados** na legislação previdenciária (art. 16, I a III, do PBPS) e o rol é taxativo.

A inscrição do dependente se dá por ocasião do requerimento do benefício a que tiver direito (art. 17, § 1º, do PBPS), e mediante a apresentação dos documentos exigidos pelo art. 22 do RPS. A partir da EC n. 103/2019, a condição de dependente pode ser reconhecida antes do óbito do segurado, quando se tratar de dependente inválido ou com deficiência intelectual, mental ou grave. Nesse caso, o dependente deverá ser submetido a avaliação biopsicossocial realizada por equipe multiprofissional e interdisciplinar, com revisões periódicas na forma da lei. Porém, a relação jurídica previdenciária entre dependente e INSS só será aperfeiçoada com o óbito do segurado (art. 23, § 5º, da EC n. 103/2019).

Cada inciso do art. 16 do PBPS corresponde a uma **classe de dependentes**.

As diversas alterações da legislação previdenciária acabaram por excluir alguns do rol de dependentes, trazendo, então, a questão da aplicação do direito intertemporal.

Exemplo disso é a hipótese do dependente designado, que deixou de existir a partir da Lei n. 9.032/95.

E tem-se, então, duas situações a considerar:

a) dependente designado que recebe cobertura previdenciária desde **data anterior** à Lei n. 9.032/95: existe direito adquirido do dependente designado porque sua relação jurídica com o INSS se formou antes da modificação da lei;

b) pessoa designada que pretende receber cobertura previdenciária na hipótese de morte do segurado ou de seu recolhimento à prisão **após** a vigência da Lei n. 9.032/95: tendo ocorrido a contingência após a vigência da nova lei, que não previa a pessoa designada no rol dos dependentes, não chegou a formar-se a relação jurídica entre aquela e o INSS, razão pela qual não há direito adquirido a invocar, nesse caso. Tem sido esse o entendimento do STJ (AR 3131, 3ª Seção, Rel. Antonio Saldanha Palheiro, *DJe* 9-3-2017). Nesse sentido também a **Súmula 4 da TNU**.

Dependente designado	→	Só tem direito adquirido se o óbito do segurado ocorreu antes da Lei n. 9.032/95

Há uma hierarquia entre as classes de dependentes, de modo que a existência de dependentes de uma classe exclui os dependentes das classes seguintes. Existindo dependentes da 1ª classe, automaticamente estão excluídos os dependentes da 2ª e da 3ª classes. Exemplo: a existência de filhos do segurado (1ª classe) exclui o direito de seus pais (2ª classe) e irmãos (3ª classe).

Os dependentes da **1ª classe** têm em seu favor a **presunção absoluta de dependência econômica** em relação ao segurado falecido ou recolhido à prisão, de modo que não precisam, nesse aspecto, produzir provas.

Mas os dependentes das 2ª e 3ª classes devem comprovar a dependência econômica em relação ao segurado, sob pena de não se aperfeiçoar a relação jurídica previdenciária. E a partir de 18-1-2019 (MP n. 871/2019, convertida na Lei n. 13.846/2019), a dependência econômica desses dependentes deve ser comprovada com início de prova material contemporânea aos fatos, produzida até 24 meses antes do óbito ou do recolhimento à prisão em regime fechado.

Dependentes	
1ª classe	2ª e 3ª classes
■ Presunção absoluta de dependência econômica	■ Precisam comprovar a dependência econômica → a partir de 18-1-2019 é necessário início de prova material contemporânea aos fatos, produzida até 24 meses antes do óbito ou recolhimento à prisão em regime fechado.

a) **1ª classe:** o cônjuge, a companheira, o companheiro e o filho não emancipado, de qualquer condição, menor de 21 (vinte e um) anos ou inválido ou que tenha deficiência intelectual ou mental ou deficiência grave, na forma prevista na Lei n. 13.146/2015 (Estatuto da Pessoa com Deficiência), em vigor **a partir de 3-1-2016**, que alterou o inciso I do art. 16. A alteração excluiu a exigência de comprovação, na via judicial, da incapacidade absoluta ou relativa.

a.1) Cônjuge: **a pessoa casada**, sem distinção em relação ao regime de bens.

O art. 16 não menciona o cônjuge separado, de fato ou judicialmente, e o divorciado, mas art. 76, § 2º, do PBPS, dá direito de concorrer em igualdade de condições, com os dependentes de 1ª classe, ao **cônjuge divorciado ou separado judicialmente ou de fato que recebia pensão alimentícia**.

Da interpretação sistemática dos dois dispositivos legais (arts. 16 e 76, § 2º) resulta que o cônjuge separado, de fato ou judicialmente, e o divorciado não são dependentes se não recebiam pensão alimentícia ao tempo do óbito do segurado. Se os dependentes da 1ª classe têm a dependência econômica presumida, não faria sentido que a separação de fato ou judicial e o divórcio, sem pagamento de pensão alimentícia por parte do segurado, não os retirasse do rol de dependentes. Se estavam separados, por qualquer das formas, e sem a ajuda financeira do segurado, não há como presumi-los seus dependentes economicamente.

O **STJ** pôs fim à controvérsia com a edição da **Súmula 336**: "A mulher que renunciou aos alimentos na separação judicial tem direito à pensão previdenciária por morte do ex-marido, comprovada a necessidade econômica superveniente".

O tema voltou a ser tratado pela MP n. 871, de 18-1-2019, convertida na Lei n. 13.846/2019, que inseriu o § 3º no art. 76 do PBPS: Na hipótese de o segurado falecido estar, na data de seu falecimento, obrigado por determinação judicial a pagar **alimentos temporários** a ex-cônjuge, ex-companheiro ou ex-companheira, a pensão por morte será devida pelo prazo remanescente na data do óbito, caso não incida outra hipótese de cancelamento anterior do benefício.

Assim, entendemos, não é mais possível aplicar a Súmula 336, considerando como dependente, por necessidade superveniente, aquele que não tinha direito à pensão alimentícia, na data da separação judicial ou de fato, ainda que tenha recebido alimentos temporariamente.

a.2) Companheiro ou companheira: a pessoa que, sem ser casada, mantém união estável com o segurado ou com a segurada, na forma do § 3º do art. 226 da CF (art. 16, § 3º).

Para o RPS (art. 16, § 6º), a união estável é aquela configurada na convivência pública, contínua e duradoura entre o homem e a mulher, estabelecida com intenção de constituição de família, observado o § 1º do art. 1.723 do Código Civil (Lei n. 10.406, de 10-1-2002).

Contudo, não se pode concluir que a união estável só pode ser reconhecida para os que não têm impedimentos, ao fundamento de que, se casados com outras pessoas, sua vida em comum configuraria autêntico concubinato adulterino. A realidade demonstra que é comum que pessoas casadas se separem apenas de fato e constituam novas famílias, razão pela qual não há fundamento jurídico, dentro do Sistema da Seguridade Social, para que os dependentes resultantes da união estável sejam excluídos do direito ao recebimento do benefício.

A prova da união estável é feita por meio dos documentos relacionados no art. 22, I, b, do RPS: documento de identidade e certidão de casamento com averbação da separação judicial ou divórcio, quando um dos companheiros ou ambos já tiverem sido casados, ou de óbito, se for o caso.

Essa exigência vinha sendo abrandada judicialmente, uma vez que a jurisprudência contentava-se com prova testemunhal, ao entendimento de que as normas administrativas vinculam apenas os servidores públicos, podendo o juiz decidir com base no seu livre convencimento motivado.

> **Súmula 63 da TNU dos Juizados Especiais Federais**
> A comprovação de união estável para efeito de concessão de pensão por morte prescinde de início de prova material.

A partir da vigência da Lei n. 13.846/2019 (18-6-2019), a comprovação da união estável exige início de prova material contemporânea aos fatos, vedada a prova exclusivamente testemunhal. O início de prova material de ter sido produzido em período não superior a 24 meses anteriores ao óbito ou recolhimento à prisão. A regra só não se aplica se ocorrer motivo de força maior ou caso fortuito, definidos pelo regulamento.

O art. 16, § 6º-A, do RPS, vedou a prova exclusivamente testemunhal para comprovar união estável e dependência econômica, exceto em caso de motivo de força maior ou caso fortuito.

> **Atenção:** o **concubinato adulterino não é protegido pelo direito previdenciário** porque não configura a união estável. Tema 529 do STF: A preexistência de casamento ou de união estável de um dos conviventes, ressalvada a exceção do artigo 1.723, § 1º, do Código Civil, impede o reconhecimento de novo vínculo referente ao mesmo período, inclusive para fins previdenciários, em virtude da

> consagração do dever de fidelidade e da monogamia pelo ordenamento jurídico-constitucional brasileiro (RE 1.045.273, de Relatoria do Min. Alexandre de Moraes, j. 21-12-2020).

O **companheiro homossexual** também está incluído na primeira classe dos dependentes do segurado, em razão de decisão proferida na Ação Civil Pública Proc. n. 2000.71.00.009347-0, da 3ª Vara Federal Previdenciária de Porto Alegre-RS.

a.3) Filho não emancipado, de qualquer condição, menor de 21 anos ou inválido ou que tenha deficiência intelectual ou mental ou deficiência grave, na forma da Lei n. 13.146/2015, em vigor a partir de 3-1-2016: pode ser o filho natural ou o adotado, uma vez que a expressão "de qualquer condição" exclui qualquer discriminação. Não há exigência de declaração judicial de incapacidade.

O art. 178, § 6º, da IN n. 128/2022 dispõe que filhos de qualquer condição são aqueles havidos ou não da relação de casamento, ou adotados, que possuem os mesmos direitos e qualificações dos demais, proibidas quaisquer designações discriminatórias relativas à filiação, nos termos do § 6º do art. 227 da CF.

A maioridade civil, prevista no Código Civil, não tem efeitos no Direito Previdenciário, que estabelece proteção com base no princípio da seletividade e distributividade.

Assim, mesmo que a maioridade civil se dê aos 18 anos, a proteção previdenciária, para o filho, na qualidade de dependente, estende-se até os 21 anos. E, **mesmo que, após os 21 anos, o filho continue seus estudos, deixará de ter a qualidade de dependente.**

> **Súmula 37 da TNU**
> "A pensão por morte, devida ao filho até os 21 anos de idade, não se prorroga pela pendência de curso universitário".

Os **filhos inválidos** mantêm a qualidade de dependentes enquanto durar a invalidez, independentemente de terem completado 21 anos de idade. **A invalidez deve ser contemporânea ao óbito do segurado**.

A **deficiência intelectual ou mental ou deficiência grave** também mantém a condição de dependente do segurado falecido mesmo depois de completar 21 anos de idade. Também nessa hipótese a condição de deficiência **deve ser contemporânea ao óbito do segurado.**

O **enteado e o menor tutelado**, equiparados a filho, só se qualificam como dependentes se o segurado assim declarar ao INSS.

Embora equiparados a filhos, concorrendo, assim, entre os dependentes da 1ª classe, o enteado e o menor tutelado **deverão comprovar que dependiam economicamente do segurado**. É necessário que não tenham bens suficientes para o próprio sustento e educação (arts. 16, § 2º, e 22, § 3º, do RPS).

Merece atenção a situação do **menor sob guarda por determinação judicial**, que já foi considerado dependente e depois foi excluído do rol por modificação legislativa

Novamente surgiu a questão da aplicação do direito intertemporal: como ficariam, então, enquadrados os menores que estavam sob a guarda judicial do segurado antes da modificação legislativa, e este faleceu depois dela? Teriam direito adquirido à condição de dependentes do segurado falecido?

A nosso ver, no caso, não existe direito adquirido porque a relação jurídica entre dependente e previdência só se forma quando o segurado morre ou é recolhido à prisão. Enquanto um desses eventos não ocorrer, a relação jurídica entre dependente e INSS não se forma, não havendo, por isso, direito adquirido a ser invocado. Ademais, na concessão dos benefícios – no caso, pensão por morte ou auxílio-reclusão – aplica-se a legislação vigente na data da contingência geradora da necessidade, em razão do princípio *tempus regit actum*, entendimento que foi adotado pelo STJ.

Entretanto, o **Estatuto da Criança e do Adolescente** (Lei n. 8.069/90), anterior à Lei n. 8.213/91, tem disposição específica: a guarda confere à criança ou adolescente a condição de dependente, para todos os fins e efeitos de direito, inclusive previdenciários (art. 33, § 3º).

A controvérsia se instalou na jurisprudência do **STJ**, que acabou por firmar entendimento no Tema 732:

> O **STJ** firmou a tese no **Tema 732:** O menor sob guarda tem direito à concessão do benefício de pensão por morte do seu mantenedor, comprovada sua dependência econômica, nos termos do art. 33, § 3º, do Estatuto da Criança e do Adolescente, ainda que o óbito do instituidor da pensão seja posterior à vigência da Medida Provisória n. 1.523/96, reeditada e convertida na Lei n. 9.528/97. Funda-se essa conclusão na qualidade de lei especial do Estatuto da Criança e do Adolescente (Lei n. 8.069/90), frente à legislação previdenciária (REsp 1411258, Rel. Min. Napoleão Nunes Maia Filho, *DJe* 21-8-2018, do qual foi interposto o RE 1164452).

Nas ADIs 4.878 e 5.083, o STF decidiu, em 8-6-2021, que "A interpretação constitucionalmente adequada é a que assegura ao menor sob guarda o direito à proteção previdenciária, porque assim dispõe o Estatuto da Criança e do Adolescente e também porque direitos fundamentais devem observar o princípio da máxima eficácia. Prevalência do compromisso constitucional contido no art. 227, § 3º, VI, CRFB" e conferiu "**interpretação conforme ao § 2º do art. 16, da Lei n. 8.213/1991, para contemplar, em seu âmbito de proteção, o menor sob guarda, na categoria de dependentes do Regime Geral de Previdência Social, em consonância com o princípio da proteção integral e da prioridade absoluta, nos termos do art. 227 da Constituição da República, desde que comprovada a dependência econômica, nos termos em que exige a legislação previdenciária** (art. 16, § 2º, da Lei n. 8.213/1991 e Decreto n. 3.048/1999)".

Mesmo assim, o tema está longe de ser pacificado. O art. 23, § 6º, da EC n. 103/2019, retirou da legislação ordinária a disciplina dessa matéria, e estabeleceu que, para fins de recebimento de pensão previdenciária, equiparam-se a filho "exclusivamente o enteado e o menor tutelado, desde que comprovada a dependência econômica". Dessa forma, quando o óbito do segurado ocorrer a partir de 13-11-2019, data da publicação da EC, o menor sob guarda não terá a condição de dependente, aplicando-se o princípio *tempus regit actum*.

  b) **2ª classe:** os pais do segurado só têm cobertura previdenciária quando não houver dependentes da 1ª classe (art. 16, § 1º), e **devem comprovar a dependência econômica**, apresentando início de prova material, por documentos datados de no máximo 24 meses anteriores ao óbito ou recolhimento à prisão do segurado em regime fechado.

A lei colocou os **pais** do segurado como dependentes da 2ª classe, com o que, nos exatos termos da lei, outros ascendentes, que não os pais, não são dependentes para fins previdenciários. Porém, o STJ já considerou o avô dependente do segurado falecido (REsp n. 1.574.859/SP, 2ª Turma, Rel. Min. Mauro Campbell Marques, *DJe* 14-11-2016).

  c) **3ª classe:** o irmão não emancipado, de qualquer condição, menor de 21 anos ou inválido ou que tenha deficiência intelectual ou mental ou deficiência grave, que só tem cobertura previdenciária na hipótese de inexistência de dependentes da 1ª e 2ª classes (art. 16, § 1º).

O inciso III do art. 16 foi alterado pelo Estatuto da Pessoa com Deficiência (Lei n. 13.146, de 6-7-2015). **A partir de 3-1-2016**, o dependente de 3ª classe não necessita mais comprovar a declaração judicial da incapacidade absoluta ou relativa, mas, sim, sua condição de inválido ou com deficiência intelectual ou mental ou deficiência grave.

De qualquer condição significa que o vínculo entre o segurado e dependente não precisa ser consanguíneo, sendo dependente também o irmão decorrente de relação de adoção.

Ao completar 21 anos, cessa a qualidade de dependente.

O irmão inválido tem a qualidade de dependente enquanto durar a invalidez, qualquer que seja sua idade, o mesmo se aplicando ao irmão com deficiência intelectual ou mental ou com deficiência grave, até que seja afastada a condição de deficiência.

■ 10.2.3.1. Perda da qualidade de dependente

Perdem a condição de dependentes:

  a) **O cônjuge:** pelo divórcio ou pela separação judicial ou de fato, enquanto não lhe for assegurada a prestação de alimentos, pela anulação do casamento, pelo óbito ou por sentença judicial transitada em julgado;

  b) **A(o) companheira(o):** quando cessar a união estável com o(a) segurado(a), se não tiver direito à pensão alimentícia, ou decorrer o pagamento de alimentos temporários fixados por decisão judicial.

  c) **Os filhos e irmãos, de qualquer condição:** quando completarem 21 anos, salvo se forem inválidos ou com deficiência mental ou intelectual ou deficiência grave, ou se emanciparem.

Se, embora *inválidos ou com deficiência mental ou intelectual ou deficiência grave*, se emanciparem e a emancipação se der em decorrência de colação de grau em curso superior, não se opera a perda da qualidade de dependente (art. 114, II, do RPS).

A pensão por morte será devida ao filho, ao enteado, ao menor tutelado e ao irmão, desde que comprovada a dependência econômica dos três últimos, que sejam inválidos ou que tenham deficiência intelectual, mental ou grave, cuja invalidez ou deficiência tenha ocorrido antes da data do óbito, observado o disposto no § 1º do art. 17 (art. 108 do RPS).

  d) **Os filhos e irmãos, de qualquer condição, com deficiência intelectual ou mental:** pelo levantamento da interdição.

  e) **Os dependentes em geral:** quando cessar a invalidez, quando cessar a condição de deficiência ou pelo seu falecimento.

11. REGRAS APLICÁVEIS ÀS PRESTAÇÕES EM GERAL

11.1. Períodos de carência

A carência é o número **mínimo de contribuições mensais** indispensáveis para que o beneficiário faça jus ao benefício, consideradas a partir do transcurso do primeiro dia dos meses de suas competências (art. 24 do PBPS). É o período durante o qual o segurado contribui, mas ainda não tem direito a certas prestações.

O Decreto n. 10.410/2020 alterou o art. 26 da RPS: Período de carência é o tempo correspondente ao número mínimo de contribuições mensais indispensáveis para que o beneficiário faça jus ao benefício, **consideradas as competências cujo salário de contribuição seja igual ou superior ao seu limite mínimo mensal.**

Conta-se o período de carência a partir do transcurso do primeiro dia dos meses de competência das contribuições pagas.

Exemplo: se o segurado paga a contribuição da competência fevereiro no mês de março, conta-se o período de carência a partir do dia 1º de fevereiro.

O art. 27-A do PBPS tem disposição específica sobre o cômputo da carência para os benefícios de **auxílio-doença, aposentadoria por invalidez e salário-maternidade quando perdida a condição de segurado**: a partir da nova filiação, o segurado deverá **cumprir novamente metade dos prazos de carência** previstos no art. 25, I e III.

A MP n. 871, de 18-1-2019, que alterou o art. 27-A, passou a exigir o cumprimento de carência para o **auxílio-reclusão**, que antes era dispensada.

A Lei n. 13.846, de 18-9-2019, novamente alterou o art. 27-A, mantendo o auxílio-reclusão, mas determinando o cumprimento novamente da metade dos prazos de carência previstos no art. 25, I, III e IV, do PBPS.

A mesma exigência – cumprimento, novamente, da metade dos prazos de carência após nova filiação – aplica-se aos benefícios de auxílio por incapacidade temporária, de aposentadoria por incapacidade permanente, de salário-maternidade e de auxílio-reclusão.

Prazos de cumprimento de carência	
12 contribuições mensais	■ Auxílio por incapacidade temporária ■ Aposentadoria por incapacidade permanente
180 contribuições mensais	■ Aposentadoria por idade ■ Aposentadoria por tempo de contribuição ■ Aposentadoria especial.
24 contribuições mensais	■ Auxílio-reclusão
10 contribuições mensais	■ Salário-maternidade para a segurada contribuinte individual ■ Salário-maternidade para segurada especial que contribui como contribuinte individual ■ Salário-maternidade para segurada facultativa

Se a **segurada especial não contribui como contribuinte individual** não comprova carência porque não paga contribuição previdenciária. A ela se aplicam as regras do art. 39, parágrafo único, do PBPS: terá direito ao **salário-maternidade com renda mensal no valor de um salário mínimo**, desde que comprove o exercício de atividade rural, ainda que de forma descontínua, nos 10 meses imediatamente anteriores ao início do benefício.

11.2. Dispensa do período de carência

Nas hipóteses taxativamente enumeradas no art. 26 do PBPS, e art. 30 do RPS, o cumprimento da carência é dispensado, tal como acontece no campo dos seguros privados.

a) Pensão por morte, salário-família e auxílio-acidente.

b) Auxílio por incapacidade temporária e aposentadoria por incapacidade permanente nos casos de acidente de qualquer natureza ou causa e de doença profissional ou do trabalho, bem como quando concedidos em razão das patologias elencadas no inciso II do art. 26 do PBPS e do inciso III do art. 30 do RPS. A regra para a concessão do auxílio-doença e da aposentadoria por invalidez é a exigência de carência de 12 contribuições mensais.

Mas a **lei enumera taxativamente as hipóteses em que esses benefícios são concedidos independentemente do cumprimento de carência**, restritas às hipóteses de a contingência se originar: de acidente de qualquer natureza ou causa, de doença profissional ou do trabalho, de doenças especificadas em lista ministerial oficial, desde que acometam o segurado após sua filiação ao RGPS. A lista de doenças deve agora ser atualizada a cada 3 (três) anos.

A lista de doenças a que se refere o inciso II do art. 26 deve obedecer a critérios de estigma, deformação, mutilação, deficiência, ou outro fator que lhes dê especificidade e gravidade que exijam tratamento particularizado.

O **art. 151** do PBPS enumerava algumas doenças: tuberculose ativa, hanseníase, alienação mental, neoplasia maligna, cegueira, paralisia irreversível e incapacitante, cardiopatia grave, doença de Parkinson, espondiloartrose anquilosante, nefropatia grave, estado avançado da doença de Paget (osteíte deformante), AIDS e contaminação por radiação. A **Lei n. 13.135/2015** incluiu na relação de doenças a esclerose múltipla e a hepatopatia grave.

Atualmente está em vigor a **Portaria Interministerial MTP/MS n. 22, de 31-8-2022**, que relaciona as doenças ou afecções que excluem a exigência de carência para a concessão de benefício por incapacidade temporária ou de aposentadoria por incapacidade permanente aos segurados do Regime Geral de Previdência Social (RGPS): tuberculose ativa; hanseníase; transtorno mental grave, desde que esteja cursando com alienação mental; neoplasia maligna; cegueira; paralisia irreversível e incapacitante; cardiopatia grave; doença de Parkinson; espondilite anquilosante; nefropatia grave; estado avançado da doença de Paget (osteíte deformante); síndrome da deficiência imunológica adquirida (Aids); contaminação por radiação, com base em conclusão da medicina especializada; hepatopatia grave; esclerose múltipla; acidente vascular encefálico (agudo); e abdome agudo cirúrgico.

O acidente de qualquer natureza ou causa está definido no § 1º do art. 30 do RPS: de origem traumática e por exposição a agentes exógenos, físicos, químicos ou biológicos, que acarrete lesão corporal ou perturbação funcional que cause a morte ou a perda ou a redução permanente ou temporária da capacidade laborativa.

c) **Benefícios concedidos aos segurados especiais, no valor de um salário mínimo (art. 39, I, do PBPS)**: aposentadoria por idade, aposentadoria por incapacidade permanente, auxílio por incapacidade temporária, auxílio-reclusão, pensão por morte, e auxílio-acidente (a partir da Lei n. 12.873/2013, na forma do art. 86 do PBPS), todos com renda mensal igual a um salário mínimo.

Os segurados especiais estão dispensados do cumprimento de carência quando se trata dos benefícios de valor mínimo assegurados no inciso I do art. 39, porque não estão obrigados a contribuir. Porém, para ter direito a esses benefícios, devem comprovar o **efetivo exercício de atividade rural**, ainda que de forma descontínua, pelo período correspondente ao da carência do benefício. Exemplificando: se requerer auxílio por incapacidade temporária, deverá comprovar o efetivo exercício nas lides rurais pelo prazo de 12 meses, ainda que de forma descontínua, no período imediatamente anterior ao do requerimento do benefício.

A partir de 1-1-2023, atividade rural será comprovada exclusivamente na forma prevista nos arts. 38-A e 38-B do PBPS: cadastro no Cadastro Nacional de Informações Sociais (CNIS), nos termos dispostos em regulamento, atualizado anualmente até o dia 30 de junho do ano seguinte, vedada a atualização depois do decurso do prazo de 5 anos. Findo esse prazo de 5 anos, o segurado especial só poderá computar o período de trabalho rural se efetuados em época própria a comercialização da produção e o recolhimento da contribuição prevista no art. 25, II, do PCPS.

d) **Salário-maternidade para as seguradas empregada, trabalhadora avulsa e empregada doméstica**. As seguradas empregada, trabalhadora avulsa e empregada doméstica têm em seu favor a presunção de que seu ingresso no sistema previdenciário tem ânimo definitivo e não o intuito de cobertura apenas para a contingência maternidade, ficando preservado o equilíbrio financeiro e atuarial do RGPS.

11.3. Contagem do período de carência (art. 27 do PBPS e art. 26 do RPS)

11.3.1. Segurado especial

Para ter direito aos benefícios de valor mínimo previstos no art. 39, I, do PBPS, o segurado especial não precisa comprovar o pagamento de contribuições para o custeio do sistema, mas, sim, que efetivamente exerceu atividade rural, ainda que de forma descontínua, pelo período correspondente ao da carência do benefício requerido (art. 26, § 1º, do RPS).

11.3.2. Servidores públicos titulares apenas de cargo em comissão

Os servidores titulares de cargo em comissão, que não tenham vínculo efetivo com a União, Autarquias, inclusive em regime especial, e Fundações Públicas Federais, são segurados obrigatórios do RGPS, como empregados (art. 12, I, "g", do PCSS, e art. 11, I, "g", do PBPS).

O art. 55, VI, do PBPS e o art. 26, § 2º, do RPS garantem o cômputo, para efeito de carência, do período em que contribuíram para o Plano de Seguridade do Servidor Público. Quando requererem aposentadoria no

RGPS, terão o direito de contar, para efeitos de carência, o período de contribuição para o regime próprio dos servidores públicos.

11.3.3. Período de atividade rural anterior à competência novembro de 1991

O Regime Geral de Previdência Social foi criado pela Constituição Federal de 1988 e instituído pela Lei n. 8.213/91 e tem caráter eminentemente contributivo. Por isso, não permite sejam computados como tempo de contribuição períodos em que o trabalhador rural não participava do custeio, conforme prevê o **art. 55, § 2º, do PBPS**, e o art. 26, § 3º, do RPS.

Embora seja permitido computar o tempo de serviço rural anterior ao PBPS, **não é possível contá-lo para efeitos de carência**.

11.3.4. Recolhimento das contribuições do segurado empregado, inclusive o doméstico, do trabalhador avulso e do contribuinte individual

Cabe ao **empregador** o recolhimento das contribuições do segurado empregado, inclusive o doméstico, e do trabalhador avulso. Considera-se, então, **presumido o recolhimento** porque é feito pelo empregador.

A partir da competência abril/2003, aplica-se a mesma presunção ao **contribuinte individual** quando as contribuições são dele descontadas pela empresa à qual prestar serviço. Esse dispositivo decorre do art. 216, I, "a", do mesmo Regulamento.

11.3.5. Recolhimento de contribuições para regime próprio de previdência

Cuida-se aqui daquele servidor que, mesmo tendo sido titular de cargo efetivo, sai do serviço público e passa a exercer atividade de filiação obrigatória ao RGPS ou ingressa como segurado facultativo.

As contribuições vertidas para o regime próprio de previdência dos servidores são também computadas para efeito de carência (art. 26, § 5º, do RPS).

O antigo servidor público, e agora segurado do RGPS, nessa hipótese, se beneficia do disposto no art. 13, § 4º, do RPS: manterá a qualidade de segurado pelo período de graça de 12 ou de 24 meses, nas hipóteses previstas no inciso II e § 1º do art. 13.

11.3.6. Cômputo do período de recolhimento anterior à perda da qualidade de segurado

Para que se readquira a condição de segurado, é necessário que haja nova filiação ao RGPS, quando, então, é que as contribuições pagas anteriormente serão computadas para efeito de carência. A partir daí, o segurado deverá novamente cumprir a carência prevista no art. 29 do RPS para a cobertura previdenciária que desejar obter.

A mesma regra se aplica ao segurado oriundo de regime próprio de previdência.

Aplicam-se as regras específicas do art. 27-A em relação aos benefícios de auxílio-doença, aposentadoria por invalidez, salário-maternidade e auxílio-reclusão: deverá ser cumprida metade da carência.

11.3.7. Para os segurados empregados, inclusive o doméstico, e trabalhador avulso

Os segurados **empregados**, empregados domésticos e trabalhadores avulsos computam o período de carência **a partir da data da filiação** ao RGPS, porque o recolhimento de suas contribuições fica a cargo do empregador.

11.3.8. Para os segurados contribuinte individual, especial e facultativo

Para os segurados contribuinte individual, facultativo e segurado especial – desde que recolha como contribuinte individual ou facultativo (art. 200, § 2º, do RPS) – o período de carência é computado **a partir da data do efetivo recolhimento da primeira contribuição sem atraso**.

Contribuições anteriores recolhidas **com atraso não são consideradas** para efeito de carência.

Contagem do período de carência	
■ Segurado empregado ■ Segurado empregado doméstico (LC n. 150/2015) ■ Segurado trabalhador avulso	■ A partir da data da filiação ao RGPS
■ Segurado contribuinte individual ■ Segurado facultativo ■ Segurado especial que contribui como contribuinte individual	■ A partir da data do recolhimento da primeira contribuição sem atraso

11.4. Cálculo do valor dos benefícios. Salário de benefício, salário de contribuição, período básico de cálculo (PBC), fator previdenciário (FP) e fórmula 85/95. A EC n. 103/2019

O cálculo dos proventos de aposentadorias e pensões do RGPS é feito de acordo com a legislação em vigor à época em que foram atendidos os requisitos nela estabelecidos (*tempus regit actum*), conforme prevê a EC n. 103/2019.

O cálculo do valor dos benefícios de prestação continuada está regulado pelos arts. 28 a 32 do PBPS e arts. 31 a 34 do RPS, regras aplicáveis a todos os benefícios cuja renda mensal é calculada com base no salário de benefício, e mesmo que se trate de benefício decorrente de acidente do trabalho.

Porém, essas regras não se aplicam ao cálculo da renda mensal inicial dos benefícios de salário-família, pensão por morte, salário-maternidade e outros previstos em lei especial (art. 31 do RPS).

Para melhor compreensão da matéria é necessário fixar alguns conceitos: salário de benefício, salário de contribuição, Período Básico de Cálculo (PBC) e Fator Previdenciário (FP).

A palavra "salário" é utilizada para denominar "bases de cálculo", e é utilizada para denominar benefícios apenas em 2 situações: salário-maternidade e salário-família.

Salário de benefício: é a **base de cálculo da renda mensal inicial** do benefício previdenciário. Atenção: Não é o valor da renda que o segurado receberá mensalmente.

Apurado o salário de benefício, sobre ele será aplicado um percentual, o que resultará no valor da renda mensal inicial, conforme veremos quando da análise de cada um dos benefícios.

Salário de contribuição: é a **base de cálculo da contribuição do segurado**. Atenção: não é o valor da contribuição recolhida aos cofres da Previdência.

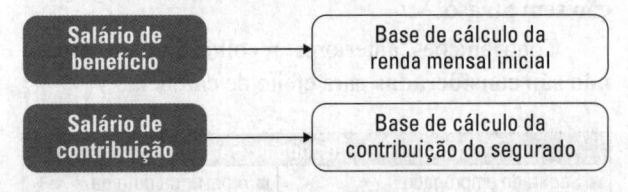

Salário de benefício	→	Base de cálculo da renda mensal inicial
Salário de contribuição	→	Base de cálculo da contribuição do segurado

Todos os salários de contribuição considerados para o cálculo do benefício devem ser atualizados (art. 201, § 3º, da CF).

Trata-se de garantia constitucional que pretende que a renda mensal do benefício inicialmente apurada seja justa, do ponto de vista de seu poder de compra, e consentânea com os encargos que teve o segurado com o custeio.

Em ações de revisão da renda mensal inicial dos benefícios previdenciários, onde se alega que os índices aplicados pelo INSS não refletem a real inflação no período, a jurisprudência do **STJ** tem entendimento firmado no sentido de que **cabe ao legislador ordinário definir os índices de correção monetária dos salários de contribuição** (Resp 200702194695, 5ª Turma, Rel. Min. Napoleão Nunes Maia filho, *DJe* 21-6-2010).

A correção monetária dos salários de contribuição, atualmente, é calculada de acordo com a variação integral do **Índice Nacional de Preços ao Consumidor (INPC)**, apurado pelo IBGE (art. 29-B do PBPS, incluído pela Lei n. 10.887/2004).

Período Básico de Cálculo (PBC): é o **período contributivo considerado no cálculo do valor do benefício**.

A partir da EC n. 20/98, que alterou o art. 201, § 3º, o conceito de PBC, que antes era dado pela Constituição (36 últimos salários de contribuição), foi transferido para a legislação ordinária, o que não foi alterado pela EC n. 103/2019.

Com a Lei n. 9.876, de 26-11-1999, que alterou o art. 29 do PBPS, o PBC passou a ser **todo o período contributivo** do segurado, porque determina sejam considerados no cálculo do benefício todos os salários de contribuição, o que se aplicou a todos os que ingressaram no RGPS *após* a vigência da lei. Para os que ingressaram antes da vigência da Lei n. 9.876/90, o PBC considerado se inicia na competência julho/1994.

O art. 26 da EC n. 103/2019 fixou o PBC para todos os benefícios: 100% do período contributivo a partir da competência julho de 1994, ou desde o início da contribuição, se posterior àquela competência. A novidade está na fixação do **termo inicial do PBC**, que passou a ter sede constitucional, na **competência julho/1994**, que, na prática, era o que resultava da aplicação da Lei n. 9.876/99, o que poderá ser alterado por lei ordinária.

Período básico de cálculo (PBC)	
■ Direito adquirido antes da Lei n. 9.876/99	■ 36 últimos salários de contribuição
■ Segurados que ingressaram no RGPS após a Lei n. 9.876/99	■ Todos os salários de contribuição de todo o período contributivo
■ Segurados que ingressaram no RGPS antes da Lei n. 9.876/99, mas sem cumprir todos os requisitos para o benefício)	■ Todos os salários de contribuição de todo o período contributivo contado a partir da competência julho/94
■ Segurados que ingressaram no RGPS antes da EC n. 103/2019	■ Todos os salários de contribuição de todo o período contributivo contado a partir da competência julho/94
■ Segurados que ingressaram no RGPS a partir da EC n. 103/2019	■ Todos os salários de contribuição de todo o período contributivo

Fator previdenciário (FP): criado pela Lei n. 9.876/99, é o resultado obtido após a aplicação de uma fórmula, e que se aplica sobre a média dos salários de contribuição.

O FP só se aplica ao cálculo dos benefícios de **aposentadoria por idade e aposentadoria por tempo de contribuição conforme regras de transição da EC n. 103/2019**, que serão detalhadas quando do estudo de cada um dos benefícios.

Para os segurados que ingressarem no RGPS a partir da EC n. 103/2019, idade e tempo de contribuição não serão mais coberturas previdenciárias, mas, sim, serão requisitos cumulativos para a aposentadoria voluntária.

O art. 29-C do PBPS permitiu ao segurado optar por não aplicar o FP no cálculo de sua aposentadoria, desde que cumprida a denominada **regra "85/95"**. Fazendo essa opção, a soma de sua idade com o tempo de contribuição deveria totalizar, na data do requerimento, 95 pontos, se homem, e 85 pontos, se mulher.

A Lei n. 13.183, de 4-11-2015 (*DOU* 5-11-2015), adotou a fórmula 85/95, mas estabeleceu a majoração da pontuação a partir de 31-12-2018 até 31-12-2026.

Com a Reforma da Previdência de 2019, a regra passou a ser conhecida como **"86/96", 87/97 etc.** e só se aplica no cálculo da aposentadoria nas regras de transição dos arts. 15 e 21 da EC n. 103/2019.

Fator previdenciário (FP) e fórmula 85/95 (86/96)
■ **FP ou fórmula 85/95** na aposentadoria por tempo de contribuição
■ **FP** opcional na aposentadoria por idade
■ **Fórmula 86/96** só se aplica nas regras de transição dos arts. 15 e 21 da EC n. 103/2019

O FP tem aplicação progressiva: 1/60 por mês que se seguir à publicação da Lei, sendo de aplicação integral decorridos 60 meses.

São duas as principais consequências da aplicação do FP:

a) diminuição do salário de benefício para quem resolve se aposentar de acordo com as regras anteriores;

b) majoração do valor do benefício para quem retardar a aposentadoria, porque computará um tempo de contribuição maior e receberá a cobertura previdenciária por um período menor.

O STF reconheceu a **constitucionalidade do FP**, em Repercussão Geral no RE 1.221.630 (*DJe* 18-6-2020), onde firmou a tese no **Tema 1.091**: É constitucional o fator previdenciário previsto no art. 29, *caput*, incisos e parágrafos, da Lei n. 8.213/91, com a redação dada pelo art. 2º da Lei n. 9.876/99.

11.4.1. Salário de Benefício

A EC n. 103/2019 definiu o salário de benefício para o cálculo de todos os benefícios do RGPS: a média aritmética simples dos salários de contribuição e das remunerações adotados como base para contribuições a RPPS e ao RGPS, ou para contribuições decorrentes de atividades militares, atualizados monetariamente, a partir da competência julho de 1994, ou desde o início da contribuição, se posterior àquela competência.

A média resultante desse cálculo será limitada ao valor máximo do salário de contribuição para o RGPS.

Se o segurado cumpriu os requisitos da cobertura previdenciária até a data da publicação da EC n. 103/2019 (12-11-2019), o salário de benefício corresponde à média aritmética simples dos maiores salários de contribuição correspondentes a 80% de todo o período contributivo. Na aposentadoria por tempo de contribuição, esse valor deve ser multiplicado pelo Fator Previdenciário, de aplicação facultativa na aposentadoria por idade.

As modificações na legislação previdenciária culminam em regras que contemplam:

a) as situações dos segurados que ingressaram após a vigência da nova lei;

b) as dos que já haviam cumprido todos os requisitos para obterem o benefício antes da alteração legislativa; e

c) as daqueles que, embora estivessem já no sistema previdenciário, não haviam ainda cumprido todos os requisitos antes da vigência da nova lei.

Salário de benefício	
■ Direito adquirido	■ Requisitos cumpridos antes da nova regra
■ Regras permanentes	■ Para os que ingressaram no RGPS após a nova regra
■ Regras transitórias	■ Para os que ingressaram no RGPS antes da nova regra, mas ainda não cumpriram todos os requisitos

11.4.1.1. Direito adquirido

As constantes modificações na legislação previdenciária atingiram principalmente o Período Básico de Cálculo e a correção monetária dos salários de contribuição.

É justamente nessa matéria que se concentra a maioria das ações previdenciárias que tramitam no Poder Judiciário: são segurados e dependentes reclamando da forma de cálculo da renda mensal do benefício, o que, na verdade, impugna o cálculo da correção monetária dos salários de contribuição e, por consequência, o cálculo do salário de benefício.

A regra é a de que tem direito adquirido o segurado que **cumpriu todos os requisitos para obter benefício antes da modificação da legislação**, garantida no art. 3º da EC n. 103/2019.

No caso concreto, para aplicação do direito intertemporal, ou seja, para estabelecer qual a regra aplicável ao cálculo do salário de benefício, é necessário verificar em que data o segurado cumpriu os requisitos para obter o benefício. Fixada essa data, o passo seguinte será verificar qual das normas estava então em vigor (*tempus regit actum*). E, após, concluir pela existência ou não de direito adquirido à forma de cálculo do salário de benefício.

Para melhor elucidação, elaboramos a tabela abaixo, que contempla todas as hipóteses de **período básico de cálculo**.

	Período básico de cálculo					
	LOPS (sem correção monetária)	Decreto n. 710/69	Lei n. 6.423/77	CF de 1988 e Lei n. 8.213/91	Lei n. 9.876/99	EC n. 103/2019 (regras de transição)
■ Aposentadoria por tempo de serviço/ contribuição	■ 12 meses	■ 36 meses, com correção monetária dos 24 primeiros (índices do SAMTPS)	■ 36 meses, com correção monetária dos 24 primeiros (índices da ORTN/OTN)	■ 36 meses, com correção monetária de todos os salários de contribuição	■ Todo o período contributivo, com correção de todos os salários de contribuição	■ Todo o período contributivo, a partir de julho/1994, com correção de todos os salários de contribuição
■ Aposentadoria especial	■ 12 meses	■ 36 meses, com correção monetária dos 24 primeiros (índices do SAMTPS)	■ 36 meses, com correção monetária dos 24 primeiros (índices da ORTN/OTN)	■ 36 meses, com correção monetária de todos os salários de contribuição	■ Todo o período contributivo, com correção de todos os salários de contribuição	■ Todo o período contributivo a partir de julho/1994, com correção de todos os salários de contribuição
■ Aposentadoria por idade	■ 12 meses	■ 36 meses, com correção monetária dos 24 primeiros (índices do SAMTPS)	■ 36 meses, com correção monetária dos 24 primeiros (índices da ORTN/OTN)	■ 36 meses, com correção monetária de todos os salários de contribuição	■ Todo o período contributivo, com correção de todos os salários de contribuição	■ Todo o período contributivo a partir de julho/1994, com correção de todos os salários de contribuição
■ Aposentadoria por invalidez	■ 12 meses	■ 12 meses, sem correção monetária	■ 12 meses, sem correção monetária	■ 36 meses, com correção monetária de todos os salários de contribuição	■ Todo o período contributivo, com correção de todos os salários de contribuição	■ Todo o período contributivo a partir de julho/1994, com correção de todos os salários de contribuição
■ Pensão por morte	■ 12 meses	■ 12 meses, sem correção monetária	■ 12 meses, sem correção monetária			
■ Auxílio-doença	■ 12 meses	■ 12 meses, sem correção monetária	■ 12 meses, sem correção monetária	■ 36 meses, com correção monetária de todos os salários de contribuição	■ Todo o período contributivo, com correção de todos os salários de contribuição	■ Todo o período contributivo a partir de julho/1994, com correção de todos os salários de contribuição

E, a seguir, a tabela explicativa do cálculo do **salário de benefício**.

Benefício	Salário de benefício
Aposentadoria por invalidez (Inclusive em razão de acidente do trabalho)	■ De 5-4-1991 a 28-11-1999. ■ Média aritmética simples dos últimos 36 salários de contribuição dos meses anteriores ao do afastamento da atividade ou da data da entrada do requerimento, apurados em período não superior a 48 meses. ■ A partir de 29-11-1999. ■ Média aritmética simples dos maiores salários de contribuição correspondentes a 80% de todo o período contributivo (desde julho/94). ■ A partir de 13-11-2019. ■ Média aritmética simples dos salários de contribuição correspondentes a 100% do período contributivo a partir de julho/1994.
Aposentadoria por idade	■ De 5-4-1991 a 28-11-1999. ■ Média aritmética simples dos últimos 36 salários de contribuição dos meses anteriores ao do afastamento da atividade ou da data da entrada do requerimento, apurados em período não superior a 48 meses. ■ A partir de 29-11-1999. ■ Média aritmética simples dos maiores salários de contribuição correspondentes a 80% de todo o período contributivo (desde julho/94), multiplicada pelo FP (opcional). ■ A partir de 13-11-2019. ■ Média aritmética simples dos salários de contribuição correspondentes a 100% do período contributivo a partir de julho/1994, com FP em algumas hipóteses.

Aposentadoria por tempo de serviço/ contribuição	■ De 5-4-1991 a 28-11-1999. ■ Média aritmética simples dos últimos 36 salários de contribuição dos meses anteriores ao do afastamento da atividade ou da data da entrada do requerimento, apurados em período não superior a 48 meses. ■ A partir de 29-11-1999. ■ Média aritmética simples dos maiores salários de contribuição correspondentes a 80% de todo o período contributivo (desde julho/94), multiplicada pelo fator FP. ■ A partir de 18-6-2015. ■ Pode optar entre aplicar o FP ou a fórmula 85/95. ■ A partir de 13-11-2019: ■ Média aritmética simples dos salários de contribuição correspondentes a 100% do período contributivo a partir de julho/1994, com FP ou fórmula 86/96 em algumas hipóteses.
Aposentadoria especial	■ De 5-4-1991 a 28-11-1999. ■ Média aritmética simples dos últimos 36 salários de contribuição dos meses anteriores ao do afastamento da atividade ou da data da entrada do requerimento, apurados em período não superior a 48 meses. ■ A partir de 29-11-1999. ■ Média aritmética simples dos maiores salários de contribuição correspondentes a 80% de todo o período contributivo (desde julho/94). ■ A partir de 13-11-2019. ■ Média aritmética simples dos salários de contribuição correspondentes a 100% do período contributivo a partir de julho/1994.
Auxílio-doença (Inclusive em razão de acidente do trabalho)	■ De 5-4-1991 a 28-11-1999. ■ Média aritmética simples dos últimos 36 salários de contribuição dos meses anteriores ao do afastamento da atividade ou da data da entrada do requerimento, apurados em período não superior a 48 meses. ■ A partir de 29-11-1999. ■ Média aritmética simples dos maiores salários de contribuição correspondentes a 80% de todo o período contributivo (desde julho/94). ■ Corresponderá a 50% do salário de benefício.
Auxílio-acidente (Inclusive em razão de acidente do trabalho)	■ De 5-4-1991 a 28-11-1999. ■ Média aritmética simples dos últimos 36 salários de contribuição dos meses anteriores ao do afastamento da atividade ou da data da entrada do requerimento, apurados em período não superior a 48 meses. ■ A partir de 29-11-1999. ■ Média aritmética simples dos maiores salários de contribuição correspondentes a 80% de todo o período contributivo (desde julho/94). ■ A partir de 13-11-2019. ■ Média aritmética simples dos salários de contribuição correspondentes a 100% do período contributivo a partir de julho/1994. ■ Corresponderá a 50% do salário de benefício.

■ **11.4.1.2. Regras aplicáveis ao salário de benefício**

■ **11.4.1.2.1. Piso e teto (art. 29, § 2º, do PBPS e art. 32, § 3º, do RPS)**

O salário de benefício não pode ser inferior ao valor de um salário mínimo.

Para a apuração da Renda Mensal Inicial (RMI) de cada benefício, aplica-se um coeficiente sobre o valor do salário de benefício, podendo resultar em valor inferior ao salário mínimo, e a renda mensal dos benefícios previdenciários não pode ser inferior ao salário mínimo (art. 201, § 2º, CF). Se o valor for menor que o de um salário mínimo, a RMI também o será, violando o art. 201, § 2º. Sendo inferior ao piso, o valor do salário de benefício deve ser ajustado para corresponder a um salário mínimo.

O salário de benefício também não poderá ser superior ao limite máximo do salário de contribuição, considerado na data do início do benefício.

Deve ser mantido o equilíbrio financeiro e atuarial do RGPS: se há um valor máximo para o salário de contribuição, esse deve ser também o valor máximo do salário de benefício porque, reiteramos, ao valor do salário de benefício aplica-se um coeficiente para apurar a RMI; se esse valor for maior que o limite máximo do salário de contribuição, nas hipóteses em que o coeficiente é de 100% (aposentadoria por invalidez, por exemplo), poderia ser encontrada RMI superior ao limite máximo do salário de contribuição. Não faria sentido que se pudesse ter benefício com renda mensal superior ao limite máximo de contribuição do segurado.

Se apurado valor superior ao do limite máximo do salário de contribuição, será feita a devida redução.

Os valores mínimo e máximo do salário de contribuição e do salário de benefício e da RMI são fixados anualmente por Portaria Interministerial do Ministério do Trabalho e da Previdência Social e Ministério do Emprego.

11.4.1.2.2. Valores considerados na apuração do salário de benefício. Art. 29, §§ 3º e 4º, do PBPS e art. 32, §§ 4º e 5º, do RPS

Todos os ganhos habituais do segurado empregado, na forma de moeda corrente ou de utilidades, são considerados no cálculo, desde que sobre eles tenha incidido a contribuição previdenciária.

O **13º salário** não é considerado para fins de cálculo do salário de benefício a partir da vigência da Lei n. 8.870/94. Como a redação anterior não fazia a ressalva quanto ao 13º salário, o STJ adota entendimento de que deve então ser computado no cálculo do salário de benefício antes da Lei n. 8.870/94 (**Tema 904**).

> **Súmula 83 da TNU**
> A partir da entrada em vigor da Lei n. 8.870/94, o décimo terceiro salário não integra o salário de contribuição para fins de cálculo do salário de benefício.

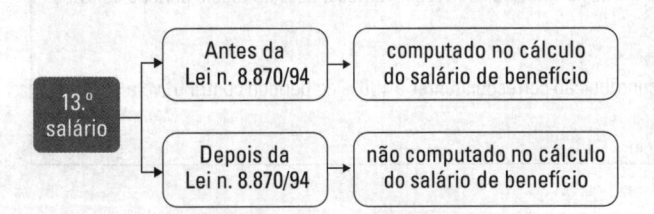

11.4.1.2.3. Benefícios por incapacidade recebidos no PBC: art. 29, § 5º, do PBPS e art. 32, § 6º, do RPS

Pode ocorrer de o segurado passar por períodos em que, ao invés de pagar contribuições para o sistema, recebe cobertura previdenciária por estar incapacitado para o trabalho (total e temporariamente, total e permanentemente etc.).

É a situação em que **o período básico de cálculo é integrado por meses em que não houve contribuição, mas, sim, o recebimento do benefício por incapacidade**, hipótese prevista na Lei e no Regulamento: será considerado salário de contribuição, nesse período, o valor do salário de benefício que serviu de base para a concessão do benefício por incapacidade.

Para fins de cálculo do salário de benefício (e também de contagem de tempo de contribuição), o entendimento da jurisprudência tem sido o mesmo: só se computa como salário de contribuição o salário de benefício do benefício por incapacidade temporária se houver **períodos intercalados de recolhimentos de contribuição e de incapacidade**. Não havendo períodos intercalados, o benefício por incapacidade permanente é considerado como mera conversão do benefício por incapacidade temporária, de modo que, para o cálculo da renda mensal inicial, é aplicado o percentual de 100% sobre o salário de benefício do benefício por incapacidade temporária.

No RE n. 583.834, o STF, em repercussão geral, decidiu que **o art. 29, § 5º, só se aplica quando o afastamento que precede a aposentadoria por invalidez não é contínuo, mas intercalado com períodos de atividade**, porque não é permitida a contagem de tempos fictícios para fins de concessão de benefícios.

Essa a tese no **Tema 88**: Em razão do caráter contributivo do regime geral de previdência (CF/1988, art. 201, *caput*), o art. 29, § 5º, da Lei n. 8.213/91 não se aplica à transformação de auxílio-doença em aposentadoria por invalidez, mas apenas as aposentadorias por invalidez precedidas de períodos de auxílio-doença intercalados com intervalos de atividade, sendo válido o art. 36, § 7º, do Decreto n. 3.048/99, mesmo após a Lei n. 9.876/99.

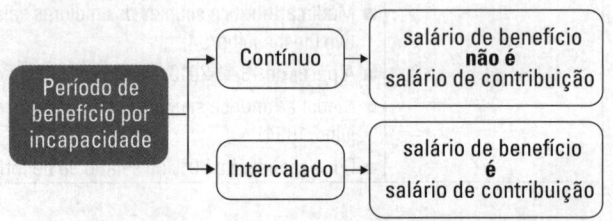

11.4.1.2.4. Inexistência de salários de contribuição no PBC

Pode ocorrer, ainda, que o PBC não contenha períodos de contribuição.

Por exemplo, o segurado requer aposentadoria por idade depois de ter perdido a qualidade de segurado, mas com direito adquirido à aposentadoria. Entretanto, ingressou no sistema antes da vigência da Lei n. 9.876/99 e, por isso, está submetido às regras de transição, tendo por PBC o período que se iniciou em julho/94. Porém, desde antes de julho/94, não pagava contribuições para o RGPS, razão pela qual não tem salários de contribuição a considerar.

Nessa hipótese, **a renda mensal do benefício será igual ao valor de um salário mínimo**, porque a CF garante que nenhum benefício que substitua a renda do segurado ou o salário de contribuição seja inferior a um salário mínimo.

11.4.1.2.5. Aposentadorias precedidas de auxílio-acidente: art. 32, § 8º, do RPS

O auxílio-acidente tem natureza indenizatória, para ressarcir o segurado que, após a consolidação das lesões decorrentes de acidente, passa a ter sequelas que implicam redução da capacidade para o trabalho que habitualmente exercia, conforme situações previstas em regulamento, restando prejudicado em sua remuneração quando volta ao mercado de trabalho.

Trata-se de indenização em razão da redução da renda mensal decorrente do acidente, que será recebida enquanto persistirem as sequelas e o segurado não se aposentar.

Com a aposentadoria cessa o pagamento do auxílio-acidente, uma vez que terá cobertura previdenciária única.

Se houve redução da capacidade de trabalho, certamente houve também foi reduzido o novo salário de contribuição após o retorno ao trabalho em outra atividade para a qual o segurado teve que se adaptar. Recebia remuneração e auxílio-acidente.

O salário de contribuição que embasar o cálculo da aposentadoria deverá ser integrado pelo valor do auxílio-acidente que recebia, sob pena de ter sua renda mensal defasada. Ao valor do salário de contribuição será acrescido o do auxílio-acidente (art. 32, § 8º, do RPS).

Nem sempre foi assim. Antes da vigência da Lei n. 9.528/97, o segurado recebia cumulativamente a aposentadoria e o auxílio-acidente, que não integrava o salário de contribuição.

O STJ decidiu, em Recurso Especial Repetitivo, que o auxílio-acidente só pode ser acumulado com a aposentadoria quando **ambos** os benefícios tenham sido concedidos **antes** de 11-11-1997, data da MP que alterou a Lei n. 9.528/97 (1ª Seção, REsp 1.296.673, Rel. Min. Herman Benjamin, *DJe* 3-9-2012).

Em 31-3-2014, editou a **Súmula 507**:

> **Súmula 507 do STJ**
> A **acumulação** de auxílio-acidente com aposentadoria pressupõe que a lesão incapacitante e a aposentadoria sejam **anteriores** a 11-11-1997, observado o critério do art. 23 da Lei n. 8.213/91 para definição do momento da lesão nos casos de doença profissional ou do trabalho.

Antes da vigência da Lei n. 9.528/97	A partir da vigência da Lei n. 9.528/97
■ Auxílio-acidente + aposentadoria (recebimento conjunto)	■ Auxílio-acidente integra salário de contribuição da aposentadoria (vedado o recebimento conjunto). ■ Permitido o recebimento conjunto se ambos os benefícios foram concedidos antes de 11-11-1997.

11.4.1.2.6. Contribuição em razão de atividades concomitantes: art. 32 do PBPS e art. 34 do RPS

Se o segurado exerce, ao mesmo tempo, mais de uma atividade vinculada ao RGPS, deve participar do custeio em todas as atividades até o limite máximo do salário de contribuição.

11.4.1.2.7. Comprovação dos salários de contribuição

O segurado empregado comprova seus salários de contribuição com as anotações do contrato de trabalho em CTPS, porque é do empregador a obrigação de arrecadar e recolher a contribuição previdenciária do segurado empregado.

Mas essa facilidade não se estende a segurados que não são assalariados, como os contribuintes individuais, por exemplo. Por isso, art. 29-A do PBPS, modificado pela Lei Complementar n. 128, de 19-12-2008, determinou que o INSS, para fins de cálculo do salário de benefício, comprovação de filiação ao RGPS, tempo de contribuição e relação de emprego utilize os dados do **Cadastro Nacional de Informações Sociais (CNIS)** sobre os vínculos e as remunerações dos segurados.

Nem sempre o CNIS é suficiente para a comprovação desejada. É comum que o segurado empregado, por exemplo, esteja submetido a uma condição de subemprego, em que o empregador não faz nenhum recolhimento de contribuição previdenciária, sem o que não há como constar do CNIS. Por isso, entendemos, o segurado deve guardar todos os documentos comprobatórios de suas relações de emprego, ou do recolhimento de suas contribuições previdenciárias, no caso dos segurados contribuinte individual e facultativo.

Se as informações da base de dados do CNIS não corresponderem à realidade, o segurado poderá requerer a inclusão de informações, a exclusão ou retificação das existentes, apresentando os documentos comprobatórios de suas alegações, conforme critérios definidos pelo INSS (art. 29-A, § 2º).

11.4.1.3. Renda mensal do benefício

Calculado o valor do salário de benefício, passa-se ao cálculo do valor da **Renda Mensal Inicial do Benefício (RMI)**.

A RMI é o **valor da primeira prestação** que o segurado receberá mensalmente. É calculada mediante a aplicação de um **coeficiente sobre o valor do salário de benefício**. Esse coeficiente varia de acordo com o benefício requerido.

A CF garante (art. 201, § 2º) que a renda mensal do benefício que substitua o salário de contribuição **não poderá ter valor inferior ao do salário mínimo**.

Porém, benefícios que não substituem o salário de contribuição podem ter RM inferior a um salário mínimo: auxílio-acidente, salário-família e a parcela a cargo do RGPS dos benefícios por totalização concedidos com base em acordos internacionais de previdência social (art. 42, parágrafo único, do RPS).

A RMI também **não pode ter valor superior ao do salário de contribuição**.

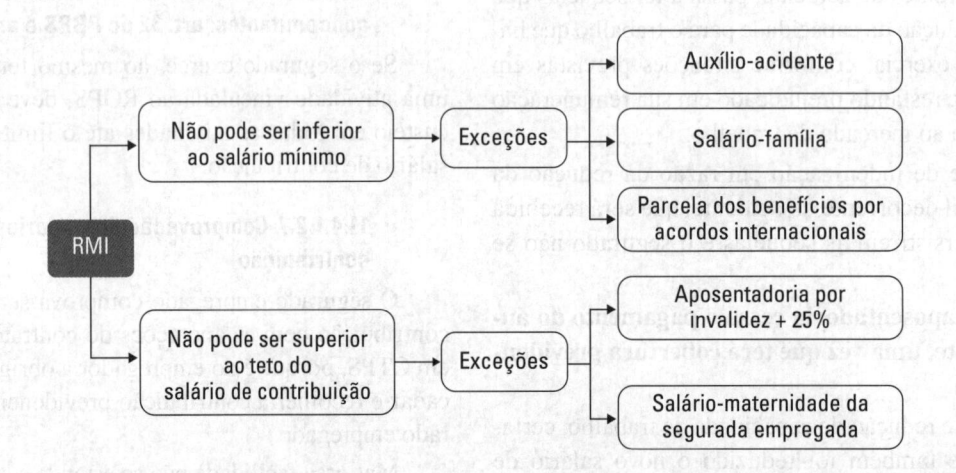

```
                                          ┌─► Auxílio-acidente
              ┌─ Não pode ser inferior ─ Exceções ─┼─► Salário-família
              │  ao salário mínimo                 └─► Parcela dos benefícios por
         RMI ─┤                                       acordos internacionais
              │                                    ┌─► Aposentadoria por
              └─ Não pode ser superior ─ Exceções ─┤   invalidez + 25%
                 ao teto do                        └─► Salário-maternidade da
                 salário de contribuição               segurada empregada
```

11.4.1.3.1. Reajuste da renda mensal do benefício

O **primeiro reajuste** é feito *pro rata*, isto é, **proporcionalmente**, de acordo com a data de início do benefício ou de seu último reajuste, com base no INPC, apurado pelo IBGE. Isso porque os benefícios, na maioria das vezes, têm início em data que não é a do primeiro dia do mês e, inclusive, em data posterior ao reajuste dos que já estavam anteriormente em manutenção. Então, por ocasião do reajuste, o índice é calculado proporcionalmente, respeitando a data do início do benefício ou do seu último reajuste.

A jurisprudência do STF é firme no sentido de ser válido o critério da proporcionalidade.

Os reajustes dos benefícios previdenciários, na vigência do PBPS, não estão vinculados aos índices de reajuste do salário mínimo, conforme tese firmada pelo **STF** no julgamento da Repercussão Geral em RE n. 968.414 (*DJe* 3-6-2020): Não encontra amparo no Texto Constitucional revisão de benefício previdenciário pelo valor nominal do salário mínimo (**Tema 996**).

O reajuste tem a mesma data e a mesma periodicidade – anual – dos reajustes do salário mínimo. O índice, porém, é o do INPC do IBGE. Na forma do entendimento jurisprudencial já firmado, não há ofensa às garantias constitucionais da irredutibilidade e da preservação do valor real dos benefícios.

Reajuste dos benefícios na vigência do PBPS
Periodicidade do salário mínimo
■ Anual
■ Mesma data do reajuste do salário mínimo
■ *Pro rata* no primeiro reajuste
■ Índice: INPC do IBGE

12. BENEFÍCIOS PAGOS AOS SEGURADOS TRABALHADORES URBANOS

A partir da EC n. 103/2019, o RGPS garante cobertura previdenciária aos seus segurados (benefícios): aposentadoria por incapacidade permanente, aposentadoria comum voluntária, aposentadoria especial, benefício por incapacidade temporária, salário-família, salário-maternidade e auxílio-acidente.

As antigas aposentadorias por idade e por tempo de contribuição continuam previstas apenas nas regras de transição da EC n. 103/2019, isto é, para aqueles que já eram segurados do RGPS em 13-11-2019, data de entrada em vigor da EC n. 103/2019.

A idade e o tempo de contribuição, nas novas regras constitucionais, passaram a ser requisitos cumulativos para a concessão de aposentadoria comum voluntária, como adiante se verá.

Benefícios devidos aos segurados urbanos	
Aposentadorias	■ Incapacidade permanente ■ Comum voluntária ■ Especial ■ Idade → regras de transição da EC n. 103/2019 ■ Tempo de contribuição → regras de transição da EC n. 103/2019
Benefício por incapacidade temporária	
Salário-família	
Salário-maternidade	
Auxílio-acidente	

12.1. Aposentadoria por incapacidade permanente

A cobertura da contingência *incapacidade permanente* está prevista no art. 201, I, da CF, com a redação dada pela EC n. 103/2019, e restou prevista nos arts. 42 a 47 da Lei n. 8.213/91, regulamentada nos arts. 43 a 50 do RPS.

Até que venha alteração legislativa, valem as disposições da Lei n. 8.213/91, que trata da aposentadoria por invalidez, cobertura previdenciária ao segurado incapaz de forma total e permanente para o trabalho.

A contingência que dá direito à cobertura previdenciária é a **incapacidade total e impossibilidade de reabilitação para o exercício de atividade que garanta a subsistência do segurado**.

É a incapacidade que impede o segurado de exercer toda e qualquer atividade que lhe garanta a subsistência, sem prognóstico de melhoria de suas condições, sinalizando que perdurará definitivamente, resultando na antecipação da velhice.

a) **Atividades concomitantes**: a incapacidade total só estará configurada se o segurado tiver que se afastar de todas as atividades (art. 44, § 3º, do RPS).

b) **Lesões preexistentes**: que já acometiam o segurado **antes** de ingressar no RGPS.

Em regra, a preexistência da doença ou da lesão tira do segurado a cobertura incapacidade permanente.

Porém, há situações em que o segurado ingressa no RGPS já portador da doença, por vezes assintomática; contribui para o custeio e só depois de algum tempo é que surge a incapacidade, em razão da progressão ou agravamento da doença ou lesão (Doença de Chagas, por exemplo).

O § 2º do art. 42 do PBPS e o § 2º do art. 43 do RPS dão a solução: a doença ou lesão de que o segurado já era portador ao filiar-se ao Regime Geral de Previdência Social não lhe conferirá direito à aposentadoria por incapacidade permanente, **salvo quando a incapacidade sobrevier por motivo de progressão ou agravamento dessa doença ou lesão**. *V.* STJ, REsp 1471461, 1ª Turma. Rel. Min. Napoleão Nunes Maia filho, *DJe* 16-4-2018. A jurisprudência dominante é no sentido de que a contingência só se configura com a existência da incapacidade total e permanente, e não com a existência da doença.

> **Súmula 53 da TNU**
> Não há direito a auxílio-doença ou a aposentadoria por invalidez quando a incapacidade para o trabalho é preexistente ao reingresso do segurado no Regime Geral de Previdência Social.

c) **Carência:** 12 contribuições mensais, em regra.

Há hipóteses de dispensa da carência: acidente de qualquer natureza ou causa, doença profissional ou do trabalho e as doenças previstas no art. 151 do PBPS, rol ampliado com a Portaria MTP/MS n. 22/2022, que ampliou o rol das doenças que dispensam o cumprimento de carência, incluindo o acidente vascular encefálico (agudo) e o abdome agudo cirúrgico.

d) **Sujeito ativo:** o segurado.

e) **Sujeito passivo:** INSS.

f) **Termo inicial:** o termo inicial do benefício varia conforme o tipo ou situação do segurado (quadro abaixo).

g) **RMI:** com as alterações trazidas pela EC n. 103/2019, a aplicação do princípio *tempus regit actum* dirá qual a regra aplicável (quadro abaixo).

Questão importante é a da denominada aposentadoria valetudinária, que dá direito ao adicional de 25% na RMI em determinadas situações (art. 45 do PBPS), definidas no RPS. São hipóteses em que necessita da assistência permanente de outra pessoa.

Situações em que o aposentado por incapacidade total e permanente tem direito à majoração de 25%
■ Cegueira total
■ Perda de 9 dedos das mãos ou superior a esta
■ Paralisia dos 2 membros superiores ou inferiores
■ Perda dos membros inferiores, acima dos pés, quando a prótese for impossível
■ Perda de uma das mãos e de 2 pés, ainda que a prótese seja possível
■ Perda de 1 membro superior e outro inferior, quando a prótese for impossível
■ Alteração das faculdades mentais com grave perturbação da vida orgânica e social
■ Doença que exija permanência contínua no leito
■ Incapacidade permanente para as atividades da vida diária

O acréscimo de 25% pode levar a valor da RMI superior ao teto legal. A lei permite, expressamente, que, nessa hipótese, a RMI seja **superior ao teto** (art. 45, parágrafo único, a, do PBPS), disposição repetida pelo art. 45, I, do RPS.

O STF, no julgamento da Repercussão Geral no RE 1.221.446, firmou entendimento no **Tema 1095** (*DJe* 4-8-2021): No âmbito do Regime Geral de Previdência Social (RGPS), somente lei pode criar ou ampliar benefícios e vantagens previdenciárias, não havendo, por ora, previsão de extensão do auxílio da grande invalidez a todas as espécies de aposentadoria.

Com o julgamento do STF, restou firmado que **o acréscimo de 25% só pode ser aplicado à aposentadoria por incapacidade total e permanente**.

Com a morte do segurado, o acréscimo de 25% não será pago na pensão por morte.

h) **Termo final:** conforme quadro abaixo

Aposentadoria por incapacidade total e permanente	
Contingência	■ Incapacidade total e permanente
Carência	■ 12 meses → regra ■ dispensada em casos de acidente de qualquer natureza ou causa, doença profissional ou do trabalho e doenças previstas no art. 151 do PBPS
Sujeito ativo	■ Segurado
Sujeito passivo	■ INSS

RMI	a) requisitos cumpridos até 12-11-2019: 100% do salário de benefício, mesmo que a incapacidade seja decorrente de acidente do trabalho;
	  ■ salário de benefício: média aritmética simples dos 80% maiores salários de contribuição a partir de julho/1994
	b) requisitos cumpridos a partir de 13-11-2019: 60% do salário de benefício + 2%/ano de contribuição que exceder 20 anos (homem) e 15 anos (mulher)
	  ■ salário de benefício: 100% da média aritmética simples de todos os salários de contribuição a partir de julho/1994
	c) requisitos cumpridos a partir de 13-11-2019 quando a incapacidade resultar de acidente do trabalho, doença profissional e de doença do trabalho: 100% do salário de benefício
	  ■ salário de benefício: 100% da média aritmética simples de todos os salários de contribuição a partir de julho/1994

Termo inicial	■ o dia imediato ao da cessação do benefício por incapacidade temporária; ■ o 16º dia do afastamento da atividade (segurado empregado); ■ a DER, se entre esta e a do afastamento transcorrer mais de 30 dias (segurado empregado); ■ a data do início da incapacidade (empregado doméstico, trabalhador avulso, contribuinte individual, segurado facultativo e segurado especial); ■ a DER, se entre esta e a do início da incapacidade decorreram mais de 30 dias (empregado doméstico, trabalhador avulso, contribuinte individual, segurado facultativo e segurado especial); ■ a DER, se indeferido o benefício administrativo e o pedido judicial for julgado procedente; ■ a data da citação, se não houve requerimento administrativo.
Termo final	■ a data do retorno do segurado aposentado à atividade, se voluntário; ■ a data da recuperação da capacidade para o trabalho; ■ a data da morte do segurado.

■ 12.2. Aposentadoria comum voluntária com requisitos cumulativos de idade e tempo de contribuição: art. 201, § 7º, I, da CF, com a redação da EC n. 103/2019

A Reforma da Previdência promovida pela EC n. 103/2019, publicada em 13-11-2019, alterou as regras da aposentadoria voluntária.

As antigas aposentadorias por tempo de contribuição e por idade foram substituídas pela aposentadoria com requisitos cumulativos de idade e tempo de contribuição.

A alteração das regras atinge segurados que ingressaram no RGPS antes e após a EC 103.

Aos que ingressaram no RGPS após a publicação da EC n. 103/2019 aplicam-se as *regras permanentes*, sendo-lhes vedado computar tempos fictícios, isto é, que não sejam de efetiva contribuição ao RGPS, para concessão de benefícios ou contagem recíproca em outro regime de previdência (art. 201, § 14, da CF).

Aos que ingressaram no RGPS antes da publicação da EC n. 103/2019, que ainda não haviam cumprido todos os requisitos para se aposentarem, aplicam-se as *regras de transição*.

E aos que cumpriram todos os requisitos para a aposentadoria por tempo de contribuição e por idade antes da Reforma da Previdência, restou garantido o direito ao benefício com base nas regras então vigentes, restando respeitado, assim, o *direito adquirido*.

12.2.1. Regras permanentes: segurados que ingressaram no RGPS após a data da publicação da EC n. 103/2019 (art. 201, § 7º)

O quadro abaixo simplifica a compreensão das regras permanentes.

Aposentadoria comum voluntária Regras permanentes Para os filiados ao RGPS após 13-11-2019 (EC n. 103/2019): art. 201, § 7º, da CF Requisitos cumulativos de idade e tempo de contribuição (Vedada a contagem de tempo fictício: art. 201, § 14, da CF)	
■ Contingência: Requisitos cumulativos de ID e TC	■ ID: 62 anos (mulher) ■ 65 anos (homem) ■ TC → até edição da lei (art. 19 da EC n. 103/2019): 15 anos (mulher) e 20 anos (homem)
■ Sujeito ativo	■ O segurado urbano ou rural, exceto o segurado especial
■ Sujeito passivo	■ INSS
■ RMI	■ Na forma da lei

(ID = Idade; TC = Tempo de Contribuição; FP = Fator Previdenciário)

12.2.2. Regras gerais de transição: segurados inscritos no RGPS até a data da publicação da EC n. 103/2019

As regras gerais constantes do quadro abaixo se aplicam a todas as hipóteses de transição.

Aposentadoria comum voluntária Regras gerais de transição Para os filiados RGPS até 13-11-2019 (antes da EC n. 103/2019): art. 15 e § 3º da EC n. 103/2019
a) Garantido o respeito ao direito adquirido do segurado que cumpriu todos os requisitos para a aposentadoria até 13-11-2019, na forma da legislação então vigente na data do cumprimento dos requisitos (art. 3º da EC n. 103/2019).
b) Permitida a contagem do tempo fictício nas hipóteses previstas na legislação vigente até 13-11-2019 (art. 25 da EC n. 103/2019).
c) O tempo de contribuição é contado de data a data, desde o início até a data do requerimento ou do desligamento de atividade abrangida pela Previdência Social; descontam-se os períodos sem recolhimento de contribuições previdenciárias.
d) O trabalhador urbano que tenha exercido atividade que não era de filiação obrigatória ao antigo Regime de Previdência Social Urbana só pode averbar esse tempo de serviço se recolher as contribuições correspondentes.
e) Contribuinte individual: necessário comprovar o exercício da atividade e o recolhimento das contribuições relativas ao período que pretende reconhecer.
f) São computados: o tempo de serviço militar; o tempo intercalado em que o segurado esteve recebendo gozo de auxílio-doença ou aposentadoria por invalidez, entre períodos de atividade; o tempo de contribuição como segurado facultativo; o tempo de serviço referente ao exercício de mandato eletivo federal, estadual ou municipal, desde que não contado para fins de aposentadoria em outro regime; o tempo de serviço público na administração federal direta e autarquias federais, nas estaduais, do Distrito Federal e municipais, quando aplicada a legislação que autorizou a contagem recíproca; o período de gozo de benefício por incapacidade decorrente de acidente do trabalho, intercalado ou não; o tempo de contribuição do servidor público da União, ocupante de cargo em comissão; o período de gozo de salário-maternidade.
g) Tempo de serviço do trabalhador rural anterior à vigência da Lei n. 8.213/91: não é computado para efeitos de carência.

12.2.2.1. Primeira regra de transição: art. 15 da EC n. 103/2019 (requisitos cumulativos)

1ª regra de transição: art. 15 da EC n. 103/2019	
■ Contingência: requisitos cumulativos de TC e pontos (ID + TC)	■ TC: 30 anos (mulher) e 35 anos (homem) ■ Pontos: 86 (mulher) e 96 (homem) → aumento de 1 ponto/ano a partir de 1-1-2020, até alcançar 100 (mulher) e 105 (homem)
■ Sujeito ativo	■ O(A) segurado(a) urbano e rural, exceto o segurado especial
■ Sujeito passivo	■ O INSS
■ Salário de benefício	■ Média aritmética simples de todos (100%) os salários de contribuição a partir da competência julho/1994
■ RMI	■ 60% do salário de benefício + 2% para cada ano de contribuição que exceder 20 anos (homem) e 15 anos (mulher)

12.2.2.2. Segunda regra de transição: art. 16 da EC n. 103/2019 (requisitos cumulativos)

Atenção: essa hipótese exige idade mínima.

2ª regra de transição: art. 16 da EC n. 103/2019	
■ Contingência: requisitos cumulativos de ID e TC	■ ID: 56 (mulher) e 61 (homem) → acréscimo de 6 meses/ano, a partir de 1-1-2020, até atingir 62 (mulher) e 65 (homem)
■ Salário de benefício	■ Média aritmética simples de todos (100%) os salários de contribuição a partir da competência julho/1994
■ RMI	■ 60% do salário de benefício + 2% para cada ano de contribuição que exceder 20 anos (homem) e 15 anos (mulher)

12.2.2.3. Terceira regra de transição: art. 17 da EC n. 103/2019 (Requisitos cumulativos). Aplicação do fator previdenciário. Pedágio de 50%

Atenção: Nesta regra, não se aplica o coeficiente de 60% do salário de benefício, como nas regras anteriores, mas há incidência do fator previdenciário.

3ª regra de transição: art. 17 da EC n. 103/2019 (Tempo adicional de 50% e fator previdenciário (FP)	
■ Contingência: requisitos cumulativos de TC e tempo adicional de 50% do tempo faltante	■ TC em 13-11-2019: mais de 28 anos (mulher) e mais de 30 anos (homem) + pedágio de 50%
■ Acréscimo (pedágio)	■ 50% do TC que, em 13-11-2019, faltava para completar 30 anos (mulher) e 35 (homem)
■ Sujeito ativo	■ O(A) segurado urbano e rural, exceto o segurado especial
■ Sujeito passivo	■ O INSS
■ Salário de benefício	■ Média aritmética simples de todos (100%) os salários de contribuição a partir da competência julho/1994
■ RMI	■ Salário de benefício × FP

■ **12.2.2.4. Quarta regra de transição: art. 20 da EC n. 103/2019 (requisitos cumulativos) – pedágio de 100%**

Atenção: Além do pedágio de 100%, o segurado deve também cumprir o requisito da idade mínima.

4ª regra de transição: art. 20 da EC n. 103/2019	
■ Contingência: requisitos cumulativos de ID, TC e tempo adicional de 100%	■ ID: 57 (mulher) e 60 (homem) ■ TC: o tempo computado até 13-11-2019 + pedágio de 100%
■ Acréscimo (pedágio)	■ 100% do tempo que, em 13-11-2019, faltava para completar 30 anos (mulher) e 35 anos (homem)
■ Sujeito ativo	■ O(A) segurado(a) urbano e rural, exceto o segurado especial
■ Sujeito passivo	■ O INSS
■ RMI	■ 100% da média aritmética simples de todos os salários de contribuição a partir da competência julho/1994

■ **12.3. Aposentadoria do professor**

A aposentadoria do professor é **espécie** de aposentadoria por tempo de contribuição. Era considerada aposentadoria especial na legislação anterior à Emenda Constitucional n. 18/1981, como veremos no tópico relativo à aposentadoria especial.

A aposentadoria do professor **não é considerada aposentadoria** especial na legislação vigente.

O quadro a seguir esclarece.

Aposentadoria do professor		
Até EC n. 18/81	Após EC n. 18/81	Após EC n. 103/2019
■ Aposentadoria especial	■ Aposentadoria por tempo de serviço/contribuição	■ Aposentadoria voluntária com requisitos cumulativos de idade e tempo de contribuição

■ **12.3.1. Regras permanentes: aplicáveis aos professores que se filiaram ao RGPS após a EC n. 103/2019. Art. 201, § 8º, da CF (requisitos cumulativos)**

Aposentadoria do professor – regras permanentes	
Professor filiado ao RGPS a partir da EC n. 103/2019 (art. 201, § 8º, da CF)	
■ Contingência: requisitos cumulativos de ID e TC exercido exclusivamente na educação infantil e no ensino fundamental e médio	■ ID: 57 (mulher) e 60 (homem) ■ TC: a ser fixado em lei complementar
■ Sujeito ativo	■ O(A) professor(a) que comprove exclusivamente exercício na educação infantil e no ensino fundamental e médio
■ Sujeito passivo	■ O INSS
■ RMI	■ Na forma da lei

■ **12.3.2. Regras gerais de transição: aplicáveis aos professores filiados ao RGPS até a data da publicação da EC n. 103/2019**

A atividade de magistério, para fins previdenciários, tanto no RGPS quanto no regime próprio dos servidores públicos, **não se restringe ao trabalho em sala de aula, mas abrange, também, a coordenação e o assessoramento pedagógicos e a direção da unidade escolar,** desde que exercidas por professores de carreira em escolas de ensino básico.

Em Repercussão Geral no RE 1.039.644 (Rel. Min. Alexandre de Moraes, *DJe* 13-11-2017), com entendimento contrário ao da Súmula 726, o STF decidiu:

"(...) 2. Reafirma-se a jurisprudência dominante desta Corte nos termos da seguinte tese de repercussão geral: 'Para a concessão da aposentadoria especial de que trata o art. 40, § 5º, da Constituição, conta-se o tempo de efetivo exercício, pelo professor, da docência e das atividades de direção de unidade escolar e de coordenação e assessoramento pedagógico, desde que em estabelecimentos de educação infantil ou de ensino fundamental e médio' (...)."

O STF deu a justa solução à questão. A atividade em sala de aula é o resultado do trabalho do professor fora dela, no estudo e pesquisa da matéria, no preparo das aulas, na elaboração e correção de provas, na orientação aos alunos e pais, no planejamento do ano escolar etc.

12.3.2.1. Primeira regra de transição: art. 15, § 3º, da EC n. 103/2019 (requisitos cumulativos)

Primeira regra de transição (art. 15, § 3º, EC n. 103/2019)	
■ Contingência: requisitos cumulativos TC exercido exclusivamente na educação infantil e no ensino fundamental e médio e pontos (ID + TC)	■ TC: 25 anos (mulher) e 30 anos (homem) ■ Pontos: 81 (mulher) e 91 (homem) → aumento de 1 ponto/ano, a partir de 1-1-2020, até atingir 92 (mulher) e 100 (homem)
■ Sujeito ativo	■ O(A) professor(a) que comprove exclusivamente exercício na educação infantil e no ensino fundamental e médio
■ Sujeito passivo	■ O INSS
■ Salário de benefício	■ Média aritmética simples de todos (100%) os salários de contribuição a partir da competência julho/1994
■ RMI	■ 60% do salário de benefício + 2% para cada ano de contribuição que exceder 20 anos (homem) e 15 anos (mulher)

12.3.2.2. Segunda regra de transição: art. 16, § 2º, da EC n. 103/2019 (requisitos cumulativos)

Segunda regra de transição (art. 16, § 2º, da EC n. 103/2019)	
■ Contingência: requisitos cumulativos de ID e TC exclusivamente na educação infantil e no ensino fundamental e médio	■ ID: 51 (mulher) e 56 (homem) → acréscimo de 6 meses/ano, a partir de 1-1-2020, até atingir 57 (mulher) e 60 (homem) ■ TC: 25 anos (mulher) e 30 anos (homem)
■ Sujeito ativo	■ O(A) professor(a) que comprove exclusivamente exercício na educação infantil e no ensino fundamental e médio
■ Sujeito passivo	■ O INSS
■ Salário de benefício	■ Média aritmética simples de todos (100%) os salários de contribuição a partir da competência julho/1994
■ RMI	■ 60% do salário de benefício + 2% para cada ano de contribuição que exceder 20 anos (homem) e 15 anos (mulher)

12.3.2.3. Terceira regra de transição: art. 20, § 1º, da EC n. 103/2019 (requisitos cumulativos)

Terceira regra de transição (art. 20, § 1º, da EC n. 103/2019)	
■ Contingência: requisitos cumulativos de ID, TC e tempo adicional de 100%	■ ID: 52 (mulher) e 55 (homem) ■ TC: o tempo computado até 13.11.2019 + pedágio de 100%
■ Acréscimo (pedágio)	■ 100% do tempo que, em 13.11.2019, faltava para completar 25 anos (mulher) e 30 anos (homem)
■ Sujeito ativo	■ O(A) professor(a) que comprove exclusivamente exercício na educação infantil e no ensino fundamental e médio
■ Sujeito passivo	■ O INSS
■ RMI	■ 100% da média aritmética simples de todos os salários de contribuição a partir da competência julho/1994

■ 12.4. Aposentadoria por idade, atualmente denominada aposentadoria programada

■ 12.4.1. Regras gerais

A Reforma Previdenciária de 2019 substituiu as aposentadorias por idade e por tempo de contribuição por apenas uma aposentadoria com requisitos cumulativos de idade e tempo de contribuição.

A aposentadoria por idade restou garantida apenas para os trabalhadores rurais e para os que exercem suas atividades em regime de economia familiar, nestes incluídos o produtor rural, o garimpeiro e o pescador artesanal, não se lhes aplicando as regras de transição da EC n. 103/2019.

Para os trabalhadores urbanos, a cobertura previdenciária de aposentadoria por idade só restou garantida aos segurados que se filiaram ao RGPS *até 13-11-2019*. Essa cobertura previdenciária não existe mais para os filiados ao RGPS após a entrada em vigor da EC n. 103/2019.

A aposentadoria por idade dos trabalhadores urbanos só está garantida para os que cumpriram os requisitos *até 13-11-2019*, que têm **direito adquirido** ao benefício (art. 3º da EC n. 103/2019), e para os que se enquadrarem nas **regras de transição** decorrentes do novo regime constitucional.

Enquanto não regulamentada por legislação infraconstitucional, deve ser aplicada a legislação vigente no que não conflitar com a EC n. 103/2019.

Em regra, trata-se de benefício requerido **voluntariamente** pelo segurado. Mas a empresa pode requerer o benefício quando **o segurado empregado, cumprido o período de carência, tenha completado 70 anos, se homem, e 65 anos, se mulher**. Nessa hipótese, a aposentadoria será **compulsória**, mas ao segurado empregado é garantida a indenização prevista na legislação trabalhista; a data da rescisão do contrato de trabalho será considerada como sendo a imediatamente anterior à do início da aposentadoria (art. 51 do PBPS).

Para se ter direito ao benefício, é **indispensável a manutenção da qualidade de segurado na data do requerimento**. Essa é a regra.

Porém, art. 3º, § 1º, da Lei n. 10.666, de 8-5-2003 garante a cobertura previdenciária se, quando perdeu a condição de segurado, já tiver sido cumprida a carência. Restou acolhido o entendimento predominante da jurisprudência do STJ, segundo o qual **não é necessário que os requisitos de idade mínima e carência sejam simultaneamente preenchidos, remanescendo direito à aposentadoria por idade mesmo completada após a perda da qualidade de segurado, desde que anteriormente tenha sido cumprida a carência:** (EREsp 200600467303, 3ª Seção, Rel. Min. Og Fernandes, *DJ* 22-3-2010, p. 152).

Em tema de aposentadoria por idade do segurado trabalhador urbano, após a EC n. 103/2019, há cinco situações a considerar, exposta no quadro abaixo:

Aposentadoria por idade dos segurados do RGPS trabalhadores urbanos				
■ Filiados antes da Lei n. 8.213/91, com requisitos cumpridos em 25-7-1991	■ Filiados antes da Lei n. 8.213/91, sem requisitos cumpridos em 25-7-1991	■ Filiados antes da Lei n. 8.213/91, com requisitos cumpridos até 13-11-2019	■ Filiados a partir da Lei n. 8.213/91, sem requisitos cumpridos até 13-11-2019	■ Filiados a partir de 13-11-2019
■ DIREITO ADQUIRIDO	■ Regras de transição da Lei n. 8.213/91	■ DIREITO ADQUIRIDO	■ Regras de transição da EC n. 103/2019	■ NÃO TERÃO DIREITO AO BENEFÍCIO

■ **12.4.2. Regras aplicáveis aos segurados urbanos que ingressaram no RGPS a partir da publicação da Lei n. 8.213/91 e haviam cumprido todos os requisitos até 13-11-2019 (EC n. 103/2019). Direito adquirido**

Aposentadoria por idade	
Regras aplicáveis aos segurados que ingressaram no RGPS a partir da publicação do PBPS e haviam cumprido os requisitos até 13-11-2019	
Contingência	■ Idade → 65 anos (homem) ■ → 60 anos (mulher)
Carência	■ 180 contribuições mensais
Sujeito ativo	■ Segurado
Sujeito passivo	■ INSS
Termo inicial	■ Segurado empregado/empregado doméstico → data do desligamento do emprego → se até 90 dias ■ → data do requerimento → se após 90 dias ■ Demais segurados → data do requerimento ■ Sentença de procedência → sem pedido administrativo → data do ajuizamento da ação ■ → com pedido administrativo → DER
RMI	■ 70% do salário de benefício + 1% por grupo de 12 contribuições
Termo final	■ Data da morte do segurado

■ **12.4.3. Regras de transição aplicáveis aos segurados que ingressaram no RGPS antes da publicação do PBPS e não haviam cumprido os requisitos até 25-7-1991**

Aposentadoria por idade — regras de transição	
Aplicáveis aos segurados que ingressaram no RGPS antes da publicação do PBPS e não haviam cumprido os requisitos até 25-7-1991	
Contingência	■ Idade → 65 anos (homem) ■ → 60 anos (mulher)
Carência	■ Número de contribuições mensais previstas na tabela do art. 142 DO PBPS
Sujeito ativo	■ Segurado
Sujeito passivo	■ INSS
Termo inicial	■ Segurado empregado/empregado doméstico → data do desligamento do emprego: se até 90 dias ■ → data do requerimento: se após 90 dias ■ Demais segurados: data do requerimento ■ Sentença de procedência → sem pedido administrativo: data do ajuizamento da ação ■ → com pedido administrativo: DER
RMI	■ 60% do salário de benefício + dois pontos percentuais para cada contribuição que exceder o tempo de 20 anos de contribuição, para os homens, ou de 15 anos de contribuição, para as mulheres. (art. 53 do RPS, com a Redação dada pelo Decreto n. 10.410/2020).
Termo final	■ Data da morte do segurado

■ **12.4.4. Regras aplicáveis aos segurados que ingressaram no RGPS até 13-11-2019 e ainda não haviam cumprido os requisitos (art. 18 da EC n. 103/2019)**

Aposentadoria por idade – regras de transição da EC n. 103/2019	
Aplicáveis aos segurados inscritos no RGPS até 13-11-2019	
Contingência	■ Completar 60 anos de idade (mulher) e 65 anos (homem) → a partir de 1-1-2020, a idade de 60 anos prevista para a mulher será acrescida de 6 meses por ano até completar 62 anos de idade (2023)
Carência	■ 15 anos de contribuição, para ambos os sexos
Sujeito ativo	■ O segurado trabalhador urbano
Sujeito passivo	■ O INSS
Termo inicial	a) para o segurado empregado, inclusive o doméstico:

Termo inicial	a.1) a partir da data do desligamento do emprego, se requerida até 90 dias depois deste
	a.2) a partir da data do requerimento, se requerida após 90 dias do desligamento do emprego
	b) para os demais segurados: a partir da data do requerimento
	c) para o segurado que requer o benefício na via judicial: na hipótese de o segurado mover ação contra o INSS para que lhe seja concedido o benefício, o termo inicial será fixado, se o pedido for julgado procedente, conforme tenha ou não requerido antes o benefício administrativamente:
	c.1) data do ajuizamento da ação, quando não tiver sido feito pedido administrativo
	c.2) data do requerimento administrativo, caso tenha sido indeferido ou não apreciado e o pedido judicial seja julgado procedente
Salário de benefício	■ a média aritmética simples de todos (100%) os salários de contribuição a partir da competência julho/1994
RMI	■ 60% do salário de benefício, acrescidos de 2% para cada ano de contribuição que exceder o tempo de 20 anos, se homem, e 15 anos, se mulher

12.5. Aposentadoria voluntária especial

A aposentadoria especial é benefício que desde a sua instituição pela Lei n. 3.807/60 foi alterado muitas vezes pela legislação posterior.

As sucessivas modificações legislativas acabam trazendo para a prática dificuldades de enquadramento das atividades especiais, não só em razão da modificação de seu conceito como também em relação à possibilidade de conversão de tempo especial em comum e vice-versa.

A aplicação do direito intertemporal é questão de grande importância, porque a legislação previdenciária, em regra, não tem vida longa, e as modificações legislativas acabam por alcançar segurados em plena fase de aquisição de direitos.

E não se deve esquecer que, em matéria previdenciária, prevalece o princípio segundo o qual *tempus regit actum*, impondo que o tempo de serviço/contribuição seja sempre computado na forma da legislação vigente ao tempo do exercício da atividade.

A na redação original do art. 202, II, da CF, a aposentadoria especial seria devida após 35 anos de trabalho, ao homem, e após 30, à mulher, ou em tempo inferior, se sujeitos a trabalho em condições especiais que prejudiquem a saúde ou a integridade física, definidas em lei.

Alterado pela ED n. 20/1998, o § 1º do art. 201 da CF passou a dispor: "É vedada a adoção de requisitos e critérios diferenciados para a concessão de aposentadoria aos beneficiários do regime geral de previdência social, ressalvados os casos de atividades exercidas em condições especiais que prejudiquem a saúde ou a integridade física, definidos em lei complementar". Novamente alterado o § 1º pela EC n. 47/2005, passou a dispor: "É vedada a adoção de requisitos e critérios diferenciados para a concessão de aposentadoria aos beneficiários do regime geral de previdência social, ressalvados os casos de atividades exercidas sob condições especiais que prejudiquem a integridade física e quando se tratar de segurados portadores de deficiência, nos termos definidos em lei complementar".

A aposentadoria especial foi novamente alterada pela EC n. 103/2019:

> § 1º É vedada a adoção de requisitos ou critérios diferenciados para concessão de benefícios, ressalvada, nos termos de lei complementar, a possibilidade de previsão de idade e tempo de contribuição distintos da regra geral para concessão de aposentadoria exclusivamente aos segurados:
> I – com deficiência, previamente submetidos a avaliação biopsicossocial realizada por equipe multiprofissional e interdisciplinar;
> II – cujas atividades sejam exercidas com efetiva exposição a agentes químicos, físicos e biológicos prejudiciais à saúde, ou associação desses agentes, vedada a caracterização por categoria profissional ou ocupação.

Nas regras anteriores, a aposentadoria especial não tinha requisito de idade mínima e havia proteção às denominadas "atividades de risco". Porém, ao deixar de prever a proteção à integridade física, a CF afastou a natureza especial das atividades de risco.

Com a edição de lei complementar prevista na EC n. 103/2019, a aposentadoria especial poderá ter requisitos cumulativos de idade e tempo de contribuição.

12.5.1. Requisitos cumpridos até 13-11-2019: direito adquirido

A **exposição aos agentes nocivos** deve ser **indispensável ao exercício da atividade** do segurado. Caso contrário, não se caracteriza a atividade especial.

Atualmente, os agentes nocivos químicos, físicos, biológicos e associação de agentes prejudiciais à saúde ou à integridade física do segurado, considerados para fins de aposentadoria especial, estão relacionados no **Anexo IV do RPS**, na forma do disposto no *caput* do art. 58 do PBPS.

Se houver dúvidas sobre o enquadramento da atividade, caberá a solução ao Ministério do Trabalho e Previdência Social (art. 68, § 1º, do RPS).

O **Anexo IV do RPS** estabelece o tempo de serviço de **15, 20 ou 25 anos** exigido para a aposentadoria especial, levando em conta o grau de exposição do segurado aos agentes nocivos.

O segurado comprova a efetiva exposição aos agentes nocivos por um **formulário** emitido pela empresa ou seu preposto, conforme estabelecido pelo INSS. O formulário deve ser baseado em **laudo técnico** de condições ambientais do trabalho expedido por médico do trabalho ou engenheiro de segurança do trabalho, na forma da legislação trabalhista.

O laudo deve informar se a empresa tem **equipamento de proteção coletiva (EPC)** ou **individual (EPI)** que diminua a intensidade da atuação dos agentes nocivos a limites de tolerância, bem como recomendação para que seja utilizado (§§ 2º, 3º e 4º do art. 58 do PBPS).

Na jurisprudência do STJ, prevalece o entendimento de que o **fornecimento e utilização do EPC ou EPI não descaracteriza a atividade especial**.

Aposentadoria especial	
Requisitos cumpridos até 13-11-2019 **Direito adquirido**	
Contingência	■ efetiva exposição aos agentes nocivos químicos, físicos, biológicos ou associação de agentes; ■ de forma permanente, não ocasional nem intermitente; ■ durante 15, 20 ou 25 anos; ■ Anexo IV do RPS; ■ fornecimento de EPC e EPI tira a natureza especial da atividade, ressalvada apenas a exposição a ruído.
Carência	■ 180 contribuições mensais
Sujeito ativo	■ empregado; ■ trabalhador avulso; ■ contribuinte individual filiado à cooperativa de trabalho ou de produção.
Sujeito passivo	■ INSS
RMI	■ 100% do salário de benefício, não aplicáveis FP e fórmula 85/95
Termo inicial	■ segurado empregado → data do desligamento do emprego → se até 90 dias; → data da entrada do requerimento → se após 90 dias. ■ demais segurados → data da entrada do requerimento. ■ sentença de procedência → sem pedido administrativo → data do ajuizamento da ação; → com pedido administrativo → DER.
Termo final	■ a data da morte do segurado; ■ a data da volta do segurado ao exercício de outra atividade de natureza especial.

■ **12.5.2.** *Regras permanentes:* **aplicáveis aos filiados ao RGPS após a edição da lei complementar que regulamentará o art. 201, II, da CF**

São cumulativos os requisitos de idade e tempo de contribuição que serão estabelecidos em lei complementar.

Só será computado o tempo de contribuição no exercício de atividades com efetiva exposição a agentes físicos, químicos e biológicos prejudiciais à saúde, ou associação desses agentes, *vedada a caracterização por categoria profissional ou ocupação*.

Aposentadoria especial	
Regras permanentes **Segurados inscritos no RGPS após a edição da LC** **prevista no art. 201, II, da CF**	
Contingência	■ Cumprir requisitos cumulativos de idade e tempo de contribuição → estabelecidos em lei complementar. ■ Só computado tempo de contribuição no exercício de atividades com efetiva exposição a agentes físicos, químicos e biológicos prejudiciais à saúde, ou associação desses agentes → vedada a caracterização por categoria profissional ou ocupação.
Sujeito ativo	■ O segurado → conforme lei complementar
Sujeito passivo	■ O INSS
RMI	■ Conforme lei complementar
Termo inicial	■ Conforme lei complementar
Termo final	■ Conforme lei complementar

12.5.3. *Regras de transição:* aplicáveis aos filiados ao RGPS até a edição da lei complementar que não cumpriram os requisitos para a aposentadoria especial

Enquanto não editada a lei complementar, a aposentadoria especial será regida pelas novas normas constitucionais e pelo disposto nos arts. 57 e 58 do PBPS, no que não conflitarem com o novo texto constitucional.

Para os que ingressarem no RGPS no período compreendido entre a data da vigência da EC n. 103/2019 e a edição da lei complementar não será possível contar como especial o tempo de atividade de risco (prejudicial à integridade física).

12.5.3.1. *Primeira regra de transição*: requisitos cumulativos (art. 19, § 1º, I, da EC n. 103/2019)

Primeira regra de transição: requisitos cumulativos art. 19, § 1º, I, da EC n. 103/2019	
Contingência	■ requisitos cumulativos de idade mínima e tempo de contribuição igual para ambos os sexos: ■ (i) 55 anos de idade: atividade especial de 15 anos de contribuição; ■ (ii) 58 anos de idade: atividade especial de 20 anos de contribuição; ■ (iii) 60 anos de idade: atividade especial de 25 anos de contribuição. ■ exercício de atividades com efetiva exposição a agentes físicos, químicos e biológicos prejudiciais à saúde, ou associação desses agentes; ■ vedada a caracterização por categoria profissional ou ocupação; ■ filiados ao RGPS entre a data da vigência da EC n. 103/2019 e a edição da LC → não contado como especial o tempo de atividade de risco (prejudicial à integridade física)
Sujeito ativo	■ O segurado empregado, o trabalhador avulso e o contribuinte individual filiado a cooperativa de trabalho ou do produção que tenha trabalhado pelo período de 15, 20 ou 25 anos, conforme o caso, com efetiva exposição a agentes físicos, químicos e biológicos prejudiciais à saúde, ou associação desses agentes (art. 64 do RPS e art. 1º da Lei n. 10.666/2003).
Sujeito passivo	■ O INSS
Salário de benefício	■ A média aritmética simples de todos (100%) os salários de contribuição a partir da competência julho/1994.
RMI	■ 60% do salário de benefício, acrescidos de 2% para cada ano de contribuição que exceder o tempo de 15 anos (art. 26, §2º, IV, e § 5º, da CF).
Termo inicial	■ Idêntico ao item 12.5.1.
Termo final	■ Idêntico ao item 12.5.1.

12.5.3.2. *Segunda regra de transição*: requisitos cumulativos (art. 21 da EC n. 103/2019)

Segunda regra de transição: requisitos cumulativos art. 21 da EC n. 103/2019	
Contingência	■ Requisitos cumulativos tempo de contribuição em atividades exercidas com efetiva exposição a agentes físicos, químicos e biológicos ou associação de agentes, e número de pontos, iguais para ambos os sexos: ■ 66 pontos e 15 anos de efetiva exposição ■ 76 pontos e 20 anos de efetiva exposição ■ 86 pontos e 25 anos de efetiva exposição ■ exercício de atividades com efetiva exposição a agentes físicos, químicos e biológicos prejudiciais à saúde, ou associação desses agentes ■ vedada a caracterização por categoria profissional ou ocupação ■ filiados ao RGPS entre a data da vigência da EC n. 103/2019 e a edição da LC → não contado como especial o tempo de atividade de risco (prejudicial à integridade física)
Sujeito ativo	■ O segurado empregado, o trabalhador avulso e o contribuinte individual filiado a cooperativa de trabalho ou de produção que tenha trabalhado pelo período de 15, 20 ou 25 anos, conforme o caso, com efetiva exposição a agentes físicos, químicos e biológicos prejudiciais à saúde, ou associação desses agentes (art. 64 do RPS e art. 1º da Lei n. 10.666/2003).
Sujeito passivo	■ O INSS
Salário de benefício	■ A média aritmética simples de todos os salários de contribuição (100%) do período contributivo a partir da competência julho/94, ou desde o início, caso o período contributivo seja posterior.
RMI	■ 60% do salário de benefício, acrescidos de 2% para cada ano de contribuição que exceder o tempo de 15 anos (art. 26, § 2º, IV, e § 5º, da CF).
Termo inicial	■ Idêntico ao item 12.5.1.
Termo final	■ Idêntico ao item 12.5.1.

12.6. Aposentadoria especial da pessoa com deficiência

O art. 201, § 1º, da CF, com a redação dada pela EC n. 47/2005, garantia a adoção de critérios diferenciados para a aposentadoria de segurados portadores de deficiência, nos termos de Lei Complementar.

Foi, então, editada a LC n. 142, de 8-5-2013, que produziu efeitos a partir de 9-11-2013, seis meses após a sua publicação, regulamentada pelo Decreto n. 8.145, de 3-12-2013 (*DOU* 3-12-2013), que alterou o Decreto n. 3.048/99.

Posteriormente, foi editada a Lei n. 13.146, de 6-7-2015 – Estatuto da Pessoa com Deficiência.

A EC n. 103/2019 alterou o art. 201 da CF em relação à proteção previdenciária de aposentadoria do segurado com deficiência, previamente submetido a avaliação biopsicossocial realizada por equipe multiprofissional e interdisciplinar, tudo a ser disciplinado por Lei Complementar.

Enquanto não for editada a Lei Complementar exigida pelo art. 201, § 1º, I, serão aplicadas as disposições da Lei Complementar n. 142/2013 para a concessão da aposentadoria especial do segurado com deficiência, inclusive quanto aos critérios de cálculo dos benefícios (art. 22 da EC n. 103/2019).

A Lei n. 13.146, de 6-7-2015 (*DOU* 7-7-2015) — Estatuto da Pessoa com Deficiência, dispõe que "A pessoa com deficiência segurada do Regime Geral de Previdência Social (RGPS) tem direito à aposentadoria nos termos da Lei Complementar n. 142, de 8 de maio de 2013" (art. 41).

Os segurados com deficiência podem se aposentar **por tempo de contribuição ou por idade**, com **critérios diferenciados** em relação aos mesmos benefícios concedidos a segurados que não apresentem deficiência.

O conceito de pessoa com deficiência está no art. 2º da LC n. 142: aquela que tem impedimentos de longo prazo de natureza física, mental, intelectual ou sensorial, os quais, em interação com diversas barreiras, podem obstruir sua participação plena e efetiva na sociedade em igualdade de condições com as demais pessoas. O Estatuto da Pessoa com Deficiência e a Lei n. 8.742/93 (LOAS) adotaram o mesmo conceito, dando a necessária coerência ao sistema de Seguridade Social.

A deficiência, para a lei, tem três graus: grave, moderada e leve.

A avaliação da condição de deficiência, bem como de seu grau, deverá considerar os aspectos médico e funcional. Será feita por perícia médica do INSS e produzirá efeitos apenas no campo previdenciário.

Sob o aspecto funcional, deverá ser considerado o conceito de funcionalidade disposto na Classificação Internacional de Funcionalidade, Incapacidade e Saúde (CIF), da Organização Mundial de Saúde, mediante a aplicação do Índice de Funcionalidade Brasileiro Aplicado para Fins de Aposentadoria (IFBrA).

Trata-se de perícia complexa, que deve considerar vários fatores tanto na via administrativa quanto na via judicial.

O benefício leva em conta as condições pessoais do segurado em relação à sua aptidão física, mental, intelectual e sensorial, sendo necessário avaliar se a condição de deficiência, bem como o seu grau, era ou não preexistente ao seu ingresso no RGPS, ou se a adquiriu posteriormente.

A questão está regulada no § 1º do art. 6º da LC n. 142: "a existência de deficiência anterior à data da vigência desta Lei Complementar deverá ser certificada, inclusive quanto ao seu grau, por ocasião da primeira avaliação, sendo obrigatória a fixação da data provável do início da deficiência".

Tratando-se de prova técnica, a comprovação não poderá ser feita por prova exclusivamente testemunhal.

No Pedido de Uniformização de Interpretação de Lei (PUIL) n. 051.729-92.2016.4.05.8300, a TNU fixou tese no sentido de que para o fim de concessão de aposentadoria por tempo de contribuição nos termos da Lei Complementar n. 142/2013, a aferição da deficiência pelo exame pericial, administrativo ou judicial, não prescinde das diretrizes fixadas na **Portaria Interministerial SDH/MPS/MF/MPOG/AGU n. 1, de 27-1-2014,** especialmente a avaliação médica e funcional baseada na Classificação Internacional de Funcionalidade, Incapacidade e Saúde (Rel. Juiz Federal Guilherme Bollorini, *DJe* 29-11-2018).

A deficiência pode ser adquirida após o ingresso do segurado no RGPS, ou o seu grau pode se alterar durante o período de contribuição.

Nesse caso, a perícia médica deverá constatar a data de início da deficiência e/ou as variações entre seus graus. E os requisitos de tempo de contribuição "serão proporcionalmente ajustados, considerando-se o número de anos em que o segurado exerceu atividade laboral sem deficiência e com deficiência, observado o grau de deficiência correspondente, nos termos do regulamento" (art. 7º). O art. 70-E do Decreto n. 3.048/99, inserido pelo Decreto n. 8.145/2013, fixa os multiplicadores aplicáveis em caso de ajuste proporcional dos requisitos.

Os períodos de contribuição na condição de segurado com deficiência poderão ser computados, na mesma condição, para fins de contagem recíproca entre regimes previdenciários diversos.

Vale notar que a "especialidade" que dá ensejo ao benefício com critérios diferenciados não está na exposição a agentes nocivos, que ponham em risco a saúde e a integridade física do trabalhador. **A "especialidade", neste caso, está no sujeito ativo da proteção previdenciária**. Protege-se de maneira diferenciada o segurado que, em razão de sua deficiência, tem maiores dificuldades para desempenhar suas atividades.

A condição de pessoa com deficiência deve ser comprovada na data da entrada do requerimento ou na data da implementação dos requisitos para o benefício (art. 70-A do RPS).

O segurado com deficiência tem direito ao melhor benefício, eis que pode optar por qualquer outra aposentadoria prevista no RGPS, se lhe for mais vantajosa.

No quadro a seguir, as aposentadorias por tempo de contribuição e por idade da pessoa com deficiência.

Aposentadoria especial da pessoa com deficiência	
EC n. 103/2019 Regra transitória	■ Enquanto não editada a LC prevista no art. 201, § 1º, I, da CF, serão aplicadas as disposições da LC n. 141/2013 para a concessão da aposentadoria especial do segurado com deficiência, inclusive quanto aos critérios de cálculo.
Por tempo de contribuição	
Contingência	■ Ser segurado da Previdência Social, com deficiência grave, moderada ou leve, que tenha contribuído pelo período respectivo.
CARÊNCIA	■ Deficiência grave: H → 25 anos de contribuição M → 20 anos de contribuição ■ Deficiência moderada: H → 29 anos de contribuição M → 24 anos de contribuição ■ Deficiência leve: H → 33 anos de contribuição M → 28 anos de contribuição
Sujeito ativo	■ O segurado
Sujeito passivo	■ INSS
RMI	■ 100% do salário de benefício, calculado na forma do art. 26 da EC n. 103/2019, com FP se for favorável.
Termo inicial	■ Data do requerimento
Termo final	■ Data da morte do segurado
Por idade	
Contingência	■ Homem: 60 anos de idade ■ Ser segurado com deficiência de qualquer grau ■ Mulher: 55 anos de idade
Carência	■ 15 anos de contribuição + deficiência em igual período
Sujeito ativo	■ Segurado com deficiência
Sujeito passivo	■ INSS
RMI	■ 70% + 1% do salário de benefício por grupo de 12 contribuições mensais até o máximo de 30% → aplica-se o FP se mais vantajoso
Termo inicial	■ Data do requerimento
Termo final	■ Data da morte do segurado

■ 12.7. Auxílio por incapacidade temporária

O art. 201 da CF, com a redação dada pela EC n. 103/2019, alterou a denominação que dava à contingência *doença* e passou a denominá-la *incapacidade temporária*.

Valem as disposições da Lei n. 8.213/1991, que dispõe sobre o auxílio-doença, cobertura previdenciária ao segurado incapaz de forma total e temporária para o trabalho ou para a atividade habitual por mais de 15 dias consecutivos.

O benefício está regulado pelos arts. 59 a 63 do PBPS e arts. 71 a 80 do RPS até que venha alteração legislativa.

O benefício é a cobertura previdenciária para situações de incapacidade total e temporária, porque a incapacidade total e permanente tem cobertura de aposentadoria.

Necessário frisar que a incapacidade de que se cogita é para a **atividade habitual**, com duração superior a 15 dias.

Os primeiros 15 dias são pagos pelo empregador, como salário, em se tratando de segurado empregado.

Há segurados que exercem mais de uma atividade laborativa (**atividades concomitantes**). Por exemplo, é professor e contador. Pode estar total e temporariamente incapacitado para a atividade habitual de professor e não para a de contador. Nesse caso, para a atividade de professor receberá a cobertura previdenciária de auxílio por incapacidade temporária, mas continuará exercendo a atividade de contador no mesmo período.

A incapacidade exige **prova técnica**, por meio de perícia médica, tanto na via administrativa quanto na via judicial.

Em algumas situações, o segurado requer judicialmente a aposentadoria por incapacidade permanente. Feita a perícia judicial, conclui-se pela inexistência de incapacidade total e permanente, mas o laudo pericial conclui pela incapacidade total e temporária. A jurisprudência maciça adota o entendimento no sentido que o auxílio pode ser concedido, judicialmente, mesmo quando o pedido inicial tenha sido de aposentadoria por incapacidade permanente, não se configurando julgamento extra petita. Entende-se, no caso, que "o auxílio-doença é um *minus* em relação à aposentadoria por invalidez" (TRF-3ª Região, AC 0004513-69.2017.4.03.9999, 9ª Turma, Rel. Des. Fed. Marisa Santos, e-DJF3 Judicial 9-8-2018).

O auxílio por incapacidade temporária pode ser cancelado se, durante o seu gozo, o segurado vier a exercer atividade que lhe garanta a subsistência (art. 60, § 6º, do PBPS).

No entanto, deve-se ter cautela na análise do caso concreto. Pode ocorrer de o segurado requerer o benefício e demorar a ter a resposta ao seu requerimento, ficando com sua subsistência comprometida porque não pode exercer sua atividade habitual nem está recebendo a cobertura previdenciária. Volta, então, ao trabalho, apesar das dificuldades que a doença lhe acarreta. A jurisprudência consagrou o entendimento de que, apesar de ter exercido atividade durante o período em que deveria receber o auxílio temporário, o segurado tem direito ao recebimento dos valores que lhe deveriam ter sido pagos.

Tema Repetitivo 1013 do STJ (*DJe* 1-7-2020): No período entre o indeferimento administrativo e a efetiva implantação de auxílio-doença ou de aposentadoria por invalidez, mediante decisão judicial, o segurado do RPGS tem direito ao recebimento conjunto das rendas do trabalho exercido, ainda que incompatível com sua incapacidade laboral, e do respectivo benefício previdenciário pago retroativamente.

A mesma situação pode ocorrer na via judicial. O segurado ingressa com a ação judicial após o indeferimento administrativo do benefício. Com frequência, a demora na solução do processo leva o segurado a trabalhar para poder prover seu sustentando, mesmo estando incapacitado. Surge, então, a questão: nos períodos em que tramitava o processo e recebeu remuneração, o segurado tem direito à cobertura previdenciária de auxílio-doença?

A questão foi julgada pelo **STJ**, no rito dos recursos repetitivos, que fixou a tese no **Tema 1013**: No período entre o indeferimento administrativo e a efetiva implantação de auxílio-doença ou de aposentadoria por invalidez mediante decisão judicial, o segurado do RGPS tem direito ao recebimento conjunto das rendas do trabalho exercido – ainda que incompatível com a sua incapacidade laboral – e do benefício previdenciário pago retroativamente.

> **Atenção:** valem para as doenças preexistentes as mesmas considerações feitas para a aposentadoria por incapacidade permanente.

Auxílio por incapacidade temporária	
Contingência	■ Estar incapacitado para a atividade habitual por mais de 15 dias
Carência	■ 12 contribuições mensais, exceto nas hipóteses de dispensa
Sujeito ativo	■ Segurado
Sujeito passivo	■ INSS
RMI	■ 91% do salário de benefício, calculado na forma do art. 26 da EC n. 103/2019, inclusive se decorrente de acidente do trabalho, limitada, a partir de 1-3-2015, à média aritmética simples dos 12 últimos salários de contribuição.
Termo inicial	Segurado empregado: ■ o 16º dia contado do afastamento da atividade; ■ a data do requerimento administrativo, quando afastado por mais de 30 dias. Demais segurados, inclusive o empregado doméstico: ■ a data do início da incapacidade; ■ a data do requerimento administrativo, se requerido quando já afastado por mais de 30 dias.
Termo final	■ o dia em que o benefício for convertido em aposentadoria por incapacidade permanente ou auxílio-acidente; ■ o dia em que cessar a incapacidade para o trabalho, conforme perícia médica do INSS; ■ o dia em que cessar o prazo de 120 dias, contado da data de concessão ou de reativação se não tiver sido fixada outra data.

12.8. Salário-família

O salário-família é devido **apenas aos dependentes do segurado de baixa renda**, restrição que não existia na legislação anterior à EC n. 20/98.

Não se trata de "salário", mas, sim, de benefício previdenciário, pago pelo empregador ao segurado a seu serviço, mas tendo como sujeito passivo onerado o INSS.

O salário-família está regulado pelos arts. 65 a 70 do PBPS, com a redação dada pela LC n. 150/2015, e arts. 81 a 92 do RPS, que determinam o pagamento do benefício ao **segurado empregado**, inclusive o **doméstico**, e ao **segurado trabalhador avulso**, na proporção do respectivo número de filhos ou equiparados (art. 16, § 2º, do PBPS) de até 14 anos de idade ou inválidos de qualquer idade. Antes da LC n. 150/2015, o empregado doméstico estava excluído do rol de sujeitos ativos.

Os valores das cotas do salário-família e da renda bruta considerada são fixados por Portaria, editada anualmente para vigência a partir de 1º de janeiro.

A Portaria MTP/ME n. 12, de 17-1-2022, fixou em R$ 1.655,98 (um mil seiscentos e cinquenta e cinco reais e noventa e oito centavos) o valor da remuneração mensal a ser considerada a partir de 1-1-2022.

O salário-família **não substitui** a renda ou o salário de contribuição, mas, sim, se destina a dar ao trabalhador de baixa renda condições de propiciar o sustento e a educação de seus filhos.

Salário-família	
Contingência	Ser segurado empregado, empregado doméstico ou avulso com renda bruta não superior a R$ 1.655,98 que mantém filhos de até 14 anos de idade incompletos ou inválidos de qualquer idade, até que lei disponha sobre o benefício.
Carência	Independe de carência.
Sujeito ativo	■ o segurado empregado; ■ o segurado empregado doméstico; ■ o segurado trabalhador avulso; ■ o servidor sem regime próprio de previdência; ■ o segurado empregado ou trabalhador avulso aposentado por invalidez ou por idade; ■ o trabalhador rural aposentado por idade; ■ os demais aposentados que tenham 60 anos ou mais (mulheres), e 65 anos ou mais (homens).
Sujeito passivo	INSS (sujeito passivo onerado) → o empregador faz o pagamento.
Renda mensal	Fixado em número de cotas correspondente ao número de dependentes. ■ cota de R$ 56,47, independentemente de quantidade de contratos e de atividades exercidas (Portaria MTP/ME n. 12/2022).
Termo inicial	A data da apresentação da documentação exigida em lei.

Termo final	■ a contar do mês seguinte ao do óbito, em caso de morte do filho, do enteado ou do menor tutelado; ■ a partir do mês seguinte ao da data do aniversário quando o filho, o enteado ou menor tutelado completar 14 anos de idade, salvo se inválido; ■ a partir do mês seguinte ao da cessação da incapacidade do filho, do enteado ou do menor tutelado inválido; ■ pelo desemprego do segurado.

12.9. Salário-maternidade

A CF de 1988 (art. 7º, XVIII) garante licença à gestante, sem prejuízo do emprego ou do salário, com a duração de 120 dias. E no art. 201, II, está garantida a proteção previdenciária à maternidade, especialmente à gestante.

O benefício está regulado nos arts. 71 a 73 do PBPS.

A Lei n. 10.421, de 15-4-2002, acrescentou ao PBPS o art. 71-A e estendeu o benefício à **segurada que adotar ou obtiver guarda judicial para fins de adoção**.

O art. 71-A foi alterado pela Lei n. 12.873, de 24-10-2013, trazendo duas importantes inovações no salário-maternidade, quando se tratar de adoção ou de guarda judicial para fins de adoção: o benefício será pago durante 120 dias, independentemente da idade da criança adotada ou sob guarda judicial para fins de adoção; e passou-se a permitir que a cobertura previdenciária seja dada também ao segurado que adotar ou obtiver guarda judicial para fins de adoção.

A licença-maternidade foi prorrogada por 60 dias, totalizando 180 dias a partir de 2010, pela Lei n. 11.770, de 9-9-2008, instituiu o Programa Empresa Cidadã. Porém, a prorrogação da duração da licença-maternidade não foi acompanhada de igual disposição em matéria previdenciária. **O salário-maternidade concedido pelo PBPS tem duração de 120 dias**.

Havendo prorrogação da licença-maternidade, a segurada empregada terá direito à sua remuneração integral, nos mesmos moldes devidos no período de percepção do salário-maternidade pago pelo RGPS, na forma do art. 3º da Lei n. 11.770/2008. Caberá à empresa empregadora pagar os salários do período de prorrogação da licença.

O salário-maternidade não pode ser acumulado com benefício por incapacidade; havendo incapacidade concomitante, o benefício pago em razão da contingência *incapacidade* será suspenso enquanto durar o pagamento do salário-maternidade (art. 102 do RPS).

A segurada aposentada que voltar a exercer atividade sujeita ao RGPS terá direito a salário-maternidade (art. 103 do RPS).

Atenção: O art. 357 da IN 128/2012, dispõe que "O salário-maternidade é o benefício devido aos segurados do RGPS, inclusive os em prazo de manutenção de qualidade, na forma do art. 184, que cumprirem a carência, quando exigida, por motivo de **parto, aborto não criminoso, adoção ou guarda judicial para fins de adoção**".

Com relação à renda mensal do salário-maternidade da segurada empregada, há que se atentar para a decisão do STF proferida na ADI 1.946/DF (Rel. Min. Sydney Sanches, *DJ* 16-5-2003, p. 90): afastado o limite máximo do valor dos benefícios pagos pelo RGPS. O STF aplicou não só princípios setoriais da seguridade social, como também garantiu que o sistema previdenciário não servisse de fator de discriminação para as mulheres, que, a vingar a pretensão do INSS de que o empregador pagasse o valor que superasse o limite máximo, acabariam mesmo prejudicadas na busca do emprego.

Salário-maternidade	
Contingência	Ser mãe, adotar ou obter guarda judicial para fins de adoção.
Carência	■ varia ou não existe de acordo com o tipo de segurado(a) considerado; ■ reduzida, em caso de parto antecipado, em número de meses igual ao da antecipação.
Sujeito ativo	■ segurado(a) empregado(a); ■ empregado(a) doméstico(a); ■ trabalhador(a) avulso(a); ■ segurado(a) servidor(a) público(a) sem regime próprio de previdência; ■ segurado(a) contribuinte individual; ■ segurado(a) especial; ■ facultativo(a); ■ desempregado(a), durante o período de graça; ■ a partir de 25-1-2014, o(a) segurado(a) sucessor(a) de segurado(a) falecido(a) com direito ao benefício. ■ a partir de 18-6-2019, o(a) segurado(a) desempregado(a), desde que mantida a qualidade de segurado(a).
Sujeito passivo	INSS (onerado).
RMI	Fixada de acordo com o tipo de segurado(a) considerado.
Termo inicial	■ dentro dos 28 dias que antecedem o parto; ■ pode ser antecipado em 2 semanas, em casos excepcionais; ■ o dia do óbito do(a) segurado(a) com direito ao benefício.

Termo final	■ em regra, no final de 91 dias após o parto, antecipado ou não; ■ pode ser acrescido de mais 2 semanas, em casos excepcionais; ■ no último dia de 2 semanas, em caso de aborto não criminoso. ■ no final de 120 dias após a adoção ou guarda judicial para fins de adoção.

■ 12.10. Auxílio-acidente

O auxílio-acidente de qualquer natureza é benefício previdenciário *sui generis*. Não substitui os salários de contribuição ou os ganhos habituais do trabalhador que deixa de exercer suas atividades. A lei lhe confere, expressamente, **natureza indenizatória** (art. 86 do PBPS).

Na redação original do PBPS, o auxílio-acidente era cobertura previdenciária concedida apenas para a hipótese de acidente do trabalho, tal como definido na lei. Com as alterações introduzidas pelas Leis ns. 9.032/95 e 9.528/97, a cobertura previdenciária alcança **acidente de qualquer natureza, inclusive do trabalho**.

O benefício é concedido ao segurado que, após sofrer **acidente de qualquer natureza, inclusive do trabalho, passa a ter redução na sua capacidade de trabalho**.

Note-se que não se trata de cobertura previdenciária com vistas a incapacidade total para o trabalho, mas sim, de hipótese em que restam consolidadas as lesões decorrentes do acidente, e o segurado tem que se dedicar a outra atividade, na qual, por certo, terá rendimento menor.

O auxílio-acidente tem por objetivo **"indenizar"** o segurado pela perda parcial de sua capacidade de trabalho, com consequente redução da remuneração.

O benefício será pago ao segurado até se aposentar, ou seja, receberá o benefício e a remuneração da nova atividade que exercer, ou até a data fixada como de cessação das condições que deram direito ao benefício (art. 86, § 1º).

Há diferenças entre o auxílio-acidente e as coberturas previdenciárias por incapacidade:

■ Auxílio por incapacidade temporária	■ Incapacidade total e temporária para o exercício das atividades habituais, mas passível de recuperação
■ Aposentadoria por incapacidade permanente	■ Incapacidade total e permanente (definitiva)
■ Auxílio-acidente	■ Indenização ao segurado em razão da redução de sua capacidade laborativa em relação às atividades exercidas quando ocorreu o acidente

As situações que dão direito ao auxílio-acidente estão relacionadas em 9 Quadros do **Anexo III do RPS**: Aparelho Visual (Quadro 1), Aparelho Auditivo (Quadro 2), Aparelho da Fonação (Quadro 3), Prejuízo Estético (Quadro 4), Perda de Segmentos e Membros (Quadro 5), Alterações Articulares (Quadro 6), Encurtamento de Membro Inferior (Quadro 7), Redução da Força e/ou da Capacidade Funcional dos Membros (Quadro 8) e Outros Aparelhos e Sistemas (Quadro 9).

Com a alteração do § 6º, deverá ser elaborada lista com o rol taxativo das situações que darão direito ao benefício.

Basta que haja redução da capacidade para a atividade habitualmente exercida, ainda que em grau mínimo, para que se configure a contingência, independentemente do grau da limitação decorrente da consolidação das lesões. A lei não faz distinção entre os graus de lesão e de redução da incapacidade. Esse entendimento foi adotado pelo STJ em Recurso Repetitivo (REsp 1.109.591/SC, 3ª Seção, Rel. Celso Limongi (Des. Conv. do TJ/SP), *DJe* 8-9-2010).

Há que se atentar, também, para questão da **perda da audição**, que já foi objeto de apreciação pela jurisprudência. A perda de audição que dá direito ao auxílio-acidente deve decorrer do exercício da atividade laborativa habitual do segurado e reduzir a capacidade de exercício dessa mesma atividade.

> **Súmula 44 do STJ**
> "A definição, em ato regulamentar, de grau mínimo de disacusia, não exclui, por si só, a concessão do benefício previdenciário".

Em Recurso Repetitivo o STJ decidiu: "A expressão 'por si só' contida na citada Súmula significa que **o benefício acidentário não pode ser negado exclusivamente em razão do grau mínimo de disacusia apresentado pelo Segurado**. 5. No caso em apreço, restando evidenciados os pressupostos elencados na norma previdenciária para a concessão do benefício acidentário postulado, tem aplicabilidade a Súmula n. 44/STJ (...)" (REsp 1.095.523/SP, 3ª Seção, Rel. Min. Laurita Vaz, *DJe* 5-11-2009).

Auxílio-acidente	
Contingência	■ Redução da capacidade para o trabalho habitualmente exercido, resultante da consolidação das lesões decorrentes de acidente de qualquer natureza, inclusive acidente do trabalho.
Carência	■ Independe de carência.

Sujeito ativo	■ segurado empregado; ■ segurado empregado doméstico (LC n. 150/2015); ■ trabalhador avulso; ■ segurado especial; ■ segurado desempregado se o acidente ocorrer no período de graça.
Sujeito passivo	■ INSS.
RMI	■ 50% do valor do salário de benefício.
Termo inicial	■ o dia seguinte ao da cessação do auxílio-doença (Tema 862 do STJ); ■ a data do indeferimento administrativo, se procedente o pedido judicial; ■ a data da apresentação da citação, se não requerido administrativamente.
Termo final	■ a data fixada como de cessação das condições que deram direito ao benefício (art. 86, § 1º); ■ a data da morte do segurado, se o auxílio-acidente e a aposentadoria foram concedidos antes de 11.11.1997; ■ a véspera da aposentadoria, se o acidente ocorreu a partir da vigência da Lei n. 9.528/97.

12.11. Acidente do trabalho

A **CF de 1988** (art. 7º, XXVIII) garantiu aos trabalhadores urbanos e rurais seguro contra acidentes de trabalho, a cargo do empregador, sem excluir a indenização a que este está obrigado, quando incorrer em dolo ou culpa.

Na redação original do art. 201, I, estava garantida cobertura previdenciária aos eventos de doença, invalidez, morte, incluídos os resultantes de acidentes do trabalho, velhice e reclusão. Com a nova CF, dá-se a cobertura previdenciária e, ainda, a cobertura a cargo do empregador.

O acidente do trabalho tem seu conceito no art. 19 do PBPS, com a redação que lhe foi dada pela LC n. 150/2015, que dispõe sobre o contrato de trabalho do empregado doméstico e seus reflexos na legislação previdenciária: **é o que ocorre pelo exercício do trabalho a serviço de empresa ou de empregador doméstico ou pelo exercício do trabalho dos segurados referidos no inciso VII do art. 11 desta Lei, provocando lesão corporal ou perturbação funcional que cause a morte ou a perda ou redução, permanente ou temporária, da capacidade para o trabalho.**

O art. 20 do PBPS também considera acidente do trabalho **a doença profissional e a doença do trabalho**:

I – doença profissional, assim entendida a produzida ou desencadeada pelo exercício do trabalho peculiar a determinada atividade e constante da respectiva relação elaborada pelo Ministério do Trabalho e da Previdência Social;

II – doença do trabalho, assim entendida a adquirida ou desencadeada em função de condições especiais em que o trabalho é realizado e com ele se relacione diretamente, constante da relação mencionada no inciso I.

Porém, não são consideradas como doença do trabalho:

a) a doença degenerativa;

b) a inerente a grupo etário;

c) a que não produza incapacidade laborativa;

d) a doença endêmica adquirida por segurado habitante de região em que ela se desenvolva, salvo comprovação de que é resultante de exposição ou contato direto determinado pela natureza do trabalho.

Pode ocorrer de a doença que acomete o segurado não estar incluída na relação dos incisos I e II. Se se constatar que a doença resultou das condições especiais em que o trabalho é executado e com ele se relaciona diretamente, a Previdência Social deve considerá-la acidente do trabalho.

Outros eventos são equiparados a acidente do trabalho (art. 21):

I – o acidente ligado ao trabalho que, embora não tenha sido a causa única, haja contribuído diretamente para a morte do segurado, para redução ou perda da sua capacidade para o trabalho, ou produzido lesão que exija atenção médica para a sua recuperação;
II – o acidente sofrido pelo segurado no local e no horário do trabalho, em consequência de:
a) ato de agressão, sabotagem ou terrorismo praticado por terceiro ou companheiro de trabalho;
b) ofensa física intencional, inclusive de terceiro, por motivo de disputa relacionada ao trabalho;
c) ato de imprudência, de negligência ou de imperícia de terceiro ou de companheiro de trabalho;
d) ato de pessoa privada do uso da razão;
e) desabamento, inundação, incêndio e outros casos fortuitos ou decorrentes de força maior;
III – a doença proveniente de contaminação acidental do empregado no exercício de sua atividade;
IV – o acidente sofrido pelo segurado ainda que fora do local e horário de trabalho:
a) na execução de ordem ou na realização de serviço sob a autoridade da empresa;
b) na prestação espontânea de qualquer serviço à empresa para lhe evitar prejuízo ou proporcionar proveito;
c) em viagem a serviço da empresa, inclusive para estudo quando financiada por esta dentro de seus planos para melhor capacitação da mão de obra, independentemente do meio de locomoção utilizado, inclusive veículo de propriedade do segurado;

§ 1º Nos períodos destinados a refeição ou descanso, ou por ocasião da satisfação de outras necessidades fisiológicas, no local do trabalho ou durante este, o empregado é considerado no exercício do trabalho.

§ 2º Não é considerada agravação ou complicação de acidente do trabalho a lesão que, resultante de acidente de outra origem, se associe ou se superponha às consequências do anterior.

Requisitos	
Infortúnio	■ evento danoso
Consequencial	■ sequelas incapacitantes ou morte
Nexo causal	■ evento lesivo ocorrido durante a prestação do labor

Acidente do trabalho — conceito
■ Ocorre pelo exercício do trabalho a serviço da empresa ou de empregador doméstico ou pelo exercício do trabalho.
■ Doença profissional = doença típica da profissão.
■ Doença do trabalho = doença atípica.
■ Acidente ligado ao trabalho, embora não tenha sido causa única.
■ Acidente sofrido no local e no horário de trabalho.
■ Acidente sofrido ainda que fora do local e horário de trabalho, desde que ligado à atividade da empresa.

O acidente do trabalho é contingência que tem cobertura previdenciária pelo benefício **de auxílio por incapacidade temporária, auxílio-acidente, aposentadoria por incapacidade permanente, pensão por morte e abono anual**, sempre independentemente de carência.

Atenção: o art. 121 do PBPS dispõe: o pagamento, pela Previdência Social, das prestações por acidente do trabalho não exclui a responsabilidade civil da empresa ou de outrem.

A ação que tem por objeto a concessão de benefício por acidente do trabalho é da competência da **Justiça Estadual**, na forma do art. 109, I, da CF.

Sobre o tema, o **STF** editou as Súmulas 235 e 501:

Súmula 235
"É competente para a ação de acidente do trabalho a Justiça cível comum, inclusive em segunda instância, ainda que seja parte autarquia seguradora".

Súmula 501
"Compete à Justiça ordinária estadual o processo e julgamento, em ambas as instâncias, das causas de acidente do trabalho, ainda que promovidas contra a União, suas autarquias, empresas públicas ou sociedades de economia mista".

E também o **STJ**, na **Súmula 15**:

Súmula 15
"Compete à Justiça Estadual processar e julgar litígios decorrentes de acidente do trabalho".

Cabe **ação regressiva** do INSS, em 5 anos, contra os responsáveis pelo acidente do trabalho (arts. 120 e 121 do PBPS).

O INSS deve ser ressarcido quando o acidente tiver ocorrido em razão da negligência na observância das normas de segurança e higiene do trabalho, que devem ser individual e coletivamente aplicadas pelas empresas.

O INSS tem o dever legal de buscar o ressarcimento do fundo previdenciário, em razão das verbas que foram destinadas à cobertura da contingência causada pela negligência do empregador.

Tema 553 do STJ (*DJe* 19-12-2012): Aplica-se o prazo prescricional quinquenal – previsto do Decreto n. 20.910/32 – nas ações indenizatórias ajuizadas contra a Fazenda Pública, em detrimento do prazo trienal contido do Código Civil de 2002.

■ 13. BENEFÍCIOS PAGOS AOS DEPENDENTES DOS TRABALHADORES URBANOS E RURAIS

■ 13.1. Pensão por morte

A pensão por morte é regulada nos arts. 74 a 79 do PBPS, cuja redação original já foi diversas vezes alterada.

Na redação original do art. 74, o termo inicial da pensão por morte estava fixado na data do óbito ou da decisão judicial, quando se tratasse de morte presumida.

A Lei n. 9.528/97 alterou o art. 74 e fixou o termo inicial conforme a data do requerimento, o que novamente foi alterado pela MP n. 871/2019, convertida na Lei n. 13.846/2019.

O art. 75, originariamente, a exemplo da legislação anterior, fixava o valor da renda mensal inicial em percentuais, considerando uma parcela familiar de 80% do valor da aposentadoria que o segurado recebia, ou da que teria direito se estivesse aposentado na data do óbito, acrescida de tantas parcelas de 10% quantos fossem os dependentes, até o máximo de 2.

Com as alterações introduzidas pela Lei n. 9.032/95, que igualou a cobertura previdenciária decorrente de acidente do trabalho e a não acidentária, a RMI da pensão por morte foi fixada em 100% do salário de benefício.

O art. 75 foi novamente modificado pela Lei n. 9.528/97. Da alteração resultou que a RMI foi fixada em

100% do valor da aposentadoria que o segurado recebia se estava aposentado na data do óbito; se não estava aposentado, a RMI foi fixada em 100% da aposentadoria que receberia se fosse aposentado por invalidez.

Nova alteração foi feita pela Medida Provisória n. 664/2014, fixando a RMI em 50% da aposentadoria que o segurado recebia ou daquela a que teria direito se aposentado por invalidez, acrescido percentual de cotas individuais de 10% do valor da aposentadoria, correspondentes ao número de dependentes titulares do benefício até o máximo de 5. Contudo, nessa parte, a MP n. 664 não foi convertida em lei, permanecendo o dispositivo com a redação dada pela Lei n. 9.528/97 até a edição da EC n. 103/2019.

A pensão por morte foi alcançada pelas disposições do art. 23 da EC n. 103/2019, não somente em relação ao valor das cotas, como também aos dependentes e ao tempo de duração do benefício e das cotas por dependente.

Estes esclarecimentos iniciais são extremamente importantes em razão do princípio *tempus regit actum* porque, em matéria de pensão por morte, aplica-se sempre a **lei vigente na data do óbito do segurado.** Daí por que ser extremamente importante conhecer a legislação aplicável na data do óbito para a correta aferição do direito do dependente.

Contingência: ser dependente de segurado falecido.

A lei contempla somente a **morte real (natural)** e a **morte presumida (morte legal),** conceitos fornecidos pelo Direito Civil, do qual se socorre o Direito Previdenciário.

Na hipótese previdenciária, desaparecido o segurado por período superior a 6 meses, ou seja, "ausente", tem-se por presumido o seu falecimento, dando ensejo à concessão provisória de pensão por morte, a qual cessará necessariamente com o seu retorno. Essa a morte presumida, diferente da "ausência" do Direito Civil.

Não é necessário, para fins previdenciários, que seja declarada a ausência do segurado em procedimento específico. É o que ocorre quando se trata de reconhecer a existência de união estável: o juiz da causa previdenciária pode reconhecê-la, para fins previdenciários. A declaração só produzirá efeitos na esfera previdenciária, não acarretando outras consequências de natureza civil, principalmente em matéria de sucessão de bens. Trata-se de dar efetividade à proteção previdenciária devida ao dependente, que não pode ser obstada por questões ligadas à sucessão patrimonial do segurado desaparecido.

Contudo, há que se considerar que a ausência pode decorrer de acidente, desastre ou catástrofe. A pensão provisória deve ser imediatamente concedida, independentemente do prazo de 6 meses ou de declaração de ausência na forma da lei civil. Bastará a prova da existência do evento que atingiu o segurado desaparecido (art. 112 do RPS).

A morte presumida do segurado, declarada judicialmente, gera direito à pensão por morte de forma **provisória**. Reaparecendo o segurado, o pagamento do benefício cessa imediatamente. Nesse caso, os dependentes só serão obrigados a devolver os valores recebidos se ficar comprovado que agiram de má-fé, prova que cabe ao INSS produzir.

O falecido deve ter **mantida a qualidade de segurado na data do óbito**, pois, se perdida, seus dependentes não terão direito a cobertura previdenciária. Porém, a exceção a essa regra está no art. 102, § 2º, do PBPS: na data do óbito, o ex-segurado falecido já tinha direito a cobertura previdenciária, razão pela qual seus dependentes também terão.

> **Súmula 416 do STJ**
> É devida a pensão por morte aos dependentes do segurado que, apesar de ter perdido essa qualidade, preencheu os requisitos legais para a obtenção de aposentadoria até a data do seu óbito.

RMI: coeficiente aplicado sobre o valor da aposentadoria que o segurado recebia ou daquela a que teria direito se aposentado por invalidez na data do óbito ocorrido a partir de 13.11.2019, data da publicação da Reforma da Previdência.

O art. 23 da EC n. 103/2019 fixou o coeficiente de cálculo em uma cota fixa de 50% acrescida de 10% por dependente até o limite de 100%.

O coeficiente será de 100% quando existir dependente inválido ou com deficiência intelectual, mental ou grave, até o limite máximo do valor dos benefícios do RGPS. Se o valor do benefício superar o limite máximo, sobre o excedente será aplicado o sistema de cotas (50% de cota familiar acrescido de 10% por dependente).

Quando o óbito do segurado tiver ocorrido até 12-11-2019, a RMI da pensão por morte será de 100% da aposentadoria que recebia ou daquela a que teria direito se aposentado por invalidez na data do óbito.

Deixando de haver dependente inválido ou com deficiência intelectual, mental ou grave, a renda mensal da pensão por morte será recalculada para se adequar ao sistema de cotas (50% acrescidos de 10% por dependente).

Atenção: em obediência ao princípio *tempus regit actum*, o cálculo da RMI da pensão por morte será feito na forma da **lei vigente na data do óbito** do segurado.

A pensão por morte não poderá ter renda mensal de valor inferior ao salário mínimo.

> **Súmula 340 do STJ**
> "A lei aplicável à concessão de pensão previdenciária por morte é aquela vigente na data do óbito do segurado".

Sujeito ativo: o conjunto de dependentes do segurado falecido (art. 74 do PBPS).

Importante atentar para as causas de perda do direito à pensão por morte, conforme quadro abaixo:

Causas de perda do direito à pensão por morte	
Dependentes (em geral)	■ Sua condenação, com trânsito em julgado, como autor, coautor ou partícipe de homicídio doloso, ou de tentativa desse crime, cometido contra a pessoa do segurado, ressalvados os absolutamente incapazes e os inimputáveis.
Cônjuge e companheiro(a)	■ Simulação ou fraude no(a) casamento/união estável. ■ Formalização do(a) casamento/união estável com o fim exclusivo de constituir benefício previdenciário.

Sujeito passivo: o INSS.

Termo inicial: o art. 74 do PBPS estabelece o termo inicial do benefício levando em conta a data do óbito do segurado e a do requerimento por parte dos dependentes.

a) a data do óbito, quando requerida até 180 dias depois deste, para os filhos menores de 16 anos;

b) a data do óbito, quando requerida até 90 dias depois deste, para os demais dependentes;

c) a data do requerimento, quando esgotados os prazos anteriores.

d) a data da decisão judicial, no caso de morte presumida, depois de 6 meses de ausência.

> **Atenção:** é a data da decisão judicial, e não a de sua publicação ou de seu trânsito em julgado.

Havendo prova de que o segurado desapareceu em catástrofe, acidente ou desastre, o termo inicial será a data da ocorrência.

Termo final: cada cota da pensão por morte é extinta individualmente (art. 77, § 2º, do PBPS, e art. 114, do RPS):

a) pela morte do pensionista;

b) para o filho, o enteado, o menor tutelado ou o irmão, de ambos os sexos, ao completar vinte e um anos de idade, exceto se o pensionista for inválido ou tiver deficiência intelectual, mental ou grave;

c) para o filho, o enteado, o menor tutelado ou o irmão que tenha deficiência intelectual, mental ou grave, pelo afastamento da deficiência; e

d) para o cônjuge, companheiro ou companheira:

d.1) se inválido(a) ou com deficiência, pela cessação da invalidez ou pelo afastamento da deficiência. Porém, o pagamento do benefício deverá ser feito pelos períodos mínimos fixados nos itens d.2 e d.3 abaixo. A pensão é, em regra, vitalícia para o cônjuge ou companheiro(a) inválido(a) ou com deficiência. Porém, cessada a invalidez ou afastada a deficiência, o pagamento do benefício deverá cessar apenas quando decorrido o respectivo prazo de duração;

d.2) em 4 (quatro) meses, se o óbito ocorrer sem que o segurado tenha vertido 18 (dezoito) contribuições mensais **ou** se o casamento ou a união estável tiverem menos de 2 (dois) anos na data do óbito do segurado. Trata-se de **requisitos alternativos**.

Menos de 18 contribuições mensais ou menos de 2 anos de casamento (na data do óbito)	
■ Duração do benefício	■ 4 meses

d.3) transcorridos os seguintes períodos, estabelecidos de acordo com a idade do beneficiário na data de óbito do segurado, se o óbito ocorrer depois de vertidas 18 (dezoito) contribuições mensais e pelo menos 2 (dois) anos após o início do casamento ou da união estável, conforme tabela abaixo. Também hipótese de **requisitos cumulativos**, que consideram **a idade do dependente na data do óbito do segurado**.

18 Contribuições mensais e 2 anos de casamento/união estável (na data do óbito)	
Idade do cônjuge ou companheiro(a) beneficiário(a)	Duração do benefício
■ Menos de 21 anos	■ 3 anos
■ Entre 21 e 26 anos	■ 6 anos
■ Entre 27 e 29 anos	■ 10 anos
■ Entre 30 e 40 anos	■ 15 anos
■ Entre 41 e 43 anos	■ 20 anos
■ 44 ou mais	■ Vitalício

As idades fixadas poderão ser alteradas, por ato do Ministro de Estado da Previdência Social, após o transcurso de, pelo menos, 3 (três) anos, desde que nesse período, ocorrendo "o incremento mínimo de um ano inteiro na média nacional única, para ambos os sexos, correspondente à expectativa de sobrevida da população brasileira ao nascer, poderão ser fixadas, em números inteiros".

A **pensão será vitalícia**, ou seja, cessará apenas com a morte do cônjuge, companheiro ou companheira, quando este tiver 44 (quarenta e quatro) anos de idade ou mais.

d.4) por comprovação, a qualquer tempo, de simulação ou fraude no casamento ou na união estável, ou a formalização desses com o fim exclusivo de constituir benefício previdenciário, apuradas em processo judicial no qual será assegurado o direito ao contraditório e à ampla defesa.

e) para os dependentes em geral, por condenação criminal em sentença com trânsito em julgado, como autor, coautor ou partícipe de homicídio doloso, ou de tentativa desse crime, cometido contra a pessoa do segurado, ressalvados os absolutamente incapazes e os inimputáveis.

A pensão por morte é extinta com a extinção da cota do último pensionista (art. 77, § 3º, do PBPS e art. 114, § 1º, do RPS).

A pensão provisória, concedida em razão da morte presumida, se extingue com o reaparecimento do segurado.

Pensão por morte	
Contingência	■ Ser dependente de segurado falecido.
Carência	■ Independe de carência.
Sujeito ativo	■ Conjunto de dependentes do segurado falecido. ■ Excluído o dependente condenado criminalmente por sentença com trânsito em julgado, como autor, coautor ou partícipe de homicídio doloso, ou de tentativa desse crime, cometido contra a pessoa do segurado → ressalvados os absolutamente incapazes e os inimputáveis.
Sujeito passivo	■ INSS.
RMI	■ óbito do segurado até 12-11-2019: 100% do valor da aposentadoria que o segurado recebia ou daquela a que teria direito se estivesse aposentado por invalidez — havendo mais de um dependente, será rateada entre todos em partes iguais → o acréscimo de 25% que o segurado aposentado por invalidez recebia não será incorporado à pensão por morte. ■ óbito do segurado a partir de 13-11-2019 (EC n. 103/2019): coeficiente aplicado sobre o valor da
RMI	aposentadoria que o segurado recebia ou daquela a que teria direito se aposentado por invalidez na data do óbito → 50% acrescida de 10% por dependente até o limite de 100%; e 100% quando existir dependente inválido ou com deficiência intelectual, mental ou grave, até o limite máximo do valor dos benefícios do RGPS → o acréscimo de 25% que o segurado aposentado por invalidez recebia não será incorporado à pensão por morte.
Termo inicial	■ a data do óbito, quando requerida até 180 dias (filhos menores de 16 anos) ou 90 dias (demais dependentes) depois; ■ a data do requerimento, quando requerida depois de 180 ou 90 dias do óbito; ■ a data da decisão judicial, no caso de morte presumida; ■ a data da ocorrência se o segurado desapareceu em catástrofe, acidente ou desastre; ■ a data da citação ou ajuizamento da ação, se não houver requerimento administrativo; ■ a data do requerimento administrativo, se requerido depois de 180 ou 90 dias do óbito e julgado procedente em juízo; ■ a data do óbito, se requerido ao INSS em 180 ou 90 dias e julgado procedente em juízo.
Termo final	■ a morte do pensionista; ■ ao completar 21 anos, salvo se for inválido ou com deficiência intelectual ou mental ou deficiência grave, para filho, pessoa a ele equiparada ou irmão, de ambos os sexos; ■ a cessação da invalidez ou afastamento da deficiência, para o filho ou irmão inválido ou com deficiência intelectual ou mental ou deficiência grave; ■ a cessação da invalidez ou o afastamento da deficiência, para o cônjuge/companheiro inválido ou com deficiência, respeitados os respectivos prazos; ■ o decurso do prazo de quatro meses, para cônjuge/companheiro → menos de 18 contribuições ou menos de 2 anos de casamento/união estável; ■ o decurso dos prazos estabelecidos, de acordo com a idade, para cônjuge/companheiro → mais de 18 contribuições e 2 anos ou mais de união estável; ■ por comprovação, a qualquer tempo, de simulação ou fraude no casamento ou na união estável, ou a formalização desses com o fim exclusivo de constituir benefício previdenciário, apuradas em processo judicial no qual será assegurado o direito ao contraditório e à ampla defesa; ■ a condenação criminal em sentença com trânsito em julgado, como autor, coautor ou partícipe de homicídio doloso, ou tentativa desse crime, cometido contra a pessoa do segurados, ressalvados os absolutamente incapazes e os inimputáveis, para os dependentes em geral; ■ o reaparecimento do segurado, em caso de morte presumida.

13.2. Auxílio-reclusão

O auxílio-reclusão tem disciplina no art. 80 do PBPS, alterado pela MP n. 871, de 18-1-2019, convertido na Lei n. 13.846/2019, e nos arts. 116 a 119 do RPS.

Contingência: ser dependente de segurado recolhido à prisão **em regime fechado** que não receba remuneração da empresa nem esteja em gozo de auxílio por incapacidade temporária, de pensão por morte, de salário-maternidade, de aposentadoria ou de abono de permanência em serviço, e desde que a renda mensal bruta do mês de competência do recolhimento à prisão seja inferior ou igual a R$ 1.655,98 (um mil seiscentos e cinquenta e cinco reais e noventa e oito centavos), nos termos da Portaria MTP/ME n. 12, de 17-1-2022.

É necessário que esteja mantida a qualidade de segurado no momento de sua prisão em regime fechado, valendo as mesmas considerações expendidas em relação à pensão por morte.

No REsp Repetitivo 1.672.295/RS (*DJe* 26-10-2017), o STJ decidiu que o benefício também é devido em caso de **prisão domiciliar**, desde que previsto o regime fechado para o cumprimento da pena.

O requerimento do auxílio-reclusão com **certidão de efetivo recolhimento do segurado à prisão em regime fechado**, expedido pela autoridade competente, sendo obrigatória apresentação de prova de permanência na condição de presidiário para a manutenção do benefício (art. 116, § 2º, do RPS).

O benefício é suspenso em caso de **fuga do preso**. Recapturado o segurado, o pagamento será restabelecido a contar da data da nova prisão, se ainda mantiver a qualidade de segurado (art. 117, § 2º, do RPS).

O STJ firmou entendimento, em Recurso Repetitivo, no sentido de que o **segurado desempregado** não tem renda, de modo que deve ser considerada ausência de renda, conforme tese fixada em revisão do **Tema 896** (*DJe* 1-7-2021): Para a concessão de auxílio-reclusão (art. 80 da Lei n. 8.213/91) no regime anterior à vigência da MP n. 871/2019, o critério de aferição de renda do segurado que não exerce atividade laboral remunerada no momento do recolhimento à prisão é a ausência de renda, e não o último salário de contribuição.

| Baixa renda | → | Do segurado e não do dependente |

Carência: 24 contribuições mensais quando o recolhimento à prisão em regime fechado ocorrer a partir de 18-1-2019 (MP n. 871, convertida na Lei n. 13.846/2019).

Se o recolhimento à prisão for anterior a 18-1-2019, não se exige cumprimento de carência, mas se exige a qualidade de segurado.

RMI: coeficiente aplicado sobre o valor da aposentadoria por incapacidade permanente a que o segurado teria direito na data do recolhimento à prisão em regime fechado ocorrido a partir de 13-11-2019, data da publicação da Reforma da Previdência, não podendo exceder o valor de um salário mínimo (art. 27, § 1º, da EC n. 103/2019).

A EC n. 103/2019 fixou o coeficiente de cálculo em uma cota fixa de 50% acrescida de 10% por dependente até o limite de 100%.

A RMI do auxílio-reclusão **não poderá ser superior ao valor de um salário mínimo**.

Em caso de prisão de segurado especial, o valor da renda mensal do benefício será igual a um salário mínimo (art. 39, I, do PBPS).

Assim como a pensão por morte, a renda mensal do auxílio-reclusão, havendo mais de um dependente, é rateada entre todos.

Sujeito ativo: o conjunto dos dependentes do segurado recolhido à prisão em regime fechado.

Sujeito passivo: o INSS.

Termo inicial: a fixação do termo inicial do auxílio-reclusão também leva em conta a data do encarceramento em regime fechado e a data do requerimento, uma vez que se aplicam as regras da pensão por morte:

a) a data do efetivo recolhimento à prisão em regime fechado, quando requerido até **180 dias** depois deste, para os filhos menores de 16 anos;

b) a data do efetivo recolhimento à prisão em regime fechado, quando requerido até **90 dias** depois deste, para os demais dependentes.

c) a data do requerimento, se requerido **depois de 180 ou 90 dias** da prisão.

Aplica-se a **legislação vigente na data do encarceramento do segurado**. Se anterior à Lei n. 9.528/97, a data do requerimento não altera o termo inicial, que continuará sendo a data do recolhimento à prisão. Se na vigência da Lei n. 9.528/97, os prazos são de 30 dias. A partir da vigência da Lei n. 13.183/2015, os prazos são de 90 dias. E a partir de 18-1-2019, aplicam-se os prazos estabelecidos pela MP n. 871, convertida na Lei n. 13.846/2019.

São aplicáveis ao auxílio-reclusão as mesmas considerações feitas sobre o termo inicial da pensão por morte quando requerida por dependente absolutamente incapaz, tendo em vista a revogação do art. 79 pela MP n. 871/2019.

d) a data da citação, quando não tiver sido feito requerimento administrativo;

e) a data do requerimento administrativo ou da prisão, conforme tenha sido feito ou não dentro do prazo de 180 ou 90 dias, se, indeferido ou não apreciado, o beneficiário ingressar com a ação judicial e seu pedido for julgado procedente.

Termo final: o benefício deve ser pago enquanto o segurado permanecer recluso em regime fechado (art. 117 do RPS).

Considerando a situação do segurado, o termo final do benefício será:

a) a data em que for libertado por ter cumprido a pena, ou em razão da progressão do regime de cumprimento da pena para regime aberto, ou, ainda, por ter obtido livramento condicional;

b) a data do óbito do segurado recluso. Nessa hipótese, o auxílio-reclusão será automaticamente convertido em pensão por morte (art. 118 do RPS);

c) a data da concessão da aposentadoria durante o período em que o segurado estiver preso em regime fechado.

Considerando a situação dos dependentes, cada cota será extinta individualmente, conforme as regras de extinção das cotas da pensão por morte:

a) pela morte do dependente;

b) para filho, pessoa a ele equiparada ou irmão, de ambos os sexos, ao completar 21 anos, salvo se for inválido ou com deficiência intelectual ou mental ou deficiência grave;

c) pela cessação da invalidez ou afastamento da deficiência, para o filho ou irmão inválido ou com deficiência intelectual ou mental ou deficiência grave;

d) a cessação da invalidez ou o afastamento da deficiência, para o cônjuge/companheiro inválido ou com deficiência, respeitados os respectivos prazos;

e) o decurso do prazo de 4 meses, para cônjuge/companheiro → menos de 18 contribuições ou menos de 2 anos de casamento/união estável;

f) o decurso dos prazos estabelecidos, de acordo com a idade, para cônjuge/companheiro → mais de 18 contribuições e 2 anos ou mais de casamento/união estável.

Extinta a cota do último dependente, o auxílio-reclusão será extinto, conforme aplicação analógica do art. 77, § 3º, do PBPS e art. 114, § 1º, do RPS.

Auxílio-reclusão	
Contingência	■ Ser dependente de segurado de baixa renda recolhido à prisão em regime fechado.
Carência	■ 24 contribuições mensais → recolhimento à prisão em regime fechado a partir de 18-1-2019; ■ carência dispensada → recolhimento à prisão em regime fechado antes de 18-1-2019.
Sujeito ativo	■ Conjunto de dependentes do segurado de baixa renda recolhido à prisão em regime fechado.
Sujeito passivo	■ INSS
RMI	■ uma cota fixa de 50% acrescida de 10% por dependente até o limite de 100% → coeficiente aplicado sobre o valor da aposentadoria por invalidez a que o segurado teria direito na data do recolhimento à prisão em regime fechado a partir de 13-11-2019; ■ não podendo ser superior a um salário mínimo (art. 27, § 1º, da EC n. 103/2019).
Termo inicial	■ a data do efetivo recolhimento à prisão, quando requerido até 180 dias (menores de 16 anos) ou 90 dias (demais dependentes) depois deste; ■ a data do requerimento, se requerido depois de 180 ou 90 dias da prisão em regime fechado; ■ a data da citação, quando não tiver sido feito requerimento administrativo; ■ a data do requerimento administrativo ou da prisão em regime fechado, conforme tenha sido feito ou não em 180 ou 90 dias, se, indeferido ou não apreciado, pedido judicial for julgado procedente.
Termo final	■ a data em que for libertado por ter cumprido a pena, ou em razão da progressão do regime de cumprimento da pena para regime aberto, ou, ainda, por ter obtido livramento condicional; ■ a data do óbito do segurado recluso; ■ a data da concessão de aposentadoria no período em que o segurado estiver recolhido à prisão em regime fechado; ■ a morte do dependente; ■ as mesmas causas de extinção da cota da pensão por morte.

■ 14. BENEFÍCIOS DEVIDOS AOS SEGURADOS TRABALHADORES RURAIS

Os trabalhadores rurais estão dentro do RGPS, de modo que não podem ter benefício previdenciário de valor inferior ao salário mínimo.

Com as novas garantias constitucionais, os benefícios concedidos aos rurícolas com fundamento na Lei Complementar n. 11/71, a partir da CF de 1988, passaram a ter renda mensal igual a um salário mínimo.

A mulher trabalhadora rural também passou a ter direito aos benefícios, mesmo que já concedido anteriormente ao seu marido ou companheiro, uma vez que não mais se exige o requisito de ser o beneficiário chefe ou arrimo de família.

14.1. Benefícios devidos ao trabalhador rural segurado empregado, avulso, contribuinte individual ou facultativo, segurado especial e aos seus dependentes

O trabalhador rural segurado empregado, avulso, contribuinte individual ou facultativo tem direito aos mesmos benefícios devidos aos trabalhadores urbanos, em razão do princípio da uniformidade, concedidos nas mesmas condições e com os mesmos critérios de cálculo utilizados para a cobertura previdenciária dos trabalhadores urbanos, em respeito ao princípio da equivalência.

Respeitam-se também as mesmas regras relativas à carência.

Esses segurados têm, então, cobertura previdenciária de:

a) aposentadoria por incapacidade permanente;

b) aposentadoria por idade, aposentadoria por tempo de contribuição (antes da EC n. 103/2019);

c) aposentadoria voluntária com requisitos cumulativos de idade e tempo de contribuição (a partir da EC n. 103/2019);

d) auxílio por incapacidade temporária;

e) salário-família; salário-maternidade; e

f) auxílio-acidente.

Os dependentes têm direito à pensão por morte e ao auxílio-reclusão.

Quanto aos serviços, segurados e seus dependentes também têm direito ao serviço social e à habilitação/reabilitação profissional.

O segurado especial e seus dependentes têm direito aos benefícios previstos no **art. 39** da Lei n. 8.213/91:

a) aposentadoria por idade;

b) aposentadoria por incapacidade permanente;

c) auxílio-acidente e

d) auxílio por incapacidade temporária;

e) salário-maternidade.

Todos esses benefícios terão renda mensal igual a um **salário mínimo**. Contudo, o auxílio-acidente deverá ser calculado na forma do disposto no art. 86 da Lei n. 8.213/91.

Para terem direito aos demais benefícios previstos no PBPS e com renda mensal superior ao valor mínimo, os segurados especiais têm a **faculdade** de se inscreverem como segurados **contribuintes individuais**.

O segurado especial não comprova carência porque não existe a sua contribuição pessoal ao RGPS, a menos que, evidentemente, esteja inscrito como contribuinte individual e, nessa condição, pagando contribuições previdenciárias.

Por **não comprovar carência**, o segurado especial deve comprovar o **exercício de atividade rural**, ainda que de forma descontínua, no período imediatamente anterior ao requerimento do benefício, **igual ao número de meses correspondentes à carência** do benefício pretendido. Exemplo: se pretender obter auxílio por incapacidade temporária deve comprovar que efetivamente trabalhou como rurícola no período imediatamente anterior ao requerimento, ainda que de forma descontínua, pelo prazo de 12 meses.

Os dependentes do segurado especial têm garantidos pensão por morte e auxílio-reclusão. Esses benefícios também têm renda mensal de um salário mínimo.

Os quadros abaixo elucidam os requisitos dos benefícios devidos aos trabalhadores rurais e aos seus dependentes.

Aposentadoria por incapacidade permanente e auxílio por incapacidade temporária	
Trabalhador rural segurado empregado, avulso, contribuinte individual e facultativo	Segurado especial
■ Regras iguais às aplicáveis ao trabalhador urbano.	■ Art. 39 do PBPS.
	■ Efetivo exercício da atividade por 12 meses.
	■ Renda mensal: 1 salário mínimo.
	■ Termo inicial: a data do início da incapacidade; ■ a DER, se requerido depois de 30 dias.
	■ Termo final: igual aos urbanos.

Aposentadoria por idade do trabalhador rural – regras permanentes	
Contingência	■ Completar 60 anos (H) e 55 anos (M).
Carência	■ 180 contribuições mensais.
"Carência" para o segurado especial	■ 180 meses de efetivo exercício de atividade rural.
Sujeito ativo	■ Segurado.
Sujeito passivo	■ INSS.
RMI	■ 70% do salário de benefício + 1% deste por grupo de 12 contribuições, até o máximo de 30%.

RM para o segurado especial	■ 1 (um) salário mínimo.
Termo inicial	**Segurado empregado:** ■ a data do desligamento da atividade, se requerida até 90 dias após; ■ a DER, se requerida após 90 dias do desligamento da atividade. **Demais segurados:** ■ a data do requerimento. **Benefício requerido em juízo:** ■ a data do ajuizamento, se não tiver sido feito pedido administrativo; ■ a DER, se indeferido ou não apreciado e o pedido for julgado procedente.
Termo final	■ A data da morte do segurado.

Aposentadoria por idade do trabalhador rural sem contribuições	
"Carência"	■ 180 meses de **efetivo exercício da atividade rural, ainda que de forma descontínua, no período imediatamente anterior ao requerimento do benefício.**
Sujeito ativo	■ O trabalhador rural, notadamente o boia-fria, que não comprove o pagamento de contribuições previdenciárias.
RMI	■ 1 (um) salário mínimo.

Aposentadoria por tempo de serviço/contribuição do trabalhador rural		
■ Requisitos cumpridos até 28-11-1999	■ Aposentadoria por tempo de serviço	■ Direito adquirido
■ Ingresso a partir de 16-12-1998	■ Aposentadoria por tempo de contribuição	■ Regras permanentes
■ Ingresso antes de 16-12-1998, sem cumprimento dos requisitos até 29-11-1999	■ Aposentadoria por tempo de contribuição	■ Regras de transição
■ Requisitos cumpridos até 13-11-2019	■ Aposentadoria por tempo de contribuição	■ Direito adquirido
■ Ingresso antes da EC n. 103/2019, sem cumprimento dos requisitos até 13-11-2019	■ Aposentadoria por tempo de contribuição	■ Regras de transição
■ Ingresso a partir da EC n. 103/2019	■ Não há aposentadoria por tempo de contribuição	

Salário-maternidade dos(as) trabalhadores(as) rurais	
Contingência	■ Ser mãe, adotar ou obter guarda judicial para fins de adoção.
Carência	■ Segurados(as) trabalhadores(as) rural empregado(a) e avulso(a): independe de carência; ■ Segurados(as) contribuinte individual e facultativo(a): 10 contribuições mensais;
Carência	■ Segurado(a) especial: 10 meses de atividade (PBPS).
Sujeito ativo	■ Trabalhador(a) rural segurado(a) empregado(a), trabalhador(a) avulso(a), segurado(a) especial e segurado(a) contribuinte individual ou facultativo(a) que tenha filho, adote ou obtenha guarda judicial para fins de adoção.
Sujeito passivo	■ INSS (onerado).
Renda mensal	■ Segurado(a) empregado(a): igual à última remuneração integral; ■ Segurado(a) trabalhador(a) avulso(a): igual à remuneração integral equivalente a um mês de trabalho; ■ Segurado(a) especial: 1 (um) salário mínimo; ■ Segurado(a) especial contribuinte individual: 1/12 do valor sobre o qual incidiu a última contribuição anual; ■ Segurado(a) contribuinte individual, facultativo(a) e os(as) que mantenham a qualidade de segurado(a): 1/12 da soma dos 12 últimos salários de contribuição de período não superior a 15 meses.
Termo inicial	■ Idêntico ao dos(as) trabalhadores(as) urbanos(as).
Termo final	■ Idêntico ao dos(as) trabalhadores(as) urbanos(as).

Auxílio-acidente dos trabalhadores rurais
■ Somente para segurados empregados, trabalhadores avulsos e segurados especiais.

Pensão por morte para os dependentes do segurado trabalhador rural	
Contingência	■ Ser dependente de segurado trabalhador rural falecido.
Carência	■ Independe de carência.
Sujeito ativo	■ Conjunto de dependentes do segurado falecido.
Sujeito passivo	■ INSS.
RMI	■ Mesmos critérios da pensão por morte do segurado urbano. ■ 1 salário mínimo (art. 39, parágrafo único, do PBPS) → por morte do segurado especial.
Termo inicial	■ Mesmos critérios da pensão por morte de segurado urbano.
Termo final	■ Mesmos critérios da pensão por morte de segurado urbano.

Prisão de segurado especial → auxílio-reclusão = um salário mínimo

15. BENEFÍCIO DEVIDO AO SEGURADO, RURAL OU URBANO, E AO DEPENDENTE. ABONO ANUAL

O art. 201, § 6º, da CF, garante o pagamento de gratificação natalina aos aposentados e pensionistas com base nos proventos do mês de dezembro de cada ano, disposição regulada pelo art. 40 do PBPS.

O PBPS denominou o benefício de **abono anual**, e, indo além da norma constitucional, estendeu-o aos que durante o ano receberam auxílio-doença, auxílio-acidente e auxílio-reclusão. Posteriormente, modificação introduzida no art. 120 do RPS estendeu o benefício à segurada que recebeu **salário-maternidade**.

O abono anual é calculado, **no que couber**, da mesma forma que a gratificação natalina dos trabalhadores, tendo por base a renda mensal do benefício no **mês de dezembro de cada ano** (art. 40, parágrafo único, do PBPS, e art. 120, § 1º, do RPS).

Não é necessário que o segurado ou dependente tenha recebido o benefício durante todo o período de 12 meses. A aplicação, **no que couber**, da legislação trabalhista permite que o abono seja calculado **proporcionalmente** ao número de meses em que o benefício foi recebido durante o ano, assim como acontece com o 13º salário dos trabalhadores em geral. Assim, o abono anual poderá ser integral ou proporcional ao número de meses em que o benefício foi pago.

Para o cálculo, toma-se por base a renda mensal do benefício correspondente ao mês de dezembro, e não o salário de benefício.

Abono anual	
Contingência	■ Ter recebido, durante o ano, auxílio-doença, auxílio-acidente, aposentadoria, salário-maternidade, pensão por morte ou auxílio-reclusão.
Carência	■ Independe de carência.
Sujeito ativo	■ O segurado ou dependente que durante o ano tenha recebido auxílio-doença, auxílio-acidente ou aposentadoria, pensão por morte ou auxílio--reclusão.
Sujeito passivo	■ INSS.
Valor	■ Calculado com base na renda do mês de dezembro, podendo ser proporcional ao número de meses de recebimento do benefício.
Termo de pagamento	■ 1ª parcela (até 50% do valor do benefício devido no mês de agosto): a data do pagamento dos benefícios da competência agosto; ■ 2ª parcela (a diferença entre o valor total do abono anual e o valor da primeira parcela): a data do pagamento dos benefícios da competência novembro.

16. CONTAGEM RECÍPROCA DE TEMPO DE SERVIÇO/CONTRIBUIÇÃO

Trataremos apenas do conceito de contagem recíproca, alertando que vários são os requisitos para que se efetive.

A contagem recíproca ocorre quando se computam **períodos de contribuição entre regimes previdenciários diferentes**, isto é, entre o RGPS e o regime dos servidores públicos civis ou dos militares.

Quando se computam períodos de contribuição em atividade urbana e em atividade rural, não se trata de contagem recíproca, pois as duas atividades estão submetidas ao RGPS.

17. DECADÊNCIA E PRESCRIÇÃO

Os arts. 103 e 103-A do PBPS dispõem sobre decadência e prescrição, para o segurado e para o INSS, quando o objeto da relação jurídica for a concessão de benefício previdenciário.

17.1. Decadência e prescrição para o segurado ou beneficiário

Atenção: a partir da edição da Lei n. 13.846/2019, os prazos de decadência e prescrição correm contra menores, ausentes e incapazes.

Em nosso entendimento, a imposição de prazos de decadência e prescrição em desfavor dos absolutamente incapazes (menores de 16 anos), viola o art. 227 da CF.

A proteção previdenciária existe justamente para atender o indivíduo nos seus momentos de fragilidade, de modo que não pode ser retirada dos absolutamente incapazes.

17.1.1. Decadência

Os segurados e beneficiários do RGPS têm o prazo decadencial de **10 anos** para requerer a revisão do ato de concessão, indeferimento, cancelamento ou cessação de benefício e do ato de deferimento, indeferimento ou não concessão de revisão de benefício, conforme disposto no art. 103 do PBPS, com a redação dada pela Lei n. 13.846/2019, que resultou da conversão da MP n. 871/2019.

O prazo de decadência se conta a partir do dia primeiro do mês subsequente ao do recebimento da primeira prestação ou da data em que a prestação deveria ter sido paga com o valor revisto. Essa a **regra geral**.

Em **regra específica**, o prazo decadencial se conta do dia em que o segurado tomar conhecimento da decisão de indeferimento, cancelamento ou cessação do seu pedido de benefício ou da decisão de deferimento ou indeferimento de revisão de benefício, no âmbito administrativo.

Em razão das alterações no art. 103, a questão do direito intertemporal levou a decisões judiciais que acabaram por consolidar o entendimento do **STJ: o prazo de decadência de 10 anos se aplica a todos os atos de concessão de benefícios anteriores e posteriores à MP n. 1523-9/97. Entretanto, para os atos anteriores, o prazo decadencial de 10 anos deve ser contado a partir de 28-6-1997** (REsp 1.303.988/PE, 1ª Seção, Rel. Min. Teori Albino Zavascki, *DJe* 21-3-2012).

O mesmo entendimento foi adotado pelo STF (RE 626.489, Plenário, j. 16-10-2013, *DJE* 23-9-2014).

Alertamos que há situações em que o benefício foi concedido sem que a autoridade administrativa apreciasse questão relativa a tempo de contribuição ou tempo de atividade especial que, se considerados, poderiam resultar em renda mensal inicial mais benéfica. E surgiu na jurisprudência o debate de estar ou não essa hipótese abrangida pela decadência.

A matéria foi julgada pelo **STJ**, que fixou entendimento no sentido de que o prazo decadencial se aplica mesmo que a questão não tenha sido apreciada em sede administrativa. **Tema 975:** Aplica-se o prazo decadencial de dez anos estabelecido no art. 103, *caput*, da Lei n. 8.213/91 às hipóteses em que a questão controvertida não foi apreciada no ato administrativo de análise de concessão de benefício previdenciário (*DJe* 4-8-2020).

Termo inicial da decadência	
Atos anteriores a 28-6-1997	Atos posteriores a 28-6-1997
■ A partir de 28-6-1997.	■ A partir do 1º dia do mês seguinte ao do recebimento da 1ª prestação. ■ A partir do dia em que o interessado tomar conhecimento da decisão definitiva.

17.1.2. Prescrição

O segurado ou beneficiário tem o prazo prescricional de **5 anos** para o ajuizamento de ação para cobrar **prestações vencidas ou quaisquer restituições ou diferenças** devidas pela Previdência Social (art. 103, parágrafo único).

O benefício previdenciário, em regra, é pago em parcelas mensais. A prescrição é contada **a partir da data do vencimento de cada parcela mensal**.

Esse tem sido o entendimento do **STJ**, consolidado na **Súmula 85**:

> **Súmula 85**
> Nas relações de trato sucessivo em que a Fazenda Pública figure como devedora, quando não tiver sido negado o próprio direito reclamado, a prescrição atinge apenas as prestações vencidas antes do quinquênio anterior à propositura da ação.

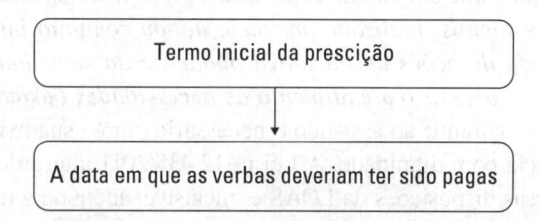

```
Termo inicial da presrição
         ↓
A data em que as verbas deveriam ter sido pagas
```

17.2. Decadência para o INSS

A Previdência Social tem o prazo de **10 anos** para anular os atos administrativos de que decorram efeitos favoráveis para seus beneficiários, contando-se o prazo **da data em que foram praticados, salvo comprovada má-fé** (art. 103-A).

Se o ato produzir efeitos patrimoniais contínuos, o prazo decadencial se conta a partir do primeiro pagamento (art. 103-A, § 1º).

O prazo é interrompido por qualquer medida de autoridade administrativa que importe impugnação à validade do ato, considerado o exercício do direito de anulá-lo (art. 103-A, § 2º).

O prazo de decadência não será consumado se houver ato da autoridade administrativa dando ciência ao interessado da revisão iniciada.

■ 18. A ASSISTÊNCIA SOCIAL

O art. 203 da CF prescreve que a Assistência Social "será prestada **a quem dela necessitar**, independentemente de contribuição à seguridade social", e enumera seus objetivos: a proteção à família, à maternidade, à adolescência e à velhice; o amparo às crianças e adolescentes carentes; a promoção da integração ao mercado de trabalho; a habilitação e a reabilitação das pessoas com deficiência e a promoção de sua integração à vida comunitária; a garantia de um salário mínimo mensal à pessoa com deficiência e ao idoso que comprovem não possuir meios de prover à própria manutenção ou de tê-la provida por sua família, conforme dispuser a lei.

A Assistência Social é **instrumento de transformação social**, e não meramente assistencialista e as prestações que fornece devem promover a integração e a inclusão do assistido na vida comunitária, fazer com que, a partir do recebimento das prestações assistenciais, seja "menos desigual" e possa exercer atividades que lhe garantam a subsistência.

O art. 203 da CF foi regulamentado pela **Lei n. 8.742, de 7-12-1993**, a **Lei Orgânica da Assistência Social (LOAS)**, alterada pela **Lei n. 12.435, de 6-7-2011**, que definiu a assistência social como *Política de Seguridade Social não contributiva, que provê os **mínimos sociais**, realizada por meio de um conjunto integrado de ações de iniciativa pública e da sociedade, para garantir o **atendimento às necessidades básicas***. Deve garantir ao assistido o necessário para a sua existência com dignidade. A Lei n. 12.435/2011 alterou diversas disposições da LOAS e, inclusive, adequou a terminologia original – pessoas portadoras de deficiência – para referir-se, agora, a **pessoas com deficiência**.

Aperfeiçoado tecnicamente pela Lei n. 12.435/2011, o art. 2º da LOAS divide os objetivos em: proteção social, com vistas à garantia da vida, à redução de danos e à prevenção da incidência de riscos; vigilância socioassistencial; e defesa de direitos.

A proteção social visa **garantir a vida, a redução de danos e a prevenção da incidência de riscos**. Deve ser dirigida, **especialmente**, à família, à maternidade, à infância, à adolescência e à velhice; ao amparo às crianças e aos adolescentes carentes; à habilitação e reabilitação das pessoas com deficiência e à promoção de sua integração à vida comunitária; à garantia de um salário mínimo mensal à pessoa com deficiência e ao idoso que comprovem não possuir meios de prover a própria manutenção ou de tê-la provida por sua família. A proteção social deve alcançar os sujeitos mais frágeis das relações sociais: família, infância, adolescência, velhice e pessoas com deficiência. A proteção social é efetivada por meio das ações do Sistema Único de Assistência Social (SUAS) (§ 1º do art. 6º da LOAS).

A vigilância socioassistencial visa analisar territorialmente a capacidade protetiva das famílias e nela a ocorrência de vulnerabilidades, de ameaças, de vitimizações e danos. Neste aspecto, a lei indica que a atividade administrativa de desenvolvimento de projetos sociais deve ser fundada em levantamentos e estudos de bases territoriais, que propiciem o conhecimento das peculiaridades locais e das carências das respectivas comunidades.

A defesa de direitos deve garantir o **pleno acesso aos direitos** no conjunto das provisões assistenciais. A atividade administrativa, para além da execução dos programas assistenciais, deve garantir que a comunidade carente tenha acesso a informações sobre os programas assistenciais disponíveis e, ainda, que seja assistida na defesa desses direitos. O legislador quis enfatizar que há prestações assistenciais disponíveis, que não se limitam ao benefício de prestação continuada, no valor de um salário mínimo, e que podem ser instrumento de redução de desigualdades sociais.

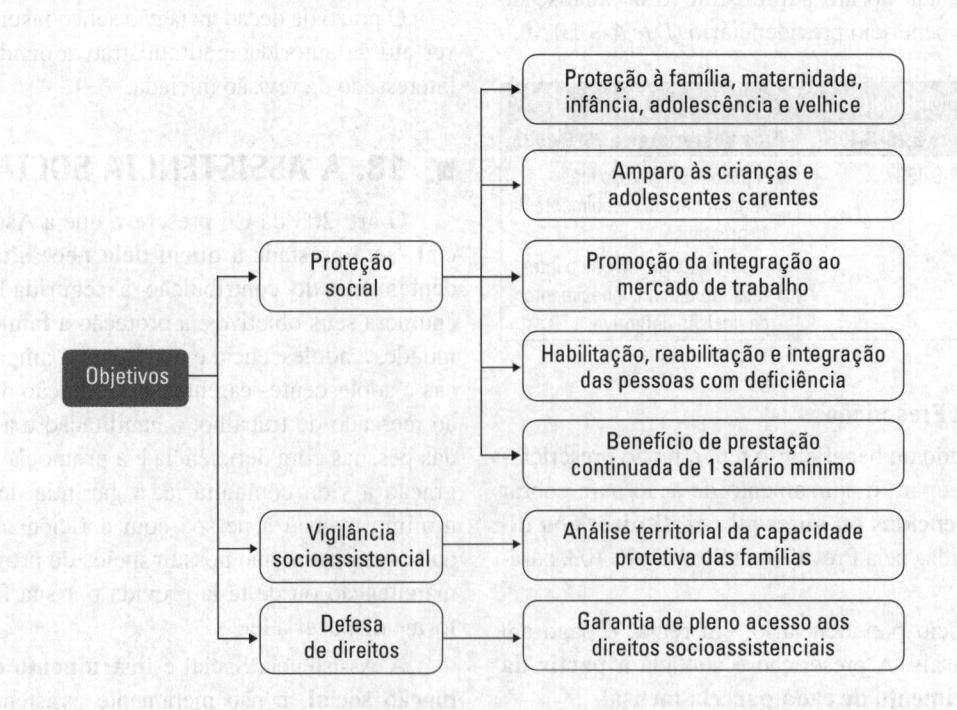

```
                          ┌─ Proteção à família, maternidade,
                          │  infância, adolescência e velhice
                          │
                          ├─ Amparo às crianças e
                          │  adolescentes carentes
              ┌ Proteção ─┤
              │  social   ├─ Promoção da integração ao
              │           │  mercado de trabalho
              │           │
              │           ├─ Habilitação, reabilitação e integração
              │           │  das pessoas com deficiência
              │           │
              │           └─ Benefício de prestação
Objetivos ────┤              continuada de 1 salário mínimo
              │
              │ Vigilância ── Análise territorial da capacidade
              ├ socioassis-   protetiva das famílias
              │ tencial
              │
              │ Defesa    ── Garantia de pleno acesso aos
              └ de direitos   direitos socioassistenciais
```

18.1. O benefício de prestação continuada (BPC)

A CF (art. 205, V) garante um **salário mínimo** de benefício mensal à **pessoa com deficiência e ao idoso** que comprovem não possuir meios de prover à própria manutenção ou de tê-la provida por sua família, conforme dispuser a lei.

O BPC está regulado pelos arts. 20 e 21 da LOAS, e regulamentado pelo Decreto n. 6.214, de 26-9-2007, com a redação dada pelo Decreto n. 7.617/2011.

É benefício de **caráter personalíssimo**, que não tem natureza previdenciária, e, por isso, **não gera direito à pensão por morte**.

Também não dá direito a abono anual.

O valor não recebido em vida pelo beneficiário é pago aos seus herdeiros ou sucessores, na forma da lei civil.

Contingência: ser pessoa com deficiência ou idosa com 65 anos ou mais, que comprove não possuir meios de prover a própria manutenção nem de tê-la provida por sua família. São **requisitos cumulativos: a deficiência ou a idade e a necessidade**.

O art. 20 da LOAS define "pessoa com deficiência", "pessoa idosa", "necessidade" e "família".

A **Lei n. 13.146, de 6-7-2015** (*DOU* 7-7-2015), o **Estatuto da Pessoa com Deficiência**, deu o conceito: "Para efeito de concessão do benefício de prestação continuada, considera-se pessoa com deficiência aquela que tem impedimento de longo prazo de natureza física, mental, intelectual ou sensorial, o qual, em interação com uma ou mais barreiras, pode obstruir sua participação plena e efetiva na sociedade em igualdade de condições com as demais pessoas".

A alteração é de grande importância porque o conceito de pessoa com deficiência trazido pelo Estatuto, incorporado à LOAS, restou uniformizado na legislação brasileira, afastando o subjetivismo na apreciação do caso concreto. E, ainda, a nova redação não utiliza a palavra "impedimentos", mas, sim, "impedimento", o que pode sinalizar que, a partir da vigência do Estatuto, basta apenas um impedimento.

Os impedimentos de longo prazo devem ter duração mínima de 2 anos. Se o prognóstico médico for de impedimento por período inferior, não estará configurada a condição de pessoa com deficiência para fins de benefício de prestação continuada.

É necessário que a perícia indique o tipo de deficiência – se física, mental, intelectual, sensorial, ou conjugação de tipos – bem como o grau de impedimento para o trabalho e para a integração social.

A deficiência e o grau de impedimento são determinados por meio de **avaliação médica e avaliação social**, a cargo do INSS (art. 20, § 6º, da LOAS), feitas por seus peritos médicos e seus assistentes sociais.

Trata-se de avaliação biopsicossocial, que, além da condição de miserabilidade e da vulnerabilidade, deverá considerar o grau de deficiência, a dependência de terceiros para as atividades básicas da vida diária, e a repercussão dos tratamentos de saúde no orçamento familiar (art. 20-B).

Se o benefício for requerido judicialmente, também serão necessárias as perícias médica e social, feitas por peritos e assistentes sociais nomeados pelo juiz.

A perícia médica, administrativa ou judicial, deverá determinar o início do impedimento e o prognóstico de sua duração, se inferior ou superior a 2 anos.

O assistente social deverá avaliar, também, o grau de dificuldade de integração do interessado à vida social, considerando a comunidade em que estiver inserido, não se limitando a meras informações sobre a composição da renda familiar do interessado e da descrição de suas condições de vida.

A **avaliação médica** considerará as deficiências nas funções e nas estruturas do corpo.

A **avaliação social** considerará os fatores ambientais, sociais e pessoais.

> **Súmula 80 da TNU**
> "Nos pedidos de benefício de prestação continuada (LOAS), tendo em vista o advento da Lei n. 12.470/2011, para adequada valoração dos fatores ambientais, sociais, econômicos e pessoais que impactam na participação da pessoa com deficiência na sociedade, é necessária a realização de avaliação social por assistente social ou outras providências aptas a revelar a efetiva condição vivida no meio social pelo requerente".

A definição da **condição de necessidade** está no § 3º do art. 20 da LOAS, com a redação da Lei n. 14.176, de 22-6-2021, que considera incapaz de prover a manutenção da pessoa com deficiência ou idosa a família cuja **renda mensal *per capita* seja igual ou inferior a 1/4 do salário mínimo**.

A LOAS também dá a definição de **família** para fins de concessão do BPC.

Com a alteração introduzida pela Lei n. 12.435/2011, a LOAS continua adotando, implicitamente, o art. 16 da Lei n. 8.213/91, só que de forma abrandada, mais atenta à realidade social. Incluiu a madrasta, o padrasto, os filhos solteiros, os irmãos solteiros e os menores tutelados. Todos devem viver sob o mesmo teto.

O art. 13, § 6º, do Regulamento, prevê a concessão a **"pessoa em situação de rua"**, situação em que deve ser adotado, como referência, o endereço do serviço da rede socioassistencial que acompanha o assistido, se for o caso, ou, caso contrário, o endereço de pessoas com as quais tenha relação de proximidade. O **grupo familiar** a ser considerado é o mesmo do art. 4º, V, desde que convivam com o requerente também em situação de rua (§ 7º) e possam facilmente localizá-lo.

O ato de concessão do BPC é **revisto a cada dois anos**, porque deve ser constatado se o beneficiário continua nas mesmas condições que deram origem ao benefício. Superadas essas condições, cessa o pagamento. A revisão bienal alcança **também os benefícios concedidos judicialmente**.

O BPC **não pode ser acumulado** com qualquer outro benefício no âmbito da Seguridade Social ou de outro regime, salvo o da assistência médica e o caso de recebimento de pensão especial de natureza indenizatória.

Benefício de prestação continuada (BPC)	
Contingência	■ Ser pessoa com deficiência ou idosa com 65 anos ou mais, sem meios de prover a própria manutenção nem de tê-la provida por sua família.
Carência	■ Trata-se de benefício assistencial, que independe de contribuição para o custeio.
Renda mensal	■ Um salário mínimo.
Sujeito ativo	■ A pessoa idosa ou com deficiência, inclusive estrangeiro, sem condições de prover a própria manutenção ou de tê-la provida por sua família, que não seja segurado ou dependente de segurado da Previdência Social.
Sujeito passivo	■ INSS (onerado).
Termo inicial	■ a DER; ■ a data do indeferimento administrativo, se procedente o pedido judicial; ■ a data da citação ou da apresentação ou juntada do laudo pericial em juízo, se não requerido administrativamente.
Termo final	■ quando a pessoa com deficiência exercer atividade remunerada, inclusive como microempreendedor individual; ■ quando superadas as condições que deram origem ao benefício; ■ quando constatada irregularidade na concessão ou utilização; ■ a data da morte do beneficiário ou a morte presumida, declarada em juízo; ■ em caso de ausência do beneficiário, judicialmente declarada.
Não cessa o pagamento para as pessoas com deficiência	■ o desenvolvimento de capacidades cognitivas, motoras ou educacionais e a realização de atividades não remuneradas de habilitação e reabilitação, entre outras; ■ a contratação como aprendiz → só pode acumular com a remuneração pelo período de 2 anos.

■ REFERÊNCIA BIBLIOGRÁFICA

SANTOS, Marisa Ferreira dos. *Direito Previdenciário*. Coleção Esquematizado®. Coord. Pedro Lenza. 13. ed. São Paulo: SaraivaJur, 2023.

■ MATERIAL DIGITAL EXCLUSIVO

DIREITO PREVIDENCIÁRIO

somos.in/CEOABVU10